深达几英里的多孔岩石里■已知的生命物种有20
·拉弗是第一个两次夺得大满贯的男子网球运动员
0万亿红血球■多明戈于1991年在维也纳作为一名歌唱家获得
剧为《猫》■任何语言中最常用的50个词构成写作内容的
元前1600年■在宇宙"大爆炸"前,没有"时间"概念■当所
年里形成了星系■据估计世界人口在2000年初将会达到61亿
的病菌是肠里的大肠杆菌■毕达哥拉斯定理是被证明得最多的定
球面上总是相交■1995年,一台超级计算机在不到5天的时间
数据包含85亿8993万4592比特的信息■沃尔特·迪斯尼获得
波罗为了拍摄《甘地》(英国,1982)的葬礼场面雇用了30万
常温下惟一呈液态的金属■十亿秒大约等于31年8个月1星期1
以上的历史■氧元素约占地球组成部分的30%■地球质量为
亚瀑布宽1708米■安赫尔瀑布的高度是埃菲尔铁塔的3.25倍
0%以上的土地将淹没于水下■伦敦希思罗机场接待的国际旅客
过40人次■每两分钟就有一平方公里的热带雨林遭到毁坏■当
生存下来■河马的名字意为"河里的马"■5000年前,埃及人
约1492年,尼斯的佩拉兹采用了小数点■美国邮电公司拥有
控制8万亿美元,按世界人头平均,每人为1380美元■火成岩
C"(变质的)一词来自于希腊语META(变化)和MORPHE
39×10^{30}吨■期待的是气候,得到的是天气■在极地地区无雷
大规模的火山爆发是公元前1550年发生在希腊的桑托林火山爆
特·科尔是继奥托·冯·俾斯麦之后任期最长的德国统治者■

吉尼斯

知识全书

辽宁教育出版社

版权合同登记号图字 06 – 1998 – 23 号

图书在版编目(CIP)数据

吉尼斯知识全书/(英)马歇尔(Marshall, A.)主编；刘世同等译. – 沈阳：辽宁教育出版社，1999.4(2000.1 重印)

书名原文：The Guinness Book of the Knowledge

ISBN 7 – 5382 – 5458 – 7

Ⅰ. 吉… Ⅱ. ①马… ②刘… Ⅲ. 百科全书 – 世界 Ⅳ. Z2

中国版本图书馆 CIP 数据核字(1999)第 04742 号

World Copyright Reserved
Copyright © 1997 Guinness Publishing Ltd
  "GUINNESS" is a registered trade mark of Guinness Publishing Limited.
No part of this book may be reproduced or transmitted in any form or by any means electronic, chemical or mechanical, including photocopying, any information storage or retrieval system without a licence or other permission in writing from the copyright owners.

　　本书中文简体字版由辽宁教育出版社和英国吉尼斯出版公司共同出版。未经版权所有者书面许可，不得以任何方式复制或抄袭本书的任何部分。
　　"GUINNESS"是英国吉尼斯出版公司的注册商标。
　　本书为《吉尼斯知识全书》英文版的中译本，书中内容反映原书的观点，不代表辽宁教育出版社。

英文版编著者

Managing Editor
Anne Marshall

Consultant Editor
Clive Carpenter

Editor
Sally McFall

Writer/Researcher
Sandip Shah

Editorial Assistants
John Mapps
Naomi Peck

Picture Research
Kate Duffy

Colour Origination
Dot Gradations Ltd

Designer
Jo Brewer

Design Assistant/Artwork
Adam Kelsey

Design Assistant
Keith Jackson

Artwork
Peter Harper
Yahya El-Droubie

中文版编译委员会

主　译	刘世同	郑方顺		
副主译	张　宜	崔丽杰	张延军	张琦思　姜文宏
	封亚东	王文慈	孙传捷	

译　者(以姓氏笔划为序)

于虹音	马　晶	马　鸿	王永志	王　扬
王晓红	田　杰	尹亚娟	尹益群	方冬革
孙丽业	刘　立	刘风贤	刘桂秋	刘淑华
刘　璐	朱晓宁	齐家媛	孙南南	孙　鹤
李牧村	李　丹	李　远	李　姝	由继禹
孟彦莉	吴景华	吕　鸥	杜琳娜	何晓辉
杨　红	郭锦辉	张欲晓	张晓丹	张　丹
赵　军	侯金秀	黄丽娟	彭　讴	管重霞
穆　阳	霍文华			

出版	辽宁教育出版社		总策划	俞晓群
	(中国辽宁省沈阳市和平区北一马路 108 号)		总发行人	
	吉尼斯出版公司		责任编辑	柳青松
发行	辽宁万有图书发行有限公司			马卫东
印刷	深圳当纳利旭日印刷有限公司			严中联
版次	1999 年 4 月第 1 版			杨军梅
印次	2000 年 1 月第 2 次印刷		特约编审	徐乃琛
开本	889×1194 毫米 1/16			谢翰如
印张	33		技术编辑	袁启江
字数	1480 千字		责任校对	王　玲
图片	600 幅		装帧设计	吴光前
印数	3001-6000 册			
定价	210.00 元			

GUINNESS BOOK OF

KNOWLEDGE

目　　录

7　时间和空间
- 8　宇宙
- 14　航天飞行
- 18　宗教节日
- 20　时间的度量

25　地球
- 26　地球的构造
- 30　大洲
- 32　海洋
- 34　岛屿
- 36　山脉
- 38　火山
- 40　地震
- 42　瀑布和湖泊
- 44　河流
- 48　沙漠和冰域
- 50　天气和气候
- 56　污染
- 58　滥伐森林

59　生命科学
- 60　生命的起源
- 62　植物界
- 66　动物界
- 68　节肢动物
- 70　鱼
- 72　两栖动物与爬行动物
- 74　鸟类
- 76　哺乳动物
- 78　有蹄动物
- 80　陆生哺乳动物
- 82　水生哺乳动物
- 84　小型哺乳动物
- 86　灵长目
- 88　人体
- 92　传染病
- 94　非传染病
- 96　心理学
- 98　辅助医学
- 100　恐龙
- 102　史前动物
- 104　濒危动物
- 106　国家公园
- 108　生命科学家

111　自然科学
- 112　度量衡
- 114　物理学
- 120　物理学家
- 126　化学
- 132　化学家
- 136　数学
- 142　数学家

143　科技
- 144　工作原理
- 164　发明
- 166　能源
- 168　航空运输
- 170　公路运输
- 172　铁路运输
- 174　水路运输
- 176　建筑奇迹
- 178　计算机
- 180　网络
- 182　计算机领域的主要人物

183　信仰与信念
- 184　哲学
- 186　古代宗教
- 188　现代宗教
- 190　基督教
- 194　伊斯兰教
- 196　印度宗教
- 198　亚非宗教
- 200　犹太教

201　艺术
- 202　舞台与银幕
- 216　舞蹈
- 218　音乐
- 230　流行音乐
- 234　流行音乐获奖者
- 236　西方美术
- 242　建筑
- 246　语言与文字
- 250　文学

257 体育

- 258 奥林匹克运动会
- 260 田径运动
- 262 游泳和跳水
- 264 英式橄榄球
- 266 足球
- 268 其他足球赛事
- 270 板球
- 272 高尔夫球
- 274 网球
- 278 其他球类运动
- 282 冬季体育运动
- 284 水上运动
- 286 格斗体育运动
- 288 赛车运动
- 290 赛马及马术运动
- 292 其他运动

295 历史

- 296 古代世界
- 298 罗马和中世纪早期
- 300 中世纪到16世纪
- 302 17和18世纪
- 304 19世纪
- 306 20世纪
- 308 创造者和塑造者
- 322 主要战争

325 今日世界

- 326 生活标准
- 328 国民经济
- 330 世界商业
- 332 世界政治领导人
- 336 联合国
- 338 欧洲联盟
- 340 世界组织
- 342 武装力量

345 世界

- 346 国家地理位置
- 348 斯堪的纳维亚半岛
- 350 英国和爱尔兰
- 352 英国聚焦
- 358 伊比利亚半岛
- 360 西班牙聚焦
- 362 法国和瑞士
- 364 法国聚焦
- 368 低地国家
- 370 德国和波兰
- 372 德国聚焦
- 376 波罗的海国家
- 378 意大利及其邻国
- 380 意大利聚焦
- 382 中欧
- 384 东南欧 I
- 386 东南欧 II
- 388 黑海地区诸国
- 390 俄罗斯和白俄罗斯
- 392 俄罗斯聚焦
- 394 高加索和伊朗
- 396 中东 I
- 398 中东 II
- 400 海湾地区
- 402 中亚
- 404 南亚 I
- 406 南亚 II
- 408 印度聚焦
- 410 南亚 III
- 412 东南亚 I
- 414 东南亚 II
- 416 中国及其邻国
- 418 中国聚焦
- 420 远东
- 422 日本聚焦
- 424 加拿大及其邻国
- 426 加拿大聚焦
- 428 美利坚合众国
- 430 美国聚焦
- 434 墨西哥和古巴
- 436 中美洲
- 438 北加勒比海地区
- 440 中加勒比海地区
- 442 南加勒比海地区
- 444 南美洲 I
- 446 南美洲 II
- 448 巴西聚焦
- 450 南美洲 III
- 452 北非
- 454 东北非
- 456 东非
- 458 印度洋
- 460 西非 I
- 462 西非 II
- 464 西非 III
- 466 中非 I
- 468 中非 II
- 470 南非
- 472 澳大利亚及其邻国
- 474 澳大利亚聚焦
- 476 太平洋 I
- 478 太平洋 II
- 480 南极洲

481 索引

时间和空间 ▷

"宇宙并不遥远。如果你能驾车一直向上行驶的话,那么你只需一个小时就能到达那里了"
——弗雷德·霍伊尔

宇宙

- 表面看来，宇宙的质量和能量是从虚无中产生出来的、对此，人类目前尚未找到答案。
- 在太阳开始变得不稳定、进入"红巨星"阶段之前，太阳系可能会继续存在50亿年。
- 地球目前正以平均每秒30公里的速度围绕着太阳运转。

宇宙的本质

- 宇宙是所有存在于空间和时间内的各种物质的总称。
- 尽管人类对于宇宙是从何时诞生以及如何发展到目前的复杂状况和规模已有所了解，但是对于宇宙将何时结束或确切地说其结局如何还一无所知。

研究宇宙的学问叫做宇宙学。随着阿尔伯特·爱因斯坦相对论（见119页）的诞生，即空间和时间形成一个独立的统一体，宇宙学才得以在20世纪初产生。

大爆炸理论

事实已经证明星球是运动着的，而不是固定不动的。因此，众所周知，宇宙在不断膨胀着。这一发现的结果使人们认识到时间倒流会导致宇宙收缩到原始起点或奇点，因此人们普遍认为宇宙诞生于原始火球"大爆炸"。由于空间和时间也是在"大爆炸"这一时刻开始的，因此"大爆炸"之前没有时间。人们对于宇宙的质量和能量是从虚无中产生出来的解释还有待于利用引力量子论来加以论证。20世纪20年代，俄国的亚历山大·弗雷德曼和比利时的乔治·勒梅特最初提出"大爆炸"理论。1979年，美国的阿伦·盖茨设想出"膨胀模型"，对最初的"大爆炸"理论加以发展。阿伦·盖茨的膨胀模型既解释了宇宙在大规模范围内是均匀的，又解释了宇宙在小规模范围内是不均匀的（也就是说，聚积成团，形成星系）。这一切表明宇宙的各个部分在10^{-35}秒之前的关键时期彼此互相碰撞，但在这之后，可能由于强大的力量从弱电子力中分离出来，宇宙发生了10^{60}倍的膨胀。

宇宙早期的"大爆炸"过程发生得很迅速，所有轻元素开始在最初15分钟内形成。夸克以及像电子和中微子这样的轻子、还有等量的反粒子却是在10^{-35}秒之后形成。但是到10^{-32}秒时，所有的反粒子都被毁掉：在最初存在的每10亿种粒子中只有一种粒子幸存下来。

在千分之一秒到十分之一秒的时间内，即当温度从100万亿℃降至100亿℃（10^{14}–10^{10}℃）时，由夸克形成了质子和中子。在随后的900秒之内，中子与质子结合，形成轻元素重氢、氦

■ 哈勃太空望远镜拍摄的鹰像星云的图像。这个星云距地球7000光年，图像显示浓密的氢气和尘埃云正在形成。

和锂的原子核。之后，所有现存的中子衰变成质子、电子和中微子。

10万年之后，当温度降到3700℃（6700℉）时，离子和电子结合，形成这些轻元素的原子。当温度达到100℃（212℉）时，原星系开始形成。据计算，相干的星系在"大爆炸"之后的10亿（10^9）年前就已经开始形成。

1965年美国的阿诺·彭齐亚斯和罗伯特·威尔逊探测到的宇宙背景辐射被认为是"大爆炸"理论的证据。宇宙在形成期间充满了大量的辐射。自"大爆炸"时起辐射温度逐渐降低。根据"大爆炸"理论，微波区的温度此时应该是2.73K，这正好与测量到的温度相符。

宇宙的结局将是可怕的。宇宙或者会永无止境地膨胀下去，或者会达到稳定状态。在这两种情况下，如果消耗掉所有的氢气，宇宙就到了末日，或者引力战胜宇宙中的巨大质量，宇宙就坍缩到原始起点。

? 宇宙是由什么组成的

▷ 星系是恒星、大气和尘埃在万有引力作用下形成的巨大聚积体，通常为扁平的圆盘状，一般情况下从扁平的圆盘内螺旋式地伸展出旋臂，这些旋臂逐渐松散开去直到消失。
▷ 银河系是我们人类所处的星系，是已知的1000亿到10,000亿个星系中的一个。
▷ 恒星是气体球状物，其中心的核聚变反应产生巨大的能量，主要以光、热和紫外线辐射的形式发散到空间。
▷ 太阳是离地球最近的一颗恒星，位于太阳系的中心。
▷ 行星是环绕恒星运行的大天体，就太阳系而言，包括冥王星在内，共有9颗行星。环绕太阳运行的小的天体叫做"小行星"。
▷ 卫星是围绕环恒星运行的天体，即卫星是环绕行星或较小天体运行的天体。

? 人类是如何知道宇宙是在不断地膨胀着的

- 1842年，奥地利的克里斯蒂·多普勒提出：车辆驶近，声音变大，车辆驶远，声音就变小，这一现象的原因在于声波频率发生了变化。
- 多普勒效应表明，恒星不是稳定不变的，而是运动着的。

多普勒效应适合于所有的波。1848年法国的阿曼德·斐索把多普勒效应应用于光上，1868年英国的威廉·哈金斯爵士发现某些恒星的光谱线向红端推移（红移），而另一些谱线向紫端推移（蓝移）。这种现象被解释为多普勒效应，它表明恒星不是稳定不变的，而与太阳相比是运动着的，红移恒星离开，蓝移恒星移近。

1912年，美国的维斯托·梅尔文·斯里弗把红移应用于宇宙天秤星座上。他指出几乎所有的星云都是红移，只有像仙女座星云这样少数星云是蓝移。1924年美国的埃德温·鲍威尔·哈勃证明星云事实上是独立的星系。通过对红移和星等测定，以及对距离的估测，1929年哈勃提出星系退行速度（v）与距离（r）和红移（z）成正比，这一定律为V=z•c=H•r，其中C是光的速度，H是常数，现在人们称H为哈勃常数。目前所估测的哈勃常数介于55和85km/s/Mpc（公里每秒每百万秒差距），现在逐渐倾向于70km/s/Mpc这一中间值。

哈勃定律表明星系的距离与其退行速度成正比，这表明宇宙一直在膨胀着。因此，宇宙的年龄与哈勃常数有关。用70km/s/Mpc这一常数值可计算出140亿年的"哈勃年龄"，这恰好与宇宙为140±30亿年相符，这一数据是从宇宙时标（通过对放射性原子核的相对丰度的测量来确定时标的方法）中获得的。

星系

- 星系是气体聚积到原星系上产生的。原星系是在不断膨胀的原始火球中，由于密度的变化和引力不稳定而产生的。
- 原星系是在"泡状物"的"表面"上形成的，每一泡状物的直径约为1亿光年，在形成过程中，泡状物的中心实际上没有物质。

随后的大恒星的形成引起了重元素的形成和宇宙尘埃的聚积，它们占所有物质的2%，大恒星最终在超新星爆炸中毁灭。据估计，宇宙中有1000亿到10,000亿个（10^{11}到10^{12}）星系，每个星系中大约有1000亿个恒星，所以恒星的数量介于10^{22}和10^{23}之间。

哈勃把星系划分为三种类型：椭圆星系、旋涡星系和不规则星系。椭圆星系（E）呈发光的椭圆形，光亮均匀分布，可再细分为介于E0种类（面朝上）和E7种类（边朝上）之间。旋

最亮的恒星

星名	星座	目视星等（外观）	目视星等（绝对）	亮度（太阳亮度=1）	距离（光年）
天狼星	大犬星座 α	**−1.46	+1.4	22	8.5
老人星*	航底星座 α	−0.72	−8.5	220,000	1,200
参宿七肯套拉斯*	半人马星座 α	†−0.27	†+4.1	A 1.5 B 0.44	4.3
大角	牧夫星座 α	−0.04	−0.3	110	37
织女星	天琴星座 α	+0.03	+0.6	49	25
五车二	御夫星座 α	†+0.08	†−0.5	A 79 B 62	43
参宿七	猎户星座 β	+0.12	−7.1	58,000	900
南河三	小犬星座 α	+0.38	+2.7	7.3	11
阿却尔纳星*	波江星座 α	+0.46	−1.6	370	85
参宿四	猎户星座 α	v+0.50	v,s−5.6	15,000	310

A和B表示双恒星
* 表示从不列颠群岛看不到
** 表示在公元61,000年，天狼星的外观目视星等可达到最大值−1.67
† 表示双星体的混合星等
v 表示变星的平均值
s 表示只是基于光谱学数据的距离

最近的恒星

与太阳最近的恒星的距离将是在公元9570年的0.94光年（59,000天文单位）之内（其目前的距离为14.0光年），这颗星是双狼星424。

星名	距离（光年）	目视星等（外观）	目视星等（绝对）	亮度（太阳亮度=1）
半人马星座	4.24	11.10	15.53	0.000052
比邻星	4.35	A −0.01 B 1.33	A 4.37 B 5.71	A 1.5 B 0.44
巴纳德星	5.98	9.54	13.22	0.00043
狼星 359	7.78	13.46	16.57	0.000020
拉朗德 21185	8.26	7.48	10.46	0.0055
天狼星	8.55	A −1.46 B 8.44	A 1.45 B 11.35	A 22 B 0.0024
路易顿 726-8*	8.73	A 12.54 B 13.00	A 15.40 B 15.86	A 0.000058 B 0.000038
罗斯 154	9.45	10.45	13.31	0.00040
罗斯 248	10.32	12.27	14.77	0.00010
波江星座五星	10.70	3.73	6.15	0.29

A和B表示双星
* B星称作UV鲸鱼星座

涡星系有正常的（S），其旋臂从中心松卷；也有旋转轴的（SB），其旋臂垂直于穿过星系中心的旋转轴。透镜状星系介于椭圆星系和旋涡星系之间。不规则状星系可划分为IrrI类和IrrII类。IrrI类是旋涡状Sc的延续部分，IrrII包括其他所有不规则星系。

人们认为规则状星系中心有大量的黑洞，其质量是太阳系中黑洞的万亿倍。这些黑洞也许像我们所在的星系一样处于静止不活跃状态，也许相当活跃，并释放出大量辐射。类星射电源可以探测这些活跃的星系核心。目前人类已了解到7200多个这样的核心。

银河系

虽然我们看到的只是星系的边缘，但是我们所在的星系被认为是典型的旋涡星系，直径约为75,000光年，它是20余种被称为"地域"性群体星系中的一员。这一群体星系的长度约为600万光年，其一端受我们所在的星系的控制，另一端受较大的仙女座星系的控制。仙女座星系目前离我们有2,930,000光年远，但是我们所在的星系和仙女座星系正在逐渐接近，也许将来几十亿年后它们会碰撞到一起。

恒星

▶ 恒星是通过核聚变反应释放出能量的气体的吸积体。

▶ 在低于约0.08太阳质量的情况下，通常不会发生核聚变；即使发生了，也只是偶尔发生。这种衰亡的恒星叫棕矮星。第一颗棕矮星在1995年才被发现。

恒星是通过引力吸引气团和尘埃而形成的。在形成过程中，其核中心迅速形成，周围剩余的气团落到核心上形成恒星（见8页）。引力逐渐衰退，直到核密度和温度增长到足以使氢经核聚变转化成氦。由此产生的巨大能量与引力坍缩相互作用，能够使太阳这样大小的恒星维持100亿年的平衡状态。但是对于质量很大的恒星来说，只能维持100万年。最终当处于临界量的氢被消耗掉后，核聚变就会停止，核心就会又一次开始收缩。这样就释放出巨大的能量，造成环绕核心的氢气层的聚变反应，从而使"外壳"急剧膨胀。由于其表面温度降低，光度变成红色而不是白色，这颗恒星就变成"红巨星"。

白矮星

对于像太阳这样大小的恒星来说，核坍缩一直持续到环绕原子核的电子场被压缩、核密度达到大约地球密度的100,000倍为止。这样的核可能像地球那样大，但质量与太阳的质量相当。这样的核叫"白矮星"，它们也许会靠消耗核坍缩中储存的热能而继续发光几十亿年，然而，最终它们会完全冷却下来。

中子星和脉冲星

对介于8～50个太阳质量的恒星来说，核收缩使温度达到10亿摄氏度（18亿华氏度），这一温度最先使核中心的氦聚变成碳，然后聚变形成各种元素直至铁元素。其外壳坍缩到核心上，形成重元素。在这一过程中产生了巨大的能量，足以把这些外壳推回到空间，在这一过程产生的大量辐射使被称作"超新星"的膨胀球体大致可以照射到整个星系。在爆炸期间，核心迅速向中心坍缩到直径只有10～30公里（6～20英里）。然而，由于它仍然有大约1～3倍的太阳质量，因此它有10^{14}倍的地球密度。这是由于原子中的电子坍缩到核心上，质子与电子相互作用结合成中子，因而形成"中子星"。一些中子星处于高速自转状态，这可以通过由恒星的辐射与其磁场间的相互作用而引起的脉冲探测出来，这样的恒星叫做脉冲星。第一颗脉冲星是在1967年被探测到的。

黑洞

对于超过50个太阳质量的恒星来说，核坍缩到极点，以至于整个恒星的质量会坍缩成黑洞。质量的广泛积聚会导致时空畸变很大，甚至辐射（光）也不能摆脱其"势力范围"。从理论上讲对10个太阳质量的核来说，半径可达到29.5公里（18.3英里），因此会出现直径为59公里（37英里）的"黑洞"。

太阳系

▶ 太阳系距银河系的中心有26,100光年，是在45.4亿年以前由气体球和尘埃形成的。

▶ 大多数质量集中在中心核，形成太阳，部分周围的物质形成扁平圆盘，逐渐形成九大行星和太阳系的其他天体。

木星轨道被认为是太阳系内部与外部的分界线。太阳系内部是由四个类地行星组成，它们是水星、金星、地球和火星，还有小行星带。太阳系外部包括下面的四个行星——木星、土星、天王星和海王星。这些外行星都是巨大的"气体"行星。尽管它们的中心应该有铁核，然而正是其外部气体层的组成和其活动的方式才使每一个行星具有其独特特点。冥王星被划作太阳系最外面的行星，但是这个小的固体天体比许多卫星还小，更适合被看作是新近发现的库伯·爱德华兹天体带中最大的一个成员。

天文学单位

天文单位（AU）：1938年确定的地球距太阳的平均距离，目前测定值为149,597,871公里（92,955,907英里）。

光年（ly）：光在真空状态下每回归年（即365.24219878个太阳日）里所运行的距离，即9,460,528,405,000公里（5,878,499,814,000英里）

秒差距（pc）：它代表恒星视差为1秒的距离，也就是206,264,806天文单位或3.2616光年或30,856,776,000,000公里（19,173,511,000,000英里）

星等

这种等级确切地说就是一等星的亮度是六等星亮度的100倍，每一等星的亮度是下一等星的$100^{1/5}$倍或2.51186倍。从地球上观测到的星等叫外观星等（mV），但是，为了对比，必须了解其内在的亮度或绝对的亮度（Mv），这就是在10秒差距（32.6光年）所测到的星等。在此基础上，太阳−26.75外观星等（用负星等是因为从地球上观测到的太阳光度强）会降到+4.82的绝对星等或比观测到的亮度减少4×10^{12}倍。

宇宙

▶ 太阳

▶ 太阳位于太阳系的中心，按质量计，氢占73%，氦占25%，其他元素为2%，其温度为15,400,000℃（27,700,000°F）。

▶ 太阳的直径为1,319,950公里（864,940英里），质量为1.9889×10^{27}吨，相当于地球质量的332,946.05倍。

太阳的内部是由丰富的氦核组成的，核心由厚度为几十万公里的辐射层和厚度为数万公里的对流层所包围，热量通过对流形式传递。太阳表层或称为光球层大约厚300公里（200英里），温度为5504℃（9939°F）。

太阳的表面是透明的，以至于可以看到很深的太阳内部，太阳的对流层的上部为粒状组织。由于磁力近点角的作用，太阳黑子在外层产生，光球以25.38天的速度旋转。在光球明亮背景的衬托下才显出黑子发暗，因为黑子的温度比光球的温度大约低2000℃（3600°F）左右。

太阳大气层包括色球，它位于光球之上，距光球有10,000公里（6000英里）。色球的温度相当高，以至于所有的元素都是被电离的，由于有被电离的氢，才使其呈现出粉红色。只有发生日全食，即光球被月球挡住时，才能看到色球。太阳大气层的最外层即"日冕"温度很高，这层的大气极为稀薄，呈白色的晕圈。它以带电粒子的等离子体形式使太阳物质源源不断地奔向太阳系空间，这种带电粒子流称为"太阳风"，充满整个太阳系。太阳耀斑是从色球上被抛射出几千公里远的巨大气流，这股巨大的气流随后由于强烈的磁场作用又以环状运动的方式返回到色球层。

■ 计算机模拟出的太阳系图像，图中显示太阳的一部分（左下方），接着为九大行星（从下至上）：水星、金星、地球、火星、木星、土星、天王星、海王星和冥王星。

水星

水星的表面看起来与月球的表面相似，但是没有在月球附近所看到的大量冻结熔岩（"月海"）。水星的表面主要布满大盆地，这些盆地反映出其外壳形成的不同年代。其中最大的盆地，卡拉里斯盆地，直径为1340公里（830英里）。水星表面有大量的撞击坑，其中最大的是薄伽丘坑，直径为160公里（100英里）。最深的坑是洛蒂娜斯坑，从坑底到坑口深度为4800米（15,750英尺）。水星的密度高是由于它拥有富含铁的铁核，核直径为3600公里（2200英里），占水星质量的65%。

水星上的大气压仅是地球的$1/10^{12}$，由于没有大气层的保护，水星表面温差很大，白天温度高达420℃（790°F），夜晚降至-180℃（-290°F）。水星的自转周期正好是公转周期的2/3，这种奇特的关系表明水星上的"一天"（从日出到再次日出）相当于两水星年，或相当于176个地球日。

金星

尽管金星的大小与地球相似，但金星上的大气中的二氧化碳含量高，所以它是一个极不利于生命存在的行星。它的大气压为地球的94倍，表面温度高达464℃（867°F），这是由于金星接受了太阳散发的辐射，在温室效应的作用下这样的高温又被限制在大气内所致。金星大气层厚度为50到75公里（30到45英里），含有高浓度的硫酸，这也许是由于活火山的喷发所造成的。

尽管在地球上看不到金星的表面，但是通过先驱者号、金星号和麦哲伦号轨道飞行器绘制出的图已显示出金星表面基本上是平原（80%的金星表面半径与其平均半径相差不超过1公里）。然而，有很多著名的高原（与地球上的陆地相似），包括靠近赤道的阿佛洛狄特高原，有3000公里（1900英里）宽、9700公里（6000英里）长。还有北部的伊师塔高原，其直径为2900公里（1800英里）。在这儿，麦克斯韦·蒙特斯山脉比周围的高原高出8公里（5英里）。金星没有像地球那样的地壳构造，但是却发生周期性的表面再构造，因此目前金星表面相对来说是年轻的——只有5亿年。尽管金星的自转周期比公转周期长，但是一个金星"日"（从日出到下次日出）相当于116个地球日。

地球

因为天文单位是已经定义的量，所以地球距太阳的确切距离是1.00000102个天文单位，或149,598,023公里（92,955,902英里）。地球（见26～27页）是体积最大、密度最大的内行星。其表面被大气包围着，按含量来分：氮气占78%，氧气占21%。平均气温为15℃（59°F）。地球表面2/3为海洋所覆盖，可用平均海平面作为参照，最大的高度差是太平洋中深达11,022米（36,160英尺）的马里亚纳海沟和喜马拉雅山脉高达8863米（29,078英尺）的最高峰珠穆朗玛峰，高度相差19.9公里（12.4英里）——这只相当于地球半径的0.3%。

■ 太阳直径是地球直径的109.12倍 ■ 1995年

月球

月球的赤道直径为3476.3公里（2160.1英里），极直径为3471.9公里（2157.4英里），质量为7.348×10^{19}吨或0.0123地球质量，是太阳系中第五大和第五重的卫星。月球是同步自转的，总以同一面朝着地球，但因为它在轨道中存在一定的运动，所以我们可以看到59%的月球表面。

大量的空间探测拍摄现已记录了月球的整个表面。月球上分布着环形山、山脉和广阔的称为"月海"的冻结熔岩平原。现在月海的表面处于不变的水平高度，因此不能填充月球极区引力高的环形山。大多数形成的环形山被认为是由于多种星子（太阳系历史早期所形成的小天体）的撞击造成的。事实上，月球上最大的撞击盆地是位于月球南极的阿尔特金环形山，其直径为2250公里（1400英里），平均深度为12公里（7英里），它是太阳系中最大的环形山。由于月球上没有大气，所以其表面温度变化异常，在赤道，中午的温度高达117℃（243°F），晚上温度降到－163℃（－261°F）。

由于从月球上带回的岩石和土被验证已存在45亿年，这表明月球是在太阳系早期形成的，这一点在任何有关月球的来源的理论中都必须考虑进去。目前有关月球的形成的理论是"巨大的撞击"理论，它表明在太阳系早期历史中，新形成的地球受到至少一种或很可能几种很大的星子的撞击，这些撞击使地球表层崩裂。这（些）星子力量强大，气压把碎石抛向空间，碎石刚好在超出稳定极限（洛希极限）的18,500公里（11,500英里）处又重新聚集起来。这样，碎石结合在一起脱离地球，形成月球，并进入目前的月球轨道。

火星

与金星一样，火星上的大气主要是二氧化碳，表面气压约为地球气压的1/116，平均温度为－53℃（－63°F），比地球气温低68℃（122°F）。火星表面相当复杂，有平原、环形山、休眠火山和极冠。许多火山相当巨大，例如位于塔尔塞斯地区的奥林匹斯山，其直径为600公里（370英里），高于周围的平原26公里（16英里）。也有许多大的火星运河，例如瓦莱斯·马利内瑞斯运河，至少有4000公里（2500英里）长，600公里（37英里）宽，7公里（5英里）深。从古老的火山喷发出的火山灰已形成了像辛蒂斯·麦杰这样的暗黑地区，火山灰周期性喷射到这些平原上，因而改变了地表的特征。在地球上用望远镜可以看到这些变化，最初人们把这些变化解释为植物可以在火星上生长和死亡。现在人们已经了解到火星上即使有生命也只可能发展到微生物的水平。虽然有证据表明许多运河在过去一定是因受到大量水的冲击而形成，但是现在没有证据表明火星地表最外层或大气中有水，尽管火星的固态二氧化碳极冠中有水冰存在。火星有两个小卫星，它们是在1877年由美国的阿萨佛·霍耳发现的。

小行星

1766年，德国的提丢斯·温顿博格提出的理论表明，六颗已知的行星是在所断定的时间产生的，这一理论被约翰·波得加以发展，因而提出了提丢斯－波得定则。根据他们的定则，在2.8个天文单位的区域处有一空隙。1801年，意大利的吉塞坡·皮亚齐发现的行星谷神星可填充这一空隙。然而一年以后在相似的轨道上又发现了一颗行星——智神星，到1845年又进一步发现了三颗这样的行星——婚神星、灶神星和义神星，这使人感到迷惑。由于引入了天文摄影，人们又发现了数千颗这样的小行星。据估计，总共有大约5万颗小行星，其中大约8000颗小行星的轨道已准确地计算出来。

绝大多数小行星位于火星和木星的轨道之间（小行星主带），这些小行星轨道距太阳有3亿～5亿公里（2亿～3亿英里），但是，如果出现撞击的话，有两群小行星可直接影响地球的未来。这两群小行星是小行星阿坦斯和阿波罗。阿坦斯平均轨道距离比地球小，但是大的偏心距表明它们有可能穿过地球轨道。阿波罗能穿过地球轨道，其数量达数百个。

小行星的总质量是月球质量的1/25，最大的三颗小行星——谷神星、智神星和灶神星的质量占总质量的一半以上。很可能是附近大而重的木星阻止这一地区的星子形成行星，而把大量的质量疏散到太阳系内部（若进一步了解小行星，见13页的表格）。

木星

木星的模型表明木星可能有一个铁和岩石组成的核心，直径约为15,000公里（9000英里），质量约是地球的15倍，被距核心半径为55,000公里（34,000英里）的一层金属氢所包围。其外层主要由液态分子氢组成，散布在大气中。大气中主要是氢，但是大约有18%的氦和少量的水冰氨和其他化合物。这一切表明当从地球上用望远镜观测木星时，木星的大气中展现出特有的明亮带或阴暗带。木星"大红斑"是历时长久的飓风带，可以翻卷到周围云层上面8公里（5英里）的高度。木星有强烈的磁场，大约比地球磁场强5～10倍，这造成了比地球约强10,000倍的强辐射带的形成。

木星上的光环系是在1979年发现的，它有三个组成部分：第一个是内晕——厚约20,000公里（12,400英里）的暗淡光环，可延伸到云层上端；第二个是主光环——宽为7000公里（4300英里），厚度只有30公里（20英里）的明亮中心光环，它有129,130公里（80,240英里）长的陡峭边缘，受卫星阿德拉斯托斯的控制；第三个是轻薄光环——一种可延伸到214,000公里（133,000英里）远的轻薄光环。

木星的卫星

在木星的16颗卫星中，有4颗大的伽利略卫星，它们是以科学家伽利略的名字命名的，它们有其自己的领域。前三个——木卫一、木卫二和木卫三——都有由岩石层包围的大而丰富的铁核，但是它们的外表层不一样。木卫一受木星引力作用的控制，所产生的大量能量会传到木卫的表面，木卫一不断有火山喷发。木卫二也受木星引力作用的控制，人们认为其外层是由温暖的水组成的，水上有相对薄的冰层。这就提出了一个重大的可能：生命很可能在这些海洋中存在。木卫三有800公里（500英里）厚的外部冰层，而最外面的伽利略卫星——木卫四，没有丰富的铁核，但是有铁、岩石和冰的混合体。

行星资料

行星		直径		质量*	密度	距太阳平均距离		恒星日
		公里	英里	千克	克/厘米³	公里	英里	日
水星		4,880	3,032	3.302×10^{23}	5.428	57,909,100	35,983,000	87.9693
金星		12,104	7,521	4.869×10^{24}	5.244	108,208,600	67,237,700	224.7008
地球	赤道	12,756	7,926	5.974×10^{24}	5.515	149,598,000	92,955,900	365.2564
	极地	12,714	7,900					
火星	赤道	6,794	4,221	6.419×10^{23}	3.934	227,939,200	141,634,800	686.9799
	极地	6,752	4,196					
木星	赤道	142,984	88,846	1.899×10^{27}	1.325	778,298,400	483,612,200	4,332.59
	极地	133,708	83,082					
土星	赤道	120,536	74,898	5.685×10^{26}	0.685	1,429,394,000	888,184,000	10,759.2
	极地	108,718	67,560					
天王星	赤道	51,118	31,763	8.683×10^{25}	1.271	2,875,039,000	1,786,466,000	30,688.5
	极地	49,946	31,035					
海王星	赤道	49,532	30,778	1.024×10^{26}	1.638	4,504,450,000	2,798,935,000	60,182.3
	极地	48,684	30,251					
冥王星		2,320	1,442	1.31×10^{22}	2.01	5,913,514,000	3,674,490,000	90,777.6

* 表示不包括卫星

发现第一个绕正常恒星运转的超太阳系的行星

土星

土星的内部结构一般被认为与木星相似，但是从土星中心向外延伸的金属氢层要小一些，仅有26,000公里（16,000英里）。再有，分子氢层带有丰富的氦，氦在外部大气中被消耗掉。偶尔在云层上端可看到白斑，但其存在时间没有木星上的大红斑长。

1610年，伽利略最先模糊地观测到土星的光环，1659年荷兰的克里斯蒂安·惠更斯推断出其组成。主光环系主要由水冰组成，直径为273,550公里（169,980英里），但厚度仅有10米（33英尺）。

土星的卫星

尽管已正式宣布土星有18颗卫星，但是在1995年人类借助旅行者2号探测器接近土星时所拍摄的照片和哈勃空间望远镜的观测资料（这次是穿越土星平面，纵向观测），对其重新进行了分析，发现还存在着更多的土星卫星。要证实这些卫星是否存在，还有待于2004年通过卡西尼飞行器获得的资料对土星系进行详细研究。

最大的卫星——土卫六，是太阳系中惟一具有丰富大气的卫星，其气压为地球的1.5倍。大气中主要成分是氮，但是也存在甲烷，甲烷受太阳光的作用，在大气的上部形成复杂的分子，呈现桔黄色的烟雾，遮住其表面，使人们难以看到它。在其他卫星中，拉伯特斯卫星外表不同一般，在与其光亮面相对的另一面有40%的外表被煤黑色的沉积物覆盖。这也许是由于一个巨大的彗星撞击附近的土卫七，把尘埃抛向土卫八轨道所致。土卫七很独特，这是由于它无序的自转，也就是说，它依据土星、太阳和土卫六的相对位置，呈现出不同的自转速度。

天王星

天王星可以用肉眼看到。它是威廉·赫歇尔在1781年发现的。尽管最初天王星被认为是颗彗星，但是通过使用提丢斯－波得定则，人们发现这一轨道与预测的下一个行星轨道极其相符。这一小得多的气体行星，有一个岩石和铁构成的核心，核心被大片水、甲烷和氨所包围。大气外层主要是氢，但也有约26%的氦和少量的甲烷，甲烷使大气呈绿颜色。与其他大行星不同，天王星不会把比从太阳上吸收的热量更多的热量反射回到空间，这就解释出了为什么云层表面没有特色。

天王星运行时轴的斜度大（98°），这意味着这颗行星的部分地区一昼夜要持续21年，但是目前受太阳照射的"南"极和处于漫长黑夜的"北"极在温度上变化不大。这表明在天王星的大气内存在强大的温度平衡。天王星的磁轴偏离中心7000公里（4300英里），并与自转轴斜交成59°角——这一差异使人们想到其赤道的巨大倾斜度也许是由于天王星和一个大星子发生了剧烈的碰撞所致。

天王星的光环是在1977～1978年利用掩食的机会（当一个天体运转到另一个天体后面从而人们看不到它时所出现的该天体暂时消失）而发现的。尘埃环1986U2R和第11道光环都是旅行者2号行星探测器在接近天王星时所发现的。这些光环很暗，很可能含有丰富的碳。最外层光环——第五道光环正受到卫星考狄莉娅和奥菲莉娅的控制。

天王星的卫星

从地球上通过望远镜已观测确定的卫星主要有5颗（见13页），但是1985～1986年间旅行者2号行星探测器接近天王星时又发现了10颗新卫星。尽管很可能是米兰达卫星和天卫一碎裂一次或多次之后形成的，但是这10颗内部小卫星也可能是在大约35亿年以前由于一颗较大的卫星碎裂而形成的。

海王星

人们用肉眼看不到海王星。德国的天文学家约翰·伽勒和亨利邱·德莱斯特根据法国的厄贝恩·勒威耶和英国的乔治·科邱·亚当斯的数学推断，于1846年发现了海王星。亚当斯独立地推断出天王星的运动轨道受另一颗行星引力的作用。

海王星是一个充满活力的世界，拥有明显的云层特色和相当高的风速，其云层特色要比木星的存在得短暂。例如1989年旅行者2号行星探测器在接近海王星时观测到海王星有"大黑斑"，但1994年哈勃空间望远镜观测资料表明"大黑斑"已消失。海王星把比从太阳上吸收的热量还多160%的热量散发到空间，但是还没有人知道海王星为什么会有如此大的能量，因为它的内部结构应该与天王星相似。这也许与它距离太阳遥远有关。海王星呈淡蓝色，这是由于大气中存在甲烷。

旅行者2号行星探测器证明在距海王星中心38,000～59,000公里（23,600～36,700英里）之间有三条光环和一条尘埃薄环。伽勒环是宽的尘埃环，宽1700公里（1060英里），距中心41,900公里（26,000英里）。勒威耶环是一条窄的尘埃环，宽仅30公里（19英里），距中心53,200公里（33,060英里）。埃达姆环是一条窄的环，宽15公里（9英里），包括4个尘埃薄弧，它们是勇气环弧、自由环弧、平等环弧和博爱环弧。

海王星的卫星

1989年旅行者2号行星探测器在原来已被发现的2颗卫星（其中之一——拉里萨是1981年海王星发生掩食期间被偶然发现的）的基础上，又发现了6颗新卫星。

最大的卫星——海卫一轨道倾角大（157°），沿逆行轨道（与海王星自转方向相反）运行，这表明它很可能被附近的柯伊伯—埃奇沃思带吸引。人们认为海卫一外层是冰结构，厚150～200公里（90～120英里），厚厚地被极其反光的含有氮和甲烷的冰结构覆盖。其表面有点呈暗红色，这是因为形成了有机聚合物所造成的。有机聚合物是太阳光照射甲烷产生的。尽管–235℃（–391°F）这一表面平均温度是在太阳系中所测定的最低的温度，但是很可能有些温度高的地区会使亚表面的氮温度升高，像喷泉一样与尘埃一起散射到8公里（5英里）以外，进入稀薄的海卫一的大气中。

冥王星

冥王星是在1930年3月由美国的克莱德·汤博发现的，但是直到1978年6月发现了其卫星"查龙"，人们才对冥王星这一天体有所了解。尽管极早就把它称为行星，但是它的大小和质量都小，其直径为月球的2/3，质量为月球的1/6。最近还发现了柯伊伯—埃奇沃思天体带（见下文），最新资料表明，冥王星应该被认为不过是这些天体中最大的一个而已，尤其是因为目前这些天体中有30%到40%的天体处于与冥王星相似的轨道。

冥王星与海王星卫星——海卫一相似，它们都具有相似的密度和相似的由氮和甲烷形成的水冰层。它的表面也是红色的，很可能是由于有机聚合体造成的。其表面温度与海卫一相似–235℃（–391°F），但是在温度高的地区温度大约高20℃（36°F）。

冥王星的卫星

冥王星的卫星——"查龙"系统，其质量为冥王星的1/8，说它是双行星可能更贴切。这颗卫星是同步卫星，"查龙"绕冥王星运动的公转周期恰好与冥王星的自转周期相同。这两个天体总是以相同的一面相对。"查龙"的表面是水冰，外表呈蓝色，与冥王星红色的外表截然不同。

柯伊伯—埃奇沃思天体带和半人马星座

英国的肯尼思·埃奇沃思在1949年和美国的杰勒德·柯伊伯在1951年都曾推断出短周期彗星源于海王星轨道外的天体带。已知的40多个天体中第一个被发现的是1992 QB1，它是在1992年被发现的。据推断，直径均超过100公里（62英里）的天体有70,000个，较小的有10亿个。它们呈现出两种明显的轨道类型，其中一种叫冥王星轨道类型。冥王星轨道类型是指距太阳54亿～60亿公里（34亿～37亿英里），像冥王星一样在非正圆倾斜的轨道上运行，与海王星轨道发生共振，以免撞到海王星上。另一类轨道距太阳61亿～71亿公里（38亿～44亿英里）。然而，1996 TL66这个天体在非正圆轨道上运行，在远日点（天体的轨道距太阳最远的一点）距太阳197亿公里（122亿英里），这代表一种新类别的天体。

偶尔地一个大行星磁场会使柯伊伯—埃奇沃思带的一个天体在木星和海王星之间相当不稳定的非正圆的轨道上运行，这样的天体叫半人马星座。据推断，尽管可能有300个直径超过100公里（62英里）的这类天体，但是已知的只有7个。第一个被发现的是2060半人马查仑，它是于1977年由美国的查理·科沃尔发现的，它周期性地从表面释放气态物质，形成大的彗发（一种在彗头绕彗核的发光云状物，彗发是在天体靠近太阳运行时，通过蒸发部分彗核面形成的）。这是彗星的特征，所以尽管半人马查仑距太阳的最近距离从未超过12.65亿公里（7.86亿英里），它还是经常被认为是最大的彗星。

一般来说，柯伊伯—埃奇沃思带和半人马星座呈暗红色，这是由于自太阳系形成时起，其表面上的表层甲烷冰与宇宙射线相撞击形成有机沉积物的缘故。

■ 柯伊伯—埃奇沃思带和奥尔特云之间可能有上万亿的天体 ■

时间和空间

■ 旅行者2号行星探测器对天王星（蓝色的行星）和它的5个卫星（从左下方按顺时针方向）：天卫一、天卫二、天卫四、天卫三（最大的卫星）和米兰达卫星拍摄的合成图像。

🔟 最大的小行星

编号/名称	发现的年代	平均直径 公里	平均直径 英里	自转周期 小时
① 1 谷神星	1801	941	585	9.075
② 2 智神星	1802	530	329	7.814
③ 4 灶神星	1807	512	318	5.342
④ 10 许革亚星	1849	457	284	27.623
⑤ 511 黛维达星	1903	344	214	5.129
⑥ 704 英特莱姆尼星	1910	317	197	8.727
⑦ 52 欧罗巴星	1858	303	188	5.632
⑧ 87 西尔维娅星	1866	277	172	5.184
⑨ 15 欧诺弥亚星	1851	272	169	6.083
⑩ 65 西布莉星	1861	269	167	4.041

▶ 彗星

▶ 彗星一度被认为是空中的奇异景象，人们认为它的出现预示着种种不祥之事或灾难将要发生。

▶ 彗星的中心结构是彗核，彗核是岩石和冰所聚成的球状物。

当彗星靠近太阳时，冰开始蒸发，在彗核周围产生云状物。通常彗核拖着两条彗尾，其中一条是受日光排斥的离子尾，另一条是受太阳风排斥的尘埃尾。所以，即使彗星远离太阳时，也能看到彗尾。

最著名的彗星是哈雷彗星，它是以英国的埃德蒙·哈雷的名字命名的。哈雷正确地预言这颗彗星将于1758年回归。那时他已去世16年了。数百年来出现了几颗明亮的彗星，最近的一颗是在1997年观测到的非常壮观的海尔—波普彗星。然而，这些彗星轨道运行周期长，不可能预言出下一颗明亮的彗星何时会出现。短周期彗星也许源于柯伊伯—埃奇沃思天体带（见12页），但是长周期彗星或那些从太阳系中被吹到抛物线轨道上运行的彗星也许源于"奥尔特云"。"奥尔特云"是最初太阳形成时的气体球和尘埃的剩余物质。

尽管彗星有相当长的彗尾，但是用天文术语来说彗核是很小的，哈雷彗星彗核直径平均约为10公里（6英里），海尔—波普彗星为35公里（22英里）。这样的直径是穿入太阳系内部的彗星所特有的，但是半人马星2060查仑（见12页），也显示出彗星的性质，而它的直径为182公里（113英里）。

▶ 太阳系的卫星

已得到公认的卫星总共有61颗。尽管多数卫星在靠近行星赤道平面的圆形轨道上运行，远距离卫星却在相当倾斜的非正圆的轨道上运行。远距离卫星有各自的自转周期，而多数近距离卫星与行星同步地进行自转，并总是以相同的一面朝着行星，所以它们的自转周期与公转周期相同。

号码	名称	平均直径 公里	平均直径 英里	公转周期	距行星的平均距离 公里	距行星的平均距离 英里	发现年代
地球							
I	月球	3,474	2,159	27.321662	384,399	238,855	—
火星							
I	火卫一	22	14	0.318910	9,379	5,828	1877
II	火卫二	12	8	1.262441	23,461	14,578	1877
木星							
XVI	梅蒂斯	40	25	0.294779	127,979	79,522	1979
XV	阿德拉斯蒂	20	12	0.298260	128,980	80,144	1979
V	阿玛尔特亚	172	107	0.498179	181,366	112,695	1892
XIV	底比斯	100	62	0.674536	221,889	137,875	1979
I	艾奥	3,643	2,263	1.769138	421,767	262,074	1610
II	木卫二	3,130	1,945	3.551181	671,049	416,971	1610
III	木卫三	5,268	3,273	7.154553	1,070,400	665,116	1610
IV	木卫四	4,806	2,986	16.689018	1,882,630	1,169,810	1610
XIII	勒达	18	11	238.72	11,094,000	6,890,000	1974
VI	喜马列	157	98	250.5662	11,480,000	7,130,000	1904
X	利西西	34	21	259.22	11,720,000	7,280,000	1938
VII	埃拉拉	70	43	259.6528	11,737,000	7,290,000	1905
XII	亚拿克	25	16	631 R	21,200,000	13,200,000	1951
XI	卡梅	41	25	692 R	22,600,000	14,000,000	1938
VIII	帕西法厄	57	35	735 R	23,500,000	14,600,000	1908
IX	辛诺伯	34	21	758 R	23,700,000	14,700,000	1914
土星							
XVIII	潘	20	12	0.575038	133,583	83,004	1990
XV	阿特拉斯	32	20	0.601692	137,665	85,541	1980
XVI	普罗米修斯	95	59	0.612986	139,377	86,605	1980
XVII	潘多拉	84	52	0.628504	141,713	88,056	1980
XI	爱比米修斯	117	73	*0.694323	*151,413	*94,084	†1980
X	土卫十	178	111	*0.694664	*151,462	*94,114	†1980
I	土卫一	398	247	0.942422	185,536	115,287	1789
II	恩克拉多斯	499	310	1.370218	238,036	147,909	1789
III	蒂锡思	1,060	659	1.887803	294,674	183,102	1684
XIII	泰莱斯托	22	14	**1.887803	**294,674	**183,102	1980
XIV	卡吕普索	19	12	**1.887803	**294,674	**183,102	1980
IV	土卫四	1,120	696	2.736916	377,416	234,515	1684
XII	海琳	32	20	**2.736916	**377,416	**234,515	1980
V	土卫五	1,528	949	4.517503	527,069	327,506	1672
VI	土卫六	5,150	3,200	15.945448	1,221,870	759,230	1655
VII	许珀里翁	266	165	21.276668	1,481,090	920,310	1848
VIII	拉佩特思	1,436	892	79.330947	3,561,690	2,213,130	1671
IX	土卫九	220	137	550.48 R	12,952,000	8,048,000	1898
天王星							
VI	科迪莉亚	26	16	0.335033	49,752	30,914	1986
VII	奥菲利亚	32	20	0.376409	53,764	33,407	1986
VIII	比安卡	44	27	0.434577	59,165	36,763	1986
IX	克雷西达	66	41	0.463570	61,767	38,380	1986
X	苔丝狄蒙娜	58	36	0.473651	62,659	38,934	1986
XI	朱丽叶	84	52	0.493066	64,358	39,990	1986
XII	鲍西娅	110	68	0.513196	66,097	41,071	1986
XIII	罗莎琳德	58	36	0.558459	69,927	43,451	1986
XIV	比琳达	68	42	0.623525	75,255	46,761	1986
XV	普克	154	96	0.761832	86,004	53,440	1985
V	米兰达	472	293	1.413479	129,848	80,684	1948
I	天卫一	1,158	719	2.520379	190,390	118,638	1851
II	天卫二	1,169	727	4.144146	265,980	165,272	1851
III	天卫三	1,578	980	8.705865	436,278	271,091	1787
IV	天卫四	1,523	946	13.463232	583,427	362,525	1787
海王星							
III	那伊阿德	58	36	0.294396	48,227	29,967	1989
IV	西尔拉塞	80	50	0.311485	50,075	31,115	1989
V	德斯皮内	148	92	0.334655	52,526	32,638	1989
VI	伽拉忒亚	158	98	0.428745	61,953	38,496	1989
VII	拉里沙	192	119	0.554654	73,548	45,701	†1989
VIII	普罗蒂斯	403	250	1.122316	117,647	73,102	1989
I	海卫一	2,705	1,681	5.876854 R	354,759	220,437	1846
II	海卫二	340	211	360.13538	5,513,410	3,425,880	1949
冥王星							
	查仑	1,230	764	6.387242	19,636	12,201	1978

R 表示逆行运动（与行星的自转方向相反）。
* 表示卫星爱比米修斯和土卫十周期地互换运行轨道——平均公转周期0.694590天、平均距离是151,452公里（94,108英里）。
** 表示卫星泰莱斯托和土卫卡吕普索长周期运行轨道与卫星蒂锡思运行轨道是相同的，卫星海琳运行轨道与土卫四运行轨道相同。
† 表示卫星爱比米修斯和土卫十的推测性数据是在1966年获得的。而卫星拉里沙是在1981年测定的。

■ 肖马克—莱威9彗星上的19块岩石于1994年坠落在木星上 ■

航天飞行

- 最短的载人宇宙飞行是由乘坐水星—红石3号飞船的阿伦·谢泼德创下的。此次飞行持续了15分28秒。
- 最长的载人宇宙飞行持续437天17小时58分16秒。瓦列里·波利雅科夫乘联盟TM18飞船飞往和平号空间站,返回时乘联盟TM20。
- 最强的载人火箭推进器推力为3,402,000千克,最小推力为35,381千克。
- 美国已经进行了次数最多的宇宙飞行(113次),在宇宙中的时间总计为1413天1小时。
- 苏联/俄罗斯已进行83次宇宙飞行,在宇宙中的时间最长——5623天10小时。

■ 哥伦比亚号航天飞机1996年2月22日发射,载有7名机组人员。

载人宇宙飞行

1961年

1 东方1号(苏联第1次飞行):4月12日,尤里·加加林历时1小时58分-在1小时48分后弹射离开飞船,单独着陆。

2 自由7号(美国第1次飞行):5月5日,阿伦·谢泼德,历时15分28秒,成功地进行亚轨道飞行。

3 独立钟7号(美国第2次飞行):7月21日,格斯·格里索姆,历时15分37秒,飞船坠毁。

4 东方2号(苏联第2次飞行):8月6日,格曼·季托夫,历时1天1小时18分,时年25岁,是进入太空的最年轻的宇航员。

1962年

5 友谊7号(美国第3次飞行):2月20日,约翰·格伦,历时4小时55分23秒,他是第一个完成轨道飞行的美国宇航员。

6 奥罗拉7号(美国第4次飞行):5月24日,斯科特·卡彭特,历时4小时56分5秒,着陆超越目标402.3公里(250英里)。

7 东方3号(苏联第3次飞行):8月11日,安德列·尼古拉耶夫,历时3天22小时25分。

8 东方4号(苏联第4次飞行):8月12日,帕维尔·波波维奇,历时2天22小时59分,与东方3号飞船曾靠近到6.4公里(4英里)。

9 西格玛7号(美国第5次飞行):10月3日,沃利·施拉,历时9小时13分11秒,溅落于太平洋。

1963年

10 信心7号(美国第6次飞行):5月15日,戈登·库珀,历时1天10小时19分49秒,是美国最后一次单人飞行。

11 东方5号(苏联第5次飞行):6月14日,瓦列里·比果夫斯基,历时4天23小时7分2秒,创下单人飞行的纪录。

12 东方6号(苏联第6次飞行):6月16日,瓦加京娜·捷列什科娃,历时2天22小时50分8秒,成为第一位女宇航员。

1964年

13 上升1号(苏联第7次飞行):10月12日,弗拉基米尔·马洛夫、康斯坦丁·费奥克季斯托夫和鲍里斯·叶戈洛夫,历时1天17分3秒,这是最冒险的一次飞行,宇航员没穿宇航服。

1965年

14 上升2号(苏联第8次飞行):3月18日,帕维尔·别利亚耶夫和阿列克谢·列昂诺夫,列昂诺夫成为世界上第一位在太空行走的人。

15 双子星座3号(美国第7次飞行):3月25日,格斯·格里索姆和约翰·杨,历时4小时52分51秒,格里索姆成为第一个第二次进入太空的人。

16 双子星座4号(美国第8次飞行):6月3日,詹姆斯·玫克迪维特和爱德华·怀特,历时4天1小时56分12秒,爱德华·怀特成为美国第一位在太空行走的人。

17 双子星座5号(美国第9次飞行):8月21日,戈登·库珀和查尔斯·康拉德,历时7天22小时55分14秒,创下新纪录。

18 双子星座7号(美国第10次飞行):12月4日,弗兰克·鲍曼和詹姆斯·洛弗尔,历时13天18小时35分1秒,打破耐力纪录。

19 双子星座6号(美国第11次飞行):12月15日,沃利·施拉和汤姆·斯坦福德,历时1天1小时51分54秒,与双子星座7号会合。

1966年

20 双子星座8号(美国第12次飞行):3月16日,尼尔·阿姆斯特朗和大卫·斯科特,历时10小时41分26秒,实施了世界上第一次太空对接后紧急着陆。

21 双子星座9号(美国第13次飞行):6月3日,汤姆·斯坦福德和尤金·塞尔南,历时3天20分50秒,实现会合,宇航员在太空行走。

22 双子星座10号(美国第14次飞行):7月18日,约翰·杨和迈克尔·柯林斯,历时2天22小时46分39秒,实现对接,宇航员在太空行走。

23 双子星座11号(美国第15次飞行):9月12日,查尔斯·康拉德和理查德·戈登,历时2天23小时17分8秒,利用对接后的"阿吉纳"的火箭推进系统,使双子星座11号高度升到1368公里(850英里)。

24 双子星座12号(美国第16次飞行):11月11日,詹姆斯·洛弗尔和埃德温·奥尔德林,历时3天22小时34分31秒,实现对接,宇航员在太空中行走2小时。

1967年

25 联盟1号(苏联第9次飞行):4月23日,弗拉基米尔·库马洛夫,历时1天2小时47分52秒,降落伞失控,库马洛夫遇难。

1968年

26 阿波罗7号(美国第17次飞行)10月11日,沃利·施拉、多恩·埃塞拉和沃尔特·坎宁安,历时10天20小时9分3秒,进行地球轨道试验。

27 联盟3号(苏联第10次飞行):10月26日,乔治·别列佐沃伊,历时3天22小时50分45秒,没能与联盟2号对接。

28 阿波罗8号(美国第18次飞行):12月21日,弗兰克·博尔曼、詹姆斯·洛弗尔和威廉·安德斯,历时6天3小时42分,绕月球轨道飞行。

1969年

29 联盟4号(苏联第11次飞行):1月14日,弗拉基米尔·沙塔洛夫,历时2天23小时20分47秒,与联盟5号的两名宇航员一起返回地面。

30 联盟5号(苏联第12次飞行):1月15日,鲍里斯·沃雷诺夫、阿列克谢·叶利谢耶夫和叶甫盖尼·赫鲁诺夫,历时3天54分15秒,对接后从5号飞船转移到联盟4号。

31 阿波罗9号(美国第19次飞行):3月3日,詹姆斯·麦克迪维特、大卫·斯科特和拉塞尔·施威卡特,历时10天1小时54分秒,在地球轨道上对登月舱进行试验。

32 阿波罗10号(美国第20次飞行):3月18日,汤姆·斯坦福德、约翰·杨和尤金·塞尔南,历时8天3分23秒在月球轨道上试验登月舱。

33 阿波罗11号(美国第21次飞行):7月17日,尼尔·阿姆斯特朗、迈克尔·柯林斯和埃德温·奥尔德林,历时8天3小时18分35秒,阿姆斯特朗和奥尔德林在月球上行走。

34 联盟6号(苏联第13次飞行):10月11日,乔治·肖尼和瓦列里·库巴索夫,历时4天22小时42分47秒,进行了焊接试验。

35 联盟7号(苏联第14次飞行):10月12日,阿那托尔·弗里特琴科、伏拉基斯拉夫·沃尔科夫和维克多尔·佐尔巴特科,历时4天22小时40分23秒,与联盟8号曾靠近到488米(1600英尺)。

36 联盟8号(苏联第15次飞行):10月13日,弗拉基米尔·沙塔洛夫和阿列克谢·叶利谢耶夫,历时4天22小时51分49秒,进行观测。

37 阿波罗12号(美国第22次飞行):11月14日,查尔斯·康拉德、理查德·戈登和阿伦·比恩,历时10天4小时36分25秒,在勘测者3号附近定点着陆。

1970年

38 阿波罗13号(美国第23次飞行):4月11日,詹姆斯·洛弗尔、杰克·斯威格特和弗

■ 9000块大到空间站、小到移动电话的碎片在太空中飘游

雷德·黑塞，历时5天22小时54分41秒，执行任务55个小时后，服务舱爆炸，全体人员使用登月舱艰难地返回地面。

39 **联盟9号**（苏联第16次飞行）：6月1日，安德列·尼古拉耶夫和维特尔·塞瓦斯季诺夫，历时17天16小时58分50秒，创下耐力新纪录。

1971年

40 **阿波罗14号**（美国第24次飞行）：1月31日，阿伦·谢泼德、斯图尔特·鲁沙和埃德加·米切尔，历时9天2小时57分，谢泼德是在月球上行走的唯一一位水星计划宇航员。

41 **联盟10号**（苏联第17次飞行）：4月23日，弗拉基米尔·沙塔洛夫、阿列克谢·叶里谢耶夫和尼古·卢卡维什尼科夫，历时1天23小时45分，没能与礼炮1号空间站对接。

42 **联盟11号**（苏联第18次飞行）：6月6日，乔治·多勃罗沃尔斯基、弗拉基斯拉·沃尔科夫和维克多尔·帕特沙耶夫，历时23天18小时21分43秒，飞船减压，3名宇航员遇难。

43 **阿波罗15号**（美国第25次飞行）：7月26日，大卫·斯科特、阿尔弗雷德·沃丹和詹姆斯·欧文，历时12天7小时11分53秒，首次使用月面车。

1972年

44 **阿波罗16号**（美国第26次飞行）：4月16日，约翰·杨、肯·马丁利和查尔斯·杜克，历时11天1小时51分50秒，使用了月面车。

45 **阿波罗17号**（美国第27次飞行）：12月7日，尤金·塞尔南、罗·伊文斯和杰克·施密特，历时12天13小时51分59秒，最后一次载人登月考察。

1973年

46 **天空实验室2号**（美国第28次飞行）：5月25日，查尔斯·康拉德、乔·克尔温和保罗·威尔特兹，历时28天49分49秒，天空实验室1号空间站落成。

47 **天空实验室3号**（美国第29次飞行）：7月28日，阿伦·比恩、欧文·加里特和杰克·路斯玛，历时59天11小时9分4秒，为天空实验室1号空间站工作。

48 **联盟12号**（苏联第19次飞行）：9月27日，瓦西里·拉扎列夫和奥列格·马卡罗夫，历时15分32秒，太空运送工具试验。

49 **天空实验室4号**（美国第30次飞行）：11月16日，格里·卡恩、爱德华·吉布森和比尔·波格，历时84天1小时15分31秒，为天空实验室1号空间站工作。

50 **联盟13号**（苏联第20次飞行）：12月18日，彼得·克里木克和瓦列金·列别杰夫，历时7天20小时55分35秒，执行科学研究任务。

1974年

51 **联盟14号**（苏联第21次飞行）：7月3日，帕维尔·波波维奇和尤里·阿季沃克金，历时15天17小时30分28秒，首次执行太空间谍任务。

52 **联盟15号**（苏联第22次飞行）：8月26日，吉耶基·塞列凡诺夫和列甫·丹米，历时2天0小时12分11秒，没能与礼炮3号对接。

53 **联盟16号**（苏联第23次飞行）：12月2日，阿那托里·弗里塔琴科和尼古拉·卢卡维什尼科夫，历时5天22小时23分35秒，进行美苏合太空飞行演习。

1975年

54 **联盟17号**（苏联第24次飞行）：1月11日，阿列克谢·古马列夫和乔治·格列琴科，历时29天13小时17分49分45秒，登上礼炮4号。

55 **联盟18-1号**（苏联第25次飞行）：4月5日，瓦西里·拉扎列夫和奥列格·马卡罗夫，历时21分27秒，二级助推器失控，飞行失败。

56 **联盟18号**（苏联第26次飞行）：5月24日，彼得·克里木克和维特里·塞瓦斯季诺夫，历时62天23小时20分钟，登上礼炮4号。

57 **联盟19号**（苏联第27次飞行）：7月15日，阿列谢·列昂诺夫和瓦列里·库巴索夫，历时5天22小时30分51秒，与阿波罗18号对接。

58 **阿波罗18号**（美国第31次飞行）：7月15日，汤姆·斯坦福德、范斯·布兰德和德克·斯雷顿，历时9天1小时28分24秒，与联盟19号对接。

1976年

59 **联盟21号**（苏联第28次飞行）：7月6日，鲍里斯·沃雷诺夫和维特里·兹哈洛勃夫，历时49天6小时23分32秒，礼炮5号空间站的新成员。

60 **联盟22号**（苏联第29次飞行）：9月22日，瓦列里·比长夫斯基、弗拉基米尔·阿克西奈夫，历时7天21小时52分17秒，对地球进行勘测。

61 **联盟23号**（苏联第30次飞行）：10月14日，维雅琴斯拉夫·佐追夫和瓦列里·罗泽德斯特文斯基，历时2天0小时6分35秒，没能与礼炮5号对接。

1977年

62 **联盟24号**（苏联第31次飞行）：2月7日，维克多尔·佐马特科和尤里·格拉兹科夫，历时17小时25分50秒，礼炮5号空间站的新成员。

63 **联盟25号**（苏联第32次飞行）：10月9日，弗拉基米尔·科瓦里奥诺克和瓦列里·赖尤米，历时2天0小时44分45秒，没能与礼炮6号对接。

64 **联盟26号**（苏联第33次飞行）：12月10日，尤里·罗曼年科和乔治·格拉琴科，历时96天10小时0分7秒，为礼炮6号空间站工作，打破耐力新纪录。

1978年

65 **联盟27号**（苏联第34次飞行）：1月10日，弗拉基米尔·兹哈白科夫和奥列格·马卡罗夫，历时5天22小时58分58秒，为礼炮6号工作。

66 **联盟28号**（苏联第35次飞行）：3月2日，阿列克谢·古巴列夫和弗拉基米尔·列麦克，历时7天22小时16分。列麦克是捷克洛伐克人，他是第一个除美国人和苏联人以外进入太空的宇航员。

67 **联盟29号**（苏联第36次飞行）：6月15日，弗拉基米尔·科瓦里奥诺克和亚历山大·伊万琴科夫，历时139天14小时47分53秒，为礼炮6号空间站工作。

68 **联盟30号**（苏联第37次飞行）：6月27日，彼得·克里木克和米洛斯拉诺·赫尔马斯兹沃斯基，历时7天22小时2分59秒，赫尔马斯兹沃斯基是波兰人。

69 **联盟31号**（苏联第38次飞行）：8月26日，瓦列里·比夫斯基和西格蒙德·简，历时7天29小时49分7秒，简是东德人。

1979年

70 **联盟32号**（苏联第39次飞行）：2月25日，弗拉基米尔·利雅克霍夫和瓦列里·赖尤米，历时175天0小时35分37秒，参观礼炮6号空间站。

71 **联盟33号**（苏联第40次飞行）：4月10日，尼古拉·卢卡维什尼科夫和乔治·伊万诺夫，历时1天23小时1分6秒，没能与礼炮6号对接，伊万诺夫是保加利亚人。

1980年

72 **联盟35号**（苏联第41次飞行）：4月9日，列尼德·波波夫和瓦列里·赖尤米，历时184天20小时11分35秒，执行两次太空任务。

73 **联盟36号**（苏联第42次飞行）：5月26日，瓦列城·库巴索夫和伯塔生·法卡斯，历时7天20小时45分44秒，访问礼炮6号空间站。法卡斯是匈牙利人。

74 **联盟T2号**（苏联第43次飞行）：6月5日，尤里·马利谢夫和弗拉基米尔·阿克西奥诺夫，历时3天22小时19分30秒，试验新型联盟号。

75 **联盟37号**（苏联第44次飞行）：7月23日，维克多尔·佐尔巴尔和凡明·段，参观礼炮6号空间站。段是越南人。

76 **联盟38号**（苏联第45次飞行）：9月18日，尤里·罗曼年科和阿诺多·曼德兹，历时7天20小时43分24秒，曼德兹是古巴人。

77 **联盟T3号**（苏联第46次飞行）：11月27日，列尼德·基兹姆、奥列格·马卡罗夫和吉那思尔卡森夫，历时12天19分钟42秒，为礼炮6号空间站运送维修人员。

1981年

78 **联盟T4号**（苏联第47次飞行）：3月12日，弗拉基米尔·科瓦里奥诺克和维克多尔·萨维尼金，历时74天17小时37分23秒，在礼炮6号空间站。

79 **联盟39号**（苏联第48次飞行）：3月22日，弗拉基米尔·兹哈白科夫和贾德米米·格拉格查，历时7天20小时42分3秒，参观礼炮6号空间站，格拉格查是蒙古人。

80 **哥伦比亚STS 1号**（美国第32次飞行）：4月12日，约翰·杨和鲍勃·克里佩恩，历时2天6小时20分52秒，这是航天飞机的首次飞行。

81 **联盟40号**（苏联第49次飞行）：5月15日，列尼德·波波沃和杜米特普鲁内拉，历时7天20小时41分52秒，礼炮6号空间站新成员。普鲁纳约是罗马尼亚人。

82 **哥伦比亚STS 2号**（美国第33次飞行）：11月12日，乔·伊格和迪克·特鲁利，历时2天6小时13分11秒，第二次试验飞行。

1982年

83 **哥伦比亚STS 3号**（美国第34次飞行）：3月22日，杰克·路斯玛和戈登·富勒顿，历时8天4分46秒，第三次试验飞行。

84 **联盟T5号**（苏联第50次飞行）：5月13日，阿那托尔·别列兹伊和瓦伦丁·列比道沃，历时211天9小时4分50秒，第一次参观礼炮7号空间站。

85 **联盟T6号**（苏联第51次飞行）：6月24日，弗拉基米尔·兹哈白科夫、亚历山大·伊万琴科和吉恩-路伯·克拉蒂恩，历时7天21小时50分52秒，参观礼炮7号空间站，克拉蒂恩是法国人。

86 **哥伦比亚STS 4号**（美国第35次飞行）：6月27日，肯·马丁利和汉克·哈兹菲尔德，历时7天1小时9分31秒，进行军事飞行。

87 **联盟T7号**（苏联第52次飞行）：8月19日，列尼德·波波夫、亚历山大·塞列伯洛夫和斯维特兰娜·莎维茨卡雅，历时7天21小时52分24秒，莎维茨卡娅是第二位到太空的女宇航员。

88 **哥伦比亚STS 5号**（美国第36次飞行）：11月11日，范斯·布兰德、罗伯特·奥维迈尔、乔·阿伦和威廉·利维伊，历时5天2小时14分26秒，航天飞机的第一次商业飞行。

1983年

89 **挑战者STS 6号**（美国第37次飞行）：4月4日，保罗·威特斯、卡洛尔·鲍勃科、唐·彼得森和斯托里·默斯格雷夫，历时5天0时23分42秒，施放1号追踪和数据中继卫星。

90 **联盟T8号**（苏联第53次飞行）：4月20日，弗拉基米尔·蒂托夫、吉那基·斯特列克洛夫和亚历山大·塞列布洛夫，历时2天17分48秒，没能与空间站对接。

91 **挑战者STS 7号**（美国第38次飞行）：6月18日，鲍勃·克里佩恩、里克·霍克、约翰·范比兹、莎莉·赖德和诺曼·撒加德，历时6天2小时24分10秒，执行卫星发射任务。萨莉是美国第一位进入太空的女宇航员。

92 **联盟T9号**（苏联第54次飞行）：6月27日，弗拉基米尔·利雅克霍夫和亚历山大·亚历山德洛夫，历时149天10小时46分，在礼炮7号空间站执行任务。

93 **挑战者STS 8号**（美国第39次飞行）：8月30日，里查伯·特鲁利、丹·布兰州斯坦、格奥因·布拉福特、戴尔·加德纳和威廉·桑恩顿，历时6天1小时8分40秒，夜间发射、夜间着陆。

联盟T10-1号（苏联）：9月27日，弗拉基米尔·蒂托夫和吉那塞·斯特列克洛夫，历时5分30秒，发射器在发射台爆炸，工作人员被发射安全系统救下。

94 **哥伦比亚STS 9号**（美国第40次飞行）：11月28日，约翰·杨、布鲁斯特、肖、欧文·加里特、罗伯特·帕克、拜伦·利切坦伯格和尤尔夫·默博德，历时10天7小时47分23秒，建立宇宙实验室1号。默博德是德国人。

1984年

95 **挑战者STS 41B号**（美国第41次飞行）：2月3日，范斯·布兰德、罗伯特·吉尔森、布鲁斯·麦坎德利斯、罗纳德·麦克南尔、罗纳德·麦克南，历时7天23小时15分54秒，麦坎德利斯首次利用载人装置在空间自由行走。

96 **联盟T10号**（苏联第55次飞行）：2月8日，列尼德·基兹姆、弗拉基米尔·索洛夫、奥列格·阿特库夫，历时236天22小时49分4秒，执行的是一次最长的载人太空任务。

97 **联盟T11号**（苏联第56次飞行）：4月3日，尤里·马利谢夫、吉那基·斯特列克洛夫和夏尔马，历时7天21小时40分，参观礼炮7号空间站。夏尔马是印度人。

98 **挑战者STS 41C号**（美国第42次飞行）：4月6日，鲍勃·克里佩恩、迪克·斯科比、乔治·纳尔逊、特里·哈特和詹姆斯·范·霍夫顿，历时6天23小时40分5秒，维修太阳能麦克斯卫星。

99 **联盟T12号**（苏联57次飞行）：7月17日，弗拉基米尔·兹哈白科夫、斯维特兰娜·萨维茨卡雅和奥列格·沃尔克，历时11天19小时14分36秒，萨维茨卡娅成为第一位在宇宙中行走的女宇航员（在礼炮7号空间站外）。

100 **发现STS 41D号**（美国第43次飞行）：8月30日，汉克·哈次斯比恩、蒂斯蒂文·科茨、朱迪·雷斯尼克、蒂斯蒂文、理查德·穆里根、莱恩和查理沃克，历时6天56分4秒，发射三颗卫星。

▶ 载人宇宙飞行中的第一

第一位进入太空的人：尤里·加加林（苏联），1961年4月12日
第一位完成轨道飞行的美国人：约翰·格伦，1962年2月20日
第一位进入太空的女宇航员：瓦加京娜·捷列什科娃（苏联），1963年6月16日
第一位在太空中行走的宇航员：阿列克谢·列昂诺夫（苏联），1965年3月18日
第一位进行两次太空飞行的：格伦·格里索姆（美国），1965年3月25日
第一艘机动太空飞船：双子星座3号（美国），1965年3月25日
第一次在太空中会合：双子星座6号和双子星座7号（美国），1965年12月16日
第一次对接：双子星座8号（美国），1966年3月16日
第一次晚间发射：联盟1号（苏联），1967年4月23日
第一次飞往月球：阿波罗8号（美国），1968年12月21日
第一次单独绕月球轨道飞行：约翰·杨（美国，）1969年3月18日
第一次在月球上着陆：阿波罗11号（美国），1969年7月17日
第一位登上月球的男宇航员：尼尔·阿姆斯特朗和埃德温·奥尔德林（美国），1969年7月17日
第一次月球着陆：联盟10号（苏联），1971年4月23日
第一次军事飞行：联盟14号（苏联），1974年7月3日
第一位非美国人、非苏联人进入太空的宇航员：弗拉基米尔·列麦克（捷克斯洛伐克），1978年3月2日
第一次在太空自由行走：布鲁斯·麦坎德利斯（美国），1984年2月3日
第一位进行太空中行走的女宇航员：斯维特兰娜·萨维茨卡娅（苏联），1984年7月17日
第一位进入太空的母亲：安娜·菲希尔（美国），1984年11月8日
第一位太空乘客——观察员：雅克·加恩（美国），1985年4月12日
第一位乘坐俄罗斯和美国火箭进入太空的人：塞杰·克里科列夫（俄罗斯）曾经乘坐联盟TM7号（1988年）、TM12号（1991年）和STS60号（1994年）
第一位进入太空的英国人：海伦·沙曼，1991年5月18日

■ 已 有 2 4 人 去 过 月 球 旅 行， 登 上 月 球 的 人 数 已 达 1 2 人 ■

航天飞行

■ 1972年阿波罗17号飞行是最后一次载人月球探险。火箭在月球上静海东部着陆,宇航员带回110公斤月球岩石。

101 挑战者STS 41G号（美国第44次飞行）：10月5日,鲍勃·克里佩思、乔思·麦克布莱德、赖德、凯茜、萨利文大卫·李斯特马、加尼尤和保罗·斯科利·鲍威尔,历时8天5小时23分33秒,萨利文是美国第一位在太空行走的女宇航员,加尼尤是加拿大人。

102 发现STS 51A号（美国第45次飞行）：11月8日,里克·霍克、戴维·沃克、乔·阿伦、戴尔·加德内尔和安娜·菲尔尔,历时7天23小时45分54秒,两次太空中行走,回收失控的通讯卫星。

1985年

103 发现STS 51C号（美国第46次飞行）：1月24日,肯·马丁利、洛伦·史利弗、埃利森·奥尼丘卡、詹姆斯·布奇、格雷·佩顿,历时3天1小时33分13秒,执行军事任务。

104 发现STS 51D号（美国第47次飞行）：4月12日,卡尔·鲍勃卡、唐·威廉姆斯、雷亚·塞顿、杰夫·霍夫曼、戴维·格里戈斯、查理·沃克,历时6天23小时55分23秒,发射3颗通信卫星,参议员捷克·加恩成为第一位宇宙乘客观察者。

105 挑战者STS 51B号（美国第48次飞行）：4月27日,鲍勃·奥沃麦克、弗雷德·格雷戈里、唐·莱恩德、威廉·桑顿、诺曼·塞格德、洛威克·范·登、伯格·泰勒、王,历时7天8分50秒,执行3号空间实验室研究任务。

106 联盟T13号（苏联第58次飞行）：6月6日,弗拉基米尔·德沙涅科波夫、维克多·沙维奇克,历时112天3小时12分,彻底检修系统失控后的礼炮7号宇宙飞船。

107 发现STS 51G号（美国第49次飞行）：6月17日,唐·布兰登斯坦、约翰·格雷顿、香农·露西德、史蒂夫·纳吉尔、约翰·费比恩、帕特里克·鲍德里、艾贝道尔·阿齐兹·阿尔沙德,历时7天1小时38分58秒,执行卫星施放及研究任务,艾贝道尔·阿尔沙德王子来自沙特阿拉伯。

108 挑战者STS 51F号（美国第50次飞行）：7月20日,戈登·富勒顿、罗伊·布里奇斯、卡尔·海尼泽、安东尼·英格兰、默斯雷夫、约翰·巴托、洛伦·阿克顿,历时7天21小时45分27秒,执行2号空间实验室研究任务。

109 发现STS 51I号（美国第51次飞行）：8月27日,乔·英格、迪克·考威、威廉·费希尔、詹姆斯·范·霍夫腾、迈克·洛恩格,历时7天2小时14分42秒,发射3颗卫星,捕获、维修并重新施放了利萨特3号卫星,并进行太空行走。

110 联盟T14号（苏联第59次飞行）：9月17日,弗拉基米尔·瓦斯尤金、乔吉·格雷契科、亚历山大·沃尔科夫,历时64天21小时52分,瓦斯尤金生病后任务缩短。

111 亚特兰蒂斯STS 51J号（美国第52次飞行）：10月3日,卡洛尔·鲍勃卡、朗·格拉伯、戴尔·希尔默斯、鲍勃·斯图尔特、威廉·佩利斯,历时4天1小时45分30秒,执行军事任务。

112 挑战者STS 61A号（美国第53次飞行）：10月30日,汉克·哈特斯菲尔德、史蒂夫·纳吉尔、邦妮·邓巴、吉昂·格鲁福特、詹姆斯·奇奇、恩斯特·梅塞奇米特、莱恩哈·弗洛、仕伯·奥克尔斯,历时7天44分51秒,执行西德出资的空间实验室D1任务,奥克尔来自荷兰,负责记录任务。

113 亚特兰蒂斯STS 61B号（美国第54次飞行）：11月27日,布鲁斯特·可赖利、奥塞纳、玛丽·克利夫、杰里·罗斯、舍伍德·斯普林、鲁道夫·内里·维拉、查理·沃克,历时6天21小时4分50秒,内里·维拉来自墨西哥,进行太空行走时完成了组装任务。

1986年

114 哥伦比亚飞机STS 61C号（美国第55次飞行）：1月12日,罗伯特·吉布森、查尔斯·博尔登、富兰克林·张·戴兹、乔治·尼尔森、史蒂夫·霍雷、罗伯特·森克、比尔·尼尔森,历时6天2小时4分9秒,推迟时间最长的一次发射。

挑战者STS 51L号（美国）：1月28日,迪克·斯科比、迈克·史密斯、朱迪恩·雷斯尼克、罗纳德·麦克奈尔、埃里森·奥尼丘卡、克里斯塔·迈克奥里、格雷·加维斯,历时73秒,在14,330米(47,000英尺)高空爆炸,宇航员全部遇难。这是美国第一次在航行过程中发生的灾难。

115 联盟号T15号（苏联第60次飞行）：3月13日,列奥尼德·柯吉姆、弗拉基米尔·索拉沃夫,历时125天1分,第一项任务是到达新的和平号空间站,也与礼炮7号宇宙飞船对接。

1987年

116 联盟TM2号（苏联第61次飞行）：9月5日,尤里·罗曼年科、亚历山大·拉维金,历时326天11小时38分,在和平号空间站上由罗曼年科创下连续行时间新纪录。

117 联盟TM3号（苏联第62次飞行）：7月22日,亚历山大·维克多年科、亚历山德罗夫、穆罕默德·菲尔斯,历时7天23小时4分5秒,法里斯来自叙利亚。

118 联盟TM4号（苏联第63次飞行）：12月21日,弗拉基米尔·基多夫、阿那托尼·列夫柴科、阿那托力·斯基托夫,历时365天22小时39分,季托夫和梅内罗夫历经一年的太空飞行。

1988年

119 联盟TM5号（苏联第64次飞行）：6月7日,阿那托力·索洛沃夫、维克多·萨维罗夫、亚历山大·亚历山德罗夫,历时9天20小时10分,和平号空间站的新成员。

120 联盟TM6号（苏联第65次飞行）：8月31日,弗拉基米尔·卢亚科夫、瓦列里·波鲁亚科夫、艾历亚丁·莫哈默德,历经8天20小时27分,莫哈默德来自阿富汗。

121 发现STS 26号（美国第56次飞行）：9月29日,赖克·霍克、迪克·考威、迈克·鲁思纳、截维·海尔默森、乔治·尼尔森,历时4天1小时11分钟,挑战者号发生灾难32个月后,美国重返太空。

122 联盟TM7号（苏联第66次飞行）：11月26日,亚历山大·沃尔科夫、塞杰·克里科列夫、吉恩·洛普·克雷坦,历时151天11小时10分,参观和平号空间站。法国人克雷坦成为第一位非美国人、非苏联人进行太空行走的法国人。

123 亚特兰蒂斯STS 27号（美国第57次飞行）：12月2日,罗伯特·吉布森、盖·加德纳、杰里·罗斯、迈克·默雷恩、威廉·谢泼德,历时4天9小时5分35秒,执行军事任务。

1989年

124 发现STS 29号（美国第58次飞行）：3月13日,迈克尔·科兹、约翰·布莱哈、詹姆斯·布奇、詹姆斯·巴奇埃、罗伯特·斯普林格,历时4天23小时38分52秒,施放跟踪和数据传送卫星。

125 亚特兰蒂斯STS 30号（美国第59次飞行）：5月4日,戴维·沃克、朗·格拉伯、诺曼·塞格德、玛丽·克里夫、马克·李,历时4天57分31秒,施放了麦哲伦金星宇宙飞船。

126 哥伦比亚STS 28号（美国第60次飞行）：8月8日,布鲁斯特·肖、理查德·理查兹、戴维·李斯特曼、詹姆斯·艾德姆森、马克·布朗,历时5天1小时9分,执行军事任务,施放KH-12间谍卫星。

127 联盟TM8号（苏联第67次飞行）：9月6日,亚历山大·维克多年科、亚历山大·谢尔布晚夫,在和平号轨道空间站工作了166天6小时58分,苏联第一次试验可控载人飞行器。

128 亚特兰蒂斯STS 34号（美国第61次飞行）：10月18日,唐纳德·威廉斯、迈克尔·麦考利、香农·露西德、富兰克林-张·戴兹、埃伦·贝克,历时4天23小时39分24秒,施放了伽利略号木星轨道探测器。

129 发现STS 33号（美国第62次飞行）：11月22日,弗雷德里克·格雷戈里、约翰·布莱哈、斯托尔·默斯格雷夫、曼利·卡特、凯思林·桑顿,历时5天6分46秒,执行军事任务。

1990年

130 哥伦比亚STS 32号（美国第63次飞行）：1月9日,作兰顿斯坦、詹姆斯·韦塞比、邦妮·邓巴、玛莎·伊文斯、戴维·洛,历时10天21小时37分,从轨道上回收长期工作卫星。

131 联盟TM9号（苏联第68次飞行）：2月11日,阿那托力·莎拉法夫、亚历山大·瓦兰丁,在和平号空间站工作179天21小时19分,进行7小时空间行走,创苏联新纪录。

132 亚特兰蒂斯STS 36号（美国第64次飞行）：2月28日,约翰·格雷顿、约翰·卡斯帕、皮尔斯·默雷恩、戴维·默斯顿、皮埃尔·瑟尔特,历时4天10小时18分22秒,执行军事任务。

133 发现STS 31号（美国第65次飞行）：4月24日,劳伦·史利弗、查尔斯·波顿、史蒂文·霍雷、布鲁斯·麦坎德莱斯、凯思林·苏利文,历时5天1小时16分6秒,施放哈勃空间望远镜。

134 联盟TM10号（苏联第69次飞行）：8月1日,吉纳蒂·马那卡夫、吉纳蒂·斯特卡洛夫,在和平号空间站工作了130天19小时36分。

135 发现STS 41号（美国第66次飞行）：10月5日,理查德·理查兹、罗伯特·坎伯纳、托马斯·阿克斯、布鲁斯·麦尼克、威廉·谢泼德,历时4天2小时10分12秒,发射尤利西斯号太阳近地极探测器。

136 亚特兰蒂斯STS 38号（美国第67次飞行）：11月15日,理查德·考威、弗兰克·卡尔伯森、罗伯特·斯普林格、卡尔·米德、萨姆·吉马,历时4天21小时54分27秒,执行军事任务。

137 哥伦比亚STS 35号（美国第68次飞行）：12月2日,范斯·布兰德、盖伊·加德纳、杰夫·霍夫曼、朗·帕格、罗伯特·帕克、罗纳德·帕里斯、塞缪尔·杜兰斯,在宇宙1号观测站工作8天23小时5分7秒。

138 联盟TM11号（苏联第70次飞行）：12月2日,维克多·阿法那苏耶夫、缪萨·马那罗夫、丰广秋山,在和平号空间站工作175天1小时51分18秒。丰广秋山是日本记者。

1991年

139 亚特兰蒂斯STS 37号（美国第69次飞行）：4月5日,史蒂文·纳吉恩、肯·卡梅伦、杰伊·艾普特、琳达·戈德温、杰里·罗斯,历时5天23小时33分44秒,建立伽马射线观测站。

140 发现STS 39号（美国第70次飞行）：4月28日,迈克尔·科兹、布莱恩·哈蒙德、古昂·布鲁弗德、格雷戈里·哈勃、理查德·希伯、唐纳德·麦克莫哥哥、查尔斯·维奇,历时8天7小时22分2秒,执行星球大战研究任务。

141 联盟TM12号（苏联第71次飞行）：5月18日,安那托里·亚特塞巴斯基、谢尔盖·克里卡尔沃夫、海伦·沙曼,历时144天15小时22分,沙曼是进入太空的第一位英国人,乘联盟号TM11飞船返回地面。

142 哥伦比亚STS 40号（美国第71次飞行）：6月5日,布赖恩·奥康纳、西德尼·古杰莱兹、詹姆斯·贝根、特马兹·詹妮肯、雷亚·西顿、德鲁·加夫尼、米莉·休弗特、弗朗西斯·加涅,历时9天2小时14分20秒,执行空间实验室生命科学1号任务。

143 亚特兰蒂斯STS 43号（美国第72次飞行）：8月2日,约翰·布莱、迈克尔·贝卡、詹姆斯·艾德姆森、戴维·洛、香农·露西德,历时8天21小时21分25秒,施放了跟踪和数据中继卫星。

144 发现STS 48号（美国第73次飞行）：9月12日,约翰·克雷顿、肯尼思·莱特富、马克·布朗、詹姆斯·布朗、萨姆·杰玛,历时5天8小时27分34秒,施放了地表大气层研究卫星。

145 联盟TM13号（苏联第72次飞行）：10月2日,亚历山大·沃尔科夫、塔克加·奥巴基洛夫、弗朗兹·维尔勃克,历时175天2小时52分,奥巴洛夫是进入太空的第一位哈萨克人,维尔勃克是进入太空的第一位奥地利人。

146 亚特兰蒂斯STS 44号（美国第74次飞行）：11月24日,弗雷德里克·格雷戈里、特伦斯·亨里克斯、詹姆斯·默斯格雷夫、马里奥·兰科、詹姆斯·沃尔顿、托马斯·亨恩,历时6天22小时50分42秒,施放国防标准化规划（DSP）预警卫星,执行侦察任务,亨恩成为美国第一位太空间谍。

1992年

147 发现STS 42号（美国第75次飞行）：1月22日,罗纳德·格雷比、史蒂文·奥斯瓦尔德、诺曼·塞格德、戴维·希尔莫斯、威廉·莱蒂、罗伯塔·邦达、乌尔夫·梅伯特,历时8天1小时14分45秒,执行国际微重力实验室任务。

148 联盟TM14号（俄罗斯第1次飞行）：3月17日,亚历山大·维克多年科、亚历山大·卡列城、克劳斯·维特列奇,在和平号空间站工作了145天14小时10分。

149 亚特兰蒂斯STS 45号（美国第76次飞行）：3月24日,查尔斯·波顿、布赖恩·杜菲、凯思林·萨利文、迈克尔·弗利、戴维·李斯特曼、拜伦·里奇姆伯格、德克·弗里蒙特,历时8天22小时9分25秒,执行宇宙科学任务,弗里蒙特是第一位进入太空的比利时人。

150 奋进STS 49号（美国第77次飞行）：5月7日,丹·布兰登斯坦、凯文·奇顿、里克·希尔伯、布鲁斯·梅尔尼克、皮埃尔·瑟特、凯思林·桑姆、汤姆·阿克斯,历时8天22小时17分38秒,回收6号国际通信卫星并把它重新送回地球静止轨道,瑟特、希尔伯和阿克创下8小时29分太空行走新纪录。

151 哥伦比亚STS 50号（美国第78次飞行）：6月25日,理查德·理查兹、卡尔·里斯、鲍沃索克斯、邦妮·杜巴、埃伦·贝克、卡尔·米德、劳伦斯·德鲁卡诺、尤金·特里恩,历时13天19小时30分4秒,执行美国1号微重力实验室任务。

152 联盟TM15号（俄罗斯第2次飞行）：7月27日,安那托力·索拉沃夫、谢尔盖·阿乌捷耶夫、迈克尔·多哥尼尔,和平号空间站新成员,历时188天21小时40分。

■ 已有146人在太空行走过,其中12人曾在月球上行走过 ■

5 太空中最有经验的宇航员

	飞行次数	时间天数	时数
① 瓦列里·波利雅科夫（俄罗斯）	2	678	16
② 缪沙·马那可夫（苏联/俄罗斯）	2	541	0
③ 亚历山大·维克多年科（苏联/俄罗斯）	4	489	1
④ 谢尔盖·科里卡列夫（苏联/俄罗斯）*	3	471	14
⑤ 安那托里·索拉沃夫（苏联/俄罗斯）*	4	457	7

* 包括在美国航天飞机上的时间

注：太空中最有经验的女宇航员是香农·露西德（美国），她曾经进行五次太空飞行，在太空中共度过223天5小时（包括在俄罗斯和平号空间站度过的时间）。

153 亚特兰蒂斯STS 46号（美国第79次飞行）：1992年7月31日，劳伦·史利弗，安德鲁·埃伦，克劳德·尼科尔斯，马莎·艾格·斯，杰夫·霍夫曼，富兰克林·张·戴兹，弗兰科·梅勒巴，历时7天23小时15分5秒，施放了尤里卡卫星和可控卫星，尼科尔斯是第一位瑞士宇航员，梅勒巴是进入太空的第一位意大利人。

154 奋进STS 47号（美国第80次飞行）：9月12日，罗伯特·吉布森，柯蒂斯·布朗，马克·李，杰伊·艾普特，简·戴维斯，梅·詹姆森，梅ginia·莫里，历时7天22小时31分11秒，执行日本空间实验室J任务，李和戴维斯是太空的第一对夫妇。

155 哥伦比亚STS 52号（美国第81次飞行）：10月22日，詹姆斯·谢波德，塔马拉·杰尼肯，史蒂文·麦克莱恩，尤里奇·贝兰，查尔斯·维奇，威廉·谢波德，历时9天20小时56分13秒，执行科学研究任务。

156 发现STS 53号（美国第82次飞行）：12月2日，大卫·沃尔，罗伯特·卡巴那，吉昂·布鲁弗德，詹姆斯·沃斯，迈克尔·克利福德，历时7天7小时19分17秒，航天飞机最后一次执行美国国防部任务。

1993年

157 奋进STS 54号（美国第83次飞行）：1月13日，约翰·卡斯帕，唐纳德·麦克蒙哥，格雷戈里·哈勃，马里奥·伦科，苏珊·海尔默斯，历时5天23小时38分17秒，执行施放又太空行走任务。

158 联盟TM16号（俄罗斯第3次飞行）：1月24日，吉那蒂·马那科夫，亚历山大·波利丘克，历时19天44分，和平号空间站的人员替换工作。

159 发现STS 56号（美国第84次飞行）：4月8日，肯尼思·卡梅伦，史蒂芬·奥斯瓦尔德，迈克尔·弗勒，肯尼思·科克里尔，埃伦·欧乔，历时9天6小时8分19秒，执行阿特拉斯2号实验室任务。

160 哥伦比亚STS 55号（美国第85次飞行）：4月26日，史蒂文·纳吉尔，汤姆·亨里克斯，杰里·罗斯，查尔斯·普里科特，伯纳德·哈勃，尤里奇·沃特，汉斯·斯科里盖尔，历时9天23小时39分59秒，执行德国出资的D2号太空实验室任务。

161 奋进STS 57号（美国第86次飞行）：6月21日，罗纳德·格拉比，布赖恩·杜菲，戴维·洛，南希·夏洛克，杰夫·维索夫，珍妮斯·沃斯，历时9天23小时46分1秒，回收尤里卡卫星。

162 联盟TM17号（俄罗斯第4次飞行）：7月1日，瓦西里·德布鲁夫，亚历山大·谢布罗夫，吉恩·皮埃尔·海特涅里，历时196天17小时45分，替换和平号空间站的工作人员，谢布鲁夫执行5次太空行走任务，使他个人太空行走次数达到10次，创下新纪录。

163 发现STS 51号（美国第87次飞行）：9月12日，弗兰克·卡尔伯特森，威廉·里德，詹姆斯·纽曼，丹尼尔·邦奇，卡尔·沃尔兹，历时9天20小时11分7秒，施放了音响控制和遥测系统通信卫星。

164 哥伦比亚STS 58号（美国第88次飞行）：10月18日，约翰·布拉哈，理查德·希尔斯，里尔·西顿，威廉·麦克阿瑟，戴维·沃尔夫，沙伊·露西德，马丁·费特曼，历时14天3分32秒，执行太空实验室生命科学2号任务。

165 奋进STS 61号（美国第89次飞行）：12月2日，理查德·考威，肯·鲍沃索克斯，克劳德·科尔特利，斯托里·马斯格雷夫，杰夫·霍夫曼，汤姆·阿克森，凯瑟琳·桑顿，历时10天19小时58分33秒，执行保养和维护哈勃望远镜任务。

1994年

166 联盟TM18号（俄罗斯第5次飞行）：1月8日，维克多·阿法那苏耶夫，尤里·乌沙切夫，瓦列里·波利雅科夫，历时182天27分，重新登上和平号空间站，波利亚科夫继续留在和平号空间站，创下了437天的纪录。

167 发现STS 60号（美国第90次飞行）：2月3日，查尔斯·波顿，肯尼思·莱特勒，富兰克林·张·戴兹，肯·戴维斯，朗·西尔，谢尔盖·科里卡列夫，历时8天7小时9分22秒，克里卡列夫是执行美国任务的第一位俄罗斯宇航员。

168 哥伦比亚STS 62号（美国第91次飞行）：3月4日，约翰·卡斯帕，安德鲁·埃伦，皮埃尔·塞特，萨姆·杰姆，玛莎·埃文斯，历时13天23小时16分33秒，轨道连续飞行时间列第三位。

169 奋进STS 59号（美国第92次飞行）：4月9日，西德尼·冈蒂尔莱兹，凯文·奇尔顿，琳达·戈德温，杰伊·艾普特，迈克尔·克利福德，托马斯·约翰斯，历时11天5小时49分30秒，执行太空雷达实验室任务。

170 联盟TM19号（俄罗斯第6次飞行）：7月1日，尤里·马兰契科，塔尔柯·科加纳，缪沙·马那耶夫，历时125天22小时53分，他们成为和平号空间站的新成员。

171 哥伦比亚STS 65号（美国第93次飞行）：7月8日，罗伯特·卡巴那，詹姆斯·霍尔塞，理查德·海尔勃，卡尔·沃兹，莱里·奇奥，唐纳德·托马斯，奇亚基·内托-缪凯，历时14天17小时55分1秒，执行2号国际微重力实验室任务。

172 发现STS 64号（美国第94次飞行）：9月9日，迪克·理查兹，布赖恩·哈蒙斯，卡尔·米德，马克·李，苏珊·海尔默斯，杰里·莱尼格，历时10天22小时49分57秒，执行地球观测、科学和太空行走任务。

173 奋进STS 68号（美国第95次飞行）：9月30日，迈克·贝克，特里·威尔特科，汤姆·琼斯，史蒂文·史密斯，杰夫·维尔科夫，丹·布尔希，历时11天5小时46分9秒，执行太空雷达2号实验室地球观测任务。

174 联盟TM20号（俄罗斯第7次飞行）：10月3日，亚历山大·维克多年科，叶丽娜·康达科娃，尤尔夫·梅波林，历时169天5小时21分20秒，康达科娃是第一位进行长时间太空飞行的妇女。

175 亚特兰蒂斯STS 66号（美国第96次飞行）：11月3日，唐纳德·麦克蒙哥里，科蒂斯·布朗，埃伦·奥科亚，斯科特·帕拉丘斯库，约瑟夫·泰勒，简·弗朗西斯·克莱姆，历时10天22小时34分2秒，执行阿特拉斯3号地球大气研究任务。

1995年

176 发现STS 63号（美国第97次飞行）：2月3日，詹姆斯·维瑟比，艾琳·柯林斯，迈克尔·弗勒，伯纳德·哈里斯，詹姆斯·福林，弗拉基米尔·基多夫，历时8天6小时28分15秒，与和平号空间站会合。

177 奋进STS 67号（美国第98次飞行）：3月2日，史蒂文·奥斯瓦尔德，比尔·格雷戈里，温迪·劳伦斯，塔马拉·杰尼肯，约翰·格兰斯菲尔德，萨姆·杜朗斯，朗·帕里斯，历时16天15小时8分47秒，执行太空2号天文研究任务。

178 联盟TM21号（俄罗斯第8次飞行）：3月14日，弗拉基米尔·杰兹罗夫，吉纳蒂·斯特莱卡洛夫，诺曼·萨格德，历时115天8小时44分，和平号空间站新成员，首次与美国宇航员同往和平号空间站。

179 亚特兰蒂斯STS 71号（美国第99次飞行）：6月27日，罗伯特·吉布森，查尔斯·普里科特，埃伦·贝克，邦妮·杜巴，格雷戈里·哈勃，阿那托利·索拉沃夫，尼尔森·巴达林，历时9天19小时23分7秒，第一次执行航天飞机与和平号空间站对接任务。

180 发现STS 70号（美国第100次飞行）：7月13日，汤姆·亨里克斯，克雷戈尔，唐·托马斯，南希·夏洛克，玛丽·埃伦·弗伯，历时8天23小时20分5秒，施放跟踪和数据中转卫星。

181 联盟TM22号（俄罗斯第9次飞行）：9月3日，尤里·吉多年科，谢尔盖·阿乌捷耶夫，托马斯·雷特，历时179天1小时42分，替换和平号空间站宇航员。

182 奋进STS 69号（美国第101次飞行）：9月7日，戴维·沃克，肯·科克雷尔，詹姆斯·纽曼，迈克·杰恩哈斯，历时10天20小时29分52秒，执行施放和回收卫星以及太空行走任务。

183 哥伦比亚STS 73号（美国第102次飞行）：10月20日，肯·鲍沃索克斯，肯特·罗明格，凯瑟琳·桑顿，迈克尔·洛皮加尔吉尔，阿尔伯特·塞什，历时15天21小时52分，执行美国2号微重力实验室任务。

184 亚特兰蒂斯STS 74号（美国第103次飞行）：11月12日，肯·卡梅伦，詹姆斯·海尔沙尔，杰里·罗斯，比尔·麦克阿瑟，克里斯·哈德菲尔德，历时8天4小时30分44秒，执行第二次航天飞机与和平号空间站对接任务。

1996年

185 奋进STS 72号（美国第104次飞行）：1月11日，布赖恩·比菲，布伦特·杰特，莱里·奇奥，丹尼尔·巴里，温斯顿·斯哥特凯尔奇，毛·毛卡塔，历时8天22小时41分，执行施放、回收卫星以及太空行走任务。

186 联盟TM23号（俄罗斯第10次飞行）：2月21日，尤里·奥努弗雷恩科，尤里·尤沙契夫，历时172天1小时30分，和平号空间站新成员。

187 哥伦比亚STS 75号（美国第105次飞行）：2月22日，安德鲁·埃伦，斯科特·霍韦兹，莫里奇奥·切得，克劳德·尼科莱斯，安伯托·吉多里，历时15天17小时40分22秒，将可控卫星系统重新送入轨道，控制停止。

188 亚特兰蒂斯STS 76号（美国第106次飞行）：3月22日，凯文·奇顿，理查德·希尔斯，罗纳德·塞格，里奇·克里弗德，琳达·戈德温，香农·露西德，历时9天5小时15分53秒把香农·露西德送上和平号空间站。

189 奋进STS 77号（美国第107次飞行）：5月19日，约翰·卡斯帕，科蒂斯·布朗，丹·伯斯奇，马里奥·伦科，安德鲁·任马斯，马克·加尼奥，历时10天39分18秒，执行卫星施放及回收任务。

190 哥伦比亚STS 78号（美国第108次飞行）：6月20日，汤姆·亨里克斯，凯文·克里盖尔，苏珊·海尔默斯，查尔斯·布拉斯，理查德·莱尼汉，琼·雅克·费布尔，罗伯特·瑟斯科，历时16天21小时47分45秒，执行生命及微重力研究任务。

191 联盟TM24号（俄罗斯第11次飞行）：8月17日，瓦列城·考尔丘，亚历山大·卡列里，克劳蒂尔·塞格列·德索，历时196天19小时26分，和平号空间站新成员，其中有一位法国人。

192 亚特兰蒂斯STS 79号（美国第109次飞行）：9月16日，威兼·里德，特伦斯·威尔科特，汤姆·阿克森，杰罗姆·艾普特，卡尔·沃兹，约翰·布莱哈，历时10天13小时18分26秒，把布莱哈送到和平号空间站替换露西德。

193 哥伦比亚STS 80号（美国第110次飞行）：11月19日，肯·科克里尔，肯特·罗明格，塔玛拉·杰尼肯，托马斯·玉斯，斯托里·马斯格雷夫，历时17天15小时53分26秒，执行卫星施放及回收任务，马斯格雷夫61岁，成为年龄最大的太空旅行者。

1997年

194 亚特兰蒂斯STS 81号（美国第111次飞行）：1月12日，迈克尔·贝克，布兰特·杰特，约翰·格兰斯费尔德，杰夫·维索夫，马莎·埃文斯，杰里·莱尼格，历时10天4小时55分22秒，把杰尼格送到和平号空间站，替换布莱哈。

195 联盟TM25号（俄罗斯第12次飞行）：2月10日，瓦西里·蒂希布鲁耶夫，亚历山大·拉丘金，雷恩霍德·厄瓦尔德，仍然在轨道上运行，和平号空间站新成员，接待第一位德国客人。

196 发现STS 82号（美国第112次飞行）：2月11日，肯·鲍沃索克斯，斯科特·霍罗韦兹，史蒂文·霍威利，马克·李，格雷戈里·哈勃，史蒂文·史密斯，乔·特纳，历时9天23小时37分9秒，进行太空行走及维修哈勃望远镜。

197 哥伦比亚STS 83（美国第113次飞行）：4月4日，吉姆·霍尔塞尔，苏珊·斯特里，詹妮斯·汉斯，唐纳德·托马斯，麦克·杰恩哈德，罗杰·克劳奇，格雷戈里·林特雷期，历时3天23小时12分39秒，微重力飞行失败。

1996年1月17日，当奋进号航天飞机飞过澳大利亚时，宇航员莱罗里·奇奥在航天飞机外进行太空行走。

阿波罗17号在月球上的停留时间最长，共计3天2小时

宗教节日

▶ 犹太人的节日"逾越节"源于犹太人逃离埃及前夕,十大灾难的最后一难逾越犹太人的家园时,只杀死了埃及人的头生子。

▶ 在英格兰,忏悔日也称薄煎饼日,在这一天人们用蛋和肥肉(大斋戒期间禁止食用的食品)做成薄煎饼并作为节日宴的一部分。

▶ 在伊斯兰教创立以前的阿拉伯半岛西部,斋月是所有部落休战的月份。

基督教节日

在一些罗马天主教国家,天主教节日如果是非星期日的某一天,则被移至最近的星期日举行庆祝活动。

主显节——1月6日
主显节是纪念初生耶稣在前来朝见的东方三博士或"三贤人"面前显身。在几个欧洲国家为公共假日。

忏悔日——在2月3日和3月9日之间的某一星期二
四旬斋开始前的最后一天最初是忏悔罪过的日子。后来它逐渐以严格的斋戒前的节日为特征,在葡萄牙、巴西以及德国的部分地区以狂欢的形式庆祝。

圣灰星期三——2月4日和3月10日之间的任何星期三
四旬斋的第一天以将灰洒到忏悔者头上这一传统而得名(现在以基督徒用灰在额头画十字来表示)。

四旬斋——2月到3月或者3月到4月
四旬斋始于圣灰星期三,在圣星期六即复活节的前一天的子夜结束,历时40天。四旬斋是以在此期间进行反思、忏悔和为复活节做准备的形式来纪念的——纪念耶稣在荒野度过的时光。

棕榈主日——3月15日和4月18日之间的任何一个星期日
四旬斋的最后一个星期日标志着耶稣基督进入耶路撒冷,当时路两侧排列着棕榈枝。

濯足节——3月19日和4月22日之间的任何一个星期四
在四旬斋的最后一个星期四来庆祝这一节日,这个名字源于拉丁词dies mandat,意为"训令日",指的是耶稣训令他的弟子互相友爱。在罗马天主教,它以教士象征性洗脚为特征,来纪念耶稣为其弟子洗脚。

耶稣受难日——3月20日到4月23日之间的任何一个星期五
纪念耶稣被钉死在十字架上,在大多数基督教国家为公共假日。

圣星期六(或复活节前夜)——3月21日至4月24日之间的任何一个星期六
经常被误称为"复活节星期六",圣星期六是四旬斋的最后一天。

复活节——3月22日至4月25日之间的任何一个星期日
在3月21日(或以后)的第一个满月后星期日庆祝耶稣复活。如果满月日正赶上星期日,复活节庆祝活动就在下一个星期日举行,在计算过程中使用一种假想的周期在29天和30天之间变化的"历月"。东正教的复活节来得迟一些,因为他们仍在使用恺撒历。在大多数基督教国家里,复活节星期日的后一天为公共假日。

耶稣升天节——4月30日至6月3日之间的任何一个星期四
耶稣升天节是在复活节后第40天庆祝的,在许多基督教国家为公共假日。

圣灵降临节——5月10日至6月13日之间的任何一个星期日
圣灵降临节在复活节以后第七个星期日,庆祝圣灵降临在使徒身上,据说它的英文名字"Whit Sunday来自"White"(白色)Sunday,与新受洗礼的婴儿所穿的白袍有关。圣灵降临节在一些基督教国家也是一个公共假日。

三一节——5月17日至6月20日之间的任何一个星期日
这个节日庆祝(圣父、圣子、圣灵)三位一体。

圣餐节——5月21日至6月24日之间的任何一个星期四
表示对圣餐的挚爱,这一节日在三一节后的星期四庆祝,在许多天主教国家为公共假日。

圣母升天节——8月15日
这一罗马天主教和东正教节日庆祝圣母玛利亚尘世生活结束后,躯体与灵魂进入天堂。在大多数罗马天主教国家和希腊为公共假日。

万圣节——11月1日
纪念教会所有圣徒生命的节日,在一些基督教(主要是罗马天主教)国家为公共假日。

万灵节——11月2日
这是天主教节日。在此日,为正在狱中涤罪的亡魂祈祷,在某些拉丁美洲国家为公共假日。

耶稣降临节——距11月30日最近的星期日(11月27日至12月3日之间的任何星期日)
这一天标志着圣诞节准备工作的开始。这一节日是以拉丁词adventus命名的,意为"来临"。

圣灵怀胎——12月8日
(罗马天主教)纪念圣母玛利亚不受原罪影响而受孕。这一节日在一些天主教国家为公共假日。

圣诞前夕——12月24日
圣诞节的前一天,在一些基督教国家为公共假日。

圣诞节——12月25日
从很早的年代开始,基督徒就开始庆祝耶稣诞生之日(耶稣系圣母玛利亚于公元前4年所生)。然而没有任何证据表明这一历史事件发生在12月25日。虽然东正教在12月25日庆祝圣诞节,但是庆典却在1月举行。

圣史蒂芬节——12月26日
按照传统,圣诞节第二天是交换圣诞礼盒或圣诞礼品的日子。圣史蒂芬节(在某些说英语的国家也称节礼日——Boxing Day)在一些国家为公共假日。

犹太教节日

犹太教节日从所示日期的晚上开始一直持续到第二天日落。其他节日根据犹太日历庆祝(见21页)。相同的日期在格列高利日历上年年变化。

罗希霍迪希节(犹太月中以特别礼拜仪式为标志的每月月初):每月一次的节日,以庆祝新月。

红伯特月15日——新树节
在现代,人们以植树的方式纪念这个节日。

亚达月13日——复活节斋戒日

亚达月14日——普饵日(亦称罗斯节):纪念波斯犹太人在公元前5世纪免遭迫害(见犹太历)。

尼散月14日——头生子斋戒日

尼散月15日——逾越节
纪念犹太人在埃及受奴役继而举族离开埃及。

尼散月27日——燔祭日:纪念大屠杀的受害者(但不被当作公共假日)。

依雅尔月4日——休战纪念日:在现代,此纪念日不被当作公共假日。

依雅尔月18日——"七周斋节"

在西班牙塞维利亚举行的圣餐节的圣餐礼上,正在纪念基督的圣体。

▶ 不固定的基督教节日

圣灰星期三	复活节	耶稣升天节	圣灵降临节	基督降临节	耶稣受难日	东正教复活节
1998年2月25日	1998年4月12日	1998年5月21日	1998年5月31日	1998年11月29日	1998年4月17日	1998年4月19日
1999年2月17日	1999年4月 4日	1999年5月13日	1999年5月23日	1999年11月28日	1999年4月 9日	1999年4月11日
2000年3月 8日	2000年4月23日	2000年6月 1日	2000年6月11日	2000年12月 3日	2000年4月28日	2000年4月30日
2001年2月28日	2001年4月15日	2001年5月24日	2001年6月 3日	2001年11月28日		
2002年2月13日	2002年3月13日	2002年5月 9日	2002年5月19日			

■ 现有证据表明耶稣的生日在9月而不是12月

的第三十三天

依雅尔月28日——耶路撒冷日

息汪月6~7日——纪念摩西在西奈山启示律法日

息汪月20日——斋戒日

塔慕次月17日——斋戒日

阿布月9日——斋戒日（圣殿遭劫纪念日）

阿布月15日——阿布月15日节

以禄月1日——以禄月1日节

提希里月1日和2日——新年：此节日庆祝犹太历的新年，同时也开始了十日的忏悔，于赎罪日结束（见下文）。这十天被认为是对全人类的审判日，许多犹太律法在这段时间规范人的行为，包括严格禁止各种庆祝性娱乐活动以及工作。

提希里月3日——基大利斋日

提希里月10日——赎罪日：在犹太历中，这庄严而神圣的一天是在祈祷和斋戒中度过的，并且以和解的方式认罪。

提希里月15日或16日到22日或23日——住棚节：纪念犹太人逃出埃及后的流浪生活。住棚节是根据booth（临时窝棚）一词而命名的。流浪期间犹太人住在棚子里。在以色列这一节日以一系列半天的公共假日来纪念。

提希里月22日或23日——圣会节：住棚节的最后一天，单独庆祝。

提希里月23日——庆法节：庆祝犹太教部分经文的完成。

基斯利夫月25日——提别月2日——犹太人灵光节的八天（奉献教堂节，另外称作灵光节）：纪念对塞琉西帝国的反抗和纪念在公元前164年再度奉献耶路撒冷泰普尔大教堂（见犹太教历21页）。这八天的节日以歌曲、蜡烛、盛宴和给孩子礼物为特征。

提别月10日——提别月10日节

伊斯兰教节日

下面许多节日在伊斯兰教国家为公共假日。因为这些假日是根据伊斯兰教阴历来庆祝的（见21页），所以相应的日期在格列高利历法中年年不同。

集会日——每周在星期五举行的节日

回历元月1日——新年

回历元月1日至10日——在回历正月最初十天内举行的穆斯林节日（新年）

回历4月12日——穆罕默德诞生节

回历7月26日——穆罕默德夜行和耶稣升天节

回历8月15日——宽恕夜

回历9月1日至29或30日——斋月：每年一次持续一个月的斋戒，届时要求每日从黎明到日落严守斋戒。

回历10月1日——开斋节：在斋月结束时以设宴和祭坟来庆祝。

回历12月9日——阿拉法特日

回历12月——麦加朝圣

回历12月10日——献祭节：标志着麦加朝圣结束。

印度教节日

一月
冬至节：庆祝冬天开始的节日。

奶粥节：印度南部的收获节日。

无遮大会：每十二年举行一次的节日，届时礼拜者在恒河与朱大拿河的汇合处洗澡。

一月至二月
萨拉斯瓦蒂节：纪念女神萨拉斯瓦蒂的节日。

湿婆夜：（七日丧期的盛大夜晚）：通过守夜、许愿、斋戒和对湿婆神的礼拜来庆祝。

二月至三月
罗摩克里希纳节（2月20日）：为印度教圣徒罗摩克里希纳而举行的节日。

好利节：以篝火和投洒红色粉末为特征的载歌载舞的节日。

湿婆神节：纪念湿婆神，在打坐中度过的主要节日。

三月至四月
罗摩诞辰节：在圣洁和斋戒中庆祝罗摩的诞生。

哈努曼神节：纪念哈努曼神。

四月至五月
新年：以赠送礼物、设宴、祈祷和在圣水中沐浴等方式庆祝。

五月至六月
除十节：纪念女神干格，信徒在恒河的圣水中洗浴。

每周的休息日

犹太教的安息日（或休息日），从星期五日落到星期六日落，在所有宗教中是一个真正的休息日。上帝在一周的第七天停止创造工作，并且赐福于犹太人，这一天他们不承担世俗的工作，比如做饭、耕种，而是全身心投入到精神的休养中去。当然，人道主义的行为受到鼓励。犹太人以不同的方式庆祝安息日，即使在以色列也如此，有句俗语道"在特拉维夫玩乐，在耶路撒冷祈祷"。

星期日，一周的第一天，是基督教的圣日，庆祝耶稣复活。在这一圣日里，根据第四条戒律禁止工作，有些基督徒严格遵循礼拜、祈祷和学习圣经的方式，并拒绝参与体育活动，而一些基督徒则参加世俗的娱乐活动。

星期五是穆斯林每周的圣日。即使在像沙特阿拉伯这样的国家里，也不得不在中午祈祷期间停止工作。但是，在基督教或犹太教的每周圣日停止生意这一西方做法使得一些穆斯林国家的许多公共机构在整个这一天都停止办公。这一天通常是（由那些能够支付得起的穆斯教教徒）以为穷人准备额外的食物这一方式来度过的。

其他宗教趋于没有特殊的每周一次的圣日，新月和满月的日子在伊斯兰、印度和佛教中是很普及的，但是信徒必须把宗教仪式与世俗生活联系起来。

■ 一个穆斯林教徒在菲律宾的赞伯安加清真寺中做午间祈祷。

六月至七月
乘车节：纪念宇宙全能的主克里希纳。

七月至八月
蛇节：此节日庆祝蛇的诞生。礼拜者们把一罐罐牛奶倒在湿婆教堂的蛇身上。

佩镯节：古老的节日，在此节日里，姐妹们把手腕饰品送给她们的兄弟以避开邪恶的灵魂。

八月至九月
象头神诞辰节：纪念象头神格内希的节日。

黑天诞辰节：纪念克里希纳诞生的节日。

九月至十月
九夜节：在九个夜晚里纪念女神难近母。

甘地诞辰节（10月2日）：纪念穆罕默德·甘地诞生。

排灯节（10月或11月）：纪念财富女神吉祥天女的主要节日。在此期间，商人开设新账户。庆祝活动包括走亲访友、交换礼物、装饰房间、设宴以及穿新衣服。

■ 在每十二年举行一次的印度教节日恭婆梅拉节期间，孩子们庆祝克里希纳的一生。

■ 斋月期间白天禁食，禁饮，并且禁行房事 ■

时间的度量

- 1752年当英国采用格列高利历法的时候，民众在街上抗议要求还回他们的11天。
- 计算机采用二进位制而不是四进位制记录年代。这在1999年末会使计算机失灵——"千年隐患"。
- 主观性时间是这样一种感觉：当你娱乐开心的时候，时间走得很快，否则就慢下来。
- 按照爱因斯坦的理论，你走得越快，时间走得越慢。

时间

- 根据某种定义是：时间是存在的不断流逝。
- 时间流逝的速度取决于观测者的速度。

像距离一样，时间把事件和物体分隔开，因此被看作是现实四维空间之一。实际上，现代物理学并没把空间和时间加以区分，而是把它们看作一个统一体——时空。但是时间不同于长度、宽度和深度，它不是被直接测量的，而是通过观测时间流逝对物体影响的方式来测量的。只是近来，时间才得到精确的测量。

秒

时间的基本单位是秒，它最初被定义为一日的1/86,400。但是地球并不是一个可靠的计时器，于是寻找精确的替换物。

科学家们决定采用原子计时。在原子内部，就时间而言存在着有规律并且精确的活动，于是秒就根据铯原子的自然振动进行了重新定义。对科学家来说，一秒钟就是铯-133原子振动9,192,631,770次所需要的时间。

日和年

自然的周期给早期的人类提供了参照物，据此测量时间。也许时间流逝最明显的标志是日，即地球围绕自己的轴旋转一周所用的时间。一个太阳日持续24小时，并且是根据平太阳（想像的匀速运动的太阳，与真实的变速运动的太阳形成对比）测量出来的。

一个恒星日是根据恒星相对固定的参照物计算得出的，是同一颗星连续通过观测者的子午线所需的间隔时间（子午圈是从正北到正南的一条假想线。经过观察者正上方的一点）。一个恒星日为23小时56分4秒。

一年是地球围绕太阳公转一周所需的时间，地球真正的公转周期为365天6小时9分10秒，称为一个恒星年，这是根据平太阳测量出来的（见上文）。然而，使事情复杂的是，地轴的方向并不是固定的而是变化的，这种影响称为岁差。结果是太阳穿过天空的表面路线对于星星来讲一直是变化的，一个回归年补偿了这一点，计算出的时间长度为365天5小时48分5秒，回归年被用作我们的历法的根据。

计时工具和钟表

最早的时间测量工具是日规，约始于公元前3500年的中东。日规由一个在圆盘上投下阴影的称作日规指针的盘或标杆组成；阴影所指的方向表明太阳的位置，以此来表示白天的时间。机械钟，由垂下的重体驱动，出现于14世纪的欧洲，虽然中国人早在好几个世纪前就知道这种钟了。最初的机械表，由盘绕的主发条驱动，是在16世纪制成的。这些计时工具日益提高的精确性使人们把时间划分成时和分，这种划分在大约1600前年被普遍采用。由钟摆驱动的第一台钟是在1656年由一个名叫克里斯蒂安·惠更斯（1629～1695）的荷兰物理学家发明的。精确的钟现在可以相对便宜地被生产出来，而且在下一个世纪左右有摆的落地式大摆钟将在人们的家庭里普及。

然而，由于轮船的运动，有钟摆的钟不能用在轮船上，于是英国经度委员会为发明航海所用的航行表提供奖金。约翰·哈里森（1693～1776）经过七年的工作，于1735年制造出第一块航行表。这一发明使得欧洲航海者能够进一步远航，并且描绘出精确的地图。

在时钟制造的其他突破包括第一批电池钟，它是1840年首先开发出来的，直到1906年才得以完善。手表大约在1900年问世。

石英钟和原子钟

随着技术越来越先进，计时也越来越精确。最早的石英钟出现在1929年。它通过一块被通上电压的石英晶体的振动而工作。这样的摆动在10年精确到1秒以内，现在大多数日用钟表的心脏部分都使用这种成本低廉的石英晶体。

原子钟是于1948年在美国开发出来的。原子钟测量铯元素的原子和分子的共振频率。原子钟在1,600,000年内精确到1秒。

共同报时的原子钟的世界性体系提供了协调的世界时（UTC）。科学家们通过采用这些钟的平均值能够获得更精确的时间。然而，由于地球表面和地球转动的微小波动，这些原子钟也不是绝对的精确。为了这些校正误差，一年中通常在6月末或12月末偶尔插进"闰秒"。

时间测量方面近期的成就是坐落于英国格林威治的一座原子钟的问世，它从沿轨道运行的五个卫星那里接收时间信号，这些信号免除地表失真。这样的技术提供了当今能得到的最精确时间测量法。

■ 图中所示为德国日规，是早期测量时间流逝的方式之一。

■ 荷兰物理学家克里斯蒂安·惠更斯（1629～1695）设计的重体驱动摆钟的钟鸣控制机理详图。

■ 这块航海表于1759年由约翰·哈里森（1693～1776）制造，被用于海上测量时间和经度。

■ 十亿秒大约等于31年8个月1星期1天

历法

▶ 儒略历被采用的那年以"混乱年"著称,因为几乎没有人完全理解这种变化。

▶ 法国共和历每月都有一个描述性的名字。各月的译名如下:葡萄月、雾月、霜月、雪月、雨月、风月、芽月、花月、牧月、收获月、热月、果月。

儒略历与格列高利历

最普遍使用的历法是格列高利历,这种历法以儒略历为基础。儒略历公元前46年由裘利斯·恺撒创立,以改革与太阳年不同步的令人迷惑的罗马历法。按照埃及天文学家索西琴尼的建议,公元前46年被延长到445天,与太阳年相符,而且三年后紧跟一个闰年,平年每年365天,闰年每年366天。每年分为12个月,除二月28天(闰年多加一天为29天)外,其他月份为30天或31天。

儒略历认为一年的平均长度为365.25天,比天文年稍长一些(长11分4秒)。随着时间的流逝,这种不一致变得更明显了,到1582年儒略历比天文年提前了10天,因此,教皇格列高利十三世通过把1582年10月5日改为1582年10月15日解决了这一问题。这一新制度被称为格列高利历法,而且大多数罗马天主教国家立即采用了这一历法。一些基督教国家直到1700年才接受这种改变。1752年,英国采用了格列高利历法,俄罗斯坚持用儒略历法直到1918年。

为保证儒略历法的微小误差不再重复,能被400整除的年被规定为闰年。因此1600年为闰年,2000年为另一闰年,但1700年、1800年和1900年都不是闰年。格列高利历每年有0.0005天的误差,几百年都不必修正。或许到公元4000年才有必要调整历法,而公元4000年也许会失去闰年地位,尽管在地球与太阳关系中微小的变化还没有使之成为必然。

新年

在中世纪早期,欧洲的基督教国家把3月25日(圣母领报节)当作新年。盎格鲁—撒克逊的英格兰在12月25日标记一年的开始,直到威廉一世颁布法令用1月1日代替了它。然而,英格兰后来也选择3月25日作为新年,与欧洲其他国家取得一致。在16世纪,几个欧洲国家采用1月1日作为新年,而且1582年格列高利历法的问世进一步确定了这一天作为新年。到1715年英国又重新采用1月1日作为新年的时候,它已被大多数基督教国家采用。

月份

一年中的所有月份都来自罗马共和历中相应的月份。因为罗马历法一年从3月开始,9月(september)被认为是第七个月份,因为拉丁语septem意为"七"。同样,10月、11月和12月也因此得名。

1月:31天;以杰雅努斯命名。杰雅努斯为门神,是守卫门户和万物起始之神。
2月:28天(闰年29天);以罗马2月15日涤罪节命名。
3月:31天;以战神马尔斯命名。
4月:30天;可能以阿佛洛狄特(希腊语,相当于罗马女神维纳斯)命名;也可能来自拉丁语aperire一词,意为"开",指春天百花开放。
5月:31天;以迈亚神(战神)命名。
6月:30天;以朱诺神(罗马女神,主司生育、婚姻)命名。
7月:31天;以公元前44年的裘利斯·凯撒命名。
8月:31天;以公元前8世纪的奥古斯都皇帝命名。
9月:30天;源于拉丁语septem(意为"七")。
10月:31天;源于拉丁语octo(意为"八")。
11月:30天;源于拉丁语novem(意为"九")。
12月:31天;源于拉丁语decem(意为"十")。

每周的天

一周内每一天的英语名字一般都来源于北欧神话,只有星期六除外,源于拉丁语。

星期天:以太阳命名。
星期一:以月亮命名。
星期二:以与北欧神话中奥丁之子提尔神相对应的盎格鲁-撒克逊神蒂乌命名。
星期三:以与北欧神话中战神奥丁对应的盎格鲁—撒克逊神沃登命名。
星期四:以北欧神话中的协神,奥丁长子托尔命名。
星期五:以北欧神话中爱情女神,奥丁之妻弗利嘉命名。
星期六:以罗马农业和耕作之神萨杜恩命名。

季节

冬至和夏至,源于拉丁语sol(太阳)和sistere(静止停留),是一年中太阳离赤道最远的两次,而且太阳似乎停止不动。春分和秋分,

---

▶ 伊斯兰教日历

伊斯兰教历法以阳历年为基础,始于伊斯兰教纪元(儒略历公元622年),当时穆罕默德从麦加旅行到麦地那。

伊斯兰历以30年为一周期。在30年的周期中,第2年、第5年、第7年、第10年、第13年、第16年、第18年、第21年、第24年、第26年、第29年为闰年。伊斯兰教纪元制主要用于伊朗、土耳其、沙特阿拉伯和其他阿拉伯半岛国家、埃及、马来西亚及印度的部分地区。

伊斯兰年由12个月组成,每月在30天和29天之间更迭。在闰年,要在第12月都尔黑哲月的月末加上一天。这意味着平年有355天,而闰年有356天。闰年在日历上额外加一天是为了协调该月第一天的日期与实际的新月日期相一致。有些穆斯林把可以见到弦月的夜晚当作该月的第一天。月亮在莱麦丹月、即斋月尤为重要。根据《古兰经》,穆斯林在开始和结束斋戒之前必须用肉眼看见新月。

	天数	伊斯兰年1418(公元1997~1998)	伊斯兰年1419(公元1998~1999)
回历一月	30	5月9日–6月7日	4月28日–5月27日
回历二月	29	6月8日–7月8日	5月28日–6月25日
回历三月	30	7月7日–8月5日	6月26日–7月25日
回历四月	29	8月6日–9月3日	7月26日–8月23日
回历五月	30	9月4日–10月3日	8月24日–9月22日
回历六月	29	10月4日–11月1日	9月23日–10月21日
回历七月	30	11月2日–12月1日	10月22日–11月20日
回历八月	29	12月2日–12月30日	11月21日–12月19日
回历九月	30	12月31日–1998年1月29日	12月20日–1999年1月18日
回历十月	29	1月30日–2月27日	1月19日–2月16日
回历十一月	30	2月28日–3月29日	2月17日–3月18日
回历十二月	29*	3月30日–4月27日	3月19日–4月16日

* 闰年为30天

▶ 犹太历

据认为犹太历自公元前9世纪就普遍使用。它以《圣经》中的计算方法为基础。这种计算方法把创世纪作为公元前3761年。犹太历中节日和斋戒的复杂规则导致了可能有六种不同年份的方法:

最小平年(353天);规则平年(354天);满平年(355天);最小闰年(383天);规则闰年(384天)和满闰年(385天)。

犹太历分为12个月,每月或者29天或者30天。第13月被加在日历中19年一个周期的第3年、第6年、第8年、第11年、第14年、第17年和第19年。这个月,即阿达月,包括在阿达月出现的所有宗教节日。犹太新年始于提市黎月。

	天数	犹太年5758(公元1997~1998)	犹太年5759(公元1998~1999)
提市黎月	30	10月2日–10月31日	9月21日–10月20日
赫舍汪月	29/30[1]	11月1日–11月29日	10月21日–11月19日
基色娄月	29/30[1]	11月30日–12月29日	11月20日–12月19日
提别月	29	12月30日–1998年1月27日	12月20日–1998年1月17日
细伯特月	30	1月28日–2月26日	1月18日–2月16日
阿达月	29[2]	2月27日–3月27日	2月17日–3月17日
闰阿达月[3]	29		
尼散月	30	3月28日–4月26日	3月18日–4月16日
伊雅尔月	29	4月27日–5月25日	4月17日–5月15日
息汪月	30	5月26日–6月24日	5月16日–6月14日
塔慕次月	29	6月25日–7月23日	6月15日–7月13日
阿布月	30	7月24日–8月22日	7月14日–8月12日
以禄月	29	8月23日–9月20日	8月13日–9月10日

[1] 根据年份的不同可能是29天或者30天
[2] 闰年为30天
[3] 插入月份

格列高利历每一千年误差不超过半天

源于拉丁语aeualis（相等）和nox（夜），是一年中白天和黑夜长度相等的两次，也是太阳越过赤道的时候。最长的一天就是日出与日落间隔时间最长的那天，正好是夏至。夏至和冬至以及春分和秋分为天文学划分四季提供了基础。在北半球这四季是：

春季：从春分（大约3月21日）到夏至（6月21日或22日）。
夏季：从夏至（6月21日或22日）到秋分（大约9月21日）。
秋季：从秋分（大约9月21日）到冬至（12月21日或22日）。
冬季：从冬至（12月21日或22日）到春分（大约3月21日）。

在南半球，情况正相反，北半球的春季、夏季、秋季、冬季则分别是南半球的秋季、冬季、春季、夏季。

中国历法

中国历法已经存在了大约2500年，它是以阴历一年为基础的。由12个月组成，每月在29天和30天之间交迭，共354天，大约正好满12个阴历周期。

为保持历法与太阳年一致，历法中插入了闰月。月份被编上号，有时还有一个12生肖中的名字，12生肖在中国历法中通常与年份或时辰联系在一起。中国的新年始于太阳进入宝瓶宫后的第一次新月，按格列高利历法正在1月21日和2月19日之间。

中国一直使用古代历法，直到在1911年推翻最后一个清朝皇帝建立共和政体为止。在此之后，开始使用格列高利历法。尽管旧的历法在1930年被正式废止，新年仍然是一个民族节日，旧的历法仍在中国、新加坡、马来西亚和某些华人社区以非正式的形式广泛地使用。阴历的每一年都与12生肖中的一个相关，每隔12年轮回一次。对于20世纪而言，生肖年份如下：

鼠年	1900, 1912, 1924, 1936, 1948, 1960, 1972, 1984, 1996, 2008
牛年	1901, 1913, 1925, 1937, 1949, 1961, 1973, 1985, 1997, 2009
虎年	1902, 1914, 1926, 1938, 1950, 1962, 1974, 1986, 1998, 2010
兔年	1903, 1915, 1927, 1939, 1951, 1963, 1975, 1987, 1999, 2011
龙年	1904, 1916, 1928, 1940, 1952, 1964, 1976, 1988, 2000, 2012
蛇年	1905, 1917, 1929, 1941, 1953, 1965, 1977, 1989, 2001, 2013
马年	1906, 1918, 1930, 1942, 1954, 1966, 1978, 1990, 2002, 2014
羊年	1907, 1919, 1931, 1943, 1955, 1967, 1979, 1991, 2003, 2015
猴年	1908, 1920, 1932, 1944, 1956, 1968, 1980, 1992, 2004, 2016
鸡年	1909, 1921, 1933, 1945, 1957, 1969, 1981, 1993, 2005, 2017
狗年	1910, 1922, 1934, 1946, 1958, 1970, 1982, 1994, 2006, 2018
猪年	1911, 1923, 1935, 1947, 1959, 1971, 1983, 1995, 2007, 2019

日本历法

日本历法的年、月和周与格列高利历法结构一致，但是年代的编号却不相同。格列高利历法以一宗教事件耶稣诞生为纪元；日本历法以一系列天皇的变更为基础，每个纪元从每个天皇登基开始算起。

日本历法的纪元

最近的四个纪元以最近的四个天皇的统治年代为基础。每个天皇的统治年代都有自己的年号，天皇的个人名字是从不用作年号的。

明治时代：1868年10月13日 – 1912年7月31日（睦仁天皇）
大正时代：1912年8月1日 – 1926年12月25日（良仁天皇）
昭和时代：1926年12月26日 – 1989年1月7日（裕仁天皇）
平成时代：始于1989年1月7日（明仁天皇）

日本历法的月份和天数

月份没有名字，只有编号，一周的每天都各有名字。如下所示：

星期日	日曜日
星期一	月曜日
星期二	火曜日
星期三	水曜日
星期四	木曜日
星期五	金曜日
星期六	土曜日

印度历法

印度历法以统治者或宗教创立者的生死这样的历史事件为基础计算年代。

维克拉马纪元

维克拉马纪元最早出现于印度北部，而且现在仍在印度西部使用。这一纪元按照格列高利历法始于公元前57年2月23日。

萨卡纪元

萨卡纪元按照格列高利历法始于公元78年3月3日，这一纪元以太阳年为基础，从春分开始，一年365天（闰年366天），分成12个月，前五个月31天，余下的七个月30天，如果是闰年，前六个月都是31天。

萨卡纪元于1957年被宣布为国家历法，与格列高利历法同时使用。

佛教纪元

尽管许多佛教派别对佛祖释迦牟尼的涅槃日期认证不一致，但假想的公元前543年释迦牟尼的死亡日期标志着佛教纪元的开始。释迦牟尼的实际涅槃日期是公元前487年。

耆那纪元

耆那纪元始于耆那教创立者瓦德哈马那死亡之年，公元前527年。

袄教纪元

按照格列高利历法，袄教纪元始于公元632年6月16日。

科普特历法

按照格列高利历法，科普特历法始于公元284年8月29日。这种历法因宗教目的现在埃及、埃塞俄比亚和厄立特里亚的许多地区仍在使用。这种历法共有12个月，每月30天，另外补充5天，如果是闰年，再多补充一天。

法国共和历

法国共和历在1793年法国革命后被采用。这种历法在很大程度上违背了格列高利历法体系，它采用了科普特历法的一些结构。

该历法一年分成12个月，每月有30天，在年尾补充5天（闰年6天）。7天一周由10天一旬所代替，每月3旬。这种历法比格列高利历法更世俗、更有规律性，始于1795年9月22日，1806年1月1日被拿破仑一世废除。

该历法的月份与格列高利历法月份的对应关系如下：

葡萄月（9月23日至10月22日）；雾月（10月23日至11月21日）；霜月（11月22日至12月21日）；雪月（12月22日至1月20日）；雨月（1月21日至2月19日）；风月（2月20日至3月21日）；芽月（3月22日至4月20日）；花月（4月21日至5月20日）；牧月（5月21日至6月19日）；收获月（6月20日至7月19日）；热月（7月20日至8月18日）；果月（8月19日至9月22日）。

占星学日历

占星学解释行星和恒星对人类生活的影响。占星家相信当行星处于一特定形状时，如果某一事件发生，那么当这些行星现象重复出现的时候，相似的事情有可能发生。占星学也以详细的有关一个人的出生的时间及地点的行星信息说明人的基本情况。占星学酝酿于大约5000年前的美索不达米亚，在古希腊得到进一步发展，并且被吸收进印度、伊斯兰和西欧文化中。正如炼丹术产生了化学，占星学是天文学的基础。

黄道带是沿着太阳每年的路径两边延伸8°的一条假想带，它被分成12个相等的区域（黄道十二宫），每个区域跨30°。除冥王星外，月球以及其他主要行星轨道都位于黄道带之内，尽管太阳看起来经过每一星座的原始周期不再适用，然而占星家们仍然坚持原始的日期。

星座	符号	太阳经过星座的惯常日期
白羊座（宫）	公羊	3月21日 – 4月20日
金牛座（宫）	公牛	4月21日 – 5月21日
双子座（宫）	孪生子	5月22日 – 6月21日
巨蟹座（宫）	蟹	6月22日 – 7月22日
狮子座（宫）	狮子	7月23日 – 8月23日
处女座（宫）	处女	8月24日 – 9月22日
天秤座（宫）	秤	9月23日 – 10月22日
天蝎座（宫）*	蝎子	10月23日 – 11月21日
人马座（宫）	弓箭手	11月22日 – 12月21日
摩羯座（宫）	山羊	12月22日 – 1月20日
宝瓶座（宫）	担水者	1月21日 – 2月19日
双鱼座（宫）	鱼	2月20日 – 3月20日

* 天蝎座有时被某些欧洲占星家当作蛇夫星座（符号：持蛇者）

■ 在 中 世 纪 的 时 候 ， 一 些 欧 洲 大 学 讲 授 占 星 学 ■

时间和空间

? 这天是星期几

这是计算20世纪任何一天是星期几的一种巧妙算法。以1973年11月8日为例,按照下面说明的步骤来计算:

1. 写下日期 —— 8
2. 从下面左边的表格中写下月值(11月) —— 3
3. 写下年代 —— 73
4. 把上边一行年4除,不考虑余数73除以4 —— 18
5. 把这些数字加起来 —— 102
6. 用7去除这个数字 —— 14 余数4
7. 把这个余数和下面第二个表格比较一下: 4 = 星期四

这样1973年11月8日就是星期四。

月	值	星期	值
1月	0(闰年6)	星期一	1
2月	3(闰年2)	星期二	2
3月	3	星期三	3
4月	6	星期四	4
5月	1	星期五	5
6月	4	星期六	6
7月	6	星期日	7
8月	2		
9月	5		
10月	0		
11月	3		
12月	5		

▶ 时间划分

我们现在使用数种时间划分法,尽管只有秒为国际单位制(SI)中的一个单位。

时间单位	长度
秒	—
分	60秒
小时	60分
天	24小时
星期	7天
两星期	2星期
月	30天(一般来说)
年	12月
年代	10年
世纪	100年
一千年	1000年

▶ 夏令时

夏令时利用夏天额外的白天时间。钟被往前拨一个小时(通常在春天),这样在惯常的醒着的时候就赢得一个小时的日光。

这种做法是于1784年在美国政治家兼科学家本杰明·富兰克林的一篇文章中半严肃地被首先提出来的。直到第一次世界大战期间,包括澳大利亚、英国、德国和美国在内的几个国家才采用夏令时作为节省燃料资源的一种方式。除了增加闲暇时间以外,夏令时的好处还包括节省能源(通过晚上使用更少的电)和使学生们放学后能安全地回家。在秋天钟又被拨回一个小时。并不是所有的国家——或国家的州——实行夏令时。

▶ 时区

▶ 由于地球的自转,东方国家比西方国家日出早。换句话说,时间的变化取决于你在哪里。
▶ 星期六午夜从国际日期变更线往西走,你不用经历星期日而能够直接进入星期一。

在19世纪中叶以前,根据日出,世界上有上百个不同的时间体系。由于不断增长的全球贸易和更快捷的通讯,制定一个更简单、能在全球标准化的时间体系已经是势在必行。

格林威治平时

格林威治平时(GMT)是于1884年在哥伦比亚特区华盛顿举行的国际子午线委员会上被提出来的。格林威治平时的基础是格林威治(或本初)子午线,即零经度,它通过伦敦东南部的皇家格林威治天文台。世界被分成24个时区,每个时区为经度15°。格林威治子午线以东的12个时区被设计为从格林威治子午线开始每往东一个时区时间早于格林威治时间一小时。类似地,格林威治子午线以西的12个时区从格林威治子午线开始每往西一个时区时间迟于格林威治时间一小时。每个时区在其中央子午线的两侧分别为7.5°。

另外一条重要的时间子午线是国际日期变更线,也被简单地称作日期变更线。这是180°子午线,一条假想的贯穿南极和北极的线,可以区分不同的日期。沿着这条线,比格林威治时间早12小时的时区紧接着比格林威治时间迟12小时的时区。从东往西跨越国际日期变更线,星期日就变成星期一,而从西往东跨越此线,星期日则变为星期六。

由于地理政治原因——例如,为了保证整个阿拉斯加仍处于美国时区,西伯利亚处于亚洲时区,日期变更线并不是绝对的直而是蜿蜒曲折的。日期变更线不采用直线也是为保证一些太平洋岛屿在同一个时区。有几个国家或国家中的地区根本不坚持格林威治平时制,同时太平洋和大西洋的一些岛屿由于地理政治原因比它们所在的时区早或晚一个小时。

一些其他的国家已作出选择,不把本国划分成不同的时区,而是整个国家使用同一时间。例如,中国,虽然它处于五个不同的时区,但统一比格林威治平时提前八个小时。然而其他国家,包括苏里南、伊朗、阿富汗和印度,使用半小时的时差。

一些国家,像伊朗,使用一个官方的国家时间,同时,由于以确定的日出和日落为根据的宗教仪式,还有地方时差。以色列也坚持与宗教惯例一致的时区,因此比它所在时区的其他地方晚大约两小时。

格林威治平时制,也称作世界时,在我们日益增长的全球文化中现在显得尤其重要。若没有一个稳定的普遍适用的时间制,那么对国际防御系统、飞行员、金融市场以及世界范围的计算机网络来讲,将会不断地出现混乱现象。

欧洲时区

时区	早于格林威治时间时数	
格林威治时间	0	冰岛、爱尔兰、葡萄牙、英国
中欧	1	阿尔巴尼亚、安道尔、奥地利、比利时、波斯尼亚-黑塞哥维那、克罗地亚、捷克共和国、丹麦、德国、直布罗陀、匈牙利、意大利、列支敦士登、卢森堡、马其顿、摩纳哥、荷兰、挪威、波兰、圣马力诺、斯洛伐克、斯洛文尼亚、西班牙、瑞典、瑞士、梵蒂冈、南斯拉夫
东欧	2	白俄罗斯、保加利亚、塞浦路斯、爱沙尼亚、芬兰、希腊、拉脱维亚、立陶宛、摩尔多瓦、罗马尼亚、乌克兰

美国时区:

时区	早于格林威治时间时数	
东部	5	康涅狄格、佛罗里达(远西部除外)、佐治亚、印第安纳、肯塔基(东部)、缅因、马里兰、马萨诸塞、密歇根、新罕布什尔、新泽西、纽约州、北卡罗来纳、俄亥俄、宾夕法尼亚、罗得岛、南卡罗来纳、田纳西(东部)、佛蒙特、弗吉尼亚、华盛顿特区、西弗吉尼亚
中部	6	亚拉巴马、阿肯色、佛罗里达(远西部)、伊利诺伊、衣阿华、堪萨斯(远西部除外)、肯塔基(西部)、路易斯安那、明尼苏达、密西西比、密苏里、内布拉斯加(远西部除外)、北达科他(东部)、俄克拉何马、南达科他(东部)、田纳西(西部)、得克萨斯(远西部除外)、威斯康星
山区	7	亚利桑那、科罗拉多、爱达荷(远北部除外)、堪萨斯(远西部)、蒙大拿、内布拉斯加(远西部)、新墨西哥、北达科他(西部)、俄勒冈(远东部)、南达科他(远西部)、得克萨斯(远西部)、犹他、怀俄明
太平洋	8	加利福尼亚、爱达荷(远北部)、内华达、俄勒冈(远东部除外)、华盛顿
阿拉斯加	9	阿拉斯加
夏威夷/阿留申	10	夏威夷、阿留申群岛

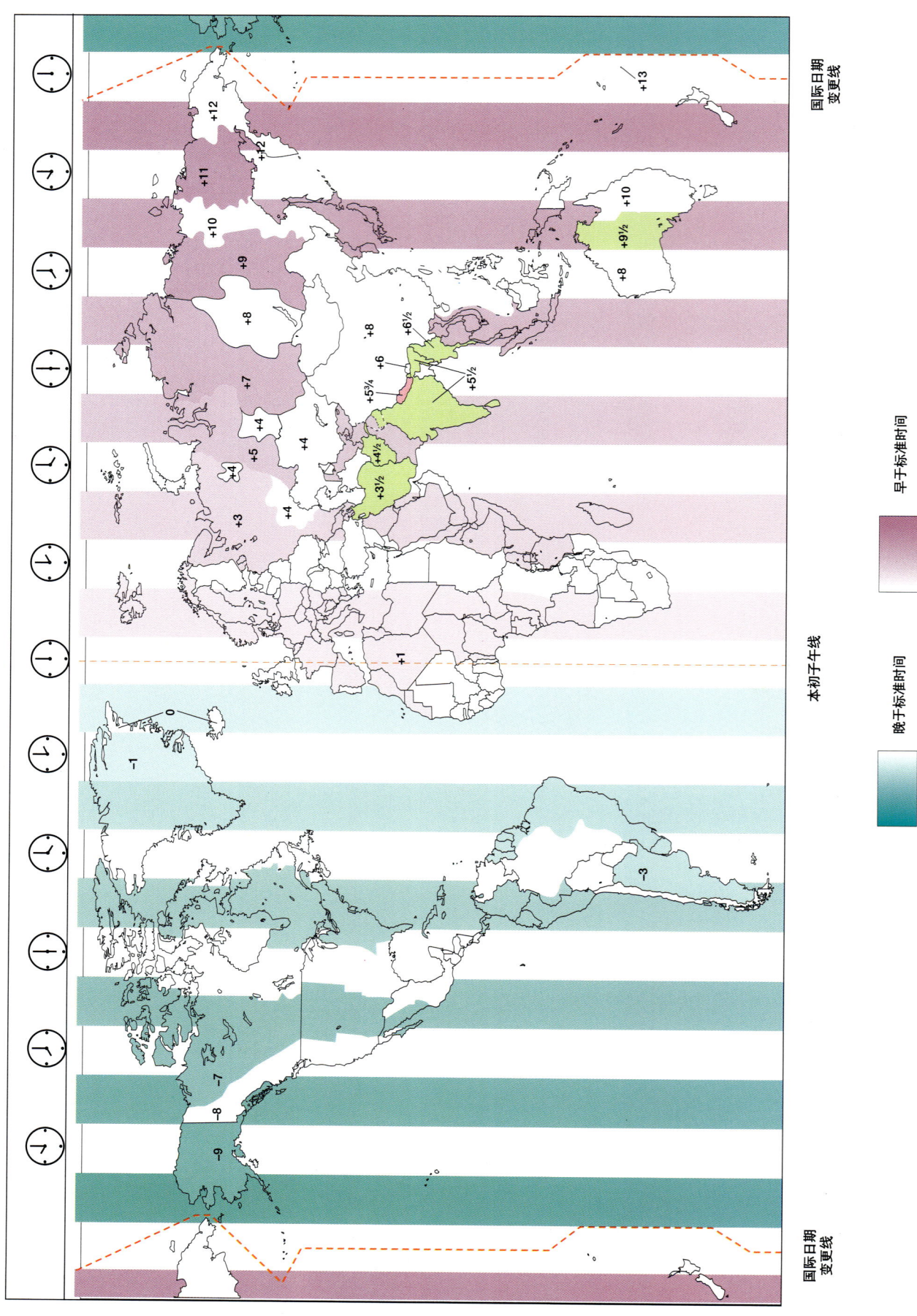

地球 ▷

"世界就是处在永无止境、起伏交替的过程之中"
——蒙田

地球的构造

- 地球中心的密度比地表密度大12倍，地球的平均密度是水的5.517倍。
- 前寒武代占地球历史80%的时间。在这个时期，地球上开始有了生命。
- 对岩石的研究叫岩石学。岩石是由化合物组成的。根据岩石不同的形成过程，可将其划分为火成岩、沉积岩、变质岩三大类。
- 地球分为三个主要层：地壳、地幔和地核。

地壳

- 地壳是地球薄薄的外壳，它的平均厚度为24公里（15英里）。
- 地壳仅占地球体积的1.14%，占地球重量（质量）的0.53%。

地壳主要分为三种：大陆地壳、海洋地壳和过渡地壳（大陆地壳和海洋地壳的结合处）。这三种地壳的厚度相差悬殊。大陆地壳的平均厚度约为30～50公里（19～31英里）。但是，加利福尼亚中央山谷下的地壳厚度只有20公里（12英里）左右，而对于喜马拉雅山这样的高山来说，地壳厚度则可以达到80公里（50英里）。相对而言，海洋地壳的厚度只有5～15公里（3～9英里）。在海洋断裂地带，地壳厚度甚至只有3公里（2英里）。在岛屿、岛弧和大陆边缘处，过渡地壳的厚度平均为15～30公里（9～19英里）。

氧、硅和铝这三种元素是地壳的主要组成元素。地壳中的一种主要矿物质是长石，其主要成分是碱和碱性金属的铝硅酸盐，其次是石英即二氧化硅，这两种矿物质是大陆地壳岩石的基本成分，其差别主要在于其他矿物质的含量。相对而言，海洋地壳主要由玄武岩构成，其中包括长石和石英，除了玄武岩，海洋地壳中还有相当数量的橄榄石和辉石，这两种岩石属于镁铁的硅酸盐类物质。

地壳下层和地壳上层的组成成分不同，这是由于地震波穿过地壳下层时速度较快。人们认为，在下层地壳中的主要岩石是辉长岩（其成分与玄武岩相同，但颗粒粗糙些）。

地幔

- 地壳和地幔之间有个明显的界面被称为莫霍洛维奇不连续面（或简称莫霍界面）。它是克罗地亚地震学家安瑞亚·莫霍洛维奇（1857～1936）于1909年首先发现的。
- 地幔位于地壳以下，地核以上，其下界在2865公里（1780英里）深处。它的体积占地球体积的82.54%，质量占地球质量的66%。

地幔上部的岩石主要是橄榄石和辉石。地震波资料展示的不连续面表明地幔有几个明显的层，最外面是岩石层。海洋底部岩石层的厚度一般为50～100公里（31～62英里），而陆地的岩石层厚度为100～200公里（62～124英里）。坚硬的岩石层下面是厚厚的岩浆层，它的厚度为320公里（199英里），平均温度为1300℃（2372°F），这个温度已经接近岩石的熔点。岩浆——熔化或半熔化的岩石——可能就是在这一层形成的。

距地表670公里（416英里）深处有一个明显的不连续面，它把地幔分为上、下两层。由于压力的增大，下地幔的矿物成分有所改变，它的密度增大了10%，温度也从1560℃（2840°F）升高到1710℃（3110°F）。下地幔的岩石构成主要是辉石，尤其是镁的硅酸盐类物质的含量较高。D层，地幔的最低层，其厚度为200公里（124英里），温度升至2660℃（4820°F）。人们普遍认为这一层的铝、钙的含量较高。

地核

- 地核是指地幔以下到地球中心的部分，直径为6964公里（4327英里），它只占地球体积的16.32%，但却占地球质量的33.4%。
- 地幔和地核之间的不连续面叫做地核——地幔界面。为了纪念它的发现者美籍德国人贝诺·古登堡，这个界面又叫做古登堡不连续面。

地核有两个明显的组成部分：液态外核，厚度为2260公里（1404英里）及固态内核，半径为1222公里（759英里）。地核与地幔的主要组成元素不同，地核中89%的元素为铁，6%为镍。剩下的5%是较轻的元素，可能是硫、氧或硅。在古登堡界面处，密度增加了78%，温度增加了700℃（1290°F），从而达到大约3360℃（6080°F）。就在地核中心处，温度稳步升高，最高值为4530℃（8190°F）。科学家们认为内核的高温使得液态外核和地幔之间形成对流，从而产生了地球磁场。

磁场

- 根据岩石的磁场方向，可以判断出岩石形成时北极的位置。
- 地球磁场方向已经变化了几次。例如，30,000年前，地磁北极在现在的南极。

地球有一个磁场，所以在地表的大多数地方指南针的指针大致能够指向北方。磁场有两极，大多数磁场都是单纯的偶极场，地磁场相当于将一个巨大的磁棒置于地心，这根磁棒与地轴的夹角为11°。其实，磁场的实际分布相当复杂而且变化迅速，所以指南针每年的指向都略微不同（见30页）。

因为任何固态层要足以迅速地重新组织它自己就避免不了把地球这颗行星震成碎片，所以磁场的迅速变化说明磁场一定是在地球液态层产生的，而最大的可能性就是外核。磁场是由地球中强大的电流所产生的，这是磁场产生的唯一合理的解释。而且，电流需要导体，恰好地核的主要元素是铁，它在所有地球元素中导电性最好，所以地核就充当了电流的导体。地幔层的硅酸盐类物质的传导性也不如地核层的铁元素好。

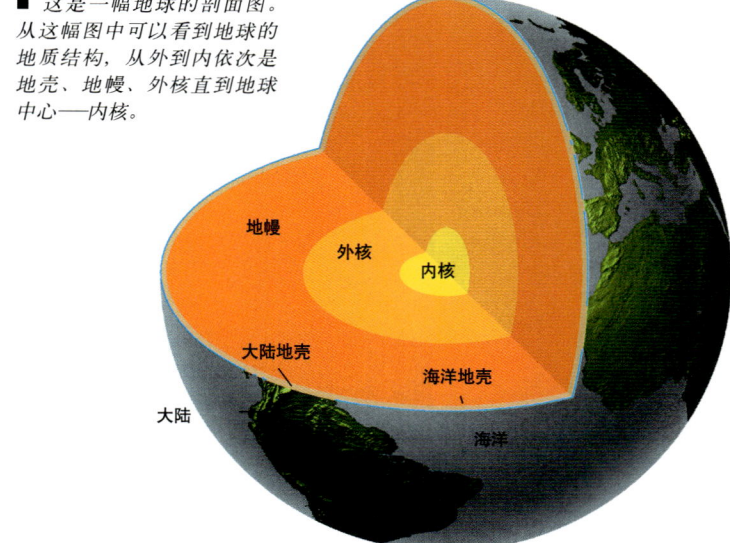

■ 这是一幅地球的剖面图。从这幅图中可以看到地球的地质结构，从外到内依次是地壳、地幔、外核直到地球中心——内核。

■ 地球已有46亿年以上的历史 ■ 氧元素约占地球组成部分的30%

■ （图1）北美洲、南美洲和部分南极洲。
■ （图2）左侧为南北美洲，右侧为欧洲和非洲。
■ （图3）欧洲、亚洲、非洲大陆，右侧中部为中东。
■ （图4）大洋洲和亚洲，中部为印度尼西亚群岛。

▶ 地球构造的研究

▶ 地球中心的温度约为4530℃（8190℉）。
▶ 地壳中最古老的碎片是锆石结晶体，于1984年8月在澳大利亚帕斯北部700公里（430英里）处杰克山下被发现，已有42.76亿年的历史。

　　由于科学家无法钻透地壳进入地球内部，所以科学家很难对地球的构造有一个完整的认识。在南非目前已探明最深的矿只有3.8公里（2.4英里）深。而在俄罗斯，最深的矿也不过只有12.3公里（7.6英里）深，或地球半径的0.19%。地球半径平均值为6371公里（3959英里）。那么，对地球内部性质惟一直接的研究方法就是对火山喷发时喷出的熔岩进行研究。

　　由于我们无法深入到地球内部从事研究，也无法在地球内部深处放置测量仪器，因此，我们必须用更巧妙的方法探索地球内部。一种方法是在地表或通过地球卫星研究自然现象，特别是磁场和重力场。我们可以通过这种途径了解地球的内部构造。另一种途径是利用地震发出的地震波来研究地球。地震波穿过地球时，地震波的方向和速度在不同的深度发生变化。这些特定的深度确定了划分地球的几个界面或者称之为不连续面，不连续面把地球分为地壳、地幔和地核。

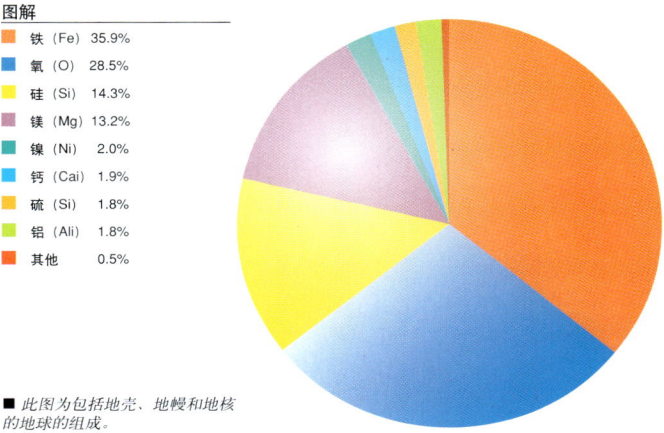

图解
- 铁（Fe）35.9%
- 氧（O）28.5%
- 硅（Si）14.3%
- 镁（Mg）13.2%
- 镍（Ni）2.0%
- 钙（Cai）1.9%
- 硫（Si）1.8%
- 铝（Ali）1.8%
- 其他 0.5%

■ 此图为包括地壳、地幔和地核的地球的组成。

▶ 质量、密度和体积

▶ 地球的平均密度为每立方厘米5.517克。
▶ 地球，包括其大气层，质量为5.976×10^{21}吨。

　　地球大气层的质量为5.24×10^{15}吨，占地球总质量的0.000088%。由于地球每年要吸收大约40,000吨宇宙尘埃，所以地球质量还在不断地增加。按平均半径6371公里（3975英里）计算，地球的体积约为1,083,207,000立方公里（259,875,300,000立方英里）。

　　地球各层的密度（以克/立方厘米为单位）、质量（占地球总质量）的百分比、厚度及体积（占地球总体积）的百分比见下表。

▶ 现代确定年代的方法

▶ 地质年代可以追溯到大约46亿年前，直到前寒武代开始。
▶ 经科学记载的岩石的最长寿命是39.62亿年。它是美国人塞缪尔·鲍里因博士于1984年5月在加拿大西北地区的耶洛奈夫北320公里（200英里）处发现的。

　　早在20世纪初期，人们开始通过对放射性元素衰变的研究来确定地质年代。1907年，美国化学家和物理学家B. B.博尔特伍德，运用放射性元素镭一铅的衰变规律，确定了一块前寒武代时期的岩石标本距今已有16.40亿年的历史。

　　随着科学技术的发展，人们开始借助加速装置使用碳-14研究地质年代，把时间推回到10万年前。其他的确定年代的方法包括：从1968年开始使用的热发光法、从1972年开始使用的氨基酸外消旋作用法。后者是利用氨基酸在较长一段时间内从活性状态变为非活性状态的变化比例来确定时间的。

▶ 地球各层

	密度 克/厘米³	占总质量 的百分比	厚度 公里	厚度 英里	占总体积 的百分比
海洋	1.020	0.03	3	2	0.14
地壳上层	2.600	0.27	21	13	1.00
地壳下层	2.900	0.23			
地幔	变量	*65.99	2,865	1,780	82.54
外核	11.238	31.82	2,260	1,404	15.62
内核	12.980	1.66	1,222	759	0.70

* 地幔：占地球总质量的百分比还有待进一步确定。

▶ 关于地球的各种数据

▶ 赤道直径为12,756.2726公里（7926,599英里）
▶ 地极直径为12,713.5032公里（7900.0205英里）
▶ 赤道圆周为40,075.012公里（24,902.858英里）
▶ 地极子午线圆周为40,007.858公里（24,860.41英里）

　　地球球体并不对称，呈扁球体。北极半径比南极半径长44米（144英尺）。地球的赤道平面略呈椭圆形，因为地球长轴（在约北纬14.95度处）比短轴长139米（456英尺）。

■ 地球质量为5,976,000,000,000,000,000,000,000 公斤 ■

岩石的形成

地球上的岩石经历着一个循环过程。地球表面的物质经过侵蚀、搬运，最后返回到地球内部，然后又进入新的循环之中。这一系列过程叫做岩石循环或是地质循环。维持这一循环的能量一部分来自太阳（加速岩石受腐蚀过程），一部分来自地球内部（引起火山活动并使岩浆向地表喷发）。

火成岩

火成岩原是地球内部的岩浆。火山活动把岩浆喷向地表或喷出地壳，而后冷凝。岩浆是氧化物（氧的化合物）和硅酸盐（二氧化硅和金属的化合物）的混合物。岩浆冷凝时，氧化物和硅酸盐形成一种成分复杂的晶体矿物质。

火成岩晶体的岩性特征是由岩浆的矿物成分和岩浆结晶时的物理条件决定的。形成于地表的叫喷出岩，岩浆未能喷出地表而在地壳中形成的叫侵入岩。由于侵入岩形成时岩浆周围还有别的岩石而未接触到空气，热量不容易散失，冷却过程较慢。因此，侵入岩与喷出岩相比，形成过程较长，晶体颗粒较大、较粗糙。尽管火成岩种类繁多，但总的来说，形成地壳的火成岩有六大类——花岗岩、闪长岩、辉长岩（这三种是颗粒较粗的侵入岩），还有流纹岩、安山岩和玄武岩（这三种是颗粒较细的喷出岩）。

沉积岩

岩石风化变成细微的颗粒，细微的颗粒受腐蚀、沉积、受到一定压力后固结成岩，形成沉积岩。

至少有75%的沉积岩是碎屑结构的沉积岩。这种结构的沉积岩是由其他岩石受腐蚀后的碎屑形成的。即使在高山地区，岩石最终也将变成碎片。这些碎片慢慢变成足够小的颗粒，而后随流水、风或冰川被搬运到可沉积的水域，最普通的是海洋。这些细小的颗粒沉积到海底，接着又有新的颗粒覆在上面，随着压力的增大，颗粒逐渐固结成岩。最常见的碎屑结构的沉积岩是沙岩。

沉积岩中剩下的25%是化学结构的或生物结构的。水把矿物质从岩石中溶解出来，矿物质最终在海洋或内陆水域内溶解。当某一特定的矿物质在水中达到饱和极限时，多余的物质则以固体颗粒的状态沉淀出来，在海底或内河中沉积。最常见的化学结构的沉积岩是石灰石（碳酸钙）。然而，并不是所有的石灰石都是通过化学方法沉淀出来的。海洋中的有机体把碳酸钙从水中提取出来以便形成有机体的硬壳，有机体死亡后沉积在海底又形成沉积岩，所以石灰石也是最常见的生物结构的沉积岩。其他的有机体也以同样的方式形成了二氧化硅的沉积物。

大多数沉积岩都是这三种岩石的混合物，只不过以其中一种为主导。沉积岩覆盖了地球表面75%的面积，但其体积未及地壳体积的5%。

变质岩

在经受高温、高压，特别是在有渗透性的流体存在的条件下，火成岩和沉积岩的内部结构甚至其矿物成分有时会发生变化。这个变化的过程叫变质作用过程。发生变质作用的温度条件为300℃（572°F），压强条件为100兆帕（相当于100个大气压）。

大陆板块相撞的交界处最易发生变质作用，大多数的变质岩就是在山脚下形成的。由于温度和压力不同，变质作用发生的程度也不同。但是当最激烈的变质作用发生时，岩石结构、洞穴、甚至化石都会完全消失，根本无法识别原来的岩石种类。

由于矿物成分的重新组合是在一定的压力下进行的，所以许多变质岩是分层的或带夹层的。有时岩石层次清晰可见，有时则可能通过岩石断裂的方式加以检测。一个很好的例子是板岩，它可以沿着层面很容易地分裂成薄薄的碎片。然而，并不是所有的变质岩都有层次，石灰岩变质形成的大理岩和沙岩变质形成的石英岩都没有层次。

■ 图中花岗岩组成的弓形是内华达山系最典型的特征之一。内华达山系沿着美国西部加利福尼亚州的东部边缘延伸。大多数花岗岩是由喷到地表的岩浆冷凝形成的，但有时花岗岩是由地球深处的花岗岩液体形成的。花岗岩是颗粒较粗的火成岩，是由长石（主要的矿物成分）、石英（至少有20%）和云母组成的。花岗岩是地壳中最常见的火成岩。有鉴于花岗岩的硬度和弹性，花岗岩成为人类最常见的建筑材料，多用于公路、高楼和墓碑。

■ 在澳大利亚西部的邦戈尔·邦戈尔国家公园里，这些锯齿形的山丘是由精细的沙岩组成，山丘外表罩上了一层硅石。沙岩是碎屑结构的沉积岩，它是由其他受腐蚀岩石的碎屑形成的。大约3.5亿年前源于附近山区的大小河流的流水把沙子和碎石带到这个地区，沉积岩逐渐形成了200米高的沙岩山丘。长久以来，大雨在岩石上冲刷出深谷，形成许多圆屋顶状的高耸岩石。沙岩性脆弱，如果没有外面薄薄的保护层硅石（橙红色）和地衣（黑色），岩石则会被完全腐蚀。

■ 图中所示的变质岩是片麻岩。片麻岩颗粒偏粗，在其断裂面可以清晰地看到许多参差不齐的平行的夹层。片麻岩不同于片岩，因为在片岩的夹层上很难看到断裂的迹象。片麻岩中含有大量的石英和长石，以及一定量的云母和闪石（含钙、铁、镁、钠、铝的硅酸岩类矿物质）。由于其组成成分中云母偏暗而长石偏白，所以片麻岩的夹层清晰可见。变质岩地形中最主要的岩石就是片麻岩。如同其他的变质岩一样，片麻岩是在高温、高压条件下形成的，而且代表了岩石熔化前变质的最后阶段。

地球

▶ 地质年代表

代	纪	世	距今年龄（百万年）	地志
新生代	第四纪	全新世	0.01	冰川撤退，使各大洲、海洋和陆地的地理面貌或多或少呈现状。
		更新世	1.6	最厚的大陆冰川仍挤压着地壳，使北欧和北美大陆大片地区的地平面还在以相当快的速度升高（哈得孙湾附近每年升高30毫米）。
	第三纪	上新世	5.3	这是一个显著且迅速变化的时期。上升的巴拿马地峡将南北美洲联结了起来。
		中新世	23	非洲板块向欧亚板块漂移。印度板块和欧亚大陆相撞，形成了喜马拉雅山。红海和地中海雏形形成。
		渐新世	34	阿尔卑斯山形成的主要阶段，东非漂离红海，南美洲漂离南极洲。
		始新世	53	印度板块开始与欧亚大陆碰撞（导致中新世喜马拉雅山的形成）。欧亚大陆板块活动使其内部形成了欧亚盆地。始新世晚期，比利牛斯山形成，澳大利亚漂离南美洲和南极洲。
		古新世	65	伊比利亚与欧洲大陆汇合，大西洋和太平洋通过巴拿马地峡连接起来。
中生代	白垩纪		135	印度大陆漂离南极洲，大西洋的扩张导致南美洲与非洲分离。大西洋面积继续扩大，格陵兰岛与美洲大陆分离。
	侏罗纪		205	侏罗纪始期，冈瓦纳古陆和劳亚古陆的分离导致南部欧洲和非洲分离。最后，联合古陆一分为二。原始大西洋在这一时期出现。
	三叠纪		250	中生代始期，所有主要的大陆板块都聚集在一起。因此，几乎所有的大陆板块都往地球的一侧集中，致使大片陆地远离海洋，气候干燥。
古生代	二叠纪		300	联合古陆形成。二叠纪末，西伯利亚和联合古陆北部相撞形成乌拉尔山。
	石炭纪 美国把这个时期分为两部分即密西西比时期（早期）和宾夕法尼亚时期（晚期）。		355	主要的大陆板块越移越近，直到下一纪早期，劳亚古陆和冈瓦纳古陆相撞形成超大陆即联合古陆。
	泥盆纪		410	劳亚古陆和冈瓦纳古陆之间的距离日趋缩小，海洋的水位仍然很高。
	志留纪		438	当劳伦板块和波罗的海板块结合在一起时，形成了劳亚古陆。可能是由于冰盖的融化，海洋水位高。
	奥陶纪		510	波罗的海板块从南极地区移向赤道，与劳伦古陆靠近。同时冈瓦纳古陆移向南极，冰川作用的加强降低了海平面的位置。
	寒武纪		570	近前寒武纪末，许多大陆板块结合在一起形成巨大的超大陆。但是，到寒武纪末时，冈瓦纳古陆、西伯利亚古陆和劳伦古陆都是相对独立的大陆板块，分布在赤道附近或南或北的地区。
前寒武代			4600	北美洲、格陵兰岛和苏格兰岛都位于赤道附近，统称为劳伦古陆。冈瓦纳古陆位于南半球。

■（变质的）一词来自于希腊语META（变化）和MORPHE（形成）■

大洲

▶ 地球的陆地表面分为七大洲和15个大小不同的板块，每个大洲都有附属的岛屿。

▶ 虽然从政治角度而言，亚、非、欧三洲都相对独立且界限分明，但是在地理位置上三洲形成一个统一的大陆板块，称为欧亚非大陆，并且覆盖了地球陆地面积的57.2%。

▶ 地球上的陆地曾是一个巨大的整体，被称为联合古陆。

大陆漂移说

▶ 越来越多的证据表明，地球陆地原本是个整体，现代人称其为联合古陆。

▶ 上白垩纪时期（1-0.65亿年前），这块古陆分成两个超大陆即北方的劳亚古陆和南方的冈瓦纳古陆。

长期以来，人们认为各大洲的位置是固定不变的，海底是地球上最古老的、最原始的部分。然而，这两种说法在20世纪60年代突然被推翻。现在已有可能证明大陆板块在地球表面漂移，海底在不断地扩张，最古老的大洋地壳也不超过2亿年，还不足地球历史的5%。

大陆漂移说的证明

岩石中大都含有微小的磁粒，通常是铁和钛的氧化物。岩石形成时，这些粒子在特定的地点按照地球磁场的方向被磁化。使用精密仪器可测定岩石微弱的磁场，进而确定岩石形成时北极的位置。

科学家们惊奇地发现：对于超过几百万年的岩石来说，用这种方法确定的北极位置与目前北极的位置不同，而且岩石形成时间越早，差异越大。令科学家们更为惊奇的是，同一时期不同大陆上的岩石指示的古代北极位置也大不相同。然而，在任何特定的时期，地球磁场只能有一个北极，这个极点必定要靠近地球南北轴的北端点。因此，对于岩石磁场资料的惟一解释方法就是大陆板块不断地漂移。

■ 这是航天飞机从空中拍摄的画面。图中红海裂缝是在两个板块漂移分离，使西奈半岛和非洲大陆分离时形成的。

板块

▶ 地壳板块分为大洋板块、大陆板块或者大洋大陆板块。

▶ 地壳板块的交界处是山脉形成和地震、火山活动活跃的地方。

岩石圈——由地壳和上地幔顶部构成的坚硬地层，分为15个板块。地壳板块在位于下方，被称为软流层的部分熔化层上面自由地沿着水平方向漂流。

地壳板块有三种，大洋板块、大陆板块或大洋大陆板块。太平洋几乎全部是大洋板块，但大多数板块既有大洋岩石圈，也有大陆岩石圈。

板块移动

▶ 阿尔卑斯山是非洲板块和欧亚板块相撞形成的。

▶ 红海是这两个板块漂离形成的。

两个板块相撞时，一个板块覆盖在另一个板块之上，下面的板块重又融入地幔。如果两个板块都是大洋板块，则会产生海沟、火山岛或者导致多地震活动。如果其中之一是大陆板块，则有可能形成山脉。两个板块都是大陆板块时，极有可能形成高山山脉，喜马拉雅山就是这样形成的。

两个板块漂离时，地壳会有裂缝。如果两个板块都是大洋板块，会形成海脊或是发生海

■ 图中中间偏左，垂直的这条竖线是在卫星上拍摄的智利阿塔卡马沙漠中的阿塔卡马断层，它是太平洋海岸上的许多断层之一。

底扩张。如果其中之一是大陆板块，也许会形成裂谷。非洲的东非大裂谷就是这样形成的，它从莫桑比克一直延伸到叙利亚。

当两个板块相向漂移穿行时，板块间的摩擦会引发轻微的地震。然而，有时两个板块的移动会因发生阻塞而长期停止不前，甚至需要几百年时间，直到把阻碍解除。当两个板块恢复正常移动后，释放出的能量往往会引起大地震。加利福尼亚的圣安德列亚斯断层就是这样一例，目前这个地带的两个板块慢慢地相互滑动，不断引起地震活动。

地壳板块和边界

▲ 汇集型板块边界　　↔ 分离型板块边界　　⇄ 平错型板块边界

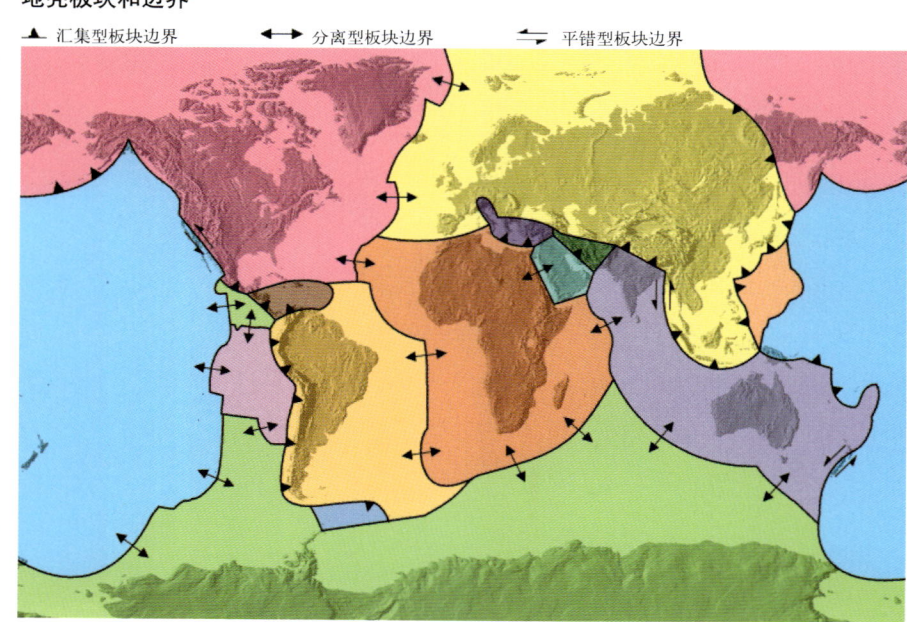

■ 澳大利亚是大陆而非岛屿 ■ 地球大陆地壳的厚度

各大洲分界线

亚洲
▷ 尽管俄罗斯不承认在其国内的亚欧两洲分界线，但国际上普遍认为亚欧两洲的分界线是从乌拉尔山的东部山脚经哈萨克斯坦的国界线到里海。

▷ 高加索地区的亚欧界限仍未划定。一些权威人士认为黑海和里海之间的高加索山山顶应为亚欧分界线，而另外一些人认为从马内奇河河谷到顿河的入海口应是亚欧分界线。

非洲
▷ 苏伊士运河通常被认为是非洲和亚洲两洲的分界线，而不是政治角度上的埃及和以色列国/加沙地区间的分界线。

▷ 马德拉群岛、亚速尔群岛和加那利群岛严格来讲是非洲的附属岛屿，但是由于它们是葡萄牙或西班牙的不可分割的一部分，所以被划分在欧洲。

▷ 索科特拉岛本是非洲的附属岛屿，但目前被视作也门的领土，划在亚洲。

北美洲
▷ 一般认为，中美洲（包括墨西哥在内）属于北美洲（包括加拿大、美国和格陵兰岛），而南美洲相对独立。

▷ 虽然夏威夷位于大洋洲，但它被划在北美洲，因为从政治上说，它受辖于美国。

南美洲
▷ 南美洲的北部界限是巴拿马和哥伦比亚的国界线，而不是巴拿马运河。（20世纪以前，现在的巴拿马被划入南美洲。）

▷ 南美洲还包括加勒比海的岛屿和岛国：特立尼达和多巴哥，阿鲁巴岛，博内尔岛，库拉索岛，和委内瑞拉北部的安的列斯群岛。

欧洲
▷ 从地理角度讲，亚欧的分界线在土耳其境内，横穿伊斯坦布尔。然而，从政治和经济利益角度讲，土耳其通常属于欧洲。

▷ 马德拉群岛、亚速尔群岛和加那利群岛严格来讲是非洲的附属岛屿，但它们经常被划归为欧洲。

▷ 塞浦路斯岛是亚洲的附属岛屿，但常被划为欧洲。

▷ 前苏联的两个共和国亚美尼亚和格鲁吉亚位于高加索山脉南部，连同阿塞拜疆在内的这三个横跨高加索山脉的国家都属于欧洲。

大洋洲/澳大拉西亚
▷ 大洋洲的东部与亚洲的分界线尚未划定。西部的新几内亚（伊里安查亚）受辖于印度尼西亚，但通常被划入大洋洲而不是亚洲。印度尼西亚的其他部分属于亚洲。

■ 图中所示的格鲁吉亚图塞蒂地区的高加索山脉位于有争议的欧亚分界线处。

图解
- 北美洲
- 南美洲
- 欧洲
- 非洲
- 亚洲
- 大洋洲/澳大拉西亚
- 南极洲
- 待定的界限（包括亚非间、亚欧间以及亚洲和大洋洲/澳大拉西亚之间的界限）

资料一览表

洲	面积 平方公里	面积 平方英里	终端最大距离 公里	终端最大距离 英里	
亚洲	44,614,000	17,226,000	6,435	4,000	南北方向
			7,560	4,700	东西方向
非洲	30,216,000	11,667,000	7,080	4,400	南北方向
			6,035	3,750	东西方向
北美洲	24,230,000	9,355,000	7,885	5,000	南北方向
			6,035	3,750	东西方向
南美洲	17,814,000	6,878,000	7,240	4,500	南北方向
			5,150	3,200	东西方向
南极洲	14,245,000	5,500,000	4,340	2,700	北方向
欧洲	10,505,000	4,056,000	2,900	1,800	南北方向
			4,000	2,500	东西方向
大洋洲/澳大拉西亚	8,503,000	3,283,000	3,000	1,870	南北方向
			3,700	2,300	东西方向

海洋

- 地球表面约71%或约3/4的面积被海洋覆盖着。
- 太平洋、大西洋、印度洋和北冰洋是世界四大洋。
- 在过去的100年里，全球海平面增加了10～15厘米。
- 全球大部分海洋地区每天都有两次高潮和低潮。
- 与其面积比，海洋很浅。

海水

- 地球上的水约94%是海水。
- 溶解物质平均占海水的3.5%，其中主要成分是盐。

海水的咸性，或称含盐量，取决于溶解物的量。其中钠和氯（这两种物质合成固体氯化钠——盐）含量最多，再加上镁、钙和钾，它们占溶于海水中元素的90%。其他元素含量很少。

强烈的蒸发除去大部分水分，只留下溶解物。因此，蒸发作用强烈的地区含盐量就高。如果海水是封闭的，不易与更大水域的海水混合，就会出现这种情况。例如，地中海和红海。

极地地区海水含盐量低，尤其是在夏季的几个月份里，融化的冰稀释了海水。比如波罗的海有许多淡水河流注入，并且只有一条狭窄的水道与大西洋相连接，因此，像这样的海含盐量也低。

海洋中蒸发掉的纯水比以降雨或降雪的形式返回的纯水要多。然而，海洋中的水容量却保持不变，因为水也通过陆地上的河流返回到海洋中来。

海浪

- 多数海浪都是由吹过海面的风引起的。
- 潮浪（或称海啸）不是由风引起的，其速度非常快——750公里/小时（470英里/小时）。

海水很少是平静的：它通常以海浪、潮汐或者海流的形式运动。海浪的高度取决于风的速度、刮风的时间、以及海浪在海面所行进的距离（称为对岸距离）。海浪在海岸线形成的过程中起着重要的作用。

海水并不随着海浪移动。相反，当海浪经过时，海水改变形状，大致做往复运动。海浪来时，海水涌向波峰，当海浪过去时，它又落了下来。通过观察一艘小船，我们可以看到这种运动：当海浪经过船下时，小船上下浮动，但不随着海浪移动。

海啸，虽然被称作潮浪，但并不是由潮汐引起的。它是由地震或者海底火山爆发引起的，这两种运动使大量海水迅速移动，搅动海面，从而形成从地震或火山爆发的地方传播开去的海浪。

在宽阔的海域，由于海浪高度不足1米（3英尺），所以潮浪几乎不具有什么破坏性。然而在浅水水域，海浪速度减慢，高度甚至增加到10米（33英尺）或者更多，当到达海岸时，往往具有很大的破坏性。

潮汐

- 潮汐是由于月球和太阳对地球的引力引起的，它使海洋的水平高度发生变化。
- 潮汐的变化范围从地中海的1米（3英尺）到加拿大芬迪湾的14.5米（47英尺）。

若地球表面的某一点正对着月球，引力增大，就会出现涨潮。当这一点背对月球时，也会出现涨潮。海水向与月球相反的方向涌起。

由于太阳距地球比月球与地球远得多，虽然体积大，但它对潮汐的影响还不及月球的一半，当月球和太阳处在地球的同一侧或两侧时，引力最强，于是形成很高的潮，称作大潮。当月球和太阳与地球处于直角位置，引力朝向不同的方向时，就会出现较弱的潮，称作小潮。大潮每14天出现一次，小潮则出现在两次大潮之间。

海流

- 海流是按特定方向移动的大量海水。
- 表面海流的速度比风慢得多，每小时不到8公里（每小时不到5英里）。

受风力和地球自转的影响，表面海流呈圆形或螺旋形流动。它们在北半球按顺时针方向运动，在南半球按逆时针方向运动。这被称作科里奥利力。海流中的水在赤道处受热，在风的驱动下，又在一定程度上受海岸线偏斜、科里奥利力的影响，所以做旋转运动。海洋中也有深层（或密度）海流，它是由温度和含盐量的变化而引起的。

■ 当海浪到达浅水水域时，速度趋缓，从而使它在卷碎冲击之前高度增加。

海底

海底由两部分构成：大陆边缘（它包括大陆架、大陆坡和陆基）和由海脊、海底山脉、深海平原和深海槽构成的深海海底。

大陆边缘

- 世界上25%的石油和天然气来自大陆架。
- 大陆架上的海域中存在着丰富的海洋生物，鱼类捕捞大都在这里进行。

大陆架是海底最浅的部分。它大约有130米（430英尺）深，比较平坦，宽约100公里（60英里）左右。大陆坡是从大陆架伸向深海海底的陡峭斜坡。陆基是大陆坡底部的扇形沉积物。

深海海底

- 海底最深的部分为11,022米（36,160英尺）——比最高峰珠穆朗玛峰多2000多米（6000多英尺）。
- 居住在深海海底平原的鱼或者甲壳纲动物通常是盲的，或者有它们自己的光源。

海脊

海脊是庞大而陡峭的海底山系，通常在海洋中心。它们一般有1000公里（620英里）宽，比相邻的海底盆地高3000米（10,000英尺）。这些山脊形成大约80,000公里长的互相联接的体系，分布在所有的大洋中。

通常来说，海脊的最高峰在海平面以下2500米（8200英尺）处。然而，有几个地方，例如冰岛，海脊就伸出海面形成了一个岛屿。

深海平原

在海脊和大陆边缘之间是深海平原。它们是海底非常平坦而且没有什么特征的部分，大约4000米（13,000英尺）深。

深海平原里的海洋生物很少，因为阳光穿不透这样的深度。这里的温度从不高于4℃。

海底山脉

深海平原在有些地方被海底山脉切断——海底山脉是从海底喷发的水下火山。

夏威夷就是一座浮出海面形成岛屿的海底山脉。已知的最高的海底山脉是位于萨摩亚群岛和新西兰之间的汤加海沟附近，从海床算起有8700米（28,500英尺）高。

深海海沟

海洋最深的部分是深海海沟——通常约100公里（62英里）宽，7000～8000米（23,000～26,000英尺）深，数千公里长。深海海沟是由一个海洋构造板块滑到另一板块之下，使海底陷落而形成的。

地球 33

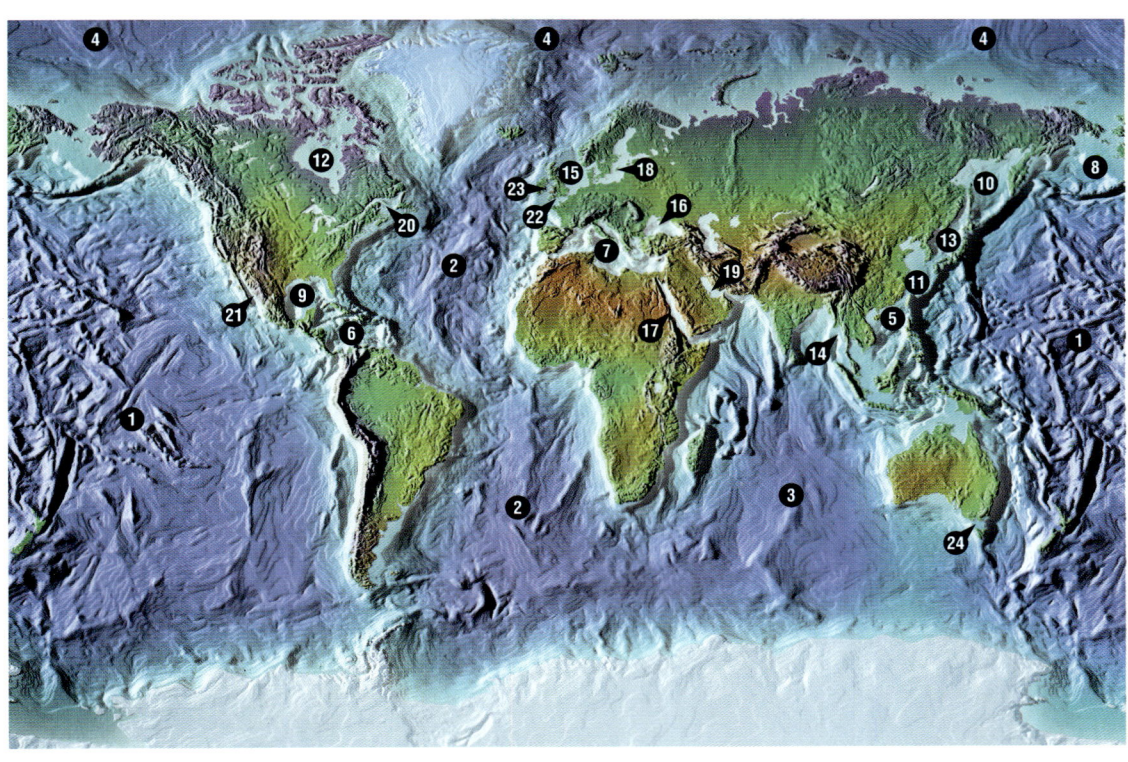

① 太平洋是世界上最大最深的海洋，占地球表面积的三分之一。

② 大西洋是最年轻的海洋，是两亿年前它周围的大陆分离时形成的。

③ 印度洋中蕴藏着丰富的矿物质，例如石油、天然气、铁矿石、铜、锰和铬。

④ 北冰洋位于北极的中心，大部分海面常年覆盖着厚达4米（14英尺）的冰层。

⑦ 苏伊士运河建于1869年，它经由红海把地中海和印度洋连接起来。

⑧ 白令海峡（以丹麦探险家威斯特·白令命名）通常从10月至次年6月为结冰期。

⑲ 有记载的海洋表面最高温度在波斯湾（阿拉伯湾）——36.5℃（96°F）。

㉒ 1994年英法之间通过海峡隧道被连接起来，此隧道建在英吉利海峡海底以下40米（131英尺）处。

⑤ 最短的海岸线

	公里	英里
① 摩纳哥	5.6	3.5
② 瑙鲁	19	12
③ 波斯尼亚	20	13
④ 约旦	25	16
⑤ 斯洛文尼亚	30	19

▶ 海岸线最长的国家是加拿大，包括其岛屿在内，长度为244,800公里（152,100英里）。

⑩ 最深的海沟

	米	英尺
① 马里亚纳海沟（西太平洋）	11,022	36,160
② 汤加－克马德克海沟（南太平洋）	10,882	35,702
③ 千岛－堪察加海沟（西太平洋）	10,542	34,587
④ 菲律宾海沟（西太平洋）	10,497	34,439
⑤ 伊珠－博宁海沟（西太平洋）	9,810	32,185
⑥ 波多黎各海沟（西大西洋）	9,220	30,249
⑦ 新赫布里底海沟（南太平洋）	9,165	30,069
⑧ 新不列颠海沟*（南太平洋）	9,140	29,988
⑨ 雅浦海沟（西太平洋）	8,527	27,976
⑩ 日本海沟（西太平洋）	8,412	27,599

* 也称作所罗门海沟。

f 资料一览表

	面积		平均深度	
	平方公里	平方英里	米	英尺
洋				
① 太平洋	166,240,000	64,190,000	4,188	13,740
② 大西洋	86,560,000	33,420,000	3,736	12,260
③ 印度洋	73,430,000	28,350,000	3,872	12,700
④ 北冰洋	13,230,000	5,110,000	1,205	3,950
海				
⑤ 中国南海	2,974,600	1,148,500	1,200	4,000
⑥ 加勒比海	2,753,000	1,063,000	2,400	8,000
⑦ 地中海	2,503,000	966,500	1,485	4,875
⑧ 白令海	2,268,180	875,750	1,400	4,600
⑨ 墨西哥湾	1,542,985	595,750	1,500	5,000
⑩ 鄂霍茨克海	1,527,570	589,800	840	2,750
⑪ 中国东海	1,249,150	482,300	180	600
⑫ 哈得孙湾	1,232,300	475,800	120	400
⑬ 日本海	1,007,500	389,000	1,370	4,500
⑭ 安达曼海	797,700	308,000	865	2,850
⑮ 北海	575,300	222,140	90	300
⑯ 黑海	461,980	178,380	1,100	3,600
⑰ 红海	437,700	169,000	490	1,610
⑱ 波罗的海	422,160	163,000	55	180
⑲ 波斯湾*	238,790	92,200	24	80
⑳ 圣劳伦斯湾	237,760	91,800	120	400
㉑ 加利福尼亚湾	162,000	62,550	810	2,660
㉒ 英吉利海峡	89,900	34,700	54	180
㉓ 爱尔兰海	88,550	34,200	60	200
㉔ 巴士海峡	75,000	28,950	70	230

* 也称作阿拉伯湾，或者更通俗一点，称作海湾。

注：以上所列的是被国际水路局认可的海洋。其他所谓的海实际上是比它们本身更大的海或洋的一部分。例如，第勒尼安海、利古里亚海、亚得里亚海、爱奥尼亚海和爱琴海是地中海的组成部分，而帝汶海、班达海、阿拉弗拉海、斯兰海和佛罗勒斯海是印度洋的组成部分。

量是1.39×10³⁰吨 ■ 对海洋的研究称作海洋学 ■

岛屿

- 岛屿是比大陆小、四周环水的陆地。
- 岛屿的面积有大有小，从只有几平方米的泥沙小岛到面积达21,755,600平方公里的格陵兰岛。
- 最新的岛屿1995年6月6日出现在西南太平洋汤加的哈派群岛，尚未命名。
- 澳大利亚通常被认为是一块大陆，而不是岛屿。

岛屿的成因多种多样，尤其是那些在海洋中的岛屿。它们可能由堆积作用而成，像沉淀物的堆积或火山活动；也可能因侵蚀破坏作用而成，这种作用使一块陆地从大陆上分离出去。海平面上升，通过淹没低地，把高地同陆地主体分开的方式形成岛屿。岛屿分为两类：大陆性岛屿（大陆架没有被海水覆盖而是被包围的部分）和海洋性岛屿（从海底露出海面的岛屿）。

■ 这幅图片——马尔代夫-米拉特岛的瓦宾发鲁珊瑚岛全景，展现了珊瑚岛的特征——珊瑚礁和环礁湖。

火山岛

- 海底的火山活动会促进岛屿的形成。
- 1883年喀拉喀托火山的爆发把这座火山岛的三分之二夷为平地，并且形成了许多小岛。1952年，一座新岛屿，称作安纳喀拉喀托火山（喀拉喀托火山之子）露出了海面。

火山岛是地球地壳板块运动的结果。岛屿出现在结构性板块的边缘（像日本群岛）。火山岛也能远离任何板块边缘，像大洋中部散布的岛屿（如冰岛），同时也出现在构造板块相向移动的破坏性板块边缘，像夏威夷群岛，它位于太平洋中的火山"热点"之上。

冰岛位于大西洋中脊上，在结构性板块边缘形成的火山岛中最大的。它在两亿年前开始成形（该岛上年代最久远的岩石的年龄是两亿年），由从西南到东北走向的火山活动带定期地给冰岛增添新物质，它至今仍在增加。

导致冰岛形成的大部分火山活动并不是壮观的火山喷发。相反，岩浆静静地从海底裂缝中挤出，源源不断，形成玄武岩。然而壮观的火山喷发也发挥它的作用。例如，1963年冰岛西海岸的火山爆发。在几周的时间里，灰烬和熔岩就在海底堆积起来，于是一个被命名为叙尔特塞的小岛在离冰岛海岸35公里（22英里）的地方诞生了。

群岛

- 群岛是指一群岛屿或者含有一群岛屿的一片海域。
- 世界上最大的群岛是构成印度尼西亚的17,000多个岛屿。其长度为5600公里（3500英里），呈新月形。

板块在破坏性边缘相撞能够引起火山活动。如果相撞发生在大陆的边缘，就会形成山脉，但是如果在海底出现，就会导致岛屿的形成。这样形成的岛屿不单独出现，而是呈链状或是以群岛"弧"的形式出现，并与板块边界平行。

这一点很明显地体现在太平洋的西部。在此处的成千上万的岛屿表明这是太平洋板块的边缘地带。这些岛屿大部分是火山岛屿，但也有部分是由于海底折叠形成的。这些岛屿在南部始于新西兰，向北到汤加岛链，然后向西到新几内亚，再向北经菲律宾、日本和千岛群岛，最后是阿留申群岛，一直延伸到北美大陆。

珊瑚岛

- 珊瑚和珊瑚礁出现在温暖的热带和亚热带海洋中。
- 它们是由古代海洋生物珊瑚的骨骼堆积而成的。

有些珊瑚在较浅的海底平地——通常是火山锥——向海洋表面生长，这样的地方会形成珊瑚岛。如果火山锥完全在海面以下，那么就会形成环状珊瑚礁——一个环形或马蹄形的围绕着一片海水的珊瑚环，这片海水被称作环礁湖。一旦珊瑚礁达到了海面的高度，就停止生长。因此珊瑚岛又平又低，只有海平面的变化才会改变它们的高度。

海平面与岛屿

- 海平面的变化会使新岛屿出现，使已经存在的岛屿消失。
- 一些科学家认为，由于全球变暖，海平面升高，像马尔代夫这样的岛群有消失的危险。

在上一个冰期（10,000～72,000年前），不列颠东部是同欧洲大陆连在一起的。那是因为地球上大部分的水都冻结在两极的冰盖和冰川中，海平面较低的缘故。随着冰的融化，海平面上升，北海和多佛尔海峡又出现了。大约8500年前，不列颠重新成了一座岛屿。

淡水岛

- 马拉诺岛位于亚马孙河河口，比瑞士面积还大。
- 巴西的巴纳纳尔岛是世界上最大的内陆岛（即被河流环绕的陆地）。

岛屿也出现在淡水湖和淡水河的河口处。这样的岛屿通常是被侵蚀物质沉积的结果。尽管它们或许有许多其他的成因，包括冰湖作用。

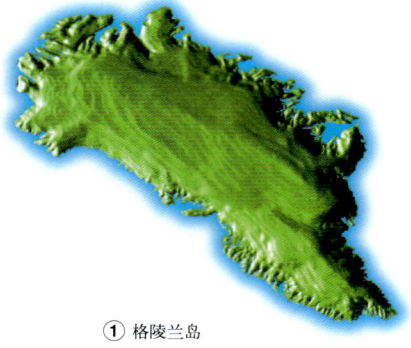

① 格陵兰岛

② 新几内亚

③ 婆罗洲

④ 马达加斯加

■ 岛屿存在于洋、海、河和湖中 ■ 最大的湖中岛屿是加拿大休伦湖中

■ 火山岛叙尔特塞形成于1963年冰岛上的一次火山爆发之后，当时熔岩喷到海里，落入海底，最终形成了这座小岛。

25 最大的岛屿

	面积		位置	状况
	平方公里	平方英里		
① 格陵兰岛	2,175,600	840,070	北冰洋	丹麦王国内部自治的一部分
② 新几内亚	808,510	312,190	西太平洋	印度尼西亚和巴布亚新几内亚共有
③ 婆罗洲	757,050	292,320	印度洋	印度尼西亚、马来西亚、文莱共有
④ 马达加斯加岛	594,180	229,430	印度洋	共和国
⑤ 苏门答腊岛	524,100	202,370	印度洋	印度尼西亚的一部分
⑥ 巴芬岛	476,070	183,830	北冰洋	加拿大努那瓦特地区的一部分
⑦ 本州岛	230,460	88,990	西北太平洋	日本的一部分
⑧ 大不列颠岛	229,870	88,760	北大西洋	英国的一部分
⑨ 埃尔斯米尔岛	212,690	82,130	北冰洋	加拿大西北地区的一部分
⑩ 维多利亚岛	212,200	81,940	北冰洋	加拿大西北地区的一部分
⑪ 西里伯斯岛	189,040	73,000	印度洋	印度尼西亚的一部分
⑫ 新西兰南岛	150,460	58,100	西南太平洋	新西兰的一部分
⑬ 爪哇岛	134,050	51,760	印度洋	印度尼西亚的一部分
⑭ 新西兰北岛	114,690	44,290	西南太平洋	新西兰的一部分
⑮ 古巴	114,530	44,230	加勒比海	共和国
⑯ 吕宋岛	104,690	40,430	西太平洋	菲律宾的一部分
⑰ 冰岛	102,820	39,700	北大西洋	共和国
⑱ 纽芬兰	95,830	37,000	西北大西洋	加拿大的一部分
⑲ 棉兰老岛	94,630	36,540	西太平洋	菲律宾的一部分
⑳ 爱尔兰	83,050	32,070	北大西洋	爱尔兰共和国和北爱尔兰共有
㉑ 北海道	78,460	30,300	西北太平洋	日本的一部分
㉒ 伊斯帕尼奥拉岛	78,460	30,300	加勒比海	多米尼加共和国和海地共有
㉓ 萨哈林岛	76,400	29,500	西北太平洋	俄罗斯的一部分
㉔ 塔斯马尼亚	68,330	26,390	西南太平洋	澳大利亚的一个州
㉕ 斯里兰卡	65,610	25,340	印度洋	共和国

④ 由于马达加斯加岛是古代从非洲飘移出来的，所以岛上有90%的野生物种是独一无二的。

⑦ 本州岛比日本所有其他3921座岛屿加在一起的面积还大，居民达一亿多。

⑬ 爪哇岛只占印度尼西亚面积的7%，但是该国60%的居民都在此居住。

㉓ 虽然太平洋中的萨哈林岛与法国处在同一纬度上，但是它的气候几乎与北冰洋附近地区一样寒冷。

⑤ 苏门答腊岛　　⑥ 巴芬岛　　⑦ 本州岛　　⑧ 大不列颠岛　　⑨ 埃尔斯米尔岛　　⑩ 维多利亚岛

山脉

- 山脉普遍被定义为地球表面的凸出部分，通常有多岩石的顶峰，高度超过600米。
- 夏威夷群岛上的莫纳克亚山，从它在太平洋海底的山脚到它的峰顶是10,203米，是所有山脉中最高的（虽然它露出海面的高度只有4208米）。
- 山脉对一个地区的气候起主要影响作用，例如它能在其后面造成雨影区，从而形成沙漠。
- 世界上海拔最低的国家是马尔代夫（最高点4米）、马绍尔群岛（6米）、图瓦卢（6米）和冈比亚（43米）。
- 位于海底，高度在1000米以上的水下山称为海底山脉。

山脉在哪里出现

- 世界上大部分山脉都出现在地壳构造板块的边缘地带。
- 山脉也出现在构造板块中心的火山活动频繁地带。

单独的山脉和山系是地球表面最突出的特征之一，亚洲中部的喜马拉雅山脉高达8800米（5.5英里），南美的安第斯山脉绵延7200多公里（4480多英里）。山脉不仅仅是主要的地形特征，而且由于它们能使空气团翻越山坡或者改变方向，所以能对地区气候产生重要的影响。它们还可以对人类活动产生重要影响，它们历来是公路、铁路等交通路线的障碍。

世界上最大的山脉大多分布在地震和火山较多的地带——换句话说，分布在地球构造块的边界处。最大的山脉出现在构造板块相撞的地区。大多数大山脉，包括阿尔卑斯山脉、喜马拉雅山脉、安第斯山脉和落基山脉，从地理学上讲都相当年轻，都是过去大约2500万年以内构造板块碰撞的结果。

然而并不是所有的山脉都处于目前活跃的板块边缘地带。例如，苏格兰高地、斯堪的纳维亚山脉和阿巴拉契亚山脉都离板块边缘几百英里远，它们在三四亿年以前形成于古代构造板块相撞、融合在一起的地区。其他的山脉，像许多澳大利亚的山脉，都是构造板块中部强烈侵蚀作用的结果，它们有近30亿年的历史。

山脉是怎样形成的

- 山脉可以通过构造板块相撞或火山活动引起的地壳运动形成。
- 许多山脉，包括阿尔卑斯山脉、落基山脉和喜马拉雅山脉，至今仍在形成中，高度仍在增加。

山和山系有三种完全不同的形成方式：构造运动、断层运动和火山活动。一座山的高度体现了各种形成山的作用和各种破坏作用之间的平衡状况。形成山的作用（通常被称作造山作用）促进山的形成（这种作用曾导致古代山脉的形成），而破坏作用则尽力侵蚀它。

褶皱山

最大和最复杂的山脉，大部分都在大陆上，它们是构造板块在会聚板块边缘相撞的结果。简单地说，当两个较坚硬的陆界或构造板块相撞时，一块板块的边缘被抬起，形成高山地区，相撞区域的岩石由于构造板块相互作用被折起、断裂、变形，因此把这些被抬起的区域称作褶皱山。板块相撞时，除了隆起，可能还会聚集大量热能，导致火山运动和地壳膨胀。例如，安第斯山脉大部分是由火山活动和板块边缘相撞时地壳隆起共同作用而形成的。

所有会聚板块的边缘都可能出现褶皱山，而且至今山脉仍在形成中。例如安第斯山脉已经形成而且仍在形成当中，这是太平洋板块同美洲大陆板块相撞的结果。然而，最大的山脉出现在两个大陆板块相撞的区域。印度板块同欧亚板块相撞时形成喜马拉雅山、抬起青藏高原，就属于这种情形。由于两块板块仍在会聚，隆起还在进行。许多年代久一些的褶皱山脉是很久以前已经停止了的板块碰撞的结果，如苏格兰高地，它位于数百万年前一个会聚板块的边缘。

断块山脉和变形山脉

另外还有间接受其他地区构造板块运动影响的山脉。这种类型的山脉最普遍的例子是断块山脉和变形山脉。

在断块山脉中，与断层区相邻的一块地壳陷落，周围地壳被抬起。这通常是由于地壳的挤压，导致某个部分陷落，而另一个部分上升。例如，在美国犹他州的盆地和山脉区、新墨西哥州、亚利桑那州和加利福尼亚州的内华达山脉都有断块山。在这些地方，地壳受到太平洋板块和美洲板块相互作用而产生巨大压力。

在变形山脉中，情况正相反，同样受挤压作用的影响，与断层相邻的地壳的中部被抬起，周围地壳相对陷落。变形山的实例有美国达科他的黑山和纽约的阿迪朗达克山脉。

火山

火山活动也可以形成壮观的山和山脉。这发生在三种截然不同的地区。一些引人注目的火山处于大陆板块和海洋板块相向运动的地区。这种运动造就了重要的火山群，像位于中美洲危地马拉的火山群便是如此。火山山系也分布在地壳构造散布的地带，例如大西洋中脊。许多火山在海平面以下，但如果火山活动非常强烈，它们也可能露出海面形成火山岛。火山山系也出现在非洲大裂谷的两侧。在这里火山活动发生在非洲构造板块的断裂地带。构造板块的中心部分也有单独的火山出现，像夏威夷群岛的莫纳克亚山和冒内罗亚火山，它们都是由于火山活动频繁地带的火山活动造成的。

最高的山脉

同一山脉的次要山峰列在主要山脉之后。山脉缩略语：H = 喜马拉雅山；K = 喀拉昆仑山。

	高度		山脉
	米	英尺	
珠穆朗玛峰	8,863	29,078	H
珠穆朗玛峰南峰	8,750	28,707	H
乔戈里峰	8,610	28,250	K
干城章嘉峰	8,598	28,208	H
鸭绿康峰	8,502	27,894	H
（干城章嘉峰以西）			
干城章嘉南峰	8,488	27,848	H
干城章嘉中峰	8,475	27,806	H
洛子峰	8,511	27,923	H
附属峰	8,410	27,592	H
洛子沙尔峰	8,383	27,503	H
马卡卢峰 1	8,481	27,825	H
东南马卡卢峰	8,010	26,280	H
道拉吉里峰 1	8,167	26,795	H
马纳斯卢峰（库坦1）	8,156	26,760	H
乔奥	8,153	26,750	H
帕尔巴特山（迪亚米尔）	8,124	26,660	H
安纳布尔纳山 1	8,091	26,546	H
东安纳布尔纳山	8,010	26,280	H
加歇布龙山 1	8,068	26,470	K
（希登峰）			
布罗德峰 1	8,047	26,400	K
布罗德中峰	8,016	26,300	K
布罗德中心峰	8,000	26,247	K
希塞姆 潘马	8,046	26,398	H
（戈赛申）			
加歇布龙山 II	8,034	26,360	K

■ 中国和尼泊尔边境上的喜马拉雅山脉的珠穆朗玛峰。

■ 坦桑尼亚境内的乞力马扎罗山。

■ 美国境内阿拉斯加的麦金利山。

■ 阿根廷境内安第斯山脉的阿空加瓜山。

▶ 最大的山系

山系	位置	长度(公里)	长度(英里)	最高峰	高度(米)	高度(英尺)
安第斯山脉	美洲西南	7,200	4,500	阿空加瓜	6,960	22,834
落基山脉	美洲西北	4,800	3,000	埃尔伯特峰	4,400	14,436
喜马拉雅—昆仑—兴都库什山脉	亚洲中南	3,800	2,360	珠穆朗玛峰	8,863	29,078
大分水岭	东澳大利亚	3,600	2,240	科西阿斯科峰	2,230	7,316
跨南极洲山脉	南极洲	3,500	2,180	文森峰	5,140	16,864
巴西大西洋沿岸山脉	巴西东部	3,000	1,870	邦德腊峰	2,890	9,482
西苏门答腊—爪哇山脉	西苏门答腊和爪哇	2,900	1,800	克林季山	3,805	12,484
阿留申山脉	阿拉斯加和西北太平洋*	2,650	1,650	希沙尔丁火山	2,861	9,386
天山	吉尔吉斯斯坦/中国	2,250	1,400	波伯迪峰	7,439	24,406
新几内亚中部山脉	伊里安亚/巴布亚	2,000	1,250	恩加普鲁	5,030	16,503
阿尔泰山脉	俄罗斯/蒙古	2,000	1,250	别卢哈山峰	4,505	14,780
乌拉尔山脉	俄罗斯	2,000	1,250	纳罗达峰	1,894	6,214
堪察加山脉	俄罗斯东部	1,930	1,200	克留切夫斯克山	4,850	15,912
阿特拉斯山脉	非洲西北	1,930	1,200	杰贝图卜哈勒山	4,165	13,665
上扬斯克山脉	俄罗斯	1,610	1,000	别卢麦斯海亚峰	2,959	9,708
西加茨山脉	印度	1,610	1,000	阿奈穆迪峰	2,694	8,839
东马德雷山脉	墨西哥	1,530	950	奥里萨巴火山	5,610	18,406
扎格罗斯山脉	伊朗	1,530	950	扎尔德山	4,547	14,918
斯堪的纳维亚山脉	挪威/瑞典	1,530	950	加尔赫峰	2,469	8,098
埃塞俄比亚高地	埃塞俄比亚	1,450	900	拉斯达善峰	4,620	15,157
西马德雷山脉	墨西哥	1,450	900	内瓦多代科尔马山	4,265	13,993
马拉加西山脉	马达加斯加	1,370	850	马鲁穆库特鲁山	2,876	9,436
德拉肯斯山脉	南非	1,290	800	塔巴纳-恩特莱尼亚纳山	3,482	11,425
切尔斯基岭	俄罗斯	1,290	800	波别达山峰	3,147	10,325
高加索山脉	格鲁吉亚/俄罗斯/阿塞拜疆	1,200	750	厄尔布鲁士山	5,642	18,510
阿拉斯加山脉	美国阿拉斯加	1,130	700	麦金利峰	6,194	20,320
阿萨姆邦缅甸山脉	阿萨姆邦（印度）—缅甸西部	1,130	700	开卡博峰	5,881	19,296
喀斯喀特山脉	美国西北/加拿大	1,130	700	雷尼尔峰	4,392	14,409
中婆罗洲山脉	婆罗洲（印度尼西亚）/马来西亚	1,130	700	克尔纳巴鲁山	4,101	13,455
亚平宁山脉	意大利	1,130	700	科尔诺山	2,931	9,616
阿巴拉契亚山脉	美国东部	1,130	700	米切尔峰	2,037	6,683
阿尔卑斯山脉	欧洲中部	1,050	650		4,807	15,771

*绵延不断的大陆长度为720公里（450英里）

■ 南极洲的埃尔斯沃思地的文森峰。

■ 俄罗斯境内高加索山脉的厄尔布鲁士山。

■ 法国和意大利境内阿尔卑斯山的勃朗峰。

▶ 各大陆的最高山峰

	山峰	高度(米)	高度(英尺)	位置
亚洲	珠穆朗玛峰	8,863	29,078	尼泊尔/中国
非洲	乞力马扎罗峰	5,894	19,340	坦桑尼亚
北美洲	麦金利峰	6,194	20,320	美国
南美洲	赛罗埃尔伯特峰	6,960	22,834	阿根廷
南极洲	文森峰	5,140	16,863	埃尔斯沃思地
欧洲*	厄尔布鲁士山	5,642	18,510	俄罗斯
	勃朗峰	4,807	15,771	法国/意大利
大洋洲/澳大拉西亚**	恩加普鲁（查亚库斯马）	5,030	16,503	印度尼西亚

*根据对欧洲的某些定义，高加索地区也被划入该大陆内，那么，最高的山脉就是5642米（18,510英尺）的厄尔布鲁士山。
**对大洋洲的某些定义不把新几内亚包围在内，在这种情况下，最高的山脉就是新西兰3754米（12,315英尺）的库克山。

■ 印度尼西亚的恩加普鲁峰。

火山

▶ 历史上,欧洲最高的活火山是特德峰,它高达3716米,位于非洲西北和西班牙南部沿岸的加那利群岛中的特纳利夫岛上。

▶ 1991年菲律宾吕宋岛的皮纳图博火山爆发是本世纪最强烈的火山爆发。

▶ 即使现在,世界上的海底仍有成百上千的火山在悄悄喷发。

▶ 大量火山爆发形成的火山灰云团能阻挡太阳光线,使全球温度降低(这是关于恐龙灭绝的比较能为人们接受的理论之一)。

▶ 在金星上、火星上和木星的卫星艾奥上也有火山存在。

什么是火山

▶ 历史上有800余座活火山。

▶ 火山爆发也能产生新的大陆块,冰岛南部的叙尔特塞岛就是如此。

火山通常是一座呈圆锥形的山,它在猛烈而壮观的喷发中形成于地壳的开口处。当火山喷发时,熔化的岩石或岩浆从地下深处在巨大的冲力作用下被甩出或是从开口处,即火山口涌出来,通常还伴有其他的碎石和气体。陆地上有火山,海底下也有火山。

自然界几乎没有什么比火山爆发更恐怖的了。在极强烈的火山爆发中,火山内部发生巨大的爆炸,大块岩石、火山渣和大团的火山灰、水蒸气和气体从火山口被猛掷向空中。熔岩流,有时是沸腾的岩浆,顺坡倾泻而下,毁掉沿途的一切。迅速移动的蒸汽和气体云,称作炽热火山云,也顺着火山向坡下移动。

在史前时期,3.5亿年前,火山活动非常强烈,当时成千上万的火山连续不断地爆发。今天的许多山脉都是由以前的火山喷发物构成的,而这些火山早已停止活动了。

■ 夏威夷基拉韦厄(意为"广泛传播")火山的冒内罗亚火山口,该火山是世界上最大的活火山群。

■ 1983年5月,埃特纳火山爆发,这是20世纪许多火山爆发中的一例,最近一次是在1996年。

■ 在美国夏威夷毛伊的凯阿奈半岛被火山岩覆盖着,它是由两座火山形成的岛屿。

▶ 最近的主要活火山

	山脉/位置	高度 米	英尺	有记录的最近一次爆发
奥霍斯—德尔萨拉多山	安第斯山脉,阿根廷/智利	6,895	22,622	1981年(蒸汽)
尤耶亚科火山	安第斯山脉,阿根廷/智利	6,723	22,058	1877年
圣佩德罗山	安第斯山脉,智利	6,199	20,339	1960年
瓜亚蒂里火山	安第斯山脉,智利	6,060	19,882	1993年
圣何塞	安第斯山脉,智利	5,919	19,425	1931年
科托帕克希火山	安第斯山脉,厄瓜多尔	5,897	19,348	1975年
米斯提火山	安第斯山脉,厄瓜多尔	5,862	19,233	1878年
图图帕卡火山	安第斯山脉,厄瓜多尔	5,844	19,174	1902年
安蒂萨纳	安第斯山脉,厄瓜多尔	5,793	19,006	1801年(冰川下)
乌维纳斯火山	安第斯山脉,秘鲁	5,710	18,739	1969年
拉斯卡火山	安第斯山脉,智利	5,641	18,508	1991年
图蓬尼阿蒂托	安第斯山脉,智利	5,640	18,504	1986年
锡特拉尔特佩特火山	阿尔蒂普拉诺德墨西哥,墨西哥	5,610	18,406	1687年
伊斯卢加火山	安第斯山脉,智利	5,566	18,262	1960年
烟峰	阿尔蒂普拉诺德墨西哥,墨西哥	5,451	17,884	1997年
鲁伊斯山	安第斯山脉,哥伦比亚	5,435	17,829	1992年
托利马山	安第斯山脉,哥伦比亚	5,249	17,222	1943年
桑盖火山	安第斯山脉,厄瓜多尔	5,230	17,159	1989年(隆隆声)
通古拉瓦山	安第斯山脉,厄瓜多尔	5,048	16,562	1944年
瓜瓜皮钦查火山	安第斯山脉,厄瓜多尔	4,880	16,011	1988年(隆隆声)
克留切夫斯克火山(堪察加半岛)	赫列伯特山脉,俄罗斯	4,850	15,912	1997年
昆巴尔火山	安第斯山脉,哥伦比亚	4,795	15,732	1926年
普腊塞火山	安第斯山脉,哥伦比亚	4,590	15,059	1988年(蒸汽)
塞罗内格罗德马亚斯括尔火山	安第斯山脉,哥伦比亚	4,499	14,761	1936年
雷尼尔峰	喀斯喀特山脉,美国	4,392	14,410	1882年
沙斯塔山	喀斯喀特山脉,美国	4,317	14,169	1855年
埃尔加莱拉斯火山	安第斯山脉,哥伦比亚	4,294	14,088	1993年
唐娜胡安娜	安第斯山脉,哥伦比亚	4,277	14,032	1906年
塔胡穆尔科火山	马德雷山脉,危地马拉	4,220	13,845	隆隆声(仍在继续)
冒内罗亚火山	夏威夷,美国	4,170	13,681	1988年(隆隆声)
塔卡纳火山	马德雷山脉,危地马拉	4,078	13,416	隆隆声(仍在继续)
喀麦隆山	独山,喀麦隆	4,069	13,380	1986年
埃里伯斯火山	罗斯岛,南极洲	3,795	12,451	1997年
富士山	日本关东	3,776	12,389	蒸汽(仍在继续)
润亚尼峰	龙目岛,印度尼西亚	3,726	12,225	1966年
特德峰	特纳利夫岛,加那利群岛,西班牙	3,718	12,198	1909年
塞梅鲁火山	爪哇,印度尼西亚	3,676	12,060	1996年
尼拉贡戈火山	维龙加,刚果(原扎伊尔)	3,470	11,385	1994年
科里亚克火山	堪察加半岛,俄罗斯	3,456	11,339	1957年

■ 现在欧洲的活火山包括冰岛的海克拉火山和意大利的埃特纳火山 ■ 有记

在地球上主要的海拔较高的山脉当中，有许多是火山。最高的火山是塞罗阿空加瓜山，它位于阿根廷的安第斯山脉之上，顶峰积雪覆盖，高达6960米（22,834英尺）。因为塞罗阿空加瓜山已不再喷发，所以它被认为是死火山。其他的很久没有爆发，但仍可能爆发的火山称为休眠火山。在历史上喷发过的火山称作活火山，这些活火山常常具有危险性。目前认为最高的活火山是奥霍斯－德尔萨拉多火山，它高达6895米（22,622英尺），位于智利和阿根廷交界处。这座火山上最近出现了喷气孔，炽热的气体和蒸汽由这儿喷发出来。

现在科学家们已经能够观察并记录下新火山戏剧性的诞生和发育过程。一个著名的例子就是墨西哥的帕里库廷火山，1943年它只在一个农场地面的小裂缝处冒出缕缕烟雾，而到1952年，它已经超过430米（1400英尺）了。另一个例子出现在20年后，在冰岛南部海面，伴随着巨大的爆炸声和翻滚的蒸汽雾团中，叙尔特塞火山岛（见35页）出现了。这座新岛屿现在占地2.5平方公里（1平方英里）。

■ 1980年7月22日，在美国华盛顿州西南的圣海伦斯火山爆发，由烟尘和岩石混合成的巨大云状物从山的一侧喷发而出。自从1857年，这座火山一直处于休眠状态，但附近一次强烈的地震使它爆发了。

是什么引起了火山爆发

▶ 火山爆发并不总是激烈、爆炸性的。
▶ 1980年圣海伦斯火山爆发，把大股烟尘和蒸汽送入20公里（12.5英里）高的大气层。

火山像巨大的安全阀，把地球内部巨大的压力释放出来。这些压力又构成地壳表面的板块不断运动的影响。由于板块运动，地幔中熔化了的岩浆在压力作用下被迫向上，只要地表岩层有空隙，它们就会喷涌而出。随着岩浆上升，压力减小，其中的气体释放出来，在爆炸性的喷发中，岩浆被喷射出火山。

火山爆发既可能是极端爆炸性的，也可能是相对平静的，这取决于从地壳深处喷出的岩浆的类型。主要由铁和二氧化硅的矿物构成的岩浆趋于粘性（稠而粘），不易流动，从而导致剧烈的喷发，例如1980年的圣海伦斯火山爆发。这些种类的火山通常被称作中央火山，它们在堆积的熔岩和熔结凝灰岩（这两种岩石都是由炽热的火山云团冷却后形成的）之上有中央火山锥。相反地，含镁和铁的玄武岩浆，流动性大得多，从而产生缓和得多的熔岩喷发，例如夏威夷群岛的冒内罗亚火山。这些类型的火山称作裂缝火山，绵延数公里，通常位于地壳断裂地带。

地球上的火山区

▶ 大多数火山出现在地壳构造板块的边缘地带。
▶ 也出现在构造板块中间的火山频发地带。

火山位于地壳最薄弱的地区，尤其是在地壳板块边缘地带。最著名的是在太平洋板块边缘的"火山环"。许多被称作深海火山的火山也分布在远离板块边缘的海底。这里的地壳只有5公里（3英里）厚，地幔下熔化了的岩浆很容易将它冲破。地幔中局部地区的热点，位于远离板块边缘的陆地上（例如夏威夷群岛中的热点），也可以促成火山的形成。

▶ 主要的火山爆发

	位置	高度 米	英尺	日期	注释
桑托林火山	希腊基克拉泽斯群岛	584	1,960	约公元前1550年	一次巨大的爆炸最终摧毁了岛屿，有些人认为它导致了附近克里特岛米诺人文明的消亡。
维苏威火山	意大利那不勒斯湾	1,280	4,198	79年	庞培、赫库兰尼姆和斯塔比亚城完全被湮没，几千人死亡。1631年有3000人死亡，从那以后，大概有20次重要的喷发，最近一次是在1944年。
未命名	新西兰北岛	未知		130年	喷出大约3000万吨的浮石，产生了巨大的破火山口，现在是陶波湖。导致16,000平方公里的地方荒芜——一次有记录的最强烈的火山活动。
克卢德火山	印度尼西亚爪哇岛	1,731	5,679	1586年	10,000人死亡，1919年的另一次喷发导致5000人死亡。
埃特纳火山	意大利西西里岛	3,311	10,855	1669年	20,000人死亡，熔岩流到了距火山口28公里（17英里）的卡塔尼亚西部。
坦博拉火山	印度尼西亚朱姆巴洼	2,850	9,350	1815年	据估测150～180立方公里的岩石和融化物质（36-43立方英里）从火山锥喷射而出，在几分钟内从4100米（13,450英尺）落至2850米（9350英尺）。约90,000人死于这次爆炸和其后的饥荒中。
喀拉喀托火山	印度尼西亚喀拉喀托	813	2,667	1883年	163个村庄被毁，36,417人被火山爆发引起的热浪灼伤而死，是有记载的火山爆发中最大的——虽然规模可能只有桑托林火山爆发的1/5。岩石被抛入55公里（34英里）高的空中。10天之后，火山灰落到了5330公里（3313英里）远的地方。地球表面1/13的地方都听到了爆炸声。
培雷山	西印度群岛的马提尼岛	1,397	4,582	1902年	在3分钟内一个炽热火山云团摧毁了圣彼尔镇，26,000居民死亡——只有在厚墙包围的监狱中的一个囚犯得以幸免。
圣海伦斯火山	美国华盛顿州	2,549	8,360	1980年	据估计有66人死亡，260平方公里（100平方英里）的森林被毁。烟尘被抛送到6000米的高度，落下时的范围达800公里（500英里）远。
皮纳图博火山	菲律宾吕宋岛	1,745	5,723	1991年	847人死亡，逾100万人被迫离家，这是20世纪最强烈的火山爆发。火山灰被抛送到30公里（19英里）的高空，使全球的平均气温降低大约1℃。

地震

- 在过去的800年里,造成50,000或者更多的人死亡的地震有17次。
- 1960年在智利发生的地震,最初测定为里氏8.3级,后来更正为里氏9.5级,从而成为世界上所记录的最强烈的地震。
- 1201年7月地中海东部的一次地震使110多万人丧生。
- 地震对人类生命造成的巨大危害仅次于洪水。

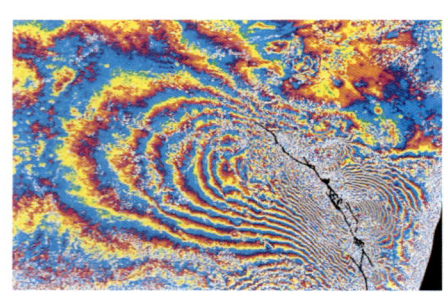

什么是地震

- 地震学是研究地震活动的一门科学。
- 地震冲击波在地壳上半部的传播速度可达6公里/小时(3.7英里/小时)。

地震是地壳或上地幔中能量的突然释放。由于地球的构造板块互相碰撞,从而变形,产生巨大的地应力——地应力处的能量不时地从地表岩石最薄弱地带释放出来。它表现为突然而强烈的震动,会对附近的地球表面产生巨大的破坏作用。

震动(地震波)使地震具有破坏作用。在很短的时间内,地震波使近处的地面摇动,常常造成长期性影响。很少有人直接因地震而受伤或死亡,死伤大都是由于地震引起建筑物的倒塌所致。

不论有没有人和建筑物,地震都会使地面出现裂缝;改变地表的水平状态和倾斜状态;改变江河流向;引发山崩和雪崩;使坚固的地面变得如流沙般地危险。例如,1920年在中国甘肃省发生的大地震中,有180,000人死于地震引起的巨大山崩。海底地震还会引起潮浪(海啸)——即大量的海水可横跨海洋达数千公里,登陆时起破坏作用。

地震发生在哪里

- 仅在过去的250万年里,美国西部圣安德列亚斯断层区的地壳就被移动了1000公里(622英里)。
- 通过了解以往地震的位置和周期可以预测地震,也可以通过主震之前的前震和微震、甚至动物的异常行为来预测地震。

大多数地震发生在构造板块边缘地带——沿着转换断层、海脊(见32页)和潜没区(即一构造板块滑至另一板块之下的区域)——因为这是板块相互作用最强烈的地区,也是形成变形、地应力变化大的地区。

然而并不是所有的地震都出现在板块边缘。例如,在北美,有史以来最具破坏性的地震并不是发生在加利福尼亚,而是在南卡罗来纳和密歇根。在加利福尼亚有一个错位断层(圣安德列亚斯断层),但南卡罗来纳和密歇根却远离板块边缘。发生这种情形的原因尚不清楚,但板块内部发生的地震很可能与早期板块构造留下仍然活跃的深层断层有关。然而,加

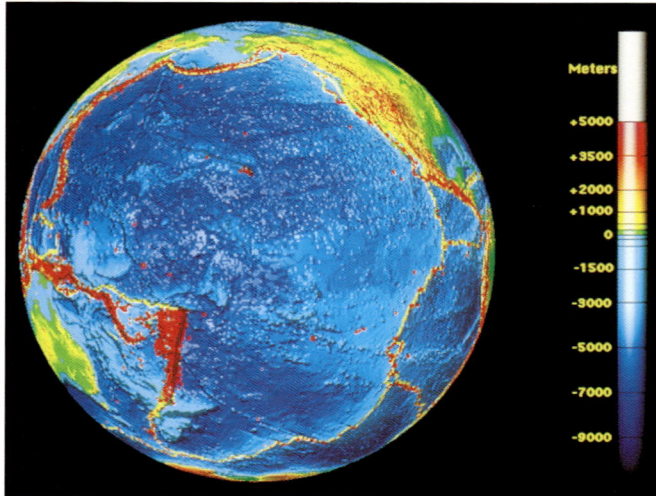

利福尼亚仍是美洲最大的地震区,因为那里地震频率最高。

地震最初产生震动的地点称震源。震源在地表的投影点叫震中,这里地震最强烈。一幅世界震中地图几乎就是一幅地球板块边缘图(见下面震中图)。

所有的震源都位于地球上部700公里(435英里)以内。在这个范围内,地震分为浅源地震(从震源到震中的距离0~70公里/0~43英里)、中源地震(70~300公里/43~186英里)和深源地震(300公里/186英里以下)。中源地震的数量是深源地震的三倍;浅源地震是深源地震的十倍。

浅源地震给地表造成的损坏最严重,原因很明显,就是它们离地表更近。总体来说,浅源地震释放的能量最多——大约是总能量的75%,而深源地震只有3%。

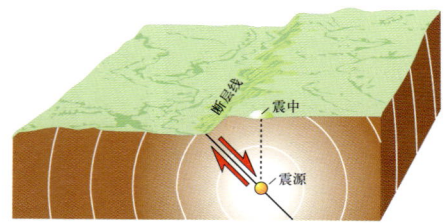

■ 震源是地质断层线上的活动场,也是能量释放的中心。震中是地表正对震源的地点。红箭头表示两个构造板块互相磨擦碰撞。

■ 人造卫星拍摄的照片展示了1992年6月28日加利福尼亚兰德斯发生了里氏7.3级地震之后,地表被移动的情形。每种颜色的边线(从紫色到红色到黄色到蓝色)表示地面水平移动的程度。右侧的黑线是地震断层线。

■ 这幅计算机绘制的全球图展示了1980年以来的地震震中。震级大于或等于里氏5级的震中用红色表示,板块边缘用黄线表示。陆地高度和海洋深度用右侧的米标尺表示地震的测量。

地震的震级

- 地震由世界标准地震台网来监测,它是由全球125个监测站组成的。最初是用来监测核武器试验的。
- 广岛原子弹爆炸释放的能量相当于里氏5.7级地震释放的能量。

地震的大小用震级来表示,有时称作里氏震级。美国的地震学家查尔斯·里克特在1935年提出里克特震级表。

震级实际上是对地震波大小(振幅)的测量。震级是用对数来表示的。这意味着震级每增加一级,那么地震波的振幅就增加十倍。这样,7级地震的地震波就比6级地震的地震波强十倍,比5级地震强一百倍,依此类推。

震级也是地震释放的能量的衡量标准,因为能量总是和波的大小有关。它们之间的关系是:震级每差一级,能量就相差30倍左右。那么一个7级地震所释放的能量就比6级地震所释放的能量大30倍左右,比5级地震所释放的能量大30×30(即900)倍。这就是为什么每年为数较少的几次大地震释放的能量占地震所释放能量的大部分,而成百万次的小地震所释放的能量却占很小一部分。

依照地震的破坏程度——强度,人们常常使用里氏震级来表示地震的大小。日本和俄罗斯使用一种稍有不同的体系——修改的麦加利震级。麦加利震级表是由地质学之父朱瑟皮·麦加利设计的。它是以在轻度地震震动时人们对震动的感受程度及强震对建筑物的破损程度

里氏震级

里氏震级是应用得最广泛的地震震级标准。就地震震级本身来说，对外行人毫无意义。尽管如此，震级强度可作如下表述：

级别	描述
1 级	只有地震仪才能检测到
2 级	即使在震中附近，也几乎察觉不到
3 级	震中附近能察觉到，但造成的损害微乎其微
4-5 级	距震中32公里（20英里）的范围内能察觉到；可能会在较小区域内造成损害
6 级	具有中度破坏性
7 级	强震
8 级	大地震

修改的麦氏震级

这种震级标准主要用于日本及前苏联，并且在全球范围内正越来越多地得到应用。而在世界上易发生地震的国家和地区，如日本（和格鲁吉亚及亚美尼亚），经常用修改的麦氏震级来表示地震的强度：

- I 几乎没人感觉到。
- II 只有休息中的一些人能感觉到，纤细的悬垂物轻轻晃动。
- III 在室内会有明显感觉。静止的汽车会晃动起来。
- IV 在室内通常会有感觉。睡觉的人会被惊醒。
- V 普遍能感觉到。墙上灰泥剥落，盘子及窗户损坏。摆钟停止。
- VI 人人都有感觉。许多人惊恐害怕。烟囱、墙壁损坏，家具和物品位置移动。
- VII 大家都向户外跑，在奔驰的车里也能感觉到。建筑物中度损坏。
- VIII 普遍惊恐不安。不牢固的建筑严重受损。墙壁倒塌、家具翻倒，井内水位发生变化。
- IX 人们惊恐慌乱。不牢固的建筑会完全毁坏，对较结实的建筑、地基及地下管道造成大面积破坏，地表有裂缝。
- X 人们惊恐慌乱。只有最牢固的建筑幸免。地表裂开大缝、铁轨弯曲，河水溢出河岸。
- XI 人们惊恐万状。几乎没有建筑物幸免。地表裂缝又宽又长，形成断层陡坡，地下管道严重瘫痪。
- XII 造成彻底毁灭。可见地表波动，所有景致及平坦表面的轮廓扭曲变形，物品被抛向空中。

为依据的。地震的破坏程度不仅与震级高低有关而且与当地人口、建筑类型及所涉及的自然状况有关。

地震发生的时间也是地震造成破坏程度大小的重要因素。就死亡人数来看，本世纪破坏性最大的中国唐山大地震发生的时间是在凌晨3时42分。当时大多数人正在沉睡之中，地震使唐山市遭到毁灭性的破坏，死亡人数达242,000人。

20世纪较大地震

地点	日期	里氏震级	死亡人数
哥伦比亚海洋	1906年1月31日	8.6	不详
美国旧金山	1906年4月18日	8.3	452
意大利墨西拿	1908年12月28日	7.5	80,000
意大利阿韦扎诺	1915年1月13日	不详	29,970
中国甘肃省	1920年12月16日	8.2	242,000
日本关东平原	1923年9月1日	8.3	142,807
中国甘肃省	1932年12月26日	7.6	70,000
奎达（现巴基斯坦）	1935年5月31日	7.5	25,000
土耳其埃尔津詹	1939年12月27日	7.9	30,000
印度阿萨姆	1950年8月15日	8.6	1500
俄罗斯堪察加	1952年11月4日	8.5	不详
美国阿拉斯加阿留申群岛	1957年3月9日	8.3	不详
摩洛哥阿加迪尔	1960年2月29日	5.8	12,000
智利莱布	1960年5月22日	8.3	不详
美国阿拉斯加安克雷奇	1964年3月28日	8.5	131
秘鲁北部	1970年5月31日	7.7	66,800
美国洛杉矶	1971年2月9日	6.5	64
尼加拉瓜	1972年12月23日	6.2	5000
危地马拉	1976年2月4日	7.5	22,700
中国唐山	1976年7月27日	8.2	242,000
罗马尼亚布加勒斯特	1977年3月4日	7.5	1541
伊朗东北部塔巴斯	1978年9月16日	7.7	25,000
阿尔及利亚艾因乌塞拉	1980年10月10日	7.5	2327
意大利波坦察	1980年11月23日	6.8	约3000
也门	1982年12月13日	6.0	2800
哥伦比亚波帕扬	1983年3月31日	5.5	264（150,000人无家可归）
日本本州岛北部	1983年5月26日	7.7	58（大部分死于海啸）
土耳其东部	1983年10月30日	7.1	1233
智利阿尔加罗沃	1985年3月3日	7.8	177（150,000人无家可归）
墨西哥墨西哥城	1985年9月19-20日	8.1	20,000（31,000人无家可归，40,000人受伤）
厄瓜多尔东北	1987年3月5日	7.0	2000（75,000人受伤）
中国西南	1988年11月6日	7.6	1000多（500,000人无家可归）
亚美尼亚	1988年12月7日	6.9	25,000（500,000人无家可归）
塔吉克斯坦	1989年1月22日	5.3	574（皆因莎罗拉村遭受了泥流滑坡的冲击）
美国旧金山湾	1989年10月17日	7.1	67
阿尔及利亚阿尔及尔	1989年10月29日	6.0	24（746人受伤）
澳大利亚新南威尔士州的纽卡斯尔	1989年12月27日	5.5	40（120人受伤）
中国青海省	1990年4月27日	6.9	115（160人受伤许多人无家可归）
伊朗西北鲁德罕	1990年1月21日	7.3	至少36,000
菲律宾吕宋岛	1990年7月17日	7.7	1000多（马尼拉北部地区）
伊朗南部	1990年11月6日	6.8	22（12,000多人无家可归）
意大利西西里岛	1990年12月13日	4.7	12
巴基斯坦西北边境	1991年2月1日	6.7	1000多（多数人无家可归）
哥斯达黎加/巴拿马	1991年4月22日	7.5	80多（800人受伤）
(美国)佐治亚州	1991年4月29日	7.2	100
土耳其东部	1992年3月14日	6.2	1000多
埃及开罗	1992年10月12日	5.9	至少540（很大程度是由于住宅建筑不牢固倒塌而致。4000多人受伤）
日本北海道	1993年7月12日	7.8	192（主要分布在奥尻岛）
印度拉杜尔	1993年9月30日	6.5	9748
巴布亚新几内亚	1993年10月13日和16日	最大震级6.8	60（在4次地震中）
洛杉矶	1994年1月17日	6.6	57（25,000人无家可归）
印度尼西亚苏门答腊岛	1994年2月16日	6.5	131（2700人受伤，主要发生在利瓦城）
哥伦比亚西南部	1994年6月7日	-	401（死于小震之后的雪崩）
阿尔及利亚	1994年8月18日	5.6	149
日本	1994年10月4日	8.2	16（因受北海道岛附近的水下地震影响，而在俄罗斯千岛群岛遇难）
日本北部	1994年12月28日	7.5	3（267人受伤）
日本神户	1995年1月17日	7.2	5000多（275,000人无家可归）
俄罗斯库页岛的内菲太加尔斯科	1995年5月28日	7.5	约2000
希腊伊翁	1995年6月15日	6.1	17
土耳其西部狄纳	1995年10月2日	6.1	57
墨西哥西部哈利斯科州	1995年10月9日	7.6	56
中国云南省	1995年10月24日	6.5	29
中国云南省	1996年2月3日	7.0	240
印度尼西亚的伊里安查亚省	1996年2月17日	7.5	32（主要受海啸所致）
巴基斯坦西部的俾路支省	1997年2月28日	7.3	110多
伊朗西北的阿尔达比勒地区	1997年2月28日	5.5	1000多（2600人受伤）
伊朗东北加延	1997年5月10日	7.1	4000

瀑布和湖泊

▷ 维多利亚瀑布,位于赞比亚与津巴布韦交界处,被当地居民称为莫西奥图尼亚瀑布——意即"霹雳之雾"。

▷ 1954年,位于乌干达境内的尼罗河上的欧文瀑布大坝竣工,把天然形成的维多利亚湖变成一个容量达2,700,000立方米的水库。

▷ 全世界的淡水湖和咸水湖的蓄水量大约为180,000立方公里,约占地球水资源的0.01%。

▷ 在一些主要河道上,瀑布会成为航运的主要问题。

瀑布的成因

▶ 在软硬岩层交替出现的河床中会形成瀑布。
▶ 河流跨越断层会形成瀑布或河道的斜面与基准面(陆地表面因受河流侵蚀而成的最低平面)的变化不协调也会形成瀑布。

瀑布通常是指在河流水系任何部分水的垂直下落。众多小瀑布接连不断,形成大瀑布。急流在一个水系内常常是有规律的,它们是由又短又陡的河道形成的。河水水位高时,这样的河道很可能完全浸没于水下。小而高的瀑布是高地和山间河流的普遍特点。相对来说从全球范围看,则并不常见。一般只限于基岩河道。

岩石对水的阻力

瀑布的形成有各种各样的原因。但绝大多数的瀑布是由于河流水系从较硬的冠岩流下,侵蚀较软的岩石而形成。此类瀑布常见于河床有较硬的岩石,而后水流流经有较软岩石部分。典型的如尼亚加拉瀑布,就是尼亚加拉从瀑布上游较硬的石灰岩流向松软的页岩时形成的。河水能迅速磨蚀页岩,但却不能磨穿石灰岩。水的力量及经过瀑布、跌入瀑布潭的沉积物通过侵蚀页岩下的软岩层而在加快削弱石灰岩的基础。这使得瀑布逐步向上游退缩。

地质断层

由于地震活动而造成的断层,即地壳中岩石的断裂,导致了许多壮观瀑布的产生,特别是非洲的许多瀑布。例如,位于赞比亚-津巴布韦交界处的维多利亚瀑布就处在断层区内。这个断层区一直受到赞比西河的侵蚀。

尼克点(裂点)

河道的纵向落点也会与尼克点有关。尼克点就是河道纵剖面上坡度的突变点,通常是由

10 落差最大的瀑布

		高度		所处河流	位置	注释
		米	英尺			
①	安赫尔瀑布	979	3,212	卡罗尼河上游支流丘伦河	委内瑞拉	最高瀑布807米(2,648英尺)
②	图盖拉瀑布	947	3,107	图盖拉河	南非纳塔尔的夸祖卢	5个瀑布(最高瀑布410米/1345英尺)
③	乌蒂加德瀑布	800	2,625	约斯特谷冰川	挪威内斯蒂尔	最高瀑布600米(1969英尺)
④	蒙盖佛森瀑布	774	2,540	蒙日河	挪威蒙日贝克	
⑤	约塞米蒂瀑布	739	2,425	默塞德河的支流约塞米蒂克里克	美国加利福尼亚约塞米蒂国家公园约塞米蒂谷	上约塞米蒂瀑布435米(1447英尺),中部的小瀑布205米(675英尺),下约塞米蒂瀑布97米(320英尺)
⑥	马尔达斯瀑布	656	2,152	马尔达斯河	挪威西部埃克斯达尔湖	最高瀑布296米(971英尺)
⑦	提塞斯特干瀑布	646	2,120	泰索河	挪威哈当厄	最高瀑布289米(948英尺)
⑧	库克南瀑布	610	2,001	卡罗尼河上游支流阿拉沃波	委内瑞拉	
⑨	萨瑟兰瀑布	580	1,903	阿瑟河	新西兰奥塔格米尔福德桑德湾附近	最高瀑布248米(814英尺)
⑩	基尔瀑布	561	1,841	内尔诺峡湾支流	挪威居德旺根附近	最高瀑布149米(489英尺)只含大瀑布,不包括利平瀑布和雷恩博瀑布

▷ 最大的瀑布

	高度		年平均流量		位置
	米	英尺	立方米/秒	立方英尺/秒	
布约玛瀑布(原斯坦利瀑布)	60	197	17,000	600,000	卡桑盖尼(刚果/原扎伊尔)附近的刚果河
南孔瀑布	21	70	11,500	410,000	老挝湄公河
尼亚加拉瀑布	48	157	5,640	199,300	尼亚加拉河,伊利安湖和安大略湖(加拿大/美国)
亚美利加瀑布	50	164	360	12,700	
保罗阿丰索瀑布	58	190	2,800	100,000	巴西圣弗朗西斯科河
伊瓜苏瀑布	93	308	1,700	61,660	巴西/阿根廷的伊瓜苏河
帕图斯-马里班多瀑布	35	115	1,500	5,300	巴西格兰德河
维多利亚瀑布(莫西奥图尼亚瀑布)	108	355	*1,100	38,430	赞比亚/津巴布韦的赞比亚河

*此数字只适用于主瀑布,不将利平瀑布及雷恩博瀑布计算在内。

已消失的瀑布
就其流量来说,世界上的两大瀑布,也就是第二、第六大瀑布,因伊泰普大坝(巴拉圭/巴西)导致水位上升,正在被或已经被淹没。

瓜伊拉瀑布或萨尔图瀑布	114	374	**13,000	470,000	巴拉圭/巴西上巴拉那河
乌鲁布瀑布	12	40	2,700	97,000	巴拉圭/巴西上巴拉那河

**瓜伊拉瀑布的最大流量可达50,000立方米/秒。

■ 1855年,基督神学家戴维·利文斯敦在非洲旅行之际,看到维多利亚瀑布惊愕不已。维多利亚瀑布至今依然令许多到此参观的人充满敬畏之情。

于河流侵蚀基准面,使基准面的高度下降造成的。基准面的变化很可能是因为相关海平面的下降(这种下降或是由于海平面真正意义上的下降,或是由于地壳构造板块的抬升造成陆地的海拔高度升高)。河流袭夺也会导致基准面的变化(当一条河流通过支流袭夺另一条河时,从而改变了两条河的流量)。基准面的降低会使河水更快地侵蚀河道较低部分,致使下游河道的斜坡更陡。如果这一过程与河流流经不同类型的岩石是同时发生的,例如在尼亚加拉瀑布,那么当河流侵蚀河床以使其河道斜坡平滑,除去纵剖面上的尼克点或弯曲点时,就有可能形成瀑布。

■ 维多利亚瀑布宽1708米 ■ 安赫尔瀑布的高度是埃菲尔铁

什么是湖

▶ 总的来说，湖是一个水域，四周被陆地环绕。它的表面敞露在空气之中，水面没有倾斜。它不与海洋相接，但却可以通过小河小溪与海洋相连。

▶ 湖泊是重要的水资源，也是重要的食物资源、能源资源、娱乐和旅游资源。

湖泊是几乎所有气候带的水循环的重要环节之一。人们经常把湖泊定义为地表处一个表面露置于空气之中、没有明显倾斜面的凹陷的水域。这个定义的后半部尤为重要，因为它把湖泊同河、溪等有倾斜水面的水体加以区别。湖泊一词范围广泛，包括池塘（小而浅的湖泊）、水库（人工或半人工的湖面）和沼泽地（包括不流动的水）。在排水系统山涧底部不会自然形成湖泊的地方，可在河道上筑坝拦水造成湖泊。

湖泊的水源

湖泊水的来源有许多种类，包括降雨、小溪、小河、地表的流水，以及从土壤或地表中汲取的水分。不是所有的湖泊都能明显辨别出其水源。许多小的湖泊和池塘的主要水源来源于降雨和土壤中的水。湖泊除了汲取水，也流失水。水的流失主要在湖口，湖口的水通过天然的或人工的水坝排出。但还有可能是由于水分蒸发，或水向地表渗漏，或人为地抽取从而造成水的流失。

造福人类

湖泊对于人类的活动有重要意义。首先，湖泊经常成为淡水水源和食物资源。如在湖泊上人工筑起水位高于天然湖口水位的大坝，利用水能发电。许多有湖泊的地区也被公认为是具有自然美景的地区，成为娱乐和旅游的重要场所。

▶ **最大的水库**

人工湖，也称水库。可用作地区供水资源，还可利用水能发电。

按库容量排列

位置		库容量（百万立方米）
卡诺维斯卡亚水库	俄罗斯第聂伯河	182,000
卡里巴水坝	津巴布韦/赞比亚，赞比西河	180,600
布拉茨科耶水库	俄罗斯，安加拉河	169,270
纳赛尔水库	埃及，尼罗河	168,900
沃尔特湖	加纳，沃尔特河	153,000

按面积排列

	位置	面积	
		平方公里	平方英里
沃尔特湖	加纳，沃尔特河	8,482	3,275
古比雪夫水库	俄罗斯，伏尔加河	2,490	961
雷宾水库	俄罗斯，伏尔加河	1,768	683

什么决定湖泊大小

▶ 决定湖泊大小的主要因素是湖盆形状以及湖水的注入量和排出量之间的平衡。

▶ 湖泊受人类活动影响很大——咸海1960年以来由于人为抽取，使其水量减少了2/3多。

在整个地质年代中，湖泊的存在时间是相对短暂的。湖泊经常由于受湖口外流溪水侵蚀造成水位下降而慢慢消失，或者因为补给河带来的沉积物充填湖底而慢慢消失。沉积物对湖盆上汇水处侵蚀的多少和速度也决定着湖泊的存在时间。

湖泊也受自然灾害的影响。例如，冰川拦截形成的湖泊，由于冰川的推进而消失。或山崩截断河流形成暂时性的湖泊，后来又被河流冲泻而消失。

水的注入与排出

决定湖泊大小的主要因素是湖水的注入量和排出量之间的相对平衡。

在湿度和温度适中的气候条件下，大多数天然湖泊的水的注入量与排出量是平衡的。湖泊的水位与该地的地下水位（周围地表的水位）大体一致，并且由于溪流的注入及地表水、土壤中水的渗漏补充了流出或蒸发掉的水而趋于常年稳定。有些地区由于人为地抽取湖水（夏季用水），会造成季节性水位下降。

干燥地区的湖泊情形有所不同，那里的湖泊通常没有外流湖口。这些湖泊的水位（也就是湖区）很大程度上是受补给水和蒸发水间的平衡状态决定的。如果注入的水量增加，水位便上涨。如果由于气候条件影响，湖水的蒸发量大于注入量，一年有大部分时间湖会干涸，湖底会有盐的沉淀物。这样的湖被称作盐湖或干盐湖。

气候的变化也会改变湖泊的大小，只是时间长短不定。例如，一个地区气温升高，降水量减少，湖水很可能会干涸。相反，如果气温下降，降水量增大，那么天然湖泊的水位就会升高，湖水溢出湖口。

湖盆的形状

尽管湖泊水位基本上反映了湖水注入量与排出量之间的平衡，但任何湖泊水位的最大限度及湖泊水面变化的速度都要受湖盆特点的制约。

湖系中湖口的高度制约着湖泊——湖泊水面只能达到湖系中最低外流点的高度。所以，湖盆的形状制约着湖面水位变化。山区深且陡峭的湖盆会随水的注入量的增加而相对迅猛地增大湖泊的深度，而湖的水位增长缓慢。相反，湖盆浅的湖面水位会随着注入水量的增加而迅速增加，但湖泊的深度则相对增长缓慢。

10 最大的湖泊

① 里海
地理位置：俄罗斯、哈萨克斯坦、土库曼斯坦、阿塞拜疆和伊朗
面积：371,800平方公里（143,552平方英里）

② 苏必利尔湖
地理位置：加拿大和美国
面积：82,350平方公里（31,795平方英里）

③ 维多利亚尼亚萨湖
地理位置：乌干达、坦桑尼亚和肯尼亚
面积：69,500平方公里（26,834平方英里）

④ 休伦湖
地理位置：加拿大和美国
面积：59,600平方公里（23,011平方英里）

⑤ 密歇根湖
地理位置：美国
面积：58,000平方公里（22,394平方英里）

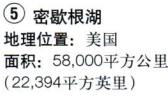
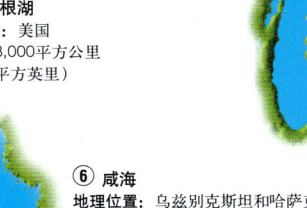

⑥ 咸海
地理位置：乌兹别克斯坦和哈萨克斯坦
面积：40,000平方公里（15,444平方英里）

⑦ 坦噶尼喀湖
地理位置：刚果（前扎伊尔）、坦桑尼亚、马拉维和莫桑比克
面积：32,900平方公里（12,703平方英里）

⑧ 大熊湖
地理位置：加拿大
面积：31,800平方公里（12,279平方英里）

⑨ 贝加尔湖
地理位置：俄罗斯
面积：30,500平方公里（11,776平方英里）

⑩ 马拉维湖
地理位置：马拉维、坦桑尼亚和莫桑比克
面积：29,600平方公里（11,429平方英里）

河流

- 河流是指沿一定坡度在固定水道中流淌的淡水水体，通常注入海洋、湖泊或另一条河流，有时也会注入内陆沙漠。
- 尼罗河是世界第二长河流，其流域面积占非洲大陆的1/10。
- 1971年，修建阿斯旺大坝，形成了纳赛尔湖，使得尼罗河以往的季节性泛滥的情况得以改善。
- 世界上最短的河流是位于美国蒙大拿大瀑布附近的北福克罗河，其长度仅为17.7米。
- 世界上的河流可分为三种类型——常年性河流、季节性河流和暂时性河流。

常年性河流

- 常年性河流的河槽深并有地下水作为水源或拥有连续不断的水源。（如源于五大湖的圣劳伦斯河）。
- 常年性河流通常位于温带地区，如西欧、美国东北部和新西兰及湿润的热带地区。

如果全年的降水始终充足而均匀，那么地下水就会不断得以补充，从而使河流终年流淌不息，这样的河流被称作常年性河流。然而，不同季节降水量的波动及个别暴雨带来水量的额外增加，常年河流的流量也会随之发生变化，甚至每天都有所不同。

令人吃惊的是，沙漠地区甚至也存在常年性河流。例如尼罗河，尽管其流量的季节性变化极其明显，但仍然整年流淌在埃及沙漠之中。此外，流经美国西南部沙漠地区的科罗拉多河亦是如此。这两条河流以及其他一些河流能够存在是因为其源头位于气候比较湿润的地区。

季节性河流

- 一条河的流量如果受季节变化的影响相当大，则该河被称为季节性河流，或间歇性河流。
- 位于澳大利亚艾丽斯斯普林斯与乌卢鲁山（亦称艾尔斯山）之间的芬克河，尽管只是季节性出现，但仍然是一条实际存在的河流。

一些河流只是季节性地有水，尤其在冬季特别湿润，夏季干燥的地中海式气候条件下。处于冰川作用地区的河流，其流量也是非常明显地随季节变化。冰川融水形成的河流由于其水源直接来自于冰川，因此只在夏季冰川融化的几个月里才有水。

暂时性河流

- 暂时性河流通常是由于罕见的降水量极大的暴雨而形成的。
- 据记载，撒哈拉沙漠中部的塔曼拉斯特曾降过一场暴雨，40分钟内，降雨量达36毫米（1$^{2/5}$英寸）。

在干燥的沙漠气候下，由于沙漠暴雨极少出现，河流也许连续几年都是干涸的。即使偶尔出现沙漠暴雨，河流也只能存在几天，甚至几小时。尽管如此，一旦出现暴雨，因其降水量非常大，这些暂时性河流的流速会非常快。因此，暂时性河流通常拥有巨大的能量，能够侵蚀和搬运大量沉积物。

河流流域

- 亚马孙河是世界上流域面积最大的河流。在其众多的支流中最大的是马尔代河。
- 整个地球的陆地表面可被划分为许许多多的河流流域。

只有一些极短的河流直接从源头注入海洋。它们没有支流汇入，也不是大河流的支流。大多数河流都有自己的流域，都是地球上整个河流流域网络的一部分。所有这些河流流域均由被称作分水岭的海拔相对较高的高地隔开。一些河流流域仅有几平方公里，而另外一些则极其庞大。例如，亚马孙河的流域面积达7,050,000平方公里（2,722,000平方英里）。

■ 爱达荷州德里格斯附近的这条河蜿蜒迂回，从而形成许多U形湖泊。因河流侵蚀河槽较窄部分，改变其河道，隔开了的水体就形成了一个U形湖。

❓ 河流的水来自何处

▶ 河流的水有若干来源，但所有这些水源都直接地或间接地与降水有关。
▶ 降水是指从大气中落到地面上的水。

雨水

落在地面上的雨水也许会立即沿斜坡在陆地表面流淌，然后逐渐汇聚，最终形成溪流。这大多发生在不能渗透的地表，即不透水的地方，例如遇到某种岩石。此外，如果地表已经处于饱和状态或者雨量非常大时，也会出现这种情形。

泉水

泉水也是河水的来源之一。因为雨水常常会渗入地下，然后在土壤中积聚起来或透过渗透性岩石及多孔岩石而成为地下水。在渗透性岩石中，水可以直接穿过岩石本身，而在多孔岩石中则有许多可以流水的孔洞或裂隙。当地下蓄水层，即岩石中的含水层的顶部与地表贯穿时，就形成了泉水。地下水是河流的重要水源，因为它可以在没有降水的情况下向河流供水，以使其不至于干涸。

冰雪融水

河流的第三个水源是冰雪融水。这主要指以降雪形式的固态降水的融化，如雪，或由雪变成冰形成冰川或冰原等的融化，这在高纬度地区或山区尤为重要。

一些山系的冰雪融水孕育了许多世界性大河。喜马拉雅山脉是19条大河的源头。欧洲最重要的两条河流——莱茵河和罗讷河——都源于阿尔卑斯山脉。落基山脉是北美洲的4条河流——密苏里河、格兰德河、哥伦比亚河及科罗拉多河的发源地。

■ 科罗拉多河流经美国亚利桑那州马布尔峡谷、孤独角、大峡谷国家公园。该河流域遍布北美大陆大部的干旱地区。该河拥有世界上最多的深谷，占整个流程的1610多公里（1000多英里），其中最大、最壮观的是科罗拉多大峡谷。

⑮ 欧洲最长的河

	长度 公里	英里	位置	河道
① 伏尔加河	3,530	2,193	俄罗斯	伏尔加河的上游源头（不知其名）达160公里（99英里）长，在莫斯科北部的瓦尔代丘陵地区流入雷宾斯克水库，成为伏尔加河，再向南、向东流去，注入里海。
② 多瑙河	2,850	1,770	德国，奥地利，斯洛伐克，匈牙利，南斯拉夫（塞尔维亚），罗马尼亚，保加利亚和乌克兰	源于德国黑林山的布雷格河和布里萨克河，向东穿过欧洲中部和东南部注入黑海。
③ 乌拉尔河	2,540	1,578	俄罗斯和哈萨克斯坦	乌拉尔河有时被称作欧洲第三大河流，但它的大部分流程经过亚洲部分的哈萨克斯坦。最后注入里海。
④ 第聂伯河	2,285	1,420	俄罗斯，白俄罗斯和乌克兰	源于莫斯科西部，向南流经俄罗斯，白俄罗斯和乌克兰，注入黑海。
⑤ 顿河	1,969	1,224	俄罗斯	源于俄罗斯西南，向南注入亚速海。
⑥ 伯朝拉河	1,809	1,124	俄罗斯	源于乌拉尔山脉，向北注入巴伦支海。
⑦ 卡马河	1,805	1,122	俄罗斯	源于彼尔姆的北部，向南流经俄罗斯，注入古比雪夫水库，汇入伏尔加河。
⑧ 奥卡河	1,500	930	俄罗斯	源于莫斯科西南，向南流经俄罗斯，在下诺夫哥罗德附近汇入伏尔加河。
⑨ 别拉亚河	1,430	889	俄罗斯	源于乌拉尔山脉南部，向北汇入卡马河。
⑩ 德涅斯特河	1,352	840	乌克兰和摩尔达维亚	源于乌克兰西部边界的波兰附近，向东流经乌克兰和摩尔达维亚，在乌克兰注入黑海。
⑪ 莱茵河	1,320	820	瑞士，列支敦士登，奥地利，德国，法国和荷兰	源于瑞士阿尔卑斯山，向东，再向北流去，横跨北欧，注入北海。
⑫ 北德维纳河	1,302	809	俄罗斯	源于俄罗斯北部，称为苏霍纳河，向北流去，注入白海。
⑬ 易北河	1,165	724	捷克共和国和德国	源于波希米亚，向北注入北海。
⑭ 维斯拉河	1,069	664	波兰	源于波兰—捷克边界附近，向北注入波罗的海。
⑮ 罗亚尔河	1,020	634	法国	源于法国的中央高原，向北流去，再向西注入大西洋。

① 伏尔加河河水大部分来自冰雪融水（60%），还有泉水（30%）和雨水（10%）。

② 多瑙河流经8个国家，4个首都：维也纳、贝尔格莱德、布达佩斯和布拉迪斯拉发。

③ 20世纪70年代，俄罗斯人开凿了一条运河，在乌拉尔斯克南部将伏尔加河改道流进乌拉尔河。

46 河流

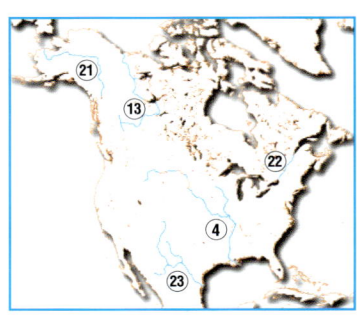
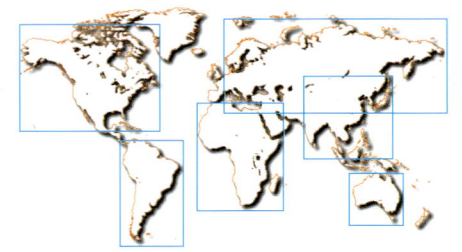
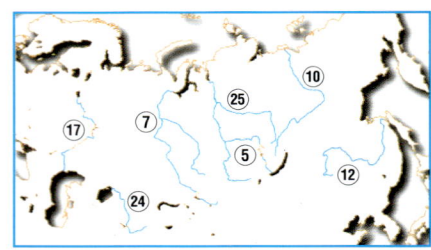
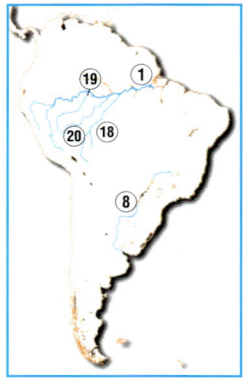
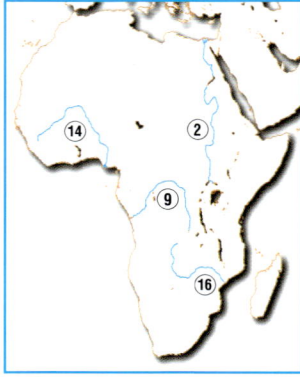
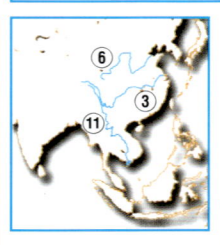
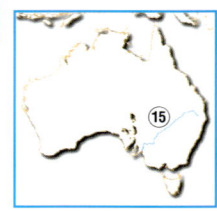

25 最长的河流

		长度 公里 英里	发源地	河道	注释
①	亚马孙河	6,750　4,194	秘鲁、乌卡亚利河的阿普里马克支流的源头，维拉弗罗河与马腊尼翁河汇合而成亚马孙河	经由哥伦比亚至巴西位于赤道的部分（索利蒙伊斯河），注入南大西洋（南海峡）。	共有15,000条支流，其中10条超过了1600公里（1000英里）。上游可通航3700公里（2300英里）。三角洲向内陆延伸400公里（250英里）。
②	尼罗河—白尼罗河—阿尔伯特尼罗河—维多利亚尼罗河—维多利亚安尼萨河—卡盖拉河—卢维龙扎河	6,670　4,145	布隆迪：卢维龙扎是维多利亚尼萨河的支流—卡盖拉河的支流	经由坦桑尼亚（卡盖拉河），乌干达（维多利亚尼罗河和阿尔伯特尼罗河），苏丹（白尼罗河）和埃及，注入东地中海。	可通行里程至第一大瀑布（阿斯旺）1545公里/960英里。埃及水利灌溉部声称其长度为6700公里（4164英里）。
③	长江（扬子江）	6,300　3,915	中国西部：昆仑山脉（沱沱河和通天河）	起源于青海省的沱沱河，流经云南省、四川省、湖北省、湖南省、安徽省、江西省、江苏省，注入黄海。	河口：190公里（120英里）长。
④	密西西比河—密苏里河—杰斐逊河—比弗黑德河—雷德罗河	6,202　3,741	美国蒙大拿州南部的比弗黑德县	经由北达科他州、南达科他州、内布拉斯加州、衣阿华州、密苏里州、堪萨斯州、伊利诺伊州、肯塔基州、田纳西州、阿肯色州、密西西比州、路易斯安那州和西南关隘，注入墨西哥湾。	密苏里河长3725公里（2315英里）；杰斐逊河—比弗黑德河—雷德罗349公里（217英里）；从艾塔斯卡湖（明尼苏达州）算起，密西西比河全长3778公里（2348英里）。
⑤	叶尼塞河—安加拉河—色楞格河	5,540　3,442	蒙古：色楞格河的支流：伊德尔河	流经色楞格河支流布里亚（俄罗斯）进入贝加尔湖，再经安卡拉河入叶尼塞河。	河口：长386公里（240英里），叶尼塞河长3540公里（2200英里）；安加拉河长1850公里（1150英里）。
⑥	黄河	5,464　3,395	中国：青海省巴颜喀拉山的西部	流经甘肃、内蒙古、河南、山东，注入渤海。	1852年河口改道400公里（250英里），只有靠入海口处的40公里（25英里）范围可通行。
⑦	鄂毕河—额尔齐斯河	5,409　3,361	蒙古：流经中国北部（新疆）的支流喀拉（布莱克）额尔齐斯河	流经哈萨克，在汉特—曼西斯顿进入俄罗斯的鄂毕河，然后经鄂毕湾注入喀拉海。	河口长725公里（450英里）。鄂毕河长3679公里（2286英里），额尔齐斯河长2960公里（1840英里）。
⑧	巴拉那河—拉普拉塔河	4,880　3,032	巴西：巴拉那伊巴河。向南流向东部巴拉圭边境进入阿根廷东部	与乌拉圭支流汇合，形成拉普拉塔河。	继长达120公里（75英里）三角河口之后融入乌拉圭河口，长340公里（210英里）称为拉普拉塔河。
⑨	刚果河	4,700　2,920	赞比亚—刚果（前扎伊尔）边境的卢阿拉巴流	经刚果（前扎伊尔），沿扎伊尔/刚果—布拉柴维尔边境流入安哥拉。	从基桑加尼到金沙萨的1730公里（1075英里）可通航。河口96公里（60英里）。
⑩	勒拿河—基廉加河	4,350　2,702	贝加尔湖中西岸后方地区的基廉加河	经由俄罗斯东部向北流入北冰洋的拉普捷夫海。	勒拿河三角洲向内陆延伸177公里（110英里）。河口从10月至1月结冻。
⑪	湄公河	4,350　2,702	中国西藏中部：源于青海省唐古拉山坡的澜沧江	流经中国向南成为缅甸—老挝的界河及泰国—老挝的大部分界线，再流经柬埔寨和越南，注入南海。	于1995年发现源头。
⑫	额木尔—黑龙江（额尔古纳河）	4,345　2,700	中国北部大兴安岭	沿中国—俄罗斯边境流3743公里（2326英里）注入鄂霍次克海的鞑靼海峡。	额木尔河长2824公里（1755英里）。

■ 河流是形成地貌的主要因素之一 ■ 河流入湖

■ 亚马孙河及其支流占地球河水总量的三分之二。

■ 埃及的农业用水的大部分及99%的人口用水靠尼罗河流域及其三角洲。

■ 中国长江三峡——世界最大的工程所在地。

■ 密西西比河流域流经美国31个州和加拿大的两个省。

		长度		发源地	河道	注释
		公里	英里			
⑬	马更些河—皮斯河—大奴湖	4,241	2,635	加拿大不列颠哥伦比亚省落基山脉斯基纳山的塔特拉士伊湖	芬利河流程400公里（250英里）与皮斯河汇合，之后在1690公里（1050英里）处融入大奴河（415公里/258英里），再汇入大奴湖，流出后称作马更些河，注入波弗特海。	皮斯河长1923公里（1195英里），马更些河长1733公里（1077英里）。
⑭	尼日尔河	4,181	2,600	几内亚、塞拉利昂附近的洛马山	流经马里，尼日尔，沿贝宁边界进入尼日利亚，注入大西洋。	三角洲向内陆延伸128公里（80英里），海岸线长达200公里（124英里）。
⑮	墨累河—达令河—康达迈恩	3,750	2,330	（澳大利亚）昆士兰州：康达迈恩河是卡果阿河的支流，卡果阿河是达令河的支流巴隆河的支流	巴隆河（间歇性河流）横穿新南威尔士州汇入达令河。达令河又加入新威尔士州与维多利亚的边界河墨累河向西流入亚历山大湖（南澳大利亚）。	达令河长约2740公里（1700英里）；墨累河长2590公里（1609英里），若就其终年有水的河段而言，只有1870公里（1160英里）。
⑯	赞比西河	3,540	2,200	赞比亚：最西北端的赞比河	由源头流过72公里（45英里）后进入东安哥拉，长达354公里（220英里），然后回流进入津巴布韦，而后成为纳米比亚的边界。流经维多利亚瀑布之后的赞比西河成为赞比亚—津巴布韦的交界处，而后流经莫桑比克，注入印度洋。	直至上游610公里（380英里）处的卡霍拉巴萨险滩为可通航区域。
⑰	伏尔加河	3,530	2,193	俄罗斯：莫斯科西北的瓦尔代丘陵	曲曲折折地向东、向南流入三角洲地带，注入加斯比恩海的北部。	三角洲向内陆延伸280公里（175英里）。另有人认为其向内陆延伸450公里（280英里）。
⑱	马德拉河—马莫雷河—瓜派河	3,380	2,100	发源于玻利维亚伊伊马尼山附近的贝尼河	向北、向东流入巴西，在图皮南巴马岛汇入亚马孙河。	世界最长的支流，可通航里程1070公里（663英里）。
⑲	茹鲁阿河	3,283	2,040	秘鲁：波蒂略港的南部	向东、向北流入巴西，在丰蒂博阿汇入亚马孙河。	可通航里程965公里（600英里），亚马孙河流域有非常有名的河段。
⑳	普鲁斯河	3,211	1,995	秘鲁：阿尔多普鲁斯河	向北、向东流入巴西，在伯鲁日以下注入亚马孙河。	可通航里程达2575公里（1600英里）。普鲁斯河原被称为克西乌拉河。
㉑	育空河—特斯林河	3,185	1,979	不列颠哥伦比亚省的西北	向北流入育空地区进入（美国）阿拉斯加州西部，再注入白令海。	三角洲向内陆延伸136公里（85英里）。吃水浅的船可通航2855公里（1775英里）。
㉒	圣劳伦斯河	3,130	1,945	（美国）明尼苏达州的圣劳伦斯河的源头	流入苏必尔湖，再经休伦湖、伊利湖、安大略湖，注入圣劳伦斯湾和北大西洋。	河口长407公里（253英里），距安蒂科斯蒂岛616公里（383英里）。
㉓	格兰德河—布拉沃河	3,035	1,886	（美国）科罗拉多州西南部圣胡安山	向南流经新墨西哥州，沿得克萨斯—墨西哥边界注入墨西哥湾。	
㉔	锡尔河—纳伦河	3,019	1,876	吉尔吉斯斯坦：天山山脉	向西流经吉尔吉斯斯坦和塔吉克斯坦，然后向北、向西流经哈萨克斯坦注入咸海。	古希腊人称之为"药杀水"。
㉕	下通古斯卡河	2,989	1,857	俄罗斯的中西伯利亚	向东再向西，向北流入叶尼塞河。	

海时在河口堆积的大量沉淀物，形成三角洲 ■

沙漠和冰域

- 沙漠指广阔、极为干旱而且植物稀少的地区。
- 风是沙漠成因中的重要因素，因为风可引起侵蚀，而侵蚀又可导致沙漠环境。
- 冰川和冰冠有时被称作冰原。
- 纳米布沙漠被认为是世界上最古老的沙漠。

沙漠

- 沙漠地区是根据干燥程度或可用水多少来划分的。
- 位于北非的撒哈拉沙漠是世界上最大的沙漠。

根据降水量的多少，沙漠可划分为半干旱、干旱和极干旱三种类型。一般说来，半干旱地区年降水量平均为200～500毫米（8～20英寸），干旱地区年降水量平均为25～200毫米（1～8英寸），极干旱地区可持续12个月而无任何降水。这只是一个粗略的定义，因为一个沙漠可能包含以上所有的三种情况，而且降雨量每年都会有很大的变化。另外，许多地区沙漠化进程很快。与此同时，许多地方的人们正在治理沙漠。从全球来看，全世界有13.3%的土地为半干旱地区，13.7%为干旱地区，5.8%为极干旱地区。

■ 撒哈拉沙漠利比亚部分的沙丘，覆盖了整个撒哈拉沙漠的15%。

沙漠是怎样形成的

沙漠形成的原因是多方面的，从大气高压带到引起阻塞的地形都是其成因，而且，沙漠的形成通常是多种因素共同作用所致。然而，所有的这些因素都影响沙漠地区年降水量。下面是引起降水量减少并最终导致形成沙漠地况的主要因素。

高压带

世界上许多沙漠都处于对降水不利的稳定的大气高压地区。空气在赤道地区受热上升并冷却，引起湿气凝结并降落在热带地区。余留的干燥空气飘浮并在南北纬30℃附近降落。非洲的撒哈拉沙漠和卡拉哈里沙漠以及阿拉伯沙漠和澳大利亚沙漠的成因都是缘于高压带。

大陆性质

一些沙漠，如中亚的戈壁沙漠，它们的成因是由其所处地理位置决定的，也就是说，它们都远离海洋。它们所处地理位置就决定了从海洋吹来的潮湿空气不能到达该地区，也就降低了降雨的机会。与此相反，一些群岛如大不列颠、新西兰、新几内亚和日本相对来说降雨较多，因为这些国家几乎很少有离海岸远的地区。

地貌

地貌也可能导致降雨的缺少。例如，从海洋上吹来的潮湿空气到达山脉的迎风坡时会降下雨和雪，当空气到达山脉的另一侧背风坡时会变得十分干燥，因而形成雨影沙漠。如喜马拉雅山脉北侧的沙漠就是这样形成的。

洋流

南部非洲西海岸的沙漠连同南美的沙漠（如纳米布和阿塔卡马沙漠）都是受沿海岸流动的寒冷洋流的影响而形成的。这些寒冷洋流能冷却与它们接触的空气，因而阻止从海洋表面上吹来的潮湿空气蒸发并且阻止其形成降雨。在阿塔卡马沙漠的一地区在1971年前的400年里都无降水记录。然而，寒冷的海水却能形成极为频繁的雾气，这些雾气也是这些极度干燥或极干旱地区沙漠的主要潮气来源。

■ 大多数沙漠呈黄色、棕色或红色，这些颜色表示其矿物成分之一是铁。

沙漠化

- "沙漠"一词源于拉丁文"desertus"，意为"被遗弃的"。
- 大部分沙漠是由于自然因素形成的，而非人为结果。

1949年，法国探险家安德烈·奥伯维尔发现非洲的萨赫勒地区的热带大草原和热带雨林正由于放牧而遭到破坏。这块土地的状况迅速恶化，树木被砍伐一空而沙漠正出现扩大的趋势。于是他创造了"沙漠化"一词用来描述那里所发生的一切。

"沙漠"一词本身就含有一种假设，即原来这个地方有着良好的环境。拉丁文"desertus"一词意为"被遗弃的"，这其中就暗示着这里原本是有人居住并且有着发展农业所需要的足够水分的意思。反过来，这就意味着沙漠是人类活动的结果，而且，沙漠的治理可通过在干涸河道（石质的水渠可在雨季蓄存雨水）边缘种植植物来实现。在这种理论中，人们对沙漠以及形成它的气候的本质有一种错误的理解。大多数沙漠面貌是自然形成的。沙漠的地形，它的土壤和生长在沙漠的稀少植物群，是完全适应那里的气候的。如果我们认为沙漠不是气候因素造成的，而是人为的结果，我们就会错误地认为我们可以大规模地开垦沙漠。

世界主要沙漠

	面积		地理位置
	平方公里	平方英里	
撒哈拉沙漠	8,400,000	3,250,000	非洲北部。包括利比亚和努比亚沙漠
澳大利亚沙漠	1,550,000	600,000	澳大利亚。包括大沙沙漠（或称瓦伯顿沙漠）、维多利亚大沙漠、辛普森（阿兰达）、吉布森和斯特沙漠
阿拉伯沙漠	1,300,000	500,000	阿拉伯半岛。包括鲁卜哈利（即阿拉伯）大沙漠、叙利亚沙漠和内夫得沙漠
戈壁沙漠	1,040,000	400,000	蒙古人民共和国和中国（内蒙古）
卡拉哈里沙漠	520,000	200,000	博茨瓦纳，南非，纳米比亚
塔克拉玛干沙漠	320,000	125,000	中国新疆
纳米布沙漠	310,000	120,000	纳米比亚
希拉沙漠	310,000	120,000	美国亚利桑那州和加利福尼亚州及墨西哥
卡拉库姆沙漠	270,000	105,000	土库曼斯坦（和克孜尔库姆沙漠一起称作土耳其斯坦沙漠）
索马里沙漠	260,000	100,000	索马里
塔尔沙漠	260,000	100,000	印度西北和巴基斯坦
阿塔卡马沙漠	180,000	70,000	智利北部
克孜尔库姆沙漠	180,000	70,000	乌兹别克斯坦，哈萨克斯坦

■ 沙漠约占世界土地面积的20%　■ 兰伯特冰川覆盖南极

冰域

- 据估计，地球1/10以上的地表，约合15,600,000平方公里（6,020,000平方英里），终年被冰雪覆盖。
- 世界上最大的冰川是南极洲的兰伯特—费希尔冰盖，有515公里（320英里）长。

事实上，冰是世界上最大的淡水资源。地球3/4以上的淡水来源于冰原、冰盖和冰川，它们大小各异，大的如南极和格陵兰岛上的冰原，小的如在高纬地区和高空地区山脉上发现的小冰川。

冰域是怎样形成的

冰体是冬季降雪经堆积而形成的；并越过夏季而不融化。经过多次堆积，积雪压缩成冰体，这些冰体越来越大并以冰原、冰盖等形式覆盖原有地貌。或者冰体堆积变成大块后顺斜坡下滑形成冰川。当冰川移动时通常会形成山谷——侵蚀岩石，经侵蚀后的岩石碎块当冰融化后最终在海拔较低处堆积。

冰体

冰体能由雨水降到冰面上冻结而成，但通常是由雪转变而成的。很显然，并不是所有的降雪都会变成冰的。

在北半球的冬天，世界一半以上的地表和累计1/3以上的海洋表面会被冰雪覆盖。然而，大部分冰雪只是暂时存在的，因为在暖和的冬日里或是冬去春来时，温暖的阳光和太阳能就会使冰雪融化。

然而，在其他一些地方，夏季的温暖却不能融化以前冬天的所有积雪。这或许是因为夏季气温很低，或是夏季十分短暂，或是因为冬季的积雪过厚。在这些地方，终年积雪（这些积雪有时又称万年雪或永久冰雪），而第二年冬天的降雪又覆盖了上一年的积雪。年复一年，埋在底层的雪被压实变成冰体。

纬度和海拔两者都能决定永久性冰雪堆积的区域。积雪终年不化与积雪在夏日融化的分界线称作雪线或万年雪线。

离赤道越近，雪线就越高；在极地，雪线和海平面相等。在挪威，雪线比海平面高出1200-1500米（4000-5000英尺）；在阿尔卑斯山脉地区，雪线比海平面高出2700米（9000英尺）。即使是在接近赤道地区也会有永久性冰雪存在。例如，在东非雪线约在4900米（16,000英尺）的高度，因此，在肯尼亚山、乞力马扎罗山和鲁文佐里山山上都有冰川存在。

冰原和冰盖

冰原和冰盖是由那些覆盖在地面上、山谷中以及山丘和山脉上的冰体形成的。面积超过50,000平方公里（19,000平方英里）的冰体称作冰原，而冰盖要小些。偶尔，冰"海"中突起的岛状地称为冰原岛峰。格陵兰岛就是冰原岛峰的例子。

海冰

北极地区没有冰原，因为北极地区无土地。然而，北冰洋总是冰冻的。冬季北冰洋海冰约12,000,000平方公里（4,600,000平方英里）。

海冰和海岸连接的部分称为冰架。在北极地区，有与加拿大北部海岸和格陵兰海岸连接的冰架。冰架十分巨大——覆盖在南极的罗斯冰架甚至比法国面积还大。洋流和季节性融化会使冰架破碎，形成大块浮冰或冰盘。

冰川

冰川在重力的作用下漂移。很显然，固态冰的移动要比液态水流动要慢得多。大多数冰川移动的速度是每年3～300米（10～1000英尺）。位于陡峭斜坡的冰川或许可以移动得快些。靠格陵兰冰原补给的夸拉亚格冰川平均每天移动20～24米（65～80英尺）。

尽管冰川的移动常是稳定而缓慢的，但事实上许多冰川都经过颠簸起伏，这种状况可能持续几天也可能持续几年。在此期间，冰川流动尤为迅速，可达到每年10公里（6英里）。

冰川在移动的过程中，冲走大块岩石并猛刮岩石表面致使小块岩石及碎片从其表面脱落，冰川正是通过这种方式来侵蚀地貌的。被侵蚀的岩石由冰川顺斜坡运送到坡底，当冰融化后堆积在那里。由冰川夹带岩石刨蚀地面形成U形山谷，冰川冰融化后山谷又遭海水淹没而形成海湾，如挪威及阿拉斯加沿岸的众多海湾。

> ### 冰期
>
> - 在最近冰期的高峰，加拿大和斯堪的纳维亚被冰原覆盖。
> - 在欧洲上一个冰期期间，冰盖主要集中在苏格兰高地，斯堪的纳维亚、英国的湖泊地区及阿尔卑斯山，而河口和山谷冰川一直延伸到低地。
>
> 冰期，更确切地说是冰河时期，是近200万年的主要地理现象。然而许多地质资料表明冰河时期已周期性影响地球长达23亿年以上。
>
> 尽管人们普遍认为主要冰期产生的原因与地球围绕太阳运转轨道的方式和特点中的周期变化相关，但至今人们仍不知道到底为什么地球的大气层和表面会发生如此巨大的变化，以致形成如此大量的冰。有关冰河时期的证据来源广泛。
>
> 这些证据多来自对沉积在深海底和湖盆底的沉淀物的研究，特别是海洋沉积物可以展示出长久完整的时代顺序，这种时间序列可以通过放射测定和古地磁法测出。特别海底沉淀物可以表明久远的、未遭破坏的一系列变化结果。使用现代化的放射性测定年代的方法和通过仪器测定古磁的方法对此结果进行年代测定。而且，对从南极和格陵兰岛冰盖中采集的年代已久的冰核进行研究，发现在近200万年之中有15～20次冰河时期。在此以前的冰河时期已很难测定。

■ 阿拉斯加德纳里国家公园鲁丝冰川区。

> ### 冰川地区
>
> | | 平方公里 | 平方英里 |
> |---|---|---|
> | 南极地区 | 12,588,000 | 4,860,610 |
> | 南极冰原 | 12,535,000 | 4,840,150 |
> | 南极其他地区冰川 | 53,000 | 20,460 |
> | 北极地区 | 2,070,000 | 799,000 |
> | 格陵兰冰原 | 1,726,000 | 666,400 |
> | 格陵兰其他冰川 | 76,200 | 29,400 |
> | 加拿大群岛 | 153,200 | 59,100 |
> | 斯瓦尔巴特群岛 | 58,000 | 22,400 |
> | 北极其他岛屿 | 55,700 | 21,500 |
> | 亚洲 | 115,800 | 44,700 |
> | 阿拉斯加/落基山脉 | 76,900 | 29,700 |
> | 南美洲 | 26,500 | 10,200 |
> | 冰岛 | 12,170 | 4,700 |
> | 欧洲阿尔卑斯山 | 9,280 | 3,580 |
> | 新西兰 | 1,015 | 391 |
> | 非洲 | 12 | 5 |

天气和气候

▶ 最低气温-89.2℃是在1983年7月21日测得的。这一读数是在海拔3420米的前苏联南极东方站获得的。

▶ 美国亚利桑那州尤马的年日照量达4055小时，而一年可能日照量为4456小时。

▶ 地球表面最强劲风的记录为371公里/小时，这一记录是在1943年4月12日美国新罕布什尔州华盛顿山测得的。一般说来，在600米以上的地方，风速会随着高度的升高而增大。

▶ 地球上最潮湿的地方年降雨量平均达到11米以上。而最干旱的地方却滴雨不降。

▶ 由于全球变暖使海平面升高，一些沿海岸的城市地区会被淹没。人们认为孟加拉国有13,000,000人口，中国有20,000,000人口面临危险。

▶ 官方报道的有记载的最高气温为58℃。这一读数是在利比亚的阿拉扎亚测得的。

■ 图为在一场夏日暴雨中，闪电划破芝加哥上空。

天气

▶ 天气是指任何地方和任何时间内大气的状况，可用气温、湿度、风速、风向、云量、气压、降雨、日照和能见度来表示。
▶ 源于太阳的热量控制着地球的天气系统。

气候是指一个地区在较长时间内（通常为一个月、一个季度或一年）的正常或通常天气。一个地区的气候用一段时间内（常为30年）的各种天气因素的平均数值来表示。任何一段时间天气都可能和预计的气候相差甚远。天气的平均数值或许会在每两个30年间发生变化，但通常变化不会很大。

大气温度

太阳是地球上的主要能量源泉。地球沿椭圆轨道绕太阳公转，并以和垂直平面成23°角自转。大多数太阳能是当太阳高悬于空中时被吸收的，这一点通过正午和夜晚的阳光强度不同很容易识别。正是由于天体控制能量输入，赤道地区比两极地区温暖，夏季比冬季温暖，通常白天比夜晚温暖。除有暖洋流及寒洋流流经的地区外，如墨西哥湾流，海洋上空温度由赤道向两极逐渐呈梯度变化曲线。在陆地，变化是多种多样的——沿海地区由于受海洋的影响，其气温变化不像内陆那样极端。山脉及多云的天气也影响地球温度的变化。

▶ 大气

▶ 地球的大气是由围绕在其周围的混合气体组成的，这些气体是由于受地球引力场吸引而不能从地球周围逃逸的。根据温度，大气层可分四个层次：对流层（紧贴地面）、平流层、中间层和与星际空间相连的热电离层。
▶ 地球直径为12,000公里（7457英里），而大气层存在于地球表面向上30公里（18.6英里）范围内。

如果要了解天气是怎么一回事，首先需要了解气象学——一门关于大气的科学。大气由各种混合气体组成。一些气体，如氧气和氮气，在大气中所占比例是不变的（分别占大气的21%和78%）。其他一些气体，如水蒸气、二氧化碳（CO_2）和臭氧（O_3）在大气中所占比例是可变的。燃烧木材和矿物燃料，如煤和石油（见56页），二氧化碳（CO_2）就被释放到大气中；当森林被砍伐做其他用途时，大气层中的二氧化碳（CO_2）也会增加。存在于大气上层的臭氧是能阻挡太阳紫外线辐射的天然屏障（见55页）。接近地表是由太阳光副产品和碳氢化合物组成的含毒素的污染物质（见56页）。

所有的这三种在大气中含量可变的气体都有其各自重要作用：它们使太阳光穿透大气并能吸收地面释放的辐射物。这被称作自然界的温室效应。这种温室效应能帮助地球保暖，从而使得地球比在无大气的情况下暖和得多。由于二氧化碳数量不断增加，地球会越来越暖和。

大气中的水

水蒸气在大气中所占比例为1-4%。水的循环是一个持续的过程：水从海洋或湿地处蒸发，水蒸气凝结成露珠、雾或云，云可导致降雨，雨水又渗入土地，形成地下径流后又流回海洋。植物也能从地下吸收水分后又通过蒸发释放水蒸气（见62页）。

气温越高，空气容纳的水汽量就越多；不过一定温度下，空气容纳水汽量是一定的。大气中的含水量以相对湿度（RH）来测量。相对湿度是空气中的水汽实际含量与该温度下空气最大含水汽量的百分比。饱和空气的相对湿度为100%——也称露点。如果空气处于不饱和状态，例如，其相对湿度只有80%，这时如将其冷却至其露点，一些水蒸气就会以可见水滴形式释放。在夜晚当雾冷却时，或是当空气上升冷却成云后，就可以看见这些水滴了。

■ 期 待 的 是 气 候 ， 得 到 的 是 天 气 ■ 在 极 地 地 区 无 雷 暴 雨 ■

地形学

山脉对天气和气候都有着极为显著的影响。通常，山顶温度相对低些，迎风坡（面对风前进方向的山坡）相对潮湿些，背风坡（背对风前进方向的山坡）相对干燥些。风力通常随地势增高而加大，因此，地势高的地区天气也较恶劣。

风

盛行风系和暴风雨控制温带地区的天气现象。盛行风和暴风雨的成因是：地球自转的同时受热不均并且地表面由于有高山、平地和海洋而变化多端。在热带地区，盛行风是从东方吹来的；在北半球，盛行风是东北信风；在南半球，盛行风是东南信风。信风一词来源于撒克逊词汇"trada"，意为轨迹。这些信风通过大块陆地时，如亚洲和非洲，会转变风向成为反风向季风；夏季，北半球吹西南风，西南风从海洋上带来暖湿空气使得非洲西部、印度和中国进入雨季，这就是众所周知的西南季风雨季。

离极地较远的地方，主要吹西风。在西风带里循环的涡流称为低气压或低压系统。当地表空气聚集在低压带时，空气被迫上升成云而降雨。

降雨

降雨是空气温度降低至其露点的结果。空气可能由于遇到冷地表而降温，此种情况下，会出现露珠、冰霜或是雾。空气还可能由于上升到低气压区而冷却。空气的上升可能是由于遇到山脉、较热地表的暖流或是遇到聚集于低压处的不同密度的空气。云是当空气冷却至露点或露点以下形成的。如果云团增至足够厚或是含有足够的水滴时便会降水到地面，但并不是有云必定降雨。

■ 美国内华达州肖肖尼山的内丝河谷的一场倾盆大雨。

■ 大风使暴风雨迅猛掠过美国衣阿华州迪科拉附近的平原。

▶ 蒲福风力等级

风力的数字等级，从0到12级，最初是由英国海军将领弗郎西斯·蒲福于1805年制定的。13级到17级风是美国国家气象局于1955年补充的，但非国际通用。

风力	描述	风速 公里/小时	英里/小时	节
0	无风	0~1	0~1	0~1
1	软风	1~5	1~3	1~3
2	轻风	6~11	4~7	4~6
3	微风	12~19	8~12	7~10
4	和风	20~28	13~18	11~16
5	清劲风	29~38	19~24	17~21
6	强风	39~50	25~31	22~27
7	疾风	51~61	32~38	28~33
8	大风	62~74	39~46	34~40
9	烈风	75~87	47~54	41~47
10	狂风	88~101	55~63	48~55
11	暴风	102~117	64~73	56~63
12	飓风	118以上	74以上	64以上

■ 飓风是在强低压下形成的；密云在大风的趋动下围飓风"眼"涡动。

▶ 平均降水量（毫米）

雨区		1月	2月	3月	4月	5月	6月	7月	8月	9月	10月	11月	12月	年降水量
新加坡	A	285	164	154	160	131	177	163	200	122	184	236	306	2,282
印度，孟买	A	0	0	0	0	2	591	771	440	245	49	1	0	2,099
尼日利亚，拉各斯	A	40	57	100	115	215	336	151	59	214	222	77	41	1,625
澳大利亚，悉尼	C	104	125	129	101	115	140	94	83	72	80	77	86	1,208
巴西，里约热内卢	C	137	137	143	116	73	43	43	43	53	74	97	127	1,086
阿根廷，布宜诺斯艾利斯	C	135	101	107	75	73	69	72	69	62	94	87	83	1,027
美国，纽约	C	83	86	97	87	88	107	109	94	90	86	90	89	1,106
加拿大，蒙特利尔	D	75	63	76	78	86	93	90	89	77	85	91		971
瑞士，日内瓦	C	60	63	58	54	69	88	62	106	87	61	88	58	852
意大利，罗马	C	83	73	52	50	48	18	9	18	70	110	113	105	749
中国，北京	D	4	5	8	17	35	79	245	143	58	16	10	3	623
英国，伦敦	C	54	40	37	38	46	45	56	59	50	57	64	48	594
法国，巴黎	C	50	45	41	33	56	58	52	56	46	44	55	49	585
罗马尼亚，布加勒斯特	C	42	36	31	49	74	81	56	43	38	42	44	42	578
俄罗斯，莫斯科	D	31	28	33	35	52	67	74	74	58	51	36	36	575
德国，柏林	C	41	37	30	39	48	60	67	65	45	45	44	39	556
瑞典，斯德哥尔摩	D	43	30	26	31	34	45	61	76	60	48	53	48	555
南非，开普敦	C	11	15	14	53	89	84	83	73	45	31	17	11	526
西班牙，马德里	C	38	34	45	44	44	27	11	14	31	53	47	48	436
希腊，雅典	C	62	36	38	23	23	14	6	7	15	51	56	71	402
伊朗，德黑兰	B	33	29	32	35	15	3	3	3	1	8	24	30	208
沙特阿拉伯，吉达	B	5	0	0	0	0	0	0	0	0	0	25	31	61

■ 南极洲东阿黛利地是世界上风力最强劲的地方 ■

天气和气候

■ 卷云：如纤细白色细丝并在末端成簇状。

■ 卷层云：通常呈白色平滑薄纱状。

■ 雨层云：云层扁平状的降雨云。

▶ 云

▶ 云是由悬浮的水滴或冰晶构成的。
▶ 云的分类一是根据其基座离地表高度，二是根据其是呈堆积状还是呈平面状。

云中包含有水滴或冰晶。其形态由其形成的过程和大气状况（包括湿度、温度和风速）决定的。水滴在0℃（32°F）不会自动结冰，由于体积原因，水滴可一直保持液态直至其冷却至 -30℃（-22°F）。低于这个温度，水滴逐渐冻结成冰晶。低于-40℃（-40°F），云中就只含有冰晶。通常云的分类是根据其形状和形成的高度。

云的分类现代方法是英国气象学家卢克·霍德华于1803年创造的。他的分类系统将云划分为三类：卷云、积云和层云。世界气象组织（WMO）现在使用以下分类体制，将云划分为三个类型：

高空云（基座高于5000米/16,500英尺）、中间云（基座在2000-7000米/6500-23,000英尺之间）和低空云（基座等于或低于2000米/6500英尺）。

高空云

卷云：（拉丁语"头发"的意思）含冰晶，此时温度低于-30℃（-22°F），高度常位于5000米（16,500英尺）以上；分散开的云呈纤细的白色细丝状，或呈现白色或大部分为白色的碎片状或细长条状；纤维般（头发似的）形状或者有着丝绸般光泽，或者二者皆有；在最高处成云。

卷积云：圆形小块的积云，不是呈羽毛或毛发状，而是呈谷粒或气泡状；通常或多或少有规则排列。

卷层云：光滑纤维似的冰晶呈白色薄纱状；常在太阳或月亮周围形成光晕。

中间云

高积云：灰色或白色的团状云，有时互相连在一起。

高层云：厚厚的平状云层，常使得太阳光辉暗淡，或在雨、雪来临前能将太阳完全遮盖住；为灰色阴云。

雨层云：云层扁平，相对来说无一定形状的云；为温带主要降雨云。

低空云

积云：独立成块，呈波涛状，形成于上升热气流；形状可变，从小片羊毛状云到巨大的花椰菜状。

积雨云：积云中最高的云；在对流的范围内有时会有砧状的冰晶顶；可伴随雷鸣闪电降雨、雪或冰雹。

层云：为低空中不规则的灰色的碎块状或片状云；常薄得足以让太阳光透过，尤其是当其开始消散的时候；通常最初由雾形成，后由风的力量使其上升成云；可降毛毛细雨和米雪（在冬季）。

层积云：呈碎片或大片，有着清晰边缘的团状；常在逆温下由积云扩展而成。

▶ 平均温度（℃）

温区		1月	2月	3月	4月	5月	6月	7月	8月	9月	10月	11月	12月	年平均
沙特阿拉伯，吉达	B	24.1	23.7	24.5	27.4	28.6	30.3	31.6	32.1	30.5	29.4	27.6	24.8	27.9
印度，孟买	A	24.8	25.3	27.3	29.6	30.4	29.6	28.7	27.6	28.4	29.7	28.2	26.4	27.6
新加坡	A	26.1	26.7	27.2	27.6	27.8	28.0	27.4	27.3	27.3	27.2	26.7	26.3	27.1
尼日利亚，拉各斯	A	26.7	27.5	27.7	27.4	26.7	25.6	24.4	24.3	25.0	25.6	26.8	26.8	26.2
巴西，里约热内卢	C	25.9	26.1	25.5	23.9	22.3	21.3	20.8	21.1	21.5	22.3	23.1	24.4	23.2
希腊，雅典	C	9.3	9.9	11.3	15.3	20.0	24.6	27.6	27.4	23.5	19.0	14.7	11.0	17.8
澳大利亚，悉尼	C	21.9	21.9	21.2	18.3	15.7	13.1	12.3	13.4	15.3	17.6	19.4	21.0	17.0
伊朗，德黑兰	B	3.6	5.8	10.3	16.9	22.4	27.0	30.2	29.4	25.5	18.0	11.6	5.3	17.5
阿根廷，布宜诺斯艾利斯	C	24.3	23.2	21.0	17.6	14.5	11.4	11.2	12.8	14.9	17.5	20.0	23.1	17.3
南非，开普敦	C	20.3	20.0	18.8	16.1	14.0	12.6	11.6	12.3	13.7	15.0	17.6	19.3	15.0
意大利，罗马	C	8.0	9.0	10.9	13.7	17.5	21.6	24.4	24.2	21.5	17.2	12.7	9.5	15.9
西班牙，马德里	C	4.9	6.5	10.0	12.7	15.7	20.6	24.2	23.7	19.8	14.0	8.9	5.6	13.9
美国，纽约	C	0.2	1.8	5.9	11.3	17.4	22.5	25.0	24.7	20.3	14.3	8.7	2.0	13.6
中国，北京	D	-4.7	-1.9	4.8	13.7	20.1	24.7	26.1	24.9	19.9	12.8	3.8	-2.7	11.8
罗马尼亚，布加勒斯特	C	-2.3	1.4	5.6	12.7	17.3	21.0	23.4	23.3	18.6	12.7	6.5	1.0	11.4
法国，巴黎	C	3.1	3.8	7.2	10.3	14.0	17.1	19.0	18.5	15.9	11.1	6.8	4.1	10.9
英国，伦敦	C	4.2	4.4	6.6	9.3	12.4	15.8	17.6	17.2	14.8	10.8	7.2	5.2	10.5
瑞士，日内瓦	C	1.8	2.6	6.4	10.3	14.7	18.6	20.9	19.9	16.8	11.5	6.3	2.7	10.3
德国，柏林	C	-0.5	0.2	3.9	9.0	14.3	17.7	19.4	18.8	15.0	9.6	4.7	1.2	9.5
瑞典，斯德哥尔摩	D	-2.9	-3.1	-0.7	4.4	10.1	14.9	17.8	16.6	12.2	7.1	2.8	0.1	6.6
加拿大，蒙特利尔	D	-10.6	-9.6	-3.9	6.2	13.7	18.2	21.5	20.8	15.4	9.6	2.3	-7.6	6.0
俄罗斯，莫斯科	D	-9.9	-9.5	-4.2	4.7	11.9	16.8	19.0	17.1	11.2	4.5	-1.9	-6.8	4.4

■ 1803年第一次关于云的分类标准在今天仍然是云的分类基本标准

■ 积云：日落时积云消散。

■ 积雨云：呈明显砧头状的暴风雨云。

■ 扁豆状云：由起伏的气流形成。

天气预报

▶ 气象图表是由全世界的气象信息汇编而成的。世界气象组织（WMO）有170个成员国。

▶ 詹姆斯·格雷斯尔于1848年绘制了首批每日的气象图表，为伦敦《每日新闻》开创了在欧洲用报纸报道天气预报的先河。

19世纪前，人们只能靠月亮、云形和天空颜色等一些征兆来预测天气，而无任何仪器或天气形成的知识。一些关于天气的古训至今还广为流传，如晴日霜夜，然而科学的进步使得天气预测更加准确。

天气预报是在卫星、气象气球及海洋浮标采集的数据和设在世界各地的地表和轮船观测站观测到的数据的基础上得出的。这些资料都是由世界气象组织通过国际长途电信网处理后，收集并传送的。每个监测站都在地图上有其自己的坐标，这也是由计算机操纵的。现在，一些气象信息可以通过国际互联网和卫星云图一起获得。

绘制气象图的主要一条是气压。计算机将气压相等的地区用线连接起来，称为等压线。这些等压线构成了各种不同的图形，在低压或高压区大致形成同心圆（即有共同的圆心）。等压线可用显示地表600米（1970英尺）以上的大致风向，在这一高度，风向不受地表引力影响。风向和等压线平行，因此当你背对风站立时，如果在北半球，低压在左手侧，如果在南半球，低压在右手侧。在北半球，风向围绕低压区呈逆时针方向（气旋），围绕高压区是顺时针方向（反气旋）；在南半球其情况正好相反。风速和离等压线间的距离成反比，也就是说，在气象图上，离等压线越近，风速越大。

根据其他气象图表的数据，天气预报者可测出有着不同温度和湿度的气团的分界。暖锋是暖气团向冷气团移动时的交界面。暖空气遇到上层空中大气的冷空气时，被迫爬升，在暖锋前数百公里处形成大片云层，并降雨（或在冬季降雪）。

冷锋是冷气团主动向暖气团移动时的交界面。冷锋经常形成长条状云，有时降阵雨。冷锋移动的速度要比暖锋快，并最终赶上暖锋，因此，地面并无暖空气长期滞留。之后，锋面被锢囚。卫星图片展示了各种锋面云的形成：低压周围的云团呈大逗号状从低压中心沿冷锋移动，可谓壮观。

▶ 厄尔尼诺

近年来，人们已开始进行关于大气与地表之间力的相互作用的探索。在这种相互关系中就有厄尔尼诺现象。厄尔尼诺现象是海洋表面温度和天气气候类型相互影响的例证之一。目前人们仍无法完全理解这一现象。厄尔尼诺现象是发生在太平洋上的天气现象：海洋表面一股异常的热流逆原有东来信风方向流动。这就导致形成了一股在太平洋上流动在巴布亚新几内亚和密克罗西亚之间的洋流，它穿过太平洋向西流向秘鲁。厄尔尼诺能够影响全球气候。因为它足以让东南亚和澳大利亚持续干旱，让南美洲比平常更频繁地连降暴雨，使得整个美洲沿岸遭暴风雨袭击。

厄尔尼诺海流是17世纪渔民在临太平洋的西班牙港口首次发现的。取厄尔尼诺这一名字（西班牙语意为"男孩"）是因为它到圣诞节的时候才会产生比较明显的影响。这一现象的影响是灾难性的。暴风雨能造成数十亿美元的损失，并使谷物减产。人类为此付出了巨大的代价：1982年厄尔尼诺现象使1500人死亡，而在1939～1941年这段时间里，孟加拉国有成千上万的人死于干旱。海洋也身遭厄运：小鱼被赶出温暖的海洋表面，一些靠这些小鱼为生的鸟和大鱼也都死掉了。据说因厄尔尼诺现象致死的海洋生物腐烂后产生的气体使得经过太平洋的船只变得肮脏不堪。至于那些没受厄尔尼诺现象直接影响的地区，也出现了一些附带影响，包括某些食品的短缺和相继而来的谷物和家畜的价格上涨。

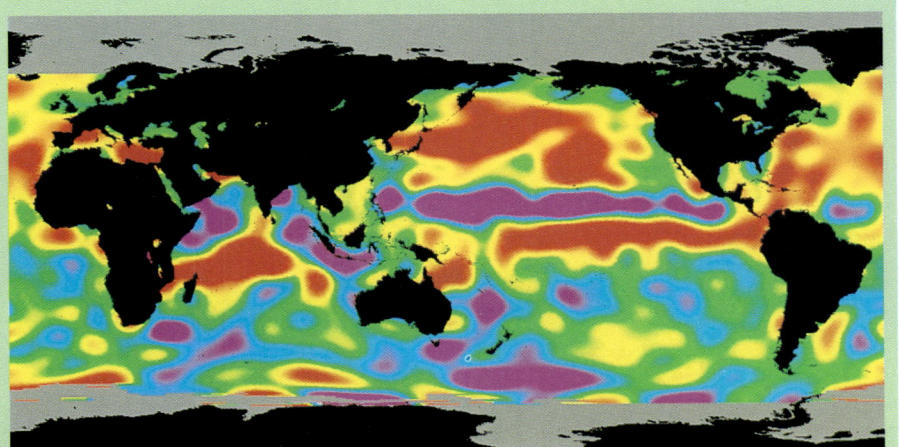
■ 厄尔尼诺现象在这张卫星云图中心偏右的位置上清晰可见。它表明了平均海面高度和厄尔尼诺现象产生后的海平面高度的差异。颜色从紫色（低于正常值10厘米）变为蓝色和绿色（正常值），而又变为黄色，最终变为红色（高于正常值10厘米）。厄尔尼诺逆流还是在赤道地区横穿太平洋的红色带（中心偏右）。

■ 在智利的太平洋沿岸，年平均降雨量不足0.1毫米 ■

天气和气候

A区
热带多雨气候：月平均温度总是高于18°C（64°F）。全年皆夏。年降雨量很大，补给量大于蒸发量。

B区
干旱气候：通常降水量极少，大部分水分很快蒸发，因此持续干旱。热带地区，气候干旱而炎热。而亚洲大陆，气候干旱而凉爽。

C区
温暖气候：最冷月份平均气温在18°C（64°F）到-3°C（27°F）之间。至少有一个月平均气温在10°C（50°F）以上。从冬到夏季节变化明显。

D区
寒冷的北方森林气候：最冷月份平均气温低于-3°C（27°F），但最热月平均气温高于10°C（50°F）。使用等温线（地图上用于连接特定时间内只有所有相同温度地方的线）是因为它大约与极地附近森林生长的极限相符。

E区
极地气候：最暖和月份的平均气温低于10°C（50°F），因此，即使是在夏季，气温也比较凉爽。冬季寒冷。

H区
高原气候：与其所在温区的气候类型大不相同。气温随高度增加而降低。降水量变化无常。

■ A区：在整个南亚及东南亚地区，季风雨能引起洪水泛滥。

■ B区：腐蚀的岩石在澳大利亚库伯佩地内地的荒凉沙漠上赫然耸现。

■ C区：只有在世界上较暖和的温带地区才会有葡萄园。

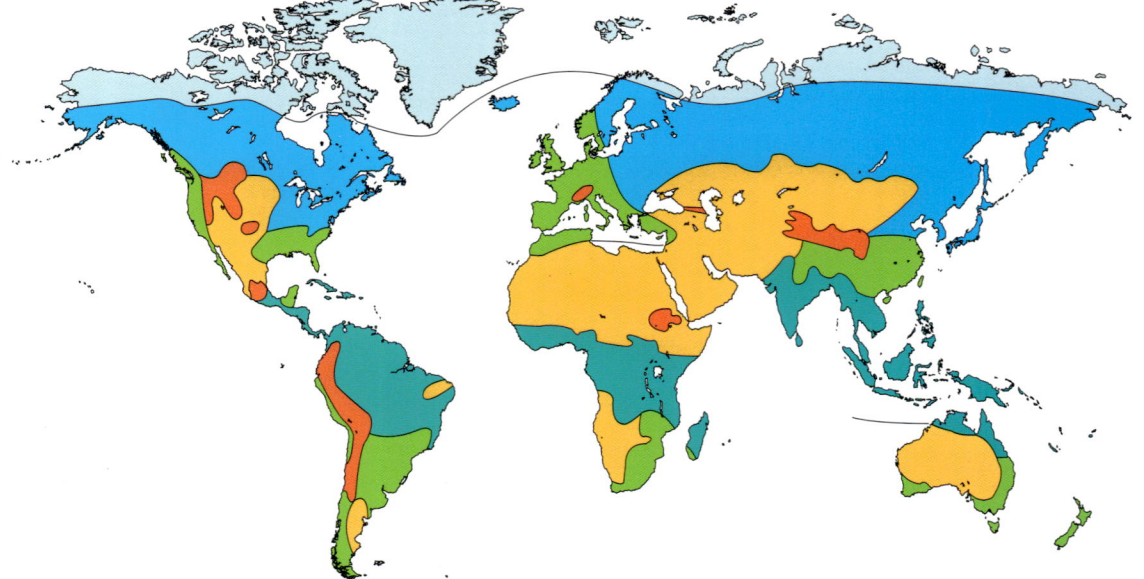

■ D区：西伯利亚泰加森林南临无森林大平原，北临苔原。

■ E区：冰雪覆盖的南极洲是地球上最后的原始地区之一。

■ H区：加拿大艾伯塔省班夫国家公园里美丽如画的风景。

■ 温室气体能阻止在正常情况下逃逸到宇宙空间的长波能量

世界气候带

▶ 有着一系列关于季节气温、降雨和风力等相似气候特征的地区称为气候带。

▶ 从地质年代角度说,气候的变化是极大的:印度的热带地区有着原是冰原带来沉积的岩石。

通常,气候指平均的天气状况,是几个因素的总和。一部分为天文因素,如地球的形状和大小以及和太阳之间的距离,这些因素决定了有多少太阳能到达地球表面。剩下的是地理因素,如与大陆和海洋的相对位置和山脉的位置,这些因素通过影响空气运动和高度而影响气候。气温随高度增加而降低,降水(雨、雪或冰雹)随高度增加而增加,风速也是如此。因为自然界的植物受气候影响,所以在世界相同的气候带和植物带上能找到许多相似的植物。

温度

从全球角度来看,气温变化很大,气温高的地区,如热带,气温可达30~35°C(86~95°F),气温低的地区,如两极,气温可低至-40°C (-40°F)。在海洋表面,除遇暖流或寒流(如墨西哥湾流)外,气温变化和纬线大体平行,温度从赤道向极地递减。在陆地上,如果从海洋吹向陆地的是盛行风,那么该地区就不会有极端变化的气候。这是因为水的热容量比陆地大得多。

降水

空气上升并冷却就会降雨。在赤道低气压带,降雨充足。而在亚热带高气压控制下的地区降水稀少,沙漠常见于这些地方。印度、中国南部、澳大利亚北部、非洲西部和东非等地的季节性暴雨是由风向逆转造成的,这时这些地区称为雨季。低压,有时伴随着高压给40°~约70°纬度之间的地区带来频繁但却不定期的降水。在较低纬度地区,通常冬季降雨,因此地中海地区常于冬日降雨。再往两极延伸,在低压作用下可能整年降水,如英国。

风

相互交替的高、低压带决定了盛行风的方向。北半球盛行东北信风;南半球盛行东南信风。这两种信风都吹向赤道低压无风带。高压地区风微弱而多变,但由于沙漠表面的高温可能使该地区有着区域性的强劲风。在中纬地区(40°~60°),相互交替的高、低压带产生方向多变的风。另外,风速随低气压强度增加而增加。因为低压在秋冬两季最为强劲,所以秋冬两季风力也最大。南半球,由于无大片陆地改变其西风的主要方向,因而这一地区成为众所周知的"咆哮西风带"。

全球变暖

▶ 从1860年有记录起,地球大气平均温度已上升0.5°C。

▶ 这看起来是个很小的变化,但现在气温上升的速度却比以往任何时候都快。

当太阳能以短波形式穿过大气层时,就有大约50%的能量被吸收、散射或反射,剩下的能量到达地球并加热海洋和陆地。在通常情况下,太阳辐射会以长波形式被大气反射回宇宙一部分。如果没有这一过程,地球就会过热。作为长波反射的结果,在过去1万年期间,地球平均温度保持在14°C(57°F)左右。

要想了解全球变暖产生的原因,就先得弄清大气的垂直结构。大气低层(至17公里(11英里)处)称作对流层(见50页)。地球每日的天气形成和大部分大气污染都集中在这一层。平流层位于对流层之上,即在地表上空17~48公里(11~30英里)之间,大气臭氧层就存在于这一层。

臭氧层

臭氧(O_3)是氧气的一种形式,是一种极为活泼和不稳定的气体,自然地存在于大气层中。尽管臭氧是有毒气体,但其在平流层却是阻挡太阳有害紫外线(UV)辐射的天然屏障。1985年,人们注意到南极地区的臭氧层正在变薄。至1991年测量显示该地区臭氧含量已几乎降到1977年的50%,而后的损耗更为加剧。到了1993年,北极地区的臭氧层也比1969年所测数量减少25%。

臭氧的损耗是由石油化学工业所产生的一些气体造成的,其中包括含氯氟烃(CFCs)——广泛用于喷洒雾剂容器、电冰箱、各种溶剂清洁器和一些塑料制品。这些气体上升到大气中分解成为甲基三氯甲烷和氯化碳,它们聚集在南北极上空的平流层中,破坏臭氧分子,使得更多有害紫外线到达地球表面。

在紫外线作用下,谷物会遭到破坏,浮游生物和幼鱼会被杀死,人类也会被晒伤,人晒伤后会导致皮肤癌,时间长可致白内障。近年来,北欧患皮肤癌人数倍增。

温室气体

含氯氟烃是损坏温室气体的元凶。一个含氯氟烃分子破坏臭氧分子的数量相等于1万个二氧化碳(CO_2)分子所破坏的臭氧分子的数量。在对流层中有30种导致温室效应的气体,这其中包括二氧化碳(CO_2)、甲烷(CH_4)、氮氧化物(NO_x)、含氯氟烃和苯。全球变暖的主要原因是所谓造成温室效应的气体在低层大气中的含量大量增加。

温室气体中占比例最大的是二氧化碳(CO_2),在大气中约占358ppm。这一数量比1850年记载的工业化前的数量增加了35%。据预测在2050年二氧化碳含量将达到百万分之六百(600ppm)。地球温度上升有58%的因素是二氧化碳造成的。而80%的二氧化碳来源于木材和矿物燃料(尤为煤和石油)的燃烧。即使禁止使用所有的破坏臭氧气体的物质,现位于南极的臭氧空洞也要50年才能恢复到1985年的水平。

温室气体的来源

农业生产每年都会产生大量的甲烷气体。稻田每年都会因有机肥分解而产生1.15亿吨的甲烷,驯化的农用牲畜(主要指世界上12亿头耕牛)通过消化系统每年释放7300万吨的甲烷。甲烷在大气中的含量本世纪已增加了200%,比二氧化碳(CO_2)含量增加的速度还快。

交通也是温室气体的一个主要来源。1990年,它占所有温室气体排放量的24%,这其中30%来自工业和商业使用的车辆。路面交通是氮氧化物(NO_x)的最大来源,尤其是英国,它的排放量占总氮氧化物排放量的51%。为了减少氮氧化物的含量,大多数新车必须安装废气控制装置,如催化式排气净化器。据估计,在美国有10%的车是保养较差的老式汽车,而这些老式汽车排放的污染物占所有排放量的60%。

工业生产也会制造大量的温室气体。在英国,1990年的工商业(包括交通)二氧化碳排放量占其总量的43%。

温室气体的控制

直至最近,许多国家仍试图用建高烟囱或增加净化设备来治理污染。然而许多工业国家的政府现在更坚定了他们的做法并提出了"谁污染,谁付费"的政策。政策规定,工厂按其制造污染的多少来交费。1987年,世界各国领导人承诺减少温室气体的产生。一些主要工业化国家同意按照《蒙特利尔协议》的规定,在1998年将含氟烃的使用量减半。而在1990年7月,情况表明需要制定出更为严格的目标,发达国家同意于2000年完全禁用含氯氟烃。今天,由于在环境问题上采用可行办法,因此全世界对含氯氟烃(CFCs)的消耗量已减少50%以上。

为了鼓励发展中国家使用对臭氧没有破坏作用的产品,由北半球发达国家出资2.4亿美元作为帮助发展中国家经济的基金,因为使用这些产品需要大量资金和高新技术。

全球变暖的后果

世界上大多数海洋集中在南半球。因为水的热容量比陆地大,所以当全球变暖时,南半球气温会比有着大片陆地的北半球的气温低。北极地区到2100年时会比现在升温8°C (40°F),这就会使全球海平面上升60~100厘米(20~40英寸)。据报道,1996年南极冰原裂了一条大缝,人们估计如气温上升10°C (50°F)就会使其破裂,而达到这一温度,从目前全球变暖的速度来看,只需200年。

关于全球变暖的争论

围绕全球变暖的自然性和发展趋势,一场争论正在全世界范围内展开。一些专家声明,现在地球温度的升高只是地球悠久历史中的自然起伏现象,约100万年前存在的冰纪就是自然界自动降温的一个例证,如今的气温升高只是这种趋势的反例。然而,1996年,人们认为现阶段全球变暖是人为造成的这一结论被包括欧洲所有国家在内的许多国家政府接受。

■ 人们普遍认为到2100年,全球平均温度会上升3°C ■

污染

- 每6秒钟有一人由于饮用被水生病毒污染的水而死亡。
- 埃克森·瓦尔迪兹号于1989年3月在阿拉斯加触礁,造成4500万升原油(未经加工的油)泄漏到海中。10万余只海鸟死亡,灾后清除工作耗资22亿美元。
- 在英国,每个家庭一年产生1吨左右的垃圾;垃圾总量约为2000万吨。
- 墨西哥城一年中有310天空气污染指标超过世界卫生组织所颁布的标准。

污染已成为世界性的问题。北半球工业的发展带来了物质繁荣,同时也付出了地区环境遭到破坏的代价。城市和工厂不断扩展,其烟囱中排出的烟和小汽车及其他交通工具所排放的尾气共同向空气中释放有害化学物质。能源利用率低的一次性方便产品的广泛应用是对原本就匮乏的资源的浪费,例如生产便携式收录机所用电池所耗能量是其可产生能量的50倍。第三世界发展中国家正紧随发达国家之后对环境进行着破坏,地球将在几十年内面临生态灾难。

大气污染

- 大气污染物质是指大气中聚集的达到一定比例从而产生危害的某些气体或颗粒。
- 世界范围内每四人中有一人正在呼吸危害健康的空气。

大气污染对人类、动物和植物均有危害。它阻碍正常的自然过程并破坏已建立起的生态环境。如今,大气污染主要是由人类活动造成的。人造污染物危害极大,因为其化学成分复杂,一经释放便在大气中具有反应性以及其与生物圈(地球上维持生命活动的区域)中的活性成分发生交互作用。

然而,有时自然界产生的污染物比人类生产的污染物还多。1990年6月,菲律宾的皮纳图博火山释放了1800万吨二氧化硫(SO_2),相当于美国全年产生的二氧化硫的总量。从花岗岩等矿石中自然产生并释放的氡气会在建筑物的空间中聚集并危及人类周围环境,加大患肺癌的可能性。

气体污染

气体污染是现代工业社会中的主要问题,既影响了人类健康也影响了生态环境。气体通常是看不见的,并且一经释放便可传播数百公里,同时和大气中的其他成分相互作用产生次生污染物。在气体释放点对初级污染气体进行回收和净化要比清除大气中的次生污染物简单易行得多。

美国加利福尼亚州洛杉矶市的市中心被烟雾笼罩,夏季该市烟雾量经常超过安全指标。

任何燃烧过程都要向大气中排放气体。在五六十年代,燃煤时产生的二氧化硫(SO_2)是气体污染中的主要问题。20世纪70年代由于转用石油和天然气,此种危害得以缓解,但取而代之的是燃料燃烧时产生的气体;这些气体主要是机动车辆排放的。

光化学烟雾

现代机动车内燃机可以产生危害巨大的合成气体如一氧化碳、碳氢化合物和氮氧化合物(NO_x)。后两种气体与日光相结合形成低空臭氧,它是光化学烟雾中的主要刺激物和污染物,也是光化学烟雾中的主要成分。首次记载的光化学烟雾于20世纪40年代发生在加利福尼亚的洛杉矶,现已成为世界各地工业城市的普遍现象。夏季光化学烟雾问题最为严重,因为此时日光充足而且静止的空气导致这些气体高度聚积。世界卫生组织(WHO)规定的安全指标为10亿分之120(120ppb),然而这个指标经常被突破,在加利福尼亚最高时可达600ppb。300ppb的浓度即足以刺激眼、鼻和喉,即使低于300ppb的浓度也会严重破坏柑橘类的生长。

粉尘污染

粉尘是在煤、油和木材燃烧不充分时产生的。在20世纪40年代和50年代粉尘是造成英国北部工业城市瘆人的"豌豆汤"烟雾的主要原因。与气体不同,粉尘具有形状和重量,并且会逐渐从大气中沉降形成大城市中常见的尘埃、沙粒以及污垢。较大的颗粒超过10微米(1微米=0.001毫米),通常在产生后可在空中悬浮5~6小时。最小颗粒还不到1微米,可以在空气中悬浮数月乃至数年。不足10微米的颗粒形成所谓的10微米颗粒团,它们是粉尘中危害最大的,因为它们可进入肺部并严重影响健康,被认为是导致哮喘病的主要因素。

人们发现油烟、橡胶和柏油碎石微粒都是致癌物质,可导致肺癌。常常被加入汽油中用于润滑机器的铅能损伤大脑及中枢神经系统,对儿童危害则更大。尽管这些微粒都不超过5微米,是一种粉尘污染物,但是它们所起的作用却与气体污染物相同,并且一旦释放便难以控制。

酸性降水

- 酸性降水指含各种酸的降雨(或雪),这些酸源于生产过程或机动车排出的尾气。
- 在英国67%的树木被酸雨所侵蚀——此比例在欧洲首屈一指。

在矿物燃料燃烧的过程中会有许多化学物质生成并扩散到空气中去,从而导致了酸性降水或酸雨现象,这是大气污染的主要形式。在酸性降水过程中起重要作用的是含硫和含氮的气体;硫和氮都是生物蛋白及生物化石中的主要成分,因此当有机物(如油和煤)燃烧时,硫和氮就以它们的氧化物形式被释放出来。在此种污染物中二氧化硫(SO_2)量最大并且当它与空气中的水蒸气结合时就会形成亚硫酸,然后又在空气中氧化形成稀硫酸。同样,氮氧化合物会形成硝酸。以矿物燃料为能源的发电站产生的二氧化硫占大气中二氧化硫的三分之二,机动车尾气排放的氮氧化合物(NO_x)占大气中氮氧化合物的一半。虽然这些污染物也会发生如灰那样的干沉降,但酸雨(或雪)是工业污染物沉降的主要形式。

酸雨的危害

酸雨严重破坏了温带森林;德国的黑林山由于"树死症"的侵袭正在不断地失去大片林木,此问题在波希米亚北部(捷克共和国)也很严峻。

酸雨破坏了湖泊中良好的化学平衡。湖泊中的pH值稍有下降就会导致一些重金属如铝、汞、铅的富集,从而使鱼可呼吸的氧减少并最终导致鱼类和其他水生生物的死亡,生态平衡遭到了破坏并且其影响可波及整个食物链。在挪威南部,80%的湖泊中已不再有鱼类生存,在瑞典已有大约20,000个酸性湖泊。

酸雨可以污染地下水,并破坏土壤。酸值达到一定高度会引起重金属富集,并破坏能把有机物分解为营养物质的细菌和真菌的生活周期。那么土壤就会失去其支持森林和农作物生长的肥力。

不仅仅是生态系统遭到酸雨的破坏;金属腐蚀和建筑材料的风化已使欧洲古老建筑物面临危机。同样,人们发现酸性水蒸气会进入人的呼吸系统,加大人类患支气管炎和哮喘等疾病的几率。

目前,南斯堪的纳维亚、北欧及东欧、中国南部、美国东海岸、巴西和哥伦比亚东南部都遭到了酸雨的严重危害。

控制大气污染

大气污染对环境造成严重的破坏，使许多政府尤其是发达国家政府提议制定严格的法律对其加以控制。城市空气质量在20世纪80年代和90年代已有提高，然而世界卫生组织宣称仍有6.25亿人呼吸着未能达到二氧化硫安全指标的空气。

减少进入大气中的污染物量有多种方法，例如使用无铅汽油并在汽车尾气排放处安装催化式排气净化器。对付粉尘污染的现代技术包括安置可减少发电站和工业企业危险排放物的除尘设备，以及静电除尘器——这是一组能吸附粉尘微粒的电极板，可阻止粉尘飘散到空气中去。但是，有些措施在控制一种污染的同时却对环境产生了另外的危害；如无铅汽油虽把空气中传播的铅减少达50%，却增加了大气中的石油挥发油的含量。石油挥发油的危险性极大并很可能具有远远超过臭氧层中含氯氟烃（CFCs）的威力。

水污染

▶ 当物质有意或无意排于水中使水质不再适应预期要求时，我们就称水污染发生了。
▶ 世界上大约有1/5的人口——12亿人日常饮用的是被污染的水。

自古以来江河和海洋就被用来排放废物。人们利用江河的流动和海洋的潮汐运动排放各种形式的垃圾。

江河

江河一般可以迅速安全地稀释少量污染物。然而，当污染物过量，或当水量在夏季枯水期减少时，稀释作用则无法完成，污染发生。

硝酸盐、磷酸盐以及杀虫剂不仅仅在其生产过程中造成污染，而且当这些成分从土壤中溶出（淋洗），流入江河时污染就附带发生了，这些营养物质会引起水体富营养化。当水体变得营养过剩时，植物，尤其是水生藻类，迅速生长，遮光耗氧并最终杀死所有的水中生物。杀虫剂危害也颇大，例如汞可以进入食物链引起人畜严重食物中毒。地下储油罐的泄漏是另一种水污染源。

在不发达国家和东欧大多数江河被严重污染。在印度66%以上的江河被污染，并且在那里儿童死亡率的90%归咎于水传播疾病。在波兰，全国几乎有50%的未被处理的水，甚至连工业用水标准都未达到。另外，预计到2000年，波兰所有自然水源都将不适宜于人类饮用。

海洋

海洋不仅要承纳江河污染，并且要接受直接排入其中的污水、从储油罐和近海石油钻井平台泄漏的油，以及排入海洋的工业废料。全球目前向海洋排放的固体垃圾每年已逾1.75亿吨，其中80%是为了保持河道通畅从江河中疏

■ 这是被污染的水，因化学物质和其他矿物废渣的排入而成橘红色，现正被泵入墨西哥的一个河床。

浚出的垃圾。另外有10%是工业废料，其余为污水淤泥。欧共体1995年已立法禁止将疏浚物排入欧洲水域并且至1998年底以前实现禁止向欧洲水域排放污水淤泥。

污水淤泥被证实对海洋生物危害极大。海滩由于污水淤泥和任意排放的医院垃圾而遭到严重污染。在英国只有33.7%的海滩达到欧共体强制性"指导"标准，此比例与希腊的90%、爱尔兰的89%和意大利的81%相差甚远。全世界每年约有200万只海鸟和10万多只海洋哺乳动物因中毒或被塑料制品网缠绕而死亡。

控制水污染

预防对水源进行污染同时清除过去已造成的污染需耗巨资。英国在1989年至1992年间投资137亿英镑修建污水处理厂，自1983年以来美国已花掉7亿美元治理切萨皮克湾地区由1700万当地居民排放的生活废淤泥。在美国，人们开始更多地使用技术以减少污染。这种方法被称为MACT（最大限度可应用控制技术）。许多生态学家认为所谓"技术处理"耗资太大并且无成功保证。

取而代之，应该开发廉价的治理方法，如通过"生物消化法"可以使未经处理的污水通过生长芦苇的河床从而被氧化变得无害。在加尔各答处理过的污水淤泥被用作鱼类（主要是鲤鱼类）的饲料。因为危及人类健康，许多发达国家制定了各种法律和规定以防止水质被污染，已有54个发达国家用法律形式规定了水的安全指标。

■ 推土机正在清除日本一垃圾场的垃圾。

土壤污染

▶ 土壤污染是指对地表进行的污染以及物理性破坏。
▶ 堆放有害垃圾比治理它更便宜。

纵观历史，人类在不断地对地球进行污染；随着人口的增长和工业化进程的加速，污染量及其复杂性也在加大。那些由于过去人类掠夺和破坏已经废弃的土地被称为荒地。过去，人类对污染的控制并不严格，许多老工业区正在饱尝耗取自然资源型工业（煤矿、砖厂、陶瓷黏土矿）所带来的恶果。1945年以前，在欧洲和北美洲，人们对土地使用规划——土地划分成区一无所知，这就导致了工业区和居民区以及农业区混杂的局面。

垃圾处理

发达国家面临的一个主要问题是对生活及工业垃圾的处理。这些垃圾包括来自家庭、商业、建筑业、工业、医药业、交通和农业的固体及液体废物，共分三类：惰性物质（如建筑废料和居民垃圾），毒性物质（如医药及工业废水废物）和易燃材料（如化学品，橡胶和木材）。

垃圾量逐年递增。现代垃圾中很大一部分是不可降解物——金属、化学品和塑料制品。除非对其进行适当分解，否则这些物质将造成长期污染。包装成为突出问题。欧共体1991年生产包装用品约5000万吨，其中只有19%被回收利用。欧共体规定，截止到2002年，60%的包装用品必须用回收材料制造，90%的包装用品垃圾必须被回收利用。

控制土壤污染

很久以来，垃圾的处理方式是焚烧或堆弃在废弃露天矿场或倒入海中。这些方法今天都已不可行了；焚烧会产生剧毒气体，老矿场已被填满，而将垃圾倾入海中则是造成水污染的主要原因。高温焚烧可有效分解垃圾的组成并且产生体积只有原来垃圾10%的灰。这种方法已被证明是处置垃圾的经济方法并且在欧洲广为推行。

美国每年产生大约55亿吨垃圾，其中2/3在垃圾填埋场被掩埋。这些垃圾中包括每年废弃的800万台电视机和每小时丢掉的250万个未被回收的瓶子。为使土壤污染程度不再加剧，美国环境保护局建议对垃圾进行分级处理：再利用，废物分解，循环法，回收焚烧，最后进行废渣填埋。

发达国家政府现已认识到被污染土壤复原需要一整套综合措施，把大气、水和土壤污染看成是一个影响环境治理的整体观念已被许多欧洲国家接受。此外，超标排放污染物将被罚款，甚至遭监禁。

■ 几乎三分之二的水污染是由农业生产造成的 ■

滥伐森林

- 种一棵树却伐掉十棵。按此比例，现存所有热带雨林到2035年将全部毁掉。
- 据估计热带雨林中生存着200万动植物物种——滥伐森林会导致物种灭绝。
- 热带雨林面积曾达3000万平方公里——超过地球陆地总面积的20%。
- 如今，热带雨林覆盖地球陆地面积的12%。

森林的消失

- 滥伐森林即大面积砍伐林木的过程。通常是因为要把林地改作他用。
- 一般认为每采伐一棵具有商业价值的树木，就要同时毁掉近百棵"无商业价值"的树木。

因森林多位于偏远地区，所以很难确定滥伐森林的数量。从卫星图像上观察，估计全世界每年170,000平方公里（65,642平方英里）的森林被砍伐。

森林连续不断地遭受着砍伐、烧荒、取柴、放养家畜等破坏。2000年前森林面积最大时可覆盖地球陆地表面的47%。如今，却只能覆盖33%，且大部分为低纬度地区的热带森林。中纬度地区的欧洲森林在2000年内逐步遭到破坏，而北美洲的森林仅仅在200年内就要被采伐殆尽了。今天，大多数北半球国家都在执行重新植林政策，成材林一经砍伐即栽植再生林。德国目前森林覆盖率约为30%，法国为27%，英国为10%，爱尔兰为5%。

20世纪80年代末，地球资源探测卫星图像被应用于亚马孙盆地森林破坏情况的勘测中，图像表明森林遭到采伐的情况要比先期进行的地面勘测结果严重得多。20世纪80年代末每年至少有30,000平方公里（11,584平方英里）的森林被采伐，这相当于巴西热带雨林总面积的0.8%（或相当于每天采伐12,000个足球场那么大面积的森林）。

森林属"可持续利用"资源——它们能够持续不断地提供木材、食品、工业提取物（树胶、天然树脂和染料）及医药用品和化妆品的原材料。

森林采伐率

	%
牙买加	7.2
海地	4.8
孟加拉国	3.9
巴基斯坦	3.5
菲律宾	3.3
泰国	3.3
哥斯达黎加	3.0
多米尼加	2.75
巴拉圭	2.75
萨尔瓦多	2.25

注：这些数字显示了1981-1990年间热带森林的年均采伐率。

一些组织如世界野生动物基金会和（联合国）粮农组织正在监测世界范围内的森林采伐率，并且国际热带木材协会正设法阻止对森林的拓荒砍伐以及对稀有树种如巴西红木的非法"偷伐"。国际鸟类保护协会也在为森林可持续利用计划而努力以维护热带鸟类物种的生存。

热带雨林的破坏

- 热带雨林位于南北回归线之间的热带地区，在那里生长着常绿阔叶林。
- 全球热带雨林量相当于其他所有林类（针叶林、落叶林、混合林）数量的总和。

肆意砍伐森林对热带及赤道地区的破坏性极大；现今，滥采滥伐这个名词已与热带雨林的消失联系在一起。曾几何时，密林几乎覆盖了南美亚马孙盆地、非洲西海岸、刚果河及其支流流域、东南亚的印度尼西亚群岛、马来西亚及巴布亚新几内亚的大部分地区。粮农组织1990年的统计数字表明，如今非洲热带雨林采伐率每年低于0.7%，而美洲为1.77%，亚洲为1.62%。

后果

滥采滥伐热带雨林带来几个非常严重的相互联系的后果。可归结为环境方面的、生态方面的和社会方面的后果；这些后果不仅在某些地区而且有些后果在世界范围内将造成影响。

环境方面

高降雨量导致土壤被侵蚀。即使在森林的保护下赤道地区的土壤也很贫瘠，一旦森林被拓荒砍伐，土壤就会暴露于外面从而遭受更为严重的侵蚀和养分淋洗（流失）。在这种新开垦的裸露土壤上开拓的耕地只能维持五年的肥力，最终将变成不毛之地。"绿色沙漠"一词就是指这些肥力耗尽的土地。在马达加斯加，从1981年至1990年森林面积平均每年减少0.8%，两三年的滥采滥伐就形成了这里沟壑纵横的地貌。

在热带雨林生态系统中蕴含着大量的水。滥砍滥伐树木使叶片散发的水蒸气量减少，从而严重阻碍了水从陆地到河流的循环过程，也减少了大气湿度。滥砍滥伐后，土壤的蓄水能力降低，并且正常情况下叶、枝、根吸收和蓄集水分的水循环过程被加快，使土壤受侵蚀的程度加大。

■ 巴西境内大片雨林地区的植被因采运作业和矿产开发而遭到破坏。

热带雨林是地球的"肺"。在光合作用过程中植物和树木把碳转化为叶片和林木，从而大量吸收了大气中的二氧化碳。这有利于调节大气中的气体种类，减少大气升温的可能性。相反，世界范围内采伐和烧荒等破坏森林的活动却使大部分碳以二氧化碳形式释放到大气中，加快了地球升温的速度（见55页）。由于森林遭到破坏，每年要向大气中释放200万吨二氧化碳，自1860年以来，全球平均温度已上升约0.5℃。

生态方面

滥伐森林也使得依赖树木生存的物种丧失了栖息地。科学家们证实一棵亚马孙河流域的热带林木就可为2000个物种提供栖息地。在巴布亚新几内亚的调查表明，74%的哺乳动物（20个物种）、61%的鸟类（102个物种）、44%的爬行动物（15个物种）和65%的蛙类（15个物种）将在森林被草场和农田取代之后绝迹。在马达加斯加有84%的热带原始森林被毁，据估计幸存下来的物种中有25%将在50年内灭绝。

社会方面

滥伐森林同时也破坏了土著部落的家园。据估计有2.5亿人——占地球人口的1/20仍居住在雨林地区。他们一旦背井离乡就会涌入大城市，使原住地的无地农民人口膨胀。另一重要后果是许多现代药物，如阿司匹林和奎宁（疟疾用药），就是在雨林地区植物群（植物和树木）中提取的。大约占25%的现代药物含至少一种源于热带森林的成分。在这些森林物种中还有大量未知的自然资源。到目前为止，只有约1%的热带雨林植物被确定有药用潜力。

■ 每两分钟就有一平方公里的热带雨林遭到毁坏 ■

生命科学

"……在地球按照特定的引力定律旋转的过程中,世间最美丽最精彩的各种物质形态都是从最简单的生命形式演化而来,并且这种演化还在进行着"
——查尔斯·达尔文

生命的起源

- 每个人体细胞中含有1米长的脱氧核糖核酸，这个脱氧核糖核酸由50亿个碱基对构成。
- 细菌的细胞壁比钢筋混凝土还结实，即使这样，细菌也会受到病毒的感染，这种病毒叫做噬菌体。
- 块菌是十分珍贵的食用真菌，与橡树、榛子树、椴树的树根生长在一起。
- 引发破伤风的细菌能够产生一种毒素，这种毒素只用0.00023克的剂量便可置人于死地。

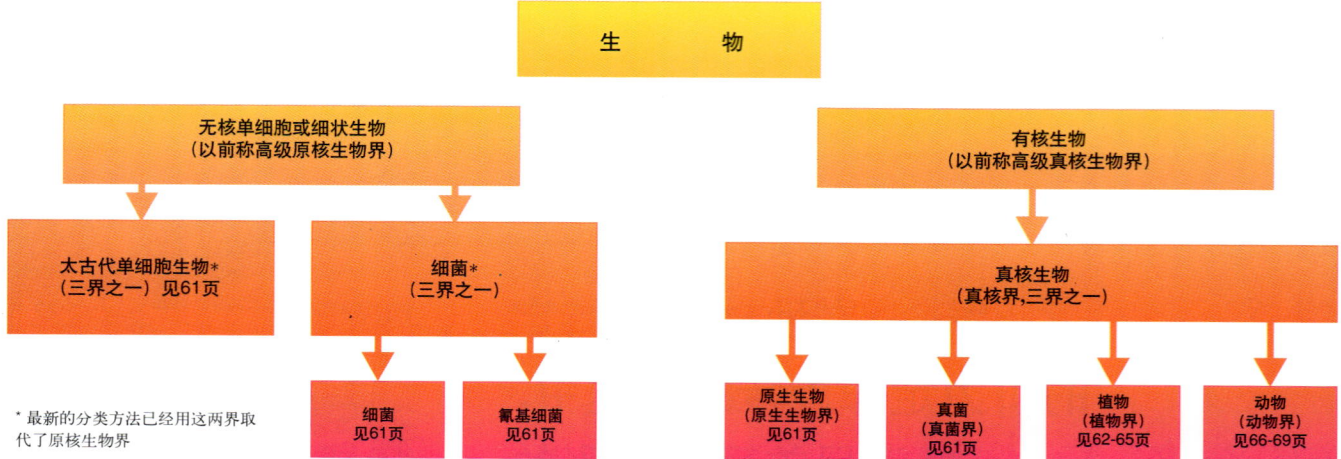

* 最新的分类方法已经用这两界取代了原核生物界

地球上生命的起源

- 地球形成于45亿年以前。
- 化石资料表明，地球形成后的10亿年（即35亿年以前），就存在了生命细胞。

单细胞生物在地球生命的早期进化史中占有绝对的优势（多细胞生物直到10亿年以前才演化出来）。这些生命细胞究竟是从地球上的无生命物质演化而来，还是来自于别的星球，我们不得而知。由于单细胞生物很少留下化石，加之早期沉积岩大多由于火山活动或侵蚀等原因而被再次循环，所以这个时期的化石是很少见的。因而，要了解地球的早期进化史，必须与现存的生物作以比较。

共同的始祖

对许多生命细胞所进行的生物化学比较已经证实了地球上的一切生物均起源于一个共同的祖先。共祖的标志存在于驱动所有细胞的核心生物机制当中。所有细胞生命的遗传物质都是脱氧核糖核酸。脱氧核糖核酸的信息转录是通过核糖核酸完成的。在核糖体上，核糖核酸的遗传信息通过人体、细胞粘菌、橡树及伤寒菌相同的三联体密码子被转译，将氨基酸合成蛋白质。一切生物体内都存在着细胞的这种基本的生物化学变化过程，它们的共同祖先也曾如此。这就为我们提供了最有力的证据，即地球上的一切生物只有一个起源。

三大主要谱系

- 生物分三大主要谱系：细菌、太古生物和真核生物。
- 太古生物是最近才被认定为一个独特的生物分支。

分子生物学技术使我们可以确定基因的核苷酸序列，进而用这些序列来确定进化关系。我们从各种不同的生物体中获得了核糖体核糖核酸的基因编码序列。这些序列清楚地表明所有生物均属三大谱系中的一种，而这三大谱系又由一个共同的祖先分化而来。三大谱系或领域中，惟有细菌和太古生物系单细胞，而包括人类在内的谱系，即真核生物谱系则为包括单细胞生物与多细胞生物的混合类群。太古生物大概是现今主要生物谱系中最鲜为人知的，因为它们通常远离氧气，往往生存在其他谱系认为不适合的环境之中（诸如黄石国家公园的温泉、碱湖或海底深处的热液火山口）。

它们的进化

现在我们大致可以了解一些有关地球生命进化的情况——由单细胞祖先到现在已知的三大主要谱系。细菌、真核生物和太古生物的分化大概发生在25亿年以前。当时，三大谱系仍属单细胞，而且地球上尚无游离氧。真核生物从另两大谱系分化后不久，其祖先进化出细胞核，它是一切具有真核特征的遗传物质的一个分支。细胞核及其器官使真核生物不再需求刚性细胞壁，而其他生物则需刚性细胞壁在细胞分裂时于子细胞之间分配遗传物质。由于摆脱了刚性细胞壁的约束，单细胞真核生物可以吞食其他生物，就像当今的变形虫一样。

光合作用

- 光合作用能利用二氧化碳、水和阳光生产食物（糖类）。
- 光合作用的进化代表着地球上有史以来能量生产方面的重大变革之一。

早期生物的初级能源来自于复杂的化学反应，如今生存在海洋深处热液火山口处的某些太古生物依然凭借着这种化学反应来获得能量。光合作用大约在25亿年以前出现在细菌谱系中。光合作用的废品是氧气。在25亿年至18亿年以前，光合细菌引发了世界历史上的一次最大规模的环境污染。光合作用所产生的大量氧气进入环境中，以前从未有过这种极具活性的元素出现。起初，地质化学反应吸收了大量的氧气，同时海洋释放出大量铁锈（这些沉积物是当今铁矿石的主要来源）。然后，最终氧气积聚在大气中，地球上也就开始有了氧气。

太古生物谱系的确无法适应这种全新的环境，它们仍然占据着厌氧环境。然而，当时的单细胞真核生物却成功地适应了充满氧气的大气层，或许是因为它们的细胞壁更容易构成一道对付气体的屏障。

生物形态的演变

大约百万年以前

1100	珊瑚、海蜇、蠕虫
560	三叶虫、软体动物
450	陆上孢子植物
400	树木、鲨鱼、两栖动物、昆虫
290	原始种子植物（球果具有的树木）
250	海龟、鳄鱼、恐龙
210	鸟、小原始哺乳动物
135	显花植物
60	原始蝙蝠、骆驼、猫、马、猴、犀牛、鲸
40	猿、狗、象、啮齿动物
25	明显具有现代特征的显花植物与树木
5	人类雏形
2	现代人类

大多数生物细胞大小为0.01～0.1毫米 ■ 细菌可生活在地下

内共生呼吸

▶ 呼吸是吸入氧气呼出二氧化碳的过程。
▶ 内共生现象是指细菌与真核生物之间的共生（依赖）关系。

细菌中的一员进化出某种能力，能够把眼下无处不有的氧气中的碳水化合物消耗掉，这一过程叫呼吸，它所产生的能量比细胞所进行的厌氧发酵过程要多得多。这时地球生命的进化便产生了另一次大飞跃。

我们的单细胞祖先，即真核生物谱系的成员，把细菌细胞用于所谓的内共生这一特殊过程中，并从呼吸的进化中受益。内共生现象开始于真核生物细胞吞食了细菌细胞的时候。真核生物细胞吞掉细菌细胞后不但没有将其消化掉，反而形成一种互利的伙伴关系。在这种伙伴关系中，细菌细胞生存在真核生物细胞的体内，并借助于真核生物所提供的碳水化合物和氧气进行呼吸。随着时间的推移，细菌对真核细胞的依赖性日益加大，直到最终无法独立生存。如今这种曾经独立生存的细菌遗骸尽管几乎难以辨认，但是作为细胞组织——线粒体（含有产生能量的酶），在每个人体细胞中还是见得到的。其内部是原始细菌遗传物质的余骸，这种脱氧核糖核酸的核苷酸序列显然指的就是线粒体细菌源。

▶ 病毒

▶ 病毒很小（0.000018～0.0006毫米），只有用放大3万倍的电子显微镜才看得见。
▶ 感染性病毒粒子由裹着蛋白质外壳的遗传物质（脱氧核糖核酸或核糖核酸）构成。

病毒被看作是活细胞与惰性物质之间的分界线。与活细胞一样，它们含有遗传物质，可以繁殖和进化。然而，若没有寄主细胞，它们便无法行使功能。它们是寄生物，劫持着寄主细胞中的生物化学结构而产生更多的病毒粒子。

噬菌体的寄主是细菌。艾滋病病毒的寄主是人体免疫系统细胞。寄主细胞与病毒之间的关系通常非常专一——艾滋病病毒不会感染其他人体细胞，也不会感染黑猩猩免疫系统细胞。寄主细胞常常伴随着病毒的繁殖而死亡。但有些病毒可以整合到寄主细胞的遗传物质上，整合后，病毒随着寄主细胞的繁殖而被动繁殖。但有时某种刺激物的刺激也会将病毒激活。例如，处于休眠状态的冷藏病毒（疱疹病毒）暴露在阳光下时就可以被激活而繁殖。因为病毒的繁殖需要活细胞，所以病毒的培植和研究是极其困难的。

■ 埃博拉病毒的电子显微图。该病毒能够导致埃博拉热，伴以皮疹、出血，并常常迅速致死。

多细胞

▶ 线粒体促进真核生物产生了又一次飞跃——多细胞的进化。
▶ 多细胞真核生物，如海草（所有现代植物的祖先），在10亿年以前的化石中可以见得到。

真核生物与细菌同样构成一种互利关系，这种互利关系眼下只能被认定为所有植物中的光合细胞器即叶绿体（见62页）。它是最早的内共生光合作用的后裔，这种光合作用称之为氨基合成（一种原始的、低效的光合作用）。植物细胞中含有的遗传物质来源于三个方面——代

▶ 原始生命形态

▶ 水是各种已知生命形式的第一需要。
▶ 最新资料表明，火星上可能曾经有生命的存在，因为已证实了那里具备适合生物生存的条件。

宇宙间每颗恒星的四周——太阳只是其中的一颗——都有一个区域，即生态层，水作为一种液体而蕴藏在其中。如果区域中有一拥有足够质量的物体，比如行星，又有足够的引力支撑着水和大气层，那么那里就可能具有生物生存的条件。原始生命形式，包括如下几种：

原核生物

▶ 原核生物（没有细胞核）这一术语适用于两种生物：细菌和最近认知的太古生物。
▶ 就这两种生物的进化而言，它们就像细菌与人类那样彼此相距甚远。

在五大生物界中，原核生物构造最简单。它由无核、无细胞器的单细胞构成。然而就其栖息地的多样性、生化能力及其数量而言，原核生物却占有绝对优势。

太古生物

有些太古生物生长在极端地带，诸如水温接近于开水的温泉地带（这些生物在室温条件下无法生长）及盐浓度高的咸湖地带。然而，在大西洋地质表层以及土壤标本中也发现了太古生物。当然这两处发现的太古生物是十分相似的。它们产生甲烷（沼气）作为废物——这是某些太古生物所特有的一个过程，并且在喜盐物种之间进化出一种简单的光合作用形式。这种形形色色的单细胞生物的成员只是偶尔与人体相互作用（它们并不引发疾病），这一点恰恰可以用来解释人类为什么对其知之甚少。

细菌

众所周知，细菌可以向人类及其驯养的动物传播疾病（如霍乱、肺结核及梅毒）。细菌可以有各种各样的生存方式。光合作用首先在细菌内部演化，而独立生存的光合细菌（氨基细菌）可以使被硝酸盐和磷酸盐污染了的湖面上长出水藻花来。多数细菌对人类（共生动物）来说只是没有伤害作用的匆匆过客，或在人体内自由生存并进行生物物质的再循环。令人吃惊的是，细菌有着多种多样的生化途径。例如，有些细菌把酚、煤焦油甚至石油都看成适于食用的物质。细菌还可以在极不相同的物种之间

表真核生物谱系的染色体脱氧核糖核酸、线粒体以及叶绿体（代表成为体内共生物的两种细菌细胞）。

真核生物的兴起

在细胞核、光合作用、呼吸及多细胞的武装下，真核生物最终控制了整个地球。到5.5亿年以前，主要的动物谱系多半已经在海底进化出来。到了4亿年前的时候，植物离开海洋，开始在陆地上寻求栖身之地，接着是节肢动物。又过了数百万年以后，脊椎动物也冒险往陆上迁徙。陆地上的真核生物种类与日俱增，由灵长目进化到当今人类，产生了现今仍然存活的诸多物种。

交换基因，而使得细菌类疾病的医治带来很大麻烦。因为在人类的主要病原体（引发疾病的基因），如肺结核中，已经出现了可以抵制某种抗生素的基因。

原生生物界

▶ 大约在15亿年以前，单细胞微生物变得比先于它们出现的细菌大得多，这标志着原生生物时代的开始。
▶ 原生生物以及后来更为高级的各种生物——真菌、植物和动物——被称为真核生物。

原生生物是一大族形形色色的带有细胞核的单细胞生物，诸如水藻、疟原虫、变形虫、粘菌以及马铃薯疫等，其中一些有线粒体；还有一些拥有叶绿体，可以通过光合作用产生自用的食物。变形虫可以消化固体粒子，诸如活细菌或死细菌。粘菌以枯萎的叶子和腐烂的木头为食。水藻是可进行光合作用的有机体，多半生长在水环境中。

真菌界

▶ 重要的抗生素药物青霉素，是亚历山大·弗莱明于1928年从霉菌中提取出来的，它通过使细胞壁变薄而使细菌破裂来杀死细菌。
▶ 酵母菌可以用来酿酒和制作面包——它作用于糖类以产生酒精（乙醇），同时产生二氧化碳气体使面包膨胀、啤酒起泡。

真菌不能进行光合作用，它们通过分解死掉的生物体或寄生于活的生物体，特别是植物体来获取食物。在这一过程中它们会引发疾病。许多真菌不是由细胞构成的，而是由又长又细的枝管（菌丝）所组成。菌丝在整个食物体内形成网络（菌丝体），从菌丝中分泌酶来消化食物，同时吸收可溶性产物。所谓的食用伞菌，即伞状的真菌，可以产生孢子而得以繁殖。

真菌通过含有细胞质和细胞核的良性孢子进行无性繁殖。然而在繁殖过程中却有一个有性过程，不过这一过程是在无性繁殖出孢子之前发生的。

酵母是真菌，但往往无法形成真正的菌丝。它们以花蜜或葡萄等甜果中的糖分为食。酵母是单细胞生物，既含有细胞核，又含有线粒体，它们是通过出芽进行繁殖的。

深达几英里的多孔岩石里 ■ 已知的生命物种有200万种以上 ■

植物界

- 椰子树结出的籽实最大，重达23公斤，称作重瓣椰子果。
- 有些花的花瓣具有吸收紫外线花纹，昆虫看得到，然而人却看不到。
- 每年吃掉的香蕉大约有4000万吨，香蕉成为世界上最受欢迎的水果。
- 目前科学上已知的显花植物和树木有27.5万余种。

■ 蓟属植物是菊属植物的族亲、被子植物家族（有花植物）中的一员。

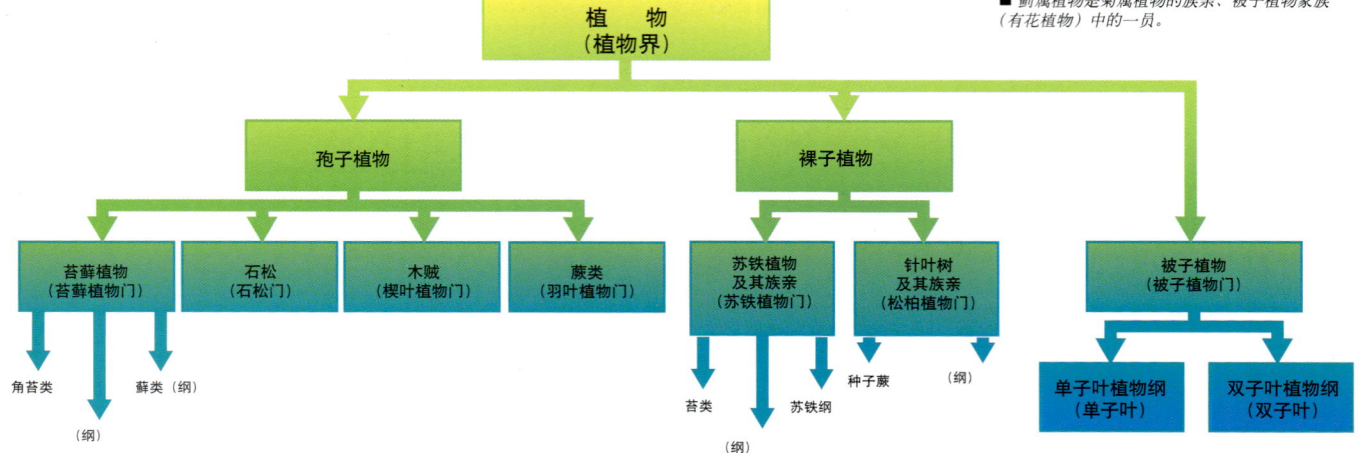

植物的进化

▶ 历经数百万年，植物已经进化成三大主要类别：孢子植物、裸子植物（子房外结籽的植物）、被子植物（子房内结籽的植物）。

▶ 各种植物大小不一，小的有不长真正的茎、根和叶（只有用显微镜方能看得到）的水藻，大的有能长到100米（328英尺）以上的参天大树。

最早冒险离开海洋而移栖潮湿土壤的水藻，可以从12亿年前的化石中得到验证。直到4.6亿年以前，才进化出一些更为复杂的生物。

蕨类植物和木贼类植物大约是在4亿年以前才从苔藓植物（藓类和苔类）中进化出来的。它们都是孢子植物。

最早的具有裸子（裸子植物）的种子植物，诸如松柏类和苏铁植物的进化是在3.8亿年前后。继而是大约1.5亿年以前的有花植物，这种植物子房内结籽（被子植物）。种子保护着植物的胚胎使之不至于干透或出现其他意外，因而促进了植物生长地的拓展。种子由胚、胚乳组成，还可伴有早期发育用的储备食物，其外有种皮保护。

孢子植物

▶ 孢子植物是现存的最原始的植物种类，它们的繁殖要通过称为孢子的微细胞，而不是通过种子。

▶ 沼泽地带的泥灰藓属植物浸泡后可以达到干重的25倍以上。

孢子植物在石炭纪（大约3亿～3.5亿年前）处于举足轻重的地位，主要生长在较浅的热带沼泽地带。死掉的植物在停滞条件下并未腐烂，泥煤不断积累，后来被沉积物压在下面。受热受压之后，泥煤中的氧气和水分被除掉剩下煤。煤在很大程度上是由碳构成的。

? 什么叫植物

▷ 植物的特点是具有光合作用的能力（见64页）——就是说它可以借助光能及动物体内所不具备的叶绿素，利用水、矿物质和二氧化碳生产食物。释放氧气后，剩下葡萄糖——含有丰富能量的物质，作为植物细胞的组成部分。

▷ 植物有明显的细胞壁和细胞核，其细胞壁由葡萄糖聚合物——纤维素构成。

▷ 据信，所有植物的祖先都是单细胞非光合生物，它们吞食了光合细菌，二者形成一种互利关系：光合细菌生存在植物细胞内（即所谓的内共生现象）。最后细菌退化变成叶绿体，它是一种在所有植物体中都存在却不能独立生存的细胞器。

▷ 植物通常是不运动的，因为它们不需要寻找食物。

▷ 大多数植物都属于被子植物门，是有花植物，其中还包括多种树木。

藓、苔及角苔

这类原始植物叫做苔藓植物。通常是些矮小、不显眼的植物，一簇一簇密密麻麻地长在阴凉、潮湿地带。它们之所以矮小是因为茎中没有坚挺的组织。

与水生藻相比，藓及其矮小的叶状族亲——苔和角苔，之所以适于在陆地上生存是因为拥有腊质角质膜，可以减少水分的消耗，还拥有用以生产和保护性细胞的湿性器官——配子体。

这些植物最早出现于志留纪（4.25亿年以前），并很快成为世界上举足轻重的植物。在泥盆纪至石炭纪期间（3亿～4.1亿年以前）形成大片森林，最后烂掉，压缩成石炭纪煤系。如今，这种植物所剩无几，然而其中一例便是泥炭藓属植物，多见于沼泽地带，对泥炭土的形成起到作用。在寒冷地带以及在靠近温泉的沙漠地带也能见到苔藓。还有些苔藓属于附生类植物（就是说它们以其他植物为生，却不是寄生虫），这种苔藓在热带雨林地区比比皆是。有的苔类植物紧贴着地皮，没有叶子，但大多数还是长着藓类的叶子。

藓类及其族亲不同于有花植物，它们比较简单，没有根、茎、叶，尽管有时它们也拥有一个由管道结构形成的维管系统来输送水分。它们需要湿润的气候条件，因为其有性繁殖需要精子。精子由雄性器官（雄性配子体）产生，可以游向雌性配子体。

一旦发生受精，便形成散布阶段，产生孢子体。而孢子体的产生通常又以配子体的产生为前提。

生命科学

孢子是通过分裂（减数分裂的过程）而产生的。在分裂过程中，通常双倍染色体变为单倍染色体。含有单倍染色体的细胞叫做单倍体（诸如精子或卵子之类的性细胞）。含有双倍染色体的细胞叫双倍体，孢子萌发后产生一种微小的单倍体植物，这种植物既能产生精子又能产生卵子。然而这些精子与卵子来自不同的空间，产生于不同的时间，从而确保了交叉受精（如从一种蕨取一个精子而从另一种蕨取一个卵子）的完成。精子与卵子融合后形成的受精卵（合子）就是一种双倍体植物。蕨类植物的本身是由卵子生长而成的。蕨类植物是双倍体植物，因为受精卵中的脱氧核糖核酸在每个细胞分裂阶段都得到如实地复制。

■ 蕨类植物在叶子下长出孢子，成熟时落到可以萌发的地上。
■ 木贼属于世上最古老的植物。

孢子通常长在孢囊内，孢囊干裂后孢子弹出。如果落在有利于生长的环境中，孢子就会萌发形成原丝体，最后发育成雄性或雌性配子体植物。

藓类植物从生态学的角度来看是十分重要的，因为它们可以占据裸地。它们随地衣之后，频繁侵入裸地，最终得以扎根。苔藓还可以抑制土壤的侵蚀。在石炭纪（3.55亿～4.1亿年前），这些植物的祖先比现在更占优势，其高度达40米（131英尺）。

石松

现在作为森林中比较低级的植物，石松类植物在泥盆纪（4.1亿～4.38亿年前）和石炭纪时有着庞大的祖先。它们的孢蒴常常排列成球果状结构（孢子叶球），长在叫孢子叶的特殊叶子下面。

木贼

这些古老的植物，也称楔叶类植物，可以追溯到泥盆纪时代，当时其高度可达15米（49英尺）。现存的只有15种，生长在湿润地带，从顶生的球果状结构中产生孢子。

蕨类植物

蕨类植物属于蕨类植物门，起源于泥盆纪，现在有1.2万种。它们在森林中长得十分茂盛，需要潮湿来保持水环境，以使它们的精子可以游向雌性性细胞周围的细胞所释放的化合物的源头。毫不夸张地讲，孢子从叶子下面称作孢囊的多个产孢器官中释放出来的一刹那，可以被弹射出好几米远。

季落叶——在这方面，银杏是了不起的裸子植物）；买麻藤纲，包括奇怪的百岁叶属植物；以及松柏纲（针叶树）。

松柏纲

这一类大约有550种结球果的针叶树包括松树、冷杉、云杉、落叶松、紫杉、桧树、雪松、柏树及红杉等。多半是高大的常绿树，是生长季节很短的北方地区的主要树木。即使在冬季，它们也可以进行光合作用，利用阳光明媚的春季不断成长，这时落叶树还是一片光秃。针状的树叶适应干旱的气候条件，因为树叶表面较小，可以将水分消耗降低到最低程度。红杉树可以长到110米（360英尺）高。

针叶树（如松树）的生命周期中包含着花粉的产生。花粉是靠风来传播的。与苔藓和蕨类植物所产生的精子通过自由游动来传输所必须的湿润条件相比，这是一种真正的适应陆地的变化。

松树是双倍体植物（有两套染色体），它既长花粉果球，又长排卵果球，从而产生雄性和雌性的单倍体配子（繁殖细胞）。受粉后需要用一年多的时间才能受精，因为花粉必须消化到一种叫珠心的组织中去才能遇到雌性配子体。在这一年中雌性配子体也处在形成的过程当中。松树的胚胎，即使尚在球果里的时候就已经有了根和叶的雏形，它从雌性单倍体配子体，及来源于亲本树的种壳中获取食物。

■ 不同寻常的百岁叶属植物，产于纳米比亚，以露水为生，叶子可以长到18米长。
■ 松树所结的球果或是雄性或是雌性。

裸子植物

▶ 裸子植物是指那些种子并非长在子房里面的植物。
▶ 百岁叶属紫茉莉系裸子植物的买麻藤科，能活到2000年以上。

在石炭纪，这些裸子植物的祖先和孢子植物生活在一起，其进化早于当今占主导地位的被子植物。如今，裸子植物有四个门，其中包括三类罕见的古裸子植物及常见的松柏类：苏铁纲，即掌状苏铁（真正的掌状植物属有花植物）；银杏纲，长着扇形叶子的落叶植物（秋

■ 蜂鸟及其他吮食花蜜的鸟儿掠过带花粉的花药，来品尝营养丰富的甜水。

▶ 光合作用

▶ 光合作用是植物、藻类和各种各样的细菌用来将简单的无机分子转化为生命所需要的复杂化合物的过程。

▶ 氧气作为光合作用的副产品被释放出来——实际上，氧气对所有生命形态来说都是必不可少的。因而没有植物，地球上的生命也就不复存在。

一切生命都以碳元素为基础。绿色植物从空气中的二氧化碳中获得碳元素，然后又通过光合作用将其变为碳水化合物（如糖类）及淀粉。

光合作用是靠叶绿素（植物中使之具有绿色的化学物质）吸收的光能而起动的。二氧化碳通过植物叶片气孔进入叶绿体（细胞内的微型器官）（见65页）。在光合作用中，二氧化碳被转换成碳水化合物——起初变成葡萄糖，最终变成蔗糖和淀粉。光能还将水分子分解为氢和氧。这样，植物不仅获得了自身的组成成分，而且还产生了氧气。

植被是所有动物食物链中的基本食物，而恰恰是通过光合作用才使几乎所有的碳元素进入生物界。与此相似，植物最终所释放出的氧气是地球大气层中所有氧气的源泉。因为在光合作用中，用尽了二氧化碳，而氧气则作为废品而释放出来——动植物的呼吸正好相反——所以动植物共同生存的总体效应就是或多或少地维持了由这些气体所组成的大气层的平衡。

植物还透过敞开的气孔放出水蒸气。但这种水分的消耗在气候干旱地区是个潜在的问题，不过生长在这种环境中的许多植物已经进化出生理适应能力，防止水分过度消耗。例如，许多肉质植物，白天关闭气孔而在夜间打开。夜间二氧化碳并非被形成糖而是成为有机酸，而后在白天气孔关闭的时候，再在叶片内部释放出二氧化碳来。这时二氧化碳便以正常的方式参与光合作用。

有花植物与树木

▶ 被子植物的特点是有花——花是植物特有的一部分，花长成果实，每个果实里含有一粒或几粒种子包含在子房或种皮里。

▶ 最大的花是巨型大花草，直径可达105厘米（3英尺6英寸），重量在7公斤以上（15英磅5盎司）。

被子植物到白垩纪末期（6500万年以前），已经很常见了。最早的被子植物化石可以追溯到1.2亿年以前（白垩纪初期），但是从拥有2亿年石龄的三迭纪岩石中已发现含有被子植物花粉的迹象。

有花植物是种类最多、分布最广、数量最丰的一门多细胞植物。其生境非常之广。与此相适应，它们已经进化出多种多样的形态及生命周期方面的适应能力。

有花植物的生命周期

当谷物花粉（或源于植物体内的雄蕊，或由风、鸟、昆虫从临近同类谷物花朵上传递而来）降落在柱头上而形成通向子房的粉槽（粉管）时，受粉现象就发生了。卵子与花粉的融合导致受精，子房隆起，形成果实，里面是含有胚胎的种子。例如，豌豆就是长在子房里的种子。

果实保护着休眠的种子并帮助散布种子。成熟时，色泽鲜艳的浆果中含有糖分，诱惑着动物或鸟吃掉它们。于是，无法消化的种子就很可能在日后随着粪便而落脚于远离亲本植物的地方。有些种子，如蒲公英和埃及榕的种子，竟被设计成空降用品，装备有降落伞和螺旋桨。还有些种子由于长着钩状物，所以当粘到过路动物的身上时便被随之带到别处。

有花植物的分类

尽管种类之多让人惊讶，但根据胚胎结构，有花植物主要可以分为两大类，即单子叶植物（4万种）和双子叶植物（25万种）。单子叶植物可以通过由发芽的胚胎所产生的单叶来辨认，因而才有了单子叶植物这一术语，用以表示一族在许多其他方面有着共同特征的植物。人们认为单子叶植物要比第二类即长着双叶的双子叶植物简单得多。

单子叶植物

这类植物包括禾草、苔草、百合、兰花、黄水仙及枣椰树等，长有须根系统（这些系统尤其能使禾本科植物将土壤固定在一起而防止水土流失）。大个竹子的须根大概有绳子那样粗。单子叶植物，如兰花的茎，通常轻软而呈纤维状，这一点与橡树之类的双子叶植物枝干之粗壮恰恰相反。许多单子叶植物长着横卧地下的根茎，植物的叶子常常盖住其根茎，剑状的叶子上通常长着平行的叶脉。

单子叶植物包括谷类植物（小麦、黑麦、大麦、燕麦、小米、玉米、水稻及高粱）、蔬菜（洋葱、韭葱、大蒜、青葱、块茎薯蓣）及水果（椰子果、枣椰子、香蕉）。它们可被用作纤维

■ 尾端成钩形的菠萝树叶保护着主梗茎上的花，这些花最终融合形成水果。

■ 野生香蕉是单子叶植物，通常借助蝙蝠在夜间受粉，因为这些哺乳动物四处寻觅花蜜。

生命科学

（椰子编席），也可用于建筑方面（竹子、草梗）。

■ 卷心菜及其近亲汤菜、球花甘蓝、花椰菜及羽衣甘蓝均属双子叶植物。

双子叶植物

在双子叶植物，包括大多数有花植物的叶子上，通常看得到一条中脉和网状排列的叶脉。植物茎的四周排列着木质部和韧皮部，两者之间颇具活力的生长带叫形成层。随着植物的生长，茎干逐渐放粗，变得木质化。双子叶植物通常有一条大的主根，在地下牢牢地支撑着植物或树木。灌木有许多分枝，而且贴近地面生长（5米（16英尺）高），而树木具有长长的树干而且很少分枝。双子叶植物的例子有橡树、玫瑰及蒲公英等。

双子叶植物包括蔬菜（卷心菜、马铃薯、西红柿、莴苣、南瓜、黄瓜、菜豆、豌豆）和水果（苹果、梨、李子、桃子、橘子、柠檬、草莓、黑豆果、瓜）。有些还可用作木材（硬杂木，如山毛榉、橡木及雪松）。

草本植物和木本植物不同，没有木质化，有些可用于烹饪方面。例如芜荽叶和籽及辣根都可以用作食品调料。

? 是水果还是蔬菜

▶ 对植物学家来说，水果是内含种子的成熟子房。木本植物，诸如苹果树、橘子树、梨树等，或草本植物，如西瓜、草莓等都能结出果实。蔬菜通常属草本植物，这些植物的某些器官可以用作食物。

▶ 西红柿实际上是多籽水果，但却通常被当成蔬菜而食用。它们的确是最受欢迎的"蔬菜"，全世界每年消费掉5750万吨。

水果

水果成熟时，常常由绿色变为黄色或红色以昭示人们它就要施舍恩惠了。过早地把水果分而食之，实际上是浪费了尚未成熟、无法存活的种子。

产自温带的水果成熟时含15%以上的糖分。在热带，由于日照较长，所以水果成熟时的糖分含量通常在20%～60%之间。散发出迷人的芳香也表明水果已经成熟。

有些种子，如桃子和鳄梨的种子，大得吞不下去，而还有些吃起来味道很差，甚至有毒（苹果籽和柠檬籽含有氰化物）。这种水果籽通常传播不了多远就被遗弃了。然而有些种子，如西红柿籽，又多又小，所以常常被动物吞下。这些种子经动物粪便排出后开始萌发，所以经常被带到很远的地方。

植物学家把坚果定义为四周包围着一层自己无法打开硬壳的单子果实。在日常用语中，使用"坚果"这一术语是用来表达各种生长在木质外壳里的干燥可食种子或水果。无论是指整个水果，还是只指果核通常都使用同一个名称。

好多坚果都是蛋白质或食用油的理想原料，然而栗子所含淀粉却多于蛋白质。杏仁、椰子果及花生果实际上都不是真正坚果。杏仁是一种像李子似的果实的种子，而椰子果结构上类似坚果。比起坚果，花生果倒更像豌豆，它们结在豆秧似的植株上，成熟时其木质荚果深深地扎入地下。有用的烹饪坚果包括杏仁、胡桃、美洲山核桃、榛子（欧洲榛）、阿月浑子果、腰果及巴西果。

蔬菜

蔬菜通常美味可口，不太甜，取自于植物的根（胡萝卜、萝卜、小萝卜、甜菜）、嫩叶（莴苣、卷心菜）、梗（芹菜、芦笋）以及花（洋蓟、球花甘蓝）。马铃薯是淀粉与蛋白质的储存器官——地下茎胀起的末端。

有些芳香开胃的食物，例如豌豆、绿豆、茄子、鳄梨、西红柿、黄瓜和玉米粒等，似乎应归类为蔬菜，但从植物学的角度看，它们都是水果。

■ 草莓实际上是复合果，因为果肉的形成靠的是花托而非雌性器官。"种子"是真正的果实。按惯例，通常在草莓秧（归类为多年生草本）的下面铺上稻草，以防止草莓烂在地上或被昆虫吃掉。

▶ 有花植物的结构

▶ 花保护着植物尚未成熟的种子，种子成熟后，花还有助于吸引鸟儿和昆虫，确保植物受粉。

▶ 有许多植物，每一朵花中既有雄性生殖器官，又有雌性生殖器官（雄蕊和子房）。

植物的根使之扎根于土壤之中并吸收水分，这其中含有植物生长所需要的一切可溶性营养物质。根部所长出的茎有的是简单的直生圆柱状茎，有的是复杂一些，分出很多杈。

通过植物细胞吸收水分，或因木本植物中存在坚硬物质（木质素），均可使茎秆坚挺起来。木质素能使植物长得比草本植物或其他类型的植物高一些，从而避免引起食草动物的注意力，并加快了光合作用的速率。花朵是从叶与茎之间交叉的节里长出来的。

花朵的外层是叶子似的萼片，它在花朵含苞待放阶段起着保护作用。内部是花瓣，它们或者色泽鲜艳吸引昆虫，进行虫媒传粉，或者像木本科植物那样，风媒传粉。花朵的中央是心皮（果片），由柱头、花柱以及保护受精卵的子房组成。紧贴着柱头四周的是雄蕊——末端结着花粉囊的粗壮梗节。每个花粉囊长成后都能产生大量的花粉颗粒（雄性精子）。

植物通过自身的气孔吸收二氧化碳。这些气孔，通常长在叶子的下面。通过叶绿体中所含的叶绿素来吸收光能，叶绿体促成了碳水化合物与蛋白质的合成。

维管组织（木质部）把水分或无机盐从根部输送到其他器官。而韧皮部则把食物，如蔗糖（糖类）及氨基酸传输给未受光合作用影响的根部和茎细胞。

■ 毛蠓属苍蝇常被海芋百合的臭味所吸引。在花梗上，底部是子房，中部是带花粉的花药，顶部是个网，它使苍蝇一直呆在植物上直到该网死亡。然后苍蝇飞掉，把花粉带给它所光顾的另一株百合。

动物界

▷ 动物学——研究动物界的科学——来源于希腊语中的zoion 一词，意思是动物。

▷ 可以认定，动物界的最早分类系统是由亚里士多德提出来的。

▷ 脊椎动物包括哺乳动物、鸟类、爬行动物、两栖动物以及鱼类——然而这些仅仅是动物界中的一小部分。

▷ 已经分类的动物有150万余种，其中有100万种是昆虫。

❓ 什么叫动物界

▶ 动物界就其数量和种类而言无脊椎动物占绝对优势。
▶ 动物界分为两类：无脊椎动物和脊椎动物。

无脊椎动物可以简单地定义为不具脊椎的动物，包括从初级动物蟹子、珊瑚到大量的更为复杂的动物，如昆虫和鱿鱼等。动物界中的无脊椎动物大约有100余万种。

脊椎动物是指那些长有脊椎、脊柱和脑壳的动物（它们的翅膀绝对不会多于两副），包括最为复杂的动物——鸟类和哺乳动物。据动物化石提供的资料表明，脊椎动物问世的顺序如下：文昌鱼、无颌类、盾皮鱼、灭绝的颌口类；鲨鱼、鳝刺鱼和硬骨鱼；两栖类——爬行类和鸟类；最后是哺乳类。动物界中的脊椎动物大约有5万种。

❓ 什么叫动物

▷ 动物细胞没有植物细胞所特有的细胞壁。
▷ 动物是多细胞生物，而且细胞中含有细胞核。
▷ 动物只能获取现成的食物，即它们依赖于植物或其他动物肌体组织。
▷ 尽管有些水生动物，如海葵和珊瑚等，在某种程度上是停滞不动的，依赖食物向它们靠近，但大多数动物必须主动寻找或捕捉食物。因而与植物不同，动物通常需要一定程度的运动。
▷ 多细胞动物的移动需要身体各部位的有机协调。除最初级的动物，如海蜇，所有动物需要一个比较高级的神经系统。
▷ 动物需要朝着特定的方向移动，于是需要某种形式的感觉器官与其神经系统相连。虽然植物能够察觉各种各样的环境刺激并做出相应的反应，然而动物所进化出的庞大系统更为惊人，以此可以发觉周围所发生的事情。
▷ 多数动物拥有消化系统或腹腔。
▷ 多数动物拥有神经系统的中央协调器官——大脑。

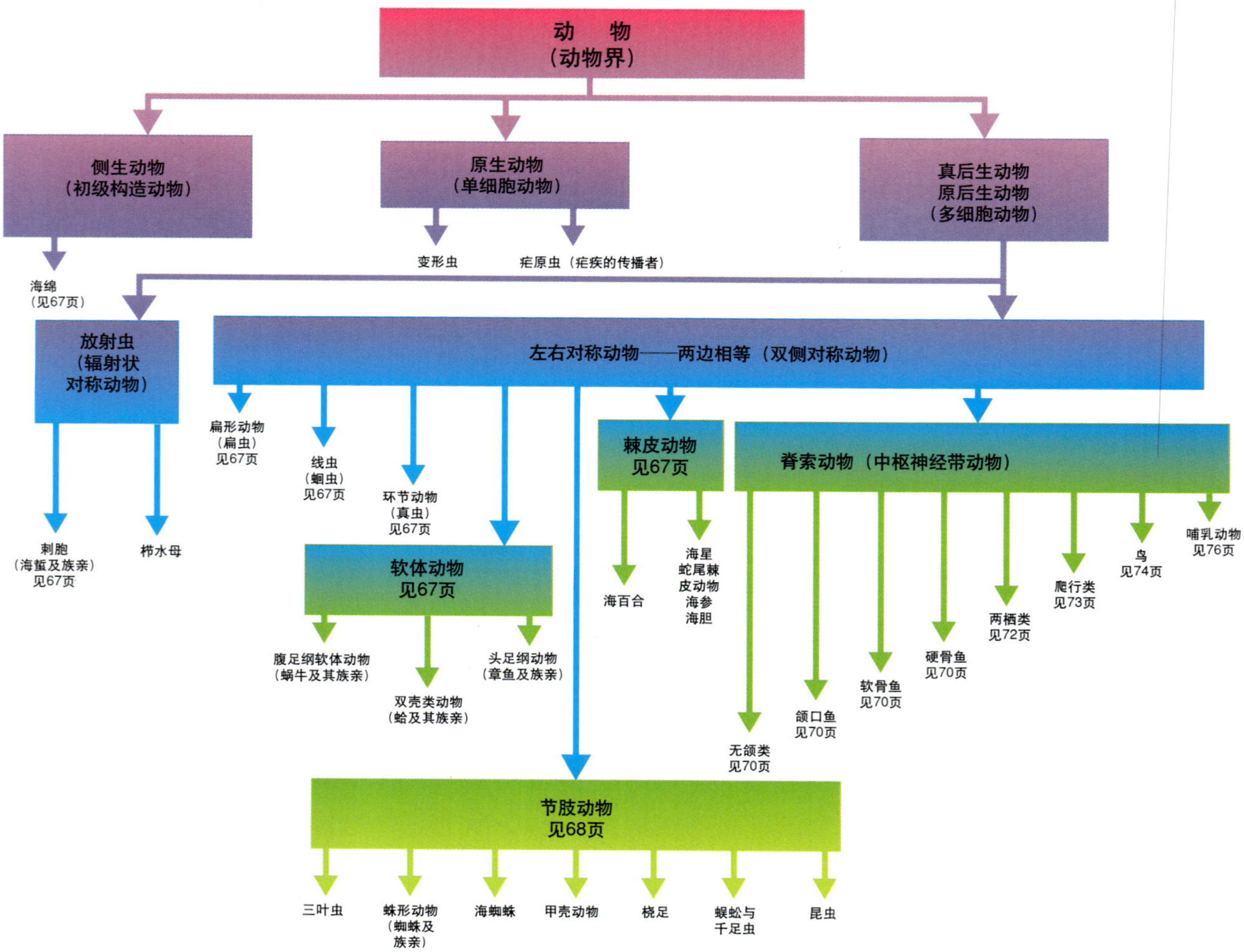

```
                    动  物
                   （动物界）
        ┌──────────────┼──────────────┐
    侧生动物         原生动物        真后生动物
  （初级构造动物）   （单细胞动物）     原后生动物
                                    （多细胞动物）
                   变形虫  疟原虫（疟疾的传播者）
     海绵
    （见67页）
        │
     放射虫
    （辐射状
    对称动物）         左右对称动物——两边相等（双侧对称动物）
        │
   刺胞  栉水母    扁形动物  线虫  环节动物        棘皮动物        脊索动物（中枢神经带动物）
  （海蜇及族亲）    （扁虫）  （蛔虫）（真虫）         见67页
    见67页        见67页   见67页  见67页
                         软体动物                海星         无颌类  颌口鱼 软骨鱼 硬骨鱼 两栖类 爬行类 鸟  哺乳动物
                          见67页                蛇尾棘         见70页  见70页 见70页 见70页 见72页 见73页 见74页 见76页
                                              皮动物
                腹足纲软体动物  头足纲动物      海参
                 （蜗牛及其族亲）（章鱼及族亲）   海胆
                      双壳类动物              海百合
                      （蛤及其族亲）
                          节肢动物
                          见68页
              三叶虫  蛛形动物  海蜘蛛  甲壳动物  桡足  蜈蚣与  昆虫
                    （蜘蛛及族亲）                    千足虫
```

■ 现 存 9 5 ％ 以 上 的 动 物 种 类 为

▶ 原始动物

海绵、刺胞动物、蠕虫、软体动物和棘皮动物等均属无脊椎动物。

海绵

▶ 海绵，属于最低级、最原始的多细胞动物。

▶ 海绵有9000多种，占海洋里种99%，处于绝对优势。

尽管海绵形态奇特，但它们具备与动物有关的一切特征。它们以其他有机物为食，性繁殖也要通过精子和卵子。成年海绵的运动仅限于肌细胞的轻微收缩。即使没有真正的神经系统，活动时也有一定协调性。海绵生长在海洋之中，从潮间带到海底最深处均有分布，少数分布于淡水中。有些只有1厘米长，但也有些海绵长度及宽度达1米（39英寸）以上。

饥饿时，海绵拍打鞭毛（鞭状凸出物），通过孔状细胞吸水（含有食物颗粒）为食。海绵属于两性动物，精子与卵子产生于同一个体，卵子被留下而精子却释放到附近的水域中去。既可以自我受精，又可以交叉受精。受精卵发育成自由游动的幼虫，如果成活，便用外翻过来，然后固着于某一适当表面。海绵没有肌体组织，只有一群有着一定功能的细胞。

刺胞动物

▶ 大约有1万种刺胞动物，其中多数是海生的。

▶ 刺胞动物构成地球上最大的生物结构——澳大利亚大堤礁。

珊瑚和海葵的口腔周围长有触手，触手口有刺细胞。一个中肠只有唯一一个开口，中肠四周具有一个结构简单可以收缩的体壁。而钟形海蜇则形成绿缨。两细胞层间的胶状物提供海蜇力量，而珊瑚则固着在一个刚性基架上。刺胞动物拥有初级神经网，却没有大脑——只有反应能力没有认知能力。

珊瑚虫，身体呈圆柱形。自身附在岩石上，触手伸到嘴的上方等待猎物。水母是珊瑚虫的缩影，只不过扁嘴朝下，像海蜇那样依靠钟形躯体的收缩驱动自己在水中游来游去。有些刺胞动物在生命循环和世代交替过程中，从一种形态变为另一种形态。例如，水母阶段，在这个阶段，动物自由游动，进行有性繁殖，接着进入固着阶段（珊瑚虫），再通过无性繁殖产生水母。海葵、珊瑚和水螅体等，其生命中的大部分时间是以水螅体的形式而存在，或独处或群居，而海蜇整个一生差不多都是以水母形式存在。

蠕虫

▶ 真虫的代表种类有1.5万种，小的有1毫米（0.04英寸），大的有3米长（9英尺8英寸）——如巨型澳大利亚蚯蚓。

▶ 已知的蛔虫约有8万种。不过据信这只是蛔虫种类的10%。

蠕虫分三类：扁虫（肝蛭、绦虫）；蛔虫（线虫、蛲虫和钩虫）；以及环节真虫（蚯蚓和水蛭）。

扁虫

扁虫的肠既是消化系统又是排泄系统，这是扁虫的独特之处。扁虫有2万种左右，生存在海洋、淡水和湿润的陆间地。过自由生活，或寄生生活。它们通过一分为二的方式使断掉部分再生而进行无性繁殖，也可以像雌雄同体动物那样，通过把精子输入同伴的卵子中而进行有性繁殖。

蛔虫

蛔虫亦称线虫，在土壤、淡水和海水以及腐烂有机物中都可见到。小的有1毫米（0.04英寸），大的有1米（39英寸）长。平滑、坚韧、无环节的透明躯体中的纵生肌肉可以使之摇摆而行。在生长过程中，蛔虫经历四次蜕皮。它们分别从不同的雄性和雌性体中通过有性繁殖而生。雌性体内受精——每天产卵达10万个。

真虫

真虫（环节动物）躯体又长又瘦，头部和尾端非常突出。由于整个躯体由一系列分离的环节构成，所以外部露出毛发状的隆起物。偌大的内腔把肠与体壁分离开来，使之与其他蚯蚓不同。一套初级循环系统抽汲着整个体内含有带氧血红蛋白分子的血液。真虫的运动依靠依次协调地收缩环状肌肉来完成。蚯蚓雌雄同体（每个蚯蚓既有雄性生殖器官，又有雌性生殖器官），并且它们交叉受精。蚯蚓多见于海水、淡水和湿润的土壤中，它们掘土，以腐烂植物为食，或通过消化系统过滤土壤，榨取营养。

水蛭（蛭纲）是最高级的环节蠕虫。它们是食肉动物，或是寄生性吸血动物，身体的两端都长吸血器官。它们不像其他蚯蚓那样爬行，而采用一种回环运动方式。

软体动物

▶ 软体动物有10万余种。

▶ 软体动物大多是海生动物，但也有些生存在淡水中，还有些是陆栖动物。

软体动物是一族多种多样的无环节动物，包括蜗牛和章鱼。软体动物的特征包括一只善于运动的大脚板、一个保护壳、一个木锉般的进食器官（齿舌）和一个特有的呼吸器官。多数软体动物以一个碳酸钙硬壳为庇护，尽管有些软体动物（如乌贼）在其进化过程中已将硬壳内在化了。

腹足类软体动物

腹足类软体动物属单贝壳动物，包括陆栖蜗牛、蛞蝓以及海螺。它们构成了腹足类软体动物中的最大一族，而其饮食习惯也最为多样化。所有腹足类软体动物都长着肌肉足用以行走和游动，使之可以通过波浪式的运动而前行。它们还长着齿舌——一种舌形的进食器官。腹足类软体动物多半长着螺旋状外壳，如油螺和蜗牛便是如此。但就蛞蝓而言，其甲壳只出现在幼虫阶段。有些腹足类软体动物缩在甲壳里，用厣（骨片）将入口封住直至危情解除。还有些腹足类软体动物在触手的末端长着两只眼睛。

腹足类软体动物用齿舌撕碎食物——就帽贝而言，吃草时更是如此。还有些软体动物，如油螺，借助齿舌和一种软化食物的化学物质可以钻进牡蛎体内。海生腹足类软体动物有性别之分，它们不是在水中把精子排到卵子上，就是通过阴茎将其射入雌性体内。受精卵长成幼虫，其中有些长出甲壳。蛞蝓和蜗牛是雌雄同体。

双壳类动物

双壳类动物（软体动物，其甲壳由两部分组成，中间以一弹性铰链连接）包括蛤、牡蛎、鸟蛤和贻贝。双贝壳内有大量表层附有粘液的呼吸器，作为过滤吸水器，过滤水中的颗粒。表层附着鞭状凸出物（纤毛），筛选并消灭来到嘴边的所有食物颗粒。双贝壳通常呈开启状态，但一有警报，强劲的肌肉便将其紧紧关闭起来。双壳类动物长着一只有力的肌肉足，可以伸展、膨胀，然后缩回，拖着自己前行或钻到泥沙中觅食和避难。流线型剃刀贝可以迅速掘穴藏身。蛤的游动要通过双壳摆动来完成。有些扇贝在甲壳的边缘处长着无数只眼睛。

头足类动物

头足类动物（章鱼（见左图）、墨鱼、舡鱼和鱿鱼）都是食肉动物。它们的触角由脚的不断进化而形成。钩形鼻后的嘴里长着一只典型的软体动物舌。只要强劲的肌肉一收缩，便可通过排水在水中高速飞驰。它们拥有出色的感觉器官。可以立即改变颜色（为了避难、恐吓别人或为了展示性感）。复杂的大脑具有认知和记忆的能力。用长得蛮像喙的嘴咬住猎物之后，可将毒液注入它们的体内。生存在深水水域但很少见的巨形鱿鱼是已知的最大的无脊椎动物，长达5米（16英尺）以上。

棘皮动物

▶ 棘皮动物大约由7000种海洋生物组成，包括海百合、海胆、海星、蛇尾棘皮动物和海参等。

▶ 海胆的脊骨有毒。

棘皮动物身上长着许多由盾片构成的骨骼，以及水力操纵的管足，用以运动、进食，对某些生物而言还可用来换气（吸入氧气而将二氧化碳排入水中）。海星可将自身附于蛤壳之上凭着蛮力将其强行打开，尽管蛤也在奋力反抗。接着海星通过口腔将其胃腔翻转过来，并把消化液分泌到柔软的蛤身上。雄性和雌性动物分别将精子和卵子排入水中，然后在水中受精。

节肢动物

- 昆虫的色域感觉与人类不同,因为它们能看到紫外线——在我们看来似乎色泽暗淡的植物,对昆虫来说或许是十分鲜艳和色彩斑斓的。
- 昆虫的种类(100万以上)比其他的所有动植物种类加起来还多。
- 处于若虫阶段的蜉蝣要在湖底或河底度过两三年的时光,然而长成能飞的成虫后却只能活上一小时。
- 鲸的数量大幅度下降导致鱼苗——长得像虾似的甲壳纲动物——大规模增长。鱼苗是鲸的主要食料来源,人类已开始将其作为家畜饲料和肥料加以采集。
- 塔兰托毒蛛的整个躯体有3厘米长,但腿距为18厘米。

什么叫节肢动物

- 节肢动物的特点是有外骨骼,长着成对的附肢,附肢上有关节。
- "节肢"一词的字面意思是"有骨节的脚板",然而实际长骨节的是腿而不是脚。

就众多动物种类而言,节肢动物是现存动物中最成功的一门。它们的成功要归因于其环节结构和由几丁质长链多糖所组成的刚性外骨骼,及其长着骨节的附肢。

节肢动物的起源仍然是个谜,不过自从其问世以来,似乎已经分化成四个亚门:三叶虫(已灭绝)、蛛形类动物(蜘蛛、蝎子、扁虱和壁虱)、昆虫及其族亲以及甲壳类动物(蟹、龙虾、小虾、藤壶及地鳖)。

三叶虫

- 在已出土的寒武纪和志留纪化石中,三叶虫的化石特别多。
- 由于胸部(头与腹之间的部分)柔韧性很强,三叶虫可以像地鳖那样蜷成一团。

兴盛一时且数量众多的三叶虫作为栖息在海底的食腐动物生活在古生代(5.9亿~2.5亿年以前),到二叠纪末期(2.45亿年以前)开始灭绝。化石资料表明,当时整个海洋生物的种类都在减少,主要是珊瑚,还有牡蛎和鱼类。这次物种的突然消失是通过化石资料可以认定的诸多次当中的一次得到的,称作二叠纪大灭绝。

三叶虫属于小动物,只有1~7厘米(1/3~3英寸)长。尽管从其附肢可以看出关节与关节之间略有差异,但还属于环节动物。由于节肢动物不断进化,关节趋于相互融合。在一起而附肢则变得更为专化了。

蜘蛛类动物

- 蜘蛛类动物是仅次于昆虫的第二大族节肢动物,共有6万多种。
- 蜘蛛类动物包括蜘蛛、蝎子、扁虱和壁虱。

蜘蛛类动物的躯体分为两部分:头胸合一的头胸部和腹部。有六对附肢,其中有四对用以行走,而其他两对用途各异。蜘蛛类动物大都是食肉动物(吃其他蜘蛛类动物、昆虫甚至鸟类),而且产卵。许多蜘蛛类动物分泌出的毒液可以使其受害者丧命或麻痹。

蝎

蝎属于最早的陆栖动物,在石炭纪(3.5亿~2.85亿年以前)就在陆地上出现。蝎可以长到20厘米(8英寸)长,在过去的4.5亿年期间似乎没怎么进化。它们遮遮掩掩,多在夜间出没,白天则躲在石头和木头下面。蝎在沙漠等温暖地带比较多见,它们通过高度敏感的振动和气味接收器来发觉猎物。待猎物进入它们的有效范围以后,它们便使用大爪子将其紧紧抓住,并用尾部的螯针射出麻痹毒液。有些种类的毒液可以置人于死地。蝎的求爱方式非常复杂,以雌蝎受精而告终,然后由雌蝎孵出小蝎。

■ 小圆蛛聚集在叶子上。

蜘蛛

蜘蛛腹部很大,头胸合一。躯体的前半部长着四对行走用的腿,另外还有两对附肢——一对是向猎物注射毒液用的空心毒牙;另一对,如果长在雌性身上像腿,长在雄性身上则是一种复杂的生殖器官。在腹部的末端有大量腺体(只在雌性身上发育)用来吐丝。这些腺体分泌出的腺液一经三对吐丝器的喷嘴喷出来以后,就凝结成了丝线。许多蜘蛛用这种丝营造出各种各样的网来捕捉不同的昆虫:豁缝处拉起的圆网捕捉飞行中的昆虫,而拉得像床单和吊床的网却可诱捕爬上或跳上来的昆虫。

蜘蛛主要以昆虫为食,进化中生成的多种捕捉猎物的技巧令人惊叹。例如,经过伪装的蟹蛛稳坐于花朵之中埋伏下来等待来访的昆虫;而地下蜘蛛拉出由一条条柔软的丝线组成的辐射状丝网,一旦有昆虫被丝网绊住,它们便从藏身之处出来。蜘蛛常常不太挑食。由于雌性蜘蛛往往很大,雄性蜘蛛必须通过经心设计的仪式(如主动献上用丝包装的食物)才能顺利交配而且不至于被吃掉。卵子只在成熟时才被排出,然后雄性蜘蛛把精子排放到上面去,将受精卵用丝线包起来,以便四处携带时加以保护,或被隐藏起来直至即将孵化。

扁虱与壁虱

扁虱与壁虱大都很小——成年壁虱往往不足1毫米(0.04英寸)长,尽管有些扁虱大一些。它们的特点是在卵形的躯体上长着四对附肢以及一个口器,用于咬东西、吸血或移动。它们是动植物的寄生虫,是动物和人类疾病的传播者,同时也是食物害虫。

■ 觅食的螳螂在西番莲上捕猎昆虫。

昆虫及其族亲

- 昆虫是动物中的最大一族,占地球上所有动物种类80%以上。
- 昆虫是惟一具有飞行能力的无脊椎动物。

昆虫大约出现在4亿年以前的泥盆纪(见29页),而其飞行能力则是在石炭纪和二叠纪(3.5亿~2.5亿年以前)才进化出来。除了节肢动物通常具有的外骨骼和翅膀长骨节等特点以外,其躯体清晰地分为三部分:头部长着大脑;头胸部是大片肌肉及相关的呼吸器官;腹部是具有消化、分泌和繁殖功能的生物系统。

成年昆虫的首要任务是交配和繁殖。许多昆虫一生只交配一次,精子直接射入雌性体内或贮存成一个小包,雌性可以拾起并储存起来以便日后使卵受精之用。雄性和雌性之间常常凭借颜色(蝴蝶)、声音(蚱蜢)或气味(蛾)来辨认对方。

昆虫长到成年要经历不完全变态（例如蝗虫，幼虫类似成虫但却很小），或完全变态。在变态过程中，卵孵化变成幼虫，如蝌蚪、蛆、毛虫等，然后再转变。卵被排放到适当的食物源上，幼虫的首要任务是吃食、成长，并在适当的时候蜕皮。

蜈蚣

蜈蚣是分泌类食肉动物，多见于潮湿的陆地（树皮、木头、石头的下面等）。在干燥的气候条件下，容易消耗大量的水分。这一点限制了它们，使其只适于在潮湿地带生存。头部的大爪藏在经过改良的第一双腿下，这是毒螯牙。头胸部约有15个相似的环节组成，长着强壮的大腿。由于有夜间出动的习惯，所以它们行动起来非常迅速。它们用头部的探测器（化学感受器）来发觉猎物，并用毒牙将其置于死地。

千足虫

这些食草和食腐动物的栖息地与蜈蚣相类似。千足虫似乎每个环节上都长着两对脚，但实际上这是两个融合的环节，有100个之多。它们在地面上走得很慢，不过它们的腿脚和行走方式适于掘洞。由于千足虫无法迅速逃离食肉

■ 苏格兰圣阿布斯附近海中一只小龙虾紧紧地伏在岩石上，身边是些藤壶族亲。

动物，它们往往穿盔戴甲，并产生出一种有毒的化学物质以防不测。

甲壳类动物

▶ 最早的甲壳类动物是从始于约5.7亿年以前的寒武纪时代的化石中发现的。
▶ 最大的甲壳类动物是日本的蜘蛛蟹，重达18公斤（40磅），两螯之间的距离可达2.5米（8英尺）左右。

有"海洋昆虫"之称的甲壳类动物包括仙虾、桡足类幼体动物、藤壶、十足目动物（蟹、龙虾、虾和对虾）、沙蚤和地鳖等。甲壳类动物大约有4.2万种，分为十纲。海洋中各种各样的甲壳类动物比比皆是，也有一些——地鳖与地蟹——已经顺利地适应了陆栖生活。

甲壳类动物的躯体有许多骨节，每节上都长有一对附肢。整个躯干部分分成尾部或腹部

及头部或头胸部。头部或头胸部常长着起保护作用的甲壳——头胸甲。在成长过程中，许多动物蜕掉原来的甲壳而长出新的来。

原始甲壳类动物头部骨节上长着触角和口器，再往后是一连串相似的附肢，常常饰以纤毛用于过滤食物。在较为复杂的甲壳类动物躯干上，附肢的形式复杂多样，各自的功能与结构也不尽相同——头胸部附肢用于行走和游动，腹部附肢通常用于呼吸和繁殖。有些甲壳类动物的前身附肢亦可用作爪子，用以觅食和防范敌人。

就龙虾而言，常常是雌性挑选雄性为伴，它所分泌的外激素可以征服雄性龙虾。雄性龙虾凭借为受精过程而生长的专用附器将一包精子输入雌性的生殖孔内，使之受精。甲壳类动物有一到两个游动的幼虫阶段。

仙虾

仙虾生活在暂时性的池塘中以逃避食肉动物的侵袭。它们是典型的原始甲壳类动物，长着一排排相似的附肢，用以爬行和取食。它们将水中的颗粒进行筛选后当作食料。

桡足类幼体动物

桡足类幼体动物是海洋经济中最为重要的小甲壳类动物。它们是海上浮游植物的主要食用者，本身又是商业价值较高的鱼类，如鲱鱼等的食料。

藤壶

由于以海上浮游植物为食，藤壶变态的幅度很大。幼虫阶段，与其他甲壳类动物较为相像。后来固着于一个精心挑选的表面上，通常靠近同种族的其他兄弟，借助头腺附着于它处。它们分泌出的保护性甲壳，最后发育成关闭盖。饰以纤毛的头胸附肢是从盖子里伸出来捕捉浮游动物的。

十足目动物

十足目（意思是十个脚）动物包括许多有多种商业价值的甲壳类动物。它们大都是食腐动物或食肉动物。龙虾有21个环节，头胸环节

长在一起。头部的6个环节，每个环节上都有复眼、感觉触角（两对）、齿状的爪子和两对取食用的小颚。头胸部有8个环节，长着颚足（用来浸渍食物并将其送入口中）、羽毛状的呼吸器、扎人的爪子和四双走路用的腿。腹部的7个环节长着专门用于性繁殖和游泳的附器。

? 它们怎样飞行

▶ 昆虫翅膀的拍击速度快慢不等，蝴蝶每分钟300次，令人惊讶的是，某些小蚊达到每分钟5万次。
▶ 除苍蝇外，所有的飞行昆虫都有两对翅膀，但未必都用来飞行。

昆虫的飞行方式多种多样且极为复杂。据认为，昆虫头胸部的凸出部分使齐足跳跃的昆虫具有了滑翔能力，并且越来越灵活，最终经过进化生成翅膀，这时昆虫便进化出了飞行的能力。昆虫的翅膀由几丁质薄片构成，其中的管状翅脉使之变得十分坚挺。

对有些昆虫而言，比如蜻蜓，则是通过翅膀上的肌肉来升降两对翅膀，进而达到飞行目的。翅膀的拍击不相协调，以此产生最大限度的效能。

对更为复杂的昆虫而言，翅膀或者连在一起，一同拍击，或像甲虫那样，一对翅膀像机翼似地直挺挺地伸展出去，而另一对提供推进力。苍蝇有一对翅膀退化成一对高速振动的平衡棒，起着稳定器作用。昆虫的飞行肌不是长在膀上，而长在头胸部的胸壁上。

飞行肌在温暖的气候条件下运作最灵，而在冷天，就小昆虫而言，飞行是不可能的。有些昆虫还进行"预飞"练习以把肌肉活动开。最熟练的飞行物，如食蚜蝇，可以前飞、倒飞，并巧妙地调整翅膀拍击空气的方式来进行盘旋。

飞行非常消耗体能，飞行中的昆虫由于消耗大量储存在头胸部的能量，所以新陈代谢的速度很快。

■ 一只蝉由若虫长到成年，成年后可以进行第一次试飞，有些蝉若虫阶段在地下长达17年之久。

鱼

- 圆罩鱼是最丰富的鱼种——数十亿圆罩鱼栖息在海洋之中，数量超过所有其他鱼种。
- 黑叉齿鱼张大嘴巴，撑大肚子，可以把大小是自己2倍的鱼吃下去。
- 河豚的肉有毒，如果吃下，可以生病或致死。
- 世界上最小的鱼是海洋中的矮刺鳍鱼，平均身长8.6毫米。
- 最大的鱼是鲸鲨，根据纪录有12.65米长。

什么叫鱼

▶ 鱼栖息在地球上最大的生态系统——水域之中——而且在所有脊椎动物当中，家世最为久远。

▶ 与鲸及海豚等水中哺乳动物不同，鱼是冷血动物，而且只能吸收溶解于水中的氧气（有例外）。

现代鱼类的结构极其多样。尽管都可以简单地归在"海生冷血脊椎动物"这一名头之下，然而经过单一的进化途径，它们还尚未达到现在的形态。现存的2.2万种鱼可以分为四纲（有时分五纲），总计达40多目。这种纲的划分各类鱼之间存在一定程度的差异性，就像爬行动物和哺乳动物之间的差异性一样。

最原始的一纲——无颚鱼，包括60多种七鳃鳗和盲鳗——这两种鱼躯体柔软，没有下颚，几乎成了无脊椎动物。别的鱼都有下颚，所以有时被统统归入颌口类总纲之中。在此纲中，有两种鱼尤为重要——软骨鱼和硬骨鱼。

软骨鱼（软骨鱼纲——将近600种）包括鲨鱼、鳐鱼和魟鱼。硬骨鱼（硬骨鱼纲——2.1万余种）包括现代鱼，如鲱鱼和金枪鱼。这一纲又可分为两个不均衡的亚纲：肉鳍亚纲（多肉鳍鱼），包括腔棘鱼和肺鱼；以及辐鳍大亚纲（鳍刺鱼），几乎完全由真骨鱼构成。真骨鱼是当今在世界上占据重要地位的鱼种，占现存鱼类95%以上。就其花色品种而言，它们是所有脊椎动物中最为成功的一族，种类超过所有其他脊椎动物之和，广泛分布于从北极到南极的淡水水域和咸水水域之中。

生理解剖

▶ 几乎所有的鱼都用嘴吸水，而用鳃将水排出体外（鳃是鱼体内的一种多血器官，用以吸收水中的氧气）。

▶ 鱼皮不透水，而且常常有充足的粘液细胞、壳针或多骨棱鳞进一步保护自己。

鱼最具特色的适应性变化与在水中的推进方式及吸氧方式相关。值得一提的是，鱼长着肌肉发达的桨状物叫鳍，鱼尾也非常发达，能够产生动力并辅助掌舵。

软骨鱼的骨骼由在某种程度上已经钙化了的软骨构成，全身肌肉结实。跟许多其他鱼类一样，体液中的盐分含量低于生存环境的盐分含量。同时，由于它们没有硬骨鱼所拥有的鱼鳔和肺，所以必须不停地活动才能维持自身的位置。通常，它们的皮肤很粗糙、坚韧，长着许多齿状小鳞，鱼鳍也长得肉乎乎的。虹鱼和鳐鱼躯体扁平，嘴巴和鳃口长在下面，眼睛和两个呼吸孔（变异的鳃口）长在上面。

硬骨鱼体内的骨骼由真骨组成。头部和肩部长有大棱鳞，身体的其他部位长着金光闪闪的骨鳞。躯干和尾部的柔韧性都很强。鱼翅由硬骨刺鳍支撑着，上面通常长着尖刺。它们的腹鳍通常也很发达。对有些鱼种而言，如美洲鳗、小刀鱼和肺鱼等，肾鳍或臀鳍还会提供推进力。

有些硬骨鱼长着能放出强光的胸鳍，可以起支撑作用。印度的攀鲈和亚非地区的弹涂鱼能够在陆上行走。而加勒比海中的蝙蝠鱼，形态怪异，鼻子很小，虽然在水中游得很差，却

■ 盘形花脸蝴蝶鱼是海洋水族馆中所展示的最受青睐的鱼种。

■ 这些蓝光鳃鱼，穿梭于红海的珊瑚之中，属雀鲷科，是少女鱼的族亲，因色泽美丽而著称。

可凭借手臂似的鳍在海底爬行。只有在马达加斯加附近的科摩罗群岛上才见得到的腔刺鱼，9000万年以来体态一直没有发生变化。曾经有人认为，它那肉质的、由硬骨支撑的鱼鳍用于在海底行走。实际上，这些鳍主要是用来保持平衡及偶尔突然加速的。然而，腔刺鱼以及与之有亲缘关系的肺鱼交替摆动它们的鳍，就像蝾螈在陆上行走时一样。据信，这些鳍便是陆栖脊椎动物附肢的前身。

七鳃鳗和盲鳗没有颚，但却长着锉一般坚硬的牙齿。这些鱼大都凭借吸血器一样的嘴叮在其他鱼身上，以其血液和肌肉组织为食。

鳃与肺

无颚鱼和某些软骨鱼颈部的两侧都长着鳃，很容易看得到。而硬骨鱼则长着一副硬骨盖（鳃盖骨），遮住鳃的出口。长着喷水孔的虹鱼及某些鲨鱼大概主要是通过这种气孔而不是用嘴来吸水的。

多数原始硬骨鱼的体内都有肺。但真骨鱼的肺已经转化成鱼鳔——一种充满气体的助浮物。有些鱼，最典型的是栖息在泥潭、港湾及沼泽等地带的鱼类，换气时，除了用鳃以外，还用鱼鳔。每当浮出水面时，便存下一口空气。肺鱼有一至两个肺，每当旱季到来迫使它们在干燥的地洞里渡过休眠期，此时肺鱼便靠肺来维持生存。

感觉器官

鱼大都长着高度发达的大眼睛，眼睛里面有一个反射体，视网膜里的弱光敏感细胞也多于陆栖动物。这便使得鱼可以最大限度地利用射入水中或其他鱼所发出的光线。嗅觉对移栖的鱼来说也很重要，使得它们能够找到生养自己的海滩或河流。

鱼能够觉察到磁场、电场以及振波和声波的存在。环境的变化则可以通过长在头部和侧面的专门器官来察觉。鳐鱼、虹鱼、南美洲小刀鱼以及尼罗河象鼻鱼都借助其对电场的敏感性来捕捉泥水中的猎物及从事夜间活动。

■ 电鳗在放电400伏时，放电电流强度能达到1安培 ■ 石鱼

生命科学

饮食

- 尽管鲨鱼大都是贪婪的食肉动物，但是90%的鲨鱼不会对人类产生真正的威胁。因为它们不是太小、牙还没长全，就是生活在很深的水域之中。
- 澳大利亚和东南亚的射水鱼用嘴喷出的水流，可以把昆虫从植物上击落，然后将其吃掉。

有些鱼以植物为食，靠落果、植物或河底的岩屑维持生存。然而，大多数都是食肉动物，吞食桡足类幼虫、鱼苗以及虾等；海蜇等无脊椎动物以及能够捕捉到的任何脊椎动物，包括哺乳动物、鸟和别的鱼等。

有些鱼对付猎物的方式也很独特。鹦嘴鱼口腔的前部长着钩形大牙，后排牙齿也锋利无比。它们把生长在暗礁上的水藻和珊瑚刮下来吃掉。巴库鱼是食肉动物锯齿鲑的族亲，同样长着尖牙利齿，以水果及果籽为食。

姥鲨是最大的鱼之一，而鲸鲨则是所有的鱼中最大的。有时长达18米（60英尺）。尽管块头很大，但饮食方式却与须鲸十分相像，以过滤海浮游生物和各种小鱼为生。这种被动的饮食行为与别的鲨鱼所表现出的挑衅行径以及对梭子鱼、金枪鱼、箭鱼和狮子鱼之类小鱼的主动出击形成了鲜明的对比。

繁殖

- 多数鱼雄雌两性在外貌上有所差异。不仅仅是个头大小不一，而且有时色泽方面也有所不同。
- 尼罗河中的口腔孵卵鱼总是把刚刚孵出的小鱼衔在嘴里。

硬骨鱼的卵大都在体外受精——雌鱼排卵以后，雄鱼将精液喷洒在卵上。鱼卵中含有卵黄，外披一层保护壳。

处于排卵阶段的鱼大规模地聚集在一起。在春潮的高峰期会有数百万的银汉鱼被冲到美国西南部的海滩上，精子和卵子都在那里排出，然后受精卵被埋到沙土里。受精卵只有在下一个潮峰到来时才会孵化——这是一个每月排卵的例子。

如果卵在体内受精——像腔棘鱼那样，鱼苗通常在母体内生长，在排卵或快要排卵前孵化完毕。就软骨鱼而言，体内受精是很正常的。其中雄性长着腹鳍，用作交合突，有助于在交配过程中保持接触及输入精子。普通的角鲨和鳐鱼在长有角形卷须的黑色硬囊中产卵，这种硬囊有时称"美人鱼之囊"。

成年鱼常常抛弃自己的卵子，但也有对其加以保护和照料的例子。南美地区的盘鱼将小鱼带在自己的腰际，让它们以腰部鱼鳞表面的粘液为食。好斗的暹罗雄鱼用气泡为小鱼垒起巢来。欧洲的刺鱼以植物为食，雄鱼守护着卵子直到其孵化。有些非洲丽鱼科鱼甚至在小鱼孵出后还把它们衔在嘴里。

孵化出来的小鱼大都是其父母的缩影，但也有例外。北美的幼鳗和欧洲的鳗鱼成年以前便要经历非凡的多期变态。比目鱼，如鲆鱼和鲽鱼，在小的时候，体形是圆的，长大以后，身躯扭向左侧或右侧（取决于鱼的种类），结果两只眼睛挤到一边去，并且也长到嘴边。

对栖息地的适应

- 80%的鱼带有某种"灯"，常常作为诱捕猎物的诱饵，或在深水中改善视觉。
- 现存的三种肺鱼，主要产在澳大利亚、非洲和南美洲。它们或许是鱼与两栖动物相互变迁阶段的残遗物种。要在干旱季节存活下去，它们必须运用肺过渡。

鱼是变温动物——它们的新陈代谢系统通常要与其栖息地的气温相适应，所以它们是有效的冷血动物。像金枪鱼那样游得很快的鱼，要靠几乎不停的进食使自身的体温略高于周围的水温。南极地区的鳕鱼，凭借血液中以蛋白质为基础而形成的防冻剂，可以在-2℃（28℉）的水温条件下存活。在水深为200～1000米（660～3300英尺）的微明带，海洋中最常见的发光圆罩鱼，成群而行。在这种区域，发光现象较为常见，因为，用目光识别配偶、猎物或捕食者是不可能的。

在海洋的最深处——2000米（7000英尺）以下，鱼进化出对栖息地的非凡的适应能力。许多神仙鱼身上长有一发光的"钓鱼竿"，由一条背鳍构成，伸到嘴的上方，用肉饵吸引猎物。还有一些，如食量大的鳗鱼，咧着大嘴，拖网捕捉猎物。

彩色鱼种最富饶的栖息地大概要属热带珊瑚礁。这些鱼除长牙齿以外，多半还长有喙，用以吞食珊瑚和海草。小目鱼与带刺的海葵建立了共生的关系，因而得以免遭捕食者的侵袭。

鱼饮水吗

海鱼需要大量饮水，以克服由于渗透作用而造成的体内水分的消耗（鱼体内浓度较高的水分，自然而然地通过其薄膜排到浓度较低的咸水中去）。与此同时，海鱼通过鱼鳃分泌出一定盐分和少量尿液。

淡水鱼在这方面恰恰相反，因为河水通过渗透作用进入体内后，使得体内盐分和其他溶质的含量相对降低，因而它们不需要饮水。不过它们的肾脏需要分泌出大量水一样的尿液，同时又通过鱼鳃从水中吸入盐分。

防御行为

- 鱼可以凭借其牙齿或利用其速度逃避捕食者的侵袭。
- 鱼用其尾抽打对手，并通过尖尖的壳针射出毒液，有时可置人于死地。

有些鱼，如石鱼和鲈鱼，可以通过壳针射出毒液。鲈鱼潜伏在大西洋和地中海东部的多沙浅水水域中歇息，如果沐浴的人不慎踩到它们，便会被螫上一口，痛得要命。好多鱼都长着棘手的鱼鳞或者鳍状支撑物，均可用来实施毁灭性打击。板机鱼的背鳍上长着三颗粗壮的壳针，有助于将自己藏在裂缝中。

令人吃惊的是，河豚科的成员们竟然能组成防御列阵。河豚吞下水或空气，直至成为球形，变成一个刺猥球。好多鱼的体内还含有毒性强的神经麻醉毒液。尽管如此，太平洋中有一种海豚却被看成是远东地区最为娇嫩的。在那里由于食料的配制不对路，每年都要死上好几只这样的海豚。

有些鱼利用肌肉的天然电能。由于储存大量的微小电压，大西洋电水雷鱼能够产生200多伏的电压。而亚马孙河的电鳗产生的电压高达500伏。非洲的鲇鱼身长达1.2米（4英尺），可以轻而易举地把人电晕。这种电荷也可用来挑衅和求爱。

两栖动物与爬行动物

- 树蛙——如产于苏里南的红肚皮树蛙——脚趾上长着吸盘,因而可以附在树皮和树叶上。有些树蛙能从一棵树跳到另一棵树上去,跨度可达12米。
- 现今最大的两栖动物是日本的大鲵,身长可达1.5米,重量可达100公斤。
- 文字记载的寿命最长的乌龟是1773年或1774年库克船长赠送给汤加王室的那一只。它呆在这个家族一直到1965年才死去,估计至少活了188年。
- 文字记载的最长的蛇是网纹蟒蛇,竟然有10米长。

■ 这种蓝色的毒箭蛙可从皮肤上的毒腺中分泌出毒液。其鲜艳的色泽是对捕食者发出的一种警告。

两栖动物

▶ 两栖动物,其中大多数是蛙和蟾蜍,从来也没完全离开过水域,一生中至少有一个阶段要在水中度过。

▶ 两栖动物同鱼类共祖,常常既长肺,又长鳃,皮肤湿润、透气。

两栖纲动物有4000多种,可以细分为三个目:蛙与蟾蜍(无尾目)、北螈与蝾螈(有尾目)以及蚓螈(无足目)。

生理解剖

两栖动物的皮肤结构使得溶解在水中的氧气可以自由扩散,直接吸入血液之中。在陆上时,腺体分泌出的粘液使皮肤保持湿润。多数蛙和蝾螈皮肤吸气的效率都很高,而蟾蜍则更多地依赖于肺,如果不能从水中跳上岸,便会溺死。

两栖动物——像鱼、爬行动物和鸟一样——都有一个简单的通道——泄殖腔,用以排精子或卵子和排泄粪便。卵子表层常常有一层胶滞体,但没有壳,也没有结构复杂的膜。

两栖动物的牙齿常常发育不良或残缺不全,因此主要依赖有粘着力的舌头和抓爪捕捉和征服猎物。大一些的两栖动物可以吞食巢居的鸟、蛇、老鼠、其他两栖动物,甚至蝙蝠。而小一点的两栖动物,主要以昆虫、鱼、蝌蚪、蛞蝓和蜗牛为食。

蛙与蟾蜍

蛙和蟾蜍前腿和脚趾十分发达,适于掘土和抓物,而后肢略长,用于跑跳。树蛙的脚趾上有粘盘,可使树蛙安全着陆。所有蛙和蟾蜍都长着大眼睛和眼睑,吞食时眨眼。除此之外,好多蛙和蟾蜍还长着一个眼睑——瞬膜,用以润滑与清洗眼睛。色彩视觉对蓝光特别敏感,有助于迅速辨别水。许多蛙和蟾蜍还有一个特点,就是具有高度伸展的舌。伸出的舌尖上有粘粘的唾液,可以捉到粗心大意的猎物。

蛙和蟾蜍的骨骼经高度进化,形成一根简单的颈椎骨、短小的躯干和几根长到一起的小肋骨。这些特征适合于它们齐足跳跃运动。较低的脊椎和骨盆融为一体构成尾杆骨。这种双弓形马鞍状结构使成蛙具有了蹲伏、驼背的外形,并在跳跃时具有减震器的作用。由于无尾,所以蛙和蟾蜍这一目使用了无尾目这个名称(希腊语是没有尾巴的意思)。

北螈与蝾螈

相比之下,北螈和蝾螈颈部和尾巴十分发达,共有100块椎骨,但却没有蛙和蟾蜍身上的那种尾杆骨。一般来说,它们在水中度过的时光比蛙和蟾蜍多。体内内腮一直保持到成年。它们可以通过皮肤呼吸。这种完全水生动物通常性早熟,也就是说它们即使性成熟,还仍然保留着幼龄时期的某些特征。

蚓螈

蚓螈属穴居两栖动物,眼睛和附肢小或发育不全,其主要的感觉器官是面颊上的触须。全身共有250块椎骨,无尾。与其他两栖动物不同,蚓螈的鳞片常常长在皮下,皮肤跟蚯蚓相似,呈环状。这些都是为了适应穴居生活而导致的相应变化。

繁殖

青蛙和蟾蜍的卵子表层有一层胶滞体,通常在母体外受精,鱼也是这样。水和水藻的气味把雄雌两性都引向池塘、小溪和潮湿地带。相互接近是至关重要的,这要通过交合突的反射作用加以保证。雌性产卵前的几周里,要把雄性背在背上,恰恰在这个时候,雄性立即通过泄殖腔排出精子。

受精成功可以导致大规模的排卵。青蛙排出的卵成块地漂浮在水面上,蟾蜍卵则连成串,多见于深水水域。一经产卵,成蛙通常对其卵子就不再有什么兴趣,而是让其自行发育。

就大多数其他两栖动物而言,受精在雌性体内发生,或在水下,如北螈和蝾螈,或在地下,如多数穴居两栖动物。雄性北螈和蝾螈的面颊上和泄殖腔里都有腺体,所释放出的化学信号(信息素)用以吸引雌性并使之在交配过程中放松下来。这便使表层带有胶滞体的精子包囊输出后,再由雌性用泄殖腔将其拣起。

孵化前,卵子通常滞留在母体内。就欧洲蝾螈及某些穴居两栖动物而言,幼子在母体内发育,通过内分泌系统供给营养。北螈和蝾螈的幼年形态不像青蛙蝌蚪,更像成蛙,只是体外长着鳃和尾鳍。

分布与生境

两栖动物是冷血动物,要依靠外部的热量维持正常活动。它们的体温与四周气温相近,这对它们的栖息地和行为方式都有一定影响。

除南极以外,蛙和蟾蜍见于各大洲,但多数集中在温暖地带,充分地利用着水、土地和树木。爪哇岛上的飞蛙,凭借发育健全的脚蹼在林间飞来飞去。还有一些已经适应了干燥的气候条件,如亚利桑那州长着铲形脚蹼的蟾蜍。这种蟾蜍可在地下穴洞中度过干旱月份,只有季雨过后才出来,潜伏在沙子里能活上9个月。

北螈和蝾螈大都生活在北半球,多见于温暖地带。除肺以外,它们还可通过皮肤呼吸,这使得一些蝾螈可以生活在泥潭和沼泽地里。洞螈生活在南斯拉夫的地下池塘中,已经失去了视力和色素。蝾螈的耐寒能力也很强——有些种类甚至在喜马拉雅山和北极的西伯利亚地区都见得到。

蚓螈是最专化的两栖动物,只生活在赤道地区的水中和地下穴洞里。

防御行为

相对而言,大多数两栖动物的防御能力都比较差。青蛙发出尖叫声;而蟾蜍吸满空气,

■ 蛇有450多个椎骨,每个椎骨有一对肋骨 ■ 变色

使身体膨胀，支起脚尖站着，似乎比正常身材大三四倍。

蟾蜍、某些蝾螈以及大冠北螈拥有另一道防御线。头部唾液腺和皮肤上的腺体分泌出毒液，如蟾蜍毒，可以影响食肉动物的血压、神经和肌肉组织。这种毒液药性极强，所以亚马孙河的印第安人都把它涂在箭尖上。

爬行动物

▶ 爬行动物由于具备了两栖动物所不具备的两大特点，才得以顺利地从水环境中完全脱离出来。这两大特点是：有鳞羽的防水皮肤及有卵黄的带壳卵子。

▶ 特别是由于产生了这些方面的进化，爬行动物才成功地适应了比两栖动物更为广泛的生活空间。

爬行纲动物分四目：鳄鱼类——鳄鱼、短吻鳄及印度食鱼鳄（初龙亚目）；乌龟与海龟（海龟目）；蜥蜴与蛇（有鳞目）；还有一种长得像蜥蜴，已基本灭绝的楔齿蜥（喙头蜥目）。约6250种的爬行动物中，95%以上是蜥蜴和蛇。

生理解剖

爬行动物的鳞片是皮肤的变体形式，由角朊（一种毛发、指甲和蹄子等蛋白质）组成。许多蜥蜴身上的鳞片很小，且呈颗粒状。在蛇身上则平滑发光，而在海龟和短吻鳄身上则长得又大又厚，像块盾牌。鳞片会周期性一片一片地脱落或外皮全部蜕掉（蛇即是这样）。

爬行动物的脊柱发育得非常健全。蛇有450块椎骨，每块上都长出一对肋条。跟鱼、鸟和两栖动物一样，爬行动物身上也有惟一的一个构造简单的通道（泄殖腔），用以排放精子、卵子和排泄粪便。几乎所有的爬行动物都有尾。

多数蜥蜴和所有的短吻鳄都有发育健全的四肢，上面长着5个趾头。海龟长着强劲的附肢，挖起土来锂锸有力，也是海洋生物所必需的桨片，滑行姿态优爽。蛇和穴居蜥蜴的附肢残缺不全或发育不良（体积和功能都已退化）。

乌龟和海龟的突出特点是其盒状甲壳，用以保护体内柔软的器官。它由上半部的背甲和下面的甲片、胸甲组成。为安全起见，许多乌龟的头部、尾和附肢都缩到甲壳中去。

蛇和某些蜥蜴的显著特点具有叉舌。舌头快速伸缩于口腔中间，把气味分子带给口腔上壁的某一特殊的感官腺。

饮食

爬行动物大多是食肉动物，既吃无脊椎动物，又吃脊椎动物。然而，也有些是食草动物，包括许多陆栖乌龟和加拉帕戈斯群岛上的海生鬣蜥。由于蛇下颚与脑壳之间的韧带弹性很强，所以蛇嘴可以张得老大，吞下整个大猎物。水蟒和大蟒甚至能吞幼鹿和幼羊大小的猎物。

低注地带的蝰蛇和王蛇，凭借鼻子凹处的一对感觉器官在夜间寻找猎物，同时还能觉察出小到0.2℃（0.4°F）的温差。它们还能在约0.5米（20英寸）距离范围内，通过比较左右两个感觉器官发出的信号，确定猎物的位置。

咸水爬行动物，如海蛇、海龟和海生鬣蜥，需要把超过它们所能消耗的盐分排出体外。蛇和蜥蜴通过鼻腺（类似鸟类）来完成，而海龟则要通过流出盐分含量很高的眼泪来完成这一过程。

繁殖

爬行动物的受精在体内进行。要先进行求偶仪式，其中雌性的化学信号（信息素）和触觉的刺激是至关重要的。卵通常产在地洞或泥洞里。

爬行动物的卵子，外皮护着坚韧的白垩壳。壳里胚胎的四周包着一层羊膜可协助换气。还有一个膜囊叫尿囊，用以收集粪便。这些膜是羊膜脊椎动物所特有的，同时也是鸟和哺乳动物所特有的。与两栖动物不同的是，爬行动物并不经历水上幼虫阶段，孵出的小动物简直就是它们父母的缩影。

许多种蜥蜴和蛇都是胎生的。也就是说，在幼体发育过程中，卵子滞留在输卵管里，产卵后，幼体也就孵化出来。有些石龙子科动物也是胎生的——输卵管里有胎盘似的东西，与哺乳动物胎盘类似，同样为发育幼体提供营养。海蛇大多在体内孵化幼子，所以产仔时并不需要离开水域。

爬行动物产卵后大都弃卵而去，但也有例外。所有的鳄鱼都会为其卵筑窝并护着它们，直到孵化。在孵化期间，雌性还会闻声而来，协助幼子钻出卵壳。有些鳄鱼在幼子孵出后，还施以父爱和母爱。眼镜蛇和印度大蟒盘在卵上，通过肌肉的迅速震动温暖着它们。

分布与栖息地

爬行动物属变温动物（依靠周围的环境维持正常的体温），所以通常都是冷血动物。多数

爬行动物的体温若降到25～30℃（75～85°F）以下，它们的新陈代谢功能就会减弱，从而变得懒散。然而由于爬行动物的肾对水的保护功能很强，所以爬行动物同两栖动物不一样，可以在更冷、更热、更干燥的气候条件下生存。许多爬行动物，包括某些乌龟、海龟、蛇和蜥蜴，在寒冷的月份进行冬眠，明显地放慢新陈代谢速度。

行走

蛇依靠自身的肋骨、腰部肌肉和身上的鳞片，以各种各样的方式，在地面、树上和水中爬行。美国南部和墨西哥的响尾蛇在松软的沙地上左右蠕动，身向前行。有的蛇，如非洲的黑细鳞树眼镜蛇，突然加速时，前身离开地面，靠肋部与地面的摩擦力飞速前行，速度可超过每小时16公里。海蛇把全身放平，在水中蠕动而行。

一般来说，天暖时，蜥蜴比较敏捷。南美的蜥蜴甚至能凭借后肢在水上行走。由于长着流线式的体型，海龟游起泳时显得强劲有力，优雅十足。它们以其健壮的前肢为同步桨片，每年都能游上数千公里。

防御行为

许多蜥蜴都有锋利的牙齿，但它们大都依靠自身的敏捷性而逃避食肉动物的追捕。有些变色龙酷似干枯的树叶，可以骗过食肉动物。而另一些根据环境变化改变自身的肤色。有饰边装扮的澳大利亚蜥蜴，依靠后肢挺起身来，张开色泽鲜艳的嘴巴，展开颈毛，把食肉动物或其他对手吓跑。长着头兜和鳞片的澳大利亚蚓节长得像蛇一样，可以准确地模仿出剧毒眼镜蛇的恐吓信号。蝰蛇科毒蛇，如南美洲的枪头蛇或北美洲的响尾蛇只要咬中一口，即可将毒液注入猎物的体内。北美洲的牛蛇发出嘶嘶的叫声并震动尾巴以产生一种错觉，误把它当作响尾蛇，不过被它咬上一口将不会中毒。只有两种蜥蜴（美国南部和墨西哥的希拉毒蜥和珠状蜥蜴）咬人才会中毒，这两种毒蜥的毒腺都长在下颚上。

有一种防御机制叫自割，可以使某些蜥蜴沿着尾骨的缝隙断掉一段尾巴。蜥蜴逃跑后，断掉的尾巴还在蠕动。尾巴的软组织部分还可以再生，但很难长到原来的长度，不过椎骨却无法再长出来。

■ 富有特色的巴布亚新几内亚林龙。

鸟类

- 蜂鸟只有5厘米长，3克重，鸟巢有半个胡桃壳那么大。
- 就小鸣鸟而言，卵的孵化只用10天的时间，而信天翁则需要80天。
- 东亚雨燕除非卧巢，否则终生在空中翱翔，并完全以飞行中捉到的昆虫为食。
- 北极燕鸥每年迁徙于南极与北极之间——距离约为3.8万公里。

什么是鸟

- 鸟是具有四肢的脊椎动物，前肢用作翼。
- 鸟明显地区别于其他动物的三个特点是具有钩形喙、一对翅膀及羽毛。

　　鸟与爬行动物共祖。第一种鸟，始祖鸟（见102页），与某些恐龙有许多共同的特征。跟爬行动物相似之处在于，鸟产蛋，鸟蛋里正在发育的胚胎由一个液体囊保护着。跟爬行动物不同之处在于，鸟是温血动物，体温产生于食物的分解过程——这一特征与哺乳动物相同。

　　生活在陆地和淡水水域的鸟，通常具有鲜明的性别差异——大小、颜色及羽毛的花样等。与海鸟相比，其栖息地和饮食方式的多样性使之养成了广泛的交配习惯和地域特性。此外，陆栖鸟的大小、形状以及空气动力学等方面也有诸多变化。陆栖鸟大都属于同一个目（栖木鸟目）。

生理解剖

- 鸟最典型的特征是羽毛，这也是个独一无二的特征。
- 牙齿是始祖鸟的一个特征。但现代鸟已经不具牙齿，从而减轻了头部重量，使之更加易于飞行。

　　鸟的羽毛有助于其避湿、取暖，也有助于其飞翔。羽毛由角朊组成，角朊也存在于哺乳动物的毛发和指甲中。每根羽毛都有羽干（羽根）、血液和神经供给系统。羽干的两侧都长着好多柔软的发状物，叫羽支。羽支相互连锁具有绝缘作用，并减小空气阻力。紧贴着肉皮的一层柔软的短羽毛进一步增加了绝缘的效果。

■ 灰林鸮骨骼的正视图和侧视图清楚地展示了鸟翼的臂骨。

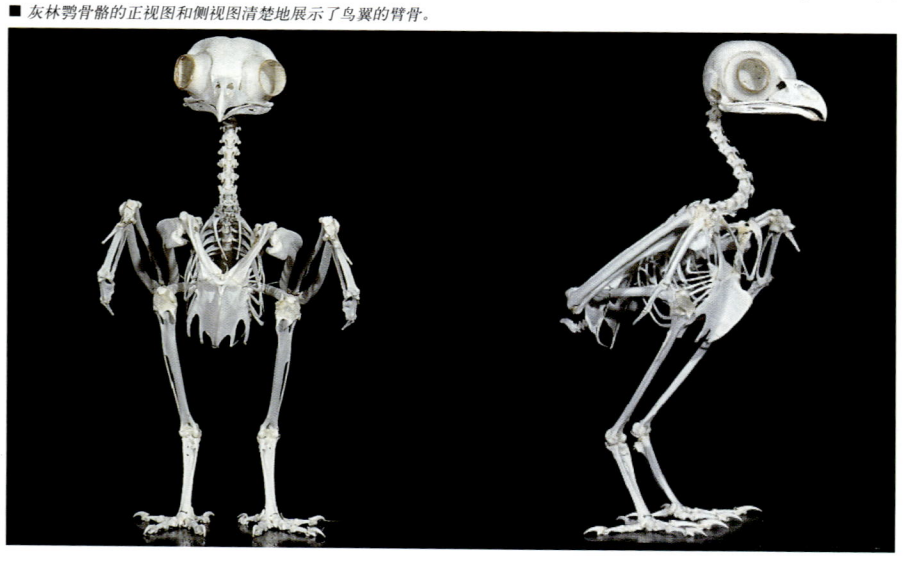

鸟的羽毛（像头发）可以直立起来以便调节体温。

　　鸟翼上的拨风羽及尾羽的羽干最壮，可以承受飞行和转舵时产生的巨大压力。而且鸟翼上的拨风羽嵌在臂骨之中。企鹅的羽毛特别柔软，呈细丝状，紧紧地包在皮肤上，可以最大限度地起到绝缘与防水作用。

　　靠近腰部的脊椎骨长在一起形成共生骶骨，给腿部以强有力的支持。在飞行结束降落时，又有助于起减震作用。颈部的椎骨也比哺乳动物的多（鸟有28块，而哺乳动物只有7块），使鸟类降落时有很大的柔韧性。鸟有四个心室，心肺功能发达。它们已经进化出吸热功能——也就是说，在多种气候条件下，它们的体温可以保持恒定不变。

　　靠近鸟尾部的是梳妆腺（尾脂腺），可以分泌出皮肤油。这种油对海鸟和水鸟来说尤为重要，因为鸟梳理自己羽毛时，可以使外表的羽毛防水。这种腺体的分泌物会使鸟类具有一种特殊的气味，如预兆暴风雨的海燕身上具有麝香味。塘鹅和信天翁等远洋鸟并非通过肾脏排除多余的盐分（与食物一起从海水中摄入的盐分），而是通过进化而来的眼腺，从鼻孔或口腔中排出高含盐量的液体。

地栖鸟与栖木鸟

　　地栖鸟和栖木鸟的前肢进化成了翼，而后肢或骨盆部（腿部）通常外被鳞片，并用弯趾甲——爪子武装起来。地栖鸟用其爪子掘土采集食物，而栖木鸟则用爪子抓住树枝。三趾前推进，一趾朝后支撑。

　　就鸮和栖木鸟而言，如啄木鸟，第三趾也朝后，从而增加了握力。而鸮，所有的爪趾发育得都同样健全，锋利的爪子一把便可将猎物牢牢抓住。鹦鹉用嘴攀缘，其嘴的上部可将身体吊在树枝上移动。

视觉

- 对多数鸟类来说，视觉是最重要的感觉器官。
- 谷仓鸮的视力比人的视力强100倍。

　　海鸟和空中鸟眼睛大，视觉好。那些飞行时看到猎物的鸟类，可以对远处猎物的活动情况洞察秋毫，这是人所不能及的。鹰和枭等，眼睛长在头部的正面，前行时可以提供良好的双目视觉效果。鹰眼的双层凹（视网膜的一部分）里只长有视锥——对亮光下的细枝末节很敏感的神经细胞，这便使它们可以准确地确定猎物的位置。秃鹫的眼睛对视野内中心地带的事物有高倍的放大功能——使得它们可以辨认出猎物，即使猎物一动不动。另一方面，企鹅的角膜（眼球中前面的透明部分）呈扁平状，这在水下会产生理想的视觉效果，然而到了陆上则变得近视了。夜间出没的鸟，如枭，眼睛很大，眼球中占较大比重的是视网膜杆细胞——对暗淡光线下物体的运动非常敏感的视网膜细胞。潜水鸟和河鸟眼中的晶体柔韧性很强，所以除在空中外，在水下的视觉也不错。

饮食

- 现代鸟用喙（角质包在下颚上）取代了牙齿，喙的形状常常反映了它们的饮食方式。
- 包括枭、鸥和鸥棕鸟在内许多鸟，可以把无法消化的食物，如毛皮和骨块等，浓缩成一团咳出来。

　　海鸟大都是食鱼动物，它们的喙又尖又壮，边上长有锯齿，尖上长有钩子，足以钩住光滑的鱼。鹈鹕扎到海里用长喙捕鱼，放到喙下的袋囊中。南半球的海燕在海面上飞来掠去，捡食小鱼、浮游生物和甲壳纲动物。一群群塘鹅从30米（100英尺）的高空扎入水中捕捉群鱼。只要有丰盛的食物，海鸟就会追寻而去，常常飞到北极和南极洲海域的边缘。

　　海岸鸟，如管鼻蠖和海雀，栖息在悬崖峭壁上，而燕鸥、潜水鸟和海鸥则喜欢较为平坦的陆地。海鹦住在穴洞里。所有这些鸟不是扎入水中游来游去捕鱼为食，就是用长喙在海滨泥滩上采集甲壳类动物、贝壳类动物或昆虫。

　　有些鸟属于食腐动物，如大西洋和南极洲南部的白鞘嘴鸥。这种鸟以海草、烂肉为食，有时也吃小海豹。尽管有时也以鱼为生，但在北大西洋地区与其类似的大贼鸥，在自己的卧巢季节还去骚扰正在卧巢和进食的鸟类，偷鸟蛋、小鸟和食物吃。加拉帕戈斯群岛上的军舰鸟用长长的钩形喙把鱼、鱿鱼和海蜇叼上来吃，

鸟类的鸣音与叫声

▶ 所有鸟类都用叫声相互交流,鸟类的鸣音是它们地域性行为和交配行为的一部分。
▶ 许多鸟习惯于从同一方位(称作鸣音站)发出鸣叫声,而且每天会重复鸣叫上千次。

许多种类的鸟,只有雄性才鸣叫。鸣鸟的鸣管(气管底部的一个器官,有自己的肌肉组织和神经中枢)特别发达,当气流使鸣管膜受到震动时,肌肉变得紧张起来,便发出不同音高和音色的音调来。

幼鸟继承了基本的发音模式,但复杂发音还得跟成鸟学习。金丝雀以其不断更新剧目而闻名。每个繁殖期末,脑细胞死亡,曲目也随之消失。在新的繁殖期开始的时候,新细胞发育出来,便又有新歌入库。

有些鸟所能模仿的曲目选择余地很小。鸥椋鸟可以模仿电话铃声,而亚洲八哥则是最优秀的模仿者。鹦鹉和乌鸦(被认为是两种最聪明的鸟)能学会并重复人类语句。非洲的灰鹦鹉在这方面尤为擅长,大约有1000个词汇量。然而,这种能力纯属模仿——并不表明它们能够理解人类语言。

它还能吓唬别的鸟类把食吐出来,然后偷去吃掉。许多海鸥渐渐地适应了以人类垃圾为食,并不断地向内陆某些地区迁徙。

猎鸟鸟食几乎全是肉食动物,包括鸟、爬行动物、哺乳动物,有时也吃鱼类。猎鸟的喙带着钩,脚趾三个朝前,一个朝后,上面长着又长又尖的爪子。

鱼鹰遍布世界各地,以鱼为食。第一趾扎入水中,再用爪子和尖刺脚板把鱼抓住。美国秃鹰也是食鱼动物,常常尾随着洄游的大马哈鱼群,捕食筋疲力尽的鱼儿。许多老鹰坐落和翱翔于高处,直到发现地面出现的猎物,然后从高空中俯冲下来将其打晕杀死。还有一些,如北半球的游隼、燕隼及苍鹰,都是爱挑衅的捕猎高手,常常追逐和捕猎飞行中的鸟儿。

蜂鸟以啜饮花蜜为生,这有助于它们所觅食的长管花的受粉。它们也吃昆虫,捕猎飞行之中或落在花上的昆虫。

繁殖

▶ 单配结合是鸟的准则。有些种类,如天鹅等,同一对成鸟年复一年地繁衍生息。
▶ 有70多种鸟,包括布谷鸟和一些牛鸟,常常在其他鸟巢中产卵。

许多鸟,尤其是那些在某方面占有优势的雄鸟,通过展示自身的行为或身体特征来吸引雌鸟。雄鸟不必为争夺雌鸟而大打出手。例如,产于欧洲的一些外貌悦人的雌鸟,喜欢与腿距较长的雄鸟交配。从遗传学的角度看,腿距长这一特征似乎与后天旺盛的生命力有关,因此

鸟怎样飞行

▶ 如今尚存的8600种左右的鸟类中,多数都能飞。
▶ 飞鸟的羽翼产生升力的方式与飞机的机翼完全一样(见160-161页)——使上凸面的空气流动速度快于下凹面。

鸟类羽翼在活动自如的肩关节处由如愿骨(叉骨)与躯体相连。这便增加了翅膀拍击的弹性,有助于抑制鸟类在空中盘旋或突然变速时所产生的不均匀和不和谐的压力。飞行所需要的动力来自于长在大块胸骨上的两大条胸肌(见鸟类骨骼,75页)。大幅度拉长且相互扣拢的足趾构成第三副翅膀,支持主要的飞羽。双翼在肩部的转动、尾部角度的调整以及尾部和飞羽方位的改变,都有助于增加操纵的灵敏性。

尽管所有的飞鸟都拥有这种羽翼轮廓,然有这种特征的鸟常常被雌鸟选中。就拿欧洲的燕子来说,雄鸟外层尾羽的长度决定它是否具有吸引力。

鸟类受精都在体内进行。鸭和鹅(雁形目)等禽鸟以及平胸鸟(不会飞的鸟)的泄殖腔都可以伸出来当阴茎用。除了这些鸟以外,其他鸟类都是通过泄殖腔接触传输精子。一般来说,雄鸟爬到雌鸟背上,雌鸟的尾巴扭到一边,便于泄殖腔门相互接触。当受精卵顺着雌鸟的输卵管排出后,受精卵立即外包各式卵壳。先供给食物(卵黄),然后再罩上一层白肮(蛋白),用作缓冲器,并提供水分。蛋白外面再包上一层薄膜(对细菌起防护作用),最后再裹上几层蛋壳。蛋壳有保护作用和防水功能,不过上面具有毛细孔,可以进行气体交换。卵多数由雌鸟在巢中孵化。

许多海鸟和海岸鸟,如海雀、塘鹅和企鹅等,筑巢群居。由卵到独立生活这一过程,短的或许只用7个星期(像北极的刀嘴海雀),长的要10个月(如信天翁)。期间要经历孵化、饲养以及学习飞行过程。接着小信天翁拔地而飞,乘着信风周游世界。数年过后,到了性成熟期,便开始寻找筑巢场所。

雌企鹅不筑巢,每次只排一个卵。排卵后,马上运到雄企鹅腹部与脚部之间的育儿袋中。数千只雄企鹅聚在一起,使鹅卵不致受到南极冰雪的侵袭。

有些雨燕用唾液把鸟巢粘到一起。这种东亚雨燕的巢穴——可用作中国燕窝汤——完全由硬化的唾液筑成。好多猎鸟在树上或悬崖

■ 厄瓜多尔的加拉帕戈斯群岛上,花脸鲣鸟披着具有青春活力的羽毛,翘首以待父母的喂食。

■ 翱翔于加拿大魁北克上空的雪雁。

而飞行方式却大不相同。许多大的飞鸟主要依靠滑翔。大的陆栖鸟,如秃鹫、以及老鹰都有宽大而羽毛舒展的翅膀,使得它们可以驾着一柱柱徐徐上升的热气在空中飘游。信天翁及其他大海鸟借助细长的羽翼,乘着海上的劲风自由滑翔。先顺风迅速加速,接着陡然掉过头来,迎风而上,这是最典型的飞法。

相比之下,大多数小鸟靠振翼飞翔。飞行时的升力和前推力是在其掠过空中羽翼下摆时同时产生的。翅膀向上拍击可以减小阻力。蜂鸟凭借一种"8字形"的振翼飞行特技而在空中翱翔,每秒钟拍击50次或更多次。通过翅膀的转动,从一侧转向另一侧,一种升力也随之产生。

边缘筑巢。据了解,食雀鹰和游隼甚至把巢筑在城市高楼的窗檐下。

不会飞的鸟

▶ 平胸鸟由10种不会飞的鸟组成,是曾经极为普通、世界上到处可见的一种鸟的残存者。
▶ 平胸鸟胸骨扁平,腿骨很大,双翼则越来越小(现在看来,这种鸟以前是绝对不会飞的)。

除了新西兰的鹬鸵身高达50厘米(20英寸)以外,不会飞的鸟大小不一。小的有1.5米(5英尺),大的有2.75米(9英尺)高,如非洲的鸵鸟——当今世界上最大的鸟。其翎毛呈毛发或羽毛状,常常好几个雌鸟在同一个巢中产卵,然后由雄鸟孵化。一只鸵鸟蛋的体积相当于25~40个鸡蛋。已经灭绝的马达加斯加隆鸟产的蛋重达10公斤(22磅)。有些飞鸟,如新西兰秧鸡和鹦(一种夜间出动的鹦鹉),由于长年栖息在没有捕食者的沙漠地带而变得不会飞。这种鸟现在却面临人类及其引进的捕食者的威胁。

■ 东亚雨燕是飞行最快的鸟,速度可达每小时170公里 ■

哺乳动物

- 已知的最大哺乳动物是早期的一种长颈无角犀牛。大约在3500万年以前，这种犀牛曾漫游于西亚和欧洲各地。肩高5.41米、全身长达11.27米。
- 萨维的白齿小动物鼩鼱，体重只有2克，是世界上最小的不会飞的哺乳动物。
- 鸭嘴兽及两种针鼹是惟一产卵的哺乳动物。
- 考拉是哺乳动物中吃起食来最能瞎忙活的，500种澳大利亚桉树树叶中，它们只吃其中的6种。每天要筛选的树叶有9公斤，但结果吃掉的只有0.5公斤。
- 最小的飞行动物——基氏猪鼻蝙蝠——个头大约只有一只大蜜蜂那么大。

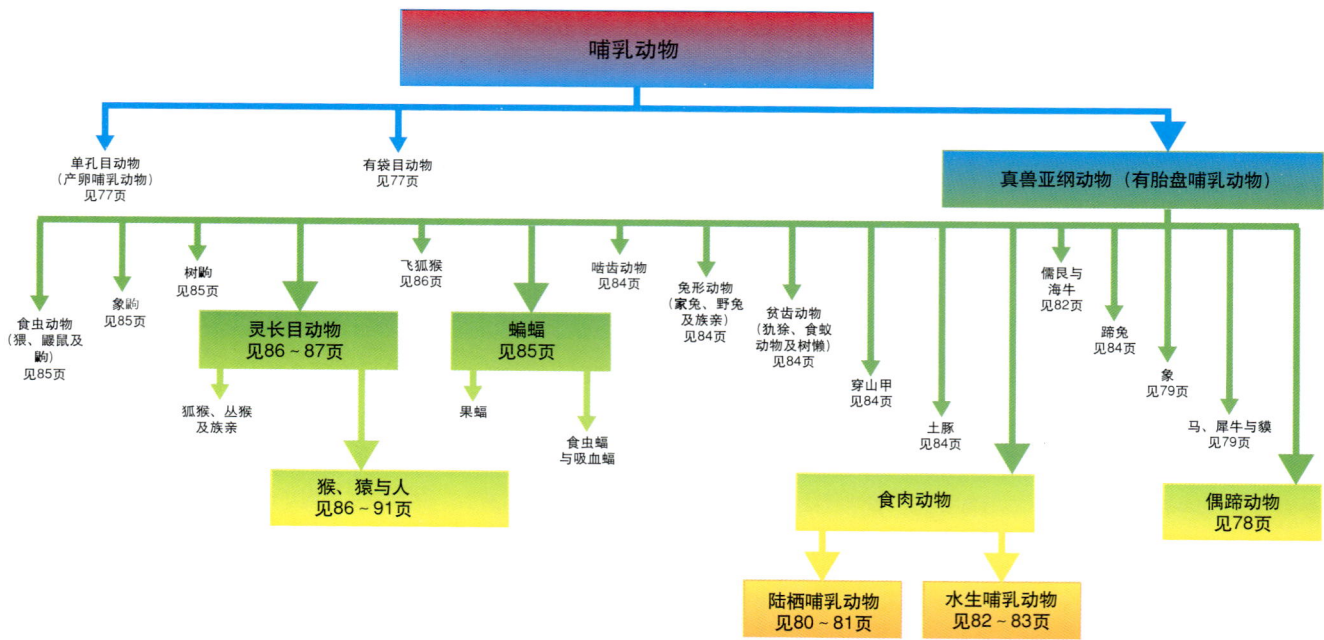

原始哺乳动物

▶ 真正的哺乳动物最早出现于三叠纪后期——大约2.2亿年以前。
▶ 到白垩纪末，约6500万年以前，最早的灵长目动物，已经形成自己的外貌特征，与当今的一种哺乳动物——树鼩有着明显的相似之处。

在整个恐龙时代，哺乳动物仍然很小，相貌和生活方式都与鼩或老鼠相像。由于自身的皮毛，加之又是温血动物，它们适于夜间活动，这一点与冷血动物恐龙不同。恐龙开始灭绝的时候，哺乳动物开始扩展自己的栖息地，使自己适应于更加广泛的生活空间。起初，它们并非那么重要，当时处于举足轻重位置的食肉动物曾经是一种不会飞的巨型食肉鸟，大约有2米高（6英尺6英寸），其颅骨跟马脑袋一样大。尽管如此，哺乳动物还是拥有一席之地。

因为地球被分割成不同的大陆板块，所以相貌相像的哺乳动物分别在不同的大陆上繁衍生息。虽然没有直接的关系，但是这些动物很可能拥有共同的祖先。例如，南美草原上的许多动物与现代的骆驼、马、犀牛和象，甚至大个头的袋猫长得就十分相像。

中新世时代（2300万年以前），发生了哺乳动物进化史上的一件大事。当时，非洲大陆与欧亚大陆在当今地中海的两端发生对接。这一新的大陆桥使得欧亚大陆的哺乳动物侵入了非洲，而非洲大象和类人猿也向北迁徙，占领了欧亚大陆。

草原

▶ 1800万～2800万年以前，草原逐渐取代森林和林地，从而导致哺乳动物的生活方式发生了根本性变化。
▶ 在现在的东非野生动物自然保护区，包括许多的特殊哺乳动物种类，代表着一种生态系统，这一系统最早出现于中新世的草原上。

随着草原的增多，马这种草食动物被另一种腿长而善跑的草食动物所取代。牛与羚牛之间也同样发生了这种根本变化。这些动物拥有一定天赋，而且跑得很快，在辽阔的大草原上，它们大老远就看得到肉食动物的到来。不少重要的肉食动物随着其猎物的不断进化而走向灭绝。在这种新环境下，现代的猫、狗在中新世时代（530万～2300万年以前）得到进化。仅靠追逐，猫和狗都无法捉到猎物——它们不具备足够的速度和体力。所以它们使用了复杂的计谋：狗群起而攻，而猫，尽管单枪匹马，但十分狡猾，常常偷偷地扑向它的目标。

森林大量减少的另一个后果是栖木灵长目动物不知不觉地移栖到辽阔的草原上。中新世时代，栖息在非洲和欧亚大陆亚热带大草原上的类人猿，由于其聪明的才智加之能够团结协作，所以不仅存活下来，而且繁衍到更广泛的地方去。伴随着更新世时代冰期（160万～1万年以前）的到来，这种繁荣昌盛之势在世界许多地区受到了严重的削弱。

冰期

▶ 冰期期间，环境变化得如此之快，因而适应环境的能力便显得至关重要。
▶ 据信，最后一个冰期（10,000年以前）末期，植物茂盛的冻原地带消失以及早期人类的狩猎技能导致许多冰期哺乳动物的灭绝。

冰期期间，牛（长得像北美洲的野牛一样）、山羊和猪都是各地主要的食草动物。适应能力最强的食肉动物——猫和狗——凭借着自身的智慧支撑着。不过，所有哺乳动物中，数量最多、最成功的却是老鼠。还有一种适应能力很强，而且会使用工具和火的哺乳动物——人类亦开始出现。当冰盖从北极地区扩散到欧洲中部的时候，永久冻土和冻原也到达了南部的阿尔卑斯山和喜马拉雅山。欧亚平原和北美平原上栖息着毛茸茸的猛犸和犀牛，它们靠冻原上的牧草为食。当时冻原上的牧草比现在要丰富茂盛得多。这些较大的哺乳动物却成为长着锐利长犬牙的猫类食肉动物的捕猎对象。

? 什么是哺乳动物

哺乳动物之所以区别于其他动物是因为它们具有一系列特征，尽管不是所有的哺乳动物都具备这些特征。

▷ 哺乳动物源于拉丁语中的"Mamma"（乳房）一词。这就涉及到了这种动物的基本特征：母体产奶。

▷ 实际上，就所有的哺乳动物而言，胎儿都是在母体的子宫内发育的，但单孔目动物和有袋目动物例外（见下文）。有胎盘哺乳动物，包括人在内，占现代物种的绝大多数。这种动物通过子宫内胎盘这一器官，将营养和氧气传送给胎儿。

▷ 为了使幼子既能吸吮同时又能呼吸，哺乳动物的食管和呼吸道由一块硬骨次生腭分离开来，这也使得食物在口腔中得到了加工。

▷ 哺乳动物发育出的不同类型的牙齿用以完成各自不同任务。咬东西用门牙，刺东西用犬牙，嚼东西用磨牙（前臼牙和臼牙）。

▷ 哺乳动物是温血动物，高频率的新陈代谢，加之由毛发或皮毛构成的绝缘层使其保持着恒定的体温。

▷ 所有哺乳动物的中耳里都长有三块传导声音的小骨片——镫骨、砧骨和锤骨。据认为，其中有两块衍生于爬行动物的软颚铰链部分。

▷ 脑部与身体其他部位的接合方式将哺乳动物与其他动物区分开来。颈部的关节系统，包括一个位于第一、第二椎（寰椎和枢椎）之间的中枢穴位，使得脑袋可以来回转动。

▷ 哺乳动物最重要的特征之一是它们拥有智慧。比起任何其他脊椎动物，高级哺乳动物的大脑皮层（与智力行为有关的大脑部分）更为发达。

▶ 单孔目动物和有袋目动物

▶ 单孔目动物和有袋目动物是最简单的哺乳动物。

▶ 单孔目动物或有袋目动物并不像其他哺乳动物那样把幼子留在子宫内直至其发育成熟。

在哺乳动物中，单孔目哺乳动物是很独特的，因为它们产卵，却不长乳头。而有袋目动物会生出很小、近乎于胚胎的幼子。

单孔目动物

▶ 如今只有三种单孔目动物：一种鸭嘴兽科动物、两种针鼹或棘皮动物。

▶ 单孔目动物只有在澳大利亚和新几内亚才见得到。

除产卵及结构上与爬行动物具有一定的相似之处以外，单孔目动物拥有哺乳动物的两个突出特点——乳腺（尽管它们不长乳头）和茸毛。

鸭嘴兽的突出特点——革质鸭嘴、扁尾、蹼状双脚以及浓密的防水皮毛——使之适应于半水生的生活方式。它是剽悍的游泳好手，以淡水虾和幼虫为食。双脚带爪，用于在其安身的河岸处挖洞。雄性长得比雌性大，一般身长达60厘米（24英寸），长有角距，可以将毒液从每只后脚踝关节的后部喷射出去。

澳大利亚和新几内亚的针鼹或棘皮动物属穴居动物。表面看上去与猥相像，长着有劲的爪子用来掘土，长长的嘴巴和胶粘的舌头用以诱捕昆虫。和鸭嘴兽一样，针鼹也长踝距，但却不长毒液腺。

有袋目动物

▶ 250种有袋目哺乳动物分为15科，其中的大多数只有在澳大西亚才见得到。

▶ 有袋目动物的身材大小不一，从小到2克（1/14盎司）重的食虫动物到大到90公斤（200磅）重的食草动物大袋鼠。

在胎盘哺乳动物得以立足，使有袋目动物真正意识到它们全部潜能以前，澳大拉西亚与其他大陆板块是相分离的。胎盘哺乳动物多见

■ 适应于半水生生活的鸭嘴兽。

■ 灰色的东方母袋鼠在给幼子喂奶。

■ 考拉睡在桉树上。桉树是考拉的食料来源。

于澳大拉西亚，尤其是新几内亚。然而负鼠的出现则标志着胎盘哺乳动物在美洲登陆。所有有袋目动物生下的都是未发育成熟的幼子，然后幼子顺着母体的茸毛爬向乳头。乳头通常长在腹部的育儿袋中，幼子就在那里完成自己的发育过程。

袋鼠

袋鼠科（大袋鼠科）动物有50多种，其中最大的——澳大利亚中部平原上的红色袋鼠——能长到1.5米（5英尺）高或更高一些。除人以外，大袋鼠是主要的，而且是惟一的直立行走哺乳动物。跳跃时，小巧的前肢通常不着地，而靠高大且肌肉发达的后肢提供前驱力。大袋鼠向前跃可达6米（20英尺）或更远一些，因而行进速度很快。袋鼠那条长而有力的尾巴作为一个平衡舵，具有稳定重心的作用。对为数不多的其他几种动物来说，尾巴也起平衡作用，如生活在新几内亚和昆士兰的栖木袋鼠。

袋鼬科有袋目动物

作为一种主要的食肉和食虫有袋目动物，袋鼬科动物包括近50种，多半动物夜间出没。它们的身材大小不一，有小到9.5厘米（3.75英寸）长的有袋目小老鼠，也有大到近1米（39英寸）长的当地猫科动物。小一些的种类大都是贪婪的食肉动物，常常能够把几乎跟自己一般大的猎物置于死地。

考拉

澳大利亚东部的考拉，表面看上去很像一只体格健壮的小熊，尤其擅长爬树，无尾，几乎只吃桉树属树叶。一次只产一个幼子。幼子在母体的育儿袋里呆上6个月，然后骑在母亲的背上随之东奔西走直到1岁左右。

新大陆有袋目动物

在美洲可以见到3科、约83种的有袋动物。大约有70种属于负鼠科，其余的也大都跟负鼠相像。负鼠大都外形像老鼠，有类似的长鳞不长毛的尾巴。不过有些负鼠看上去更像鼩。多数生活在森林之中，但水生负鼠或蹼足负鼠已经适应了水上生活。

有蹄动物

▶ 据知，在漫长的无水期过后，骆驼在几分钟之内便喝下了100多升水。
▶ 个头最高的哺乳动物是成年雄性长颈鹿，平均身高在4.7～5.3米之间。
▶ 最小的猪是产于喜马拉雅山丘陵地带的倭猪，身长只有50厘米左右。
▶ 偶蹄动物是哺乳动物中种类最多的大种群，通过臭腺与群居的其他伙伴们进行交流。

■ 纳米比亚埃托沙国家公园池塘边的长颈鹿。它们是群居动物，与相关的种群松散式生活在一起。

■ 小鼠鹿（鼷鼠）身长只有48厘米。

什么是有蹄动物

▶ 200多种哺乳动物——合称有蹄动物——之所以区别于其他动物，是因为它们长有蹄子。
▶ 严格地讲，除了猪和西貒以外，几乎所有的有蹄动物都以植物为食，它们不是草食动物（以嫩草为食），就是食叶动物（以叶子为食）。

有蹄动物靠脚趾行走，走路时后脚跟抬起。由于趾尖的骨头不断变宽，这些动物的脚趾便逐渐地进化成了蹄子。一种与爪和指甲作用相同的组织不断发育，把这块骨头包在里面，而脚板下边正中央的软垫则在脚板踏地时起到减震作用。依据脚趾数目，将有蹄动物分为两目：较大的一目（偶蹄动物）由脚趾是偶数的有蹄动物组成；较小的一目（奇蹄动物）由脚趾是奇数的有蹄动物组成。

偶蹄动物

▶ 偶蹄动物包括9科大约有200种：猪、西貒、河马、骆驼、鹿、鼷鹿、长颈鹿、牛科动物和叉角羚等。
▶ 除澳大拉西亚以外，较大的陆地上都有偶蹄动物。

偶蹄动物的脚一般长四趾，但通常只有中间的两个当蹄子用，支撑着全身的重量。另两个（残留趾）很小，不接触地面。所有的偶蹄动物（猪和西貒除外）都以植物为食，长着专门用来切割和捣碎植物的牙齿。偶蹄动物大都是反刍动物。

野猪

八种野猪构成单独的一科（猪科）。野猪腿短、体重、头尖、喙大且很灵活。野猪身上长着粗而短的猪毛，公猪的颈脊上还会长出一条鬃毛。猪喙部敏感而又富有弹性，鼻孔处长着结实的软骨盘，一块在许多其他哺乳动物身上是见不到的骨头，具有进一步的加固作用。上边的门牙和犬牙尖且长，公猪嘴里的这种牙一直在长，可当作有威胁力的武器。

野猪大都夜间出动，主要生活在森林和林地之中。它们吃蔬菜类物质，不过只要能吃的什么都吃，包括腐朽、污秽的东西。除了吃草叶以外，它们还用嘴和长牙搜寻林中的杂物或幼虫、蚯蚓及其他无脊椎动物。多数情况下，4～6头野猪组成一个小家族，但疣猪和公野猪等与更多的同伴群居一处。野猪还广泛分布在欧洲大陆，但在东非的国家公园里，野猪也同样可见。

西貒

在美国的中南部有三种西貒，它们的相貌和习性与野猪相似，然而身材却略小一些。另一些突出的特征是牙齿向下而非向上弯曲，背上还长着凸出的臭腺。它们的交际圈很大，结识的同伴可以达到100个。

河马

河马科动物包括两种：普通河马与倭河马。普通河马是最大的陆栖动物之一，体重仅次于大象。河马体重可达4.5吨，肩高有1.5米（5英尺）。它们仅生活在非洲，为两栖动物，白天大部分时间睡觉，并在水中休息，晚上出来寻食，多半以草为食，啃草时使用前齿和嘴唇。待在水中时，河马几乎可以淹没整个躯体，只有鼻孔、眼睛和耳朵（都长在球形大脑袋上）露出水面。倭河马只有在非洲西部的林中才有，外形与普通河马相似，肩高大约有85厘米（33英寸），重约225公斤（500磅）。与普通河马相比，倭河马很少在水中生活，不善交际，可能一直罕见。

骆驼

骆驼科（驼科）有6种。旧大陆的骆驼是最大的偶蹄动物。双峰骆驼肩高达2米（7英尺）以上，而单峰骆驼通常微高一点，有2.4米（8英尺）高。

骆驼非常适应沙漠生活。脚上长有两趾，两趾间以脚蹼相连，脚蹼可以张开，以防陷入软沙中去。粗壮的睫毛遮风挡沙使眼睛不致被迷着。鼻孔也可关闭，将泥沙拒之于外。驼峰的脂肪可以通过生化代谢产生水分和能量。骆驼可行走很长一段时间而不喝水（长途跋涉时间可超过一周），这是因为它们具有储水能力。汗腺数量大幅度减少，白天体内积累的热量在夜间凉爽时又散发出去。

生活在南美洲的骆驼科动物有4种：骆马、栗色羊驼、栗色羊驼驯服的族亲——无峰驼和羊驼、四者的身长均可长到1.5米（5英尺）左右。它们都是食草动物，长腿、长颈、脑袋与骆驼脑袋很像，只是耳朵略大一些，身上长有柔软的茸毛。

鹿

38种鹿（鹿科）分布于北半球和南美洲。它们适应于广泛的生活空间，从热带雨林到北极冻原。鹿是一种偶蹄动物。典型特点是，鹿身材匀称，四腿修长，跑起来迅速而优雅。它

▶ 反刍

▶ 偶蹄动物都是反刍动物（猪、西貒和河马除外）——反刍或细嚼是其消化过程的一部分。
▶ 骆驼有三个胃腔，其他反刍动物的胃都有四个胃腔。

因为草不易消化，所以反刍十分必要。反刍动物的蜂巢胃这一器官中生存着复杂的细菌混合物，反刍动物吃下现成草料后，这种细菌混合物可以把草料消化掉，然后反刍动物再把多余的细菌消化掉。吃草时，反刍动物飞快地啃食，并用灵活无比的大舌头咀嚼。吞下去以后，食物进入瘤胃（大储藏室）和蜂窝胃。蜂窝胃里的共生微生物就对植物细胞壁的纤维素（胃液无法消化）进行分解。然后，动物便躺下来反刍：半消化的植物——反刍的食物——被吐出来，进一步咀嚼后再咽下去。食物进入瓣胃，吸干大部分水分后，再进入皱胃——相对其他哺乳动物而言的真胃——在这里普通的消化液便可对其进行消化。

们的感觉器官也很敏锐，这对那些在食肉动物面前显得如此脆弱的动物来说是至关重要的。鹿的身材大都很接近，身长可达1～1.5米（40～60英寸）——但是最大的鹿科动物，麋（或北美的驼麋）身长可达2.5米（8英尺）以上。鹿大都是食叶动物（以叶子为食），不过在林中的树木被伐光的地方，它们对吃草和蔬菜类物质也开始适应了。

分叉的鹿角是鹿所独有的一个特征。在多数情况下，只有雄鹿才长鹿角；而驯鹿雄雌两性都长鹿角。亚洲的麝和中国的河鹿都不长角。但这两种鹿中的雄鹿，上牙长得过长而微微地露出几颗獠牙。鹿角由骨头构成，长在脑壳上，由一个小疙瘩一年年地长起来。生长过程中，外面裹着一层柔软光滑的茸毛。鹿角一经长成，血源即行切断，只剩下坚硬的骨核。每根鹿角（繁殖期后，蜕掉外壳）都很大，而且分出很多分支，一直到鹿发育成熟。值得一提的是，尽管在每年的其他时间里，雄鹿和雌鹿散居于不同的牧群之中，然而在繁殖期间，捍卫雌鹿的闺阁，许多种雄鹿开始划分领地，捍卫雌鹿的闺阁，它们发育得很快，常常在生下来几小时后便能跟着母亲到处行走。大鹿黄褐色者居多，与其不同的是小鹿常常长有满身的斑点。

鼷鹿

四种鼷鹿（鼠鹿，鼷鹿科）都与鹿密切相关，相貌与小鹿相像，长成后肩高可达20～35厘米（8～14英寸）。一般来说，鼷鹿在亚洲和非洲热带森林和沼泽地带的水边较为多见，它们常在夜间出动，寻食大树下的青草和嫩叶。它们不长鹿角，但雄鹿的上牙已经发育成獠牙。

长颈鹿科动物

长颈鹿科动物现存两种：一种是霍加狓，分布在刚果热带森林中，易被人们忘记，另一种是长颈鹿。雄性霍加狓以及雄雌两性长颈鹿都长有两只或三只带皮的鹿角，鹿角由派生的骨骼构成，而且从不脱落。如今，长颈鹿只限于亚撒哈拉沙漠以南的非洲地带，在非洲的东部和南部比较多见。长颈鹿长腿长颈，是最高的陆栖动物；雄鹿身高可达5.5米（18英尺）左右，比雌鹿高出一米。与其他哺乳动物一样，长颈鹿的颈部只有七块椎骨，不过每块骨头都很长，骨关节处呈"球窝"状，格外具有柔性。为了使血液上行至脑部，而且在低头喝水时不致发生血流急冲现象，长颈鹿的颈部长有一系列具阀门功能的组织，用以调节血液供给。长颈鹿行走或飞奔时，其颈部也随之有节奏地前后摆动，以改变重心，维持平衡。长颈鹿的舌头将近45厘米（18英寸）长，够得着树尖上的嫩叶。长颈鹿常常保持站姿，即便是睡觉的时候也这样。

牛科动物

牛科动物是由羚羊、牛、山羊及其相关的128种动物组成的一个种类繁多的大家族，还包括一些重要的家畜。这类动物在非洲数量最多、种类最全，也有的生活在欧亚大陆和南美洲的大部分地区。牛科动物对更加广泛的其他栖息场所也很适应，但大多喜欢辽阔的草原、丛林和沙漠。牛科动物的身材大小不一，小的有西部非洲的小王羚，长成后肩高只有25厘米（约10英寸），大的有北美和欧洲的大野牛，长成后肩高可达2.2米（约7英尺3英寸）。牛科动物有某些共同的特征：所有的都是反刍动物（见78页），几乎专门以植物为食。牙齿经过进化，可以用来吃青草嫩叶。啃食青草绿叶时用上唇和下牙（上牙的门牙都掉光了），然后再用臼牙将其磨碎。雄性牛科动物和多数雌性牛科动物有角，实际上就是骨核，骨核外面裹上一层角质壳，可以不断更新。这种角不分叉也不蜕落。

"羚羊"一词，可以用来概括性地描述按着不同方式进化而来的若干种牛科动物，它们四肢修长，跑得飞快（全力飞奔时，长角可以贴在背上），主要生活在草原地带，不过也有些适应于沼泽地带的生活。

山羊科动物包括绵羊和山羊，身上大都长有羊毛或长茸毛。野山羊、小羚羊和巨角塔尔羊等多数种类都是敏捷的登山攀崖高手。山羊科动物对极地气候条件的忍耐力很强：北非地区的大角绵羊能够适应干旱的沙漠环境，落矶山区的绵羊能够适应高山气候，而麝牛则更适于在北极冻原带生活。

叉角羚

北美洲的叉角羚是草食反刍科动物（叉角羚科）中的惟一幸存者，其习性和相貌均与旧大陆的羚羊相近，雄性和多数雌性长有羚角。羚角就是外包角质壳的骨核，每当繁殖期一过都要蜕一层壳。

奇蹄动物

▶ 奇蹄动物包括17种脚趾为奇数的有蹄动物（马、犀牛和貘等）。
▶ 它们4000万年以前达到顶峰。

奇蹄动物的中趾承受着全身的重量，四肢轴心穿过最长的中央趾（第三趾）。而马，只有每只蹄子上的中央趾才发挥作用。犀牛的每只蹄子分三瓣，而貘前脚每只有四个功能性趾头，后脚每只长三个。其他趾头已退化。所有的奇蹄动物都以植物为食（栖息于林中的貘除外），而且习惯于在辽阔的平原上奔跑，并以平原上的青草为食。与偶蹄动物所不同的是它们从不反刍，胃腔小而简单。

马及其族亲

这科（马科）中有8种密切相关动物，包括马、驴和斑马等。这些动物飞奔时，动作优雅、速度极快。从根本上来说，它们都喜欢群居。而且大多以草为食。长颚中的牙齿用以进食——门牙啃草，臼牙将其嚼碎。荒野中的野马已经绝种。曾经在开阔的干旱地带颇为多见的亚洲野驴，现在只能见到零星的几群。非洲野驴曾经遍布北非各地，但眼下已经濒临灭绝。然而，野马及野驴的后裔已经得到广泛的驯养。撒哈拉沙漠南部曾分布4种斑马：最南部的（斑驴）已经绝种；生活在非洲的西南部高山斑马减少到零星的几群；普通斑马（布契尔斑马）较多地分布在非洲的东部和南部；细纹斑马身材略大一些，身上的条纹比普通的斑马窄而多，这种斑马在肯尼亚和埃塞俄比亚北部仍然见得到。

犀牛

非洲尚有5种犀牛，亚洲有3种。犀牛体粗、肢短，蹄子分成三瓣。头大，长着一到两只由浓缩的茸毛（角朊）所形成的纤维牛角，位于口鼻部上方。犀牛都以植物为食，吃嫩叶，或吃青草。犀牛很少结伴，即使是暂时的。白犀牛（通常呈灰白色）是仅次于大象的最大的陆栖哺乳动物，体重3.5吨以上，肩高达2米（6英尺6英寸）。与黑犀牛（另一种非洲犀牛）及苏门答腊犀牛一样，白犀牛也长两只牛角。从根本上说，犀牛属草食动物，明显的方唇适于啃草。但原则上讲，呈灰色的黑犀牛通常属于食叶动物。这两种非洲犀牛曾经遍布于撒哈拉沙漠以南辽阔的草原和林地中。然而，无端捕杀已经导致其数量锐减，只剩下零星的几群。苏门答腊犀牛是最小的犀牛，肩高只有1.5米（5英尺），现在也只剩下零星的几群了。印度犀牛完全可以长到白犀牛那么高，但体弱，体重大约在2吨左右。这种犀牛独角，但皮很厚，关节处堆满深深的褶皱，好像披盔戴甲一般。爪哇犀牛外貌类似印度犀牛，同样长有独角，浑身是褶皱的皮肤。

貘

在东南亚，只有一种貘，另外三种生活在美洲的中部和南部。它们生性羞涩，生活在水边，属食叶动物。头部逐步变细，形成灵活性很强的鼻子，悬于上唇的上方，用来往嘴划拉嫩叶及其他蔬菜类物质。不同种类的成年貘肤色也大不相同。

 象

▶ 柱牙象和猛犸——象的直系族亲——曾在新大陆及整个欧亚大陆的北部出现过。
▶ 象（长鼻目动物）不能归类为有蹄动物。尽管它们具有有蹄动物的许多特征，但它们的脚部不是蹄子，而是大而扁的软垫。

大象肌肉发达、柔韧灵活的大鼻子是由鼻部和上唇的大幅度延伸而形成的，鼻孔位于鼻尖上。敏感而贪婪的嘴唇可用来采摘叶子或拾起果仁那么小的东西。除了作为采集食物的一个有效手段外，象鼻子还用来饮水、闻味以及发出高音喇叭似的声音彼此交流以及向对方求爱。象牙是经过高度进化的，上齿的门牙一直在生长，最大的象牙长约3.5米（11英尺6英寸）。一对象牙的重量在110公斤（240磅）以上，其最高纪录将近是这个数的二倍。然而，由于无情的捕杀，大牙象现已十分罕见，很少能够见到象牙在30公斤（66磅）以上的大象了。

非洲象是当今最大的陆栖动物。象肩高达3.5米（11英尺6英寸）以上，重7吨。亚洲象要小一些，肩高为3米（10英尺），重6吨。非洲象的耳大、毛发稀疏头部呈圆盖形。亚洲母象通常不长牙齿，而公象的象牙通常也比非洲象的象牙小得多。这两种象都喜欢群居，栖息地从森林地带到亚热带大草原。象属草食动物，尽管其块头很大，但是奔跑时的速度之快，动作之优雅令人叹为观止。象的妊娠期很长——在20-22个月之间，妊娠期过后通常只产一头象仔。

陆生哺乳动物

▷ 狮、虎、豹和美洲豹可以发出巨吼，这是因为它们咽喉中长有能够振动的特殊韧带。
▷ 澳洲野犬是由澳大利亚土著居民引进的家犬的后裔。
▷ 猎豹是奔跑速度最快的陆生哺乳动物，据说时速可达100公里。

什么是食肉动物

▶ "食肉动物"这个名称一般适用于所有食肉的动物，但这个词具体地用以描述食肉目的哺乳动物类群。
▶ 绝大多数食肉动物属陆生哺乳动物，但有一些已适应于空中或海洋生活。

一些食肉目动物是活跃的猎兽，而另外一些却主要是食腐动物。然而，虽有许多动物被称作食肉动物，但它们除吃肉以外，也吃植物和昆虫，有几种甚至是素食动物。食肉目动物约有245种，分成7科。人们认为这个目的动物在进化过程中，存在着两大路线，使这七科动物分成两大类。猫型亚目有三科：猫科、灵猫科及其近缘动物，以及鬣狗科；熊型亚目有四科：犬科及其近缘动物、熊科、浣熊科及其近缘动物，以及鼬科及其近缘动物。

■ 肯尼亚的一只正在捕食瞪羚的雌性猎豹。

猫科动物

▶ 现存的37种猫科动物，虽大小、颜色各异，但形体结构却十分相近，而且都与人们所熟悉的家猫相似。
▶ 猫科动物常夜间捕食，在黑暗中的视力是人的6倍。

所有的猫科动物都是食肉动物，特点是极其适于捕食生活。除其特化的牙齿以外，它们的爪（猎豹除外）都可以缩入鞘套，因此既能保持锋利无比，又能靠其肉质足垫，潜步追踪猎物。

虎是最大的猫科动物。体长有的超过2.5米（8英尺）。虽颜色各异，但其亚种均带有条纹，是其在森林栖息地的绝妙的保护色。虎夜间活动，一般独居，往往捕食大型猎物，一餐可食肉23公斤（50磅）。

雄狮一般小于虎，大于雌狮，另外雄狮颈部和肩部周围有浓密的长鬃。与其他大多猫科动物不同，狮群居生活，每个狮群通常约有9只。它们生活在广阔的热带稀树草原，一般白天活动频繁。狩猎以雌狮为主，主要捕食斑马、牛羚和其他羚羊等哺乳动物。

豹一般体长约1.5米（5英尺），不包括尾长。豹大多身上带有独特的玫瑰花形斑点，但也可能一身黑（称作黑豹）。与其他大多猫科动物相同，豹独居，而且一般夜间活动。然而，在没有狮和虎的斯里兰卡，豹却白天活动频繁。其他几种猫科动物与豹相似。美洲豹是最大的新大陆猫科动物，身材、颜色与豹相像，但身体略微粗壮，而且不十分敏捷。雪豹身上也有斑点，但其毛较密而且较柔软。尾巴很长，几乎和体长相等。

猎豹是最快的陆生动物。腿较长，身体细长灵活，非常适于快速奔跑。猎豹在广阔的平原上猎食，以每小时80公里（时速50英里）的冲刺速度追赶其猎物。猎物中大多是瞪羚。

在小型猫科动物中，野猫是分布最广的一种，能够生活在各种栖息地。野猫外形上与超大的家猫相似，独居并夜间活动。它虽攀缘敏捷，但主要以伏击陆地上的小型哺乳动物和鸟类为食。

獴、灵猫及其近缘动物

▶ 灵猫科动物——灵猫、麝猫、獴、马达加斯加长尾灵猫和林狸——属哺乳动物，大约有75种。
▶ 几乎所有灵猫科动物都在肛门处具有肛腺，其分泌物可用于制造香水和药品。

灵猫科动物虽习性、外形不一，但身体往往修长敏捷。腿较短，尖鼻，尾很长，有时甚至超过体长。许多灵猫，麝猫和林狸等，身上有明显的斑点或斑纹，尾上也有条纹。灵猫科动物适于从热带森林到亚热带草原的各种栖息地，还有一些大多时间待在水里。灵猫科动物有敏锐的视觉、嗅觉和听觉。通常以潜步追踪然后猛扑的方式捕获猎物。大多独居，但有的明显地属于群居。饮食由各种食物组成，包括小型哺乳动物、鸟类及其蛋、爬行动物、昆虫以及水果等。

鬣狗科动物

▶ 四种鬣狗科动物虽外形与狗相像，但与猫科和灵猫科动物有更为接近的亲缘关系。
▶ 鬣狗以复杂的社会性群体方式生活，它们有组织地相互合作来捕食，这使它们能捕获较大的猎物，例如牛羚，这对于一只鬣狗来说是不可能捕获到的。

鬣狗虽是有名的食腐动物，但也是强有力的食肉动物，在塞伦盖蒂平原上，狮子赖以为食的动物尸体中，有四分之一是鬣狗捕杀的。在能找到水果的时候，它们也能吃大量的瓜类水果。栖息于比较干燥的撒哈拉沙漠非洲地区的土狼，体重比其他鬣狗科动物略轻，上下颌无力，牙齿很小，几乎专门以白蚁和其他昆虫为食。其他三种有斑点的、褐色并带有条纹的鬣狗科动物，外形很像犬，由于前腿长、后腿短，走路时明显地倾斜。它们脑袋都很大，上下颌有力，可以咬碎骨头。有斑点的鬣狗尤其以它大笑般的嚎叫而出名。

犬科及其近缘动物

▶ 现存的37种犬科及其近缘动物，几乎生活于各种栖息地，实际上遍及世界各地。
▶ 犬科动物是最具声音的食肉动物，它们呼嚎、吼叫，有助于成群结队地捕杀大型猎物时互相传递信息。

■ 北极熊的白色毛皮——雪地中的保护色。

犬科动物一般腿较长，躯干肌肉发达，尾巴蓬松，牙齿长而锋利，感官敏锐，尤其是嗅觉和听觉。和猫科动物不同，犬科动物的爪钝而且不能伸缩。

犬科动物主要是食肉动物，有几种是严格意义上的肉食动物，如非洲猎狗，而其他一些，包括狐狸，则既吃肉也吃植物。

家狗的祖先是狼。狼遭到无情地捕杀。狼曾分布广泛，而如今，已经在它以前活动的大部分地区灭绝了。狼是群居动物，成群地生活、觅食。在狼群中，存在着一种被习惯性的各种体态强化了的、极其严格的社会等级制度。北美郊狼与小狼崽差不多大小，它们迁移到草原，把狼赶出去，从人类的捕杀中幸存下来。它们甚至设法定居于市郊。南美鬃狼主要生活在热带稀树草原，腿特别长，使之可以从高草上面看见周围的东西。

对于很多食肉类的动物来说，成群结队地觅食是特别重要的，尤其是那些以大型猎物为食的动物。因为有组织地攻击，才能获得成功。

■ 家庭驯养狗至少有1.2万年的历史　■ 北极熊是陆地上最大的食

另一方面，几种狐狸，包括赤狐，一般零散觅食，不太需要成群而行。赤狐通常独居，虽然有可能吃禽类和患病的羊羔，但大多以田鼠类小动物、甚至昆虫为食。赤狐与郊狼的适应能力相同，广泛分布于北半球各地。

北极狐只生存于北美和欧亚大陆的北极地区。有两种颜色：一种是白色，在夏季变为褐色；另一种是蓝色，分布不太广，全年都是蓝灰色。北极狐虽然居住在很大的巢穴中，但它们一般单独猎食，主要的猎物是旅鼠。它们是极其吃苦耐劳的动物，可在低至-80℃（-112℉）的气温下存活，并善于长途跋涉，一次行程大约1500公里（940英里）。耳郭狐是最小的狐狸，适于在极其干燥的气候下生活，耳较大，既可增强听力，又有助于散热。

东亚地区的貉，外形上与新大陆的浣熊很相似，身体呈蹲伏状，腿较短，颜色为黑色。它主要以鱼类、两栖动物或其他小型哺乳动物为食，与所有其他犬科动物不同，它一年中有四个多月处于半冬眠状态，有时也偶尔外出摄食。

■ 小熊猫与浣熊有亲缘关系，一般生活在竹林之中。

熊科动物

▶ 现存的8种熊科动物一度曾遍及北半球各个地区，但现在已大为减少。
▶ 熊的大脑袋很像狗的脑袋，表明它们拥有共同的祖先。

熊科动物虽形态各异，但其主要特点是，身体粗壮结实，平足上有长而弯曲的爪，尾较短，甚至无尾。在熊科动物中，有现存最大的食肉动物：棕熊和北极地区的北极熊。成年雄性棕熊平均体重约403公斤（888磅），体长达2.5米（8英尺余）。熊科动物大多杂食和散食，以树根、树叶、浆果、坚果、昆虫和小型哺乳动物等各种食物为食。例外的是，大体上属于食肉动物的北极熊，主要以海豹为食。

最小的熊科动物是东南亚的马来熊（蜜熊），体长达1米左右（39英寸），但身体比较粗壮，善于爬树，白天大多在树中睡觉或日光浴，只在夜间凉爽时活动频繁，以植物为主食，但有时也用利爪剥去树皮，觅食蜂蜜或昆虫。印度和斯里兰卡的懒熊无上门齿，长有特化的唇和舌，适于以蚂蚁和白蚁为食。它们用爪把蚂蚁穴或白蚁穴挖开，灵活地噘起嘴，闭上鼻孔，然后像吸尘器一样，将昆虫吸出。

大熊猫身体结构上存在许多特殊的变异，人们常常不把它算在熊科动物之中。然而最近，在对其基因排列顺序的研究之后发现，大熊猫和熊科动物的关系确实非常紧密。大熊猫曾遍及各地，但目前却只限于中国的西部山区三个面积不大的竹林之中，几乎专门以竹笋为食。前爪具有特殊的肉掌——所谓的第六指，使之能握住竹竿。大熊猫赖以食用的竹中的营养价值相对较差，因此每天需花10-12小时来进食。

浣熊科及其亲缘动物

▶ 浣熊科有19种小型至中型的哺乳动物。
▶ 有6种严格意义上的浣熊科动物，体长均为50厘米（20英寸）。

北美分布最广的哺乳动物之一就是人们常见的浣熊。与其他浣熊科动物相同，浣熊是一种活动频繁、又十分好奇的动物，善于攀缘，前爪使用异常灵活。善于捕鱼，如亮闪闪的淡水螯虾、小鲑鱼和其他鱼类。浣熊已被证实非常适于城市和郊区生活。它们的黑色颜面和带环纹的尾巴十分显眼，人们可经常看到它们钻到垃圾筒中翻找食物。中美和南美北部热带森林中的蜜熊，几乎终生待在树上，夜间活动频繁，主食水果，也喜食蜂蜜。和马来熊一样，有时被人称作蜜熊。它身材与浣熊差不多，但不太壮实，尾较长，具缠绕性，使其在树枝间攀缘时异常敏捷。

尖吻浣熊体形与分布与蜜熊相似，也善于攀援，然而其尾毛较蓬松，不具缠绕性，更像浣熊。南美长吻浣熊以其长而带条纹的尾巴以及灵活细长的鼻子著称。它们用鼻子探找昆虫和其他无脊椎动物。与其他趋独居的大多熊科动物不同，雌性长吻浣熊十几个或更多地群居在一起，但雄兽在繁殖季节以外是独居的。

小熊猫生活在从喜马拉雅山脉到中国南部之间的地区，大小和体形与浣熊相差无几。尾巴蓬松，带有条纹，皮毛是有光泽的锈红色。也有人把它称作猫熊，因为它习惯于把尾巴盘在头上，大白天蜷曲在树枝上睡觉。它一般夜间进食，主食竹笋或其他植物。

鼬科及其亲缘动物

▶ 鼬科动物有近70种，包括黄鼬、臭鼬、獾和水獭。
▶ 鼬科动物生活在除澳洲大陆外几乎所有的大陆上，适应于各种栖息地。

鼬科动物身材往往细长敏捷。后腿多弯曲，上半身一般逐渐细长到颈部，支撑着相对小而突出的脑袋。尾巴通常较长，有的还很蓬松。鼬科动物一般很善于食肉，后白牙发达，连在一起像剪刀，用以切碎坚韧的筋肉。大多种类是熟练的猎手。美洲和欧亚大陆亚北极区的狼獾，从鼻到尾虽长不过1米（39英寸），却是一种可怕的食肉动物。它常常捕食比它大的动物，据说它们常把熊和美洲狮追赶成为它们的猎物。蜜獾是撒哈拉沙漠以南非洲和亚洲南部的一种臭鼬，是又一种顽强的食肉动物，然而它们最喜欢吃的是蜂蜜。

鼬科动物可捕杀大于它们的动物，以及捕食鼹鼠、松鼠、青蛙、蚯蚓、蜥蜴、蛇、小鸟甚至鸡雏等。它们通常以极快捷的速度，咬断猎物头下方的脊柱来杀死它们。现存最小的食肉动物是倭伶鼬，它生活在北半球许多温和的地区，身体总长（包括尾巴）大约20厘米（8英寸）。在其分布范围北部，它们的皮毛在冬季变成白色，略微大于与它亲缘关系比较密切的白鼬，毛发颜色也有着类似的变化，白鼬的白色毛皮可以用来做服饰。另外一种亲缘动物是水貂，人们饲养这种动物，求其丰富的毛皮，而貂（包括紫貂）也以其浓密柔软的毛皮而备受青睐。

所有鼬科动物都具有发育良好的肛门臭腺，一般用于区别它们地盘的界限，在许多种类中，特别是臭鼬，如非洲的艾虎和蜜獾，以及中北美洲的臭鼬——其臭腺也是常用作抵御来犯者非常有效的武器。它们能非常准确地从肛门内的两条臭腺中释放出一种喷雾状的恶臭液体。使用这种防御性武器的臭鼬和其他鼬科

■ 北极地区的海獭一般在水中繁殖后代。

动物，一般颜色很明显，通常为黑色和白色，试图警告可能的侵犯者，让它们避开。

獾遍及欧亚和北美大陆，大多数种类的大小与外形相似，身体壮实，脸部有明显的黑白条纹。各种獾都善于掘土，一般夜间活动频繁，从其洞穴中出来，觅食各种动物和植物。美洲獾多独居；欧亚大陆獾多群居，成群地生活在宽阔的地下洞穴（獾穴）之中。东方的马来獾和猪獾使用与臭鼬类似的防御性武器。

水獭在种类上虽属于鼬科动物，但却适于水中生活，身体呈流线型，蹼足，还有游水时推进用的宽尾。水獭中最具特点的是海獭，是最大的鼬科动物，能够终生生活于水中，从不上岸。与大多诸如鲸、海豹等水生哺乳动物不同的是，海獭身上缺少一层厚厚的脂肪，而是用一层存于浓密皮毛中的空气，使身体与冷水分开。海獭潜水时能封闭上鼻孔，并能潜水几分钟，而不需浮出水面。

水生哺乳动物

- 逆戟鲸是最大的、以温血动物为猎物的食肉动物，主要以海豹、企鹅和其他种类的鲸为食。
- 儒艮可能就是水手们曾提及的美人鱼，因为他们认为，当那些母兽部分地浮出水面，为其惟一的幼兽哺乳时，很像带有尾巴的裸体女人。
- 蓝鲸体长可达30米，体重120吨，是现存最大的动物。
- 韦德尔氏海豹可潜水深达600米，水下停留长达70分钟。

什么是水生哺乳动物

- 一些哺乳动物在进化过程中，返回到海洋中，那里是它们鱼类祖先自几百万年前就一直居住的地方。
- 一些水生哺乳动物，例如海豹，必须返回到陆地上繁殖。但是鲸、海牛和其他一些水生哺乳动物则完全在水里生活，它们在水里吃、睡和生育。

在生物进化晚期，有三类哺乳动物生存于海洋。首先是食肉性的海豹和海象（鳍脚亚目动物），它们与陆生食肉动物有亲缘关系；第二类是海牛和儒艮（海牛目动物），它们与大象共有一个祖先，并且和大象一样属于食草性动物；第三类是鲸和海豚（鲸目动物），它们构成完全独立的一个类群，与海豹和海牛目哺乳动物都无亲缘关系。

水生哺乳动物的骨骼和器官与陆生哺乳动物十分相似，它们的鳍状前肢虽外表上像鱼，但实际上是变异的肢体。与其他所有哺乳动物一样，水生哺乳动物靠吸收空气中的氧气来呼吸，因此必须不时地返回到水面呼吸一次。一些种类的呼吸系统与陆生哺乳动物相似。但鲸的鼻，或称喷水孔，位于头顶，鼻孔可用瓣膜关闭，以防止潜水时将水吸入肺中。

海豹和海象

- 鳍足亚目动物通常以海为家，但也都能到陆地上活动，并且返回到岸上繁殖和蜕皮。
- 在已知的34种鳍足亚目动物中，最大的是南部的象海豹——雄兽体长一般可达5.8米（19英尺）。

■ 美国佛罗里达州海岸边上生活的一头海牛。海牛正面临着水上交通所带来的危险。因为它们常常会被汽船的螺旋桨缠住——海牛行动缓慢、身体笨重，往往难以迅速脱身。

海豹和海象（鳍足亚目动物）非常适应于水中生活。它们四肢扁平成鳍状，身体呈流线形，皮下生有一层厚脂肪，有保温作用，同时还可以储存能量。大多数身体的表面长有一层粗毛，上岸时可用以保护皮肤。海象和海狗的后肢都能向前伸展，可便于在陆地上行走——这是真正的海豹所缺少的一种能力。

大多数鳍足亚目动物非常善于群居。若是赶上繁殖季节，它们会大量地聚集在传统的繁殖地，有人称之为群栖处。雄兽（在大多数种类中，一般比雌兽大得多）这时变得领地性很强，占居优势的雄兽总是想方设法地保护一群雌兽。所有的海狮以及其他许多海豹类，生产前一年繁殖季节里所怀孕的幼仔，因此，成年兽在陆地上聚居时，短时间内生育和交配可同时进行。

在陆地上，海豹虽不如其他鳍足亚目动物活动性强，但却善于游水和潜水。例如，南极地区的韦德尔氏海豹常可潜水深达300米（985英尺），有一记载潜水深达600米（1970英尺）。为了便于长时间潜水，海豹可以停止向除大脑以外其他所有的器官供血（肌肉靠自身储存的氧工作），而且比起其他哺乳动物，其血液本身也具有较强的储氧能力。

海象通常生活在北极地区近海的浅水中。

■ 美国阿拉斯加州布里斯托尔湾海象岛禁猎区中生活的一群海象。

雄性海象体长可达3.5米（11英尺6英寸）左右，体重约1.5公吨。雌性和雄性海象的上端犬齿都可以长成长牙，但雄性的大一些。长牙能不断地生长30多年，最后可达1米多（39英寸），海象可用长牙将自己拉上浮冰，并使在冰上用来呼吸的孔道保持畅通。长牙也可用来在海底翻找软体动物，以及在繁殖季节与敌对雄兽斗争。

海牛和儒艮

- 海牛目动物（海牛和儒艮）也被称作海牛目水生哺乳动物，因为它们是惟一的食草性的海生哺乳动物，主要以海草和其他水生植物为食。
- 只生存于白令海的一种海牛，是惟一适应于冷水生活的种类。从1741年发现这种动物以来30年间，它几乎已被捕杀绝种。

海牛生存于热带和亚热带地区的大西洋及其临近水系的近海水域，而儒艮则生存于相同纬度的印度海、红海和西太平洋地区，体长可达约4米（13英尺），身体较重且呈流线形，到尾部逐渐变细，其前肢已变异成鳍，后肢则完全退化。尾巴扁平——儒艮的尾叶呈月牙形，海牛的尾叶是椭圆形，全身虽光滑无毛，但其口鼻处长有浓密坚硬的须毛。儒艮的上唇柔软而且突出，用以将一簇簇的海草连根拔起。雄兽从门牙长出獠牙。海牛的上唇深深裂开，每一半都可独立活动，有助于摄食。儒艮主要独居，而海牛则多群居，有时大群地聚集在一起。

生命科学

鲸、鼠海豚和海豚

▶ 鲸目动物（如鲸、海豚和鼠海豚），与其他各种水生哺乳动物不同，它们终生生活于水中。
▶ 大多数鲸目动物，为了寻找猎物，都使用一种与蝙蝠相似的声纳系统（回声定位）。它们发出高声调的吱咯声或敲击声，用以测定周围物体的位置。

鲸目动物可分为两大类：一种是齿鲸（如海豚、鼠海豚和大多数小型的鲸类动物）；另一种是须鲸，包括大多数海中巨鲸，如蓝鲸等。它们生存于世界上各大海洋中，以及一些与之相连的较大河流和湖泊里。它们和海豹一样，适应海洋生活。身体呈流线型，前肢为鳍，皮下有一层保温的厚脂肪。但是和海牛目动物一样，鲸目动物的后肢消失，形成一扁平的尾叶，这为它们提供了重要的推进手段。鲸目动物都是不同程度群居的，形成人们所知的鲸群。它们都长有牙齿，数量从一些喙状嘴鲸的一对到一些海豚种的多达260颗——对于任何哺乳动物来说都可以说是一项纪录。齿鲸主要以鱼类，章鱼和鱿鱼等为食。

齿鲸

大多数海豚的特点都是身体呈流线形，口鼻为喙状，喜欢群居，有时组成100多只的海豚群（不一定是一个种类），海豚群中形成了完善的社会等级制度。在齿鲸中，海豚体长一般可达2.5-4米（8-13英尺），最大的逆戟鲸可长到9米（30英尺）。海豚只产一个后代，和其他水生哺乳动物一样，出生时就已发育完好。幼兽出生时，通常尾巴先出来。然后由母兽帮助浮出水面，做平生第一次吸气。

海豚生存于印度、南美洲和中国（见右下图）的几个大的河系之中。其嘴喙状、前额修长。因为它们出生在泥泞肮脏的河流中，因此全靠回声定位来躲避障碍物和寻找猎物。有些海豚，如恒河海豚，没有视力。

鼠海豚是最小的鲸目动物。它们与海豚极其相似，但短小粗壮一些，口鼻不是喙状。它们一般生存于临海水域，常常沿着河流向上游做几公里的旅行。

抹香鲸是最大的齿鲸动物。雄性体长可达约24米（79英尺），大约是雌性的两倍。但是经

■ 一只座头鲸跃出靠近下加利福尼亚附近的洋面。它正在从阿拉斯加夏季的栖息地去往夏威夷的冬季栖息地的路上。

过两个世纪的疯狂捕杀，它们的身材大为减小。抹香鲸最显著的特点是，头非常大、呈方形，里面装有所有动物中最大的大脑，重约9.2公斤（20余磅），但是其中大部分地方充满着鲸蜡，有2000升（440加仑）左右——它们由此得名。这种鲸蜡精确地讲，到底有何功能，人们现在还不得而知。但可能与声音传播有关，或者潜水时用以帮助调整浮力。抹香鲸潜水可深达约1000米（3280英尺），水下停留可多达75分钟。它们主要以深水鱿鱼为食。

两种白鲸仅生存于北极临海水域，其中独角鲸长有一颗螺旋形的大长牙，可长达2.5米以上（8英尺3英寸）——有的与其身体一般长。实际上，这是一只巨大的伸长了的上门齿，但其确切的功能，人们尚不清楚。

须鲸

须鲸分为3科：北大西洋临海水域单一种的灰鲸科、3个种的露脊鲸科和6个种的鳍鲸科。虽然各种须鲸都身体硕大，但却以滤食小型水生生物为食。在各大海洋南部，磷虾（微小的浮游甲壳纲动物）构成其主要食物，但其他浮游生物，甚至小鱼也可成为其食物。

为适应这一特殊饮食，它们的牙齿已被数百个毛刷样角质薄片所代替，从口顶下垂，被称为鲸须。这些薄片的内侧为长纤维，排列在一起，形成筛网。摄食时，须鲸则吸进一大口海水，嘴半闭半开边缘，然后将舌向前压下，水被挤出，同时，磷虾（或其他食物）保留下来并被吞食。

这种饮食维持着巨大的蓝鲸的生命，蓝鲸的体长可达30米（100英尺）。它们只在夏季摄食，这时每天可消耗2吨以上的磷虾。

在鳍鲸科中，座头鲸比蓝鲸更具群居性，通常可见到三四只结成一群。和其他鲸科动物一样，它们迁移时数量非常多。它们从阿拉斯加沿岸夏季摄食地迁向夏威夷沿岸的热带水域中过冬，在那里生产前一繁殖季节里怀孕的幼仔、交配，并沉湎于他们自己著名的歌声中。这种复杂的歌曲常持续约10分钟，并可能不断

? 它们如何潜水

▶ 水生哺乳动物不仅能够在水下待上很长一段时间，而且可潜水很深。
▶ 宽吻鲸偶尔可在水下待到2个多小时，而抹香鲸潜水深度可达到1000米（3300英尺）。

潜水一般或时间长而浅，或时间短而深。对人类来说，最长的潜水时间仅几分钟。潜水很深后，返回水面要冒患上潜函病的危险——即血管中形成氮气气泡，阻止血液流向各个重要器官而引起的疾病。

潜水开始时，水生哺乳动物并不是深深地吸进一口气，而是呼出肺中气体使之萎陷。横膈膜以斜角横在体内，当动物潜水时，外部水压加大，柔软的胸腔内壁向内萎陷。横膈膜变平，把少量的剩余气体，从肺部挤进有坚硬内壁的呼吸道，这样潜到深处，水压达到最高时，所有气体都从肺中被排出，过量的氮气便不能溶解于血液中。潜水前排空气体还有一个优点，就是能够减小浮力。

水生哺乳动物通过减少对除大脑、心脏等重要器官以外的各个器官的血流量来限制对氧的需求，"剩余的"血液被储存到特殊的窦中。海豹的心率每分钟从86次可减到16次，从而降低了新陈代谢。水生哺乳动物的血液中携带的氧比陆生的要多。游泳肌在一种特殊的肌红蛋白色素中储存氧。游泳肌还可长时间地在无氧的情况下工作。当动物浮出水面时会重新输氧。

重复几个小时。它们这样做的目的，人们还不清楚，但似乎主要限于繁殖季节，并特定于不同的数量，可能是迁移时用来帮助识别和协调行动。

露脊鲸的称谓，是因为捕鲸者们认为容易捕杀到它们。它们比其他长须鲸粗壮一些，流线型较差，因此更容易被追上。它们头特别大，可容纳700块薄片状的鲸须。

■ 长江海豚只生存于中国的洞庭湖中，目前已被视为濒于灭绝的物种。

潜入水下1000米深处 ■ 一只大海象每天可吃掉多达3000只蛤 ■

小型哺乳动物

- 亚洲和非洲豪猪在背部长着许多坚硬的、保护性的毛刺，长度可达35厘米。
- 三趾树懒是世界上行动最慢的哺乳动物，平均每小时移动0.1~0.16公里。
- 水豚是世界上最大的啮齿类动物——大小和一头小猪差不多——体重可达50公斤。

啮齿动物

- 啮齿目是哺乳类中最庞大的类群，约1650种，分成28科；它们占已知哺乳动物种类的40%左右，遍布于除南极洲以外的各大洲。
- 许多栖息于沙漠的种类（例如澳大利亚鼠）可终生不饮水——所需的一切水分都是它们设法从所吃的种子和谷类中获取的。

啮齿类动物的身体结构完全一致。牙齿的排列也都很相似，上下颌各具一对门牙，后牙前具有空隙——无犬齿和前白齿。在所有的种类中，它们所特有的门牙终生连续生长。因为仅前面被有珐琅质，因此后面就容易受到磨损；上面一对门牙生长在下面一对之上，并经过不断的咬磨，门牙被磨得很尖锐。许多种类有口囊，可用以暂时贮存食物。啮齿类动物主要以种子、树叶、树根和其他植物为食。有些种类已特化，一般说来，啮齿类动物以很多种食物为食。大多数啮齿动物身材都相对较小，

■ 半水生的水豚只产于南美地区。

最大的是水豚，体重可达50公斤（110磅）或更多，但大多数体重不到1公斤（2.2磅），还有一些体重小于10克（1/3盎司）。

松鼠和类似的啮齿动物

松鼠生存于除澳洲外的大多数国家，但在亚洲种类特别多，亚洲种类中多数树栖，且行动敏捷。大多数松鼠目光敏锐，白昼出外活动。许多身体色彩特别鲜艳。有些种类（如美洲飞鼠）靠其前后足之间的一层薄膜滑行。

黄鼠普遍生存于北美洲，有些种类（如草原犬鼠）通常群居生活。草原犬鼠集大群生活，有时数量达到数百万之多，鼠群中实行着一种复杂的社会组织。旱獭是最大的松鼠类动物，体重可达7.5公斤（16磅）。和大多数啮齿动物不一样，旱獭有冬眠的习性。

在较大的啮齿动物中，两种河狸非常适于半水栖生活方式。潜于水中时，它可堵住耳和鼻孔。其后肢有蹼，尾巴扁平，呈桨叶状，为其游水提供了极好的推进和控制能力。

野鼠、家鼠及其近缘动物

老鼠和小鼠遍布于世界各地，它们的口鼻部较长，尾巴无毛并被有鳞片，属最成功、最具适应能力的哺乳动物。其繁殖力极强，雌性小鼠六周即可生育，每年产五窝鼠仔。无毛鼹形鼠科动物（不是长毛的鼹鼠，也不是老鼠）终生生活在地下洞穴中，以植物根茎为食。它们完全没有视力，善于挖土，可在土壤中啃出一条路来。它们行动时成群结队，存在着一种非凡的社会组织形式——和人们在蜂窠中见到的类似，有一个居支配地位、繁殖力极强的活跃雌性，雄鼠分成工作鼠和战斗鼠两类。

豪猪、豚鼠及其近缘动物

大多数豪猪夜间活动，以各种植物为食。它特具一根很长刺（特化的毛所形成），浓密地长在其背部及两侧。新、旧大陆种类外形相似，但大多数美洲豪猪是树栖性的。豚鼠，或称作天竺鼠，则是生存于南美的地栖性啮齿动物。它们大多群居生活，长得圆滚滚的，惹人喜爱，通称荷兰猪。南美洲水豚虽属不同的科，但这种最大的啮齿动物看上去像一只大型豚鼠，它是半水栖性动物，有部分蹼足。它也是群居

■ 鼹形鼠生活在撒哈拉沙漠以南非洲地区的狭窄地洞里。

动物，总是按家族生活在一起。

蹄兔

蹄兔（岩狸）不属于啮齿动物，而属11种与啮齿动物相像的小型草食动物。它们产于北非和西亚，身体强壮，尾短，口鼻部较短。

家兔、野兔和鼠兔

- 兔形目动物只分成两科：大约有40种的家兔野兔科，14种的鼠兔科。
- 兔形目动物的上颌具有两对门牙；只有一对起作用，而另一对很小，且发育不完全。

兔形目动物食草，具有喜食自身粪团的奇怪习性，从其中摄取额外的营养。它们生活于各种栖息地，但一般喜欢空旷的、长满青草的生境。其后肢强壮而且不成比例地大，使这些家兔和野兔可以迅速跳跃行动。它们的名称虽然使用得不够确切，但家兔通常是那些穴居的，生育既小又发育不完全的幼小种类，而野兔则指那些居住于低洼的兔穴里的种类，它们的幼仔出生时发育完善，眼睛已睁开，并浑身有毛。家兔和野兔特有的长耳朵除用以增强听力外，还可使居住于干燥炎热地区的那些种类，用以散发多余的热量。鼠兔，耳短而圆，身体浑圆，尾短而且无毛。它们在夏季里收集绿色植物，使之干燥，然后储存起来过冬。但它们没有冬眠习惯。西藏鼠兔居住在所有哺乳动物中最高的栖息地——喜马拉雅山脉，海拔6000米（20,000英尺）。

贫齿动物，穿山甲和土豚

- 穿山甲、土豚和贫齿动物——犰狳、食蚁动物和树懒——外表上有其共同点，即都缺少一些牙齿或没有牙齿。
- 牙齿的减少和退化与其特殊的饮食有关，除以植物为食的树懒外，它们主要或仅仅以昆虫为食，尤其多以蚂蚁和白蚁为食。

贫齿目动物大脑不够发达，而嗅觉区域较大（嗅腺对于捕获猎物至关重要）。脚上长有高效率的爪，可以用以挖洞或悬吊。穿山甲科（穿山甲和被有鳞片的食蚁动物）动物昼伏夜行，适于树栖生活。身上重叠的外鳞片可用作甲胄

■ 美国蒙大拿州的一只新大陆雌豪猪和其幼仔。

来保护它们。土豚独居于其他科动物之外的地方，可于地下用其鼻部寻找食物，并将其吞咽下去——同时仍可呼吸。

犰狳

犰狳有21种，分布于中南美洲，有一种（九纹犰狳）也分布在美国南部。它们的身材各异，濒于灭绝的巨型犰狳，约1.5米（5英尺）长。细小的铠鼹，又叫小犰狳，约15厘米（6英寸）长。身上长有像甲胄一样扁平的、由骨质构成的角质鳞甲，分成几段，覆盖着大部分或全部上身无毛的部分，包括头部和尾部。鳞甲散布在柔软的皮肤上，大多犰狳都可以蜷缩成一个球来保护自己。它们爪非常锐利，善于掘土，以昆虫、蠕虫和其他无脊椎动物为食，但其中有些也以植物为食。

食蚁动物

食蚁动物分布在墨西哥和阿根廷之间的热带森林和热带稀树草原之中。所有种类都没有牙齿，口鼻部尖细，舌具有黏性，用以捕捉蚂蚁和白蚁。前肢具有非常锐利的爪，用以撕破昆虫的巢穴。最大的种类是巨型食蚁动物，适于陆栖生活，体长达2米以上（7英尺）。小型的、有茸毛的（或特别矮小的）食蚁动物适于树栖生活，尾具缠绕性。

树懒

3种三趾树懒和2种二趾树懒分布于中南美洲的热带森林之中。它们行动迟缓,适于树栖生活,以植物为主食。它们几乎终生倒立,手足具钩状爪,用以悬于树枝之上。它们倒立着饮食、睡眠、交配和生育。

穿山甲

穿山甲(有鳞片的食蚁动物)与犰狳相似。但它们的甲胄是鳞片,而不是数节骨质鳞甲。4种生活在非洲,3种生活在亚洲。它们昼伏夜出,用每只前足的五只利爪撕破巢穴,以蚂蚁和白蚁为食。穿山甲身体尖细,头尖小,尾长而宽,身体上覆盖有大块重叠的角质鳞片,可在紧急情况下卷缩成一团。它们没有牙齿,但其胃内壁肌肉发达,并嵌有碎石,可碾碎昆虫。它们舌上肌肉根部固定在骨盆上;其舌可伸展,几乎可伸展到身长的一半。

土豚

土豚体长可达1.4米(4英尺6英寸)。主要生活在撒哈拉沙漠以南的非洲地区。白天待在挖空的地洞里,夜间出来寻找蚂蚁和白蚁;它用巨大的利爪掀开蚁巢,然后用其长而黏的舌吸取昆虫,其舌长达30厘米(12英寸)。

■ 和野兔有亲缘关系的鼠兔生活在亚洲和北美洲。

蝙蝠

▶ 人们已经描述过的蝙蝠有900多种,而且不时地发现新的种类。
▶ 蝙蝠是惟一能够真正飞行的哺乳动物。

蝙蝠的飞行翼膜,由每只手上四只极长的手指间伸展的皮膜组成。只有拇指闲空着,用来照料事情。柔韧的翼膜连在蝙蝠的踝关节上,在许多种类中,它还连在尾巴上。大多数都能够轻松地拍翅而飞,其他一些飞行时很有力量,可飞行很长的距离,一些迁徙种类的蝙蝠通常可飞行400多公里(250英里)。除了一些较寒冷的地区,蝙蝠几乎遍及世界各地。因为在夜间飞行,蝙蝠大多呈黄褐色,通常为棕色,身材大小各异。泰国的基茨猪鼻蝙蝠(一种鼻子似猪鼻的蝙蝠)差不多是熊蜂的大小,而果蝠翼展宽度超过1.5米(5英尺)。大多数蝙蝠以虫为食,一夜可吃大量的小昆虫,如蛾虫和蚊虫。在热带地区,大多数种类以花蜜和花粉为食。3种吸血蝠全部以温血脊椎动物的血为食,其前面中齿已变为两片三角形刀片,用它们在猎物身上切开一个小口,然后舐食血液。这种蝙蝠的唾液中含有抗凝血剂,可避免血液凝固。另有几种属食肉性动物。

澳洲和旧大陆热带、亚热带地区的果蝠(狐蝠)大多以水果为食,但有些也以花蜜为食。它们大多具有像狗一样的脸,许多是赤狐般的锈红色。大多数果蝠眼睛很大,主要依靠视觉生活。它们在黄昏和黎明时十分活跃,可飞行远至70公里(44英里)的地方去寻找水果。

大果蝠通常大量地群居在树顶,稍小一些的果蝠栖息在山洞顶上,聚居有时达900万只之多。它们常成群迁移,飞往适合的觅食地点,每群可有1000多只。除大多数果蝠种类以外,大部分蝙蝠依赖回声定位来导航,这是一种复杂的声纳系统。回声定位包括发出尖尖的叫声(大多超出人的听觉范围),然后凭直觉测量声音从阻碍物返回所花费的时间,通过这种方法,蝙蝠可在完全黑暗中飞行。

食虫动物

▶ 食虫目(鼩、鼹鼠和刺猬)分7科,由375种哺乳动物组成。
▶ 有些简单一些的动物形体似乎与原始的、未特化的原始哺乳动物相似。

食虫目动物个体一般较小,口鼻部细尖,牙齿简单,呈钉子状。四肢长有具五爪的指,

■ 津巴布韦的毛萨多纳国家公园里的一只穿山甲。

眼睛细小,足扁平。大多数种类生活在地面或地下,一般以昆虫为食,但也有一些属食肉性的。

鼩

食虫目动物中最大的家族是鼩,全世界大约有265种。鼩像小老鼠,体被密毛,鼻口部尖,大多为地栖。有一些种类适于水中生活;一些水鼩种类脚上长有硬毛穗,可帮助游水。特别小的白齿鼩是世界上最小的哺乳动物之一,重约2克(1/14盎司)。中非的甲壳鼩是最具弹性的动物之一,它具有坚硬的脊椎,非常有力,可承受一个成年人的重量,外表却不会受到破坏。

有些鼩唾液中含有毒素,虽对大型动物来说毒性较小,但可使像蚯蚓这样的无脊椎动物瘫痪。十分活跃,进食短而迅速。为满足能量需要,一般的鼩每天吃进的食物远远超过自身重量。鼩从不冬眠——积累足够的食物储备对它们来说是不可能的。

鼹鼠

鼹鼠大约有27种,仅产于北半球,适于地下生活和掘土,限于生活在土壤松软的生境地。它们的铲状前爪总是向外弯曲,四肢短而粗,

肌肉较发达。密被不具毛向的短绒毛,有利于在地道内进退。眼睛较小,几乎没有视力,鼻长且敏锐。鼹鼠主食是蚯蚓,这些蚯蚓都是在掉进它们的洞中被捉住的。它们将吃剩下的蠕虫前节咬掉,使之动弹不得,然后储存起来。

金鼹鼠

金鼹鼠有18种,仅产于非洲中南部。它们虽结构上与真正的鼹鼠相似,但关系不紧密。浓密的绒毛有光泽,使之呈金色或青铜色。有一些种类虽然没有视力,但是也在地面上猎食,不过通常仅在雨后或夜间进行捕食。大多数种类以无脊椎动物为食。

无尾猬

无尾猬有34种。其中,除了3种以外均产于马达加斯加和科摩罗。普通的无尾猬皮毛有刺,而带刺无尾猬的刺特别多,外表上与真正的刺猬相差无几。另外3种无尾猬——獭——产于非洲西部,外表与水獭十分相似。

刺猬

刺猬科主要有两类:东南亚的刺毛猬(鼠猬)和真刺猬。刺毛猬的身上无刺,但与真刺猬一样,口鼻部较长,但嗅觉迟钝,是最大的

■ 生长在热带雨林中的三趾树懒及其幼仔。

食虫类动物之一,体重可达2公斤(4.5磅)。真刺猬是非洲和欧亚大陆的土生动物,体被毛刺,有紧急情况时,蜷缩成一团以防御。以各种小型无脊椎动物为食,如蛞蝓、蜗牛、昆虫及其幼虫,还有幼鼠、鸟蛋和其他小动物等。欧洲以及罗马尼亚的刺猬有冬眠习性;大多南方的种类在夏季酷暑中会夏眠(变得不活跃)。

沟齿鼩

现存的两种沟齿鼩只生存于加勒比海的古巴和伊斯帕尼奥拉岛。它们与体大健壮的鼩相像,体重可达1公斤(2.2磅)。它们大多吃昆虫和水果,但也吃爬行动物和禽类。这两种动物均受到保护,但也存在着濒临灭绝的危险。

象鼩

所有种类的象鼩都只见于非洲,它们因其长而柔软的鼻子而得其名。觅食的时候,鼻子可以转动。其中最大的是身上带有交错色块的象,见于中非,体长约50厘米(20英寸),尾巴较长,仅次于体长的一半,以蚂蚁、白蚂蚁和甲虫的幼虫为主食。

灵长目

- 猩猩（号称"森林之人"）能从一棵树摆荡到另一棵树上，一般能荡到两米之外的树枝上。
- 狐猴的社会组织形式基本上是母系制——它们组成一个小群落，约有20几只成员，由雌兽带领，在雄兽臭迹所至的地盘内活动。
- 灵长目中最大的是东部低地的雄性大猩猩，站立时体高可达1.8米，体重达175公斤。
- 人与黑猩猩的蛋白质中氨基酸的序列有99%是相似的。

什么是灵长目动物

- 灵长目约有180种动物。身体大小从极小的鼠狐猴到巨大的大猩猩。
- 除人以外，灵长目动物主要分布在世界上的热带地区。

灵长目有两个亚目：原猴亚目（低级灵长类），包括狐猴、指猴、懒猴和眼镜猴；类人猿亚目（高级灵长类），包括狨、猴、猿和人。

灵长目虽种类各异，但作为同一个类群，具有某些共同点：动作十分敏捷，这与它们相对发达的大脑有关。它们的许多显著特点基本上可与其树栖的本性联系起来。虽然对于大多

大多灵长目动物通常是单胎或双胎。它们的生命周期和妊娠期较长。但是，灵长目最显著的特点，不在于妊娠期的长短，而在于其幼仔心理上对其父母的依赖所持续的时间——狐猴2～4年，猿猴3～4年，类人猿3.5～5年，人类12～14年，或时间更长。所依赖的时间长短似乎与大脑的体积和社会制度的复杂性相关。

人类与类人猿之间的相似之处虽早已被人们所认识，但是人们认为，这些相似之处多数属于巧合，不是建立在事实基础上的，因而不具有什么特殊意义。诚然，当林奈（见108页）在1758年把人类归入灵长目之时，人们普遍认为这是对人类尊严的重大打击，而且后来的分

大多狐猴（16种）体长约45厘米（18英寸）。卷尾狐猴尾巴蓬松，带有明显的黑白条纹。白天活动频繁，大部分时间待在陆地上。大狐猴是最大的狐猴，体长可达90厘米（3英尺），几乎无尾。与之有亲缘关系的马达加斯加狐猴，身材大约是它的一半，从一棵树可跳到很远的另一棵树上，距离可达10米（33英尺）。

懒猴、树熊猴和丛猴

- 懒猴科有11种——懒猴、树熊猴和丛猴（又叫夜猴）——分布在非洲和南亚地区。
- 懒猴科大多昼伏夜行，树栖性强。与狐猴很相像，只是它们又大又圆的眼睛更直视一些。

■ 印度中部坎哈国家公园的一只普通叶猴。

■ 亚马孙河流域上游地区的矮小狨。

■ 见于巴西和墨西哥森林中的蛛猴。

数陆生哺乳动物来说，嗅觉是最重要的感官，但灵长目动物——尤其是类人猿——具有发育良好的视觉系统，目光前视，视觉双目性（即立体感）；另外还具有特别细微的触觉，指趾端上有敏感的触觉垫，指甲扁平，无爪。正是这种视觉和触觉的进化，才使得灵长目动物——尤其是人——在行为上复杂多变。大脑发达，特别是大脑皮层非常复杂精细，使灵长目动物，尤其是高级灵长目动物（例如人类）在智力上有了较大的发展。

灵长目动物还有其他一些特点，如手足善于缠绕，这对于在树林中安全地活动至关重要，另外其拇指可与其他指相对，使其能自由活动并旋转。最早（始新世时期）产生的第一批灵长目动物——原猴亚目——虽然发育不尽完善，但这种缠绕能力使其在抓握东西时，不仅准确而且有力。

类一直把人列在一个单独的目中。在达尔文（见108页）的重大发现之后，人们才普遍接受了这一事实，即人类的的确确应归属于灵长目。

狐猴

- 狐猴有22种，分布在马达加斯加岛的森林之中，但在附近的科摩罗岛也可找到一些，可能是由人带去的。
- 最小的狐猴是7种鼠狐猴，头体长12～15厘米（5～6英寸）。

狐猴主要适于树栖生活，但也到陆地找食吃，主要以昆虫、小型脊椎动物、植物叶芽、嫩枝、树叶和树皮等为食。大多昼伏夜行。尾巴较长（大狐猴除外），通常比头体长度加在一起还长。每年繁殖一次，哺乳期6个月。雌雄性都具有臭腺，可用以标记地盘界限。

懒猴和树熊猴身体较小，不到40厘米（16英寸），无尾。虽行动迟缓，不善跳跃，但却精于攀缘。主要以昆虫为食，它们经常悄然靠近猎物，然后用手抓食。

相比之下，丛猴跳跃敏捷，尾巴长且蓬松。最大的一种是大丛猴，体稍长，可达37厘米（14.6英寸），加上尾巴长达47厘米（18.5英寸）。最小的一种是德米多夫氏丛猴，约10厘米（4英寸），外加15厘米（6英寸）长的尾巴。丛猴以各种昆虫和其他小动物，以及树胶和花蜜等为食。

眼镜猴

- 眼镜猴（眼镜猴科）有三种，关系十分密切。见于菲律宾和印度尼西亚，栖息于森林和其他茂密植被之中。
- 眼镜猴最显著的特征是眼睛非常大，直径达16毫米（2/3英寸）。

■ 仅有灵长目动物能握起拳头 ■

眼镜猴至多16厘米（6.4英寸）长，尾巴光秃，长达27厘米（11英寸）。臂短腿长，指趾端带有柔软的圆垫，使之能攀缘各种表面。它们善于跳跃，立地可跳远1.7米（5英尺6英寸），可跳高0.6米（2英尺），在树木之间可跳得远更高。

狨和小绢猴

▶ 类人猿中最小的是狨科动物（狨和小绢猴）——体长13-37厘米（5.25-15英寸），尾较长。
▶ 狨和小绢猴主要居住在热带森林之中，尤其是亚马孙河流域。

狨和小绢猴，以及卷尾猴科（见下文）都是在新大陆被发现的、仅有的非人类灵长目动物。这两科动物的鼻子均扁平，左右鼻孔距离较远，这与旧大陆猴截然不同（见下文）。头上长有簇簇毛发，手脚上均有爪，只有大趾带有扁平指甲。和所有类人猿一样，它们白昼活动（夜猴除外），主要是树栖性的，像松鼠一样在林间飞快地跳跃。食物广泛，包括坚果、昆虫、树皮及树汁等。它们成群地居住在一起。

旧大陆猴

▶ 旧大陆猴现有85种动物，包括猕猴、山魈、白眉猴等。
▶ 它们主要产于非洲和亚洲，栖息的范围要比南美猴广阔得多。

旧大陆猴四肢着地行走，鼻较窄，鼻孔朝前，其尾不具缠绕性。某些种类，如狒狒，通常见于干旱空旷的多岩石地区，虽也经常到树上睡觉，但大多在陆地上活动。日本猕猴是与人类不同的惟一灵长目动物，生活在冬季气温低于零度以下的纬度地区。

旧大陆猴一般比南美灵长目动物稍大一些，长有较重的鬃，臀部不生毛，有的颜色比较鲜艳。加里曼丹岛的雄性长鼻猴，鼻子巨大而且下垂，可长达18厘米（7英寸）。当它们发出巨大的、像汽车喇叭似的叫声时，鼻子会挺直起来。雌兽通常较小——有的只有雄兽的一半大小——颜色不太鲜艳，鬃较轻，甚至一点没有。旧大陆猴主要以植物性食物为主，但有些也吃昆虫和小动物等来补充饮食。

巨型猿

▶ 四种巨型猿都是现存的人类近亲，包括猩猩、黑猩猩、倭黑猩猩和大猩猩。
▶ 虽然大猩猩有好战的名声，但其实很少打斗，只是用注视、吼叫、捶胸顿足、把植物撕成碎片等方式恐吓对手。

树栖性的猩猩，只产于婆罗洲和苏门答腊岛等地的热带雨林中，是第二大灵长目动物，体重达90公斤（198磅）。雄兽比雌兽大得多，重得多。衰老时，面颊明显下垂。猩猩独居生活，或结成小家庭。主食是水果。

黑猩猩见于非洲，广泛分布在撒哈拉沙漠以南、刚果河东北部的林地和森林之中，而侏儒黑猩猩，或称倭黑猩猩，却只见于刚果河（即扎伊尔河）流域。与大猩猩和人类相同，黑猩猩主要是陆生动物。黑猩猩和大猩猩都用其掌指关节行走。黑猩猩非常机灵，是群居性的动物，能使用各种手势和发音来进行交流。它们生活的群落组成不一，有时多达50只。基本以植物为食，也吃昆虫、鸟蛋、小型的鸟类和

■ 一只显露着五颜六色斑纹皮毛的雄性山魈。

■ 赞比亚北部地区的一大一小两只黑猩猩。

■ 婆罗洲的树栖性的猩猩。

新大陆猴

▶ 卷尾猴科（新大陆猴）现有31种动物，包括卷尾猴、吼猴、蛛猴和兔猴等。
▶ 新大陆猴大多只分布于南美洲的热带森林之中，主要是树栖性的。

除额猴以外，新大陆猴均尾长而且具有很强的缠绕性，其尾在森林中跳跃时起着第五肢的作用。其尾通常还具有其他特点，例如可有助于抓住蛛猴尾部下面坚韧的皮肤等。它们的身材大小各异，从与狨相当的松鼠猴，到巨大的吼猴，吼猴体长可达80～90厘米（31～35英寸）。吼猴以其强劲有力的吼声而著称，人们在3公里（2英里）之外的地方都能听到其吼声。雄性吼猴的巨大吼声可持续半小时，以发出信号，说明它已占领某一个地盘。新大陆猴均群栖，群落之间可利用许多看得见听得着的方式进行交际。它们主要以素食为主。

长臂猿（小型类人猿）

▶ 长臂猿有9种，产于东南亚和印度尼西亚的森林中。
▶ 最大的长臂猿是合趾猿，体长90厘米（3英尺），两臂伸直可长达1.5米（5英尺）。

所有类人猿科动物，上下颌均比较突出，无尾，但身材修长。敏捷的长臂猿在其他方面与强壮有力的巨型猿却大相径庭。它们身材较小，却是所有哺乳动物中最适于穿梭于森林树荫中的动物。它们用极长的胳臂和钩状的手在树枝之间跳跃，开裂的拇指和大脚趾可以有力地和其他指趾相对，使之身手异常敏捷。

大多数雄性长臂猿具有可膨胀的喉囊，用以增大其音量。大声吼叫无论是家族内（通常2～6只）交流，还是确定其地盘的限界都是至关重要的。它们主食水果，也吃植物、蛋类、昆虫和其他小动物。

哺乳动物等各种食物。它们会用棍棒为工具，把白蚁和蚂蚁从其窝堆中挖出，或向来犯者投掷石块，还会用树叶像海绵一样把水吸上来。它们筑巢而卧，每夜建造一个新居，幼仔与母亲一起生活三年左右。

大猩猩是最大的灵长目动物，见于刚果河流域的森林中。还有一些山中大猩猩散居在卢旺达和刚果河（即扎伊尔河）之间的山坡上。站立时，它们比黑猩猩高不了多少，但却健壮得多，一只雄性大猩猩胸围可达175厘米（70英寸），体重达275公斤（606磅）。虽然雌性和其幼仔善于爬树，但雄性因其身材巨大而很少攀援。大猩猩生活在紧密结合的群落之中，每个群落约有12～14只，由一只银背大猩猩（一只雄性成年大猩猩，如此称呼是因其毛发已开始变成银灰色）带领。大猩猩几乎专门以植物为食；和黑猩猩一样，它们也是每晚筑一新居而卧。

■ 黑猩猩偶尔捕捉狒狒和疣猴 ■

人体

- 人全身最长的骨是股骨，又叫大腿骨。一个身高1.8米男子的股骨可达50厘米长。
- 人体内最粗大的动脉是主动脉。主动脉管在与心脏交接处直径为3厘米。
- 空腹时，人胃的容积是0.5升，但可膨大到1.5升，以容纳一大餐食物。
- 人体每天分泌7升消化液进入消化道。
- 普通男子一年中可产出大量精子，足以使世界人口总数增加四倍多。

骨骼

▶ 骨骼支撑着人体的各种软组织，并赋予人体以基本轮廓。

▶ 儿童约有300块骨，但有一些后来融合成一体，因此成人只有206块骨。

骨骼除赋予人体轮廓之外，还有其他一些作用。骨骼保护着人脑、心脏等内部器官，以避免受到伤害；和附着于骨的肌肉一道，使人体产生各种动作。另外，骨骼还起着储存钙和磷等矿物质的作用。一些骨中含有称之谓骨髓的物质，负责制造生命所必不可少的数以万计的红细胞。

骨是一种活的器官。骨细胞通过包在骨的空腔内的血管接受血液所提供的氧和葡萄糖等营养成份。骨的表面质密坚硬，而骨的内部是骨松质，含有红骨髓间隙，红细胞在这里合成。在肋骨、骨盆和胸骨内的红骨髓细胞产生红细胞。在人体长骨中有黄骨髓，含有很多脂肪；它的作用是储存能量。

骨与骨之间由韧带相连。肌肉靠肌腱与骨相连。韧带和肌腱都是由软骨组成，这个软骨被食肉者称作脆骨。

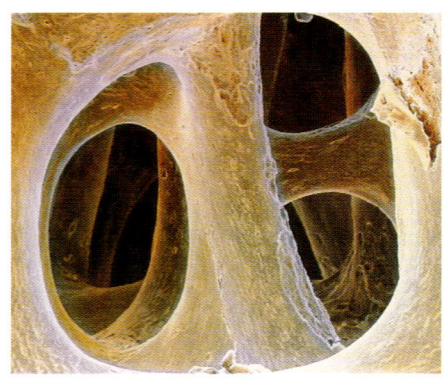

■ 长骨，如股骨，由两种骨质组成：外骨密质和内骨松质（海绵状）（图右所示）。骨松质呈蜜蜂巢状，由骨小梁排列而成——骨小梁是一种雕纹状骨柱，形成腔洞。活组织中含有骨髓。

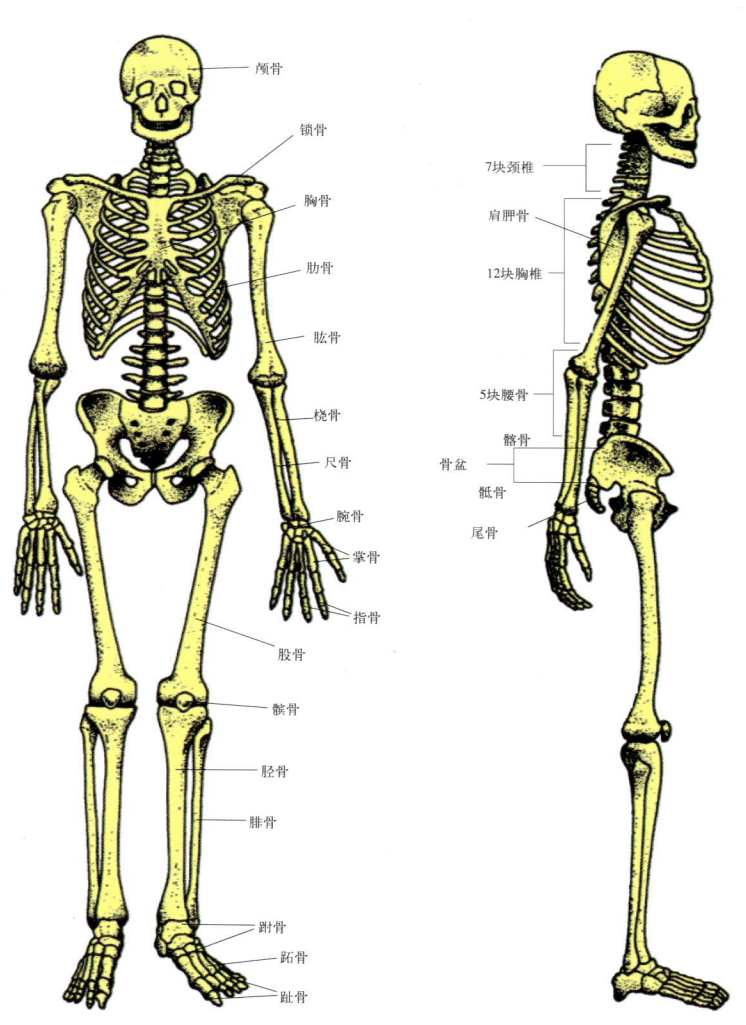

■ 人体骨骼的正面和侧面图，并标明主要骨骼。人体骨骼约有206块，约含人体中钙、磷成分的2/3，约占人体重量的1/6。

▶ 关节的分类

骨与骨之间相连，形成关节，主要有6种类型。关节所能活动的程度由两骨相对面和它们之间的关节腔以及滑液等决定。

球窝关节

髋关节属球窝关节。球状关节头插入关节窝。关节头较大且平滑，被软骨覆盖，由滑液润滑，可向四面运动。

鞍状关节

腕关节属鞍状关节。可向许多方向运动，使手腕极其灵活。

滑车关节

膝和肘关节属滑车关节，只能水平运动。

椭圆关节

手和指、脚和趾之间的关节，呈圆形或椭圆形。可作环转和收、展运动。

车轴关节

车轴关节主要限于作旋转运动。第一颈椎——寰椎（因其支撑头部重量而得名）——与第二颈椎，即枢椎，相连接，就构成车轴关节。寰椎的圆环与枢椎牙齿状的栓之间产生运动，可使头部旋转或越过肩部看事物。

平面关节

平面关节，如骨盆和脊椎的基部之间的关节（称之为骶髂关节），运动十分有限。但在妊娠期内，骨盆作扩张运动，以给胎儿提供空间。

生命科学

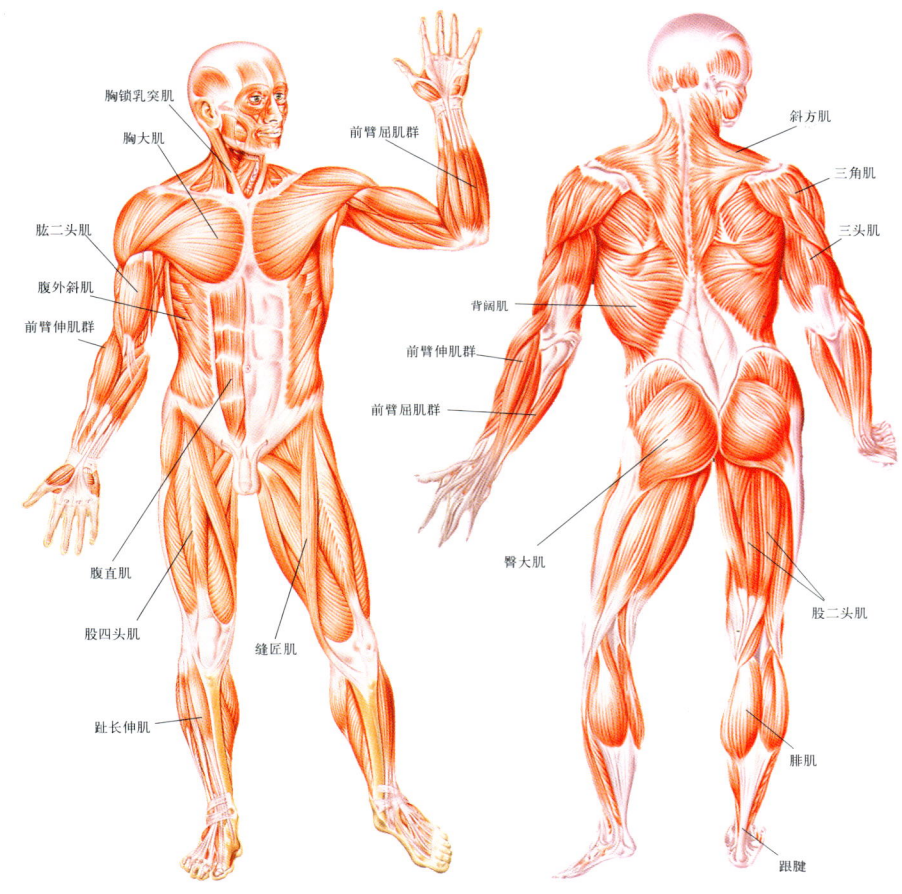

■ 人体骨骼肌正面和背面图，并标注了主要肌肉名称。白色为肌腱，使骨骼肌（红色）——又称随意肌——附着于人体骨骼上。骨骼肌占体重的45%以上。

肌肉

▶ 肌肉占人体的30%。
▶ 人体有600多块肌肉，可随人的意志而收缩。如果它们拼凑在一起的话，可负担25吨的重量。

肌肉基本上有两种：一种是能自我控制，称之为随意肌、横纹肌或骨骼肌；另一种是不可控制的，称之为平滑肌、自动肌或非随意肌。心脏肌肉虽然也不受人直接控制，但通常另外分类，称之为心肌。

随意肌

随意肌由具有外膜的细长细胞或纤维组成。在显微镜下，肌纤维显出或明或暗的横纹，因此有时被称为横纹肌。大脑发出动作信号，由神经传递到肌肉，肌肉便随之接受运动神经细胞释放出的乙酰胆碱信使化学分子，从而引起收缩。肌纤维含有两个蛋白质分子，肌纤蛋白和肌凝蛋白，并缩在一起，便可引起收缩。像肱二头肌这样的肌肉，完全收缩时，可收缩50%的长度，使胳膊产生有力的运动。这样的运动由分子ATP（三磷酸腺苷）来提供养料。因此，人的每一个动作都是由数千个，其中包含数以百万计个分子同时活动的肌纤维互相合作而完成的。

人们虽然可以直接使随意肌收缩，但却不经常这么做。通常的做法是指导一个动作，比如上楼梯。这样一个命令起动整个肌肉群协调一致，从而共同地完成某个动作。

不随意肌

不随意肌或称平滑肌，主要分布在消化道的管壁、呼吸系统、尿道和生殖管道里。它也是小动脉中间层的主要组织，决定着这些血管的直径，从而调节血流阻力，控制输送到各个组织和器官的血流量，并借以控制血压。

眼部不随意肌通过调节瞳孔的大小控制进入的光量。当我们感到寒冷或恐惧时，皮肤上的平滑肌会使上面的毛发竖立起来。

这类肌肉结构简单，但具有非常强的收缩能力。在生育当中，子宫中的平滑肌有力地收缩，将胎儿生出。排便和呕吐时，消化道中的平滑肌也进行有力地收缩。

心肌

心肌的结构比较独特。某种特殊纤维构成传导系统，借此将电脉冲传给其他纤维，引起心脏连续有节律地收缩和舒张，推动血液在心脏中往复流动。

循环系统

▶ 心脏和血管组成一个封闭式管道系统，血液就在这个系统里不断地循环流动。
▶ 心脏是非常有力的肌肉，根据活动量，每分钟可收缩60～200次。

心脏内部被隔成左右两个部分，左右两部分又被隔成两个腔，心房和心室。右心房接受从全身其他的部分回来的血，将血流入右心室，右心室再将血输送到肺部（肺循环）。氧合血接着又流回左心房，再流入左心室，左心室将血液流入全身（体循环）。

血液由心脏推动而全身循环，将氧和养料（包括葡萄糖）送给细胞，再带走细胞产生的水和二氧化碳等废物。为保证血液按一定方向流动，心房和心室之间，心室和血管之间的开口都有瓣膜保护着。

离开心脏的血管叫动脉。肺动脉进入肺部，主动脉进入全身各个器官和组织中。离心脏远的部分，分成越来越细小的动脉。管腔断面呈圆形，管壁较厚，平滑肌比较发达。小动脉最后便成为毛细血管——极细微的血管。通过它们，氧和其他物质在血液和组织液（血管之间细小孔道流出的液体）间进行转移。同时，二氧化碳和其他废物离开组织液，进入血液。随后，毛细血管会合，形成越来越粗的血管，叫做静脉。静脉的管壁薄，形状不定。静脉通常具有帮助来自身体下部的血液克服重力向上流动的静脉瓣。最后它们汇成两支大静脉——上腔静脉和下腔静脉——使血液流回右心房。

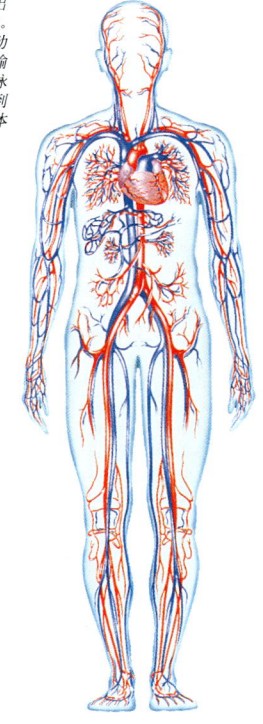

■ 人体循环系统显示出心脏位于人体中部上方。肺内血管位于两边。动脉（红色）将氧合血输送到全身各部，静脉（蓝色）将脱氧血送回到心脏。普通成年人的体内含有5升左右的血液。

人类繁殖

▶ 婴儿由母亲的一个卵子和父亲的一个精子结合后发育而成。
▶ 精子携带23条染色体（含脱氧核糖核酸（DNA）基因的丝状体），由精子和卵子结合而发育的每个细胞含有46条染色体。

出生前，女婴就拥有足量的卵子，或叫卵细胞，储存在卵巢当中——卵巢为两个生殖腺，成年女子的卵巢大小与鸽蛋相似。只有一些卵子会成熟，并可能受精。

男子拥有大量细胞，成年后，将产生精子。睾丸中精子产出的速度为每秒1000个。

每个精子起初有46条染色体，但成熟后，就会脱落一半（这个过程需要花费74天）。若精子失去Y染色体，然后卵子受精，那么产下的婴儿就是女孩；如果失去X染色体的话，那么产下的婴儿就是男孩。一个成熟的精子的长度还不到0.05毫米（1/500英寸）。

排卵

卵子每月成熟一个，从其保护卵泡中脱离，由一支输卵管的纤毛推出。沿输卵管到子宫的行程为4天，它只有几个小时时间处于受精状态。若没有受精，它就会被排出体外。很快就会脱落。

性交与受精

性交中，勃起的阴茎插入阴道，有节奏地运动导致性高潮并射精——一种含有精子的营养液体。精子靠其丝状尾巴的快速运动在液体中漂浮。精子的头部储有葡萄糖，为其游向卵子提供能量。精子以每小时3毫米（1/8英寸）的速度从子宫颈游向子宫顶部两条输卵管的开口处。若在一个输卵管中有一个卵子，就会有几百个精子经过大约6小时行程与这个卵子相遇。但只能有一个精子进入卵子。精子尾部脱

■ 受精过程图解，显示惟一精子进入卵子。

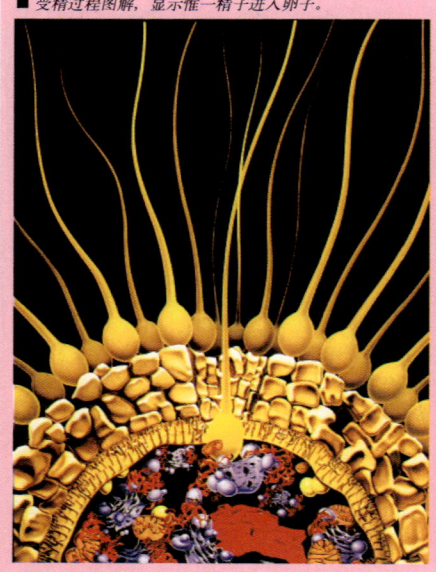

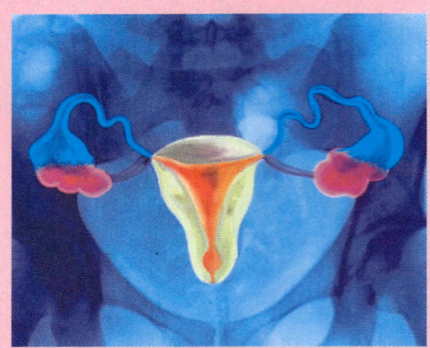

■ 女性生殖器官的X光彩色照片，显示排卵的卵巢（粉红色），和将卵子送到子宫（红黄色）的输卵管。在子宫中，卵子可能着床并发育成胎儿。

落后，与卵子融合，产生一个叫做合子（受精卵）的单细胞。

细胞分裂和胚胎着床

在受精后的几个小时内，受精卵（合子）就开始分裂。受精后3天，受精卵已分裂3次，产生8个细胞。4天后，含有16个细胞的受精卵便进入子宫。

在进入子宫3天之后，受精卵便植入子宫壁。现在我们称之谓胚泡，有0.1毫米（1/250英寸）大小。其细胞变成两类——胚细胞（最终发育成婴儿）和胚胎滋养细胞（以后成为胎盘）。胎盘是婴儿发育的营养供给系统，带来氧和养料以维持其生长，并将二氧化碳和其他废物由脐带排出。

5周时，胚胎仅1厘米（2/5英寸）长。但已能看出它的眼睛、心脏、肝脏以及其他器官的雏形。发育中的婴儿在整个过程中都生活在羊膜水囊里，里面充满羊水。7周时，软骨中产生第一批骨细胞。这时它可以算作是胎儿了。14周以前，胎儿为6厘米（$2\frac{1}{3}$ 英寸）长，24周时大约30厘米（12英寸）长。

分娩

由于母体和婴儿体内激素信号的相互作用，子宫开始一系列强烈的收缩，这时婴儿就出生了。分娩期可分成三个比较明确的阶段。

第一阶段，子宫肌壁逐渐积聚力量，加快收缩的频率，直到子宫颈充分膨胀。这个阶段时间最长，第一胎平均需要8～10小时。

第二阶段稍短（1/2～2小时），婴儿顺着产道（子宫颈和阴道）而下并出世。这个阶段宫缩迅速有力。母亲靠其强烈生产的欲望，或者说靠其腹肌的推动，帮助婴儿出生。

第三阶段是取出胎盘或胞衣。

在婴儿出生后不久，激素含量的变化促使母亲的乳腺开始分泌乳汁。

免疫系统

▶ 被人们称之为淋巴细胞的白血球，是构成人体免疫系统极其重要的组成部分之一。
▶ 如果出现感染，淋巴细胞就会增多，引起腋窝和颌下等处腺体肿大。

最终变为淋巴细胞的细胞来自于骨髓，其中一些经血液到颈部的胸腺，在此它们成熟为T型淋巴细胞。胸腺能确保只有那些能识别外源蛋白质（例如与体内蛋白质相抵触）的T细胞，才被释放进循环系统。然而，一些未成熟的细胞待在骨髓里继续生长，从而成为B淋巴细胞。一旦成熟，T细胞和B细胞就会通过血液移入脾、淋巴结和其他淋巴组织的成分中，例如扁桃体。

脾是位于身体左侧、横膈肌下方的一个器官，其作用之一就是从血液中过滤出循环于体内的微生物。淋巴结遍布于全身，主要功能是过滤淋巴液——一种从人体组织中排出的无色透明液体。淋巴液在淋巴系统的管道中集聚起来，最终再返回到血液中去。这首先要经过淋巴结，淋巴液中的所有微生物或癌细胞在此被过滤出去。

人体利用两种血液细胞抵御外来侵害，一种叫吞噬细胞，像变形虫一样，可从毛细血管细胞间空隙中挤出，并吞噬细菌；另一种产生蛋白质分子，叫做抗体，可将异体细胞和病毒等粘附在一起，形成凝块，然后再由变形虫状的白细胞吞噬掉。

呼吸系统

▶ 呼吸是血液在肺中充氧的过程——人体各组织产生氧和二氧化碳，而二氧化碳则在肺中通过血液被清除。
▶ 若将人的肺展开的话，表面面积可达100平方米（1076平方英尺）。

空气经鼻腔和口腔进入人体的呼吸系统，然后往下进入气管中。气管在肺中分支越来越小的细管，或称细支气管，最后形成肺泡。

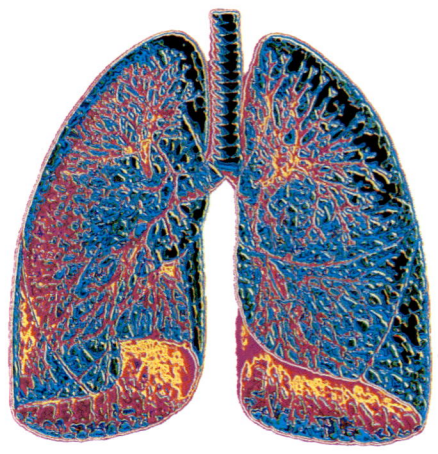

■ 人的肺和气管（中央上方），气管将空气吸入呼吸系统。气管分成两个支气管，它们又在每一叶肺中分成更小、更细的支气管，最后形成小气囊，即肺泡（由于太小，图中看不到）。

■ 人类的肠约9米长 ■ 人类的脱氧核糖核酸

氧在这里进入纤细的毛细血管,而血液中二氧化碳则被清除,并呼出体外。

以上均是肌肉收缩所产生的结果。吸气时,两组肌肉收缩,一组是把胸腔和腹腔分开的横膈肌,另一组是位于两肋之间的肋间肌。这些肌肉的收缩使胸腔的容积增大,导致肺部膨胀,将空气吸进来;当肌肉停止收缩,它们便被动地松弛下来,肺又重新缩小,将空气排出(即呼气)。

消化系统

▶ 胃肠道是一条长约9米(30英尺)的管道,自口腔经全身一直通到肛门。
▶ 食物饮料由消化系统分解后,释放出微小的分子(水、氨基酸、糖、脂肪、无机盐和微量元素),然后进入血液,所有细胞都可在此吸收它所需要的营养成分。

食物经由牙齿切碎后,与唾液混合在一起。唾液中含有酶,开始将淀粉分解为糖。然后食物往下经食管,进入到酸性环境的胃中,暂时储存食物,同时将食物搅拌成半液体状态的食糜,然后慢慢地流到十二指肠。

消化大多在十二指肠中进行。酶由胰腺分泌出,进入到十二指肠,它可将蛋白质分解为氨基酸,脂肪分解为脂肪酸,甘油和多糖分解为葡萄糖和果糖。所有这些都由回肠内壁(小肠的一部分)所吸收。小肠长7米(23英尺),内壁长满无数的手指状的凸起物(绒毛),这使它的表面积增加到一个网球场大小。葡萄糖、果糖以及氨基酸等在这里被血液所吸收,并带到肝脏。脂肪酸、甘油等被吸收进淋巴系统,随后再进入血液。

不能被消化的物质进入到结肠(大肠)。大肠长约1.5米(5英尺),它的作用主要是将大部分残留下来的水分清除掉。有些化合物在大肠中被细菌发酵,其他废物经直肠排泄为粪便。

神经系统

▶ 神经系统是一巨大、复杂的网络系统,调节人体生命的各个方面。
▶ 中枢神经系统由脑和脊髓组成,控制着人体各系统的活动——其作用主要是感觉和随意运动。

中枢神经系统通过12对脑神经和31对脊神经与周围神经系统交换信息。脊神经与脑和脊髓相连。这些神经纤维最终分布于人体各个部位。

人体还具有自主神经系统,被称作不随意神经系统,因为它的作用在于调节人体各种生理活动。一般来说,这些生理活动中,不存在有意识的信号输入,它们包括呼吸、心率、血流、体温调节、消化腺分泌以及排泄等人体日常生理机能。

神经细胞

神经系统的基本功能单位是神经细胞,或称神经元。在中枢神经系统中,有数十亿个神经元。它们的外形和大小完全不同,但互相之间发生电化性的影响,构成一个复杂的电路网络系统,要比最先进的电子计算机复杂得多。

神经元由神经元细胞体和突起两部分组成,后者又分为轴突和树突。轴突是神经元细胞体最长的突起——神经元的"主线"——它向外发出信号。轴突可从中枢神经系统一直延伸到指趾上,与之影响的肌肉相连接。轴突就像电话线一样,中间有电子导体,外面包有绝缘层。短的轴突流畅、缓慢地传导冲动——每秒约1米(39英寸)。长的轴突传导得非常快,可达每秒100米(328英尺)。树突,数量不等,一般是较短的、分支的、线状延伸的神经细胞,它们接受其他细胞传来的信息。

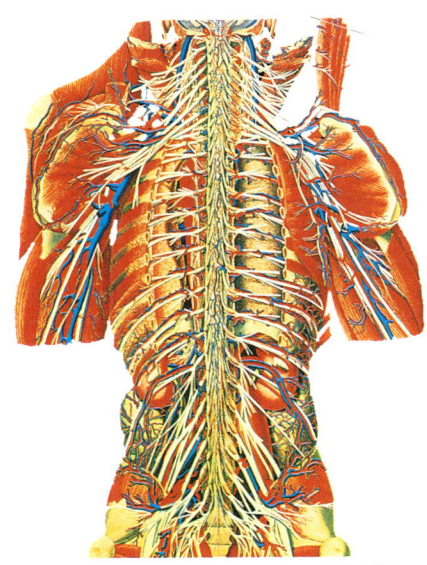

■ 图片显示人体的脊髓和脊神经,红色和蓝色的血管以及后肾上部的红色肌肉。脊髓是垂直而行的大量(黄色)神经纤维。最下面的9个神经供给腿部,形成一个称为上部骶神经根的枝状物。

内分泌系统

▶ 内分泌系统与神经系统一起,可使细胞之间相互传递信息。
▶ 内分泌腺是一些细胞群,它可产生化学信使分子,称作激素,直接进入人体血液。

内分泌系统由内分泌腺组成,分布于人体的各个部位。内分泌腺可产生化学物质(激素),它们通过血液被运输到远处的人体各组织,对这些组织的活动起着调节作用。激素在机体调节方面基本上有4个功能:生长发育、体能调节、体内环境调节和生殖。

激素,例如胰岛素,主要调节人体中葡萄糖的含量,肾上腺素,主要调节人体的应急反应。人体从头到腹股沟大约有10条腺体。产生和分泌激素,包括位于大脑底部的垂体(分泌至少9种不同的激素)、颈部的甲状腺、女子的子宫或男子的睾丸等。有些腺体可调节血液中化学物质的含量,另一些和大脑的神经信号相互作用。

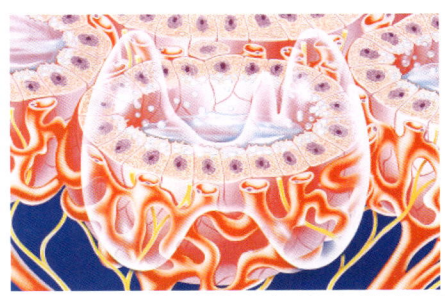

■ 图片显示甲状腺的细胞结构(中间示意图)。甲状腺主要调节人体的新陈代谢和生长发育。毛细血管(红色)包着的小圆囊(紫色)分泌激素(浅蓝色),进入中间的腔中储存起来。

泌尿系统

▶ 血液从心脏流出后,有25%被肾吸收。每天虽有1000升(260加仑)血液被过滤,但仅约1升(1/5加仑)被排泄为尿液——其他999升被重新吸收。
▶ 肾将多余水分从人体中排出,而且每天将血液过滤300多次。

体内发生的许多化学反应可产生一些化合物,如果积聚在一起,可能对人体有毒害作用。因此必须将血液净化后,把其中有害废物排出体外——这就是肾的功能。每只肾有一百万个微小的过滤单位(肾单位),每个单位一次过滤一滴血液。肾中的毛细血管的压力很高,迫使血中的液体部分经管壁流出,血细胞和蛋白质较大,不会从管壁空隙中挤出,从而保存下来。滤液中的大部分,像水和葡萄糖、盐等有用溶质进入毛细血管被重新吸收。

这个过程中的残余物——尿液——含有多余的盐分和尿素。由肾流出的尿液进入膀胱中储存起来。实际上,尿液在膀胱中只占25%的时候,膀胱就感觉装满了。如果排尿被延迟,膀胱壁上的肌肉和神经会临时停止向大脑传递信号,所以人可以选择排尿的时间,而不必等充满时自动地排尿。

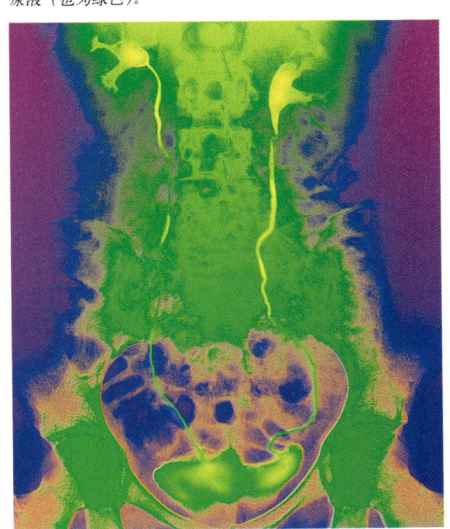

■ 人体肾脏(上方的绿色分支结构)的X光照片。肾和膀胱由一支细长的输尿管(绿色)连接在一起。膀胱中存有一些尿液(也为绿色)。

传染病

- 人们所知最早的传染病是麻风病,症状是皮肤麻木,周围神经彻底毁坏,以致感觉丧失。此病最早在公元前1350年的古埃及就有记述。
- 1664～1665年流行于伦敦的大瘟疫使1/6的人口丧生。鼠疫是流行于啮齿动物身上的一种疾病,主要通过蚤咬和空气传播给人。
- 传染病中的不治之症有:克—雅二氏病(CJD)、艾滋病、拉沙热、白喉和脊髓灰质炎。
- 目前,艾滋病是世界上研究最为广泛的传染疾病,此病于1981年首次在美国加利福尼亚州的洛杉矶被发现。
- 早在公元前10世纪,人们就在埃及的一具木乃伊上找到了肺结核的证据。

传染病是生物体在其他生物体中生长、繁殖引起的病变。生物体通过分泌毒素,或者破坏、吸收、毁灭其他生物体中的部分或全部细胞结构引发病变,这种有害的生物体大多比较微小——病毒、细菌和原生动物——但有一些比较大,例如,真菌、蠕虫、昆虫等。多年来人们一直认为传染病在不断减少。但是近几年,现代抗生素所产生的抗药性,以及艾滋病、克—雅二氏病等新型疾病的出现,均已表明这些病原体仍对人体健康构成巨大的威胁。传染病主要有以下几种传播途径。

通过被感染的由鼻、喉、肺或唾液形成的飞沫,以及皮屑形成的尘埃等在空气中传播。

通过食物或水中含有被感染的粪便或尿液等物质,造成污染传染。

通过与传染病人的密切接触直接传染(接触传染)。

通过性交、肛交或口交等性行为传染。使用避孕套可减少感染的危险。

通过注射受感染的血液或血制品,或者使用没有良好消毒的器械等在血液中传染。血液传染在血友病患者和静脉注射吸毒者之间比较常见,偶尔文身或针灸也可能造成传染。

通过注入受感染的动物汁液而造成动物传播感染。如疟疾(由蚊虫传播)和腺鼠疫(由跳蚤叮咬传播)。

■ 大肠埃希氏菌,通常叫大肠杆菌的彩色放大照片。这种微生物常用于遗传工程试验。中间的一对正处于二分裂后的分离过程,即一个细菌分裂成两个的过程。大肠杆菌一般存在于人体肠道里,但在某些情况之下,可引起感染,对人体有害。

艾滋病

艾滋病——亦名获得性免疫缺陷综合征——于1981年首次发现于美国洛杉矶。引起此病的病毒于1983年已被分离出来,叫做HIV毒(人体免疫缺陷病毒)。艾滋病迅速在西方各国蔓延,已播及非洲和东南亚部分地区。

这种病毒侵袭人体中一种特殊的白细胞(辅助性/诱导性淋巴细胞),最终引起免疫抑制(抵抗感染能力降低)。病毒也可能侵袭神经系统,引发精神分裂症。染上艾滋病毒的人,一般不会立即患上艾滋病。但一旦发生,通常呈现出严重的继发性感染,一般两年内就会死亡。

目前,随着艾滋病治疗技术的不断提高,为那些感染上病毒但尚未发展成熟的艾滋病患者提供了希望。配合某些新药进行常规疗法似乎可以减少在血液中循环的病毒数量,以此防止破坏机体的免疫能力。

炭疽病

炭疽病是牛、羊和马等体中血液中毒的一种形式,一般是致命的。处置和加工感染后的动物躯体的兽医和屠夫,或者动物皮毛或骨粉的人,患上此病的可能性很大。

霍乱

霍乱是一种急性肠道传染病,可引起剧烈吐泻、脱水等。此病是由饮用和进食受霍乱弧菌感染的水和食品所致,这种菌常见于粪便中。接种疫苗有效时间是6～9个月,之后需用辅助药剂。

感冒(鼻炎)

至少40种不同的病毒可引起打喷嚏、咳嗽、嗓痛、流眼泪和鼻涕、头痛和轻度发烧等。这些病毒既可通过空气又可通过直接接触而传染。

克—雅二氏病(CJD)

克—雅二氏病引发可能在衰老前就出现痴呆症。感染病原体叫做朊病毒,这种病毒似乎比一般病毒要小并且简单一些。

人们最近又发现了一种新型的克—雅二氏病。许多科学家认为这种克—雅二氏病与曾流行于英国的疯牛病有某种直接的联系。疯牛病是由于进食受感染的牛肉所致。

食物中毒

大多持续时间较短的食物中毒病例(胃肠炎),是由于病毒性胃肠炎引起的。最常见的病因是人轮状病毒(一种3岁以下婴儿特别容易感染的病毒)感染所致。细菌性胃肠炎可由多种细菌引发,包括沙门氏菌、利斯特菌以及比较罕见的肉毒杆菌(常可引发肉毒中毒致命疾病)。生肉、禽类和蛋类可能感染上沙门氏菌。这种菌可在深冻状态下存活。如果没有彻底解冻,或烹调时间和温度不够,则烹调后的食物仍然存在感染的菌群。这种食物在被食用12～48小时之后,通常开始出现腹泻、发烧和呕吐等症状。其他种类的食物中毒,是由于感染病生物体所分泌的有毒化学物质所致,而不是受生物体本身感染所致。这种感染通常在进食1～6小时之内便发作。例如,葡萄球菌毒素(通常存在于受感染的奶油,有时是肉类或禽类等)和芽胞杆菌(存在于油炒米饭中)毒素。各种胃肠炎均可通过提高食物制作卫生标准,以及提供清洁用水等来避免。

腺热

腺热——传染性单核细胞增多症——是由EB病毒感染所致。传播途径是直接接触。由于这种疾病的患者主要是青年人(15-25岁),所以流行一种理论,就是由于接吻所致。最初症状是嗓子特别疼痛,通常在扁桃体表面生成一层厚厚的白色覆盖物。其他特征有发烧、颈部淋巴腺肿大,有时也伴有肝脾肿大。在完全康复之前,这种肿大可持续10多天,接着会出现极度疲劳和轻微抑郁等症状。

肝炎

肝炎通常是由一种病毒引起的,也可能因酗酒和大量吸毒而致。病毒性肝炎又分成甲型肝炎、乙型肝炎和非甲非乙型肝炎等几种。

预防性肝炎疫苗接种对于预防肝炎效果非常明显。但只要发生感染(轻微的甲型肝炎除外),便有可能致死。

单纯疱疹

常见的单纯疱疹有两种，均是由直接接触所产生的一种病毒感染所致。

最常见的是I型病毒所致的损害，叫唇疮疹——通常在嘴唇和鼻子周围出现令人疼痛的小水疱，消退前可持续几天。随后这种病毒可能潜伏，当遇到再度感染、外伤、情绪低落、暴露于阳光下等情况时，会突然发病。其他感染包括手指出现水泡（指头脓炎）、眼角膜溃烂、以及罕见的一种严重脑炎（大脑感染）。婴儿易受这种疾病的感染。因此，患有唇疮疹的病人应避免与婴儿直接接触。

各种II型病毒可引发生殖器疱疹，一种外生殖器上周期性发作，令人疼痛的水疱疹。外形与唇疮疹相似，但由性接触而感染。

流行性感冒

流行性感冒是一种空气传播的病毒感染。症状有发烧、肌肉酸痛、嗓痛、咳嗽、食欲不振和身体虚弱等。主要的并发症是病毒性肺炎，可能由于细菌进一步感染导致越来越严重的肺炎。流感可导致老年人死亡。

麻风病

麻风病是由麻风分支杆菌引发的一种慢性疾病，传播途径是长期、密切的接触。感染会侵袭神经和皮肤，症状各种各样。医生一般用氨苯砜治疗这种疾病，毁坏的皮肤可通过整形外科手术恢复。

疟疾

疟疾由疟原虫引发，由雌性按蚊通过人体血液来传播。感染可导致红细胞损伤，引起间歇热和贫血症。最危险的感染——恶性间日疟，发生在大脑部位——可导致痉挛、昏迷，甚至猝死。

在热带地区，每年有100万余人死于疟疾。虽然世界各国共同努力来控制这种疾病，但还是出现了2万多的新病例。在一些地区，疟疾已对一些常规药物产生抗药性，这意味着预防这种疾病的药物将越来越复杂化。

脑膜炎

脑膜炎是一种病毒或细菌性感染，可引起大脑周围薄膜发炎。

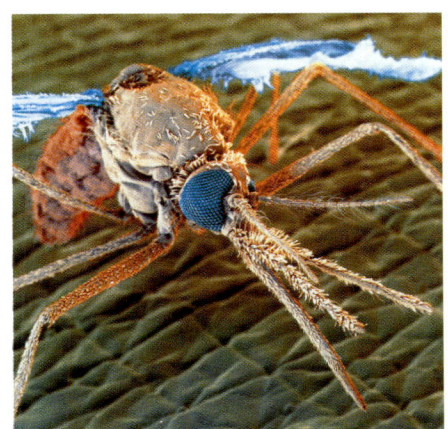

■ 这是一只按蚊标本的特写镜头。它是传播疟疾的几种蚊虫中的一种。引发疟疾的寄生虫存在于雌蚊的唾液里。从其头部探出的喙（右下方）是用来吸血的。疟疾现已成为许多国家主要的健康问题，存在潜在的致亡危险。

脑膜炎症状有发烧、剧烈头痛、颈部僵硬、对强光过敏以及呕吐等。

发病速度取决于病原体——病毒性（结核性的）脑膜炎发病比较迟缓。它可由多种病毒引发，通常不如细菌性严重，一般不需具体治疗而可以自愈。

细菌性脑膜炎可由多种病原体引发——最常见的有脑膜炎球菌、肺炎球菌和嗜血杆菌。脑膜炎球菌型发病速度特别快，可引起突发性虚脱，以及迅速出现一种像小块擦伤或血疱一样的皮疹，必须立即进行抗菌治疗。

鼠疫

鼠疫是啮齿类动物疾病，是通过蚤咬或空气传播传染给人体的。此病是由耶尔森氏鼠疫杆菌引起。症状有发烧、虚弱和精神错乱等，以及令人疼痛的腹股沟腺炎（淋巴结肿大），它也由此得名叫做"腺鼠疫"。

此病通常是致命的，在14世纪，欧洲1/4的人口死于鼠疫，也叫做黑死病。

狂犬病

狂犬病是一种急性病毒感染，通常可致死。这种病毒是非洲、欧亚大陆、向西远及中欧等地区的温血动物所特有的（狂犬病在20世纪80年代曾播及法国中部，但人们认为法国、低地国家和德国大部分地区现已没有受感染的野兽）。

这种疾病由皮肤被咬而形成破损，通过温血动物的唾液感染所致。症状有吞咽时咽部肌肉痉挛、排斥水（由此另名"恐水症"）及行为躁狂，最终牵连其他肌肉，引起瘫痪和死亡。对从事易患此病危险职业的人员，应接种预防疫苗。

血吸虫病（裂体吸虫病）

血吸虫病是一种热带地区的疾病，由于寄生的扁虫、血吸虫的幼虫等侵染人体所致。症状有腹泻、肝脾肿大等。此病可致命。

随患者粪便排泄出去的扁虫卵，可进入淡水蜗牛中并生长。蜗牛释放的幼虫通过在受感染的水中洗浴的人皮肤，渗入人体，移植于肠道中的血管中，引发疾病。

破伤风

破伤风杆菌遍及世界各地，通常产生于地表。破伤风芽孢囊通过外伤进入人体，可导致剧烈的肌肉痉挛（"牙关紧咬"）。

此病可通过免疫进行预防，婴儿时可使用三支激发剂量的预防药物，上学时增加辅助剂量，每五年一次。若免疫力减弱，则重复使用最初的三支剂量。

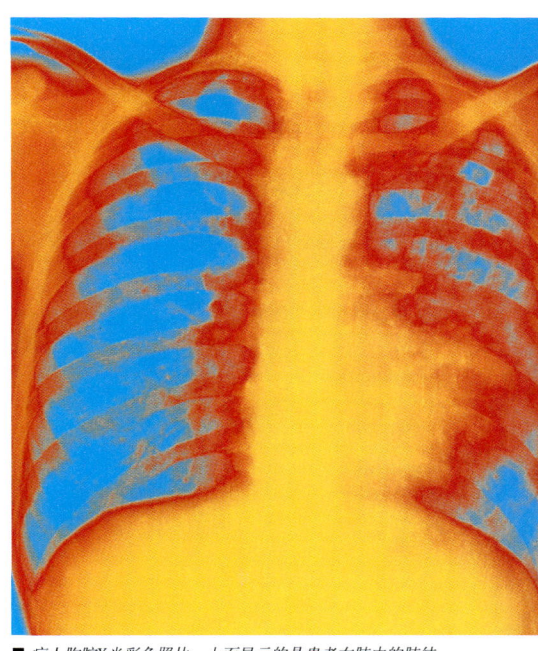

■ 病人胸腔X光彩色照片，上面显示的是患者右肺中的肺结核（图中空洞的红色区域）。此病由结核杆菌引发，这种菌被吸入肺中，并导致器官损伤。

结核病（TB）

结核病是由结核杆菌感染人体后所产生的疾病。1882年，德国科学家罗伯特·科赫（1843~1910）首次发现这种疾病。数千年来，结核病一直是人类的一大灾难——这种疾病的证据已早在公元前10世纪的埃及木乃伊身上找到。近在19世纪50年代的英国和威尔士，死亡率是每年6万人。成年人和儿童均可死于人们所知的"痨病"。

这种病有两大系列——人和牛。牛结核病的主要来源是受感染的牛奶，但这已在发达国家，通过巴氏灭菌法消灭掉了。人系列的来源是肺结核开放式呼吸道——患者可将病原微生物咳出或呼出。

最初受到感染的是胸腔中部的肺和淋巴腺体。在大多数情况下，没有任何症状，不经治疗即可自愈，但会在肺部留下痕迹。在最初受到感染期间，人体可产生一种免疫力。这可以经过测试检验出来，在试验中，将微量的死结核注射到表皮下面，如果存在免疫力，可产生隆起的肿块。感染既可侵袭到整个肺部（肺结核或称粟粒状肺结核），也可侵袭到其他器官，导致脑膜炎、肾脏或骨感染等。

现代药物对各种结核病治疗均非常有效。但"开放期"病例的患者须隔离，直到他们的痰中没有受感染的病原体。人们可以通过接种BCG（卡介菌）疫苗来施行免疫，这是一种非常微弱形式的结核。这种疫苗于1906年首次使用。

非传染病

▷ 某些传染病,如天花、肺结核和白喉等,已经失去了主要杀手地位,而被癌症、心脏病和中风等所取代。

▷ 如果人们戒烟的话,那么所有死于癌症的人,有近三分之一可以幸存下来。

▷ 在许多发达国家,冠心病是最常见的一种心脏病,而且是引起猝死的最常见病因。

▷ 阿尔茨海默氏病是60岁以上老年人痴呆症最常见的病因。

医学是治疗和预防疾病的科学。人们已知的可能患上的非传染病有2万多种。许多花粉热及其他过敏性疾病对人体不会引起长期的损害;而其他一些则会经过数月或数年之后更加恶化,这些就是所谓的慢性病,例如关节炎等。另外还有一些非传染疾病,如果不能得到及时有效的治疗,将会导致死亡。

过敏

过敏是指人体在接触某种特殊物质后,所产生的过敏性的或不正常的反应。

花粉热（过敏性鼻炎）

这是一种季节性过敏,症状是打喷嚏、鼻充血和眼部痒痛等。它是由于对春夏月份里的草木花粉过敏而引起的。

荨麻疹

这种病导致皮肤奇痒,症状是皮肤上出现平滑的红肿或灰肿。特别严重的病例中,可能出现嘴唇或眼睛周围皮肤肿起的现象。这种病人,可以对食物（例如对鱼、蛋或草莓果等）、对青霉素之类的药品、或对化学品、皮毛过敏。对药品过敏,也可能是出现一种类似麻疹的红疱皮疹。

哮喘病

这是一种呼吸紊乱的疾病,症状是由于气道（支气管）狭窄而引起哮喘,其病因部分是由于支气管的肌肉痉挛,部分是由于支气管的粘膜出现肿胀和充血。儿童哮喘病与老年哮喘病不同,病人常是那些容易过敏的人,比如对屋子里的灰尘、皮革、花粉和动物毛发过敏,也常常能引起哮喘病。过敏者一般都有家族既往病史;男孩比女孩容易患病,儿童哮喘病会随着青春期的到来而消失。发病也可能由感染所致,或由于受到冷空气、吸烟或紧张等刺激所致。现可使用一些药物治疗方法,大多是采用吸入器的方式。

关节炎

关节炎一词适用于各种可导致关节疼痛的情形。有两种主要形式,骨关节炎和炎症性关节炎。

骨关节炎

这是关节炎最常见形式。它是一种因磨损导致的退行性病变。骨端表面的软骨逐渐受到侵蚀,最终导致骨本身不断变得粗糙和肿胀,尤其在关节的边缘。现常采取外科手术的方法,更换患有严重骨关节炎的髋关节和膝关节等。

炎症性关节炎

这种关节炎的形式多样,但一般来说,都是由关节滑液膜组织发炎所致。病情较轻的通常是风湿病;较严重的有风湿性关节炎、痛风或细菌感染。在风湿性关节炎中,人体的免疫系统开始对本身的滑膜组织起反作用,破坏它,会导致关节疼痛、僵硬和红肿。任何关节都可能患病,但手指通常是最明显的地方,严重的情况下,关节会逐渐变形。

癌症

当细胞生长失去控制时,常引发癌变。一个单细胞可能积累基因的变化,使之在失去控制的情况下不断地复制。这样的细胞可引起肿瘤,其外形呈现一种可以摸得出的疱或块。细胞一旦发生癌变,则会失去以前的功能;它们只是不断地进行简单自我复制。

据说肿瘤如果保留在它所产生的位置,便是良性的。然而,良性肿瘤若是危及到人体正常的结构,也可能是致命的,例如位于脑部的良性肿瘤。

恶性肿瘤具有扩散到全身各部位的能力。单个细胞,或几组细胞可以从初期肿瘤处分离出去,借助血液或淋巴液转移,并在其他器官安置下来。它们在那里便形成继发性肿瘤。

在许多情况下,癌症的病因不得而知。癌症的治疗一般要按照肿瘤的类型、初期肿瘤的部位,以及癌细胞扩散的范围等有所不同。药物疗法（化学疗法）可长期减缓一些种类的癌症,但也可能产生副作用,例如正常的细胞被破坏、白细胞减少等。放射治疗一般使用电离辐射——包括X射线和γ射线,来破坏癌细胞。人们用外科手术来切除恶性肿瘤,但是只有在癌细胞尚未转移到身体其他部位时才具有疗效。

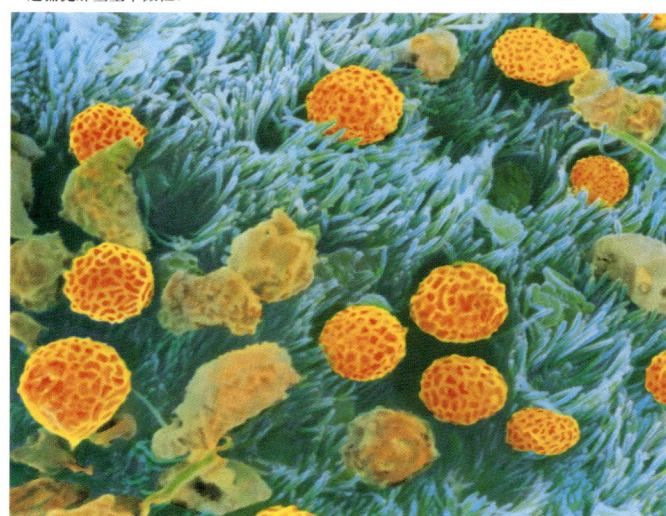

■ 这是一张彩色放大的扫描图,显示出气管表面与吸入的花粉（橘黄色）和灰尘（黄褐色）。这些空中微粒可引起哮喘病或花粉热。气管的表面由带有纤毛（绿色）的细胞组成,和粘液一道捕捉那些空中微粒。

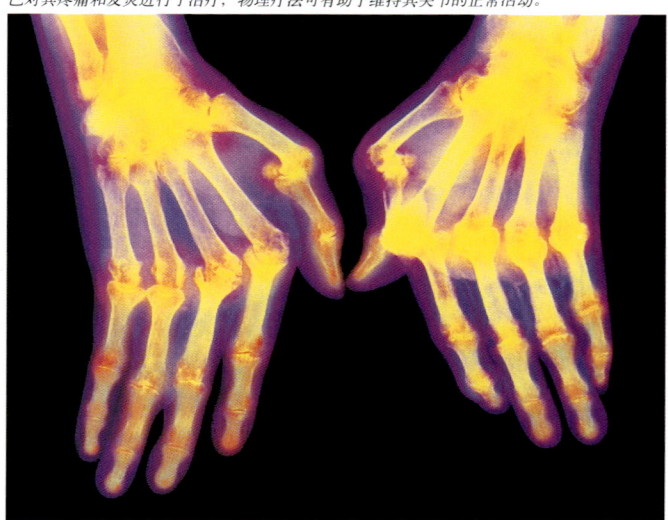

■ 这是一张电脑放大的X光照片,显示一个患有严重类风湿性关节炎的病人关节,患者红肿的关节（橘黄色）已使手指和手变形。这种病一般会影响到手指、手腕、脚和掌部的关节。已对其疼痛和发炎进行了治疗,物理疗法可有助于维持其关节的正常活动。

■ 皮肤癌是世界上最常见的恶性肿瘤 ■ 花粉是最常

遗传性疾病和失调

囊性纤维变性

这是一种由遗传变异引起的遗传病，可导致肺和肠部异常地分泌过于粘稠的粘液。在每1500人中，就有一人患有此病，治疗消化不良和肺内感染的方法可有助于延长这种病人的生命，许多可活到20多岁。

唐氏综合征

这是一种染色体变异，患病儿童具有一条多余的21号染色体。生下来就患有此病的儿童，特征一般是脸和鼻子扁平，眼睛内侧皮肤上有一垂直的褶，手指较短，心理发育迟滞。这种病以前叫做先天性愚型，这种综合征是以英国医师约翰·兰顿－唐恩（1828～1896）的名字命名的。

血友病

这是一种单基因异常。由于缺乏凝血因子VIII（一种凝血所必需的物质），导致终生流血过多倾向。血友病轻重程度不一，症状是十分轻微的受伤，就会引起非常严重的疼痛的自发性外出血，以及在无任何明显诱因的情况下，引起内出血，尤其是关节部位。受损的关节可能变形。这种疾病的遗传与性别有关，几乎只有男性患此病。

亨廷顿舞蹈病

这是一种极为痛苦的遗传性疾病，每2万个人中，就有一个会染上此病。到中年时症状会变得异常明显。患者往往痴呆（一种心理过程的紊乱），举止失去控制。到这个时候，患者往往已生儿育女，他（或她）的孩子极易遭受与他们同样的命运。

色素性视网膜炎

在每4000人中，就有一人会染上此病。视网膜往往逐渐变性，导致夜视力较差，有的最后失明。

镰状细胞性贫血

这是一种遗传性血液病。通常那些具有疟疾免疫力的非洲人和其后裔，容易染上此病。患者体内大量的红细胞演变成镰刀形状，可引起血管堵塞。可能对肾脏、大脑等器官造成损害。目前尚未发现令人满意的治疗方法。

心脏病

冠状动脉向心肌输送血液。如果这些动脉内壁由于脂肪组织蓄积而变厚（动脉粥样化），那么供血就会减少。这常常会引起因运动而带来胸痛（绞痛）发作。如果在这样一个变厚的地方形成血栓（冠状动脉血栓形成），动脉会完全地被阻塞，导致心脏病发作（心肌梗塞），甚至猝死。人患上冠状动脉疾病最危险的因素有吸烟、高血压以及血液中胆固醇含量过高。其他危险因素包括过度肥胖、缺乏锻炼、糖尿病、紧张以及遗传因素，例如冠心病家族史。目前有许多药物治疗的方法，也可进行外科搭桥手术，或者人为使之加宽。

高血压

动脉内部的高压迫使心脏压送血液时，遇到较大的阻力。这种劳损起初会使心肌增厚，然后心脏本身也会增大。如果这种情况不予以治疗，心脏会无力应付，结果造成心力衰竭。

由环境危害所引起的一些主要疾病

环境危害，例如辐射和污染性物质，会引发一些种类的疾病。一般来说，人们在用于诊断的X射线照射时，或者接受癌症治疗中，只接受小剂量的辐射。另外每个人还受到阳光和某些岩石较低的天然辐射。

然而，事故可能引起超大剂量的辐射，如核反应堆发生的事故。人们在工厂所遇到的有害化学物质比在家遇到的要多。职业病多种多样，可以列出一个很长的名单，包括铅、汞和其他重金属中毒。

> **医学测量指标**

血压可用脉动血压计缠绕上臂测量出来，可测出两个读数：一个表示血液离开心脏时的压力（收缩压），另一个表示血液返回心脏时的压力（舒张压）。正常的读数应是：120毫米汞柱（收缩压）和80毫米汞柱（舒张压）。如果收缩压读数大于160毫米，舒张压读数大于90毫米，就视为高血压。没有统一的低限，但若是测不出任何读数，患者就被说成是处于休克状态。

体温可将体温计放入口中测量出来。正常的体温应为37℃（98.6°F）；大于38℃（100.4°F）就是发热。人体高温的极限是41℃度（106°F）；低温的极限是29℃（85°F）。这两个极值都可能迅速导致死亡。

石棉沉着病

这种职业病是由吸入石棉纤维而造成的，因肺变成纤维化，患者不仅出现日益加重的呼吸困难，伴发心肺衰竭，而且罹肺癌的危险增高。

铅中毒

这是一种由于体内铅的积累而造成身体机能衰退。铅的来源主要是水管和以铅为基本成分的油漆等。症状多种多样，包括消化不良、易激惹、剧烈腹痛、便秘、贫血以及瘫痪等。儿童可能急性发病，会导致脑损伤、失明、耳聋以致死亡等。

辐射病

这是由于暴露于强烈的辐射之下而引发的一种疾病，其特点是骨髓和胃壁的细胞丢失，患者往往食欲不振、腹泻、呕吐、感到寒冷、发热以及极度疲劳等。由于胃肠和骨髓受到严重损伤，因此还可导致死亡。

■ 当细胞生长失去控制时发生癌症。这是一张彩色增强显微照片，上面显示，充满在肺泡中一个小型肺肿瘤（呈红色）。肺泡是构成肺的盲端气囊。单个癌细胞外面包有极小的发丝状结构。称作微线毛癌。

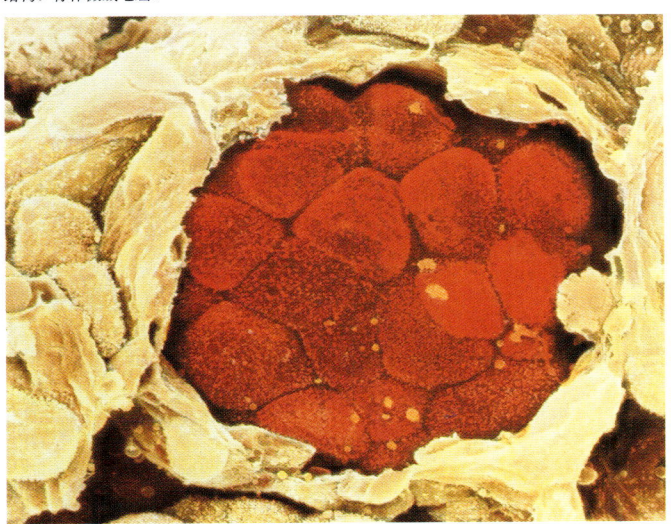

■ 这是一张患者的胸部X光彩色照片，上面显示所安装的起搏器，这个靠电池工作的装置是为了向心脏提供电冲动，以维持其正常速度的搏动。黄色的导线将起搏器与心脏连接起来，这种装置可佩带于体外，也可植入人体胸腔内部（如图所示）。

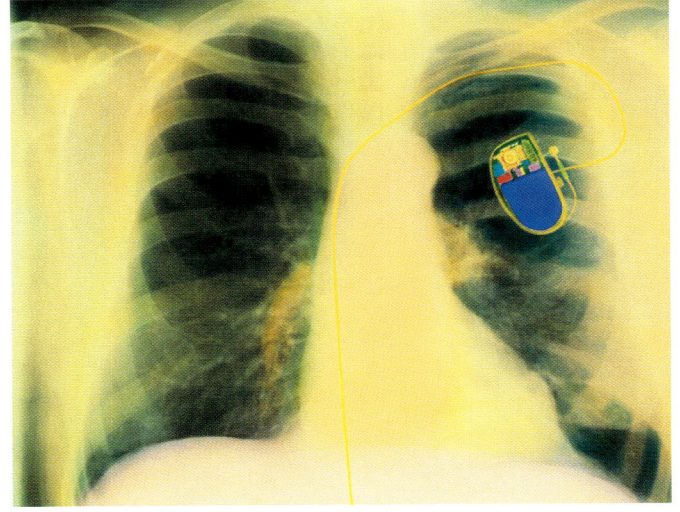

心理学

- 感知——大脑如何收集传感信息并使人们能够观察世界。
- 学习和记忆——督促人们理解、储存及回忆信息的过程。
- 动机——人们行动的推动力。
- 个性——令人们与众不同的性格特征。

心理学字面上解释为"心理的研究",但广泛地说,它指的是对心理与大脑以及对行为交互作用的科学研究。通常人们会误以为心理学家有洞察他人内心的神秘能力,而心理学只是研究精神异常和精神病人。事实上,心理学所热衷的是人类及其他动物的正常反应。由于人们对大脑的结构及功能的认识不断加深,心理学进入了一个新的更加宽广的研究领域,成为一种更为复杂的研究技术。在心理学的发展过程中人们使用了大量的方法,而绝大多数的方法都是以感知与集中、学习与记忆、语言、动机和个体差异为最终研究目的。

感知

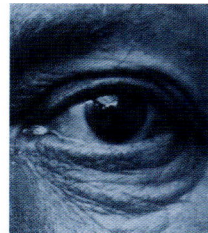

▶ 大脑收集信息的过程,它使人们把得到的信息组织起来,促使人们观察世界。

感知始于体能,如眼看见光亮、耳听见声音。这种体能通过感官系统转化成大脑能理解的形式。感知是个选择的过程,在此过程中,大脑容量有限,不能加工传到感觉器官的所有信息。因此,感知系统对丢失的信息加以推测,填补空缺。这就是在某种条件下,比方说幻觉造成人们判断失误的原因。

学习与记忆

▶ 对刺激、事件、观点和形象获取、保持及复得的感知过程。

心理学家对有机体如何学习及记忆尤为感兴趣。学习与记忆不能直接观察到,只能从可观察到的行为中获取。学习与记忆包括三个相关的过程,即登记、储存和复得。关于学习和记忆存在着许多问题。在对正常人作控制性试验中,心理学家们了解了很多这方面的知识。在对由于脑疾和脑损伤引起的大脑相关功能障碍的脑损伤病人的观察中,心理学家们也受益匪浅。

动机

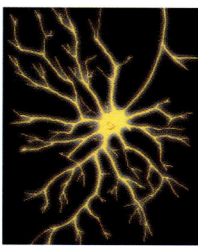

▶ 驱使人类或动物与其所处环境相互影响的动力。

动机行为包括以下行为:吃、喝、社会交往和性行为,这些行为促使有机体生存和再造。用心理学术语来说,动机行为是基于追求快乐避免痛苦的一种欲望。弗洛伊德学派的心理学家对无意识动机感兴趣,他们相信这些动机揭示了人内心的冲突。人们观察到无规律饮食厌食症、暴食症或滥用药引起了动机过程的失调。

个性

▶ 把人们相互区别开来的性格特征。

个性特征是基因和环境经验的产物。心理学家们争论不休的问题就是人们是否真的与众不同(天生的),是否可以根据某人特点或类型归类。个性异常现象已经能观察到。这些现象包括不合群的个性(由异常好斗或不负责任行为引起的失调)、精神分裂性个性(远离人群生活在幻想世界的人或者是对精神分裂症变化较敏感的人)、强迫症个性(固执刚毅的行为)及多疑症个性(对夸大的自我估价过于怀疑)。

▶ 心理学研究学派

阿德勒心理学: 见"个体心理学。"

分析心理学: 卡尔·荣格始创的心理学分支。

应用心理学: 以实际应用为行为动机的任何心理学形式。

行为科学主义: 一种谈论心理调查只能与可观察到的行为相关的心理学方法。创始人为J.B. 沃特森,后为B.F. 斯金纳,其宗旨为人类行为可以强化限制。

临床心理学: 将研究发现运用到人类正常行为与异常行为中去的心理学领域。

发育心理学: 研究影响行为发展的生理过程的学科。

教育心理学: 与教学实际问题相关的学科,它指导教学方法的形成与改善,帮助学习能力低下的人们。

存在疗法: 旨在解脱病人的愿望及个体选择行为需要的治疗形式。

人本主义心理学: 心理学的一个分支,创始人为卡尔·罗杰斯,该学科认为病人的自我形象至高无上。治疗师对病人诚心诚意,不论病人是否赞同都不必寻找任何办法改变病人。

个体心理学: 创始人为阿尔弗雷德·阿德勒,他认为人们应对自己的行为负责,应为自己的目标而奋斗。

内省主义: 通过分析一个人思维过程来研究人们思维的早期想法。

荣格理论: 心理学的一个分支,包含了卡尔·荣格理论,研究范围很广。

学习理论: 心理学理论的一个体系,旨在解释学习反应和环境反应所产生的个体行为和个性。

新弗洛伊德理论: 源自弗洛伊德理论的一个心理学分支,强调社会、文化及人际的因素。

神经语言学: 一个心理学、语言学和神经学综合体,它研究语言的获取、产生和形成过程。

神经精神病学: 研究脑器官功能失调及其对行为的影响的学科。

职业心理学: 应用于工业、管理、商业及工作场所等问题的心理学。

精神病学: 大脑、情绪、行为及个性失调的医学疗法。

精神分析学: 治疗头脑疾病的方法。创始人为西格蒙德·弗洛伊德,旨在恢复无意识的恐惧和冲突。

心理测量学: 通过测试加快智力、倾向和个性发展的学科。

精神病理学: 对异常行为研究的科学。

基本疗法: 不将病人行为看作异常,而看作是对社会问题反应异常的治疗运动。

社会精神病学: 对思维混乱的检查,它是社会研究的一部分,旨在改善阻碍社交的方法。

恐惧症

▶ 恐惧症是指对某一物、人、生物或场景所产生的强烈的、无理性的、不适当的恐惧感。这种症状影响人的正常生活。
▶ 通过行为疗法治疗恐惧症最为有效。

健康与解剖学
胡须　恐须症
血液　血晕症
癌症　恐癌症
分娩　恐娩症
霍乱　恐霍乱症
死亡，尸体　恐亡症，恐尸症
畸形　恐畸形症
疾病　恐病症
药物　恐药症
眼睛　恐睛症
粪便　恐粪症
细菌　恐菌症
头发　恐发症
心脏病　恐心脏病症
遗传　恐遗传症
感染　恐感染症
注射　晕针症
神经错乱　恐狂躁症
膝　恐膝症
麻风　恐麻症
精神　恐精神症
性爱　恐性欲症

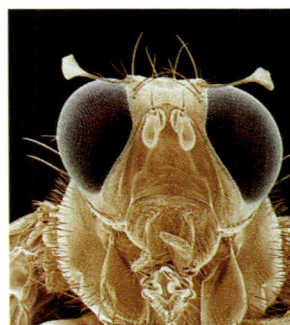

中毒　恐毒症
怀孕　恐孕症
精液　恐精液症
性别　恐性别症
性交　恐性交症
皮肤　恐肤症
皮肤病　恐皮肤病症
污秽　恐污秽症
外科手术　恐手术症
梅毒　恐梅毒症
牙齿　恐齿症
肺炎　恐肺炎症
性病　恐性病症
呕吐　恐吐症
伤害　恐伤害症

动物与植物
动物　恐动物症
细菌　恐菌症
蜜蜂　恐蜂症
鸟类　恐鸟症
猫　恐猫症
鸡　恐鸡症
狗　恐狗症
羽毛　恐羽症
鱼　恐鱼症
皮毛　恐皮毛症
花　恐花症
马　恐马症
昆虫　恐虫症
树叶　恐叶症
虱子　恐虱症
老鼠　恐鼠症

微生物　恐微生物症
寄生虫　恐寄生虫症
爬行动物　恐爬行动物症
蛇　恐蛇症
蜘蛛　恐蜘蛛症
树　恐树症
黄蜂　恐蜂症
蠕虫　恐蠕虫症

感觉
冷时　恐寒症
脏时　恐脏症
被抓挠时　恐挠症
被抚摸时　恐抚摸症
窘困时　恐窘症
寒冷　恐寒症
色彩　恐色症
疲倦　恐倦症
热　恐热症
痒　恐痒症
噪音　恐噪症
气味　恐味症
体味　恐体味症
疼痛　恐痛症
欢乐　恐欢乐症
睡眠　恐睡症
嗅觉　恐味症
窒息，哽咽　恐窒息症
声音　恐声症
说话　恐说话症
大声说话　恐高音症

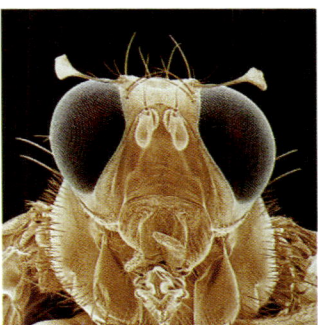

演讲　恐演讲症
酸　恐酸症
叮咬　恐蛰症
俯身　恐俯身症
味觉　恐品尝症
思考　恐思考症
触觉　恐触症
触摸　恐触摸症
颤抖　恐颤抖症

群体
儿童　恐童症
人类　恐人症
男人　恐男人症
强盗　恐强盗症
妇女　恐妇女症
少女　恐少女症

宗教
教堂　恐教堂症
恶魔　恐鬼症
上帝　恐上帝症
天堂　恐天堂症
地狱　恐地狱症
神圣之物　恐神圣症
撒旦　恐撒旦症
惩戒　恐惩戒症

环境
曙光　恐曙光症
云　恐云症

潮湿　恐潮湿症
洪水　恐洪水症
雾　恐雾症
冰，霜　恐冰症
湖泊　恐湖症
闪电　恐闪电症
流星　恐流星症
悬崖　恐悬崖症
雨　恐雨症
河流　恐河症
海洋　恐海症
雪　恐雪症
恒星　恐星症
太阳　恐太阳症
雷　恐雷症
水　恐水症
风　恐风症

旅行
过桥　恐过桥症
过街　恐过街症
飞行，空气　恐气流症
运动　恐运动症
海浪　恐海浪症
速度　恐速度症
旅行　恐旅行症
火车旅行　恐火车旅行症
交通车辆　恐车症
行走　恐走症

食物与饮料
饮料，酒　恐酒症
饮水　恐饮水症
吃饭　恐饭症
肉　恐肉症

无生命物体
书籍　恐书症
水晶，玻璃　恐晶体症
玻璃　恐玻璃症
机械　恐机械症
金属　恐金属症
镜子　恐镜症
导弹　恐导弹症
金钱　恐钱症
针　恐针症
图钉　恐钉症
尖端　恐尖症
粘土　恐粘土症
绳索　恐绳症

情况
孤独　恐孤独症
挨打　恐挨打症
被缚　恐缚症
活埋　恐活埋症
被视　恐视症
人群　恐群症
封闭空间　恐幽闭症
上床　恐上床症
高度　恐高症
家　恐家症
家庭环境　恐回声症

无限　恐无限症
通过高物体　恐高症
地点　恐地点症
公众场合　恐公众场所症
学校　恐学校症
阴影　恐阴影症
闲坐　恐闲坐症
隐居　恐隐居症
站立　恐站症
直立　恐直立症

其他各种情况
某一名字　恐名症
黑暗　恐黑症
黎明　恐黎明症
日光　恐光症
深度　恐深症
尘土　恐尘症
混乱　恐混乱症
通风　恐通风症
梦幻　恐梦症
灰尘　恐灰症
电　恐电症
万物　万物恐惧症
失败　恐失败症
人造卫星坠落　恐卫星坠落症
惧怕　恐惧怕症
火　恐火症
闪光　恐闪光症
鞭打　恐鞭打症
自由　恐自由症
幽灵　恐幽灵症

坟墓　恐坟墓症
重力　恐重力症
思想　恐自身症
瑕疵　恐瑕疵症
妒嫉　恐妒嫉症
公正　恐公平症
结婚　恐结婚症
怪物，丑陋　恐怪物症
音乐　恐音乐症
名字　恐名症
狭窄　恐狭窄症
玩忽职守　恐失职症
新生事物　恐新事症
夜，黑暗　恐黑症
新颖　恐新颖症
裸体　恐裸症
数字13　恐数字13症
单个东西　恐孤身症
贫困　恐贫困症
惩罚　恐惩罚症
责任　恐责任症
荒谬　恐荒谬症
毁灭　恐毁灭症
生锈　恐锈症
休克　恐休克症
偷盗　恐盗症
寂静　恐静症
强光　恐强光症
真空　恐真空症
虚弱　恐虚弱症
词语　恐词语症
工作　恐工作症
写作　恐写作症

辅助医学

▷ 1991年，在阿尔卑斯蒂洛林山发现了一具距今5300年的男性干尸——"冰人"，在他的身上发现了针灸的痕迹。

▷ 西方医学公认的惟一辅助治疗方法是整骨术。

▷ 现代药剂，如草药，很多都是从植物中提取的。治疗心脏病的药地高辛是从毛地黄中提取的。一系列止痛药，如阿片制剂，是从罂粟中提取的。

▷ 作为辅助治疗，针灸和整骨术使用范围最广。

辅助医学，也称替代医学， 包括各种治疗方法。这些疗法与病人从地方医院或医生那里接受的正规治疗有所差别。不过，全世界有千百万人都在使用这些疗法，但它们的作用机理仍是个难以揭开的谜。这些辅助疗法的普遍特点是把治疗的重点放在整个人身上而不是某一种症状——这就是所谓的整体疗法。

■ 艾灸术被用于针灸技术中。一个小艾果球（干艾蒿）放在每个针尖的周围并点燃加热，这样就可以通脉，促使能量流动。

针灸

针灸源于几千年前的中国，这种技术就是把细针插入身体的某个特定的穴位以恢复体内"生命力"的平衡。这种"生命力"称为"气"能，它穿行于体内不同的经脉之中。每个经络都有自己的搏动规律。人共有12条经络，每个腕部各6条，针灸家号脉目的是确定针灸的穴位。

这种疗法已表明对止痛有惊人的疗效，科学家们发现针灸似乎激发了人体自身的止痛剂——内啡肽。

针灸还对许多其他疾病有疗效，像呼吸系统、消化系统、骨骼系统及肌肉系统等疾病。

亚历山大技术

亚历山大技术是改变身体姿势的方法，它能减轻多种生理疾病，此技术的发明人是19世纪奥地利演员马塔赛阿斯·亚历山大（1869~1955）。他意识到在他表演时，他的头和颈的位置是导致他经常失声的原因，调整自己的姿势可以治愈此病。历经一系列课程（十二三次）后，这位病人学会了如何利用身体来克服有害的姿体习惯。据称这种技术对每个人都有益处，尤其是对那些久病不愈的全身性疾病，如嗜睡症和失眠症等。

芳香疗法

芳香疗法主要是一种按摩技术，通过按摩，把药草、花、香料中提炼出的药剂揉进肤内最终被身体吸收。据说这种药剂所产生的自然的芬芳对诸如焦虑症和抑郁症等心理疾病有奇效。它也用来治疗包括皮肤病和烧伤在内的皮肤疾病。

脊柱按摩疗法

脊柱按摩疗法是加拿大整骨专家D.D. 帕尔默（1845~1913）创立的。此疗法的核心哲理是：脊椎骨组合异常或半脱位会干扰神经，影响血液系统，不仅会导致骨骼和肌肉疾病，还会引起身体其他器官疾病。

此疗法需借助X线查明病体部位，然后推拿正骨，手法要快，时间要短，要用力把半脱位的骨骼推回正位，这样就可以根治。与整骨术不同的是，整骨术认为自身为正规的医学，而脊椎按摩师都把其哲理归于彻底的替代医学体系。

如果是恶性骨瘤或是脊腱重压，千万不要使用此疗法。

药草学

药草学是古医学的一种治疗方式。人类伊始，就一直没有停止过用药草治病。

从手抄的植物名称及其用途的小册上可以看出，从中世纪起，药草就被广泛使用。17世纪，尼古拉·卡尔皮伯（1616~1654）在他的著作《药草集》（1653）中把药草理论与占星术连在一起。

当今，药草学家利用植物的根、叶、茎、花及种子来提取药物。做出诊断后，药草学家会把提取的药剂稀释，或把它掺入某一药剂中，然后制成脂剂或膏剂。关节炎、感冒、咳嗽、皮肤病、消化系统疾病和轻微的伤痛都可以用药草制剂来治疗。

顺势疗法

德国医生萨姆尔·海纳曼（1755~1843）发明了此种疗法。他认为患病时的许多症状——如发烧或疼痛——是人体自身抵抗疾病的明显表现，尽量增强这种抵抗性是很有道理的。

他把这种疗法建立在"以毒攻毒"的原则之上，给患者微量的物质，这些物质用在健康人体内确实能产生类似的症状。比方说，治疗发烧的一种药物就是硫磺，如果大量口服这种物质，人就会觉得热，全身出汗。

顺势疗法可为每位患者提供治疗，但在急性病和危及生命的疾病中不常用。有些医生与顺势辅助疗法医生一样把它称为顺势辅助疗法。

活性物质一定要稀释才能满足治疗中所需的微小剂量，这个过程就是增效过程，这种活性物质稀释比例为1:10，通常在蒸馏水中稀释，而且还要连续地稀释6次或更多次。因此，顺势疗法"药效6"就是100万倍的稀释而得来的。

从理论上讲，只有有效的稀释，才不会残存活性物质。那么，这些药物怎样才能奏效呢？其奥秘在于快速摇晃或者"猛摇"。每次蒸馏过后都要如此。不猛摇，这种药就会无效。对这种现象的一个最好的解释就是比较一下每个悬浮在药液中的分子，这种情况好比是人走过雪地。当一个人走过雪地，他不会留下什么实物，但却留下了脚印。即使没有多少脚印，也会留下了活性成分的分子。它的"足迹"有人认为是摇晃产生的，保留在体内起作用。

■ 黄春菊用来止痛，作补药，也可以帮助刺激食欲。

■ 草本植物疗效早在4000多年前的苏美尔就有记载 ■

虹膜学

虹膜学是检查眼睛虹膜的一门学科，它是诊断疾病的一种工具。许多替代治疗学家包括针灸医生、正骨医生、药草师和顺势治疗医生都得用这些方法。

人体左侧的病兆从左眼中反射出来，右侧的病兆从右眼中反射了出来。头部的病兆在眼上部显现，脚部病兆在眼下部显现。人眼睛中有三个圈：内圈代表消化吸收功能，中圈代表肾脏的转化利用和排泄功能，外圈代表人体的组织、骨骼和皮肤功能。

整骨术

整骨术是一种操作技术，创始人为美国的安德鲁·泰勒·斯蒂尔医生（1828～1917）。对关节进行推动，或偶尔拉动，把骨骼恢复到原位，从而减轻骨骼周围肌腱和韧带的紧张症。

整骨术集中研究脊椎，因为脊椎中有脊髓和所有的控制人体的神经，背部疼痛是此方法最常治疗的一种疾病。

反射学

与针灸一样，反射学理论基础是人体中含有"生命力"的脉络。反射学医生相信这种力量存在于十个能量圈中，每个圈始于脚趾终于手指。反射学医生相信通过触摸脚与脚趾才能摸到这些脉络的阻滞处。他们认为这些脉络摸起来像是皮肤下面的水晶，接着会用某种特定的办法按摩足部消除阻滞，以此达到治病的目的。与针灸一样，反射学可用来治疗许多疾病。

其他替代疗法

巴赫鲜花疗法

爱德华·巴赫医生（1880～1936）用植物在天然泉水和露水中浸渍后发明了38种鲜花和药草治疗方法。起初，这些方法用来治疗精神焦虑抑郁症状。

水疗

许多疗法都用水，例如刺激循环或灌肠等。此外还使用各种排泄疗法，包括发汗和喝矿泉水等。

罗夫按摩疗法

20世纪20年代至30年代，爱达·罗夫医生（1896～1979）发明了这种深层按摩疗法，用于消除肥胖的肌体组织。

指压按摩法

日本人用这种深层按摩来刺激针灸穴位，既可防病又可治病。日本家庭广泛使用这种办法，当有人想给自己治疗时，通常在家中进行。

▶ 身心合一疗法

许多传统医学治疗方式是单方面的，不是对病人进行心理治疗，就是对病人进行身体治疗，而有一些类似替代医学的疗法力求身心的全面统一。这些治疗的主要信条就是：健康的心态会促使身体健康，反之亦然。严格地讲，这些技术中有好多算不上什么疗法，不过对致力于使用这些疗法的人来说，亦可达到健康的目的，所以亦可看作是辅助医学。

瑜伽功

瑜伽，梵语的意思为"统一"，它寻求天人合一，进而达到精神和身体的瑜伽境界。瑜伽有三种基本要领：姿态、呼吸和意念。瑜伽功的姿态比较难做，必须把握住身心一致的宗旨，还要使得身体柔韧。呼吸运动可调节身心，减缓紧张。姿势和呼吸被身体所控制，有助于增强意念，把意念集中到某一物体上，以达到与此物合一的意境，最终做到等待，或是逃脱生与死的循环。瑜伽有多种，每种都有其印度哲理的来源，有些侧重于意念，有些侧重身体。在西方，瑜伽越来越受欢迎。

■ 太极的奥秘在于静，是身心完全放松的运动。

太极

太极为一种意念运动方式，它在某方面类似武术，通常它有成套路的运动方式。它使身体与"气"协调。"气"是中国人想像中的生命力。太极是通过运动把这种生命力展示出来。除了平衡身体和集中精力，太极还有助于开发肌肉组织的调节功能。

舞蹈疗法

有些身心疗法间或带有宗教的或是非宗教的背景，而舞蹈疗法是具有类似益处的非宗教技术。过去，儿童和成人跳舞打发时间，但跳舞同样可以开发肌肉组织的调节功能。有史以来，人们还通过舞蹈把内心情感转化为外部动作来表达情感和艺术魅力。跟生活在部落文化和萨满文化背景下的人们信奉仪式舞蹈疗法以达到昏睡状态一样，近几年来，许多西方社团盛行舞蹈疗法，把它作为一种情感表达的方式。尤其值得一提的是，这种疗法始终被用来帮助那些面临精神上和情感上挑战的人找到表达情感的体态语言。

感官疗法

有些辅助医学把某一器官作为治疗的渠道，或把其看作健康的生理方面。色彩疗法是通过不同颜色和视觉刺激物对病人的神经系统进行治疗。同样，音乐疗法是通过声音、噪音和音乐对人的身心进行调节。另一种疗法是艺术疗法，通过图案和雕刻让人创造性地表达自己。这种疗法用以治疗毒瘾和酒瘾、厌食症和心理障碍。其他方面的感官治疗法包括控制感官功能的丧失：隔离罐和浮罐都会小心地移动感官刺激物，让人身体放松，平心静气。

意念疗法

上述提及的身心疗法主要以身体为主，而意念疗法主要为控制意念。意念法分诸多学派，每派都有自己的宗旨和方法，它能正确调整呼吸和身体，使精力集中。它可用于各种身体疾病和心理压力，也可使人注意力集中，头脑聪慧，还可以治疗重症。意念是许多治疗法的核心，像瑜伽功本身就是如此。它是非宗教性的，但在许多东方宗教国家广泛使用。

催眠疗法

催眠疗法是人工催眠的治疗方式。它改变人的意识，使人处于半睡半醒状态，大脑的许多功能停止，让那些大脑深处的无意识的东西表现出来。这种疗法应由训练有素的催眠师实施。他会让病人进入昏睡状态，在昏睡中病人会畅想催眠师所说的心理的、生理的或精神的病痛都会消失。例如通过催眠，许多人戒掉了烟瘾。催眠还可用来探索人的潜意识，帮助人们克服过去的创伤，甚至还会令人"重温旧梦"。催眠疗法与其他方法类似，如自我暗示法和梦幻疗法。自我暗示疗法是自行催眠的方法。人在自行操作的过程中会想像自己身体很健康。梦幻疗法类似催眠疗法，它旨在开发潜意识，但它主要是通过解梦和研究梦达到目的的。

■ 中医给病人动手术时仅用针灸为病人减轻痛苦 ■

恐龙

- 跑得最快的恐龙是鸟臀龙，其中有些跑起来速度可达每小时60公里。
- 已知最大恐龙蛋长达30厘米，直径为25.5厘米。
- 每隔7周就会发现1种新的恐龙。

恐龙时代

- 迄今，恐龙是最高级的爬行动物，它统治地球达1.4亿年，而相比之下人类出现在地球上只有200万年。
- 现今爬行动物的四肢伸向躯干两侧，而恐龙的腿直接长在身体下方，就像现代的哺乳动物和鸟类一样。

在中生纪（2.35亿~6500万年前）的"爬行动物时代"，恐龙在灭绝前盛极一世。人们普遍认为恐龙是冷血动物，但最近的理论表明它有可能是温血动物。许多恐龙体态巨大，有的重达100吨。

恐龙分两类：蜥臀类和鸟臀类。蜥臀类恐龙有现代蜥蜴的盆骨，有的种类独具双腿且食肉，如霸王龙；有的种类四腿、半水栖、食草，如巨梁龙。鸟臀类恐龙盆骨类似鸟，包括甲龙、剑龙、三角龙、鸭嘴龙、鬣蜥齿龙。

恐龙的灭绝

- 小行星撞击论推测地球的大气层中充满灰尘达5000年。
- 恐龙灭绝的尤为怪诞的理论之一便是恐龙过多的性活动导致了群体灭绝。

谈及恐龙，最神秘的话题就是它们从地球上的最终灭绝，其灭绝时间大致为白垩纪和第三纪（见29页）交界，即众所周知的K-T交界。虽然恐龙在这一时期开始逐渐灭绝（恐龙灭绝的平均周期为200万~300万年），但K-T边界留下了它们死亡的标记。许多其他大型爬行动物，如翼龙和蛇颈龙，是在同一时间灭绝的。这表明所发生的灾变导致了地球上主要生物形态的剧变。为了解释这次剧变，已经提出了许多理论。然而，没有任何理论能与所有的资料吻合，新的假说不断涌现。灭绝理论包括如下几个方面：

心理学理论

恐龙活动中的行为变化可能干扰了体能的自然平衡，导致恐龙生态系统的灾难性崩溃。另外，有些理论还指出，由于恐龙多样性减少，使得恐龙失去生活的愿望。其他的心理学理论暗示说，恐龙的灭绝与智力的欠缺、某种形式的衰老，甚至因极度抑郁而导致的大规模自杀有关。

生理学理论

这种理论提出了一个概念，即恐龙的灭绝是某种毒害作用的牺牲品。这种毒害可能来自行星，通过增加了它们体内的生物碱毒性，加剧削弱它们体内的防御机制，导致了致命的疾病或流行病，引起了恐龙性比率失衡或大范围的性欲丧失；营养问题导致消化系统的毁坏，如便秘或腹泻。由于气候变化造成了不育和卵壳过薄。

生态学理论

哺乳动物不断增强了食肉习性，它们或许以恐龙蛋为食，因此这些新生的发展迅速的小动物压倒了恐龙。所以哺乳动物的出现应对恐龙的灭绝负责。另外，被子植物（有花植物）多于裸子植物（松柏类植物）引起了动物生命等级制度重点的转移，这也有可能导致恐龙的灭绝。

环境理论

最近，提出了一种似乎可能的理论，认为恐龙可能由于大气含氧量低而死于窒息。从琥珀内（树液化石）找出的依据证实了在K-T交界大气层中的含氧量降低。有些动物，如鳄鱼和蜥蜴，由于体内代谢慢而得以生存，因此缺氧则有可能导致了恐龙的灾难。

地理学理论

许多理论都属于这一范畴，包括长时间的大规模的火山爆发、气候变冷或全球变暖、大陆板块漂移、海平面的变化、地磁场逆转以及这些因素的综合作用。

外星理论

这些理论认为恐龙的灭绝与外星生命接触有关，例如外星的病毒或是火星的袭击。

撞击理论

有些听起来似乎非常合理的假想涉及到了地球与异常的天体——可能是小行星，一个跨距为10~20公里的星体（6.3~12.5英里）——产生了巨大的冲撞，撞到了墨西哥尤卡坦半岛附近的某处。这次撞击产生了冲天的灰尘，阻挡了来自太阳的阳光和热量，导致地球生态的破坏，可能促使了生命等级制度完全的改变。此种理论的根据来自铱元素异常——一种在距今6500万年前的地球岩石中发现的异常的高含量化学成分。因为铱通常在外星才能大量发现，所以这表明在K-T灭绝交界确实产生了碰撞。还有一些撞击理论认为宇宙中奥尔特云里发现的彗星残骸是从彗星运行轨道上分散下来的。这种情况可能是由肉眼看不到的太阳伙伴（天谴论）或是由第十个行星造成的（第十行星论）。

宇宙理论

这一理论重点在于解释恐龙灭绝的一系列可能性：来自超新星、碰撞星球的辐射、穿过银河的太阳系、地球运转轨道的异常或来自通过天体的毒气。

宗教理论

许多特创论者对进化论持有不同观点，他们认为是上帝的愤怒杀死了恐龙；还认为是诺亚方舟容纳不下恐龙。

这些截然不同的理论引起了对恐龙消失的猜测和争议，但目前某种撞击论得到多数科学家的赞同。1997年在距今6500万年的地球岩石沉积层中发现的小行星尘土的迹象为此提供了富有结论性的证据。恐龙的灭绝引发了诸多疑问：它是突发的还是逐步产生的？它的灭绝是否是2600万年循环再生的一部分？它对人类未来的生存有何寓意？无论恐龙因何消失，它都将活在人们的想像之中，它的灭绝已成为地球上生命的一个永久的神秘故事。

■ 一种恐龙的骨架。这种角龙长有一个特别的壳褶，这个壳褶可能是用来展示自己。此插图展示了另一种角龙——三角龙活着时的大致结构。

■ 流行的有关恐龙灭绝的理论有90多种 ■

生命科学

▶ 主要恐龙目

恐龙分为两类：蜥臀类和鸟臀类

蜥臀类

蜥臀类又进一步分为蜥脚目食草恐龙和兽脚亚目食肉恐龙。

蜥脚目食草恐龙

蜥脚目食草恐龙是大型的草食动物，它包括：

榉齿龙：大型的两足和四足恐龙，从它的突出三毛榉叶齿可以看到它食草的习惯。它是已知的最早的蜥臀类恐龙。

蜥脚：体型极大，极重，通常为四足，食草，小头骨，小脑袋，长颈长尾，四肢结实直立，尤如梁龙的形体。

兽脚亚目食肉恐龙

这种恐龙包括大量的食肉双足恐龙，包括凶猛的食肉动物霸王龙。

兽脚亚目食肉恐龙包括：

食肉：形形色色的大型食肉动物，头大、颈短、尾长、脚大而有力，它们是地球上最大的食肉动物，包括超级霸王龙和其他的霸王龙。

刺龙：小型肉食动物，生性灵敏，形体细长。

奔龙：双足食肉动物，长有猛禽类的爪，用来搏击，手腕高度灵活；行进速度快，机敏，包括疾走龙和其他捕食猎物的能手。

禽爪龙：体形小，行动敏捷，长有猛禽类的爪，为食肉动物。

似鸟龙：无齿兽脚亚目食肉恐龙，体型中等到大小不一，体轻，前臂长，后肢细，下巴呈喙状。

无齿龙：类似似鸟龙，但无齿，头部有奇异的隆起，可能是食蛋者。

秃顶龙：小型恐龙，后肢纤长，与其他恐龙相比脑部最大。

鸟臀类

甲龙：体型最宽的龙，四足，身披厚甲，头宽扁平，尾巴长。

角龙：体型适中，类似大犀牛，四足，角发达，角周围有褶边。

鸭嘴龙：所谓的"鸭状嘴龙"，为大型双足食草动物，类似鬣蜥龙，但嘴宽。

鬣齿蜥龙：大型双足食草动物，后腿大，尾巴长且肌肉发达，前肢较小，因禽龙而得名。

肿头龙：头部很厚的龙，通常呈圆形。

鹦鹉龙：嘴前部具有窄嘴鹦鹉特征的恐龙类。

剑龙：体型大小不一的四足食草动物，前肢很短，脊柱上长有重重的骨板。

▶ 主要恐龙属

甲龙（杂种蜥）：体上覆盖一层厚甲，甲上嵌有骨板。

雷龙：最初的弯龙，重达30吨，寿命达120年，既可在湖中游泳也可在陆上行走。

重爪龙：因其手上的大爪而得名。此爪被认为是用来切开其他恐龙的腹部或捉鱼的。

蜥臂龙（有臂蜥）：12米（39英尺）高，23米（75英尺）长，重达80吨，前腿长。

美爪龙（漂亮爪）：鸡状恐龙，与鸟类有关，以蜥蜴为食。

镰爪龙（可怕的爪）：体长3米（10英尺），会跳跃，爪呈镰刀形，长在其后脚，用来捕杀猎物。

梁龙（双嵴）：身长达23米（75英尺），尾长11米（36英尺），是所有龙中尾最长的。

鸵鸟龙（鸡状的）：鸵鸟形的恐龙，身长4米（13英尺），喙大，无齿。

禽龙（鬣齿）：食草动物，其"拇指"上长有明显的骨状突出物。

肯塔龙（中蜥）：脊椎锋利，长在背部和尾部。

迈阿龙（母蜥）：一种鸭嘴龙，会筑巢看护繁殖场中的幼龙。

长颈龙：体长达23米（75英尺），颈长11米（36英尺），是所有恐龙中脖颈最长的。

斑龙（巨蜥）：食肉动物，体长9米（30英尺），是人们所发现的最早的恐龙。

沧龙（鼠蜥）：体长200毫米（8英寸），恐龙家族中个头最小的龙。

肿头龙（厚头蜥）：骨头头恐龙，头部长有明显的厚骨，像"撞城锤"一样。

巨冠龙（类似突状蜥）：一种鸭嘴龙，头冠长2米（7英尺）且空，里面有鼻腔，长在其脑袋的后部。

板龙（扁蜥）：身长6米（20英尺），食草动物，双手长有强有力的爪，齿呈锯齿状。

多脊龙（许多脊椎）：体长4米（13英尺），臀部四周围长有大型的毯状方形骨，后背和尾巴长有三角形的骨板。

原角龙（原始角龙）：身长2米（7英尺），为三角龙的祖先，颈上长有类似骨褶的东西，无角。

跳跃龙（阿根廷沙尔塔蜥）：长有许多骨板的龙，每片骨板直径达12厘米（5英尺），嵌在皮肤内。

震龙（地震蜥）：体长33米（108英尺），为陆上最大的恐龙之一。

山东龙（山东蜥）：体长12米（39英尺），为体型最大的鸭嘴龙。

剑龙（脊蜥）：体长9米（30英尺），尾部长有两对脊柱，背部长有一排三角板，板高达1米（3英尺）。

巨龙：15米（49英尺）高，30米（98英尺）长，这个庞然大物的体重可能会达到100吨。

节状龙（牛蜥）：长有骨褶的恐龙，骨褶延伸至肩部，头骨2.6米（8.5英尺）长，是所有陆地动物中头骨最大的。

三角龙（三个角的）：身长9米（30英尺），颈部有骨褶，前额长着三个长角。

霸王龙（霸王蜥）：体长12米（39英尺），行进速度慢，食肉动物，手小，长有手指。

疾走龙（敏捷的食肉动物）：身长1.8米（6英尺），（与丛林狼个头相差无几），具有很强的捕猎能力，后足上长有锋利的镰刀状爪。

■ 艺术家们想像中的蜥臀类恐龙家族中的疾走龙，这种双足的食肉动物具有锋利的扇形牙齿，长长的猛禽手，体重达30至80公斤。20世纪70年代的一个重大发现之一是一具完整的疾走龙骨架，它手抱一具原角龙的头骨，这是人们发现的第一个捕食者捕食猎物的情形。

知最早的恐龙生活在大约2.28亿年前 ■

史前动物

- 在很多方面，原始鸟——始祖鸟与小型的食肉恐龙难以区分开来，只不过它是温血动物，全身覆盖羽毛而且会飞行。
- 尽管人们对此争论不休，但有人还是推测人类是由20万年前生活在非洲的一种特别的雌性动物演化而来的。
- 在中世纪，海洋是由海洋爬行动物主宰的，与空中翼龙（也称飞龙）一样，它们不属于恐龙类。
- 在白垩纪，许多海洋爬行动物与恐龙并存，并且以后也开始灭绝。

■ 此图为背着幼子且腹中尚有五个幼子的雌鱼龙化石。鱼龙逃脱了两次大灭绝，只是在6500万年前于恐龙之前灭绝。

鸟类、飞行爬行动物和海洋爬行动物

▶ 翼手龙包括翼指龙和翼龙，它是地球上最大的飞行动物，它的翅膀伸开跨度是现在任何一种活鸟翅膀跨度的3倍以上。

▶ 有人认为尼斯湖水怪是幸存的蛇颈龙。

某种昆虫在2.2亿年以前就具备了飞行本领，但直到5000万年以前才有飞行动物化石记录。主要的物种之一——翼龙就是长有巨大翅膀的大型飞行动物，人们经常把它和恐龙混为一谈。尽管它与恐龙共同生存在一起，但称它为"飞龙"是错误的。翼龙在白垩纪（见29页）灭绝，没有留下任何后代。

当翼龙主宰天空时，其他陆地爬行动物正趋于飞行。最早的鸟就是"始祖鸟"，其残骸于1861年在德国发现。对其脆弱的胸骨进行了研究，结果发现其飞行能力非常有限，到了K-T边界即6500万年前恐龙灭绝之时，爬行鸟类最终消失了，而且几种新的物种出现了，包括企鹅和鸭子。然而，还有几种鸟生活在第三纪（见29页），但它们没能幸存至今。如：隆鸟——马达加斯加"象鸟"——和北美的巨型食肉鸟。当恐龙主宰着陆地、鸟类和飞行爬行动物统治着天空时，史前的海洋也云集了各种动物和鱼。许多海洋爬行动物与恐龙共生，这引起了人们的困惑，认为"蛇颈龙"是"海洋恐龙"。尽管它们有联系，但恐龙和海洋爬行动物并不是一回事。

▶ 史前鸟类，飞行爬行动物和海洋爬行动物

隆鸟：巨型鸟，3米（10英尺）高，已知的最大的鸟，其残骸在马达加斯加大量发现，水手用其化石蛋装朗姆酒。这种鸟是辛巴达故事中传说的"大鹏鸟"。

始祖鸟（古生翼鸟）：最早的鸟，乌鸦大小，许多特征与1.75亿年前的恐龙相似，即有长骨尾和牙齿。

龟龙：大型海龟，3至5米（10～16英尺）长，相当于一部小轿车的宽度。

食肉龙：2米高（7英尺），6000万年前生活在哺乳运动代初期的不会飞的食肉鸟。

巨型鸟：生活在5000万年前，翅膀宽达8米（26英尺）。

黄昏鸟（西部鸟）：长有牙齿不会飞的潜水鸟。

鱼龙（鱼鸽）：燕鸥状家鸽大小，人们曾认为它口部长有牙齿。

鱼龙（鱼蜥）：适应能力很强的海生爬行动物，大约有3米（10英尺）长，长有背鳍和直尾鳍。

沧龙：一种9米（30英尺）大的巨型海蜥，是巨蜥科动物的近亲。

蛇颈龙：大型海生动物，有桨状尾，四肢硬，颈部有的短，有的长。

翼龙：发育良好的大型滑行动物，翼宽达7.5米（25英尺），头骨后有明显的硬壳。

翼趾龙：一种飞行动物，4～5米（13～16英尺）长，膜状的翼宽达11～12米（36～39英尺）。

■ 有些人认为大树懒仍然生活在南美洲稠密

史前哺乳动物

▶ 通过对约在2.95亿年前征服陆地的史前爬行动物的颅骨所进行的详细研究，人们推断出它们是原始哺乳动物的祖先。

▶ 现代哺乳动物与其史前祖先体型大不相同，古代的一些犰狳长达3米（10英尺），而现代的却只有16厘米（6.3英寸）；最早的马与一条小狗一样大，而现在的马能有2米（7英尺）高。

哺乳动物的起源可以追溯到白垩纪，3.45亿~2.8亿年前。在此期间，生活着最早的爬行动物——低级爬虫类爬行动物，人们通常把它看成哺乳爬行动物。兽孔类爬行动物从此演化而来。这是一种活泼的爬行动物，生活在它最有影响力的伙伴——恐龙的蔽荫下。

把兽孔类爬行动物与现代哺乳动物联系在一起的两个突出特点就是它的特殊牙齿和直接生长在身体下方的双腿，就像现在的鸟和哺乳动物一样。

这类小型的食肉"拟哺乳动物"在三叠纪（约2亿年前）演化出纯原始哺乳动物，但从化石记录来看，其演化成另一种截然不同的动物是绝不可能的事。哺乳动物的适应能力使得它幸存于恐龙世纪，从白垩纪末（6500万年前），它们变得更有优势，更加多样化。

尽管在人类出现以前，许多种哺乳动物开始绝迹，在以后的6500万年里，陆生和水生的哺乳动物种类还是急剧增加。在电影和文学作品中所描述的剑齿虎与恐龙共生，实际上大灭绝以后竟然活了数百万年。

很可能，在不久的将来，曾经绝迹的哺乳动物会重新在地球上漫游。遗传科学家已经着手从冰冻的毛象尸体中抽取精液使象卵受精，用活象来孵卵，以求毛象再生。

▶ 史前哺乳动物

犀角龙：犀牛状动物，其鼻上并列长着2个角，约有3500万年的历史。

鲸龙：小头鲸，20米（66英尺）长，与海蛇外貌一样，生活在约5000万年以前。

弯龙：大型犀牛状动物，肩宽2.5米（8英尺），鼻尖上长有两只弯角，生活在3000万年前。

密毛犀牛：生活在冰川纪末。

双门齿龙：巨大的犀牛状的毛鼻袋熊，4米（13英尺）长。

猪龙：巨大的猪状动物，2米（7英尺）长，下巴和头骨两侧长有凸出的骨头。

雕齿兽：全身长有厚甲的犰狳，3.3米（11英尺）长，1.5米（5英尺）高。

秃角龙：巨型无角犀牛，重达30吨，肩高达5.5米（18英尺），生活在3000万年前。

滑翔蜥：纯原始哺乳动物，形似鸸鹋，生活在2.2亿万年。

象龙：毛象——密毛大象，长有螺旋状的鼻子，生活在冰川纪末期的冰原（150万~1万年前），有人认为原始人捕获过这种动物。

斑龙：巨型鹿，重达45公斤（99磅），角距有3.7米（12英尺），生活在冰川纪末期。

懒龙：巨大的大地懒，5.5米（18英尺）高，长有巨型爪状足。

齿鲸龙：最早的有牙的鲸，有四条蹼状脚，生活在5300万年前。

袋龙：短面巨袋鼠，高3米（10英尺）。

马趾龙：四趾马，40厘米（16英寸）高，生活在5000万年前。

伯加龙：因在美国蒙大拿州的伯加特里山发现而得名，在那儿发现了原始灵长类动物和恐龙的残骸。

剑齿龙：一种剑齿龙，比现代的虎体型大。其尖长的牙齿长达20厘米（8英寸）。

独趾龙：独趾马状的动物，但与真马无关。

袋狮龙：一种有袋狮，嘴巴上长有尖利的门牙。

有袋剑齿虎：与现代美洲虎体型类似，生活在1500万年前。

史前人类

▶ 能表明人类和猴子共祖的一个证据是其尾骨——人类脊椎底部的骨头，人们曾以为它是尾巴的遗迹，而现在已经退化（不再起任何作用了）。

▶ 中世纪最早的类人动物——腊马古猿曾被认为是人类的始祖，但现在人们把它看成是大猩猩的族亲。

人类起源于第三纪早期（约6500万年前）最早的原始灵长类动物，在渐新时代期间（3800万~2600万年前），除别的物种以外，它们演化成原始猴和原始猿。在中生代（2600万~1900万年前），灵长类动物进一步进化直至出现最早的类人动物。

约600万~400万年以前，灵长类动物大脑和肢体结构的进化产生了澳大利亚猿，即人猿或森林猿。在中生纪和上新世纪之间（见29页），南非和东非出现了完全直立姿态的猿。澳大利亚猿——最早的类人动物（包括人类在内的灵长类动物）已经适应了用双脚行走。这种动物有两种主要类型：（早期体型小的）弱小型和后经进化变得强健的强健型。弱小的变成了人，与强健型的澳大利亚猿共存，一直到澳大利亚猿约100万年前绝迹。

▶ 人类的进化

约240万年前	可能出现了能人——公认的原始人，在非洲首先开始使用工具。
约170万年前	能人在非洲南部和东部建起了框架结构的生息地。
约160万年前	在东非出现了直立人。
约150万~120万年前	在非洲出现更加复杂的工具。这一时期直立人可能会控制火。
约50万年前	出现了智能人。
约10万年前	智能人分成两部分：尼安德特人和超智能人（现代人）。
约8万~3.5万年前	超智能人扩散到西亚、澳大利亚和欧洲。
约3.4万~3万年前	尼安德特人灭绝或被更新的智能人进化吸收，出现了克罗马奴人（现代人的雏形）。

■ **人类进化阶段**。最初为普罗猿（2300万~1500万年前），这是非洲猿大致的画像，它既具有原始特征又具有现代特征；第二阶段为澳大利亚猿人（400万~250万年前），能完全用脚行走；第三阶段为能人（240万年前），属纯原始人类，使用石器；第四阶段为直立人，最早出现在非洲，会用火和木器，移居欧亚大陆；第五阶段为尼安德特人（10万年前），生活在欧洲和中东，与现代人（第六阶段）密切相连。

濒危动物

▶ 生活在南半球的蓝鲸种群只占原来的0.2%。
▶ 国际濒危野生动物贸易协会是一个全球性的组织，旨在通过监控及调整其贸易来保护濒危的野生动物。
▶ 1976年以来的10年间，象牙销售成为非法，1公斤象牙的价格由63美元涨至260美元。
▶ 19世纪3种虎（里海虎、爪哇虎、巴厘虎）开始绝迹。
▶ 自1970年以来，全世界90%以上的犀牛已经消失。

濒危物种指的是那些濒于灭绝、通过实施保护措施而使其免于死亡威胁的动物。濒危的及脆弱的物种（若其数量继续下降将有可能濒于灭绝）统称为濒危物种。

灭绝是生命的自然过程。历史上曾出现过好几次大规模灭绝现象，其中最著名的是发生在6500万年前的恐龙灭绝。然而，人类活动大大加速了动物的灭绝。到1996年止，国际自然和自然资源保护协会（IUCN）公布了一个"红名录"，上面列有5205种濒危物种。

导致物种灭绝有几个关键的因素，最重要的是自然栖息地破坏、与引进种类的竞争及人类破坏性的捕猎或偷猎。有些种可以适应环境变化，但这样却会使它们进化成一种截然不同的新种。

▶ 濒危物种

	哺乳动物及鸟类
印度尼西亚	232
巴西	174
中国	165
印度	148
菲律宾	135
秘鲁	110
澳大利亚	103
墨西哥	100
巴布亚新几内亚	88
美国	85
越南	85
泰国	79
马来西亚	76
缅甸	75
马达加斯加	74
俄罗斯	69
肯尼亚	67
刚果（前扎伊尔）	64
坦桑尼亚	63
日本	62

象

非洲象
非洲象从1979年的130万降至1995年的58.6万只，不及原来的一半，现已在几个大保护区内生存。然而在一些地方，它们的数量超出了土地的承载力，使得好几个国家申请重新考虑控制象牙贸易。

亚洲象
亚洲象（见上图）曾经生活在整个亚洲，但现在却只限于印度和越南。它们生活在人口增长迅速的地区，人口需要生存空间导致了大象的自然迁移途径的破坏。

灵长类动物

大猩猩
由于偷猎，这种最大的灵长类动物正受到灭绝的威胁。因为内战、混乱和人口增长的压力，近几年来，大猩猩在卢旺达和刚果（前扎伊尔）的栖息地已被破坏。

狐猴科
50万年前，近14种狐猴，体型从很小的到适中，都生活在马达加斯加。现在，有些已灭绝，剩余的也正受干旱和滥伐森林的威胁（见58页）。

马达加斯加猴
这些狐猴似的动物只剩下为数不多的几只，目前在泽西动物园喂养。

猩猩
在印尼和马来西亚，由于热带雨林的毁坏，这种动物的自然栖息地受到威胁。

金狮猴
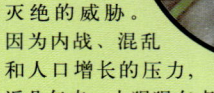
所有哺乳动物中遭受灭绝威胁最大的一种动物，这种濒危动物只能在巴西找到零星的几群。

犀牛

黑犀牛
这种犀牛（见右图）的数量急剧下降。1970年有约6.5万只黑犀牛，而目前估计不到2000只，这表明在仅仅27年内犀牛数量下降了97%。

印度犀牛
现存野生犀牛不到2000只。

爪哇犀牛
只有不到100只犀牛分散在爪哇和越南。

苏门答腊犀牛
野生的此类犀牛只剩下400～500只。

白犀牛
以前，有南非、北非两大重要种群。北非的种群几乎灭绝，南非的种群基本生活在南非，现在数量有所增加。在本世纪初它们近乎灭绝，但现在增加到近6000只。

野生猫科动物

亚洲狮
只有不到200只存活，主要生活在印度的吉尔国家公园。

西表猫
有100只左右生活在日本冲绳群岛附近，即琉球群岛的西表岛上，在日本动物园也有一些。

虎
所有现存的亚种虎都面临着危机，西伯利亚虎不足200只；华南虎不足80只；印度支那虎不足1800只；孟加拉虎不足4000只；苏门答腊虎不足500只。与20世纪初的10万只相比，只剩下约6000只野生虎生活在亚洲和俄罗斯东部。

■ 野生动物非法交易额每年高达30亿美元 ■ 曾经生存的所有

大熊猫

只有约700只野生大熊猫，到20世纪末将会有灭绝的可能。它们只生活在中国四川的山区，数目减少的主要原因是自然栖息地的破坏以及偷猎。过去，把野生大熊猫迁至动物园曾是个棘手的问题，但现在已在精心的监控下进行。大熊猫是国际野生动物保护运动的焦点。由于大熊猫自身的原因，它们的处境已引起了关注，也引起了人们对濒危野生动物境况的兴趣，是世界野生动物基金会（WWF）的标志。该组织为国际性组织，致力于野生动物的保护。

熊

亚洲黑熊

产于中国西藏和喜马拉雅山地区，这种熊是6种濒危物种之一，它的内脏器官在东方医学中颇有价值。

懒熊

当地人称之为巴鹿，这种亚洲熊适于生活在树上，长着长爪，可以像树懒那样倒挂在树枝上。与其他濒危熊类一样，捕杀和栖息地的丧失意味着急需对其加以保护。

马来棕熊

也称马来熊，是熊类中体型最小的一种。

昆虫

鸟翼蝶

世界上最大的蝴蝶（见右图），发现于巴布亚新几内亚，是众多濒危物种之一。

圣·弗朗西斯叶眼蝶

被认为已灭绝的这种蝴蝶，1992年又重新发现，只有在美国的少数地区才能见到。

圣·海伦娜巨螳螂

据说这种昆虫已灭绝，最后看到它的记录为1965年。

其他哺乳动物

阿拉伯大羚羊

在约旦、安曼和沙特阿拉伯发现过，但到1972年这种动物（见右图）近乎被猎绝。现在作为圈养的动物数目有所增加（主要圈养在英国汉普郡的马维尔动物园内）。

黑足鼬

是最近才在北美重新发现的野生种类，其数量的减少是由于其食物主要来源——草原犬鼠的破坏。现今，它是圈养和重新引进计划的焦点。

欧洲野牛

生活在比亚沃韦扎森林（波兰和白俄罗斯边界）以及高加索山脉，幸存者不足2000只。

麋鹿

主要产于中国。1920年前后，这种鹿灭绝了，但有些圈养在动物园和其他一些收容场所（主要在英国贝得福郡的沃奔阿贝和维普斯内德动物园）。在中国某些地区圈养起来的单个麋鹿正逐渐地被放归于野生环境中。

西藏羚羊

这种稀有羚羊，因羊毛优良、卖价很高而一直遭到捕杀。

爬行动物

阿宾顿岛巨龟

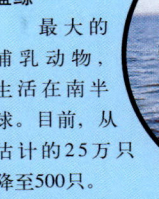

这种戈拉帕戈斯巨龟只剩下一只雄龟——孤独的乔治，发现另一只的可能性极小。所以如果这只死掉，那么这种巨龟就灭绝了。

壁虎

这类爬行动物只在印度洋的几个群岛上发现过。它们快速灭绝的主要原因为大量出口西方国家，作为奇异的宠物豢养。

巨蜥

只有几百只（见上图），生活在印尼科莫多岛及邻近岛屿上。

朗德岛脊鳞蟒

这种动物源自毛里求斯海岸不远的一个小岛，现圈养在海峡群岛的泽西动物园。

鸟类

加利福尼亚兀鹰

野生的近乎灭绝，只有圈养的还活着，约有70只。

日本凤头鹳

自然栖息地的毁坏使得存活者变得稀少。大多数捕获的日本凤头鹳（见上图）太老，难以养活。

夏威夷雁

曾已灭绝的夏威夷野雁（鹅），现已在英国的斯里姆布雷治圈养成功，已放至夏威夷，目前有500只存活。

新西兰鹦鹉

近乎被猎绝，目前仍然存活的主要都是雄性。

斯匹克金刚鹦鹉

圈养的金刚鹦鹉约30只，但在巴西有一只野生的。

水生动物

蓝鲸

最大的哺乳动物，生活在南半球。目前，从估计的25万只降至500只。

加勒比扁海豹

这种海豹极其稀少，现可能已绝迹。

魔窟鳉

有200～500只，只限于内华达州的小池塘中。近来抽取地下水影响了它们的生存环境。

长须鲸

野生的鲸遭致猎取和破坏，在过去的近几十年中，其数量是现在的一倍多。

地中海怪海豹

现有约420～560只幸存，其自然生存环境接近于水肺潜水员和机动船只，所以容易缠到网上。这种动物性情紧张，怀孕的雌豹遇到干扰会不由自主地流产。

白齿宝贝

已知只有两只，第二只是在1960年发现的。

长江海豚

也称为白鳍豚，在中国这种海豚不足150只。

物种的95%现已灭绝 ■ 一种物种平均寿命为500～1000万年 ■

国家公园

- 死亡谷国家公园是西半球的最低点，海拔为海平面以下85米。
- 加拉帕戈斯岛现为国家公园，查尔斯·达尔文就是在这里发现了他的进化理论的许多证据。
- 大堡礁国家公园是世界上最大的海洋公园。

国家公园是政府为了保护自然界而专门设置的地区。世界上的许多地区正在消失，动植物及景观正遭到破坏。因此，这些公园对野生动物来说至关重要。因为有些濒危动物，如亚洲狮、秃鹰和大熊猫可以在此繁衍生息。国家公园大小不一，目的各异，有的主要是保护动物，而有的则是为了保护景观免遭侵蚀。许多公园对游人控制很严，为的是让人们无论是现在还是将来都能领略现有的自然风光。

■ 狮子们在印度圭哈拉吉尔国家公园休憩。

主要的国家公园及自然保护区的野生动物

公园，国家	地理位置	平方公里	平方英里	动物
阿布鲁齐，意大利	亚平宁山脉一部分	392	151	棕熊，岩羚羊，金鹰，大山猫，鸡貂，狼
亚马孙，巴西	亚马孙河谷沿岸热带雨林地区	10,000	4,000	豹，水豚，貘，大食蚁兽，海牛，各种猴，鸟类（蜂鸟，巨嘴鸟，鹦鹉，金刚鹦鹉）
吴哥，柬埔寨	吴哥窟遗址附近的热带森林	107	41	主要目的是为了保护历史遗迹
阿鲁沙，坦桑尼亚	山脉，沼泽，森林和湖泊地区	137	53	海马，象，各种羚羊，红鹤
班夫，加拿大艾伯塔	加拿大落基山脉中部的山区	6,641	2,564	黑尾鹿，驯鹿，麋鹿，金鹰，熊（灰，黑）
比亚罗韦斯基，波兰和别洛韦日，白俄罗斯	欧洲保存最好的原始低矮森林	928	358	欧洲野牛，欧洲野马，鸡貂，棕熊
加内马，委内瑞拉	拉戈兰萨巴那山地大盆地	30,000	11,583	北美虎，豹猫，野猪，豖刺豚鼠，水豚负鼠，蛛猴，中南美鹫，热带大雕，蜂鸟
卡里斯巴德·卡温斯，美国新墨西哥州	瓜德鲁普山脉中的35个石灰岩洞	189	73	蝙蝠，陆上哺乳动物
塞文，法国	马西夫中心南部	844	326	麝猫，金鹰，高山绵羊，野猪
科贝特，印度北方邦	拉姆冈戈河岸喜马拉雅山麓	520	201	象，老虎，豹，棕熊，梅花鹿
大雪山，日本北海道	石狩火山山脉的部分	2,309	892	亚利黑熊，日本猕猴，北部鹃，金花鼠，黑啄木鸟，三足啄木鸟
达特穆尔，英国	德文中部的沼泽地	945	365	扁角鹿，红雌马鹿，野马驹
死亡谷，美国内华达、加利福尼亚州	环山的低矮大沙漠	8,368	3,231	沙漠大角羊，美洲狮，更新世繁衍下来的各种鱼类
德纳里，美国阿拉斯加州	阿拉斯加山脉北侧的山区，包括北美最高的克利山脉	24,419	9,428	麋，灰熊，极地松鼠，金鹰
埃托沙，纳米比亚	埃托沙盆地周围的半干旱平原	22,270	8,598	象，犀牛，狮子，豹，大山猫，伯切尔斑马，各种羚羊
大沼泽，美国佛罗里达州	包括佛罗里达湾在内的大片的平坦的沼泽和岛屿	5,661	2,186	海牛，海鹭 穗缘龟及其他的海龟，美洲狮，鹮，秃鹰，鹞鹰
菲奥德兰，新西兰	南岛西南岸的丘陵地区	12,116	4,678	海豹，各种鸟（山鹦鹉，林鹰，鹬鸵——保护短翅水鸟和号鹦鹉的鸟，人工饲养的哺乳动物）
富士—箱根—伊豆，日本	包括富士山，伊豆半岛和伊豆的七个活火山岛	1,232	476	鹿，野猪，日本猕猴，日本榛睡鼠，日本海雀，其他鸟类
加拉帕戈斯，厄瓜多尔	加拉帕戈斯列岛上的桑塔克鲁兹岛	6,790	2,621	巨龟，大蜥蜴，红鹤，鹈鹕，达尔文雀
好望角，博茨瓦纳	博茨瓦纳东南部荒漠草原地区	24,305	9,384	南美羚羊，好望角大羚羊，牡鹿，跳羚，布谷鸟
纪伦，印度古吉拉特邦	卡提阿瓦半岛的丘陵山区	1,412	545	狮子，豹，土狼，羚羊，鹿，野猪，棕熊，猴
大峡谷，美国亚利桑那州	科罗拉多河谷（峡谷的岩石代表了广泛的地质时代）	4,931	1,904	100种哺乳动物，100种鸟，25种爬行动物和两栖动物
大帕拉迪索山，意大利	德奥斯塔边界皮埃蒙特山谷的阿尔卑斯山上	700	270	岩羚羊，金鹰，水獭，野山羊，貂，雷鸟，白松鸟
大堡礁，澳大利亚	2900个礁石，数百个岛屿和珊瑚礁，长达2000公里（1250英里）	207,000	80,000	细鳞大马哈鱼，鲸鲨，海龟，儒艮，1500种鱼，350种珊瑚（拥有世界上最大的活珊瑚）
霍和托恩，奥地利	东阿尔卑斯（包括格罗斯哥克纳）	2,589	1,000	岩羚羊，旱獭
霍尔托巴吉，匈牙利	匈牙利中部大草原和沼泽	520	201	各种鹅
霍恩格，津巴布韦	卡拉哈里沙漠延伸地带，包括尼亚漫德洛武盆地	14,651	5,657	黑犀牛（该公园是其避难所），水牛，灰斑角马，沙毛羚羊，黑斑羚，非洲大羚羊
贾斯帕，加拿大艾伯塔	加拿大落基山山脉东部	10,878	4,200	美洲赤鹿，北美驯鹿，北美狮，鹮，金鹰，蓝松鸡
卡富埃，赞比亚	高原地区，包括南部卡拉哈里沙漠部分地区	22,400	8,650	河马，黑犀牛（该公园是其避难所），鸭鱼，各种羚羊，大量的鸟类以卡赛埃河为界

■ 加利福尼亚约塞米蒂国家公园有美国最高的瀑布，高为739米 ■

生命科学

■ 大峡谷国家公园，海顿山的最高峰。

■ 非洲坦桑尼亚的塞伦盖蒂国家公园是拍摄野生动物节目最著名的国家公园之一。

公园，国家	地理位置	平方公里	平方英里	动物
卡特迈，美国阿拉斯加州	阿留申山脉的死火山地区	16,550	6,390	阿拉斯加棕熊（最大的陆生食肉动物），驯鹿，麋鹿，多种小型哺乳动物
埃山，泰国	泰国西南部的山脉和高原地区	2,168	837	象，虎，野猪，灵猫，长尾叶猴，长臂猿，许多鸟类（银雉，红喙蓝鹊）
科西阿斯科，澳大利亚新南威尔士	大分界岭处高山和高原地带	6,297	2,431	森林灰袋鼠，短尾岩沙袋鼠，毛鼻袋熊，袋老鼠，考拉熊，鸭嘴兽，各种鸟（鸸鹋，澳洲喜鹊）
克鲁格，南非	丘陵与平原地区	19,485	7,523	白犀牛（该公园是其避难所），非洲水牛，红豺
莱克湖区，英国	坎布里亚山脉	2,243	866	矮野马，高山绵羊，红鹿
莱克米德，美国内华达—亚利桑那州	科罗拉多峡谷地带（峡谷中有史前动物的化石）	6,057	2,338	沙漠大角羊，野驴，美洲狮，红尾猫，各种小动物
曼努弗—贡达—圣·弗罗里斯，中非共和国	查里河上游盆地	17,400	6,718	水牛，大羚羊，包括白鹭在内的各种鸟
马努，秘鲁	包括安第恩山区，一部分亚马孙河和热带森林地区	15,328	5,918	各种鸟和小型哺乳动物
阿斯比林山，新西兰	包括南岛上阿尔卑斯南部的山坡地带	2,873	1,109	各种鸟（长尾小鹦鹉，号鹦鹉），红鹿，负鼠
纳米布沙漠／挪克鲁夫特，纳米比亚	从大西洋沿岸到纳米布沙漠和挪克鲁夫特山脉的延伸地带	23,400	9,035	象䴔，沙漠金鼹鼠，黑背豺，蝙耳狐狸，沙松鸡，白鹭，云雀
恩戈罗恩戈罗，坦桑尼亚	几个特别的火山口，某些包括湖区在内	8,292	3,202	代表非洲热带稀树草原的各种野生动物
巴拉斯—昂纳斯坦图里，芬兰	拉普兰的高原	500	193	棕熊，鹤，麋，旅鼠，驯鹿，大天鹅
彭布鲁克郡海岸，英国威尔士	彭布鲁克郡海岸地区	583	225	各种鸟（包括蜂鸟，红嘴鸭，隼和海鸥）灰海豹，水獭，鸡貂
巴戈泽沃德，德国	帕拉蒂那特高原	1,793	692	欧洲野牛，高山绵羊，山羊
红木，美国加利福尼亚州	太平洋沿岸	442	171	罗斯福麋，狐狸，松鼠，兔子，鳟鱼，鲑，各种鸟
落基山，美国科罗拉多州	落基山脉前部地区	1,068	412	大角羊，麋，海狸，鹿，美洲狮，金鹰，鹰
萨利克，瑞典	拉普兰山区	1,940	749	与上述提到的朗顿公园的动物类似
塞伦盖蒂，坦桑尼亚	具有丘陵石山的大平原	14,763	5,700	象，黑犀牛（此公园是其避难所）狮子，豹，猎豹，袋狼，水牛，长颈鹿，各种羚羊
斯卡夫特菲尔，冰岛	冰岛南部	500	193	熊，灰海豹，各种海鸟
斯诺多尼亚，英国威尔士	斯诺顿周围山区	2,171	838	水獭，鸡貂，松貂
察夫，肯尼亚	从东南部半干旱的平原到西部的久鲁山和克里曼亚罗山麓	20,821	8,039	黑犀牛，各种羚羊（小捻，缘耳羚，长颈羚，麋羚），各种鸟
乌鲁路，澳大利亚	岩石阶地包括阿尔泰山欧加山的独块巨石丛和土著岩石绘画	1,261	487	袋鼠，沙袋鼠，岩大袋鼠，澳洲野犬，袋狸，鸸鹋，各种蛇和蜥蜴
奥德萨山谷，西班牙	罗伊阿拉地区的深堑和冰碛地形	20	8	棕熊，西班牙北山羊，高山红嘴鸭，胡兀鹫
瓦诺斯，法国	意大利萨弗边界沿线一带	528	204	岩羚羊，金鹰，水獭，北山羊，红嘴鸭，雷鸟，白松鸡
布法罗森林，加拿大艾伯塔—西北地区	阿萨巴斯巴湖和大奴湖之间的开阔平原	44,800	17,300	野牛（森林水牛，平原水牛）麋，马鹿，陆路驯鹿，熊（棕、灰），大山猫，高鸣鹤，松鸡（此公园是野牛和高鸣鹤的避难所）
黄石，美国怀俄明—蒙大拿—爱达荷州	落基山部分地区（公园中最大的地热地区，包括硫磺池和间歇泉，其中包括著名的"诚实泉"）	8,984	3,469	美洲赤鹿，野牛，200多种鸟（野天鹅，唐纳雀，加拿大鹅）
约塞米蒂，美国加利福尼亚州	内华达州锯齿山脊的大峡谷和高峰地带	3,079	1,189	熊，鹿，地松鼠，金花鼠，北美蓝鸟，克拉克星鸦，山鹪鹩

■ 世 界 上 最 古 老 的 国 家 公 园 是 美 国 怀 俄 明 的 黄 石 公 园 ■

生命科学家

▶ 罗纳德·罗斯发现了蚊子传播疟疾这一现象，发起了灭蚊运动，并认为灭蚊是惟一消除该疾病的方法。

▶ 19世纪，在罗伯特·科赫和西尔曼·沃克斯曼的重要发现以前，世界七分之一的人口死于肺结核。

▶ 老普林尼在维苏威火山爆发时因火山气体中毒而身亡。

艾德里安，罗德（1889～1977），英国生理学家，与塞灵顿一起研究神经细胞，发现了神经向大脑传导信息的机制。

阿加西，珍·路易斯（1807～1873），美籍瑞典自然学家，对冰川的研究及证实冰川时代的存在做出了重要贡献。

阿尔克墨涅（约公元前520），希腊医生，是第一个有文字记载的生理解剖创始人。

亚里士多德（见120页）。

艾弗里，奥斯瓦尔德·狄奥多力（1877～1955），美籍加拿大细菌学家，研究肺炎菌（呼吸道中发现的细菌），对后来的脱氧核糖核酸的研究有着重要的影响。

阿维森纳（980～1037），波斯籍乌兹别克哲学家和内科先驱，囊括医学、数学和自然科学的百科全书的杰出编纂者。

巴，墨利·卢埃林（1908～1995），加拿大遗传学家，发现了目前称作巴氏体，即在雌性哺乳动物肉体细胞中呈现的密集的原子染色体。

巴多林，托马斯（1616～1680），丹麦内科医生，数学家，描述了人类淋巴系统。

贝特森，威廉（1861～1926），英国生理学家，"基因"科学的命名者。他的关于植物遗传的实验为现代遗传学的研究提供了有力的证据。

比德尔，乔治·威尔斯（1903～1989），美国生物化学家，提出了特殊的基因控制专一酶的生成。

伯格，保罗（1926～　），美国分子化学家，发现了第一个接合体分子，提出了把外源基因插入细菌中去的方法。

伯纳德，克劳德（1813～1878），法国生理学家，在胰腺对消化所起的作用、肝糖的作用及血管舒缩神经调解血液供应的方式方面做出了重大的发现。

博雷利，乔瓦尼（1608～1679），意大利物理学家，生理学家，最早解释分子运动。

布朗，罗勃特（见120页）。

肯德尔，奥古斯都·皮罗米·德（1778～1841），瑞士植物学家，是第一个使用"植物分类学"一词，根据植物的形态学（形状）而非其生理学（功能）对植物进行分类的科学家。

科恩，弗丁南德·尤利乌斯（1828～1898），德国植物学家，为现代细菌学打下了基础。

克里克，弗朗西斯（1916～　），英国生物生理学家，与沃特森与威尔金斯一起确立了脱氧核糖核酸的分子结构。

居维叶，巴伦·乔治（1769～1832），法国自然学家，根据比较解剖学原理对动物加以分类。

达尔文，查尔斯·罗伯特（1809～1882），英国自然学家，提出了现代进化论，他的《物种起源》（1859）一书是在南美及太平洋地区探索了5年时间写成的。他认为物种是通过自然选择过程而进化的，最适应环境的生物才能得以生存。在其《人类的繁衍》（1871）一书中，他认为人类是由原始动物进化而来的，而这种原始动物也是猿的祖先。他的理论引起了广泛的争议，对科学界及宗教界有着深刻的影响。

道金斯，里查德（1941～　），英国生态学家，在他的《自私基因》（1976）一书中，他认为一些动物无私的行为正是它们确保生存的自私基因。

德尔布吕克，马克斯（1907～1981），美籍德国分子遗传学创始人。

德·威斯，胡哥（1848～1935），荷兰遗传学家、植物生理学家，研究植物遗传。

德·赫尔里，菲力克斯（1873～1949），加拿大细菌学家，他发现了噬菌体——一种寄生于细菌内的病毒，这种病毒可以在寄主体内繁殖，但当新病毒被释放时它就被毁掉。

多布赞斯基，狄奥多斯西（1900～1975），美籍乌克兰遗传学家，他对果蝇进行研究，声明种群内的遗传变异远比先前想像的要复杂得多。

杜尔贝科，雷那托（1914～　），美籍意大利分子生物学家，内科医师，他提出了生物学中细胞转化的概念。

埃利尔希，保罗（1854～1915），德国细菌学家、血液学和免疫学研究的始祖，化学疗法科学的创始人。

恩格勒，阿道夫（1844～1930），德国植物学家，在他的不朽之作《自然植物科志》一书中，创立了他的植物分类系统。

厄兰格，约瑟夫（1874～1965），美国神经生理学家，研究神经细胞的不同功能。

弗莱明，亚历山大爵士（1881～1955），苏格兰细菌学家，偶然发现了杀菌的青霉菌。

弗兰克林，罗莎琳德（1920～1958），英国晶体学家，她在脱氧核糖核酸结构的发现上起了重要的作用。她是从水合脱氧核糖核酸的X光片中发现该结构的（见109页）。

盖仑（约131～200年），希腊骨科医生，他的解剖学著作1500年以来一直是标准的教科书。

高卢，罗伯特（1937～　），美国内科医生，他是首先识别HIV病毒者之一，该病毒导致艾滋病。

高尔基，加米罗（1843～1926），意大利细胞学家，发现了高尔基体细胞器。

海克尔，厄斯特（1834～1919），德国生物学家，达尔文主义的主要支持者。

霍尔丹，J.B.S（1892～1964），苏格兰生物学家，在遗传和进化的研究中开辟了新的领域。

霍尔，马歇尔（1790～1857），英国生理学家，提出了用于解释反射作用的科学理论。

哈勒，阿尔布雷琴·冯（1708～1777），瑞士生理学家、植物学家、解剖学家、诗人，被视为实验生理学的创始人。

哈维，威廉姆（1578～1657），英国内科医生，发现了体内血液循环的本质及泵式的心脏功能。

赫希，阿尔弗雷德·德伊（1908～　），美国生物学家，在1952年，因进行脱氧核糖核酸试验而闻名于世。该试验表明基因复制与脱氧核糖核酸有关，而与蛋白质无关。

霍普金斯，菲特烈·戈兰爵士（1861～1947），英国生物学家，发现了促进生长的维生素。

赫胥黎，休·爱斯莫尔（1924～　），英国生物学家，与汉森一起提出了肌肉收缩的滑行丝理论。

赫胥黎，朱利安爵士（1887～1975），英国生物学家、教育家，他的研究涉及胚胎学、行为与进化方面。

赫胥黎，托马斯·亨利（1825～1895），英国生物学家。丰富了达尔文的进化论，但他提出变化可以是跨越式的而不一定是渐近的这一思想。

詹纳，爱德华（1749～1823），英国内科医生，发现了治疗天花的牛痘疫苗。

库拉纳，哈·戈宾德（1922～　），美籍印度生物学家，研究细胞核的基因组成。

科赫，罗伯特（1857～1932），德国生物化学家，细菌学创始人之一，对威胁生命的疾病研究做出了突出贡献。

克雷布斯，汉斯·阿道夫爵士（1900～1981），德籍英国生物化学家，他以发现克雷布斯循环而闻名。

拉马克，让·巴蒂斯特（1744～1829），法国自然学家，给脊椎动物和无脊椎动物下定义者。

兰德施泰纳，卡尔（1868～1943），奥地利病理学家，把血液划分为A型、AB型、B型和O型。

莱德伯格，乔舒亚（1925～　），美国遗传学家，发现了细菌中基因和行为体系。

列文虎克，安顿·范（1632～1723），荷兰生物学家，他用显微镜观察，向微生物学迈出了第一步。

列奥纳多，达·芬奇（1452～1519），意大利文艺复兴时期博学者，他对艺术、建筑及科学的贡献令人惊叹，直到19世纪他的笔记最终发表时，他的科研工作才被世人认可。

列文，菲巴斯·阿伦·狄奥多（1869～1940），美籍俄罗斯生物化学家，提出核酸为独立于蛋白质以外的真正分子。

林奈，卡罗勒斯（1707～1778），瑞典植物学家，系统排列了动、植物及矿物王国，根据植物花蕊的排列及数目来给植物分类。尽管生物学已经发生了日新月异的进步，但他的植物双名命名法，即给所有的生命冠以属名和种名的法则仍然保持不变。

卢克莱修斯（约公元前95～前55），罗马哲学家，他对生存斗争的认可早于达尔文近2000年。

麦克科林托克，巴巴拉（1902～1993），美国遗传学家，从事果蝇研究，阐明基因活动与染色体有关。

马尔皮基，马切罗（1628～1694），意大利生理学家，他阐明血液通过细微血管——毛细血管到达体内组织的方式，被视为第一个用显微镜研究动、植物组织的人。

梅纳德·史密斯，约翰（1920～　），英国生物学家，以其有影响力的《进化论》（1958）而著称。

孟德尔，克雷格（1822~1884），奥地利僧侣、植物学家，通过植物及花园豌豆试验发现了遗传基本规律，导致遗传学的数学理论的建立。孟德尔的两大基本原理为分离法则及独立分配法则。

迈赛森，马修·斯坦利（1930~），美国分子化学家，证实了脱氧核糖核酸复制的半保留性质。

梅奇尼科夫，爱利（1845~1916），俄罗斯微生物学家、动物学家，在动物体内发现了蚕食细胞的拟阿米巴细胞。

米斯切尔，约翰·菲特烈（1844~1895），瑞士生理学家，于1869年发现了核酸。

莫诺，雅克（1910~1976），法国生物化学家，提出了信使RNA的存在假设。

摩根，托马斯·亨特（1866~1945），美国遗传学家，创立了遗传染色体理论。

弥勒，约翰内斯（1801~1858），德国生理学家，描述了传感神经的性质。

纳戈利，卡尔·威尔海姆·冯（1817~1891），瑞士植物学家，植物细胞研究工作的先驱。

帕拉切尔苏斯（见133页）。

巴斯德，路易斯（1822~1895），法国化学家，微生物学家，证实了微生物引起疾病和发酵，也为现代免疫理论奠定了基础。在19世纪70年代，他研究了炭疽，把鸡霍乱培养菌注入鸡体内，结果鸡活了下来，证明了继续注射同一病毒的毒性。这就意味着他减弱了毒性，使机体自身的防御力量能够抵抗病毒。

巴甫洛夫，伊凡（1849~1936），俄国生理学家，因提出了条件反射概念（巴甫洛夫狗）而著称于世。

柏拉图（见123页）。

老普林尼（公元23~79），罗马哲学家，阐明了地球是圆的。他的《自然史》一书增强了人们对自然界的兴趣。

雷默，雷内-安冬尼·德（1683~1757），法国物理学家、昆虫学家，发明了雷默温度计，分离了胃液，对昆虫研究做出了重要贡献。

罗伯茨，理查德（1943~），英国分子生物学家，与萨普一起发现了分离基因。

罗斯，罗纳德（1857~1932），英国内科医生，发现蚊子是人类疟疾的传播者。

萨宾，阿尔伯特（1906~1994），美籍波兰微生物学家，发现了口服骨髓灰质炎疫苗。

萨克斯，尤利乌斯·冯（1832~1897），德国植物学家，其蒸发和光合作用的研究为植物生理学增加了新的内容。

沙尔克，乔纳斯·爱德华（1914~1995），美国内科医生，发明了骨髓灰质炎疫苗。

施万，狄奥多尔（1810~1882），德国生理学家，是第一个提出生物学中细胞理论的人。

萨普，菲力普（1944~），美国分子生物学家，与罗伯茨一起发现了分离基因。

谢灵顿，查尔斯爵士（1861~1952），英国神经病学家，与艾德里安一起研究了高级动物的协调神经系统（运动神经系统）。

斯帕兰札尼，拉扎罗（1729~1799），意大利生物学家，研究动物的繁衍、哺乳动物身体功能及营养培殖中的微小生命。

斯塔林，欧内斯特·亨利（1866~1927），英国生理学家，研究心脏功能的机械控制及消化，构思了"荷尔蒙"（激素）一词。

斯瓦姆默丹，让（1637~1680），荷兰昆虫学家，在显微镜下研究昆虫的先驱，使他最先对许多种昆虫进行了详细的描述。

泰特姆，爱德华·劳里（1909~1975），美国生物学家，是分子遗传学研究的创始人。

瓦姆斯，哈洛德（1939~），美国微生物学家，主要进行了致癌基因（可能会导致癌症的基因）研究。

维萨里，安德里（1514~1564），佛莱芒内科医生，第一个解剖人尸。

沃克斯曼，西尔曼（1888~1973），美籍乌克兰微生物学家，分离了抗生素——一种从微生物体内提取的物质，他本人构思了此词。

华莱士，阿尔弗雷德·罗素（1823~1913），威尔士自然学家，提出了"适者生存"的进化论，与达尔文的理论不约而同。

沃森，詹姆斯（1928~），美国遗传学家与克里克一起发现了脱氧核糖核酸的分子结构。

魏斯曼，奥古斯都（1834~1914），德国生物学家，创造了遗传学中"种质"理论。

怀特，吉尔伯特（1720~1793），英国预备牧士、自然学家，其《自生的自然史》（1789）成为自然研究的里程碑。

威尔金斯，莫利斯（1916~），英籍新西兰生物物理学家，与克里克和沃森共同进行了脱氧核糖核酸分子式的研究。

诺贝尔奖获得者

诺贝尔奖是按照阿尔弗里德·诺贝尔的遗愿，由瑞典的斯德哥尔摩皇家卡罗林医学院颁发的奖金。

1901年 爱米尔·冯·贝林，德国人：因血清疗法而获奖。

1902年 罗纳德·罗斯爵士，英国人：因发现疟疾进入有机体内的方式而获奖。

1903年 纳尔斯·芬森，丹麦人：因用光辐射治疗皮肤病而获奖。

1904年 伊凡·巴甫洛夫，俄国人：因消化生理学的工作而获奖。

1905年 罗伯特·科赫，德国人：因肺结核研究而获奖。

1906年 加米罗·高尔基，意大利人：因神经系统结构的研究而获奖。

1907年 阿尔封斯·拉瓦伦，法国人：因发现疾病中原生动物的作用而获奖。

1908年 保罗·埃利尔希，德国人；爱利·梅奇尼科夫，俄国人：因免疫系统的研究而获奖。

1909年 爱米尔·科奇尔，瑞士人：因对甲状腺的生理学、病理学及外科学的研究而获奖。

1910年 阿尔布雷科·科赛尔，德国人：因细胞化学研究而获奖。

1911年 爱尔瓦·格尔斯坦德，瑞典人：因眼睛的曲光学研究而获奖。

1912年 阿历克西斯·卡莱尔，法国人：因血管缝合术及器官移植研究获奖。

1913年 查尔斯·里切特，法国人：因过敏研究而获奖。

1914年 罗伯特·巴雷尼，奥地利人：因内耳的前庭器械的研究而获奖。

1915年至1918年未颁发此奖。

1919年 朱尔斯·伯第特，比利时人：因免疫系统研究而获奖。

1920年 奥古斯都·科罗，丹麦人：因发现毛细血管的运动调解机制而获奖。

1921年 未颁发此奖。

1922年 阿切伯尔德·希尔，英国人：因肌肉中热量生成研究获奖；奥托·米尔霍夫，德国人：因肌肉中乳酸菌代谢研究获奖。

1923年 弗莱德里克·班丁爵士，加拿大人：约翰·詹姆斯·米切尔里奥德，苏格兰人：因胰岛素的发现与合成而获奖。

▶ **几乎成功……**

打开脱氧核糖核酸大门的金钥匙

20世纪重大发明之———脱氧核糖核酸结构的发现被公认为是克里克、沃森和威尔金斯三人齐心协力的结果。很少有人记得罗莎琳德·弗兰克林（1920-1958），一位英国的X光晶体学家所做出的贡献，其他人所使用的双螺旋模式的脱氧核糖核酸结构，就是她所提供的直接的科学依据。1953年春，当克里克和沃森发表他们著名的论文时，她正潜心于自己论文的写作，内容是关于类似模式的概述。在克里克和沃森的论文发表之前，她已经推断出了螺旋式的糖磷酸盐基础，但她并未因重要的贡献得到应得的认可，也没有给她任何获得诺贝尔奖的机会，因为此奖只授予活人。弗兰克林死于癌症的四年后，即1962年，克里克、沃森和威尔金斯才获该奖。

进化论的起源

当今，多数人把进化论归功于查尔斯·达尔文。然而，阿尔弗里德·沃里斯独创了一套新的理论，该理论与达尔文理论有惊人的相似之处。沃里斯（见左图）是位极其谦逊的人。当他的自然学研究近乎完成时，手稿不幸毁于轮船失火。这耽误了他的工作，但1855年，他还是设法提出了通过自然选择的进化理论，比达尔文的理论要早。不幸的是，它未能引起公众的注意，直到1858年他把修改过的论文送给达尔文，达尔文才意识到他的研究正好与自己的工作有共鸣之处。因此，同年，他们携手在林奈会志上发表了论文。由于达尔文善于表达他的科学见地，沃里斯的影响就因此居于达尔文之下。尽管这位天生谦恭畏缩的人在公众的心目中无太久的记忆，但是他构思了"适者生存"一词。

1924年 威廉姆·爱因特霍文,荷兰人:因心电图机制的发明而获奖。

1925年 未颁发此奖。

1926年 约翰斯·菲比格,丹麦人:因癌症研究获奖。

1927年 尤利乌斯·温格纳-乔里格,奥地利人:因神经麻痹中疟疾免疫而获奖。

1928年 查尔斯·尼科里,法国人:因研究斑疹伤寒而获奖。

1929年 克雷斯蒂安·艾克曼,荷兰人:因发现抗神经炎的维生素而获奖;菲特烈·霍普金斯爵士,英国人:因发现促进生长的维生素而获奖。

1930年 卡尔·兰德施泰纳,美籍奥地利人:因发现人类血型而获奖。

1931年 奥托·瓦尔堡,德国人:因发现呼吸酶的性质和作用而获奖。

1932年 爱德加·艾德里安、查尔斯·谢灵顿爵士,英国人:因神经细胞的功能研究获奖。

1933年 托马斯·亨特·摩根,美国人:因从事遗传色体作用的研究工作获奖。

1934年 乔治·明诺特、威廉·摩菲及乔治·惠普尔,美国人:因通过肝脏疗法治疗阿米巴病而获奖。

1935年 汉斯·斯宾曼,德国人:因胚胎组织研究获奖。

1936年 亨利·戴尔,英国人:奥托·列维,美籍德国人:因研究神经冲动的化学传递而获奖。

1937年 阿尔伯特·森特-吉沃尔基,匈牙利人:因细胞氧化过程的研究获奖。

1938年 柯乃依·海门斯,比利时人:因从事呼吸调整过程中窦和大动脉的生理机制的研究而获奖。

1939年 哥哈德·多马克,德国人(因希特勒不允许德国人接受诺尔奖,所以未得到此奖):因发现百浪多息抗菌作用而获奖。

1940~1942年 未颁发此奖。

1943年 亨利克·达姆,丹麦人:E.A.多伊,美国人:一起因发现维生素K的化学性质而获奖。

1944年 约瑟夫·厄兰格、赫伯特·加瑟,美国人:因神经纤维分离功能的研究而获奖。

1945年 亚历山大·弗莱明爵士,苏格兰人:恩斯特·勃利·斯恩,英籍德国人:霍华德·弗洛里,澳大利亚人:因发现青霉素及其治疗价值而获奖。

1946年 赫尔曼·马勒,美国人:因证明X射线辐射可诱发病变而获奖。

1947年 卡尔·科里、哥蒂·科里,美籍捷克人:发现糖元(即储存于人和动物肝脏和肌肉内部的)催化转化作用而获奖。伯纳多·乌赛,阿根廷人:因研究糖代谢中脑垂体荷尔蒙功能而获奖。

1948年 保罗·米勒,瑞士人:因二氯二苯氯乙烷的特征的研究而获奖。

1949年 沃尔特·鲁道夫·希斯,瑞士人:因发现中脑的功能而获奖;安东尼奥·伊哥斯·莫尼兹,葡萄牙人:因精神变态的治疗学价值研究而获奖。

1950年 菲力普·亨奇、爱德华·肯德尔,美国人:莱施斯丁,瑞士籍波兰人:因从事肾皮层的研究而获奖。

1951年 马克斯·泰勒尔,美籍南非人:因研究黄热病而获奖。

1952年 西尔曼·沃克斯曼,美籍乌克兰人:因发现了链霉素而获奖。

1953年 弗里兹·里普曼,美籍德国人:汉斯·克雷布斯爵士,英籍德国人:发现三羧酸循环,即柠檬酸在碳水化合物的代谢,并因此获奖。

1954年 约翰·恩德斯、托马斯·韦勒、菲特烈·罗宾斯,美国人:因成功培养脊髓灰质炎病毒而获奖。

1955年 阿克赛·雨果·狄奥雷尔,瑞典人:因研究氧化酶的运动性质及模式而获奖。

1956年 沃纳·福斯曼,德国人:狄金逊·里查兹,美国人:安德烈·科南德,美籍法国人:因研制心导管及循环改变而获奖。

1957年 丹尼尔·勃维特,意大利籍瑞士人:因合成箭毒马钱子而获奖。

1958年 乔治·比德尔、爱德华·泰特姆,美国人:因发现基因的化学调整过程而获奖;乔舒亚·莱德伯格,美国人:因基因重组研究而获奖。

1959年 赛维罗·奥乔亚,美籍西班牙人:亚德·科恩伯格,美国人:因生产人造核酸而获奖。

1960年 麦克法兰·勃内特爵士,澳大利亚人、比德·麦德华爵士,英国人:因移植组织获得免疫力研究而获奖。

1961年 吉奥·冯·贝凯西,美籍匈牙利人:因内耳功能研究而获奖。

1962年 弗朗西斯·克里克,英国人:詹姆斯·沃森,美国人:莫利斯·威尔金斯,英籍新西兰人:因发现脱氧核糖核酸的分子结构而获奖。

1963年 约翰·埃克尔斯爵士,澳大利亚人:阿兰·霍金爵士,英国人:安德鲁·赫胥黎爵士,英国人:因研究神经推动力在神经纤维上的传导而获奖。

1964年 科拉德·布洛克,美籍德国人:弗奥德·里南,德国人:因研究胆固醇和脂肪酸的代谢而获奖。

1965年 弗兰索瓦·雅各、雅克·莫诺、安德烈·卢奥夫,法国人:因研究人体细胞的调解活动而获奖。

1966年 查尔斯·哈金斯,美籍加拿大人:弗朗西斯·皮顿·罗斯,美国人:因从事癌症研究而获奖。

1967年 霍尔丹·凯弗尔·哈特林、乔治·瓦尔德,美国人:拉格纳·戈兰尼特,瑞典籍芬兰人:因研究视觉的化学和生理过程而获奖。

1968年 罗伯特·霍利,美国人:戈宾德·库拉纳,美籍印度人:马歇尔·尼伦伯格,美国人:因破译遗传密码获奖。

1969年 马克斯·德尔布吕克,美籍德国人:阿尔弗雷德·赫希,美国人:萨尔瓦多·路里,美籍意大利人:因研究病毒和病毒引起的疾病而获奖。

1970年 尤利乌·斯·阿克西罗德,美国人:伯纳德卡慈爵士,英籍德国人:乌尔夫·冯·尤勒,瑞典人:因神经传导化学研究而获奖。

1971年 耶尔·萨德兰,美国人:因荷尔蒙活动的研究而获奖。

1972年 杰拉尔·艾德尔曼,美国人:罗德尼·波特,英国人:因研究抗体的化学结构而获奖。

1973年 卡尔·冯·弗里斯克、柯纳德·劳伦兹,奥地利人:尼古拉斯·廷贝根,荷兰人:因研究动物的行为方式而获奖。

1974年 阿尔伯利·克劳德,美籍比利时人:克里斯安·德·德夫,比利时人:乔治·帕拉德,美籍罗马尼亚人:因研究细胞组织的结构和功能而获奖。

1975年 伦那托·杜尔贝科,美籍意大利人:霍华德·特明、戴维·伯蒂莫,美国人:因研究肿瘤病毒和病毒的遗传物质之间的相互作用而获奖。

1976年 巴鲁克·布拉姆伯格、丹尼尔·卡莱顿·戈德塞克,美国人:因研究传染病的来源与传播而获奖。

1977年 罗沙琳·耶鲁,美国人:罗杰·吉尔曼,美籍法国人:安德鲁·萨利,美籍波兰人:因放射免疫测定法(探索和测定重要生理特质)和垂体荷尔蒙的研究而获奖。

1978年 沃纳·阿伯尔,瑞士人:丹尼尔·纳森斯、汉米尔顿·史密斯,美国人:因发现和应用分解脱氧核糖核酸的酶而获奖。

1979年 阿伦·科马克,美籍南非人:戈弗弗莱·豪斯菲尔德爵士,英国人:因发明计算机化轴向X射线摄影法扫描而获奖。

1980年 巴鲁·伯纳赛拉夫,美籍委内瑞拉人:乔治·斯奈尔、吉恩·道赛特,法国人:因研究基因对外部特质免疫反应的控制而获奖。

1981年 罗杰·斯佩里,美国人:因研究脑半球的功能而获奖;托斯顿·维塞尔,瑞典人:戴维·休贝尔,美籍加拿大人:因研究大脑的视觉信息过程而获奖。

1982年 休恩·伯格斯托姆、本特·萨缪尔松,瑞典人:约翰·维恩,美国人:因前列腺术的生化和病理研究而获奖。

1983年 巴巴拉·麦克科林托克,美国人:因发现影响遗传的流动植物基因而获奖。

1984年 尼尔斯·泽恩,美国人:乔治斯·科勒,德国人:凯撒·米尔斯丁,英籍阿根廷人:因生产单克隆抗体的技术而获奖。

1985年 米切尔·布朗、约瑟夫·戈尔斯,美国人:因发现参与胆固醇代谢的细胞受体而获奖。

1986年 斯丹利·科恩,美国人:瑞达·列维-蒙塔西尼,意大利人:因发现帮助调整细胞生长的化学剂而获奖。

1987年 佐佐木,日本人:因研究抗体的遗传性而获奖。

1988年 詹姆斯·布拉克爵士,苏格兰人:格特鲁德·艾里森、乔治·希金斯,美国人:因发明新型药物而获奖。

1989年 哈洛德·瓦姆斯、米切尔·比索普,美国人:因癌症研究而获奖。

1990年 约瑟夫·莫里、德纳尔·托马斯,美国人:因外科移植而获奖。

1991年 厄尔文·尼赫、伯特·萨克曼,德国人:因研究细胞生物学,尤其是对其病理机制的解释而获奖。

1992年 艾德蒙德·费谢尔、艾德文·克雷布斯,美国人:因发现用以控制不同代谢过程的细胞调解机制而获奖。

1993年 理查德·罗伯茨、菲力普·萨普,美国人:因发现裂变基因而获奖。

1994年 马丁·罗德贝尔、阿尔弗莱·吉尔曼,美国人:因发现细胞中的G蛋白及其作用而获奖。

1995年 爱德华·路易斯,美国人:艾力克·维斯乔姆,美国人:克里斯汀·约斯莱恩-沃哈德,德国人:因发现早期胚胎发育的相关基因控制而获奖。

1996年 彼得·多尔蒂,澳大利亚人:鲁尔夫·金科纳尔,瑞士人:因发现细胞介质的免疫防护的特异性而获奖。

自然科学 ▷

"科学无外乎是
日常思维之精华"
——阿尔伯特·爱因斯坦

度量衡

- 埃及的肘尺是指自肘至伸展的手指指端的臂长。
- billion过去有两种定义：英国为万亿，而美国为十亿。美式定义现已取代了英式定义。
- 里格是古代高卢的度量单位，大致相当于罗马人所指的1500步。

度量制

- 计量学是度量方面的科学。
- 一英亩起初定义为一对公牛一日内可耕地的面积。

最初的重量和长度单位建立在人体比例的基础上——例如，英寸的前身是拇指的长度。在许多文明古国，人的平均步长是丈量耕地和农田的常用单位。随着文明的演进和贸易的发展，需要产生度量衡标准化。有的度量单位是地方约定俗成的，有的是由国家统治者统一颁布的，于是多种度量衡体制发展起来。

度量实际是一种比较：未知的长度、重量或容量和已知的长度、重量或容量相比较，其结果用采取该度量衡制的人们公认的单位名称表示。

理论上说，测量任何与其他可比量有关的量都是可能的。为了避免难以处理的数字过大或过小问题，使用适当的度量单位是非常必要的。例如，用发丝的宽度作基本单位也可测量星际间的距离，但因其产生的数字庞大得难以想像，所以我们一般用一种更合适的单位——光年。

公制

- 公制单位的国际标准样保存在巴黎附近的国际计量局（BIPM）。
- 公制最初是1670年由法国提出的。

1799年法国大革命期间公制代替了当时的传统的不合理的单位制。为保持不变，公制建立在自然实存单位基础上。所选基本单位为地球周长四千万分之一，地球周长是通过测量经过巴黎和两极的那条经线得到的。这个单位——等于英制的39.37003英寸——叫做米。

由米还派生出其他几个公制单位。克——质量单位——是1立方厘米最大密度水的质量，升——容积单位——是1立方分米。加上丹麦语、拉丁语或希腊语的前缀从百亿亿分之一（×10⁻¹⁸）至百亿亿（×10¹⁸）来表示十进制。

基本单位

公制建立在少数几个基本单位基础之上。这些基本单位与长度、质量和时间的基本标准相关，并且与其他几个基本单位如测量电量和光量的单位一起扩大了这一体制的应用范围。基本单位由一定的实存标准确定，理论上来说到处是相同的。例如，米是光波在真空中在1/299,792,458秒内传播的距离。这个长度在世界各地都相同，其标准就得以保持。现在只有千克是用实存物（一块金属铂）来确定的。这几个基本单位相结合构成了大量其他单位。此外还设有两个几何单位，有时称作补充单位。

国际（单位）制单位

有几种以公制为基础的单位制被广泛应用。首先是厘米·克·秒制——其基本长度单位是厘米，质量单位是克，时间单位是秒。然而此制常被米·千克·秒制代替，米·千克·秒制的基本长度单位是米，质量单位是千克，时间单位是秒。

科学家和技术人员需要国际统一的度量标准。于是产生了以米·千克·秒制为基础的SI。SI即国际单位制，是于1960年在第11届国际计量局全体大会上通过的。现在整个科技领域都采用国际单位制，大多数国家的许多其他领域也广泛采用国际单位制。国际单位制基本单位是：

米：长度单位
千克：质量单位
秒：时间单位
安培：电流量单位
开：开尔文温标的温度计量单位
堪（德拉）：发光强度单位
摩尔：物质量单位

其他度量制

- 英国在12世纪通过法令把1英寸细分为三个大麦粒（旧长度单位，1/3英寸）。
- 英制的一些单位在北美已不再使用。例如，码现只用于体育方面。

除公制单位外，使用最广泛的是英制单位和美国惯用单位。虽然两种单位制中大部分单位名称相同，但其中一些所表达的量却不同。

英制

英制的两个基本单位是码（长度单位）和磅（质量单位）。这些单位不按公制的十进制而按传统惯例细分和加倍。

三种重量单位制的存在使英制十分复杂。常衡制使用最为广泛。金衡制用以度量贵重金属，而药衡制与金衡制使用相同单位，只是单位名称有些区别。

1897年公制的使用在英国得到了法律认可。1965年英国贸易委员会主席宣布争取在"十年内"转用公制，尽管1976年3月政府决定不继续进行《度量衡法案》的二读，但自1965年以来公制已在许多领域代替了英制。

美国惯用单位

英美单位的差别为其换算带来不便，例如，质量单位吨等于2240磅（或1016.046909千克），而在美国和加拿大吨等于2000磅（或907.184千克）。英美的加仑和蒲式耳也有很大差别。

▶ 英制单位

英制单位由1963年英国《度量衡法案》确立：
码（yd）等于0.9144米
磅（lb）等于0.45359237千克

长度单位
12 英寸 = 1 英尺
3 英尺 = 1 码
5½ 码 = 1 杆
4 杆 = 1 链
10 链 = 1 弗隆
5280 英尺 = 1 英里
1760 码 = 1 英里
8 弗隆 = 1 英里

海程长度
6 英尺 = 1 英寻
100 英寻 = 1 链
6080 英尺 = 1 海里

面积单位
144 平方英寸 = 1 平方英尺
9 平方英尺 = 1 平方码
304¼ 平方码 = 1 平方杆
40 平方杆 = 1 路得
4 路得 = 1 英亩
4840 平方码 = 1 英亩
640 英亩 = 1 平方英里

重量单位（常衡）
437½ 格令 = 1 盎司
16 打兰 = 1 盎司
16 盎司 = 1 磅
14 磅 = 1 英石
28 磅 = 1 夸脱
4 夸脱 = 1 英担
20 英担 = 1 吨

体积单位
1728 立方英寸 = 1 立方英尺
27 立方英尺 = 1 立方码
5.8 立方英尺 = 1 桶

容积单位
8 液打兰 = 1 液盎司
5 液盎司 = 1 吉耳
4 吉耳 = 1 品脱
2 品脱 = 1 夸脱
4 夸脱 = 1 加仑
2 加仑 = 1 配克
4 配克 = 1 蒲式耳
8 蒲式耳 = 1 夸脱
36 加仑 = 1 桶

速度
1 节 = 1 海里/小时

"METER"（米）一词源于古希腊语中的METRON一词，意

自然科学

▶ 公制和英制的换算

1栏 英制	2栏 公制	2栏转换到1栏 乘	1栏转换到2栏 乘
长度			
英寸 (in)	厘米 (cm)	0.39370078	2.54*
英尺 (ft)	米	3.280840	0.3048
码 (yd)	米	1.09361	0.9144*
英里	千米 (km)	0.6213711	1.609344*
英寻	米	0.54680	1.8288*
链	米	0.04970	20.1168*
英海里	千米	0.5396118	1.853184*
国际海里	千米	0.5399568	1.852*
埃 (Å)	毫微米	10	10^{-1}
面积			
平方英寸	平方厘米	0.15500	6.4516*
平方英尺	平方米	10.7639	0.092903*
平方码	平方米	1.19599	0.836127*
英亩	公顷 (10^4米^2)	2.47105	0.404686*
平方英里	平方公里	0.38610	2.589988*
体积			
立方英寸	立方厘米	0.061024	16.3871*
立方英尺	立方米	35.31467	0.028317*
立方码	立方米	1.30795	0.764555*
容积			
升	立方厘米或立方毫升	0.001*	1000*
品脱	升	1.759753	0.568261
英加仑	升	0.219969	4.546092
桶（量啤酒用）	百升	0.611026	1.63659
美加仑	升或立方分米	0.264172	3.785412
美桶（量石油用）	百升	0.628998	1.58983
液盎司	毫升	0.035195	28.413074
速度			
英尺/秒 (ft/s)	米/秒	3.280840	0.3048
英里/小时 (mph)	公里/小时	0.621371	1.609344
英节 (1.00064国际节)	公里/小时	0.5396118	1.853184
加速度			
英尺/秒/秒 (ft/s^2)	米/秒/秒 (m/s^2)	3.280840	0.3048*
质量			
格令 (gr)	毫克 (mg)	0.0154324	64.79891
打兰 (dr)	克	0.564383	1.77185
盎司（常衡）	克	0.0352740	28.349523125
磅（常衡）	千克	2.20462*	0.45359237*
英石	千克	0.15747304	6.35029318*
夸脱	千克	0.0787375	12.70058636*
英担 (cwt)	千克	0.0196841	50.80234544*
长吨 (long)	吨 (= 1000千克)	0.9842065	1.0160469088
密度			
磅/立方英寸	克/立方厘米	0.0361272	27.6799
磅/立方英尺	千克/立方米	0.06234280	16.0185
力			
达因 (dyn)	牛顿	10^5	10^{-5}
磅达 (pdl)	牛顿	7.23301	0.138255
磅力 (lbf)	牛顿	0.224809	4.44822
吨力	千牛顿 (KN)	0.100361	9.96402
千克力 (kgf或kilopond)	牛顿	0.101972	9.80665
能（功，热）			
尔格	焦耳	10^7	10^{-7}
马力 (hp) (550ft/lbf/s)	千瓦 (kw)	1.34102	0.745700
撒姆	兆焦 (MJ)	0.00947817	105.506
千瓦时 (kwh)	兆焦 (MJ)	0.277778	3.6
卡（路里）（国际）	焦耳	0.238846*	4.1868*
英国热单位 (Btu)	千焦 (KJ)	0.947817	1.05506
压强，应力			
毫巴 (mbar或mb)	帕	0.01*	100*
标准大气压 (atm)	千帕	0.0098692	101.325
磅/平方英寸 (psi)	帕	0.000145038	6894.76
磅/平方英寸 (psi)	千克力/平方厘米	14.2233	0.0703070

*精确数字

▶ 国际（单位）制单位

量的基本单位	单位名称	符号	定义
长度	米	m	光在真空状态在1/299,792,458秒内传播的距离。
质量	千克	kg	质量单位千克的标准样被保存在法国巴黎附近塞夫勒的国际计量局（BIPM）。
时间	秒	s	基态铯–133原子在两个超精细结构能级之间跃迁所相对应的9,192,631,770个辐射周期的持续时间。
电流	安培	A	在真空中放置两根横截面可以忽略的无限长的平行直导体，彼此相隔1米，在导体间产生2×10^{-7}牛顿/米的作用力的恒定电流。
热力学温度	开尔文	K	热力学中水三点温度的1/273.16。水的三点是指水、冰和水蒸汽处于均势的温度点。
发光强度	堪（德拉）	cd	朝一定方向以540×10^{12}赫兹的频率发出单色光辐射的光源的发光强度，它在那一方向的辐射强度为每球面度 (1/683) 瓦。
物质量	摩尔	mol	当所含的化学单元数正好与12克碳-12所含原子数相等时的物质量。使用摩尔时，化学单元必须细分为原子、分子、离子、电子和其他粒子或指定粒子群。

补充单位*

平面角	弧度	rad	一个圆的两条半径把此圆周长切为与半径等长的弧时所组成的平面角。
立体角	立体弧度	sr	以球面顶点为中心把球面面积切为等于边长与球半径相等的正方形的面积的立体角。

*无因次单位

▶ 倍数与约数

在公制中使用下列十进制倍数和约数：

前缀	符号	等值		系数
yocto-	y	（微微微微）	10^{24}分之一	(x 10^{-24})
zepto-	z	（毫微微微）	10^{21}分之一	(x 10^{-21})
atto-	a	阿托或微微微	百亿亿分之一	(x 10^{-18})
femto-	f	非托姆或毫微微	千万亿分之一	(x 10^{-15})
pico-	p	微微	万亿分之一	(x 10^{-12})
nano-	n	毫微	十亿分之一	(x 10^{-9})
micro-	m	微	百万分之一	(x 10^{-6})
milli-	m	毫	千分之一	(x 10^{-3})
centi-	c	厘	百分之一	(x 10^{-2})
deci-	d	分	十分之一	(x 10^{-1})
deka-	da	十	十倍	(x 10)
hecto-	h	百	百倍	(x 10^2)
kilo-	k	千	千倍	(x 10^3)
mega-	M	兆（百万）	百万倍	(x 10^6)
giga-	G	千兆	十亿倍	(x 10^9)
tera-	T		万亿倍	(x 10^{12})
peta-	P		10^{15}倍	(x 10^{15})
exa-	E		10^{18}倍	(x 10^{18})
zetta-	Z		10^{21}倍	(x 10^{21})
yotta-	Y		10^{24}倍	(x 10^{24})

思是"度量" ■ 中国人是公元前6世纪最早使用十进制的民族 ■

物理学

▶ 人造最高温度是在美国普林斯顿大学的等离子物理实验室获得的，它高达5.1亿℃，比太阳中心温度高30倍。

▶ 相对论描述宏观宇宙，而量子理论则研究微观事物。

▶ 一次闪电可产生瞬间电流10,000,000安培，速度达50,000公里/秒，使空气升温至30,000℃。

▶ 光从月球到地球需用1.25秒，从太阳到地球大约需8分钟。

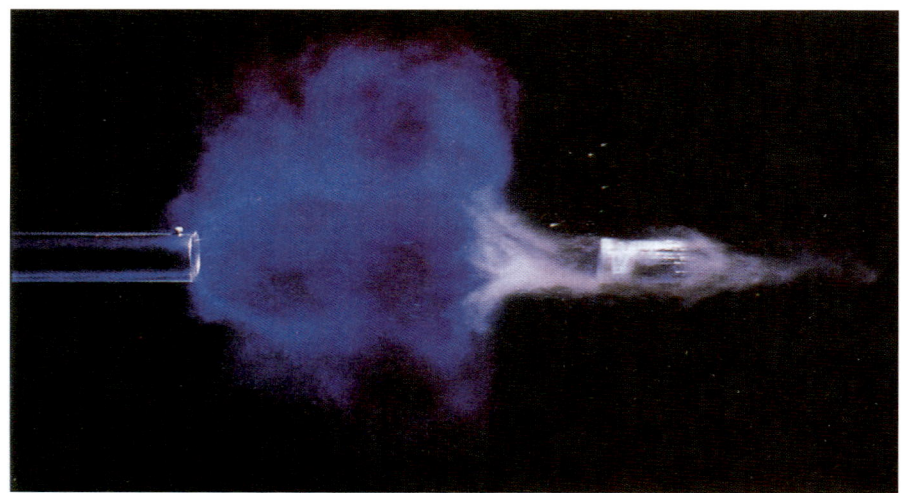

■ 滑膛枪及其射击4.5毫秒后的子弹。枪产生的后坐力是牛顿第三运动定律的"力的作用是相互的"结果。

物理学简介

▶ 物理学是研究控制物质的基本规律的科学。
▶ 伽利略和笛卡尔最先坚持在科学原理中必须使用惟一精确的数学概念。

物理学家的研究范围广泛，包括对运动物体、力、热和能、波、电、磁和原子物理的研究。物理学包括从宏观科学——例如巨大宇宙结构——到微观科学，如量子物理学，它研究比头发还细几十亿倍的物质。物理学定律建立在数学计算基础上，因此数学在物理学中起主要作用。

运动和力学

▶ 当一物体处于运动状态时，我们认为它在空间和时间内运动。
▶ 力学是物理学的分支，研究大至行星小至原子中的粒子范围内的物体的运行和运动。

艾萨克·牛顿爵士（见122页）创立的力学理论在描述大多数运动时都证明很成功。他的业绩被称为科学史上最伟大的成就之一。

运动学

运动学是对运动物体进行的研究。它的研究课题广泛，包括对落向地面物体、沿直线路径运动和曲线路径运动物体的研究。艾萨克·牛顿爵士提出的运动物体的几个基本定律在大多数情况下适用。然而，如果研究接近光速的速度或小范围内的运动，牛顿定律就不成立了。

速率是一物体在一定时间内通过的距离与通过那段距离所花时间的比率。所通过的距离叫位移。物理学家通常用每秒通过的米数来度量速率：（平均）速率=单位时间内通过的距离。

速率是无方向的。而速度则是沿一定方向测出的速率。任何量，如速率，如果其方向不一定或不可知，那么这个量就叫做标量。速度则是矢量，含其大小和方向。

当一辆小汽车的速度增加时，人们说小汽车正在加速（速度变快）。当小汽车的速度下降时，人们说小汽车正在减速。加速度是速度变化率。既然速度是一个矢量，那么如果一个物体即使保持原速度但却改变了方向，我们说该物体正在作加速运动。加速度可以定义为在一定时间间隔内速度的变化。最简单地说，加速度=变化所需时间内速度的变化。加速度用米/秒²（或米×秒⁻²）作单位。通常把减速运动体说成负加速运动物体。那么一个球按20米/秒的速度运行，在一秒钟之内减速至15米/秒，那么它的加速度就是-5米/秒²。

▶ 运动方程式

这组运动学方程式是描述位移、速度和加速度之间关系的方程式。如一物体沿直线作匀加速度运动，则下列方程式成立：

1. $v = u + at$
2. $s = \tfrac{1}{2}at^2$
3. $v^2 = u^2 + 2as$
4. $s = \tfrac{1}{2}t(u + v)$

在上述方程中 s = 位移，t = 时间，u = 初始速度，v = 一段时间（t）后的速度，a = 加速度。

如果方程式中的一项未知，而其他各项可知，则可以解整个方程式。用运动方程式解题必须先明确已知条件，然后再确定用这四个方程中的哪一个来求出答案。

▶ 牛顿运动定律

牛顿运动三大定律陈述了物体的加速度与所受力之间的基本关系。这些定律使我们可以计算任何运动物体从抛入空中的球到遨游至外层行星的宇宙飞船的精确运动轨道。

1. 只要无外力作用，物体就处于静止状态或作匀速运动。

那种物体保持静止或作匀速运动的趋势被称为物体的惯性。惯性与质量有关，质量是物体内物质的量。牛顿想像物质由微小粒子组成，每个粒子有一定的质量，可以用千克来计算。一物体的质量就是它所含有原子质量的总和。牛顿第一定律解释了为什么当汽车突然刹车时我们会前倾，并且解释了为什么当汽车加速时我们会后仰。

2. 加速度与施加在物体上产生加速度的力成正比。

牛顿第二定律可以用这样的方程式表达：力 = 质量×加速度，或 F = ma。力引起物体速度变化。

只有在有外力作用下物体才会加速（或减速），否则它将作匀速运动。力用牛顿来计算。1牛顿的力可以使质量为1千克的物体产生1米/秒²的加速度。既然力与质量成正比，那么质量增加一倍则产生同一加速度的力也要增加一倍。

3. 两个物体的相互作用力总是大小相等而方向相反的。

牛顿第三定律指出力不能单独存在；有力则必有其引起的"反"作用力。当子弹射出时，枪会产生后坐力。这是由于子弹对枪的反作用力引起的。同样，这一定律也说明了当火箭穿越外宇宙真空时，喷出的尾气推动火箭前进的同时，火箭也向相反方向推动喷出的尾气。从这一原理可以推导出动量守恒定律。被牛顿称为"运动的量"的动量是质量和速度的乘积。动量守恒定律指出当两物体相互作用时，在相互作用之前的总动量等于作用之后的总动量。

■ 据估计太阳中心温度约为15,000,000℃ ■

牛顿万有引力定律

除运动定律外，牛顿还提出了引力的概念，他将其定义为两物体间相互的吸引力。宇宙中任何物质粒子都能吸引其他物质粒子。牛顿发现吸引力大小同两物体的质量（m_1和m_2）成正比。但此吸引力（F）在两物体间的距离（r）加大时便会减小。如果距离（r）加倍则吸引力（F）减至原来的四分之一。这叫做平方反比关系。牛顿万有引力定律是这样的：$F = Gm_1m_2/r^2$。其中G是"万有引力常数"。关于引力的进一步实验表明：$G = 6.67206 \times 10^{-11} Nm^{-2} kg^{-2}$。这个值很小的数是两个相隔1米各为1千克的物体间产生的以牛顿来计量的吸引力。

牛顿第二定律使计算地表附近的重力加速度成为可能。所有落向地球的物体都有相同的加速度（未考虑空气阻力）。在地表附近，加速度为9.81米/秒^2，但纬度和海拔的变化能引起微小的加速度变化。从这个数字可以得出地球上的重力强度为9.81牛顿/千克。在其他行星和卫星上也存在重力，但由于重力由天体的质量及其直径决定，所以其重力与地球的重力不同。

地球（或任何行星）对物体的吸引力叫做重量。那么"重"60千克的妇女严格说来应该是有60千克的质量，她的重量为$60 \times 9.81 = 589$牛顿。月球上的重力强度为地球上的六分之一，她的质量仍是60千克，而她的重量只有98牛顿。

热和功

▶ 热曾经被认为是一种物质，热质，它从热物体流向冷物体，但热质是没有重量的。
▶ 现代物理学把热看成是组成气体、液体或固体的物质粒子所拥有的总的能量。

拥有能量的物体可以作功。当力（F）移动一段距离（d）时，功就产生了。功 = 力×距离（$W = F \times d$）。如果力用牛顿计算，距离用米计算，那么功就用牛顿·米计算或者称之为焦耳。能的所有形式现在都用焦耳计算。

当烧红的铁块把水烧至沸腾并驱动蒸汽机时，它就作了功；然后蒸汽机便能移动负载，这样也作了功。烧红铁块的热能就蕴藏在剧烈运动的原子内。

任何物体都有动能和势能。动能是运动物体所具有的能量，动能大小由速度决定，即$\frac{1}{2}mv^2$，其中m是物体质量，v是瞬间速度。相反，势能则由位置决定，即距地面一定高度（h）有一定质量（m）的物体的重力势能是mgh，其中g是重力加速度。

热力学

热力学是对系统内热、能和温度的变化和特性的研究。有几个热和能的原理在所有情况下都是适用的。最简单明了的是热平衡原理。如果一物体从周围获取的能量与此物体向周围释放的能量相同，那么我们说这一物体处于与它周围环境的热平衡状态中，即从物体流动到周围环境中的能量为零。本原理还可以表达为：如果物体x与物体y处于热平衡状态，而物体y与物体z也处于热平衡状态，则物体x与物体z也处于热平衡状态。三个物体x，y和z将处于同一温度。

另一基本原理是能量守恒原理。一个系统内的某一特性的总值或总量，如它的质量、电荷或能量保持不变，即使那种特性在系统内的各个部分之间变动。这就是说能量（或质量，或电荷）不能产生和消灭。此原理不仅是热力学基本原理，也是物理学以及整个自然界的基本原理。

虽然有时表面上看来能量守恒原理不成立，实际上它仍是正确的。例如，设想一只盒子从地板上滑过。过一会儿，它就会减速并停下来，此时运动时产生的能量似乎已经"消失"。然而，大多数看似"消失"的能已转为内能；在这个例子里，动能转化为热能。把动能转化为热能的过程包括黏滞和摩擦。

热力学第一定律

热力学第一定律阐述了任何封闭系统内的能的总量保持不变。换言之，能从一种形式转化为另一种形式但量却不变。热是能的一种形式，因此如果产生热，则一定有其他形式的能被转化。例如，在理想状态下，电热炉产生的热与提供给电热炉的电能相等。此原理的另一种说法是把功全部转化为热是可能的。

热力学第二定律

热力学第二定律阐明热总是从温度高的物体流向温度低的物体，而不可能从低温物体流向高温物体。这个定律表明这个过程是单向的，不可逆的。它表明热不可能完全转化为功。

对热力学第二定律的一种有趣的表达方式是熵。熵是对系统内无序状态的一种衡量。第二定律阐明一系统的熵（无序）在一段时间过后只能保持不变或增加——而不会自发地减少。从我们生活在充满熵的宇宙中这一事实可以得出的结论是它为过去和将来提供了界限。根据熵增原理，物理过程只沿着一个时间方向进行，即时间向前推移。

热力学第三定律

热力学第三定律阐明在趋近于绝对零度时从一系统中获取能量更为困难。所有物体都具有热能或热。绝对零度是物体不再具有热的温度点。其值为$-273.15℃$（$-459.67°F$）或ok（开）。在这个不可能通过物理方法达到的温度下物体内分子停止运动，也就不再具有内能了。

▶ 热传递

▶ 热是能的一种形式，热的流动是由温差造成的能的传导。
▶ 当烧红的铁块冷却时，它可能通过三种形式把能传递到周围：传导、对流和辐射。

传导： 当动能和分子能从一个分子转移到另一个分子时就发生了热传导。当烧红的铁块冷却时，它通过振动能从铁原子向界面原子的转移把能传递到与铁块接触的界面。因为电子通过物质传导能，所以金属是热的良导体。相比之下空气则是热的不良导体。这样，条纹背心由于封住空气就可以使穿者保持温暖，阻止了热从身体传导到外界。

对流： 热的对流是加热了的物质运动的结果。当烧红的铁块冷却时，与铁块接触的空气就由于传导而被加热了，之后膨胀并且变得比周围冷空气密度小。按阿基米德定律，空气浮力加大并上升。这个过程继续下去，冷空气就被吸入。对流是大气与释放到空气中的稀释污染物混和的主要途径。

辐射： 所有物体都以电磁波的形式辐射能量。正在冷却的铁棒通过红外线辐射和可见光的流失向外辐射能量。辐射可以穿透真空，这样地球就能接受太阳辐射的能。当物体辐射和接受的能量相等时，其温度保持不变。

物质运动论

物质运动论以粒子运动的方式来解释气体、液体和固体。

气体

气体的可压缩系数几乎可达1000，这表明在气体的分子之间一定有很大的空间。气体中的分子可以运动（自由运动）、旋转和振动。每种运动形式都与气体中储存的能有关。气体的温度可以衡量气体分子的平均动能。既然温度是一种平均度量形式，那么它与实际有关的气体量无关。然而气体中所含的热能却取决于气体量。

液体

液体不易被压缩（这使液体可用于液压系统以传送和增大力）。压缩气体所得到的液体要比原气体密度大得多。例如，常温常压下重1.33千克的1立方米的氧气当温度降至-183℃时就压缩为1160立方厘米的液氧。在液体中分子相互接触，然而随着分子振动或相互干扰却到处运动。

固体

固体极其不易被压缩。晶状物质的粒子排列非常有秩序，玻璃和塑料的粒子排列则没有那么规则。当温度升高时，固体内的粒子振动更为活跃。

在木星上一个人的重量是他在地球上重量的2.4倍

波

▶ 波是一种没有任何物质转移的能量移动现象。
▶ X射线、紫外线、光波和无线电波在真空中是以相同速度传播的。

波由振荡分子或振荡力场组成。例如水波、声波、电波和X射线。尽管有许多不同的波，但它们有着共同的特性，可以恰当地描述和用数学进行解释。

波有两种主要类型：横波和纵波。在横波中，振动是与传播方向垂直的，而在纵波中振动是与传播方向平行的。水波是一种横波，水微粒在横波里上下振荡，与波的传播方向成直角。光也是一种横波，在横波里，是电场和磁场在振荡。相反地，声波是纵波，在纵波里，空气分子前后振荡，与波传播的方向一致。当声音通过某一点时，便发生空气的挤压和伸张。

波长和频率

波在一个振动周期内传播的距离，也就是沿波的传播方向，两个相邻的同相位点（如波峰或波谷）间的距离叫做波长，λ（拉姆达）。光波的波长很短，λ从 4×10^{-7} 米（紫光）到 7×10^{-7} 米（红光）。频率（f）是指单位时间内完成振荡的次数或周数。频率是以赫兹来计量的。

波长和频率的值相结合，能得到波在一秒钟内传播的距离——波的速度（v）：

$$v = f\lambda$$

听得见的声频率在20赫兹（低沉的喧哗声）到大约20,000赫兹（刺耳的笛声）之间变化。

可见光的频率从 8×10^{14} 赫兹（红光）到 4×10^{15} 赫兹（紫光）之间变化。这样，当红光进入人眼中时，一秒钟内，8×10^{14} 个波以每秒 3×10^8 米的速度进入眼中。

如果一个人听中调C钢琴曲，每秒钟有256个波以344米／秒的速度进入耳中。

$$\lambda = v/f = 344/256 = 1.34 \text{ m}$$

换句话说，波长是1.34米。

在20℃（68°F）的空气中，声波的速度是344米/秒，但是在水中，声波以每秒1461米的速度传播，在钢中它的速度是每秒5000米。光波在真空中大约以每秒300,000公里的速度传播，但在空气中稍微慢一些，在水中或玻璃中则速度更慢。

波的特性

波有几种特性，包括反射、折射、衍射和干涉。

反射

反射是指波在传播过程中由一种媒质达到另一种媒质的界面时返回原媒质的现象。反射最明显的例子是当一个人照镜子时——光波从镜子银色的表面上反射回来。波反射的另一个例子是回音，声波从远处返回来。

光线从一种媒质入射到另一种媒质的交界面时，与界面法线的夹角是入射角（i）。反射光线与界面法线的夹角是反射角（r）。这些角，i 和 r 是相等的。

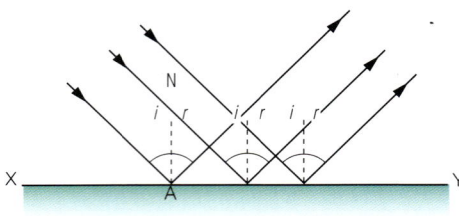

■ 平面波在平面的反射。波接近XY并被反射以后，波是平行的。AN与XY垂直相交在A点。

折射

折射是指波在传播过程中由一种媒质进入另一种媒质时传播方向发生偏折的现象。例如，当光射入透镜或棱镜时——光线弯曲。这就是眼镜中的镜片发挥作用的原理。

波的折射或弯曲，如光波，是斯内尔研究发现的（见123页），用斯涅尔法则描述为：

$$n_1 \sin i = n_2 \sin r$$

这里 n_1 是第一个媒质的折射指数 $n = v/c$，v 是第一个媒质中光的速度，C是真空中光的速度；i 是入射光与垂直线之间的夹角；r 是反射光与垂直线之间的夹角。

折射指数随着波长的不同稍微有些变化。因此，包含所有颜色的白光，穿过玻璃制成的棱镜时分散出七色光。

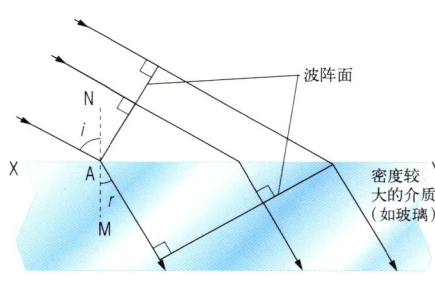

■ 平面波阵面的折射。MAN是垂直线，与XY成（直角）；i 是入射角；r 是反射角。折射后，波是平行的。

衍射

波经过障碍物边缘或孔隙时所发生的展衍现象。这就是为什么我们能听见背向我们的人说话的声音。声波从说话人口中发出是绕着他头后部衍射的。

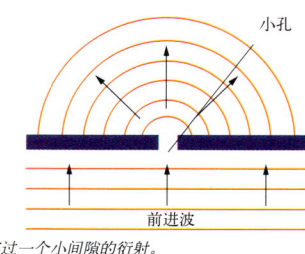

■ 波穿过一个小间隙的衍射。

干涉

干涉是遵循重叠原则当两列或更多的波结合在一起时所发生的现象。重叠原理的内容是当两列波在同一时间同一位置时，他们的振幅（高度）结合在一起。如果合成波振幅高度大于单个波的高度，那么就构成积极的干涉。如果合成波低于单个波的高度，那么就构成破坏性干涉。

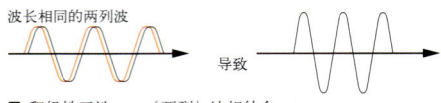

■ 积极性干涉——（两列）波相结合

■ 破坏性干涉——（两列）波互相抵消

电磁波

电磁波是由电场和磁场中相互的波动而产生的。这些电磁场互相垂直，并与波的传播方向成直角。

声波和水波所有的特性，如折射和衍射，都存在于电磁波中。但是不同的是，电磁波能够在真空中传递能量。它们的传播速度极快：在真空中为每秒钟299,792,458米。以这个速度，一秒中可以从伦敦到纽约来回往返27次。然而，在媒质中，其传播速度便慢下来，是一种导致衍射的因素。

电磁波包括光，微波，红外线辐射和X射线。不同类型的波依赖于不同的波长和频率。在真空中，电磁波的速度是不变的，因此，频率越高，波长越小。

电磁的光谱是在波长一个广泛的范围内波的集合，从伽马波（波长 10^{-16} 米）到无线电波（波长 10^3 米）。光是人眼可看见的电磁光谱的一小部分。紫外线光和红外线辐射分布在可见光的两侧。

电磁学

▶ 电学和磁学最初是分开研究的，但在19世纪，科学家们发现它们都表现出一种力——电磁力。
▶ 电磁学是对静止和移动电荷产生的效应的研究。

电磁力是自然的基本力之一，其余的是引力和强相互作用力以及弱相互作用力。从远古时代起人们就知道电磁学，但是直到18世纪末期，电力才被法国物理学家查尔斯·奥古斯丁·德·库仑发现（见120页）。

磁学

一些金属矿物，如天然磁石，具有磁性。当用线吊起来时，它们指向南一北。天然磁石吸引铁，但与其他物质不相吸。这样的磁石指南针自公元前500年起就已被使用了。

■ 在空气中，在常温和常压下，声音传播的速度是1207公里／小时

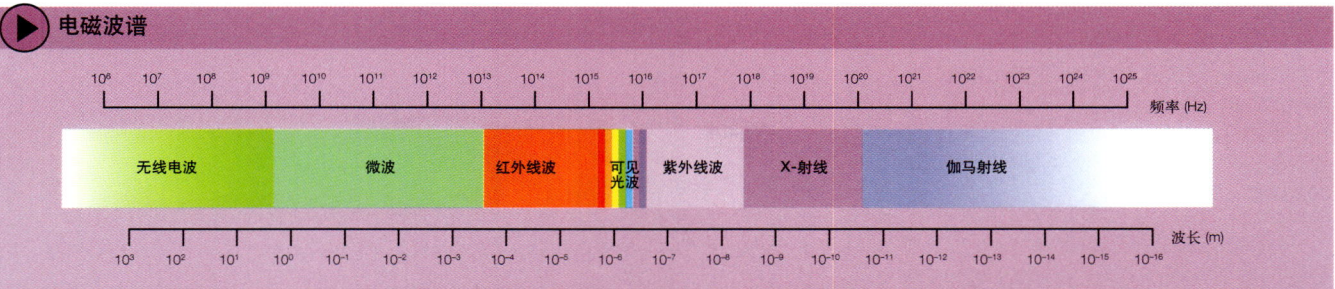

电磁波谱

在麦克斯韦的发现之前,众所周知,光是一种波的运动,尽管波的运动类型还没有确定下来。麦克斯韦第一个指出振荡具有电场和磁场。以后赫兹证明了电磁波的存在,他在实验室里制出了比光波更长的、波长为60厘米的电磁波。目前,科学界发现一种电磁辐射光谱,在大约10^{-15}到10^9米波幅内延展。它可以再细分成更小的,有时是重叠的波幅。天文学观测从可见波长扩展到其他的电磁波波长,这一扩展使人类关于宇宙方面的知识发生了革命性的变化。

无线电波的波长范围很大,从几毫米到几公里长。

微波是波长较短的无线电波,在1毫米和30厘米范围之间变动,应用在雷达和微波炉中。具有不同波长的红外线是物体在不同温度下放射出来的。(温度较高的物质放射出可见光或紫外线)。平均温度在250K($-23°C$或$-9.4°F$)的地球和它的大气层辐射红外线,其波长中心在大约10微米(μm)或10^{-5}米($1μm=10^{-6}$m)处。

可见光波长为400~700纳米(nm; $1nm = 10^{-9}$m)。

太阳辐射的最高值(温度大约为6000K/6270°C/11,323°F)位于波长大约550纳米处,人眼对此最敏感。

紫外线波长大约从380纳米到60纳米。从温度在25,000°C(45,000°F)以上的较热的恒星上辐射,朝光谱中的紫色和紫外线部分移动。

X-射线波长大约从10纳米到10^{-4}纳米。

伽马射线波长小于10^{-11}米,是由某种放射性核发出的,而且在核反应过程中进行。

众所周知,地球本身具有磁性(见26页)。对磁性物质性质的研究引出了磁场的概念,即一种磁石作用于另一种磁石的力。这些磁力线可以用小的测绘图规或铁屑表现出来。磁石的重要特征是它有两极,一个与地球的磁北极相吸引,而另一个与南极相吸引。磁石具有异极相吸(南和北),而同极(北和北或南和南)相斥的性质。

静电荷

静电包含静电荷。泰勒斯,一位生活在大约公元前500年的希腊哲学家(见185页)指出:当琥珀与布相摩擦时,它可以吸引碎小的稻草。1600年,威廉·吉尔伯特(1544~1603)发现:钻石、玻璃、硫磺和蜡可以"摩擦生电"。1646年,"电"一词由托马斯·布朗爵士(1605~1682)命名。

18世纪早期正负电流的概念出现了:人们认识到下面的固体摩擦产生电荷,玻璃排斥玻璃,琥珀排斥琥珀,但是,玻璃和琥珀相吸。带相同电荷的物体互相排斥,而带相反电荷的物体互相吸引。

1746年本杰明·富兰克林(见121页)提出只需要一种电流的观点。正电荷物体有过剩的电流,而负电荷物体缺乏电流。1785年,富兰克林利用风筝从雷云中导电。

也是在1785年,库仑用公式表示了两种带电物体之间吸引和排斥的法则:

$$F = kQ_1Q_2/r^2$$

这里F是力,K是恒量,Q_1和Q_2是电荷的大小(+或-),r是两个电荷之间的距离。这是一个反量平方法则,与牛顿的万有引力定律相似(见115页)。

1786年,高尔瓦尼(1737~1798)把一个铜钩挂在了电子射线管荧光屏一个铁制栅形干扰件上,并且观察到一只刚被杀死的青蛙腿抽搐着,由此他偶然地制成了电子管。

电流

18世纪90年代末,康特·亚历山德拉·伏打(见123页)第一个认识到:当两种不同的金属接触到潮气时,电效应(后来称作电压)便产生了。伏打把交替的锌盘和银盘用蘸有盐水的布片分开,制造了最早的电池,称作伏打电堆。由此伏打电堆成为稳定的电流来源。

最早的一次电池(不能充电的)是约翰·弗雷德里克·丹尼尔(1790~1845)在1836年用锌和铜电极生产的。随后在1859年加斯顿·普兰特(1834~1889)发明了最早的二次(可充电的)电池。这节电池主要以铅和硫酸为主,现在仍用作汽车电池。19世纪60年代莱克兰奇的"干"电池被发展成为现代的普通电筒电池。它有一个锌盒,沿着中轴有一个碳棒电极。

1820年,汉斯·克里斯蒂安·奥斯忒(见122页)注意到:电线中流动的电流能够移动电线附近的指南针针尖。后来在1820年安德烈·安培(见120页)表明如果电流相反,则内有电流流动的两条平行电线互相吸引。他还表明:当电流在螺旋形的电线线圈里流动时,螺旋形的电线线圈的作用就像一个磁棒。

1827年,格奥尔格·西蒙·欧姆(见122页)介绍了电阻的概念,概括为欧姆定律:

$$I = v/R$$

I是导体中的电流,以安培为单位,v是电路中任何两点间的电位差,即电压,R是导体的电阻。

1831年,迈克尔·法拉第(见121页)坚定了他的假设:磁力能够产生电生。他发现在电路中的电线线圈内移动的磁石能感应到电线中的电流。这些发现很快地带动了电动机和发电机的发明,一种通过在一个适当形状的磁石两极之间转动电线圈来发电的装置。

詹姆斯·克拉克·麦克斯韦(见122页)在1873年预言:通过利用振荡的电流可能产生传播速度同光速一样的电磁波。19世纪80年代末,亨利·赫兹(见122页)发现了这种电磁波。该电磁波不久便被应用于无线传送。

1891年,乔治·约翰斯顿·斯通尼(见123页)提出了由运动粒子构成的电流,他称之为电子。1897年,约瑟夫·约翰·汤姆孙爵士(见123页)首先测定了电荷与质量的比率,电子的e/m。1913年罗伯特·安德鲁斯·密立根(见122页)测定了电子的电荷,使电子的质量可以计算出来。它是一种非常轻的粒子,质量为9×10^{-30}千克,或者说大致是最轻的原子(氢)的质量的1/2000。

测量电流

有许多发现电荷和电流的科学家致力于电磁领域的某些方面的研究和测量工作。从下面列举的许多方程式中可以看出。

法拉第的电荷相当于一摩尔电子(6.02×10^{23}),即等于96,500库仑电荷。一安培电流是指一库仑电荷在一秒钟流过一个指定点。这样一安培电流中有$6 \times 10^{23}/96,500$或近似于6×10^{18}个电子,每秒钟在线圈中经过一个指定点。一节1伏特电池给它生成的每库仑电荷提供1焦耳的电能。

机械功率用瓦特(每秒焦耳电能)来计量。如果一节6伏电池提供5安培(每秒5库仑)电流,则1库仑产生6焦耳电能,每秒总共$5 \times 6 = 30$焦耳电能。所供功率的总公式是:

$$P = v \times I$$

这里P是功率,以瓦特为单位,v是电压(也称电位差),I是电流,以安培为单位。

光的传播速度是声音的100万倍,为299,792公里/秒

原子论

▶ 核能是从原子能裂变或聚变这两种核反应中释放出来的。

▶ 已被制造出来的热核炸弹，只有垃圾箱大，却有相当于2000万吨爆炸性极强的三硝基甲苯的爆炸量。

1803年约翰·道尔顿（见121页）引起科学界革命，他假设不同的化学元素的原子，如氢和氧，有不同指数的质量。1897年，约瑟夫·约翰·汤姆孙（见123页）发现了第一个亚原子粒子——电子。1911年，欧内斯特·卢瑟福（见123页）揭示了原子中致密的原子核的存在。1913年，尼尔斯·玻尔（见120页）提出原子中的电子处于某一限定的轨道中。光是当电子从远离原子核的某一确定轨道跳到离原子核较近的另一个确定轨道上时由原子放射出去的。

1924年，路易斯·维克特·德布罗意（见121页）更好地描述了原子，包括围绕原子核快速运动的电子具有像波一样的特性。到了1928年，埃德温·薛定谔（见123页）、沃尔夫冈·泡利（见122页）和马克斯·玻恩（见120页）用量子机械原理描述了原子。

放射性

放射性逐渐地被理解为原子核中放射性元素的蜕变，但直到1932年，詹姆斯·查德威克爵士（见120页）发现了中子，使得人们了解了同位素的存在（质量不同，化学元素相同的原子）。放射线的三种类型是α衰变、β衰变和γ衰变。

不稳定的原子核分解，从而释放出快速移动的由两个质子和两个电子构成的氦原子，这时便发生了α放射。不稳定原子核分解，致使原子核中的中子分裂成一个质子留在原子核中，而且一个电子（或与电子相同却带正电荷的正电子）以极高的速度从原子核中被释放出来，这时便发生了β放射。α衰变和β衰变后，剩下的原子核常处于"受激"状态，在发射伽马（或X射线）光子后"恢复平衡状态"。这就是γ放射的起由。

核裂变和聚变

1938年奥托·哈恩（见121页）和弗瑞茨·斯特拉斯曼（1902～1980）发现核裂变。当铀-235的同位素被中子轰击时，它分裂成两个较轻的原子核（从裂变到裂变之间的变化）和三个中子。这些中子具有轰击和分裂其他原子核的能力，引发更多的裂变。如果铀-235的质量超过一定的水平（临界质量），便产生链式反应。正是这一链式反应的产生返过来导致了第一个核炸弹的诞生。裂变被应用在核反应堆和原子武器中。

当两个小原子核碰撞并结合时，便发生核聚变，挫败弱原子核力并释放出能量。这种类型的反应对一定质量的物质而言能释放出远远超过裂变过程所释放的能量。然而，不像核裂变，人类还没有发现适当地限制或控制聚变的方法。今天许多科学家正在寻求解决受控室温聚变反应的方法，即"冷聚变"。

不能控制的聚变反应的例子是氢（热核）弹。它依赖氢原子的聚变（与太阳核内产生能量的反应类型相同），产生较重的原子，而物质的破坏又释放出可观的能量。

核粒子

曾经被认为是基本物质粒子的质子和中子，现在证实是由200多个基本粒子组成的。这些基本粒子可以分为两种类型：较大的（希腊语意为"庞大的"）是受强相互作用力支配的强子，和较小的（希腊语意为"小的"）是不受强相互作用力支配的轻子。基本粒子在永久存在的粒子和随时可以产生与破灭的粒子之间有更细的区别（如果能遵守能量守恒定律的话）。

每种类型的粒子都有相关的反粒子，在某些特性方面与之相反。例如，带有正电荷的正电子是带有负电荷的电子的反粒子。一些粒子，如光量子是它们自己的反粒子。

质子和中子是由较简单的称作夸克的粒子构成。夸克的六种类型（"特点"）是：上，下，吸引，陌生，顶部和底部。质子是由两个上夸克和一个下夸克组成的，而中子是由两个下夸克和一个上夸克组成。

介子是生命力较短的亚核粒子，一个介子由两个夸克组成。介子在质子和中子之间跳跃，这样把它们连在一起。中微子是从核反应中携带走较大能量的粒子，例如那些参与放射的中微子，但它们很难检测，因为它们和普通物质相互作用很弱。它们能在不易被发现的状态下径直穿过地球。

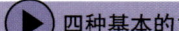

四种基本的力

物质之间相互作用概括为四种力：

引力：引力是四种力中最弱的，是物质之间的相互吸引。尽管它的影响在亚原子粒子中是很小的，但它有很大的宇宙力量，它是把太阳系和银河系连在一起的力。

电磁力：解释磁场和原子的电子—核结构。

强相互作用力：比电磁力强100倍的力，这种力在原子核中把质子和中子连系在一起。它可以说明为什么带有正电荷且互相排斥的质子在密集排列的原子核中如此的紧密。

弱相互作用力：这种力和一些原子核的放射性β衰变有关。电磁力和弱相互作用力是电弱力的一部分。

■ 美国新墨西哥州阿尔伯克基的桑迪亚国家实验室内100兆瓦特粒子光束聚变加速器II是在实验室装置中第一台能够点燃受控热核聚变反应的机器。1985年12月11日第一次点火时，它便被认为是世界上最强大的粒子光束加速器。

■ 原子核是原子直径的百万分之一 ■ 夸克是默里·盖尔曼1964年

狭义相对论和广义相对论

▶ 狭义相对论认为空间与时间相等、物质与能量相等。
▶ 广义相对论表明了时空、质量和引力之间相互依存的关系。

1887年A.A.迈克耳孙（见122页）和E.W.莫利（1838～1923）做的实验表明：光的速度不受相对于观测者的运动源的影响。这个出乎意料的事实的结论（不适用于声音）是由爱因斯坦发现的。他的令人惊奇的结论后来得到各种不同实验的充分证明，导致狭义相对论公式的产生（1905）。

狭义相对论

狭义相对论指出任何物体的速度不能超过光速。在任何惯性系中亦如此，而且所有的惯性参考系都同样有利于实验。

以前人们对时间的观点是如果两事件在同一参考系中同时发生，它们在另一参考系中也必然同时发生。然而，就狭义相对论而言：两事件发生的先后或是否"同时"，在不同参考系看来是不同的。但因果律仍成立。

就狭义相对论而言，每个观测者都有自己的时标。时间和空间必须视为一体，而不是两个分开的事物；这个结合体叫做时空。这就意味着时间与可计量的参照物相关。狭义相对论提出了基本的假设：量度运动物体长度时，将测到运动物体在其运动方向上的长度要比其相对于观察者是静止时缩短。

换句话说，两艘宇宙飞船A和B，以同样的极快的速度飞行，按其运动方向，一艘发现另外一艘缩小了（体积减小）。另外，如果宇宙飞船加速到C（光速）的速度，它的质量则趋于无限大。于是，爱因斯坦假定这个额外的质量来自于能量。因此，物体的能量和质量是相等的，物质和能量是同一现象的两个方面，即物质——能量，在著名的方程式中其关系为：

$$E = mc^2$$

这里E是在核反应中质量（m）破灭时释放出的能量，C是光的速度。它说明1千克的物质被摧毁后，释放出9×10^{16}焦耳的能量。

爱因斯坦依据他的理论预言了制造原子弹的可能性并告诫要提防它。然而，1945年，用于战争中的第一颗铀原子弹在广岛上空爆炸。核武器制造厂使用的正是铀原子分裂成较小的原子碎片，同时消耗一些质量这个核裂变过程。

广义相对论

在广义相对论中，爱因斯坦认为各种系统互相加速。他提出了基本假设：等效原理，即在一个小体积范围内的万有引力和某一加速系统中的惯性力相互等效。

依据这个原理，他阐明了牛顿力学无法解释的行星水星在距角轨道上慢速旋转的矛盾。爱因斯坦解释了一个巨大的浓缩物质的作用，如太阳，它"反卷"其周围的空间。空间，或者说时空，是弯曲的。弯曲度取决于质量的量值，因此物质能量决定着时空的弯曲度。

白色的小恒星比太阳致密25,000倍，其原子放射表明了广义相对论——引力场按预期量减慢原子的振动这一假设所预言的"时间膨胀"。

量子论

▶ 量子论描述了原子内粒子的运动以及物质在其各种不同的状态下电磁辐射的吸收和放射。
▶ 量子论是在20世纪初牛顿力学不再适用的情况下而创立的，它描述了原子和分子对光的吸收和放射。

量子是能量的最小定额，它能从"系统"（如原子、分子、离子等）中得到或丧失。这样原子的能量不能获取任何精确值，但仍存在某些"允许的"能量值。例如，氢原子能在某些能量状态之间"跃迁"。当原子释放能量时，能量以叫做量子或光子的形式放出，它的频率（f）如普朗克方程式所示：

$$E = hf$$

这里h是普朗克恒量（$= 6.626 \times 10^{-34}$ Js）。X射线量子（$f = 3 \times 10^{12}$ MHz）的能量是可见光量子（$f = 3 \times 10^{8}$ MHz）的10,000倍，是用在电视媒体中的无线电波量子能量（$f = 3 \times 10^{2}$ MHz）的100万倍。这就说明了为什么X射线能引起遗传损害，而无线电波在这方面却无害。

当光在真空室内射向干净的金属表面时，便产生了临界频率（颜色），在它上面电子开始从金属射进真空。爱因斯坦首先解释了这种光电效应。只要量子有足够的能量（hf$_{临界}$），它便能够把电子从金属表面排斥出去。如果频率（f）比临界频率强，真空状态下过剩的能量就会变成排斥出去的电子的动能。

海森伯测不准原理

海森伯测不准原理（1927）研究的是粒子（如电子）的位置和动量的精确度问题。通常它的表达形式如下：

$$\Delta x \Delta p \geq h/4\pi$$

这里Δx是粒子不确定的位置，Δp是粒子不确定的动量，h是普朗克恒量（动量＝质量×速度）。

如果Δx变小，那么Δp就变大。这样，对某一定量准确的计量导致了对其他量计量的不准确。这两种量都不能得到精确值，因此用这些计量结果进行的预测的准确度受到了限制。所以，牛顿力学关于原因和结果之间的古老关系变得模糊不清了，因为要准确地计算粒子和它的动量的新位置，必须要先知道这些量的前值。

测不准原理的产生是因为要观察一个粒子，如电子，光子将从中被发射出来。如果光子波长较短（高频率），它的能量便很高，而且它会以无法预测的方式改变粒子的位置。波长的光子即使它们把粒子移置到更小的程度，也不能设置粒子的位置。

▶ **现代物理学概念**

薛定谔的猫

量子论有许多奇想。其中之一——不能解决的波的作用问题引发了薛定谔的猫的概要。

在实验中（设想的，永远不可能实际操作），把猫放在盒子里一小时，同时伴有衰变率每小时50%的放射性原子。如果原子衰变，盖革计数器则起动，一个机械装置会打破囊状器中致死氰化物毒气，猫便会静静地死去。如果原子没有衰变，猫会仍然活着。根据量子力学，该系统状态是不确定的，所以当观察者打开盒子时，猫可能同时处于生存和死亡的状态中。从科学的角度说，猫可以用波函数加以描述，该函数为活猫和死猫的总数。只有当盒子被打开时，才能确定最后的结果。在这个似非而是的想法实验中，量子这个小范畴被扩展到日常生活领域中，产生出奇妙的结果。

在同一时间猫是活的和死的这一似非而是的议论之外，更有趣的是多宇宙论，称为埃弗雷特—惠勒—格雷厄姆模式。该模式提出了所有宇宙都可能存在的假设。每一个量子事件都有许多结果，宇宙可分成许多不同的宇宙，每一个都有不同的结果。因此，对薛定谔的猫这一似非而是的议论的解决办法是简单的：猫在一宇宙中是活的；而在另外一个宇宙中是死的。埃弗雷特—惠勒—格雷厄姆模式（也称多世界论）有许多有趣的哲学含义。例如，它假设一个人一生中所做的每个决定都存在一个平行宇宙。在某些宇宙中，生命从未进化，而在其他宇宙中，历史与该宇宙中的现实截然不同。

串理论

目前物理学模式存在的问题之一是：在某种程度上，相对论和量子论互相不一致。到目前为止，没有任何物理学家能提出一个重力量子论来把这两者结合起来。本世纪许多科学家都在寻求这个大结合论（GUT）。

目前存在的一个理论模式是（超）串理论。串理论认为：宇宙是由许多非常小的振荡串组成的。这些串大约比质子小100兆倍，而质子本身的尺寸不到百万分之一米。另外，这些串按十因次振荡。它们振荡的不同共振产生许多不同的基本粒子，如现已存在的夸克，轻子和电子。

串理论也预言了爱因斯坦的相对立方程式。这个理论把现代物理学中许多分割的方面结合在一起。然而，它还不完全：串理论这一领域中还有数以百万计的数学解决方法，现代物理学还不能掌握正确的解决方法。

取自詹姆斯·乔埃斯的小说《菲内根守夜》中的一词而得名 ■

物理学家

▶ 唐纳德·格拉泽，因发现气泡室于1960年获得了诺贝尔奖，他是在观察一杯啤酒内的气泡时得到的灵感。

▶ 威廉·伦琴，发现X射线，他从未申请专利或索要任何形式的金钱奖励，他把诺贝尔奖金捐献给维尔茨堡大学作科学研究经费。

▶ 玛丽·居里是惟一的一位在两个不同科学领域内都获得了诺贝尔奖的人：1903年获得诺贝尔物理学奖，1911年又获诺贝尔化学奖。

▶ 本杰明·富兰克林不仅起草了美国宪法，还发明了避雷针。

圣阿尔贝特大师（大约1200～1280），德国天主教主教和哲学家。他继承了亚里士多德的物理学。

阿耳瓦雷茨，路易斯（1911～1988），美国物理学家。他发现了共振粒子。

阿蒙通，纪尧姆（1663～1705），法国物理学家。他发现气体的温度和压强是相关的。

安培，安德烈·玛丽（1775～1836），法国物理学家。他建立了物理学分支电动力学，现在被称作电磁学。安培对在两股电流中的磁力进行了数学和物理学的描述。他创立了电磁学法则——安培定律——是电流测量技术方面的先锋。

安德森，卡尔·戴维（1905～1991），美国物理学家。他发现了第一个反物质粒子，正电子和第一个介子（1935）。

埃斯特朗，安德生·琼斯（1814～1874），瑞典物理学家，他是光谱学领域的首创者，他主要研究热传导体。

亚里士多德（大约公元前384～前322），古希腊哲学家和科学家，他总结了他那个时代所有人类知识领域。他提出四因说，认为构成每个具体事物是由于四种原因：质料因（其中的物质）、形式因（它所处的方式）、动力因（触发行为或变化）和目的因（事物的结果）。亚里士多德周游了古希腊，后去马其顿任王子亚历山大的教师。公元前335年回到雅典。

阿伏伽德罗，艾玛蒂欧（1776～1856），意大利物理学家。阿伏伽德罗法则认为在压强和温度相同的条件下，相同体积的不同气体含有相同数量的分子。

白比尼特，札克（1794～1872），法国物理学家。他统一了测光标准。

培根，罗吉尔（大约1214～1292），英国圣方济各会的修士、哲学家和科学家。他是放大镜重要工作的先驱，并提倡科学要有数学证明。

巴尔末，约翰·杰克博（1825～1898），瑞士物理学家。他首先运用数学公式来描述光谱线的波长。这个公式是原子论发展的基础。

贝克勒耳，安东尼·亨利（1852～1908），法国物理学家。他是放射性现象发现之父。他发现了以前人们所不知道的一种放射类型，从有荧光性的铀盐剂里的铀原子中发出的放射。他的同事玛丽·居里后来命名这种现象为放射性。

伯努利，丹尼尔（1700～1782），瑞士物理学家和数学家。在《水压》一书中（1738）他描述了液体的静态和动态的理论。

布莱克，约瑟夫（1728～1799），苏格兰物理学家。他再次发现了"混合空气"（二氧化碳）并发展了潜热和比热概念。

布莱克特，帕特里克（1897～1974），英国物理学家。他发现了正电子——一个基本粒子，与电子具有相同质量和电荷的量值，但它具有正电荷。

希洛赫，菲利克斯（1905～1983），原籍瑞士，美国科学家。他发展了布洛克组——当非衰变气体压缩成固体时，从量子状态中产生的一系列抽象的、紧密相连的能量级。

勃姆，戴维·约瑟夫（1917～ ），美国物理学家。他的量子论在那个领域中开创了新纪元。

玻尔，尼尔斯（1885～1962），丹麦物理学家。他在核物理学的发展中起了很重要的作用。在他的论文《关于原子和分子的构成》中（1913），玻尔原子理论把卢瑟福模式的理论和普朗克放射量子论相结合，说明了光谱中可见的已知原子放射模式，对量子力学的发展有重要影响。

波尔茨曼，路德维格（1844～1906），奥地利理论物理学家。他对放射性理论和气体中分子的运动的统计处理做出了重大发展。

玻恩，马克斯（1882～1970），德国物理学家。他致力于晶体的研究，促进了玻恩—哈柏循环（一种反应和变化的理论循环）的发展，通过它可以计算出离子晶体的格子能量。然而玻恩最著名的还是他关于量子物理学的著作。

玻色，杰格蒂斯·旃陀罗爵士（1858～1937），印度物理学家和植物学家。他以研究电波而著名。

玻色，赛伦卓纳什（1894～1974），印度物理学家、化学家和数学家。他创立了玻色统计学，是现代量子论的先驱。

博特，瓦尔特（1891～1957），德国原子物理学家。他设计了检验X射线放射电子的重合方法。

玻意耳，罗伯特（1627～1691），英籍爱尔兰人，物理学家和化学家。他用公式表示出定律——现在称做玻意耳定律——系统地讲述了在某一确定的温度下，气体的压强和它的体积是成正比的。他首先提出物质的微粒子中的元素的概念。他区分了元素和化合物之间的关系。

博伊斯，查里斯·弗农爵士（1855～1944），英国物理学家。他确定了重力常量的值。

布拉格，威廉爵士（1862～1942），英国物理学家。他是第一位致力于固态物理学研究的人。

布鲁斯特，戴维爵士（1781～1868），苏格兰物理学家。他因研究光的极化而著名。

布朗，罗伯特（1773～1858），苏格兰物理学家和植物学家。他发现了细胞核并在显微镜下观察到悬浮在液体中的粒子的振动，被称作布朗运动。

卡诺，尼古拉·伦纳德·萨阿迪（1796～1832），法国物理学家。他提出了热动力学的第二个法则的早期形式，是热动力科学的创立者。

卡文迪什，亨利（1731～1810），英国化学家和物理学家。他发现了氢的特性，空气的构成，水的构成和电的各种特性。

摄尔修斯，安德斯（1701～1744），瑞典天文学家。他提出了测量温度的尺度，该尺度现在仍以他的名字命名。

查德威克，詹姆斯爵士（1891～1974），英国物理学家。他发现了中子。

查普曼，悉尼（1888～1970），英国数学家和物理学家。他提出了热扩散理论。

查理斯，雅克（1746～1823），法国物理学家。他发明了关于气体的膨胀与温度的升高的相互关系的查理斯定律。

克莱德尼，欧内斯特（1756～1827），德国物理学家。他被认为是声学的创立者之一。

克劳修斯，鲁道夫（1822～1888），德国物理学家。他用公式表达了热动力学的第二个定律。

科克劳夫，约翰·道格拉斯爵士（1897～1967），英国物理学家。他和沃尔顿一起发现人工加速粒子使原子核蜕变的途径。

哥白尼，尼克劳斯（1473～1543），波兰天文学家。他提出地球围绕地轴运转一周是一天，围绕静止不动的太阳运转一周需一年。

库仑，查里斯—奥古斯丁·德（1736～1806），法国物理学家。他建立库仑定律，指出两个电荷之间的力和这两个电荷的乘积成正比，和它们之间距离的平方成反比。

居里，玛丽·斯可罗多夫斯卡（1867～1934），原籍波兰，法国化学家。她和她的丈夫比埃尔共同就贝克勒耳在当时首先发现的放射性现象进行研究。他们研究了沥青铀矿（铀矿物），确定是否放射性现象存在于小部分的极活跃的杂质中。居里夫妇发现钋和镭两种元素。放射性现象这一伟大发现确立了以后在原子反应中获得巨大能量的可能性。

居里，比埃尔（1859～1906），法国物理学家。他致力于研究磁性物质和热度之间的关系，发现在某一临界点（现在称作居里点）铁磁性物质失去磁性。他建立了居里定律，确定了磁性物质的转变温度。他和夫人玛丽共同研究放射性现象。

达朗伯，让·勒·隆德（1717～1783），法国哲学家和数学家，他用公式表达了达朗伯原则——对牛顿第三运动定律的概括。

■ 1969年物理学诺贝尔奖获得者默里·盖尔曼15岁时入

自然科学

道尔顿，约翰（1766～1844），英国化学家、物理学家。他创立了原子物理学说，验证了原子是组成物质的最小微粒，能参与化学反应。他早期关于气体的研究使其形成了道尔顿定律，即混合气体总压力与其每个组成部分的气体压力的总和相等的公式。

德布罗意，路易斯·维克特（1892～1987），法国物理学家。他的理论——微观粒子同时具有波动性为众所周知。他指出电子能像波一样运动，即人们所知的德布罗意波。

戴默尔，汉斯·乔治（1922～ ），原籍德国，美国物理学家。他在1973年分离出单个的电子。

德西特，威廉（1872～1934），荷兰数学家、天文学家。他提出了人们所知的德西特星系。

狄喇克，保罗（1902～1984），英国数学家、物理学家。他于1926年列出了量子力学的全面公式。他用相对论阐述了电子的性质。

多普勒，克里斯琴·约翰尼（1803～1853），澳大利亚物理学家，数学家。他发现了现在以其名字命名的波效应。

爱因斯坦，阿尔伯特（1879～1955），原籍德国，美国物理学家。通过发展狭义与广义的相对论引发了物理学上的彻底革命。他在物理学上的国际影响开始于1905年。他发表了四篇调查论文，每篇都包括这一领域的一个重要发现：狭义相对论（在此他论证了光线恒速的原因）；布朗运动理论；光线成像原理；以及质量守恒定律。他的广义相对论在1916年发表，1919年被核实。爱因斯坦把他生命中的大部分时间都用在广义相对论的天体演化学的研究上，同时努力建立起一个独立的包括万有引力和电动力学的理论。

恩奥特弗斯，巴隆·罗兰·冯（1848～1919），匈牙利物理学家。创造了恩奥特弗斯定律，即关于相关液体表面张力、温度、密度和相关的分子团的平衡。

江崎玲於奈（1925～ ），日本物理学家。他发现了机械力学效应，称为"隧道"。

埃弗雷特，雨果（1930～1982），美国物理学家。他的相对状态的量子力学公式（1957）成为量子力学领域里最有影响的成果。

华伦海特，加布里埃尔·丹尼尔（1686～1736），荷兰血统的德国物理学家。他首次把水银用于温度计中。他又设计了温度计的标度，并命名为华氏。

费尔班克，威廉（1917～1989），美国物理学家。1979年他宣布已分解出夸克，没有人能再现他的实验。

法拉第，迈克尔（1791～1867），英国物理学家，化学家。他在电磁学领域取得重大进步。他是戴维的助手，戴维认识到他的潜能并指导他。1821年，他发现电磁感应现象。法拉第建立了一个简单的模型，通过它证实了在磁场里移动的导体中产生的连续不断的电流——实际上，这是一个原始的发电机。法拉第还液化了氯，并分离了苯。1833年他用量变定律公式化表达了电解作用的量值，即现在我们所知的"法拉第定律"。1831年他的观察使感应定律公式化，并用其名字命名。

费米，恩瑞克（1901～1954），原籍意大利，美国物理学家。他于20世纪30年代建立衰变理论。他发现电子等微粒遵循统计定律。他研究制造了可控制并能自行维持的核裂变反应。1942年在芝加哥建立并证实了第一个核反应。1943年他帮助检测了第一颗原子弹。

法勒斯，伽利略（1847～1897），意大利物理学家，电子工程师。他发现了旋转磁的原理并促进了今天人们仍使用的自动起动电机的发展。

费因曼，理查德·菲利普斯（1918～1988），美国物理学家。他提出了定量研究电磁理论的方法。

斐索，阿曼德-希波莱特-路易斯（1819～1896），法国物理学家。他通过实验测定了光速并以此闻名。

弗莱洛夫，乔治（1913～ ），俄罗斯物理学家。他合成了102、103、104、105、106、107元素。

傅科，吉恩-伯纳德-莱昂（1819～1868），法国物理学家。他设计出测量绝对光速的方法，误差在1%以内。

傅立叶，让-巴蒂斯特（1768～1830），法国物理学家、数学家。根据无穷数学级数运算，论述了在多热的状况下，固体能被分解，现在被称为傅立叶级数。

富兰克林，本杰明（1706～1790），美国发明家、外交官、印刷商和出版商。作为一名科学家，他的工作重心在电学研究上。

菲涅耳，奥古斯丁·吉恩（1788～1827），法国物理学家。他致力于光波是横波运动的这一理论的研究。

■ 物理学家恩瑞克·费米和朱利叶斯·罗伯特·奥本海默共同致力于第一颗原子弹的研究，该原子弹于1945年7月16日在美国的新墨西哥州阿拉莫戈多接受试验。

弗里希，奥托·罗伯特（1904～1979），原籍澳大利亚，英国物理学家。他与他的姨妈莉斯·梅特娜共同发现了核裂变。

伽柏，丹尼斯（1900～1979），原籍荷兰，英国物理学家。他发明了全息照相术，利用一个三维空间而不需通过透镜来形成生动的形象。

伽利略（1564～1642），意大利天文学家、物理学家和数学家。发展系统实验的科学测试方法的奠基人。他从著名的比萨斜塔上扔下重物的故事是没有根据的。他大部分工作致力于数学，同时也是第一个把数学引入到落体定律这一领域的人。伽利略因为支持哥白尼学说被判有罪，并被迫宣布放弃主张。

盖革，汉斯（1882～1945），德国物理学家。是卢瑟福的助手。1913年他发明了盖革计数器，用以检测原子微粒。

盖尔曼，默里（1929～ ），美国物理学家。他发展了量子微粒理论。他假设在质子和中子中有夸克存在，并以詹姆斯·乔伊斯的一部小说为这种微粒取名。

格拉泽，唐纳德（1926～ ），美国物理学家。他建立泡沫室来追踪检测亚原子微粒。

格拉肖，谢尔顿·李（1932～ ），美国物理学家。以解释了连结物质基本粒子的力而著名。

哈恩，奥托（1879～1968），德国化学家。他和斯特拉斯曼共同发现了核裂变。他与梅特娜一起工作，研究应用放射性的原理来解决化学问题。在这一时期，他们发现了镤元素。1938年梅特娜逃离德国后，他继续与斯特拉斯曼一起进行研究，共同证实了用中子轰击铀而组成的新物质是一种很轻的钡。这意味着镤可分为两个更轻的原子。哈恩把这一结果告知在国外的梅特娜，梅特娜进一步解释了这一事实，并把这个过程命名为核裂变。

哈雷，埃德蒙（1656～1742），英国天文学家、物理学家。他用公式表达出压强与高度关系的数学定律，但哈利以其对天文学的研究而著名。

霍金，斯蒂芬（1942～ ），英国物理学家。以爆炸黑洞的理论而闻名。该理论利用的是量子力学和相对论。霍金的《时间的主要历史》是关于时空问题的进一步探索。

海森伯，沃纳（1901～1976），德国物理学家。他根据矩阵系统地阐述了量子力学，而他最著名的是海森伯测不准原理。

物理学家

赫尔姆霍茨，赫尔曼·冯（1821~1894），德国科学家、数学家和哲学家。他在声学、光学、生理学和气象学方面都有重要发现。他最著名的是对能量守恒定律的陈述，这是第一个热力学定律。

亨利，约瑟夫（1797~1878），美国科学家。他发现了大量重要的电的特性，包括自我感应。

亨利，威廉（1775~1836），英国化学家、物理学家。他系统地阐述了气态定律，并以其名字命名。

赫兹，格斯塔夫（1887~1975），德国物理学家。他和弗兰克一起证实了只有在确定数额下能量才能够被原子吸收。

赫兹，亨利（1857~1894），德国物理学家，他发现了无线电波。赫兹坚信热和光是电磁辐射。

希托夫，约翰·威廉（1824~1914），德国物理学家、化学家。他证实了离子的相对速度是可以计算出来的。

胡克，罗伯特（1635~1703），英国物理学家、化学家。他发现了现在以其名字命名的弹性定理。胡克作为博伊尔的助手，首先提出了适度燃烧的理论。

惠更斯，克里斯蒂安（1629~1695），荷兰物理学家、天文学家、数学家。他系统地阐述了光波理论。

吉思士，詹姆斯爵士（1877~1946），英国数学家、物理学家、天文学家。他是第一个提出物质是通过整个宇宙连续不断创造出来的。

**约里奥-居里，弗兰德里克（弗雷德里克·约里奥；1900~1958），法国物理学家。他与妻子伊伦发现了人工放射性。

约里奥-居里，伊伦（伊伦·居里；1896~1956），法国物理学家。比埃尔和玛丽·居里夫妇的女儿，弗雷德里克·约里奥的妻子。两人发现了人工放射性元素。

焦耳，詹姆士·普雷斯科特（1818~1889），英国物理学家。他确定了热能与机械能的关系。他确信不同形式的能，即热能、机械能和电能基本上是相同的。

开米林-昂内斯，海克（1853~1926），荷兰物理学家。他致力于低温物理的研究并发现了超导性。

康德，伊曼纽尔（1724~1804），德国思想家。他向牛顿力学提出挑战。他提出两个力：一个是吸引力或称重力，另一个是排斥力或称弹力。

开尔文（拉格斯的），巴隆（威廉·托马斯）；（1824~1907），苏格兰工程师、物理学家、数学家。对他那个时代科学的发展有很大影响。他在能量守恒定律的发展中扮演了重要角色，并对电子和磁力进行数学分析及对水力进行研究。他最著名的是对温度的完全标度，现被称为开尔文温标。

开普勒，约翰尼斯（1571~1630），德国天文学家。他第一个证实了地球是围绕太阳而不是以其他方式运行的。

基尔霍夫，格斯塔夫·罗伯特（1824~1887），德国物理学家。他以对电网上的电流及电力的阐述，即基尔霍夫定律而闻名于世。

库尔恰托夫，伊戈尔（1903~1960），俄罗斯物理学家。他领导前苏联第一颗原子弹的探索研究小组。

■ 利兹·梅特娜博士在核裂变研究中做出了巨大贡献，但因为她是犹太人，所以不得不离开纳粹德国，到瑞典继续她的工作。

拉格朗日，约瑟夫·路易斯伯爵（1736~1813），原籍意大利，法国物理学家、数学家。他概括了牛顿之后力学方面的研究，他的工作奠定了公制的基础。

朗道，利维（1903~1968），阿塞拜疆物理学家。他第一个描述了铁磁论——一种无电荷的物质强烈吸引其他物质的现象。

郎之万，保罗（1872~1946），法国物理学家。他使声纳的研究得到发展。

劳伦斯，欧内斯特·奥兰多（1901~1958），美国物理学家。他在20世纪30年代初期发明了回旋加速器（一种粒子推进器）。

楞次，亨利希·弗雷德里希·埃米尔（1804~1865），俄罗斯物理学家。他对减少电流运动的研究使其建立了楞次定律。

列奥纳多·达·芬奇（1452~1519），意大利文艺复兴时期一位博学的人。他在艺术建筑科学等方面做出了巨大贡献。在科学方面，他的观点直到19世纪他的笔记本发表才为世人所知。

洛伦兹，亨德里克·安东（1853~1928），荷兰物理学家。他发展了电磁辐射理论。

马赫，欧内斯特（1838~1916），奥地利物理学家。他在波的理论、光学和力学等方面都做了重要工作。

梅曼，西奥多·哈罗德（1927~ ），美国物理学家。他最突出的贡献是在镭射线的研究上。

麦克斯韦，詹姆斯·克拉克（1831~1879），苏格兰物理学家。他对光的电磁理论的概括在物理学上产生了革新。他认为光是电磁的振动，这个观点不久被赫兹证实了。麦克斯韦在色彩感和空气动力学方面也有研究。

梅耶，玛丽亚·高坡特（1906~1972），原籍德国，美国物理学家。他独立创立了原子核构造理论。

梅特娜，利兹（1878~1968），原籍奥地利，瑞典物理学家。她与哈恩和斯特拉斯曼一起研究发现了核裂变。梅特娜和哈恩一起工作了30年，他们发现了镤，同时研究了β衰变和轰击铀的结果。作为犹太人，她于1938年离开纳粹德国到瑞典。哈恩和斯特拉斯曼在研究中与远方的她仍保持联系，她正确阐述并命名了1938~1939年从哈恩和斯特拉斯曼处得到的研究成果——核裂变。

迈克耳孙，阿伯特·亚伯拉罕（1852~1931），原籍德国，美国物理学家。他确立了光速是个基本常数。

密立根，罗伯特·安德鲁斯（1868~1953），美国物理学家。他于1912年测量了电子的电荷并研究了光电效应。

穆斯堡尔，鲁道夫·路德维希（1929~ ），德国物理学家。他发现了现在以其名字命名的效应——无反应伽马共振。

穆申布鲁克，皮埃特·冯（1692~1761），荷兰物理学家。他研制了能储存和（在控制之下）释放电的装置。

岳茨坡南布（1921~ ），日本物理学家。他在有关夸克的性质上有重大发现。

牛顿，艾萨克爵士（1642~1727），英国数学家、物理学家，现代物理的奠基人。到1666年他24岁时已在数学（二项式定理和微分法）、光学（关于色彩的理论）及医学等方面做出了重大发现。1687年他发表了《自然哲学的数学原理》一书，简称为《原理》。通过仔细分析得到的实验记录并将其理论加以应用，他解释了许多以前无法说明的现象，如潮汐、昼夜平分的过程。他利用三棱镜分析日光，使之成为光谱分析的基础。他最著名的是运动定律和万有引力定律。

奥斯忒，汉斯·克里斯蒂安（1777~1851），丹麦物理学家。1819年通过观察罗盘针发现电流周围的磁针偏转，然后停在带电流的电线的右角，这使他认识到在电线周围有磁场，从而揭示了电流的磁效应。

欧姆，格奥尔格·西蒙（1787~1854），德国物理学家。他发现了现在以其名字命名的欧姆定律，即通过导体的电流与电位差（电压）成正比，与导体的电阻成反比。

奥本海默，朱利叶斯·罗伯特（1904~1967），美国物理学家。在原子弹研制时期（1943~1945），他一直在洛斯阿拉莫斯实验室工作。

帕斯卡，布莱斯（1623~1662），法国数学家、物理学家。他16岁时编写一本关于圆锥曲线的书，提出了帕斯卡定律。19岁时他发明了第一台能运算加减法的计算器。他还研究了帕斯卡三角形。在放弃数学，兴趣转向神学之前，他还帮助研究了概率论。在物理学上他以用其名字来命名的帕斯卡定律而闻名，即密闭流体能传递压强的定律。

泡利，沃尔夫冈（1900~1958），原籍奥地利，美国—瑞士籍物理学家。他提出不相容原理，即在一个原子中不能有两个或更多的电子处

■ 艾萨克·牛顿坐在树下被掉下的苹果击中头部的故事事实上

珀尔帖，吉恩-查尔斯（1785～1845），法国物理学家。他发现了现在称作的珀尔帖效应，即在两个不同金属的结合处，电流要么产生热，要么产生冷。

彭罗斯，罗杰（1931～ ），英国数学家，同时也是一位有影响的理论物理学家（尤其是在黑洞研究领域）。他在复式几何的基础上提出了一个新的宇宙论。

彭齐亚斯，阿诺·阿伦（1933～ ），原籍德国，美国天文物理学家。他与威尔逊共同发现了宇宙微波背景辐射。

皮兰，吉恩（1870～1942），法国物理学家。他通过研究布朗关于悬浮的小微粒的运动证实了物质的原子性质。

普朗克，马克斯（1858～1949），德国物理学家。他提出了辐射的量子论，即物质辐射（或吸收）的能量只能是某一最小能量单位的整数倍的假说。普朗克与爱因斯坦一道，被认为是20世纪物理学的共同奠基人。他阐述了物体释放或吸收的能量与辐射频率之间的关系，用数学方式表达为E = nhv，E 是能量，n 是数量，v 是频率，h 是组成的恒定比例，现在称之为普朗克常数。

柏拉图（公元前428～347），希腊哲学家。他对宗教、教育、政治、伦理和哲学的影响很大。他还对科学做出了重要贡献。他对行星的匀速有序的运动提出质疑，并创立了大自然数学分析原理。

庞加莱，亨利（1854～1912），法国哲学家、数学家和天文学家。他在宇宙论，相对论，地质学方面都有重大影响。

坡印廷，约翰·亨利（1852～1914），英国物理学家。他发现了著名的坡印廷矢量。论述了流经一点的能量根据电磁力原理可用简单的公式表达出来。

拉比，伊西多尔·艾萨克（1899～1988），原籍奥地利，美国物理学家。他是核探测工作的先驱。

喇曼，昌德拉塞卡拉·文卡塔（1888～1970），印度物理学家。当光穿过一物质时，其中有一些光的波长会变化，该现象后称为喇曼效应。

瑞利，洛德（约翰·威廉·斯特；1843～1919），英国物理学家。他在声学和光学上的发现奠定了液体中波动传播理论的基础。

里克特，伯顿（1931～ ），美国物理学家。他与同事制造并检测了一个重基本粒子，称做ψ粒子。

罗默，奥勒（1644～1710），丹麦天文学家。他通过对木星的卫星的观察得出结论证明了：光线以有限速度传播。

伦琴，威廉·康拉德（1845～1923），德国物理学家。他发现了X-射线（虽然X-射线的真正性质直到1912年才被确立）。

伦福德，康特（本杰明·汤姆逊爵士；1753～1814），原籍美国，英国物理学家。他首先提出热也是一种能。

卢瑟福，欧内斯特（1871～1937），新西兰物理学家。他创立了现代原子理论，并第一个分解了原子。他的阿尔法粒子散射理论（1910）指出：原子是由一个包含它绝大部分质量的很小的核心（原子核）和围绕它运动的电子构成（原子行星模型），该模型称为卢瑟福电子。

赖伯格，约翰内斯·罗伯特（1854～1919），瑞典物理学家。他通过简单的公式解释了氢的原子光谱，其中包括赖伯格恒量和两个正整数值的可变量。

萨哈罗夫，安德烈（1921～1989），俄罗斯物理学家。他对苏联核武器发展做出重要贡献，并为夸克的存在提供了依据。但他以前苏联人权活动家而著称。

薛定谔，埃德温（1887～1961），奥地利理论物理学家。他和迪拉克一起对物理波的理论做出了巨大贡献。

舒思特，阿瑟爵士（1851～1934），原籍德国，英国物理学家。他首次证明了电流是由离子传导的。

斯涅尔，维勒布罗德（1591～1626），荷兰数学家、物理学家。在光学上提出了斯涅尔定律，用公式表达了在通过两个接触表面之间的分割界线时光的射线的途径和折射率之间的关系。

斯特恩，奥托（1888～1969），原籍德国，美国物理学家。他研制了分子束作为研究分子特点的工具。

斯托克斯，乔治·加布里埃尔爵士（1819～1903），英籍爱尔兰物理学家、数学家。以斯托克斯定律而闻名，即通过粘滞物体给球体以反作用力。

斯通尼，乔治·约翰斯顿（1826～1911），爱尔兰物理学家。他介绍了"电子"这一术语。

■ 威廉·康拉德·伦琴因发现 X 射线于1901年获得了第一个诺贝尔物理学奖。他的发现改变了医学领域，并把物理学带入了一个新纪元。

斯特金，威廉（1783～1850），英国物理学家。第一个创造出电磁体。

齐拉特，利奥（1898～1964），原籍匈牙利，美国物理学家。他是最先认识到核裂变作用的物理学家之一。

特勒，爱德华（1908～ ），原籍匈牙利，美国物理学家。是美国氢弹发展研究的主要科学人才。

汤姆森，乔治·佩奇特爵士（1892～1975），英国物理学家。他证明了电子有衍射。

汤姆孙，约瑟夫·约翰爵士（1856～1940），英国物理学家。他对电子的发现导致了对原子结构理解的革命。

朝永振一郎（1906～1979），日本物理学家，他提出了使机械量子论与相对量子论完全一致的变化。

托里拆利，伊万吉里斯特（1608～1647），意大利物理学家、数学家。发明了气压表。

廷德尔·约翰（1820～1893），英籍爱尔兰物理学家。他阐述了廷德尔效应，即光在其射程内被物质粒子扩散。

范德格喇夫，罗伯特·杰米逊（1901～1967），美国物理学家。他研制了范德格喇夫起电器和加速器。

范德瓦耳斯，约翰尼斯·狄得里克（1837～1923），荷兰物理学家。他用公式表达了范德瓦耳斯方程式，描述了实在气体的运动。

伏打，康特·亚历山德拉（1745～1827），意大利物理学家。发明了干电池——"伏打电堆"，由被盐溶液浸过的混合卡片分隔的铜和锌圆盘制成。他还发现了沼气。

冯·卡曼，西奥多（1881～1963），原籍匈牙利，美国气体力学家。他发现了卡曼旋涡，即在流动的液体中设置障碍物来改变旋涡。

沃森瓦特，罗伯特·亚历山大爵士（1892～1973），苏格兰物理学家。他对雷达的发展起了重要作用。

威伯，威廉·艾德万得（1804～1891），德国物理学家。他致力于磁学研究。于1833年设计了电磁信号机。

威尔逊，肯尼斯（1936～ ），美国物理学家。他提出了阐述在压强和温度条件下，不同物体运动的理论。

维腾，曼德华（1951～ ），美国物理学家。他提出了串理论，试图把广义相对论和量子力学结合起来，并帮助解释原子核问题。

扬，托马斯（1773～1829），英国物理学家，建立了光干涉原理，因此进一步确立了光波理论。

汤川秀树（1907～1981），日本物理学家。曾预言介子的存在。介子是一种由两种看不见的叫做夸克的基本粒子组成的不稳定的亚原子粒子。

泽尔尼克，弗瑞茨（1888～1966），荷兰物理学家。1939年发明了相衬显微镜，这种显微镜能使标本在细胞没有被染色的情况下被检验。

没有根据 ■ 欧内斯特·卢瑟福培养了11位诺贝尔奖获得者 ■

诺贝尔奖获得者

1901年 威廉·伦琴，德国人：发现了X射线。

1902年 亨德里克·安东·洛伦兹和皮特·塞曼，荷兰人：研究磁力对放射的影响。

1903年 安东尼·亨利·贝克勒尔，法国人：发现天然放射性。皮埃尔·居里，法国人及玛丽·居里，波兰籍法国人：研究放射现象。

1904年 洛德·瑞利，美国人：发现了氩原子。

1905年 菲利普·冯·雷纳德，德籍匈牙利人，研究阴极射线。

1906年 约瑟夫·汤姆孙爵士，英国人：研究气体的电导率。

1907年 A.A.迈克耳孙，美籍德国人：把光速确立为一种恒量，并对其他的计量学和光谱学进行研究。

1908年 盖布瑞尔·利普曼，法籍卢森堡人：在摄影术中彩色的再现。

1909年 格利尔莫·马可尼，意大利人，卡尔·布劳恩，德国人：研制无线电报。

1910年 约翰尼斯·范德瓦耳斯，荷兰人：研究气态与液态之间的关系。

1911年 威尔海姆·维恩，德国人：研究控制热辐射的规律。

1912年 尼尔斯·哥斯塔夫·达列，瑞典人：发明浮标和信标自动点火控制器。

1913年 海尔克·开米林－昂内斯荷兰人：研究在低温及产生液体氦时物质的性质。

1914年 马克斯·冯·劳厄，德国人：使用晶体对X光线进行衍射。

1915年 威廉·布拉格爵士和劳伦斯·布拉格爵士，都是英国人：使用X光线对晶体结构进行分析。

1916年 没颁布此奖项。

1917年 查尔斯·巴拉克，英国人：发现元素的X光放射特点。

1918年 马克斯·普朗克，德国人：首次系统地阐述量子论。

1919年 约翰尼斯·斯塔克，德国人：发现多普勒效应对正离子的影响以及当光源置于强重力场时，光谱线的划分情况。

1920年 查尔斯·吉勒姆，瑞士人：发现合金的异常现象。

1921年 阿尔伯特·爱因斯坦，美国籍德国人：阐述了理论物理学十分重要的理论。

1922年 尼尔斯·玻尔，丹麦人：对原子的结构及辐射进行研究。

1923年 罗伯特·密立根，美国人：对基本电荷及光电效应进行研究。

1924年 瑞典人卡尔·西格巴恩：研究X光线光谱学。

1925年 詹姆斯·夫兰克及格斯塔夫·赫兹，德国人：解释了控制电子对原子产生影响的规律。

1926年 吉恩·巴伯蒂斯特·皮兰，法国人：研究物质的间断性结构。

1927年 阿瑟·霍利·康普顿，美国人：发现在漫射X光线下波长的变化。查尔斯·威尔逊，苏格兰人：发明了云室。

1928年 欧文·理查森爵士，英国人：发现理查森定律，即有关热金属电子散射。

1929年 普林斯·路易斯·德布罗意，法国人：发现电子的波动性质。

1930年 昌德拉塞卡拉·喇曼爵士，印度人：研究光线漫射并发现了喇曼效应。

1931年 没颁布此项奖。

1932年 沃纳·海森伯，德国人：系统地阐述了量子力学不定原理。

1933年 保罗·狄喇克，英国人，及埃德温·薛定谔，奥地利人：介绍量子力学中的波动平衡。

1934年 没颁布此项奖。

1935年 詹姆斯·查德威克爵士，英国人：发现了中子。

1936年 威克多·赫斯，奥地利人：发现了宇宙辐射。

1937年 克林顿·戴维森，美国人，及乔治·汤姆森爵士，英国人：证实了由电子辐照对晶体造成的干扰现象。

1938年 恩瑞克·费米，美籍意大利人：发现由中子辐照产生的放射性元素。

1939年 欧内斯特·劳伦斯，美国人：发明了回旋加速器。

1940~1942年 没颁布此项奖。

1943年 奥托·斯特恩，美籍德国人：发现了质子的磁矩。

1944年 伊西多尔·艾萨克·拉比，美籍奥地利人：发现了观察原子核磁性的共振方法。

1945年 沃尔夫冈·泡利，美国籍和瑞士籍，生于奥地利：发明了不相容原理。

1946年 珀希·布利奇曼，美国人：高压物理学中的发现。

1947年 爱德华·阿普顿爵士，英国人：发现了上层大气中阿普顿层。

1948年 帕特里克·布莱克，英国人：核物理及宇宙辐射中的一些发现。

1949年 汤川秀树，日本人：预言介子的存在。

1950年 赛西尔·鲍威尔，英国人：改进了研究核过程的摄影方法及介子的有关发现。

1951年 约翰·科克劳夫爵士，英国人，欧内斯特·沃尔顿，爱尔兰人：开辟了用加速粒子来研究原子核的先例。

1952年 菲利克斯·布洛赫，美国籍瑞士人，及爱德华·柏赛尔，美国人：发现固体中核磁共振。

1953年 弗瑞茨·泽尔尼克，荷兰人：发现了相衬显微镜法。

1954年 马克斯·玻恩，英国籍德国人：波功能统计学研究。瓦尔特·博特，德国人：发明了探测电子发射重合法。

1955年 小威利斯·兰姆，美国人，氢光谱中的一些发现；波里卡普·库什，美国籍德国人：提出测量电子磁矩的方法。

1956年 威廉·肖克莱，美籍英国人，约翰·巴丁，美国人，沃尔特·布拉克，美国人：研究成了半导体并发现了晶体管效应。

1957年 李政道，美籍华人，杨振宁，美籍华人：发现违反宇称规律现象。

1958年 帕维勒·切连科夫，伊利亚·弗兰克，伊格尔·塔姆，俄罗斯人：研究由高能粒子产生的效应。（也叫切连科夫效应）。

1959年 艾米利欧·赛格雷，美籍意大利人，欧文·张伯伦，美国人：进一步证实了反质子的存在。

1960年 唐纳德·格拉泽，美国人：研制起泡室。

1961年 罗伯特·霍夫施塔特，美国人：测定了原子核的形状及大小。鲁道夫·穆斯堡尔，德国人：发现了穆斯堡尔效应。（也就是从某种晶体物质中射出的伽马射线）

1962年 利维·朗道，阿塞拜疆人：对解释物质的凝固状态方面做出了贡献。

1963年 约翰尼斯·詹森，德国人，及有波兰和德国血统的美国人玛丽亚·高坡特·梅耶：提出原子核结构的电子层模型理论。尤金·保罗·维格纳，美籍匈牙利人：致力于研究控制原子核中质子和中子的相互作用原理。

1964年 查尔斯·汤斯，美国人，尼克雷·巴索夫，俄罗斯人，亚历

■ 爱因斯坦在普林斯顿大学的一次演讲中站在黑板前。自从1933年逃离德国后，他就在这所大学工作，因为他是犹太人。

■ 诺贝尔获奖者格利尔莫·马可尼通过他发明的无线电报听到来

自然科学

■ 在巴黎拉维莱特博物馆的一次展览会上展出环形综合衍射图，这是丹尼斯·伽柏的一项发明，为此他在1971年荣获诺贝尔物理学奖。

山大·普罗霍罗夫，俄罗斯人：从事量子电子学方面的研究，发明了以微波激射——激光为原理的仪器。

1965年 朱丽安·施温格，美国人，理查德·费因曼，美国人，及朝永振一郎，日本人：研究量子电子力学基本规律。

1966年 阿福莱德·卡斯特勒，法国人：研究赫兹在原子中共振的光学方法。

1967年 翰斯·贝特，美籍德国人：对恒星上能源提供的生成有所发现。

1968年 路易斯·阿耳瓦雷茨，美国人：发现共振态是基本粒子做功的一部分。

1969年 默里·盖尔曼，美国人：把基本粒子及其相互理论进行分类。

1970年 汉尼斯·阿尔文，瑞典人，路易斯·内尔，法国人：研究电磁流体动力学，反磁铁性及铁磁性。

1971年 丹尼斯·伽柏，英国人，生于匈牙利：发明了全息照相术。

1972年 约翰·巴丁，利昂·库珀及约翰·施里弗，美国人：开辟了超导性理论。

1973年 江崎玲於奈，日本人，艾娃·加福尔，挪威籍美国人及布赖恩·约瑟夫森，威尔士人：在半导体及超导体方面进行探索。

1974年 马丁·赖里爵士，及安东尼·海威斯，英国人：致力于对射电天文学的探索。

1975年 阿格·波尔，丹麦人，本·莫特尔森，美籍丹麦人，及詹姆斯·雷恩沃特，美国人：对进一步了解原子核做出了贡献。

1976年 伯顿·里克特，美国人，及丁肇中，美籍华人：发现了新一类的基本粒子（ψ粒子）。

1977年 菲力普·安德森，美国人，纳维勒·莫特爵士，英国人，及约翰·范·弗莱克，美国人：解释了在有磁性的不结晶的固体中电子的活动方式。

1978年 派欧·卡皮察，俄罗斯人：发明了氦液化器及其应用方法。阿诺·彭齐亚斯，美籍德国人，及罗伯特·威尔逊，美国人：发现了一种背景宇宙微波辐射。

1979年 谢尔顿·格拉肖，美国人，阿伯达斯·萨拉姆，巴基斯坦人，及史蒂文·温伯格，美国人：证实了在电磁和能产生"微相互"作用的亚原子微粒之间存在着相似之处。

1980年 詹姆斯·克罗宁及瓦尔·菲奇，美国人：研究同时存在的一种违背电荷结合与宇称换流的现象。

1981年 卡伊·西格班，瑞典人，及尼科拉斯·布洛姆伯根，美籍荷兰人：研究用于化学分析的电子光谱学。阿瑟·肖洛，美国人：研究激光在光谱学中的应用。

1982年 肯尼斯·威尔逊，美国人：致力于对连续相跃迁进行分析。

1983年 昌德拉塞卡，美籍印度人，及威廉·福勒，美国人：对了解星体的进化及退化做出了贡献。

1984年 卡洛·鲁比亚，意大利人，及西蒙·范德梅尔，荷兰人：发现短暂时亚原子微粒和所谓的微力载体，其发现支持了温伯格—萨拉姆电微理论。

1985年 克劳斯·冯·克利兹，德国人：发现了霍尔效应，从而使电阻的测量更精确。

1986年 欧内斯特·鲁斯卡，德国人，格尔德·宾尼，德国人，及哈瑞克·罗杰，瑞士人：进一步发展了特殊电子显微镜。

1987年 约翰尼斯·柏诺兹，德国人，及卡尔·缪勒，瑞士人：发现了新的超导物质。

1988年 利昂·莱德曼，美国人，梅尔文·施瓦兹及杰克·斯坦伯格，美国人：研究亚原子微粒。

1989年 诺曼·拉姆齐，美国人：发现了场分法。汉斯·戴默尔，美籍德国人及沃尔夫冈·保罗，德国人：开放和应用离子吸尘罩。

1990年 理查德·泰勒：加拿大人，杰罗姆·弗里德曼，美国人及亨利·肯德尔，美国人：证明了夸克的存在。

1991年 皮埃尔·吉革·德·热纳，法国人：研究液晶的变化。

1992年 乔治·夏帕克，波兰籍法国人：发明了一种能够显示亚原子微粒轨道的电子检波器。

1993年 拉塞尔·赫尔斯，美国人，及约瑟夫·泰勒，美国人：发现一种新类型的类星体。

1994年 克利福德·舒尔，美国人，伯特曼·布罗克豪斯：加拿大人：对中子散射技术有所研究。

1995年 马丁·波尔及弗莱德克·雷恩斯，美国人：微物理学首次实验获得成功。

1996年 戴维德·里，道格拉斯·欧寒罗夫及罗伯特·里查德森，美国人：在氦-3中发现超流动性。

▶ 几乎要成功了

与科学相抵触的政治

在世界科学领域中不断地受挫折能导致惊人的结果。菲利普·勒纳（1862~1947），后来成为德国公民的斯洛伐克物理学家，在几个科学领域中都遭受过挫折。后来成为一个极端的扭曲了的法西斯主义者。他的早期生涯是辉煌的，在那段时间里他几乎发现了X光射线。在1895年搬迁到亚琛时他曾责怪过自己的失败。然而他的器材的确帮助了X射线的真正发明者威廉·伦琴，并且在基本原理及实验上做出了贡献。然而他本人却从没为此被公众认可过，也从没因为他自己的研究成果被J.J.汤姆孙运用得到过适当的认可。早于卢瑟福10年，他也曾预言过一个原子核模型的存在，并且发表了后来被爱因斯坦正确解释过的光电效应的特性。这些挫折再加上第一次世界大战后幻想的破灭使他成为一个希特勒的狂热信徒。他为纯种族的科学实践而争辩，是个极端的反犹太主义者，并且对爱因斯坦的人格进行攻击。勒纳这个名字可能被世人记住，但决不是因为他的科学研究。

太阳系日心说

如今大多数人把对宇宙论的日心说观点的提出归功于哥白尼，日心说——也就是地球围绕太阳转。然而在约2000年前哥白尼理论冲击整个文艺复兴社会时，这一理论早就被希腊的一个天文学家兼哲学家提及过。世人对他了解甚微的萨摩斯的阿里斯塔克斯（约公元前320~前250年）曾假设地球不是静止的，而是在绕着它的轴线转动，同时产生明显的星体自转。根据阿基米德的观点，他也认为太阳是静止的，地球及其他行星绕其运行。他解释了星体缺少视差运动的原因是由于距太阳太远，因此他预想到哥白尼学说。这个学说使他受到克利安西斯-斯多万派哲学家指责，说他不虔诚。他的观点当时没被理解，然而1800年后，托勒密宇宙地球中心说模型依据此理论制成。

阿里斯塔克斯并没有被世人忘记——月球上的一个火山口是以他的名字命名，此火山口中心处高峰是月球上的最亮点。

化学

- 现代化学名称来自炼金术，它可能4000年前起源于尼罗河三角洲的希尼地区，在那里人们发现加热矿石能使金属和玻璃离析。
- 把酒精从已发酵的汁液中蒸馏出来的技艺是化学分离技术的一个例子。
- 最轻的两个元素——氢和氦一起共占宇宙中所有原子的约90%。这两个元素也是在大爆炸之后首先形成的元素。
- 由于可能形成的化合物数量是无限的，因此化学家们总能制出新的物质。

化学简介

- 化学是对物质进行的科学研究。
- 化学物质是单质、或是化合物或混合物。

现代化学研究物质的结构单元。化学的基本单位是元素。大约有90种自然生成的元素。例如金就是一个元素，因为没有人曾从金子中找出任何一个结构更单一的物质。元素结合能形成化合物。例如，葡萄糖就是一种化合物，因为它是由碳元素、氢元素和氧元素组成的。同样，水也是由氢元素和氧元素组成的化合物。数以百万的不同种类的化合物天然地存在着，化学家们在实验室里又合成出数十万种化合物。然而日常生活中遇到的大多数材料和物质，如泥土、牛奶、海水都是混合物，它们中包含许多以不同比率混合在一起的化合物。

物质的状态

物质存在三种状态，即固态、液态和气态。某种特定物质所存在的状态取决于温度及压强。实际上所有的物质都能以这三态中的某一种形式而存在。例如水在常温下是液体，但是它也能变成固体（冰）或气体（蒸气），这取决于温度和压强。

原子结构

- atom（原子）这个词来源于古希腊的"atomos"，意思是"不可分的东西或极微小的东西"。
- 认识控制原子和分子运动及其结构的自然法则是非常重要的，这一最基本的信条是现代化学的核心。

原子是能够存在的一个元素的最小微粒，并且被认为是一切物质的基本组成部分。原子经过组合形成分子，分子是一个能够单独存在的单质或化合物的最小微粒。因此水的最小单位是水分子，它是由两个氢原子和一个氧原子组成的，可科学地写成H_2O。

亚原子微粒

元素的化学性质依赖于原子的结构。原子是由亚原子微粒组成的，即质子、中子和电子。质子和中子集中在一个极小的、密集的叫做原子核的中心里。电子以极高的速度绕原子核运行。不同的元素所具有的质子数和电子数也不一样。例如，元素金在原子核里有79个质子，而碳元素只有6个。亚原子微粒携带一个电荷：质子带正电荷，电子带负电荷，而中子则为中性。因为原子中包含相同数量的质子和电子，因此原子带电性上显为中性。

正是因为原子核周围排列着电子才使元素有特定的化学性能。电子排列在电子"层"中，最外部的电子层的状态起决定作用。一个稳定的原子有一个完整的外部电子层——仅仅叫做惰性气体（如氦）的元素才有这种结构，所以作为单一的原子它们是稳定的。其余的元素有一个不太完整的外部电子层，所以它们与别的原子结合形成稳定的分子。例如两个氧原子以这样一种方式结合能产生一个具有稳定的外部电子层的氧分子O_2。电子构型能使我们了解某些元素的活动情况。化学家们也能够对元素进行分类，每一类在外部电子层中拥有相同数量的电子。

原子的质量

- 原子核容纳原子质量的99.9%还多。
- 氦是个轻元素，它的原子能逃遁到宇宙中去。

据发现纯物质以一定的比重在一起发生反应。例如3克的镁与2克的氧结合就形成5克的氧化镁，1克的氢与8克的氧结合就形成9克的水。在寻求解释如此明显的固定的整数比率过程中，约翰·道尔顿在1808年起用了古希腊人首次提出的原子理论。道尔顿提出一个元素区别于另一个元素主要在于它的原子重量。他比他同时代的人接受原子概念早60多年，更何况是接受原子重量的概念了（现在正确地称为原子质量）。

通过考虑亚原子微粒的质子、中子及电子的数目来计算原子的质量是可能的。当考虑原子质量的近似值时，质子的质量可用来做度量单位。中子的质量几乎与质子的质量是一样的，因此也能做度量单位。电子的质量是质子质量的1/2000，当计算原子质量的近似值时可以忽略不计。因此对于一个包含11个质子，12个中子（及11个电子）的钠原子来说，相对的原子质量是23。

同位素

原子核中的中子数量不容易从质子的数目中预算出来。一些比率是稳定的，其他一些是不稳定的。例如所有钠原子包含11个质子，对这11个质子数来说，只有12个中子就能使质子保持在一起从而形成一个稳定的原子核。如果出现11个或13个中子，核就不稳定了，就会使其成为钠原子的放射性同位素，并且会随着大量能量的释放变成另一种元素。然而一些原子在核内的确拥有数量不同的中子，它们叫做同位素。

同位素是指带有相同数目的质子和电子、不同数目的中子、且有不同的原子质量的元素的原子。同位素有稳定性的和放射性的。大多数的元素中有几种稳定的同位素，它们几乎出现在一种固定的比率中，而元素的地理及化学来源则无关紧要。例如，氯原子常常包含大约75%的同位素氯-35，及25%同位素氯-37。因为有一个同位素氯-37原子就有3个同位素氯-35原子，因此这4个原子的总重量为35+35+35+37 = 142（个单位），这4个原子的平均质量为142÷4 = 35.5个单位。因此在世界上氯原子的平均质量为35.5，并且这个数字被认为是氯原子化学质量的近似值。元素的同位素的存在与分布最初是通过质量分光计（见下图）被显示出来的，分光计是一种用来测量整个分子相对质量的仪器。

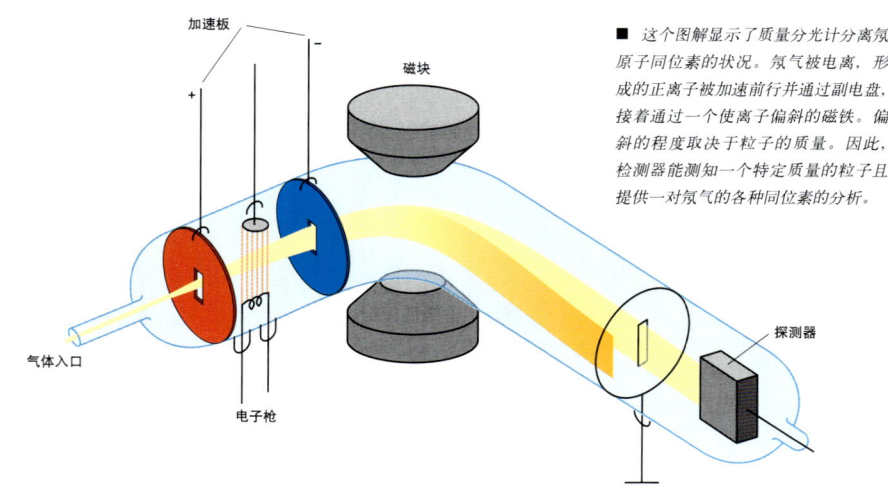

■ 这个图解显示了质量分光计分离氖原子同位素的状况。氖气被电离，形成的正离子被加速前行并通过副电盘，接着通过一个使离子偏斜的磁铁。偏斜的程度取决于粒子的质量。因此，检测器能测知一个特定质量的粒子且提供一对氖气的各种同位素的分析。

■ 人体内所含原子数量是宇宙里所含星体数量的100,000倍

化学方法

▶ 化学家已经提出了许多分离纯物质的方法。
▶ 物质的熔点能够显示该物大部分物理性能，并且熔点大不相同——氦在-272℃（-458°F）熔化，然而碳以金刚石形式出现时则在3500℃（6332°F）熔化。

化学的主要作用之一就是从自然资源中（如岩石，植物及动物）分离出各种化合物的纯物质。困难在于如何提取大量的能进行化学分析的物质，因此要先确定每个有关元素的具体数量。为了使其他化学家在将来制造或遇到这种化合物时能认识它，有必要查出这种物质的物理性能，包括它的密度、熔点以及它吸收诸如自然光、红外线及紫外线等电磁辐射的能力。

结晶

固体通常是经过结晶过程以极纯的形态被获得。不纯的固体在叫做溶剂的液体里被溶解，过滤去掉难以溶解的杂质。如果有必要，可将通过这种方式得到的滤液经过蒸发溶剂直至其开始结晶的方法加以浓缩。冷却能生成随之被过滤掉的大量晶体。要得到纯物质，需要重复结晶。每一步骤之后，杂质就被留在溶剂中以至于物质逐渐变得越来越纯。杂质总是降低固体的熔点，因此有必要重复结晶直至其熔点不再上升。

升华

有些固体，诸如碘，是很容易挥发的。在这种情况下可以通过给化合物轻微加热，让蒸气释放出来，留下不易挥发的杂质这种方法来得到纯固体物质。当蒸气遇到寒冷的表面时立刻凝结成固体的结晶状态。这一过程叫做升华，如下图所示。

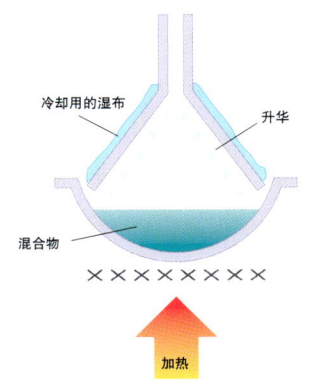

逐区精炼（区域纯化法）

有些固体，诸如硅，在任何溶剂里都不容易溶解。在这种情况下，含有杂质的硅棒通过慢慢移动电炉的方法被溶化了，从而熔化它的一个区域。杂质常残留在已溶化的区域，当电炉经过后，硅进行再结晶。当熔化的区域到达棒端时，去掉杂质。用电炉来熔化相反的一面进行再一次区域纯化。通过这种方法精炼极纯的硅应用在硅片的生产中。

气相—液相层析

气体和易蒸发的液体的混合物，如那些在原油中被发现的混合物，可以通过气相—液相层析小规模地将彼此分离出来。

供分析的样品被加热使之蒸发，接着利用气体载体诸如氮气、氢气经过长柱。在柱里有一种不易蒸发的液体，而这种液体却能被吸收到能渗透的固体里。固体从不同程度上挡住各种蒸气以至于它们一种接一种地从柱中释放出来。检测器测试出不同的成分并且把它们记录在一个图表上显示出每一种成分的数量。

蒸馏

许多液体通过蒸馏分离。混合物被煮沸，蒸气便向上流过一座高塔，在塔里有抑制或调节流体流动的挡板或有专门设计的供蒸馏的巨大内表面的塔盘。具有高沸点的蒸气在塔内较低点凝结，然而具有低沸点的蒸气在较高点处凝结。已凝结的液体分馏部分按照不同的标准从塔中被提取出来。运用蒸馏法可以把汽油从原油中分离出来，也可以在造酒（如威士忌）的过程中把酒精从水里蒸馏出来。

气体混合物很难分离。其方法先把混合物冷却直至成液态然后蒸馏。被冷却到-200℃的气体变成液态气体，然后在低温下蒸馏从而产生纯液态成分，如氮（沸点-196℃）及氧（沸点-183℃）供工业及医疗使用。

气体渗滤

当两种气体具有几乎完全相同的沸点，可通过气体渗滤进行分离。使六氟化铀蒸气渗滤一系列的透气膜，使用此方法来分离铀原子的同位素。六氟化铀（UF$_6$）分子包含较轻的同位素，铀-235，并且比含有铀-238的分子渗滤得快一些。这就使铀浓缩在较轻的同位素中，这种同位素在核能反应堆中用作核燃料。

化学分类

▶ 金属在化学上能被释义为其单质或氧化物能在酸中溶解的元素，通常形成正离子。
▶ 非金属元素，如碳、氢及氧在数量上很少但在组成有机物方面是不可缺少的。

在描述元素方面对其进行广泛分类是可能的。也许最有用的划分就是将其分成金属元素及非金属元素。这两大类中的每一类也可进一步划分。例如碱金属属于周期表中的金属族，而卤和惰性气体则属于周期表中的非金属族。

金属

大约有90种具有广泛反应性的金属元素。许多纯金属及与其他金属形成的混合物（合金）在显微镜下检测时呈晶体状。当熔化的金属凝固时晶体生成且连结起来。

金属元素位于元素周期表的左边（见130页），并且大多数在最外部的电子层中都有一个、两个或三个电子。是这些电子自由穿过金属晶体中一系列原子而把固体金属结合起来的。这些运动着的电子对洁净金属的美丽闪光表面及导电性能起着主要作用。

大多数的元素是金属元素，它们的化学反应性也在变化，从天然发现的金子到钾、镁等诸金属。金属氧化物是碱性的。一种碱性的氧化物能够与酸发生反应生成盐和水，例如：

MgO + H$_2$SO$_4$ → MgSO$_4$ + H$_2$O
氧化镁　硫酸　　硫酸镁　　水

在元素周期表中碱金属是最活跃的金属。这些元素——锂、钠、钾、铷、铯、钫——（位于周期表中的1族）都属软金属。它们的软度及低熔点是金属间微弱结合的结果。第一族的元素叫碱金属，因为当它们与空气或水发生反应时碱就形成了。纯金属本身并不是碱。

碱土金属是第二族元素——铍、镁、钙、锶、钡和镭。这些元素中钙和镁最为常见。碱土金属不像碱金属那样活跃。

非金属

总的来说非金属性原子在最外部电子层中有4、5、6或7个电子。通过与其他的非金属性原子分享电子从而产生电子"配对"，非金属性原子能设法与它们的贵族亲戚——惰性气体相似。非金属性氧化物既可呈酸性，也可呈中性。

惰性气体

惰性气体——元素中的一大家族，可在元素周期表右侧找到，极不活跃。这可能与它们最外部电子层排列着稳定的电子有关。氦在它的外部电子层中有2个电子，但是其他的元素（氖、氩、氪、氙）拥有8个电子。

当其他原子发生反应时，它们设法得到一

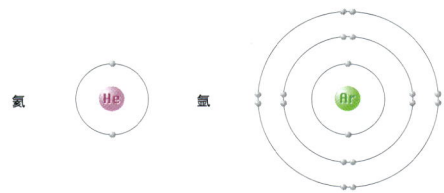

个惰性气体电子构型。因此它们常常以与惰性气体相似而告终。

卤素

卤素，包括氟、氯、溴、碘（加上砹），是活泼的非金属元素。作为一族它们共同具有某些特点：对于每个分子来说它们都有2个原子；它们是有色的（氯和氟是绿色气体，溴呈棕色液态，碘作为固体呈灰色，作为液体呈紫色）；反应性能在这族里依次减弱，所以氟比氯更活跃。卤原子在外部电子层中比惰性气体少一个电子，必须再获得一个电子从而获得稳定的结构，这使它们具有反应性。卤素与金属和氢反应强烈形成卤化物（有机化合物在分子中含卤原子）。

■ 化合物 C$_{25}$H$_{52}$ 能够有3600万种以上的不同排列顺序 ■

化学

化学元素

▶ 在一种元素中所有的原子都属同一种类。
▶ 地壳的98%仅由八种元素组成：氧、硅、铝、铁、钙、钠、镁及钾。

有史以来经过长期的一系列的实验，元素已经从岩石、海洋及大气中被鉴别出来了。这些研究的实施具有不同的动机。金子一直享有很高的估价，几个世纪以来，炼金术士们千方百计用其他物质制金，但始终没有成功。然而他们沿着这条路有了许多重要发现。甚至杰出的科学家艾萨克·牛顿（见122页）也曾尝试过炼金术，但是与他同时代的罗伯特·玻意耳（见132页）开始意识某些物质，如金子和碳，不能被分解成简单的物质。

发现化学元素

古希腊人认为所有的物质都只是由四种元素组成的：土、火、气和水。然而如碳、硫、金和铅这几种元素在有记载的历史年代以前就被发现了。其他在古代就被找到的元素包括：铜（约公元前8000年）、铁和银（约公元前4000年）、锌（约公元前3500年）、汞（约公元前1600年）和锑（约公元前1000年）。除了中世纪发现的砷（约1220年）及磷（1669年），所有的其余元素都是从19世纪起被发现的。

是拉瓦锡（见133页）制订了第一个相当可信的元素表。然而直到那时这个表中所包括的物质也并没有分解成真正的元素，如氧化镁。只是由于伏打电池的问世，才使氧化镁分解成元素的方法成为可能。金属镁是由汉弗莱·戴维（见132页）运用电渗析的方法首次提取出来的。戴维也由于把以前从来没有被见过的钾、钠、钙、锶和钡从它们的化合物中分解出来而享有声望。所有的这些金属都与水发生强烈的反应从而产生碱性的溶液。它们比人类已经掌握的通过熔炼工序从矿石中提取的诸如铜、锌、铅、铁这类金属更容易发生反应。在熔炼过程中用木炭和焦炭给矿石加热。然而大多数的元素还是稳定的。原子序数为83的铋在元素表中是个有稳定核的最后一个元素。超出这83种元素之外，所有的元素都是不稳定的（是放射性的）。一个元素的原子序数就是原子核中的质子数。

最新的元素

第107至112个元素是在德国的达姆施塔特的原子核研究室发现的。这些元素是按时间顺序用铬、铁、镍和锌的重离子轰击钴和铋的方式产生的，而且实际上是一个原子一个原子进行辨认。对衰变链的性能进行精确的测量致使辨认与已知的核素相一致。这种方式被认为是对新发现的确认。没有一种新元素核素的半衰期（半衰期是指放射性物质中一半原子进行衰变所需的时间）超过0.2秒，但是，人们最终希望发现元素114周围的核素，预料核素会形成"稳定孤岛"，具有比目前正观察的核素更长的半衰期。

▶ 112种元素

原子序数 [注1]	符号	元素名称 [注2, 3]	原子重量 [注4]	在20℃密度（如不特殊说明）克/立方厘米 [注5]	熔点（℃）	沸点（℃）	核素数目
1	H	氢 (Hydrogen)	1.00794	0.0871（在熔点呈固态） 0.00008989（在0°C呈气态）	−259.198	−252.762	3
2	He	氦 (Helium)	4.002602	0.1908（在熔点呈固态） 0.0001785（在0°C呈气态）	−272.375 24.985 atm* [注6]	−268.928	8
3	Li	锂 (Lithium)	6.941	0.5334	180.54	1,640	8
4	Be	铍 (Beryllium)	9.012182	1.846	1,290	2,456	9
5	B	硼 (Boron)	10.811	2.333（第二位的菱形六面体）	2,130	3,910	13
6	C	碳 (Carbon)	12.0107	2.266（石墨） 3.515（金刚石）	4,730 10batm	3,704（极点）	15
7	N	氮 (Nitrogen)	14.00674	0.9426（在熔点呈固态） 0.001250（在0°C呈气态）	−209.999	−195.798	14
8	O	氧 (Oxygen)	15.9994	1.359（在熔点呈固态） 0.001429（在0°C呈气态）	−218.792	−182.953	15
9	F	氟 (Fluorine)	18.9984032	1.780（在熔点呈固态） 0.001696（在0°C呈气态）	−219.763	−188.191	14
10	Ne	氖 (Neon)	20.1797	1.434（在熔点呈固态） 0.0008999（在0°C呈气态）	−248.594	−246.053	17
11	Na	钠 (Sodium)	22.989770	0.9688	97.794	882.940	17
12	Mg	镁 (Magnesium)	24.3050	1.737	650	1,095	18
13	Al	铝 (Aluminium)	26.981538	2.699	660.323	2,523	18
14	Si	硅 (Silicon)	28.0855	2.329	1,414	3,190	21
15	P	磷 (Phosphorus)	30.973761	1.825（白色） 2.361（紫色）	44.13 597 45atm	277 431（极点）	21
16	S	硫 (Sulfur)	32.066	2.070（菱形）	115.18	444.614	22
17	Cl	氯 (Chlorine)	35.4527	2.038（在熔点呈固态） 0.003214（在0°C呈气态）	−100.97	−33.97	20
18	Ar	氩 (Argon)	39.948	1.622（在熔点呈固态） 0.001784（在0°C呈气态）	−189.344	−185.848	20
19	K	钾 (Potassium)	39.0983	0.8591	63.58	758	20
20	Ca	钙 (Calcium)	40.078	1.526	842	1,495	19
21	Sc	钪 (Scandium)	44.955910	2.989	1,541	2,830	17
22	Ti	钛 (Titanium)	47.867	4.504	1,670	3,360	21
23	V	钒 (Vanadium)	50.9415	6.099	1,928	3,410	24
24	Cr	铬 (Chromium)	51.9961	7.193	1,860	2,680	25
25	Mn	锰 (Manganese)	54.938049	7.472	1,246	2,051	26
26	Fe	铁 (Iron)	55.845	7.874	1,537	2,840	28
27	Co	钴 (Cobalt)	58.933200	7.874	1,495	2,940	27
28	Ni	镍 (Nickel)	58.6934	8.905	1,455	2,890	30
29	Cu	铜 (Copper)	63.546	8.934	1,084.62	2,570	27
30	Zn	锌 (Zinc)	65.39	7.140	419.527	908	27
31	Ga	镓 (Gallium)	69.723	5.912	29.765	2,211	27
32	Ge	锗 (Germanium)	72.61	5.327	938.2	2,770	29
33	As	砷 (Arsenic)	74.92160	5.781	817 38atm	603（极点）	29
34	Se	硒 (Selenium)	78.96	4.810（三角形）	221.14	685	30
35	Br	溴 (Bromine)	79.904	3.937（在熔点呈固态） 3.119（在20°C呈液态）	−7.25	59.74	29
36	Kr	氪 (Krypton)	83.80	2.801（在熔点呈固态） 0.003749（在0°C呈气态）	−157.375	−153.340	31
37	Rb	铷 (Rubidium)	85.4678	1.534	39.29	687	29
38	Sr	锶 (Strontium)	87.62	2.582	768	1,388	32
39	Y	钇 (Yttrium)	88.90585	4.468	1,522	3,300	31
40	Zr	锆 (Zirconium)	91.224	6.506	1,854	4,360	30
41	Nb	铌 (Niobium)	92.90638	8.595	2,472	4,860	32
42	Mo	钼 (Molybdenum)	95.94	10.22	2,622	4,710	32
43	Tc	锝 (Technetium)	(97.9702)	11.40	2,180	4,860	33
44	Ru	钌 (Ruthenium)	101.07	12.37	2,333	4,320	34
45	Rh	铑 (Rhodium)	102.90550	12.42	1,963	3,840	33
46	Pd	钯 (Palladium)	106.42	12.01	1,554.8	2,990	33
47	Ag	银 (Silver)	107.8682	10.50	961.78	2,162	33
48	Cd	镉 (Cadmium)	112.411	8.648	321.069	768	33
49	In	铟 (Indium)	114.818	7.289	156.599	2,022	34
50	Sn	锡 (Tin)	118.710	7.288	231.928	2,590	38
51	Sb	锑 (Antimony)	121.760	6.693	630.628	1,635	37
52	Te	碲 (Tellurium)	127.60	6.237	449.81	989	37

自然科学

原子序数 [注1]	符号 [注2, 3]	元素名称	原子重量 [注4]	在20℃密度（如不特殊说明）克／立方厘米 [注5]	熔点（℃）	沸点（℃）	核素数目
53	I	碘 (Iodine)	126.90447	4.947	113.6	185.1	36
54	Xe	氙 (Xenon)	131.29	3.410（在熔点呈固态）0.005897（在0℃呈气态）	−111.745	−108.083	37
55	Cs	铯 (Caesium)	132.90545	1.886	28.46	669	37
56	Ba	钡 (Barium)	137.327	3.595	727	1,740	38
57	La	镧 (Lanthanum)	138.9055	6.145	921	3,410	34
58	Ce	铈 (Cerium)	140.116	6.688 (β) 6.770 (γ)	799	3,470	33
59	Pr	镨 (Praseodymium)	140.90765	6.772	934	3,480	33
60	Nd	钕 (Neodymium)	144.24	7.006	1,021	3,020	32
61	Pm	钷 (Promethium)	(144.9127)	7.141	1,042	3,000	28
62	Sm	钐 (Samarium)	150.36	7.517	1,077	1,794	30
63	Eu	铕 (Europium)	151.964	5.243	822	1,556	29
64	Gd	钆 (Gadolinium)	157.25	7.899	1,313	3,270	28
65	Tb	铽 (Terbium)	158.92534	8.228	1,356	3,230	27
66	Dy	镝 (Dysprosium)	162.50	8.549	1,412	2,570	29
67	Ho	钬 (Holmium)	164.93032	8.794	1,474	2,700	29
68	Er	铒 (Erbium)	167.26	9.064	1,529	2,810	30
69	Tm	铥 (Thulium)	168.93421	9.319	1,545	1,950	32
70	Yb	镱 (Ytterbium)	173.04	6.967	817	1,227	30
71	Lu	镥 (Lutetium)	174.967	9.839	1,665	3,400	35
72	Hf	铪 (Hafnium)	178.49	13.28	2,230	4,700	32
73	Ta	钽 (Tantalum)	180.9479	16.67	3,020	5,490	31
74	W	钨 (Tungsten)	183.84	19.26	3,414	5,850	33
75	Re	铼 (Rhenium)	186.207	21.01	3,185	5,550	33
76	Os	锇 (Osmium)	190.23	22.59	3,127	5,300	35
77	Ir	铱 (Iridium)	192.217	22.56	2,446	4,625	35
78	Pt	铂 (Platinum)	195.078	21.45	1,768.2	3,850	37
79	Au	金 (Gold)	196.96655	19.29	1,064.18	2,870	35
80	Hg	汞 (Mercury)	200.59	14.17（在熔点呈固态）13.55（在20℃呈液态）	−38.829	356.661	34
81	Tl	铊 (Thallium)	204.3833	11.87	303	1,470	32
82	Pb	铅 (Lead)	207.2	11.35	327.462	1,748	35
83	Bi	铋 (Bismuth)	208.98038	9.807	271.402	1,566	32
84	Po	钋 (Polonium)	(208.9824)	9.155	254	948	29
85	At	砹 (Astatine)	(209.9871)	7.0	302	377	31
86	Rn	氡 (Radon)	(222.0176)	4.7（在熔点呈固态）0.01004（在0℃呈气态）	−64.9	−61.2	33
87	Fr	钫 (Francium)	(223.0197)	2.8	23	650	33
88	Ra	镭 (Radium)	(226.0254)	5.50	707	1,530	33
89	Ac	锕 (Actinium)	(227.0277)	10.04	1,230	3,600	28
90	Th	钍 (Thorium)	232.0381	11.72	1,760	4,660	29
91	Pa	镤 (Protactinium)	231.03588	15.41	1,570	4,490	28
92	U	铀 (Uranium)	238.0289	19.05	1,134	4,160	22
93	Np	镎 (Neptunium)	(237.0482)	20.47	637	4,090	20
94	Pu	钚 (Plutonium)	(244.0642)	20.26	940	3,270	19
95	Am	镅 (Americium)	(243.0614)	13.76	1,176	2,023	14
96	Cm	锔 (Curium)	(247.0703)	13.68	1,340	3,180	14
97	Bk	锫 (Berkelium)	(247.0703)	14.65	1,050	2,710	12
98	Cf	锎 (Californium)	(251.0796)	15.20	900	1,612	20
99	Es	锿 (Einsteinium)	(252.0830)	9.05	860	996	17
100	Fm	镄 (Fermium)	(257.0951)	9.42	852	1,077	18
101	Md	钔 (Mendelevium)	(258.0984)	−	−	−	16
102	No	锘 (Nobelium)	(259.1010)	−	−	−	11
103	Lr	铹 (Lawrencium)	(262.1097)	−	−	−	10
104	Rf	𬬻 (Rutherfordium)	(261.1088)	−	−	−	10
105	Db	𬭊 (Dubnium)	(262.1141)	−	−	−	8
106	Sg	𬭳 (Seaborgium)	(266.1219)	−	−	−	6
107	Bh	𬭛 (Bohrium)	(264.1247)	−	−	−	3
108	Hs	𬭶 (Hassium)	(267.1318)	−	−	−	3
109	Mt	鿏 (Meitnerium)	(268.1388)	−	−	−	2
110	Uun	(Ununnilium)	(271.1461)	−	−	−	3
111	Uuu	(Unununium)	(272.1535)	−	−	−	1
112	Uub	(Ununbium)	(277.1681)	−	−	−	1

* atm为大气压

■ 液态氮被倒入一个烧瓶中。氮在低于开氏温度77.4k（−198℃）时变成液体，在低温（低温物理）实验中氮在这种状态下用作制冷剂。

▶ 有关表格的注释

1 现代元素符号是由贝采利乌斯（瑞典人）在1811年采用的。在元素的欧洲名称完全不同的情况下，他把这些元素及其化合物的拉丁名称作为依据。（特别注意第80号元素，字面上意为"液体银"）。第74号元素是个例外，这个元素符号依据德国名字"Wolfram"。它是直接以一个主要矿"Wolframite（黑钨矿）"命名的。下列元素其他名称如下：

原子序数	符号	名称
11	Na	钠
19	K	钾
26	Fe	铁
29	Cu	铜
47	Ag	银
50	Sn	锡
51	Sb	锑
74	W	钨
79	Au	金
80	Hg	汞
82	Pb	铅

注：以上元素的英文名称有不同的写法，但译成中文后相同。

2 表中的元素名称是由国际理论和应用化学联合会（IUPAC）推荐的。对于第16号元素旧式拼法"Sulphur"在英国仍然广泛应用，而第13号及第15号元素在美国分别拼为"aluminum"及"cesium"。

3 元素第104-109的名称是由国际理论和应用化学联合会在1997年2月份推荐的。这些名称同美国化学协会推荐的那些元素名称有区别：第105号元素，后者选用的名称为Hahnium，其符号为Ha，它是以Otto Hahn（奥托·哈恩）（1879~1968）（德国人）的名字命名的。对于第107号元素，他们喜欢用包括教名Bohr在内的较长的拼写"Nielsbohrium"，其符号为Ns。第110-112号元素的名称是在采用正式名称之前由国际理论和应用化学联合会暂时指定的。

4 强放射性元素在括号中的原子重量是具有长半衰期同位素的相对原子质量。

5 对于强放射性同位素，它的密度值已视为与生命期最长的同位素有关。

6 就目前所知，氦在大气压强下不凝固，在熔点曲线图表中它的熔点值是最小的。

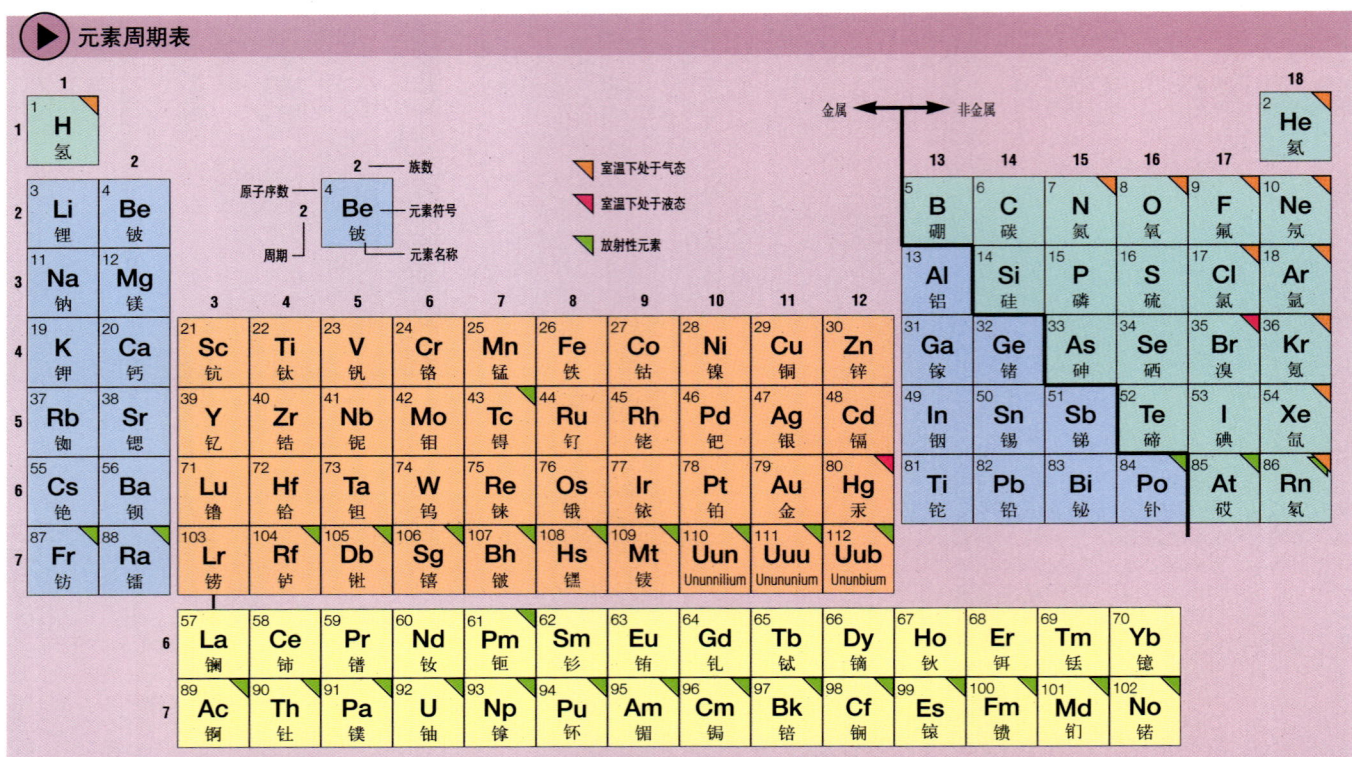

元素周期表

元素周期表是根据元素的原子序数将元素排列成表。当从左到右或从上到下阅读此表时，表中元素的顺序排列是以原子数目的递增为依据的。元素周期表也显示了元素分类成周期和族，前者在表中列成横排，后者列成纵排。这种分类方法能把结构及化学性能上相似的元素组合在一起。

原子质量是一个主要的概念，它使门捷列夫（见133页）能够按原子质量顺序排列那时已知的63个元素，因此发明了元素周期表。他大胆地运用化学知识调整一些元素的原子质量以适应他的模式，这种做法后来被证明是正确的。他也给那些未被发现的元素留出了空缺，如锗、镓和钪，他已精确地估计它们的特性，且导致

对他的周期定律的普遍接受——元素的化学性质是指原子质量的周期性作用。门捷列夫的天才表现在他对元素基本顺序的认识，元素周期表不是他设计的，是他发现的。自从他在1869年发表这个元素表以来又有40多个化学元素通过核反应被发现，因此这个周期表经修改后把它们包括进来。

化学键

- 分子可由同一元素的两个或更多的原子组成，或者由两个或更多不同元素的原子通过化学键结合在一起。
- 化学键的两种主要类型为离子键和共价键。

尽管已知的元素仅有112种，然而在自然界中发现的或人造的化学物质却有数百万种。这些物质并不是由两种或更多种元素组成的简单的混合物，而是由两种或更多种元素在化学反应中组合在一起形成的化合物。把化合物组合在一起的化学"胶"叫做化学键，化学键也能把一元素的分子中的原子结合在一起。

化学键有两种主要类型：离子键和共价键。两者都是通过将两个原子结合起来的方式进行工作的，这种方式使原子稳定，这一点是通过原子外部的电子层（价层）内的电子相互作用达到的。通过共享或赠送电子，原子能用电子填充原子价层，且达到类似惰性气体的稳定性。

共价键

当两个原子共享外层中的电子时，产生了共价键。例如，每一个氟原子都有7个外部电子，但是为了达到稳定性它们需要8个外部电子。因此每两个氟原子能共享一个电子就形成了一个共价键。如果共享一对电子，单键就形成了。如果像在氧分子中那样两对电子被共享，就

形成了一个双键；如果三对电子被共享，就形成一个三价键。

离子键

当一个原子"赠送"一个电子给另外一个原子时便出现了离子键。例如，钠原子（Na）在它的外层有一个电子，而氟原子却有七个。如果钠原子把一个电子转移给氟原子，那么这两种原子在它们的外壳层都达到了平衡。当这种转移发生时，这两种原子都变成了离子。已经丧失了一个负电子的钠原子带有一个正电荷，被认为是阳离子：Na^+。已经得到一个电子的氟原子带有一个负电荷被称做阴离子：F^-。

化学反应

- 化学反应是旧物质生成新物质的方法。
- 在钾和水进行反应期间，大量的热量被释放出来，以至于极易燃烧的氢气在熔化的金属上方频繁地燃烧起来。

当燃料燃烧时，工业上从矿物质中提取金属时，以及在许多自然界生命维持的过程中化学反应一直在进行。研究化学反应对化学这门学科来说是十分重要的，因为它是物质变化的方式。

化学方程式

使用平衡的化学反应方程式来记录有关反应的信息。按惯例，一起参加反应的物质——反应物放在左边，反应中生成的物质——生成物放在右边，反应式将用定量的术语描绘出从已知的反应物中得到多少生成物。下面是木炭在空气中燃烧时的化学反应式例子：

$$C + O_2 \rightarrow CO_2$$

这个公式显示了木炭（碳的一种形式）与氧分子反应生成二氧化碳（和热量）。在化学反应式中有时使用下面的缩略符号：(g) = gas（气体），(l) = liquid（液体），(s) = solid（固体），(aq) = aqueous solution（水溶液）。由于以木炭形式出现的碳是固体，且与气体氧反应后形成二氧化碳气体，上述的反应式可写成：

$$C(s) + O_2(g) \rightarrow CO_2(g)$$

化学反应中的能量

所有化学反应中一个重要的方面就是在反应系统及周围环境间的能量交换。这种交换可以是如下两种形式之一——放热型的或吸热型的。在放热型的反应中，热量从反应系统释放给周围环境。在吸热型的反应中，反应系统从周围环境中吸取热量。

大多数进行的反应是放热型的，如燃料在氧气中燃烧时释放出热量。当甲烷，CH_4，被点燃时，非常热的二氧化碳和水蒸气就被释放出来：

$$CH_4 + 2O_2 \rightarrow CO_2 + 2H_2O$$

在这个化学反应中反应物把一些能量储存在它们的键中。而储存在生成物键中的能量要比反应物中的少，因此额外的能量以光和热的形式释放出来。

吸热型的反应需要连续地输入热量从而使反应发生。下面的例子是把碳酸钙加热到900℃时生成氧化钙的反应：

$$CaCO_3 \rightarrow CaO + CO_2$$

在这种情况中，生成物键中的能量要比反应物中的多，因此为了使反应继续必须有能量。

反应速度

反应的速度是不同的。一根火柴被点燃时，几乎立刻燃烧，而铁钉过一段时间才会生锈，反应速度在很大程度上取决于相关的反应物——很自然，某些物质反应速度要比其他物质反应速度快，然而某些因素有助于加速反应。通过增加反应物的热量，分子运动会加快，因此也就增加了引起反应的碰撞机会。同样地通过增加反应物的浓度，更多的分子将会参与反应，这样也就增加了成功碰撞的机会。加快反应速度的第三种方法是使用催化剂。催化剂是通过暂时地把反应物结合在一起，使它们进行反应的方法来增加反应速度。催化剂在反应结束时保持不变的状态，并且也不影响生成物的性质，而只影响生成物生成的速度。

中和作用

既然在我们的星球上有那么多的水，那么水就被看作是"中性的"。相对来说它是无害的。另一方面，当酸和碱呈纯态或这两种浓的溶液溶于水中时，绝对是有害的。因为酸和碱都是通过彻底损坏组成活细胞的重要组成成分来快速地损害活性组织。然而，如果酸和碱用适当的比例混合在一起，酸和碱进行放热性的反应将会被一种盐性物质和一种中性物质——水所取代。例如，碱性的氢氧化钠同盐酸进行放热性的反应能产生氯化钠（常见的食盐）和水：

$$NaOH + HCl \rightarrow NaCl + H_2O$$

氧化还原反应

氧化还原反应指电子从一种形式的化学存在转移给另一种形式。这种化学存在可能是一个原子，一个分子或一个离子。当镁在氧气中燃烧时，两个电子从每一个镁原子中转移给每一个氧原子，形成离子化合物MgO。这种化合物包括Mg^{2+}和O^{2-}两个离子。当氧原子被还原时（获得电子），镁原子氧化（失去电子）。还原作用及氧化作用这两个术语极易混淆，因为它们的历史由来不清楚。因此还原作用可称作得电子作用，氧化作用可称作失电子作用。

在活细胞中，储存能量的过程以及后来使用这些已存能量都是通过对许多连续的氧化还原反应的介入而进行的。在光合作用中，运用光能，把水中氢原子中的电子最终转移给在空气中获得的二氧化碳的碳原子。总的结果是产生了能量丰富的葡萄糖分子和氧气：

$$6CO_2 + 6H_2O \rightarrow C_6H_{12}O_6 + 6O_2$$

在需氧呼吸中整个过程被颠倒了，此时细胞吸收氧气，并从葡萄糖中释放能量。

有机化学

▶有机化学的名字源于曾经有过的一种看法——有机化合物只能通过有机源产生。
▶碳的化学特殊性在于它是构成生物界所有天然产生的化合物的原子结构单元。

碳元素随时可以和其他元素一起形成共价键进而形成化合物。碳尤其能与氢、氧、氯及氮结合。碳的绝对多面性不仅仅在许多不同方面表现出来，它作为一种单质出现（如金刚石或石墨炭黑），而且也能产生上百万种的不同种化合物。对这些碳化合物的研究（包括二氧化碳）被称作有机化学。

过去常常认为化合物，如酒精，只能由有机物制成——因此有了有机化学这个名词。然而在1828年维勒在没有任何有机物的介入下从无机物（如矿石）中制成了尿素（一种在尿中发现的物质）。如今对于化学家来说要想制成几乎任何一种化合物都是可能的。

许多有用的东西包含有机化合物，有些是自然形成的，如食物和饮料，棉花、木材、羊毛及皮革。人造有机化合物也正在逐渐地大量获得，如人造纤维、塑料、炸药、颜料及药物。

有机化合物

煤（炭），陆生植物残遗化石，曾经是许多有机化学物质的来源。然而如今大多数的有机化学制品的制造都是从石油（原油）开始的。石油是海洋生物残遗化石，如现在古代海洋底部的浮游生物在海底被一些沉积物铺盖着，在有热量及有压强的条件下转换成碳氢化合物。石油中碳氢化合物最主要的成分之一就是链烷。

链烷有一个普遍的公式C_nH_{2n+2}。甲烷CH_4，一种重要的天然气体，是链烷公式中当 n = 1时得来的。当有4个碳原子时，链烷就成了丁烷，C_4H_{10}，另一种重要的燃料。

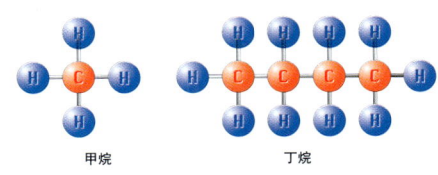
甲烷　　丁烷

其他的日常生活中的有机化合物包括乙醇——一种含酒精的饮料，及醋酸——醋的主要成分。

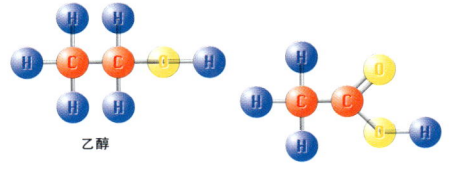
乙醇　　醋酸

聚合物

▶"polymer"（聚合物）这个词来源于希腊词polys（意为"许多的"）和meros（意为"部分"）。
▶大多数的聚合物由有机化合物制成，尽管有些聚合物建立在元素硅的基础之上。

聚合物是由大的分子构成的化学制品，在这些分子中一群原子反复出现。自然界生成了许多长链分子，这些分子在结构上类似一串珠子。构成珠子的分子叫单体，数百个或甚至百万个单体以链的形式连结在一起。这些链之间彼此相互作用的方式取决于所使用的单体，并且能极为不同。这就说明了聚合物拥有广泛的性能，其中包括柔韧性、强度及抗热性。

天然聚合物

有些聚合物是天然出现的，如纤维素，淀粉，蛋白质，脂肪及脱氧核糖核酸。淀粉和纤维素都是葡萄糖聚合物，但是它们的结构略有不同——淀粉易消化，纤维素不易消化。蛋白质是氨基酸聚合物。共有20种常见的不同类型的氨基酸，它们可以按无数的不同顺序连接起来，使蛋白质成为最常见的生物分子。蛋白质构成了酶及大部分肌肉组织、头发、指甲、骨骼及腱。

人造聚合物

也有许多人造聚合物，通常称作塑料。聚乙烯是一种由单体乙烯制成的聚合物，单体乙烯也是一种在催化剂的作用下通过加热使其与自身相连接的气体。

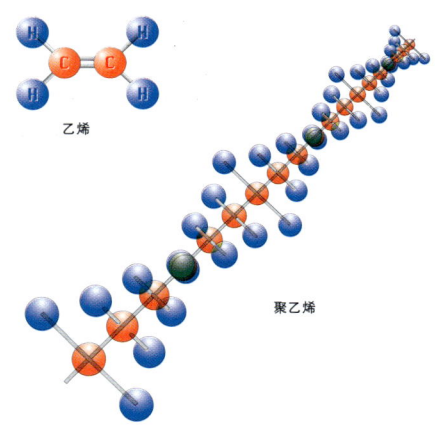

其他的人造聚合物包括聚苯乙烯、尼龙和聚氯乙烯（PVC）。

人造聚合物或是热塑性的，或是热固性的。热塑聚合物，如聚乙烯、聚氯乙烯、尼龙及聚苯乙烯可熔化及重新熔化便于制作和重新设计。热固聚合物，如酚醛塑料、胶木是通过在所需要求形状的铸模里单体反应制成的。它们通常是坚硬的，而且熔化它们的努力只能最终使其分解，因为它们的结构中存在着一种巨大的三维特性，这种特性只有在高温下改变。然而，热塑聚合物分子随着气温上升能够相互间蠕动，致使塑料软化并最终熔化。

化学家

▷ 居里夫人的女儿，伊雷娜·约里奥·居里，像她的母亲一样获得了诺贝尔化学奖，也像她的母亲一样死于由辐射所引起的白血病。

▷ 威拉德·利比，因他的碳14年代测定法而成为1960年诺贝尔化学奖的获得者，重新测算出最晚的冰期出现于10,000年前，而不是以前人们所认为的25,000年前。

▷ 弗雷德里克·桑格发现了胰岛素，从而能够人工合成胰岛素，这一发现，延长了许多糖尿病患者的寿命。

▷ 保罗·萨巴蒂埃的研究发现被用于生产药品、香水、去污剂和人造黄油。

阿贝格，理查德（1869～1910），德国化学家。他所研究的关于原子间键合的电子基础——原子最外层电子数等于8的规则，对现代（原子）价理论的发展做出了很大贡献。

安德鲁斯，托马斯（1813～1885），爱尔兰化学家。他发现了气体的临界温度。

阿伦尼乌斯，斯万提·奥古斯特（1859～1927），瑞典化学家。他创立了电离学说。

阿斯特伯里，威廉·托马斯（1889～1961），英国化学家，他开创了蛋白纤维的研究。

拜耳，阿道夫·冯（1835～1917），德国有机化学家。他发明了制作染料的实用方法。

贝格曼，厄恩斯特·奥托（1853～1923），德国化学家。他发明了用来测定冰点和沸点的仪器以及用他的名字命名的灵敏温度计。

贝尔斯坦，弗雷德里克·康拉德（1838～1906），德国化学家，生于俄罗斯。他所著的《有机化学手册》（1881）是一部具有划时代意义的著作。

贝尔纳，约翰·德斯蒙德（1901～1971），爱尔兰结晶体学家。分子生物学的先驱。

贝特洛，马赛兰（1827～1907），法国化学家。他发现了爆炸波。

贝托莱，康特·克劳德·路易斯（1748～1822），法国化学家。他最早指出，化学反应的完全程度部分地取决于反应物的质量。

贝采利乌斯，琼斯（1779～1848），瑞典化学家。他编制了第一张精确的原子量表。

贝塞麦，亨利爵士（1813～1898），英国冶金学家。他发现了从铁中脱碳的方法，使得大规模生产钢材得以实行。

博施，卡尔（1874～1940），德国化学家。他发明了博施法，通过这种方法，可以从水煤气和过热蒸气中制取氢气。

玻意耳，罗伯特（1627～1691），爱尔兰物理学家、化学家。他简述了气体特性的理论——玻意耳定律，该定律认为在特定的温度下，气体的压力与体积成比例。他首先提出了元素的概念，阐明了物质的微粒子观，并解释了单质与化合物之间的区别。

布仑斯惕，约翰尼斯·尼克劳斯（1879～1947），丹麦物理化学家。他创立了布仑斯惕—劳里定义：凡能把质子转移给其他物质的物质为酸，能接受质子的物质为碱。

本生，罗伯特（1811～1899），德国化学家。他发明了本生灯，并为光谱分析领域奠定了基础。

坎尼扎罗，斯坦斯劳（1826～1910），意大利化学家。他在原子量的研究方面享有盛名。

卡文迪什，亨利（1731～1810），英国化学家、物理学家。他发现了氯气的属性、空气成分、水的成分以及电的不同属性。

钱恩，厄恩斯特（1906～1979），英国化学家，生于德国。他分离并提纯盘尼西林。

克莱森，路德维希（1851～1930），德国化学家。他发现了克莱森—施密特缩合反应。

克劳德，乔治斯（1870～1960），法国化学家、工程师。他研究出通过蒸馏液态空气来分离空气中不同气体的工艺流程。

科里，伊莱亚斯·詹姆斯（1928～ ），美国合成化学家。他负责100多项首次合成研究。

居里，玛丽·斯可罗多夫斯卡（1867～1934），法国化学家，生于波兰。她和丈夫皮埃尔最早从事放射性研究，继贝克勒尔发现了居里夫人所称的放射性之后，夫妇俩又从事铀矿石的研究，以确定其放射性是否取决于其内部极度活跃的少量杂质。他们发现了元素钋和镭。

■ 迈克尔·法拉第于1832年发现了电解现象，同时研制了第一台电互感器，后来又得出以他的名字命名的控制互感器工作的定律。

镭极强的放射性进一步确定了通过原子反应获得能量的可能性。

道尔顿，约翰（1766～1844），英国化学家、物理学家。他提出了物质原子论，把原子定义为是参与化学反应的物质最小粒子。他从早期有关气体的研究中得出道尔顿定律，该定律认为混合气体的总压力等于各种气体压力之和。

达姆，卡尔·彼得·亨里克（1895～1976），丹麦生物化学家。他分离出维他命K。

戴维，汉弗莱爵士（1778～1829），英国化学家。他研究可溶盐电解，发现了金属元素：钠、钾、钙、钡和镁，并分离出锶。后来又发现了硼。除了比其他科学家发现更多元素之外，他还以发明矿工安全灯而闻名。

德拜，彼得（1884～1966），美国物理学家、化学家，生于荷兰。他以德拜—休克尔电解质理论而闻名遐迩。

德雷珀，约翰·威廉（1811～1882），祖籍英国的美国化学家。他创立了光化学学科。

杜马，琼－巴普蒂斯特·安德烈（1800～1884），法国化学家。他创立了化学中的取代理论。

埃德尔曼，杰拉尔德·莫里斯（1929～ ），美国生物化学家。他阐述了抗体的化学结构。

法拉第，迈克尔（1791～1867），英国物理学家、化学家。他在电磁学研究方面取得了重大进展。戴维发现了他的潜力并指导他，后来收他做助手。1821年，发现了电磁感应现象，并制作了简单的模型，该模型证实了在磁场中运动的导体能产生连续的电流——实际上就是一台早期的发电机。法拉第也把氯气液化，分离出来。1833年，他系统地阐述了电解效应的定量法则，被称作法拉第电解定律。1831年，经过系列实验观察，得出了感应定律的公式，现在在其前冠以他的名字即法拉第感应定律。

费歇尔，埃米尔（1852～1919），德国化学家、生物化学家。他在糖和肽方面的研究对把生物化学作为

■ 化学起源于炼金术　■ 元素镭是根据格伦·西博格

一门独立的学科做出了很大贡献。

弗莱希曼，马丁（1927～ ），英国化学家，生于捷克。他于1989年宣布他和斯坦利·庞斯在试验室里用电解法成功地完成了核聚变。

弗洛里，保罗·约翰（1910～1985），美国化学家。主要从事非线性聚合物的研究。

弗兰克兰，爱德华爵士（1825～1899），英国化学家。结构化学的先驱者。

弗兰泽纽斯，卡尔（1818～1897），德国分析化学家。他所著的定性分析和定量分析著作已成为通用准则。

盖－吕萨克，约瑟夫（1778～1850），法国化学家、物理学家。他率先从事气体变化研究，系统阐述了盖－吕萨克气体反应体积比定律。

热拉尔，查尔斯（1816～1856），法国化学家。提出了有机化合物分类理论。

吉布斯，乔赛亚·威拉德（1839～1903），美国人。化学热力学奠基人。

格雷姆，托马斯（1805～1869），苏格兰化学家。他给扩散下了定义，并被誉为胶体化学的奠基人。

哈伯，弗里茨（1868～1934），德国化学家。他以发明用氮和氢人工合成氨这一工业流程而出名。

霍沃思，沃尔特爵士（1883～1950），英国化学家。是人工合成维他命的创始人。

希托夫，约翰·威廉（1824～1914），德国化学家、物理学家。指出如何算出离子的相对速度。

霍奇金，多萝西（1910～1994），英国化学家。她以研究盘尼西林和维他命的结构而闻名。

伊帕季耶夫，乌拉迪米尔（1867～1952），美国化学家，生于俄罗斯。烃类高压催化反应的创始人。

查尔比，埃宾·亥扬（约721～815），阿拉伯（现伊朗）炼金术士、作家，被认为是化学奠基人之一。

拉瓦锡，安托万·劳伦特（1743～1794），法国化学家。他的研究发现奠定了现代化学许多领域的基础。他的研究涉及到利用木炭的燃烧或减少之后，物质的重量的增加或减少，并把这种物质重量的增加或减少归之于物质的吸收或失去，后来他称之为氧化。他描述了水的成分、燃烧以及许多化合物的组成和化学性质。

勒贝尔，约瑟夫·阿基利（1847～1930），法国化学家。他设计了以图解的方式来表达化学公式的方法。

勒夏式列，亨利·路易斯（1850～1936），法国化学家。他创立了勒夏式列原理，这一原理使预测各种条件如温度或压力的变化对化学反应的影响成为可能。

利比，威拉德（1908～1980），美国化学家。在发现放射性同位素碳14之后，又最早研究碳年代测定技术。

李比希，巴伦·贾斯特斯·冯（1803～1873），德国化学家。他把化学应用于生物学，从而开创了生物化学。

劳里，托马斯（1874～1936），英国化学家。他证实了旋光性与光的波长有关。

马丁，阿彻·约翰·波特（1910～ ），英国生物化学家。与辛格一起研究出通用的分离复杂的化学物质的方法：分配色谱法。

门捷列夫，德米特里（1834～1907），俄罗斯化学家。他发现按照原子量递增的顺序排列化学元素，就会显示出化学性质明显的周期性变化规律。由于认识到潜在的排列顺序，发明了元素周期表。

迈耶尔，罗萨（1830～1895），德国化学家。他以迈耶尔曲线而著称，该曲线显示了化学元素的周期。

迈尔，维克多（1848～1897），德国化学家。他设计了一种测定气体和蒸气浓度的方法。

米勒，斯坦利（1930～1973），美国生物化学家。人工合成了氨基酸。

米勒，保罗（1899～1965），瑞士化学家。他发明了DDT（双对氯苯基三氯乙烷）。

马利肯，罗伯特·桑德森（1896～1986），美国物理学家、化学家。与洪德一起创立了化学键分子轨道理论。

能斯脱，沃尔瑟·赫尔曼（1864～1941），德国化学家。被认为是现代物理化学的奠基人之一。创立了热力学第三定律。

纽兰兹，约翰（1838～1898），英国化学家。早在门捷列夫之前，他已注意到按照原子量递增的顺序来排列化学元素，就会重复出现性质相似的模式。

奥斯特瓦尔德，威廉·弗里德里克（1853～1932），德国化学家，生于拉脱维亚。他开创了把物理化学作为化学的一个独立分支。

帕拉切尔苏斯（菲利帕斯·鲍姆巴斯特·范·霍亨海姆）（1493～1541），瑞士医生、炼金术士。有

> ▶ **几乎要成功的……**
>
> **氧的发现**
> 　　传统上认为约瑟夫·普里斯特利于1774年8月1日分离出氧气。然而卡尔·舍勒——瑞典的一位出身贫穷而又没上过多少学的化学家至少在两年以前就发现了，但出版的延误使他失去了应有的声誉。舍勒在一个偏僻的试验室里，于1772年分离出氧气或是他称之为的"火气"，并撰写了一篇论文概括了他的发现，《论空气和火》，准备于1775年给印刷商出版。然而当时该书并未出版，因为他在等托博恩·贝格曼为该书写前言，可贝格曼花了两年时间才交给他。到那时，普里斯特利已宣布了他的发明。舍勒，一个对真理而非金钱十分执着的科学家，发现了很多元素，尽管如此，舍勒没有得到金钱和名誉，也没有在18世纪最伟大的科学家中占有一席之地。
>
> **元素的分类**
> 　　化学上最熟悉的具有代表性成就之一就是元素周期表。门捷列夫于1869年发现了这一著名的周期表，然而一位英国化学家约翰·纽兹在差不多几年前就发现了它。纽兰兹在1864年和1865年在多篇论文中阐述了他的八行周期律。他注意到如果元素按照原子量递增的顺序排列，每隔7个元素，就会重复出现性质相似的模式，与音阶类似。但因其他科学家认为他的谱表像字母表一样具有任意性而遭到嘲讽和讥笑。当门捷列夫的元素周期表被科学界接受之后，纽兰兹的发现才得到应得的尊重。最后，他于1884年在《论周期律的发现》论文中，最终公布了他的研究成果，当然荣誉早已归他人所有了。

时被称作"化学之父"。

帕迪，阿瑟·贝克（1921～ ），美国生物化学家。他同弗朗索瓦·约克伯及雅克·莫纳德一起系统阐述了阻遏物分子的概念。

泡令，莱纳斯（1901～1994），美国化学家。他把量子力学原理应用到化学键的研究中。于1939年，把他自己的作品汇集成一本叫做《化学键的本质》一书，这很可能是本世纪最有影响的一本化学教材。1951年，他宣布解决了蛋白质的重要而普遍存在的结构，现在被称作螺旋线。这使得克里克和沃森成功地发现了脱氧核糖核酸（DNA）的结构。

普里斯特利，约瑟夫（1733～1804），英国牧师、政治理论家和科学家。是氧气的发现者之一。

普鲁斯特，约瑟夫·路易斯（1754～1826），法国化学家。创立了一个学说，认为所有化合物都以一定的比例含有元素。

拉姆齐，威廉爵士（1852～1916），苏格兰化学家。发现了惰性气体元素：氖、氩、氪和氙。

萨巴蒂埃，保罗（1854～1941），法国化学家。研究有机化合物的氢化作用。

桑格，弗雷德里克（1918～ ），英国生物化学家。最先研制了胰岛素，并进行脱氧核糖核酸（DNA）顺序关系的研究。

舍勒，卡尔·威廉（1742～1786），瑞典化学家。发现了氧（1771）和氯（1774）。因为直到1777年才宣布他的研究结果，所以普里斯特利获得了该发现的荣誉。

西博格，格伦·西奥多（1912～ ），美国核化学家。他与发现或首次分离出元素93-98，101和102有关。

史密斯，迈克尔（1932～ ），加拿大生物化学家，生于英格兰。他把具体部位突变形成概念（用一种特殊的媒体，比如电磁辐射，通过改变脱氧核糖核酸的结构来改变细胞的基因）引入分子生物学中。

斯韦德贝里，西奥德（1884～1971），瑞典化学家。采用超离心机来研究大分子的分子量。

尤里，哈罗德·克莱顿（1893～1981），美国化学家。发现了氘（重氢）。

范托夫，雅各布斯·亨利克斯（1852～1911），荷兰化学家。开创立体化学，研究有机化合物三维空间结构。

韦尔纳，阿尔夫莱德（1866～1919），瑞士化学家。以具有影响的《无机化学的新思想》而闻名。

维勒，弗雷德里克（1800～1882），德国化学家。是于1828年第一位从无机化合物中人工合成出有机化合物（尿素）的科学家。

伍德沃德，罗伯特·伯恩斯（1917～1979），美国化学家。人工合成了复杂的有机物，包括金鸡纳霜（又称奎宁）、胆固醇和维他命B。

阿尔弗雷德·诺贝尔及其遗产

阿尔弗雷德·诺贝尔（1833~1896），瑞典化学家、发明家和工程师，他的一生正处于工业发展时代，使他成为那个时代最有影响的实业家之一。一提起诺贝尔这个名字就会使人们想到人类国际性成就，然而自相矛盾的是，诺贝尔——他以自己的名字命名于最受敬意的和平奖，也发明了甘油炸药，并被许多人认为是"疯子科学家"的原型。

阿尔弗雷德·诺贝尔生于斯德哥尔摩，受过良好的教育，十分酷爱文学和诗歌。但他的父亲给他找到一个更实际的专业，送他去国外学习化学工程。他开始对硝化甘油的研究非常着迷，当时硝化甘油是一种极易爆炸的液体，使用起来十分不稳定。返回圣彼得堡后，他继续从事炸药研究，并通过家族的生意帮助俄罗斯军队并为其提供炸药。19世纪60年代，回到瑞典后，诺贝尔开始研制挥发性化合物——这是一种隐藏着悲剧和艰辛的危险性研究工作。1864年，他所建造的工厂发生爆炸，多人死亡，其中包括他的亲弟弟埃米尔。随后，瑞典当局认为硝化甘油的生产太危险，不允许在斯德哥尔摩市区内进行，所以诺贝尔被迫在梅拉伦湖上的一艘驳船上工作。然而他坚持工作，并于1867年取得了甘油炸药的专利，这是一种硝化甘油和硅石的糊状混合物。1889年，他又研制出助炸的雷管和无烟火药。这些发明，极大地推动了建筑业的发展，并给诺贝尔带来了大笔财富，也很快地用作大面积杀伤性武器。

阿尔弗雷德·诺贝尔是位有隐士气质、勤奋的人，他花了很多时间游遍西方世界。临近暮年，他积累了巨额财产。炸药被用作杀人的工具使诺贝尔十分痛苦和懊悔，所以作为一种赎罪，他立下遗嘱把全部的遗产奉献给那些"为人类做出最大贡献的人"。他遗留下的大约900万美元财产用于支付每年的物理学、化学、生理学和医学、文学与和平奖，这些是与他关系最大的重要领域。他的亲属们对此遗嘱十分吃惊，引起了争议，但尽管如此，诺贝尔的遗愿终于在1901年诺贝尔基金会的诞生中实现了，在他逝世五周年时，颁发了头五项奖。于1969年设立了第六项经济学奖。除了战争时期，每年颁发一次，该奖被认为是人类成就方面所获得的最有威望的荣誉。

诺贝尔奖获得者

1901年 雅各布斯·范托夫，荷兰人：化学动力学和渗透压定律。

1902年 埃米尔·费歇尔，德国人：研究糖和嘌呤合成。

1903年 斯万提·阿伦尼乌斯，瑞典人：研究电离理论。

1904年 威廉·拉姆齐，苏格兰人：发现惰性气体元素及其在周期系中的位置。

1905年 阿道夫·冯·拜耳，德国人：研究有机染料、氢化芳香族化合物。

1906年 亨利·穆瓦桑，法国人：发明穆瓦桑熔炉并分离元素氟。

1907年 爱德华·毕希纳，德国人：发现非细胞发酵。

1908年 欧内斯特·卢瑟福，新西兰人：描述原子结构和放射性物质的组成及化学性质。

1909年 威廉·奥斯特瓦尔德，德国人，生于拉脱维亚：因在催化、化学平衡和反应速度方面进行开创性研究。

1910年 奥托·瓦拉赫，德国人：在脂环族化合物方面进行开创性研究。

1911年 玛丽·居里，法国人，生于波兰：发现镭、钋并分离镭。

1912年 维克多·格利雅，法国人：发明格利雅试剂；保罗·萨巴蒂埃，法国人：还原化合物的方法。

1913年 阿尔夫莱德·韦尔纳，瑞士人，生于法国：研究分子中原子键合。

1914年 西奥多·理查兹，美国人：精确地测定多种元素的原子量。

1915年 理查德·威尔施泰特，德国人：最先研究植物色素，特别是叶绿素。

1916~1917年 无颁奖

1918年 弗里茨·哈伯，德国人：合成氨。

1919年 无颁奖

1920年 沃尔瑟·能斯脱，德国人：热化学方面的研究。

1921年 弗雷德里克·索迪，英国人：研究放射性物质及同位素的存在与性质。

1922年 弗朗西斯·阿斯顿，英国人：研究质谱和整数定则。

1923年 弗里茨·普列格尔，奥地利人：研究有机物的微量分析法。

1924年 无颁奖

1925年 理查德·席格蒙迪，德国人：阐明胶体溶液的复相性质。

1926年 西奥德·斯韦德贝里，瑞典人：弥散体系研究。

1927年 海因里希·维兰德，德国人：研究胆汁酸的成分。

1928年 阿道夫·温道斯，德国人：研究甾醇的成分以及甾醇与维生素的关系。

1929年 阿瑟·哈登爵士，英国人；汉斯·冯·奥伊勒-歇尔平，瑞典人，生于德国：研究糖的发酵及酶在发酵中的作用。

1930年 汉斯·费歇尔，德国人：研究叶绿素并发现了血液中的血红蛋白。

1931年 卡尔·博施，德国人，弗里德里克·伯吉尤斯，德国人：发明和完善了高压方法。

1932年 欧文·朗缪尔，美国人：进一步认识表面化学。

1933年 无颁奖

1934年 哈罗德·尤里，美国人：发现重氢。

1935年 弗雷德里克·约里奥·居里，法国人，伊雷娜·约里奥·居里，法国人：合成新的放射性元素。

1936年 彼得·德拜，荷兰人：研究X射线的偶极矩和衍射及气体中的电子。

1937年 沃尔特·霍沃思爵士，英国人：研究维生素C和碳水化合物；保罗·卡勒，瑞士人：研究类胡萝卜素、黄素及维生素。

1938年 理查德·库恩，德国人：研究类胡萝卜素和维生素（因希特勒禁止德国人接受诺贝尔奖而放弃）。

1939年 阿道夫·布特南特，德国人：研究性激素（因希特勒禁止德国人接受诺贝尔奖而放弃）；利奥波德·卢齐卡，瑞士人，生于克罗地亚：研究类固醇激素。

1940~1942年 无颁奖

1943年 乔治·冯·赫维西，匈牙利人：在研究中使用同位素作指示剂。

1944年 奥托·哈恩，德国人：发现重原子核裂变。

1945年 阿提尔·维尔塔宁，芬兰人：饲料（防腐）保存法。

1946年 詹姆斯·萨姆纳，美国人：发现酶结晶；约翰·诺思罗普，美

阿尔弗雷德·诺贝尔逝世前取得了355项专利

国人，温德尔·斯坦利，美国人：制取酶和病毒蛋白纯结晶。

1947年 罗伯特·罗宾逊，英国人：研究生物碱和植物生物学。

1948年 阿恩·蒂塞利乌斯，瑞典人：研究电泳和吸附分析以及血清蛋白。

1949年 威廉·吉奥克，美国人，生于加拿大：研究极低温下物质性质。

1950年 奥托·狄尔斯，德国人，库尔特·阿尔德，德国人：发现和发展双烯合成。

1951年 埃德温·麦克米伦，美国人，格伦·西博格，美国人：发现并研究超铀元素。

1952年 阿彻·马丁和理查德·辛格，英国人：发明分配色谱法。

1953年 赫尔曼·施陶丁格，德国人：研究大分子。

1954年 莱纳斯·泡令，美国人：研究化学键的性质。

1955年 文森特·迪·维尼奥，美国人：第一次合成多肽激素。

1956年 尼古拉·谢苗诺夫，俄罗斯人，西里尔·欣谢尔伍德爵士，英国人：化学反应动力学方面的研究。

1957年 亚历山大·托德爵士，英国人：核苷酸和核辅酶方面的研究。

1958年 弗雷德里克·桑格，英国人：确定胰岛素的分子结构。

1959年 加洛斯拉夫·海洛夫斯基，捷克人：发现并发展了极谱法。

1960年 威拉德·利比，美国人：创立了放射性碳测年法。

1961年 梅尔文·卡尔文，美国人：研究光合作用中的化学过程。

1962年 约翰·肯德鲁，英国人和马克斯·佩鲁茨，英国人，生于奥地利：确定肌球蛋白结构。

1963年 休里奥·纳塔，意大利人，卡尔·齐格勒，德国人：研究高分子塑料的结构与合成。

1964年 多萝西·霍奇金，英国人：确定抗恶性贫血的主要化合物的基本结构。

1965年 罗伯特·伍德沃德，美国人：人工合成甾醇、叶绿素等（以前只是从生物中提取）。

1966年 罗伯特·马利肯，美国人：研究化学键和分子中的电子结构。

1967年 曼弗雷德·艾根，德国人，罗纳德·诺里什，英国人和乔治·波特，英国人：研究极快速化学反应。

1968年 拉斯·昂萨格，美国人，生于挪威：提出不可逆过程的热力学理论。

1969年 德里克·巴顿，英国人，奥德·哈塞尔，挪威人：测定某些有机化合物的三维空间结构状。

1970年 路易斯·勒卢瓦尔，阿根廷人，生于法国：因发现糖苷酸及其在碳水化合物的生物合成中的作用。

1971年 格哈特·赫茨伯格，加拿大人，生于德国：研究分子结构。

1972年 克里斯琴·安芬森，斯坦福·摩尔和威廉·斯坦，美国人：在酶化学基础理论上做出贡献。

1973年 厄内斯特·菲舍尔，德国人和杰弗里·威尔金森，研究有机金属化学。

1974年 保罗·弗洛里，研究长链分子。

1975年 J.康福思，英国人，生于澳大利亚，乌拉德米尔·普雷洛格，瑞士人，生于波斯尼亚：研究立体化学。

1976年 威廉·利普斯科姆，美国人：研究甲硼烷的结构（硼和氢的化合物）。

1977年 伊拉西·普里果金，比利时人，生于俄罗斯：研究高等热力学。

1978年 彼得·米切尔，英国人：提出生物系统中的能量转移过程理论。

1979年 赫伯特·布朗，美国人，生于英国和乔治·威蒂希，德国人：在有机化合物合成中引入硼和磷。

1980年 保罗·伯格，美国人：首次配制混合脱氧核糖核酸；沃尔特·吉尔伯特，美国人和弗雷德里克·桑格，英国人：脱氧核糖核酸结构的化学和生物分析。

1981年 福井谦一，日本人和罗尔德·霍夫曼，美国人，生于波兰：解释化学反应中轨道对称性。

1982年 阿伦·克卢格，南非人，生于立陶宛，（加入英国国籍）：测定某些生物活性物质的结构。

1983年 亨利·陶布，加拿大人：研究电子迁移反应。

1984年 布鲁斯·梅里菲尔德，美国人：阐述多肽合成方法。

1985年 赫伯特·豪普特曼，和杰罗姆·卡尔勒，均为美国人：研制出绘制小分子化学结构的方法。

1986年 达德利·赫兹克伯克，美国人，李远哲，美国人，生于中国台湾省和约翰·波拉尼，加拿大人：采用了分析基本化学反应的方法。

1987年 唐纳德·克拉姆，美国人，查尔斯·佩德森，美国人，生于韩国和琼-玛丽·莱恩，法国人：发现了能与其他分子结合的分子。

1988年 约翰·代增霍弗，罗伯特·休伯，和哈特马特·米歇尔，均为德国人：研究光合作用所需的酶的结构。

1989年 汤姆·切奇，美国人，悉尼·奥尔特曼，美国人，生于加拿大：确立了脱氧核糖核酸催化生化反应。

1990年 伊莱亚斯·科里，美国人：人工合成自然物质化学化合物的研究。

1991年 理查德·厄尔内斯特，瑞士人：完善原子核（偶）磁共振图像技术（NMR和MRI）。

1992年 鲁道夫·马库斯，美国人：对电子从一个分子跳到另一个分子上的因果的数学分析。

1993年 凯瑞·穆利斯，美国人：发明PCR法；迈克尔·史密斯，加拿大人，生于英格兰：对微核苷酸为基础的定位突变方面的贡献。

1994年 乔治·奥拉，美国人：在控制碳氢化合物的反应方面的开创性研究。

1995年 保罗·克鲁特扎因，荷兰人，马里奥·莫利纳，墨西哥人和舍伍德·罗兰，美国人：研究大气化学；特别是有关臭氧形成与分解。

1996年 小罗伯特·柯尔，美国人，哈罗德·克罗托，英国人和理查德·斯莫利，美国人：发现了富勒氏球。

■ 这幅电子计算机绘图表示B-脱氧核糖核酸（B-DNA）分子切片——该结构包含生命发展所必需的遗传程序。在脱氧核糖核酸分子中显示的原子是：磷酸盐（黄色）、氧（红色）、氮（蓝色）和碳（粉色），它们交织成螺旋状，被称做螺旋线，两支螺旋线就形成脱氧核糖核酸双螺旋线。

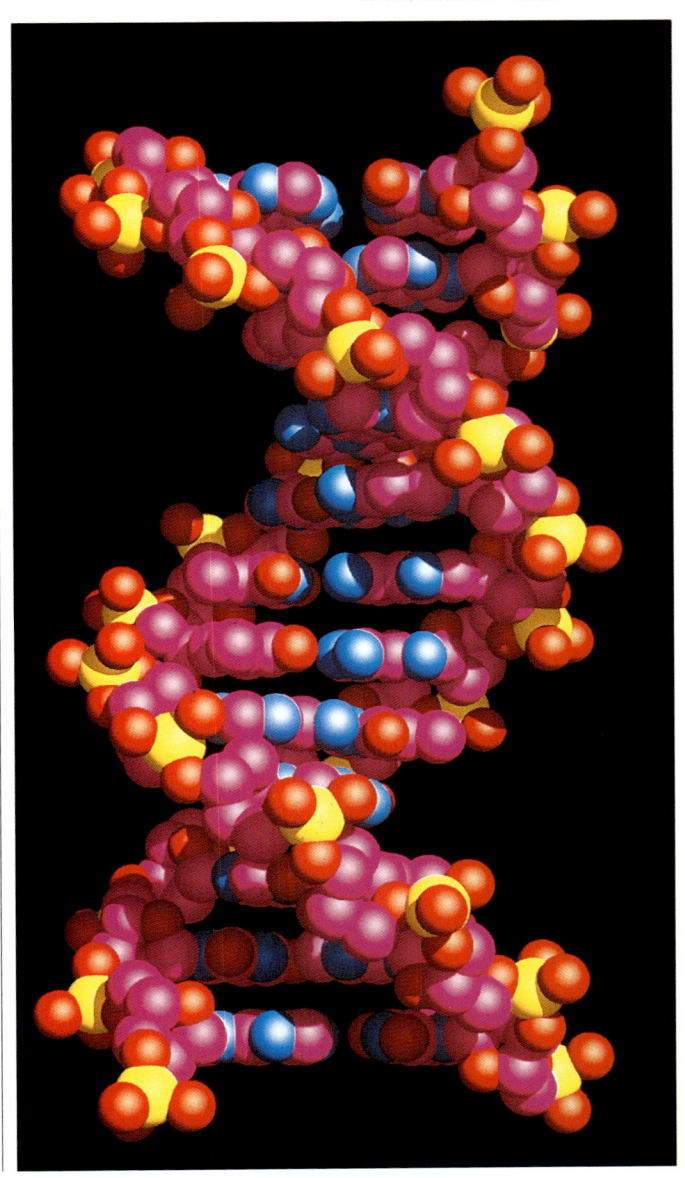

■ 化学家莱纳斯·泡令是惟一独享两项诺贝尔奖的人 ■

数学

- 数千年前，巴比伦天文学家测量圆周和角的方法与人们今天仍然使用的方法一样，把圆周分成360度。
- V这个符号代表罗马数字5的一个说法是因为它与伸开的手掌相似。
- plus（加号）这个词是surplus（过剩）的缩写：最初，"+"号是标在超重的盒子或袋子上，"−"号是标在重量不足的盒子或袋子上面的。
- 墨西哥的玛雅人在1500年前就使用20进制，制定了十分精确的历法。

数字

▶ 自然数或整数是用来计数的数字。
▶ 它们是用数字符号：1、2、3、4、5、6、7、8、9和0的组合来表示的。

整数可以是正的也可以是负的。如果是正的，可以用正号（+）来表示，+通常省略。如果是负的，就在数前加上负号（−）。因此−9表示"负9"。一个整数可以是任意的正整数或负整数，零，0，是个整数，但它既不是正的也不是负的。

数的种类

偶数： 任何一个可被2整除而没有余数的整数。例如：2、4、6、8、10、12、14、16、18和20。

奇数： 任何一个不能被2整除的整数。例如：1、3、5、7、9、11、13、15、17和19。

质数： 任何一个只能被本身和1整除的自然数，1不是质数。头10个质数是：2、3、5、7、11、13、17、19、23、29。

完全数： 任何一个商数（见本页除法条）之和等于本身的数，叫完全数，不包括该数本身。第一个完全数是6，它的商数（6本身除外）是1，2和3。因1 + 2 + 3 = 6，所以6是完全数。下一个完全数是28，28的商是1，2，4，7和14，而1 + 2 + 4 + 7 + 14 = 28。现在只发现了30个完全数。

乘方和指数

▶ 指数是标在一个数后上方用来表示该数将自乘多少次的数。
▶ 在运算中某数出现的次数叫做乘方（幂），所以$7 × 7 × 7 × 7 × 7$是7的5次幂，用指数形式可写成7^5。

平方数是任意一个整数乘以自身所得的数。例如$4 × 4 = 16$，所以16是平方数，用指数形式可写成4^2，即"4的平方"。

平方的逆运算是平方根，例如$5 × 5 = 25$，所以5是25的平方根。任何一个数与自身相乘得出具体数，该数是所得的具体数的平方根。平方根用$\sqrt{}$来表示，因此，$\sqrt{36} = 6$，$\sqrt{81} = 9$。

数可以用几种方法来演算，四种最基本的运算是加、减、乘、除。值得注意的是，加法是减法的逆算，而乘法是除法的逆算。还应注意的是，在加法和乘法中数的排列顺序不影响结果，而在减法和除法中却影响结果。

加法

加法是一种可以计算两个数字之和的数学运算，通常用加号"+"表示，例如：$3 + 4 = 7$。

减法

减法是一个数减去另一个数的数学运算，通常用减号"−"表示，例如$7 − 3 = 4$。

两个数中，大数减去小数的结果是差，因此4是7和3的差。应该注意的是，加上一个负数就是减法，例如：$7 + (−3) = 4$。

乘法

乘法就是一个数以第二个数为倍数自身相加的数学运算。其最终结果为二数之积，通常用"×"来表示，例如$5 × 7$就是7个5相加或$(5 + 5 + 5 + 5 + 5 + 5 + 5)$，等于35。因此$5 × 7 = 35$。

一个已知数与另一个任意整数之积叫做倍数，例如35是5的倍数也是7的倍数。

除法

除法是从一个数中不断地减去另一个数，直到为"0"或尽可能接近"0"的一种数学运算。一个数除以另一个数的结果为商，除法的符号是"÷"，例如：$12 ÷ 3 = 4$，因为12中有4个3，商为4。

有些数可以恰好被整除，而有些不能。当一个数不能被成倍整除时，运算后所剩的数为余数，例如，$14 ÷ 3 = 4$余2。

任何一个可整除另一个数的数，叫做因数。例如，3是12的因数，但不是14的因数。

一个数的倒数是1除以该数，所以8的倒数是$1/8$，相反，应注意的是$1/8$的倒数是8。

立方数是一个整数乘以自身之积再与自身相乘的数，$4 × 4 × 4 = 64$，64即为立方数，而$4 × 4 × 4$可写成4^3，即"4的立方"。

负指数是其正指数的倒数。看一下8的平方，8^2。8^2的倒数是$1/8^2$，这可以写成8^{-2}。同样地，10^{-6}是10^6的倒数，或$1/1,000,000$。

当要表示很大或很小的数时，可使用指数。例如，800万，用数字写是8,000,000，现在可以分成$8 × 1,000,000$，而1,000,000是10与自身相乘6次，所以，
$8 × (10 × 10 × 10 × 10 × 10 × 10) = 8 × 10^6$。

同样，很小的数$1/4,000,000,000$可写成$4 × 10^{-9}$。

分数和小数

▶ 分数和小数是表示同一数据——整个数字的部分的两种方法。
▶ 分数是用分子和分母来确定的任意量。

分数和小数在数学中用来表示非整数的值。分数可用作纯数，或表示与某些其他数量之比。

分数

分数有两部分，分子和分母，分子在分数线之上，表示所占等分。分母在分数线下，表示一个整体被分成多少等分。例如，$1/2$（二分之一）、$1/4$（四分之一）、$3/5$（五分之三）。

普通分数（或真分数）是分子小于分母的分数，例如，$3/7$、$6/12$、$5/14$。

假分数（可约分数）是分子大于分母的分数，例如，3/2，7/5，18/11。

表示同一数量关系的几个分数，叫做等分数。例如，$3/4$、$6/8$、$9/12$、$12/16$是等分数，其中$3/4$是真分数——分子和分母不能再被整除。带分数是由一个整数和一个分数所组成的。例如，$3 3/4$（即$3 + 3/4$）。

当比较分数大小的时候，可使用相同的分母方法。比如，$1/2$、$3/5$、$7/10$三个分数可以用相同的分母来表达$1/2 = 5/10$，$3/5 = 6/10$，$7/10 = 7/10$，分母10叫做最小公分母——可以被三个分母整除的最小整数。

■ 5000年前，埃及人和苏美尔人在他们的商务文件中就有关于

二进制

▶ 标准的数系是十进制——使用不同的10个基本数字或其组合。二进制使用两个符号：0和1。

▶ 二进制数系广泛应用于现代计算之中。

二进制以十进制一样的方式进行运算，一旦一位数中所有的符号用完，另一位数就加到左边。在二进制中：

零 = 0
一 = 1

当所有符号都被第一位数使用时，一位数就加到左边，因此，

二 = 10
三 = 11

另一位数被加成：

四 = 100
五 = 101
六 = 110
七 = 111
八 = 1000
九 = 1001
十 = 1010…等等。

在十进制中，每一位数都表示为10的乘方，而在二进制中，每一位数表示为2的乘方。例如，在十进制中，3056是：

$(3 \times 10^3) + (0 \times 10^2) + (5 \times 10^1) + (6 \times 10^0)$
= 3,000 + 0 + 50 + 6
= 3056

而在二进制中，10110110是：

$(1 \times 2^7) + (0 \times 2^6) + (1 \times 2^5) + (1 \times 2^4) + (0 \times 2^3) + (1 \times 2^2) + (1 \times 2^1) + (0 \times 2^0)$
= 128 + 0 + 32 + 16 + 0 + 4 + 2 + 0
= 182

小数

小数是一种分数，分母是10的几次乘方，但没有标出。用加在分子前面的小数点来表示，如5.25表示5个整数单位，2个十分之一和5个百分之一，也就是说0.25是 $2/10 + 5/100$ 或 $25/100$ 的另一种说法。类似的还有

123.456 是 $100 + 20 + 3 + 4/10 + 5/100 + 6/1000$

有些分数，当转换成小数时，会产生永无止境的循环数列，例如：

$1/3 = 0.3333333333333333333\cdots$

这可以用0.333'来表示，符号'表示该结构无限循环。类似的

$1/7 = 0.142857142857142857\cdots = 0.142857'$

百分数

百分数用%符号来表示，也可看成是一种分数。表示100当中的数量：因此，50的 $3/5$ 与50的 $60/100$ 一样，这也可以写成50的60%即30。

要表示一个数a作为另一个数b的百分数，就用a除以b，再乘以100。如，表示70是500的百分之几，计算为70 ÷ 500 = 0.14再乘以100，得14，所以70是500的14%。

有理数和无理数

可以用分数（或比）来表示的数是有理数。不可以用分数来表示的一些数是无理数，例如，π、$\sqrt{2}$ 和 $\sqrt{3}$。

罗马数字

▶ 这种体系使用字母表中的7个罗马字母，单独使用或以各种不同的组合来表示数字。

▶ 罗马人编制了一种减数体系，用一个较小的符号放在一个较大的符号之前来改变后者的值。因此，LX代表60，XL就代表40。

下表是现在最常用的阿拉伯数字及其与罗马数字的对照：

阿拉伯数字	罗马数字	阿拉伯数字	罗马数字	阿拉伯数字	罗马数字
1	I	11	XI	30	XXX
2	II	12	XII	40	XL
3	III	13	XIII	50	L
4	IV	14	XIV	60	LX
5	V	15	XV	70	LXX
6	VI	16	XVI	80	LXXX
7	VII	17	XVII	90	XC
8	VIII	18	XVIII	100	C
9	IX	19	XIX	200	CC
10	X	20	XX	500	D
		25	XXV	1000	M

这样，数字1998就是MCMXCVIII。

比和比例

比是同类的两个或两个以上的数之间的量的关系。比是以分数方式表示这种关系的另一种方法。因为比是大小的比较（如质量、价格、长短、高矮），所以不需要单位。例如，一段5公里的路程与25公里的路程的比是5km : 25km 或者5 : 25（因单位相同），因5和25都可被5整除，这个比可约分为最简形式1 : 5。

比和分数是相连的。例如，2 : 10也可以用分数 $2/10$ 来表示；3 : 15可以用分数 $3/15$ 来表示；同样7 : 35可以用分数 $7/35$ 来表示。所有这些分数都可约分为 $1/5$；因此2 : 10，3 : 15，7 : 35都可以用最简单形式1 : 5来表示。

比可以用来解决实际问题。例如，120吨可以用1 : 5的比率来分。1 : 5意思是在120吨中总共有6份（1+5）。因此每份是20吨（也就是120除以6）；1份是20吨，5份是100吨。因此，120吨以1 : 5的比来分，是20吨 : 100吨。

比例是事物之间的比较关系，比如价格、大小或数量。两种最主要的比例关系是正比例和反比例。

正比例是两个数量之间的关系，一个数量增加，另一个也随之成比例地增加。所以如果数量a的成倍增加与数量b的成倍增加相关，那么a和b就互为正比例关系。

如果一个数量减少，另一个数量也成比例减少，这两个数量也成正比例。

反比例是两个数量之间的关系，如果一个数量的增加，会导致另一个数量以同样的比例减少，那么二者成反比例关系。所以如果数量a的成倍增加与数量b的成倍减少相关，则a和b成反比例关系。

统计学

▶ 统计学是有关数字资料的收集、研究和分析的学科。

▶ 统计学有时被认为是数学的分支，但也可被看成是一门独立的学科。

统计资料可用各种不同的形式表示。最常用的方法是条线图（柱状图表）、图表、饼式图（用大小扇形表示比例）和矩形图。

条线图（柱状图表）

这是最常用的显示统计资料的方法。条线图由纵向或横向所排的行列组成，每条宽度相同，条与条之间留有均匀的空白处。长度（横向图，下左图），高度（纵向图，下右图）取决于它所表示数据的量。

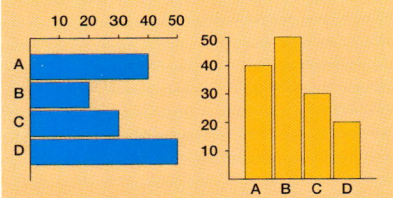

图表

图表与条线图相似，但是它用纵向堆积（或横向排列）的小符号而不是条柱来表示。例如，要表示不同国家巧克力的人均消费量，可用重复的巧克力符号表示。

饼形图

这像馅饼片一样有助于显示总体的比例。饼图中心的整个角度是360°。例如要表示19%，该中心角度应等于 $(19/100) \times 360°$，即68.4°。

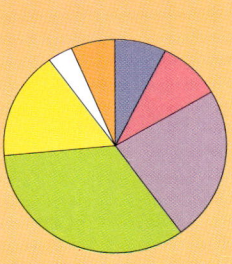

矩形图

这种方法使用面积表示数据。它与条线图相似，但条与条之间没有空隙。用一次实验的数据为例，如果掷两个骰子，记下总分数，若重掷1000次，就会得到获每分（从2到12）平均掷数，这种情况可用矩形图来说明。

中数、中位数及众数

上述数据都有一个"集中趋势"，也就是围绕一个特定值的数据群。使用一种"分数"数据的方法就能显示出来。用9个数字为例就可发现中数、中位数和众数之间的差别：

1、3、3、3、4、8、8、9、11（和为50）。

平均值叫做中数。用全部数字的和除以数字的个数得出：中数 = $50/9$ = 5.55'（循环小数）。中间值叫做中位数。因为有9个数字，所以中间值是第5个，即中位数是4。众数是出现次数最多的值，这里的众数是3。

代数

▶ 代数是一种用变数或字母表示数字的归纳的算术形式。

▶ 1632年，笛卡尔就用现代形式书写了代数方程式，如：$3x^2 - 5x + 6 = 0$。

现代用法中，字母表中的头几个字母用来表示一般数。因此，不论a和b是什么数，a + b = b + a 都适用。例如，6 + 2 = 2 + 6，其中 a = 6，b = 2。

字母表中的后几个字母用来表示特定的未知数。因此，只有当 x = 1 时，方程 x + 5 = 6 才成立。

代数可以用来解答含有未知数的数字问题。例如，一个农民有42只鸡，又到市场上买了几只（未知数），把这几只鸡放入鸡群时，农民共有53只鸡。这可用 42 + x = 53 来表示，其中x是未知的新买鸡的数量，在这里 x = 11。在基本算术中运用的加、减、乘、除同样适用于代数，但有些基本限制。只在代数加、减中可以合并同类项（也就是，用于表示同一未知数的部分或几倍的项）。例如：

3b + 2b + b + 7b = 13b
3x + 2y + 5x + y + 2y + 6x = 14x + 5y

在代数乘除中也遵循一定的基本规则——乘号和除号可以省略，数字并行排列来表示乘法。例如：

7 × a = 7a
−b × c = −bc
12y ÷ 4 = 3y

因此，在代数简写中，a · b或 ab 代表 a 乘以b，还要注意 a · b = b · a（例如 2 × 6 = 6 × 2）。

括号

括号是用来限定特定范围内的一个分类组的符号。例如，(−2) + (−3) 和 $(4x + 5)^2$。在表达式中，要去掉括号，括号内的每一项都得与括号外的数或项相乘。例如，7(z + 2) 是 7 乘 z 加上 7 乘 2，或7z + 14。

方程中去掉括号的逆运算叫做因式分解。所以要把 4x + 4y 因式分解，可提取共同项4，为4(x + y)。类似的，6a − 3b 变为 3(2a − b)。注意，在此例中3是公因子。

方程式

方程式是两个数量（数字或字母）之间等量关系的表达方式。方程式中两部分的相等关系用等号 "=" 表示。

计算出方程的答案叫解方程。解简单方程时，目的是把字母集中到方程式的一边，数字集中到另一边。例如 9x − 3 = 7x + 3 变为 9x − 7x = 6 得出 x = 3。注意当项从方程式的一边移到另一边时，要改变其加、减符号。所以如 9x − 3 = 7x + 3，变成 9x − 7x = 3 + 3，即 2x = 6。不等式和不等方程式可以像等式用等号 (=) 那样来表示。最简单的符号是 ≠，意思是"不等于"。因此，4 ≠ 6。如果 x ≠ y，就推出x 和 y 是不相等的。

符号<和>用来表示项与项之间一定的比较关系。x < y 意味着 x 小于 y（或者是 y 大于 x）；x > y 意味着x 大于 y（或 y 小于 x）。符号 ≤ 和 ≥ 也用于数学表达。符号 ≤ 意思是小于或等于；符号 ≥ 意思是大于或等于。

同底数的乘方

在等式和算式中，同底乘方相乘时指数相加，相除时指数相减。例如，乘法中：

$b^2 × b^3 = b·b × b·b·b = b^5$

一般地，$x^n × x^q = x^{(n+q)}$

例如，在除法中：$b^3/b^2 = b·b·b/b·b = b^1 = b$

一般地，$p^x ÷ p^y = p^{(x-y)}$

运用这两项规则，有关指数的几个基本法则可演化如下：$x^1 = x$ 乘以自身一次，所以不论 x 为任何实数，$x^1 = x$。$x^0 = x^{(1-1)} = x^1 ÷ x^1 = x ÷ x = 1$，所以不论 x 为任意实数，$x^0 = 1$。

公式

公式是表示数学规则的一系列符号。例如，v = s/t，其中 v 代表速度，s 代表所行距离，t 代表所用时间。如果一个物体用2小时运行了50公里，那么它的速度＝50公里／2小时＝25公里／小时（注意当把数值代入公式时，最好包括相关数的适当单位）。

变换公式

公式变换（或主项改变）是公式简单的重新排列。以 v = s/t 为例，可通过把方程式两边都乘以 t/v，将 t 变为主项。因此：

v · t/v = s · t/vt
t = s/v

或者时间＝距离／速度

例如，以每小时25公里的速度运行50公里需多少时间？

所需时间 = s/v = (50公里)/(25公里／小时) = 2小时

下列情况说明了用分数解决除法问题的方法。例如，一辆轿车5分钟行驶10公里，它的时速是多少公里/小时。用 v = s/t：

t = ($5/60$) 小时 = ($1/12$) 小时

v = 10公里/($1/12$) 小时

除以分数，就是乘以该分数的倒数，所以分母成为1。

v = 10 × 12公里/($1/12$)(12)小时 = 120公里／小时

概率

▶ 从基础理论上，概率可以概括为对机会和选择的研究。

▶ 概率理论是用严密数学描述一个行为或事件会有特定结果的可能性。即使当时不可能做出正确的选择，但至少可做出将来能证明是合理的选择。

▶ 集合

▶ 集合指物体或概念的组合，比如鹅群、数集、或象棋规则。

▶ 可以通过指出某一物体的某些特性或以任何顺序列出集合项的方式来说明集合项的条件。习惯上，写在大括号 { } 内。

数学上，用大写字母来表示集合名称。这样，一个家庭可以叫做F，其成员是Adam、Becky、Charlotte和Dave。以集合的记法，可缩写成 F = {A, B, C, D}。也可用特性来解释集合，因此，集合 N = {2, 4, 6, 8} 包括2至8之间所有的偶数。

有限集合

有限集合包含一定的项数。例如，W = {1, 2, 3, 4} 仅包含4项。

无限集合

无限集合包含无限的项数，用3个圆点表示。例如：x = {1, 2, 3, 4 …}。

等价集合

等价集合内含相同数量的集合项，所以它们可以互为对应。例如，B = {Alexander, Edward, Henry} G = {Alexandra, Edwina, Henrietta}。这个等价集合可表示成B↔G，读作"集合B等价于集合G"。

交集

交集内含一个或多个共同项。例如，集合 M = {蝙蝠, 狐狸, 大象, 鲸鱼} 和集合 S = {章鱼, 鲱鱼, 鲸鱼, 珊瑚}，鲸鱼是两个集合的共同项。写成 M ∩ S = {鲸鱼}，读作"集合M与集合S的交集是鲸鱼或集合M与集合S相交等于鲸鱼"，只有鲸鱼属于集合M和集合S。

并集 (∪)

并集内含两个集合中的所有项，不重复表示。因此，以上面集合M和集合S为例，M ∪ S = {蝙蝠, 狐狸, 大象, 鲸鱼, 章鱼, 鲱鱼, 珊瑚}。

通用集 (ξ)

通用集包含在特定情况下考虑的所有项。例如，10以内的所有整数：ξ = {1, 2, 3, 4, 5, 6, 7, 8, 9, 10}。

子集

包含在其他集合内的集合。因此，集合A = {1, 3, 5, 7, 9} 和集合B = {2, 4, 6, 8, 10} 都是通用ξ = {1, 2, 3, 4, 5, 6, 7, 8, 9, 10} 的子集。用符号表示为A ⊂ ξ 和 B ⊂ ξ，意思是"包含于"。

不相交集

不相交集中没有共同项。所以上面的集合A和B是不相交集合。

并非所有的行为都有完全可预测的结果。通常可能出现的结果会有一定的范围，但不可能很肯定地知道会出现其中什么结果。要发生的两件事A和B相对的可能性可以通过数字比较出来。

当投一枚硬币落下时，其正面朝上和反面朝上的可能性是相同的，落下时正面朝上的概率是1/2（0.5），反面朝上的概率也是1/2（0.5）。如果投两枚硬币落下时，出现正面正面，正面反面，反面正面或反面反面的可能性是均等的。因此，落下时两枚硬币均正面朝上的概率是1/4（0.25）。正反面落下的概率是2/4或1/2即0.5，因为在可能发生的四种情况中，有两种情况是正反面落下。

当掷两个骰子时，每个骰子都有6种落下的情况，那么第一个骰子上的每一个数字都可与第二个骰子上的6个数字配对，所以会出现36种结果：

1, 1; 1, 2; 1, 3; … 1,6
2, 1; 2, 2; 2, 3; … 2,6
3, 1; 3, 2; 3, 3; … 3,6
6, 1; 6, 2; 6, 3; … 6,6

因此，掷出两个2的概率是1/36，但掷出一个1一个2的概率是2/36即1/18，因为这个组合出现过两次，（即1, 2和2, 1）。

坐标和坐标图

▶ 坐标图是显示数集合间关系的图。又可看成是显示函数值的图。
▶ 函数是两个定理或变量之间的关系。其中一个数值（应变量）只受另一个数值（自变量）的限定。

在坐标图中，函数可用曲线或直线来表示，显示一个过程变化和发展。坐标图有轴线，轴是一条参照直线，标准的坐标图有两条轴线，横轴（x轴）和纵轴（y轴）。几何上，实数可以用数轴上离开原点（O）的距离来表示。

平面上的任何一点都可以用数轴上表示相应距离的一对数字来表示，这对数字是点的坐标。坐标可用任意两个或更多的量值来确定，这个量值限定了一个点在坐标图中的位置。坐标是一对有序的数字，它们总是以同样的(x, y)形式出现，x值通常在前，y值在后。例如，表示函数$y = x^2$的曲线是一对实数(x, y)的集合，其中y是x的平方；因此，如(2, 4)，(-1, 1)，(-2, 4)，($\sqrt{2}$, 2)都在函数坐标图上。

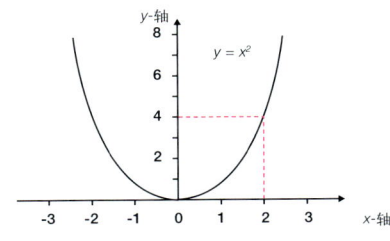

坐标体系是以法国哲学家、数学家雷纳·笛卡尔而命名的［因此形容词Cartesian（笛卡尔的）就指这种坐标体系］。

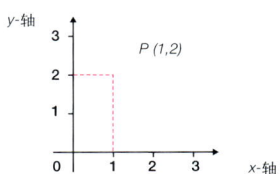

坐标图上的原点是两轴的交点。原点坐标为（0，0）。斜率是坐标图中一条直线上升或下降的程度，斜率可正可负，但取决于倾斜的方向。一条直线从左至右向上倾斜，其斜率为正数，从左至右向下倾斜，其斜率为负数。斜率可以用纵坐标之差除以横坐标之差求得。截距是一条直线或曲线与坐标轴相交的一点在该坐标轴上的坐标，所以x截距是图解函数相交于 x轴的点的x轴坐标。

可以把直线方程的斜率和截距的特点结合起来，一般直线方程可以表示为：

$$y = mx + c$$

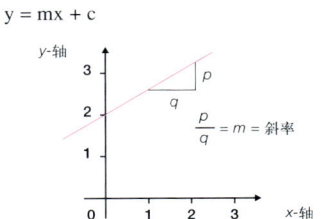

这个方程式表示的是坐标图中的（一条）直线，其中 m 是斜率，c 是 y 截距。例如 y = 4x + 5 表示的是斜率为4的直线，它在（0, 5）点处通过 y 轴。

几何

▶ 几何是数学的一个分支。它涉及点、线、面、体的属性。
▶ 人们发现的而不是发明的几何规则应用于推导出不能直接测量的角、面积和距离。

平面几何

几何学中最简单的分支，以平面的方式考虑问题，即研究平面上的图形。在几何中，点是空间的任意一点，但无大小。直线有长度而无宽度。从这种意义上讲，几何学处理的是在实际中只能是近似的抽象概念。

在平面上，如果两条直线不论多长，永不相交，那么就可以说两线平行。否则它们以一定的角度相交。

多边形

由三条或三条以上边所组成的封闭平面图是多边形。多边形的内角和是90° × (2n – 4) ÷ n。三条边的多边形叫三角形，四条边叫四边形，其他的多边形包括：五边形、六边形、七边形、八边形、九边形、十边形、十一边形和十二边形。

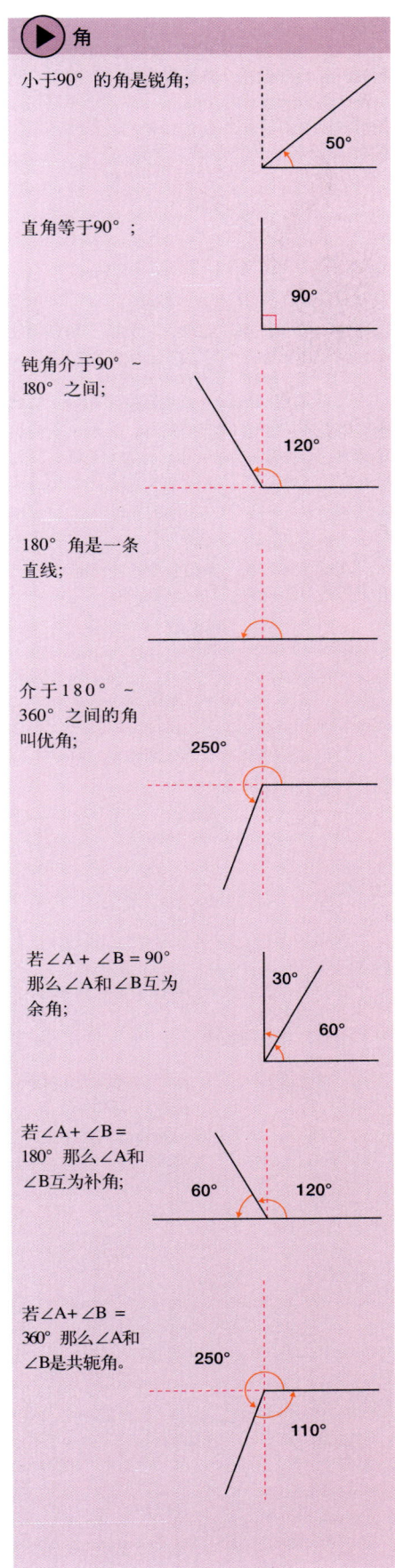

三角形

同一平面内三条不平行的直线相交组成三角形。三角形的三个点被称为顶点。如果三角形的三条边长度分别是a、b、c，那么不同的三角形可以有不同的名称。a边所对应的角通常写做A，角B则对应的是b边，等等。

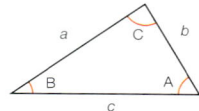

所有三角形的内角之和是180度。这点可以通过实验来证明：如果把一个纸三角形的三个角撕下来，拼在一起，就会形成一条直线。

不等边三角形的三条边长度不相等，也就是$a \neq b \neq c$，$A \neq B \neq C$。

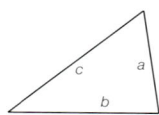

等边三角形的三条边长度相等，即$a = b = c$，并且等边三角形的三个内角都是60°。

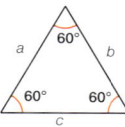

等腰三角形有两条边长度相等，即$a = b$，$A = B$。

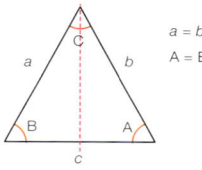

直角三角形有一个角是90°。如果a边是最长的边（即直角所对应的边，也称斜边），那么$a^2 = b^2 + c^2$，这也是毕达哥拉斯定理的表达式。这一定理的内容是：直角三角形斜边上所做正方形的面积等于两条直角边上所做正方形面积的和。这样，如果已知一个直角三角形两条边的长度，那么第三条边的长度就可以通过这个定理计算出来。

▶ 三角学

三角学，顾名思义，就是对三角形进行测量和计算。通过对已得到的角度和距离的测量，可以计算出未知的距离，如山高，或者到其他星球间的距离。

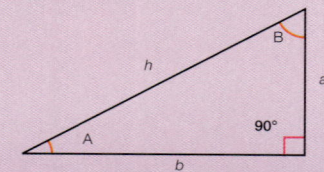

在上图中，直角三角形的三边分别为a、b、h，其中h为斜边，如果角A对着a边，角B对着b边，那么各边之间的比可以从以下公式中得出：

$a/b = \tan A$
$a/h = \sin A$
$b/h = \cos A$

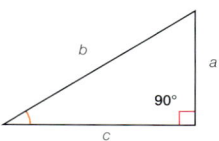

相似三角形的对应内角相同，但它们的对应边长度不同。如果两个相似三角形的边长分别是a、b、c和a'、b'、c'，那么就有了 a = ra'，b = rb' 和 c = rc'。这里r是相似系数。（如果r = 2，那么第二个三角形的边长是第一个三角形边长的二倍。）

全等三角形有相同的对应边和对应角。（两个三角形中）如果 a = a'，b = b'，c = c'，那么这两个三角形就是全等三角形；或者如果两角和夹边对应相等，或者两边和夹角对应相等，那么这两个三角形也是全等三角形。

三角形的面积等于底边的长与高的乘积的一半。

四边形

一个四边形有四条边，它可以是矩形、正方形、平行四边形、菱形、梯形，或者任意一种四边形。

四个角都是直角的平行四边形是矩形，因此矩形的两组对边也分别平行。

正方形是矩形的一种，它的四条边长度相等。正方形有四个对称轴——两条对角线和两条中位线。矩形只有两个对称轴。

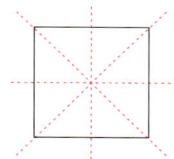

两组对边分别平行并且相等的四边形是平行四边形。平行四边形没有对称轴，除非它是矩形。但是平行四边形有旋转对称中心，这个中心是平行四边形的两条对角线的交点。如果平行四边形有一个角是直角，那么它所有的角都是直角，这时它是矩形。任何一个平行四边形都可以割补成矩形，方法就是从平行四边形的一端割下一个直角三角形，然后把这个三角形移到平行四边形的另一端，把它们拼凑在一起。这种面积割补法既不会改变平行四边形的面积，也不会改变它的周长。具有相同的底和高的平行四边形和矩形面积相等。

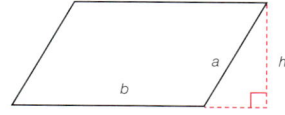

四条边长度相等的平行四边形叫做菱形。

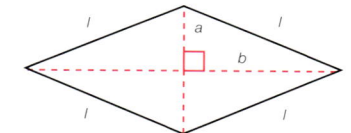

它的两条对角线是它的对称轴，并且互相垂直平分。

梯形（trapezium，在北美也称作trapezoid），是只有一组对边平行，并且长度不等的四边形。（在北美trapezium是指没有平行对边的四边形）。计算梯形面积必须具有三个数据——两条平行边间的距离和两条平行边的长度（即上、下底边）。梯形面积等于高和两底和的积的一半。

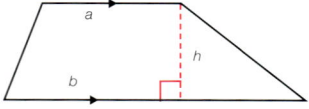

圆和其他圆锥曲线

圆是平面内和一个定点的距离相等的点的轨迹。这个距离叫做半径，定点是圆心。圆是椭圆的一种特例。圆的周长叫做圆周。如果圆的半径是r，那么圆周等于$2\pi r$，其中π是无理数，接近于3.141592654（小数点后10位）。圆周上任意两点间的线段叫做弦。经过圆心的弦叫做直径，直径是半径的二倍。圆周上的任意一部分叫做弧。由一条弧和经过这条弧两个端点的弦所组成的图形叫做弓形。由一条弧和经过这条弧两个端点的半径所组成的图形叫做扇形。

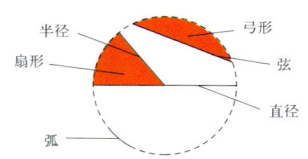

半径为 r 的圆的面积是πr^2。圆的中心如果是$(-g, -f)$，则圆方程为$x^2 + y^2 + 2gx + 2fy + c = 0$。如果圆的中心在原点，则圆方程为$x^2 + y^2 = r^2$。

椭圆是一个封闭的圆锥曲线，外表呈现扁平的圆形。椭圆由一个和锥体底部相交的平面截正圆锥面而得。椭圆也可以被看做是在一个方向上被拉长的圆。围绕太阳旋转的每个行星的轨迹都近似于椭圆。

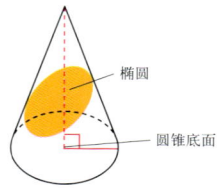

椭圆可以有很多种画法，最简单的一种就是在两个图钉上缠一根线，再用铅笔把线绷紧绕行一周。铅笔所画出的轨迹便是一个椭圆。椭圆的面积是 πab。

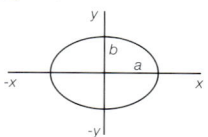

如果椭圆的对称中心在原点，其方程式为：

$$\left(\frac{x_2}{a_2} + \frac{y_2}{b_2}\right) = 1$$

■ 毕达哥拉斯定理是被证明得最多的定理，共有370多种不同的证法 ■

抛物线也是一种圆锥曲线，它由正圆锥面和一个与其母线平行的平面相截而得。如果把一个球向上抛，这个球所走的路线便近似于抛物线，抛物线的对称轴是与其垂直的。

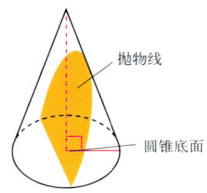

以x轴为对称轴，焦点为（a, 0）的抛物线，其方程式为 $y^2 = 4ax$：

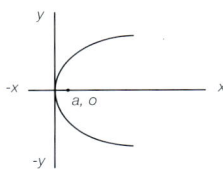

如果一个平面与正圆锥面相截，并且它与锥底相交所得的角大于与锥面相交所得的角，则所截曲线为双曲线。以原点为中心的双曲线方程式为：

$$\left(\frac{x_2}{a_2} - \frac{y_2}{b_2}\right) = 1$$

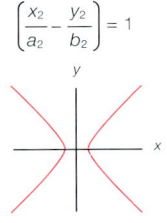

与一条曲线只有一个交点的直线为切线。圆的切线与经过切点的该圆的半径垂直。

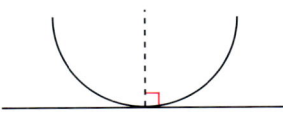

立体几何

立体有三维——长、宽、高。立体包括长方体、棱柱体、棱锥体、四面体、圆柱体、圆锥体和球体。

长方体是个立体图形，其各个面都是矩形，长方体的长为l，宽为b，高为h，则其表面积为 $2(lb + bh + hl)$，而体积则等于lbh。各个面都是正方形的长方体被叫做正方体，其中 $l = b = h$。

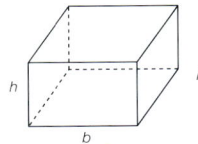

上、下两个底面是全等多边形，并且侧面都是平行四边形或矩形的立体被称作棱柱体。

正方体是最为对称的棱柱体，如果其边长为a，则体积等于 a^3。

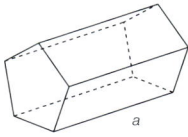

棱柱体的体积等于底面积和两底之间高的乘积。

底面是多边形，其余各侧面顶点相交的立体为棱锥体。除底面外，棱锥体的各个面均是三角形。棱锥体的体积等于底面积和高的乘积的三分之一。任何一个棱锥体都可以被放入到棱柱体内，棱锥体的底为棱柱体的一个底，而棱锥体的顶点则在棱柱体的另一个底面上。

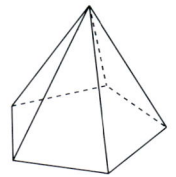

底面为三角形的锥体是四面体。正四面体的四个面是全等三角形，因此任何一个面都可以被认为是底面。四面体积为三角形底面积和高的乘积的三分之一。

圆柱体有与底面垂直的母线和旋转面。圆柱的侧面积为 $2\pi rh$，加上上下下底面的圆面积，则其表面积等于 $2\pi rh + 2\pi r^2$。圆柱体可以被看作是棱柱体的一种特例，它的体积为底面积和高的乘积，即 πr^2h。

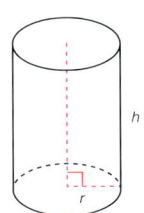

圆锥体是由一个平面向上旋转逐渐缩小变成一点而得。如果圆锥体的斜高为l，则其侧面积为 πrl。圆锥体可以被认为是棱锥体的一种。圆锥体积是同底同高的圆柱体体积的三分之一，即 $1/3\ \pi r^2h$。

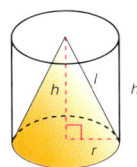

球体表面任何一点到球心的距离相等。半径为r的球体，其表面积等于 $4\pi r^2$，体积等于 $4/3\ \pi r^3$。

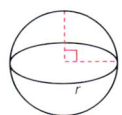

多面体

由几个平面围成的封闭立体被称为多面体。正方体和正四面体属于正多面体类（也叫做柏拉图式立体），它们的各个面是相同的。正多面体还包括正八面体、正十二面体和正二十面体。

也有很多的多面体不是正多面体。我们经常见到的多面体的面是两种正多边形的混合。比如说锥形立方体的表面是全等三角形和正方形。

正四面体有四个面，这四个面都是全等三角形，正四面体有四个顶角和六条棱。

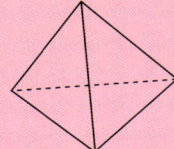

正六面体有六个面，都是正方形，还有八个顶角和十二条棱。

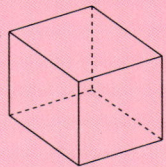

正八面体有八个面，都是全等三角形，还有六个顶点和十二条棱。

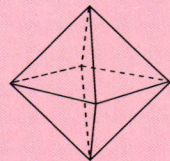

正十二面体有十二个面，都是正五边形，还有二十个顶角和三十条棱。

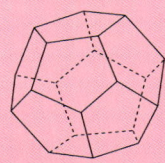

正二十面体有二十个面，都是全等三角形，还有十二个顶点和三十条棱。

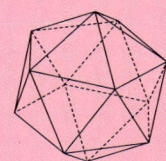

著名数学家伦纳德·欧拉（见142页）曾经就多面体的面（F）、顶点（V）和棱（E）的个数之间的关系做过研究，有趣地发现 $F + V - E = 2$。这一公式对所有的多面体都适用。这一公式也适用于所有平面图形，平面图形中被线段（A）所分割成的部分（R）与线段交点（N）之间的关系也是 $R + N - A = 2$。

平行线在平面上永远不相交，但在球面上总是相交

数学家

▶ 阿基米德,这位口中大呼"尤里卡,尤里卡"的数学家,对数学问题是如此痴迷,竟无力反抗一个罗马士兵对他的挑战,最后死在其刀剑之下。

▶ 费马的最后一个定理——数学界未被揭开的重大谜题之一,它的答案终于在1995年被英国数学家安德鲁·威尔斯找到。

▶ 斐波纳契把阿拉伯数字带到了欧洲,并获得"世界奇才"之称号。

阿波罗尼奥斯(公元前3世纪),希腊数学家。在圆锥曲线的研究上有突出贡献,对圆锥曲线从几何概念方面进行了论述。

阿基米德(约公元前287~前212),希腊数学家和哲学家。他发展了欧几里德的几何学,发现了球体表面积和体积公式,对其他多面体也有研究。他的方法包括最基本的积分公式。他第一次对重力问题进行了系统研究。

阿尔甘,简·罗伯特(1768~1822),瑞士数学家。提出用几何方法表示复数。

亚里士多德(见120页)。

阿维森纳(980~1037),波斯哲学家,出生于乌兹别克。他也是物理学方面的先驱。曾编写过一部百科全书,内容涉及数学、医药学和自然科学。

伯努利,丹尼尔(见120页)。

伯努利,雅科布(1654~1705),瑞士数学家。变分的奠基人。

贝塞耳,弗雷德里奇·威廉(1784~1846),德国天文学家和数学家。他的几个微分方程解现被称为贝塞耳函数。

布尔,乔治(见182页)。

玻色,赛伦卓纳什(见120页)。

康托尔,乔治(1845~1918),数学家,出生于俄国。对有理数和无理数的"基本序数"有重要贡献,创立集合理论。

卡尔达诺,吉洛尼玛(1501~1576),意大利物理学家和数学家。他的《大术》一书对现代代数(学)的建立起了重要作用。

嘉当,艾列(1869~1951),法国数学家。对微分几何和微分(学)的发展做出了贡献。

柯西,巴隆·奥古斯汀-路易斯(1789~1857),法国数学家和物理学家。提出了微分学的现代分析法和函数理论。

康韦,约翰·霍顿(1938~),英国数学家。因对数学游戏有特殊研究而闻名。

达朗伯,让·勒·隆德(见120页)。

德尔扎格,杰拉德(1591~1661),法国工程师、建筑师,也是几何学家。他创立了现代透视几何。

笛卡尔,雷内(1596~1650),法国哲学家、数学家和军事家。他创立了解析几何。

亚历山大的丢番图(公元3世纪),希腊数学家。代数学的先驱。

欧几里得(约公元前3世纪),希腊数学家。最早建立起用公理法演绎的数学体系,同时他还研究无理数,并写出了《几何原理》这一伟大著作。

欧多克斯斯(公元前408~前347),希腊数学家。以其比例理论而著名。

欧拉,伦纳德(1707~1783),数学家,出生于瑞士。他对解析分析、三角学和微积分都有过杰出贡献,并且提出了现代数学计数法。

费马,皮埃尔·德(1601~1665),法国人,既是一位律师也是一位数学家。他对解析几何、微积分和概率理论的发展都有重要贡献。作为现代数学的理论的创始人,他因其最后一个定理而著名。费马宣布说自己已经证明了这一定理,但他却没有任何记录可以证明这点。

斐波纳契,伦纳德(也被称作比萨的伦纳德,1170~1230),意大利数学家。是他把印度的阿拉伯数字的算法介绍到欧洲,并使其风行起来。

傅立叶,让-巴蒂斯特(1768~1830),法国数学家和物理学家。他用数学方法研究热传导理论,他把函数表示为由三角函数所构成的级数,现被称为傅立叶级数。

弗雷格,戈特洛布(1848~1925),德国哲学家。他对基数下了一个正式的定义。

伽利略(见121页)。

高斯,弗雷德里奇·卡尔(1777~1855),德国数学家。他提出了复数理论。

哥德尔,科特(1906~1978),美国数学家,出生于奥地利。30年代证明了形式数论系统不完全性定理,否定了希尔伯特方案的某些设想,从而震惊数学界。

格拉斯曼,赫尔曼(1809~1877),德国数学家。提出几维空间概念,这一概念被认为是几何学中的"代数"。

亚历山大的海洛(公元7世纪),希腊数学家。因提出三角形面积公式,以及求平方根的方法而著名。

希尔伯特,大卫(1862~1943),德国数学家。他在1901年列出了二十三个尚未解决的主要数学问题,其中很多问题至今尚无答案。

喜帕恰斯(公元前2世纪),希腊天文学家。他是三角学领域的先驱。

花拉子密,阿尔(其名字意为花拉子密人摩西之子穆罕默德,约825年),阿拉伯数学家。著有《代数学》一书,该书在12世纪被翻译成拉丁文传入欧洲,产生巨大影响。

克莱因,菲利克斯(1849~1925),德国数学家,提出用变换群的观点作为几何分类的基础。

拉格朗日,约瑟夫·路易士伯爵(见122页)。

兰伯特,约翰·海因里希(1728~1777),德国数学家。他第一个证明π不是有理数。

拉普拉斯,马克思·皮埃尔-西蒙·德(1749~1827),法国数学家、天文学家、物理学家和政治家。建立了概率论。

莱布尼兹,戈特弗莱德·威廉(1646~1716),德国数学家、哲学家、逻辑学家、语言学家、律师,同时也是一位外交官。他建立的微积分理论与牛顿的理论完全不同,而且他的理论也更为完善。1671年,他最先制成了世界上第一台可以进行乘法运算的计算器。

列维-齐维塔,塔里利奥(1873~1941),意大利数学家。他和里奇一起建立了绝对微分学。

曼德尔布罗特,本诺艾特(1924~),美国数学家,出生于波兰。他因创立曼德尔布罗特集合概念而著称于世。

莫佩尔蒂,皮埃尔-路易·德(1698~1759),法国数学家和天文学家。他最早提出了最小作用量原理。

明科夫斯基,赫尔曼(1864~1909),德国数学家,出生于立陶宛。他对几何学、数论和相对论都做出贡献。

蒙曰,格斯帕德(1746~1818),法国数学家。画法几何的创始者。

纳皮尔,约翰(见182页)。

牛顿,艾萨克(见122页)。

诺特,艾玛莉·艾米(1882~1935),德国数学家。被认为是"当代最富有独创性的抽象数学家"。最初因为她是一名女性而很难获得大学讲师的职位。

亚历山大的帕普斯(公元4世纪),希腊数学家。他的《数学汇编》一书是对古希腊数学的系统研究。他尤以几何学成就而著称于世。

帕斯卡,布莱斯(见123页)。

皮亚诺,吉赛皮(1858~1932),意大利数学家。他因对逻辑学的数学发展进行研究而著名。

皮尔逊,卡尔(1857~1936),英国生物统计学家。曾经提出过许多数学概念,其中包括标准方差和均方根误差等数理统计术语。

庞加莱,亨利(1854~1912),法国数学家、哲学家和天文学家。他对宇宙论、相对论和拓扑学都做出贡献,并产生了巨大的影响。

毕达哥拉斯(约公元前582~前500),希腊哲学家、数学家。他因毕达哥拉斯定理而著称于世,但没有材料证明他是世界上第一个提出这一定理的人。

罗摩奴阁(1887~1920),印度数学家。他在毫无先前知识的情况下,独自摸索,重新推导了一百多年来的西方数学。他似乎对正确答案具有一种惊人的直觉,尽管他的许多答案是在其死后才得以证明的。

雷乔蒙塔努斯(原名约翰·穆勒,1436~1476),德国数学家。在中世纪的欧洲,他是三角学领域最早的研究者。

里奇-库尔巴斯特洛,格利高里(1853~1925),意大利数学家。绝对微分学的创始人。

关孝和(1642~1708),日本数学家。和算的发明者,在莱布尼兹之前就已使用的伯努利数。

斯蒂文,西蒙(1548~1620),数学家,佛兰芒人。在欧洲帮助建立十进位制。

西尔维斯特,詹姆斯·约瑟(1814~1897),英国数学家。提出了线性代数理论。

维尔斯特拉斯,卡尔(1815~1897),德国数学家。现代函数理论的先驱。

怀特黑德,阿尔弗雷德(1861~1947),英国数学家。与罗素一起创立了逻辑主义学派(1910~1914)。

维纳,诺伯特(1894~1964),美国数学家。控制论的奠基人。

■ 罗摩奴阁说一位印度女神在梦中授意给他那些定理 ■

科技 ▷

"任何高度发达的技术都与魔术难以区分"

——阿瑟·克拉克

水力发电

水力发电要有可靠的水源、巨大的水流落差以及涡轮机。这听起来似乎很简单，然而通常需要大型的水坝和其他大型工程。

水坝截蓄水流，形成一个水库，随时提供所需水力。在水坝的顶部修有水道，称为节制闸门，打开时便可以使水流通过。

水从节制闸门处泻落下来，在接近坝底处通过涡轮机，并且使其旋转。在涡轮机的另一端即不接触水的地方，接有发电机。当发电机的线圈在发电机内部的磁场中旋转时，就会产生电流，这些电流被输入到全国电网当中。

水流通过涡轮机后，从水坝直接向下注入泄水道。由于水坝通常是横跨在河道上修建的，所以水会沿着河床流走。

对于一般的水力发电工程计划来说，抽水蓄能式系统是一种特殊的形式。当全国电网中的电力过

> 大坝是所有水力发电工程中最容易修建的部分。而引水道则是造价最为昂贵的工程。位于秘鲁的梅杰斯大坝工程共修建了98公里长的引水道以便满足发电和供水的需要。

剩时，这种抽水蓄能式系统会发生作用。利用煤炭、天然气、石油以及核能发电的电站不能随时调节发电量以适应社会对电力的需求。因此，一些剩余电力就可以被转移用来为涡轮抽水机提供动力，把水从底部的蓄水池中抽上来，抽到整个水力发电系统的顶端。

当社会对电的需求量剧增时，这种抽水蓄能式系统会使水重新泻落并流过涡轮机，在几秒钟内产生足够的电量来满足电网的需要。当电视台在黄金时间播出节目时，电力生产者就不得不启动这种系统，因为此时用电量急剧增加。

核能发电

利用原子能发电，并且提供足够的电力，这是把能量从一种形式转化成另一种形式的过程，这一过程需要四个步骤来完成。

利用核能发电，首先从铀元素的一种稀有形式即同位素开始。人们之所以利用铀-235是因为它可以从地层中被开采出来，而且同其他大多数化学元素相比，它的原子更容易发生裂变。这种裂变是能量转化的第一步。

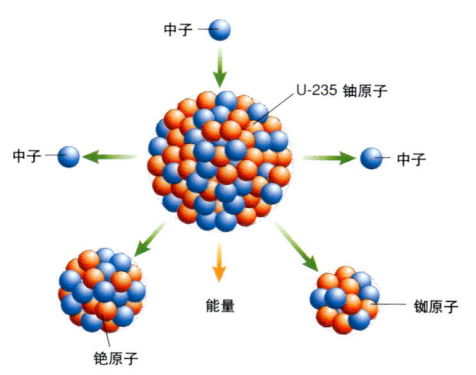

当一个低速运动的亚原子微粒即中子撞击铀-235的原子核时裂变就发生了。这时原子核内部处于一种极不稳定的状态，并且又释放出两个自由中子，铀-235这时分裂成原子核更小的两种不同元素——铯和铷，同时释放出大量的能量。在裂变过程中释放出的两个自由中子又与其他的铀-235原子核发生碰撞产生裂变。这一过程在原子核反应中反复进行。

在第一次核反应发生以来的55年的时间里，科技人员已经找到了许多更好地控制核反应的方法。在修建核电站的时候，工程师们利用浓缩铀-235来增加中子撞击的机会，并且通过使用水或石墨包围同位素，使中子的运动速度得以降低。为了控制反应的频率，每60秒钟要在核反应堆的堆芯中加入硼杆或镉杆。它们可以吸收中子。

裂变释放出来的能量是热能。这种热能可以由封闭循环管道中的高压水从堆芯带走。这些管道又通过一水箱，它可以吸收管中的热量并且使箱中的水沸腾。

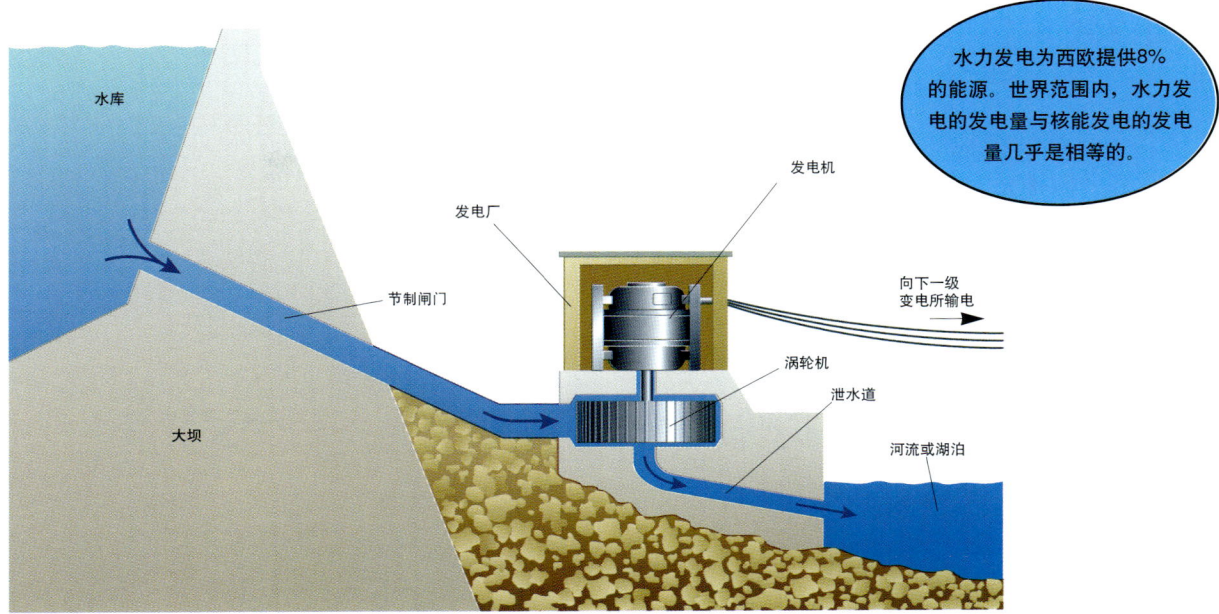

水力发电为西欧提供8%的能源。世界范围内,水力发电的发电量与核能发电的发电量几乎是相等的。

一项水力发电工程能否成功,很大程度上取决于当地的地理条件和经济状况。如果把水坝修建在水又深河道又狭窄的河谷的源头,并且靠近电量需求很大的人口稠密的工业中心,这将是最为经济的做法。挪威、巴西和刚果(前扎伊尔)实际所需电量都是利用水资源发电,英国由于缺少水深的河谷以及没有几条主要河流,水力发电只占其总发电量的2%。

由于人们越来越关注水力发电对环境造成的影响,现在各国已经很少修建新的大规模的水力发电厂。

沸水产生的水蒸气使涡轮机旋转,这时热能转化成动能。

涡轮机使磁体内的线圈旋转,产生电流。这是能量转化过程中第四步,也是最后一个变化。

电流被输入到全国供电网当中。同时水蒸气被送回到冷凝管中冷却,冷凝管中贮有从河水或海水中抽出的冷水。蒸汽冷却凝结成水后,又准备再次被转化成蒸汽参与循环。

核裂变的主要缺点是产生对生物细胞有害的放射性物质,因此核反应堆必须彻底和周围环境隔离,同时它所产生的有毒废弃物也必须经过密封后妥善处理。

目前世界上最大的核电站是位于乌克兰境内的扎波里奇亚核电站,这个核电站共有6个核反应堆,总供电量6000兆瓦。

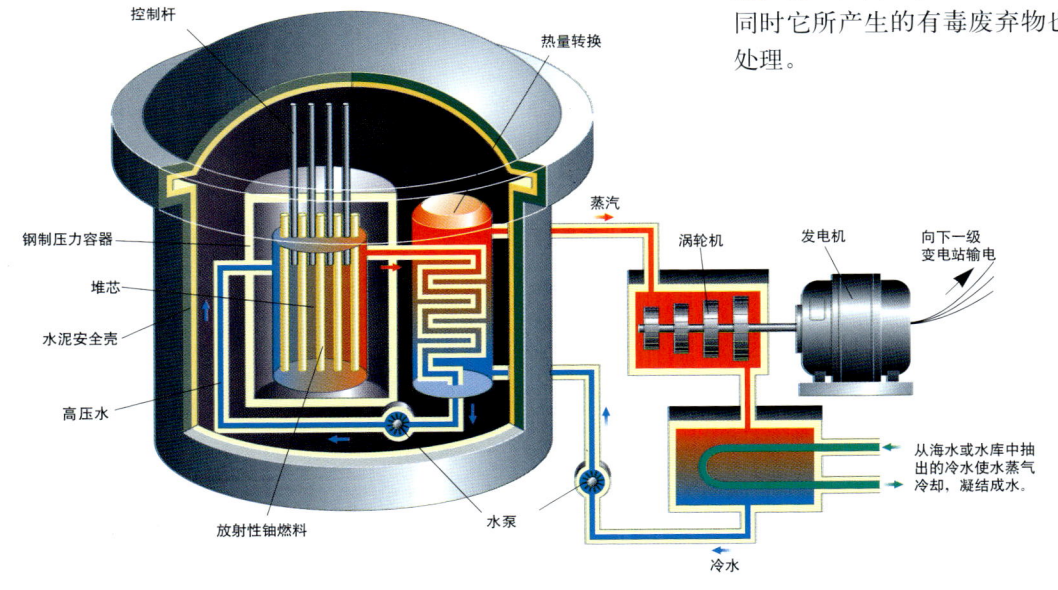

工作原理 ■ 工作原理 ■ 工作原理 ■ 工作原理 ■ 工作原理

白炽灯

白炽灯是世界上最为人们所熟悉，用处最多，使用也最为广泛的一种发明。

这一发明主要是基于一个简单的事实，即电流在经过非常细的导线时会使导线发热，有些甚至会发光。关键是要找到发光最亮且发光时间最长的最佳物质。如今，金属钨已经被应用在几乎所有的白炽灯当中——只有当温度高达3382℃时，钨才会融化，而当它接近这一温度时，也只不过是使很少的钨蒸发掉而已。

然而钨丝的使用只不过是白炽灯发明中的一部分。在上世纪末，发明白炽灯的两位先驱者，英国的约瑟夫·威尔逊·斯旺爵士和美国的托马斯·爱迪生，首先必须找到如何才能使一种物质发热继而发光的方法，同时又不能使温度太高而导致这种物质融化分解。

> 今天，人们生产出了一种可以工作100万个小时——相当于100多年——的白炽灯，但是这种灯几乎不发出强光，也不能发出足够量的有用的光线。

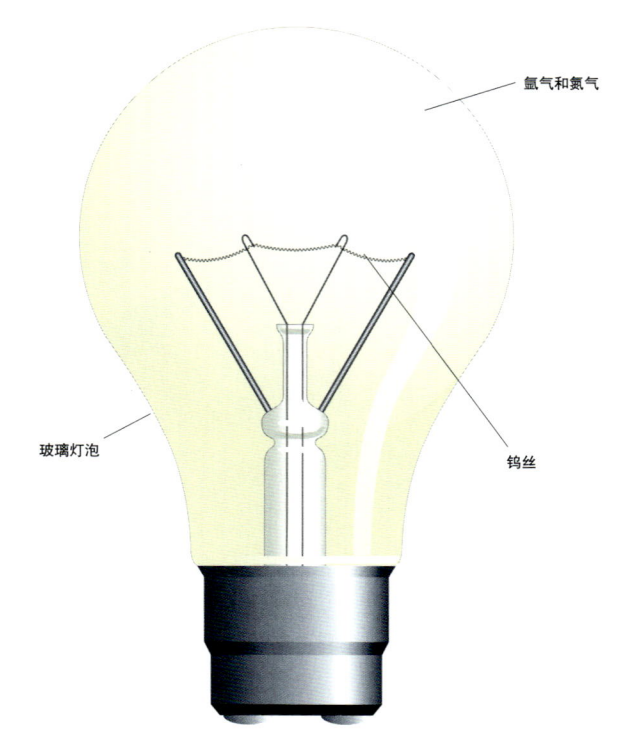

氩气和氮气

玻璃灯泡

钨丝

荧光灯

照亮超级市场、机场、办公室、学校和我们家庭的荧光灯灯管根本不会变热。这是由于荧光灯极其有效地把电能转化成光，而能量不会作为热能损失掉。

在荧光灯灯管中充有水银蒸汽和少量的氩气。在灯管的两端装有金属电极。这些电极经过特殊的涂层处理，这样当电流通过时，它们可以很容易地释放出电子。

有些荧光灯灯管在刚被打开时会闪烁几下，这是因为管内的汞蒸汽必须首先电离，这可以由安装在灯管两端的小启动器来完成，启动器在管内气体中电击出电子，产生高达四倍于正常通过气体电压的高电压。一旦汞蒸汽由于受到激发而电离时，启动器自动关闭，荧光灯开始正常工作。尽管有少量的氩气可加快这个过程，但荧光灯开始工作时至少需要两次或三次的激发。

一旦汞蒸汽电离，电子就会撞入汞原子内，辐射出人眼所见不到的紫外线。如果荧光灯的灯管是由普通玻璃制成的，那么它根本不会发出任何可用的光。因此，在灯管的内壁通常涂有锌硅酸盐或镁钨粉。

这些化学物质在紫外线的照射下会发生作用。由于它们是荧光的，可以发光，把紫外线转化成白光。所以正是荧光灯灯管内壁上的涂膜发出了无影的、漫射的照明光。

电极损坏之前一支荧光灯可以工作2万个小时。

> 感光灯可以连续工作达5年之久。它利用电磁辐射使灯内含有亚磷的涂膜受激发而发光。

其办法就是把灯丝放入灯泡内，把灯泡内的气体尽可能多地抽出来，使里面几乎完全是真空的，然后再把灯泡的末端封死。由于热的灯丝周围几乎没有空气，灯丝也就不会因发热而燃烧和断裂。为了使灯丝更灼热，发出更白和更亮的光，如今人们还在灯泡中充入特殊的气体，比如氩气和氮气，这样就可以减缓钨的蒸发。

1880年，最初的白炽灯首次被应用于商业之中，为哥伦比亚号汽船照明。从那以后，白炽灯的设计不断地得到完善。人们在灯泡内用酸形成霜状表面，使光得以漫射而不至于过分耀眼。灯丝被设计成圈状使其发出更明亮的光线。今天，普通的白炽灯和彩灯内壁还涂有陶瓷做衬。

然而白炽灯的效率并不是很高。进入白炽灯的电能只有5%转化成了可见光。有一小部分电能转化成了紫外线，而绝大部分电能都变成了热能。事实上，标准的100W的棚顶白炽灯，其灯泡玻璃的温度大约230℃。

台灯灯泡的温度要低得多，大约108℃，这是因为台灯灯泡的热量比较容易散失。

一个100W的普通白炽灯大约可以使用1000小时，那时它的大部分灯丝已经被蒸发掉了，剩下的灯丝变得极细且易断。供家庭使用的寿命较长的白炽灯没有灯丝。它们是耐用的荧光灯灯管，内壁涂有特殊的含磷的涂层，这样发出的光就可以和普通的有灯丝的灯泡所发出的光相媲美。它们的使用寿命接近1万小时左右。

> 1991年，世界上最大的照明设备生产商飞利浦公司庆祝了自己的百年诞辰。根据飞利浦公司的计算，到1991年为止，该公司生产的荧光灯管如果连接起来，其长度足以达到人们从地球到月球走上七个来回的距离。

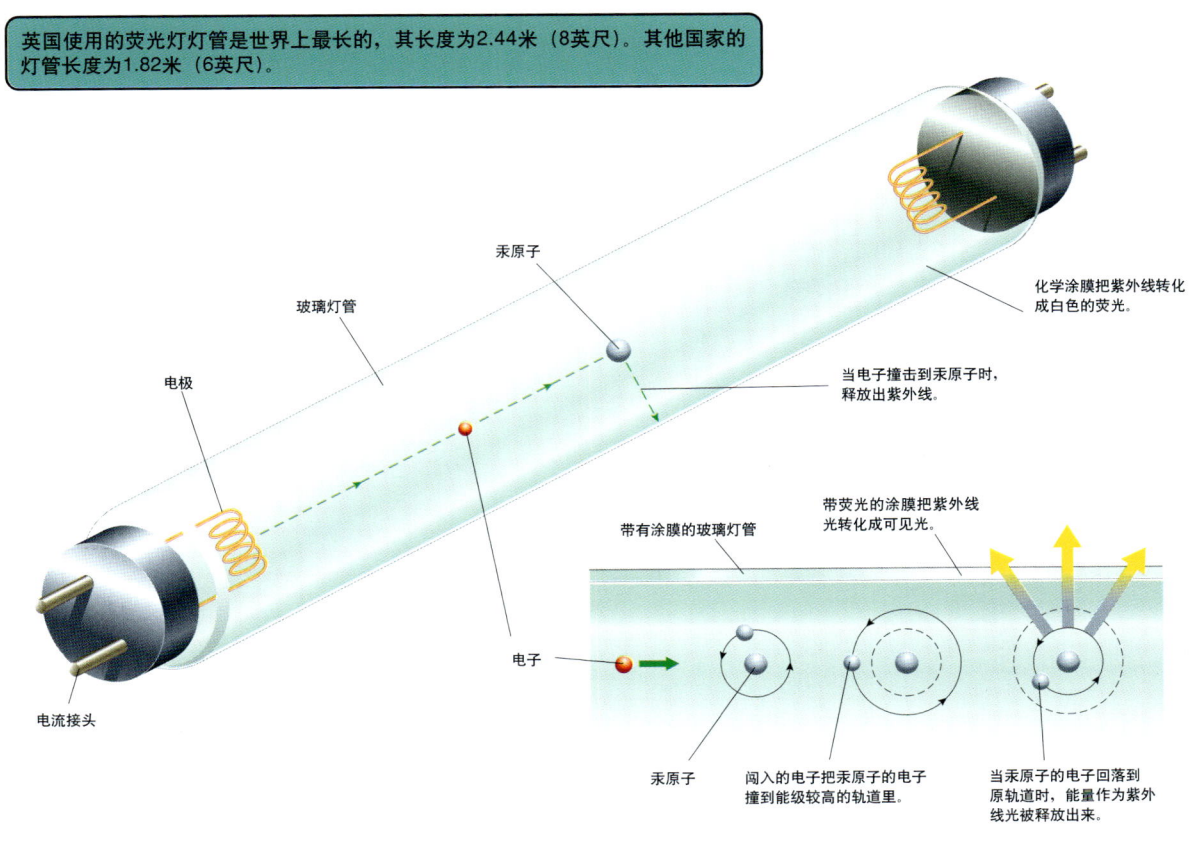

英国使用的荧光灯灯管是世界上最长的，其长度为2.44米（8英尺）。其他国家的灯管长度为1.82米（6英尺）。

工作原理

电视

电视改变了人类观察世界的方式。其娱乐与传播信息的手段是以往任何一种通讯系统都未曾做到的。声音和活动的画面瞬间即可传送到地球的各个角落。

这一切应归功于使用了便宜可靠的接收工具——电视机。在许多家庭中，它们是构造最为复杂的电器——一些电视机所包含的电路及软件甚至比20年前的宇宙飞船还要多。

电视借助天线接收转播台传送来的电磁波，然后对其所载的各种信号进行过滤、放大、分离、转换并显示出来。

信号包含着节目播放过程中的各种信息——颜色的变换和亮度以及声音效果。另外还有一些信号负责使所有信息协调同步，例如，电视里的人嘴唇一动，其声音就会同时传出来。经过整理、放大及分离后，信号就传到了电视的心脏地带——阴极射线管。

尽管人们耗资巨大进行研究，电视仍然依赖于笨重的阴极射线管，那是威廉·克鲁克斯于1878年在英格兰首先发明的。当时，他正致力于研究负电荷接线柱（或阴极）所放射的隐形电子束的属性。他将阴极置于一个玻璃试管内，抽出管内大部分空气，这样它就不会吸收电子束，然后加高压，于是他发现试管一端开始发光。

他所观察到的是撞击玻璃试管的一束电子束。现在的电视机正是以这种方式工作的，只不过电子束被电视信号控制得更为精确，从而使玻璃屏幕上显现出活动的彩色图像。

首先，电子束从荧光屏的一端扫描到另一端，在其内表面留下625条水平射线。阴极本身并不移动，而是电子束受电磁线圈影响发生迅速偏转。一系列正电荷接线柱（阳极）加快了电子束的运动并确保其在通往荧光屏的路途上不会偏离。

荧光屏内表面覆有与电子撞击后可发光的荧光粉。事实上它是一个由上百万个三个一组（红、绿、蓝）的荧光粉微粒排列而成的镶嵌结构。电子束每秒钟可在屏幕上极迅速地扫描25次，方式是隔行扫描，然后再返至空白处重新开始。这就是所谓的"交错扫描"，它能使屏幕上画面的活动看起来更为连贯。

这一过程进行得如此迅速，以致呈现出连续的移动图像。看电视时我们经常会为电视上缤纷的色彩所迷惑，其实呈现在我们眼前的只有三种颜色：红、蓝、绿，只是我们的大脑不能意识到而已。

彩色电视机具有三个电子束，分别控制三种原色。滤色器、镜面以及屏蔽系统保证了负载红色信号的电子束只对红色荧光粉微粒产生作用。同理，对蓝、绿两种信号亦是如此。所有其他的色彩都是通过改变电子束与相邻荧光粉微粒接触时的强度产生的。例如，黄色是通过将等量的红色与绿色混合产生，而黑色则是通过瞬间切断电子束的方式产生的。

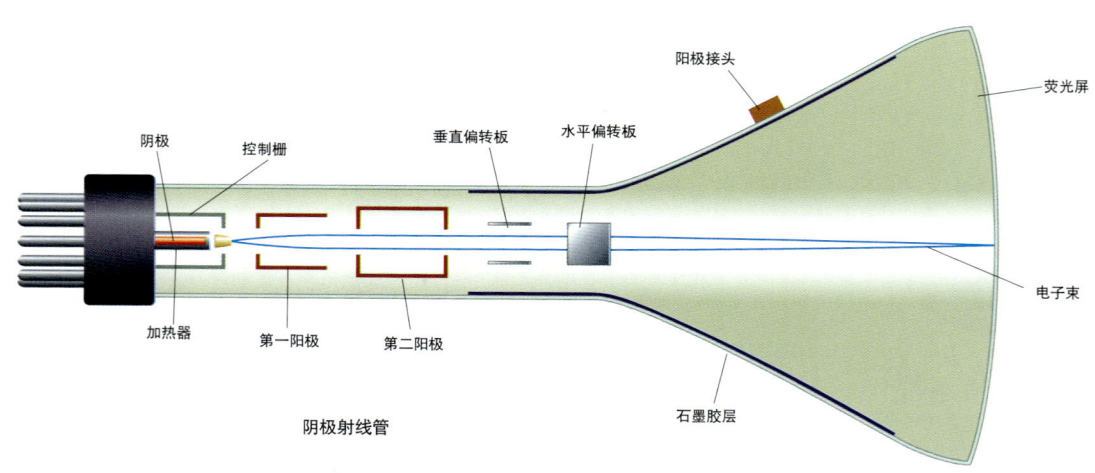

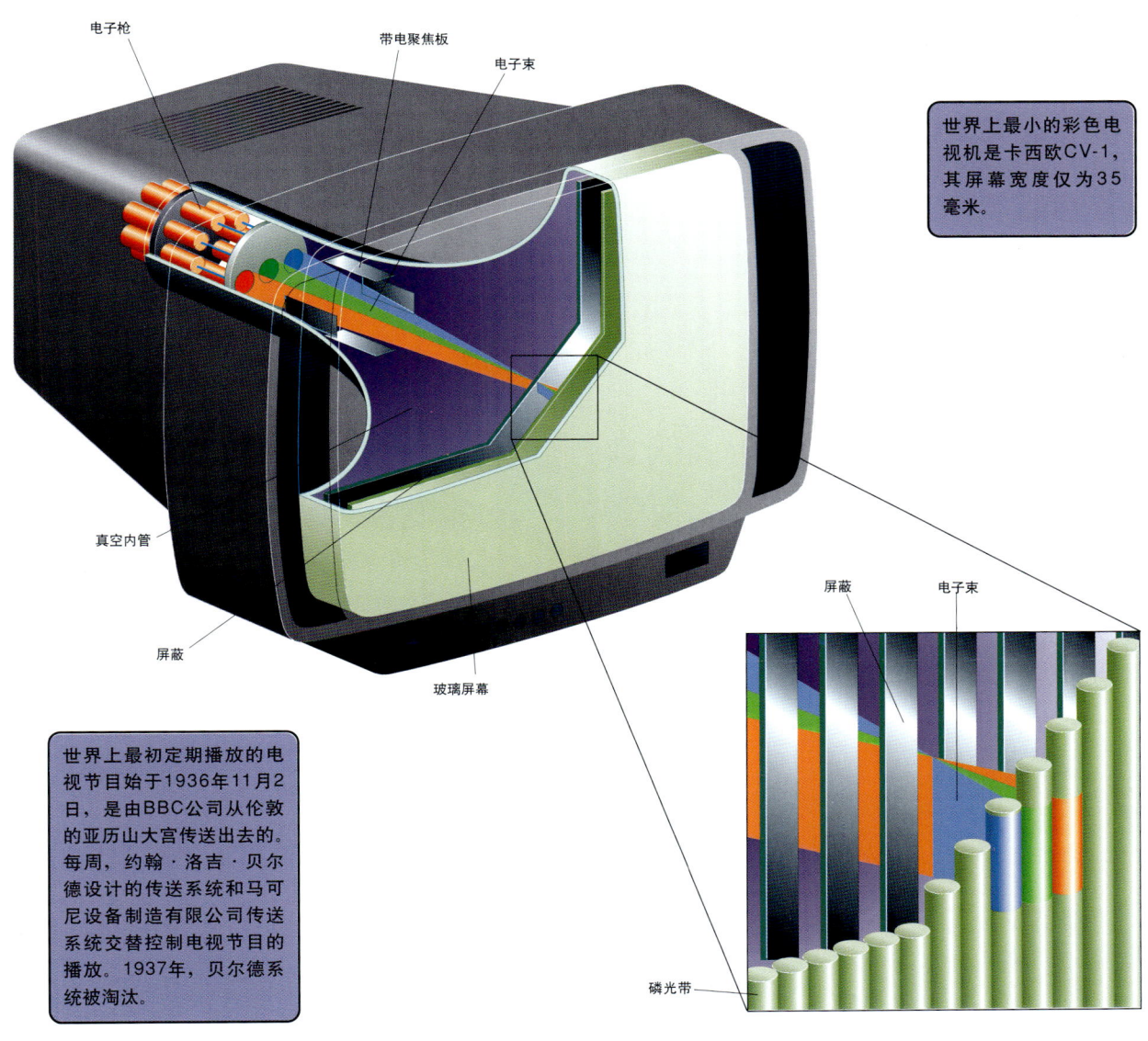

世界上最小的彩色电视机是卡西欧CV-1，其屏幕宽度仅为35毫米。

世界上最初定期播放的电视节目始于1936年11月2日，是由BBC公司从伦敦的亚历山大宫传送出去的。每周，约翰·洛吉·贝尔德设计的传送系统和马可尼设备制造有限公司传送系统交替控制电视节目的播放。1937年，贝尔德系统被淘汰。

1985年，筑波国际博览会上展出的索尼超大单枪三束显像管特丽珑彩色电视机的屏幕为24.3×45.7米，是世界上最大的。

图文电视

世界上最早的图文电视系统于1973年出现在英国。其工作原理是并不是所有的625条射线都出现在电视机屏幕上——其中一部分在屏幕的上方或下方，因此通常用来为观众看不见的那部分电视图像搭载信息的信号就被用来传送图文电视数据。这些信号内部没有足够的空间安置大量的数据，这使得电视文字的页面只能负载24行，每行仅可容纳40个字符，因此往往显得比较粗糙。图文电视信号在电视机内部被分离并由解码器加以翻译。需要使用图文电视时，经过解码的信号就会指示电子枪工作。

数字式电视

普通电视所接收到的信号是不断变化的。而在即将出现的数字式播放系统中，信号将由一连串相互独立、功能各异的信息包组成。接收器依次接收这些信息包并将其馈入控制电子束活动的软件。相对来说，数字式传送是一种更为精确的广播传送手段，它提高了电视画面与音响效果的质量。数据压缩技术也意味着被传送的信号占用的空间将大大缩小，因此在同一频率下将会有更多的频道可供选择。

录像机

磁带录像机引发了一场电视和电影业的革命。第一台商品录像机于1956年投入使用，20世纪70年代末开始走进普通家庭。利用录像机，可以将各种节目录制下来以便将来欣赏，商业性影片也可以通过盒带的形式进行租赁或买卖。

盒式录像带内有一条覆有氧化铁粒子的塑料磁带，这些粒子与电磁录像头接触时会被磁化。录像磁头所产生的磁场的强度取决于播放台放送的信号的强弱。磁带经过录像磁头时，便记录下信号内部的波动。磁带播放过程中，磁化后的粒子经过另一个磁头，产生一股电流，这股电流同原放送信号产生的电流完全相同。以上这些同磁带录音机工作的原理十分相似——但两者之间存在着一个本质性的差异。电视信号的信息负载量是声音信号的300倍，而录像磁带必须在避免磁带过长的前提下将这些信息保存起来。有两种解决办法。

办法之一是将磁头安装在一个每秒钟旋转30次的圆柱体上。圆柱体上至少要安装两个录像磁头以使信号每秒钟可被接收60次。办法之二是将圆柱体倾斜，这样当磁带水平地经过圆柱体时，第一个磁头可在上面录下斜向磁迹。当第一磁头斜向扫过磁带的边缘时，第二磁头则紧靠着第一道磁迹的下方开始记录。通过这种利用整个磁带宽度交替刻录细小斜纹的办法，便可储存相当数量的视频数据。声音信号则通过另一个未固定在圆柱体上的磁头，水平地储存于磁带的一侧边缘上。

> 1986年7月23日，安德鲁王子与萨拉·弗格森结婚。由泰晤士录像集团制作的他们婚礼的录像带在他们启程去度蜜月的5小时41分钟后就上市了。这是将预录像带制成商品销售的最快记录。

微波炉

微波是波长介于红外线和用于广播的超高频电视信号之间的一种电磁辐射。其波长为1毫米至30厘米。

由于介于光线与普通无线电波之间，微波同时具有这两者的一些特征。它们像光线那样以直线传播，并无法穿透实心固体。它们也可以被聚焦、发射及反射。当人们发现微波是雷达系统中的理想工具时，它们为现代世界做出了其最初的主要贡献。

事实上，微波炉的出现应归功于雷达。20世纪40年代初期，在美国的一家雷达制造公司——雷通公司里有一位名叫珀西·斯宾塞的物

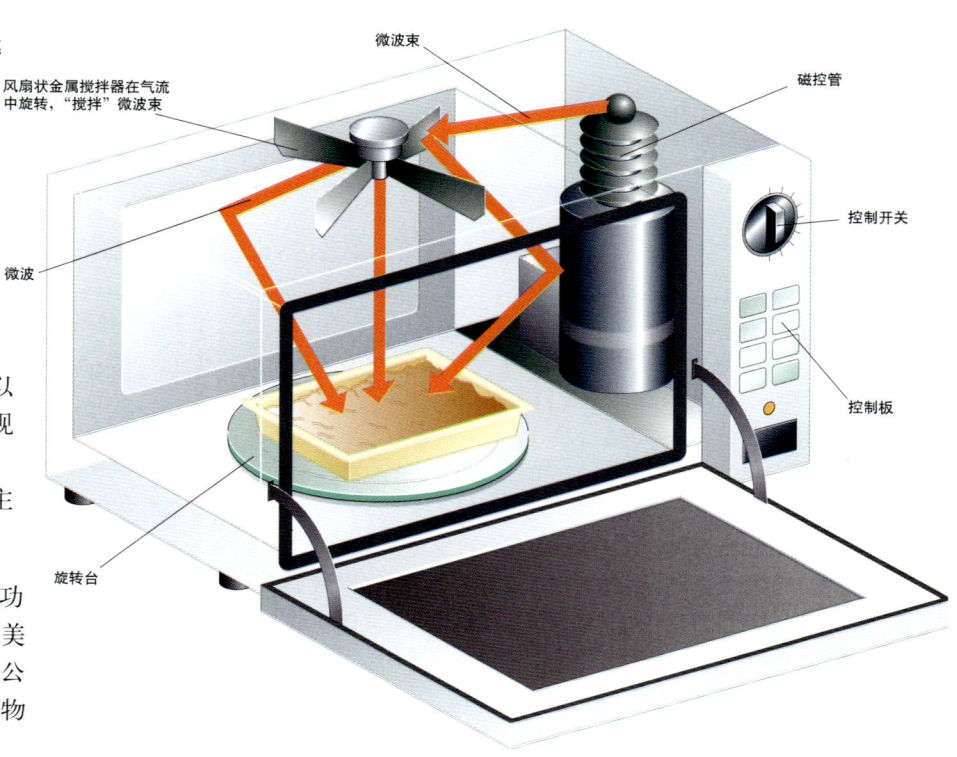

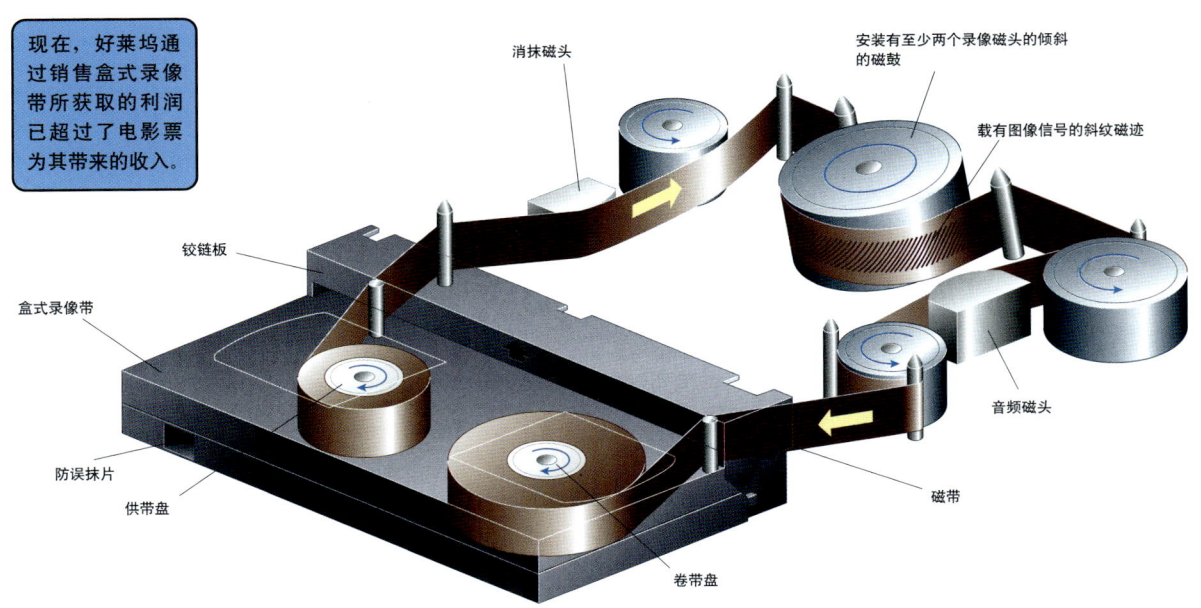

现在，好莱坞通过销售盒式录像带所获取的利润已超过了电影票为其带来的收入。

消抹磁头
安装有至少两个录像磁头的倾斜的磁鼓
载有图像信号的斜纹磁迹
铰链板
盒式录像带
防误抹片
供带盘
卷带盘
音频磁头
磁带

录像带被放进录像机后，就开始按照一定的机械顺序工作起来。录像带上的铰链板被打开，机内两个主导轴从中拉出一定长度的磁带并将其缠绕在圆柱体上，准备录制或播放节目。在录制过程中，机内的消抹磁头会在磁带与圆柱体接触之前，消除上面原有的磁迹——当然这一切都是在录像带上的塑料防误抹片完好无损的情况下进行的。

理学家。据说，他将三明治忘在了雷达设备旁边，结果发现三明治变热了。接着他紧挨着雷达装置放了一纸袋玉米，结果玉米变成了玉米花。接下来他又用雷达装置烤化了巧克力。

1945年，雷通公司取得了一套精密设备的发明专利权，并为医院和军队的食堂生产出第一台微波炊具——"雷达灶"。直到1967年，它才首次生产出第一台家用微波炉。

微波每秒钟产生24.5亿次脉冲，能够穿透食物，其电磁能可以激发某些物质的分子，特别是水、脂肪和糖类。微波不停地振动、散发热量。传统意义上的炉灶是通过提高食物周围空气的温度来加热食物的，而微波却不使空气升温。由于加热的只是食物本身，所以微波炉极大地缩短了烹调时间。

微波炉内的微波每秒钟可振动10～300亿次。

物理工程师珀西·斯宾塞发明了微波炉并于1953年取得了专利。他的第一个实验是利用微波做熟了一袋爆玉米花。

微波是由一种叫做磁控管的真空管发生器产生的。它们需由一个构造类似风扇的搅拌器加以"搅拌"，或将需要加热的食物放置在旋转台上，这样可以保证食物均匀受热。尽管如此，如果食物各部分湿度不同，其受热程度还是不均衡的。微波可穿透玻璃、纸和聚乙烯塑料，但无法穿透金属。

微波会伤害人体组织，因此在微波炉门锁上设有一个安全保障装置，如果炉门打开，磁控管就会立刻停止工作。一些技术人员对利用微波加热房间的前景进行了研究。他们亲身做了一次试验，结果发现低能微波使他们的身体感到温暖，而周围的家具和空气却仍保持原来的温度。

电话

世界各个角落的人们瞬间即可通话是当代的一大奇观。电话是世界范围内通讯网络的起点，也是其终点。电话由四个主要部分组成——送话器、受话器、拨号盘和振铃器。

拿起电话听筒，开关即接通，电话交换台立即将一股特定电流输入电话，使受话器传出拨号音。拨完第一位号码后，交换台就会将拨号音切断。

交换台能够识别电话拨号。最后一位数码拨打完毕后，当地的电话交换台就可以判断出是当地呼叫还是需要转到其他交换台上去。

制作电话线的主要材料是铜丝或光学纤维（见下文）。微波也承担着在各电话公司的地面发射台之间传送电话讯息的任务，而无线电波使这些讯息在太空中固定轨道上的卫星之间进行传递。

最后，讯息传至离收话人最近的交换台，该交换台将特定电流输入收话人的电话使之鸣铃以通知收话人接听。收话人拿起电话后，当地电话交换台就会将鸣铃电流切断。许多年来，听筒中的送话器一直是通过嵌在电极之间的碳粒顶部的薄薄振动膜将语言转换成起伏的电流。声音使振动膜振动，压迫碳粒，从而改变了其在电流通过电极时的电阻。现在，在那些更为小巧轻便的电话机里，单个电极已经取代了碳粒。它在电场中振动，使电流发生改变。

沿着电话线传送的正是这些不断变化的电流，它们在传送的末端被放大和整理。电话听筒的受话器内有一块缠有线圈的磁铁。变化的电流进入收话人电话的受话器后，流过线圈，使磁场发生改变，

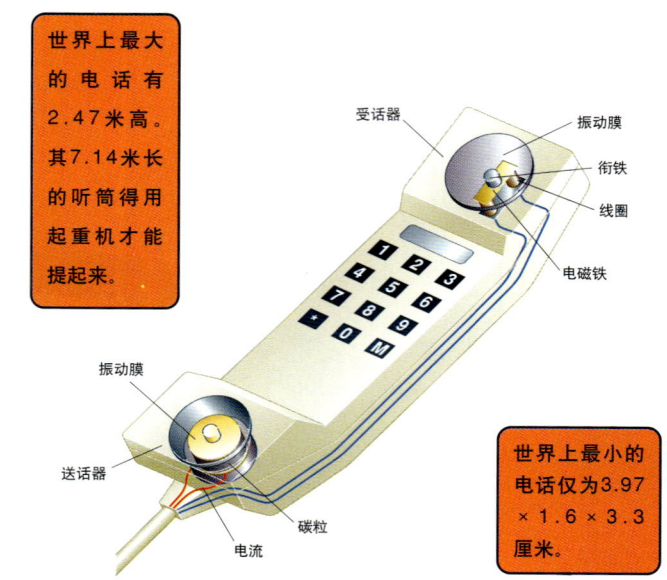

世界上最大的电话有2.47米高。其7.14米长的听筒得用起重机才能提起来。

世界上最小的电话仅为3.97×1.6×3.3厘米。

纤维光缆

光学纤维（光导纤维）有时被称作"光导管"，这形象地说明了其特性——光从一端进入，然后像通过管道一样从另一端射出。然而纤维中间并没有孔洞。光学纤维是由透明材料（玻璃或塑料）制成的细线状物，外层包裹着另外一种薄薄的透明材料。其直径通常小于一毫米，甚至可以小到只有0.0004毫米。玻璃或塑料因为透明，所以无法阻挡光线穿透——但对于光来说，光学纤维芯线与外皮之间的界面却如同一道管壁一样。

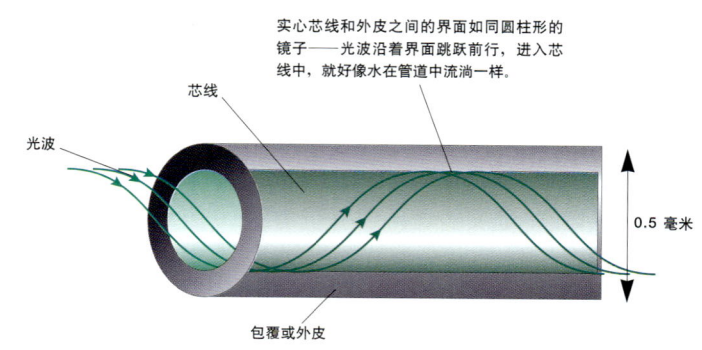

世界上最长的海底电话纤维光缆是从日本到英国，长43,450公里。它连接11个国家，能同时传递600,000个电话。

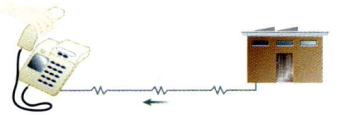

拿起听筒，听筒内的开关即被接通，交换台将拨号音传入受话器

拨打第一个数码后，拨号音停止，整个号码输入完毕后，交换台决定如何处理这个电话

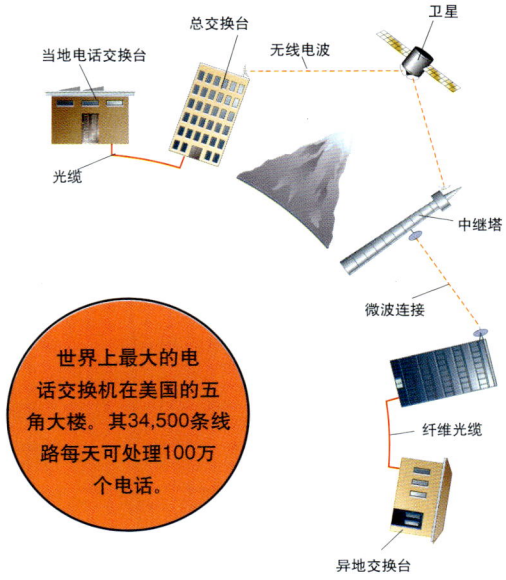

总交换台　卫星
当地电话交换台　无线电波
光缆
中继塔
微波连接
纤维光缆
异地交换台

而变化的磁场又导致一个小铁片移动，于是与小铁片相连的铝质振动膜就会随电流波动而振动。这样，送话人传入其电话送话器的话语便在电话线的另一端得以还原。

世界上最大的电话交换机在美国的五角大楼。其34,500条线路每天可处理100万个电话。

收话人拿起听筒后，使电话鸣铃的电流即被切断，电话线路就这样被接通了

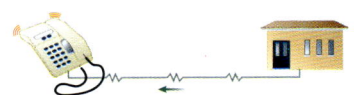

异地交换台将电流输入受话人的电话机，使之鸣铃

在沿纤维前行的过程中，光波不断地撞击管壁。纤维芯线与外皮的交界面就好像与纤维等长的圆柱形镜面，不断反射着光线。这一现象被称作全内反射。只要光学纤维外皮物质的折射率较其芯线低，这种情况就会持续。

约翰·廷德耳，一位维多利亚时代的物理学家，于1870年首先证明了这一原理。他没有借助任何玻璃制品，却成功地使光线沿着曲折的水流进行传导。电话的发明人亚历山大·格雷厄姆·贝尔以其利用光波负载声音的发明获取了专利，但他却从未考虑过将此项技术与廷德耳的理论结合在一起。

直到20世纪50年代，物理学家们才研制出包有玻璃的纤维，这种玻璃的透明度使光损耗降低到最低程度。他们清楚，使光波沿弯曲的路径传导将会是一项多么有价值的技术。光是一种电磁辐射，如果能使光产生波动，那么光信号的变化就可以用来传递信息，正如电流一样。

然而，光传播的速度要比电快得多，而且对于来自其他电磁源的干扰远不如电流敏感。光波频率极高，因此可以携带更多的信息。光信号传播了100公里（62英里）后才需经中继站放大，而传统的电信号则不得不每隔1.5公里（0.9英里）就放大一次。

在过去的20年里，光学纤维已被用于传递电话和电视信号。这些信号由固态激光二极管射入纤维末端，它们根据自身所负载的信息的变化而随时改变强度。

世界上最昂贵的地砖是一位名为阿兰·蒂特林顿的艺术家为阿曼的奎布斯宾·赛义德苏丹陛下50岁生日庆典制造的。这块形如地毯的地砖面积为1平方米，内部装有10,000根光学纤维。

个人计算机

个人计算机的应用十分广泛，它主要由四部分组成：输入装置、中央处理器、存储器和输出装置。常用的输入装置有键盘和鼠标。此外，控制杆、光笔、光扫描仪、触摸式屏幕、甚至话筒都属于输入装置。

通过输入装置可向计算机发出指令。使用者可以使用储存在计算机内部的数据或对诸如软盘、硬盘、只读光盘等存储装置中的数据进行处理。而且，使用者还可以增加新的软件或数据。

所有这些指令都被传送至计算机的心脏——中央处理器，即"芯片"内。计算机应用的是二进制数字技术——所有的计算机信息都是以代表0和1的电子脉冲链的形式转换、储存以及操作的（见136～137页）。中央处理器检索相关数据并执行数学和逻辑运算。另外，它还使众多数码的运作协调同步，以免出现任何遗漏。所有这一切都是由蚀刻在极小银硅片上的微型电路完成的。

计算机所有的看得见摸得着的装置统称为硬件。在计算机上运行的各种电子指令组成的程序被称作软件。

操作系统，例如MS-DOS系统、Windows系统或Macintosh系统，被安装在计算机内以使其更便于使用。操作系统是一种保证计算机硬件与软件协同工作的软件，它通常储存于被称作ROM（只读存储器）的安全存储芯片内。RAM（随机存储器）芯片负责临时储存其他软件程序以及使用这些程序时的有关数据。所有的数据和软件都可以储存到更为持久的存储器内——比如高速旋转的"硬盘"，它可以将来自于数字电子脉冲的信号以磁化粒子的形式储存起来。

中央处理器在完成了来自于输入装置的各种指令后，将运行结果传送给适当的输出装置——通常是显示器、扬声器、打印机或调制解调器。同时它也会将这些运行结果在其某一存储装置中保存起来。

> 20世纪80年代初，家用计算机的平均内存是64KB，而现在是32MB左右，增长了512倍。

光学复印机

光学复印机利用静电使数百万被称作色粉的微小墨粉按照原件式样附着在纸上，从而制作出原件的复制品。

当一页印刷品在复印机内受到强光照射时，其白色部分将强光反射到金属静电鼓上。静电鼓在开始复印前带有负电荷，但负电荷与光接触即消失。然后，带有正电荷的墨粉被拂到静电鼓上并附着在存有负电荷的位置上，这样在静电鼓上就留下了原件的镜像。接着，这幅墨粉构成的图像被翻印到一张纸上。经过加热将墨粉固定后，一份复印件就完成了。

> 复印技术是一位名为G.C. 贝尔德勒的美国职员于1903年发明的。他研制了一种机器并于1906年取得专利权。

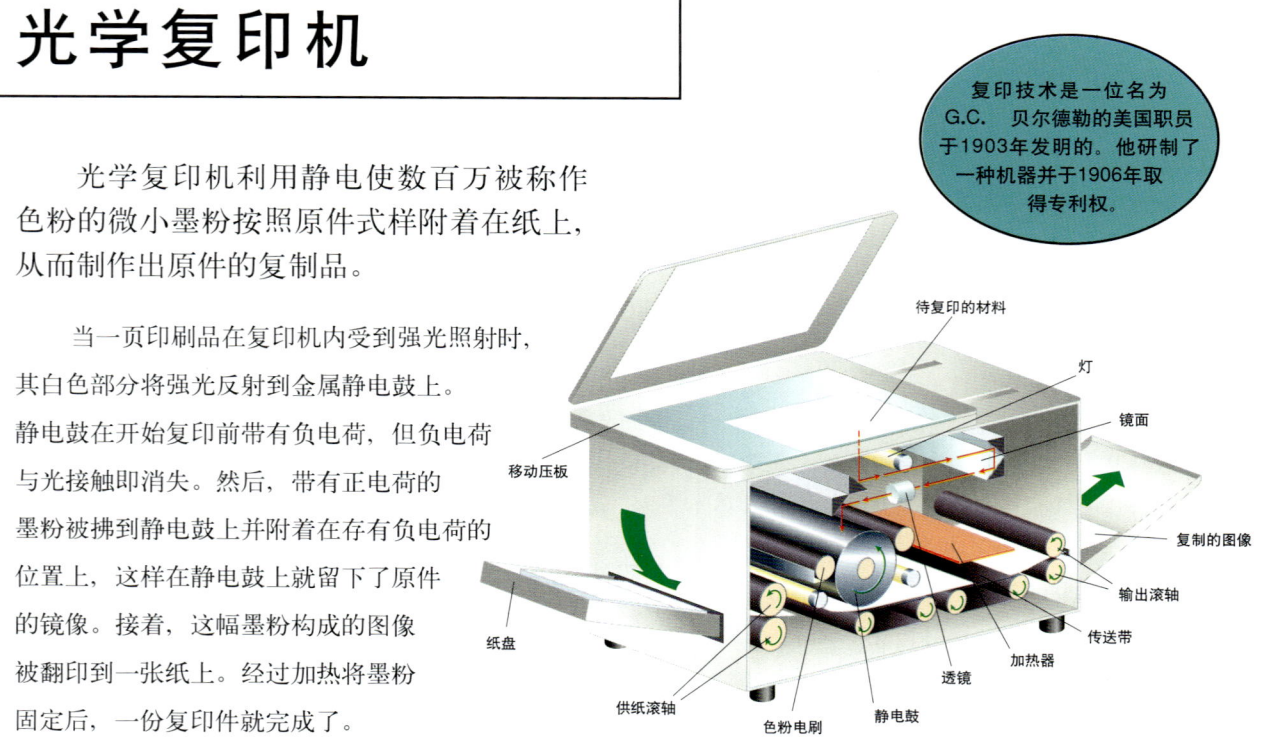

待复印的材料 · 灯 · 镜面 · 移动压板 · 复制的图像 · 输出滚轴 · 纸盘 · 传送带 · 加热器 · 透镜 · 供纸滚轴 · 色粉电刷 · 静电鼓

工作原理 ■ 工作原理 ■ 工作原理 ■ 工作原理 ■ 工作原理

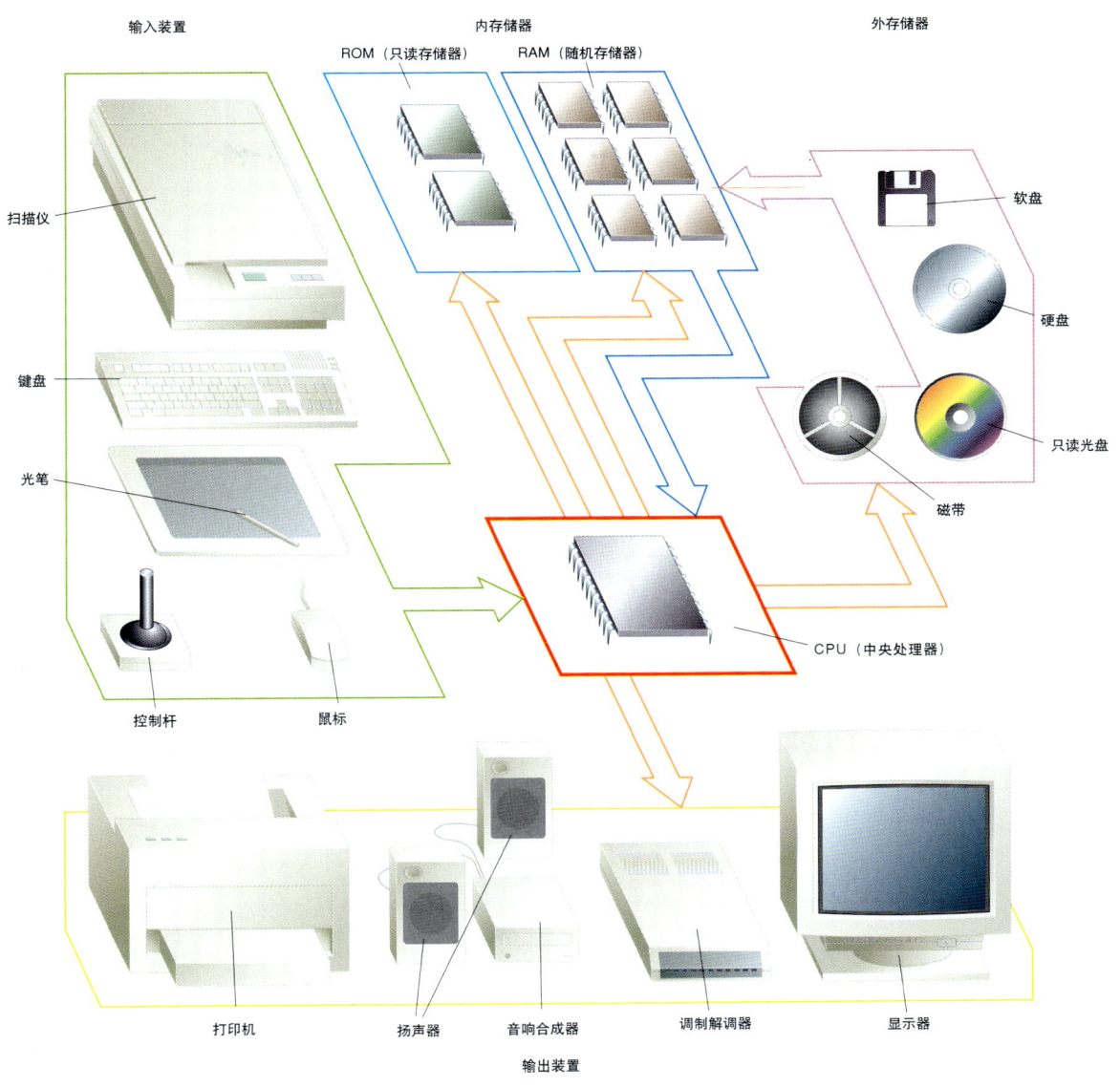

只读光盘（CD-ROM）

只读光盘是储存大量数字数据的一种坚固耐用而且方便的工具。它最多能容纳630兆字节的信息，是软盘容量的400倍。

与软盘不同的是，你无法将数据储存到你计算机内的只读光盘中去。顾名思义，缩写为CD-ROM的只读光盘存储器一旦制造出来，上面的数据就再也无法被覆盖或改动而只能被读取。

只读光盘的制作方法与致密唱盘相同。电路将声音信号和图像信号数字化，而来自计算机的信号则已经数字化了。涂有感光材料的一张空白原盘在激光器前以每分钟数百转的速度旋转。

随着电子数字脉冲的馈入，激光器启动然后又关闭。激光照射磁盘时，会在其表面留下一些小凹点。而没有激光照射时，一些螺脊，即"槽脊"，就留在了盘面上。激光留下的痕迹从磁盘中央呈螺旋形向边缘延伸。原盘就是这样制成的。

利用一张原盘可以复制大量同样的透明塑料盘。待复制盘的一面贴有反射铝层，并封以塑料。

该盘被放入计算机的只读光盘驱动器内后，就开始飞快地旋转，同时低强度激光照射在盘的螺旋形轨迹上。激光束如果撞击到槽脊，就会被反射到光传感器上，产生一次数字脉冲。如果激光束撞击到凹点，光则分散，不会反射到传感器上，因而也就无法产生脉冲。

激光

激光是非常有序的光。从普通电筒中发出的光可比作从体育馆涌出的人群，他们以不同的速度，朝不同的方向运动。但是，对于激光而言，所有的光子，或称光粒子，有相同的波长。它们齐头并进，不扩散。

物理学家使用一种管状材料制造激光，这种材料的原子带有易于激活的电子，如红宝石水晶或氖氦混合气体。各种液体，甚至半导体材料也可用于此。

能量脉冲激活电子，使之进入更高的能级轨道，围绕它们的原子核运动。当它们回落到正常的、较低的能级轨道，就把多余的能量转化成光子的形式。

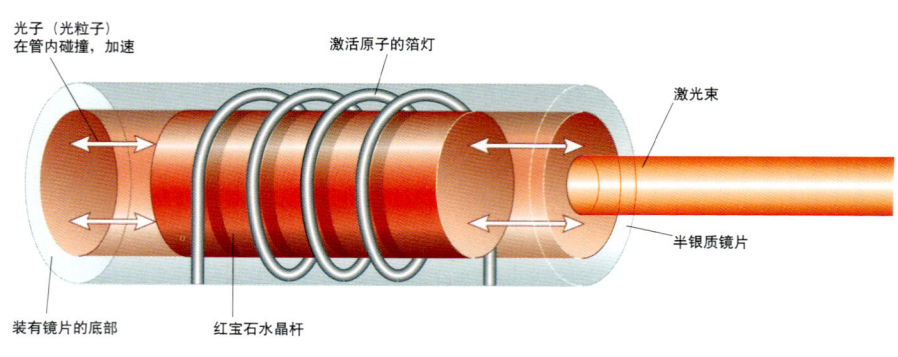

光子（光粒子）在管内碰撞，加速　　激活原子的箔灯　　激光束

装有镜片的底部　　红宝石水晶杆　　半银质镜片

> 世界上最短的光脉冲持续了11毫微微秒。一毫微微秒等于一秒钟的一千万亿分之一。这种激光脉冲是在华盛顿州立大学制造的。

这些光子接触更多的原子，使这些原子释放出更多的相同的光子。当这些光子在通过管状材料来回碰撞，并受管状材料底部的镜片反射时，能量得到放大。这种光的一部分透过管状材料一端的半银质镜片射出。这就是激光束。

全息照相

信誉卡、录像带、甚至银行的单据上都有全息照相标签作为安全防伪装置。这种三维影像的获得只是光的作用。

从技术角度来讲，一幅全息相片不是所见的隐在光滑的板面前后的奇异、飘浮的图像。一幅全息相片本身就是胶片，它记录了从物体上反射的光中所包含的所有信息。

一幅普通照片只记录被反射的光波的颜色和强度，而一幅全息相片还贮存被反射光的波阵面的形状。设想把一块石子投入水池中央，水中有一道防波堤露出水面，当涟漪由石子向四周扩散，第一道波纹领先的边缘首先触到防波堤。同一道波纹的其他点相继拍打防波堤。

这就是一幅全息相片要获得的效果。它不仅记录下光的颜色和亮度，而且还记录下光波包围一个物体所需的时间。这种时间因素以一种"交织的方式"被贮存起来。当一幅全息相片被照亮时，这种"交织方式"又重现在物体的形象之中。

制作全息相片依靠有规则的激光。激光束被一分为二。一半照亮一个物体，然后被反射到相片的底板上。另一半通过镜片直接射到底板上，与底板成锐角，与物体上反射的光交织在一起。为了重现物体的形象，需有类似的光源照亮全息相片。

实际上，通常产生两个影像。一个在全息相片的照明光源的同一侧，被称作"虚像"，它不能成像，因为产生虚像的光不能穿过它。另一个影像在底板的前面，被称作"实像"。

激光发出具有固定特征的有规律的光，这对科学家们非常有用。它可以像尺子一样被用来测量那些反射、散射或吸收它的材料或物质。传感器收集某种材料的反射光，通过把它与原来的激光束进行比较，这种材料的某些特性就可推断出来。

激光束很集中，强度高，威力大，它可被聚集到某一点，这样它的能量可用来加热要焊接的金属或在钻石上打眼儿。使用快速射出的激光，外科医生可切割或烧灼人体的某部分组织，而不破坏周围的组织。

科学家正试图利用激光的能量来制造一种新的发电站，即核聚变电站。激光挤压燃料球使其粒子熔合在一起，释放出巨大的能量。

激光也可被用来传输大量的数字信息。在外层空间，激光束几乎不扩散，因此它可轻易地把数据传递到目标的接收器中。激光束也可通过光导纤维完成同样的任务。

第一种可工作的激光是近40年前发明的，现在它的应用更加广泛——例如，在超级市场结账处扫描货物。

> 最具威力的激光是美国加州劳伦斯利物摩尔国家实验室的帕特瓦特。它在一瞬间产生的电力比全美国发电厂的发电总量的1300倍还多。

> 一部20秒的黑白全息电影在日本制作完成，但它不实用。这种特殊的电影胶片即使被冷却到－261.15°C也会在几小时之内腐烂掉。

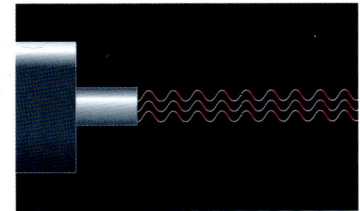
■ 有规律的连贯的激光。

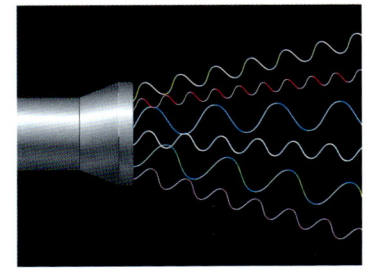
■ 电筒发出的不同波长的光。

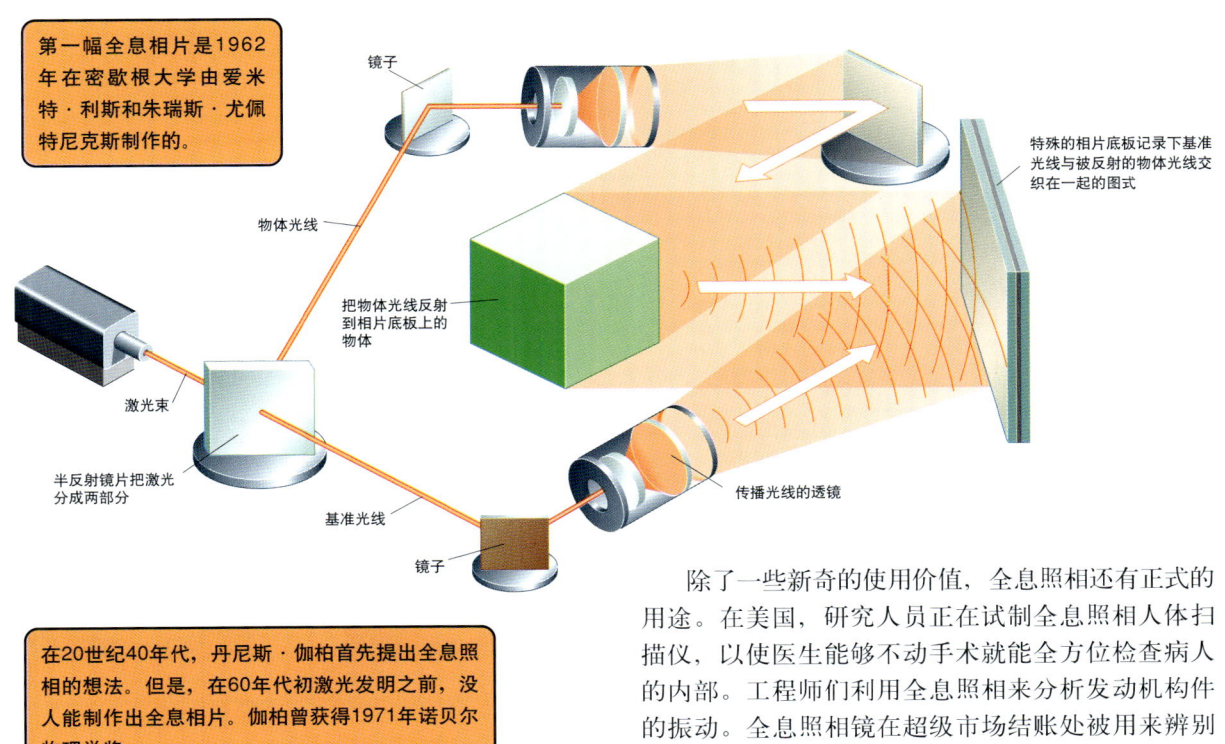

> 第一幅全息相片是1962年在密歇根大学由爱米特·利斯和朱瑞斯·尤佩特尼克斯制作的。

> 在20世纪40年代，丹尼斯·伽柏首先提出全息照相的想法。但是，在60年代初激光发明之前，没人能制作出全息相片。伽柏曾获得1971年诺贝尔物理学奖。

除了一些新奇的使用价值，全息照相还有正式的用途。在美国，研究人员正在试制全息照相人体扫描仪，以使医生能够不动手术就能全方位检查病人的内部。工程师们利用全息照相来分析发动机构件的振动。全息照相镜在超级市场结账处被用来辨别条形码。

汽车发动机

在汽车发动机的引擎罩下，每分钟有数千次的爆燃发生。发动机的作用就是控制这些爆燃，利用它们释放的能量来产生运动。

自从汽油发动机发明以来，在世界范围内，大量的资金和时间花费在它的设计和改进上。工程师们精益求精，想出很多改进设计的方案，以使它更加节约燃料，更易于操纵以及造价更低。然而，汽油发动机仍然按照1861年由尼古拉斯·奥古斯特·奥托提出的基本原理工作。

汽车发动机是铸铁或铝合金制成的固体机件上面钻有偶数个空心汽缸，通常为四个。每个汽缸里面（见右侧）有一个紧贴汽缸壁的活塞。汽缸有吸入汽油和空气的混合物的气阀。当活塞挤压混合物的压力适当时，混合物被来自火花塞的火花点燃。爆燃驱动活塞在气缸内向下运动。当活塞再次上升时，它通过第二个气阀将燃烧后的气体推出。最后，活塞下降，再次吸入汽油和空气的混合物，准备另一次挤压和点火（见右下图）。

所有的活塞都附在一个叫曲轴的轴上。当活塞由于气缸内燃而被迫下降时，它们的运动被传送到曲轴上使之作循环运动。这种运动通过齿轮箱，使车轮运转，这样汽车就可以向前或向后行驶。

如果全部四个汽缸同时点燃，那么发动机就不会平稳运转。大量的能量释放后，接下来就是一段平静期。为了改变这种状况，活塞相互错开附在曲轴上。它们排列起来以使每个活塞在不同时间连续运转。一个气缸内的爆燃力量驱动活塞下降，转动曲轴，相反推动另一个活塞上升，准备其气缸内的爆燃。

> 世界上最大动力的汽车发动机的排气量为13.5升。它是80年前为美国利箭6-66赛车制造的。

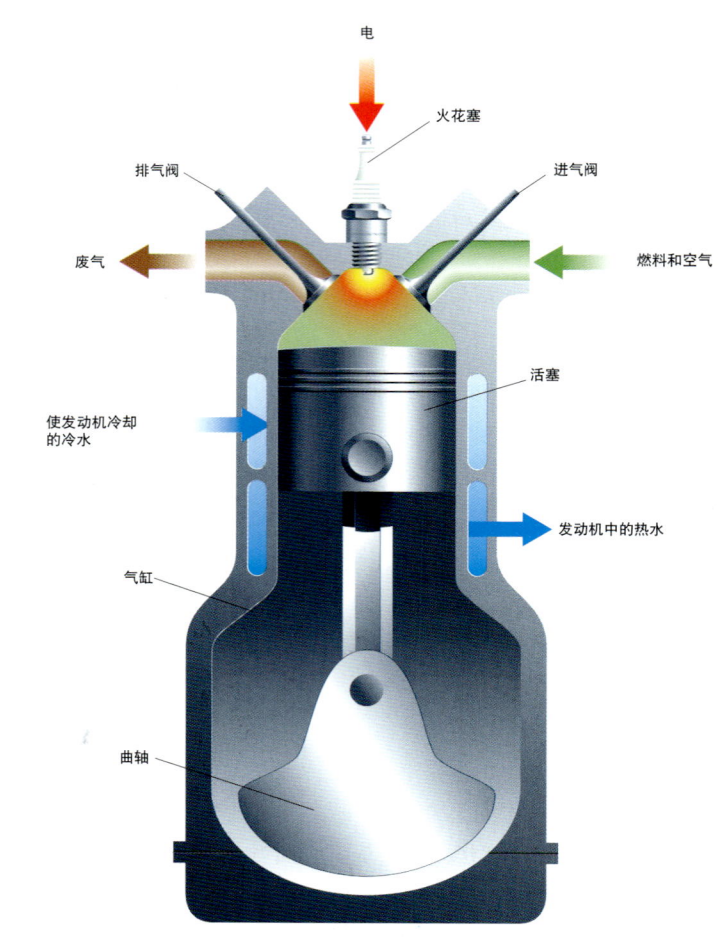

1 活塞向下运动而汽油和空气的混合物通过进气阀被吸入气缸

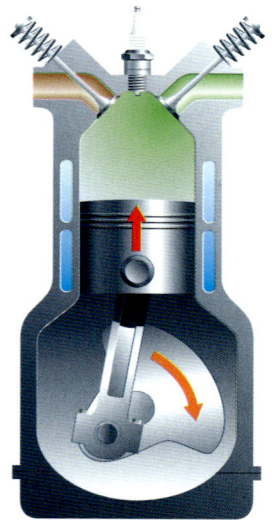

2 活塞向上运动，挤压气缸内的混合物

■ 工作原理 ■ 工作原理 ■ 工作原理 ■ 工作原理 ■ 工作原理

第一部超级发动机于1907年制造，用于赛车。

每分钟约有100部发动机被装入新车内。

最近的科学技术发展已经使发动机能依靠酒精、天然气、肥料、橙汁和太阳能来运转。

由于气缸内的循环迅速重复并有燃烧的气体，所以产生大量的热量。在气缸过热以至金属熔化前，这种状况必须消除。这个冷却过程通常使用水。水环绕发动机四周，把热量传递到车前部的散热器。当汽车向前行驶时，冷空气使水温降低，从而使发动机冷却。其他的能量在废气中作为热量损失掉。总的来说，发动机内燃所产生的能量的60%作为热量损失掉。为了提高效率，发动机制造商已经使用电子控制系统取代了一些机械部件。为了这个目标，他们在发动机内装上传感器来监控发动机的温度、节流阀的位置、引燃时间和废气的成分。所有的数据都通过汽车中的计算机获得，然后，计算机向发动机系统发出指示。

例如，在一个标准的汽车发动机内，汽油和空气混合物贮存在汽化器中。电子控制的发动机现在使用燃料喷射装置。油泵将燃料输入分配器，分配器将定量的燃料，按精确的时间分配给喷射器，喷射器将燃料喷入气缸。由于更加准确地定时和定量，燃烧会更加有效，做同样运动所使用的燃料会更少。

引发气缸内爆燃的火花塞传统上为一个旋转的臂杆控制，被称为旋转臂，它把高压电流传给每个

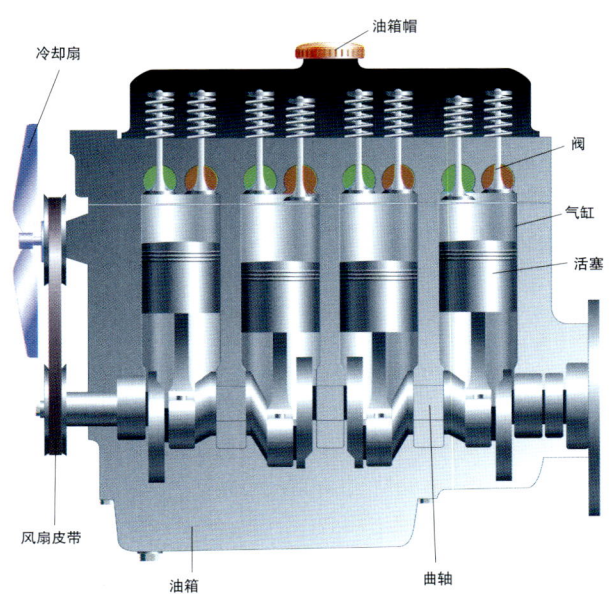

冷却扇　油箱帽　阀　气缸　活塞　风扇皮带　油箱　曲轴

火花塞。但现在，这种机械装置正被一种能控制电流分配的电子系统所取代。电子系统没有易磨损的移动部件，因此也更可靠。大部分汽车发动机的气缸有1.5升或更小的容积，产生相当于30年前两倍大的气缸所产生的能量。

过去的25年里，随着汽油价格不断上涨，在发动机的设计和控制方面取得了巨大的进步。今天，工程师们正集中精力研究汽车的其他部件以提高汽车的性能。气体动力学、整车重量及能量向车轮的传输都是研究的内容。汽油发动机现在也面临新的挑战，电动汽车由于不产生废气，不会引起污染而对环境更为有益。

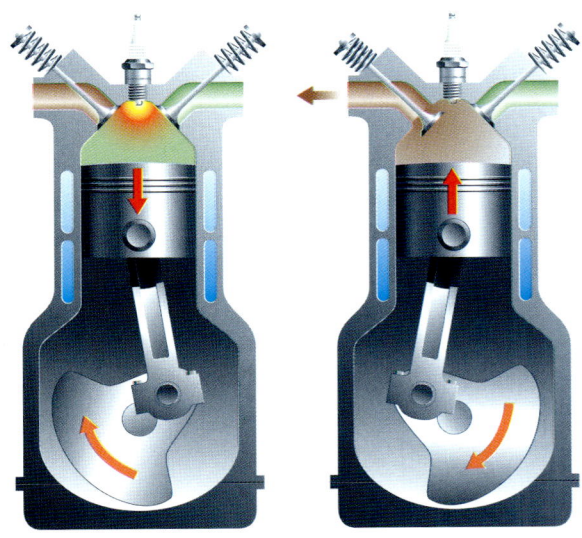

3 火花点燃混合物，爆燃驱动活塞下降，转动曲轴

4 活塞上升，通过排气阀将燃烧的气体排出

工作原理　工作原理　工作原理　工作原理　工作原理

飞机

飞行现在是很平常的事，以至于人们很容易忘记，只是到了1903年人类才能乘坐比空气重的飞行器飞行。现在飞机的种类繁多，但大多基于同样的原理。

飞机设计者认为空气就像我们认识的水一样：它是流动的，而且有质量。因此，就像湖水能托起滑水者，空气也能托起飞机，只要飞机持续高速运动。

保持飞机浮在空中的最重要的因素是飞机机翼的攻角。如果滑水者将他的滑板前端浸入水中，那么整个滑板就会跟着沉入水中，滑水者就会下沉。但是，通过向后倾斜，滑板前端刚好高出水面，滑水者就能完成动作了。机翼的这种倾斜被称为攻角。

当倾斜的机翼向前运动时，它的底面推动机翼下方的空气向下流动。根据艾萨克·牛顿的第三运动定律，每个作用力都有数量相等的反作用力。在这里，反作用力使空气推动机翼向上。

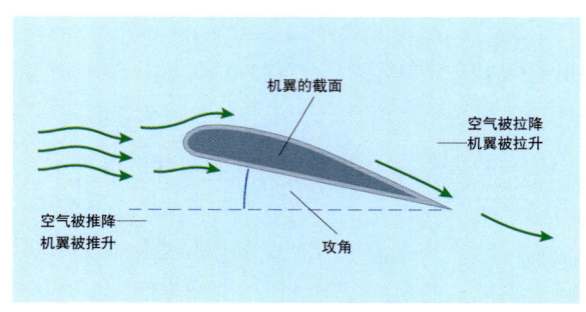

机翼上面的气流在这个过程中也起了作用。气流沿着机翼上表面的下坡流动，并且以同样向下的角度离开机翼的后侧边缘。再次依据牛顿第三运动定律，如果空气向下移动，那么必有相反的力量使飞机升高。这就是为什么机翼倾斜的原因。

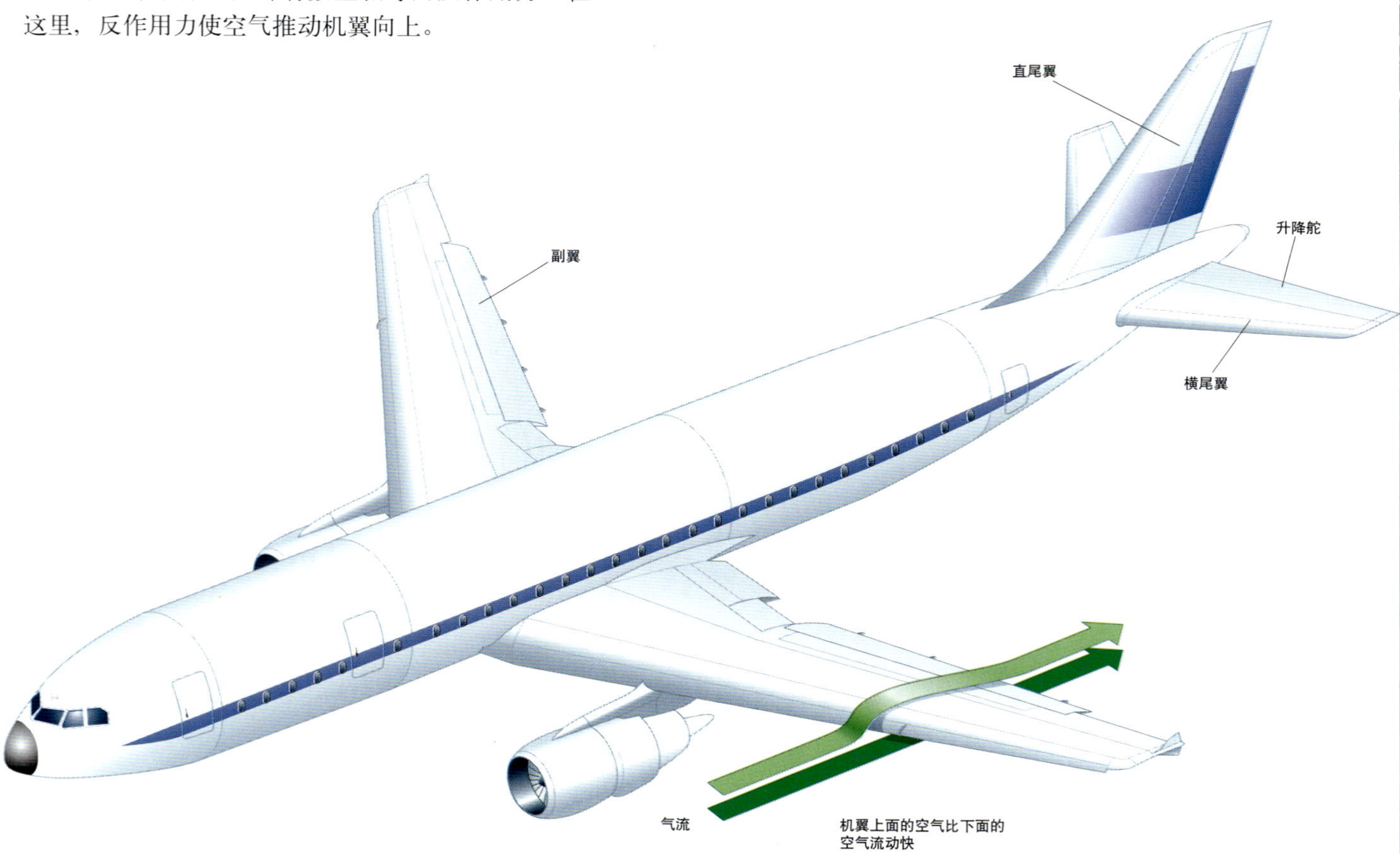

第一架中途不加油作环球飞行的飞机飞行了9天3分钟44秒（1986年12月14-23日）。迪克·鲁坦和吉那·叶格驾驶航行家号飞行了40,212公里。

俊鹅号飞船有世界上最长的机翼，97.51米，飞船全长66.65米。它的惟一一次飞行是在1947年11月2日。

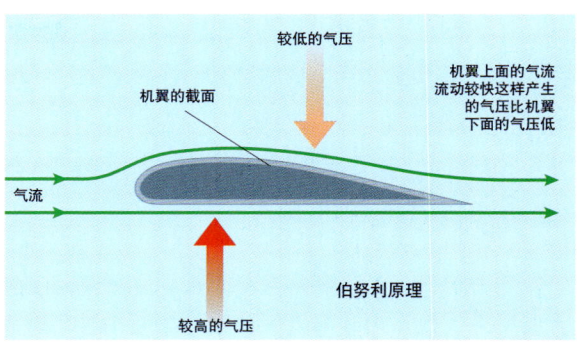

伯努利原理

空气动力学家还发现，如果机翼上表面前部边缘加上一个突出部分，那么整个设计将产生更多向上的升力。这种形状被称为翼型，它迫使经过机翼上表面的空气比机翼下面的空气流动更快。由于流动得快，上表面的空气比下面的空气密度小。如果密度小，那么它的气压也比下面的空气气压小。结果，受机翼下面相对较高气压的空气的抬升，机翼就会上扬进入上面气压较低的空气中。

即使有了这项被称为伯努利原理的高明技术，仅有一对机翼的普通飞机也会飞不多远就要坠落的。滑水者可以抓紧一根绳子以保持直立状态，而飞机需要另一样东西来保持平稳——机尾。垂直的尾翼防止飞机翻滚，而水平的横尾翼使飞机与迎面而来的气流保持合适的角度。

横尾翼对于飞机爬升，下降和转弯也是至关重要的。飞行员可以操纵横尾翼后侧边缘的被称为升降舵的折翼。如果飞行员使之竖起，那么尾翼由于受到气流压力而下降，机首抬升。随着机翼处于更大的攻角，飞机遇到来自空气的更多叫做抗力的阻力，飞行员必须使发动机加速，飞机才能爬升。

如果升降舵放平，尾翼被空气推升，机首下降。阻力也随之减少，因此飞机速度增加，飞行员要相应地减缓发动机的速度。

垂直的尾翼也有一个折翼。当它移向右边，尾翼左移，机首右转。折翼左移，飞机左转。使飞机倾斜飞行可做更急剧的转弯。在机翼后侧边缘接有被称为副翼的折翼，它们做相反方向移动，使飞机倾斜。

当然，滑水者是由摩托艇牵引掠过水面。没有牵引他向前的装置，不管他如何向后倾斜，都会沉入水中。同样道理，飞机也需要某种装置使之向前运动穿过空气，以使机翼和横尾翼的空气动力学特性产生作用。

螺旋桨和喷气发动机是最常见的装置。它们的位置控制作用能改变机翼周围的空气流动的方式。飞机工程师们认为气流要得到改善，飞机才会更有效地飞行。飞机上其他的控制面——折翼和固定的机翼——也能使飞行员改变气流以使飞机在任何速度下，做任何动作时都能很好地飞行。

当飞机着陆时，飞行员只需抬高机头增加机翼的攻角，直到机翼周围平稳的气流散去，所有的升力消失。

美国空军喷气式侦察机洛克希德SR-71A是世界上最快的飞机。1976年7月时速达到3529.56公里。

世界上最小的双翼飞机是野蜂2号，只能乘坐一人。翼长1.68米。1988年5月8日，它飞至120米高空坠毁。

气垫船

气垫船仅有40年的历史，横渡英吉利海峡的游客比其他地方的人更熟悉它。世界上最大的气垫船运行在这条线路上，在英、法两国间运送车辆和乘客，只需35分钟，比其他渡船快得多。

气垫船是在1959年由克利斯托弗·考克瑞尔爵士发明的。他认识到与地面接触的交通工具会因为地面凸凹不平而遇到阻碍，因此在很大程度上只局限在表面平滑的公路或铁路上。在海上，由于船只推动海水前行，因而速度减慢。

他解决这个问题的方法是：在交通工具的底部加上一个气垫，使之处于陆地和水面之上。这个过程是这样的：由大船的气轮发动机提供动力的大风扇通过船顶部的风道吸入空气，然后在船底把空气排出。

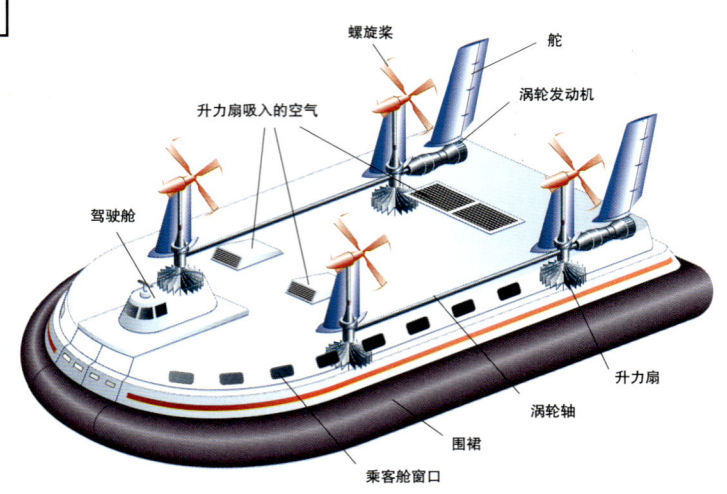

船体底部是平的，周围有柔性围裙。风扇吸入的空气通过围裙上的排气孔排向船体的中心。围裙和气流团包住空气，使之尽量长时间地停留在船底。当船底的气压升高，气垫船逐渐升离地面（或水面），可高出3米（10英尺）。

磁悬浮列车

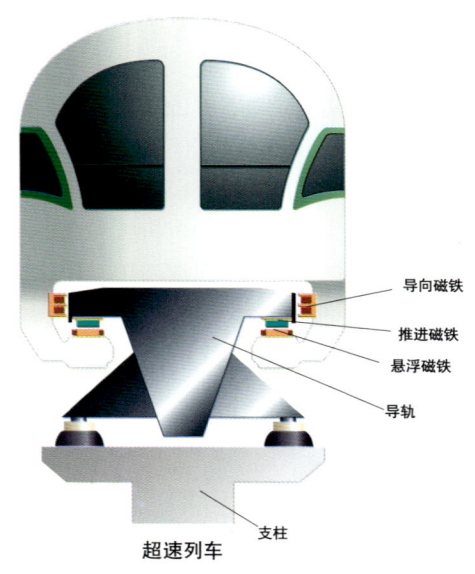

在下一个千年，最快的火车将悬浮在磁力场上的轨道上，速度可达每小时550公里。

这种高速的磁悬浮列车正在德国和日本建造。一段较短的磁悬浮列车线路连接了伯明翰机场和它的传统的火车车站。由于磁悬浮列车不与铁轨接触，因而不会因为摩擦而降低速度，运动的部件也不会磨损。但是，它们复杂的电力系统不易建立。

德国运行于柏林和汉堡的超速列车，将于2005年建成通车。它将运行在"T"形的水泥导轨上。"T"型支架下面是铁轨。火车底部的电磁铁被向上吸向铁轨。当通上足够的电，磁铁产生一种升力足以抬起火车。另一个附在铁轨上的机件产生的磁力场，推动火车前行。

磁悬浮技术被用于驱动一节载有20人的车厢，用了不到4秒钟，使其速度从每小时0公里升到每小时88公里。这节车厢行驶在美国辛辛那提至里士满的一段称为"超越极限的惊险之旅"的滑行铁道上。

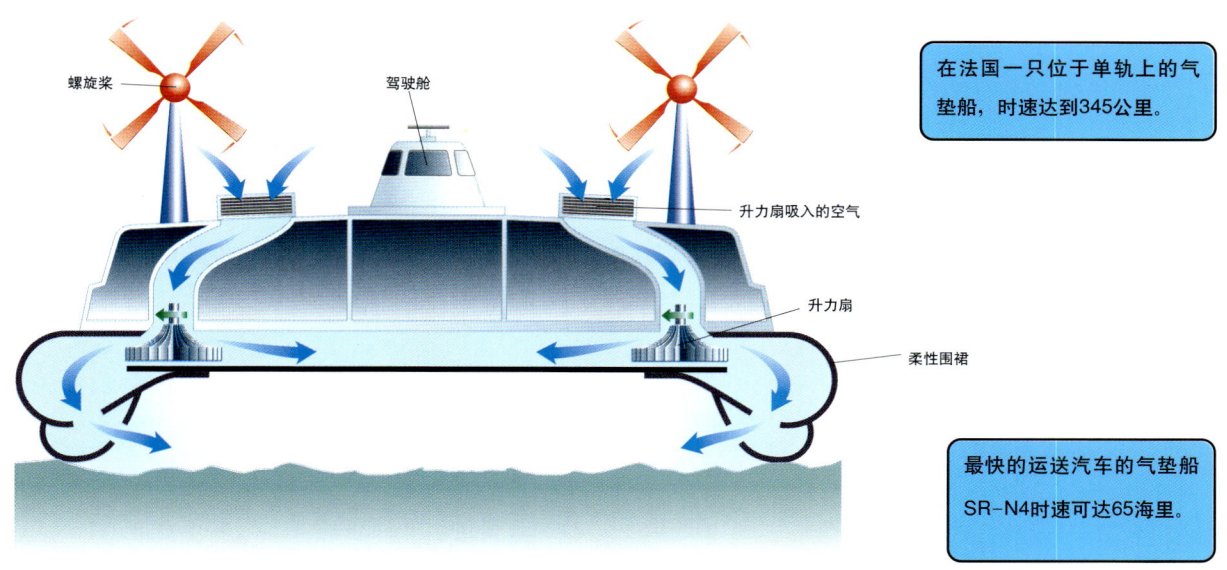

在法国一只位于单轨上的气垫船，时速达到345公里。

最快的运送汽车的气垫船SR-N4时速可达65海里。

在一个水平的表面上，气垫船不能向确定的方向移动，因此，要安装螺旋桨确定它移动的方向。商业运输用气垫船的螺旋桨通常安装在升力扇之上，由同样的气轮发动机驱动。螺旋桨螺距的改变或围裙透气孔的气流方向的改变，会使气垫船速度降下来。

在气垫船发明后的10年里，气垫船被认为是未来快速的船运系统而受到欢迎。但是，由于气垫船不能在深海运行，意味着现在它们主要是作为两栖交通工具。它们能够通行在其他交通工具不能通行的路面或水面。例如，医疗队使用小型气垫船通过热带雨林中的河流给偏僻山村的病人治病。

一种新的自动行李处理系统安装在伦敦的希思罗机场，行李箱利用磁悬浮技术来运送。

美国参议员每天乘坐磁悬浮列车。地下磁悬浮铁路把他们从华盛顿的办公区运送到参议院。

这项设计的关键是要确使列车的磁铁不要离铁轨太近以至它们互相接触吸在一起。一系列的传感器监控列车和铁轨之间的距离，并不断地调整供给电磁铁的电量。

除了这个系统，另外一种类似的设计不存在确定距离的问题——日本的磁悬浮列车。这种列车用相反的方式使用磁力。它利用磁斥力，把列车抬离地面。列车上的超导磁铁与安装在水平轨道上的磁铁互相排斥。同样道理，这种磁力推动列车前行。

日本的列车只有在高速运行时，才能良好地工作。因此，它要先安装上小车轮运行，直到时速达到100公里（62英里）时，才悬浮在空中。对于日本来说，大、小型地震很容易将铁轨震断，因此，这项设计被证明是最安全、最成功的。

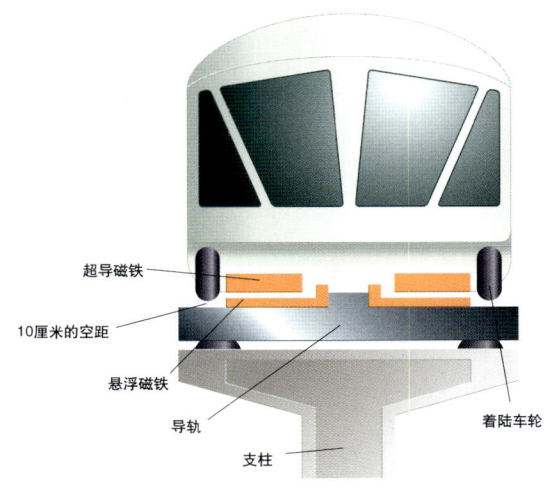

日本的磁悬浮列车

发明

- 专利是授予发明者的一种权利，他们可以借此控制自己的发明的应用，并享有相关的权益。
- 开罐刀是在发明了马口铁罐头45年后的1855年被发明的。
- 在55年的时间里，爱迪生有1000余项发明获得了专利。
- 最初的人造黄油是用剁碎的母牛的乳房连同其他的东西制成的。
- 最初，可口可乐是作为一种"补脑剂"于1884年投放市场的。

■ 苏格兰教师与声学家亚历山大·格雷汉姆·贝尔正在对他的新发明——"百岁"电话说话。这项发明是在托马斯·沃森协助下完成的。贝尔正是通过电话对他说了第一句话："沃森先生，请过来。我要见你。"1876年，贝尔为这一装置申请了专利，仅比电话的另一位发明者伊莱沙·格雷早了几个小时。

❓ 发明，发明者，发明时间，发明地点

发明	发明者	发明时间	发明地点
算盘	不详	约公元前3000年	亚洲
加法机	威廉·希卡德	1623年	德国
风神球（一种早期蒸汽机）	亚历山大的希罗	公元60年	埃及
飞机（可操纵）	奥维尔·莱特，威尔伯·莱特	1903年	美国
飞机（实用）	克莱门特·阿代尔	1890年	法国
飞机（理论）	伊曼纽尔·斯韦登伯格	1717年	瑞典
飞艇（软式）	亨利·吉法尔德	1852年	法国
飞艇（硬式）	费迪南德·冯·齐柏林伯爵	1900年	德国
麻醉剂（乙醚）	克劳弗德·威廉森·朗医生	1842年	美国
麻醉剂（一氧化二氮）	霍勒斯·威尔斯	1846年	美国
人造心脏	罗伯特·贾维克	1970年	美国
旋翼机	胡安·德·拉·席尔瓦	1923年	西班牙
酚醛塑料	利奥·贝克兰	1909年	美国
圆珠笔	约翰·丁·洛德	1888年	美国
圆珠笔（低成本的）	拉兹洛和乔治·比罗	1938年	匈牙利
带刺铁丝网	卢西恩·史密斯	1867年	美国
气压计	伊万杰里斯达·托里拆利	1644年	意大利
电池（蓄电池）	亚历山德罗·伏打	1800年	意大利
自行车	柯克帕特里克·麦克米兰	1839年	苏格兰
自行车轮胎	约翰·博伊德·邓禄普	1888年	苏格兰
双焦透镜镜头	本杰明·富兰克林	1784年	美国
二进制	戈特弗莱德·威廉·莱布尼兹	1679年	德国
船（划船）	不详	公元前7000年	埃及
船（帆船）	不详	公元前3000年	埃及
布莱叶盲文	路易斯·布莱叶	1829年	法国
桥（金属制）	亚伯拉罕·达比	1779年	英国
青铜	不详	约公元前3700年	埃及
本生灯	罗伯特·威廉·冯·本生	1855年	德国
防盗警报器	埃德温·霍姆斯	1858年	美国
计算器（高级的）	查尔斯·巴贝吉	1823年	英国
差分机			
计算器（机械的）	布莱斯·帕斯卡	1642年	法国
火炮	不详	约1280年	中国
汽车（汽油驱动）	卡尔·本茨	1885年	德国
汽车轮胎（可充气的）	安德烈·米其和埃多阿德·米其林	1895年	法国
化油器	戈德利·戴姆勒	1876年	德国
扫地毯器	梅尔维尔·比斯尔	1876年	美国
现金出纳机	詹姆士·里提	1879年	美国
盒式磁带（袖珍的）	飞利浦公司	1963年	荷兰
"猫眼"	珀西·肖	1934年	英国
阴极射线管	约瑟夫·约翰·汤姆逊爵士	1897年	英国
玻璃纸	雅各·勃兰登堡博士	1908年	瑞士
明胶	J.W. 海厄特	1870年	美国
硅酸盐水泥（波特兰水泥）	约瑟夫·阿斯普丁	1824年	英国
天文钟	约翰·哈里森	1761年	英国
钟（机械式）	僧一行，梁令瓒	725年	中国
钟（钟摆式）	克里斯蒂安·惠更斯	1656年	荷兰
钟表机械	不详	公元前80年	希腊
彩色印刷	雅科·勒·蓬	1719年	德国
通讯卫星（理论）	阿瑟·克拉克	1945年	英国
密纹唱盘	飞利浦公司，索尼公司	1978年	荷兰，日本
计算机（可编程序的、电子的）	马克斯·纽曼教授，T.H. 弗罗尔斯	1943年	英国
计算机逻辑语言	戈特弗莱德·威廉·莱布尼兹	1666年	德国
柴油机	鲁道夫·狄塞尔	1895年	德国
盘式制动器	F. 兰彻斯特博士	1902年	英国
直流发电机	海波利特·皮克希	1832年	法国
电熨斗	H.W. 西利	1882年	美国
电灯	托马斯·阿尔瓦·爱迪生	1879年	美国
电动机（交流）	尼古拉·特斯拉	1888年	美国
电动机（直流）	泽诺·格拉姆	1873年	比利时
脑电图仪	汉斯·贝格尔	1929年	德国
电磁铁	威廉·斯特金	1824年	英国
电子显微镜	欧内斯特·鲁斯卡，马克思·克诺尔	1931年	德国
内窥镜	赫尔曼·冯·亥姆霍兹	1851年	德国
自动扶梯	杰西·雷诺，乔治·惠勒	1892年	美国
世界语	路德维格·柴门霍夫博士	1887年	波兰
食品罐头（马口铁）	彼得·杜兰德	1810年	英国
自来水笔	刘易斯·埃得森·沃特曼	1884年	美国
电流计	安德烈·马勒·安培	1834年	法国
煤气灯	威廉·默多克	1792年	英国
玻璃（吹制）	不详	公元前1世纪	叙利亚
玻璃制品	不详	约公元前2600年	伊拉克
滑翔机	乔治·凯莱爵士	1853年	英国
金叶验电器	亚伯拉罕·贝内特	1787年	英国
留声机	托马斯·阿尔瓦·爱迪生	1878年	美国
希腊火（旧时海战中所用之燃烧剂）	凯林尼科斯	673年	拜占庭
火药	不详	约850年	中国
陀螺仪	让-伯纳德-莱昂·傅科	1852年	法国
直升飞机（实用）	伊格·西科尔斯基	1936年	德国
直升飞机（理论）	列奥那多·达·芬奇	约1500年	意大利
全息照相	丹尼斯·伽柏	1947年	德国
热气球（正常尺寸）	雅克·蒙哥菲尔和约瑟夫·蒙哥菲尔	1783年	法国
热气球（模型）	法勒·巴托洛米奥	1709年	葡萄牙
气垫船	克里斯托弗·考克瑞尔爵士	1959年	英国
墨水	不详	公元2世纪	中国
集成电路	杰弗里·达默	1952年	英国
内燃机车	伊萨德·里瓦斯	1805年	瑞士
喷气发动机	弗兰克·惠特尔	1930年	英国
激光	西奥多·梅曼	1960年	美国
电梯	伊利沙·奥蒂斯	1852年	美国
避雷导线	本杰明·富兰克林	1752年	美国
漆布	弗雷德里克·沃尔顿	1860年	英国
平版印刷术	阿洛伊·塞尼费尔德	1796年	德国
对数	约翰·纳皮尔	1614年	苏格兰
扬声器	霍勒斯·肖特	1900年	英国
机关枪（加特林机枪）	理查德·加特林	1862年	美国
防水雨衣（胶布）	查尔斯·麦金托什	1823年	苏格兰
地图	不详	约公元前2300年	美索布达米亚
人造黄油	希波利特·梅耶-莫里斯	1869年	法国
微波激射器	C.H. 汤斯	1958年	美国
安全火柴	安东·冯·斯罗特尔	1845年	奥地利
度量衡（长度）	不详	约公元前3500年	西北欧
巨石码			
度量衡（重量）	不详	约公元前3800年	埃及
金属版印刷术	路德维格·范·希金	1642年	德国

■ 平均每分钟授予一项专利 ■ 约翰·哈里森由于发明了航海用

■ 1903年12月17日，在美国北卡罗来纳州的基蒂霍克，奥维尔·莱特奋力使莱特I号飞机在基尔戴维尔山上着陆。那天，这架飞机进行了两次飞行，一次持续了12秒，另一次持续约有一分钟。奥维尔，这位与他哥哥威尔伯共同改进、制造飞机的人幸运地在这重要的一天中成为了第一名飞行员。这标志着飞机的首次动力飞行。

■ 齐柏林伯爵号飞艇是世界上第一艘铝制框架的硬式飞艇，其表层覆盖着有涂层的棉布。这艘巨大的动力驱动飞行器是戴姆勒为空中旅行而建造的。但后来在第一次世界大战中，它被用来轰炸伦敦。在其40年的历史中，大约有5万多人乘坐过它。1937年5月6日，当兴登堡号飞艇在纽约燃为灰烬之后，齐柏林号也失去了它的魅力。

项目	发明者	年份	国家
微机（单芯片）	吉尔伯特·海厄特	1968-1971年	美国
麦克风	亚历山大·格雷汉姆·贝尔	1876年	美国
微处理机	小马西安·霍夫	1971年	美国
显微镜	扎卡赖亚斯·詹森	1590年	荷兰
微波炉	珀西·斯宾塞	1945年	美国
摩托车	戈德利·戴姆勒	1885年	德国
活字印刷	毕升	1040-1050年	中国
霓虹灯	乔治·克劳德	1910年	法国
核反应堆	恩里科·费密	1942年	美国
尼龙	沃尔特·卡罗瑟斯	1935年	美国
纸	蔡伦	公元105年	中国
纸莎草纸	不详	公元前3000年	埃及
降落伞	路易斯-塞巴斯蒂安·勒诺尔芒	1783年	法国
停车计时器	卡尔顿·马热	1935年	美国
巴氏灭菌法	路易斯·巴斯德	19世纪60年代	法国
铅笔	J.N.孔蒂	1792年	法国
光学复印机	切斯特·卡尔森	1937年	美国
摄影术	约瑟夫·尼塞弗尔·尼普斯	1826年	法国
袖珍计算器	杰克·圣克莱尔·基尔比，詹姆斯·范·塔塞尔，杰丽·梅里曼	1971年	美国
聚乙烯	R.O.吉布森，E.W.福西特	1933年	英国
瓷器	不详	800年	中国
陶轮	不详	约公元前6500年	小亚细亚
压力锅	丹尼斯·巴本	1679年	法国
印刷机	约翰内斯·谷登堡	约1450年	德国
整版印刷术	不详	公元2世纪	中国
整型铸排印刷术	奥托·默根特勒	1884年	美国
单字铸排印刷术	托伯特·兰斯顿	1887年	美国
可编程设备（提花机）	J.M.雅卡尔	1804年	法国
金字塔	伊默坦普	公元前2856年	埃及
雷达	艾伯特·泰勒博士，利奥·扬	1922年	美国
铁路运输	不详	1550年	法国
电气铁路	沃纳·冯·西门子	1879年	德国
铁路（蒸汽机车）	理查德·特里维西克	1803年	英国
人造纤维	约瑟夫·斯旺爵士	1883年	英国
电动剃须刀	雅各·锡克上校	1928年	美国
唱片（用留声机播放）	埃米尔·柏林纳	1901年	美国
唱片（密纹）	彼得·戈德马克博士	1948年	美国
冰箱	詹姆斯·哈里森	1850年	澳大利亚
	亚历山大·凯特林·特文宁	1850年	美国
机器人	乔治·第沃尔，约瑟夫·恩格尔伯格	1961年	美国
火箭（用于战争）	不详	1042年	中国
乳化橡胶	邓禄普橡胶公司	1928年	英国
硫化橡胶	查尔斯·古德伊尔	1841年	美国
安全图钉	沃尔特·亨特	1849年	美国
透明胶带	理查德·德鲁	1930年	美国
螺旋桨	弗朗西斯·佩蒂特·史密斯爵士	1836年	英国
自动启动装置	查尔斯·凯特林	1911年	美国
缝纫机	巴托洛米·蒂马尼埃	1830年	法国
船（动力驱动）	威廉·赛明顿	1801-1802年	苏格兰
速记	伊萨克·皮特曼爵士	1839年	英国
硅片	杰克·基尔比	1958年	美国
丝制品	不详	约公元前50年	中国
摩天大厦	威廉·巴朗·詹妮	1882年	美国
计算尺	威廉·奥特雷德	1621年	英国
凹透镜	库沙的尼古拉斯	约1450年	意大利
凸透镜	不详	约1286年	意大利
血压计	西皮翁·里瓦-罗西医生	1896年	意大利
珍妮纺纱机	詹姆斯·哈格里夫斯	1764年	英国
蒸汽机	托马斯·塞维利	1698年	英国
活塞式蒸汽机	托马斯·纽可门	1712年	英国
炼钢术	亨利·贝塞麦	1855年	英国
立体声技术	电子乐器工业公司	1933年	英国
听诊器	勒内·拉埃内克	1816年	法国
潜水艇	戴维·布什内尔	1776年	美国
潜水艇	科尼利厄斯·德勒贝尔	1624年	荷兰
超级计算机	西摩·克雷	1976年	美国
坦克	欧内斯特·斯温顿爵士	1914年	英国
磁带录音机	泰莱范肯通用电力公司，法本利益组合公司	1935年	德国
电报（机械式）	M.拉蒙德	1787年	法国
电码	塞缪尔·莫尔斯	1837年	美国
电话（实用）	亚历山大·格雷厄姆·贝尔	1876年	美国
电话（理论）	安东尼·默西	1849年	意大利
电话自动交换机	阿尔弗莱德·斯特劳格	1889年	美国
望远镜（反射式）	艾萨克·牛顿	1668-1669年	英国
望远镜（折射式）	汉斯·利珀希	1608年	荷兰
电视	约翰·洛奇·贝尔德	1925年	苏格兰
电视摄像机	弗拉迪摩·兹沃尔金	1931年	美国
涤纶	J.R.惠菲尔德	1941年	英国
温度计	伽利略	1593年	意大利
晶体管	约翰·巴丁，威廉·肖克利，沃尔特·布拉顿	1948年	美国
晶体管收音机	索尼公司	1952年	日本
汽轮机（船用）	查尔斯·帕森斯爵士	1894年	英国
涡轮喷气发动机	汉斯·巴布斯特·冯·奥哈茵	1937年	德国
打字机	克里斯托弗·肖尔斯	1868年	美国
橡胶轮胎	托马斯·汉考克	1846年	英国
疫苗接种术	爱德华·金纳	1796年	英国
真空吸尘器	休伯特·塞西尔·布思	1901年	英国
真空泵	奥托·冯·盖里克	1654年	德国
汽车（汽油驱动）	塞缪尔·布朗	1826年	英国
录像机	A.M.波尼亚托夫	1958年	美国
随身听	索尼公司	1980年	日本
洗衣机	赫尔利机械公司，A.L.费希尔	1907年	美国
表	不详	1462年前	意大利
手表	雅凯-德罗兹，莱斯科特	1790年	瑞士
抽水马桶	约翰·哈灵顿爵士	1589年	英国
飞梭（纺织用）	约翰·凯	1733年	英国
电焊机	伊力沙·汤姆逊	1877年	美国
车轮	不详	约公元前3580年	苏美尔
风车	不详	约600年	伊朗
文字	不详	约公元前3600年	苏美尔
拉链	威特科姆·贾德森	1893年	美国

能源

- 据记载,最大的一次瓦斯爆燃发生在阿尔及利亚撒哈拉沙漠中的加西泰维勒,大火从1961年11月13日一直持续到1962年4月28日——其火焰高达137米。
- 塔吉克斯坦瓦赫什河上的努列克水电站大坝是世界上最高的大坝——高达300米。
- 据估计,美国现有224.57亿桶的石油储藏。以目前的开采速度,估计够开采9年。英国则有42.93亿桶的储藏,足以开采4年。
- 美国是世界上拥有核反应堆最多的国家(109座),核能发电量占世界核能发电总量的29.5%。

能源对于每一个国家来说都是极其重要的。在发达地区与发展中地区,能源都是以电能的形式来提供的。电是将能源从其来源输送到所需之处最方便、最灵活的方式。然而在决定采用哪种可行的方法来发电这一方面仍然存在着一些问题。燃烧诸如煤炭、石油一类的矿物燃料会逐渐地、不可避免地破坏环境;而核能的使用却要冒着一些未必会发生,但却潜在着的灾难性的危险。那些对环境无害而且安全的能量来源——风能、太阳能与地热能——仍只占世界能源的一小部分。

煤炭

- 煤炭是一种碳基矿物质,是数千万年来未完全分解的植物体受到逐渐压实的作用而形成的。
- 1942年,在中国的本溪煤矿,1549人死于煤尘爆炸——这是世界上破坏性最大的矿井灾难。

煤炭有三种基本类型——褐煤、烟煤(软煤)和无烟煤(硬煤)。褐煤的热效率最低,因为它的形成期较晚,同其他类型煤相比,含碳较少,含水分较多。无烟煤含碳量最高,发热量也最高。开采出来的煤大约有一半用于发电;1/4炼作焦炭,用于钢铁工业;其他则用于其他工业或是家用取暖。

在电站燃烧诸如煤炭一类的矿物燃料导致一些副产品的产生,这对于环境有潜在的破坏作用。煤粉燃烧过程中产生的粉煤灰随烟气(或废气)经过静电除尘器时能被有效地清除掉(见57页)。

而其他副产品则直接通过烟囱排入大气。其中包括二氧化硫(SO_2)、氮氧化物(NO)(造成酸雨的罪魁祸首)(见56页)以及二氧化碳(CO_2)(它导致了温室效应)(见55页)。大部分用煤作燃料的电站很可能都有脱硫设备。

石油与天然气

- 石油与天然气都是碳氢化合物:一种由氢和碳两种元素构成的有机化合物。
- 北美洲的州际石油管道公司是世界上最大的原油管道公司,其管线长达3787公里(2354英里)。

原油与天然气往往在非常接近的地方被发现,这是因为它们形成的方式相同,并都会聚在相同的地质构造中。一个石油矿的形成需要三种不同类型的岩层:碳氢化合物形成于其中的沉积岩层;像海绵一般能贮存石油与天然气的渗透岩层;以及覆盖在其顶部的一层不可渗透的暗色岩所形成的一个完美的穹地结构。在确定了一个可能存在的油田之后,便开始探测性的钻井开采。如果发现了达到有利可图的贮量的石油,便开始钻探生产井。一座钻塔可以成扇面状钻出很多洞穴深入到贮油层的各个角落。一个大的油田可以从几个不同的钻井平台上开采。一旦钻通岩层,一组叫做"圣诞树"(因其形状而得名)的管网和阀门装置就被安装在地面上以控制其流量。石油自身的压力可能足以将它们送出地面,但有时也需用泵。当压力下降时,可以通过向其他洞注水来升高压力。即便使用了这项技术,所能开采的石油也不超过储量的30%到40%。

长途输气管道与装载液化天然气船舶的发展极大地促进了天然气市场,因为它既是一种极佳的燃料,又是一种用途广泛的化工原料。天然气比原油更容易流出,一个油气田中有多达80%的天然气可以被开采出来。天然气的制取工艺包括将它从其他种液体中分离出来,以及通过脱硫除去硫化氢与二氧化碳一类的气体使之变纯。成品天然气中甲烷占绝大部分(超过80%),还含有少量的乙烷、丙烷和丁烷。

■ 在英格兰约克郡的塞尔比,用煤作燃料的得拉克斯电厂排放的烟尘与暮色交融在一起。

▶ 原油

消耗国	百万桶/年	生产国	百万桶/年
美国	5,024	沙特阿拉伯	2,976
俄罗斯	1,689	美国	2,505
日本	1,637	俄罗斯	2,254
中国	1,024	伊朗	1,353
德国	784	中国	1,090
英国	629	墨西哥	994
沙特阿拉伯	589	挪威	988
法国	563	英国	914
韩国	562	委内瑞拉	913
意大利	545	阿联酋	804

*注:一桶油约合159公升(42加仑)。

▶ 煤炭

消耗国	百万吨/年	生产国	百万吨/年
中国	1,232	中国	1,240
美国	844	美国	938
印度	285	俄罗斯	275
俄罗斯	279	印度	274
德国	276	德国	265
波兰	171	澳大利亚	226
南非	141	波兰	201
日本	123	南非	184
澳大利亚	103	哈萨克斯坦	109
朝鲜	100	朝鲜	98

注:英国每年生产4800万吨煤,消耗8100万吨煤。

▶ 天然气

消耗国	百万米³/年	生产国	百万米³/年
美国	591,754	俄罗斯	582,998
俄罗斯	327,275	美国	559,261
德国	92,770	加拿大	175,897
英国	79,391	荷兰	78,778
加拿大	78,223	英国	71,144
乌克兰	75,467	印度尼西亚	61,864
日本	58,029	阿尔及利亚	51,817
意大利	49,513	乌兹别克斯坦	45,300
荷兰	48,841	墨西哥	38,454
伊朗	40,056	沙特阿拉伯	37,718

■ 冰岛首都雷克雅未克几乎完全靠地热供暖 ■ 核电

能源生产国

	百万千瓦时／年
电能	
美国	3,268,250
日本	964,328
中国	928,083
俄罗斯	875,914
加拿大	554,186
德国	528,221
法国	475,622
印度	384,422
英国	325,383
巴西	260,682
核电	
美国	663,455
法国	360,046
日本	271,940
德国	152,128
加拿大	108,066
俄罗斯	98,102
英国	88,504
乌克兰	81,131
瑞典	73,302
韩国	58,588
水力发电	
加拿大	328,078
美国	281,070
巴西	242,956
俄罗斯	176,935
中国	167,983
挪威	112,822
法国	80,856
日本	75,216
印度	71,118
瑞典	59,299

注：英国每年发电6,508,000,000千瓦时。

核电

▶ 在核反应堆中，作为燃料棒的高密度铀芯受到中子轰击时，这种受控制的核能便释放出来——这就是众所周知的核裂变过程。

▶ 在核裂变过程中，一吨铀所产生的能量相当于25,000吨煤所释放的能量。

从发电来说，核电站（见145页）与常规电站之间的惟一不同之处就是产生用以驱动涡轮机的水蒸气的方法不同：仅仅是由核反应堆代替了燃煤或燃油锅炉。

铀-235（U-235）（或其同位素）是在大多数核反应堆中被当作燃料使用的铀元素形式。但在铀矿中，它的量却非常少——低于1%，其余大部分都是铀-238。在许多反应堆中，人们通过一道复杂而且高成本的工序（通常叫作浓缩）来提高铀-235的比例。所需要的浓缩铀或天然铀被压缩成燃料棒，置入核反应堆中心。当铀-235的原子核受到中子轰击时，就分裂开来，这就是核裂变反应（见144～145页）。

核反应堆的种类

1956年，在英格兰坎布里亚郡的科尔德霍尔投入使用的第一座商业性核电站是一座镁基合金反应堆。镁基合金反应堆如此得名是因为它的燃料——非浓缩铀——被一层称之为镁基合金的镁、铝合金所包覆。用二氧化碳对其进行冷却。在20世纪70年代，英国研制出一种更

大的气体冷却反应堆——改进型气冷反应堆（AGRs）。在这种反应堆中，热交换器位于压力容器内部。当二氧化碳冷却剂被泵入由装满浓缩二氧化铀的燃料棒所构成的反应堆中心时，它的压力增大，并且温度升至600℃（1112°F）或更高。

今天，在核电站中最常见的就是轻水反应堆（LWRs）。它的冷却剂和缓和剂——普通的"轻"水——十分容易获得，并且很便宜。但是铀燃料需要高度浓缩。在沸水反应堆（BWR）中，水可以加热至沸腾并产生蒸汽，但这在冷却和缓和反应堆上效果却差一些，所以要防止建在反应堆中心。

在压水反应堆（PWR）中，水必须处于比沸水反应堆还要高的压力下，只有这样它才能在不沸腾的情况下达到所需要的温度。

世界上铀的贮量并不是永远取之不竭的，但有一种反应堆可以帮助延长这个时间——快中子增殖反应堆（FBR）。快中子增殖反应堆的弊端就在于它要求对燃烧过的铀燃料进行后续处理。既要首先提取出钚（它的主要燃料），又要在反应堆的再生区还原出钚。后续处理是一项高度复杂而且代价昂贵的工序——它同样也不为环保主义者所推崇。对于快中子增殖反应堆的异议已经导致了一些国家暂时中止了此项计划和研究。

水电

▶ 利用水的能量发电叫做水力发电（HEP）或水电。

▶ 在一些国家中，水力发电是最重要的能量来源：水电为西欧提供了8%的能源。在世界范围内，它所提供的能量与核电大致相当。

在一座典型的水电站（见144～145页）中，一条河流被大坝拦截而形成一座水库，这样就可以提供源源不断的、可控制的流水。对于大型工程可能有所争议，因为它们可能影响到对洪水比较敏感的地区的环境。但是最新设计的低水头（水位差）水轮机降低了水轮机与水库水面之间所需的水位差（"水头"）。这使得修建一些的拦河大坝或直接将水轮机置于河床上成为可能。

世界上最大的水电站是巴西与巴拉圭界河巴拉那河上的伊泰普水电站。它有12,600兆瓦的装机容量，并计划达到13,320兆瓦。俄罗斯境内建造的图鲁汉斯克（下通古斯卡）水电站，将有20,000兆瓦的装机容量。

可再生能源

▶ 风能，太阳能与地热能都是"清洁"的能源，这意味着它们比矿物燃料和核能更有利于保护环境。人们认为它们是可再生的能源，也就是无穷无尽的能源。

▶ 在地表下10公里（6英里）深处，有足够我们使用数百年的热能。

人们使用传统的风车来发电已经有许多个世纪了。现代化的风车则更加复杂。其中最大

■ 风车农场只利用了风力潜能中的一小部分。图为美国加利福尼亚州的一个风车农场。

的就如同一架巨型飞机的螺旋桨，叶片直径达60米（200英尺），发电量高达3兆瓦。两架这样的机器就能为苏格兰的奥克尼群岛提供很大一部分电能。在欧洲和美国的沿海地区都建起了几个装有风力涡轮机的"风车农场"。另外一种由英国人发明的方法是使用一台带有巨大的"H"形叶片的风力涡轮机，其叶片围绕其纵轴旋转。强风时，这种机械装置的叶片端部可以向内倾斜，用以调整动力供应。

直接收集太阳能是一种最简单的能源利用方式。无论是新房或老屋的设计都利用了阳光来取暖和照明。今天，效率更高的设计正在广泛普及开来。在北欧，每平方米（12平方英尺）太阳能收集器一年中可以吸收1000千瓦时的太阳能，其中一半可以用来加热水。而同样的收集器在加利福尼亚可以吸收两倍的能量。

在我们脚下30公里（19英里）处，岩石温度在900℃（1650°F）左右。这种热量主要来自地球内部放射性元素的衰变。严格地讲，这种能量是不可再生的，但却是巨大的。在世界某些地方——比如说冰岛——到达地表的地热要比其他地方多得多，可以直接被用作家庭取暖。在另一些国家中，来自地下2～3公里（1.3～1.8英里）处的温泉温暖着成群的楼房。

地热贮量最大的地方，仍然在更深的地方，大约有6公里（3.7英里）左右。由于在这个深度岩石是干燥的，那么提取地热就更加困难、成本也就更高。因为为了让地热到达地表，就必须把水泵入地下。

■ 冰岛斯瓦特圣基地热电站的废水池即使在冬日也一样温暖。

航空运输

- 在芝加哥的奥哈拉国际机场，每隔35秒就有一架飞机起降。
- 美国孟菲斯机场所处理的货运量远远大于任何一家机场，因为它是一家国际货物空运公司——联邦快递公司的中心。
- 波音公司设在美国华盛顿州埃弗雷特的装配厂容积达1340万立方米，相当于11个温布利体育场。
- 英国航空公司1995年的营业额达11亿美元。

航空运输始于1903年。这一年奥维尔·莱特与威尔伯·莱特在美国北卡罗来纳州的基蒂霍克成功地进行了世界上第一次可操纵的有动力飞行，历时59秒。事实上，直到1939年，所有的飞机都是以活塞发动机驱动螺旋桨作为动力的。在第二次世界大战中以及战后，螺旋桨让位于多用途的涡轮喷气发动机。航空运输目前已经牢固地树立了这样一种地位：它是洲际旅行最快捷、最有效的方式。同样，在国内这样较小范围内，情况也是这样的。主要的国内、国际航空港的航空运输已经接近每年100万架次。其中大部分是客机，航空货运也在不断增加。大航空公司相互合作，小航空公司以及飞机租赁公司则与之竞争，这种态势使机票价格相对低廉，向那些过去无力承担其价格的人敞开了空中旅行之门。在很长一段时期内，我们向往着更快捷的空中旅行方式，比如乘高空飞机在近地轨道作环绕地球的飞行。

■ 一头南非克鲁格国家公园的小象正等待着被空运到海外的狩猎公园。

■ 香港是世界上人口最稠密的地区之一。观其机场便可证明这一点：在距离跑道很近的地方还耸起一片高楼（见上图）。

■ 日本的关西国际机场耗资100亿英镑，据报道是世界上耗资最多的建筑工程。它建在距大阪湾海岸5公里的一个人工岛上，并由100万个沙堆来保持稳定。

15 个主要航空港

世界主要航空港由每年飞机飞行架次来衡量（飞行架次包括所有的起飞与降落）。

①	芝加哥机场	900,275
②	达拉斯/沃斯堡机场	879,371
③	亚特兰大机场	761,618
④	洛杉矶机场	732,639
⑤	迈阿密机场	576,936
⑥	圣路易斯机场	519,156
⑦	奥克兰机场	515,955
⑧	底特律机场	508,037
⑨	拉斯维加斯机场	503,698
⑩	波士顿机场	477,334
⑪	长滩机场	476,716
⑫	圣安娜机场	473,059
⑬	明尼阿波利斯—圣保罗机场	465,518
⑭	丹佛机场	465,407
⑮	匹兹堡机场	448,235

拥有机场最多的国家

美国	834
澳大利亚	400
加拿大	301
巴西	139
巴布亚新几内亚	129
中国	113
墨西哥	83
印度尼西亚	81
日本	73
法国	66
印度	66
哥伦比亚	63
俄罗斯	58
挪威	50
英国	50

30 个最繁忙的航空港

世界上最繁忙的机场是由机场每年运送旅客总人数来决定的。

（单位：百万人次）

①	芝加哥机场	67.26
②	亚特兰大机场	57.74
③	伦敦希思罗机场	54.45
④	达拉斯/沃斯堡机场	54.30
⑤	洛杉矶机场	53.91
⑥	东京羽田机场	45.82
⑦	法兰克福机场	38.18
⑧	旧金山机场	36.26
⑨	迈阿密机场	33.24
⑩	丹佛机场	31.03
⑪	汉城机场	30.94
⑫	纽约肯尼迪机场	30.33
⑬	底特律机场	29.01
⑭	巴黎戴高乐机场	29.01
⑮	香港机场	28.08
⑯	拉斯维加斯机场	28.00
⑰	菲尼克斯机场	27.82
⑱	明尼阿波利斯—圣保罗机场	26.78
⑲	巴黎奥利机场	26.65
⑳	纽瓦克机场	26.57
㉑	圣路易斯机场	25.72
㉒	阿姆斯特丹机场	25.36
㉓	波士顿机场	24.74
㉔	休斯顿机场	24.73
㉕	东京成田机场	24.22
㉖	火奴鲁鲁机场	23.58
㉗	新加坡机场	23.20
㉘	曼谷机场	22.93
㉙	西雅图—塔科马机场	22.79
㉚	伦敦盖特威克机场	22.55

■ 伦敦希思罗机场接待的国际旅客数量超过其他任何机场

■ 在美国佐治亚州亚特兰大的哈兹菲尔德国际机场,飞机正在等待起飞。这里拥有世界上最大的航空集散地。1980年启用后,其停机坪有131英亩,而且还在不断扩建。它每年可以承运7000万旅客。

世界上最大的飞机

	生产国	翼展			长度			最大巡航速度		满载航程		最大起飞重量		最多座位数
		米	英尺	英寸	米	英尺	英寸	公里/小时	节	公里	海里	公斤	磅	
空中客车 A300	国际合作	44.84	147	1	54.08	177	5	897	484	9,450	5,100	171,700	378,535	375
空中客车 A320	国际合作	34.09	111	9	37.57	123	3	903	487	5,430	2,930	73,500	162,040	179
英国飞机公司协和号	国际合作	25.56	83	10	62.10	203	9	2,179	1,176	6,230	3,360	185,065	408,000	128
英国飞机公司	英国	28.50	93	6	32.61	107	0	871	470	2,744	1,480	47,400	104,500	119
波音 707	美国	44.42	145	9	46.61	152	11	973	525	9,265	5,000	151,315	333,600	219
波音 727	美国	32.92	108	0	46.69	153	2	964	520	3,966	2,140	92,025	202,900	189
波音 737 300	美国	28.88	94	9	33.40	109	7	908	491	4,973	2,685	62,824	138,500	128
波音 747 300 和 400	美国	64.31	211	0	70.66	231	10	985	532	13,528	7,300	394,625	870,000	660
波音 757	美国	38.05	124	10	47.32	155	3	914	493	5,150	2,780	115,670	255,000	239
波音 767 300	美国	47.55	156	1	54.94	180	3	900	486	7,415	4,000	159,210	351,000	290
波音 777 300	美国	60.93	199	11	73.86	242	1	1,077	581	8,926	4,820	299,370	660,000	440
德哈维兰 DHC-8 300	加拿大	27.43	90	0	25.68	84	3	528	285	1,482	800	19,505	43,000	56
福克尔F27友谊号	荷兰	29.00	95	2	23.56	77	3	480	259	2,070	1,117	20,410	45,000	44
麦道 DC-8	美国	45.23	148	5	57.12	187	5	887	479	8,950	4,830	161,025	355,000	269
麦道 DC-9 (40和50系列)	美国	28.47	93	5	36.37	119	3	929	501	3,326	1,796	54,885	121,000	239
麦道 DC-10	美国	50.40	165	4	55.50	182	1	908	490	7,413	4,000	259,450	572,000	380
麦道 MD-80	美国	32.87	107	10	45.06	147	10	855	478	2,896	1,563	63,500	140,000	172

20个最大航空货运国家和地区

(单位:十亿吨公里)

①	美国	17.11
②	德国	15.93
③	法国	9.75
④	俄罗斯	7.83
⑤	日本	5.99
⑥	加拿大	5.82
⑦	韩国	4.83
⑧	西班牙	4.15
⑨	新加坡	3.67
⑩	斯洛文尼亚	3.55
⑪	中国台湾	3.41
⑫	荷兰	3.27
⑬	英国	2.95
⑭	墨西哥	2.45
⑮	中国	2.40
⑯	澳大利亚	1.67
⑰	巴西	1.56
⑱	瑞士	1.51
⑲	智利	1.43
⑳	阿根廷	1.29

20家最大客运航空公司

		载客(百万人次)	客公里(十亿)	架次
①	德尔塔航空公司	88.89	138.97	543
②	美国航空公司	79.80	165.63	635
③	联合航空公司	79.00	179.94	558
④	美航公司	56.70	60.94	510
⑤	西北航空公司	49.30	100.61	380
⑥	西南航空公司	44.79	37.54	224
⑦	燕莎航空公司	40.70	79.09	314
⑧	全日航空公司	37.60	43.81	125
⑨	大陆航空公司	37.58	64.41	309
⑩	英国航空公司	32.33	95.95	293
⑪	日本航空公司	28.81	72.42	127
⑫	环球航空公司	21.64	40.08	188
⑬	韩国航空公司	21.42	34.28	107
⑭	意大利航空公司	20.90	31.75	162
⑮	斯堪的那维亚航空公司	18.84	18.51	152
⑯	日本航空系统	16.91	13.74	77
⑰	西部航空公司	16.85	21.42	93
⑱	澳大利亚航空公司	16.05	51.20	135
⑲	联运集团	15.70	37.54	55
⑳	法国航空公司	15.00	51.71	141

客运旅程

下表为世界上一些国家和地区每年计划航班最大的客公里数(单位:十亿)。这个数字是通过旅客数同飞行的公里数相乘而得到的。

美国	835.60
日本	114.60
德国	107.83
英国	97.50
俄罗斯	76.68
中国	65.20
法国	59.46
澳大利亚	48.41
新加坡	48.40
加拿大	46.58
荷兰	41.77
西班牙	39.75
韩国	39.26
中国台湾	38.25
巴西	32.63
意大利	29.66
泰国	27.13
墨西哥	25.83
马来西亚	22.56
瑞士	19.73
沙特阿拉伯	18.50
新西兰	17.72
印度	17.51
菲律宾	14.40
印度尼西亚	14.33

■ 世界前50位大机场平均每秒输送旅客超过40人次 ■

公路运输

▶ 从1955到1995年间，英国所进行的道路建设使全国公路总长度增加了21%；但与此同时，汽车的数量增长了660%。

▶ M25伦敦环城高速公路是世界上最长的环城公路。长达195.5公里，耗资9.09亿英镑，于1972-1986年间建成。

▶ 在美国加利福尼亚州的奥兰治县405号州际公路（圣迭戈高速路段）在交通的高峰期，从加登格罗夫高速公路到锡尔滩林荫大道之间1.5公里的路段上竟有25,500辆汽车。

▶ 韩国是世界上惟一一个没有经历20世纪80年代末90年代初制造业萧条的主要汽车生产国。

▶ 在美国的公路上平均每隔30米就有一辆机动车。

公路运输（用轿车与卡车）已经有长达100年的历史了。现在，汽车已经成为中、短途运输的主要方式。所有的国家，无论其大小，都有公路系统。但高速公路还没有普及到所有的国家。汽车可能给人们带来了前所未有的方便，同时也带来了很多严重的问题，比如最引人注意的交通堵塞、空气污染以及越来越多的公路建设对乡村环境的破坏。政府已经开始采取种种措施来解决这些问题，比如鼓励使用催化转换器来过滤掉汽车尾气中的有害物质。但是只有时间才能够证明这些措施是否足够。从积极的角度来讲，未来的汽车会越来越清洁，而且可能会用一种最清洁的能源——电力或太阳能来驱动汽车。尽管汽车带来很多问题，但它们将会存在下去，尤其在发展中国家，汽车拥有量正在不断上升。利用公路运输所运送的货物也正在持续增长。在西欧和北美，公路运输已经逐渐取代了铁路运输的地位。因此，即使大型卡车（如重型货车）的增加被公认为是一种环境灾难，许多只能用于运送货物的铁路支线还是被取消了。

? 哪些国家靠左行驶

大多数国家的人都在路的右侧行车；那些靠左侧行车的国家明显占少数。靠左行驶源自英国的一个传统。过去人们认为与迎面而来的一个骑士或一驾马车的右侧擦身而过最好。这样在遇到突然袭击时可以用右手拔出剑来。在欧洲大陆，马车夫（的位置）则在马匹后方的左侧；因此，如果马车靠路右侧行驶，并从左侧超车时，驾车人对前方路面的视线会更好些。

下列国家的人们都靠左侧行车：安提瓜和巴布达、澳大利亚、巴哈马、孟加拉国、巴巴多斯、不丹、博茨瓦纳、文莱、塞浦路斯、多米尼加国、斐济、格林纳达、圭亚那、印度、印度尼西亚、爱尔兰、牙买加、日本、肯尼亚、基里巴斯、莱索托、马来西亚、马拉维、马耳他、毛里求斯、莫桑比克、纳米比亚、尼泊尔、新西兰、莫基斯坦、巴布亚新几内亚、圣克鲁斯托弗尼维斯、圣卢西亚、圣文森特和格林纳丁斯、塞舌尔、新加坡、所罗门群岛、索马里、南非、斯里兰卡、苏里南、斯威士兰、坦桑尼亚、泰国、汤加、特立尼达和多巴哥、图瓦卢、乌干达、英国、赞比亚和津巴布韦。

在下列英国属地也靠左侧行驶：安圭拉岛、百慕大群岛、库克群岛、福克兰群岛、格恩西岛及其属地、泽西岛、马恩岛、蒙特塞拉特岛、诺福克岛、特克斯群岛以及维尔京群岛。

中国的香港地区也是靠左侧行驶的。

■ 在佐治亚州的亚特兰大，高速公路纵横交错——美国拥有世界上最长的公路网。

25 个公路网最长的国家

		公里	英里
①	美国	6,283,868	3,904,721
②	印度	2,160,000	1,342,198
③	巴西	1,660,352	1,031,723
④	日本	1,130,892	702,722
⑤	中国	1,083,476	673,259
⑥	俄罗斯	942,000	585,347
⑦	加拿大	849,404	527,810
⑧	法国	811,200	504,070
⑨	澳大利亚	810,264	503,488
⑩	德国	636,282	395,378
⑪	土耳其	386,704	240,293
⑫	英国	386,631	240,248
⑬	波兰	363,116	225,636
⑭	西班牙	331,961	206,277
⑮	印度尼西亚	315,458	196,021
⑯	意大利	303,518	188,602
⑰	乌克兰	273,700	170,074
⑱	墨西哥	252,725	157,040
⑲	阿根廷	215,578	133,958
⑳	巴基斯坦	194,922	121,122
㉑	孟加拉国	193,283	120,104
㉒	南非	188,309	117,013
㉓	哈萨克斯坦	164,900	102,467
㉔	菲律宾	160,709	99,863
㉕	罗马尼亚	153,014	95,081

▶ 公路网最短的国家是梵蒂冈城，全长不足2公里（1.2英里）。

10 家最大汽车生产商

		（单位：百万辆）
①	通用汽车公司	4.37
②	福特公司	3.45
③	丰田公司	3.17
④	标致公司	1.82
⑤	大众公司	1.77
⑥	克莱斯勒公司	1.72
⑦	尼桑公司	1.71
⑧	雷诺公司	1.67
⑨	菲亚特公司	1.55
⑩	三菱公司	1.33

注：以上汽车生产商不包括其海外子公司。

■ 现在世界上平均每分钟生产100辆汽车 ■ 圣马力诺的汽车数量超过

汽车的普及程度

一个国家的汽车普及程度可以用一辆汽车由多少人拥有来表示。

每辆车拥有人数

最多		最少	
圣马力诺	0.9	尼泊尔	2,259
美国	1.3	埃塞俄比亚	856
安道尔	1.5	卢旺达	697
列支敦士登	1.5	孟加拉国	655
摩纳哥	1.5	缅甸	619
澳大利亚	1.7	布基纳法索	402
加拿大	1.7	乌干达	402
卢森堡	1.7	乍得	361
意大利	1.8	不丹	348
新西兰	1.8	马拉维	315
奥地利	1.9	阿富汗	295
德国	1.9	马里	294
文莱	2.0	索马里	287
法国	2.0	坦桑尼亚	262
冰岛	2.0	柬埔寨	240
日本	2.0	刚果	229
瑞士	2.0	莫桑比克	224

注：英国平均每2.5人拥有一辆汽车。

■ 美国加利福尼亚州洛杉矶的好莱坞高速公路上的交通阻塞。

公路运输力

公路运输力以吨公里来计算，也就是将货物运量（单位：吨）同运输里程相乘。

（单位：十亿吨公里）

美国	1,189.90
中国	407.05
日本	281.60
巴西	260.40
印度	210.00
德国	202.90
意大利	182.75
西班牙	154.50
法国	146.00
墨西哥	140.23
英国	126.50
土耳其	97.84
澳大利亚	88.21
伊朗	68.25
波兰	57.10

30个拥有汽车最多的国家和地区

①	美国	146,314,000
②	日本	40,772,407
③	德国	39,086,000
④	意大利	29,600,000
⑤	法国	24,385,000
⑥	英国	20,479,000
⑦	加拿大	13,477,896
⑧	西班牙	13,440,694
⑨	巴西	12,974,991
⑩	俄罗斯	10,499,000
⑪	澳大利亚	8,280,211
⑫	墨西哥	8,014,143
⑬	波兰	6,771,000
⑭	荷兰	5,755,000
⑮	阿根廷	4,856,000
⑯	韩国	4,271,253
⑰	比利时	4,109,601
⑱	中国台湾	3,798,800
⑲	瑞典	3,566,040
⑳	南非	3,488,570
㉑	奥地利	3,367,626
㉒	印度	3,330,000
㉓	瑞士	3,137,619
㉔	乌克兰	2,920,000
㉕	土耳其	2,862,000
㉖	中国	2,859,800
㉗	希腊	2,807,447
㉘	沙特阿拉伯	2,762,132
㉙	捷克共和国	2,693,905
㉚	葡萄牙	2,210,000

▶ 世界上汽车数量最少的国家是基里巴斯，总计有307辆汽车。

■ 横穿智利北部阿塔卡马的25号高速公路上蒸腾的烟雾。

国际车辆登记字母

代码	国家	代码	国家	代码	国家	代码	国家	代码	国家
A	奥地利	D	德国	GE	格鲁吉亚	LS	莱索托	RI	印度尼西亚	TR	土耳其
AND	也门	DK	丹麦	GH	加纳	LT	立陶宛	RIM	毛里塔尼亚	TT	特立尼达和多巴哥
AFG	阿富汗	DOM	多米尼加共和国	GR	希腊	LV	拉脱维亚	RL	黎巴嫩	TG	多哥
AL	阿尔巴尼亚	DY	贝宁	GUA	圭亚那			RM	马达加斯加	TJ	塔吉克斯坦
AND	安道尔	DZ	阿尔及利亚	H	匈牙利	M	马耳他	RMM	马里	TM	土库曼斯坦
AUS	澳大利亚	E	西班牙	HK	香港	MA	摩洛哥	RN	尼日尔	UA	乌克兰
B	比利时	EAK	肯尼亚	HKJ	约旦	MAL	马来西亚	RO	罗马尼亚	USA	美国
BD	孟加拉国	EAT	坦桑尼亚	HR	克罗地亚	MC	摩纳哥	ROK	韩国	UZ	乌兹别克斯坦
BDS	巴巴多斯	EAU	乌干达	I	意大利	MEX	墨西哥	ROU	乌拉圭	V	梵蒂冈城
BG	保加利亚	EC	厄瓜多尔	IL	以色列	MK	马其顿	RP	菲律宾	VN	越南
BH	伯利兹	ES	萨尔瓦多	IND	印度	MS	毛里求斯	RSM	圣马力诺	WAG	冈比亚
BIH	波斯尼亚-黑塞哥维那	EST	爱沙尼亚	IR	伊朗	MW	马拉维	RU	布隆迪	WAL	塞拉利昂
		ET	埃及	IRL	爱尔兰共和国	N	挪威	RUS	俄罗斯	WAN	尼日利亚
BR	巴西	ETH	埃塞俄比亚	IRQ	伊拉克	NA	荷属安的列斯群岛	RWA	卢旺达	WD	多米尼加
BRN	巴林	F	法国及其属地	IS	冰岛	NAM	纳米比亚	S	瑞典	WG	格林纳达
BRU	文莱	FIN	芬兰			NIC	尼加拉瓜	SD	斯威士兰	WL	圣卢西亚
BS	巴哈马	FJI	斐济	J	日本	NL	荷兰	SGP	新加坡	WS	萨摩亚
BUR	缅甸	FL	列支敦士登	JA	牙买加	NZ	新西兰	SK	斯洛伐克	WV	圣文森特
		FO	法罗群岛	K	柬埔寨	P	葡萄牙	SLO	斯洛文尼亚	YU	南斯拉夫
C	古巴			KS	吉尔吉斯斯坦	PA	巴拿马	SME	苏里南	YV	委内瑞拉
CDN	加拿大	GB	英国	KWT	科威特	PK	巴基斯坦	SN	塞内加尔		
CH	瑞士	GBA	奥尔德尼	KZ	哈萨克斯坦	PE	秘鲁	SU	塞拉鲁	Z	赞比亚
CI	科特迪瓦	GBG	格恩西			PL	波兰	SY	塞舌尔	ZA	南非
CL	斯里兰卡	GBJ	泽西岛	L	卢森堡	PNG	巴布亚新几内亚	SYR	叙利亚	ZRE	刚果（前扎伊尔）
CO	哥伦比亚	GBM	马恩岛	LAO	老挝	PY	巴拉圭	T	泰国	ZW	津巴布韦
CR	哥斯达黎加	GBZ	直布罗陀	LAR	利比亚	RA	阿根廷	TN	突尼斯		
CZ	捷克共和国	GCA	危地马拉	LB	利比里亚	RB	博茨瓦纳				

铁路运输

▷ 1804年在威尔士的梅瑟蒂德菲尔启用了大概是世界上第一辆蒸汽机车。该机车的发动机由威廉·特里维西克制造，可以拉动70个人和10吨铁。

▷ 世界上最高的铁路是在秘鲁蒂克利奥山口附近。这里，在高高的安第斯山脉上，中枢铁路高达海拔4758米。

▷ 伦敦拥有世界最大的地铁系统。近430公里长，由408公里地铁和21.7公里的港区轻型铁路组成。

▷ 18世纪90年代马匹的短缺是人们早期对蒸汽马力潜力感兴趣的一个原因。

铁路运输有近200年的历史。从最初阶段，乔治·史蒂芬森（1781-1848）于1814年建造的第一辆火车机车以来，除了不如飞机的速度和小汽车的个人便利性，铁路运输已逐渐成为最重要和最有效的运载货物和旅客的方式之一。尤其是在大城市，那里拥挤的交通意味着快速的地铁和快捷的铁路系统要比小汽车强。铁路运输还有环境的优势——电气化复线高速铁路比多车道的高速公路占地少，而且效益大，效率高，污染也相对较轻。近期的发展是私人投资者接管铁路的拥有权和管理经营，这一趋势在世界范围发展，如日本、新西兰、巴西和英国。

 铁路客运

火车旅行的最多人数是根据旅客—公里数统计的，通过旅客人数乘以旅行距离获得该项数据。

	百万
中国	363,281
印度	319,365
日本	244,375
俄罗斯	227,102
乌克兰	70,882
德国	60,514
法国	58,675
意大利	48,900
埃及	46,338
韩国	28,859
英国	28,656
巴基斯坦	16,385

■ 孟加拉国栋吉火车站——一辆极度拥挤的火车运载着朝圣者去庆祝穆斯林节日。

 铁路货运

就吨—公里数而言，铁路货运最多的12个国家，根据运输货物的吨数乘以运行距离获得该数据。

	百万
美国	1,911,023
中国	1,242,602
俄罗斯	1,195,473
加拿大	283,833
印度	252,411
乌克兰	200,423
哈萨克斯坦	143,250
南非	93,487
德国	69,483
波兰	64,719
法国	47,953
墨西哥	37,613

■ 日本的新干线（或子弹头）高速列车于1964年开始使用。最快的火车时速可达每小时160公里，并运载1000多名旅客。

■ 你不必换车即可从莫斯科旅行至海参崴（9297公里） ■ 1990年5月，

科技

20个最大的铁路系统

北美洲和亚洲广袤的土地使美国、加拿大、俄罗斯、中国以及印度在铁路系统长度方面成为主要国家,不过,在美国乘火车旅行的旅客略少于乘飞机的旅客。

		年运行	轨距 毫米	英尺	英寸	长度 公里	英里	所有权
①	美国	1830	1,435	4	8½	223,155	138,666	私有,除了阿拉斯加铁路(RR) 846公里(526英里)是国有外
②	加拿大	1836	1,435	4	8½	89,599	55,676	国家31,339公里(19,474英里);太平洋铁路公司44,770公里(27,820英里);维亚铁路公司(Viarail)13,490公里(8383英里)
③	俄罗斯	1837	1,524	5	0	67,469	41,924	国有
④	印度	1853				62,461	38,813	国有
			1,676	5	6	37,824	23,500	
			1,000	3	3⅜	20,653	12,832	
			610	2	0	3,985	2,476	
			762	2	6			
⑤	中国	1880	1,435	4	8½	53,992	33,550	国有
⑥	德国	1835				41,718	25,923	国有
			1,435	4	8½	41,443	25,752	
			窄距			275	171	
⑦	澳大利亚	1854				37,143	23,077	几个州拥有国家铁路公司;澳大利亚6151公里(3822英里)的三条铁轨于1997年出售给私营企业
			1,600	5	3	5,982	3,717	
			1,435	4	8½	15,600	9,694	
			1,067	3	6	15,561	9,669	
⑧	阿根廷	1857				33,821	21,016	国有但由特许权所有者私营
			1,676	5	6	19,196	11,928	
			1,435	4	8½	3,707	2,304	
			1,000	3	3⅜	10,918	6,783	
⑨	法国	1832	1,435	4	8½	32,275	20,055	国有
⑩	波兰	1845				25,166	15,638	国有
			1,435	4	8½	22,655	14,078	
			窄轨距			1,855	1,153	
			1,524	5	0	656	408	
⑪	南非	1860				24,047	14,943	国有
			1,065	3	5⅞	23,611	14,672	
			610	2	0	436	271	
⑫	巴西	1854				23,311	14,485	正在进行私有化
			1,600	5	3	1,739	1,081	
			1,440	4	8½	194	121	
			1,000	3	3⅜	21,559	13,397	
			760	2	6	13	8	
⑬	乌克兰	1866	1,524	5	0	22,631	14,063	国有
⑭	墨西哥	1850				20,477	12,724	国有
			1,435	4	8½	20,387	12,668	
			914	3	0	90	56	
⑮	日本	1872				20,141	12,515	全部私有化
			1,067	3	6	18,104	11,250	
			1,435	4	8½	2,037	1,266	
⑯	英国 北爱尔兰铁路有限公司	1825				16,889	10,495	现归私人拥有和经营铁轨公司
			1,435	4	8½	16,532	10,273	
			1,600	5	3	357	222	
⑰	意大利 包括撒丁岛和西西里岛	1839	1,435	4	8½	16,118	10,016	国有
			950	3	1½	867	539	
⑱	哈萨克斯坦	1897	1,524	5	0	13,841	8,600	国有
⑲	西班牙 连同高速线	1848	1,668	5	5⅝	12,570	7,810	国有
			1,435	4	8½	471	293	
⑳	罗马尼亚	1868	1,435	4	8½	11,374	7,067	国有

25个最长的地铁系统

		年运行	路线 公里	英里	条数	站数
①	伦敦,英国	1863	430	267	15	298
②	纽约,美国	1868	392	244	25	469
③	巴黎,法国	1900	332	206	17	438
④	莫斯科,俄罗斯	1935	244	152	9	150
⑤	东京,日本	1927	244	152	12	216
⑥	墨西哥城,墨西哥	1969	178	111	10	154
⑦	芝加哥,美国	1892	173	107½	7	144
⑧	哥本哈根,丹麦	1934	170	106	7	61
⑨	华盛顿,美国	1976	144	89½	5	74
⑩	柏林,德国	1902	141	88	11	166
⑪	汉城,韩国	1974	132	82	4	114
⑫	波士顿,美国	1897	127	79	3	53
⑬	马德里,西班牙	1919	121	75	10	164
⑭	旧金山,美国	1972	115	71½	4	34
⑮	斯德哥尔摩,瑞典	1950	110	68	3	100
⑯	大阪,日本	1933	106	66	7	85
⑰	汉堡,德国	1912	98	61	3	87
⑱	圣彼得堡,俄罗斯	1955	92	57	4	54
⑲	名古屋,日本	1957	76	47	5	74
⑳	巴塞罗那,西班牙	1924	72	45	4	99
㉑	米兰,意大利	1964	72	45	3	83
㉒	新加坡	1987	67	42	3	42
㉓	亚特兰大,美国	1979	65	40	6	33
㉔	蒙特利尔,加拿大	1966	64	40	4	65
㉕	多伦多,加拿大	1954	61	38	3	65

■ 滑铁卢国际火车站——英国最大的火车站,占地30.5英亩。1993年为海峡隧道火车增建了5个新站台。

一列法国TGV大西洋号列车创下了每小时515.3公里的世界最快纪录 ■

水路运输

▷ 第一艘商业核动力商船是萨凡纳号,于1959年下水。

▷ 迄今最大的撞船事故是1977年分别载重33万多吨的两艘油轮相撞。

▷ 现在遍及全球的商业船队的总重量超过世人合起来的重量。

▷ 超级巨型运输油轮重达40万吨以上。

■ 神户港是日本最大的货运港口。但1995年1月17日,一场灾难性的地震造成了巨大的破坏——5000多人遇难,27.5万人无家可归。

水路运输是几千年来运送长途货物和旅客惟一可行的方式。起初用橹摇船前进,后来用帆,直到19世纪使用蒸汽机。从此发生了迅猛的变化。经济的压力和技术的进步导致了轮船设计以及商业的和海军的船只建造方面发生了根本性的变化。空运的兴起是水运目前最严峻的挑战,而且绝大多数长途客轮都已消失,不过,渡船和游艇仍很兴旺。船运的真正优势是送送大批货物——今天的商业船队(运送货物的船只)比以往任何时候都大,全部的总吨位超过5亿。

主要的港口

	每年船运吨位(百万)
新加坡	305.48
鹿特丹,荷兰	291.23
新奥尔良,路易斯安那,美国	207.04
千叶,日本	176.20
上海,中国	166.00
名古屋,日本	142.62
横滨,日本	131.48
蔚山,韩国	127.29
香港,中国	127.18
光阳,韩国	108.41
安特卫普,比利时	108.07
仁川,韩国	105.18
北九州,日本	97.10
长滩,美国	95.52
釜山,韩国	93.44
神户,日本	91.70

■ 新加坡丹戎帕加集装箱集散地——世界最大的集装箱港口——是六个可以提供从远洋班船到驳船(平底货物驳船)等船只的港口之一。占地面积为93平方公里。

最主要货船

大多数世界商船为了便利而升旗。船主在可以为他们提供各种便利的国家登记船只。提供这些好处的第一批国家是利比里亚和巴拿马,这两个国家现拥有世界上最大的两支注册商业船队(按船只数量),但是,差不多所有的船只都归欧洲和北美洲的公司所拥有。商业船队的大小按吨位超过300的登记船只数量排列。

	船只	总吨位(百万)
巴拿马	4,335	70.67
日本	3,571	18.36
中国	1,968	15.74
俄罗斯	1,958	10.01
利比里亚	1,579	58.87
塞浦路斯	1,571	24.00
希腊	1,408	29.07
挪威	1,119	20.61
马耳他	1,060	17.04
巴哈马	1,019	22.93

最长的内陆航道

国家	长度	
	公里	英里
中国	138,600	86,124
俄罗斯	100,000	62,139
巴西	50,000	31,069
美国	41,009	25,482
印度尼西亚	21,579	13,409
越南	17,702	11,000
印度	16,180	10,054
刚果(前扎伊尔)	15,000	9,320
法国	14,932	9,278
哥伦比亚	14,300	8,886

■ 中国的大运河用了750年才建成 ■ 世界最大的港口纽约,

最长的轮船运河

路线		通航年	长度	
			公里	英里
圣劳伦斯深水航道[1] (加拿大—美国)	蒙特利尔—安大略湖	1959	304	189
美因—多瑙河运河 (德国)	美因河（班贝格）—多瑙河（凯尔海姆）	1992	171	106
苏伊士运河 (埃及)	地中海—红海	1869	162	101
阿伯特运河 (比利时)	默兹河（马斯河）—斯凯尔特河	1939	129	80
基尔运河 (德国)	北海—波罗的海	1895	99	62
阿方索十三世运河 (西班牙)	塞维利亚—加的斯城湾	1926	85	53
巴拿马运河 (巴拿马)	太平洋—加勒比海	1914	81	50
塞宾—内奇斯航道 (美国)[2]	博蒙特—墨西哥湾	1916	72	45
休斯敦轮船运河 (美国)[2]	休斯敦—墨西哥湾	1914	69	43
曼彻斯特轮船运河 (英国)	曼彻斯特—默西湾	1894	58	36
韦兰运河 (加拿大)	安大略湖—伊利湖	1933	44	28
北海运河 (荷兰)	阿姆斯特丹—北海	1876	27	17
切萨皮克和德拉威运河 (美国)[3]	切萨皮克湾—德拉威河	1829	22	14

[1] 圣劳伦斯深水航道被改造为运河部分使船可航行3769公里（2342英里），从北大西洋上行至圣劳伦斯港湾并穿过大湖区到达明尼苏达州的德卢斯。

[2] 一系列人工和自然的海峡提供了时断时续的航道，把得克萨斯湾海岸港口和密西西比河三角洲和佛罗里达联系起来。全长：1770公里（1100英里）。

[3] 大西洋接近海岸的内河航道的一部分，一系列人工和自然的海峡为马萨诸塞州和佛罗里达州提供了一条断断续续的3057公里（1900英里）长的航道。

什么是运输吨位

吨位是轮船容量的测量单位。它可以是下列四种类型之一：

总吨位：用于商船运输。表示船只全部密封空间的容积，包括货舱、船员舱、轮机舱等。用数字表示，如"20万总吨位"而不是"20万吨"。

净吨位：也用于商船运输。表示所有的货舱的容量，像总吨位那样用数字表示。

载重量吨位（DWT）：主要用于油轮表明运载油的重量。用吨来计量。

排水吨位：用于战舰。是船只装满后到达满载吃水线所排出的海水吨数。

最长的驳船运河

路线		通航年	长度	
			公里	英里
伏尔加河—波罗的海航道 (俄罗斯)	阿特斯拉罕—圣彼得堡	1965	2,977	1,850
大运河 (中国)	北京—杭州	公元前540～1327	1,781	1,107
卡拉库姆斯基运河 (土库曼斯坦)	阿姆河（奥克苏斯河）—赫列尔伯特科佩特山	1980	1,069	664
纽约州驳船运河 (美国)	哈得逊河至伊利湖	1918	837	520
拉贾斯坦运河 (印度)	贝姆加哈—西哈里亚纳	1955	649	403
额尔齐斯—卡拉干达运河 (哈萨克斯坦)	卡拉干达—额尔齐斯河	1971	451	280
特伦特运河 (加拿大)	休伦湖—安大略湖	1833-1918	443	275

■ 美国德怀特·艾森豪威尔号核动力航空母舰在去地中海途中经过苏伊士运河。

海上巨轮

最大的轮船

世界上各种船只中最大的是加里海盗号油轮（以前称为快乐巨人和受过航海锻炼的巨人号），载重量为564,763吨。该油轮全长458.45米（1504英尺），船身最大宽度68.80米（226英尺），吃水深度（满载的船只在水中的深度，以吃水线水平面到船体的最低点测量得出）是24.61米（80英尺9英寸）。于1987-1988年两伊战争中受到严重炮击不能使用后宣布彻底报废。不过，该油轮在新加坡和阿拉伯联合酋长国的迪拜花了价值6000万美元得以修复，并于1991年11月以其新名字重新下水。

最大的战舰

执行任务的曾编入现役的最大的战舰是日本的大和民族号和武藏号（两舰均于二战期间建成并沉入海底）。两舰满载的排水吨位都为69,988公吨，全长都是263米（863英尺），船体最大宽度是38.7米（127英尺），满载的吃水深度都是10.8米（35英尺5英寸）。

最大的客轮

已建的最大客轮是嘉年华会游览航线的嘉年华会命运之神号（见下图），该船排水吨位为101,353。它的全长是272米（893英尺），宽是38米（125英尺）。

占地238平方公里并具有1215公里可通航的滨水区

建筑奇迹

- 中国长城的全长为地球圆周的十分之一。
- 中国上海的世界金融中心于2001年建成时将是世界上最高的建筑,高达454米——将为埃菲尔铁塔高度的1.5倍。
- 建造地下建筑是很危险的——建造日本的青函铁路隧道时66人丧生。
- 加拿大多伦多的CN铁塔,具有防御大风的设计——每小时210公里的大风仅使其摇动25厘米。

古代七大奇迹

▶ 公元前2世纪,西顿的作家安提帕特把七座建筑物描述为古代杰出的名胜古迹。

▶ 今天,所有的古迹中,仅有吉萨大金字塔仍保存着大部分原来的建筑结构。

吉萨大金字塔(埃及)

建于公元前2575～前2465年之间,是七大奇迹中最古老的一个。大金字塔高达137.5米(451英尺1英寸),不过以前比现在要高9米(29英尺6英寸)。大约10万名工匠花了20年时间把250万块大石头堆砌起来(每块石头重2.5吨)。

巴比伦空中花园

这座空中花园是一系列风景如画的梯田,它是尼布甲尼撒二世(约公元前630～前562)为他的波斯妻子阿密提斯所建,因她搬到巴比伦平原后看不到山脉。花园的灌溉水源来自幼发拉底河,由奴隶抬运上去。

奥林匹亚的宙斯雕像

是由雅典的菲迪亚斯于公元前430年左右用象牙和黄金制成,这座巨型雕像展出了最高地位的希腊神宙斯。它真是一座大规模的雕像奇迹,仅雕像的头部就高达13米(43英尺)。

以弗所阿耳特弥斯神庙

这座大理石神庙是一座以其巨大的规模而闻名的建筑物,它始建于大约公元前550年,后被烧毁又重建。该庙最初由127根爱奥尼亚式的柱子组成,还包括一座阿耳特弥斯的黄金雕像,后被毁掉。现在仅剩下其中的一根柱子。

哈利卡纳苏斯的摩索拉斯陵墓

这座大型大理石坟墓是供奉给安纳托利亚王摩索拉斯的。由他的遗孀阿蒂密斯于大约公元前350年所建。虽然在伦敦的大英博物馆可以看到其中的一些雕像,现在该墓仅剩下地基了。

罗得岛巨像

是雕刻家查利用了12年才完成的一座巨型铜像。为纪念罗得岛解除围困(公元前305～前304)而建,这座铜像高35米(115英尺),被安放在罗得岛港口的入口处。这座铜像雕的是太阳神赫利俄斯,在一次地震中被毁。

法罗斯岛灯塔

建于大约公元前280年的这座建筑奇迹是亚历山大附近法罗斯岛上的一巨型灯塔。该灯塔是为了埃及的托勒密二世所建,有三面铜镜来扩大灯的亮度。在1326年的一系列地震将其毁掉。

桥梁

明石-海峡大桥

计划于1998年春完工的明石—海峡公路大桥是连接日本本州岛和四国的三座桥梁之一。主跨度预计为1990.8米(6531英尺6英寸),包括引桥全长为3911.1米(12,831英尺8英寸),比英国的亨伯桥长出75%,支撑缆索的桥塔将高达297米(974英尺3英寸),使此桥不仅为世界上最长的桥,而且是最高的桥。

联邦大桥

联邦大桥,将爱德华王子岛和加拿大大陆的新布伦司维克连接起来,长12.9公里(8英里)。这座双车道的大桥,用了33个月才建成,于1997年开通,是海上连续绵延最长的桥梁。

第二大湖庞恰特雷恩公路

世界上最长的桥梁是第二大湖庞恰特雷恩公路,它将美国路易斯安那州的曼德维尔和梅泰里连接起来,于1969年完工,长38.4公里(23.9英里)。

建筑物

帝国大厦

1930～1971年帝国大厦都是世界上最高的大楼。它仅用了18个月就从纽约的地平线上拔地而起刺破天穹并成了这个城市的象征。在这个381米(1250英尺)高的建筑高处架设了6万多吨的钢条,使得该大楼的全部重量达36.5万吨。该大楼的墙壁向上逐渐凹进去,这是许多纽约摩天大楼根据该城建设规则的一个普遍特点,该规则认为38.1米(125英尺)高以上的建筑物主体直升而不凹进是不符合城建规划的。

北京故宫

世界最大的宫殿是中国北京的故宫,占地72万平方米(861,141平方码)。最初的建筑轮廓始于明朝第三位皇帝永乐(1402～1424),但大部分的内部建筑(5个大殿和17个宫殿)始建于18世纪。故宫拥有9000间房屋,是履行皇帝权力的地方,已有500年的历史。

拉斯维加斯美高美大饭店(MGM)

令人难忘的是美国内华达州拉斯维加斯的美高美大饭店/娱乐场,它是世界上最大的饭店,由四座30层的塔楼组成,共占地45.3公顷(113英亩)。它拥有5005个房间,其中有面积为560平方米(6000平方英尺)的套房,有一个15,200个座位的活动场所,以及13.3公顷(33英亩)的主题公园。饭店入口处高26.8米(88英尺),采用美高美狮子的形状。其他特点还包括一些主题房间,如"澳大利亚的男巫"、"好莱坞"以及"卡萨布兰卡"。

比萨斜塔

从1174年开始,意大利的比萨斜塔就以其塔身倾斜而闻名。由鲍纳诺·比萨诺设计并作为一个建筑计划的一部分,该计划包括给人印象极深的大教堂和洗礼堂。由于地基不牢,圆形的塔楼(钟楼)从未达到完全垂直。斜塔高55米(179英尺),但是正处于坍蹋的严重危急之中。

圣母院

世界最大的教堂是科特迪瓦亚穆苏克罗的圣母玛利亚教堂(圣母院),于1989年完工,占地3万平方米(32.3万平方英尺),可容纳7000人,仿照罗马的圣彼得大教堂而建。算上它的金色十字架,教堂高为158米(518英尺)。一个有趣的特点是穿透圆屋顶衬料的2900万个洞;这是为了使声音失真降到最低程度。这座巨大的教堂有7400多平方米(8850平方码)的彩色玻璃。

五角大楼

世界最大的行政大楼是美国弗吉尼亚州阿灵顿的五角大楼。占地面积比任何一座办公大楼都要大,并有23,000名军事和民事工作人员在那里工作。五角大楼是为美国国防部的办公室而建设的,以估价耗资8300万美元于1943年完工。最外边的每个边长为281米(921英尺),大楼的周长大约为1405米(4610英尺)。这栋五层大楼环绕着一块面积为60.4万平方米(149英亩)的平地,走廊的总长达28公里(17英里)。

■ 弗吉尼亚州阿灵顿的五角大楼,是美国国防部的办公大楼。

在炎热天气里埃菲尔铁塔膨胀近18厘米 ■ 自由女

国家石油大厦

由出生在阿根廷的美国建筑师凯撒·佩利设计并于1997年完工的位于马来西亚吉隆坡的国家石油大厦是世界上最高的建筑。88层的双塔和装饰用的塔尖高达451.9米（1482英尺8英寸），几乎是埃菲尔铁塔高度的1.5倍。不锈钢铺面的双塔有一个圆形的底座，使建筑物呈高耸入云之势，外墙逐渐缩进使其呈锥形。在该建筑物一半高的地方有一座空中桥梁把每座塔等高的空中大厅连接起来，而在底部有一个6层楼的购物中心，一个可容纳5000辆汽车的地下停车场，并有一条隧道为其服务。

悉尼歌剧院

悉尼歌剧院可能是澳大利亚最引人注目的建筑。在1000间房间中有5个独立的音乐大厅、一个展览大厅、多家酒吧间和餐厅、60多间化妆室和一个图书馆。房顶贴有一百万块花砖，贝壳状的建筑结构镶有6000多平方米（64,586平方英尺）的玻璃。相对来说鲜为人知的是建筑师约恩·乌特松由于意见分歧于1966年丢下这项工程再未踏进这里。在他离开之后，设计发生了重大的变化，悉尼歌剧院最后以1.02亿澳元的造价于1973年开始启用。

泰吉·马哈尔（泰姬陵）

被许多人认为是世界最漂亮的建筑，位于印度的阿格拉城附近。它是爱情和哀悼的象征。莫卧儿皇帝沙贾汗为纪念他的妻子蒙泰吉命人所建。由一个无名的建筑师设计，20,000多工人于1631年动工，持续了20年才建成。建造这座陵墓花了4000万卢比，其圆形屋顶高达67米（220英尺）。

水坝

科尼利亚太灵斯大坝

世界容积最大的坝是在美国亚利桑那州10英里沼泽上填土修建的科尼利亚太灵斯大坝。其容积为2.09亿立方米（2.73亿立方码）。

大古力坝

建于1933和1942年间。美国华盛顿州哥伦比亚河上的大古力坝是世界上最长的混凝土坝。高168米（550英尺），脊饰长1272米（4173英尺）。它用了809.2万立方米（1058.5立方码）的混凝土，有1960万吨重。

大迪克桑斯坝

世界最高的混凝土坝是瑞士迪克桑斯河上的大迪克桑斯坝。它的高度是285米（935英尺），脊饰长700米（2297英尺）。大坝建筑工程共用了596万立方米（780万立方码）的混凝土。

伊泰普坝

于1984年建成。在巴西和巴拉圭边境附近巴拉那河上的伊泰普坝是世界上最大的水力发电厂的一部分。共用了1230万吨混凝土，相当于一座400万居民城市全部建筑物所用的混凝土量。

防御工事

中国长城

中国长城是世界上最长的城墙，主线加上支线和岔线共长6700公里（4160英里）。长城是为防御外族侵略者而建，花了将近2000年的时间，用数百万劳工和政治囚犯的血汗浇筑而成。它平均高度是6-9米（20-30英尺），厚6-7.5米（20-25英尺）。城墙沿线估计有25,000座烽火台。

东斯海尔德河坝

东斯海尔德河坝是荷兰南部抵御暴风巨浪的屏障，也是世界上最大的防洪建筑，9公里（5.5英里）长。为保证荷兰东南部抵御潜在的灾难性洪水而建，于1986年启用。由65个混凝土墩（每个重18,000吨）和62扇闸门（每扇5米多（16英尺）厚，39米（128英尺）宽，500吨重）组成，共用了450,325立方米（589,000立方码）的混凝土。

■ 美国华盛顿哥伦比亚河上的大古力坝，用于控制洪水和提供水力发电。

纪念性建筑

吴哥窟

柬埔寨的吴哥窟（"城市寺庙"）是世界上最大的宗教建筑。是高棉国王苏耶跋摩二世于1113-1150年为印度教所崇奉的神毗湿奴所建，占地162.6公顷（402英亩）。其间壁墙（非承重墙）有1.64平方公里（0.63平方英里）。在1432年被废弃之前其人口为8万。由72座主要纪念碑组成的整个建筑占地192多平方公里（74平方英里）。

拉什莫尔山纪念碑

世界最大的雕刻之一是美国南达科他州的拉什莫尔山纪念碑。上面雕刻的是四位美国总统：乔治·华盛顿、托马斯·杰斐逊、西奥多·罗斯福以及亚伯拉罕·林肯。此雕刻雕凿掉了45万吨的岩石，每个头部高约18米（59英尺）。整个雕刻群花了15年多时间才完成。

魁扎尔科亚特尔金字塔

世界最大的金字塔和迄今为止最大的纪念性建筑是位于乔卢拉—德里瓦达维亚的魁扎尔科亚特尔金字塔，在墨西哥城东南101公里（63英里）。建筑物高54米（177英尺），底部占地面积差不多是18.2公顷（45英亩）。

自由女神像

纽约高大建筑物以天空为背景映出的轮廓中的一个熟悉特色是自由女神像，它是法国为巩固两国友谊并纪念美国革命一百周年送给美国的礼物。由腓特烈·奥古斯特·巴托尔迪雕刻，于1886年举行落成仪式。自由女神像高93米（305英尺），在当时是世界最高的纪念碑，坐落在27米（89英尺）高的底座上。

塔

CN塔

世界最高的独立式建筑是加拿大多伦多的CN塔，造价6300万美元（2800万英镑），高达553.34米（1815英尺5英寸）。该塔于1975年建成，在其351米（1151英尺）的高处有一突出的416个座位的饭店，它旋转可使人看见120公里（75英里）远的山景。该塔重13万吨，由加拿大国家铁路部门为提高电视信号清晰度所建造。作为建筑物，该塔几乎是完全垂直的，与垂直线偏差不到3厘米（1 1/8英寸）。

埃菲尔铁塔

古斯塔夫·埃菲尔于1889年设计的埃菲尔铁塔原打算是作为一百周年博览会临时放在中央的纪念性装饰品，这是一次为庆祝法国革命一百周年纪念的博览会。但之后铁塔并没被拆除而且在后来的40多年里一直以301.8米（990英尺2英寸）的高度作为当时世界最高的建筑物。铁塔由200万个铆钉钉在一起的18,000个部件组成，并已成为巴黎最闻名的象征之一。

KTHI—电视塔

是世界最高的电视播送塔，位于美国北达科他的法戈和布当查德之间，高629米（2063英尺）。1963年由11人在30天内建成。但最高的建筑物曾是波兰康斯坦丁诺夫的华沙广播无线塔。在1991年整修期间，其测量高度是646.38米（2120英尺8英寸），是埃菲尔铁塔高度的两倍多。这座用牵索固定的（即用绳索、链条或金属线稳固的）建筑物，后被大风以及破坏性风暴吹倒。

隧道

海峡隧道

第一个具有历史意义的连通点是1990年12月1日在英吉利海峡地下实现的，距法国15.6公里（9.7英里），距英国22.3公里（13.9英里）。海峡隧道由伊丽莎白二世和密特朗总统在1994年5月6日正式宣布开通。共有三条隧道，每条长50公里（31英里），其中在海峡下的隧道长为大约38公里（23.6英里）。在开掘这些隧道时共挖出了800万立方米（10,481,481立方码）的泥土和岩石。这些隧道有720,000个保护隧道内壁的砌衬弓形体、268个十字通道、500扇门、450公里（279.6英里）的管道工程以及2500公里（1553英里）长的电缆。

青函隧道

青函隧道把日本的本州岛和北海道连在一起，是世界最长的铁路隧道。它的总长度是53.85公里（33.46英里），在海平面以下240米（787英尺）深，在津轻海峡的海底下面100米（328英尺）深。水底部分23.3公里（14.5英里）的测试工作始于1964年，1972年开工，1988年3月首次试通行。

神像的王冠上的七个尖枝象征七大洲和七个海洋 ■

计算机

- 今天价值500英镑的计算机和20年前价值100多万英镑的计算机具有相同的计算能力。
- 如果一个人在看不见设备而且根本不知道该设备是台计算机的情况下能与其交流,那么这台设备是将会通过真智能的图灵测试,但至今还没有一台计算机通过这一测试。
- 使用"臭虫(bug)(错误、故障)"这个词源于1946年一只蛀虫阻塞了一台机械计算机。
- 今天的移动电话具有比阿波罗登月计划更强的计算能力。

■ 妇女们在庞然大物旁操作,这台计算机由阿兰·图灵制造,在二战中帮助挽救了许多英国人的生命。

计算机如何工作

- 计算机的心脏是CPU——中央处理器。
- 个人计算机的微型芯片能包含500多万个晶体管。

计算机是根据由一套指令程序控制的编码信息(数据)来实现运行的机器。常见的数字计算机用数字代码来表示字母表中的字母、数字、图像、声音、命令和其他信息。所有这一切已经成为可能是因为能够在极其微小的硅元素晶体里安装了电子电路,称之为芯片。数字计算机采用二进制数字(见136～137页)作为信息单位。仅由数字0和1组成(指比特,二进制数字),他们易于用电子方式表示——1用有电流或有电压来表示,0用无电流或无电压来表示。通常用8位二进制数构成一个字节。由于计算机要处理大量数据,需用较大的单位,如千字节(1千字节=1024字节)、兆字节(1兆字节=1024千字节),还有吉字节(1吉字节=1024兆字节)。

硬件和软件

硬件由计算机的所有电子和机械元件组成(见154～155页)。电子心脏或中央处理器用一队队二进制数字进行数学运算和比较。这些字节被储存在与处理器连接的存储器里,因此字节能尽可能快地被读、处理和写。用来测量存储速度的时间单位是纳秒(1纳秒=10^{-9}秒,1秒钟的10亿分之一)。运行时间由用对处理器施加的时钟频率来决定,即用MHz(每秒钟数百万个脉冲)来测量的。被称作端口的电路处理新数据的输入和把处理好的数据输出到屏幕、打印机和磁盘上。所有的计算运行都是在由另一套字节代码组成的程序控制下进行的。程序和数据是系统的软件。硬件可以被比作唱机而软件可被比作唱机上的唱片——没有软件硬件是没用的。

程序

程序设计的发展目标在于使程序组设计更容易而且在大程序中减少不可避免的错误。没有一种语言是完美无缺的,没有任何程序是完全没有缺陷(错误)的。操作系统是一个重要的辅助程序。这是系统需要的程序,如控制存储器、键盘、磁盘系统、屏幕以及其他输出部分。操作系统也提供环境、意义,如用鼠标移动屏幕上的箭头来使用图像(图标)。其他的主要辅助程序是使用现代程序设计语言。

存储和处理

数据被存储在计算机内部的存储器内。存储器是一系列电荷信息单元,被组织成字节并且可以用一个应用到存储器芯片上的地址数字进行存取。存储器有两种基本类型:ROM(只读存储器)和RAM(随机存储器)(见术语汇编)。

备份存储是用于长期保留。目前,常见的备份是硬盘驱动器,一套能储存850兆字节以上数据的磁盘。一张可移动的3.5英寸软盘可存储1.4兆字节,而光盘驱动器以只读方式使用光盘上(与声频式光盘相等)存储的数据。现代光盘驱动器既可以读数据也可以写数据。

速度和运行

一台计算机的"能力"是以其处理数据速度、存储容量以及后备存储量大小来衡量的。微机可以用网络连在一起来共享公用后备存储和打印机,而大型机也可以包括在这样的网络中。

现代微机目前以4个字节为单位运行,并具有以每秒钟数百万次振荡的晶体时钟来调节的内部时钟系统。时钟和处理器的操作速度是同步的,并且它们一起为计算机的速度提供通常数值。时钟速度用兆赫(每秒钟数百万周期)来测量,典型个人家庭计算机的数值超过150兆赫(MHz)。

这些计算机用不超过64兆字节的存储器和用500多兆字节到5000多兆字节的硬盘驱动器做各种事情。使用超高速缓冲存储器——小片快速存储器可以提高速度。因为相同数据经常多次需要,而它们从快速存储器中比从主存储器和后备存储器中获得的要快。

计算机的发展

- 第一台程序控制电子计算机是由1500个电子管组成的庞然大物,1943年德国人在二次世界大战中用来中断编码机时首次使用。
- 第一台个人计算机是MITS Altair 8800, 1975年进入市场。

数字计算机开始时是一台巨大的机器,占用许多房间,里面全是无线电电子管,用许多套开关来进行程序编制。这种机器编码程序设计,或第一代语言,仅能适用于很短的程序,而且很快就被汇编语言程序设计,第二代语言所代替。汇编语言用简洁的命令词汇,像ADD作为机器编码的助记符辅助记忆。被称为汇编语言的程序于是读入词和相关数字并把他们转换成机器编码,但是这样的程序设计要求编程人员具备详尽的硬件工作原理知识。

随着计算机硬件发展,最初用晶体管后用芯片代替了电子管,随着第三代程序设计语言的使用软件也发展了,该语言使用像用英语指令那样的命令,并不要求非常详尽地了解机器。

现在大多数的计算机都是微机,小到可以放到桌面上,但仍然需要大型计算机,如大型机或超大型计算机,它们可以非常迅速地处理巨大数量的信息。相反,被用作工业控制器的微机仅由一个插入式元件构成。膝上型机器现在可以和台式机相匹敌,尽管其造价要高得多而且受蓄电池的限制。掌上型计算机,可以放在手掌上面,是市场上的新产品。

计算机的现在与将来

▶ 将来，计算机可能用α波来控制进行独立思考。
▶ 目前正在研制用生物酶在脱氧核糖核酸代码上进行操作的计算机。

在小型计算机上用新型软件可以进行一系列开发活动，这些活动几年前甚至用最大的计算机都无法进行。多媒体（见术语汇编）现在已普遍使用。一个人可以使用互联网和世界上另外任何一个网络使用者以当地电话的费用进行书信来往或交谈，现在可视电话设备使人们可以看着对方进行交谈。

正在研制的新产品包括根据胳膊的动作或者甚至是眨眼就能获取数据的计算机。用户不久将不必打字而口述并发送这样的电子信件，并且能听到它们被读出来，对发挥身体各器官的作用提供了极大的好处。电话、传真机、电视机、录像机和计算机也开始被组合在一起，使人们能在任何时间里看到和听到他们想要的东西。

我们和计算机相互影响、相互联系的方式也可能改变。今天，告诉计算机如何去做的最常用的方法是键盘、鼠标以及迅速发展的语言。但是，生物技术和超精密技术的不断革新的结果可能使人类逐渐和计算机直接相互联系：中枢神经系统和中央处理器的直接联系。计算机将迅速向小型发展，通过精密技术，将来的某一天我们可能看到计算机小到可以存放在我们的血流里并控制疾病。一件事是肯定的——计算机已经在相当大的程度上改变了我们的生活方式，而且在未来很长一段时间内将继续塑造我们的生活。

▶ 电脑空间和虚拟现实

▶ 虚拟现实幻想家设想一个人类用金属丝直接和电脑空间的数字领域连接的未来。
▶ 电脑空间谜把人体称为"肉"。

电脑空间和虚拟现实是我们新数字文化的行话。我们和计算机相互影响方式的发展已为用户创造了一个新的前景。"电脑空间"一词是由电脑科幻小说家威廉·吉布森1984年在他的一部小说中杜撰的，在小说中他把它定义为"同感幻象"，计算机全球网络中的所有数据的总数。

电脑空间被认为是数据领域以及支持它的互联结构。因此电脑空间覆盖了广泛范畴的网络从电话到向四处延伸的世界范围的全球网络。

电脑空间能以各种方式向人类用户展示，从简单的直观显示部件屏幕到通过多媒体显示来完成模拟现实。虚拟现实（VR）是电子和人类世界之间的接口。"虚拟现实"这一术语是加伦·拉尼尔——计算机科学家和作家——在20世纪80年代杜撰的，而虚拟现实的概念为我们提供了远处现实。虚拟现实力争通过技术上物体放大以真实的环境模拟形式再现数据，并为用户提供一个人造的视觉、触觉和听觉的世界。最终目的将是通过可视电话、数据手套和

■ 这是电影《开割草机的人》（1992）的一个画面，这部电影和《约翰尼·摩涅莫尼克》（1995）、《特朗》（1982）都是在过去的16年中，因受虚拟现实的发展而摄制的。

数据衣服和计算机连在一起不断提供刺激，使人类的感觉完全沉浸在一个创造的现实里。

虚拟现实有许多用处，从遥控外科手术到炸弹的布置，从虚拟购物商业区到历史事件的再次展现。科学家们将能够在分子结构周围散步，建筑师们可以使客户绕着仅存在于画板上的大楼走动，学校旅行不必离开地球就可到外星风景区散步。尽管这一技术目前还很粗糙，但计算技术的不断发展意味着虚拟现实在未来会有虚拟风景、虚拟城市以及虚拟社会。

一些批评家建议说电脑空间、虚拟现实和互联网交流将导致一代人患孤独症，在社交方面受到挑战。而其他人则认为与此相反，电脑空间将没有偏见。

▶ 计算机术语汇编

应用程序：数据操作程序，如文字处理、数据库、或者电子表格。

存档：以长期保留的形式储存数据。

ASCII（美国信息互换标准代码）：可表示正文字符、数字和标点符号的二进制七位标准码。

错误：程序内干扰、故障。

致密光盘：一种包含数字图文编码、声音和图像的致密盘。用于发布程序和多媒体。

字符：能被计算机储存和处理的任何符号（包括数字、字母、标点符号，数学符号等）。

时钟：为计时处理器运行提供电脉冲的电子电路。现在常见的时钟频率超过200兆赫兹（MHz）（每秒钟200,000,000脉冲）。

克隆产品：可以运行相同软件的极其相似的机器。

失效：程序完全失灵。

光标：可用鼠标在计算机屏幕上移动的小图块或箭头。

数据：储存在计算机内用于处理的字符和符号。

数据库：在计算机上能被分析和询问以便找出符合选择准则的条目（或条目的组合）的数据集合。

桌面出版（DTP）：用来排字的程序，即用图形和说明来提供活页以及书籍或杂志的页面。

点阵：在直观显示部件屏幕上或在纸上产生字符用的一系列小点。

光导纤维：用细玻璃纤维传导光信号，代替传导电信号的铜电缆。

图形用户接口（GUI）：用窗口内排列的图像（图标）来表现数据文件和程序的操作系统。图标可用指点器（鼠标）选择或移动。

黑客：无论是恶作剧还是出于犯罪目的非法侵入其他计算机的人。

图标：见GUI。

喷墨：打印机工作机理的一种，墨水从小喷嘴的矩阵喷射到纸上。

接口：把电子信号从一种形式换成另一种形式的电子电路。计算机和另一台设备连接时，如磁盘系统和屏幕，需要接口。

因特网：一系列连接在一起的（主机）计算机组成的系统。通过调制解调器把一个人的计算机连接到这个系统上，可获得巨大数量的信息并能发送和接收文字、声音和图像。

微处理器：能够被编程用数据字节执行简单动作的微机的基本部件。

显示器（VDU）：计算机上的显示装置。台式机用阴极射线管的电视型屏幕，膝上型机用液晶显示器型的扁平屏幕。

鼠标：在桌上或板上滚动而且在屏幕上移动光标的手握装置。

多媒体：用光盘提供正文、图像（静止或移动）以及声音，使其成为教育和信息储存的极其重要的辅助设备的软件。

网络：彼此连接共享数据的计算机系统。

光学字符识别（OCR）：通过扫描来把正文转换成供字处理器使用的数据的软件。

程序：系统执行任务所遵循的一套命令。

随机存储器（RAM）：能被读或写的存储器而且易失——断电时其内容丢失。

只读存储器（ROM）：能读但不能改变或擦除的存储器。

扫描仪：把纸上的图像转换成可在计算机上存储和再现的数字编码信号的装置。被扫描的正文可被转换成字处理文件（见OCR）。

小型计算机系统接口（SCSI读作'scuzzy'）：计算机和一台或多台外部设备之间的多种用途的联接。

电子表格：一种使用范围很广的数据分析程序的表格，从字表到分析复杂数学关系都可以应用。

终端：包括键盘、屏幕或包括两者在内的与计算机连接的装置。

语音识别：计算机对口述词语作出反应的能力。

窗口：大小和位置可以改变的屏幕的一部分，使用时像一个独立的屏幕。

字处理：按规定设计编辑正文和设制打印页面的程序。

工作站：计算机操作员使用的设备、而且日益发展还包括附属设备、照明以及工作环境。

■ 一千兆字节（1024兆字节）的数据包含85亿8993万4592比特的信息 ■

网络

▶ 网络病毒，一种具有自我复制能力的程序，于1988年出现在网上，使网络地区处于停滞状态。
▶ 内部网是一种遵循互联网规则而建立的地方性计算机网络。
▶ 公司"防火墙"是围绕在敏感数据周围的一条模拟安全警界线，以防止可能出现的电脑黑客。
▶ 一些专家们认为，21世纪的恐怖主义者的行动将涉及对因特网基础设施的攻击。
▶ 在因特网上用大写字母就如同在小房间里大叫一样。

网络技术

▶ 在过去的15年里，经调制解调器传送日常数据的速度已经提高了2100%。
▶ 最快的网络连接是由载有代码光束的光缆来完成的。

网络就是连接在一起的一系列计算机。如果网络是由电缆连接在一座大楼之内，叫做局域网（缩写为LAN）。局域网可以通过一种叫做路由器的设备彼此相联从而形成广域网（缩写为WAN）。广域网的联接可以通过许多方式来完成：电话、专用电缆（综合业务数字网）、无线电或是卫星。

尽管交换台之间的连接是应用数字信号来完成的，而家庭或者办公室与交换台之间的连接用比较古旧的声音信号，但电话线本身仍然是方便的。一种叫做调制解调器的装置可安装在电话线的两端来转换信号。如果使用一个现代新型的连接（即综合业务数字网），调制解调器就无用武之地了，而且通讯速度会更快。

因特网（国际互联网）

▶ 因特网或网络是由数量巨大的私人的、公共的、公司的和学校的网络连接在一起构成的，其范围覆盖全球。
▶ 最近估计，因特网的用户超过5000万。

因特网起源于1969年，人们担心核武器的爆炸会通过摧毁电脑而使美国的防御工程受损。这样计算机网络诞生了，以便在连接电脑的部分电缆被损的情况下其余的可以继续工作。网络的出现大大促进了软件的发展，使每台计算机都能和几个相邻的机器相联，而信息也可以在尽可能短的路线上进行传送，而不必遵循规定的固定路径——这就是现代因特网的基础。软件最重要的部分执行被称为协议的标准化的工作方法。这使得各种网络和计算机能进行自如的交谈。在特殊情况下，我们仍使用传输控制协议/网际协议（TCP/IP）。

1990年，网络不再和军方相联。由于现在网络不属于任何人，也无人管理，而且本身并无规则可循，因此连接和使用者的数目只能靠猜测。

入网

家庭电脑使用者通常可以用一个调制解调器，通过电话的方式和因特网相连。办公室或者其他商业使用者可用综合业务数字网进行连接。一旦接通，便可在一个经营大型网络的公司开个账号，这个公司就成为信息提供商（IP），或者称作网络接驳服务提供商（IAP），或网络服务提供商（ISP）。用户可按月付固定费用，任意访问网络上的信息，也可以根据上网的使用情况进行付费。另外，使用者当然也要交纳电话费用。按时间交费，而不按距离。当用户入网的时候，信息提供商会提供给用户一种软件，这种软件可以使连接业务做起来更容易。当用户接通的时候，信息提供商主要有如下服务项目：电子邮件、信息资料、全网络访问。有些信息提供商以低价只提供电子邮件服务，因为通常情况下，商业用户只需使用这一种服务项目。

电子邮件

用电子邮件，人们可以把信息提供商的服务器作为一种电子邮筒的形式来用，从而收发声图并茂的信息。在接收者打开机器使用收发电子邮件的软件之前，信息将一直被保存。信息阅读以后，便可进行删除、答复、就地保存或是继续与其他机器进行联络。信息可同时被发往或复制到多个用户。所有这些都是在电子邮递软件的控制下进行的。该软件通常是主网络软件的一部分，如微软公司的因特网探险者或网景公司的导航员。

每个电子邮件的用户必须有一个单独的地址，通常形式为名字@提供源。名字部分包括自己的名字（或者您喜欢的任何一个称呼），用小写字母、不留空格（句号和连字符可以使用）。提供商部分的名字由信息提供商决定。比如，提供商是mailhost·com而使用者的名字叫JimDandy，那么电子邮件的地址就可以是jim.dandy@mailhost.com。

新闻组

新闻组是按大量的不同的标题分类的讨论组。每个信息网点都由信息管理器管理并进行区域性运行。一些信息网点被限制在一定范围内，就是说经常检查信息以便删除讨厌的或不相关的资料，还有一些信息网点需要密码而且要付费使用。新闻组的网络被称为"用户网络"（USENET）。

用户无需向新闻组提供任何信息，只需举手之劳便可得到所有想得到的信息，即只阅读信息而不发送信息。信息资料就像一条条线索，一个问题或陈述会引出一长串的答案和议论。用户用信息软件可以存储、复制、打印或者答复信息。这些信息软件通常存在于网络软件（浏览器）中。

在任何一个新闻组中，一旦开始一个讨论，就会汇集一串经常询问问题（FAQ）。为了避免答案的重复而浪费时间，新的查阅者应该经常阅读这些问题的列单。

万维网

万维网（WWW或W3）是因特网最大的组成部分。网络文件都是超级文本文件。这种文本文件含有图标或者彩色文本。选择一个图标便会进一步引出一个相关的文件、菜单、声音或图片，而这些文件、菜单、声音、图片又可引出另外的相关的文件。用于浏览网络的程序被称作浏览器，而其中最知名的有微软公司的因特网探险者和网景公司的导航员（其中也包括信息和邮递部分），这种程序也允许文件（程序、图片或者声音）下载。

通常，网址以http//:WWW开始，接着是一个各部分被小圆点隔开的特定网址。这些网址要体现出起始国家（若不写则说明是美国）。信息源是学术机构（ac）、商业公司（co或com）、政府组织（gov）或是别的机构。

数字通讯

▶ 现代数字通讯的速度、质量、效率使其可以在一分钟内传递一个图书馆的所有内容。
▶ 到2000年，卫星网就可为地球90%的地方提供数字通讯。

近年来，用电话和无线电通讯要依赖于模拟方法，也就是被送入麦克风的声波先转换成电波然后被传送，在连接线的另一端再被转换成声波。电视要靠电视摄像机所摄制的景象。这一景象被取自几千个不同的样点，通过这些样点来形成被传送的电波。变形和干扰不断困扰着这些方法，因为每种连接都需要用无线电波，而可使用的无线电波频率就快要被占满了。

数字通讯在很大程度上依赖于采样和转换。采样包括取一个模拟信号并在一秒钟内测量数次。取样比率越高，转换的准确率就越高。比如，声波可在每秒钟内被取样4万次，样点的大小转换成一个16位的二进制数码。当光盘首次出现的时候（见154－155页），在这一比率上的取样仅为一种可能。但是现在可采用不造成大的质量损害的少样低频与小数字的方法，以更高的采样率采样来满足电视节目的需要。

当波转换成一长串的数字的时候，有很多的优点：错误、变形和干扰可减少到忽略不计的程度；显而易见的错误可减到最小程度或是被改正；长串的数字可插入，这样，多种传输内容可同时传送以降低对发射频率范围的需要。

于是数码方法就被用于传媒领域：近年来的蜂窝式电话；数字电视，这种电视有足够的频道可以选择，现在全世界各个地区都可买到；数字无线电通讯，它可能在20世纪末前代替现存的通讯系统。电话交换台之间联络的全部数字化已有一段时间了，不久电话局和家庭之间联络也会数字化，更广阔范围的数据资料就可以通过电话线来传送了。

■ 每4秒钟就有一个新网址入网 ■ 每年用网人

▶ 网络礼节

近几年来，国际互联网（因特网）已发展成为与世界各地的人进行通讯联系的一种不断扩大且强有力的方式。如同我们日常交谈有着某些规则和礼节，电子通讯的方法也已经形成几个网上规范使用规则。这些规则总称为网络礼节。

网络礼节不是很严格的系统且几乎不强制实行。相反，只希望上网的人能像日常谈话时的人们通常讲礼貌一样遵守网络礼节。当然，不是每个在电脑世界的人都有礼貌；的确，由于不是面对面的交谈，这往往会使人们变得更无礼，更粗俗，更是满口脏话。在网上用文字进行无礼的、恶狠狠的辱骂被称作情绪发泄，而且甚至有一些网络区是指定让人们彼此发泄情绪的。虽然被当作发泄对象会令人害怕，但是良好的发泄情绪的艺术是高水平文字表达能力和机敏的头脑的体现。

其他人通过向上百万的地址发送未被要求的电子信件（通常大量胡乱邮寄的广告）或把一篇新闻组的文章邮寄到与内容无关的地区的方式来破坏网络礼节的实施。后者行为被称作淡味。另一种在电脑空间令人不悦的常见行为是向新闻组或网址传递或邮寄一篇挑衅性的文章，目的是想激起对方的反应并且期待一场发泄情绪之战——一系列冗长的情绪发泄。

▶ 情绪符号

当在电脑空间进行交流时，无论是在电子邮件、因特网中继还是在信息资料组的文章中，仅仅通过正文来传递情绪是相当困难的。因为人们在读某人的文章时，不能在视觉或听觉上了解到这个人的情绪，所以使用各种符号来表达情绪的系统应运而生。这些粗略的图片，通常是模拟的笑容或皱眉（特别是在侧面看）被称作"情绪符号"。比如，一个冒号加上括弧模拟一张笑脸，而且这个情绪符号被用来传达快乐或好心情。一些情绪符号是经过非常精心设计的，并不需要进一步解释就能被人理解。情绪符号包括：

:)	微笑
:-)	（皱鼻子）微笑
:o)	另一次微笑
:D	大笑
:-l	可怖的脸孔
\<g\>	咧嘴笑
\<vbg\>	咧开大嘴笑
\<eg\>	邪恶的笑
\<wg\>	怀恶意的笑
:*	吻
;)	眨眼睛（表示厚颜无耻或讽刺）
:X	我闭嘴
:P	舌伸出来
:o#	留有小胡子的人
{}	拥抱
:(	皱眉（表达悲伤）
:'(	大哭
O:)	可爱的人
}:\>	恶棍
\<3	一颗心
@---\>	一枝玫瑰
\<------	谈到你自己
c[]]	一品脱啤酒
(_)?	咖啡
[]?	茶
\>^,,^\<	一只猫
\<\>\<	一条小鱼

使用因特网络与别人交流会成为一项昂贵的活动，因此，一些首字母缩略词作为一种方便的键盘速记已经逐步形成以便节省时间（和金钱）。这些被特别运用在因特网聊天室中，在这里快速传达感情和感觉的能力是最重要的。一些首字母缩略词包括：

afk	离开键盘
atk	在键盘处
bak	回到键盘处
bbl	一会儿回来
bfn or b4n	现在再见
brb	马上就回来
btw	顺便说
fwiw	为了值得的事
gmta	英雄所见略同
imho	据本人愚见（据本人诚实看法）
lol	放声大笑
ltns	好久未见
ttyl	一会儿再谈
rofl	在地上打滚笑
rotf	在地上打滚
wb	欢迎回来
wtg	去!

▶ 因特网术语汇编

附件：随电子邮件正文发送的一个二进制文件。

BBS（电子公告板系统）：一个邮件系统，它不是因特网络的部分。

二进制数据：不是文本（美国信息交换标准代码）的数据，如储存一张图片的一个文件。

浏览：看网页并点击超级网络链来寻找感兴趣的项目或只是浏览来找出任何感兴趣的东西。也被称作冲浪。

客户：一种向网络请求服务的程序，通常来自于正运行客户－服务器结构的服务程序的计算机。

域名：一台主机的位置，通常为它的因特网址的一部分。

下载：通过因特网络链路接收正文或其他文件。

电子邮件（e-mail）：通过计算机网络把打出的正文传送给其他任何用户的一种方法。每位用户有一个特殊的识别"地址"。

FAQ（常询问的问题）：本不应该再询问的问题及其回答的列表。

情绪发泄：向一个新闻组发送的，对一个问题或评论的辱骂性回答，常常因为用户没有读"常询问的问题"。

FTP（文件传送协议）：通过因特网传送文件（通常是程序）的一个规范体系。匿名文件传送规程是指你不需要签字同意就可以下载这些资料。

网关：尤指在使用不同协议的地方，用来把一个网络与另一个不同种类的网络连接起来的计算机。

主页：浏览器程序下载的第一页因特网页面，通常包括与其他有用页面的连接。

主机：在因特网上的一台单独的计算机，通常是一台大型计算机。

IP址：代表主机的域名的数字代码。

ISDN（综合业务数字网）：电信局向当地数字交换机用户提供的一种数字连接。综合业务数字网提供一种完全的、拨号式数字连接，以比标准的调制解调器快许多倍的速度运行。

JPEG（联合图形专家组）：一种在网上用来节省传送时间的图像文件的压缩形式。

MIME（多功能互联网邮件扩展）：允许通过电子邮件发送包括二进制数据的文件的一种协议。

MPEG（动画专家组）：一种视频图像的压缩文件格式。

调制解调器（modem是modulate（调制）和demodulate（解调）缩略形式）：把一个数字信号转换成连续的模拟音调信号，以便沿电话线或无线电联接传输，并且在另一端（解调）逆行这个过程，以恢复最初的数字信号的一种设施。调制解调器的传输速度以位/秒来测量。

网点：与网络相连的一个能够传输或接收数据（通常能发能收）并且通过网点标识数字被识别的单个计算机或设备。

信息包：含有网络信息（如特殊信息包的地址及传输顺序）的二进制数字的数据集合。

POP（存在点）：信息源提供能够使用的电话号码范围。较理想的是这个信息源提供在当地交换机上有一个存在点。

PPP（点对点协议）：能够使一台计算机与符合传输控制协议/网际协议的互联网络相连接的一套程序，它取代了串行线网际协议。

协议：允许两台计算机或两个网络互相通讯的标准体系。

路由器：把一个网络与另一个网络连接的一台特设的计算机。

服务器：在一个网络上提供服务的一个程序；也被用来指作为文件服务的计算机。

SLIP（串行线网际协议）：一套较旧的程序，现在被能够使一台计算机与符合传输控制协议/网际协议的因特网相连接的点对点协议所取代。

SMTP（简单邮件传送协议）：控制传输邮件信息的传输控制协议/国际协议系列协议的一部分。

淡味：发送多多的信息，特别是商务广告。

冲浪：见浏览。

TCP/IP（传输控制协议/网际协议）：来源于Unix操作系统的一些实质性的协议，根据这些协议建立了因特网。实质上，传输控制协议把数据组织成为编址信息包，并且在编址信息包上加作为检错信息的顺序数字；然后网际协议负责通过这个系统，按规定路线在计算机之间发送这些信息包。

文本文件：与二进制文件不同——它是指包含字母字符、数字和标点符的一种文件，通常由美国国家信息交换标准码表示。

Unix操作系统：1969年开发的计算机操作系统，它被许多大型计算机所使用，如因特网上的主机。

上载：把文件（文本或二进制文件）发送给其他联网用户。

URL（统一资源定位器）：寻找万维网址的方法。

WWW（万维网）：包括覆盖全球的扩展互联网络，它能在多媒体格式中一起表示文本、图形、电影和声音。简称为网的万维网连接在一起，使用户浏览信息。

计算机领域的主要人物

▶ 1994年，比尔·盖茨为了买列奥纳多·达·芬奇的预示蒸气机和潜水艇发明的一份手稿付了3080万美元。

▶ 约翰·冯·诺伊曼除了对计算机科学、气象学和逻辑研究所做的显著贡献外，还对氢弹和洲际弹道导弹的研制起了重要作用。

▶ 阿兰·图灵以咬一口在氰化钾中浸泡过的苹果的方式来自杀。

■ 图页所示为对差分方法的描述（巴贝奇用此法设计出他的差分机），该页摘自1937年发现的他的笔记簿。

艾肯，霍华德（1900～1973），美国数学家。工作于哈佛大学，于20世纪40年代研制出一台早期的数字计算机。这是一台由加法机改装的机器，而程序是从一卷穿孔纸带传送进机器里。

阿特纳索夫，约翰（1903～　），美国物理学家及发明家。20世纪30年代，他在衣阿华州立大学研制了用于计算器上的热离子管。他向众人演示了这件装置，其中包括世界上第一台电子计算机电子数字积分计算机的设计者之一约翰·莫奇利，并且在此基础上，成功地宣布了电子数字积分计算机专利是无效的。

巴贝奇，查尔斯（1792～1871），英国数学家及发明家。在他设计并制造分析机——计算机的一种机械模式之前，他从事于对数值的计算及使计算器械化的方法。由于存在着机械的公差问题，这又促使他设计一种能力更强的机器——差分机——它被首次用来为计算器械编制程序。这项工作是由英国海军部提供的资金，他们想用这部机器计算潮汐的次数，但在当时，此工作从未完成。

布尔，乔治（1815～1864），英国数学家及逻辑学家。他根据莱布尼兹的思想发展了被称作布尔逻辑代数的体系，在这个体系中，符号被用作逻辑运算符，如"与"和"或"。布尔证明了运用他的现在被用于设计现代计算机的代数规则，他的代数可以使逻辑命题得到数学方式的检测。

拜伦，奥古斯塔·艾达（洛夫莱思夫人）（1815～1852），英国诗人拜伦勋爵的女儿，她曾为巴贝奇的"差分机"设计程序。

埃克特，约翰·普雷斯博（1919～　），美国工程师。于1946年在宾夕法尼亚大学与约翰·莫奇利共同发明了ENIAC计算机。ENIAC的意思是电子数字积分计算机，并且这部机器使用18,000个热离子管，其速度为每分钟进行几百次乘法运算。就像图灵的巨大笨重的计算机一样（由于战时保密，埃克特不知道它），程序被联到处理机，而且必须用手动来改变程序。

霍勒里思，赫尔曼（1860～1929），美国统计学家。在19世纪80年代，他使用类似于雅卡尔板的穿孔卡来储存数据。穿孔卡移过电触区，数据就能够以高速被阅读。霍勒里思公司后来发展成为国际商用机器公司（IBM）。

雅卡尔，约瑟夫·玛利（1752～1834），法国发明家。设计了使用细薄木板来控制复杂图样编织的一种自动织机。这是可程控设备的第一个实例。

乔布斯，史蒂夫（1955～　），美国企业家。与史蒂夫·伍思尼亚克一起设计并制造了第一台苹果个人计算机。由于最初的被称作Visicalc电子表格程序的发展，这种机器成为20世纪70年代后期最受欢迎的小型计算机，并且使苹果计算机公司成为一家拥有十亿美元资产的企业。后来苹果计算机——Lisa和Macintosh——成为最早使用如今已广泛应用的窗口和图符操作系统的计算机。

莱布尼兹，戈特弗莱德·威廉（1646～1716），德国哲学家及数学家。17世纪70年代通过发明一种使数字机械地相乘的方法而对帕斯卡的计算器做出改进。

纳皮尔，约翰（1550～1617），苏格兰数学家。于1614年发明了"对数"来作为解决天文学问题的一种方法。1617年，他描述了使用带有数字刻度的尺（纳皮尔骨子）进行乘法运算的方法。这发展成为计算尺，直至袖珍式电子计算器研制出为止。

诺伊曼，约翰·冯（1903～1957），美籍匈牙利人，发明了把程序储存到他于1945年制造的一台计算机里的原理。这首次使计算机比提供信息的纸带阅读机工作更快，而且不需要重新联接计算机就可以重新编制程序。冯·诺伊曼以计算机顺序取指工作原理而闻名，该原理后被称作冯·诺伊曼结构并成为所有当今使用的先进计算机的基础。

帕斯卡，布莱斯（1623～1662），法国数学家、物理学家及宗教哲学家。揭示了现代概率理论。1642年，他发明了一台计算器，这台计算器使用一套轮子，每个轮子上面有10个齿并且每个齿代表着从0到9的一个数字。这些轮用齿轮连接起来，转动轮子，数字就能彼此相加。

浦耳生，瓦尔德马（1869～1942），丹麦电话工程师。于1898年发明了磁记录技术，这使后来在磁盘上储存数据成为可能。

图灵，阿兰·马辛森（1912～1954），英国数学家，他在计算机逻辑方面的先驱性成果在第二次世界大战中被用于破译密码，但他在很久之后才成名。1936年，他发表了一篇列举计算器械的原理的论文《论可计算的数》。1943年，他工作于布莱奇里公园译码所，在那儿，他制造了巨大笨重的计算机，这台计算机使用了用于高速操作的热离子管，而且装上了破译德国战时密码的程序。

伍思尼亚克，史蒂夫（1951～　），美国电子学工程师。很大程度上是自学成才的他与史蒂夫·乔布斯一起建造了1976年成为第一台苹果计算机的样机。直到1981年，伍思尼亚克开始专门研究技术开发，而乔布斯则从事市场开发。后来，伍思尼亚克于1985年辞职，开始追求音乐方面的爱好。

佐斯，康纳德（1910～　），德国数学家。于1941年研制了一台解决弹道学问题的机械式计算机。它使用继电器的断、连方式储存二进制数据，但没有程序存储器——得通过重新连接进行重新编制程序。

▶ 比尔·盖茨——微软公司总裁

威廉（比尔）·盖茨（1955～　）是计算机软件——指示计算机工作的代码——的一位先驱者。他在13岁时就开始为电脑编制程序，并于1973年进入哈佛大学，在那里，他为第一台个人电脑——MITS Altair创造了家用计算机语言BASIC。到现在BASIC语言已经成为最普及的家用程序语言之一。盖茨离开哈佛大学去发展微软公司——他于1975年与保罗·阿伦一起创立软件公司。当计算机领域的许多人正把他们的精力集中于硬件时，比尔·盖茨坚信一个预见性的信念：个人计算机将会成为一种有力的全球性的工具，开始为个人计算机开发软件。微软公司已发展成为世界最大的软件供应商，在所有的计算机中有三分之二使用它的软件。作为影响计算机发展的创业精神的一种象征，比尔·盖茨被称作是信息时代的托马斯·爱迪生。在他31岁时就成为亿万富翁，拥有微软公司28,000万股份，他被认为拥有364亿美元资产，这使他成为世界最富有的人。此外，盖茨还对蜂窝式电话、生物工艺学和可视档案有职业兴趣（他创立了Corbis公司，它正发展成为来源于全球的艺术和摄影术的一个巨大数据库）。

■ 布莱斯·帕斯卡为帮父亲算账发明了机械式计算器 ■

信仰与信念

"既为昨日思,
必成今日想"
——弗雷德里希·迪伦马特

哲学

- 如果时间旅行有可能的话，如果你能回到过去的时代，并且杀死你出生之前的祖先，会发生什么事呢？
- 有无法用语言来描述的经历吗？如果有的话，我们怎么可能告诉别人这些经历呢？
- 我怎么知道我所看见的并称之为蓝色的颜色和你所看见的并称之为蓝色的颜色是同一颜色呢？

哲学是对作为我们知识、活动的准则的普遍原理的调查研究。它不同于宗教，因为它试图避免教义与信仰；而且它也不同于科学，因为它要高于既定事实。西方哲学的创立者是古希腊伟大的思想家——苏格拉底、柏拉图和亚里士多德。他们认为哲学是人类道德品性的最高表现，但在现代社会里，哲学则包括任何试图对于我们头脑中认为是理所当然的思想提出的疑问或重新给予的解释。哲学家们总是有相互冲突的观点和理论，于是就化分出不同学派。现代哲学有三次主要运动：黑格尔哲学、分析哲学和现象学。这与古典哲学的三个领域——形而上学、伦理学和认识论形成对比。

阿多诺，西奥多（1903～1969），德国哲学家。把马克思主义和先锋派美学结合起来。

安瑟伦（1033～1109），意大利奥古斯丁主义者及唯实论者。安瑟伦以论证上帝的存在而著名。

阿奎那，圣托马斯（1225～1274），意大利经院哲学家。阿奎那试图使基督教与亚里士多德哲学相统一。他的哲学体系被称为托马斯主义。

亚里士多德（公元前384～前322），希腊哲学家及科学家。他的前著作影响了整个西方哲学。他提出四因说，即：形式因；质料因；产生变化的动力因；以及变化过程为之产生的目的因。亚里士多德是柏拉图的学生。他把善看作是神授的，但是他的伦理观具有较"实际的"倾向。他把快乐等同于善，并且信奉中庸之道。这说明各种美德都是极端的自我放纵与自我摒弃的中点。

奥古斯丁（希波的）（354～430），非洲哲学家，乐观主义倡导者。他是对中世纪基督教思想最有影响的人物之一，奥古斯丁相信上帝超然存在于人类的理解力之外。

阿威罗伊（1126～1198），穆斯林统治下的西班牙的伟大哲学家，是亚里士多德哲学的主要倡导者。阿威罗伊认为宗教对普通人来说是寓言，哲学是通向真理之路。

阿维森纳（980～1037），阿拉伯人。亚里士多德和新柏拉图主义的信徒。阿维森纳的著作在13世纪的欧洲掀起重新认识亚里士多德哲学的思潮。

艾耶尔，艾尔弗雷德（1910～1989），英国哲学家。艾耶尔是英国对罗素发展的逻辑实证论的主要倡导者。

培根，弗朗西斯（1561～1626），英国政治家和科学哲学家，他想创立研究自然的经验主义方法。

波伏瓦，西蒙娜·德（1908～1986），法国存在主义者及现代女性主义哲学的创立者。

边沁，杰里米（1748～1832），英国功利主义者。他把快乐与痛苦而不是基本原则看作是正当行为的促动因素。

贝克莱，乔治（1685～1753），英裔爱尔兰唯心主义者及有神论者。他认为事物只有被理解才存在，事物的真正理念是相互矛盾的。

孔德，奥古斯特（1798～1857），法国哲学家。孔德是实证主义创始人，实证主义阐明上帝与人为一体，科学原理解释所有现象。

克罗齐，本尼德托（1866～1952），意大利哲学家。因其在复兴历史唯实论中的作用而闻名。

戴维森，唐纳德（1917～），美国语言哲学家及奎因的信徒。

德里达，雅克（1930～），法国哲学家。解构的创始人，解构乃是海德格尔解释传统哲学家的方法的发展，特别注意揭示他们之间恒在的不关联。

笛卡尔，雷内（1596～1650），法国哲学家及科学家，他认为对科学来说感性知识是不充足的基础。他的思想依据就是"我思故我在"：因为无论我的怀疑有多深，为了怀疑我必须存在下去。

杜威，约翰（1859～1952），美国实用主义者。他认为人类与自然是连续的，但又与自然截然不同。

伊拉斯谟，德西迪里厄斯（1466～1536），荷兰哲学家。最伟大的人文主义者，他帮助把文艺复兴的思想传遍整个北欧。

费尔巴哈，路德维希（1804～1872），德国哲学家。他论证宗教不过是人性的投影。他对马克思有重要的影响。

费希特，约翰·戈特利布（1762～1814），德国哲学家。他系统地阐述了以康德的伦理观念为基础的绝对唯心主义哲学。

弗雷格，戈特洛布（1848～1925），德国数学家。他彻底改革了形式逻辑从而为分析哲学铺平了道路。

哈贝马斯，于尔根（1929～），德国自由主义马克思主义哲学家，他与康德有近似之处。

黑格尔，乔治·威廉·弗雷德里希（1770～1831），德国哲学家。他认为以前所有的哲学观都是缺乏生命力的、片面的、非历史的。他论证哲学必须植根于历史，但是它又力求一个现实的哲学观作为单一的发展着的全部，其中任一环节都被其他环节激化。

海德格尔，马丁（1889～1976），胡塞尔的德国学生。他推动了现象学派的发展并且极大地影响了无神论存在主义者。

赫拉克利特（公元前533～前475），希腊哲学家。他反对单一的终极的实在观并且主张惟一永久的事物是变化。

霍布斯，托马斯（1588～1679），英国唯物主义者。他相信人类的自然本性是战争。

休谟，戴维（1711～1776），苏格兰经验主义者、哲学家及历史学家。休谟把洛克的思想发展成为怀疑论体系。

胡塞尔，埃德蒙（1859～1938），德国哲学家。他发展了被称作现象学的体系，即在没有先决条件的、纯粹的经验中寻求基础知识。

詹姆斯，威廉（1842～1910），美国心理学家及实用主义者。他认为实在总是在发展中。

康德，伊曼纽尔（1724～1804），德国批判哲学的创立者。他先后受到莱布尼兹和休谟的影响，康德试图在前者的唯理论和后者的怀疑论中找到一种可供选择的方法，在伦理学领域，他系统地阐述了绝对命令，即适用于自己的必须绝对地适用于其他每个人。

克尔恺郭尔，索伦（1813～1855），丹麦笃信宗教的存在主义者。他告诫人们只有存在才具有真实意义，个体有着独特的价值。

莱布尼兹，戈特弗雷德·威廉（1646～1716），德国唯心主义者及绝对论者。莱布尼兹乐观主义的观点被伏尔泰在所著《老实》中所嘲笑。

列维-斯特劳斯，克劳德（1908～），法国人类学家及结构主义的支持者。他的著作以人类独有的特点——使用某种语言进行交际的能力为基础，调查研究了文化（人类独有的特征）和大自然之间的关系。

洛克，约翰（1632～1704），英国经验主义者。他试图驳斥唯理论者的知识来源于基本原理的观点。

迈蒙尼德（1135～1204），亚里士多德的犹太学生。迈蒙尼德试图将亚里士多德的学说与《圣经》的教义相结合。

马尔库塞，赫伯特（1898～1979），生于德国的美国哲学家。他试图将存在主义和精神分析学与自由马克思主义相结合。

马克思，卡尔（1818～1883），德国革命思想家及黑格尔的拥护者。他被称作是20世纪共产主义的创立者。

梅洛-庞蒂，莫里斯（1907～1961），法国现象学家。他坚持在我们体验世界的过程中人体的作用。

穆勒，约翰·斯图亚特（1806～1873），英国功利主义者。他不同于边沁，因为他认识到快乐不论在数量或在质量上都是不同的。

尼采，弗里德里希·威廉（1844～1900），德国哲学家。他主张"权力意志"是生命的基础，认为释放自身能量优于遵守秩序。

巴门尼德（埃利亚的）（约公元前495），希腊哲学家。巴门尼德是埃利亚学派的一员，他提出了唯心主义的基本学说。

帕斯卡，布莱兹（1623～1662），法国有神论者。他认为感性和理性是互相瞒骗的，真理存在于教条主义和怀疑主义之间。

皮尔斯，查尔斯（1839～1914），美国逻辑学家及实用主义的创立者。皮尔斯认为逻辑是哲学的基础并且主张检验一种思想就是看它是否起作用。

柏拉图（约公元前428～前347），希腊哲学家。雅典学园的创办者。柏拉图发展了他的老师苏格拉底的唯心主义，他是亚里士多德的老师。唯心主义学派始于柏拉图，他在一系列与苏格拉底讨论哲学问题的对话中发展了他的伦理学体系。苏格拉底从与他交谈的那些人中发掘出了智慧，并且论证善来自于"理念"或"形式"的范畴。这是一个理想的世界，在这个世界中，普通感知的世界只是一个不完善的复制品。

波普，卡尔（1902～1994），生于奥地利的英国批判唯理论者。他认为科学法则永远不能被证实，多数不过是试图对其进行证伪。

奎因，威拉德·范·奥曼（1908～），美国分析哲学家及实用主义者。他推翻了许多逻辑实证论的教条。

卢梭，让-雅克（1712～1778），法国社会及政治哲学家。他试图通过"回归自然"来抵制文明社会带给人们的不平等。

罗素，伯特兰（1872～1970），英国哲学家。他以弗雷格在逻辑学方面的彻底改革为基础，使之与经验论相结合。

萨特，让-保罗（1905～1980），法国哲学家。他发展了海德格尔的存在主义哲学思想。他是一个主观的、无理性的人类存在的无神论拥护者，他反对有条理的、包括一切的实在。他的口号是"存在先于本质"。

叔本华，阿瑟（1788～1860），德国唯心主义者及悲观主义者。他在其形而上学思想中，给予意志以显著地位。

苏格拉底（公元前470～前399），希腊哲学家，柏拉图的老师。他的唯心主义哲学和雄辩术通过柏拉图的著作传给众多读者。苏格拉底主张美德以知识为基础。苏格拉底由于被控告有不敬的言论及腐蚀年轻人而被判死刑，饮毒芹而死。

斯宾诺莎，贝内迪克特·德（1632～1677），荷兰唯理论形而上学哲学家。他发展了笛卡尔在泛神论方面的思想。

泰勒斯（米利都的）（公元前624～前550），希腊哲学家。泰勒斯——一元论的倡导者被认为是第一位西方哲学家。

怀特海，艾尔弗雷德·诺思（1861～1947），英国进化论者及数学家。他主张一定不要用原子论的术语而是要根据可能发生的事件来解释实在。他主张本质上上帝存在于宇宙，然而又有别于宇宙——一种被称作泛神论的观点。

维特根斯坦，路德维希（1889～1951），奥地利哲学家。他的著作主要集中在语言和世界之间的复杂关系上，在英国有广泛的影响。

芝诺（埃利亚的）（约公元前495～前430），希腊哲学家。他论证多重性与变化是现象，而不是实在。

▶ **哲学术语和学说**

后验认识：来源于经验的认识。

先验认识：不考虑经验，完全从推理中得到的认识（如在数学与逻辑学中）。

美学：对美的本质与审美的研究，尤指在艺术中。

利他主义：为别人而不是为自己的利益而活、而行动的原则。

分析哲学：20世纪初，英国哲学家伯特兰·罗素以德国数学家戈特洛布·弗雷格的成果为基础开创的一次哲学运动。它的思想基础是哲学在本质上是对于推理的形式模式的研究，推理是从形式模式的形而上学、伦理学、认识论或历史的前后关系中抽象出来的。

分析真理：单纯通过分析所涉及的概念就能证实的真理。

原子论：整个宇宙基本是由可交替的、不可分的单位组成的观点。

规律：必然的、不言而喻的，不需证明的主张。

因果关系：一个原因与其结果之间的关系。

批判理论：与法兰克福学派（创立于1921年）相联系的马克思主义哲学学说。

批判主义：通往知识的途径位于教条主义和怀疑主义中间的理论。

演绎：完全通过先验的方法得出结论。

决定论：相信宇宙及宇宙中的万物（包括个体的生命）都遵循一个不变的或预定的模式的学说。这种观点常常用来否定自由意志。

辩证法：其字面意义是指辩论；广义上讲是指从一个论点，通过其否定或反题，达到综合的过程，在此过程中，双方实现更高层次上的一致。

辩证唯物主义：通常认为是由马克思创造的理论。更严格地说是物质的，但本质上是冲突的，并建立在矛盾各方面之间斗争的基础之上，其间伴有偶尔的调和。

教条主义：指没有理由地坚持一种信条。

二元论：相信世界是由两个基本独立且绝对的部分组成，如善与恶，（尤指）精神与物质的学说。

经验知识：来源于经验而不是推理的知识。

经验论：只有从经验中获得的才是知识的学说。经验论认为，人刚出生时，头脑是一张消极的白纸，知识是后来刻印上面的。经验论的古典代表人是17世纪英国哲学家约翰·洛克。

伊壁鸠鲁的信徒：通常用来指放纵于过度享乐的人，但这种用法并不恰当。希腊哲学家伊壁鸠鲁不宽恕过度行为。相反，他说只有适可而止、恬静安适的享乐才

是可取的。

认识论：是指对人类认识的本质、理由及正确性的研究——我们如何去认识，对形形色色的信仰我们能相信到什么程度，如何区分科学与迷信；如何解决对立的科学理论之间的冲突。通常被称作唯理论者的认识论学者宣称认识产生于个体中且只能不断向前发展。另一种观点——经验论——认为人刚出生时，头脑是一张消极的白纸，知识是后来刻印在上面的。

伦理学：研究我们如何决定人们应该如何生活与行动。哲学家们关于伦理学的观点趋向于两大主要对立学派：唯心主义和功利主义。唯心主义者认为行为的过程是善还是恶必须由普通世界以外的，即上帝或天国的标准，或者高于人自身的标准来判断。功利主义者主张在这个世界中，行为过程所产生的结果都与它的伦理价值有关。功利主义者比唯心主义者更直接地关心世俗的快乐。西方哲学中这种传统的开山鼻祖是希腊哲学家伊壁鸠鲁。

存在主义：该学说认为人类自身与人类价值都是虚构之事但又是必然之事，它还认为即使在一个宿命的领域里否认个人自由意志也是错误的。

宿命论：该学说认为将要发生的事情注定要发生，对此我们无能为力。

享乐主义：享乐是至高的善。

人道主义：把人类的利益看作是至高无上的任何体系都可称为人道主义。

唯心主义：任何认为思想或观念既是认识的基础又是存在的基础的体系。唯心主义者认为行为的过程是善还是恶必须由普通世界之外的，即上帝或天国的标准，或者高于人自身的标准来判断。唯心主义学派始于希腊哲学家柏拉图。

归纳法：从个别事例得出一般结论的方法。

身心交感论：指身体的活动能引起心灵的活动，反之亦然的学说。

逻辑学：对合理论点的结构和形式而不问其内容的研究。

唯物主义：坚持只有一种实体物质——存在的学说。

形而上学：最初是亚里士多德的一本专著的标题，很可能只想表明该专著写于另一本专著《物理学》之后（"形而上学"的希腊文是由"后"和"物理学"两词构成——译注），但这个词被用于描述对关于现实存在的基本性质的思辩。

一元论：一种相信无论其性质如何，只有一种基本的现实存在的学说。

自然主义：试图通过严格的自然范畴（相对于超自然的范畴）的方法来解释所有现象。

唯名论：该学说认为用来表示事物的术语和其所指的事物之间并无内在联系。

操作主义：该学说认为科学概念都是用来预测而不是用来描述隐藏的现实的工具。

泛神论：上帝与宇宙同一的学说。

悖论：似是而非的矛盾说法，例如，克里特哲学家伊壁孟德说，"所有的克里特人都是说谎的人"。由于他自己就是克里特人，他的话是对还是错呢？

现象学：由德国哲学家埃德蒙·胡塞尔创立并在20世纪欧洲哲学中占支配地位的一种理论学说。它认为根本问题是：为什么我们的经验应该按照客观世界和我们对其产生的主观经验之间的区别来表达呢？

多元论：相信有二种以上的现实存在的理论。

实证主义：在科学之外没有知识的学说。

实用主义：一种哲学方法，它是使实际结果成为真理的试金石。

命定论：认为人的一生中发生的事件都是预先注定了的学说。

唯理论：认为毋需借助经验，单靠理性就能使我们获得知识。

唯实论：一般的术语都具有真实存在的学说。

相对主义：否认绝对真理或永恒不变的真理的观点。

怀疑论：认为任何事物都不能被确实无疑地认知的学说。

烦琐哲学：中世纪基督教哲学，尤指圣托马斯·阿奎那的哲学。

感觉论：认为感觉是世界基本的、真正的组成部分的学说。

诡辩：谬误的辩论。

斯多葛哲学：认为幸福要靠内心的平静而不在于外在的环境的哲学学说。

结构主义：语言实质上是一个规则体系；或语言是这种思想在总体上向文化的延伸的学说。

综合：通过两个论点的比较结果发现真理。

目的论：根据各步骤的完成而不是先于步骤来解释步骤的方法。

一神论：信仰一个上帝。

先验论：相信存在着一种超于人类经验范围的基本存在。

功利主义：认为行为过程对人类幸福产生的影响均与其伦理价值相关的理论。

唯意志论：认为宇宙中意志是一个决定性因素的理论。

■ 下述的说法是正确的，先前的说法是错误的 ■ 漏洞是什么？■

古代宗教

▷ 正如人们在伊拉克北部一个约公元前60,000年的山洞里的坟墓中发现的,最早的宗教证据存在于尼安德特人中。

▷ 使用宗教来巩固政治力量的做法远在印加帝国和埃及古国文明时期就存在了。

▷ 大多数古代宗教是多神信仰（不只信仰一个神）。

古希腊与古罗马宗教

▶ 希腊人把神看作是各种自然力量的不朽的主宰者。

▶ 罗马人的献祭仪式总是伴随着一句macte esto（祝你成长），因为礼拜者们相信献祭的物品会使神显灵而且能使神满足其愿望。

欧洲有关宗教的最早记载见于希腊迈锡尼文化（约公元前1450）的B类线形文字书写的文本中。这些表明海神波塞冬和被信奉为神之母亲的圣母的重要性。在文本中还出现了一些其他神的名字，如后来在荷马史诗中出现的宙斯和赫拉。

荷马史诗中的众神永恒不朽地住在奥林波斯山，但是却像人类那样行事——也就是说品行不特别端正。尽管他们能够改变形状，干预人类的生活，并且也有可能改变人的命运来回报礼物和祈祷者们，但他们似乎不能改变人性。

立在西西里岛塞杰斯塔的这座罗马神殿体现出与古希腊建筑风格相似的特色，这一点在图中可见一斑。

到公元前6世纪，奥林波斯众神是希腊各城邦正式礼拜的一部分。由于古希腊宗教与伦理道德几乎没有任何关系，所以公元前5世纪和4世纪的雅典哲学家们对道德、玄学和科学的关注导致产生了有关上帝的思想，这是向公众宗教的挑战。公元前399年，哲学家苏格拉底被判处死刑，罪名是不信仰神的存在和通过诋毁该国信仰的诸种神来腐蚀年轻人。

在古罗马，产生了两种宗教表达形式：承认家神（守护神和家神）的家庭虔诚行为和保证全体幸福的国家祭礼。当罗马接触到希腊文化时，罗马人认为他们国家的神与奥林波斯山神是相等同的。

并且，随着罗马帝国的扩大，它的军队带回了外国的迷信及各种各样的宗教思想。其中最重要的——一直到公元4世纪基督教成为国教为止——是密特拉教，即以奉祀密特拉神（主光明、真理和公正的波斯神）为基础的一个唯男性的神秘宗教。

■ 古希腊的影响传播极广，黎巴嫩的巴勒贝克的一座朱庇特神殿的废墟就是明证。

▶ 古希腊和古罗马的神

12个奥林波斯神

宙斯（相当于罗马的朱庇特）：奥林波斯诸神之主神；天神及天象之神。

赫拉（相当于罗马的朱诺女）：宙斯的妻子及天后；妇女及婚姻的保护神。

波塞冬（相当于罗马的尼普顿）：海神、地震神及马神。

得墨忒尔（相当于罗马的刻瑞斯）：丰产女神。

阿波罗（没有相对应的罗马神）：预言、牧人、音乐和医药之神。

阿耳特弥斯（相当于罗马的狄安娜）：贞洁、分娩及青年之女神。

阿瑞斯（相当于罗马的马尔斯）：战神。

阿佛洛狄忒（相当于罗马的维纳斯）：爱与美的女神。

赫耳墨斯（相当于罗马的墨丘利）：传旨神，行者的保护神，商业和盈利之神。

雅典娜（相当于罗马的密涅瓦）：雅典的女保护神；主勇气、慎重及智慧的女神。

赫菲斯托斯（相当于罗马的武尔坎）：火神和锻冶之神。

赫斯提亚（相当于罗马的维斯塔）：火之神。

其他重要的神

阿多尼斯：掌管植物和转生之神。

埃俄罗斯：诸风之神。

阿尔菲托：阿耳戈斯的大麦女神。

阿瑞图萨：泉水女神。

阿斯克勒庇俄斯：司病愈之神。

阿特拉斯：支撑地球的巨神。

阿提斯：植物之神。

波瑞阿斯：北风之神。

克洛诺斯：主神宙斯之父。

库柏勒：自然女神。

狄俄尼索斯（相当于罗马的巴克斯）：酒神及"美好生活"之神。

厄俄斯（相当于罗马的奥罗拉）：黎明女神。

厄瑞波斯：黑暗之神。

厄洛斯（相当于罗马的丘比特）：爱神。

该亚：大地女神。

伽尼墨得斯：主神宙斯的侍酒俊童。

哈得斯：见普路托。

赫柏：青春女神。

赫卡特：魅力、魔术及月亮女神。

赫利俄斯（相当于罗马的索尔）：太阳神。

许癸厄亚（相当于罗马的萨路斯）：健康女神。

许普诺斯（相当于罗马的索莫纳斯）：睡眠之神。

厄瑞涅（相当于罗马的帕克斯）：和平女神。

伊里斯：彩虹女神。

摩尔甫斯：睡梦之神。

涅墨西斯：复仇女神。

涅柔斯：海神。

尼刻（相当于罗马的维多利亚）：胜利女神。

俄刻阿诺斯：河流和海洋的巨神。

潘（相当于罗马的西尔瓦努斯）：畜牧之神，也司丰产。

珀耳塞福涅（相当于罗马的普罗瑟庇娜）：司地府及谷物女神。

普路托（或哈得斯）：地府之神。

普罗米修斯：司火及创造人类的巨神。

瑞亚：克洛诺斯的妻子；女巨人及众神之母。

塞勒涅（相当于罗马的路娜）：月亮女神。

塔那托斯（相当于罗马的摩尔斯女神）：黑夜及死亡之女神。

特里同：半人半鱼的海神。

乌拉诺斯：负责太阳和雨的天神。

■ 铭文中首次提及的希腊诸神之一是波塞冬——海神 ■

古埃及宗教

▶ 许多古埃及人的坟墓里都备有人的日常生活物品（食物、饮品、家庭用品，甚至侍者），因为他们相信在来世他们也会需要这些东西。

▶ 约公元前2494年，第五王朝的第一代君王乌塞尔卡夫为了祀奉太阳神瑞，在阿布西尔建筑了一座太阳神殿——后来的五位君王只得学着他的样子去做。

在古埃及，人们认为君王（被称作法老）是神授的，并称之为"何露斯"或"瑞的儿子"。瑞是太阳神及众神之主神，人们并且相信法老就是太阳给予生命的权力化身。何露斯是圣母伊希斯和掌管泛滥、植物和死者的神俄赛里斯的儿子。作为何露斯，法老体现出周期性的生命更新和尼罗河每年泛滥之后带来的肥沃土地。这样，埃及神话有助于使法老的专制统治合理化。

地方的神常与国家的神联系起来。最重要的是无形之神阿蒙，混沌的特有组成部分之一，地球就是从混沌中形成。从约公元前2000年，他与瑞相结合，变成阿蒙-瑞，在底比斯有敬他的神殿，是古埃及最有影响、最富有的神殿。

古埃及的宗教以它的乐观主义而著名，他们相信，只要做好准备，来世就能非常地愉快。

阿兹特克宗教和印加宗教

▶ 阿兹特克人相信太阳的死亡造成了地球以前的几次毁灭，他们负有使命防止他们所认为的地球第五次毁灭，而这只能通过献祭人心和人血才行。

▶ 印加人的宗教信赖祭司和"精选的女子"——经过挑选的貌美手巧的女孩，她们住在神殿里纺织，过贞洁的生活，有时会被献祭。

阿兹特克人的宗教糅合了其他中美洲民族的信仰。阿兹特克宗教和历法与举行复杂的宗教仪式的重要日子有密切的联系，仪式由祭司负责。众神由于不断的献祭（有时甚至用人作献祭）和流血，才得以息怒。

▶ 凯尔特人的神

贝勒努斯： 战神。

布丽吉特： 司诗歌、金属制造和病愈的三位爱尔兰女神（凯尔特人的女神通常以"三位一体"的形式出现）。

塞尔农诺斯： 长有牡鹿角的动物主宰；以一个萨满教僧的形象出现在现存的许多手工艺品上。

卢格： 太阳神；也是音乐的守护神和工艺的主宰。

玛查： 在不列颠被称作里安农，在高卢被称作埃波娜。玛查是女海神，她是丰产的象征并且是权力最大的凯尔特神之一。

马纳纳恩： 海洋之神。

莫里根： 有权威的鸦女神，被认为是死亡和再生的化身的"伟大女王"；与死亡和战争有关。

▶ 古埃及的男女神

■ 在埃及阿比多斯的拉美西斯二世的丧葬庙宇中发现的这座浮雕，描述鹰头神何露斯给予他生命的气息。

阿蒙： 底比斯之神；常被描绘成一个阴茎勃起的男子。

安努毕斯： 胡狼头人身的墓葬之神；不朽者之守护神。

阿托恩： 显现在日轮的造物神。

阿图姆： 赫利奥波利斯最初的太阳神。

巴斯苔特： 猫女神。

贝斯： 家神，通常被描绘成侏儒。

艾迪欧： 眼镜蛇女神，作为法老的保护神出现在王冠上。

盖布： 大地之神；世界的支撑者。

哈托尔： 常被表现为母牛、牛头妇女或戴着牛头饰的妇女；被认为是法老的哺育者。

何露斯： 猎鹰神，当法老在位期间等同于法老；是俄赛里斯和伊希斯的儿子；长大后向谋杀他父亲的凶手塞特报仇。

伊姆霍特普： 阶梯式金字塔的建筑师，约塞尔的宰相（公元前2700）；后来被尊崇为知识与医学之神。

伊希斯： 俄赛里斯的妻子、何露斯的母亲。

赫普蕾： 圣甲虫神，作为造物主，他被等同于太阳神瑞。

玛亚特： 常被描绘成头上插着一根驼鸟羽毛的女子；真理、公正和秩序之女神。

敏： 丰产与收获之神；沙漠旅行者的保护神及路神。

穆特： 底比斯的秃鹫神；一位伟大的圣母。

奈赫贝特： 秃鹫女神；有时在君王的王冠上出现在艾迪欧旁边。

奈弗赛斯： 伊希斯的妹妹。

努特： 天空之女神。

俄赛里斯： 死神，也是尼罗河及植物之神；被认为与死去的国王为同一个人，其形象是一具木乃伊国王。

卜塔： 孟菲斯城的创造者，工艺人的保护神；常被描绘成一具干尸。

卜塔-索克-奥赛里斯： 集中了掌管创造、死与来世的各主要神的职司之神；被描绘成木乃伊国王。

瑞： 赫利奥波利斯的太阳神，并且是最高的判官。（其他神要想得到公认，需把他们的名字与他的名字连在一起，例如，阿蒙-瑞）。

瑞-哈拉克蒂： 猎鹰神；结合瑞和何露斯的特点。

赛贝克： 爬行动物的保护神及君王的守护神。

赛赫迈特： 狮头女神，卜塔的妻子；给瑞的敌人带来疾病和毁灭。

赛特： 暴力与风暴之神；俄赛里斯的兄弟，也是其谋杀者；被描绘成一头形状不明的动物。

舒： 光与空气之神。

索贝克： 鳄鱼神。

透特： 赫尔摩波利斯的朱鹭头神；众神的抄员及书写发明者。

梭尤阿里斯： 河马女神；分娩妇女的保护神。

印加宗教则糅合了万物有灵论与自然崇拜和物神崇拜（信仰有魔力的物体）。一些星座对印加人来说有宗教上的重要意义。人们乞求天琴座（据说形状像美洲驼）保佑。人们把昴星团称为"短暂的母亲"，并且把它们再现的日子定为节日。对韦拉可卡的祭礼特别隆重，作为印加帝国的国教，是强制性的。然而，其他被征服民族的祭礼也得到了默认。宗教习俗是复杂的，并且以占卜和既用人亦用动物献祭为特征。

凯尔特宗教

▶ 由于缺少文献资料，人们对凯尔特人的神了解甚少。

▶ 凯尔特人的祭司——诗人叫做"德鲁伊特"，这个名字来自于古代印欧语系的一个词，意思是"认识栎木"。

凯尔特人的宗教信仰集中于神灵世界同大地和水体之间的关系上。山丘、岩石、泉、河流和许多其他地方都被认为是守护神住的家。树木也住有神灵，而且对某些树种还要进行礼拜。在5月和11月有两个季节性的节日。

日耳曼（北欧）宗教

▶ 公元98年塔西佗在他的《日耳曼尼亚志》一书中首次清楚地描述了有关日耳曼部落的宗教风俗和活动。

▶ 日耳曼人的宗教相信一种即将来临的灾难，称作"世界末日"（神之光转暗），在这场灾难中，太阳变暗，众星消失，大地沉入海中。

日耳曼人的宗教延续到中世纪：直到10世纪和11世纪丹麦、挪威和冰岛才改信基督教，而瑞典一直到12世纪。许多日耳曼人改变成基督教是因为基督教许诺一个美好的来世。

日耳曼宗教中有许多神。在早期，奥丁、提尔和托尔特别受到崇拜：奥丁是掌管战争、文化艺术和死的神；提尔是战神；托尔是雷神。最好是手持利剑，作为一名斗士而死，因为这样最有可能进入瓦尔哈拉——既是奥丁接待战死斗士的殿堂又是北欧人所说的天堂。没有至上的神，仅有无所不在的神力。崇拜者们选择他们认为最有可能对自己有好处的某一神顶礼膜拜。

现代宗教

- 在大多数宗教中，信徒们通常通过祈祷、献祭或恰当的行为表示对他们的神的尊敬和以此感化神。
- 人们希冀找到生命的最终意义与目的的愿望是支持宗教的主要动力。
- 从古至今，在所有的文化中都有宗教，宗教是人类已知的最普遍的活动之一。
- 在20世纪，基督教在欧洲衰落，却在非洲兴起。

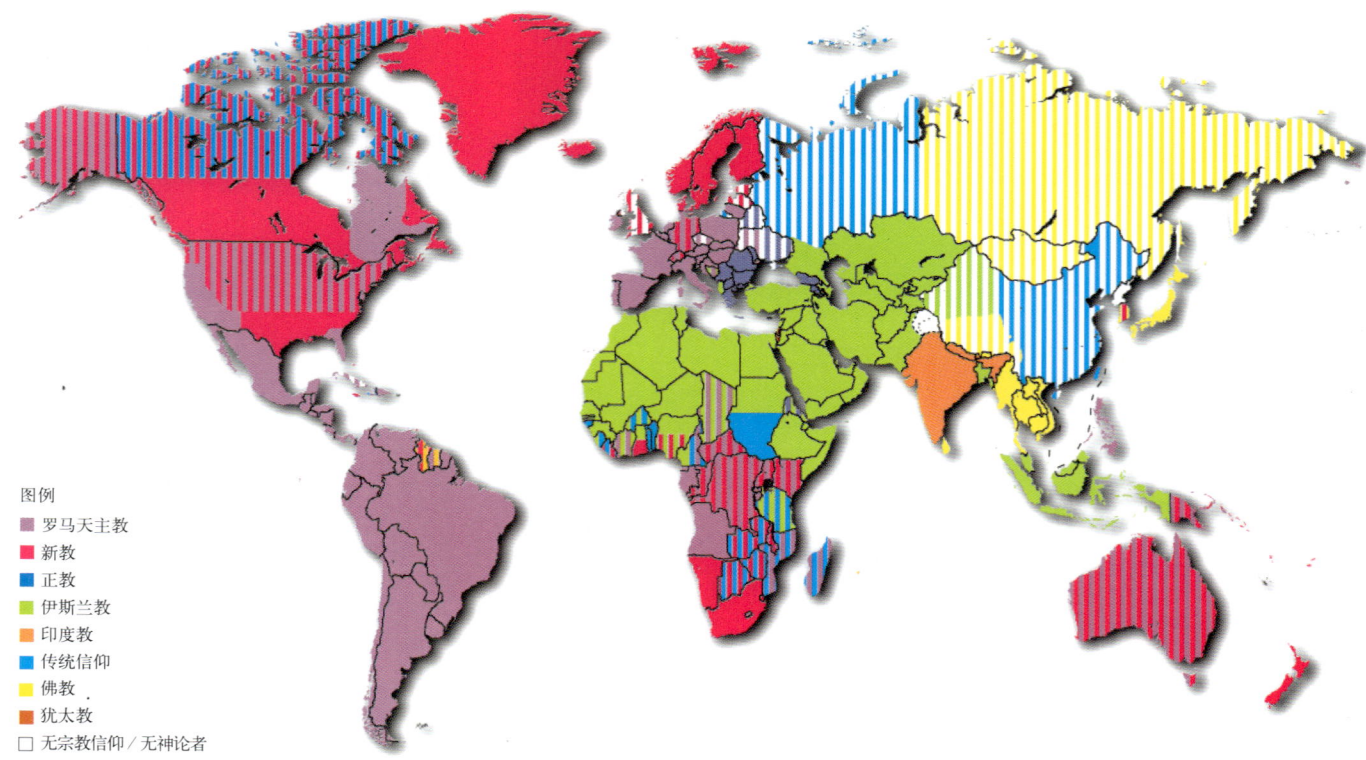

图例
- 罗马天主教
- 新教
- 正教
- 伊斯兰教
- 印度教
- 传统信仰
- 佛教
- 犹太教
- □ 无宗教信仰/无神论者

■ 位于越南胡志明市附近的西宁高台教大神殿宗教总部在举行仪式。身着白袍的礼拜者和穿着艳丽的僧侣跪着祈祷。大殿内部的柱子装饰着彩龙，外部正面装点着高台教神的象征——三角形中的一只眼睛。

▶ 现代宗教的分布状况

20世纪，欧洲信奉基督教的人数减少了，然而，在非洲，基督教却兴盛起来，同时伊斯兰教皈依者也增加了。在欧洲和北美，总的来说，确立已久的各基督教派别的信徒人数已经下降，从事牧师和宗教职业的人有所减少。

宗教活动在远东急剧削弱。在中国，只有少数人信奉传统信仰，多数中国人是不信教的。在日本，神道教和佛教（通常一人同时信奉两教）对于绝大多数的人来说已不是宗教信仰而是一种社会风俗。

然而，伊斯兰教的传播却很显著。在欧洲，信奉该宗教的人数在移民中和当地人中都有所增加。原教旨主义在伊朗、埃及和土耳其等国的惊人发展证明宗教活动在不断增加，而不仅仅是入会者人数增加。在苏联，伊斯兰教信仰曾受到限制，随着苏联的解体，伊斯兰教在中亚也复兴了。

本世纪宗教活动另一显著特征是"新"宗教的发展，尤其是在北美。

要统计世界上各主要宗教的信徒人数，无论是虔诚的还是名义上的，都很困难。这里估计人数均系1995年的数字，指各宗教所谓的入会人数，即与某宗教正式或名义上挂钩的。在某些情况下，定期从事宗教活动的人数要少得多。

■ 苏联的解体导致伊斯兰教信徒的显著增加 ■

信仰与信念

▶ 世界分布

下面是现今存在于世界的宗教一览表及以百万为单位估计的信徒人数及其占世界人口的百分比。注意这些百分比总和不是100，因为一些宗教信徒可能信奉第二宗教。

	百万人	%
基督教	1,930	33.7
罗马天主教	970	17
新教	395	6.9
（不包括圣公会）		
五旬节圣洁会*	100	1.7
归正会加尔文宗	70	1.2
路德宗	60	1
卫理公会	60	1
浸礼会	35	0.6
正教	220	3.8
圣公会	70	1.2
其他基督教派	275	4.8
科普特教会	27	0.5
（包括埃塞俄比亚正教会）		
基督复临安息日会	20	0.3
摩门教	10	0.2
钦班古会	6	0.1
耶和华见证会	5	<0.1
伊斯兰教	1,100	19.2
逊尼派伊斯兰教	915	16
什叶派伊斯兰教	175	3.1
印度教	780	13.7
佛教	325	5.7
中国民间宗教（包括道教）	225	3.9
神道教**	120	2.1
新兴宗教	120	2.1
坎多姆布雷教	15	0.25
科学论派	11	0.2
招魂论派	10	0.2
国际黑天觉悟会	8	0.2
巴哈教派	6	0.1
超在禅定派	4	<0.1
天道教	4	<0.1
高台教	3	<0.1
巫术崇拜	3	<0.1
原始宗教	115	2
非洲原始宗教	75	1.3
亚洲原始宗教（包括萨满教）	40	0.7
锡克教	19	0.3
犹太教	14	0.2
耆那教	5	0.1
儒教	5	0.1
无宗教信仰和无神论者	1,060	18.5
无宗教信仰者	840	14.7
无神论者	220	3.8

* 五旬节派教友数估计在6000万至1亿3000万间波动。
** 在日本，神道教和佛教有部分重复计算，因为许多人同时信仰这两种宗教（见197页和199页）。

▶ 新兴宗教

下面介绍近期产生的几个主要的新兴宗教，它们有相当多虔诚的信徒。

坎多姆布雷教

在巴西，非洲人和美洲印第安人的影响与招魂术和天主教的教义交织在一起产生了坎多姆布雷教。复杂的宗教仪式表达了对非洲神灵、耶稣基督和圣徒的忠诚。占卜和对精神及身体的治疗的探索构成了宗教活动的一个重要部分。这种宗教崇拜一直受到罗马天主教会的强烈谴责，但是参与这些活动的数以百万计的教徒中还有许多人仍旧把自己看作是天主教徒。

科学论派

科学论派，由美国科幻小说家罗恩·哈伯德创建于1955年。它来源于罗恩所阐述的精神疗法，即一种排除有害印象的精神治疗法。信徒试图从思想上清除或摆脱过去痛苦的经历或"印迹"。科学论派信仰组织非常完善的宗教世界、不朽的精神（灵魂）和再生。这个教派的主张和教程费用遭到了批评。科学论派的主要基地在佛罗里达州和加利福尼亚州，所以在美国势力最强，信徒最多。

招魂论派

招魂说或现代唯灵论追溯到1844年到1910年间美国人安德鲁·杰克逊·戴维斯的工作。招魂说的核心是信仰灵魂在人死亡时离开肉体，迟早能以多种形式向活人展现，通常是以灵媒为媒介。招魂说也信仰连续再生。这个教派的势力主要在欧洲和美国。

国际黑天觉悟会

1966年始于美国的国际黑天觉悟会由一位印度僧侣或循世者跋蒂吠檀多创建，他的西方和印度信徒称他为坡拉波哈坡达。作为一个以印度北部哲学为基础的新印度教运动，它强调热爱黑天神。对黑天及仁慈表达敬意的仪式包括寺庙礼拜、歌唱和吟颂神的名字。

巴哈教派

巴哈教派强调所有宗教的重要性及人类精神一体。它出自19世纪伊朗两个空想家米尔泽·阿里·穆罕默德，通称巴布（"门道"）和米尔泽·侯赛因·阿里，通称巴哈安拉（"上帝的荣耀"）的教义。1863年，巴哈安拉宣言：正如早些时候巴布预言的那样，他是上帝的化身，被派来拯救世界。经过多次入狱和流放，他把自己的教义发展成一个以新的经文《至圣经》为基础的宗教。巴哈教派在70多个国家存在，但主要在西南亚。自从1979年以来，这种宗教信仰在伊朗一直受到迫害，1983年后伊朗所有的巴哈教机构都被取缔。

超在禅定派

超在禅定派于1958年由印度僧人瑜伽师马赫里什创立于印度，在20世纪60年代开始流行于西方年轻人中。马赫里什提出了一种念诵曼特罗（一字或数字梵文咒语）的禅定法，即不断地在心里重复曼特罗，使自己袪除杂念，达到深悟。信徒接受训练，并接受各自的咒语。该教的信徒多数在印度和美国。

天道教

天道教（意思是"天国之路的宗教"）只限于韩国和居住在国外的朝鲜人社区中传播。它的创始人崔济愚（1824-1864）称这个新的宗教为"东学"，字义为"东方的学问"，以区别于西方基督教学问。这个宗教教导说：只有一个上帝存在，它把儒教、道教的宗旨与基督教某方面仪式结合起来。主要信条是上帝存在于整个世界中，并且存在于每个人身上。它号召信徒们把别人当成上帝对待。他们相信诚实地信奉宗教可以达到同上帝一体。崔济愚的著作同作为该运动领导人的两位继承者的著作构成了天道教的经书。宗教仪式包括祈祷、诵经和默想。

高台教

高台教于1926年由吴文昭（1879-1932）创立于越南，意思是"高塔"，道教上帝的象征。高台教将孔学、传统信仰、佛教、伊斯兰教和基督教的成分揉合在一起。高台教作为一个宗教独立发展，它的创立者寻求所有信仰的统一。例如，从基督教方面吸收了教阶一模仿罗马天主教，高台教首脑是教皇，以下是枢机主教、大主教、主教和神父。宗教仪式大多取自道教、儒教和天主教。尽管只承认一个上帝，但也对其他神灵表示尊敬，包括耶稣基督、穆罕默德、孔子、释迦牟尼、中国民族主义领导人孙中山、贞德和维克多·雨果。高台教主要在前南越和国外的越南社区中传播。

巫术崇拜

这门宗教还算不上是"新"宗教，而是对古代信仰的重新解释。巫术崇拜，通常以巫术闻名（有时错误地与恶魔崇拜相混），它与被认为起源于新石器时代的一些信仰以及一些凯尔特人的神话和习俗相结合。通常巫术崇拜承认一个上帝和一个女神，强调人类与自然的密切联系。在仪式中，丰产和季节变迁占有重要地位。巫术崇拜主要是在北美和西欧。

塔法里教

塔法里运动起源于1914年由牙买加领导人马尔库斯·贾维（1887-1940）所创立的全球黑人促进协会。20世纪30年代，西印度群岛黑人处于极度的动乱与贫穷中。这恰好同1930年海尔·塞拉西（登基前名塔法里亲王）的加冕典礼宣传文章相符，海尔·塞拉西，埃塞俄比亚皇帝，成为贾维的象征。塔法里教徒，主要是牙买加黑人，把居住在西印度群岛看作是一种惩罚。他们把海尔·塞拉西看作是一位活神，把埃塞俄比亚看作是被放逐的黑人可以复返的乐园。这些信仰随着时间的流逝而变弱，而派给海尔·塞拉西的角色也在他被废黜（1974）和杀害（1975）后消亡了。

■ 20世纪是新宗教的繁荣时期，尤其是在美洲 ■

基督教

- 由基督教制定并推行的西方历法，把被称为基督（意思是救世主——译注）的拿撒勒耶稣的诞生看作是历史的转折点。
- 《圣经》，包括《旧约全书》和《新约全书》，是基督教的宗教经典，也许是历史上最有影响的书籍。
- 对于基督徒来说，出生于伯利恒的那个犹太婴儿不是普通人。过去和现在他都既是人又是神，是上帝的儿子。
- 人们可能会说，曾经有个叫耶稣的历史人物生活在大约公元前4年到公元29年，只是出于信仰才声称他是救世主，是上帝选定的人，是犹太人期待已久的弥赛亚。
- 基督教新的派别仍然继续在世界各地出现，尤其在非洲和拉丁美洲。

罗马天主教

- 罗马教会是惟一的由使徒（圣彼得）创立的西方教会。
- 罗马天主教认为教皇是圣彼得的合法继承人，而圣彼得是由基督指定为教会首脑的。

16世纪，北欧大部分地区与罗马分裂，创建了改革了的新教。天主教发展到了美洲、部分亚洲和非洲。第二次梵蒂冈会议（1962-1966）以来，礼拜活动不再使用拉丁语，而采用当地语言。罗马天主教会声称它是普世的，因为它受耶稣基督指示要"教导所有的民族"，而且因为它事实上是最大的基督教会。罗马天主教声称在解释上帝的话——成文的和口传的——时它是毫无谬误的。教皇代表罗马教廷的某些行政权力。教廷的工作由十一个常设部门（或称圣部）执行。

罗马天主教组织

教皇，罗马主教，被天主教徒认为是耶稣基督在人间的代表，是罗马第一个主教圣彼得的继承人。他由枢机主教团的秘密会议选举。1994年年末，有166位枢机主教，其中有120人年龄在80岁以下，因此是合格的选举人。迄今已有30多位敌对教皇——被选举出来与依教规选出来的教皇相对立、竞争教皇职位的对手。

罗马天主教会有150万位专职的教职人员（主教、司铎、修女、修士、其他僧侣和世俗人员）。天主教徒约占世界人口的17%（见189页）。地方权力由主教和大主教在全世界大约2360个教区行使。主教们在地方、全国或地区会议上讨论地方政策，每5年去罗马一次，直接向教皇汇报。

东仪天主教会

一些小规模的非拉丁语教会也效忠于教皇。这八个组织被称为东仪天主教会。虽然与天主教契合，但这些教会都有自己的组织和礼拜仪式。大多数东仪礼拜仪式都由牧首（宗主教）负责。

到现在为止，最大的东仪天主教会是乌克兰东仪天主教会，成立于1596年，为的是使转而效忠罗马教皇的东正教神职人员能够保持东派教会的礼仪。苏联官方强迫把东仪天主教会纳入俄罗斯东正教，但是效忠罗马教皇的神职人员以秘密教会的身份继续活动。现在该教会是独立的乌克兰三大宗教团体之一。首领是里沃夫的大主教。全世界约有800万乌克兰东仪天主教徒，60%左右在乌克兰。

其他东仪天主教会包括印度南部的雅各派教会（马兰卡东正教叙利亚教派）、马龙派教会、麦勒卡教会、亚美尼亚教会、迦勒底教会和叙利亚教会，多数都在中东。

基督教教义

- 耶稣教导说上帝像一位慈父，照顾着世界上每一个人。
- 耶稣称自己是"人子"，可能是就他为人类受的苦难而言——他的门徒给了他"上帝的儿子"这个称号。

耶稣基督的生平和学说记录在四部福音书和《新约全书》的其他书文的几个引语和故事中。这些都是由基督徒所写，他们相信耶稣在某些方面既是人又是神。因此我们对耶稣的了解来自信徒的文章。耶稣教导说通过忏悔和宽恕，上帝仁慈地把人类召到他的身边，同时在人间寻找执行他意志的每个人。他教导说通过按照上帝的意志生活，天国——正义、慈爱、宽恕和安宁——能降临到人间，要么来到每个人的生活里，要么可能来到整个世界。

基督徒相信……

- 三位一体的教义——上帝只有一个，但有三个"位格"——圣父、圣子（耶稣基督）和圣灵。
- 上帝是宇宙和所有生命的创造者。
- 耶稣基督是上帝唯一的儿子，在时间开始之前与圣父同在。
- 耶稣人形的母亲玛利亚，通过圣灵的力量生下他时，耶稣被赋予了形体（获得人形）。
- 据基督教所说，基督人体化的目的是使人类与上帝和解，因为人的罪恶断绝了人类与上帝的联系。
- 通过耶稣在髑髅地被钉死在十字架上，上帝制服了罪孽与邪恶的力量。
- 凭借耶稣在死后第三天复活，上帝显示了生命战胜死亡的胜利，同时给予信仰耶稣的人永生的希望。
- 上帝通过圣灵给他的子民生命和方向。

■ 教皇约翰·保罗二世于1920年5月20日出生在波兰克拉科夫附近的瓦多维采。1964~1978年任克拉科夫大主教。1967年被封为枢机主教，1978年10月16日被选为教皇，以广泛的旅行接触全世界的基督徒而闻名。图为他在刚果（前扎伊尔）基桑加尼给人们圣餐。

■ 耶稣的前四个门徒是渔夫 ■ 耶稣的意思是"拯救者"，取自希伯来

历代罗马教皇名单

圣彼得 约33～67年
圣利奴 67～76年
圣克莱图斯（也称阿纳克莱图斯）76～78年
圣克雷芒一世 88～97年
圣依瓦图斯 97～105年
圣亚历山大一世 105～115年
圣西克斯图斯一世 115～125年
圣泰莱斯福鲁斯 125～136年
圣希吉诺斯 136～140年
圣庇护一世 140～155年
圣阿尼塞图斯 155～166年
圣索泰尔 166～175年
圣埃雷利奥斯 175～189年
圣维克多一世 189～199年
圣泽菲利努斯 199～217年
圣卡利斯图斯一世 217～222年
圣乌尔班一世 222～230年
圣庞提安 230～235年
圣安特鲁斯 235～236年
圣法比安一世 236～250年
圣科尔内留斯 251～253年
圣卢齐乌斯一世 253～254年
圣司提反一世 254～257年
圣西克斯图斯二世 257～258年
圣狄奥尼修 259～268年
圣菲利克斯一世 269～274年
圣优迪基安 275～283年
圣凯厄斯 283～296年
圣马尔塞林努斯 296～304年
圣马尔塞鲁斯一世 308～309年
圣优西比乌斯 309～310年
圣米尔提亚德斯 311～314年
圣西尔韦斯特一世 314～335年
圣马可 336～337年
圣尤里乌斯一世 337～352年
利贝利乌斯 352～366年
圣达马苏斯 366～384年
圣西利修斯 384～399年
圣阿纳斯塔修斯一世 399～401年
圣英诺森一世 401～417年
圣索西穆斯 417～418年
圣卜尼法斯一世 418～422年
圣切莱斯廷一世 422～432年
圣西克斯图斯三世 432～440年
圣利奥一世 440～461年
圣希拉里 461～468年
圣辛普利修斯 468～483年
圣菲利克斯二世 483～492年
圣基拉西乌斯一世 492～496年
圣阿纳斯塔修斯二世 496～498年
圣马库斯 498～514年
圣何尔米斯达斯 514～523年
圣约翰一世 523～526年
圣菲利克斯三世 526～530年
卜尼法斯二世 530～532
约翰二世（梅尔库里乌斯）533～535年
圣阿加佩图斯一世 535～536年
圣西尔维留斯 536～537年
维吉尔 537～555年
贝拉基一世 556～561年
约翰三世 561～574年
本笃一世 575～579年
贝拉基二世 579～590年
圣格列高利一世 590～604年
萨比尼安 604～606年
卜尼法斯三世 607年
卜尼法斯四世 608～615年
圣优乌斯迪特一世 615～618年
卜尼法斯五世 619～625年
洪诺留一世 625～638年
塞维里努斯 638～640年
约翰四世 640～642年
狄奥多尔一世 642～649年
圣马丁一世 649～655年
圣犹金一世 654～657年

圣维塔利安 657～672年
狄乌迪第二世 672～676年
多努斯 676～678年
圣阿加托 678～681年
圣利奥二世 681～683年
圣本笃二世 683～685年
约翰五世 685～686年
科农 686～687年
圣塞尔吉乌斯一世 687～701年
约翰六世 701～705年
约翰七世 705～707年
西辛尼乌斯 707年
君士坦丁 708～715年
圣格列高利二世 715～731年
圣格列高利三世 731～741年
圣扎迦利 741～752年
司提反"二世" 752年（登位前去世）
司提反二世或三世 752～757年
圣保罗一世 757～767年
司提反三世或四世 768～772年
阿德里安一世 772～795年
圣利奥三世 795～816年
司提反四世或五世 816～817年
圣帕斯加一世 817～824年
犹金二世 824～827年
瓦伦廷 827年
格列高利四世 827～844年
塞尔吉乌斯二世 844～847年
圣利奥四世 847～855年
本笃三世 855～858年
圣尼古拉一世 858～867年
阿德里安二世 867～872年
约翰八世 872～882年
马里努斯一世 882～884年
阿德里安三世 884～885年
司提反五世或六世 885～891年
福尔摩苏斯 891～896年
卜尼法斯六世 896年
司提反六世或七世 896～897年
罗马努斯 897年
狄奥多尔二世 897年
约翰九世 898～900年
本笃四世 900～903年
利奥五世 903年
塞尔吉乌斯三世 904～911年
阿纳斯塔修斯三世 911～913年
兰多 913～914年
约翰十世 914～928年
利奥六世 928年
司提反七世或八世 928～931年
约翰十一世 931～935年
利奥七世 936～939年
司提反八世或九世 939～942年
马里努斯二世 942～946年
阿加佩图斯二世 946～955年
约翰十二世 955～964年
利奥八世 963～965年
本笃五世 964～965年
约翰十三世 965～972年
本笃六世 973～974年
本笃七世 974～983年
约翰十四世（彼得罗·卡尼帕诺瓦）983～984年
约翰十五世 985～996年
格列高利五世（卡林西亚的布鲁诺）996～999年
西尔韦斯特二世（格伯特）999～1003年
约翰十七世（西科）1003年
约翰十八世（法萨诺）1003～1009年
塞尔吉乌斯四世（彼得罗·巴卡波克）1009～1012年
本笃八世 1012～1024年
约翰十九世 1024～1032年
本笃九世 1032～1044年

西尔韦斯特三世 1045年
本笃九世（复位）1045年
格列高利六世 1045～1046年
克雷芒二世 1046～1047年
本笃九世（复位）1047～1048年
达马苏斯二世（波普）1048年
圣利奥九世 1048～1054年
维克多二世 1055～1057年
司提反九世或十世 1057～1058年
尼古拉二世 1058～1061年
亚历山大二世 1061～1073年
圣格列高利七世（希尔德布兰德·索阿纳）1064～1085年
维克多三世（德西德里乌斯，贝内文托的王子）1086～1087年
乌尔班二世（奥多·德·拉热里）1088～1099年
帕斯加尔二世（拉涅罗）1099～1118年
基拉西乌斯二世（乔万尼·凯大尼）1118～1119年
卡利斯图斯二世 1119～1124年
洪诺留二世（兰伯托·斯坎纳贝奇）1124～1130年
英诺森二世（格列高利·帕帕雷斯基）1130～1143年
切莱斯廷二世（盖多·德·卡斯特罗）1143～1144年
卢西乌斯二世（杰拉多·卡西亚内米）1144～1145年
犹金三世（伯纳尔多·帕加内利）1145～1153年
阿纳斯塔修斯四世（考拉多）1153～1154年
阿德里安四世（尼古拉斯·布雷克斯皮尔）1154～1159年
亚历山大三世（罗兰多·班迪内利）1159～1181年
卢西乌斯三世（乌巴尔多·阿卢辛戈里）1181～1185年
乌尔班三世（乌贝托·克里韦利）1185～1187年
格列高利八世（阿尔贝托·德·莫拉）1187年
克雷芒三世（保罗·斯科拉里）1187～1191年
切莱斯廷三世（杰辛托·布巴）1191～1198年
英诺森三世（罗它里奥，塞尼伯爵）1198～1216年
洪诺留三世（琴乔·萨韦利）1216～1227年
格列高利九世（乌戈利诺，塞尼伯爵）1227～1241年
切莱斯廷四世（乔弗莱多·卡蒂格里奥尼）1241年
英诺森四世（西尼巴尔多·菲耶斯基）1243～1254年
亚历山大四世（里纳尔多，塞尼伯爵）1254～1261年
乌尔班四世（雅各·庞塔莱翁）1261～1264年
克雷芒四世（盖·福考埃斯）1265～1268年
格列高利十世（西奥巴尔多·维斯孔蒂）1271～1276年
英诺森五世（皮埃尔·塔朗泰斯）1276年
阿德里安五世（奥托博诺·德·菲耶斯基）1276年
约翰二十一世（佩德罗·朱利安）1276～1277年
尼古拉三世（乔万尼·凯塔尼奥尔西尼）1277～1280年
马丁四世（西蒙·德·布里翁）

1281～1285年
洪诺留四世（杰科莫·萨韦利）1285～1287年
尼古拉四世（吉罗拉莫·马希）1288～1292年
圣切莱斯廷五世（彼得罗·德·莫罗恩）1294年
卜尼法斯八世（本尼德托·凯大尼）1294～1303年
本笃十一世（尼古拉·博卡西尼）1303～1304年
克雷芒五世（贝尔脱朗·德·哥特）1305～1314年
约翰二十二世（雅克·杜埃兹）1316～1334年
本笃十二世（雅克·富尼埃）1334～1342年
克雷芒六世（皮埃尔·罗歇）1342～1352年
英诺森六世（艾提埃尼·奥贝尔）1352～1362年
乌尔班五世（纪尧姆·格里莫德）1362～1370年
格列高利十一世（皮埃尔·罗歇·德·博福尔）1370～1378年
乌尔班六世（巴托洛米奥·普里格纳诺）1378～1389年
卜尼法斯九世（彼得罗·托马切利）1389～1404年
英诺森七世（科西莫·德·米格里奥拉蒂）1404～1406年
格列高利十二世（安格罗·科雷尔）1406～1415年
马丁五世（奥多·科隆纳）1417～1431年
犹金四世（伽布莱勒·康多尔米利）1431～1447年
尼古拉五世（托马索·帕伦图协利）1447～1455年
卡利斯图斯三世（阿隆索·博尔贾）1455～1458年
庇护二世（伊尼厄斯·皮科洛米尼）1458～1464年
保罗二世（彼德罗·巴博）1464～1471年
西克斯图斯四世（弗朗西斯科·德拉·罗维尔）1471～1484年
英诺森八世（乔万尼·巴蒂斯塔·奇博）1484～1492年
亚历山大六世（罗德里戈·博贾）1492～1503年
庇护三世（弗朗西斯科·托代斯基尼）1503年
尤里乌斯二世（朱利亚诺·德拉·罗韦雷）1503～1513年
利奥十世（乔万尼·德·美第奇）1513～1521年
阿德里安六世（阿德里安·弗洛伦兹·布延斯）1522～1523年
克雷芒七世（乔里奥·德·美第奇）1523～1534年
保罗三世（亚历山德鲁·法尔内塞）1534～1549年
尤里乌斯三世（乔万尼·玛利亚·西奥奇·德尔·蒙特）1550～1555年
马尔塞鲁斯二世（马尔切罗·切尔维尼）1555年
保罗四世（乔万尼·皮埃特罗·卡拉法）1555～1559年
庇护四世（贾南杰洛·德·梅迪奇）1559～1565年
圣庇护五世（安托尼奥·米凯莱·吉兹利埃里）1566～1572年
格列高利十三世（乌戈·邦科姆帕格尼）1572～1585年

西克斯图斯五世（费利斯·佩罗蒂）1585～1590年
乌尔班七世（乔万尼·巴蒂斯塔·卡斯塔尼亚）1590年
格列高利十四世（尼科洛·斯丰德拉托）1590～1591年
英诺森九世（乔万尼·安托尼奥·法契内蒂）1591年
克雷芒八世（埃波利托·阿尔多布朗迪尼）1592～1605年
利奥十一世（亚历山德罗·奥塔维亚诺·德·梅迪奇）1605年
保罗五世（卡米洛·博尔盖塞）1605～1621年
格列高利十五世（亚历山德罗·卢多维西）1621～1623年
乌尔班八世（马菲奥·巴贝里尼）1623～1644年
英诺森十世（乔万尼·巴蒂斯塔·帕姆菲利）1644～1655年
亚历山大七世（法比奥·基吉）1655～1667年
克雷芒九世（朱里奥·罗斯皮廖西）1667～1669年
克雷芒十世（艾米利奥·阿尔蒂里）1670～1676年
英诺森十一世（贝内代托·奥代斯卡尔基）1676～1689年
亚历山大八世（彼得罗·奥托博尼）1689～1691年
英诺森十二世（安东尼奥·皮尼亚泰利）1691～1700年
克雷芒十一世（詹弗朗切斯科·阿尔巴尼）1700～1721年
英诺森十三世（米米开朗琪罗·戴孔蒂）1721～1724年
本笃十三世（彼得罗·弗朗切斯科·奥尔西尼）1724～1730年
克雷芒十二世（洛伦佐·科尔西尼）1730～1740年
本笃十四世（普罗斯佩罗·兰贝蒂尼）1740～1758年
克雷芒十三世（卡洛德拉·托尔·雷佐尼科）1758～1769年
克雷芒十四世（乔万尼·甘加内利）1769～1774年
庇护六世（乔万尼·安杰洛·布拉斯基）1775～1799年
庇护七世（巴尔纳巴·基亚拉蒙特）1800～1823年
利奥十二世（安尼巴勒·德拉·根加）1823～1829年
庇护八世（弗朗西斯科·夏瓦利奥·卡斯蒂格里尼）1829～1830年
格列高利十六世（巴托罗米奥·卡佩拉里）1831～1846年
庇护九世（乔瓦尼·马利亚·马斯塔伊-费雷蒂）1846～1878年
利奥十三世（温琴佐·焦阿齐尼·佩奇）1878～1903年
圣庇护十世（朱塞佩·萨尔托）1903～1914年
本笃十五世（贾科莫·盖萨）1914～1922年
庇护十一世（阿基莱·拉蒂）1922～1939年
庇护十二世（尤金尼奥·帕切利）1939～1958年
约翰二十三世（安杰洛·朱塞佩·隆卡利）1958～1963年
保罗六世（乔万尼·巴蒂斯塔·蒙蒂尼）1963～1978年
约翰·保罗一世（阿尔比诺·卢恰尼）1978年
约翰·保罗二世（卡罗尔·沃伊蒂瓦）1978年～

语词根YASHA，意为"拯救" ■ 教会是耶稣基督在人间的化身 ■

东正教会

▶ 大多数东正教会由地中海东部讲希腊语的基督教会发展而来。

▶ 东正教的首领（普世牧首）与罗马教皇不同，他只不过是名誉上在权限相同的人中居首位，而不能代表整个教会发言和行动。

东正教会坚持认为它是惟一真正的基督教会，没有也不曾被分裂。它把罗马天主教会看作是分裂教会者。它的传统可以上溯到使徒建立的教会和持续到1453年的信仰基督的罗马帝国（拜占庭帝国）的教会。君士坦丁堡（伊斯坦布尔）的普世牧首是高级人物。但是每个自治教会都有自己的最高级牧首，而且是自主的。现在君士坦丁堡的普世牧首是巴塞洛缪一世普世牧首。

最大的东正教会是俄罗斯东正教会、乌克兰东正教会（仍效忠于莫斯科牧首）、乌克兰自治东正教会（也称为乌克兰东正教基辅牧首区，已从俄罗斯东正教退出）、罗马尼亚东正教会、希腊东正教会、白俄罗斯东正教会、保加利亚东正教会、塞尔维亚东正教会（包括在波斯尼亚的塞尔维亚教会）、美国东正教会、格鲁吉亚东正教会、亚美尼亚东正教会、俄罗斯（摩尔多瓦）东正教会、马其顿东正教会、波兰东正教会、塞浦路斯东正教会和澳大利亚东正教会。其他东正教会包括芬兰东正教会、捷克共和国东正教会和斯洛伐克东正教会。在波罗的海各国（爱沙尼亚、拉脱维亚和立陶宛）、哈萨克斯坦、乌兹别克斯坦和其他前苏联共和国及在西方（多数在法国和美国）有少量俄罗斯东正教派。在北美、澳大拉西亚、西欧的许多国家（如英国）有希腊东正教派。

前苏联和东欧各国发生的剧变导致那些国家基督教教会的复兴格外引人注目。在某些情况下，如在俄罗斯，东正教是这一变化的主要受惠者。不过，其他基督教派，尤其是浸礼会和种种新兴教派，在世界上这个区域内也显著扩展。

■ 在以色列耶路撒冷的圣墓教堂，一位东正教祭司穿着传统的长袍。以色列东正教有许多阿拉伯信徒——以希腊语吟诵的礼拜仪式在隐修院进行，以阿拉伯语吟诵的礼拜仪式在牧区教堂举行。

新教

▶ 新教各宗派都拒绝接受教皇为尘世权利至高者和人间真理的传播者。

▶ 一些新教宗派，如圣公会，与天主教和东正教有许多共同之处。

16世纪的欧洲，改革基督教的运动伴随着对《圣经》的新的释义和作礼拜时使用日常语言代替拉丁语同时发生了。这些运动拒绝接受罗马的权威，在北欧各国建立了经过改革的基督教国内组织，如瑞典和部分德国的路德宗，瑞士和苏格兰的加尔文宗和英格兰的安立甘宗（中国常称圣公会——译注）。这个过程以"宗教改革"而闻名。新教运动的主要目的是在各个国家内改革基督教，同时坚持基督教包括整个社会的观点。激进派（或再洗礼派）坚持认为基督教只包括信奉基督的人，割断了与国家的联系。虽然在欧洲这是少数派宗教，但是在美洲这个派别却很重要。

18世纪，新教国家里的宗教改革运动把多数派和激进派拉近了，而且欧洲移民把所有新教传统都带到了美国、加拿大和澳大利亚。在美国，它们焕发出新的生机，展现出新的面貌：在庞大的社区里，大量的基督徒属于多种民族，而且没有国教。一些崭新的基督教派也出现了，如五旬节派。

五旬节派

五旬节派源于19世纪后期美国一些新教里信仰复兴者的运动。它作为一个教派的起源通常追溯到1900年查尔斯·帕勒姆在堪萨斯州和伊利诺伊州的工作。五旬节派强调"由圣灵洗礼"皈依后的一种宗教经历，可能伴有神的治疗和"用不同的语言说话"。1996年在世界范围内，各种五旬节派教会约有成员1亿人。

归正宗和长老会

归正宗在教义上属于加尔文宗而不是路德宗。它们的起源追溯到法国和瑞士宗教改革运动的领导人、法国新教徒约翰·加尔文（1509-1564）的宗教思想。在主张宗教信仰只能以《圣经》为惟一根据的同时，加尔文宗坚持认为因为人缺乏自由意志，人的得救全由上帝预定。归正宗包括长老会，其名字取自其于教政组织形式，他们的教会是由一般会众的领导人（称为长老或长者）和牧师共同管理的。

苏格兰在宪法中规定其国教是长老会，由长老会会议主席主持。长老会主席每年由选出的最高司法机构挑选出来。在最高司法机构里英国国王（作为教会首领）由国教最高立法机构的代理人来代表。为了进行管理，苏格兰被分为12个教区。

主要的归正宗和长老会是美国的长老会，成员约有380万名，其次是瑞士新教联盟（包括18个归正宗教会）成员约280万名，还有荷兰归正宗，成员约230万名。

■ 基督的意思是"受膏者"，来自希腊语动词CHRIO，"涂油于……"

安立甘宗（圣公会）

亨利八世于1534年宣布拒绝承认教皇是至高无上的，并创建英国国教圣公会，由君主任首领。新教改革在爱德华六世（1547-1553）统治时期进行。天主教徒玛丽一世统治结束后，独立的英国圣公会于1558年重建。

英国圣公会保留了主教制的教政体制，而且还保留有许多天主教礼拜形式传统。但是它遵奉已改革的新教信仰的多数基本信条。其教义以《三十九条信纲》为基础，礼拜形式以英国国教的《公祷书》（1549和1662）及其续编为基础。18世纪的福音运动重视新教传统，而19世纪的牛津运动则强调天主教传统。这两种运动在英国圣公会内作为低教会派和高教会派继续存在。圣公会每个教会都实行自治。圣公会各教省的首领们承认坎特伯雷大主教为名义上的领袖。

最大的圣公会是英国圣公会加上威尔士圣公会和苏格兰圣公会，名义成员约3340万人（实际约150万人），其次是尼日利亚教省圣公会，成员的1000万人，及乌干达教省圣公会，成员约490万人。

路德宗（又称信义宗——译注）

路德宗（又称信义宗——译注）的信仰来自德国人马丁·路德（1483-1546）的教义，在1530年的《奥格斯堡信纲》中有系统的阐述。路德教导说：赎罪只能通过信仰基督达到（由宗教信仰赦免）；《圣经》是宗教信仰的惟一教规。约有6000万人属于路德宗，其最大的影响在德国和斯堪的纳维亚半岛。德国联合福音信义会是最大的，约有成员1120万人。

卫理公会（又称循道宗——译注）

卫理公会产生于英国圣公会内由约翰·卫斯理（1703-1791）和他的弟弟查尔斯（1707-1788）领导的宗教复兴运动。早期卫理公会和现代英国圣公会的区别很大程度上在于各人强调的重点不同，而不在于教义不同。所有的卫理公会都有一个强大的集中领导，而且美国传统的那些卫理公会属于主教制教会。卫理公会大约有成员6000万，多数分布在美国和非洲南部及西部。

主要的卫理公会是美国的联合卫理公会，成员约860万人，美国的非洲人美以美会，成员约350万人。

浸礼会

浸礼会的名字起源于把成人信徒全身浸入水中洗礼的仪式，它于17世纪在英美清教徒运动中发展起来。每个浸礼会都是自治的。约有3500万浸礼会教徒，多数住在美国。

以美国为基地，主要的浸礼会是南方浸礼联会，成员约1540万人，其次是全国浸礼会，成员约820万人。

科普特教会

科普特教会是基督一性论派，即他们相信基督主要是神性，但是融合有人性，而不是一个虚构的人。最大的科普特教派，埃塞俄比亚东正教，由牧首或阿布拿做首领，但是承认亚历山大宗主教为埃及科普特教会的首脑。埃塞俄比亚教派的特点是受到神学理论训练的世俗官员在教会中起领导作用；相反地，神职人员一般不受到训练。在埃及、苏丹、埃塞俄比亚和厄立特里亚的科普特教徒总计有约2700万人。

基督复临安息日会

基督复临安息日会强调相信基督即将第二次来临。此会19世纪建于美国，成员约749,000人，另外在加拿大还有44,000人。

独立的非洲教派

由于对从西方传来的礼拜形式不满，一些非洲教派应运而生。20世纪20年代，当信徒被西蒙·钦班古，一位浸礼会传授基本教义的人的讲道与神奇治疗所吸引时，刚果（前扎伊尔）钦班古便会出现。

南非许多锡安会强调成人要通过浸礼、神圣治疗和为基督复临做准备而进行洗礼。西非的阿拉杜拉（祷告的拥有者）教会强调先知和神圣治疗。吸收传统的非洲信仰和价值观念是这些教会中许多教会的特色。

世界上最大的非洲教会是由先知西蒙·钦班古创立的、位于刚果（前扎伊尔）的耶稣基督世间教会，成员有500万，其次为南非的锡安会，位于南非，有400万成员，尼日利亚的上帝－阿拉杜拉会，有110万成员，以及肯尼亚的非洲以色列尼尼微会，成员有35万人。

其他新教教派

公理宗

自由主义的公理宗从十六七世纪英国的独立派发展而来。每个公理会在组织内部事务时都是独立的。在加拿大、美国、英国、澳大利亚和印度，多数公理会已加入了联合教会（见下文）。

基督教科学派

基督教科学派是玛丽·贝克·艾迪于1879年在美国创立的自由主义新教派。此派否认神，却不否认耶稣的神性，强调进行精神治疗。他们用自己的知识作为《圣经》的补充。教会声称在全世界拥有约2500名会员，大多在北美。

基督会

基督会成立于19世纪前半叶美国边疆宗教复活时期。他们试图通过恢复新约仪式来统一分裂的新教。主要的基督会是美国基督会，有100万信徒。

公谊会（贵格会）

公谊会由英国清教徒乔治·福克斯创立于17世纪。强调把基督教义直接应用到日常生活中，拒绝拘于形式的礼拜、教义和神职人员。教友聚会时默默地等待"内心之光"。公谊会是和平主义者。在英国有18,000名成员。

一位论派

一位论派否认三位一体教义。早期的教会中有人持上帝只有一个位格的信仰（阿里乌主义），但是，现代一位论派始于欧洲16世纪，在使用英语的世界里，一位论派始于1774年，当时西奥菲勒斯·林赛在伦敦建立了一个一位论派教堂。

联合教会

基督教中的大联合运动导致了许多新教教会的联合。在教派间的历史差异似乎没有意义的无基督教传统的国家里，统一的压力变得格外强烈。主要的联合教会是南印度教会，约有220万成员，其次是美国的联合基督教会，约有150万成员和澳大利亚的联合教会，有140万成员。

▶ 边缘教派

耶和华见证会

耶和华见证会——或官方上称为守望楼运动——从查尔斯·泰兹·罗塞于1872年在美国宾夕法尼亚州匹兹堡所创的国际圣经研究会发展而来。

耶和华见证会以对《圣经》的字面释义和对哈米吉多顿（耶和华与撒旦迫在眉睫的决战，只有见证会成员能得救）的联系而闻名，他们否认基督的神性，但是承认耶稣是上帝的代表。他们相信在哈米吉多顿和基督再临后，人间将建立一个神权国（上帝的王国）。

耶和华见证会在一些国家遭到迫害，因为他们拒绝遵守某些制度法规。例如：他们以不接受输血和拒绝选举而著称。

摩门教

摩门教，正式名称为耶稣基督后期圣徒教会，是由非常活跃的传教士由约瑟夫·史密斯于1830年创建于美国。他声称从一位天使手里得到了《摩门经》，该经被后期圣徒奉为《圣经》的补充。

摩门教相信上帝由人进化而成，人类本身也有达到神性的潜能。它否认三位一体，认为三个位格彼此独立。摩门教导说死后肉身可以完全复活，家人可以重新团聚。在保证获救的这种信仰中，死后的亲属可被洗礼，也可以结婚。

布里格姆·扬率领摩门教徒来到犹他州盐湖城该教现在的中心，有600多万摩门教徒，大多数（470万）在北美。

统一教团

统一教团，有时被称为"文鲜明统一教团"，由韩国人文鲜明于20世纪50年代创建。据说有200多万成员，多数在韩国和日本。

统一教团教授"神圣的原理"，认为随着人类的堕落，要回复完美可通过第一位弥赛亚耶稣和第二任弥赛亚——文大人达到。热爱创造和家庭生活对成员来说最为重要。

■ 犹大名字后面的"加略人"（来自拉丁语SICRIUS），意思是"谋杀犯" ■

伊斯兰教

▷ 阿拉伯语"伊斯兰"意思是"顺从真主"。其来源为词根"slm",并由"slm"派生出名词"salam"(意思是"安宁")和动词aslama(意思是"顺从")。

▷ 穆斯林相信,人们把自己交给真主并且服从真主的意志时,伊斯兰教就会给人类带来和平安宁。

▷ 穆斯林相信真主的意志通过《古兰经》传达给真主的使者——先知穆罕默德。

▷ 伊斯兰教强调坚定信仰——神论和严格遵守宗教习俗。

先知穆罕默德

▶ 穆斯林从公元622年7月开始他们的历法,这个日子是穆罕默德从麦加逃亡到麦地那的日子,被称为希吉来(迁徙)。

▶ 穆罕默德在同麦加反对派战争中的胜利,尤其是627年围攻麦地那,加强了他的政治权力。

穆罕默德(约570-632)是古莱什部落的人。这个部落守卫着位于阿拉伯商贸城市麦加城的著名的神殿天房开尔白。610年,穆罕默德接到他的第一段启示,命令他去讲道,反对阿拉伯各部落的偶像崇拜和多神教。622年,他带领信徒到麦地那,在那里,除教权外,又给穆罕默德增加了政权。在632年去世之前,整个阿拉伯半岛都信奉伊斯兰教或者与穆罕默德达成了和平协议。

穆斯林相信在20多年的时间里穆罕默德通过大天使哲布勒依来来接受真主的启示。这些启示形成了《古兰经》(字义为"诵读")——伊斯兰教的经文。信仰这些经典是伊斯兰教的一部分。其次是穆罕默德言行集即《圣训》(哈迪斯),因为穆罕默德被认为是服从真主意志的最佳典范。按穆斯林教义:伊斯兰教是亚当和所有先知的宗教,他们被真主派来召唤人们回到原来的道路上。在其他先知中,穆斯林尊敬亚伯拉罕、摩西和耶稣,但是穆罕默德是最后一位先知,因为《古兰经》完成并且取代了早期的启示。

▷ 伊斯兰教人口最多的国家

	信徒以百万人计		
	逊尼派	什叶派	合计
印度尼西亚	172.84	-	172.84
巴基斯坦	100.13	26.7	126.83
孟加拉国	108.67	-	108.67
印度	79.0	26.0	105.0
土耳其	62.53	-	62.53
伊朗	3.52	58.22	61.74
埃及	54.81	-	54.81
尼日利亚	51.96	-	51.96
阿尔及利亚	28.43	-	28.43
摩洛哥	26.66	-	26.66
苏丹	22.68	-	22.68
阿富汗	19.04	3.40	22.44
伊拉克	7.39	13.39	20.78
乌兹别克斯坦	20.42	-	20.42
沙特阿拉伯	17.59	0.62	18.21

▷ 伊斯兰教作为少数派人口最多的国家

	信徒(百万人)
中国	18.0
埃塞俄比亚	17.06
俄罗斯	6.0
美国	3.8
菲律宾	3.28
法国	3.21
喀麦隆	2.97
加纳	2.43
泰国	2.42
莫桑比克	2.32

▷ 沙利尔——伊斯兰教法

▶ 伊斯兰教法称为沙利尔,意思是"通往供水地之路"。

▶ 伊斯兰教法的范围比世俗法律要广,因为它不像世俗法律只涉及到人类与国家、邻里的关系,而且还涉及到人类与真主的关系。

沙利尔——规范信奉伊斯兰教的人的生活的伊斯兰法律体系和法庭——在伊斯兰世界许多国家里都有效。以五功开始,详细地规定了朝圣和礼拜等宗教义务,关于像婚姻、儿童监护和继承权这样的家庭事务,也有具体的法律。对某些违法行为施以惩罚,如偷窃砍掉一只手,喝酒打30鞭。处理方式分为值得表扬的行为和应受谴责的行为。下面介绍在拥有大量伊斯兰信徒的国家里,伊斯兰教法的作用。**只有伊斯兰教法生效的国家:**阿富汗、吉布提、约旦、科威特、利比亚、马尔代夫、毛里塔尼亚、阿曼、巴基斯坦、沙特阿拉伯、苏丹、阿拉伯联合酋长国及也门。(赌博与酗酒在阿富汗、阿尔及利亚、孟加拉国、文莱、吉布提、伊朗、科威特、利比亚、毛里塔尼亚、阿曼、巴基斯坦、卡塔尔、沙特阿拉伯、阿拉伯联合酋长国及也门被禁止)。

伊斯兰法律和世俗法律协同生效的国家:阿尔及利亚、孟加拉国、科摩罗、埃及、伊拉克、马里、摩洛哥、卡塔尔、索马里和叙利亚。在文莱,世俗法律和伊斯兰法律并存。

只有世俗法律生效的伊斯兰世界国家:阿尔巴尼亚、阿塞拜疆、巴林、波斯尼亚-黑塞哥维那、乍得、冈比亚、印度尼西亚、哈萨克斯坦、吉尔吉斯斯坦、马来西亚、尼日尔、塞内加尔、塔吉克斯坦、土耳其、土库曼斯坦和乌兹别克斯坦。

根据法律定伊斯兰教为国教的国家:阿尔及利亚、巴林、孟加拉国、文莱、科摩罗、埃及、伊朗、伊拉克、约旦、科威特、利比亚、马来西亚、马尔代夫、毛里塔尼亚、摩洛哥、阿曼、巴基斯坦、卡塔尔、沙特阿拉伯、突尼斯、阿拉伯联合酋长国。(在黎巴嫩,伊斯兰教是两个得到承认的国教之一。在印度尼西亚,伊斯兰教与其他五种宗教一起被认为是国教)。

限制信奉宗教自由的伊斯兰世界国家:阿富汗、伊朗、伊拉克、利比亚、马来西亚、巴基斯坦、沙特阿拉伯、苏丹、土耳其和也门。

■ 在一年一度的朝觐期间,朝圣者蜂拥前往麦加巡礼。除非受健康和财政困难所阻,穆斯林一生中应亲往朝圣一次。

■ 伊斯兰教是世界第二大宗教 ■ 穆罕默德在40岁时

■ 阿曼库鲁姆的一座清真寺。右面高高的尖塔顶部有一个楼厅，是穆安津（宣礼员）所立之处。他的职责是召唤穆斯林每天祈祷五次。

宗教信仰的支柱

▶ 伊斯兰教有五种基本的宗教责任，被称为"五功"。

▶ 五功旨在发展对真主的顺从精神。

穆罕默德去世后不久，伊斯兰教的五功就被编辑出来，它归纳了穆斯林社团的基本宗教责任。哈瓦利吉派又附加了第六功——圣战，但不为一般穆斯林社团所承认。五功为：

念功（或作证言）

伊斯兰教的基本信仰表达在作证词中，即穆斯林信仰的表白："我证除安拉外，再无神灵。穆罕默德是安拉的使者！"从这条基本信仰引申出信仰天使（尤其是哲布勒依来），信仰经典（除了古兰经，还有犹太教的经典和基督教的经典），信仰一系列圣人及信仰末日，审判日。

拜功（或称礼功）

每天五次——黎明、中午、下午4时许、日落时及睡前进行礼拜。沐浴之后，穆斯林教徒面向麦加城的方向，集体在清真寺做祈祷或者在任何干净而适于举行仪式的地方单独躬身敬拜，通常要用一张跪毯。每次礼拜都包含几个"拜"，如黎明两个，中午四个。"拜"的程序由一系列规定的动作组成，礼拜者端立、鞠躬、前额着地叩头、跪坐。做每个动作时都用阿拉伯语默诵古兰经。人们不一定必须去清真寺做礼拜，但必须参加每周五中午举行的聚礼。（清真寺也具有教育功能，教学范围从高级神学到儿童的宗教指导。）

课功

施舍，音译作扎卡特（净化），由有足够财产的穆斯林来做，以作为每年的慈善捐赠。施舍的目的是净化施舍者，使他其余的财产合法、纯净。施舍物由政府收集以用来周济贫困者。

斋功

在伊斯兰教的莱麦丹月（伊斯兰教历的第九月——译注）期间，每天从日出前不久开始到日落进行斋戒。穆斯林认为古兰经是在这个月里第一次披露的。斋戒的人不许吃，不许喝，不许吸烟。然而，病人、老人和儿童不必封斋。

朝功

如果健康和经济条件许可的话，每个穆斯林教徒一生中至少要去麦加朝圣一次。朝圣在伊斯兰教历的12月进行。

圣战是另一个宗教责任。意思是同可见的敌人和自己的激情斗争。如果穆斯林或伊斯兰教处于危险中，要求穆斯林奋起保卫。

伊斯兰教派

▶ 逊尼派和什叶派是伊斯兰教的两大教派。

▶ 虽然大多数穆斯林是逊尼派教徒，但是什叶派在伊朗居主要地位，那里约93%是什叶派教徒。

逊尼派和什叶派主要的区别在于后者认为穆罕默德的神授权力只能由他的后裔继承，他们将授以他至高无上的宗教和政治权力。逊尼派认为正统是由全民一致决定的。逊尼派哈里发行使政治权力，而不是宗教权力。1924年土耳其废除了在历史上有重大意义的哈里发职位。

什叶派产生了多种教派，包括伊斯玛仪派和栽德派，可是其多数被称为十二伊玛目派。他们认为第十二代伊玛目或者穆罕默德直系后代继承者不在了，现在是隐遁伊玛目，他在世界末日来临前将以马赫迪（救世主）身份重返人间。高级宗教律法学者叫做穆智台希德，他们解释隐遁伊玛目并且分担他的权力。阿亚图拉（字义为："神迹"）霍梅尼在伊朗被看作是这样的一位穆智台希德。其他什叶派教徒尊崇活着的伊玛目，比如阿迦汗，印度的霍加派，其首领（阿迦汗）声称是经由伊斯玛仪，第七代伊玛目传下来的先知穆罕默德的后裔。

什叶派支派包括十二伊玛目派，在阿塞拜疆、巴林、伊朗和伊拉克占主要地位，栽德派，主要在也门。易巴德派通常被认为既不属于逊尼派也不属于什叶派，主要在阿曼。

逊尼派四大教法学派

哈乃斐派： 主要盛行于阿富汗、孟加拉国、吉布提、约旦、哈萨克斯坦、黎巴嫩、巴基斯坦、巴勒斯坦、叙利亚、塔吉克斯坦、土耳其、土库曼斯坦和乌兹别克斯坦。在埃及，哈乃斐派、马立克派和沙斐仪派都很重要。

罕百里派： 局限在卡塔尔和沙特阿拉伯。

马立克派： 阿尔及利亚、乍得、埃及（见上述哈乃斐派）、冈比亚、几内亚、科威特、利比亚、马里、毛里塔尼亚、摩洛哥、尼日尔、塞内加尔、苏丹和突尼斯。

沙斐仪派： 文莱、科摩罗、埃及（见上）、印度尼西亚、马来西亚、马尔代夫、索马里和阿拉伯联合酋长国。

伊斯兰教的神秘主义派别苏非派既有逊尼派信徒又有什叶派信徒。该派的许多教团有世袭或任命的谢赫或辟布（长者、宗教导师），并且把前任尊崇为圣人。苏非传教士在把伊斯兰教传入非洲和亚洲中发挥了重要的作用。

在叙利亚和黎巴嫩，排外的德鲁兹小教派拥有一套折衷教义体系。

穆斯林社会

▶ 伊斯兰教作为一种完整的生活方式是旨在把全人类引导到天国的传教宗教。

▶ 伊斯兰教为它的姊妹宗教——犹太教和基督教——的信徒提供了特殊的地位。这两种宗教在许多穆斯林地区作为受保护的少数派社团存在。

尽管由于伊斯兰教所包含的多种族和多文化产生了差异，但是整个穆斯林社会由一种共同的信仰和共属一个的社会的感觉联系在一起。随着西方在19世纪和20世纪初期殖民时期建立的政治势力的丧失，伊斯兰社会的概念不但没有削弱，反而更强化了。

这一点，再加上巨大石油储藏的发现，促使各个穆斯林民族在20世纪中期奋起斗争，获得政治自由和独立自主。

■ 天房黑石，建在麦加城大清真寺内，受到穆斯林深深的崇敬。天房是一座高约12米的不规则的立方形石殿，内供有神圣黑石，大约0.2米宽，人们认为它来自流星。穆罕默德相信黑石是由大天使哲布勒依来交给亚伯拉罕的。

印度宗教

- 世界上最大的宗教建筑是柬埔寨吴哥窟的印度教庙宇，占地162.6公顷。
- 最大的佛教寺庙是建于8世纪印度尼西亚日惹市附近的婆罗浮屠，面积为123平方米，高达31.4米。
- 锡克教的主要圣地是建于16世纪的阿姆利则金庙。

印度教

- 印度教祖先是古雅利安人，他们崇信包括火神阿耆尼和太阳神苏利耶的自然神灵。
- 印度教的三相神是梵天、毗湿奴和湿婆。

"印度教徒"一词最初是由阿拉伯入侵者在8世纪用来指住在信德或印度河流域以远的人们。"印度教"一词是后来由19世纪英国作家所造，用来描述由大部分印度人组成的宗教和社会团体。它的起源与讲原始印欧语人的雅利安达摩（即雅利安人生活方式）密不可分。约公元前1500年他们从小亚细亚和伊朗入侵印度河河谷。他们著有《吠陀》（《黎俱吠陀》、《夜柔吠陀》、《娑摩吠陀》、《阿闼婆吠陀》）。经书中收集了咒语、颂诗和咏唱的歌偈。

雅利安人吸取了当地居民的一些风俗，这种同化进程导致了创作于公元前200至公元200年的伟大史诗《罗摩衍那》和《摩诃婆罗多》（内有著名的《幸福之歌》）的问世。两部史诗主要讲述三个神：梵天、毗湿奴和湿婆，各代表创造、护持与毁灭。还有一些其他神、半神和重要的神的化身，例如克利须那（毗湿奴的化身）。有些神以一定的活动著称，如天花女神。还有一些地方神灵只在一定区域内由人们崇拜信仰。

印度教的教义

印度教的教义在公元前5世纪形成，其核心是18本《奥义书》（教义经典）。《摩奴法典》是在公元最初200年著成，阐述了上帝造人，并把人分成森严等级：祭司（婆罗门）；武士与王侯（刹帝利）；农夫与商人（吠舍）；工匠与劳动者（首陀罗）。这种等级观念种下了种子，后来发展成为种姓等级制度。

印度教尊重各种信仰与习俗，个人在选择教义与信仰方式上有充分的自由。婆罗门有六个正统分支，其中最著名的是瑜伽、僧法派和吠檀多三个。瑜伽教导人们通过一种完全的平静与彻悟使自我与至上的神神奇地合一，而这种觉悟是通过运动、姿态与控制呼吸得到的。僧法派教导人精神与物质之间有一种永恒的相互作用。吠檀多则主张只有梵天（创造之神）才是真实存在的，而整个物质世界及其一切现象都只是"摩耶"（幻）。伟大的哲学家商羯罗（788～820）是吠檀多的倡立者。

婆罗门人视佛教和耆那教为异教，认为它们与公认的印度教信仰相悖。印度教追求与神的重新结合，从而回避由羯摩（造作或行为）所决定的生命的旋转（轮回）。人只有通过瑜伽、知识或虔信才能获得解脱。

传统上印度教把人生划分为四个行期：梵行期、家住期、林栖期和遁世期。印度教有许多全国性和地方性风俗，有无数朝圣中心、寺庙、宗教场所，僧侣有等级之分。

印度寺庙或是规模宏大、装饰堂皇，主要为了节日和朝圣时期敬神而建；或是建在路旁，专门为某个地方神灵而建。宗教教师，或称古鲁很重要；许多当代的古鲁不仅吸引了印度虔诚的宗教信徒，甚至还吸引了一些欧洲人。

■ 图中人以标准的姿势坐在恒河（印度教徒的圣河）边默念：双腿盘坐，手作"om"形，竖起的三个手指各代表创造之神梵天、护持之神毗湿奴和毁灭之神湿婆。

▶ 印度教年表

印度教的时标跨度巨大。建立在由迦（时代）或世界纪元之上，分为吉利多（黄金）、特雷多（微明）、德伐波多（薄暗）和伽利（黑暗）四个由迦。吉利多由迦共1,728,000年；特雷多由迦共1,296,000年；德伐波多由迦864,000年；伽利由迦432,000年。

每个由迦次第缩短，人世的生理标准和道德标准也相应地降低。四个由迦一起组成摩诃衍那，持续4,320,000年。一劫为1000个摩诃衍那或人间8,640,000,000年。一劫仅是梵天生命中的一个白天，他生命中的100个昼和夜称为一帕拉（一昼和一夜各相当于一劫），现今我们已度过了现实帕拉的一半。因此一个轮回大约有1.7万亿年，然后毁灭，像印度教的神灵一样重新再生。

▶ 印度教的神

《吠陀》中的神：
因陀罗： 雷神，战争之神。
伐楼拿： 天界守护者，司法神。
阿耆尼： 火神。
苏利耶： 太阳神。

印度教中主要的神：
梵天： 创造之神；配偶为婆罗室伐底女神。
毗湿奴： 护持之神。与湿婆一同是印度教里最伟大的神。毗湿奴有十个化身，与吉祥天女成婚。
湿婆： 主神之一，毁灭之神。在印度神话中与雪山神女成婚。是象头神之父。
象头神： 人身象头，能排除障碍，带来好运。
哈奴曼： 尚武神猴，与拉纳成婚。

毗湿奴的十个化身：
印度教徒认为当宇宙的法则受到威胁时，毗湿奴通过其十个化身的形式恢复平衡。这些化身从动物直到完整的人。
麻蹉： 鱼。
俱利摩： 龟。
筏罗诃： 公猪。
那罗希摩： 人狮。
筏摩那： 侏儒。
持斧罗摩： 拎着斧子的罗摩。
罗摩（王子）： 《罗摩衍那》史诗中的神，手持弓，执箭筒。
黑天： 《薄伽梵歌》中长翅膀的主神。尤以吹着笛子的牧童形象著称。
佛陀： 公元前625世纪的伟大先师，佛教创始人。
伽尔吉： 未来的化身。

印度教主要女神：
女神是伟大、富有创造力的神灵的化身，最著名的是：雪山神女：湿婆之妻，亦称为乌曼。
难近母： 与湿婆一同是神力无比的尚武女神，又称为安母拉，湿婆的妻子。
时母： 毁灭女神。
吉祥天女： 主美丽、财富和吉祥之女神，为毗湿奴之妻。
婆罗室伐底： 主知识、艺术和音乐之女神。大神梵天之妻。

佛教

▶ 悉达多·乔答摩后来被他的弟子们称"佛陀"，意为"觉悟者"。
▶ 佛陀的教义对上帝或灵魂未作任何界定。

佛教是建立在悉达多·乔答摩（约公元前563~前483）的学说基础上的。悉达多·乔答摩出身于印度东北部刹帝利武士氏族的王室，属萨克那悉达多宗族。悉达多早年生活快乐，但他深感不满足于这种生活。后来他苦修、练瑜伽。经过在树下长时间的沉思默念后"顿悟"。乔答摩将自己漫长生命的余生用来宣传人生的短暂和礼拜仪式苦难及摆脱苦难的方法。佛陀教导人们"四圣谛"，它以结束苦难的"道"为最高境界。

佛教教派不同，因而解脱苦难的"道"也各不相同。禅宗信徒依靠默念。上座部信徒认为摆脱苦难应通过八正道（正见、正思维、正语、正业、正命、正精进、正念、正定）。"八正道"可用法轮来解释，法轮有八根轮辐，代表通往觉悟（涅槃）的八个步骤。

既然反复无常是生命无法改变的事实，佛陀教导人们只有远离欺骗性的"我"、"我体"才能真正快乐。这种远离称作无我。他教导人们因果之道，鼓励信徒借助僧伽才能逃脱困境，即采取禁欲、不施暴、简朴与食素的修行方式。

佛陀的四圣谛

▶ 苦谛谓世俗世界的一切，本性都是苦
▶ 集谛谓贪为苦因
▶ 灭谛谓苦因可灭
▶ 道谛即灭苦之道

■ 各种佛教教派现已传到西方，吸引着无数信徒。图为美国新泽西州华盛顿镇上正在进行的礼仪，藏传佛教僧侣手敲铙钹，身穿教服，正在念经。

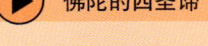 佛教的派别

上座部派佛教

据说上座部为印度的原始佛教。此部派崇尚无神论，强调为达到涅槃而过苦行生活的重要性。1956年400多万印度贱民转信上座部派佛教。流行于斯里兰卡、缅甸和泰国。

大乘佛教

菩萨指本可涅槃但却为普渡众生而推迟进入极乐世界的修行者。而在大乘佛教中，菩萨这一佛有三身，即化身、报身和法身。大乘佛教的主要宗派有禅宗和净土宗。主要盛行于越南、柬埔寨、老挝、中国和日本。

密教

这派佛教特别重视咒语和佛号。认为菩萨在世上非常活跃，反对邪恶。认为怜悯的阳质应与智慧的阴质相辅相成。发端于中国西藏。

西方佛教三友会

西方佛教三友会在1969年成立，寻找西方能接受的佛教表达形式，一些人称之为"新乘"。

■ 图中锡克人展示了五个K中所列的三个要求：金属手镯、匕首、未修剪过的戴着头巾的头发和胡须，头巾上嵌有锡克徽章。

锡克教

▶ 锡克教发源于印度的旁遮普，此地现今仍以锡克教为主要宗教。
▶ 锡克教创始人为那纳克古鲁（1479~1539），他教导人如何好好生活、寻求最终与神同在。

锡克教建立在古鲁的思想上。神是真正的古鲁；锡克教祖师称作古鲁；圣典《格兰特》亦称古鲁。该教认为真神只有一个，通过礼拜与默念，最虔诚的锡克人才能体验、了解神。他们相信每个人都被自身的缺点和毛病所困扰，惟一的希望在真正古鲁的慈悲。

礼拜仪式和社团

圣典《格兰特》是锡克教所有仪式和典礼的主要经文。它汇集了最初五代古鲁的教义。锡克教共有十代祖师（古鲁）大师，第一代那纳克（1469~1539），最后一代哥宾德·辛格（1666~1708）。每代祖师都由前代祖师根据其精神领悟情况而选定的。

锡克教人在称作谒师所的寺庙里祷告。虽然有受专门训练读《格兰特》的人，但没有僧侣主持宗教仪式，任何人都可带领信徒祈祷。

在20世纪，锡克教由旁遮普传至英国、美国、加拿大、非洲南部和东部的部分地区。它是一个种族宗教，旨在保持教团完整，不劝导外族人信奉自己的宗教。它不否定其他信仰的存在，但努力使其教民献身于神。

五个"K"

锡克教的前五代祖师创立了该教大部分教义。最后一代祖师哥宾德·辛格确立了锡克社团，分别在男人、女人命名为辛格（狮子）和考尔（公主），并创造了共有的标志，每个标志的头字母必须有K，即被称为五个"K"：
Kesh：蓄发和蓄须，头上系包头巾
Kangha：一把梳子，保持头发整洁
Kara：一只金属手镯
Kaccha：长及膝部的衬裤
Kirpan：一把匕首

亚非宗教

- 许多原始宗教对死者的灵魂很重视——在马达加斯加，一些人仍然保持着在每年鬼节挖出祖先，与其共舞的传统。
- 第二次世界大战后，神道教已不再是日本的国教。
- 萨满教祭司对游灵界的叙说是萨满教广为流传的史诗的内容。
- 孔子认为人应通过自身修养而不是世袭来保持高贵的社会地位。

中国民间宗教和道教

- 在中国民间宗教中，家庭既包括活着的，也包括死去的成员。
- 道教强调自发性和自然性。许多人受到鼓励而投身道教。

在中国，许多少数民族都有其民间宗教。这些传统信仰常见于一些偏远地区，而民间宗教的残余则随处可见，道教则在农村和城市广为流传。

鬼神和占卜

中国古代传统宗教集中体现在鬼神和占卜上，认为灵魂世界与现今物质世界不断相互作用。鬼神在自然界中到处都会显现，尤其是在山岳、河川及岩石等处。还有其他精灵，比如妖怪、仙女和其他超自然的东西，是人类必须与之争斗的。传说所有这些精灵惧怕光、爆竹、篝火和火把，以及各种符咒，所以可用这些东西来驱鬼。

祭祖

中国民间宗教的核心是祭拜祖先。在中国社会里一直强调尊敬老人和关心家庭。祭拜祖先包括所有家族成员的集体祭祀，以及在家里和祖坟前膜拜。葬礼仪式和祭奠祖坟是中国民间宗教的重要方面。

道教

道教与传统民间宗教密不可分。道教，以老子（公元前6-前5世纪）和庄子（公元前4世纪）的思想为基础。老子所著《道德经》是道教的圣典。它教导人们"道"是天地造化的本原，只有清静明修才能悟道。"道"运行于宇宙万物，使之和谐发展。《道德经》也为统治者树立典范，告诫他们应该允许人民根据自身条件与需要自然地生活。

与儒教不同的是，道教宣扬自发性与自然性，而不是拘谨的礼节。万事万物无论好坏都是"道"的产物，不应受到干涉，"道"的象征物是水与女子像，而不是男子像。

"道"的最终目标是永恒存在。只有阴阳之间恰到好处的平衡才能达到这样的境界。道教信徒自然而然地崇尚隐居、静思、简朴的生活。他们的静修方式与佛教相似。

虽然道教起源于公元前6世纪，但直至公元2世纪才发展为有组织的宗教团体。到了16世纪时已具有众多流派和各种经文。在此之后，它对许多其他哲学思想和宗教习俗都有着深远影响。道教在西方最著名的是"阴阳"学说以及一种带有意念的锻炼方式——"太极"。

儒教

- 儒教与其说是一种宗教，不如说是一种哲学或社会行为模式——它没有教堂或神职人员，也没有正式的宗教组织。
- 据说孔子一生有弟子3000多人，其中著名的有72人。

儒教是以孔子（公元前551~前479）的学说为基础创建的生活和思想方式。

孔子学说

孔子的学说以"仁"和"克己"为核心。他崇信利他主义、严以律己和孝悌之道。孔子认为可以通过树立典范去领导人民并鼓励当时的统治者效法治国有方的前人。他强调"礼"，即礼仪、礼节和适当的社会行为的准则。他的思想学说通过《论语》一书流传后世。

孔子被认为是儒家思想的"圣人"，是忠信、谦逊、正直的典范。他通过勤奋刻苦与自我修养，逐渐改造自己性格，使之符合天意。

孟子学说

孟子（公元前372~前289）发展了孔子学说，使其成为中国伦理标准与行为标准的基础——其中特别强调保持家庭和国家的稳定和敬养祖先。正如孔子盼望明君通过"德治"而不是强制来治理国家，孟子积极鼓励人民反抗那些只顾个人权力和利益的统治者，使"仁政"与"暴政"形成尖锐的对比。

儒教的影响

由于儒教重视人的本性与自身发展，因此它长期在中国教育中占据主导地位。19世纪初，儒家思想与其他中国哲学和习俗并存。

萨满教

- 萨满教包括形形色色的传统信仰和民间宗教，不过都与土地有关。
- 萨满教主要在一些遥远偏僻地区继续存在。

萨满教的特点是拥有许多的宗师，包括北美的巫医，西伯利亚和北极地区的萨满。这种宗教主要流行于以狩猎采集为主的民族和散居的游牧民族。它是从格陵兰到阿拉斯加一带的伊努伊特（爱斯基摩）人、亚洲东北部驯鹿人和渔民的主要宗教。

萨满的作用

萨满乃是男（女）巫医、祭司或者是能护送死者灵魂的人。萨满的作用是治病、主持团体仪式，为有麻烦人与神界沟通，或者护送死者灵魂进入另一个世界。萨满的神力在于他能使阴魂附身。他在沉思冥想的过程中让自己的真魂出窍，却与神界交流，为人求消灾祛病。"病"被认为是灵魂迷失或被鬼偷走所致。萨满能通过神灵找回病人的魂。

■ 图为一个刚作完法的中国北方的萨满。萨满大部分是世代继承的，也有是神灵"选中"的。

■ 道教与儒教塑造中国人的生活长达2000年之久 ■

■ 神道士在日本奈良一所神社的道场中祷告。神道教的神社着重自然与建筑的和谐，而绿色又起着至关重要的作用。

神道教

▶ 神道是日本本土宗教。
▶ 流传至今的最早神道经文是有关天皇半神话色彩的家系故事。

认为天皇是太阳女神的后裔。神道教的名称产生于6世纪，为了区别于当时从中国大陆传至日本的佛教。最初神道与哲学或道德信仰无关，仅仅是农业方面的风俗仪式。人们向神（kami）祈求满足他们物质上和精神上的需要，神道士注重供奉、祈祷和斋戒。kami通常被译为"神"或"神性"。人们认为神无所不在，无时不在。

神道教重视参拜神社。一些重要的国家神社是专为著名的民族英雄而修建的，其他的则是为参拜山神和森林神而建。

与其它几千年前就出现的传统宗教不同，神道教不仅拥有有关神的口头文学，也具有书面文学。

神道教派

纵观神道教历史，它曾受许多外来因素影响，尤其是佛教、道教和儒教的影响。19世纪神道教分为神社神道与教派神道。这一时期形成了许多宗派，全凭个人对教义与组织的支持。各派之间无甚共同之处，在信仰与活动方面也大相径庭。有的尊崇传统神道的神，而其他的却不这样。13个派别中以天理教最为著名。

国家神道

1871年，神道教成为日本的国教。国家神道教教导说公民的宗教职责就是顺从神圣的天皇。神道与极端民族主义之间的紧密联系损坏了其在战后日本的声誉。1946年裕仁天皇宣布否定其神性神权，战后的新宪法保护公民的宗教自由，禁止宗教与国家合一。

今日神道教

据估计信奉神道教的人数大约在280万至1.2亿之间。由于神道习俗及传统已成为日本国的传统，因此可以说大部分日本人隶属于"神道文化"。大约有1.2亿人忠于神道教。他们参加一些神道仪式，但只是作为社会生活中的"例行礼仪"来参加。神道礼仪和祭日与政府基本事务密不可分。神道节日中人们通常参加施净礼，背祈祷词，祭奉神，奏圣乐，跳舞，参拜等隆重庆祝仪式。

然而也有许多日本人崇信佛教。共3600万人把神道教作为主要宗教，但同时也信奉佛教。仅有一小部分人专一地信奉神道教。

现今有280万人积极信徒视神道教为一种宗教，而不是一种文化。然而人们对神道教的兴趣与日俱增，1990年明仁天皇就是按神道仪式登基的。神道教未曾寻求也不吸引非日本人入教。

■ 日本京都一个神社的墙上挂着写有参拜者祈祷内容的小木牌。

▶ 原始宗教

▶ 非洲主要原始宗教活动包括占卜、驱魔祛病的祭礼，祭奠祖先以及一些秘密集会。
▶ 用"原始"一词只是表示这类宗教最早出现在人类历史上，并不意味着"野蛮"或"落后"的意思。

世界上的主要宗教都以原始宗教为基础。认为原始宗教落后是错误的，因为通常它们关于世界的信仰与思想达到很复杂的高水平。现存的原始宗教是无文字记载的宗教，多见于部落社会。

基督教、伊斯兰教、印度教、佛教这四大宗教有着丰富的文字资料和圣典，与其不同的是原始宗教没有文字资料。但这并不意味着原始宗教没有历史或在某种程度上是远古"陈腐"的残余。与四大宗教一样，它们也有着悠久而又复杂的历史。

虽然在非洲，基督教和伊斯兰教都很盛行，但一些传统宗教仍在不同的部落群体中流行，像努埃尔人、丁卡人、多贡人、约鲁巴人、赞德人和绍纳人。这些宗教在没有文字的社会群体和互不往来独立存在的环境里发展起来。非洲传统宗教与大部分原始宗教一样崇信至高无上的存在，它有时在宗教生活中很突出，有时又远不可及而且对人间事漠不关心。

神与神力

加纳的阿散蒂人称他们的神为"尼阿默"，与西非其他民族的神的名字相似。尼日利亚的约鲁巴人的高位神叫"欧拉若"，意即"天空之主"。他是万物的缔造者，生命与呼吸的给予者，人类的最终裁决者。在非洲的许多地方，人们认为神非常伟大却又不可及，所以人们并不敬奉神，倒是介于人与神之间的圣人和祖先才受到人们的敬奉。只有在极度失望忧郁时，人们才求助于神。

有魔力的圣人叫神灵，每个神灵都有自己的特色。大部分非洲人崇信神灵更甚于信奉高位神。在美洲、亚洲和大洋洲，原始部落的人们普遍信仰许多神。善的、恶的或无法预测的小神灵也像神力无比的神灵和先祖灵魂一样受原始民族崇信。这些小神灵也许是被忘却的死者的鬼魂，它们或许会来纠缠活着的人，或许是河神、山神、桥神、石神或树神。

马那

在大洋洲及其他社会，马那指的是穿越宇宙的精神力量或生命力量。源自美拉尼西亚语。现在被人类学家用来指原始宗教中的精神力量。马那不是神，也没有动机和意图。它是非人的、飘移不定的超自然力，巧妙使用可以达到某种目的。符咒、护身符和巫术可隐含这种力量，对佩戴者和服用者有益。

■ 萨满认为他们可以通过意念脱离自己的肉体 ■

犹太教

- 据说世界上每个犹太人都是雅各12个儿子中某一个的后裔。雅各的每个儿子各主一个部落，即以色列的12支。
- 讨论创建独立的犹太国家的首次犹太复国主义者代表大会于1897年8月在瑞士的巴塞尔召开。
- 犹太人用BCE（Before the Common Era）代表"公元前"，而不是"BC"（Before Christ）。
- 犹太教是世界上最古老的——神论宗教。

起源与信仰

- 犹太教上帝的名字是神秘的耶和华，意思是"我是我所应当成为的人，会成为的。"这个名字是给予在山上的摩西的。
- 虽然犹太教希望非犹太人遵循一定的基本道德律法，但并不认为必须遵守犹太教的礼仪，也不劝导人改变原本的信仰。

《圣经》记载犹太教起源于大约公元前2000年，以亚伯拉罕在其出生地美索不达米亚（现伊拉克）反叛偶像崇拜，打碎他父亲崇拜的偶像逃到伽南（现以色列）为开始。"犹太"一词来自拉丁语Judaeus，而拉丁语则来自希伯来语的Yehudhi，意思是亚伯拉罕的孙子雅各的后裔。

源于埃及的逾越节仪式使得每个信仰坚定的犹太人都参加了把他们的祖先从束缚中解救出来的活动，并与上帝建立了一种特殊的关系。这种特殊关系意味着犹太人忠诚地遵守上帝律法。然而上帝会允许所有正义民族（犹太民族和非犹太民族）在世界上立足，最终重建新大卫王国。弥赛亚（"受膏者"）就会开创一个拥有世界和平和安全的时代。

圣典

- 犹太教最神圣的经文是《托拉》（《律法书》）。
- 《塔木德经》包罗万象，涉及农业、占星学、释梦、地理、数学和建筑学等。

犹太教圣典包括基督教的《旧约全书》。《托拉》是希伯来语《摩西五经》的意思，讲述的是摩西率领犹太人离开埃及不久在西奈山受上帝启示的事。希伯来圣典还有《先知书》、《智慧书》（如《所罗门之智慧书》）和历史著作（如《列王记》）。《塔木德经》包括民法和宗教律法，是收集最初的口头传说而得。《密西拿》是公元前1世纪到公元3世纪的口头律法。

大流散

- 大流散是指犹太人被巴比伦人逐出故土及罗马人征服巴勒斯坦后犹太人的散居各地。它还指以色列以外的犹太人聚居区。
- 在早期的大流散中最大最重要的犹太人定居地是在埃及。

公元70年耶路撒冷城的陷落导致犹太人流向各地，定居在欧洲、非洲和小亚细亚，饱受歧视。法国1791年的犹太人解放运动促使犹太人获得了公民权。新潮流促进了改革运动的兴起，使得犹太教在欧洲各国取得了教派地位，并效忠于定居国。这导致犹太教的习俗起了很大变化。正统犹太教认为所有宗教权威典籍都源于《托拉》，正统犹太教教义均由拉比·摩西·迈蒙尼德（1135~1204）编纂在《信仰十三条》里。在美国，犹太教保守派势力最大，它处在正统派与改革派之间，教导人们必须使信仰在当今世界中获得其地位。自由派和改革派拒绝相信《托拉》的神力和拉比的权威，在不同程度上认为犹太教的宗教习俗必须适应周围变化的环境，他们进行了变革，如可用本国语（不只是希伯来语）举行宗教仪式。

大部分犹太人仍旧过着流散生活，但对于大多数犹太人来说，1948年成立的以色列国是饱受迫害的数百年里鼓舞他们信念的希望与骄傲的象征。大流散以来，不同的犹太群体——包括西班牙系犹太人（葡萄牙、西班牙和北非的犹太人）、德系犹太人（中欧犹太人），还有最近的法拉沙人（埃塞俄比亚的犹太人）——保持着各具特色的传统。

宗教仪式

- 在安息日——犹太教的休息日期间，禁止提东西、写字、做饭与旅行（不包括短程的步行）。
- 正统的犹太人从早晨睁开眼睛到系鞋带等日常活动都要默诵《塔木德经》中的祈祷文。

犹太教规定了一套复杂的饮食规定，以区别洁净的和不洁净的食物。只有偶蹄反刍哺乳动物像牛、羊是允许吃的，但必须由一位技术娴熟的人来宰杀，并且要尽可能降低牧畜的痛苦，清除血液。鱼类中可食有鳞有鳍者（鳗、鲟和有壳禽不得食用），食肉猛禽也禁食。牛奶、肉及奶制品和肉制品必须严格分开。不能在一起烹调或一起准备，更不能同时食用。

犹太教作为一种绝对的生活方式维系着每个家庭。犹太教徒不能弃教。若母亲是犹太人，那么孩子亦即犹太人。男孩出生后第八天需受割礼，十三岁时受诫礼，表明达到在宗教上要尽责的年龄。

祈祷

- 过去犹太教会堂为妇女建有狭长房间，但后来会堂旁边的房间是专为此目的而建的。
- 以色列有两个大拉比——一个主持德系犹太社团（欧洲），另一个主持西班牙系统犹太社团（东方）。

犹太教会堂最初是因耶路撒冷圣殿遭到巴比伦人的破坏（公元前586）而建起的临时祈祷场所。虽然犹太人重建了圣殿，但人们仍继续使用当地房屋作祈祷。圣殿第二次被毁后就未再重建。现今的会堂礼拜式是模仿参考当年圣殿礼拜式而设计的。许多犹太会堂在装饰上使用古犹太象征，例如大卫之星，连灯烛台以及两块刻有十诫的匾。礼拜通常面向约柜，柜里藏有写在羊皮卷轴上的《律法书》。在约柜上方燃有长明灯（通常嵌在朝耶路撒冷的那面墙上，象征着上帝永在。

犹太会堂礼拜式在晚上、早晨和下午举行，以默祷为主。若是正式礼拜仪式，法定人数必须达到十人出席，若达不到此数就不能诵读《律法书》。这十个人中的任何一个都可诵读《律法书》或主持祈祷。拉比是教师，也是律法的解释者。

■ 图中妇女儿童聚集于西墙祷告。西墙是犹太教徒祈祷的圣地，相当于会堂。男、女有各自的地方作祈祷。

■ 图为一儿童在逾越节第33天，即八月节（犹太历8月18日）的那一天，在突尼斯杰尔巴的埃尔格哈里巴犹太教会堂（北非犹太教的主要朝圣所）剪发。

■ 犹太教的第一座圣殿是大卫王之子——所罗门大约在公元前922年修建的

艺术

"艺术的目的是
给生活一个荫凉"
——基尼·安努爱尔

舞台与银幕

- 第一部达到正片应有长度的有声电影《爵士歌手》（美国，1927），是以阿尔·乔尔森那永远不能使人忘怀的声音开始的，那就是"等等！等等！你还什么也没听见呢！"
- 演员们有时仍被叫做"thespians"，这是因古希腊戏剧创立者泰斯庇斯而得名的。
- 最成功的导演是斯蒂文·斯皮尔伯格，迄今他的电影净收入已高达21亿美元之多。
- 印度电影业被人们亲切地称为"孟莱坞"（好莱坞和孟买的合称），每年的电影产量是最多的，1990年竟创948部的纪录。
- 电影《火车站》（英国，1996）票房收入高达制作费的25倍。

戏剧的起源

- 戏剧渊源于宗教仪式。
- 早期部落人表演狩猎动作，意在希望打猎顺利、成功、以及安抚猎物之灵魂。农民们则表演丰产繁衍的仪式，例如，埃及人的俄赛里斯神的死与再生。

西方戏剧在古希腊以正式的宗教礼仪形式发展起来。一个叫泰斯庇斯的祭司在仪式上进行的唱歌及舞蹈之外增加了一个单人表演，此人与领唱者一起进行一段对白。后来，加上两个戴面具的男演员，他们可以在同一个剧中作为不同的人物一再出现。据说泰斯庇斯同一群演员周游农村，在集市上演出。

公元前6～前5世纪，埃斯库罗斯（公元前525～前456，古希腊悲剧诗人）、索福克勒斯（公元前495～前406，古希腊悲剧作家）和欧里庇得斯（公元前480～前406，古希腊悲剧作家）的大型剧，作为宗教节日庆典的一部分被搬上舞台，在建在山边的露天剧场演出。在这种剧场里，围绕着半圆形场地设有坐席。希腊戏剧都与神话里和历史上的大悲剧故事有关，在悲剧演完之后，经常跟有嘲笑著名人物的淫秽喜剧。

罗马人发展了希腊戏剧，但其戏剧却变得越来越粗鲁和淫秽，因此遭到基督教教会人士的反对，导致了公元6世纪查士丁尼皇帝下令关闭剧院，禁演戏剧。然而，在中世纪的欧洲，戏剧重新诞生了，就在基督教内部，又是作为宗教礼拜仪式的一部分。但是，这又引起新的反对，于是，戏剧与教会分家。

■ 在希腊的埃彼扎夫罗斯一座保存完好的剧场，今天仍用于演出，能容纳大约12,000人。

戏剧的黄金时代

16世纪末，巡回演员经常在旅店里四周有回廊的院子演出，这是英国和西班牙最初的固定剧院的雏形，莎士比亚（1546～1616，英国诗人、戏剧家）及洛佩·德·维加的作品就是在这样的剧院里演出的。在露天场地，演员们被一层层人群包围着，观众站着，演员在中间的台子上演出，这使演员与大群观众紧密地结合在一起，例如在伦敦的环球剧场大概就有3000个座位。戏剧也在室内——宫殿及公共大厅演出。

这个时代产生了马洛（1564～1593，英国剧作家）、琼森（约1573～1637，英国剧作家及诗人）和莎士比亚的最伟大的剧作。场景设计方面也在不断地进步。17世纪初的伊尼戈·琼斯大概是有史以来最杰出的舞台美术师了。然而，清教徒们则认为剧院的发展导致了教堂的冷清，因此，在1642年，英国剧院被关闭。

剧院的再次兴起

1660年剧院重新开放。西方戏剧在整个18世纪、19世纪中发展起来。在英国、法国和德国戏剧趋向于感伤的作品，但表演是受欢迎的。这种感伤戏剧给诸如像戴维·盖里克那样杰出的演员经纪人打下了基础。这股社会戏剧潮流在19世纪以各种不同的形式发展起来，包括哑剧、杂耍及情节剧。

到18世纪末，浪漫主义运动开始进军舞台。德国以其"狂飚运动"走在最前列，其最著名的剧作家是歌德（1749～1832，德国文学家）和席勒（1759～1805，德国诗人及戏剧家）。

19世纪，戏剧开始更接近实际了，更注意自然的姿态，演员们都在一起工作。现在观众们通常围绕马蹄形的舞台观看，演员们则在拱形幕后演出。先是煤气，后来是电帮助控制观众席及舞台的灯光。

在19世纪即将结束之际，欧洲出现了几个重要的剧院，包括巴黎的自由剧院、柏林的自由剧院和莫斯科的艺术剧院，所有这些剧院都上演前卫作品。

多数戏剧仍然是比较浅薄的娱乐性作品，尽管像亨利克·易卜生和乔治·萧伯纳那样的剧作家已经在写讨论政治思想及社会问题的剧，这是在20世纪发展起来的一种运动，它比较重视在提供知识和娱乐的同时，鼓励观众去思考。

20世纪及后来

20世纪剧作家们及导演们开始尝试不那么依赖逼真的舞台设计、场面及对话，而更多地要求演员去创造性地表演。观众越来越多地参与进来，观众的座位往往围绕着演员而设。一系列实验性的观念已经被提出，表现在诸如布莱希特、洛尔卡和贝克特这样一些剧作家的作品里，他们帮助发展并向前推进了新观念及新思想。

今天，戏剧在继续发展——舞台技术已经为场面富丽堂皇的演出提供了可能性，然而它们之所以令人激动，是因为它们是戏剧的组成部分，而不在于重视某个时间和地点。

灯光、摄影机、表演……

- 电影的起源要追溯到19世纪初。
- 第一部给买票观众放映的公众电影是1895年12月28日奥古斯特和路易斯·吕米埃两兄弟在巴黎放映的。

19世纪初，科学家们意识到大脑储存一个图像的时间比眼睛所见要长，这个被称为"视觉暂留"的现象推动人们发明出玩具视镜，包括连环画转筒。这是一个带有狭长切口的圆筒，通过切口能看见一连串的画面，当圆筒被旋转时，图像似乎在动。

视觉暂留使这样一个念头油然而生，那就是拍一系列照片，并把它们投射在一个屏幕上，使之出现移动现象。到19世纪末，这方面的技术发展起来了。

早期电影拍摄的对象都不壮观动人——卢米埃的电影放映出来的是工人们走出工厂大门，而第一部美国电影放映出来的是实验室的工作人员在打喷嚏。然而，电影发展得很快，能放出短小的真实生活的场面，或简短的舞台场面，例如，苏格兰玛丽女王被处死的场面是用特技摄影完成的。第一批叙事片在20世纪初就被制作出来了，包括12分钟的《火车大劫案》（美国，1903）、《浪子救人》（英国，1905）以及长达1小时之久的《凯利帮的故事》（澳大利亚，1906）。

好莱坞的兴起

电影在技术和艺术方面的进步很快，10年之内，壮观的影片在用复杂的编辑技术制作着。它们吸引了大量的观众。在加利福尼亚，好莱坞变成了许多大电影制片厂聚集之地，为国际市场提供娱乐节目。电影公司也如雨后春笋般在欧洲和亚洲建立起来。

此时的电影是无声的，通常是现场音乐伴奏，从只有一个钢琴师发展成由一个管弦乐队在一些大型的电影院为主要的电影伴奏。无声电影与后来的有声电影相比有它的优点，因为它们没有语言问题，容易向任何国家出口。

■《爵士歌手》（美国，1927）——第一部有声故事片。

"THEATRE"（剧院）这个词来源于希腊语THEATRON，意

电影制片人做了各种各样的实验把声音加进去,但是,第一部成功的商业性影片是华纳兄弟影片公司制作的《唐璜》(美国,1926),该片有配音,但是和电影分开制作的。这以后不久,第一部真正的有声电影出台了,那就是《爵士歌手》,它既有歌唱又有对白。

另一个重要发展是颜色的采用。早在1905年有些电影就已经用手工染色了,而一种叫做天然色的电影是由英国人乔治·艾伯特·史密斯在1906年发明的。他的第一部彩色电影是在布莱顿他自己家外边拍摄的,表现了他的孩子们在草地上玩的情景。第一部用彩色印片法生产的电影《海湾之间》(美国,1917)1917年在纽约首次公演。第一部用三色法工艺摄制的电影是沃尔特·迪斯尼的动画片《花和树》(美国,1932)。

小屏幕的挑战

在20世纪50年代,好莱坞及其电影业面对着一种新画面的竞争,那就是电视。电视本身能迅速传播新闻及事物,在电影院里上映的新闻影片无法同快速反映事物的电视相比,电视对事件的反映要比电影的制作及发行快得多。看电影的观众开始减少,所以,电影制片人被迫削减费用或提供新东西以请回观众。

■ 英国电影从20世纪50年代到今天已经确立了良好的地位。

这期间电视还是黑白的,因此,电影制片人开始增作彩色电影,进行其他的创新,如立体声、三维及超宽银幕,如宽银幕立体电影、立体声宽银幕电影等。

从那以后,电影业和电视齐头并进。由于录像机的研制成功,电影被录成磁带出售或租回家放映,而电视传送的费用也使电影播映的收入有所增加。现在电视公司也投资电影制作了。

银幕的诱惑

电影依然保持其原有的魔力和激情。当今的大屏幕、高品质的音响以及身处大量观众之中的感觉都是在家里通过电视看电影所无法体验到的。

现在电影是一个在全球有几十亿美元收入的产业。好莱坞仍然统治着电影娱乐市场,然而,由那些独立制片人和导演们出品的更富思想性的电影也是兴隆至极。在欧洲、印度、澳大利亚及远东,电影业也都充满活力。

电影制作者们在继续革新。特技和电脑增强的图像,创造出完全逼真的视觉效果。巨大的电影屏幕和数字音响增加了电影的感受。观众可自选某个情节的相互作用的电影仍在实验阶段,但是,这在将来终有一天会成为很普通的事。

▶ 电影的魔法——特技

自从有了电影,制作者就一直在利用视觉的复杂原理。特技(或FX)就是一种把编剧和导演广博的想象力带到银幕上的技术。

早期的特技,同现代水平相比可能有些粗糙,但却给那个时代的观众留下深刻印象。大概第一部使用特技的影片是《苏格兰玛丽女王的死刑》(美国,1895),一个演女王的女演员走上断头台,然后一刀下来,其时那个女演员已被一个人体替换了下来,模型的头掉了,而影片却由于剪辑的掩饰而看起来让人信服。当然,这种技术要达到现在所能感觉到的特技还需要聪明的编辑和剪辑做更多的工作。然而,这说明,从一开始,电影就是一种使不可能呈现的东西成为可呈现的东西之中介物。

一些特技,对电影制作者来说是一种恩惠。例如,在最初的无声电影时代,把全景画面画在一个用马达推动的旋转木马上,使其旋转,一个活的画面便出现了。因此,牛仔们骑马穿过西大荒的场面可以在电影制片厂里制作,而不用花费好多钱到实地拍摄了。这样的技巧在不断发展,到20世纪一二十年代,这种技术发展到行进退光,拍摄中一个移动着的前景同前镜头的背景相结合。这种效果后来被发展成蓝屏幕法摄影,是电影效果的一个永恒的技巧。

模型的使用

模型被用来表现巨大的意图而不用修建大场景。通过利用镜子,模型能被投射到动作中。利用画好的模型表现在草地打猎,也是这一技巧的实用。模型可以用来描画风景,例如,在由弗里茨·朗格导演的《大都会》(德国,1926)中,对未来的憧憬是用这种特技来拍摄的,它能把真人的动作同模型天衣无缝地结合起来。另一种改革是静止卡通制作。一个场面被一格一格地拍摄,模型则被在各格中移动,从而产生运动的错觉,如影片《金刚》(美国,1933)。

■《金刚》中的特技用今天的标准衡量是有些粗糙,但影片放映时却引起轰动。

斯坦利·库勃里克的《2001年太空漫游记》(英国,1968)开辟了视觉效果的新天地,使电影有了令人信服的布景。不到10年以后,另一部叫做《星球大战》(美国,1977)的成功之作给未来指明了道路。乔治·卢卡斯的作品把电影特技置于同真人表演同等重要的位置。他的视觉效果公司——光和魔术工业公司,使用了巧妙的技术,产生了令人目瞪口呆的、贯穿整部电影的宇宙激战。虽然模型仍被使用,然而程序控制摄影机一遍遍地拍下同一个一连串的镜头,当摄影机闪动时,每次都拍下不同的东西,如X形轰炸机或千年鹰。这些不同的内容经过合成,给人一个以前从未见过的完全令人信服的幻觉感受。

特技还远不只是拍摄幻觉。要想使观众信服,特技的合成是极为重要的。从西部片的枪伤流血到恐怖片生动的巨兽描绘,良好的合成总能收到实效。当模型同动画相结合,其效果简直让人晕眩。约翰·卡彭特拍的《东西》(美国,1982)以及《一个美国狼人在伦敦》(英国,1981)就是两部结合甚好的实例。

计算机时代

20世纪80年代和90年代,由于计算机的使用,在视觉效果方面可谓突飞猛进。最早使用这一新技术的影片之一是《罗尼》(美国,1982),在这部电影中一个计算机系统把真人表演的前景同计算机创作的后景合成起来。

计算机光线追踪技术产生了逼真的图像,从而使导演可以创造出非凡的艺术效果。例如,影片《深渊》(美国,1989)中,光和魔术工业公司创造出一个活生生的外星人。《侏罗纪公园》(美国,1993)和《独立日》(美国,1996)这样一些电影是用计算机的金属线框图像模型产生能以假乱真的东西。在一些电影中,如《开割草机的人》(英/美,1992)完全是用计算机创作的,没有一点自然景物和真人表演。

一项更新的发展是用计算机篡改真实图像。这种技术之一是形态改变,用它可以把一个图像或形态巧妙地变成另一个。在这一过程中,容貌的某个关键部分,如眼睛或鼻子被用来作为固定的参考点,最后结果是一个极为令人信服的变形,好像变魔术一般。《终结者之二:末日审判》(美国,1991)是第一部使用这种变形技术并获得商业上成功的影片,从此之后这种技术又被多次使用。其他变形技术也很流行,尤其是在大众电视短片中。

特技队伍做出极大的努力以满足观众对日益壮观场面的要求。由于他们的努力,真人真景和特技已变得难以分辨。有人说,特技使用得太多了,特技抑制了其他领域的创造力,很多是为特技而特技。然而,毫无疑问,将来的特技是和计算机密不可分的,将来的电影可能使我们目前耗资甚多的巨片,看上去像最初无声电影那样原始。

20世纪的演员和导演

*号代表奥斯卡奖

阿加尼，伊萨贝拉（1955～），法国女演员：《阿代勒的故事》（法国，1975），《卡米尔·克劳代尔》（法国，1987）。

艾梅，阿努克（1932～），法国女演员：主演《一个男人和一个女人》（法国，1966）。

艾伦，伍迪（原名艾伦·斯图尔特·科尼斯伯格，1935～），美国男演员及导演：《小滑猫》（美国，1965），《安妮·霍尔》（美国，1977*），《汉娜姊妹》（美国，1986），《重罪和轻罪》（美国，1990）。

阿特曼，罗伯特（1925～），美国导演：《陆军野战医院》（美国，1970），《玩家》（美国，1992），《捷径》（美国，1994）。

安德森，朱迪思（1898～1992），生于澳大利亚的女演员。

安德森，林赛（1923～1994），英国电影导演：《这种运动生活》（英国，1963）。

安德鲁斯，朱莉（朱莉娅·韦尔斯，1934～），英国女演员：《玛丽·波平斯》（美国，1964*），《音乐之声》（美国，1965）。

安东尼，安德烈（1858～1943），法国演员、导演、评论家、电影制片人。

阿尔托，安托南（1896～1949），法国演员、导演。

阿什克罗夫特·佩姬（1907～1991），英国戏剧及电影女演员，她在1935年演《罗密欧与朱丽叶》中出色地扮演了朱丽叶。

阿斯泰尔，弗莱德（1899～1987），美国演员和舞蹈家：《大礼帽》（美国，1935），《滑稽面孔》（美国，1957）。

阿顿波罗，理查德（1923～），英国演员、制片人、导演：《甘地》（英国，1982）（导演）；《沙漠鹅卵石》（美国，1966），《侏罗纪公园》（美国，1993）。

奥蒙特，让-皮埃尔（1909～），法国演员、剧作家：《北方旅馆》（法国，1938）。

巴本克，埃克托尔（1946～），巴西导演：《蜘蛛女之吻》（美国/巴西，1985）。

白考尔，劳伦（贝蒂·琼·珀斯克，1924～），美国女演员：《有的和没有的》（美国，1944），《大睡》（美国，1946），《慢调》（美国，1948）。

班克罗夫特，安妮（1931～），美国电影、戏剧演员：《能工巧匠》（美国，1962*）。

芭铎，碧姬（卡米耶·雅韦尔，1933～），法国电影女演员：《上帝创造女人》（法国，1956），《巴比伦上战场》（法国，1959），《痛苦的时候》（法国/意大利，1957），《私生活》（法国，1961），《玛丽亚万岁！》（法国，1965）。

巴克，阿莱·格拉维尔（1877～1946），英国出生的导演、制片人，主要在法国工作。

巴里穆尔，埃塞尔（埃塞尔·布莱斯，1878～1959），美国戏剧、电影女演员。

巴里穆尔，约翰（1882～1942），演员，扮演浪漫的重要人物和莎士比亚戏剧人物。

巴里穆尔，莱昂内尔（1878～1954），美国性格演员、导演。

巴茨，艾伦（1934～），英国戏剧和电影演员：《中介人》（美国，1968）。

贝利斯，莉莲（1874～1937），英国剧院女经理，她创办了老维克剧院（伦敦布里斯托尔剧院）。

贝蒂，沃伦（1937～），美国电影演员：《壮丽的牧场》（美国，1964），《邦尼和克莱德》（美国，1967），《洗发水》（美国，1971），《红色》（美国，1981），《狄克·特兰西》（美国，1990）。

贝克，朱利安（1925～1985），美国制片人、导演、演员。

贝内，卡米洛（1937～），意大利演员、导演和戏剧家。

伯格曼，英马尔（1918～），瑞典电影演员、制片人、导演：《第七封印》（瑞典，1957），《犹在镜中》（瑞典，1961），《呼喊与细语》（瑞典，1972）。

褒曼，英格丽（1915～1982），瑞典电影女演员：《插曲》（美国，1936），《战地钟声》（美国，1943），《煤气灯下》（美国，1944*），《声名狼藉》（美国，1945），《圣女贞德》（美国，1948），《阿娜斯塔茜娅》（美国，1956*），《第六幸福大街上的旅店》（美国，1958）。

贝克莱，巴斯比（威廉·贝克莱·伊诺斯，1895～1976），美国电影导演，其影片的特点是壮丽的舞蹈场面：《1933年淘金者》（美国，1933）。

贝科夫，史蒂文（1937～），英国戏剧和电影演员。

贝因哈特，莎拉（1844～1923），法国女演员，因扮演悲剧角色而享有国际盛誉：《菲德拉》、《茶花女》和《拉格隆》。

贝里，克劳德（1954～），法国电影导演：《让·德·弗罗里特》（法国，1986），《玛农·索蒙斯》（法国，1986）。

贝尔托卢奇，贝尔纳多（1940～），意大利电影导演：《巴黎最后的探戈》（法国/意大利/美国，1972），《末代皇帝》（意大利/中国香港/英国，1987）。

比奇各，凯思林（1951～），美国导演：《顶点爆炸》（美国，1991）。

比诺奇，朱丽叶（1964～），法国电影女演员：《生命不可承受的轻》（美国，1987），《英国病人》（美国，1996*）。

布兰，罗格（1907～1984），法国演员。

鲍加得，狄克（1921～），英国电影演员：《家庭医生》（英国，1953），《双城记》（英国，1958），《仆人》（英国，1963），《该死的》（英国，1969），《死于威尼斯》（意大利，1970）。

博加特，汉弗莱（1899～1957），美国演员：《恶魔与女人为伴》（美国，1930），《马耳他之鹰》（美国，1941），《卡萨布兰卡》（美国，1942），《有的和没有的》（美国，1943），《大睡》（美国，1946），《慢调》（美国，1948），《非洲女王号》（美国，1951*），《凯恩号叛变记》（美国，1954）。

邦达尔丘克，谢尔盖（1920～1994），苏联电影导演：《鲍里斯·戈东诺夫》（苏联，1986）。

博格宁，欧内斯特（1917～），美国电影演员：《马蒂》（美国，1955*）。

鲍，克拉拉（1905～1965），美国电影女演员：《捕人陷阱》（美国，1926），《它》（美国，1927），《翼》（美国，1927）。

布拉纳，肯尼思（1961～），生于爱尔兰，英国电影演员兼导演：《亨利五世》（英国，1989），《又死一次》（美国，1991），《哈姆雷特》（美国，1996）。

白兰度，马龙（1924～），美国电影演员：《欲望号街车》（美国，1951），《野蛮人》（美国，1953），《码头风云》（又译《在江边》、《在码头上》）（美国，1954*），《穆恩的茶馆》（美国，1956），《小狮子》（美国，1958），《教父》（美国，1972*），《巴黎最后的探戈》（法国/意大利/美国，1972）。

布雷松，罗伯特（1907～），法国导演：《罪恶的天使》（法国，1943），《死囚犯的越狱》（法国，1956）。

布鲁克，彼得（1925～），英国戏剧导演，因致力于国际戏剧创新而闻名。

布林纳，尤尔（尤尔·布吕纳，1915～1985），生于俄罗斯，美国电影演员：《国王和我》（美国，1956*），《卡拉玛佐夫兄弟》（美国，1958），《奇妙的七号》（美国，1960），《招待枪手》（美国，1964）。

布努艾尔，路易斯（1900～1983），西班牙电影导演：曾与萨尔瓦多·达利合作拍出早期超现实主义影片《一条安达鲁狗》（法国，1928）。他后来的著名影片包括《白日美人》（法国/意大利，1966）和《资产阶级隐秘的魅力》（法国/西班牙/意大利，1972）。

伯顿，理查德（理查德·詹金斯，1925～1984），威尔士电影和戏剧演员：《愤怒的回顾》（英国，1959），《克娄巴特拉》（美国，1962），《大人物们》（美国，1963），《绳环》（美国，1964），《鼹鼠之夜》（美国，1964），《谁害怕弗吉尼亚·沃尔夫？》（美国，1966），《安妮王后的一千天》（美国，1970）。

伯顿，蒂姆（1960～），美国导演：《比特莱朱斯》（美国，1988），《蝙蝠侠》（美国，1989）。

卡科亚尼斯，米海尔（1922～），希腊电影导演：《史泰拉》（希腊，1955），《埃勒克特拉》（希腊，1961）。

卡格尼，詹姆斯（1899～1986），美国电影演员：《公敌》（美国，1931），《脏脸天使》（美国，1938），《美国歌王》（美国，1942*）。

凯恩，迈克尔（莫里斯·米克尔怀特，1933～），英国电影演员：《佐罗》（英国，1963），《爱普克莱斯档案》（英国，1965），《教育丽塔》（英国，1983），《汉娜姊妹》（美国，1985）。

卡默伦，詹姆斯（1954～），加拿大导演：《终结者》（美国，1984），《地狱贝斯》（美国，1989）。

坎贝尔，帕特里克夫人（比阿特丽斯·斯特拉·坦纳，1865～1940），英国女演员。

坎皮恩，简（1954～），新西兰导演：《我桌旁的天使》（新西兰/澳大利亚，1990），《钢琴课》（澳大利亚，1993）。

卡普拉，弗兰克（1897～1991），美国电影导演，讽刺喜剧电影导演：《一夜风流》（美国，1934），《第兹先生进城》（美国，1936），《你不能夺走别人的幸福》（美国，1938），《奇妙的生活》（美国，1946）。

卡尔内，马塞尔（1909～1996），法国电影导演：《太阳升起》（法国，1939），《天国的子女们》（法国，1945）。

卡萨维特，约翰（1929～1989），美国演员，导演：《一打脏东西》（美国，1967）。

夏布罗尔，克劳德（1930～），法国电影导演：《屠夫》（法国，1969）。

钱尼，隆（1883～1930），美国电影演员：《巴黎圣母院的驼背人》（又译《钟楼怪人》）（美国，1923），《歌剧院的幽灵》（美国，1925）。

卓别林，查理（1889～1977），出生于英国的美国电影演员、导演：《流浪者》（美国，1915），《孩子》（美国，1920），《淘金记》（美国，1924），《马戏团》（美国，1928），《城市之光》（美国，1931），《摩登时代》（美国，1936），《大独裁者》（美国，1940），《舞台生涯》（美国，1952）。

陈凯歌（1952～），中国导演：《黄土地》（中国，1984），《霸王别姬》（中国，1993）。

谢瓦利埃，莫里斯（1888～1972），法国演员、歌唱家：《片刻良宵》（美国，1932），《吉吉》（美国，1958），《范妮》（美国，1961）。

克里斯蒂，朱莉（1940～），英国电影女演员：《亲爱的》（英国，1965*），《日瓦戈医生》（美国，1965），《送信人》（英国，1971），《热浪红尘》（英国，1983）。

丘赫莱依，格里戈里（1921～），苏联电影导演：《第四十一》（苏联，1956）。

奇米诺，米歇尔（1943～），美国导演：《猎鹿人》（美国，1978），《天国之门》（美国，1980）。

克莱尔，勒内（1898～1981），法国电影导演：早期喜剧包括《意大利草帽》（法国，1927），有声的实验片，包括《巴黎屋檐下》（法国，1930），后期名片包括《夜来香》（法国，1952）。

克利弗特，蒙哥马利（1920～1966），美国电影演员：《红河》（美国，1948），《阳光下的秘密》（美国，1951），《乱世忠魂》（美国，1953），《不合时宜的人》（美国，1960），《弗洛伊德》（美国，1963）。

克洛斯，格伦（1947～），美国戏剧、电影女演员：《锯刃》（美国，1985），《危险的联络人》（美国，1988）。

科克托，让（1889～1963），法国作家、评论家、电影导演：他把电影作为一种严肃的艺术形式进行实验，《诗人之血》（法国，1930）。

科恩，乔尔（1955～），美国电影导演：《上升的亚利桑那》（美国，1987），《法戈》（美国，1996）。

科尔贝，克劳迪特（莉莉·克劳迪特，1905～1996），法国电影女演员：《一夜风流》（美国，1934*），《相见在巴黎》（美国，1937），《三人回家》（美国，1950）。

考尔曼，罗纳德（1891～1958），英国电影演员：《斯文窃贼》（美国，1930），《双城记》（美国，1935*），《失去的地平线》（美国，1937），《鸳梦重温》（美国，1942），《双重生活》（美国，1948）。

康纳里，希恩（托马斯·康纳里，1929~），苏格兰电影演员：《诺医生》（英国，1962），《来自苏联的爱》（英国，1963），《金手指》（英国，1964），《贱民》（美国，1987*）。

库珀，加里（1901~1961），美国电影演员：《第兹先生进城》（美国，1936），《约克军曹》（美国，1941*），《战地钟声》（美国，1943），《正午》（美国，1952*），《薇拉·克鲁兹》（美国，1954）。

科波拉，弗朗西斯·福特（1939~），美国电影导演：《教父》（美国，1972），《现代启示录》（美国，1979），《布兰姆·斯道克的吸血鬼》（美国，1992）。

科斯特纳，凯文（1955~），美国电影演员与导演：《贱民》（美国，1987），《与狼共舞》（美国，1990*）。

科沃德，诺埃尔（1899~1973），英国演员、作家、导演：《我们所在的队伍》（英国，1941），《我们的人在哈瓦那》（英国，1959）。

克劳馥，琼（1906~1977），美国电影女演员：《大饭店》（美国，1932），《女人们》（美国，1939），《欲海情魔》（美国，1945*），《简这孩子怎么回事？》（美国，1962）。

克罗嫩贝格，戴维（1943~），加拿大电影导演，亲自编写并创作电影：《电视机场》（加拿大，1982），《苍蝇》（美国，1986）。

克罗宁，休姆（1911~），美国演员。

克罗斯贝，宾（1901~1977），美国电影演员、歌手：《通向新加坡之路》（美国，1940），《与我同行》（美国，1944*），《圣玛利亚钟声》（美国，1945），《白色圣诞节》（美国，1954）。

克鲁斯，汤姆（1962~），美国电影演员：《最高致意》（美国，1985），《雨人》（美国，1988），《生于七月四日》（美国，1989），《采访范皮尔》（美国，1994），《非凡任务》（美国，1996），《杰里·马圭尔》（美国，1996）。

顾柯，乔治（1899~1983），美国电影导演：《小妇人》（美国，1933），《一个明星的诞生》（美国，1954），《窈窕淑女》（美国，1964）。

柯蒂斯，托尼（1925~），美国电影演员：《有人喜欢冷极》（又译《趁热打铁》，美国，1959），《斯巴达克斯》（美国，1960）。

寇蒂芝，迈克尔（1888~1962），匈牙利出生，导演：《卡萨布兰卡》（美国，1942）。

库萨克，西里尔（1910~1994），爱尔兰演员、戏剧家、导演：《孤僻人生游》（英国，1947）。

库星，彼得（1913~1994），英国演员：因在恐怖片中扮演角色而闻名，《弗兰肯斯坦的咒语》（英国，1957）。

达里厄，达尼埃尔（1917~），法国女演员：《梅亚林》（法国，1935）。

达辛，朱尔斯（1911~），美国电影导演：《绝不在星期日》（希腊，1959）。

戴维斯，贝蒂（1908~1989），美国电影女演员：《危险》（美国，1935*），《伊丽莎白和埃塞克斯的私生活》（美国，1939），《小狐狸》（美国，1941），《彗星美人》（美国，1950），《简这孩子怎么回事？》（美国，1962）。

小戴维斯，萨米（1925~1990），美国歌唱家、演员：《罗宾和七条头巾》（美国，1964）。

戴，多丽斯（多丽斯·卡佩尔霍夫，1924~），美国电影女演员、歌唱家：《简的灾难》（美国，1953），《睡衣游戏》（美国，1957），《枕边谈话》（美国，1959）。

戴-刘易斯，丹尼尔（1958~），英国演员：《我漂亮的洗衣房》（英国，1985），《生命不可承受的轻》（美国，1988），《我的左脚》（英国，1989）。

地密尔，塞西尔（1881~1959），电影制片人、导演：《十诫》（美国，1923），《万王之王》（美国，1927），《世上最伟大的表演》（美国，1952）。

德尼罗，罗伯特（1943~），美国电影演员：《教父》（第二集）（美国，1974*），《猎鹿人》（美国，1978），《愤怒的公牛》（美国，1980*），《使命》（英国，1986），《好家伙》（美国，1990），《赌城风云》（美国，1995），《狂热》（美国，1995）。

德帕尔玛·布赖恩（1940~），美国导演：《卡里》（美国，1976），《贱民》（美国，1987）。

德·西卡，维托里奥（1902~1974），意大利导演：《偷自行车的人》（意大利，1948）。

迪安，詹姆斯（1931~1955），美国电影演员：《伊甸园以东》（美国，1955），《无敌的反抗》（美国，1955）。

登奇，朱迪（1935~），英国戏剧演员、导演。

德纳芙，凯瑟琳（1943~），法国电影女演员：《瑟堡的伞》（法国，1964），《白日美人》（法国，1967），《梅亚林》（法国，1968）。

德帕迪约，热拉尔（1948~），法国电影演员、导演：《最后一班地铁》（法国，1980），《让·德·弗雷里特》（法国，1985），《FropBellePourFei》（法国，1989），《西拉诺·德·贝尔热拉克》（法国，1991）。

德普，约翰尼（1963~），美国演员：《剪刀手爱德华》（美国，1995），《本尼和乔恩》（美国，1992），《东·让·德迈克先生》（美国，1995），《多尼·布拉斯克》（美国，1996）。

黛德丽，玛琳（1901~1992），德国电影女演员：《蓝天使》（美国，1930），《上海快车》（美国，1932），《狄斯特里重上马鞍》（美国，1939），《外交事件》（美国，1948）。

迪斯尼，沃尔特（1901~1966），美国电影制片人、导演，他创造了卡通人物米老鼠和唐老鸭。

德米特里克，爱德华（1908~），美国电影导演：《交叉火力》（美国，1947）。

唐纳，罗伯特（1905~1958），英国演员：《三十九级台阶》（英国，1935），《城堡》（英国，1938），《万世师表》（英国，1939），《温斯洛男孩》（英国，1948）。

道格拉斯，柯克（1916~），美国电影演员：《围栏枪战》（美国，1957），《光荣之路》（美国，1957），《斯巴达克斯》（美国，1960），《孤独英雄》（美国，1962）。

道格拉斯，迈克尔（1944~），柯克的儿子，美国电影演员、制片人：《华尔街》（美国，1987*），《本能》（美国，1992），《失败》（美国，1992）。

唐娜薇，费伊（1941~），美国电影女演员：《邦尼和克莱德》（美国，1967），《电视风云》（美国，1976*）。

伊斯特伍德，克林特（1930~），美国电影演员、导演：《一把美元》（意大利/德国/西班牙，1964），《为了多要几美元》（意大利/西班牙/德国，1965），《善、恶、丑》（意大利，1966），《脏哈里》（美国，1971），《不可饶恕》（美国，1993*）。

爱森斯坦，谢尔盖（1898~1948），苏联导演：他使用象征手法加强思想性，并剪辑出人物间相互"冲突"的镜头，《战舰波将金号》（苏联，1925）。

埃尔德里奇，弗罗伦斯（1901~1988），美国戏剧女演员。

埃斯佩特，努里亚（1936~），西班牙女演员。

伊万斯，艾迪斯（1888~1976），英国女演员：《诚实的重要》（英国，1952）。

范朋克，道格拉斯（1883~1939），美国电影演员：《佐罗的标记》（美国，1920），《三剑客》（美国，1921），《罗宾汉》（美国，1921），《巴格达窃贼》（美国，1923），《佐罗的儿子唐Q》（美国，1925）。

法斯宾德，雷纳·沃纳（1946~1982），德国电影导演：《绝望》（德国/法国，1977）。

费里尼，费德里科（1920~1993），意大利电影导演：《路》（意大利，1954），《甜蜜的生活》（意大利，1959）。

菲尔兹，W.C.（克劳德·达金菲尔德，1879~1946），美国电影演员：《大卫·科波菲尔》（美国，1934），《我的小山雀》（美国，1940），《赌场老板狄克》（美国，1940）。

芬尼斯，拉尔夫（1962~），英国戏剧、电影演员：《辛德勒名单》（美国，1993），《英国病人》（美国，1996）。

芬奇，彼得（1916~1977），英国演员：《艾丽丝小镇》（英国，1956），《王尔德受审记》（英国，1960），《星期天，血腥的星期天》（美国，1971），《电视风云》（美国，1976*）。

芬尼，艾伯特（1936~），英国戏剧、电影演员：《服装师》（英国，1983）。

弗林，艾罗尔（1909~1959），生于澳大利亚的美国演员：《布拉德船长》（美国，1935），《侠盗罗宾汉》（美国，1938），《海鹰》（美国，1940），《穿着靴子死》（美国，1941），《太多太快》（美国，1958）。

福，达里奥（1926~），意大利演员、作家、大众政治剧导演。

方达，亨利（1905~1982），美国演员：《青年林肯》（美国，1939），《愤怒的葡萄》（美国，1940），《十二个愤怒的人》（美国，1957），《金色池塘》（美国，1981*）。

方达，简（1937~），亨利的女儿，美国电影女演员：《他们射死了马》（美国，1969），《克鲁特》（美国，1971*），《归家》（美国，1978*），《金色池塘》（美国，1981）。

马龙·白兰度，《欲望号街车》（美国，1951）

查理·卓别林，《摩登时代》（美国，1936）

朱莉·克里斯蒂和艾伦·巴茨，《远离疯狂的人群》（英国，1967）

弗朗西斯·福特·科波拉在执导《布兰姆·斯道克的吸血鬼》（美国，1992）

詹姆斯·迪安

拉尔夫·芬尼斯和克里斯汀·斯科特·托马斯，《英国病人》（美国，1996）

阿顿波罗为了拍摄《甘地》（英国，1982）的葬礼场面雇用了30万名临时演员

冯塔纳，琳（1887~1983），英国出生的美国女演员，常与她的丈夫阿尔弗雷德·伦特演对手戏。

福特，哈里森（1942~），美国电影演员：《美国涂鸦》（美国，1973），《星球大战》（美国，1977），《夺宝奇兵》（美国，1981），《少年选手》（美国，1982），《证人》（美国，1985），《爱国者游戏》（美国，1992），《逃亡者》（美国，1993）。

福特，约翰（1895~1973），美国电影导演：《愤怒的葡萄》（美国，1940），《青山翠谷》（美国，1941），《沉默的人》（美国，1952），他也执导西部片，例如《天山飞渡》（美国，1939）。

福曼，米罗斯（1932~），捷克电影导演：《消防队员的舞会》（捷克/意大利，1967），《飞越疯人院》（美国，1975*），《莫扎特》（美国，1984*）。

福赛思，比尔（1947~），苏格兰电影导演：《格雷戈里的女孩》（英国，1980），《地方英雄》（英国，1983）。

福斯，鲍勃（1925~1988），美国电影导演：《爵士音乐》（美国，1979）。

加本，让（1904~1976），法国戏剧、电影演员：《莫科爷爷》（法国，1937），《大幻灭》（法国，1937），《衣冠禽兽》（法国，1938），《太阳升起》（法国，1939），《猫》（法国，1972）。

盖博，克拉克（1901~1960），美国电影演员：《一夜风流》（美国，1934*），《叛舰喋血记》（美国，1935），《乱世佳人》（美国，1939），《不合时宜的人》（美国，1961）。

甘冈邦，迈克尔（1940~），英国戏剧、电影演员：《厨师、小偷、他的妻子和她的情人》（英国，1989）。

冈斯，阿贝尔（1899~1981），法国电影导演：《拿破仑传》（法国，1927），这部影片中使用了带有三重图像的宽银幕。

嘉宝，葛丽泰（1905~1990），瑞典电影女演员：《大饭店》（美国，1932），《克里斯蒂娜女王》（美国，1933），《安娜·卡列尼娜》（美国，1935），《卡米尔》（美国，1936），《尼诺契卡》（美国，1939）。

加德纳，阿瓦（1922~1990），美国电影女演员：《演出船》（美国，1951），《赤脚的康苔莎》（美国，1954），《鬣蜥之夜》（美国，1964）。

嘉兰，朱迪（1922~1969）美国电影女演员、歌唱家：《绿野仙踪》（美国，1939），《在圣路易斯与我相会》（美国，1944），《一个明星的诞生》（美国，1954）。

加斯曼，维托里奥（1922~），意大利演员、导演：《婚礼》（美国，1978）。

盖尔，理查德（1949~），美国电影演员：《美国人》（美国，1979），《官员和绅士》（美国，1982），《漂亮女人》（美国，1990）。

吉布森，梅尔（1956~），出生于美国的澳大利亚演员、导演：《疯狂马克斯，超过山德杜姆》（澳大利亚，1985），《致命武器》（美国，1987），《勇敢的心》（美国，1995*）。

吉尔古德，约翰（1904~），英国戏剧、电影演员，擅长扮演古典、现代角色，他饰演哈姆雷特已超过500次。

吉许，莉莲（1896~1993），美国女演员：《一个国家的诞生》（美国，1915），《党同伐异》（美国，1916），《风》（美国，1928），《婚礼》（美国，1978），《八月的鲸》（美国，1987）。

戈达尔，让一吕克（1930~），法国电影导演：《精疲力尽》（法国，1960）。

戈达尔，保莉特（1905~1990），美国电影女演员：《摩登时代》（美国，1936），《大独裁者》（美国，1940）。

戈登，露丝（1896~1985）美国电影女演员：《哈罗德和玛德》（美国，1971），《罗斯玛丽的孩子》（美国，1968）。

格兰特，加里（1904~1986），英国出生的美国演员：《她冤枉了他》（美国，1933），《哺婴记》（美国，1938），《费城故事》（美国，1940），《阿塞尼克和老莱斯》（美国，1944），《西北偏北》（美国，1959）。

格里纳韦，彼得（1942~），英国导演：《起草人的合同》（英国，1982），《淹没于数字中》（美国，1944），《厨师、小偷、他的妻子和她的情人》（英国，1989）。

格里菲斯（1875~1948），美国导演：《一个国家的诞生》（美国，1915），《党同伐异》（美国，1916）。

格罗托夫斯基，耶日（1933~），极具创新精神的波兰导演。

吉尼斯，阿莱克（1914~），英国戏剧、电影演员：《雾都孤儿》（英国，1948），《善人与贵族》（英国，1949），《拉旺德山的暴乱》（英国，1951），《桂河大桥》（英国，1957*），《颂歌》（英国，1960），《阿拉伯的劳伦斯》（英国，1962），《星球大战》（美国，1977）。

居内伊，伊尔玛兹（1937~1984），土耳其电影导演：《道路》（瑞士，1981）。

格思里，蒂龙（1900~1971），爱尔兰戏剧导演。

哈克曼，吉尼（1930~），美国电影演员：《邦妮和克莱德》（美国，1967），《法国贩毒网》（美国，1971*），《燃烧的密西西比》（美国，1989）。

霍尔，彼得（1930~），英国导演，皇家莎士比亚公司创始人。

汉克斯，汤姆（1956~），美国演员：《庞大》（美国，1988），《费城》（美国，1993*），《阿甘正传》（美国，1994*），《阿波罗13号》（美国，1995）。

哈台，奥利弗（1892~1957），美国喜剧演员，与劳莱，斯坦（1890~1965），生于英国的美国喜剧电影演员：《八音盒》（美国，1932），《沙漠之子》（美国，1933），《从西方来的路》（美国，1936），《愚蠢的人们》（美国，1938），《一个笨蛋在牛津》（美国，1940）。

哈洛，简（1911~1937），美国演员：《天使的地狱》（美国，1930）。

哈里森，雷克斯（1908~1990），美国戏剧、电影演员：《快乐的幽灵》（英国，1945），《窈窕淑女》（英国，1964*），《黄色的罗尔斯罗伊斯》（英国，1964），《多利特尔医生》（美国，1967）。

哈维兰，奥利维亚·德（1916~），美国电影女演员：《乱世佳人》（美国，1939），《风流种子》（美国，1946*），《女继承人》（美国，1949）。

霍克斯，霍华德（1896~1977），美国导演：《哺婴记》（美国，1938），《只有天使有翅膀》（美国，1939）。

海斯，海伦（海伦·布朗，1900~1993），美国戏剧、电影女演员：《马德尼·克劳德的罪孽》（美国，1932*），《飞机场》（美国，1970*）。

海华丝，丽塔（玛格丽特·卡门·坎西诺，1918~1987），美国电影女演员：《金黄的草莓》（美国，1941），《封面女郎》（美国，1946），《莎蒂·汤普森小姐》（美国，1953），《帕尔·乔伊》（美国，1957）。

赫本，奥黛丽（1929~1993），比利时出生的美国电影女演员：《罗马假日》（美国，1953*），《修女故事》（美国，1959），《蒂凡尼的早餐》（美国，1961），《谜中谜》（美国，1963）。

赫本，凯瑟琳（1907~），美国电影女演员：《牵牛花》（美国，1933*），《小妇人》（美国，1933），《费城故事》（美国，1940），《非洲女王号》（美国，1951），《猜猜谁来吃晚餐》（美国，1967*），《冬天的狮子》（美国，1968*），《金色池塘》（美国，1981*）。

赫普沃思，塞西尔（1874~1956），英国电影制作人：《浪子救人》（英国，1905），在室外摄制的早期电影。

赫尔措格，维尔纳（1942~），德国电影导演：《阿古伊雷，上帝的愤怒》（德国，1973），《费茨卡拉多》（德国，1982）。

赫斯顿，查尔顿（约翰·查尔顿·卡特，1924~），美国电影演员：《十诫》（美国，1956），《宾虚传》（美国，1959*），《埃尔·西德》（美国，1961），《北京的55天》（美国/西班牙，1963），《悲痛的狂喜》（美国，1965），《哈杜姆》（英国，1966）。

希区柯克，阿尔弗雷德（1899~1980），英国电影导演，1939年起在好莱坞工作：《蝴蝶梦》（美国，1940），《抓贼》（美国，1955），《眩晕》（美国，1958），《精神病患者》（又译《弑母惊魂》，美国，1960），《群鸟》（美国，1963）。

霍夫曼，达斯廷（1937~）美国电影演员：《毕业生》（美国，1967），《午夜牛郎》（美国，1969），《总统班底》（美国，1976），《克莱默夫妇》（美国，1979*），《宝贝儿》（又译《假女真情》，美国，1983），《雨人》（美国，1988*）。

霍尔登，威廉（1918~1981），美国电影演员：《日落大道》（美国，1950），《17号战俘营》（美国，1953*），《桂河大桥》（英国，1957），《野性的一群》（美国，1969）。

赫尔姆，伊恩（1931~），英国戏剧、电影演员。

霍普，鲍勃（1903~），出生于英国的美国演员：《感谢回忆》（美国，1938），《通向新加坡之路》（美国，1940），《通向摩洛哥之路》（美国，1942）。

霍普金斯，安东尼（1937~），威尔士戏剧、电影演员：《大象人》（美国，1980），《沉默的羔羊》（美国，1991*），《剩余的日子》（美国，1993）。

霍珀，丹尼斯（1936~），美国演员和导演：《逍遥骑士》（美国，1969），《美国朋友》（美国，1975），《蓝色天鹅绒》（美国，1986）。

霍尼曼，安妮（1860~1937），英国剧院女经理，她在英国发起由固定剧团演出各种剧目的运动。

霍华德，艾伦（1937~），英国戏剧演员。

霍华德，莱斯利（1890~1943），演员：《深红色的海绿藻》（英国，1935），《皮格马利翁》（英国，1938），《乱世佳人》（英国，1939）。

霍华德，朗（1954~），美国电视剧演员，后成为成功的导演：《阿波罗13号》（美国，1995）。

霍华德，特雷弗（1916~1988），英国演员：《短暂的遭遇》（英国，1946），《第三个人》（英国，1949），《叛舰喋血记》（英国，1962），《轻步兵旅的冲锋》（英国，1968）。

哈德森，罗克（1925~1985），美国电影演员：《野心》（美国，1954），《枕边谈话》（美国，1959）。

休斯登，约翰（1906~1987），美国电影导演：《马耳他之鹰》（美国，1941），《非洲女王号》（美国，1951），《鬣蜥之夜》（美国，1964）。

杰克逊，格伦达（1937~），英国戏剧、电影女演员、政治家：《恋爱中的女人》（美国，1970*），《星期天，血腥的星期天》（英国，1971），《阶级烙印》（英国，1973*）。

雅各比，德雷克（1938~），英国戏剧、电影演员：《亨利五世》（英国，1989）。

阳乔，米克洛什（1921~），匈牙利导演：《聚集》（匈牙利，1966），《面对》（匈牙利，1969）。

贾曼，德雷克（1942~1994），英国导演：《塞巴斯蒂亚那》（英国，1976），《卡拉瓦乔》（英国，1986）。

乔尔森，阿尔（1886~1950），立陶宛出生的美国演员：《爵士歌手》（美国，1927），《唱歌的傻瓜》（美国，1928），《索尼的男孩》（美国，1929）。

茹韦，路易（1887~1951），法国演员、导演、设计师，他对20世纪法国戏剧有很大的影响。

卡洛夫，鲍里斯（威廉·亨利·普拉特，1887~1969），英国出生的美国演员：《弗兰肯斯坦》（美国，1931），《富满初的面具》（美国，1932）。

凯，丹尼（戴维·丹尼尔·卡明斯基，1913~1987），美国演员：《沃尔特·米提的秘密生活》（美国，1947），《汉斯·克里斯蒂安·安德森》（美国，1952）。

卡善，埃利亚（埃利亚·卡善乔格洛，1909~），希腊出生的美国电影导演：《欲望号街车》（美国，1951），《码头风云》（英国，1954）。

基登，布斯特（1895~1966），美国喜剧演员：《屠夫的儿子》（美国，1917），《苍白的脸》（美国，1922）。

凯利，吉恩（1912~1996），美国电影演员、舞蹈家：《为我和我的加尔》（美国，1942），《一个美国人在巴黎》（美国，1951），《雨中曲》（美国，1952），《邀舞》（美国，1956）。

凯利，格蕾斯（1928~1982），美国电影女演员：《乡村女孩》（美国，1954*），《后窗》（美国，1954），《上流社会》（美国，1956）。

克尔，德波拉（1921～），苏格兰女演员：《都尔之恋》（英国，1941），《乱世忠魂》（美国，1953），《国王和我》（美国，1956），《傍晚小饮》（英国/澳大利亚，1960）。

克兰，凯文（1947～），美国戏剧、电影演员：《一条名叫旺达的鱼》（美国，1988*）。

克尼佩尔，奥尔加（1868～1959），俄罗斯女演员：因饰演其丈夫契诃夫的戏剧中的女主角而赢得巨大声誉。

小林正树（1916～），日本电影导演：《做人的条件》（日本，1959～1961）。

柯达，亚力山大（1893～1956），匈牙利出生的英国导演：《亨利八世的私生活》（英国，1933）。

柯静采夫，格里戈里（1905～1973），苏联电影导演：《哈姆雷特》（苏联，1964）。

克雷默，斯坦利（1913～），美国导演：《挑战者》（美国，1958），《猜猜谁来吃晚餐》（美国，1967）。

库勃里克，斯坦利（1928～），美国电影导演、作家：《光荣之路》（美国，1957），《洛丽塔》（英国，1962），《2001年太空漫游》（英国，1968），《发条橘子》（英国，1971）。

黑泽明（1910～），日本导演：《七武士》（日本，1954），《乱》（日本，1986）。

莱德，艾伦（1913～1964），美国电影演员：《此枪出租》（美国，1942），《伟大的盖兹比》（美国，1949），《原野奇侠》（美国，1953）。

拉莫尔，多萝茜（1914～1996），美国女演员：《通向新加坡之路》（美国，1940），《通向摩洛哥之路》（美国，1942）。

兰开斯特，伯特（1913～1994），美国电影演员：《乱世忠魂》（美国，1953），《埃尔默·甘特里》（美国，1960*），《阿尔卡特兹的鸟人》（美国，1962）。

朗格，弗里茨（1890～1976），奥地利电影导演：《大都会》（德国，1931）。

劳顿，查尔斯（1899～1962），英国电影、戏剧演员：《亨利八世的私生活》（英国，1933*），《叛舰喋血记》（美国，1935），《巴黎圣母院的驼背人》（美国，1939），《霍布森的选择》（英国，1954）。

劳莱，斯坦：见哈台，奥利弗。

利奇曼，克洛里斯（1926～），美国电影女演员：《最后的画展》（美国，1971*）。

利恩，戴维（1908～1991），英国电影导演：《雾都孤儿》（英国，1948），《桂河大桥》（英国，1957），《阿拉伯的劳伦斯》（英国，1962）。

李小龙（1940～1973），美籍华裔电影演员，武术大师：《龙争虎斗》（美国，1973），《唐山大兄》（美国，1971）。

李，斯派克（1956～），美国导演：《做该做的事》（美国，1989），《马尔科姆·艾克斯》（美国，1992）。

利，麦克（1943～），英国电影导演：《生活是甜蜜的》（英国，1990），《秘密和谎言》（英国，1995）。

费雯丽（1913～1967），美国电影、戏剧女演员：《乱世佳人》（美国，1939*），《哈米尔顿女士》（又译《忠魂鹃血》）（美国，1941），《欲望号街车》（美国，1951*）。

莱蒙，杰克（1925～），美国电影演员：《罗伯特先生》（美国，1955*），《有人喜欢至极》（美国，1959），《爱玛·拉杜丝》（美国，1963），《奇怪的伴侣》（美国，1968），《拯救老虎》（美国，1973*）。

莱昂内，塞尔焦（1921～1989），意大利的美国西部片导演：《一把美元》（意大利/德国/西班牙，1964），《善、恶、丑》（意大利，1966）。

林戴，马克斯（1883～1925），法国喜剧演员、作家、导演：《电影摄影展览》（法国，1907），《做我的妻子》（法国，1921）。

利特尔伍德，琼（1914～），革新派英国戏剧导演。

洛奇，肯（1936～），英国电影导演：《凯斯》（英国，1970），《地痞流氓》（英国，1990）。

罗乐勃丽季达，吉娜（1927～），意大利电影女演员：《夜来香》（法国/意大利，1952），《所罗门与示巴女王》（美国，1959）。

罗兰，索菲亚（1934～），意大利电影女演员：《海豚上的男孩》（美国，1957），《两个女人》（意大利/法国，1961*），《女百万富翁》（英国，1961）。

洛雷，彼得（1904～1964），生于匈牙利，德国和美国电影演员：《M》（德国，1931）。

洛赛，约瑟夫（1909～1984），美国电影导演，主要在英国工作：《仆人》（英国，1963），《送信人》（英国，1971）。

洛伊，默纳（默纳·威廉斯，1905～1993），美国电影女演员：《爵士歌手》（美国，1927），《富满初的面具》（美国，1932），《雨来了》（美国，1939），《黄金时代》（又称《人生好年华》，美国，1946）。

刘别廉，恩斯特（1892～1947），德国出生的美国喜剧导演：《天堂可以等待》（美国，1943）。

卢卡斯，乔治（1944～），美国导演：《美国风情画》（美国，1973），《星球大战》（美国，1977）。

伦特，阿尔弗雷德（1892～1977），美国电影演员、导演，主要导演诺埃尔·科沃德的剧作。参见冯塔纳，琳。

林奇，戴维（1946～），美国导演：《大象人》（美国，1980），《沙丘》（美国，1984），《蓝色天鹅绒》（美国，1986），《心中狂野》（美国，1990）。

麦克唐纳，珍妮特（1901～1965），美国歌剧女歌唱家、演员：《风流寡妇》（美国，1934）。

麦克伦，伊恩（1939～）英国戏剧、电影演员。

麦克莱恩，雪莉（1934～），美国戏剧、电影演员：《爱玛·拉杜丝》（美国，1963）《甜蜜的慈悲》（美国，1968），《亲密的称呼》（美国，1983*）。

麦克利亚莫瓦，迈克（1898～1978）爱尔兰戏剧演员、导演。

麦奎恩，斯蒂夫（1930～1980），美国电影演员：《奇妙的七号》（美国，1956），《大逃亡》（美国，1963），《辛那提小子》（美国，1965），《布利特》（美国，1968）。

马格纳尼，安娜（1908～1973），意大利戏剧女演员。

马利纳，尤迪特（1926～），德国出生的美国戏剧院老板和导演。

马尔科维奇，约翰（1953～），美国戏剧、电影演员：《危险的联络人》（美国，1988）。

马勒，路易（1932～1995），法国电影导演：《情人们》（法国，1958），《再见，孩子们》（法国，1987）。

曼凯维支，约瑟夫（1909～1993），美国导演：《三妻艳史》（美国，1949*），《彗星美人》（美国，1950*）。

曼，迈克尔（1943～），美国电影导演：《猎人》（美国，1986），《狂热》（美国，1996）。

马奇，弗雷德里克（1897～1975），美国戏剧、电影导演：《黄金时代》（美国，1946）。

马文，李（1924～1987），美国电影演员：《亚拉巴卢》（美国，1965*）。

马丁，斯蒂夫（1945～），美国喜剧电影演员：《笨蛋》（美国，1979），《双脑人》（美国，1983），《飞机，火车，汽车》（美国，1987），《新娘的父亲》（美国，1991）。

马克斯兄弟：奇可（1886～1961），哈波（1888～1964），格鲁球（1890～1977），泽波（1901～1979）美国闹剧一家；五弟古莫（1893～1977）在其兄弟们进军好莱坞前离开：《马的衣服》（美国，1932），《野鸭汤》（美国，1933）。

马森，詹姆斯（1909～1984），英国戏剧和电影演员：《荡妇》（英国，1946），《沙漠之狐》（美国，1951），《一个明星的诞生》（美国，1954），《狩猎晚会》（英国，1984）。

马斯特罗亚尼，马塞洛（1923～1996），意大利电影演员：《甜蜜的生活》（意大利/法国，1959），《意大利式的离婚》（意大利，1962）。

马托，沃尔特（1920～），美国电影演员：《幸运的厨娘》（美国，1966*），《奇怪的伴侣》（美国，1968），《你好，多利》（美国，1969），《阳光下的男孩们》（美国，1975）。

梅里爱，乔治（1861～1938），法国乐团经理，他将他的剧院改成影院，发明摄影，利用排演和二次曝光进行特技摄影，所拍的科幻电影有《月球旅行记》（法国，1902）。

迈尔霍尔德，弗谢沃洛德·叶米利耶维奇（1874～1940），俄罗斯演员、导演、制片，对非现实主义戏剧进行过尝试。

米兰德，雷（1905～1986），美国电影演员：《失去的周末》（美国，1945）。

米勒，乔纳森（1934～），英国戏剧、电视剧、歌剧导演。

米尔斯，约翰爵士（1908～），英国演员：《滑铁卢之路》（英国，1944），《远大前程》（即《孤星血泪》）（英国，1946），《霍布森的选择》（英国，1954），《颂歌》（英国，1960），《噢，可爱的战争》（英国，1969），《瑞安的女儿》（英国，1971*）。

明纳利，莉莎（1946～），美国电影女演员：《卡巴莱》（美国，1972*）

哈里森·福特，《星球大战》（美国，1977）

葛丽泰·嘉宝，《克里斯蒂娜女王》（美国，1933）

朱迪·嘉兰德与杰克哈利、雷·波尔格及贝尔特·拉尔，《澳大利亚巫师》（美国，1939）

阿莱克·吉尼斯，《星球大战》（美国，1939）

斯坦·劳莱和奥利弗·哈台，《好莱坞晚会》（美国，1934）

米伦，海伦（1946~），英国戏剧、电影女演员：《乔治国王的疯狂》（英国，1994）。

米切姆，罗伯特（1917~1997），美国电影演员：《狩猎之夜》（美国，1955）、《傍晚小饮》（英国/澳大利亚，1960）、《瑞安的女儿》（英国，1971）。

梦露，玛丽莲（1926~1962），美国电影女演员：《彗星美人》（美国，1950）、《绅士喜欢金发女郎》（美国，1953）、《七年的渴望》（美国，1955）、《有人喜欢至极》（美国，1959）、《不合时宜的人》（美国，1961）。

蒙唐，伊夫（1921~1991），在法国影片中扮演角色的意大利出生的歌唱家、演员：《恐惧的代价》（法国/意大利，1953）。

莫罗，珍妮（1928~），法国女演员：《情人们》（法国，1959）、《朱尔和吉姆》（法国，1961）、《女仆的日记》（法国/意大利，1964）。

莫斯克文，伊万·米哈伊洛维奇（1874~1946），俄罗斯演员。

茂瑙，弗·威（1888~1931），德国电影制片人：《诺斯费拉杜》（德国，1921），这是一部早期的室内剧电影。

妮格尔，安娜（1904~1986），英国戏剧、电影演员：《内尔·格温》（英国，1934）、《维多利亚女王》（英国，1937）、《伊迪丝·卡维尔护士传》（英国，1939）。

涅米罗维奇－丹钦科，弗拉基米尔（1858~1943），俄罗斯导演、戏剧教师、莫斯科艺术剧院创办人之一。

尼罗，弗兰科（1941~），意大利演员：《卡米洛特》（美国，1967）。

内维尔，约翰（1925~），英国演员、导演，他曾参加加拿大安大略的斯特拉福城莎士比亚做导演。

纽曼，保罗（1925~），美国电影演员：《骗子》（美国，1961）、《卡西迪和基德》又译《虎ězo小霸王》（美国，1969）、《钱的颜色》（美国，1986）。

尼科尔斯，迈克（1931~），美国导演：《谁害怕弗吉尼亚·沃尔夫？》（美国，1966）、《毕业生》（美国，1967）。

尼科尔森，杰克（1937~），美国电影演员：《逍遥骑士》（美国，1969）、《五个简单例子》（美国，1970）、《飞越疯人院》（美国，1975*）、《闪光》（英国，1980）、《亲密的称呼》（美国，1983*）、《普里奇家族的荣誉》（美国，1985）、《蝙蝠侠》（美国，1990）。

尼文，戴维（1909~1983），苏格兰演员：《斯文窃贼》（美国，1940）、《环球80天》（美国，1956）、《分离的桌子》（美国，1958*）。

纳恩，特雷弗（1940~），英国导演，尤其是在皇家莎士比亚公司任导演。

奥尼尔，詹姆斯（1846~1920），爱尔兰出生的美国演员。

奥图尔，彼得（1932~），爱尔兰电影演员：《阿拉伯的劳伦斯》（英国，1962）、《贝克特》（英国，1964）、《冬天的狮子》（英国，1968）、《万世师表》（英国，1969）。

奥勃朗，梅尔（1911~1979），英国电影女演员：《深红色的海绿藻》（英国，1934）、《呼啸山庄》（美国，1939）。

奥利弗，劳伦斯（1907~1989），英国戏剧和电影演员、导演：《呼啸山庄》（美国，1939）、《傲慢与偏见》（美国，1940）、《亨利五世》（英国，1944*）、《哈姆雷特》（又译《王子复仇记》，英国，1948*）、《查理三世》（英国，1956）、《演艺》（英国，1960）。

派伯斯特，格奥尔格（1887~1967），德国电影导演：《潘多拉魔盒》（又译《弃妇日记》，德国，1928）。

帕西诺，阿尔（1939~），美国电影演员：《教父》（美国，1972）、《闻香识女人》（美国，1992*）。

佩奇，杰拉尔丁（1924~1987），美国戏剧女演员。

帕索里尼，皮埃尔·波罗（1922~1975），意大利电影导演：《马太福音书》（意大利/法国，1963）。

帕克西诺，卡塞娜（1900~1974），希腊戏剧、电影演员。

佩克，格雷戈里（1916~），美国电影演员：《枪手》（美国，1950）、《大国》（美国，1958）、《可爱的异教徒》（美国，1959）、《杀死知更鸟》（美国，1962*）。

佩金伯，萨姆（1926~1984），美国西部片导演：《野性的一群》（美国，1969）。

璧克馥，玛丽（1893~1979），加拿大电影女演员：《波利亚娜》（美国，1960）、《小罗德·芳特里》（美国，1921）、《俏姑娘》（美国，1929*）。

皮金，沃尔特（1897~1984），加拿大电影演员：《青山翠谷》（美国，1941）、《米尼弗夫人》（又译《忠勇之家》，美国，1942）。

皮斯卡托尔，埃尔温（1893~1966），德国制片人、导演，他同布莱希特一道发展了史诗戏剧风格。

皮特，布拉德（1963~），美国电影演员：《德尔玛和路易斯》（美国，1991）、《加利福尼亚》（美国，1993）、《七号》（美国，1995）、《十二只猴子》（美国，1995）。

普朗雄，罗歇（1931~），自1972年起一直担任法国国家大众剧院导演。

波蒂埃，悉尼（1924~），美国演员：《黑板丛林》（美国，1955）、《波姬和贝斯》（美国，1959）、《田野里的百合花》（美国，1963*）、《炎热的夜晚》（美国，1967）、《猜猜谁来吃晚餐》（美国，1967）。

波兰斯基，罗曼（1933~），波兰电影导演：《罗斯玛丽的孩子》（美国，1968）、《唐人街》（美国，1974）。

鲍特，埃德温（1869~1941），美国电影的先驱，12分钟的《火车大劫案》（美国，1903）是在室外摄制的。

波特，埃里克（1928~1995），英国戏剧演员。

鲍威尔，迈克尔（1905~1990），英国电影导演，与埃默里克·普里斯伯格合作摄影的电影有：《黑水仙花》（英国，1947）、《红菱艳》（英国，1948）、《偷看者》（英国，1960）。

普雷明格，奥托（1906~1986），生于奥地利的美国电影导演：《一件凶杀案的剖析》（美国，1959）、《出埃及记》（美国，1961）。

普雷勒，米舍利娜（1922~），法国女演员：《失落的天堂》（法国，1939）、《活着的恶魔》（法国，1947）。

普里斯伯格，埃默里克（1902~1988），匈牙利导演，同迈克尔·鲍威尔一同执导：《黑水仙花》（英国，1947）、《红菱艳》（英国，1948）。

奎恩，安东尼（1915~），美国电影演员：《萨帕塔万岁!》（美国，1952*）、《渴望生活》（美国，1956*）、《希腊人卓尔巴》（英国，1964）。

雷米（1883~1946），法国演员：《凯撒》（法国，1937）。

雷伊，萨蒂亚吉特（1921~1992），印度电影导演：《道路之歌》（印度，1955）。

雷德福，罗伯特（1936~），美国电影演员、导演：《卡西迪和基德》（美国，1969）、《候选人》（美国，1972）、《痛苦》（美国，1973）、《总统班底》（美国，1976）、《神秘的人》（美国，1992）。

雷德格雷夫，迈克尔（1908~1985），英国戏剧女演员。

雷德格雷夫，瓦妮莎（1937~），英国电影、戏剧女演员，迈克尔的女儿：《卡米洛特》（美国，1967）、《伊莎朵拉》（英国，1968）、《朱莉娅》（美国，1977*）、《二流咖啡馆小调》（美国/英国，1991）。

里德，卡罗尔（1906~1976），英国电影导演：《第三个人》（英国，1949）、《奥利弗!》（英国，1968*）。

里德，奥立弗（1937~），英国电影演员：《恋爱中的女人》（英国，1969）、《三个火枪手（女王的钻石）》（巴拿马，1973）。

赖恩哈特，马克斯（1873~1943），奥地利导演，在创办萨尔茨堡艺术节中起重要作用。

赖斯，卡雷尔（1926~），捷克出生的英国电影导演：《星期六晚上和星期天早晨》（英国，1960）、《法国上尉的女人》（英国，1984）。

雷雅娜（1856~1920），法国女演员。

雷诺阿，让（1894~1979），法国电影导演：《朗热先生的罪行》（法国，1935）、《大幻灭》（法国，1937）、《游戏的规则》（法国，1939）。

雷乃，阿兰（1922~），法国电影导演：《广岛之恋》（法国/日本，1959）。

理查森，拉尔夫（1902~1983），英国戏剧演员，以饰演传统、现代角色闻名。

里芬施塔尔，莱尼（1902~1994），德国电影女导演：宣传片《意志的凯旋》（德国，1934）、《奥林匹亚》（德国，1938）。

罗伯逊，保罗（1898~1976），美国演员、歌唱家。

鲁宾逊，爱德华（1893~1973），生于罗马尼亚的美国演员：《小凯撒》（美国，1930）、《加倍赔偿》（美国，1944）、《慢调》（美国，1948）、《辛辛那提小子》。

罗布森，弗洛拉（1902~1984），英国戏剧女演员：《女用旅行箱》（美国，1945）。

罗格，尼古拉斯（1928~），英国导演：《演出》（英国，1970）、《坏结果》（英国，1980）。

罗杰斯，金格尔（1911~1995），美国电影女演员、舞蹈家：《飞向里约》（美国，1933）、《大礼帽》（美国，1935）、《跟进港饺》（美国，1936）、《女人万岁》（美国，1940*）。

罗梅尔，埃里克（1920~），法国导演：《我在莫德家的一夜》（法国，1969）。

鲁尼，米基（1920~），美国电影演员：《男孩城》（美国，1938*）、《怀中的孩子》（美国，1939）、《粗鲁和勇敢》（美国，1956）。

罗西里尼，罗伯托（1906~1977），意大利电影导演：《罗马，不设防的城市》（意大利，1945）。

拉塞尔，肯（1927~），英国电影导演：《恋爱中的女人》（英国，1969）、《托米》（英国，1975）。

拉瑟福德，玛格丽特（1892~1972），英国戏剧、电影演员：《大人物们》（英国，1963）。

桑德斯，乔治（1906~1972），美国电影演员：《月亮和六便士》（美国，1942）、《多丽安·格雷的画像》（美国，1944）、《彗星美人》（美国，1950*）。

施莱辛格，约翰（1926~），英国电影导演：《午夜牛郎》（美国，1969）。

施瓦辛格，阿诺德（1947~），美国电影演员：《野蛮人科南》（美国，1982）、《终结者》（美国，1984）、《全部回忆》（美国，1990）、《终结者之二：末日审判》（美国，1991）、《真实的谎言》（美国，1994）。

斯科菲尔德，保罗（1922~），英国莎士比亚剧演员。

斯科塞斯，马丁（1942~），美国导演：《穷街陋巷》（美国，1973）、《出租汽车司机》（美国，1976）、《愤怒的公牛》（美国，1980）、《好家伙》（美国，1990）。

斯科特，乔治（1927~），美国戏剧、电影演员与导演：《巴顿将军》（美国，1970）。

斯科特，里德利（1937~），英国导演：《少年选手》（美国，1982）、《特尔玛和路易斯》（美国，1991）。

西格尔，乔治（1934~），美国电影演员：《猫头鹰和小猫》（美国，1970）、《阶级烙印》（英国，1973）。

塞勒斯，彼得（1925~1980），英国电影演员：《我很好，杰克》（英国，1959）、《只有两人才能玩》（英国，1962）、《奇爱博士》（英国，1963）、《粉豹》（英国，1963）、《在那里》（美国，1979）。

森纳特，麦克（1884~1960），轻喜剧电影导演，巧妙地编排基斯顿·科普斯的滑稽动作以及由"胖子"罗斯可·阿巴克尔，查理·卓别林和布斯特·基顿这类演员主演的影片。

谢尔，安托尼（1949~），南非出生的英国戏剧演员。

西尼奥雷，西蒙娜（1921~1985），法国女演员：《屋顶阁楼间》（即《金屋泪》，英国，1959*）。

西蒙丝，简（1929~），英国女演员：《远大前程》（即《孤星血泪》，英国，1946）、《黑水仙花》（英国，1946）、《爱尔梅·甘特里》（美国，1960）。

西纳特拉，弗兰克（1915～），美国歌手和电影演员：《乱世忠魂》（美国，1953*）、《金臂人》（美国，1956）、《上流社会》（美国，1956）、《小袋鼠》（美国，1957）、《满洲候选人》（美国，1962）。

史密斯，马吉（1934～），英国戏剧和电影女演员：《大人物们》（英国，1963）、《布罗迪小姐的青春》（英国，1969*）、《加州套房》（美国，1978*）。

斯皮尔伯格，斯蒂文（1947～），美国电影导演和制片人：《外星人》（美国，1982）、《紫色》（美国，1986）、《侏罗纪公园》（美国，1993）、《辛德勒名单》（美国，1993*）。

史泰龙，西尔维斯特（1946～），美国电影演员：《洛基》（美国，1976）、《兰博》（美国，1985）。

斯坦尼斯拉夫斯基，康斯坦丁（1863～1938），苏联演员和导演，他创造了斯坦尼斯拉夫斯基表演体系。

斯坦威克，芭芭拉（1907～1990），美国电影女演员：《斯戴勒·道勒斯》（美国，1937）、《夏娃女士》（美国，1941）、《加倍赔偿》（美国，1944）。

斯泰格尔，罗德（1925～），美国电影演员：《码头风云》（美国，1954）、《阿尔·卡波尼》（美国，1958）、《炎热的夜晚》（美国，1967）。

斯登堡，约瑟夫（1894～1969），奥地利出生的美国电影导演：《蓝天使》（德国，1930）。

史都华，詹姆斯（1908～1997），美国电影演员：《史密斯先生到华盛顿》（又译《宦海浮录》，美国，1939）、《戴斯瑞重上马鞍》（美国，1939）、《费城故事》（美国，1940*）、《美妙人生》（美国，1946）、《哈维》（美国，1950）。

斯通，奥利弗（1946～），美国导演：《野战排》（美国，1986）、《生于七月四日》（美国，1989）。

斯特丽普，梅丽尔（1951～），美国电影和戏剧女演员：《猎鹿人》（美国，1978）、《克莱默夫妇》（美国，1979*）、《法国中尉的女人》（英国，1981）、《苏菲的选择》（美国，1982*）、《西尔克伍德》（美国，1983）、《走出非洲》（美国/英国，1986）。

斯特赖桑德，芭芭拉（又译芭芭拉·史翠珊，1942～），美国歌手和女演员：《滑稽女郎》（美国，1968）、《你好，多莉》（美国，1969）、《滑稽女人》（美国，1975）、《一个明星的诞生》（美国，1976）、《一面镜两张脸》（美国，1996）。

斯特奇斯，普雷斯顿（1898～1959），美国喜剧导演：《沙利文游记》（美国，1941）、《棕榈滩的故事》（美国，1942）。

萨瑟兰，唐纳德（1935～），加拿大电影演员：《陆军野战医院》（美国，1970）、《凯利的英雄们》（美国，1970）、《克鲁特》（美国，1971）。

斯旺森，格洛里亚（1897～1983），美国电影女演员：《塞蒂·汤普森》（美国，1928）、《凯莉女皇》（美国，1928）、《日落大道》（美国，1950）。

萨博，伊斯特万（1938～），匈牙利电影导演：《靡菲斯特》（匈牙利，1981）。

泰兰蒂诺，昆廷（1963～），美国电影导演及编剧：《水库警犬》（美国，1993）、《低俗小说》（美国，1994）。

塔尔科夫斯基，安德烈（1932～1988），苏联电影导演：《安德烈·鲁布廖夫》（苏联，1966）、《太阳系》（苏联，1971）。

塔蒂，雅克（1908～1982），法国演员及喜剧电影导演：《于洛先生的休假》（法国，1951）。

泰勒，伊丽莎白（1932～），英国出生的美国电影女演员：《王女神驹》（美国，1944）、《热铁皮屋顶上的猫》（美国，1958）、《巴特菲尔德第八》（美国，1960*）、《埃及艳后》（美国，1962）、《谁害怕弗吉尼亚·沃尔夫？》（美国，1966*）。

邓波儿，秀兰（1928～），美国电影女童星：《明亮的眼睛》（美国，1934*）。

泰里，海伦（1847～1928），英国女演员：在亨利·欧文的许多影片中任女主角，易卜生和肖伯纳都专门为她创作过角色。

汤普森，埃玛（1959～），英国戏剧、电影女演员以及电影剧作家：《霍华德庄园》（英国，1993*）、《理智与情感》（英国/美国，1995*）。

桑代克，西比尔（1882～1976），英国莎士比亚戏剧女演员，并在乔治·萧伯纳的《圣女贞德》中担任主角。

瑟曼，尤玛（1970～），美国电影女演员：《危险的关系》（美国，1988）、《低俗小说》（美国，1994）。

屈赛，斯潘塞（1900～1967），美国电影演员：《权力和荣誉》（美国，1933）、《勇敢的船长》（又译《怒海余生》，美国，1937*）、《西北道道》（美国，1940）、《帕特和迈克》（美国，1952）、《猜猜谁来吃晚餐》（美国，1967）。

屈伏塔，约翰（1954～），美国电影演员：《狂热的星期六之夜》（美国，1977）、《狩猎季节》（美国，1978）、《低俗小说》（美国，1994）。

特里，赫伯特·比尔伯姆（1853～1917），英国演员和剧院经理。

特吕弗，弗朗索瓦（1932～1984），法国电影导演：《四百下》（法国，1959）、《日夜》（法国/意大利，1973）。

杜蒂，多萝西（1931～），英国戏剧和电影女演员。

乌斯京诺夫，彼得（1921～），英国电影、戏剧演员及戏剧家：《托普卡彼》（美国，1964）。

瓦伦蒂诺，鲁道夫（又译：范伦铁诺，1895～1926），意大利出生的美国电影演员：《启示录四骑士》（美国，1921）、《酋长》（美国，1921）、《血与沙》（美国，1922）、《酋长之子》（美国，1926）。

维多，金（1894～1982），美国电影演员和制片人：《大检阅》（美国，1925）、《哈利路亚！》（美国，1929）、《城堡》（英国，1938）。

维斯康蒂，卢奇诺（1906～1976），意大利电影导演：《沉沦》（意大利，1942）、《死于威尼斯》（意大利，1970）。

叙多，马克斯·冯（又译：休道夫，1929～），瑞典演员，常在英马尔·伯格曼的影片中扮演角色：《第七封印》（瑞典，1957）、《夏威夷》（美国，1966）、《征服者佩勒》（丹麦/瑞典，1987）。

瓦依达，安杰伊（1926～），波兰电影导演：《灰烬和钻石》（波兰，1958）。

沃尔什，拉乌尔（1892～1981），美国演员和电影导演：《一个国家的诞生》（美国，1914）、《巴格达窃贼》（美国，1924）。

华纳，杰克（1882～1978），美国电影制片人，和他的兄弟哈里（1881～1958）、艾伯特（1884～1967）以及塞缪尔（1888～1927）共同建立了华纳兄弟影业公司。

华盛顿，登塞尔（1954～），美国电影演员：《呼唤自由》（英国，1987）、《马尔科姆·艾克斯》（美国，1992）。

韦恩，约翰（1907～1979），美国电影演员：《大追踪》（美国，1930）、《关山飞渡》（美国，1939）、《搜索者》（美国，1956）。

魏格尔，海伦（1900～1972），德国戏剧女演员。

魏内，罗伯特（1881～1938），德国电影导演：《卡利亚里博士的文件橱》（德国，1919），该片使用了表现主义的布景。

韦尔，彼得（1944～），澳大利亚电影导演：《悬崖上的野餐》（澳大利亚，1975）、《死气沉沉的诗人社会》（美国，1989）。

威尔斯，奥森（1915～1985），美国电影导演及戏剧、电影演员：《公民凯恩》（美国，1940）、《第三个人》（英国，1949）、《审判》（法国/意大利/德国，1987）。

文德斯，温（1945～），德国导演：《德克萨斯的巴黎》（德国/意大利，1984）、《理想的翅膀》（法国/德国，1987）。

韦斯特，梅（1892～1980），美国女演员，曾写过很多有关她自己的东西：《她冤枉了他》（美国，1933）。

怀尔德，比利（1906～），奥地利出生的美国电影导演：《双重赔偿》（美国，1944）、《日落大道》（美国，1950）。

威廉斯，埃姆林（1905～1987），威尔士演员，戏剧家。

威廉森，尼科尔（1938～），苏格兰戏剧演员。

沃尔菲特，唐纳德（1902～1968），英国演员，剧院经理。

吴宇森（1946～），中国电影制片人及导演：《喋血双雄》（中国香港，1989）、《断箭》（美国，1996）。

伍德，纳塔莉（1938～1981），美国电影女演员：《无敌的反叛》（美国，1955）、《西区故事》（美国，1961）、《鲍勃和卡罗尔和特德和艾丽斯》（美国，1969）。

沃思，艾琳（1916～），美国女演员。

惠勒，威廉（1902～1981），美国电影导演：《黄金时代》（美国，1946）。

泽菲雷利，弗兰科（1923～），意大利戏剧、电影导演和设计师：《罗密欧和朱丽叶》（英国，1968）。

张艺谋（1950～），中国导演：《菊豆》（中国，1989）、《大红灯笼高高挂》（中国，1991）。

齐纳曼，弗雷德（1907～1997），奥地利出生的美国电影导演：《正午》（美国，1952）、《四季的人》（英国，1966）、《豺狼的日子》（英国/法国，1973）。

朱科尔，阿道夫（1873～1976），匈牙利出生的美国电影制片人、名演员，派拉蒙影片公司的创办人：《蒙特·克里斯特的顾虑》（美国，1908）、《失去的地平线》（美国，1912）。

马丁·斯科塞斯和保罗·纽曼《钱的颜色》（美国，1986）

杰克·尼科尔森，《飞越疯人院》（美国，1975）

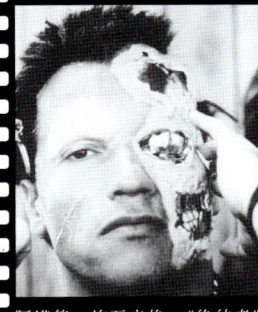

阿诺德·施瓦辛格，《终结者》（美国，1984）

马丁·斯科塞斯和罗伯特·德尼罗，《赌城风云》（美国，1995）

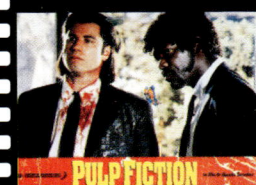

约翰·屈伏塔和萨缪尔·杰克逊《低俗小说》（美国，1994）

梅·韦斯特在《爱的女神》（美国，1965）中

在银幕上从未吻过男主角 ■ 阿尔·帕西诺与达斯廷·霍夫曼一样高 ■

舞台与银幕

▶ 学院奖

美国电影艺术与科学院，每年都颁发奥斯卡奖，以表彰前一年电影界所取得的杰出成就。学院是由36位电影界人士在1927年建立的，道格拉斯·范朋克被选为第一任主席。学院成立不久，电影制片人路易斯·梅耶提议电影界应该设奖，于是，奥斯卡奖诞生了。1927年举行了第一次颁奖仪式。现在奥斯卡奖被认为是全世界娱乐界最高的奖项，每年的颁奖仪式总是一次奢华的盛会。这些奖项从财政角度来看也是相当重要的，评上奥斯卡最佳影片奖能增加2000万美元的票房收入。

有24个主要奖项：最佳影片、导演、男演员、女演员、男配角、女配角、艺术指导、服装设计、音响效果编辑、化妆、现场动作片、动画片、专题记录片、记录正片、视觉效果、音响、电影编辑、音乐（原版配乐）、音乐（剧本配乐）、音乐（原唱）、摄影、外语片、原著以及改编。还有荣誉奖和戈登·塞耶奖。所有主要奖项中，有5项奖被认为是大奖，那就是：最佳影片、导演、男演员、女演员和编剧（原作或改编）。只有三部电影囊括过所有这5项大奖——《一夜风流》（美国，1934），《飞越疯人院》（美国，1975）以及《沉默的羔羊》（美国，1991）。

以下是所有获奖者名录（注：直到1936年和1937年才分别增设最佳男配角和女配角奖），除特别标明者之外，所有影片都是美国的。

年份	影片	导演	男演员	女演员	男配角	女配角	电影剧本	
							原著	改编
1927–1928	《翼》	弗兰克·鲍沙奇《七重天》刘易斯·迈尔斯通《两骑士》	埃米尔·强宁斯《肉体之道》	珍妮特·盖诺《七重天》			本·赫特《地狱》	本杰明·哥莱塞《七重天》
1928–1929	《百老汇之歌》	弗兰克·劳埃德《女神》	沃纳·巴克斯特《在古老的亚利桑那》	玛丽·璧克馥《俏姑娘》			成品汉斯·克拉利《爱国者》	
1929–1930	《西线无战事》	刘易斯·迈尔斯通《西线无战事》	乔治·阿利斯《迪斯雷利》	诺玛·希勒《离婚者》			弗朗西斯·马里翁《大房子》	
1930–1931	《西玛伦》	诺尔曼·陶罗格《遗漏》	莱昂内尔·巴里摩尔《自由魂》	玛丽·德雷斯勒《米恩和比尔》			原著 约翰·蒙克·桑德斯《黎明巡逻》	改编 霍华德·埃斯塔波罗克《西玛伦》
1931–1932	《大饭店》	弗兰克·鲍沙奇《坏女孩》	弗里德里克·马奇《吉基尔博士和海德先生》华莱士·比里《冠军》	海伦·海斯《马德伦·克劳德特之罪》			弗朗西斯·马里翁《冠军》	埃德温·布尔克《坏女孩》
1932–1933	《骑兵队》	弗兰克·劳埃德《骑兵队》	查尔斯·劳顿《亨利八世的私生活》（英国）	凯瑟琳·赫本《牵牛花》			罗伯特·劳德《惟一通道》	维克托·赫尔萨拉·马森纳和《小妇人》
1934	《一夜风流》	弗兰克·卡普拉《一夜风流》	克拉克·盖博《一夜风流》	克劳迪特·科尔贝尔《一夜风流》			阿瑟·凯萨《曼哈顿的闹剧》	罗伯特·里斯金《一夜风流》
1935	《叛舰喋血记》	约翰·福特《告密者》	维克托·麦克拉格伦《告密者》	贝蒂·戴维斯《危险》			原著 本·赫特和查理斯·迈克阿瑟《无赖》	改编 都德利·尼科斯《告密者》
1936	《伟大的齐格菲尔德》	弗兰克·卡普拉《第兹先生进城》	保罗·茂尼《巴斯德传》	路易丝·雷纳《伟大的齐格菲尔德》	沃尔特·布伦南《来拿吧》	盖尔·桑德加德《安东尼·埃德沃斯》	皮埃尔·科林斯和谢里顿·吉布尼《巴斯德传》	皮埃尔·科林斯和谢里顿·吉布尼《巴斯德传》
1937	《左拉传》	莱奥·麦卡里《可怕的真理》	斯潘塞·特屈赛《勇敢的船长》	路易丝·雷纳《好土地》	约瑟夫·席尔德克劳特《左拉传》	爱丽斯·布拉迪《在古老的芝加哥》	威廉·威尔曼和罗伯特·卡森《一个明星的诞生》	海因茨·赫拉德，盖赞·赫塞哥和诺尔曼·雷利·雷内《左拉传》
1938	《你不能夺去别人的幸福》	弗兰克·卡普拉《你不能夺去别人的幸福》	斯潘塞·特屈赛《男孩城》	贝蒂·戴维斯《荡妇》	沃尔特·布伦南《肯塔基》	费·班特《荡妇》	原著 埃利诺·格里芬和多尔·沙里《男孩城》《皮格马利翁》（英国）（乔治·萧伯纳之作）	改编 伊恩·戴尔里波，塞西尔·莱威斯和利普斯科博
1939	《乱世佳人》	维克托·弗莱明《乱世佳人》	罗伯特·唐纳《万世师表》（英国）	费雯丽《乱世佳人》	托马斯·米切尔《关山飞渡》	海蒂·麦克丹尼尔斯《乱世佳人》	原著 莱威斯·福斯特《史密斯先生去华盛顿》	编剧 悉尼·霍华德《乱世佳人》
1940	《蝴蝶梦》	约翰·福特《愤怒的葡萄》	詹姆斯·史都华《费城故事》	金格尔·罗杰斯《基蒂·福利》	沃尔特·布伦南《西方人》	简·达维尔《愤怒的葡萄》	本杰明·哥莱塞和约翰·托蒂《起来，我亲爱的》	唐纳德·欧哥顿·斯图卡特《费城故事》
1941	《青山翠谷》	约翰·福特《青山翠谷》	盖里·库珀《约克军曹》	琼·芳登《怀疑》	唐纳德·克里斯普《青山翠谷》	玛丽·何斯特《大谎言》	哈里·塞加尔《乔丹先生来了》	悉尼·巴克曼和塞顿·米勒《乔丹先生来了》

年份	影片	导演	男演员	女演员	男配角	女配角	电影剧本 原著	改编
1942	《米尼弗夫人》(又译《忠勇之家》)	威廉·惠勒《米尼弗夫人》	詹姆斯·卡格尼《美国歌王》	格里尔·加尔森《米尼弗夫人》	温·赫弗林《约翰尼·伊格尔》	特里沙·赖特《米尼弗夫人》	艾莫里克·普里斯伯格《侵略者》(英国)	乔治·弗罗塞尔、詹姆斯·希尔顿、克劳德尼和阿瑟·威姆佩里斯《米尼弗夫人》
1943	《卡萨布兰卡》	迈克尔·寇蒂芝《卡萨布兰卡》	保罗·卢卡斯《守候在莱茵河畔》	珍妮弗·琼斯《伯纳黛特之歌》	查尔斯·科伯恩《人越多越高兴》	卡蒂娜·帕克西诺《战地钟声》	威廉·萨罗安《人间喜剧》	朱利尤斯·爱泼斯坦、菲利普·爱泼斯坦和霍华德·科克《卡萨布兰卡》
1944	《与我同行》	莱奥·麦卡里《与我同行》	宾·克罗斯比《与我同行》	英格丽·褒曼《煤气灯下》	巴里·费兹杰拉德《与我同行》	埃塞尔·巴里穆尔《只有寂寞的心》	莱奥·麦卡里《与我同行》	弗兰克·巴特勒和弗兰克·卡威特《与我同行》
1945	《失去的周末》	比利·怀尔德《失去的周末》	雷·米兰德《失去的周末》	琼·克劳馥《欲海情魔》	詹姆斯·杜恩《一棵生长在布鲁克林的树》	安妮·里维尔《玉女神驹》	查尔斯·布什《92街上的房子》	查尔斯·布拉凯特和比利·怀尔德《失去的周末》
1946	《黄金时代》(又译《人生好年华》)	威廉·惠勒《黄金时代》	弗里德里克·马奇《黄金时代》	奥利维亚·德·哈维兰《风流种子》	哈罗德·鲁塞尔《黄金时代》	安妮·巴克斯特《剃刀刃》	克莱芒丝·戴恩《婚假》(英国)	罗伯特·塞伍德《黄金时代》
1947	《君子协定》	埃利亚·卡善《君子协定》	罗纳尔德·考尔曼《双重生活》	洛蕾塔·扬《农夫之女》	埃德蒙·格温《34街上的奇事》	塞莱斯特·霍姆《君子协定》	瓦伦蒂尼·戴维斯《34街上的奇事》	乔治·西顿《34街上的奇事》
1948	《哈姆雷特》(又译《王子复仇记》)	约翰·休斯登《马德雷山的宝藏》(英国)	劳伦斯·奥立弗《哈姆雷特》(英国)	简·怀曼《约翰尼·贝林达》	沃尔特·休斯登《马德雷山的宝藏》	克莱尔·特雷弗《慢调》	电影故事 理查德·斯威塞和大卫·威斯勒《搜寻》(美国/瑞士)	电影剧本 约翰·休斯登《马德雷山的宝藏》
1949	《国王的仆人》	约瑟夫·曼凯维支《三妻艳史》	布罗德里克·克劳福德《国王的仆人》	奥利维亚·德·哈维兰《女继承人》	迪安·贾格尔《十二点整》	默寒德斯·麦坎布里奇《国王的仆人》	道格拉斯·莫罗《斯特拉顿的故事》	约瑟夫·曼凯维支《三妻艳史》
1950	《彗星美人》	约瑟夫·曼凯维支《彗星美人》	若泽·费雷尔《西拉诺·德·贝尔热拉克》	朱迪·霍利戴《昨天出生》	乔治·桑德斯《彗星美人》	约瑟芬·赫尔《哈维》	埃德纳和爱德华·安哈尔特《大街上一片惊慌》	约瑟夫·曼凯维兹《彗星美人》
1951	《一个美国人在巴黎》(英国)	乔治·史蒂文斯《阳光下的秘密》	汉弗莱·鲍嘉《非洲女王号》	费雯丽《欲望号街车》	卡尔·莫尔登《欲望号街车》	基姆·哈特《欲望号街车》	保罗·德恩和詹姆斯·伯纳德《全盛的七天》(英国)	迈克尔·威尔森和哈里·布朗《阳光下的秘密》
1952	《世上最伟大的演出》	约翰·福特《沉默的人》	加里·库珀《正午》	雪莉·布什《回来吧,小美人》	安东尼·奎恩《查帕塔万岁》	格洛里亚·格雷厄姆《美与丑》	弗里德里克·弗兰克、西奥多·圣约翰和弗兰克·卡威特《世上最伟大的演出》	查尔斯·施内《美与丑》
1953	《乱世忠魂》	弗里德·齐纳曼《乱世忠魂》	威廉·霍尔登《17号战俘营》	奥黛丽·赫本《罗马假日》	弗兰克·西纳特拉《乱世忠魂》	多娜·里德《乱世忠魂》	伊安·麦克莱伦·亨特《罗马假日》	丹尼尔·塔拉德斯《乱世忠魂》
1954	《码头风云》	埃利亚·卡善《码头风云》	马龙·白兰度《码头风云》	格蕾丝·凯利《乡村女孩》	埃德蒙·奥布莱恩《赤脚的康苔莎》	爱娃·圣玛丽《码头风云》	菲利普·约尔丹《断矛》	乔治·西顿《乡村女孩》
1955	《马蒂》	德尔伯特·曼《马蒂》	欧内斯特·博格宁《马蒂》	安娜·马格纳尼《玫瑰文身》	杰克·莱蒙《罗伯特先生》	约·冯·弗利特《伊甸园之东》	丹尼尔·菲什《爱我,否则离开我》	帕迪·查耶夫斯基《马蒂》
1956	《环球80天》	乔治·斯蒂文斯《巨头》	尤尔·布林纳《国王与我》	英格丽·褒曼《阿娜斯塔西娅》(英国)	安东尼·奎恩《渴望生活》	多萝茜·马隆《迎风而作》	原著 阿尔贝·拉莫里斯《红气球》(法国)	改编 詹姆斯·波、约翰·法罗和佩雷曼《环球80天》
1957	《桂河大桥》(英国)	戴维·利恩《桂河大桥》(英国)	阿莱克·吉尼斯《桂河大桥》(英国)	乔安妮·伍德沃德《三面夏娃》	雷德·巴顿斯《再会》	三好梅喜《再会》	乔治·韦尔斯《狡猾的女人》	皮埃尔·布勒、迈克尔·威尔逊和卡尔·福尔曼《桂河大桥》(英国)
1958	《吉吉》	文森特·明纳利《吉吉》	戴维·尼文《分离的桌子》	苏珊·海沃德《我要活下去》	布尔·艾夫斯《大国》	温迪·希勒《分离的桌子》	纳东·道格拉斯和哈罗德·雅各布·史密斯《反抗者》	艾伦·杰伊·莱诺《吉吉》

舞台与银幕

学院奖

年份	影片	导演	男演员	女演员	男配角	女配角	电影剧本
1959	《宾虚传》	威廉·惠勒《宾虚传》	查尔顿·赫斯顿《宾虚传》	西尼奥雷·西蒙娜《屋顶阁楼间》（英国）	修·格里菲思《宾虚传》	谢利·温特斯《安妮·弗兰克的日记》	鲁塞尔·罗斯和克拉伦斯·格林（编著），斯坦利·夏皮罗林和莫里斯·里克（电影剧本）《枕边谈话》	尼尔·帕特森《屋顶阁楼间》（英国）
1960	《公寓》	比利·怀尔德《公寓》	伯特·兰开斯特《埃尔默·甘特里》	伊丽莎白·泰勒《巴特菲尔德第八》	彼得·乌斯京诺夫《斯巴达克斯》	雪莉·琼斯《埃尔默·甘特里》	比利·怀尔德和I.A.L.戴蒙德《公寓》	理查德·布鲁克斯《埃尔默·甘特里》
1961	《西区故事》	杰罗姆·罗宾斯和罗伯特·怀斯《西区故事》	马克西米利安·塞尔《纽伦堡审判》	索菲娅·罗兰《两个女人》（意大利/法国）	乔治·恰基里斯《西区故事》	丽塔·莫雷诺《西区故事》	威廉·英奇《壮丽的牧场》	阿比·曼《纽伦堡审判》
1962	《阿拉伯的劳伦斯》（英国）	戴维·利恩《阿拉伯的劳伦斯》（英国）	格雷戈里·佩克《杀死知更鸟》	安妮·班克罗夫特《能工巧匠》	埃德·贝格利《青春恋人》	帕蒂·杜克《能工巧匠》	埃尼奥·德·康西尼、艾尔弗里德·基耐蒂和彼得罗·格米《意大利式的离婚》	霍顿·福特《杀死知更鸟》
1963	《汤姆·琼斯》（英国）	托尼·理查森《汤姆·琼斯》（英国）	悉尼·波蒂埃《田野里的百合花》	帕特里西尔·尼尔《哈德》	梅尔文·道格拉斯《哈德》	玛格丽特·拉瑟福德《大人物们》	詹姆斯·威博《西部是怎样赢得的》	约翰·奥斯布尼《汤姆·琼斯》（英国）
1964	《窈窕淑女》	乔治·顾柯《窈窕淑女》	里克斯·哈里森《窈窕淑女》	朱莉·安德鲁斯《玛丽·波平斯》	彼得·乌斯京诺夫《托普卡彼》	利拉·凯德罗娃《希腊人卓尔巴》	巴内特（原著），彼得·斯通和弗兰克·塔罗弗（电影剧本）《傻瓜爸爸》	爱德华·安哈尔特《绳环》（英国）
1965	《音乐之声》	罗伯特·怀斯《音乐之声》	李·马文《恶妇巴卢》	朱丽·克里斯蒂《爱人》（英国）	马丁·巴尔萨姆《一千个小丑》	谢利·温特斯《蓝色土地》	弗里德里克·拉斐内《爱人》（英国）	罗伯特·布尔特《日瓦戈医生》
1966	《四季的人》（英国）	弗雷德·齐纳曼《四季的人》（英国）	保罗·斯科菲尔德《四季的人》（英国）	伊丽莎白·泰勒《谁害怕弗吉尼亚·沃尔夫?》	沃尔特·马太《幸运女厨师》	桑迪·丹尼斯《谁害怕弗吉尼亚·沃尔夫?》	克劳德·莱罗克（原著），彼得·尤特赫温和克劳德·莱罗克（电影剧本）《一个男人和一个女人》（法国）	罗伯特·布尔特《四季的人》（英国）
1967	《炎热的夜晚》	迈克·尼科尔斯《毕业生》	罗德·斯泰格尔《炎热的夜晚》	凯瑟琳·赫本《猜猜谁来吃晚餐》	乔治·肯尼迪《冷手路克》	埃斯特勒·帕森斯《邦妮和克莱德》	威廉·罗斯《猜猜谁来吃晚餐》	斯特林·西利芬特《炎热的夜晚》
1968	《奥利弗！》（英国）	卡罗尔·里德爵士《奥利弗！》（英国）	克利弗·罗伯森《查利》	凯瑟琳·赫本《冬天的狮子》（英国）	杰克·艾伯森《主题是玫瑰》	露丝·戈登《罗斯玛丽的孩子》	梅尔·布鲁斯《生产者》	詹姆斯·戈尔德曼《冬天的狮子》（英国）
1969	《午夜牛郎》	约翰·施莱辛格《午夜牛郎》	约翰·韦恩《坚毅》	马吉·史密斯《布罗迪小姐的青春》（英国）	基格·扬《他们射死了马》（《虎豹小霸王》）	戈尔迪·霍恩《仙人掌花》	威廉·戈尔德曼《卡西迪和基德》	沃尔多·沙特《午夜牛郎》
1970	《巴顿将军》	弗兰克林·沙夫纳《巴顿将军》	乔治·斯科特《巴顿将军》（拒绝受奖）	格伦达·杰克逊《恋爱中女人》（英国）	约翰·米尔斯《瑞安的女儿》（英国）	海伦·海斯《飞机场》	弗尓斯·福蒂·科涩立和埃德蒙·诺思《巴顿将军》	林·拉德纳《陆军野战医院》
1971	《法国贩毒网》	威廉·弗里德金《法国贩毒网》	吉尼·哈克曼《法国贩毒网》	简·方达《克鲁特》	本·约翰逊《最后的画展》	克洛里斯·利奇曼《最后的画展》	帕迪·查耶夫斯基《医院》	欧内斯特·泰迪曼《法国贩毒网》
1972	《教父》	鲍勃·福斯《卡巴莱》	马龙·白兰度《教父》（拒绝受奖）	莉莎·明纳利《卡巴莱》	乔尔·格雷《卡巴莱》	艾琳·赫卡特《自由的蝴蝶》	杰雷米·拉默《候选人》	马里奥·普佐和弗兰西斯·福特·科波拉《教父》
1973	《骗术大全》	乔治·罗伊·希尔《骗术大全》	杰克·莱蒙《拯救老虎》	格伦达·杰克逊《阶级烙印》（英国）	约翰·豪斯曼《纸上谈兵》	塔特姆·奥尼尔《纸月亮》	大卫·沃德《骗术大全》	威廉·彼得·布拉蒂《法师》
1974	《教父》（第二集）	弗兰西斯·福特·科波拉《教父》（第二集）	阿特·卡尼《哈里和通托》	埃伦·伯斯泰因《艾丽斯不再住此》	罗伯特·德·尼罗《教父》（第二集）	英格丽·褒曼《东方快车谋杀案》	罗伯特·汤《唐人街》	弗兰西斯·福特·科波拉和马里奥·普佐《教父》（第二集）
1975	《飞越疯人院》	米洛斯·福曼《飞越疯人院》	杰克·尼科尔森《飞越疯人院》	路易丝·弗莱彻《飞越疯人院》	乔治·伯恩斯《阳光下的男孩们》	李·格兰特《洗发水》	弗兰克·皮尔森《三伏天的午后》	劳伦斯·哈本和博·戈德曼《飞越疯人院》
1976	《洛基》	约翰·阿维尔森《洛基》	彼得·芬奇《电视风云》	费伊·唐娜薇《电视风云》	贾森·罗巴兹《总统班底》	比阿特丽斯·斯特雷《电视风云》	帕迪·查耶夫斯基《电视风云》	威廉·戈德曼《总统班底》

■ 伍迪·艾伦、罗伯特·雷德福、沃伦·贝蒂、凯文·科斯特纳、克林特·伊

年份	影片	导演	男演员	女演员	男配角	女配角	电影剧本
1977	《安妮·霍尔》	伍迪·艾伦《安妮·霍尔》	理查德·德雷斯《再见女郎》	戴安娜·基顿《安妮·霍尔》	贾森·罗巴兹《朱莉亚》	瓦妮莎·雷德格雷夫《朱莉亚》	伍迪·艾伦和马歇尔·布雷克曼《安妮·霍尔》	阿尔文·萨金特《朱莉亚》
1978	《猎鹿人》	迈克尔·西米诺《猎鹿人》	乔·沃伊特《归家》	简·方达《归家》	克里斯托弗·沃肯《猎鹿人》	马奇·史密斯《加州套房》	南茜·多德（小说）沃尔多·萨特和罗伯特·琼斯（电影剧本）《归家》	奥利弗·斯通《午夜快车》（英国）
1979	《克莱默夫妇》	罗伯特·本顿《克莱默夫妇》	达斯廷·霍夫曼《克莱默夫妇》	萨利·菲尔德《诺玛·雷》	迈尔立恩·道格拉斯《在那里》	梅丽尔·斯特里普《克莱默夫妇》	斯蒂夫·代西兹《逃脱》	罗伯特·本顿《克莱默夫妇》
1980	《凡夫俗子》	罗伯特·雷德福《凡夫俗子》	罗伯特·德尼罗《愤怒的公牛》	西西·斯佩塞克《煤矿工人的女儿》	蒂莫西·哈顿《凡夫俗子》	玛丽·斯滕博根《梅尔文和霍华德》	博·戈德曼《梅尔文和霍华德》	阿尔文·萨金特《凡夫俗子》
1981	《火战车》（英国）	沃伦·贝蒂《印第安人》	亨利·方达《金色池塘》	凯瑟琳·赫本《金色池塘》	约翰·吉尔古德《亚瑟》	莫琳·斯特普尔顿《印第安人》	科林·韦兰《火战车》（英国）	欧内斯特·汤普森《金色池塘》
1982	《甘地》（英国）	理查德·阿顿波罗《甘地》	本·金斯利《甘地》（英国）	梅丽尔·斯特里普《苏菲的选择》	小路易斯·戈塞特《官员与绅士》	杰西卡·兰奇《假女真情》	约翰·布里利《甘地》（英国）	科斯塔-加弗拉斯和唐纳德·斯图亚特《想念》
1983	《亲密的称呼》	詹姆斯·布鲁克斯《亲密的称呼》	罗伯特·都瓦尔《恩惠》	雪莉·麦克莱恩《亲密的称呼》	杰克·尼科尔森《危难的日子》	琳达·亨特《危难的日子》	哈顿·福特《恩惠》	詹姆斯·布鲁克斯《亲密的称呼》
1984	《莫扎特》	米洛斯·福曼《莫扎特》	莫雷·亚伯拉罕《莫扎特》	萨利·菲尔德《心灵深处》	汉克·恩格尔《濒临死亡的土地》	佩奇·阿什克罗夫特《印度之旅》	罗伯特·本顿《心灵深处》	皮特·沙佛尔《莫扎特》
1985	《走出非洲》（美国/英国）	悉尼·波拉克《走出非洲》（美国/英国）	威廉·赫特《蜘蛛女之吻》（美国/巴西）	杰拉尔丁·佩吉《富足之旅》	唐·阿米奇《茧》	安杰利卡·休斯登《普里兹的荣誉》	威廉·凯利，帕米拉·沃雷斯和厄尔·沃雷斯《目击者》	库尔特·利德基《走出非洲》（美国/英国）
1986	《野战排》	奥利弗·斯通《野战排》	保罗·纽曼《钱的颜色》	玛莉·马特林《小神的孩子们》	迈克尔·凯恩《汉娜姐妹》	戴安娜·维斯特《汉娜姐妹》	伍迪·艾伦《汉娜姐妹》	鲁斯·普拉沃·贾布瓦拉《一间可以看见风景的小屋》
1987	《末代皇帝》（意/中国香港/英）	贝尔纳多·贝尔托卢奇《末代皇帝》（意/中国香港/英）	迈克尔·道格拉斯《华尔街》	谢尔《神经错乱》	希恩·康纳里《贱民》	奥林匹亚·杜卡基斯《神经错乱》	约翰·帕特里克尚利《神经错乱》	马克·佩普洛和贝尔纳多·贝尔托卢奇《末代皇帝》（意/中国香港/英）
1988	《雨人》	巴里·莱文森《雨人》	达斯廷·霍夫曼《雨人》	朱迪·福斯特《被告》	凯文·克兰《一条名叫旺达的鱼》	吉娜·戴维斯《意外的旅行者》	罗纳德·巴斯和巴里·莫罗《雨人》	克里斯托弗·汉普顿《危险的私ится》
1989	《为戴西小姐开车》	奥利弗·斯通《生于七月四日》	丹尼尔·戴-刘易斯《我的左脚》（英国）	杰西卡·坦迪《为戴西小姐开车》	登策尔·华盛顿《荣誉》	布伦达·费里克《我的左脚》（英国）	汤姆·舒尔曼《死气沉沉的诗人社会》	阿尔弗雷德·乌里《为戴西小姐开车》
1990	《与狼共舞》	凯文·科斯特纳《与狼共舞》	杰里米·昂斯《时来运转》	凯西·巴茨《危难十日》	乔·佩希《好家伙》	乌皮·戈德贝格《人鬼情未了》	布鲁斯·乔尔·鲁宾《人鬼情未了》	迈克尔·布莱克《与狼共舞》
1991	《沉默的羔羊》	乔纳森·德姆《沉默的羔羊》	安东尼·霍普金斯《沉默的羔羊》	朱迪·福斯特《沉默的羔羊》	杰克·帕兰斯《城市骗子》	梅塞德斯·鲁赫尔《渔夫王》	考利·库利《西尔玛和路易丝》	特德·塔利《沉默的羔羊》
1992	《不可饶恕》	克林特·伊斯特伍德《不可饶恕》	阿尔·帕西诺《闻香识女人》	埃玛·汤普森《霍华德庄园》（英国）	吉恩·哈克曼《不可饶恕》	玛丽莎·托梅《我的堂兄威尼》	尼尔·乔丹《臭名昭著的把戏》（英国）	鲁斯·普拉沃·贾布瓦拉《霍华德庄园》（英国）
1993	《辛德勒名单》	斯蒂文·斯皮尔伯格《辛德勒名单》	汤姆·汉克斯《费城》	霍莉·亨特《钢琴课》（澳大利亚）	汤米·李·琼斯《逃亡者》	安娜·帕奎恩《钢琴课》	简·坎皮恩《钢琴课》（澳大利亚）	斯蒂文·查利安《辛德勒名单》
1994	《阿甘正传》	罗伯特·泽梅斯基《阿甘正传》	汤姆·汉克斯《阿甘正传》	杰西卡·兰奇《蓝色的天空》	马丁·兰多《埃德·伍德》	戴安娜·维斯特《百老汇上空的子弹》	昆廷·塔兰蒂诺和罗杰·阿瓦里《低俗小说》	埃里克·罗斯《阿甘正传》
1995	《勇敢的心》	梅尔·吉布森《勇敢的心》	尼古拉斯·凯奇《离开拉斯维加斯》	苏姗·萨兰唐《死人走进来》	凯文·斯佩西《惯犯》	米拉·索维诺《强有力的阿佛洛狄忒》	克里斯托弗·麦夸里《惯犯》	埃玛·汤普森《理智与情感》
1996	《英国病人》	安东尼·明盖拉《英国病人》	杰弗里·拉什《晴天》	弗朗西斯·麦克道曼德《法戈》	小丘巴·古丁《杰里·马圭尔》	朱丽叶·比诺奇《英国病人》	伊桑·科恩和乔尔·科恩《法戈》	比利·鲍勃·桑顿《飞刀》

舞台与银幕

▶ 戛纳电影节

戛纳电影节于1939年由法国政府创办，但是由于二战的缘故直到1946年才开始举行。每年授予若干奖项，最有声望的是金棕榈最佳影片奖。此项奖被许多电影界人士认为是除奥斯卡奖以外最渴望得到的奖项。

1946年	《铁路战役》（法国）
1947年	《安托万与安托瓦妮特》（法国）
1948年	没有举行
1949年	《第三个人》（英国）
1950年	没有举行
1951年	《米兰奇遇记》（意大利） 《朱丽小姐》（瑞典）
1952年	《奥赛罗》（摩洛哥） 《轻而易举》（意大利）
1953年	《恐惧的代价》（法国）
1954年	《地狱门》（日本）
1955年	《马蒂》（美国）
1956年	《沉默的世界》（法国）
1957年	《诚言》（美国）
1958年	《雁南飞》（前苏联）
1959年	《黑色奥菲士》（法国）
1960年	《甜蜜的生活》（意大利）
1961年	《比里迪亚娜》（西班牙） 《长别离》（法国）
1962年	《诺言》（巴西）
1963年	《金钱豹》（意大利）
1964年	《瑟堡的伞》（法国）
1965年	《窍门》（英国）
1966年	《一个男人和一个女人》（法国） 《女士们和先生们》（意大利）
1967年	《爆弹》（英国）
1968年	电影节中断—无颁奖
1969年	《如果》（英国）
1970年	《陆军野战医院》（美国）
1971年	《送信人》（英国）
1972年	《工人阶级上天堂》（意大利） 《马台依案件》（意大利）
1973年	《稻草人》（美国） 《雇工》（英国）
1974年	《会谈》（美国）
1975年	《火红年代纪事》（阿根廷）
1976年	《出租汽车司机》（美国）
1977年	《教士头目》（意大利）
1978年	《再见，好色之徒》（意大利）
1979年	《铁皮鼓》（德国） 《现代启示录》（美国）
1980年	《爵士音乐》（美国） 《影子武士》（日本）
1981年	《铁人》（波兰）
1982年	《想念》（美国） 《道路》（土耳其）
1983年	《山节考》（日本）
1984年	《得克萨斯的巴黎》（德国）
1985年	《爸爸出差时》（南斯拉夫）
1986年	《使命》（英国）
1987年	《在撒旦的阳光下》（法国）
1988年	《征服者佩勒》（丹麦）
1989年	《性，谎言和录像带》（美国）
1990年	《心中狂野》（美国）
1991年	《巴顿·芬克》（美国）
1992年	《好意》（瑞典）
1993年	《霸王别姬》（中国） 《钢琴课》（澳大利亚）
1994年	《低俗小说》（美国）
1995年	《地铁》（法国/德国/匈牙利）
1996年	《秘密与谎言》（英国）
1997年	《鳗鱼》（日本） 《樱桃的味道》（伊拉克）

▶ 英国电影与电视艺术学院奖

英国电影与电视艺术学院于1959年创立时称为电影与电视艺术协会（联合了以前的电影业诸团体），1975年改组为英国电影与电视艺术学院。每年颁发各种奖项。下面所提供的是最佳影片奖的获奖者（包括英国影视艺术学院前身所颁发的）。

1947年	《黄金时代》（美国）
1948年	《哈姆雷特》（英国）
1949年	《偷自行车的人》（意大利）
1950年	《彗星美人》（美国）
1951年	《轮舞》（法国）
1952年	《音障》（英国）
1953年	《禁止的游戏》（法国）
1954年	《恐惧的代价》（法国）
1955年	《查理三世》（英国）
1956年	《热尔韦》（法国）
1957年	《桂河大桥》（英国）
1958年	《屋顶阁楼间》（英国）
1959年	《宾虚传》（美国）
1960年	《公寓》（美国）
1961年	《士兵之歌》（前苏联） 《骗子》（美国）
1962年	《阿拉伯的劳伦斯》（英国）
1963年	《汤姆·琼斯》（英国）
1964年	《奇爱博士》（英国）
1965年	《窈窕淑女》（美国）
1966年	《谁害怕弗吉尼亚·沃尔夫？》（美国）
1967年	《四季之人》（英国）
1968年	《毕业生》（美国）
1969年	《午夜牛郎》（美国）
1970年	《卡西迪与基德》（又译《虎豹小霸王》）（美国）
1971年	《星期天，血腥的星期天》（英国）
1972年	《卡巴莱》（美国）
1973年	《日夜》（法国）
1974年	《拉孔布·吕西安》（法国）
1975年	《艾丽斯不再住此》（美国）
1976年	《飞越疯人院》（美国）
1977年	《安妮·霍尔》（美国）
1978年	《朱莉亚》（美国）
1979年	《曼哈顿》（美国）
1980年	《大象人》（美国）
1981年	《火战车》（英国）
1982年	《甘地》（英国）
1983年	《教育丽塔》（英国）
1984年	《濒临死亡的土地》（美国）
1985年	《开罗的紫玫瑰》（美国）
1986年	《一间可以看见风景的小屋》（英国）
1987年	《让·德·韦罗里特》（法国）
1988年	《末代皇帝》（意大利/英国/中国香港）
1989年	《死气沉沉的诗人社会》（美国）
1990年	《好家伙》（美国）
1991年	《诺言》（美国/英国）
1992年	《霍华德庄园》（英国）
1993年	《辛德勒名单》（美国）
1994年	《四个婚礼和一次葬礼》（英国）
1995年	《理智与情感》（美国）
1996年	《英国病人》（美国）

▶ 柏林电影节

柏林电影节于1951年设立，每年举行一次，从1952年至1955年最佳影片由观众投票选出。从1956年始，给最佳影片颁发金熊奖。

1952年	《夏日舞蹈》（瑞典）
1953年	《恐惧的代价》（法国）
1954年	《霍布森的选择》（英国）
1955年	《硕鼠》（德国）
1956年	《邀舞》（英国）
1957年	《十二个愤怒的人》（美国）
1958年	《野草莓》（瑞典）
1959年	《表兄弟》（法国）
1960年	《拉扎里洛·德·托梅斯》（西班牙）
1961年	《夜》（意大利）
1962年	《恋爱有术》（英国）
1963年	《忠实的谎言》（德国） 《魔鬼》（意大利）
1964年	《酷夏》（土耳其）
1965年	《阿尔伐维利城》（法国）
1966年	《死结》（英国）
1967年	《出发》（比利时）
1968年	《摆脱烦恼》（瑞典）
1969年	《过去的时光》（南斯拉夫）
1970年	无奖
1971年	《芬奇-孔蒂尼家的花园》（意大利）
1972年	《坎特伯雷故事集》（意大利）
1973年	《远方的雷声》（印度）
1974年	《达迪·克拉维茨的学徒生涯》（加拿大）
1975年	《收获》（匈牙利）
1976年	《野牛比尔与印第安人》（美国）
1977年	《攀登》（前苏联）——拒绝受奖
1978年	《鲑鱼》（西班牙） 《马戏的话》（西班牙）
1979年	《戴维》（德国）
1980年	《中心地带》（美国） 《巴勒莫命令沃尔夫斯堡》（德国）
1981年	《快点，快点》（西班牙）
1982年	《薇罗尼卡·福斯的渴念》（德国）
1983年	《高高在上》（英国） 《蜂巢》（西班牙）
1984年	《爱之流》（美国）
1985年	《韦瑟比》（英国） 《女人和陌生人》（德国）
1986年	《大审判》（德国）
1987年	《主旋律》（前苏联）
1988年	《红高粱》（中国）
1989年	《雨人》（美国）
1990年	《八音盒》（美国）
1991年	《幸福之家》（意大利）
1992年	《大峡谷》（美国）
1993年	《香魂女》（中国） 《喜宴》（中国台湾/美国）
1994年	《以父亲的名义》（英国）
1995年	《诱饵》（法国）
1996年	《理智与情感》（美国）
1997年	《拉里·费林特的对手们》（美国）

▶ 威尼斯电影节

威尼斯电影节是为重振旅游业而设的，它是世界上第一个定期举办的电影节，于1932年第一次举行，那年，共有18部电影参评，但没有设奖。而现在每年的最佳影片被授予金狮奖。

1932年	无奖
1933年	没有举行
1934年	《阿伦的人》（英国）
1935年	《安娜·卡列尼娜》（美国）
1936年	《从加利福尼亚来的凯泽》（德国）
1937年	《舞厅里的记事本》（法国）
1938年	《奥林匹亚》（德国）
1939年	无奖
1940年	《邮政部长》（德国）
1941年	《欧姆·克鲁格》（德国）
1942年	《大帝》
1943年	没有举行
1944年	没有举行
1945年	没有举行
1946年	《南方人》（美国）
1947年	《赛丽娜》（捷克）
1948年	《哈姆雷特》（英国）
1949年	《玛农》（法国）
1950年	《执行正义》（法国）
1951年	《罗生门》（日本）
1952年	《禁止的游戏》（法国）
1953年	无奖
1954年	《罗密欧和朱丽叶》（意大利/英国）
1955年	《奥德特》（丹麦）
1956年	无奖
1957年	《大河之歌》（印度）
1958年	《无法松的一生》（日本）
1959年	《德拉·罗维莱将军》（意大利）
1960年	《通过莱茵》（法国）
1961年	《去年在马里昂巴德》（法国）
1962年	《伊万的童年》（前苏联）
1963年	《控制城市的手》（意大利）
1964年	《红色沙漠》（意大利）
1965年	《快乐无比》（意大利）
1966年	《阿尔及尔之战》（意大利）
1967年	《白日美人》（法国）
1968年	《马戏团帐篷下孤立无援的演员们》（德国）
1969—1979年	停办
1980年	《格洛利娅》（美国） 《大西洋城》（法国/瑞士）
1981年	《沉重的年代》（德国）
1982年	《事态》（德国）
1983年	《芳名卡门》（法国/瑞士）
1984年	《和平年代》（波兰）
1985年	《浪迹天涯》（法国）
1986年	《绿光》（法国）
1987年	《再见，孩子们》（法国）
1988年	《圣饮者传说》（意大利）
1989年	《悲情城市》（中国台湾）
1990年	《罗森克兰茨和吉尔登斯滕死了》（英国）
1991年	《乌尔加》（俄罗斯/法国）
1992年	《秋菊打官司》（中国）
1993年	《捷径》（美国） 《三色·蓝色》（法国）
1994年	《下雨之前》（马其顿/英国/法国） 《爱情万岁》（中国台湾）
1995年	《三轮车》（法国/越南）
1996年	《迈克尔·科林斯》（美国）

■ 《失去的世界：侏罗纪公园》有望成为第一部收入超10亿美元的电影 ■

20 部票房总收入居前的影片

尽管有许多异议，大多数影片从20世纪90年代开始提高票价。乔治·卢卡斯的《星球大战》三部曲，在今年早些时候重新发行时，保持了它曾是最受人欢迎的太空史诗巨片的地位，并超过了《外星人》而成为美国最卖座影片。然而，耗资巨大的电影市场总是变化不断的。随着大电影制片公司在广告与宣传上就耗资4000万美元，好莱坞电影业确实已成为耗资惊人的产业了。

	美国国内票房总收入（美元）	非美国国内总收入（美元）	全世界总收入（美元）
① 《侏罗纪公园》（美国，1993）	357,067,947	556,000,000	913,067,947
② 《独立日》（美国，1996）	306,169,255	501,001,893	807,171,148*
③ 《狮子王》（美国，1994）	312,855,561	455,000,000	767,855,561†
④ 《星球大战》（美国，1977）	460,947,410	299,465,336	760,412,746*†
⑤ 《外星人》（美国，1982）	399,804,539	330,000,000	729,804,539†
⑥ 《阿甘正传》（美国，1994）	329,690,974	349,400,000	679,090,974†
⑦ 《帝国反击战》（美国，1980）	290,178,670	239,182,829	529,361,499*†
⑧ 《人鬼情未了》（美国，1990）	217,631,306	299,968,694	517,600,000
⑨ 《阿拉丁》（美国，1992）	217,350,219	280,300,000	497,650,219
⑩ 《小鬼当家》（美国，1990）	285,016,000	212,000,000	497,016,000
⑪ 《终结者之二：末日审判》（美国，1991）	204,446,562	285,553,438	490,000,000
⑫ 《杰迪归来》（美国，1983）	308,733,311	158,164,059	466,897,370*†
⑬ 《龙卷风》（美国，1996）	241,708,908	220,741,973	462,450,881
⑭ 《大白鲨》（美国，1975）	260,000,000	198,000,000	458,000,000†
⑮ 《非常任务》（又译《谍中谍》）（美国，1996）	180,981,866	271,300,000	452,281,866
⑯ 《印第安纳的琼斯与最后一次十字军东征》（美国，1989）	197,171,806	252,628,194	449,800,000
⑰ 《漂亮女人》（美国，1990）	178,406,268	270,500,000	448,906,268
⑱ 《道特芙尔夫人》（美国，1993）	219,194,773	203,679,076	422,873,849
⑲ 《蝙蝠侠》（美国，1989）	251,188,924	154,000,000	411,200,000
⑳ 《保镖》（美国，1992）	121,936,132	285,663,868	407,600,000

* 仍在发行
† 包括重新发行

20 部自发行以来票房总收入居前的影片

票房价值最高的影片未必是始终受欢迎的影片。许多经典巨片要比近代耗巨资而拍摄出的影片更受人们的喜爱，但由于当时票价低廉，致使票房总收入降低。下表列举了20部巨片自发行以来考虑通货膨胀因素调节的票房收入。我们可以看到，像《侏罗纪公园》这样的现代巨片，已让位于那些永恒的经典之作。

	入场人数	最初国内票房总收入（美元）	调节后的票房总收入（美元）
① 《乱世佳人》（美国，1939）	197,548,731*	193,597,756	871,189,902
② 《星球大战》（美国，1977）	176,063,374*	460,947,410	774,992,216
③ 《外星人》（美国，1982）	135,987,938*	399,804,539	599,706,809
④ 《十诫》（美国，1956）	131,000,000	65,500,000	577,710,000
⑤ 《音乐之声》（美国，1965）	130,571,429	163,214,286	575,820,001
⑥ 《大白鲨》（美国，1975）	128,078,818	260,000,000	564,827,586
⑦ 《日瓦戈医生》（美国，1965）	124,135,456	111,721,910	547,437,359
⑧ 《丛林之说》（美国，1967）	111,045,538*	135,475,556	489,710,821
⑨ 《白雪公主》（美国，1937）	109,000,000*	184,925,486	480,690,000
⑩ 《宾虚传》（美国，1959）	107,692,308	70,000,000	474,923,077
⑪ 《101条斑点达尔马提亚狗》（美国，1961）	105,207,663*	152,551,111	463,965,793
⑫ 《帝国反击战》（美国，1980）	98,049,707*	290,178,670	431,571,424
⑬ 《法师》（美国，1973）	94,285,714	165,000,000	415,800,000
⑭ 《杰迪归来》（美国，1983）	93,796,001*	308,733,311	412,803,112
⑮ 《骗术大全》（美国，1973）	91,209,330	159,616,327	402,233,144
⑯ 《夺宝奇兵》（美国，1981）	87,185,055	242,374,454	384,486,094
⑰ 《侏罗纪公园》（美国，1993）	86,193,170	356,839,725	380,111,881
⑱ 《毕业生》（美国，1967）	85,571,393	104,397,100	377,369,845
⑲ 《幻想曲》（美国，1940）	83,043,478*	76,400,000	366,221,739
⑳ 《教父》（美国，1972）	79,353,089	134,900,252	349,947,124

*包括重新发行

注：修正后的数字通过将未修正的总额除以影片发行当年的平均票价而算出。这给出了一个票房收入的平均数。这个数再乘以当前平均票价就得到一个经通货膨胀修正的数字。上述数字只与美国国内票房有关，但也反映出了世界范围内的情况。

《侏罗纪公园》这部创近年来票房最高纪录的影片，把恐龙世界活生生地展示给我们。该片讲述了一个怪癖的百万富翁尝试复制恐龙脱氧核糖核酸，利用遗传工程来培育霸王龙的故事。影片使用最新的电脑特技效果立即获得成功，打破了有史以来的所有的票房纪录。1997年，《侏罗纪公园》的续集—《逝去的世界》放映后，只5天时间，就在全美突破票房一亿美元大关。该片描述了更加栩栩如生的恐龙，它们生活在一个神秘的岛上，直到后来被一个考察队发现。

被认为是有史以来最佳影片之一的《乱世佳人》，以美国南北战争为背景，展现了白瑞德与郝思嘉之间史诗般充满激情的爱情故事。该片可以说是电影史上的旷世之作。影片1939年12月首次上映，拥有演职员2400多人，服装达4000套，道具超过100万件。影片在学院奖评选中大获全胜。此片还打破了另一项纪录：制片人戴维·塞尔兹尼克在寻觅扮演郝思嘉的女演员时，拍了162,000英尺长的试镜头胶片，直至名不见经传的费雯丽出现。

《乱世佳人》在拍摄中使用了500件假连鬓胡子

舞蹈

▶ 1374年在德国的亚琛，出现了最糟糕的毒蜘蛛舞蹈症，当时许多人在街上狂乱起舞。

▶ 据记载，速度最快的弗拉曼柯舞蹈家是索罗拉·赫雷斯。1967年，在澳大利亚的布里斯班，他创造了每秒钟鞋跟敲击地面16次的纪录。

▶ 1964年，芳廷和努里耶夫在演出《天鹅湖》时创造谢幕89次的纪录。

舞蹈

▶ 从大约公元前15,000年的洞穴壁画上人们的姿态看，他们一定是在跳舞。

▶ 在东方舞蹈中，舞蹈者的手运用得复杂且精巧，而在西方舞蹈中手经常是被动的。

舞蹈的形式各异，既有整个身体自由放开舞蹈的，也有仅是身体某个部位在动（萨摩亚一种求偶舞，仅仅是眼睛在动的）。舞蹈通常是有节奏的，动作经常是重复的，构成时间和空间的组合。舞蹈既可以是单纯地用身体的动作简单地表达快乐，也可以是包含复杂的形式与深长的意味的一种艺术形式。

音乐伴奏通常在舞蹈中起作用，它有助于使群体表演者之间保持和谐一致。伴奏可以是乐器伴奏，或是伴唱，或仅仅是舞蹈中拍手或跺脚的声音伴奏。音乐可以加强舞蹈的节奏或者给形体表达增加结构和内容。有时，如在某些印度舞中，舞蹈者和乐师一起做即兴表演。

现代舞

在20世纪，对古典芭蕾形式规范的反对导致了更加自由的舞蹈形式的诞生。像其他艺术一样，现代意识也对舞蹈艺术有影响，现代舞包括表演舞（如19世纪40年代在巴黎出现的大踢腿的康康舞）、踢踏舞和爵士舞（19世纪在美国产生）、自由舞（20世纪初，由美国伊莎多拉·邓肯创立），或流行舞（像摇滚或摇摆舞）。近年来还出现了现代舞和一批吸收时尚风格、对新思想进行实验的现代舞艺人。

■ 这是印度奥里萨地区的布巴内斯瓦尔的一个庙宇外，两名妇女在表演传统的伯勒德纳提尔舞，这个舞蹈以印度教的宗教题材为主，是印度五大古典舞流派之一。

▶ 西方流行舞蹈

阿勒曼德舞：15世纪一种庄重的列队行进的舞蹈，法语意思是"来自日耳曼"。

谷仓舞：传统的美国式舞蹈，与庆祝新谷仓竣工有关。

黑臀舞：一种动作敏捷的狐步舞，这个舞1926年在《纽约时报》上第一次提到。

波萨诺伐舞：桑巴舞的变体，产生于巴西。

波士顿舞：20世纪一种慢舞，源于华尔兹舞。

布雷舞：17世纪一种轻快的舞蹈，弱拍上起步。

木屐舞：15世纪一种英国木屐舞，有环状花样。

霹雳舞：一种现代舞，大约产生于1980年，舞蹈者表演杂技般的技巧。

步态舞：一种优雅的走步舞，源于1827年左右的美国南部。当时的舞蹈比赛提供蛋糕为奖品，步态舞以此得名（英语步态舞cakewalk，直译为"蛋糕走步"——译注）。这种舞蹈大约于1990年开始进入舞厅。

恰恰舞：曼博舞的变体，由两个人轻轻牵手而舞。此舞于1954年被推出。

恰空舞：一种优雅的舞蹈，大约1580年从秘鲁传入西班牙，后来传遍西欧。

查尔斯顿舞：20世纪20年代最流行的舞蹈之一。特点是从膝部侧踢，得名于麦克和约翰逊1923年演唱的一首描写南卡罗来纳州查尔斯顿城的歌曲。

康茄舞：一种单行排列的舞蹈。这个舞蹈于1935年由伦巴和非洲舞改进而来。

对舞：一种17世纪时对组表演的舞蹈，在法国流行后重新传入英国，原来的名字是"乡村舞"。

法国花式舞：（法语：衬裙）17世纪舞蹈，两组演员每组4对，到19世纪发展成闻名的方阵舞。

库朗特舞：15世纪一种庄严的膝部弯曲的意大利舞，得名于意大利语"current"，意思是"跑动"。

迪斯科舞：一种火爆的自由式现代舞，具有夸张的手部动作，这种舞蹈在1977由电影《周末狂热》的宣传而风行全球。

民间舞：这类传统舞蹈源于某些特定的地区，并非人为的创作编排，而是在这些地区逐渐发展起来的，往往还保留着以往魔法及宗教仪式方面的特征。

狐步舞：一种4拍子、长短舞步交替的舞蹈，一战时传入美国，据说得名于哈里·福克斯（"福克斯"是英语fox的音译，意思是"狐狸"——译注）。这种舞蹈有快慢变化。大约在1927年，慢狐步舞发展成为"布鲁斯舞"。

双人舞：一种轻松的意大利中世纪古格舞，舞蹈的名字中隐含有"快乐"的意思。

加伏特舞：17世纪一种轻快的舞蹈，每一对舞者都有机会独自表演，得名于法国普罗旺斯的地方方言"gavoto"，意思为"阿尔卑斯山区的人"。在法王路易十四的宫廷里加伏特舞达到其顶盛时期。

吉格舞：17世纪一种轻快的舞蹈，是在英国传统的吉格舞基础上发展而来的。

摇摆舞：一种热情的重复式舞蹈，始于1965年，通常是自我表演。

吉特巴舞：一种快步美洲舞，爵士乐伴奏，二战期间广泛流传。

爵士舞：一种急促、猛烈、即兴表演的舞蹈，是吉特巴舞的变体。

兰谢舞：一种由8至16对演员表演的方阵舞。

伦德莱尔舞：传统的奥地利舞，各个舞者挽臂跳步而舞。伦德莱尔是德语"小村庄"的意思。

曼博舞：一种源于古巴的弱拍舞蹈，1948年传入美国。

水手舞：17世纪荷兰水手的木屐舞。

玛祖卡舞：17世纪波兰轮舞，8对舞者，第二拍加重。

小步舞：一种优美的舞蹈。得名于法语"pasmenu"（小步），小步舞之后通常接着跳喧闹的加伏特舞作为反衬。这种舞蹈于1663年由吕里记录下来，在法国宫廷中最受喜爱。

莫里斯舞：一种起源于摩尔人统治西班牙时期的西班牙舞（其名字源于西班牙语"摩尔人"），于1446年在布尔戈斯被记录下来。

一步舞：20世纪早期的一种舞蹈，长而快的舞步是它的特色，是狐步舞的前身。

双步舞：一种20世纪的西班牙二步舞。

帕萨卡利亚舞：一种17世纪流行的意大利舞蹈，类似于恰空舞，但是以小调伴奏。

保罗·琼斯舞：19世纪的一种集体舞，互换舞伴。

帕凡舞：中世纪庄严的列队行进舞蹈，源于帕多瓦的器乐曲，可能是第一个程式化舞蹈。

弹簧高跷舞：1976年由朋克摇滚演员发明的一种舞蹈，舞者从地上垂直跳起，就像弹簧单高跷一样。

波尔卡舞：从波希米亚求偶舞发展而来的一种跳跃舞。于1843年传入巴黎。

方阵舞：由17世纪对舞演变而来的一种19世纪法国舞蹈。由4对演员表演一套5种花式的舞蹈。

快步舞：一种快拍子的舞蹈，1900年发明于美国，于20世纪20年代达到顶峰。

雷盖舞：1969年从牙买加传出，特点是着重强化弱拍。

利戈顿舞：17世纪一种轻快的法国舞蹈，英国人称之为利戈顿舞。

机器人舞：一种现代风格的舞蹈，演员用僵硬的爬行动作模仿机械娃娃。

摇滚舞：一种有力度的自由式舞蹈，由比尔·黑利和他的彗星乐队创造，特点是强劲的重拍与简单的旋律相结合，部分由摇摆舞演变而来，部分是即兴发挥。

伦巴舞：于1923年流行起来的一种古巴舞蹈。

桑巴舞：一种双拍子、轻松活泼的拉丁美洲舞蹈。大约于1885年源于巴西，大约在1920年作为马克西舞传入舞厅（大约在1940年重新使用"桑巴"这个名字）。

萨拉德舞：一种缓慢而优雅的舞蹈，大约在1588年由摩洛哥传入西班牙，舞步是前走和后退，一对舞者在两排舞者之间穿行。

探戈舞：20世纪一种轻快的切分音的拉丁美洲舞蹈，特点是滑行型舞步，并有突然的停顿。从阿根廷传入美国，但它的前身可能是古巴的哈巴涅拉舞。

火鸡舞：是一步舞的散拍节奏变体，第一次世界大战时期广泛流传。

扭摆舞：一种轻快的舞蹈，身体扭摆，膝部屈曲，舞伴几乎互不接触，兴起于1961年。

伏尔特舞：15世纪的一种旋转舞蹈，女舞者被举起，从男舞者的膝上跳回，其名出自意大利语"跳跃"。

华尔兹舞：在19世纪从伦德莱尔舞（见前述）发展而来的一种奥地利舞蹈。

■ 伊斯兰教的托钵僧把舞蹈作为一种达到精神迷茫以便

芭蕾

- 17世纪，路易十四对舞蹈的兴趣促使古典芭蕾诞生了。
- 第一位著名的芭蕾舞女演员是意大利的玛丽·塔里奥尼，她成名于1832年。

芭蕾是一种戏剧化的舞蹈，它以一整套舞步和形体表达为基础，需要大量的技巧和训练。芭蕾区别其他舞蹈最显著的特点就是它的脚90°外翻，这可以保证在不同姿势中的平衡。芭蕾需要足弓和足跟具有弹性，可以产生强有力的跳跃和高弹性的落地。

古典芭蕾的起源

法国国王路易十四在1661年成立了皇家舞蹈学院，意在编排宫廷舞蹈，导演是夏尔·路易·博尚（1636～1708）。尽管在他编排之前"五步法"可能已经存在了，但博尚仍被视为"五步法"发明者。由于要求舞者具有更完善的技术，经过专业训练的职业演员开始取代贵族业余爱好者。于是，1672年皇家舞蹈音乐学院成立了。1713年，巴黎歌剧院建立了一个永久的舞蹈团和学校，用以专门培训舞蹈演员。

歌剧院的舞者在表演时身穿沉重的宫廷戏装，而且脸上都戴着面具。这不仅因为他们认为古希腊演员都戴面具，而且因为女角经常由男演员扮演，同时宫廷里的女人更喜欢将脸藏起来。直到1661年，戏剧家、演员莫里哀（1622～1673）在他的戏剧中使用了舞蹈，芭蕾才将诗歌和音乐融合在一起。

吉恩·乔治·诺威尔（1727～1810）在来到巴黎歌剧院前，曾在伦敦、斯图加特和维也纳创编舞蹈，做出很多的变革。他的目的是除去那些沉重的假发、又长又大的裙子和面具，将更自然的手势引入舞蹈之中，更强调舞蹈的戏剧性。

浪漫芭蕾

19世纪以后，女演员鞋尖的硬度加强，开始用脚尖跳舞。正如在当时的其他艺术里一样，浪漫主义（表现浪漫的理想）是很流行的。芭蕾舞开始讲述一些关于单恋以及王子与少女的恋爱故事。比如说，1841年上演的芭蕾舞剧《吉赛尔》，描述的就是一个被抛弃的乡村姑娘的灵魂出现在她不忠的王子般的情人面前的故事。尽管有不少的男性舞蹈大师，但男人们更愿意做配角去支持妇女，而一些男角则由女性扮演。

俄国芭蕾

19世纪末，芭蕾舞在俄国繁荣起来。产生了《睡美人》和《天鹅湖》这样一些作品，它们占领了全部晚会舞台。1919年，谢尔盖·佳吉列夫（1872～1929）率领他的俄罗斯芭蕾舞团在巴黎开始俄国芭蕾演出季。他以大胆的表演和华丽的舞台布景吸引了许多热情的观众。在接下来的20年里，他的舞蹈团在欧美进行巡回演出，造就了许多像安娜·帕夫洛娃这样的世界级明星。如今一些大芭蕾舞团都是由佳吉列夫芭蕾舞团分化出来的，例如由尼内特·德瓦卢瓦（1898～）创立的伦敦塞得勒斯·威尔斯芭蕾舞团（今皇家芭蕾舞团）。

现代芭蕾

尽管苏联不断出现像鲁道夫·努列耶夫和米哈伊尔·巴里什尼科夫这样的舞蹈家，但是其他国家也出现了芭蕾的创新与实验。如今许多国家已有了大型的国家舞蹈团，舞蹈词汇在保持古典范围基础上得以进一步扩增。

■ 芭蕾演员劳拉·孔塔尔迪与马丁·詹姆斯表演娜塔利娅·马卡罗娃版本的《天鹅湖》。

▶ 主要舞蹈家和舞剧编导

巴里什尼科夫，米哈伊尔(1948～)，苏联舞蹈演员，于1974年由原苏联基洛夫芭蕾舞团叛逃到西方，加入美国芭蕾剧院，从1980年到1989年一直在那里当指导。他因为太矮而不能算做理想的古典芭蕾舞伴，但却以他的品格、腾空技艺与幽默，使观众惊叹不已，他还把他的表演剧目扩大到现代作品。

多林，安东爵士（希凯，悉尼·弗朗西斯·帕特里克·奇潘道尔，1904～1983），第一位获得国际地位的英国男舞蹈演员，先后为俄罗斯芭蕾舞团、维克-威尔斯芭蕾舞团的成员，后来与邓肯，伊莎多拉（1877～1927），美国个性舞蹈形式创始人，赤脚表演并着宽松的服装，意在复兴古希腊舞蹈。她的爱情生活和戏剧性的死亡也同她本人一样著名（她是因头巾给钩在一辆敞篷车的方向盘上而被勒死的）。

芳廷，玛戈（霍克汉姆·培基，1918～1991），英国举世无双的天才的芭蕾舞女演员，她以卓越的音乐才能与灵感克服了技巧上的局限。她不仅15岁时，她就已经与维克-威尔斯芭蕾舞团（后皇家芭蕾舞团）合作主演古典芭蕾，她演过80多个角色。在后来的生涯中，她与鲁道夫·努列耶夫搭档，在《茶花女》（阿什顿编导）和《罗密欧与朱丽叶》（麦克米伦编导）中表现出她无与伦比的表演才能。

希尼，阿德琳（詹森，安娜·克里斯蒂娜·玛格丽特·佩特拉，1878～1970），浪漫主义时代与现代之间承上启下的丹麦芭蕾舞蹈家，英国皇家舞蹈学院的创始人（1920～1954年担任院长），最为成功的角色是在《葛蓓莉亚》中饰演的斯万海尔达。

格雷厄姆，玛莎（1894～1991），美国舞蹈家和舞蹈编导，在芭蕾舞中，她创造了刻画心理活动，而不是着重外部形体动作的个性舞蹈技巧。她的风格体现于她所建立的舞蹈学校和舞蹈团里，而且对她现代舞蹈风格的形成也有着巨大的影响。

格里西，卡洛塔（卡龙内·阿德勒·约瑟芬妮·玛丽亚，1819～1899）：意大利浪漫主义时代的优秀芭蕾舞蹈家，巴黎歌剧院的明星，创造了诸如吉赛尔和拉佩里等形象。

吉扬，西尔维（1966～），法国芭蕾舞女演员，在巴黎歌剧院、英国皇家芭蕾舞团及美国芭蕾舞剧院等地方演出，她身材较高，精通芭蕾技巧，但有人批评她的表演缺少情感；她将古典作品与后现代风格融合起来。

马卡罗娃，娜塔丽娅（罗曼诺夫娜，1940～），苏联芭蕾舞女演员，为基洛夫芭蕾舞团演员，1970年叛逃到西方，与英国皇家芭蕾舞团和美国芭蕾舞剧院合作。她所扮演的角色包括吉赛丽和卡门，表现出一种可爱而无助者形象。

马尔科娃，阿莉霞（马克斯，里利安·阿莉霞，1910～），英国芭蕾舞女演员，年仅14岁时即被俄罗斯芭蕾舞团聘请，并且在佳吉列夫死后成为维克-威尔斯芭蕾舞团的成员，后来她与多林共同建立了芭蕾舞团。她虽然是著名的古典芭蕾舞女演员，但也为她创作了许多现代芭蕾作品。

米切尔，阿瑟（1934～），美国舞蹈演员。1955年，他与美国古典芭蕾舞团签约成为其第一个黑人芭蕾舞演员。这之前，他从事音乐喜剧，为纽约市芭蕾舞团塑造了很多巴兰钦编导的角色。1966年，他与舒克一起创立了哈莱姆舞剧院。

尼任斯基，瓦斯拉夫（约1888～1950），俄国的舞蹈家和舞蹈编导，深得佳吉列夫的偏爱，创作了《彼得鲁什卡》、《牧神的午后》，设计了有争议的舞蹈《春之祭》，他那明星般灿烂的艺术生涯由于精神病而中断。

努列耶夫，鲁道夫（1939～1993），苏联舞蹈家、基洛夫剧院演员。1961年叛逃到西方，作为英国皇家芭蕾舞团及其他芭蕾舞团的客座演员演出，他因在古典芭蕾和先锋派芭蕾两方面都有超凡的表演魅力及技艺，因而成为一名国际超级明星。从1983年起，他担任巴黎歌剧院芭蕾舞团的导演，并恢复了它的活力。

帕夫洛娃，安娜（1881～1931），俄国芭蕾舞蹈家，经佳吉列夫的引荐于1909年到西欧，之后，她率领自己的舞蹈团巡回演出，她那抒情轻曼的才华在世界范围内为芭蕾舞赢得了新的观众，她的风格充分浓缩在独舞《天鹅之死》中。

西摩，琳内（1939～），加拿大芭蕾舞女演员。麦克米伦与阿什顿为她创作了许多角色，包括《罗密欧与朱丽叶》中的朱丽叶（虽然她并非第一个扮演此角色的女演员）。

塔里奥尼，玛丽（1804～1884），意大利浪漫派芭蕾舞女演员，她使舞蹈成为芭蕾技巧的一部分。她是《仙女》（她父亲在巴黎歌剧院编导的）中仙女一角的第一个扮演者。

乌兰诺娃，加琳娜（1910～），苏联女芭蕾舞演员。20世纪30年代的基洛夫芭蕾舞团、1944年以后莫斯科大剧院芭蕾舞团的明星。她朴实无华的表演风格深受观众的喜爱，尤其是在《罗密欧与朱丽叶》（拉甫罗夫斯基编导）和《巴克契萨拉伊之泉》中的表演。

维斯特里斯，玛丽·奥格斯特（1760～1842），意大利舞蹈演员。从师于自己的父亲加埃塔诺（大概是第一个现代技巧表演的男舞蹈家），在技术方面造诣很深，父亲给他起了个"舞神"的绰号。

维莱拉，爱德华（1936～），美国第一位国际男芭蕾明星，从1957年起在纽约芭蕾舞团做独舞演员。他的体魄与身材特别适合表演巴兰钦设计的芭蕾舞。由于受伤提前退出舞台后，负责做几个小芭蕾舞团的导演。

音乐

- 最早创作的歌剧以希腊神话为题材，因剧本的故事情节早已为人所知，所以大多数观众不必刻意听歌词。
- 泰勒曼可能是最多产的作曲家，他共创作大约2515部作品，包括清唱剧约1270部、室内乐曲约400首、管弦乐组曲135首、协奏曲100首、歌曲约130首、歌剧约30部及其他作品大约450部。
- 作品最多的古典音乐作曲家是莫扎特。35岁辞世前，他共写了大约1000部作品，包括歌剧、轻歌剧、交响乐、套曲、奏鸣曲、小夜曲、赞美诗、协奏曲、弦乐四重奏、其他室内乐、弥撒曲及启应祷文。
- 有些人认为现代派音乐缺少旋律，这只是因为乐音与和声之间的关系更为复杂并与一些听众原来对音乐产生的联想的声音形成鲜明的反差所致。
- 圆号最初是史前的一种乐器，确实是用动物角制成的。

音乐的起源

- 最古老的音乐形式是人模仿自然环境，诸如土地、空气、火和水以及动物所产生的声音。
- 原始人不仅用自己的嗓子，而且还用棍子、石头、兽骨、铃、钟、芦管或其他什么可用的东西做乐器。

音乐之达到高度发展经历了几个世纪的岁月。当然在公元前就有浓厚的音乐传统，例如在古代的印度、中国、埃及和希腊。并且许多传统曲目是口头流传下来，不是靠文字记载的。即使在今天，尤其是在亚洲，音乐依然口头流传，因为人们认为音乐是处于不断变化之中，而不是极其完美、固定在纸上的什么东西。音乐既可是即兴的，也可以是深思后产生的。虽然如此，西洋古典音乐的历史仍可以划分为以下几个阶段：

素歌和复调音乐

- 在早期西洋音乐史上，两个最为重要的发展是素歌和复调音乐，二者皆与基督教的传播有关，而基督教音乐又是建立在犹太圣曲的基础上的。
- 新艺术是首创的音乐风格，即在声乐句中，在音符间并入短暂的改调换音，即所谓"交替进行"，以增强节奏感。

素歌是由单线音律构成，节奏"自由"（也就是说素歌不分小节），它属于单音音乐的范畴，暗含没有和声或其他旋律与主调伴奏。

与之相反，复调音乐意思是"有许多声调"，同时有两个或更多的独立音调的声音，从而产生音乐的连贯、和谐、统一感。复调音乐的各曲调间相对而言被称作对位声部，合成复调乐。复调音乐起源于基督教早期，在欧洲于12世纪到13世纪发展为格列高利圣咏，从而达到鼎盛时期，今天在罗马天主教会仍使用。

在17世纪的威尼斯，应答轮唱得到了发展。应答轮唱就是两组独立的演唱者轮流表演素歌。欧洲的其他地区创作了与之相似的自己的宗教音乐。

旧艺术与新艺术

旧艺术风格在12世纪和13世纪法国巴黎圣母院十分盛行，那里是当时最有影响的音乐活动中心。这种音乐是复调乐的早期形式，以素歌曲和奥而加农为基础，并加入部分素歌曲调。14世纪早期的作家将其称作旧艺术是为了与新艺术相区分。

新艺术在14世纪法国、意大利十分兴盛，它对节奏与和声域做了重要的改革。这一时期的音乐是以诗歌配以复调乐曲，开始有了舞歌、轮旋曲和维尔莱等形式，总称为歌曲。在十一二世纪的法国普罗旺斯，行吟诗人——云游四方的有诗才的音乐家，大多是贵族出身——非常活跃。德国以爱情为主题的吟游诗人及他们的继承者们——名歌手行会成员于15世纪和16世纪在德国的一些城市确立了自己的地位。

文艺复兴

- 在文艺复兴时期，宗教音乐的作曲家们也开始写诸如爱情、友谊、饮酒等日常生活的非宗教歌曲。
- 牧歌，因其强调歌词的词义，在声乐的发展中起了重要的作用。

一般认为，音乐方面的文艺复兴开始于15世纪初期法国勃艮第宫廷，那时音乐进一步世俗化。在这期间，宗教音乐及世俗音乐都得到了极大的发展。

宗教音乐

作曲家在宗教音乐领域主要创作弥撒曲、经文歌等类作品。在由于宗教改革而产生了新教的地方，弥撒曲的配曲及基调也发生变化。在德国，路德宗的赞美诗曲调（后来对约翰·塞巴斯蒂安·巴赫的音乐产生重大影响）占了主导地位；在英国，圣歌在英国国教祈祷书中取得了地位。随着16世纪的到来，意大利成为最重要的音乐中心，复调弥撒曲也在帕莱斯特里纳、维多利亚和拉萨斯这三位大作曲家的作品中达到鼎盛时期。

牧歌

牧歌是几个声部复合而成的非宗教的复调曲，常以有点文学价值的诗歌为基础，产生于14世纪的意大利。早期的牧歌作曲家常是一些住在意大利的佛兰德人，他们的牧歌通常包括3或4个声部。随着时间的推移，大量的声部和更为一致的复调音乐风格成为牧歌的定规。

至于英国，16世纪末才开始有牧歌。传统英国的牧歌，综合了世俗歌曲的特点（如伯德和吉本斯的作品），并且很快由作曲家莫利和威尔科斯创造出来。

器乐

在中世纪，乐器主要是用来在复调音乐中重复人声或给舞者伴奏。16世纪当像帕凡舞和双人舞（见216页）这样的舞蹈形式出现时，器乐也得以发展。不是给舞蹈伴奏的器乐包括坎佐纳曲、利车卡尔曲和幻想曲（见225页）。16世纪，器乐主要是在鲁特琴、风琴、维金纳琴及其他键盘乐器上演奏，也有由六弦提琴及其他乐器合奏的。

巴罗克音乐

- 两种最为流行的巴罗克新型器乐是奏鸣曲和协奏曲，其发展在很大程度上得益于意大利作曲家。
- 早期的巴罗克作曲家（蒙特威尔第、弗雷斯科巴尔第、许茨）和后期的巴罗克作曲家（最著名的是巴赫和韩德尔）之间是有差异的。

大多数在音乐厅和剧院里演出的音乐都属于巴罗克式、古典派或浪漫派。但它们之间没有明确的界限。由于巴罗克这个词的词源与音乐的关系模糊，所以该词很难定义。到了十七八世纪，"巴罗克"成为当时形容装饰华丽的词语，尤其用于建筑。巴罗克音乐是用来称17世纪至18世纪的音乐作品，暗含风格华丽之意。其实除了1650至1750年这一特定时期外，巴罗克与音乐几乎毫无关系。

17世纪器乐作品和声乐作品在词汇和技巧上得到了巨大的扩充与发展。音乐的组织形式也发生了变革。曾经在16世纪复调音乐创作中居基础地位的中古调式在17世纪让位于使用现代音阶的系统。

协奏曲风格

另外，像协奏曲这样的创新形式使巴罗克音乐有别于先前的文艺复兴音乐。协奏曲风格就是器乐或声乐的某些具体部分由数字低音或通奏低音（由一个低音乐器，如大提琴或低音提琴与拨弦古钢琴、风琴或鲁特琴合奏而成）

■ 格列高利圣咏得名于教皇格列高利一世（590~604年在位） ■ 多米尼

伴奏。意大利不仅是声乐——歌剧、康塔塔和清唱剧的发源地，而且还是17世纪器乐合奏的主要发源地。

歌剧的出现：

法国作曲家与英国、德国的作曲家们一样，深受意大利乐曲的影响。然而，法国巴罗克音乐最大的成就是在拨弦古钢琴音乐和歌剧方面。吕里歌剧中的序曲及舞蹈乐章在歌剧背景之外也极为盛行。遵循吕里模式的所谓法式序曲被韩德尔应用在他的一些歌剧和清唱剧中，并且成为巴罗克管弦乐组曲中的基本部分。

"歌剧"一词在17世纪的意大利开始使用，用来表示音乐戏剧。在这种音乐戏剧中，演员们身着服装在器乐伴奏下表演一个故事。真正用这种形式表演的第一批作品是由威尼斯作曲家蒙特威尔第所创作的。17世纪后期和18世纪初期的许多最著名的歌剧作曲家均出自于那不勒斯，因而形成了那不勒斯乐派。18世纪初期最优秀的歌剧是由韩德尔在英格兰创作的。

古典乐派时代

▶ 如果说巴赫的音乐作品是巴罗克时代的顶峰，那么他的继承者们，特别是卡尔·菲利普·伊曼纽尔和约翰·克里斯蒂安的作品则是连接那个时代与古典乐派时代的纽带。
▶ 古典派时代是在交响乐及协奏曲艺术方面一个新的创新时代，是弦乐四重奏和奏鸣曲的诞生时代，也是使歌剧具有教化力的时代。

维也纳，奥地利哈布斯堡帝国的首都，因拥有一批重要的代表人物诸如海顿、莫扎特和不久以后的贝多芬，而成为音乐发展中心。在他们下一代的作曲家中，舒伯特保持了维也纳音乐的卓越品格。贝多芬和舒伯特发展了古典派音乐形式，并使之充满了浪漫主义情感。这四位作曲家被人们合称为"维也纳古典乐派"。

用音乐术语来定义，古典主义是一种风格，它吸收了某种基本传统形式与结构（特别是奏鸣曲式，见225页），并用其作为自然结构来表达思想。古典乐派不同于浪漫派（浪漫派是从古典派中发展而来的），认为没必要打破固定的界线，尽管古典乐派伟大的先驱者们谨而慎之地想要打破它。

古典派音乐有趣的一点是它强调大团圆的结局。最伟大的古典乐派歌剧改革者之一的克里斯托弗·格鲁克，与其前的蒙特威尔第一样，根据奥菲士的故事编写歌剧，但结尾是大团圆的结局，有情人终成眷属，迎合了当时观众的期望。

浪漫派音乐

▶ 在浪漫乐派时代，钢琴音乐成为一种表现个性的流行手段，常被贝多芬、李斯特、肖邦和舒曼这些作曲家使用。
▶ 管乐器在这个时期也开始盛行，并且比以前使用得更大胆、更频繁。

浪漫派音乐未必诞生在1800年，但是19世纪初始之年，正是贝多芬写出他的九个交响乐中的第一交响乐的一年，作曲家作为独立的艺术家的地位确立了，是值得纪念的一年。作曲家不像在巴罗克及古典乐派时期，仅被看做是为音乐举办人服务的。

贝多芬的第三交响曲《英雄交响曲》（1803-1804）最终打破了古典主义的界线。《英雄交响曲》不仅在当时是自古以来最成功的交响曲（尽管贝多芬自认为他的第九交响曲胜过他的第三交响曲），也充分证明贝多芬是音乐界首屈一指的作曲家。那时，越来越严重的失聪使他不能公开演出。这部交响曲也显示出他与疾病斗争的精神，失聪反而给了他创作音乐的灵感。贝多芬在交响乐、弦乐四重奏以及钢琴奏鸣曲的发展中所起的决定性的作用，是后来任何作曲家都不可低估的。特别是贝多芬的最后几部四重奏曲，大胆地使用音乐开拓了最深邃的情感世界与精神世界，更是空前绝后之作。

如同画家一样，作曲家也被表现性音乐也就是标题音乐所吸引。这种音乐能够生动地再现故事情节，用纯粹的音乐形式讲述一段故事。柏辽兹、门德尔松和李斯特都创作标题音乐。李斯特首创将其叙述性的管弦乐作品称为"交响诗"。

在歌剧艺术方面，瓦格纳致力于把歌剧改革和创新成他自己称为"音乐剧"的艺术形式。意大利的威尔第实际上也采用的是这种艺术形式。

民族乐派

民族主义情感在欧洲的兴起激起了许多作曲家的灵感。尽管李斯特的《匈牙利狂想曲》缺乏真实性（因为李斯特错把吉普赛音乐当做匈牙利民间音乐了），但是民族派音乐正渐渐成为主要力量。

俄国一直很崇敬其他欧洲国家的音乐，尤其是法国音乐。这一时期，随着格林卡和鲍罗廷以本民族的歌曲与舞蹈作为音乐创作的素材，俄国民族音乐也开始兴起。民间格调、民间舞蹈、民间歌曲、民间传说及民间旋律，都是斯美塔那、德沃夏克、格里格、瓦格纳和柴可夫斯基这样一些作曲家创作灵感的源泉。

现代乐派和新音乐

▶ 瓦格纳的《特里斯坦与伊索尔德》（1865）和德彪西的《佩利亚斯与梅丽桑德》（1902）两部歌剧开创了20世纪音乐的主要趋势。
▶ 极度抽象性和无调性是现代派音乐的特点，是区分20世纪音乐与19世纪浪漫派音乐的主要标志。

现代派音乐诞生在1900年前后。与视觉艺术以及文学一样，现代派音乐要与现存的陈规陋习决裂。而且因为听众趋向于认为现代派作品很"难懂"，所以作曲家与广大听众之间存在着较大的距离。现代派音乐尽管在20世纪处于音乐前列地位，但是许多作曲家仍然遵循那些约定俗成的音乐模式。

从1945年起，音乐已经发展成许多不同模式。对于许多作曲家来说，特别是在20世纪50年代，曾经是革命性的勋伯格十二音技术已经成为新的陈规，同时，60年代和70年代的许多音乐先锋，由于电子音乐的诸多进展，又在执着热情地探索新的声音领域了。

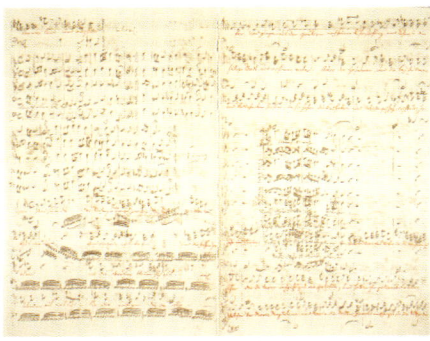

■ 约翰·塞巴斯蒂安·巴赫的《圣马太受难曲》（1727-1729）初稿。这是一份精心制作的乐谱，制作总谱通常是作曲艺术中至关重要的工作。

▶ 音乐符号

谱号： 谱号是一部音乐作品的音部标记。

𝄞 高音谱号（G谱号），以中古时期字母G的中心点表示G谱线。

𝄢 低音谱号（F谱号），以中世纪字母F的中心点表示F谱线。

音高表示法：

♭ 降低半音的记号：表示在这一小节中，♭后面的所有音符都降半音。

♯ 升高半音的记号：表示在这一小节中，♯后面的所有音符都升半音。

♮ 还原的记号：表示一个原本升半音或降半音的音符回位到原来的音高。

反复记号：

𝄇 两条纵线前一个冒号，要求表演者回到乐章或乐段的开始，或从有反复记号处开始重复。

音符长度：

早期的乐谱使用4种音符长度：双拍长音符、长音符、短音符和半短音符。今天，我们最长的音符——二全音符——等于早期的"短音符"，但很少使用。

音符	名称	意义
𝅝	全音符	半短
𝅗𝅥	二分音符	最短
♩	四分音符	（古意）钩子
♪	八分音符	在非常短的音符处用颤音演奏
𝅘𝅥𝅯	十六分音符	八分音符的一半
𝅘𝅥𝅰	三十二分音符	八分音符一半的一半

拍子记号：

几个拍子记号的范例：

4/4 一小节4个4分音符

3/4 一小节3个4分音符

3/8 一小节3个8分音符

克·斯卡拉蒂是创作歌剧最多的著名作曲家，他共创作了115部歌剧 ■

作曲家

亚当斯，约翰（1947-），美国作曲家。他的音乐作品强劲、生动，溯源于极简抽象艺术（或称ABC艺术）：《簧风琴》（1981），《快机械的短节奏》（1990），歌剧《尼克松在中国》（1987）。

阿尔贝尼斯，伊萨克（1860～1909），西班牙作曲家。他的作品的特点是传统的西班牙节奏：《伊比利亚》（1906～1909）。

阿尔比诺尼，托马索（1671～1751），意大利作曲家，为巴赫所敬重。他创作了大量的器乐作品和声乐作品，包括81部歌剧：《交响曲和协奏曲5首》（1707）。

安德鲁森，路易斯（1939～），荷兰作曲家，新欧洲音乐的主要人物。受斯特拉文斯基、美国极简抽象艺术和斯特拉文斯基的影响，他把强劲的力度和管乐器和铜管乐器相结合：歌剧《罗莎》（1994）。

阿诺德，马尔科姆（1921～），英国作曲家。他的作品旋律优美，并时常带有诙谐感，作品包括交响乐、舞曲、协奏曲、电影配乐：《丹迪普拉特的贝克斯》（1946），《泰姆·奥珊特》（1955）。

巴赫，卡尔·菲利普·伊曼纽尔（1714～1788），德国作曲家。他的作品有200多部奏鸣曲和13部交响乐曲。是约翰·塞巴斯蒂安·巴赫的次子。

巴赫，约翰·克里斯蒂安（英国巴赫，1735～1782），德国作曲家。作品包括协奏曲、交响乐曲、宗教音乐和11部歌剧，是约翰·塞巴斯蒂安·巴赫的幼子。

巴赫，约翰·克里斯托夫·弗里德里希（"布吕克堡的巴赫"，1732～1795），德国作曲家。作品有清唱剧、14部交响乐曲和协奏曲。是约翰·塞巴斯蒂安·巴赫的第二个妻子所生的大儿子。

巴赫，约翰·塞巴斯蒂安（1685～1750），德国作曲家。作品有奏鸣曲、协奏曲、300多部的康塔塔以及键盘音乐，被誉为最伟大的巴罗克作曲家：48首前奏曲、赋格曲、《勃兰登堡协奏曲》6首（1721），《平均律钢琴曲集》（1722～1744），《圣约翰受难曲》（1724），《圣马太受难曲》（1729），《b小调弥撒曲》（1733～1738），《戈德堡变奏曲》（1742）。

巴拉基列夫，米利（1837～1910），俄国作曲家。他为俄国民族学派做出重大的贡献：《伊斯拉美》，《塔玛拉》（1867～1882）。

巴伯，塞缪尔（1910～1981），美国作曲家：弦乐曲《弦乐的柔板》（1936），歌剧《万尼萨》（1957）。

巴尔托克，贝拉（1881～1945），匈牙利作曲家。他的作品基于民间音乐，是强悍的现代音乐：《弦乐曲、打击乐和钢片琴曲》（1937），《管弦乐协奏曲》（1944）。

贝多芬，路德维希·冯（1770～1827），德国作曲家。作品包括室内乐、9部交响曲、5部钢琴协奏曲、小提琴协奏曲、三拍子协奏曲、32部钢琴奏鸣曲、16部弦乐四重奏和200多首歌曲：钢琴奏鸣曲《悲怆奏鸣曲》（1799），《月光奏鸣曲》（1800～1804），《热情奏鸣曲》（1817～1818），《庄严弥撒》（1819～1822），交响曲《英雄交响曲》（即第三交响曲，1803～1804），《田园交响曲》（即第六交响曲，1807～1808），《合唱交响曲》（即第九交响曲，1817～1823）及其惟一歌剧《菲德里奥》（1805）。

贝尔格，奥尔本（1885～1935），奥地利作曲家。使用勋伯格的十二音体系，尤其是在他的《小提琴协奏曲》（1935）中：歌剧《沃伊采克》（1917～1921），《鲁鲁》（1929～1935），《抒情组曲》（1928）。

贝利奥，卢西亚诺（1925～），意大利作曲家，创作电子音乐和其他现代音乐：《第一小夜曲》（1957），《模进系列曲》（1958～1975）。

柏辽兹，埃克托尔（1803～1869），法国作曲家：《幻想交响曲》（1830），交响曲《哈罗德在意大利》（1834），合唱交响曲《罗密欧与朱丽叶》（1839），合唱剧《浮士德的沉沦》（1846）以及歌剧《本维努托·契里尼》（1834～1837），《特洛伊人》（1856～1858）。

伯恩斯坦，伦纳德（1918～1990），美国作曲家、钢琴家、指挥家，成功地把古典音乐和流行音乐连接起来：《坎迪德》（1956），《在城里寻欢作乐》（1944），《西海岸的故事》（1957），《弥撒》（1971）。

伯特威斯尔，哈里森（1934～），英国作曲家：《特拉格第亚》（1965），《惊恐》（1996），歌剧《庞奇和朱迪》（1966～1967）。

比才，乔治（1838～1875），法国作曲家：歌剧《卡门》（1873）。

布利斯，阿瑟（1891～1975），英国作曲家，他在音乐创作上起初大胆，勇于试验，但在20世纪50年代却吸取了较保守的风格：《颜色交响曲》（1922），《将死》（1937）。

波凯利尼，路易吉（1743～1805），意大利作曲家。作品包括20部交响乐曲，102部弦乐四重奏：歌剧《克莱门蒂娜》（1786）。

布朗热，纳迪娅（1887～1979），法国作曲家和著名音乐教师。20世纪很多杰出的作曲家都是她的学生，像阿龙·科普兰和埃利奥特·卡特：《赛荫曲》（1908）。

布莱，皮埃尔（1925～），法国作曲家，擅长十二音技巧：《无主的琴槌》（1953～1955），《照章办事》（1957～1962）。

勃拉姆斯，约翰内斯（1833～1897），德国作曲家。写有合唱作品、4部交响曲和室内卡农曲：合唱作品《德意志安魂曲》（1868），女低音《狂想曲》（1869）。

布里顿，本杰明（1913～1976），英国作曲家和流行歌曲作家。在英国邮政总局的电影部门任职（1935～1937），他写了很多的合唱作品，但他的主要激情是在歌剧创作：歌剧《彼得·格里姆斯》（1945），《比利·巴德》（1951），《旋螺丝》（1954），《死于威尼斯》（1973）。

布鲁克纳，安东尼（1824～1896），奥地利作曲家：《蒂·蒂姆》（1881～1884）9部交响曲和未完成的第十交响曲——感恩赞美诗曲。

伯德，威廉（1543～1623），英国宗教音乐作曲家，作品多是为天主教圣餐仪式上演奏的圣歌和为提琴合唱队演奏的幻想曲：《圣歌集》（1575）。

凯奇，约翰（1912～1992），美国作曲家。其作品多是对打击乐和电子音乐进行的试验：《4分33秒》（1952），《幻景》（1939～1952）。

卡特，埃利奥特（1908～），美国作曲家，深受查尔斯·艾甫斯的影响：《三管弦乐队交响曲》（1977）。

凯鲁比尼，路易吉（1760～1842），意大利作曲家。主要创作弥撒曲和30部歌剧：歌剧《梅迪亚》（1797），《二日》（英语译为《贩水者》，1800）。

爱德华·格里格

萧邦，弗雷德里克（1810～1849），波兰作曲家。创作了小夜曲、叙事曲、幻想曲、玛祖舞曲、波洛奈兹舞曲、练习曲、华尔兹舞曲和谐谑曲等用钢琴演奏的作品：《练习曲》（1829～1837），《f小调幻想曲》（作品第49号，1841）。

契玛罗萨，多米尼科（1749～1801），意大利作曲家。主要创作喜歌剧和拨弦古钢琴奏鸣曲：喜歌剧《秘婚记》（1792）。

克莱曼蒂，穆西奥（1752～1832），出生于意大利的英国作曲家和钢琴家，他发展了钢琴技巧：60部钢琴奏鸣曲系列及钢琴教程《登帕纳塞斯之阶》（1817）。

科普兰，阿龙（1900～1990），美国作曲家，以美国民歌为基础加以创作：芭蕾舞曲《小伙子比利》（1938），《牧区竞技》（1942），《阿巴拉契亚之春》（1944）。

科莱利，阿卡盖罗（1653～1713），意大利作曲家，大协奏曲和奏鸣曲创作的先驱。《大协奏曲12首》（1714）创造了大协奏曲形式。

大库伯兰，弗朗索瓦（1668～1703），法国作曲家，创作了大量典雅的键盘乐曲、合唱乐曲和世俗歌曲。

考维尔，亨利（1897～1965），美国作曲家，实践和发展了"音块"和弦：21部交响曲，室内乐，1部歌剧，钢琴曲和为管弦乐队与小号创作的《同步曲》（1931）。

达拉皮科拉，路易吉（1904～1975），意大利作曲家，他是意大利最先采用十二音技巧进行创作的作曲家：歌剧《夜间飞行》（1940），合唱管弦乐作品《自由之歌》（1955）。

德彪西，克劳德（1862～1918），法国作曲家，他的作品特点"朦胧似梦"，通常被称为"印象派音乐"：大量的钢琴曲，交响诗《牧神午后序曲》（1892～1894），《夜曲》（1897～1899），《大海》（1903～1905）以及歌剧《佩利亚斯与梅丽桑德》（1902）。

德利布，利奥（1836～1891），法国作曲家：歌剧《拉克梅》（1883），芭蕾舞剧《葛蓓莉娅》（1870）。

戴流士，弗雷德里克（1862～1934），英国作曲家：《聆听春天里第一只布谷鸟声》（1911～1913），交响音诗《群山之外》（1895）。

杰尼索夫，埃迪森（1929～），俄国作曲家，他利用电子技术并结合民歌，创作出非常独特的音乐作品：《D～S～C～H》，《吉他协奏曲》，《罗曼克斯音乐》。

德普雷，若斯坎（1440～1521）佛兰芒作曲家，创作弥撒曲、经文曲和歌曲。

唐尼采蒂，加埃塔诺（1797～1848），意大利作曲家：歌剧《马丽娅·斯图亚特》（1834），《帕斯夸莱先生》（1843），《拉莫尔的露琪亚》（1835）。

迪费，纪尧姆（约1400～1474），法兰西佛兰德作曲家，创造了典型的勃艮第作曲家风格。

杜卡，保罗（1865～1935），法国作曲家，善于自我批判，受印象派的影响较大：《魔法师的弟子》（1897），芭蕾舞剧《仙女》（1912）。

德沃夏克，安东尼（1841～1904），捷克作曲家：《斯拉夫舞曲》（1878～1886），交响曲《来自新世界》（即第九交响曲，1893）。

埃尔加，爱德华（1857～1934），英国作曲家：《神秘变奏曲》（1898～1899），清唱剧《杰罗糖斯之梦》（1899～1990），《大提琴协奏曲》（1919）。

法里雅，曼努埃尔（1876～1946），西班牙作曲家，他的作品出色地吸收了安达卢西亚的民间音乐：芭蕾舞剧《三角帽》（1917～1919）。

福莱，加布里埃尔（1845～1924），法国作曲家：歌剧《珀涅罗珀》（1913），《安魂曲》（1877～1890）。

弗兰克，塞萨尔（1822～1890），比利时作曲家：《变奏交响曲》（1885）。

费雷斯科巴尔第，哥罗莱蒙（1583~1643），意大利风琴演奏家、作曲家。主要从事托卡塔、赋格曲和随想曲的创作。

加布里埃利，安德列亚（约1515~1586），威尼斯作曲家，创作热情的大型合唱曲：《第一册弥撒》（1572）。

加布里埃利，乔凡尼（约1557~1612），威尼斯作曲家，主要创作以圆润洪亮的器乐伴奏的经文歌。他是安德列亚·加布里埃利的侄子和学生：《强音手提琴奏鸣曲》（1615）。

格什温，乔治（1898~1937），美国作曲家和钢琴演奏家，他融流行音乐风格和古典音乐风格为一体：《一个美国人在巴黎》（1928），《布鲁斯狂想曲》（1945），歌剧《波吉和贝丝》（1935）。

吉本斯，奥兰多（1583~1625），英国作曲家，主要创作包括圣咏在内的宗教音乐和世俗音乐：《五声部牧歌与经文歌》（1612）。

格拉斯，菲利普（1937~），美国极简抽象艺术派作曲家，创作了先锋前卫的歌剧。他的后期作品汲取了流行音乐：《低音交响曲》（1992）。

格拉祖诺夫，亚历山大（1865~1936），俄国作曲家：芭蕾舞配乐《四季》（1899）。

格林卡，米哈伊尔（1804~1857），俄国作曲家：歌剧《为沙皇献生》（即《伊凡·苏萨宁》，1836），《鲁斯兰和柳德米拉》（1842）。

格鲁克，克里斯托弗·维利巴尔德·冯（1714~1787），德国作曲家，是他使歌剧具有更为纯粹的戏剧性：歌剧《奥菲欧与尤丽狄西》（1762），《阿尔塞斯特》（1767）。

戈雷茨基，亨利克（1933~），波兰作曲家，直到20世纪70年代早期他都在从事先锋前卫的音乐创作，现在热衷于民歌风格和简单的和声：《第三交响曲》（1976）。

古诺，夏尔·弗朗索瓦（1818~1893），法国作曲家：歌剧《浮士德》（1859）。

格兰杰，珀西（1882~1961），出生在澳大利亚的美国作曲家，他通常以传统音调为基础创作民歌和轻音乐：《亨德尔在岸上》（1903），《丰收圣歌》（1906）。

格里格，爱德华·海格拉普（1843~1907），挪威作曲家：为戏剧《彼得·金特》写的配乐（1875）。

韩德尔，乔治·弗里德里克（1685~1759），出生于德国的英国作曲家、杰出的键盘乐演奏家、乐队指挥、音乐制作人和教师。在他的歌剧、清唱剧、协奏曲和组曲中，创作了一种高度特别的写作风格：《水上音乐》（1717），《皇家焰火音乐》（1749），42部歌剧，圣歌包括《祭司扎德科》（1727），《大协奏曲》（1734~1740），大量的清唱剧作品包括《以色列人在埃及》（1739），《弥赛亚》（1742）。

海顿，弗朗茨·约瑟夫（1732~1809），奥地利作曲家。主要创作了钢琴奏鸣曲、三重奏曲、协奏曲、歌剧、弥撒曲、弦乐四重奏（他创造的一种音乐形式）和104部交响曲：《伦敦交响曲》（第92~104号，创作于1789~1795），清唱剧《创世记》（1798），《四季》（1801）。

亨策，汉斯·韦尔纳（1926~），德国作曲家：清唱剧《梅杜莎的木筏》（1968），歌剧《我们来到河岸》（1976）。

希尔德加德·冯·宾根（1098~1179），德国作曲家、女修道院长、神学幻想派作家。她的多数作品都来自于想像，现在人们已经知道她的这些行为都是由强烈的偏头痛引起的：《教会历书维特特姆》（1150）。

兴德米特，保罗（1895~1963），德国作曲家，他开创了实用音乐：歌剧《画家马西斯》（1933~1935）。

霍尔斯特，古斯塔夫（1874~1934），英国作曲家：套曲《行星》（1914~1916），《埃格敦荒野》（1927）。

奥涅格，阿瑟（1892~1955），瑞士作曲家：管弦乐曲《太平洋231号》（1923），清唱剧《火刑堆上的贞德》（1934~1935）。

洪佩尔丁克，恩格尔伯特（1854~1921），德国作曲家：歌剧《洪泽尔与格蕾泰尔》（1893）。

伊贝尔，雅克（1890~1962），法国作曲家：管弦乐曲《嬉游曲》（1930）。

爱尔兰，约翰（1879~1962），英国作曲家，主要进行钢琴曲和室内乐的创作：管弦乐曲《被遗忘的仪式》（1913），钢琴曲《沙妮娅》（1940~1941）。

艾甫斯，查尔斯（1874~1954），美国作曲家，他的作品风格独特：管弦乐曲《新英格兰的三个地方》（1903~1914）。

雅那切克，莱奥斯（1854~1928），捷克作曲家，主要从事歌剧创作：《耶奴发》（1903），《狡猾的小狐狸》（1924），《马克罗普洛斯案件》（1926）。

哈恰图良，阿拉姆（1903~1978），前苏联作曲家：芭蕾舞剧《斯巴达克》（1954）。

科达伊，托恩坦（1882~1967），匈牙利作曲家，他的作品具有强烈的民族特色：歌剧《哈利·扎诺斯》（1926）。

拉萨尔，罗兰德（1532~1594），佛兰德作曲家，他一生创作了2000多部作品。

雷哈尔，弗朗茨（1870~1948），匈牙利作曲家，他从事轻歌剧的创作：《快乐寡妇》（1905）。

莱翁卡瓦洛，鲁杰罗（1858~1919），意大利作曲家：歌剧《丑角》（1892）。

利盖蒂，基奥基（1923~），匈牙利作曲家：《安魂曲》（1965），歌剧《伟大的死》（1975）。

李斯特，弗朗茨（1811~1886），匈牙利作曲家，他创作了13部系列叙事管弦乐作品（交响诗）和钢琴曲：交响曲《浮士德》（1854~1857），《但丁》（1856），《死之舞》（1849）以及交响诗《前奏曲》（1850）。

吕里，让·巴蒂斯特（1632~1687），意大利出生的法国作曲家。他创造的法国歌剧形式在拉莫的作品中达到巅峰：《阿蒂斯》（1676），《罗兰》（1685）。

卢托斯拉夫斯基，威托尔德（1913~1994），波兰作曲家，他的作品融入了现代科技：《弦乐四重奏》（1964）。

马肖，纪尧姆·德（约1300~1377），法国作曲家。他是歌曲这一形式的创始人，同一节奏法的拥护者。所谓同一节奏法就是把同一节奏和旋律用于全曲，跟随不同步的调子重复。

麦克米伦，詹姆斯（1959~），苏格兰作曲家：《伊泽贝尔·高蒂耶的忏悔》（1990），《我来了，我来了，伊曼纽尔》（1993）。

麦康基，伊丽莎白（1907~1988），英国作曲家，是沃恩·威廉斯的学生：《小协奏曲》（1945），《小交响曲》（1981）。

马勒，古斯塔夫（1860~1911），奥地利作曲家，创作了9部大型交响曲：《复活》（第二交响曲，1884~1894），《千人交响曲》（第八交响曲，1906~1907）。

马斯卡尼，彼得罗（1863~1945），意大利作曲家：歌剧《乡村骑士》（1888）。

马斯内，朱尔（1842~1912），法国作曲家：歌剧《曼侬》（1882~1884），《堂吉诃德》（1909）。

麦克斯韦尔·戴维斯，彼得（1934~），英国作曲家：歌剧《小塔弗纳》（1970），戏剧《凡萨尔·伊克尼斯》（1969）及《疯狂国王的八首歌》（1969）。

门德尔松，费利克斯（1809~1847），德国作曲家：《仲夏夜之梦序曲》（1826），《赫布里德斯序曲》（即《芬格尔岩洞序曲》，1830），清唱剧《圣保罗》（1836）。

梅西昂，奥利弗（1908~1992），法国作曲家，主要从事宗教音乐、风琴曲和钢琴曲的创作：《末日》四重奏（1940），《图朗加里拉交响曲》（1949）以及钢琴曲《鸟类目录》（1956~1958）。

米约，达吕斯（1892~1974），法国作曲家，他的作品的特点是多调性：

沃尔夫冈·阿马迪厄斯·莫扎特

芭蕾舞剧《屋顶上的牛》（让·科克托编剧，1919），《人和他的希望》（保罗·克罗岱尔编剧，1918），《世界之创造》（布雷斯·桑德拉尔编剧，1923）。

蒙特威尔第，克劳迪奥（1567~1643），意大利作曲家，他创作的3部具有革新意义的歌剧和《圣母玛丽亚晚祷曲》（1610），达到当时各类宗教音乐的顶峰。

莫利，托马斯（1557~约1602），英国管风琴师和牧歌作曲家：《歌曲首册》（1600）。

莫扎特，沃尔夫冈·阿马迪厄斯（1756~1791），奥地利作曲家，他一生共创作了41部交响曲、40多部协奏曲、26部宗教乐曲、21部歌剧、7部弦乐五重奏等：歌剧《费加罗的婚礼》（1786），《唐璜》（1787），《女人心》（1789），《魔笛》（1791），交响曲《巴黎》（1778），《布拉格》（1786），《朱庇特》（1788），管弦乐曲《小夜曲》（1787）。

穆索尔斯基，莫德斯特（1839~1881），俄国作曲家：歌剧《鲍里斯·戈东诺夫》（1868~1872），钢琴曲《展览会上的图画》（1874），后来被拉威尔谱成管弦乐曲。

尼尔森，卡尔（1865~1931），丹麦作曲家，他运用"渐进调性"进行创作：包括《不可遏制》（第四交响曲，1915~1916）在内的6部交响曲。

尼曼，迈克尔（1944~），英国作曲家。他采用简单的曲调持续进展，和弦音不断转换，音符重复，强有力度：《起草人的合同》（1982），《走出废墟》（1989），《普罗普勒之书》（1990），《钢琴曲》（1992）。

奥芬巴赫，雅克（1819~1880），法国作曲家，主要从事轻歌剧的创作：歌剧《霍夫曼的故事》（1881）。

奥尔夫，卡尔（1895~1982），德国作曲家：清唱剧《博伊伦之歌》（1935~1937）。

帕黑尔贝尔，约翰（1653~1706），德国作曲家，他创作了卡农曲、独奏、独唱乐曲和78部合唱序曲：《卡农曲与吉格舞曲》（约1690）。

帕格尼尼，尼科洛（1782~1840），意大利杰出的小提琴演奏家、作曲家，主要创作了小提琴协奏曲和随想曲：第24首《随想曲》（1820）。

帕莱斯特里纳，乔凡尼（约1525~1584），意大利作曲家，他创作了100多首弥撒曲和经文歌：《教皇马塞利弥撒》（1577）。

帕里，休伯特（1848~1918），英国作曲家，从事歌曲和合唱音乐的创作：《告别之歌》（1916），《耶路撒冷》（1916）。

帕特，阿夫（1935~），爱沙尼亚作曲家：3部交响曲，《圣约翰受难曲》（1982）。

彭德雷茨基，克日什托夫（1933~），波兰作曲家，他的作品以情动人：《广岛死难者悼歌》（1960），歌剧《伦敦之魔》（1969）。

佩罗坦（1180~1210），法国巴黎圣母院的唱诗班指挥：《维德伦特》（1198）。

普朗克，弗朗西斯（1899~1963），法国作曲家：芭蕾舞剧《别墅晚会》（1923），4部歌剧，钢琴曲，合唱曲和歌曲。

普罗科菲耶夫，谢尔盖（1891~1953），俄国作曲家：芭蕾舞剧《罗密欧与朱丽叶》（1936），歌剧《三个橘子的爱情》（1919），《战争与和平》（1941~1952），交响童话《彼得与狼》（1936）。

普契尼，贾科莫（1858~1924），意大利作曲家，主要从事歌剧创作：《绣花女》（1895），《托斯卡》（1899），《蝴蝶夫人》（1901~1904）。

普赛尔，亨利（1659~1695），英国作曲家，主要创作戏剧音乐、教堂音乐、弦乐幻想曲和奏鸣曲：小歌剧《狄朵与埃涅阿斯》（1683~1684），《仙后》的配乐（1692），《玛丽皇后的葬礼曲》（1695）。

拉赫马尼诺夫，谢尔盖（1873~1943），俄国作曲家。他的作品，尤其是钢琴曲的显著特点是具有浪漫的怀乡之情：《d小调第一交响曲》（1897），《帕格尼尼主题狂想曲》（1934）。

拉莫，让-菲利普（1683~1764），法国作曲家，主要进行歌剧创作：《易波利与阿利希》（1733），《卡斯托与波鲁克斯》（1737）。

拉威尔，莫里斯（1875~1937），法国作曲家：管弦乐作品《西班牙狂想曲》（1907），《婴之死钢和凡舞曲》（1910），《华尔兹舞曲》（1919~1920），《波莱罗》（1928），芭蕾舞剧《达夫尼与克洛埃》（1912）。

赖克，斯蒂夫（1936~），美国作曲家，美国极简抽象派艺术的创始人：《击鼓》（1981），《山洞》（1992），器乐《对位》组曲（1989~1993）。

雷斯皮吉，奥托里诺（1879~1936），意大利作曲家：芭蕾舞剧《幻影商店》（1919），管弦乐组曲《罗马的喷泉》（1914~1916），《古代舞曲和咏叹调》（1917~1931），《罗马的松树》（1924）。

赖利，特里（1935~），美国作曲家，极简抽象艺术派。他在音乐中对简单的旋律进行变换多样的和声，最后形成宏大的音乐结构。

里姆斯基-科萨科夫，尼古拉（1844~1908），俄国作曲家：歌剧《雪姑娘》（1880~1881），《金鸡》（1906~1907），管弦乐作品《天方夜谭》（1888）。

罗德里戈，华金（1901~），西班牙作曲家，创作传统西班牙风格的吉他曲和管弦乐：《阿兰胡埃斯协奏曲》（1939）。

罗西尼，焦阿基诺（1792~1868），意大利作曲家，共创作了38部歌剧：《唐克雷迪》（1812），《塞维尔的理发师》（1816），《灰姑娘》（1816），《贼鹊》（1817），《威廉·退尔》（1829）。

圣-桑，卡米尔（1835~1921），法国作曲家：歌剧《参孙与大利拉》（1867~1877），管弦乐曲《死之舞》（1874），《动物狂欢节》（1886）。

萨利埃里，安东尼奥（1750~1825），意大利作曲家，他一生共创作了40多部歌剧：《塔拉勒》（1787）。

萨蒂，埃里克（1866~1925），法国作曲家，主要从事钢琴曲的创作：《游行》（1917），钢琴曲《三首吉姆诺佩迪地味曲》（1888）。

斯卡拉蒂，亚历山德罗（1660~1725），意大利那不勒斯作曲家。他一生创作了大量的歌剧（现存115部），他最重要的革新是创立了意大利歌剧前奏曲的"三段体形式"，被许多人认为是"古典交响乐的最早的先驱者"，歌剧《双重面貌》（1708），《诚实的公主》（1710）。

斯卡拉蒂，多米尼克（1685~1757），意大利那不勒斯作曲家，亚历山德罗的儿子，他大约600部单乐章羽管键琴奏鸣曲在键盘技巧和音乐发展手段方面，都大大扩展了键盘音乐形式。

勋伯格，阿诺德（1874~1951），奥地利作曲家，他后期的音乐作品的特点是无调性，尤其是他所创立的"十二音体系"：弦乐六重奏《升华之夜》（1899），为女高音所作的管弦乐《悲惨的丑角》（1912）以及歌剧《摩西与亚伦》（1932~1951）。

舒伯特，弗朗茨（1797~1828），奥地利作曲家，他创作了9部交响曲、弦乐四重奏、钢琴奏鸣曲和600首歌曲。交响曲《未完成交响曲》（第八交响曲，1822），《伟大交响曲》（第九交响曲，1825），钢琴五重奏曲《鳟鱼》（1819），《C大调弦乐五重奏曲》（1828），钢琴奏鸣曲《欢乐二重唱》（1824），联篇歌曲《美丽的磨坊姑娘》（1823），《冬之旅》（1827），歌曲《魔王》（1815）。

舒曼，罗伯特（1810~1856），德国作曲家，他创作了歌曲、钢琴曲和交响曲：联篇歌曲《诗人之恋》（1840），《女人的爱情与生活》（1840）。

许茨，海因里希（1585~1672），德国作曲家，主要从事合唱音乐的创作。巴赫时代之前，他的风格一直影响着德国的作曲家：歌剧《达夫尼》（1627），安魂曲《音乐的葬礼》（1636）。

施尼特科，阿尔弗莱德（1934~），前苏联作曲家，他的作品通常带有幽默的因素：《安魂曲》（1975），《莫兹艺术》（1980），《中提琴协奏曲》（1985）。

萧斯塔科维奇，德米特里（1906~1975），前苏联作曲家：共创作了15部交响曲，15部弦乐四重奏和歌剧《马克白思夫人》（1930~1932）。

西贝柳斯，让（1865~1957），芬兰作曲家：7部交响曲，交响诗《库雷沃》（1895），《芬兰颂》（1899），还有《卡列拉》等。

斯克里亚宾，亚历山大（1872~1915），俄国作曲家，主要创作交响乐曲和钢琴奏鸣曲：交响曲《普罗米修斯》（第五交响曲，1908~1910）。

斯美塔那，贝德日赫（1824~1884），捷克作曲家，主要创作歌剧、室内乐和交响诗：歌剧《被出卖的新娘》（1866）。

斯塔米茨，卡尔（1745~1801），德国曼海姆派作曲家，约翰·斯塔米茨之子，他创作了中提琴曲。而此之前，中提琴主要是用来伴奏的。他共创作有70部交响曲、四重奏曲、三重奏曲和协奏曲。

斯坦福，查尔斯·维利尔斯（1852~1924），爱尔兰作曲家、音乐教师（阿瑟·布利斯和古斯塔夫·霍尔斯特均为其弟子）：《爱尔兰交响曲》（第三交响曲，1887），《海之歌》（1904）。

施托克豪森，卡尔海因茨（1928~），德国作曲家：为3个管弦乐队而作的《小组》（1957），7声部联篇歌剧《光》（1984~）。

老施特劳斯，约翰（1804~1849），奥地利作曲家，创作了大量的华尔兹舞曲：《拉德茨基进行曲》（1848）。

小施特劳斯，约翰（1825~1899），奥地利作曲家：《蝙蝠》（1874），华尔兹舞曲《蓝色多瑙河》（1867），《皇帝圆舞曲》（1888）。

施特劳斯，里夏德（1864~1949），德国作曲家，创作了歌剧和交响诗作品：歌剧《莎乐美》（1905），《厄勒克特拉》（1909），《玫瑰骑士》（1911）。

斯特拉文斯基，伊戈尔（1882~1971），俄国出生的作曲家。1915年末起他一直以新古典音乐风格进行创作，直到20世纪40年代，他吸收了先锋序列音乐的风格。他的作品向人们展示了20世纪的音乐发展的轨迹：芭蕾舞剧《火鸟》（1910），《彼得卢什卡》（1911），《春之祭》（1913）。

沙利文，阿瑟（1842~1900），英国作曲家，他主要创作轻歌剧和清唱剧，前者的剧本作者是威·施·吉尔伯特：《皮纳福号舰艇》（1878），《彭赞斯海盗》（1879），《天皇》（1885）。

塔利斯，托马斯（约1505~1585），英国作曲家，他把欧洲大陆的复调音乐风格引入英国：弥撒曲，2本《神圣歌曲集》和无与伦比的40声部经文集《歌唱与赞美》。

塔尔蒂尼，朱塞佩（1692~1770），意大利小提琴家和多产作曲家：创作有135首小提琴协奏曲和《魔鬼的颤音奏鸣曲》（1745年后）。

塔弗纳，约翰（1944~），英国作曲家，他的音乐蕴含着深刻的宗教色彩：《保护面纱》（1987）。

柴可夫斯基，彼得·伊利奇（1840~1893），俄国作曲家：《悲怆交响曲》（1893），歌剧《叶甫盖尼·奥涅金》（1877~1878），芭蕾舞剧《天鹅湖》（1875~1876），《睡美人》（1888~1889），《黑桃皇后》（1891~1892）。

泰勒曼，乔治·菲利普（1681~1767），德国作曲家，他创作了大量的协奏曲和管弦乐组曲，他在世时的名气要超过他的朋友巴赫和韩德尔：喜剧歌剧（1725），作品集《餐桌音乐》（1733）。

梯皮特，迈克尔（1905~），英国作曲家：歌剧《仲夏良缘》（1952），《是非之地》（1970），《新年》（1988）。

托雷利，朱塞佩（1658~1709），意大利作曲家，主要从事协奏曲的创作：《小提琴协奏曲》（1698）。

瓦雷兹，埃德加（1883~1965），法国出生的美国作曲家，他最早从事电子音乐试验创作：为长笛独奏而作的《密度21.5》（1936）。

沃恩·威廉斯，拉尔夫（1872~1958），英国作曲家：《海之交响曲》（1910），歌剧《天路历程》（1951），以民歌为基础的歌曲，《塔利斯主题幻想曲》（1910）。

威尔第，朱塞佩（1813~1901），意大利作曲家，主要创作歌剧：《纳布科》（1842），《游吟诗人》（1853），《茶花女》（1853），《阿依达》（1871），《奥赛罗》（1887），《福斯塔夫》（1893）。

维拉-洛博斯，海特（1887~1959），巴西作曲家：管弦乐曲《巴西的巴赫风格》（1930~1944）。

维瓦尔第，安东尼奥（1678~1741），意大利作曲家、牧师、小提琴家：主要创作宗教音乐，奏鸣曲，康塔塔，94部歌剧（现存45部）和460多首协奏曲，包括《四季》（1725）。

瓦格纳，里夏德（1813~1883），德国作曲家，主要创作歌剧作品：《漂泊的荷兰人》（1841），《汤豪寒》（1845），《罗恩格林》（1846~1848），《特里斯坦与伊索尔德》（1857~1859），《纽伦堡的名歌手》（1862~1867），《帕西法尔》（1878~1882），歌剧套曲《尼贝龙根的指环》（1853~1874）。

沃尔顿，威廉（1902~1983），英国作曲家：《门面》（1921），康塔塔《伯沙撒王的宴会》（1931），歌剧《特罗伊拉斯与克雷西达》（1954）。

韦伯，卡尔·玛丽娅范（1786~1826），德国作曲家，主要进行交响乐曲、歌剧、室内乐、钢琴曲的创作：《魔弹射手》（1821），《奥伯龙》（1826）。

韦伯恩，安东（1883~1945），奥地利作曲家。他的作品的特点是序列主义音乐：《管弦乐曲六首》（作品第6号，1909），《儿童散曲》（1924）。

威尔科斯，托马斯（约1576~1623），英国管风琴家和牧歌作曲家。

韦尔，库尔特（1900~1950），德国作曲家：《三分钱歌剧》（1928）。

泽纳基斯，亚尼斯（1922~），出生于罗马尼亚的希腊作曲家。他为传统的乐器谱曲，但通常借助电脑来创作。

■ 萨利埃里对莫扎特的敌意导致无根据的谣言蜂起，说他毒死了莫扎特 ■

音乐的表现形式、结构及术语

纯音乐： 指不借助音乐以外其他任何因素（如说明）的揭示来表现的音乐。

无伴奏合唱： 无乐器伴奏的声乐作品。

任意音乐： 借助偶然因素表现的音乐。

圣歌： 一种短小的声乐作品。

咏叹调： 歌剧或清唱剧中的独唱曲。

小咏叹调： 短小的咏叹调。

无调性： 将音阶中的12个音以一种特殊的方式轮流交替使用（无明确主音）。

黎明曲： 晨歌。

威尼斯船夫曲： 威尼斯凤尾船船夫之歌。

波莱罗舞曲： 一种三拍子的西班牙舞曲。

布列舞曲： 一种古老的4/4拍的法国舞曲。

终止式： 用于乐段、乐章或完整旋律结尾的结束乐句。

华彩段： 指咏叹调最后终止式之前或协奏曲中某一特定乐段由演唱者或独奏者表演的精彩部分。

卡农： 每个作品或每段乐章的多个声部按一定时距先后歌唱同一旋律，各声部交叠出现，产生极好的和声关系。

康塔塔： 一种声乐作品——宗教的或世俗的、包括独唱、合唱、有乐器伴奏，有的短而轻松愉快，有的长而有戏剧性，通常分几个乐章。

随想曲： 一种风格自由随意，富于幻想的乐曲。

卡萨欣： 一种与嬉游曲相似，有时在街道上演奏的轻快曲。

滑稽轮唱曲： 一种诙谐的合唱曲，歌手们依次逐渐饱和彼此的歌词，经常产生具有猥亵或淫秽双关的效果。

恰空舞曲： 一种优美的西班牙三拍子舞曲，通过重复其低音乐句来改变其旋律，最初是以大调形式出现。

和弦： 同时演奏一组音符。

半音音阶： 一个音阶包括半音，所以八度音程中就有12个音。

古典音乐： 严格地说，是指1750-1800年左右古典乐派时代的音乐，笼统地说，它是相对于流行音乐、爵士乐和轻音乐而言的一种严肃音乐。

尾声： 一首乐曲的结束段落。

小协奏曲： 短小的协奏曲，也指大协奏曲中的独奏乐器组。

协奏曲： 由一件或多件独奏乐器与管弦乐队协同演出的乐曲，通常有三个乐章。

大协奏曲： 由独奏乐器组演奏（小协奏曲），并由管弦乐队伴奏的巴罗克式乐曲。

小协奏曲（音乐会曲）： 由一件或几件独奏乐器同管弦乐队合奏的段落，通常为一个乐章。

数字低音： 1800年左右，键盘乐器与低音提琴/大提琴合奏，发出"连续"的声音以补充作曲家没有写在乐谱上的和声部分。

复调音乐： 使用对位声部。

对位法： 由两个或两个以上的旋律同时演奏而不违背和声的规律。

展开部： 见奏鸣曲式。

自然音阶： 指某个固有调中的音符。

嬉游曲： 有趣的多乐章组曲。

十二音体系： 十二音音乐。

属音： 主音的第五音。

二重奏（唱）： 两位演奏（唱）者表演的作品。

苏格兰舞曲： 一种苏格兰风格的舞曲。

电子音乐： 完全由电子发出音响构成的音乐。

哀歌： 一种悲哀的歌曲或葬礼之音乐。

合奏（唱）队： 由几个乐师组成，其规模小于管弦乐队。

练习曲： 专为练习而设计的乐曲。

呈示部： 见奏鸣曲式。

幻想曲： 发挥作曲家的想象力而不遵循传统曲式的作品。

末乐章： 多乐章作品的最后一个乐章，也可以是一个乐章的终曲。

赋格段： 赋格式风格（见赋格曲）。

赋格曲： 一种复调乐曲，第一部分是演奏主音，第二部分覆盖、模仿第一部分，以成复音演奏。

加伏特舞（曲）： 一种活泼的两拍子舞蹈（曲）。

吉格舞（曲）： 一种快速、活泼的6/8拍或12/8拍的快步舞（曲）。

格利高唱： 18世纪英国的一种歌曲演唱形式，由三部或三部以上组成并无伴奏的重唱歌曲。

和声： 将音符按严格的规律组合成和谐的旋律，以令人愉悦的形式表现出来的艺术。

赞美诗： 赞美上帝之歌。

即兴曲： 萧邦最早运用的一种表演形式，即兴演奏。

配乐： 指舞台演出时所配的音乐。

间奏曲（意为"在中间"）： 音乐、戏剧或歌剧等两乐章之间或两幕之间的乐曲。

音程： 在自然音阶中两个音符之间音高的距离。

引子： 一首乐曲的开始曲，通常与主题音乐无关。

剧本（小册子）： 清唱剧或歌剧的脚本（"大册子"是指音乐总谱）。

艺术歌曲： 指18世纪末期传入德国的一种浪漫曲。

大调： 西方调性体系中主要音阶之一。以大调演奏的乐曲，音色通常比较明朗。

弥撒曲： 罗马天主教圣餐仪式上所唱之歌曲。

旋律： 形成鲜明的音乐形式的一系列乐音。

极简抽象艺术： 现代美国作品风格，主要是简单旋律或节奏的多次重复，有时渐渐地改变声效果。

小调： 自然音阶的另外一种主要表现方式，小调有两种形式：和声小调——其上行音阶和下行音阶是相同的，旋律小调-其上行音阶和下行音阶是不同的，以小调演奏的乐曲，音色比较暗淡、阴郁。

米奴哀舞（曲）： 18世纪的一种三拍子舞蹈（曲）。

转调： 音乐从一个主调转向另一个主调，从而改变其调性中心。

经文歌： 具有宗教特点，通常无伴奏的和声歌曲。

乐章： 指音乐作品的自成起讫部分。这一术语是由原来组曲中的几首不同的舞曲而得名的。

具体音乐： 法国人发明的，将自然音响（通常源于日常生活）录制后加以处理、剪辑而成的音乐。

梦幻曲： 夜曲。

助奏（意为"不可缺少的"）： 重要的但无必要单独演唱或演奏的伴唱或伴奏。

应时音乐： 为特殊场合而作的音乐。

小歌剧： 常指有对白的轻歌剧。

作品编号： 指一位作曲家的一部作品或一组作品；每部作品都由作曲家本人或后来的编目者给出序号，然而作品编号并不必然说明作品诞生的先后。

清唱剧： 即宗教歌剧，但没有布景，不穿戏服，不加动作。

装饰音： 即美化音符或乐句，例如颤音（指原有音符迅速变化、演唱或演奏该音符的上一个或下一个音），倚音或花音（对原有音符的补充），波音（指原有时快速弹奏原有音符上或下的音符）等。

序曲： 歌剧或清唱剧开始前的序奏乐曲。音乐会序曲则与舞台演出无关。

帕萨卡利亚舞曲（意为"街头歌舞"）： 类似恰空舞曲，但最初是以小调形式出现。

五声音阶： 一个音阶只用五个音（如钢琴上的黑色键）；常用于民间音乐。

音高： 一个音的准确高度和深度，它取决于每秒的振幅。

波卡舞曲： 波希米亚或波兰的一种轻快的三拍子舞曲。

波洛奈兹舞（曲）： 一种三拍子的波兰慢步舞。

前奏曲： 序奏性乐章。

标题或描写音乐： 用来描绘地点、事件、人物等的音乐（区别于"纯音乐"）。

再现部： 见奏鸣曲式。

宣叙调： 歌剧或清唱剧中的一种歌唱形式，近于朗诵；常慷慨激昂，但不如咏叹调华丽。

声区： 人的音域或乐器的声域范围（从最低音到最高音）。

安魂曲： 为死者所作的弥撒曲。

狂想曲： 类似随想曲，由多乐章组成的乐曲。

节奏： 就节拍而言一种音乐组织形式。

利切卡尔（意即"探索"）： 十六七世纪的一种练习曲，探索晦涩难解的复调音乐的途径。

浪漫曲： 一种叙事抒情歌曲；也是一种具有典雅风格、令人激动的器乐曲。

回旋曲： 主要段落与其他不同段落交替更迭（插曲）。

萨尔塔雷洛舞（曲）： 一种跳跃、快速、令人兴奋的意大利舞蹈（曲）。

萨拉班德舞（曲）： 一种庄重的三拍子的西班牙舞蹈（曲）。

音阶： 按上行或下行的顺序依次进级的系列音，可分为全音和半音。在西方音乐中有两种主要音阶——大音阶和小音阶。

谐谑曲： （意为"戏谑"）常为一种快速而轻松愉快的乐曲。

半音： 全音的一半，西方音乐中常用的最小音程。在平均律中，一个八度音包含12个均等的半音。

小夜曲： 一种在晚上演奏的乐曲。

序列主义音乐： 一系列音符相等使用并以特定的序列轮换；通常为十二音音乐形式（见下面"十二音音乐"）。

西西里乡村舞（曲）： 起源于西西里岛的一种优雅的三拍子舞曲。

歌唱剧： 一种穿插音乐喜剧的戏剧。

独奏（唱）： 由一人演奏或演唱；18世纪时，常有伴奏。

奏鸣曲： 常指由多乐章组成的室内演奏曲，由一至四人演奏。

奏鸣曲式： 出现于18世纪，其中包括：第一部分（呈示部），陈述音乐素材，由主调转入属调；第二部分（展开部），发展主题素材（或其他音乐素材）；第三部分（再现部），再陈述，常在主调上有所改变，曲终时殿以尾声。

歌曲： 用于演唱的乐曲，伴奏可有可无。

组曲： 由若干独立的段落或"乐章"组成的乐曲，每一部分都源于不同的舞曲。

交响诗或音诗： 19世纪的一种管弦乐曲，以描写为特点，易引起共鸣。

复协奏曲： （常被误称为"交响乐协奏曲"）一种华丽的法国创意曲，由几件独奏乐器演奏，并由管弦乐队伴奏的乐曲（见前面"大协奏曲"）。

交响队： 以管弦乐队为主的音乐作品，有时伴有合唱。通常包含四个乐章，但没有统一严格的标准。

速度： 一首乐曲在演奏时的速度。

拍号： 在一首乐曲的开头或中间标出的每小节音符时值的种类和数目的标记（见219页）。

托卡塔曲： 一种需要高超的技艺，与幻想曲相似的乐曲。

音调： 大调二度音的音程，如：C与D，降E与F之间的音程，有时称为全音，可分为两个半音。

主音： 指大音阶或小音阶的第一音。

三重奏： 由三人演奏的乐曲。由更多的人演奏的乐曲则不言自明，如：四重奏、五重奏、六重奏、七重奏、八重奏、九重奏、十重奏。

三声部奏鸣曲： 巴罗克风格的古典室内演奏曲，由两件旋律乐器和一个低音伴奏乐器演奏。

十二音音乐： 由阿诺德·勋伯格始创的一种音乐作品体系，将音阶中的12个音按严格的顺序依次轮换使用，然后运用倒转、逆行、再倒转、再逆行的方法加以处理（被称作"逆行转位"）演奏。

变奏曲： 使主题产生一系列变化的乐曲。

■ 安东·韦伯恩于第二次世界大战即将结束时死于一狙击手枪下 ■

▶ 旧时乐器

这里包括一些现在不太常见，但在一些著名乐曲中起重要作用的乐器。一些乐器如摇弦琴过去被广泛应用。

手风琴：1822年发明于德国。外形像箱子，有键钮，有的有键盘。参见"六角形手风琴"。

邦戈鼓：一种小鼓，一面有鼓皮，往往成对使用，用手演奏。一般使用于拉丁美洲音乐之中。

六角形手风琴：1829年由英国人发明，它类似手风琴（见上），为六角形，没有键盘。

吉他：由鲁特琴演变而成的一种六弦琴，可能由摩尔人发明。它早在8世纪便成为西班牙音乐中的主要乐器。现存最早的吉他曲作于1546年，第一部吉他协奏曲作于1808年。

摇弦琴：于9世纪由东方传入欧洲。外观略像小提琴，由曲柄转动木轮触动琴弦而发音，手键使琴弦停止发音。该乐器首次应用于艺术领域的时间为1733年。

单簧口琴：由固定在金属架上的金属条构成，手指拨动金属条发声。所发出的声音在演奏者的口腔中共鸣。第一首口琴协奏曲创作于约1750年。此后出现了由此而改编的更为复杂的多乐器曲。

卡祖笛/薄膜乐器：一种由薄膜振颤发音，并为儿童所喜爱的乐器。演奏者用自然声音在乐器上哼唱时，手遮盖薄膜，使声音发生变化。

大约1850年首次在美国制作，有可能是依据非洲部落的乐器原型而制作。

键盘：键盘乐器的通用术语。运用电子的乐器，其音调往往变化很大（见225页键盘乐器）。

口琴：1821年在德国发明，然而到1951年才为此乐器写了第一首协奏曲。通过吹气或吸气发出不同的音；半音口琴通过滑动可吹出4个八度音程。

奥卡里那笛：（意大利语，意为"小鹅笛"）鹅蛋形的管乐器，约公元前3000年起源于埃及，开始时由泥土制作，现在是由塑料制作。

电子音响合成器：用以产生和调整音响的电子装置。始于约1950年，

目的在于模仿自然乐器，但也发出具有自己特点的声音。现在普遍用于流行音乐、商业性的爵士乐，常连接键盘乐器使用。

手鼓：一种非洲鼓的仿制乐器，西方人自20世纪20年代开始在舞蹈和爵士乐队中使用。首次把该乐器用于艺术领域的时间为1943年。

尤克里里琴（夏威夷语，意为"跳蚤"）：起源于葡萄牙，19世纪70年代在夏威夷发展起来，后风行于美国，并广泛应用于爵士乐和轻音乐。

齐特琴：流行于中欧的一种扁平弦乐器，但其他不同的变种广泛流传于各地。弹拨琴弦发声。

▶ 音乐会管弦乐队中的乐器

现代交响乐管弦乐队的标准排列：
1. 第一小提琴组
2. 第二小提琴组
3. 中提琴
4. 大提琴
5. 低音提琴
6. 短笛
7. 长笛
8. 双簧管
9. 英国管
10. 单簧管
11. 低音单簧管
12. 大管
13. 低音大管
14. 竖琴
15. 圆号
16. 小号
17. 打击乐器
18. 长号
19. 长号
20. 大号

■ 弦乐器　　■ 木管乐器　　■ 铜管乐器　　■ 打击乐器

木管乐器

下列木管乐器以八度音顺序排列，所列的第一个乐器——短笛比长笛高八度。

短笛（或称八度长笛）：最早的协奏曲：约1735年由维瓦尔第创作。最早用于管弦乐队：1717年，韩德尔的《水上音乐》。发展过程："piccolo"（短笛）一词（意大利语，意为"小"）的使用始于1856年，但短笛的前身长笛和高音竖笛早在史前时期就已存在。

长笛（横管或横吹笛）：最早的协奏曲：1725年由亚·斯卡拉蒂创作。最早用于管弦乐队：1681年，吕里。发展过程：最早出现于史前时期（约公元前18000年）；现代勃姆式长笛出现于1832年。现在的长笛由金属制作而非木质，并可吹奏出3个八度音。

双簧管：最早的协奏曲：1708年由马尔凯西里创作。最早用于管弦乐队：1657年，吕里的《多情的病人》。发展过程："oboe"（双簧管）一词出自法语"hautbois"，意思是"高音木管"（1511）。它起源于中世纪，由夏尔梅家族发明。

英国管：现存最早的协奏曲：1817年由唐尼采蒂创作。最早用于管弦乐队：1722年，沃克马的《康塔塔》。发展过程：普赛尔于1690年前后曾为次中音双簧管作曲，而这双簧管现在可能已发展为英国圆号；或者"coranglais"（英国管）此名称出自"angledhorn"（有角的圆号）一词，表示它弯曲的外形。

单簧管：最早的协奏曲：约1738年维瓦尔第创作了2个单簧管的协奏曲；约1747年，莫尔特创作了1个单簧管的协奏曲。最早用于管弦乐队：1726年，费伯的《弥撒曲》。发展过程：单簧管是由J.C.登纳（1655～1707）在竖笛和夏尔梅双簧管的基础上研制的，目前它的音域为3.5个八度音。

低音单簧管：最早用于管弦乐队：1838年，梅耶贝尔的《胡格诺派教徒》。发展过程：它的原型由巴黎的吉勒·洛特于1772年制作，现代伯姆型则创始于1838年。

大管：最早的协奏曲：约1730年由维瓦尔第创作。最早用于管弦乐队：约1619年。发展过程：大管于1540年前后传入意大利，是双簧乐器组

的最低音乐器。

低音大管：最早用于管弦乐队：约1730年由韩德尔创作。发展过程：这种乐器是从军乐队中"借用"来的，以便增强音乐效果，尤以歌剧中最为常用。

萨克斯管：最早的协奏曲：1903年由德彪西创作的《狂想曲》。最早用于管弦乐队：1844年，卡斯特内的《犹太王国最后的国王》。发展过程：萨克斯管由阿道夫·萨克斯于1840年前后发明（1846年获专利权）。

铜管乐器

小号：最早的协奏曲：1700年前由托雷利创作；1796年由海顿创作（用带键的小号）。最早用于管弦乐队：带键的小号是1800年左右，1835年阿列维的《犹太女》中使用带有阀键（3个）的小号。发展过程：原始小号始于史前时期，它是最早的管弦乐队的主要组成部分。

圆号：最早的协奏曲：1717～1721年，巴赫或维瓦尔第创作（2个圆号的协奏曲）；1721年前，泰勒曼创作（1个圆号的协奏曲）。最早用于管弦乐队：1639年，卡瓦利。发

展过程：最早的金属圆号是德国16世纪中期制作的螺旋状圆号；有回转阀键的圆号于1832年获专利权。

长号：最早的协奏曲：约1760年由瓦根塞尔创作。最早用于管弦乐队：约1600年，作为低音区的一部分。发展过程：由古罗马的布西纳号或滑管小号演变成中古式的萨克布号，1500年左右发展成为现代的长号。

大号：最早的协奏曲：1954年由沃恩·威廉斯创作。最早用于管弦乐队：1830年，柏辽兹的《幻想交响曲》。发展过程：1835年W.威普莱切和莫里茨于柏林申请获得专利权。

打击乐器

砧琴：发展过程：砧本是一种铁匠的工具，自1528年开始用于配乐。

低音鼓：西方国家最早应用者：1680年，弗雷奇的歌剧《贝勒奈西》。最早用于管弦乐队：1725年，芬格尔的协奏曲《特奇萨》。发展过程：据说起源于古老的东方。

钟：最早用于管弦乐队：约1730年，由G.M.霍夫曼创作的葬礼康塔塔。发展过程：约公元前3500年古埃及开始使用。

响板：发展过程：公元前730年，响板便为埃及人所熟知。"Castanet"（响板）此名称源自它的制作材料栗树木（西班牙语称"castana"）。

中国木鱼或木鱼：最早用于管弦乐队：1923年，沃尔顿的《门面》。发展过程：起源于古老的远东，用于寺庙仪式。中国木鱼在1920年前后经爵士乐传入欧洲音乐。

钹：最早用于管弦乐队：1680年，斯特朗克的《以斯帖》。发展过程：钹被用于奥斯曼土耳其军乐队。

锣/平锣：最早用于管弦乐队：1791年戈塞克的《葬礼进行曲》。发展过程：锣始于公元前300年左右的印度尼西亚。

■ 中央C之上的A音可平均每秒转440周，而那之上的A音可平均每

■ 罗伯特·图尔尼（1667~1743）的一幅画，描绘当时最具代表性的三人演奏小组排练的情景。

音乐提示记号

accelerando（加速）：速度越来越快。
adagietto（小柔板）：短小的柔板。即：比柔板稍快。
adagio（柔板，原意为"从容"）：慢而从容的速度。
allegretto（小快板）：短小的快板。即：比快板略慢。
allegro（快板，原意为"愉快、活泼"）：轻松、快活，但速度并不太快。
andante（行板，原意为"行进速度"）：指不快但有节律的行进速度。
andantino（小行板）：短小的行板。最初指比行板略慢而现在则常用来指比行板稍快。
arpeggio（琶音）：上下快速连续奏出的和弦音。
crescendo（渐强）：声音越来越强。
diminuendo（渐弱）：声音越来越弱。
forte（强）：响亮。
fortissimo（很强）：非常响亮。
largo（广板，原意为"宽敞"）：速度缓慢宽广。
lento（缓慢）：慢。
mezzo（半）：适中。
moderato（中板）：中速，常与快板、行板等一起应用，以调节速度。
pianissmo（很轻）：很轻。
piano（轻）：轻。
pizzicato（拨奏）：用手指拨动弓弦乐器的琴弦。
prestissimo（快急板）：非常快。
presto（急板）：快。
ralentando;ritardando,ritenuto（渐慢）：速度越来越慢。
sottovoce（低声地或悄悄地）：音量介于强弱之间，但偏弱。
vibrato（揉弦、颤音）：通过快速的音高或强度的波动赋予音乐以"表情"色彩。
vivace（活泼地）：活泼地。在古音乐中，活泼但不太快。

马林巴琴（原始木琴）：最早用于管弦乐队：1914年前，格兰杰的《在果壳里》。发展过程：它发展成为非洲的木琴，参见木琴（见下）。

小（军）鼓：最早用于管弦乐队：1749年，韩德尔的《焰火音乐》。发展过程：史前时期的小鼓是中世纪单面小鼓的前身，在18世纪发展成为现代的小鼓。

铃鼓：最早用于管弦乐队：1820年。发展过程：中世纪阿拉伯人使用过这种铃鼓，而现代铃鼓的原型则出自古亚述或古埃及，已知最早使用"tambourine"（铃鼓）一词是在1579年。

次中音鼓：最早用于管弦乐队：1842年。发展过程：现代的次中音鼓最初用于军乐队。

定音鼓：最早的协奏曲：约1780年由J.C.C.费希尔创作。最早用于管弦乐队：创作于1565年的一无名氏作品。发展过程：源自古老的东方。

三角铁：最早用于管弦乐队：1774年，格朗茨的《土耳其交响曲》；但从1680年左右才开始用于歌剧。发展过程：已知最早使用三角铁的是奥斯曼土耳其军乐队。

电颤琴：一种打击乐器。有一套金属条，下面有金属共鸣管，通过电子操纵，可使共鸣管发出颤音。普遍用于爵士乐队。最早用于管弦乐队：1932年。发展过程：20世纪20年代最先使用于舞蹈乐队。

木琴：最早用于管弦乐队：1852年卡斯纳的《里弗尔-分割》。发展过程：木琴始于古代，大概源于非洲，用两个槌子敲击。已知最早的西方音乐是在1511年。管弦乐队的木琴音域为3个八度音。

弦乐器

小提琴：最早的协奏曲：1698年由托雷利创作。最早用于管弦乐队：约1600年。发展过程：小提琴族乐器是由古希腊的七弦竖琴发展而来，而它的直接前身是6世纪凯尔特人的克鲁斯琴、法国的雷贝克琴和提琴类乐器。最早的现代小提琴是由伦巴第人（北意大利人）始创于1545年左右。"violin"和"fiddle"二词均出自拉丁文"vitulari"（意思是："像小牛一样跳来跳去"）。

中提琴：最早的协奏曲：1721年以前由泰勒曼创作。最早用于管弦乐队：约1600年。发展过程：见上述的小提琴。它的音域在4个八度音以上。

大提琴：最早的协奏曲：1701年由亚基尼创作。最早用于管弦乐队：约1600年。发展过程：见上述的小提琴。它的音域在4个八度音以上。

低音提琴：现存最早的协奏曲：约1765年由万霍尔创作。最早用于管弦乐队：约1600年。发展过程：现代低音提琴与小提琴族乐器同期发展起来，但它更接近于中世纪的六弦提琴或六弦低音提琴。它也常用于爵士乐。

竖琴：最早的协奏曲：1738年由韩德尔创作。最早用于管弦乐队：约1600年。发展过程：竖琴可能起源于史前时期，但直到1792年才发展成现在的竖琴。

键盘乐器

钢片琴：类似钢琴（见下），但其发音方式是以琴槌敲钢片而非弦，声音如铃。参见钟琴（见下）。最早用于管弦乐队：1880年维多尔的芭蕾舞剧《德·科瑞格尼》。发展过程：1880年米斯泰尔在巴黎发明。

击弦古钢琴：击弦金属小片（翼片）敲击琴弦使部分琴弦颤动并使另外一部分停止（制止弦的振动）。一根弦可发许多音，但不能同时进行。它那极为亲切的声音最适于在家庭中弹奏。发展过程：该乐器创始于中世纪，但现今已不多见。

钟琴（德语意为"敲钟"）：与钢片琴类似（见上）。有的装有键盘，但由演奏者手持木槌敲击钢片的钟琴更为常见。

簧风琴：最早用于管弦乐队：1858年，塞扎尔·弗兰克。发展过程：1835年左右格雷尼埃在法国巴黎发明的一种轻便的簧风琴。在现代它不是一件常用乐器，多半用于教堂，为赞美诗伴奏。

羽管键琴（拨弦古钢琴）：羽管键琴通常有两层键盘，可控制由拨子拨动的琴弦。羽管键琴主要作为室内演奏乐器，在早期的管弦乐中也用作低音部乐器。最早的协奏曲：约1720年。发展过程：一种键盘乐器，于14世纪由索尔特里琴演变而来--现存最早的样琴应追溯到1521年。到1800年左右，羽管键琴被钢琴（见下）所取代。从1903年前后开始，羽管键琴再度使用并且随着古代音乐的复兴再度盛行。现代作曲家，例如戈雷茨基，也开始作羽管键琴协奏曲，特别是霍罗维茨的《为爵士羽管键琴而作的协奏曲》很受欢迎。

管风琴：最早的协奏曲：约1730年由韩德尔创作。发展过程：一种键盘乐器，出自古式排箫，但其后的发展使它成为所有乐器中最大、最强的乐器。圣-桑最早用它创作了《管风琴交响乐》（1886），而沃恩·威廉斯在其《南极交响曲》（1953）中使管风琴发挥了巨大效果。

钢琴：最早的协奏曲：1763年由J.B.施米特创作。发展过程：1700年前不久第一架钢琴由巴托洛缪·克里斯托福里在佛罗伦萨制造出来，在洋琴的基础上改制，用槌击弦，创造出键盘器的效果，与羽管键琴（见上）不同，它可同时演奏强弱音（因此早期称之为"fortepiano"，意为"强弱"）。克里斯托福里于1709年公开了他研制出的改进后的钢琴样琴，18世纪20年代的一些样琴保存至今。尽管3个世纪以来对该乐器已经做了极大的改善，然而早期的钢琴仍体现出现代钢琴的大部分特性。已知出版最早的钢琴谱是由朱斯蒂尼所写（1732），1776年左右该乐器得此现名，并于1850年左右形成现代铁框架外形。立式"室内钢琴"常被认为是维多利亚时代的典型代表，然而第一架立式钢琴是于18世纪70年代在德国制作的。作曲家兼钢琴家穆西奥·克莱曼蒂致力于发展钢琴的演奏技巧，演技之精深，被人们誉为"钢琴之父"。他不但发展了钢琴的演奏技巧，而且也改进了钢琴本身。钢琴是目前应用最广的现代键盘乐器。

小型拨弦古钢琴（斯皮耐琴）：发展过程：这是一种键盘乐器，研制于15世纪早期，形似羽管键琴（见上），但较小。"spinet"（斯皮耐琴）此名称可能源自拉丁语"spina"（意为"刺"或"羽管"-弹拨器）。

维吉那琴：一种扁平的羽管键琴（见上），琴身为长方形。发展过程：第一本印刷的维吉那曲集《少女曲集》于1611年在英国伦敦问世。

歌剧

▶"歌剧"一词是"歌唱的戏剧"的简称（意大利语为"音乐作品"）。

▶现存最古老的歌剧是雅各布·佩里于1600年在意大利佛罗伦萨所创作的《尤丽狄茜》。

在17世纪，歌剧是一种带有故事情节的表演剧，由穿着戏服的歌手演唱并有乐器伴奏。歌剧虽然起源于意大利（第一个公众剧院于1607年在威尼斯开业），但迅速传播到欧洲其他国家。

最早的歌剧原本是为了再现古希腊戏剧的，后来发展成为有系列歌曲或声乐唱段（咏叹调）的戏剧，开始由旋律美妙的咏叹调衔接，然后由宣叙调处理，节奏近似于朗诵。随着歌剧的发展，它变得更加自然真实，音乐也更加连贯，同时也反映出其他音乐领域的发展变化。

著名歌剧

注：歌剧按各自外文名称的字母顺序排列。歌剧名之后是作曲家的姓名，括号内为脚本作者（词作者）的姓名。

■瓦格纳的《指环》系列剧中《女武士》的一个场景显示了对其歌剧极为重要的丰富的舞台艺术效果。

《阿依达》，威尔第（吉斯兰佐尼），1871年：埃及总督爱上现已沦为埃及宫廷女奴的原埃塞俄比亚公主阿依达，却不爱深爱着他的法老的女儿。最终，他背叛了自己的国家，被判处活埋，阿依达甘愿与他同死。

《艺术家的生涯》（又名《绣花女》），普契尼（吉阿科萨及伊利卡根据默格尔的作品改编），1896：诗人卢道夫与患有结核病的咪咪之间的爱情故事，描述了贫困的巴黎艺术家们的生活。

《鲍里斯·戈东诺夫》，穆索尔斯基（自编台本-根据普希金的作品编写），1874年：描写了俄罗斯人民在沙皇鲍里斯统治下所遭受的苦难。

《卡门》，比才（梅拉克和阿莱维，根据梅里美的小说改编），1875年：故事发生在塞维利亚，士兵何塞为吉普赛姑娘卡门而神魂颠倒，然而卡门却抛弃了他，爱上了斗牛士埃斯卡米洛，因此何塞杀死了她。《卡门》在巴黎首演失败，然而现在它却备受人们喜爱。

《乡村骑士》，马斯卡尼（塔乔尼托泽蒂和梅纳希），1890年：描述一西西里人回到村庄发现自己的情人已经结婚。他便与另外一个姑娘订婚，但他不忘旧情，暗中与旧情人继续往来，被其丈夫发现，最后在决斗中被杀。

《女人心》，莫扎特（达·蓬特），1790年：两个年轻人打赌说他们的未婚妻在他们外出时会对他们忠贞，然后回来时乔装打扮以考验她们，结果他俩输掉了赌注。

《唐·乔万尼》（又名《唐璜》），莫扎特（达·蓬特），1787年：一个西班牙浪子唐璜的风流经历。当被他杀死的贵族的塑像复活后，他终于被拖下地狱。

《叶甫盖尼·奥涅金》，柴可夫斯基（由作曲家本人和希洛夫斯基根据普希金的同名小说撰写），1879年：少女塔姬雅娜单恋着在决斗中杀死她妹夫的过客奥涅金，数年后奥涅金从国外回来，二人角色互换-他发现自己爱上了塔姬雅娜，但为时已晚。

《福斯塔夫》，威尔第（博伊托根据莎士比亚的作品编撰），1893年：福斯塔夫同时追求两个女人，最后受到应有的惩罚。另有一对年轻恋人为剧情辅线。这是威尔第惟一的一部喜剧性歌剧。

《浮士德》，古诺（巴比尔和卡雷根据歌德的剧本撰写），1859年：年老的学者浮士德为了从魔鬼那里重新得到青春和肉体上的快乐，出卖了自己的灵魂；但该剧中描述了他与玛格丽特之间的情感纠葛。

《菲岱里奥》，贝多芬（索莱特纳根据布伊里的作品所作），1805年：莱奥诺拉女扮男装，改名为菲岱里奥，去寻找并搭救狱中的丈夫。这是贝多芬惟一的一部歌剧。

《漂泊的荷兰人》，瓦格纳（自撰台本-根据海涅的作品改写），1843年：一名水手被判终身漂泊海上，只有女人的爱情能救他。他最终找到了爱情得以赎身。

《蝴蝶夫人》，普契尼（伊利卡和贾科萨根据贝拉斯的作品改编），1904年：一位美国海军上尉与买来的一名艺妓结婚。三年后，他携其美国妻子返回日本，目的是领养与艺妓所生之子。她忍痛应允，随后引颈自刎。该歌剧基于真实事件。

《魔笛》，莫扎特（席卡内德），1791年：主人公寻求事实真相，欲前往营救帕米诺。该剧集哑剧、幽默、滑稽于一体并具有共济会精神。

《曼侬·莱斯科》，普契尼（莱翁卡瓦洛等人根据普雷沃的作品改编），1893年：该歌剧叙述一位妇女与情夫私奔，作为他的情妇过着奢侈的生活，后被流放到美国而死。采用同一题材写作歌剧的还有朱尔·马斯内和达尼埃尔·奥柏。

《费加罗的婚礼》，莫扎特（达·蓬特取材于博马舍的作品），1786年：伯爵的侍仆费加罗将与伯爵夫人的侍女结婚，伯爵不顾自己的妻子，欲占有该侍女，结果枉费心机。另外还有一个次要的情节——年轻的凯鲁比诺迷恋上伯爵夫人。这是一部喜剧杰作。

《仲夏良缘》，梯皮特（自撰台本），1955年：对一对即将结婚的现代情侣进行的种种试探性和象征性的考验，模仿古人的仪式并利用传统的和印度教的方法。该剧是梯皮特歌剧中最易懂的一部。

《诺尔玛》，贝利尼（罗马尼），1831年：该剧描述了一个古代高卢女祭司长在爱情与责任之间的痛苦抉择，她违背了神圣的誓言，而不忠的情人企图诱拐一年幼的女祭司，最后他们一起被焚烧而死。

《奥赛罗》，威尔第（博伊多根据莎士比亚作品改编），1887年：一个黑人总督听信他的少尉的谎言，妒火中烧，杀死了无辜的威尼斯妻子。罗西尼也以此题材谱写了一部歌剧，但不如威尔第的作品优秀。

《丑角》，莱翁卡瓦洛（自编台本），1892年：一个经典的悲痛欲绝的丑角故事，以流血虐杀结尾。《丑角》常作为半场节目，与《乡村骑士》同演。

《彼得·格莱姆斯》，布里顿（斯莱特根据克雷布的作品编成），1945年：一位沙福克的渔民在海上丢失一名学徒，随后另外一学徒意外死亡，人们怀疑他，遂被镇民们逐出当地。他驾小船出海自沉而死。它那气氛浓郁的《大海间奏曲》常作为独立的音乐会作品演奏。

《浪子历程》，斯特拉文斯基（奥登和卡尔曼），1951年：一部具有教育意义但时常带有喜剧色彩的歌剧（受贺加斯的绘画启发而作），叙述一个年轻人的堕落，挥霍遗产，最后死于疯人院。它的乐谱及结构类似18世纪的歌剧，并具有非常现代的声乐音响。

《利哥莱托》（又名《弄臣》），威尔第（皮亚韦根据雨果作品改编），1851年：一位爱开玩笑的驼背人想杀死勾引他女儿的公爵，结果，他却杀死了自己的女儿。

《尼贝龙根的指环》，瓦格纳（自撰台本）：根据日耳曼神话题材描写人世的浮沉。由4部剧组成——《莱茵黄金》（1869）；《女武士》（1870）；《齐格弗里德》（1876）及《诸神的黄昏》（1876）。瓦格纳使用乐句或"主导动机"来展现人物个性及思想，同时也表现了对人物的影响及改变。

《玫瑰骑士》，里·施特劳斯（霍夫曼斯塔尔），1911年：一位年长但貌美的夫人放弃了年轻的情人，并保证使他获得幸福的婚姻。这是施特劳斯的一部极富浪漫色彩的歌剧。

《茶花女》，威尔第（皮亚维根据小仲马的原著改编），1853年：一位巴黎妓女找到了真正的爱情，但他由于他父亲的反对而离开了她。在她因肺结核病发作即将离开人世时，他们欣喜地重归于好。

《旋螺丝》，布里顿（派珀根据詹姆斯的原著编写），1954年：讲述一个孩子被可怕的鬼魂附体后堕落的故事。由6人和1个小合唱队演唱创造出惊人的舞台效果。16幕中的每一幕都是同一音乐主题的一种变化形式。

《图兰朵》，普契尼（亚当梅和西蒙根据戈济原著改编），1926年：向中国公主求婚者，必须先解答三条谜语，否则将被砍头。卡拉夫王子成功解谜，然而如果公主在黎明前得知他的名字，他仍然要被处死。剧中的咏叹调"奈森·多玛"甚为足球爱好者所喜爱。

音乐剧

- ▶ 美国上演的《长舌妇》(1879) 可称为第一部音乐喜剧。
- ▶ 音乐剧是由19世纪末、20世纪初的轻歌剧及音乐喜剧发展而来的。

早期音乐剧比较轻松、浪漫，有一些歌曲唱段。而现代音乐剧则更加注重音乐、歌曲和舞蹈的综合性，更有助于表现剧情。

音乐剧这一体裁是由乔治·爱德华兹的《快乐的女孩》所创立的，该剧于1893年在伦敦上演。1927年在纽约上演的《演出船》标志着将剧本与其他诸因素相结合的一个重要阶段，这个趋势在《俄克拉何马!》以及后来的20世纪40年代百老汇音乐剧中得到进一步的巩固。《曳步舞》(1921)为百老汇的黑人音乐剧开了先例，爵士乐从此诞生。1935年格什温的一部黑人布鲁斯音乐剧《波吉与贝丝》一炮打响，轰动一时。20世纪60年代摇滚音乐剧兴起，代表作有《毛发》(1968)，到了70年代，《耶稣基督是超级明星》和《摇滚恐怖表演》(1973)两部戏剧的成功更加巩固了音乐剧的地位。而《汤米是谁》的成功，使音乐剧至今兴盛不衰。该剧写于1969年，1979年上演几个月，于1993年又重返百老汇。

近年来，通谱音乐剧在音乐剧界居主导地位。斯蒂芬·桑德姆的音乐剧在题材上的音乐和内容两方面都有所突破，所使用的素材更具有喜剧色彩，更富于挑战性。与著名的安德鲁·劳埃德·韦伯的作品相比，他的作品演出后更为成功——音响豪华、制作精心，在许多国家上演经久不衰。注重戏剧表演的"制作效果"使一些音乐剧能长时间持续上演，以便收回成本，也预期能恢复简朴的演出风格。为了向惯于听录音的现代观众显示良好的舞台音响效果，多数剧目演出时使用麦克风和音响师，以达到同录音相媲美的效果，因此现在不像过去那样对演唱者的嗓音有较高的要求。

著名音乐剧

《安妮，拿起你的枪》(1946; 曲、词-欧文·柏林，台本-赫伯特和多萝西·菲尔德)：神枪手安妮·奥克利与弗兰克·巴特勒在"野牛"比尔的《西大荒》中演出的传奇故事。从"追求真实自然"到"无与伦比的演艺事业"都获得极大的成功。

《卡巴莱》(1966; 作曲-约翰·康德尔，作词-弗雷德·埃伯，台本-乔·马斯特森，取材于约翰·凡·德鲁顿的戏剧《我是一架摄影机》，该剧根据克里斯托弗·衣修午德于20世纪30年代德国法西斯主义兴起时所写的《柏林故事》一书改编)：故事以萨莉·鲍尔斯工作的柏林一家卡巴莱餐馆为背景，讲述这位歌舞女郎的生活。其中主题歌及歌曲《威尔克曼》最为成功（歌曲《钱，钱，钱》成为电影歌曲)。

《旋转木马》(1945; 作曲-理查德·罗杰斯，作词、台本-小奥斯卡·哈默斯坦，根据弗伦次·莫尔纳的戏剧《利利奥姆》改编)：一位露天马戏团招徕顾客的人被卷入一次抢劫而死，留下一个未出世的孩子，上帝赐他一次机会使他重返人间，暗中帮助他的女儿长大成人。成名曲《你不会一人独行》。

《猫》(1981; 作曲-安德鲁·劳埃德·韦伯，词、台本-根据T.S.艾略特的《老负鼠关于猫的日常活动的书》改编，其中的名曲《记忆》的部分歌词是由该剧的导演特雷弗·纳恩所作)：垃圾堆中的猫为过上舒适的生活而相互争斗。

《歌舞队》(1975; 作曲-马丁·哈姆利什，作词-爱德华·克莱本，台本-詹姆斯·柯克伍德及尼古拉斯·但丁)：舞蹈演员排练过程中每个人身边发生的小故事。

《古怪的人》(1960; 作曲-哈维·施密特，作词、台本-汤姆·琼斯，根据埃德蒙德·罗斯丹的戏剧改编)：一对年轻恋人的父亲千方百计使二人分开，直到他们二人真正领略到人生的酸甜苦辣。其中歌曲《切记》成为轰动一时的歌曲。

《屋顶提琴手》(1964; 作曲-杰里·鲍克，作词-谢尔登·哈尼克，台本-约瑟夫·施泰因，根据肖洛姆·阿莱赫姆的小说改编)：讲述守旧的犹太村民所经受的政治冲击及家庭创伤。

《第42大街》(1933; 词、曲作者-哈里·沃伦及艾尔·杜宾，台本-詹姆斯·西摩及莱恩·詹姆斯，取材于布雷德福·罗普斯的小说)：偶然一次机会使一个合唱队女孩成为明星。

《到古罗马广场的途中趣事》(1962; 词、曲作者-斯蒂芬·桑德黑姆，台本-伯特·舍维洛夫及拉里·盖尔巴特，根据普劳图斯的戏剧改编)：在古罗马发生的一连串极为滑稽可笑的故事。

《格里斯》(1972; 词、曲及台本作者-吉姆·雅各布和沃伦·凯西)：讲述20世纪50年代一群十几岁高中生的故事。

《男少女》(1950; 词、曲作者-弗兰克·莱塞，台本-艾贝·巴洛斯及乔·斯沃林，取材于戴蒙·鲁尼恩的小说)："在纽约流传已久的一种古老的双骰子赌博游戏"迎合了一些"摇喊"教派的成员。成名曲有《幸运是女人》及《坐下，你使船摇摆》。

《你好，多莉!》(1964; 词、曲作者-杰里·赫尔曼，台本-迈克尔·斯图尔特，根据桑顿·怀尔德的戏剧《媒人》改编)：主要描述一个寡妇为她的男雇主作媒娶妻的故事，并以另一位店员的浪漫爱情故事为辅线。

《耶稣基督是超级明星》(1971; 作曲-安德鲁·劳埃德·韦伯，作词-蒂姆·赖斯)：这部戏剧被称为"摇滚歌剧"，自始至终均为基塔塔歌曲。该剧通过耶稣的信徒犹大的视角描述耶稣最后的日子。其中主题曲及歌曲《我不知道该如何爱他》跻身于最受欢迎歌曲的行列。

《吻我吧，凯特》(1948; 词、曲作者-科尔·波特，台本-塞缪及贝拉·斯帕沃克)：讲述一对前夫妻明星在戏剧《泼妇驯服记》中台前幕后吵吵闹闹的故事。其中许多歌曲非常成功，包括《重温莎士比亚》和《酷热》。

《小夜曲》(1973; 词曲作者-斯蒂芬·桑德黑姆，台本-休·惠勒，取材于英马尔·伯格曼的电影《夏夜的微笑》)：一位不再年轻貌美的女演员与现已结婚的昔日情人重逢。风靡一时的歌曲《请来小丑》充分表现了为他们没有结果的爱情而伤感遗憾之情。

《悲惨世界》(1980; 作曲-克劳德-米歇尔·勋伯格，作词-阿莱恩·布布利尔及琼-马尔克·内泰尔，台本-布布利尔及勋伯格，根据维克多·雨果的小说改编)：讲述一个无辜被指控的人四处躲避追捕及受苦难的贫民奋起抗争的故事。詹姆斯·芬顿和赫伯特·克雷茨默将该剧的大部分台词译成英文，并增加了许多新歌曲，使该剧演出非常成功。

《西贡小姐》(1989; 作曲-克劳德-米歇尔·勋伯格，作词-阿莱恩·布布利尔及小理查德·马尔特拜，台本-布布利尔)：讲述的是本世纪70年代发生在越南的蝴蝶夫人的故事。

《窈窕淑女》(1956; 作曲-弗雷德里克·勒韦，作词、台本-艾伦·杰伊·勒纳，根据萧伯纳的小说《皮格马利翁》改编)：关于一个卖花女学习如何适时而文雅地讲话的故事。其中成名曲有《天气真好》、《我多想通宵劲舞》、《准时带我去教堂》和《在你住的那条街》。

《俄克拉何马!》(1943; 作曲-理查德·罗杰斯，作词-小奥斯卡·哈默斯坦，里格的戏剧《紫丁香》改编)：讲述乡村浪漫爱情故事和一桩谋杀案。成名歌曲有该剧的主题歌《啊! 多美丽的早晨》和《人们会说我们在相爱》。

《奥利弗!》(1960; 词、曲、台本作者-莱昂内尔·巴特，取材于查尔斯·狄更斯的小说《奥利弗历险记》)：这是一个令人心碎的故事，讲述一个孤儿在历尽苦难与不幸后，终于找到了家。成名歌曲有《爱在何方？》、《只要他需要我》及《谁来买？》。

《歌剧幽灵》(1986; 作曲-安德鲁·劳埃德·韦伯，作词-查尔斯·哈特，台本-劳埃德·韦伯和理查德·斯蒂尔戈，根据加斯顿·勒劳克斯的小说改编)：一位相貌丑陋的音乐天才住在歌剧院的地下室，他使一位合唱队队员动了心，但又嫉妒她对男主角的爱慕之情，因此他把她带到地下室他的家中。其中主题歌和歌曲《夜半歌声》成为轰动一时的歌曲。

《演出船》(1927; 作曲-杰罗姆·科恩，作词、台本-小奥斯卡·哈默斯坦，根据埃德娜·费伯的小说改编)：讲述密西西比河演出船上演员们的生活。着重描述一个慷慨的赌徒的故事以及一位混血女演员的悲惨结局。成名曲有《老人河》及《不能不爱他》。

《音乐之声》(1959; 作曲-理查德·罗杰斯，作词-小奥斯卡·哈默斯坦，台本-霍华德·林赛和拉赛尔·克鲁斯)：家庭女教师赢得了男主人的心，为了逃避德国纳粹分子的追捕，带领由其前妻留下的几个孩子组成的合唱团穿越阿尔卑斯山。其中主题曲《翻过每一座山》、《雪绒花》及《我心爱的东西》成为走红歌曲。

《南太平洋》(1949; 作曲-理查德·罗杰斯，作词-小奥斯卡·哈默斯坦，台本-哈默斯坦及乔舒亚·洛根，取材于詹姆斯·米切纳的小说《南太平洋故事》)：讲述四个人的浪漫爱情故事：美国海军护士和一位法国种植园主、一位海岛女郎和一位美国政府官员——后来他们在一次日本突袭中丧生。其中部分成名曲有《巴厘岛》、《快乐谈话》、《迷人的夜晚》、《我要彻底忘记他》及《未到青年时》。

《日落大道》(1993; 作曲-安德鲁·劳埃德·韦伯，词、台本作者-唐·布莱克及克里斯托弗·汉普顿，根据比利·怀尔德的经典电影改编)：一位年老的无声电影皇后希望能重返屏幕，请一位一贫如洗的作家帮助她。

《削头的托德》(1979; 词、曲作者-斯蒂芬·桑德黑姆，台本-休·惠勒，根据克里斯·邦德的戏剧改编)：是一部恐怖剧，舰队街的"魔鬼"理发师为了给家人报仇，将前来理发的顾客的喉咙割下，然后做成馅饼。

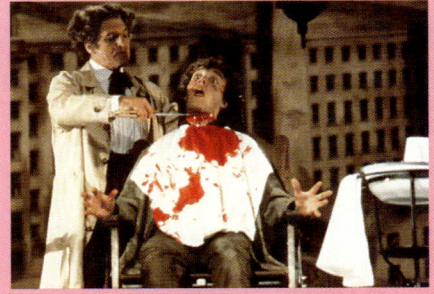

■ 桑德黑姆的《削头的托德》中复仇的理发师。

《西海岸的故事》(1957; 作曲-伦纳德·伯恩斯坦，作词-斯蒂芬·桑德黑姆，台本-阿瑟·劳伦茨)：讲述罗密欧和朱丽叶两个互相竞争的纽约街头团伙。成名曲有《今夜》和《美国》。

歌剧演唱家

艾伦，托马斯（1944~），威尔士男中音歌唱家，以演唱《叶甫盖尼·奥涅金》《唐璜》及《比利·巴德》（布里顿）而闻名。

贝克，珍妮特（1933~），英国次女高音歌唱家，以演唱《玛丽亚·斯图亚特》（唐尼采蒂）、《奥菲欧》（格鲁克）以及《狄朵》（普赛尔）而闻名。

卡瓦列，蒙塞拉特（1933~），西班牙女高音歌唱家，擅长演唱唐尼采蒂和贝利尼的歌剧。

卡拉斯，玛丽亚（原名塞西利亚·索菲娅·安娜·玛丽娅·卡洛杰罗波鲁，1923~1977），女高音歌唱家，生于美国，父母为希腊人。极富表演才能的女演员。扮演了无与伦比的托斯卡，维奥莱塔（《茶花女》）及诺尔玛。

卡里斯勒，约瑟夫（原名约瑟夫·玛丽亚，1946~），西班牙男高音歌唱家。在《艺术家的生涯》和《卡门》中出色地演唱了卢道夫和唐豪。

卡鲁索，恩里科（1873~1921），意大利男高音歌唱家，为历史上最负盛名者。他唱遍了当时所有歌剧的保留曲目，最著名的是《丑角》中的卡尼奥。

德·洛斯·安赫莱斯，维多利亚（1923~），西班牙女高音歌唱家，出色地表演了蝴蝶夫人和《艺术家的生涯》中的咪咪。

多明戈，普拉西多（1941~），西班牙男高音歌唱家。成功之作为《卡门》中何塞及《奥赛罗》中的奥赛罗。为目前最著名的戏剧男高音歌唱家。

菲舍尔-迪斯科，（阿尔伯特）迪特里希（1925~），德国男中音歌唱家，他在传统和现代的保留剧目中都有出色的表演。

弗拉格斯塔，希尔斯滕（原名马尔弗丽达，1895~1962），挪威女高音歌唱家，善于演唱瓦格纳的作品，在演唱《特里斯坦与伊索尔德》中的伊索尔德尤为著名。

吉里，贝尼亚米诺（1890~1957），意大利男高音歌唱家，本世纪最出色的歌唱家之一，优美、圆润的嗓音弥补了他表演才能的欠缺。

霍尼，玛丽莲（原名伯妮斯，1934~），美国次女高音歌唱家。喜爱演唱罗西尼剧中角色。

琼斯，格威内思（1936~），威尔士女高音歌唱家。以演唱瓦格纳剧中角色而闻名，在《玫瑰骑士》中出色地演唱了公爵夫人一角。

勒曼，洛特（1888~1976），德国女高音歌唱家。以演唱《玫瑰骑士》中公爵夫人而享有盛名。

林德，燕妮（原名约翰娜·玛丽亚，1820~1887），瑞典女高音歌唱家。她的嗓音甜美，因而有"瑞典夜莺"的雅号。

梅尔巴，内莉（原名米切尔·海伦·波特，1859~1931），澳大利亚女高音歌唱家，音域极广，为当时著名的歌唱家。在她60多岁时，嗓音仍然保持很好。她是惟一的一位以自己的名字为一种甜食命名的歌剧演唱家。

摩纳哥，马里奥·德尔（1915~1982），意大利男高音歌唱家。以演唱奥赛罗而著名（他身穿戏服入葬）。

尼尔森，比吉特（原名斯文松，玛丽塔·比吉特，1918~），瑞典女高音歌唱家。以演唱瓦格纳、施特劳斯的作品及《图兰朵》而著称。

诺曼，杰西（1945~），美国女高音歌唱家。擅长饰演性格坚强的角色，但在《阿里阿德涅在那克索斯》（施特劳斯）中有幽默的表演。

帕瓦罗蒂，卢恰诺（1935~），意大利男高音歌唱家。"男高音之王"，最负盛名的当代歌剧演唱家，以声音纯净而著称。

皮尔斯，彼得（1910~1986），英国男高音歌唱家。为布里顿歌剧中主角的首唱者。

波普，露契亚（1939~1993），澳大利亚女高音歌唱家，出生于捷克。演唱《费加罗的婚礼》中的伯爵夫人，其表演令人称赞。

普赖斯，莱昂泰恩（原名玛丽·怀奥莱特，1927~），美国女高音歌唱家，第一位世界级的黑人女高音歌唱家。在威尔第（特别是《阿依达》）和莫扎特的作品以及现代歌剧中都有上乘的表演。

施瓦茨科普夫，（奥尔加·玛丽亚）伊丽莎白（原名弗雷德丽卡，1927~），德国女高音歌唱家。以演唱《费加罗的婚礼》的伯爵夫人及《玫瑰骑士》中的公爵夫人而闻名。

瑟德斯特罗姆，伊丽莎白（原名瑟德斯特罗姆-奥洛，安妮·伊丽莎白，1927~），瑞典女高音歌唱家。以演唱《玫瑰骑士》中的公爵夫人而闻名。

萨瑟兰，琼（1926~），澳大利亚女高音歌唱家。以演唱《拉美莫尔的露契亚》（唐尼采蒂）及其他"美声唱法"曲目而蜚声乐坛，在韩德尔的歌剧中也有出色的表演。

卡娜瓦，基丽（1944~），新西兰女高音歌唱家。以演唱《奥赛罗》中苔丝狄蒙娜和《费加罗的婚礼》中的伯爵夫人而闻名。

维克斯，乔恩（原名乔纳森·斯图尔德，1926~），加拿大男高音歌唱家。最佳角色为奥赛罗、彼得·格莱姆斯及《特里斯坦与伊索尔德》（瓦格纳）中的特里斯坦。

音乐剧作曲家

巴特，莱昂内尔（原名贝格莱特，莱昂内尔，英国作曲家，1930~）：《锁住你的女儿！》（1959）、《奥利弗！》（1960）、《布利茨》（1962）。

伯恩斯坦，伦纳德（美国作曲家，1918~1990）：《在小镇上》（1944）、《奇妙的小镇》（1953）、《老实人》（1956）、《西海岸的故事》（1957）。

博克，杰里（美国作曲家，1928~）：《奇妙先生》（1956）、《屋顶提琴手》（1964）、《罗特希尔德家族》（1970）。

科尔曼，赛（原名考夫曼，西摩，美国作曲家，1929~）：《甜蜜的爱》（1966）、《巴纳姆》（1980）、《天使之城》（1989）。

科沃德，诺埃尔（皮尔斯）（英国作曲家，1899~1973），多才多艺的作曲家、戏剧家、指挥及演员：《又苦又甜》（1929）、《对话剧》（1934）、《梅花A》（1950）、《启航》（1961）。

格什温，乔治（美国作曲家，1898~1937）：《夫人，再见吧！》（1926）、《滑稽的面孔》（1927）、《奏起来，乐队》（1930）、《疯姑娘》（1930）、《波吉与贝丝》（1935）、《为你疯狂》（1992）。

哈姆利什，马丁（美国作曲家，1944~）：《歌舞队》（1975）、《他在演奏我们的歌》（1979）、《微笑》（1986）、《告别女孩》（1993）。

赫尔曼，杰里（美国作曲家，1933~）：《你好，多莉！》（1964）、《玛姆》（1966）。

康德尔，约翰（美国作曲家，1927~）：《从A到Z》（与杰里·赫尔曼合作，1960）、与弗雷德·埃伯合作曲目《卡巴莱》（1966）、《幸福时光》（1968）、《芝加哥》（1975）、《蜘蛛女之吻》（1992）。

科恩，杰罗姆·戴维（美国作曲家，1885~1945），多产的作曲家，作有40多部音乐剧，其中只有一部《演出船》（1927）非常流行，并多次重演：《来自犹他州的女孩》（1914）、《噢，男孩！》（1917）、《噢，夫人！小姐！》（1918）、《萨莉》（1920）、《阳光普照》（1925）、《猫与提琴》（1931）、《空中音乐》（1932）。

劳埃德，韦伯·安德鲁（英国作曲家，1948~）：《约瑟和奇异的彩衣》（1971）、《耶稣基督是超级明星》（1971）、《埃维塔》（1978）、《猫》（1981）、《星光快递》（1984）、《歌剧幽灵》（1986）、《爱的方位》（1989）、《日落大道》（1993）。

莱塞，弗兰克（美国作曲家，1910~1969）：也为自己的许多作品作词，如《少男少女》（1950）、《快乐的费拉》（1956）、《青青绿柳》（1960）、《生意经》（1961）。

勒韦，弗雷德里克（美国作曲家，出生于奥地利，1904~1988）：《布立加杜恩》（1947）、《装饰马车》（1951）、《窈窕淑女》（1956）、《卡米洛特》（1960）、《吉吉》（1973）。

波特，科尔（原名阿尔伯特，美国作曲家，1891~1964）：是许多反复多次上演剧目的曲作者和词作者，共有作品22部，包括《什么都行》（1934）、《吻我吧，凯特》（1948）、《康康舞》（1953）。

罗杰斯，理查德（原名查尔斯，美国作曲家，1902~1979）：与词作者洛伦兹·哈特于1942年前合作了40部音乐剧，其后与小奥斯卡·哈默斯合作。《女朋友》（1926）、《伙计乔伊》（1940）、《俄克拉何马！》（1943）、《旋转木马》（1945）、《南太平洋》（1949）、《国王和我》（1953）、《音乐之声》（1959）。

勋伯格，克劳德-米歇尔（法国作曲家，1944~）：《悲惨世界》（1980，英文版1985年出版）、《西贡小姐》（1989）、《马丁·奎里》（1996）。

桑德黑姆，斯蒂芬（原名乔舒亚，美国作曲家，1930~）：自己作词、作曲，并为《西海岸的故事》和《吉普赛人》作词。著名音乐剧有《到古罗马广场的途中趣事》（1962）、《人人可以吹口哨》（1964）、《时事讽刺剧》（1971）、《小夜曲》（1973）、《削头的托德》（1979）、《走进丛林》（1987）、《刺客》（1991）、《激情》（1996）。

韦尔，库尔特（德国作曲家，1900~1950）：《三分钱歌剧》（1928）、《黑暗中的女郎》（1941）、《街景》（1947）、《迷失在星空中》（1949）。

爵士乐

▶爵士乐源于美国黑人音乐，以切分节奏为特点（强调节奏的随意性），可由一人或多人即兴演奏，并具有多种乐器演奏技巧及演奏风格。

▶爵士乐主要流派产生于1945年，第二次世界大战后期，当时由于"传统"的爵士乐旋律单调、简单，因而让位于复杂、紧张、强烈，并具有艺术鉴赏力的"现代"爵士乐。

爵士乐发展于19世纪末期，以美国南部黑人奴隶的劳动歌曲、圣歌以及挽歌为基础，尤其是新奥尔良的酒吧间、妓院及街道的游行队伍中所演奏的乐曲。

爵士乐的最早形式之一为切分的雷格泰姆，尤其在钢琴独奏中，而布鲁斯则促进了一种特别的即兴演奏的十二小节结构的形成。随着美国黑人运动向北方的扩展，爵士乐很快地传到芝加哥和纽约，后来传至国外。

第一张爵士乐唱片制作于1917年，由来自新奥尔良的、全部由白人组成的新潮迪克西兰爵士乐队演奏，在纽约及整个欧洲引起轰动，随后于1923年奥利弗王子的克里奥耳爵士乐队也开始录制唱片。各种新的演奏风格如"布吉乌吉"于20世纪20年代产生。即兴演奏的基础是建立在曲调和声的反复上，而不是建立在旋律本身。到了20世纪40年代，爵士乐最初的旋律在一些演出中已失去原有的地位，而全然由内在的复杂的和声来表现。

无论是白人还是黑人的爵士乐队，规模都在逐渐扩大。第二次世界大战前，以白人音乐家为主的大乐队演奏一种称为"摇摆舞曲"的商业性爵士乐，成为大西洋两岸最流行的舞蹈音乐。20世纪40年代，一种称为"比博普"的节奏急速疯狂、即兴演奏的新风格迅速发展，50年代兴起"现代"爵士乐，以西海岸乐队（以白人音乐家为主）和冷乐队的风格为特点的爵士乐，在此之后的十年间甚为流行。另外一种称为"硬博普"的比较激情的风格作为对"冷"爵士风格的反叛而诞生。现代爵士乐是从有规则的节拍和复杂的独奏这两者的对比中获得强烈的表现力的。

传统的新奥尔良乐队通常包含小号、长号、单簧管、钢琴、低音提琴和鼓，后来增加了萨克斯。虽然演奏风格及乐队的规模有很大的不同，但多数爵士乐演奏家们仍然演奏其中的一件或几件乐器，偶尔增加木琴和小提琴。

杰出的爵士乐演奏家

阿姆斯特朗，路易斯·"萨奇莫"（1901～1971），美国爵士乐小号手、乐队领袖、沙哑派歌唱家。他是小号独奏的先驱，他的"摇摆感"演奏风格以及即兴表演的才华为所有人树立了一个榜样。

巴锡伯爵（名叫威廉，1904～1984），美国钢琴家、乐队领袖，以钢琴演奏布鲁斯爵士乐而闻名，并且有"大乐队"风范。

贝德贝克，比克斯（原名利昂，1903～1931），美国钢琴家、短号演奏家、印象派钢琴作曲家。《在迷雾中》。

布莱克依，阿特（1919～1990），美国爵士乐"硬博普"派鼓手及先驱名爵士乐队领袖，为天才的爵士演奏。

布鲁贝克，戴夫（1920～），美国钢琴家及作曲家，深受古典音乐的影响，是最早作品10次高居榜首的爵士乐手，这就是所录制的四重奏唱片《稍事休息》（1959），由他们的萨克斯管手保罗·戴斯蒙德编曲。

卡米切尔，霍吉（原名霍格兰·霍华德，1899～1981），美国歌曲作者、演唱家、钢琴家、乐队领袖。他演唱的著名歌曲有《宇宙尘》。

查尔斯，雷（原名罗宾逊，雷·查尔斯，1930～），美国歌唱家、钢琴家。自7岁起双目失明。他的演唱风格集黑人福音音乐、爵士乐和布鲁斯于一体。

科尔，纳特"王"（原名科尔斯，纳撒尼尔·亚当，1919～1965），美国歌唱家、钢琴家。他是第一位在电视上制作系列节目的黑人爵士演奏家。他的钢琴、吉他和低音提琴的三重奏形式为很多人所效仿。虽然流传广的是他的声乐作品，然而他独创的钢琴演奏风格也颇具影响。

科尔曼，奥内特（1930～），美国作曲家、萨克斯管演奏家，后来也从事小号及小提琴的演奏。20世纪50年代，他以其独特的演奏风格动摇了爵士乐的根基，这种风格后来被称为"自由爵士乐"。

科尔特雷恩，约翰（原名威廉，1926～1967），美国爵士乐队领袖、作曲家。他是继查利·帕克之后被广为效仿的次中音萨克斯管手。

丹克沃斯，约翰尼（原名约翰·菲利普·威廉，1927～），英国萨克斯管手、乐队领袖、作曲家，英国战后爵士乐的主要人物。常与其妻子——演唱家克莱奥·莱尼（见下）同台演出。

戴维斯，迈尔斯（原名杜威三世，1926～1991），美国爵士乐小号手、乐队领袖。20世纪40年代，他与查利·帕克同为"博普"音乐的主要演奏者。于50年代后期转向弗里曼柯乐曲及"自由爵士乐"的演奏，而后首创了爵士摇滚音乐。

多塞，吉米（原名詹姆斯，1904～1957），美国爵士乐队领袖、单簧管及萨克斯管演奏家。他组建了多塞兄弟管弦乐队，在汤米于1935年离开乐队后，他将乐队改为舞蹈伴奏乐队。

多塞，汤米（原名托马斯，1905～1956），美国爵士乐队领袖、长号手、歌唱家。他离开他兄弟的乐队，组建自己的乐队，弗兰克·西纳特拉为乐队歌手。

埃林顿"公爵"（原名爱德华·肯尼迪，1899～1974），美国爵士乐队领袖、钢琴家、优秀的爵士乐曲家。据估计他的音乐作品多达2000部以上，其中包括《蓝色的情绪》（1930）和电影配乐、芭蕾舞曲、歌剧以及为莎士比亚戏剧配乐。

菲茨杰拉德，埃拉（1918～1996），美国歌唱家、优秀的爵士流行歌曲演唱家。她在奇克·韦布死后，掌管他的乐队，为时3年，后来从事独唱事业。

加纳，埃罗尔（原名路易斯，1921～1977），美国主流派钢琴家，具有自己独特的风格。为著名歌曲《雾》的作者。

格茨，斯坦（原名斯坦利，1927～1991），美国次中音萨克斯管手。他将爵士乐及菠莎诺瓦舞曲融为一体，但他的演奏风格有较强的"摇摆"意味。

吉勒斯皮，迪齐（原名约翰·伯克斯，1917～1993），美国作曲家、乐队领袖、小号手。20世纪40年代，在他的演奏中融入古巴黑人音乐节奏，他后来的风格充满了戏剧色彩。

古德曼，本尼（原名古德曼，本杰明·戴维，1909～1986），美国单簧管手、乐队领袖，被誉为"摇摆之王"。他是第一位推广爵士乐演奏风格的白人乐队领袖。

格拉佩利，斯蒂费昂（1908～），法国小提琴爵士乐先驱。以与詹戈·赖恩哈特合作的热酒吧乐队演出而闻名。

汉考克，赫比（1940～），美国钢琴家、作曲家。他深受摇滚乐、古典音乐、早期爵士乐的影响。麦尔斯·戴维斯的五重奏使他成名，并于20世纪70年代创作一些流行乐曲。他为电影《午夜时分》（1986）配乐，获得奥斯卡奖。

汉迪，威廉·克里斯托弗（1873～1958），美国作曲家、短号手、乐队领袖。以布鲁斯的作者及收集者著称，他与他的孟菲斯管弦乐队合作录制唱片，并与杰利·罗尔·莫顿乐队一起巡回演出。于1943年双目失明。

霍金斯，科勒曼（1904～1969），美国次中音萨克斯管演奏家。他是第一个推广、普及这种乐器的人。

海因斯，厄尔（原名肯尼思，被称为"法瑟"，1903～1983），美国钢琴家、乐队领袖。他是乐器合奏及即兴独奏华彩段的创新者，他与路易斯·阿姆斯特朗联合演奏，并以乐队拥有

路易斯·阿姆斯特朗（1901-1971）

众多明星为特色。

霍利戴，比莉（原名法甘，埃莉诺拉，也称她为"戴女士"，1915～1959），美国爵士乐歌手，是最早的黑人歌手之一。特点是拥有一个白人乐队。她的成名作是《奇异的果实》，这是一首有关私刑的歌曲。她那生动的爱情歌曲也反映出她自己艰难的生活历程。

琼斯，埃尔文（1927～），美国鼓手、乐队领袖。他于50年代开始成为"博普"鼓手，此后于60年代与约翰·科尔特雷恩的四重奏组合作而闻名。他的鼓乐演奏风格使乐鼓成为即兴演奏乐器中的主要乐器。

莱尼，克莱奥（原名坎贝尔，克莱门蒂娜·黛娜，1927～），英国爵士乐歌手，擅长即兴主演并伴有狂叫。她从低音到假声可唱出4个八度音，并因此而闻名。

刘易斯，约翰（原名阿龙，1920～），美国钢琴家、作曲家，是米尔特·杰克逊四人演奏组（后来成为现代爵士乐四重奏组）成员。他是该乐队的音乐指挥并作有许多乐曲，将古典音乐融于爵士乐中。

马萨利斯，瓦因坦（1961～），美国小号手。对爵士乐和古典音乐都很有修养，出身于一个爵士音乐之家。

米勒，格伦（1904～1944），美国爵士乐队领袖、长号演奏家。他的大乐队"摇摆"乐曲，常有萨克斯管和高音单簧管合奏，创造出一种别具特色的乐声，如他的名曲《心情》。

明戈斯，查尔斯（1922～1979），美国低音提琴演奏大师、作曲家。他创作的富于激情的作品先于"自由爵士乐"并对其产生深刻的影响。

蒙克，塞洛尼厄斯（原名斯费尔，1917～1982），美国钢琴家、作曲家，对现代爵士乐的形成有重要的影响，他的作品有《午夜时分》和《站住，别动》。

莫顿，"杰利·罗尔"（又名拉莫特，勒莫特，拉芒特，费迪南·约瑟夫，1890～1941），美国爵士乐作曲家、钢琴家。他的作品经创作、排练后成为新奥尔良风格的典范。

帕克，查利（1920～1955），美国萨克斯管演奏家，其绰号"鸟儿"闻名遐迩。他是一位天才的即兴演奏家，也是现代爵士乐中最重要的人物。

彼得森，奥斯卡（原名伊曼纽尔，1925～），加拿大钢琴家、作曲家。50年代至60年代期间，他与自己的三人演奏小组一同演出，此后逐渐成为具有精湛演技的独奏家，他的作品有《加拿大组曲》（1964）等。

赖恩哈特，詹戈（原名吉恩·巴普蒂斯特，1910～1953），生于比利时的演奏大师（尽管一场大火使左手致残），既可以演奏原声吉他，也可以演奏电吉他，是法国热酒吧乐队成员，后来又加入一个五人演奏组及一些大乐队。

罗奇，马克斯（1924～），美国爵士乐鼓手，以具有创新能力及精湛的"比博普"演奏风格而闻名。

罗林斯，桑尼（原名西奥多·沃尔特，1929～），萨克斯管演奏家、爵士乐队领袖，被誉为在世的最伟大的次中音萨克斯管演奏家及卓越的即兴表演家。

肖，阿蒂（原名阿斯乔斯基，阿瑟·雅各布，1910～），美国单簧管演奏家、乐队领袖、大乐队作曲家，经常使用非正统的配乐方式（他的多谢五人组就包括羽管键琴）。

希尔林，乔治（1919～），盲人钢琴家，生于英国，他以钢琴、颤音琴、吉他、低音提琴和鼓等乐器演奏出特有的音乐。他自己创作的《鸟儿摇篮曲》使他声名远播。

谢普，阿奇（1937～），美国次中音及高音萨克斯管演奏家、单簧管演奏家、作曲家。20世纪60年代，以演奏具有战斗力的政治乐曲而著称，以后转为较传统的风格。

肖特，韦恩（1933～），美国次中音及高音萨克斯管演奏家、作曲家。他组建了著名的天气预报综合乐队，并且是"硬博普"风格的主要典范。

史密斯，贝西（1894～1937），美国演唱家，为当时最成功的黑人女唱片艺术家。

塔特姆，阿特（原名阿瑟，1909～1956），美国钢琴家，仅一只眼睛有视力。他在演奏技巧与即兴表演技能上都有新突破。

泰勒，塞西尔（1929～），美国钢琴家。他的演奏具有强大的威力，快速而紧张，虽然比奥内特·科尔曼稍为逊色，但他仍被许多人称为20世纪最伟大的爵士钢琴演奏大师。

沃恩，（洛伊斯）萨拉（1924～1990），美国歌唱家。她早期从事博普音乐，她的歌喉与其说是演唱歌词的工具还不如说是一种爵士乐器。

"胖子"沃勒（原名托马斯·赖特，1904～1943），美国钢琴家、歌唱家、爵士乐队领袖、作曲家。作品有《不是我行为不端》（1930）和《黑莓酱》。他的妙趣横生、富有艺术感染力的演唱使最陈腐的歌曲也大为改观。

威廉，玛丽·洛（原名斯克拉格斯，玛丽·埃尔弗丽达，1910～1981），美国钢琴家、作曲家。她常被人忽略，但她以多种风格——从"比博普"和"大乐队摇摆舞曲"到古典音乐，创作和演奏的乐曲都很令人感动。

流行音乐

- 甲壳虫乐队录制的排名第一的歌曲多于任何其他乐队——在英国，有17张排名第一的单曲唱片，14套排名第一的唱片集，而在美国，有18张单曲唱片、20套唱片集位居流行歌曲排行榜榜首。
- 迄今为止，销售最快的单曲唱片是由爱德乐队推出的《他们知道今天是圣诞节吗？》。该唱片于1984年在英国发行，在销售的头6天便卖出160万张。
- 迄今为止销售最快的流行歌曲集是由辣妹演唱组灌制的《辣妹》——在发行的头6个月里在全世界销售量已超过1400万套。
- 最畅销的流行歌曲集是迈克尔·杰克逊的《震颤》——于1982年发行，迄今为止已在世界范围内销售近4200万张。

流行音乐历史

第二次世界大战期间，以音乐家格伦·米勒及汤米·多塞（见229页）为首的大乐队使人们情绪高昂，使舞厅爆满。然而在最后一次枪击事件后不久，他们在公共场所的中心位置被一些独唱歌手占领，其中有许多人曾经是大乐队里的伴唱。

20世纪50年代

起初的流行音乐是"廷潘胡同"的职业流行歌曲作者寻找歌手演唱他们所作的歌曲，但到了50年代初，许多明星，包括低吟歌手宾·克罗斯比和弗兰克·西纳特拉，为大众领域录制了乡村和西部音乐歌曲（简称C&W）。后来，美国青少年喜欢听节奏音乐及布鲁斯，即蓝调音乐（简称R&B），因此许多主流派歌曲也变成这种音乐风格。

这只是流行音乐出现之前的那个时代的产物，C&W和R&B结合，形成著名的摇滚乐。比尔·哈莱将这种音乐带给世人，而埃尔维斯·普雷斯利则使它成为一种足以改变音乐发展方向的巨大力量。开始，多数的摇滚乐唱片制作粗糙，不加修饰，野味十足，但到了50年代末，摇滚乐失去了原有的锋芒，因为唱片业试图向更大范围的听众推销唱片。

20世纪60年代

60年代初，甲壳虫乐队及其他一些新兴的英国打击乐队，使摇滚乐复苏，他们彻底改变了大西洋两岸的娱乐界。60年代也标志着一批具有创新精神的乐队的出现，如滚石乐队和沙滩男孩乐队。由于民歌手如鲍勃·迪伦和乔尼·米切尔的出现，也掀起一股狂热崇拜歌手及歌曲作者的热潮。各种音乐及舞蹈流派也在这个年代出现，如扭摆舞、"汽车城"节奏舞、"默西披头"乐、"泡泡糖"摇摆舞、激情爵士乐、迷幻乐等。在这10年中，唱片集比单曲唱片畅销，而且摇滚乐表演家无论对自己或是对音乐都更加严肃认真。

20世纪70年代

70年代中期，大多数录制唱片的艺术家首次开始自己作曲，而职业歌曲作者迅速销声匿迹。各种各样的音乐形式，如：重金属电子摇滚乐、小博普乐、格拉姆乐、摇滚乐、激情爵士乐及迪斯科等，随着销售了数百万唱片集的莱德·策普林、埃尔顿·约翰及卡彭特兄妹等人的形形色色的表演同时兴盛起来。但到了70年代的后5年，许多成立已久的乐队让位于崩克音乐。为首的纽约乐队有电视乐队、帕蒂·史密斯乐队和雷蒙尼斯乐队以及英国的性感手枪乐队、克拉什乐队和达姆德乐队。

20世纪80年代

在80年代，音乐的创新更大程度上是技术的革新，而不是音乐本身，出现了CD并取代了老式唱片，MTV的影响使许多乐队不得不投巨资以制作出较好视频效果的节目。女演员们开始在大多由男人占领的歌坛崭露头角。麦当娜、惠特妮·休斯敦及珍妮特·杰克逊打破了由男巨星布鲁斯·斯布林斯蒂恩、U2、"王子"、迈克尔·杰克逊及德雷·斯特雷茨所创的全球唱片销售纪录。与这些新星发展的同时，一些经验丰富的摇滚乐队如谁人、滚石及保罗·麦卡特尼再度辉煌。他们到各地巡回演出，场场客满。

20世纪90年代

90年代一开始，英国人和美国人的欣赏品味出现分歧。在英国，迪斯科再度成为舞蹈音乐，它的普及远远超过70年代的全盛时期。电子合成音响在70年代便开始用于流行音乐，于80年代迅速发展，取代了传统摇滚乐器——吉他、低音提琴和手鼓。到了90年代，这些常用用手弹奏的电子音乐在多种音乐中，从室内音乐到"技巧"舞蹈音乐中占主要地位，甚至也时常出现在比较传统的流行音乐中。不列颠流行音乐及其早期的典型模糊乐队和绿洲乐队使人们重温60年代的音乐。而美国人不理睬英国的音乐发展趋势，反而更加喜欢自己本国发展起来的"蹩脚"乐队，如帕尔·詹姆斯乐队和极乐世界乐队。敲奏成为美国乐坛的主要特点——虽然始创于70年代，但在近20年后它的市场魅力才终于得以发现。

流行音乐艺术家

注：唱片集的名称用书名号，单曲唱片的曲目用引号。每项最后的歌曲为该乐队畅销曲目。

圣父乐队（瑞典）：阿格尼撒·福茨科格、弗里达·林格斯塔德、布乔恩·尤尔瓦厄尼斯、本尼·安德森。1994年以演唱歌曲"滑铁卢"在欧洲电视歌曲比赛中获奖，并成为20世纪70年代成绩最好的乐队。"舞蹈皇后"。

AC/DC乐队（澳大利亚/英国）：安格斯·扬、马尔科姆·扬、邦·斯科特（1980年2月19日逝世，由布里安·约翰逊接替）、马克·埃文斯、菲利普·拉德。强悍摇滚乐队。"你使我一夜不能安枕"。

低音A乐队（瑞典）：詹尼·伯格伦、林恩·伯格伦、乔纳斯·伯格伦、尤尔弗·埃克伯格。是舞蹈流行乐队，首次发行的唱片集《快乐的民族》（在美国称为《踪迹》），在世界范围内销售量达2000万套。"她之所想"。

布赖恩·亚当斯（加拿大）：1959年11月5日出生于安大略省金斯敦。他于1991年发行的单曲唱片"我做的一切都是为了你"在美国7周排名第一，而在英国创下了16周名列榜首的纪录。

埃罗史密斯乐队（英国）：斯蒂夫·泰勒、乔·佩里、布拉德·惠特福德、汤姆·哈米尔顿、乔伊·克拉默。强悍摇滚乐队，成立于1970年，目前仍有唱片发行。"电梯中的爱"。

伯纳纳拉玛唱组（英国）：萨勒赫·达林、凯伦·伍德沃德、赛尼布汉·法黑（离队组建莎士比亚姐妹唱组，由贾奎·萨丽芬接替）。该演唱组比其他英国女子演唱组更受欢迎。"维纳斯"。

雷莉·巴塞（英国）：1937年1月8日出生于威尔士的卡的夫。是3部詹姆斯·邦德电影主题歌的演唱者，她是英国惟一一个历时50年而不衰的女歌唱家。"只要他需要我"。

沙滩男孩乐队（美国）：布赖恩·威尔逊、麦克·拉夫、卡尔·威尔（1983年12月28日潜水而死）、艾尔·贾迪尼、丹尼斯·威尔逊。来自加利福尼亚霍索恩的激浪乐队。"美好的震颤"。

甲壳虫乐队（英国）：约翰·列侬（1980年12月8日死于枪击）、保罗·麦卡特尼、乔治·哈里森、林戈·斯塔尔。来自利物浦的四人演奏小组，历史上最成功的演唱乐队。1970年乐队解散后，他们4人继续从事独唱事业，始终令人瞩目。"她爱你"。

美丽的南方乐队（英国）：保罗·希顿、戴夫·海明威、布赖纳·科里根（后由贾克莱恩·阿伯特取代）、戴夫·罗瑟雷、西恩·韦尔契、戴维·斯迪姆。有影响的乡村流行演唱队，该乐队由演唱辞词的希顿于1989年离开乐队豪977马丁乐队后组建。"点点时光"。

蜜蜂伙伴乐队（英国）：玛丽·吉布、罗宾·吉布、莫里斯·吉布。同胞三人演奏组兼歌曲作者。他们所作的歌曲在1978年里26周位居美国最佳歌曲榜首。"黑夜的

狂热"。

查克·贝里（美国）：1926年10月18日生于加利福尼亚州圣何塞。有影响的摇滚乐演唱家。他的歌曲曾先后被甲壳虫乐队、滚石乐队及沙滩男孩乐队转录。"我的傻瓜"。

布隆迪乐队（美国）：黛博拉·哈里、克里斯·斯泰恩、吉米·戴斯特里、奈夫尔·哈里森、弗兰克·因凡特、克莱姆·伯克。"崩克"摇滚乐队，1979～1981年间在英国有5首歌曲成为排名第一的歌曲（在美国有4首）。"玻璃心"。

布勒乐队（英国）：达蒙·阿尔巴恩、格雷厄姆·考克桑、亚历克斯·詹姆斯、戴夫·罗恩特利。最佳不列颠流行音乐队，1995年获得4项不列颠奖。"女孩和男孩"。

邦·朱维乐队（美国）：乔纳·邦·朱维、里奇·萨姆博勒、戴维·布赖恩、亚历克斯·约翰·萨奇、蒂科·托雷斯。来自新泽西的强摇滚乐队。"以祈祷为生"。

帕特·布恩（美国）：原名查尔斯·布恩，1934年6月1日出生于佛罗里达州杰克逊维尔市。20世纪50年代转录黑人R&B名曲首获成功。"沙中情书"。

戴维·鲍伊（英国）：原名戴维·琼斯，1947年1月8日出生于伦敦的布里斯顿。戏剧性摇滚乐艺术家，他的演奏变化莫测，1972年以来成为主要摇滚乐明星。"咱们跳舞吧"。

波依·乔治（英国）：原名乔治·奥多德，1961年6月14日出生于肯特郡肯里思。曾是文化俱乐部主要歌手，现为一个成功的无线电唱片音乐节目广播员。"因缘善变"。

小波依兹·门乐队（美国）：万亚·莫里斯、迈克尔·麦卡利、肖恩·斯多克曼、内森·莫里斯，他们发行的单曲唱片在美国共49周位居排行榜第一。"大路尽头"。

加思·布鲁克斯（美国）：原名特罗尔·布鲁克斯，1962年2月7日出生于俄拉何马州塔尔萨市。他的唱片集自1990年起在美国销售量超过3500万套。"血腥的打击"。

詹姆斯·布朗（美国）：1933年5月3日出生于南卡罗来纳州的巴恩韦尔。激情-乡土爵士乐的创始人之一，在美国，他录制的R&B音乐歌曲比其他乐队更成功，多次进入流行歌曲排行榜。"生活在美国"。

灌木丛乐队（英国）：加文·罗斯戴尔、奈杰尔·帕尔斯福德、戴夫·帕森斯、罗宾·古德里吉。涅槃、梦幻般的声音，他们首次发行的唱片集《十六石》销售量为600万套，但没能进入排行榜前40名。"吞没"。

凯特·布什（英国）：原名凯瑟琳·布什，1958年7月30日出生于伦敦贝克斯黑希思。著名的女歌唱家。她是由平克·弗洛伊德乐队的戴夫·吉尔默发现，从此走红。"呼啸山庄"。

伯德乐队（美国）：罗杰·（吉姆）麦恩、吉恩·克拉克（1991年5月24日去世）、戴维·克洛斯比、克里斯·希尔曼、迈克尔·克拉克。受鲍勃·迪伦影响的民间音乐电子乐队。"鼓手"。

■ 最畅销的单曲唱片是克罗斯比的《白色圣诞节》——1942年发行，售出

玛丽亚·凯莉（美国）：1970年3月22日出生。首发五张单曲唱片均居美国流行歌曲排行榜榜首。"美好的一天"（与小波伊兹·门比共唱）。

卡彭特兄妹乐队（美国）：卡伦·卡彭特（1983年2月4日死于神经性食欲缺乏症）、理查德·卡彭特。来自康涅狄格的一对受欢迎的兄妹二重唱，以卡伦美妙婉转的歌喉著称。"（她们渴望）在你身旁"。

切尔（美国）：原名切里林·拉皮埃尔，1946年5月20日生于加利福尼亚州的埃尔森特罗，开始时为菲尔·斯比克特伴唱，1963年同萨尼·博诺结婚，他们于1974年离婚前共合作演唱了20首轰动一时的歌曲，她还是一位值得注意的女演员。"我拥有你，宝贝"（与萨尼·博诺二重唱）。

芝加哥乐队（美国）：彼得·塞特拉（1985年由贾森·谢夫接替）、罗伯特·拉姆、泰里·卡思、丹尼·塞拉菲恩、詹姆斯·潘克斯、洛里恩、沃尔特·帕勒扎伊德。爵士摇滚乐队，1967年成立于芝加哥，名为"临时命名的芝加哥乐队"。"如果你现在就离开我"。

埃里克·克拉普顿（英国）：原名埃里克·帕特里克·克拉普，1945年3月30日出生在萨里郡的里普利。著名的布鲁斯吉他演奏家。60年代曾先后加入田园鸟乐队、约翰马耶尔的反布鲁斯乐队、冰淇淋乐队及盲人费思乐队，70年代加入德里克乐队和多米诺乐队。"莱拉"。

克拉什乐队（英国）：乔·斯特拉默、米克·琼斯、保罗·西莫农、"一流的"平基·登。是英国最早的、也是最成功的崩克爵士乐队之一。"我该留下还是该走"。

埃迪·科克兰（美国）：1938年10月3日出生在俄克拉何马州俄克拉何马市（1960年4月17日在英国威尔特郡死于车祸）。著名的摇滚乐表演家。"夏日布鲁斯"。

菲尔·科林斯（英国）：1951年1月31日生于伦敦的奇斯威克。1970年加入詹姆西斯的先驱摇滚乐队成为一名鼓手。1975年，彼得·加布里埃尔离开乐队后，他也成为乐队主要歌手。从1981年开始从事独唱，直到1996年乐队解散。"往日的爱"。

埃尔维斯·科斯泰洛（英国）：1955年8月25日生于伦敦，原名迪克兰·麦克曼纳斯。先加入魅力乐队，后来从事独唱。他是乐队领队罗斯·麦克曼纳的儿子。除了唱歌以外，还与众不同、拥挤、戴夫·埃德蒙兹及波格斯等乐队制作了许多唱片集。"奥利弗的军队"。

越橘乐队（爱尔兰）：德洛丽丝·奥里奥登、诺埃尔·霍根、麦克·霍根、菲尔加·劳勒。他们1990年于利默里克成立乐队，当时名为"越橘穿透我们"，在美国获得巨大成功。"徘徊"。

宾·克罗斯比（美国）：在1903年5月3日在华盛顿州塔科马市出生，原名哈里·利利斯·克罗斯比（1977年10月14日逝世）。他是摇滚乐产生之前最著名的歌星，并出演过几部电影。"白色圣诞节"。

克罗斯比、斯蒂尔斯、纳什与扬乐队（美国/英国/加拿大）：戴维·克罗斯比（原伯德乐队成员）、格雷厄姆·纳什（原霍利乐队成员）、斯蒂文·斯蒂尔斯与尼尔·扬（二人原来均为布法罗·斯普林菲尔德乐队成员）。为60年代后期的超级队人。他们合作的第一集唱片《克罗斯比、斯蒂尔斯和纳什》，配合默契，无可挑剔。然而尼尔·扬于1989年离队休养使乐队失色不少。在伍德斯托克第二次重聚演奏。在录音棚录制了两套唱片集之后，扬从事独唱，发行了大量的歌曲唱片集，这些唱片使他40年声誉不衰。其余三人也表现不凡，有一些歌曲进入流行歌曲排行榜（独

唱或作为乐队团体），虽不及当年，但仍继续出唱片并巡回演出。"马拉喀什快车"。

拥挤的房子乐队（新西兰/澳大利亚）：尼尔·菲恩、保罗·黑斯特、尼克·西摩。1985年斯普利特·恩兹乐队解散后菲恩与黑斯特组建此乐队。尼尔的兄弟、原普利特·恩兹队的歌词家蒂姆于1991年暂时加入该乐队。"不要梦想它会结束"。

对策乐队（英国）：罗伯特·史密斯早于那些"保持永远不变"的音乐家们，于1976年组建了粗野摇滚乐队，并且担任这支时常改变阵容的乐队领奏，当时命名为"容易处理"。"爱之歌"。

德夫·莱帕德乐队（英国）：乔·埃利奥特、菲尔·科伦、瑞克·斯蒂夫·克拉克（死于1991年1月8日，由维维安·坎贝尔取代）、里克·萨维奇、里克·艾伦。强摇滚乐队，该乐队是美国第一支连续发行两套唱片销售量均超过500万套的乐队。"爱情骗子"。

紫红色乐队（英国）：里特奇·布莱克默尔、乔·洛德、戴维·卡弗达尔、伊安·帕斯、伊安·吉兰、罗杰·格洛弗、尼克·西姆珀、汤米·博林、格伦·休斯。强摇滚乐队，于1968年成立，1976年解体。布莱克默尔成立了彩虹乐队；卡弗达尔、洛德和帕伊斯组建了白蛇乐队，伊安·吉兰成立吉兰乐队。"水上烟雾"。

迪佩奇风格乐队（英国）：戴夫·加汉、马丁·戈尔、安迪·弗莱切、艾伦·怀尔德、斯·克拉克（后来为"消磁"乐队成员，1982年由艾伦·怀尔德取代，他也于1995年辞职离开乐队）。音响合成乐队，以后改为摇滚乐队。"喜欢宁静"。

尼尔·戴厄蒙德（美国）：1941年1月24日出生于纽约市布鲁克林区，原名亚·卡明斯基。他除了在独唱上有所成就外，还为蒙吉斯乐队写了一首歌曲，名为"崇尚白日梦的人"。他的一首"红红的葡萄酒"被UB40乐队转录。"可爱的卡罗"。

席琳·狄翁（加拿大）：1969年3月30日出生于魁北克。代表瑞士参加1988年欧洲流行歌曲电视大赛并获奖。从此，她的英、法两种语言的歌曲唱片在国际上享有盛名。"爱的力量"。

海峡乐队（英国）：马克·克诺普特、约翰·伊尔塞、哈尔·林迪斯、皮克·威瑟斯（1983年由特里·威廉取代）、埃伦·克拉克。迪拉克斯克摇滚乐队。唱片集《武装起来的兄弟们》一直为英国畅销唱片集之一，同时它还是第一套销售量达百万的CD唱片集。"金钱无能"。

法茨·多米诺（美国）：1928年2月26日生于路易斯安那州的新奥尔良市，原名安东尼·多米诺。R&B乐曲钢琴弹奏演唱家，受法茨·沃尔勒影响颇深。"黑梅山"。

朗尼·多尼根（英国）：1931年4月29日出生于格拉斯哥市的原名安东尼·多尼根。最初是在克里斯·巴伯爵士乐队成员，后来成为50年代噪音爵士乐的先驱。"老人是清道夫"。

多诺万（英国）：1946年5月10日出生于苏格兰的格拉斯哥市，原名多诺万·莱奇。歌手兼词曲作者，在60年代中与鲍勃·迪

伦齐名。"阳光超人"。

多尔斯乐队（美国）：吉姆·莫里森（死于1971年7月3日）、雷·曼扎里克、罗比·克里木、约翰·登斯默。有影响的摇滚乐队，领队是神秘的乐队领奏莫里森。1991年一部以他们为原型的电影上演，瓦尔·基尔默主演莫里森。"点燃我这把火"。

杜兰·杜兰乐队（英国）：西蒙·勒·邦、尼克·罗兹、约翰·泰勒、罗哲·泰勒、安迪·泰勒。其中姓泰勒的人之间毫无亲属关系。罗哲和安迪在1986年离开乐队，后于1990年由沃伦·卡克洛斯蒂夫·弗罗斯特替代，该乐队是以电影《巴巴里拉》中的人物角色而命名的。"反映"。

鲍勃·迪伦（美国）：1941年5月24日出生于明尼苏达州的德卢斯市，原名罗伯特·齐默曼。著名的歌手及词曲作者，也是民间摇滚乐的创新者。"像一块磐石"。

飞鹰乐队（美国）：格伦·弗雷、伯尼·利顿、蓝迪·梅斯纳、罗哲·泰勒、吉姆·亨freak。最初是作为琳达·朗斯塔德的伴奏乐队。"加利福尼亚大厦"。

东方17乐队（英国）：托尼·莫蒂默、布赖恩·哈维、约翰·亨迪、特里·科斯韦尔。1997年初，哈维在公开表明自己支持毒品之后被解雇，莫蒂默也在同年的晚些时候离开乐队。该唱乐队是以他们的家乡沃尔瑟姆斯托的邮区编号命名的。"再停留一天"。

伊尼格玛乐队（德国）：迈克尔·克里图，1957年5月18日出生于罗马尼亚布加勒斯特。他是一位能演奏多种乐器的演奏家，并且创办了这个环绕舞台的舞蹈伴奏乐队。"悲伤"。

消磁乐队（英国）：文斯·克拉克（原迪佩奇风格乐队成员）、

多尔斯乐队的吉姆·莫里森

安迪·贝尔。电子音响二重唱组合。1988～1994年中有5套唱片集赢得英国流行歌曲排行榜第一名。"圣父殿的EP"。

格洛里亚·埃斯特芬（美国）：1957年9月1日出生于古巴哈瓦那市，原名格洛里亚·法贾乡。1975年开始在迈阿密有声机器乐队中担任领奏，1989年从事独唱。"不想失去你"。

永恒乐队（英国）：伊斯瑟·贝内特、弗妮·贝内特、凯勒·布赖恩、路易斯·纳丁（1995年离队）。R&B音乐女子演唱乐队。"难道你不爱我吗？"。

韵律舞蹈乐队（英国）：安妮·伦诺克斯、戴夫·斯图尔特。在成立韵律舞蹈乐队之前，于1977至1980年期间他们是旅行者乐队中的二重唱组合。1990年韵律舞蹈乐队解体后，伦诺克斯从事歌手事业并获得成功。斯图尔特组建圣洁牛仔乐队，并扶持了鲍勃·迪伦及其他人。"甜蜜的梦（从此开始）"。

埃弗利兄弟乐队（美国）：唐·埃弗利、菲尔·埃弗利，出生于肯塔基的同胞兄弟，组成的二重唱乐队是沃纳兄弟唱片公司的第一支乐队。"梦是我的惟一"。

拒收少女乐队（英国）：特雷茜·索恩、本·瓦特。1983年成立该乐队，队名取自赫尔地区的一家旧家具店名。最轰动的一首歌"迷失"成为第一个进入美国流行歌曲单曲唱片排行榜长达一年之久的唱片。

弗利特伍德·麦克乐队（英国/美国）：迈克·弗利特伍德、约翰·麦克维、克丽丝蒂娜·麦克维、林寨·白金汉、斯蒂维·尼克斯。成立于1967年，最初名为彼得·格林的弗利特伍德·麦克乐队。经过多次人员变更，最终固定为上述人员组成的五重唱唱片（1975～1987）。歌曲集《流言》始终是最畅销的唱片集之一，并保持8年多英国畅销曲目的位置。"小小谎言"。

四季乐队（美国）：弗兰基·瓦利、鲍勃·高迪奥、尼克·马西、汤米·德维托。他们的演奏风格包含了从50年代的理发店合声演唱到70年代的迪斯科。"1963年12月（啊！多美好的夜晚）"。

四兄弟乐队（美国）：莱维·斯塔布斯、雷纳尔多·本森、阿卜杜勒·法克、劳伦斯·佩坦。黑人爵士乐队，该乐队自1953年成立以来没有人员变动，成立时名为"四剑客"，直到1997年仍然灌制唱片。"来吧，我在此"。

弗兰基进军好莱坞乐队（英国）：霍利·约翰逊、保罗·拉瑟福德、布赖恩·纳什、彼得·吉尔、马克·奥图勒。强电子音响合成舞蹈伴奏乐队。1984年在英国售出400万张单曲唱片。"休息"。

阿雷撒·弗兰克林（美国）：1942年3月25日出生于田纳西州孟菲斯市。绰号为"激情爵士乐皇后"。她是第一位被列入"摇滚名人厅"的女性。"尊重"。

法吉斯乐队（美国）：劳林·希尔、威克莱夫·吉恩、普拉卡兹利尔、本·米歇尔。出生于海地的吉恩和米歇尔为乐队所取的"法吉斯"一名是引用于纽约人用来称呼海地人的俚语（即"流亡者"的简称）。他们以轻柔摇滚乐录制的"温柔地杀死我"于1996年发行并轰动全世界。

马文·盖伊（美国）：1939年4月2日出生于华盛顿州（1984年4月1日死于其父枪下），杰出的激情爵士乐歌手。1962～1984年期间，共有56首乐曲在美国轰动一时。"小道消息"。

加里·格利特（英国）：1940年5月8日出生，原名保罗·加德。早在60年代初他以保罗·雷文这个名字录制唱片。后来成为70年代疯狂格拉姆摇滚乐的先驱。"摇滚第二部"。

快乐之死乐队（美国）：杰里·加西亚（死于1995年8月9日）、鲍勃·韦尔、朗·麦克南（1973年3月8日去世）、菲尔·莱什、比尔·克鲁兹曼、在他们为时25年的生涯中有多位音乐家加盟。电子迷幻音响摇滚乐队，1966年在圣弗朗西斯科（旧金山）成立。"灰色的摸摸"。

枪与玫瑰乐队（美国）：阿克索·罗兹、斯拉什、伊齐·斯特拉林（1991年由吉尔比·克拉克取代）、杜夫·罗兹麦甘、斯蒂文·阿德勒（1990年由马特·索拉姆取代）。强摇滚乐队。这乐队的第一首成名作是"我可爱的孩子"，这是一首关于阿克索·罗兹的妻子厄琳·埃弗利（20世纪50或60年代歌手唐·埃弗利的女儿）的歌。"十一月的小雨"。

比尔·黑利和他的彗星乐队（美国）：比尔·黑利、弗兰克·贝尔多、鲁迪·庞皮利、拉尔夫·琼斯、阿尔·雷克斯、比尔·威廉森。第一录录制的摇滚乐歌曲"摇滚在我们身边"在英美两国均位居流行歌曲排行榜榜首。

霍尔和欧茨乐队（美国）：达里尔·霍尔、约翰·欧茨。二人在费城大学读书时相识。始终为美国最成功的二重奏组合。"食人生番"。

约翰尼·霍利戴（法国）：1943年6月15日出生，原名让-菲利普·斯梅特。虽然在国内获得巨大的成功，但这位多产的法国摇滚明星未能进入英美流行歌曲排行榜。"咱们再跳起来吧"。

流行音乐

吉米·亨德里克斯（美国）：1942年11月27日出生于华盛顿州的西雅图市（死于1970年9月18日）。电子迷幻音乐布鲁斯吉他手。他是由野兽乐队的查斯·钱德勒所发现。"永远的瞭望塔"。

赫尔曼的蜂鸟乐队（美国）：彼得·努晤、戴雷克·莱肯比（死于1994年6月4日）、凯思、霍普伍德、卡尔·格林、巴里·怀特曼。他们在美国位居榜首的歌曲"布朗夫人，你快要有个可爱的女儿们"和"我是亨利八世"，在英国却不被看好。"寂静"。

霍利乐队（英国）：艾伦·克拉克，格雷厄姆·纳什（1968年离开该乐队加入克罗斯比、斯蒂尔斯和纳什乐队）、托尼·希克斯、埃里克·海多克（1966年由伯尼·卡沃特取代）、鲍比·埃利奥特。该乐队于1962年成立于曼彻斯特。"他不是上帝，是我的小弟弟"。

巴迪·霍利和蟋蟀乐队（美国）：巴迪·霍利（1936年9月7日出生，原名查尔斯·哈丁·霍勒利，1959年2月3日死于空难）、索尼·克莱斯、琼·毛尔丁、杰里·阿利森。霍利是早期最有影响的摇滚乐先驱者之一。该乐队在霍利死后到1964年一直录制歌曲唱片。"正是这一天"。

胡蒂与河豚乐队（美国）：戴流士·拉克尔、马克·布赖恩、迪安·费尔伯、吉姆·索尼费尔德。乡土爵士乐队。为1995年美国最受欢迎的乐队。"抓住我的手"。

惠特妮·休斯敦（美国）1963年8月9日出生于新泽西，是西西·休斯敦的女儿，迪翁·沃威克的堂妹。著名的福音歌曲演唱家，也曾主演过电影《保镖》、《呼吸》和《牧师之妻》。"我永远爱你"。

人类同盟乐队（英国）：菲利普·奥凯、乔·卡利斯（1985年离队）、伊安·克雷格·马什、马丁·韦瑞（二人于1980年离队组建天堂17乐队，由乔安妮·凯瑟罗尔、苏赞妮·莎莱代替）、伊安·伯登（1980年入队）、1984年离队）。电子音响流行歌曲乐队，1977年成立于设菲尔德。"难道你不要我吗"。

恩格尔伯特·洪佩尔丁克（英国）：原名阿诺德·多塞，1936年5月2日出生于印度马德拉斯市，但生长在英国莱斯特市。他的艺名是取自德国一位作曲家。"让我自由"。

胡利奥·伊格莱西亚斯（西班牙）：1943年9月23日出生于马德里。曾为足球守门员，以一曲"真正的马德里"代表西班牙参加了1970年举办的欧洲电视歌曲大赛。他在全世界发行的唱片集超过1亿套。"跳起贝津舞"。

INXS乐队（澳大利亚）：迈克尔·哈钦斯、安德鲁·法里斯、提姆·法里斯、杰恩·法里斯、克克·彭吉利、加里·比尔斯。1977年于悉尼成立，名为法里斯兄弟乐队。虽然一直有人谣传哈钦斯会从事独唱事业，但他始终领导着这支成功的摇滚乐队。"今夜需要你"。

迈克尔·杰克逊（美国）：1958年8月29日出生于印第安纳州加里市。从小就擅长唱歌、跳舞，8岁起同他的兄弟在杰克逊五人乐队中就被称为"流行音乐之王"。他的独唱生涯开始于1979年，是歌坛中最成功者之一。同时他在舞蹈领域和流行音乐电视中独占鳌头，影响深远。"比利·琼"。

好运乐队（美国）：保罗·韦尔勒、布鲁斯·费克斯顿、里克·巴克勒。新潮回归乐队，成立于1975年，1982年乐队解散。韦尔勒重建另一支名为风格俱乐部的乐队。"转入地下"。

贾米罗夸伊乐队（英国）：贾森、凯伊、西蒙·卡兹、斯图尔特、曾尼尔、华莱士·布坎南、德雷克·麦肯齐。该乐队为激情爵士乐队。"真正荒唐事"。

比利·乔尔（美国）：原名威廉·马丁·乔尔，1949年5月9日出生，曾做过拳击手。乔尔歌曲专集仅在美国销量就超过4000万。"城外女孩"。

埃尔顿·约翰（英国）：原名雷金纳德·德怀特，1947年3月25日生于伦敦平纳区。1966年首次组建成鲁斯歌曲乐队，并与乐队成员埃尔顿·迪安和朗格·约翰·鲍德里二人的名字作为自己的艺名。他是世界最著名的英国歌唱家。"不要使我伤心"（与吉吉·迪的二重唱）。

埃尔顿·约翰

汤姆·琼斯（英国）：原名托马斯·琼斯·伍德沃德，1940年6月7日出生于威尔士的庞蒂普里德。威尔士的性感明星，他的嗓音独特，很像美国黑人的嗓音，即使美国人也难辨真假。1966年，他的歌曲"家乡碧绿的青草地"为期7周名列流行歌曲排行榜首。

卡罗利·金（美国）：原名卡罗利·克莱恩，1942年2月9日出生于纽约布鲁克林区。1958年与流行歌曲词作者格里·戈尔芬结婚。两人共同创作了4首歌曲，均为美国最受欢迎的歌曲。歌曲集《多彩的画面》在美国持续15周名列排行榜第一。"太迟"。

怪诞奇人乐队（英国）：雷·戴维斯、戴夫·戴维斯、彼得·奎夫、米克·阿弗里。是1964年刚成立时的阵容，此后人员时时有变动。同胞兄弟雷和戴夫之间勾心斗角，与目前混乱的绿洲乐队一样，但他们也合作创作了不少畅销歌曲。雷被认为是英国最好的、也是最有影响的流行乐队之一。后来乐队改组，直至1997年仍在灌制唱片。"等你等得好累"。

KLF乐队（英国）：比尔·德拉蒙德（原名威廉·巴特沃思）、吉米·考蒂。一支舞蹈音乐小乐队，以焚烧百万英镑而闻名。"公证与古老"（与泰米·怀尼特合作）。

克拉弗特沃克乐队（德国）：拉尔夫·许特尔、卡尔·巴托斯（后由弗里茨·希伯取代）、沃夫冈·弗勒（后由亨宁·施密茨取代）、弗洛雷恩·施内德。电子合成音响流行音乐的先驱者，成立于1970年。在舞蹈音乐方面有着不可估量的影响。"模特尔"。

莱德·策普林乐队（英国）：罗伯特·普朗特、吉米·佩奇、约翰·保罗·琼斯、约翰·博纳姆（1980年9月25日去世）。该乐队为电子迷幻音乐的重金属音乐先驱者之一。1969～1979年在英国发行的8套唱片集全部位居排行榜首。他们在家乡从未发行过单曲唱片。普朗特与佩奇于1996年成功地推出了一部二重唱歌曲集。"全部的爱"。

布伦达·李（美国）：原名布伦达·梅·塔普莱，1944年12月11日出生于佐治亚州利索尼厄。是20世纪50年代的摇滚歌手，绰号"炸药小姐"。"情话"。

男人乐队（英国）：希斯·斯宾诺、迈克·皮克林、保罗·赫德、沙弗尔。著名的舞蹈乐队。"前进"。

疯狂乐队（英国）：格雷厄姆·麦克弗森（萨格斯）、迈克·巴

森、克里斯·福曼、马克·贝德福德、李·汤普森、丹·伍德盖特、卡尔·史密斯。再度流行的斯卡音乐乐队，于20世纪80年代，录制的15首歌曲均名列英国流行歌曲排行榜前10名。"我的家"。

麦当娜（美国）：原名麦当娜·路易斯·西科恩，1958年8月16日出生于密歇根州底特律市。是连续进入英国流行歌曲排行榜前20名次数最多的艺术家（至今共43次）。20世纪80年代麦当娜成熟老练了许多。她曾演出许多电影，其中《埃维塔》最为成功。"风靡一时"。

曼夫雷德·曼乐队（英国/南非）：曼夫雷德·曼、保罗·琼斯（1966年被迈克·德阿伯取代）、迈克·维克斯、汤姆·麦吉尼斯、麦克·哈格。该乐队成立于1963年，1969年解散。曼于1972年重建乐队，名为"曼夫雷德·曼的大地乐队"。"迪迪，迪迪，你干吗？"

狂热的街头牧师乐队（英国）：詹姆斯·迪安·布拉德菲尔德、尼基·怀尔、肖恩·穆尔、理奇·爱德华兹（1993年隐退）。威尔士摇滚乐队。"生活蓝图"。

鲍勃·马莱和维勒斯乐队（牙买加）：鲍勃·马莱（1945年2月6日出生，1981年5月11日死于癌症）、彼得·托什（1987年5月11日逝世）、邦尼·维尔勒、卡姆·巴雷特（1987年4月17日逝世）、阿斯顿·巴雷特。迄今为止销售最大的雷盖乐队。"女人天生爱哭"。

米特·娄夫（美国）：原名马文·李·阿戴，1947年9月27日出生。他的歌曲集《走出地狱》创下472周进入英国流行歌集排行榜的纪录。"我愿为爱赴汤蹈火（但我不会那样做）"。

金属乐队（美国/丹麦）：克利福德·李·伯顿（1987年9月27日在旅游途中遇车祸身亡，由贾森·纽斯特德代替）、海特菲尔德、戴维·穆斯泰恩（1983年由柯克·哈米特取代）、拉尔·乌尔里奇。重金属乐队，1981年于洛杉矶成立。"无关紧要"。

乔治·迈克尔（英国）：原名乔治斯·基里亚科·帕纳约托，1963年6月25日出生，1981年他同校友安德鲁·里治利组成少年博普音乐二重唱小组"砰！"，后从1986年起改行独唱。歌曲集《信心》在美国销售出800万套。共制作4张一流的单曲唱片，在美国10次排名第一（在英国11次）。"误传"。

凯莉·米诺格（澳大利亚）1968年5月28日出生于墨尔本。曾主演电视连续剧《邻居》，她首次录制的11首歌曲唱片打破以往的唱片销售纪录，并全部进入英国歌曲排行榜前5名。"旅行"。

琼妮·米切尔（加拿大）：1943年11月7日出生于艾伯塔省的麦克劳德，有影响的民间歌手、歌曲作者和吉他演奏家。以辛酸伤感的歌词闻名。20世纪70年代以来发展成爵士乐风格。"黄色大出租车"。

艾伦妮斯·莫里塞特（加拿大）：1974年6

月1日出生于渥太华，她首次录制的歌曲集《昏醉的小皮尔》成为最畅销唱片集，也是销售最多的女声唱片。"冷嘲热讽"。

范·莫里森（爱尔兰）：原名乔治·伊凡，1945年8月31日生于北爱尔兰的贝尔法斯特。布鲁斯歌手、歌曲作者，1965～1966年间在特姆乐队担任领唱。"棕色眼睛的女孩"。

新阵容乐队（英国）：伯纳德·萨姆纳、彼得·胡克、斯蒂芬·莫里斯、吉莲·吉尔伯特。萨姆纳、胡克和莫里斯在乔伊·迪维申乐队歌手伊安·克蒂斯于1980年自杀之前，曾是该乐队的成员。萨姆纳曾与电子音响乐队、胡克曾与摩纳哥、摩纳哥乐队合作录制唱片，吉尔伯特和莫里斯是他们二人乐队的成员。"忧郁的星期一"。

奥莉维亚·牛顿—约翰（英国）：1948年9月26日出生于剑桥。1953年移居澳大利亚，但在赢得1964年的天才竞赛后又回到英国，于1978年主演电影《贿赂》成名。她录制的唱片"身体检查"成为美国80年代最畅销的单曲唱片。

极乐世界乐队（美国）：库尔特·科贝恩（1967年2月20日出生，1994年4月8日自己开枪受伤不治而死）、克里斯·诺沃塞利克、戴夫·格罗尔。华盛顿的格朗吉摇滚乐三人组，他们使格朗吉乐走出低谷，进入现代流行音乐的主流。在科贝恩死后，格罗尔重建乐队，名为战士乐队。"愤怒"。

绿洲乐队（英国）：诺埃尔·加拉格尔、利威姆·加拉格尔、"傻瓜"保罗·阿瑟斯、"吉格西"保罗·麦克吉什、托尼·麦卡罗尔（1995年由艾伦·怀特取代），他们录制的歌曲集《灿烂的清晨》售出400多万套，是英国歌曲集销售量位居于第二的作品，仅次于甲壳虫乐队发行的歌曲集《胡椒中士》。"魔墙"。

迈克·奥尔德菲尔德（英国）：1953年5月15日出生于伯克郡雷丁。歌曲集《管钟》是理查德·布兰森首次发行的处女作。"月光下的阴影"。

罗伊·奥比森（美国）：1936年4月23日出生，1988年12月7日死于心脏病。太阳唱片公司的录音师之一，为埃弗利兄弟队写过一首名为"克劳德特"的歌曲，在英国排名第一。他的嗓音如丝绸般润滑，以低音吟唱为特点，1985年作为威尔伯里巡回乐队成员再度莅声歌坛。"噢，漂亮女人"。

珀尔·贾姆乐队（美国）：埃迪·维达、斯通·戈萨德、杰夫·阿门特、迈克·麦克里迪、戴夫·阿布鲁齐兹（1991～1994）。他们于1993年在美国发行第一张唱片，第一周便创下售出95万张的纪录。"世人"。

宠物店男孩乐队（英国）：尼尔·坦南特、克里斯·洛威。电子合成音响乐队。坦南特是流行音乐杂志《名曲荟萃》的助理编辑，后来与1981年成立这个二人演唱组。他们还与达斯蒂·斯普林菲尔德和莉莎·明内利写过9首轰动一时的歌曲。"伦敦西区女孩"。

漂亮的弗洛伊德乐队（英国）：悉德·巴雷特（1968年由戴维·吉尔默取代）、罗杰·沃特斯、里克·赖特、尼克·梅森。摇滚乐先驱，成立于1965年。他们于1972年发行的歌曲集《月亮的黑暗面》创下名列美国歌曲排行榜长达22年的纪录。"墙中之砖"。

吉恩·皮特尼（美国）：1941年2月17日出生在康涅狄格州的哈特福德市。他是歌曲"你好，玛丽·卢"（里奇·尼尔森）、"橡皮球"（鲍比·维）和"他是一个叛逆者"（克里斯特斯）的作者，后来不从事演唱并取得成功。1989年他与马克·阿尔蒙德合作录制的"情系我心"是他的第一首荣登英国歌曲排行榜首的歌曲。

麦当娜

■ 绿洲乐队保持着上流行歌曲排行榜周数最多的纪录——134周 ■

警察乐队（英国）：斯汀（原名戈登·萨姆纳）、安迪·萨默斯、斯图尔特·科普伦施。该乐队于1977年成立，自1985年以来斯汀一直是一名独唱歌手。他的歌曲"呼吸瞬间"在美国持续8周、在英国持续4周位居榜首。

埃尔维斯·普雷斯利（美国）：1935年1月8日出生于密西西比州图珀洛（1977年8月16日死于心力衰竭）。被称为"摇滚之王"，是历史上最成功的独唱艺术家，在英美两国各有100多首成功的歌曲。"烦恼不安"。

王子/普林斯（美国）：原名普林斯·罗杰斯·尼尔森，1958年6月7日出生于明尼苏达州明尼阿波利斯市，是位多产的歌曲作者兼歌手，曾主演过多部电影：《雕桥》、《时代的象征》、《在美丽的月光下》、《紫色的雨》，其中电影《紫色的雨》中的配乐唱片专辑于1984年在美国为时24周排名第一。"当宝贝哭时"。

天才乐队（英国）：利亚姆·豪利特、基思·弗林特、马克西姆、利罗伊·桑希尔。一支深受欢迎极为成功的电子摇滚乐队，其歌集《肥沃的土地》，一发行便成为美国轰动一时的歌曲。"纵火者"。

公敌乐队（美国）：查尔（原名卡尔顿·里登奥尔）、弗雷沃·弗莱夫（原名威廉·德雷顿）、特米内特（原名诺尔曼·李·罗杰斯）、教授（原名理查德·格里芬）。一支打击乐队，颇有影响并带有政治倾向性，成立于1982年。"不要轻信瘾君子"。

果酱乐队（英国）：贾维斯·科克尔、拉塞尔·西尼乐（1997年离队）、坎迪德·多伊利、斯蒂夫·麦基、尼克·班克斯。1979年组队，1994年终于进入流行歌曲排行榜。"普通人"。

皇后乐队（英国）：弗雷迪·墨丘利（1946年9月5日出生，1991年11月24日死于艾滋病相关疾病）、布赖恩·梅、约翰·迪肯、罗杰·泰勒。他们录制的歌曲"波西米亚狂想曲"是惟一一张于不同时期均被列为英国流行歌曲排行榜首的单曲唱片，在英国它的总销量超过250万张。

无线电头脑乐队（英国）：托姆·约克、埃迪·奥布里恩、乔尼·格林伍德、菲尔·赛尔韦。该乐队于1991年成立于牛津。尽管他们的歌曲调低沉个性鲜明，但仍常被人们称为不列颠流行音乐。"爬行"。

吉米·里弗斯（美国）：1923年8月20日出生于得克萨斯州的盖勒韦地区（1964年7月31日飞机坠毁身亡）。里弗斯死后，却创下了8部歌曲唱片集进入英国流行歌曲排行榜前20名的纪录。"远方的鼓声"。

REM乐队（美国）：迈克尔·斯蒂普、彼得·巴克、迈克·米尔斯、比尔·贝利。1980年成立于佐治亚州雅典城。20世纪90年代美国最成功的摇滚乐队。"失去信仰"。

克利夫·理查德（英国）：原名哈里·罗杰·韦伯，1940年10月14日出生于印度的勒克瑙。1958～1997年他共有120首歌曲单曲唱片在英国获得成功，轰动一时，这在英国是绝无仅有的。"无言的结局"。

莱昂内尔·里奇（美国）：1949年6月20日出生于阿拉巴马州塔斯基吉。曾是科莫多尔乐队的领唱。1978～1986年间每年至少创作一首成为美国金曲排行第一的歌曲。"你好"。

滚石乐队（英国）：米克·贾格尔、基思·理查德、布赖恩·琼斯（1969年7月3日逝世，由米克·泰勒于1969年代替，1975年又换为罗恩·伍德）、比尔·韦曼（1993年离队）、查尔斯·瓦茨。乐队名称取自马লিন·沃特兹的一首歌曲的名字，是历史上最团结的存在时间最久的摇滚乐队。"夜总会的女人们"。

罗克西音乐乐队（英国）：布赖恩·费里、安迪·麦凯、菲尔·曼赞内拉、布赖恩·

埃诺、保罗·汤普森。著名的艺术摇滚乐队，歌手费里也从事独唱演唱而也从事独唱表演。1983年乐队解散后，他继续从事独唱表演。埃诺成为艺术摇滚乐领袖及边缘音乐的先驱。他与同伴鲍伊合作录制的歌曲集《英雄》及《低点》使他声名远扬。此后他继续同许多艺术家合作，从戴维·鲍尔兄弟队到U2乐队。"爱是灵丹妙药"。

希尔（英国）：原名希尔亨利·塞缪尔，1963年2月19日出生于伦敦的基尔尔伯恩。最初是亚当斯基乐队中一名优秀的领唱歌手，所演唱的歌曲"杀手"在英国排名第一，轰动一时，随后他又成功地发行了两部歌曲集，均排名第一。"玫瑰之吻"。

性感手枪乐队（英国）：约翰尼·罗顿（原名约翰·里登）、斯蒂夫·琼斯、格兰·马特洛克[1977年由锡德·维金斯（死于1979年2月2日）代替]、保罗·库克。一支臭名昭著的"崩克"乐队，由纪人马尔科姆·麦克拉伦召集。"上帝保佑女王"。

影子乐队（英国）：汉克·马文、布鲁斯·韦尔奇、布赖恩·本内特、杰特·哈里斯、托尼·米汉。最初乐队名为"流浪汉"，是克利夫·理查森的伴奏乐队，并一直是英国最成功的器乐乐队。"美妙的大地"。

西蒙与加丰凯尔乐队（美国）：保罗·西蒙、阿尔特·加丰凯尔。来自纽约的民间摇滚乐二重奏组合，最初名为"汤姆与杰里乐队"（1957～1960）。1964～1970年期间他们共录制了5部歌集，其中唱片集《伤心河上的桥》销量超过百万。"伤心河上的桥"。

低能者乐队（英国）：吉姆·科尔、查理、伯奇尔、迈克·麦克尼尔、约翰·吉布林、麦尔·加伊诺。苏格兰摇滚乐队，成立于1977年，当时名为"约翰尼和自虐者们"。"难道你忘了我"。

纯红色乐队（英国）：米克·哈克诺、西尔文·理查森、弗里茨·麦金太尔、托尼·鲍尔斯、克里斯·乔伊斯、蒂姆·凯勒特、伊安·柯克哈姆。1989～1996年间在英国发行的4部歌曲集，每部销量都超过百万。"时光永驻"。

斯雷德乐队（英国）：诺迪·霍尔德、戴夫·希尔、吉米·利、唐·鲍威尔。1971～1974年间有12张单曲唱片连续名列英国金曲排行榜前4名，其中6张排名第一。"圣诞快乐"。

弗兰克·西纳特拉（美国）：1915年12月12日出生于新泽西州的霍伯肯。1940年起与汤米·多塞乐队合作灌制唱片。1942年起从事独唱事业至1954年，有40首歌曲进入美国流行歌曲排行榜前10名。不断推出唱片，虽有间断，但直到90年代仍有专辑发行。"我的道路"。

史密斯乐队（英国）：莫里西（原名斯蒂芬·莫里西）、约翰尼·马尔、安迪·劳克、迈克·乔伊斯。1982年成立于曼彻斯特，1987年解散。马尔加入伯纳德·萨姆纳的阴影音响乐队，莫里西从事独唱。"美男子"。

辣妹演唱组（英国）：

王子/原名普林斯

格丽·哈利韦尔、梅拉尼·布朗、梅拉尼·奇泽姆、维多利亚·亚当斯。女子演唱组，首录4张单曲唱片全部名列美国流行歌曲排行榜首位，而她们的第一部歌曲集至今已在全世界发行了1200万套。"心愿"。

达斯蒂·斯普林菲尔德（英国）：原名玛丽·奥布里恩，1939年4月16日出生于伦敦。她最初与其兄弟汤姆和蒂姆·菲尔德一起组建斯普林菲尔德乐队。"我只想与你在一起"是她录制的第一首歌曲，于1964年在英国广播公司电视节目"流行歌曲佳作"中播放。"不必说你爱我"。

布鲁斯·斯普林斯蒂恩（美国）：1949年9月23日出生于新泽西州的弗里霍尔德，绰号"老板"。1984年发行的歌集《生在美国》在美国用时7周首位居排行榜首位，共售出1200多万套。"在黑暗中跳舞"。

现状乐队（英国）：这是一支以弗朗西斯·罗西和里克·帕菲特为核心的摇滚乐队。他们的歌曲于1968年首次进入英国流行歌曲排行榜，1973～1992年间，每年至少有一首歌曲成为最受欢迎的歌曲。"风靡世界的摇滚"。

罗德·斯图尔特（英国）：1945年1月10日出生于伦敦海格林区，1967～1969年加盟杰夫·贝克乐队，1969～1975年又加盟脸面乐队。他嗓音粗重而沙哑，自1971年开始成为一名成功的独唱歌手。"玛吉·梅"。

斯特兰格勒乐队（英国）：休·康韦尔（1988年离队，由约翰·埃利斯取代）、让-雅克·伯内尔、戴夫·格林菲尔德、杰特·布莱克。1974年成立时名为"奎尔森福德·斯特兰格勒斯"。他们是崩克音乐先驱者之一，直到1997年仍有歌曲唱片发行。"金褐色"。

芭芭拉·斯特赖桑德（即芭芭拉·史翠珊，美国）：1942年4月24日生于纽约布鲁克林区。著名女演员、歌手及电影制片人。1963～1994年间，她有45首歌曲集进入美国流行歌曲排行榜。"青春不老"。

鹿皮乐队（英国）：布雷特·安德森、伯纳德·巴特勒（1994年由理查德·奥斯利所代）、尼尔·科德林（1996年加入）、贾斯汀·弗利什曼（1990年离队加入埃拉斯蒂卡队）、马特·奥斯曼、西蒙·吉尔博伊乐队不相上下。"垃圾"。

萨默女士（美国）：原名拉多娜·盖恩斯，1948年12月31日出生于马萨诸塞州波士顿市，人称"迪斯科女王"。她是第一位有3部歌曲集连续名列美国流行歌曲排行榜首的女歌手。"爱情俘虏"。

超级演唱组（美国）：黛安娜·罗斯（原名黛安·欧内斯廷·罗斯，1944年3月26日出生于底特律，1969年由琼·特雷尔替代）、玛丽·威尔逊、弗洛伦丝·巴拉德（1967年由辛迪·伯德桑替代）。该女子演唱组1964～1969年间有12首歌曲位居美国流行歌曲排行榜首。主唱歌手罗斯自1964年开始年年出现在英国流行歌曲单曲唱片排行榜上。她最成功的一首独唱歌曲是"逆转"。"情人的爱"。

天才乐队的基思·弗林特和马克西姆

姐妹演唱组（美国）：谢里尔·甘布尔、塔玛拉·约翰逊、莉妮·莱昂。R&B音乐制作人赞迪·赖利组建了这支姊妹演唱组。"此时此刻"。

T王队（英国）：马尔克·波伦（原名马克·费尔德，1947年7月30日出生，1977年9月16日死于车祸）、米基·芬恩。20世纪70年代初的格拉姆摇滚乐队。"尽情摇滚"。

拿起它队（英国）：加里·巴洛、罗比·威廉斯、马克·欧文、霍华德·唐纳德、贾森·奥林奇。20世纪90年代最著名的"小子乐队"，1996年乐队解散，除奥林奇外，其他人都继续从事独唱并获成功。"好运再来"。

发言人头像乐队（英国/美国）：戴维·伯恩、蒂娜·韦茅斯、杰里·哈里斯、弗朗茨。活跃于纽约的新浪潮四人演奏乐队，队长是苏格兰出生的伯恩。"今生一次"。

诱惑演唱组（美国）：埃迪·肯德里克斯、奥蒂斯·威廉斯、梅尔文·弗兰克林。黑人灵魂歌唱组，由晨祷和"远方"两个乐组的成员组成，1964年成名前称作"埃尔金乐队"。"我的女孩"。

TLC乐队（美国）：黛兹（蒂欧妮·沃特金斯）、左眼（莉萨·洛佩斯）、红辣椒（罗宗达·托马斯）。活跃于佐治亚州亚特兰大市的R&B音乐女子三重唱组。"蒂行"。

蒂娜·特纳（美国）：原名安娜·梅·布洛克，1939年11月26日出生于田纳西州的布朗斯维尔地区。1958与艾克·特纳结婚，1976年离婚。1960～1975年间，二人成功地合作了20首黑人爵士乐作品，在美国风行一时。1984年作为独唱歌手东山再起。"与爱何干"。

UB40乐队（英国）：阿里·坎贝尔、厄尔·福尔克纳、罗宾·坎贝尔、米基·布赖恩、特拉弗斯、吉姆·布朗、诺尔曼·哈桑、阿斯特罗。这是一支由不同种族人员组成的雷盖乐队，乐队以失业救济金的词首命名，1980～1995年间一直是佳作迭出的乐队。"红红的葡萄酒"。

U2乐队（爱尔兰）：博诺（保罗·休森）、利刃（戴维·埃万斯）、亚当·克莱顿、小拉里·马伦。第一支进入美国流行歌曲排行榜首的爱尔兰乐队。"我仍然一无所获"。

先锋队乐队（美国/德国）：卢·里德、约翰·凯勒、尼科（1988年7月18日去世）、斯特林·莫里森（1995年8月30日去世）、莫林·塔克。富于创新的艺术摇滚乐队，由安迪·沃霍尔出资赞助。他们存在的时间虽短，但许多之后成立的乐队——从乔伊·迪威森乐队到耶稣及玛丽·切恩乐队都产生了很大影响。他们卢·里德在其后从事独唱事业亦获得成功；约翰·凯勒和尼科也都发行了几部独唱唱片集。"穿皮衣的维纳斯"。

雨雪雾乐队（英国）：马蒂·佩洛、格里姆·麦格劳、艾兰·朗顿、尼尔·米切尔。苏格兰流行音乐乐队。1994年转录了特罗格斯乐队的歌曲"处处是爱"，高居英国流行歌曲榜首长达15周。

谁人乐队（英国）：罗杰·道尔特里、皮特·汤森德、约翰·恩特威斯尔、基思·穆恩（1978年9月7日死于服用过量的麻醉剂，由肯尼·琼斯接替）。该乐队有28首歌曲在英国轰动一时，进入排行榜，在美国排行榜26次，但都没有名列榜首。"千里眼"。

斯蒂维·旺德尔（美国）：原名斯蒂夫·兰德·贾德金斯，1950年5月13日出生于密歇根州萨吉诺市。双目失明的黑人歌手、作曲家和多种乐器的演奏家。1962年首次录制唱片，署名为小斯蒂维·旺德尔。曾先后荣获17次格莱美唱片奖。"我只想在电话里告诉你我爱你"。

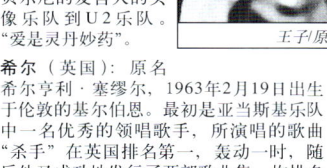

■ 克利夫·理查德是惟一一位50年中经常有排行榜榜首歌曲的歌手 ■

流行音乐获奖者

▶ 辣妹演唱组制作的《心愿》获不列颠最佳单曲奖,在31个国家中排名第一,销售量超过400万张。

▶ 1996年希拉里·克林顿获得最佳歌词歌曲唱片集奖,成为第一位获格莱美唱片奖的第一夫人。

▶ 席琳·狄翁曾获格莱美奖、欧洲流行歌曲电视大赛奖,并两次获不列颠世界最佳女歌手奖提名。

▶ 爱尔兰歌手约翰尼·洛根是惟一两次获得欧洲流行歌曲电视大赛奖的歌手。

▶ 不列颠奖

不列颠奖在英国音乐界最具权威性。该奖由大不列颠音乐协会资助,设有许多奖项,每年授奖一次,奖励上一年的音乐成就。

英国艺术家的最佳单曲唱片	英国最佳流行乐队	英国艺术家的最佳单曲唱片	英国最佳流行乐队
1982年《残情》舒适的小屋乐队	警察	1991年《喜欢宁静》迪佩奇风格乐队	对策
1983年《来吧,艾琳》迪克西的午夜行者乐队	海峡	1992年《杀手》希尔	KLF和纯红色
1984年《因缘善变》文化俱乐部乐队	文化俱乐部	1993年《停留》莎士比亚姊妹乐队	纯红色
1985年《休息》弗兰基进军好莱坞乐队	砰!	1994年《祈祷》拿起它乐队	立体声MC'S
1986年《人人都想统治这世界》恐惧之泪乐队	海峡	1995年《园林生机》布勒乐队	布勒
1987年《伦敦西区女孩》宠物店男孩乐队	五星级	1996年《好运再来》拿起它乐队	绿洲
1988年《永不放弃你》里克·阿斯特利	宠物店男孩	1997年《心愿》辣妹演唱组	狂热的街头牧师
1989年《完美无瑕》集市魅力乐队	消磁		
1990年《天堂又一日》菲尔·科林斯	食人生番		

▶ 格莱美唱片奖

格莱美唱片奖一年一度由美国国家唱片艺术科学院主办。它是1957年由唱片艺术家、作曲家及音响工艺师联合创立,目的是为了发展唱片艺术与技术。从1958年开始,艺术科学院每年颁发一次格莱美唱片奖。其主要奖项有:

	当年最佳唱片集	当年最佳唱片	最佳男歌手/歌曲	最佳女歌手/歌曲
1958年	《彼得·加恩音乐》亨利·曼西尼		《抓住流星》佩里·科摩	《埃拉·菲茨杰拉德歌唱欧文·柏林的歌曲集》埃拉·菲茨杰拉德
1959年	《与我共舞》弗兰克·西纳特拉	《刀老弟》鲍比·达林	《与我共舞》弗兰克·西纳特拉	《不是为了我》埃拉·菲茨杰拉德
1960年	《旧脑筋》鲍博·纽哈特	《夏日的旋律》珀西·费思	《我心中的佐治亚》雷·查尔斯	《刀老弟》埃拉·菲茨杰拉德
1961年	《卡内基大厅的朱迪》朱迪·加兰	《月亮河》亨利·曼奇尼	《棒糖与玫瑰》(单曲唱片)杰克·琼斯	《卡内基大厅的朱迪》(唱片集)朱迪·加兰
1962年	《第一家庭》沃恩·米德	心系旧金山 托尼·本尼特	《心系旧金山》(唱片集)托尼·本尼特	《埃拉与尼尔森·里德尔的快乐劲歌》(唱片集)埃拉·菲茨杰拉德
1963年	《芭芭拉·史翠珊歌曲集》芭芭拉·史翠珊	《葡萄酒与玫瑰花的岁月》亨利·曼奇尼	《妻子与情人》(单曲唱片)杰克·琼斯	《芭芭拉·史翠珊歌曲集》芭芭拉·史翠珊
1964年	《盖茨/吉尔伯托》斯坦·盖茨,若昂·吉尔伯托	《伊帕尼玛姑娘》斯坦·盖茨,阿斯特鲁德·吉尔伯托	《你好,多莉!》(单曲唱片)路易斯·阿姆斯特朗	《人们》(单曲唱片)芭芭拉·史翠珊
1965年	《我的九月》弗兰克·西纳特拉	《甜蜜的滋味》赫布·阿尔伯特和提华纳管乐队	《美好的一年》(单曲唱片)弗兰克·西纳特拉	《我叫芭芭拉》(唱片集)芭芭拉·史翠珊
1966年	《西纳特拉,男人和他的音乐》弗兰克·西纳特拉	《黑夜陌生人》弗兰克·西纳特拉	《黑夜陌生人》弗兰克·西纳特拉	《假如他走进我生活》(单曲唱片)爱迪·戈姆
1967年	《胡椒中士的征友俱乐部乐队》甲壳虫乐队	《飞逝》第五迪曼申乐队	《当我到达菲尼克斯时》(单曲唱片)格伦·坎贝尔	《歌唱比利·乔》(单曲唱片)鲍比·詹特里
1968年	《当我到达菲尼克斯时》格伦·坎贝尔	《罗宾逊夫人》西蒙和加丰凯尔乐队	《点燃我这把火》(单曲唱片)约瑟·费利西亚诺	《你知道去圣何塞的路吗》(单曲唱片)狄俄妮·沃里克
1969年	《血、汗、泪》血汗泪乐队	《宝瓶座/阳光照耀》第五迪曼申乐队	《每个人都在说》哈里·尼尔森	《那就是全部吗》(单曲唱片)佩吉·李
1970年	《伤心河上的桥》西蒙及加丰凯尔乐队	《伤心河上的桥》西蒙及加丰凯尔乐队	《世界真美丽》(单曲唱片)雷·斯蒂芬斯	《从此不涉爱河》(唱片集)狄俄妮·沃里克
1971年	《多彩的画面》卡罗利·金	《太迟》卡罗利·金	《你有一个朋友》(单曲唱片)詹姆斯·泰勒	《多彩的画面》(唱片集)卡罗利·金
1972年	《为孟加拉国义演音乐会》罗伯塔·弗拉克,拉维·申卡尔	《第一次看见你的脸》尼尔森,鲍勃·迪伦等	《没有你》(单曲唱片)乔治·哈里森	《我是女人》(单曲唱片)海伦·雷迪
1973年	《运动感觉》斯蒂维·旺德尔	《他的歌声似软刀》罗伯塔·弗拉克	《你是我生命的阳光》(单曲唱片)斯蒂维·旺德尔	《他的歌声似软刀》(单曲唱片)罗伯塔·弗拉克
1974年	《圆满的结局》斯蒂维·旺德尔	《我真诚地爱你》奥莉维亚·牛顿-约翰	《圆满的结局》(唱片集)斯蒂维·旺德尔	《我真诚地爱你》(单曲唱片)奥莉维亚·牛顿-约翰
1975年	《长久的迷恋》保罗·西蒙	《永结同心》卡普廷和坦尼利	《长久的迷恋》(唱片集)保罗·西蒙	《十七岁时》(单曲唱片)詹尼丝·伊安
1976年	《生命之歌》斯蒂维·旺德尔	《化妆舞会》乔治·本森	《生命之歌》(唱片集)斯蒂维·旺德尔	《疾风》(唱片集)琳达·朗斯塔特

■ 1997年欧洲电视歌曲大赛获奖者所得分数及奖金为历年之冠 ■ 甲壳虫

▶ 欧洲电视歌曲比赛

欧洲电视歌曲比赛自1956年起每年举办一次，每个参赛国家只选送一首歌曲参赛，晚上比赛后对所有参赛曲目进行评判、投票。这项比赛虽然不是流行音乐界的盛事，但还是有大量的追随者。同时也是广受欢迎的电视节目。迄今为止获奖次数最多的国家是爱尔兰，共有七次。法国、卢森堡及英国各五次，荷兰四次。

年份	歌曲	歌手	国家
1956年	《克制》	莱斯·阿西亚	瑞士
1957年	《和那时一样》	科里·布罗肯	荷兰
1958年	《恋人》	安德莱·克拉沃	法国
1959年	《一点儿》	泰迪·斯霍尔滕	荷兰
1960年	《汤姆·皮利比》	雅克利娜·布瓦耶	法国
1961年	《我们的爱》	让-克劳德·帕斯卡尔	卢森堡
1962年	《初恋》	伊萨贝尔·奥布里特	法国
1963年	《舞曲》	格里思及乔根·因格曼	丹麦
1964年	《不，霍利塔》	吉格莱尼拉·辛奎蒂	意大利
1965年	《蜡娃娃，木屑填塞的布娃娃》	弗朗斯·加尔	卢森堡
1966年	《谢谢切里》	尤多·哲根斯	奥地利
1967年	《线绳上的木偶》	桑迪·肖	英国
1968年	《拉拉拉》	马歇尔	西班牙
1969年	《记者与儿童》	弗里达·鲍卡拉	法国
	《诗人》	伦尼·库尔	荷兰
	《万岁坎坦多》	萨罗姆	西班牙
	《隆隆声响》	卢卢	英国
1970年	《所有一切》	达娜	爱尔兰
1971年	《法官、被告、悔恨》	塞弗林	摩纳哥
1972年	《在你之后》	维基·林德罗斯	卢森堡
1973年	《认识你自己》	安妮-玛丽·戴维	卢森堡
1974年	《滑铁卢》	圣父乐队	瑞典
1975年	《叮叮咚爵士乐》	蒂奇-因	荷兰
1976年	《把爱留给我》	男人兄弟乐队	英国
1977年	《鸟儿和小孩》	玛丽·米莉甘姆	法国
1978年	《阿巴尼比》	埃扎·科汉与阿弗贝塔	以色列
1979年	《哈利路亚》	加利·阿塔里、米尔克及哈亚尼	以色列
1980年	《明年会怎样》	约翰尼·洛根	爱尔兰
1981年	《下定决心》	巴克斯·菲茨	英国
1982年	《一点儿安宁》	尼科尔	德国
1983年	《如果生活是礼物》	科琳娜·埃梅斯	卢森堡
1984年	《迪金-卢，迪金-莱伊》	赫雷斯	瑞典
1985年	《拉德塔·斯温》	鲍比索克斯	挪威
1986年	《我爱生活》	桑德拉·基姆	比利时
1987年	《请支持我》	约翰尼·洛根	爱尔兰
1988年	《没有我你不能走》	塞利娜·迪翁	瑞士
1989年	《使我烦恼》	里瓦	南斯拉夫
1990年	《相约1992》	托多·库图尼奥	意大利
1991年	《暴风雨》	卡罗拉	瑞典
1992年	《我怎么了》	琳达·马丁	爱尔兰
1993年	《在你眼中》	尼亚姆·卡瓦纳	爱尔兰
1994年	《摇滚青年》	保罗·哈林顿与查理·麦克盖蒂根	爱尔兰
1995年	《梦幻曲》	神秘的花园乐队	挪威
1996年	《声音》	埃米尔·奎恩	爱尔兰
1997年	《爱光芒四射》	卡特里纳与海浪乐队	英国

年份	当年最佳唱片集	当年最佳唱片	最佳男歌手/歌曲	最佳女歌手/歌曲
1977年	《流言》 弗利特伍德·麦克	《加利福尼亚饭店》 飞鹰乐队	《多面手》（单曲唱片） 詹姆斯·泰勒	《明星情歌之诞生》（《青春永驻》）（单曲唱片） 芭芭拉·史翠珊
1978年	《周六狂欢夜》 蜂王及他人	《正是你走的那条路》 比利·乔尔	《科帕卡巴纳》（《在科帕》）（单曲唱片） 巴里·马尼洛	《你需要我》（单曲唱片） 安妮·默里
1979年	《52街》 比利·乔尔	《傻瓜才相信》 杜比兄弟乐队	《52街》（唱片集） 比利·乔尔	《不再这样恋爱》（单曲唱片） 迪俄妮·沃琓克
1980年	《克里斯托弗·克罗斯》 克里斯托弗·克罗斯	《远航》 克里斯托弗·克罗斯	《正是它》（磁带） 肯尼·洛津斯	《玫瑰》（单曲唱片） 贝蒂·米德勒
1981年	《双重韵律幻想曲》 约翰·列农与大野洋子	《贝蒂·戴维斯的眼睛》 基姆·卡恩斯	《伤心而去》（唱片集） 阿尔·贾鲁	莱娜·霍恩：《一个女人和她在百老汇的音乐生涯》（唱片集） 莱娜·霍恩
1982年	《托多四世》 托多	《罗赞娜》 托多	《真诚》（单曲唱片） 莱昂内尔·里奇	《你应该了解她怎样对待你》（单曲唱片） 梅利莎·曼彻斯特
1983年	《震颤》 迈克尔·杰克逊	《敲起来》 迈克尔·杰克逊	《震颤》（唱片集） 迈克尔·杰克逊	《闪光舞，多美妙的感觉》（单曲唱片） 艾琳·卡拉
1984年	《不可松懈》 莱昂内尔·里奇	《与爱何干》 蒂娜·特纳	《目空一切》《与爱何干》（单曲唱片）菲尔·科林斯	《现在看我一眼》（单曲唱片） 蒂娜·特纳
1985年	《无需包装》 菲尔·科林斯	《我们是宇宙万物》 非洲义演	《无需包装》（唱片集）（单曲唱片） 菲尔·科林斯	《为你珍藏全部的爱》（单曲唱片） 惠特妮·休斯敦
1986年	《美丽大地》 保罗·西蒙	《至高无上的爱》 斯蒂夫·旺德尔	《至高无上的爱》（唱片集） 斯蒂夫·旺德尔	《百老汇唱片集》（唱片集） 芭芭拉·史翠珊
1987年	《短叶丝兰》 U2乐队	《美丽的大地》 保罗·西蒙	《午夜登场》 斯汀	《我要和爱我的人共舞》（单曲唱片） 惠特妮·休斯敦
1988年	《信任》 乔治·迈克尔	《快乐无忧》 鲍比·麦克费林	《快乐无忧》（单曲唱片） 鲍比·麦克费林	《飞车》（单曲唱片） 特蕾西·查普曼
1989年	《时间的烙印》 鲍尼·雷特	《飞向高空》 贝蒂·米德勒	《没有你我怎么过》（单曲唱片） 迈克尔·鲍尔顿	《时间的烙印》（磁带） 鲍尼·雷特
1990年	《回到街区》 昆西·琼斯	《天堂又一日》 菲尔·科林斯	《噢，漂亮女人》（单曲唱片） 罗伊·奥比森	《爱的幻想》（单曲唱片） 玛丽亚·凯莉
1991年	《不能忘记》 纳塔莉·柯尔	《不能忘记》 纳塔莉·柯尔	《男人爱上女人时》（单曲唱片） 迈克尔·鲍尔顿	《想说的话》（单曲唱片） 鲍妮·雷特
1992年	《疏通》 埃里克·克拉普顿	《天堂之泪》 埃里克·克拉普顿	《天堂之泪》（单曲唱片） 埃里克·克拉普顿	《渴望》（单曲唱片） k.d.兰
1993年	《保镖》 惠特妮·休斯敦	《我永远爱你》 惠特妮·休斯敦	《假如我曾对你失去信心》（单曲唱片） 惠特妮·休斯敦	《我永远爱你》（单曲唱片） 惠特妮·休斯敦
1994年	《盛行的MTV》 托尼·本尼特	《我想做的一切》 谢里尔·克劳	《今夜你能感到爱吗》（单曲唱片） 埃尔顿·约翰	《我想做的一切》（单曲唱片） 谢里尔·克劳
1995年	《昏醉的小皮尔》 席琳·狄翁	《玫瑰之吻》 埃里克·克拉普顿	《玫瑰之吻》（单曲唱片） 埃里克·克拉普顿	《不再爱你》（单曲唱片） 托尼·布莱克斯顿
1996年	《爱上你》 席琳·狄翁	《改变这世界》 埃里克·克拉普顿	《改变这世界》（单曲唱片） 埃里克·克拉普顿	《别伤我心》（单曲唱片） 托尼·布莱克斯顿

乐队于1996年获三项格莱美唱片奖——比他们在60年代所获奖项只少一项 ■

西方美术

- 最大的艺术作品——《圈起来的岛屿》（1980～1983）——由概念派艺术家克里斯托创作，他用600,000平方米粉红色的画布将佛罗里达比斯坎湾的11个小岛环绕起来。
- 俄罗斯圣彼得堡的爱尔米塔什博物馆是全世界收藏艺术品最多的公共博物馆（包括12,000多件雕塑、16,000多幅绘画及600,000多件素描和纸上作品）。
- 列奥纳多·达·芬奇的《蒙娜·丽莎》——1962年估价为1亿美元——是世界上最珍贵的绘画作品。

阿尔特多费尔，阿尔布雷希特（约1480～1538），德国画家、雕塑家、风景画创始人：《伊苏的亚历山大之战》（1529）。

安德烈，卡尔（1935～），美国极简抽象派雕塑家。1966年他在泰特陈列馆用120块砖头在地板上堆砌成的作品引起极大的反响：《等量VIII》（1966）。

安吉利科，弗拉（约1400～1455），文艺复兴早期佛罗伦萨画派宗教画家，是佛罗伦萨圣马可教堂一组湿壁画的作者。

阿尔普，让（汉斯）（1887～1966），法国达达派画家。他以完美的抽象雕塑作品而闻名。

培根，弗朗西斯（1909～1992），英国画家。善于描绘痛苦的扭曲人形：《三幅耶稣被钉死在十字架上的习作》（1944），《仿委拉斯开兹的习作》（1949），《教皇英诺森十世肖像》。

巴拉，贾科莫（1871～1958），意大利未来派画家、雕塑家：《拴在皮带上的狗的动力》（1912）。

巴托洛梅奥，弗拉（约1472～约1517），意大利文艺复兴盛期佛罗伦萨画派画家：圣玛丽亚新教堂的《最后审判》（未完成）。

比尔兹利，奥布雷（1872～1898），英国象征主义艺术家、插图画家。以颓废风格的插图作品而闻名。

贝克曼，马克斯（1884～1950），德国表现主义画家：《黑夜》（1918～1919）。

贝利尼，乔凡尼（约1430～1516），文艺复兴早期威尼斯画派艺术家：弗拉里圣坛背壁装饰画（1488），圣扎迦里亚（约1505），其他一些神话场景。

贝尔尼尼，吉安·洛伦佐（1598～1680），意大利巴洛克艺术风格鼎盛时期的雕塑家和画家：雕塑《阿波罗和达佛涅》（1625）和《圣德肋撒祭坛》（1645～1652）。

鲍伊斯，约瑟夫（1921～1986），有影响的德国画家：《妖怪》（1974），与活妖怪长达一周的对话。

布莱克，威廉（1757～1827），英国浪漫主义画家、诗人、雕塑家、空想家。他的艺术作品中包含许多复杂难懂却又充满诗情画意的哲学思想。

波丘尼，翁贝托（1882～1916），意大利未来派画家、雕塑家：雕塑《空间连续的独特形式》（1913）。

勃纳尔，皮埃尔（1864～1947），法国画家。以《普路托与珀尔塞福涅》中产阶级的室内场景及裸体画而著称。

博斯，希罗尼穆斯（约1450～1516），佛兰德画家。以古怪奇异，荒诞不经的画像而闻名：《人间乐园》（约1505～1510）。

波提切利，桑德罗（约1445～1510），文艺复兴早期佛罗伦萨画派画家：《春》（1477～1478），《维纳斯的诞生》（约1485）。

布歇，弗朗索瓦（1703～1770），法国洛可可风格画家：《日出日落》（1753），《躺着的少女》（1751）。

布丹，尤金（1824～1898），法国画家。善于画海景及海滩景色：《特鲁维耶海滩上的女人们》（1872）。

布朗库西，康斯坦丁（1876～1957），出生于罗马尼亚的法国抽象派雕塑家，强调几何图形的运用及材料特性，并以此著称：《无尽之柱列》（1937）。

布拉克，乔治（1882～1963），法国画家，立体主义画派发起人之一：《崇高的努》（1907～1908），《画室》系列（1948开始）。

布龙齐诺，阿格诺罗（1503～1572），意大利佛罗伦萨画派风格主义画家，擅长肖像画：《维傻瓜和时间老人》（约1540）。

布朗，福特·马多克斯（1821～1893），英国画家，他的风格类似拉斐尔前派画家。他的社会信仰反映在著名的作品《工作》（1852～1865）中。

（老）勃鲁盖尔，彼得（1525～1569），早期佛兰德画家家族中最杰出的一位画家：《农民的婚礼》（1566），《雪中猎人》（1565）。

伯恩-琼斯，爱德华爵士（1833～1898），英国象征主义派画家、插图画家、工艺设计家。受拉斐尔前派风格影响很大，以其虚无缥缈的风格而著称。

考尔德，亚历山大（1898～1976），美国活动雕塑家。以其金属活动雕塑闻名于世。

卡纳莱托，安东尼奥（1697～1768），威尼斯风景画家。当时他的美术作品以描绘风景著称。

《普洛塞尔庇娜被劫》(1621-1622)
吉安·洛伦佐·贝尔尼尼

萨尔瓦多·达利在工作

卡诺瓦，安东尼奥（1757～1822），意大利新古典主义雕塑家：《代达罗斯与伊卡罗斯》（1779）。

卡拉瓦乔，米开朗基罗·梅里西·达（1573～1610），意大利早期巴罗克风格画家，擅长运用光线与明暗：《圣马太生平》（1599～1602）。

卡拉，卡罗（1881～1966），意大利未来派画家。

卡拉齐，阿尼巴（1560～1609），意大利一绘画家族成员。主要作品有罗马法尔内塞宫长廊的天顶装饰画。

塞萨（1921～），法国雕塑家。擅长使用塑料及废弃材料：作品《黄色的别克车》便是用压碎的汽车外壳做的。

塞尚，保罗（1839～1906），法国画家，曾短期列身印象派画家圈内，对立体派画家影响深远。

夏尔丹，让-巴蒂斯特-西蒙（1699～1779），法国画家，擅长画静物和日常生活场景。

夏加尔，马克（1887～1985），法国画家，生于俄国。在他的作品中，梦幻氛围与荒谬逻辑并存：《我和村庄》（约1911）。

契里柯，乔尔乔·德（1888～1978），意大利画家。超现实主义画派的先驱者。擅长画都市风光：《高塔》（1913）。

克里斯托（1935～），比利时画家，生于保加利亚。从事过诸如用塑料制品将澳大利亚海岸线的部分地区围起来这样的工程。

克里斯塔斯，皮特鲁斯（活跃于1444～1472/3），佛兰德画家，运用几何透视法作画：《耶利米哀歌》（约1448），《圣伊利吉厄斯与两个情人》（1449）。

契马布埃（约1240～约1302），意大利佛罗伦萨派画家。提倡较现实主义的绘画：《圣母玛丽亚》（1285）。

克劳德·洛兰（1600～1682），法国古典风景画家。擅长处理光线，营造作品内容氛围。

▶**文艺复兴早期的艺术**

这一时期（1400～1570）的主导思想是恢复对古典（古希腊和古罗马）的建筑、文学及艺术的兴趣。美术代表人物有多那太罗、利比及波提切利。文艺复兴最初的中心是佛罗伦萨，然后是帕多瓦、威尼斯，最后是罗马。他们在写实人物及透视技法方面有较大的发展，并发明了用油彩作画。1500年以后，文艺复兴运动传播到北欧。

▶**文艺复兴盛期艺术及风格主义艺术**

16世纪，知名的天才艺术家们汇集在罗马，由柯勒乔等艺术家们发起的艺术革新运动传到北欧，并形成较粗浅的风格主义典雅方式-例如西班牙的埃尔·格列柯，荷兰的（老）勃鲁盖尔以及德国的（小）霍尔拜因。他们的作品过于深奥微妙，但技艺精湛，并常常掺有夸大的感情主义色彩及宗教色彩。然而反宗教改革对题材的限制及对宗教艺术的处理使风格主义在16世纪末期失去了原有的光彩活力。

▶**荷兰画派**

17世纪荷兰在推翻西班牙统治、商业在世界范围内成功发展的同时，绘画艺术也兴旺繁荣起来。凡·戴克、哈尔斯及伦勃朗等一些美术家，专注于荷兰长期以来所特有的画种——静物画、日常生活画、风景画及人物肖像画。

■ 夏加尔和恩斯特是美国记者瓦里安·弗雷从德国纳粹分子手

康斯太布尔，约翰（1776～1837），英国浪漫主义风景画家：《干草车》（1821）。

柯罗，卡米耶（1796～1875）法国风景画家、人物画家，印象派的先驱：《画室》（1870），《蒙特之桥》（1870），《沙特尔大教堂》（1874）。

柯勒乔，安东尼奥（约1490～1534），意大利文艺复兴盛期有影响的画家：《朱庇特与我》（1531）。

科尔托纳，皮特罗·达（1596～1669），意大利巴罗克艺术家：《关于天意与巴尔贝里尼的力量的寓言》（1633～1639）——一幅天顶画。

库尔贝，古斯塔夫（1819～1877），法国画家，最杰出的现实主义艺术家：《佛拉基的农民》（1850），《碎石工》（1849）。

老克拉纳赫，卢卡斯（1472～1553），16世纪有影响的德国画家：《逃亡埃及途中的休息》（1504）。

克伊普，埃尔伯特（1620～1691），荷兰风景画家。擅长描绘黄昏与黎明的乡村、河流景象：《尼吉梅根风景》（约1660）。

达利，萨尔瓦多（1904～1989），西班牙超现实主义画家。以其幻觉境界的绘画和电影闻名于世：《记忆的永恒》（1931）。

杜比尼，夏尔-弗朗索瓦（1817～1878），法国巴比松派风景画家。

杜米埃，奥诺雷（1808～1879），法国讽刺漫画家，作品中常常含有对政治及社会现象辛辣的讽刺意味。

大卫，雅克-路易（1748～1825），法国新古典主义画家：《马拉之死》（1793），《卢森堡公园风光》（1794）。

德加，埃德加（1834～1917），法国印象派画家、雕塑家。最喜欢表现的是舞蹈者和赛马：《十四岁的小舞蹈家》（1880～1881），《排练》（1882）。

德·库宁，威廉（1904～1997），美国抽象表现主义画家：《女人》系列。

德拉克洛瓦，欧仁（1798～1863），法国浪漫主义画家：《希阿岛的屠杀》（1823），《沙尔丹纳帕勒之死》（1827）。

德洛内，罗伯特（1885～1941），法国画家，受立体派影响较深：《旋转的模型》（1912年始）。

德兰，安德烈（1880～1954），法国画家，野兽派创始人之一。

多那太罗（约1386～1466），文艺复兴早期佛罗伦萨非常有影响的雕塑家：《加塔梅拉塔骑马像》（1443～1447），圣安东尼教堂的主祭坛。

杜乔·迪·博尼塞尼亚（约1255～1319），意大利锡耶纳派画家。他首倡的二维的表面装饰艺术对后世有很大影响。

杜尚，马塞尔（1887～1968），法国相当有影响的达达派画家：《新娘被光棍们剥光了衣服》（1915～1923）。

杜飞，拉乌尔（1877～1953）法国画家，曾有一个短时期以野兽派风格为主：《多维尔》（1930）。

迪尤勒尔，阿尔勃莱希特（1471～1528），德国画家、版画家、理论家：《骑士，死亡和魔鬼》，《忧郁》，《修道院中的圣哲罗姆》（全部作于1513～1514）。

恩索尔，詹姆斯（1860～1949），比利时画家。他对表现主义和超现实主义画派有重要的影响：《耶稣降临布鲁塞尔》（1880）。

爱泼斯坦，雅各布（1880～1959），美国出生的英国雕塑家，为早期旋涡派雕塑家：《岩钻》（1913～1914）。

恩斯特，马克斯（1891～1976），德国画家、雕塑家、拼贴画艺术家，开始为达达

《芭蕾舞女》(1880)
埃德加·德加

《下楼梯的裸体人》，2号(1912)
马塞尔·杜尚

派画家，以后成为超现实主义画家：《万物漂浮》（1920）。

埃克，胡伯特·凡（1366/70～1426），佛兰德画家（扬的兄弟）。

埃克，扬·凡（约1390～1441），佛兰德画家。他的肖像画以真实细腻著称：《根特祭坛画》（1432，与他的兄弟胡伯特合作）。

弗拉戈纳尔，让-奥诺雷（1732～1806），法国洛可可风格画家：四幅油画《爱情进程》（1771～1773），《秋千》（1769）。

弗里德里希，卡斯帕尔·戴维（1774～1840），德国浪漫主义风景画家。擅长描绘使人产生美好感情的山峰和月光下的海岸等景象：《山上的十字架》（约1807）。

富塞利，约翰·亨利（1741～1825），瑞士浪漫主义画家。生活在英国，擅于探索人性的黑暗面：《恶梦》（1782）。

加博，瑙姆（1890～1977），苏联雕塑家，构成主义派的先驱之一：《鹿特丹》（1955）。

庚斯博罗，托马斯（1727～1788）英国肖像画和风景画家：《安德鲁夫妇》（约1750），《蓝衣少年》（约1770）。

戈迪埃-布尔泽斯卡，亨利（1891～1915），有影响的法国旋涡派雕塑家。

高庚，保罗（1848～1903），法国画家、雕塑家、版画家。擅长以鲜艳明亮的色调描绘布列塔尼及南部海域，并带有神秘色彩：《我们从何处来？我们是什么人？我们向何处去？》（1897）。

吉里柯，西奥多（1791～1824），法国浪漫主义画家，浪漫主义画派的创始人之一：《埃普松赛马》（1821），《梅杜萨之筏》（1819）。

吉贝尔蒂，洛伦佐（1378～1455），意大利文艺复兴早期佛罗伦萨雕塑家、金匠：佛罗伦萨洗礼堂青铜大门浮雕（第二道门，通常称作"天堂之门"）。

贾科梅蒂，阿尔伯托（1901～1966），瑞士雕塑家，作品以细长形的人体铜像著称。

詹博洛尼亚（1529～1608），佛兰德风格主义派雕塑家：著名的雕塑作品为《萨宾人之劫》（1579～1583）。

吉尔伯特和乔治（吉尔伯特·普勒施，1943～；乔治·帕斯莫尔，1942～），英国先锋派画家。从事多种不同的艺术形式，包括表演艺术。

乔尔乔涅（约1476/8～1510），意大利威尼斯画派画家。乡村田园画的首创者。

乔托·迪·博恩多尼（1266～1337），有影响的佛罗伦萨派画家。创建了一种新的自然主义绘画风格：《奥格妮桑蒂夫人》（约1310～1315）。

冈察洛娃，纳塔莉亚（1881～1962），苏联画家。作品以光线辐射线条为主要特征。

戈尔基，阿夏尔（1904～1948），美国画家，生于亚美尼亚，超现实主义及抽象表现主义派画家：《艺术家及其母亲》（约1926～1929），《索契花园》（1941）。

戈雅·伊·卢西恩特斯，弗朗西斯科·何塞（1746～1828），西班牙浪漫主义画家、蚀刻家：《裸体的玛哈》和《穿衣的玛哈》（1797～1800），《五月三日》（1814）。

格列柯，埃尔（原名多梅尼科斯·泰奥托科普利，（1541～1614），希腊风格主义画家、雕塑家，在西班牙工作。《奥尔加斯伯爵下葬》（1586），《脱下基督的外衣》（1577～1579）。

格里斯，胡安（1887～1927），西班牙画家。以开创立体派而著称：《向毕加索致敬》（1911～1912）。

《麦田》(1889)
文森特·凡·高

▶古典主义画派

古典主义是17世纪艺术的主流之一，尤其是在天主教国家，例如意大利和法国。洛兰和普桑等艺术家开始反对风格主义末期的枯燥乏味，试图回归文艺复兴盛期艺术的自然主义、协调的均衡及构图的统一，同时他们还加上一种新的自然现实主义和直接的感情表露。它主张的严谨的率真与准确使平衡与规范这一传统思想重新活跃起来。

▶新古典主义画派

由于18世纪意大利希腊古代文物的新发现，人们开始重新考察欧洲文明的发源地。新古典主义更加注重作品的浪漫色彩及宏伟庄严，而不是笔法的明晰及举止的端庄。一些法国画家采用这种新古典主义画派风格，如大卫、安格尔。法国知识界人士将这一学派发展成为国际新古典主义运动，迅速传遍欧洲。各国艺术家们欣然接受，代表人物有雕塑家卡诺瓦。

▶浪漫主义画派

艺术领域的浪漫主义运动始于18世纪末期，繁荣、兴盛直到19世纪中期。具有代表性的画家有特纳、吉里柯及戈雅。他们摒弃了古典主义及新古典主义画派的美学观及伦理观，同时他们也抵抗工业革命的实利主义及其丑陋的社会现象。此外，浪漫主义作家对浪漫主义画家在取材与观点方面产生重要的影响。绘画作品的内容与画家自身的态度的统一使该运动协调的发展。

格罗茨，乔治（1893～1959），德国插图画家、油画家、辛辣的讽刺漫画家。

格吕奈瓦尔德，马蒂斯（约1470～1528），德国宗教画家：《伊森海姆祭坛画：基督受刑》。

瓜尔迪，弗朗西斯科（1712～1793），出身著名的威尼斯画派美术世家，该家族的其他成员还有他的兄弟尼科洛和乔凡尼·安东尼奥。以画风景画及建筑景观而著称。

哈尔斯，佛兰斯（1580/85～1666），荷兰风俗画家、肖像画家：《快乐的酒徒》（1628～1630），《微笑的骑士》（1624）。

哈密尔顿，理查德（1922～），英国波普美术家。作品多反映他偏爱的市场交易风格：《她》（1958～1961）。

哈特菲尔德，约翰（原名穆尔马特·赫兹费尔德，1891～1968），德国艺术家。以制作政治色彩浓厚的合成照片而著称：《好哇，黄油用完了》（1935）。

赫克尔，埃里克（1883～1970），德国表现主义派画家、版画艺术家。"桥社"创始人之一。

赫普沃思，芭芭拉（1903～1975），英国抽象派女雕塑家。

赫斯特，达米安（1965～），有争议的英国插图画家。以探究死亡的必然性，甚至包括运用死动物来表现而引人瞩目。

霍贝玛，迈因德特（1638～1709），荷兰风景画家：《密德哈尼斯林荫道》（1689）。

霍克尼，戴维（1937～），英国画家。最初在波普艺术方面表现不凡，但后来在多种风格上都有创新：《大水花》（1966～1967）。

荷加斯，威廉（1697～1764），英国画家、版画家。作品中常含有故事情节：《卖虾女》（1740），《时髦婚姻》（1743）。

小荷尔拜因，汉斯（1497/8～1543），德国肖像画家、宗教画家：《墓中的基督》（1521），《伊拉斯谟肖像》（1517）。

霍赫，彼得（1629～1684），荷兰风俗画家。在画庭院风景中善于运用光线：《代尔夫特庭院》（1658）。

亨特，威廉·霍尔曼（1827～1910），英国画家。作品处理细致，具有象征主义风格。他是拉斐尔前派兄弟会创建人之一：《世界之光》（1853～1854）。

安格尔，让·奥古斯特·多米尼克（1780～1867），法国新古典主义画家，以其宫女画系列而闻名。

亚夫伦斯基，阿列克谢·冯（1864～1941），俄国画家。与"蓝骑士社"过从甚密：《少女头像与黑夜》（1933）。

约翰斯，贾斯珀（1930～），美国画家、版画复制匠、雕塑家。著名的波普艺术创始者：《田园画》（1963～1964）。

贾德，唐纳德（1928～），美国极简抽象派雕塑家。作品以画排列的几何形物体（常为盒子）为主。

康定斯基，瓦西里（1866～1944），抽象派艺术的先驱，出生于俄国，"蓝骑士社"成员。

基弗，安塞姆（1945～），德国新表现主义画家，作品以描绘德国历史为主。

基尔希纳，恩斯特·路德维希（1880～1938），德国表现主义画家、版画艺术家，"桥社"创始人之一。

克勒，保罗（1879～1940），著名的瑞士画家、版画艺术家。他的创作从象征主义发展到抽象派。

克里木特，古斯塔夫（1862～1918），奥地利画家，维也纳分离派奠基人。以技艺高超的装饰画

《手持骷髅的年轻人》（约1626～1628）
弗朗斯·哈尔斯

《穆瓦泰谢尔夫人画像》（1844-1857）
让·奥古斯特·多米尼克·安格尔

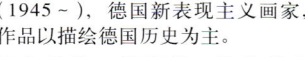

《睡莲池塘》（1899）
克劳德·莫奈

而闻名：《吻》（1908）。

克莱恩，弗朗兹（1910～1962），美国抽象表现主义派画家。

考考什卡，奥斯卡（1886～1980），奥地利表现主义派画家：《暴风雨》（1914）。

拉图尔，乔治·德（1593～1652），法国画家，他的作品风格类似卡拉瓦乔：《圣彼得之否认》（1650）。

莱热，费尔南德（1881～1955），法国画家。作品风格独特，运用半抽象手法，常以群众的或工业机械为题材绘制巨幅画。

列奥纳多·达·芬奇（1452～1519），意大利卓越的画家之一（也是工程师、建筑师、音乐家和科学家）：未完成的《博士朝拜》（1481），《岩间圣母》（1483～约1486或1483～1508），《最后的晚餐》（约1495～1497），《蒙娜·丽莎》（约1503）。

刘易斯，文德姆（1882～1957），加拿大出生的英国画家、作家，旋涡派创始人：《车间》（1914）。

刘易特，索尔（1928～），美国极简抽象派雕塑家。

路加斯·范·莱登（1494～1533），荷兰画家、版画家。作品多取材于历史及日常生活：《最后的审判》（1526～1527）。

利希滕斯坦，罗伊（1923～），美国波普艺术家。擅长运用线条勾画大型人物画像，并带有喜剧色彩：《嘭》（1963）。

李卜曼，马克斯（1847～1935），德国画家，柏林人分离派的奠基人。

利比，弗拉·菲利波（约1406～1469），意大利文艺复兴早期佛罗伦萨派画家：普拉托主教堂里有关施洗者约翰和圣斯蒂芬生平的壁画（1452～1465）。

洛伦采蒂，安布罗焦（活跃于约1319～1348），意大利锡耶纳雕塑家、画家，以早期现实主义陆地风景画著称。

洛伦采蒂，皮特罗（活跃于约1319～1348），锡耶纳雕塑家、画家，以其作品《从十字架上放下来》（约1330）而闻名。

洛伦佐·莫纳科（洛伦佐修士，约1370/2～1422/5），锡耶纳画家，国际哥特式画家，微型图画画家：《朝拜》（约1424）。

马克，奥古斯特（1887～1914），德国画家，"蓝骑士社"的奠基人。

马格里特，雷纳（1898～1967），比利时超现实主义画家。善于运用传统的象征手法，所描绘的物品常超出人的想象，使作品怪诞、奇异：《梦幻调》（1930），《风云将变》（1938）。

马列维奇，卡西米尔（1878～1935），俄国画家，至上主义画派创始人：《白上之白》系列（约1918）。

马奈，爱德华（1832～1883），法国画家，被誉为"现代绘画之父"：《草地上的野餐》（1863），《奥林匹亚》（1863）。

曼特尼亚，安德列亚（又译曼坦那，约1431～1506），意大利北方文艺复兴早期画家。作品采用透视画法并追求十全十美的效果。

马尔克，弗朗兹（1880～1916），德国表现主义画家，"蓝骑士社"成员：《蓝马》（1911），《战事》（1913）。

马奎特，阿尔贝（1875～1947），法国画家。以其早期绘画作品中色彩明快的野兽派风格而引人注意。

马萨乔（1401～约1428），意大利文艺复兴早期著名的佛罗伦萨派画家：佛罗伦萨圣马丽亚新教堂的壁画《三位一体》（1428），佛罗伦萨布兰卡奇小教堂的壁画（约1425～1428）。

▶现实主义画派

现实主义画派（1840-1880）源于法国并迅速传遍欧洲，然后传到美国，代表人物如库尔贝和米勒，他们反对浪漫主义画派的主观性、利己主义和历史的约束，而采取以真实为本的自然主义风格。他们以自然景观和日常生活为题材，以独立、客观的视角观察人物，他们的笔触更趋于独立与准确，而不像浪漫主义画派那样色彩强烈，富于戏剧性。

▶巴比松画派

该运动的名称来自于法国枫丹白露镇附近的一个小村庄巴比松。19世纪40年代，巴比松村成为法国风景画家聚集的中心。艺术家米勒及狄奥多尔·卢梭悉心观察、研究自然。宗旨是要摆脱保守的学院派的羁绊，创造一种真实描绘大自然丰富奇伟景观的绘画风格。巴比松画家们摒弃了浪漫主义画派言过其实的理想主义和古典主义的寓意风格，他们的作品对印象主义画派的产生有重要的影响。

▶拉斐尔前派

拉斐尔前派兄弟会是由7位伦敦画家组成的团体（1848～1856），宗旨是回到拉斐尔以前的意大利绘画风格（名称由此而来），以此来抗议当时在英国学院派普遍存在的轻薄浮躁。它的发起人是亨特、密莱司和罗塞蒂。最初，他们在自己的作品上不署真实姓名，而署以缩写字头PRB。后来他们遭到同时期实利主义派的拒绝，从此他们常以宗教和传说为题材，因而他们作品细腻的风格也长久地保持下来。

■ 米开朗基罗除了绘画、雕刻和艺术作品外，还写了300首十四行诗

马松，安德烈（1896~1987），法国超现实主义画家。他的作品自然优美，是在毫无意识的神情恍惚中完成。

马蒂斯，亨利（1869~1954），20世纪著名的美术家，野兽派的创始人：《舞蹈与音乐》（1909~1910），宫女画系列作品。

米开朗基罗，波纳洛蒂（1475~1564），杰出的意大利雕塑家、画家、建筑师：雕像《大卫》（1501~1504），西斯廷教堂天顶画（1508~1512），塑像《摩西与奴隶们》（1513~1516），壁画《最后的审判》（西斯廷教堂壁画，1536~1541）。

密莱司，约翰·埃弗雷特爵士（1829~1896），英国画家。拉斐尔前派兄弟会创始人之一。著名作品为《幻想》（1886）。

米勒，让-弗朗索瓦（1814~1875），法国现实主义画家。作品以描绘法国朴素的劳动人民而著称：《拾穗》（1857），《祈祷》（1859）。

米罗，霍安（1893~1983），西班牙超现实主义画家。著名作品有《宁静的生活》，《狂犬吠月》。

莫迪里阿尼，阿梅迪奥（1884~1920），意大利画家、雕刻家。以形象硕长的肖像画及色情浓郁的裸体画著称：《躺着的裸体》（约1919）。

莫霍伊-纳吉，拉斯洛（1895~1946），美国画家，生于匈牙利。实验派画家，致力于鲍豪斯建筑学院派及构成主义派的创作。

蒙德里安，皮特（1872~1944），荷兰画家，开始为象征主义派，后转为风格派的纯抽象派风格：《红、黄、蓝交响曲》（1939~1942）。

莫奈，克劳德（1840~1926），法国印象派画家，尤长于风景画：《园中女人》（1867）及《睡莲》组画（1899~1926）。

穆尔，亨利（1898~1986），英国雕刻家，绘图和版画艺术家。以雕塑完美的形体而著称：《两个形体》（1934），《躺着的人》（1938）。

莫罗，古斯塔夫（1826~1898），法国画家，象征主义画派领袖，以所画的女人妖冶而闻名：《幽灵》（1876），《莎乐美之舞》（1876）。

摩里索，贝尔特（1841~1895），法国女画家，擅长画女人和儿童：《画家的妹妹埃德玛和她们的母亲》（1870）。

马瑟韦尔，罗伯特（1915~），美国抽象表现主义画家，也擅长拼贴画。

蒙克，爱德华（1863~1944），挪威画家，是表现主义画派的先驱：《呼嚎》（1893）。

牟利罗，巴托洛梅·埃斯特本（1618~1682），西班牙家。作品风格柔和、细腻，富于情感。

纳什，保罗（1889~1946），英国画家，他的充满幻想的风景画和表现战争的作品都体现出超现实主义画派的影响。

纽曼，巴尼特（1905~1970），美国抽象表现主义画家。擅长用带有彩色条纹的巨幅彩色画布作画。

尼科尔森，本（1894~1982），英国抽象派画家。有些作品为浮雕。

诺兰，悉尼爵士（1917~1992），澳大利亚画家，作品多取材于澳大利亚历史。

诺尔德，埃米尔（1867~1956），德国表现主义画家，以风景画和宗教画著称，"桥社"成员。

奥顿伯格，克拉斯（1929~），美国雕塑家、版画艺术家，生于瑞典。他是"波普

《溪中沐浴的女人》（1664）
伦勃朗·范赖恩

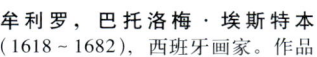

艺术运动的领袖之一。

帕尔默，塞缪尔（1805~1881），英国浪漫主义画家、田园风景蚀刻版画家：《恬静的圣家庭》（1824~1825）。

帕米贾尼诺（1503~1540），意大利风格主义画家、蚀刻版画家：《圣哲罗姆见异象》（1527），《长颈圣母》（约1535）。

佩夫斯纳，安东尼（1886~1962），法国画家，抽象派雕塑家，生于俄国。构成主义画派的创始人之一。

皮卡比阿，弗朗西斯（1879~1953），法国达达派画家：《故乡伊人》（1914）。

毕加索，帕布罗（1881~1973），西班牙画家、雕塑家、版画艺术家。立体主义画派创始人之一，是20世纪最杰出的艺术家：《亚威农少女》（1907），《格尔尼卡》（1937）。

皮埃罗·德拉·弗朗西斯卡（1420~1492），意大利文艺复兴早期画家：《基督受洗》（约1456），阿雷佐圣弗朗西斯科教堂的环形壁画《真十字架的传说》（1452~1466）。

皮萨内洛，安东尼奥（约1395~1455/6），意大利维罗纳画家：《圣乔治和公爵夫人》（约1433~1438），《圣以斯帖见异象》（1435~1438）。

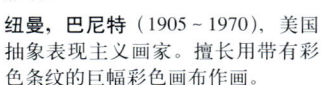

《夜晚草地上的少女》（约1895）
奥古斯特·雷诺阿

皮萨诺，乔瓦尼（活跃于1265~1314），意大利比萨雕塑家。皮斯托亚圣安德烈布道坛（1301）。

毕沙罗，卡米耶（1831~1903），法国印象派画家。19世纪80年代期间他的风格倾向于点彩派。

波洛克，杰克逊（1912~1956），美国抽象表现主义画家。动作画派著名的代表人物。

蓬托莫，雅各布（1494~1557），意大利佛罗伦萨派画家，风格主义画派的创始人之一：《耶稣下十字架》（约1526）。

普桑，尼古拉（1594~1665），法国古典主义画家。以简明清晰的风景画著称：《摩西遇救》（1638）。

拉斐尔（1483~1520），意大利画家：梵蒂冈宫中壁画，包括《雅典学园》（1509~1511）。

苏申伯格，罗伯特（1925~），美国艺术家，他将波普艺术和抽象表现主义画派结合起来，因此而闻名：《字母组合》（1959）。

雷，曼（伊曼纽尔·拉宾诺维奇，1890~1976），美国画家、摄影家、电影制片人，达达派和超现实主义画派画家，以勇于技术实验闻名。

雷东，奥德诺（1840~1916），法国象征主义派画家，石版画画家：《库克罗普斯》（1898）。

伦勃朗·范赖恩（1606~1669），荷兰画家、蚀刻版画家。善于素描，尤以肖像画著称：《解剖学课》（1632），《夜巡》（1642）。

雷诺阿，奥古斯特（1841~1919），法国印象派画家：《太阳伞》（1883），《浴女》（1884~1887）。

雷诺兹，乔舒亚（1723~1792），英国肖像画家：《西顿夫人扮演女神》（1784）。

赖利，布利奇特（1931~），英国杰出的光效应艺术家：《降临》（1963）。

罗丹，奥古斯特（1840~1917），法国雕塑家。他的作品风格写实，技艺超群，创作了许多优秀作品：《思想者》（1880），《吻》（1886）。

罗马诺，朱利奥（1492~1546），意大利画家、建筑师、装潢师，风格主义奠基人之一。作品有宫殿装饰画。

《思想者》（1880）
奥古斯特·罗丹

▶印象派

最初一些无名无派的艺术家们聚集起来开办具有独特风格的画展——从1874年到1886年，目的是为了能进入巴黎沙龙——法国全国性的美术展览会。代表人物有莫奈、雷诺阿及西斯莱，他们运用科学的手法对绘画进行技术加工，方法更自然。他们的绘画两大主题是自然风景和现代生活（常为城市生活），他们主张在户外作画，他们善于抓住事物的瞬间变化，尤其注重光的艺术效果，他们力求创造一种自由的画风。

▶象征主义画派

象征主义运动始于19世纪80年代，他们反对自然主义（宗旨是艺术是大自然的再创造），反对实利主义及现代产业主义。代表人物有法国的莫罗和雷东及英国的比尔兹利，他们反对进行自然化的形象描绘，寻求进入一种奇妙的、梦幻般的境界，他们承认艺术来源于真实生活，但他们认为艺术可以通过自己特有的方式，不必直接表现——这种观点预示着超现实主义的到来。

▶野兽派

野兽派（约1905~1907），以马蒂斯为首的这一法国艺术家运动存在的时间虽短，但却具有深远的影响。一位评论家称他们为野兽，因此而得名。他们的画风超越常规，大胆、强烈且才华横溢，往往在颜色的处理上较怪异。

罗姆尼，乔治（1734～1802），英国肖像画家。

罗塞蒂，但丁·加波列尔（1828～1882），英国画家、诗人，拉斐尔前派兄弟会创建人之一。

罗思科，马克（1903～1970），美国抽象表现主义画家，以颜色为惟一的表现手段。

鲁奥，乔治（1871～1958），法国画家。画风受表现主义影响，多以宗教为题材。

卢梭，亨利（1844～1910），法国画家，自学成才。以风格独特的热带丛林画著称（1900～1910）。

卢梭，西奥多（1812～1867），法国巴比松派风景画家：《牛的攻击》（1835）。

鲁本斯，彼得·保尔（1577～1640），佛兰德画家，作品以规模庞大、辉煌壮丽著称：《升起十字架》（1610～1611），《基督下十字架》（1611～1614）。

鲁斯达尔，贾科布·范（1628/9～1682），荷兰风景画家、蚀刻版画家，作品充满激情，给人留下深刻印象：《犹太人墓地》（约1660）。

萨金特，约翰·辛格（1856～1925），美国画家，长期侨居英国，以肖像画著称：《康乃馨、百合、蔷薇》（1885～1886）。

希勒，埃贡（1890～1918），奥地利表现主义画家，擅长素描，以线条分明和瘦骨嶙峋的裸体画著称。

施维特斯，库尔特（1887～1948），德国达达派画家、雕塑家。作品以物体的随意组合而著称。

修拉，乔治（1859～1891），法国画家，新印象派的奠基人和领袖：《阿涅尔的沐浴》（1884）。

西克尔特，沃尔特（1860～1942），英国画家。主要描绘伦敦低阶层人们的生活：《厌倦》（约1913）。

西涅克，保罗（1863～1935），法国新印象派画家、理论家。

西斯莱，阿尔弗莱德（1839～1899），英国出生的法国印象派画家，以其风景画闻名于世。

史密斯，戴维（1906～1965），著名的美国雕塑家：《哈得孙河风光》（1951）。

斯塔尔，尼古拉斯德（1914～1955），法国-俄国抽象派画家。作品以大面积的修补为特点：《屋顶》（1952）。

斯滕，扬（1626～1679），多产的荷兰风俗画家。长于画欢乐气氛的场面：《圣尼古拉节》（约1660）。

斯塔布斯，乔治（1724～1806），英国画家，以画马闻名。

萨瑟兰，格雷厄姆（1903～1980），英国画家。早期风景画具有梦幻般的超现实特点，后期作品为著名的肖像画。

塔皮耶斯，安东尼（1923～），西班牙画家。早期作品为超现实主义风格，而后期作品兼有各派风格。

塔特林，弗拉基米尔（1885～1953），俄国画家，构成主义派的奠基人：《第三国际纪念碑》（1920）。

提埃坡罗，詹巴蒂斯塔（1696～1770），意大利洛可可派画家。以威尼斯的拉比亚宫和马德里王宫的天顶画和壁画著称。

丁格利，让（1925～1991），瑞士活动艺术家，擅于利用机械驱动活动部分而制作雕塑：《献给纽约》（1960）。

《参孙和大利拉》（约1609）
彼得·保尔·鲁本斯

《雨、蒸汽和速度-大西方铁路》（1839-1844）
约瑟夫·马洛德·威廉·特纳

《马车上的女士和先生》（1787）
乔治·斯塔布斯

《站在维吉纳琴前的少妇》（1670）
简·弗美尔

丁托莱托，雅各布（1518～1594），意大利威尼斯派风格主义画家：《最后审判》（约1560）。

提索特，詹姆斯（1836～1902），法国画家、版画艺术家，曾加入巴黎公社。以《圣经》中插图著称。

提香（提吉亚诺·维塞利奥，约1488/90～1576），意大利文艺复兴时期威尼斯派画家。以梦幻般的田园画而闻名：《维纳斯和邱多比特》（1554），威尼斯弗拉里圣玛丽亚教堂圣坛画《圣母升天》（1516～1518）。

土鲁斯-劳特累克，亨利·德（1864～1901），法国画家、制图艺术家。善于描绘人物本质特征，以其石版画及舞厅、卡巴莱夜总会的海报、招贴画而著称：《红色磨房》（1891）。

特纳，约瑟夫·马洛德·威廉（1775～1851），英国浪漫主义派先驱，风景画家：《鲁莽之战》（1838），《雨、蒸汽、速度》（1844）。

乌切洛，保罗（约1397～1475），意大利文艺复兴早期佛罗伦萨派画家：壁画《洪水灭世》，运用透视法制作的嵌板画《圣罗马诺之战》。

凡·代克，安东尼爵士（1599～1641），佛兰德画家、蚀刻版画家。以其优雅的肖像画闻名于世。

瓦萨雷利，维克多（1908～1997），法国画家，生于匈牙利。作品风格为棋盘式构图，是视幻艺术的先驱。

凡·高，文森特（1853～1890），荷兰画家，对20世纪的美术具有重要的影响：《吃土豆的人》（1885），《椅子和烟斗》（1888～1889），《向日葵》（1888～1889）。

委拉斯开兹，迭戈（1599～1660），西班牙画家：《宫娥》（1656），《教皇英诺森十世肖像》（1650）。

弗美尔·简（1632～1675），荷兰风俗画家。以善用光的微妙效果表现室内空间著称：《宗教象征》（1669～1670），《绘画的比喻》（约1665）。

委罗内塞，保罗（1528～1588），意大利威尼斯画派画家：作有宗教节日宴席场面的组画，如《迦拿的婚宴》（1562），《利未的家宴》（1573）等。

弗拉曼克，莫里斯·德（1876～1958），法国野兽派画家：《沙托桥》（1906）。

维亚尔，让-爱德华（1868～1940），法国画家，以室内画著称：《艺术家的母亲和妹妹》（1893）。

沃霍尔，安迪（1928～1987），美国画家、雕塑家、版画设计家，波普艺术的创始人之一：坎贝尔汤罐、可口可乐瓶及玛丽莲·梦露的像都是他设计的。

华托，安东尼（1684～1721），法国洛可可派画家，画风富于抒情性，具有浪漫主义色彩，喜画园林中人物：《舟发西苔岛》（1717）。

韦登，罗希尔·范德尔（1399?～1464），著名的佛兰德画家：《下十字架》（约1435），圣坛壁画《最后审判》（1450）。

惠斯勒，詹姆斯·阿博特·麦克尼尔（1834～1903），美国画家、版画家。长期居住在英国，作品主要为现实主义画风，后期作品倾向于抽象派。

苏巴朗，弗朗西斯柯·德（1598～1664），西班牙画家。常以宗教为题材，作品笔触有力，但朴实无华。

▶新印象派

最初一些无名无派的艺术家们聚起来开办具有独特风格的画展－从1874年到1886年。目的是为了能进入巴黎沙龙－法国全国性美术展览会。代表人物有莫奈、雷诺阿及西斯莱，他们运用科学的手法对绘画进行技术加工，方法更自然。他们的绘画两大主题是自然风景和现代生活（常为城市生活），他们主张在户外作画，他们善于抓住事物的瞬间变化，尤其注重光的艺术效果，他们力求创造一种自由的画风。

▶立体主义画派

立体主义画派始于1907年左右，代表画家有毕加索和布拉克。他们研究分析所描绘的物体，把它们分割成不同的立体几何图形，然后重新组合，这样可以在一幅画内同时看到每个物体的多角度形象。立体画派后来发展成为两个主要流派——分解派和综合派。

▶表现主义画派

表现主义画派常常通过不真实的夸张手法，力图表现艺术家的自我感受和主观意象。德国的表现主义艺术社团"桥社"成立于1905年，它将美术作为一种交流手段，使艺术和生活相结合。德国另一个独立的表现主义画派团体"蓝骑士社"成立于1911年，其目的是使每个画家都能充分展现各自的绘画风格。他们大胆地动用色彩，但画风倾向于抽象派，代表人物有恩索尔、考考什卡和鲁奥。

价值连城的艺术珍品

下面是一些主要艺术家所创作的艺术品在拍卖中的最高价,其中有几位艺术家,不止一件作品拍卖价超过1000万英镑——凡·高至少4件,毕加索5件。

艺术家	拍卖价(英镑)	绘画作品	出售时间
凡·高	44,378,696	《加歇医生》	1990年5月
雷诺阿	42,011,832	《磨坊》	1990年5月
毕加索	33,123,028	《皮耶雷特的婚礼》	1989年11月
蓬托莫	20,253,164	《科西莫·美第奇公爵画像》	1989年5月
塞尚	16,993,464	《苹果篮子静物画》	1993年5月
马奈	15,483,872	《旗帜飘扬的莫斯尼埃街》	1989年11月
高更	13,496,934	《昔日的玛塔·穆阿》	1989年5月
莫奈	13,000,000	《干草堆》	1988年6月
德·库宁	11,898,735	《交换》	1989年11月
康定斯基	11,242,604	《主曲线》	1990年5月
康斯太布尔	9,800,000	《锁》	1990年11月
卡纳莱托	9,200,000	《皇家骑兵乐队列队从圣詹姆斯公园走来》	1992年4月
瓜尔迪	8,937,960	《威尼斯热德卡和岱尔的风景》	1989年12月
土鲁斯-劳特累克	8,883,700	《穿粉色长袜的舞女》	1997年5月
马蒂斯	8,741,723	《红色中的和谐》	1992年11月
约翰斯	8,611,112	《错误的开始》	1988年11月
莱热	8,500,000	《形的对比》	1989年11月
夏加尔	7,988,166	《纪念日》	1990年5月
曼特尼亚	7,500,000	《贤人马吉的崇拜》	1985年4月
莫迪里阿尼	7,197,452	《裸坐者》	1995年5月
克里木特	7,066,667	《夫人和扇子》	1994年5月
德加	6,800,000	《洗衣妇》	1987年11月
提香	6,800,000	《维娜斯和阿多尼斯》	1991年12月
特纳	6,700,000	《海景,尘石》	1984年7月
弗拉曼克	6,659,506	《楠泰尔的渔民》	1990年3月
伦勃朗	6,600,000	《披斗篷的女孩》	1986年12月
波洛克	6,325,302	《1950年8号》	1989年5月
德弗里斯	6,200,000	《跳舞的衣牧之神》	1989年12月
萨金特	6,158,537	《克什米尔》	1996年12月
布拉克	6,000,000	《读书的女子》	1986年12月
蒙德里安	5,645,162	《黑白构图》	1989年11月
德兰	5,600,000	《泊港船》	1989年6月
米罗	5,483,870	《港口》	1989年11月
布朗库西	4,838,710	《沉睡的缪斯III》	1989年11月
拉斐尔	4,800,000	《一幅圣徒肖像习作》	1996年12月
丘奇	4,746,836	《依山傍水之家》	1989年5月
巴托洛米奥	4,600,000	《科尔奇斯淘金者》	1989年12月
真蒂莱斯基	4,600,000	《摩西遇救》	1995年12月
维亚尔	4,516,129	《梳妆台》	1989年11月
戈雅	4,500,000	《斗牛士》	1992年12月
达·芬奇	3,364,879	《褶裥习作:人物跪下,向左转》	1989年12月
鲁本斯	3,000,000	《黎明森林猎鹿场》	1989年12月
委拉斯开兹	2,310,000	《帕雷哈的肖像》	1970年11月
沃霍尔	2,251,656	《玛丽莲X》	1992年11月

■ 自画像(1890)文森特·凡·高。

■ 毕加索在其位于法国戛纳的加利福尼亚别墅中。

■ 奥古斯特·雷诺阿创作的克劳德·莫奈画像(1873)。

■ 伦勃朗·范赖恩的自画像(1659~1660)。

▶ 达达主义和超现实主义画派

达达主义是1916年作为否定现存的社会价值及其艺术观的国际性运动而出现的艺术流派。这一流派的代表人物,如皮卡比阿和杜尚,主张不规范的艺术形式、反美学和反理性的观点,而且对艺术和反艺术一视同仁。此流派提倡超现实主义——1924年发轫于文学的一个法国先锋前卫运动。恩斯特、马格里特和达利这样一些艺术家受到梦幻中唤起的形象及弗洛伊德心理分析理论的极大影响,包括非理性的联系、偶然性的创作技巧及无须使作品消除无意识心理影响的预先设计。

▶ 抽象表现主义画派

抽象表现主义画派强调表现自发的个人情感,反对传统的社会价值观及美学观。它于第二次世界大战后不久在纽约产生,拥有一大群艺术家,包括马瑟韦尔、波洛克及德·库宁。这是第一个在美国独立发展,随后并对欧洲产生重要影响的画派。抽象表现主义仍然是美国画坛上的主导流派。

▶ 波普艺术和极简抽象艺术

波普艺术(又译流行艺术),是20世纪50年代末至60年代初英美两国几乎同时产生的反对抽象表现主义派的一种艺术形式,代表人物有沃霍尔和哈密尔顿。他们利用大众媒体、广告和流行文化,将人们日常生活用品作为艺术表现出来。极简抽象艺术出现于20世纪60年代中期,发起人是美国雕塑家贾德、刘易特。他们崇尚各种艺术对象实体的美学品质,重视所使用的材料,并独具匠心地将其安排在特定位置。

建筑

- 意大利建筑学家在16世纪时提出了5种古典建筑形式：多利亚式、爱奥尼亚式、科林斯式、托斯卡纳柱式和组合柱式。
- 古希腊有关比例、和谐的概念至今仍然影响着西方建筑理论。
- 16世纪的著名艺术家米开朗基罗，不仅是一位画家、雕塑家和诗人，同时还是一位伟大的建筑师。
- "装饰艺术"一词来自1925年举办的巴黎国际现代工业品装饰艺术展览会。

什么是建筑学
- 建筑学是一门设计和建造美观实用的建筑物的艺术。
- 建筑师是指设计建筑物并监督指导其建造的人。

17世纪时，亨利·沃敦曾写过这样一句话："一个良好的建筑物应该具备三个条件：实用、结实和美观"。换言之，一个建筑物必须舒适得足以满足用者的需要，结实得足以挺得住并抵抗恶劣天气，同时还应令人赏心悦目。建筑师的工作便是实现这三个条件。

史前建筑
- 建筑不是由某个建筑师所决定的，而是由社会根据它的需要来决定的。
- 史前的洞穴住所使得我们对其居住者的生活方式洞悉无余，因为这些住所中留下了许多遗物，如：工具、墓葬及绘画等。

人类在经历了很长时间后才开始需要专门的建筑技能。在史前，人们以家庭为单位生活，他们为自己狩猎食物，也为自己营造住所。冰川时期，人们开始居住在洞穴里，或者住在用巨象骨头和兽皮搭起的棚子里。

大约在公元前8300年，最后的冰川期结束了，气候开始变暖，农业发展起来，人口也增加了。这时，人们开始在村庄里生活。他们开始就地取材：欧洲北部森林的木材，欧洲南部的石头以及小亚细亚的干土坯。当需要较大的建筑物（诸如长房子或米仓）时，便出现了专门的营造师了。

河谷文化
- 大约在公元前3500年，人类开始了"城市化革命"。首批城镇出现在美索不达米亚、埃及、印度和中国。
- 《旧约全书》中所描述的巴别通天塔可能是一种金字形神塔。

大约在公元前3500年，世界上最早出现了城市。这些城市都位于河谷地带，那里有肥沃的农田，因而可以养活大量的人口。人类发明了文字，进而出现了国王和教士，政治家和诗人，手艺人和商人。由于财富属于有权势的人，因此也就有可能建造那些需要特殊设计的巨大建筑物。

在美索不达米亚，金字形宝塔建筑是最典型的建筑模式。这是一种建立在人工山丘上的庙宇。庙宇所用的干土坯，因为装饰有漂亮的粘土瓦和错综复杂的雕刻的保护，因而不会受到风霜雨雪的侵蚀。

砖是最常见的建筑材料，但在埃及，石头是非常实用的，石头可以用来建造巨型建筑物。吉萨的金字塔是国王的坟墓，建于公元前2600年。胡夫金字塔高147米（482英尺），占地5.3公顷

■ 吉萨的大金字塔是由埃及国王胡夫（基奥普斯）在公元前约2613～前2494年修建的。塔高147米，是当时惟一的大型建筑物。

■ 图中左边的是帕台农神庙的多利亚式圆柱；右边的是爱奥尼亚式圆柱。两者均在雅典卫城，是古希腊最流行的两种柱式图形。

■ 古希腊人发明的第三种柱式是科林斯式，也用于罗马建筑中。图中所示是用来支撑意大利罗马万神殿圆顶的科林斯式圆柱筑物。

（13英亩），石头之间接缝紧密，塔的四面向上汇于一点。这种尺寸组合和精确性是绝无仅有的。那些使这一切变得可能的建筑者们都是很重要的人物。埃及国王约塞尔的建筑师伊姆霍特普是最早的建筑师，他的名字永载史册。

埃及人还为他们的众神修建庙宇。庙宇是指一系列敞开的长方形的庭院和加有顶棚的大厅，以楣式结构修建：巨大的排列紧凑的石柱顶着石板横梁，上面支着屋顶。凯尔奈克的阿蒙－瑞太阳神庙建于公元前1500年左右，是埃及最大的神庙，石柱高24米（79英尺），10个巨大的门楼（也称塔式门楼）将庭院和各个大厅连结起来。

希腊建筑
- 迈锡尼的古城堡建筑在公元前1600～前1200年间达到了顶峰，但后来它的所有的宫殿都在战争中遭到了毁坏。
- 古希腊城市的卫城是城市的最高部分，分为行政建筑物和宗教建筑物。卫城通常由岩石修筑，可以单独抵御敌人。

楣式建筑结构的使用在地中海地区非常普遍。在克里特，弥诺斯国王的大宫殿拥有数百个房间，从而引出了迷宫的传说。克里特人占领了希腊的部分本土，并以好战的城市迈锡尼和梯林斯为中心，在此开始了迈锡尼文明。这两个城堡筑有7米（23英尺）宽的护城墙，护城墙是一个巨大的石头建筑。迈锡尼城的入口是著名的狮门，由一整块石头筑成，长5米（16英尺），并有两只雕凿得很粗陋的狮子。

大约在公元前1000年，希腊被来自北方的侵略者所征服。多利亚人带来了用木材建筑的知识，而来自东方的爱奥尼亚人则带来了装饰、雕刻技术。新的城邦建立起来：底比斯、科林斯、斯巴达及雅典，它们都因掠夺和贸易而积聚了财富。公元前5世纪时，雅典成了霸主，并在那里出现了科学、哲学和艺术的"黄金时代"。

黄金时代

正是在这一时期，楣式建筑（见上述"河谷文化"）达到了炉火纯青的地步。这一点在雅典卫城的建筑上，尤其是石筑的庙宇——帕台农神庙上体现得最为充分。那种美丽的数学比例组合和能工巧匠的工艺的精确性令人惊叹不已。像卫城的其他建筑一样，帕台农神庙展示了两种建筑风格。殿宇的外观属多利亚式，正如其名，它源自北方木头的崎岖的形式，刻有凹槽的圆柱上面支撑着平坦的方形屋顶。建筑物内部则使用了爱奥尼亚风格，以适应它的高度和华丽。它的豪华显示了东方的特征：柱头具有螺旋形（弯弯的羊角的变形），圆柱上的凹槽更为复杂。

公元前4世纪时，另一种更具有装饰性的建筑风格出现了。这就是科林斯式建筑，它那绚丽、豪华的特点恰恰适合了继亚历山大大帝征服希腊之后的希腊文明。

罗马建筑

▶ 到公元前200年，罗马势力已压倒希腊，科林斯式成为最受偏爱的建筑风格。
▶ 罗马城的圆形大剧场是一个高超的建筑杰作，它长188米（617英尺），高156米（512英尺），可容纳50,000人，并且可以灌进水以模拟海战。

通过征服和贸易，罗马人建立了从不列颠到北非、从西班牙到埃及的大帝国。罗马的建筑者们从被征服的国家那里学到了新技术。他们不仅利用希腊建筑风格，而且把它运用到更为冒险的建筑结构中，例如以半圆形拱券为基础的拱形建筑结构，它能提供比横梁建筑大得多的空间。这种建筑结构逐渐演变成桶状拱顶结构、交叉拱顶结构和圆顶。这些建筑结构和各种各样的建筑材料（包括早期的水泥）一起产生了一系列宏伟的著名建筑物。

随着罗马财富的增长，城市里修建了庙宇和宫殿府邸，公共浴池和体育馆、竞技场和圆形剧场，还出现了大批工人住宅、道路、桥梁、给排水管道。古罗马圆形大剧场是一个供角斗士表演的竞技场，建成于公元70年前后，而罗马万神殿则建于公元120年，这是一个屋顶为水泥圆顶的圆形庙宇。但渐渐地罗马帝国开始走向衰落。

早在公元400年时，罗马皇帝君士坦丁将首都从罗马迁到拜占庭。并把基督教定为正式国教，在经历了许多年的迫害后，基督教徒们终于能够在拜占庭、罗马和圣地耶路撒冷修建自己的教堂。他们所借鉴的样板是犹太教会堂。长方形廊柱大厅。在罗马帝国，这种会堂一直用作贸易大厅。它那独特的形状，再加上由两条通道夹着的长长的中殿，在几个世纪里一直影响着教堂建筑。

中世纪建筑

▶ 罗马式建筑风格主要继承古罗马建筑风格，但同时也吸收了东方和拜占庭建筑的因素。
▶ 于1140年重建的巴黎圣但尼斯教堂是第一个哥特式建筑。

随着罗马帝国的衰落，国土被北方的蛮族占领。他们是很少做生意的农民，城市对他们来说没任何用途，因而罗马城以及它的建筑技术随之荒废。这种状况持续了几个世纪，但罗马的文化传统却因基督教的修道院而保留下来。

罗马式建筑

由于财富属于大地主，因此，他们可以强迫农民为自己修建城堡。教会财富也增加了，大约在10世纪时开始大量修建教堂，500年来，建筑第一次超过了罗马帝国。设计者大多都是修士，建筑形式是几乎已经被忘却的罗马人自己的风格。半圆形拱券、桶状拱形屋顶和交叉拱形屋顶的运用使人把这个时期称为罗马式建筑时代。这一时期的教堂建筑在原来的长方形廊柱大厅结构上又增加了西方的宝塔、袖廊和大量的小教堂，从而产生了我们所熟悉的中世纪教堂建筑。其中典型的建筑有佛罗伦萨的圣米尼亚托大教堂（1018）、诺曼底康城的两个大教堂（1062）、达勒姆主教堂（1098）及勃艮第韦兹莱村的圣马德琳隐修院大教堂（1104）。

哥特式建筑

随着贸易的发展，城市再次发展起来。这时，有钱的银行家、商人及工业家开始与封建地主抗衡，竞相投资修建大教堂。这时的建筑师已不再是罗马式时代的僧侣，而是被称为"泥瓦匠"的专业设计师，他们拥有较丰富的现实世俗世界的建筑经验。

■ 英国达勒姆的罗马式耶稣基督及圣母玛利亚大教堂的本堂，因圣库思伯特葬于此处而成为重要的朝拜地。

■ 这是意大利佛罗伦萨大教堂，是1420年由菲利波·布鲁内莱斯基设计的，他是惟一的一个有足够的技术创造力把它建造起来的文艺复兴时期的建筑师。

■ 这是意大利罗马的圣彼得广场半圆形柱廊，被看做是詹洛伦佐·贝尔尼尼许多杰出的巴洛克式建筑中的精品。

为了建造更长、更宽、更高的建筑物，泥瓦匠们尽可能地采用中世纪的建筑技术。有时他们不免做得过于激进，因而有的建筑物倒塌了。然而，这些失败却使他们找到了解决建筑问题的新方法。尖拱弧允许石柱不均衡地排列，因而为建筑物的设计提供了更大的自由；棱形穹窿可以使重力集中在某些特定的地方，这样就减轻了两墙和屋顶的压力，并提供更多的地方安装玻璃；飞拱承受屋顶的侧向压力，这样建筑物就可以建得更高。这就是我们所说的"哥特式建筑"的三个典型特点。哥特式建筑是欧洲建筑史上最大的成就之一。哥特式建筑首先见于1140年巴黎附近的圣但尼斯大教堂，接着是1175年的坎特伯雷大教堂。早期的优秀建筑还包括1163年的巴黎圣母院、1195年的夏特尔大教堂和13世纪的威斯敏斯特大教堂。此外，在欧洲所有的古城，不论是布拉格、还是布鲁塞尔，不论是科隆还是塞维利亚，都能见到具有完美的哥特式风格的大教堂。

文艺复兴时期的建筑

▶ 菲利波·布鲁内莱斯基被认为是重新发现古希腊人和罗马人所使用过的直线透视结构的人。
▶ 第一部有关建筑学的现代作品是莱昂·巴蒂斯塔·阿尔贝蒂于1452年撰写的《关于建筑学的理论》，它对文艺复兴时期的许多建筑师都有着重大的影响。

从12世纪起，资本主义、城市生活、财富以及这一切所提供的个人自由，都极大地刺激了欧洲各国艺术的再生，即"文艺复兴"。"文艺复兴"一词后来15世纪被意大利的艺术家和思想家用来描述古罗马文化的复活，这是一种狭义的说法。

随着知识的增加，建筑变得更加知识化了，而且严格遵循罗马建筑准则变得重要起来。菲利波·布鲁内莱斯基——佛罗伦萨大教堂圆屋顶（1420）的设计者；莱昂·巴蒂斯塔·阿尔贝蒂——里米尼的圣弗朗西斯科教堂（1446）的设计者；多纳托·布拉曼特——罗马圣彼得大教堂内的小圣殿（1502）的设计者以及安德烈亚·帕拉第奥——维琴察附近许多乡村房屋的设计者（由他还产生了一种新的建筑风格，即帕拉第奥式）都是这一时期的典型代表。正是从这时起，出现了建筑师这一名词。

中世纪的建筑师都是体力劳动者，人们也没有充分地认识到把他们的名字记录下来的重要性。而文艺复兴时期的建筑师大多是绅士，他们进行工作所需要的知识，一部分来自书本，一部分来自实践经验。对许多人来说，建筑并不是他们惟一的职业。

风格主义与巴罗克式建筑

▶ "风格主义"一词是艺术史家、建筑师及画家乔尔乔·瓦萨里（1511～1574）的造词，起初用于描述著名绘画家列奥纳多·达·芬奇、拉斐尔和早期的米开朗基罗的作品。
▶ 贝尔尼尼是意大利巴罗克式建筑的典型代表。他为人设计了教堂、小礼拜堂、喷泉、纪念碑、墓地及教皇委托订做的雕像等。

"文艺复兴人"这一名词是用来描述那些取得了重要成就的人。米开朗基罗就是一个优秀的代表。他是罗马梵蒂冈教皇小礼拜堂即西斯廷教堂天顶画的作者、《大卫》的雕塑者及1546年设计的罗马圣彼得大教堂的建筑师。在美第奇小礼拜堂（1521）和洛伦佐图书馆（1524）（二者均在佛罗伦萨）的设计中，他摒弃了文艺复兴时期建筑设计的苛刻规则，创造了一种富于创造性的建筑风格，我们称之为"风格主义"。

建筑

以后，建筑师们又向前迈进了一步。16世纪末，17世纪初，建筑师维拉诺拉、博罗米尼、麦德纳以及贝尔尼尼则将文艺复兴时期的规则变成自由的并具有巴罗克的震撼效果的建筑风格，这一点在博罗米尼设计的罗马圣卡罗大教堂（1638）的建筑中得到体现。

同时，文艺复兴建筑风格也在传播。16世纪传到了法国，并被用于卢瓦尔河谷大城堡的建筑中，它先是由菲利伯特·德·奥姆建于舍农索（1556），而后建于阿内（1547）。庞大的凡尔赛宫建筑使文艺复兴建筑风格达到了辉煌。在西班牙，菲力浦二世的王宫——埃斯科里亚尔（建于1559年）的设计，也体现了庄严的文艺复兴建筑风格。

早在17世纪，文艺复兴建筑风格就传到了英国。当时建筑师伊尼戈·约翰斯在参观了意大利后，便模仿帕拉第奥的乡村住房设计了格林威治女王府邸（1616）和白厅的大宴会厅（1619）。克里斯托弗·雷恩是继约翰斯之后另一位文艺复兴人。他本是数学家和天文学家，在1666年的伦敦大火之后，他受命重建伦敦城。他所设计的50多个新教堂及圣保罗大教堂，均融会了文艺复兴和巴罗克式建筑的特点，都是英国最伟大的建筑。英国的巴罗克式建筑艺术，因约翰·范布勒及尼古拉斯·霍克斯穆尔而得到进一步的发展。典型的建筑如范布勒的布莱尼姆宫（1704）及霍克斯穆尔的斯皮托尔菲尔德基督堂（1723），都展示了巴罗克式建筑的震撼人心的力量。

洛可可及新帕拉第奥建筑

▶ 最典型的洛可可式建筑应属1744年由巴尔塔扎·纽曼设计的巴伐利亚菲尔采海林根大教堂。
▶ 在洛可可式和新帕拉第奥式风格中可以看到古典主题的种种变体，这表现出当时统治欧洲及殖民地的封建贵族的权势和尊严。

到18世纪，古典的罗马建筑风格已经以各种形式传遍了欧洲甚至更远的地方。这一建筑风格在洼地国家也得到确立。1633年在海牙，雅各布·范坎彭修建了毛里楚斯建筑群。这一建筑使用的是当地的砖石，建筑风格简洁平淡。古罗马建筑风格也主宰着南部德国、奥地利及波希米亚。在这些地区，巴罗克式建筑风格逐渐演变成一种错综复杂的建筑形式，称为洛可可式建筑。洛可可式建筑的典型代表人物有：巴尔塔扎·纽曼（见上段）；多米尼克·齐默尔曼——斯泰因豪森的朝圣大教堂（1728）；弗朗索瓦·德·居维利埃——慕尼黑大剧院（1751～1753）。其他典型的洛可可式建筑有：菲利普·朱瓦拉建于意大利都灵的卡米尼大教堂（1732）；皮埃尔·勒波特建于巴黎的圣马利亚大教堂（1679）；莱奥纳尔多·德·菲格罗建于西班牙的塞维利亚的路易斯大教堂（1699）以及俄国彼得大帝的总建筑师盖塔诺·基亚维里建于圣彼得堡的科学院（1725）。和拉斯特雷利的冬宫（1754）一样，彼得大帝新城圣彼得堡的建筑，既体现了古典风格，又运用了俄罗斯传统建筑学的绚丽色彩。

在英国，另有一种帕拉第奥建筑风格变体。新帕拉第奥建筑风格典雅庄重，这一建筑特点主要体现在乡村房屋建筑上，例如：伯林顿和肯特设计的奇斯威克住宅（1725），以及伦敦、都柏林、爱丁堡和巴斯等地当时正在修建的新月形和方形街区周围的许多城镇住宅。新帕拉第奥建筑风格还传到了英国各殖民地，尤其是美洲，如威廉斯堡、费城及波士顿。

然而，一切都在变化着。政治革命——1649年的英国革命、1776年的美国独立及1789年的法国大革命——把新的阶级推上了统治地位，而英国的工业革命则即将改变生产过程。政治革命及工业革命一起创造了现代世界，也创造了新的建筑。

■ 这是巴尔塔扎·纽曼在德国利希滕费尔斯附近修建的菲尔采海林根大教堂，其精美的内部装修显示出洛可可风格强烈的装饰性和对彩粉的偏爱。

■ 由约瑟夫·帕克斯顿设计的水晶宫，用铸铁和玻璃建造。显示出工业革命使建筑材料发生脱胎换骨的更新。

■ 查·伦·麦金托什将建筑艺术带进了20世纪，他设计的格拉斯哥艺术学院（1897-1909）是功能性网格结构与新潮艺术的完美结合。

工业城市

▶ 工业革命为社会带来了种种不同的建筑需求，也使新的建筑材料源源不断出现。
▶ 美国、英国及法国的政治革命使资产阶级掌握了政权，从而产生了建筑学的新方法。

工业革命产生了新的生活方式：生产产品的目的是为了获取利润。而这些利润的分配却是极不均衡的。工厂生产为资本家创造了大量的财富，而那些为了寻找工作而涌入城市的人，那些生活在污秽、拥挤以及被新兴的作坊、工厂、运河、铁路及煤气所污染的城市里的人却一无所有。新的建筑材料如铁以及后来的钢铁和钢筋混凝土，都改变了建筑的实质并改变了城市。

工程师的出现

18世纪的绅士建筑师缺少工业企业家所需求的大规模建筑结构所必备的技能，因此就产生了新的职业：工程师、承包人及质量监督员。建筑师们开始把重点放在建筑的美学方面，在哥特式和古典式何者更好的问题上，进行了大辩论。在这场"建筑风格大战"中，卡思伯特·布罗德里克于1853年为利兹设计了一座古典式市政厅，而艾尔弗雷德·沃特豪斯则于1868年为曼彻斯特设计了一座哥特式的市政厅。在教堂建筑方面，哥特式独领风骚（典型的代表是奥韦诺普金）。

然而，这一时期许多最重要的建筑物根本不是由建筑师设计的，而是由工程师设计的。约瑟夫·帕克斯顿的水晶宫（1851）是专门为伦敦博览会而设计的。此宫长564米（1851英尺），完全用铸铁和玻璃筑成，是早期超前建筑中最重要的典范。铁路也需要大型建筑物。布律内尔为帕丁顿火车站设计的车库（1852）是对结构科学的一大贡献。

改革与革命

▶ 英国的工艺美术运动促进了世界范围的新艺术的发展。
▶ 高300米（984英尺）的埃菲尔铁塔是1930年时世界上最高的建筑物。

19世纪贫富悬殊现象引起了社会动荡，在许多欧洲国家爆发了革命。从乌托邦社会主义改革者罗伯特·欧文到花园式城市的设计者伊本尼泽·霍华德都尝试通过建设模范村镇来改善穷人的生活条件。其他人如威廉·莫里斯则认为，由资本主义所产生的问题只能靠社会本身的变革来解决。在工艺美术革命中，许多人把一生献给了这一革命，相信它会带来一个更充实的社会。

同时，工业革命也波及法国、德国和美国，建筑也开始反映这一革命。工程师古斯塔夫·埃菲尔设计了雄伟的高架桥（1884），并为1888年的巴黎万国博览会设计了著名的埃菲尔铁塔，铁塔是详细结构分析的结果。在美国，约翰·罗布林设计的布鲁克林大桥（1867）则是对悬桥设计的一大贡献。在芝加哥，设计结构的进步和电梯的发明促成第一批摩天大楼拔地而起，其中有建筑师亨·霍·理查森的作品和路易·沙利文设计的芝加哥会堂大厦（1889），它附有一座17层的塔楼。

到19世纪末，工业生产利润产生了富裕的中产阶级。在英国，这一点反映在由诺曼·肖等人设计的安妮女王风格的豪华住宅中。在欧洲的许多城市里，这一特点则表现为各种各样的新艺术风格。查尔斯·伦尼·麦金托什在格拉斯哥和安东尼·高迪在巴塞罗那的作品都反映了这一特点。麦金托什设计的最著名的建筑是格拉斯哥艺术学院（1897），高迪的杰作是萨格拉达·法米里亚大教堂，始建于1884年，仍有待建成。

现代运动

▶ 1933年，纳粹查封了鲍豪斯总部，将他们称之为"颓废"的运动，定为非法。
▶ 瑞士建筑师勒·科比西埃（1887～1965）宣称建筑应以立方体、圆锥体等几何图形为基础。

到20世纪初，许多艺术家和作家已经不能忍受在社会上占统治地位的保守主义思想，出现了各种先锋艺术——立体派、野兽派及其他一些派别，他们提出的先进的、抽象的理论，使资产阶级大为震惊。

1917年的俄国革命是一个重大的转折点。俄国的构成主义建筑师和艺术家们将现代建筑用来为社会革命服务。弗拉基米尔·塔特林设计的但未实际建成的第三国际纪念碑（1920）是作为新社会的象征来设计的。而1926年在莫斯科由莫伊西·金斯伯格设计的纳肯姆芬公寓是群居的一种尝试，成为后来所有的大众住房的模式。

现代观念也在西欧扎根。在德国，尽管纳粹势力已崛起，但是瓦尔特·格罗皮厄斯、汉内斯·迈尔以及密斯·范·德·罗厄将鲍豪斯办成一所先锋设计学校，德绍的鲍豪斯校舍，是由格罗皮厄斯于1925年设计的，是现代建筑的伟大杰作。出生于瑞士的法国建筑师勒·科比西埃（也许是20世纪最有影响的建筑师）也开始研究新的居住方式，包括从小型房屋的设计到整个城市布局的规划。在美国，弗兰克·劳埃德·赖特也正在设计他著名的草原式住房。在芬兰，阿尔瓦·阿尔托设计了创新的派米奥结核病康复中心。

这些建筑物的共同特点是使用现代建筑材料，或者用现代方法利用旧材料。与19世纪那些黑暗、笨拙的建筑相比，现代建筑追求建筑物更简洁明快，通风良好，并有足够的空间。"朴实"这个字眼常被用来形容现代建筑。

战后的繁荣

▶ 自1960年以来，巴西首都巴西利亚已发展成为一个名符其实的现代化城市。它由卢齐奥·科斯塔和他的总建筑师奥斯卡规划、设计。
▶ 在20世纪60年代后期，英国每年都修建40万所新房舍。

第二次世界大战摧毁了欧洲的大部分地区，但同时也带来了新的技术——核能、太空技术和通讯技术。战后的复兴正是在此基础上进行的。

战后，福利资本主义似乎是个进步，强有力的公共部门有助于重建被摧毁的城市，而现代建筑则是实现此目的的主要手段。从东京到鹿特丹，许多城市都按现代风格进行了重建。仅在英国，每年就有100万人迁居新城。到处都在进行房屋建设，而工厂化生产则加速了这个过程。每个大城市都出现了用预制钢筋混凝土修建的高层建筑。这种建筑的样板乃是勒·科比西埃设计的、1949年建成的马赛公寓。这类建筑的典型范例有1953年在圣路易斯修建的普鲁特－伊高公寓和1961年在谢菲尔德修建的帕克希尔住宅群。

战后的经济繁荣使发展福利资本主义有了可能。实业家们能够从房地产投机中获得高额利润，每个城市中心都出现了高层办公楼和豪华公寓。在纽约，SOM于1952年修建了利弗大楼，密

■ 带有鸟巢式阳台的新艺术建筑（1904～1906），体现了回归自然和极端的个人主义风格，是建筑师安东尼·高迪的代表作。

■ 建于美国宾夕法尼亚州米伦瀑布上的落泉别墅（1904），是建筑师弗兰克·劳埃德·赖特对家庭建筑的一大贡献。

■ 诺曼·福斯特设计的位于中国香港的汇丰银行大楼（1986），体现了充分暴露建筑框架和金属材料的高科技建筑风格。

斯·范·德·罗厄于1956年修建了西格拉姆大厦。这两座大楼均为玻璃幕墙的摩天大楼，成为以后办公大楼的模式。

人们正在修建许多种类的建筑物，例如：航空港、大学、歌舞剧院等，现代建筑风格的一切令人兴奋、激动的特点都表现得淋漓尽致。典型的建筑有：勒·科比西埃在法国龙尚修建的朝圣大教堂（1950），约恩·乌特松设计的悉尼歌剧院（1957）；赖特设计的纽约古根海姆博物馆（1959）；沙里宁设计的肯尼迪机场候机楼（1962）以及沙龙设计的柏林爱乐乐团演出厅（1963）等。

尽管出现如此繁荣，或者说部分由于这一切，社会动荡仍然存在。住宅建筑计划无法满足住房需求。同时，人们还关注着环境问题——污染、资源浪费、核能利用等，也关心第三世界的被剥削压迫、在那里，贫穷与饥饿始终存在着。1968年，在巴黎、布拉格及其他大城市所出现的起义加强了一种信念，那就是：普通人想要掌握他们自己的未来。

现代主义结束了

▶ 提到后现代主义建筑风格，我们很快便想到先驱者——美国建筑师迈克尔·格雷夫斯。他的代表建筑是1982年在美国俄勒冈州波特兰大市修建的波特兰大政府大楼。
▶ "后现代主义"一词首先见于查尔斯·詹克斯所写的《后现代主义建筑》一书，该书于20世纪70年代后期出版。

1973年，阿拉伯以色列战争以及随后爆发的石油危机标志着世界范围的经济危机的开始。福利资本主义看起来已不再可能了。各国政府纷纷开始撤消房屋、医院及学校方面的建筑计划。政治变得更加保守了。一些本来就痛恨现代建筑风格和社会革命有着本来联系的批评家，开始批判现代主义，认为现代主义是许多社会弊病的根源。

后现代主义

大约在1977年，一种被称为"后现代主义"的新的建筑风格出现了。这一时期的建设者们有意摒弃现代主义思想，重新栋起历史上的形式，如古典主义，然而，往往以滑稽的手法来表现这种风格。在美国，建筑师罗伯特·文屠里、迈克尔·格雷夫斯及菲利普·约翰逊等人的建筑中都显示了这种趋势。而在英国，奎因兰·特里和罗伯特·亚当等建筑师则走得更远，设计了18世纪仿古建筑物。

与不景气的公共部门不同，私人企业并不缺少资金，因而在城市中心继续不断地建起新商业区，后现代主义建筑风格被看做是最适合于此的。典型的后现代主义建筑是建于伦敦西区加那利码头的码头开发区和纽约的巴特里公园城。

高科技建筑

后现代主义建筑的另一个含义便是所谓的高科技的现代主义建筑。这种建筑采用的是现代主义的表面意象，即一方面充分暴露建筑物的结构及现代的金属材料，而另一方面，使用的方法却是十分复杂而不现代的。高科技的建筑通常都是与经济有关的，如理查德·罗杰斯设计的伦敦劳埃德办公楼以及诺曼·福斯特设计的香港汇丰银行等。

建筑的未来展望

与此同时，在20世纪60年代出现的环境问题尚未得到解决。在第三世界国家里，一些人仍生活在贫困的边缘。在过去的20年里，甚至在一些富裕的国家，无家可归的人数也增加了一倍。当然，一些建筑师正设法去解决这些问题。他们设计了普通人自己就可以修建的房屋，并设法去寻找节省能源和资源的方法。然而，总的来说，问题仍然未得到解决，我们赞同莫里斯的看法：要真正改善环境，就必须进行社会变革。

语言与文字

- 贝克亚语,是在喀麦隆与尼日利亚交界的富鲁阿瓦地区所使用的语言,现在只有一位87岁的老妇人讲此语言。
- 人类说的能力确实有着自身的障碍,人类呼吸及进食功能都不够完善,猴子不会因为喉头塞住食物而哽咽,但人却会这样。
- 在英语中,"the"一词,不论是在书面语中还是在口语中都是最常用的单词,而"e"则是最常用的字母。
- 据说德国的查理五世在与男人讲话时用法语,与女人讲话时用意大利语,与马讲话时用德语,而与上帝讲话时则用西班牙语。
- 北闪语字母是已知最早的字母,大约产生在公元前1700年左右,当时只有22个辅音字母。

语言

- 在印度,大约有845种语言和方言在使用。
- 非洲的语言比其他任何一洲的语言都要多,大约有1300种。

没有人能确切地说出今天究竟有多少种语言在使用,但估计大约有4000～5000种。尽管一些语言因为失去使用者而消失了,但新的语言却在不断地被发现。许多被人看做是不同的语言,实际上却是同一种语言(如塞尔维亚语和克罗地亚语),但却因为使用该语言的民族不同而被看做是两种语言。

主要语系

每一种语言都是独特的,因为它们都有着自己的语音、词汇和结构体系。然而,许多语言却是相关的,它们有着许多相同的词汇和相似的术语。这些相同之处证明了这样一个观点,即一些远古语言是许多现代语言的祖先。例子之一是拉丁语,因为有了拉丁语而产生了罗曼语——法语、意大利语和西班牙语。语言学分析表明,许多语言互有关联,由此可以将它们按语系归类。下面便是一些主要的语系。

? 人类是怎样开始言语的

- 我们不可能说出最早的语言产生的时间,但言语的发展似乎发生在100,000～20,000年前。
- 有关尼安德特人有声语言的研究表明,甚至在公元前70,000至35,000年时,可能就有了基本的言语。

一些理论曾设法去解释人类为什么或怎样产生了言语的能力。很有可能语言产生于手势交流。即在做手势的同时发出某些原始的声音,这些声音逐渐与手势一致,最后则代替了手势。另一种理论认为言语产生于对自然界中诸如鸟鸣等洪亮声音的模仿。其他理论认为,最早的言语与生气、疼痛及高兴时发出的本能的声音有关。还有一种假说甚至认为语言的起源是爱与游戏时发出的声音进化的结果。也许,言语产生于生活的自然节奏或伴有均匀喉音的共同活动,而这些节奏及声音逐渐又变成了歌和言语。其他理论以单独的事例作依据,认为语言来自于对环境的反应。例如"妈妈"(mama)一词就是婴儿在向哺乳靠近时发出的声音。

人类究竟为什么开始言语仍然是个谜。但是,语言的确是我们人类特有的特点之一。

阿尔泰语系

阿尔泰语系由40种语言组成,其中包括阿塞拜疆语、蒙古语、土耳其语、哈萨克语、维吾尔语及乌兹别克语。这一语系分布于东欧的巴尔干半岛与东北亚之间的地区。

美洲印第安语系

美洲印第安语系是由近200种语族组成的大语系,其中包括北美、中美及南美的原住民的语言。这一语系中的许多语言正在迅速消亡,还有一些语言则只有一些年老的人使用。

南岛语系

该语系大约由500～700种语言组成,有2亿多人操此语言,他们分布在中国台湾、马达加斯加、西太平洋、夏威夷和新西兰。这一语系也称马来—波利尼西亚语系。

达罗毗荼语系

由20多种语言组成的语系,这些语言分布在如下地区:印度南部及东部,斯里兰卡北部及巴基斯坦的一个地区,这一语系包括坎纳达语、马拉雅拉姆语、泰米尔语及泰卢固语。

印欧语系

从语言的使用人数上看是最大的语系。主要分布在欧洲和南亚,还在世界范围内广泛使用。该语系包括许多语族,如:阿尔巴尼亚语、亚美尼亚语、波罗的—斯拉夫语、凯尔特语、日耳曼语、希腊语、印度—伊朗语及意大利语。起源于印欧语系的语言包括绝大多数的欧洲语言(英语、法语、德语、意大利语、葡萄牙语和西班牙语)以及印度次大陆的许多语言(孟加拉语、印地语、古吉拉特语、克什米尔语、旁遮普语和信德语)。 这一语系的其他语言除了古代学者使用的拉丁语和梵文之外,还包括盖尔语、希腊语、波兰语、吉普赛语、俄语、威尔士语和依地语(意第绪语)。

▶ 新兴语言

- 自从17世纪以来,已创立了几百种人造语言。
- 20世纪30年代,德国曾逮捕或处死了许多世界语的爱好者,因为当局认为世界语具有颠覆性。

大多数语言都有几千年的历史。相比之下,人造语言产生的时间则比较短。多数人造语言创立的目的是为了方便国际交流。

世界语是最流行的人造语言。它由路德维希·拉扎鲁斯·柴门霍甫(1859～1917)所创立,并于1887年以道克托洛·埃斯普兰托(希望医生)的名字公布。到了世纪之交这种语言已在世界范围使用。世界语源于欧洲语,只有16条语法规则,不允许有不规则语法项目。今天这一语言主要在东欧使用,现已售出100多万册教科书。

其他的人造语言包括沃拉普克语(由德国人构拟的人造语言),产生于1880年,是第一种大规模使用的国际语。还有一种语言称

尼日利亚—刚果语系

这是非洲撒哈拉以南地区最大的语系(有1000多种语言),可分为6个语族,每一语族又有许多小语种。

汉藏语系

这是一个由10多亿人使用的语系,其中多数人集中在中国。从地理角度上看,这一语系的使用范围还包括印度、泰国及缅甸等国。这一语系包括如下语言:缅甸语、藏语及汉语,汉语又有大方言——粤语、客家语、湘语、赣语、闽北语、闽南语、普通话(官话)及吴语。

乌拉尔语系

这一语系的使用主要集中在爱沙尼亚、俄罗斯北部(含西伯利亚)和匈牙利。乌拉尔语系包括爱沙尼亚语、芬兰语、拉普语以及匈牙利语。

其他语系

其他较小的语系包括高加索语(中亚高加索地区)、古西伯利亚语(西伯利亚东北部)、奥斯特罗—亚细亚语(东南亚地区)、泰语(东南亚地区)、尼罗—撒哈拉语(沙里河与尼罗河的上游地区)、科伊桑语(非洲南部卡拉哈里沙漠地区)、阿非罗—亚细亚语系语(北非和西南亚),印度—太平洋语(新几内亚) 以及帕马—尼莱根语(澳大利亚原住民使用的)。

还有一些语言被称为独立语言,它们与其他任何一种语言都没有历史上或结构上的联系。日语和朝鲜就是两种典型的独立语言。巴斯克语也是一种独立语言,分布在法国西南部和西班牙北部。还有许多正在消亡的语言(如阿努伊语、那霸语和塔拉斯克语)以及已经消亡的语言(如:贝奥图克语、埃兰语和埃特鲁斯坎语)。苏美尔语(使用于古代幼发拉底河一带,这是一种有书记记录的最古老的语言,可追溯到公元前3100年),也是一种独立语言。

索来索语,是法国音乐家弗朗索瓦·萨德雷于19世纪早期创立的。这一语言是一种以7个符号为基础的精巧的全音符的语言。这7个符号是do、re、me、fa、so、la、ti,这些符号构成了这一语言的基本音节。这几个音的组合又构成了复音节,这种语言除了可以说,还可以吹或唱。其他方面的发展包括简化的语言,如:基础英语,它只有850个单词。

在过去的40年里,人造语言发展的特殊领域是计算机语言。由于计算机只能输入二进制语言(0和1),所以计算机语言设定的主要目的是借助于一种由特殊的符号和单词组成的计算机语言指令系统,使计算机的编程技术更方便于使用者。尽管像BASIC、C、FORTRAN以及COBOL等语言不是真正的口头语言,但它们提供了高效的交流系统。

■ 任何语言中最常用的50个词构成写作内容的45% ■ 字母

▶ 世界主要语言

对主要语系语言使用人数的统计因以下因素而变得困难重重。这些因素有：难民运动、政治活动、政府对数字的操纵以及战争或自然灾害所造成的大规模死亡。另一些问题是对地区方言、语言名称以及许多国家概况中的假定含糊不清。因为某些人是这一民族的成员，但他们却会说另一民族的语言。虽然这样，但还是可以进行一些概括性的研究。操汉语的人有10亿，以普通话为汉语的主要形式。英语是使用最广泛的语言，尽管只有3.35亿人以它为本族语，但在世界范围内却有8亿人操此语言。

		语系	作为第一语言的 语系使用人数 （百万）	备注
1	普通话	汉藏语系	810	中国的官方语言。普通话也叫官话，是标准化的北方方言。在中国以及东南亚所有的华人社区使用。
2	印地语	印欧语系 （印度—伊朗语族）	364	印度的官方语言之一，使用于印度北部和中部。另外，作为第二语言，还有6000万使用者。
3	英语	印欧语系（日耳曼语族）	335	是澳大利亚、加拿大、加勒比海、英联邦各国、爱尔兰、新西兰、联合王国和美国的第一语言，并在前英帝国殖民地广泛使用。另外，还有1.85亿第二语言使用者，在世界许多地方，具有不同母语的人，也将英语作为交流语言。而且有57个国家将英语作为官方语言。
4	西班牙语	印欧语系（罗曼语族）	308	是西班牙的第一语言，但不包括加泰罗尼亚、加兰西亚以及巴斯克等地，也是除巴西以外的拉丁美洲各国的第一语言。有21个国家以西班牙为官方语言。
5	阿拉伯语	阿非罗—亚细亚语系	210	使用于整个北非和西南亚各国，是23个国家的官方语言。
6	孟加拉语	印欧语系（印度—伊朗语族）	188	孟加拉国以及西孟加拉的印度邦的官方语言，也是印度官方语言之一。
7	葡萄牙语	印欧语系（罗曼语族）	164	葡萄牙、巴西及非洲的前葡萄牙殖民地各国的官方语言。
8	俄语	印欧语系（波罗的—斯拉夫语族）	156	俄罗斯的官方语言，也是前苏联各加盟共和国绝大多数人所使用的语言。
9	日语	独立语	126	只限于日本以及海外日本人社区使用。
10	旁遮普语	印欧语系（印度—伊朗语族）	97	使用于印度旁遮普邦以及巴基斯坦与之接壤地区，也是印度官方语言之一。
11	吴语	汉藏语系	94	在中国的中东部地区使用。
12	德语	印欧语系（日耳曼语族）	87	德国、奥地利、瑞士及列支敦士登的官方语言中、东欧也有少数人操此语言。
13	爪哇语	南岛语系	77	是爪哇和苏门答腊部分地区的第一语言，在印度尼西亚的其他地方也有少数人操此语言。
14	泰卢固语	达罗毗荼语系	74	使用于印度的安得拉邦以及与印度南部相接壤处，也是印度的官方语言之一。
15	法语	印欧语系（罗曼语族）	73	使用于法国、加拿大魁北克、比利时南部、瑞士西部以及法国附属国，在非洲的前法国殖民地也广泛使用，是34个国家的官方语言。
16	朝语	独立语言	72	是南北朝鲜的官方语言。在中亚和俄罗斯东部也有少数人操此语言。
17	泰米尔语	达罗毗荼语系	69	使用于印度的泰米尔纳德邦以及斯里兰卡和马来西亚的部分地区，是印度官方语言之一。
18	马拉提语	印欧语系（印度—伊朗语族）	68	主要使用于印度的马哈拉施特拉邦，印度官方语言之一。
19	越南语	澳斯特罗—亚细亚语系	66	使用于越南及相联各地。
=20	粤语	汉藏语系	61	使用于中国香港特别行政区和广东省。
=20	闽语	汉藏语系	61	使用于中国东南，包括台湾地区。
=22	意大利语	印欧语系（罗曼语族）	59	使用于意大利及瑞士的提爱诺州以及新大陆的意大利人社区。
=22	土耳其语	阿尔泰语系（突厥语族）	59	使用于土耳其及邻国的某些地区，尤其是保加利亚。
=22	乌尔都语	印欧语系（印度—伊朗语族）	59	是巴基斯坦国语，也是印度官方语言之一。
25	湘语	汉藏语系	53	使用于中国中南地区。
26	古吉拉特语	印欧语系（印度—伊朗语族）	46	使用于印度古吉拉特邦。印度官方语言之一。
27	客家语	汉藏语系	41	使用于中国东南部。
28	波兰语	印欧语系（波罗的—斯拉夫语族）	39	使用于波兰以及立陶宛和乌克兰的某些地方。
29	马来—印 度尼西亚语	南岛语系	38	在马来西亚、印度尼西亚及泰国南部某些地方使用。
=30	坎纳达语	达罗毗荼语系	37	使用于印度南部，印度官方语言之一。
=30	乌克兰语	印欧语系（波罗的）	37	使用于乌克兰以及俄罗斯、白俄罗斯和斯拉夫语族前苏联其他加盟共和国的一些地区。
32	马拉雅拉姆语	达罗毗荼语系	36	使用于印度南部的喀拉拉地区。
33	缅甸语	汉藏语系	32	缅甸的官方语言。
=34	奥里亚语	印欧语系（印度—伊朗语族）	31	使用于印度中部和东部，印度官方语言之一。
=34	巽他语	南岛语系	31	使用于印度尼西亚的巽他地区。
=34	泰语	汉藏语系	31	使用于泰国及某些与之接壤的地区。
=37	波斯语	印欧语系（印度—伊朗语族）	28	伊朗官方语言。
=37	普什图语	印欧语系（印度—伊朗语族）	28	使用于阿富汗与巴基斯坦。
39	赣语	汉藏语系	27	使用于中国中东部。

"O"是迄今仍在使用的最古老的字母，可溯源到公元前1600年 ■

字母与书写系统

▶ 早期的希腊语和它的母体语言腓尼基语一样，是从右向左写的，但到公元前500年时，却改变了方向，开始从左向右写。

▶ 古时候，书写的能力具有宗教意义。人们认为"写"是上帝或神赐予人的礼物，原始神话经常把写看做是一种魔力。

尽管表示数字的符号早在公元前9000年时就已经出现，但文字则是在约5500年前分别产生于几种不同的古代文明。最早的文字样本出自中东和东南欧，可追溯到公元前约3500年。

四种主要的文字系统是象形文字、表意文字、语标和字母。

象形文字是指那些看起来很像所指事物形状的符号。例如，人头的简单的图画就表示"头"。象形文字交流是最早的系统化文字形式，它被用于克里特、复活节岛及墨西哥等不同文化中。甚至在今天，有些路标和计算机中的指号也使用象形文字。

有些象形文字逐渐发展成为我们今天所说的表意文字。表意文字虽然看起来仍有点像所代表的事物，但却更有文字风格。例如"头"的符号看起来并不明显像"头"的形状。楔形文字和埃及象形文字都是由这种书写方法演变出来的。埃及象形文字是几种书写方法的融合，既使用了早期的象形文字，又使用了表意文字，其中一些符号代表着某些辅音。

语标系统是另一种变体。符号（字素）代表整个单词，例如汉字。这种文字的问题是，必须记住大量的字形，仅在日常书写中所使用的字形大约就有2000个。语标也被用于数学和科学符号中。

字母是最有用、最经济、适应力最强的书写系统。每一个符号都代表着相应的发音（称为音素），而不是事物。这就意味着需要掌握的符号（即字母）数目很小，通常为20-30个。通过字母的组合构成单词。今天我们所使用的许多文字系统都是字母形式。这些文字的区别体现在大小、书写方向以及元音的表示方法等方面。人类已知最早的字母是"北闪字母"，这种字母可追溯到公元前1700年，并且由此产生了希伯来语，阿拉伯语以及腓尼基语的字母。

信号代码

国际信号代码是一种海上通讯公约，创始于1887年，到1900年时，已被全球接受。这个体系由语音字母构成，不仅可以用于海上通讯，还可以用于空中交通控制、国际电报以及警察等无线电短波使用者。

A	Alpha	J	Juliett	S	Sierra
B	Bravo	K	Kilo	T	Tango
C	Charlie	L	Lima	U	Uniform
D	Delta	M	Mike	V	Victor
E	Echo	N	November	W	Whiskey
F	Foxtrot	O	Oscar	X	X-ray
G	Golf	P	Papa	Y	Yankee
H	Hotel	Q	Quebec	Z	Zulu
I	India	R	Romeo		

▶ 希腊字母

今天的欧洲字母都能在希腊字母中找到自己的根源，而希腊字母则是在公元前900年由腓尼基字母发展而来的。希腊人保留了腓尼基文字符号的顺序，但却改变了某些字母的形式和名称。例如：腓尼基语中的aleph（意思是牛）、beth（意思是房子）以及gimel（意思是骆驼），在希腊语中却变成了alpha、beta和gamma。不像腓尼基字母，希腊字母没有特定涵义。早期的希腊字母像它的母体语腓尼基语一样，从右向左书写，这种书写方式一直持续到公元前约500年。

腓尼基语中的某些辅音符号在希腊字母中找不到对应的发音。希腊语言吸收了这些辅音并把它们用作元音，这是创造一套真正字母的第一步。同时，希腊字母还增加了5个新的符号：omega、upsilon、phi、chi和psi。希腊字母的另一个创新是出现了独立的大写字母和小写字母。

有两种占统治地位的希腊字母：爱奥尼亚字母（也称东希腊字母或古典希腊字母）和哈尔基斯字母（即西希腊字母）。在公元前403年，爱奥尼亚字母被定为雅典的官方字母，并迅速传播开来，取代了西希腊字母。

由24个字母（7个元音，17个辅音）组成的现代希腊大写字母表，几乎是丝毫未变地沿袭了爱奥尼亚字母表。

希腊字母是欧洲现存的最古老的字母，又因为它在科学和数学方面的用途，也在希腊语国家以外的其他地区广泛使用。

下表中第一行是标准的大写字母，中间一行是每一字母的名称及其发音，第三行则是每一字母的小写形式。

A	B	Γ	Δ	E	Z	H	Θ
alpha a	beta b	gamma g	delta d	epsilon e (短音)	zeta dz	eta e	theta th
α	β	γ	δ	ε	ζ	η	θ
I	K	Λ	M	N	Ξ	O	Π
iota i	kappa k	lambda l	mu m	nu n	xi ks	omicron o (短音)	pi
ι	κ	λ	μ	ν	ξ	ο	π
P	Σ	T	Y	Φ	X	Ψ	Ω
rho r	sigma s	tau t	upsilon u	phi ph	khi kh	psi ps	omega o
ρ	σ	τ	υ	φ	χ	ψ	ω

▶ 西里尔字母

西里尔字母是仅次于罗马字母的使用最广的字母。西里尔字母诞生于公元9世纪，归功于圣里尔及其弟圣美多迪乌斯，他俩是在今天我们称之为摩拉维亚的地方（在捷克共和国）传教的希腊人。

斯拉夫语的语音特别丰富，它们使用了大量的音素，因此也需要大量的符号来表示。最初俄国西里尔语有43个字母，均源自希腊语和希伯来语，但1917年俄国革命后，这个数字已降到32个，其中增加了一个变体。

西里尔字母被用来书写俄语、白俄罗斯语、保加利亚语、马其顿语、塞尔维亚语、乌克兰语以及许多源于斯拉夫语的语言。然而，使用西里尔字母的主要语言，其字母数却不相同，例如在塞尔维亚语和保加利亚语中，某些字母保留了，而另一些字母却消失了。现代俄语共有32个字母，白俄罗斯语也是如此，而乌克兰语则有33个，保加利亚语和塞尔维亚语则各有30个。

几种中亚语言诸如哈萨克语、乌兹别克语以及土库曼语，过去都是用西里尔字母书写的。然而，尽管阿拉伯字母即将被引进塔吉克语中，但大部分的中亚语言已经或正在将罗马字母引进到自己的语言里。

下表中，第一行是标准的大写字母，第二行是每一字母的名称以及该字母所代表的声音，最后一行则是每一字母的小写形式。

А	Б	В	Г	Д	Е	Ё	Ж	З	И	Й
a	b	v	g,gh	d	e	e	j	z	i	i
а	б	в	г	д	е	ё	ж	з	и	й
К	Л	М	Н	О	П	Р	С	Т	У	Ф
k	l	m	n	o	p	r	s,ss	t	ou	f
к	л	м	н	о	п	р	с	т	у	ф
Х	Ц	Ч	Ш	Щ	Ъ	Ы	Ь	Э	Ю	Я
kh	ts	tch	ch	chtch	hard symbol	y	mute	e	iou	ia
х	ц	ч	ш	щ	ъ	ы	ь	э	ю	я

■ 世界上最长的字母表是有74个字母的高棉语（柬埔寨语） ■ 在古

艺术

▶ 阿拉伯字母

阿拉伯字母是第三种使用最广泛的字母。阿拉伯字母是用来书写阿拉伯语的。但在不同时期，它也用来书写波斯语、斯瓦希里语、土耳其语甚至西班牙语。

从右向左书写的阿拉伯字母由28个辅音组成，其元音符号标示，然而，这些元音符号除了在小学课本和圣书（《古兰经》）中使用外，通常都被省略。阿拉伯字母的一个典型特征是，每一个字母都根据自己的位置而具有不同的书写形式，就是说，不论是在词首，词中，词尾或者甚至单独出现时，都有独自的书写形式。

阿拉伯字母具有五种主要的发展形式——其中包括库菲克字母（一种带棱角的阿拉伯字体）和纳斯基字母（阿拉伯文草体）。前者可以追溯到公元7世纪，《古兰经》最初就是用该种文字书写的。然而，这种刻在金属或石头上作为题目的装饰性字母已很少使用了。纳斯基文字可追溯到公元10世纪。阿拉伯字母的草书形式被大量使用，包括波斯语、库尔德语、信德语、乌尔都语、斯瓦希里语、班图语以及印度尼西亚和马来西亚的多种语言。

名称	音译文字	数值	单独	词尾	词首	词中
alif	'	1	ا	ا	ا	ا
bā	b	2	ب	ب	ب	ب
tā	t	400	ت	ت	ت	ت
thā	t,th	500	ث	ث	ث	ث
jim	j	3	ج	ج	ج	ج
hā'	h	8	ح	ح	ح	ح
kha'	kh	600	خ	خ	خ	خ
dāl	d	4	د	د	د	د
dhāl	dh	700	ذ	ذ	ذ	ذ
rā	r	200	ر	ر	ر	ر
zāy	z	7	ز	ز	ز	ز
sin	s	60	س	س	س	س
shin	sh	300	ش	ش	ش	ش
sād	s	90	ص	ص	ص	ص
dād	d	800	ض	ض	ض	ض
tā	t	9	ط	ط	ط	ط
zā	z	900	ظ	ظ	ظ	ظ
'ayn	'	70	ع	ع	ع	ع
ghayn	gh	1000	غ	غ	غ	غ
fā'	f	80	ف	ف	ف	ف
qāf	q	100	ق	ق	ق	ق
kāf	k	20	ك	ك	ك	ك
lām	l	30	ل	ل	ل	ل
mim	m	40	م	م	م	م
nūn	n	50	ن	ن	ن	ن
hā	h	5	ه	ه	ه	ه
wāw	w	6	و	و	و	و
yā	y	10	ي	ي	ي	ي

▶ 路易·布莱叶盲字系统

路易·布莱叶（1809~1852）的父亲是个马具修理工，他三岁时在玩弄父亲工具柜里的尖钻时不小心伤着了眼睛，后来他完全失明了。作为一个盲人学校的孩子，他靠使用隆起的字母学会了读书。一个偶然机会，他学到了一种由一位炮兵军官——夏尔·巴比尔发明的在夜间向士兵传送情报的方法。情报是靠在纸板上打洞"写"出来的，只要用手摸就可以读出来。这种简陋的相对来说不太实用的方法却鼓舞了布莱叶。他开始进行实验。1824年，当他15岁的时候，他介绍了自己的方法：这是一种由六个凸点组合的编码字符体系，即每一个字符由两排垂直的凸点组成，每排有三个凸点，左边为1、2、3，右边为4、5、6。

这个系统编制了63个字符组合，编出了标点符号、数字、数学符号和大量的常用词如："和，为，的，跟，这"等（最初没有字母"w"，因为法语中不常用）。布莱叶盲字体系看起来好像很复杂，但对于那些手指敏感度正常的盲人来说，辨认这些圆形符号构成的文字和我们读文字没有什么区别。要读出布莱叶盲字，必须使用双手。在左手开始摸下行时，右手得弄明白上行的意思。这样，一个受过培训的盲人读者，可以在一分钟里读出150个单词，相当于视力正常人的半速。

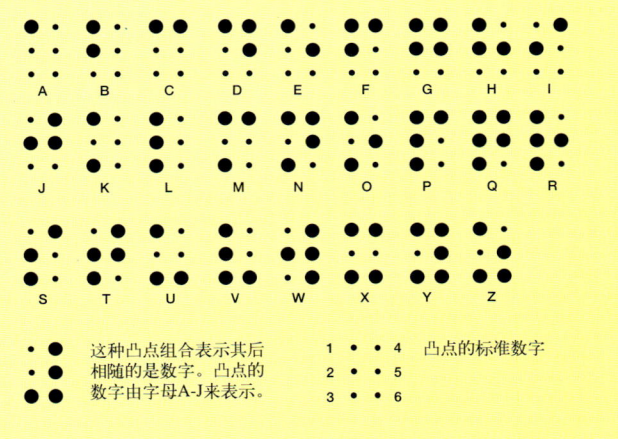

▶ 莫尔斯电码

国际莫尔斯电码是美国人塞缪尔·芬利·莫尔斯(1791~1872)于1835年左右创造的。这套体系用于电报机发报，对以前的发报方法来说是一个极大的改进，尤其是在长途发报方面。圆点和破折号或称短音和长音构成这套电码的基础。莫尔斯首于1837年展示了他的电子发报机，又于1838年1月6日在美国新泽西州莫里斯顿用莫尔斯电码发出第一份电报。莫尔斯电码的第一次商业应用是在1844年5月，当时电报线将哥伦比亚特区华盛顿的美国最高法院和巴尔的摩的克莱尔山警察局连接起来。不久，美国所有的大城市之间，美国与欧洲，都架设了电报线。20世纪，莫尔斯电码被无线电所取代，但它仍被一些业余的无线电爱好者和海上航行者所使用。

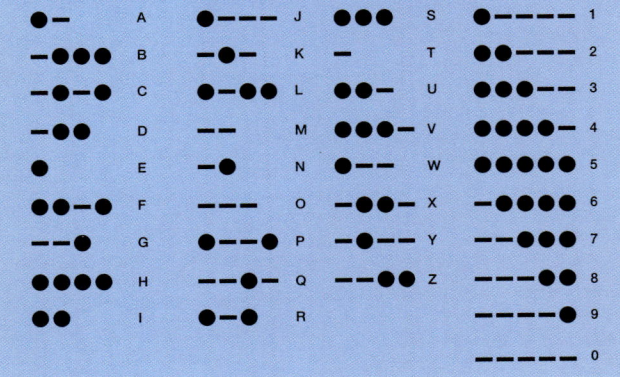

希腊语和埃及语中，表示"写"和"画"这两个意思的是同一个词

文学

▶ 希腊悲剧诗人、剧作家埃斯库罗斯共写了90多部剧本,其中只有7部流传下来。
▶ 有些人认为莎士比亚的作品实际上是由克里斯托弗·马洛或弗朗西斯·培根所作。
▶ 威廉·巴勒斯开枪打死了他的妻子,重演了威廉·退尔生活中的一段插曲。

埃斯库罗斯(公元前约525~前456),希腊悲剧诗人及剧作家:戏剧三部曲《俄瑞斯忒斯》。

阿尔比,爱德华(1928~),美国剧作家:《谁怕弗吉尼亚·沃尔夫?》(1962)。

阿尔凯奥斯(公元前7世纪—前6世纪之间),希腊抒情诗人。

奥尔克特,路易莎·梅(1832~1888),美国女小说家:《小妇人》(1868)。

艾米斯,金斯利(1922~1995),英国小说家及诗人:《幸运儿吉姆》(1954)。

安徒生,汉斯·克里斯蒂安(1805~1875),丹麦小说家、剧作家及童话作家:《丑小鸭》、《白雪公主》及《海的女儿》。

■ 威廉·布莱克的插图诗《老虎》,选自《天真之歌》。

阿努伊,让(1910~1975),法国剧作家:《安提戈涅》(1944)。

阿波利奈尔,纪尧姆(1880~1918),法国诗人及散文家:诗集《醇酒集》(1913)。

阿普列尤斯(活跃于155年前后),罗马哲学家及讽刺作家:《变形记》,又名《金驴记》,是一部浪漫作品。

阿里奥斯托,卢多维科(1474~1533),意大利史诗作家:《疯狂的罗兰》(1516)。

阿里斯托芬(公元前445~前385),希腊诗人、喜剧作家:《吕西斯忒拉忒》(公元前411)。

亚里士多德(公元前384~前322),希腊哲学家。著有关于逻辑、形而上学、政治学及生物学等方面的论文。

阿诺德,马休(1822~1888),英国诗人、随笔作家和评论家:《多佛滩》(1867)、《评论集》(1865)。

阿西莫夫,艾萨克(1920~1992),美国科幻小说家:《我是机器人》(1950),三部曲《基础》(1952~1953)。

阿特伍德,玛格丽特(1939~),加拿大女小说家、诗人:《可吃的女人》(1969)、《女仆的故事》(1986)。

奥登,威斯坦·休(1907~1973),出生于英国的美国诗人、剧作家和评论家:诗剧《在边界上》(1938),诗集《忧虑的年代》(1948)和《关于房子》(1965)。

奥斯丁,简(1775~1817),英国女小说家:《理智与情感》(1811)、《傲慢与偏见》(1813)、《爱玛》(1815)及《劝导》(《好事多磨》,1818)。

艾克博恩,艾伦(1939~),英国剧作家:《此事不重要》(1967)、《一个极其可笑的人》(1973)和《诺曼征服》(1974)。

培根,弗兰西斯(1561~1626),英国哲学家、语言大师:《论文集》(1597)和《新工具》(1620)。

鲍德温,詹姆斯(1924~1987),美国小说家、剧作家:《到山上去说》(1954),戏剧《集会处》(1965)。

巴尔扎克,奥诺雷·德(1799~1850),法国小说家:《人间喜剧》共94部小说,其中包括《高老头》(1835)和《幻灭》(1837~1843)。

巴克,帕特(1943~),英国小说家:《鬼魂路》(1995)。

巴里,詹姆斯(1860~1937),苏格兰小说家、剧作家及儿童文学作家:《彼得·潘》(1904)。

波德莱尔,夏尔(1821~1867),法国诗人:《恶之华》(1857)。

鲍姆,弗兰克(1856~1919),美国小说家及儿童文学作家:《神奇的奥兹国巫师》(1900)。

博马舍,彼埃尔—奥古斯丁·加隆·德(1732~1799),法国喜剧作家:《塞维勒的理发师》(1775)、《费加罗的婚姻》(1784)。

波伏瓦,西蒙娜·德(1908~1986),法国女作家:《第二性》(1949)。

贝克特,塞缪尔(1906~1989),爱尔兰剧作家及小说家:剧作《等待戈多》(1952)、《最后一局》(1957)、《快乐的日子》(1961)及小说《马洛纳之死》(1951)。

贝汉,布伦丹(1923~1964),爱尔兰小说家:《被感化的少年》(1958)。

贝洛,索尔(1915~),美国小说家:《雨王汉德逊》(1959)、《赫尔索格》(1964)。

贝里曼,约翰(1914~1972),美国诗人:《向布雷兹特里特夫人致敬》(1956)。

贝杰曼,约翰(1906~1984),英国诗人:《诗集》(1968)。

布莱克,威廉(1757~1827),英国诗人:《天真之歌》(1789)及《经验之歌》(1794)。

薄伽丘,乔万尼(1313~1375),意大利诗人、故事家:《十日谈》,包括100个故事,其中多数是世俗故事。

伯尔,海因里希(1917~1985),德国小说家:《以一个妇女为中心的群像》(1971)。

庞德,爱德华(1934~),英国剧作家:《被拯救的人》(1965)。

博尔赫斯,豪尔赫·路易斯(1899~1986),阿根廷诗人、短篇小说家:《故事集》(1944)。

布莱希特,贝托尔特(1898~1956),德国剧作家:音乐戏剧《三分钱歌剧》(1928)、《大胆妈妈》(1941)和《四川一好人》(1943)。

勃朗特,安妮(1820~1849),英国女小说家:《华尔德费尔院的佃户》(1847)。

勃朗特,夏洛蒂(1816~1855),英国女小说家:《简·爱》(1847)、《雪莉》(1849)和《维莱特》(1853)。

勃朗特,艾米丽(1818~1848),英国女小说家:《呼啸山庄》(1847)。

布鲁克,卢珀特(1887~1915),英国战争诗人:《士兵》(1915)。

布朗宁,伊丽莎白·芭雷特(1806~1861),英国女诗人:《葡萄牙十四行诗集》(1847)、《奥罗拉·利》(1857)。

布朗宁,罗伯特(1812~1889),英国诗人:诗剧《皮帕走过了》(1841),诗歌《哈姆林的彼得·培帕》(1842)和《指环与书》(1868~1869),这是一首伴有戏剧独白的长诗。

巴肯,约翰(1875~1940),英国惊险小说家:《三十九级台阶》(1915)。

毕希纳,格奥尔格(1813~1837),德国剧作家:《丹东之死》(1835)和《沃伊策克》(1837)。

赛珍珠(1892~1973),美国女小说家:《大地》(1931)。

伯吉斯,安东尼(1917~),英国小说家和评论家:《发条橘子》(1962)及《世俗的权力》(1980)。

伯内特,弗朗西丝·霍格森(1849~1924),英美儿童文学作家:《方特勒罗伊小爵爷》(1885)及《秘密花园》(1911)。

彭斯,罗伯特(1759~1796),苏格兰诗人,以使用苏格兰方言写作而闻名:《汤姆·奥桑特》。

巴勒斯,威廉(1914~),美国小说家:《裸体午餐》(1959)。

拜厄特,安东尼娅(1936~),英国女小说家:《占有》(1990)。

拜伦,洛德(拜伦,乔治·戈登,1788~1824),英国诗人:《恰尔德·哈罗尔德游记》(1812~1818),诗体长篇小说《唐璜》(1819~1824)。

卡尔德隆·德·拉·巴尔卡,佩德罗(1600~1681),西班牙剧作家:《人生如梦》(约1640)。

加缪,阿尔贝(1913~1960),法国小说家、剧作家及随笔作家:小说《局外人》(1942)和《鼠疫》(1947),随笔《西西弗的神话》。

卡内蒂,埃利亚斯(1905~),生于保加利亚的德国作家:《婚礼》(1935)、《民众与权势》(1960)以及三卷回忆录。

凯里,彼得(1943~),澳大利亚小说家:《伊利怀克》(1985)、《奥斯卡与露辛达》(1988)。

卡罗尔,刘易斯(查尔斯·洛特威兹·道格森,1832~1898),英国数学家及儿童文学作家:《艾丽丝漫游奇境记》(1865)、《镜中世界》(1872)。

卡图卢斯(约公元前84~约前55),古罗马爱情诗人。

塞万提斯,米盖尔·德(1547~1616),西班牙诗人及散文作家:《堂吉诃德》(1615),这是一部具有武士气概的讽刺诗篇,被誉为第一部真正的小说。

钱德勒,雷蒙德(1888~1969),美国侦探小说家:《大睡》(1939)、《长别离》(1953)。

夏多布里昂,弗朗索瓦·瑞尼·德(1768~1848),法国小说家和散文家:《阿达拉》(1801)、《基督教的真谛》(1802)。

查特顿,托马斯(1752~1770),英国诗人。

查特温,布鲁斯(1940~1989),英国小说家:《尤兹》(1988)。

乔叟,杰弗里(约1343~1400),英国诗人:《坎特伯雷故事集》、《特罗伊拉斯与克莱西德》。

契诃夫,安东(1860~1904),俄国剧作家:《万尼亚舅舅》(1899)、《三姐妹》(1901)及《樱桃园》(1904)。

克雷蒂安·德·特罗亚(活动时期1170~1190),法国诗人:《艾莱克和艾尼德》、《克里赛》和《伯斯华》。

克里斯蒂,阿加莎(1890~1976),英国侦探小说女作家,她创造了波洛和麦波尔小姐两个侦探形象。

西塞罗(公元前106~前43),古罗马演说家、政治家及作家。

克拉克,阿瑟(1917~),英国科幻小说家:《2001年宇宙漫游记》(1968)。

科克托,让(1889~1963),法国诗人、小说家及剧作家:小说《调皮捣蛋的孩子们》(1929),剧本《爆炸装置》(1934)。

柯尔律治,塞缪尔·泰勒(1772~1834),英国诗人:《抒情歌谣集》(见华兹华斯),其中包括《古舟子咏》(1798)、《忽必烈汗》(1816),关于文学批评的书《文学传记》(1817)。

柯林斯,威廉·威尔基(1824~1889),英国小说家:神秘小说《白衣女人》(1860)和《月亮宝石》(1868)。

科洛迪,(卡洛·洛伦兹尼,1826~1890),意大利小说家、记者及儿童文学作家:《木偶奇遇记》(1880)。

柯南道尔,阿瑟爵士(1859~1930),英国侦探小说家:《舍洛克·福尔摩斯探案集》(1894)及《巴斯克威尔的猎犬》(1902)。

康格里夫，威廉（1670~1729），英国讽刺喜剧作家：《如此世道》（1700），《以爱还爱》（1695），他恢复了喜剧。

康拉德，约瑟夫（西奥多·约瑟夫·康拉德·科尔泽尼奥夫斯基，1857~1924），出生于波兰的英国作家：《吉姆老爷》（1900），《黑暗的中心》（1902），《诺斯特罗莫》（1904）及《特务》（1907）。

库珀，詹姆斯·费尼莫尔（1789~1851），美国小说家：《最后的莫希干人》（1826）及《探路人》（1840）。

高乃依，彼埃尔（1606~1684），法国古典悲剧作家：《熙德》（1637），《贺拉斯》（1640），《西拿》（1640）及《撒谎的》（1643）。

科沃德，诺埃尔（1899~1973），英国喜剧作家：《私生活》（1930）和《欢乐的心灵》（1941）。

达尔，罗埃德（1916~1991），英国小说家及儿童文学作家：《查尔斯与巧克力工厂》（1964）。

但丁·阿里吉耶利（1265~1321），意大利诗人：《神曲》。

都德，阿方斯（1840~1897），法国小说家：《磨坊书简》（1869）。

德·昆西，托马斯（1785~1859），英国随笔作家：《一个英国吸鸦片者的自白》（1821）。

笛福，丹尼尔（1660~1731），英国小说家：《鲁滨逊飘流记》（1719）及《莫尔·弗兰德斯》（1722）。

狄摩西尼（公元前384~前322），古希腊演说家及政治家。

狄更斯，查尔斯（1812~1870），英国小说家：《雾都孤儿》（1838），《尼古拉斯·尼克尔贝》（1839），《老古玩店》（1841），《大卫·科波菲尔》（1850），《荒凉山庄》（1853），《艰难时世》（1854），《小杜丽》（1857），《双城记》（1859），《远大前程》（1861）。

狄更生，埃米莉（1830~1886），美国诗人。

狄德罗，丹尼斯（1713~1784），法国哲学家及作家：《百科全书》编者。

狄斯累里，本杰明（1804~1881），英国小说家和政治家：三部曲《科宁斯比》（1844），《西比尔》（1845），《唐克列德》（1847）。

多恩，约翰（1572~1631），英国玄学派诗人：《神圣的十四行诗》。

陀思妥耶夫斯基，费多尔（1821~1881），俄国小说家：《罪与罚》（1866），《卡拉马佐夫兄弟》（1880）。

道尔，罗迪（1958~），爱尔兰小说家：《监禁》（1987），《爱尔兰人克拉克，哈，哈，哈》（1993）。

德拉布尔，玛格丽特（1939~），英国小说家：《冰河时代》（1977）。

德莱塞，西奥多（1871~1945），美国小说家：《美国的悲剧》（1925）。

德莱顿，约翰（1631~1700），英国讽刺诗人及悲剧作家：《一切为了爱》（1677）及讽喻诗《阿布沙龙与阿奇托菲尔》。

大仲马，亚历山大（1802~1870），法国小说家：《三个火枪手》（1844）。

迪拉斯，玛格丽特（1914~1996），法国小说家：《副领事》（1966），《埃米莉》（1989）。

迪伦马特，弗里德里希（1921~），瑞士剧作家：《物理学家》（1962）。

艾略特，乔治（玛丽·安·埃文思，1819~1880），英国女小说家：《亚当·比德》（1859），《弗洛斯河上的磨坊》（1860），《织工马南》（1861）及《米德尔马奇》（1871~1872）。

埃科，翁贝托（1932~），意大利符号学专家、小说家：《玫瑰之名》（1980），《傅科摆》（1989）。

艾略特，托马斯·斯蒂恩（1888~1965），英国诗人、剧作家及文学评论家：诗歌《荒原》（1922），《四个四重奏》（1943），戏剧《大教堂里的谋杀案》（1935）及《鸡尾酒会》（1950）。

爱默森，拉尔夫·沃尔多（1803~1882），美国诗人及随笔作家：诗集《五月节》（1867）及随笔《人生的行为》（1860）。

伊拉斯谟，德西迪里厄斯（约1466~1536），荷兰人文主义者及学者：《箴言》（1500）及《愚人颂》（1509）。

埃森巴赫，沃尔夫莱姆·冯（约1170~1220），德国诗人：《帕西伐尔》。

欧里庇得斯（公元前约485~前406），希腊悲剧作家：《美狄亚》（公元前431）。

福克纳，威廉（1897~1962），美国小说家：《声音与疯狂》（1929）。

费希特，约翰·戈特弗里德（1762~1814），德国哲学家：《知识学基础》（1794）。

菲尔丁，亨利（1707~1754），英国小说家、剧作家：《夏美勒》，系仿理查森的《帕美勒》的笔法并嘲讽它而作（1741），《江奈生·王尔德传》（1743）及《汤姆·琼斯》（1749）。

菲茨杰拉尔德，斯科特（1896~1940），美国小说家：《漂亮的冤家》（1922），《了不起的盖茨比》（1925）及《夜色温柔》（1934）。

福楼拜，古斯塔夫（1821~1880），法国小说家：《包法利夫人》（1857）及《情感教育》（1869）。

弗莱明，伊安（1908~1964），英国悬念派小说家，詹姆斯·邦德这一形象的创造者：《卡西诺·罗亚尔》（1953）及《永远的钻石》（1956）。

福特，约翰（1586~约1639），英国剧作家：《可惜她是妓女》。

福斯特，爱德华·摩根（1879~1970），英国小说家：《一间可以看到风景的房间》（1908），《霍华德别业》（1910），《印度之行》（1924）。

福赛思，弗雷德里克（1938~），英国惊险小说家：《雅克的一天》（1971）及《第四议定书》（1984）。

福尔斯，约翰（1926~），英国小说家：《占星家》（1966），《法军中尉的女人》（1969）。

法朗士，阿纳托尔（1844~1922），法国小说家：《众神渴了》（1912）。

弗罗斯特，罗伯特（1874~1963），美国诗人：《波士顿北部》（914），《新罕布什尔》（1923）。

弗赖，克里斯托弗（1907~），英国剧作家：诗剧《不该烧死她》（1948）。

富恩特斯，卡洛斯（1928~），墨西哥小说家：《当空气清新的时候》（1958）。

高尔斯华绥，约翰（1867~1933），英国小说家：《福尔赛世家》（1922~1928）。

加西亚·洛尔卡，费德里科（1898~1936），西班牙剧作家、诗人：写农民的几部悲剧《血姻缘》（1933），《耶尔玛》（1934），《贝尔纳达·阿尔瓦的家》（1936），以及诗歌《吉普赛谣曲集》（1928）。

加西亚·马尔库斯，加夫列尔（1928~），哥伦比亚小说家：《百年孤独》（1967）。

盖斯凯尔，伊丽莎白（1810~1865），英国小说家：《玛丽·巴顿》（1848），《露丝》（1853），《克兰弗德》（1853）。

戈蒂耶，西奥菲利（1811~1872），法国小说家、评论家及诗人：《阿尔贝蒂斯》（1830），小说《模斑小姐》（1835）。

热内，让（1910~1986），法国小说家及剧作家：小说《百花圣母》（1944），《女仆》（1964）。

蒙默思的杰弗里（卒于1155），威尔士历史剧作家：《不列颠国王史》（1135~1139），《麦林传》（1148~1151）。

纪德，安德烈（1869~1951），法国小说家：《蔑视道德的人》（1902），《窄门》（1909），《梵蒂冈的地窖》（1914）。

金斯堡，艾伦（1926~1997），美国"垮掉的一代"代表作家：《嚎叫》（1956）。

歌德，约翰·沃尔夫冈·冯（1749~1832），德国诗人、剧作家及小说家：浪漫主义小说《少年维特之烦恼》（1774），古典诗剧《伊菲格涅亚》（1787），《托夸多·塔索》（1790），其杰著为《浮士德》（1808）。

果戈理，尼古拉（1809~1852），俄国小说家、剧作家：小说《死魂灵》（1842），喜剧《钦差大臣》（1836）。

戈尔丁，威廉（1911~1993），英国小说家：《蝇王》（1954）。

戈迪默，纳迪娜（1923~），南非女小说家：《自然资源保护论者》（1974）。

高尔基，马克西姆（1868~1936），俄国小说家、剧作家：小说《母亲》（1911），剧本《底层》（1906）。

高尔，约翰（约1330~1408），英国诗人：《情人的忏悔》。

格雷厄姆，肯尼思（1859~1932），苏格兰儿童文学作家：《杨柳风》（1908）。

格拉斯，甘特（1927~），德国小说家：《铁皮鼓》（1959），《非人的岁月》（1965）。

格雷夫斯，罗伯特（1895~1985），英国诗人及小说家：第一次世界大战时的自传《向那一切告别》（1929）及历史小说集《克劳狄乌斯》（1934）。

格雷，托马斯（1716~1771），英国诗人：《伊顿远眺》（1747）及《乡间墓园挽歌》（1751）。

格林，格雷厄姆（1904~1991），英国小说家：《布赖顿硬糖》（1938），《权力与荣耀》（1940），《问题的症结》（1948），《我们在哈瓦那的人》（1958），《名誉领事》（1973）。

格林兄弟，雅各布（1785~1863），威廉（1786~1859），德国语言学家，收集整理了德国民间故事。

哈米特，达希尔（1894~1961），美国侦探小说家：《马耳他之鹰》（1930），《瘦人》（1932）。

哈代，托马斯（1840~1928），英国小说家、诗人：《远离尘嚣》（1874），《还乡》（1878），《卡斯特桥市长》（1886），《德伯家的苔丝》（1891），《无名的裘德》（1895）。

哈维尔，瓦斯拉夫（1936~），捷克政治家、剧作家：《花园舞会》（1963），《庄严的废墟》（1985）。

霍桑，纳撒尼尔（1804~1864），美国长、短篇小说家：《红字》（1850），《玉石雕像》（1860）。

希尼，谢默斯（1939~），爱尔兰诗人：《北方》（1975），《扎营岛》（1984），《精神水准》（1995）。

海涅，亨利希（1797~1856），德国诗人及随笔作家：《Reisebilder》（1826），《诗歌集》（1827）。

海勒，约瑟夫（1922~），美国小说家：《第二十二条军规》（1961）。

海明威，欧内斯特（1899~1961），美国小说家：《永别了，武器》（1929），《丧钟为谁而鸣》（1940）。

赫伯特，乔治（1593~1633），英国玄

■ 柯尔律治的诗《古舟子咏》，由古斯塔夫·多雷作插图。

学派诗人：《神殿》。

希罗多德（公元前约490~约前425），古希腊历史学家及散文家，被誉为史学之父。

赫西奥德（约公元前8世纪~前7世纪），古希腊史诗作家：《神谱》。

海塞，赫尔曼（1877~1962），出生于德国的瑞士小说家：《席特哈尔塔》（1922），《草原之狼》（1927）。

霍夫曼斯塔尔，雨果·冯（1874~1929），奥地利诗人及戏剧作家：《埃勒特克拉》（1903）及《蔷薇骑士》（1911）。

荷尔德林，弗里德里希（1770~1843），德国小说家及诗人：小说《许佩里翁》（1797~1799）。

荷马（公元前8世纪左右），希腊史诗作家：《伊利亚特》和《奥德修斯》，这些作品实际上可能不是同一人所作。

霍普金斯，杰拉尔德·曼利（1844~1889），英国诗人：《斑驳的美》（1877），《凤鹰》（1918）。

贺拉斯（公元前65~前8），诗人：《歌集》，《讽刺诗集》，《信简》。

休斯，泰德（1930~），英国诗人：《雨中鹰》（1975）及《乌鸦》（1970）。

休斯，托马斯（1822～1896），英国政治家、小说家及儿童文学家：《汤姆·布朗的求学时代》（1857）。

雨果，维克多（1802～1885），法国诗人、小说家及小说家：诗集《秋叶》（1831）、《静观集》（1856）；小说《巴黎圣母院》（1831）及《悲惨世界》（1862）。

赫胥黎，奥尔德斯（1894～1963），英国小说家：《美好的新世界》（1932）。

于斯曼，若里斯—卡尔（1848～1907），法国小说家：《逆流》（1884）。

易卜生，亨利克（1828～1906），挪威剧作家：《群鬼》（1881）、《海达·加布勒》（1890）、《建筑师》（1892）。

尤内斯库，欧仁（1912～1994），出生于罗马尼亚的法国剧作家：荒诞戏剧《秃头歌女》（1950）及《犀牛》（1959）。

欧文，华盛顿（1783～1859），美国随笔作家及短篇小说家：《见闻札记》（1820），收录了短篇小说《瑞普·凡·温克尔》和《睡谷传说》。

衣修午德，克里斯托弗（1904～1987），

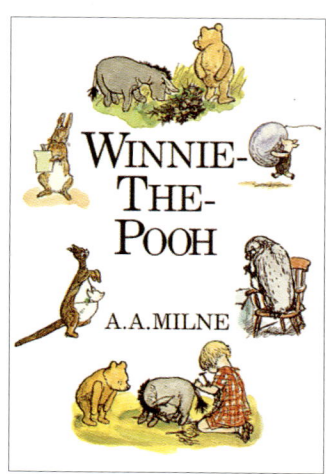

■艾伦·亚历山大·米尔恩的《小熊温尼普》一书封面上的可爱的小动物展示了可爱的动物。

英国小说家及剧作家：《再见吧，柏林》（1939）。

詹姆斯，亨利（1843～1916），美国小说家：《大使们》（1903）及《金碗》（1904）。

约翰生，塞缪尔（约翰生博士，1709～1784），英国辞典编纂家及作家：《英语辞典》（1755），诗歌《伦敦》（1738）及《英国诗人传》（1779～1781）。

琼森，本（1572～1637），英国剧作家及诗人：《狐狸》（1606），《炼金术士》（1610）及《巴托罗缪集市》（1614）。

乔伊斯，詹姆斯（1882～1941），爱尔兰小说家：短篇小说集《都柏林人》（1914），小说《一个青年艺术家的画像》（1914～1915）、《尤利西斯》（1922）及《为芬尼根守灵》（1939）。

尤维纳利斯（约60～约140），古罗马讽刺诗人。

卡夫卡，弗朗茨（1883～1924），捷克德文小说家：《审判》（1925）及《城堡》（1926）。

凯斯特纳，埃里希（1899～1974），德国小说家、诗人及儿童文学家：《艾米尔捕盗记》（1929）。

川端康成（1899～1972），日本小说家：《雪国》（1956）。

济慈，约翰（1795～1821），英国诗人：颂歌《夜莺颂》，《希腊古瓮颂》及《秋颂》。

凯鲁亚克，杰克（1922～1969），美国"垮掉的一代"小说家：《在路上》（1957）。

金斯利，查尔斯（1819～1875），英国小说家：《西去！》（1855）及童话小说《水孩儿》（1863）。

吉卜林，拉迪亚德（1865～1936），英国小说家及诗人：《吉姆》（1902），儿童读物《丛林故事》（1894）及《正是这样的故事》（1902）。

克莱斯特，海因里希·冯（1777～1811），德国剧作家：《海因里希·冯·洪堡王子》。

昆德拉，米兰（1929～），捷克小说家：《笑话》（1967）及《生命不可承受的轻》（1984）。

基德，托马斯（1558～1594），英国剧作家：悲剧《西班牙悲剧》（1592）。

拉法耶特夫人（玛丽·马德莱娜·德·拉法耶特伯爵夫人，1634～1693），法国女小说家：《克莱芙王妃》（1678）。

拉克洛，彼埃尔·肖代洛·德（1741～1803），法国小说家：《危险的交往》（1782）。

拉马丁，阿方斯·德（1790～1869），法国诗人：《沉思集》（1820）。

朗格兰，威廉（约1330～约1386），英国头韵体诗人：《耕者皮尔斯》。

拉金，菲利普（1922～1985），英国诗人：《北方船》（1945）及《受骗较少的人》（1955）及《降灵节婚礼》（1964）。

劳伦斯，戴维·赫伯特（1885～1930），英国小说家及诗人：小说《儿子与情人》（1913），《虹》（1915），《恋爱中的女人》（1916）及《查泰莱夫人的情人》。

拉克斯内斯，霍尔多（1902～），冰岛小说家：《独立的人民》（1945）。

勒卡雷，约翰（1931～），英国间谍小说家：《寒凯谍影》（1963），《补锅匠、裁缝、士兵、间谍》（1974）。

利尔，爱德华（1812～1888），英国画家、诗人及儿童诗歌作家：《打油诗集》（1846）。

莱辛，多丽丝（1919～），英国女小说家：《金色笔记》（1962），《暴力的孩子们》（1985）。

刘易斯，克利弗·斯特普尔斯（1898～1963），英国学者、科幻小说作家及儿童文学家：《狮子、女巫和衣柜》（1950）及《最后的战斗》（1956）。

李白（701～762），被誉为最伟大的中国诗人。

李维（公元前59～公元17），古罗马历史学家：《罗马史》。

洛威尔，罗伯特（1917～1977），美国诗人：《威利爵爷的城堡》（1946）及《献给联邦死难者》（1964）。

卢克莱修（约公元前98～约前55），古罗马诗人及哲学家。

麦克莱恩，阿利斯泰尔（1922～1987），苏格兰惊险小说作家：《那瓦伦的枪声》（1957）及《老鹰害怕的地方》（1967）。

梅特林克，莫里斯（1862～1949），比利时诗人：《普莱雅斯和梅丽桑德》（1892）及《蓝鸟》（1908）。

梅勒，诺曼（1923～），美国小说家：《裸者与死者》（1948）。

马拉梅，斯特凡（1842～1898），法国诗人：《牧神的午后》（1876）及《诗与散文》（1893）。

马洛礼爵士，托马斯（卒于1471），英国写亚瑟王故事的散文家：《亚瑟王之死》。

马梅特，戴维（1947～），美国剧作家：《格伦加里·格伦·格罗丝》（1984）。

曼，托马斯（1875～1955），德国小说家：短篇小说《死于威尼斯》（1912），长篇小说《魔山》（1924）及《浮士德博士》（1947）。

马雷，沃尔特·德·拉（1873～1956），英国诗人：《童年的歌》（1902），诗集《听众及其他诗》（1912）。

马里内蒂，菲利波·托马索（1876～1944），意大利剧作家、小说家及诗人。

马里沃，彼埃尔（1688～1763），法国喜剧作家及小说家：剧本《爱情与偶遇的游戏》（1730），小说《玛丽安娜传》（1731～1741）及《暴发户农民》（1735）。

马洛，克里斯托弗（1564～1593），英国剧作家及诗人：《帖木儿大帝》（1587），《浮士德博士》（约1588），《马耳他岛的犹太人》（1589）及《爱德华二世》（约1592）。

马提雅尔（约40～104），古罗马讽刺诗人。

马韦尔，安德鲁（1621～1678），英国诗人及讽刺作家：《杂诗集》（死后出版）。

松尾芭蕉（1644～1694），日本俳谐诗人：《奥州小路》（1694）。

毛姆，威廉·萨姆塞特（1874～1965），英国小说家：《人间的枷锁》（1915），《月亮与六便士》（1919），剧本《圈子》（1921）。

莫泊桑，居伊·德（1850～1893），法国小说家：短篇小说《羊脂球》（1881）及长篇小说《俊友》（1885）。

莫里亚克，弗朗索瓦（1885～1970），法国小说家、诗人、剧作家：小说《蝮蛇结》（1932）及《爱的荒漠》（1949）。

梅尔维尔，赫尔曼（1819～1891），美国小说家：《白鲸》（1851）及《毕利·伯德》（1924）。

米南德（公元前342～前292），古希腊喜剧作家。

米德尔顿，托马斯（1580～1627），英国悲剧作家：《妇女相互提防》（1621），《傻子》（1622，与威廉·罗利合写）。

米勒，阿瑟（1915～），美国剧作家：《推销员之死》（1949）及《考验》（1952）。

米尔恩，艾伦·亚历山大（1882～1956），英国小说家、剧作家及儿童文学家：《小熊温尼普》（1926）及《小熊温尼普家拐角的房子》（1928）。

弥尔顿，约翰（1608～1674），英国诗人：基督教史诗《失乐园》（1667）及《复乐园》（1677）。

三岛由纪夫（1925～1970），日本小说家：《金阁寺》（1956）及《富饶之海》（1965～1970）。

莫里哀（原名让－巴蒂斯特·波克兰，1622～1673），法国演员及古典喜剧作家：《斯卡纳赖尔》（1660），《太太学堂》（1662），《伪君子》（《达尔杜弗》，1664），《唐璜》（1665），《愤世嫉俗》（1666），《吝啬鬼》（1668）及《没病找病》（1673）。

莫拉维亚，阿尔贝托（阿尔贝托·平切尔莱，1907～1990），意大利小说家：《冷漠的人》（1929），《随波逐流的人》（1952）。

莫尔爵士，托马斯（1477～1535），英国人文主义者：《乌托邦》（1516）。

莫里森，托尼（1931～），美国小说家：《所罗门之歌》（1977），《心爱的人》（1987）。

缪尔，爱德华（1887～1944），苏格兰诗人及小说家：《最早的诗》（1925）。

紫式部（973～1014），日本小说家：《源氏物语》（有人认此书为日本最伟大的文学作品和第一部完整的小说）。

默多克，艾丽丝（1919～），英国女小说家：《钟》（1958），《世界之子》（1975），《大海啊，大海》（1978）。

缪塞，阿尔弗雷德·德（1810～1857），法国诗人及剧作家：抒情诗集《夜歌》（1835～1837），戏剧《罗朗扎齐奥》（1834）。

纳博科夫，弗拉基米尔（1899～1977），出生于俄国的美国作家：《洛莉塔》（1958），《黑暗中的笑声》（1933），《绝望》（1934）及《苍白的火》（1962）。

奈保罗，V.S.（1932～），特里尼达小说家：《在自由的国度》（1971）。

聂鲁达，巴勃罗（1904～1971），智利诗人：《诗歌总集》（1945）。

奈瓦尔，热拉尔·德（1808～1855），法国诗人：十四行组诗《幻景》（1854）。

内斯比特，埃迪丝（1858～1924），英国儿童文学家：《五个孩子与它》（1902）及《铁路儿童》（1906）。

诺瓦利斯（弗里德里希·莱奥波尔德·冯·哈登贝格，1772～1801），德国诗人及小说家：诗歌《夜颂》（1800）。

奥克里，本（1943～），尼日利亚小说家：《饥饿路》（1991）。

欧玛尔·海亚姆（约1048～约1122），伊朗诗人：《鲁拜集》（因英国人爱德华·菲茨杰拉德的翻译而在西方闻名）。

奥尼尔，尤金（1888～1953），美国剧作家：《送冰的人来了》（1946），《直到夜晚的漫长的一天》（1956）。

奥顿，乔（1934～1967），英国剧作家：《掠夺》（1965）及《管家所见到的》（1969）。

奥威尔，乔治（1903～1950），英国小说家及随笔作家：政治寓言小说《兽园》（1945）及关于未来的恶梦神话《1984年》（1949）。

奥斯本，约翰（1929～1994），英国剧

作家：《愤怒的回顾》（1956）。

奥维德（公元前43～公元17），古罗马诗人：《爱的艺术》。

欧文，威尔弗雷德（1893～1918），英国战争诗人：《诗集》。

帕斯捷尔纳克，鲍里斯（1890～1960），俄国小说家：《日瓦戈医生》（1957）。

佩特，沃尔特·哈拉蒂奥（1839～1894），英国评论家：《伊璧鸠鲁信徒马利乌斯》（1885）。

帕斯，奥克塔维奥（1914～），墨西哥诗人及随笔作家：散文《孤独的迷宫》（1950），诗集《太阳石》（1957）。

彼特拉克，弗朗切斯科（1304～1374），意大利十四行诗作家。

佩特罗尼乌斯（公元65年近世），古罗马讽刺作家：喜剧式小说《萨蒂利孔》。

品达罗斯（约公元前520～前445），古希腊抒情诗人：《竞技胜利者颂》。

品特，哈罗德（1930～），英国剧作家：《生日晚会》（1958），《看房者》（1960）。

皮兰德娄，路易吉（1867～1936），意大利剧作家：《六个寻找作者的剧中人》（1921）。

普拉斯，西尔维亚（1932～1963），美国诗人：诗集《巨人》（1960）和《阿丽尔》（1965），小说《钟形的坛子》（1963）。

柏拉图（公元前428～前347），古希腊哲学家：《理想国》与《法律篇》。

小普林尼（62～约113），古罗马演说家及政治家，以其书信著名。

普卢塔克（约46～120），古希腊传记作家：《希腊罗马名人比较列传》，本书讲述了50位著名的古希腊罗马人物的生平。

坡，埃德加·爱伦（1809～1849），美国诗人、评论家、短篇小说家：《述异集》（1840），其中包括《厄舍古屋的倒塌》。

蒲柏，亚历山大（1688～1744），英国讽刺诗人：《夺发记》（1714），《群愚史诗》（1728～1743）及《人论》（1733～1734）。

波特，贝特里克斯（1866～1943），英国插图作家及儿童文学作家：《兔子彼得的故事》（1900）。

庞德，埃兹拉（1885～1972），美国诗人：《诗章》（1925～1969）。

普雷沃，安东尼-弗朗索瓦（即普雷沃神父，1697～1763），法国小说家：《曼侬·莱斯科》（1731）。

普里斯特利，约翰·鲍顿（1894～1984），英国小说家、剧作家：小说《好伙伴》（1929）及剧本《金链花丛》。

普鲁斯特，马塞尔（1871～1922），法国小说家：七集小说《追忆似水年华》（1913～1927）。

普希金，亚历山大（1799～1837），俄国诗人及小说家：诗体小说《叶甫盖尼·奥涅金》（1833）。

平钦，托马斯（1937～），美国小说家：《V》（1963）及《万有引力之虹》（1973）。

拉伯雷，弗朗索瓦（约1494～约1553），法国人文主义者及物理学家：喜剧讽刺散文《巨人传》。

拉辛，让（1639～1699），法国古典主义悲剧作家：《安德罗玛克》（1667），《布里塔尼居斯》（1669），《贝蕾妮丝》（1670），《巴雅泽》（1672），《菲德拉》（1677）。

拉德克利夫夫人，安（1764～1823），英国哥特式小说家：《渥多尔弗的奥秘》（1794）。

兰塞姆，阿瑟（1884～1967），英国记者及儿童文学作家：《燕子与亚马孙人》（1931）。

劳，拉亚（1909～），用英文写作的印度小说家：《坎瑟普拉》，《魔鬼与绳索》。

理查逊，塞缪尔（1689～1761），英国小说家：书信体小说《帕梅拉》（1740～1741）及《克拉丽莎》（1747～1748）。

里尔克，莱纳·马利亚（1875～1926），奥地利诗人：《杜伊诺哀歌》（1922）及《献给奥尔甫斯的十四行诗》（1923）。

兰波，阿蒂尔（1854～1891），法国诗人：诗集《在地狱中的一冬》（1873）和《灵光篇》（1886）。

罗伯-格里耶，阿兰（1922～），法国小说家：《窥视者》（1955），《妒忌》（1957）。

罗宾斯，哈罗德（1912～），美国作家：《投机者》（1961）。

龙萨，彼埃尔·德（约1524～1585），法国诗人：《献给海伦的十四行诗》。

罗森堡，伊萨克（1890～1918），英国战争诗人：《死者倒下》。

卢梭，让-雅克（1712～1778），法国哲学家及小说家：《论人类不平等的起源和基础》（1755），小说《爱弥儿》（1762），自传《忏悔录》（此书死后出版）。

卢达克（940～941逝世），伊朗诗人。

拉什迪，萨曼（1947～），出生于印度的英国小说家：《子夜儿童》（1981），《魔鬼诗篇》（1988），《摩尔的最后叹息》（1995）。

萨德，马基·德（1740～1814），法国色情小说家：《美德的恶运》（1787），《朱斯蒂娜》（1791），《朱丽叶》（1798）。

圣埃克苏佩里，安东尼·德（1900～1944），法国飞行员、小说家及儿童文学作家：《小王子》（1943）。

塞林格，杰·戴（1919～），美国小说家：《麦田里的守望者》（1951）。

桑，乔治（通称乔治·桑，原名阿芒狄娜·奥洛尔·露西亚·杜班，1804～1876），法国女小说家：《魔沼》（1841）及《光明正大的方雄》（1850）。

莎福（生于公元前7世纪中叶前），希腊抒情女诗人，爱情诗歌的先驱。

萨特，让-保尔（1905～1980），法国哲学家、剧作家及小说家：小说《恶心》（1937），哲学论文《存在与虚无》（1943），戏剧三部曲《自由之路》（1945～1949）。

萨松，西格里夫（1886～1967），英国战争诗人：《反攻》（1918）。

席勒，弗里德里希（1759～1805），德国剧作家及诗人：剧本《强盗》（1781），《阴谋与爱情》（1784），历史戏剧《华伦斯坦》（1798～1799）和《玛丽亚·斯图亚特》（1800），《奥尔良姑娘》（1801）及《威廉·退尔》（1803）。

司各特，沃尔特爵士（1771～1832），苏格兰小说家及诗人：民歌集《苏格兰边区歌谣集》（1802～1803），小说《艾凡赫》（1819）。

清少纳言（966/7～1013），日本散文家：《枕草子》。

塞内加（4～65），古罗马哲学家、剧作家及随笔作家。

莎士比亚，威廉（1564～1616），英国诗剧作家。从1594～1611年共写37部剧本，其中包括喜剧、历史剧、悲剧及正剧：悲剧《提塔斯·安德鲁尼加斯》、《罗密欧与朱丽叶》、《哈姆雷特》、《李尔王》、《奥赛罗》、《麦克佩斯》、《雅典的泰门》；历史剧《亨利六世》、《理查二世》、《理查三世》、《亨利四世》、《亨利五世》及《约翰王》；喜剧《驯悍记》、《爱的徒劳》、《仲夏夜之梦》、《威尼斯商人》、《无事生非》、《温莎的风流娘儿们》、《维洛那二绅士》、《错误的喜剧》、《终成眷属》及《第十二夜》；正剧《伯里克利》、《泰尔亲王》、《特洛伊罗斯·克瑞西达》、《一报还一报》、《皆大欢喜》、《辛白林》、《冬天的故事》、《暴风雨》和《亨利八世》；有关罗马的戏剧《尤力斯·凯撒》、《安东尼与克莉奥佩特拉》及《科里奥拉努斯》；诗歌《十四行诗集》。

萧伯纳，乔治（1856～1950），爱尔兰剧作家及评论家：《武器与人》（1894），《人与超人》（1903），《皮格马利翁》（又译《卖花女》，1913），《圣女贞德》（1923）。

雪莱，玛丽·沃斯通克拉夫特（1797～1851），英国哥特式小说家：《弗兰肯斯坦》（1818）。

雪莱，珀西·比希（1792～1822），英国诗人：《仙后麦布》，诗剧《解放了的普罗米修斯》（1820），《钦契一家》（1819），《希腊》（1822），为悼念济慈之死而作的《阿多尼斯》（1821）。

谢里丹，理查德（1751～1816），英国剧作家：《情敌》（1775），《造谣学校》（1777）。

锡德尼爵士，菲利普（1554～1586），英国田园诗人：《阿卡迪亚》（1590）。

西默农，乔治（1903～1989），比利时侦探小说家，创造了侦探梅格雷这一人物。

辛克莱，阿普顿（1878～1968），美国小说家：《屠场》（1906）。

西特韦尔，埃迪思（1887～1965），英国女诗人：《门面》（1922）。

索尔仁尼琴，亚历山大（1918～），俄国小说家：《伊凡·杰尼索维奇的一天》（1962），《第一圈》（1964），《癌症病房》（1966）。

索福克勒斯（约公元前497～405），希腊剧作家、悲剧诗人：戏剧《奥狄浦斯王》（约公元前430），《安提戈涅》（公元前441）。

斯彭德，斯特芬爵士（1909～1995），英国诗人及评论家：《塔门》（1933）。

斯宾塞，埃德蒙（1552～1599），英国诗人：道德寓喻长诗《仙后》（1590和1596）。

斯坦贝克，约翰（1902～1968），美国小说家：《鼠与人》（1937），《愤怒的葡萄》（1939）及《伊甸园以东》（1952）。

司汤达（玛丽·亨利·贝尔，1783～1842），法国小说家：《红与黑》（1830）及《巴马修道院》（1839）。

斯特恩，劳伦斯（1713～1768），出生于爱尔兰的英国小说家：《项狄传》（1759～1768）。

斯蒂文斯，华莱士（1879～1955），美国诗人：《风琴》（1923）及《带蓝吉他的人》（1937）。

斯蒂文森，罗伯特·路易斯（1850～1894），苏格兰小说家：《金银岛》（1883）及《化身博士》（1886）。

斯托帕德，汤姆（1937～），出生于捷克的英国剧作家：《罗森克兰茨和吉尔登斯特恩都已死去》（1966），《阿卡狄亚》（1993）。

斯特拉斯堡，戈特弗里德·冯（活跃于1210），德国诗人：《特里斯坦与易索德》。

史特林堡，奥古斯特（1849～1912），瑞典剧作家：《朱丽小姐》（1888），《死魂舞》（1901），《鬼魂奏鸣曲》（1907）。

斯威夫特，格雷厄姆（1949～），英国小说家：《水源地》（1983），《最后的命令》（1996）。

■ 约翰·密莱斯爵士的名画《被瞪羚迷住的斐迪南》（1849）描绘莎士比亚的悲喜剧《暴风雨》的一个场面。

斯威夫特，乔纳森（1667～1745），盎格鲁-爱尔兰讽刺作家：讽刺幻想小说《格利佛游记》（1726）。

斯温伯恩，阿尔杰农·查尔斯（1837～1909），英国诗人：《日落前的歌》（1871），《雷奥内塞的特里斯拉姆》（1882）。

辛格，约翰·米林顿（1871～1909），爱尔兰剧作家：《西方世界的花花公子》（1907）。

塔西佗（约56～117），古罗马历史学家。

泰戈尔，雷宾德雷纳什（1861～1941），印度诗人、小说家、剧作家及随笔家：诗集《吉檀迦利》（1912）。

丁尼生，阿尔弗莱德·劳德（1809～1892），英国诗人：诗作《夏洛特小姐》（1832），《食荷花人》（1833），诗集《悼念集》（1850）及《国王叙事诗》（1855）。

泰鲁，保罗（1941～），美国小说家、游记作家：《丛林恋人》（1971），《铁路大市场》（1975）。

萨克雷，威廉·麦克皮斯（1811~1863），英国小说家：《名利场》（1846~1848）、《纽克姆一家》（1848~1850）。

托马斯，迪伦（1914~1953），威尔士诗人：《死亡与出场》（1946），广播剧《奶树林下》（1954）。

托马斯，爱德华（1878~1917），英国诗人：《诗集》（1920），其中收入诗歌《阿德勒斯特罗普》。

梭罗，亨利·戴维（1817~1862），美国作家及随笔作家：《林中生活》（1854），有影响的论文《论公民的不服从》（1849）。

修昔底德（约公元前455~前399），雅典历史学家。

托尔金，约翰·罗纳德·鲁埃尔（1892~1973），英国小说家：《霍贝特》（1937）及《行会首领》（1954~1955）。

托尔斯泰，列夫（1828~1910），俄国小说家：《战争与和平》（1869）、《安娜·卡列尼娜》（1877）。

特罗洛普，安东尼（1815~1882），英国小说家：以巴塞特郡为背景的小说（1857~1867），一组共六集，其中包括《养老院院长》（1855）及《巴塞特寺院》（1857）。

■ 莎乐美在梳妆。这是奥布雷·比尔兹利为奥斯卡·王尔德的剧本《莎乐美》（1894年英国出版）所作的插图。

屠格涅夫，伊凡（1818~1883），俄国小说家、剧作家：剧本《村中一月》（1850），小说《父与子》（1861）。

马克·吐温（塞缪尔·朗赫恩·克莱门斯，1835~1910），美国小说家：《汤姆·索耶历险记》（1876），《密西西比河上》（1883），《哈克贝里·费恩历险记》（1884）。

厄普代克，约翰（1932~ ），美国小说家：《兔子，跑吧》（1960）、《夫妇们》（1968）。

瓦莱里，保尔（1871~1945），法国诗人：《年轻的命运女神》（1917）及《幻美集》（1922）。

范布勒，约翰爵士（1664~1726），英国喜剧作家：复辟时期喜剧《故态复萌》（1696）及《愤怒的妻子》（1697）。

维加，洛佩·德费利克斯（1562~1635），多产的西班牙剧作家和诗人。本人声称共写了1500部剧本，但流传下来的只有500部：史诗《拉根廷》（1598）。

魏尔兰，保尔（1844~1896），法国诗人：《无题浪漫曲》（1874）及《智慧集》（1881）。

维尼，阿尔弗雷德·德（1797~1863），法国诗人：小说《桑－马尔斯》（1826），戏剧《夏特东》（1835）。

维永，弗朗索瓦（1431年出生），法国诗人：《小遗言集》和《大遗言集》。

维吉尔（公元前70~前19），古罗马诗人：《牧歌》，《农事诗》及《埃涅阿斯记》——这是一部民族史诗。

伏尔泰（弗朗索瓦·玛丽·阿鲁埃，1694~1778），法国哲学家、剧作家及散文作家：史诗《亨利亚德》（1723），《哲学书简》（1734），哲理小说《查第格》（1747）和《老实人》（1759）。

瓦斯（约出生于1100年），盎格鲁－诺曼语诗人：《布鲁特传奇》和《鲁的传奇》

沃尔科特，德里克（1933~ ），圣卢西亚诗人及剧作家：《一个绿色的夜晚》（1962），《奥梅罗》（1990）。

沃波尔，霍勒斯（1717~1797），英国哥特式小说家：《奥特朗托堡》（1765）。

沃，伊夫林（1903~1966），英国小说家：《衰落与瓦解》（1928），《一抔土》（1934），《旧地重游》（1945）。

韦伯斯特，约翰（约1578~约1632），英国悲剧作家：《白魔》（1612）及《马尔菲公爵夫人》（1613~1614）。

魏德金德，弗兰克（1864~1918），德国演员及剧作家：《青春觉醒》（1909）。

威尔斯，赫伯特·乔治（1866~1946），小说家：科幻小说《时间机器》（1895），《星际战争》（1898）；小说《隐身人》（1897），幽默小说《基普斯》（1904）。

惠特利，丹尼斯（1897~1977），英国恐怖小说作家。

怀特，帕特里克（1912~1990），澳大利亚小说家：《人类之树》（1955），《沃斯》（1957），《乘车的人》（1961）。

魏斯，彼得（1916~1982），德国剧作家及小说家：《流亡》（1962）。

王尔德，奥斯卡（芬戈尔·奥弗莱厄蒂·威尔斯，1854~1900），爱尔兰剧作家，诗人及小说家，尤以该谐机智的警句著名：小说《道林·格雷的肖像》（1891），戏剧《认真的重要》（1895），诗歌《里丁监狱之歌》（1898）。

怀尔德，桑顿（1897~1975），美国剧作家：《千钧一发》（1942），《媒人》（1954）。

威廉斯，田纳西（1911~1983），美国剧作家：《玻璃动物园》（1944），《欲望号街车》（1947），《热铁皮屋顶上的猫》（1955）。

威廉斯，威廉·卡洛斯（1883~1963），美国诗人：叙事长诗《佩特森》（1946~1958）。

沃德豪斯，佩勒姆·格伦维尔（1881~1975），英国喜剧小说家：写了一系列以伯蒂·伍斯特与吉夫斯为主人公的小说。

吴尔夫，弗吉尼亚（1882~1941），英国小说家：《黛洛维夫人》（1925），《到灯塔去》（1927）。

华兹华斯，威廉（1770~1850），英国诗人：《抒情歌谣集》（1798，与柯尔律治合写的诗集），《序曲》（1798~1805）。

威彻利，威廉（1641~1715），英国喜剧作家：王政复辟时期喜剧《乡下女人》（1675）。

维斯，约翰·鲁道夫（1782~1830），瑞士小说家：《瑞士家庭鲁滨逊》（1827）。

叶芝，威廉·巴特勒（1865~1939），爱尔兰诗人及剧作家：诗歌《驶向拜占庭》，《在学生中间》，《天青石》。

尤瑟纳，玛格丽特（1903~1988），法国女小说家：《亚得里安回忆录》（1951），《深渊》（1963）。

左拉，爱弥尔（1840~1902），法国小说家：《娜娜》（1880），《卢贡玛卡家族》系连续性巨型小说，其中包括《萌芽》（1885），《崩溃》（1892）；《我控诉》是一封为德雷福斯伸冤的公开信。

诺贝尔奖获得者：

1901年 苏利-普律多姆，法国诗人。

1902年 西奥多·蒙森，德国历史学家。

1903年 比约恩斯彻纳·比昂松，挪威小说家、诗人及剧作家。

1904年 弗里德里克·米斯特拉尔，法国诗人。

1905年 亨利克·显克维奇，波兰小说家。

1906年 焦苏埃·卡尔杜齐，意大利古典主义诗人。

1907年 拉迪亚德·吉卜林，英国小说家及诗人。

1908年 鲁道夫·厄肯，德国唯心主义哲学家。

1909年 塞尔玛·拉格洛夫，瑞典女小说家。

1910年 保罗·冯·海泽，德国诗人、小说家及剧作家。

1911年 莫里斯·梅特林克，比利时象征主义诗人及剧作家。

1912年 格哈特·霍普特曼，德国剧作家、诗人及小说家。

1913年 雷宾德雷纳什·泰戈尔，印度剧作家及诗人。

1914年 无奖

1915年 罗曼·罗兰，法国小说家及传记作家。

1916年 维尔纳·冯·海登斯塔姆，瑞典抒情诗人。

1917年 卡尔·吉勒鲁普，丹麦诗人、亨利克·彭托皮丹，丹麦小说家。

1918年 无奖

1919年 卡尔·施皮特勒，瑞士诗人及小说家。

1920年 克努特·汉姆生，挪威小说家。

1921年 阿纳托尔·法朗士，法国小说家。

1922年 雅辛托·贝纳文特·马丁斯，西班牙社会讽刺剧作家。

1923年 威廉·巴特勒·叶芝，爱尔兰诗人及剧作家。

1924年 瓦迪斯瓦夫·斯坦尼斯瓦夫·莱蒙特，波兰小说家。

1925年 乔治·萧伯纳，爱尔兰剧作家。

1926年 格拉齐亚·黛莱达，意大利自然主义女小说家。

1927年 亨利·柏格森，法国二元论哲学家。

1928年 西格里德·温塞特，挪威小说家。

1929年 托马斯·曼，德国小说家。

1930年 辛克莱·刘易斯，美国讽刺小说家。

1931年 埃里克·阿克塞尔·卡尔费尔特，瑞典抒情诗人。

1932年 约翰·高尔斯华绥，英国小说家及剧作家。

1933年 伊凡·布宁，俄国侨民小说家。

1934年 路易吉·皮兰德娄，意大利剧作家。

1935年 无奖

1936年 尤金·奥尼尔，美国剧作家。

1937年 罗歇·马丁·杜·加尔，法国小说家。

1938年 赛珍珠，美国小说家。

1939年 弗兰斯·埃米尔·西伦佩，芬兰小说家。

1940年 无奖

1941年 无奖

1942年 无奖

1943年 无奖

1944年 约翰尼斯·延森，丹麦随笔作家及游记作家。

1945年 加布里埃拉·米斯特拉尔，智利女抒情诗人。

1946年 赫尔曼·海塞，出生于德国的瑞士小说家及诗人。

1947年 安德烈·纪德，法国小说家及随笔作家。

1948年 托·斯·艾略特，出生于美国的英国诗人、剧作家及文学评论家。

1949年 威廉·福克纳，美国小说家。

1950年 伯特兰·罗素，英国哲学家及数学家。

1951年 帕·拉格尔克维斯特，瑞典小说家。

1952年 弗朗索瓦·莫里亚克，法国诗人、小说家。

1953年 温斯顿·丘吉尔爵士，英国政治家、历史学家及演说家。

1954年 欧内斯特·海明威，美国小说家。

1955年 哈尔多尔·拉克斯内斯，冰岛小说家。

1956年 胡安·拉蒙·希梅内斯，西班牙抒情诗人。

1957年 阿尔贝·加缪，法国小说家及剧作家。

1958年 鲍里斯·帕斯捷尔纳克，俄国小说家及诗人。拒绝接受。

1959年 萨尔瓦托·夸奇莫多，意大利诗人。

■ 博尔赫斯被称作从未获诺贝尔奖的最伟大作家 ■

1960年 圣约翰·佩尔斯，法国抒情诗人。
1961年 伊沃·安德里奇，南斯拉夫小说家。
1962年 约翰·斯坦贝克，美国小说家。
1963年 乔治·塞菲里斯，希腊诗人及随笔作家。
1964年 让-保尔·萨特，法国哲学家及作家。拒绝接受此奖。
1965年 米哈伊尔·萧洛霍夫，俄国小说家。
1966年 什穆埃尔·约瑟夫·阿格农，以色列小说家；
内莉·萨克斯，出生于德国的瑞典犹太女诗人。
1967年 米格尔·安杰尔·阿斯图里亚斯，危地马拉小说家及诗人。
1968年 川端康成，日本小说家。
1969年 塞缪尔·贝克特，爱尔兰小说家、诗人及剧作家。
1970年 亚历山大·索尔仁尼琴，俄国小说家。
1971年 巴勃罗·聂鲁达，智利诗人。
1972年 海因里希·伯尔，德国小说家。
1973年 帕特里克·怀特，澳大利亚小说家。
1974年 艾温德·雍松，瑞典小说家；哈里·马丁松，瑞典小说家及诗人。
1975年 欧金尼奥·蒙塔莱，意大利诗人。
1976年 索尔·贝洛，美国小说家。
1977年 比森特·阿莱克桑德雷，西班牙抒情诗人。
1978年 伊扎克·巴谢维斯·辛格，美国犹太人小说家。
1979年 奥德修斯·埃利蒂斯，希腊诗人。
1980年 切斯瓦夫·米瓦什，波兰-美国诗人及小说家。
1981年 埃利亚斯·卡内蒂，出生于保加利亚的德国小说家、戏剧家及随笔作家。
1982年 加夫列尔·加西亚·马尔库斯，哥伦比亚小说家。
1983年 威廉·戈尔丁爵士，英国小说家。
1984年 雅罗斯拉夫·塞弗特，捷克诗人。
1985年 克劳德·西蒙，法国小说家，新小说派代表人物。
1986年 沃莱·索因卡，尼日利亚戏剧作家及诗人。
1987年 约瑟夫·布罗斯基，美国诗人及随笔作家（苏联侨民）。
1988年 纳吉布·马赫福兹，埃及小说家。
1989年 卡米洛·何塞·塞拉，西班牙小说家。
1990年 奥克塔维奥·帕斯，墨西哥诗人。
1991年 纳迪尔·戈迪默，南非女小说家。
1992年 德里克·沃尔科特，圣卢西亚诗人。

1993年 托尼·莫里森，美国小说家。
1994年 大江健三郎，日本小说家。
1995年 谢默斯·希尼，北爱尔兰小说家。
1996年 维斯拉娃·申伯尔斯卡，波兰女诗人。

其他奖项获得者：
柏克·麦克科奈尔奖是一种小说奖，每年年向由如下国家的公民创作并在大不列颠初版印行的小说颁奖：联合王国、爱尔兰共和国、英联邦成员国以及南非。此奖由柏克·麦克科奈尔贸易公司于1968年与出版社协会合作设立的。
1969年 P.H.纽比：《要回答的问题》。
1970年 伯内斯·鲁本斯：《当选者》。
1971年 V.S.奈保罗：《在自由的国度》。
1972年 约翰·伯格：《G》。
1973年 J.G.法雷尔：《围攻克里斯纳普》。
1974年 纳迪娜·戈迪默：《自然资源保护论者》；
斯坦利·米德莱顿：《假日》。
1975年 鲁思·普莱沃尔·雅布瓦拉：《热与尘》。
1976年 戴维·斯托利：《塞维尔》。
1977年 保罗·斯科特：《坚持到底》。
1978年 艾丽斯·默多克：《大海啊，大海》。
1979年 佩内洛普·菲茨杰拉德：《海岸之外》。
1980年 威廉·戈尔丁：《继承人》。
1981年 萨曼·拉什迪：《子夜儿童》。
1982年 托马斯·肯尼利：《辛德勒的方舟》。
1983年 J.M.考慈：《迈克尔·K的一生与时代》。
1984年 安妮塔·布鲁克纳：《拉克的旅店》。
1985年 凯里·修姆：《尸骨人》。
1986年 金斯利·阿米斯：《老恶魔》。
1987年 佩内洛普·莱夫利：《月亮老虎》。
1988年 彼得·凯里：《奥斯卡与露辛达》。
1989年 卡佐·伊希古罗：《余日》。
1990年 安东尼娅·拜厄特：《占有》。
1991年 本·奥克里：《饥饿路》。
1992年 迈克尔·翁戴杰：《英国病人》；
巴里·昂斯沃思：《神圣的饥饿》。
1993年 罗迪·道尔：《爱尔兰人克拉克，哈，哈，哈》。
1994年 詹姆斯·凯尔曼：《晚了，太晚了》。
1995年 帕特·巴克：《鬼魂路》。
1996年 格雷厄姆·斯威夫特：《最后的命令》。

普利策奖
普利策奖是由美国出版商约瑟夫·普利策于1917年设立的一年颁发一次的奖项，用来表彰在新闻和文学方面取得成就的美国人。它设有以下奖项：最佳国内报道，最佳国际新闻，最佳

编辑，最佳地方报道，最佳图片新闻，最佳小说作品。下面是最佳小说奖获奖人及作品。
1918年 欧内斯特·普尔：《他的一家》。
1919年 布思·塔金顿：《安伯森大家庭》。
1920年无奖
1921年 伊迪丝·沃顿：《天真的时代》。
1922年 布思·塔金顿：《艾丽斯·亚当斯》。
1923年 微拉·凯瑟：《我们中间的一个人》。
1924年 玛格丽特·威尔逊：《精明强干的麦克劳林一家》。
1925年 艾德娜·费伯：《这么了不起》。
1926年 辛克莱·刘易斯：《阿罗史密斯》（拒绝接受）。
1927年 路易斯·布罗姆菲尔德：《孟秋》。
1928年 桑顿·怀尔德：《圣路易雷桥倒塌记》。
1929年 朱莉娅·彼得金：《不检点的玛丽小姐》。
1930年 奥利弗·拉法热：《哈哈大笑的男孩子》。
1931年 玛格丽特·艾尔·巴恩斯：《恩赐的年代》。
1932年 赛珍珠：《大地》。
1933年 T.S.斯特里布林：《商店》。
1934年 卡罗琳·米勒：《他怀中的羔羊》。
1935年 约瑟芬·温斯洛·约翰逊：《现在是十一月》。
1936年 哈罗德·戴维斯：《苦尽甘来》。
1937年 玛格丽特·米切尔：《飘》。
1938年 约翰·菲利普斯·马昆德：《已故的乔治·阿普利》。
1939年 马乔丽·金南·罗林斯：《幼鹿》。
1940年 约翰·斯坦贝克：《愤怒的葡萄》。
1941年无奖
1942年 爱伦·格拉斯哥：《我们这辈子》。
1943年 厄普顿·辛克莱：《纷争的根源》。
1944年 马丁·弗莱文：《黑暗的历程》。
1945年 约翰·赫西：《阿达诺的钟》。
1946年无奖
1947年 罗伯特·佩恩·沃伦：《国王的仆人》。
1948年 詹姆斯·米切纳：《南太平洋故事集》。
1949年 詹姆斯·古尔德·科曾斯：《仪仗队》。
1950年 小格思里：《通向西部地区的路》。
1951年 康拉德·里克特：《小镇》。
1952年 赫尔曼·沃克：《凯恩号兵变》。
1953年 欧内斯特·海明威：《老人与海》。
1954年无奖

1955年 威廉·福克纳：《寓言》。
1956年 麦金利·坎特：《安德森维尔》。
1957年无奖
1958年 詹姆斯·艾吉：《家庭中的一次死亡事件》。
1959年 罗伯特·路易斯·泰勒：《杰米·麦克菲特斯游记》。
1960年 艾伦·德鲁里：《劝告与赞同》。
1961年 哈珀·李：《杀死知更鸟》。
1962年 埃德温·奥康纳：《伤心之处》。
1963年 威廉·福克纳：《劫掠者》。
1964年无奖
1965年 雪利·安·格劳：《管家》。
1966年 凯瑟琳·安妮·波特：《短篇小说集》。
1967年 伯纳德·马拉默德：《基辅怨》。
1968年 威廉·斯蒂伦：《南特·特纳的忏悔》。
1969年 斯科特·莫马迪：《曙光织成的房子》。
1970年 琼·斯塔福德：《短篇小说集》。
1971年无奖
1972年 华莱士·斯特格纳：《静谧的角落》。
1973年 尤多拉·韦尔蒂：《乐观者的女儿》。
1974年无奖
1975年 迈克尔·萨拉：《杀人天使》。
1976年 索尔·贝洛：《洪堡的礼物》。
1977年无奖
1978年 詹姆斯·艾伦·麦克弗森：《活动的余地》。
1979年 约翰·奇弗：《短篇小说集》。
1980年 诺曼·梅勒：《刽子手之歌》。
1981年 约翰·肯尼迪·图尔：《笨伯的联盟》。
1982年 约翰·厄普代克：《兔子富了》。
1983年 艾丽斯·沃克：《绛紫色》。
1984年 威廉·肯尼迪：《斑鸠菊》。
1985年 艾利森·卢里：《异国恋情》。
1986年 拉里·麦克默特里：《孤单的鸽子》。
1987年 彼得·泰勒：《孟菲斯的召唤》。
1988年 托尼·莫里森：《心爱的人》。
1989年 安妮·泰勒：《瞬间的教训》。
1990年 奥斯卡·希尤勒斯：《曼波舞王演奏爱情之歌》。
1991年 约翰·厄普代克：《兔子在休息》。
1992年 简·西默尔：《一千英亩》。
1993年 罗伯特·奥伦·巴特勒：《奇异山上的踪迹》。
1994年 安妮·普罗尔克斯：《航行新闻》。
1995年 卡罗尔·西尔兹：《石头日记》。
1996年 理查德·福特：《独立日》。
1997年 史蒂文·米尔豪泽、马丁·德雷斯勒：《一个美国梦想者的故事》。

■ 让—保罗·萨特和鲍里斯·帕斯捷尔纳克均拒绝接受诺贝尔奖 ■

文学

文学形式及术语

离合诗： 一种作品，例如，诗，其每行特定处的字母，尤其是起首处的字母若联结起来可以构成一个字或词。

幕： 戏剧的主要段落。

亚历山大诗行法： 以抑扬格，六音步为一行的诗句。

讽喻、寓言： 指诗歌、小说、戏剧等作品中的事件或人物除了表面的文字意义外还具有更深层的意义。

头韵： 一种修辞手法。在每词或某些词之首，或重读音节中同一辅音或元音的连续重复（例如：the stuttering rifle's rapid rattle）。

暗示： 间接提及。通常使用含蓄的模仿的词汇或短语。

颠倒字母而成的字： 改变单词字母的顺序而构成的字或短语（如：god→dog）。

轶事： 关于某人或某事的短而有趣的故事。

反义词： 指一个词，其涵义与另一词相反。

格言/警句： 精辟地表达一个普遍真理的短句（如：需要是发明之母）。

腹韵： 同一诗行中相同元音素的重复。

自传： 作者为自己写的生平事迹。

民谣/民歌： 叙事歌曲或诗歌。

三节联韵诗： 一种诗歌形式，由三个诗节和一个煞尾诗节组成。

传记： 为他人写的生平事迹。

无韵诗： 英国文学中不押韵的抑扬格五音步的诗歌。

篇章： 长诗的篇、章结构。

陈词滥调： 由于使用太多，而失去了本身意义的，令人生厌的陈述（例如：光阴似箭）。

白话： 日常生活非正式谈话中使用的字眼，在正式的讲话或写作中一般不采用。

对句： 指诗歌中连续两行具有相同的节奏和韵律的诗句。

对白： 小说或剧本中人物的对话。

劣诗/打油诗： 指质量低下的滑稽诗，通常没有规则的韵律。

戏剧： 由演员在舞台上或广播、电视上表演的作品。

剧中人物： 戏剧或故事中的全部人物。

牧歌： 以对话或独白形式出现的简短的田园诗。

挽歌： 一种感情浓厚而庄重的诗，尤指对死者的悼念。

煞尾： 某些诗歌中，尤其是民谣中结尾处的短节。

史诗： 描写传奇英雄的功绩慷慨激昂的长诗。

警句： 诗歌散文中短而机智的妙语。

附加词： 专指附在人名前或后或用作替代词的描述性单词或短语（例如：查理一世）。

委婉词： 用来取代一个粗俗不雅的或令人不愉快的词或短语的词。

寓言： 含有寓意的诗歌或散文。

滑稽剧： 用可笑或不可能的情节来表现的幽默剧。

虚构： 凭想象撰写的文学作品。如长篇小说、短篇故事。

音步： 诗歌单位，由两个或更多音节组成，其中一个音需要重读而另一个或几个则弱读，如：For men/may come and men/may go。

自由诗： 没有固定韵律（节奏）的诗。

俳句： 日本最著名的一种短诗，由五、七、五共十七字组成。

英雄双行体： 双行押韵的抑扬格五音步的诗歌。

夸张法： 以故意的夸张来表示强调。

抑扬格五音步诗： 由五个音步构成的诗行，每个音步都含一弱一强的音节。

成语： 一个措词或短语，它的真正含义不能从字面认出。

田园诗： 描写美妙景色，尤其是理想化的乡村生活的简短的诗或散文。

反语法： 一种修辞方式其意思恰恰与所用词的字面意思相反。通常具有幽默，批评和讽刺的效果。

传奇： 流传下来的人们喜闻乐见的故事，但是否真实尚无考证定论。

五行滑稽诗： 由五行诗句组成，具有幽默感的诗。

曲言法： 谨慎陈述修辞法的一种形式。尤指用反语的否定来代替肯定的一种修辞方法（例如：当这一切结束时，我不会难过＝当这一切结束时，我会非常高兴）。

抒情诗： 抒发作者思想和情感的诗。

格言： 表达普遍真理，原则或行为准则的短语或句子，即言简意赅的箴言。

情节剧： 刺激和耸人听闻的舞台剧，结局常常皆大欢喜。

隐喻： 一种修辞手法，以暗示的手法，用另一种事物来描述所指的人或事物。如：“他是一只狡猾的狐狸。"

换喻： 一种修辞格。用一个与该词密切相关的某一物体的名词代替该名词（例如：用皇冠代替君主；瓶子指代酒精类饮料）。

韵律： 诗歌中根据诗行音步的数目和类型安排的音节节奏。

长篇独白： 戏剧中专供一个演员使用的长篇独语。

神话： 有关神灵的故事，通常被古人看做是对某种自然现象或世界起源的解释。

小说： 长篇散文体记叙文，描述在特定环境中一群虚构人物的故事。

中篇小说： 比长篇小说短的故事。

八行诗： 由八行构成一节的诗。

颂歌： 直接赞美主题的抒情诗，诗行长度不一，节奏复杂。

拟声法： 指某些单词其发音模仿了所描述的事物的声音或行为的手法，如：cuckoo（杜鹃）、buzz（接吻）、hiss（发丝丝声）等。

矛盾修饰法： 一种修辞手法。把两个表面意义相矛盾的词联起来以达到某种特殊的效果，如darkness visible。

回文： 前后读起均相同的单词或语句。如noon, bob, level。

悖论： 表面看似自相矛盾，但细读却能体会到某种真理的语句。

游戏作品： 以幽默或讽刺的手法模仿他人之作品风格的文学作品。

模仿作品： 模仿某作者或某一时期的风格而撰写的文学作品。

牧歌： 一种文学种类，反映理想的乡村生活，通常是牧民生活。

情节： 戏剧小说等的故事线索。

诗： 是一种文学韵文。其特点是使用浓缩和鲜明的语言，不仅表达出文学意义而且还具有警世的力量。一般要押韵，使用韵律和头韵等。

散文： 用普通语言书写的有别于诗歌的书面文字形式。

韵律字： 关于诗体的研究和理论术语，着重于诗的结构和韵律。

双关语： 是一字数义或同音异义词的幽默用法。

四行诗： 四行一节的诗，经常隔行押韵。

修辞学： 有关交际艺术的研究和实践。

韵： 词或诗行最后音节发音相同或相似的现象。

回旋诗体： 一种诗歌形式，包含13行或10行，通篇只押两韵，两次重复第一行开头作为叠句。

萨迦： 是一种讲述英雄业绩的长篇故事。尤指中世纪斯堪的纳维亚半岛的英雄故事，或指关于某一家族几代人或其他社会团体的系列书籍。

讽刺文字： 用嘲弄、反语、讥讽等形式来揭露愚笨或邪恶的文学作品。

场： 指戏剧的分段，比幕短，在一场戏中，表演是连续的。

六行诗： 六行一节的诗。

短篇故事： 比长篇小说短的散文作品。

明喻： 一种修辞方法，以两件基本不相同的事物作比喻的修辞手段，以"像"字来引起比喻（如：他跑起来像一阵风）。

独白： 是指在戏剧中，某个人物独自一人在舞台上，用语言表达出他的情感思想，而并不针对某一人。

十四行诗： 由14行组成，采用抑扬格五音步，有着固定韵律的诗。可分前八行和后六行两段（意大利十四行诗），或分成三个四行和一个两行（伊丽莎白十四行诗）。

诗节： 指诗歌中一节有着一定的韵律模式的诗行。

提喻： 以部分代替全体或以全体代替部分的修辞法。

同义词： 指意义相同或相似的词。

三行押韵诗： 三行一节并押韵的诗。

悲剧： 一种文学作品，一般为戏剧，其主人公通常具有杰出品质，由于环境不可抗拒的力量而招致个人的失败，亦指任何描写悲伤、沉痛事件以灾难结尾的文学作品。

韵文： 带有韵律结构的文学作品。

法国田园诗： 维拉内拉诗（法国短诗），通常具有五个三行押韵的诗节和一个四行诗节，依照固定韵律，通篇只押两韵。

■ 托 尼 · 莫 里 森 是 第 一 位 获 得 普 利 策 奖 的 黑 人 妇 女 ■

"如果胜利不是最重要的事情,那为什么他们还记录分数呢"

——文森特·隆巴迪

体育 ▶

奥林匹克运动会

▶ 在现代奥运会中，男运动员获金牌数最多为10枚，这是由美国选手雷蒙德·克拉伦斯·尤里在1900～1908年举办的奥运会田径比赛中获得的。

▶ 第18届冬季奥运会于1998年2月7～22日在日本的长野举行。

▶ 第27届夏季奥运会将于2000年9月15～10月1日在澳大利亚的悉尼举行。

▶ 在现代奥运会中，女运动员获金牌数最多为7枚，这是由捷克斯洛伐克运动员维拉·恰斯拉夫斯卡在1964年和1968年奥运会的体操比赛中获得的。

▶ 在奥运会历史上，获金牌数最高纪录是12枚，是由希腊罗得岛运动员莱奥尼达斯在公元前164～前152年的古代奥运会中创造的。

奥林匹克运动会是国际性的体育竞赛盛会，每四年举行一次。它的管理机构是国际奥林匹克委员会（简称国际奥委会），由它选定每届奥运会的主办城市。

古代奥运会

古代奥运会源起于为希腊众神举行的祭典。古希腊运动员都是男性，裸体进行比赛，获胜者将得到由野橄榄树叶编成的花冠作为奖励。尽管有史可查的第一届奥运会举行的准确时间是公元前776年，但实际上早在公元前14世纪时就有庆典活动。

在希腊奥林匹亚举行的运动会已逐步成为运动员展示勇气的重要场所，设有马车赛、拳击、摔跤、铁饼和赛跑等项目。但在耶稣纪元初期，奥运会却失去了它享有的声望，最终在公元393年，被罗马皇帝狄奥多西一世取消。

现代奥运会

基于古希腊竞技的理想，法国人皮埃尔·德·顾拜旦男爵（1863～1937）创立了现代奥运会。他在1892年的一次演讲中建议恢复奥运会。1894年，国际奥委会成立。1896年，在希腊雅典举行首届现代奥运会。首届冬季奥运会则于1924年举行。

■ 一位运动员高举奥运火炬跑进体育场，拉开了1936年柏林奥运会的序幕。但柏林奥运会却成了纳粹分子表演的舞台。

▶ 现代夏季奥林匹克运动会

		比赛地点	日期	参赛国数	运动员数		总计
					男	女	
第1届	1896年	希腊雅典	4月6日～15日	14	约211	0	约211
第2届	1900年	法国巴黎	5月20日～10月28日	26	1206	19	1225
第3届	1904年	美国圣路易斯	7月1日～11月23日	13	681	6	687
	1906年*	希腊雅典	4月22日～5月2日	20	820	6	826
第4届	1908年	英国伦敦	4月27日～10月31日	22	1999	36	2035
第5届	1912年	瑞典斯德哥尔摩	5月5日～7月22日	28	2490	57	2547
第6届	1916年	德国柏林	因战争未举行	—	—	—	—
第7届	1920年	比利时安特卫普	4月20日～9月12日	29	2591	77	2668
第8届	1924年	法国巴黎	5月4日～7月27日	44	2956	136	3092
第9届	1928年	荷兰阿姆斯特丹	5月17日～8月12日	46	2724	290	3014
第10届	1932年	美国洛杉矶	7月30日～8月14日	37	1281	127	1408
第11届	1936年	德国柏林	8月1日～16日	49	3738	328	4066
第12届	1940年	东京后转赫尔辛基	因战争未举行	—	—	—	—
第13届	1944年	英国伦敦	因战争未举行	—	—	—	—
第14届	1948年	英国伦敦	7月29日～8月14日	59	3714	385	4099
第15届	1952年	芬兰赫尔辛基	7月19日～8月3日	69	4407	518	4925
第16届	1956年**	澳大利亚墨尔本	11月22日～12月8日	67	2813	371	3184
第17届	1960年	意大利罗马	8月25日～9月11日	83	4736	610	5346
第18届	1964年	日本东京	10月10～24日	93	4457	683	5140
第19届	1968年	墨西哥墨西哥城	10月12～27日	112	4749	781	5530
第20届	1972年	德国慕尼黑	8月26日～9月10日	121	6065	1058	7123
第21届	1976年	加拿大蒙特利尔	7月17日～8月1日	92	4781	1247	6028
第22届	1980年	苏联莫斯科	7月19日～8月3日	80	4093	1124	5217
第23届	1984年	美国洛杉矶	7月28日～8月12日	140	5230	1567	6797
第24届	1988年	韩国汉城	9月17日～10月2日	159	6279	2186	8465
第25届	1992年	西班牙巴塞罗那	7月25日～8月9日	169	6657	2707	9364
第26届	1996年	美国亚特兰大	7月20日～8月4日	197	7060	3684	10,744

*庆祝现代奥运会10周年的运动会被认为是正式的奥运会，但不计届数。
** 马术比赛于6月10～17日在瑞典的斯德哥尔摩举行，来自29个国家的158名运动员（包括13名女运动员）参加了比赛。

▶ 现代冬季奥林匹克运动会

		比赛地点	日期	参赛国数	运动员数		总数
					男	女	
第1届*	1924年	法国夏蒙尼	1月25日～2月4日	16	245	13	258
第2届	1928年	瑞士圣莫里茨	2月11～19日	25	438	26	464
第3届	1932年	美国普莱西德湖	2月4～15日	17	231	21	252
第4届	1936年	德国加米施-帕滕基兴	2月6～16日	28	588	80	668
第5届	1948年	瑞士圣莫里茨	1月30日～2月8日	28	592	77	669
第6届	1952年	挪威奥斯陆	2月14～25日	30	585	109	694
第7届	1956年	意大利科蒂纳丹佩佐	1月26日～2月5日	32	688	132	820
第8届	1960年	美国阔谷	2月18～28日	30	522	143	665
第9届	1964年	奥地利因斯布鲁克	1月29日～2月9日	36	891	200	1091
第10届	1968年	法国格勒诺布尔	2月6～18日	37	947	211	1158
第11届	1972年	日本札幌	2月3～13日	35	800	206	1006
第12届	1976年	奥地利因斯布鲁克	2月4～15日	37	892	231	1123
第13届	1980年	美国普莱西德湖	2月13～24日	37	839	233	1072
第14届	1984年	南斯拉夫萨拉热窝**	2月8～19日	49	1000	274	1274
第15届	1988年	加拿大卡尔加里	2月13～28日	57	1110	313	1423
第16届	1992年	法国阿尔贝维尔	2月8～23日	64	1313	488	1801
第17届	1994年	挪威利勒哈默尔	2月12～27日	67	1216	521	1737

*1908年和1920年举行的夏季奥运会增设了冬奥会项目，这些比赛项目吸引了来自6个国家的14名男运动员和7名女运动员参加1908年伦敦奥运会，来自10个国家的73名男运动员和12名女运动员参加了1920年安特卫普奥运会。
** 现位于波斯尼亚-黑塞哥维那境内。

■ 1940年和1944年的冬季奥运会和夏季奥运会由于战争

■ 1996年亚特兰大奥运会开幕式——现代奥运会百年庆典。来自197个国家的10,744名运动员参加了27个大项的271个小项的角逐。79个国家分享了总计1933枚奖牌。本届奥运会更为引人注目的是，有11个国家和地区首次获得奖牌，他们是亚美尼亚、阿塞拜疆、布隆迪、捷克共和国、厄瓜多尔、格鲁吉亚、中国香港、摩尔多瓦、莫桑比克、斯洛伐克和汤加。

历届夏季奥运会奖牌榜

		金牌	银牌	铜牌	总数			金牌	银牌	铜牌	总数			金牌	银牌	铜牌	总数
1	美国	833	634	548	2015	40	牙买加	5	16	11	32	=77	以色列	0	1	2	3
2	苏联[1]	485	395	354	1234	41	朝鲜	8	6	12	26	=77	马来西亚	0	1	2	3
3	英国	177	233	225	635	=42	爱沙尼亚	7	6	10	23	=81	卢森堡	1	1	0	2
4	法国	176	181	205	562	=42	乌克兰	9	2	12	23	=81	坦桑尼亚	0	2	0	2
5	德国[2]	151	181	184	516	44	爱尔兰	8	5	6	19	=81	喀麦隆	0	1	1	2
6	瑞典	134	152	173	459	45	埃及	6	6	6	18	=81	海地	0	1	1	2
7	意大利	166	136	142	444	46	埃塞俄比亚	8	1	7	16	=81	冰岛	0	1	1	2
8	匈牙利	142	128	155	425	=47	印度	8	3	4	15	=81	巴拿马	0	0	2	2
9	民主德国[3]	153	130	127	410	=47	葡萄牙	3	4	8	15	=81	苏里南	1	0	1	2
10	澳大利亚	87	85	122	294	=47	白俄罗斯	1	6	8	15	=81	乌兹别克斯坦	0	1	1	2
11	芬兰	99	80	113	292	=50	尼日利亚	2	5	7	14	=81	哥斯达黎加	1	0	1	2
12	日本	93	89	98	280	=50	蒙古	0	5	9	14	=81	叙利亚	1	1	0	2
13	罗马尼亚	63	77	99	239	=52	捷克共和国	4	3	4	11	=81	赞比亚	0	1	1	2
14	波兰	50	67	110	227	=52	摩洛哥	4	2	5	11	=81	亚美尼亚	1	0	1	2
15	加拿大	49	77	91	217	=52	哈萨克斯坦	3	4	4	11	=81	摩尔多瓦	0	1	1	2
16	联邦德国[4]	56	64	80	200	=55	印度尼西亚	3	4	3	10	=81	格鲁吉亚	0	0	2	2
17	荷兰	49	57	81	187	=55	巴基斯坦	3	3	4	10	=95	津巴布韦	1	0	0	1
18	保加利亚	43	76	63	182	=57	乌拉圭	2	1	6	9	=95	科特迪瓦	0	1	0	1
19	瑞士	46	68	60	174	=57	特立尼达和多巴哥	1	2	6	9	=95	荷属安的列斯群岛	0	1	0	1
20	中国	52	63	49	164	=57	菲律宾	0	2	7	9	=95	塞内加尔	0	1	0	1
21	丹麦	39	60	57	156	=60	委内瑞拉	1	2	5	8	=95	新加坡	0	1	0	1
22	捷克斯洛伐克[5]	49	50	50	149	=60	智利	0	6	2	8	=95	斯里兰卡	0	1	0	1
23	比利时	37	50	49	136	=62	阿尔及利亚	3	0	4	7	=95	维尔京群岛	0	1	0	1
24	韩国	38	42	46	126	=62	拉脱维亚	0	5	2	7	=95	巴巴多斯	0	1	0	1
25	挪威	46	40	38	124	=64	乌干达	1	3	2	6	=95	百慕大群岛	0	1	0	1
26	希腊	28	42	44	114	=64	突尼斯	1	2	3	6	=95	吉布提	0	1	0	1
27	古巴	45	33	31	109	=64	泰国	1	1	4	6	=95	多米尼加共和国	0	1	0	1
28	南斯拉夫	27	31	32	90	=64	哥伦比亚	0	2	4	6	=95	圭亚那	0	1	0	1
29	奥地利	19	31	34	84	=64	波多黎各	0	1	5	6	=95	伊拉克	0	1	0	1
30	新西兰	30	12	29	71	=69	克罗地亚	1	2	2	5	=95	尼日尔共和国	0	1	0	1
31	俄罗斯[6]	26	25	19	70	=69	中国台湾	0	3	2	5	=95	卡塔尔	0	1	0	1
32	西班牙	22	25	17	64	=71	秘鲁	1	3	0	4	=95	布隆迪	1	0	0	1
33	土耳其	30	16	13	59	=71	巴哈马	1	1	2	4	=95	厄瓜多尔	1	0	0	1
34	南非	19	18	21	58	=7	纳米比亚	0	4	0	4	=95	中国香港	1	0	0	1
35	巴西	12	13	29	54	=71	黎巴嫩	0	2	2	4	=95	阿塞拜疆	1	0	0	1
36	阿根廷	13	21	16	50	=71	斯洛文尼亚	0	2	2	4	=95	汤加	0	1	0	1
37	肯尼亚	14	17	16	47	=71	加纳	0	1	3	4	=95	莫桑比克	0	0	1	1
38	墨西哥	9	13	19	41	=77	斯洛伐克	1	1	1	3						
39	伊朗	5	13	18	36	=77	立陶宛	0	0	2	3						

[1]. 包括1992年的独联体　　[3]. 民主德国1968 – 1988年　　[5]. 到1994年为止
[2]. 1896 – 1964年，1992 – 1996年　　[4]. 联邦德国1968 – 1988年　　[6]. 包括在前苏联时期和1996年获得的奖牌数

冬季奥林匹克运动会奖牌榜

		金牌	银牌	铜牌	总数			金牌	银牌	铜牌	总数			金牌	银牌	铜牌	总数
1	苏联[1]	87	63	67	217	14	联邦德国[4]	11	15	13	39	=26	斯洛文尼亚	0	0	3	3
2	挪威	73	77	64	214	15	捷克斯洛伐克[5]	2	8	16	26	=28	西班牙	1	0	1	2
3	美国	53	56	37	146	16	俄罗斯	12	8	4	24	=28	乌克兰	1	0	1	2
4	奥地利	36	48	44	128	17	英国	7	4	12	23	=28	白俄罗斯	0	2	0	2
5	芬兰	36	45	42	123	18	日本	3	8	8	19	=28	卢森堡	0	2	0	2
6	民主德国[2]	39	36	35	110	19	韩国	6	2	2	10	=28	朝鲜	0	1	1	2
7	瑞典	39	26	34	99	20	列支敦士登	2	2	5	9	=33	乌兹别克斯坦	1	0	0	1
8	德国[3]	34	29	24	87	=21	中国	0	4	2	6	=33	新西兰	0	1	0	1
9	瑞士	27	29	29	85	=21	匈牙利	0	2	4	6	=33	澳大利亚	0	0	1	1
10	意大利	25	21	21	67	=23	比利时	1	1	2	4	=33	保加利亚	0	0	1	1
11	加拿大	19	20	25	64	=23	波兰	1	0	3	4	=33	罗马尼亚	0	0	1	1
12	法国	16	16	21	53	=23	南斯拉夫	0	3	1	4						
13	荷兰	14	19	17	50	=26	哈萨克斯坦	1	2	0	3						

[1]. 包括1992年的独联体　　[3]. 1896 ~ 1964年，1992 ~ 1996年　　[5]. 到1994年为止
[2]. 民主德国1968 – 1988年　　[4]. 联邦德国1968 – 1988年

田径运动

▶ 竞技体育中的跑、跳、掷三项运动的起源均可追溯到史前。大约在6000多年前,古埃及就举行过有组织的赛跑比赛。

▶ "运动员"一词来自伊利斯国王埃斯利斯,古代希腊运动会就是在那里的奥林匹亚举行的。

▶ 在1988年汉城奥运会的100米决赛中,卡尔·刘易斯跑出了43.37公里的时速。

▶ 杰西·欧文斯在1936年奥运会上独获四枚金牌,阿道夫·希特勒拒绝同他握手,因为他是黑人。

▶ 罗马尼亚运动员约兰达·巴拉斯从1956~1967年曾连续150次获得跳高冠军。

田赛和径赛

国际性的田径比赛有两大赛事:即始于1896年每四年举办一届的奥运会和始于1983年每两年举办一届的世界田径锦标赛。田径运动的组织机构是国际业余田径联合会(简称国际田联)。

田径比赛项目可归类为:跑(包括一系列项目,从100米短跑到42公里的马拉松跑);竞走(在竞走中规定两腿交替迈步前进,与地面保持不间断的接触。设有不同距离的比赛项目,最远为50公里);跳跃(跳高、撑竿跳高、跳远、三级跳远)和投掷(铅球、铁饼、链球、标枪)。

十项全能是由男子参加的田径混合比赛项目。它包括100米、跳远、铅球、跳高、400米、110米栏、铁饼、撑竿跳高、标枪和1500米;而女子参加的田径混合比赛项目是七项全能,它包括100米栏、跳高、铅球、200米、跳远、标枪和800米。

田赛使用器材规格

铅球
男子——7.26公斤,直径110~130毫米
女子——4公斤,直径95~110毫米

铁饼
男子——2公斤,直径219~221毫米
女子——1公斤,直径180~182毫米

链球
男子——7.26公斤,链条长为117.5~121.5厘米
球体直径为110~130毫米
女子——4公斤,链条长为116~119.5厘米
球体直径为95~110毫米

标枪
男子——800克,长度为260~270厘米
女子——600克,长度为220~230厘米

马拉松赛

公元前490年,一位不知姓名的信使(可能叫费迪皮德斯)带着希腊战胜波斯的消息,从马拉松平原跑了38.6公里(24英里)来到雅典报喜。为了纪念这富有传奇性的一跑,从1896年起马拉松长跑便被列为奥运会的正式比赛项目。马拉松比赛更适合在城市的公路上进行。波士顿是最早举行马拉松比赛的城市。今日的马拉松赛距离为42.195公里(26英里385码),这是1908年伦敦奥运会上所采用的距离。

备注:女子运动员部分在表中用斜体字表示

1996年奥运会冠军榜

项目	成绩	冠军
100米	9秒84	多诺万·贝利(加拿大)
	10秒94	盖尔·德弗斯(美国)
200米	19秒32	迈克尔·约翰逊(美国)
	22秒12	玛丽-约瑟·珀雷克(法国)
400米	43秒49	迈克尔·约翰逊(美国)
	48秒25	玛丽-约瑟·珀雷克(法国)
800米	1分42秒58	韦比沙恩·罗达尔(挪威)
	1分57秒73	斯维特拉娜·马斯捷尔科娃(俄罗斯)
1500米	3分35秒78	努雷丁·莫塞利(阿尔及利亚)
	4分00秒83	斯维特拉娜·马斯捷尔科娃(俄罗斯)
5000米	13分07秒96	韦努斯特·尼永加博(布隆迪)
	14分59秒88	王军霞(中国)
10,000米	27分07秒34	海勒·加布雷塞拉西(埃塞俄比亚)
	31分01秒63	樊尼南达·里贝罗(葡萄牙)
马拉松	2小时12分36秒	乔西亚·图格瓦内(南非)
	2小时26分00秒	法图姆·罗巴(埃塞俄比亚)
100米栏	12秒58	卢德米拉·恩金斯特(瑞典)
110米栏	12秒95	艾伦·约翰逊(美国)
400米栏	47秒54	德里克·阿德金斯(美国)
	52秒82	德翁·海明斯(牙买加)
4×100米接力	37秒69	加拿大队
	41秒95	美国队
4×400米接力	2分55秒99	美国队
	3分20秒91	美国队
3000米障碍赛	8分07秒12	约瑟夫·科特(肯尼亚)
10公里竞走	41分49秒	叶莲娜·尼古拉耶娃(俄罗斯)
20公里竞走	1小时20分07秒	杰弗逊·佩雷斯(厄瓜多尔)
50公里竞走	3小时43分30秒	罗伯特·科热尼奥夫斯基(波兰)
跳高	2.39米	查尔斯·奥斯汀(美国)
	2.05米	斯特夫卡·科斯塔迪诺娃(保加利亚)
撑竿跳高	5.92米	让·加卢菲翁(法国)
跳远	8.50米	卡尔·刘易斯(美国)
	7.12米	基奥马·阿吉包(尼日利亚)
三级跳远	18.09米	肯尼·哈里森(美国)
	15.33米	伊涅萨·克拉韦茨(乌克兰)
铅球	21.62米	兰迪·巴恩斯(美国)
	20.56米	阿斯特里德·库姆贝努斯(德国)
铁饼	69.40米	拉斯·里德尔(德国)
	69.66米	伊克·维鲁达(德国)
链球	81.24米	巴拉兹·基斯(匈牙利)
标枪	88.16米	扬·泽莱兹尼(捷克)
	67.94米	赫利·兰蒂宁(芬兰)
十项全能	8824分	丹·奥布赖恩(美国)
七项全能	6780分	加达·舒娅(叙利亚)

1994年欧洲田径锦标赛冠军榜

欧洲田径锦标赛每四年举行一次。男子首届比赛在1934年举行,女子首届比赛在1938年举行。起初男女比赛单独举行,自1946年起,男女比赛在同一地点同时举行。

项目	成绩	冠军
100米	10秒14	林福德·克里斯蒂(英国)
	11秒02	伊琳娜·普里瓦洛娃(俄罗斯)
200米	20秒03	盖尔·莫恩(挪威)
	22秒32	伊琳娜·普里瓦洛娃(俄罗斯)
400米	45秒09	杜尔纳·拉盖乔(俄罗斯)
	50秒33	玛丽-约瑟·珀雷克(法国)
800米	1分46秒12	安德烈亚·本韦努蒂(意大利)
	1分58秒55	柳博芙·古丽娜(俄罗斯)
1500米	3分35秒27	费尔明·卡乔(西班牙)
	4分18秒93	柳德米拉·罗加乔娃(俄罗斯)
3000米	8分31秒84	索妮娅·奥沙利文(爱尔兰)
5000米	13分35秒93	迪特尔·鲍曼(德国)
10,000米	28分06秒03	阿韦尔·安东(西班牙)
	31分08秒75	费尔南达·里贝罗(葡萄牙)
马拉松	2小时10分31秒	马丁·菲兹(西班牙)
	2小时29分54秒	曼努埃拉·冯沙夕(葡萄牙)
3000米障碍	8分22秒42	亚历山德罗·兰布鲁斯基尼(意大利)
100米栏	12秒72	斯维特拉·季米特罗娃(保加利亚)
110米栏	13秒08	科林·杰克逊(英国)
400米栏	48秒06	奥列格·特韦尔多赫列布(乌克兰)
	53秒33	萨利·贡尼尔(英国)
4×100米接力	38秒57	法国队
	42秒9	德国队
4×400米接力	2分59秒13	英国队
	3分22秒34	法国队
10公里竞走	42分37秒	萨里·埃塞亚(芬兰)
20公里竞走	1小时18分45秒	米哈伊尔·先石科夫(俄罗斯)
50公里竞走	3小时41分07秒	瓦列里·斯皮岑(俄罗斯)
跳高	2.35米	斯泰纳·霍恩(挪威)
	2.0米	布里塔·比拉克(斯洛伐克)
撑竿跳高	6.0米	罗季谷·加陶林(俄罗斯)
跳远	8.09米	伊瓦伊洛·姆拉德诺夫(保加利亚)
	7.14米	海克·德雷克斯勒(德国)
三级跳远	17.62米	丹尼斯·卡普斯京(俄罗斯)
	14.89米	安娜·比留科娃(俄罗斯)
铅球	20.78米	亚历山大·克利门科(乌克兰)
	19.61米	维克托里亚·帕夫雷什(乌克兰)
铁饼	64.78米	弗拉基米尔·杜布罗夫希克(白俄罗斯)
	68.72米	伊克·维鲁达(德国)
链球	81.1米	瓦西里·西多连科(俄罗斯)
标枪	85.2米	斯蒂夫·巴克利(英国)
	68.0米	特里内·哈特斯塔德(挪威)
十项全能	8453分	阿兰·布隆德尔(法国)
七项全能	6419分	扎比内·布劳恩(德国)

■ 这张照片拍于1896年,展示出在首届现代奥运会100米决赛中运动员等待发令员枪响的一瞬。美国运动员托马斯·伯克以12秒的成绩夺得金牌。

■ 在古代奥运会上,田径佳绩会受到特殊的奖励 ■

世界纪录

世界室外田径纪录由国际业余田径联合会记录在案。400米以下（包括400米）的径赛项目完全采用全自动电子计时。

项目	成绩	运动员	日期	地点
100米	9秒84	多诺万·贝利（加拿大）	1996年7月27日	美国亚特兰大
	10秒49	弗罗伦斯·格里菲斯·乔伊娜（美国）	1988年7月16日	美国印第安纳波利斯
200米	19秒32	迈克尔·约翰逊（美国）	1996年8月1日	美国亚特兰大
	21秒34	弗罗伦斯·格里菲斯·乔伊娜（美国）	1988年9月29日	韩国汉城
400米	43秒29	小巴奇·雷诺兹（美国）	1988年8月17日	瑞士苏黎世
	47秒60	马丽塔·科赫（民主德国）	1985年10月6日	澳大利亚堪培拉
800米	1分41秒24	威尔逊·基普凯特（丹麦）	1997年8月13日	瑞士苏黎世
	1分53秒28	娅尔米拉·克拉托赫维洛娃（捷克）	1983年7月26日	德国慕尼黑
10,00米	2分12秒18	塞巴斯蒂安·科（英国）	1981年7月11日	挪威奥斯陆
	2分28秒98	斯维特拉娜·马斯捷尔科娃（俄罗斯）	1996年8月23日	比利时布鲁塞尔
1500米	3分27秒37	努尔丁·莫尔塞利（阿尔及利亚）	1995年7月12日	法国尼斯
	3分50秒46	曲云霞（中国）	1993年9月11日	中国北京
1英里	3分44秒39	努尔丁·莫尔塞利（阿尔及利亚）	1993年9月5日	意大利列蒂
	4分12秒56	斯维特拉娜·马斯特科娃（俄罗斯）	1996年8月14日	瑞士苏黎世
2000米	4分47秒88	努尔丁·莫尔塞利（阿尔及利亚）	1995年7月3日	法国巴黎
	5分25秒36	索妮娅·奥沙利文（爱尔兰）	1994年7月8日	英国爱丁堡
3000米	7分20秒67	丹尼尔·科门（肯尼亚）	1996年9月1日	意大利列蒂
	8分06秒11	王军霞（中国）	1993年9月13日	中国北京
5000米	12分41秒86	海勒·加布雷塞拉西（埃塞俄比亚）	1997年8月13日	瑞士苏黎世
	14分36秒45	贝尔南达·里贝罗（葡萄牙）	1995年7月22日	比利时黑克泰尔
10,000米	26分31秒32	海勒·加布雷塞拉西（埃塞俄比亚）	1997年7月4日	挪威奥斯陆
	29分31秒78	王军霞（中国）	1993年9月8日	中国北京
20,000米	56分55秒6	阿图罗·巴里奥斯（墨西哥）	1991年3月30日	法国拉弗莱什
	1小时06分48秒8	和泉真吉（日本）	1993年9月20日	日本尼崎
25,000米	1小时13分55秒8	利彦濑吉（日本）	1981年3月22日	新西兰克赖斯特彻奇
	1小时29分29秒2	卡罗琳娜·绍博（匈牙利）	1988年4月23日	匈牙利布达佩斯
30,000米	1小时29分18秒8	利彦濑吉（日本）	1981年3月22日	新西兰克赖斯特彻奇
	1小时47分05秒6	卡罗琳娜·绍博（匈牙利）	1988年4月23日	匈牙利布达佩斯
1小时跑	21,101米	阿图罗·巴里奥斯（墨西哥）	1991年3月30日	法国拉弗莱什
	18,084米	西尔瓦娜·克鲁西亚塔（意大利）	1981年5月4日	意大利罗马
马拉松	2小时06分50秒	贝莱内·丁萨默（埃塞俄比亚）	1985年4月17日	荷兰鹿特丹
	2小时21分06秒	英格丽德·克里斯蒂安森（挪威）	1985年3月21日	英国伦敦
100米栏	12秒21	约丹卡·东科娃（保加利亚）	1988年8月20日	保加利亚旧扎戈拉
110米栏	12秒91	科林·杰克逊（英国）	1993年8月20日	德国斯图加特
400米栏	46秒78	凯文·扬（美国）	1992年8月6日	西班牙巴塞罗那
	52秒61	基姆·巴蒂（美国）	1995年8月11日	瑞典哥德堡
3000米障碍	7分59秒08	威尔逊·基普凯特（肯尼亚）	1997年8月13日	瑞士苏黎世
4×100米接力	37秒40	美国队	1992年8月8日	西班牙巴塞罗那
	37秒40	美国队	1993年8月31日	德国斯图加特
	41秒37	民主德国队	1985年10月6日	澳大利亚堪培拉
4×200米接力	1分18秒68	桑塔·莫尼卡（美国队）	1994年4月17日	美国加利福尼亚沃尔纳特
	1分28秒15	民主德国队	1980年8月9日	德国耶拿
4×400米接力	2分54秒29	美国队	1993年8月21日	德国斯图加特
	3分15秒17	苏联队	1988年10月1日	韩国汉城
4×800米接力	7分03秒89	英国队	1982年8月30日	英国伦敦
	7分50秒17	苏联队	1984年8月5日	苏联莫斯科
4×1500米接力	14分38秒8	联邦德国队	1977年8月17日	德国科隆
跳高	2.45米	哈维尔·索托马约尔（古巴）	1993年7月27日	西班牙拉曼卡
	2.09米	斯特夫卡·科斯塔迪诺娃（保加利亚）	1987年8月30日	意大利罗马
撑竿跳高	6.14米	谢尔盖·布勃卡（乌克兰）	1994年7月31日	意大利塞斯特列雷
	4.55米	埃玛·乔治（澳大利亚）	1997年2月20日	澳大利亚墨尔本
跳远	8.95米	迈克·鲍威尔（美国）	1991年8月30日	日本东京
	7.52米	加琳娜·奇斯佳科娃（苏联）	1988年6月11日	苏联列宁格勒
三级跳远	18.29米	乔纳森·爱德华兹（英国）	1995年8月7日	瑞典哥德堡
	15.50米	伊涅萨·克拉韦茨（乌克兰）	1995年8月10日	瑞典哥德堡
铅球	23.12米	兰迪·巴恩斯（美国）	1990年5月20日	美国洛杉矶
	22.63米	纳塔利娅·利索夫斯卡娅（苏联）	1987年6月7日	苏联莫斯科
铁饼	74.08米	于尔根·舒尔特（民主德国）	1986年6月6日	民主德国新勃兰登堡
	76.80米	加布里埃尔·赖因施（民主德国）	1988年7月9日	民主德国新勃兰登堡
链球	86.74米	尤里·谢德赫（苏联）	1986年8月30日	德国斯图加特
	69.58米	米哈埃拉·梅林特（罗马尼亚）	1997年3月11日	罗马尼亚布加勒斯特
标枪	98.48米	扬·热莱兹尼（捷克斯洛伐克）	1996年5月25日	德国耶拿
	80.00米	彼得拉·费尔克（民主德国）	1988年9月9日	德国波茨坦
十项全能	8891分	丹·奥布赖恩（美国）	1992年9月4～5日	法国塔伦斯
七项全能	7291分	杰基·乔伊娜·克西（美国）	1988年9月23～24日	韩国汉城

杰基·乔伊娜·克西
(1962～1998)

美国选手杰基·乔伊娜·克西被公认为是本世纪最伟大的女田径运动员。在1987年世界田径锦标赛中，她获得跳远和七项全能两枚金牌。一年后在汉城奥运会上，她再度获得这两项冠军。在1992年的奥运会上，她保持了七项全能的冠军称号，并获跳远银牌。尽管她患有哮喘病和过敏症，但在她的体育生涯中，从1985年到1991年曾连续12次获得七项全能冠军，4次破七项全能世界纪录，是第一个突破全能7000分大关的女选手。同时，她还保持着世界跳远纪录，并创室内55米栏的世界纪录和11次美国全国纪录。她的奥运生涯从1984年奥运会获得七项全能的银牌开始，于1996年结束，当时36岁的她获得一枚跳远铜牌。

■ 英国选手林福德·克里斯蒂是现今欧洲男子百米冠军。

■ 远在公元前3800年埃及就有组织地举行赛跑 ■

游泳和跳水

▶ 奥利维尔·法夫雷(瑞士)保持着53.9米跳板跳水最高纪录,该纪录是在1987年8月30日创下的。

▶ 世界上最大的游泳池位于摩洛哥的卡萨布兰卡,长480米,宽75米。

▶ 马克·施皮茨创造的11块奥运游泳金牌纪录已被他的美国同胞马特·比昂迪所平。

▶ 最快的游泳平均速度是每小时8.64公里,这个成绩是由美国运动员汤姆·贾格尔在1990年创下的。

▶ 1930年,弗雷德·牛顿创造了一项距离和时间最长的游泳纪录——在6个多月的时间里行程2938公里。

游泳是一项古老的运动,甚至早在公元前就举行过竞赛性的游泳活动。在现代,至少自1791年起,游泳在英国就已成为受大众欢迎的比赛项目。19世纪中叶,出现了一系列的国家游泳协会。1858年在澳大利亚墨尔本举行了一次非正式的100码游泳锦标赛。

如果将狗爬泳除外的话,蛙泳是最普及的游泳方式,而仰泳和蝶泳则都是由蛙泳发展而来的。19世纪中叶的旅行家们在世界不同的地方都能看到一种好像向前爬行的泳姿——自由泳。轮流用上述四种泳姿游泳的项目叫混合泳,于20世纪30年代在美国形成。

游泳始终是现代奥运会的主要部分,首次单独举行的游泳比赛是1973年举行的世界游泳锦标赛,目前也是每四年举行一次。花样游泳,即有音乐伴奏的水上芭蕾,是一个全新的比赛项目,从1984年起被列为奥运会正式比赛项目。跳水分为跳板跳水和跳台跳水。世界性的游泳组织机构是国际业余游泳联合会。

■ 澳大利亚选手基伦·珀金斯在1996年亚特兰大奥运会上获得男子1500米金牌。

▶ 世界纪录

短池

自由泳 男子 | 女子
距离	成绩	运动员	日期	地点	成绩	运动员	日期	地点
50米	21秒50	亚历山大·波波夫(俄罗斯)	1994年3月13日	意大利代森扎诺	24秒23	乐靖宜(中国)	1993年12月3日	西班牙帕尔玛
100米	46秒74	亚历山大·波波夫(俄罗斯)	1994年3月19日	德国盖尔森基兴	53秒01	乐靖宜(中国)	1993年12月2日	西班牙帕尔玛
200米	1分43秒64	乔乔·兰贝蒂(意大利)	1990年2月11日	德国波恩	1分54秒17	克劳迪娅·波尔(哥斯达黎加)	1997年4月18日	瑞典哥德堡
400米	3分40秒46	丹尼奥·洛德尔(新西兰)	1995年2月11日	英国谢菲尔德	4分00秒03	克劳迪娅·波尔(哥斯达黎加)	1997年4月18日	瑞典哥德堡
800米	7分34秒90	基伦·珀金斯(澳大利亚)	1993年7月25日	澳大利亚悉尼	8分15秒34	阿斯特里德·施特劳斯(民主德国)	1987年2月6日	德国波恩
1500米	14分26秒52	基伦·珀金斯(澳大利亚)	1993年7月15日	新西兰奥克兰	15分43秒31	彼得拉·施奈德(民主德国)	1982年1月10日	美国盖恩斯维尔
4×50米	1分27秒62	瑞典队	1994年12月2日	挪威斯塔万格	1分40秒63	德国队	1992年11月22日	芬兰埃斯波
4×100米	3分12秒11	巴西队	1993年12月3日	西班牙帕尔玛	3分34秒55	中国队	1997年4月17日	瑞典哥德堡
4×200米	7分02秒74	澳大利亚队	1997年4月18日	瑞典哥德堡	7分51秒92	中国队	1997年4月17日	瑞典哥德堡

仰泳
50米	24秒25	克里斯·雷诺(加拿大)	1997年3月1日	加拿大圣凯瑟琳斯	27秒64	白秀玉(中国)	1994年3月12日	意大利代森扎诺
100米	51秒43	杰夫·劳斯(美国)	1993年4月12日	英国谢菲尔德	58秒50	安杰尔·马蒂诺(美国)	1993年12月3日	西班牙帕尔玛
200米	1分52秒51	马丁·洛佩斯-苏韦罗(西班牙)	1991年4月11日	美国盖恩斯维尔	2分06秒09	贺慈红(中国)	1993年12月5日	西班牙帕尔玛

蛙泳
50米	26秒97	马克·瓦内克(德国)	1997年2月8日	法国巴黎	30秒77	韩雪(中国)	1997年2月2日	德国盖尔森基兴
100米	59秒02	弗雷德里克·德比格拉夫(比利时)	1996年2月17日	比利时巴斯托涅	1分05秒70	萨曼莎·赖利(澳大利亚)	1995年12月2日	巴西里约热内卢
200米	2分07秒66	菲安·米切尔(澳大利亚)	1996年12月21日	澳大利亚墨尔本	2分20秒85	萨曼莎·赖莉(澳大利亚)	1995年12月1日	巴西里约热内卢

蝶泳
50米	23秒35	丹尼斯·潘克拉托夫(俄罗斯)	1997年2月8日	法国巴黎	26秒55	米斯蒂·海曼(美国)	1997年4月19日	瑞典 哥德堡
100米	51秒78	丹尼斯·潘克拉托夫(俄罗斯)	1997年2月9日	法国巴黎	57秒79	詹妮·汤普森(美国)	1997年4月19日	瑞典 哥德堡
200米	1分52秒64	丹尼斯·潘克拉托夫(俄罗斯)	1992年2月1日	德国盖尔森基兴	2分05秒65	玛丽·马尔(美国)	1981年1月2日	美国盖恩斯维尔
200米	1分52秒34	丹尼斯·潘克拉托夫(俄罗斯)	1996年2月3日	法国巴黎				

混合泳
100米	53秒10	亚尼·谢维宁(芬兰)	1996年1月30日	瑞典马尔默	1分01秒03	路易莎·卡尔森(瑞典)	1992年11月22日	芬兰埃斯波
200米	1分54秒65	亚尼·谢维宁(芬兰)	1994年1月21日	芬兰库奥皮奥	2分07秒79	阿里森·瓦格纳	1993年12月5日	西班牙帕尔玛
400米	4分05秒41	马塞尔·沃达(荷兰)	1997年2月9日	法国巴黎	4分29秒00	戴国宏(中国)	1993年12月2日	西班牙帕尔玛
4×50米	1分36秒69	奥本水上队	1996年4月9日	美国奥本	1分52秒44	德国队	1992年11月21日	芬兰埃斯波
4×100米	3分30秒66	澳大利亚队	1997年4月17日	瑞典哥德堡	3分57秒73	中国队	1993年12月5日	西班牙帕尔玛

50米池

自由泳
50米	21秒81	汤姆·贾格尔(美国)	1990年3月24日	美国纳什维尔	24秒51	乐靖宜(中国)	1994年9月11日	意大利罗马
100米	48秒21	亚历山大·波波夫(俄罗斯)	1994年6月18日	蒙特卡洛	54秒01	乐靖宜(中国)	1994年9月5日	意大利罗马
200米	1分46秒69	乔乔·兰贝蒂(意大利)	1989年8月15日	德国波恩	1分56秒78	弗兰齐斯卡·范·阿尔姆西克(德国)	1994年9月6日	意大利罗马
400米	3分43秒80	基伦·珀金斯(澳大利亚)	1994年9月9日	意大利罗马	4分03秒85	珍妮特·埃文斯(美国)	1988年9月22日	韩国汉城
800米	7分46秒00	基伦·珀金斯(澳大利亚)	1994年8月24日	加拿大维多利亚	8分16秒22	珍妮特·埃文斯(美国)	1989年8月20日	日本东京
1500米	14分41秒66	基伦·珀金斯(澳大利亚)	1994年8月24日	加拿大维多利亚	15分52秒10	珍妮特·埃文斯(美国)	1988年3月26日	美国奥兰多
4×100米	3分15秒11	美国队	1995年8月12日	美国亚特兰大	3分37秒91	中国队	1994年9月7日	意大利罗马
4×200米	7分11秒95	独联体队	1992年7月27日	西班牙巴塞罗那	7分55秒47	民主德国队	1987年8月18日	法国斯特拉斯堡

蛙泳
| 100米 | 1分00秒60 | 弗雷德·德比格拉夫(比利时) | 1996年7月20日 | 美国亚特兰大 | 1分07秒02 | 佩尼洛普·海恩斯(南非) | 1996年7月21日 | 美国亚特兰大 |
| 200米 | 2分10秒16 | 米歇尔·巴罗曼(美国) | 1992年7月29日 | 西班牙巴塞罗那 | 2分24秒76 | 丽贝卡·布朗(澳大利亚) | 1994年3月16日 | 澳大利亚布里斯班 |

蝶泳
| 100米 | 52秒27 | 丹尼斯·潘克拉托夫(俄罗斯) | 1996年7月24日 | 美国亚特兰大 | 57秒93 | 玛丽·马尔(美国) | 1981年8月16日 | 美国布朗迪尔 |
| 200米 | 1分55秒22 | 丹尼斯·潘克拉托夫(俄罗斯) | 1995年6月14日 | 法国巴黎 | 2分05秒96 | 玛丽·马尔(美国) | 1981年8月13日 | 美国布朗迪尔 |

仰泳
| 100米 | 53秒86 | 杰夫·劳斯(美国)(接力赛) | 1992年7月31日 | 西班牙巴塞罗那 | 1分00秒16 | 贺慈红(中国) | 1994年9月11日 | 意大利罗马 |
| 200米 | 1分56秒57 | 马丁·洛佩斯-苏韦罗(西班牙) | 1991年11月23日 | 美国塔斯卡卢萨 | 2分06秒62 | 克里斯蒂娜·埃盖尔赛吉(匈牙利) | 1991年8月25日 | 希腊雅典 |

混合泳
200米	1分58秒16	亚尼·谢维宁(芬兰)	1994年9月11日	意大利罗马	2分11秒57	吕彬(中国)	1994年10月7日	日本广岛
400米	4分12秒30	汤姆·多兰(美国)	1994年9月6日	意大利罗马	4分36秒10	彼得拉·施奈德(民主德国)	1982年8月1日	厄瓜多尔瓜亚基尔
4×100米	3分34秒84	美国队	1996年7月26日	美国亚特兰大	4分01秒67	中国队	1994年9月11日	意大利罗马

■ 游泳已成为每届现代奥运会的组成部分 ■ 蛙泳是第一个被

1996年奥运会冠军榜

		男子		女子
自由泳				
50 米	22秒13	亚历山大·波波夫（俄罗斯）	24秒87	埃米·范戴肯（美国）
100 米	48秒74	亚历山大·波波夫（俄罗斯）	54秒50	乐靖宜（中国）
200 米	1分47秒63	达尼翁·洛德（新西兰）	1分58秒16	克劳迪娅·波尔（哥斯达黎加）
400 米	3分47秒97	达尼翁·洛德（新西兰）	4分07秒25	米切尔·史密斯（爱尔兰）
800 米			8分27秒89	布鲁克·贝内特（美国）
1500 米	14分56秒40	基伦·珀金斯（澳大利亚）		
4 × 100 米	3分15秒41	美国队	3分39秒29	美国队
4 × 200 米	7分14秒84	美国队	7分59秒87	美国队
蛙泳				
100 米	1分00秒65	弗雷德里克·德比格拉夫（比利时）	1分7秒73	佩尼洛普·海恩斯（南非）
200 米	2分12秒57	诺伯特·罗萨（匈牙利）	2分25秒41	佩尼洛普·海恩斯（南非）
仰泳				
100 米	54秒10	杰夫·劳斯（美国）	1分1秒19	贝丝·博茨福德（美国）
200 米	1分58秒54	布拉德·布里奇沃特（美国）	2分07秒83	克里斯蒂娜·埃盖尔赛吉（匈牙利）
蝶泳				
100 米	52秒27	丹尼斯·潘克拉托夫（俄罗斯）	59秒13	埃米·范戴肯（美国）
200 米	1分56秒51	丹尼斯·潘克拉托夫（俄罗斯）	2分07秒76	苏珊·奥尼尔（澳大利亚）
混合泳				
200 米	1分59秒91	阿蒂拉·采奈（匈牙利）	2分13秒93	米切尔·史密斯（爱尔兰）
400 米	4分14秒90	汤姆·多兰（美国）	4分39秒18	米切尔·史密斯（爱尔兰）
4 × 100 米	3分34秒84	美国队	4分02秒88	美国队
花样游泳			99.72分	美国队
跳板跳水	701.46分	熊倪（中国）	547.68分	伏明霞（中国）
跳台跳水	692.34分	德米特里·萨乌丁（俄罗斯）	521.58分	伏明霞（中国）

1994年世界锦标赛冠军榜

		男子		女子
自由泳				
50 米	22秒17	亚历山大·波波夫（俄罗斯）	24秒51	乐靖宜（中国）
100 米	49秒12	亚历山大·波波夫（俄罗斯）	54秒01	乐靖宜（中国）
200 米	1分47秒32	安蒂·卡斯维奥（芬兰）	1分56秒78	弗兰齐斯卡·冯·阿尔姆西克（德国）
400 米	3分43秒8	基伦·珀金斯（澳大利亚）	4分09秒64	杨爱华（中国）
800 米			8分29秒85	珍妮特·埃文斯（美国）
1500 米	14分50秒52	基伦·珀金斯（澳大利亚）		
4 × 100 米	3分16秒9	美国队	3分37秒91	中国队
4 × 200 米	7分17秒7	瑞士队	7分57秒96	中国队
仰泳				
100 米	55秒17	马丁·洛佩斯-苏韦罗（西班牙）	1分00秒57	贺慈红（中国）
200 米	1分57秒42	弗拉基米尔·塞尔可夫（俄罗斯）	2分07秒4	贺慈红（中国）
蛙泳				
100 米	1分01秒24	诺伯特·罗萨（匈牙利）	1分07秒69	萨曼莎·赖利（澳大利亚）
200 米	2分12秒81	诺伯特·罗萨（匈牙利）	2分26秒87	萨曼莎·赖利（澳大利亚）
蝶泳				
100 米	53秒51	拉法尔·苏卡拉（波兰）	58秒98	刘黎敏（中国）
200 米	1分56秒54	丹尼斯·潘克拉托夫（俄罗斯）	2分07秒25	刘黎敏（中国）
混合泳				
200 米	1分58秒16	亚尼·谢维宁（芬兰）	2分12秒34	吕彬（中国）
400 米	4分12秒30	汤姆·多兰（美国）	4分39秒14	戴国宏（中国）
4 × 100 米	3分37秒74	美国队	4分01秒67	中国队
25公里河/海泳	5小时35分25秒56	格雷格·斯特佩尔（加拿大）	5小时48分25秒04	梅利莎·坎宁安（澳大利亚）
花样游泳				
单人				贝基·兰斯（美国）
双人				贝基·兰斯和吉尔·萨德思（美国）
团体				美国队
1米跳板跳水		伊凡·斯图亚特（津巴布韦）		陈丽霞（中国）
3米跳板跳水		余卓成（中国）		谈舒萍（中国）
高台跳板跳水		德米特里·萨乌丁（俄罗斯）		伏明霞（中国）

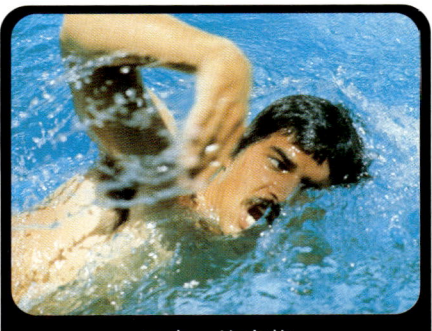

马克·施皮茨
（1950 ~ ）

马克·施皮茨，这位造诣极高的美国游泳健将，在1972年以无以伦比的技艺被载入世界体育纪录册。在慕尼黑奥运会上，他摘取了七项桂冠，每一枚金牌的成绩都创造了当时的世界纪录。在四年前的墨西哥奥运会上，他只夺得了两枚金牌、一枚银牌和一枚铜牌——巨大的失望变为动力，激励他在1972年获得如此引人注目的成功。在三位极优秀的游泳教练（舍姆·查沃尔、乔治·海恩斯和多克·康斯尔曼）的指导下，施皮茨共获得了全美业余体育联合会的24项冠军，8项全美大学生体育协会的冠军，并且创下了35项美国国家纪录和26项世界纪录。但是，令人失望的是，在1991年重返赛场后，他的成绩不像他所期望的那样出色。尽管如此，他还是被公认为是有史以来最为出色的游泳运动员。

■ 花样游泳表演在1984年成为奥林匹克的一个竞技项目。它是极少数几项只有女子参加的奥林匹克竞技项目之一。图为墨西哥队在1996年亚特兰大奥运会上的成功表演。

■ 中国的伏明霞在1991年世界锦标赛上获10米跳台跳水冠军。当时她只有12岁，是获个人世界冠军头衔的最年轻的运动员。

广泛采用的游泳姿势 ■ 第一次游泳比赛在公元前36年举行 ■

英式橄榄球

- 英式橄榄球诞生于19世纪早期的英格兰拉格比学校。
- 业余英式橄榄球在1996年成为一项职业性的体育竞技活动。
- 美国虽在英式橄榄球方面不是强者，却是现在的奥运会冠军，因为它在1924年的最后一次比赛中获得冠军。

业余英式橄榄球

业余英式橄榄球最初为只可用脚踢球的比赛，变成后来的足球。按照传统的说法是1823年11月在英格兰拉格比学校举行的一次比赛当中，威廉·韦伯·埃利斯捡起了球并携球跑。不管这个故事真实与否，1839年在剑桥大学的确举行了一场橄榄球比赛。业余英式橄榄球的世界性管理组织——国际英式橄榄球联合会始建于1886年。它由以下主要的有橄榄球运动的国家组成——澳大利亚、英格兰、法国、爱尔兰、新西兰、苏格兰、南非和威尔士。

这种每队15人的比赛在两条球门线之间的最大宽度为68米（75码）和最大长度为90米（100码）的球场上进行。球的长度为27.9~28.5厘米（10 3/4~11 1/2英寸），重量为382~439克（13 1/2~15 1/2盎司）。

■ 威尔士队（红色运动衫）和法国队在1997年的五国锦标赛上进行比赛。

世界杯

16个国家参加了1987年在澳大利亚和新西兰举行的第一届英式橄榄球世界杯的比赛。第二届是在英国和法国举行的，第三届是在南非。

年份	冠军
1987年	新西兰
1991年	澳大利亚
1995年	南非

国际（五国）锦标赛

英格兰、苏格兰、威尔士和爱尔兰参加了1884年第一届英式橄榄球国际锦标赛。自从1910年法国参加此项比赛后，它又以五国锦标赛闻名。此项比赛每年举行一次，每一国家队与其他队只进行一场比赛。"大满贯"是一个国家在四场比赛中全部获胜，这个队会得到很高的奖赏。当除法国外的四个"国家"队中的一个队击败了其他三个队，这个队会获得"三王冠"。

年份	冠军	年份	冠军	年份	冠军
1884年	英格兰	1923年	英格兰（大满贯）	1964年	威尔士、苏格兰
1885年	未完	1924年	英格兰（大满贯）	1965年	威尔士
1886年	英格兰、苏格兰	1925年	苏格兰（大满贯）	1966年	威尔士
1887年	苏格兰	1926年	苏格兰、爱尔兰	1967年	法国
1888年	未完	1927年	苏格兰、爱尔兰	1968年	法国（大满贯）
1889年	未完	1928年	英格兰（大满贯）	1969年	威尔士
1890年	英格兰、苏格兰	1929年	苏格兰	1970年	威尔士、法国
1891年	苏格兰	1930年	英格兰	1971年	威尔士（大满贯）
1892年	英格兰	1931年	威尔士	1972年	未完
1893年	威尔士	1932年	英格兰、威尔士、爱尔兰	1973年	英格兰、威尔士、苏格兰、爱尔兰、法国
1894年	爱尔兰	1933年	苏格兰	1974年	爱尔兰
1895年	苏格兰	1934年	英格兰	1975年	威尔士
1896年	爱尔兰	1935年	爱尔兰	1976年	威尔士（大满贯）
1897年	未完	1936年	威尔士	1977年	法国（大满贯）
1898年	未完	1937年	英格兰	1978年	威尔士（大满贯）
1899年	爱尔兰	1938年	苏格兰	1979年	威尔士
1900年	威尔士	1939年	英格兰、威尔士、爱尔兰	1980年	英格兰（大满贯）
1901年	苏格兰	1940-1946年	无比赛	1981年	法国（大满贯）
1902年	威尔士	1947年	英格兰、威尔士	1982年	爱尔兰
1903年	苏格兰	1948年	爱尔兰（大满贯）	1983年	爱尔兰、法国
1904年	苏格兰	1949年	爱尔兰	1984年	苏格兰（大满贯）
1905年	威尔士	1950年	威尔士（大满贯）	1985年	爱尔兰
1906年	威尔士、爱尔兰	1951年	爱尔兰	1986年	苏格兰、法国
1907年	苏格兰	1952年	威尔士（大满贯）	1987年	法国（大满贯）
1908年	威尔士（大满贯）	1953年	英格兰	1988年	威尔士、法国
1909年	威尔士（大满贯）	1954年	英格兰、威尔士、法国	1989年	法国
1910年	英格兰	1955年	威尔士、法国	1990年	苏格兰（大满贯）
1911年	威尔士（大满贯）	1956年	威尔士	1991年	英格兰（大满贯）
1912年	英格兰、爱尔兰	1957年	英格兰（大满贯）	1992年	英格兰（大满贯）
1913年	英格兰（大满贯）	1958年	英格兰	1993年	法国
1914年	英格兰（大满贯）	1959年	法国	1994年	威尔士
1915-1919年	无比赛	1960年	英格兰、法国	1995年	英格兰（大满贯）
1920年	威士尔、苏格兰	1961年	法国	1996年	英格兰
1921年	英格兰（大满贯）	1962年	法国	1997年	法国（大满贯）
1922年	威尔士	1963年	英格兰		

咖喱杯

咖喱杯是南非业余英式橄榄球的省际锦标赛，首次比赛在1889年举行。1980年以来的获胜者：

年份	冠军
1980年	北德兰士瓦省
1981年	北德兰士瓦省
1982年	西部省
1983年	西部省
1984年	西部省
1985年	西部省
1986年	西部省
1987年	北德兰士瓦省
1988年	北德兰士瓦省
1989年	北德兰士瓦省和西部省
1990年	纳塔尔省
1991年	北德兰士瓦省
1992年	纳塔尔省
1993年	德兰士瓦省
1994年	德兰士瓦省
1995年	纳塔尔省
1996年	纳塔尔省

法国锦标赛

法国锦标赛是法国头等重要的业余英式橄榄球竞技比赛。首次比赛于1892年举行。1980年以来的获胜者：

年份	冠军	年份	冠军
1980年	AS 贝济耶	1989年	图卢兹
1981年	AS 贝济耶	1990年	法国赛马俱乐部
1982年	SU 阿让	1991年	CA伯格尔斯
1983年	AS 贝济耶	1992年	RC 土伦
1984年	AS 贝济耶	1993年	卡斯克斯奥林匹克
1985年	图卢兹	1994年	图卢兹
1986年	图卢兹	1995年	图卢兹
1987年	RC 土伦	1996年	图卢兹
1988年	SU 阿让	1997年	图卢兹

■ 在业余英式橄榄球联赛中，香港队以164：3击败了新加坡队，创造了

新西兰英式橄榄球联盟

新西兰国家英式橄榄球联盟锦标赛始于1976年。

1976年	普伦提湾	1987年	奥克兰
1977年	坎特伯雷	1988年	奥克兰
1978年	惠灵顿	1989年	奥克兰
1979年	康提兹	1990年	奥克兰
1980年	马纳瓦图	1991年	奥塔戈
1981年	惠灵顿	1992年	怀卡托
1982年	奥克兰	1993年	奥克兰
1983年	坎特伯雷	1994年	奥克兰
1984年	奥克兰	1995年	奥克兰
1985年	奥克兰	1996年	奥克兰
1986年	惠灵顿		

英格兰橄榄球联盟

大多数英格兰俱乐部参加业余橄榄球鼓励联赛,它是一种国家的、地区的和部分的还有郡的联赛体制。

1985/1986年	格洛斯特	1991/1992年	巴思
1986/1987年	巴思	1992/1993年	巴思
1987/1988年	莱斯特	1993/1994年	巴思
1988/1989年	巴思	1994/1995年	莱斯特
1989/1990年	瓦斯普思	1995/1996年	巴思
1990/1991年	巴思	1996/1997年	瓦斯普思

苏格兰橄榄球联盟

在苏格兰,主要的业余橄榄球比赛是麦克伊万斯联赛,它的第一赛季始于1973/1974年。金字塔式的地方性比赛汇入联赛的各个分支。

1973/1974年	霍伊克	1985/1986年	霍伊克
1974/1975年	霍伊克	1986/1987年	霍伊克
1975/1976年	霍伊克	1987/1988年	凯尔索
1976/1977年	霍伊克	1988/1989年	凯尔索
1977/1978年	霍伊克	1989/1990年	梅尔罗斯
1978/1979年	赫里奥特一年级学生队	1990/1991年	马勒缪尔
		1991/1992年	梅尔罗斯
1979/1980年	加拉	1992/1993年	梅尔罗斯
1980/1981年	加拉	1993/1994年	梅尔罗斯
1981/1982年	加拉	1994/1995年	斯特灵郡
1982/1983年	加拉	1995/1996年	梅尔罗斯
1983/1984年	霍伊克	1996/1997年	梅尔罗斯
1984/1985年	霍伊克		

世界杯赛

世界杯赛是橄榄球联盟主要的国际性比赛,始于1954年,现在称国际锦标赛。1977年后停赛,1985年重新开赛,在1988年的比赛中,两个主要的国家队最后平局打了延长赛。

1954年	英国	1975年	澳大利亚
1957年	澳大利亚	1977年	澳大利亚
1960年	英国	1988年	澳大利亚
1968年	澳大利亚	1992年	澳大利亚
1970年	澳大利亚	1995年	澳大利亚
1972年	英国		

挑战杯赛

在英格兰,主要的橄榄球联盟杯赛就是挑战杯淘汰赛,开赛于1897年。1980年以来的获胜队:

1980年	赫尔金斯敦流浪者	1989年	威根
1981年	威德尼斯	1990年	威根
1982年	赫尔	1991年	威根
1983年	费瑟斯顿流浪者	1992年	威根
1984年	威德尼斯	1993年	威根
1985年	威根	1994年	威根
1986年	卡斯尔福德	1995年	威根
1987年	哈利法克斯	1996年	圣海伦斯
1988年	威根	1997年	圣海伦斯

威尔士橄榄球联盟

威尔士国家橄榄球联盟是在1990/1991年才组成的。虽然这个联盟始建于1990年,但威尔士橄榄球杯赛可上溯到1971年——拉内利队获胜9次,加的夫队获胜7次。主要的获胜队如下:

1990/1991年	尼思
1991/1992年	斯旺西
1992/1993年	拉内利
1993/1994年	斯旺西
1994/1995年	加的夫
1995/1996年	尼思
1996/1997年	庞特普里斯

■ 卡文·黑斯廷斯是苏格兰的国际橄榄球赛创纪录的得分手。到1995年退役为止,他已为苏格兰在62场赛事中赢得了689分。除此之外,他还为大英雄狮队总共得了66分。

让-皮埃尔·里夫
(1952~)

以独特风格和旺盛精力著称的法国英式橄榄球运动员让-皮埃尔·里夫是最受他的人民爱戴的运动员。1975年,他以一名边锋的身份参加国际比赛,此后成为一名出色的掩护和防守技术顶尖的全面手。他创下34次任国家队队长和59次夺冠的纪录。虽然他错过了1975年南非之行和1977年在法国举行的对新西兰联赛这两次机会,但是他辉煌的体育生涯包括了1977年参加五国锦标赛并获大满贯这一段历史。他1979年率队在奥克兰战胜奥布莱克队,并在1981年第二次夺得大满贯。他那一头飘垂的淡黄色头发使他成为一名富有魅力的、在场上场下立即就会被人认出了的人物。退役后里夫进一步展示出他的多才多艺,他在几部电影中担任角色,还赢得了雕塑家的美誉,并于1986年出版了他的自传,题为《一个现代科林斯人》。

■ 澳大利亚第一流的踢定位球运动员迈克尔·莱纳,为准备命中另一个定位球,在仔细地放球。他是国际橄榄球赛的最佳得分手。

英式橄榄球联盟

在19世纪90年代,英格兰北部的橄榄球队员如果在星期六参加比赛,就会要求付给他们失去的这一天的工资。橄榄球管理机构拒绝付给球员这份工资,于是,在1895年,一个独立的组织——北方橄榄球联合会就形成了。三年后,这种比赛完全变成了职业性的,"英式橄榄球联盟"这个名称是在1922年采用的。

澳大利亚、法国、英国、新西兰和巴布亚新几内亚是英式橄榄球联盟的主要参赛国。橄榄球联盟使用的场地是长度不超过100米(110码),宽度不超过68米(75码)。使用的球长27.3~29.2厘米(10 3/4~11 1/2英寸),最宽处的周长为584~610毫米(23~24英寸)。每队有13名队员。

英式橄榄球联盟的记分法与英式橄榄球联合会的记分法略有差别。按橄榄球联盟的记分法,在对方球门线后带球触地得4分(按英式橄榄球联合会的记分法得5分);在这两种橄榄球规则中,在对方球门线后带球触地得分后将获踢定位球射门的权利,射中,得2分。

■ 英格兰的约翰·本特利在1995年英式橄榄球联盟国际锦标赛的决赛中设法避开澳大利亚的两名阻截队员。澳大利亚以16:8获胜。

■ 最高比分 ■ 澳大利亚已经8次赢得橄榄球联盟的世界杯冠军,创下世界纪录 ■

足球

- 杰夫·赫斯特是惟一一名在世界杯决赛中命中3球的运动员,这是他在1966年世界杯决赛中英国队以4:2击败联邦德国队时创造的战绩。
- 早在公元前500年中国就已流行足球运动,当时称蹴鞠,即"踢皮革制成、中实以物的球"。
- 在一个运动员足球生涯中进球的最高纪录是1329个,是巴西的亚瑟·弗里登希在1909~1935年间踢入的。
- 世界上最高的转会费是1500万英镑,这笔费用是纽卡斯尔联队在1996年7月为艾伦·希勒由布莱克本流浪者队转会付给该队的。艾伦·希勒是当年欧洲锦标赛中进球得分最多的运动员。
- 1998年的世界杯赛在法国举行,2002年的世界杯赛将由日本和韩国联合举办。

足球,也称英式足球,发源于中世纪的英格兰,由于它给街道造成许多噪音,爱德华二世曾在1314年下令取缔。第一份正式的足球比赛规则是1846年在剑桥大学起草的,在以后的几十年里,做过许多修改。每队有11名队员参加的这项运动,是在1870年定型的。

足球比赛有俱乐部、国家和国际比赛等几个层次。主要的国际锦标赛有世界杯、欧洲锦标赛、美洲杯和非洲国家杯,主要的全球性俱乐部竞赛是世界俱乐部锦标赛,它始创于1960年,参加比赛的双方是欧洲杯和美洲自由杯的获胜者。

足球比赛中使用的球周长规定为68~71厘米(27~28英寸),重量为396-453克(14~16盎司)。场地为91~120米(100~130码)长,45~91米(50~100码)宽。(这样就有可能在一块正方形的场地上踢球!)足球的世界性管理机构是国际足球联合会(FIFA),成立于1904年。

世界杯

世界杯自1930年以来每4年举行一次(1942年和1946年除外),它是足球的主要赛事。1930年有13个国家参加比赛。到1994年,有157个国家参加了世界杯角逐,有24个队获得在美国举行的决赛阶段比赛的资格。虽然曾有过16场决赛,但只有7个队获世界杯冠军:巴西(4次),德国/联邦德国(3次),意大利(3次),阿根廷(2次),乌拉圭(2次),法国(1次)和英格兰(1次)。

	冠军	比赛地点
1930年	乌拉圭	乌拉圭
1934年	意大利	意大利
1938年	意大利	法国
1950年	乌拉圭	巴西
1954年	联邦德国	瑞士
1958年	巴西	瑞典
1962年	巴西	智利
1966年	英格兰	英格兰
1970年	巴西	墨西哥
1974年	联邦德国	联邦德国
1978年	阿根廷	阿根廷
1982年	意大利	西班牙
1986年	阿根廷	墨西哥
1990年	联邦德国	意大利
1994年	巴西	美国
1998年	法国	法国

欧洲锦标赛

欧洲锦标赛始于1960年,每4年举行一次。

1960年	苏联	1980年	联邦德国
1964年	西班牙	1984年	法国
1968年	意大利	1988年	荷兰
1972年	联邦德国	1992年	丹麦
1976年	捷克斯洛伐克	1996年	德国

5 最高转会费

		英镑(百万)	队名	
①	艾伦·希勒	15	布莱克本流浪者队到纽卡斯尔联队	1996年7月
②	詹路易吉·伦蒂尼	13	都灵队到AC米兰队	1992年7月
③	詹路卡·维亚利	12.5	桑普多利亚队到尤文图斯队	1992年6月
④	丹尼斯·博格坎普	12	阿贾克斯队到国际米兰队	1993年6月
⑤	让-皮埃尔·帕潘	10	马赛队到AC米兰队	1992年6月

■ 巴西球星罗马里奥和意大利队队长弗兰克·巴雷西在1994年竞争激烈的世界杯决赛中争球。这场比赛在90分钟的比赛和半个小时的加时赛中,双方均未得分。最后罚点球,巴西以3:2获胜。8,950,000个美国家庭收看了这场比赛,全球亿万人也收看了比赛。

■ 大约2500年前中国人就踢足球了 ■ 沙特阿拉伯的

欧洲俱乐部冠军杯

1955年为俱乐部设立的欧洲杯每年举行一次，由欧洲足球协会联合会（UEFA）的各成员国的联赛冠军参加。

1956年 皇家马德里队	1970年 费诺德（鹿特丹队）	1984年 利物浦队
1957年 皇家马德里队	1971年 阿姆斯特丹阿贾克斯队	1985年 尤文图斯（都灵）队
1958年 皇家马德里队	1972年 阿姆斯特丹阿贾克斯队	1986年 （布加勒斯特）斯特瓦队
1959年 皇家马德里队	1973年 阿姆斯特丹阿贾克斯队	1987年 波尔图FC队
1960年 皇家马德里队	1974年 拜仁慕尼黑队	1988年 艾恩德霍芬PSV队
1961年 本菲卡（里斯本）队	1975年 拜仁慕尼黑队	1989年 AC米兰队
1962年 本菲卡（里斯本）队	1976年 拜仁慕尼黑队	1990年 AC米兰队
1963年 AC米兰队	1977年 利物浦队	1991年 贝尔格莱德红星队
1964年 国际米兰队	1978年 利物浦队	1992年 巴塞罗那队
1965年 国际米兰队	1979年 诺丁汉森林队	1993年 马赛队
1966年 皇家马德里队	1980年 诺丁汉森林队	1994年 AC米兰队
1967年 格拉斯哥凯尔特人队	1981年 利物浦队	1995年 阿姆斯特丹阿贾克斯队
1968年 曼彻斯特联队	1982年 阿斯顿·维拉队	1996年 尤文图斯（都灵）队
1969年 AC米兰队	1983年 汉堡SV队	1997年 普鲁士多特蒙德队

欧洲优胜者杯

始于1960年，由国家杯的优胜者参加。

1961年 佛罗伦蒂纳队	1974年 马格德堡FC队	1985年 埃弗顿（利物浦）队
1962年 马德里竞技队	1975年 基辅迪纳莫队	1986年 基辅迪纳莫队
1963年 托特纳姆热刺（伦敦）队	1976年 安德莱赫特（布鲁塞尔）队	1987年 阿姆斯特丹阿贾克斯队
1964年 里斯本竞技队		1988年 梅赫伦队
1965年 西汉姆联队（伦敦）	1977年 汉堡SV队	1989年 巴塞罗那队
1966年 普鲁士多特蒙德队	1978年 安德莱赫特（布鲁塞尔）队	1990年 桑普多利亚（热那亚）队
1967年 拜仁慕尼黑队		1991年 曼彻斯特联队
1968年 AC米兰队	1979年 巴塞罗那队	1992年 沃德布莱门队
1969年 布拉迪斯拉发斯洛万队	1980年 巴伦西亚队	1993年 帕尔马队
1970年 曼彻斯特城市队	1981年 第比利斯迪纳莫队	1994年 阿森纳（伦敦）队
1971年 切尔西（伦敦）队	1982年 巴塞罗那队	1995年 皇家萨拉戈萨队
1972年 格拉斯哥巡逻队	1983年 亚伯丁队	1996年 巴黎圣日尔曼队
1973年 AC米兰队	1984年 尤文图斯（都灵）队	1997年 巴塞罗那队

联盟杯

始于1955年，当时名为"城市间博览会杯"，自1960年起每年举办一次，面向不符合其他两项主要欧洲赛事参赛条件的重要的欧洲俱乐部队。

1958年 巴塞罗那队	1972年 托特纳姆热刺（伦敦）队	1985年 皇家马德里队
1960年 巴塞罗那队	1973年 利物浦队	1986年 皇家马德里队
1961年 罗马AS队	1974年 费诺德（鹿特丹）队	1987年 哥德堡IFK队
1962年 瓦伦西亚队	1975年 门兴格拉德巴赫队	1988年 拜尔莱沃库森队
1963年 瓦伦西亚队	1976年 利物浦队	1989年 那波利队
1964年 皇家萨拉戈萨队	1977年 尤文图斯（都灵）队	1990年 尤文图斯（都灵）队
1965年 费伦茨瓦罗什（布达佩斯）队	1978年 艾恩德霍芬PSV队	1991年 国际米兰队
1966年 巴塞罗那队	1979年 门兴格拉德巴赫队	1992年 阿姆斯特丹阿贾克斯队
1967年 萨格勒布迪纳莫队	1980年 法兰克福艾因特拉赫特队	1993年 尤文图斯（都灵）队
1968年 利兹联队	1981年 伊普斯威奇城队	1994年 国际米兰队
1969年 纽卡斯尔联队	1982年 哥德堡IFK队	1995年 帕尔马队
1970年 阿森纳（伦敦）队	1983年 安德莱赫特（布鲁塞尔）队	1996年 拜仁慕尼黑队
1971年 利兹联队	1984年 托特纳姆热刺（伦敦）队	1997年 沙尔克04（埃森）队

南美洲杯

由南美联盟各会员国联赛冠军队参加，于1960年首次以南美俱乐部冠军杯为名举行，自1965年开始，联赛的亚军也被获准参加比赛，从那一年开始，改称美洲自由杯。

1960年 珀那罗队（乌拉圭）	1973年 独立队（阿根廷）	1986年 河床队（阿根廷）
1961年 珀那罗队（乌拉圭）	1974年 独立队（阿根廷）	1987年 珀那罗队（乌拉圭）
1962年 桑托斯队（巴西）	1975年 独立队（阿根廷）	1988年 民族队（乌拉圭）
1963年 桑托斯队（巴西）	1976年 克鲁赛罗队（巴西）	1989年 麦德林国家队（哥伦比亚）
1964年 独立队（阿根廷）	1977年 博卡青年队（阿根廷）	
1965年 独立队（阿根廷）	1978年 博卡青年队（阿根廷）	1990年 奥林匹亚队（巴拉圭）
1966年 珀那罗队（乌拉圭）	1979年 奥林匹亚队（巴拉圭）	1991年 科洛科洛队（智利）
1967年 赛马队（阿根廷）	1980年 民族队（乌拉圭）	1992年 圣保罗队（巴西）
1968年 埃斯图迪安特斯队	1981年 弗拉明戈队（巴西）	1993年 圣保罗队（巴西）
1969年 埃斯图迪安特斯队	1982年 珀那罗队（乌拉圭）	1994年 贝莱斯萨菲尔德队（阿根廷）
1970年 埃斯图迪安特斯队	1983年 公会队（巴西）	
1971年 民族队（乌拉圭）	1984年 独立队（阿根廷）	1995年 公会队（巴西）
1972年 独立队（阿根廷）	1985年 阿根廷青年队	1996年 河床队（阿根廷）

贝利
（1940～）

巴西的埃德森·阿兰特斯德·纳西门托可能是足球史上最出色的运动员，以另一名字贝利闻名于世，是公认的足球天才。他16岁开始在巴西国家足球队踢球，首次参加国际比赛就为巴西队得分。1958年在瑞典举行的世界杯赛上，他赢得了全世界的赞扬，在与法国的半决赛中，他连进3球，在与瑞典的决赛中，他又踢进了令人拍案叫绝的两球。在下两次的世界杯赛中，由于受伤，是他对巴西队贡献最小的两次比赛，但在1970年，他作为巴西队的主力率队夺得了第三次冠军，巴西队也被誉为有史以来最强大的球队。决赛中试图从中场进攻得分是他天才和信心的典型体现。在足球俱乐部中，自1956年起他是一流球队——桑托斯队的主力队员，帮助该队赢得了1962和1963年世界俱乐部锦标赛的冠军。贝利曾创在一特定阶段进球最多的纪录（1363场比赛中进球1279个），其中包括92次一场连进3球——又一项纪录。他111次代表国家队参加国际比赛获冠军，97次进球得分。虽然贝利于1977年挂靴，他仍然是最受尊敬的足球运动员（他在巴西被称作"黑珍珠"），也是有史以来最著名的运动员之一。

非洲国家杯

首次于1957年举行，现在每两年举办一次。

1957年 埃及	1978年 加纳
1959年 埃及	1980年 尼日利亚
1962年 埃塞俄比亚	1982年 加纳
1963年 加纳	1984年 喀麦隆
1965年 加纳	1986年 埃及
1968年 扎伊尔	1988年 喀麦隆
1970年 苏丹	1990年 阿尔及利亚
1972年 刚果	1992年 科特迪瓦
1974年 扎伊尔	1994年 尼日利亚
1976年 摩洛哥	1996年 南非

其他足球赛事

- 澳大利亚足球是融合英式足球、爱尔兰足球和橄榄球发展而来的，其比赛规则于1866年整理规范化。最初是板球手在冬季为了保持身体健康而开始踢这种球的。
- 爱尔兰足球源于爱尔兰一种传统的堂区间的足球比赛，当时这种比赛没有固定的规则、比赛场所和时间限制。爱尔兰足球比赛有据可查的最早记录可追溯到1712年。
- 美式足球于19世纪末期从美国大学里的英式足球和英式橄榄球发展而来。

美式足球

美式足球，即美式橄榄球，起源于19世纪一种包含英式橄榄球和英式足球两种成分的运动。1880年，一位管理机构的成员沃尔特·坎普提出了许多至今还保留的特征，包括四分卫的作用。

美国职业橄榄球协会是1920年成立的，第1赛季有12个队参加比赛。1922年，该协会改名全国橄榄球联盟（NFL）。美国橄榄球联盟（AFL）成立于1960年。这两个联盟在1970年合并，改组成全国橄榄球协会（NFC）和美国橄榄球协会（AFC）。最负盛名的职业橄榄球赛是"超级杯"赛，自1967年以来每年举行一次。

美式足球，即美式橄榄球，每队由11名队员组成，替补队员随意使用，人数不限。场地规格（NFL）为109.7×47.8米（360×160英尺），球体长为280～286毫米（11～11$\frac{1}{4}$英寸），重量397～425克（14～15盎司）。

澳大利亚足球

澳大利亚足球，即澳式橄榄球，要求每队18个队员参加，在澳大利亚南部各州最为流行，尤其是维多利亚，该地早在19世纪50年代就有此运动。

1877年，维多利亚橄榄球协会（VFA）建立，从此开展了比赛。后来，8个俱乐部脱离维多利亚协会，组成维多利亚橄榄球联盟（1990年改称澳大利亚橄榄球联盟），成为前者的主要的竞争对手。现在昆士兰、西澳大利亚、南澳大利亚和新南威尔士的一些球队也加入了该联盟。

比赛场地是椭圆形的，宽度为110～155米（120～170码），长度为135～185米（150～220码）。球为椭圆形，长749毫米（29$\frac{1}{2}$英寸），直径为572毫米（22$\frac{1}{2}$英寸），重量为452～482克（16～17盎司）。

■ 澳式橄榄球运动员们起跳到空中试图抓住"一分"（一个球被整个抓住），获得"一分"可以使一个队员没有阻碍地射门或者传球给队友。与英式橄榄球不一样，阻截时不允许搂抱摔倒，但即便如此，比赛也有可能成为十分激烈的遭遇战。澳式橄榄球融合了爱尔兰足球、英式足球和英式橄榄球的特征。

🏆 超级杯

超级杯是最高级的美国橄榄球比赛，自1967年起每年1月在常规赛季末举行，比赛在美国橄榄球协会（AFC）和全国橄榄球协会麾下（NFC）的冠军队之间展开。按照传统，超级杯赛用罗马数字表示届次－1997年是31（XXXI）届。

1967年 绿湾包装工队	1978年 达拉斯牛仔队	1989年 旧金山49人队
1968年 绿湾包装工队	1979年 匹兹堡钢铁队	1990年 旧金山49人队
1969年 纽约喷气机队	1980年 匹兹堡钢铁队	1991年 纽约巨人队
1970年 堪萨斯市长队	1981年 奥克兰袭击者队	1992年 华盛顿印第安人队
1971年 巴尔的摩小马队	1982年 旧金山49人队	1993年 达拉斯牛仔队
1972年 达拉斯牛仔队	1983年 华盛顿印第安人队	1994年 达拉斯牛仔队
1973年 迈阿密海豚队	1984年 洛杉矶突袭者队	1995年 旧金山49人队
1974年 迈阿密海豚队	1985年 旧金山49人队	1996年 达拉斯牛仔队
1975年 匹兹堡钢铁队	1986年 芝加哥小熊队	1997年 绿湾包装工队
1976年 匹兹堡钢铁队	1987年 纽约巨人队	
1977年 奥克兰袭击者队	1988年 华盛顿印第安人队	

🏆 澳大利亚橄榄球联盟

澳大利亚橄榄球联盟自1897年以来每年举办一次联赛，它的总决赛在墨尔本球场举行，观众总是座无虚席。

1897年 埃森登队	1914年 卡尔顿队	1931年 吉朗队	1948年 墨尔本队	1965年 埃森登队	1982年 卡尔顿队
1898年 菲茨罗伊队	1915年 卡尔顿队	1932年 里士满队	1949年 圣基尔达队	1966年 圣基尔达队	1983年 霍索恩队
1899年 菲茨罗伊队	1916年 菲茨罗伊队	1933年 南墨尔本队	1950年 埃森登队	1967年 里士满队	1984年 埃森登队
1900年 墨尔本队	1917年 科灵伍德队	1934年 里士满队	1951年 吉朗队	1968年 卡尔顿队	1985年 埃森登队
1901年 埃森登队	1918年 南墨尔本队	1935年 科灵伍德队	1952年 吉朗队	1969年 里士满队	1986年 霍索恩队
1902年 科灵伍德队	1919年 科灵伍德队	1936年 科灵伍德队	1953年 科灵伍德队	1970年 卡尔顿队	1987年 卡尔顿队
1903年 科灵伍德队	1920年 里士满队	1937年 吉朗队	1954年 福茨克雷队	1971年 霍索恩队	1988年 霍索恩队
1904年 菲茨罗伊队	1921年 里士满队	1938年 卡尔顿队	1955年 墨尔本队	1972年 卡尔顿队	1989年 霍索恩队
1905年 菲茨罗伊队	1922年 菲茨罗伊队	1939年 墨尔本队	1956年 墨尔本队	1973年 里士满队	1990年 科灵伍德队
1906年 卡尔顿队	1923年 埃森登队	1940年 墨尔本队	1957年 墨尔本队	1974年 里士满队	1991年 霍索恩队
1907年 卡尔顿队	1924年 埃森登队	1941年 墨尔本队	1958年 科灵伍德队	1975年 南墨尔本队	1992年 西海岸队
1908年 卡尔顿队	1925年 吉朗队	1942年 埃森登队	1959年 墨尔本队	1976年 霍索恩队	1993年 埃森登队
1909年 南墨尔本队	1926年 墨尔本队	1943年 里士满队	1960年 墨尔本队	1977年 南墨尔本队	1994年 西海岸队
1910年 科灵伍德队	1927年 科灵伍德队	1944年 菲茨罗伊队	1961年 霍索恩队	1978年 霍索恩队	1995年 卡尔顿队
1911年 埃森登队	1928年 科灵伍德队	1945年 卡尔顿队	1962年 埃森登队	1979年 卡尔顿队	1996年 北墨尔本队
1912年 埃森登队	1929年 科灵伍德队	1946年 埃森登队	1963年 吉朗队	1980年 里士满队	
1913年 菲茨罗伊队	1930年 科灵伍德队	1947年 卡尔顿队	1964年 墨尔本队	1981年 卡尔顿队	

爱尔兰足球

爱尔兰足球（又称盖尔足球）与英式橄榄球、英式足球和澳式橄榄球都有共同之处，每队有15名队员。如果从球门立柱之间和在横杆上面进球得1分，如果从立柱之间和在横杆下面入网得3分。这种运动在爱尔兰很普及，主要的比赛是全爱尔兰锦标赛。管理机构是爱尔兰运动协会。

■ 米斯队的吉米·麦克圭林斯在1996年全爱尔兰锦标赛决赛中夺得了一个快速球，这是爱尔兰足球赛季的高潮。米斯队以2-9（15）战胜了梅奥队1-11（14），这是米斯队第六次夺得冠军。

乔·蒙塔纳
（1956~）

每当橄球落下的时候，四分卫乔·蒙塔纳都会创造出奇迹。20世纪70年代他在圣母大学队声名显赫，他使自己成为一名使球队从困境中摆脱出来的勇士。在1979年棉花杯赛中，圣母大学队以12：34落后，当时比赛只剩下七分半钟，但是蒙塔纳把比赛结果翻了过来，最终以35：34获胜。然后他效力于旧金山49人队，帮助该队夺得了4次超级杯。他曾3次被选为最有价值的运动员（在1982、1985和1990年）。尽管他多次受伤，他还是30多次在十分危急的情况下力挽狂澜。在1988年超级杯赛中，蒙塔纳在不到3分钟的时间里完成了8次带球过人，包括持球触地得分，在比赛只剩34秒时决定了胜局。蒙塔纳1995年退役，但他是美式橄榄球史上一个永久的名人。他创造了多项超级杯赛纪录，在1982~1990年之间，11次带球过人触地得分，前进了1142码，33次带球过人。

🏆 全爱尔兰锦标赛

全爱尔兰锦标赛是最主要的爱尔兰足球比赛，始于1887年。决赛每年9月在都柏林的克罗克公园举行。

1887年 利默里克队	1906年 都柏林队	1925年 戈尔韦队	1944年 罗斯康芒队	1963年 都柏林队	1982年 奥法利队
1888年 （未完）	1907年 都柏林队	1926年 凯里队	1945年 科克队	1964年 戈尔韦队	1983年 都柏林队
1889年 蒂珀雷里队	1908年 都柏林队	1927年 基尔代尔队	1946年 凯里队	1965年 戈尔韦队	1984年 凯里队
1890年 科克队	1909年 凯里队	1928年 基尔代尔队	1947年 卡文队	1966年 戈尔韦队	1985年 凯里队
1891年 都柏林队	1910年 劳斯队	1929年 凯里队	1948年 卡文队	1967年 米斯队	1986年 凯里队
1892年 都柏林队	1911年 科克队	1930年 凯里队	1949年 梅奥队	1968年 唐队	1987年 米斯队
1893年 韦克斯福德队	1912年 劳斯队	1931年 凯里队	1950年 米斯队	1969年 凯里队	1988年 米斯队
1894年 都柏林队	1913年 凯里队	1932年 凯里队	1951年 梅奥队	1970年 凯里队	1989年 科克队
1895年 蒂珀雷里队	1914年 凯里队	1933年 卡文队	1952年 卡文队	1971年 奥法利队	1990年 科克队
1896年 利默里克队	1915年 韦克斯福德队	1934年 戈尔韦队	1953年 凯里队	1972年 奥法利队	1991年 唐队
1897年 都柏林队	1916年 韦克斯福德队	1935年 卡文队	1954年 米斯队	1973年 科克队	1992年 多尼戈尔队
1998年 都柏林队	1917年 韦克斯福德队	1936年 梅奥队	1955年 凯里队	1974年 都柏林队	1993年 伦敦德里队
1899年 都柏林队	1918年 韦克斯福德队	1937年 凯里队	1956年 戈尔韦队	1975年 凯里队	1994年 唐队
1900年 蒂珀雷里队	1919年 基尔代尔队	1938年 戈尔韦队	1957年 劳斯队	1976年 都柏林队	1995年 都柏林队
1901年 都柏林队	1920年 蒂珀雷里队	1939年 凯里队	1958年 都柏林队	1977年 都柏林队	1996年 米斯队
1902年 都柏林队	1921年 都柏林队	1940年 凯里队	1959年 凯里队	1978年 凯里队	
1903年 凯里队	1922年 都柏林队	1941年 凯里队	1960年 唐队	1979年 凯里队	
1904年 凯里队	1923年 都柏林队	1942年 都柏林队	1961年 唐队	1980年 凯里队	
1905年 基尔代尔队	1924年 凯里队	1943年 罗斯康芒队	1962年 凯里队	1981年 凯里队	

运动中，由于伤亡事故频仍，1905年对运动规则作了重大修改 ■

板球

- 板球起源于中世纪的英格兰。爱德华一世可能参加过一种称作"克雷格"的比赛。
- 最早的记录不完全,但第一次记分记录完整的比赛是在1744年举行的。
- 首次有记录的女子板球比赛于1745年在英格兰的萨里郡举行。
- 首次国际板球决赛于1877年在墨尔本举行,比赛双方是英格兰和澳大利亚;澳大利亚队以跑动得45分获胜。

板球是从中世纪时期的英格兰发展起来的,从18和19世纪起开始采用今天的形式。玛丽勒本板球俱乐部于1787年成立,固定的比赛规则于1835年形成。

现在板球运动已遍及世界各地,但是在英联邦最流行。

国际板球比赛由国际板球理事会管理,它建立于1909年。它有9个正式会员:澳大利亚、英格兰、印度、新西兰、巴基斯坦、南非、斯里兰卡、西印度群岛和津巴布韦。

国际板球决赛通常决出五场比赛的优胜者。板球比赛最著名的奖品——"门柱灰"一般都由英格兰和澳大利亚争夺,但是无论哪一方获胜,该"门柱灰"都保存在伦敦贵族板球场的博物馆里。

板球的周长是20.79~22.8厘米($8^{3}/_{16}$~9英寸),重量是155~163克($5^{1}/_{2}$~$5^{3}/_{4}$盎司)。场地柱与柱之间距离是20.11米(22码)。

■ 1996年在巴基斯坦的拉合尔举行的世界杯决赛上出现的一个戏剧性场面,斯里兰卡守门员罗梅什·卡鲁维萨拉那使澳大利亚击球员沙恩·沃恩出局。

🏆 城堡杯

在南非,每年举行的一流的板球比赛就是城堡杯。它始于1889年,1991年以前称为咖喱杯。1980年以来的优胜者为:

- 1980年 德兰士瓦队
- 1981年 纳塔尔队
- 1982年 西部省队
- 1983年 德兰士瓦队
- 1984年 德兰士瓦队
- 1985年 德兰士瓦队
- 1986年 西部省队
- 1987年 德兰士瓦队
- 1988年 德兰士瓦队
- 1989年 东部省队
- 1990年 东部省队和西部省队
- 1991年 西部省队
- 1992年 东部省队
- 1993年 奥兰治自由邦队
- 1994年 奥兰治自由邦队
- 1995年 纳塔尔队
- 1996年 西部省队

🏆 红条纹杯

红条纹杯是西印度群岛每年举行的一流比赛。巴巴多斯队是最成功的。1980年以来的优胜者为:

- 1980年 巴巴多斯队
- 1981年 群岛联队
- 1982年 巴巴多斯队
- 1983年 圭亚那队
- 1984年 巴巴多斯队
- 1985年 特立尼达和多巴哥队
- 1986年 巴巴多斯队
- 1987年 圭亚那队
- 1988年 牙买加队
- 1989年 牙买加队
- 1990年 背风群岛队
- 1991年 巴巴多斯队
- 1992年 牙买加队
- 1993年 圭亚那队
- 1994年 背风群岛队
- 1995年 巴巴多斯队
- 1996年 背风群岛队
- 1997年 巴巴多斯队

🏆 谢菲尔德盾牌杯

谢菲尔德盾牌杯是澳大利亚每年举办的州际一流比赛,自1891~1892年以来一直举行。1980年以来的优胜者为:

- 1980年 维多利亚队
- 1981年 西澳大利亚队
- 1982年 南澳大利亚队
- 1983年 新南威尔士队
- 1984年 西澳大利亚队
- 1985年 新南威尔士队
- 1986年 新南威尔士队
- 1987年 西澳大利亚队
- 1988年 西澳大利亚队
- 1989年 西澳大利亚队
- 1990年 新南威尔士队
- 1991年 维多利亚队
- 1992年 西澳大利亚队
- 1993年 新南威尔士队
- 1994年 新南威尔士队
- 1995年 昆士兰队
- 1996年 南澳大利亚队
- 1997年 昆士兰队

■ 国际板球决赛中最少的局数是新西兰的26局 ■ 塞缪尔伍德

世界杯

世界杯板球赛每4~5年举行一次，这是一种一天结束的国际锦标赛。

1975年 西印度群岛队	1987年 澳大利亚队
1979年 西印度群岛队	1991年 巴基斯坦队
1983年 印度队	1996年 斯里兰卡队

兰季杯

在印度，每年举行的邦际一流板球比赛称兰季杯，它自1934年开办，到目前为止，孟买队是最成功的队。1980年以来的优胜者为：

1980年 德里队	1989年 德里队
1981年 孟买队	1990年 孟加拉队
1982年 德里队	1991年 哈里亚纳队
1983年 卡纳塔克队	1992年 德里队
1984年 孟买队	1993年 旁遮普队
1985年 孟买队	1994年 孟买队
1986年 孟买队	1995年 孟买队
1987年 海德拉巴队	1996年 卡纳塔克队
1988年 泰米尔纳德队	1997年 孟买队

英国郡际锦标赛

在英国，各郡之间的锦标赛自1864年就开始了，冠军的产生办法曾经有过几次变化。1864~1889年，哪一个队在比赛中失败的次数最少，该队就是冠军。自1890年起，开始实行记分制。现在的比赛由18个一流水平的郡参加，比赛进行4天多。约克郡得到冠军的次数最多为30次，然后是萨里郡为16次和米德尔塞克斯郡为12次。1980年以来的优胜者为：

1980年	米德尔塞克斯郡
1981年	诺丁汉郡
1982年	米德尔塞克斯郡
1983年	埃塞克斯郡
1984年	埃塞克斯郡
1985年	米德尔塞克斯郡
1986年	埃塞克斯郡
1987年	诺丁汉郡
1988年	伍斯特郡
1989年	伍斯特郡
1990年	米德尔塞克斯郡
1991年	埃塞克斯郡
1992年	埃塞克斯郡
1993年	米德尔塞克斯郡
1994年	沃里克郡
1995年	沃里克郡
1996年	莱斯特郡

卡伊德－伊－阿扎姆杯

卡伊德·伊·阿扎姆杯始于1954年，是巴基斯坦最主要的国家级比赛，以对穆罕默德·阿里·真纳的尊称卡伊德·伊·阿扎姆（伟大的领袖）命名。1980年以来的优胜者为：

1980年	巴航队
1981年	联合银行队
1982年	国家银行队
1983年	联合银行队
1984年	国家银行队
1985年	联合银行队
1986年	卡拉奇队
1987年	国家银行队
1988年	巴航队
1989年	巴基斯坦亚洲开发银行队
1990年	巴航队
1991年	卡拉奇白队
1992年	卡拉奇白队
1993年	卡拉奇白队
1994年	拉合尔队
1995年	卡拉奇蓝队
1996年	卡拉奇蓝队

世界杯（女子）

第一届世界杯（女子）板球赛于1973年举行，比男子的世界杯板球赛早两年。

1973年 英格兰队	1988年 澳大利亚队
1978年 澳大利亚队	1993年 英格兰队
1982年 澳大利亚队	

壳牌杯

在新西兰，自1906年到1974~1975年，最高水平的比赛是每年举行一次的普兰凯特盾牌杯比赛。自1975年后，壳牌石油公司出资赞助该赛事。壳牌杯赛是规定投球轮数的比赛。1980年以来的冠军得主是：

1980年	北区队
1981年	奥克兰队
1982年	惠灵顿队
1983年	惠灵顿队
1984年	坎特伯雷队
1985年	惠灵顿队
1986年	奥塔戈队
1987年	中区队
1988年	奥塔戈队
1989年	奥克兰队
1990年	惠灵顿队
1991年	奥克兰队
1992年	中区队和北区队
1993年	北区队
1994年	坎特伯雷队
1995年	奥克兰队
1996年	奥克兰队
1997年	坎特伯雷队

■ 全面手伊安·博萨姆是伍斯特郡队员，这是他在一次郡间比赛中为又一次得分在跑动。从1864年开始举办的郡际锦标赛是英格兰板球运动的基础，也是培养能参加国际板球决赛的后起之秀的场所。尽管赛程只有一天，但郡际板球比赛冠军却是人们梦寐以求的。

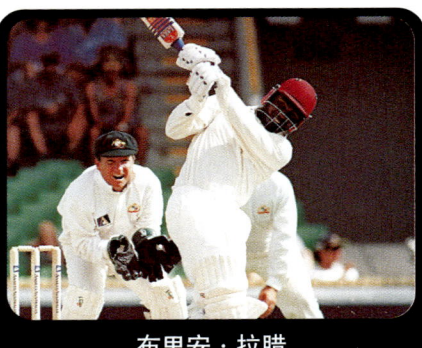

布里安·拉腊
(1969~)

特立尼达的布里安·拉腊被许多人视为当今板球运动中的最佳击球手。当他1994年为西印度群岛队在安提瓜岛迎战英格兰队获得创纪录的375分时，赢得了国际声誉。七周后，他的业绩又创新高，作为沃里克郡的击球员迎战达勒姆队，他得了501分未出局，是一流板球比赛中得分最高的击球手。他这无与伦比的击球表现，是在英国郡间锦标赛上，在前4局中他就得了几百分，8局得了700分，他可以和唐纳德·布雷德曼爵士保持多年的7局得1000分的纪录相媲美。

一球得100分 ■ 板球投球的最快速度是每小时160.45公里 ■

高尔夫球

▶ 有文字记载的最古老的高尔夫球俱乐部是"绅士高尔夫球运动员"（现在的爱丁堡高尔夫荣誉公司），于1744年3月创建。

▶ 第一次明确提及高尔夫球的时间可上溯到1457年，当时苏格兰议会禁止这种活动，因为它使男子不能专心致志练习射箭。

▶ 最初的木制高尔夫球被"羽毛制品"代替，所谓"羽毛制品"是里面塞满羽毛的皮革面球。

没有人确切地知道高尔夫球的起源，但是在15世纪，苏格兰人的的确确就打高尔夫球了。第一个俱乐部于1744年在苏格兰成立。

高尔夫球可以有两种打法：穴数记分赛和杆数赛。穴数记分赛是指在单人或双人之间进行比赛，比赛由穴数决定胜负。击数比赛按一轮比赛的总挥击数决定胜负。四种主要的比赛是英国公开赛、美国公开赛、美国马斯特斯赛（又译美国优秀选手赛——译注）和美国职业高尔夫球协会锦标赛。还有一些国际性的比赛。

现代的高尔夫球场长度不等，有18个穴，平均总距离在5500～6400米之间（约6000～7000码）。球棒有两种类型：铁头球棒——按照球棒表面的角度有1-10个编号；木头球棒——用来从球座打出球。还有更专业的球棒——轻击球棒和沙地楔形铁头球棒。一个运动员最大限度可以使用14根球棒，在英国和北美，高尔夫球的最小直径是42.62毫米（$1^7/_{10}$英寸）。苏格兰的圣安德鲁斯皇家古老高尔夫球俱乐部和美国高尔夫球协会是此项运动的管理机构。

🏆 英国公开赛

英国高尔夫球公开赛是世界上最古老的公开锦标赛，首次于1860年在苏格兰南埃尔郡的普雷斯蒂克俱乐部举行。自1892年以来，它一直在沿海地区举办，是72穴的杆数比赛。二次大战后的优胜者如下，包括他们的得分：

1946年	萨姆·斯尼德（美国）	290
1947年	弗雷德·戴利（英国）	293
1948年	亨利·科顿（英国）	284
1949年	博比·洛克（南非）	283
1950年	博比·洛克（南非）	279
1951年	马克斯·福克纳（英国）	285
1952年	博比·洛克（南非）	287
1953年	本·霍根（美国）	282
1954年	彼得·汤姆森（澳大利亚）	283
1955年	彼得·汤姆森（澳大利亚）	281
1956年	彼得·汤姆森（澳大利亚）	286
1957年	博比·洛克（南非）	279
1958年	彼得·汤姆森（澳大利亚）	278
1959年	加里·普莱耶（南非）	284
1960年	凯尔·内格尔（澳大利亚）	278
1961年	阿诺德·帕尔默（美国）	284
1962年	阿诺德·帕尔默（美国）	276
1963年	鲍勃·查尔斯（新西兰）	277
1964年	托尼·勒马（美国）	279
1965年	彼得·汤姆森（澳大利亚）	285
1966年	杰克·尼克劳斯（美国）	282
1967年	罗伯特·维琴佐（阿根廷）	278
1968年	加里·普莱耶（南非）	299
1969年	托尼·杰克林（英国）	280
1970年	杰克·尼克劳斯（美国）	283
1971年	李·特里维诺（美国）	278
1972年	李·特里维诺（美国）	278
1973年	汤姆·韦斯科普夫（美国）	276
1974年	加里·普莱耶（南非）	282
1975年	汤姆·沃森（美国）	279
1976年	约翰尼·米勒（美国）	279
1977年	汤姆·沃森（美国）	268
1978年	杰克·尼克劳斯（美国）	281
1979年	塞韦里亚诺·巴耶斯特罗斯（西班牙）	283
1980年	汤姆·沃森（美国）	271
1981年	比尔·罗杰斯（美国）	276
1982年	汤姆·沃森（美国）	284
1983年	汤姆·沃森（美国）	275
1984年	塞韦里亚诺·巴耶斯特罗斯（西班牙）	276
1985年	桑迪·莱尔（美国）	282
1986年	格雷格·诺曼（澳大利亚）	280
1987年	尼克·法尔多（英国）	279
1988年	塞韦里亚诺·巴耶斯特罗斯（西班牙）	273
1989年	马克·卡尔卡韦基亚（美国）	275
1990年	尼克·法尔多（英国）	270
1991年	伊安·贝克-芬奇（澳大利亚）	272
1992年	尼克·法尔多（英国）	272
1993年	格雷格·诺曼（澳大利亚）	267
1994年	尼克·普赖斯（津巴布韦）	268
1995年	约翰·戴利（美国）	282
1996年	汤姆·莱曼（美国）	271
1997年	贾斯廷·伦纳德（美国）	272

🏆 美国公开赛

美国高尔夫球公开赛首次于1895年在一个只有9穴的场地举行。现在每年在不同场地举行，是72穴杆数比赛。二次大战后的优胜者及其得分列表如下（未特别标明者均为美国选手）：

1946年	劳埃德·曼格卢姆	284
1947年	卢·沃沙姆	282
1948年	本·霍根	287
1949年	卡里·米德尔科夫	286
1950年	本·霍根	287
1951年	本·霍根	287
1952年	朱利叶斯·博罗斯	281
1953年	本·霍根	283
1954年	埃德·弗戈尔	284
1955年	杰克·弗莱克	287
1956年	卡里·米德尔科夫	281
1957年	迪克·迈耶	282
1958年	汤米·博尔特	283
1959年	比利·卡斯珀	282
1960年	阿诺德·帕尔默	280
1961年	吉恩·利特勒	281
1962年	杰克·尼克劳斯	283
1963年	朱利叶斯·博罗斯	293
1964年	肯·文图里	278
1965年	加里·普莱耶（南非）	282
1966年	比利·卡斯珀	278
1967年	杰克·尼克劳斯	275
1968年	李·特里维诺	275
1969年	奥维尔·穆迪	281
1970年	托尼·杰克林（英国）	281
1971年	李·特里维诺	280
1972年	杰克·尼克劳斯	290
1973年	约翰尼·米勒	279
1974年	黑尔·欧文	287
1975年	卢·格雷厄姆	287
1976年	杰里·佩特	277
1977年	休伯特·格林	278
1978年	安迪·诺思	285
1979年	黑尔·欧文	284
1980年	杰克·尼克劳斯	272
1981年	戴维·格雷厄姆（澳大利亚）	273
1982年	汤姆·沃森	282
1983年	拉里·纳尔逊	280
1984年	富齐·佐伊勒	276
1985年	安迪·诺思	279
1986年	雷蒙得·弗洛伊德	279
1987年	斯科特·辛普森	277
1988年	柯蒂斯·斯特兰奇	278
1989年	柯蒂斯·斯特兰奇	278
1990年	黑尔·欧文	280
1991年	佩恩·斯图亚特	283
1992年	汤姆·凯特	285
1993年	李·詹曾	272
1994年	厄尼·埃尔斯（南非）	279
1995年	科里·帕文	280
1996年	史蒂夫·琼斯	278
1997年	厄尼·埃尔斯（南非）	276

🏆 美国马斯特斯杯

美国高尔夫马斯特斯杯始于1934年，每年在佐治亚州的奥古斯塔国家高尔夫球场举行。形式为72穴杆数邀请赛，二战后的优胜者及其得分（除特别标明者外均为美国球员）。

1946年	赫尔曼·凯基	282
1947年	吉米·德马雷特	281
1948年	克劳德·哈蒙	279
1949年	萨姆·斯尼德	282
1950年	吉米·德马雷特	283
1951年	本·霍根	280
1952年	萨姆·斯尼德	286
1953年	本·霍根	274
1954年	萨姆·斯尼德	289
1955年	卡里·米德尔科夫	279
1956年	小杰克·伯克	289
1957年	道格·福特	282
1958年	阿诺德·帕尔默	284
1959年	小阿特·沃尔	284
1960年	阿诺德·帕尔默	282
1961年	加里·普莱耶（南非）	280
1962年	阿诺德·帕尔默	280
1963年	杰克·尼克劳斯	286
1964年	阿诺德·帕尔默	276
1965年	杰克·尼克劳斯	271
1966年	杰克·尼克劳斯	288
1967年	盖伊·布鲁尔	280
1968年	鲍勃·戈尔比	277
1969年	乔治·阿切尔	281
1970年	比利·卡斯珀	279
1971年	查尔斯·库迪	279
1972年	杰克·尼克劳斯	286
1973年	汤米·艾伦	283
1974年	加里·普莱耶（南非）	278
1975年	杰克·尼克劳斯	276
1976年	雷蒙德·弗洛伊德	271
1977年	汤姆·沃森	276
1978年	加里·普莱耶（南非）	277
1979年	富齐·佐伊勒	280
1980年	塞韦里亚诺·巴耶斯特罗斯（西班牙）	275
1981年	汤姆·沃森	280
1982年	克雷格·斯塔德勒	284
1983年	塞韦里亚诺·巴耶斯特罗斯（西班牙）	280
1984年	本·克伦肖	277
1985年	伯恩哈德·兰格（德国）	282
1986年	杰克·尼克劳斯	279
1987年	拉里·迈兹	285
1988年	桑迪·莱尔（英国）	281
1989年	尼克·法尔多（英国）	283
1990年	尼克·法尔多（英国）	278
1991年	伊安·伍斯纳姆（英国）	277
1992年	弗雷德·库普勒斯	275
1993年	伯恩哈德·兰格（德国）	277
1994年	何塞·马丽亚·奥拉萨瓦尔（西班牙）	279
1995年	本·克伦肖	274
1996年	尼克·法尔多（英国）	276
1997年	泰格·伍兹	270

🏆 美国职业高尔夫协会锦标赛

美国职业高尔夫协会锦标赛自1916～1958年采用的是穴数记分赛，以后则采用72穴杆数比赛。下表为二战后优胜者及其得分情况（除特别标明者外均系美国球员）。

1946年	本·霍根	6和4
1947年	吉姆·费里尔	2和1
1948年	本·霍根	7和6
1949年	萨姆·斯尼德	3和2
1950年	钱德勒·哈珀	4和3
1951年	萨姆·斯尼德	7和6
1952年	吉姆·特内萨	1上
1953年	沃尔特·伯克莫	2和1
1954年	奇克·哈博特	4和3
1955年	道格·福特	4和3
1956年	杰克·伯克	3和2
1957年	莱昂内尔·赫伯特	2和1
1958年	道·芬斯特沃尔德	276
1959年	鲍勃·罗斯伯格	277
1960年	杰伊·赫伯特	281
1961年	杰里·巴伯	277
1962年	加里·普莱耶（南非）	278
1963年	杰克·尼克劳斯	279
1964年	博比·尼科尔斯	271
1965年	戴夫·马尔	280
1966年	阿尔·盖布格	280
1967年	唐·贾纽埃里	281
1968年	朱利叶斯·博罗斯	281
1969年	雷蒙德·弗洛伊德	276
1970年	戴夫·斯托克顿	279
1971年	杰克·尼克劳斯	281
1972年	加里·普莱耶（南非）	281
1973年	杰克·尼克劳斯	277
1974年	李·特里维诺	276
1975年	杰克·尼克劳斯	276
1976年	戴夫·斯托克顿	281
1977年	兰尼·沃德金斯	282
1978年	约·马哈菲	276
1979年	戴夫·格雷厄姆（澳大利亚）	272
1980年	杰克·尼克劳斯	274
1981年	拉里·纳尔逊	273
1982年	雷蒙德·弗洛伊德	272
1983年	哈尔·萨顿	274
1984年	李·特里维诺	273
1985年	休伯特·格林	278
1986年	鲍勃·特维	276
1987年	拉里·纳尔逊	287
1988年	杰夫·斯卢曼	272
1989年	佩恩·斯图亚特	276
1990年	韦恩·格雷迪（澳大利亚）	282
1991年	约翰·戴利	276
1992年	尼克·普赖斯（津巴布韦）	278
1993年	保罗·阿津格	272
1994年	尼克·普赖斯（津巴布韦）	269
1995年	史蒂夫·埃尔金顿（澳大利亚）	267
1996年	马克·布鲁克斯	277

■ 高尔夫球是世界上最贵族化的运动 ■ 1800年前,在中国有一种类似高尔夫

■ 苏格兰的圣安德鲁斯以高尔夫球的故乡闻名于世,它有现存最古老的高尔夫球场。

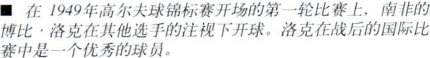

■ 在1949年高尔夫球锦标赛开场的第一轮比赛上,南非的博比·洛克在其他选手的注视下开球。洛克在战后的国际比赛中是一个优秀的球员。

团体赛

赖德杯

高尔夫球赖德杯是职业队之间的比赛,自1927年以来每两年举行一次。美国队在1927～1971年受到英国队的挑战,在1973～1977年间与大不列颠和爱尔兰联队抗衡,自1979年以来,又与欧洲联队对抗。目前,比赛的形式是,在前两天,各进行4场双打比赛和4人团体赛,最后一天进行12场单打比赛。美国队实力强劲,23胜,6负和2次平局(1969和1989)。英国队在1929、1933和1957获得冠军,欧洲联队在1985、1987和1995获冠军。

沃克杯

美国和英国的业余高尔夫球队每两年举行一次沃克杯比赛。自1981年以来,美国队一直与英国和爱尔兰联队对抗。美国队30次获冠军,英国和爱尔兰联队4次获胜(1938、1971、1989和1995)。1965年比赛结果是平局。

柯蒂斯杯

高尔夫柯蒂斯杯自1932年以来每两年举行一次,由美国、英国和爱尔兰的女队参加比赛。美国队20胜,6负,英国和爱尔兰联队于1952、1956、1986、1988、1992和1996年获胜。1936、1958和1994年是平局。

世界杯

高尔夫球世界杯是1953年由杰伊·霍普金斯发起的,每年举行一次,是由世界各国和地区的二人队参加的72杆数比赛。1981和1986年没有进行比赛。美国队实力雄厚,到1996年为止共获21次冠军(1955～1956、1960～1964、1966～1967、1969、1971、1973、1975、1978～1979、1983、1988、1992～1995)。西班牙获4次冠军(1976～1977、1982、1984),澳大利亚也夺得4次冠军(1954、1959、1970、1989)。3次获冠军的国家是南非(1965、1974、1996)和加拿大(1968、1980、1985)。其他7个国家和地区获得过一次冠军:阿根廷(1953)、日本(1957)、爱尔兰(1958)、中国台湾(1972)、威尔士(1987)、德国(1990)和瑞典(1991)。

加里·普莱耶
(1935～)

南非的加里·普莱耶是高尔夫球的常胜将军,他的高尔夫球生涯是献身精神和坚强性格的写照。每当他意识到自己在比赛场上的技术欠佳时(例如,对于一个击球手来说,他的个子不够高),他就有步骤地进行训练来克服这些不足。他战功卓著,创造了非凡的记录,成为四位获得所有四项比赛冠军选手中的一位:1965年获美国公开赛冠军,1961、1974和1978年获马斯特斯赛冠军,1959、1968和1974年获英国公开赛冠军,1962和1972年获职业高尔夫球协会锦标赛冠军。竞争的热望使他远征许多地区,他曾获非洲锦标赛冠军,欧洲大陆锦标赛冠军,南美洲锦标赛冠军。在澳大利亚,他七次获澳大利亚公开赛冠军。在1965年世界穴数记分锦标赛上迎战托尼·莱尔纳时,充分展示了他的勇气,在还剩17穴、落后7分的不利条件下,他最终赢得了比赛。普莱耶与杰克·尼克劳斯、阿诺德·帕尔默被公认为高尔夫三杰。

■ 在1991年英国公开赛上,塞韦·巴利斯特罗斯精心策划了一个轻击球。他曾三次获此项赛事的冠军,但在这次比赛上不太成功。

球的运动■日本有1300多万高尔夫球爱好者,但只有1200个高尔夫球场■

网球

▶ 职业网球源起于1926年，当时一位美式橄榄球赛赞助人安排了一场由杰出的法国女运动员苏珊·朗格朗为中心人物的锦标赛。

▶ 最长的平分决赛是26：24，发生于1985年7月1日在温布尔登举行的男子双打的第一轮比赛中，瑞典的J.贡纳松和丹麦的M.莫滕森击败了澳大利亚的J.弗劳利和巴拉圭的V.佩奇（6：3，6：4，3：6，7：6）。

▶ 最快的球速是每小时229公里，是1997年由澳大利亚的马克·菲利波希斯打出的。

草地网球是1874年由北威尔士的沃尔特·温菲尔德少校首创的，他称此项运动为"Sphairistike"。这项运动很快得到了普遍的接受，如今已成为世界上最受欢迎的执拍运动项目。

网球可以在多种场地上进行，包括草地、泥土地、水泥地面和地毯（室内比赛）。单打比赛的场地是23.8米（78英尺）长，8.2米（27英尺）宽——双打比赛场地加宽到11米（36英尺）。球的直径是6.35～6.67厘米（$2^1/_2$～$2^5/_8$英寸），重量是57～58克（2～$2^1/_{16}$盎司）。横穿场地中心的球网由一条高度为0.9米（3英尺）的带子支撑，封闭场地的线称为底线（场地两端）和边线（场地两侧）。

四个主要的锦标赛是温布尔登赛和美国、法国、澳大利亚公开赛，四者加在一起构成大满贯。还有各种各样的联赛和大奖赛。建立于1913年的国际网球联合会是网球运动的管理机构。

■ 罗德·拉弗在1962年温布尔登赛上。

■ 鲍里斯·贝克尔，在1997年澳大利亚公开赛上。

🏆 戴维斯杯

戴维斯杯于1900年首次举行，是主要的男子团体国际比赛。以下是按获冠军次数多少排列的优胜者：

	得胜次数	
美国	31	1900, 1902, 1913, 1920～1926, 1937～1938, 1946～1949, 1954, 1958, 1963, 1968～1972, 1978～1979, 1981～1982, 1990, 1992, 1995
澳大拉西亚/澳大利亚	26	1907～1909, 1911, 1914, 1919, 1939, 1950～1953, 1955～1957, 1959～1962, 1964～1967, 1973, 1977, 1983, 1986
不列颠群岛/大不列颠	9	1903～1906, 1912, 1933～1936
法国	8	1927～1932, 1991, 1996
瑞典	4	1975, 1984～1985, 1994
联邦德国/德国	3	1988～1989, 1993
南非	1	1974
意大利	1	1976
捷克斯洛伐克	1	1980

🏆 联合会杯

联合会杯是国际性的女子团体比赛，自1963年以来每年举行一次。以下是按获胜次数多少排列的优胜者：

	得胜次数	
美国	15	1963, 1966～1967, 1969, 1976～1982, 1986, 1989～1990, 1996
澳大利亚	7	1964～1965, 1968, 1970～1971, 1973～1974
捷克斯洛伐克	5	1975, 1983～1985, 1988
西班牙	4	1991, 1993～1995

🏆 1996年奥运会冠军

草地网球自1896～1924年是奥运会的项目。在1968年它只是一个体育表演项目，1988年重新列为获奖牌项目。以下是1996年的金牌榜。

男子单打： 安德烈·阿加西（美国）

男子双打： 托德·伍德布里奇和马克·伍德福德（澳大利亚）

女子单打： 林赛·达文波特（美国）

女子双打： 吉吉·费尔南德斯和玛丽·乔·费尔南德斯（美国）

🏆 澳大利亚公开赛

澳大利亚公开赛始于1905年，目前在墨尔本的芬德斯公园举行。由于比赛时间从早季挪到晚季，因此1977年有两届锦标赛。1970年以来的优胜者是：

男子单打

1970年	阿瑟·亚希（美国）
1971年	肯·罗斯沃尔（澳大利亚）
1972年	肯·罗斯沃尔（澳大利亚）
1973年	约翰·纽科姆（澳大利亚）
1974年	吉米·康纳斯（美国）
1975年	约翰·纽科姆（美国）
1976年	马克·埃德蒙森（澳大利亚）
1977年	罗斯科·坦纳（美国）
1977年	维塔斯·格鲁莱蒂斯（美国）
1978年	吉列尔莫·维拉斯（阿根廷）
1979年	吉列尔莫·维拉斯（阿根廷）
1980年	布赖恩·蒂彻（美国）
1981年	约翰·克里克（南非）
1982年	约翰·克里克（南非）
1983年	马茨·威兰德（瑞典）
1984年	马茨·威兰德（瑞典）
1985年	斯特凡·埃德博格（瑞典）
1986年	无冠军
1987年	斯特凡·埃德博格（瑞典）
1988年	马茨·威兰德（瑞典）
1989年	伊凡·伦德尔（捷克）
1990年	伊凡·伦德尔（捷克）
1991年	鲍里斯·贝克尔（德国）
1992年	吉姆·科里尔（美国）
1993年	吉姆·科里尔（美国）
1994年	皮特·桑普拉斯（美国）
1995年	安德烈·阿加西（美国）
1996年	鲍里斯·贝克尔（德国）
1997年	皮特·桑普拉斯（美国）

女子单打

1970年	马格丽特·考特（澳大利亚）
1971年	马格丽特·考特（澳大利亚）
1972年	弗吉妮亚·韦德（英国）
1973年	马格丽特·考特（澳大利亚）
1974年	伊沃纳·古拉贡（澳大利亚）
1975年	伊沃纳·古拉贡（澳大利亚）
1976年	伊沃纳·考利（娘家姓古拉贡）（澳大利亚）
1977年	凯丽·里德（澳大利亚）
1977年	伊沃纳·考利（澳大利亚）
1978年	克里斯蒂娜·奥尼尔（澳大利亚）
1979年	巴巴拉·乔丹（美国）
1980年	汉娜·曼德利科娃（捷克）
1981年	马丁娜·纳芙拉蒂诺娃（捷克）
1982年	克里斯·埃弗特·劳埃德（美国）
1983年	马丁娜·纳芙拉蒂诺娃（美国）
1984年	克里斯·埃弗特·劳埃德（美国）
1985年	马丁娜·纳芙拉蒂诺娃（美国）
1986年	无冠军
1987年	汉娜·曼德利科娃（捷克）
1988年	施特菲·格拉芙（德国）
1989年	施特菲·格拉芙（德国）
1990年	施特菲·格拉芙（德国）
1991年	莫妮卡·塞莱斯（南斯拉夫）
1992年	莫妮卡·塞莱斯（南斯拉夫）
1993年	莫妮卡·塞莱斯（南斯拉夫）
1994年	施特菲·格拉芙（德国）
1995年	马丁娜·辛吉斯（法国）
1996年	莫妮卡·塞莱斯（美国）
1997年	马丁娜·辛吉斯（瑞士）

■ 在网球比赛中，裁判与运动员的比例是各项体育比赛中最高的 ■ 罗德·拉弗

法国公开赛

法国网球公开赛自1928年以来在巴黎的罗兰·加罗斯体育场的硬地上举行。1970年以来的优胜者为：

男子单打

1970年	扬·科代斯（捷克）
1971年	扬·科代斯（捷克）
1972年	安德烈斯·吉梅诺（西班牙）
1973年	伊利耶·纳斯塔斯（罗马尼亚）
1974年	比约恩·博格（瑞典）
1975年	比约恩·博格（瑞典）
1976年	阿德里亚诺·帕纳塔（意大利）
1977年	吉列尔莫·维拉斯（阿根廷）
1978年	比约恩·博格（瑞典）
1979年	比约恩·博格（瑞典）
1980年	比约恩·博格（瑞典）
1981年	比约恩·博格（瑞典）
1982年	马茨·威兰德（瑞典）
1983年	扬尼克·诺亚（法国）
1984年	伊凡·伦德尔（捷克）
1985年	马茨·威兰德（瑞典）
1986年	伊凡·伦德尔（捷克）
1987年	伊凡·伦德尔（捷克）
1988年	马茨·威兰德（瑞典）
1989年	张德培（迈克尔·张）（美国）
1990年	安德烈斯·戈麦斯（厄瓜多尔）
1991年	吉姆·科里尔（美国）
1992年	吉姆·科里尔（美国）
1993年	塞尔吉·布鲁格拉（西班牙）
1994年	塞尔吉·布鲁格拉（西班牙）
1995年	托马斯·穆斯特尔（奥地利）
1996年	叶夫根尼·卡费尔尼科夫（俄罗斯）
1997年	古斯塔沃·屈滕（巴西）

女子单打

1970年	马格丽特·考特（澳大利亚）
1971年	伊沃纳·古拉贡（澳大利亚）
1972年	比莉·琼·金（美国）
1973年	马格丽特·考特（澳大利亚）
1974年	克里斯·埃弗特（美国）
1975年	克里斯·埃弗特（美国）
1976年	苏·巴克（英国）
1977年	米米·耀索维克（南斯拉夫）
1978年	弗吉尼亚·鲁兹奇（罗马尼亚）
1979年	克里斯·埃弗特·劳埃得（美国）
1980年	克里斯·埃弗特·劳埃得（美国）
1981年	汉娜·曼德利科娃（捷克）
1982年	马丁娜·纳芙拉蒂诺娃（美国）
1983年	克里斯·埃弗特·劳埃德（美国）
1984年	马丁娜·纳芙拉蒂诺娃（美国）
1985年	克里斯·埃弗特·劳埃德（美国）
1986年	克里斯·埃弗特·劳埃德（美国）
1987年	施特菲·格拉芙（德国）
1988年	施特菲·格拉芙（德国）
1989年	阿兰莎·桑切斯·维卡里奥（西班牙）
1990年	莫妮卡·塞莱斯（南斯拉夫）
1991年	莫妮卡·塞莱斯（南斯拉夫）
1992年	莫妮卡·塞莱斯（南斯拉夫）
1993年	施特菲·格拉芙（德国）
1994年	阿兰莎·桑切斯·维卡里奥（西班牙）
1995年	施特菲·格拉芙（德国）
1996年	施特菲·格拉芙（德国）
1997年	伊娃·马约利（克罗地亚）

美国公开赛

美国网球公开赛始自1881年，在纽约的茂盛草地举行。1970年以来的优胜者为：

男子单打

1970年	肯·罗斯沃尔（澳大利亚）
1971年	斯坦·史密斯（美国）
1972年	伊利耶·纳斯塔斯（罗马尼亚）
1973年	约翰·纽科姆（澳大利亚）
1974年	吉米·康纳斯（美国）
1975年	曼努埃·奥兰特斯（西班牙）
1976年	吉米·康纳斯（美国）
1977年	吉列尔莫·维拉斯（阿根廷）
1978年	吉米·康纳斯（美国）
1979年	约翰·麦肯罗（美国）
1980年	约翰·麦肯罗（美国）
1981年	约翰·麦肯罗（美国）
1982年	吉米·康纳斯（美国）
1983年	吉米·康纳斯（美国）
1984年	约翰·麦肯罗（美国）
1985年	伊凡·伦德尔（捷克）
1986年	伊凡·伦德尔（捷克）
1987年	伊凡·伦德尔（捷克）
1988年	马茨·威兰德（瑞典）
1989年	鲍里斯·贝克尔（德国）
1990年	皮特·桑普拉斯（美国）
1991年	斯特凡·埃德博格（瑞典）
1992年	斯特凡·埃德博格（瑞典）
1993年	皮特·桑普拉斯（美国）
1994年	安德烈·阿加西（美国）
1995年	皮特·桑普拉斯（美国）
1996年	皮特·桑普拉斯（美国）

女子单打

1970年	马格丽特·考特（澳大利亚）
1971年	比莉·琼·金（美国）
1972年	比莉·琼·金（美国）
1973年	马格丽特·考特（澳大利亚）
1974年	比莉·琼·金（美国）
1975年	克里斯·埃弗特（美国）
1976年	克里斯·埃弗特（美国）
1977年	克里斯·埃弗特（美国）
1978年	克里斯·埃弗特（美国）
1979年	特蕾西·奥斯汀（美国）
1980年	克里斯·埃弗特·劳埃德（美国）
1981年	特蕾西·奥斯汀（美国）
1982年	克里斯·埃弗特·劳埃德（美国）
1983年	马丁娜·纳芙拉蒂娃（美国）
1984年	马丁娜·纳芙拉蒂娃（美国）
1985年	汉娜·曼德利科娃（捷克）
1986年	马丁娜·纳芙拉蒂娃（美国）
1987年	马丁娜·纳芙拉蒂娃（美国）
1988年	施特菲·格拉芙（德国）
1989年	施特菲·格拉芙（德国）
1990年	加布列拉·萨巴蒂尼（阿根廷）
1991年	莫妮卡·塞莱斯（南斯拉夫）
1992年	莫妮卡·塞莱斯（南斯拉夫）
1993年	施特菲·格拉芙（德国）
1994年	阿兰莎·桑切斯·维卡里奥（西班牙）
1995年	施特菲·格拉芙（德国）
1996年	施特菲·格拉芙（德国）

弗雷德·佩里
(1909～1995)

英国的弗雷德·佩里是一位非凡的网球运动员。他总共8次获四大赛的冠军头衔：3次获温布尔登赛（1934、1935、1936），3次获美国公开赛（1933、1934、1936），1次法国公开赛（1935）和1次澳大利亚公开赛（1934）。他成为第一位获得所有四项主要单打冠军头衔的运动员，可是这不被看作是大满贯，因为他不是同时拥有这些头衔。他参加双打的纪录也给人留下深刻印象，2次获得男子双打和4次混合双打的头衔。佩里在英国1933-1936年连续四年获戴维斯杯冠军争夺战中起到决定性作用，其中他的个人记录也令人瞩目：在52场比赛中只有7场败绩。1936年他获准动身去美国，在那里他与人合营贝弗利山网球俱乐部。他还开始生产一流网球服装，成功地用自己的名字作为高品质运动装的品牌。他是最后一位在四大赛中获得冠军的英国人（1936），他得到了全英格兰网球俱乐部奖给他的极高荣誉：一座他的雕像竖起在温布尔登——他曾经许多次获辉煌胜利的地方。

■ 比约恩·博格在1973年温布尔登赛场上。

■ 皮特·桑普拉斯，在1997年澳大利亚公开赛上。

■ 安德烈·阿加西，在1997年美国利普敦锦标赛赛场上。

■ 克里斯·埃弗特在1974年温布尔登赛上。

■ 马丁娜·纳芙拉蒂诺娃在1994年温布尔登赛上。

■ 莫妮卡·塞莱斯在1997年美国利普敦锦标赛赛场上。

温布尔登赛

在伦敦温布尔登举行的全英网球锦标赛被认为是体育竞赛中最负声望的比赛，于1877年首次举行。比赛起初是以挑战赛为基础的，但是该体制在1922年被废除。职业赛首次于1968年举行。二战后的优胜者为：

男子单打

年份	冠军
1946年	伊冯·彼特拉（法国）
1947年	杰克·克雷默（美国）
1948年	鲍勃·福尔肯伯格（美国）
1949年	特德·施罗德（美国）
1950年	巴奇·帕蒂（美国）
1951年	迪克·萨维特（美国）
1952年	弗兰克·塞奇曼（澳大利亚）
1953年	维克·塞科萨斯（美国）
1954年	雅罗斯拉夫·德罗布尼（捷克斯洛伐克）
1955年	托尼·特拉伯特（美国）
1956年	卢·霍德（澳大利亚）
1957年	卢·霍德（澳大利亚）
1958年	阿什利·库珀（澳大利亚）
1959年	亚历克斯·奥尔梅多（美国）
1960年	尼尔·弗雷泽（澳大利亚）
1961年	罗德·拉弗（澳大利亚）
1962年	罗德·拉弗（澳大利亚）
1963年	查克·麦金利（美国）
1964年	罗伊·埃默森（澳大利亚）
1965年	罗伊·埃默森（澳大利亚）
1966年	曼努埃尔·桑塔纳（西班牙）
1967年	约翰·纽科姆（澳大利亚）
1968年	罗德·拉弗（澳大利亚）
1969年	罗德·拉弗（澳大利亚）
1970年	约翰·纽科姆（澳大利亚）
1971年	约翰·纽科姆（澳大利亚）
1972年	斯坦·史密斯（美国）
1973年	扬·科代斯（捷克斯洛伐克）
1974年	吉米·康纳斯（美国）
1975年	阿瑟·阿什（美国）
1976年	比约恩·博格（瑞典）
1977年	比约恩·博格（瑞典）
1978年	比约恩·博格（瑞典）
1979年	比约恩·博格（瑞典）
1980年	比约恩·博格（瑞典）
1981年	约翰·麦肯罗（美国）
1982年	吉米·康纳斯（美国）
1983年	约翰·麦肯罗（美国）
1984年	约翰·麦肯罗（美国）
1985年	鲍里斯·贝克尔（德国）
1986年	鲍里斯·贝克尔（德国）
1987年	帕特·卡什（澳大利亚）
1988年	斯特凡·埃德博格（瑞典）
1989年	鲍里斯·贝克尔（德国）
1990年	斯特凡·埃德博格（瑞典）
1991年	迈克尔·施蒂希（德国）
1992年	安德烈·阿加西（美国）
1993年	皮特·桑普拉斯（美国）
1994年	皮特·桑普拉斯（美国）
1995年	皮特·桑普拉斯（美国）
1996年	理查德·克拉伊切克（荷兰）
1997年	皮特·桑普拉斯（美国）

女子单打

年份	冠军
1946年	保利娜·贝茨（美国）
1947年	玛格丽特·奥斯本（美国）
1948年	路易丝·布拉夫（美国）
1949年	路易丝·布拉夫（美国）
1950年	路易丝·布拉夫（美国）
1951年	多丽丝·哈特（美国）
1952年	莫琳·康诺利（美国）
1953年	莫琳·康诺利（美国）
1954年	莫琳·康诺利（美国）
1955年	路易丝·布拉夫（美国）
1956年	雪莉·弗赖（美国）
1957年	阿尔西·吉布森（美国）
1958年	阿尔西·吉布森（美国）
1959年	玛丽亚·布埃诺（巴西）
1960年	玛丽亚·布埃诺（巴西）
1961年	安杰拉·莫蒂默（英国）
1962年	卡伦·萨斯曼（美国）
1963年	玛格丽特·史密斯（澳大利亚）
1964年	玛丽亚·布埃诺（巴西）
1965年	玛格丽特·史密斯（澳大利亚）
1966年	比莉·琼·金（美国）
1967年	比莉·琼·金（美国）
1968年	比莉·琼·金（美国）
1969年	安·琼斯（美国）
1970年	玛格丽特·史密斯-考特（澳大利亚）
1971年	伊沃纳·古拉贡（澳大利亚）
1972年	比莉·琼·金（美国）
1973年	比莉·琼·金（美国）
1974年	克里斯·埃弗特（美国）
1975年	比莉·琼·金（美国）
1976年	克里斯·埃弗特（美国）
1977年	弗吉尼亚·韦德（英国）
1978年	马丁娜·纳芙拉蒂诺娃（捷克斯洛伐克）
1979年	马丁娜·纳芙拉蒂诺娃（捷克斯洛伐克）
1980年	伊沃纳·古拉贡-考利（澳大利亚）
1981年	克里斯·埃弗特·劳埃德（美国）
1982年	马丁娜·纳芙拉蒂诺娃（美国）
1983年	马丁娜·纳芙拉蒂诺娃（美国）
1984年	马丁娜·纳芙拉蒂诺娃（美国）
1985年	马丁娜·纳芙拉蒂诺娃（美国）
1986年	马丁娜·纳芙拉蒂诺娃（美国）
1987年	马丁娜·纳芙拉蒂诺娃（美国）
1988年	施特菲·格拉芙（德国）
1989年	施特菲·格拉芙（德国）
1990年	马丁娜·纳芙拉蒂诺娃（美国）
1991年	施特菲·格拉芙（德国）
1992年	施特菲·格拉芙（德国）
1993年	施特菲·格拉芙（德国）
1994年	孔奇塔·马丁内斯（西班牙）
1995年	施特菲·格拉芙（德国）
1996年	施特菲·格拉芙（德国）
1997年	马丁娜·辛吉斯（瑞士）

男子双打

年份	冠军
1946年	汤姆·布朗和杰克·克雷默（美国）
1947年	鲍勃·福尔肯伯格和杰克·克雷默（美国）
1948年	约翰·布罗米奇和弗兰克·塞奇曼（澳大利亚）
1949年	里卡多·冈萨雷斯和福兰克·帕克（美国）
1950年	约翰·布罗米奇和阿德里安奎特（澳大利亚）
1951年	肯·麦格雷戈和弗兰克·塞奇曼（澳大利亚）
1952年	肯·麦格雷戈和弗兰克·塞奇曼（澳大利亚）
1953年	卢·霍德和肯·罗斯沃尔（澳大利亚）
1954年	雷克斯·哈特维希和默文·罗斯（澳大利亚）
1955年	雷克斯·哈特维希和默文·罗斯（澳大利亚）
1956年	卢·霍德和肯·罗斯沃尔（澳大利亚）
1957年	巴奇·帕蒂和加德纳·马洛伊（美国）
1958年	斯文·戴维森和乌尔夫·施米特（瑞典）
1959年	罗伊·埃默森和尼尔·弗雷泽（澳大利亚）
1960年	拉斐尔·奥苏纳（墨西哥）和丹尼斯·罗尔斯顿（美国）
1961年	罗伊·埃默森和尼尔·弗雷泽（澳大利亚）
1962年	鲍勃·休伊特和弗雷德·斯托勒（澳大利亚）
1963年	拉斐尔·奥苏纳和安东尼奥·帕拉福克斯（墨西哥）
1964年	鲍勃·休伊特和弗雷德·斯托勒（澳大利亚）
1965年	约翰·纽科姆和托尼·罗奇（澳大利亚）
1966年	肯·弗莱彻和约翰·纽科姆（澳大利亚）
1967年	鲍勃·休伊特和弗鲁·麦克米伦（南非）
1968年	约翰·纽科姆和托尼·罗奇（澳大利亚）
1969年	约翰·纽科姆和托尼·罗奇（澳大利亚）
1970年	约翰·纽科姆和托尼·罗奇（澳大利亚）
1971年	罗伊·埃默森和罗德·拉弗（澳大利亚）
1972年	鲍勃·休伊特和弗鲁·麦克米伦（南非）
1973年	吉米·康纳斯（美国）和伊耶·纳斯塔塞斯（罗马尼亚）
1974年	约翰·纽科姆和托尼·罗奇（澳大利亚）
1975年	维特斯·格鲁莱蒂斯和桑迪·迈耶（美国）
1976年	布赖恩·戈特弗里德（美国）和劳尔·拉米雷斯（墨西哥）
1977年	罗斯·凯德和杰夫·马斯特斯（澳大利亚）
1978年	鲍勃·休伊特和弗鲁·麦克米伦（南非）
1979年	约翰·麦肯罗和彼得·弗莱明（美国）
1980年	彼得·麦克纳马拉和保罗·麦克纳米（澳大利亚）

■ 一个网球从254厘米的高度下落时，要反弹135～147厘米

年份	冠军
1981年	约翰·麦肯罗和彼得·弗莱明（美国）
1982年	彼得·麦克纳马拉和保罗·麦克纳米（澳大利亚）
1983年	约翰·麦肯罗和彼得·弗莱明（美国）
1984年	约翰·麦肯罗和彼得·弗莱明（美国）
1985年	鲍拉日·塔罗克兹（匈牙利）和海因茨·冈萨尔特（瑞士）
1986年	约阿基姆·奈斯特龙和马茨·威兰德（瑞典）
1987年	肯·弗拉奇和罗伯特·塞古索（美国）
1988年	肯·弗拉奇和罗伯特·塞古索（美国）
1989年	约翰·菲茨杰拉德（澳大利亚）和安德斯·亚吕德（瑞典）
1990年	里克·利奇和吉姆·皮尤（美国）
1991年	约翰·菲茨杰拉德（澳大利亚）和安德斯·亚吕德（瑞典）
1992年	约翰·麦肯罗（美国）和迈克尔·斯蒂希（德国）
1993年	托德·伍德布里奇和马克·伍德福德（澳大利亚）
1994年	托德·伍德布里奇和马克·伍德福德（澳大利亚）
1995年	托德·伍德布里奇和马克·伍德福德（澳大利亚）
1996年	托德·伍德布里奇和马克·伍德福德（澳大利亚）
1997年	托德·伍德布里奇和马克·伍德福德（澳大利亚）

女子双打

年份	冠军
1946年	路易丝·布拉夫和玛格丽特·奥斯本（美国）
1947年	帕特·托德和多丽斯·哈特（美国）
1948年	路易丝·布拉夫和玛格丽特·奥斯本－杜邦（美国）
1949年	路易丝·布拉夫和玛格丽特·奥斯本－杜邦（美国）
1950年	路易丝·布拉夫和玛格丽特·奥斯本－杜邦（美国）
1951年	多丽斯·哈特和雪莉·弗赖（美国）
1952年	多丽斯·哈特和雪莉·弗赖（美国）
1953年	多丽斯·哈特和雪莉·弗赖（美国）
1954年	路易丝·布拉夫和玛格丽特·奥斯本－杜邦（美国）
1955年	安杰拉·莫蒂默和安妮·希尔科克（英国）
1956年	安杰拉·巴克斯顿（英国）和阿尔西·吉布森（美国）
1957年	阿尔西·吉布森和达勒妮·哈德（美国）
1958年	玛丽亚·布埃诺（巴西）和阿尔西·吉布森（美国）
1959年	琼·阿思和达勒妮·哈德（美国）
1960年	玛丽亚·布埃诺（巴西）和达勒妮·哈德（美国）
1961年	卡伦·汉茨和比莉·琼·金（美国）
1962年	卡伦·汉茨－萨斯迈和比莉·琼·金（美国）
1963年	玛丽亚·布埃诺（巴西）和达勒妮·哈德（美国）
1964年	玛格丽特·史密斯和莱斯莉·特纳（澳大利亚）
1965年	玛丽亚·布埃诺（巴西）和比莉·琼·金（美国）
1966年	玛丽亚·布埃诺（巴西）和南希·里乔（美国）
1967年	罗斯玛丽·卡萨尔斯和比莉·琼·金（美国）
1968年	比利·琼·金和罗斯玛丽·卡萨尔斯（美国）
1969年	玛格丽特·史密斯－考特和朱迪·特加特（澳大利亚）
1970年	比莉·琼·金和罗斯玛丽·卡萨尔斯（美国）
1971年	比莉·琼·金（美国）和贝蒂·斯托弗（荷兰）
1972年	比莉·琼·金和罗斯玛丽·卡萨尔斯（美国）
1973年	比莉·琼·金和罗斯玛丽·卡萨尔斯（美国）
1974年	伊沃纳·古拉贡（澳大利亚）和佩吉·米切尔（美国）
1975年	安·清材（美国）和泽松（日本）
1976年	克里斯·埃弗特（美国）和马丁娜·纳芙拉蒂诺娃（捷克斯洛伐克）
1977年	海伦·考利（澳大利亚）和乔安妮·拉塞尔（美国）
1978年	凯里·里德和温迪·特恩布尔（澳大利亚）
1979年	比莉·琼·金（美国）和马丁娜·纳芙拉蒂诺娃（捷克斯洛伐克）
1980年	凯西·乔丹和安妮·史密斯（美国）
1981年	马丁娜·纳芙拉蒂诺娃和帕姆·施赖弗（美国）
1982年	马丁娜·纳芙拉蒂诺娃和帕姆·施赖弗（美国）
1983年	马丁娜·纳芙拉蒂诺娃和帕姆·施赖弗（美国）
1984年	马丁娜·纳芙拉蒂诺娃和帕姆·施赖弗（美国）
1985年	凯西·乔丹（美国）和利兹·斯迈利（美国）
1986年	马丁娜·纳芙拉蒂诺娃和帕姆·施赖弗（美国）
1987年	克劳迪娅·科德·基尔施（德国）和海伦娜·苏科娃（捷克斯洛伐克）
1988年	斯蒂芬妮·格拉芙（德国）和加芙列拉·萨巴蒂尼（阿根廷）
1989年	亚娜·诺沃特娜和海伦娜·苏科娃（捷克斯洛伐克）
1990年	亚娜·诺沃特娜和海伦娜·苏科娃（捷克斯洛伐克）
1991年	拉里莎·萨夫琴科和纳塔利娅·兹韦列娃（苏联）
1992年	吉吉·费尔南德斯（美国）和纳塔利娅·兹韦列娃（白俄罗斯）
1993年	吉吉·费尔南德斯（美国）和纳塔利娅·兹韦列娃（白俄罗斯）
1994年	吉吉·费尔南德斯（美国）和纳塔利娅·兹韦列娃（白俄罗斯）
1995年	亚娜·诺沃特娜（捷克）和阿兰科西亚·桑切斯·维卡里奥（西班牙）
1996年	马丁娜·辛吉斯（瑞士）和海伦娜·苏科娃（捷克）
1997年	吉吉·费尔南德斯（美国）和纳塔利娅·兹韦列娃（白俄罗斯）

混合双打

年份	冠军
1946年	汤姆·布朗和路易丝·布拉夫（美国）
1947年	路易丝·布拉夫（美国）和约翰·布罗米奇（澳大利亚）
1948年	路易丝·布拉夫（美国）和约翰·布罗米奇（澳大利亚）
1949年	希拉·萨默斯和埃里克·斯塔吉斯（南非）
1950年	路易丝·布拉夫（美国）和埃里克·斯特吉斯（南非）
1951年	多丽斯·哈特（美国）和弗兰克·塞奇曼（澳大利亚）
1952年	多丽斯·哈特（美国）和弗兰克·塞奇曼（澳大利亚）
1953年	多丽斯·哈特和维克·塞沙斯（美国）
1954年	多丽斯·哈特和维克·塞沙斯（美国）
1955年	多丽斯·哈特和维克·塞沙斯（美国）
1956年	雪莉·弗赖和维克·塞沙斯（美国）
1957年	达勒妮·哈德（美国）和默文·罗斯（澳大利亚）
1958年	洛兰·科格伦和鲍勃·豪（澳大利亚）
1959年	达勒妮·哈德（美国）和罗德·拉弗（澳大利亚）
1960年	达勒妮·哈德（美国）和罗德·拉弗（澳大利亚）
1961年	莱斯莉·特纳和弗雷德·斯托勒（澳大利亚）
1962年	玛格丽特·奥斯本·杜邦（美国）和尼尔·弗雷泽（澳大利亚）
1963年	玛格丽特·史密斯和肯·弗莱彻（澳大利亚）
1964年	莱斯莉·特纳和弗雷德·斯托勒（澳大利亚）
1965年	玛格丽特·史密斯和肯·弗莱彻（澳大利亚）
1966年	玛格丽特·史密斯和肯·弗莱彻（澳大利亚）
1967年	比莉·琼·金和戴维森（美国）
1968年	玛格丽特·史密斯·考特和肯·弗莱彻（澳大利亚）
1969年	安·琼斯（英国）和弗雷德·施托勒（澳大利亚）
1970年	罗斯玛丽·卡萨尔斯（美国）和伊利耶·纳斯塔斯（罗马尼亚）
1971年	比莉·琼·金和欧文·戴维森（澳大利亚）
1972年	比莉·琼·金（美国）和伊利耶·纳斯塔斯（罗马尼亚）
1973年	比莉·琼·金和欧文·戴维森（澳大利亚）
1974年	比莉·琼·金和欧文·戴维森（澳大利亚）
1975年	玛格丽特·史密斯－考特（澳大利亚）和马蒂·里森（美国）
1976年	弗朗索瓦丝·迪尔（法国）和托尼·罗奇（澳大利亚）
1977年	格里尔·史蒂文斯和鲍勃·休伊特（南非）
1978年	贝蒂·斯托弗（荷兰）和弗鲁·麦克米伦（南非）
1979年	格里尔·史蒂文斯和鲍勃·休伊特（南非）
1980年	特蕾西·奥斯汀和约翰·奥斯汀（美国）
1981年	贝蒂·斯托弗（荷兰）和弗鲁·麦克米伦（南非）
1982年	安妮·史密斯和凯文·柯伦（南非）
1983年	温迪·特恩布尔（澳大利亚）和约翰·劳埃德（英国）
1984年	温迪·特恩布尔（澳大利亚）和约翰·劳埃德（英国）
1985年	马丁娜·纳芙拉蒂诺娃（美国）和保罗·麦克纳米（澳大利亚）
1986年	凯西·乔丹和肯·弗拉奇（美国）
1987年	乔·迪恩和杰里米·贝茨（英国）
1988年	季娜·加里森和谢伍德·斯图亚特（美国）
1989年	亚娜·诺沃特娜（捷克斯洛伐克）和吉姆·皮尤（美国）
1990年	季娜·加里森和里克·利奇（美国）
1991年	约翰·菲茨杰拉德和伊丽莎白·斯迈利（美国）
1992年	西里尔·舒克（捷克斯洛伐克）和拉里莎·萨夫琴科（拉脱维亚）
1993年	马克·伍德福德（澳大利亚）和马丁娜·纳芙拉蒂诺娃（美国）
1994年	托德·伍德布里奇（澳大利亚）和海伦娜·苏科娃（捷克）
1995年	马丁娜·纳芙拉蒂诺娃和约纳斯·斯塔克（捷克）
1996年	西里尔·舒克和海伦娜·苏科娃（捷克）
1997年	西里尔·舒克和海伦娜·苏科娃（捷克）

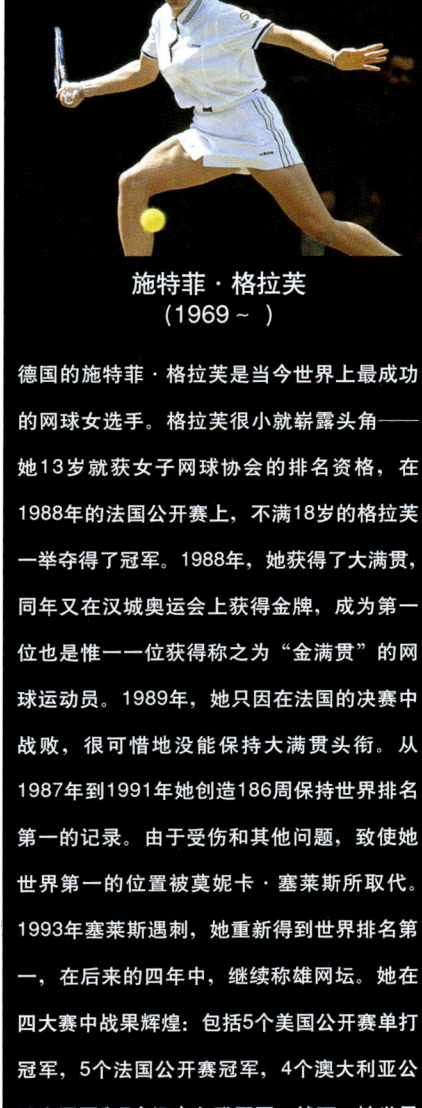

施特菲·格拉芙
（1969~ ）

德国的施特菲·格拉芙是当今世界上最成功的网球女选手。格拉芙很小就崭露头角——她13岁就获女子网球协会的排名资格，在1988年的法国公开赛上，不满18岁的格拉芙一举夺得了冠军。1988年，她获得了大满贯，同年又在汉城奥运会上获得金牌，成为第一位也是惟一一位获得称之为"金满贯"的网球运动员。1989年，她只因在法国的决赛中战败，很可惜地没能保持大满贯头衔。从1987年到1991年她创造186周保持世界排名第一的记录。由于受伤和其他问题，致使她世界第一的位置被莫妮卡·塞莱斯所取代。1993年塞莱斯遇刺，她重新得到世界排名第一，在后来的四年中，继续称雄网坛。她在四大赛中战果辉煌：包括5个美国公开赛单打冠军，5个法国公开赛冠军，4个澳大利亚公开赛冠军和7个温布尔登冠军。然而，她世界排名第一的殊荣在1997年落在了年轻的马丁娜·辛吉斯手里。

 大满贯

大满贯是网坛最负声望的成就。要赢得这项令人瞩目的头衔，一个运动员要在同一年度里获得所有四大赛的冠军——温布尔登和法国、澳大利亚和美国公开赛。在单打比赛中获此殊荣的运动员有：

男子
唐纳德·巴奇（美国）1938
罗德·拉弗（澳大利亚）1962、1969

女子
莫玉林·康诺利（美国）1953
玛格丽特·考特（澳大利亚）1970
施特菲·格拉芙（德国）1988

其他球类运动

▶ 虽然美国民间传说中讲棒球是纽约库珀斯敦的阿布纳特·道布尔迪在1839年发明的,但它很有可能是由英国的板球和圆场棒球发展而来的。

▶ 类似篮球的运动已经有几千年的历史,它的祖先可能是公元前10世纪墨西哥奥尔梅克人玩的一种叫做"波克-塔-波克"的游戏。

▶ 棍球运动已经有4000多年历史,大约在公元前2050年的埃及墓冢中就画有这种运动。

▶ 简化曲棍球是由一种叫做"卡马纳德"——用弯曲的棍子玩的古老游戏发展而来的。

棒球

棒球运动起源于英国的圆场棒球,其规则在1845年由小亚历山大·卡特莱特整理成形。第一个职业棒球联盟是1871年成立的全国职业棒球运动员协会。

这种运动盛行于美国、日本和远东地区。美国有两大组织:全国棒球联盟(NL),创建于1876年;美国棒球联盟(AL),成立于1901年。棒球于1992年被列为奥运会比赛项目,古巴获得当年的金牌,并于1996年再次夺冠。

这种运动每队9人。标准的棒球重量为149克（5$\frac{1}{4}$盎司）,周长是23厘米（9～9$\frac{1}{4}$英寸）。球棒的最粗处直径达7厘米（2$\frac{3}{4}$英寸）,棒长达1.07米（42英寸）。

■ 1992年世界系列赛中,多伦多蓝松鸦队和亚特兰大勇士队争夺激烈。戴夫·温菲尔德是蓝松鸦队的主力,他的杰出表现使蓝松鸦队获胜。

🏆 世界系列赛

主要的棒球比赛是世界系列赛,始于1903年。由全国棒球联盟和美国棒球联盟的冠军队参加夺标决赛,决赛是以7局比赛决定胜负。以下是世界系列赛的优胜者。同一个会员队在不同比赛中往往使用不同的名称。例如,布鲁克林道奇队和洛杉矶道奇队属同一队,还有亚特兰大勇士队、波士顿勇士队和密尔沃基勇士队是同一队;明尼苏达双子城队和华盛顿参议员队,奥克兰竞技队和费城竞技队也都是同一个队。世界系列赛1904年没有举行,1994年由于球员闹事比赛被取消。

亚特兰大勇士队（NL）	1996
巴尔的摩金莺队（AL）	1966, 1970, 1983
波士顿勇士队（NL）	1914
波士顿红袜队（AL）	1903, 1912, 1915～1916, 1918
布鲁克林道奇队（NL）	1955
芝加哥幼狐队（NL）	1907～1908
芝加哥白袜队（AL）	1906, 1917
辛辛那提印第安人队（NL）	1919, 1940, 1975～1976, 1990
克利夫兰印第安人队（AL）	1920, 1948
底特律老虎队（AL）	1935, 1945, 1968, 1984
堪萨斯城皇家队（AL）	1985
洛杉矶道奇队（NL）	1959, 1963, 1965, 1981, 1988
密尔沃基勇士队（NL）	1957
明尼苏达双子城队（AL）	1987, 1991
纽约巨人队（NL）	1905, 1921～1922, 1933, 1954
纽约大都会队（NL）	1969, 1986
纽约扬基队（AL）	1923, 1927～1928, 1932, 1936-1939, 1941, 1943, 1947, 1949～1953, 1956, 1958, 1961～1962, 1977～1978, 1996
奥克兰大竞技队（AL）	1972～1974, 1989
费城竞技队（AL）	1910～1911, 1913, 1929～1930
费城菲力士队（NL）	1980
匹兹堡海盗队（NL）	1909, 1925, 1960, 1971, 1979
圣路易斯红衣主教队（NL）	1926, 1931, 1934, 1942, 1944, 1946, 1964, 1967, 1982
多伦多蓝松鸦队（AL）	1992, 1993
华盛顿参议员队（AL）	1924

篮球

篮球1891年由美国一位体育教练詹姆斯·奈史密斯发明。从那以后,虽然这种比赛在北美洲最为盛行,但它发展极快,影响极广。美国职业篮球赛(由全国篮球协会管理)吸引了大量资金,顶尖运动员的收入也非常高。

每队有5人,允许有7名替补队员。场地为长方形,28米(92英尺)长,14米(46英尺)宽,球的周长76厘米(30英寸),重567～650克(20～23盎司)。

管理机构是国际篮球联合会(FIB),成立于1932年。

🏆 世界锦标赛

首次篮球世界锦标赛的男子比赛于1950年举行,女子比赛于1953年举行。现在每4年举行一次。

男子

阿根廷队	1950
美国队	1954, 1986, 1994
巴西队	1959, 1963
苏联队	1967, 1974, 1982
南斯拉夫队	1970, 1978, 1990

女子

美国队	1953, 1957, 1979, 1986, 1990
苏联队	1959, 1964, 1967, 1971, 1975, 1983
巴西队	1994

🏆 NBA

美国职业篮球联赛由全国篮球协会（NBA）管理,它于1949年由美国篮球协会和全国篮球联盟合并组成的。NBA1976年又与美利坚篮球协会合并。每年的NBA锦标赛是世界上最负盛誉的体育比赛之一。

在美国,同一队的会员队在不同比赛中使用不同的名称。这样,金州勇士队和费城勇士队是同一会员队,还有费城76人队和锡拉丘兹国家队、洛杉矶湖人队和明尼阿波利斯湖人队都是同一会员队。

巴尔的摩子弹队	1948
波士顿凯尔特人队	1957, 1959～1966, 1968～1969, 1974, 1976, 1981, 1984, 1986
芝加哥公牛队	1991～1993, 1996
底特律活塞队	1989～1990
金州勇士队	1975
休斯敦火箭队	1994～1995
洛杉矶湖人队	1972, 1980, 1982, 1985, 1987～1988
密尔沃基公鹿队	1971
明尼阿波利斯湖人队	1949～1950, 1952～1954
纽约人队	1970, 1973
费城76人队	1967, 1983
费城勇士队	1947, 1956
波特兰拓荒者队	1977
罗切斯特皇家队	1951
西雅图超音速队	1979
圣路易斯鹰队	1958
锡拉丘兹国家队	1955
华盛顿子弹队	1978

■ 华盛顿子弹队的格奥尔基·穆雷尚身高2.31米,是NBA历史上身材最高的

手球运动

手球与英式足球相似,但是必须用手传送而不能用脚踢。手球越来越受到人们的欢迎。在1936年的奥运会上,手球被列为室外比赛项目,规定为11人制。在1972年的奥运会上,手球再次被列为比赛项目,但在室内比赛,并为7人制。室内比赛的场地长为40米,宽为20米(131×66英尺),球门高度为2米(6英尺)、宽度为3米(9英尺)。此项体育运动的管理机构是国际手球联合会。

英格兰的伊顿手球赛是首次同英格兰伊顿学院教堂的支持者进行的手球比赛,并只限于在英国进行。比赛规则于1877年整理成形。拉格比手球赛与最初的手球赛类似。

1996年奥运会手球赛

在1936年的柏林奥运会上,手球首次被列为比赛项目(室外比赛),1972年,手球再次被列入奥运会比赛项目(室内比赛)。下面是历届奥运会手球赛金牌榜。

	男子	女子
1936年	德国	—
1972年	南斯拉夫	—
1976年	苏联	苏联
1980年	民主德国	苏联
1984年	南斯拉夫	南斯拉夫
1988年	苏联	韩国
1992年	独联体	韩国
1996年	克罗地亚	丹麦

■ 在1996年奥运会女子手球决赛中,一名韩国队员凌空出球。丹麦以37:33获胜。

魔术师约翰逊
(1959~)

厄尔文·约翰逊是美国篮球场上的传奇人物,由于他出神入化的传球技术,15岁时就赢得了"魔术师"的美誉。他是一位超一流的全能运动员,能打后卫、前锋和中锋。

由于他的多才多艺迫使全国篮球协会(NBA)实行一项新的统计格式——在一场比赛中的得分、抢栏板球数和助攻数。20世纪80年代,他率领洛杉矶湖人队五次夺得NBA总冠军,并三次(1987、1989、1990)被选为最有价值的球员。由于他年薪很高并为产品做广告,这使他成为一名大富豪。在篮球生涯的顶峰时期,他被检验出艾滋病的病原体呈阳性,于1991年宣布隐退,并表示要帮助人类战胜艾滋病。一年之后,他试图重返赛场,而他的对手害怕在比赛中染上病毒,因此,他迫不得已离开了篮球队。然而,他组建了美国"梦之队"并成为该队队员,该队在1992年奥运会上获得金牌。他在36岁时,又成为第一流的篮球队员。

1996年奥运会篮球赛

从1936年起,男子篮球被列为奥运会比赛项目,从1976年起,女子篮球也被列为比赛项目。下面是历届奥运会篮球比赛金牌榜。

	男子	女子
1936年	美国	—
1948年	美国	—
1952年	美国	—
1956年	美国	—
1960年	美国	—
1964年	美国	—
1968年	美国	—
1972年	苏联	—
1976年	美国	苏联
1980年	南斯拉夫	苏联
1984年	美国	美国
1988年	苏联	美国
1992年	美国	独联体
1996年	美国	美国

■ 美国梦之队参加了1996年奥运会篮球比赛,展示了美国职业篮球的魅力。它在决赛中同南斯拉夫队较量并战胜该队。图片显示当篮球将弹出场外时,美国球星沙奎尔·奥尼尔阻拦一名南斯拉夫对手的场面。

其他球类运动

曲棍球

曲棍球是一项遍及全世界的11人制球棍运动。此项现代运动于19世纪始于英格兰，并被列为1908年和1920年以及1928年以后的历届奥运会比赛项目。许多年来，处于领先地位的国家一直是印度和巴基斯坦，但近年来它们的霸主地位已为欧洲和澳大利亚所占。

曲棍球运动是在长91米（100码）、宽50～55米（55～60码）的场地上进行。球的周长是224～235毫米（8 13/16～9 1/4英寸），重量为156～163克（5 1/2～5 3/4盎司）。曲棍球的管理机构是1924年建立的国际曲棍球联合会。

国际曲棍球联合会世界杯赛

国际曲棍球联合会世界杯男子赛于1971年首次举行，女子赛始于1974年。现在每四年举行一次。

男子
巴基斯坦队	1971、1978、1982、1994
荷兰队	1973、1990
印度队	1975
澳大利亚队	1986

女子
荷兰队	1974、1978、1983、1986、1990
德国（西德）队	1976、1981
澳大利亚队	1994

爱尔兰曲棍球

这是一项古老的爱尔兰棍球运动，1884年成立的盖尔体育联盟把这项运动规范定型。

这项运动由每队15名队员来进行，他们使用的球棒与一般曲棍球的球棒相似，但是它的两端是平的，而不是一端是平的。

全爱尔兰曲棍球锦标赛

重要的曲棍球赛事——全爱尔兰锦标赛始于1887年，是重要的爱尔兰曲棍球赛事，决赛于每年9月份在都柏林的科罗克公园举行。冠军队按照获胜次数由多至少的顺序排列如下。

	获胜次数	
科克队	27	1890、1892～1894、1902～1903、1919、1926、1928～1929、1931、1941～1944、1946、1952～1954、1966、1970、1976～1978、1984、1986、1990
基尔凯尼队	25	1904～1905、1907、1909、1911～1913、1922、1932～1933、1935、1939、1947、1957、1963、1967、1969、1972、1974～1975、1979、1982～1983、1992～1993
蒂珀雷里队	24	1887、1895～1896、1898～1900、1906、1908、1916、1925、1930、1937、1945、1949～1951、1958、1961～1962、1964～1965、1971、1989、1991
利默里克队	7	1897、1918、1921、1934、1936、1940、1973
都柏林队	6	1889、1917、1920、1924、1927、1938
韦克斯福德队	6	1910、1955～1956、1960、1968、1996
戈尔韦队	4	1923、1980、1987～1988
奥法利队	3	1981、1985、1994
克莱尔队	2	1914、1995
沃特福德队	2	1948、1959
凯里队	1	1891
伦敦爱尔兰人队	1	1901
莱伊什队	1	1915

长曲棍球

长曲棍球是一种球棍运动，男子为10人制，女子原则上为12人制（男子长曲棍球与女子长曲棍球有很多区别）。

始于1967年的长曲棍球男子世界锦标赛，每四年举行一次（从1974年起），美国一直居领先地位。美国队已经在举行的七次比赛中六次获胜（1967、1974、1982、1986、1990和1994）。加拿大队于1978年战胜美国队，是惟一的其他获胜队。

女子世界锦标赛于1969年首次举行，其后于1974年和1978年再次举行，从1982年起，开始举行世界赛事。美国队分别于1974、1982、1989和1993年多次获胜。

长曲棍球的比赛场地长为100米、宽为64米（109×70码）。美国和英格兰所用的球规格不同。在英格兰，球的重量为142克（5盎司），周长为184～203毫米（7 1/4～8英寸），颜色为黄色。在美国，球的重量为142～149克（5～5 1/4盎司），圆周长为197～203毫米（7 3/4～8英寸），颜色为橙色或白色。

长曲棍球的管理机构是1928年成立的国际业余长曲棍球联合会。

无挡板篮球

无挡板篮球是一项7人制、非接触性运动，由篮球运动发展而来，发明于美国。该项运动不允许队员带球跑，与篮球奔跑的特点形成强烈的对照。虽然男女混合队越来越受到欢迎，但是该项运动主要是女子从事的项目。

无挡板篮球运动的场地的面积为30.5×15.2米（100×50英尺）。球的周长为68～71厘米（27～28英寸），重量为397～454克（14～16盎司）。

该项运动的管理机构是1960年成立的国际

世界锦标赛

无挡板篮球运动的主要国际比赛是世界锦标赛，从1963年起每四年举行一次。澳大拉西亚的国家一向居领先地位。

1963年	澳大利亚
1967年	新西兰
1971年	澳大利亚
1975年	澳大利亚
1979年	澳大利亚
1983年	澳大利亚、新西兰、特立尼达和多巴哥
1987年	新西兰
1991年	澳大利亚
1995年	澳大利亚

女子篮球联合会和无挡板篮球联合会。

回力球

回力球起源于意大利，13世纪传入法国。回力球是戴手套或网兜快速接、掷球的游戏。在不同的国家有不同的玩法。在美国和拉丁美洲，该项运动特别受人欢迎。

球拍是柳条制成的船形勺，上端连接在队员手套上。这使该项运动可以快速进行——在所有的球类运动中，回力球抛射速度最快，达302公里／小时（188英里／小时）。

从1952年起，回力球的世界锦标赛每四年举行一次，并三次（1924、1968和1992）成为奥运会的表演项目。

回力球的管理机构是1929年成立的国际回力球联合会。

板网球

板网球有两种形式——美国式和英国式。美国式板网球，拥有1000多万爱好者。1949年，当乔·索贝克看到网球拍柄断掉1/2时，便设计了人们现在看到的这种板网球。英国式板网球于1976年由伊安·文特介绍到肯特郡，并且使用较软的球和较小、较宽的场地。

从1982年起，美国在国际联赛中居首位，赢得七届世界锦标赛中的全部冠军，这并不奇怪。

国际板网球管理机构是1979年成立的国际板网球联合会。

墙网球

墙网球是一种室内的执拍球类运动，从中世纪英格兰各种各样的手球运动发展而成。可以由两人或四人来玩。

主要的比赛是以挑战为基础的世界锦标赛，世界双打锦标赛和英国业余锦标赛和公开赛。1908年，墙网球被列为奥运会比赛项目，单打和双打奖牌均被英国选手摘取。

纯网球

纯网球是草地网球的前身，从11世纪法国修道院玩的手掌游戏发展而来。

此项运动在法国文艺复兴时期非常欢迎，是王族父亲都渴望参与的运动。所以它又名宫廷网球、皇家网球。从18世纪起，该项运动已趋衰微，仅在五个地区还有人从事：英格兰、苏格兰、美国、法国和澳大利亚。现在仅有30个左右的球场可供使用。

世界锦标赛是世界上最古老的、设立项目最多的比赛，并在挑战的基础上进行。最早有记载的第一位世界冠军是1740年一个名叫克莱热的法国人，他也是各种体育项目最早的一个世界冠军。

简化曲棍球

简化曲棍球是一项12人制的使棍的球类运动，所使用的棍一端是弯曲的。这种运动的起源与凯尔特的历史和传奇有关，与棒球有密切联系。现在它广泛流行于苏格兰高地。

简化曲棍球运动的场地最大长度为155米（170码），宽度为73米（80码）；球门高3.0米、宽3.6米（10×12英尺）。球是以软木和毛线作为球心裹以厚皮革制成的，大小与网球相同。

简化曲棍球首要的竞赛是每年的简化曲棍球协会挑战杯赛，牛顿莫尔队获胜次数最多。它的管理机构是1893年建立的简化曲棍球协会。

垒球

垒球是美国芝加哥的乔治·汉考克1887年发明的一种室内棒球运动。比赛规则于1895年整理成形。

现在美国、加拿大、日本、菲律宾，以及多数拉丁美洲国家、新西兰和澳大利亚都开展这项9人制的使棒的球类运动。

与棒球不同，垒球是低手投掷，而且是在臀部以下出手。男子的投掷距离是14米（45英尺11英寸），女子的投掷距离为11.11米（36英尺5 1/2英寸），垒间的距离均为18.3米（60英尺）。慢投垒球是现代垒球的一种。

■ 1996年奥运会乒乓球赛——中国队获得男子单打、双打和女子单打、双打金牌。

从1965年起开始举行世界女子锦标赛，世界男子锦标赛是从1966年开始举行，每四年举行一次。其他主要的垒球比赛有美国全国快投垒球锦标赛和美国全国慢投垒球锦标赛。

垒球的管理机构是1950年成立的国际垒球联合会。

软式墙网球

软式墙网球是一种执拍的球类运动，1817年它作为用较软的球练习打墙网球的一种方式，发展在英格兰的哈罗学校。软式墙网球运动先是流行于英国各殖民地国家。自从1923年软式墙网球协会成立后，于20世纪软式墙网球运动在其他国家也越来越受到人们的欢迎。

主要的比赛是首次于1976年举行的世界公开锦标赛。首届国家锦标赛则于1907年举行。

软式墙网球运动的场地为长9.75米（31英尺11 3/4英寸），宽6.4米（21英尺），前墙高度为4.75米（15英尺7英寸）直到边界。球必须打在前墙下部的"锡"护墙板上方。

软式墙网球的管理机构是世界软式墙网球联合会，该联合会是在1967年成立的国际软式墙网球联合会的基础上于1992年改组的。

乒乓球

人们最初发现乒乓球运动的存在是在19世纪80年代的伦敦，当时，体育用品生产商正在出售乒乓球器材。乒乓球在英语中称为"桌网球"，"乒乓"是一个商标名称。20世纪20年代早期，人们在木板拍上贴上橡胶，可以打出旋转球，这使人们对乒乓球重新产生兴趣。

主要的国际比赛是1926年首次举行的世界锦标赛。始于1927年的斯威思林杯世界锦标赛是男子团体赛，始于1934年的考比伦杯世界锦标赛是女子团体赛。中国称霸国际乒坛，曾12次获得考比伦杯。

乒乓球的直径为37.2～38.2毫米（1.46～1.5英寸），重量为2.4～2.53克（0.08～0.09盎司）。球台为2.74米（9英尺）长，1.52米（5英尺）宽。

世界乒乓球的管理机构是国际乒乓球联合会。

排球

美国马萨诸塞州的威廉·摩根于1895年发明了"敏托奈特"，一种不像篮球那么剧烈的运动。不久该项运动以排球而命名，并且很快传遍全世界。

设立于1948年的欧洲锦标赛是首届国际性比赛，一年之后，举行了世界锦标赛（每四年举行一次）。1994年的世界冠军是意大利队（男子），古巴队（女子）。从1964年起排球已被列为奥运会比赛项目。1996年的奥运会冠军被荷兰队（男子）和古巴队（女子）获得。

排球场地长度为18米（59英尺3/4英寸），宽度为9米（29英尺6 3/8英寸）。排球的周长为65～67厘米（25 1/2～26 1/2英寸），重量为250～260克（8 4/5～9 1/5盎司）。男子球网的高度为2.43米（7英尺11 3/4英寸），女子球网的高度为2.24米（7英尺4 1/4英寸）。

排球的管理机构是1947年成立的国际排球联合会。

■ 现代排球比赛快速而激烈。然而，具有讽刺意味的是当初排球是作为篮球的较为不剧烈的替代者而推出的。

希瑟·麦凯
(1941～)

在高水平的软式墙网球比赛领域里，一个名字广为人们所赞颂，那就是澳大利亚的希瑟·麦凯，她是为了增强体质以便打曲棍球，才开始从事软式墙网球运动的，两年之后，她成为澳大利亚冠军。随后，开始参加国际巡回赛，在1962年的苏格兰公开赛上，体验到失败的痛苦。然而那是她输掉的最后一次比赛。从1962年起一直到1979年，她连续16次在英国公开赛中获胜，并在转为职业选手前，即从1960年到1973年连续14次获得澳大利亚业余赛冠军。她还于1976年和1979年获得最初的两次世界公开赛的冠军称号。在她的常胜不败时期，她仅输掉3局。尽管许多出色的软式墙网球选手不断涌现，但是她仍保持超群的形象，是一名伟大的女子软式墙网球选手。

冬季体育运动

- 苏格兰的冰上溜石以喧闹的游戏而闻名，因为石头在冰面上滑动时发出很大声音。
- 考古发现证明滑冰运动早在2500多年前就已经存在。荷兰人于300年前在冰冻的运河上推广了滑冰运动。可以提高滑冰精确性的钢刀是美国人在1850年发明的。
- 在16世纪的荷兰，进行一种与冰上曲棍球相似的运动。
- 19世纪50年代和19世纪60年代，首届滑雪比赛在两个相隔遥远的国家——挪威和澳大利亚举行。

有舵雪橇滑雪运动和无舵雪橇滑雪运动

有舵雪橇运动也称乘雪橇运动，有组织的比赛始于1889年瑞士的达沃斯。该项运动的国际管理机构是成立于1923年的国际有舵雪橇和平底雪橇联合会。无舵雪橇（坐雪橇滑行）运动有它自己的管理机构——国际无舵雪橇运动联合会。

有舵雪橇运动是在长1100~1600米（3609~5249英尺）的滑道上进行，无舵雪橇运动的滑道长度不能少于1000米（3280英尺）。不允许女子参加国际有舵雪橇比赛，但是可以参加单座无舵滑雪比赛。于1887年成立的瑞士圣莫里茨俱乐部是最古老的有舵雪橇俱乐部，它是著名的克里斯泰滑道的终点，该滑道的路程为1212米（3977英尺），并有157米（514英尺）的滑降距离。在克里斯泰滑道上的滑行速度可达到接近145公里/小时（90英里/小时）。

奥运会的有舵雪橇比赛/无舵雪橇比赛

主要的国际比赛是1924年首次举行的世界锦标赛和奥运会锦标赛。比赛分男子双人组或男子四人组，驾驶员掌舵，后面的队员操纵刹车和校正左右滑行。

在四人组中，中间的两人通过重量转移帮助转弯。在无舵雪橇比赛中，运动员端坐或仰卧在雪橇上，与有舵雪橇的姿势相反。下面是1994年有舵雪橇比赛和无舵雪橇比赛中金牌获得者名单。

有舵雪橇
双人组
古斯塔夫·韦德和唐纳德·阿克林（瑞士）
四人组
德国队

无舵雪橇
男子单座
格奥尔格·哈克尔（德国）
女子单座
格尔达·魏森斯坦纳（意大利）
男子双座
库尔特·布鲁格和威尔弗雷德·胡贝尔（意大利）

冰上溜石运动

冰上溜石类似草地滚木球，只是在冰上进行而已。各由四名队员组成的两队在重量为18公斤（40磅）的石头周围滑动，使石头到达冰场中心的固定标志。该项运动的比赛目的是每队把各自石头尽量滑近冰场中心。这项运动的特点之一是队员们竭力清扫冰面使冰面变得光滑和清除影响石头滑动的障碍物。

冰上溜石在苏格兰最受人欢迎（也许该项运动15世纪起源于那里），在加拿大也很受欢迎（苏格兰移民把它介绍到那里）。在1988年和1992年的冬季奥运会上，冰上溜石被列为表演项目。自从1959年（男子）和1979年（女子）起，世界锦标赛每年举行一次。加拿大在国际巡回赛中居于首位，获得20个男子冠军和10个女子冠军。

该项运动的管理机构是1838年成立的苏格兰皇家冰上溜石俱乐部。

斯坦利杯

加拿大全国冰球联盟组织的比赛是北美洲首要的比赛。主要的奖项是斯坦利杯，每年由实力强的球队进行争夺。下面是斯坦利杯的获得者，按获胜次数由多至少排列。（注：1919年没有比赛，在1896年和1907年有两次比赛。标明的年代是赛季后半季的年代。）

	获胜次数	
蒙特利尔加拿大人队	24	1916, 1924, 1930~1931, 1944, 1946, 1953, 1956~1960, 1965~1966, 1968~1969, 1971, 1973, 1976~1979, 1986, 1993
多伦多枫叶队	13	1932, 1942, 1945, 也以 1947~1949, 1951, 多伦多竞技队 1962~1964, 1967 多伦多圣帕特里克斯等名称 1918 获胜 1922
底特律红翼队	8	1936~1937, 1943, 1950, 1952, 1954~1955, 1997
渥太华参议员队	6	1909, 1911, 1920~1921, 1923, 1927
波士顿小熊队	5	1929, 1939, 1941, 1970, 1972
埃德蒙顿加油工队	5	1984~1985, 1987~1988, 1990
蒙特利尔维多利亚队	4	1895, 1896 (Dec), 1897~1888
蒙特利尔流浪者队	4	1906~1908, 1910
纽约骑兵队	4	1928, 1933, 1940, 1994
纽约岛民队	4	1980~1983
蒙特利尔业余体育协会队	3	1893~1894, 1902
渥太华银七队	3	1903~1905
芝加哥黑鹰队	3	1934, 1938, 1961
温尼伯维多利亚队	2	1896 (Feb), 1901
魁北克斗牛狗队	2	1912~1913
蒙特利尔鞭炮队	2	1926, 1935
费城飞行员队	2	1974~1975
蒙特利尔白花酢浆草队	2	1899, 1900
匹兹堡企鹅队	2	1991~1992
凯诺拉西酮队	1	1907 (Jan)
多伦多蓝衫队	1	1914
温哥华百万富翁队	1	1915
西雅图大都会队	1	1917
维多利亚美洲狮队	1	1925
卡尔加里火焰队	1	1989
新泽西魔鬼队	1	1995
科罗拉多雪崩队	1	1996

奥运会冰球赛

在战后的年代里，苏联在奥运会的冰球比赛中一直居于首位。以下是获得金牌的球队：

1920年	加拿大队	1964年	苏联队
1924年	加拿大队	1968年	苏联队
1928年	加拿大队	1972年	苏联队
1932年	加拿大队	1976年	苏联队
1936年	英国队	1980年	美国队
1948年	加拿大队	1984年	苏联队
1952年	加拿大队	1988年	苏联队
1956年	苏联队	1992年	独联体队
1960年	美国队	1994年	瑞典队

冰球

现代冰球运动于19世纪中叶创始于加拿大，并在那里得到发展。该项运动在北美洲和俄罗斯拥有大批爱好者。世界和奥林匹克锦标赛从1920年起开始举行。冰球的管理机构是1908年成立的国际冰球联合会。

滑冰运动

滑冰运动主要有三项——花样滑冰、冰上舞蹈和速度滑冰，所有这些都是奥运会比赛项目。首届国际速滑比赛于1885年在德国的汉堡举行；世界锦标赛正式始于1839年。

滑冰运动的管理机构是成立于1892年的国际滑冰联盟。

奥运会冠军

1994年冬季奥运会速滑比赛金牌获得者（斜体字为女子选手）：

500米	亚历山大·戈卢别夫（俄罗斯）
	邦尼·布莱尔（美国）
1000米	丹·詹森（美国）
	邦尼·布莱尔（美国）
1500米	约翰·奥拉夫·科斯（挪威）
	埃迈谢·匈雅提（奥地利）
3000米	斯韦特兰娜·巴扎诺娃（俄罗斯）
5000米	约翰·奥拉夫·科斯（挪威）
	克劳迪娅·佩克斯坦（德国）
10,000米	约翰·奥拉夫·科斯（挪威）

■ 1987年，德国选手塔琳娜·维特在跳康康舞，她获得当年世界花样滑冰冠军。

■ 迄今最古老的雪橇是在芬兰发现的，大约有8500年的

奥运会滑冰比赛

花样滑冰分为单人滑和双人滑,从1924年开始,一直被列为历届冬季奥运会比赛项目。1976年,冰上舞蹈被列为奥运会比赛项目。男子速滑首次被列为奥运会比赛项目是在1924年,直到1960年女子速滑才被列入奥运会比赛项目。奥运会滑冰比赛金牌获得者:

单人滑

	男子	女子	双人滑
1908年	乌尔里克·萨尔肖(瑞典)	玛奇·赛耶斯(英国)	安娜·徐布乐和亨利希·布尔格(德国)
	尼古拉·帕宁(苏联)		
1920年	伊利斯·格拉夫斯特罗姆(瑞典)	玛格达·尤林·毛罗萨(瑞典)	卢多维卡·亚吉布松和瓦尔特·亚克布松(芬兰)
1924年	伊利斯·格拉夫斯特罗姆(瑞典)	赫尔玛·普朗克-索博(奥地利)	海伦妮·恩格乐曼和阿尔弗雷德·贝格尔(奥地利)
1928年	伊利斯·格拉夫斯特罗姆(瑞典)	索妮娅·赫尼(挪威)	安德烈·乔利和皮埃尔·布吕奈(法国)
1932年	卡尔·舍费尔(奥地利)	索妮娅·赫尼(挪威)	安德烈·布吕奈(娘家姓乔莉)和皮埃尔·布吕奈(法国)
1936年	卡尔·舍费尔(奥地利)	索妮娅·赫尼(挪威)	马克西·海尔伯恩斯特·拜耳(德国)
1948年	理查德·巴顿(美国)	巴巴拉·安·斯科特(加拿大)	米舍利娜·兰诺夫和皮埃尔·包路涅特(比利时)
1952年	理查德·巴顿(美国)	珍妮特·阿特维格(英国)	里娅·法尔克和保罗·法尔克(联邦德国)
1956年	海斯·艾伦·詹金斯(美国)	滕雷·奥尔布赖特(美国)	伊丽莎白·瓦尔瓦和库尔特·奥佩尔不(奥地利)
1960年	戴维·詹金斯(美国)	卡罗尔·黑斯(美国)	巴巴拉·瓦格纳和罗伯特·保罗(加拿大)
1964年	曼弗雷德·施内尔(联邦德国)	德费尔朔·迪克斯特拉(荷兰)	柳德米拉·别洛乌索娃和奥列格·普罗托波波夫(苏联)
1968年	沃尔夫冈·施瓦茨(奥地利)	佩吉·弗莱明(美国)	柳德米拉·别洛乌索娃和奥列格·普罗托波波夫(苏联)
1972年	翁德雷·奈佩拉(捷克斯洛伐克)	贝娅特丽丝·舒巴(奥地利)	伊琳娜·罗德妮娜和亚历山大·扎伊采夫(苏联)
1976年	约翰·柯里(英国)	多萝茜·哈米尔(美国)	伊琳娜·罗德妮娜和亚历山大·扎伊采夫(苏联)
1980年	罗宾·卡曾斯(英国)	阿内特·波谷(民主德国)	伊琳娜·罗德妮娜和亚历山大·扎伊采夫(苏联)
1984年	斯科特·汉密尔顿(美国)	卡塔琳娜·维特(民主德国)	叶莲娜·瓦洛娃和奥列格·瓦西里耶夫(苏联)
1988年	布赖恩·博伊塔诺(美国)	卡塔琳娜·维特(民主德国)	叶卡捷琳娜·戈尔杰耶娃和谢尔盖·格林科夫(苏联)
1992年	维克多·彼得连科(乌克兰)	克里斯蒂·亚马古基(美国)	纳塔莉亚·米什库基诺瓦和阿图尔·德米特耶夫(独联体)
1994年	阿列克谢·乌尔马诺夫(俄罗斯)	奥克莎娜·巴尤尔(乌克兰)	叶卡捷琳娜·戈尔杰耶娃和谢尔盖·格林科夫(俄罗斯)

冰上舞蹈

1976年	柳德米拉·帕霍莫娃和亚历山大·戈尔什科夫(苏联)
1980年	纳塔莉亚·利尼丘克和根纳季·卡尔波诺索夫(苏联)
1984年	杰恩·托维尔和克里斯托弗·迪安(英国)
1988年	纳塔莉亚·别斯特米亚诺娃和安德烈·布金(苏联)
1992年	玛里娜·克利莫娃和谢尔盖·波诺马连科(独联体)
1994年	奥克莎娜·格里丘克和叶甫根尼·普拉托夫(俄罗斯)

滑雪

滑雪运动起源很早——在瑞典发现大约公元前2500年的滑雪板,在古代俄罗斯和斯堪的纳维亚文学中,有早期的滑雪记载。现代滑雪运动主要于19世纪中叶发展于挪威。

滑雪运动已经发展为两种主要方式,高山滑雪和越野滑雪。高山滑雪是在经过整理的倾斜山坡上进行。越野滑雪包括越野滑雪和跳台滑雪。高山滑雪世界锦标赛始于1931年,高山滑雪和越野滑雪赛中的最佳选手可参加每年一次的世界杯滑雪赛。

滑雪运动的管理机构是成立于1924年的国际滑雪联合会。

最近几年,滑雪板运动(一种雪上溜冰板运动)和自由式滑雪(特技滑雪)越来越受到人们的欢迎。在自由式滑雪赛中,有三项国际承认的活动:空中特技,雪上芭蕾和技巧速降。自由式滑雪从1980年起开始举行世界杯赛,世界锦标赛开始于1986年。

■ 意大利选手阿尔贝托·托姆巴是1995年高山滑雪世界杯赛的冠军,图为1997年世界杯赛中他正全力以赴,奋力拼搏。尽管他付出了最大努力,但是最后法国选手吕克·阿尔芳夺得桂冠。

弗伦妮·施奈德 (1964~)

20世纪80年代末和90年代初,瑞士选手弗伦妮·施奈德独霸高山滑雪赛。她一直保持女子高山滑雪赛奥运会金牌数最多的纪录。1988年在卡尔加里冬奥会上获大回转和回转两项金牌,在1994年利勒哈默尔冬奥会上获回转滑雪金牌,加上其他两项奖牌(铜牌和银牌)使她成为奥林匹克历史上最成功的滑雪运动员。除了奥运会滑雪赛外,她还在世界杯赛中位居榜首。到1995年赛季末,她一共在世界杯赛上取得55项胜绩,包括1989年、1994年和1995年所有的冠军。在1988~1989年的赛季中,她取得了创纪录的14项世界杯赛冠军,包括所有的7项回转滑雪赛。她于1995年退役,将作为一名最出色的高山滑雪运动员被世人铭记。

高山滑雪世界杯赛

从1967年起,每年对在一系列高山滑雪项目比赛中获胜的选手授予高山滑雪世界杯奖。以下是获奖者名单。

	男子	女子
1967年	让-克劳德·基利(法国)	南希·格林(加拿大)
1968年	让-克劳德·基利(法国)	南希·格林(加拿大)
1969年	卡尔·斯兰茨(奥地利)	格特路德·盖比(奥地利)
1970年	卡尔·斯兰茨(奥地利)	米谢勒·雅科特(法国)
1971年	古斯塔沃·托埃尼(意大利)	安妮玛丽·莫泽尔-普罗尔(奥地利)
1972年	古斯塔沃·托埃尼(意大利)	安妮玛丽·莫泽尔-普罗尔(奥地利)
1973年	古斯塔沃·托埃尼(意大利)	安妮玛丽·莫泽尔-普罗尔(奥地利)
1974年	皮埃罗·格罗斯(意大利)	安妮玛丽·莫泽尔-普罗尔(奥地利)
1975年	古斯塔沃·托埃尼(意大利)	安妮玛丽·莫泽尔-普罗尔(奥地利)
1976年	英厄马尔·斯滕马克(瑞典)	罗西·密特马尔(联邦德国)
1977年	英厄马尔·斯滕马克(瑞典)	莉泽-玛丽·莫雷罗德(瑞士)
1978年	英厄马尔·斯滕马克(瑞典)	汉尼·温采尔(列支敦士登)
1979年	彼得·吕金(瑞士)	安妮玛丽·莫泽尔-普罗尔(奥地利)
1980年	安德烈亚斯·温采尔(列支敦士登)	汉尼·温采尔(列支敦士登)
1981年	菲尔·梅尔(美国)	玛丽·特蕾泽-纳迪格(瑞士)
1982年	菲尔·梅尔(美国)	埃里卡·赫斯(瑞士)
1983年	菲尔·梅尔(美国)	塔玛拉·麦金尼(美国)
1984年	皮尔明·祖布里根(瑞士)	埃里卡·赫斯(瑞士)
1985年	马克·吉拉德利(卢森堡)	米歇拉·菲吉尼(瑞士)
1986年	马克·吉拉德利(卢森堡)	玛丽亚·瓦利泽(瑞士)
1987年	皮尔明·祖布里根(瑞士)	玛丽亚·瓦利泽(瑞士)
1988年	皮尔明·祖布里根(瑞士)	米歇拉·菲吉尼(瑞士)
1989年	马克·吉拉德利(瑞士)	弗伦妮·施奈德(瑞士)
1990年	皮尔明·祖布里根(瑞士)	彼得拉·克龙贝格(奥地利)
1991年	马克·吉拉德利(卢森堡)	彼得拉·克龙贝格(奥地利)
1992年	保罗·阿科拉(瑞士)	彼得拉·克龙贝格(奥地利)
1993年	马克·吉拉德利(卢森堡)	阿妮塔·瓦赫特(奥地利)
1994年	谢蒂尔·安德烈·奥莫特(挪威)	弗伦妮·施奈德(瑞士)
1995年	阿尔贝托·托姆巴(意大利)	弗伦妮·施奈德(瑞士)
1996年	拉塞·休斯(挪威)	卡蒂亚·赛青格(德国)
1997年	吕克·阿尔芬(法国)	佩妮拉·维贝格(瑞典)

历史 ■ 英语"滑雪"一词起源于挪威语"雪鞋"一词 ■

水上运动

▶ 虽然快艇赛可以追溯到1827年，但是首次机动艇的比赛却是在世纪之交才举行的。

▶ 首次有记载的赛艇比赛是英王查理二世和他的弟弟约克公爵为了100英镑的赌注，于1661年在泰晤士河上进行的。

▶ 皮划艇作为一项体育运动应归功于詹姆斯·麦克格兰格，是他于1886年在英格兰的萨里成立了皇家皮划艇俱乐部。

■ 捷克的两名奥运会选手米罗斯拉夫·西涅克和伊日·罗汉向人们展示同心协力是取得皮艇比赛胜利的关键。

大学划船赛

每年牛津大学与剑桥大学进行的划船赛首次于1829年举行。这个赛事发端于剑桥划船俱乐部向对手牛津大学发起挑战以决雌雄，比赛在泰晤士河上进行。这次比赛立即受到人们的欢迎，当时的报道说，可能有20,000多观众目睹了比赛的盛况。目前，这项比赛还在泰晤士河上举行，起点是帕特尼，终点是莫特莱克，全程长6779米（4英里，374码）。到1997年，已有143次比赛，剑桥大学以74比68领先于牛津大学。在1849年，有两次比赛，在1877年，宣布了首次也是惟一的一次不分胜负的比赛，这个决定至今还有争议。

剑桥大学获胜年份： 1836, 1839～1841, 1845～1846, 1849, 1856, 1858, 1860, 1870～1874, 1876, 1879, 1884, 1886～1889, 1899～1900, 1902～1904, 1906～1908, 1914, 1920～1922, 1924～1936, 1939, 1947～1951, 1953, 1955～1958, 1961～1962, 1964, 1968～1973, 1975, 1986, 1993～1997

牛津大学获胜年份： 1829, 1842, 1849, 1852, 1854, 1857, 1859, 1861～1869, 1875, 1878, 1880～1883, 1885, 1890～1898, 1901, 1905, 1909～1913, 1923, 1937～1938, 1946, 1952, 1954, 1959～1960, 1963, 1965～1967, 1974, 1976～1985, 1987～1992

帆板运动

帆板运动（经常用商业名称Windsurfing）是由亨利·霍伊尔·施韦策和吉姆·德雷克于1968年在加利福尼亚创始的一项运动。该项运动很快受到了人们的欢迎，首届世界锦标赛于1973年举行。从1984年起，帆板运动已经被列为奥运会帆船比赛的项目之一。

1996年奥运会独木舟赛

从1936年起，独木舟赛已被列为奥运会的比赛项目，为男子500米和1000米提供9个比赛项目，为女子500米提供3个比赛项目。从1992年起设回旋赛，男子有3个项目，女子有1个比赛项目。下列是1996年奥运会金牌获得者。

男子

项目	类别	获奖者
回旋赛皮艇	单人划	奥利佛·费克斯（德国）
回旋赛加拿大式	单人划	米哈尔·马蒂Contain安（斯洛伐克）
回旋赛加拿大式	双人划	弗兰克·艾迪森和威尔弗里德·福尔格（法国）
500米皮艇	单人划	安东尼奥·罗西（意大利）
500米皮艇	双人划	凯·布卢姆和托马斯腾·古奇（德国）
500米加拿大式	单人划	马丁·多克托尔（捷克）
500米加拿大式	双人划	乔鲍·霍瓦特和捷尔吉·科洛尼奇（匈牙利）
1000米皮艇	单人划	克努特·霍尔曼（挪威）
1000米皮艇	双人划	安东尼奥·罗西和达尼埃莱·斯卡帕（意大利）
1000米皮艇	四人划	德国队
1000米加拿大式	单人划	马丁·多克托尔（捷克）
1000米加拿大式	双人划	安德烈亚斯·迪特默和居纳·基希赫（德国）

女子

项目	类别	获奖者
回旋赛皮艇	单人划	斯特帕纳·希尔托托娃（捷克）
500米皮艇	单人划	里塔·克班（匈牙利）
500米皮艇	双人划	昂内塔·安德森和苏珊·贡纳松（瑞典）
500米皮艇	四人划	德国队

独木舟运动

现代的独木舟运动有两种不同的方式：皮艇和加拿大式独木舟（又称划艇——译注）运动。在皮艇比赛中，划桨者面向前坐；桨的两端各有一个桨叶。在加拿大式独木舟赛中，选手半跪在独木舟里，并使用单叶桨来划独木舟。用C表示加拿大式独木舟赛，用K来表示皮艇赛，字母后面的数字表明船里选手的人数。因此，K1表示单人划皮艇，C2表示双人划加拿大式独木舟赛。

该项运动的管理机构是1924年成立的国际独木舟赛联合会。

摩托艇赛

世界上最有声望的摩托艇赛是哈姆斯沃思杯赛，于1903年由英国出版商阿尔弗雷德·哈姆斯沃思创办。从1904年起，美国摩托艇联合会金杯赛开始举行，每年举行一次。还有许多巡回赛和短程赛。从1958年起开始举行近海比赛。一批不同等级的船艇的速度纪录得到承认。

赛艇运动

赛艇运动始于古代——古罗马诗人维吉尔在其《埃涅伊特》中就提到过它。现代赛艇运动起源于多格特的上衣和徽章赛，这是爱尔兰喜剧演员托马斯·多格特于1715年创办的划船赛。这项比赛最初是在伦敦的泰晤士河上举行的，从伦敦桥划到切尔西。现在仍每年举行一次比赛。

首届重要的国际性比赛——欧洲锦标赛于1893年举行。首届世界锦标赛于1962年在瑞士的卢塞恩举行。

赛艇运动的国际管理机构是1892年成立的国际赛艇联合会。

1996年奥运会赛艇比赛

从1900年起，赛艇已经被列为奥运会比赛项目（1976年增设女子比赛项目）。现行的比赛项目包括单桨和双桨赛艇赛，奥运会的标准里程长度为2000米。以下列出1996年奥运会金牌获得者。

项目	男子	女子
单人双桨	希诺·米勒（瑞士）	叶卡捷琳娜·霍多苏维奇（白俄罗斯）
双人双桨	戴维·蒂齐诺和阿戈斯蒂诺·阿巴尼亚莱（意大利）	马尼耶·麦克贝恩和凯瑟琳·赫德尔（加拿大）
双人双桨（轻量级）	马库斯·吉尔和米夏埃尔·吉尔（瑞士）	康斯坦娜·布尔恰夫和卡梅利娅·马科维丘克（罗马尼亚）
四人双桨	德国队	德国队
无舵手双人艇	史蒂文·雷德格雷夫和马修·平森特（英国）	梅甘·斯科尔和凯特·斯拉特（澳大利亚）
无舵手四人艇	澳大利亚队	—
无舵手四人艇（轻量级）	丹麦队	—
八人艇	荷兰队	罗马尼亚队

■ 皮艇起源于伊努伊特人（爱斯基摩人）使用的轻型兽皮船 ■

冲浪运动

最初的冲浪运动1779年起源于夏威夷,在那里它是一项传统的消遣活动。该项运动传到其他适宜冲浪的地区,著名的有加利福尼亚和澳大利亚。1929年,空心板取代了以前使用的很重的实心木。现在每两年举行一次的世界业余锦标赛创始于1964年。世界职业锦标赛,于1970年首次为男子举行,于1977年首次为女子举行,现在在世界范围的适合地点整年举行。

滑水运动

现代的滑水运动是拉尔夫·萨缪尔森于1922年在美国的明尼苏达州的佩平湖上创立的。现代滑水比赛有三种:障碍滑水、跳跃滑水和特技滑水(慢速表演体操技艺)。也举行过多次速滑比赛。主要的国际锦标赛是1947年开始的世界锦标赛,每两年举行一次。美国居于滑水比赛的领先地位。赤脚滑水也越来越受到人们的欢迎。

滑水运动的世界性管理机构是国际滑水联合会。

帆船运动

在16和17世纪,帆船运动起源于荷兰,最早的帆船俱乐部是1720年在爱尔兰成立的水上运动俱乐部(后来称为皇家科克帆船俱乐部)。国际帆船比赛联合会于1907年成立。

主要的帆船赛奖项包括美洲杯和英国的海军上将杯(国内挑战赛);从1900年起,帆船运动已被列为奥运会比赛项目。

1996年奥运会帆船比赛

在1996年奥运会上,有八种帆船进行比赛,两种帆船(470型和暴风雨型)是供男子和女子分别比赛的。下面是1996年奥运会金牌获得者。

船型	获胜者
激光型	罗伯特·沙伊特(巴西)
托纳多型	何塞·路易斯·巴列斯特尔和费尔南多·莱昂(西班牙)
索林型	德国队
星型	托尔文·格赖利和马塞洛·费雷拉(巴西)
芬兰人型	马特乌什·库什尼耶列维奇(波兰)
欧洲型	克里斯蒂纳·罗恩(丹麦)
470型(男子)	叶夫汉·布拉斯拉维茨和伊戈尔·马特维延科(乌克兰)
470型(女子)	贝戈尼亚·维亚·迪弗雷纳和特蕾莎·扎贝尔(西班牙)
暴风雨型(男子)	尼古劳斯·卡克拉马纳基斯(希腊)
暴风雨型(女子)	李丽珊(香港)

斯蒂文·雷德格雷夫
(1962~)

斯蒂文·雷德格雷夫是一名真正的超一流的划手。这位英国运动员已经六次获得世界锦标赛冠军。而且是世界上惟一的一名四次(1984年的有舵手四人划,1988年、1992年和1996年的无舵手双人划)获得奥运会金牌的划手。他还是在英联邦运动会上(1986),一次获得三块赛艇金牌的惟一划手。20世纪90年代,他在无舵手双人划类的优势是与马修·平森特共同建立的。1995年,在亨利皇家赛船会的银杯赛上,他们成为第一对打破7分钟障碍赛纪录的划手。雷德格雷夫是本世纪最成功的亨利赛船会比赛竞争者。他是一位赛艇界的巨人,同时又在有舵雪橇运动中取得成功,成为四人队的队员,该队在1989年的英国锦标赛上获胜。1986年他被授予帝国勋章。

■ 由叶夫汉·布拉斯拉维茨和伊戈尔·马特维延科驾驶的乌克兰帆船,在水上奋力搏击,在1996年奥运会470型比赛中获得金牌。原定于1896年在希腊的萨拉米海湾举行的首届奥林匹克运动会帆船赛因天气恶劣而取消,所以奥林匹克帆船赛的记录始于1900年。

美洲杯

美洲杯是体育运动中最著名的奖项之一,于1851年由英国皇家帆船中队捐赠的,最初是名叫"100畿尼杯"。当年,该奖杯被美国的美洲号在英格兰的考斯夺得,后来就以美洲杯而闻名。后来捐赠给纽约帆船俱乐部,该俱乐部一直经受住挑战而拥有它。尽管在1870年至1980年之间有过24次挑战,但是奖杯仍在美国人手中。连续胜利的状况最终于1983年被打破,当时澳大利亚Ⅱ号击败了自由号,但是在1987年美洲杯又被星条旗号的丹尼斯·康纳夺回美国,1988年,在与新西兰号的竞争中保住了奖杯。最后这一次胜利引起了很大的争论,因为美国最高法院裁定,美国人使用双体船迎战挑战者的单体船,违反了指导比赛的授予权法。然而,法律上的争辩最后于1990年在康纳的支持下结束。美国在1992年再次保住了美洲杯,但是于1995年输给了新西兰的黑魔号。下届美洲杯赛将于2000年举行。

■ 1958年,12岁的皮特·奇尔沃斯制成了第一个原始型的帆船 ■

格斗体育运动

- 虽然拳击运动起源很早，但是，第一次近代拳击赛是在1681年于英格兰进行的，当时阿尔伯马勒公爵组织了一场他的仆役长和屠夫之间的比赛。
- 摔跤是最古老的世界体育运动之一，在4500多年前就举行了有组织的比赛。
- 相扑摔跤者的体重很少低于130公斤。他们通过饮用大量的高蛋白的混杂食物来保持自己的大块头。
- 嘉纳治五郎博士于1882年推出现代格斗体育运动——柔道。

拳击

人们普遍认为詹姆斯·菲格是第一位拳击冠军。1719年，他在英格兰建立了他的拳击学校，1743年，杰克·布劳顿首先制定了拳击场上的比赛规则。现代拳击赛的规则是1867年由昆斯伯里第八代侯爵编制的。

拳击运动有几个世界性管理机构，其中最早的两个是1963年成立的世界拳击理事会和1920年成立的世界拳击协会。这两个组织之间的拳击赛规则各异，由于1983年国际拳击联合会和1988年世界拳击组织的成立，情况变得更加复杂化了，从那以后，其他的拳击机构也相继出现。

职业拳击

职业拳击有四个主要管理机构：世界拳击理事会（WBC），世界拳击协会（WBA），国际拳击联合会（IBF）和世界拳击组织（WBO）。每个组织的规则都有点不同。以下是这四个组织采用的职业拳击赛的重量级别。

限定体重		重量级别
公斤	磅	
48	105	毛轻量级（WBC）迷你轻量级（WBA, IBF, WBO）
49	108	微轻量级（WBC）次特轻量级（WBA, IBF, WBO）
51	112	特轻量级
52	115	超特轻量级（WBC）次最轻量级（WBA, IBF, WBO）
54	118	最轻量级
55	122	超最轻量级（WBC）轻次量级（WBA, IBF, WBO）
57	126	次轻量级
59	130	超次轻量级（WBC）轻轻量级（WBA, IBF, WBO）
61	135	轻量级
64	140	超轻量级（WBC）轻中量级（WBA, IBF, WBO）
67	147	次中量级
70	154	超次中量级（WBC）轻中量级（WBA, IBF, WBO）
73	160	中量级
76	168	超中量级
79	175	轻重量级
86	190	超轻重量级（WBO）次重量级（WBC, WBA, IBF）
86+	190+	重量级

■ 乔治·福尔曼（左）是最出色的重量级拳击手之一，1993年，他在拉斯维加斯与托米·莫里森进行比赛。当时，福尔曼已44岁。

业余拳击

业余拳击的管理机构是国际业余拳击协会，业余拳击有12个级别。

限定体重		重量级别
公斤	磅	
48	106	微轻量级
51	112	特轻量级
54	119	最轻量级
57	126	次轻量级
60	132	轻量级
63.5	140	最轻中量级
67	148	次中量级
71	157	轻中量级
75	165	中量级
81	179	轻重量级
91	201	重量级
91+	201+	超重量级

1996年奥运会击剑赛

击剑是奥运会最早的比赛项目之一，现在有6种比赛，以下列出1996年奥运会金牌获得者。

花剑	个人	亚历山德罗·普奇尼（意大利）劳拉·巴迪亚（罗马尼亚）
	团体	俄罗斯队 意大利队
重剑	个人	亚历山大·别克托夫（俄罗斯）劳拉·弗莱塞尔（法国）
	团体	意大利队 法国队
佩剑	个人	斯坦尼斯拉夫·波兹尼亚科夫（俄罗斯）
	团体	俄罗斯队

无可非议的重量级拳击冠军

职业拳击比赛现在有四个主要的管理机构，每一个机构都有自己的重量级冠军。下面列出当年所有主要拳击机构都公认的重量级冠军。除特别标明者外均为美国人。

1882年 约翰·沙利文	1919年 杰克·登普西	1949年 伊扎德·查尔斯	1970年 乔·弗雷泽
1892年 詹姆斯·科贝特	1926年 吉恩·滕尼	1951年 杰西·乔·沃尔科特	1973年 乔治·福尔曼
1897年 鲍勃·菲茨西蒙斯（英国）	1930年 马克斯·施梅林（德国）	1952年 罗基·马西亚诺	1974年 穆罕默德·阿里
1899年 詹姆斯·杰弗里斯	1932年 杰克·夏基	1956年 弗洛伊德·帕特森	1978年 利昂·斯平克斯
1905年 马文·哈特	1933年 普里莫·卡内拉（意大利）	1959年 英厄马尔·约翰松（瑞典）	1987年 迈克·泰森
1906年 托米·伯恩斯（加拿大）	1934年 马克斯·贝尔	1960年 弗洛伊德·帕特森	
1908年 杰克·约翰逊	1935年 詹姆斯·布雷多克	1962年 桑尼·利斯顿	
1915年 杰斯·威拉德	1937年 乔·路易斯	1964年 卡修斯·克莱	

空手道

船越义珍于20世纪20年代，把唐手拳的格斗艺术从冲绳岛介绍到日本，而且给它命名为空手道，意思是"空手格斗"。空手道于20世纪50年代传入西方，首届世界锦标赛于1980年举行。目前的锦标赛上设有对抗比赛和套路比赛，后者已成为常规性的非接触的表演。

现代空手道比赛有五种主要类型，每一种在技术、速度和力量方面都有不同的侧重点。这五种类型包括松涛馆、和道流、刚案流、丝东流等。

跆拳道

跆拳道是朝鲜的格斗术，在1955年被正式认定为朝鲜文化和传统的一部分，世界跆拳道联合会管理这项国际体育运动。

跆拳道已经遍及全世界，据估计，在世界范围内约有2200万追随者。从1973年起，世界锦标赛每两年举行一次。这项运动非常受人欢迎，因此在1988年和1992年的奥运会上，被列为表演项目。

摔跤

摔跤有两种主要形式——自由式和古典式。古典式摔跤盛行于欧洲，它不同于自由式摔跤，不允许用腿或腰部以下的部位攻击对方。国际业余摔跤协会于1912年成立。其他的摔跤形式包括摔搏和相扑。摔搏与柔道相似，它主要流行于前苏联。

相扑摔跤纯粹是靠体重和身体块头，可以用任何进攻方法将对手打出圈外。相扑作为日本民族的一项体育运动，可以追溯到公元前23年。

■ 一流的击剑比赛需要反应迅速。

击剑

击剑是由中世纪的决斗发展而来的。现代击剑比赛按规定使用三种剑：花剑、重剑和佩剑。

花剑（最重为500克／17.6盎司）是最古老的一种剑，于17世纪开始使用，使用花剑时，只有击剑者身体的躯干是攻击的目标。重剑（重770克／27.2盎司）于19世纪中叶开始使用，攻击的目标可以是人的整个身体部位。佩剑（重500克／17.6盎司）始用于19世纪末期，在剑身的两边有锋利的刃，腰部以上的身体部位为攻击目标，使用剑的边刃攻击也可得分。使用佩剑和花剑时，击点必须在规定的动作中进行。

击剑已被列为历届现代奥运会的比赛项目，从1921年起，开始举行每年一次的世界锦标赛。击剑运动的世界管理机构是1913年成立的国际击剑联合会。

柔道

柔道是由日本的格斗术发展而来的，尤其要归功于柔术学校。现代柔道比赛很少依靠野蛮的力量，而更多地依靠技巧和速度。摔倒对方、抓住对方的某一关节不动或在脖子上施加一定的压力都可能得分。

柔道运动员的身份可分为初学者和大师级（段）。尽管第12段只授予嘉纳治五郎（博士），但是柔道还是分为12个等级。有四种颜色（腰带颜色）代表这些等级：黑色代表1～5段，红白相间代表6～8段，红色代表9～11段，白色代表第12段。

主要的柔道比赛是世界锦标赛，男子柔道比赛从1956年开始，女子柔道比赛从1980年开始，都是每两年举行一次。柔道的国际管理机构是成立于1951年的国际柔道联合会。

■ 俄罗斯自由式摔跤选手亚历山大·卡列林（左）正在与他的美国对手冲顶头，这是他第三次问鼎奥运会金牌。

穆罕默德·阿里
（1942～）

"轻盈如蝶，狠如蜂蜇"是对穆罕默德·阿里的拳台风格最形象的描述。这位美国重量级拳击手（原名卡修斯·克莱）是最著名的运动员之一，他的拳击生涯成为体育界的传奇。在1960年罗马奥运会上，阿里获得了拳赛中的次重量级金牌，从此，他崭露于世界拳坛上。四年后，阿里击败了桑尼·利斯顿，赢得了重量级冠军。此后，在20世纪60年代，他保持了常胜不败的地位。但是，由于他拒服兵役，因此，被剥夺了冠军的称号。1970年他重返拳台，最后在1974年他再次获得了重量级冠军——他在扎伊尔（现在的刚果）举行的著名的"热带丛林之战"中战胜了乔治·福尔曼。在阿里输给了利昂·斯平克斯之后，于1978年，他再次夺得冠军，成为第一位在三个不同场合获得重量级冠军的拳击手。阿里一生总共获得过22次世界冠军，仅失败过3次。他的最后一场比赛是在1982年。近些年来，面对残酷的、使人衰弱的帕金森氏病，他表现得和在拳台上一样勇敢，由此赢得了许多人的尊敬和爱戴，包括那些并不喜欢拳击的人。许多人也会赞同他那名副其实的宣言："我是最出色的"。

1996年奥运会柔道比赛

从1964年起，柔道已被列为奥运会的比赛项目（1968年奥运会除外）。下列是1996年奥运会柔道比赛金牌获得者。

体重等级（公斤）	男子
60	野村忠宏（日本）
65	乌多·奎尔马兹（德国）
71	中村健藏（日本）
78	博拉斯（法国）
86	全已盈（韩国）
95	帕维乌·纳斯图图拉（波兰）
95+	戴维·杜耶（法国）
	女子
48	桂顺姬（朝鲜）
52	玛丽亚-克莱尔·雷斯图（法国）
56	德冈·萨雷ென（古巴）
61	惠本裕子（日本）
66	曹敏仙（韩国）
72	乌拉·韦布洛克（比利时）
72+	孙福明（中国）

1996年奥运会摔跤比赛

自从1896年第一届现代奥运会举办以来，摔跤一直被列为奥运会比赛项目。现在只有男子比赛，自由式摔跤和古典式摔跤各有十个重量级别。下列是1996年奥运会金牌获得者。

体重个人（公斤）	自由式	古典式
48	金日（朝鲜）	沈权虎（韩国）
52	瓦连京·季米特罗夫·约尔丹诺夫（保加利亚）	阿尔缅·纳扎里扬（亚美尼亚）
57	肯达尔·克罗斯（美国）	尤里·梅尔尼琴科（哈萨克）
62	汤姆·布兰兹（美国）	沃奇米日·扎瓦兹基（波兰）
68	瓦吉姆·博吉耶夫（俄罗斯）	理查德·沃尔尼（波兰）
74	布瓦伊萨·萨伊特耶夫（俄罗斯）	费利贝托·阿斯库·阿吉莱拉（古巴）
82	哈吉姆拉德·马戈梅多夫（俄罗斯）	哈姆扎·叶尔利基亚（土耳其）
90	拉苏尔·哈德姆·阿兹哈迪（伊朗）	维亚切斯拉夫·奥列伊努克（乌克兰）
100	库尔特·安格尔（美国）	安杰伊·弗龙斯基（波兰）
130	马赫穆特·德米尔（土耳其）	亚历山大·卡列林（俄罗斯）

拳台拳击赛持续6个小时以上 ■ 跆拳道已有2000年的历史 ■

赛车运动

▶ 汽车比赛开始于小汽车发明后不久。已知的首次汽车比赛于1878年在美国的威斯康星州举行。

▶ 意大利的朱塞佩·法里纳于1950年在首届一级方程式世界锦标赛中获胜。汽车制造商锦标赛始办于1958年，第一位获胜者是文沃尔。

▶ 已知的首届双轮摩托车比赛于1897年在伦敦的里士满举行。

▶ 高速赛车到达终点时达到非常高的速度；1994年创造了506公里／小时的纪录。

汽车赛

职业汽车赛包括一系列不同的比赛，相互之间在车型和车的规格，例如发动机的性能方面均有不同。

著名的赛事有印第汽车赛、印第安纳波利斯500英里赛、勒芒24小时耐力大奖赛（一天的汽车比赛）、一级方程式、二级方程式和三级方程式比赛。在普通公路上进行的行程数千公里的公路拉力赛、短程高速驾驶比赛、两辆汽车的402.3米（0.25英里）的全速较量赛等汽车赛也很受欢迎。国际汽车联合会是大奖赛的管理机构。

■ 一级方程式赛车是一种高度专业化的速度汽车，在直线跑道上，速度可达250公里／小时（160英里／小时）以上。尽管在汽车上安装了最新的安全保护设备，但是意外死亡事故仍在发生。

■ 成千上万的观众排列在摩纳哥大奖赛的弯道旁，这也许是世界上最有魅力的汽车赛。首次比赛于1929年举行。现在世界各地亿万家庭通过电视收看比赛。

🏆 一级方程式汽车赛

最高水平的汽车赛是一级方程式汽车赛，每年要举行一系列国际的大奖赛，每次比赛的赛程大约为322公里（200英里）。

年份	获胜者
1950年	朱塞佩·法里纳（意大利）
1951年	胡安·曼纽埃尔·樊焦（阿根廷）
1952年	阿尔贝托·阿斯卡里（意大利）
1953年	阿尔贝托·阿斯卡里（意大利）
1954年	胡安·曼纽埃尔·樊焦（阿根廷）
1955年	胡安·曼纽埃尔·樊焦（阿根廷）
1956年	胡安·曼纽埃尔·樊焦（阿根廷）
1957年	胡安·曼纽埃尔·樊焦（阿根廷）
1958年	迈克·霍索恩（英国）
1959年	杰克·布拉巴姆（澳大利亚）
1960年	杰克·布拉巴姆（澳大利亚）
1961年	费尔·希尔（美国）
1962年	格雷厄姆·希尔（英国）
1963年	吉姆·克拉克（英国）
1964年	约翰·瑟蒂斯（英国）
1965年	吉姆·克拉克（英国）
1966年	杰克·布拉巴姆（澳大利亚）
1967年	丹尼·休姆（新西兰）
1968年	格雷厄姆·希尔（英国）
1969年	杰基·斯图尔特（英国）
1970年	约亨·林德（奥地利）
1971年	杰基·斯图尔特（英国）
1972年	埃默森·菲蒂帕尔迪（巴西）
1973年	杰基·斯图尔特（英国）
1974年	埃默森·菲蒂帕尔迪（巴西）
1975年	尼基·劳达（奥地利）
1976年	詹姆斯·亨特（英国）
1977年	尼基·劳达（奥地利）
1978年	马里奥·安德烈蒂（美国）
1979年	乔迪·谢克特（南非）
1980年	艾伦·琼斯（澳大利亚）
1981年	内尔松·皮奎特（巴西）
1982年	凯克·罗斯伯格（芬兰）
1983年	内尔松·皮奎特（巴西）
1984年	尼基·劳达（奥地利）
1985年	阿兰·普罗斯特（法国）
1986年	阿兰·普罗斯特（法国）
1987年	内尔松·皮奎特（巴西）
1988年	艾尔顿·塞纳（巴西）
1989年	阿兰·普罗斯特（法国）
1990年	艾尔顿·塞纳（巴西）
1991年	艾尔顿·塞纳（巴西）
1992年	奈杰尔·曼塞尔（英国）
1993年	阿兰·普罗斯特（法国）
1994年	米夏埃尔·舒马赫（德国）
1995年	米夏埃尔·舒马赫（德国）
1996年	达蒙·希尔（英国）

■ 在棋子岛上设置的旅行赛的环行道上，精确地布有２６４个拐

体育

印第汽车比赛

印第汽车锦标赛从1909~1955年起名为美国汽车协会全国锦标赛，1956-1979年名为美国汽车俱乐部全国锦标赛，从1979年开始名为PPG印第汽车世界系列赛。

年份	冠军	年份	冠军	年份	冠军
1909年	乔治·罗伯逊	1939年	威尔伯·肖	1972年	乔·伦纳德
1910年	雷伊·哈朗	1940年	雷克斯·梅斯	1973年	罗杰·迈克拉斯基
1911年	拉尔夫·马尔福德	1941年	雷克斯·梅斯	1974年	罗比·昂塞尔
1912年	拉尔夫·德·帕尔马	1942-1945年	没有比赛	1975年	A.J.福伊特
1913年	厄尔·库珀	1946年	泰德·霍恩	1976年	戈登·约翰科克
1914年	拉尔夫·德·帕尔马	1947年	泰德·霍恩	1977年	汤姆·斯内瓦
1915年	厄尔·库珀	1948年	泰德·霍恩	1978年	汤姆·斯内瓦
1916年	达里奥·雷斯塔	1949年	约翰尼·帕森斯	1979年	A.J.福伊特（美国汽车俱乐部）
1917年	厄尔·库珀	1950年	亨利·班克斯		里克·米尔斯（CART）
1918年	拉尔夫·马尔福德	1951年	托尼·贝滕罗伊泽	1980年	约翰尼·拉瑟福德
1919年	霍华德·威尔科克斯	1952年	查克·史蒂文森	1981年	里克·米尔斯
1920年	托米·米尔顿	1953年	萨姆·汉克斯	1982年	里克·米尔斯
1921年	托米·米尔顿	1954年	吉米·布赖恩	1983年	阿尔·昂塞尔
1922年	吉米·墨菲	1955年	鲍勃·斯韦科特	1984年	马里奥·安德烈蒂
1923年	埃迪·赫恩	1956年	吉米·布赖恩	1985年	阿尔·昂塞尔
1924年	吉米·墨菲	1957年	吉米·布赖恩	1986年	罗比·拉霍尔
1925年	彼得·德保罗	1958年	托尼·贝滕罗伊泽	1987年	罗比·拉霍尔
1926年	哈里·哈茨	1959年	罗杰·沃德	1988年	丹尼·沙利文
1927年	彼得·德保罗	1960年	A.J.福伊特	1989年	埃默森·菲蒂帕尔迪
1928年	路易·迈尔	1961年	A.J.福伊特	1990年	小阿尔·昂塞尔
1929年	路易·迈尔	1962年	罗德格·沃德	1991年	迈克尔·安德烈蒂
1930年	比利·阿诺德	1963年	A.J.福伊特	1992年	鲍比·拉霍尔
1931年	路易斯·施奈德	1964年	A.J.福伊特	1993年	奈杰尔·曼塞尔
1932年	鲍勃·凯里	1965年	马里奥·安德烈蒂	1994年	小阿尔·昂塞尔
1933年	路易·迈尔	1966年	马里奥·安德烈蒂	1995年	雅克·维尔纳夫
1934年	比尔·卡明斯	1967年	A.J.福伊特	1996年	吉米·瓦瑟
1935年	凯利·佩蒂罗	1968年	罗比·昂塞尔		
1936年	莫里·罗斯	1969年	马里奥·安德烈蒂		
1937年	威尔伯·肖	1970年	阿尔·昂塞尔		
1938年	弗洛伊德·罗伯茨	1971年	乔·伦纳德		

*1979年，两个竞争组织各自举行了一次锦标赛，结果那年产生了两名冠军。

摩托车世界锦标赛

从1949年起，世界锦标赛每年举行一次。由该项运动的管理机构——国际摩托车运动联合会认可的五个等级是：50毫升、125毫升、250毫升、500毫升和边车。最负盛名的是500毫升级。以下列出这个等级的获胜者。

年份	冠军	年份	冠军	年份	冠军
1949年	莱斯利·格雷厄姆（英国）	1965年	贾科莫·阿戈斯蒂尼（意大利）	1981年	马可·卢奇内利（意大利）
1950年	翁贝托·马塞蒂（意大利）	1966年	贾科莫·阿戈斯蒂尼（意大利）	1982年	佛朗哥·温奇尼（意大利）
1951年	杰夫·杜克（英国）	1967年	贾科莫·阿戈斯蒂尼（意大利）	1983年	弗雷迪·斯潘塞（美国）
1952年	翁贝托·马塞蒂（意大利）	1968年	贾科莫·阿戈斯蒂尼（意大利）	1984年	埃迪·劳森（美国）
1953年	杰夫·杜克（英国）	1969年	贾科莫·阿戈斯蒂尼（意大利）	1985年	弗雷迪·斯潘塞（美国）
1954年	杰夫·杜克（英国）	1970年	贾科莫·阿戈斯蒂尼（意大利）	1986年	埃迪·劳森（美国）
1955年	杰夫·杜克（英国）	1971年	贾科莫·阿戈斯蒂尼（意大利）	1987年	韦恩·加德纳（澳大利亚）
1956年	约翰·瑟斯顿（英国）	1972年	贾科莫·阿戈斯蒂尼（意大利）	1988年	埃迪·劳森（美国）
1957年	利贝罗·利贝拉泰（意大利）	1973年	菲尔·里德（英国）	1989年	埃迪·劳森（美国）
1958年	约翰·瑟斯顿（英国）	1974年	菲尔·里德（英国）	1990年	韦恩·雷尼（美国）
1959年	约翰·瑟斯顿（英国）	1975年	贾科莫·阿戈斯蒂尼（意大利）	1991年	韦恩·雷尼（美国）
1960年	约翰·瑟斯顿（英国）	1976年	巴里·希内（英国）	1992年	韦恩·雷尼（美国）
1961年	加里·霍金（罗得西亚）	1977年	巴里·希内（英国）	1993年	凯文·施万茨（美国）
1962年	迈克·黑尔伍德（英国）	1978年	肯尼·罗伯茨（美国）	1994年	迈克尔·杜汉（澳大利亚）
1963年	迈克·黑尔伍德（英国）	1979年	肯尼·罗伯茨（美国）	1995年	迈克尔·杜汉（澳大利亚）
1964年	迈克·黑尔伍德（英国）	1980年	肯尼·罗伯茨（美国）	1996年	迈克尔·杜汉（澳大利亚）

摩托车赛

摩托车比赛有几种不同的形式。环行比赛是在修建好的跑道上进行，世界锦标赛（以不同等级进行比赛）是最高水平的比赛。公路比赛在开阔的公路上举行，最重要的系列赛——摩托车联盟旅行者大奖赛，首次于1907年举行，现在在山区环行路线上进行，行程60.72公里（37.73英里）。摩托车越野赛，或是越野比赛，是在崎岖的地面上进行的，包括降落、转弯和攀登。赛场摩托车比赛是在椭圆形的泥土跑道上进行的。

艾尔顿·塞纳
（1960~1994）

巴西选手艾尔顿·塞纳被人们普遍地认为是一名超一流的一级方程式赛车驾驶员。他在世界小型汽车锦标赛——福特方程式和三级方程式赛中取得的早期成功，为他以后的压倒一切的比赛作风奠定了基础。在1984年的一级方程式比赛中，他的初次露面给人们留下深刻的印象，第二次露面是在摩纳哥，第三次是在葡萄牙。1985年，他驾驶莲花赛车，第一次赢得了大奖赛。塞纳于1986年和1987年两次登上了锦标赛的领奖台，并于1988年和麦克拉伦队一起成为一级方程式世界冠军。他于1990年和1991年再次获得汽车比赛的最高奖项。他于1994年5月在伊莫拉的意大利大奖赛中不幸身亡，这使他的赛车生涯突然结束。他的去世在体育界引起震撼，巴西举国哀悼。他的意外死亡（以及一天前罗兰·拉岑贝格尔的死亡）引起了人们对一级方程式比赛中安全检查的高度重视。塞纳是一个强人，保持着世界的顶级纪录（在161次比赛中参加了65次，有41次获胜），他的敢作敢为的驾驶风格既给他带来了一些争议也给他带来了荣誉。

赛场摩托车比赛

赛场摩托车比赛分组进行，每组有四名选手，在泥土跑道上行为四圈。这种比赛形式于1902年起始于美国。此后，这项运动得到不断发展，到1923年，首届"短程"比赛在澳大利亚举行。

从1936年起世界锦标赛每年举行一次。远程锦标赛始于1971年。

冰上高速摩托车赛（车轮需带钉子）于1966年开始举办个人参加的世界锦标赛；1979年增加了团体锦标赛。

■ 澳大利亚选手迈克尔·杜汉（左）曾三次（1994、1995和1996）在500毫升摩托车世界锦标赛上夺冠。他还为本田队赢得了胜利。

■ 在大奖赛中最快的总平均速度为242.623公里/小时 ■

赛马及马术运动

▶ 有记载的首次马背上的比赛是公元前648年由希腊人在第33届古代奥林匹克运动会上进行的。
▶ 在赛马中使用的轻便的两轮马车于1829年首次出现。
▶ 马术流派形成于欧洲文艺复兴时期，主要在法国和意大利。

■ 奥运会障碍赛冠军，乌尔里希·基希霍夫。

■ 这些美国侧对步赛马是北美和澳大利亚的数百万美元赛马业的组成部分。

马术

马术比赛有6个项目：花式骑术赛、障碍赛、三日赛、驾车赛、耐力赛和腾跳赛。花式骑术赛是考验一个骑手在面积为60×20米（66×22码）的场地上控制马匹完成各种动作的能力。在障碍赛中，骑手要驾御马匹跳跃一系列的栅栏，在表演中任何失误都会减分，碰倒栅栏或一只或一只以上马蹄踏水扣4分，摔倒扣8分，第一次拒跳扣3分，第二次、第三次拒跳扣6分。三日赛包括花式骑术赛、越野赛和障碍赛。驾车赛包括四马或双马比赛，检验其训练、耐力和通过障碍的能力。拉力赛和腾跳赛属于比较新的比赛项目。世界马术比赛大会每4年举行一次。管理机构是国际马术联合会，创建于1921年。

两轮马车赛

在两轮马车赛中，一匹马拉着一部双轮马车——单座双轮马车。马或者小跑，双腿呈对角线移动或者溜蹄跑，前后腿同步移动。跑道椭圆形，周长为800～1600米（0.5～1英里），跑道表面为泥土表面。

此项运动在北美最流行，重要的比赛包括汉布尔顿赛和小布朗杯赛，此外，在澳大利亚也很盛行，最重大的比赛是国内锦标赛。北美的管理机构是全国马车赛协会。

赛马

尽管最早的正式赛马会直到12世纪才在伦敦的史密斯菲尔德举行，但是赛马的历史可追溯到数千年以前。

比赛或在平坦跑道进行，或超越障碍跳越栅栏。障碍赛马和跳栏赛马（不太激烈的障碍赛马）要跑完3200米（2英里）或更多的路程。其中至少有一个水沟，每1600米（1英里）有6个桦木栅栏。著名的每年一度的赛马包括凯旋门奖赛马、德比赛马、英国大赛马、切尔滕纳姆金杯赛以及肯塔基大赛马。

马球

马球是一项古老的运动，起源于5000多年前的印度。1869年传到英国，1876年传到美国，现在在阿根廷和美国很盛行。

马球可在任何大型的运动场地上进行，最长的长度为274米（300码），最宽的宽度为182米（200码）（无挡板）或146米（160码）（有挡板）。每队4名队员，每个队从起点到最高分10分常常有一次让步赛。主要的国际马球赛有韦彻斯特杯赛和美洲杯赛。马球的管理机构是赫尔林汉姆马球协会。

1996年奥运会冠军

花式骑术赛、障碍赛和三日赛从1912年起已被列为奥运会比赛项目。马及骑手以个人或国家团体形式参赛。下面是1996年奥运会马术金牌得主。

		分数
个人		
障碍赛	乌尔里希·基希霍夫（德国）	1.0
	贾斯德姆波斯	
三日赛	布莱思·泰特（新西兰）	56.8
	机灵鬼	
花式骑术赛	依萨贝尔·韦特（德国）	235.09
	舞男	
团体		
障碍赛	德国队	1.75
三日赛	澳大利亚队	203.85
花式骑术赛	德国队	5553

■ 花式骑术赛考查马匹的服从能力和骑手的驾御能力。

■ 1995年在英国考德雷公园举行的公开赛中的两名马球运动员。

■ 人类骑马至少已有5000年的历史 ■ 驾车赛马首次出现在

■ 1996年肯塔基赛马大会上赛马冲出栏门的一个镜头。赛马场地使用期限定为3年。

红朗姆
(1965~1995)

某些成功的赛马不仅仅吸引了许多赌博者，而且被公众所喜爱。红朗姆就是一个例子，它是当年英国最著名的赛马——一匹创下令人难以置信的比赛纪录的赛马，并拥有一大批追逐者。它于1970~1971年第一次崭露头角。1972年它被勒林·布拉泽顿夫人以6000畿尼卖给了诺埃尔·勒马蕾。它在英格兰西北的南港沙地受训于"红毛"唐纳德·麦凯恩。它在参加英国大赛马前曾5次获得成功。它在1973、1974和1977年三次获得英国大赛马冠军，1975年和1976年获得第二名。这些惊人的成绩可能永远也不能被超越。公众非常喜爱它，以至于1988年在艾因特里修建了一个与它大小相当的塑像。7年后它死去时，给予它最高荣誉——埋在跑马场的终点处，这曾是它长期驰骋的地方。

凯旋门奖赛马

凯旋门奖赛马是欧洲最负盛名的平地赛马，从1920年起每年举行一次。地点在巴黎的隆尚，赛程为2400米（大约1英里4弗隆）。下面是1980年以来的冠军得主：

年份	马名	骑师
1980年	德特罗伊	特帕特·埃德里
1981年	金河	加里·穆尔
1982年	阿基达	伊夫·圣马丁
1983年	忠诚	沃尔·斯温伯恩
1984年	敏锐	伊夫·圣马丁
1985年	寻梦	帕特·埃德里
1986年	舞勇	士။迪·埃德里
1987年	特伦姆波林诺	帕特·埃德里
1988年	托尼·宾	约翰·雷德
1989年	卡罗尔之家	迈克尔·基纳内
1990年	索马里兹	杰拉尔德·莫斯
1991年	温和的舞者	卡什·阿斯穆森
1992年	萨博蒂	卡蒂埃里·雅尔内
1993年	城市之海	埃里克·圣马丁
1994年	卡内基蒂	埃里·雅尔内
1995年	莱兰塔拉	弗朗基·德特托
1996年	赫利里西奥	奥列维耶·佩斯里耶

肯塔基大赛马

在路易斯维尔市邱吉尔唐斯举行的一年一度的肯塔基大赛马，全程为2012米（1英里2弗隆），它是美国三王冠赛中最著名的赛马比赛。1980年以来冠军得主：

年份	马名	骑师
1980年	真正的赌注	牙辛托·瓦斯克斯
1981年	愉快上校	若热·韦拉斯克斯
1982年	加多代尔索尔	埃迪·德拉胡萨耶
1983年	日晷	埃迪·德拉胡萨耶
1984年	沼地	小拉菲特·平凯
1985年	花钱	小安杰尔·科德罗
1986年	费尔迪南德	比利·休梅克
1987年	阿利瑟巴	克里斯·麦卡伦
1988年	胜利	色加里·斯蒂文斯
1989年	寂静的星期日	帕特巴伦苏埃拉
1990年	脱缰马	克雷格·佩雷特
1991年	抓金牌	克里斯·安特利
1992年	利勒	蒂帕特·戴
1993年	海上英雄	杰里·贝利
1994年	去拿酒	克里斯·麦卡伦
1995年	雷谷	加里·斯蒂文斯
1996年	磨石	杰里·贝利

英国大赛马

世界最著名的障碍赛——英国大赛马，每年在英国利物浦的安特里举行。全程长为7245米（4英里4弗隆），跨越30多个栅栏。1980年以来冠军得主：

年份	马名	骑师
1980年	本内维斯	查利·芬威克
1981年	奥尔达尼提	鲍勃·钱皮恩
1982年	格里塔	迪克·桑德斯
1983年	科比尔	本·德·哈恩
1984年	丹迪，你好	尼尔·道蒂
1985年	最后的怀疑	海维尔·戴维斯
1986年	西端	理查德·邓伍迪
1987年	毛利人的冒险	史蒂夫·奈特
1988年	韵论	布伦丹·鲍威尔
1989年	小波尔维	吉米·弗罗斯特
1990年	快乐先生	马库尔·阿米森奇
1991年	西格莱姆	奈杰尔·霍克
1992年	政党	卡尔·卢埃林
1993年	因起跑错误比赛取消	
1994年	明尼豪兄	理查德·邓伍迪
1995年	皇家运动员	贾森·蒂特利
1996年	罗夫·科维斯特	迈克·菲兹杰拉德
1997年	于勒内勋爵	托尼·多宾

切尔滕纳姆金杯赛

切尔滕纳姆金杯赛是英国历史上最有声望的比赛，此项比赛是一项跨跃22道栅栏的障碍赛，全程为5333多米（3英里2弗隆110码）。1980年以来的冠军得主：

年份	马名	骑师
1980年	烟雾大师	理查德·霍尔
1981年	小泉	吉姆·威尔逊
1982年	银鹿	罗伯特·厄恩肖
1983年	布莱哥恩格	雷厉姆·布拉德利
1984年	伯勒山少	菲尔·图克
1985年	宽容	马丁·德怀尔
1986年	晨练	乔尼奥·奥尼尔
1987年	思想者	里查利·兰姆
1988年	宪章党	理查德·邓伍迪
1989年	沙漠之兰	西蒙·谢伍德
1990年	诺顿的硬币	格雷厄姆·麦考特
1991年	加里森·萨夫纳	马克·皮特曼
1992年	冷场地	阿德里安·马吉雷
1993年	乔德米	马克·德怀尔
1994年	伙伴	亚当·康德拉特
1995年	燕麦大王	诺曼·威廉姆森
1996年	圣诞	康纳·奥德怀尔
1997年	马利根先生	托尼·麦科伊

德比赛马

德比赛马是英国最古老的平地赛马比赛，全程为2423多米（1英里4弗隆10码），首届德比赛马于1780年举行。1980年以来的冠军得主：

年份	马名	骑师
1980年	汉比特	威利·卡森
1981年	雪格尔	沃尔特·斯温伯恩
1982年	金羊	毛帕特·艾德里
1983年	提诺索	里斯特·皮戈特
1984年	萨克雷托	克里斯蒂·洛希
1985年	长镖	斯蒂夫·高申
1986年	沙拉斯坦尼	沃尔特斯温伯恩
1987年	参考点	斯蒂夫·高申
1988年	卡海西	雷伊·科克伦
1989年	纳什	温威利·卡森
1990年	求名	帕特·艾德里
1991年	丰盛	艾伦·芒罗
1992年	诡计	博士约翰·雷德
1993年	总司令	迈克尔·基纳内
1994年	埃哈勃	威利·卡森
1995年	莱姆斯里	沃尔特·斯温伯恩
1996年	萨米特	迈克尔·希尔斯
1997年	抗本尼	威利·瑞安

其他运动

> ▶ 英语中羽毛球叫"badminton",来源于英国的巴德明顿庄园,那里曾是19世纪波弗特公爵打羽毛球的地方。
> ▶ "斯诺克"(英式台球)一词最初是称呼伍利奇陆军军官学校新生的黑话。
> ▶ "棋"(chess)一词源出波斯单词Shah(国王或统治者)。存留下来最古老的棋子是在俄国发现的,它是由象牙制成的,上面注有日期,约为200年。
> ▶ 法国的路易十一被认为是第一位最早在球桌上打台球的人。

射箭

射箭是从打猎和战争中发展而来的一项最古老的运动。中石器时代的洞穴绘画上就有带弓箭的猎人。

现代射箭运动有几种不同形式—打靶是最流行的。场地射箭设有目标动物图形,在飞行射箭中,箭击中目标的距离最远。弓的类型有长弓、原始弓、标准循环弓和混合弓。

现在,每两年举行的世界锦标赛最初始于1931年。该项运动自1972年起历届奥运会都列为比赛项目,但是早在1900、1904、1908和1920年的奥运会上也曾经列为比赛项目。

羽毛球

羽毛球这项毽与拍的运动是从孩子们的板羽球及毽球游戏发展而来的,现代羽毛球的比赛规则早在1876年由驻扎在印度普那的英国军官编制的。

羽毛球运动在世界许多国家非常普及,尤其在北美和远东地区。重要的比赛是世界锦标赛,此赛事取代了始于1899年的每年一度的全英锦标赛。羽毛球的世界管理机构是国际羽毛球联合会,成立于1934年。

🏆 汤姆斯杯和尤伯杯

重要的国际羽毛球团体赛是男子汤姆斯杯赛(1949年设立)和女子尤伯杯赛(1957年设立),这两项比赛最初每三年举行一次,但是现在改为每两年举行一次。下列是获胜的国家队:

汤姆斯杯	获胜次数	
印度尼西亚	10	1958, 1961, 1964, 1970, 1973, 1976, 1979, 1984, 1994, 1996
马来西亚/马来亚	5	1949, 1952, 1955, 1967, 1992
中国	4	1982, 1986, 1988, 1990

尤伯杯	获胜次数	
日本	5	1966, 1969, 1972, 1978, 1981
中国	5	1984, 1986, 1988, 1990, 1992
美国	3	1957, 1960, 1963
印度尼西亚	3	1975, 1994, 1996

1996年奥运会羽毛球赛

羽毛球在1972年和1988年奥运会上是一个表演项目,在1992年的巴塞罗那奥运会上被列为奖牌项目。1996年奥运会金牌得主如下:

单打
男子: 保罗-埃里克·霍耶-拉尔森(丹麦)
女子: 方铢贤(韩国)

双打
男子: 雷·迈纳基和里·苏巴吉亚(印度尼西亚)
女子: 葛菲和顾俊(中国)
混合: 金东文和吉永雅(韩国)

###

射箭自1972年起被列为历届奥运会比赛项目,此外,在1900、1904、1908和1920年的奥运会上也曾经被列为比赛项目。1996年奥运会金牌得主如下:

个人
男子: 贾斯廷·休伊什(美国)
女子: 金京郁(韩国)

团体
男子: 美国队
女子: 韩国队

羽毛球双打比赛场地为13.4米(44英尺)长,6.1米(20英尺)宽,单打比赛场地为5.2米(17英尺)宽。球网中部的高度为1.5米(5英尺)。比赛由2人或4人参加。

滑雪射击

滑雪射击是越野滑雪和射击的结合项目。男子个人赛距离为10或20公里。

接力赛距离为4×7.5公里。女子个人赛距离是7.5公里、15公里。接力赛距离为3×7.5公里。在10公里的距离内要射击2次,靶距离为50米;在20公里的距离内要有射击4次(2次卧射和2次立射)。在接力赛中,每个队员卧射1次,立射1次,脱靶被视为犯规。

滑雪射击世界锦标赛男子赛始于1958年,女子赛始于1984年。自1960年起滑雪射击就被列为奥运会比赛项目(项目始于1992年)。此项运动的管理机构是国际现代五项和冬季两项联盟,它于1957年首先提出此项运动。

台球

台球在19世纪出现于英国,1835年,橡皮边球台被介绍使用,1836年使用石板台。世界职业和业余锦标赛分别于1870年和1926年举行。此项运动在英国最盛行,产生了许多世界职业锦标赛冠军。台球桌面积为3.7×1.9米(12×6英尺)。台球的世界管理机构称为世界台球理事会(其前身是世界台球协会)。

滚木球

现代滚木球规则形成于1848~1849年间的苏格兰,制定人是威廉·米歇尔,他是格拉斯哥的一个律师。此项运动有两种形式—皇冠式草地滚木球和草地滚木球。皇冠式草地滚木球在波浪形滚球场进行,它几乎只流行于英格兰北部和英格兰中部。草地滚木球则在平坦的草地上进行,它在英联邦国家最流行。

世界男子、女子滚木球锦标赛每4年举行1次,分单人、双人、三人和四人赛,世界室内滚木球锦标赛自1979年起每年举行一次。滚木球运动的管理机构是国际滚木球委员会,成立于1905年。

国际象棋

国际象棋是一项古老的游戏,人们普遍认为它起源于印度北部。传到波斯,叫做恰图兰卡,并逐渐演化成现代象棋。

象棋有2名棋手对垒,棋板为8×8格子板,每方有16个棋子。棋子是: 8个卒、2个马、2个象、2个车、1个王后、1个国王。500年来一直是这几个棋子。

棋手由世界管理机构(国际象棋联合会)按埃洛比分制计算比赛结果,划分等级,此项评分标准由阿尔帕德·埃洛(1903~1992)设计。评级结果一年公布两次,大师级水平是2500分,曾经获得的最高分值为2815分,是由当今世界冠军,加里·卡斯帕罗夫在1993年创造的。最高等级的女棋手是匈牙利的尤迪特·波尔加,分值为2675分。最年轻的国际大师是法国的艾蒂安·巴克罗特,他在1997年3月,14岁59天时获此殊荣。

世界锦标赛

尽管直到1886年世界锦标赛才正式化,但是自1851年起就已经开始举行。世界冠军排列如下。要说明的是1993年,俄罗斯的加里·卡斯帕罗夫和英国的奈杰尔·肖特,应当争夺世界冠军,但职业象棋协会成立并组织了这一场锦标赛,这次锦标赛不是由国际象棋联合会主办,它宣布俄罗斯的阿纳托利·卡尔波夫和荷兰的扬·蒂曼之间的比赛被定为世界冠军赛,卡尔波夫以12.5:8.5获胜,他们曾在挑战者锦标赛上被肖特击败。

男子

1851~1858年	阿道夫·安德森(德国)
1858~1862年	保罗·莫尔菲(美国)
1862~1866年	阿道夫·安德森(德国)
1866~1894年	威廉·施泰尼茨(奥地利)
1894~1921年	埃曼努尔·拉斯克(德国)
1921~1927年	胡塞·卡帕布兰卡(古巴)
1927~1935年	亚历山大·阿廖欣(法国)
1935~1937年	马克斯·尤伟(荷兰)
1937~1946年	亚历山大·阿廖欣(法国)
1948~1957年	米哈伊尔·博特温尼克(苏联)
1957~1958年	瓦西里·斯密斯洛夫(苏联)
1958~1960年	米哈伊尔·博特温尼克(苏联)
1960~1961年	米哈伊尔·塔尔(苏联)
1961~1963年	米哈伊尔·博特温尼克(苏联)
1963~1969年	季格兰·彼得罗相(苏联)
1969~1972年	鲍里斯·斯帕斯基(苏联)
1972~1975年	鲍比·费希尔(美国)
1975~1985年	阿纳托利·卡尔波夫(苏联)
1985年~	加里·卡斯帕罗夫(苏联/俄罗斯)

女子

1927~1944年	维拉·孟克里(英国)
1950~1953年	柳德米拉·鲁登科(苏联)
1953~1956年	伊丽莎白·彼科娃(苏联)
1956~1958年	奥尔加·鲁布佐娃(苏联)
1958~1962年	伊丽莎白·彼科娃(苏联)
1962~1978年	诺娜·加普林达什维利(苏联)
1978~1991年	玛亚·奇布尔达尼则泽(苏联)
1991年~	谢军(中国)

■ 据说修道士艾尔默曾利用一个简陋的风筝状滑翔机飞离英格兰的马

环法自行车赛

世界最著名的一年一度的自行车赛是环法自行车赛,创始于1903年。此项比赛在各种路段上进行,历时21天,它是世界上最远距离的非机动车运动项目,同时也是最受欢迎的运动项目,每年有1千多万人沿途观看。最近几年比赛全程长大约4000公里(接近2500英里)。自1919年起获胜者身穿黄色领骑衫。二战后的获胜者有:

1947年 让·罗比克(法国)	1964年 雅克·安克蒂尔(法国)	1981年 贝尔纳·伊诺尔(法国)
1948年 吉诺·巴尔塔利(意大利)	1965年 费利切·吉蒙蒂(意大利)	1982年 贝尔纳·伊诺尔(法国)
1949年 福斯托·科皮(意大利)	1966年 吕西安·艾马尔(法国)	1983年 洛朗·菲尼昂(法国)
1950年 费迪南德·库布勒(瑞士)	1967年 罗歇·平乔昂(法国)	1984年 洛朗·菲尼昂(法国)
1951年 胡戈·库布利(瑞士)	1968年 鲍·詹森(荷兰)	1985年 贝尔纳·伊诺尔(法国)
1952年 福斯托·科皮(意大利)	1969年 埃迪·默克斯(比利时)	1986年 格雷格·莱蒙德(美国)
1953年 路易松·博贝(法国)	1970年 埃迪·默克斯(比利时)	1987年 斯蒂芬·罗奇(爱尔兰)
1954年 路易松·博贝(法国)	1971年 埃迪·默克斯(比利时)	1988年 佩德罗·德尔加多(西班牙)
1955年 路易松·博贝(法国)	1972年 埃迪·默克斯(比利时)	1989年 格雷格·莱蒙德(美国)
1956年 罗歇·沃克维克(法国)	1973年 路易斯·奥卡尼亚(西班牙)	1990年 格雷格·莱蒙德(美国)
1957年 雅克·安克蒂尔(法国)	1974年 埃迪·默克斯(比利时)	1991年 米格尔·因杜拉因(西班牙)
1958年 夏尔·高尔(卢森堡)	1975年 贝尔纳·泰弗内(法国)	1992年 米格尔·因杜拉因(西班牙)
1959年 费德里科·巴哈蒙特(西班牙)	1976年 吕西安·范安佩(比利时)	1993年 米格尔·因杜拉因(西班牙)
1960年 加斯东·南希尔(意大利)	1977年 贝尔纳·泰弗内(法国)	1994年 米格尔·因杜拉因(西班牙)
1961年 雅克·安克蒂尔(法国)	1978年 贝尔纳·伊诺尔(法国)	1995年 米格尔·因杜拉因(西班牙)
1962年 雅克·安克蒂尔(法国)	1979年 贝尔纳·伊诺尔(法国)	1996年 比亚内·里斯(荷兰)
1963年 雅克·安克蒂尔(法国)	1980年 约普·祖特麦克(荷兰)	1997年 扬·乌尔里希(德国)

埃迪·默克斯
(1945~)

贝尔吉安·埃迪·默克斯一直是一位最优秀的自行车选手,他是一个勇猛、比赛型的运动员,他因坚定的必胜信心而获得"食人生番"的外号。他曾5次(1969—1972,1974)在环法自行车赛中获胜,在7年里他获得35场胜利,总计有96天穿黄色领骑衫。他还获得其他赛事奖,也是绝无伦比的:5次吉罗·德·意大利赛冠军,3次世界职业公路赛冠军,7次米兰-圣雷莫冠军以及许多其他的奖项,他是第一位在同一年里获得环法自行车赛、吉罗·德·意大利赛和世界职业公路赛三项冠军的选手。从1965~1977年,他共赢得了449场胜利。他于1977年退役,作为一位不屈不挠的自行车选手,默克斯既不谨小慎微,也不投机取巧。

■ 米格尔·因杜拉因在1995年环法自行车赛上一路领先。这一年,这位西班牙人第五次夺冠。

1996年奥运会自行车赛

自行车赛自1896年起就被历届现代奥运会列为比赛项目(1904年除外)。目前,奥运会上有八个男子项目、6个女子项目,包括1996年奥运会列入的山地自行车赛。下面是1996年奥运会金牌得主。

男子
1公里计时赛:弗洛里安·卢梭(法国)
个人争先赛(200米):延斯·菲尔德勒(德国)
个人追逐赛:安德烈亚·科利内利(意大利)
团体追逐赛:法国队
个人记分赛:西尔维奥·马丁内洛(意大利)
公路赛:帕斯卡尔·里夏尔(瑞士)
个人公路计时赛:米格尔·因杜拉因(西班牙)
个人越野赛(山地赛):巴尔特·扬·布伦尼琴斯(荷兰)

女子
争先赛:(200米)费利西娅·巴朗热(法国)
个人追逐赛:安托内拉·贝卢蒂(意大利)
记分赛:纳塔莉·朗西安(法国)
公路赛:让妮·隆哥-奇普雷利(法国)
个人公路计时赛:祖利菲娅·扎比罗娃(俄罗斯)
个人越野赛(山地赛):保罗·佩佐(意大利)

自行车赛

自行车竞赛包括公路赛和场地赛,它风靡全世界。最早的自行车赛于1868年在巴黎举行,距离为2公里(1.2英里)。系列公路自行车赛和场地自行车赛每年举行一次,业余和职业男子公路赛分别举行,但是在1993年,场地自行车赛中的这种划分取消;在女子自行车赛中,从未有业余和职业赛之分。首届世界自行车锦标赛于1893年举行。

管理机构是国际自行车联盟,成立于1900年,1965年再次分为业余和职业两个联合会。

投镖

现代投镖运动始于1896年,当时英国贝里的布赖恩·加姆林设计出现在还在使用的投镖计分制,这项运动主要流行于英国,通过电视播放,有600多万人参与。同时这项运动在美国以及欧洲大陆的部分国家也不断普及。

滑翔

滑翔运动自20世纪30年代起就已在美国和欧洲盛行,它有几个比赛项目:直线滑翔距离飞行、指定目标直线滑翔距离飞行、定点往返滑翔距离飞行、绝对高度飞行、升高高度飞行。主要赛事是世界锦标赛,首届于1937年举行,现在每2年举行一次,有几个单座和双座滑翔机比赛项目。

自20世纪60年代起,悬挂式滑翔机越来越引起人们的兴趣,它是靠柔韧的伞翼的力量上升的。首届正式的世界锦标赛于1976年举行,现在每2年举行一次。滑翔、悬式滑翔、滑翔降落等纪录已被国际承认。

赛狗

赛狗这项运动的流行是在1919年美国欧文·帕特里克·史密斯改良机械兔之后,尽管此前英国已首先使用机械目标物。首次正规的赛狗于1919年在加利福尼亚的埃默里维尔举行,一年以后,国际赛狗协会成立。这项运动通常进行210米(230码)争先赛至1096米(1200码)马拉松等赛项。英国主要赛事是德比赛狗,首届比赛于1927年举行。

世界投镖锦标赛

首届世界投镖锦标赛于1978年举行。

1978年	雷顿·里斯(威尔士)
1979年	约翰·洛(英格兰)
1980年	埃里克·布里斯托(英格兰)
1981年	埃里克·布里斯托(英格兰)
1982年	乔基·威尔逊(英格兰)
1983年	凯思·德勒(英格兰)
1984年	埃里克·布里斯托(英格兰)
1985年	埃里克·布里斯托(英格兰)
1986年	埃里克·布里斯托(英格兰)
1987年	约翰·洛(英格兰)
1988年	鲍勃·安德森(英格兰)
1989年	乔基·威尔逊(英格兰)
1990年	菲尔·泰勒(英格兰)
1991年	丹尼斯·普雷斯特利(英格兰)
1992年	菲尔·泰勒(英格兰)
1993年	约翰·洛(英格兰)
1994年	约翰·帕特(加拿大)
1995年	里奇·伯内得(威尔士)
1996年	斯蒂夫·比顿(英格兰)
1997年	莱斯·华莱士(英格兰)

1992年该项运动的许多高水平运动员对WBO的组织不满意,组成了世界投镖理事会,世界投镖理事会从1993年末起举办自己的世界锦标赛。

1993/1994年	丹尼斯·普雷斯特利(英格兰)
1994/1995年	菲尔·泰勒(英格兰)
1995/1996年	菲尔·泰勒(英格兰)
1996/1997年	菲尔·泰勒(英格兰)

其他运动

体操

现代体操运动是由德国的约翰·弗里德里希·西蒙于1776年奠基的。

体操包括几个项目：男子有跳马、鞍马、双杠、单杠。女子有高低杠、平衡木、跳马、艺术体操（在音乐伴奏下控制轻物体，包括跳绳、圈、球、棍棒、条带）。男子、女子自由体操比赛都是在一个12平方米（130平方英尺）的场地上进行。

1996年奥运会体操比赛

体操是历届现代奥运会的比赛项目。女子艺术体操也在1984年洛杉矶奥运会上首次进行比赛。其他的国际比赛包括世界锦标赛，开始于1903年，现在每2年举行一次。1996年奥运会体操冠军如下：

男子
团体：俄罗斯队
个人全能：李小双（中国）
自由体操：扬尼斯·梅利萨尼迪斯（希腊）
双杠：鲁斯特拉姆·沙里波夫（乌克兰）
鞍马：李东华（瑞士）
吊环：尤里·凯基（意大利）
单杠：安德烈亚斯·维克（德国）
跳马：阿烈克谢·涅莫夫（俄罗斯）

女子
团体：美国队
个人全能：莉莉娅·波德科帕耶娃（乌克兰）
高低杠：斯韦特拉娜·霍尔金娜（俄罗斯）
平衡木：香侬·米勒（美国）
自由体操：莉莉娅·波德科帕耶娃（乌克兰）
跳马：西蒙娜·阿莫纳（罗马尼亚）
艺术体操（个人）：叶卡捷琳娜·谢列布里安斯卡娅（乌克兰）
艺术体操（团体）：西班牙队

现代五项运动

古代奥运会最有声望的项目就是五项运动，它包括铁饼、标枪、赛跑、跳高和摔跤。

现代五项运动的管理机构是国际现代五项和冬季两项联盟，成立于1948年。现代五项运动集五种运动于一体，意在考验运动员的各种能力，赛事包括越野障碍赛马（里程为800米，有15个栅栏，骑手不选择其坐骑）、击剑、射击（25米）、游泳（300米自由式）和越野跑（4000米）。每个项目分别记分，成绩取决于评分标准或其他运动员的技术表现。（此项运动我国称为"铁人五项"——译注）

世界锦标赛每年举行一次，男子组始自1949年，女子组始自1981年。自1912年起现代五项运动一直被列为历届奥运会比赛项目，1996年奥运会没设团体赛，个人单项赛成为关注焦点，获胜者是亚历山大·帕雷金（哈萨克斯坦）。

四轮溜冰运动（又称旱冰）

1866年，首家旱冰场在美国罗得岛的纽波特开业，最初仅用作滑冰训练场，后来旱冰发展为一个独立项目。它的比赛项目与滑冰相似，包括速滑、花样滑和冰上舞蹈。世界旱冰锦标赛自1937年起开始举行，首届世界花样溜冰锦标赛于1947年举行。

这一运动管理机构是国际四轮溜冰联合会，成立于1924年。

射击

卢塞恩射击协会是有记载的第一家射击俱乐部，它创立于1466年左右。已知的首次射击比赛于1472年在瑞士的苏黎士举行。

射击比赛有几个项目：飞靶射击，包括模仿飞鸟游戏而设计的飞碟射击。手枪射击，诸如气步枪射击，有固定靶标，记分准确。

其世界管理机构是世界射击联盟，成立于1907年。

1996年奥运会射击赛

射击在历届现代奥运会上均被列为比赛项目。1996年奥运会设有10个男子项目和5个女子项目，金牌得主如下：

男子
自选手枪：鲍里斯·科科列夫（俄罗斯）
手枪速射：拉尔夫·舒曼（德国）
气手枪慢射：罗伯托·迪·多纳（意大利）
气步枪：阿尔捷姆·哈吉别科夫（俄罗斯）
10米移动靶射击：杨凌（中国）
小口径自选枪卧射：克里斯蒂安·克勒斯（德国）
小口径自选枪三姿：让-皮埃尔·阿马特（法国）
多向飞碟：迈克尔·戴蒙德（澳大利亚）
双多向飞碟：马克·罗素（澳大利亚）
双向飞碟：恩尼奥·法尔科（意大利）

女子
25米运动手枪：李对红（中国）
小口径标准步枪三姿：亚历桑德拉·伊沃谢夫（南斯拉夫）
气手枪：奥尔加·克洛奇涅娃（俄罗斯）
气步枪射击：雷娜塔·毛尔尔（波兰）
双多向飞碟：吉姆·罗德（美国）

斯诺克（英式台球）

斯诺克是台球、落袋弹子戏和"金字塔"的混合物，由内维尔·张伯伦上校创造，1875年首次在印度的马德拉斯进行比赛，1885年，世界台球冠军约翰·罗伯茨把它从印度带回英国，从此，该项运动在英国盛行起来。

斯诺克是受人们欢迎的电视体育节目，最优秀的选手是英国人。球台面积为3.66×1.87米（12×6英尺）。球的分值为红色（1分）、黄色（2分）、绿色（3分）、棕色（4分）、蓝色（5分）、粉色（6分）、黑色（7分）。

■ 希腊运动员皮罗斯·迪马斯在1996年奥运会83公斤级举重比赛中向金牌冲击。

世界锦标赛

世界锦标赛自1927年起举行，每年在英格兰谢菲尔德的克鲁西布尔剧院进行决赛。下面是自1969年以来出现的世界冠军，当时已实行出局的规则。

1969年 约翰·斯潘塞（英格兰）
1970年 雷伊·里尔登（威尔士）
1971年 约翰·斯潘塞（英格兰）
1972年 亚历克斯·希金斯（北爱尔兰）
1973年 雷伊·里尔登（威尔士）
1974年 雷伊·里尔登（威尔士）
1975年 雷伊·里尔登（威尔士）
1976年 雷伊·里尔登（威尔士）
1977年 约翰·斯潘塞（英格兰）
1978年 雷伊·里尔登（威尔士）
1979年 特雷·格里菲斯（威尔士）
1980年 克利夫·索伯恩（加拿大）
1981年 斯蒂夫·戴维斯（英格兰）
1982年 亚历克斯·希金斯（北爱尔兰）
1983年 斯蒂夫·戴维斯（英格兰）
1984年 斯蒂夫·戴维斯（英格兰）
1985年 丹尼斯·泰勒（北爱尔兰）
1986年 乔·约翰逊（英格兰）
1987年 斯蒂夫·戴维斯（英格兰）
1988年 斯蒂夫·戴维斯（英格兰）
1989年 斯蒂夫·戴维斯（英格兰）
1990年 斯蒂芬·亨德里（苏格兰）
1991年 约翰·帕罗特（英格兰）
1992年 斯蒂芬·亨德里（苏格兰）
1993年 斯蒂芬·亨德里（苏格兰）
1994年 斯蒂芬·亨德里（苏格兰）
1995年 斯蒂芬·亨德里（苏格兰）
1996年 斯蒂芬·亨德里（苏格兰）
1997年 肯·多赫蒂（爱尔兰）

世界管理机构是世界职业台球协会。

举重

千百年来，大力士们一直在向世人展示着他们的成绩，相对来说业余举重是比较现代的一项运动，1850年前后才有举重比赛，首届世界锦标赛于1891年举行。举重被列为1896年现代奥运会比赛项目，此后从1920年起历届都设有。举重有两种提起方式：抓举（单一的提起运动，即把杠铃从举重台上提起，伸展双臂举过头顶），挺举（两个动作，即从举重台上提铃至胸，而后直举过头），第三种是推举，由于难以裁判已经停止比赛。

目前的管理机构是国际举重联合会（IWF），成立于1920年。

强力举重是一项侧重于力量而不是技术的运动。三种基本举重方式是蹲（或称深弯膝）举、屈体单臂举和双手硬举。管理机构是国际强力举重联合会，成立于1972年。

奥运会举重比赛

奥运会举重比赛分为10个级别，从54公斤（119磅）级到108公斤（238磅）以上级。东欧国家在该项目上一直占有优势。1996年奥运会金牌得主如下：

54公斤级：哈利勒·穆赫鲁（土耳其）
59公斤级：唐灵生（中国）
64公斤级：纳伊姆·苏莱曼诺尔古（土耳其）
70公斤级：占旭刚（中国）
76公斤级：帕勃罗·拉腊（古巴）
83公斤级：皮罗斯·迪马斯（希腊）
91公斤级：阿列克谢·彼得洛夫（俄罗斯）
99公斤级：阿卡西·卡西亚什维利斯（希腊）
108公斤级：铁·泰马玉夫（乌克兰）
108公斤以上级：安德烈·切梅尔金（俄罗斯）

■ 举重纪录刷新之快超过任何其他运动 ■

"过去岁月犹如异国他乡：
人们所作所为与现今
世界完全不同"
——L.P. 哈特利

历史 ▶

古代世界
公元前10000年

埃及和北非 ▶

公元前约3100～前2700年　美尼斯征服尼罗河三角洲，统一上埃及和下埃及，成为第一个统一王朝的法老；建立了孟斐斯。

公元前约3000年　象形文字和埃兰语象形文字开始使用。

公元前约2575～前2134年　古王国时期：大金字塔在吉萨建成。

公元前约2134～前2040年　第一个过渡时期：混乱和政治分裂阶段。

公元前约2040年　底比斯的门图荷太普恢复埃及的统一；中王国时期的开始；行政改革，联合摄政和征服努比亚。

公元前约1640～前1550年　喜克索人入侵并统治埃及；底比斯人保持独立；希伯来人进入埃及。

公元前约1550年　底比斯王子雅赫摩斯驱逐了喜克索人重新统一埃及。

公元前约1540～前1479年　杜特墨希斯开始了埃及的扩张时期：在巴勒斯坦和叙利亚建立帝国，延伸到幼发拉底河流域。

亚洲 ▶

公元前2850年　中国传奇式的黄帝时代开始。

公元前约2300年　印度河谷文明：哈拉帕和摩亨约－达罗两城市得到发展。

公元前约2000年　新石器时代的农耕传播到印度南部。

公元前约1500年　雅利安人入侵印度；印度河文明衰退，雅利安人的文化与本地的达罗毗荼人的文化相融合产生了印度教。印度支那半岛开始种植水稻。

公元前约1500～前1050年　中国的商朝；中国的青铜器时代；可考证的中国文字从此开始。

公元前约1500～400年　印度的恒河文明。

公元前1122～前256年　中国的周朝。

公元前约800年　印度的铁器时代文化在恒河盆地建立。

公元前约800～前700年　中国城市和商人阶层的兴起；冶铁业的发展；文学和哲学的盛行：孔子、孟子和道家学说创立。

欧洲 ▶

公元前约3000年　克里特的弥诺斯文化的发展：克诺索斯和菲斯托斯的建立。

公元前约2500～前2400年　英格兰简单的用于祭祀仪式的圆形木（或石）结构兴起。

公元前约2200～前1450年　中弥尼亚时期：控制海上保证了弥尼亚的繁荣。

公元前约2000年　卡尔纳克(布列塔尼)立石竖起。

公元前约1700年　西欧的青铜器时代。

公元前约1600年　米诺斯文化的B类线形文字使用。

公元前1500～前1150年　迈锡尼文化开始统治希腊大陆。

公元前约1500年　匈牙利和罗马尼亚的瓮棺墓地文化开始。

公元前约1450年　克诺索斯陷入入侵者手中。

公元前约1300年　第一支凯尔特人出现在上多瑙河地区。

公元前约1200年　特洛伊被洗劫（可能由迈锡尼人所为）。

公元前1200～前1100年　多利安人废除迈锡尼文化；希腊的"黑暗时代"开始。

公元前约900～前500年　凯尔特的哈尔施塔特文化（使用铁器）取代瓮棺墓地文化。

公元前约800年　城市出现——希腊的城邦。

公元前753年　罗马建立的传统时代开始。

公元前750年　希腊人定居意大利南部。

公元前约750～前600年　城邦数量增多；公民的政治权利限制了贵族的力量。

近东 ▶

公元前约3000年　苏美尔文明开始，乌拉克、埃利都和吾珥城邦建立。

公元前约2334～前2279年　大萨尔贡建立阿卡得和阿卡得帝国；征服美索不达米亚。

公元前约2200年　来自伊朗的古蒂部落摧毁阿卡得帝国。

公元前约2113年　吾珥－纳木建立吾珥第三王朝；接着是一个繁荣的阶段。

公元前约2006年　吾珥被埃兰人攻陷。

公元前约1792～前1750年　巴比伦的汉穆拉比重新统一美索不达米亚。

公元前约1650年　穆尔西利斯王建立赫梯人古王国。

公元前约1500年　弗里吉亚人迁入小亚细亚；弗里吉亚建立。

公元前约1380～前1350年　赫梯帝国在苏皮卢利乌马斯一世的统治下疆域最广。

公元前1313～前1283年　赫梯人入侵埃及没能成功。

公元前约1230年　犹太人占领以色列。

公元前约1200年　弗里吉亚与结盟部落推翻赫梯帝国。

公元前1200～前1100年　海上民族袭击叙利亚和巴勒斯坦。

公元前约1100年　亚述帝国在美索不达米亚建立。

公元前约1000年　扫罗和大卫建立以色列人王国。

美洲 ▶

公元前10000年　冰河时代短暂的陆桥把亚洲和阿拉斯加连接起来：一些西伯利亚家族到达北美洲；阿拉斯加居民向北美洲迁移；他们的后裔成为美洲印第安猎人。

公元前9000年　南美洲从中美洲分离。

公元前约8000年　南美洲西沃内人（以狩猎捕鱼为生的居民）到达伊斯帕尼奥拉岛。

公元前约5000年　墨西哥的第一个人口聚居中心。

公元前5000～前4000年　伊努伊特人（爱斯基摩人）到达北美洲。

公元前2500年　美洲安第斯山脉的印第安社区农业的发展。

公元前约1500～前400年　中亚美利加洲（墨西哥和中美洲北部）的奥尔梅克文化。

公元前1000～前200年　秘鲁海岸的查文文化的繁荣；改进农业（玉米）和冶金术。

■ 源于《圣经》中的大洪水在苏美尔传说中有类似的历史事件

公元前300年

公元前1360年　阿孟霍特普四世（阿肯那顿）废除了太阳神阿吞以外的诸神；皇帝的玩忽职守导致失去其亚洲帝国。

公元前约1300年　拉美西斯二世对犹太人进行压迫；犹太人大批离开埃及。

公元前1200～前1100年　海上民族试图入侵埃及，被拉美西斯三世挫败。

公元前1070～前1000年　埃及分为两支：祭司阿蒙统治底比斯，法老统治塔尼斯。

公元前850年　来自提尔的腓尼基人建立迦太基。

公元前814年　传统上认为迦太基建立的时间。

公元前750年　努比亚人征服埃及。

公元前525年　埃及人试图重新赢得独立失败；波斯人开始统治埃及。

公元前332年　埃及被亚历山大大帝征服；在他逝世后（公元前305），托勒密（亚历山大的将军）建立埃及古希腊王朝。

公元前800～前300年　中国被交战诸国困扰。

公元前771年　游牧部落进攻中国，导致迁都洛阳；后周阶段开始；帝国力量削弱。

公元前551～前479年　孔夫子社会思想在中国得到发展。

公元前约500～前400年　佛教和耆那教的出现导致印度教和后来的佛教王朝的相继出现；印度农耕者殖民斯里兰卡。

公元前约481～前221年　中国的战国时代——一个混乱的时期，权力落到诸小国之手。

公元前约400年　水稻种植从朝鲜传到日本。

公元前326年　亚历山大大帝征服印度河谷。

公元前约300年　斯里兰卡改信佛教。

公元前594年　梭伦在雅典进行改革。

公元前509年　最后一个罗马国王被驱逐；共和国建立。

公元前499～前479年　希腊—波斯战争：希腊的城邦反对波斯的统治。

公元前490年　马拉松战役：希腊人击败波斯人。

公元前480年　萨拉米斯战役：希腊人击败波斯舰队。

公元前479年　希腊军队在普拉塔克和麦卡打败波斯，解放了希腊。

公元前478年　雅典帝国；雅典担任提洛同盟的首领。

公元前462～前429年　伯里克利作为城邦的首席执政官统治雅典。

公元前431年　雅典与斯巴达之间的伯罗奔尼撒战争爆发。

公元前404年　雅典人向斯巴达投降：斯巴达人对希腊统治开始。

公元前390年　罗马被凯尔特人攻陷。

公元前378～前377年　雅典建立爱琴海诸岛邦联。

公元前371年　底比斯人击败斯巴达人。

公元前338年　马其顿王国的腓力二世征服希腊城邦国（在喀罗尼亚战役中）。

公元前336年　腓力二世被刺杀；亚历山大大帝继位。

公元前334～前326年　亚历山大侵略并征服波斯帝国。

公元前326～前323年　希腊文化的传播；亚历山大占领埃及、叙利亚并入侵旁遮普邦。

公元前323年　亚历山大大帝在巴比伦逝世。

公元前323～前301年　亚历山大的将军之间进行为控制帝国的权力争斗；到公元前301年，托勒密赢得了埃及，塞琉古一世夺得大部分亚洲的省份（塞琉西帝国）。

公元前约935年　以色列帝国分为两部分：以色列和犹太王国。

公元前911～前824年　亚述人扩张的时期。

公元前约850年　迦勒底（现在的亚美尼亚）被亚述人进攻。

公元前722年　巴勒斯坦被亚述人占领；许多犹太人流亡到巴比伦。

公元前670年　亚述人摧毁孟斐斯和底比斯但是没能征服埃及。

公元前626年　那波拉萨建立巴比伦迦勒底王朝。

公元前612年　米底人、巴比伦人和迦勒底人摧毁亚述王国。

公元前605～前562年　巴比伦的尼布甲尼撒二世扩张帝国范围吞并叙利亚和巴勒斯坦；大兴土木（包括空中花园）。

公元前600年　亚述帝国在征服者手中分裂。

公元前539年　居鲁士大帝征服巴比伦王国建立统治中东的波斯阿契美尼德王国。

公元前536年　犹太人从巴比伦返回犹太王国。

■ 人类知晓的第一批城市在6000多年前建在美索不达米亚 ■

罗马和中世纪早期

公元前320年

地中海 ▶

公元前290年　第三次萨谟奈战争结束；罗马控制意大利中部。

公元前275年　在击败皮洛士和意大利南部希腊城市后，罗马完成了对意大利半岛的征服。

公元前264～前241年　罗马与迦太基之间的第一次布匿战争：西西里变成了第一个罗马省份。

公元前约240年　希腊被两个城邦埃托利亚和阿哈伊亚控制。

公元前238年　帕加门王国建立。

公元前218～前202年　第二次布匿战争：汉尼拔开始给罗马军队以沉重打击，但最终在扎马失败。

公元前约211～前167年　马其顿战争：罗马最终战胜了马其顿。

公元前149～前146年　第三次布匿战争：迦太基被摧毁，非洲成为罗马的一个省。

公元前148～前146年　罗马吞并希腊。

公元前133年　帕加门的阿塔罗斯三世把王国送给罗马。

公元前133～前96年　罗马帝国扩张到亚洲（西土耳其；公元前133）、南高卢（公元前121）、西利西亚（公元前101）和昔兰尼加（公元前96）。

公元前91年　同盟者战争：意大利城市反叛罗马。罗马给大部分意大利人以公民权。

公元前73年　斯巴达克思领导第三次奴隶起义（公元前71年被镇压）。

公元前64年　塞琉西帝国失陷于罗马。

公元前60年　第一次三雄执政：庞培、恺撒和克拉苏。

公元前49年　恺撒与庞培和元老院的战争。

公元前48年　恺撒掌握罗马成为独裁者。

公元前44年　恺撒被布鲁图和卡修斯谋杀。

公元前43～前42年　第二次三雄执政：安东尼和屋大维瓜分了罗马帝国。

公元前31年　屋大维在亚克兴角打败安东尼和克娄巴特拉，吞并埃及，成为罗马独裁者。

公元前27年　屋大维称帝——"奥古斯特"。

北欧 ▶

43年　罗马入侵英格兰。

122～126年　修建哈德良长城。

400～500年　撒克逊人、朱特人和盎格鲁人（日耳曼部落）入侵并定居不列颠。

407年　最后一批罗马部队由英国撤回。

519年　韦塞克斯王国建立。

约595年　麦西亚王国建立。

563年　圣·科伦巴建立爱奥纳岛寺院，英国北部开始信仰凯尔特基督教。

597年　坎特伯雷的圣·奥古斯丁到肯特郡，使英国人皈依基督教；奥古斯丁成为坎特伯雷的第一位大主教；国王埃塞尔伯特皈依基督教。

654年　诺森伯里亚王国形成。

663年　惠特比会议制定罗马基督教高于凯尔特基督教制度。

757～796年　奥发大堤的修建在麦西亚奥发统治时把英格兰和威尔士分隔开。

787年　北欧海盗开始袭击英国：林迪斯芳被掠夺。

795年　挪威人定居爱尔兰。

800年左右　北欧海盗开始定居爱尔兰。

844年　肯尼斯·麦克尔皮为皮克特人和苏格兰人的国王，奥本王国建立，统一苏格兰。

866年　斯堪的纳维亚人征服诺森伯里亚、东英吉利和麦西亚。

874年　斯堪的纳维亚人和挪威人定居冰岛。

欧洲其他地区 ▶

58年　凯撒开始征服高卢。

202年　罗马夺取在西班牙的迦太基省份。

约486年　克洛维在西欧击败罗马最后一位统治者，建立法兰克王国和墨洛温王朝。

约496年　法兰克人获得莱茵兰。

约500年　法兰克人征服西哥特人把帝国疆土扩张到比利牛斯山脉。

638年　达戈贝尔特一世逝世，权力落入宫相们手中。

653年　伦巴第族人皈依基督教。

711年　穆斯林教徒成功侵入西班牙。

718年　西班牙北部基督教王国阿斯图里亚斯建立。

726年　反对崇拜圣像运动开始（废除崇拜圣像）。

732年　普瓦捷战役：阿拉伯人被查理·马特领导的法兰克人打败。

约750年　卜尼法斯使德国人皈依基督教。

751年　丕平一世在夺取莫洛温王位后建立加洛林王朝。

754年　教皇在意大利中部暂时取得政权。

771～796年　查里曼大帝（加洛林王朝皇帝）开始了军事征服战役 萨克森（772）、伦巴第王国（773）、巴伐利亚（788）、阿瓦尔王国（795～796）。

792～793年　贝内文托和萨克森人反叛查理大帝统治；穆斯林的进攻；饥荒。

亚洲 ▶

公元前321～前185年　孔雀王朝成为第一个统一印度教的帝国（不包括南端）。

公元前221年　秦国统一中国；修建长城。

公元前206～220年　汉朝在中国取得政权：征服朝鲜（公元前107），发明造纸术，佛教兴起。

公元前185～320年　孔雀王朝分裂；印度分解为相互争权的小王国。

2世纪　日本内战。

220～280年　中国北部屈从军阀统治，少数民族入侵。

265～316年　中国的晋朝时期（西晋）。

320～540年　北部印度由笈多王朝重新统一。

约400～500年　缅甸的孟王国建立。

约400年　日本的山本家族击败反对派，建立帝国统治。

589～618年　隋朝：重新统一中国，进行主要的吏制改革。

594～622年　日本在圣德太子倡导下，研究佛教和中国文字之风盛行，中国的行政体制和日历被仿效。

600～650年　印度的哈沙王朝：北部的佛教国家。

618～907年　中国的唐朝：疆域扩大，发明印刷术和火药，国际贸易增长。

美洲 ▶

公元前约100年　第一个真正城市，特奥蒂瓦坎的发展：统治墨西哥中部达600年。

200～1000年　阿拉瓦克印第安人从新英格兰、南美向加勒比海迁移。

300年　中美洲玛雅文明的兴起（墨西哥、危地马拉和尤卡坦半岛）。

500年　北美洲开始种植玉米。

500～1600年　密西西比河盆地的美洲印第安人成为拥有小块居留地的农民。

■ 隋 炀 帝 征 用 2 0 0 万 人 重 建 大 运 河 ■ 据

1100年

66年　第一次犹太人叛乱。
68~69年　尼禄死后的混乱阶段；韦斯巴芗使其恢复正常秩序。
70年　提图斯夷平耶路撒冷。
98~180年　安东尼王朝的国王统治下的和平繁荣阶段。
193~197年　罗马内战。
212年　所有自由居民获罗马公民权。
260年　波斯入侵占叙利亚。
284~305年　罗马帝国戴克里先改革；开创"四帝分制"。
313年　米兰敕令：基督教在罗马帝国被默认。
324~337年　君士坦丁大帝重新统一罗马帝国，迁都君士坦丁堡（从前的拜占庭）。

395年　罗马帝国分裂为东罗马帝国（拜占庭帝国）和西罗马帝国。
410年　西哥特人洗劫罗马。
476年　罗马帝国衰落。
约650年　拜占庭帝国被波斯人、斯拉夫人、保加利亚人和阿拉伯人侵扰，君士坦丁堡在673~677年和718年被阿拉伯人围攻。
约750年　拜占庭帝国只保留了希腊和小亚细亚。
811年　保加利亚人击败拜占庭人。
864~865年　保加利亚人和塞尔维亚人皈依正统基督教。
867~886年　巴斯尔一世重振拜占庭帝国。
961年　拜占庭恢复对克里特的统治。
965年　拜占庭恢复对塞浦路斯的统治。

1018年　拜占庭在巴西尔二世的领导下最终征服保加利亚人。
1048年　塞尔柱突厥部族向拜占庭帝国扩张并进攻亚美尼亚。
1055年　塞尔柱突厥部族占领巴格达。
1060年　诺曼人入侵并吞并西西里。
约1070年　原拜占庭控制下的南意大利落入诺曼人手中。
1071年　塞尔柱突厥部族在曼齐刻尔特毁拜占庭军队；突厥人侵占安纳托利亚（今天亚洲的土耳其）。
1081年　阿历克塞一世康尼努斯重振拜占庭。
1099年　布永戈弗雷领导十字军首次东征：夺得耶路撒冷。

937年　布鲁南堡战役：韦塞克斯的阿特尔斯坦击败北威尔士、苏格兰和斯堪的纳维亚。
954年　韦塞克斯统一英国。
965~966年　丹麦和波兰君主接受基督教。
991年　北欧海盗继续袭击英国。
1013年　丹麦的斯韦恩推翻艾特尔雷德国王成为英国国王。

1016年　斯韦恩之子克努特，在与艾特尔雷德争斗一番后成为英国国王。
1027年　克努特成为挪威国王。
1035年　克努特之死；丹麦帝国分裂（丹麦、英格兰和挪威）。
1042年　圣徒爱德华继承克努特之子哈瑟克努特的英国王位。

1066年　韦塞克斯郡主哈罗德继承爱德华王位；诺曼底的威廉向王位挑战，在黑斯廷斯战役中击败哈罗德。
1070年　征服者威廉平定北英格兰暴乱。

800年　查理大帝成为神圣罗马帝国皇帝。
约840年　北欧海盗开始袭击加洛林帝国。
843年　凡尔登条约分裂加洛林帝国。
845年　北欧海盗进攻巴黎。
884~887年　胖子查理暂时统一加洛林帝国。
885~886年　北欧海盗围攻巴黎。
955年　莱希菲尔德战役：日耳曼人停止向西部的马札尔人地区扩张；马札尔人接受基督教。

962年　奥托皇帝加冕：神圣罗马帝国主要由日耳曼人统治。
10世纪70年代　基督教传播到波希米亚。
987年　法国国王于格·卡佩建立卡佩王朝。
988年　传统基督教在俄国基辅确立地位。
1031年　伊斯兰西班牙穆斯林分裂：北西班牙占领伊比利亚半岛。

1053年　教皇在梅尔菲被诺曼人击败，被俘。
1054年　东西教会分裂，东派教会（东正教）和西派教会（天主教）最终分道扬镳。
1073年　格列高利七世成为教皇，强化教皇的权威和教会戒律。
1092年　穆拉比人统治大部分穆斯林西班牙。
1094年　基督教士兵，埃尔熙德，占领巴伦西亚。

约700~800年　穆斯林第一次入侵印度；信德（巴基斯坦南部）成为哈里发辖地的一省。
710~784年　中国式的帝国宫廷在日本奈良建立。
755年　安禄山叛乱失败，游牧部落的入侵和叛乱进一步削弱了中华帝国。
约800~900年　日本帝国的权力被藤原家族逐渐削弱；中国影响削弱。
约800年　源自中国的缅甸民族形成；与当地人的对抗爆发。

约800年　耶跋摩二世从高棉（柬埔寨）驱逐了爪哇侵略者，重新统一了国家，建立高棉王国：膜拜上帝，建吴哥。
约800~900年　中国南部地区人口开始迁移；老挝民族形成。
约849~1287年　蒲甘人重新统一缅甸；孟族和掸族人叛乱，佛教开始传播。
约900年　印度南部的泰米尔人开始在斯里兰卡定居。

约900~1000年　中国西部和南部人民向暹罗（泰国）迁移并定居。
907年　最后一位唐朝皇帝退位：中国局面混乱；军事独裁和战争时期。
939年　（越南中部的）安南人推翻中国统治，建立独立王国。
960年　宋朝重新统一大部分中国北部地区，中国恢复和平。

600~1000年　玻利维亚的阿亚马拉印第安人开始壮大。

约900年　墨西哥北部图拉的托尔特克人建立了一军事国家，在985年前，控制墨西哥。

1000年　奇穆国在秘鲁北海岸形成。

估 计 ， 公 元 5 0 0 年 世 界 人 口 约 为 一 亿

中世纪到16世纪
1000年

北欧 ▶

- 1100年 威廉·鲁弗斯在新福里斯特被杀。
- 1135年 布卢瓦的斯蒂芬夺取英国王位。
- 1138~1146年 斯蒂芬追随者和马蒂尔达之间内战。
- 1141年 马蒂尔达做了七个月的英国女王。
- 1154年 亨利二世继承英国王位,在英国和法国建立金雀花王朝。
- 1169年 盎格鲁·诺曼人开始入侵爱尔兰。
- 1170年 坎特伯雷大主教托马斯·贝克特被谋杀之后被教皇封为圣者。
- 1174年 瑞典人到芬兰沿海定居。
- 1204年 法国从约翰国王手中夺走诺曼底。
- 1215年 约翰国王被迫签署《大宪章》。
- 1227年 丹麦人被日耳曼人打败:将荷尔斯泰因割让给日耳曼帝国。
- 1258年 西蒙·蒙特福特迫使亨利三世改革。
- 1277~1283年 爱德华一世征服威尔士。
- 1290年 苏格兰王位被13个小公国争夺。
- 1296年 爱德华一世吞并苏格兰。
- 1298年 罗伯特·布鲁斯继续为苏格兰独立斗争;苏格兰英雄威廉·华莱士被爱德华一世打败。
- 1306年 罗伯特·布鲁斯登上苏格兰王位,成为罗伯特一世。
- 1314年 班诺克本战役:英格兰爱德华二世被罗伯特·布鲁斯击败。
- 1380年 挪威和丹麦合并。
- 1381年 农民起义反对人头税。
- 1384年 勃艮第的菲力浦通过婚姻得到佛兰德;勃艮第帝国的开始。
- 1397年 挪威、瑞典和丹麦被波美拉尼亚的埃里克统治。
- 1399年 英格兰的理查二世被废黜;兰开斯特家族篡夺王位。
- 1400~1408年 欧文·格伦道尔领导的威尔士叛乱。

西欧 ▶

- 1137年 加泰罗尼亚和阿拉贡通过联姻取得统一。
- 1138~1139年 葡萄牙建立。
- 1184年 宗教法庭成立。
- 1209年 阿西西的圣·方济各颁布方济各法令。
- 1209~1228年 西蒙·蒙特福特率十字军攻击阿尔比派异端。
- 1229年 阿尔比派异端被消灭。
- 1248年 卡斯蒂利亚王国的斐迪南德三世从摩尔人手中夺取塞维利亚。
- 1249年 摩尔人在葡萄牙被驱逐。
- 1291年 瑞士的乌里州、施维茨州和翁特瓦尔登州宣布从哈布斯堡王朝独立出来。
- 1306年 犹太人被驱逐出法国。
- 1307~1314年 圣殿骑士团的毁灭。
- 1309年 教皇宫殿移至阿维尼翁。
- 1328年 法国卡佩王朝被消灭;腓力六世(瓦卢瓦王朝)受到英格兰爱德华三世挑战。
- 1337年 百年战争开始。
- 1340年 斯勒伊斯战役:百年战争中英国获英吉利海峡控制权。
- 1346年 英国在克雷西战役中获胜。
- 1347年 爱德华三世夺得加来。
- 1356年 英国的黑王子爱德华在普瓦蒂埃俘获法国国王约翰。
- 1358年 法国扎克雷农民起义。
- 1360年 《布雷蒂尼和约》签订,百年战争暂时停止。
- 1366~1367年 卡斯蒂利亚战役:黑王子爱德华入侵并扶持佩得罗登上王位。
- 1369年 百年战争继续。
- 1377年 罗马教廷返回罗马。
- 1378年 教会大分裂:选出二位教皇。
- 1396年 巴黎和平:百年战争休战28年。
- 1417年 诺曼底陷入亨利五世之手。
- 1429年 圣女贞德促使法国重新夺取奥尔良;查理七世登上法国王位。
- 1431年 圣女贞德在火刑柱上被焚。
- 1434年 科西莫·梅迪契建立梅迪契王朝。
- 1442年 全部意大利南部地区落入西班牙统治中。
- 1453年 百年战争结束。
- 1469年 阿拉贡的斐迪南二世和卡斯蒂利亚王国的伊莎贝拉一世联姻导致西班牙统一。
- 1475~1477年 瑞士和勃艮第的大胆查理开战。

东部和南部欧洲 ▶

- 1081~1118年 阿历克塞·康尼努斯重振拜占庭。
- 1100年 耶路撒冷拉丁王国建立。
- 1109年 十字军攻占特里波利:成为十字军第四个小公国。
- 1138年 霍亨斯陶芬王朝开始(神圣罗马皇帝);波兰混乱,分裂成众多独立公国。
- 1139年 俄罗斯联邦分裂成众多独立公国。
- 1147年 第二次十字军东征:由埃泽萨失陷引起。
- 约1150~1200年 意大利早期的城邦兴起。
- 1158年 腓特烈一世巴尔巴罗萨在意大利北部重振王室权威。
- 1176年 塞尔柱突厥游牧部落沉重打击拜占庭帝国:拜占庭复兴终止。
- 1189~1192年 萨拉丁在耶路撒冷被俘,激起第三次十字军东征。
- 1198年 波希米亚成为一个王国。
- 1199年 腓特烈二世建立条顿骑士团征服并使欧洲东北部异教徒改信基督教。
- 1202~1204年 第四次十字军东征:君士坦丁堡陷落。
- 1217~1221年 第五次十字军东征:夺取达米埃塔、埃及。
- 1229年 条顿骑士团开始使普鲁士人改变信仰。
- 1238年 蒙古人征服弗拉基米尔公国、格鲁吉亚人和库曼人。
- 1240年 基辅陷入蒙古人手中。
- 1241年 蒙古人入侵波兰和匈牙利,但不久撤退。
- 1244年 耶路撒冷陷入流浪的突厥人手中。
- 1248年 法国路易九世领导的第七次十字军东征。
- 1261年 拜占庭帝国在君士坦丁堡复辟。
- 1266~1268年 安茹王朝查理夺取西西里王位,击败霍亨斯陶芬的康拉丁。
- 1270年 第八次十字军东征。
- 1282年 "西西里晚祷事件":西西里叛乱成功,推翻安茹王朝查理统治。
- 1291年 阿卡陷落:十字军东征在圣地结束。

亚洲 ▶

- 约1000~1100年 藤原家族有效控制日本政权;军事阶层——武士在各省发展。
- 1000~1200年 阿富汗穆斯林教徒开始入侵;印度帝国瓦解。
- 1100~1192年 日本军士集团内战。
- 1127年 金国骑兵入侵中原,导致宋朝迁都南方。
- 1192年 日本武士阶层的源赖朝击败其他对手;建立第一个幕府政权(军事政权),夺取皇室权力。
- 1220~1296年 暹罗推翻高棉统治:开始素可泰王朝和清迈王国的统治。
- 1279年 蒙古人占领整个中国,忽必烈汗开始铁腕统治。
- 14世纪 穆斯林教徒对印度北部的征服结束。
- 1339~1400年 大名(封建主)和武士阶层混战导致日本混乱。
- 1350~1400年 暹罗人的破坏削弱高棉帝国,统一暹罗。
- 1368年 朱元璋率军推翻蒙古人统治,建立明朝。

非洲和美洲 ▶

- 973~1171年 埃及的法蒂玛王朝。
- 约1000年 卡内姆帝国(北尼日利亚)兴起。
- 1050~1140年 摩洛哥的穆拉比帝国兴旺发达。
- 1147~1269年 穆瓦希德帝国控制北非海岸。
- 1171~1250年 埃及阿尤布王朝。
- 约1180年 托尔特克共和国被游牧部落吞并。
- 约1200年 苏丹的基督教王国落入穆斯林入侵者手中;印加王国建立。
- 约1200~1250年 阿兹特克人向墨西哥北部迁移;阿兹特克帝国建立。
- 约1200~1400年 大津巴布韦帝国。
- 约1200~1450年 马雅潘成为一个强大的城市。
- 1250~1517年 马穆鲁克人统治埃及。
- 1400~1500年 阿兹特克帝国扩张,占领大部分近代的墨西哥。
- 约1400年 卡内姆·博尔努帝国在北尼日利亚和乍得得以崛起;莫西诸邦政治力量在现在的布基纳法索兴起来。
- 1441年 马雅潘被敌对城市征服;一些小玛雅国形成。
- 1448年 葡萄牙人在阿尔金(毛里塔尼亚)建起非洲海岸的第一个欧洲要塞。
- 约1450年 苏丹统治的阿加德兹(现尼日尔地区)在南撒哈拉强大起来。
- 约1450~1550年 在安哥拉和扎伊尔建立起强大的刚果和恩东加王国。
- 1471~1474年 印加的跋拔王将版图扩张到南部秘鲁。
- 1476年 印加人征服奇穆(厄瓜多尔)。
- 1480年 玻利维亚屈从印加统治。
- 1482年 葡萄牙在加纳建立贸易基地。
- 1484年 印加征服智利北部和中部。
- 1492年 哥伦布发现巴哈马、古巴和伊斯帕尼奥拉岛。

■ 中 世 纪 欧 洲 的 黑 死 病 (腺 鼠 疫) 使 2 5 0 0 万 人 丧 生 ■

历史

1600年

1415年 亨利五世再次要求获得法国王位：入侵法国，赢得阿让库尔战役。	1494年 爱尔兰议会成为英格兰议会的附属物（波伊宁斯法）。	1559~1563年 英格兰重新建立新教。
1439年 斯堪的纳维亚统一结束。	1513年 佛洛顿战役：英格兰打败苏格兰，杀死詹姆斯四世。	16世纪60年代 盎格鲁与西班牙的海上争斗开始。
1455年 英国玫瑰战争（内战）开始。	1533年 英王亨利八世与阿拉贡的卡瑟琳离婚，从此与罗马为敌。	1567年 苏格兰玛丽女王被迫退位；荷兰新教徒开始反对哈布斯堡王朝统治。
1461年 约克王朝在圣奥尔本战役中被击败；爱德华四世成为英格兰国王。	1533~1535年 英格兰宗教改革开始。	1568年 苏格兰玛丽女王逃往英格兰，在那里被伊丽莎白一世囚禁。
1470年 兰开斯特王朝的入侵使英王亨利六世复辟。	1536年 丹麦改信路德教；英格兰与威尔士统一。	1581年 联合辖区——北部的荷兰新教徒——宣布从西班牙独立。
1471年 爱德华在巴尼特和蒂克斯伯里战役后重新登上王位。	1536~1539年 亨利八世解散寺院。	1587年 苏格兰玛丽女王在被卷入对伊丽莎白的谋杀后被判死刑。
1485年 亨利·都铎在博斯沃思原野战役中击败英格兰的理查三世；都铎王朝开始。	1553年 在玛丽女王统治下，英格兰又开始信仰基督教。	1588年 西班牙的无敌舰队被英国舰队击败。

1477年 勃艮第被法国王室吞并。	1519年 路德宣布放弃教皇至高无上的地位；西班牙国王查理一世继承奥地利哈布斯堡王朝的领地；查理五世被选为神圣罗马帝国皇帝。	1558年 法国收回英格兰在法国的最后一块领地加来。
1478年 西班牙宗教法庭建立。		1559~1598年 法国胡格诺派教徒（新教徒）和基督教联盟之间的宗教战争。
1492年 西克王国最后一个穆斯林城市格拉纳达落入费迪南德和伊莎贝拉之手。	1522年 查理五世将奥地利和西班牙哈布斯堡王朝分而治之。	1560~1574年 卡特琳·德·梅迪西摄政。
1494年 查理八世入侵大利，要求得到那不勒斯皇冠；法—意战争开始；《托德西利亚斯条约》；西班牙和葡萄牙同意瓜分新大陆。	1524~1525年 德国农民战争。	1562~1563年 特伦托会议使与新教徒的和解希望成为泡影。
	1525~1527年 路德主义的传播。	1572年 圣·巴托罗买遭杀害，胡格诺派教徒遭屠戮。
1494~1495年 法国入侵大利。	1541~1563年 特伦托会议：罗马天主教改革。	1589年 纳瓦拉国王亨利成为法国的亨利四世并皈依基督教。
1515年 弗兰西斯一世入侵大利，并击败瑞士人和米兰人。	1550年 阿尔巴公爵被派往暴乱的西班牙荷兰地域恢复秩序。	
1517年 马丁·路德将他批评教会的《九十五条论纲》钉在维滕贝格的万圣教堂门上，宗教改革开始。	1555年 奥格斯堡的和平时期：帝国的王子允许选择本土信仰的宗教。	1598年 南特敕令确认了新胡格诺派教徒在法国的权利。
	1556年 查理五世退位。	

1300年 奥斯曼一世在南安纳托利亚建立伊斯兰奥斯曼帝国。	1412年 约翰·休斯由于公开反对出售特赦令被逐出教会。	1512年 法国人被逐出意大利。
1316~1341年 立陶宛帝国的创建阶段。	1414~1417年 康斯坦茨会议最终结束了分裂。约翰·休斯在火刑柱上被焚。	1526年 斐迪南一世通过联姻成为匈牙利和波希米亚国王。
1346年 黑死病进入欧洲。		1527年 意大利处于查理五世控制之下。
1356年 奥斯曼土耳其人进入欧洲。	1453年 君士坦丁堡落入奥斯曼土耳其人之手；拜占庭帝国灭亡。	1530年 梅德契家族返回佛罗伦萨。
1363年 奥斯曼人打败波斯尼亚人、塞尔维亚人和匈牙利人。	1478年 匈牙利通过波希米亚条约赢得卢萨蒂亚地区、摩拉维亚和西里西亚。	1531年 亚历山德·梅德契成为托斯卡纳公爵。
1386年 波兰和立陶宛王室统一。		1540年 米兰划入西班牙领土。
1389~1393年 奥斯曼吞并塞尔维亚、土耳其埃尔米辖地（在安纳托利亚）和保加利亚。	1480年 莫斯科大公伊凡三世打败蒙古人。	1547年 伊凡·雷帝成为沙皇。
	1494年 法国军队将梅德契家族赶出佛罗伦萨并入侵罗马。	1571年 奥斯曼土耳其和神圣联盟之间的勒班陀战役（神圣联盟由威尼斯、西班牙、热那亚和教会军队组成），奥斯曼被打败。
1395年 泰摩兰打败金帐汗国。	1503年 西班牙国王斐迪南德五世成为那不勒斯国王。	1580年 卡罗·以马内利一世开始进行萨伏依公国的领土扩张。
1410年 坦能堡战役——条顿骑士团被波兰和立陶宛打败。		

1403~1424年 永乐皇帝扩张中国国土，迁都北京，提倡儒学。	1526年 莫卧儿人入侵；巴伯尔建立莫卧儿帝国。	1573年 日本武士织田信长把将军驱逐出京都并建立强权统治。
1431年 高棉统治者放弃吴哥迁到金边：高棉帝国衰落。	1539年 东吁重新统一缅甸。	1582年 织田信长被谋杀；他的继承者丰臣秀吉继续统一国家。
1471年 安南人征服占婆（越南的一部分）。	1555年 莫卧儿伟大的统治者阿克巴继位；军事征服拉贾斯坦、古吉拉特邦、孟加拉、克什米尔和德干高原北部。	1591年 丰臣秀吉削弱大名权力，解除农民武装。
1517年 欧洲商人和传教士被允许有限地进入中国。	1558年 安南叛乱：王国一分为二。	1592年 日本入侵朝鲜，侵略中国但未成功。

1493年 西班牙人定居伊斯帕尼奥拉岛；哥伦布发现牙买加和波多黎各。	1502年 哥伦布到中美海岸探险。	1532年 葡萄牙人开始定居巴西；皮萨罗率西班牙到达秘鲁海岸，阿塔瓦尔帕被囚。
	1505年 第一批黑奴被运往新大陆。	
1494年 西班牙和葡萄牙同意瓜分新大陆殖民地。	1517年 埃及落入奥斯曼统治。	1532~1533年 皮萨罗在秘鲁征服印加人。
1497年 卡伯特发现纽芬兰。	1519年 西班牙科尔特斯到达阿兹特克帝国。	1535年 印加帝国完全被西班牙人控制。
1498年 印加国土扩张到哥伦比亚；哥伦布发现委内瑞拉。	1520年 最后一位阿兹特克皇帝向科尔特斯投降；西班牙在墨西哥建立殖民统治。	1536~1609年 法国和英国开始深入西班牙加勒比海地区。
约1500年 葡萄牙沿西非海岸贩奴基地建立。	约1520年 传教士到达西班牙殖民地：强迫当地人改变宗教信仰。	1553年 摩洛哥沙里夫王朝开始。
1500年 佩德罗·阿尔瓦罗斯·卡巴尔在巴西登陆，为葡萄牙夺得国土。	1523~1535年 西班牙征服中美洲。	1591年 桑海帝国（今天的马里）被摩洛哥摧毁。
	1531年 葡萄牙在莫桑比克建立贸易驿站。	

■ 百 年 战 争 实 为 一 系 列 的 短 期 战 争 , 持 续 了 １ １ ６ 年 ■

17和18世纪
1600年

北欧 ▶

1603年　苏格兰詹姆斯六世成功登上英国王位，史称詹姆斯一世，他统一了两个王室。
1605年　企图炸毁英国议会大厦的天主教火药阴谋失败。
1618年　波希米亚的新教徒反抗哈布斯堡国王斐迪南二世的统治导致了三十年战争。
1629年　查里斯一世开始在英国实行专制；丹麦人经历了一系列失败后，撤出战争；瑞典在古斯塔·阿德弗斯领导下对哈布斯堡帝国宣战。
1632年　古斯塔夫·阿德弗斯在吕岑打败哈布斯堡王朝，但却战死于沙场上。

1635年　法国与瑞典和联合省结成联盟共同对哈布斯堡王朝宣战。
1642年　英国国王拥护者（保王党人）和国会成员（圆颅党人）爆发内战。
1645年　圆颅党新模范军在英格兰成立，奥利弗·克伦威尔成为副统帅；内兹比战役得胜利。
1648年　除了法国—西班牙战争外，《威斯特伐利亚和约》解决了三十年战争的绝大多数争端；荷兰完全独立。
1649年　查理二世执政，英格兰成立共和国政体。

1649~1650年　克伦威尔平息了爱尔兰和苏格兰的叛乱。
1652~1654年　英荷海战。
1653年　克伦威尔成为君主保护者并成为大独裁者。
1654年　瑞典克里斯蒂娜女王退位。
1658年　丹麦人被逐出瑞典南部；克伦威尔去世。
1660年　英王查理二世复辟。
1665年　伦敦大瘟疫60,000人死亡。
1665~1667年　第二次英荷海战。

西欧 ▶

1607年　荷兰打败西班牙舰队。
1609年　西班牙和荷兰的战争中达成了一个九年的停战协定。
1621~1648年　西班牙从事了一场没有成功的反对联合省的战役。
1627~1628年　胡格诺派的一个港口拉罗谢尔遭到黎塞留主教的攻击和包围，胡格诺投降并失去政治权力。
1635年　法国对西班牙宣战，从此卷入了三十年战争。
1640年　加泰隆人和葡萄牙人反抗西班牙统治。

1643年　"太阳国王"路易十四成功登上法国王位。
1648年　投石党运动（内战混乱期间）由巴黎暴乱开始。
1659年　《比利牛斯和约》结束了法国与西班牙战争，法国代替西班牙成为西欧主要强国。
1661年　路易十四掌握国家大权。
1665年　柯尔贝尔成为法国财政大臣，葡萄牙再度获得独立。
1672年　法国对荷兰宣战，神圣罗马帝国、勃兰登堡、西班牙和洛林也相继加入荷兰战团。

1678年　《奈梅亨条约》结束法国和荷兰（和西班牙）的战争；《内姆韦根和平条约》（1679）结束法国和神圣罗马帝国间的战争。
1685年　南特敕令被废除，禁止新教，数以千计的胡格诺派教徒逃离法国。
1688年　法国侵略莱茵兰引起九年战争（即大同盟战争）。
1689年　英格兰、联合省、奥地利、西班牙和萨伏依王朝形成大同盟反抗法国。
1697年　法国最后被大同盟打败，签订《烈斯维克和平条约》。

南欧和东欧 ▶

1613年　俄国罗曼诺夫王朝开始。
1649年　俄国建立农奴制。
1667年　安德鲁索沃停战协定结束俄国和波兰13年的战争，基辅割让给俄国。
1671年　土耳其对波兰宣战。
1672年　土耳其和哥萨克侵略波兰，波兰放弃了波多利亚和乌克兰。
1673年　霍兹姆战役，约翰·索别斯基领导下的波兰人打败了土耳其。
1674年　约翰·索别斯基当选为波兰国王。

1681年　《拉得津和约》：俄国从土耳其人手中得到乌克兰大部分领土。
1682年　俄国彼得大帝即位。
1683年　索别斯基从维也纳被逐出土耳其。
1700年　"伟大的北方战争"在瑞典和俄国之间爆发；丹麦和波兰获得在波罗的海的至高权力。
1701年　瑞典查理国王十二世侵略波兰。
1703~1712年　匈牙利人反抗奥地利统治。
1706年　瑞典强行使斯坦尼斯洛斯登上波兰王位。

1708年　瑞典入侵俄国。
1709年　俄国彼得（大帝）在波尔塔瓦战役打败瑞典国王查理十二世。
1711年　土耳其对俄国宣战。
1720年　《尼斯塔条约》结束了伟大的北方战争，瑞典帝国瓦解，俄国控制了波罗的海。
1725年　彼得大帝去世。
1733~1735年　争夺波兰王位的战争，法国和西班牙与奥地利和俄国发生战争。

亚洲 ▶

1603年　丰臣秀吉逝世；德川幕府建立；进一步控制藩主的自由。
1605~1627年　印度贾汗季统治时鼓励艺术。
1628~1656年　沙·贾汗统治年间：建造了泰姬陵。
17世纪30年代　日本排斥天主教、禁止国人出国旅行，阻止外国人入境：实行闭关锁国政策。

1644年　经历了一系列的起义和满清的攻击后，明朝灭亡；清朝建立。
1650~1800年　日本经济增长时期：商人阶层出现；教育水平大大提高。
1657年　沙·贾汗患病；他的四个儿子发起王位继承斗争；奥朗则布杀死他的兄弟们，监禁了他的父亲，最后成了国王。

1659~1707年　奥朗则布继续执行扩张主义政策，到1700年他统治了除极南部以外的整个印度；他结束了宗教容忍，使使人们反对蒙古人统治。
1674年　西瓦吉打败莫卧儿人；在印度中西部地区建立马拉塔王朝。
1683年　中国收回台湾。

非洲和美洲 ▶

大约1600~约1800年　贡德尔王国在埃塞俄比亚繁荣发展。
1605年　法国人定居在新斯科舍。
1607年　英国人在弗吉尼亚建立詹姆斯敦。
1612年　百慕大成为英国殖民地。
1620年　英国清教徒前辈移民定居在马萨诸塞州的普利茅斯。
1630~1640年　英国和法国最早到达西印度群岛。

1638年　荷兰人占领毛里求斯；法国在塞内加尔建立了圣路易斯城堡。
17世纪50年代　加拿大成为法国殖民地。
1652年　荷兰东印度公司在好望角建立了据点。
1655年　英国从西班牙骗取了牙买加并开始殖民统治。
1664年　英国从荷兰手中获得纽约。
1670年　哈得孙湾公司成立。

1697年　西班牙被法国夺去海地（伊斯帕尼奥拉岛的一半）。
1699~1702年　路易斯安娜成为法国的殖民地。
约1700年　埃森特王国在现在的加纳地区崛起。
约1700~1830年　达荷美（现贝宁）王国兴盛成为主要的奴隶贸易国之一。
1713年　英国控制尼日利亚奴隶贸易。
1717年　西班牙重新分割南美殖民地。

■ 《威斯特伐利亚和约》（1648）承认了德国300多

1800年

1666年 伦敦大火。	1714年 汉诺威选帝侯乔治一世成为乔治一世。	1756年 英普同盟和法奥同盟；因英法争夺殖民地以及普鲁士和奥地利在欧洲的矛盾而引发了七年战争。
1678年 "天主教阴谋"：英国反天主教浪潮。	1715年 苏格兰第一次詹姆斯党起义被镇压。	1762年 英国对西班牙宣战。
1688年 "光荣革命"：奥伦治的威廉三世到达英格兰夺取王位（有国会的支持）；詹姆斯二世逃到法国。	1720年 南海泡沫：南海公司的失败导致了经济恐慌。	1763年 七年战争结束。
1689年 威廉三世和玛丽成为最高统治者；右翼分子贝尔建立一个君主立宪国家。	1721年 沃尔浦尔成为英国第一任首相。	1771年 理查得·阿克赖特建立了最早的棉纺织工厂。
1690年 博因河战役（在爱尔兰）：威廉三世打败詹姆斯并且复辟。	1745～1746年 英国最后一次詹姆斯党起义失败。	1780年 伦敦反天主教暴乱。
1707年《联合条例》统一了苏格兰和英格兰。	约1750年 制造工业发展；工业革命开始。	1793年 英国加入欧洲大陆反法同盟，反对法国革命。
	1750年 英国加入了奥一俄同盟，和普鲁士开战。	

1701年 西班牙王位继承战争开始。	1739年 英国因与南美殖民地间的贸易问题与西班牙发生战争；该战争于1740年与奥地利争夺王位战争合为一体。	1789年 法国革命：波旁王朝被推翻；废除了封建特权。
1704年 英国在布伦海姆打败法国；英舰队从西班牙手中夺得了直布罗陀。	1755年 里斯本遭地震破坏。	1792年 法国对奥地利和普鲁士宣战；革命战争开始；国民大会成立并统治法国；法国成为共和国国家。
1713年 《乌得勒支条约》：西班牙王位战争结束。	1761年 传染性流感，蔓延整个欧洲。	1793年 路易十六执政；罗伯斯庇尔的恐怖统治开始。
1715年 路易十四逝世。	1763年 巴黎和会：七年战争结束。	1794年 罗伯斯庇尔被处死：恐怖统治结束。
1719年 法国对西班牙宣战。	1770年 天花蔓延欧洲。	1795年 拿破仑领导军队重新进行革命战争。
1720年 法国的"密西西比计划"。《海牙和约》消除了西班牙和四国同盟间的敌意（不列颠、法国，神圣罗马帝国和荷兰）。	1778年 荷兰和法国加入美国殖民地独立战争。	1799年 拿破仑夺取法国政权。
1727～1729年 英国、西班牙和法国战争：西班牙控制直布罗陀（直到1728）。	1779～1783年 西班牙加入反抗英国的独立战争并围攻直布罗陀。	

1734～1735年 土耳其和波斯战争。	1762年 叶卡捷琳娜二世（大帝）继位：俄国在七年战争中改变立场和普鲁士结成联盟对抗奥地利；俄国贵族获得了经济和社会特权，这使他们免于服役。	1775年 叶卡捷琳娜二世实行省政府改革。
1740年 奥地利王位继承战争：玛丽亚·特蕾西娅成功继承奥地利王位、波希米亚和匈牙利王位；腓特烈大帝为普鲁士夺取了西里西亚。	1766年 叶卡捷琳娜二世准许俄国人信仰自由。	1781年 奥地利约瑟夫一世引入宗教宽容并废除了农奴制。
约18世纪40年代 多瑙河公国（摩尔达维亚和瓦拉几亚）在希腊王子的领导下逐渐地获得独立。	1772年 俄国、普鲁士和奥地利第一次瓜分波兰。	1784年 《君士坦丁堡公约》：土耳其接受了俄国吞并克里米亚。
1748年 奥地利王位继承战争结束。	1773～1774年 哥萨克领导人普加乔夫领导人民起义反抗叶卡捷琳娜二世统治：起义被镇压。	1787年 俄国和土耳其战争。
1756年 七年战争爆发。		1793年 波兰第二次被瓜分。
1757年 瑞典加入七年战争反抗英国和普鲁士。		1795年 波兰第三次被瓜分。

1693年 康熙率兵远征蒙古。	约1750年 东京成为世界最大的城市。	1767年 缅甸推翻了大城府王朝并占领了暹罗。
约1700年 英国东印度公司得到了印度一些重要港口。	1752年 缅甸东吁王朝衰落。	1777年 达信将军领导军队把缅甸人逐出了暹罗。
1701年 澜沧王国分成两部分。	1757年 外国商人仅限在广州一地经商；缅甸贡版王朝建立；与暹罗进行了一系列的战争。	1784年 缅甸征服了若开王朝使缅甸的疆土扩大到英印度边界。
1707～1761年 奥朗则布去世：各个区域相继宣布独立导致了印度权力分散。	约18世纪60年代 英国东印度公司已成为印度的统治力量。	
1715年 中国禁止基督教。	1761年 巴尼伯德战役：马拉塔人统治整个印度的企图被摧毁。	
1735～1795年 中国扩张至突厥斯坦、安南（越南），缅甸和尼泊尔。		

1744～1754年 为争夺对北美的控制权，引发英法战争。	1773年 波士顿倾茶事件。	1781年 英国军在约克敦投降；美国保王党移民到加拿大。
1761年 英国控制西印度群岛。	1774年 大陆会议颁布了《权利宣言》。	1787年 美国宪法颁布。
1763年 英国从法国手中夺取了格林纳达；把法国人赶出加拿大。	1775年 美国独立战争在列克星顿爆发。	1791年 图森·路维杜尔成功地领导了海地的黑奴起义。
1765年 英国对美洲殖民地征收印花税。	1776年 美国发表《独立宣言》。	1796年 英国占领圭亚那。
	1778年 法国、荷兰和西班牙（1779）参战抵抗英国。	1798年 英国占领科德角半岛。
	1780～1781年 秘鲁印度人起义抵抗西班牙统治。	1798～1801年 法国侵略埃及。

个邦 ■ 法国革命暴政（1793）中40000人被处死 ■

19世纪

1800年

北欧和西欧

- 1801年　《联合条例》统一英国和爱尔兰。
- 1802年　《亚眠和约》的签订结束了英法战争。
- 1803年　英国对法宣战再次掀起拿破仑战争。
- 1804年　拿破仑称帝；法国接受《拿破仑法典》。
- 1805年　纳尔逊在特拉法尔加打败法西舰队；拿破仑在奥斯特利茨击败俄奥联军。
- 1806年　拿破仑废除神圣罗马帝国；莱茵联邦国建立。
- 1807年　英帝国废除了奴隶贸易。
- 1812年　英首相斯宾塞·珀西瓦尔被刺。英美战争（直到1814）。
- 1813年　拿破仑在莱比锡战争中被打败。
- 1814年　拿破仑退位，被流放到厄尔巴岛；维也纳会议
- 1815年　英国在解决战后问题处理中得到了科德角、毛里求斯、阿森松岛、赫尔戈兰、锡兰岛、特立尼达岛、多巴哥岛和圣卢西亚；拿破仑的百日王朝以滑铁卢战役失败而告终。维也纳会议再度开始；联邦德国建立。
- 1819年　曼彻斯特和平激进党游行队伍在彼得卢遭屠杀。
- 1820年　加图街阴谋：阴谋暗杀英国内阁成员，结果被揭穿。
- 1829年　《天主教解放法案》：天主教徒可以在英国拥有活动场所。
- 1830年　法国七月革命——波旁王朝被推翻，建立了奥尔良君主政权国家。
- 1830~1831年　比利时成功反抗荷兰统治。
- 1832年　《第一次选举法修正法案》扩大了英国选举范围。
- 1833年　英国废除了奴隶制。
- 1836年　宪章运动在英国开始。

南欧和东欧

- 1801年　法国在埃及的赫利奥波利斯打败土耳其；俄国沙皇保罗一世被杀；亚历山大一世继位。
- 1804年　俄国吞并格鲁吉亚致使波斯和俄国发生战争。
- 1804~1813年　塞尔维亚起义反抗土耳其奥斯曼统治。
- 1805年　拿破仑自己加冕为意大利国王。
- 1807年　拿破仑入侵葡萄牙引起了半岛战争。
- 1811年　法国最终被赶出葡萄牙。
- 1812年　拿破仑入侵俄国并在博罗季诺战役中打败俄军，但由于冬季严寒影响而从莫斯科撤军。
- 1813年　维多利亚战役：惠灵顿的军队把法国赶出西班牙；半岛战争结束。
- 1815年　波兰王国重建（在俄国统治下）；英国在维也纳会议上赢得了爱奥尼亚群岛。
- 1817年　希腊人起义反对土耳其统治。
- 1820~1832年　希腊反抗土耳其的统治进行独立战争。
- 1822年　外交联盟国会体制结束；西班牙内战。
- 1823年　由于法国军队的援助，西班牙内战中自由党被打败。
- 1825年　俄国十二月党人起义遭到了沙皇尼古拉一世的镇压。
- 1826年　俄国和波斯交战。
- 1827年　俄国取得胜利并吞并了亚美尼亚。

非洲和中东

- 1801年　科萨人民和殖民地军队间的第三次科萨战争。
- 1805年　穆罕默德·阿里成为埃及帕夏并开始使埃及走向现代化。
- 1806年　英国从荷兰手里夺取科德角殖民地。
- 1807年　塞拉利昂和冈比亚成为英殖民地。
- 1809年　厄瓜多尔成为哥伦比亚一部分。
- 1810年　英国吞并了毛里求斯和塞舌尔。
- 1815年　英国在维也纳会议上得到科德角。
- 1818年　恰卡建立祖鲁王国。
- 1818~1819年　第五次科萨战争。
- 1820年　黄金海岸成为英国殖民地；穆罕默德·阿里占领苏丹北部。
- 1821~1822年　美国殖民协会把自由黑奴移往利比里亚。
- 1824~1831年　黄金海岸爆发了第一次阿散蒂战争。
- 1830年　阿尔及利亚成为法殖民地。
- 1834~1835年　第六次科萨战争。
- 1835~1837年　大迁徙：布尔人离开科德角殖民地建立了德兰士瓦和奥治自由邦。
- 1838年　血河战役中大批祖鲁人遭屠杀。
- 1841年　埃及脱离奥斯曼帝国获得真正独立。
- 1843年　英国吞并冈比亚和纳塔尔。
- 1846~1853年　科萨战争：科萨人抵制科德角殖民地的扩涨。
- 1847年　利比里亚独立。
- 1850年　英国把丹麦人赶出加纳。
- 1850~1868年　狄奥多尔国王巩固埃塞俄比亚的独立成果。
- 1851年　英国占领了拉各斯；奴隶贸易结束。
- 1854年　利文斯顿到非洲中部探险。
- 1861年　英国占领拉各斯（尼日利亚）。
- 1862年　法国得到吉布提。

亚洲和澳大利亚

- 约1800~1900年　西方对中国内政的干涉加强；封建皇帝权力被削弱。
- 约1800~1850年　老挝分成数小国。
- 1802年　越南在阮安（在法国援助下）领导下得到重新统一。
- 1803~1805年　印度第一次马拉塔战争。
- 1804年　新南威尔士的罪犯在卡斯尔山起事。
- 1806年　在印度韦洛尔爆发反英暴动。
- 1808年　在澳大利亚的朗姆酒叛乱中统治者布莱下台。
- 1811年　英国占领爪哇；1819年归还给荷兰。俄国强制日本和西方进行贸易失败。
- 1815年　英国得到锡兰；锡兰起义抵制英国统治（1817）被镇压。
- 1819年　新加坡成为英殖民地。
- 1824年　英国得到阿萨姆邦；第一次英缅战争（直到1826）。
- 1824~1851年　暹罗的恰科瑞将军（后来的拉纳一世）建立了新的朝代；曼谷成为新首都，泰国扩张到老挝和马来西亚北部。
- 1825~1830年　爪哇战争：荷兰打败爪哇反殖民军。
- 1828年　西澳大利亚建立。
- 1834年　南澳大利亚建立。
- 1837年　新西兰殖民统治开始。
- 1838~1842年　第一次英—阿（富汗）战争。
- 1839年　中英第一次鸦片战争。
- 1840年　新西兰成为英国殖民地。
- 1841年　英国占领中国香港。

美洲

- 1801年　海地成立共和国。
- 1803年　美国与法国达成路易斯安娜购地协定。
- 1804年　海地摆脱法国统治，宣布独立。
- 1807年　哥伦比亚独立运动开始。
- 1808年　西班牙的南美殖民地发生起义。
- 1808~1820年　西班牙殖民地的民族革命起义：西蒙·玻利瓦尔以民族革命领导人身份出现在历史舞台上。
- 1811~1828年　南美殖民地完全独立：巴拉圭和委内瑞拉（1811）、阿根廷（1816）、智利（1818）、哥伦比亚（1819）、墨西哥、中美洲和秘鲁（1821）、巴西（1822）、乌拉圭（1828）。
- 1812~1814年　英美战争。
- 1813年　美国从西班牙夺取西佛罗里达。
- 1817年　玻利瓦尔建立委内瑞拉独立政府。
- 1819年　西班牙把佛罗里达割让给美国。
- 1820年　《密苏里妥协案》：拥有奴隶的各州被允许加入联盟。
- 1823年　门罗主义警告欧洲列强不准对新大陆进一步施行殖民地化。
- 1830年　大规模印第安人开始移往印第安人居留地；厄瓜多尔脱离哥伦比亚统治独立。
- 1833~1880年　英国（1833）、法国（1848）、荷兰（1863）、西班牙、波多黎各（1873）和古巴（1880）相继废除殖民地的奴隶制。

■ 1846年，爱尔兰马铃薯饥荒中1,000,000

1900年

1838年 反谷物法同盟成立。	1866年 奥普战争：普鲁士在萨多瓦打败奥地利，结束了奥地利在德国的势力。普鲁士吞并了汉诺威、拿骚和黑森-卡塞尔。	1882年 意大利、德国和奥地利形成三国同盟。凤凰公园暗杀事件使英国和爱尔兰关系紧张。
1843年 爱尔兰掀起废止《联合条例》运动。		1886年 第一次爱尔兰自治法案失败。
1846年 爱尔兰马铃薯饥荒。	1867年 北德意志联邦组成；奥匈帝国建立；第二次主要的《改革法案》使英国选民增长了一倍。	1890年 俾斯麦下台；英德在殖民地问题上达成共识。
1848年 法兰西第二共和国成立；路易·菲利普退位。		1891年 科尔·哈迪成为第一个英国独立工党的议员。
1851年 法兰西第二共和国衰落，路易·拿破仑成为拿破仑国王三世；伦敦大展览。	1871年 普法战争中法国战败：阿尔萨斯割让给德国；凯泽·威廉一世统一德国；俾斯麦成为德国首相；巴黎公社被镇压；英国宣布贸易同盟在英国合法。	1893年 第二次爱尔兰自治法案失败。
		1894年 法国德雷福斯案，致使国家分裂。
1862年 俾斯麦成为普鲁士首相；在对丹麦的战争结束之后，普鲁士得到了石勒苏益格—荷尔斯泰因（1864）。	1872年 英国实施《选举法案》，实行无记名投票选举法。	1897年 第一次犹太复国主义运动大会在瑞士巴塞尔城召开。

1830年 波兰起义反抗俄国统治；意大利北部人民起义反抗奥地利侵略。	1856年 克里米亚战争结束：《巴黎和约》保证了土耳其领土的完整。	1877年 土耳其屠杀保加利亚人；俄土（俄罗斯—土耳其）战争开始。
1831年 马志尼发起意大利民族解放运动。	1861年 加里波第和加富尔领导下的意大利得到统一；俄国农奴得到解放。	1878年 俄土战争结束：罗马尼亚、塞尔维亚、黑山独立。
1832年 波兰成为俄国一个省。		
1841年 《海峡公约》禁止一切非奥斯曼帝国军舰通过达达尼尔海峡。	1863年 波兰和立陶宛起义反抗俄国统治。	1887年 重新签订《俄—德再保险和约》和《三国联盟条约》。
	1868年 西班牙自由党起义：伊莎贝拉二世被废黜。	
1848年 意大利共和国爆发反抗奥地利帝国的战争，布拉格和布达佩斯的革命运动直到1849年才被镇压下去。	1869年 西班牙王室正统成员起义被镇压。	1891年 青年土耳其党运动开始。
	1870年 意大利吞并罗马。	1894和1896年 土耳其屠杀亚美尼亚人。
1854年 克里米亚战争开始：法国、英国、奥地利和土耳其对抗俄国。	1873年 西班牙第一共和国成立。	

1867年 英国远征埃塞俄比亚。	1882年 英国占领埃及。	19世纪90年代 法国占领莫西王国（布基纳法索）。英国南非公司控制了现代的赞比亚和津巴布韦地区。
1869年 苏伊士运河通航。	1883年 克留格尔成为德兰士瓦共和国总统。	
1873年 第二次阿散蒂战争。	1884年 喀麦隆的西南非洲（纳米比亚）成为德属保护国。	1894年 乌干达成为英属保护国。
1875~1900年 1884年柏林会议之后，"争夺非洲"运动进一步白热化。		1896年 埃塞俄比亚成功地粉碎了意大利军队的侵略企图；法国占领马达加斯加。
	1885年 刚果自由邦（扎伊尔）被比利时国王利奥波德二世兼并；英国使尼日利亚变为它的殖民地；马赫迪占领喀土穆，击毙戈登将军，在苏丹建立了一个神权国家。	
1877年 英国吞并了德兰士瓦。		1899年 南非布尔战争开始；英国和埃及联合统治苏丹；索马里南部归属意大利；第二次布尔战争开始。
1879年 英法得到埃及控制权；祖鲁战争。		
19世纪80年代 布拉柴使刚果成为法属保护国。	1889~1890年 法国开始统治中非和乍得。	
1881年 布尔战争；埃及民族起义；突尼斯成为法属保护国。	1890年 塞西尔·罗德斯建立了罗德西亚；德国把卢旺达、布隆迪和坦桑尼亚大陆变成它的殖民地，桑给巴尔成为英属保护国。	

1842年 英军撤离阿富汗时在开伯尔山口进行大屠杀。	1857~1858年 印度反英暴动被镇压；印度君权统治开始。	1877年 维多利亚女皇成为印度女王。
1845年 新西兰毛利人起义反抗英国统治。		1878年 第二次英—阿（富汗）战争。
1845~1849年 锡克战争：英国吞并旁遮普。	1860年 新西兰第二次毛利战争；中国港口被迫向西方开放。	1882年 法国夺取河内；中国声明对越南的宗主权。
1850年 中国太平天国起义。	1863年 柬埔寨成为法属保护国。	1885年 第一次印度国民议会召开；英国和德国吞并了新几内亚岛。
1853~1854年 美国海军准将佩里率舰队驶进日本两个港口；美国的贸易和技术结束了日本多年锁国的局面。	1864年 清朝最终镇压了太平天国起义：死亡2000万人。	1894年 中日战争开始。
	1867年 往澳大利亚运送囚犯中止。	1895年 中日战争结束：日本侵占台湾和朝鲜。
1856~1860年 第二次鸦片战争。	1867~1869年 日本德川幕府被推翻；明治维新开始。	

1836年 阿拉莫战役和圣哈辛托战役；得克萨斯脱离墨西哥获得独立。	1850~1890年 美国西部平原爆发了印第安战争。	1879年 太平洋战争：智利打败秘鲁和玻利维亚；玻利维亚失去太平洋海岸。
	1860~1861年 美国南部各州退出联邦组成南部同盟。	
1837年 加拿大帕皮诺和麦肯齐叛乱。	1861年 美国内战开始。	1889年 巴拿马海峡丑闻；巴西成立共和国。
1838年 中美洲共和国成立。	1863年 美国颁布《奴隶解放宣言》。	1890年 翁迪德尼战役：苏人彻底失败。
1845年 美国—墨西哥战争开始。	1865年 南部同盟投降，林肯遇刺。	1893年 美国推翻夏威夷政府。
1847年 摩门教徒定居盐湖城。	1866年 美国通过为黑人制定的《公民权利法案》。	1898年 美—西战争：西班牙把波多黎各、关岛、菲律宾和古巴让给美国。
1848年 美国—墨西哥战争结束；美国得到加利福尼亚和新墨西哥州；加利福尼亚掀起淘金热。	1867年 美国从俄国买到了阿拉斯加州。	
1850年 新加入的美国联邦地区对奴隶制妥协。	1876年 小比格霍恩战役：卡斯特率领的美国骑兵被赶出了苏城。	

20世纪
1900年

北欧和西欧

1902年 布尔战争结束。	1919年 《凡尔赛条约》；在柏林的斯巴达克人起义被粉碎。	1935年 德国《纽伦堡法》使排犹主义合法化。
1904年 签订《英法协约》。	1920年 魏玛共和国在德国成立。	1936年 德、日签订《反共产国际协定》；罗马—柏林轴心成立。
1905年 挪威脱离瑞典独立。	1921年 南爱尔兰自由政府成立，内战继续（直到1923）。	1937年 英国首相张伯伦采纳了德国"绥靖政策"。
1906年 经选举成立了英国工党；德雷福斯案结束。	1923~1925年 德国复苏时期，法国和比利时占领鲁尔区。	1938年 德国吞并奥地利。
1907年 英、法、俄三国协约签订。	1924年 英国首届工党政府成立。	1939年 德国和苏联签订《互不侵犯条约》；德侵略捷克斯洛伐克和波兰；英国对德宣战；第二次世界大战爆发。
1913年 英国上议院反对第三爱尔兰自治议案。	1926年 英国大罢工。	
1914年 英对德宣战；第一次世界大战爆发。	1927年 在黑色星期五时期，德国经济崩溃。	1940年 德国入侵法国；敦刻尔克撤退后，丘吉尔建立了国民政府；不列颠战役。
1916年 爱尔兰复活节起义被镇压；索姆河战役中有100万人丧生。	1930年 107个纳粹分子被选进国会。	
1918年 奥匈帝国和德国投降。爱尔兰内战爆发。	1931年 多米尼加政府完全独立。	1940~1941年 伦敦大轰炸。
	1933年 希特勒成为德国元首。	

南欧和东欧

1900年 意大利国王翁贝托一世遇刺。	1915年 意大利加入协约国；保加利亚加入同盟国。	1925年 墨索里尼建立独裁统治。
1903年 俄国布尔什维克党成立。	1916年 葡萄牙和罗马尼亚加入一战反抗德国。	1929年 《拉特兰条约》承认了梵蒂冈城为主权国家。
1905年 俄国"流血星期日"革命：权利有限的杜马咨议机构（议会）组成。	1917年 十月革命：布尔什维克取得政权。	1930年 苏联消灭富农运动开始。
1908年 葡萄牙国王卡洛斯遇刺；奥地利吞并了波斯尼亚—黑塞哥维那。	1918年 俄国撤出战争；俄国内战。	1933年 斯大林整肃运动开始。
1910年 葡萄牙建立共和国。	1919年 哈布斯堡帝国结束：捷克斯洛伐克、波兰、南斯拉夫和匈牙利独立。	1935年 苏联公审前党员。
1914年 奥地利继承人弗兰茨·斐迪南大公爵遇害；奥地利对塞尔维亚宣战；德国对俄国、法国宣战；第一次世界大战爆发。	1921年 希腊和土耳其战争；俄国内战结束。	1936年 西班牙内战爆发。
	1922年 法西斯向罗马进军；墨索里尼成为首相。	1937年 意大利加入《反共产国际协定》。
	1924年 列宁逝世；斯大林继任。	1939年 民族革命派在西班牙内战中获胜；《德国苏联协定》把波罗的海划分给苏联。

非洲和中东

1900年 尼日利亚成为英属保护国。	1917年 在《贝尔福宣言》中，英国赞成在巴勒斯坦为犹太人建立一个民族家园。	20世纪30年代 南非非洲民族主义得到发展。
1902年 布尔战争结束。	1919年 奥斯曼帝国解体：英国受委托统治巴勒斯坦和伊拉克；法国接管叙利亚。	1932年 沙特阿拉伯成立。
1904年 德国在非洲西南残酷镇压赫雷罗人暴动；法国和西班牙统治摩洛哥。	1920年 肯尼亚成为英国殖民地。	1935~1936年 意大利侵略并占领埃塞俄比亚。
1905~1906年 首次摩洛哥危机：德国夺走法国在摩洛哥所得利益。	1921年 礼萨汗夺取伊朗政权（1925年成为伊朗国王）。	1941年 战争蔓延到北非。
1907年 利奥波德三世暴政后，比利时政府接管了刚果。	1922年 英国保护埃及的历史结束。	1942年 蒙哥马利在阿拉曼打败德意军队。
1910年 南非成了英联邦的自治领。	1923年 土耳其共和国成立，穆斯塔法·凯末尔成为总统。	1943年 德军和意大利军队从北非撤离。
1914年 南非参战反抗同盟国。		1948年 以色列政权建立；第一次阿以战争；南非民族革命者当权；种族隔离政策开始实施。

亚洲和大洋州

1900年 在外国列强的干涉之后，中国反西方的"义和团"起义结束。	1919年 旁遮普暴乱；英军阿姆利则大屠杀导致了印度民族革命。	1934~1935年 中国共产党领导的工农红军开始长征。
1901年 澳大利亚联邦成立。	1921年 印度甘地开展国内抵制英侵略运动；中国共产党成立。	1935年 缅甸脱离印度。
1904年 日俄战争。	1923年 孙中山建立国民政府。	1937年 七七事变：日本扩大侵略中国。
1907年 新西兰成为独立的自治领。	1927~1928年 中国内战：国民党建立国民政府。	1940~1942年 日本侵略印度支那半岛（1940）、菲律宾群岛（1941）、马来亚、新加坡、东印度和缅甸（1942）。
1911~1912年 中国辛亥革命结束了了封建统治；建立了中华民国。	1931年 九一八事变：日本侵占中国东北。	
1914年 澳大利亚和新西兰参加反同盟国战争；德国太平洋属地被占领——新西兰占领西萨摩亚，澳大利亚占领瑙鲁，日本占领密克罗尼西亚和马绍尔群岛。	1932年 印度国会被宣布为非法；甘地被逮捕。	1941年 日本袭炸珍珠港；英国和美国对日宣战。

美洲

1901年 美国总统麦金利遇刺；罗斯福继任。	1917年 美国对德国宣战。	1930年 巴西的瓦加斯当权。
1902年 古巴完全独立。	1919年 美国总统威尔逊帮助建立国际联盟。	20世纪30年代 学院革命党恢复墨西哥秩序并重新分地（1934~1939）。
1903年 美国得到巴拿马运河区的控制权；巴拿马脱离哥伦比亚。	1920年 议会投票反对国际联盟成员后，美国陷入孤立，《禁酒法》开始实施。	1933年 罗斯福总统发布"新政"来抵制经济萧条影响，《禁酒法》结束。
1910年 墨西哥内战开始。	1921年 美国妇女被授予选举权。	1935~1939年 美国《中立法》阻止美国参与非美洲战争。
1914年 加拿大参加反同盟国战争。	1928年 巴拉圭和玻利维亚的查科战争爆发。	
1915年 德国潜水艇击沉卢西塔尼亚号。	1929年 华尔街股市大跌引起世界经济大萧条。	1941年 《租借法案》通过；美国参战支持同盟国。
1916年 美军占领多米尼加共和国。		

■ 生 存 过 的 人 中 目 前 有 十 分 之 一 的 人 还 活 着 ■ 1929

1997年

1941年 德国首次建立集中营。	1957年 《罗马和约》促使建立欧洲经济共同体（缩写为EEC；后写成EC）。	1973年 英国和爱尔兰加入欧共体；丹麦加入欧共体；东德、西德建立外交关系。
1944年 盟军在诺曼底登陆，大规模反攻开始。	1958年 夏尔·戴高乐建立法兰西第五共和国。	1979年 以玛格丽特·撒切尔为首的右翼保守党内阁在英国执政。
1945年 德国投降；德国和奥地利被占领；联合国建立；英国工党政府当权：福利国家建立。	1959年 欧洲自由贸易联盟建立。	1981年 密特朗成为法兰西第五共和国第一位社会党总统。
1945~1946年 纽伦堡公审。	1961年 建立柏林墙。	1985年 英国和爱尔兰签署《北爱尔兰条约》。
1948年 苏联封锁柏林：盟军向柏林空运物资。	1968年 法国学生反政府示威游行和罢工；英国撤出苏伊士东部。	1986年 西班牙和葡萄牙加入欧共体。
1949年 北大西洋公约组织形成；德国被分成东德和西德。	1969年 西德开始实行东方政策；法国总统戴高乐辞职；英国派军前往北爱尔兰恢复秩序。	1989年 柏林墙被打开。
1952年 同盟军占领西德的历史结束。	1971年 瑞士妇女获得选举权。	1990年 德国统一；撒切尔辞职，约翰·梅杰成为英国首相。
1956年 苏伊士危机导致英首相安东尼·艾登爵士引退。	1972年 英国在北爱尔兰实行直接统治。	1992年 欧洲统一大市场建立。
		1995年 奥地利、芬兰和瑞典加入欧共体。

1940年 意大利加入反同盟国战争。	1956年 东欧开始全盘否定斯大林，苏联军队平息了匈牙利反苏叛乱。	1975年 佛朗哥逝世：西班牙恢复民主政体。
1941年 德国侵略南斯拉夫、希腊和苏联；保加利亚和罗马尼亚加入轴心国。	1964年 希腊和土耳其的战争在塞浦路斯爆发；勃列日涅夫当权，他坚持干涉共产主义国家事务。	1981年 希腊加入欧共体。
1943年 同盟国入侵西西里；意大利投降。	1967年 希腊军事政变。	1985年 戈尔巴乔夫当权：实施改革政策。
1944年 苏联在东部发动进攻。	1968年 捷克斯洛伐克布拉格之春事件：苏联军队入侵后，改革结束。	1989~1990年 东欧社会主义政体解体，实行民主体制。
1945~1948年 东欧共产党掌权。	1970年 波兰动乱；格但斯克暴乱。	1990年 德国统一。
1946年 希腊内战。	1974年 葡萄牙独裁统治被推翻；土耳其侵略塞浦路斯导致分裂；希腊恢复民主政体。	1991年 苏联解体分成15个独立共和国，戈尔巴乔夫退位。
1952~1957年 希腊塞浦路斯战役结束了英国的统治。		1992年 内战导致南斯拉夫解体。
1953年 斯大林逝世；赫鲁晓夫当权。		
1955年 签订《华沙条约》。		

1952年 摩洛哥反法起义；肯尼亚茅茅运动开始。	1967年 阿拉伯—以色列六日战争，以色列打败阿拉伯，夺取了西奈半岛、西海岸、加沙和戈兰高地；巴勒斯坦解放组织成立。	1979年 伊朗伊斯兰革命。
1954年 纳赛尔控制埃及；阿尔及利亚独立战争开始。	1970年 约旦内战；巴勒斯坦人被驱逐。	1980年 罗得西亚独立；重新命名为津巴布韦。
1956年 苏伊士危机；摩洛哥、苏丹和突尼斯获得独立。	1973年 第三次阿以战争；禁止阿拉伯和西方进行石油贸易。	1980~1988年 伊朗和伊拉克战争。
1957~1975年 非洲黑人反殖民地运动。	1974~1975年 葡萄牙的非洲殖民地获得独立。	1982年 以色列侵略黎巴嫩。
1962年 经过艰苦的斗争，阿尔及利亚获得独立。	1975年 黎巴嫩内战开始。	1986年 巴勒斯坦加强反以色列的暴力运动。
1965年 白人罗得西亚政府单方面宣告独立，游击队不断反抗。	1977年 镇压南非反种族隔离运动。	1990年 南非开始废除种族隔离政策；伊拉克侵略科威特。
		1991年 海湾战争：美国领导的多国部队打败伊拉克。
		1994年 南非实行多种族联合执政。

1945年 美国在日本广岛和长崎投下原子弹；日本投降。	1954年 越南脱离法国获得独立；分成社会主义北越和以西方为后盾的南越。	1973年 美军撤离越南。
1946~1949年 中国内战中国民党被打败：毛泽东和共产党当权。	1962年 南越建立美军基地。	1975年 南越投降：越战结束。
1947年 印度获得独立；巴基斯坦成为独立国家。	1965年 美国海军被派往越南。	1976年 毛泽东逝世。
1948年 甘地遇刺。	1966年 中国文化大革命开始。	1979年 苏军支持阿富汗政变：内战爆发；越南侵略柬埔寨。
1950~1951年 中国西藏和平解放。	1968年 北越军队的太特大进攻。	1988年 越南军队撤离柬埔寨。
1950~1953年 朝鲜战争。	1969年 美国开始和北越和谈。	1989年 苏军逐渐从阿富汗撤兵。
	1971年 孟加拉人民共和国成立独立政府。	1997年 中国香港回归祖国。

1942年 美军抵达欧洲、北非和太平洋地区。	1956~1958年 古巴内战：菲德尔·卡斯特罗当权。	1979年 尼加拉瓜桑地诺主义者推翻索摩查家族独裁统治。
1946~1955年 阿根廷的胡安·庇隆执政。	1957年 美国通过《人权法案》；南部各州发生种族主义暴乱。	1980年 苏联入侵阿富汗后，冷战升温。
1947年 杜鲁门主义：封锁社会主义国家的政策出台。	1960年 猪湾事件：以美国为后盾的古巴逃亡分子入侵古巴失败。	1986年 伊朗门丑闻。
1948年 采纳马歇尔计划，美国向欧洲提供援助。	1972年 萨尔瓦多内战爆发。	1987年 美苏签订《消除中短程核导弹条约》。
1949年 苏联第一颗原子弹爆炸后，美苏冷战逐步升级。	1973年 《巴黎和约》：美军撤离越南；在美国间接帮助下，皮诺切特将军推翻了智利左翼政党阿连德政府。	1990年 智利和巴西举行自由选举，恢复文人政府。
1950~1954年 麦卡锡对有嫌疑的美国的共产主义者进行政治迫害。	1974年 "水门丑闻"迫使尼克松辞职。	

创造者和塑造者

▶ "如果克娄巴特拉的鼻子更短一些的话，整个地球的容貌将被改变。"——布莱斯·帕斯卡

▶ "恺撒失败了。否则他不会被刺杀。"——拿破仑·波拿巴

▶ "百分之五十的天才，百分之五十的大傻瓜。"——克莱门特·艾德礼评价温斯顿·丘吉尔

▶ "可怕的声音、带臭味的呼吸和粗俗的举止——受欢迎政治家的特点。"——阿里斯托芬

阿卜杜勒·拉赫曼一世（731~788），安达卢西——西班牙的最重要摩尔国（756）的首长。

阿卜杜勒·拉赫曼，东古（1903~1990），马来亚民族革命运动的奠基人，任马来亚首相（1957~1963）；他帮助建立了马来西亚，并统治马来亚（1963~1970）。

亚伯拉罕（约公元前2000），第一位希伯来圣经的大主教；按上帝指令他离开了苏美里亚，在迦南地区建立一个新国家。

阿布-伯克尔（约570~634），穆罕默德的挚友和顾问；第一位哈里发（632~634），开始了阿拉伯人对中东的征服。

亚当斯，约翰（1735~1826），他是美国第一任总统——乔治·华盛顿领导下的第一位副总统（1789~1797），美国第二任总统（1797~1801）；他是一位联邦主义者，在美国独立运动中影响巨大。

亚当斯，约翰·昆西（1767~1848），第六任美国总统（1825~1829）；总统约翰·亚当斯之子。他是反对奴隶制人士；据说他是门罗主义真正的作者。

阿登纳，康拉德（1876~1967），西德第一任总理（1949~1963）。西德战后重建时重要的统治者。

阿格里帕，马可·维普圣留斯（公元前63~前12），罗马政治家和将军；在亚克兴角打败马可·安东尼（公元前31）；他帮助屋大维并成为奥古斯都国王。

阿克巴大帝（1542~1605），自1556年起为印度莫卧儿王朝帝王；通过征服把帝国扩张到印度大部分地区；进行了著名的政治和文化改革。

阿肯那顿（公元前14世纪），他的名字被古埃及第18王朝法老阿孟霍特普四世沿用。不信仰古时候的神，建立了阿顿一神教，他把首都迁到阿马尔奈。

阿尔巴（1508~1582），来自西班牙托莱多省皮尔特尔的费尔南多·阿尔瓦雷斯公爵三世。查理五世和菲利普二世统治时的将领，1567年重新确立了西班牙在荷兰的统治地位，于1581年占领葡萄牙。

亚西比德（约公元前450~前404），雅典政治家；鼓动雅典人统一起来反对斯巴达（公元前420）；在斯巴达人打败雅典人的过程中给斯巴达人当顾问；因亵渎神圣被判处死刑，公元前411年回雅典老家；被斯巴达人刺杀。

亚历山大一世（1777~1825），俄国沙皇（1801~1825）。1812年组织欧洲神圣同盟反对拿破仑；1813年德累斯顿和莱比锡战役中打败撤退的拿破仑军队。后期越来越反动。

亚历山大三世（1845~1894），自1881年为俄国沙皇。一位大独裁统治者，曾通过向少数民族灌输俄罗斯价值观和文化来提高俄国地位。

亚历山大大帝（公元前356~前323），自公元前336年起为马其顿国王。公元前334年远征波斯。征服波斯帝国、小亚细亚西部、埃及和巴比伦，并于公元前326年冒险闯入印度。

阿历克塞一世，康尼努斯（1048~1118），自1081年起为拜占庭国王，他是科穆宁王朝的创始人，并帮助重新确立拜占庭在小亚细亚的统治地位。

阿尔弗烈德大王（849~899），自871年为韦塞克斯王朝盎格鲁-撒克逊国王，通过加强防卫和丹麦达成和平协定，巩固了王国；他还是艺术和学术发展的促进者。

阿里（大约600~661），穆罕默德的女婿，自656年起为第四任哈里发。由于反抗他而导致了伊斯兰教什叶派和逊尼派的分裂，结果只有什叶派接受他为哈里发。

阿连德，萨尔瓦多（1908~1973），智利社会党创建人和领袖，自1970年任智利总统。曾采取过维护民族利益的措施。在国内政变中殉职。

阿明，艾迪（1925~），乌干达军人和政治家，1971年掌握政权，被称为暴君；驱逐亚洲人，杀害异议者，并夺取外国商业，1979年被废除王位。

安东尼，马可（约公元前83~前30），罗马将军三执政之一（公元前43~前30）；公元前42年，在屋大维的帮助下在菲利普打败布鲁图和卡修斯。公元前37年与埃及女王克娄巴特拉结婚，公元前31年与她一起在亚克兴战役失败。后自杀身亡。

阿肯那顿的头像

亚述巴尼拔（原名萨丹纳帕路斯）（公元前7世纪），亚述国王（公元前668~前627），艺术发展的资助者，尼尼微第一中东图书馆的创建者。

阿育王（公元前3世纪），印度国王（约公元前262~前238）伟大的佛教倡导人，允许佛教在整个印度传播。

土耳其之父基马尔（凯末尔）（1881~1938），军人、民族主义者，自1923年任土耳其共和国第一任总统，1924年废除哈里发教主职位；致力于国家的现代化和欧洲化。

阿提拉（约406~453），自434年起为匈奴帝国国王，是个强悍的野蛮的侵略者。攻击并占领了罗马帝国的大部分领土。

艾德礼，克莱门特（1883~1967），英国首相，工党领袖（1945~1951），进行大量改革，包括建立国民健康服务体系，使英国大部分工业国有化，监督了印度和缅甸独立。

希波的奥古斯丁（354~430），希波主教和早期基督教神学家，最伟大的拉丁教父，386年皈依基督教，391年被立为神父，396年成为主教，著有《论上帝之城》（412~427）。

奥古斯都，盖尤斯·裘利斯·恺撒·屋大维（公元前63年~公元14），裘利斯·恺撒的养子，三大执政官之一（公元前43~前31）；在马克·安东尼帮助下于公元前42年打败布鲁图和卡修斯，并击败了其他两位三大执政官：李必达和马可·安东尼，成为第一位罗马帝国皇帝，把罗马的统治扩展到北欧和中欧，建立了罗马和平；重塑罗马社会并美化了罗马。

奥朗则布（1618~1707），最后一位伟大的莫卧儿领导人，1658年起任国王，他统治期间，因和印度斯坦人不和而削弱了莫卧儿帝国力量。

巴伯尔（1483~1530），他是印度莫卧儿王朝的创建者和第一任皇帝（1526~1530）。1526年打败洛迪，1527年打败印度拉杰普特联邦，对非穆斯林臣民非常宽容。

鲍德温一世（1172~1205），自1195年起为佛兰德和埃诺伯爵。第四次十字军东征的领袖；从1204年起任康斯坦丁堡的第一位拉丁国王。

鲍德温，斯坦利（1867~1947），英国保守党首相（1923~1924，1935~1937）；于1926年战胜了斯卓克将军，但却没有意识到纳粹德国与日俱增的威胁。

巴西尔二世（约958~1025），976年起任拜占庭国王，疯狂扩张帝国领地。

巴蒂斯塔·萨尔迪瓦（1901~1973），两度任古巴独裁者（1933~1944，1952~1958）。一位强大的、疯狂的统治者，两次利用军事兵变夺取权力；1958年被卡斯特罗废除。

贝京，梅纳赫姆（1913~1992），以色列首相（1977~1983）。一位顽固的犹太复国主义领导人，尽管如此，他还是和萨达特于1978年签订了一项和平条约。

贝利萨留（约505~565），拜占庭将领，他从侵略者手里为查士丁尼一世重新夺回了西欧大部分土地。

本·贝拉，穆罕默德·艾哈迈德（1918~），阿尔及利亚政治家，领导了反法独立战争。1962~1963年成为阿尔及利亚第一任首相，1963~1965年任第一任总统。1965年他被推翻。

本-古里安，戴维（1886~1973），以色列政治家，第一任总理（1948~1953，1955~1963），1948年他宣读以色列《独立宣言》。

本尼狄克（约480~547），生于努尔西亚，西方基督教隐修制度的创造者；本尼狄克教规章的建立人。

贝奈斯，爱德华（1884~1948），捷克斯洛伐克政治家，1935~1938年任总统。在1938年捷克危机中屈服于德国希特勒的军事威胁，后辞职，1945年重新执政，但1948年他拒绝合法的社会主义统治而再次下台。

贝利亚，拉夫连季·帕夫洛维奇（1899~1953），斯大林统治时秘密警察头目。对反对派进行恐怖活动；斯大林去世后，他因夺权未成功而被处死。

布托，佐勒菲卡尔·阿里（1928~1979），巴基斯坦政治家；1971~1973年任总统，1973~1977年任总理，在位期间进行广泛改革，最后被赶下台并处绞刑。

奥古斯都

俾斯麦

亚历山大大帝曾受哲学家亚里斯多德指导

俾斯麦，奥托·冯（1815～1896），普鲁士首相（1862～1873，1873～1890），德意志帝国创始人，1866年打败奥地利，1871年打败法兰西从而成为新帝国的第一任首相（1871～1890）。他的外交政策以军事战略同盟为基础，签订《奥德同盟和约》（1879）。

勃朗，路易（1811～1882），法国社会主义政治家和理论家，1848年他是法兰西第二共和国临时政府成员，曾提议建立社会工厂。

布吕歇尔，吉布哈得（1742～1819），普鲁士军官，拿破仑战争期间一位成功将领，辅助威灵顿将军在滑铁卢打败拿破仑（1815）。

勃鲁姆，莱昂（1872～1950），法国社会党人；1936～1937年法国人民阵线联盟期间任总理。二战中被德国逮捕，但1946～1947年再任总理。

波列斯拉夫一世（966～1025），992年任波兰第一任国王；使波兰成为一个欧洲主要国家。

玻利瓦尔，西蒙（1783～1830），南美克里奥尔军人和政治家；从西班牙统治中解放了南美大部分领土，哥伦比亚（1821）和秘鲁（1824）的独裁者，1830年放弃权位。

卜尼法斯（约675～754），盎格鲁撒克逊传教士，在德国大部地区传播基督教，723年成为大主教。

博尔吉亚（约1476～1507），意大利神父、政治家，通过恐怖手段在意大利中部夺取权力，并建立了博尔吉亚王朝。

博塔（1916～），南非总理（1978～1984），南非共和国第一任总统（1984～1989）；视白人至高无上，打算进行象征性的国内改革，仍旧保留种族隔离政策。

布尔吉巴，哈比卜（1903～），突尼斯政治家，1957年突尼斯独立的协调人，1957～1987年任第一任总统。

布兰特，威利（1913～1992），德国政治家，社会民主党人，西德总理（1969～1974）。

勃列日涅夫，列昂尼德（1906～1982），苏联政治家，自1964年起任共产党总书记，他的"勃列日涅夫主义"使苏联有权干涉社会主义国家。

布兰德，亚里斯泰迪（1862～1932），法国政治家，11次当选为总理，崇尚世界范围合作，提倡国际联盟。

布朗，约翰（1800～1859），美国好战的废奴主义者。因对一个联邦军火库进行袭击，被政府处死，这促使了美国内战的爆发。

布鲁图，马可尼·朱尼厄斯（公元前85～前42），罗马共和国领导人，他勾结卡修斯成为一个刺杀恺撒的主要共谋者（公元前44），公元前42年败给安东尼和屋大维联军后自杀。

释迦牟尼（乔达摩·悉达多）（约公元前563～前483），印度佛教创始人，29岁前生活奢侈，当他认识到一切都是受苦时便成为一个苦行者，过了6年极端苦行生活后，他得到了一种启迪，这是在菩提伽耶坐在榕树下才悟出的，在余下的40年中，他一直都在宣传他这种精神教义。

布哈林，尼古拉（1888～1938），苏联空想家和马克思主义思想家，俄国革命前后一位主要政治家。共产国际执行委员会主席（1926），1938年因被指控有反革命活动而被斯大林处死。

布尔加宁，尼古拉（1895～1975），苏联政治家，总理（1955～1958），强烈支持赫鲁晓夫，而赫鲁晓夫却利用他获取大部分权力后于1958年赶他下台。

布什，乔治（1924～），共和党人，美国第41任总统（1988～1992）；指挥过海湾战争（1991）。

卡伯特，约翰（约1425～约1500），意大利探险家和航海家。在英格兰亨利七世资助下，1479年和1498年两次航海，发现了北美洲，宣称归英国所有。

卡布拉尔（约1467～1520）葡萄牙探险家和航海家，发现了巴西（1500）。

恺撒，盖尤斯·裘利斯（公元前100～前44），罗马将军、独裁者；公元前58～前50年，9年间战争中他征服高卢和其他一些西方领地。内战中打败庞培，成为大独裁者（公元前46～前44）在进行社会和政治改革过程中，他被卡休斯和布鲁图领导的谋反派刺杀。

裘利斯·恺撒

卡利古拉（12～41），37年起为罗马皇帝，他的统治强暴多变，他身体多病被指控为精神失常并乱伦；人民不满他的暴政导致了他被刺而死。

加尔文，约翰（1509～1564），法国神学家，宗教改革家，对新教发展起极大影响作用，反对教皇政治，著作《基督教原理》（1536）总结了新教的教旨和教义，他是日内瓦改革后新教的一位权威人物。

冈比西斯二世（卒于公元前522），古波斯第二任国王（公元前529～前522），征服了埃及（公元前525）。

卡德纳斯（1895～1970），墨西哥统帅，政治领导人，墨西哥共和国总统（1934～1940），他通过广泛的国有化和土地分配运动宣传1910年墨西哥革命的宣言。

卡罗尔二世（1893～1953），奢侈的罗马尼亚国王（1930～1940）。1925年放弃王位继承权，1930年却发动政变推翻他的儿子重新夺回政权，1938年他建立独裁政权以对抗法西斯铁卫运动，1940年为了儿子利益而被迫下台。

卡特，吉米（1924～），美国第39任总统（1977～1981）；民主党领袖；他签署《巴拿马和约》和《戴维营中东协议》并处理了伊朗人质危机。

卡修斯·隆吉努斯，盖尤斯（卒于公元前42），罗马统帅，刺杀裘利斯·恺撒的主要策划者，在匹林堡（公元前42）被马可·安东尼打败后自杀。

卡斯尔雷，罗伯特（1769～1822），英国政治家，著名的外交部长（1812～1822），是促进欧洲稳定的维也纳会议（1815）中的关键人物，后因极不受欢迎，自杀而死。

恺瑟琳·德·梅迪西（1519～1589），法国王后（1547～1559），摄政王（1560～1574），天主教胡格诺派斗争中著名人物（1562～1569），起初支持胡格诺派，后又支持吉斯派。她和圣巴托洛缪日惨案有关（1572）。

凯瑟琳大帝二世（1729～1796），1762年起的俄国女王，出生于德国的一位残酷的统治者。她巩固并扩展了俄国领土。

凯瑟琳大帝

大加图，马可·波修斯（公元前234～前149），罗马政治家、监察者、演说家，因保守主义和反对希腊影响及与迦太基不和的立场而闻名。

小加图，马可·波修斯（公元前95～前46），罗马政治家，大加图之曾孙，贵族党领袖，反对裘利斯·恺撒和庞培立场一致，在塔普苏斯战败后自杀。

加富尔，考恩特·卡米洛（1810～1861），意大利政治家，在撒丁岛维克多·伊曼纽尔二世的领导下，开发内陆，最终于1861年统一意大利。

齐奥塞斯库，尼古拉（1918～1989），罗马尼亚政治家，总统（1974～1989），他的统治导致经济不景气，政变之后被处死。

塞西尔，威廉（1520～1598），第一位伯利男爵，英国政治家、外交家，伊丽莎白一世的首席顾问。作为伊丽莎白一世的惟一秘书，他对英国许多政策的制定起了协调作用。

塞奇瓦约（1826～1884），最后一位祖鲁国王（1872～1879），一位强大的军事领袖，恢复了祖鲁的势力。祖鲁战争中（1879）被英军打败，但1883年英军又推他为统治者，同年又被对手打败。

旃陀罗笈多一世（统治期间320～约330），印度国王，笈多封建王朝的创始人。

赵匡胤（宋太祖）（927～976），中国军事领袖（自960年起），宋朝的创始人，开始了中国统一大业。

查理曼（约742～814），768年起为法兰克国王，774年起为伦巴德国王，征服并统一了大部分西欧，800年起为圣罗马帝国皇帝。在德国艾克斯拉沙佩勒地区建立法庭，促进基督文化的广泛复兴——卡洛林王朝的复兴。

查理一世（1600～1649），1625年起为大不列颠及爱尔兰国王，他暴虐的统治以及和议会的不合导致了内战爆发（1642～1646）。在内战中，他被克伦威尔和费尔法克斯打败，后被判处死刑。

查理二世（1630～1685），1660年起为苏格兰和英格兰国王，在清教徒联邦统治期间被放逐，保护国解体之后恢复了王位。他的统治一直伴有宗教斗争，他是一位主要的资助艺术发展的国王。

"铁锤"查理·马特（约688～741），奥斯特拉西亚宫市长（715～741）；重新统一并统治了法兰克，在普瓦捷逐退摩尔人（732），阻止了阿拉伯国家侵略欧洲。

查理（大胆的）（1433～1477），1467年起为勃艮第公爵，也是勃艮第的最后一位公爵。他在位期间国家达到极盛时期。

"圣君"查理五世（1338～1380），1364年起为法国国王；约翰二世被因期间摄政，从英国手中重新夺回了大部分领土，1360年英法和解时政权被颠覆。

查理五世（1500～1558），作为查理一世（1516～1556）成为西班牙国王，神圣罗马帝国国王（1519～1556）。试图抵制欧洲不断增强的新教力量，扩大西班牙帝国在南美的势力，把西班牙帝国建成古自罗马以来最大的欧洲帝国之后便退位。

查理八世（1470～1498），1483年起为法兰西国王，在要求承认其那不勒斯所有权企图失败以后，便开始向意大利进军（1494～1496）。

查理十二世（1682～1718），1697年起的瑞典国王，主持了北方战争。在侵略俄国失败后，瑞典失去强国地位（1707～1709）。

查理十四世（1763～1844），1804年为法国元帅，1818起为瑞典和挪威国王（他是瑞典国王的养子）。在拿破仑的革命战争中表现积极，后来他和拿破仑的对手结成同盟，1813年在莱比锡战役中打败拿破仑。

创造者和塑造者

蒋介石（1887～1975），中国军事统帅和政治家，1928～1949年为国民党政府执政者。在国民党政府被共产党推翻后，1949年逃往台湾。

周恩来（1898～1976），1949年起为中华人民共和国总理、外交部长（1949～1958）；"文化大革命"中的一位谨慎人物，他使中西关系得以缓和。

朱德（1886～1976），中国军队元帅；中国共产党军队创始人。1934～1935年作为主要领导人之一指挥中国红军进行长征。

丘吉尔，温斯顿爵士（1874～1965），英国保守党人、作家、政治家、首相（1940～1945，1951～1955），战时联合内阁领导人，提出了形成全球统一战线的战略方针，并和美苏领导人结盟，战后普选中失败。1951年他领导的保守党又当选执政。

克劳狄一世（公元前10年～公元54），第四位罗马国王（41～54）。在位期间，罗马帝国扩张，占领毛里塔尼亚（约43）、色雷斯（46）和不列颠（43）。人们都相信他是被她4位妻子阿格丽品娜为她儿子尼禄夺取王位继承权而毒死的。

克劳塞维茨，卡尔·冯（1780～1831），普鲁士统帅，柏林陆军大学校长（1818～1830），他的《战争论》提倡全面战争，这在军事战略中影响巨大。

克列孟梭，乔治（1841～1929），法国政治家、记者、首相（1906～1909，1917～1920），对一战同盟国的胜利影响巨大，1919年主持巴黎和会。

克娄巴特拉（公元前69～前30），公元前51年起为埃及女王。分别和哥哥托勒密十三世（公元前51～前47）和托勒密十四世（公元前47～前44）一同执政，后者的执政是由于公元前47年亚历山大战争中恺撒的胜利而导致的。公元前46年她跟随恺撒到罗马，恺撒遇刺后她又离开了罗马，公元前37年她和马可·安东尼结婚，公元前31年他们在阿克士姆都被打败，后自杀。

克莱夫，罗伯特（1725～1774），英军统帅、殖民地行政官，孟加拉省省长（1755～1760，1764～1767），这是他为英印度所得到的一个省；他打败法国确立了英国在印度的统治。

克洛维一世（约466～511），481年起法兰克墨洛温国王，他推翻罗马政权并进行扩张从而建立了法兰克王国，在成为第一位改变信仰的野蛮国王后，提倡信基督教（496）。

"大帝"克努特（卒于1035），1016年起的英格兰的丹麦国王，1019年和1028年相继任丹麦和挪威国王。他在英格兰的统治坚实而牢固，他因支持教会而赢得许多尊敬。

科利尼（1519～1572），法国宗教战争初期胡格诺派领袖。

科林斯，迈克尔（1890～1922），爱尔兰爱国者、新芬党领袖。在盎格鲁－爱尔兰战争中（1919～1921）他领导游击队作战，但却就爱尔兰独立问题向英国妥协，后被在科克西部丛林中埋伏被杀死。

哥伦布，克里斯托弗（1451～1506），意大利航海家，发现了新大陆，得到三斐迪南和卡斯蒂利亚的伊莎贝拉的资助，于1492年开始航海，10月12号在加勒比海发现陆地。以后进行过三次航海（1493～1496，1498～1500和1502～1504），从而标志欧洲新大陆探险纪元的开始。

孔代（第二）（1621～1686），波旁家族路易斯二世，法国统帅，一位杰出的军官，在三十年战争的几次战役中都证明这一点。他领导第二次"投石党运动"获罪，后来被赦免了，最终成为路易十四手下一位杰出的将领。

孔子（即孔夫子）（公元前551～前479），中国哲学家、政治理论家和思想家，他的言论被其弟子收集在《论语》中。从事思想教育的学校以他的名字命名，儒家思想曾是中国人生活的核心内容。

君士坦丁一世（约280～337），312年起为罗马皇帝，324年起惟一的一位国王。他第一个成为基督徒（313），重建拜占庭并集中了权力，重新命名它为君士坦丁堡，使基督教成为国教（324）。

库克，詹姆斯（1728～1779），英国航海家和探险家。他查勘并画出新西兰、澳大利亚东海岸和太平洋及大西洋许多岛屿的航海图，他被夏威夷波利尼西亚当地居民所杀。

柯立芝，卡尔文（1872～1933），美国第30任总统（1923～1929），一位共和党领袖。他任期内经济繁荣，政治危机少，局势平稳。

科黛，夏洛特（1768～1793），法国革命家，起初同情法国革命，后来她对革命不再有幻想，便决定杀死一位领袖，她杀死马拉后被处以斩刑。

康华里，查理（1738～1805），英国军官，印度总督（1786～1793，1805）和爱尔兰总督（1798～1801），他在美国独立战争中（1781）在约克镇向华盛顿投降，标志着战争彻底结束。

科尔特斯，荷尔南多（1485～1547），西班牙征服者，他打败阿兹特克帝国（1519～1521），并宣称它归西班牙所有。

克伦威尔，奥利弗（1599～1658），英国军官、政治家，1653年起任英国联邦期间

克洛维一世画像

任英保护国护国公。内战期间的国会军领袖，他参加了马斯顿荒原和纳西比战役，围困牛津，再次征服爱尔兰。作为护国公，他辅助建立了新教，但他和议会的政治关系却很紧张。

克伦威尔，托马斯（约1485～1540），英国政治家，亨利八世的顾问。帮助解散了修道院，进行了英国改革和加强了王权，被指控叛国和信奉异端邪说而被处死。

库扎，亚历山德鲁（1820～1873），罗马尼亚王子，维护农民土地权利，倡导农村改革；1861年罗马尼亚统一的缔造者，后来由于中产阶级反对他的政策而被迫退位。

居鲁士二世大帝（约公元前590～前529），波斯帝国的创始人和国王。曾征服吕底亚和巴比伦尼亚，他解放了在巴比伦地区受控制的国家。

孔夫子

达拉第，爱德华（1884～1970），法国政治家，1938年他签署了《慕尼黑协定》。1938～1940年任总理，后来被德国囚禁到1945年。

丹东，乔治（1759～1794），法国革命领袖，伟大的演说家，辅助推翻了法国王朝，他是国民安全委员会的第一位会长，因反对雅各宾派恐怖专政而被处死。

大流士一世（公元前548～前486），公元前522年起为波斯帝国阿契美尼德王朝的国王，伟大的政府改革家，在希腊波斯战争中迪亚斯·波菲里奥失败，尽管他占领了高加索，可是在马拉松战役（公元前490）中失败。

大卫（约公元前1000），他是约旦以色列统一后第一位国王，杀死了歌利亚。在他变得嫉妒后受扫罗的反对，扫罗和伊施波设死后，他统一了以色列。人们认为他是理想的统治者和耶稣的祖先。

达扬，莫西（1915～1981），以色列将领、政治家，策划了六日战争（1967）。

戴高乐，夏尔（1890～1970），法国将领、国家领导人（1944～1946），法兰西第五共和国第一任总统（1958～1969），二战中他领导"自由法兰西"政府逃亡。1958年阿尔及利亚危机中他重新执政。总统任职期间，他实行强硬外交政策，准许阿尔及利亚

和其他一些非洲殖民地独立。

德·瓦勒拉，埃蒙（1882～1975），爱尔兰政治家，首相（1932～1948，1951～1954，1957～1959），后任总统（1959～1973）。卷入复活节起义（1916）。在政治上反对科林斯签署的1921年的《盎格鲁－爱尔兰和约》。

戴威特，简（1625～1672），荷兰共和党人、政治家，反对奥兰治王子威廉二世。为维护荷兰共和国和克伦威尔勾结，后被奥兰治派的支持者所刺杀。

邓小平（1904～1997），中国政治家。虽然他逝世时已没有官职，但他一直是很有影响的领导人，他鼓励实现现代化，倡导改革开放，具有开拓精神。

迪亚斯·戴维瓦尔，罗德里戈（约1043～1099），卡斯提尔将领，卡斯蒂利亚的阿方索六世战争中的勇士。1081年失宠被阿尔丰沙流放，他成为一个雇佣兵，为摩尔人和西班牙人服务。1094年他夺取瓦伦西亚，成为该地的统治者。

迪亚斯，波费里欧（1830～1915），墨西哥军官、总统（1877～1880，1884～1911）。他在1857～1860年的改革战争和1861～1867年的"反法战争"中贡献巨大，得到赞扬。1871年胡亚雷斯竞选时，他发动叛乱，在泰魁克战役中和政府军作战（1876），后被选为总统。在他任职期间，巩固了政治局势，推动了工业发展。

戴克里先（盖尤斯·奥涅利厄斯·维里雷斯·戴克里先）（245～313），古罗马皇帝（285～305），他经历了第三世纪的各种艰辛之后才恢复了权位。他把帝国分成四个类别的圆形区域，他统治期间，迫害基督徒（303），这是基督徒最后一次受迫害。

迪斯累里，本杰明（1804～1881），小说家，英国保守党人、首相（1868，1874～1880）；1868年竞选首相成功前为德比大臣，但是同一年竞选又失败，1874年再次当选，在他任期取得了苏伊士运河的联合主权，从而满足不列颠帝国欲望。1876年使维多利亚女王加冕为印度女皇。

陶尔斐斯，恩格尔伯特（1892～1934），奥地利政治家，1932年起任总理。他排除了在奥地利政府中社会主义的影响，建立了一个法西斯政体，后被纳粹谋杀。

圣多明我（约1170～1221），西班牙传教士，1215年他制定了《托钵修会教士秩序》，地位按学历和财产来决定，要想成为巡回传教士，必须以前是摩尔人和阿尔比派异教徒的传教士。

邓尼茨，卡尔（1891～1980），德国海军将领，提倡使用潜水艇；自1936年起创立并指挥德国潜艇舰队，希特勒死亡后任元首。对投降于同盟国负责任。战后他被监禁10年。

德雷克，弗兰西斯爵士（约1540～1596）英国航海家、海军上将，他曾乘金鹿号环航世界一周（1577～1580），为打败西班牙舰队立了功劳（1588）。

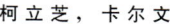
波费里欧·迪亚斯

■ 奥 利 弗 · 克 伦 威 尔 的 尸 体 被 掘 出 并 在 泰 伯 恩

德雷福斯，艾尔弗雷德（1859～1935），法国军官，他因被诬告勾结外国而被囚禁，这导致了众所周知的德雷福斯案。1894年他被囚禁在魔鬼岛（法属圭亚那）。激起人们的愤怒，1906年被赦免并授予高级勋章。

杜布切克，亚历山大（1921～1992），斯洛伐克政治家；捷克斯洛伐克共产党的领导人（1968～1969）。他的改革促使苏联占领了捷克斯洛伐克（1968），把他贬为农业职员。1989年他成为选举委员会主席。

杜勒斯，约翰·福斯特（1888～1959），美国共和党人，艾森豪威尔总统的国务卿（1953～1959），美国冷战早期发展中一位关键的战略家。

杜南，琼斯·亨利（1828～1910），瑞士慈善家和人道主义者。在目睹了索尔费里诺战役人员伤亡惨重之后建立了红十字会（1864），为《日内瓦公约》的达成做出了贡献（1864）。

艾伯特，弗里德里克（1871～1925），德国政治家；1919年起任魏玛共和国第一任总统。他领导着德国社会民主党，并在《魏玛宪法》的通过中起关键作用。

艾登，安东尼（1897～1977），英国保守党政治家，二战中任外交大臣，1951年继任；任过首相（1955～1957）。1956年发生苏伊士运河危机时，他命令攻打埃及，他的领导因此受到人们的普遍责备。这次危机过后，他便辞职了。

爱德华一世（1239～1307），1272年起英国国王。他是一个胆小的武士，因1265年打败赛门·孟福尔而获得名望，作为十字军领袖征服威尔士。他统一英格兰和苏格兰的目标没有得以实现。

爱德华三世（1312～1377），1327年起为英国国王，他的统治以和法国及苏格兰的战争最后失败为特征。他要求拥有法国王位，挑起了百年战争。他的死带来了权力之争，最终导致了玫瑰战争（1455～1485）的爆发。

爱德华（黑王子）（1330～1376），爱德华三世的儿子和继承人，1362年起为阿基坦王子；一位杰出的军人，取得格雷西战役和普瓦捷战役（1356）的胜利，声名远扬；为英国"百年战争"的胜利作出了贡献。1370年他残酷掠夺里摩日，增长了人们对他的不满，后来他绝望地返回了英格兰。

爱德华四世（1442～1483），英国国王（1461～1470；1471～1483），约克人，玫瑰战争中他废除兰开斯特王朝亨利六世王位，他鼓励贸易和文化发展，创造了一个经济强大的国家。

艾希曼，卡尔·阿道夫（1906～1962），出生于德国的奥地利纳粹首领，党卫军成员和大屠杀的主要策划者。1950年定居在阿根廷，但被以色列人抓出并秘密偷运出阿根廷，送往以色列审判后处死。

艾森豪威尔，德怀特（1890～1969），美国统帅，二战中欧洲盟军的最高统帅，美国第34任总统（1953～1961）。他的统治有强烈的反共倾向。

以利亚（公元前9世纪），《圣经》中的犹太先知。亚哈王统治期间人们狂热信仰太阳神，可他保住了犹太信仰。

伊丽莎白一世（1533～1603），1558年起为英格兰和爱尔兰女王，她是有政治意识的新教徒，她的统治是强权政治和仁行的统一。她成功地解决了宗教问题，抵制了西班牙的侵略（1588）并瓦解了反对她的天主教阴谋。她幸运地拥有像塞西尔这样的有才干的大臣。

恩格斯，弗里德里希（1820～1895），德国政治理论家，和马克思共同创立了科学社会主义，并共同撰写《共产党宣言》（1848）。马克思逝世后，他继续修改并出版了《资本论》第二卷、第三卷。

埃哈德，路德维希（1897～1977），德国经济学家、政治家、财政部长（1948～1963）、总理（1963～1966），西德战后经济复苏的工程师。

埃里克（红发）（10世纪），挪威水手，格陵兰岛最早的居住处创始人（约985）。他的儿子雷夫·埃里克森于约1000年首次发现美洲。

（萨瓦的）欧仁（1663～1736），出生于法国的奥地利统帅和外交家，在土耳其入侵战、意大利路易十四的进攻和西班牙王位继承战争中（1701～1714）都取得巨大军事胜利。

费尔法克斯，托马斯（1612～1671），英国国会军官，新模范军领导人，曾率军在纳西比战役中打败查理一世（1645）。他反对处死国王；共和政体期间他拒绝入侵苏格兰，随后隐退。克伦威尔死后，他曾帮助组织查理二世回国。

法尔内塞，阿列山德洛（1545～1592），出生于意大利的西班牙将领；在对土耳其的勒班陀战役（1571）、对荷兰的让布卢战役（1578）和马斯特里赫特战役（1578）中声名远扬；被任命为荷兰摄政王（1578）。1586年成为帕尔马公爵和皮亚琴察公爵，但他从未登上他的领地。

斐迪南一世（约1503～1564），1526年起为波希米亚国王，1558年起为圣罗马帝国国王。签订《奥格斯堡和约》（1555），结束了德国宗教内战；他使匈牙利和波希米亚成为哈布斯堡帝国的组成部分。

费迪南一世（约1016～1065），第一位卡斯蒂利亚国王和莱昂国王；他得到了莱昂

腓特烈大帝

王国和那瓦尔王国，并且迫使托莱多、萨拉戈萨和塞维利亚向他进贡。

斐迪南二世（1578～1637），1619年起为神圣罗马帝国国王；他挑起三十年战争（1618～1648）。他是反改革和天主教运动领袖，他企图为教会建立一个完全服从于他的统治的政府。

"天主教徒"斐迪南五世（1452～1516），阿拉贡、卡斯蒂利亚和那不勒斯国王；西班牙统一后的第一位国王。他通过军事征服和与伊莎贝拉一世联姻的方式统一了西班牙各独立王国。他资助哥伦布航海。

福煦，斐迪南（1851～1929），法国一战期间的军事领袖，一战后他对德作战为协约国胜利作出了巨大贡献。

富歇，约瑟夫，奥特朗托公爵（1763～1829），法国革命领袖和政治家。他赞成处死路易十四，1799年被任命为保安部长，这个职位他断断续续保持到1815年。

福克斯，查理·詹姆斯（1749～1806），英国政治家，第一位外交部长（1782,1783,1806）。他憎恨乔治三世，是威廉·皮特的竞争对手。他提倡民主，是一位伟大的演说家。

福克斯，乔治（1624～1691），英国"教友会"（贵格会）的创始人；1646年，他的一段宗教经历是他建立"公谊会"的基础。他对传统的宗教体系不满，但却促进了"上帝给予灵感"这一观念的发展。

弗兰西斯一世（1494～1547），1515年起为法国西王；在和神圣罗马帝国国王查理五世以及意大利的战争中失去了意大利。他提倡文艺复兴，具有人道主义倾向。

弗兰西斯二世（1768～1835），最后一位神圣罗马帝国皇帝（1792～1806）；他是奥地利的弗朗西斯一世（1806～1835）。他赶在拿破仑入侵之前瓦解了神圣罗马帝国而使自己成为奥地利国王。在后拿破仑时代的欧洲他支持梅特涅。

弗兰西斯·约瑟夫一世（1830～1916），1848年起为奥地利国王。他允许奥匈帝国内的匈牙利自治；和德军结成同盟（1879）；1914年他进攻塞尔维亚，第一次世界大战爆发。

（阿西西的）圣方济各（1181～1226），意大利宗教领袖，出身于富裕家庭，1205年他就梦想变为基督徒。他重建圣达米亚

"圣雄"甘地

诺教堂，后成为隐士。他的贫穷和仁慈吸引了一大批追随者，导致了方济各会的形成。

圣方济各·沙勿略（1506～1552），西班牙传教士，耶稣会创始人之一（1534），他在印度和远东帮助建立了基督教会。

佛朗哥，弗朗西斯科（1892～1975），西班牙独裁者，内战中（1936～1939）他率领民族主义党推翻了西班牙共和国政府；之后成为西班牙独裁者。

富兰克林，本杰明（1706～1790），美国政治家、科学家。他支持美国脱离英国的独立战争。1776年他帮助起草《独立宣言》和《美国宪法》（1787）。

腓特烈一世，巴尔巴罗萨（约1123～1190），霍亨斯陶芬王族的神圣罗马帝国国王（从1152年起），德国暴君。与罗马教皇争权，入侵意大利，占领米兰（1162）。

腓特烈二世，腓特烈大帝（1712～1786），普鲁士国王（1740～1786）。1740～1745年他征服西里西亚，扩大了领土，七年战争中他守住了这片土地，并在德意志联邦中确立了普鲁士的统治。

腓特烈·威廉（1620～1688），1640年起为勃兰登堡选帝侯。他收复了三十年战争中失去的的霍恩佐伦王朝领地，从而确立了普鲁士在此的统治权。

腓特烈·威廉一世（1688～1740），1713年起为普鲁士国王，他使用有力行政手段并利用军队巩固了普鲁士紧急政府的地位。

藤原道长（966～1028），日本政治家，995年起为摄政王。他统治时期，京都达到鼎盛时期，权力重心从天皇转入他的手中。

加尔布雷思，约翰·肯尼思（1908～ ），出生于加拿大的美国自由派经济学家，哈佛大学经济学教授（1949～1975），美国驻印度大使（1961～1963）。他的观点包括把重点从生产转向公共服务领域，作品包括《富足社会》（1958）。

甘必大，莱昂（1838～1882），法国政治家，帮助建立第三共和国；法德战争中（1870～1871）为保卫法国曾和德国进行协商。后任首相（1881～1882）。

甘地夫人，英迪拉（1917～1984），印度政治家，总理（1966～1977年,1980～1984）。1975年被控违反选举法之后，宣布处于紧急状态。后被她的锡克教保镖刺杀。

甘地，莫汉达斯·卡拉姆昌德（圣雄）（1869～1948），印度政治家，独立运动领袖，1930年后领导多次反暴力运动，为印度取得最后自由做出巨大贡献。晚年一直为佛教派和穆斯林派冲突所折磨。后被一个狂热者杀死。

加里波第，朱泽培（1807～1882），意大利爱国者、军官，他率领红衫军征服西西里和那不勒斯，统一了意大利。

成吉思汗（约1162～1227），中国军事统帅政治家，尚武的征服者，他使蒙古帝国领域扩展到俄国大部，东到黑海。他是出色的统帅和统治者，他不但统一了他所征服的各国，而且改革了政府内部结构。

乔治一世（1660～1727），1698年起汉诺威选帝侯，1714年起为大不列颠和爱尔兰国王。虽不受欢迎，但他却通过和辉格党结盟而维持了政权。

乔治三世（1738～1820），英国和爱尔兰国王，1760年起汉诺威选帝侯，他统治期间英帝国繁荣兴盛，英国和爱尔兰统一，失去美洲的殖民地，他统治期间政治纷争连绵不断，他晚年精神崩溃。1811年起由他的儿子摄政。

乔治四世（1762～1830），1820年起英国国王，即位前自1811年起任摄政王，他任摄政王时，得到辉格党拥护，而作国王时，拥护者为托利党。他资助艺术和建筑的发展，给国家留下了巨大艺术财富。

格莱斯顿，威廉·尤瓦特（1809～1898），英国自由党人，四度任首相（1868～1874，1880～1885，1886，1892～1894）。解散了爱尔兰教会，建立了一个国家教育体系，1886年借爱尔兰自治之由而解散了自由党。

格林杜尔，欧文（约1350～约1416），威尔士爱国者，自称威尔士王子，开展过反抗英国的游击战争，未成功。

布诺涅的，戈弗雷（约1060～1100），法国十字军军人，参加第一次十字军东征，1099年成为耶路撒冷第一位拉丁统治者。

戈多伊（1767～1851），西班牙政治家，忠于皇室，任过首相（1792～1808），他的统治混乱，导致查理四世退位以及1808年法国侵略西班牙。

戈东诺夫，鲍里斯（1552～1605），俄国政治家，1598年留里克王朝灭亡时被选为沙皇，他是一个强有力、有才干的统治者，他的去世导致了混乱时期的动荡。

戈培尔，约瑟夫（1897～1945），德国纳粹头子，宣传家，疯狂地反对闪米特人，全力宣传纳粹思想。当希特勒努力奋战时，他是一个重要人物。希特勒在遗嘱里委托他为元首之后不久，他便自杀。

戈林，赫尔曼（1893～1946），德国纳粹首领，指挥空军敢死队（1923）；普鲁士总理（1932）；希特勒执政时的主要干将。发展盖世太保，扩大空军力量，成为帝国元帅（1940）。由于德国战争强势减弱而失宠（1941）。被美军捕获，他是纽伦堡战犯审判的主要被告，被判处绞刑，行刑前一天自杀。

哥穆尔卡，弗瓦迪斯拉夫（1905～1982），波兰统治者，共产党领袖（1956～1970）。尽管他努力要排除波兰政府内斯大林派的过多限制，可是某些压制现象仍未改变。

戈尔巴乔夫，米哈伊尔（1931～），苏联共产党领袖（1985～1991），他通过开放和重建苏联使其具有更多自主权。与里根签署《反核武器和约》（1987），

从阿富汗撤军（1989）并且消减俄国在东欧的影响，允许德国统一，并同意结束冷战。1991右翼党发动政变把他推下了台。1991年末苏联解体后便退位。

哥特瓦尔德，克莱门特（1896～1953），捷克共产党人，任总理（1946～1948）。在1948年发动的无流血政变后，登上总统职位，他的统治是斯大林式的，并且有独裁性质。

戈翁，雅库布（1934～），尼日利亚军官和政治家。1966年军事政变后夺取权力，内战中一直掌权（1967～1970）；1975年被他的军队赶下台。

格兰特，尤利西斯（1822～1885），美国统帅，第18任总统（1869～1877），内战中联邦军队最高统帅。作为共和党人，他执政期间，解决了亚拉巴马号索赔案，但他两任任职都政治腐化并且丑闻颇多。

格列高利一世（大帝）（约540～604），出生于罗马，590年任教皇，他对教会进行重要改革和有效的管理，奠定了中世纪基督教会组织的基础。

格列高利十三世（1502～1585），出生于意大利的教皇（1572年起）。1545年"特伦托会议"的主要神学家，他资助耶稣会会员，对反宗教改革做出了贡献。1582年因改革旧儒略历而闻名。

格里菲思，阿瑟（1872～1922），爱尔兰政治家、记者、民族主义新芬党创始人（1905）。1916年复活节起义后被囚禁。

葛罗米柯，安德烈（1909～1989），苏联政治家，曾任外交部长（1957～1985），任职期间，曾代表苏联多次出国访问。

盖克兰，贝特兰杜（约1320～1380），法国军官，1370年起任法国皇家侍卫长。他英勇善战，在百年战争中多次取胜，为法国反抗英国侵略取得几次关键性胜利。

格瓦拉，恩斯托·切（1928～1967），阿根廷革命家。为卡斯特罗的古巴革命（1956～1959）作出巨大贡献。后来在南美进行游击战，在他准备创建一个起义军时被玻利维亚军队抓获并处死。

吉斯卡尔，罗伯特（约1015～1085），诺曼人，冒险家、军人，1059年起任阿普利亚（意大利南部）公爵。为了维护并扩展诺曼人在整个意大利南部

米哈伊尔·戈尔巴乔夫

的统治，他和希腊人及撒拉森人进行英勇奋战，为西西里王国的建立奠定了一定的基础。

古斯塔夫一世（1496～1560），1523年起为瑞典国王，瓦萨王朝的第一位统治者。他逐出丹麦人，取得瑞典独立战争的胜利。在瑞典建立了路德教派。

古斯塔夫二世（古斯塔夫·阿道尔夫）（1594～1632），1611年登上瑞典王位，三十年战争中（1618～1648），为新教派胜利作出过贡献。他通过军事扩张，夺取了波罗的海霸权，从而巩固了瑞典国家政权。

哈德良（76～138），117年起任罗马皇帝，巩固了帝国，资助艺术的发展；以建筑优美结构独特而闻名，包括蒂沃利的别墅和英格兰北部的"哈德良长城"。

黑格，道格拉斯（1861～1928），苏格兰帅领，第一次世界大战中在法国统帅英军。他所参加的战役有代价惨重的索姆河战役（1916）和凡尔登战役（1917）。

海尔·塞拉西（原名为塔法里·马康南）（1891～1975），埃塞俄比亚国王（1930～1974），他使国家走向现代化，建立国民大会制，并使埃塞俄比亚成为非洲统一组织的领导人之一。1974年被废黜后死于狱中，但深受爱戴。

哈马舍尔德，达格（1905～1961），瑞典经济学家、政治家、联合国第二任秘书长（1953～1961）。他是中东的和平使者，帮助解决了1956年的苏伊士运河事件。后在飞机失事中丧生。

汉穆拉比（公元前18世纪），巴比伦统治者（公元前1792～前1750），第一代亚摩利王朝的第六位国王。他是位伟大的执政者，曾扩张了巴比伦帝国。他颁布了《汉穆拉比法典》，此法典由282条高深的法律构成。

汉普登，约翰（1594～1643），英国政治家，曾任首相（1621～1643）。他强烈反对查理一世对海边城镇收税（船税），并拒绝付税。查理一世企图逮捕他，结果却引起内战的爆发。凯尔洛夫·菲尔德战役中，他受伤，后殁。

汉尼拔（公元前247～前182），迦太基人。军事统帅，在第二次古迦太基战争中（公元前218～前201）与罗马人作战。因带领军队和大象穿过欧洲而闻名。为了不被罗马人抓获而服毒自杀。

汉诺（公元前5世纪），迦太基的探险家，他在非洲西部建立了几个殖民地。

哈登贝格，卡尔·冯（1750～1822），普鲁士政治家，在拿破仑战争中捍卫了国家的主权。他是巴黎和谈

亨利八世

（1814，1815）中的关键人物，也是一个进行过政府内部机构改革的伟大改革家。

哈迪，詹姆斯·克尔（1856～1915），英国政治家，工党创始人之一，独立工党政府首相（1892），1900年起任工党政府首相。妇女参政运动主要顾问。

哈定，沃伦（1865～1923），美国第29任总统（1921～1923），共和党人。任期内参加了一战后最后阶段的和平谈判。他被牵涉入政治丑闻，但他在种种丑闻足以推他下台之前便去世了。

哈罗德二世（约1022～1066），最后一位盎格鲁-撒克逊统治者，1066年曾作了八个月的英国国王；在斯坦福桥战役中打败挪威国王哈罗德·哈拉尔德（1066）。那一年后期在黑斯廷斯战役中阵亡。

哈伦·赖世德（766～809），阿拔斯王朝第五代哈里发（从786年起），他统治伊斯兰世界时巴格达帝国达到鼎盛时期，他资助艺术发展，在《一千零一夜》中，他被写成为永垂不朽的人物。

黑斯廷斯，沃伦（1732～1818），英国殖民主义者，第一任印度总督（1772～1785）。他使东印度公司在印度的权力至高无上，并在那里进行普遍的改革。返回英国后被控腐败，后被宣告无罪。

亨利一世（1068～1135），1100年起为英格兰国王，1106年起为诺曼底公爵。他统治期间进行了伟大的改革并建立了许多政府机构。

亨利一世（约876～936），919年登上德国王位，第一位撒克逊国王。他强化了军队，鼓励城市发展并击退了马札尔人的侵略。

亨利二世（1133～1189），1154年起为英格兰国王。他巩固了在英格兰和法兰西的王国，并提高了皇室的权力。他和托马斯·贝克特不和，导致后者1170年被谋杀。他统治时期，司法制度更加完善，其中包括他在克拉伦登巡回审判中创立了陪审团制度。

亨利三世（1207～1272），1216年起为英格兰国王。他在位期间和法兰西进行了灾难性战争，他实行暴政，才能平庸，蒙特福特领导诸侯发动叛乱。

亨利四世（亨利·博林布鲁克）（1377～1413），1399年起为英格兰国王，兰开斯特王室的第一位国王。因反对理查二世而被流放（1398），但1399年举兵英格兰夺取了权力，尽管有苏格兰的入侵、威尔士的叛乱以及贵族的起义，可他还是维护住了自己的权力。

亨利四世（1553～1610），1572年起为纳瓦拉国王，1589年起为法兰西国王，波旁王朝第一位国王。他皈依天主教从而使法国走向稳定，并且取得了和平统一局面。1598年颁布南特敕令，允许胡格诺派信仰自由，后被一天主教狂徒刺杀。

亨利五世（1387～1422），1413年起英格兰国王，在阿让库尔打败法国

■ 戈培尔的一只脚畸形，因而他不能服兵役 ■

(1415); 重新夺回诺曼底 (1418), 迫使法国和谈。通过《特鲁瓦条约》被定为法王继承人。因镇压罗拉德派异教徒闻名。

亨利六世 (1165~1197), 1190年起圣罗马霍亨斯陶芬王朝国王。控制西西里王国 (1194), 这使他成为欧洲权力最大的人物之一。他希望神圣罗马帝国代代相传, 可是却没有保住他家族的地位。

亨利六世 (1421~1471), 兰开斯特王室最后一位英王 (1422~1461, 1470~1471)。他统治早期, 法国夺回部分领地, 与此同时, 国内的兰开斯特派和约克派争执不休。他因虔诚而闻名, 一度曾患精神病 (1453), 被约克派的爱德华废黜 (1461)。1470年通过沃里克拥立王位者, 又夺回王位, 但爱德华返回伦敦时他被谋杀 (1471)。他无能的统治促使了后来的"玫瑰战争"。

亨利七世 (1457~1509), 1485年起英格兰国王, 都铎王朝一世。在博斯沃思战役中击毙理查三世后取得王位, 从而结束玫瑰战争。通过和约克的伊丽莎白联姻而使兰开斯特派和约克派和解。他抑制了贵族权力。

亨利八世 (1491~1547), 1509年起为英国国王, 他切断了英格兰和罗马教会的关系, 1535年起解散了修道院。经历过六次婚姻: 阿拉贡的凯瑟林1509~1533 (离婚); 安妮·博林1533~1536 (被处死); 珍妮·西摩1536~1537 (离婚); 克利夫的安妮1540 (取消婚约); 凯瑟琳·霍毕德1540~1542 (被处死); 凯瑟林·帕尔1543~1547 (直到他逝世)。

"航海家" 亨利 (1394~1460), 葡萄牙王子, 他资助航海, 为以后的葡萄牙航海探险时代打下了基础。他对航海和绘制航海路线图兴趣浓厚, 曾派船队到达非洲撒哈拉沙漠以南的非洲, 但他自己却从未亲自进行过航海探险。

希律一世 (大帝) (公元前74~前4), 公元前31年起巴勒斯坦国王。新约派统治者, 耶稣就诞生在他的王国。他被评价为暴君, 曾屠戮伯利恒城男婴。

赫茨尔, 西奥多 (1860~1904), 出生于匈牙利的犹太人, 犹太复国主义的创始人。1896年他出的小册子《犹太人国家》中建议: 应当建立一个国际委员会来商定成立一个犹太国家, 他组织召开了首次世界犹太复国主义运动大会 (1897)。他是第一位世界犹太复国主义组织的会长。

赫斯, 鲁道夫 (1894~1987), 德国纳粹头子, 希特勒时期纳粹党代表 (1933~1941), 参加了1923年慕尼黑叛乱。1941年秘密飞往苏格兰, 试图安排英德和谈, 后来作为战犯被囚, 并在纽伦堡被判为终身监禁 (1946)。

丰臣秀吉 (约1536~1598), 日本军事统帅, 1585年起任帝国首相。他表现了善于军事和行政管理的非凡才智, 成功地统一了日本。

希姆莱, 海因里希 (1900~1945), 德国纳粹头子, 参加过1923年慕尼黑叛乱。1929年起为党卫军头子, 1936年起为盖世太保头子。他是德意志帝国仅次于希特勒的第二位权威人物。他是最后总决战的设计师之一, 提倡建立集中营, 使用毒气炉。向同盟军投降计划失败后, 便逃离办公室。后被英军抓获, 服氰化钾自杀。

希姆莱 (左) 和希特勒 (中)

裕仁 (1901~1989), 1926年起为日本天皇。他统治期间, 日本实行军事扩张, 导致了侵华战争 (1931~1932, 1937~1945), 第二次世界大战中与同盟军敌对 (1941~1945)。1946年放弃神圣地位, 在美军占领下, 他失去自己的权力, 成了一个傀儡。

希特勒, 阿道夫 (1889~1945), 出生于奥地利的德国纳粹头子。1921年任纳粹党首。1923年参加过慕尼黑叛乱, 因此被囚禁; 1933年策划了国会纵火案, 在普选中取得胜利, 成为总理, 后成为总统; 1934年称元首, 成为大独裁者。他着手通过占领欧洲来建立一种新秩序, 形成罗马-柏林轴心 (1936), 侵占了奥地利 (1938)。侵略波兰, 导致第二次世界大战爆发。他的闪电式战略一开始在欧洲取得成效, 但是在苏联和北非进行的损失惨重的战役使他的威力逐渐削弱, 1944年当一颗炸弹在他脚旁爆炸时, 他却幸免于难。在德国即将灭亡之际, 他和情妇爱娃·布劳恩在柏林他的地下室里结了婚。人们都认为在这之后不久, 他们便双双自杀。

胡志明 (1890~1969), 越南共产党领袖, 印度支那共产党的创始人 (1930), 创立越盟 (1941), 1945年起任北越第一任总理。第二次世界大战后, 他在亚洲率先掀起了反殖民地运动, 他执政的后几年, 南越和北越冲突, 美国付出了巨大代价。

昂纳克, 埃里希 (1912~1994), 东德领导人 (1971~1989), 自1971年起为共产党领袖。1989年在支持民主运动中他被取代。东德政权倒台后他到莫斯科避难, 但1992年被驱逐出境。

胡佛, 赫尔伯特 (1874~1964), 美国第31任总统 (1929~1933), 商业部长

(1921~1928)。作为共和党人, 他执政期间世界经济大萧条, 他反对政府援助失业人口。

霍尔蒂, 米克洛斯 (1868~1957), 匈牙利摄政王 (1920~1944)。海军将领, 后成为保守党政治家。他实行独裁, 镇压过几次革命。二战中, 在希特勒于1944年侵略匈牙利将他囚禁之前, 他一直支持轴心国。1945年他被同盟国释放。

霍查, 恩维尔 (1908~1985), 阿尔巴尼亚政治家和独裁者。从1944年起成为一位有影响的统治者; 曾废除国王 (1946)。作为一个极端斯大林主义者, 他压制过宗教, 镇压过异议者。他实施一种孤立主义的外交政策。

玄宗 (685~762), 中国皇帝 (712~756)。唐朝第六代皇帝。他统治期间, 国内政治稳定, 经济繁荣。他指定的继承人登基之后他便退位。

匈雅提, 加诺斯 (约1387~1456), 匈牙利武士、政治家、摄政王 (1446~1452)。在整个15世纪中他不断进行过十字军东征侵略土耳其, 最后他在贝尔格莱德冲出土耳其的包围从而和土耳其打和了 (1456)。

胡斯, 简 (约1370~1415), 捷克宗教改革家, 他的教义比路德派更早。曾任布拉格大学的校长 (1402~1411); 1411他被逐出教会。他的威克里夫特教义宣称《圣经》为至高权威。在康斯坦茨会议上, 宣布他为异教徒并被处以火刑。他的去世引起了胡斯派战争的爆发。

侯赛因·伊本·阿里 (1856~1931), 麦加酋长 (1908~1916), 汉志国王 (1916~1924)。阿拉伯独立运动 (1916) 领袖, 社会动荡不安以及伊本·沙特入侵后他被迫退位。

沙特之子, 阿卜杜勒·阿齐兹 (1880~1953), 穆斯林领袖, 沙特阿拉伯创始人。小时他曾被流放到科威特。他扩大了阿拉伯版图, 包括汉志 (1924)。1932年统一了整个沙特阿拉伯, 宣布为第一位国王。1933年后通过勘探石油而变得极为富有。

(罗耀拉的) 圣依纳爵 (1491~1556), 西班牙神学家, "教友会" (耶稣会) 创立者之一 (1534),

耶稣基督

16世纪天主教改革时期一主要人物, 他也是亚洲和南美一位有影响的传播基督教的人。

英诺森三世 (1160~1216), 出生于意大利, 1198年起任教皇。他任期内, 教皇取得了高于政府之上的巨大权力。他统治时进行了第四次十字军东征 (1199), 清除阿尔比派人 (1208), 召开第四次拉特兰会议 (1215), 积极促进圣方济各会和多明我会的发展, 这两种教会会员都是贫苦人民。

英诺森四世 (生于12世纪末~1254), 出生于意大利, 1243年起任教皇。他广泛宣传教皇政治, 与国王腓特烈二世敌对。

伊莎贝拉一世 (1451~1504), 1479年起为西班牙女王。1474年起为卡斯蒂利亚统治者, 1479年起为阿拉贡王国女王。她和丈夫费迪南二世联合统治统一的西班牙。她赞助哥伦布探险新大陆的航海。因此建立了一个海外西班牙帝国。她在西班牙建立了宗教法庭。

以赛亚 (公元前8世纪), 《旧约》中的先知, 他宣传上帝的神圣和信仰上帝的必要性。

伊斯梅尔帕夏 (1830~1895), 奥斯曼帝国统治下的埃及总督 (1863~1879)。通过协商, 成功地完成了苏伊士运河的协商, 但他使埃及负债累累, 导致法国和英国双方控制苏伊士运河, 以至于被罢黜。

伊藤博文 (1841~1909), 日本政治家, 对现代日本的发展起关键作用。曾4次任首相 (1885~1888, 1892~1896, 1898, 1900~1901); 起草《明治宪法》(1898)。他被朝鲜自由战士刺杀后, 日本便吞并了朝鲜 (1910)。

伊凡三世大帝 (1440~1505), 俄国统治者, 莫斯科大公爵 (1462~1505), 他摆脱鞑靼人的奴役, 扩张了俄国的领地。

"恐怖者" 伊凡四世 (1530~1584), 1533年起为莫斯科大公, 1547年起为沙皇。他大大削减了上层贵族的权力, 经常把他们当众处死。向东扩张俄国的领土: 夺取喀山 (1552) 和阿斯特拉罕 (1554)。他实行了中央集权。后来他精神错乱, 杀了他自己的儿子。

杰克逊, 安德鲁 (1767~1845), 美国军官, 在新奥尔良战胜英军 (1815), 美国第七任总统 (1829~1837), 民主党人。曾实行中央集权, 控制各州。

杰克逊, 托马斯 (1824~1863), 美国内战时南军将领, 1861年, 他在布尔溪畔战役中顽强顶住北方军的攻击, 他得了一个绰号"石墙"。死于钱瑟勒斯维尔战役中。

詹姆斯一世 (1208~1276), 1213年起为阿拉贡国王, 是一位强有力的领导人, 在地中海地区扩大了西班牙的领地。

詹姆斯一世 (1566~1625), 英国国王 (从1603年起)。1567年起为苏格兰国王称詹姆斯六世。作为亨利七世后裔

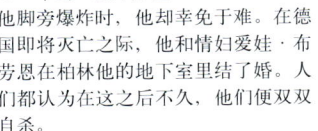
托马斯·杰斐逊

■ 裕仁是第124位日本天皇 ■ 玄宗有59个儿女 ■

继承了英国王位。他重新恢复了君权统治；他寻求欧洲和平和向外扩张。他热爱求知，统治期间与议会纷争不断。

詹姆斯二世（1633~1701），英国国王（1685~1688），最后一位罗马天主教统治者。他实施专制法律、政策，削减各部门权力，统治不受欢迎，最终导致在"光荣革命"中被威廉三世推下台。

杰斐逊，托马斯（1743~1826），美国第3任总统（1801~1809）。"独立战争"中的关键人物。他是《独立宣言》的主要起草者（1776），华盛顿第一届政府的国务卿（1789~1794）。作为共和党总统，他购买到了路易斯安那州（1803）；他第二届任期内，禁止了奴隶贸易。

圣哲罗姆（约342~420），出生于达尔马提亚的神学家、宗教作家、学识渊博的学者。他被培养成基督徒（那时看来是非同一般的），有一个阶段他成了隐士。他是基督教知识最渊博的拉丁教父，他因把《圣经》翻译成拉丁文以及他的宗教评论而著名。

基督耶稣（约公元前4~公元30），生于约旦的传教士，基督教创始人。他生于伯利恒，在拿撒勒度过童年。施洗者约翰给他洗礼之后开始传教。他在荒野中呆了40天，在那里，他拒绝向任何诱惑屈服，他召集了12个门徒，开始了他的布道。他的教义精华为登山宝训：爱、仁慈、温顺。他于约公元30年到耶路撒冷，把换钱者赶出教堂。最后的晚餐后，犹大背叛他，说他亵渎神祗。耶稣被判死刑，经罗马巡抚彼拉多同意后被钉在十字架上处死。按基督教传统说法，他在死后的那个星期天又复活，并让彼得建立教会从而为基督教发展打下了基础。

真纳，穆罕默德·阿里（1876~1948），巴基斯坦政治家、创始人。1931年退出印度国大党，认为该党印度教倾向太重。提倡建立穆斯林独立国家。这和英国意图以及甘地统一印度的设想相违背。1947年成功地建立独立的巴基斯坦国家，成为第一任总督（1947~1948）。

圣女贞德（1412~1431），法国爱国者，远见和精神力量鼓舞她领导法国人民取得奥尔良战役的胜利（1429），1430年被逮捕后出卖给英国，被控为异教徒并处以火刑。

约翰一世（1357~1433），1385年起为葡萄牙国王，阿维王朝创始人。曾经击败卡斯蒂利亚的侵略，保卫了王国。鼓励海上探险和扩张。

约翰三世·索别斯基（1629~1696），波兰国王，1674年当选。他统治时，连年和奥斯曼土耳其和鞑靼人作战。1683年维也纳战役中战胜土耳其人，使其成为整个欧洲的英雄。

（奥地利的）约翰，唐（1547~1578），西班牙军事统帅，查理五世的私生子。勒班陀海军战役中大胜土耳其（1571）。曾任荷兰总督（1576~1578）。

施洗者约翰（约公元前9~公元28），犹太先知，预言耶稣会降临，宣传最后报应会降临，为人洗礼，包括为耶稣洗礼，耶稣受洗后立即开始传教。后因指责希律·安提帕娶（侄女）希罗底为妻悖理而被关押并处死。

约翰逊，安德鲁（1808~1875），第17任美国总统（1865~1869），林肯遇刺后就任共和党总统。他宽容南部各州激怒共和党激进派，后来被弹劾（1868），以一票之差险胜。

约翰逊，林登（1908~1973），1960年起任副总统，肯尼迪遇刺后任美国第36任总统（1963~1969）。其民主党政府制定了广泛的人权和福利法律——"伟大社会"蓝图。因使越战升级而不得人心。

约瑟夫二世（1741~1790），1765年起哈布斯堡的神圣罗马帝国皇帝；和母亲玛丽亚·特雷西亚联合执政到1780年。进行全面改革，包括缩减教皇权利和废除农奴制。统治后期，国内局势动荡。

胡亚雷斯，本里托（1806~1872），墨西哥革命领袖，1861年起任总统。他实行激进改革导致内战。废除并处死马克西米连国王（1867），恢复共和国。

朱古达（约公元前160~前104），努米底亚国王（公元前118~106）。他通过谋杀、贿赂和暴力夺取王国，并试图打败罗马夺取北非王国，最后被罗马人抓获。

（背教者）尤里安（约331~363），361年起罗马皇帝，家族大部分人被屠杀后失去了对基督教的信仰；公开宣称自己为异教徒。他容忍教会，但却努力削减他们的势力。他是位学者兼军事领袖，他大举征战波斯（363），在那里受了致命伤。

尤利乌斯二世（1443~1513），出生于意大利，1503年起为教皇，资助艺术和艺术家发展。政治上他力求重新确立教皇在意大利至高无上的地位。

查士丁尼一世（483~565），527年起为罗马拜占庭皇帝。因实行行政改革、制定宪法而闻名，包括《查士丁尼法典》（534），它极大影响了欧洲法律。

康熙（1654~1722），1661年起为中国清朝第二代皇帝，主张中国领土统一；鼓励和西方联系，资助艺术和教育发展。

圣女贞德

卡达尔（1912~1989），匈牙利政治家、总理（1956~1958，1961~1965），共产党总书记（1965~1988）。苏联镇压匈牙利起义（1956）后他建立政府，后来又建立亲苏政权，取得经济改革成功。

肯尼迪，约翰（1917~1963），第35任美国总统（1960~1963），民主党人。他任职期间，面临几次危机，包括侵略古巴猪湾（1961）失败和古巴导弹危机事件（1962）。然而他也禁止了部分核试验（1963）。在达拉斯被刺，虽然宣告是李·哈维·奥斯瓦德所为，但是许多人认为是有人联合起来阴谋刺杀他。

肯尼思一世（卒于约858），843年起统一的苏格兰的第一位国王。把苏格兰教会会址从艾纳纳移到邓凯尔德。

肯雅塔，乔莫（约1889~1978），肯尼亚政治家、首相（1963~1964）、总统（1964~1978）。建立了民族主义的肯尼亚。参加非洲联盟运动（1946），因牵涉茅茅运动而被囚禁（1952~1958）。

克伦斯基，亚历山大（1881~1970），俄国革命政治家、总理（1917），但同年十月革命中被布尔什维克推下台。

凯塞林，艾伯特（1885~1960），希特勒手下陆军元帅。为德国在第二次世界大战初期的侵略做出贡献，他曾在意大利牵制同盟军一年多时间。

霍梅尼，阿雅托拉·鲁霍拉（1900~1989），伊朗宗教和政治领导人，1964年起被流放。但1979年王权倒台后他返回并领导伊朗革命。

赫鲁晓夫，尼基塔（1894~1971），苏联政治家、共产党第一书记（1953~1964）、苏联总理（1958~1964）。执行反斯大林政策，进行了经济改革，反对中央集权，这些导致了他的下台。1962年卷入古巴导弹危机事件。

金日成（1912~1994），朝鲜的斯大林主义统治者。卓有成效的集权统治者，曾任首相（1948~1972）和主席（1972~1994）。曾进行代价巨大的战争（1950~1953），试图重新统一朝鲜。

马丁·路德·金（1929~1968），美国神父、黑人人权运动领袖。组织了南方基督领袖会议；提倡非暴力反抗，包括"华盛顿大游行"（1963）。被狙击手射杀，后证明凶手为詹姆斯。

基钦纳（1850~1916），出生于爱尔兰的英陆军元帅。曾征服苏丹（1896~1898），在第二次布尔战争中取胜（1900~1902）。作为战争部长（1914~1916）他调集大批部队参加第一次世界大战。后因船舰被水雷击沉而失踪。

诺克斯，约翰（约1513~1572），苏格兰神学家、苏格兰改革关键人物。在苏格兰创建长老派，帮助起草了新教教会归正会教规。

柯斯丘什科，塔德乌锡（1746~1817），波兰军人、爱国者。美国内战中曾和殖民军作战（1775~1783）。在波兰他打败俄国侵略者成为民族英雄。后被俄国人俘获。后半生在流放中度过。

科苏特，拉约西（1802~1894），匈牙利革命家。领导1848年民族革命；政府领导人（1849），革命失败后退位；后半生被流放。

克鲁泡特金，彼得（1842~1921），俄国地理学家、无政府主义者和革命理论家。提倡无政府社会主义。起初对1917年俄国革命很满意，但是布尔什维克起义后便不再抱有幻想。

克留格尔，保罗（1825~1904），非洲军人、政治家；参加过逃离英属好望角殖民地的大迁徙。帮助建立了德兰士瓦共和国并成为第一位总统（1883~1898）。在1889~1902年的战争中力争布尔人独立。

克虏伯，阿尔弗雷德（1907~1967），德国工业家，支持希特勒。在集中营利用奴隶劳动为纳粹制造军备物资。二战后被囚禁并没收财产。

忽必烈汗（1214~1294），1260年起为蒙古统治者，1271年中国元朝皇帝，成为第一位非汉族统治者，建立了元朝。马可·波罗曾描写过他巨大的帝国和辉煌的宫殿。

库恩，贝拉（1886~约1937），匈牙利社会主义革命家。匈牙利革命（1919）失败后他进行调解，调解失败后被迫逃亡。人们认为他死于斯大林的清洗运动中。

库图佐夫，米哈伊里（1745~1813）：俄国将领，成功地击退了拿破仑军的入侵（1812）。

拉斐德（1757~1834），法国军人、政治家，参加美国反英革命。法国革命中为军队统帅，革命初期影响巨大。拿破仑下台后（1815）他在政治上再次活跃。

老子（公元前6世纪），中国哲学家，道教主要创始人。对他生活所知甚少。

赖伐尔，皮埃尔（1883~1945），法国政治家、总理（1931~1932，1935~1936）。曾从左翼转向右翼，领导过维希政府；后因二战中与希特勒德国勾结背叛国家而被处死。

劳伦斯，托马斯·爱德华（阿拉伯的劳伦斯）（1888~1935），英国考古学家、军人，参加过阿拉伯反土耳其起义。代表英国出席和平会议（1919）。后因

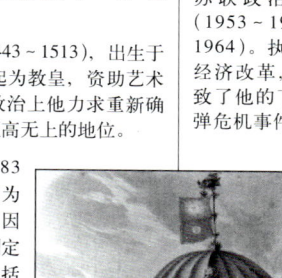

马丁·路德·金和马尔科姆

忽必烈汗

约翰·肯尼迪43岁时成为美国最年轻的总统

没有实现为阿拉伯事业所订目标而隐退。

李，罗伯特（1807～1870），内战中美邦联军统帅，南部军队司令。布尔溪畔战役中被打败（1860），后在葛底斯堡被击退（1863）。在阿波马托向尤利西斯·格兰特投降，标志战争结束。

列宁，弗拉基米尔·伊里奇（1870～1924），俄国革命领袖，建立布尔什维克党，1917年领导十月革命，推翻了克伦斯基，实行无产阶级专政，成为第一位社会主义苏维埃领导人。进行大规模国有化运动并重新分地，使俄国退出一战。建立了苏维埃社会主义共和国联盟（1922）。他提出的"新经济政策"（1922），后被斯大林放弃。

利奥一世（约390～461），出生于托斯卡纳，440年起任罗马教皇，正统信仰的捍卫者。作为一个神父，他压服过摩尼教和贝拉基异教徒，曾和匈奴人（452）和汪达尔人（455）讲和。

利奥十三世（1810～1903），意大利人，1878年起为罗马教皇。结束了罗马教皇和德国教皇的争吵（1887）。对国内政府持开明态度，采纳现代观点支持科技进步。

莱奥尼达斯一世（卒于公元前480），公元前491年起为斯巴达王。在德摩比利反抗波斯的薛西斯一世的强大军队（480）的入侵，最后壮烈牺牲。

利奥波德一世（1790～1865），1831年起为比利时第一任国王，保持中立，同时加强了国家基础建设。

刘邦（高祖）（公元前256～前195），公元前206年起中国皇帝，汉朝创立者。这一时期确立了中国以后2000年的政治权力结构。

林彪（1907～1971），中国军事领导人。1966年"文化大革命"后被定为毛泽东接班人。1971年实施"571工程纪要"：计划刺杀毛泽东，夺取政权。后阴谋被揭穿，死于逃亡中。

林肯，亚伯拉罕（1809～1865），美国第16任总统（1861～1865），共和党人。领导联邦取得内战胜利；发表了著名的《葛底斯堡演讲》（1863），同年后期又宣布奴隶自由。在福特剧院被约翰·威尔克斯·布思刺杀。

利文斯通，戴维（1813～1873），苏格兰传教士、探险家。他到非洲旅行传教刺激了西方对非洲产生非分之想；他对非洲人的观念和知识影响很大。在赞比亚历尽艰险后被斯坦利解救（1871）。

劳合·乔治，戴维（1863～1945），英国自由党人，一战后期任联合首相（1916～1922）。任财政大臣时，他实施养老金政策（1908）和国家保险制度（1911）。战时他任首相，对英国胜利贡献巨大。他也是战后和谈的关键人物。

路易一世（778～840），814年起为法国卡洛林王朝国王。他是查理曼惟一一个幸存的儿子，他试图把王国分给儿子们。他的儿子两次夺权，虽然他都夺回，但终使帝国四分五裂。

路易七世（约1120～1180），1137年起为法兰西卡佩王朝国王。他统治期间与英格兰的亨利二世严重对立。

路易九世（1215～1270），1226年起卡佩王朝国王。他很虔诚，是中世纪国王的模范。他领导第七次十字军东征（1248～1250），被打败并被囚禁了一段时间。曾和英格兰亨利二世讲和（1259）。

路易十三世（1601～1643），1610年起为法国波旁王朝国王。他是一位胆小的国王，主要由大臣黎塞留和马萨林辅佐其执政，曾使法国成为欧洲势力中心。

"太阳国王"路易十四世（1638～1715），1643年起为波旁王朝国王，1661年马萨林死后实行个人亲政，标志君主专政开始。他统治期间，国势极为强大。他建立凡尔赛宫（1676～1708），在那执政，取消《南特敕令》，致使胡格诺派逃亡（1685）。指令柯尔贝尔恢复经济强势，扩大工业，使法国边界进一步向东扩张至哈布斯堡领土。发动代价巨大的西班牙王位继承战争（1701～1714），严重削弱了法国的经济实力。

路易十五世（1710～1774），1715年起为波旁王朝国王。在波兰王位继承战争（1733～1735）中夺取洛林。但在七年战争（1756～1763）中却失去很多国外属地。他执政不当，挥霍无度，君权逐渐衰弱。

路易十六世（1754～1793），1774年起为法兰西国王。他试图改革腐败的国家，但人们却反对纳税。在人们日益高涨的不满情绪中，部分是由于不满卷入美国内战（1776～1783）所付出的代价，他召集了议会（1789），这并不足以阻止资产阶级革命。1792年君主政体被推翻，他和玛丽·安托瓦内特被送上法庭，被指控背叛新成立的共和国，被判有罪而被送上断头台。

路易·菲利浦（1773～1850），法国奥尔良派国王（1830～1848）；1793～1814年间被流放。1830年七月革命使他当权，统治期间称七月王朝，主张实行自由政策。后来在革命面前被迫退位。

路德，马丁（1483～1546），德国神学家

路易十四

和宗教改革家；他实施改革，促进新教的形成。他写了95篇关于神父滥用职权的论文，并且在维藤贝格把它们钉在教堂大门上（1517）。此后30年间与教皇不断冲突，而与此同时，他的观点却传遍了整个北欧。

卢图利，艾伯特（1898～1967），南非改革家、黑人反抗运动领袖。祖鲁人头目，他参加了反种族隔离的消极抵抗运动。1960年他抗议沙佩维尔屠杀事件后被逮捕。

麦克阿瑟，道格拉斯（1880～1964），美国将军、二战中远东地区同盟军司令。同盟军占领日本（1945～1951）中的权威人物。他起草了日本新宪法，并进行了全面改革。朝鲜战争（1950～1951）中，他任联合国部队总司令。但因朝鲜战争中与政府意见不一致而被杜鲁门总统撤职。

麦克唐纳，詹姆斯·拉姆齐（1866～1937），第一位英国工党首相（1924，1929～1931），联合政府领导人（1931～1935）。1929年经济大萧条之后，他成立一个保守党占优势的联邦政府，从而招致部分人的反对。

马基雅弗利，尼科洛（1469～1527），意大利政治家和政治理论家。他的作品《王子》是一部有关政治

马丁·路德

现实的杰作，在复兴中影响巨大。

麦肯齐，威廉·涅昂（1795～1861），生于苏格兰的加拿大政治家。1837年宣布多伦多独立；加拿大军队镇压这次叛乱，烧毁了"卡洛琳"号汽船，堪称一次国际性事件。

麦克马洪，帕特利斯（1808～1893），法国军人、政治家。在克里米亚战争中成名。作为在凡尔赛的军队的司令镇压过"巴黎公社"。曾任法兰西第三共和国总统（1873～1879）。恢复君主专政失败后辞职。

麦克米伦，哈罗德（1894～1986），英国保守党人、首相（1957～1963）；进行国内经济扩大再生产。他在"变革之风"演讲中宣布英国的非洲殖民地获得独立。与戴高乐相反的阻挠态度，他争取英国加入西欧共同市场。

马德罗，弗朗西斯科（1873～1913），墨西哥革命政治家，总

统（1911～1913）。他向独裁者波菲里奥·迪亚斯挑战并在他倒台后夺权。他的政策很温和，执权期间发生了萨帕塔叛乱。他在韦尔塔发动的政变中被杀。

麦迪逊，詹姆斯（1751～1836），第4任美国总统（1809～1817）。美国国父之一。为起草美国宪法作出贡献（1787）。在反英战争（1812）中，他的共和党政府被证明无能。

麦哲伦，费迪南（约1480～1521），葡萄牙航海家、探险家，他领导（为西班牙）第一次环世界航海（1519～1522）。虽然他在航程中于菲律宾被杀，但此次远征还是由西班牙上尉埃尔卡诺完成了。

大雄（约公元前599～前529），印度宗教传道者，他创立了耆那教，该教教义倡导生活简朴、素食、非暴力。

马赫迪（原名穆罕默德·阿赫美德，1844～1885），苏丹领导人，早期奴隶贸易商。他在苏丹发动起义反抗埃及统治。后在苏丹东部建立了一个伊斯兰国家，定欧拜伊德为首都。曾消灭了一支埃及军队（1883）。当他占领喀土穆时杀了干·戈登将军。

马卡里奥斯三世（1913～1977），塞浦路斯宗教领袖、政治家，塞浦路斯东正教大主教。塞浦路斯与希腊合并（和希腊联盟）运动领袖之一。1960年起塞浦路斯第一任总统。土耳其入侵后，他面临塞浦路斯的分裂（1974）。1974政变中一度被推下台，但1975年又重新执政。

马尔科姆三世（约1031～1093），1057年起为苏格兰国王，麦克佩思死后登上王位。1072年承认威廉一世的最高君主地位，但他仍五次侵略英格兰。最后一次侵入英格兰时被威廉二世所杀。

马尔科姆·艾克斯（小马尔科姆）（1925～1965），美国黑人穆斯林领袖。他加入伊莱贾·穆罕默德教派，崇信黑人分离主义。参加过派系之争，在集会时被刺。

马尔萨斯，托马斯（1766～1834），英国经济学家、人口统计学家。因提出"人口增长会导致食物危机，控制人口是必要的"观点而闻名，他怀疑人类具有开发新资源的能力。他的作品对19世纪社会政策有深远影响。

毛泽东（1893～1976），中国马克思主义理论家、革命家和政治家。1921年他创立共产党。曾在中国东南建立了一个社会主义人民共和国（1931～1934）。当受到蒋介石领导的国民党军队攻击时，他又被迫领导红军"长征"（1934～1935），寻求新的出路。二战中，他在延安成功地指挥八路军新四军抗日。随后又战胜了蒋介石国民党政府（1949）。1935年起他任共产党领导人，并成为中华人民共和国领导人（1949～1976）。他发动"文化大革命"。1962年他和苏联之间发生了争执。

马拉，扬·保尔（1743～1793），法国革命政治家、记者。他的日报《人民

毛泽东

之友报》(1789)是一个主要的激进派出版物,一个煽动暴力的刊物。他曾被选入国民大会(1792),对屠杀贵族负有责任;在丹东和罗伯斯庇尔的帮助下,在1793年推翻吉伦特温和派统治。他在洗澡时被夏洛特·科黛刺杀。

马科斯,斐迪南(1917~1989),菲律宾政治家。1965年被选为总统。1972年各地起义时他宣布独裁。1986年人民起义推翻了他的镇压政府。

玛格丽特一世(1353~1412),斯堪的纳维亚女王;1375年起为丹麦摄政王(通过联姻),1380年起挪威摄政王(通过继承),1388年起瑞典摄政王(通过征服)。她统一了丹麦、挪威和瑞典,形成了"卡尔玛联合"组织(1397)。

玛丽亚·特蕾莎(1717~1780),匈牙利和波希米亚女王,1740年起为奥地利女大帝,和她的儿子(约瑟夫二世)联合执政神圣罗马帝国。她的介入导致了奥地利王位继承战争(1741~1748),使奥地利失去了西里西亚。七年战争(1756~1763)中奥地利权力削弱了。瓜分波兰时得到部分领土(1772)。

玛丽·安托瓦内特(1755~1793),奥地利人,路易十六之妻,1774年起为法兰西女王。她生活奢侈,并且反对改革,最终导致法国革命,推翻了她的君主专政(1792)。最终她被送上了断头台。

马尔伯勒,约翰·丘吉尔公爵(1650~1722),英军统帅,平息了蒙茅斯叛乱,在西班牙王位继承战争中(1701~1714)取得重大胜利,包括布伦海姆(1704)、拉米伊(1706)和奥德纳尔德(1708)三次战役的胜利。

马歇尔,乔治(1880~1959),美国军人、政治家;第二次世界大战中作为最高将领指挥美军作战,曾任美国国务卿(1947~1949)和国防部长(1950~1951)。提出"欧洲复兴方案",即"马歇尔计划",在1947帮助重建战后欧洲。

马克思,卡尔(1818~1883),德国社会和政治理论家,20世纪共产主义的创始人(他的观点成为苏联官方思想)。1848年欧洲革命后,他以伦敦为基地开展革命。作为一名记者,他曾卷入激进的政治运动,成立了著名的"第一国际"(1864~1872)。他是《共产党宣言》(和恩格斯合著,1848)和《资本论》(1867)的作者。

玛丽亚(公元前1世纪~公元1世纪),圣经中的人物。按照圣母玛丽亚生来纯洁而无原罪之教义,她是耶稣的圣母。她在耶稣被钉在十字架时出现,后升入天堂。她是基督教中一主要人物。自从中世纪以来,崇拜圣母玛丽亚就很盛行。

玛丽一世,都铎(1516~1558),1553年起英格兰女王。为了使天主教重返英格兰,她残酷镇压新教徒,这使她获得"冷血玛丽"的称号。她处死过许多政治和宗教方面的对手,包括:李德雷、拉蒂摩、克兰麦和格雷郡主。

玛丽,苏格兰女王(1542~1587),苏格兰女王(1542~1567),法兰西王后(1559~1560),由于和谋杀她第二任丈夫达恩利伯爵有牵连(1567),因此她前往英格兰寻求表姐伊丽莎白一世的帮助。伊丽莎白看出罗马天主教会对英国王位的威胁便囚禁了她18年。最后发现了她阴谋刺杀伊丽莎白后,她被认为是一种太大的威胁,因而被处死

马萨里克,扬(1886~1948),捷克爱国者和外交家。托马斯·马萨里克之子,1941年起任捷克斯洛伐克流亡政府外交部长,1945年返回布拉格任外交部长。1948年共产党控制了捷克斯洛伐克后,他从一扇窗户掉下来后神秘死亡。

马萨里克,托马斯(1850~1937),捷克哲学家、爱国者。捷克斯洛伐克创始人及第一任总统(1918~1935)。他是第一个提出警惕纳粹势力增长的人(1933)。

马提亚一世·科文尔斯(1443~1490),1458年起为匈牙利国王,进行了军队和经济的改革。他逐退土耳其人,得回一些领地。以哈布斯堡为代价,使匈牙利权势进一步扩大。

莫里斯,拿骚伯爵(1567~1625),荷兰领导人,1584年起执政。他是一个伟大的军事改革家,他领导荷兰军队在16世纪90年代取得反西班牙战争的多次重大胜利,迫使西班牙承认了荷兰共和国(1608)。1618年起为奥伦治亲王,1619年后成为荷兰共和国的实质上的独裁者。

马克西米连一世(1459~1519),1493年起为哈布斯堡神圣罗马帝国皇帝(从1493)。通过联姻奠定奥地利政权基础;他的第一任妻子是西班牙勃艮第和低地国家的继承人;第二任妻子带来斯福尔扎家族的巨富。

马克西米连,斐迪南·约瑟夫(1832~1867),奥地利大公爵、墨西哥皇帝(1863~1867)。在法国军队支持下,1863年接受墨西哥王位,但却面临胡阿雷斯所领导的起义。后来他不愿抛弃追随者,便留在墨西哥,

玛丽-安托瓦内特

可却被法国抛弃,被出卖并处死。

马萨林,朱尔斯(1602~1661),出生于意大利的法国政治家,黎塞留死后枢机任主教,路易十三的主要牧师。他是路易十四统治时期法国主要统治者。他剥夺贵族权力,但因反对他的重税导致了"投石党"运动,最后在孔代帮助下平息了运动。他在国内极不受欢迎,但却使法国成为欧洲强权国家。

马志尼(1805~1872),意大利爱国者,创立了"青年意大利"(1831),以力争统一为宗旨。他是意大利统一时的重要人物,解放了米兰并在罗马建立了共和国,但起义失败后就离开了意大利。他帮助加里波尔夺取了南意大利(1860),后来不但没过上君主生活,反倒被流放。

麦卡锡,约瑟夫(1909~1957):美国议员,20世纪50年代发表一系列打击迫害共产党的讲演。曾以莫须有的罪名告其他议员和职位高的官员。1954年因他反对议会传统而被判有罪。

麦金利,威廉(1843~1901),第25任美国总统(1897~1901)。他在共和党执政期间"美西战争"后(1898)得到了古巴和菲律宾群岛,并吞并了夏威夷(1900)。在纽约他被无政府主义者莱昂刺杀。

美第奇,科西莫(1389~1464),意大利金融家和政治家,建立了美第奇家族王子世袭制,他们统治托斯卡纳直到1737年。1434年夺取佛罗伦萨,保证了它的和平及成为文化中心。他还建立了雄伟的建筑,并资助艺术和知识的发展。

美第奇,罗伦佐(1449~1492),1469年起为意大利佛罗伦萨统治者,他和哥哥朱里亚诺联合执政,帕齐教皇政变(1478)时他幸免于难,而他哥哥被刺杀。随后他成了佛罗伦萨惟一的统治者,并使它达到欧洲强国水平。他是艺术发展的主要资助者。他所建立的古代文化图书馆收集了复兴时期许多作品。他被认为是美第奇家族最杰出的一位统治者。

穆罕默德·阿里(1769~1849),埃及统治者,总督兼帕

卡尔·马克思

夏(1805~1848),建立一个统治埃及的朝代直到1832年。希腊独立战争中,他和土耳其结盟,迅速攻占了克里特岛、苏丹和叙利亚。1848年起因精神错乱而不能执政。

梅厄(1898~1978),以色列政治家,以色列国创始人之一,曾任总理(1969~1974)。

梅尔本,威廉姆·兰姆子爵(第二)(1779~1848),英国辉格党人,曾任首相(1834、1835~1841)。维多利亚女王统治早期的一位重要的顾问。

孟席斯,罗伯特侯爵(1894~1978),澳大利亚政治家,曾任首相(1939~1941、1949~1966)。他任职期间:澳大利亚工业实现扩大再生产,并和美国建立正式关系。

梅特涅,克莱门斯(王子)(1773~1859),奥地利政治家,外交部长(1809~1848),1821年起任总理。欧洲政治舞台上的一位关键人物,他帮助欧洲各国结成同盟反抗拿破仑一世,并召开了"维也纳会议"(1814~1815)。他力求和平共处和机会均等,然而他又崇尚专制统治,造成各国关系紧张。1848年欧洲革命爆发。后来被流放。

米哈伊尔·罗曼诺夫(1596~1645),1613年起为俄国沙皇,罗曼诺夫王朝创始人,这一王朝统治俄国长达300年。他被选为沙皇,从而结束了"恐怖时代";他与瑞典(1617)和波兰(1618)讲和。

源赖朝(1147~1199),日本封建幕府创立者。1192年起任幕府将军。

米拉波(1749~1791),法国革命领导人、演说家,曾被选为三级会议代表(1789)和国民议会议长(1791)。他是一个温和派人士,拥护君主立宪制,但却被皇室和革命极端分子所怀疑。

米兰达,德·弗朗西斯科(1750~1816),委内瑞拉革命政治家。领导独立运动并取得初期的胜利(1811),但是1812年却向西班牙高级军队投降。

密特朗,弗朗索瓦(1916~1996),法国社会党政治家、总理(1982~1995)。他反对后来却又利用了法兰西第五共和国强大势力进行改革,并和左翼重新合作重建了社会党(1971)。他在位期间和德国合作密切。

莫洛托夫,维亚切斯拉夫·米哈伊洛维奇(1890~1986);俄国政治家,1906年起为布尔什维克党成员,在1917年十月革命中表现积极。曾任苏联人民委员会主席(1930~1941)和外交部长(1939~1949、1953~1956)。他是二战后欧洲事件中的关键人物,曾拖长了"冷战"时间。因和赫鲁晓夫意见不同而被推下台。

蒙克,乔治(1608~1670),英国统帅,内战(1642~1651)中为皇室作战。后为克伦威尔联邦到爱尔兰和苏格兰征战。1660年帮助查理二世复辟。

门罗,詹姆斯(1758~1831),美国第5任总统(1817~1825)。他谈判购买了路易斯安那州(1803)。颁布《门罗

■ 穆罕默德·阿里建立了埃及王室,他是来自希腊岛的阿

主义》(1823), 警告欧洲不要干涉美洲。

蒙提祖马二世 (1466~1520), 1502年起最后一位阿兹特克帝国王。起初他努力劝解卡尔特人不要把西班牙人误认为神。他被自己的臣民所杀。

孟福尔, 德·西门 (约1208~1265), 出生于法国的英国政治家和军人, 领导过男爵起义反对亨利三世; 后来他成为英格兰的实际统治者(1264~1265)。

蒙哥马利, 伯纳德 (1887~1976), 英国陆军元帅, 二战中同盟军司令。取得了阿拉曼战役(1942)和诺曼底登陆(1944)的胜利。

蒙特罗斯, 詹姆斯·格雷汉姆 (1612~1650), 苏格兰爱国者, 英国内战中为皇室作战。他得到苏格兰皇室最高权力一直到1645年。他流放返回后被绞死。

摩西 (约公元前14世纪~前13世纪), 《旧约》的先知、立法者, 在埃及法庭审案。他曾领导以色列人民从埃及来到迦南。他在西奈山收到十戒律。曾否认到过迦南。

穆罕默德 (约570~632), 阿拉伯先知, 伊斯兰教创始人, 生于麦加, 以商业谋生。大约610年他受到安拉的启示, 写出了《古兰经》。由于麦加局势紧张, 他于622年来到麦地那, 这正是穆斯林纪元的创立时代。他经过一系列的战争并且受了伤(625), 但终于控制了麦加(629)。630年他统一了阿拉伯各交战部落, 形成了穆斯林帝国。

缪拉, 乔基姆 (1767~1815), 法国军人, 拿破仑麾下最优秀的司令之一。从1808年起为西西里国王。他鼓舞了意大利民族主义精神的增长。拿破仑·波拿巴倒台后, 他被送上军事法庭, 被枪毙。

墨索里尼, 贝尼托, "领袖" (1883~1945), 意大利政治家, 首相(1922~1943), 法西斯独裁者, 进军罗马(1922)后夺权。他永远梵蒂冈协定(1929), 建立了罗马-柏林轴心(1936), 吞并了埃塞俄比亚和阿尔巴尼亚(1939)。1940年加入二战, 造成严重损失, 1943年被迫退位。战争快结束时被游击队处死。

睦仁（明治）(1852~1912), 1867年起为日本天皇。推翻幕府, 开始帝国统治。他使日本实现现代化, 建立了西式政府, 结束闭关锁国。

纳吉 (1895~1958), 匈牙利政治家、共产党总理(1953~1955,1956)。他提倡改革, 导致下台, 但又重新执政, 他保证自由选举, 1956年举行了起义未成功。由于苏联干涉, 他下了台, 受到审判并被处死。

那纳克（祖师那纳克）(1469~1539), 印度锡克教创始人。以旁遮普省卡塔普尔为基地。他吸引了很多追随者, 因此获"祖师"这个称呼。

拿破仑一世（拿破仑·波拿巴）(1769~1821), 出生于科西嘉岛, 法国统帅和皇帝。他在北意大利战役中(1796~1797)取得胜利, 为法国夺得很多领土, 军队从此也声名大振。1799年发动政变推翻执政者夺取最高权力。曾被任命为第一执政官(1799~1804)。他在法国进行了周密改革, 包括颁布《拿破仑法典》。他保持军队战无不胜, 包括打败奥地利(1800)。1804年登上王位。他的海军在特拉法尔加战役(1805)中失败, 但他打败奥地利和俄国取得了重大胜利, 包括奥斯特利茨(1805)和耶拿(1806)战役胜利。到1810年, 欧洲大部分都成为他帝国的一部分。他通过欧洲范围内的抵制英货来削弱英国经济。他侵略俄国(1812)从而拉长了战线。从俄国撤退后, 同盟军便逐渐逼近了, 1814年他被迫退位对厄尔巴岛休养。1815年返回法国作了"百日"皇帝。滑铁卢失败(1815)后退位, 被流放到圣赫勒拿岛。

拿破仑三世 (1808~1873), 法国政治家和统治者, 拿破仑·波拿巴的侄子, 曾任第二共和国总统(1850~1852), 发动政变后, 登上法国王位(1852~1871)。他的权威统治和征服外国的野心都因法德战争失败而破灭了(1870~1871)。

纳赛尔 (1918~1970), 埃及军人和政治家; 曾任总理(1954~1956)和总统(从1956)。他是推翻法鲁克国王政变的主要领导人(1952), 他使苏伊士运河国有化(1956), 从而激怒了法国和英国。他是阿拉伯民族主义运动的激进派领袖。建立了统一的阿拉伯共和国(1958~1961); 在征战以色列的两次战争中失败(1956, 1967)。

尼布甲尼撒二世 (约公元前630~前562), 公元前605年起为巴比伦国王; 恢复并重建巴比伦王国, 使它再次强大。占领耶路撒冷(公元前597)。

尼赫鲁, 贾瓦哈拉尔 (1889~1964), 印度民族主义者和政治家。参加过甘地独立战争, 成为第一任印度总理(1947~1964)。他是世界上一位胸襟博大的领袖人物。

纳尔逊, 格阿马尔 (1758~1805), 英国海军司令。镇压过革命, 反击过法国拿破仑, 包括尼罗河战役(1798); 在特拉法尔加战役受伤致死(1805)。

尼禄 (37~68), 54年起为罗马皇帝。他是一位生活奢侈

墨索里尼和里宾特洛甫

并且多事的统治者。罗马大火之后(64)他开始迫害基督徒。一次政变中他被推下台。为了避免被处死而自杀。

涅谢尔罗迭, 卡尔 (1780~1862), 俄国外交家, 外交部长(1822~1856)。为镇压匈牙利革命(1848)作过贡献, 在巴黎和会中起主要作用, 这次和会确立了拿破仑战后欧洲各国边界。

内维尔, 理查德·沃里克伯爵 (1428~1471), 英国贵族, 因使亨利六世成为他的傀儡以"替身国王"著称(1460), 后来又改变阵营, 在玫瑰战争中帮助爱德华四世登上王位(1461)。因权力过大而被流放。沃里克企图返回拥亨利六世重新掌权(1470~1471), 当他回国时在巴纳特战役中被爱德华四世的军队所杀。

内伊, 米歇尔 (1769~1815), 法国元帅, 在乌尔姆战役(1805)和博罗迪诺战役中(1812)成名。1814年拿破仑退位后他支持复辟的波旁王朝, 但当他的旧主在1815年返回时, 他又和拿破仑站在一起, 并在滑铁卢指挥骑兵下作战。尽管路易十八试图挽救他, 可他还是被审判并被处死。

拿破仑·波拿巴

尼古拉一世 (1796~1855), 1825年起为俄国沙皇。他是一个专制而又残暴的统治者, 曾镇压过波兰起义(1830~1831)和匈牙利革命(1849), 他企图使全部帝国俄罗斯化。他计划瓜分奥托曼帝国, 导致了克里米亚战争。

尼古拉二世 (1868~1918) 俄国沙皇(1895~1917)。他不适合执政, 俄国革命(1917)后被迫退位。1918年他全家被枪毙。

尼克松, 理查德 (1913~1994), 美第37任总统(1969~1974), 共和党人, 艾森豪威尔统治时任副总。和水门事件丑闻有关(1972~1973), 窃听民主党国民委员会的竞选策略。在面临下台的呼声下, 被迫辞职。

诺思, 弗雷德里克 (1732~1792), 英国托利党首相(1770~1782); 他不赞成向美国叛军妥协赢得乔治三世的赞赏, 但却对失去美国负有极大责任。

努尔哈赤 (1559~1626), 中国军事统帅, 满洲女真族部落首领, 在中国东北建

尼禄

立了满洲(清)王朝, 曾侵略中原(1616), 1644年他儿子最终统治中国。

尼雷尔, 朱尼尔斯 (1922~), 坦桑尼亚政治家; 1962年起为独立的坦桑尼亚第一任总统。联合了坦噶尼喀和桑给巴尔(1964) 从而建立坦桑尼亚。他企图在非洲实现社会主义并干涉过乌干达(1978~1979), 最终带来了许多经济问题。

奥康内尔, 丹尼尔 (1775~1847), 爱尔兰民族主义者, 以"解放者"著称。是爱尔兰天主教派要求权利运动的领袖。后来他力争撤销盎格鲁爱尔兰同盟。但他逐渐失去了对政治的判断能力并因煽动叛乱而被监禁了不长时间。

奥博特, 米尔顿 (1924~), 乌干达政治家, 曾任总理(1962~1966), 发动政变后任总统(1966~1971)。1971年被伊迪·阿明赶下台, 1980年在尼雷尔帮助下重新执政, 但1985年又被赶下台。

奥夫雷贡, 阿尔法诺 (1880~1928), 墨西哥军人、政治家。自由党人, 在反革命中加入卡兰萨的军队(1913~1915), 后来因他违反宪法而被推翻(1920)。他任总统期间进行改革并取得重大成就, 后被刺杀。

奥多埃塞 (约433~493), 476年起德裔意大利蛮族国王, 他继位的日子被看作是西罗马帝国灭亡之日。曾被东哥特领袖西奥多里克打败。

奥拉夫二世哈拉德森 (约995~1030), 挪威国王(1014~1028), 经历著名的伦敦兵变之后, 他夺取了挪威王位(1014)。他强迫挪威改信基督教。后来被迫逃亡(1028), 在企图重新夺回王位的战役中被杀。

奥列格 (约卒于912), 海盗领袖, 以基辅为基地建立了一个俄国政府(882)。

奥托大帝（一世） (912~973), 936年起为德意志国王, 962年起为神圣罗马帝国皇帝。控制了各部落领地。955年打败匈牙利人取得决定性胜利。

奥托卡二世 (1230~1278), 1253年起为波希米亚国王。他使波希米亚成为德国领导政府。并把奥地利和匈牙利扩入他的版图。但他最后却在鲁道夫一世发起战斗中被杀之前失去了大部分领地。

欧文, 罗伯特 (1771~1858), 威尔士工业家, 社会主义先驱。在苏格兰新拉纳克工厂建立了一个模范社区。并在别处也建立一些乌托邦社区, 包括印第安纳的"新和谐"社区(1825~1828)。

乌克森谢纳, 阿克谢尔 (1583~1654), 瑞典政治家, 1612年起任古斯塔夫二世的顾问, 后来成为女王克里斯蒂娜的摄政王直到1644年。因卓越的管理和外交才能而闻名。三十年战争(1618~1648)中保护了国家利益。

巴列维, 穆罕默德·雷扎 (1919~1980), 最后一位伊朗国王(1941~1979), 他取得真正的改革成功, 但却增加了社会

创造者和塑造者

不平等,他企图西化却遭到原教旨主义信徒的嘲讽。1979年失去权力;霍梅尼夺权时他便逃走。在埃及死于流放中。

巴列维,雷扎国王(1878~1944),伊朗军人、国王(1925~1941)。参加过1921年政变,曾任总理(1923~1925);1925年被选为帕夏,在国内进行革新。二战中英国和苏联军队占领伊朗时他退位。

潘恩,托马斯(1737~1809),英国社会政治改革家。1774年迁至美国。他的小册子《常识》(1776)提倡庶民。1787年返回英格兰,但因拥护共和主义导致被判有卖国罪,后来他逃到法国,成为国会一名温和派成员。1793被逮捕,后被释放,回到美国(1794)。

帕尔梅,乌洛夫(1927~1986),瑞典政治家,曾任首相(1969~1976,1982~1986)。改革过宪法,取得巨大成就。开展反对美对越战争政策的运动。他的遇刺仍旧是个谜。

帕默斯顿第三子爵,亨利·约翰(1784~1865),英国辉格党政治家,外交部长(1830~1834,1835~1841,1846~1851);首相(1855~1858,1859~1865)。起初他赞助小国的事业,(例如:支持比利时独立),但是到1846年,采纳一种(受欢迎的)好战的帝国主义观点。

帕潘德里欧,安德烈斯(1919~1996),希腊政治家,第一位社会主义首相(1981~1989,1993~1996)。1967年科伦纳尔政变后被流放,但于1974年又返回并建立了希腊社会主义运动党,后来成为一个有争议人物。

帕潘德里欧,季奥吉斯(1888~1968),希腊政治家,二战中曾领导流亡政府,曾任首相(1944,1963,1964~1965)。他是共和党人,后因和康斯坦丁二世不和被挤下台。1967年发动军事政变后被捕。

巴涅尔,查理·斯图尔特(1846~1891),新教徒、爱尔兰民族主义政治家,爱尔兰自治运动的领导人,爱尔兰土地同盟主席(1879)。他鼓励农民反抗地主,导致他被监禁一段时间(1881~1882)。1886年支持格莱斯顿的爱尔兰自治法案。1889年因离婚丑闻而结束政治生涯。

巴顿,乔治·史密斯(1885~1945),美国军人。二战中,他领导美国军队进入北非(1942)、意大利(1943)以及法国和德国(1944~1945)。

保罗三世(1468~1549),出生于意大利,1534年起为罗马教皇,把亨利八世逐出教会(1538),制定了基督教秩序(1540)并主持了特兰托会议(1542)。

圣使保罗(1世纪),负责早期教会发展的使徒。起初他迫害基督徒,当看到基督前往大马士革后他便转变态度。成为非犹太人使徒时,他进行了广泛的传道。62年在罗马被抓获,可能后来被尼禄处死(64)。

皮尔逊,列斯特·鲍尔斯(1897~1972),加拿大总理(1963~1968)。调停了“苏伊士运河事件”。

佩德罗二世(1825~1891),巴西最后一个皇帝(1831~1889),他统治时,社会进步、稳定并废除农奴制(1888)。1889年军事政变后被迫退位。

皮尔,罗伯特(1788~1850),英国保守党政治家、首相(1834~1835,1841~1846),保守党创始人。他废除了《谷物法》(1846)。任国务卿时,建立了首都警察部队。

佩恩,威廉(1644~1718),英国贵格会领袖。把宾夕法尼亚建成贵格会的避难处(1682)。

"矮子"丕平三世(约715~768),751年起为法兰克加洛林王朝国王,他是查理曼之父,曾帮助罗马教皇司提反三世反对隆哥巴兹(754),从而奠定教皇政治的基础。

伯里克利(约公元前490~前429),雅典政治家、海军司令,曾建立雅典帝国(前444年),为雅典公认的最高统帅。他把雅典建成一个宏伟建筑林立的社会和文化中心。曾和斯巴达在伯罗奔尼撒进行了最后决战(431)。

庇隆(1895~1974),阿根廷军人、总统(1946~1955,1973~1974)。人民起义后他被选为总统,他进行国有化运动并进行社会改革,但因增加政府开支,带来可怕的经济后果。妻子爱娃(1919~1952)死后成为人民崇拜的人物。他于1955年下台,1973年又凯旋而归,重新执政。

潘兴,约翰·约瑟夫(1860~1948),美国将军,一战中美国远征军最高司令。

贝当,亨利·菲力浦(1856~1951),法国军人、政治家;一战中保卫凡尔登的民族英雄(1916)。二战中他和德国合作建立了维希政府(1940~1944),他是该政府元首。1945年因叛国而被判死刑,后改为终身监禁。

彼得一世"大帝"(1672~1725),1682年起俄国沙皇,和同父异母哥哥伊凡五世联合执政到1696年,此后成为独立统治者。到西欧进行了秘密的"参观学习"后,使俄国实现现代化、西方化,把首都从莫斯科搬到他所建立的圣彼得堡。他和瑞典进行了"伟大的北方战争"(1700~1721),在"波尔塔瓦"战役大获全胜(1709)。

圣彼得(公元1世纪),耶稣的弟子,信徒之一。开始他打鱼为生,后来成为基督教的牧师,并较早成为门徒。在耶稣被钉死于十字架之前他3次否认基

伯里克利

督教旨。他被认为是信徒领导人,耶稣称其为"磐石",而且说要把教会建造在这磐石上,他被认为是第一位教皇。在罗马殉教。

腓力二世(1527~1598),1556年起为西班牙国王,1580年起为葡萄牙国王。他是反改革的关键人物,虽然他和荷兰作战(从1567)带来巨大经济损失,但还是扩大了西班牙领土,1588年侵略英格兰失败失去了西班牙舰队。

腓力二世(公元前382~前336),公元前359年起为马其顿国王。领导马其顿征服希腊,建立科林斯同盟(337),这是一个希腊国家联盟。被刺而死。

腓力二世,奥古斯都(1165~1223),1180年起为法兰西卡佩森王朝第一位伟大的国王。从英格兰夺取很多领地,因而巩固了法兰西。参加过第三次十字军东征(1191)。

好国王腓力三世(1396~1467),1419年起为勃艮第公爵。使勃艮第成为繁荣强大的欧洲国家。

腓力四世(1605~1665),1621年起为西班牙国王。喜欢艺术胜于政治,他靠首相奥利瓦雷斯帮助执政。他统治时西班牙逐渐衰弱。1640年失去葡萄牙,《威斯特伐利亚和约》达成后失去荷兰(1648)。

"美男子"腓力四世(1268~1314),1285年起为法国国王,和教皇产生权力争执,导致被卜尼法斯八世抓获(1303)。建立了阿维尼翁教廷和巴比伦监狱(1305)。因他觊觎拥有大量财富的圣殿骑士,便强迫教皇解散圣殿骑士团(1314)。

腓力六世(1293~1350),1328年起为法兰西第一位瓦卢瓦国王。当英格兰爱德华三世争夺法国王权时爆发百年战争(1337)。为让贵族资助战争,他便向他们让步。

皮尔斯,富兰克林(1804~1869),美第14任总统(1853~1857),民主党人,维护奴隶制,1853年他的《堪萨斯-内布拉斯加法案》导致了主张废除奴隶制的人们起义,引起内战爆发。

彼拉多,庞修斯(约卒于36),罗马犹太巡抚(26~36)。宣判耶稣基督死刑。

毕苏斯基,约瑟夫(1867~1935),波兰军人,一战中为使波兰脱离俄国统治而奋战。曾任总统(1918~1922)和总理(1926~1928),但任国防部长却成

彼得大帝

了波兰实际上的独裁者直到去世。

皮诺切特,奥古斯都(1915~),智利军人、总统(1973~1990)。发动军事政变,推翻合法总统阿连德成为独裁者。他统治时多次侵犯人权。

老皮特,威廉,查塔姆第一位伯爵(1708~1778),英国辉格党首相(1766~1768)。1756~1761年在纽卡斯尔领导下任国务卿,此间把英国建成专制主义国家,并在"七年战争"中打败法兰西。后因健康欠佳不能胜任首相工作而辞职。

小皮特,威廉(1759~1806),英国托利党首相(1783~1801,1804~1806)。23岁时成为财政大臣,24岁时任首相,曾提高了首相和内阁的权力。他主要关心金融,例如,他提出增收"收入税"(1798)。建立不列颠和爱尔兰联合王国(1800)。组织3次欧洲联盟反抗法国革命(1793,1799,1805)。

庇护九世(1792~1878),1846年起意大利籍教皇。选举时因慷慨赞助爱国者而被拥戴,后来他变得反动,当罗马帝国结束,意大利统一时(1870)他失去了教皇的世袭权力,并在梵蒂冈宣称自己为囚犯。曾宣传教皇信条真实可信(1870)。

皮萨罗,弗朗西斯科(约1478~1541),西班牙征服者。征服了秘鲁的印加帝国(1531~1533)。建立利马(1535)。被过去的伙伴、后来的对手阿尔马格罗所杀。

波尔布特(1926~),柬埔寨共产党政治家,红色高棉领袖(1962~1985),曾任总理(1976~1979)。1978年他的政府被越南人推翻。1997年被红色高棉审判。

波尔克,詹姆斯(1795~1849),第十一位美国总统(1845~1849),民主党人,他使得克萨斯承认归联邦所有,发动了墨西哥战争(1846~1847),又得到了加利福尼亚和新墨西哥。

波罗,马可(约1254~1324),威尼斯商人和探险家,曾到中国旅行(1271~1275);曾为忽必烈可汗服务(1275~1292)。他的旅行游记向欧洲展示了中国的伟大。

蓬巴尔侯爵(1699~1782),葡萄牙首相(1756~1777)。任职间重新建设了地震后的里斯本(1755)。建立了基础教育制,重视组建军队,削减贵族和教会权力,赶走了犹太人。

庞培大帝(公元前106~前48),罗马将军、政治家,为罗马夺取了亚洲西南部,和凯撒及克拉苏成为三执政官(公元前61~前54)。后来他和凯撒竞争激烈,在法萨卢斯战役中失败(公元前48),不久他便被杀。

蒲鲁东,皮埃尔·约瑟夫(1809~1865),法国社会主义政治理论家、记者,他的作品比马克思的还早,是后来的政府激进理论的基础。因他的观点偏激而被囚禁过好几次,他的观点中,包括宣称"财产是偷窃而得"。

托勒密一世,骚特(公元前365~约前283),埃及统治者,托勒密王朝创始人。他

伯 里 克 利 在 雅 典 建 立 了 雅 典 卫 城 和 巴 台 农 神

是亚历山大的一位将军，公元前323年他控制了埃及，公元前305年宣布为王。他使亚力山德里亚成为文化和商业中心。

皮姆，约翰（1584～1643），英国政治家，领导议会反对詹姆斯一世和查理一世。他首先开始废除王室特权，查理一世企图逮捕他，却促使了内战的爆发。

拉美西斯二世（公元前13世纪），埃及法老（公元前1304～前1273），在他统治时，埃及帝国势力达到顶峰，和他名字有关的许多建筑都是代表他辉煌的早期纪念物。

拉美西斯三世（卒于公元前1166），公元前1198年起为埃及法老，最后一位伟大的法老，他打败利比亚和海盗，保卫了埃及。

拉斯普廷，格雷高里（约1871～1916），俄国神秘主义者，他因治愈俄国太子而成为有影响的人物和皇室喜爱的人。他被一位力图削弱他权力的贵族刺杀。

拉特瑙，维阿特尔（1867～1922），犹太人，德国工业家和政治家，一战中，建立战争工业和经济结构。战后，按照《凡尔赛条约》规定，他负责恢复工作。成为外交部长后不久便被民族主义者刺杀。

罗纳德，里根（1911～），美国第40任总统（1981～1989），曾为电影演员，后成为共和党政治家。他没有调整经济发展策略，但减少了联邦的支出和税收（"里根经济学"）。他增加了国防支出但却和俄国签订了《反核武器条约》（1987）。他执政的最后几年里，发生了伊朗门丑闻，事件中，美国用武器和伊朗及尼加拉瓜交换人质。

雷诺，保罗（1878～1966），法国政治家、保守党人、总理（1940）。他反对绥靖政策，领导法军作战，宁肯辞职也不投降。被德军抓为战俘押至1945年。

李承晚（1875～1965），朝鲜政治家、总统（1948～1960），在流亡生活中曾领导人民反抗日本统治（1919～1945）。1948年在美国支持下建立大韩民国，任总统。暴乱后去职。

罗德斯，赛西尔（1853～1902），英国商人，南非殖民者，建立了英南非公司（1889），使罗德西亚（现津巴布韦）和贝专纳兰（博茨瓦纳）成为英附属国。曾任好望角殖民地总理（1890～1896）。发动詹姆森兵变，推翻布尔的德兰士瓦战役（1895）失败后退位。

里宾特洛甫，多阿西姆·冯（1893～1946），德国纳粹头子，希特勒外交部长（1938～1945）。协商达成了几个战前条约，包括和日本及苏联的条约。为德国在欧洲大陆的进攻铺平了道路。在纽伦堡被审判并处死。

"狮心王"理查一世（1157～1199），1189年起为英格兰国王，参加第三次十字军东征（1189）。和萨拉丁作战。返回时被奥地利利奥波特五世抓获并被国王亨利六世囚禁直到赎出（1194）。

理查三世（1452～1485），1483年起英格兰国王。他是最后一位约克王，通过囚禁或许是谋杀了他的兄弟——年轻的爱德华五世从而篡夺了王位。他平息了白金汉叛乱（1483），他被亨利（七世）都铎在博斯沃思战役中打败并杀死。

黎塞留，阿尔芝·让·杜·普莱西（1585～1642），法国枢机主教，1624年起路易十三的第一大臣，通过抑制贵族权力建立了君主专制。他在拉罗谢尔破坏了胡格诺派势力（1628）。他使法兰西在欧洲势力超出西班牙哈布斯堡王朝和神圣罗马帝国。

里维拉，米格尔·普里·德（1878～1930），西班牙军人、独裁者。建立独裁政权统治阿方索十三世（1923～1930）时的西班牙。

罗伯特一世（布鲁斯）（1274～1329），1306年起苏格兰国王，参加游击战反对英格兰侵略苏格兰（1306～1314），在班诺克本（1314）取胜，使苏格兰取得独立。

罗伯斯庇尔，马克西米扬·弗朗科伊斯·马里·伊沙多·德（1758～1794），法国革命领导人，群众威望极高，国民大会召开时是雅各宾派的实际领导人，被选为国民大会代表（1792），要求处死国王并彻底打败温和的吉伦特派（1793）。他是救国委员会领导人，后来实行专制，进行恐怖统治。实行"崇拜极权人物"之后被废黜并送上断头台。

罗杰二世（1095～1154），1130年起西西里诺曼国王。统一了南意大利和西西里，成为独立强国。他的宫廷汇集了东西方学者，成了一个求知的中心。

隆美尔，欧文（1891～1944），德军统帅，领导非洲军团在北非取得初步的胜利。但在阿拉曼战役中失败（1942），1944年卷入刺杀希特勒事件，后自杀。

罗斯福，富兰克林·德拉诺（1882～1945），美国第32任总统（1933～1945），民主党人。他实施了一系列的通过政府干涉经济政策"新政"来抵制经济"大萧条"。他努力使美国保持中立，但战争爆发时却支持同盟国，其中和英国签订了《租借法案》（1941）。日本偷袭珍珠港后，美国被迫参加二战

拉斯普廷

（1941），并和丘吉尔结成紧密同盟。

罗斯福，西奥多（1858～1919），军人、探险家、猎人、作家、共和党政治家、美国第26任总统（1901～1909）。"西－美战争"（1898）时在古巴因是莽骑兵的指挥官而闻名，他粗暴地干涉拉丁美洲国家的内部事务（例如哥伦比亚）。

鲁道夫一世（1218～1291），1273年起为哈布斯堡神圣罗马帝国第一位皇帝，哈布斯堡王朝创始人，曾打败波希米亚奥塔卡二世（1278），得到奥地利和施蒂里亚。

龙德施泰特，戈德·冯（1875～1953），德国希特勒的将军，闪电般地袭击了法国和波兰，在征服法国（1940）中起关键作用。1944年率军在阿登战役中受到严厉打击后，他被任命负责反同盟军作战。1945年被俘，因患病而未受审。

罗素，约翰，罗素伯爵一世（1792～1878），英国辉格党政治家、首相（1846～1852，1865～1866）。负责为议会起草"改革法案"（1832）。

勒依特，米歇尔·德（1607～1676），荷兰司令，在第二和第三次英荷战争中（1665～1667，1672～1678）曾与英国作战，取得了几次阻止英国侵略的关键性胜利。

萨达特，安瓦尔（1918～1981），1970年起为埃及总统，1978年他与以色列谈判签订了《以色列-埃及和平条约》，这项条约在阿拉伯世界不受欢迎。他被极

丘吉尔、罗斯福和斯大林

端主义者谋杀。

萨拉丁（1137～1193），1174年起埃及和叙利亚的库尔德的苏丹，在埃及建立了阿尤布王朝，夺取了耶路撒冷（1187），在第三次十字军东征（1189～1192）中与基督教派作战。因对罪犯仁慈而著称。

萨拉查，安托尼·德·奥里维阿（1889～1970），葡萄牙独裁者，总理（1932～1968）。他复苏了经济却在非洲进行代价巨大的殖民战争。

索尔兹伯里，罗伯特·塞西尔第三侯爵（1830～1903），英国保守党政治家，外交部长（1878，1885～1886，1886～1892，1895～1902）。曾就爱尔兰自治问题反对格莱斯顿。采用帝国主义政策，导致殖民战争，包括布尔人战争

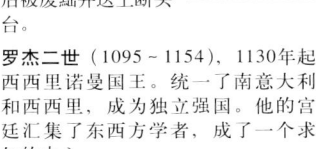
萨拉丁

（1899～1902），但他却回避和欧洲各国结盟而发生冲突。

圣马丁（1778～1850），阿根廷革命军人，在解放南美洲脱离西班牙统治中起主要作用，包括阿根廷（1814～1816）、智利（1817～1818）和秘鲁（1821）的解放。后为秘鲁统治者（1821～1822）。因和玻利瓦尔不和而被流放。

圣安纳（1797～1876），墨西哥领导人、总统（1833～1836，1839，1841～1844，1846，1846～1847，1853～1855）。墨西哥独立战争中的英雄，他的反动政策却使丢掉了得克萨斯（1836）。后来在战争中被美国打败（1846）。

萨沃那洛拉，基洛拉莫（1452～1498），意大利传道士，多明会教派领袖。直言指责过教皇亚历山大六世。赶走美第奇家族成为一个佛罗伦萨统治者，他努力要建成一个基督教国家带给世界人民快乐。后来，他被逐出教会（1497），作为异教徒被处以绞刑和火刑。

施密特，赫尔穆特（1918～），德国社会民主党政治家，西德总理（1974～1982），为建设德国作出巨大贡献。

舒曼，罗伯特（1886～1963），法国政治家，总理（1947～1948，1948）。他提出"舒曼计划"（1950），目的是共同使用欧洲煤和钢资源，最后导致"欧共体"建立。

施韦策，艾伯特（1875～1965），德国路德教神学家和传教士。献身于慈善事业，曾成为传教医生，在加蓬建立了医疗中心。

大西庇阿（公元前237～前183），罗马统帅，在扎马战役中（公元前202）打败汉尼拔，消除了迦太基对罗马的威胁。

塞琉古一世（约公元前358～前281），亚历山大大帝手下的马其顿统帅。亚历山大去世时（公元前323），他建立了一个包括巴比伦（公元前312），波斯和叙利亚的帝国。塞琉古王朝持续了250年。

谢里姆一世（1470～1520），1512年起为奥斯曼帝国苏丹，大大扩张了奥斯曼帝国，增加了库尔德斯坦、埃及、叙利亚和汉志。成为穆斯林世界领袖。

塞内加（约公元前4～公元65），罗马哲学家、政治家和演说家。对罗马的政策影响巨大。54年克劳狄死后他掌权。62年在尼禄的逼下从政坛隐退。被指控参与皮索阴谋而被勒令自杀。

塞纳克里布（卒于公元前681），公元前705年起为亚述国王，因把尼尼微城建成为非凡的首都而闻名。掠夺过巴比伦（公元前689）。攻打耶路撒冷（公元前701）使他成为《旧约》中杰出的人物。

斯福尔扎，弗朗切斯科（1401～1466），米兰的雇佣兵和政治家。1450年起为米兰公爵。是米兰公爵维斯孔蒂的女婿和继承人。他军事战略高明，使他获得极高的权位，并建立斯福尔扎王朝。该王朝统治米兰直到1535年。

斯福尔扎，劳朵维考（1452~1508），1494年起为米兰公爵，是一位无情政治家，夺权之前是米兰摄政王（1480~1494），他阻止了法兰西夺走那不勒斯，但1499年被路易十二革职。他资助艺术发展，使米兰成为壮丽的文化中心。

沙夫茨伯里第七伯爵，安东尼·阿希里·库珀（1801~1885），英国社会和工业改革家，福音传道者，改善了工业化英国的工作条件，包括颁布《工厂法案》（1847，1850，1859）和《矿山法案》（1842）。

沙·贾汗（1592~1666），印度莫卧儿皇帝（1628~1658），丢失了波斯领土，却得到了德干。1658年被儿子奥朗则布废黜。因下令建造美丽的建筑物而著名，包括泰姬陵、德卡姆西。

谢尔曼，威廉姆（1820~1891），内战中美国将军，率领联邦军进入佐治亚和卡罗林纳。烧毁亚特兰大后（1864）他追使李于1865年投降。他任美国陆军总司令直到1874年。

秦始皇（约公元前259~前210），公元前246年起为中国秦朝皇帝，建立了第一个统一的帝国（公元前221）。命令"焚书坑儒"（公元前212），开始修建中国长城。

西瓦吉（1627~1680），1674年起为印度国王，是玛兰莎帝国创始人，利用莫卧儿帝国的软弱建立了一个独立的王国，该王国存在了近150年。

西哀士，伊曼纽尔·约瑟夫（1748~1836），法国神父和革命领导人，写了许多手册（1788~1789），提高人民革命热情，帮助建立了国民大会（1789），并投票同意处死国王，但当恐怖活动增长时他便不再坚持。曾参与1799年推翻执政党政变，后建立了拿破仑·波拿巴政权。

斯密，亚当（1723~1790），苏格兰经济学家、哲学家。因作品《国富论》（1776）而闻名，他专门研究自由经济和自由放任政策。

斯穆茨，扬·克里斯蒂安（1870~1950），南非军人、政治家、总理（1919~1924，1939~1948）。在加入布尔人反抗英国战争（1899~1920）前，他曾为德兰士瓦政府工作。他是一战中一位主要军事统帅，但后来却被非洲人所不齿。他对使英帝国变为联邦制影响巨大。

所罗门（约公元前1015~前977），以色列《旧约》中的国王。被认为是以色列最伟大、最圣明的君主之一。他在耶路撒冷建立了圣殿。

梭伦（约公元前640~前560），雅典政治家、立法者，改革了雅典政府和法典，奠定了雅典民主统治基础。

斯帕克，保罗·亨利（1899~1972），比利时政治家、外交部长（1936~1938年，1939~1945，1945~1947，1954~1957，1961~1966），首相（1938~1939，1947~1950）。1945年帮助建立联合国。为建立"欧共体"也做出了巨大贡献，帮助协商《罗马条约》（1957）并任"北大西洋公约组织"秘书长（1957~1961）。

斯巴达克思（卒于公元前71），色雷斯奴隶起义领袖（公元前73），这次起义席卷南意大利大部分地区，但后来他被马库斯利希里尔斯·克拉苏打败并杀死（公元前71）。

斯大林，约瑟夫（1879~1953），苏联集权统治者，1922年起为共产党总书记，1924年列宁逝世后为苏联领导人。他实施"五年计划"，彻底重建国家。试图实现集体化。和希特勒签订《互不侵犯协定》（1939），在德国入侵（1941）时又加入二战。经过漫长的艰辛的战斗之后才击退德军。二战结束后开始了"冷战"，苏联上升为全球强权国家。

斯坦利，亨利（1841~1904），出生于威尔士，在中非的美国探险家，救出过利文斯通（1871）。

施陶芬贝格，克劳斯·冯（1907~1944），德国军人，1944年和德国其他军官共同企图阴谋刺杀希特勒，但他放在希特勒司令部的炸弹没有炸死希特勒，所以他被立即处死。

斯特凡·杜山（1308~1355），1331年起为塞尔维亚国王，1346年起为皇帝。扩张了塞尔维亚领土，使它包括波斯尼亚、阿尔巴尼亚和马其顿，可他的帝国寿命很短。

斯特凡·巴托里（1533~1586），特兰西瓦尼亚王子（1571~1576）；1575年起为波兰国王，成功地保卫了波兰东部，防止了伊凡四世的侵略。

斯提温一世（977~1038），1000年起为匈牙利第一位国王，统一了几个马扎尔国家。使匈牙利人改信基督教。

斯特拉福德伯爵（第一），托马斯·温特沃斯（1593~1641），英国保皇党政治家，1639年起为查理一世主要顾问。被皮姆政府推下台并处死。

斯特莱斯曼，古斯塔维（1878~1929），德国政治家，魏玛共和国总理（1923）和外交部长（1923~1929）。实施和解政策使得德国一战后能重新获得国际立足处。

苏加诺（1902~1970），印度尼西亚政治家和总统（1949~1966）。他领导过反荷兰统治战争（1945~1949）。1967年被废黜。

伟大的苏莱曼一世（1494~1566），1520年起为土耳其奥斯曼帝国苏丹。他把帝国扩张到极点，占领了匈牙利、佐治亚和巴格达，但占领维也纳未成功。他的舰队控制了地中海地区。

苏拉，卢修斯·科尼利厄斯（公元前138~前78），罗马将军，公元前88~前82年内战中胜了马略，后来成了独裁者（公元前82~前79）。

苏利公爵，马克西米尔扬·德·贝吐恩（1560~1641），法国政治家和亨利四世的大臣。在遭受宗教战争的破坏后，帮助重新恢复了法国经济。

列宁和斯大林

孙中山（1866~1925），中国民主革命领导人。1911年革命成功，推翻满清王朝，成为国民党政府领导人。后任中华临时政府总统（1911~1912），被称为现代中国国父。

塔夫脱，威廉姆（1857~1930），第27任美国总统（1909~1913），共和党人。他任职时，共和党和保守党不和，任美国首席法官（1921~1930）时，进行了多次审判改革。

唐太宗（600~649），中国统治者，626年起为皇帝。他逐步征突厥人，重新统一中国。并捍卫了父亲建立的唐王朝。

塔列朗，佩里戈尔，夏尔拉·马里斯·德（1754~1838），法国政治家（曾任主教），欧洲巨变中，他保住了法国政权；他参加过法国革命，曾任外交部长（1797~1799）；帮拿破仑推翻了政府（1799），任外交部长（1799~1807），和拿破仑组成了"莱茵联盟"（1806）。他是法国参加维也纳会议的代表（1815）；帮助路易·菲利普于1830年登上王位。

泰摩兰（帖木儿）（1336~1405），土耳其征服者，曾领导军队进入俄国、中亚、波斯和印度，建立了一个和他一同逝去的帝国。

撒切尔，玛格丽特（1925~），英国保守党政治家、首相（1979~1990）。在福克兰群岛冲突中获胜（1982）。她使保守党当权，并使国家企业私有化，把重点放在市场经济上。

地米斯托克利（约公元前523~约前460），雅典政治家，他的海军战略是萨拉米斯战役中（公元前480）打败薛西斯的波军取得胜利的关键。

狄奥多里克大帝（454~526），471年起为东哥特国王，493年侵略并从奥多亚塞夺取半岛大部分领土后成为意大利国王。

梯也尔（1797~1877），法国政治家，总理（1836，1840，1848），第三共和国创始人和总统（1871~1873）。作为临时政府的首脑（1870）和俾斯麦和谈并平息巴黎公社起义（1871）。后来他成为临时政府的领导人。

图特摩斯三世（卒于公元前1450），公元

雷翁·托洛茨基

前1504年起为埃及法老，征服过叙利亚、巴勒斯坦和爱琴海地区，使埃及和领地达到极点。他被认为是最杰出的法老之一。

提比略（公元前42~公元37），公元14年起为罗马皇帝，奥古斯都的养子，他的统治带来了和平和统一，但当他的朋友兼顾问塞扬努斯发动政变后，他便隐居到卡普里岛。

铁托（1892~1980），南斯拉夫共产党政治家，他的游击队在二战中反抗过纳粹军队。1943年为实际统治者，曾任总理（1945~1953）、总统（从1953）。1948年脱离苏联，重建南斯拉夫并使它成为反中央集权的不结盟国家。

提图斯（39~81），79年为罗马皇帝。70年夺取了耶路撒冷，对反对派比较宽容，慷慨资助维苏威火山爆发（79）和罗马大火后（80）的难民。

东条英机（1884~1948），日本军人，政治家，首相和独裁者（1941~1944）。领导日军加入二战，后被同盟国审判并处死。

德川家康（1543~1616），日本幕府将军（1603~1605），建立德川幕府，统治日本长达250多年。

托尔克马达，托马斯·德（1420~1498），西班牙僧侣，西班牙第一任宗教总裁判官，对把犹太人逐出西班牙负有责任（1492）。

杜尔，艾哈迈德·塞古（1922~1984），几内亚政治家，第一任总统（1958~1984）领导过独立运动，任总统时建立了独裁统治。

特龙普，马滕（1597~1653），荷兰海军司令，建立了荷兰共和国的海上霸权地位，打败了西班牙舰队（1639），而成为海上新的霸主。

托洛茨基，雷翁（1879~1940），俄国革命领导人，在1917年布尔什维克革命中起关键作用。负责外交和战争事务的人民委员（1917~1924）。他是一个国际主义者（相信永恒的世界革命），曾被斯大林流放（1929）。在墨西哥他被人用冰镐杀死。

杜鲁门，哈里斯（1884~1972），第33任美国总统（1945~1953）。1945年富兰克林·罗斯福去世时他成为总统。他任职期间发生的重大事件包括：在日本投下第一颗原子弹（1945），进行柏林空运（1948~1949），参加联合国和朝鲜的战争（1950~1953），解除麦克阿瑟联合国军驻朝司令的职务（1951）。

冲伯，莫伊斯（1919~1969），刚果政治家，领导加丹加脱离运动（1960），并成为它第一任总统直到1963年。后来任刚果总理（1964~1965）。

蒂雷纳子爵（1611~1675），法国军人，1643年起为法国军队总司令。他是一位杰出的指挥官，在三十年战争中多次立功，路易十四企图使法国成为欧洲主要军事强国，他在这一计划中起主要作用，他曾率军征服了西班牙、荷兰的大部分土地。

■ 探险家阿美利哥·韦斯普奇首次确认新大陆不是亚洲 ■

慈禧（1835~1908），中国清朝皇太后，起初是咸丰皇帝的妃。她反对变法，1889年她侄子光绪亲政，光绪试图改革，但最终被慈禧软禁在皇宫。她镇压过扶清灭洋的义和团运动（1900）。在她死的前一天杀死了光绪。

吴努（1907~1995），缅甸政治家，缅甸独立后的第一位总理（1948~1956，1957~1958，1960~1962）。1962年政变中被推下台，并被囚禁到1966年。

乌布利希，瓦尔特（1893~1973），东德共产党政治家、党的领导人（1950~1971），政府领导人（从1960）；他建立柏林墙（1961）阻止东德人民逃避他的统治。

瓦尔德马四世（1320~1375），1340年起为丹麦国王，利用瑞典的薄弱势力使丹麦成为斯堪的那维亚半岛的主要强国。

瓦莱里安（约193~260），253年起为罗马国王。他迫害基督徒，和波斯作战，战败后死于狱中。

瓦加斯（1883~1954），巴西政治家、总统（1930~1945，1951~1954）。1930年夺取政权，建立了一个联合政府，进行了成功的社会改革。1945年被废黜，1951年重新当选，但在人民强烈反对中自杀。

沃邦（1633~1707），法国军事工程师，效力于路易十四，他巩固了国防，改革了地雷装置和大炮。

韦尼泽洛斯（1864~1936），希腊政治家、首相（1910~1915，1917，1924年，1928~1930，1933）。他领导希腊与土耳其（1912）和保加利亚（1913）作战，夺得许多领地。1917年他率希腊军队加入一战反抗德国时，曾迫使共和党领导人康斯坦丁一世退位。1935年他全力夺权导致内战。

维沃尔德（1901~1966），生于荷兰的南非政治家、总理（1958~1966），不顾国内外反对而实行残酷的种族隔离政策，后被刺杀。

韦斯巴芗（9~79），69年起为罗马皇帝，经历了尼禄统治的动荡年代后给罗马带来了稳定局面，把罗马权力延伸到德国和威尔士。

韦斯普奇，阿美利哥（1454~1512），意大利探险家，为西班牙效力。在新大陆航海（1499~1500，1501~1502）中，他到巴西，美洲是以他名字命名的。

维克托·伊曼纽尔二世（1820~1878），1849年起撒丁-皮埃蒙特国王，1861年成为意大利统一后的第一位国王。在加里波第帮助下统一了国家。

维多利亚（1819~1901），1837年起英国女王，1840年嫁给堂兄阿尔伯特，他的早逝使她悼念了40年。1876年迪斯累里使她加冕为印度女王。她恢复了君权统治；她晚年时候，人们把她的故事展现在舞台上，表达对女王的敬意。

比亚，弗朗西斯科（1878~1923），墨西哥革命领导人，游击队员。参加过反对迪亚斯起义（1909）和韦尔塔（1914）起义，失败后逃走。发动内战反对总统卡兰萨（1914~1920），被刺。

维斯孔蒂（1351~1402）。1378年起为米兰公爵，发动战争逐渐控制了意大利北部和中部大部分地区。

弗拉基米尔一世（约956~1015），970年起为诺夫哥罗德王子，980年夺权后为基辅王子。他使刚成立的俄国改信基督教。

伏罗希洛夫，克里门特（1881~1969），苏联元帅、主席（1953~1960）。他是斯大林的一位长期好友，20世纪30年代他使苏联红军实现现代化。

沃斯特（1915~1983），南非政治家、总理（1966~1978）、总统（1978~1979）。继续实行民族隔离政策。后由于政治丑闻而退位。

瓦文萨，列奇（1943~），波兰政治家、总统（1990~1995）。他是一地下商业联盟组织者，曾帮助建立"自由贸易联盟"，军事管制法宣布时他被监禁（1981~1983）。曾被授予诺贝尔和平奖（1983）。领导罢工之后，1988年他签署协议，结束了波兰社会主义统治（1989）。

华莱士，威廉（约1274~1305），苏格兰爱国者，曾反抗英军占领苏格兰，在斯特灵桥打败英军（1297），但在福尔柯克却败给了爱德华一世（1298）。领导游击队作战直到1305年被捕，后因被指控叛国而处死。

华伦斯坦，奥尔布雷克特·冯（1583~1634），奥地利将军，三十年战争（1618~1648）中和丹麦及瑞典作战。后因密谋夺取德国最高权力而导致被刺。

沃波尔，罗伯特（1676~1745），英国政治家、第一任首相（1721~1742），利用说德语的乔治一世无力主持宗教会议从而巩固了神父的权力。他发展了内阁政府。

华盛顿，乔治（1732~1799）美国将军、第一位总统（1789~1797）。独立战争中波士顿战役（1775）的美军司令。1781年在约克镇打败康华里从而使战争基本结束。主持召开了宪法会议（1787），1789年被选为总统，1792年再次当选。他倾向于联邦党派而他的国务卿杰斐逊却成了共和党领袖。1797年他离职。

维多利亚女王和阿尔伯特王子

韦伯，马克斯（1864~1920），德国政治经济学家，现代社会学创始人。因创立"新教准则"而著名，他把新教和资本主义联系起来。

魏茨曼，汉姆（1874~1952），犹太复国主义领袖，以色列第一任总统（1949~1952），对20世纪犹太复国主义运动高涨做出贡献；帮助发表了《贝尔福宣言》（1917）。

威灵顿，阿瑟·韦尔斯利第一公爵（1769~1852），英国军事统帅，托利党政治家，首相（1828~1830）。在半岛战争中（1804~1814）打败拿破仑军队，在滑铁卢战役（1815）中和布吕歇尔联合取胜。任首相期间，他反对议会改革导致公众不满。

卫斯理，约翰（1703~1791），英国卫理公会创始人。半个世纪内，他走遍大不列颠，传播了40000条教义。他把自己和卫理公会认为是圣公会的一部分。

威尔伯福斯，威廉姆（1759~1833），英国慈善家和反奴隶制运动者。1807年他的《禁止奴隶贸易法案》成为法律。

威尔克斯，约翰（1727~1797），英国政治家，提倡言论自由。他攻击乔治三世导致被逐出议会并被监禁一段时间，但由于议员的特权导致他又被释放。

威廉一世（1797~1888），1861年起为普鲁士国王，1871年为第一位德国皇帝。他是保守党人，曾任命俾斯麦为普鲁士（1862）和德国（1871）首相，并依靠他来执政。1877年拒绝他执政的退位。

威廉一世（征服者）（1027~1087），1035年起为诺曼底公爵，在黑斯廷斯打败哈罗德后，1066年起为英国国王。他使英格兰实行封建政策，并进行中央集权制。他下令编写《末日审判书》（1086）。

沉默的威廉一世（奥伦治王子）（1533~1584），荷兰爱国者，1572年起为第一位统治者，为西班牙管理3个荷兰省，后成为荷兰新教派民族革命的领导人。当西班牙派来阻止抵制天主教时，他进行反抗并成为北荷兰领导人（1579），后来成立荷兰共和国。被刺杀。

威廉二世（1859~1941），德国皇帝、普鲁士国王（1888~1918）。他是军国主义者，罢免了俾斯麦（1890）。一战中，他成为傀儡。1918年被迫退位。

乔治·华盛顿

威廉三世（奥伦治的威廉）（1650~1702），1672年起为荷兰执政者，1689年起为英格兰国王。光荣革命中迫使詹姆斯二世退位，他登上王位并和他的妻子玛丽二世（詹姆斯的女儿）联合执政直到她去世（1694）。在博因河战役（1690）中打败詹姆斯二世，在欧洲首先开始反对路易十四；提倡发展新教。

威尔逊，哈罗德（1916~1995），英国工党首相（1964~1970，1974~1976），他执政时面临"工资平衡危机"、罗德西亚问题和法国反对英国加入欧共体问题。

威尔逊，托马斯·伍德罗（1856~1924），第28位美国总统（1913~1921），民主党人。他领导美国加入一战，是各国同盟的主要创始人，他没能阻止美国远离战争，而导致健康状况不佳。

沃尔西，托马斯（约1475~1530），英国主教、政治家。亨利八世一位得力的但却自负的大臣（1515~1529），因他没能帮亨利八世和阿拉贡的凯瑟琳结婚而倒台。

威克里夫，约翰（约1329~1384），英国神学家，宗教改革家，新教运动的先驱。他干涉教会活动并开始用英语翻译《圣经》。异教派罗拉德派采纳了他的有争论的观点。

薛西斯一世（约公元前519~前465），公元前486年起为波斯国王，侵略希腊（公元前480），参加温泉关战役（公元前480）和萨拉米斯海战（公元前480），后在普拉蒂蒂亚被打败（公元前479）。

山本五十六（1884~1943），日军司令，设计并袭击了珍珠港（1941），但他一人反对日本加入二战。

山下奉文（1885~1946），日本将军，二战时攻占了新加坡（1942），战后作为战犯被审判并绞死。

吉田茂（1878~1967），日本政治家、首相（1946~1947，1948~1955）。他曾和美国占领军友好相处，策划了日本的经济复苏，并建立民主政体。

日夫科夫（1911~），保加利亚统治者，共产党总书记（1954~1989），总理（1962~1971），总统（1971~1989）。他统治特点是：忠于苏联，后来被社会主义改革家推下台（1989）。

索古（1895~1951），阿尔巴尼亚独裁者，首相（1925~1928），国王（1928~1939）。他是现在阿尔巴尼亚真正创始人，当墨索里尼入侵时他便逃跑了（1939）。

琐罗亚斯德（约公元前630~约前553），琐罗亚斯德教的麦地那创始人，他的教义体系是以好人和坏人间的斗争为基础的。他的教义影响了1500多年的历史，但后来被伊斯兰教义所代替。

茨温利（1484~1531），瑞士神学家、新教改革家，他的教义是以《圣经》中的戒律为基础的。

主要战争

- 百年战争期间，在1415年爆发的阿让库尔战役中，英国军队与法国军队人数之比为1:3。英军虽然处于劣势，但在英王亨利五世的率领下，击败了法国军队，因而控制了大部分法国领土。
- 死亡人数最多的一次战役为1943年苏联的斯大林格勒战役。据估计，在那次战役中，死亡人数为1,109,000人。
- 1944年，在17天之内，德国中央集团军在东线损失了35万人。

公元前490年马拉松希腊-波斯战争：在米太亚德和卡利马科斯的领导下，雅典人击败了波斯人从海上对阿提卡（今希腊）的入侵。按照传统，菲迪皮茨长途奔跑将胜利的消息传到雅典。从此，马拉松便成了长跑的代名词。

公元前480年温泉关希腊-波斯战争：希腊前卫——300名斯巴达士兵在莱奥尼达斯卜、希洛人（国有奴隶）等人的领导下，守卫山口，抵抗薛西斯一世的军队。虽然受到包围，被切断退路，面临死亡，他们仍继续战斗，显示出史诗般的英雄气概。

公元前480年萨拉米斯希腊-波斯战争：由于采用了地米斯托克利的策略，希腊人以计谋击败波斯船队，迫使波斯人撤离伯罗奔尼撒，遏制了他们征服希腊的行动。

公元前479年普拉蒂亚希腊-波斯战争：在普拉蒂亚由斯巴达人保萨尼阿斯率领的希腊步兵战胜薛西斯一世的波斯军队，这一战役迫使波斯人放弃了征服希腊的企图，从而结束了希腊-波斯战争。

公元前405年伊哥斯波塔米伯罗奔尼撒战争（雅典人与斯巴达人之战）：在来山得率领下，斯巴达人突袭并击溃雅典舰队，雅典人被包围，随后投降，斯巴达人在希腊占据主导地位。

公元前371年留克特拉底比斯人在伊巴密浓达领导下战胜斯巴达人，成为希腊的主要力量。

公元前338年喀罗尼亚：马其顿的腓力二世击败底比斯人和雅典人，马其顿人统治了希腊。

公元前333年伊苏斯亚历山大大帝征服战：亚历山大率领马其顿军队战胜了国王大流士领导的波斯军队，将叙利亚和埃及纳入自己的版图。

公元前331年高加梅拉亚历山大大帝征服战：尽管敌众我寡，亚历山大领导的马其顿军队还是击败了国王大流士率领的波斯军队，占领了美索不达米亚（今伊拉克）和波斯（今伊朗），消灭了波斯帝国。

公元前326年希达斯皮斯河亚历山大大帝征服战：亚历山大及其马其顿军队击败了国王波罗斯的军队，但他的士兵却要求回国。

公元前216年坎尼第二次布匿战争（古罗马与迦太基之战）：在意大利南部的坎尼，汉尼拔率领的迦太基军队包围并歼灭了罗马军队，罗马损失了大约5～7万兵力，这是罗马最惨重的失败。不过汉尼拔并没有从胜利走向胜利。

公元前207年梅陶鲁斯河岸第二次布匿战争：哈兹德鲁巴带领一支迦太基军队去增援他的兄弟汉尼拔，但在意大利北部的麦特罗，其军队被罗马军队击败并歼灭，汉尼拔被迫撤离意大利。

公元前202年扎马第二次布匿战争：在北部非洲的扎马（在今突尼斯境内），汉尼拔被大西庇阿击败，迦太基被迫投降，第二次布匿战争结束，罗马成为地中海西部的霸国。

公元前168年彼得那罗马与马其顿之战：罗马人击败马其顿国王佩尔修斯率领的步兵方阵，显示出高超的军事谋略。彼得那（希腊中部）战役的胜利使罗马人成为希腊的实际统治者。

公元前53年卡雷克拉苏征服安息人的远征：克拉苏率领罗马军队试图占领安息国的首都泰西封，但被安息国的骑兵弓箭手和大队骑兵击败。这次失败遏制了罗马人向东扩张。

公元前31年亚克兴角：马可·安东尼和克娄巴特拉的埃及舰队在亚克兴角（希腊西部）被裘利斯·凯撒的侄子屋大维击败，这次战争结束了在罗马国土上持续了50年之久的内战。

9年条顿堡林山：昆提卢斯·瓦鲁斯率领3支罗马军团试图占领德国，但被阿米尼乌斯率领的德国军队击败，昆提卢斯·瓦鲁斯被杀。这次失败使莱茵河成为罗马帝国的边界。

312年米尔维亚桥：在争夺罗马帝国统治权的斗争中，君士坦丁击败了他的对手马克森提成为第一位基督教皇帝。此前，君士坦丁曾做过一梦，在梦中他看见了"chi-rho"符号（译注：希腊语中基督的表记）和一句话"看见这个符号，你就会成为征服者"。

378年阿德里安堡：为了躲避匈奴人，哥特人在罗马帝国定居下来。然而，由于受到残酷虐待，他们愤而反抗，打败了罗马人，杀死了皇帝瓦林斯。410年，他们继续抢占罗马，终于建立了西班牙王国。

451年卡塔洛尼平原：阿提拉及其所率匈奴人被埃提乌斯和狄奥多里克率领的罗马和西哥特联军打败。阿提拉退到欧洲中部。

636年耶尔穆克河阿拉伯征服战：在巴勒斯坦的耶尔穆克河，阿拉伯人打败了拜占庭皇帝率领的军队，占领了叙利亚和巴勒斯坦（包括圣地）。这一胜利之后，他们乘胜进军，占领了埃及和北非。

636年夸地西亚阿拉伯征服战：阿拉伯人击败波斯人，占领了伊拉克，并于第二年占领了波斯。

732年普瓦捷阿拉伯征服战：在查理·马特的率领下，法兰克人打退了阿拉伯人对法国的入侵，将阿拉伯对欧洲的征服限制在西班牙和葡萄牙的范围之内。

878年艾森顿海盗战争：韦塞克斯的阿尔弗烈德击败了"伟大军队"丹麦海盗，迫使他们在威德摩尔停战。这次失败遏制了丹麦海盗对整个英国的征服行动，并为阿尔弗烈德的继承者重新占领并统一英国创造了条件。

955年莱希费尔德马扎尔征服战：在德国南部的莱希费尔德，皇帝奥托一世给了匈牙利人毁灭性的打击，使他们成为基督教徒并定居下来，成为中世纪后期抗击东方向欧洲进攻的堡垒。

1066年黑斯廷斯诺曼底征服战：由诺曼底公爵威廉率领的诺曼底和法国联军击败了国王哈罗德率领的撒克逊军队（国王死于战斗中），威廉随之加冕为英国国王。

1071年曼齐卡特：在曼齐卡特（今土耳其境内），苏丹艾勒卜-艾尔斯兰率领塞尔柱突厥人战胜了皇帝罗马努斯·第欧根尼统帅的拜占庭大军。拜占庭帝国永远失去了小亚细亚，其国力被严重削弱。

1187年海廷十字军东侵：在海廷，萨拉丁领导阿拉伯军队战胜耶路撒冷的罗马天主教王国（基督教），占领了几乎整个巴勒斯坦。

1212年拉斯那瓦斯德托罗萨复地运动：基督教西班牙人击败了北非的穆斯林穆拉比人，将西班牙从穆斯林手中夺回。这一胜利恢复了他们的士气，确保了重新夺回西班牙的胜利。

1213年米雷阿尔比派十字军东侵：法国北部军队在西蒙·孟福尔的指挥下击败了法国图卢兹的雷蒙伯爵和阿拉贡国王彼得指挥的联合军团。朗格多克大部分地区落入孟福尔手

■ 公元前480年萨拉米斯之战，310艘战舰击败2000艘战舰。　　■ 公元前216年坎尼之战，汉尼拔和他的军队向罗马进军。　　■ 公元前31年亚克兴角之战，安东尼和克娄巴特拉被击败。

中，奏响了结束卡特里派异教徒统治的序曲。

1260年艾因加路特蒙古征服战：在巴勒斯坦的艾因加路特地区，埃及的马穆鲁克军队在苏丹库图兹指挥下击败了蒙古兵，抗击了他们对叙利亚的入侵。马穆鲁克军队成为地中海东部的主要力量。

1302年库特莱佛兰德的民兵向世人证明：如果坚决斗争，步兵也能击退全副武装的骑兵。当法国骑兵猛烈进攻时，他们击败了这支法国国王的军队。

1314年班诺克本盎格鲁-苏格兰战争：罗伯特·布鲁斯指挥苏格兰军队击败了爱德华二世率领的英格兰军队，错误战术导致了英格兰军队的失败。这次胜利确保了苏格兰的独立。

1315年莫尔加滕瑞士独立战争：瑞士人采用箭、戟并用的进攻方法，再加上伏击战，击败了强大的奥地利军队，及时保卫了瑞士联邦的独立。

1346年克雷西百年战争：一支英格兰小规模部队，在爱德华三世的指挥下，利用弓箭，射败了协调不良、指挥不力的法国军队。

1356年普瓦捷百年战争：法国军队在约翰二世指挥下，采用了大部分全副武装的战士下马步行的战术，以避免重蹈克雷西之战的覆辙，但仍被黑太子（英格兰国王爱德华三世之子）以计谋取胜，约翰国王被俘。

1389年科索沃奥斯曼征服战：土耳其军队大溃塞尔维亚军队。随着塞尔维亚帝国的崩溃，土耳其控制了巴尔干半岛西部的大部分地区。

1396年尼科波利斯奥斯曼征服战：一支十字军团试图增援拜占庭。但是在尼科波利斯（在今保加利亚境内）被苏丹巴耶塞特率领的土耳其军队智胜，被迫投降。此后，土耳其征服者势如破竹，不可阻挡。

1415年阿让库尔百年战争：英格兰的亨利五世入侵法国。英法军队人数之比为1：3，尽管英国军队在数量上处于劣势，但还是击败了过于自信的法国人，控制了法国大部分地区。

1429年奥尔良百年战争：在圣女贞德的鼓舞下，法国人打败英国人，解了奥尔良之围。

1454年卡斯蒂永百年战争：英国人试图夺回早先占领的法国领土，但败给了重新组织起来的法国军队。火炮在法军胜利中起了重要作用。

1477年南锡瑞士-勃艮第战争：瑞士矛兵击败了勃艮第大公——法国国王查理的军队。法国和德国建立一个强大帝国的梦想与查理一起在战场上破灭了。瑞士雇佣军成为欧洲最受欢迎的军队。

1485年博斯沃思原野玫瑰战争：亨利·都铎率领的兰开斯特军队击败了国王理查三世（约克王朝统治者）的军队。理查被杀，亨利成为国王亨利七世，建立了都铎王朝。

1515年马里尼亚诺意大利战争：国王弗兰西斯一世率领法国和威尼斯军队击败神圣罗马帝国军队（瑞士雇佣军），粉碎了他们不可战胜的神话。

1525年帕维亚意大利战争：法国国王弗兰西斯一世被神圣罗马帝国军队击败并俘虏，罗马人夺回了对意大利的统治权。

1526年巴尼伯战：一支印度军队在印度北部的巴尼伯被查希尔·乌德·丁（巴伯尔）指挥的穆斯林军队击败并消灭。他继而建立了莫卧儿帝国，该帝国后来统治了印度大部分地区。

1526年莫哈奇：在苏莱曼一世的率领下，土耳其军队击败匈牙利人。匈牙利被并入奥斯曼帝国。土耳其人接着攻打维也纳（1529），但以失败而告终。

1565年马耳他：德拉古特和皮亚利率领土耳其军队进攻马耳他。大长老拉瓦莱特率领圣约翰的骑兵成功地保卫了马耳他。土耳其人的失败使他们的扩张势头受到遏制。

1571年勒班陀：在希腊中部海岸发生的一次大海战中，奥斯曼帝国的舰队被由教皇庇护五世组织、奥地利的唐·约翰指挥的神圣同盟舰队击败，这是土耳其第一次大败于基督教势力。

1588年格雷夫兰：由西班牙国王腓力二世派去征服英国的无敌舰队在锚地受到攻击，并被艾芬翰的霍华德勋爵指挥的英国舰队击败。西班牙被迫放弃入侵计划。舰队在归途中经过英国北部和西部岛屿时又遭重创。

1590年伊夫利法国宗教战争：胡格诺派教徒（法国新教派）军队在纳瓦拉王国的亨利（后来成为法国亨利四世）指挥下击败天主教联盟军。后来，亨利成为天主教徒并倡导宗教宽容，战争随之结束。

1620年白山三十年战争：悌里指挥天主教联盟军击败布拉格附近地区爆发的波希米亚起义。哈布斯堡的权威在波希米亚重新确立起来。然而，讨伐巴拉丁领地的腓烈（被起义者拥立为国王）的战役导致战火在中欧蔓延。

1631年布赖滕费尔德三十年战争：在德国南部国王古斯塔夫斯·阿道尔法斯率领瑞典人击败悌里的天主教联盟军。这一胜利遏制了哈布斯堡企图占领神圣罗马帝国的行动，加强了天主教派的力量。

1632年吕岑三十年战争：瑞典人再次击败华伦斯坦指挥的哈布斯堡军队，在德国取得了主导地位。然而，古斯塔夫斯·阿道尔法斯在这次国南部战斗中被杀。

1634年讷德林根三十年战争：在巴伐利亚的讷德林根，奥地利和西班牙哈布斯堡联合武装给瑞典人以沉重打击。这导致法国（瑞典的同盟国）直接参战，并阻止了布拉格停战协议（1635）的实施。

1643年罗克鲁三十年战争：在德·康德王子率领下，法国军队击败西班牙人，粉碎了西班牙不可战胜的神话，开始了法国作为军事强国的时代。

1644年马斯顿荒原英国内战：托马斯·弗尔法克斯爵士、大卫·莱斯利和奥立弗·克伦威尔指挥议会军击败了由国王查理一世的外甥、莱茵的鲁珀特亲王指挥的保王派军队。国王失去了几乎整个北部英格兰。

1645年内兹比英国内战：重新组织起来的议会军——新模范军，在奥立弗·克伦威尔指挥下给国王查理一世的军队以致命一击，这次战斗决定了战争的胜负。1646年，国王向苏格兰投降。

1690年博因河英国王位继承战：在都柏林北部，奥兰治的威廉（国王威廉三世）指挥军队打败国王詹姆斯二世指挥的爱尔兰和法国联军。詹姆斯放弃了恢复王位的努力，返回法国。

1697年森塔神圣联盟战争：占领维也纳的行动失败后，土耳其人开始撤退。被奥地利人打败之后，土耳其人被迫在卡尔洛夫奇停战，并将整个匈牙利割让给奥地利。

1704年布莱尼姆西班牙王位继承战：约翰·丘吉尔（后来的马尔伯勒公爵）指挥英国和荷兰联军横跨德国，在巴伐利亚的布莱尼姆击败法国与巴伐利亚联军，拯救了维也纳。这次战役扭转了法国在战争开始的第一年占优势的局面，标志着英国重新成为军事强国。

1706年拉米伊西班牙王位继承战：马尔伯勒率领英荷联军击败法国。然而，他们未能攻克保卫东北边防的法国堡垒圈。

1708年奥德纳尔德西班牙王位继承战：马尔伯勒的军队再次击败法国人，但未取得任何决定性战果。

1709年波尔塔瓦北方大战：瑞典的查理七世集中兵力进攻他的俄国敌人——彼得大帝。然而，他遇到了极度寒冷的冬季，并在波尔塔瓦（在今乌克兰）被击败，他的入侵以失败而告终。尽管战争一直持续到1721年，然而，瑞典再未真正恢复元气，它的帝国时代结束了。

1716年彼德渥汀奥地利-土耳其战争：萨瓦的欧根-马尔伯勒的同僚率领奥地利军队大胜土耳其人。根据帕萨罗维茨停战协议，土耳其将塞尔维亚割让给奥地利。

1744年德丁根奥地利王位继承战：英格兰国王乔治二世率领英国、荷兰和德国联军击败法国。这是英国君主最后一次亲临战场指挥作战。

1746年卡罗顿莫尔·詹姆斯党起义：坎伯兰公爵率领英国军队击败查理·爱德华王子（英俊王子查理）率领的苏格兰军队。爱德华王子支

■ 1356年普瓦捷之战，黑王子击败法国国王约翰二世。　　■ 1565年马耳他之战，骑士们在保卫受到围攻的马耳他。　　■ 1704年布莱尼姆之战，维也纳被解救。

奥尔良取得胜利之后，英国人开始逐渐被逐出法国

主要战争

持斯图亚特登基。这次战役标志着詹姆斯党起义的结束。

1757年普拉西七年战争：罗伯特·克莱武带领英国东印度公司的武装力量击败了孟加拉王公率领的庞大军队，原因之一是由于英国东印度公司贿赂了孟加拉王公的同盟军。这次胜利使得该公司（乃至整个英国）开始了对印度的统治。

1759年亚伯拉罕高原七年战争：沃尔夫将军率领英国军队占领魁北克，击败了蒙卡尔姆指挥的法国军队，将加拿大据为己有。

1760年文迪瓦什七年战争：埃尔·库特霍爵士指挥英军在德拉斯以南的文迪瓦什击败拉利·托伦德尔率领的法军。这次战役排除了英国统治印度的一切干扰。

1775年邦克山美国独立战争：这是第一次主要战役，尽管美国起义军拼死抵抗，还是被英国军队镇压下去，但英军也损失了1000名士兵。

1777年萨拉托加美国独立战争："约翰先生"伯戈因率领英军穿越哈得孙峡谷进攻新英格兰，在萨拉托加遭围困，被迫投降。

1781年约克镇美国独立战争：康华里带领的英国军队被乔治·华盛顿领导的美国军队和法国舰队逼上绝路。英军被迫投降，接受美国独立。

1792年瓦尔美法国革命战争：不伦瑞克公爵率领奥地利-普鲁士军队侵入法国，企图恢复君主制度，但被法国人民击败。这一胜利捍卫了法国革命。

1805年特拉法尔加角拿破仑战争：在经历了一次入侵英国失败之后，法国和西班牙联合舰队再次被霍雷肖·纳尔逊指挥的英国舰队击败。虽然纳尔逊阵亡，但在西班牙南部海岸取得的这次胜利预示着英国成为海上霸主的时代已经来临。

1805年奥斯特利茨拿破仑战争：放弃入侵英国之后，拿破仑将枪口指向他的大陆敌人。在布尔诺附近的奥斯特利茨，拿破仑的军队击败了奥地利和俄国军队，奥、俄很快与法国签订了停战协议。

1806年耶拿拿破仑战争：普鲁士人向拿破仑挑战，五周之内在耶拿被法军击败。这一战役确立了拿破仑在欧洲至高无上的地位，也迫使普鲁士国内进行了大规模改革，这些改革使普鲁士后来成为德国的主要势力。

1813年莱比锡拿破仑战争：继进攻俄国遭到惨败之后，拿破仑又遭到施瓦岑贝格和布吕歇尔率领的庞大的奥地利、普鲁士、俄国和瑞典联军的攻击，拿破仑战败，将德国让给了他的敌人。这次战役加剧了拿破仑帝国的崩溃（拿破仑于1814年退位）。

1815年滑铁卢拿破仑战争：拿破仑从流放地厄尔巴岛逃出后，返回法国，结果又被威灵顿公爵亚瑟·韦尔斯利率领的英军击败，再次被流放到圣赫勒拿岛。欧洲迎来了长久和平。

1863年葛底斯堡美国内战：南方的联盟军在李的率领下进攻北部联邦，但遭重创。联邦军的连发枪给来犯者以沉重打击。

1866年克尼格雷茨（萨多瓦）奥地利-普鲁士战争：在萨多瓦（在今捷克共和国境内），毛奇指挥普士军队打败贝内德克率领的奥地利-匈牙利联军。奥地利人被迫接受由普鲁士统治德国这一条件。

1870年色当法国-普鲁士战争：马歇尔·麦克马洪和皇帝拿破仑三世率领的法国军队被海尔姆·冯·毛奇将军率领的普鲁士军队击败，被迫投降。这次战役最终致使第二帝国被推翻，德国得以统一。

1898年恩图曼第二次苏丹战役：由于使用了连发枪，基钦纳率领英国和埃及军队击败了苏丹人。这是首次使用全自动机枪（马克沁式重机枪）的战役。

1905年对马海峡俄国-日本之战：俄国波罗的海舰队前往朝鲜，但被日本全歼。当俄国正经历一场不成功的革命时，日本却不断获胜，成为强国。

1914年马恩河第一次世界大战：德国取道比利时入侵法国，但在马恩河防线遭到法军抵抗，入侵行动受阻。德军退到埃纳河并挖掘战壕，开创了堑壕战的范例。

1914年坦嫩贝格第一次世界大战：在俄国柯尼斯堡（今加里宁格勒），两支俄国军团分别被兴登堡和鲁登道夫将军指挥的德军击败，被迫撤退。在第一次世界大战中，俄国再也没能踏上德国领土。

1916年凡尔登第一次世界大战：为了大量杀伤法国人，德国指挥官法金汉以采用密集炮火进攻具有象征意义的凡尔登要塞。贝当指挥法国军队守住了要塞。双方伤亡人数均达70万人。

1916年索姆河第一次世界大战：黑格率领英国军队首次发动大规模攻势。同盟国伤亡人数巨大（60万人），战果却非常有限：只占领几公里泥沼地而已。

1916年日德兰半岛第一次世界大战：在本次大战惟一的一次大海战中，德国舰队在与英国舰队的较量中占了上风。但随后德国舰队却驶进港湾，将至关重要的控海权留给了英国舰队。

1917年帕斯甄蒂尔第一次世界大战：黑格指挥英国军队发动攻势，意在解除桀骜不驯的法国军队所承受的压力。英军占领比利时海岸的德国潜艇基地的企图由于自然条件恶劣而以失败告终。泥泞的海滩使士兵无法前进。德国的正面进攻使英军伤亡人数达30万人。

1917年康布雷第一次世界大战：英国军队首次大规模将坦克投入战斗。381辆坦克使德军防线严重毁坏。遗憾的是，首战告捷的坦克并未被进一步利用。

1918年美吉多第一次世界大战：在美吉多战役中，艾伦比指挥英国军队在传统的哈米吉多顿（巴勒斯坦）战场，击败土耳其人，占领了大马士革和叙利亚的其余地区。奥斯曼帝国就此灭亡。

1940年不列颠战役第二次世界大战：在首次空战中，德国空军试图得到制空权以抵消英国的海军优势，并进而侵入英国。初战获胜后，德军转而进攻伦敦，这使皇家空军得以恢复元气，而德军的损失不断加剧。德国人只好放弃白天轰炸并推迟了入侵计划。

1942年阿拉曼第二次世界大战：蒙哥马利指挥英国第八集团军击败隆美尔指挥的德国和意大利联军，使危机转移到埃及和苏伊士运河。英军继续挺进，于1943年控制了北非。这次战役常被看作是改变英国二战命运的转折点。

1942年斯大林格勒第二次世界大战：与苏联交战的第二年，在取得了一些胜利之后，德国第六集团军在斯大林格勒（今伏尔加格勒）被苏联军队包围并切断退路。希特勒不允许德军后撤，10万德军士兵被俘。

1942年珊瑚海第二次世界大战：日本与美国舰载飞机在空中交火。尽管双方打了个平手，但日本进攻新几内亚的计划受阻。

1942年中途岛第二次世界大战：在以舰载飞机为主的海战中，日本人进攻夏威夷群岛的行动失败。这次战役标志着日本在太平洋上扩张行动的终结。

1944年菲律宾海第二次世界大战：有史以来规模最大的一次航空母舰战役，以美国的绝对优势宣告结束。日本的航空母舰和飞机损失惨重，日本海军再也无力发动空战。

1944年莱特湾第二次世界大战：在本次大战最后一次大规模海战中，在菲律宾莱特湾，日本舰队损失了3艘战列舰，4艘航空母舰，10艘巡洋舰和11艘驱逐舰。

1944年因帕尔／科希马第二次世界大战：日本人占领了马来亚和缅甸之后，又企图入侵印度。但是在因帕尔和科希马，日本的进攻遭到斯利姆将军指挥的14集团军的抵抗。在东北，中国军队和英联邦军队开始进攻日军。1945年夏，缅甸全国被解放。

1954年奠边府：法国人在奠边府的军事基地被阮文甲将军领导的越南游击队捣毁，结束了法国人继续控制自己的前殖民地——越南的企图。这次战役使越南一分为二，北方为共产党国家，南方为非共产党国家。

■ 1815年滑铁卢之战，拿破仑的最后一次惨败。

■ 1916年索姆河之战，伤亡惨重而战果甚微，这次胜利留下了苦涩的回忆。

"历史是过去的政治，而政治是现在的历史"
—— J.R. 西利

今日世界 ▷

生活标准

- 在直布罗陀，你受到攻击的可能性比在英国要大4倍。
- 平均每个印度人的肉食比例只占0.7%，而美国人的肉食比例为14.7%，是印度人的21倍。
- 巴巴多斯人平均住院时间为32天，超过英国人一倍多。
- 美国25岁以上的公民近一半以上受过某种形式的高等教育。
- 在英国，每分钟便有一辆汽车被盗，而在美国，每20秒就有一辆汽车被盗。

■ 东京的城市人口为世界之最，而犯罪率却为最低之一。

▶ 最高的社会治安费用

	占政府总支出%
乌拉圭	55.7
瑞士	49.9
芬兰	49.2
德国	48.5
卢森堡	46.5
瑞典	46.4
奥地利	44.6
比利时	41.3
丹麦	38.5
挪威	38.0
西班牙	36.7
新西兰	36.2
阿根廷	35.3
马耳他	34.7
法国	34.2
立陶宛	33.6
荷兰	33.6
爱沙尼亚	33.5
保加利亚	32.3
加拿大	32.1

英国社会治安费用占政府总支出的29.6%，美国为22.2%。

20 个主要城市的人口

将近一半的世界人口居住在城市里。19世纪末，城市人口只有1/10。到2025年，将有3/4的人口成为城市居民。这种变化代表着一种社会历史上的巨大革命。世界上有300多个城市的人口超过100万。其中，将近一半位于亚洲。

下面列出的是各个主要城市的城市地区，即城市本身、其紧邻的郊区及其周围建筑物多的地区的人口，而不是地方政府各行政区人口之和。根据这个关于城市地区的定义，便能更精确地比较出下面所列出的每个城市的规模。在某些大城市，例如东京和孟买，在自己的城市地区之内还拥有人口超过百万的卫星城。

	城市（以千为单位）	城市地区（以千为单位）
① 东京，日本	11,610	25,000
② 纽约，美国	7,323	19,670
③ 圣保罗，巴西	9,646	16,567
④ 墨西哥城，墨西哥	8,276	15,048
⑤ 洛杉矶，美国	3,486	15,048
⑥ 开罗，埃及	6,955	14,525
⑦ 孟买，印度	9,926	12,596
⑧ 布宜诺斯艾利斯，阿根廷	2,961	12,582
⑨ 加尔各答，印度	4,399	11,022
⑩ 卡拉奇，巴基斯坦	11,000	11,000
⑪ 汉城，韩国	10,628	11,000
⑫ 里约热内卢，巴西	5,481	10,390
⑬ 巴黎，法国	2,152	9,319
⑭ 雅加达，印度尼西亚	9,161	9,161
⑮ 莫斯科，俄罗斯	8,957	8,957
⑯ 上海，中国	8,930	8,930
⑰ 大阪，日本	2,495	8,735
⑱ 德里，印度	7,207	8,419
⑲ 芝加哥，美国	2,784	8,410
⑳ 伦敦，英国	4（伦敦市）	7,651

对比之下，可以发现这样一个有趣的现象，1900年只有16个城市（包括郊区）的人口超过100万。于是，人口过百万的城市便有了"百万城"的称号。

伦敦，英国	6,400,000
纽约，美国	4,200,000
巴黎，法国	3,900,000
柏林，德国	2,400,000
芝加哥，美国	1,700,000
维也纳，奥地利	1,600,000
东京，日本	1,400,000
圣彼得堡，俄罗斯	1,400,000
费城，美国	1,400,000
曼彻斯特，英国	1,200,000
伯明翰，英国	1,200,000
莫斯科，俄罗斯	1,200,000
北京，中国	1,100,000
加尔各答，印度	1,000,000
波士顿，美国	1,000,000
格拉斯哥，英国	1,000,000

■ 俄罗斯每天发生60多起谋杀案 ■ 在尼日尔，三分之一儿童

▶ 医疗

病床

	最多 （每万人）
摩纳哥	168
日本	136
朝鲜	135
哈萨克斯坦	134
乌克兰	130

	最少 （每万人）
阿富汗	3
孟加拉国	3
埃塞俄比亚	3
尼泊尔	3
马里	4

注：英国每万人拥有病床54张，美国为46张。

医疗费用

	每人每年 （美元）
美国	2,765
瑞士	2,520
瑞典	2,343
芬兰	2,046
加拿大	1,945
冰岛	1,884
法国	1,869
挪威	1,835
奥地利	1,711
卢森堡	1,662

注：英国人均每年的医疗费用为1,039美元。

每位医生的病人数

	最多
尼日尔	54,472
厄立特里亚	49,200
马拉维	49,118
莫桑比克	36,428
乍得	27,765
布基纳法索	27,158
卢旺达	24,697
利比里亚	24,600
加纳	22,452
乌干达	20,720

	最少
格鲁吉亚	183
意大利	193
以色列	214
古巴	231
白俄罗斯	233
摩尔多瓦	241
俄罗斯	241
西班牙	246
匈牙利	248
立陶宛	255

注：英国每位医生的病人为667人，美国为385人。

■ 一位青年女子——地雷的受害者——正坐在阿富汗喀布尔的一家红十字医院的病床上。

▶ 犯罪

盗窃案最多的国家

	每十万人
荷兰	3,803
新西兰	2,942
英国	2,404
丹麦	2,381
德国	2,039
奥地利	1,963
百慕大群岛	1,949
芬兰	1,922
瑞典	1,802
马耳他	1,669

注：美国每十万人中有1099起盗窃。

谋杀案最多的国家

	每十万人
哥伦比亚	81.9
斯威士兰	71.6
阿鲁巴岛	38.5
伯利兹	34.6
莱索托	33.9
菲律宾	30.1
博茨瓦纳	29.2
法属圭亚那	27.2
危地马拉	27.2
波多黎各	26.2

注：英国的谋杀率每十万人为2.5人；美国为9.5人。

官方记录的全部违法行为

	每十万人／年
苏里南	17,819
圣基茨和尼维斯	15,468
新西兰	14,496
瑞典	13,750
加拿大	13,297

注：英国每十万人中有10,403起违法行为，美国为5,482起。

▶ 教育

最多的学生

	中学 （百万）
印度	60.82
中国	47.39
美国	13.17
俄罗斯	12.42
日本	9.54
印度尼西亚	9.43
伊朗	5.99
法国	5.74
德国	5.53
巴基斯坦	5.20

注：英国有395.1万中学生。

	高等教育 每十万人
加拿大	6,980
美国	5,611
韩国	4,756
新西兰	4,675
秘鲁	4,188
挪威	4,111
芬兰	3,902
亚美尼亚	3,711
法国	3,607
西班牙	3,474

注：英国每十万人中有2,646名高校在校生。

小学最小的班型

	学生人数 （每位教师）
圣马利诺	5.2
摩纳哥	7.5
格鲁吉亚	9.0
卡塔尔	9.2
巴哈马群岛	9.9
瑞典	9.9
丹麦	10.4
格陵兰	10.4
拉脱维亚	10.5
亚美尼亚	11.0

注：英国每位教师有22.2名小学生；美国为18.7名。

死于5岁之前 ■ **五分之一美国人口的收入占其总收入的一半** ■

国民经济

▶ 国民生产总值是指一个年度之内,国民经济所生产的产品和服务总量的货币值与净资产收入(例如利润、利息和股息)之和。

▶ 国内生产总值为国民生产总值减去净资产收入。

▶ 欧洲最穷的国家为阿尔巴尼亚,人均国民生产总值为320美元;美洲最穷的国家为海地,人均国民生产总值为220美元。

▶ 在过去的10年中,阿塞拜疆的经济每年萎缩10%。

▶ 国民生产总值

最高的国家和地区	百万美元	最低的国家和地区	百万美元
美国	7,051,000	图瓦卢	9
日本	4,638,000	圣多美和普林西比	31
德国	2,176,000	基里巴斯	56
法国	1,415,000	马绍尔群岛	88
意大利	1,144,000	帕琉群岛	90
英国	1,106,000	瑙鲁	103
中国(含香港)	881,000	汤加	160
加拿大	590,000	萨摩亚群岛	163
巴西	560,000	赤道几内亚	172
西班牙	557,000	瓦努阿图	189
韩国	434,000	密克罗尼西亚	202
俄罗斯	393,000	圣基茨和尼维斯	216
墨西哥	390,000	多米尼加	218
荷兰	356,000	科摩罗	249
澳大利亚	338,000	马尔代夫	251
印度	307,000	圣文森特	255
阿根廷	294,000	格林纳达	260
瑞士	273,000	几内亚比绍	263
比利时	243,000	不丹	297

▶ 矿产

许多国家的经济依赖于开采矿石和其他贵重矿物。一些国家,例如加拿大、俄罗斯、澳大利亚、美国和巴西是一些重要矿物的主要生产国。这些矿物不仅用于本国的工业生产,还可以出口。其他国家,例如几内亚和牙买加,则单纯依靠某种主要矿石的出口。因此,这种矿物在国际市场上的价格波动,很容易对它们的经济造成影响。例如,1995-1996年,许多矿石价格下跌,使那些依赖矿石出口的国家的经济受到打击。

关于燃料(煤、石油和天然气)请参见166页。

铝(铝土矿石)	百万吨/年	铁矿石	百万吨/年
澳大利亚	42.31	中国	235
几内亚	14.40	巴西	150
巴西	9.41	澳大利亚	135
俄罗斯	7.60	印度	60
牙买加	6.56	乌克兰	50

钻石	百万克拉/年	磷酸盐(用于化肥)	百万吨/年
澳大利亚	43.59	美国	46
刚果(前扎伊尔)	17.30	俄罗斯	21
博茨瓦纳	16.80	中国	21
俄罗斯	11.80	摩洛哥	19
南非	9.80	哈萨克斯坦	6.50

黄金	吨/年	铀	百万吨/年
南非	600	加拿大	10.10
美国	320	哈萨克斯坦	2.70
澳大利亚	295	乌兹别克斯坦	2.60
加拿大	180	俄罗斯	2.40
俄罗斯	180	尼日尔	2.20

▶ 工业产品

20世纪90年代中期,西欧、日本和北美的工业(包括生产和消费工业产品)增长速度明显放慢。1992年以来东欧和前苏联工业生产下降的趋势已在波兰、爱沙尼亚、斯洛文尼亚、捷克共和国、甚至匈牙利得到扭转,许多前共产主义国家生产形势稳定。然而,乌克兰,特别是白俄罗斯,工业生产仍在下降。

相比之下,拉丁美洲(如智利)一些工业化程度不高的国家,工业生产增长率很高;太平洋沿岸一些亚洲国家和地区如泰国、马来西亚和印度尼西亚等国的工业发展也很快。主要工业产品包括:

水泥	百万吨/年
中国	450.00
日本	91.60
美国	76.10
印度	62.40
韩国	52.10

化肥	百万吨/年
美国	25.40
中国	20.80
加拿大	10.70
印度	9.80
俄罗斯	9.20

铁(铣铁)	百万吨/年
中国	102
日本	75
美国	51
俄罗斯	40
德国	30

纸	百万吨/年
美国	76.70
日本	28.30
中国	24.00
加拿大	22.10
德国	12.30

轿车	百万辆/年
日本	6.70
美国	5.96
德国	4.25
法国	3.20
韩国	1.75

船舶	百万吨/年
日本	7.90
韩国	4.00
中国台湾	1.00
德国	0.88
丹麦	0.40

钢	百万吨/年
日本	102.70
美国	95.00
中国	93.00
俄罗斯	52.00
德国	42.00

■ 欧洲经济发展最快的国家是塞浦路斯 ■ 泰国经济自1985年以来

▶ 农业和渔业

与不断增长的人口需求相吻合,几乎全世界的食品生产都在快速增长。在世界大部分地区,特别是在太平洋沿岸那些快速发展的国家,随着收入的增加,人们对食品的数量和种类的需求增加了。例如,在中国,生活标准的提高使人们对肉类需求大大增加了。这导致了全世界对牲畜饲料需求的增长,因为其他国家急于满足中国肉类市场的需要。谷物生产在不太发达国家也在增长。然而,仍存在低收入和食品持续短缺的国家。内战(例如乌干达和索马里)或自然灾害(如孟加拉国)更加剧了这种情形。主要农产品和海产品的生产国为:

牛肉	百万吨/年	玉米	百万吨/年	茶叶	百万吨/年
美国	11.80	美国	161.20	印度	0.74
巴西	5.0	中国	104.00	中国	0.60
中国	4.40	巴西	30.00	肯尼亚	0.25
阿根廷	2.60	墨西哥	16.20	斯里兰卡	0.24
俄罗斯	2.60	法国	12.80	印度尼西亚	0.17

啤酒	亿升/年	马铃薯	百万吨/年	烟草	百万吨/年
美国	240	中国	40.04	中国	2.26
德国	115	俄罗斯	39.90	美国	0.73
中国	105	波兰	36.27	印度	0.58
英国	75	美国	19.24	巴西	0.46
日本	75	乌克兰	14.28	土耳其	0.21

可可豆	百万吨/年	大米	百万吨/年	小麦	百万吨/年
科特迪瓦	1.20	中国	178.25	中国	101.20
加纳	0.42	印度	81.25	印度	65.25
印度尼西亚	0.28	印度尼西亚	49.90	美国	65.00
巴西	0.23	孟加拉国	26.50	法国	30.90
尼日利亚	0.14	越南	25.00	俄罗斯	30.10

咖啡	百万吨/年	羊肉	百万吨/年	木材(针叶树)	百万立方米/年
巴西	1.01	中国	0.70	美国	303
哥伦比亚	0.75	澳大利亚	0.64	加拿大	188
印度尼西亚	0.35	新西兰	0.50	中国	145
墨西哥	0.27	英国	0.33	俄罗斯	115
埃塞俄比亚	0.23	土耳其	0.30	瑞典	57

皮棉	百万包/年	制糖甜菜	百万吨/年	木材(落叶树)	百万立方米/年
中国	21.90	法国	30.36	印度	280
美国	17.90	乌克兰	29.65	巴西	235
印度	12.30	德国	28.60	美国	190
巴基斯坦	8.20	美国	23.94	印度尼西亚	186
乌兹别克斯坦	5.70	俄罗斯	19.10	中国	155

捕鱼量	百万吨/年	制糖甘蔗	百万吨/年	羊毛	百万吨/年
中国	20.72	巴西	300.59	澳大利亚	0.45
秘鲁	11.59	印度	271.20	新西兰	0.20
日本	7.81	中国	65.66	中国	0.13
美国	7.36	巴基斯坦	45.66	俄罗斯	0.11
印度	5.94	墨西哥	42.56	哈萨克斯坦	0.05

㉕ 个最富的国家

国家	人均国民生产总值(美元)	国家	人均国民生产总值(美元)
① 卢森堡	40,280	⑭ 瑞典	23,540
② 瑞士	38,520	⑮ 荷兰	22,830
③ 日本	36,920	⑯ 阿拉伯联合酋长国	22,710
④ 列支敦士登	33,550	⑰ 摩纳哥	21,210
⑤ 丹麦	28,510	⑱ 意大利	19,890
⑥ 挪威	27,040	⑲ 加拿大	19,790
⑦ 德国	26,580	⑳ 科威特	19,040
⑧ 美国	26,560	㉑ 英国	18,750
⑨ 奥地利	25,760	㉒ 芬兰	18,710
⑩ 新加坡	25,220	㉓ 澳大利亚	18,500
⑪ 冰岛	24,920	㉔ 圣马力诺	16,580
⑫ 法国	24,240	㉕ 以色列	15,770
⑬ 比利时	23,830		

注:卢旺达人和莫桑比克人是地球上最穷的人,人均国民生产总值仅为80美元。

诺贝尔经济学奖

1969年 拉格纳·弗里希,挪威人和亚恩·丁伯根,荷兰人:表彰他们在计量经济学方面所作的贡献。

1970年 保罗·萨缪尔逊,美国人:表彰他对经济理论所作出的科学分析。

1971年 西蒙·库兹涅茨,美籍俄罗斯人:表彰他对国民经济增长的研究。

1972年 约翰·西克斯爵士,英国人和肯尼思·阿罗,美国人:表彰他们对普通经济均衡理论所作的贡献。

1973年 瓦西里·列昂节夫,美籍俄罗斯人:表彰他对投资分析理论所作的贡献。

1974年 加纳·麦尔达尔,瑞典人和弗里德里希·冯·海耶克,英籍奥地利人:表彰他们对经济、社会和制度等现象之间的相互依存关系所进行的分析。

1975年 李奥尼·坎托罗维奇,俄罗斯人和加伶·库普曼,美籍荷兰人:表彰他们对资源最佳分配理论的贡献。

1976年 米尔顿·弗里德曼,美国人:表彰他的消费分析、金融理论和经济稳定等理论。

1977年 贝蒂尔·俄林,瑞典人和詹姆斯·米德,英国人:表彰他们对国际贸易理论的贡献。

1978年 赫伯特·西蒙,美国人:表彰他对经济组织内的决策程序的研究。

1979年 阿瑟·刘易斯,英籍圣卢西亚人和西奥多·舒尔茨,美国人:表彰他们对发展中国家的经济过程所作出的研究。

1980年 劳伦斯·克莱因,美国人:表彰他对商业波动的经验模型的发展与分析。

1981年 詹姆斯·托宾,美国人:表彰他的经验型宏观经济理论。

1982年 乔治·施蒂格勒,美国人:表彰他对"政府调节对经济的影响"所进行的研究。

1983年 杰拉德·迪布鲁,美籍法国人:表彰他以数学方法证明供求理论。

1984年 理查德·斯通爵士,英国人:表彰他创立了计算国民收入的统一会计制度。

1985年 弗朗哥·莫迪格利亚尼,美籍意大利人:表彰他对家庭储蓄和金融市场方面所作的研究。

1986年 詹姆斯·麦克吉尔·布坎南,美国人:表彰他提倡有限政府干预经济的政治理论。

1987年 罗伯特·索洛,美国人:表彰他对经济增长理论所作出的贡献。

1988年 莫利斯·艾雷,法国人:奖励他对市场理论和有效利用资源理论的贡献。

1989年 特拉格夫·哈维尔莫,挪威人:表彰他检验了基础计量经济学理论。

1990年 哈利·马克维奇、莫顿·米勒和威廉·夏普,美国人:他们由于创立了管理投资有价证券和公司资产管理学说而获奖。

1991年 罗纳德·科斯,美籍英国人:奖励他对于公司价值与公司的社会问题而进行的研究。

1992年 加利·贝克,美国人:奖励他借助其他社会科学,将经济理论与人类行为的诸方面相结合而进行的工作。

1993年 罗伯特·福格尔和道格拉斯·诺思,美国人:奖励他们对经济史研究的贡献。

1994年 约翰·纳什,美国人,约翰·哈山伊,美籍匈牙利人和林哈德·塞尔顿,德国人:表彰他们的博弈论。

1995年 小罗伯特·艾默森·卢卡斯,美国人:表彰他对发展和应用理性预期的研究。

1996年 詹姆士·莫里斯,苏格兰人和威廉·维克利,加拿大人:表彰他们对于非对称信息情况下,如何激励人们努力工作的经济理论的贡献。

世界商业

▶ 100家世界最大公司的生产性资产占全世界的五分之一以上，贸易额占世界贸易的四分之一左右。

▶ 75家世界最大公司的资产值超过4.5万亿美元，相当于法国、德国和英国国民生产总值之和。

▶ 欧洲最古老的公司是斯托拉·考伯泊·伯格斯拉格公司，生产木材和金属，它创建于大约1000年。

世界最大公司的国际性反映了**世界商业**的特点。许多跨国公司起源于美国、日本或北欧，或者以它们为基础。但许多跨国公司正在东亚，主要是韩国和中国台湾崛起。

超级汽车公司和电器公司因为资产雄厚，在大公司排名中名列前茅。公司资产是指由公司支配的资金、设备、土地和建筑物。银行和金融机构总是拥有最多的资产，这是不可避免的。

10 家最大保险公司

公司，国家	范围	资产（百万美元）
① 日本人寿保险公司，日本	人寿与健康（互保）	364,763
② 联邦国民抵押联合会，美国	各种金融业务	316,550
③ 第一人寿保险公司，日本	人寿与健康（互保）	256,010
④ 荷兰国际集团，荷兰	人寿与健康（本金）	247,124
⑤ 美国万全保险公司，美国	人寿与健康（互保）	219,380
⑥ 住友人寿保险公司，日本	人寿与健康（互保）	218,593
⑦ AXA保险股份公司，法国	财产与意外伤害（本金）	192,656
⑧ 巴黎联合保险公司，法国	财产与意外伤害（本金）	183,862
⑨ 全国保险业集团，法国	财产与意外伤害（本金）	169,402
⑩ 联合控股公司，德国	财产与意外伤害（本金）	164,655

注：世界上最盈利的保险公司是美国国际集团公司，利润为25.1亿美元；日本人寿保险公司的总收入为世界之最：832.07亿美元。

▶ 经济蓬勃发展国家的大公司

公司	国家	营业额（百万美元）
三星公司	韩国	51,345
大宇公司	韩国	30,839
沙特阿拉伯石油公司	沙特阿拉伯	26,621
石油公司	墨西哥	26,572
石油化学公司	委内瑞拉	21,275
鲜京公司	韩国	15,912
石油公司	巴西	15,029
双龙公司	韩国	14,479
科奇财团	土耳其	14,409
现代公司	韩国	13,738
中化公司	韩国	13,241
国营碳氢化合物运输和销售公司	阿尔及利亚	12,300
巴尔洛·兰德公司	南非	11,467

50 家大公司

公司，国家	行业	资产（百万美元）
① 福特汽车公司，美国	汽车与部件	243,283
② 通用电气公司，美国	电子产品与电器设备	228,035
③ 通用汽车公司，美国	汽车与部件	217,123
④ 东京电力公司，日本	电力与煤气	131,485
⑤ 日本电报电话公司，日本	电信	127,077
⑥ 荷兰皇家壳牌石油集团，英国、荷兰	石油加工	118,012
⑦ 丰田汽车工业公司，日本	汽车与部件	106,004
⑧ 三菱汽车工业公司，日本	贸易	91,921
⑨ 日立有限公司，日本	电子产品与电器设备	91,621
⑩ 埃克森公司，美国	石油加工	91,296
⑪ 电报电话公司，美国	电信	88,884
⑫ 国际商用机器公司，美国	计算机、办公设备	80,292
⑬ 松下电器产业有限公司，日本	电子产品与电器设备	74,877
⑭ 丸红公司，日本	贸易	71,439
⑮ 英美烟草工业公司，英国	烟草	70,254
⑯ 三井物产公司，日本	贸易	68,771
⑰ 东部日本铁路公司，日本	铁路	68,652
⑱ 日产汽车有限公司，日本	汽车与部件	66,277
⑲ 伊藤忠商事公司，日本	贸易	65,709
⑳ 菲亚特汽车公司，意大利	汽车与部件	64,300
㉑ 戴姆勒—奔驰汽车公司，德国	汽车与部件	63,813
㉒ 关西电力公司，日本	电力与煤气	63,748
㉓ 大宇集团，韩国	电子产品与电气设备	63,598
㉔ 国家电力股份公司，意大利	电力与煤气	59,493
㉕ 大众汽车公司，德国	汽车与部件	58,611

■ 美国邮电公司拥有870,160位雇员，是世界上最大的雇主 ■ 世界上

20 家最大商业银行

银行，国家	资产 （百万美元）
① 住友银行，日本	524,668
② 三和银行，日本	520,118
③ 第一劝业银行，日本	515,705
④ 富士银行，日本	508,424
⑤ 德意志银行，德国	503,078
⑥ 三菱银行，日本	497,395
⑦ 樱花银行，日本	494,687
⑧ 农业金库银行，日本	431,641
⑨ 农业信贷集团，法国	386,585
⑩ 日本兴业银行，日本	380,727
⑪ 信贷银行，瑞士	357,646
⑫ 汇丰银行，英国	352,362
⑬ 荷兰银行，荷兰	340,833
⑭ 里昂信贷银行，法国	339,567
⑮ 德累斯登银行，德国	337,736
⑯ 瑞士联合银行，瑞士	335,168
⑰ 巴黎国民银行，法国	325,416
⑱ 联邦国民抵押联合会，美国	316,550
⑲ 东海银行，日本	309,672
⑳ 日本长期信用银行，日本	304,128

*世界上利润最多的银行是英国汇丰银行（38.855亿美元）；总收入最多的银行是德国德意志银行（384.2亿美元）。
**美国联邦抵押联合会不是商业银行，但是办理各种金融业务。

15 位大富豪

富豪，国家	十亿美元 （估计数字）	财富来源
① 哈桑纳尔·博尔基亚，文莱苏丹	38,000	石油、天然气
② 比尔·盖茨，美国	36,400	微软公司
③ 沃尔顿家族，美国	27,600	继承遗产，沃·马特连锁店
④ 渥伦·巴菲特，美国	23,200	股票市场
⑤ 法赫德·宾·阿布都尔·阿齐兹·奥苏德国王，沙特阿拉伯	20,000	石油、投资、不动产
⑥ 苏哈托总统，印度尼西亚	16,000	投资
⑦ 保罗·加德纳·艾伦，美国	15,314	微软公司
⑧ 贾巴尔·阿罕穆德·贾巴尔·萨巴哈，科威特酋长	15,000	石油、投资、不动产
⑨ 李兆基，中国／香港	14,700	不动产
⑩ 霍夫曼·奥利和萨彻家族，瑞士	14,300	制药
⑪ 郭氏家族，中国／香港	12,300	不动产
⑫ 哈斯家族，美国	12,300	继承遗产（莱维·斯特劳斯）
⑬ 佛瑞斯特·爱德华·马尔斯及其家族，美国	12,000	继承遗产（糖果店）
⑭ 特奥·阿尔布雷希特和卡尔·阿尔布雷希特及其家族，德国	11,700	德国巴伐利亚汽车公司
⑮ 蔡万霖及其家族，中国台湾	11,300	保险、金融业

资料来源：《福布斯》杂志

公司，国家	行业	资产 （百万美元）
㉖ 法国电信有限公司，法国	电信	57,921
㉗ 西门子有限公司，德国	电子产品与电器设备	57,347
㉘ 中部电力公司，日本	电力与煤气	56,990
㉙ 飞利浦·莫利斯公司，美国	烟草	53,811
㉚ 克莱斯勒公司，美国	汽车及部件	53,756
㉛ 莱茵—威斯特伐利亚发电厂，德国	电力与煤气	52,948
㉜ 阿尔卡特—阿尔斯汤姆公司，法国	电子产品及电器设备	52,205
㉝ 东芝公司，日本	电子产品及电器设备	51,967
㉞ 住友公司，日本	贸易	50,269
㉟ 英国石油公司，英国	石油加工	50,259
㊱ 埃勒夫—阿基坦石油公司，法国	石油加工	49,454
㊲ 迪奥总公司，法国	工程·建筑	47,333
㊳ 联合电力与矿业股份公司，德国	贸易	47,230
㊴ 索尼公司，日本	电子产品与电器设备	47,156
㊵ 日商岩井公司，日本	贸易	46,754
㊶ 英国天然气公司，英国	电力与煤气	44,840
㊷ 日本电气公司，日本	电子产品与电器设备	43,768
㊸ 日本钢铁公司，日本	金属	42,311
㊹ 美孚公司，美国	石油加工	42,138
㊺ 富士通有限公司，日本	计算机、办公设备	40,416
㊻ 西班牙电信有限公司，西班牙	电信	39,689
㊼ 三菱重工有限公司，日本	工用及农用设备	38,999
㊽ 九州电力公司，日本	电力与煤气	38,594
㊾ 雀巢公司，瑞士	食品	38,354
㊿ 沃·马特连锁店，美国	杂货	37,871

20家最大银行拥有8万亿美元，按世界人头平均，每人为1380美元

世界政治领导人

- 自从1946年成立共和国以来，意大利总共更换了35位总理。
- 古巴的菲德尔·卡斯特罗没有官邸；据说他不停地更换住所是为了躲避暗杀。
- 1997年，托尼·布莱尔的工党以工党有史以来的最大多数赢得英国大选的胜利。
- 1952年，阿尔伯特·爱因斯坦被邀请出任以色列总统，但他婉言谢绝了这一职位。

阿巴查，萨尼（1943～），尼日利亚军人，1993年担任总统。1993年阿巴查将军取代了过渡文人政府，掌管了权力。他的政权由于缺乏人权而遭到国际社会批评：处决九名奥高尼在野党成员使他声名狼藉，并被停止了英联邦成员国资格。阿巴查已保证最终将返回民主道路，并于1996年允许5个政党注册。

艾亨，伯蒂（1951～），爱尔兰共和党政治家，1997年任爱尔兰总理。他曾任过会计师，1977年加入政界。他曾于1987～1994年期间任过部长。1994年当替天行道士兵党在大选中被击败之后，他成为该反对党领导人。

奥尔布莱特，玛德琳（1936～），美国民主党政治家。1997年任国务卿，是美国有史以来职位最高的女性。她主张美国以武力干涉外国事务，这一观点有时遭到反对。她曾于1993～1997年任美国驻联合国大使。

安南，科菲（1938～）加纳人，曾任联合国行政官员，1996年当选为联合国秘书长。除了在加纳旅游部工作过两年之外，他从1959年起，一直在联合国（主要在世界卫生组织）工作，是公认的辩才。

阿拉法特，亚西尔（1937～），巴勒斯坦政治家，1996年成为巴勒斯坦国总统。以前的职业为工程师。1952～1956年，他是开罗大学的巴勒斯坦学生会主席，并在大学里建立了法塔赫组织。1964年，各个独立的派系联合起来组成了巴勒斯坦解放组织，法塔赫很快控制了这个组织。1969年，阿拉法特成为主席。1974年，他赢得联合国承认，将巴勒斯坦解放组织作为巴勒斯坦业政府代表。但是，1983年，他被逐出黎巴嫩，将巴勒斯坦解放组织转移到突尼斯。1993年,他修正了坚决反对以色列的立场，与以色列签订了奥斯陆停战协议，达成了巴勒斯坦在加沙和杰里科有限自治和以色列从这些地区撤走的协议。1996～1997年通过协议，巴勒斯坦又赢得了西岸。但是，由于以色列不断向西岸和东耶路撒冷移民，使和平进程受阻。在阿拉法特任巴勒斯坦总统期间，哈马斯恐怖主义活动从未停止。

阿萨德，哈菲兹（1930～），叙利亚阿拉伯复兴社会党政治家，1971年成为总统。1965年，他依靠军力而崛起，成为总司令。1970年，他领导了军事政变，结束了长期政局不稳的局面。他力排众议，与前苏联结为亲密盟友。但是苏维埃的垮台迫使他重新审时度势，加入了美国领导的反对伊拉克萨达姆·侯赛因的联盟（1991）。1976年，阿萨德出兵干涉黎巴嫩，1990年结束了那里的内战，保证了叙利亚在黎巴嫩事务上的领导地位。他一直反对以色列，争取将被占领的戈兰高地归还叙利亚。

阿斯那尔，何塞·马利亚（1953～），西班牙人民党政治家，1996年任首相。曾任税务稽查员。1984年加入政界，1987年任卡斯提尔·里昂地区州长。1989年，他改组了（保守的）人民党，并担任主席。他为人谦逊；1995年，面对巴斯克民族与自由组织恐怖主义分子的暗杀企图，他表现镇定，增加了人民对他的爱戴。

布莱尔，托尼（1953～），英国工党政治家，1997年任英国首相。他曾经是位律师，于1983年步入议会，1988年起任影子内阁成员。1994年，他当选为工党领袖。他对工党进行改革，反对国有化，提倡低税收，限制社会消费。布莱尔领导工党在1997年的大选中以压倒多数获胜，结束了工党在野18年的历史。

卡尔德拉，拉斐尔（1916～），委内瑞拉政治家，曾于1969～1974年间担任总统职务，1994年再次任总统。在漫长的政治生涯中，他二度问鼎总统职位：1969年他就职于基督教社会党执政的政府，将权力和平移交给反对党。对于在位的委内瑞拉政府来说，这还是第一次。1994年，他作为无党派人士再次就任总统。

卡多佐，费尔南多·恩立克（1931～），巴西政治家，1994年任总统。曾任社会学教授和反对

托尼·布莱尔

巴西军人政权（1964～1985）的左派在野党领导人之一。1986年，卡多佐被选进议会。1988年与别人共建了社会民主党。1992～1994年，他担任过部长。他抑制通货膨胀的计划取得成功,这保证了他1994年竞选总统取得成功。

卡斯特罗，菲德尔（1927～），古巴共产党政治家，1976年任总统。他从学生时代便热衷于政治；1953年，他领导了反对古巴独裁者巴蒂斯塔的起义，但被捕并被投入监狱。出狱后，他流亡他乡；1956年，他回国并带回了一支小部队。1959年，巴蒂斯塔被迫逃走,卡斯特罗接管了政权，成为总理（1959～1976），他将自己的革命运动与共产主义结合在一起，以苏联为模式重塑古巴。1961年，由美国支持的古巴流亡者发动的入侵流产。1962年，在古巴安装前苏联导弹事件，几乎引发世界大战。卡斯特罗支持遍布拉丁美洲的革命运动，并派兵支援非洲的马克思主义政权。1991年，前苏联的分裂使他面临严峻的经济问题。这位以胡须和军装而知名的老年革命者从此被迫采取更切合实际的政策。

切尔诺梅尔金，维克多（1938～），俄罗斯政治家，1992年任总理。曾经是石油和天然气工业方面的工程师。1982年，他担任苏联天然气部副部长，1985年任部长，主持了将天然气部转变为国有公司的工作。1992年，他进入俄罗斯政府。同年，成为总理。人们认为他是个能干的官员，没有政治野心，但他自1992年起，成立了温和的支持改革的政党"我们的家园俄罗斯"，由于解决了车臣危机而赢得尊重。

希拉克，雅克（1932～），法国戴高乐党政治家，1995年任总统。1972～1974年，

菲德尔·卡斯特罗

他曾担任部长职务，1974～1976年任法国总理，之后，他改组了戴高乐党。1986～1988年，他的右翼力量占议会多数席位，组成了在社会党人密特朗总统领导下的政府。曾任巴黎市长的希拉克三次参加总统竞选，第三次终于当选。但是1997年左翼力量在议会占居多数席位，也就是说，在他任职期间，他不得不与社会党人组成的政府共同执政。

克雷蒂安，让（1934～）加拿大自由党政治家，1993年任总理。克雷蒂安曾是法裔加拿大律师，1963年进入国会，分别于1968～1979年和1980～1984年担任部长。但于1986年离开国会，原因是未能当选该党领袖。1990年作为该党领袖又回到了国会。1993年担任总理，他的政纲是维护加拿大统一，但提倡给各省下放更多的权力。

丘拜斯，阿那托利（1955～），俄罗斯政治家，曾经为讲师。他崛起于1990～1991年，那时他担任圣彼得堡市长顾问，并于1991～1994年被派到俄罗斯政府中负责国有工业的私有化工作。他深为普通俄罗斯人所痛恨，他们将国家的经济灾难归咎于他。1994年，他被解职。但于1997年重返政府，被任命为第一副总理兼财政部长，富有成效地负责俄罗斯的改革工作。

克林顿，比尔（1946～），美国民主党政治家，1993年，当选为美国总统。他出生时取名为威廉·杰斐逊·布雷斯。后来，他改随继父的姓。他当过律师。1979～1981年和1983～1993年间，在竞选总统成功（1992）之前，他担任阿肯色州州长。他由于打出了改革的旗帜而当选。自1994年以来，他一直面对着众议院里共和党占多数席位的局面。在他的任期内，两件丑闻像乌云一样笼罩着他：一件是白水经济丑闻；另一件是性骚扰事件。

达勒马，马西莫（1949～），意大利前共产党政治家。曾任过记者，达勒马于1994年成为左翼民主党（前共产党）的领袖。作为意大利最大政党和橄榄树联合政府中最大的参政党领袖，虽然在政府中没有担任部长职务，达勒马却是个举足轻重的人物。

法赫德（1923～），1982年成为沙

特阿拉伯国王。法赫德曾在他父亲国王伊本·沙特和他的同父异母兄弟国王沙特、费萨尔以及哈利德的手下担任过部长职务。在1991年的海湾战争中，在美国领导的反对萨达姆·侯赛因的伊拉克的同盟中，他是其中的主要成员。虽然是该国的真正统治者，但自90年代后期以来，由于健康原因，他很少露面。

卡扎菲，穆阿迈尔（1942~　），利比亚军方领导人，1969年开始担任国家领导人。1969年，他领导下级军官发动政变，推翻了君主制度。他驱逐外国人，关闭外国军事基地，将石油工业国有化，用一种新的建立在地方委员会基础之上的制度取代了政府。他在国内实行伊斯兰原教旨主义，在国外奉行激进阿拉伯民族主义政策。他的政权被指责为支持恐怖主义并受到联合国制裁。

戈尔，阿尔（1948~　），美国民主党政治家，1993年任副总统。出生于政治世家，他于1976年在田纳西州参政。1984年，他被选入参议院，负责健康与环境事务。1988年，他试图保住民主党总统候选人的位置，但未能成功。1992年，他作为副总统候选人与比尔·克林顿一同参加竞选。

古杰拉尔，英德尔·库马尔（1919~　），印度政治家，1997年任印度总理。他11岁时，便由于组织儿童抗议英国统治而遭到逮捕。1942年，由于分裂印度活动而遭监禁。1964年，成为国家议会议员。自1967年以来，在政府中任过各种部长职务。1976~1980年，被任命为印度驻莫斯科大使。1996~1997年，担任外交部长。此后，前任政府垮台。1997年，他成功地组织了一个联合政府。

桥本龙太郎（1937~　），日本自由民主党政治家，1996年担任首相。1963年，桥本进入政界，获得他已故父亲的议员席位。从1978~1991年间，他在政府中任过各种部长职务。因为他的私人秘书卷入经济丑闻，他被迫辞职。由于"不参加任何党内派别"和善于谈判的特点，1996年，他成为自由民主党领袖和首相。

哈维尔，瓦茨拉夫（1936~　），捷克剧作家，政治家，1993年担任捷克共和国总统。哈维尔刚开始工作时，做过管理舞台背景的工作人员。后来，成为布拉格一家剧院的固定作家。由于被指控为颠覆分子，他分别于1979~1984年和1989年遭到逮捕和监禁。1989年，他成立了支持民主的"公民论坛"组织，在"天鹅绒革命"中，领导了大规模的游行。1989年，他被选为捷克斯洛伐克总统。1993年，捷克斯洛伐克分裂之后，他仍被确立为捷克共和国总统。

霍华德，约翰（1939~　），澳大利亚自由党政治家，1996年任总理。他是律师出身，1974年进入政界。1975年以后，任过多种部长职务。1985~1989年和1995~1996年，他两度任反对党自由国民党领袖，该党于1996年重新成为执政党，部分功劳应归功于霍华德的个人魅力。

江泽民（1926~　），中国共产党政治家。1993年担任国家主席，1989年任中国共产党总书记。50年代，他在政府部门担任过各种行政职务，在莫斯科汽车制造厂工作过一年。起先，他担任基层行政职务。1983年，他成为部长。1985~1989年任上海市长。他支持邓小平的经济改革，并被提升到党中央的领导岗位上（邓小平**于1989年开始不再担任任何领导职务，并且于1997年逝世**。邓小平逝世之后，江泽民成为无可非议的领袖。

若斯潘，利奥尼尔（1937~　），法国社会党政治家，1997年任总理。公务员和大学讲师出身。1977年参政，于1981~1988年成为社会党第一书记；1988~1992年，任部长。虽然老谋深算，但是在1995年的总统选举中，他还是被击败了。但是1997年，他终于领导社会党人在议会选举中获胜。

哈梅内伊，阿亚图拉·穆罕默德·阿里·霍西尼（1940~　），伊朗政治家和穆斯林教士。1981~1989年任总统，从1989年起任宗教领袖。当他做教士时，由于反对伊朗国王，曾六次遭到监禁并于1978年被流放。他返回后，参加了阿亚图拉·霍梅尼领导的伊斯兰革命。1980年，成为强硬派革命卫队队长。他是伊斯兰好战分子，使霍梅尼成功地当上宗教领袖，拥有凌驾于政府、司法和军队之上的绝对权威。

哈塔米，穆罕默德（1943~　），伊朗伊斯兰教士，1997年起担任总统职务。20世纪70年代和80年代，他积极投身于反对国王的斗争。从1982~1992年，在伊斯兰政权中，哈塔米担任过文

赫尔穆特·科尔

化部长和伊斯兰教领导人。但是，由于强硬派指责他过分自由，他被解职。1997年，他赢得总统选举的胜利，这要归功于他在竞选中提出追求宽容社会的口号。

金正日（1942~　），1994年任朝鲜劳动党（共产党）领袖。作为金日成之子，金正日于1976年成为劳动党政治局成员。在他父亲逝世后，虽既没有总统也没有党主席的正式身份，金正日以"亲爱的领袖"的身份掌管了国家政权。尽管不公开露面，他仍是个人崇拜的对象。

金泳三（1927~　），韩国民主自由党政治家，1993年起担任总统。金于25岁时（1954）投身于政界。1961年，他由于反对军事政变而被捕，遭短暂监禁。1979年朴正熙总统被暗杀之后，他被驱逐出议会。这时，他成为反对党的核心。他被软禁在家中，直到1985年，他才重新返回政界。1987年竞选总统失败之后，他将自己的统一民主党与卢泰愚总统的执政党民主正义党合并，创建了民主自由党。在任总统期间，他审判了前总统卢泰愚和全斗焕，罪名是他们参与了1979年的军事政变。

科尔，赫尔穆特（1930~　），德国基督教民主联盟政治家。1982年起担任总理。科尔于1959年从大学直接参政，1969~1976年任莱茵兰—帕拉廷首省长。1976~1982年，以在野领袖的身份进入国家政治舞台。自从1982年担任总理以来，科尔一直致力于德国统一（1990），并热心于欧洲统一和欧洲单一货币。然而，他也面临着不断增多的经济矛盾，包括创纪录的失业率和德国公众及他的盟友越来越反对货币统一。

库奇马，列奥尼德（1938~　），乌克兰政治家，1994年起担任总统。他出生于俄罗斯，在苏联时期，曾担任过工程师、企业经理和共产党官员。在乌克兰独立之后，他于1992~1993年当选为无党派总理。他竞选总统的纲领是进行经济改革。他的个人管理才能和再三承诺赢得了乌克兰广大俄罗斯族人民的尊敬。

李鹏（1928~　），中国共产党政治家；1987~1988年任代理总理，1988年起担任总理。他长期担任共产党官员。1979年第一次任部长职务，1983年任副总理，1989年成为政治局成员。李鹏在经济困难时期被任命为总理。他要与通货膨胀、腐败和低效率进行斗争。他谨慎的解决这些矛盾的方法赢得了公众的赞许。

马哈蒂尔·宾·穆罕默德（1925~　），马来西亚联合马来人民族组织政治家，1981年任总理。在成为总理之前，他曾担任过多种部长职务（1974~1981）。他是位说话坦率的领导人，对西方持批评态度。马哈蒂尔使国家走上了现代化道路（目标是将马来西亚建成工业化国家），并且关心马来民族的利益。

曼德拉，纳尔逊（1918~　），南非非洲人国民大会政治家，1994年任总统。他出生于坦布贵族家庭，成为律师之后与别人共同开办了第一家黑人律师事务所。1956年，他被逮捕，罪名是从事民族主义活动。1960年，当局宣布叛国罪名不成立，曼德拉转入地下，1962年再次被捕，1964年以阴谋破坏罪和叛国罪的罪名被判处终生监禁。在罗宾岛关押了18年之后，他被转移到条件稍好一点的监狱。在他被关押期间，他成为黑人心目中的传奇人物。与白人种族隔离政府进行数次秘密谈判之后，他于1990年获释。1994年，他当选为总统，监督了南非政府向多民族和民主政权转变的过程。他的不屈不挠和民族和解的精神赢得国际社会的钦佩。

梅内姆，卡洛斯（1930~　），阿根廷比朗主义政治家。从1989年起担任总统。他出生于一个叙利亚移民家庭，曾当过工会律师。50年代中期，他参加了庇隆主义政治活动并且被短暂监禁，原因是他参加了庇隆主义分子的暴动（1956）。在庇隆的第二届总统任期内，他担任过省长（1973~1976）。但是，军人政权废黜了庇隆的遗孀，他也被投入监狱。梅内姆于1981年又重新参与省内政治活动，并于1988年被选为总统。他是人民党成员，他的政府处理经济问题时十分慎重。

米洛舍维奇，斯洛博丹（1941~　），南斯拉夫（塞尔维亚）前共产党政治家，从1997年起担任总统。银行家出身。米洛舍维奇是塞尔维亚共产党中的积极分子，于1987年成为该党领袖。在担任南斯拉夫塞尔维亚共和国总统职务时（1989-1997），他便酝酿了"大塞尔维亚"计划：将所有塞族人都集中在一个国家之内。随着前南斯拉夫的垮台，他的"大塞尔维亚"计划引发了塞尔维亚和克罗地亚之间的战争

纳尔逊·曼德拉

(1992)，并鼓励了波斯尼亚塞尔维亚人抵制波斯尼亚—黑塞哥维那的独立。由于引发了波斯尼亚的长期战争，米洛舍维奇的塞尔维亚受到广泛谴责，并受到联合国制裁。作为塞尔维亚共和国总统，他的举止更像君主国国家元首，而不像国中之国首脑。显然，他的威望有限，因为他无法使波斯尼亚民族接受各种国际和平计划（1992～1996）。1996年代顿协议达成之后，国际和平计划才被接受。在市长选举中，示威者（1996～1997）迫使他接受反对派利益。但在塞尔维亚，反对其统治的斗争还是遭到镇压。1997年，他成为南斯拉夫总统，他在尝试修复不佳的国际形象并试图扩大其影响。

穆巴拉克，穆罕默德·胡斯尼（1928～　），埃及政治家，自1981年起担任总统。飞行员出身，后来被提升为埃及空军司令。1975年被任命为副总统。1981年萨达特总统遇刺之后，他接替了总统职务。他与以色列继续保持和平进程,并重新建立起埃及在阿拉伯世界中的领导地位。

穆加贝，罗伯特（1924～　），津巴布韦非洲民族联盟政治家。1980～1987年任总理。从1987年起担任总统。他是教师出身，自学成才。穆加贝在当时的南罗得西亚便投身于民族政治活动，与别人共同创立了津巴布韦非洲民族联盟（ZANU）。1964～1974年，他遭到拘留。之后，流亡到莫桑比克。他在那里继续进行反对罗德西亚白人政权的斗争。津巴布韦改换国名独立之后，穆加贝与乔苏亚·恩科莫闹翻，恩科莫是对立的民族主义组织津巴布韦非洲人民联盟主席。但是，这两个党于1988年合并，创建了事实上为一党执政的国家。

内塔尼亚胡，本杰明（1949～　），以色列利库德集团政治家。自1996年起担任总理。内塔尼亚胡青年时代大部分时间在美国度过。1988年，他被选进以色列国会。在海湾战争中，他担任以色列发言人，因而提高了他在国际新闻界的知名度。1993年，他成为反对党领袖。他竞选总理的纲领是采取强硬路线，保证以色列安全。他的政府使以色列与巴勒斯坦和平进程实际上受到阻碍。

普罗迪，罗马诺（1939～　），意大利无党派政治家，1996年起担任总理。在保罗格纳大学任过一段时间经济学教授之后，普罗迪受命领导一家国有大公司工业复兴公司（1982～1989）。他回到保罗格纳大学（1990～1993），但又被任命重新领导工业复兴公司（1993～1994）。关于意大利的经济问题，普罗迪独到的观点和独立的探讨吸引了公众

的广泛注意。他被选中领导由中间派和左派组成的橄榄树联合政府，该政府于1996年开始行使权力。

罗林斯，杰里（1947～　），加纳空军军官及政治家；国家首脑。从1981年起担任总统。他是混血儿，父亲是苏格兰人，母亲是加纳人。罗林斯是1979年和平政变的领导人之一。数月之内，他和其他政变军官便将权力归还给了文人政府。后来，他被迫从空军退役，但仍受到公众爱戴并于1981年成功发动了另一次政变。1992年，加纳恢复了多党制，他领导的国民民主大会在选举中获胜。

萨达姆·侯赛因（1937～　），伊拉克政治家，自1979年起开始担任总统，并于1994年起兼任总理。自1957年起，他积极投身于阿拉伯复兴社会党的政治活动。1959年，他参加了一次未遂军事政变，并因此而开始流亡生活。在1968年的军事政变中，他是组织者之一。1979年，萨达姆担任总统。他一上台便立即处决了500名被怀疑反对复兴党的人士。他使伊拉克两次卷入耗资巨大的灾难性战争：伊朗～伊拉克战争（1980～1988）和海湾战争（1991）。在海湾战争中，他被美国领导的国际联盟所击败。他企图入侵和吞并科威特是这次战争的导火索。海湾战争以后，萨达姆镇压了南方什叶派教徒和北方库尔德人的起义。他被迫接受了国际社会对伊拉克的生物和化学武器以及核武器生产能力的调查。只有他的家人和萨达克里氏族人才能接近他。萨达姆建立了一人独裁政权，他粉碎了多次暗杀企图。尽管伊拉克的经济处于悲惨境地，他还是建造了许多宫殿。反对派遭到无情镇压（他的两个女婿也被处决）。

桑特，雅克（1937～　），卢森堡基督教社会人民党政治家。1995年起担任欧洲委员会主席。律师出身。他于1972～1984年担任部长。随后，于1984～1985年，担任卢森堡总理。后来，被选中作为欧盟委员会主席职务的折衷候选人。

穆阿迈尔·卡扎菲

谢里夫，纳瓦兹（1949～　）巴基斯坦政治家，曾分别于1990～1993年和1993年担任过总理。从1997年开始，再次当选为总理。1977年，谢里夫在旁遮普邦（巴基斯坦最大的省）参加地方政治活动。1988年，获得提升成为第一部长。1990年，他领导的伊斯兰民主同盟在全国范围内取得广泛支持，但却遭到总统的解职，并在随后举行的大选中败给了贝娜齐尔·布托。后来，当布托被总统解职以后，谢里夫于1997年在选举中获胜，组成了以巴基斯坦穆斯林联盟为首的联合政府。

苏哈托，霍加贝（1921～　），印度尼西亚军人及政治家。1967年担任代理总统；1968年正式就任。在第二次世界大战中，他在日本支持的印度尼西亚军队中服役，1943年成为司令官。在印度尼西亚独立之后，他仍在军队中服役。1965年被任命为总参谋长。当苏加诺总统的政策危及到国家的稳定时，苏哈托于1967年接管了政权，行使总统权力。直到1968年，他才正式成为总统。他使印尼的经济飞速发展，但反对派受到限制。他的政府被认为严重腐败。1975年，印尼入侵东帝汶（前葡萄牙殖民地），并于1976年将其吞并。这一行为引起国际社会批评。

图季曼，弗拉尼奥（1922～　），克罗地亚政治家。1992年，克罗地亚独立，他就任克罗地亚总统。在二战中，曾在铁托领导的共产党游击队中作战。在南斯拉夫军队中，他是最年轻的将军。他倡导克罗地亚成为独立的主权国家。失望之余，他隐入学术界，成为历史学教授。但由于反对共产党和宣传克罗地亚民族主义的观点而两次被捕（1972和1981）。随着东欧共产党政权的垮台，他于1989年建立了克罗地亚民主联盟，并于1990年领导该组织竞选成功，他成为克罗地亚总统。就任总统之后，他领导克罗地亚于1991年从南斯拉夫分离出去。1992年与塞尔维亚交战并于同年赢得国际社会对克罗地亚独立的承认。1995年，一次闪电战役使克罗地亚从塞尔维亚手中夺回三分之一领土。这些领土是在1992

雅克·希拉克和鲍里斯·叶利钦

年的战争中被塞尔维亚夺走的。

叶利钦，鲍里斯（1931～　），俄罗斯政治家，1990年起担任总统。建筑工程师出身。1968年以后，成为苏联共产党专职官员。1985年以后担任莫斯科党的领导工作。他平易近人，很受欢迎。1987年，由于批判强硬派，他被开除。但在1989年，他又公开露面。这一年，他被选举进入新的苏维埃议会。1990年，被选举为俄罗斯总统。1991年，共产党强硬派发动了军事政变，叶利钦领导了抵制政变行动，他登上议会门前的一辆坦克，痛斥阴谋者。当苏联解体时，叶利钦从戈尔巴乔夫手中夺得政权，成为俄罗斯独立后第一位总统（1991）。经济改革受到反对派的阻碍。于是，1993年，他镇压了联合议会中强硬分子的造反。高加索车臣共和国的分裂问题令他头疼，并使他失去人心。尽管健康不佳，他仍于1996年再次当选。在其第二届任期中，青年经济改革派是政权的主要力量。

塞迪略，埃内斯托（1951～　），墨西哥革命制度党政治家。自1994年起担任总统。银行家出身。1988～1994年间，他为萨利纳斯总统工作。在降低已失控的通货膨胀工作中，他起了重要作用，并使墨西哥的预算第一次平衡。他已经得到证明的金融管理成果便是他的竞选纲领。当选之后，泽地罗放宽了对政治制度的限制。

诺贝尔和平奖

诺贝尔和平奖由挪威诺贝尔委员会颁发，每年颁发一次。该委员会由挪威议会任命。

1901年　让·亨利·迪南，瑞士慈善家：表彰他创建了红十字会；弗雷德里克·帕西，法国经济学家：表彰他倡导国际仲裁与和平。

1902年　埃列·杜科蒙，瑞士作家；查尔斯·阿尔伯特·戈巴特，瑞士人：表彰他们在国际和平局为和平而做的贡献。

1903年　威廉·克里默爵士，英国工联主义者：表彰他提倡国际仲裁。

1904年　国际法学研究所（创建于1873年）：表彰它帮助世界走向法制化。

1905年　伯哈·冯·苏特纳，奥地利小说家：表彰她富有影响的和平小说。

1906年　西奥多·罗斯福，美国总统：表彰他在日俄战争后期所做的调停工作（1904）。

1907年　恩奈斯托·泰奥多罗·莫内塔，意大利记者：表彰他建立了国际和平联盟以及担任国际和平大会主席职务所做的贡献（1906）；

■ 昂 山 素 季 由 于 在 缅 甸 受 到 软 禁 而 无 法 领 取 诺 贝 尔 奖 ■

路易·雷诺，法国法官：表彰他所做的国际仲裁。

1908年 克拉斯·庞特·阿诺尔德松，瑞典政治家：表彰他调停了挪威-瑞典同盟的矛盾，使其免于解体；弗莱德里克·巴耶，丹麦政治家：表彰他对妇女解放与和平运动所做出的贡献。

1909年 巴朗·德·斯图内勒·德·贡斯当，法国外交家：表彰他建立了自愿调停议会小组；奥古斯特·贝那尔特，比利时政治家：表彰他对海牙和平会议所做的贡献。

1910年 国际和平署（建立于1891年）：表彰其促进了用仲裁方式解决争端。

1911年 托比亚斯·阿塞尔，荷兰法官：表彰他参加组建永久司法法院；阿弗莱德·弗里德，奥地利和平主义者：表彰他与他人共同创立了德国和平运动组织。

1912年 艾立胡·卢特，美国政治家：表彰他做的国际仲裁。

1913年 亨利·拉封丹，比利时律师：表彰他担任国际和平局主席所做出的贡献。

1914～1916年 未颁奖。

1917年 红十字国际委员会：表彰它在第一次世界大战中对战俘的救治工作。

1918年 未颁奖。

1919年 伍德罗·威尔逊，美国总统：表彰他在第一次世界大战之后所做的国际平息工作。

1920年 里昂·蒲日热，法国政治家：表彰他倡导建立国家联盟与国际合作。

1921年 卡尔·布兰廷，瑞士政治家：表彰他调解国际外交争端；克里斯蒂安·路易·朗格，挪威和平倡导者：表彰他担任国际议会联盟秘书长所做的工作。

1922年 弗里德耶夫·南森，挪威探险家和政治家：表彰他于第一次世界大战之后所作的救援工作。

1923～1924年 未颁奖。

1925年 奥斯汀·张伯伦爵士，英国政治家：表彰他为洛迦诺条约所做的工作（1925）；查尔斯·道威斯，美国政治家：表彰他重新组织了德国支付赔偿工作。

1926年 阿利斯提·白里安，法国政治家：表彰他对洛迦诺条约和凯洛格-布莱恩条约所做的贡献；古斯塔夫·斯特莱斯曼，德国政治家：表彰他为欧洲和解而付出的努力。

1927年 弗丁纳·比希，法国教育家：表彰他与他人合作创建了人权联盟（1898）；路德维希·克菲德，德国历史学家：表彰他为德国和平而做的努力。

1928年 未颁奖。

1929年 弗兰克·凯洛格，美国政治家：表彰他为凯洛格-布莱恩条约所做的工作。

1930年 纳罕·塞德布洛姆，瑞典路德教主教：表彰他为教会团结而做出的努力。

1931年 珍·亚当斯，美国社会改革者和平主义者：表彰她所做的社会工作，支持妇女拥有选举权以及支持和平；尼克拉斯·穆利·巴特勒，美国教育家：表彰他为国际和平而建立的卡内基金会。

1932年 未颁奖。

1933年 诺曼·安吉尔爵士，英国经济学家：表彰他作出的战争对经济徒劳无益的论述。

1934年 亚瑟·汉德逊，英国政治家：表彰他对裁军所做的工作。

1935年 卡尔·冯·奥西埃茨基，德国记者：表彰他揭露纳粹重整军备的行径。

1936年 卡洛斯·萨维德拉·拉马斯，阿根廷法官：表彰他为结束查可战争（1932～1935）而付出的努力。

1937年 塞西尔子爵，英国政治家：表彰他于1919年起草了国联盟约。

1938年 南森国际难民救济处：表彰其对难民的救助工作。

1939～1943年 未颁奖。

1944年 红十字国际委员会：表彰该组织在二战中所做的工作。

1945年 科德尔·赫尔，美国政治家：表彰他参加组建联合国工作。

1946年 埃米莉·格林·巴尔奇，美国社会学家和政治学家：表彰她领导了妇女和平运动；约翰·穆特，美国卫理公会教徒和福音传教士：表彰他在国际上的传教活动。

1947年 美国公谊会服务委员会，美国教友会组织，公谊会教友委员会，英国公谊会服务理事会：表彰它们通过社会服务计划来促进和平。

1948年 未颁奖。

1949年 博伊德-奥尔勋爵，苏格兰科学家：表彰他为营养需求而作的研究。

1950年 拉尔夫·本奇，美国外交家：表彰他于1949年对阿拉伯-以色列停战所做的调解工作。

1951年 里昂·茹奥，法国工会领袖：表彰他与他人共同创建了自由工会国际联盟。

1952年 阿尔贝特·施韦泽，德国传教士、医生和哲学家：表彰他在非洲所进行的医疗和其他工作。

1953年 乔治·马歇尔，美国政治家：表彰他为欧洲复苏而制定的马歇尔计划。

1954年 联合国难民事务高级专员办事处：表彰该组织在战争救援和重建家园等方面所做的工作。

1955～1956年 未颁奖。

1957年 莱斯特·皮尔逊，加拿大政治家：表彰他为解决苏伊士运河危机（1956）而付出的努力。

1958年 多米尼克·乔治·培尔，比利时牧师和教育家：表彰他二战以后帮助在二战期间逃离了本土的欧洲人。

1959年 菲利浦·诺埃尔-贝克，英国政治家：表彰他呼吁世界裁军。

1960年 阿尔伯特·卢图利，南非人：表彰他以非暴力斗争来反对种族隔离。

1961年 达格·哈马舍尔德，瑞典人，联合国秘书长（去世后授予）：表彰他为解决世界冲突所做的贡献。

1962年 莱纳斯·泡令，美国化学家：表彰他发起的限制核武器和核试验运动。

1963年 红十字国际委员会和红十字协会联盟：表彰他们对自然灾害受灾地区所做的救援工作。

1964年 马丁·路德·金，美国黑人领袖：表彰他所做的争取人权工作。

1965年 联合国儿童基金会：表彰该组织密切了国家间的兄弟关系。

1966～1967年 未颁奖。

1968年 莱内·卡辛，法国法官：表彰他作为联合国人权宣言的主要执笔者所做的贡献。

1969年 国际劳工组织：表彰该组织促进了第三世界经济的发展。

1970年 诺曼·博劳克，美国农业科学家：表彰他对农业技术所做的贡献。

1971年 威利·勃兰特，德国政治家：表彰他在西德与东德之间所进行的调解工作。

1972年 未颁奖。

1973年 亨利·基辛格，美国政治家和黎德寿（拒绝领奖），北越政治家，表彰他们为和平解决越南战争而做的努力。

1974年 佐藤荣作，日本首相：表彰他制定了反对核武器政策；希恩·麦克布莱德，爱尔兰政治家：表彰他发起了人权运动。

1975年 安德烈·萨哈罗夫，俄罗斯核物理学家：表彰他呼吁人权和裁军。

1976年 梅里德·科里根，北爱尔兰人和拜提·威廉斯，北爱尔兰人：表彰他们开展结束北爱尔兰分裂冲突的运动。

1977年 国际大赦组织：表彰该组织为释放政治犯付出的努力。

1978年 梅纳赫姆·贝京，以色列总理和安瓦尔·萨达特，埃及总统：表彰他们对签订以色列-埃及和平条约（1979）所做的贡献。

1979年 加尔各答的特里萨修女，阿尔巴尼亚种族，马其顿血统的印度慈善工作者：表彰她为印度的穷人所做的慈善工作。

1980年 阿道夫·彼莱·埃斯基维尔，阿根廷雕塑家和建筑家：表彰他在拉丁美洲所做的争取人权工作。

1981年 联合国难民事务高级专员公署：表彰该组织在战争救援和重建家园等方面所做的工作。

1982年 阿尔瓦·米尔达，瑞典外交家和阿尔芬索·加西亚·罗夫莱斯，墨西哥外交家：表彰他们呼吁核裁军。

1983年 列奇·瓦文萨，波兰政治家和工会领袖：表彰他发起的团结自由工会运动。

1984年 德斯蒙德·图图，南非英国圣公会约翰内斯堡大主教：表彰他发起的以和平方式反对种族隔离运动。

1985年 世界医生防止核战争运动。

1986年 艾黎·韦塞，法国作家和慈善家：表彰他为人权所做的工作。

1987年 奥斯卡·阿里亚斯·桑切斯，哥斯达黎加总统：表彰他在中非所做的促进和平工作。

1988年 联合国维持和平部队：表彰其为减少战争风险，引导交战双方和平谈判而做出的贡献。

1990年 米哈伊尔·戈尔巴乔夫，前苏联总统：表彰他促使苏维埃联盟更加开放并帮助结束了冷战状态。

1991年 昂山素季，缅甸政治家：表彰她在缅甸发起的以非暴力形式争取民主的运动。

1992年 丽高伯塔·曼珠，危地马拉裔印度活动家：表彰她发起了争取土著人权利的运动。

1993年 纳尔逊·曼德拉，南非非洲人国民大会（ANC）领袖和德克勒克，南非总统：表彰他们为结束南非种族隔离状态而作出的贡献。

1994年 亚西尔·阿拉法特，巴勒斯坦解放组织（PLO）主席，伊兹哈克·拉宾，以色列总理，和西蒙·佩雷斯，以色列外交部长：表彰他们就巴勒斯坦自治问题达成了一致协议。

1995年 约瑟夫·洛特布拉特，波兰裔英国物理学家：表彰他发起了反对核武器运动。

1996年 卡洛斯·费莱坡·西门·拜罗，东帝汶主教和何塞·拉莫斯·霍尔塔，东帝汶前游击队员和大学教师：表彰他们为结束印度尼西亚人在东帝汶的弊政而付出的努力。

■ **萨达姆·侯赛因名字的意思是："勇敢地面对困难的人"** ■

联合国

- 20世纪90年代,联合国在前南斯拉夫采取了最大规模的维持和平行动。1995年,来自27个不同国家,超过4万人的军队在那里执行任务。
- 虽然斐济的军队人数不足4000人,它却参加了不下5次的维和行动——安哥拉、西奈、伊拉克／科威特、黎巴嫩和卢旺达。
- 美国百万富翁小约翰·洛克菲勒在美国的纽约为联合国捐赠了一块地皮,联合国总部建立在这块土地上。

■ 1996年,一辆英国斯巴达主战(T)坦克与隶属于联合国维和部队的一部分英国分遣队正行进在波斯尼亚大雪覆盖的公路上。

联合国的诞生

- 联合国成立于1945年。10月24日是它的周年纪念日。
- 只有六个主权国家不是联合国成员。

在第二次世界大战期间,同盟国一致决定要建立一个新的国际组织取代国际联盟。国际联盟从未实现过维护全球和平的诺言。1945年4月,在美国旧金山举行的联合国大会上,50个国家签署了《联合国宪章》。该宪章于1945年10月24日开始生效。

联合国组织(UNO),或简称联合国(UN)的宗旨是"建立一个广泛的组织以维护国际和平与安全",以及"在解决国际经济、社会、文化和人道主义等问题上取得国际合作"。不过,联合国不能干涉各国的内部事务。

联合国成员

现在,世界上的主权国家几乎都是联合国成员。只有基里巴斯、瑙鲁、瑞士、汤加、图瓦鲁和梵蒂冈城等国不是成员国。但是瑞士和梵蒂冈城具有观察员身份。巴勒斯坦解放组织和马耳他国王军事小组在联合国拥有特别观察员身份。

联合国组织和机构

- 第一位秘书长是挪威的特吕格弗·赖伊。
- 日本、德国和其他三个国家(可能包括巴西和印度)曾经被提名为联合国安理会常任理事国。

联合国有5个主要机构。其中最重要的是联合国大会和安理会。这些组织都设在美国纽约,只有国际法庭设在荷兰海牙。除了这5个机构,还有其他一些重要的专门机构,分布于世界各地。

联合国大会

联合国大会由全体会员国组成,讨论宪章范围内的任何问题。每个成员国有5位代表,但只拥有一票投票权。

▶ 特别机构及附属组织

一些国际机构都与联合国有联系。从某种意义上说,它们附属于联合国。一些机构,例如国际劳工组织,是联合国从它的前身——国际联盟——那里继承下来的。

联合国粮食及农业组织(FAO):总部设在意大利罗马。其宗旨是提高营养和生活水平;促进食品及各种农产品的生产和分配,以减少人类饥饿。

国际原子能机构(IAEA):总部设在奥地利维也纳。其宗旨是鼓励将原子能用于和平目的。

国际民用航空组织(ICAO):总部设在加拿大蒙特利尔市。宗旨为鼓励各国航制定安全措施,协调国际航空飞行设施。

国际开发协会(IDA):根据特殊条款向不发达国家提供信用贷款。它是世界银行(见下)的分支机构。

国际农业发展基金会(IFAD):总部设在意大利罗马。向发展中国家提供拨款或贷款以促进那里的粮食生产。

国际金融公司(IFC):促进国际间私人资本流动并且刺激资本市场,它是世界银行的分支机构。

国际劳工组织(ILO):总部设在瑞士日内瓦。其宗旨为建立国际劳动标准并促进社会和经济繁荣。

国际货币基金组织(IMF):总部设在美国华盛顿,旨在促进国际金融合作。

国际海事组织(IMO):总部设在英国伦敦。旨在协调合作,促进海上安全。

国际电信联盟(ITU):总部设在瑞士日内瓦,其任务是指配电信频率和使电信实现标准化。

联合国教育、科学及文化组织(UNESCO):总部位于法国巴黎,旨在鼓励普及教育和普及文化。

联合国工业发展组织(UNIDO):总部设在奥地利维也纳。旨在促进发展中国家的工业化。

万国邮政联盟(UPU):总部设在瑞士伯尔尼。旨在将全体成员国联合在一个邮政领域之内。

世界卫生组织(WHO):总部设在瑞士日内瓦。尽可能使各国人民达到最高健康标准。

世界知识产权组织(WIPO):总部设在瑞士日内瓦。旨在促进对知识产权(例如发明和版权)的保护工作。

世界气象组织(WMO):总部设在瑞士日内瓦。旨在促进气象观察标准化,并且最大限度地保障用户(例如航海和农业用户)的利益,提供气象信息服务。

世界银行:总部在美国华盛顿。旨在通过资本投资,特别是对落后国家的投资而促进经济发展。它的原名为国际复兴与开发银行。

世界贸易组织(WTO):总部设在瑞士日内瓦。在国际贸易中制定贸易共同准则,并鼓励降低关税和采取其他措施以达到世界自由贸易。1995年,它取代了关税及贸易总协定,总部位于瑞士日内瓦。

联合国的附属机构是致力于在发展中国家取得经济和社会进步的机构或基金组织。它们包括:

联合国开发计划署(UNDP):总部设在美国纽约。其进行技术援助的资金来自联合国。

联合国人口基金会(UNFPA):总部设在美国纽约。负责人口和计划生育的工作。

联合国难民事务高级官员办事处(UNHCR):总部设在瑞士日内瓦。向难民提供国际援助。

联合国儿童基金会(UNICEF):总部设在美国纽约。旨在满足儿童需求,特别是发展中国家儿童的需求。

难民救济及工程局(UNRWA):总部设在奥地利维也纳。向巴勒斯坦难民提供救援和福利服务。

■ 1942年,在《华盛顿宣言》里首次使用了"联合国"一词

大会主席任期为一年，于每年9月选举产生。对于重大问题，要由出席大会的适当多数（三分之二）做出决定。对于其他问题，只要超过半数就可作出决定。

安全理事会

安理会是维护世界和平与安全的主要机构。它有5个常任理事国：中国、法国、俄罗斯（1945－1991年，这个席位由前苏联占据）、英国和美国。

由联合国大会选出10个任期为两年的理事国。安理会总共由15个理事国组成。智利、埃及、几内亚比绍、波兰和韩国于1997年结束在安理会的任期；哥斯达黎加、日本、肯尼亚、葡萄牙和瑞典于1998年结束任期。

安理会决议必须得到9个成员以上的多数票才能通过。但5个常任理事国的任何一国都可行使否决权。

经济及社会理事会

该组织专门协调联合国创建的许多专门机构。其宗旨是在经济、社会和其他相关领域促进国际合作。它有54个选举产生的理事国、任期为3年。

国际法庭

其正式名称是国际司法法庭。它审理由联合国成员国向它申请诉讼的任何案件。如果当事国一方未能履行法庭判决，当事国另一方可以向安理会求助。

国际法庭由15位经过安理会和联合国大会挑选的法官组成，任期为9年。

秘书处

秘书处是联合国的行政机关。秘书长是它的首长，负责处理该机构的行政事务和进行国际斡旋。

托管理事会

建立该组织是为了监督前德国、日本和意大利殖民地的独立进程。由于已完成了自己的使命，它已不再存在了。

❓ 谁支付联合国费用

	占预算百分比
美国	25.00
日本	12.45
德国	8.93
俄罗斯	6.91
法国	6.00
英国	5.02
意大利	4.29
加拿大	3.11
西班牙	1.98
澳大利亚	1.51
其他国家	24.80

▶ 秘书长

特吕格弗·赖伊	挪威人	1946～1953年
达格·哈马舍尔德	瑞典人	1953～1961年
吴丹	缅甸人	1961～1972年
库尔特·瓦尔德海姆	奥地利人	1972～1981年
佩雷斯·德奎利亚尔	秘鲁人	1982～1992年
布特罗斯·布特罗斯·加利	埃及人	1992～1996年
科菲·安南	加纳人	1997年～

▶ 联合国维持和平行动

▶ 维和部队由联合国安理会创建并由联合国成员国提供临时人员。其任务是进行观察、提供帮助、维持停火或制止冲突。

▶ 目前，已经部署了大约55,000名维和人员。

根据传统，联合国维和部队的主要力量来自与主战方没有结盟的国家。下列维和使团有些存在于1995年5月之前，有些从那时起开始组建：

1948年 联合国派往印度和巴基斯坦的军事观察小组（UNMOGIP）：监督印度和巴基斯坦于1948年在克什米尔建立的停火线。该小组由40人组成。

1948年 联合国停战监督组织（UNTSO）：1948年6月，该组织由安理会组织成立。其任务是观察巴勒斯坦停战。军事观察员们驻扎在贝鲁特、南部黎巴嫩、西奈、约旦、以色列和叙利亚。总计220人。

1964年 联合国驻塞浦路斯维和力量（UNFICYP）：成立于1964年。其任务是防止希腊和土耳其在塞浦路斯重燃战火。自从1974年土耳其人侵占了塞浦路斯北部以后，该维和部队的使命已增加为监督停火线并维护缓冲地区的和平。总计1173人。

1974年 联合国脱离接触观察部队（UNDOF）：成立于1974年5月31日。其任务是监督以色列和叙利亚在戈兰高地的停火线。总计1036人。

1978年 联合国驻黎巴嫩临时部队（UNIFIL）：成立于1978年，其任务是确保以色列军队从黎巴嫩南部撤军，恢复这一地区的和平与安全。总计4963人。

1991年 联合国监督西撒哈拉公民表决小组（MINURSO）：成立于1991年4月。其任务是监督选择独立还是选择与摩洛哥合并的公民表决。这项任务执行起来很难，主要是由于摩洛哥阻挠合格选民的鉴定工作。总计398人。

1991年 联合国驻伊拉克和科威特观察使团（UNIKOM）：成立于1991年4月（海湾战争以后）。其任务是监督维持伊拉克与科威特边界的非军事区域，阻止暴力并观察潜在的危险。总计1111人。

1991年 联合国特别委员会（UNSCOM）：成立于1991年。其任务是监督销毁伊拉克的原子和生化武器储备和销毁弹道导弹，以确保伊拉克长期遵守联合国的要求。对各种武器设施的检查仍在进行之中。维和使团的人数在不断变化。

1993年 联合国援助卢旺达使团（UNAMIR）：成立于1993年10月。监督实施当时的卢旺达政府与卢旺达爱国阵线之间达成的停战协议。内战迫使大多数维和部队人员撤出了该地。但是，1994年6月，新成立的委托管理委员会成立了一支部队，与双方谈判，达成了新的停战协议，并对此加以监督。总计6019人。

1993年 联合国驻格鲁吉亚观察使团（UNOMIG）：成立于1993年8月。任务是证实格鲁吉亚共和国与阿布哈兹军队已经遵守了停火协议。1994年7月，其任务又增加为观察独联体维和部队的工作，并监督格鲁吉亚军队撤离阿哈兹边界。总计135人。

1993年 联合国驻利比里亚观察使团（UNOMIL）：成立于1993年9月。任务是调查破坏停战协议事件，监督大选，提供慈善援助，训练西非经济共同体军事观察小组排除地雷。总计70人。

1994年 联合国驻塔吉克斯坦观察使团（UNMOT）：成立于1994年12月。任务是监督塔吉克斯坦政府武装与伊斯兰反对派之间实现停火。并且与独联体维和部队协调工作。总计39人。

1995年 联合国第三次派驻安哥拉的检验使团（UNAVEM）：成立于1995年2月，取代早先的第二个检验使团。主要任务是帮助安哥拉各派武装实现停火，制定检验步骤，在安哥拉政府和安哥拉彻底独立民族联盟以及联合国检验使团之间进行协调。总计1969人。

联合国在前南斯拉夫的维和行动： 1995年12月，下述联合国维和使命主要由北大西洋公约组织领导的执行部队来执行。1996年12月，该部队更名为安定力量。其任务是监督代顿停战协议的执行情况。

联合国维和力量总部： 其任务是在前南斯拉夫协调所有联合国维和部队与各使团之间的工作。总部设在克罗地亚的萨格勒布。总计7613人。

1992年 联合国驻波斯尼亚-黑塞哥维那保护力量（UNPROFOR）：成立于1992年9月，旨在保护萨拉热窝国际机场安全开放以运送慈善救援物资。1993年5月，其托管范围扩大为保卫波黑领空安全；北大西洋公约组织提供空中防卫力量。总计19,071人。

1992年 联合国驻前南斯拉夫马其顿共和国预防部署力量（UNPEDEF）：成立于1992年12月，监督维护前南斯拉夫马其顿共和国与阿尔巴尼亚和南斯拉夫联邦共和国之间的边境安全。总计1150人。

1995年 联合国帮助克罗地亚恢复领土行动（UNCRO）：组建于1995年3月，取代早先的联合国驻波黑的保护力量。其托管的任务是向克罗地亚提供联合国的保护，制止该地区的军事行动，监督所有南斯拉夫军队和塞尔维亚军队从克罗地亚撤军。1995年8月，克罗地亚重新收回西斯洛文尼亚和克拉齐那之后，联合国开始撤出部分临时人员。总计有12,564人参与了这次维和行动。

朝鲜

1950年6月，联合国发动了有史以来最大的一次军事行动：安理会作出决议，号召全体成员国援助南朝鲜与北朝鲜斗争。此后，一支联合国军队被派往朝鲜。在联合国批准的这次"警察行动"中，美国担当主要角色。但这次行动却以不光彩的失败收场。

■ 联合国的官方语言为：阿拉伯语、汉语、英语、法语、西班牙语和俄语 ■

欧洲联盟

▶ 目前，欧洲联盟拥有西方世界最大和最富有的市场。

▶ 经过特别安排，安道尔、摩纳哥和圣马利诺也加入了欧盟。

▶ 经过300多项立法审议，欧洲才实现了经济联合。

▶ 1997～1998年，波兰、捷克共和国、匈牙利、爱沙尼亚、斯洛文尼亚和塞浦路斯将就加入欧盟一事进行谈判。

▶ 欧洲议会多数党领袖是英国的保林·格林。

■ 欧盟与其成员国的国旗。

寻求欧洲统一

▶ 出于消除不信任与分裂的愿望，欧洲人创建了更加统一的欧洲。这种不信任与分裂曾导致了第二次世界大战。

▶ 5月9日是欧盟周年纪念日。这一天，欧洲迈出了统一的第一步。

1950年5月9日，法国外长罗伯特·舒曼号召法国、德国和其他欧洲国家将煤和钢材生产合并起来，作为"欧洲联盟的第一个具体基础"。法国的这一呼吁于1951年见到成果：《巴黎条约》诞生了，欧洲煤钢共同体也随之诞生了。6个国家签署了这一条约，它们是：比利时、法国、德意志联邦共和国（西德）、意大利、卢森堡和荷兰。

1957年，6个签约国又签订了《罗马条约》，成立了欧洲经济共同体（EEC）以及欧洲原子能委员会。欧洲经济共同体旨在取消一般商品的进、出口关税；而欧洲原子能委员会的目标是共同努力，发展核能源，并将其用于和平目的。

1967年之前，这三个组织各自独立存在。从1967年起，为了更实际的目的，它们合并为欧洲共同体（EC），人们称之为"共同市场"。

1993年11月《马斯特里赫特条约》批准成立了欧洲联盟，表达了欧洲人建立更加紧密的联盟的愿望。

欧盟及其所属机构

▶ 欧洲投资银行是世界上最大的国际金融机构。
▶ 欧盟拥有3.7亿公民。

欧洲联盟的成立迈出了重要的一步：它由共同市场转变成经济、政治和社会制度都更加密切相联的欧洲联盟。各成员国政府一致同意要实现一系列目标，包括统一货币并承诺在国际舞台上要步调一致，统一行动。

欧盟由许多机构和咨询组织构成。其中最重要的是欧洲委员会，部长理事会和欧洲议会。

欧洲委员会

该委员会由20名专员组成，由各国政府任命，任期为四年。这些专员根据票数选举出一名主席和六名副主席。该委员会不受本国政府的约束，单独向部长理事会提出建议并执行部长理事会的决议。欧洲委员会总部设在比利时的布鲁塞尔。

部长理事会

部长理事会的正式名称是欧洲联盟理事会，由15个成员国的外交部长组成。它是欧盟的决策机构。部长们召开会议，对政府间合作进行调节，发布指示并作出决策。专门理事会，例如15国农业部长，也召开会议；而各国首脑每年只召开三次会议，因为欧洲部长理事会的部长们已经代表了国家的利益。

理事会的会议通常在现任主席的所在国召开，但有时也在布鲁塞尔举行。

欧洲议会

该议会议员任期为5年。626名议员全部经过成员国普选产生。选举方式依照各国的惯例而定（除了英国，其他国家采用比例代表制）。欧洲议会议员（MEP）有权就部长理事会或欧洲委员会提交的立法建议发表意见，并有权否决或修正欧洲委员会提交的预算；议会还有权投不信任票，从而解散该委员会。

另设19个议会常务委员会，它们各自分管不同事务：从外交、安全到妇女权利等事务。议会由一个办公署管理。该办公署由一名主席和14名副主席组成，他们经议会选举产生。

议员们来自多个国家的政治派别（类似于不同政党）。来自一个国家的政治派别必须拥有至少26位议员才能得到承认；来自两个国家的同一政治派别必须拥有至少21名议员；来自三个国家的同一派别需要16名议员；来自四个或更多国家的同一派别只需要13名议员便可以了。

最大的政治派别是：欧洲社会党、（保守的）欧洲人民党、欧洲自由民主与改革主义团体、欧洲联合左派联盟（主要由原共产党组成）和绿党。

议会在法国斯特拉斯堡召开会议，在布鲁塞尔也有一个议会大楼。欧洲议会和欧洲议会的委员会都可以在那里举行会议。议会秘书处设在卢森堡。

欧洲法庭

正式名称为欧共体司法法庭。由13名法官和6名律师组成。他们由各成员国政府任命，任期6年。每个成员国至少派出一名代表与他们一起工作。法庭负责判定欧洲部长理事会和委员会的决定是否具有合法性并裁决纠纷。总部设在卢森堡城。

欧洲委员会审计院

该审计院成立于1977年，负责独立审计由欧盟或欧洲委员会管理的资产。它由15名成员组成（每个国家选派一人），由部长理事会任命，任期6年。总部设在卢森堡城。

欧洲投资银行

总部设在卢森堡城，向成员国的投资项目提供或担保贷款。银行属于非赢利性质，优先考虑地区发展项目。

咨询机构

除了欧盟的主要机构之外，还有一些顾问咨询机构：

经济与社会委员会：该委员会就工人的自由流动、农业和运输等事项向委员会和部长理事会提供咨询。

欧洲煤钢共同体咨询委员会：向委员会提供咨询。其成员来自煤与钢铁的生产者、消费者和经营者，由部长理事会任命，任期二年。

农业咨询委员会：由4个委员会组成，负责农业市场，结构和社会问题。

地区委员会：它是根据《马斯特里赫特条约》而成立的咨询机构。它由成员国国内地方或地区政府派出的代表组成。

单一市场

▶ 欧盟的主要目标是创建一个没有国家障碍的单一市场以确保自由贸易带来的经济利益；使商品、服务、资本和劳务在欧盟各个国家畅通无阻，自由流动；使消费者对商品和服务有更广阔的选择余地，并且通过激烈竞争，降低商品和服务的价格。

▶ 由于能够在欧盟之内的任何地方居住或工作，欧盟公民也会因此而受益。

1957年签订的《罗马条约》废除了关税、进口限额和联合企业等，消除了它们对国家间贸易的限制，为实现欧洲单一市场奠定了基础。但是贸易仍然受到阻碍，因为各国官方要求与技术标准、国家税收结构、限制性政府采购惯例和拨给地方公司的财政援助都各不相同。这些不同因素导致了成本与价格上升。1986年，《单一欧洲条例》获得通过。各成员国承担消除上述障碍的义务，目的是创造公平竞争环境，有利于企业在整个欧洲单一市场生产或销售自己的产品。

《单一欧洲条例》刚刚实施时，欧盟成员国之间的贸易占它们与欧盟以外国家贸易额的50%强。目前它已经使这个数字上升到60%强。挪威、冰岛和列支敦士登等非欧盟国家也已实施了单一市场条款。自由贸易区已超出欧盟的范围，扩展到整个欧洲经济区。

谁是委员会专员

欧洲委员会由20位专员组成。法国、德国、意大利、西班牙和英国等每个国家有2名专员，其他国家各有1名专员。

委员会主席： 雅克·桑特（卢森堡）
非洲、加勒比、太平洋： 乔奥·德·都·平黑罗（葡萄牙）
农业： 弗朗茨·菲斯勒尔（奥地利）
预算： 艾尔奇·李坎南（芬兰）
竞争政策： 卡罗尔·冯·米埃尔（比利时）
经济与金融事务： 威·黑保·德·西尔归（法国）
能源： 克里斯托·帕坡西斯（希腊）
环保： 利塔·比乔莱加尔（丹麦）
渔业及消费政策、慈善局： 埃玛·波尼诺（意大利）
对外政策、东欧： 汉斯·冯·丹·布鲁克（荷兰）
移民与内部政策： 安尼塔·格拉汀（瑞典）
工业政策： 马丁·邦格曼（德国）
机构事务： 马尔塞利诺·奥莱加（西班牙）
内部市场： 马里奥·蒙蒂（意大利）
地中海、拉丁美洲： 曼缪尔·马林（西班牙）
地区政策： 莫尼卡·伍尔夫－马西斯（德国）
科研、培训： 埃迪斯·克莱森（法国）
社会政策： 帕蒂雷格·夫莱恩（爱尔兰）
贸易、亚洲、北美洲： 里昂·布里顿爵士（英国）
运输： 尼尔·金诺克（英国）

委员会主席

瓦特尔·哈施坦（德国）	1958–1967
让·雷（比利时）	1967–1970
弗朗哥·马利亚·马尔法第（意大利）	1970–1972
西克·曼舍尔特（荷兰）	1972年
弗朗索瓦-扎维尔·奥托利（法国）	1973–1976
罗依·詹金斯（英国）	1977–1980
加士顿·桑（卢森堡）	1981–1984
雅克·德洛尔（法国）	1985–1994
雅克·桑特（卢森堡）	1995年–

欧盟的"支柱"

根据《马斯特里赫特条约》(1991)，要通过新的政府间机构，而不是现存的欧共体机构来进行某些领域的合作。第一个支柱是现存的欧共体，其职责是承担新的金融责任。第二个支柱负责外交与安全；第三个支柱负责广泛领域里的合作，例如，移民、政治避难和法律的实施等。后两个支柱属于成员国的政府间组织，由于货币联盟建立的时间可能要推迟，《马斯特里赫特条约》意味着成员国将加强政府间合作，而不必大量增加欧洲委员会的权力。

欧盟成员国

	参加日期	在部长理事会的票数	在欧洲议会的席位	理事会主席任期
德国	1957年	10	99	1999年1-6月
法国	1957年	10	87	2000年7-12月
意大利	1957年	10	87	–
英国	1973年	10	87	1998年1-6月
西班牙	1986年	8	64	2002年1-6月
比利时	1957年	5	25	2001年7-12月
希腊	1981年	5	25	–
荷兰	1957年	5	31	–
葡萄牙	1986年	5	25	2000年1-6月
奥地利	1995年	4	21	1998年7-12月
瑞典	1995年	4	22	2001年1-6月
爱尔兰	1973年	3	15	–
丹麦	1973年	3	16	2002年7-12月
芬兰	1995年	3	16	1999年7-12月
卢森堡	1957年	2	6	1997年7-12月

注：到2003年初，名单上可能会增加6个新成员国。

货币联盟

货币联盟是指在欧盟成员国之间使用单一货币，即欧洲货币单位，现在被称为欧元。建立货币联盟的第一步是：所有成员国货币均参加欧洲货币体系的汇率机制（ERM）。该机制要求一个成员国在与另一个成员国进行货币兑换时，使自己国家货币的兑换值保持固定的比率。但是，1992年，英镑和意大利里拉遭到投机压力，不得不从该机制撤出。1993年，当压力袭击其他货币时，各国政府被迫暂停使用欧洲汇率机制，允许成员国货币围绕中心汇率上下浮动15%。成员国可以自己制定兑换政策，但代价是：货币联盟被推迟。货币联盟的成立日期定在1999年，但许多成员国怀疑届时这一目标能否实现。

划使用货币于1995年被命名为"欧元"■

世界组织

- 1997年国际奥林匹克委员会拥有200多名成员国,超过七国集团、北大西洋公约组织、经济合作与发展组织、欧洲理事会和英联邦等组织所拥有的成员国之和。
- 莫桑比克是第一个加入英联邦之前与英国或英联邦其他成员没有任何联系、官方语言不是英语的国家。
- 国际红十字会分别于1917、1944和1963年获得诺贝尔和平奖,获奖次数超过任何其他组织或官方机构。
- 白俄罗斯由于不良人权纪录,于1997年被取消了欧洲理事会资格。
- 在冷战时期,华沙条约组织是北大西洋公约组织的共产党对手。该组织于1991年解散。

七国集团,北大西洋公约组织和经济合作与发展组织

- 1977年北大西洋公约组织向它从前的敌人——捷克共和国、匈牙利和波兰发出了加入北大西洋公约的邀请。
- 第二次世界大战以后,经合组织取代了一个战后成立的曾帮助重建欧洲的组织。

成立世界组织的目的有多种多样:许多组织是为了发展某一地区的经济、政治和社会利益;某些组织的目的则很单一,例如宗教,其成员来自不同国家;一些国家可能由于共同的防卫政策或相同的政治观点而走到一起;而另一些国际组织则与政治毫无关系,他们以体育或慈善事业为凝聚力。七国集团、北大西洋公约组织和经济合作与发展组织是三个在全球很有分量与影响的组织。

七国集团(G7)/八国首脑会议

这是世界主要经济大国的非正式联盟。自从1975年以来。这些国家的政府首脑每年召开一次会议,讨论重要的经济、金融与政治等问题。俄罗斯的加入使得七国首脑会议变成了八国首脑会议。七国首脑会议既没有机构,也没有秘书处。成员有:加拿大、法国、德国、意大利、日本、英国、美国(俄罗斯参加了几乎所有七国首脑会议,欧盟派观察员出席会议)。

北大西洋公约组织(NATO)

北约组织成立于1949年,是共同防御组织。该成员国一致同意:进攻它们中的任何一个成员国,便等于进攻它们全体。

北大西洋理事会是该联盟的最高权力机构,由16位常任代表组成(每个成员国派出一名代表),外加《北约和平伙伴关系》的签约国派出的观察员。理事会由秘书长主持。北约各国的外交部长每年至少召开两次会议。北约地区的防御事务由防御计划委员会(DPC)负责。1994年,《北约和平伙伴关系》(PFP)条约被正式通过。该条约旨在向前华沙条约国、独联体成员国和其他中立国家提供一个与北约关系更加密切的协议,而无需加入该组织。不过,一些和平伙伴成员国将成为北约正式成员。《北约和平伙伴关系》条约富于弹性,每个伙伴与北约的关系都不相同。这些伙伴向北约公开自己的防御计划,接受其监督与指导,并与北约一道训练。秘书长:贾威尔·索罗那(西班牙)。总部:比利时布鲁塞尔。成员:比利时、加拿大、丹麦、法国、德国、希腊、冰岛、意大利、卢森堡、荷兰、挪威、葡萄牙、西班牙、土耳其、英国和美国。和平伙伴:阿尔巴尼亚、亚美尼亚、奥地利、阿塞拜疆、白俄罗斯、保加利亚、捷克共和国、芬兰、格鲁吉亚、匈牙利、哈萨克斯坦、吉尔吉斯斯坦、拉脱维亚、立陶宛、马其顿、摩尔多瓦、波兰、罗马尼亚、斯洛伐克、斯洛文尼亚、瑞典、土库曼斯坦、乌克兰、乌兹别克斯坦(俄罗斯于1995年同意签署一项独立于《北约和平伙伴关系》条约的《长期延缓伙伴关系》条约)。

经济合作与发展组织(OECD)

旨在鼓励与发展成员国的经济和社会福利并且促进援助发展中国家。经合组织成立于1961年,取代了欧洲经济合作组织,后者成立于1948年,与马歇尔援助计划相关联。秘书长:丹尼尔·约翰逊(加拿大)。总部:法国巴黎。成员(需经邀请而不是申请):澳大利亚、奥地利、比利时、加拿大、捷克共和国、丹麦、芬兰、法国、德国、希腊、匈牙利、冰岛、爱尔兰、意大利、日本、卢森堡、墨西哥、荷兰、挪威、波兰、葡萄牙、西班牙、瑞典、瑞士、土耳其、英国、美国。

其他主要世界组织

亚太经济合作组织(APEC):亚太经济合作组织成立于1993年,旨在鼓励环太平洋国家发展贸易。它的18个成员国占世界人口38%,占世界经济生产50%,占世界贸易41%。到2010年,工业化国家之间将要消除贸易障碍,发展中国家将于2020年消除贸易障碍。成员:澳大利亚、文莱、加拿大、智利、中国、印度尼西亚、日本、马来西亚、墨西哥、新西兰、巴布亚新几内亚、菲律宾、新加坡、韩国、泰国、美国。

东南亚国家联盟(ASEAN):成立于1967年,旨在加速成员国的经济、社会和文化发展,保持该地区的稳定和鼓励成员国之间的合作。秘书长:达图·阿吉特·辛格(马来西亚)。总部:印度尼西亚雅加达。成员:文莱、印度尼西亚、老挝、马来西亚、缅甸、菲律宾、新加坡、泰国、越南。

英联邦:1926年的帝国会议奠定了该组织的基础。这次会议决定,英国的自治领地是自由联合的英联邦成员。现代英联邦始于1949年。当年,印度成立共和国,但仍然留在英联邦内,并将英国君主作为"独立成员国自由联合体的象征"。大多数成员国都是共和制,一些是君主制。但是,他们一致将英国君主作为英联邦的首脑。英联邦是英国及其大多数前殖民地组成的非正式联盟。最近,又有一些与英国没有殖民地关系的国家向英国提出申请,要求加入该组织(例如莫桑比克)。英联邦没有书面章程。它的目标是鼓励成员国进行国际、科学技术、教育和经济等方面的合作。秘书长:埃麦加·安约库酋长(尼日利亚)。总部:英国伦敦。成员:安提瓜和巴布达、澳大利亚(发起国)、巴哈马、孟加拉国、巴巴多斯、伯利兹、博茨瓦纳、文莱、喀麦隆、加拿大(发起国)、塞浦路斯、多米尼加、冈比亚、加纳、格林纳达、圭亚那、印度(发起国)、牙买加、肯尼亚、基里巴斯、莱索托、马拉维、马来西亚、马尔代夫、马耳他、毛里求斯、莫桑比克、纳米比亚、瑙鲁(特别成员)、新西兰(发起国)、尼日利亚(1996年,它被停止参加英联邦的某些活动)、巴基斯坦(发起国:1972年退出,1989年重新加入)、巴布亚新几内亚、圣克里斯托弗和尼维斯、圣卢西亚、圣文森特和格林纳丁斯、塞舌尔、塞拉利昂、新加坡、所罗门群岛、南非(发起国,1960年退出;1994年重新加入)、斯里兰卡(发起国,原名锡兰)、斯威士兰、坦桑尼亚(以坦噶尼喀的名字加入英联邦)、汤加、特立尼达和多巴哥、图瓦卢(特殊成员)、乌干达、英国(发起国)、瓦努阿图、西萨摩亚、赞比亚、津巴布韦(特殊成员,没有参加英联邦部长级会议)。

独联体(CIS):1991年前苏联解体之后,白俄罗斯、俄罗斯和乌克兰达成了一项协议,在经济、军事和政治等方面进行合作,也就是说,建立一个在某些方面代替前苏联的组织。除了三个波罗的海共和国,所有前苏联成员现在都加入了这个组织。独联体的主要目标是统一控制属于前苏联的战略武装力量(包括核武器)。建立"单一经济区"的目标几乎无法实现,因为各个成员国都采取了各自独立的经济政策、条约以及独立货币等。独联体维和力量参加了摩尔多瓦、阿塞拜疆和塔吉克斯坦的维和行动。1993年,一些成员国建立了防御同盟、经济合作委员会和联合银行。独联体的事务不是通过中央机构,而是通过国家之间直接处理。主席由成员国轮流担任。总部:白俄罗斯明斯克。成员:亚美尼亚、阿塞拜疆、白俄罗斯、格鲁吉亚、哈萨克斯坦、吉尔吉斯斯坦、摩尔多瓦、俄罗斯、塔吉克斯坦、土库曼斯坦、乌克兰、乌兹别克斯坦。

非洲金融联盟(CFA):非洲金融联盟旨在向前法国殖民地提供共同货币。法郎是该组织的货币。总部:法国巴黎。成员:贝宁、布基纳法索、喀麦隆、中非共和国、乍得、刚果—布拉柴维尔、科特迪瓦、赤

■ 国际红十字会组织在伊斯兰国家被称为红新月会 ■

道几内亚、加蓬、马里、尼日尔、塞内加尔、多哥。

欧洲委员会：成立于1949年，旨在加强欧洲联合，保护成员国共同的欧洲传统，促进经济与社会进步。成员国资格限于欧洲民主国家之内。部长理事会（由成员国的外交部长担任）每年召开两次会议。协议的正式形式为《欧洲公约》或者向各国政府的建议。理事会的议员大会（每年召开三次会议）由各个成员国派出的代表组成。代表的人数，从18名-2名（意大利、法国、德国、英国各18名代表；圣马利诺、列支敦士登为2名代表）不等。理事会已经达成140多项公约和协议，包括欧洲《人权公约》（1950年）。秘书长：丹尼尔·塔斯基（瑞典）。总部：法国斯特拉斯堡。成员：阿尔巴尼亚、安道尔、奥地利、比利时、保加利亚、克罗地亚、塞浦路斯、捷克共和国、丹麦、爱沙尼亚、芬兰、法国、德国、希腊、匈牙利、冰岛、爱尔兰、意大利、拉脱维亚、列支敦士登、立陶宛、卢森堡、马其顿、马耳他、摩尔多瓦、荷兰、挪威、波兰、葡萄牙、罗马尼亚、俄罗斯、圣马利诺、斯洛伐克、斯洛文尼亚、西班牙、瑞典、瑞士、土耳其、乌克兰、英国。特约成员：白俄罗斯（1997年被停止了成员国资格）、波斯尼亚-黑塞哥维那。

国际奥林匹克委员会（IOC）：成立于1894年，1896年，在希腊雅典举行了第一次现代运动会。总部：瑞士洛桑。成员：197个国家参加了1996年举行的夏季运动会，是历史最多的一次。

国际红十字和红新月会：它是中立组织，旨在调解交战双方的矛盾，保护武装冲突中的伤亡人员，推动各国红十字会的活动，保护战俘（根据日内瓦公约条款），协助救援自然或其他灾难的受难者。国际红十字大会每4年举行一次会议。总部：瑞士日内瓦。成员：超过165个成员国。

拉丁美洲联合协会（ALADI）：成立于1980年，取代了1961年成立的拉丁美洲自由贸易区。旨在鼓励成员国之间的贸易并取消成员国之间的关税。拉美联合协会设立了一个小型秘书处。秘书长：安托尼奥·安图尼（乌拉圭）总部：乌拉圭蒙得维的亚。成员：阿根廷、玻利维亚、巴西、智利、哥伦比亚、厄瓜多尔、墨西哥、巴拉圭、秘鲁、乌拉圭、委内瑞拉。具有观察员身份的国家：哥斯达黎加、古巴、多米尼加共和国、萨尔瓦多、危地马拉、洪都拉斯、意大利、尼加拉瓜、巴拿马、葡萄牙、西班牙。

阿拉伯国家联盟：成立于1945年，旨在保护成员国的独立和主权，加强成员国之间的联系，鼓励协调制定成员国之间的社会、经济、政治、文化和法律等方针政策。该联盟包括一个理事会（每个国家拥有一票）、一些特别委员会、20多个专门机构和一个秘书处。秘书长：艾哈迈德·马吉德（埃及）。总部：埃及开罗。成员：阿尔及利亚、巴林、科摩罗、吉布提、埃及、伊拉克、约旦、科威特、黎巴嫩、利比亚、毛里塔尼亚、摩洛哥、阿曼、卡塔尔、沙特阿拉伯、索马里、苏丹、叙利亚、突尼斯、阿拉伯联合酋长国、也门（巴勒斯坦解放组织也是其中成员）。

南方共同市场（MERCOSUR）：1988年，阿根廷和巴西签订了自由贸易协议。在此基础上，一些国家建立了南部市场，目的是使货物、服务与劳务自由流动。1995年初第一次削减关税。总部：乌拉圭蒙得维的亚。成员：阿根廷、巴西、巴拉圭和乌拉圭。非正式成员：玻利维亚、智利。

北美自由贸易协议（NAFTA）：美国和加拿大于1989年签订了自由贸易协议。根据这个协议，美国与加拿大又制定了北美自由贸易协议。1994年，墨西哥也被吸收进来。北美自由贸易协议旨在取消北美洲国家的关税、配额和进口许可证。将来，该组织可能会吸收中美洲和南北美洲国家加盟。它没有正式秘书处。成员：加拿大、墨西哥、美国（智利是该组织成员资格的候选人）。

非洲统一组织（OAU）：成立于1963年，旨在促进非洲团结和在经济、社会、文化、政治、防卫、科学、健康和其他事务上进行合作，并消除非洲殖民主义。非洲统一组织政府首脑会议每年召开一次，并且由大会主席主持，主席由大会选举产生，每年进行一次选举。该组织的主要行政机构为秘书处。秘书长：萨利姆·阿哈麦德·萨利姆

■ 这是悬挂在瑞士日内瓦红十字会博物馆内的红十字会和红新月会旗帜。

（坦桑尼亚）。总部：埃塞俄比亚亚地斯亚贝巴。成员：阿尔及利亚、安哥拉、贝宁、博茨瓦纳、布基纳法索、布隆迪、喀麦隆、佛得角、中非共和国、乍得、科摩罗、刚果-布拉柴维尔、刚果（前扎伊尔）、科特迪瓦、吉布提、埃及、赤道几内亚、厄立特里亚、埃塞俄比亚、加蓬、赞比亚、加纳、几内亚、几内亚比绍、肯尼亚、莱索托、利比里亚、利比亚、马达加斯加、马拉维、马里、毛里塔尼亚、毛里求斯、莫桑比克、纳米比亚、尼日尔、尼日利亚、卢旺达、圣多美和普林西比、塞内加尔、塞舌尔、塞拉利昂、索马里、南非、苏丹、斯威士兰、坦桑尼亚、多哥、突尼斯、乌干达、赞比亚、津巴布韦 [1982年，萨拉维民主共和国（西撒哈拉）被授予成员国资格；摩洛哥则认为西撒哈拉属于自己的领土，因而退出了该组织，以示抗议]。

美洲国家组织（OAS）：成立于1948年，取代泛美联盟。旨在维护成员国的独立和领土完整，在美洲维护和平与正义，鼓励合作和美洲国家之间的团结。秘书长：塞萨·加维利亚博士（哥伦比亚）。总部：美国华盛顿。成员：安提加和巴布达、阿根廷、巴哈马、巴巴多斯、伯利兹、玻利维亚、巴西、加拿大、智利、哥伦比亚、哥斯达黎加、古巴（1962年被停止成员资格）、多米尼克、多米尼加共和国、厄瓜多尔、萨尔瓦多、格林纳达、危地马拉、圭亚那、海地、洪都拉斯、牙买加、墨西哥、尼加拉瓜、巴拿马、巴拉圭、秘鲁、圣克里斯托弗和尼维斯、圣卢西亚、圣文森特和格林纳丁斯、苏里南、特立尼达和多巴哥、美国、乌拉圭、委内瑞拉。

石油输出国组织（OPEC）：其宗旨为协调成员国之间石油生产与出口政策。于1960年，在伊拉克巴格达成立。秘书长：苏布罗托博士（印度尼西亚）。总部：奥地利维也纳。成员：阿尔及利亚、加蓬、印度尼西亚、伊朗、伊拉克、科威特、利比亚、尼日利亚、卡塔尔、沙特阿拉伯、阿拉伯联合酋长国、委内瑞拉。

欧洲安全与合作会议（OSCE）：1975年，在芬兰赫尔辛基召开的安全大会上成立了欧洲安全与合作大会（CSCE），这是欧洲安全与合作组织（OSCE）的前身。《巴黎宪章》（1990）系统阐述了其目的——即正式结束冷战。成员国保证信奉民主与人权，以和平方式解决争端。该组织的外交部长每年至少召开一次会议。秘书长：威尔海姆·豪因克（德国）。秘书处（和安全合作论坛）总部：奥地利维也纳。民主制度和人权办事处：波兰华沙。国家少数民族高级专员办事处：荷兰海牙。成员：阿尔巴尼亚、亚美尼亚、奥地利、阿塞拜疆、白俄罗斯、比利时、保加利亚、加拿大、克罗地亚、塞浦路斯、捷克共和国、丹麦、爱沙尼亚、芬兰、法国、格鲁吉亚、德国、希腊、匈牙利、冰岛、爱尔兰、意大利、哈萨克斯坦、吉尔吉斯斯坦、拉脱维亚、列支敦士登、立陶宛、卢森堡、马耳他、摩尔多瓦、摩纳哥、荷兰、挪威、波兰、葡萄牙、罗马尼亚、俄罗斯、圣马力诺、斯洛伐克、斯洛文尼亚、西班牙、瑞典、瑞士、塔吉克斯坦、土耳其、土库曼斯坦、乌克兰、乌兹别克斯坦、英国、美国、梵蒂冈城。观察员：前南斯拉夫马其顿共和国（南斯拉夫被停止了成员国资格）。

西欧联盟（WEU）：成立于1955年。寻求在西欧各国的安全与防御问题上取得一致意见。西欧联盟于1984年重新恢复活动以加强北约力量，它实际上已经承担起欧盟和欧共体公认的防御力量的角色。部长理事会（由成员国的外交部长和国防部长组成）每年召开二次会议。主席由成员国轮流担任，每届任期半年。西欧联盟常任理事会（由成员国驻布鲁塞尔大使担任）定期召开会议；非正式成员国和观察国的代表也参加会议。西欧联盟大会每年召开二次会议，由108名正式成员国的国会议员参加。秘书长：何塞·库提雷洛（葡萄牙）。总部：比利时布鲁塞尔。议会总部：法国巴黎。成员：比利时、法国、德国、希腊、意大利、卢森堡、荷兰、葡萄牙、西班牙、英国。非正式成员：冰岛、挪威、土耳其。联合伙伴：保加利亚、捷克共和国、爱沙尼亚、匈牙利、拉脱维亚、立陶宛、波兰、罗马尼亚、斯洛伐克。观察员：奥地利、丹麦、芬兰、爱尔兰、瑞典。

■ 从1973～1980年，石油输出国组织将油价提高了1000%。■

武装力量

▶ 1996年,伊拉克受到美国B-52轰炸机的轰炸。这些飞机从太平洋中部的关岛起飞并返回关岛,在空中完成加油,往返航程大约两万公里。

▶ 20世纪90年代以来,最短的战争为1995年秘鲁和厄瓜多尔之间的一次战争,仅持续了不到一周时间。

▶ 欧洲最小的军队是卢森堡军队,仅有一个800人的轻步兵营。

世界上的**武装力量**一般按照核能力或战斗人员总数来进行比较。其他重要因素包括战斗机、军舰、坦克的数量以及军费占国内生产总值的比例。已知六个国家拥有对世界和平的最大威胁——核武器。反过来,核战争的威胁也是一种威慑力量。二战以后,它也帮助阻止了大国之间的直接冲突。东欧共产党的垮台带来了另一种变化,它实际上结束了东西方的对抗。虽然仍有大量核储备,但是,1990年11月《巴黎宪章》的签订正式结束了冷战。不过,超级大国现在担心的不是力量不均衡,而是核扩散问题——担心核武器扩散到主要集团以外的大国。

▶ 核弹头最多的国家

已知6个国家拥有核武器。美国与俄罗斯拥有的数量占总数的85%。根据《战略武器削减条约》(START),俄罗斯与美国正在削减核武器。一些国家被怀疑拥有核武器,其中包括以色列、印度和朝鲜。1993年,南非承认曾经有过核武器生产能力,但是它已经销毁了核武器。

美国	9,800
俄罗斯	6,100
法国	390
英国	120
白俄罗斯*	18

* 1991年独立时,1592枚前苏联的核弹头留在乌克兰境内,690枚留在哈萨克斯坦境内。根据一项独联体条约,这些核弹头将被运往俄罗斯进行拆卸。1996年,最后一部分核弹头被运出乌克兰。一项类似协议规定,核弹头应从白俄罗斯运走,但仍有18枚核弹头留在那个国家。

注:未包括中国的核弹头数量。

▶ 20世纪90年代的战争

1947~1949年以及1965年以来的两次克什米尔战争:自从1947年次大陆分裂以后,克什米尔就变成印度与巴基斯坦发生冲突的主要地区。这一地区的紧张局势导致战争,巴基斯坦占领了克什米尔的阿扎德地区,克什米尔问题至今仍未解决。在停火线的北端,印度与巴基斯坦军队仍在零星交火。自从1989年以来,克什米尔分裂主义游击队也在克什米尔不同地区积极活动。

1961~1991年埃塞俄比亚与厄立特里亚之间的战争:厄立特里亚和提格雷反政府武装为了独立与政府军作战,厄立特里亚于1991年实际独立,并于1993年5月完全取得主权。在埃塞俄比亚,特别是在提格雷和奥罗莫地区,零星战斗仍在继续。

1965年以来的乍得战争:北方信奉伊斯兰教的阿拉伯人与南方信奉基督教和万物有灵论的非洲黑人之间不断发生战争。1989年,伊德里斯·代比率领反叛军队打败了政府军。动乱加上利比亚的干涉使该国北部地区动荡不安。

1969年以来的北爱尔兰战争:赞成北爱尔兰留在英国的保皇派极端主义者与赞成爱尔兰重新联合的共和派极端主义者之间不断发生派别冲突。英国军队最初以维持和平的角色出现,后来,与半军事组织——保皇派北爱尔兰防御联盟和民族主义者临时爱尔兰共和军——发生对抗。1994年,共和军宣布停火,保皇军也随之宣布停火。但1996年,共和军打破停火,暴力活动又重新开始。

1972~1991年西撒哈拉战争:1972年,波利萨里奥解放阵线开始了反对西班牙统治的斗争。1976年,西班牙撤出了这一地区,将西撒哈拉划分给了摩洛哥和毛里塔尼亚。1979年,毛里塔尼亚后撤,摩洛哥吞并了毛里塔尼亚防区。1976年,波利萨里奥解放阵线宣告独立,并开展游击战,反对摩洛哥统治。1991年,经过联合国的调解,双方同意停战,但仍有零星战斗。

1975~1991年黎巴嫩战争:基督教派与穆斯林教派军队之间战火不断,将黎巴嫩推入战乱之中。叙利亚和以色列也插手黎巴嫩事务。1991年,由叙利亚支持的政府使黎巴嫩实现了表面和平。但是,在南部地区,希兹伯拉原教旨主义者和以色列支持的武装力量之间仍有零星战斗。

1975~1994年莫桑比克战争:内战使莫桑比克分裂为两派:一派是莫桑比克解放阵线政府,另一派是莫桑比克民族抵抗组织。1993-1994年,两派之间进行了调解。1994年,内战正式结束。

1975年以来的东帝汶战争:1975年,印度尼西亚不顾东帝汶已经宣布独立和国际的反对,占领了葡萄牙前殖民地——东帝汶。东帝汶的反抗活动和印尼的镇压行动一直没有停止。

1975年以来的斯里兰卡战争:印度1987~1990年对斯里兰卡内政的干涉引起了激烈的反应:支持僧伽罗人统治的军队镇压了印度族泰米尔人的起义。泰米尔人,特别是泰米尔猛虎组织,在为泰米尔的独立而战。1995年短暂停火之后,战斗又重新开始。

1976~1997年安哥拉战争:最初由南非支持的争取安哥拉彻底独立全国联盟与左翼运动(安哥拉解放人民运动)之间发生战斗。1975~1976年,左翼运动打赢了内战,但是,争取彻底独立全国联盟仍在反抗。1991年,由联合国监督的停火遭到破坏。1992年,争取彻底独立全国联盟拒绝接受多党选举的结果,内战又重新开始了。1994-1995年,争取彻底独立全国联盟遭到重创;1995年双方再次停火,但仍有零星战斗发生。1997年,双方达成权力分享协议,战争随之结束。

1979~1991年和1997年柬埔寨战争:1991年的停战协议结束了越南支持的政府军和波尔布特红色高棉武装之间的内战。在联合国监督下,柬埔寨进行了自由选举,君主制政权被恢复起来。但是,随着红色高棉武装退出和平进程,战斗又时有发生。最近,据新闻报道,波尔布特已经被不同意见的红色高棉武装内部扣押。1997年,保皇派与前共产党之间又发生了战斗。

1979年以来的阿富汗战争:1979年,苏联入侵阿富汗引发了阿富汗内战。苏联1989年从阿富汗撤军之后,穆贾哈丁游击队(穆斯林原教旨主义者)仍在与政府军交战。1992年,原教旨主义游击队占领了首都喀布尔,成立了临时政府。不过,派别斗争(主要是种族斗争)仍在继续。

1980~1991年萨尔瓦多战争:由联合国监督执行的停战协议结束了政府军与左翼法拉本多·马蒂民族解放阵线游击队之间的战争。

1982年以来的秘鲁战争:"光辉道路"游击队的革命活动遭到了政府武装的镇压。自从"光辉道路"的领导人被捕以后,游击队的活动减少了。不过,1996年末,另一个左派组织"图帕克·阿马鲁"游击队制造了一个头条新闻:他们占领了日本驻秘鲁大使馆,扣留外交人员作为人质。1997年,这些外交人员被秘鲁突击队解救。

1982年以来的菲律宾战火:1982年以来,共产党暴动活动增加了。但是20世纪90年代初,这些问题便大部分得到解决。不过,仍有间歇性战斗发生。

1983年以来的苏丹战火:伊斯兰政府武装与苏丹人民解放军(即基督教和万灵主义游击队)之间不断发生内战。苏丹人民解放军制造了国内动乱,西方慈善救援行动受到破坏。1995年,政府军占据了优势,但战斗仍在继续。

1987年以来的巴勒斯坦战争:"印提法答"是指巴勒斯坦起义,反抗以色列军队占领西岸和加沙地带。反抗运动以暴乱和枪击为特色。以色列与巴勒斯坦解放组织之间签订了停战协议,协议准许巴勒斯坦在加沙和西岸实行有限自治。尽管如此,动荡仍未消除。

1988年以来的缅甸战争:自从1988年以来,各种政治与民族主义派别开展了反对军人统治的斗争。非缅甸族的少数民族也加入了反对军人政权的斗争。不过,到1995年为止,政府军已经消灭了大部分反对派力量。

1988年以来的索马里战争:1988年,在索马里北部地区,一支由埃塞俄比亚支持的游击队开展了反对巴雷总统的斗争。1991年,游击队攻占了首都摩加迪沙,巴雷总统出逃。此后,游击队内部开始了内讧,索马里陷入战乱之中。在联合国的支持下,美国进行了武装干预,以便运送慈善救援物资。但是,好景不长,1994年美国撤出索马里,联合国人员也随之撤出。派别斗争又开始了。索马里北部宣布独立(未被承认),这个国家实际上已陷入混乱。

1989年以来的巴布亚新几内亚战争:分裂主义游击队活跃在矿藏丰富的布干威尔岛。1991年,政府军控制了局面。1997年,和平谈判开

■ 瑞士3500名军人的军队在遇到紧急情况时能扩大成

今日世界

▶ 最高的防卫预算

下列国家的防卫预算占国内生产总值的比例最大：

	%
乌克兰	49.57
沙特阿拉伯	33.75
科威特	33.20
朝鲜	26.70
克罗地亚	25.00
白俄罗斯	23.74
埃塞俄比亚	21.62
伊拉克	21.10
摩尔多瓦	18.42
安哥拉	17.21
阿曼	15.92
格鲁吉亚	15.70
阿拉伯联合酋长国	14.55
以色列	13.20
叙利亚	13.02

▶ 最大的武装力量

武装部队（陆、海、空军人员的总和）不包括预备军人。

美国	1,547,300
俄罗斯	1,520,000
印度	1,145,000
朝鲜	1,128,000
韩国	633,000
巴基斯坦	587,000
越南	572,000
伊朗	513,000
土耳其	507,800
乌克兰	452,500
埃及	436,000
叙利亚	423,000
法国	409,000
伊拉克	382,500

注：未包括中国的统计数字。

■ 中国军队是世界上纪律最严明的军队。

始了。但是，岛上仍未太平。

1989年以来的利比里亚战争： 1990年，西非各国组成了一支（西非经济共同体）维和部队，结束了利比里亚国民爱国阵线和政府军之间的内战，这次战争由国民爱国阵线引起。但是1992年，国民爱国阵线和与其敌对的反叛组织又发生了战斗，小规模战火现在仍在持续。

1990～1991年科威特战争： 1990年8月，伊拉克入侵科威特。在联合国的支持下，一支由美国领导的多国部队对伊拉克实行空中打击，外加100个小时的地面行动。1991年初，科威特被解放。从那以后，联合国对科、伊边界进行监督；美国开创了以空中打击的方式阻止伊拉克侵略的先例。

1990年以来的卢旺达战争： 1990年，卢旺达爱国阵线，即图西族人军队入侵卢旺达，占领了北方大部分地区。1994年，哈比亚利马纳总统的座机被击落之后，政府（胡图族）军发怒了。随后，发生了种族暴力行动，50～100万图西人被胡图人所屠杀，200万难民逃离卢旺达，使动乱殃及邻国（见下面的刚果——前扎伊尔战争）。

1991～1992年格鲁吉亚战争： 加姆萨胡尔季阿总统的支持者与反对者之间发生了内战。随后，分裂主义者又点燃了连绵不断的战火（见下面的格鲁吉亚与阿布哈兹和格鲁吉亚与南奥塞梯亚战争）。

1991～1996年波斯尼亚－黑塞哥维那战争： 1992年，波斯尼亚－黑塞哥维那作为主权国家赢得了国际社会的承认。此后，为了争夺原南斯拉夫中部的控制权，塞尔维亚开始进攻克罗地亚和穆斯林（克罗地亚与穆斯林之间也在交战）。塞尔维亚占领了大约70%的波斯尼亚领土，开展了种族清洗运动，杀害或驱赶穆斯林和克罗地亚人。1992年，联合国成立了一支部队，监督运送慈善救援物资。塞尔维亚人在帕莱建立了一个未被国际上承认的共和国。在北大西洋公约组织领导的执行（决议）部队的监督下（1996年末，该部队被稳定部队所取代），三方在联合国动用了空中力量的情况下，进行了停战谈判，于1995年末达成《代顿停战协议》。

1991～1996年克罗地亚战争： 南斯拉夫分裂以后，克罗地亚与塞族在克拉耶那和斯洛文尼亚部分地区开始交战。1992年初，双方进行了停战谈判，联合国也派遣了维和部队。但是1993年，战火又重新燃起，经过艰苦努力，双方再度停战。但是，1995年，克罗地亚夺回了被塞族占领的克拉耶那和斯洛文尼亚大部分地区。

1991年以来的伊拉克战争： 海湾战争以后（见前面的科威特战争），伊拉克领导人萨达姆·侯赛因面临着南部什叶派穆斯林和北部库尔德人的反扳。在这些地区设立的联合"禁飞区"以及武装干涉的威胁限制了伊拉克。但是，萨达姆以小规模部队不断进攻他的敌人。库尔德人还不时受到越过边界的土耳其人和伊朗人的进攻。

1991～1996年以及1997年以来的塞拉利昂战争： 反叛的革命联合阵线是利比里亚内战的产物。1991年，它开始了反对中央政府的活动。1995年，革命联合阵线控制了该国大部分地区，暴力一直持续到1996年。1997年，军事政变推翻了文人政府，尼日利亚进行了干预，但未能成功。

1992年格鲁吉亚与南部奥塞梯亚战争： 在格鲁吉亚南部奥塞梯亚地区，穆斯林分裂主义者不断进行间歇性战斗，试图与在俄罗斯境内的北部奥塞梯亚民族联合主义者联合起来。1992年6月，维和部队在这里建立了一个缓冲区。

1992年摩尔多瓦战争： 1992年，由于害怕摩尔多瓦与罗马尼亚重新联合起来，俄罗斯与乌克兰少数民族宣布成立了德涅斯特河沿岸共和国，这一举动引发了内战。主要由俄罗斯军队构成的独联体维和部队进行了干预，经过艰苦努力，战争终于停止了。但是，摩尔多瓦政府几乎失去了控制德涅斯特河沿岸地区的能力。

1992～1993年格鲁吉亚与阿布哈兹战争： 1993年，格鲁吉亚阿布哈兹地区的穆斯林分裂主义武装得到了俄罗斯的资助。1993年9月，阿布哈兹武装几乎控制了整个阿布哈兹地区。1993年12月，俄罗斯停战调停部队开始在这里执行调解任务。但是，动荡仍未平息，格鲁吉亚政府已经失去了对该地区的控制。

1992年以来亚美尼亚与阿塞拜疆之间的战争： 为了争夺对纳戈尔诺—卡拉巴赫（东正教的飞地）的控制权，亚美尼亚与阿塞拜疆军队之间发生了战斗。亚美尼亚军队受到什叶派穆斯林阿塞拜疆军队的包围。俄罗斯发起了停战调解活动，但仍有零星战斗。

1992年以来的塔吉克斯坦战争： 这个前苏维埃共和国的前共产党统治者，在北方成功地击败了伊斯兰原教旨主义者。但是，在南方与阿富汗交界处，战斗仍在间歇进行。

1992～1997年刚果（前扎伊尔）战争： 在开塞省和沙巴省（前加丹加），战斗时常发生。这个国家的法律和秩序大部分已经瘫痪，分裂主义者利用这一机会开始了暴力活动。1996～1997年，来自卢旺达的武装难民与东部反叛武装联合在一起，这导致战争升级。1997年，他们推翻了蒙博托总统的政府。

1994年海地战争： 美国出兵海地，推翻了镇压人民的军人政权，以保证了总统选举结果得以实施。一支小型联合国监督部队仍留在海地。但是美国撤出了这一地区。

1994年也门战争： 前北也门（传统主义者）与前南也门（共产党）于1990年开始谈判。经过艰苦努力，终于达成联合。但是，在许多方面，这种联合只是表面的，没有实质意义。地区压力与南也门的不满导致了1994年的内战。南也门宣布独立；但不到一个月，便被北也门打败了。

始于1994年的阿尔及利亚战争： 大选似乎将权力赋予了穆斯林原教旨主义者，但选举结果被政府推翻，这导致恐怖活动四处蔓延。

始于1994年的车臣战争： 为了防止车臣从俄罗斯联邦中分裂出去，俄罗斯军队对车臣进行了干预。车臣，特别是车臣首府格罗兹尼，发生了激烈的战斗。1995年，战争以俄罗斯的胜利而告终。但在山区仍有零星战斗。

始于1994年的墨西哥战争： 在恰阿帕斯省，查巴提斯塔游击队发动起义，政府进行了镇压，双方斗争仍在继续。

1995年秘鲁－厄瓜多尔战争： 1995年初，秘鲁与厄瓜多尔由于边境争端而交火，但双方很快便通过谈判而停止交战。

1997年阿尔巴尼亚战争： 1997年初，骚乱在国内蔓延；政府的金融计划失败了，人民对政府的愤怒加剧了动乱。反叛力量很快占领了南部地区，但政府仍控制着首都地拉那。1997年，一支主要由意大利人组成的维和部队进驻阿尔巴尼亚。零星战斗仍在进行。

■ 36.3万人的军队 ■ 冰岛是北约中惟一没有军队的成员国 ■

武装力量

■ 美国海军人数为世界之最。

■ 美国A-10霹雳二号战斗机——美国空军飞机数量为世界之最。

■ 俄罗斯拥有1.9万辆坦克，与之相比，1991年，前苏联拥有5.4万辆坦克。

▶ 海军

人员*		战舰	
美国	613,700 **	俄罗斯	1,396
俄罗斯	200,000	美国	536
泰国	66,000	朝鲜	503
法国	64,200	韩国	206
韩国	60,000	德国	175
印度	55,000	日本	159
土耳其	51,000	英国	159
英国	50,500	法国	152
巴西	50,000	土耳其	139
朝鲜	46,000	墨西哥	134
意大利	44,000	罗马尼亚	133
日本	43,700	印度	133
越南	42,000	意大利	115

*不包括预备部队
**包括美国海军陆战队
注：未包括中国的统计数字。

▶ 空军

人员*		战斗机	
美国	408,700	美国	5,973
乌克兰	151,000	俄罗斯	3,243
俄罗斯	130,000	乌克兰	1,476
印度	110,000	印度	912
法国	89,200	法国	766
朝鲜	82,000	以色列	699
德国	75,300	日本	660
波兰	72,600	英国	639
英国	70,400	叙利亚	579
意大利	67,800	埃及	564
土耳其	56,800	德国	542
罗马尼亚	54,000	朝鲜	509
韩国	53,000	韩国	484

*不包括预备部队
注：未包括中国的统计数字。

▶ 陆军

人员*		坦克	
朝鲜	1,000,000	俄罗斯	19,000
印度	980,000	美国	12,516
俄罗斯	670,000	乌克兰	4,775
美国	524,900	叙利亚	4,600
巴基斯坦	520,000	以色列	4,095
韩国	520,000	埃及	3,500
越南	500,000	朝鲜	3,400
伊朗	465,000**	伊拉克	2,700
土耳其	400,000	德国	2,695
伊拉克	350,000	印度	2,400
叙利亚	315,000	白俄罗斯	2,348
埃及	310,000	希腊	2,268
缅甸	265,000	利比亚	2,210
法国	241,400	巴基斯坦	2,050
		韩国	2,050

*不包括预备部队
**包括革命卫队
注：未包括中国的统计数字。

■ 苏联设计的T-34坦克于1941年首次使用，现仍在使用 ■

"我不是雅典人或希腊人，
而是世界的公民"
——苏格拉底

世界 ▷

国家地理位置

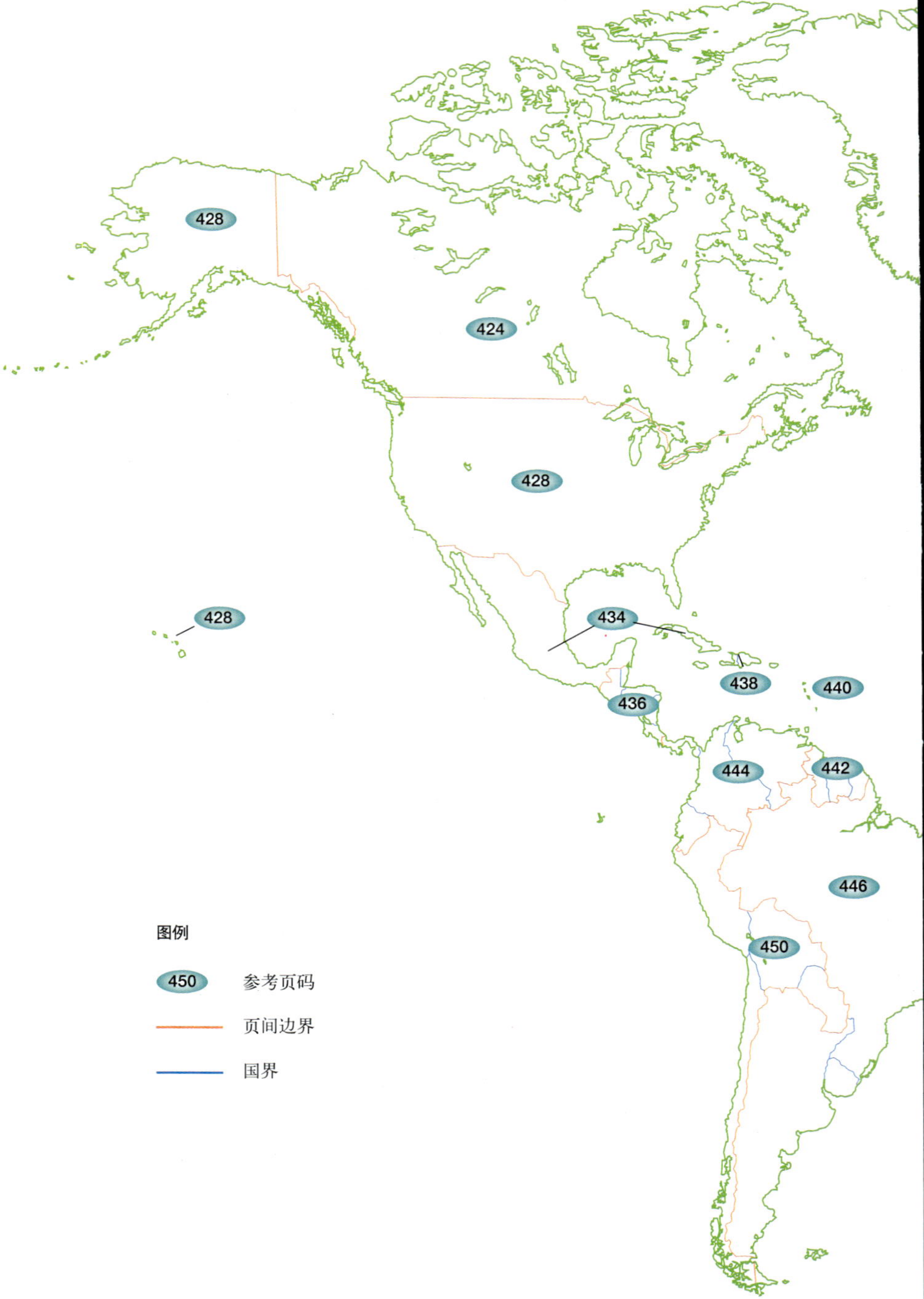

国家

阿富汗 405
阿尔巴尼亚 387
阿尔及利亚 453
安道尔 358
安哥拉 468
安提瓜和巴布达 441
阿根廷 446
亚美尼亚 394
澳大利亚 472
奥地利 382
阿塞拜疆 395
巴哈马（群岛） 439
巴林 401
孟加拉国 410
巴巴多斯 443
白俄罗斯 391
比利时 368
伯利兹 436
贝宁 465
不丹 405
玻利维亚 450
波斯尼亚—黑塞哥维那 385
博茨瓦纳 471
巴西 447
文莱 415
保加利亚 388
布基纳法索 463
缅甸 411
布隆迪 457
柬埔寨 412
喀麦隆 467
加拿大 424
佛得角 461
中非共和国 467
乍得 467
智利 451
中国 416
哥伦比亚 444
科摩罗 459
刚果（布拉柴维尔） 466
刚果（民） 468
哥斯达黎加 437
克罗地亚 385
古巴 435
塞浦路斯 387
捷克共和国 383
丹麦 348
吉布提 455
多米尼克 441
多米尼加共和国 438
厄瓜多尔 445
埃及 454
萨尔瓦多 436
赤道几内亚 465
厄立特里亚 455
爱沙尼亚 376
埃塞俄比亚 454
斐济 478
芬兰 377
法国 362
加蓬 466
冈比亚 460
格鲁吉亚 395
德国 370
加纳 463
希腊 386
格林纳达 440
危地马拉 436
几内亚 461
几内亚比绍 460
圭亚那 442
海地 438
洪都拉斯 437
匈牙利 382
冰岛 348

印度 406
印度尼西亚 414
伊朗 394
伊拉克 399
爱尔兰 350
以色列 396
意大利 378
科特迪瓦 462
牙买加 439
日本 420
约旦 398
哈萨克斯坦 403
肯尼亚 456
基里巴斯 476
科威特 400
吉尔吉斯斯坦 403
老挝 413
拉脱维亚 376
黎巴嫩 397
莱索托 471
利比里亚 463
利比亚 452
列支敦士登 383
立陶宛 377
卢森堡 369
马其顿 387
马达加斯加 458
马拉维 469
马来西亚 415
马尔代夫 407
马里 462
马耳他 379
马绍尔群岛 476
毛里塔尼亚 453
毛里求斯 459
墨西哥 434
密克罗尼西亚 476
摩尔多瓦 388
摩纳哥 363
蒙古 417
摩洛哥 452
莫桑比克 458
纳米比亚 471
瑙鲁 477
尼泊尔 405
荷兰 369
新西兰 478
尼加拉瓜 437
尼日尔 462
尼日利亚 464
朝鲜 421
挪威 349
阿曼 401
巴基斯坦 404
帕劳 477
巴拿马 444
巴布亚新几内亚 473
巴拉圭 451
秘鲁 450
菲律宾 413
波兰 371
葡萄牙 358
卡塔尔 401
罗马尼亚 389
俄罗斯 390
卢旺达 457
圣基茨和尼维斯 440
圣卢西亚 440
圣文森特和格林纳达斯 443
萨摩亚 479
圣马力诺 379
圣多美和普林西比 466
沙特阿拉伯 398
塞内加尔 460
塞舌尔 459
塞拉利昂 461

新加坡 414
斯洛伐克 383
斯洛文尼亚 384
所罗门群岛 476
索马里 455
南非 470
韩国 421
西班牙 359
斯里兰卡 407
苏丹 455
苏里南 443
斯威士兰 471
瑞典 349
瑞士 363

叙利亚 396
塔吉克斯坦 403
坦桑尼亚 457
泰国 411
多哥 465
汤加 479
特立尼达和多巴哥 442
突尼斯 453
土耳其 397
土库曼斯坦 402
图瓦卢 479
乌干达 456
乌克兰 389
阿拉伯联合酋长国 400

英国 351
乌拉圭 446
美国 428
乌兹别克斯坦 402
瓦努阿图 477
梵蒂冈 379
委内瑞拉 445
越南 412
也门 399
南斯拉夫（塞尔维亚和黑山） 384
扎伊尔刚果（前扎伊尔）
赞比亚 469
津巴布韦 469

图例

450 参考页码
—— 页间边界
—— 国界

■ 据估计世界人口在2000年初将会达到61亿5800万

世界 347

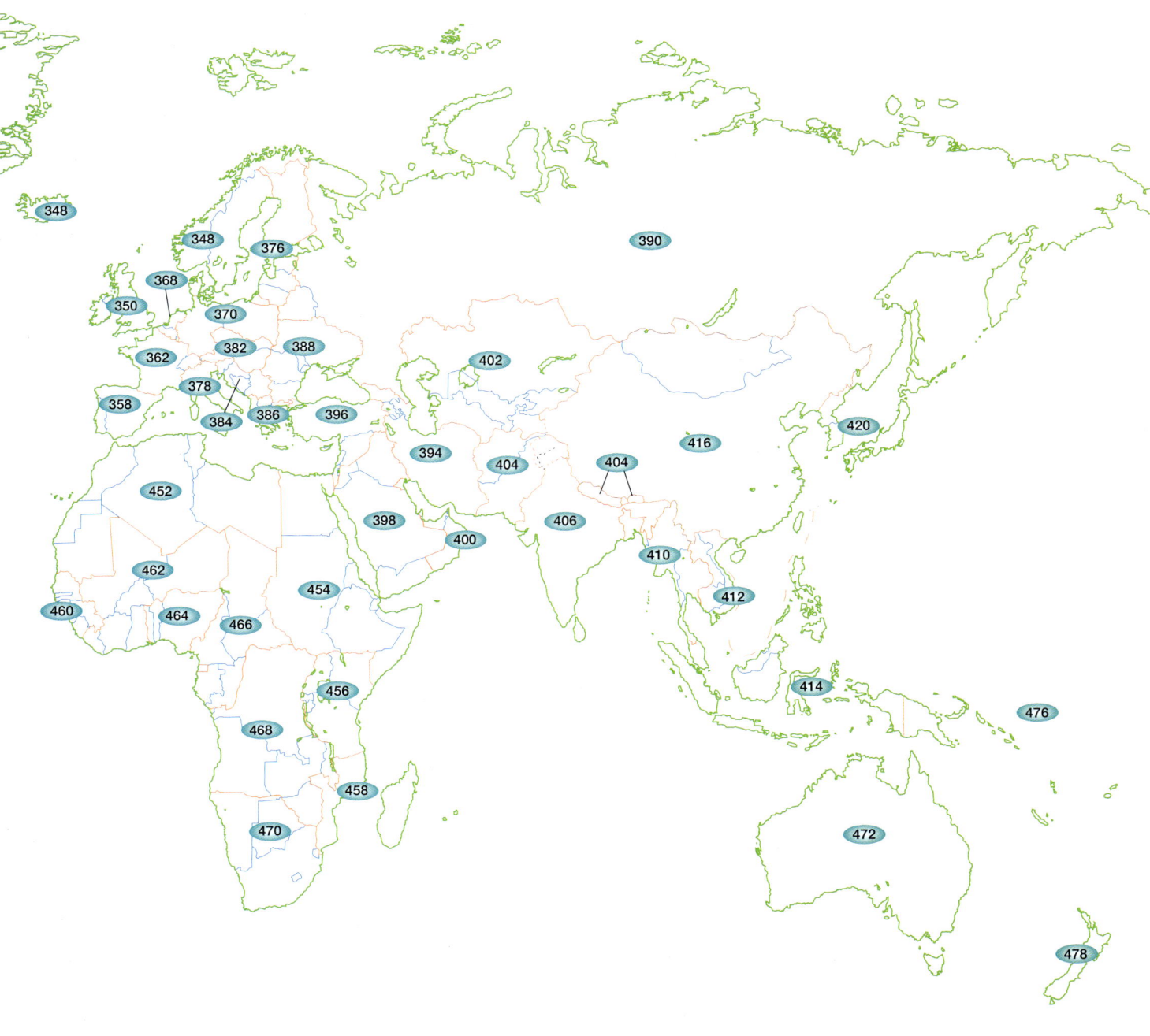

其他地区
美属萨摩亚 479
安圭拉 441
阿根廷属南极领地 480
阿鲁巴 443
阿什莫尔礁和卡捷岛 473
澳大利亚南极领地 480
百慕大群岛 425
英属印度洋领地 459
布韦岛 480
南极洲英国属地 480
英属维尔京群岛 439
开曼群岛 435
南极洲智利属地 480

圣诞岛 415
克利珀顿岛 435
基林岛 415
库克群岛 479
珊瑚海群岛 473
东帝汶 415
法罗群岛 348
福克兰群岛 447
法属圭亚那 443
法属波利尼西亚 479
法属南方及南极属地 480
加沙 397
直布罗陀 359
戈兰高地 396

格陵兰 425
瓜德罗普 441
关岛 477
格恩西岛 357
赫德和麦克唐纳岛 480
豪兰、贝克和贾维斯岛 477
马恩岛 357
泽西岛 357
约翰斯顿环礁 477
金曼礁 477
澳门 417
马提尼克 441
马约特岛 459
蒙特塞拉特 441

中途岛 477
荷属安的列斯群岛 443
新喀里多尼亚 473
纽埃 479
诺福克岛 473
北马里亚纳群岛 477
巴勒斯坦独立体（见西岸）
彼得一世岛 480
皮特凯恩岛 477
波多黎各 439
毛德皇后地 480
留尼汪 459
罗斯托管地 480
圣赫勒拿岛及其属岛 470

圣皮埃尔-密克隆岛 425
南乔治亚和南桑德韦奇群岛 480
马耳他君主军事修道会 379
特克斯和凯科斯群岛 439
美属维尔京群岛 439
威克岛 477
瓦利斯和富图纳群岛 479
西岸 397
西撒哈拉 452

■ 地球的平均人口密度是每平方公里42.3人 ■

斯堪的纳维亚半岛

冰岛

 冰岛为岛屿共和国，位于北大西洋北极圈南部。冰岛大部分地区多火山景观，有温泉、间歇喷泉和火山，其中有些是活火山。领土的大部分地区是冰原，无树木，南部和中部地区被冰原覆盖，其中最大的冰原是冰岛的最高峰。

最高点：华纳达尔斯火山2119米（6950英尺）。

气候：因受墨西哥湾暖流影响，气候凉爽温和，较同纬度的大部分地区温暖。

议会（冰岛语为Althing）共有63位议员，是按照比例代表制通过成人普选产生，任期4年。议会分上、下两院，其中上院20个议席，下院43个议席。总统由选民直接选举，任期4年。总统任命首相，首相在议会的多数党中产生，他任命内阁。

最大的政党：（1995年选举）（保守派）独立党（IP）25席，（中间派）进步党（PP）42席，（社会主义）人民联盟（PA）9席，社会民主党（SDP）7席，（中间偏左的政党）人民运动党（PM）4席，妇女联盟（WA）3席。

总统：（自1996年）奥莱弗·格里姆森（人民联盟）。

总理：（自1993年）大卫·奥德森（独立党；独立党—进步党政府）。

正式名称：冰岛共和国。
面积：102,819平方公里（39,699平方英里）。
人口：269,000（1995年估测）。
人口倍增时间：68年。**人均寿命**：男性76.8岁，女性80.7岁。**出生率**：世界平均出生率的0.67倍。**死亡率**：世界平均死亡率的0.7倍。**城区人口**：91%。**首都**：雷克雅未克，城区人口154,000（城市103,000；科帕沃于17,000；哈布纳菲厄泽17,000；1994年估测）。
其他主要城市：阿克雷里15,000，凯夫拉维克8000（1994年估测，包括郊区）。
语言：冰岛语99%（官方语言）。
成人识字率：接近100%。
宗教：福音派路德教88%，其他新教7%，无宗教信仰者2%。

冰岛大部分出口产品是渔业产品。冰岛利用水力发电熔炼铝，利用地热供应居民取暖及广泛进行温室种植。冰岛具有宽阔的畜牧场地，肉类及奶制品自给自足。

货币：冰岛克朗。

1918年 冰岛赢得国家独立，但仍实行君主制度，受丹麦控制。1944年宣布成立冰岛共和国。1945年丹麦承认冰岛独立。20世纪50年代及1976年与英国发生"鳕鱼战"之渔业争端。

冰岛位于挪威西北部970公里(603英里)

丹麦

丹麦王国是斯堪的纳维亚地区最小的一个国家，它由德国北部的日德兰半岛和日德兰半岛东部的400多个岛屿组成。这400多个岛屿中只有97个岛屿有人居住。丹麦地势低平，被冰碛覆盖，只有波罗的海中的博恩霍尔姆岛裸露古老的坚硬岩石。最高点在日德兰半岛上，该半岛约占丹麦三分之二的面积。最大的岛屿是西兰岛、菲英岛和洛兰岛。

最高点：丁山173米（568英尺）。

气候：气候温和湿润，夏天温暖，冬天寒冷。博恩霍尔姆岛位于东部，冷暖气候更加明显。

丹麦是君主立宪政体，议会（丹麦语为Folketing）共有179位议员，是通过比例代表制由成人普选产生，任期4年。其中两名议员是从有自治权的属地（格陵兰和法罗群岛）选出的。国王任命首相，首相必须是议会多数党成员，他任命国务院（内阁），国务院对议会负责。

主要政党：（1994年选举）社会民主党（SDP）62席，自由党（Venstre）42席，（右翼）保守人民党（KF）27席，社会主义人民党（SFP）13席，（反对税收、极端右翼）进步党（FP）11席，社会自由党（SV）8席，（极端左翼）团结党6席，中央民主党（CD）5席，其他党派5席。

女王：（自1972年）玛格丽特二世。

首相：（自1993年）保尔·尼罗普·拉斯姆森（社会民主党，社会民主党-社会自由党政府）。

丹麦生活水平高，但自然资源贫乏。组织农业合作，生产奶酪和其他奶制品、猪肉和牛肉，主要出口到德国和英国。六分之一以上的劳动力从事制造业，主要有铁和金属制造、食品加工、酿酒、工程和化工等工业。从北海钻出的石油和天然气已减轻了进口燃料的昂贵负担。

货币：丹麦克朗。

1914～1918年 丹麦在一战中保持中立。1917年丹麦属西印度群岛卖给美国。1918年冰岛赢得独立，然而仍受丹麦控制。1940年被纳粹德国入侵。1940～1945年被德国占领。1945年冰岛独立被承认。1948年法罗群岛获得自治权。1973年丹麦加入欧洲共同体——欧盟。1989年格陵兰获得自治。

属地
法罗群岛（见本页）和格陵兰（见425页）。

正式名称：丹麦王国。
面积：43,094平方公里（16,639平方英里），不包括其属地。
人口：5,220,000（1995年估测）。
人口倍增时间：人口接近稳定。
人均寿命：男性72.5岁，女性77.8岁。
出生率：世界平均出生率的0.54倍。
死亡率：世界平均死亡率的1.27倍。
城区人口：85%。
首都：哥本哈根，城区人口1,353,000（城市471,000；腓特烈斯贝88,000；1995年估测）。**其他主要城市**：奥胡斯城区人口277,000（城市204,000），欧登塞183,000（城市141,000），奥尔堡159,000（城市115,000），腓特烈斯贝参见哥本哈根，埃斯比约83,000，兰讷斯61,000，科灵60,000（1995年估测，包括郊区）。
语言：丹麦语97%（官方语言）。
成人识字率：接近100%。
宗教：福音派路德教88%，其他基督教2%，无宗教信仰者9%。

法罗群岛

法罗群岛正式名称及其地位：法罗群岛，丹麦的属地，享有内部自治权。
面积：1399平方公里（540平方英里）。
人口：43,400（1995年估测）。
首府：托尔斯港，人口15,300（1995年估测）。
地理：法罗群岛位于英国苏格兰和冰岛之间，是由17个有人居住的岛屿，一个无人居住的岛屿和许多多岩石的小岛组成，所有的岛屿都有高高的悬崖。
经济：畜牧主要以养羊为主。渔业作为主要工业，由于鱼类数量减少而不景气。法罗群岛经济面临危机，大量依靠丹麦政府的资助。这一群岛尽管在许多方面是丹麦的不可分割的一部分，但事实上并没有加入欧盟。

■ 冰岛人口少意味着许多人有兼职工作 ■ 几乎所有

挪威

挪威是位于斯堪的纳维亚半岛西半部的一个王国。挪威的海岸线多峡湾,这一连串细长狭窄的小湾是由冰河运动形成的。挪威的大部分地区是由坚硬岩石形成的高地。主要的低地是在斯卡格拉克海岸、奥斯陆峡湾及特隆赫姆峡湾附近。斯瓦尔巴群岛是北极中一个荒凉的群岛。扬马延岛是位于挪威和格陵兰之间的一座活火山。

最高点:加尔赫峰2469米(8098英尺)。
气候:受墨西哥湾暖流的影响,气候温和。与同纬度的大部分地区相比,夏天相当暖和,而冬天漫长而寒冷。雨量充沛,西部降雨量有2000多毫米(80英寸),内陆常常是阴雨连绵。

挪威是君主立宪政体,议会(挪威语为Storting)共有165位议员,是按照比例代表制通过成人普选产生,任期4年。为制定法律,议会分为上下两院,四分之一议员组成上院,其余四分之三议员组成下院。国王任命首相,首相必须是多数党成员。首相任命部长委员会,部长委员会对议会负责。

主要政党:(1993年选举)(社会民主)工党(DNA)63席,(中—右)中央党(SP)32席,(右翼)保守党(H)28席,(自由)基督教人民党(KrF)13席,社会主义左翼党(SVP)13席,(保守的)进步党(FP)10席,其他的党派2席。
国王:(自1991年)哈拉尔五世。
首相:(自1996年)托布约恩·雅格兰(工党,少数派政府)。

挪威生活水平高,只有一小部分土地可以耕种,种植喂养奶牛的饲料粮食,因此农业依赖大量的资助。木材出口量大,森林覆盖面积占全国面积的50%。渔业是一重要的外汇来源。政府鼓励发展渔业,养鱼正取代捕鲸及深海捕鱼。渔业、木材及铁矿加工等为主要传统产业。但是,由于在挪威北海领域内发现了大量的石油和天然气储藏,因此现在石油化学工业和相关工业占主导地位。挪威的石油和天然气为国家赚得45%以上的外汇收入。廉价的水力发电站也促进了电机工程等工业的发展。

货币:挪威克朗。

自1815~1900年 挪威一直受瑞典历代国王的统治(尽管挪威有相当程度的独立)。1905年民族主义者施加压力,迫使挪瑞联盟瓦解,丹麦王子卡尔被选为挪威国王。1914至1918年一战中,挪威保持中立。1940年被纳粹德国入侵,建立了维德昆·奎斯林傀儡政府。1940至1945年被德国占领。1972年通过全民公决,挪威决定不加入欧洲经济共同体。1994年再次决定不加入欧盟。

属地

布维岛(见480页)、彼得一世岛(见480页)和毛德王后地(见480页)。

正式名称:挪威王国。
面积:323,878平方公里(125,050平方英里)或包括北极岛斯瓦尔巴群岛(从前称作斯匹次卑尔根群岛)和扬马延岛在内386,958平方公里(149,469平方英里)。
人口:4,360,000(1995年估测)。
人口倍增时间:人口接近稳定。
人均寿命:男性74.2岁,女性80.3岁。
出生率:世界平均出生率的0.55倍。
死亡率:世界平均死亡率的1.17倍。
城区人口:75%。**首都**:奥斯陆,城区人口578,000(城市483,000;贝鲁姆96,000;1995年估测)。**其他主要城市**:卑尔根222,000、特隆赫姆143,000、斯塔万格103,000、贝鲁姆参见奥斯陆、克里斯蒂安桑66,000、德拉门52,000、特罗姆瑟51,000(1995年估测,包括郊区)。
语言:挪威语98%(官方语言),有两种官方形式的挪威语:博克马尔语(78%)和尼诺斯克语(或兰茨莫尔语,20%),拉普语2%。
成人识字率:接近100%。
宗教:福音派路德教(挪威国教)88%,其他新教5%,少数罗马天主教信奉者,无宗教信仰者3%。

瑞典

瑞典是位于斯堪的纳维亚半岛东半部的一个王国。诺尔兰高原位于瑞典的北部,与挪威相邻;占国土面积的三分之二。波的尼亚湾沿岸为平原。位于中部的斯维兰,有许多湖泊,其中包括三大湖泊(维纳恩湖、维特恩湖和梅拉伦湖)。南部是低平的斯梅兰高地和肥沃的斯坎低地。厄兰岛和果特兰岛位于波罗的海。

最高点:凯布讷山2111米(6926英尺)。
气候:瑞典冬季漫长而寒冷,夏季温暖,北部冬季积雪期可达8个月之久,比南部寒冷,而南部的斯坎冬季比较暖和。

瑞典是君主立宪政体,国王只是象征性国家元首,没有任何行政权力。议会(瑞典语为Riksdag)共有349位议员,是按照比例代表制通过成人普选产生,任期3年。议长任命首相,首相必须是议会多数党成员。首相任命由部长组成的内阁,内阁对议会负责。

主要政党:(1994年选举)(社会民主)工党(SDP)161席,(保守)温和联合党(MS)80席,(中—右)中央党(CP)27席,自由人民党(FP)26席,(前共产党)左翼党(VP)22席,绿党18席,(右翼)基督教民主党(KdS)15席。
国王:(自1973年)卡尔·古斯塔夫十六世。
首相:(自1996年)戈兰·珀森(社会民主工党)。

瑞典生活水平高是基于它在两次世界大战中处于中立地位、以及其廉价而丰富的水力发

正式名称:瑞典王国。
面积:449,964平方公里(173,732平方英里)。
人口:8,830,000(1995年估测)。
人口倍增时间:人口接近稳定。
人均寿命:男性75.1岁,女性80.6岁。
出生率:世界平均出生率的0.51倍。
死亡率:世界平均死亡率的1.13倍。
城区人口:83%。
首都:斯德哥尔摩,城区人口1,539,000(城市704,000,南泰利耶82,000;1994年估测)。**其他主要城市**:哥德堡,城区人口783,000(城市445,000),马尔默489,000(城市243,000),隆德96,000),乌普萨拉181,000,林雪平130,000,北雪平123,000,韦斯特罗斯123,000,厄勒布鲁119,000,延雪平115,000,赫尔辛堡113,000,布罗斯102,000,于默奥99,000,隆德参见马尔默,松兹瓦尔95,000(1994年估测,包括郊区)。
语言:瑞典语90%(官方语言),芬兰语2%,拉普语(最近各种移民团体的语言)。
成人识字率:接近100%。
宗教:路德教(瑞典国教)名义上占87%(包括偶尔出席教会活动的56%),罗马天主教2%,无宗教信仰者5%以上。

电和丰富的矿产资源。瑞典铀的储藏量和铁矿的巨大储藏量大约占世界的15%,这为国内重工业的发展提供了保障,同时也出口其他西欧国家。农业主要集中于人口密集的南部。主要产品有奶制品、肉制品、大麦、甜菜和马铃薯。大量针叶树可为纸张、木板和家具工业提供原料,并可加工大量出口木材。重工业有汽车制造(萨布牌和沃尔沃牌车)、航空航天和工程业。(曾经辉煌的造船工业现已经停止)。不断上涨的劳动力成本、通货膨胀和工人动乱已加剧其不断增长的经济问题,在20世纪90年代瑞典遭受经济衰退的沉重打击。结果,国家减少其对经济的控制,实行私有化的经济。

货币:瑞典克朗。

1905年 挪威民族主义者施加压力,迫使挪瑞联盟瓦解。1914至1918年瑞典在一战中处于中立地位。1932至1976年一直由社会民主工党政府执政,建立全面福利的国家。1939至1945年在二战中尽管德国军队进入瑞典边界,瑞典仍处于中立地位。1945年之后,中立的瑞典在冷战期间,对许多世界问题充当了道德评判者的角色。1986年首相奥洛夫·帕尔梅被暗杀。20世纪90年代由于经济危机瑞典取消了全面福利国家的许多福利政策。1995年加入欧盟。

■ 卑尔根滨水区——历史上有名的捕鱼港,现在是挪威迅速发展的北海石油工业中心。

英国和爱尔兰

爱尔兰

爱尔兰共和国包括除爱尔兰岛东北角以外的所有领土。爱尔兰中部为低地，中间有狭长的山脉和宽阔的山谷、沼泽和大湖泊，包括德格湖和里湖。除都柏林北部东海岸外，中部低地被海岸山脉所包围，包括威克洛山脉、奥克斯山脉和康尼马拉丘陵和多尼戈尔丘陵。最高的高地是位于西南部凯里郡的麦吉利卡迪山。崎岖的大西洋海岸凸凹不平。

最高点： 卡朗图厄尔山1041米（3414英尺）。

气候： 爱尔兰气候温和，降水量大，西部和西南部可达2500毫米以上（100英寸），东部可达750毫米（30英寸）。

参议院由60名议员组成。其中11名由首相提名，其余的由选举间接产生，任期5年，代表各大行业和特殊行业的利益。众议院由166名议员组成，是按照比例代表制通过成人普选产生，任期5年。总统直接由选举产生，任期7年，总统是名义的、无实权。总统根据众议院提名任命总理和内阁，总理和内阁对众议院负责。

主要政党：（1997年选举）（中—右）共和党（FF）77席，（中）爱尔兰统一党（FG）54席，（社会民主）工党（Lab）17席，（保守）进步民主党（PD）4席，（社会主义）民主左翼党（DL）4席，绿党2席，其他党派8席。

总统：（自1990年）玛丽·罗宾逊夫人（非党派人士）。

总理：（自1997年）伯蒂·艾亨（共和党；共和党—进步民主党，少数党联合政府）。

工业产品，特别是机械、金属、工程、电子和化学产品，占爱尔兰出口量的一半以上。农业是爱尔兰传统的经济支柱，以畜牧、肉类和奶制品生产为主。食品加工和酿酒为主要工业。爱尔兰有铅—锌矿砂、海洋石油和天然气等自然资源，同时也有硫化石灰地带。爱尔兰失业率高，向外国移民现象严重，但是在90年代经济已迅速发展，并建立了许多高科技工业。

货币： 爱尔兰镑。

1916年都柏林爆发了反对英国统治的复活节起义，但没有成功。1918年爱尔兰民族主义议员在都柏林组成了临时政府。1919至1921年，英国对爱尔兰统治瓦解，东北部现称作北爱尔兰的地区划归英国；爱尔兰发生暴乱。1921年爱尔兰同英国签订英爱条约，允许南部为独立的爱尔兰自由国家，东北部为北爱尔兰。北爱尔兰仍然是英国的一部分。1922年伊蒙·德·瓦列雷以及拥护共和主义者没有接受爱尔兰自由国家宣言，因此在由阿瑟·格里菲思领导下的临时政府和拥护共和主义的人之间爆发了内战。1923年柯林斯被暗杀，内战结束。1937年宣布爱尔兰自由国家为爱尔兰共和国。1939至1945年在二战期间处于中立地位。1949年爱尔兰脱离英联邦。1968至1994年爱尔兰与英国有关北爱尔兰问题一直争执不休，爱尔兰与英国关系经常紧张。1973年加入欧洲共同体（现欧盟）。1985年签订英爱协约，达成共同参与北爱尔兰事务。1996年随着恐怖主义者停火状态的结束，北爱尔兰和平进程问题迟迟不能解决。

正式名称： 爱尔兰共和国。
面积： 70,285平方公里（27,137平方英里）。
人口： 3,590,000（1995年估测）。**人口倍增时间：** 不适用，人口增长慢。
人均寿命： 男性71岁，女性76.7岁。
出生率： 世界平均出生率的0.56倍。
死亡率： 世界平均死亡率的0.96倍。
城区人口： 57%。
首都： 都柏林，城区人口1,025,000（城市478,000，邓莱里—拉斯当185,000，1991年估测）。**其他主要城市：** 科克，城区人口175,000（城市127,000），利默里克77,000（城市52,000），戈尔韦51,000，沃特福德40,000，邓多克31,000（城镇27,000），布雷26,000，德罗厄达25,000，斯莱戈18,000（1991年估测，包括郊区）。
语言： 第一语言为爱尔兰语（官方语言）5%。英语：第一语言95%。
成人识字率： 接近100%。**宗教：** 罗马天主教92%，爱尔兰教（英国圣公会教）2%，无宗教信仰者5%。

■ 朗德斯通港湾的虾网和鱼网。爱尔兰拥有小型的但很重要的捕渔业，其主要港口在西海岸。

■ 英国到2001年1月1日将有200年的历史 ■ 自1969年以来

大不列颠及北爱尔兰联合王国

英国是由大不列颠岛、爱尔兰岛东北部和4000多个小岛组成。英格兰的南部、东部和中部是低地。粘土山谷和包括泰晤士河和特伦特在内的水域盆地把相对低的丘陵分隔开,这些丘陵包括石灰石结构的科茨沃尔德丘陵地带和克利夫兰丘陵地带,还有白垩结构的北部和南部丘陵地带和约克夏郡和林肯郡丘陵地带。在东部地势低洼的芬兰德大部分是开垦的沼泽地。英格兰东部地势低平,被冰成土壤覆盖。西北部为兰开夏郡和柴郡海岸平原,它们是英格兰仅有的另一主要低地。在西南部的半岛上(德文郡和康沃尔郡)有包括达特穆尔高原和埃克斯穆尔高原在内的花岗岩结构高原。石灰石结构的奔宁山脉形成高沼地山脉,横跨英格兰北部。坎布里亚郡湖区位于山岳穹地,有英格兰最高点斯科费尔尖顶山。

威尔士位于高地带,由一系列高原形成。高原的南部有布雷肯山,中部有卡德·爱德里斯和伯温山脉,北部有斯诺登尼高峰。

在苏格兰,中部低地长狭谷把北部高地和南部高地分隔开,是苏格兰人口主要集中地区,同时也是苏格兰农业和工业中心。高地由位于尼斯湖的大峡谷隔开。尽管本·尼维斯是最高点,但是最主要的高地带是凯恩戈姆山脉。南部高地大约低于850米(2800英尺)。苏格兰低地包括东北部的巴肯、北部的凯思内斯郡和环绕默里湾的沿岸平原。苏格兰西部是内赫布里底群岛和外赫布里底群岛(外赫布里底群岛也以西部群岛而著称)。而北部是奥克尼群岛和设得兰群岛。

北爱尔兰高地包括西北部的斯佩林山脉、安德里姆郡高地和莫恩山脉,这些山脉延伸到东南部的尼格海湾。内伊湖位于北爱尔兰的中部,为英国最大的湖。

最高点:本·尼维斯1343米(4406英尺)。

气候:受北大西洋气流的影响,英国气候温和。有相当大的地区差异,特别是在年降水量方面,英格兰东南部降水在500毫米(20英寸)以上,苏格兰西北部可达5000毫米(200英寸)。

英国是没有成文宪法的君主立宪政体。贵族院(不经选举的上院)由750多名世袭贵族和贵族夫人、20多名上诉法院法官(非世袭贵族)、将近400名终身贵族以及2名英国国教会大主教和24名主教组成。平民院(下院)议员共有659名,由选举产生,任期5年。君主任命首相,首相产生于下院多数党。首相任命内阁和其他大臣。

主要政党:(1997年下院选举)(社会民主)工党(Lab)418席,(中—右)保守党(Con)165席,(中—左)自由民主党(LDP)46席,(右翼北爱尔兰)北爱尔兰统一党13席,包括北爱尔兰统一党(UU)10席以及(极端新教派)民主统一党(DUP)2席,(分离主义)苏格兰国民党(SNP)6席,(威尔士民族主义)威尔士党4席,(北部爱尔兰共和国)社会民主工党(SDLP)3席,(极端共和政体的北爱尔兰分离主义)新芬党2席,其他2席。

女王:(自1952年)伊丽莎白二世。

首相:(自1997年)托尼·布莱尔(工党)。

几乎五分之一的英国劳动力从事制造业。主要工业有钢铁、汽车、电子和电器工程、纺织、服装及消费品工业。英国工业过多依赖进口原材料。英国石油自给自足(开发于北海),天然气储藏量丰富。由于采煤不赢利,采煤工业在逐渐衰退。英国是世界主要的贸易国,因此,伦敦是世界上最主要的银行、财政和保险业中心之一,从这些服务业中所得到的无形利润对出口贸易贡献重大。旅游业是另一重大外汇收入渠道。农业需要1%以上的劳动力,主要从事饲养牛羊。耕地分布于东部,主要粮食作物有大麦、小麦、马铃薯和甜菜。自1980年以来大多数国有工业已私有化。

货币:英镑。

1908至1916年赫伯特·阿斯奎斯改革自由政府。1914至1918年一战。1916年复活节起义,反对英国统治爱尔兰。1922年瓜分爱尔兰,北爱尔兰仍属英国的一部分。1926年举行总罢工。30年代经济危机,工人大批失业。1931年威斯敏斯特法案承认加拿大、澳大利亚、新西兰、南非和冰岛独立。1939至1945年二战。1940至1941年英国参战,英国在温斯顿·丘吉尔的领导下,独自作战,反抗表面上无敌的纳粹德国。1945至1951年克莱门特·艾德礼首相执政的工党政府建立"福利国家"。1947年印度和巴基斯坦独立,大英帝国的统治结束。1956年苏伊士危机,英法干涉此事务。19世纪60年代到70年代承认大多数英国在亚洲、非洲和加勒比海的殖民地国家独立。1968至1994年北爱尔兰发生冲突:即爆发了爱尔兰共和军(共和民族主义)和亲英非法组织之间的恐怖主义暴力。英国军队进驻北爱尔兰维持和平。1973年加入欧洲经济共同体(现欧盟)。1979至1990年在保守党首相玛格丽特·撒切尔的领导下着重进行经济建设和国家福利事业。1982年爆发福克兰群岛战争。1991年在海湾战争中加入美国率领的联盟,反对伊拉克。1996年爱尔兰共和军停战结束。

属地
参见下面的英国部分。

■ 建筑师理查德·罗杰斯1986年设计的伦敦劳埃德大厦是最新高科技大厦之一,使伦敦的天空倍增异彩。

正式名称:大不列颠及北爱尔兰联合王国。
面积:244,088平方公里(94,242平方英里)。
人口:58,590,000(1995年估测)。
人口倍增时间:不适用于此,人口增长慢。**人均寿命**:男性74.4岁,女性79.7岁。**出生率**:世界平均出生率的0.52倍。**死亡率**:世界平均死亡率的1.22倍。**城区人口**:89%。
首都:伦敦,城区人口7,651,000(伦敦市4000;以前的大伦敦郡6,935,000;沃特福德113,000;1991年估测)。**其他主要城市**:伯明翰城区人口2,296,000(伯明翰966,000,伍尔弗汉普顿258,000,沃尔索尔175,000,西布拉米奇146,000,斯麦斯维克—奥尔德伯里145,000,萨顿·科德菲尔德106,000),曼彻斯特2,277,000(曼彻斯特市403,000,博尔顿139,000,斯托克波特133,000;奥尔德汉104,000),利滋1,446,000(利滋市424,000,布雷德福289,000,哈德兹菲尔德144,000),格拉斯哥940,000(格拉斯哥地区663,000),纽卡斯尔886,000(纽卡斯尔市189,000),利物浦838,000(利物浦市482,000,圣海伦斯106,000),设菲尔德633,000(设菲尔德市432,000,罗瑟汉121,000),诺丁汉614,000(诺丁汉市270,000),布里斯托尔523,000(布里斯托尔市408,000),布赖顿438,000(布赖顿市123,000),贝尔法斯特434,000(贝尔法斯特市279,000),爱丁堡422,000(爱丁堡地区402,000),莱斯特417,000(莱斯特市319,000),朴次茅斯409,000(朴次茅斯市175,000),米德尔斯伯勒370,000(米德尔斯伯勒市147,000),特伦河畔斯托克368,000(特伦河畔斯托克市267,000),伯恩茅斯358,000(伯恩茅斯市156,000,普尔139,000),雷丁336,000(雷丁市214,000),考文垂331,000(考文垂市299,000),赫尔311,000(赫尔城中的金斯敦311,000),加的夫308,000(加的夫市272,000),布雷德福见利兹,南安普敦277,000(南安普敦市210,000),斯旺西273,000(斯旺西市171,000),伯肯黑德270,000(伯肯黑德市93,000),绍森德267,000(绍森德市156,000),布莱克浦261,000(布莱克浦市146,000),伍尔弗汉普顿见伯明翰,普累斯顿256,000(普累斯顿市178,000),普利茅斯245,000,奥尔德肖特231,000,(奥尔德肖特市51,000),德比224,000,罗切斯特222,000(罗切斯特市24,000),卢顿221,000(卢顿市172,000),巴恩斯利221,000(巴恩斯利市72,000),阿伯丁201,000(阿伯丁地区190,000),森德兰189,000(森德兰市183,000),诺里奇185,000(诺里奇市171,000),北安普顿183,000(北安普顿市179,000),沃尔索耳见伯明翰,威根174,000(威根市86,000),敦提159,000,米尔顿凯恩斯156,000(米尔顿凯恩斯市44,000),曼斯菲尔德155,000(曼斯菲尔德市72,000),沃灵顿153,000(沃灵顿市83,000),伯利150,000(伯利市75,000)(1991年估测,包括郊区)。
语言:英语(官方语言)97%,印度次大陆各种语言接近2%,威尔士语1%。
成人识字率:接近100%。
宗教:英国国教名义上占57%或实践者占3%,罗马天主教13%,基督教循道宗2%,逊尼派和什叶派伊斯兰教2%,锡克教1%,浸礼会教1%,无宗教信仰者和无神论者10%;只有15%的人口参加宗教活动。

名胜

旅游业对英国无形收益做出了巨大贡献，而大多数外国游客（每年接近2500万人）在沿着伦敦、坎特伯雷、牛津和埃文河畔斯特拉特福这一古老的路线上留下足迹。相当多学习英语的外国留学生靠旅游赚的钱增加个人收入。美国、法国和德国旅游者占观光英国旅游者的三分之一以上。其他受人欢迎的游览地有奥尔顿塔、布莱克浦塔和快乐海滨、布赖顿亭阁和小巷、大英博物馆、图索德夫人名人蜡像陈列馆、国家美术馆、伦敦自然历史博物馆和科学博物馆、切辛顿冒险世界、埃克斯穆尔高地公园、湖泊地区、温莎堡和约克大教堂。

世界历史遗产包括： 布莱尼姆宅邸、坎特伯雷大教堂、圣奥古斯丁大教堂和圣马丁教堂、巴思城、达勒姆大教堂和城堡、爱德华国王在格温内思郡的城堡和城墙、哈德良长城、铁桥峡谷、巨人岬和岬角海滨、爱丁堡旧城和新城、威斯敏斯特宫、威斯敏斯特教堂、伦敦圣玛格丽特教堂、巨石阵、埃夫伯里及相关遗址、斯塔德里皇家公园，包括泉水大教堂遗迹、伦敦塔。

英国的区域

	面积 平方公里	平方英里	占英国的面积 百分比*	人口（1995年中期的百分比估测）	占英国人口的 百分比	首府
英格兰	130,439	50,363	53.4	48,903,000	83.4	伦敦
北爱尔兰	14,122	5,453	5.8	1,649,000	2.8	贝尔法斯特
苏格兰	78,759	30,409	32.3	5,137,000	8.8	爱丁堡
威尔士	20,768	8,019	8.5	2,917,000	5.0	加的夫

*表示由于数字取舍，加起来总数达不到100%

爱丁堡是苏格兰首府，在每年8月和9月举行的国际节期间吸引大量的游客。

巨人岬位于安特里姆郡的大西洋海岸，是北爱尔兰最受欢迎的旅游胜地。

! 最狭窄的房屋是在北埃尔郡大坎布雷岛穆勒港图尔特大街50号。这座房屋正面宽度为119厘米（47英寸）。

! 亨伯港湾大桥，连接约克郡东部和林肯郡，是世界上第二长的缆索悬桥，长度为1410米（4626英尺）。

曼彻斯特城市电车是这座城市复兴的象征，这座城市将作为东道主迎接2002年英联邦运动会。

斯诺登峰是威尔士的最高峰，吸引了大量的登山者、爬山者和游览观光的人。

! 最小的商业酿酒厂在威尔士塞罗迪金的卡佩尔班戈，每次酿造最多为41升（9加仑）。

! 位于伍斯特郡怀特里庭院中的喷泉是欧洲最大的喷泉。

! 位于牛津的阿什莫利恩博物馆于1679～1683年创建，是世界上最古老的博物馆。

! 位于温莎的温莎堡是世界上最大的有人居住的城堡；面积为576×164米（1890×540英尺）。

巨石阵位于索尔兹伯里平原上，是欧洲最重要的古遗址之一。关于是否可能改变附近主要道路一直争议不止。

国家美术馆和特拉法尔加广场及其著名的喷泉位于伦敦的中心。

英格兰、大不列颠（1707年之后）和英国（1801年之后）的国王和女王

1066～1087年	威廉一世	1470～1471年	年亨利六世（复位）	1685～1688年	年詹姆斯二世（苏格兰七世）	
1087～1100年	威廉二世	1471～1483年	爱德华四世（复位）			
1100～1135年	亨利一世	1483年	爱德华五世	1688～1689年	空位期	
1135～1141年	年斯蒂温	1483～1485年	理查德三世	1689～1702年	威廉三世共同执政	
1141年	玛蒂尔达	1485～1509年	亨利七世	1689～1694年	玛丽二世	
1141～1154年	斯蒂温（复位）	1509～1547年	亨利八世	1702～1714年	安妮	
1154～1189年	亨利二世	1547～1553年	爱德华六世	1714～1727年	乔治一世	
1189～1199年	理查德一世	1553年	简	1727～1760年	乔治二世	
1199～1216年	约翰	1553～1558年	玛丽一世	1760～1820年	乔治三世	
1216～1272年	亨利三世	1558～1603年	伊丽莎白一世	1820～1830年	乔治四世	
1272～1307年	爱德华一世	1603～1625年	詹姆斯一世（苏格兰六世）	1830～1837年	威廉四世	
1307～1327年	爱德华二世			1837～1901年	维多利亚	
1327～1377年	爱德华三世	1625～1649年	查尔斯一世	1901～1910年	爱德华七世	
1377～1399年	理查德二世	1649～1658年	护国主	1910～1936年	乔治五世	
1399～1413年	亨利四世		奥利弗·克伦威尔	1936～1952年	乔治六世	
1413～1422年	亨利五世	1658～1659年	护国主	1952年～	伊丽莎白二世	
1422～1461年	亨利六世		理查德·克伦威尔			
1461～1470年	爱德华四世	1660～1685年	查尔斯二世			

苏格兰君主（从1306年）

1306～1329年	罗伯特一世		
1329～1332年	戴维二世		
1332～1338年	爱华		
1338～1371年	戴维二世（复位）		
1371～1390年	罗伯特二世		
1390～1406年	罗伯特三世		
1406～1437年	詹姆斯一世		
1437～1460年	詹姆斯二世		
1460～1488年	詹姆斯三世		
1488～1513年	詹姆斯四世		
1513～1542年	詹姆斯五世		
1542～1567年	玛丽		
1567～1625年	詹姆斯六世		

■ 每年赚取外国旅游者的收入可达151.76亿美元 ■ 《天佑

英国聚焦 • 英国聚焦 • 英国聚焦 • 英国聚焦 • 英国聚焦

电视与广播

电视机数量： 20,000,000台（每2.9人拥有一台电视机）
收音机数量： 65,400,000台（每0.9人拥有一台收音机）

英国广播公司是国有公司，管理5家全国无线电广播，以及威尔士、苏格兰和北爱尔兰的全国地区性广播和35家以上的英国广播公司的地方无线电台，还有4家全国性的和80家地方的独立无线电台。

英国有5家全国性的电视频道—英国广播公司1频道、英国广播公司2频道、ITV3频道（由地区性节目策划人所组成的独立商业性电视台）、4频道（现在由威尔士第4频道代替）和5频道。5频道于1997年开始广播。此外，英国空中广播和其他卫星频道可以提供体育、电影、音乐和新闻节目。电视是英国最受欢迎的娱乐形式之一，平均来说英国人每天花三个小时看电视。

最近几年英国电视媒体的结构已发生根本变化。80年代末期诞生了卫星电视，频道的范围得以扩展。有线电视在20世纪90年代发展迅速，也给观众提供了更多的选择，着重于地区性的和特殊性频道。这些有线频道和卫星频道中有许多是靠捐款办起来的，因此这些频道节目包括各种美国进口节目和英国及国际体育赛事。即将安置数字电视频道以扩展电视收视范围。

电影

电影院数量： 1780家

英国的电影正经历着全球性的复兴阶段。最近国际性成功的影片，例如《四个婚礼和一个葬礼》、《秘密和谎言》，已表明世人以新的眼光看待英国电影，导演和演员的才能则可以在曾轰动一时并获得多项奥斯卡奖的《英国病人》这部影片中得以体现。这部影片由美国投资，但是由英国电影专家指点。当乔治·卢卡斯宣布有史以来最大的电影计划方案之一，即他的《星球大战》三部曲的三部先行篇，要在英国拍摄的时候，进一步证实了英国新电影工业地位已来临。由最大的捐助机构—英国广播公司、4频道和全国抽彩给奖者（通过艺术社团）的资助，英国制片业资金也得以增加。

杂志

在英国大约出版7500种杂志。排在前六位的周刊名称为：

《读者文摘》*	通俗读物	1,673,000
《无线电泰晤士周刊》	电视节目一览表	1,464,000
《贝拉》	妇女杂志	1,197,000
《电视周刊》	电视节目一览表	1,015,141
《妇女》	妇女杂志	800,000
《女性世界》	妇女杂志	795,000

*表示月刊

报纸

英国在欧盟国家中报纸发行量最大，特别是文摘拥有很多的读者。英国有28家全国性报纸（日报、星期日报和周报）和2000多家地区性日报和周报。星期日报很受读者欢迎。全国性出版社集中在伦敦，但苏格兰、威尔士和北爱尔兰日报在其自己的区域内可以称作全国性报纸。具有最大发行量的报纸有：

星期日报纸

《太阳报》，伦敦	4,064,000	《泰晤士报》，伦敦	614,000	《世界新闻报》，伦敦	4,307,000
《每日镜报》，伦敦	2,477,000	《标准晚报》，伦敦	440,000	《星期日镜报》，伦敦	2,652,000
《每日邮报》，伦敦	1,761,000	《卫报》，伦敦和曼彻斯特	405,000	《人民报》，伦敦	2,038,000
《每日快报》，伦敦	1,293,000	《金融时报》，伦敦	305,000	《星期日快报》，伦敦	1,281,000
《每日电讯报》，伦敦	1,043,000	《独立报》，伦敦	287,000	《星期日泰晤士报》，伦敦	1,273,000
《每日星报》，伦敦	782,000	《每日体育报》，伦敦	230,000	《星期日邮报》，伦敦	887,000
《每日记录报》，格拉斯哥	756,000	《伯明翰每晚邮报》，伯明翰	192,000	《观察家报》，伦敦	459,000

英国的权力下放

1997年英国工党执政，开始把权力下放给威尔士和苏格兰。下放的权力包括把很多目前集中在威斯敏斯特的权力移交给苏格兰和威尔士。苏格兰将有129名议会议员，权力范围有卫生、交通、教育、地方政府、农业、文化和体育。苏格兰议会的绝大部分成员将由最高大臣领导，他们一起有效地领导政府。威尔士被移交的权力要少些：与苏格兰不同，议会的规模比苏格兰小，没有权力制定法律，也没有权力征税。权力下放将不会影响国防、外交事务、社会安全和国家预算等主要方面。

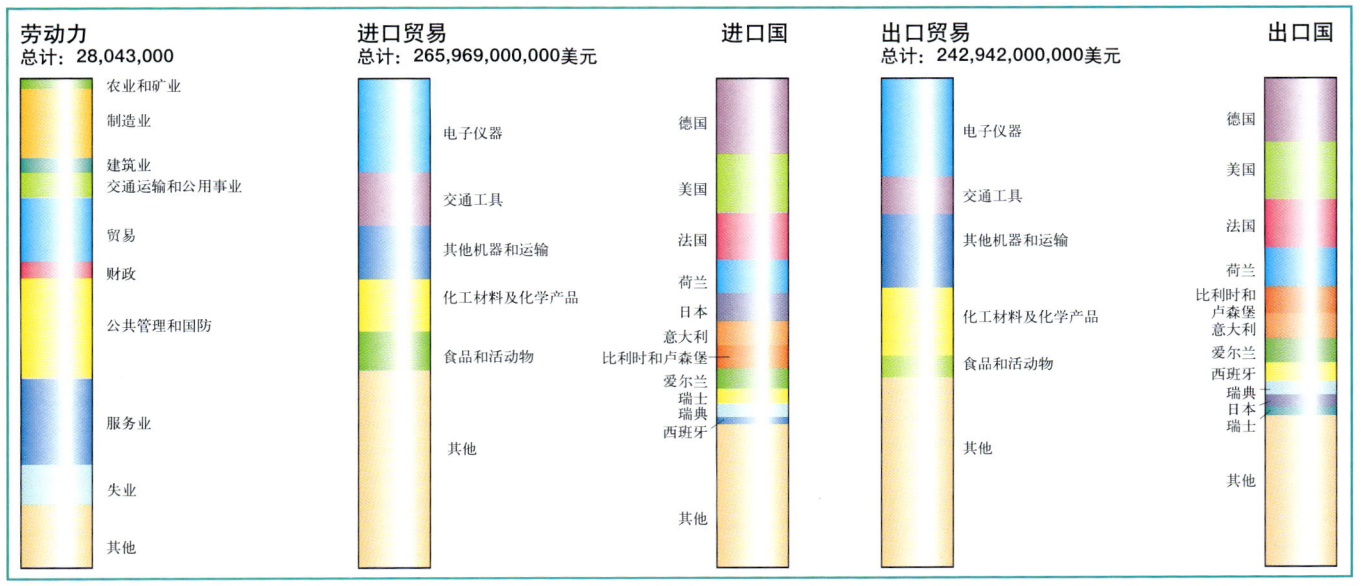

*吾王》是英国的国歌 ■ 平均人口密度为每平方公里240人 ■

英格兰

英格兰现分为149个郡、单一行政机构（其中有些是郡）和享有特权的自治城市，它们地位平等。括号中的数字代表地图所示的郡的地理位置，(AC) 代表行政郡，(UA) 代表单一行政机构。

郡	行政中心	面积 平方公里	面积 平方英里	人口 1994年估测	郡	行政中心	面积 平方公里	面积 平方英里	人口 1994年估测
贝德福德郡 (1)		1,236	477	543,000	罗奇代尔 (e)	罗奇代尔	160	62	207,000
贝德福德郡 (AC)	贝德福德	1,192	460	362,000	索尔福德 (f)	索尔福德	97	37	231,000
卢顿 (UA)	卢顿	43	17	181,000	斯托克波特 (g)	斯托克波特	126	49	291,000
伯克郡 (2)		1,259	486	768,000	塔姆赛德 (h)	莱恩河畔阿什顿	103	40	222,000
布拉克内尔 福雷斯特 (UA)	布拉克内尔	109	42	105,000	特拉福德 (i)	斯特雷特福	106	41	218,000
纽伯里 (UA)	纽伯里	704	272	142,000	威根 (j)	威根	199	77	310,000
雷丁	雷丁	40	16	139,000	**汉普郡** (18)		3,777	1,458	1,606,000
斯劳 (UA)	斯劳	27	11	105,000	汉普郡 (AC)	温切斯特	3,685	1,423	1,203,000
温莎和梅登黑德 (UA)	梅登黑德	198	77	137,000	朴茨茅斯 (UA)	朴茨茅斯	42	16	192,000
沃金厄姆 (UA)	沃金厄姆	179	69	142,000	南安普敦 (UA)	南安普敦	50	19	212,000
白金汉郡 (3)		1,877	725	658,000	**赫里福郡** (19)		2,182	842	165,000
白金汉郡 (AC)	埃尔兹伯里	1,568	605	470,000	**哈福德郡** (20)	哈福德	1,639	633	1,005,000
米尔顿凯恩斯 (UA)	米尔顿凯恩斯	309	119	188,000	**怀特岛** (21)	纽波特	380	147	125,000
剑桥郡 (4)		3,400	1,313	688,000	**肯特郡** (22)		3,728	1,440	1,546,000
剑桥郡 (AC)	剑桥	3,067	1,184	529,000	肯特 (AC)	梅德斯通	3,537	1,366	1,304,000
彼得伯勒 (UA)	彼得伯勒	333	129	159,000	梅特韦汤斯* (UA)	斯特鲁德	191	74	242,000
柴郡 (5)		2,331	900	976,000	**兰开夏郡** (23)		3,070	1,185	1,424,000
柴郡 (AC)	切斯特	2,081	804	665,000	布莱克本和达温 (UA)	布莱克本	137	53	140,000
霍尔顿 (UA)	威德尼斯	74	29	124,000	布莱克浦 (UA)	布莱克浦	35	13	154,000
沃尔顿 (UA)	沃尔顿	176	68	187,000	兰开夏郡 (AC)	普雷斯顿	2,898	1,119	1,130,000
康沃尔郡 (6)	特鲁罗	3,530	1,363	479,000	**莱斯特郡** (24)		2,157	833	883,000
坎布里亚郡 (7)	卡莱尔	6,817	2,632	490,000	莱斯特 (UA)	莱斯特	73	25	293,000
德比郡 (8)		2,629	1,015	954,000	莱斯特郡 (AC)	格伦菲尔德 莱斯特	2,084	805	590,000
德比 (UA)	德比	78	30	231,000	**林肯郡** (25)		6,899	2,664	917,000
德比郡 (AC)	马特洛克	2,551	985	724,000	林肯郡 (AC)	林肯	5,921	2,286	611,000
德文郡 (9)		6,698	2,586	1,051,000	北林肯郡 (UA)	斯肯索普	786	303	155,000
德文 (AC)	埃克塞特	6,561	2,533	674,000	东北部林肯郡 (UA)	格里姆斯比	192	74	161,000
普利茅斯 (UA)	普利茅斯	74	29	254,000	**默西赛德郡** (26)		655	253	1,434,000
托贝 (UA)	托尔奎	63	24	123,000	克诺斯利	柯尔比	97	38	154,000
多塞特郡 (10)		2,653	1,024	672,000	利物浦	利物浦	113	44	474,000
伯恩茅斯 (UA)	伯恩茅斯	46	18	160,000	圣海伦斯	圣海伦斯	133	51	181,000
多塞特 (AC)	多尔切斯特	2,542	981	374,000	塞夫顿	布特尔	153	59	292,000
普尔 (UA)	普尔	65	25	138,000	威勒尔	沃拉西	159	61	333,000
达勒姆郡 (11)		2,726	1,053	878,000	**诺克郡** (27)	诺里·奇	5,385	2,079	769,000
达勒姆郡 (AC)	达勒姆	2,231	901	507,000	**北安普顿郡** (28)	北安普顿	2,367	915	595,000
达灵顿 (UA)	达灵顿	197	76	101,000	**诺森伯兰郡** (29)	莫佩思	5,026	1,941	308,000
哈特尔浦 (UA)	哈特尔浦	94	36	92,000	**北约克郡** (30)	米德尔斯伯勒	8,608	3,324	1,017,000
蒂斯河畔的斯托克顿 (UA)	蒂斯河畔的斯托克顿	204	79	178,000	米德尔斯伯勒	米德尔斯伯勒	54	21	147,000
东苏塞克斯郡 (12)		1,794	693	726,000	北约克郡 (AC)	诺萨勒顿	8,007	3,092	552,000
布赖顿和霍夫 (UA)	布赖顿	81	31	246,000	佩德卡和克利夫兰 (UA)	埃斯顿	245	95	143,000
东苏塞克斯 (AC)	刘易斯	1,713	661	480,000	约克 (UA)	约克	273	105	175,000
东约克郡 (13)		2,530	977	584,000	**诺丁汉郡** (31)		2,160	834	1,031,000
约克郡的东区 (UA)	贝佛利	2,459	949	315,000	诺丁汉 (UA)	诺丁汉	75	29	283,000
赫河上的金斯顿 (UA)	赫尔	71	28	269,000	诺丁汉郡 (AC)	西布里奇福德	2,085	805	748,000
埃塞克斯郡 (14)		3,662	1,414	1,569,000	**牛津郡** (32)	牛津	2,583	997	590,000
埃塞克斯 (AC)	切姆斯福德	3,456	1,334	1,227,000	**拉特兰** (33)	奥克姆	394	152	34,000
绍森德 (UA)	海上绍森德	42	16	170,000	**什罗普郡** (34)		3,488	1,347	416,000
瑟罗克 (UA)	格雷斯	164	63	131,000	什罗普郡 (AC)	什鲁斯伯里	3,197	1,235	273,000
格洛斯特郡 (15)		3,260	1,259	1,181,000	里金山 (UA)	特尔福德	290	112	143,000
布里斯托尔 (UA)	布里斯托尔	110	42	399,000	**萨默塞特郡** (35)		4,178	1,613	824,000
格洛斯特 (AC)	格洛斯特	2,653	1,024	550,000	巴思和东北部萨默塞特 (UA)	巴思	351	136	164,000
南格洛斯特郡 (UA)	桑伯里	497	192	233,000	西北部萨默塞特 (UA)	滨海韦斯顿	375	145	183,000
大伦敦郡 (16)		1,578	609	6,967,000	萨默塞特 (AC)	汤顿	3,452	1,333	478,000
巴金和戴戈纳姆 (a)	戴根纳姆	34	13	155,000	**南约克郡** (36)		1,559	602	1,305,000
巴尼特 (b)	亨登	89	35	308,000	巴恩斯利	巴恩斯利	328	127	227,000
贝克斯利 (c)	贝克斯利海思	61	23	220,000	唐克斯特	唐克斯特	581	224	293,000
布伦特 (d)	温布利	44	17	245,000	罗瑟勒姆	罗瑟勒姆	283	109	256,000
布朗利 (e)	布朗利	152	59	293,000	谢菲尔德	谢菲尔德	367	142	530,000
坎登 (f)	圣·潘克洛思	22	8	183,000	**斯塔福郡** (37)		2,715	1,048	1,055,000
伦敦市	伦敦市	2.7	1	5,000	斯塔福德郡 (AC)	斯塔福德	2,623	1,023	800,000
克劳伊登 (h)	克劳伊登	87	33	327,000	特伦特河畔斯托克 (UA)	特伦特河畔斯托克	93	36	254,000
伊林 (i)	伊林	55	21	290,000	**萨克郡** (38)		3,798	1,466	649,000
埃菲尔德 (j)	埃菲尔德	81	31	260,000	**萨里郡** (39)	泰晤士河上的金斯顿**	1,677	648	1,044,000
格林尼治 (k)	伍尔威奇	48	18	212,000	**泰恩—威尔郡** (40)		537	207	1,134,000
海克尼 (l)	海克尼	20	8	193,000	盖茨海德	盖茨海德	143	55	202,000
哈默史密斯和富勒姆 (m)	哈默史密斯	16	6	157,000	泰恩河畔的纽斯尔	泰恩河畔的纽卡斯尔	112	43	284,000
哈林盖 (n)	伍德格林	30	12	212,000	北泰恩赛德	北希尔兹	84	32	194,000
哈罗 (o)	哈罗	51	20	210,000	南泰恩赛德	南希尔兹	63	24	157,000
黑弗灵 (p)	罗姆福	117	45	232,000	桑德兰	桑德兰	135	52	297,000
希灵登 (q)	阿克斯布里奇	110	43	243,000	**沃里克郡** (41)	沃里克	1,979	764	496,000
豪恩斯洛 (r)	豪恩斯洛	58	22	203,000	**西米德兰兹郡** (42)		899	347	2,628,000
伊斯灵顿 (s)	伊斯灵顿	15	6	175,000	伯明翰	伯明翰	265	102	1,008,000
肯辛顿—切尔西 (t)	肯辛顿	12	5	152,000	考文垂	考文垂	97	37	303,000
泰晤士河上的金斯敦 (u)	泰晤士河上的金斯敦	38	15	139,000	达德利	达德利	98	38	312,000
兰贝斯 (v)	布里克顿	27	11	261,000	桑威尔	奥尔伯里	86	33	294,000
刘易舍姆 (w)	卡特福德	35	13	242,000	索利哈尔	索利哈尔	179	69	202,000
默顿 (x)	英尔登	38	15	177,000	沃尔索尔	沃尔索尔	106	41	264,000
纽汉 (y)	东哈姆	36	14	227,000	伍尔弗汉普顿	伍尔弗汉普顿	69	27	245,000
雷德布里奇 (z)	伊尔福	56	22	225,000	**西苏塞克斯郡** (43)	奇切斯特	1,969	760	712,000
泰晤士河上的里士满 (aa)	特威克南	55	21	172,000	**西约克郡** (44)		2,034	785	2,104,000
萨瑟克 (bb)	坎伯韦尔	29	11	229,000	布雷德福	布雷德福	366	141	482,000
萨顿 (cc)	萨顿	43	17	173,000	卡尔德达尔	哈利法克斯	363	140	194,000
陶尔哈姆莱茨 (dd)	贝斯纳尔格林	20	8	171,000	柯尔克利斯	哈德斯菲尔德	410	158	387,000
沃尔瑟姆福雷斯特 (ee)	沃尔瑟姆斯托	40	15	222,000	利滋	利滋	562	217	724,000
旺兹沃思 (ff)	旺兹沃思	35	13	267,000	韦克菲尔德	韦克菲尔德	333	129	317,000
威斯敏斯特 (gg)	威斯敏斯特	22	8	190,000	**威尔特郡** (45)		3,476	1,342	588,000
大曼彻斯特郡 (17)		1,289	496	2,578,000	斯温顿 (UA)	斯温顿	230	88	174,000
博尔顿 (a)	博尔顿	140	54	265,000	威尔特郡 (AC)	特罗布里奇	3,246	1,253	414,000
伯里 (b)	伯里	99	38	182,000	**伍斯特郡** (46)	伍斯特	1,742	672	535,000
曼彻斯特 (c)	曼彻斯特	116	45	431,000	*正式名称没有最终确定				
奥德姆 (d)	奥德姆	141	54	220,000	**在该郡以外				

英国聚焦 • 英国聚焦 • 英国聚焦 • 英国聚焦 • 英国聚焦

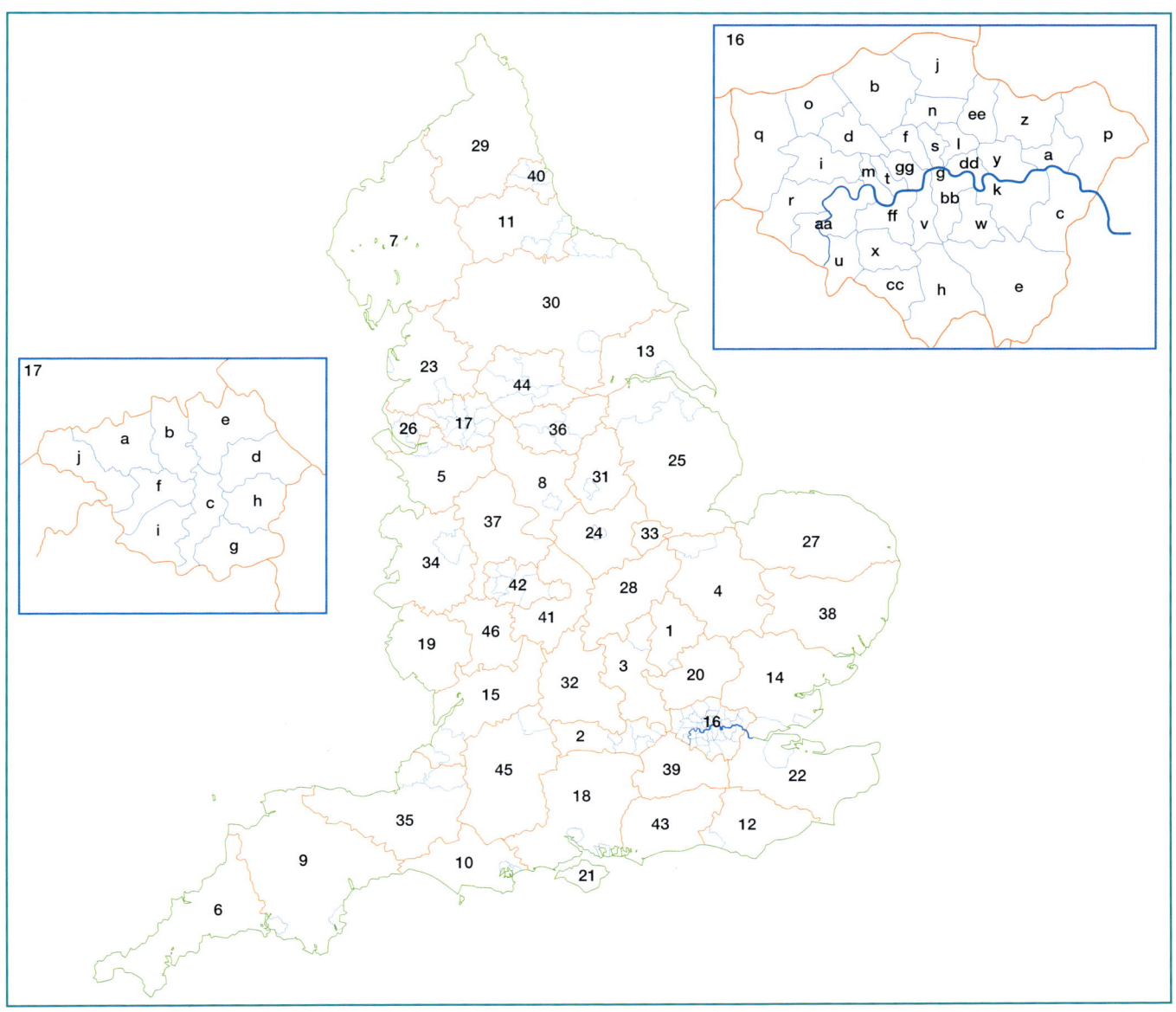

首相

1721～1742年	罗伯特·沃尔浦尔爵士
1742～1743年	斯宾塞·康普顿爵士，威尔明顿伯爵
1743～1746年	亨利·佩勒姆
1746年	威廉·普尔蒂尼爵士，巴恩伯爵
1746～1754年	亨利·佩勒姆
1754～1756年	托马斯·佩勒姆·霍利斯爵士，泰恩河上纽卡斯尔公爵
1756～1757年	威廉·卡文迪什爵士，德文郡公爵
1757年	詹姆斯·瓦尔德格雷夫，瓦尔德格雷夫伯爵
1757～1762年	托马斯·佩勒姆·霍利斯爵士，泰恩河上的纽卡斯尔公爵
1762～1763年	约翰·斯图尔特爵士，比特伯爵
1763～1765年	乔治·格伦维尔
1765～1766年	查尔斯·沃森·温特沃斯勋爵，罗金厄姆侯爵
1766～1768年	威廉·皮特，查塔姆伯爵
1768～1770年	奥古斯塔斯·亨利·菲茨罗伊爵士，格拉夫顿公爵
1770～1782年	诺思勋爵
1782年	查尔斯·沃森·温特沃斯勋爵，罗金厄姆侯爵
1782～1783年	威廉·佩蒂爵士，谢尔本伯爵
1783年	威廉·亨利·卡文迪什·本廷克爵士，波特兰公爵
1783～1801年	威廉·皮特
1801～1804年	亨利·艾丁登
1804～1806年	威廉·皮特
1806～1807年	威廉·温德姆·格伦维尔，格伦维尔男爵
1807～1809年	威廉·亨利·卡文迪什·本廷克爵士，波特兰公爵
1809～1812年	斯宾塞·帕尔齐法尔
1812～1827年	罗伯特·班克斯·詹金森爵士，利物浦伯爵
1827年	乔治·坎宁
1827～1828年	弗雷德里克·约翰·罗宾逊，戈德里奇子爵
1828～1830年	亚瑟·韦兹利爵士，威灵顿公爵
1830～1834年	查尔斯·格雷爵士，格雷伯爵
1834年	威廉·兰姆爵士，梅尔本子爵
1834年	亚瑟·韦兹利爵士，威灵顿公爵
1834～1835年	罗伯特·皮尔爵士
1835～1841年	威廉·兰姆爵士，梅尔本子爵
1841～1846年	罗伯特·皮尔爵士
1846～1852年	约翰·罗素勋爵
1852年	爱德华·杰弗里·史密斯～斯坦利爵士，德比伯爵
1852～1855年	乔治·汉米尔顿·戈登爵士，阿伯丁伯爵
1855～1858年	亨利·约翰·坦普尔爵士，帕默斯顿子爵
1858～1859年	爱德华·杰弗里·史密斯～斯坦利爵士，德比伯爵
1859～1865年	亨利·约翰·坦普尔爵士，帕默斯顿子爵
1865～1866年	约翰·罗素勋爵
1866～1868年	爱德华·杰弗里·史密斯～斯坦利爵士，德比伯爵
1868年	本杰明·迪斯雷利
1868～1874年	威廉·埃瓦特·格莱斯顿
1874～1880年	本杰明·迪斯累里
1880～1885年	威廉·埃瓦特·格莱斯顿
1885～1886年	罗伯特·亚瑟·塔尔伯特·盖斯科因～塞西尔，索尔兹伯里侯爵
1886年	威廉·埃瓦特·格莱斯顿
1886～1892年	罗伯特·亚瑟·塔尔伯特·盖斯科因～塞西尔，索尔兹伯里侯爵
1892～1894年	威廉·埃瓦特·格莱斯顿
1894～1895年	阿切博尔德·菲利普·普里姆罗斯爵士，罗斯伯利伯爵
1895～1902年	罗伯特·亚瑟·塔尔伯特·盖斯科因～塞西尔，索尔兹伯里侯爵
1902～1905年	亚瑟·詹姆斯·贝尔福
1905～1908年	亨利·坎贝尔·班纳曼爵士
1908～1916年	赫伯特·亨利·阿斯奎斯
1916～1922年	戴维·劳合·乔治
1922～1923年	安德鲁·博纳·劳
1923～1924年	斯坦利·鲍德温
1924年	拉姆齐·麦克唐纳
1924～1929年	斯坦利·鲍德温
1929～1935年	拉姆齐·麦克唐纳
1935～1937年	斯坦利·鲍德温
1937～1940年	内维尔·张伯伦
1940～1945年	温斯顿·丘吉尔爵士
1945～1951年	克莱门特·艾德礼
1951～1955年	温斯顿·丘吉尔爵士
1955～1957年	安东尼·艾登
1957～1963年	哈罗德·麦克米伦
1963～1964年	亚历山大·道格拉斯～霍姆
1964～1970年	哈罗德·威尔逊爵士
1970～1974年	爱德华·希思爵士
1974～1976年	哈罗德·威尔逊爵士
1976～1979年	詹姆斯·卡拉汉爵士
1979～1990年	玛格丽特·撒切尔
1990～1997年	约翰·梅杰
1997年～	托尼·布莱尔

征为玫瑰花 ■ 英格兰的最大村庄是西苏塞克斯郡的兰辛 ■

威尔士

这个表格标明了威尔士的新地图，把威尔士分成郡（Co.）和郡级市（Co.Boro.）。

威尔士的郡和郡级市

单一行政机构	行政中心	面积 平方公里	面积 平方英里	人口（1994年估测）
安格尔西岛郡 (Co.) (1)	兰盖夫尼	719	278	69,000
布莱奈 格温特 (Co. Boro.) (2)	埃布维尔（格林埃布）	109	42	73,000
布里金德 (Co. Boro.) (3)	布里金德	246	95	130,000
卡尔菲利 (Co. Boro.) (4)	阿斯特勒·米那茨	279	108	171,000
加的夫市 (Co. Boro.) (5)	加的夫	139	54	302,000
卡马森郡 (Co.) (6)	卡马森	2,398	926	169,000
塞罗迪金 (Co.) (7)	阿伯赖伦	1,797	694	68,000
康维 (Co. Boro.) (8)	康维	1,130	436	109,000
登比郡 (Co.) (9)	里辛	844	436	91,000
弗林特郡 (Co.) (10)	莫尔德	437	169	144,000
格温内思郡 (Co.) (11)	卡那封	2,548	984	116,000
默瑟尔提德维尔 (Co. Boro.) (12)	默瑟尔提德维尔	111	43	60,000
蒙默思郡 (Co.) (13)	昆布兰*	851	329	81,000
尼思塔尔伯特港 (Co. Boro.) (14)	塔尔伯特港	442	171	140,000
纽波特 (Co. Boro) (15)	纽波特	191	74	137,000
彭布鲁克郡 (Co.) (16)	哈弗福韦斯特	1,590	614	114,000
波尼斯郡 (Co.) (17)	兰德林多德韦尔斯	5,204	2,009	121,000
朗达、西农、塔夫 (18)	科立达奇·韦勒**	424	164	238,000
斯旺西市 (Co. Boro.) (19)	斯旺西	378	146	232,000
托法恩 (Co. Boro.) (20)	庞蒂浦	126	49	91,000
格拉摩根谷 (21) (Co. Boro.)	巴里	337	130	119,000
雷克瑟姆 (Co. Boro.) (22)	雷克瑟姆	499	193	123,000

* 在该郡以外
** 1999年移到庞特普里斯

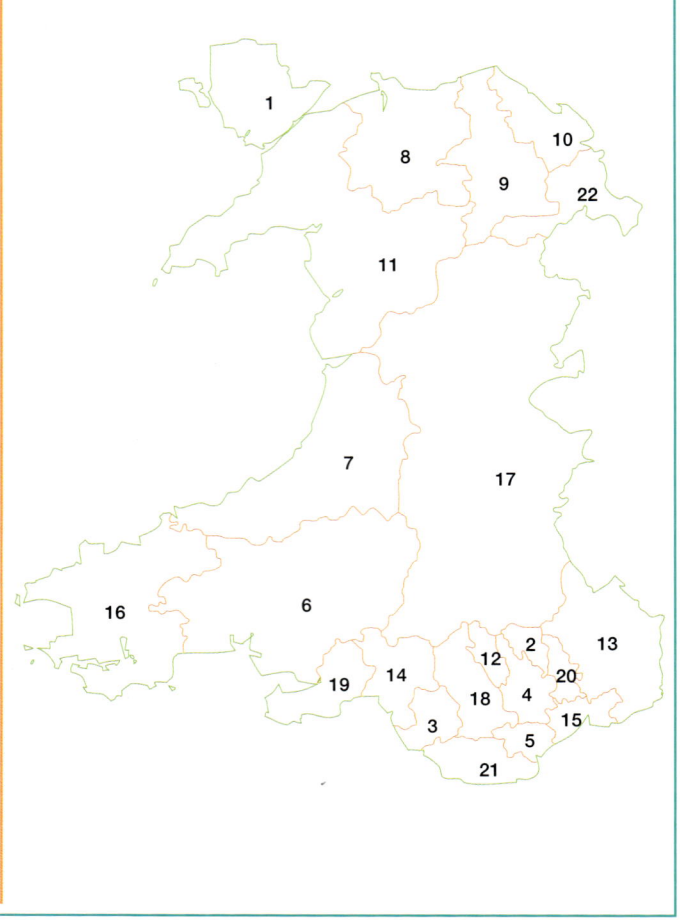

北爱尔兰

传统的北爱尔兰六郡已经被纳入22个全功能的单一行政机构体系。这六个传统郡市是安特里姆郡、阿马郡、当郡、伦敦德里郡/德里郡、弗马纳郡和蒂龙郡。尽管它们不再有任何行政意义（弗马纳郡除外），这些传统的郡仍在被广泛使用。此表明了分为各区的北爱尔兰新地图。

单一行政机构	行政中心	面积 平方公里	面积 平方英里	人口（1994年估测）
安特里姆郡 (1)	安特里姆郡	578	223	48,000
阿兹 (2)	纽敦纳兹	381	147	67,000
阿马 (3)	阿马	671	259	53,000
巴利米纳 (4)	巴利米纳	632	244	57,000
巴利马尼 (5)	巴利马尼	419	162	25,000
班布里奇 (6)	班布里奇	446	172	37,000
贝尔法斯特市 (7)	贝尔法斯特	115	44	297,000
卡里克弗格斯 (8)	卡里克弗格斯	82	32	35,000
卡斯尔雷 (9)	克雷根	85	33	63,000
科尔雷恩 (10)	科尔雷恩	486	187	54,000
库克斯敦 (11)	库克斯敦	622	240	31,000
克雷加文 (12)	波塔当	379	146	78,000
德里 (13)	伦敦德里/德里	387	150	102,000
当郡 (14)	当帕特里克	650	251	60,000
邓甘嫩 (15)	邓甘嫩	783	302	47,000
弗马纳郡 (16)	恩尼斯基伦	1,877	725	55,000
拉恩 (17)	拉恩	336	130	30,000
利马瓦迪 (18)	利马瓦迪	586	226	31,000
利斯本 (19)	利斯本	446	172	105,000
马拉费尔特 (20)	马拉费尔特	572	221	37,000
莫伊尔 (21)	巴利卡斯尔	494	191	15,000
纽里和莫恩 (22)	纽里	909	351	83,000
纽敦阿比 (23)	巴利克莱尔	151	58	78,000
北部丘陵 (24)	班戈	82	31	74,000
奥马 (25)	奥马	1,130	436	47,000
斯特拉班 (26)	斯特拉班	862	333	36,000

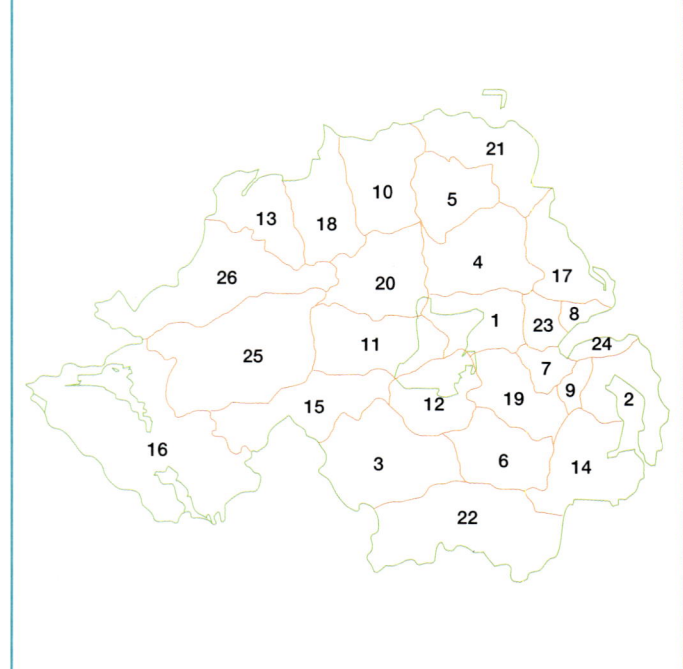

威尔士的民族象征是韭葱 **北爱尔兰的最新城市是阿马**

英国聚焦

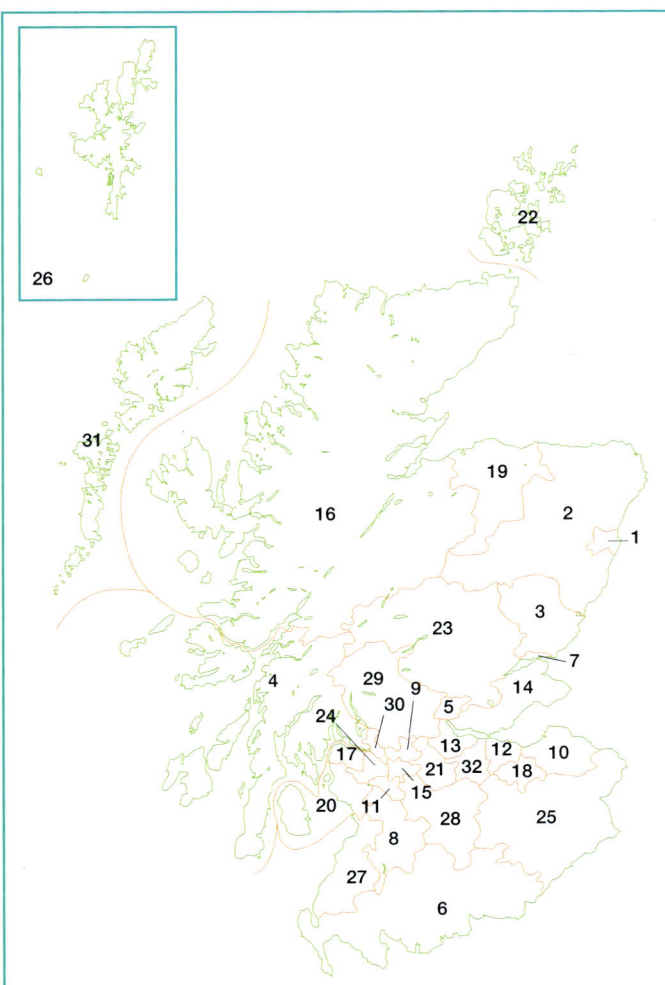

苏格兰

此表标明了划分官方上称为市政区的苏格兰新地图。

苏格兰市政区

单一行政机构	行政中心	面积 平方公里	面积 平方英里	人口(1994年估测)
阿伯丁市 (1)	阿伯丁	182	70	218,000
阿伯丁郡 (2)	阿伯丁*	6,317	2,439	224,000
安格斯郡 (3)	福弗尔	2,184	843	112,000
阿盖尔和比特郡 (4)	洛赫吉尔普黑德	7,023	2,712	90,000
克拉克曼南郡 (5)	阿洛厄	158	61	49,000
邓弗里斯和盖勒维区 (6)	邓弗里斯	6,446	2,489	148,000
邓迪市 (7)	邓迪	55	21	153,000
东埃尔郡 (8)	基尔马诺克	1,275	492	124,000
东丹巴顿郡 (9)	柯金蒂洛赫	176	68	110,000
东洛锡安郡 (10)	哈丁顿	666	257	86,000
东伦弗鲁郡 (11)	吉福诺克	168	65	84,000
爱丁堡市 (12)	爱丁堡	260	100	442,000
福尔柯克 (13)	福尔柯克	293	113	143,000
法夫 (14)	格伦罗西斯	1,340	518	351,000
格拉斯哥市 (15)	格拉斯哥	175	67	524,000
海兰 (16)	因弗内斯**	26,119	10,085	207,000
因弗克莱德 (17)	格里诺克	167	65	90,000
中洛锡安郡 (18)	达尔基斯	350	135	80,000
默里郡 (19)	埃尔金	2,237	864	86,000
北埃尔郡 (20)	欧文	888	343	139,000
北拉纳克郡 (21)	马瑟韦尔	476	184	327,000
奥克尼郡 (22)	柯克沃尔	1,025	396	20,000
珀斯和金罗斯 (23)	珀斯	5,395	2,083	131,000
伦弗鲁郡 (24)	佩斯利	262	101	178,000
苏格兰边疆 (25)	圣博斯韦尔新镇	4,727	1,825	105,000
设得兰 (26)	勒威克	1,471	568	23,000
南埃尔郡 (27)	埃尔	1,230	475	114,000
南拉那克郡 (28)	哈密尔顿	1,778	686	308,000
斯特林 (29)	斯特林	2,243	866	82,000
西丹巴顿郡 (30)	丹巴顿郡	176	68	98,000
西部群岛 (31)	斯托诺韦	3,070	1,185	29,000
西洛锡安 (32)	利文斯敦	427	165	147,000

* 在市政区外
** 但市议会在丁沃尔召开

英国

面积：244,088平方公里（94,242平方英里）。

英国由大不列颠岛——英格兰、威尔士和苏格兰——北爱尔兰以及4000多个其他岛屿组成。地理上称作不列颠岛的岛屿有不同的定义，这些定义的使用取决于其法律、地理或政治意义。

不列颠群岛

面积：314,798平方公里（121,544平方英里）。

不列颠群岛是一个合适的而且纯粹的地理词汇，来描述位于欧洲西北海岸的岛屿群，这些岛屿构成了英国、爱尔兰共和国以及马恩岛和海峡群岛的皇家属地。

大不列颠

大不列颠岛面积：218,041平方公里（84,186平方英里）。

英格兰、威尔士和苏格兰联盟的面积：229,966平方公里（88,791平方英里）。

大不列颠是不列颠岛屿群主要岛屿的地理和政治名称。就严格的地理意义而言，怀特岛、安格尔西岛和设得兰岛这样远离海岸的岛屿不是大不列颠岛的一部分。

1603年苏格兰的詹姆斯六世接替女王伊丽莎白一世时，用于英格兰、威尔士和苏格兰联盟的大不列颠这一名称开始广泛（但非正式地）使用。1707年5月1日英格兰议会和苏格兰议会合并，"大不列颠"这一名称被正式采用。

泽西岛、根西岛和马恩岛的皇家属地

皇家属地是与英国有关的领土，但不是英国的一部分。

属地

根西岛及其属地，泽西岛和人岛（见本栏），安圭拉岛（见441页），百慕大岛（见425页），英国南极领土（见480页），英国印度洋领土（见459页），英国维金群岛（见439页），开曼群岛（见435页），福克兰群岛（见447页），直布罗陀（见359页），蒙特塞拉特岛（见441页），皮特克恩群岛（见477页），圣赫勒拿岛及其属地（见470页），南乔治亚岛和南桑威奇群岛（见480），特克斯和凯科斯群岛（见439页）。

根西岛及其属地

正式名称及地位：根西邦；英国皇家属地（内部自治邦与联合王国相连但不属于联合王国的一部分）。

面积：78.5平方公里（30平方英里）；根西岛65平方公里（25平方英里），奥尔德尼岛8平方公里（3平方英里）；萨克岛0.5平方公里（0.2平方英里）。人口：61,300（1994年估测）；根西岛58,400，奥尔德尼岛2300，萨克岛600。

首府：圣彼得港人口21,000（1996年估测）。

其他主要城市：圣安尼（奥尔德尼岛首府），1800人（1996年估测）。（萨克岛没有首府：岛上的居民被疏散）。

地理：根西岛，由海岸悬崖环绕的高原，位于诺曼底西部48公里（30英里）处。其较小属地奥尔德尼岛和萨克岛分别位于根西岛北部和东部。

经济：以旅游业和供应市场的园艺业为主，根西岛也是一个离岸的金融中心（还不能与泽西岛相匹敌）。

泽西岛

正式名称及地位：泽西邦，英国皇家属地（内部自治邦与英国相连但不属于英国的一部分）。

面积：116平方公里（45平方英里）。

人口：84,000（1996年估测）。

首府：圣黑利厄尔，城市人口35,000（1996年估测）。

地理：泽西岛位于法国科唐坦半岛西19公里（12英里）处，四周悬崖环绕，中间有一道山谷。

经济：泽西岛依靠旅游业、农牧业（主要集中于乳制品业，饲养供出口的泽西乳牛，种植红柿柿和早马铃薯），并且日益依靠离岸的银行业。

马恩岛

正式名称及地位：马恩岛；英国皇家属地（与英国相连但不属于英国一部分的内部自治邦）。

面积：572平方公里（221平方英里）。

人口：71,000（1994年估测）。

首府：道格拉斯城区人口31,000（镇22,000；昂肯8500；1991年人口普查）。

地理：该岛屿海岸多岩石，成犬牙形状，位于英格兰西北海岸和北爱尔兰之间的爱尔兰海中。

经济：马恩岛主要依靠旅游业、离岸银行业和其他金融行业。

■ 苏格兰最小的城市是埃尔金 ■ 苏格兰的民族象征是蓟 ■

伊比利亚半岛

葡萄牙

葡萄牙共和国位于伊比利亚半岛,大西洋海岸上。在海岸平原后面、特茹河北部的葡萄牙是高原地带,高原地带的中部是该大陆的主要山脉——埃什特雷拉山脉。东北部的宽阔高原是西班牙高原的延伸。特茹河南部的葡萄牙以起伏的低地为主。多山的大西洋岛屿群亚速尔群岛和马德拉群岛分别位于大陆西南1200公里(745英里)和1000公里(620英里)处。亚速尔群岛是火山岛。

最高点: (大陆)埃什特雷拉山1993米(6539英尺);亚速尔群岛的皮库山2351米(7713英尺)是葡萄牙的最高峰。

气候: 葡萄牙气候温和,北部为湿润的大西洋气候,南部为干燥、炎热的地中海式气候。

总统由成年人普选产生,最长任期为连续两个5年任期。议会由230名议员组成,4年一届,按比例代表制直接选出。总统任命总理,总理应是议会多数党成员。反过来,总理任命内阁。亚速尔群岛和马德拉群岛自治政府有相当大的权力。

主要政党: (1995年选举)(中左)社会党(PS)112席,(中右)社会民主党(PSD)88席,(共产党领导的)人民民主联盟(CDU)15席,(右翼)人民党(PP)15席。

总统: (自1996年)若热·桑帕约(社会党)。

总理: (自1995年)安东尼奥·古特雷斯(社会党)。

葡萄牙10%以上的劳动力从事农业,随着20世纪70年代的土地改革,农业遭受了投资匮乏的困扰,生产持续下降。主要作物包括小麦、玉米、葡萄(用于酿酒,如波尔图葡萄酒、马德拉白葡萄酒)、西红柿、马铃薯和栓皮栎。葡萄牙自然资源缺乏。制造业包括纺织业和制衣业(两项都是主要的出口工业)、制鞋业、食品加工、运输设备、软木产品,以及日益增长的电器及石油化工产品。旅游业(尤其在阿尔加维)和在国外工作的葡萄牙人寄回的钱是主要的外汇来源。东部地区经受大规模的向里斯本、波尔图和西欧许多地区移民之苦。尽管近来的经济增长给人深刻印象,但葡萄牙仍是西欧最贫困的国家。

1908年暗杀国王卡洛斯一世及其后嗣。1910年推翻君主政体,建立共和国。1916~1918年参加一战:向法国和比利时派遣部队抗击德国军队。1921年大规模的政局不稳定及暗杀活动。1926年军人夺取政权。1932~1968年安东尼奥·萨拉查独裁统治:以极大的代价获得稳定;葡萄牙成为一党专政的国家。1939~1945年二战期间保持中立。1960年印度收回在印度海岸的葡萄牙殖民地。1961~1964年开始了代价昂贵的殖民地战争,因为葡萄牙竭力遏制几内亚比绍、莫桑比克和安哥拉的独立运动。1970年萨拉查之死。1974年发生军事政变,但政局长期不稳。1974~1975年除澳门外,葡萄牙殖民地获得独立。1976年恢复民主的平民统治,葡萄牙加入欧盟。1980年亚速尔群岛和马德拉群岛获得自治。

属地
澳门(见417页)。

正式名称: 葡萄牙共和国。
面积: 92,135平方公里(35,573平方英里)。
人口: 9,910,000(1995年估测)。
人口倍增时间: 人口稳定。
人均寿命: 男性70.8岁,女性78岁。
出生率: 世界平均出生率的0.46倍。
死亡率: 世界平均死亡率的1.15倍。
城区人口: 35%。
首都: 里斯本城区人口1,832,000(里斯本市663,000;洛里322,000;辛特拉261,000;阿马多拉177,000;卡什凯什153,000;韦拉153,000;韦拉151,000;1991年普查)。
货币: 埃斯库多。

其他主要城市: 波尔图城区人口1,168,000(波尔图市302,000;加亚新城249,000;马托西纽什152,000;贡多马尔143,000)洛里什见里斯本,辛特拉见里斯本,加亚新城见波尔图,阿马多拉见里斯本,吉马朗伊什158,000,卡什凯什见里斯本,马托西纽什见波尔图,阿尔马达152,000,韦拉见里斯本,锡图巴尔144,000(城市锡图巴尔103,000),贡多马尔见波尔图,布拉加141,000,科英布拉139,000,塞沙尔117,000,丰沙尔115,000(1991年普查;包括郊区)。
语言: 葡萄牙语(官方语言)100%。
成人识字率: 87%。
宗教: 94%的人口信奉罗马天主教94%,无宗教信仰者4%。

葡萄牙自治区
亚速尔群岛
面积: 2247平方公里(868平方英里)。
人口: 234,000(1993年估测)。
首府: 德尔加达港。
马德拉群岛
面积: 794平方公里(306平方英里)。
人口: 254,000(1993年估测)。
首府: 丰沙尔。

安道尔

安道尔是位于法国和西班牙之间、比利牛斯山脉东部的一个小公国。这个国家由海拔约3000米(9840英尺)的群山环绕着。

最高点: 科马佩德罗萨山2949米(9675英尺)是完全位于安道尔境内的最高点。

气候: 安道尔春夏气候温和。冬季寒冷多雪,时间长达五个月以上。

安道尔是一个没有皇室的君主立宪政体。法国总统和西班牙的乌盖尔主教同为国家元首(称为两大公),他们把权力委托给永久的代理人。议会由普选产生。共28名议员,任期4年。其中14名议员由全国选举产生,另外由7个教区中的每一个教区分别选举2名。两位大公任命首相,首相必须是议会的多数党成员;然后,由首相组织行政会议(政府)。

主要政党: (1997年选举):(中间派)自由联盟(LU)16席,(中右)全国民主联合会(AND)6席,(中间派)新民主党(ND)2席,(中间派)独立的新民主党(IDN)2席。

首相: (自1994年)马克·福尔内(LU-CNA少数联盟)。

每年有1500多万的旅游者为滑雪胜地的发展、免税的消费品所吸引而来这里旅游。专供旅游者享用的飞机场正在边境地区兴建起来。迅速增长的人口中有四分之三是外国定居者。通过特殊的安排,安道尔被包括在欧盟内。

货币: 法国法郎和西班牙比塞塔。

1981~1982年宪法变更的开端:第一任首相被任命。1993年新的民主宪法,工会和政党的合法化;独立的外交代表权和联合国成员。

正式名称: 安道尔公国。
面积: 468平方公里(181平方英里)。
人口: 63,000(1995年估测)。
人口倍增时间: 82年。
人均寿命: 男性76岁,女性82岁。
出生率: 世界平均出生率的0.44倍。
死亡率: 世界平均死亡率的0.3倍。
城区人口: 63%。
首府: 安道尔城人口35,600(市区22,400;安道莱塞斯卡尔德13,200;1993年估测)。
其他主要城市: 恩坎普9700(1993年估测)。
语言: 加泰罗尼亚语(安道尔语)29%(官方),西班牙语(卡斯蒂利亚语)46%,葡萄牙语11%,法语8%。
成人识字率: 几乎100%。
宗教: 罗马天主教92%,少数人信新教和犹太教。

西班牙

西班牙王国由高高的屏障比利牛斯山脉与欧洲西南部其他国家分开。该国包括伊比利亚半岛的80%，还包括加那利群岛和巴利阿里群岛。西班牙北部山区从比利牛斯山脉经坎塔布连山脉一直延伸到大西洋海岸的加利西亚。该国的大部分地区为中部的梅塞塔高原占据，大约600米（2000英尺）高，但延升到更高的卡斯蒂利亚的锡斯特切·森特勒尔南部一直到莫雷那山脉。西班牙大陆的最高峰穆拉山位于南部安达卢西亚的内华达山脉。主要低地包括东北部的埃布罗山谷，东部环瓦伦西亚的海岸平原和南部瓜达尔基维尔河的山谷地带。位于地中海的巴利阿里群岛由四个主要岛屿（马略卡岛、梅诺卡岛、伊维萨岛和福门特拉岛）及七个更小的岛屿组成。加那利群岛远离摩洛哥海岸和撒哈拉沙漠西部，由五个大的岛屿（特内里费岛、富埃特文图拉岛、大加那利岛、兰萨罗特岛和拉帕尔马岛）加上两个较小的岛屿和六个小岛组成。休达和梅利利亚是位于摩洛哥北部海岸隶属于西班牙的两座城市。

最高点：（大陆）穆拉森山3478米（11,411英尺）；加那利岛的特德峰3718米（12,198英尺）是西班牙的最高点。

气候：东南部为夏季炎热、冬季温和的地中海式气候。内陆为夏季温暖、冬季寒冷的大陆性气候。比利牛斯山脉地区具有寒冷的阿尔卑斯山气候，而西北部（加利西亚）为湿润的大西洋气候，夏季凉爽。加那利群岛比大陆更加炎热、干燥。

西班牙为君主立宪制国家，国会由参议院（上院）和众议院（下院）组成。参议院由252名议员组成，每个省4名，巴利阿里群岛5名，加那利群岛6名，休达和梅利利亚各2名（全部由普选产生，任期4年），再加上自治区议会选举的47名参议员，自治区由各省组合构成。众议院由350名议员组成，按比例代表制直接选出，任期4年。国王任命首相（议会主席），首相产生于议会的多数党。内阁成员由首相任命。自治区有自己的政府，享有各种程度的自治权。

主要政党：（1996年选举）（右翼）人民党（PP）156席，（社会党人）西班牙工人党和社会党（PSOE）141席，（共产党领导的）联合左翼（IU）21席，加泰罗尼亚民族主义联盟（CIU）16席，巴斯克民族主义党（PNN）5席，加那利联盟（CC）4席，加利西亚民族主义阵线2席，（巴斯克独立主义者）赫里·巴塔苏那2席，其他党派3席。

国王：（自1975年）胡安·卡洛斯一世。

首相：（自1996年）何塞·马利亚·阿斯那尔（人民党）。

农业劳动力占全部劳动力的10%。主要作物包括大麦、小麦、糖、甜菜、柑橘属水果和葡萄（用于酿酒）。饲养牲畜的牧场几乎占土地的五分之一，但是日益干旱是一个问题。制造业自20世纪60年代始发展迅速，现在主要有汽车、纺织、塑料、冶金、造船、化学和建筑业。鼓励外国投资者发展新兴工业，但失业率仍然很高（自从1993年以来超过劳动力的20%）。银行业和商业占有重要地位，旅游业是外汇的主要来源。每年有超过6300万的外国游客来西班牙观光，主要逗留在地中海、巴利阿里群岛和加那利群岛的海滨胜地。

货币：比塞塔。

1898年在西班牙-美国战争中失败，丧失了最后一些重要的殖民地（关岛、菲律宾、古巴和波多黎各）。1923年里维拉将军发动军事政变。1930年国王阿方索十三世取消对里维拉的支持。1931年面临内战的威胁；阿方索十三世退位；西班牙第二共和国建立。1936年军队里的将军们站起反对共和政府，西班牙内战爆发。弗朗西斯科·佛朗哥将军领导的民族主义军队在纳粹德国和法西斯意大利的支持下对抗共和党人（得到社会党人和自愿者民兵的支持）。1937年民族主义分子大规模轰炸格尔尼卡，在国外引起愤怒。1939年佛朗哥在内战中获胜，成为新法西斯政府元首。1939～1967年佛朗哥独裁统治，议会不是直接选举产生；政治言论受到限制。1969年阿方索十三世的孙子胡安·卡洛斯被任命为佛朗哥的继承人。1973年巴斯克分裂主义运动ETA恐怖分子暗杀首相路易斯—科雷洛·布兰科。1975年佛朗哥逝世，恢复君主政体。1978年，依照自由宪法完全恢复民主。自从1978年以来，承认地方自治，但西班牙继续为ETA暴力活动所困扰。1981年国王胡安·卡洛斯在镇压一场未遂军事政变中发挥了重要作用。1986年西班牙加入欧盟。

正式名称：西班牙王国。
面积：505,990平方公里（195,364平方英里）。
人口：39,190,000（1995年估测）。
人口倍增时间：人口稳定。
人均寿命：男性73.2岁，女性81.1岁。
出生率：世界平均出生率的0.39倍。
死亡率：世界平均死亡率的0.92倍。
城市人口：78%。
首都：马德里城区人口5,035,000（城市马德里3,041,000；莫斯托莱斯199,000；莱加内斯178,000；阿尔卡拉德埃纳雷斯166,000；丰左夫拉达158,000；赫塔费144,000；阿尔科肯142,000；1994年估测）。
其他主要城市：巴塞罗那城区人口2,862,000（巴塞罗那市1,631,000；奥斯皮塔莱特266,000；巴达洛纳219,000；萨瓦德尔189,000；塔拉萨161,000；圣科洛马—德格拉马友132,000），塞维利亚791,000（城市塞维利亚714,000），巴伦西亚764,000，萨拉戈萨607,000，马拉加531,000，毕尔巴鄂476,000（城市：372,000），大加那利群岛的拉斯帕尔马斯372,000，木尔西亚342,000，巴利阿多利德337,000，马略卡岛的帕尔马322,000，科尔多瓦316,000，维哥289,000，阿利坎特275,000，格拉纳达271,000，希洪270,000，奥斯皮塔莱特见巴塞罗那，拉科鲁尼亚255,000，加的斯240,000（城市155,000），巴达洛纳见巴塞罗那，维多利亚（加斯泰兹）214,000，特内里费岛的圣克鲁斯204,000，奥维耶多202,000，莫斯托莱斯见马德里，桑坦德195,000，埃尔切191,000，赫雷斯—德拉弗龙特拉190,000，萨瓦德尔见巴塞罗那，潘普洛纳182,000，卡塔赫纳180,000，圣塞瓦斯蒂安178,000，莱加内斯见马德里（1994年估测；包括郊区）。
语言：西班牙语80%（官方语言），加泰罗尼亚语13%，加利西亚语4%，巴斯克语3%。
成人识字率：85%。
宗教：罗马天主教95%，逊尼派穆斯林占1%。

西班牙自治区

安达卢西亚
面积：87,599平方公里（33,822平方英里）。
人口：7,053,000（1994年估测）。
首府：塞维利亚。

休达和梅利利亚—见下文：
（休达和梅利利亚，因为某些原因，是安达卢西亚的一部分）。

阿拉贡
面积：47,720平方公里（18,425平方英里）。
人口：1,184,000（1994年估测）。
首府：萨拉戈萨。

阿斯图利亚斯
面积：10,604平方公里（4,094平方英里）。
人口：1,083,000（1994年估测）。
首府：奥维耶多。

巴利阿里斯岛
面积：4992平方公里（1927平方英里）。
人口：737,000（1994年估测）。
首府：帕尔马·德·马略卡。

巴斯克地区
面积：7234平方公里（2793平方英里）。
人口：2,076,000（1994年估测）。
首府：维多利亚。

加那利群岛
面积：7447平方公里（2875平方英里）。
人口：1,535,000（1994年估测）。
联合首府：圣克鲁斯—德特内里费和拉斯帕尔马斯。

坎塔布利亚
面积：5321平方公里（2054平方英里）。
人口：526,000（1994年估测）。
首府：桑坦德。

卡斯蒂利亚—拉曼恰
面积：79,461平方公里（30,680平方英里）。
人口：1,656,000（1994年估测）。
首府：托莱多。

卡斯蒂利亚—莱昂
面积：94,224平方公里（36,380平方英里）。
人口：2,504,000（1994年估测）。
首府：巴利阿多里德。

加泰罗尼亚
面积：32,112平方公里（12,399平方英里）。
人口：6,090,000（1994年估测）。
首府：巴塞罗那。

休达
面积：20平方公里（8平方英里）。
人口：69,000（1994年估测）。
首府：休达。

埃斯特雷马杜拉
面积：41,634平方公里（16,075平方英里）。
人口：1,051,000（1994年估测）。
首府：梅里达。

加利西亚
面积：29,575平方公里（11,419平方英里）。
人口：2,721,000（1994年估测）。
首府：圣地亚哥—德孔波斯特拉。

拉里奥哈
面积：5045平方公里（1948平方英里）。
人口：263,000（1994年估测）。
首府：洛格罗尼奥。

马德里
面积：8028平方公里（3100平方英里）。
人口：5,035,000（1994年估测）。
首府：马德里。

梅利利亚
面积：12平方公里（5平方英里）。
人口：58,000（1994年估测）。
首府：梅利利亚。

穆尔西亚
面积：11,314平方公里（4368平方英里）。
人口：1,070,000（1994年估测）。
首府：穆尔西亚。

纳瓦拉
面积：10,391平方公里（4012平方英里）。
人口：524,000（1994年估测）。
首府：潘普洛纳。

巴伦西亚
面积：23,255平方公里（8979平方英里）。
人口：3,909,000（1994年估测）。
首府：巴伦西亚。

直布罗陀

正式名称和地位：直布罗陀市，英国直辖殖民地，内部自治。
面积：6.5平方公里（2.5平方英里）。
人口：28,000（1995年估测）。
首府：直布罗陀，人口28,000（1995年估测）。
地理：与西班牙南海岸相连，多岩石的小半岛，控制由大西洋进入地中海的北部咽喉要道。
经济：直布罗陀依靠旅游业、再出口贸易、船舶维修，尤其依靠银行业和金融业。

■ 安道尔是世界上惟一的为其居民提供国内免费邮寄的国家 ■

名胜

自20世纪50年代起,当外国度假者能够获得廉价的包价旅游时,旅游业改变了西班牙。继法国和美国之后,西班牙是世界上观光人数最多的国家,每年有4500万游客,其中四分之三来自法国、英国、德国和低地国家。深受欢迎的目的地包括安达卢西亚、巴利阿里群岛和加那利群岛、布朗库堡、太阳海岸、达里博物馆、菲格拉斯、马德里和普拉多博物馆、龙达、巴塞罗那和萨格拉达—法米利亚及历史名城塞维利亚。

世界历史遗产包括: 塞维尔的摩尔人国王的宫殿(后为西班牙王室所占有)、格拉纳达的阿尔汗布拉和杰纳拉里弗、阿尔塔米拉洞、阿维拉古城、布尔戈斯大教堂、卡塞雷斯古城、唐娜娜国家公园、历史名城科尔多瓦、历史名城托莱多、马德里的埃尔埃斯科里亚尔、巴塞罗那的帕皮瓜·帕拉西奥·盖尔和卡萨米拉、圣地亚哥—德孔波斯特拉航线、萨拉曼卡古城、塞戈维亚及其高架渠、塞维利亚大教堂、昆卡的有城墙的城市。

地区

1 安达卢西亚	8 卡斯蒂利亚—莱昂	15 拉帕尔马	
2 阿拉贡	9 加泰罗尼亚	16 拉里奥哈	
3 阿斯图利亚斯	10 埃斯特雷马杜拉	17 马德里	
4 巴利阿里群岛	11 埃富特文图拉岛	18 穆尔西亚	
5 巴斯克地区	12 加利西亚	19 纳瓦拉	
6 坎塔布利亚	13 大加那利	20 特内里费岛	
7 卡斯蒂利亚—拉曼恰	14 兰萨罗特岛	21 巴伦西亚	

详见359页。

! 马德里的卡萨·博丁是世界上最古老的饭店,于1725年开业。

! 瓜达拉马山的地下内战纪念教堂地下室是世界上最长的地下室,长达260米(853英尺)。

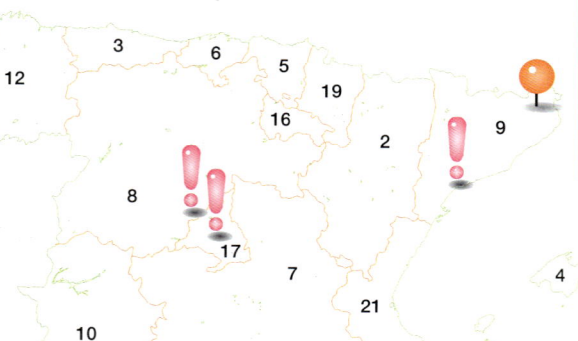

达利博物馆,菲格拉斯: 是收藏出生于该城的超现实主义画家萨尔瓦多·达利(见236-237页)作品最多的地方之一。

科尔多瓦的大清真寺: 大型旅游胜地,可追溯到10至11世纪,当时该城为摩尔人哈里发辖区的首府。

! 在萨洛的阿文图拉港的龙栈是环道或倒置最多的环滑车道。乘客沿着钢轨被倒转8次。

! 欧洲最高的汽车道是内华达山脉的皮库·德米尔塔,最高点为海拔3469米(11,384英尺)。

在安达卢西亚举行的圣灵节朝圣活动: 在圣灵降临节期间(见18页)举行的庆祝活动(全年该地区举行的上百项活动中的一项),届时当地人穿着传统的服装参加祈祷。

加的斯海滨: 在夏季深受欢迎,与有城墙的城毗连,有城墙的城是古代腓尼基人和迦太基人的城市,也是15世纪以来西班牙新世纪珍宝舰队的总部。

太阳海岸: 安达卢西亚的多岩石的海岸,随着20世纪50年代包价旅游的出现,太阳海岸被开发成一个主要的旅游区。

特德峰

国家元首

国王和王后*
- 1474～1516年 费尔南多五世
- 1474～1504年 伊莎贝尔一世
- 1504～1555年 胡安娜
- 1504～1506年 菲利浦一世
- 1515～1556年 卡洛斯一世(帝王查尔斯五世)
- 1556～1598年 菲利浦二世
- 1598～1621年 菲利浦三世
- 1621～1665年 菲利浦四世
- 1665～1700年 卡洛斯二世(查尔斯二世)
- 1700～1724年 菲利浦五世
- 1724年 路易斯
- 1724～1746年 菲利浦五世(复位)
- 1746～1759年 费尔南多六世
- 1759～1788年 卡洛斯三世(查尔斯三世)
- 1788～1808年 卡洛斯四世(查尔斯四世)
- 1808年 费尔南多七世
- 1808年 卡洛斯四世(复位)
- 1808～1813年 何塞(约瑟夫·波拿巴)
- 1813～1833年 费尔南多七世(复位)
- 1833～1868年 伊莎贝尔二世
- 1868～1870年 英国摄政时期
- 1870～1873年 阿马迪欧

第一共和国总统
- 1873年 埃斯塔尼斯拉奥·菲格拉斯·莫拉格斯
- 1873年 弗朗西斯科·何塞·皮·马拉格尔
- 1873年 尼奥拉斯·萨尔梅龙
- 1873～1874年 埃米利奥·卡斯特拉·利波里
- 1874年 弗朗西斯科·塞拉诺·多明哥元帅

国王和王后
- 1874～1885年 阿方索十二世
- 1885～1886年 玛丽亚·克里斯蒂娜
- 1886～1931年 阿方索十三世

第二共和国总统
- 1931～1936年 尼塞托·阿尔卡拉·萨莫拉·托利斯
- 1936年 曼纽尔·阿扎列·迪亚兹

西班牙国家元首
- 1936～1975年 弗朗西斯科·佛朗哥·巴蒙德

国王
- 1975年～ 胡安·卡洛斯一世

* 包括联合君主。

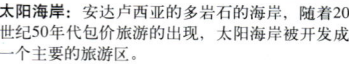

■ 每年来自外国旅游者的收入达到21,853,000,000美元 ■

西班牙聚焦 • 西班牙聚焦 • 西班牙聚焦 • 西班牙聚焦 • 西班牙聚焦

电视与广播

电视机数量：17,000,000（2.3人拥有一台电视机）。
收音机数量：12,000,000（3.3人拥有一台收音机）。

广播电视总局是控制和协调电视台及电台的公众公司。用巴斯克语、加泰罗尼亚语和加利西亚语广播的地方电视公司有七家。RNE管理17个地方无线电频道。三家地方电台用巴斯克、加泰罗尼亚和加利西亚语广播。西班牙还有300多家其他的地方广播电台。

报纸

强烈的历史和地区特点以及三种主要的少数民族语（加泰罗尼亚语、巴斯克语和加利西亚语）的存在阻碍了西班牙全国性报刊的出现。只有《阿贝赛报》、《雅报》和《国家报》在该国大部分地区发行。《国家报》最接近国家报纸。西班牙120家日报的发行量都很低。发行量最大的六家报纸是：

	发行量	星期日发行量
《国家报》，马德里、巴塞罗那、巴伦西亚、塞维利亚	575,000（联合发行量）	1,122,000
《世界报》马德里	474,000	
《阿贝赛报》，马德里和塞维利亚	335,000（联合发行量）	766,000
《加泰罗尼亚日报》，巴塞罗那	210,000	380,000
《先锋报》，巴塞罗那	208,000	316,000
《变革16》，马德里	179,000	209,000

电影

电影院数量：1810

现代西班牙电影业正兴旺发展，在本国以及中美洲、南美洲拥有大量观众。大量资金投入来自西班牙和外国。近来富于创造性的人才的增多和日益增加的国际联系使西班牙电影业更具竞争力，得到国际上的认可。像佩德罗·阿尔莫多瓦和巴斯克的朱利亚·梅德姆这样的制片人正在制作独特的富于创新意识的影片，这些影片已经在西班牙、西欧和拉丁美洲深受欢迎。马德里和巴塞罗那是主要的电影制作中心。

杂志

在西班牙，时事、妇女和大众兴趣杂志以及电视报比报纸畅销。销售量最大的周刊是：

《电视节目》	电视节目	1,000,000
《快讯》	大众兴趣	925,000
《电视介绍》	电视节目	700,000
《您好》	大众兴趣	580,000
《会晤》	大众兴趣	494,000
《讲座》	妇女杂志	342,000
《星期》	大众兴趣	341,000

西班牙中央政府向地方政府的权力下放

根据1978年宪法，西班牙设立了19个自治区。这些自治区依据地方要求的力度和传统来享受各种不同程度的权力。有些地区，如加泰罗尼亚和巴斯克地区，被马德里中央政府给予很高的自治权力；就加泰罗尼亚而言，自治区政府获得所征地方税的百分之一。加泰罗尼亚和巴斯克地区在历史上都长期享有地方自由，但在佛朗哥将军的统治下失去了自治权。享受最大程度自治权的地区是地方民族主义和分裂主义运动最强烈的地区绝非偶然，如加泰隆和巴斯克地区。加泰隆民族主义者在马德里形成了相当规模的议会群体，他们一直在利用这一优势；巴斯克民族主义者包括恐怖主义运动ETA，1997其活动在西班牙引起广泛的反感。加利西亚享受稍小的自治权，而加那利和巴利阿里群岛在西班牙权力下放尺上紧随加利西亚之后。

首相（自1936年）

1936年	奥古斯多·巴西亚
1936年	圣地亚哥·卡萨雷斯·齐洛加
1936年	何塞·吉拉尔
1936~1973年	无首相
1973年	路易斯·卡雷罗·布兰科
1973~1975年	卡洛斯·阿里亚斯·纳瓦罗
1975~1981年	阿道弗·苏亚雷斯·冈萨雷斯
1981~1982年	莱奥波尔多·卡尔沃—索特洛
1982~1996年	费利佩·冈萨雷斯·马克斯
1996年	何塞·玛丽亚·阿兹纳

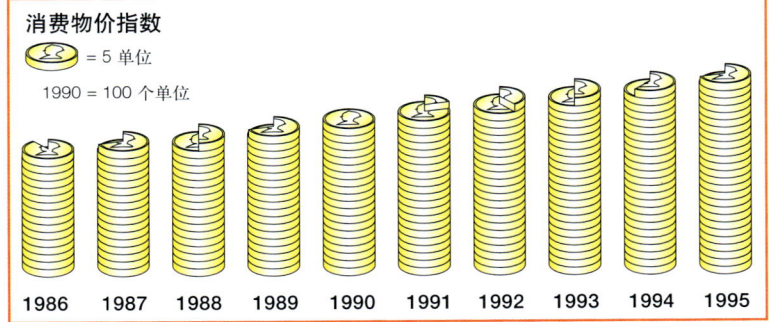

消费物价指数
= 5 单位
1990 = 100 个单位
1986 1987 1988 1989 1990 1991 1992 1993 1994 1995

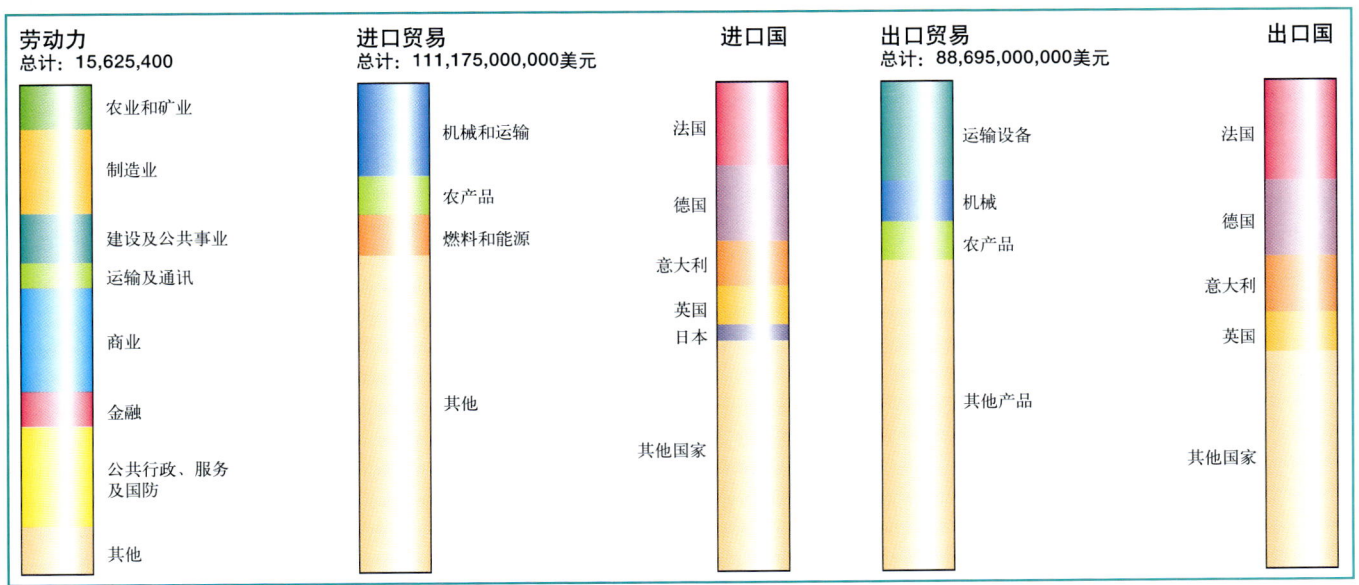

劳动力
总计：15,625,400
- 农业和矿业
- 制造业
- 建设及公共事业
- 运输及通讯
- 商业
- 金融
- 公共行政、服务及国防
- 其他

进口贸易
总计：111,175,000,000美元
- 机械和运输
- 农产品
- 燃料和能源
- 其他

进口国
- 法国
- 德国
- 意大利
- 英国
- 日本
- 其他国家

出口贸易
总计：88,695,000,000美元
- 运输设备
- 机械
- 农产品
- 其他产品

出口国
- 法国
- 德国
- 意大利
- 英国
- 其他国家

《皇家进行曲》是国歌 ■ 平均人口密度为每平方公里77.5人 ■

法国和瑞士

法国

法兰西共和国位于欧洲西部，濒临大西洋、地中海和英吉利海峡。古老坚硬的岩石高原——中央高原位于法国中部，高度约为2000米（6500英尺）。中央高原周围的四个低地占法国领土总面积的60%以上。四个低地中最大的巴黎盆地被海拔较低的山脉、肥沃的草原及高原所分割，塞纳河及其支流贯穿其中。中央高原的东部是狭窄的罗讷—索恩河谷。西部是卢瓦尔山谷，它一直延伸到大西洋沿岸。中央高原的西南部是阿基坦盆地，有加龙河及其支流流经，土壤肥沃。法国的边境地区几乎都是高地。西北部是阿摩里卡丘陵（布列塔尼地区），高度达到411米（1350英尺）。西南部的比利牛斯山形成了法国和西班牙交界处的天然屏障。位于法国东南边境的阿尔卑斯山是法意两国的分界线。其中勃朗峰是欧洲第一高峰。与阿尔卑斯山相比，东部的汝拉山脉较低，位于法国和瑞士的交界处。孚日山脉是巴黎盆地和莱茵河谷的分界线，东北部的阿登山高地绵延伸入比利时境内。地中海的科西嘉岛地形为古老的山丘，高度达到2710米（8891英尺）。

最高点： 勃朗峰4807米（15,771英尺）。

气候： 南部地中海沿岸夏季温暖，冬季温和。大部分地区气候温和，越靠近内陆夏季温度越高，冬季温度越低。法国降雨量适中，山区降雨量普遍偏高，巴黎盆地降雨最少。

行政权赋予总统，总统由有选举权的公民普选产生，任期7年。总统任命总理和内阁（他们要对议会负责），主持内阁会议。参议院（上议院）有321个席位（其中296个席位代表各省，13个席位代表海外省及海外领地），参议员由市、地方及大区议会选举产生。余下的12个席位由海外的法国公民选举产生。参议员任期9年，每3年改选1/3。国民议会（下议院）共有577个席位，每届议员任期5年。议员通过"单记名二轮投票制"普选产生。如果在第一轮选举中候选人均没得到绝对多数的选票，需进行第二轮选举。上面提到的大区是当地的最有权力的地方行政单位。

主要政党：（1997年议会选举）社会党（PS）253席，（保守派）保卫共和联盟（RPR）134席，（右翼党派联盟）法国民主联盟（UDF）108席，共产党（PC）38席，其他左翼党21席，右翼党15席，绿党（Uerts）7席，（极右）国民阵线（FN）1席，其他党派1席。

总统：（自1995年）雅克·希拉克（保卫共和联盟）。

总理：（自1997年）利奥内尔·若斯潘（社会党；社会党—绿党—共产党联合政府）。

法国各大区参见下文。

法国近2/3的土地适于农业。主要的产品有谷物（小麦、玉米、大麦）、肉、奶制品、甜菜及酿酒用的葡萄。法国的农业生产可以自给自足，只有热带水果和动物饲料进口。尽管法国已经开展土地联合和合作经营，小块土地尚且存在问题。重新植树造林旨在保证法国重要工业木材业的发展前景。自然资源有煤、铁矿、铜、铝土、钨、石油和天然气，以及许多适合建水力发电厂的地方。法国的主要工业有纺织业、化学工业、钢铁业、食品加工业、汽车制造业、航空航天业以及机械电子工程业。起初，法国的商行规模很小，后来通过吞并逐渐形成在国际上有竞争力的大公司。法国是排列在美国、日本、德国之后的第四大工业强国。自20世纪80年代后期起，许多国有企业逐步私有化。目前，法国劳动力一半以上从事服务业，包括管理、银行业、金融业和旅游业。

货币名称： 法郎。

1914～1918年一战：法国东北的大部分地区被德国占领，堑壕阵地战和一些重要战役在北部展开。1918年收复阿尔萨斯—洛林（1870年被德国吞并）。1940年纳粹德国入侵法国。流亡伦敦的戴高乐将军领导"自由法国"运动。1942～1945年菲利浦—贝当元帅在法国南部和西部建立傀儡政府即"维希政府"，其余地区处在德国占领之下。1945年法国解放，摆脱了纳粹德国的控制。1946～1958年法兰西第四共和国动荡不安。1954年阿尔及利亚强烈反抗法国统治的开端。在奠边府战役中，北越取得胜利，法国势力被逐出印度支那半岛。1956年苏伊士危机：英法派兵在埃及干涉。1957年欧共体（现欧盟）的创立国之一。1958～1959年阿尔及利亚的法国殖民者发生暴乱（加之进行的恐怖活动）引起法国宪法危机，法兰西第四共和国时期结束，戴高乐于1959年建立法兰西第五共和国。1960年大多数法国非洲殖民地独立。1962年阿尔及利亚独立。1968年巴黎学生运动反抗戴高乐统治。1969年戴高乐辞职。1981～1995年费朗索瓦·密特朗成为法国第一个社会党总统。

海外属地

法属圭亚那（见443页），瓜德罗普（见441页），马提尼克（见441页），留尼汪（见459页），马约特（见459页），圣皮埃尔—密克隆岛（见425页），克利珀顿岛（见435页），法属波利尼西亚（见479页），法属南方及南极属地（见480页），新喀里多尼亚（见473页），瓦利斯和富图纳群岛（见479页）。

正式名称： 法兰西共和国。
面积： 本土面积为543,965平方公里（210,026平方英里），不包括海外省及领地。
人口： 58,172,000（1995年估测）。
人口倍增时间： 不适用于该国情；人口增长较慢。
人均寿命： 男性73.1岁，女性81.3岁。
出生率： 世界平均出生率的0.49倍。
死亡率： 世界平均死亡率的0.97倍。
城区人口： 73%。
首都： 巴黎城区9,319,000（城市2,152,000；1990年普查）。
其他主要城市： 里昂城区人口1,262,000（城市415,000；维勒班117,000），马赛1,230,000（城市801,000；普罗旺斯地区艾克斯124,000），里尔959,000（城市172,000；鲁贝98,000），波尔多696,000（城市210,000），图卢兹650,000（城市359,000），尼斯517,000（城市342,000），南特496,000（城市245,000），土伦438,000（城市168,000），格勒诺布尔405,000（城市151,000），斯特拉斯堡388,000（城市252,000），鲁昂380,000（城市103,000），瓦朗谢讷339,000（城镇39,000），夏约336,000（城市69,000），南锡329,000（城市99,000），朗斯323,000（城镇35,000），圣艾蒂安313,000（城市198,000），图尔282,000（城市130,000），贝蒂讷262,000（城镇25,000），克莱蒙费朗254,000（城市136,000），勒阿弗尔254,000（城市196,000），蒙彼利埃248,000（城市208,000），雷昂245,000（城市199,000），奥尔良243,000（城市105,000），第戎230,000（城市147,000），米卢斯224,000（城市108,000），昂热208,000（城市141,000），兰斯206,000（城市181,000），布雷斯特201,000（城市148,000），杜埃200,000（城市44,000），梅斯193,000（城市120,000），卡昂191,000（城市113,000），敦刻尔克191,000（城镇70,000），勒芒189,000（城市145,000），芒特拉若利189,000（城镇45,000），阿维尼翁181,000（城市87,000），利摩日170,000（城市133,000），巴约讷164,000（城市42,000），佩皮尼昂158,000（城市106,000），亚眠156,000（城市132,000），波城145,000（城市82,000）（1990年普查；包括郊区）。
语言： 94%以法语为第一语言，法语为官方语言，阿拉伯语近3%，德语不足3%，还有奥克西坦语、布列塔尼语及其他少数民族语言。
成人识字率： 99%。
宗教： 罗马天主教73%，无宗教信仰者16%，逊尼派伊斯兰教5%以上，各种新教2%。

法国是世界上接待外国游客最多的国家

瑞士

瑞士是位于西欧的一个多山的内陆联邦制共和国。瑞士奉行永久中立政策已有近200年的历史。瑞士西北与法国交界处绵延着汝拉山脉,南部是阿尔卑斯山。位于这两座山脉中间的中部高原是瑞士人口聚居的地方,工农业也主要集中于此。

最高点: 杜富尔峰(罗莎峰)4634米(15,023英尺)。
气候: 海拔高度和地形地貌塑造了瑞士的温带气候。但温度和降水量差异却很大。例如,圣·戈特哈尔德山口的阿尔卑斯山区属高山气候,终年寒冷,而仅50公里(30多英里)以外的卢加诺地区却属于地中海式气候。

瑞士是联邦制共和国,有20个州和6个半州。各州有各自的州政府,自主权很大。联邦议会由联邦院46名议员、国民院的200名议员组成。联邦院议员任期3～4年(取决于各州),直接从每州选2名,每个半州选1名。国民院议员按比例代表制由有选举权的公民普选产生,任期4年。联邦议会选举7人组成联邦委员会(相当于内阁),任期4年。联邦委员会的4个党派代表轮流担任主席,任期1年。宪法的更改必须通过全民公决。

主要政党:(国民院1995年选举)(社会民主派)瑞士社会党(PSS)54席,(中间派)激进民主党(PRD)45席,(中—右)基督教民主党(PDC)34席,(右翼)瑞士人民党—中间民主联盟(UDC)29席,绿党9席,瑞士自由党(PLS)7席,(民族主义的)自由党7席,其他党派15席。
联邦主席:(1997年)阿诺德·科勒(基督教民主党人;联邦委员会是基督教民主党-瑞士社会党—中间民主联盟—激进民主党四党联合政府)。
联邦主席:(1998年)费拉维奥·科蒂(基督教民主党人)。

瑞士奉行永久中立政策已近200年。如今,它已成为世界可靠的金融中心。苏黎世是世界主要的银行业和商业城市。瑞士人民生活水平是世界最高水平之一。工业发展部分依靠廉价的水力资源,其中包括工程(从涡轮机到手表)、纺织业、食品加工业(包括奶酪和巧克力)、制药业和化学工业。农业生产主要有乳制品业、葡萄种植(用来酿酒)和饲料种植业。还有重要的木材工业。瑞士的外汇收入源于旅游业和设在瑞士的一些国际组织。外国工人尤其是意大利人和克罗地亚人缓解了瑞士的劳动力短缺问题。**货币:** 瑞士法郎。

1920年危难中的国际联盟将其总部设在中立国瑞士。1971年联邦选举中,妇女第一次获得选举权。1986年全民公决拒绝加入联合国。1992年全民公决拒绝加入欧洲经济协会(欧盟国家和其他西欧国家间的贸易协定)。

正式名称: 瑞士联邦。
面积: 41,285平方公里(15,940平方英里)。
人口: 7,040,000(1995年估测)。
人口倍增时间: 不适用于该国国情;人口增长缓慢。
人均寿命: 男性74.7岁,女性81.4岁。
出生率: 世界平均出生率的0.48倍。
死亡率: 世界平均死亡率的0.95倍。
城区人口: 68%。
首都: 伯尔尼城区332,000(城市129,000;1994年估测)。
其他主要城市: 苏黎世城区人口940,000(城市343,000),日内瓦424,000(城市172,000),巴塞尔406,000(城市176,000),洛桑264,000(城市123,000),卢塞恩162,000(城市62,000),圣加仑128,000(城市76,000),温特图尔111,000(城市88,000),比尔83,000(城市52,000),图恩78,000(城市39,000)卢加诺69,000(城市25,000),纳沙泰尔66,000(城市32,000),弗里堡57,000(城市33,000)(1994年估测,包括郊区)。
语言: 德语(官方语言)64%,法语19%(官方语言),意大利语8%(官方语言),罗马尼亚语0.5%(官方语言)。
成人识字率: 实际上达到100%。
宗教: 罗马天主教46%,各种新教40%,无宗教信仰者10%。

瑞士各州

阿尔高
面积:1404平方公里(542平方英里)。
人口:519,000(1994年估测)。
首府:阿劳。

阿彭策尔—外罗登(半州)
面积:243平方公里(94平方英里)。
人口:54,000(1994年估测)。
首府:赫里藻。

阿彭策尔—内罗登(半州)
面积:173平方公里(87平方英里)。
人口:15,000(1994年估测)。
首府:阿彭策尔。

巴塞尔乡(半州)
面积:517平方公里(200平方英里)。
人口:235,000(1994年估测)。
首府:利斯塔尔。

巴塞尔城(半州)
面积:37平方公里(14平方英里)。
人口:197,000(1994年估测)。
首府:巴塞尔。

伯尔尼
面积:5961平方公里(2302平方英里)。
人口:957,000(1994年估测)。
首府:伯尔尼。

弗里堡
面积:1671平方公里(645平方英里)。
人口:219,000(1994年估测)。
首府:弗里堡。

日内瓦
面积:282平方公里(109平方英里)。
人口:388,000(1994年估测)。
首府:日内瓦。

格拉鲁斯
面积:685平方公里(264平方英里)。
人口:39,000(1994年估测)。
首府:格拉鲁斯。

格里松
面积:7105平方公里(2743平方英里)。
人口:182,000(1994年估测)。
首府:库尔。

汝拉
面积:836平方公里(323平方英里)。
人口:69,000(1994年估测)。
首府:德莱蒙。

卢塞恩
面积:1493平方公里(576平方英里)。
人口:335,000(1994年估测)。
首府:卢塞恩。

纳沙泰尔
面积:803平方公里(310平方英里)。
人口:2,183,000(1994年估测)。
首府:纳沙泰尔。

尼瓦尔登(半州)
面积:276平方公里(107平方英里)。
人口:35,000(1994年估测)。
首府:斯坦斯。

奥布瓦尔登(半州)
面积:490平方公里(189平方英里)。
人口:31,000(1994年估测)。
首府:萨日嫩。

圣加仑
面积:2026平方公里(782平方英里)。
人口:437,000(1994年估测)。
首府:圣加仑。

沙夫豪森
面积:299平方公里(115平方英里)。
人口:74,000(1994年估测)。
首府:沙夫豪森。

施维茨
面积:908平方公里(351平方英里)。
人口:119,000(1994年估测)。
首府:施维茨。

索洛图恩
面积:791平方公里(305平方英里)。
人口:237,000(1994年估测)。
首府:索洛图恩。

图尔高
面积:991平方公里(383平方英里)。
人口:217,000(1994年估测)。
首府:弗劳恩菲尔德。

提契诺
面积:2812平方公里(1086平方英里)。
人口:298,000(1994年估测)。
首府:贝林佐纳。

乌里
面积:1077平方公里(416平方英里)。
人口:36,000(1994年估测)。
首府:阿尔特多夫。

瓦莱
面积:5225平方公里(2017平方英里)。
人口:267,000(1994年估测)。
首府:锡昂。

沃州
面积:3212平方公里(1240平方英里)。
人口:597,000(1994年估测)。
首府:洛桑。

楚格
面积:239平方公里(92平方英里)。
人口:89,000(1994年估测)。
首府:楚格。

苏黎世
面积:1729平方公里(668平方英里)。
人口:1,162,000(1994年估测)。
首府:苏黎世。

摩纳哥

摩纳哥公国面积很小,领土三面与法国接壤。地形特点为多岩石的半岛和地中海沿岸的狭长地带。1964年以来,摩纳哥收回了海上土地,领土面积增加了20%多。摩纳哥伸入欧洲大陆的深度只有300米(985英尺)。

最高点: 未命名162米(533英尺)。
气候: 地中海式气候。

摩纳哥是君主立宪制国家。亲王及8名成员组成的全国委员会掌握立法权,全国委员会由有选举资格的公民普选产生,任期5年。亲王掌握行政权力。任命由4人组成的国务委员会,并指定一个法国籍文职官员出任国务大臣,负责政府工作。

主要政党:(1993年选举)民族民主联盟15席,其他政党3席。
亲王:(自1949年)兰尼埃三世。
国务大臣:(自1994年)保罗·迪儒。

摩纳哥公国有房地产业、银行业、保险业、轻工业和旅游业。**货币:** 法郎。

1911年颁布第一部宪法。1942～1944年二战期间先后被意大利、德国占领。1962年兰尼埃三世颁布自由宪法。

正式名称: 摩纳哥公国。
面积: 2平方公里(0.75平方英里)。
人口: 30,400(1995年估测)。
人口倍增时间: 人口总数基本稳定。
人均寿命: 男性72岁,女性80岁。
出生率: 世界平均出生率的0.56倍。
死亡率: 世界平均死亡率的1.97倍。
城区人口: 100%。
首都: 摩纳哥城城区人口30,400(城镇人口1200;蒙特卡洛14,700;拉孔达明12,200;丰特维埃尔2000;1990年普查)。
语言: 法语39%,为通用官方语言,意大利语17%,摩纳哥方言16%,英语7%。
成人识字率: 几乎100%。
宗教: 罗马天主教92%。

■ 瑞 士 的 外 籍 人 口 占 该 国 总 人 口 的 1 5 ％ 以 上 ■

法国聚焦 • 法国聚焦 • 法国聚焦 • 法国聚焦 • 法国聚焦

名胜

法国是世界上接待外国游客最多的国家（年接待60,000,000人）。其中四分之一游客为德国人，六分之一为英国人。法国人也偏爱在本国度假。著名的旅游地区有：阿尔卑斯山区，阿尔代什，拜约，卡尔纳克，欧洲的迪斯尼乐园，里维埃拉，未来世界朗德省，诺曼底海滩，尼斯，巴黎，普瓦捷和圣马洛岛。

世界遗址：亚眠天主教堂；阿尔勒罗马纪念碑；阿维尼翁历史中心；布尔日大教堂；科西嘉岛的吉罗拉他角，波尔图角，斯堪朵拉自然保护区；巴黎圣母院及兰斯的圣雷米、圣安东尼十字宫的前身教堂遗址；尚博尔城堡府邸遗址；沙特尔大教堂；凡尔赛宫；丰特内的西多会修道院；枫丹白露宫及园林；斯特拉斯堡的格朗德岛；韦泽尔河的石窟，其中有著名的拉斯科石窟；法国南方运河；圣米歇尔山包括修道院和海湾；蓬迪加尔罗曼高架渠；罗曼剧院及奥朗日的凯旋门；韦兹莱教堂及小山。

巴黎的埃菲尔铁塔在1889年兴建时引来了许多争议甚至是反对意见。但目前，它是世界上参观游览人数最多的景点之一（见177页）。

坐落在巴黎城塞纳河中斯得岛上的巴黎圣母院是中世纪以来最著名的哥特式大教堂（见243页）。

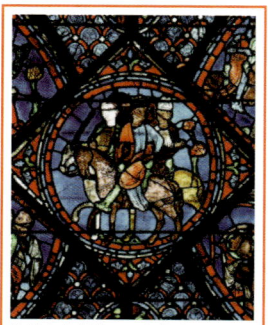

沙特尔大教堂：正如教堂过道对西班牙国王查理曼十字军东征历史的展示一样，教堂建筑因采用了彩色玻璃而著称。法国中世纪以来的沙特尔大教堂、兰斯教堂和博韦教堂是法国参观游览人数最多的三座教堂。

! 在1916年爆发的长达142天的索姆河战役中，伤亡人数多达122万，是人类历史上代价最大的一次战役。战争遗址位于法国东北部。经过人为修复后的遗址吸引了大量的参观者。

! 勒阿费尔有世界上最长的用钢索固定的桥—诺曼底桥，它长达856米（2808英尺）。还有世界上最长的深水栈桥，长达1520米（5000英尺）。

! 法国阿尔萨斯的利克威尔仍然使用着一口酿酒用的大缸。它早在1715年开始使用，是迄今为止世界上仍然使用的最古老的一口大缸。

勒朗峰是阿尔卑斯山的最高峰（见37页）。它吸引了大量的游客，冬季可以滑雪，春夏季可以爬山、观光。

! 世界最大的环形立体电影院坐落在普瓦捷附近的未来世界。这里拥有世界最大的放映屏幕，包括850个小屏幕，平面面积相当于162平方米（1744平方英尺）。

! 维希豪华酒店是客房最多的酒店，有14,000间客房。

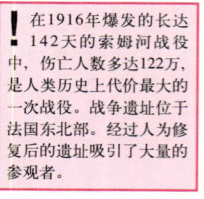

! 世界上最大的低地花园是为罗斯柴尔德岛埃夫鲁西镇的比阿特丽斯·迪·罗斯柴尔德修建的，它位于圣吉思－卡普角，面积为17公顷（42英亩），花园的大部分为低地。

卡尔纳克村的克玛里奥古代巨石群：这里有3000多块由花岗岩制成的史前石碑。它是宗教遗址、容纳了布雷顿人、罗马人和基督教徒的文化。

! 法国最大的自然风景区为洛代弗附近的朗贝朗，占地340公顷（840英亩）。

戛纳位于蓝岸，是19世纪欧洲旅游胜地之一。戛纳有许多引人入胜之处，如戛纳电影节。许多游客为了追求时尚来到这里。

大区
详见366页。

第三、第四、第五共和国时期的历任总统

第三共和国
- 1871~1873年 阿道夫·梯也尔
- 1873~1879年 帕特丽斯·麦克马洪
- 1879~1887年 茹尔·格列维
- 1887~1894年 萨迪·卡诺
- 1894~1895年 让-卡齐米尔·佩里耶
- 1895~1899年 费里克斯·佛尔
- 1899~1906年 爱米尔·卢贝
- 1906~1913年 阿尔芒·阿列雷
- 1913~1920年 雷蒙德·普恩加莱
- 1920年 保罗·德夏内尔
- 1920~1924年 亚历山大·米勒兰
- 1924~1931年 加斯东·杜梅格
- 1931~1932年 保罗·杜梅
- 1932~1940年 阿尔贝·勒布伦

维希政权
- 1940~1944年 菲利浦·贝当元帅

临时政府历任总统
- 1944~1946年 夏尔·戴高乐将军
- 1946年 费里克斯·古安
- 1946年 乔治·皮杜尔
- 1946年 樊尚·阿里奥尔
- 1946~1947年 莱昂·布鲁姆

第四共和国
- 1947~1954年 樊尚·阿里奥尔
- 1954~1958年 勒内·科蒂

第五共和国
- 1959~1969年 夏尔·戴高乐将军
- 1969~1974年 乔治·蓬皮杜
- 1974~1981年 瓦莱里·吉斯卡尔·德斯坦
- 1981~1995年 费朗索瓦·密特朗
- 1995年 雅克·希拉克

■ 法国每年接待的外国游客可为法国带来256.29亿美元的经济收入 ■

法 国 聚 焦 • 法 国 聚 焦 • 法 国 聚 焦 • 法 国 聚 焦 • 法 国 聚 焦

电视与广播

电视机数量：29,300,000（每2人拥有一台电视机）
收音机数量：50,000,000（每1.2人拥有一台收音机）

法国的无线电广播通过7个频道49家地方无线电台播放。全国有2730多个地方商业广播电台和7家国家商业广播电台，3家国营电视台（法国2台、法国3台和5台）以及4家独立的电视台。全国有1,000,000多个有线电视用户。

报纸

虽然仅巴黎一城就出版23种日报，但是法国却没有一家全国性的报纸。巴黎以外地区还有68种省级日报。巴黎仅有两种星期日报纸，相反，各种新闻周刊却办得很有特色。法国共有7家大的报社。主要的日报如下：

《法兰西西部报》，雷恩	789,000
《法兰西星期日报》，*巴黎	640,000
《巴黎人报》，巴黎	431,000
《费加罗报》，巴黎	380,000
《北方声音》，里尔	369,000
《人道报》，巴黎	360,000
《西南报》，波尔多	359,000
《队报》，（体育报）巴黎	337,000
《世界报》，巴黎	307,000
《法兰西晚报》，巴黎	200,000

* 表示仅周日出版

电影

电影院数量：4535

法国，电影业的诞生地，戛纳电影节的故乡，在巴黎城以及周围地区拥有繁荣的当代电影业。法国有一半的影片是国际合作的产物（法国电影公司也很支持外国电影业的发展），主要的合作伙伴有意大利，还有诸如英国、德国、西班牙、葡萄牙、比利时和瑞士等欧洲国家。然而，法国的财政收入也部分地来源于（按投资数额多少为序）法国电视、电影、外国影片和影迷的支持所带来的票房收入税。商业电影大片及戏剧越来越受到大众的青睐。描写当代生活的影片、喜剧及电影也颇受欢迎。国际上最卖座的法国影片也是喜剧片。在法国，好莱坞影片占据了54%的电影市场，但这个比例与其他欧洲国家相比还是最低的。

杂志

发行量最大的几种期刊如下：

《电视周刊》	周刊，电视节目导视	2,800,000
《袖珍电视》	周刊，电视节目导视	1,800,000
《旅游服装》	月刊，时装	1,500,000
《读者文摘》	月刊，大众口味	1,072,000
《她》	月刊，女性插图故事	823,000
《巴黎竞赛画报》	周刊，新闻	690,000
《玛丽·克莱尔》	月刊，妇女杂志	600,000
《快报》	周刊，新闻	545,000

法兰西第五共和国历任总理

1959~1962年 米歇尔·德勃雷	1972~1974年 皮埃尔·梅斯梅尔	1984~1986年 洛朗·法比尤斯	1992~1993年 皮埃尔·贝雷戈瓦
1962~1968年 乔治·蓬皮杜	1974~1976年 雅克·希拉克	1986~1988年 雅克·希拉克	1993~1995年 厄杜瓦德·巴拉迪尔
1968~1969年 莫里斯·顾夫·德姆维尔	1976~1981年 雷蒙·巴尔	1988~1991年 米歇尔·罗卡尔	1995~1997年 阿兰·朱佩
1969~1972年 雅克·沙邦-戴尔马	1981~1984年 皮埃尔·莫鲁瓦	1991~1992年 埃迪特·克雷松	1997年~ 奥内尔·若斯潘

巴黎的蓬皮杜艺术文化中心（博堡中心）建于1977年，它的设计师是朗佐·皮亚诺和理查德·罗杰斯。政府投巨资兴建的这个艺术博物馆运用了高科技手段，它是近20年来世界上少有的几个惊人建筑之一，在某种程度上讲，它使巴黎的建筑物更具现代气息。这个文化中心还包括卢浮宫外由贝聿铭设计的金字塔形建筑；左岸上的法国国家图书馆；护城门。

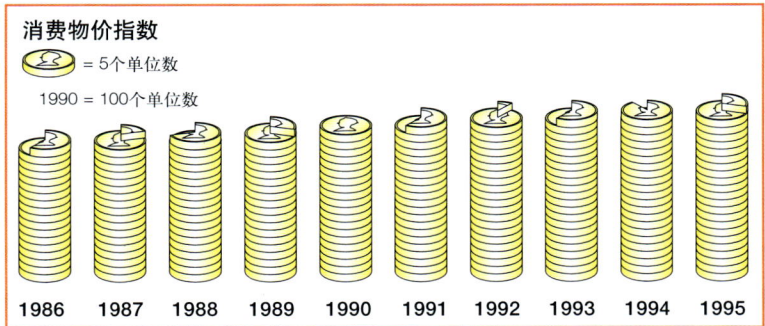

消费物价指数
= 5个单位数
1990 = 100个单位数
1986　1987　1988　1989　1990　1991　1992　1993　1994　1995

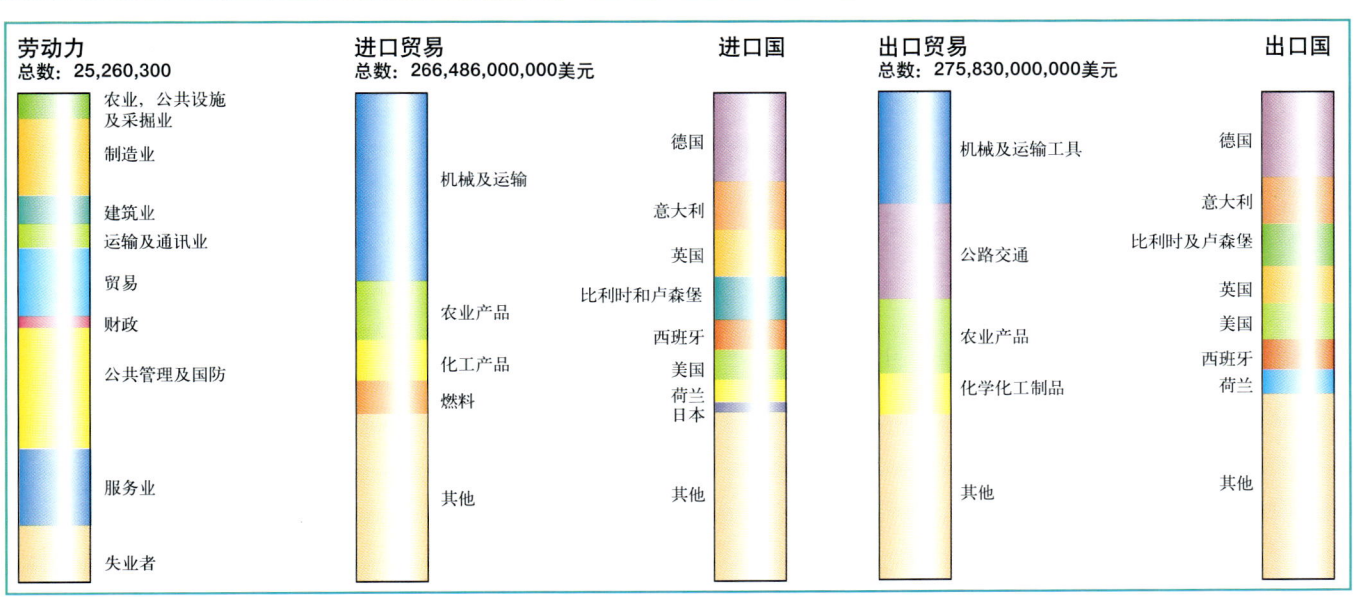

劳动力 总数：25,260,300
农业，公共设施及采掘业 / 制造业 / 建筑业 / 运输及通讯业 / 贸易 / 财政 / 公共管理及国防 / 服务业 / 失业者

进口贸易 总数：266,486,000,000美元
机械及运输 / 农业产品 / 化工产品 / 燃料 / 其他

进口国
德国 / 意大利 / 英国 / 比利时和卢森堡 / 西班牙 / 美国 / 荷兰 / 日本 / 其他

出口贸易 总数：275,830,000,000美元
机械及运输工具 / 公路交通 / 农业产品 / 化学化工制品 / 其他

出口国
德国 / 意大利 / 比利时及卢森堡 / 英国 / 美国 / 西班牙 / 荷兰 / 其他

■《马赛曲》是法国的国歌 ■ 法国人口平均密度为每平方公里106.9人 ■

法国大区

大区是比省区大一级，由各省组成的行政单位，各区简介如下：

阿尔萨斯（1）
面积：8280平方公里（3197平方英里）。
人口：1,649,000（1993年估测）。
首府：斯特拉斯堡。
省份：下莱茵（斯特拉斯堡），上莱茵（科尔马）。

阿基坦（2）
面积：41,309平方公里（15,950平方英里）。
人口：2,841,000（1993年估测）。
首府：波尔多。
省份：多尔多涅（佩里格），吉伦特（波尔多），朗德（蒙德马桑），洛特—加龙（阿让），大西洋岸比利牛斯（波城）。

奥弗涅（3）
面积：26,013平方公里（10,044平方英里）。
人口：1,315,000（1993年估测）。
首府：克莱蒙费朗。
省份：阿列（穆兰），康塔勒（欧里亚克），上卢瓦尔（勒皮），多姆山省（克莱）。

布列塔尼（4）
面积：27,209平方公里（10,506平方英里）。
人口：2,828,000（1993年估测）。
首府：雷恩。
省份：北滨海省（圣布里厄），菲尼斯泰尔（坎佩尔），伊尔—维莱讷（雷恩），莫尔比昂（瓦讷）。

勃艮第（5）
面积：31,582平方公里（12,195平方英里）。
人口：1,614,000（1993年估测）。
首府：第戎。
省份：科多尔（第戎），涅夫勒（讷韦尔），索恩－卢瓦尔（图里），约讷（欧塞尔）。

中央 — 瓦勒卢瓦尔（6）
面积：39,151平方公里（15,116平方英里）。
人口：2,404,000（1993年估测）。
首府：奥尔良。
省份：谢尔（布尔日），厄尔—卢瓦尔（沙特尔），安德尔（沙托鲁），安德尔—卢瓦尔（图尔），卢瓦雷（奥尔良），卢瓦—谢尔（布卢瓦）。

香槟－阿登（7）
面积：25,606平方公里（9886平方英里）。
人口：1,351,000（1993年估测）。
首府：兰斯。
省份：阿登（沙勒维尔—梅济耶尔），奥布（特鲁瓦），上马恩（肖蒙），马恩（马恩河畔沙隆）。

科西嘉（8）
面积：8681平方公里（3352平方英里）。
人口：253,000（1993年估测）。
首府：阿雅克肖。
省份：南科西嘉（阿雅克肖），上科西嘉（巴斯蒂亚）。

弗朗什孔泰（9）
面积：16,202平方公里（6256平方英里）。
人口：1,107,000（1993年估测）。
首府：贝桑松。
省份：杜省（贝桑松），上索恩（沃苏勒），汝拉（隆勒索涅），贝尔福地区（贝尔福）。

法兰西岛（10）
面积：12,011平方公里（4637平方英里）。
人口：10,908,000（1993年估测）。
首府：巴黎。
省份：埃松（埃夫里），上塞纳（楠泰尔），巴黎（巴黎），塞纳—马恩（默伦），塞纳—圣但尼（博比格尼），瓦勒德马恩（蓬图瓦兹），伊夫林（凡尔赛）。

朗格多克－鲁西永（11）
面积：27,376平方公里（10,570平方英里）。
人口：2,183,000（1993年估测）。
首府：蒙彼利埃。
省份：奥德（卡尔卡松），加尔（尼姆），埃罗（蒙彼利埃），洛泽尔（芒德），东比利牛斯省（佩皮尼昂）。

利穆桑（12）
面积：16,942平方公里（6541平方英里）。
人口：718,000（1993年估测）。
首府：利摩日。
省份：科雷兹（蒂勒），克勒兹（盖雷），上维埃纳（利摩日）。

洛林（13）
面积：23,547平方公里（9092平方英里）。
人口：2,296,000（1993年估测）。
首府：南锡。
省份：默尔特—摩泽尔（南锡），默兹（巴勒迪克），摩泽尔（梅斯），孚日（埃皮纳勒）。

下诺曼底（14）
面积：17,589平方公里（6791平方英里）。
人口：1,405,000（1993年估测）。
首府：卡昂。
省份：卡尔瓦多斯（康城），芒什（圣洛），奥恩（阿朗松）。

米迪－比利牛斯（15）
面积：45,349平方公里（17,509平方英里）。
人口：2,492,000（1993年估测）。
首府：图卢兹。
省份：阿列日（富瓦），阿韦龙（罗德兹），上比利牛斯（塔布），洛特（卡奥尔），塔恩（阿尔比），塔恩加龙（蒙托邦）。

北加来海峡（16）
面积：12,413平方公里（4793平方英里）。
人口：3,983,000（1993年估测）。
首府：里尔。
省份：诺尔（里尔），加来海峡省（阿拉斯）。

卢瓦尔河地区（17）
面积：32,082平方公里（12,387平方英里）。
人口：3,113,000（1993年估测）。
首府：南特。
省份：大西洋卢瓦尔（南特），曼恩—卢瓦尔（昂热），马耶讷（拉瓦勒），萨尔特（勒芒），旺代（拉罗什）。

皮卡第（18）
面积：19,399平方公里（7490平方英里）。
人口：1,848,000（1993年估测）。
首府：亚眠。
省份：埃纳（拉昂），瓦兹（博韦），索姆（亚眠）。

普瓦图－夏朗德（19）
面积：25,809平方公里（9965平方英里）。
人口：1,617,000（1993年估测）。
首府：普瓦捷。
省份：夏朗德（昂古莱姆），滨海夏朗德省（拉罗谢尔），德塞夫勒（尼奥尔），维埃纳（普瓦捷）。

普罗旺斯山 — 蓝岸（20）
面积：31,400平方公里（12,123平方英里）。
人口：4,375,000（1993年估测）。
首府：马赛。
省份：上普罗旺斯—阿尔卑斯（迪涅），滨海阿尔卑斯（尼斯），罗讷河口（马赛），上阿尔卑斯（加普），瓦尔（土伦），沃克吕兹（阿维尼翁）。

罗讷－阿尔卑斯（21）
面积：43,698平方公里（16,871平方英里）。
人口：5,489,000（1993年估测）。
首府：里昂。
省份：安省（布雷斯地区布尔格），阿尔代什（普利瓦），德龙（瓦朗斯），上萨瓦（阿讷西），伊泽尔（格勒诺布尔），卢瓦（圣艾蒂安），罗讷（里昂），萨瓦（尚贝里）。

上诺曼底（22）
面积：12,318平方公里（4756平方英里）。
人口：1,760,000（1993年估测）。
首府：鲁昂。
省份：厄尔（埃夫勒），塞纳马恩（鲁昂）。

三色旗

1789年，法国政治家玛丽·约瑟夫·拉斐特（见314页）为巴黎的国民警卫队设计了新的帽章（军帽上的缀带）。帽章由三条彩色丝带组成：白色代表法国君主，蓝色和红色代表国民警卫队。1789年，巴黎公社采用这三种颜色作为正式标志。1790年，采用这三种颜色制作许多旗帜，但不是三色旗这种排列形式。

1794年，画家雅克·路易斯·大卫（见237页）在法国国民会议上提出新的方案：他建议国旗应采用三色（蓝、白、红）竖条图案，三色等分。波旁王朝复辟后，采用了白色旗。1830年，又恢复了三色旗。然而1836年，法国国旗改为现在的图案：尽管三色条看起来是等分的，实际上三种颜色是按照30∶33∶37的比例，蓝、白、红依次排列的，以便从远处看时，三色条大小相同。

19世纪70年代，流亡的亨利五世拒绝接受该图案的国旗，这使他失去了重新登上王位的机会。

玛利安娜

玛利安娜，一位带着革命的无沿女帽的年轻少女象征着共和国的胜利。首次提及这位少女，法兰西共和国的正式象征，是在1792年的一首爱国歌曲中。然而，这个名字是1797年共和国领导人巴拉斯在默的家乡举行的一次招待会上才正式确定的。当时，鲁贝尔表示想给共和国拟一个"爱称"。他问女主人叫什么名字。女主人回答道"玛利安娜"。鲁贝尔听后说道"太棒了"。于是，法兰西共和国的爱称诞生了。

1877年以来，玛利安娜头部和肩部的雕像被尊放在各市市政大厅的显要位置。该雕塑模特的外貌不时地变化，但通常都是某一时期法国家喻户晓的一位妇女。例如，1985年，女演员凯瑟琳·德讷夫取代了布丽奇特·巴多，成为正式的玛丽安娜模特。目前，女演员伊曼纽尔·比尔特又取而代之。

马赛曲

法国国歌《马赛曲》的歌词是由克劳德—约瑟夫·鲁日·德·李尔于1792年法国大革命时期写的，他当时是斯特拉斯堡警卫部队的上尉。鲁日·德·李尔与奥地利音乐家依纳爵·普莱埃尔共同为国歌谱了曲，后者当时是斯特拉斯堡大教堂的乐师。

这首歌原名为《莱茵军战歌》。1792年7月，马赛的志愿军部队向巴黎进军时首次唱了这首歌，巴黎市民立刻将它更名为《马赛曲》。1795年，《马赛曲》被定为国歌。但是从1804年起，这首歌一度不是国歌。直到1879年第三共和国时期，这首歌又重新被定为国歌。原始的《马赛曲》分为七段（第七段是由路易斯·弗朗索斯·杜布瓦创作的），但是现在人们听到的只是第一、第六和第七段。

法兰西学院

法兰西学院是世界上声望最高的文学院，路易十三在枢机主教黎塞留的建议下于1634年创立的。这个学院旨在保护法国文学的水准并发展和保护法国语言。这个学院不时地被认为是保守的，如果她不是真的反动的话。

该学院院士限制在40人以内，很多已故的大名鼎鼎的文学家也曾是该院院士。院士一旦有空位，则可以通过选举增补新的院士。法国元首（作为学院的保护者）有否决权，戴高乐将军曾经行使过两次否决权。很难有候选人全票通过，但1746年伏尔泰竞选院士的时候无一票反对。1921-1924年间，获得16张选票才能填补空缺成为院士。

所谓的"第41席"指的是由于某种原因而未能成为院士的著名文人，其中有笛卡儿，狄德罗，博马舍，巴尔扎克，莫里哀，左拉，福楼拜，普鲁斯特，纪德，魏尔兰和乔治·桑。

法语国家联盟

法语在国际社会上的地位和重要性对法兰西的民族尊严至关重要。20世纪，英语日益被用作世界通用语。讲汉语、印地语、西班牙语、阿拉伯语、孟加拉语、俄语、葡萄牙语、日语、乌尔都语、德语、旁遮普语和朝鲜语的人均多于讲法语的人。因此，法国政府采取措施力图维护法语的地位，并保证法语在未来一千年里的国际影响和威望。

法语所面临的威胁之一是传媒和技术全球化的发展趋势。每一个面向世界的企业和工厂几乎都用英语进行交际，从事国际贸易活动。

在美国的倡导之下，数码技术有了新的发展，如因特网，美国在这个领域内仍然保持明显优势，所以对于国际通讯来说，英语显得越来越重要。目前，在每20个网址中使用法语的还不足一个，虽然这些网址中的许多网址都是在加拿大的魁北克省，且大多使用法语，但是该省的网络中许多信息还附着英语，以便吸引国际上的上网用户。

使用法语的一个重要因素是为了维护法国的文化及艺术。许多操法语的人已经认识到英语文化艺术作品的渗透对世界语言及文化的统一影响很大。

好莱坞影片、计算机游戏、小说巨著——诸如此类的文化艺术作品似乎都在潜移默化地扩大英语的使用范围。法国尽力确保在重要的国际贸易协定中不考虑这类作品，因为这样会严重影响法语的艺术和工艺在美国市场的发展潜力。

就推动本国艺术的发展而言，法国文化部的工作力度远远超过欧盟其他国家。宣传法语电影的工作也取得了一定的成效，如法国1/3以上的票房收入来自法国电影。

许多学术权威意图相当明确。法兰西学院对如何使法语成为全球语言提出了建设性意见，起到了积极的作用。他们建议法国政府创办一个全球性的法语出版物与发行量很大的英语杂志相抗衡，并恢复法语在奥林匹克运动会上第一语言的地位。

提高法语地位的强烈要求很大程度上源于对法语的特性及其文化的宣传和颂扬。另一个主要原因是：提倡法语作为全球世界语还可以增大在信息技术、科学和经济领域的就业机会。目前，这些领域内的术语已被英语所垄断，没有一个专用词汇是法语的，所以操法语者欲在这些领域内寻找工作无疑是个难题。有鉴于此，法国术语委员会应运而生。这个委员会旨在造一些与英语词汇具有相同意义的词以便抵制英美新词的涌入。

政府还直接采取其他干涉方式来保护国语的地位。1994年，文化和法语事务部部长，雅克·图邦，制定了一部以他的名字命名的法规。

图邦法旨在保护法语的地位，抵制其他语言尤其是英语的侵及其带来的不良影响。虽然国际社会对这部法规存有争议，但是操法语者都非常赞成。这部法规禁止一些公司或企业一贯使用英语（或其他语言）而不使用法语的行为。该法规定商业招牌、广播、广告、大小会议、公司规则等都必须使用法语，比如产品必须以法语命名。进口产品如电器，必须贴上法语标签。如果公共场所的招牌不是用法语写的，则必须配有译文（译文至少和外文一样大小）。如果违反这条法规定，个人需缴纳罚款5000法郎，团体需25,000法郎。同时，有监察人员负责监督本法的执行。

一部分人不赞成该法的规定，但是法国大多数人认为这是一个必要的举措。它可以解除文化排斥所带来的不安与恐慌，还可以抵制文化混合现象，主要体现在把英语词融入法语（英语式法语）中，如购物、领导、周末、建筑和恐吓者等词。

世界各地都渗透着法语及其文化，所以才有可能形成法语国家联盟——全世界使用法语并欲推进其发展的国家和地区所组成的联盟。这个国际团体建于1986年，目的是抵抗两个建立在共同语言基础之上的国际组织英联邦及讲西班牙语的国家联盟。全世界讲法语的国家由法国出资每两年举行一次最高级会议。会议的核心在于宣传和颂扬法语，会议当然也有政治目的。

从政治角度而言，殖民时期结束后非洲一些国家与法国已没有直接的隶属关系，但它们仍沿袭使用法语。法国通过卫星频道及无线广播的通讯方式，一方面加强了与非洲贫困地区的往来，一方面使一些在国际舞台上本没有发言权的非洲国家参与到国际事务之中。当然，这些国家的立场与法国一致。

目前，法语国家联盟是代表世界49个国家2.5亿讲法语的人的国际联盟。操法语者仍不断地谋求政治权力。法语国家联盟这样的组织帮助世界上的法语国家走向联合，结成团结的、完整的统一体。

1995年10月，加拿大的魁北克省举行全民公决，表决该省是否脱离加拿大而独立。这一事件让全世界听到了操法语者的政治呼声。魁北克省是很大的法语区，许多公民认为独立会有利于法语及其文化的统一。尽管讲法语的人最终以百分之一的劣势未能通过公决，然而，两派意见势均力敌，这一结果足以说明在讲法语的人占4/5的魁北克省，操法语者不容忽视。

法语无疑是一种世界语言，历史悠久。世界上有许多文学及哲学经典都是用法语撰写的，这些经典也将流芳百世。法国政府坚持积极的态度，权威组织如法兰西学院积极与其保持一致。他们都坚决保护法语的独立纯洁，摒弃任何妥协混杂如"英语式法语"，并且在全世界宣传和颂扬法语文化及其特性。

987～1870年间的国家元首

年份	元首	年份	元首	年份	元首	年份	元首
987～996年	休	1350～1364年	让二世	1774～1792年	路易十六		1815年拿破仑二世（名义上的，在位16天）
996～1031年	罗伯特二世	1364～1380年	查理五世	1793～1795年	（路易十七，名义上的国王）		
1031～1060年	亨利一世	1380～1422年	查理六世			**国王**	
1060～1108年	菲利浦一世	1422～1461年	查理七世	**第一共和国**		1815～1824年	路易十八（复辟王朝）
1108～1137年	路易六世	1461～1483年	路易十一	1792～1795年	国民公会时期	1824～1830年	查理十世
1137～1180年	路易七世	1483～1498年	查理八世	1795～1799年	五人执政内阁时期	1830年	路易十九（名义上的，在位1天）
1180～1223年	菲利浦二世	1498～1515年	路易十二	1799～1804年	法国执政府统治期间（三执政官）		
1223～1226年	路易八世	1515～1547年	弗朗索瓦一世			1830年	亨利五世（名义上的，在位8天）
1226～1270年	路易九世（圣路易）	1547～1559年	亨利二世	**皇帝（第一帝国）**			
1270～1285年	菲利浦三世	1559～1560年	弗朗索瓦二世	1804～1814年	拿破仑一世（波拿巴）	1830～1848年	路易-菲利浦
1285～1314年	菲利浦四世	1560～1574年	查理九世	**国王**		**第二共和国的总统**	
1314～1316年	路易十世	1574～1589年	亨利三世	1814～1815年	路易十八	1848～1852年	路易-拿破仑·波拿巴
1316年	让一世	1589～1610年	亨利四世				
1316～1322年	菲利浦五世	1610～1643年	路易十三	**皇帝（第一帝国）**		**皇帝（第二帝国）**	
1322～1328年	查理四世	1643～1715年	路易十四	1815年拿破仑一世（复辟帝制）		1852～1870年	拿破仑三世（路易-拿破仑·波拿巴）
1328～1350年	菲利浦六世	1715～1774年	路易十五				

低地国家

比利时

比利时位于欧洲西北部，濒临北海，面积小，人口稠密。阿登高原位于东南部，林木茂密。中部的高原，覆盖着肥沃的黄土，是比利时重要的农业区。北部地势相对低平，其中东北部是沙质的肯彭兰山区，西部则是佛兰德平原。比利时在沿岸沙丘后面筑堤围海，把原先的沼泽地辟为低田。

最高点： 博特朗日山694米（2277英尺）。

气候： 比利时夏天相对凉爽，冬天相对温和，全年降雨量充沛。内陆地区夏天偏热，冬天偏冷。

比利时是君主立宪制的联邦国家。众议院（下议院）有150多名议员，议员按比例代表制由有资格的公民普选产生，任期4年。参议院（上议院）有71名议员（其中间接选举40名，语言区议会指派21名，增补新议员10名）加上皇族某些成员，包括五位继承人。国王任命首相，首相对联邦议会中的绝大多数人行使领导权。国王在首相的建议下任命内阁的其他成员，直接选举产生的佛兰德、瓦隆及布鲁塞尔三个地方议会有相当大的自主权。法语区、佛兰芒语区和德语区的三个语言区议会也有强有力的语言文化自主权。

主要政党：（1995年众议院选举）（中立派）荷语基督教人民党（CVP）29席，（中—右）荷语自由民主党（VLD）21席，（社会民主派）法语社会党（PS）21席，（社会民主派）荷语社会党（SP）20席，（中—右）法语革新自由党——法语民主阵线（PRLFDF）18席，（中立派）法语基督教社会党（PSC）12席，（右翼佛兰芒民族主义）佛兰芒集团11席，法语生态党（ECOLD）6席，（右翼佛兰芒民族主义）佛兰芒人民联盟5席，荷语生态党（AGALEV）5席，（保守派的法语民族主义阵线）民族阵线（FIV）2席。

国王：（自1993年）阿尔贝特二世。
首相：（自1992年）让—吕克·德阿纳（荷语基督教人民党；荷语基督教人民党——法语社会党——荷语社会党——法语基督教社会党联合政府）。

尽管最近比利时尤其是瓦隆地区的发展受到一定的限制，但比利时总体来说仍然是个工业国。比利时中部和北部地区土壤肥沃，气候适宜，给小麦、甜菜、禾草和饲料作物的生长提供了有利条件。最初以阿登地区一些小的矿床为基础的钢铁业和制造业是比利时的重要工业。化学工业、纺织业、硅酸盐工业、玻璃制造业和橡胶制造业也很重要，尽管比利时有许多原料依赖进口（1992年煤矿采掘停滞）。从20世纪70年代起，比利时的一些经济问题暴露出比利时语言与南部法语区（瓦隆地区）的差别，南部法语区失业率很高，而北部佛兰芒语区工业却很繁荣。银行业、商业及管理对人才需求越来越大。它也因是欧盟非正式的"总部"所在地而受益匪浅。

货币名称： 比利时法郎。

1914年德国入侵比利时，破坏了其中立原则。1914~1918年一战：比利时大部分领土被德国占领；佛兰芒西部地区展开了堑壕阵地战和其他主要战役。1940年纳粹德国入侵比利时；国王利奥波德三世签订投降书。1940~1945年德国占领了比利时的全部领土。1948年与卢森堡、荷兰结成比荷卢经济联盟。1950~1951年佛兰芒区和法语区对国王奥波德三世战时领导产生意见分歧从而引起社会骚动（国王1951年退位）。1957年欧共体（现欧盟）的创立国之一。1960年刚果社会动荡，比利时军队撤出刚果。1962年卢旺达和布隆迪独立。1980年法语区和佛兰芒语区的比利时人对立日趋激烈；暴力事件时有发生。1993年颁布了新的联邦宪法。

比利时联邦各地区

布鲁塞尔
面积：161平方公里（62平方英里）。
人口：952,000（1995年估测）。
首府：布鲁塞尔。

佛兰德区
面积：13,522平方公里（5221平方英里）。
人口：5,866,000（1995年估测）。
首府：布鲁塞尔和根特。

瓦隆地区
面积：16,844平方公里（6504平方英里）。
人口：3,313,000（1995年估测）。
首府：那慕尔。

正式名称： 比利时王国
面积： 30,528平方公里（11,787平方英里）。
人口： 10,064,000（1995年估测）。
人口倍增时间： 人口总数基本稳定。
人均寿命： 男性72.4岁，女性79.1岁。
出生率： 是世界平均出生率的0.48倍。
死亡率： 是世界平均死亡率的1.14倍。
城区人口： 97%。
首都： 布鲁塞尔人口952,000（1995年估测；包括郊区）。**其他主要城市：** 安特卫普城区人口668,000（城市459,000），列日485,000（城市192,000），沙勒罗瓦295,000（城市206,000），根特251,000（城市228,000），布吕赫（布鲁日）116,000，那慕尔105,000，蒙斯93,000，雷姆87,000，拉夫维耶尔77,000，阿尔斯特76,000，科特赖克76,000，梅赫伦76,000，奥斯坦德69,000（1991年普查；包括郊区）。
语言： 荷兰语（佛兰芒语）59%（官方语言），法语33%（官方语言），德语不足1%（官方语言），意大利语2%。
成人识字率： 几乎100%。
宗教： 罗马天主教86%，逊尼派伊斯兰教1%，其他教派和无宗教信仰占13%。

布鲁日是佛兰德区的历史古城。此图为该城的俯视街区图。佛兰德区是中世纪时期欧洲最繁荣的地方，现在是欧盟活动的主要场所之一。

荷兰

荷兰是世界人口最稠密的国家之一。荷兰王国位于欧洲西北部,濒临北海。1/3以上的人口集中在北荷兰省和南荷兰省。鹿特丹、阿姆斯特丹和海牙都分布在南荷兰省,三座城市几乎连成一片。荷兰领土的1/4以上都低于海平面。运河和河流呈网状分布在荷兰西部,沙丘和人工围坝保护着荷兰西部的低地和圩田(填海造田)。笔直的海堤塑造了笔直的海岸线并保护着南部的泽兰地区。在北部修建堤坝时围出了一个淡水湖即艾瑟尔湖。荷兰的弗雷佛省就是填湖造地形成的。荷兰东部为较低的沙土平原。

最高点: 瓦尔斯堡321米(1050英尺)。

气候: 温带海洋性气候,夏季凉爽,冬季温和,降雨量充沛。

荷兰是君主立宪制国家,国家元首是国王或(自1890年起)女王。议会一院有75名议员,议员由12个省的省议会选举产生,任期6年,每三年改选1/2。议会二院有150名议员,议员按比例代表制由有选举权的公民普选产生,任期4年。元首任命首相,首相应是两院的多数派。首相任命政府各部部长,他们要对议会二院负责(政府中也有阿鲁巴岛和荷属安的列斯群岛的代表)。

主要政党: (1994年议会二院选举)(社会民主派)工党(PvdA)37席(右倾)基督教民主联盟(CDA)34席,(自由派)自由民主人民党(VVD)31席,(右倾)六六民主党(D66)24席,(为靠养老金生活谋求权利)老人党(AOV)18席,绿党左派联盟5席,(右翼)中心民主党3席,其他党派3席。

女王: (自1980年)贝娅特丽克丝女王。

首相: (自1994年)维姆·科克(工党;工党——自由民主人民党——六六民主党联合政府)。

除了天然气外,荷兰其他自然资源匮乏,但荷兰人民生活水平很高。农业和园艺业高度机械化,各自的发展集中于乳品业及温室作物尤其是鲜花。许多农民养猪。荷兰食品加工业很重要,是奶酪和其他奶制品的主要出口国。制造业主要是化学工业、机械、炼油、冶金和电子工程业。鹿特丹是世界最大的港口,荷兰原材料从这里进口。它也是大多数西欧国家的运输要道,尤其是德国、法国东部和瑞士。银行业和金融业发展迅猛。贵重石材的贸易是主要的贸易活动。

货币名称: 荷兰盾(或弗罗林)。

1914~1918年一战期间保持中立。1932年修筑堤坝拦截须德海,入海口处形成艾瑟尔湖。1940年纳粹德国入侵荷兰。1940~1945年德国占领荷兰。1948年与比利时、卢森堡结成荷比卢经济联盟。1945~1949年在荷属东印度展开激烈的殖民战争,1949年印度尼西亚获得独立。1953年洪水使2000人丧生,泽兰的海堤被风暴洪水冲垮。1957年欧共体(现欧盟)的创立国之一。1986年南部三角洲工程竣工,泽兰地区海岸线变得笔直。

属地

阿鲁巴岛(见443页)和荷属安的列属群岛(见443页)。

正式名称: 荷兰王国。
面积: 41,526平方公里(16,033平方英里)。
人口: 15,490,000(1995年估测)。
人口倍增时间: 人口总数基本稳定。
人均寿命: 男性74岁,女性80岁。
出生率: 世界平均出生率的0.51倍。
死亡率: 世界平均死亡率的0.94倍。
城区人口: 90%。
首都: 阿姆斯特丹城区人口1,101,000(城市724,000;1995年估测)。阿姆斯特丹只是名义上的首都,海牙是政府所在地。海牙的城区人口为694,000(城市445,000)。
其他主要城市: 鹿特丹城区人口1,079,000(城市599,000),乌得勒支547,000(城市234,000),艾恩德霍芬396,000(城市196,000),阿纳姆314,000(城市134,000),海尔伦-凯尔克拉德271,000(海尔伦镇96,000),恩斯赫德255,000(恩斯赫德镇148,000),奈梅亨250,000(城市147,000),蒂尔堡238,000(城市163,000),多德雷赫特214,000(城市113,000),哈勒姆213,000(城市150,000),格罗宁根211,000(城市171,000),斯海尔托亨博斯199,000(城镇95,000),莱顿195,000(城市115,000;1995年估测)。
语言: 荷兰语(官方语言)95%,弗里斯语3%,土耳其语1%,阿拉伯语1%。
成人识字率: 几乎100%。
宗教: 罗马天主教33%,荷兰归正教15%,加尔文教8%,逊尼派和什叶派伊斯兰教3%,无宗教信仰者39%。

■ 荷兰的南荷兰省的"博伦斯特丽克"或圆形地带的红色郁金香花的种植地。

卢森堡

卢森堡是现存的惟一一个大公国,面积很小,与法国、德国和比利时三国接壤。北部是厄斯林区,地势较高。南部的古特兰平原有低矮的山脉和山谷。

最高点: 布尔格普拉兹峰559米(1835英尺)。

气候: 卢森堡夏季相对凉爽,冬季相对温和。

卢森堡是君主立宪制国家。议会有议员60名,议员是按比例代表制由有选举权的公民普选产生,任期5年。国家元首(大公或公爵夫人)任命首相,首相对议会的绝大多数人有领导权。在首相的建议之下,国家元首任命政府其他成员。

最大的政党: (1994年选举)(中—右)基督教社会人民党(CS)21席,社会工人党(S)12席,(中立派)民主党(PD)12席,绿党(GLEI-GAP)5席,(为靠养老金生活的人谋求权利的)民主与合理退休金行动委员会5席。

大公: (自1964年)让一世。

首相: (自1995年)让-克洛德·容克(基社党;基社党和社工党联合政府)。

卢森堡钢铁工业主要以当地的铁矿为基础发展起来,地位重要。其他工业包括制药业和合成纺织业。卢森堡是重要的银行中心。北部主要种植马铃薯和饲料作物;南部人口密集,主要种植小麦和水果,其中包括酿酒用的葡萄。

货币名称: 卢森堡法郎。

1914年德国入侵卢森堡,破坏了其中立原则。1914~1918年一战:被德国占领。1922年和比利时结成经济联盟。1940年纳粹德国入侵卢森堡。1940~1945年德国入侵,卢森堡处于被占领状态。1948年与比利时及荷兰结成比荷卢经济联盟。1957年欧共体(现欧盟)的创立国之一;卢森堡城成为欧盟三大管理中心之一。

正式名称: 卢森堡大公国。
面积: 2586平方公里(999平方英里)。
人口: 409,000(1995年估测)。
人口倍增时间: 人口总数基本稳定。
人均寿命: 男性72.6岁,女性79.1岁。
出生率: 世界平均出生率的0.54倍。
死亡率: 世界平均死亡率的1.05倍。
城区人口: 88%。
首都: 卢森堡124,000(城市76,000;1995年估测)。
其他主要城市: 阿尔泽特河畔埃施24,000,迪弗当日16,000,迪德朗日16,000,佩唐日13,000,萨内姆12,000(1995年估测)。
语言: 卢森堡语(国语)70%,德语10%(官方语言)葡萄牙语10%,法语占6%。德语和法语同是官方语言,大多数人懂这两种语言。
成人识字率: 几乎100%。
宗教: 罗马天主教95%。

的城市国家以外,比利时是世界上城市化程度最高的国家 ■

德国和波兰

德国

德国是一个从北海和波罗的海延伸到阿尔卑斯山的共和国，它位于欧洲中部，位置具有战略意义。易北河、威悉河和奥得河流经北德平原，那里有肥沃的农田和多沙的石南荒地。在西部，平原与北莱茵洼地连为一片，那里有鲁尔煤田，居住着全国20%以上的人口。一条由古老坚硬的岩石构成的高原带从东向西横贯全国，其中有莱茵兰的洪斯吕克和艾弗尔高地、黑森州的陶努斯山和韦斯特瓦尔德高地，这条东—西走向的高原带延伸至图林根州的哈茨山和厄尔士山。莱茵河穿过这些中部高地，形成一个深深的峡谷。在德国南部，黑林山把莱茵河谷同斯瓦比亚的肥沃河谷及陡坡分开。与捷克接壤处是森林覆盖的波希米亚高地，巴伐利亚的阿尔卑斯山脉形成了德国与奥地利的边界线。

最高点： 楚格峰2962米（9718英尺）。

气候： 温和，但北部沿海平原与南部巴伐利亚阿尔卑斯山脉的气候有很大差别。北部气候总体较温和，而南部则夏季凉爽，冬季寒冷。东部地区夏季温暖，冬季寒冷。

德国是一个联邦制共和国，有16个州，每个州都有相当大的权力。联邦参议院（上院）由79人组成，由各州政府任命3名、4名或6名议员（所任命议员人数与该州人口数量成正比）组成，任期有限。联邦议会或称联邦议院（下院）有662人，每4年按单一代表选区和比例代表混合制由全国普选选出。行政权属于联邦总理领导的联邦政府。总理由联邦议院选举。总理任命内阁。总统的职责主要是礼仪性的，他由联邦议院和来自全国的662位代表共同选举产生，每届任期5年，最多任期两届。

主要政党：（1994年选举）（保守派）基督教民主联盟（CDU）和（巴伐利亚保守派）基督教社会联盟（CSU）294席，社会民主党（SPD）252席，绿党49席，（自由派）自由民主党（FDP）47席，（原东德共产党）民主社会主义党（PDS）30席。

总统：（自1994年）罗曼·赫尔佐格（基督教民主联盟）。

联邦总理：（自1982年）赫尔穆特·科尔（基督教民主联盟，基督教民主联盟—基督教社会联盟—自由民主党政府）。

德国是世界上仅次于美国和日本的第三大经济强国。德国二战后的复苏被称为德国的"经济奇迹"。主要工业包括机械制造、电气、化工、纺织、食品加工和汽车制造，重工业和工程业都集中在鲁尔区，化学工业在莱茵州，汽车制造业在大的州级城市，如斯图加特。自从20世纪80年代起，高科技工业迅猛发展。除了煤和褐煤，德国的自然资源相对来说较缺乏，严重依赖进口。由于本土也缺少劳动力，因此雇佣了大量外籍工人，尤其是从土耳其和前南斯拉夫来的外籍工人。自1990年两德统一，从原东德迁移来的大批劳动力缓解了西德劳动力的紧缺。从事服务业的人员大约是从事制造业人员的两倍。银行和金融业是主要的资金来源，法兰克福是世界上主要的金融和商业中心之一。两德统一带来了许多问题，其代价是很大程度上的经济衰退。原东德的经济曾是共产主义阵营中最成功的，但自从统一以来，东部的许多公司已无法与它们在西部的效率更高的对手相竞争。为了监督东部8000多个国有企业的私有化，该国建立了一个托拉斯，但是许多公司已经破产，东部诸州约1/4工人失业。德国主要的农产品是啤酒花（用来制造啤酒）、葡萄（用来制造葡萄酒）、甜菜、小麦、大麦和乳制品。原东德的集体化农场1991年转为私有。德国1/3的土地上覆盖着森林，为高度发展的木材制造工业提供了保障。

货币： 德国马克。

1871～1914年扩张主义者在德国联合起来，跃跃欲试，要扩大其在欧洲的影响，建立殖民帝国。1914～1918年的一战：德国战败，失去了许多欧洲的土地和海外殖民地，德国君主制结束。1918～1930年协约国占领莱茵兰；德国赔偿战争损失。20世纪30年代初，纳粹党提出建立强有力的中央集权政府、推行激进的外交政策、推翻战后条约，从而赢得全国支持。1933年阿道夫·希特勒上台执政。1938年第三帝国吞并奥地利。1939年参与瓜分捷克斯洛伐克；入侵波兰；二战开始。1939～1945年纳粹德国及其盟国占领了大部分欧洲和北非。1940年德国入侵法国。1941年德国入侵苏联、南斯拉夫和希腊；在德国建立灭绝人性的集中营。1945年战败，

■ 古老的城堡和位于阳光充足的面南斜坡地带的著名的葡萄园是莱茵兰的特色。

■ 到2035年，40%以上的德国人将靠领取养老金生活 ■ 在东欧独一无二，

正式名称：德意志联邦共和国。
面积：356,973平方公里（137,828平方英里）。
人口：81,910,000（1995年估测）。
人口倍增时间：人口数量相对稳定；仅有稍微增长。人均寿命：男性73.2岁，女性79.8岁。出生率：世界平均出生率的0.39倍。死亡率：世界平均死亡率的1.19倍。城区人口：85%。
首都：柏林（只是名义上的首都；议会将于2000年迁至柏林），城区3,590,000（城市3,475,000；1992年估测）。波恩（立法和行政首都）542,000（城区296,000）（1992年估测包括郊区）。其他主要城市：埃森4,700,000埃森—鲁尔城区（埃森市627,000；多特蒙德601,000；杜伊斯堡537,000；波鸿399,000；盖尔森基兴294,000；奥伯豪森225,000；黑尔讷179,000；米尔海姆177,000），汉堡1,924,000（城市1,703,000），慕尼黑1,465,000（城市1,229,000），科隆1,419,000（城市960,000；莱沃库森161,000），法兰克福1,268,000（城市654,000），斯图加特1,091,000（城市592,000），杜塞尔多夫913,000（城市578,000），汉诺威680,000（城市518,000），不来梅622,000（城市553,000），纽伦堡617,000（城市498,000），多特蒙德见埃森—鲁尔，德累斯顿580,000（城市481,000），曼海姆539,000（城市315,000）；路德维希港165,000），杜伊斯堡见埃森—鲁尔，莱比锡532,000（城市494,000），伍珀塔尔485,000（城市386,000），波鸿见埃森—鲁尔，佐林根357,000（城市166,000），哈根342,000（城市216,000），门兴—格拉德巴赫341,000（城市263,000），比勒费尔德322,000，开姆尼茨306,000（城市282,000），哈雷298,000，盖尔森基兴见埃森—鲁尔，奥格斯堡281,000（城市260,000），卡尔斯鲁厄279,000，马格德堡272,000，明斯特264,000，威斯巴登264,000，不伦瑞克259,000，基尔259,000（城市247,000），克雷费尔德246,000，亚琛244,000，罗斯托克240,000，萨尔布吕肯236,000（城市192,000），吕贝克230,000（城市216,000），奥伯豪森见埃森—鲁尔，埃尔富特202,000，卡塞尔197,000，费赖堡194,000，美因兹183,000，哈姆180,000（1992年估测；包括郊区）。
语言：94%以上人口讲德语（官方语言），2%以上讲土耳其语。1%讲塞尔维亚语和克罗地亚语，此外还有库尔德语、意大利语、希腊语、波兰语和其他一些少数语种。
成人识字率：几乎100%。
宗教：基督教新教（主要是福音派路德教）44%，罗马天主教37%，无教派16%，逊尼派伊斯兰教2%。

德国分四个区域被占领（美国、苏联、英国和法国）。1948～1949年苏联对西柏林实行封锁。1949年西部成立联邦共和国；苏联占领区成为德意志民主共和国（东德）。1949～1963年西德在康拉德·阿登纳的领导下开始重建。1950～1971年，瓦尔特·乌布利希在东德实行专政，建起柏林墙

德国各州
巴登—符腾堡
面积：35,751平方公里（13,804平方英里）。
人口：10,234,000（1993年估测）。
首府：斯图加特。
巴伐利亚（拜恩）
面积：70,548平方公里（27,239平方英里）。
人口：11,863,000（1993年估测）。
首府：慕尼黑。
柏林
面积：889平方公里（343平方英里）。
人口：3,475,000（1993年估测）。
首府：柏林。
勃兰登堡
面积：29,481平方公里（11,383平方英里）。
人口：2,538,000（1993年估测）。
首府：波茨坦。
不来梅
面积：404平方公里（156平方英里）。
人口：683,000（1993年估测）。
首府：不来梅。
汉堡
面积：755平方公里（292平方英里）。
人口：1,703,000（1993年估测）。
首府：汉堡。
黑森
面积：21,114平方公里（8,152平方英里）。
人口：5,967,000（1993年估测）。
首府：威斯巴登。
下萨克森
面积：47,606平方公里（18,381平方英里）。
人口：7,648,000（1993年估测）。
首府：汉诺威。
梅克伦堡—前波美拉尼亚
面积：23,169平方公里（8964平方英里）。
人口：1,844,000（1993年估测）。
首府：什未林。
北莱茵—威斯特法伦
面积：34,072平方公里（12,155平方英里）。
人口：17,759,000（1993年估测）。
首府：杜塞尔多夫。
莱茵兰—普法耳茨
面积：19,845平方公里（7662平方英里）。
人口：3,926,000（1993年估测）。
首府：美因茨。
萨尔
面积：2570平方公里（992平方英里）。
人口：1,085,000（1993年估测）。
首府：萨尔布吕肯。
萨克森
面积：18,409平方公里（7108平方英里）。
人口：4,608,000（1993年估测）。
首府：德累斯顿。
萨克森—安哈尔特
面积：20,446平方公里（7894平方英里）。
人口：2,778,000（1993年估测）。
首府：马格德堡。
石勒苏益格—荷尔斯泰因
面积：15,739平方公里（6077平方英里）。
人口：2,695,000（1993年估测）。
首府：基尔。
图林根
面积：16,175平方公里（6245平方英里）。
人口：2,533,000（1993年估测）。
首府：爱尔福特。

（1961年），以阻止东德人进入西德。1955年，西德重新获得主权。20世纪70年代初，西德同苏联、波兰签订条约，确认新的边界；同民主德国关系正常化。1989年成批的东德人经由捷克斯洛伐克和匈牙利逃走；柏林墙开放；民主德国的政权瓦解。1990年德国统一。1994年苏联军队撤出东德。

波兰

波兰共和国位于欧洲中北部大平原上。北部是波罗的海低地、波美拉尼亚湖和马祖里湖区。波兰中部是平原地带，低矮的沙丘呈平行隆脊状由东向西延伸开去。南部是小波兰山脉和塔特拉山脉。
最高点：雷西峰2499米（8199英尺）。
气候：接近大陆性气候，夏季短促、温暖，冬季漫长、寒冷。

参议院（上院）有100名成员，国民议会（下院）或称国会由460人组成，每4年由全国普选选出。国民议会的席位中有391个由各选区选出，其余的根据比例代表制选出。总统由全国普选选出，任期5年。总理由国会选出并对国会负责，内阁成员由总理任命。
主要政党：（1993年选举）（原共产主义）民主左派联盟（SLD）171席，（中左翼）波兰农民党（PSL）132席，（中间派）民主联盟（UD）74席，（原团结工会）劳动联盟（UP）71席，（保守派）独立波兰联盟（KPN）22席，（独立派）支持改革非党联盟（BBWR）16席，其他党派4席。
总统：（自1995年）亚历山大·克瓦希涅夫斯基（民主左派联盟）。
总理：（自1996年）沃尔米日·齐莫谢维奇（民主左派联盟；民主左派联盟—波兰农民党政府）。

波兰的农业以小型农业为主，归私人所有。大约仍有1/5的劳动力从事农业，种植马铃薯、小麦、大麦、甜菜和饲料作物。工业部门规模很大。波兰煤和天然气、铜、银矿储量丰富。机械制造、食品加工、化工、冶金和造纸业地位重要。20世纪90年代实行私有化，使其经济成为东欧诸国的佼佼者（增长率高），但是不平等现象更严重了，许多人生活水平下降。波兰正争取加入欧洲联盟。
货币：兹罗提。

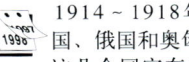 1914～1918年波兰被德国、俄国和奥匈帝国击败，这几个国家在18世纪晚期曾瓜分波兰。1919年独立的波兰共和国成立。1926年约瑟夫·毕苏茨基元帅发动政变，成为实质的独裁者，至1935年去世止。1939年德军于二战之初入侵波兰。1939～1945年纳粹德国占领。波兰约1/6人口被杀。1944年反对德国的华沙起义惨遭厄运。1945年波兰被苏联红军解放，建立社会主义国家。1956年政治危机使颇受欢迎的共产党实权派人物弗瓦迪斯瓦夫·哥穆尔卡当权。1980年在动乱不断升级的情况下，由莱赫·瓦文萨领导的独立的团结工会成立。1981年雅鲁泽尔斯基元帅实行军事管制，团结工会被查禁。1989年团结工会合法化，社会主义体制瓦解。1990年瓦文萨当选为总统。1990年自由选举产生国民议会。

■ 卡托维茨是波兰最大的工业区。

正式名称：波兰共和国。
面积：312,685平方公里（120,727平方英里）。
人口：38,640,000（1995年估测）。
人口倍增时间：人口数量稳定；只有少量增长。人均寿命：男性67.4岁，女性76岁。出生率：世界平均出生率的0.51倍。死亡率：世界平均死亡率的1.1倍。城区人口：62%。首都：华沙1,643,000（1994年估测）。其他主要城市：卡托维兹城区2,200,000（城市367,000；索斯诺维茨260,000；贝托姆230,000；格利维采222,000；扎布热202,000；蒂黑190,000；霍茹夫132,000）；罗兹848,000，格但斯克768,000（城市465,000），格丁尼亚252,000），克拉科夫751,000，弗罗茨瓦夫643,000,波兹南590,000，什切青413,000，比得哥什382,000，卢布林351,000，比亚韦斯托克271,000，索斯诺维茨见卡托维茨，琴斯托霍瓦258,000，贝托姆见卡托维茨，拉多姆226,000,格利维采见卡托维茨，凯尔采213,000，扎布热见卡托维茨（1992年估测；包括郊区）。
语言：波兰语约98%（官方语言），德语1%，少数人讲乌克兰语和白俄罗斯语。
成人识字率：99%。
宗教：天主教92%，5%以上的人无宗教信仰，1%的人信奉波兰东正教。

波兰已经超过共产主义时代的生产水平 ■ LODZ（罗兹）读作"WOUDGE" ■

德国聚焦 · 德国聚焦 · 德国聚焦 · 德国聚焦 · 德国聚焦

电视与广播

电视机数量：32,314,000（每2.5人拥有一台电视机）
收音机数量：36,186,000（每2.3人拥有一台收音机）

在德国，ARD是无线电和电视网的统一控制体系。有5个电台在全国范围内广播。有15个地方性广播组织。有3个电视台，一个由ARD运行，一个由公共公司控制，另外一个是教育台，此外有大约80个私人创办的地方电台。有线电视和卫星电视也很普遍。

报纸

德国有大约360家日报，其中大部分只在小范围内发行。由于历史的原因，德国没有全国性的报纸，尽管《法兰克福汇报》和《柏林日报》及《南德意志报》在全国都有发行且很有声望。像《图片报》这样的通俗小报越来越受欢迎。主要有六个新闻团体其中有三个把汉堡作为基地。主要的日报及其发行量如下：

《图片报》*，汉堡		4,892,000（联合）
（在15个地方性机构印刷）		
《星期日画报》*，汉堡		2,400,000
《明镜》，柏林		910,000
《西德意志汇报》，埃森		650,000
《自由评论》，开姆尼斯		560,000
《中德意志报》，哈雷		510,000
《时代》**，汉堡		491,000
《萨克森报》，德累斯顿		450,000
《星期日世界报》*，汉堡		430,000
《南德意志报》，慕尼黑		405,000
《法兰克福汇报》，法兰克福		391,000
《莱茵河邮报》，杜塞尔多夫		390,000

*星期日报
**周报

电影

电影院数量：3685

自从20世纪60年代，德国出现了一批新的电影制作者，他们致力于摒弃旧传统（称"祖父的电影"）。相反地，他们的目标是创建出一个真正以自己国家为基础的能取代好莱坞的电影界，与韦尔纳·赫尔措格和维姆·温德尔这样的导演不同，现代的电影制作者把精力集中在创造娱乐上。他们使德国电影业在某种程度上重振其20世纪20和30年代的声威。然而，真正的好莱坞电影仍在德国占统治地位，其颇具冲击性的影响导致德国电影的美国化和一些导演的外流，这些人大部分都去了美国。而在德国国内，最大电影的投资商都只愿意为那些真正能带来商业前景的影片投资，这不足为奇。慕尼黑、汉堡和柏林是现代德国主要的电影制作中心。

杂志

期刊主要是全国性的而不是地区性的。大多数发行量大的期刊基地都在汉堡或柏林。发行量最大的周刊是：

《广播》	电视报	3,857,000
《广播电视报》	电视报	2,937,000
《烹饪与时装》*	时尚与烹饪	2,300,000
《电视节目》	电视报	2,013,000
《快报》	大众兴趣	1,729,000
《读者文摘荟萃》*	大众兴趣	1,500,000
《明星》	大众兴趣	1,479,000
《为你喝彩》	时事 青年杂志	1,354,000
《布丽日特》**	妇女杂志	1,300,000
《新观察》	大众兴趣	1,121,000
《明镜》	时事	1,100,000

*每月出版一次
**每两周出版一次

联邦总统

1919～1925年	弗雷德里希·艾伯特
1925～1934年	冯·保罗·兴登堡元帅
1934～1945年	阿道夫·希特勒（德意志第三帝国元首）
1949～1959年	特奥多尔·豪伊斯教授
1959～1969年	海因里希·吕贝克博士
1969～1974年	古斯塔夫·海涅曼博士
1974～1979年	瓦尔特·谢尔
1979～1984年	卡尔·卡斯滕斯
1984～1994年	理查德·冯·魏茨泽克
1994年～	罗曼·赫尔佐克

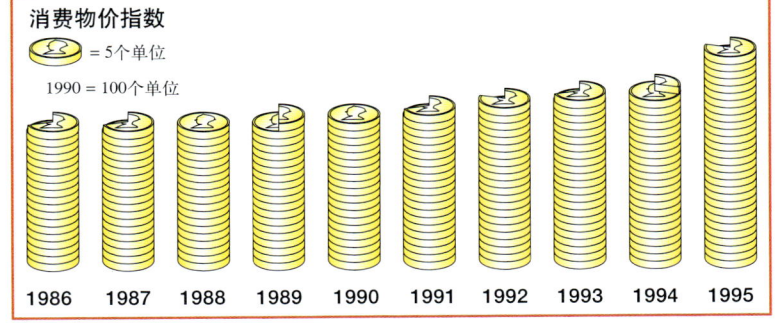

消费物价指数

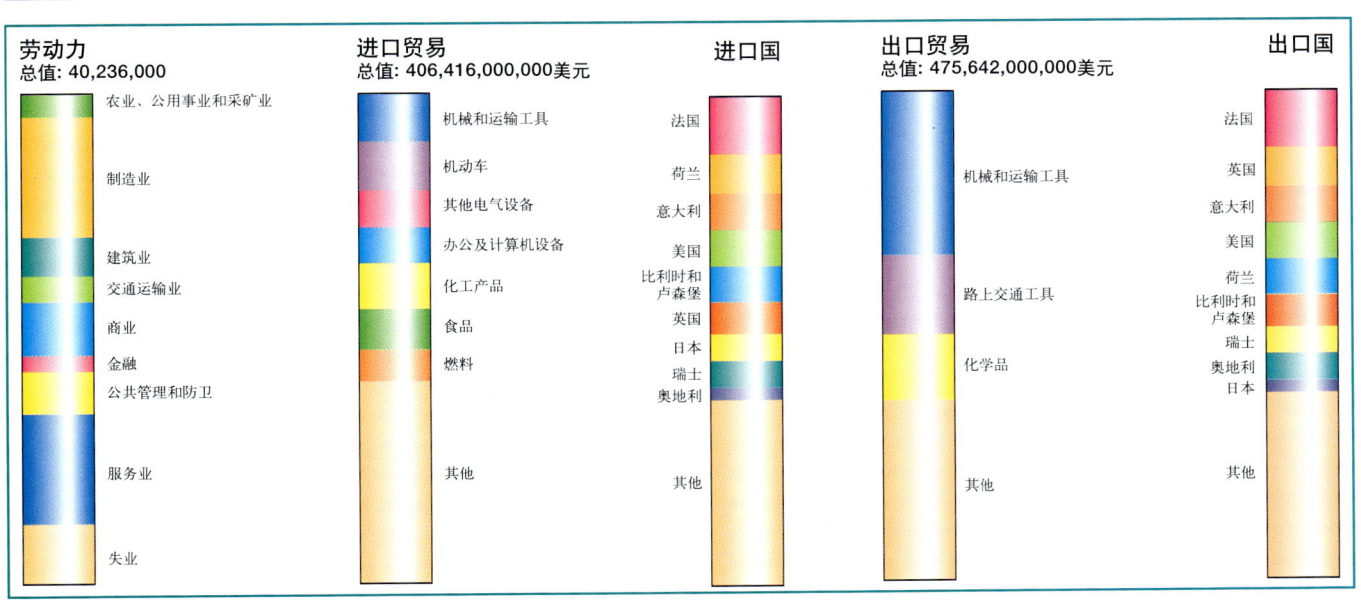

之歌》是国歌 ■ 人口平均密度为每平方公里229.5人 ■

诸州

巴登－符腾堡州（1）

1952年由历史上有名的巴登、符腾堡和霍恩佐伦州合并而成。

州长：埃尔温·陶艾费尔（自1991年）。

巴登－符腾堡州是一个具有多种风格的州。它风景独好，有黑林山、莱茵河和多瑙河谷地，深受旅游者喜爱。而在这片土地上工业也很发达，几个全球性汽车制造商的基地都在这里（例如，梅塞德斯—奔驰公司的基地在斯图加特），数字显示技术和研究基地设施完善。这儿也是重要的文化区：德国许多文学和哲学的传奇人物（包括席勒、黑格尔、谢林和海德格尔）都来自这里。该国历史最悠久的大学在海德尔堡。该州拥有庞大的新闻出版业，全国2/5的书籍在此出版。

巴伐利亚州（2）

巴伐利亚州的历史可以追溯到9世纪，911年是一个公国，1805年成为一个王国。1871年加入德意志帝国。

州长：埃德蒙德·斯托依波（1993～）。

巴伐利亚州历史悠久，具有浓厚的文化传统。这使这片土地成为希望感受"真正"德国的观光者们的理想去处。该州历经了转变，其经济已由原来的以林业和农业为主转化为以工业和服务业为主。而林业和农业仍是该州经济的有效组成部分，新近出现的服务部门和新技术使巴伐利亚得以与时代并进。同时，这个州仍以其文化遗产为荣，积极鼓励举办艺术节和建设大量的博物馆和美术馆。

柏林（3）

1950年西柏林在西德获得特殊地位。1990年与东柏林合并，柏林市成为联邦共和国的一个正式城市。

执政市长：埃伯哈特·迪普根（1991～）。

建于13世纪，15世纪成为勃兰登堡—普鲁士的首都，1871年成为德国首都，柏林的历史跌宕起伏并不都令人愉快。20世纪，出现了许多纪念帝国和纳粹时期的建筑物，这座城市也一跃成为重要的工业中心，只是二战即将结束时都被毁坏了。这座遭受战争破坏的城市曾是1948年同盟国援救的重点对象，其时西柏林处于苏军封锁之中，同盟国的空运物资使数千人因此获救，却使得国际形势紧张化。1961年柏林墙建起，它是一个国家分裂的鲜明而又致命的标志。然而，柏林也发生了许多令人乐观的事情，例如1989年群众抗议，最终使柏林墙被拆毁。1990年该城市被重新合并，不久再次被宣布为德国首都。虽然柏林目前只是名义上的首都，但总理公署、大多数部、大使馆、议会（至少下院）都将于2000年之前迁往柏林。

柏林市的中心正被重新设计。一项政府投资的庞大计划正把它建成一个充分展示其优点的新首都，柏林似乎真在经历一次再生。这座城市获得的新生令人非常欣慰，其标志之一就是1995年艺术家克里斯托对国会进行了"装修"。柏林城正逐渐接近它二战前的文化和工业繁荣水平。在工业重点又重新转移到更多的高科技部门的同时，教育和艺术也蒸蒸日上。每年举行的具有国际重要性的一个特殊节日是柏林电影节。

■ 1990年柏林中部勃兰登堡门前为统一举行的庆祝。

勃兰登堡州（4）

勃兰登堡州的历史可以追溯到12世纪，自从15世纪起，它便处于霍亨索伦统治之下。勃兰登堡的土地1946年从原普鲁士境内分离出去，但它在1952年分裂，1990年重新统一。

州长：曼弗雷德·施托尔佩（1990～）。

勃兰登堡州自然资源丰富，采矿业、林业和农业尤为发达。还有许多自然保护区和公园。然而更多的工业企业正异军突起。自从统一以来，这里又成了进出波兰的主要通道。勃兰登堡州的首府波茨坦是1945年著名的丘吉尔、斯大林和杜鲁门会谈的地点，这次会谈决定了战后德国的命运。

不来梅州（5）

自从14世纪起，不来梅始终未受任何帝国的统治，1871年成为德意志帝国的一个州。

州长：亨宁·谢里夫（1995～）。

不来梅是一个历史和传统曲折复杂的州，而多年的起落最终使它得以维持主要州的地位。它的历史可追溯到1200多年前，自从14世纪，它就一直是一个自由的城市。威悉河为其主要的船舶制造业和国际贸易业提供了便利条件，该河流把不来梅大陆和不来梅港连接起来。不来梅是欧洲吞吐量最大的港口之一，是欧洲大陆许多国家的交通中心。作为国际性港口，它也为外来贸易，如高档食品贸易，创造了条件。

汉堡（6）

从1188～1189年以来，汉堡一直是一座自由的城市。它于1871年加入德意志帝国。

第一市长：亨宁·福舍劳（1988～）。

自由的汉萨同盟城市汉堡作为重要的国际贸易中心已有800多年历史。今天，汉堡是一座拥有大港口的大工业城市，位置有利于国际航运，国内铁路线四通八达。此外，该城市文化繁荣。它既是传统艺术如歌剧和戏剧，以及出版业（汉堡是德国重要的出版中心）的发源地，又孕育着更新的艺术媒介，如电视和广播业。

黑森州（7）

黑森建于13世纪，后来被统治它的家族的几个支族分割。1866年，除了黑森－达姆施塔之外，黑森州的其他地区都被普鲁士吞并。1949年该地区作为一个州又重新统一。

州长：汉斯·埃谢尔（1991～）。

黑森州的服务行业种类繁多而发达。州内最大的城市法兰克福是德国中部金融、银行（如联邦银行）的基地，也是欧洲主要的股票交易中心。这些条件，与该州雄厚的机械、汽车制造和电气工业相结合，使黑森州非常富有。黑森州位于重要的交通网络上，是国际交易会中心，例如法兰克福的书籍交易会。鉴于黑森州的艺术和文学渊源法兰克福是德国国家图书馆的基地，每年世界最大的书籍交易会在此举行并不足为奇。

下萨克森州（8）

下萨克森州于1949年由汉诺威、历史名州不伦瑞克州和奥尔登堡联合而成。

州长：格哈德·施罗德（1990～）。

下萨克森州中部几乎全是石南丛生的荒地和海岸沼泽地，主要从事畜牧业和农业，然而它也是一个拥有成功的汽车工业（沃尔夫斯堡的大众汽车）和轮船制造工业的基地。除了这些传统产业，新兴的数字显示技术工业也开始在该地区蓬勃发展。首府汉诺威是大型国际贸易基地和工业产品交易会基地。2000年的展览会将在这里举行。该州西北部出产天然气。

梅克伦堡—前波美拉尼亚州（9）

梅克伦堡的历史始于1229年，作为公爵领地（后来是大公爵领地），它在14世纪时被分割，1934年才重新统一为一个州。该州1946年形成时，前波美拉尼亚被并入其内。1952年分裂，1990年重新组成一个州。

州长：伯恩特·塞特（1992～）。

梅克伦堡—前波美拉尼亚州以其美丽的自然景色而著称。湖泊山峦、自然保护区和公园、沙质的海岸使旅游业成为该州经济的重要组成部分。该州的人口密度最小。两德统一，以及与相邻地区间良好的公路和铁路运输，促进了旅游贸易的发展。这里大部分土地已耕作，这对该州非常重要。虽然正在进行调整，但在像罗斯托克、什未林这样的城市，工业仍很重要。

北莱茵—威斯特法伦州（10）

该州主要由原普鲁士的部分地区构成，形成于1949年。

州长：约翰内斯·劳（1978～）。

到目前为止，北莱茵—威斯特法伦州是人口最多的州，它是一个传统工业基地，现在这种状况已有所改变。现在的鲁尔山谷工业区在历史上曾以钢铁和煤矿开采为主要产业。虽然这些仍是非常重要的部门，但该州的服务业和商业也占重要地位今天有一半以上的工人就业于服务部门。虽然该州在治理环境方面已取得很大进展，却像过去一样，被看作以工业为特征的一个州。北莱茵—威斯特法伦州也是正在发展的传媒业的基地，并且拥有发达的高等教育。在40年的时间里，该州是西德政府首都波恩的所在地，国家首都的职能现在正转交柏林。

莱茵兰—普法尔茨州（11）

该州在1949年由莱茵兰、拿骚（这两个地区都曾是普鲁士的一部分）的部分地区以及巴拉丁领地联合而成。

州长：库尔特·贝克（1994～）。

莱茵河流经整个州，河谷风景秀丽，每年吸引数百万的游客；莱茵河也在该州发展成为经济和工业基地的过程中起了关键作用。该州与三国接壤，从珠宝制作到葡萄酒的生产，工业种类繁多，因此它是个国际性区域。旅游业利润很高，除了自然风光之外，还有一系列数百年前的建筑和文化遗址，更增添了这里的风采。

萨尔州（12）

第一次世界大战后，萨尔州被协约国从德国分割出来，该州的煤矿作为对战争损失的补偿给予法国。1935年重返德国，但是二战之后，法国重新占领该地区。1955年经公民投票表决之后，这个小州的人们决定重新加入（西）德国。

州长：奥斯卡·拉方丹（1985～）。

该州的经济传统上都以工业和采矿业为基础，尤以煤炭和钢铁部门为主。然而在全德都在进行工业改革时，萨尔州充分利用了新信息技术。由于该州地理位置及其历史上与法国的联系，人们的许多文化生活方式是法国与德国方式的结合，诸如烹饪。

萨克森州（13）

1000多年来，萨克森州最初是一个公爵领地，后来成为一个王国。萨克森州是原萨克森王国的中心，而该王国其余部分1815年被普鲁士吞并。它1990年又重新联合起来成为一个州。

州长：库尔特·比登科夫（1990～）。

萨克森州是一个自由的、工业州，文化历史悠久。在与东德统一前的几年间，它作为重要工业区的地位不断得到巩固。1989年和1990年巨变之后，萨克森的莱比锡市发生了一些重要事件，于是大多数工业基地垮掉了。这不可避免地导致了失业，而该州也就有机会重新发展其经济和服务部门。目前，它正开始重新建立其稳固的金融基础。该州文化艺术遗产丰富，莱比锡和德累斯顿都吸引了许多游客。

萨克森—安哈尔特州（14）

萨克森—安哈尔特州由两部分组成：萨克森1815年被普鲁士吞并的地区和古代原安哈尔特公爵领地。该州在1990年重新统一。

州长：莱因哈德·霍普纳（1994～）。

萨克森—安哈尔特州人口稀少，风景独特（有几处重要的自然保护区）。除了这些自然景观秀丽的地点之外，近几世纪在像马格德堡、哈雷和德绍这样的城市又新增添了大量建筑艺术品。该地区位于东德化学工业区的中心，出产了一些具有创时代意义的产品，如彩色胶卷，但这些工业的副产品对环境的破坏也很大。统一之后，政府正努力治理这地区的环境，鼓励更有利于环保的工业的发展。

石勒苏益格—荷尔斯泰因州（15）

石勒苏益格和荷尔斯泰因曾同丹麦王国有几个世纪的联系。19世纪60年代，它们被普鲁士吞并，1949年成为一个州。

州长：海德·西蒙尼斯（1993～）。

石勒苏益格—荷尔斯泰因州具有很强的国际性。它位于该国北部，是形形色色族群的故乡，其中包括弗里斯兰人和丹麦人。其独具特色的自然景观促进了旅游业的繁荣发展。由于自然资源丰富，所以农业是实力最雄厚的传统部门，但是新技术也正在这个地区得到应用。实例之一就是利用风轮机生产出更清洁的绿色能源；石勒苏益格—荷尔斯泰因是该国风力发电最多的州。在汉堡经济的带动下，该州南部经济很繁荣。

图林根州（16）

图林根州于1920年由原来的7个小王侯国联合而成。图林根在1990年重新统一为一个州。

州长：伯恩哈特·沃格尔（1992～）。

图林根是一个多山多林地的州，有许多城堡（是几个世纪中被分为小侯国的结果），不断吸引游人来此。与席勒、李斯特、歌德和巴赫家族有关的地方也很吸引游客。包豪斯建筑学院1919年建于魏玛（1920～1948为图林根的首都）。图林根位于德国中部的商业中心附近，位置有利于进行国内贸易。该州仍具有重要的文化位置魏玛被选为1999年欧洲文化城市。

与东德的重新统一

西德与东德的统一对许多人来说都是一场经济、社会和政治剧变，它改变了数百万人的生活和前途。在20世纪80年代末，漫延整个东欧的动乱以及大规模的起义预示着铁幕开始走向终结。对德国人来说，1990年是具有里程碑意义的一年，因为这一年里，东部的勃兰登堡、梅克伦堡—前波美拉尼亚、萨克森、萨克森—安哈尔特和图林根州又重新回到了德意志联邦共和国。同时柏林也重新统一。从那时起，该国就开始了统一的历程，德国只有在1871至1945年才是统一的国家，这一历程及其代价都是十分昂贵的。

1989年社会主义制度在东德（德意志民主共和国）结束。在德国统一的进程中，整个东欧的政治格局正经历着一场激进的变革：即从集中的计划经济向自由市场经济的根本转变。这一年中，东德人民反对原来的政治体制的动乱不断升级。6月里，每天都有人源源不断地从捷克斯洛伐克和匈牙利逃离德意志民主共和国，因为那里的自由化进程要快得多。留在国内的人对政府越来越不满。10月初莱比锡的大规模抗议活动致使国家主席埃利希·昂纳克仓猝辞职。接下来11月4日的东德最大的抗议活动，人们仍记忆犹新，100多万人聚集在柏林参加集会。后来，11月9日，限制东德人进入西德的规定终于被取消，柏林墙被推倒。这场相对的非暴力革命被称为"转折点"。1990年最终实现统一。经苏联和西德协议，德国于1990年10月3日重新统一，不久之后进行选举。

与东德重新统一之后的几年里，经济和社会都发生了变化。最初的欢庆与乐观过后，德国不得不把两个分开40多年的共和国合并起来。统一之时，东部的五个州明显比西部各州贫困得多。其工业和贸易过去处处受政府制约，现在需要彻底改革。东部各州由于失去了俄罗斯和东欧各国的主要贸易伙伴，数千个工厂破产，结果失业人数剧增。

1990年货币统一。兑换率为一西德马克兑换两东德马克。这与其说是一种经济上的措施，不如说是一种政治姿态。它允许东部各州的人们在现代化的西部各州选购一系列新商品。结果东德的产品无人购买，这更进一步削弱了东德地区的工业。东部各州的消费率远远超过了其生产水平。结果自从统一以来，富裕得多的西部各州把金融重点转向了东部各州，每年可达1500亿至2000亿左右德国马克（1000亿～1300亿美元），其中1/4为失业津贴。

之所以不能顺利实现经济过渡，其原因之一就是对全德国的生活水平相同的承诺—西德宪法已延用到东德，要求整个国家的"生活水平达到统一"。东德人在社会待遇方面得到了益处（例如更好的健康和养老保证金待遇），然而，面对更明显更直接的经常性失业和金融不稳，德国老百姓感觉有些担心。德国西部的许多人虽然没有公开对统一带来的负担表示不满，但目前也存在轻度的怨恨。

德国的统一有令人不满意的地方，同时也带来了益处。虽然它现在以一个统一的国家而感到自豪，但仍然存在分歧。两种文化中的陈腐成分已经显露出来，它因为近半个世纪以来的不同历史和生活方式的不同，不可能因一夜之间地理政治的结合而轻易消除。这种老套看法的确存在，西德人见闻广、有知识、重视市场而固执己见，而东德人爱抱怨、重视社会。在未来的几年里，随着经济和社会差别最终被消除，这些显示德国统一尚未完善的迹象一定会消失。

东易北河，或NEU FÜNFLAND，意为"新五州"

波罗的海国家

爱沙尼亚

爱沙尼亚是波罗的海沿岸的三个国家中最小、也是最北部的一个国家。它隔芬兰湾与芬兰相望,两国之间在文化和语言方面有许多相同之处。爱沙尼亚的地势低,稍有起伏。
最高点: 穆拉玛格欧318米(1042英尺)。**气候:** 夏季湿润温和、冬季寒冷多雪。

议会由101人组成,议员由全国大选按比例代表制选出,任期4年。总统的职责主要是礼仪性的,每5年由议会选举产生。总统任命总理和内阁。
主要政党: (1995年选举)(中左翼)联合农村人民党(K—M)41席,(中右翼)爱沙尼亚改革党(R)19席,(中左翼)爱沙尼亚中间党16席,(中右翼)祖国联盟(PP)8席,(社会民主派)温和党6席,(少数民族—俄罗斯人)我们的家在爱沙尼亚6席,(右翼)共和保守人民党5席。
总统: (自1992年)伦纳特·梅里(祖国联盟)。
总理: (自1997年)马特·西曼(无党派;联合农村人民党和无党派少数派政府)。

主要工业包括机械制造和食品加工。天然气来自油页岩。畜牧业以乳制品业为主。1991年与俄罗斯贸易关系破裂之后,出现了严重的经济危机,但在采用了一种新的稳定的货币制度、普遍实行私有化和吸收外国投资之后,经济开始复苏,爱沙尼亚成为波罗的海国家中最强盛的一个。
货币: 克朗。

1918年爱沙尼亚(自从1712年属于俄国)试图独立;德国和俄国入侵。1919年,确立独立地位。1939年希特勒和斯大林签署《互不侵犯条约》,爱沙尼亚归属苏联。1940年苏联进军并把它吞并。1941~1944年被纳粹德国占领。1945年重新归苏联管辖;大批苏联人来此定居。1988年之后,苏联改革,允许爱沙尼亚民族主义者进行较公开的活动。1990年民族主义者在爱沙尼亚议会中赢得多数席位。1991年宣布独立(后来得到苏联认可)。1991~1993年俄罗斯为爱沙尼亚境内的少数民族俄罗斯族忧心忡忡,很多人失去了公民权。

正式名称: 爱沙尼亚共和国。
面积: 45,227平方公里(17,462平方英里)。
人口: 1,490,000(1995年估测)**人口倍增时间:** 人口数量正在减少。**人均寿命:** 男性65岁,女性75岁。**出生率:** 世界平均出生率的0.38倍。**死亡率:** 世界平均死亡率的1.58倍。**城区人口:** 70%。**首都:** 塔林443,000(1994年估测)。**其他主要城市:** 塔尔图106,000,纳尔瓦79,000,科赫特拉亚尔韦73,000(1994年估测)。
语言: 爱沙尼亚语62%(官方语言),俄语34%,还有少数人讲乌克兰语和白俄罗斯语。
成人识字率: 几乎100%。
宗教: 路德宗教几乎30%,俄国东正教约5%,爱沙尼亚东正教、浸礼会和卫理公会教徒占少数;无宗教信仰者几乎50%。

拉脱维亚

拉脱维亚位于波罗的海三国的中部,在波罗的海东岸,爱沙尼亚和立陶宛之间。境内是起伏不平的平原,西(库尔地区)高东(利沃尼亚)低,广阔的里加湾是其主要的地理特征。
最高点: 奥斯韦尔311米(1020英尺)。**气候:** 湿润的大陆性气候,冬季寒冷多雪,夏季相对温暖。

议会由100人组成,议员每3年由全国普选按比例代表制选出。总统的职责主要是礼仪性的,每3年由议会选举一次。总统任命总理和内阁,他们是议会中的多数派。
主要政党: (1995年选举)(中左翼)"主人"民主党(执政党)(DPS)18席,(中间派)拉脱维亚道路联盟(LC)17席,(极右派)(西格里斯特)"拉脱维亚人民运动"党(TKL)16席,(极右派)祖国与自由党(TB)14席,(共产党)统一党(LVP)8席,(中右翼)农民联盟(LZS)8席,绿党8席,(亲俄派)民族和谐党(TPS)6席,其他党派5席。
总统: (自1993年)贡季斯·乌尔马尼斯(农民联盟)。
总理: (自1995年)安德里斯·什凯列(无党派;DPS–LC–LZS–TB–绿党和无党派政府)。

高度工业化的经济中,机械占主导地位。拉脱维亚原来依赖与俄罗斯的贸易关系,现在由于改为自由市场经济,面临着严重的经济问题。国外投资不断增加,里加在波罗的海国家中处于领导城市的地位,这使拉脱维亚受益匪浅。农业专业化包括乳制品和养牛业。**货币:** 拉特。

1917年(自从18世纪属于俄国)拉脱维亚试图独立;德国入侵。1918年德军试图重新建立一个独立的库尔兰;拉脱维亚民族主义者宣布独立。1919年在协约国的干涉下,德军撤走,拉脱维亚的独立得以确立。1939年希特勒和斯大林签署《互不侵犯条约》,拉脱维亚归属苏联。1940年苏联占领并把拉脱维亚吞并。1941~1944年,在二战中被纳粹德国占领。1945年重新归苏联;大量的俄罗斯人在此定居。1990年的苏联改革允许拉脱维亚民族主义者进行更公开的活动。1991年宣布独立,但最初苏联反对并派军队前往。自1991年以来,关于拉脱维亚人数众多的少数民族俄罗斯族的问题,使国内形势一直紧张(在里加,俄罗斯人几乎占大多数)。

正式名称: 拉脱维亚共和国。
面积: 64,610平方公里(24,945平方英里)。
人口: 2,515,000(1995年估测)。**人口倍增时间:** 人口数量正在下降。**人均寿命:** 男性64.2岁,女性74.6岁。**出生率:** 世界平均出生率的0.41倍。**死亡率:** 世界平均死亡率的1.63倍。**城区人口:** 69%。**首都:** 里加804,000(1993年估测)。**其他主要城市:** 陶格夫匹尔斯121,000,利耶帕亚95,000,叶尔加瓦69,000(1993年估测)。
语言: 拉脱维亚语(也称Lettish)52%(官方语言),俄语42%,白俄罗斯语、乌克兰语、波兰语和立陶宛语占少数。
成人识字率: 几乎100%。
宗教: 路德宗教24%,罗马天主教21%,俄国东正教约5%,无宗教信仰者近50%。

■ 拉脱维亚1/10的土地是泥炭沼 ■ 芬兰3/4以上的土地

芬兰

芬兰是北欧的一个共和国，西部紧邻斯堪的纳维亚半岛（它常常被归入其中）。它位于波罗的海海岸，比相邻三个波罗的海国家面积的总和还大。芬兰几乎有1/3的土地在北极圈内，有1/10的面积为湖泊，共计约50,000个。塞马湖（最大的湖）面积4400多平方公里（1700平方英尺）。冬季的几个月里，波的尼亚湾（西部）和芬兰湾（南部）结冰。芬兰受冰川作用，除了西北部山脉，芬兰的大部分地区海拔很低。

最高点：哈尔蒂山1328米（4357英尺）。**气候**：夏季温和，冬季漫长、酷寒。冬季离海岸越远的地区条件越艰苦。

议会由200人组成，议员每4年由全国普选按比例代表制选举一次。总统直接由选举中选票最多的人担任，任期6年，最多担任两届。他和总理共同行使行政权。总统任命总理和内阁，总理和内阁则领导议会中的大多数人。奥兰群岛享有相当大的自治权。

主要政党：（1995年选举）社会民主党（SDP）63席，中间党（KESK）44席，（中右翼）民族联合党（KOK）39席，左翼联盟（V）22席，绿党（VL）9席，（种族派）瑞典族人民党（SFP）12席，（右翼）芬兰基督教联盟（SKL）7席，其他党派4席。

总统：（自1994年）马尔蒂·阿赫蒂萨里（社会民主党）。

总理：（自1995年）帕沃·利波宁（社会民主党；SDP–KOK–SFP–V–VL和无党派政府）。

森林约占全国面积的2/3，为重要的造纸和纸制品工业奠定了基础，这种工业产品占芬兰出口产品的1/4以上。金属加工和机械制造业（尤其是造船业）是芬兰主要的工业，其质量和完好的设计享有盛誉。森林资源、铜矿和丰富的水力资源是仅有的重要的自然资源。尽管1991年同俄罗斯（传统上的主要贸易伙伴）贸易关系破裂之后，经济处于困境，芬兰人的生活水平却仍然很高。渔业规模很大，农业部门生产的乳制品足够出口。

货币：芬兰马克。

1906年芬兰（自1809年属于俄国）从沙皇俄国获得自治权。1917年俄国革命期间芬兰内战；亲俄党派击败了曼纳林领导的保守党。1919年独立的芬兰共和国建立。1939年苏联进入芬兰，1/10的领土被占领。1941～1944年加盟纳粹德国，结果战败，更多的领土归苏联。1945年之后，严守中立。1995年加入欧盟。

■ 芬兰音乐厅外景。芬兰建筑师阿尔瓦·阿尔托（1898–1976）的作品是20世纪斯堪的纳维亚最优秀的典范。

正式名称：芬兰共和国。
面积：338,145平方公里（130,559平方英里）。
人口：5,100,000（1995年估测）。**人口倍增时间**：人口数量稳定。**人均寿命**：男性71.7岁，女性79.4岁。**出生率**：世界平均出生率的0.52倍。**死亡率**：世界平均死亡率的1.01倍。**城区人口**：64%。**首都**：赫尔辛基城区875,000（城市516,000；埃斯波187,000；万塔164,000；1994年估测）。**其他主要城市**：埃斯波见赫尔辛基，坦佩雷179,000，万塔见赫尔辛基，图尔库162,000，奥卢109,000，拉赫蒂95,000，库奥皮奥85,000（1994年估测）。
语言：芬兰语93%（官方语言），瑞典语6%（官方语言）。
成人识字率：几乎100%。
宗教：基督教路德新教86%，无宗教信仰者12%，芬兰（希腊）东正教1%。

芬兰自治省
奥兰
面积：1527平方公里（590平方英里）。
人口：25,000（1995年估测）。
首府：玛丽港。

立陶宛

立陶宛是波罗的海三国中最大的国家，位置在最南部，与其北部的两邻国不同，它的海岸线很短。立陶宛境内是地势低洼的平原，零星点缀着小湖泊，还有冰碛山脊穿过境内，形成东南部的最高处。

最高点：尤奥扎皮恩294米（964英尺）。**气候**：介于温和性和大陆性气候之间，沿海地区气候温和，内陆属大陆性气候。冬季漫长、寒冷且多雪。

议会由141人组成，议员每4年由全国普选产生，71名由每个选区选出，另外70名按比例代表制选出。总统经直接选举产生。其职责主要是礼仪性的，任期5年。总统任命总理和内阁，总理和内阁领导议会中的大多数。

主要政党：（1996年选举）（中右翼）祖国联盟70席，（中间派）立陶宛中间联盟（LCU）17席，（右翼）基督教民主党（PDC）16席，社会民主党（SD）12席，（原共产党）民主劳动党（LDDP）12席其他党派14席。

总统：（自1993年）阿尔吉尔达斯·布拉藻斯卡斯（民主劳动党）。
总理：（自1996年）格迪米纳斯·瓦格纳柳斯（祖国联盟，祖国联盟–PDC政府）。

1/5以上的劳动力仍从事农业（主要是养牛和乳制品业）和林业。该国大部分地区森林茂盛。机械制造、木材、水泥和食品加工业占重要地位。可是由于立陶宛逐渐取消了国家控制制度（到1996年，一半以上的经济已实现私有化）并已脱离了原苏联的贸易体系，所以面临着许多经济问题。因而生活水平和工农业产量都有所下降。**货币**：里特。

1915年一战期间德军入侵立陶宛（自1795年，属于俄国）。1917年德国企图建立一个傀儡的立陶宛王国。1918年立陶宛共和国宣布独立。1919年苏联红军和波兰军队开进立陶宛。1923年国际公认边界。1926～1940年奥古斯汀纳斯·沃尔德马拉斯（1926～1929）和斯梅托纳斯（1926～1940）实行专制。1939年希特勒和斯大林签署《互不侵犯条约》，立陶宛归属苏联。1940年苏联进军立陶宛并将其吞并。1941～1944年二战期间被纳粹德国占领。1945年重归苏联；大量的俄罗斯人来此定居。1988年之后，苏联改革，允许立陶宛民族主义者进行更公开的活动。1990年民族主义者在立陶宛议会中占据大多数；宣布独立。1991年苏联军队与立陶宛民族主义者发生冲突，但苏联最终承认了该国的独立。

正式名称：立陶宛共和国。
面积：65,301平方公里（25,213平方英里）。
人口：3,700,000（1995年估测）。**人口倍增时间**：人口数量正在下降。**人均寿命**：男性63.3岁，女性75岁。**出生率**：世界平均出生率的0.46倍。**死亡率**：世界平均死亡率的1.34倍。**城区人口**：68%。**首都**：维尔纽斯584,000（1994年估测）。**其他主要城市**：考纳斯424,000，克莱佩达205,000，希奥利艾145,000，帕涅韦日斯130,000（1994年估测）。
语言：立陶宛语80%（官方语言），俄语12%，波兰语6%，白俄罗斯语和乌克兰语占少数。
成人识字率：98%。
宗教：罗马天主教80%，俄国东正教、路德宗教和其他少数教派；无宗教信仰者5%以上。

意大利及其邻国

意大利

意大利正式名称为意大利共和国，位于向南延伸至地中海中部的一个狭长的半岛上，包括与其相毗邻的两个大岛和几十个小岛。阿尔卑斯山成为意大利同其西部、北部各邻国之间的天然边界。阿尔卑斯山与山前麓丘陵的交汇处有成串的湖泊，如马乔列湖、科莫河湖及卢塞思湖。肥沃的波河河谷（意大利北部的大低地）位于北部阿尔卑斯山麓丘陵、西部阿尔卑斯山脉、南部亚平宁山脉及东部的亚得里亚海之间。利古里亚省境内的阿尔卑斯山脉狭长的山脊与沿海地区的阿尔卑斯山脉相连，形成亚平宁山脉，成为纵贯意大利半岛的脊柱。意大利沿海的低地面积相当有限，仅包括托斯卡纳省境内的阿尔诺谷地、罗马周围的台伯河谷地、那不勒斯周围的坎帕尼亚低地、塔兰托湾旁的平原及普利亚省内的平原。撒丁岛及西西里岛两个岛上大部分是山地。意大利很多地方都是地震易发地带。意大利境内有四座活火山，包括西西里岛上的埃特纳火山，那不勒斯附近的维苏威火山。

最高点：4760米（15.616英尺），

正式名称：意大利共和国。
面积：301,277平方公里（116,324平方英里）。
人口：57,390,000（1995年估测）。**人口倍增时间**：人口稳定，仅有稍许增长。**人均寿命**：男性73.6岁，女性80.2岁。**出生率**：世界平均出生率的0.37倍。**死亡率**：世界平均死亡率的1.02倍。**城市人口**：67%。**首都**：罗马，城区人口2,985,000（城市2,791,000；1990年普查；包括郊区人口）。**其他主要城市**：米兰城区3,670,000（城市1,432,000），那不勒斯2,905,000（城市1,206,000），都灵1,114,000（城市992,000），热那亚786,000（城市701,000），巴勒莫755,000（城市734,000），佛罗伦萨433,000（城市408,000），博洛尼亚412,000，卡塔尼亚384,000（城市364,000），巴里373,000（城市353,000），威尼斯（321,000），墨西拿275,000，维罗纳257,000，的里雅斯特252,000（城市230,000），塔兰托244,000，帕多瓦218,000，卡利亚里212,000，萨莱诺206,000（城市151,000），布雷西亚202,000（城市196,000），雷焦卡拉布里亚179,000，摩德纳178,000，帕尔马178,000，里窝那171,000，普拉托166,000，福贾159,000，佩鲁贾151,000（1990年普查；包括郊区人口）。
语言：94%以上的居民讲意大利语（官方语言），2%以上的居民讲意大利撒丁语，1%的居民讲雷提亚语（弗留利语和拉丁语），还有一小部分人讲德语、法语、阿尔巴尼亚语、斯洛文尼亚语及其他语言。
成人识字率：97%。
宗教：罗马天主教80%，无宗教信仰者15%，逊尼派伊斯兰教1%。

仅低于勃朗峰的峰顶。

气候：意大利气候大部分是地中海气候，夏季炎热干燥，冬季温和。西西里岛与撒丁岛的气候比大陆更热，更干燥。阿尔卑斯山区及波河河谷的气候较为寒冷和潮湿。

议会两院由全国普选产生，任期5年。参议院（上院）设有315席，由25岁以上（包括25岁）的成年人选举产生，代表各行政区，外加11位总统任命的终身参议员。下议院设有630席，由18岁以上（包括18岁）的公民选举产生。上、下两院3/4的议员是通过票数最多者当选的制度选举产生的，其余的通过比例代表制产生。总统是由议会及58名行政区的代表联合会选举产生的，任期7年，其职责大部分属礼仪性的。总统任命总理。总理受到下议院大多数的支持。转而，总理任命政府各部长。各部长对下议院负责。

主要政党：（1996年选举）（中左）和平联盟由（原意大利共产党）左翼民主党（PDS），绿党外加（中间派）意大利人民党（PPI）和（中间派）意大利复兴党及一些较小的政党组成，共占284席。（右翼）自由联盟包括（保守派）意大利力量党（FI），（右翼）民族联盟（AN，包括原新法西斯党）及（中右）天主教民主联盟（CDU）246席，（北方地区分裂主义者）北方联盟（Lega）59席，重建共产党（RC）35席及其他党派6席。
总统：（自1992年）奥斯卡·路易吉·斯卡尔法罗（无党派）。
总理：（自1996年）罗马诺·普罗迪（无党派，和平政府）。

意大利北部有通往欧洲其他诸国的便利通道，是意大利工业的主要中心。那里的平均生活水平比南部要高得多。相比之下，南部主要靠农业，生产葡萄、甜菜、小麦、玉米及西红柿等。南部农场往往很小，还没

有实现机械化。北部的农场机械化程度要高得多，其主要农作物包括小麦、玉米、水稻、葡萄（主要用于重要的酿酒业）、水果及牛羊饲料作物。南部正在积极促进工业化的发展，北部的工业已很发达，包括电力、电子工程、机动车辆和自行车、纺织业、服装业、皮革产品、水泥、玻璃制品及瓷器。北部也是重要的财政金融中心。米兰是意大利的金融中心。除了大理石以及能用于水利发电高山河流外，意大利几乎没有多少自然资源。旅游业及侨居国外的意大利人在国内的花销是重要的外汇来源。意大利国债累累，使本来就很严峻的意大利的财政问题雪上加霜。
货币：里拉。

1900年国王亨伯特一世遭暗杀。1914～1918年一战：意大利加入协约国，采取行动反对奥匈帝国。1922年法西斯头子贝尼托·墨索里尼当选为总理，对内实施广泛的现代化计划，

■ 意大利是世界上人口出生率最低的国家之一 ■ 马耳他骑

意大利各行政区

阿布鲁齐
面积：10,794平方公里（4168平方英里）。
人口：1,256,000（1993年估测）。
首府：拉奎拉（但佩斯卡拉也行使部分首府职能）。

巴西利卡塔
面积：9992平方公里（3858平方英里）。
人口：611,000（1993年估测）。
首府：波坦察。

卡拉布里亚
面积：15,080平方公里（5823平方英里）。
人口：2,075,000（1993年估测）。
首府：卡坦扎罗。

坎帕尼亚
面积：13,595平方公里（5249平方英里）。
人口：5,669,000（1993年估测）。
首府：那不勒斯。

艾米利亚－罗马涅
面积：22,123平方公里（8542平方英里）。
人口：3,920,000（1993年估测）。
首府：博洛尼亚。

弗留利－威尼斯·朱利亚
面积：7,845平方公里（3029平方英里）。
人口：1,195,000（1993年估测）。
首府：的里雅斯特。

拉齐奥
面积：17,203平方公里（6642平方英里）。
人口：5,162,000（1993年估测）。
首府：罗马。

利古里亚
面积：5418平方公里（2092平方英里）。
人口：1,669,000（1993年估测）。
首府：热那亚。

伦巴第（伦巴第亚）
面积：23,857平方公里（9211平方英里）。
人口：8,882,000（1993年估测）。
首府：米兰。

马尔凯
面积：9693平方公里（3743平方英里）。
人口：1,434,000（1993年估测）。
首府：安科纳。

莫利塞
面积：4438平方公里（1713平方英里）。
人口：240,000（1993年估测）。
首府：坎波巴索。

皮埃蒙特
面积：25,399平方公里（9807平方英里）。
人口：4,304,000（1993年估测）。
首府：都灵。

普利亚
面积：19,348平方公里（7470平方英里）。
人口：4,050,000（1993年估测）。
首府：巴里。

撒丁岛
面积：24,090平方公里（9301平方英里）。
人口：1,652,000（1993年估测）。
首府：卡利亚里。

西西里岛
面积：25,709平方公里（9926平方英里）。
人口：4,998,000（1993年估测）。
首府：巴勒莫。

托斯卡尼（托斯卡纳）
面积：22,992平方公里（8877平方英里）。
人口：3,529,000（1993年估测）。
首府：佛罗伦萨。

特伦蒂诺－上阿迪杰
面积：13,618平方公里（5258平方英里）。
人口：897,000（1993年估测）。
首府：特伦扎诺－博兹拿及特伦托共同行使一些首府职能。

翁布里亚
面积：8456平方公里（3265平方英里）。
人口：815,000（1993年估测）。
首府：佩鲁贾。

瓦莱·达奥斯塔
面积：3262平方公里（1259平方英里）。
人口：117,000（1993年估测）。
首府：奥斯塔。

威内提亚（威内托）
面积：18,364平方公里（7060平方英里）。
人口：4,395,000（1993年估测）。
首府：威尼斯。

对外则采取扩张政策。1936年意大利与纳粹德国结成了罗马－柏林"轴心"；意大利入侵埃塞俄比亚。1939年，意大利入侵阿尔巴尼亚。1940年意大利作为纳粹德国的同盟者参加了二战。1943年盟军反攻进入意大利，墨索里尼被国王解职下台，意大利加入同盟国。1946年君主制被共和制所取代。1946～1993年政局不稳定：此期间存在许多为期不长的联合政府。1956年成为欧共体（现为欧盟）创办国之一。20世纪70年代，左、右翼党恐怖活动猖獗；前总理阿尔多·莫罗被恐怖分子绑架杀害。1992～1993年公众对国家机构不再抱有希望。大的腐败丑闻频频曝光，旧的政党垮台；新的政治运动层出不穷；新宪法出台。

马耳他君主军事修道会

正式名称及地位：马耳他君主军事修道会，是一个罗马天主教君主修道会，意大利政府承认其对该地区建筑的领外管辖权。它的上层统治者被称作君主，受73个国家的承认（不包括英国及美国），并且它在联合国拥有永久的观察员的席位。有时被称作"世界上最小的国家"。实行君主政体，其元首由骑士及贵族大头领中选举产生，任期终身。贵族大头领：（自1988年）弗拉·安德鲁·巴迪。
面积：1.2公顷（3英亩）。
人口：30（1994年估测）。
地理：修道会的领土（原来统治过罗德岛，后又管辖过马耳他岛）自从1831年以来被限制在都处在罗马境内的维拉伊尔普里奥利塔第马耳他（位于阿文提纳山）和第38号孔多第。

马耳他

马耳他共和国位于地中海中部，意大利的南部，由三个岛屿组成：马耳他岛、戈佐岛及科米诺岛。这三个岛屿主要由低缓的石灰岩高原构成，几乎没有地表水。
最高点：（该点尚未命名）249米（816英尺）。**气候**：地中海式气候，夏季炎热干燥，冬季凉爽潮湿。

一院制。共设有65个席位，称众议院。代表通过比例代表制由全国普选产生。任期5年。总统由众议院选举产生，任期5年，其职责大部分属礼仪性的。总统任命总理和内阁。总理及内阁指挥众议院中大多数人。
主要政党：（1996年选举）（左翼）工党（Lab）33席，（右翼）国民党（NP）32席。
总统：（自1994年）乌戈·米夫苏德·鲍尼其（无党派）。
总理：（自1996年）艾尔弗雷德·桑特（工党）。

主要工业有制鞋与服装、食品加工、船舶维修。旅游业是马耳他主要外汇来源。马耳他的农产品基本上能自给自足。
货币：马耳他里拉。

1939～1945年二战期间作为盟国海军基地受到大规模轰炸（该岛人民因其勇猛善战而被授予乔治十字勋章）。1964年马耳他摆脱英国长达150年的殖民统治获得独立。1974年成为共和国。

正式名称：马耳他共和国。
面积：316平方公里（122平方英里）。
人口：370,000（1995年估测）。**人口倍增时间**：93年。**人均寿命**：男性73岁，女性77.8岁。**出生率**：世界平均出生率的0.59倍。**死亡率**：世界平均死亡率的0.78倍。**城区人口**：89%。**首都**：瓦莱塔，城区人口209,000（城市9000；比尔基卡拉22,000；戈尔米20,000；哈姆色14,000；斯利马14,000；扎巴尔13,000；1994年估测）。
语言：博учу96%居民把马耳他语作为第一语言（官方语言），2%的居民把英语作为第一语言（官方语言）。
成人识字率：96%。
宗教：98%以上的人信奉罗马天主教。

圣马力诺

圣马力诺是一个袖珍共和国，四周完全被意大利领土所包围。该国主要位于蒂塔诺山3个石灰岩的山峰上。
最高点：蒂塔诺山739米（2424英尺）。
气候：温和的地中海气候。

大议会有60名议员，由全国普选产生，任期5年。议会选举其中两名议员作为执政官联合执掌国家事务和政府事务，任期半年，不得连任。执政官领导由10名成员组成的国务议会（相当于内阁），国务议会由大议会选举产生，任期5年。
主要政党：（1993年选举）（中右）天主教民主党（PDCS）26席，圣马力诺社会党（PSS）14席，（原圣马力诺共产党）民主进步党（PDP）11席，人民联盟4席，其他政党5席。（天民党和社会党组成联合政府。）

工业及旅游业（特别是短途旅行）是圣马力诺国家经济的主要支柱。**货币**：意大利里拉。

1957年，一场非流血的"革命"取代了共产党－社会党联合执政（自1945年执政）。

正式名称：圣马力诺共和国。
面积：61平方公里（24平方英里）。
人口：25,000（1995年估测）。**人口倍增时间**：在圣马力诺不适用；该国无人口增长。**人均寿命**：男性77.2岁，女性85.3岁。**出生率**：世界平均出生率的0.43倍。**死亡率**：世界平均死亡率的0.75倍。**城区人口**：90%。**首都**：圣马力诺，城区人口4600（城市2300；大博尔戈2300；1995年估测）。
其他主要城市：塞拉瓦莱4700（1995年估测）。
语言：意大利语100%（官方语言）。
成人识字率：98%以上。
宗教：罗马天主教96%。

梵蒂冈

梵蒂冈是一个主权国。领土包括位于罗马城内台伯河西岸附近的圣彼得大教堂周围城墙环绕之地域和几座罗马城内的教堂（包括圣约翰大教堂），甘多尔福堡的教皇别墅和圣马丽亚－迪加莱里亚梵蒂冈广播电台，以上均被意大利领土所包围。

教皇既是罗马主教又是罗马天主教会的领袖，由神圣红衣主教团选举产生，任职终身。教皇任命国务秘书处，管理梵蒂冈城。
教皇：（自1978年）约翰·保罗二世（原名卡罗尔·沃依蒂瓦）
国务秘书处国务卿：（自1992年）红衣主教安杰洛·索达诺。

1929年同意大利签订了《拉特兰条约》：意大利承认梵蒂冈为主权国家（自从1870年意大利将拉齐奥并入其领土，教皇一直退居在梵蒂冈宫内）。20世纪60年代以来，教皇又在国际外交方面起着重要作用。1984年同意大利签订了《新宗教协定》，取代《拉特兰条约》。

正式名称：梵蒂冈城国，也称作圣教区。
面积：0.44平方公里（0.17平方英里）。
语言：意大利语和拉丁语（均为官方语言）。
宗教：梵蒂冈是罗马天主教的中心。

意大利聚焦 • 意大利聚焦 • 意大利聚焦 • 意大利聚焦 • 意大利聚焦

名胜

意大利每年都能吸引3000多万游客。除了可以到罗马、佛罗伦萨和威尼斯等城体验"城市之游"外，意大利人更偏爱独自出门旅游而不喜欢随团包价旅游。意大利的外国游客中有2/3来自德国、法国和瑞士。罗马是意大利的旅游中心，其中有古罗马遗迹和梵蒂冈朝圣地。意大利的旅游城市和地区还有：坎帕尼亚，厄尔巴岛，艾米利亚—罗马涅，意大利大湖区，拉齐奥，利古里亚，伦巴第，米兰大教堂，巴勒莫，皮埃蒙特，菲诺港及里维埃拉东部海岸，海滨胜地特伦蒂诺—上阿迪杰，托斯卡纳，维苏威火山和庞贝古城。

世界历史遗产包括： 莫伊特古城堡；圣玛利亚大教堂及多明我会的女修道院；文艺复兴时期的古城费拉拉；维琴察和威尼托城的帕拉第奥乡间别墅；历史古城佛罗伦萨，那不勒斯，皮恩扎，圣吉米尼亚诺，锡耶纳；比萨的皮亚扎大教堂；拉韦纳城的早期的基督教碑刻及镶嵌艺术作品；瓦尔卡莫尼卡岩石画刻；威尼斯及其礁湖。

意大利各行政区

1. 阿布鲁齐
2. 巴西利卡塔
3. 卡拉布里亚
4. 坎帕尼亚
5. 艾米利亚—罗马涅
6. 弗留利—威尼斯·朱利亚
7. 拉齐奥
8. 利古里亚
9. 伦巴第（伦巴亚）
10. 马尔凯
11. 莫利塞
12. 皮埃蒙特（皮德蒙特）
13. 普利亚
14. 撒丁岛
15. 西西里岛
16. 托斯卡尼
17. 特伦蒂诺—上阿迪杰
18. 翁布里亚
19. 瓦莱·达奥斯塔
20. 威内提亚（威尼托）

详见第379页

佛罗伦萨大教堂： 它是佛罗伦萨城无与伦比的城市景观中最著名的建筑物（见第243页）。

! 最大的旋转式球体佩朗峰直径10米（33英尺），重达30吨，位于佩萨罗附近的阿佩基奥。这个球体被称为"和平之球"。它始建于1982年，1987年完工。

圣马克大教堂和总督府宫殿。 这座城市目前已经开发为新兴的旅游城市游客可上岸游览，使用公共交通工具穿过堤道。

比萨斜塔： 钟楼（钟塔）是几大引人注目的建筑群中最著名的（见第176页）。除了钟楼，还有大教堂和洗礼堂。

! 世界上最大的玫瑰园位于卡鸟瑞吉列，有7500种玫瑰花。

! 世界上最狭窄的街道位于马尔凯的里帕特兰索内的威科类—代拉—威瑞科塔，平均宽度43厘米（17英寸）。

罗马的大斗兽场： 这里可以容纳50,000观众看角斗比赛。它是罗马城的象征，也因古典的碑刻而闻名并吸引了上百万的游客。

! 梵蒂冈地处罗马城境内，是世界上最小的主权国家。

塞杰斯塔神殿： 是西西里岛保存最完好的希腊历史遗迹之一。塞杰斯塔古城是西西里岛众多考古遗址之一，也是布匿战争中迦太基的盟国。

! 埃特纳火山的"百马树"是迄今为止干围最粗的树。据载，它的干围周长为57.9米（190英尺）。

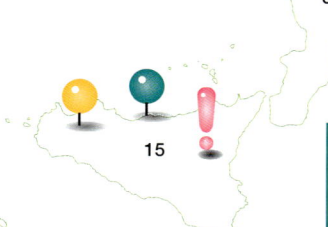

切法卢大教堂： 切法卢是一个历史古城，位于一个岬角上俯瞰蒂勒尼安海。如同西西里岛许多坐落于山顶的城市一样，这座城市的历史可以追溯到古希腊时代。

■ 外国游客每年给意大利带来239.27亿美元的旅游收入 ■

意 大 利 聚 焦 • 意 大 利 聚 焦 • 意 大 利 聚 焦 • 意 大 利 聚 焦 • 意 大 利 聚 焦

电视与广播

电视机数量： 17,000,500（每3.4人拥有一台电视机）
收音机数量： 45,350,000（每1.3人拥有一台收音机）

意大利大约有900家地方商业电视台，其中有7家电视台的节目在全国范围内播放。除了地方台，意大利还有意大利广播电视公司。其中全国大众电视网设有3个频道。另外，还有一个天主教电视网。该公司还设有多个全国性广播频道，全国有1000多家商业广播电台。

电影

电影院数量： 3100

意大利的电影制片业历史悠久。"电影城"电影制片厂于1937年建立之时是欧洲最大的电影制片厂。已拍摄了各种影片，包括从新现实主义的到意大利人摄制的美国西部片。意大利影片也造就了一个又一个明星及偶像。而今，电影制片厂主要集中在罗马，影片多为浪漫喜剧片、文学改编片及新现实主义影片。但创票房较高收入的影片多为好莱坞影片。

报纸

意大利报业的一大特点是全国性日报的发行种类很少，只有79种，而且报纸的发行量不如西方七国组织的其他国家。报社主要集中在米兰和罗马这两个城市。意大利没有全国性的报社，但三家报纸，如《晚邮报》、《共和国报》和《新闻报》，均在全国发行，享有很高的声誉。主要的日报名称及发行量如下：

《晚邮报》（米兰）	790,000
《共和国报》（罗马）	662,000
《体育新闻报》（米兰）	455,000
《24小时太阳报》（财经），（米兰）	435,000
《新闻报》（都灵）	421,000
《体育邮报》（罗马及13个地方版）	267,000
《信使报》（罗马）	260,000

杂志

意大利约有10,000种期刊，但发行量很少。只有少数几种杂志，如关于汽车的、妇女的、符合大众口味的，它们的发行量与西方国家的一些杂志的发行量旗鼓相当。发行量最大的几家周刊如下：

《汽车》*	汽车杂志	1,083,000
《基督教家庭》	宗教	1,071,000
《时代》	政治和时事	790,000
《今日周报》	热点话题及文学	748,000
《名车》*	汽车杂志	700,000
《全景》	时事	541,000
《密友》	妇女期刊	468,000
*表示月刊

意大利共和国的历任总理

1946～1953年 阿尔契德·加斯贝利	1960～1963年 阿明托雷·范范尼	1976～1979年 朱利奥·安德烈奥蒂	1987～1988年 乔瓦尼
1953～1954年 朱塞佩·佩拉	1963年 乔瓦尼·利昂纳	1979年 焦尔焦·拉·马尔法	1988～1989年 奇里亚科·德米塔
1954年 阿明托雷·范范尼	1963～1968年 阿尔多·莫罗	1979年 朱利奥·安德烈奥蒂	1989～1992年 朱利奥·安德烈奥蒂
1954～1955年 马里奥·谢尔巴	1968年 乔瓦尼·利昂纳	1979～1980年 弗朗切斯科·科西加	1992年 乔瓦尼·斯帕多利尼
1955～1957年 安东尼奥·塞尼	1968～1970年 马里亚诺·鲁莫尔	1980～1981年 阿纳尔多·福拉尼	1992～1993年 朱里阿诺·阿马托
1957～1958年 阿多内·佐利	1970～1972年 埃米里奥·科隆博	1981～1982年 乔瓦尼·斯帕多利尼	1993～1994年 卡洛·阿泽利奥
1958～1959年 阿明托雷·范范尼	1972～1973年 朱利奥·安德烈奥蒂	1982～1983年 阿明托雷·范范尼	1994～1995年 西维奥·贝鲁斯科尼
1959～1960年 安东尼奥·塞尼	1973～1974年 马里亚诺·鲁莫尔	1983～1987年 贝蒂诺·克拉克西	1995～1996年 兰贝托·迪尼
1960年 费尔南多·塔姆布罗尼	1974～1976年 阿尔多·莫罗	1987年 阿明托雷·范范尼	1996年～ 罗马诺·普罗迪

历任总统

1946～1948年 恩里科·德尼科拉
1948～1955年 路易吉·伊诺第
1955～1962年 乔瓦尼·格隆基
1962～1964年 安东尼奥·塞尼
1964～1971年 朱塞佩·萨拉盖特
1971～1978年 乔瓦尼·利昂纳
1978年 阿明托雷·范范尼
1978～1985年 亚历山德罗·佩尔蒂尼
1985～1992年 弗朗切斯科·科西加
1992年～ 奥斯卡·路易吉·斯卡尔法罗

国歌

《马梅利之歌》是意大利19世纪复兴运动（统一运动）时期的爱国歌曲中最著名的一首。这首歌曲由加弗雷·马梅利作词，米凯莱·诺瓦娄作曲。两人于1847年在热那亚完成了这首歌曲的创作。

消费物价指数

= 5个单位
1990 = 100个单位

1986 1987 1988 1989 1990 1991 1992 1993 1994 1995

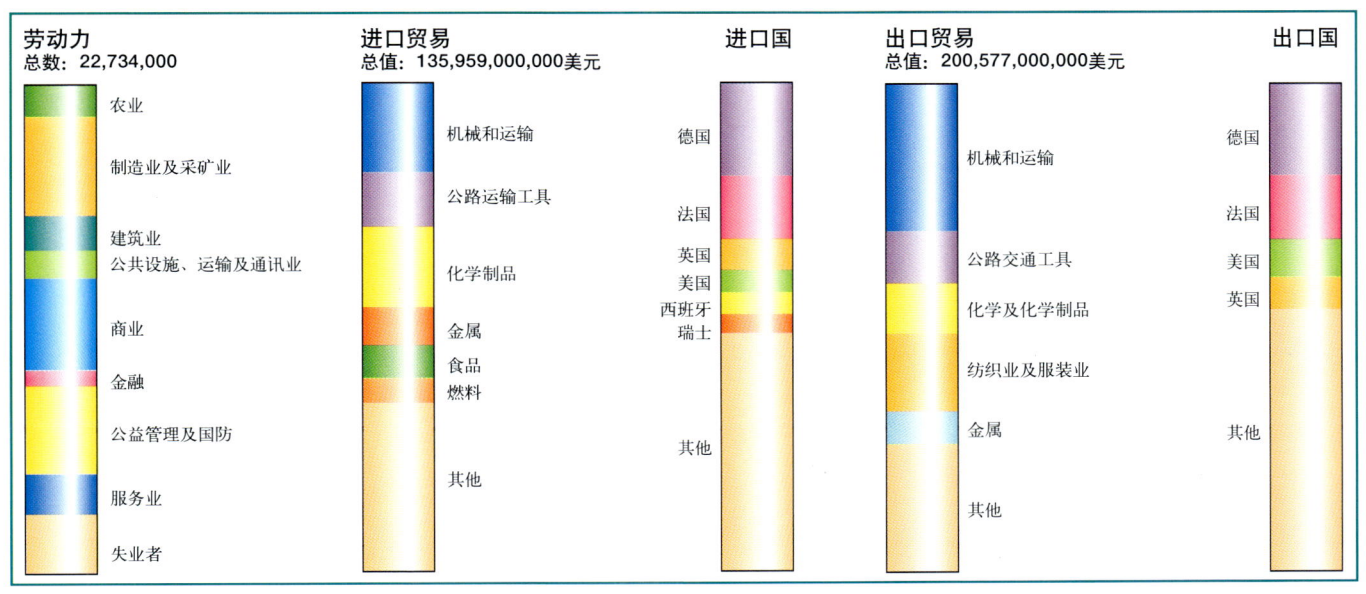

劳动力
总数：22,734,000
- 农业
- 制造业及采矿业
- 建筑业
- 公共设施、运输及通讯业
- 商业
- 金融
- 公益管理及国防
- 服务业
- 失业者

进口贸易
总值：135,959,000,000美元
- 机械和运输
- 公路运输工具
- 化学制品
- 金属
- 食品
- 燃料
- 其他

进口国
- 德国
- 法国
- 英国
- 美国
- 西班牙
- 瑞士
- 其他

出口贸易
总值：200,577,000,000美元
- 机械和运输
- 公路交通工具
- 化学及化学制品
- 纺织业及服装业
- 金属
- 其他

出口国
- 德国
- 法国
- 美国
- 英国
- 其他

■《马梅利之歌》是意大利国歌■平均人口密度为每平方公里１９０.５人■

中欧

匈牙利

匈牙利共和国是中欧内陆国家。占喀尔巴阡山盆地大部,多瑙河从盆地中部流过。多瑙河西部是起伏的低地,东部是宽广的大平原(奥尔弗尔德大平原),东北部为森林覆盖的连绵山地。**最高点**:凯凯什峰1015米(3330英尺)。**气候**:大陆性气候,夏季时间长、炎热、干燥,冬季寒冷。

设有394个席位的议会经全国普选产生,任期4年,其中有176名代表是从各选区选出的一名代表中产生,其余代表是根据两种比例代表制选举产生的(1/4在全国范围内选举产生,3/4在郡县范围内选举产生)。总统由国民议会选举产生,任期5年。总统任命总理和内阁。总理及内阁指挥国民议会中的大多数人。

主要政党:(1994年选举)(原共产党)匈牙利社会党(MSzP)61席,(中左)自由民主主义者联盟(SzDSz)70席,(中右)匈牙利民主论坛(MDF)37席,(右翼)独立小农党(FKgP)26席,(中间派)基督教民主人民党(KDNP)22席,(左翼)青年民主主义者联盟(FIDESz)20席,其他政党占2席。
总统:(自1990年)阿尔帕德·根茨(自由民主主义者联盟)。
总理:(自1994年)久洛·霍恩(匈牙利社会党;匈牙利社会党自由民主主义者联合政府)。

尽管匈牙利煤炭储量大,但仍有50%以上的能源需要进口。钢铁、化肥、制药、机械制造和汽车工业等为国家重要工业。20世纪80年代初鼓励兴办私营企业和外国投资,大多数国有企业已实行私有化。西方投资进一步加强了经济的持续发展。农业人口仍占劳动力的12%。主要农作物包括谷类植物(玉米、小麦、大麦)、甜菜、水果及用于酿酒的葡萄。
货币:福林。

1914~1918年(哈布斯堡)奥匈帝国与德国联盟参加一战。1918年奥匈帝国垮台;匈牙利成为一个独立国家。1919年匈牙利共产党革命,而后被罗马尼亚占领。1920年《特里亚农条约》的签订使匈牙利的领土面积减少2/3。1941年德国军队进入匈牙利。在摄政王米克拉斯·霍尔蒂海军上将的率领下,准备同各轴心国协作,企图收复失去的领土。1944年匈牙利成为纳粹德国的同盟国。1945年被苏联红军占领。1949年宣布成立匈牙利人民共和国。1956年匈牙利起义,(在伊姆雷·纳吉的领导之下)试图推翻人民共和国统治,遭到苏联军队的镇压。20世纪80年代逐渐实行各项改革措施。1989~1990年恢复民主;俄罗斯军队撤离匈牙利。

正式名称:匈牙利共和国。
面积:93,030平方公里(35,919平方英里)。
人口:10,230,000(1995年估测)。**人口倍增时间**:人口呈下降趋势。**人均寿命**:男性64.5岁,女性73.8岁。**出生率**:世界平均出生率的0.45倍。**死亡率**:世界平均死亡率的1.54倍。**城区人口**:63%。**首都**:布达佩斯,1,996,000(1994年估测;包括城郊人口)。**其他主要城市**:德布勒森218,000,米什科尔茨190,000,塞格德179,000,佩奇172,000,杰尔131,000(1994年估测;包括城郊人口)。
语言:匈牙利语近99%(官方语言),少数人讲罗马尼亚语和德语。
成人识字率:几乎100%。
宗教:罗马天主教68%,斯洛伐克福音教派6%,其他新教25%,无宗教信仰者5%。

奥地利

奥地利共和国是中欧内陆国家。位于莱茵河上游至多瑙河河谷。阿尔卑斯山(大部分为牧场和森林所覆盖)大约占奥地利领土的2/3。东部奥地利低地由低山、维也纳盆地及匈牙利边境诺伊齐德勒湖旁平坦的沼泽地组成。沿着与捷克接壤的边境处是森林覆盖的山丘,高1200米(4000英尺)。
最高点:大格洛克纳山3797米(12,457英尺)。**气候**:由于受海拔及地貌的影响,奥地利气候的地方差异变化大。东部比西部干燥。总体来说,冬季东部比阿尔卑斯山区寒冷,夏季则更为炎热,更为潮湿。

联邦总统(由普选产生,任期6年)及联邦总理领导的内阁行使行政权力。总统任命总理。国民议会(下议院)拥有183个席位,按比例代表制选举产生,任期4年,总理在国民议会中享有大多数人的支持。上议院,即联邦议会,由各州议会选举产生,拥有64席。

主要政党:(1995年选举)奥地利社会民主党(SPO)72席,(中间派)奥地利人民党(OVP)53席,(右翼)奥地利自由党(FPO)41席,自由论坛(LF)9席,绿党8席。
联邦总统:(自1992年)托马斯·克莱斯蒂尔(奥地利人民党)。
联邦总理:(自1997年)维克托·克利马(奥地利社民党、奥地利社民党和奥地利人民党联合政府)。

虽然奥地利的农业人口仅占总劳动力的7%,但90%的粮食自给自足。东部耕地土壤肥沃,盛产谷物和用于酿酒的葡萄。奶制品是东部牧场及阿尔卑斯山区牧场的重要出口产品。制造业是奥地利的经济支柱,包括机械制造、交通运输设备制造、钢铁、炼油、水泥及造纸。自然资源包括丰富的水力资源和广阔的森林资源。冬季、夏季有大批游客到阿尔卑斯山游玩,旅游业是奥地利外汇收入的主要渠道。随着东欧社会主义国家的解体,奥地利不断扩大与匈牙利、斯洛文尼亚及捷克共和国的贸易往来。
货币:先令。

1900年(哈布斯堡)奥匈帝国政局动荡。1914年奥匈帝国王储在萨拉热窝被塞尔维亚人刺杀,导致奥匈帝国与塞尔维亚发生战争,并引发一战。1918年作为一战战败国,哈布斯堡王国解体:分裂为现在的匈牙利、捷克共和国、斯洛伐克、斯洛文尼亚、克罗地亚、波斯尼亚-黑塞哥维那、南波兰和西乌克兰。宣布成立奥地利共和国。20世纪20-30年代,政局极其动荡。1934年总理陶尔斐斯遭暗杀。1938年奥地利被德国吞并(德奥合并)。1945年被盟军占领,奥地利被划进各国的势力范围:苏联占领东部。1955年盟军撤出奥地利,奥地利(作为中立国)重新获得独立。1995年加入欧盟。

正式名称:奥地利共和国。
面积:83,858平方公里(32,378平方英里)。
人口:8,063,000(1995年估测)。**人口倍增时间**:人口稳定。**人均寿命**:男性72.9岁,女性79.4岁。**出生率**:世界平均出生率的0.46倍。**死亡率**:世界平均死亡率的1.09倍。**城区人口**:65%。**首都**:维也纳城区2,045,000(城市人口1,540,000;默德林101,000;1991年普查)。**其他主要城市**:林茨434,000(城市203,000),格拉茨395,000(城市238,000),萨尔茨堡267,000(城市144,000),因斯布鲁克235,000(城市118,000),克拉根福89,000,菲拉赫55,000,韦尔斯53,000,圣珀尔滕50,000(1991年普查)。
语言:德语超过92%(官方语言),克罗地亚语2%,土耳其语2%,少数人讲匈牙利语和斯洛文尼亚语。
成人识字率:几乎达100%。
宗教:罗马天主教78%,无宗教信仰者9%,路德宗教5%,逊尼派伊斯兰教2%。

奥地利各州

布尔根兰
面积:3965平方公里(1531平方英里)。
人口:274,000(1994年估测)。
首府:艾森施塔特。

克恩滕(卡西亚)
面积:9533平方公里(3681平方英里)。
人口:560,000(1994年估测)。
首府:克拉根福。

下奥地利
面积:19,174平方公里(7403平方英里)。
人口:1,512,000(1994年估测)。
首府:圣维尔滕。

萨尔茨堡
面积:7154平方公里(2762平方英里)。
人口:504,000(1994年估测)。
首府:萨尔茨堡。

施蒂利亚
面积:16,388平方公里(6327平方英里)。
人口:1,204,000(1994年估测)。
首府:格拉茨。

蒂罗尔
面积:12,648平方公里(4883平方英里)。
人口:655,000(1994年估测)。
首府:因斯布鲁克。

上奥地利
面积:11,980平方公里(4626平方英里)。
人口:1,384,000(1994年估测)。
首府:林茨。

维也纳
面积:415平方公里(160平方英里)。
人口:1,596,000(1994年估测)。
首府:维也纳。

福拉尔贝格
面积:2601平方公里(1004平方英里)。
人口:342,000(1994年估测)。
首府:布雷根茨。

■ 匈牙利的首都布达佩斯是由位于多瑙河两岸的两个城镇布达

捷克共和国

捷克是欧洲中部的一个内陆共和国。在西部（波希米亚），易北河盆地被高地所环绕；南部和西部是波希米亚森林，北部是厄尔士山脉，东部是波希米亚—摩拉维亚高原。摩拉维亚平原位于波希米亚东部。

最高点：斯涅日卡山1602米（5256英尺）。**气候**：该国属大陆性气候，夏季前期温暖后期炎热，冬季寒冷（多雪）。

众议院（下院）由200人组成，按代表比例制由全体成年公民每4年选举一届；参议院（上院）的81人由每个主要选区选出的一名代表组成，每2年要更换其成员的1/3。总统由两院联合会议选出，任期5年。总统负责任命总理及内阁，内阁领导议会的大多数成员。

主要政党：（1996年选举）（中右）公民民主党（ODS）67席，捷克社会民主党（CSSD）61席，共产党（KSCM）22席，（中右）基督教民主党（KD）18席，（右翼）共和党（SPRRSC）18席，（中右）公民民主联盟（ODA）14席。
总统：（自共和国成立）瓦斯拉夫·哈维尔（无党派）。
总理：（自共和国成立）瓦茨拉夫·克劳斯（公民民主党；公民民主党—基督教民主党—公民民主联盟联合政府）。

捷克共和国是前社会主义阵营中第一个加入"经济合作和发展组织"（"富国俱乐部"）的国家，它是东欧国家成功的典范。虽然该国除煤之外自然资源贫乏，但却是个工业化程度很高的国家。制造业包括工业机械制造、汽车制造业和消费品生产工业。工业大都已私有化。捷克共和国引进外资颇多（德国占80%以上），在经济上与德国联系越来越密切。木材工业地位重要。农产品主要有小麦、玉米、马铃薯、大麦和甜菜。布拉格的旅游业是该国主要外汇来源。

货币：克朗。

正式名称：捷克共和国。
面积：78,864平方公里（30,450平方英里）。
人口：10,325,000（1995年估测）。人口倍增时间：人口基本稳定。**平均寿命**：男性68.9岁，女性76.6岁。**出生率**：世界平均出生率的0.47倍。**死亡率**：世界平均死亡率的1.23倍。**城区人口**：65%。**首都**：布拉格1,217,000（1994年估测；包括郊区）。**其他主要城市**：布尔诺390,000，俄斯特拉发326,000，普列维扎172,000，奥洛穆茨106,000，赫拉德茨—克拉洛韦100,000（1994年估测；包括郊区）。
语言：捷克语81%（官方语言），摩拉维亚语13%，斯洛伐克语3%，此外少部分波兰语、德语和其他语言。
成人识字率：几乎达100%。
宗教：罗马天主教39%，各派新教20%，无宗教信仰者40%。

1918年捷克的领土波希米亚和摩拉维亚（原属哈布斯堡王国统治下奥地利的一部分）与斯洛伐克联合组成捷克斯洛伐克。1938年捷克斯洛伐克被纳粹德国瓜分，德国吞并了苏台德地区，而波希米亚和摩拉维亚沦为德国的保护国。1938～1945年被德国占领，并进行了对利迪泽居民的大屠杀（1942年）。1945-1993年成为捷克斯洛伐克的一部分（1948年成为社会主义国家）。1968年苏联入侵捷克斯洛伐克以镇压亚历山大·杜布切克领导的改革。1989年共产党执政结束。1993年斯洛伐克退出联邦，捷克斯洛伐克解体。

■ 布拉格这个尚未受到现代建筑艺术影响的城市是现今欧洲重要的旅游中心之一。

斯洛伐克

斯洛伐克共和国是欧洲中部的一个内陆山地国家。该国最高山脉塔特拉山脉位于与波兰交界处。仅有的低地主要分布在多瑙河附近的南部地区。

最高点：格尔拉霍夫斯基峰2655米（8711英尺）。**气候**：为大陆性气候，夏季温暖，相对干燥，冬季寒冷。

由150人组成的国民议会由全体成年公民按代表比例制度每4年选举一届。国民议会选出总统，任期5年。总统任命对国民议会负责的总理和内阁。

主要政党：（1994年选举）（中右）争取民主斯洛伐克运动（HZDS）61席，（前共产党）民主左翼党（SDL）18席，（中右）基督教民主运动（KDH）17席，（匈牙利人联盟）MKDHESWS 17席，（中派）民主联盟（DU）15席，（左翼）斯洛伐克工人联合会（ZRS）13席，（极右翼）斯洛伐克民族党（SNS）9席。
总统：（自独立）米哈尔·科瓦奇（无党派）。
总理：（自1994年）弗拉基米尔·麦恰尔（争取民主斯洛伐克运动）；争取民主斯洛伐克运动—斯洛伐克工人联合会—斯洛伐克民主党联合政府）。

斯洛伐克经济原以农业为主，捷共执政期间把经济重点转移到了重工业（尤其钢铁工业和化工）。农牧产品主要有小麦、玉米、马铃薯、大麦和绵羊。矿产资源包括铁和褐煤。截止到1993年，已有60%的工业实现私有化。自此以后经济开始衰退，部分原因是厂矿设备陈旧而失去竞争力。

货币：克朗。

1918年斯洛伐克（原匈牙利的一部分）与捷克联合建立了捷克斯洛伐克。1938年捷克斯洛伐克被纳粹德国瓜分；斯洛伐克成为轴心国傀儡。1944年斯洛伐克起义反抗德国统治。1945～1993年为捷克斯洛伐克（1948年后成为社会主义国家）的一部分。1968年苏联入侵该国，镇压亚历山大·杜布切克领导的改革（杜布切克为斯洛伐克人）。1989年共产党执政结束。1993年由于斯洛伐克没有对急剧变化的市场改革作好准备而脱离了捷克斯洛伐克，捷克斯洛伐克分裂。自1993年以来局部局势紧张（与人口较多的匈牙利少数民族有关）并且政局不稳（总统与总理之间争斗激烈）。

正式名称：斯洛伐克共和国。
面积：49,036平方公里（18,933平方英里）。
人口：5,355,000（1995年估测）。人口倍增时间：人口基本稳定。**平均寿命**：男性66.6岁，女性75.4岁。**出生率**：世界平均出生率的0.56倍。**死亡率**：世界平均死亡率的1.09倍。**城区人口**：57%。**首都**：布拉迪斯拉发449,000（1994年估测；包括郊区）。**其他主要城市**：科希策239,000，普雷绍夫91,000，尼特拉87,000，日利纳86,000，班斯卡—比斯特里察85,000（1994年估测；包括郊区）。
语言：斯洛伐克语86%（官方语言），匈牙利语11%，罗马尼亚语2%。
成人识字率：几乎100%。
宗教：罗马天主教60%，斯洛伐克福音教6%，其他各派新教23%，无宗教信仰者10%。

列支敦士登

列支敦士登公国位于瑞士和奥地利之间莱茵河上游河谷地区。东部是阿尔卑斯山脉，西部是莱茵河冲积平原。

最高点：格劳斯皮茨2599米（8326英尺）。**气候**：温和的阿尔卑斯气候。

列支敦士登是由公爵统治的君主制国家。25人组成的议会由全体成年公民按代表比例制度每4年一届选举出来。议会选出包括首相在内的5名内阁成员。

主要政党：（1993年选举）（中间派）祖国联盟（VU）13席，（中右）激进公民党（FBP）11席，（绿色）自由名单1席。
公爵：（自1989年）汉斯·亚当二世。
首相：（自1993年）马里奥·弗利克（祖国联盟）。

该公国是世界上生活水平最高国家之一。银行业、旅游业和精密仪器加工业都很重要。

货币：瑞士法郎。

1924年与瑞士结成货币及关税联盟。自1989年以来在国际社会中更为活跃，例如加入了联合国及欧洲经济区。

正式名称：列支敦士登公国。
面积：160平方公里（62平方英里）。
人口：30,900（1995年估测）。人口倍增时间：人口基本稳定。**平均寿命**：男性66.5岁，女性79.5岁。**出生率**：世界平均出生率的0.47倍。**死亡率**：世界平均死亡率的0.72倍。**城区人口**：21%。**首都**：瓦杜兹5100（1995年估测）。**其他主要城市**：沙恩5200（1995年估测）。
语言：德语88%（官方语言），意大利语3%，土耳其语3%。
成人识字率：几乎100%。
宗教：罗马天主教80%，路德教7%。

东南欧 I

南斯拉夫（塞尔维亚和黑山）

南斯拉夫是巴尔干半岛上一个联盟共和国。现由两个平等共和国组成：塞尔维亚和黑山。境内多山，北部（伏伊伏丁那自治省，有少量匈牙利族人）为平原，有多瑙河和蒂萨河流经。黑山有一小段亚得里亚海的海岸线。黑山东部是多山的科索沃地区，居民多为阿尔巴尼亚族。

最高点：达拉维查山2656米（8714英尺）。**气候**：黑山的沿海地区属地中海气候。内陆的塞尔维亚大陆性气候特征更为明显，冬季寒冷，夏季温暖。

联盟议会由共和国院（上院）和公民院（下院）组成。共和国院有40名成员（两共和国议会各选出20名）。公民院的138名成员由普选产生，任期4年。联盟总统由联盟议会选举产生，任期4年，有权任命联盟总理和各部长。实际上，两共和国（塞尔维亚和黑山）的政府和议会权力很大，尤其是塞尔维亚当局几乎已拥有独立主权。

主要政党：（公民院1996年选举）（前共产主义者联盟）塞尔维亚社会党（SPS）与｛塞尔维亚极端左翼）南斯拉夫左翼统一组织和（塞尔维亚左翼）新民主党联盟64席，（黑山前社会主义）社会主义者民主党（DSP）23席，塞尔维亚反对党联盟22席，（极端右翼）塞尔维亚激进党16席，其他13席。
联盟总统：（自1997年）斯洛博丹·米洛舍维奇（塞尔维亚社会党）。
联盟总理：（自1993年）拉多耶·孔蒂奇（塞尔维亚社会党）。
黑山总统：（自1990年）莫米尔·布拉托维奇（社会党民主党）。
塞尔维亚总统：（自1997年）佐兰·利利奇（塞尔维亚社会党）。

1991~1995年的战争、极度通货膨胀以及1991~1995年国际社会以塞尔维亚卷入波黑战争为由对塞尔维亚和黑山实行经济制裁使经济遭到严重破坏。矿业和制造业的从业人数占总劳动力的1/4强。食品加工、纺织、机动车辆、冶金和消费品为最重要的工业部门。农作物主要有玉米、小麦、甘蔗、马铃薯、柑橘属水果以及羊饲料。
货币：第纳尔。

1900年塞尔维亚和黑山继1878年独立后被承认为独立的君主国。1914年奥匈帝国哈布斯堡王国的王储弗兰茨·斐迪南大公在萨拉热窝被一塞尔维亚人刺杀，这导致奥地利向塞尔维亚发出最后通牒并引发一战。1918年塞尔维亚和黑山合并，并与原属哈布斯堡帝国的南部斯拉夫国家联合，建立了南斯拉夫国家。1934年亚历山大国王被克罗地亚民族主义者刺杀。1941年二战中德国入侵，塞尔维亚和黑山被占领。1945年塞尔维亚和黑山成为南斯拉夫共和国的组成部分。1990年在全国范围内举行自由选举。1991年克罗地亚、斯洛文尼亚和马其顿宣布独立。南斯拉夫（塞尔维亚—黑山）军队占领克罗地亚的1/3国土。塞尔维亚科索沃的阿尔巴尼亚族居住地区局势日益动荡。塞尔维亚企图创造"大塞尔维亚"遭谴责，受到国际贸易制裁。1992年波斯尼亚的塞尔维亚人在塞尔维亚支持下，占领了波斯尼亚—黑塞哥维那70%的地区，在种族净化运动中杀害和驱逐了大批穆斯林和克罗地亚人。联合国开始其维护和平的努力。1995年波斯尼亚实现停火。对塞尔维亚的贸易封锁解除。1996~1997年塞尔维亚地区选举的漏洞引发经常性的游行示威。米洛舍维奇总统承认失败。

正式名称：南斯拉夫联盟共和国。
面积：102,173平方公里（39,449平方英里）。
人口：10,555,000（1995年估测）。**人口倍增时间**：人口不稳定。**人均寿命**：男性68.6岁，女性74.4岁。**出生率**：世界平均出生率的0.54倍。**死亡率**：世界平均死亡率的1.1倍。**城区人口**：52%。**首都**：贝尔格莱德1,169,000（1994年估测；包括郊区）。**其他主要城市**：诺维萨德180,000，尼什175,000，克拉古耶瓦茨147,000，苏博蒂察100,000（1994年估测；包括郊区）。**语言**：塞尔维亚语（官方语言）77%，阿尔巴尼亚语14%，匈牙利语4%，瓦拉几语1%，吉卜赛语1%。
成人识字率：89%。
宗教：塞尔维亚正教65%，逊尼派伊斯兰教19%，无宗教信仰者10%，天主教4%。

南斯拉夫各共和国
黑山
面积：13,812平方公里（5333平方英里）。
人口：630,000（1994年估测）。
首府：波德戈里察。
塞尔维亚
面积：88,361平方公里（34,116平方英里）。
人口：9,925,000（1994年估测）。
首府：贝尔格莱德。

斯洛文尼亚

斯洛文尼亚是中欧一个多山的小共和国。西北部是尤利安山和卡拉万克山脉，西部是迪纳拉山脉，东部的德拉瓦河流域多丘陵。西南部有长达30公里（19英里）的亚得里亚海海岸线。

最高点：特里格拉夫2864米（9396英尺）。**气候**：南部和西部属地中海气候；北部和西部大陆性气候特征更为明显。山区雨量充沛。

国民院（下院）的90名议员按比例代表制由普选产生，任期4年。国务院（上院）的40名议员由社会、经济、地方及其他委员会选出，任期5年。总统由直接选举产生，任期5年，最多可任两届，从国民院多数党中任命总理和内阁。

主要政党：（1996年选举）（中左派）自由民主党（LDS）25席，（右翼）斯洛文尼亚人民党（SP）19席与斯洛文尼亚社会民主党（SDSS）16席和（中右派）斯洛文尼亚基督教民主党（SKD）10席，联合组成斯洛文尼亚之春，（左翼）社会民主主义者联合名单（ZLSD）9席，（DPP）5席，（右翼）斯洛文尼亚国民党4席，其他2席。
总统：（自独立）米兰·库昌（无党派）。
总理：（自1992年）雅奈兹·德尔诺夫舍克（自由民主党，DPP和社会民主主义者联合名单支持下的少数派政府）。

斯洛文尼亚是东欧生活水平最高的国家，也是前南斯拉夫工业化程度最高和商业发达的地区。1995年完成工农业的私有化。主要工业部门包括钢铁、纺织和采矿。农业以畜牧业和牛羊饲料为主。斯洛文尼亚没有遭受其他前南斯拉夫成员国所经历的严重经济衰退，正申请加入欧盟。旅游业迅速恢复并不断发展。
货币：托拉尔。

1918年奥匈帝国统治下的斯洛文尼亚与塞尔维亚和克罗地亚联合成立南斯拉夫国家。1941~1945年二战中被德国、意大利和匈牙利瓜分。1945年斯洛文尼亚成为共产主义南斯拉夫的一个组成共和国。1991年斯洛文尼亚宣布独立；南斯拉夫企图阻挠但失败。1992年斯洛文尼亚的独立得到国际承认。

正式名称：斯洛文尼亚共和国。
面积：20,256平方公里（7821平方英里）。
人口：1,970,000（1995年估测）。**人口倍增时间**：人口稳定。**人均寿命**：男性69.4岁，女性77.3岁。**出生率**：世界平均出生率的0.4倍。**死亡率**：世界平均死亡率的1.08倍。**城区人口**：49%。**首都**：卢布尔雅那，城郊人口323,000（城市28,000,1991年普查）。**其他主要城市**：马里博尔，城区153,000（城市108,000），采列41,000，克拉尼37,000（1991年普查；包括郊区）。**语言**：斯洛文尼亚语（官方语言）88%，克罗地亚语8%，少数居民讲匈牙利语和意大利语。
成人识字率：近100%。
宗教：罗马天主教94%。

前南斯拉夫的解体导致了欧洲自二战以来最残酷的冲突

波斯尼亚—黑塞哥维那

波斯尼亚—黑塞哥维那是巴尔干半岛共和国之一，它是个山地内陆国家，只有20公里（13英里）海岸线。其境内的狄那里克阿尔卑斯山脉高达1800多米（6000英尺），占据该国大部分领土，这其中不乏一些干燥石灰岩的喀斯特高原。在萨瓦河谷北部，有一些低地。

最高点： 马格利奇2387米（7831英尺）。**气候：**（北部）波斯尼亚冬季严寒，夏季温暖；（南部）黑塞哥维那冬季较温和，夏季温暖。

众议院的42个席位由公民直接选举产生，任期4年。人民院（上院）的15个席位中的10个在波斯尼亚穆斯林克罗地亚议员中产生，其余5个席位在波斯尼亚塞尔维亚议员中产生。主席团成员3人，由穆、克、塞三族各派一人产生。主席团指定联邦内阁的组成，内阁权力有限。该国分为二：（穆斯林克罗地亚族）波斯尼亚—黑塞哥维那联邦政府和（波斯尼亚塞尔维亚族）塞族共和国，两个政治实体各自自治。

主要政党：（1996年选举）（穆斯林族）民主行动党（SDA）16席，塞尔维亚民主党（SDS）9席，克罗地亚民主（HDZ）8席，（塞尔维亚族）争取民主行动党3席，（稳健派多民族联合）联合名单和（稳健派波斯尼亚穆斯林族）波斯尼亚—黑塞哥维那（SBiH）2席，（塞尔维亚族）争取和平人民联盟2席。
主席团主席：（自1996年）阿利亚·伊泽特贝戈维奇（民主行动党）。
总理：（自1996年）哈桑·穆拉托维奇（民主行动党）。

波黑经济在1992~1995年的战争期间损失很大，工业和农业产品产量都仅为战前总量的一小部分。国家大部分基础设施都遭破坏，经济活动也因人口的大量流动而瓦解。波斯尼亚中部及东部有森林覆盖。该国大部分人口从事农业，畜牧业以养羊为主，农业以种植玉米、橄榄、葡萄和柑橘为主。仅有少数工业仍旧存在，有1/3以上的劳动力失业。
货币： 第纳尔和库纳。已达成协议于1997年发行统一货币。

自1878年起就统治波斯尼亚的（哈布斯堡）奥匈帝国合并该国。1914年哈布斯堡王储弗兰茨·斐迪南大公在萨拉热窝遭一塞尔维亚人刺杀，加速一战的爆发。1918年波斯尼亚加入后来的南斯拉夫。1941年二战期间，遭德国入侵，波斯尼亚被"独立"的克罗地亚吞并。1945年波斯尼亚—黑塞哥维那成为南斯拉夫共产主义联盟的一个共和国。1992年由于受到波斯尼亚的塞尔维亚人的联合抵制，公民投票结果表明大部分人倾向波斯尼亚独立。受塞尔维亚共和国支持的波斯尼亚-塞尔维亚人占领了全国70%的领土，在其种族净化的运动中，杀死或驱逐穆斯林和克罗地亚人。联合国维护和平部队开始介入。1994年穆斯林和克罗地亚人同意结成联盟。1995年停火初见成效。北大西洋公约组织接替联合国部队。1996年经过多方国际和平调解，双方同意真正解散波黑，而组成一个十分松散的联邦政府。

正式名称： 波斯尼亚和黑塞哥维那共和国。
面积： 51,129平方公里（19,741平方英里）。
人口： 3,230,000（1997年估测）。**人口倍增时间：** 自1991年到1995年人口减少后，人口总数相对稳定。**人均寿命：** 男性72.1岁，女性77.7岁。**出生率：** 世界平均出生率的0.54倍。**死亡率：** 世界平均死亡率的0.69倍。**城区人口：** 36%。**首都：** 萨拉热窝300,000（1993年估测）。**其他主要城市：** 图兹拉，230,000，巴尼亚卢卡150,000（1993年估测）。
语言： 几乎100%人使用塞尔维亚克罗地亚语（官方语言）。
成人识字率： 86%。
宗教： 逊尼派伊斯兰教40%，塞尔维亚东正教31%，罗马天主教15%，少数清教徒。

波斯尼亚联邦

（穆）波斯尼亚—黑塞哥维那联邦政府
面积： 26,076平方公里（10,068平方英里）。
人口： 2,075,000（1995年估测）。
首府： 萨拉热窝。
塞族共和国
面积： 25,053平方公里（9673平方英里）。
人口： 1,385,000（1995年估测）。
首府： 帕莱。

克罗地亚

克罗地亚是巴尔干共和国之一，该国呈月牙状从多瑙河一直延伸至亚得里亚海。该国北部和东部（斯洛文尼亚）为平原。萨格勒布附近为该国中心，是山区。贫瘠的石灰岩山脉（位于克拉伊纳地区）与达尔马提亚海岸平行，沿这一海岸排列有许多与其平行的小岛。杜布罗夫尼克附近的地区与克罗地亚其他地区相分离。
最高点： 迪纳拉1831米（6007英尺）。**气候：** 内陆气候比地中海沿岸地区的气候寒冷且干燥。

■ 和达尔马提亚海岸相连的圣斯特凡岛，从前是个渔村，现在已发展成为一个适应市场的国际旅游胜地。

众议院（下院）共有127个席位，由全体成年选民在单记名两轮制投票和部分比例代表制下选举产生，任期4年。其中给海外克罗地亚人保留12个席位，给少数塞尔维亚人保留3个席位。省院（上院）68个席位中的63个由各市政会选举组成，剩余的5个席位由总统指定人选，任期均为4年。总统由下院选举，任期5年，并由总统指定总理和内阁，总理和内阁应取得下议院大多数成员的支持。
主要政党：（1995年选举）（右翼）克罗地亚民主共同体（HDZ）75席，（中间派）克罗地亚农民党（HSS）16席，加上其同盟4席，（左倾）克罗地亚社会自由党（HSLS）11席，（原共产党）社会民主党（SDP）9席，（右翼）克罗地亚权利党（HSP）4席，其他党派8席。
总统：（自独立）弗拉尼奥·图季曼（克罗地亚民主共同体）。
总理：（自1995年）兹拉特科·马泰莎（克罗地亚民主共同体）。

经济结构主要由制造业（铝、纺织和化学）、采矿业（主要是铝土）和石油工业构成。斯洛文尼亚种植谷物、马铃薯和甜菜。该国经济在南斯拉夫战争（1991~1995）中惨遭破坏，原本十分盈利的达尔马提亚旅游业也陷于瘫痪，但1996年之后该国经济有了暂时性的恢复。克拉伊纳山地的大面积土地由于塞尔维亚人的移民而显得人烟稀少。
货币： 库纳。

至1900年，在（哈布斯堡）奥匈帝国境内，克罗地亚民族主义滋长。1918年克罗地亚加入塞尔维亚和斯洛文尼亚，组成后来的南斯拉夫。20世纪20-30年代克罗地亚开始逐渐加深憎恨由塞尔维亚人控制中央集权的南斯拉夫。1941年二战期间遭德国入侵，成立了一个所谓独立的克罗地亚傀儡政府，该政府采取苛刻的反塞尔维亚政策。1945年克罗地亚成为南斯拉夫共产主义联盟成员之一。1990年分裂主义者在克罗地亚大选中执政。1991年克罗地亚宣布独立，塞尔维亚暴动者在南斯拉夫的支持下占领了克罗地亚30%的领土（克拉伊纳和东斯洛文尼亚）。1992年塞克战争结束，克罗地亚的独立得到了国际社会的认可。1995年克罗地亚收回克拉伊纳和大部分斯洛文尼亚并驱逐塞尔维亚居民。东斯洛文尼亚暂由联合国托管，继而在1997年归还克罗地亚。

正式名称： 克罗地亚共和国。
面积： 56,691平方公里（21,889平方英里）。
人口： 4,490,000（1995年估测）。**人口倍增时间：** 人口总数稳定。**人均寿命：** 男性65.6岁，女性75岁。**出生率：** 世界平均出生率的0.43倍。**死亡率：** 世界平均死亡率的1.23倍。**城区人口：** 51%。**首都：** 萨格勒布，城区931,000（城市708,000，1991年普查）。**其他主要城市：** 斯普利特，城区207,000（城市189,000），里耶卡206,000（城市168,000），奥西耶克165,000（城市104,000），扎达尔76,000（1991年普查）。
语言： 克罗地亚语94%（官方语言）。
成人识字率： 97%。塞尔维亚和斯洛文尼亚占比例较小。
宗教： 罗马天主教87%，旧天主教、清教和少数塞维亚东正教。

■ 斯洛文尼亚在1918年前一直被哈布斯堡王国统治近600年 ■

东南欧 II

希腊

希腊是位于东南欧巴尔干半岛的一个共和国,被伊奥尼亚海、地中海和爱琴海所包围。80%以上的希腊国土是山地。希腊大陆被品都斯山脉占据,该山从与阿尔巴尼亚交界处一直向南延伸至伯罗奔尼撒半岛。罗多彼山脉沿保加利亚边界延伸。希腊约有2000多个岛屿,其中只有154个有人居住。

最高点: 奥林波斯山2917米(9570英尺)。

气候: 地中海式气候,夏季炎热干燥,冬季温和潮湿。北部和山脉地区较为凉爽,冬季山脉地区有降雪。

议会拥有300个席位,其中的288个席位由有选举权的成年公民在普选中按比例代表制选举产生,任期4年。另外12个席位由主要党派选举产生。总统由议会选举,其作用为礼仪性的,任期5年。总统指定总理及其他部长,所指定的总理及部长须得到议会大多数成员的支持。圣山是一个自治的修士共和国。

主要政党: (1996年选举)
泛希腊社会主义运动党(Pasok)162席,(右倾)新民主党(NDP)108席,希腊共产党(KKE)11席,左翼进步力量联盟10席,(左翼)民主社会运动党(Dikki)9席。

总统: (自1995年)康斯坦丁·斯特法诺普洛斯(无党派)。

总理: (自1996年)康斯坦丁·西米蒂斯(泛希腊社会主义运动党)。

希腊至今仍有近1/5的人口从事农业。大部分土地都分布于较偏远地区,特别是广袤的牧羊草地。希腊大部分地区有自给自足的小麦、大麦、玉米、甜菜、水果、蔬菜和奶酪,并生产足够多的酒、橄榄(及橄榄油)、烟草以供出口。工业部门迅速扩大,包括服装业和纺织业,并加工石油、天然气、铝土、褐煤。旅游业(尤其是希腊群岛)、大量商船和在海外工作的希腊人带回的钱,都是重要的外币来源。希腊从欧共体得到特别经济援助。

货币: 德拉克马。

1912~1913年反抗土耳其和反抗保加利亚的巴尔干战争。1913年希腊接管克里特岛及许多爱琴海岛屿、伊庇鲁斯和希腊马其顿;希腊从保加利亚手中接管色雷斯地区,从土耳其手中接管部分小亚细亚领土。1915~1918年卷入一战:赞成德国的君士坦丁一世王与其总理韦尼泽尼斯之间的冲突导致希腊与同盟国结盟和国王退位。1919年王政复辟。迈塔克斯将军成为事实上的独裁者。1921~1922年希腊试图从土耳其手中抢夺小亚细亚部分领土,结果失败,被逐出小亚细亚。1924年王政被推翻。1924~1935年希腊共和国。1935年乔治一世王被暗杀。1941~1945年二战期间被德国占领;保皇派和共产主义者抵抗组织之间存在矛盾冲突。1945~1949年保皇派和共产主义者之间发生内战;美国和英国的援助保证了王权的胜利。1967年军事政变;国王君士坦丁二世流放他乡。1967~1974年"上校政务会"实行独裁。1974年军人政权鼓动希腊突袭塞浦路斯,这几乎导致希腊与土耳其之间的战争,与此同时,军人政权被推翻。1975年新民主立宪共和国成立。1981年加入欧共体(现在的欧盟)。1994年希腊否认有马其顿民族及语言的存在,封锁前南斯拉夫马其顿共和国。

希腊修士自治共和国圣山
面积: 336平方公里(130平方英里)。
人口: 1400(1991年估测)。
首府: 卡里埃。

正式名称: 希腊共和国。
面积: 131,957平方公里(50,949平方英里)。
人口: 10,490,000(1995年估测)。
人口倍增时间: 人口总数相对稳定。
人均寿命: 男性74.6岁,女性79.8岁。
出生率: 世界平均出生率的0.39倍。
死亡率: 相当于世界平均死亡率。
城区人口: 72%。
首都: 雅典,城区3,100,000(城市772,000,比雷埃夫斯183,000,佩里斯泰伦137,000,卡利塞亚111,000;1991年普查)。
其他主要城市: 塞萨洛尼基(原萨洛尼卡)城区706,000(城市384,000),比雷埃夫斯见雅典,帕特雷153,000,伊拉克利翁117,000,拉里萨113,000,卡里塞见雅典,约阿尼纳90,000,沃洛斯76,000,哈尼亚(干尼亚)65,000,卡瓦拉58,000(1991年普查,包括郊区)。
语言: 希腊语96%(官方语言),马其顿语近2%(希腊否认马其顿语言的存在,将其划分为保加利亚语的一种方言),少数人使用土耳其语和阿尔巴尼亚语。
成人识字率: 95%。
宗教: 希腊东正教98%,逊尼派伊斯兰教1%。

■ 雌性动物和女人不允许出现在圣山修士共和国 ■

塞浦路斯

塞浦路斯是地中海东部、距土耳其南部海岸65公里（40英里）处的一个小岛共和国。塞浦路斯岛的南部绵延在特罗多斯山脉。肥沃的平原自西向东穿过塞浦路斯中心地带，平原北部是凯里尼亚山脉和卡帕斯半岛。

最高点： 奥林匹斯山1951米（6401英尺）。

气候： 地中海式气候，夏季炎热干燥，冬季温和多变，降雨量少。

众议院中56个席位由希腊族塞浦路斯全体公民义务普选产生，其选举采取比例代表制，任期5年。另有24个席位因土耳其族塞浦路斯公民不参加全国议会选举而多年空缺。总统由希腊族塞浦路斯选区选民直接选出，任期5年。宪法规定副总统也是依此办法在土耳其塞浦路斯居民中产生。总统指定内阁组成人员。土耳其族塞浦路斯人单方面成立了"北塞浦路斯土耳其共和国"，但除了土耳其外没有得到国际社会的认可。

主要政党：（1996年选举）（保守派）民主大会党（DISY）20席，（改良共产主义）劳动人民进步党（AKEL）19席；（右倾）民主党（DIKO）10席，（左倾）社会党（EOEK）5席，自由民主党（KED）2席。

总统：（自1993年）格拉夫科斯·克莱利季斯（民主大会党）。

希腊族塞浦路斯地区出口马铃薯、水果、酒、服装和纺织品等，该地区的海港、胜地和国际机场等在分裂后遭破坏的设施已重建。土耳其族塞浦路斯（出口马铃薯、水果和烟草）严重依赖于土耳其的援助，其生活水准比南部低得多。旅游业对整个塞浦路斯来说都十分重要。

货币： 塞浦路斯镑；北部使用土耳其货币。

1878年英国从土耳其手中接管塞浦路斯。20世纪50年代希腊族塞浦路斯人，在大主教马卡里奥斯三世的领导下，为了与希腊统一而战；希腊族塞浦路斯恐怖主义者行动越来越猖獗，其组织为"为塞浦路斯而斗争全国组织"（EOKA）。1960年独立运动：由两族居民共享权利。1960～1977年马卡里奥斯总统执政。1963年联合国干涉，使其停止不同种族间的冲突战争。1974年希腊族塞浦路斯发动突袭：土耳其族塞浦路斯军队大举北侵，有200,000多塞浦路斯人被迫离开家乡迁往南部；塞浦路斯有效分裂；马卡里奥斯最终复辟。1975年北方土耳其政府宣布独立。

正式名称： 塞浦路斯共和国。
面积： 9251平方公里（3572平方英里），其中3355平方公里（1295平方英里）处于土耳其控制之中。
人口： 805,000（1995年估测），包括土耳其北方的"居民"。1995年，土耳其控制地区人口达175,000。**人口倍增时间：** 人口总数相对稳定。
人均寿命： 男性74.6岁，女性79岁。
出生率： 世界平均出生率的0.67倍。
死亡率： 世界平均死亡率的0.83倍。
城区人口： 68%。
首都： 尼科西亚220,000；尼科西亚希腊族地区178,000，尼科西亚土耳其地区42,000（1994年估测）。
其他主要城市： 利马索尔137,000，拉纳卡61,000，帕福斯31,000（1994年估测，包括郊区）。
语言： 希腊语（官方语言）78%，土耳其语（官方语言）19%，少数人使用英语。**成人识字率：** 95%。
宗教： 希腊东正教76%，逊尼派伊斯兰教19%。

阿尔巴尼亚

阿尔巴尼亚是位于亚得里亚海（亚得里亚海与地中海主体部分相连接）的东海岸的巴尔干共和国之一。全国大部分农业及人口都集中在沿海岸的低地。山地占据阿尔巴尼亚国土的大部分。

最高点： 科拉比山2751米（9025英尺）。
气候： 地中海沿岸地区夏季炎热干燥，冬季温和、潮湿。内陆多山地区夏季跟地中海地区一样炎热，但冬季十分寒冷。

拥有155个席位的人民议会，依比例选举制由全体选民选举产生，任期4年。总统由人民议会产生，并和总理分享行政权力，任期5年。由总统指定总理及其他部长，总理及部长对人民议会负责。

主要政党：（1997年选举）（前社会主义）社会党（PS）100席，（右倾）民主党PDA 27席，（少数希腊人）保卫人权党及其他党派共28席。
总统： 自萨利·贝里沙（PDA）辞职后空缺。一个社会党总统即将被任命就职。

总理：（自1997年）法·纳诺（社会党）。

阿尔巴尼亚是欧洲最贫穷的国家，其经济依赖农业及出口铬和铜。阿尔巴尼亚于1990年结束了其自我强加的经济孤立状态，开始寻求国际援助。然而，该国经历了持续的移民和工业产量的急骤下降。1996～1997年的几项金字塔式节约计划的破产使得原本已很脆弱的经济彻底崩溃。大多数国有农场已被重新分配到个人手中，大部分过时的工业部门也不再为国有。

货币： 列克。

1912年在经过近500年受土耳其奥斯曼帝国统治后宣布独立。1913年被希腊、塞尔维亚和黑山占领。1914～1916年成为独立的公国。1916年宣布成立共和国。1928年艾哈迈德·贝伊·索古自冕为王（称索古一世），阿尔巴尼亚维新自此始。1939年意大利入侵阿尔巴尼亚，索古一世逃亡。1943～1944年第二次世界大战期间被德国占领，1944年德军撤退后，共产党领导的游击队接管政权。1946年成立阿尔巴尼亚人民共和国。1946～1985年恩维尔·霍查统治。在1978年采取孤立政策之前，共产党政权依次与南斯拉夫、苏联和中国结成联盟进行现代化建设。1990年劳动党自由派在党内的权力斗争中获胜。1991年开始进行经济、社会及政治改革，实行自由选举。1997年金字塔式节约计划失败致使大批人员破产，引起叛乱；意大利领导的各方国际力量带来人道主义援助。

正式名称： 阿尔巴尼亚共和国。
面积： 28,748平方公里（11,100平方英里）。**人口：** 3,410,000（1995年估测）。**人口倍增时间：** 37年。
人均寿命： 男性70岁，女性76.2岁。
出生率： 世界平均出生率的0.95倍。
死亡率： 世界平均死亡率的0.59倍。
城区人口： 36%。
首都： 地拉那251,000（1991年估测）。
其他主要城市： 都拉斯86,000，爱尔巴桑83,000，斯库台82,000，发罗拉74,000（1990年估测）。
语言： 阿尔巴尼亚语（Gheg和Tosk方言）98%（Tosk为官方语言），希腊语2%。
成人识字率： 92%。
宗教： 逊尼派伊斯兰教70%（大部人非虔诚教徒），阿尔巴尼亚东正教20%，罗马天主教9%。

马其顿

马其顿是巴尔干半岛南部的小内陆共和国，国土大部分为高原，约有760米（2500英尺）高，四周被包括西北部的沙尔等山脉包围。中部的瓦尔达尔山谷是该国境内的惟一低地。

最高点： 鲁多卡，2748米（9016英尺）。

气候： 接近于大陆性气候，冬季寒冷、多雪，夏季温暖，瓦尔达尔谷则更接近于地中海式气候。

拥有120个席位的国家议会由全体成年公民普选产生，任期4年。总统由选民直接选举产生，任期5年，由总统指定总理和内阁成员，总理及内阁成员须得到议会大部分成员支持。

主要政党：（1994年选举）（前共产主义者）马其顿社会民主联盟（ASDM）58席，自由党（PLM）29席，（阿尔巴尼亚种族集团）民主繁荣党（DPPM）8席，社会党（PSM）8席，其他党派17席。
总统：（自独立）基罗·格利戈罗夫（马其顿社会民主联盟）。
总理：（自1992年）布兰科·茨尔文科夫斯基（马其顿社会民主联盟）。

该共和国仍是个农业国，饲养羊、牛，种植谷物和烟草。钢铁、化学和纺织工业部分依靠当地资源，包括铁矿、铅和锌。经济由于1994～1995年希腊对其贸易封锁和与塞尔维亚的贸易中断而遭破坏。全国有1/4的劳动力失业。

货币： 第纳尔。

1912年在第二次巴尔干战争后，土耳其统治的马其顿被希腊、保加利亚和塞尔维亚瓜分，塞尔维亚获得现在的马其顿共和国。1918年塞尔维亚占领的马其顿与后来的南斯拉夫合并。1941～1944年在二战期间被保加利亚占领。1945年成为南斯拉夫共产主义联盟的组成单位之一。1991年在南斯拉夫内战爆发后，马其顿宣布独立。1992年尽管受到希腊的阻碍（希腊否认有马其顿民族和马其顿语言的存在），马其顿还是得到国际社会的认可。1994～1995年希腊封锁马其顿。1995年马其顿的阿尔巴尼亚少数民族地区形势更为紧张；格利戈罗夫总统遭暗杀未遂。

正式名称： 马其顿共和国。在联合国内部，该国被称作"前南斯拉夫马其顿共和国"（缩写为FYROM）。
面积： 25,713平方公里（9928平方英里）。**人口：** 2,105,000（1995年估测）。**人口倍增时间：** 人口相对稳定。
人均寿命： 男性70.1岁，女性74.4岁。
出生率： 世界平均出生率的0.63倍。
死亡率： 世界平均死亡率的0.81倍。
城区人口： 59%。
首都： 斯科普里441,000（1994年普查；包括郊区人口）。**其他主要城市：** 比托拉75,000；普里莱普67,000，库马诺沃66,000（1994年普查；包括郊区）。**语言：** 马其顿语（官方语言）69%，阿尔巴尼亚语21%，塞尔维亚语6%，土耳其语3%。
成人识字率： 89%。
宗教： 马其顿东正教67%，逊尼派伊斯兰教30%。

■ 在1967～1990年期间，在阿尔巴尼亚禁止宗教活动 ■

黑海地区诸国

保加利亚

保加利亚是黑海西岸的巴尔干半岛共和国，巴尔干山脉自东向西横穿保加利亚中部。该国北部，低低的山地呈倾斜状延伸至多瑙河。南部，一条低地带（包括马里查河谷）把巴尔干山脉和与希腊交界处的一段高高的崎岖山岳分开。

最高点：穆萨拉峰2925米（9596英尺）。

气候：北部属大陆性气候，夏季温暖，冬季寒冷。东南和东部属地中海式气候，夏季较干燥，冬季较温和。

拥有240个席位的国民议会由全体选民按比例代表制选出，任期5年。总统由选民直接选举产生，任期4年，最多可连任两届。总统指定总理及其他部长，当选的总理及部长须在议会中取得大多数人的支持。

主要政党：（1997年选举）（中立自由党派）民主力量联盟（UDF）137席，（前共产党）保加利亚社会党（BSP）57席，（维护君主制/土耳其种族集团联盟）国家拯救联盟20席，其他26席。

总统：（自1997年）彼得·斯托扬诺夫（民主力量联盟）。

总理：（自1997年）伊万·科斯托夫（民主力量联盟）。

保加利亚土地肥沃，但其他自然资源贫乏，因此该国经济以强大的农业为基础，主要出产谷物（玉米、小麦和大麦）、水果（尤为葡萄），烟草的产量也在逐年上升。近半个世纪以来，生产一直以大规模机械化协作生产方式为主，但是始于1990年的土地私有化事实上已完成。农产品成为食品加工、酒类及烟草工业的基础。其他主要工业包括机械制造、化肥和化学工业，大部分工业部门都已私有化，旅游业日益重要。20世纪90年代早期，由于同前社会主义国家断绝贸易联系，保加利亚经济因此受挫：工业产品产量下降，失业人数骤增。在1994～1997年间，严重的通货膨胀搞垮了保加利亚经济，形势更加严峻，银行部门已名存实亡。

货币：列弗。

1878年土耳其奥斯曼帝国在内部建立自治保加利亚公国。1908年保加利亚成为独立的王国。1912年在第二次巴尔干战争中，保加利亚成为对抗土耳其并最终胜利的联盟成员国之一。1913年保加利亚同邻国因巴尔干战争战利品而争执不下，最终被其邻国击败。1915～1918年在一战中，同德国、土耳其和奥匈帝国联盟并战败。1919年保加利亚在一战后的和平时期失去1/10的领土。1941～1944年在二战中同德国结盟并战败。1944年苏联红军进入保加利亚，建立无产阶级政权。1946年国王被迫流亡，建立共和国。1989年民众示威游行使得独裁者日夫科夫被撤职。1990年保加利亚举行自由大选。1990～1997年短暂的政府没能解决保加利亚严重的经济问题。

正式名称：保加利亚共和国。
面积：110,994平方公里（42,855平方英里）。**人口**：8,350,000（1995年估测）。**人口倍增时间**：人口逐年下降。**人均寿命**：男性68.9岁，女性75.3岁。**出生率**：世界平均出生率的0.38倍。**死亡率**：世界平均死亡率的1.42倍。**城区人口**：68%。**首都**：索非亚1,114,000（1993年估测，包括郊区）。**其他主要城市**：普罗夫迪夫345,000，瓦尔纳307,000，布尔加斯198,000，鲁塞170,000，旧扎戈拉165,000，普列文138,000（1993年估测，包括郊区）。**语言**：保加利亚语（官方语言）80%，土耳其语9%，吉普赛语4%，马其顿语3%。**成人识字率**：96%。**宗教**：保加利亚东正教超过80%；逊尼派伊斯兰教13%；少数居民无宗教信仰。

摩尔多瓦

摩尔多瓦是巴尔干半岛共和国之一，位于罗马尼亚和乌克兰之间，并几乎与黑海相接。摩尔多瓦国土大部分是位于普鲁特河和德涅斯特河谷之间的平原。摩尔多瓦中部的科锥山是该国惟一的高地。

最高点：巴拉涅什特山430米（1409英尺）。

气候：总体说来属于温带大陆性气候，冬季有降雪，夏季温暖，降雨适中。

总统由全体成年选民普选产生，任期4年。拥有104个席位的议会由选民按比例代表制直接选举产生，任期4年。总统指定总理及其他部长，且总理及部长须得到议会大多数成员支持。德涅斯特河左岸和加告兹为特别法律地位行政自治区（前者大部分自治）。

主要政党：（中立前共产党）摩尔多瓦民主农民党（PAD）56席，（亲俄罗斯前共产党）社会党和团结运动党（PS/Yedinstvo）28席，（中立）农民和知识分子联盟11席，（右翼）基督教民主人民阵线9席。

总统：（自1996年）彼得·鲁钦斯基（摩尔多瓦民主农民党）。

总理：（自1992年）安德烈·桑盖利（摩尔多瓦民主农民党）。

 摩尔多瓦是欧洲最贫穷的国家之一，但自1991年独立以来，该国经过改革开始实行私有制，且通货膨胀率降至属前苏联时的最低点。经济仍以农业为主，有2/5劳动力从事农业劳动。摩尔多瓦出产水果（尤为酿酒用葡萄）、蔬菜、小麦、玉米和烟草。该国工业包括工程机械和食品加工工业。由于前苏联的贸易系统的崩溃及发生在德涅斯特河左岸的战争使得该国经济遭到破坏。摩尔多瓦其实自己并无能源，主要依赖俄罗斯，且负俄罗斯大笔贸易债。

货币：摩尔多瓦列伊。

1917年俄属比萨拉比亚（现在摩尔多瓦）短暂独立。1918年俄国布尔什维克军队入侵摩尔多瓦，此后又遭罗马尼亚入侵并被并入该国版图。1940年苏联再次将比萨拉比亚划归自己版图。1944年比萨拉比亚重新组成摩尔达维亚苏维埃社会主义共和国，成为苏联加盟共和国之一。1991年苏联解体后，成立独立的摩尔多瓦共和国。1992年摩尔多瓦境内的德涅斯特河左岸地区居民（主要是俄罗斯人和乌克兰人），因害怕摩尔多瓦与罗马尼亚合并，企图从摩尔多瓦分裂出来，因而爆发短时期内战。独联体部队的干涉并未带来和平，俄军队仍驻扎在德涅斯特河左岸。1994年全国公民投票表明公民极力反对与罗马尼亚联盟。

摩尔多瓦自治共和国
加告兹
面积：1800平方公里（695平方英里）。
人口：200,000（1992年估测）。
首府：科姆拉特。
德涅斯特河左岸
面积：5000平方公里（1930平方英里）。**人口**：800,000（1992年估测）。
首府：宾杰雷。

正式名称：摩尔多瓦共和国。
面积：33,700平方公里（13,010平方英里）。
人口：4,350,000（1995年估测）。
人口倍增时间：人口总数逐年下降。
人均寿命：男性67.9岁，女性71.5岁。
出生率：世界平均出生率的0.57倍。
死亡率：世界平均死亡率的1.28倍。
城区人口：47%。
首都：基希讷乌（前基什尼奥夫）754,000（1991年估测，包括郊区）。
其他主要城市：蒂拉斯波尔186,000，别利齐165,000，宾杰雷142,000（1991年估测，包括郊区）。
语言：罗马尼亚语（摩尔多瓦语）（官方语言）62%，俄语23%，乌克兰语9%，加告兹语3%。
成人识字率：96%。
宗教：俄罗斯（摩尔多瓦）东正教97%以上。

■ 保加利亚的土耳其族人于20世纪70年代被迫采用保加利亚

罗马尼亚

罗马尼亚是位于多瑙河口的巴尔干半岛共和国之一，东临黑海。喀尔巴阡山脉贯穿罗马尼亚北部、东部和中部。摩尔达维亚是位于喀尔巴阡山脉东面的高原；瓦拉几亚平原位于这些山脉南面。喀尔巴阡山脉的西部是特兰西瓦尼亚盆地和班纳特低地。南部多瑙河平原在与黑海交界处形成三角洲。

最高点： 摩尔多韦亚努峰2544米（8346英尺）。

气候： 冬季寒冷，多雪；夏季炎热。低地地区降雨适中，但山区降水较多。

总统由全体成年选民普选选出，任期5年。众议院（下院）的343名议员和参议院（上院）的143名议员，按经修改的比例代表制选举产生，任期4年。总统指定总理和其他部长，当选的总理和部长须得到议会大部分成员的支持。

主要政党：（1996年选举）（中—右联盟）民主协议会（CD）122席，（包括基督教民主农民党88席，国家自由党25席），（社会主义）罗马尼亚社会民主主义党（PSDR）91席，（联盟中立）社会民主党（USD）53席，匈牙利民主联盟25席，（右翼极端民族主义）大罗马尼亚党（RM）19席，罗马尼亚民族团结党（PUNR）18席，其他党派15席。

总统：（自1996年）艾米尔·康斯坦丁尼斯库（民主协议会）

总理：（自1996年）维科多·西奥比（民主协议会；民主协议会-社会民主党联盟政府）。

自然资源包括煤、石油和天然气，这些自然资源促进了化学工业、冶金和机械工程工业的增长。工业私有化进程缓慢，经济问题包括高通货膨胀率、失业、投资少和老化的工业设施。当原本已十分低下的生活水平继续下降时，该国经济又得尽力从齐奥塞斯库的错误措施中恢复元气。约1/3的劳动力仍从事农业劳动，种植玉米、甜菜、小麦、马铃薯、葡萄（制酒用）和畜用谷物。在齐奥塞斯库的领导下，该国曾忽视耕种，但最近已取得一些进步，且大部分土地已私有化。

货币： 列伊。

1914～1918年参加一战对抗德国和奥匈帝国。1918～1919年由于俄国和奥匈帝国的瓦解，罗马尼亚获得大片额外领土。20世纪30年代法西斯铁卫团势力抬头。1937年国王卡罗尔二世废止宪法，开始实行独裁统治。1940年苏联从罗马尼亚手中接管比萨拉比亚（现在的摩尔多瓦）；匈牙利重新获得特兰西瓦尼和班纳特大部分领土。1941年卡罗尔二世逃亡，罗马尼亚在安东内斯库将军的独裁下参加与德国同盟，加入二战。1944年罗马尼亚遭苏联红军入侵。国王麦克尔解除安东内斯库职务。1945年成立共产主义政府，重新收回特兰西瓦尼和班纳特地区。1947年国王被迫流亡，成立共和国。1952～1965年乔治乌·德治统治。1965～1989年尼古拉·齐奥塞斯库和埃琳娜·齐奥塞斯库的统治日益加剧，此举让罗马尼亚陷入贫穷。1989年蒂米什瓦拉地区发生民众游行；军队中反齐奥塞斯库密谋集团领导人当权；齐奥塞斯库夫妇因灭绝种族大屠杀和腐败等罪名被处以死刑。1990～1996年政府大部分权力仍掌握在前共产党人手中。1996年右倾派完成政府改组。

正式名称： 罗马尼亚。
面积： 237,500平方公里（91,699平方英里）。**人口：** 22,690,000（1995年估测）。**人口倍增时间：** 人口总数逐年下降。**人均寿命：** 男性69.3岁，女性75.4岁。**出生率：** 世界平均出生率的0.44倍。
死亡率： 世界平均死亡率的1.25倍。**城区人口：** 55%。**首都：** 布加勒斯特2,067,000（1993年估测，包括郊区人口）。
其他主要城市： 康斯坦察349,000，雅西338,000，蒂米什瓦拉325,000，加拉茨324,000，布拉索夫324,000，克鲁日－纳波卡322,000，普洛耶什蒂254,000，布勒依拉236,000，奥拉迪亚222,000，巴乌岛207,000（1993年估测，包括郊区）。
语言： 罗马尼亚语，（官方语言）91%，匈牙利语7%，还有吉普赛语、德语、乌克兰语和其他少数民族语种等。**成人识字率：** 97%。
宗教： 罗马尼亚东正教86%，罗马天主教5%，希腊东正教3%。

乌克兰

乌克兰共和国是继俄罗斯之后欧洲第二大国，位于黑海北部。乌克兰大部分领土是平原（无树林的大平原），其间有低矮的高原和盆地相间分布。北部有普里皮亚特沼泽，南部是沿黑海及亚速海的低地。乌克兰中部由第聂伯低地和第聂伯高原组成，这里也是该共和国最开阔的高地。乌克兰东部由顿河河谷和部分俄罗斯中央高原组成。西部景色最为变化多端，那里喀尔巴阡山脉在通往匈牙利的一块低地前形成一道屏障。克里米亚半岛上有平行的山脉和肥沃的山谷。

最高点： 戈维尔拉2061米（6762英尺）。

气候： 克里米亚半岛为地中海式气候，乌克兰西部气候总体适宜，较东部大陆性气候冬季温和，夏季凉爽。北部及喀尔巴阡山脉地区降雪最多。全国降雨适中，夏季降雨量最大。

乌克兰议会为一元制议会，其450名议员由全体成年公民选出，任期4年。1996年宪法规定，总统由选民直接选出，并由其指定总理及其他部长，总理及部长对议会负责。克里米亚为自治共和国。

主要政党：（1994年选举）共产党91席，（亲俄共产党）农民党53席，（民主民族主义者）乌克兰民主运动党20席，中立党17席，各中立派15席，其他民主、民族主义者48席，极右民族主义者5席，独立左翼成员201席。

总统：（自1994年）列奥尼德·达尼洛维奇·库奇马（无党派人士）。

总理：（自1997年）瓦列里·普斯托沃伊坚科（无党派人士）。

从前乌克兰被称作苏联的"面包篮子"。位于大草原上的大型集体农场种植谷物、畜用谷物和蔬菜。马铃薯和亚麻是北方的重要作物，水果种植（包括葡萄和商品蔬菜的栽培）广泛，尤其是在克里米亚。自然资源包括铁矿、石油、锰及石盐，但大片（但设备却陈旧过时）的顿涅茨河附近的煤田才是乌克兰工业的主要基地。自苏联解体后，乌克兰的钢铁工业缩减，但黑色金属仍是乌克兰的主要出口商品。其他主要工业包括食品加工、消费品、重型机械工业（火车机车、发电机及日益衰退的轮船制造业）、化学和化学仪器工业。自独立以来，由于同俄贸易中断，经济日益衰退：产品产量下降，国家面临巨大的能源赤字、疯狂的通货膨胀和生活水平的下降。私有化和其他经济改革进展缓慢，只有部分取得成功。

货币： 格里弗那。

1917年乌克兰乘俄国加入一战及俄国革命混乱之机，在被莫斯科统治几个世纪后，宣布独立。1918年独立的乌克兰被并入前奥匈帝国的加利西亚（现在的乌克兰西部）；在东部成立对抗布尔什维克的政府。波兰入侵乌克兰。1919年红军接管大部分乌克兰。1922年乌克兰成为苏联的一个共和国。20世纪30年代，斯大林在乌克兰实行净化政策："使乌克兰俄罗斯化"。1933～1934年饥荒席卷全国，有6,000,000人死亡。1941年乌克兰遭纳粹德国入侵，乌克兰自此至1943年被其占领。1945年以后，乌克兰版图扩大，从波兰手中取得利沃夫，从罗马尼亚手中取得布科维那，从捷克斯洛伐克手中取得鲁塞尼亚，最终于1954年从俄罗斯手中取得克里米亚。1986年乌克兰民族主义者因俄罗斯对乌克兰北部的切尔诺贝利核事故明显的漠不关心而受到激化。1991年在莫斯科的政变失败后，乌克兰宣布独立。乌克兰此举加快了苏联的解体。自1991年起关于俄罗斯族在东部和克里米亚的归属问题，仍使乌克兰与莫斯科关系紧张（克里米亚的部分居民是俄罗斯人，克里米亚也是前苏联黑海舰队的基地，关于这一点的争论至1997年才结束）。由于乌克兰议会中左翼力量强大，乌克兰改革受阻。

正式名称： 乌克兰。
面积： 603,700平方公里（233,100平方英里）。
人口： 52,000,000（1995年估测）。
人口倍增时间： 人口总数相对稳定。
人均寿命： 男性65.3岁，女性74.7岁。
出生率： 世界平均出生率的0.43倍。
死亡率： 世界平均死亡率的1.53倍。
城区人口： 68%。
首都： 基辅2,645,000（1994年估测，包括郊区人口）。**其他主要城市：** 哈尔科夫1,599,000，第聂伯彼得罗夫斯克1,176,000，顿涅茨克1,114,000，敖德萨1,073,000，扎波罗热898,000；利沃夫807,000，克里沃伊罗格729,000，马里乌波尔523,000，尼古拉耶夫515,000，卢甘斯克505,000（1994估测；包括郊区人口）。**语言：** 乌克兰语（官方语言）65%，俄语33%，还有少数人讲罗马尼亚语、匈牙利语、白俄罗斯语和保加利亚语。
成人识字率： 超过98%。
宗教： 乌克兰东正教超过25%，俄罗斯东正教20%，乌克兰天主教10%，40%以上无宗教信仰。

乌克兰自治共和国

克里米亚
面积： 27,000平方公里（10,400平方英里）。**人口：** 2,652,000（1994年估测）。**首府：** 辛菲罗波尔。

俄罗斯和白俄罗斯

俄罗斯

俄罗斯是世界上面积最大的国家，其领土面积占全球陆地面积的10%以上。俄罗斯领土包括欧洲的东部及北亚的西部、中部和东部的大部分。在波罗的海和乌拉尔山脉之间的大部分地区是北欧平原，在其南部，从乌克兰边境到莫斯科北部相对较低的地区是俄罗斯中央高地。乌拉尔山脉以东是广阔的西西伯利亚低地，其中大部分是由鄂毕河及其支流形成的盆地。中西伯利亚高原（叶尼塞河与勒拿河之间）海拔大约在1700米（5500英尺）。勒拿河以东是东西伯利亚山脉，包括切尔斯基山脉和堪察加半岛。西伯利亚的南部地区大部分为山区。其中，雅布洛诺夫山脉和斯塔诺夫山脉起源于阿穆尔河（即黑龙江）盆地，一直延伸到太平洋海岸。阿尔泰山脉位于贝加尔湖南面的蒙古国边境上。大高加索山脉位于黑海与里海之间的格鲁吉亚边境上。位于波罗的海沿岸的波兰与立陶宛之间的加里宁格勒是俄罗斯的一块与其大块领土相分离的领土。

最高点： 艾布鲁斯峰5642米（18,510英尺）。

气候： 俄罗斯具有多种类型的气候，但大部分属于大陆性气候且温差普遍较大。北冰洋地区是冻土地带，这里的亚壤土几乎永远处于冰封状态。俄罗斯南部的针叶森林地带冬季漫长寒冷，夏季短暂。大草原和俄罗斯中部高地冬季严寒，夏季干燥酷热。黑海与里海之间的地区基本上属于地中海式气候。加里宁格勒地区气候温和。

俄罗斯是由各个享有不同程度自治权的共和国及其他一些行政区组成的联邦制国家。总统由全体成年选民选举产生，每届任期5年，最长任期为两届，总统指定包括总理在内的内阁。联邦议会包括两个议院，每4年选举一次。下院（国家杜马）有450个席位，其中225个按简单多数制原则选举产生，其余225个席位按比例代表制选举产生。上院（联邦委员会）在89个共和国、地区及俄联邦其他领土地区选举产生，每个共和国或地区有两个席位。

主要政党：（1995年杜马选举）俄罗斯联邦共产党157席，（中间派）"我们的家园俄罗斯"社会运动55席，（极右翼）俄罗斯自由民主党51席，（左倾改良派）亚博卢集团45席，（左翼）农民党20席，（地区性左翼）权力属人民9席，（中间派）俄罗斯民主选择9席，（右翼）俄罗斯人大会5席，无党派17席，其他22席。

总统：（自1991年）鲍里斯·叶利钦（无党派）。

总理：（自1992年）维克多·切尔诺梅尔金（"我们的家园俄罗斯"社会运动）。

俄罗斯是世界上煤炭、铁矿、钢铁、石油、水泥产量最大的国家之一。然而，在20世纪90年代，经济出现衰退，尽管人民的生活水平下降，但经济正缓慢地从危机中复苏。自1991年起，通过改革中央计划经济，引进自由市场价格和鼓励私营企业，加快了改革步伐。7000多家公司被私有化。劳动力缺乏活力始终是一个问题。分配的不合理导致在一些基础项目上出现短缺。20世纪90年代初，通货膨胀严重，但现在已得到控制。包括钢铁、纺织、化学、重机械工业在内的制造业仍雇佣着1/4以上的劳动力。从1991年起，消费品的生产急剧增长。农业是大规模农业，大部分仍由国有或集体农庄控制，尽管开展了土地私有化，但只有不到5%的农业产品来源于私有化土地。尽管实现了耕作机械化并拥有世界上最大的化肥工业，俄罗斯粮食仍不能自给自足，部分原因是收成不好或仓储设备和交通工具短缺。俄罗斯的主要作物有小麦、大麦、燕麦、甜菜、马铃薯和水果。自然资源包括世界上储量最大的煤矿，占世界森林总面积近1/3的森林，丰富的矿藏：锰、金、钾、铝土、镍、铅、锌和铜，而且俄罗斯的水电资源也丰富异常。机械、石油和石油产品是俄罗斯的主要出口产品。尽管产业分布不合理，基础设施落后，但俄罗斯能源能够自给自足。俄罗斯向前苏联其他共和国国家出口大量剩余资源，现在向西方和日本的出口量也已经增加。

货币： 卢布。

1905年推翻沙皇统治的革命夭折，与日本之间短暂的战争以失败而告终。1906年后，对宪法做出一些改革。1914年一战刚刚爆发，德国就入侵俄国。1917年俄国革命：沙皇被迫退位，建立民主共和国。11月的又一次革命使弗拉基米尔·列宁当选，布尔什维克（共产党）执政，俄罗斯撤出一战。芬兰、波罗的海国家、乌克兰、中亚和北高加索各国宣布独立。1917~1922年布尔什维克和白俄（前沙皇）之间发生内战，沙皇及其皇室成员在叶卡捷琳堡被谋杀。1922年苏联成立，再次征服中亚、乌克兰、北高加索地区。1924年列宁逝世，权力斗争在约瑟夫·斯大林和托洛斯基两派之间展开。从1929~1930年起斯大林成为最高领导人。1939年苏联与希特勒达成协议。苏联进入芬兰、波罗的海国家及波兰。1941年德国入侵苏联。1941~1945年苏联加入

■ 俄罗斯有世界上最长的北冰洋海岸线，长达30,000多公里 ■

二战。2000多万苏联人民死于战争。1945年后苏联在东欧与其周边社会主义的卫星国联合形成警戒线,与西方之间的冷战开始。1953年斯大林逝世。在赫鲁晓夫领导下,经历了短暂的改革。1956年苏联镇压匈牙利反对苏维埃统治的暴动。1964－1982年经济停滞,勃列日涅夫妄图建立和扩大其帝国面积,从而使苏联陷入贫困。1968年苏联入侵捷克斯洛伐克,粉碎其国内改革。1985年后,戈尔巴乔夫开始广泛改革。1989年改革者在苏联大选中击败多数强制路线派,民族主义开始在苏联各加盟共和国中滋长。1989－1991年东欧的苏联社会主义卫星国政权瓦解。1991年反戈尔巴乔夫的强硬路线者企图政变。波罗的海国家(爱沙尼亚、拉脱维亚、立陶宛)脱离苏联;叶利钦执掌俄政权;戈尔巴乔夫辞职;苏联解体;俄罗斯和其余11个共和国成为独立的国家;俄罗斯接替前苏联的国际职责。1993年宪法危机:推行强硬路线的民族主义者在莫斯科的议会大楼里上演了一出起义的闹剧。1995年俄罗斯出兵镇压反叛并企图脱离俄联邦的车臣共和国。1996年停止在车臣的军事行动;俄军队撤退。

正式名称: 俄罗斯联邦。
面积: 17,074,400平方公里(6,592,800平方英里)。
人口: 147,170,000(1995年估测)。
人口倍增时间: 人口总数逐年下降。
人均寿命: 男性57.7岁,女性71.1岁。
出生率: 世界平均出生率的0.38倍。
死亡率: 世界平均死亡率的1.56倍。
城区人口: 73%。
首都: 莫斯科,人口8,957,000(1992年估测;包括郊区人口)。
其他主要城市: 圣彼得堡(前列宁格勒)5,004,000,新西伯利亚1,472,000,下诺夫哥罗德(前高尔基)1,451,000,叶卡捷琳堡1,413,000,萨马拉1,271,000,鄂木斯克1,193,000,车里雅宾斯克1,170,000,彼尔姆1,108,000,喀山1,107,000,乌法1,100,000,伏尔加格勒1,031,000,罗斯托夫1,027,000,沃罗涅日958,000,克拉斯诺亚尔斯克925,000,萨拉托夫916,000,克拉斯诺达尔751,000,陶里亚蒂677,000,符拉迪沃斯托克(海参崴)675,000,巴尔瑙尔665,000,伊热夫斯克651,000,里库特斯克644,000,辛比尔斯克638,000,雅罗斯拉夫尔637,000,哈巴罗夫斯克626,000,新库兹涅茨克萨614,000。(1992年估测;包括郊区)。
语言: 86%以上人口将俄语作为第一语言(官方语言),几乎全国通用。鞑靼语3%,乌克兰语1%,恰瓦什语1%,使用巴什基尔语、车臣语、莫尔多维亚语的人数各占人口总数的0.5%以上,还有100多种的其他语言。
成人识字率: 无最近有效数据。
宗教: 东正教约27%,极为虔诚,逊尼派伊斯兰教、浸礼会教派、犹太教和其他少数宗教派,50%以上无宗教信仰。

俄罗斯联邦共和国

阿迪格共和国
面积: 7600平方公里(2900平方英里)。
人口: 450,000(1995年估测)。
首府: 迈科普。

巴什科尔托斯坦共和国(巴什基尔)
面积: 143,600平方公里(55,400平方英里)。
人口: 4,080,000(1995年估测)。
首府: 乌法。

布里亚特共和国
面积: 351,300平方公里(135,600平方英里)。
人口: 1,050,000(1995年估测)。
首府: 乌兰乌德。

车臣共和国
面积: 14,300平方公里(5500平方英里)。
人口: 900,000(1995年估测)。
首府: 格罗兹尼。

楚瓦什共和国
面积: 18,300平方公里(7100平方英里)。
人口: 1,360,000(1995年估测)。
首府: 切博克萨雷。

达吉斯坦共和国
面积: 50,300平方公里(19,400平方英里)。
人口: 2,010,000(1995年估测)。
首府: 马哈奇卡拉。

戈尔诺－阿尔泰共和国
面积: 92,600平方公里(35,700平方英里)。
人口: 200,000(1995年估测)。
首府: 戈尔诺阿尔泰斯克。

印古什共和国
面积: 5000平方公里(2000平方英里)。
人口: 410,000(1995年估测)。
首府: 纳兹兰。

巴尔卡尔共和国
面积: 12,500平方公里(4800平方英里)。
人口: 790,000(1995年估测)。
首府: 纳尔奇克。

卡尔梅克共和国(哈尔姆格坦格奇)
面积: 76,100平方公里(29,400平方英里)。
人口: 320,000(1995年估测)。
首府: 埃利斯塔。

卡拉恰伊－切尔克斯共和国
面积: 14,100平方公里(5400平方英里)。
人口: 435,000(1995年估测)。
首府: 切尔克斯克。

卡累利阿共和国
面积: 172,400平方公里(66,600平方英里)。
人口: 790,000(1995年估测)。
首府: 彼得罗扎沃茨克。

哈卡斯共和国
面积: 61,900平方公里(23,900平方英里)。
人口: 580,000(1995年估测)。
首府: 阿巴坎。

科米共和国
面积: 415,900平方公里(160,600平方英里)。
人口: 1,200,000(1995年估测)。
首府: 瑟克特夫卡尔。

马里埃尔共和国
面积: 23,200平方公里(9000平方英里)。
人口: 770,000(1995年估测)。
首府: 约什卡尔奥拉。

莫尔多维亚共和国
面积: 26,200平方公里(10,100平方英里)。
人口: 960,000(1995年估测)。
首府: 萨兰斯克。

北奥塞梯共和国
面积: 8000平方公里(3100平方英里)。
人口: 665,000(1995年估测)。
首府: 弗拉季高加索。

俄罗斯共和国
面积: 12,198,300平方公里(4,709,800平方英里)。
人口: 124,530,000(1995年估测)。
首府: 莫斯科。与其他共和国不同的是,俄罗斯共和国并无政府,只分成自治地区、市区和领土及城市,每一地区都有其自己的管理机构。

萨哈共和国(雅库特)
面积: 3,103,200平方公里(1,198,200平方英里)。
人口: 1,035,000(1995年估测)。
首府: 雅库茨克。

鞑靼斯坦共和国
面积: 68,000平方公里(26,300平方英里)。
人口: 3,755,000(1995年估测)。
首府: 喀山。

图瓦共和国
面积: 170,500平方公里(65,800平方英里)。
人口: 310,000(1995年估测)。
首府: 克孜勒。

乌德穆尔特共和国
面积: 42,100平方公里(16,300平方英里)。
人口: 1,640,000(1995年估测)。
首府: 伊热夫斯克。

注:车臣共和国已大部分摆脱俄罗斯的统治。鞑靼斯坦共和国有比其他共和国更为广泛的自治权。

白俄罗斯

白俄罗斯是原苏联加盟共和国之一,位于俄罗斯和波兰之间。白俄罗斯北部是冰川岩屑覆盖的低地,中部是肥沃、排水良好的台地,南部和东部是低洼的皮亚季河沼泽。该国大部分地区较平坦。

最高点: 捷尔任斯克山346米(1135英尺)。

气候: 大陆性气候,因靠近波罗的海而变得温和。冬季比东部欧洲的俄罗斯更为温和。

宪法规定,总统和拥有110个席位的议会由全体成年公民选举产生,总统任期5年,议员任期4年。总统可以越过议会按法令统治国家,总统指定总理及其他部长,总理和部长对总统负责。参议院有63个席位,其中21席由总统指定,其他42席由当地政府指定。现行立法机构由政府的支持者组成,他们脱离1995年选举产生的议会。除共产农业党以外,其他党派活动受到限制。

总统: (自1994年)亚历山大·格里戈里耶维奇·卢卡申科(无党派)。

总理: (自1994年)米哈伊尔·尼古拉耶维奇·奇吉里(无党派)。

尽管白俄罗斯资源较少,但其经济的工业化程度却很高。在其独立前,主要的重机械工业、化工、化肥、石油加工和合成纤维工业是作为前苏联计划经济中的一部分建设的。然而,工业产品自1991年来急剧下降,建立市场经济的计划几乎没有任何进展。该国经济严重依赖于同原苏联各共和国间的贸易。主要经济问题包括高通货膨胀率、失业、旧工业工厂,而且切尔诺贝利的放射性污染使大约20%的白俄罗斯人受到影响。农业主要种植畜牧用饲草,用以养猪、菜牛和家禽。种植亚麻主要用于出口和当地的亚麻制品工业。广阔的森林为重要的木工行业和造纸工业提供了主要原材料。

货币: 白俄罗斯卢布。

1900年自18世纪末起,白俄罗斯就是俄罗斯帝国的一部分。1919年俄国革命后,成立独立的白俄罗斯苏维埃社会主义共和国。1921年白俄罗斯遭波兰入侵,后又被波兰和俄罗斯瓜分。1922年白俄罗斯地区加入苏联,成为其一个共和国。1941－1945年纳粹德国入侵白俄罗斯,白俄罗斯的城镇和工业遭破坏。1945年所有多半属于白俄罗斯的地区在苏联重新联合起来。1986年边境地区乌克兰的切尔诺贝利核电站事故,使得大片地区无人居住,而苏联对此事的漠不关心重新唤醒了白俄罗斯的民族精神。1991年苏联解体,白俄罗斯独立。自1994年起,公民权利受到限制,卢卡申科当权,开始采取最终与俄罗斯联盟的步骤。1996年宪法危机;由政府支持者组成的残余议会形成;削减敌对势力。

正式名称: 白俄罗斯共和国。
面积: 207,546平方公里(80,134平方英里)。
人口: 10,332,000(1995年估测)。
人口倍增时间: 人口总数几乎稳定。
人均寿命: 男性66岁,女性75.7岁。
出生率: 世界平均出生率的0.45倍。
死亡率: 世界平均死亡率的1.33倍。
城区人口: 68%。
首都: 明斯克,1,671,000(1992年估测;包括郊区人口)。**其他主要城市:** 戈梅利517,000,维捷布斯克373,000,莫吉廖夫364,000,格罗德诺291,000,布列斯特277,000,博布鲁伊斯克223,000(1992年估测;包括郊区人口)。**语言:** 白俄罗斯语(官方语言)66%,俄语(官方语言)32%,但几乎所有人都懂俄语,另有少数人使用波兰语和乌克兰语。
成人识字率: 98%。
宗教: 白俄罗斯东正教,约占70%,罗马东正教,不足5%,其他宗教和无宗教信仰者25%。

■ 约有100多万白俄罗斯人在切尔诺贝利灾难后需重新安顿 ■

俄罗斯聚焦 • 俄罗斯聚焦 • 俄罗斯聚焦 • 俄罗斯聚焦 • 俄罗斯聚焦

胜地

俄罗斯的旅游业仍处于初级阶段。东欧一些国家，如匈牙利、波兰、捷克共和国等，这些国家旅游业的大发展使其跻身于十大最佳旅游目的地，而俄罗斯的旅游业却并没有像这些国家一样得到大发展。时下流行的是参加赴俄罗斯东欧部分历史遗迹的旅行团，但单独旅行的人数也日益增多，1/5以上去俄罗斯参观者来自芬兰。前苏联各共和国的俄罗斯人也是另一个主要游客来源。受欢迎的旅游点包括莫斯科（金钟、红场和圣巴西尔斯教堂），圣彼得堡（爱尔米塔什博物馆、俄罗斯博物馆和夏宫），伊尔库茨克，索契（黑海）及横穿西伯利亚铁路。

世界历史遗产包括： 圣母升天大教堂；科洛明斯科耶；克里姆林宫和红场；下诺夫哥罗德的历史纪念碑及其周围建筑；圣彼得堡的历史中心及其周围相关的纪念馆；堪察加半岛火山；贝加尔湖；原始科米森林；弗拉基米尔和苏兹达尔的白色纪念碑。

各共和国

1. 阿迪格共和国
2. 巴什科尔托斯坦共和国
3. 布里亚特共和国
4. 车臣共和国
5. 楚瓦什共和国
6. 达吉斯坦共和国
7. 戈尔诺—阿尔泰共和国
8. 印古什共和国
9. 巴尔卡尔共和国
10. 卡尔梅克共和国（哈利姆格坦格奇）
11. 卡拉恰伊—切尔克斯共和国
12. 卡累利阿共和国
13. 哈卡斯共和国
14. 科米共和国
15. 马里埃尔共和国
16. 莫尔多维亚共和国
17. 北奥塞梯共和国
18. 俄罗斯共和国
19. 萨哈共和国
20. 鞑靼斯坦共和国
21. 图瓦共和国
22. 乌德穆尔特共和国

详细资料见391页。

西伯利亚的塔兹河地区是广阔平原的一部分，非常平坦，几无起伏，有大片沼泽地，与大多数北西伯利亚地区一样，该地至今无人开发。

普希金市的叶卡捷琳娜宫位于圣彼得堡附近，是一座装饰华丽的巴罗格风格的宫殿。普希金市（原沙皇村）是绕俄罗斯皇室夏宫兴建的城市。

圣彼得堡是俄罗斯第二大城市，其辉煌的建筑、宫殿和博物馆都是主要的旅游景点。

! 西伯利亚的上扬斯克是世界上气温变化幅度最大的地区，其变化范围在 -68°C～37°C（-90°F～99°F）之间。

! 位于萨哈林岛（库页岛）与俄罗斯之间的鞑靼海峡是世界上最长的海峡，有800公里（500英里）长。

! 大莫斯科地铁每年客流量达32到33亿人，是世界上最繁忙的地铁。

! 鄂毕河有着世界上最长的河湾，长达885公里（550英里）。

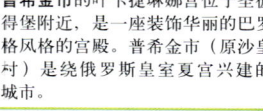
厄尔布鲁士山

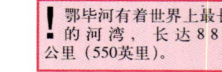

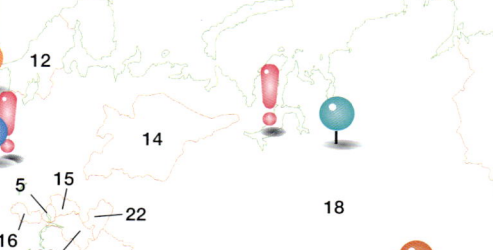

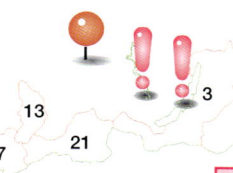
! 叶尼塞河上的萨彦诺—舒申斯科耶大坝，设计抗冲击能力为1800万吨，是世界上最坚固的水坝。

! 贝加尔湖是世界上最大的淡水湖，也是最深的湖。

! 世界上乘火车无需换车的最长旅程，是从莫斯科沿横贯西伯利亚铁路到符拉迪沃斯托克（海参崴），其行程可达9297公里（5777英里）。

圣巴西尔斯大教堂，有着彩色的圆葱状楼顶，矗立于莫斯科红场的南端。由伊凡四世（雷帝）授权建造。

莫斯科河蜿蜒穿过俄罗斯首都，流经许多陡峭山崖，从这些山崖上能够看到莫斯科城壮观的全景。

横贯西伯利亚铁路于1891-1905年间建成。本世纪对西伯利亚的开发都集中在该铁路沿线，该铁路线已成为至关重要的交通联络线。

■ 每年外国游客来俄旅游收入不详 ■ 《爱国主义之歌》

电视与广播

电视机数量: 54,200,000（平均每2.7人一台电视机）
收音机数量: 48,800,000（平均每3.0人一台收音机）

尽管有1991年政变以及私有化的滋生,但只有极少数的俄罗斯传媒(电视或广播)是完全独立自筹资金的。即使是独立的国家电视台也要依靠国控的卫星和发射机。第一电视台(ORT),在俄罗斯及前苏联有2亿观众,奥斯坦基诺电视台(RTR,第二频道),在俄罗斯有1.4亿观众,第一电视台和奥斯坦基诺电视台是俄罗斯主要的播放广播和电视节目的公司。

报纸

新的关于"新闻自由"理论仍旧有其局限性。到1993年为止,俄罗斯有200家国家报纸。在共产党执政期间发行量十分大的报纸,如《消息报》、《真理报》和《劳动报》,发行量已缩减。而与此同时另有新的、有创建性的报纸,如《论据与事实》出现了。由于原材料短缺,赋税上涨和高昂的费用等原因,一些"日报"不得不间歇出版。主要日报名称(全部在莫斯科发行)以及其发行量如下:

《论据与事实》*	3,600,000
《劳动报》	1,400,000
《消息报》	1,000,000
《真理报》	630,000
《苏联生活报》	180,000

* 代表周报

电影

电影院数量: 1810

自苏联于1991年解体后,俄罗斯的电影业已走下坡路。经济的不稳定致使私人和私有公司不愿为电影业提供资金。俄罗斯有两个主要电影公司:莫斯科电影公司和列宁格勒电影公司,分别位于莫斯科和圣彼得堡。国家电影部是现今俄罗斯电影业的主要资金提供者。电影(全部或部分由国家提供资金)包括现代主题、喜剧、古典文学和历史史实改编本等题材。

杂志

不同的共产党团体曾发行各种期刊。大部分都是有教育意义的、"说教的"和带有宣传性的刊物。其中的一些仍旧由其相应的团体少量出版发行,但在形式上却有很大改变。一些新的杂志出现了,这些杂志把重点放在追求轰动效应和神秘主义上。主要月刊及其发行量:

《女工》	劳动妇女的权益	20,500,000
《健康》	健康与卫生	16,800,000
《青年》	文学与写作	3,300,000
《鳄鱼》*	讽刺	2,200,000

* 每月三期

部长会议主席

俄国
1917年　普林斯·格奥尔基·利沃夫
1917年　亚历山大·科林斯基
1917~1922年　弗拉基米尔·伊里奇·列宁
苏联(时期)
1922~1924年　弗拉基米尔·伊里奇·列宁
1924~1930年　阿列克谢·雷科夫
1930~1931年　根里奇·雅高达
1931~1941年　维亚切斯拉夫·莫洛托夫
1941~1953年　约瑟夫·斯大林
1953~1955年　格奥尔基·马林科夫
1955~1958年　尼古拉·布尔加宁
1958~1964年　尼基塔·赫鲁晓夫
1964~1980年　阿列克谢·柯西金
1980~1985年　尼古拉·吉洪诺夫
1985~1990年　尼古拉·雷日科夫
1990~1991年　瓦连京·帕夫洛夫
俄罗斯联邦总理
1992年　伊戈尔·盖达尔
1992年　维克多(托)·切尔诺梅尔金

苏联最高苏维埃主席团主席

俄国
1917~1919年　雅科夫·斯维尔德洛夫
1919~1922年　米哈依尔·加里宁
苏联
1922~1946年　米哈依尔·加里宁
1946~1953年　尼古拉·什维尔尼克
1953~1960年　克利门特·伏罗希洛夫
1960~1964年　列昂尼德·伊里奇·勃列日涅夫
1964~1965年　阿纳斯塔西·米高扬
1965~1977年　尼古拉·波德戈尔内
1977~1982年　列昂尼德·伊里奇·勃列日涅夫
1982~1983年　瓦西里·库兹涅佐夫
1983~1984年　尤里·安德罗波夫
1984~1985年　康斯坦丁·契尔年科
1985~1988年　安德列·葛罗米柯
1988~1991年　米哈依尔·戈尔巴乔夫
俄罗斯联邦总统
1991年~　鲍里斯·叶利钦

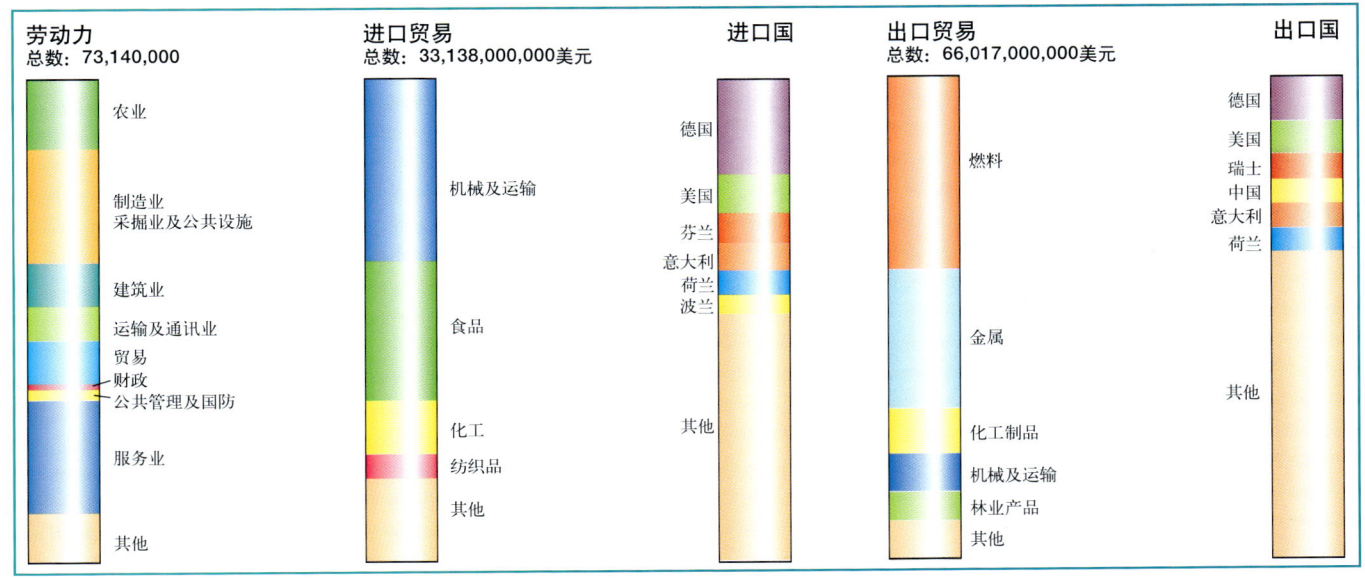

消费物价指数

= 5 单位
= 1000 单位
= 10,000 单位
= 1,000,000 单位
1990 = 100 单位

1990年前的数字不详。

1990　1991　1992　1993　1994　1995

劳动力
总数:73,140,000
农业
制造业
采掘业及公共设施
建筑业
运输及通讯业
贸易
财政
公共管理及国防
服务业
其他

进口贸易
总数:33,138,000,000美元
机械及运输
食品
化工
纺织品
其他

进口国
德国
美国
芬兰
意大利
荷兰
波兰
其他

出口贸易
总数:66,017,000,000美元
燃料
金属
化工制品
机械及运输
林业产品
其他

出口国
德国
美国
瑞士
中国
意大利
荷兰
其他

高加索和伊朗

伊朗

伊朗是连接中东和南亚的古国。除了海湾沿岸、里海沿岸和与伊拉克接壤的边界地区为有限的低地外，伊朗是个群山环抱的高原国家。走向与海湾平行的扎格罗斯山脉形成了一道屏障。东部高原上地势较低的地区，被包括卡维尔沙漠在内的盐漠所覆盖。

最高点： 德马万德山5604米 (18,386英尺)。

气候： 伊朗各地气候差异很大，海湾地区气候炎热而西北地区冬季温度可达零下。里海沿岸为降雨丰富的副热带气候。伊朗大部分地区干旱少雨。

专家会议为83人（由什叶派教士组成），经过成人普选产生，任期8年。专家会议推选一名宗教法学家为最高领袖，享有行政、立法、司法和军事最高权力。270人组成的伊斯兰国民议会及总统每4年选举一次。总统任命内阁，内阁对伊斯兰国民议会负责。

主要团体：（无政党）(1996选举)（极右翼原教旨主义者）圣战者组织110席，（右翼原教旨主义者）伊朗建设公仆社80席，其他80席。

领袖：（自1989年）阿亚图拉·赛义德·阿里·哈梅内伊。

总统：（自1997年）穆罕默德·哈塔米。

石油是伊朗的主要外汇来源。石化工业、地毯编织业、纺织业、汽车工业以及水泥制造业是该国的基础工业。20世纪80年代与伊拉克进行的战争以及在国际社会中的孤立地位严重影响了伊朗的贸易，同时也使其饱尝投资缺乏之苦。通货膨胀严重、失业率高、生活水平下降是伊朗面临的主要问题。1/4以上的劳动力从事农业生产，他们主要种植谷物（小麦、玉米和大麦）并饲养家畜。但由于农村水资源缺乏，土地所有权存在争议以及劳动力短缺，所以农业产量较低。

货币： 里亚尔。

1921年礼萨·汗·巴列维夺取政权。1925年推翻卡扎尔王朝，巴列维本人称王，成为礼萨一世。1925~1989年巴列维王朝统治下的国家逐步实现现代化。1935年改波斯名为伊朗。1941年礼萨一世由于倾向纳粹德国，在英、苏迫使下退位；穆罕默德·礼萨继位。1953年激进的民族主义者穆罕默德·摩萨台出任总理，一度推翻了君主制。1953~1979年穆罕默德·礼萨用高压政策加强对政权的控制，并试图通过土地改革赢得民心。1979年沙（伊朗国王的称号）被推翻，在阿亚图拉·霍梅尼的倡导下建立了原教旨主义伊斯兰共和国。受西方教育的阶层逃离伊朗。1979~1981年激进的反西派学生进攻美国大使馆并扣留了66名美国人质。1980年伊拉克侵略伊朗。1988年两伊战争结束。1989年霍梅尼逝世后由于经济方面的需要，伊朗进入伊斯兰武装革命的低潮阶段。1990年伊拉克归还伊朗被占领土。

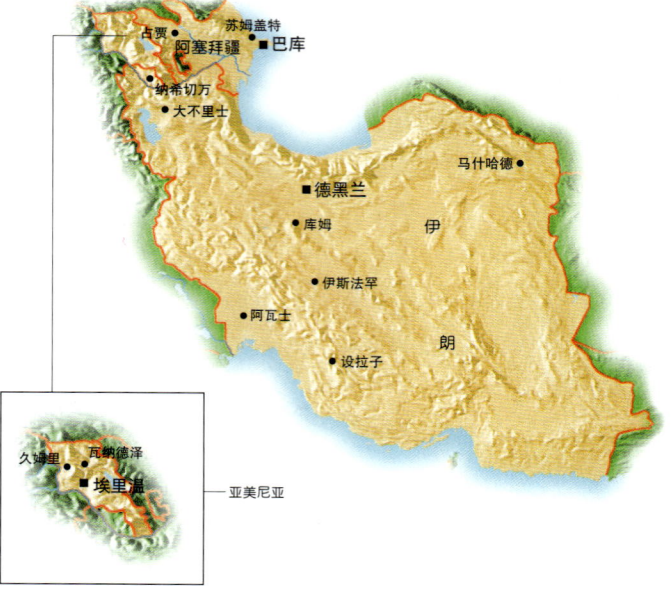

■ 伊斯法罕的国王清真寺建于1612–1637年，被认为是波斯风格建筑的杰出典范。

正式名称： 伊朗伊斯兰共和国。
面积： 1,638,057平方公里（63,457平方英里）。
人口： 61,270,000（1995年估测）。
人口倍增时间： 21年。
人均寿命： 男性65岁，女性67岁。
出生率： 世界平均出生率的1.68倍。
死亡率： 世界平均死亡率的0.86倍。
城区人口： 57%。
首都： 德黑兰6,475,000（1991年普查；包括郊区）。
其他主要城市： 马什哈德1,759,000，伊斯法罕1,127,000，大不里士1,089,000，设拉子965,000，阿瓦士725,000，库姆681,000（1991年普查；包括郊区）。
语言： 波斯语83%（47%为母语；官方语言），阿塞拜疆语17%，库尔德语9%，吉拉基语5%，卢尔语4%，马桑达拉尼语4%，俾路支语2%，巴赫蒂亚里语2%。
成人识字率： 54%。
宗教： 什叶派伊斯兰教94%，逊尼派伊斯兰教近6%。

亚美尼亚

亚美尼亚，这个内陆小国是前苏联的一个加盟共和国，地处亚欧交界的高加索山脉。亚美尼亚全境皆山地，只有10%的国土在海拔1000米（3300英尺）以下。沿土耳其边境的阿拉克斯河谷是亚美尼亚的主要低地。该国森林覆盖面广。

最高点： 阿拉加茨4090米（13,418英尺）。

气候： 亚美尼亚以干燥的大陆性气候为主，但由于地貌、海拔和雨影区不同，各地气候有明显差异。

总统由全体成年公民投票选出，任期5年。全民议会有190名成员，由全体成年公民每4年选举一次，其中150名由各选区选出，其余40名成员根据代表制，按比例在全国范围内选出。总理由总统任命。

主要政党：（全民议会1995年选举）（改革派）共和集团（包括亚美尼亚全民族运动—HHSh）119席，沙米拉姆（妇女运动组织）8席，（前共产党）民主党7席，全国民主联盟5席，其他51席。

总统：（自独立）列翁·捷尔—彼得罗相。

总理：（自1997年）罗伯特·科查扬。

亚美尼亚工业包括化工、精密仪器制造业、冶金及矿业（铜）以及食品加工业，但90年代以来有所衰退。为发展农业（特别是棉花和谷物），该国兴建了水电站及水利灌溉系统。私有化已经开始，但因与阿塞拜疆的战事及1988年大地震而破坏了经济并导致了严重的能源短缺。

货币： 德拉姆。

正式名称： 亚美尼亚共和国。
面积： 29,800平方公里（11,506平方英里）。
人口： 3,548,000（1995年估测）。
人口倍增时间： 87年。
人均寿命： 男性68.4岁，女性75.4岁。
出生率： 世界平均出生率的0.54倍。
死亡率： 世界平均死亡率的0.7倍。
城区人口： 68%。
首都： 埃里温1,283,000（1991年估测；包括郊区）。**其他主要城市：** 久姆里（原列宁纳坎）206,000，瓦纳德泽（或卡拉克里斯，原基洛瓦坎）170,000（1991年估测）。
语言： 亚美尼亚语（官方语言）94%，阿塞拜疆语3%，少数使用俄语。**成人识字率：** 无此数据。
宗教： 亚美尼亚使徒教（东正教分支）94%，什叶派伊斯兰教3%，少数信奉罗马天主教和俄罗斯东正教。

亚美尼亚自1813~1828年以来处于沙俄统治下。1918年推翻沙俄统治。1918~1922年亚美尼亚独立。1922年被苏联吞并。1936年成为苏联的一个独立加盟共和国。1989~1994年亚美尼亚和阿塞拜疆的武装力量在纳戈尔诺—卡拉巴赫自治州发生武装冲突，此地是被阿塞拜疆什叶派穆斯林包围的东正教亚美尼亚基督徒飞地之一。1990年民族主义者夺取了政权，宣布独立。1991年苏联解体，亚美尼亚的独立得到承认。1994年在俄罗斯的斡旋下双方停火，亚美尼亚军队控制了包括纳戈尔诺—卡拉巴赫自治州在内的20%的阿塞拜疆领土。

■ 伊朗的石油储量超过14万亿升 ■

阿塞拜疆

阿塞拜疆是里海沿岸原苏联的一个加盟共和国。其领土包括里海沿岸的低地、北部的高加索山脉的一部分、西南部的小高加索山脉。阿塞拜疆包括亚美尼亚西部的纳希切万飞地。

最高点： 巴查尔迪尤集4466米（14,652英尺）。

气候： 气候类型多样，包括里海附近干旱或潮湿的亚热带气候及山区的大陆性气候。

总统和125人组成的大国民议会由全体成年公民每4年选举一次。总统任命总理和内阁。

主要政党：（1995年选举）（民族主义）新阿塞拜疆党及联盟88席，"木沙瓦特派"民族平等党、共产党及伊斯兰党被禁止参加竞选。

总统：（自1993年）盖达尔·阿利耶夫（新阿塞拜疆党）。

总理：（自1996年）阿特·莱西扎德（新阿塞拜疆党）。

蕴藏丰富的石油和天然气是该国的经济支柱也是重工业生产的基础。工业在国民经济中占统治地位，但出口创汇的也有各种农产品，其中包括棉花和烟草。里海盛产用于制鱼子酱的鲟鱼。由于同亚美尼亚交战，经济遭到破坏，通货膨胀严重。私有化已经开始，西方已投资其石油工业。

■ 阿塞拜疆的石油产品使其成为前苏联最富裕的加盟共和国之一。

货币： 马纳特。

自1813~1828年处于沙俄统治之下。1918年推翻沙俄统治，宣布成立与土耳其联盟的阿塞拜疆共和国。1918~1920年阿塞拜疆宣布独立。1920年苏联红军攻入阿塞拜疆。1922年成为苏联的一部分。1936年成为苏联的一个独立加盟共和国。1989~1994年亚美尼亚和阿塞拜疆的武装力量在纳戈尔诺—卡拉巴赫自治州发生激烈的武装冲突，此地是被阿塞拜疆什叶派穆斯林包围的东正教亚美尼亚基督徒的飞地。1990年阿塞拜疆民族阵线宣布阿独立，苏联出兵恢复其秩序。1991年苏联解体，阿塞拜疆的独立得到承认。1993年由于国内反叛和与亚美尼亚交战的失利，阿布法兹·埃利奇别伊总统领导的政府被政变推翻。前共产党人盖达尔·阿利耶夫上台。1994年在俄罗斯斡旋下双方在纳戈尔诺—卡拉巴赫自治州停火，亚美尼亚控制了包括纳戈尔诺—卡拉巴赫

正式名称： 阿塞拜疆共和国。
面积： 86,600平方公里（33,400平方英里）。
人口： 7,525,000（1995年估测）。
人口倍增时间： 50年。**人均寿命：** 男性66.7岁，女性74.6岁。**出生率：** 世界平均出生率的0.86倍。**死亡率：** 世界平均死亡率的0.8倍。**城区人口：** 53%。**首都：** 巴库1,713,000（1991年估测；包括郊区）。**其他主要城市：** 占贾（原基洛瓦巴德）282,000，苏姆盖特236,000，明盖恰乌尔91,000（1991年估测）。
语言： 阿塞拜疆语（官方语言）82%，俄语8%，亚美尼亚语5%，列支干语2%。**成人识字率：** 97%。
宗教： 什叶派伊斯兰教65%，逊尼派伊斯兰教28%，俄罗斯东正教3%，亚美尼亚使徒教（东正教）2%。

阿塞拜疆自治共和国
纳希切万
（旧拼法：Nakhichevan）
面积： 5500平方公里（2100平方英里）。**人口：** 306,000（1991年估测）。**首府：** 纳希切万。

自治州在内的20%的阿塞拜疆领土。1994~1995年政变未遂。

格鲁吉亚

格鲁吉亚是黑海东岸原苏联的一个加盟共和国。高加索山脉的山脊形成了格鲁吉亚的北部边界线。格鲁吉亚的南部是一列稍低的山脉，被称为小高加索山脉。中部有科尔希兹低地。

最高点： 海拔5642米（18,510英尺）的厄尔布鲁士山的缓坡在格鲁吉亚境内，但其山峰跨越俄罗斯的边界；完全在格鲁吉亚境内的最高峰是卡兹别克山5047米（16,558英尺）。

气候： 格鲁吉亚的沿海和中部地区为湿润的地中海式气候，其他地区较为干燥。由于海拔和地貌不同各地气候差异较大。

■ 格鲁吉亚大部分地区土地肥沃，农业人口占劳动总人口的25%。

总统和由235人组成的议会由成人普选产生，总统任期5年，议会任期4年。全国分为75个选区，每选区选举一名代表进入议会；其余议员则按代表比例制度选举产生。总统负责任命部长会议成员。

主要政党：（1995年选举）（民族主义）格鲁吉亚公民联盟（CUP）91席，（中右同盟）格鲁吉亚民主和睦复兴联盟和民族民主党59席，其他（包括政府支持者）和无党派人士78席。

总统：（自1992年）爱德华·谢瓦尔德纳泽（格鲁吉亚公民联盟）。

尽管格鲁吉亚可耕地有限，却发展了包括茶叶、柑橘、烟草、谷物、葡萄园、牲畜和蔬菜等产区在内的多样化农业区。自然资源包括煤、锰和充沛的水力资源。主要工业包括机械制造、食品加工和化工。1991~1994年间由于受内战、猖獗的犯罪、严重的通货膨胀以及能源短缺的影响，经济遭到破坏。自1994年以来逐步稳定的局势使经济有所恢复。

货币： 拉里。

自1801~1878年格鲁吉亚处于沙俄统治下。1918年推翻沙俄统治，宣布成立与德国联盟的格鲁吉亚共和国。1918~1920年英国占领亲白俄的格鲁吉亚。1921年苏联红军进入格鲁吉亚。1936年亚美尼亚成为苏联独立加盟共和国。1989~1994年亚美尼亚和阿塞拜疆的武装力量和纳戈尔诺—卡拉巴赫自治州发生激烈的武装冲突，此地是被阿塞拜疆什叶派穆斯林包围的东正教亚美尼亚基督徒的飞地。1991年格鲁吉亚宣布独立；苏联解体；格鲁吉亚的独立得到承认。1991~1992年内战。1992~1994年阿布哈兹穆斯林要求脱离格鲁吉亚。1994年在俄罗斯的斡旋下纳戈尔诺—卡拉巴赫自治州停火，亚美尼亚军队控制了20%的阿塞拜疆领土。在阿布哈兹地区也实现停火，使阿塞拜疆大部分地区落入独立者手中。

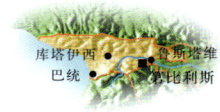

正式名称： 格鲁吉亚共和国。
面积： 69,492平方公里（26,831平方英里）。**人口：** 5,510,000（1995年估测）。**人口倍增时间：** 77年。**人均寿命：** 男性68.9岁，女性76.5岁。**出生率：** 世界平均出生率的0.5倍。**死亡率：** 世界平均死亡率的1.1倍。**城区人口：** 56%。**首都：** 第比利斯1,270,000（1993年估测；包括郊区）。**其他主要城市：** 库塔伊西240,000，鲁斯塔维158,000，巴统137,000，苏呼米112,000（1993年估测）。
语言： 格鲁吉亚语（官方语言）72%，俄语9%，亚美尼亚语7%，阿塞拜疆语6%，奥塞梯语2%。**成人识字率：** 99%。
宗教： 格鲁吉亚东正教65%，逊尼派和什叶派伊斯兰教11%，俄罗斯东正教10%，亚美尼亚使徒教（东正教）8%。

格鲁吉亚自治共和国
阿布哈兹
面积： 8660平方公里（3343平方英里）。**人口：** 517,000（1993年估测）。**首府：** 苏呼米。
阿扎尔
面积： 2900平方公里（1120平方英里）。**人口：** 387,000（1993年估测）。**首府：** 巴统。

■ 里海是世界上最大的内陆湖，盛产鲟鱼 ■

中东 I

叙利亚

叙利亚是从地中海海滨延伸至底格里斯河和幼发拉底河上游流域的一个中东共和国。在水源充足的沿海平原后面是纵贯南北的群山。再往东是叙利亚沙漠。
最高点：赫尔蒙山2814米（9232英尺）。**气候**：沿海低地为地中海式气候，山区较为凉爽。干旱的内陆地区夏季炎热而冬季凉爽。

总统由250人组成的人民议会提名，经全体成年公民选举产生，任期7年。人民议会4年一届，由公民直接选举产生。只有与复兴党目标一致的政党才允许参加竞选。总统任命总理及部长。
主要政党：（1994年选举）（社会主义者，几乎处于垄断地位）全国进步阵线167席，无党派人士83席。
总统：（自1971年）哈菲兹·阿萨德（复兴党）。
总理：（自1987年）马哈茂德·阿祖比（复兴党）。

尽管叙利亚的石油蕴藏量低于中东地区平均水平，但石油仍是其主要出口产品。农业人口占劳动力总人口的1/4，农业生产主要集中在沿海地区及幼发拉底河谷的灌溉地区。直至90年代中期叙利亚的经济形式都以国营为主，但如今私有化已经开始。
货币：叙利亚镑。

1917年一战期间，法英军队结束了长达400年之久的土耳其对叙利亚的统治。1920年宣布成为独立的王国，但国际联盟确认其为法国托管领地。1946年独立。1948－1949年与以色列交战。1949－1970年为政局大动荡时期，发生多次政变和刺杀。1958－1961年与埃及结成短暂联盟但并不成功。1967年与以色列交战，被以占领戈兰高地。1970年阿萨德领导的阿拉伯复兴社会党上台。自1976年黎巴嫩内战期间，叙利亚一直干涉黎巴嫩事务。1990年叙利亚消灭了黎巴嫩基督教民兵组织，现叙在该国处于非官方的"领导地位"。1989－1990年由于经济发展的需要，叙利亚减少了对苏联的依赖；苏联的解体把叙利亚的对外关系推入到更为讲求实效的阶段。1990－1991年在海湾战争中叙利亚参加了以美国为首的多国部队打击伊拉克。

正式名称：阿拉伯叙利亚共和国。
面积：185,180平方公里（71,498平方英里），包括被以色列占领的戈兰高地。**人口**：14,310,000（1995年估测）。**人口倍增时间**：28年。**人均寿命**：男性65.2岁，女性69.2岁。**出生率**：世界平均出生率的1.15倍。**死亡率**：世界平均死亡率的0.36倍。**城区人口**：52%。
首都：大马士革1,550,000（1994年估测，包括郊区）。**其他主要城市**：阿勒颇1,591,000，霍姆斯644,000，拉塔基亚307,000，哈马229,000（1994年估测；包括郊区）。
语言：阿拉伯语（官方语言）89%，库尔德语6%，亚美尼亚语3%。
成人识字率：71%。
宗教：逊尼派伊斯兰教74%，什叶派伊斯兰教15%，东仪基督教各派9%，德鲁兹派教徒3%。

以色列

以色列是地中海东岸的一个中东共和国，它南抵红海亚喀巴湾的一小段海岸。其国土包括地中海海滨狭长而富饶的沿海平原、中部干旱的朱迪亚山脉的一部分、南部的内盖夫沙漠以及东部约旦河谷的一部分。
最高点：梅龙山1208米（3963英尺）。**气候**：地中海附近夏季炎热干燥，冬季温暖湿润。南部比北部干燥，大部分地区年降雨量不足200毫米（8英寸）。

全体成年公民每4年按代表比例制度选举产生由120人组成的议会或称以色列议会。总理由选民直接选举产生并负责任命各部长。总统也是直接选举产生，其职能主要为礼仪性。
主要政党：（1996年选举）（左翼）工党34席，（右翼）利库德集团32席，非宗教各党13席，（东方教派）沙斯党（托拉守卫者）10席，（左翼）梅雷兹集团9席，（不结盟）犹太革新运动7席，（共产主义）哈达什党5席，第三路4席，阿拉伯联合党4席，（右翼）莫莱德特党2席。
总统：（自1993年）埃泽尔·魏茨曼（无党派）。
总理：（自1996年）本杰明·内塔尼亚胡（利库德集团；利库德—莫莱德特党—宗教党联盟）。

国防预算过高，并且近几年才得以同邻国进行贸易，引起一些经济问题。以色列是柑橘的主要生产国和出口国。大片土地为灌溉地，约75%的可耕地由农业合作社负责耕种。矿产资源贫乏，但加工进口钻石则是该国外汇的主要来源。《圣经》中提及的旧址吸引了大批游客，使旅游业在该国经济中占有重要地位。以色列失业率高，许多新移民（尤其来自前苏联的新移民）找不到专业对口的工作。
货币：新谢克尔。

1917年一战期间英军占领了巴勒斯坦从而结束了土耳其在该地区长达400年的统治。在（英国外交大臣）发表了支持犹太人的《贝尔福宣言》后，犹太复国主义者希望能建立犹太人的家园。1920年巴勒斯坦成为英国的托管领地。1946年独立。1948－1949年二战期间600万犹太人在欧洲集中营惨遭屠杀，之后建立了以色列。阿拉伯人拒绝划分巴勒斯坦，引起第一次阿以战争。1956年在苏伊士危机期间，以色列入侵埃及的加沙地区及西奈半岛，但随后撤出。1967年第二次阿以战争中以色列夺取了约旦的西岸、埃及的加沙，以及叙利亚的戈兰高地。1973年埃及进攻以色列，三天后停火。1979年埃以达成和平协议：以色列开始从西奈半岛撤出。1982年以色列摧毁巴勒斯坦解放组织（PLO）的入侵并占领了黎巴嫩南部。1987年在以色列占领的约旦河西岸和加沙发生巴勒斯坦人起义。1990年以后大批犹太人从前苏联涌入以色列。1993年与巴解组织签订了《奥斯陆和平协议》：在加沙和西岸部分地区巴勒斯坦人享有部分自治权。自1996年随着在有争议地区以色列犹太人定居点的不断扩大，和平进程受到阻碍。

正式名称：以色列国。
面积：20,400平方公里（7876平方英里），不包括被以色列吞并的地区（东耶路撒冷和戈兰高地）21,620平方公里（8347平方英里），包括东耶路撒冷和戈兰高地（国际社会不承认以对这两个地区的吞并）。**人口**：5,390,000（1995年估测），包括戈兰高地和东耶路撒冷，但不包括以色列在西岸和加沙的定居点。**人口倍增时间**：44年。**人均寿命**：男性75.1岁，女性78.5岁。
出生率：世界平均出生率的0.85倍。
死亡率：世界平均死亡率的0.67倍。
城区人口：91%。
首都：耶路撒冷576,000（1994年估测；包括郊区及东耶路撒冷）。耶路撒冷作为以色列首都并未得到国际社会的承认。**其他主要城市**：特拉维夫—雅法城区1,141,000（城市357,00）、奥龙163,000；里森利扎伊恩154,000；佩塔提克瓦151,000；巴特亚姆143,000；伯尼伯拉克125,000；拉马特甘123,000；海法247,000；奥龙、里森利扎伊恩、佩塔提瓦和巴特亚姆参见特拉维夫，内坦亚143,000，贝尔谢巴141,000，伯尼伯拉克和拉马特甘见特拉维夫，阿什杜临95,000（1994年估测，包括郊区）。
语言：希伯来语（官方语言）69%作为母语，但85%能听懂，阿拉伯语（官方语言）18%，此外依地语、俄语及少数民族语言。
成人识字率：95%。
宗教：犹太教82%，逊尼派伊斯兰教14%，东仪基督教各派2%。

戈兰高地

正式名称及归属：戈兰。以色列军事占领下的叙利亚领土，1981年被以色列吞并。
面积：1150平方公里（444平方英里）。**人口**：29,000（1995年估测）。**地理**：戈兰高地山顶部土地肥沃，是叙利亚和以色列之间的天然屏障。
经济：以色列人已在戈兰定居，并建起了基布兹（以色列的合作居留地，尤指合作农场）和大葡萄园。

■ 以 色 列 是 惟 一 由 选 民 直 接 选 举 总 理 的 国 家 ■

土耳其

土耳其是跨越东南欧和小亚细亚交界的一个共和国。达达尼尔海峡（欧亚之间的海峡）以西部分占土耳其国土总面积的5%；海峡以东的亚洲部分是安纳托利亚高原及盆地。黑海山脉、托罗斯山脉以及在与伊拉克和亚美尼亚交界处的雄伟山脉构成了土耳其北、南、东三面的边界。

最高点：大阿勒山5137米（16,853英尺）。

气候：沿海地区夏季从温暖到炎热干燥、冬季温和湿润的地中海式气候。内陆夏季炎热、冬季寒冷多雪的大陆性气候。

450人组成的大国民议会由全体成年公民选出，任期5年。总统由大国民议会选出，任期7年，并负责任命总理，而总理则负责任命各部长。

主要政党：（1995年选举）（右翼伊斯兰）繁荣党158席，（中右）正确道路党（DYP）135席，（保守派）祖国党（ANAP）132席，（中左）左派民主党（DSP）75席，（社会民主派）共和人民党（CHP）50席。

总统：（自1993年）苏莱曼·德米雷尔（正确道路党）。

总理：（自1997年）迈萨特·伊尔马兹（祖国党；祖国党—左派民主党联合政府）。

40%的劳动力从事农业生产。种植的作物有小麦、水稻、烟草、燕麦、水果和棉花。棉花和烟草的生产促进了主要加工工业的发展；纺织业是土耳其主要出口产业。制造业，尤其是化工业及钢铁制造业正在蓬勃发展。该国自然资源包括铜和煤。失业率高。在西欧尤其是在德国做工的土耳其人寄回国内的外币是重要外汇来源，但旅游业已发展为最大的创汇产业。

货币：土耳其里拉。

1908年青年土耳其党人起义试图推翻早已衰落的奥斯曼土耳其帝国统治。1912-1913年巴尔干战争基本使土耳其退出了欧洲。1915-1918年作为德国和奥匈帝国的盟国，在一战中失败并失去了包括中东大部分地区在内的所有非土耳其人居住地。1921-1922年希腊企图从土耳其手中夺走小亚细亚，未遂。穆斯塔法·凯末尔将军（后来被称为"土耳其之父"）领导抵抗力量继续打击希腊。1922年苏丹制被废除，土耳其成为世俗共和国家。1923年《洛桑协定》确定了土耳其边界。1923-1938年改革派总统凯末尔使土耳其西化，废除了国教伊斯兰教，引入拉丁字母表，摘除了妇女的面纱。1945年土耳其加入西方联盟（1952年加入北约）。1960年军事政变，曼德列斯总理因被指控腐败被审判并处以绞刑。1961年国内恢复宪法秩序。1974年希腊策动塞浦路斯政变期间，土耳其入侵北部塞浦路斯并在那里建立起土耳其统治。1980年经历一段时期的暴乱及无能政府的统治再次发生军事政变。1983年国内恢复宪法秩序。自80年代以来伊斯兰原教旨主义抬头，并对土耳其的欧洲身份提出质疑。自1991年土耳其南部的库尔德族骚乱升级，出现库尔德族恐怖者袭击活动。1995年土耳其侵入伊拉克袭击库尔德人基地。

正式名称：土耳其共和国。
面积：779,452平方公里（300,948平方英里）。**人口**：62,530,000（1995年估测）。**人口倍增时间**：35年。**人均寿命**：男性69岁，女性73岁。**出生率**：世界平均出生率的1.04倍。**死亡率**：世界平均死亡率的0.65倍。**城区人口**：66%。**首都**：安卡拉，城区3,022,000（安卡拉市2,559,000；1990年普查，包括郊区）。**其他主要城市**：伊斯坦布尔城区7,332,000（城市6,620,000），伊兹密尔2,665,000（城市1,727,000），阿达纳1,430,000（城市916,000），布尔萨1,031,000（城市835,000），科尼亚1,015,000（城市513,000），加济安泰普760,000（城市603,000），梅尔辛701,000（城市422,000），开塞利588,000（城市421,000），迪亚巴克尔560,000（城市381,000），马尼萨557,000（城市159,000）（1990年普查，包括郊区）。
语言：土耳其语（官方语言）88%，库尔德语11%（非官方统计的数字更高）。**成人识字率**：82%。
宗教：逊尼派伊斯兰教99%。

黎巴嫩

黎巴嫩共和国是地中海海滨的一个中东山地国家。在狭长的沿海平原后面是黎巴嫩山脉。再往东，穿过富饶的贝卡河谷是前黎巴嫩山脉和赫尔蒙山脉。

最高点：古尔奈—萨乌达峰3088米（10,131英尺）。

气候：低地地区为地中海式气候；高地地区较为凉爽，最高的山脉冬季降雪量很大。

总统（须是马龙派）由128人组成的国民议会选出，任期9年，不可连任。国民议会由全体成年公民选出，任期4年，128名国会议员有64位代表穆斯林社区，64位代表基督教社区。总统任命一名逊尼派穆斯林为总理，一名什叶派穆斯林为国民议会议长，其他部长亦照此办法任命，保证内阁中各社区间的严格平衡。该国的政党更像是文化—宗教集团。

政党/集团：（1996年选举）基督教64席，其中马龙派34席，希腊东正教14席，希腊天主教8席，亚美尼亚派6席，其他基督教派2席，包括法朗吉党、自由国民党（PNL）、黎巴嫩民族集团（BNL）和戴斯托尔党；穆斯林64席，包括27名什叶派穆斯林（含8名原教旨主义真主党成员）、27名逊尼派穆斯林和8名德鲁兹派穆斯林（来自进步社会党PSP）和2名其他穆斯林。

总统：（自1989年）埃利斯·赫拉维（马龙派）。

总理：（自1992年）拉斐克·哈里里（逊尼派穆斯林）。

（1975-1991年的内战后）黎巴嫩经济正在恢复，贝鲁特也正得以重建。纺织业、食品加工业和电子设备业在经济中起重要作用，昔日地位显著的金融业也恢复了正常。该国农产品主要有柑橘、小麦、燕麦和橄榄。非法种植罂粟也为该国获利颇丰。

货币：黎巴嫩镑。

1916年一战期间，法国入侵（自1320年即由土耳其控制的）黎巴嫩。1920年国际联盟委任法国对叙利亚包括黎巴嫩实行托管统治，同时把黎巴嫩独立出来以保护基督徒的利益。1943年独立，并制定了均衡穆斯林和基督徒利益的宪法。50年代末由于已成为多数的穆斯林在宪法中并不占优势，各社区之间关系开始破裂。1958年与叙利亚联合的激进派穆斯林与西方马龙派基督徒之间发生短暂内战。美国出面干涉恢复了秩序。70年代中期大规模巴勒斯坦难民区的出现给黎巴嫩局势造成动荡。1975-1991年各派民兵组织之间的内战给叙利亚和以色列造成可乘之机，以色列占领了（并继续向前占领）该国南部，黎巴嫩陷入无政府混乱状态。伊斯兰原教旨主义黎巴嫩真主党游击队扣留了西方人质。1990年叙利亚军队击败基督教民兵组织，允许黎巴嫩政府重新上台。自1991年以来各派民兵被解除武装，颁布新宪法。叙利亚在该国处于非官方领导地位。

正式名称：黎巴嫩共和国。
面积：10,230平方公里（3950平方英里）。
人口：3,010,000（1995年估测，人口相对稳定。**人均寿命**：男性72.5岁，女性77.9岁。
出生率：世界平均出生率的1.11倍。
死亡率：世界平均死亡率的0.69倍。
城区人口：87%。
首都：贝鲁特1,100,000（1991年估测；包括郊区）。
其他主要城市：的黎波里240,000，朱尼耶100,000，扎赫勒45,000（1991年估测，包括郊区）。
语言：阿拉伯语（官方语言）93%，亚美尼亚语4%。
成人识字率：92%。
宗教：什叶派伊斯兰教40%，逊尼派伊斯兰教26%，马龙派（东仪教）17%，德鲁兹派伊斯兰教7%，希腊东正教5%，希腊天主教3%，亚美尼亚东正教4%。（自1932年以来便没有官方关于宗教分支的统计了。）

巴勒斯坦

名称及地位：被称为"巴勒斯坦自治地区"的由巴勒斯坦民族权力机构控制的区域尚无正式名称。其领土一部分处于以色列民兵组织控制下，一部分由巴勒斯坦自治机构掌管。**面积**：6257平方公里（2416平方英里），包括西岸5879平方公里（2270平方英里）和加沙378平方公里（146平方英里）。巴勒斯坦权力机构非军事控制超过2142平方公里（827平方英里）；以色列继续占领4115平方公里（1589平方英里）。巴勒斯坦权力机构实现军事和非军事完全控制的地区仅为545平方公里（214平方英里）。
人口：1,984,000（1995年估测），其中西岸1,084,000，加沙900,000。其中1,854,000人居住在巴勒斯坦权力机构控制地区。
巴勒斯坦自治权力机构主席：（自1994年）亚西尔·阿拉法特（巴解组织）。
地理：加沙是地中海滨一条干旱狭长的低地。西岸是以色列和约旦河谷之间干旱的山区。
经济：失业率高。主要在约旦河谷发展灌溉农业，种植柑橘和蔬菜，加沙地区也种植柑橘。加沙地区纺织和制衣业占重要地位。与以色列边界时断时续地开放，贸易受到影响。许多巴勒斯坦人居住在难民营里依靠国际援助生活。许多居民过去在以色列工作，但由于巴勒斯坦哈马斯运动不断制造着恐怖活动，以色列断绝了与西岸及加沙地区阿拉伯人的联系，从而使巴勒斯坦境内的经济萧条更加严重。

■ 黎 巴 嫩 总 统 任 期 9 年 ， 是 世 界 上 任 期 最 长 的 总 统 ■

中东 II

沙特阿拉伯

沙特阿拉伯是一个面积占阿拉伯半岛80%的沙漠王国。全国95%以上的土地是沙漠，其中包括世界上面积最大的沙漠鲁卜哈利沙漠（"不毛之地"）。阿拉伯高原的西部是俯瞰红海沿岸平原的陡峭的悬崖。

最高点：雷兹克山3658米（12,002英尺）。

气候：该国气候炎热，温度最高可达54℃（129°F）。平均降雨量100毫米（4英寸），许多地区的降雨量还远达不到这个水平，甚至几年滴水不降。

沙特阿拉伯是一个君主专制国家。国王任命并领导大臣会议及60人组成的协商会议，其成员任期为4年。该国无政党。

国王：（自1982年）法赫德·本·阿卜杜勒·阿齐兹。

沙特阿拉伯令人瞩目的发展和繁荣几乎全赖于开发蕴藏丰富的石油和天然气。工业包括炼油业、石化工业和化肥制造业，银行业和商业利润也较可观。全国可耕地不足1%。

货币：里亚尔。

正式名称：沙特阿拉伯王国。
面积：2,240,000平方公里（865,000平方英里）。
人口：17,880,000（1995年估测）。
人口倍增时间：24年。
人均寿命：男性66.8岁，女性70.3岁。
出生率：世界平均出生率的1.55倍。
死亡率：世界平均死亡率的0.59倍。
城区人口：80%。
首都：利雅得1,800,000（1991年估测，包括郊区）。
其他主要城市：吉达1,800,000，麦加650,000，麦地那500,000，塔伊夫400,000，达曼350,000（1995年估测，包括郊区）。
语言：阿拉伯语（官方语言）95%。
成人识字率：63%。
宗教：逊尼派伊斯兰教95%，什叶派伊斯兰教3%。

1902年来自内志（阿拉伯中部）的伊本·沙特占领了阿拉伯半岛80%的土地。1932年宣布成立以伊本·沙特为国王的沙特阿拉伯王国。1973年后沙特阿拉伯停止石油生产以迫使美国敦促以色列从西岸撤军。1975年费萨尔国王遇刺。1991年沙特阿拉伯在对抗伊拉克的海湾战争中起到了重要作用。90年代原教旨主义和自由主义反对沙特王朝专制统治的力量不断壮大。

■ 从阿特兰蒂斯号宇宙飞船上看到的沙丘线。这是沙特阿拉伯东部地区，降雨极少。

约旦

约旦是约旦河东岸的一个中东王国。该国大部分人口和农业生产集中在约旦河谷附近。在俯视河谷的陡峭悬崖后面是群山和高原，它们被纵横的峡谷所隔断。再往东是占约旦总面积80%的沙漠。

最高点：拉姆山1754米（5754英尺）。

气候：夏季炎热干燥，冬季较为湿润凉爽，但约旦大部分地区降水量很小。

约旦是君主立宪制国家，国王任命40人组成的参议院（国民议会中的上院）成员及总理和其他部长，他们都对众议院（国民议会中的下院）负责。众议院成员有80人，由全体成年公民选举产生，任期4年。

主要政党：（1993年选举）中间路线无党派44席，伊斯兰党20席，左翼无党派6席，艾哈德党2席，约旦阿拉伯民主党2席，其他6席。

国王：（自1952年）侯赛因一世。
总理：（自1997年）阿卜杜拉·塞拉姆·马加里。

除钾盐（主要出口物）之外，约旦资源贫乏。化肥和磷酸工业地位显著，近年来其他工业和金融业也有了较大发展。可耕地仅占领土总面积的5%，但却生产出大量蔬菜和水果以供出口。在国外做工的约旦人寄回国内的外币是约旦外汇主要来源。

货币：约旦第纳尔。

1916年一战期间在现构成约旦的原奥斯曼土耳其各省爆发了阿拉伯人起义。至1918年现代约旦受制于英国。1920年巴勒斯坦（现以色列、约旦和西岸）成为国际联盟中英国的托管领地。1923年外约旦成为以阿卜杜勒一世（来自汉志的王储）为君主的酋长国。1946年独立：约旦酋长国成为约旦王国。1948年阿—以战争：约旦占领了西岸。1951年国王阿卜杜勒一世遇刺。1967年阿—以战争：以色列夺去了西岸。70年代约旦境内的大批巴勒斯坦难民和巴勒斯坦游击力量威胁着约旦的生存；1979年暂短内战后巴勒斯坦领导人逃离约旦。1988年约旦声明放弃对西岸的所有权利。1991年恢复政党。

正式名称：约旦哈希姆王国。
面积：88,946平方公里（34,342平方英里）。
人口：4,190,000（1995年估测）。
人口倍增时间：20年。
人均寿命：男性70岁，女性73岁。
出生率：世界平均出生率的1.55倍。
死亡率：世界平均死亡率的0.33倍。
城区人口：72%。
首都：安曼城市1,095,000（安曼城市964,000；卢塞法131,000；1994年估测，包括郊区）。
其他主要城市：扎尔卡345,000，伊尔比德208,000，萨勒特178,000，卢塞法参见安曼，马弗莱格110,000（1994年普查，包括郊区）。
语言：阿拉伯语（官方语言）99%。
成人识字率：83%。
宗教：逊尼派伊斯兰教92%，东仪基督教各派5%。

1994年约旦与以色列签署了《和平条约》。

■ 约旦居民中大多数为巴勒斯坦人 ■ 军费开

伊拉克

伊拉克共和国地处底格里斯和幼发拉底河流域，大部分可耕地和多数人口都集中在这一地区。南部和西部的沙漠几乎占国土总面积的一半。东北部是库尔德山地。伊拉克在海湾有一小段海岸线。
最高点：赖万杜兹峰3658米（12,001英尺）。
气候：夏季炎热干旱，气温超过40℃（104°F）。降水多发生在冬季，降水量从沙漠地区的100毫米（4英寸）到山区的1000毫米（40英寸）不等。

伊拉克共和国宪法允许多政党参与国民议会竞选，国民议会由250人组成，全体成年公民选举产生，4年一届。非选举产生的革命指导委员会任命总统，总统任命内阁。库尔德北部各省理论上来说享有自治权。
主要政党：（1989年选举）
全国民族进步阵线（包括占统治地位的阿拉伯复兴社会党、库尔德各党联盟及其他政党）250席。
总统：（自1979年），萨达姆·侯赛因·塔克里蒂（复兴党）。
总理：（自1994年）萨达姆·侯赛因·塔克里蒂（复兴党）。

底格里斯和幼发拉底河盆地的灌溉土地上出产谷物、水果和蔬菜，它们既满足了国内的消费需求，还可供出口。蕴藏丰富的石油是伊拉克的经济支柱，但1991年后联合国开始对伊拉克实施石油禁运。使其石油出口受到限制，只能通过"以石油换食品协定"进行贸易。海湾战争造成的后果及随之而来的石油禁运严重破坏了该国的经济；通货膨胀严重，许多生活必需品出现短缺。然而1996年以来情况已经有所好转。
货币：伊拉克第纳尔。

1914-1918年一战期间征服奥斯曼土耳其的米索不达米亚各省。1920年米索不达米亚成为国际联盟中英国托管统治下的伊拉克。1921年宣布成立受英国保护的以费萨尔一世（来自汉志的王朝）为国王的伊拉克王国。1932年独立。1941年军事政变，亲德派军官掌握了政权，二战期间遭到英国侵略。1941-1945年被英国占领。1958年"自由军官组织"发动政变屠杀皇室成员。1963年政变后出现恐怖时期，对抗左翼。1968年泛阿拉伯民族主义复兴党军官政变，伊拉克成为苏联的同盟国。1979年萨达姆·侯赛因上台。1980-1988年同伊朗进行了耗资巨大、毫无结果的战争。1990年入侵并吞并科威特。1991年海湾战争：美国领导下的多国部队解放了科威特；萨达姆镇压了北部库尔德人和南部什叶派穆斯林的叛乱；在国际协调下划定了可摆脱萨达姆统治的库尔德人"安全区"；联合国对伊拉克实施石油禁运。1994年北部库尔德人各派系之间发生内战。1996年作为冲突各方中一派的支持者，伊拉克军队进入库尔德地区。

库尔德自治区
面积：38,650平方公里（14,923平方英里）。**人口**：2,360,000（1991年估测）。**首都**：埃尔比勒。

正式名称：伊拉克共和国。
面积：435,052平方公里（167,975平方英里）；此数字反映出在1993年联合国决议中伊拉克把领土割让给科威特这一情况。
人口：20,400,000（1995年估测）。
人口倍增时间：19年。
人均寿命：男性46岁，女性57岁。
出生率：世界平均出生率的1.76倍。
死亡率：世界平均死亡率的0.75倍。
城区人口：70%。
首都：巴格达城区5,790,000（巴格达市3,841,000；迪亚拉961,000；卡济迈因521,000；阿宰米耶464,000；1987年普查；包括郊区）。
其他主要城市：迪亚拉见巴格达，苏莱曼尼亚952,000，摩苏尔664,000，卡济迈因见巴格达，埃尔比勒486,000，阿宰米耶见巴格达，基尔库克419,000，巴士拉406,000（1987年普查；包括郊区）。
语言：阿拉伯语（官方语言）77%，库尔德语19%，阿塞拜疆语2%。
成人识字率：60%。
宗教：什叶派伊斯兰教63%，逊尼派伊斯兰教35%，东仪基督教各派近2%。

也门

也门是阿拉伯西南部的一个共和国。也门高地从红海沿岸狭长的平原上拔起，东部干旱的高原，向东延伸至阿拉伯沙漠。索科特拉岛也是该国的组成部分。
最高点：哈杜尔舒艾卜峰3760米（12,336英尺）。**气候**：也门高地的大部分地区属温带气候，其他地区则炎热、干旱。

全体成年公民每4年选举一届由301人组成的众议院及总统。总统任命总理和内阁。
主要政党：（1997年选举）
（民族主义）全国人民大会（GPC）187席，（伊斯兰保守主义）也门改革集团（Islah）53席，（共产主义）无党派54席，其他7席。也门社会党拒绝参加大选。
总统：（自1978年）阿里·阿卜杜拉·萨利赫（全国人民大会）。
总理：（自1994年）阿卡拉·加尼（全国人民大会；全国人民大会—也门改革集团独立政府）。

也门在富饶的高地上通过灌溉种植谷物、咖啡和柑橘。在沿海地区则发展占重要地位的生存农业和渔业。在国外做工的也门人寄回国内的钱是国家税收的重要来源。
货币：里亚尔。

正式名称：也门共和国。
面积：472,099平方公里（182,278平方英里）。
人口：13,060,000（1995年估测）。
人口倍增时间：19年。
人均寿命：男性61.6岁，女性63.5岁。
出生率：世界平均出生率的1.8倍。
死亡率：世界平均死亡率的0.86倍。
城区人口：25%。
首都：萨那972,000（1995年估测，包括郊区）。
其他主要城市：亚丁562,000，塔伊兹178,000，荷台达155,000（1995年估测，包括郊区）。
语言：阿拉伯语（官方语言）98%。
成人识字率：43%。
宗教：伊斯兰教几乎占100%。

1911年土耳其人从也门北部被逐出，英国控制了位于亚丁的重要海军基地以南地区。1962年北部爆发共和革命，推翻了君主制度。1963年在南部爆发了武装反抗英国统治的斗争，"民族阵线"游击队控制了内陆的大部分地区。1963-1970年北部爆发了共和派（埃及支持下）和保皇派（沙特阿拉伯支持下）之间的内战。1967年南也门摆脱英国统治获得独立，成立了社会主义国家。1990年由于失去了社会主义阵营的援助，南也门经济崩溃，随后南北也门统一。1994年南也门欲摆脱其认为不平等的伙伴关系而爆发了短暂的内战。

■ 南也门萨那老城区的装饰性建筑。

海湾地区

科威特

科威特是海湾沿岸地势相对低平的沙漠酋长国。

最高点： 阿末第山脊289米（951英尺）。

气候： 该国夏季气温极高。年降水量不足100毫米（4英寸），几乎全部集中在凉爽的冬季。

科威特是由埃米尔统治的君主制国家，埃米尔任命首相和内阁。国民议会由50人组成，每4年选举一次，只有其家庭符合严格居住规定的识字的科威特男性公民才拥有选举权。该国无正式政党，但成员可来自于非官方组织。

埃米尔：（自1977年）谢赫·贾比尔三世（艾哈迈德·萨巴赫）。

首相：（自1978年）王储谢赫·萨阿德·阿卜杜拉。

伊拉克的入侵和海湾战争（1991年）严重破坏了科威特的经济，但其经济重建非常迅速。蕴藏丰富的石油和天然气是该国的经济支柱。由于水资源的缺乏，几乎不能发展农业。自1991年以来大多数非科威特籍阿拉伯工人或逃出该国或被驱逐出境。取而代之的是来自印度次大陆的短期合同工。

货币： 科威特第纳尔。

正式名称： 科威特国
面积： 17,818平方公里（6,880平方英里）。
人口： 1,690,000（1995年估测）。
人口倍增时间： 30年。
人均寿命： 男性73岁，女性77岁。
出生率： 世界平均出生率的1.02倍。
死亡率： 世界平均死亡率的0.26倍。
城区人口： 97%
首都： 科威特市城区420,000（城市31,000；杰赫拉140,000；沙米耶116,000；哈瓦利85,000；法万尼耶47,000；1993年估测）。
语言： 阿拉伯语（官方语言）98%。
成人识字率： 80%。
宗教： 逊尼派伊斯兰教38%，什叶派伊斯兰教26%，伊斯兰教其他各派9%。

1899年沦为英国的保护国。1968年取消宪法。1971年独立。1990年伊拉克入侵并强行占领了科威特。1991年以美国为首的多国部队在海湾战争中迅速解放了科威特；伊拉克军队破坏了该国大批基础设施；战后大批驱逐巴勒斯坦人，这些巴勒斯坦人被指责倾向伊拉克。1992年恢复宪法。1994年伊拉克承认科威特独立。

阿拉伯联合酋长国

阿拉伯联合酋长国是联邦制国家。由海湾沿岸7个沙漠小国组成，地势较低。主要包括东部的哈贾山脉和与阿曼接壤处的布赖米绿洲。

最高点： 哈贾山1189米（3901英尺）。

气候： 夏季气温高达40℃（104°F）；冬季气候较为温和。降雨量很低。

最高委员会由7个酋长国的世袭君主组成。该委员会委派其中1名委员为总统，任期5年，并任命40人为两年一届的联邦民议会成员。总统负责任命总理和内阁。该国无政党。每个酋长国都拥有自己的政府。

总统：（自1971年）埃米尔扎耶德·本·苏尔坦·阿勒纳哈扬。

总理：（自1979年）埃米尔马克图姆·本·拉希德·阿勒马克图姆。

以出口石油和天然气为基础的阿联酋人生活水平很高。该国还发展了干船坞、化肥工业、商业银行利息业和国际空港。主要劳动力为来自印度次大陆的移民，绿洲和一些靠脱盐水灌溉的沿海地区可发展农业。

货币： 迪拉姆。

■ 摩天大厦和现代化建筑林立的迪拜港展现了阿联酋的高生活水平。

正式名称： 阿拉伯联合酋长国。
面积： 83,600平方公里（32,280平方英里）。
人口： 2,200,000（1995年估测）。
人口倍增时间： 24年。
人均寿命： 男性70.4岁，女性74.7岁。
出生率： 世界平均出生率的1.08倍。
死亡率： 世界平均死亡率的0.32倍。
城区人口： 84%。
首都： 阿布扎比363,000（1989年估测；包括郊区）。
其他主要城市： 迪拜585,000，艾因176,000，沙迦125,000（1989年估测；包括郊区）。
语言： 阿拉伯语（官方语言）42%，印度次大陆语58%。
成人识字率： 79%。
宗教： 逊尼派伊斯兰教80%，什叶派伊斯兰教16%。

1971年英国撤出海湾地区；阿联酋成立。1991年在海湾战争中是反对伊拉克的多国部队成员国。

各酋长国

阿布扎比
面积：73,060平方公里（28,210平方英里）。
人口：798,000（1991年估测）。
首府：阿布扎比。

阿治曼
面积：260平方公里（100平方英里）。
人口：76,000（1991年估测）。
首府：阿治曼。

迪拜
面积：3900平方公里（1510平方英里）。
人口：501,000（1991年估测）。
首府：迪拜。

富查伊拉
面积：1300平方公里（500平方英里）。
人口：63,000（1991年估测）。
首府：富查伊拉。

哈伊马角
面积：1700平方公里（660平方英里）。
人口：130,000（1991年估测）。
首府：哈伊马角。

沙迦
面积：2600平方公里（1000平方英里）。
人口：314,000（1991年估测）。
首府：沙迦。

乌姆盖万
面积：789平方公里（300平方英里）。
人口：274,000（1991年估测）。
首府：乌姆盖万。

巴林

巴林是海湾地区由35个小岛组成的群岛国家。最大的巴林岛上遍布着沙质平原和盐沼，通过一条堤道与沙特阿拉伯相连。
最高点：杜汉山134米（440英尺）。
气候：该国气候炎热异常。平均年降水量只有75毫米（3英寸）。

巴林直接由埃米尔（世袭君主）统治，他负责任命内阁及30人组成的协商会议成员。该国无政党。
埃米尔：（自1961年）埃米尔伊萨二世（本·萨勒曼·阿勒·哈利法）。
首相：（自1970年）本·萨勒曼·哈利法。

巴林国家富饶，石油和天然气蕴藏丰富，炼油工业发达。由于70年代石油储量下降，政府开始鼓励多种产业的发展，目前巴林已成为海湾地区的主要银行和通讯中心。来自印度次大陆的流动工人是巴林劳动力的主要组成部分。
货币：巴林第纳尔。

自1861年以来，巴林一直是英国的保护国。1932年巴林成为海湾地区第一个产油国。1971年独立。1975年由于国内占多数的什叶派穆斯林与少数但占统治地位的逊尼派穆斯林之间关系紧张而引起国内局势的动荡。废除宪法，恢复君主专制。1991年在海湾战争中成为对抗伊拉克的多国部队成员。自1994年以来，什叶派移民内部的动乱升级，发生多次暴乱及多起爆炸事件。

■ 连接岛国巴林和其大邻国沙特阿拉伯的漫长堤道。

正式名称：巴林国。
面积：694平方公里（268平方英里）。
人口：579,000（1995年估测）。
人口倍增时间：29年。
人均寿命：男性71岁，女性76岁。
出生率：世界平均出生率的1.08倍。
死亡率：世界平均死亡率的0.43倍。
城区人口：90%。
首都：麦纳麦142,000（1992年估测；包括郊区）。
其他主要城市：阿里法46,000，穆哈拉格45,000（1991年普查；包括郊区）。
语言：阿拉伯语（官方语言）73%，印度次大陆语27%。
成人识字率：70%。
宗教：什叶派伊斯兰教57%，逊尼派伊斯兰教24%，印度次大陆宗教18%。

阿曼

阿曼是阿拉伯半岛西南部的一个人口稀少的苏丹国家。一列贫瘠的山脉在狭长的沿海平原后面拔起。该国的沙漠一直延伸至内陆的鲁卜哈利沙漠（"不毛之地"）。阿曼还在阿联酋北部拥有一小块与本土隔开的领土。
最高点：阿科达山 3107米（10,194英尺）。
气候：阿曼夏季炎热，但冬季、山区气候温和。该国极度干旱，年平均降水量仅达50～100毫米（2～4英寸）。

阿曼是由苏丹统治的君主制国家，苏丹任命并领导内阁。国家咨询委员会由80人组成，其中40人由符合条件的选民每3年选举一次，其余40人由苏丹从各省提名的候选人中挑选。妇女拥有被选举权，部分妇女也拥有选举权。该国无政党。
苏丹：（自1970年）卡布斯·本·赛义德。

阿曼的经济几乎全部依赖石油和天然气的出口。该国可耕地面积不足1%。外籍工人支撑着石油工业和许多商业基础产业。
货币：里亚尔。

1890年受英国保护的马斯喀特和阿曼国成立。该国从前还统治着包括桑给巴尔和现代巴勒斯坦沿岸的几个港口在内的贸易帝国。1951年恢复独立。1963～1964年南部叛乱；英国军队协助阿曼镇压南部佐法尔地区由南也门支持的左翼起义。1970年极端保守的苏丹赛义德在皇室政变中被废黜；阿曼（过去基本无学校和医院）开始发展并走向现代化。1991年在海湾战争中阿曼成为对抗伊拉克的多国部队成员。

正式名称：阿曼苏丹国。
面积：306,000平方公里（118,150平方英里）。
人口：2,160,000（1995年估测）。
人口倍增时间：21年。
人均寿命：男性68.3岁，女性72.3岁。
出生率：世界平均出生率的1.52倍。
死亡率：世界平均死亡率的0.54倍。
首都：马斯喀特城215,000（马斯喀特市41,000；马特拉174,000；1993年普查）。**其他主要城市**：塞拉莱132,000，苏哈尔92,000（1993年普查，包括郊区）。
语言：阿拉伯语（官方语言）74%，俾路支语19%。
成人识字率：41%。
宗教：易巴德派伊斯兰教56%，印度教23%，逊尼派伊斯兰教19%。

卡塔尔

卡塔尔是一个地势较低、土地贫瘠，延伸向海湾的半岛国家。
最高点：杜汉山73米（240英尺）。
气候：卡塔尔夏季非常炎热，冬季比较温和。平均降水量在50～75毫米（2～3英寸）之间。

卡塔尔是一个君主专制国家。酋长（埃米尔）是国家元首兼政府首脑，负责任命内阁和由35人组成的顾问委员会。该国无政党。
埃米尔：（自1995年）埃米尔哈马德（本·哈利发·阿勒萨尼）。

出口石油和天然气，提高了卡塔尔人的生活水平。钢铁和水泥工业也有发展，同时求产业多样化。
货币：里亚尔。

19世纪60年代在英国干涉下现建立王朝。1872～1915年土耳其（奥斯曼）统治。1915年确立了英国统治。1971年独立。1972年埃米尔艾哈迈德在皇室政变中被埃米尔哈利发废黜。

正式名称：卡塔尔国。
面积：11,427平方公里（4412平方英里）。**人口**：579,000（1995年估测）。
人口倍增时间：39年。
人均寿命：男性70.5岁，女性75.5岁。
出生率：世界平均出生率的0.78倍。
死亡率：世界平均死亡率的0.17倍。
城区人口：90%。
首都：多哈城区514,000（多哈市339,000；雷延143,000；瓦科拉31,000；1993年估测）。
其他主要城市：乌姆赛义德17,000（1993年估测）。**语言**：阿拉伯语（官方语言）40%，印度次大陆语35%，伊朗和其他语言占一少部分。
成人识字率：76%。
宗教：逊尼派伊斯兰教95%，基督教和印度教占一少部分。

1991年成为海湾战争中对抗伊拉克的多国部队成员。1995年埃米尔哈利发在皇室政变中被废黜。

合酋长国男女比例为1000：566 ■ 巴林不施行义务教育 ■

中亚

土库曼斯坦

土库曼斯坦位于中亚南部，是前苏联一个共和国，90%以上的土地被沙漠覆盖，卡拉库姆沙漠位于该共和国中部。科佩特山脉是土库曼和伊朗的分界线。

最高点：菲留扎2942米（9652英尺）。

气候：土库曼斯坦是大陆性气候，夏季炎热，冬季严寒，降雨量少。

总统和由50个议员组成的议会每5年由成年人进行普选。（总统尼亚佐夫任期已延长到2002年）。总统任命内阁成员。

主要政党：（1995年选举）（前共产党）民主党（DP）50席。

总统：（自独立以来）萨帕尔穆拉特·尼亚佐夫（民主党）。

土库曼斯坦盛产石油和天然气。工业包括工程、金属加工业、纺织业。集体农场灌溉区种植棉花，饲养绵羊、骆驼和马。尽管石油和天然气方面有西方国家的投资，但主要保持国有和计划经济。

货币：马纳特。

土库曼斯坦从1881年以来处于沙俄的统治之下。1916年爆发反对俄国统治的起义，宣布成立外里海共和国。1919年苏联红军进入。1925年土库曼斯坦成为苏联加盟共和国。1991年脱离苏联，土库曼的独立得到承认。从1992年以来，公民权和政治权被日益剥夺，废除反对党，增强对尼亚佐夫总统的个人崇拜。

正式名称：土库曼斯坦（土库曼斯坦共和国）。
面积：488,100平方公里（188,500平方英里）。
人口：4,080,000（1995年估测）。
人口倍增时间：27年。
人均寿命：男性61.4岁，女性68.6岁。
出生率：世界平均出生率的1.32倍。
死亡率：世界平均死亡率的0.85倍。
城区人口：45%。
首都：阿什哈巴德416,000（1991年估测，包括市郊）。
其他主要城市：查尔朱166,000，塔沙乌兹117,000，马雷95,000（1991年估测）。
语言：土库曼语（官方语言）72%，俄语12%，乌兹别克语9%。
成人识字率：98%。
宗教：逊尼派伊斯兰教87%，俄国东正教10%。

乌兹别克斯坦

乌兹别克斯坦是位于中亚前苏联的一个加盟共和国，境内西部地势平坦，大部分是沙漠。东部多山，有天山山系和富饶的费尔干纳谷地。

最高点：班诺夫卡4488米（14,724英尺）。

气候：乌兹别克斯坦是暖温带大陆性气候，夏季炎热，降雨量少。只有山区每年降雨量在500毫米以上（20英寸）。

总统和由250个成员组成的最高会议每5年由成年公民普选一次（在1995年，总统卡里莫夫任期被延长到2000年）。总统任命总理和内阁。

主要政党：（1994～1995年选举）（前共产党）人民民主党（DP）213席，（合作党）祖国进步党12席，独立派和其他党派25席。"公正"社会民主党和"民族复兴"民主党两个民族主义政党不允许占席位。

总统：（自独立以来）伊斯拉姆·阿卜杜加尼耶维奇·卡里莫夫（人民民主党）。

总理：（自1996年）乌特库尔·图赫塔穆拉多维奇·苏尔丹诺夫（人民民主党）。

乌兹别克斯坦是世界棉花主要生产国，但由于灌溉水主要从阿姆河及其支流中汲取，导致咸海的水源逐渐干枯。乌兹别克斯坦天然气储备丰富，工业主要以机械和重工业为主。尽管西方投资已开始进行，但市场改革的步伐仍然很慢，大部分经济还是国有计划性经济。

货币：苏姆。

从1868～1873年以来乌兹别克处于俄国统治。1918～1922年巴斯马赤爆发反对俄国统治的起义。1920年乌兹别克可汗被废除。1924年乌兹别克斯坦成为苏联一加盟共和国。1991年脱离苏联；乌兹别克的独立得到承认。

正式名称：乌兹别克斯坦共和国
面积：447,400平方公里（172,700平方英里）。
人口：22,890,000（1995年估测）。
人口倍增时间：28年。
人均寿命：男性65.1岁，女性71.8岁。
出生率：世界平均出生率的1.26倍。
死亡率：世界平均死亡率的0.71倍。
城区人口：39%。
首都：塔什干2,120,000（1992年估测，包括市郊）。
其他主要城市：撒马尔罕372,000，纳曼干333,000，安集延302,000，布哈拉235,000（1992年估测）。
语言：乌兹别克语71%（官方），俄语11%，塔吉克语4%，哈萨克语4%，卡拉卡尔帕克语2%，塔塔尔语2%。
成人识字率：97%。
宗教：逊尼派伊斯兰教88%，俄国东正教9%。

■ 自从1960年以来逐渐下降的水位导致咸海海水枯竭，这艘曾属于一度繁荣的捕鱼舰队的船现在成为咸海的遗迹。

■ 曲曲折折的边境线将富饶的费尔干流域分成三个

哈萨克斯坦

哈萨克斯坦，世界上第九大国家，是前苏联加盟共和国之一，位于里海与中国之间的中亚地区。该国境内有大面积的低矮山地。西部里海附近有低于海平面的平原。山地包括北部的山丘和东南部的包括天山在内的一系列山系。哈萨克斯坦境内有数个盐湖，其中有咸海，由于不断地从其支流中汲取灌溉水，咸海目前正日益枯竭。沙漠包括有南部的克孜勒库姆，中部的卡拉库姆和北部的巴尔苏基。

最高点：汗腾格里峰6995米（22,949英尺）。

气候：哈萨克冬季十分严寒，夏季炎热。降雨量少，降雨量在北部的200毫米（8英寸）到东南部的500毫米（20英寸）之间或更多些，沙漠地区降水量微乎其微。

总统每5年由成年人普选一次，67名成员组成的下议院每四年普选一次。47名成员组成的上议院由总统选出的7名参议员和地方政府选出的40名参议员组成。总统任命总理和内阁成员。

主要政党：（下议院1995年选举）（民族主义）哈萨克人民统一党（SNEK），其他党派和无党派共67席。

总统：（自独立以来）努尔苏丹·阿比舍维奇·纳扎尔巴耶夫（哈萨克人民统一党），他的任期由公民投票表决延长到2000年期满。

总理：（自1994年）阿克让·马格让诺维奇·卡热格尔金（哈萨克人民统一党）。

哈萨克斯坦是前苏联其他共和国粮食和工业原料的主要供给国，尤其是俄罗斯。1994年开始积极向市场经济过渡。有1/4劳动力从事农业。北部草原上集体大农场每年产1600多万吨谷物。其他主要的农业包括饲养绵羊、种植农作物、饲料、水果、蔬菜和稻米。哈萨克斯坦天然资源丰富，有煤、锡、铜、铅、锌、黄金、铬、铁、石油和天然气。该国正在吸引西方投资开发矿产资源。工业以钢铁（在奇姆肯特煤田）、制药、食品加工和水泥生产为代表。

货币：坚戈。

1917年举行反对沙俄统治（可追溯到18世纪）起义，哈萨克民族主义者组成政府要求自治。1920年苏联红军进入哈萨克斯坦。1936年哈萨克斯坦成为苏联一加盟共和国。1954～1956年从苏联其他地区来的大量移民开垦哈萨克斯坦北部"处女地"。1991年莫斯科共产党强硬派政变失败后，哈萨克斯坦宣布独立，从苏联分离出来，哈萨克的独立得到承认。1995年总统努尔苏丹·阿比舍维奇·纳扎尔巴耶夫解散议会，实行政令统治。自1995年以来，发展新首都加强了北部俄罗斯民族对哈萨克的忠顺。

正式名称：哈萨克斯坦共和国。
面积：2,717,300平方公里（1,049,200平方英里）。
人口：16,670,000（1995年估测）。
人口倍增时间：58年。
人均寿命：男性63.2岁，女性72.7岁。
出生率：世界平均出生率的0.74倍。
死亡率：世界平均死亡率水平。
城区人口：57%。
首都：阿拉木图1,164,000（1994年估测；包括市郊）。阿克莫拉（前切利诺格勒）281,000（1991年普查），在2000年将成为首都。
其他主要城市：卡拉干达609,000，希姆肯特439,000，塞米巴拉金斯克345,000，巴甫洛达尔343,000（1991年普查；包括市郊）。
语言：哈萨克语（官方语言）41%，俄语37%，德语3%，乌克兰语2%，乌兹别克语2%，还有鞑靼语、维吾尔语和其他少数民族语言。
成人识字率：99%。
宗教：逊尼派伊斯兰教47%，俄国东正教也是重要宗教，还有少数的浸礼会成员。

塔吉克斯坦

塔吉克斯坦是中亚地区多山的前苏联加盟共和国之一，它位于天山山脉和一部分帕米尔高原之间。最重要的低地是费尔干纳盆地，也是人口最稠密的地区。

最高点：共产主义峰7495米（24,590英尺）。

气候：海拔高度较高以及位于亚洲内陆深处，使得塔吉克斯坦有着典型的大陆性气候。费尔干纳盆地是亚热带气候。

总统和181位成员组成的国民大会由成年人普选产生，每5年换届一次。总统任命总理和内阁成员。

主要政党：（1995年选举）（共产主义）共产党（CP）60席，无党派和其他党派121席。（穆斯林和亲西方的党派被取缔）

总统：（自1992年）埃莫马利·拉赫莫诺夫（无党派）。

总理：（自1996年）亚希约·阿济莫夫（无党派）。

棉花是计划经济（主要仍然是国有经济）的主要支柱，国内战争彻底破坏了该国经济。其他农业经济包括种植水果、蔬菜和养牛。工业以纺织业和地毯制造业为主。自然资源有煤、天然气、石油、铁矿、铅和锌。

货币：塔吉克卢布。

从1860～1868年塔吉克斯坦处于沙俄统治。1917年爆发塔吉克人反抗俄国统治的起义。1920年苏联军队进入塔吉克斯坦。1922～1931年愤怒的塔吉克人起义反抗苏联统治。1929年塔吉克斯坦成为苏联一独立加盟共和国。1990年杜尚别发生种族暴动。1991年脱离苏联统治，塔吉克斯坦的独立得到承认。1992～1993年国内战争中前共产党击败伊斯兰教旨主义军和亲西方派。从1993年以来伊斯兰原教旨主义军和政府军之间不时地发生战争；刑事调查局（主要是俄罗斯）维护力量以塔吉克斯坦为基地；联合国发起的和平会谈工作不断发展。1996年伊斯兰反政府武装占领东部部分地区。

正式名称：塔吉克斯坦共和国。
面积：143,100平方公里（55,300平方英里）。
人口：5,830,000（1995年估测）。
人口倍增时间：35年。
人均寿命：男性65.7岁，女性71.5岁。
出生率：世界平均出生率的1.09倍。
死亡率：世界平均死亡率的0.78倍。
城区人口：30%。
首都：杜尚别592,000（1991估测；包括市郊）。
其他主要城市：苦盏165,000，库利亚布79,000（1991年估测）。
语言：塔吉克语（官方语言）62%，乌兹别克语33%，俄语10%。
成人识字率：98%。
宗教：逊尼派伊斯兰教84%，什叶派伊斯兰教4%，无宗教信仰者10%以上，少数信仰俄国东正教。

吉尔吉斯斯坦

吉尔吉斯斯坦，前苏联加盟共和国之一，位于中亚，是个多山的国家。大部分国土位于天山山脉。人口主要居住在包括楚河流域和部分费尔干纳山谷等有限的低地中。

最高点：波伯迪峰7439米（24,406英尺）。

气候：海拔高以及位于中亚内陆深处的地理位置使其具有典型的大陆性气候，降雨量少。

总统每5年由成年人普选产生。议会的组成包括由每5年进行的成年人普选产生的35名立法委员会成员和由地方选举产生的70名成员组成的人民代表大会（上议院）。总统提名内阁成员和总理，总理在下议院有重要的支配权。

主要政党：（下议院1995～1996年选举）改良主义者、民族主义者和无党派30席，共产党5席。

总统：（自独立以来）阿斯卡尔·阿卡耶夫（无党派）。

总理：（自1994年）阿·朱马古洛夫（无党派）。

全国近40%的劳动力从事农业，主要是种植谷物，生产家畜饲料（用于绵羊和山羊）和在灌溉区种植棉花。自然资源有煤、铅、锌、石油和水力发电资源。食品加工和轻工业正在扩大，私有化进程比位于亚洲的任何前苏联加盟共和国都快。吉尔吉斯斯坦目前正在吸引西方投资者。

货币：索姆。

从1850年以来吉尔吉斯斯坦一直处于沙俄统治之下。1916年爆发反对俄国统治的起义。1916～1920年运用游击战反抗俄国统治。1926年成立吉尔吉斯自治共和国。1936年吉尔吉斯成为苏联一独立的加盟共和国。1990年发生种族冲突。1991年脱离苏联统治，吉尔吉斯作为一个独立的国家在国际上得到承认。

正式名称：吉尔吉斯共和国。
面积：198,500平方公里（76,600平方英里）。
人口：4,485,000（1995年估测）。
人口倍增时间：39年。
人均寿命：男性63.9岁，女性72.6岁。
出生率：世界平均出生率的0.98倍。
死亡率：世界平均死亡率的0.89倍。
城区人口：37%。
首都：比什凯克634,000（1993年估测；包括市郊）。
其他主要城市：奥什219,000，贾拉拉巴德74,000，托克马克71,000（1991年估测）。
语言：吉尔吉斯语（官方语言）53%，俄语26%，乌兹别克语13%。
成人识字率：97%。
宗教：逊尼派伊斯兰教70%左右，无宗教信仰者25%以上，少数信仰俄国东正教。

中亚国家 ■ 哈萨克斯坦是世界上第九大国家 ■

南亚 I

巴基斯坦

巴基斯坦是印度次大陆一共和国,位于兴都库什山脉和阿拉伯海之间。印度河谷把巴基斯坦分成西部高原和东部低地。俾路支(巴基斯坦西南部一省)高原由东北—西南走向的小山和低山组成。在西北边疆省份和有争议的边境地区山脉高达7000米以上(21,300英尺),包括喀喇昆仑山,部分兴都库什山和喜马拉雅山。印度河谷及其支流形成一个主要农业区,巴基斯坦主要人口都分布在这一地区。从印度开始绵延不断的塔尔沙漠覆盖了该国的东南部。

最高点: 蒂里奇米尔峰7700米(25,263英尺),戈德温奥斯丁峰(乔戈里峰),世界第二高峰,海拔8607米(28,238英尺),位于有争议的边境地区。

气候: 巴基斯坦北部和西部气候干燥,南部和东部大部分地区是热带季风气候。温度随季节和纬度变化显著,气候类型从沿海热带雨林气候到北部寒冷的高山气候均有。

87名成员组成的参议院(上议院)其中19名议员是由4个省份每6年进行一次的选举产生的,加上8名从受联邦管辖的部落地区选举产生的议员,另3名来自联邦首府。217名成员组成的国民议会(下议院)由成年公民每5年普选产生。总统(由参议院、国民议会和各省议会组成的选举团选出)任期5年。总统任命总理,总理必须在议会中享有多数票。总理任命内阁成员。4个省份有自己的立法机构。

主要政党: (1997年选举)(右倾宗教的)穆斯林联盟(PML)134席,(左倾)巴基斯坦人民党(PPP)17席,(种族地区的)伊斯兰民族促进会(MQM)12席,民族民主党(ANP)9席,无党派29席,其他党派16席。

■ 巴基斯坦伊斯兰堡的费萨拉伊斯兰教寺院的尖塔和屋顶。

总统: (自1993年)法鲁克·艾哈迈德·汗·莱加利(巴基斯坦人民党)。
总理: (自1997年)纳瓦兹·谢里夫(穆斯林联盟)。

大约45%的劳动力从事农业粮食生产,主要农产品是小麦和大米。棉花是主要的外汇来源。虽然政府大力推行灌溉计划,但一半以上的耕地受积水和高盐度的制约,或是浸泡在水中,或是盐度较高。尽管矿物储藏丰富(有煤、金和铜),但这些资源还没有被广泛地开发。工业主要是食品加工、纺织品和日用消费品的生产。由于国家税收不足和高失业率,巴基斯坦正处于经济危机中。巴基斯坦经济主要依靠外国援助和在国外工作的巴基斯坦人所寄回的钱来维持。

货币: 巴基斯坦卢比。

1930年首次提出从英属印度脱离,建立穆斯林独立国家。1940年由穆罕默德·阿里·真纳领导的穆斯林联盟要求建立穆斯林国家。1947年英属印度分成印度和巴基斯坦,1600平方公里(1000平方英里)的印度领土分成巴基斯坦的两"翼",西巴基斯坦(目前的国家)和东巴基斯坦(现在的孟加拉国)。1947~1949年印巴两国关在克什米尔争议问题上发生冲突,克什米尔分割协议生效。1956年通过共和国宪法。1958~1969年处于穆罕默德·阿尤布·汗将军的军事统治之下。1965年关于克什米尔与印度发生战争。1969~1971年处于穆罕默德·叶海亚·汗将军的军事统治之下。1971年东巴基斯坦脱离出去,成立孟加拉国;从西部派去巴基斯坦军队,但是由于印度军队介入,巴基斯坦军队被迫投降。1977年总理佐勒菲卡尔·阿里·布托(PPP)在军事政变中被免职,1979年被处决。1977~1988年处于穆罕默德·齐亚·哈克领导的军管会的军事统治之下。从1988年以来恢复宪法统治,总统有罢免总理的支配权,结束了有三届政府的长期的不稳定。

巴基斯坦省份
俾路支
面积:347,190平方公里(134,051平方英里)。
人口:6,200,000(1992年估测)。
省会:奎达。
西北边境
面积:74,521平方公里(28,733平方英里)。
人口:15,800,000(1992年估测)。
省会:白沙瓦。
旁遮普
面积:205,344平方公里(79,284平方英里)。
人口:68,600,000(1992年估测)。
省会:拉合尔。
信德
面积:140,914平方公里(54,407平方英里)。
人口:27,600,000(1992年估测)。
省会:卡拉奇。
部落地区
面积:27,220平方公里(10,509平方英里)。
人口:3,100,000(1992年估测)。
省会:附属于伊斯兰马巴德管辖。
联邦首都地区
面积:906平方公里(350平方英里)。
人口:430,000(1996年估测)。
省会:伊斯兰堡。

正式名称: 巴基斯坦伊斯兰共和国。
面积: 796,095平方公里(307,374平方英里),不包括巴基斯坦控制的克什米尔(自由克什米尔)领地和有争议的北部地区(吉尔吉特、伯尔蒂斯坦、迪亚米尔),这些巴基斯坦领土面积有83,716平方公里(33,323平方英里)。
人口: 140,500,000(1995年估测),不包括巴基斯坦控制的克什米尔领地和有争议的北部地区,这些地区1995年估测大约有人口3,500,000。
人口倍增时间: 24年。
人均寿命: 男性62岁,女性64岁。
出生率: 世界平均出生率的1.56倍。
死亡率: 世界平均死亡率的0.97倍。
城区人口: 32%。
首都: 伊斯兰堡。拉瓦尔品第——伊斯兰堡城区2,130,000(伊斯兰堡市430,000;拉瓦尔品第1,700,000,1996年估测)。
其他主要城市: 卡拉奇11,000,000,拉合尔5,600,000,费萨拉巴德2,300,000,拉瓦尔品第见伊斯兰堡,海得拉巴1,600,000,木尔坦1,500,000,古杰兰瓦拉1,400,000,白沙瓦1,100,000,锡亚尔科特600,000(1996年估测)。
语言: 乌尔都语(官方语言)8%,旁遮普语48%,普什图语13%,信德语12%,俾路支语3%。
成人识字率: 35%。
宗教: 逊尼派伊斯兰教近92%,什叶派和伊斯玛仪派伊斯兰教5%,各种不同的基督教派别1%以上,印度教1%以上。

■ "巴基斯坦"一词来自于它的各省份名称首字母缩略词 ■ "不

阿富汗

阿富汗是个内陆多山共和国，位于中亚和印度次大陆之间。中部山地以兴都库什山为主，占国土面积的75%，有数个超过6400米（21,000英尺）的山峰。山地北部是平原，为主要的农业产区。西南部是沙漠和半沙漠。

最高点： 诺沙格7499米（24,581英尺）。

气候： 高原地区冬季寒冷，夏季较短，凉爽。沙漠地区冬季寒冷，夏季炎热。除一些高山地区之外，气候干燥。

阿富汗议会由临时非选举产生的250名成员组成。总统由前最高政体（支尔格大会）任命。正常的中央政府由于多党派冲突已不存在。

主要政党： 有各种不同的地区和宗教派别，而不是常规的政党。

总统： （自1994年）布尔汉努丁·拉巴尼教授。

穆斯林领袖： （有实力的政府首脑和阿富汗伊斯兰宗教学生运动领袖）穆罕默德·乌马尔。

阿富汗因1993年以来的多党派内战而遭破坏。工业几乎不存在：大多数基础设施都遭到破坏，喀布尔一片废墟。大部分可用地是草场，主要饲养绵羊，但谷类作物（尤其是小麦和玉米）占重要地位。主要出口产品有新鲜水果和干果、羊毛、棉花和天然气。

正式名称： 阿富汗伊斯兰国。
面积： 652,225平方公里（251,824平方英里）。
人口： 18,130,000（1993年估测，不包括在伊朗和巴基斯坦大约2,500,000的阿富汗难民）。
人口倍增时间： 25年。
人均寿命： 男性46岁，女性44.7岁。
出生率： 世界平均出生率的1.71倍。
死亡率： 世界平均死亡率的1.99倍。
城区人口： 20%。
首都： 喀布尔700,000（1993年估测）。
其他主要城市： 坎大哈226,000，赫拉特177,000，马扎里沙里夫131,000（1988年估测）。
语言： 普什图语（官方语言）52%，达里语（即波斯语；官方语言）32%，乌兹别克语8%，土库曼语2%。
成人识字率： 29.4%。
宗教： 逊尼派伊斯兰教84%，什叶派伊斯兰教15%。

货币： 阿富汗尼。

1919年第三次阿富汗战争后阿富汗脱离英国管辖重新获得独立。1933年结束无政府状态，强有力的统治者穆罕默德·查希尔登上王位。1973年政变推翻君主制，发展同苏联的密切关系。1978年人民民主党发动军事政变。1979年苏联入侵，内战开始。1989年苏联撤军。1992年伊斯兰原教旨主义者占领喀布尔。1993年政府瓦解，同时由于多党派冲突导致国家基础结构崩溃。1996年激进的伊斯兰原教旨主义者学生运动占领喀布尔，控制了该国南部和西部大部分地区。反对派继续控制北部和西北部。

不丹

不丹是一个多山的内陆小国，位于印度和中国之间。大部分国土位于喜马拉雅山脉。不丹中部山谷宽阔富饶。沿印度边境有杜阿尔斯平原，是亚热带密林区。

最高点： 中国和不丹交界处的卓木拉日峰7314米（23,975英尺）。

气候： 杜阿尔斯平原是热带气候，非常湿润。气温随着纬度的升高显著降低，北部终年覆盖积雪，降水量大。

不丹是一个君主世袭制国家，由国王和内阁成员共同执政。内阁包括佛教领袖及由152名成员组成的国民议会。议会的2/3成员由成年人每3年普选一次，其余的任命产生。

主要政党： 无政党。
国王： （自1972年）吉格梅·辛格·旺楚克。
总理： 即国王。

不丹是世界上最贫困、最不发达的国家之一。将近90%的劳动力从事农业。电力（来自于水电站）和木材是主要出口产品。

货币： 努扎姆。

1907年地方长官通萨成为不丹第一位国王。1949年印度归还杜阿尔斯地区（1865年被英属印度吞并）。20世纪90年代对尼泊尔少数民族歧视。

正式名称： 不丹王国。
面积： 46,500平方公里（17,954平方英里）。
人口： 820,000（1995年估测）；一些统计表明人口达到1,600,000。
人口倍增时间： 大约30年。
人均寿命： 男性51岁，女性50岁。
出生率： 世界平均出生率的1.6倍。
死亡率： 世界平均死亡率的1.7倍。
城区人口： 13%。
首都： 廷布30,000（1993年估测）。
其他主要城市： 庞措林宗10,000（1993年估测）。
语言： 不丹语约（官方语言）50%，尼泊尔语约35%，阿萨姆语约15%。
成人识字率： 20%以下。
宗教： 佛教约75%，印度教约25%。

■ 塔希冈寺院，老虎巢。

尼泊尔

尼泊尔是一个多山的内陆王国，位于印度和中国之间。南部是人口密集的亚热带低地，中部小山地带被富饶的山谷分开，北部主要是喜马拉雅山脉，在与中国交界处有珠穆朗玛峰。

最高点： 珠穆朗玛峰8863米（29,078英尺）。

气候： 气候在南部亚热带气候和喜马拉雅山峰冰河气候之间变化。整个尼泊尔都处于季风气候中。

尼泊尔是个君主立宪制国家。由205名成员组成的下议院每5年普选一次。由60名成员组成的上议院是间接选举和任命的，其中10名成员由国王任命。下议院选举总理和其他部长。

主要政党： （1994年选举）尼泊尔共产党（联合马列）（CPN–UML）88席，（中间派）尼泊尔大会党（NCP）75席，（右翼）民族民主党（NDP）20席，其他党派22席。

国王： （自1972年）比兰德拉·比尔·比克拉姆·沙阿·德瓦。
首相： （自1997年）洛肯德拉·巴哈杜尔·昌德（民族民主党；CPN–UML–NDP联合政府）。

尼泊尔是世界上最不发达国家之一。80%以上的劳动力从事维持生计的粮食生产，主要是种植水稻、大麦和玉米。土地负担重导致砍伐森林和严重的水土流失。旅游业是外汇收入的主要来源。

货币： 尼泊尔卢比。

1923年英属印度承认尼泊尔独立。1950年推翻尼泊尔世袭首相孤立派拉纳族的统治。1959～1960年出现短期的民主政治。1990年举行呼吁民主制度的大规模示威运动。1991年再次实行多党民主政治。

正式名称： 尼泊尔王国。
面积： 147,181平方公里（56,827平方英里）。**人口：** 20,090,000（1995年估测）。**人口倍增时间：** 29年。
人均寿命： 男性52.4岁，女性52.7岁。
出生率： 世界平均出生率的1.5倍。
死亡率： 世界平均死亡率的1.4倍。
城区人口： 10%。
首都： 加德满都419,000（1991年普查）。**其他主要城市：** 比拉德纳格尔130,000，勒利德布尔117,000（1991年普查）。
语言： 尼泊尔语（官方语言）53%，马嘉尔语12%，比哈尔方言7%，达芒语5%，还有各种印度和西藏—缅甸语言。**成人识字率：** 38%。
宗教： 印度教86%，佛教8%，逊尼派伊斯兰教4%。

■ 珠穆朗玛峰于1852年被确立为世界最高峰。

南亚 II

印度

印度是一个共和国，占据着印度次大陆大部分面积，疆域从喜马拉雅山延伸至北纬8°赤道附近。喜马拉雅山把印度次大陆和亚洲其他部分分开，它包括印度境内几座7000米（23,000英尺）以上的山峰，和巴基斯坦、中国管辖的有争议的边界国土。喜马拉雅山南面，恒河和布拉马普特拉河流域及它们的支流是耕地密集和人口稠密的地方。塔尔沙漠位于印巴边界。印度南部，德干高原（由坚硬岩石构成的高原）与东、西高止山脉毗邻。高止山脉由许多断断续续的小山构成，一直延伸到沿海的平原。自然植被有西部海岸的热带雨林，东北部和南端的季雨林，德干高原的干燥的热带灌木林和荆棘林，以及高山植物和喜马拉雅山的温带植物。

最高点：（在锡金和尼泊尔交界处）干城章嘉峰8598米（28,208英尺）。乔戈里峰或戈德温奥斯丁山是世界上第二高山，8607米（28,238英尺），位于有争议的领土内。

气候：印度有三个明显的季节：3－6月的热季；6－10月的雨季（西南季风带来大量的降水）；11－3月较凉爽干燥的季节。气温从喜马拉雅山的凉爽变化到南部的炎热。

联邦院（上院）由245名成员组成，其中12名成员由总统任命，另外233名由邦议会选举产生，任期6年。每2年联邦院成员改选1/3。人民院（下院）由545名成员组成，其中543名成员由成年选民直接选举产生，每5年举行一次。另外2名是任命的。总统的工作大部分是礼仪性的，他由联邦院和邦议会选举产生，每5年举行一次。总统任命总理，总理是人民院多数党的党团领袖。依次地，总理任命各部部长，他们都对议会负责。各邦都有自己的政府和立法机构。

主要政党：（1996年选举）（右翼宗教派）印度人民党（BJP）及其联盟，占194席；（左倾13党联盟）左翼联合阵线（UF-LF），包括人民党（JDP）和印度共产党（马克思主义），占187席；（中间派）印度国民大会党及其联盟，占149席，其他党派占15席。

总统：（自1997年）科杰里尔·拉曼·纳拉亚南（无党派）。

总理：（自1997年）古杰拉尔（由国民大会党支持的左翼联合阵线政府）。

近2/3的劳动力集中在以水稻和小麦为主要农作物的粮食生产上。经济作物大部分来自大种植园，有茶叶、棉花、黄麻和甘蔗，都用于出口。季雨和灌溉使许多地方农业耕种成为可能，但干旱和洪水也是常见的。印度是工业能源主要出产国。大量的煤炭储量为工业提供了能源基础，其它矿藏有金刚石、铝土矿、钛、铜、铁矿、天然气和石油。纺织品、钢铁、机动车、药品和电力工业是印度经济的主要支柱，但印度财政收支平衡困难、并依靠外国援助发展。人口的高增长率、高失业率（包括合格劳动力就业机会不充足）和薄弱的基础结构加深了印度的经济问题，主要是贫困，1/3以上的人口生活在政府规定的贫困线以下。在20世纪90年代早期开始的国有企业私有化进程正缓慢地发展着。

货币：印度卢比。

1919年阿木里查大屠杀：英国部队没有事先发出警告就断然向印度民族主义者示威队伍开火。1920年由穆罕默德·甘地领导的国大党开始同英国政府展开非暴力不合作运动。20世纪30年代国大党和穆斯林联盟之间的关系恶化。1940年穆斯林联盟要求建立穆斯林国家。1947年英属印度分为印度和巴基斯坦。7000万以上的印度人和穆斯林人成为难民并穿过新的国界线；数千人死于对立宗教的暴力冲突中。1947～1949年印度和巴基斯坦两

正式名称：印度共和国。
面积：3,287,263平方公里（1,269,219平方英里），加上121,667平方公里（44,976平方英里）的有争议的领土。
人口：935,740,000（1995年估测）。
人口倍增时间：37年。**人均寿命：**男性60.4岁，女性61.2岁。**出生率：**世界平均出生率的1.16倍。**死亡率：**世界平均死亡率的1.08倍。**城区人口：**27%。**首都：**新德里城区8,419,000（城市7,207,000；1991年普查；包括市郊）。**其他主要城市：**孟买城区12,596,000（城市9,926,000；格利扬1,014,000；塞恩797,000），加尔各答11,022,000（城市4,399,000；霍尔946,000），马德拉斯5,422,000（城市3,841,000），海得拉巴4,254,000（城市3,146,000），班加罗尔4,130,000（城市3,303,000），艾哈迈达巴德3,298,000（城市2,873,000），浦那2,485,000（城市1,560,000），坎普尔2,111,000（城市1,958,000），那格浦尔1,661,000（城市1,622,000），勒克瑙1,642,000（城市1,592,000），苏拉特1,517,000（城市1,497,000），斋浦尔1,514,000（城市1,455,000），高知1,140,000（城市564,000），哥印拜陀1,136,000（城市853,000），瓦尔多拉1,115,000（城市1,021000），印多尔1,104,000（城市1,087,000），巴特那1,099,000（城市917,000），马都拉岛1,094,000（城市952,000），波帕尔1,064,000，维沙卡帕特南1,052,000（城市750,000），瓦拉纳西1,026,000，格利扬见孟买，卢迪亚纳1,012,000，阿格拉956,000（城市899,000），霍尔见加尔各答，贾巴尔普尔887,000（城市740,000），阿拉哈巴德858,000（城市806,000），密拉特847,000（城市752,000），维杰亚瓦达845,000（城市701,000），贾姆谢德布尔835,000（城市461,000），特里凡得琅826,000（城市524,000），丹巴德818,000，科泽科德801,000（城市420,000）（1991年普查；包括市郊）。
语言：印度语（官方语言）39%，但有45%的人能够听懂；英语（官方语言）3%，泰卢固语8%，孟加拉语8%，马拉地语7%，泰米尔语7%，乌尔都语5%，古吉拉地语5%，坎拿达语4%，马拉雅拉姆语4%，奥里雅语3%，旁遮普语近3%，阿萨姆语近2%，另外有1600多种其他语种。
成人识字率：53%。
宗教：印度教80%，逊尼派伊斯兰教8%，什叶派伊斯兰教近3%，锡克教近2%，罗马天主教1%以上，其他基督教派1%，佛教近1%，耆那教近1%。

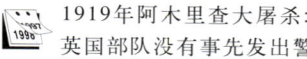

■ 雨季，在印度西孟加拉的加尔各答市内一条低矮的积满雨水的街道旁，两个黄包车夫在等候乘客。

■ 下个世纪的某一时候，印度将取代中国成为世界上

印度各邦和领地

安得拉
面积：275,068平方公里（106,204平方英里）。
人口：66,508,000（1991年普查）。
首府：海得拉巴。

阿萨姆
面积：78,438平方公里（30,285平方英里）。
人口：22,414,000（1991年普查）。
首府：迪斯布尔。

比哈尔
面积：173,877平方公里（67,134平方英里）。
人口：86,374,000（1992年估测）。
首府：巴特。

果阿
面积：3702平方公里（1429平方英里）。
人口：1,170,000（1991年普查）。
首府：帕纳吉。

古吉拉特
面积：196,024平方公里（75,685平方英里）。
人口：41,310,000（1991年普查）。
首府：甘地讷格尔。

哈里亚纳
面积：44,212平方公里（17,070平方英里）。
人口：16,464,000（1991年普查）。
首府：昌迪加尔（见下面）。

喜马偕尔
面积：55,673平方公里（21,495平方英里）。
人口：5,171,000（1991年普查）。
首府：西姆拉。

查谟和克什米尔（有争议）
面积：222,236平方公里（85,806平方英里）。
人口：7,719,000（1991年普查）印度管辖区。
首府：斯利那加。

卡纳塔克
面积：191,791平方公里（74,051平方英里）。
人口：44,977,000（1991年普查）。
首府：班加罗尔。

喀拉拉
面积：38,863平方公里（15,005平方英里）。
人口：29,099,000（1991年普查）。
首府：特里凡得琅。

中央
面积：443,446平方公里（171,215平方英里）。
人口：66,181,000（1991年普查）。
首府：波帕尔。

马哈拉施特拉
面积：307,690平方公里（118,800平方英里）。
人口：78,937,000（1991年普查）。
首府：孟买。

曼尼普尔
面积：22,327平方公里（8621平方英里）。
人口：1,837,000（1991年普查）。
首府：因帕尔。

梅加拉亚
面积：22,429平方公里（8660平方英里）。
人口：1,775,000（1991年普查）。
首府：西隆。

米佐拉姆
面积：21,081平方公里（8140平方英里）。
人口：690,000（1991年普查）。
首府：艾藻尔。

那加兰
面积：16,579平方公里（6401平方英里）。
人口：1,210,000（1991年普查）。
首府：科希马。

奥蒂西
面积：155,707平方公里（60,119平方英里）。
人口：3,660,000（1991年普查）。
首府：布巴内斯瓦尔。

旁遮普
面积：50,362平方公里（19,445平方英里）。
人口：20,282,000（1991年普查）。
首府：昌迪加尔（见下面）。

拉贾斯坦
面积：342,239平方公里（132,140平方英里）。
人口：44,006,000（1991年普查）。
首府：斋浦尔。

泰米尔纳德
面积：130,058平方公里（50,216平方英里）。
人口：55,859,000（1991年普查）。
首府：马德拉斯。

特里普拉
面积：10,486平方公里（4049平方英里）。
人口：2,757,000（1992年估测）。
首府：阿加尔塔拉。

北方
面积：294,411平方公里（113,673平方英里）。
人口：139,112,000（1991年普查）。
首府：勒克瑙。

西孟加拉
面积：88,752平方公里（34,267平方英里）。
人口：68,078,000（1991年普查）。
首府：加尔各答。

安达曼－尼科巴群岛
面积：8249平方公里（3185平方英里）。
人口：281,000（1991年普查）。
首府：布莱尔港。

昌迪加尔联邦地区
面积：114平方公里（44平方英里）。
人口：642,000（1991年普查）。
首府：昌迪加尔。

达德拉－纳加尔哈维
面积：491平方公里（190平方英里）。
人口：138,000（1991年普查）。
首府：尔瓦萨。

达曼·乌等联邦地区
面积：112平方公里（43平方英里）。
人口：102,000（1991年普查）。
首府：达曼。

德里联邦地区
面积：1483平方公里（572平方英里）。
人口：9,421,000（1991年普查）。
首府：德里。

拉克沙群岛联邦地区
面积：32平方公里（12平方英里）。
人口：52,000（1991年普查）。
首府：卡瓦拉蒂。

本地治理联邦地区
面积：492平方公里（190平方英里）。
人口：808,000（1991年普查）。
首府：本地治理。

国关于有争议的克什米尔发生冲突，克什米尔被有效地分割。1947～1964年尼赫鲁任总理。1948年甘地被刺杀。1962年与中国发生边境冲突。1965年在克什米尔与巴基斯坦发生战争。1971年印度介入援助东巴基斯坦分离主义者，迫使巴基斯坦投降。1975～1977年英迪拉·甘地任总理期间，印度处于紧急状态。

1984年锡克民族主义发展迅猛；总理英迪拉·甘地命令猛攻锡克阿木里查金寺（极端主义分子把它变成了兵工厂）；甘地夫人被锡克族护卫刺杀。1990年继要求在阿约提亚伊斯兰寺院的位置上建造印度寺庙的运动之后，对立宗教的紧张局势加深。1991年总理拉吉夫·甘地被刺杀。

斯里兰卡

斯里兰卡是位于印度以南的一岛屿共和国。南部和中部的断层岭导致岛屿地面的起伏。其他部分多是森林覆盖的低地，北部低地土质肥沃。

最高点：皮杜鲁塔拉格勒山2524米（8281英尺）。
气候：热带季风气候。西南部降雨量最大，东南和西北部相对干旱。

斯里兰卡是一个共和国，执行总统由成年人普选产生，任期6年，最多任两届。由225名成员组成的议会每6年按比例代表制度直接选举。总统任命总理和其他部长，他们对议会负责。

主要政党：（1994年选举）（中左联盟）人民联合阵线（PA）包括斯里兰卡自由党（SLFP）105席，（中右）统一国民党94席，泰米尔党（EPDP）9席，斯里兰卡穆斯林大会党7席，泰米尔联合解放阵线5席，其他党派3席。
总统：（自1994年）钱德里卡·班达拉奈克·库马拉通加（斯里兰卡自由党）
总理：（自1994年）西丽玛沃·班达拉奈克（斯里兰卡自由党）

大约2/5的劳动力从事农业生产，生产供国内消费的稻米和用来出口的茶、橡胶、椰子。马哈韦利河重要的水电工程促进农业发展。工业有食品加工和纺织业，但经济，尤其是利润高的旅游业由于分离主义者的游击战而遭到破坏。
货币：斯里兰卡卢比。

1948年经历英国150年殖民统治后获得独立。1958年僧伽罗－泰米尔民族对抗引起骚乱，1961年种族暴力事件增多。1971年经过激烈的交战叛乱被平定。1972年把国名由锡兰改为斯里兰卡。从1977年以来泰米尔分离派游击队活动很活跃，有时控制了贾夫纳和东部、北部大部分地区。1987～1990年印度介入，支援离其较近的斯东北部内战中的僧伽罗族军队。1993年总统普里马达萨被泰米尔人刺杀。

正式名称：斯里兰卡民主社会主义共和国。
面积：65,610平方公里（25,332平方英里）。
人口：18,090,000（1995年估测）。
人口倍增时间：50年。
人均寿命：男性70岁，女性75岁。
出生率：世界平均出生率的0.8倍。
死亡率：世界平均死亡率的0.65倍。
城区人口：22%。
首都：科伦坡，行政首都；科特，立法首都。
科伦坡城区2,026,000（城市615,000；代希瓦勒－芒特拉维尼亚196,000；莫勒图沃170,000；科特109,000；1990年估测；包括市郊）。
其他主要城市：贾夫纳129,000，康提104,000（1990年估测）。
语言：僧伽罗语（官方语言）69%，泰米尔语21%，英语作为第一（官方语言），10%人能听懂。
成人识字率：87%。
宗教：佛教69%，印度教16%，逊尼派伊斯兰教8%，罗马天主教7%。

马尔代夫

位于斯里兰卡西南的一共和国，由1196个低地小珊瑚岛组成，其中203个岛上有人居住。在热带暴风雨来临时，潮水在岛屿上泛滥，马尔代夫被证明是受全球气候变暖影响最大的国家之一。

最高点：一无名峰4米（13英尺）。
气候：岛屿是热带气候，在5-8月间为季风气候，有大量降水。

马尔代夫是一个共和国，执行总统（任命内阁各成员）由国民议会每4年选举一次。由48名成员组成的议会中，40名成员由成年人普选产生，8名由总统任命，任期都是5年。
主要政党：无政党。
总统：（自1978年）穆蒙·阿卜杜勒·加尧姆。

1/4的劳动力从事渔业，但目前旅游业是经济的主要支柱。鱼罐头、冷冻鱼和成衣是仅有的出口商品。
货币：拉菲亚。

正式名称：马尔代夫共和国。
面积：298平方公里（115平方英里）。
人口：253,000（1995年估测）。
人口倍增时间：26年。**人均寿命**：男性65岁，女性62岁。**出生率**：世界平均出生率的1.3倍。**死亡率**：世界平均死亡率的0.59倍。
城区人口：30%。**首都**：马累55,000（1990年普查；包括市郊）。**语言**：迪维希语（官方用语）几乎100%。
成人识字率：91%。
宗教：逊尼派伊斯兰教几乎100%。

1965年处于英国统治80年后获得独立。1968年苏丹600年的统治被废除，成立了共和国。1988年斯里兰卡泰米尔人企图发动政变。

印度聚焦

名胜

印度有许多引人入胜的名胜古迹，其中果阿海滩、西北部的皇宫和喜马拉雅山脉的景色是最著名的，吸引着许多旅游团、单个旅行者和年青人。英国人是印度旅游的主要客源，他们对泰姬陵保持着永久不变的痴迷。外国游客中1/9是英国人，1/10是美国人。其他游览名胜有：孟买、金寺、阿姆利则历史名城马德拉斯，圣城瓦拉纳西、马图拉，克什米尔和新德里。

世界历史遗产包括： 阿格拉城堡、波瑞哈蒂斯瓦、坦贾武尔、法塔赫布尔西格里、亨比山群、胡马雍墓、加济兰国家公园、科尤拉地奥国家公园、默哈巴利布勒姆山群、楠达德维峰国家公园、德里库特卜塔和纪念碑、太阳寺、戈纳勒克、孙德尔本斯国家公园、泰姬陵、阿格拉。

各邦和领土

1. 安得拉
2. 阿萨
3. 比哈尔姆
4. 果阿
5. 古吉拉特
6. 哈里亚纳
7. 喜马偕尔
8. 查谟和克什米尔
9. 卡纳塔克
10. 喀拉拉
11. 中央邦
12. 马哈拉施特拉
13. 曼尼普尔
14. 梅加拉亚
15. 米佐拉姆
16. 那加兰
17. 奥蒂西
18. 旁遮普
19. 拉贾斯坦
20. 泰米尔纳德
21. 特里普拉
22. 北方
23. 西孟加拉
24. 安达曼－尼科巴群岛
25. 昌迪加尔联邦地区
26. 达德拉－纳加尔哈维
27. 达曼·鸟等联邦地区
28. 德里联邦地区
29. 拉克沙群岛联邦地区
30. 本地治理联邦地区

详细情况，见407页

! 世界上海拔最高的公路桥5602米（18,380英尺）是由格尔东拉山口附近的印度军队的工程兵于1982年8月建造完成的。

泰姬陵 是位于阿格拉郊外的一座陵墓，由沙·贾汗建造的（见177页）。它也叫做蒙塔兹陵（意思是宫殿中选出的一座），以他的爱妻蒙塔兹的名字来命名的。

骆驼 是印度北部常见的一种景观，在拉贾斯坦的布什格尔的大市场上每年举行一次买卖骆驼的盛会。这座城镇也是一个重要的朝拜中心。

北方邦的瓦拉纳西 坐落于神圣的恒河边。这座圣城的河滨是印度最漂亮的，连接着几英里长的石阶用来作宗教洗礼。

! 从年均降水量来看梅加拉亚邦的茅森拉姆是世界上最湿润的地区，年降雨量可达11,873毫米（467英寸）。

! 世界上最长的铁路站台是西孟加拉的克勒格布尔站台，833米长（2733英尺）。

! 由恒河和在孟加拉西部的布拉马普特拉河形成的三角洲是世界最大的三角洲，面积有75,000平方公里（30,000平方英里）。

马杜赖 的米纳克希神庙饰有色彩亮丽的印度教各神的画像。

位于中央邦卡杰拉霍的威斯瓦那斯寺庙 是城中许多印度寺庙之一。这座寺庙的历史可追溯到大约公元1002年。

■ 每年旅游业外汇收入达到22.65亿美元 ■ 《人民的意

印度聚焦 • 印度聚焦 • 印度聚焦 • 印度聚焦 • 印度聚焦

电视与广播

电视机数量：20,000,000（每47人拥有一台电视机）
收音机数量：65,000,000（每14人拥有一台收音机）

全印广播电台（AIR）管理148个无线电台，用72种语言播音，印度电视台有14个。这两个传媒机构都是由政府资助和控制的。目前卫星电视已较为普遍，并有影响。

报纸

印度的领土范围和它在社会、宗教、语言方面的许多障碍使其没有一家全国性报纸。然而，一小部分英文报纸——《印度时报》、《印度快报》、《政治家报》和《印度教徒报》在国内发行量很大。这些报纸在首都有许多读者，它们主要报导国际事件和印度时事。用印度语言出版的报纸的读者主要在乡村，发行量逐渐减少。发行量最大的日报有：

	语言	
《甘露市场报》 戈德亚姆和其他4个地方	马拉雅拉姆语	800,000
《印度时报》 德里、孟买、班加罗尔等	英语	736,000
《旁遮普之狮》 贾朗达尔、德里、安巴拉	旁遮普语	614,000（892,000周日版）
《新印度日报》 艾哈迈达巴德和其他3个中部地区	古吉拉地语	577,000
《印度快报》 德里、维杰亚瓦达、马德拉斯、孟买等	英语	544,000
《傍晚日报》 瓦拉纳西和其他10个地方	印度语	542,000
《印度斯坦报》 坎普尔和其他8个地方	印度语	540,000

电影

电影院数量：13,030

受大众欢迎的印度电影，被人们深情地称为"孟莱坞"，吸引着众多影迷。印度是世界上最大的电影生产国，上映率最高的电影都是印度的，外国影片（大多数是英国和美国的）占电影放映总量仅20%。然而，印度电影制片厂（主要在孟买）常常自己翻译好莱坞的热门作品。印度电影用许多方言来表达，但大多数用泰卢固语，其次是泰米尔语、北印度语、坎拿达语和印度西南海岸的土语。受国外电影（和电视）的影响，印度也开始较为倾向拍摄动作片，但也有仅是传统的关于家庭观念和浪漫故事的影片。艺术片已经蒸蒸日上，在多种渠道的资助下，每年可确保15部艺术片上演。生活在国外的印度人也正在选择拍摄印度题材的电影，这些影片经常在印度实地拍摄，但描写非常规的、具有挑战性的剧情。

杂志

发行量最大的杂志有：

	语言		
《今日印度》	英语、泰米尔语、印度语、泰卢固语、马拉雅拉姆语	半月刊，大众刊物	970,000*
《妇女》	印度语、马拉地语、古吉拉地语、坎拿达语	月刊，妇女杂志	551,000*
《职业信息》	英语、印度语、乌尔都语	周刊，政府发行	507,000*
《竞赛成功博览》	英语	月刊，大众刊物	248,000

* 表示所有语言版的总数

总统

1949~1962年	拉金德拉·普拉沙德	1969~1974年	瓦拉哈吉里·文卡塔·吉里	1982~1987年	吉亚尼·罕尔·辛格	1997年~	科杰里尔·拉曼·纳拉亚南
1962~1967年	萨瓦帕利·拉达克里希南	1974~1977年	法赫鲁丁·阿里·艾哈迈德	1987~1992年	拉玛斯瓦米·文卡塔拉曼		
1967~1969年	扎基尔·侯赛因	1977~1982年	尼兰·桑吉瓦·雷迪	1992~1997年	尚卡尔·达亚尔·夏尔马		

总理

1949~1964年	贾瓦哈拉尔·尼赫鲁	1979~1980年	查兰·辛格
1964年	吉尔扎里·拉尔·南达	1980~1984年	英迪拉·甘地
		1984~1989年	拉吉夫·甘地
1964~1966年	拉尔·巴哈杜尔·夏斯特里	1989~1990年	维·普·辛格
		1990~1991年	钱德拉·谢卡尔
1966年	吉尔扎里·拉尔·南达	1991~1996年	普·维·纳拉辛哈·拉奥
		1996年	A.B. 瓦杰帕伊
1966~1977年	英迪拉·甘地	1996~1997	H.D. 高达
1977~1979年	莫拉吉尔·德赛	1997年~	库马尔·古杰拉尔

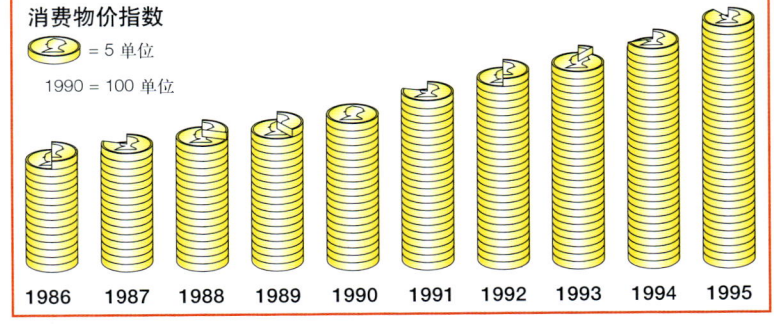

消费物价指数
= 5 单位
1990 = 100 单位

1986 1987 1988 1989 1990 1991 1992 1993 1994 1995

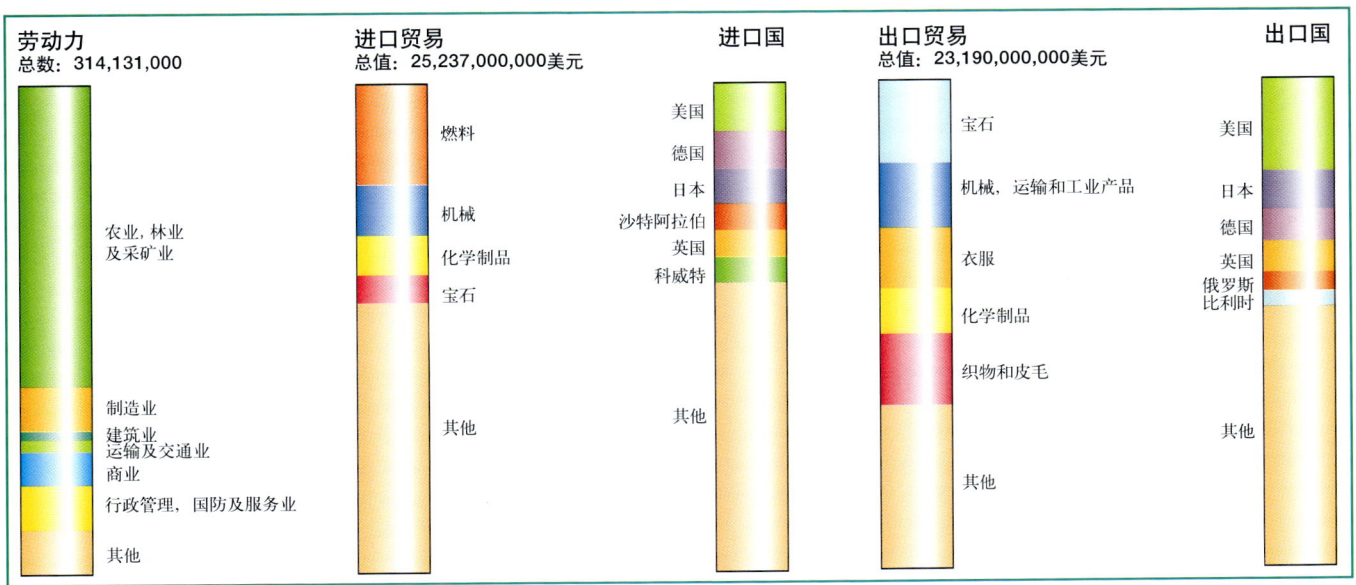

劳动力 总数：314,131,000	进口贸易 总值：25,237,000,000美元	进口国	出口贸易 总值：23,190,000,000美元	出口国
农业，林业及采矿业 制造业 建筑业 运输及交通业 商业 行政管理，国防及服务业 其他	燃料 机械 化学制品 宝石 其他	美国 德国 日本 沙特阿拉伯 英国 科威特	宝石 机械，运输和工业产品 衣服 化学制品 织物和皮毛 其他	美国 日本 德国 英国 俄罗斯 比利时 其他

志》是国歌 ■ 平均人口密度每平方公里为284.7人 ■

南亚 III

孟加拉国

孟加拉国位于南亚孟加拉湾的源头，地势低洼。其大部分地区位于恒河与布拉马普特拉河的三角洲冲积平原上。海拔低于9米（30英尺）的沼泽平原被河流分割而成无数的小块地带，南部及东南部海岸地区是一片美洲红树林（松达班红树林）。仅有的两个高地是位于东北部的锡尔赫特山区和位于东部的吉大港山区。

最高点：凯奥克拉东峰1230米（4034英尺）。

气候：在4～9月期间为热带高温气候。大部分地区的降雨量高峰期出现在每年的夏季季风期（6～10月），这期间伴有大风的暴雨带来严重的水灾。总降雨量从西部地区的1000毫米（40英寸）到锡尔赫特山区5000毫米（200英寸）不等。

由330人组成的议会（国民议会）中300名成员是由全体成年公民投票选举产生，任期5年，另有30个席位留给妇女（她们由选出的300名议员来选举），议会推举总统（他的职权大部分属于礼仪形式的）。总统可任命一名在议会中得票最多的议员为总理，总理任命内阁大臣。

主要政党：（1996年选举）（社会民主）孟加拉国人民联盟（Awami）176席，（中右倾）孟加拉民族主义党（BNP）113席，（左翼）民族党（JP）33席，（伊斯兰教的）伊斯兰大会党3席，其他4席。

总统：（自1991年）阿卜杜勒·拉赫曼·比斯瓦斯（孟加拉民族主义党）。

总理：（自1996年）谢赫·瓦吉德·哈西娜（人民联盟）。

随着人口的快速增长，孟加拉已成为世界上最贫穷的国家之一，并且严重依赖外援，因而孟加拉国人在国外打工寄回的钱显得十分重要。孟加拉国大约有2/3的劳动力从事农业。全国耕地的75%以上用来种植水稻，尽管土地肥沃，但农业生产受洪水及旋风的限制。开始于1992年的大规模的"洪水行动计划"正在改变河道，升高堤岸。主要商品作物有黄麻及茶叶。工业包括一些农产品加工业——黄麻加工业、砂糖提炼及棉纺织品生产。孟加拉国也有天然气储藏。

货币：塔卡。

1947年英属印度被分割成印度及巴基斯坦两部分，

正式名称：孟加拉人民共和国。
面积：147,570平方公里（56,977平方英里）。
人口：120,090,000（1995年估测）。
人口倍增时间：30年。
人均寿命：男性57岁，女性57岁。
出生率：世界平均出生率的1.36倍。
死亡率：世界平均死亡率的1.18倍。
城区人口：20%。
首都：达卡，城区6,105,000（城市3,397,000；纳拉扬甘杰269,000；1991年普查；包括郊区）。
其他主要城市：吉大港城区2,041,000（城市1,364,000），库尔纳城877,000（城市546,000），拉杰沙希城区517,000（城市300,000）；纳拉扬甘杰见达卡；朗普尔城区204,000，迈门辛186,000，巴里萨尔163,000（1991年普查；包括郊区）。
语言：孟加拉语（官方语言）占98%，查克马语、马格语及其他少数民族语言。
成人识字率：35%。
宗教：伊斯兰教88%，印度教11%。

■ 建在达卡附近洪水平原区的家园。热带旋风之后频繁的洪水，常常造成生命财产的损失。

后者又被1600公里（1000英里）的印度领土分成两翼，即西部巴基斯坦（现巴基斯坦）和东部巴基斯坦（现孟加拉国）。1970年洪水中丧失无数生命。1971年东部巴基斯坦在穆吉布·拉赫曼的领导下分裂成孟加拉国；西巴基斯坦派兵，但在印度干预下被迫投降。1975年穆吉布·拉赫曼被暗杀。1975～1981年在齐亚·拉赫曼将军领导下实行军管（1975～1977）和文职官员统治（1978～1981），1981年齐亚·拉赫曼遇刺身亡。1982～1990年，侯赛因·艾尔沙德将军统治全国，实施军管（1982～1986）和文职官员统治（1986～1990），侯赛因·艾尔沙德将军于1990年被免职。自从1990年又恢复民主议会制度。

■ 如冰盖融化，孟加拉80%以上的土地将淹没于水下 ■ 在

缅甸

缅甸位于南亚孟加拉湾东部，是一个共和国。北部和西部是山区，东部现与泰国交界的边境是掸邦高原，南部由热带低地组成，缅甸的中部是伊洛瓦底盆地。
最高点：开卡博峰 5881米（19,296英尺）。
气候：热带季风气候，5～10月降雨量可达到5000毫米（200英寸）。

按宪法规定国家包括由经过普选产生的489个成员组成的议会、内阁及国务院，总理属于最高元首。然而，实权控制在国家恢复法律和秩序委员会（SLORC）手中，该委员会表示在即将批准的宪法的制约下恢复文官政府的体制。成立了由706人组成的"治宪会议委员会"，其中最大的党（反对党全国民族民主联盟）获得107个席位，然而，全国民族民主联盟于1995年退出。
国家元首（国家恢复法律和秩序委员会主席）**兼总理**：（自1992年）丹瑞大将。

缅甸的农业、木材及矿物资源丰富，但是由于交通不发达，闭关自守，经济落后及许多少数民族起义，缅甸没有能力实现自己的潜能。维持生计的种植业（以水稻为主）占用了近70%的劳动力。
货币：缅元。

1937年缅甸从英属印度中分离出来。1939年昂山发起了缅甸独立运动。1941～1945年缅甸成为二战时期英日的战场。1948年缅甸独立。1962年军事政变，吴奈温将军掌权；缅甸成为

■ 在缅甸勃固悬挂的释迦牟尼佛陀的巨大头像。

正式名称：缅甸联邦。
Burma这个名称于1989年由官方正式停用，但它仍在国际范围内甚至被国内反对派广泛地使用。
面积：676,577平方公里（261,228平方英里）。
人口：46,530,000（1995年估测）。
人口倍增时间：33年。
人均寿命：男性57岁，女性61岁。
出生率：世界平均出生率的1.24倍。
死亡率：世界平均死亡率的1.08倍。
城区人口：26%。
首都：仰光4,000,000（1993年估测；包括郊区）。
其他主要城市：曼德勒533,000，毛淡棉230,000，勃固151,000，勃生144,000（1983年普查；包括郊区）。
语言：缅语（正式用语）69%，掸语8%，克伦语6%，若开语4%，孟语2%，钦语2%，克钦语1%。
成人识字率：79%。
宗教：佛教89%，各种基督教5%，伊斯兰教4%，原始宗教1%。

缅甸各邦
（理论上指已获自治权的地区）
钦
面积：36,019平方公里（13,907平方英里）。人口：369,000（1983年普查）。首府：哈卡。
克钦
面积：89,041平方公里（34,379平方英里）。人口：905,000（1983年普查）。首府：密支那。
克伦
面积：30,383平方公里（11,731平方英里）。人口：1,055,000（1983年普查）。首府：帕安。
克耶
面积：11,733平方公里（4530平方英里）。人口：168,000（1983年普查）。首府：垒固。
孟
面积：12,297平方公里（4748平方英里）。人口：1,680,000（1983年普查）。首府：毛淡棉。
若开
面积：36,778平方公里（14,200平方英里）。人口：2,046,000（1983年普查）。首府：实兑。
掸
面积：155,801平方公里（60,155平方英里）。人口：3,717,000（1983年普查）。首府：东枝。

孤立主义者，少数民族仍不断发起义。1990年多党选举（由昂山素季领导的全国民族民主联盟获胜）不被掌权的军队势力接受，昂山素季被扣押（在1991年获诺贝尔和平奖）。1995年昂山素季获释。自从1995年以来大多数的、长时期的叛乱已被镇压或遏制。

泰国

泰国是一个位于南亚与东南亚之间的王国。泰国中部是人口稠密的肥沃平原。北部地区由崎岖起伏的山脉组成。贫瘠的呵叻高原位于东北部，而克拉地峡将泰国和马来西亚连接起来。
最高点：因达暖山2595米（8514英尺）。
气候：亚热带季风气候，降雨高峰期从6～10月，10月至次年3月为凉季，3～6月为热季。

泰国是君主立宪制国家。国会由无党派的参议院（上院）及众议院（下院）组成，上院270个成员全部由国王任命，下院的393名成员由普选产生，任期4年。
主要政党：（1996年选举）（改良主义者）新希望党（NAP）125席，（自由主义者）民主党（DP）123席，国家发展党51席，（保守主义）泰国党（CT）38席，社会行动党（SAP）21席，民众党（PT）17席，群众党（SP）6席，自由政党（MC）2席，正义力量党（PDP）1席，其他政党9席。
国王：（自1946年）普密蓬·阿杜德（拉玛九世）。
总理：（自1996年）差瓦利·永猜育上将（新希望党；新希望党—社会行动党—民众党—群众党—MC党联合政府）。

20世纪80年代和90年代高经济增长率已使泰国成为太平洋地区经济繁荣的国家之一。目前贸易及制造业几乎雇用了1/4的劳动力，而农业（曾经是经济的主要支柱）使用了约一半的劳动力。依靠廉价劳动力（尽管生活水平正在明显地提高）的制造业正在迅速地扩展，其中包括服装、纺织、塑料制品、电机及电子工程。经济的快速发展带来过度拥挤等负面影响。在曼谷每天都出现交通阻塞现象。锡和天然气是泰国主要的自然资源。旅游业已成为泰国外汇收入的主要来源。农业生产主要是大米（部分用于出口）、木薯及橡胶。
货币：铢。

1932年不流血的政变推翻了国王统治；已欧化了的政变领导人为争夺领导权而发生争斗。1939年国名改为泰国。1941年日本入侵，泰国被迫成为日本的一个同盟国。自从1945年泰国已成为美国坚定可靠的同盟者，它在军事及技术援助上获得很大的利益。1949～1951年实行军管。自从1961年在政治上受到频繁的军事干涉（包括1975、1977及1991年的政变）。

正式名称：泰王国。
面积：531,115平方公里（198,115平方英里）。
人口：58,790,000（1995年估测）。
人口倍增时间：58年。**人均寿命**：男性66岁，女性77岁。**出生率**：世界平均出生率的0.76倍。**死亡率**：世界平均死亡率的0.75倍。**城区人口**：18%。**首都**：曼谷城区5,884,000（城市5,621,000；暖武里264,000,1993年估测；包括郊区）。最新都的遗址已经证实位于差春骚附近，距曼谷东部120公里（75英里）。**其他主要城市**：呵叻278,000，暖武里见曼谷，宋卡243,000，孔敬206,000，清迈167,000（1990年普查；包括郊区）。
语言：泰语（官方语言）51%，老语27%，汉语12%，马来语4%，高棉语1%。**成人识字率**：89%。
宗教：佛教94%，伊斯兰教4%，原始宗教2%。

■ 作为交通工具的小船挤进丹嫩沙多水上市场。

20世纪80年代泰国在世界上具有很高的持续性经济增长率 ■

东南亚 I

越南

越南是一个位于东南亚、中国南海西岸的共和国。中部区域由高原、丘陵及山脉组成。其他地区为相对的低地。北部肥沃的红河三角洲形成北部湾古老地区,而南部的湄公河三角洲曾称作交趾支那。
最高点:潘士邦峰3142米(10,308英尺)。
气候:南部及中部地区属热带气候而且常年湿润;而北部湾地区冬季凉爽。降雨高峰期在季风季节(4~5月)。

由395人组成的国会是经过普选产生的,任期5年,候选人来自越南共产党及作为祖国阵线一部分的同盟党。国会选举产生国家主席、政府总理及其他部长。由17人组成的共产党的政治局掌握实权。
被承认的政党:(1992年选举)共产党(PC)及其他的祖国阵线成员395个席位。
国家主席:(自1992年)黎德英(共产党)。
总理:(自1991年)武文杰(共产党)。
共产党总书记:(自1991年)杜梅(共产党)。

正式名称:越南社会主义共和国。
面积:331,041平方公里(127,816平方英里)。
人口:74,550,000(1995年估测)。
人口倍增时间:69年。
人均寿命:男性63.7岁,女性67.9岁。
出生率:世界平均出生率的1.05倍。
死亡率:世界平均死亡率的0.82倍。
城区人口:21%。**首都**:河内2,154,000(1993年估测;包括郊区)。
其他主要城市:胡志明市4,322,000,海防市1,584,000,岘港371,000,顺化270,000(1993年估测;包括郊区)。**语言**:越南语(官方语言)87%,寿语2%,傣语2%,高棉语2%,汉语2%,孟语2%。**成人识字率**:88%。
宗教:佛教67%,无宗教信仰者19%,罗马天主教8%,高台教4%。

将近3/4的劳动力从事农业,主要种植水稻。其他农作物包括供国内消费的木薯、玉米、番薯及供出口的橡胶、茶叶和咖啡。自然资源包括石油(主要用于出口)、煤、磷酸盐和锡,它们是北方工业的基础。各种战争,包括入侵柬埔寨以及一批有技术的劳动力的移民都给越南经济造成严重影响。从1989~1990年政府已做了一些尝试,鼓励西方投资,改革也带来近期的大幅度的发展,使越南加入东南亚国家联盟贸易集团。
货币:越南盾。

20世纪30年代,爆发反对法国殖民统治的起义(开始于19世纪80年代)。1940~1945年二战期间被日本占领,以保大国王为核心成立了傀儡政府。1945年在胡志明的领导下发动了越南胡志明运动,在河内建立了共和国。1946年恢复法国统治,保大又成为国王。1946~1954年胡志明领导了抗击法国和保大的游击战争,在奠边府战役中以法国投降告终。1954年被分割成两部分,北方是共产党领导的共和国,南方是君主制。1955年南越发生政变,在吴庭艳的领导下建立了共和国。50年代末,吴庭艳的压迫统治激起共产党游击队的反抗。1961年美国派遣军事顾问开始援助南越。1964年美国军队大规模地进入南越并对北方进行轰炸。1968年共产党多次向南方发起攻击。1973年签订和平条约,美军撤离。1975年共产党接管南方。1975年以后,船民大批乘小船逃离南方。1979年与中国发生边界战争。1979~1989年越南入侵柬埔寨并且推翻了红色高棉。从1989~1990年制定了许多重实效的经济政策,但没进行政治改革。

柬埔寨

柬埔寨是位于东南亚泰国湾东部的一个王国。中部是肥沃的平原,大部分分布在湄公河谷及洞里萨湖周围。北部和东部是由森林及草地覆盖的高原。南部是与海岸相平行的山脉。
最高点:奥拉山1813米(5947英尺)。
气候:热带潮湿气候。季风期(6~11月)降雨较多,在南部山区总量高达5000毫米(200英寸)。

柬埔寨是个王国,国王由王位委员会从皇室家族的王子中选举产生。120人组成的国会经普选产生,任期5年。过渡时期由国会选出共同执政的两个首相及其他大臣。
主要政党:(1993年选举)(保皇党)争取柬埔寨独立、中立、和平与合作民族团结阵线党(奉辛比克)58席,(前共产党)柬埔寨人民党(PPC)51席,(社会民主)自由民主党(PDL)10席,其他政党1席。
国王:(1941~1955年及1993年起)诺罗敦·西哈努克。
首相:(自1997年)翁霍(奉辛比克党)任第一首相,(自1993年)洪森(柬埔寨人民党)任第二首相,他宣布免去前第一首相诺罗敦·拉那烈王子的职位。

受侵略、内战、对百姓进行大屠杀以及全部撤离城镇(1976~1979),几乎摧毁了柬埔寨的经济。在实际的和平恢复期间(1993~1997),柬埔寨不得不重建农业、工业、城镇及其他基础设施,但它仍然属于世界上最贫困国家之一。70%的人从事维持生存的农业耕种,水稻以前用于出口,现在也只能靠进口了。木材和橡胶成了经济薄弱时的主要支柱。
货币:瑞尔。

1907年泰国恢复了它先前从法国保护国——柬埔寨夺来的领土。1941年泰国入侵。1945年日本占领。1946年恢复法国统治。1953年柬埔寨王国独立。1955年西哈努克国王退位以领导一个有广泛基础的政府,但是他也没能阻止柬埔寨卷入越南战争。1969年美国轰炸柬埔寨东部地区的越南阵地。1970年亲美政变推翻了西哈努克;共和国宣布成立,但是遭到保皇党和以红色高棉为首的游击队的反对。1975年红色高棉接管柬埔寨。1978年越南入侵推翻了波尔布特并建立了一个不同性质的"亲苏"政权。1989年越南武装撤退。1991年联合国倡导和平计划,并参与监督管理。1993年举行自由选举,恢复君主制。1997年红色高棉活动彻底结束,据报道波尔布特被逮捕。民族团结阵线党与柬埔寨人民党武装力量发生冲突,由于内战的威胁,第一首相诺罗敦·拉那烈离开柬埔寨。

正式名称:柬埔寨王国。
面积:181,916平方公里(70,238平方英里)。
人口:9,610,000(1995年估测)。
人口倍增时间:25年。
人均寿命:男性51岁,女性54岁。
出生率:世界平均出生率的1.6倍。
死亡率:世界平均死亡率的1.4倍。
城区人口:21%。
首都:金边920,000(1994年估测;包括郊区)。
其他主要城市:马德望45,000,磅湛33,000(1985年估测;包括郊区)。
语言:高棉语(官方语言)89%,越南语6%,汉语3%,占族语2%。
成人识字率:将近75%。
宗教:佛教93%,伊斯兰教2%,还有少数天主教及其他各教。

■ 在越南战争中失去175万人的生命 ■ 老挝的国家财富,其

世界 413

菲律宾

菲律宾共和国是东南亚太平洋地区的一个岛国。该国由7000多个岛屿组成,其中约2770个有人居住,吕宋岛及棉兰老岛是最大的两个岛,占了这个国家2/3以上的领土。尽管吕宋岛中部拥有一个面积较大且人口稠密的平原,但菲律宾大部分群岛仍是山区,拥有非常有限的海岸平原。

最高点: 阿波火山(在棉兰老岛)2954米(9692英尺)。
气候: 热带海洋性气候,且高温,潮湿,降雨量大。常有台风。

执行主席及24名参议员(国会中的上院)经普选产生,任期6年,其中每3年改选1/2的议员。众议院(下院)由直接选举的204名议员组成,其中近50人由总统任命以代表少数民族。
主要政党: (1995年选举)(联盟)全国基督教民主联盟党(Lakas-UNCD)141席,全国人民联盟党23席,菲律宾民主主义者(LDP)21席,其他政党19席。
总统: (自1992年)德尔·拉莫斯(受到全国基督教民主联盟党支持)。

约1/5的劳动力从事农业。水稻和玉米是基本的农作物,种植椰子、蔗糖、菠萝和香蕉,多为出口。当人们清理土地用于耕作时,森林砍伐却成为一个严重的问题。依靠廉价的劳动力菲律宾已经成为太平洋地区经济快速发展的国家,并且已经出现了较高的增长率。主要工业包括纺织、食品加工、化学、机械及电子工业。矿产资源包括铜、金、石油及镍。到国外打工赚钱已成为菲律宾创外汇的一个重要渠道。
货币: 菲律宾比索。

1896年反抗西班牙殖民统治的斗争失败。1898年西班牙—美国战争后,割让吕宋岛给美国,但美国不得不靠武力统治。1906年菲律宾停止对美国统治的抵抗。1935年在曼努埃尔·奎松总统的领导下形成半独立的联邦。1941~1945年二次大战期间被日本占领。1946年独立。1953~1957年由胡克领导的游击队被镇压。1965~1986年日益独裁的总统斐迪南·马科斯统治被一场群众性的革命推翻。1986年克拉松·阿基诺被推选为总统。自从1986年恢复了民主立宪统治;共产党同伊斯兰教民主主义游击队员之间遗留的问题直到1996年才得以解决。

正式名称: 菲律宾共和国。
面积: 300,076平方公里(115,860平方英里)。
人口: 70,010,000(1995年估测)。
人口倍增时间: 30年。
人均寿命: 男性66岁,女性69岁。
出生率: 世界平均出生率的1.16倍。
死亡率: 世界平均死亡率的0.65倍。
城区人口: 54%。
首都: 马尼拉,城区6,720,000(城市1,895,000;奎松市1,667,000;卡洛奥坎市629,000;马卡蒂452,000;巴石395,000;帕萨伊市382,000;1991年普查;包括郊区)。
其他主要城市: 奎松市见马尼拉,达沃市868,000,宿务市641,000,卡洛奥坎市参见马尼拉,三宝颜市453,000,马卡蒂、巴石及帕萨伊市见马尼拉(1991年普查;包括郊区)。
语言: 菲律宾语(官方语言)28%,不到1%的人口以英语为第一语言,但英语被52%的人口使用(官方语言),宿务语24%,伊洛伐语10%,希利盖语9%,比科尔语6%,还有邦班牙语、邦阿西楠语及其他少数民族语言。
成人识字率: 94%。
宗教: 天主教83%,各种新教5%,逊尼派伊斯兰教5%。

菲律宾自治区
穆斯林棉兰老岛
面积: 11,638平方公里(4493平方英里)。人口: 2,103,000(1995年估测)。首府: 哥打巴托市。(对科迪勒拉地区达到自治也有规定。)

老挝

老挝是东南亚的一个内陆共和国,几乎全部位于湄公河东岸,并与泰国接壤。除了北部的查尔斯平原、湄公河谷及南部的低矮高原,大部分地区为山地。
最高点: 普比亚山2819米(9248英尺)。
气候: 高温多雨型热带气候,季风期(5~10月)为降雨高峰期。

由85人组成的国会经普选产生,任期5年,候选人来自(共产党)老挝人民革命党(PPRL),由国会选举产生主席。总理及其他部长要对由11人组成的老挝人民革命党政治局负责。
惟一被承认的政党: (1992年选举)(共产党)老挝人民革命党(PPRL)85席。
主席: (自1992年)诺哈·冯沙万(老挝人民革命党)。
总理: (自1991年)坎代·西潘敦(老挝人民革命党)。

老挝是世界上最贫穷的国家之一。将近3/4的劳动力从事集体农耕,主要种植水稻。主要出口物有木材、电力及咖啡。自从1990年以来鼓励西方投资,尤其是泰国人投资。
货币: 基普。

1893年沦为法国保护国。1945年被日本侵占,1946年恢复法国统治。1953年成立老挝独立王国。1959~1960年发生几次政变;共产党巴特寮运动与保皇党之间的武装斗争加剧。60年代断断续续地内战。1970年北越对查尔平原地区进行干涉;美国轰炸在老挝的北越人。1970~1975年在内战中国家的基础设施崩溃。1975年共产党接管,国王被监禁。自从1990年逐步实行改革,但多党参与政治的建议没有通过。

正式名称: 老挝人民民主共和国。
面积: 236,800平方公里(91,429平方英里)。
人口: 4,880,000(1995年估测)。
人口倍增时间: 24年。
人均寿命: 男性51岁,女性54岁。
出生率: 世界平均出生率的1.72倍。
死亡率: 世界平均死亡率的1.5倍。
城区人口: 22%。
首都: 万象449,000(1992年估测;包括郊区)。
其他主要城市: 沙湾拿吉97,000,琅勃拉邦68,000(1985年估测,包括郊区)。**语言:** 老挝语(官方语言)67%,高棉语17%,傣语及其他少数民族语言。
成人识字率: 84%。
宗教: 佛教58%,原始宗教34%,无宗教信仰者8%。

中包括王室的珠宝玉器,在1910年意外地淹没在湄公河中 ■

东南亚 II

印度尼西亚

印度尼西亚是东南亚一个由3700多个岛屿组成的共和国(大约3000个岛屿有人居住)。南部山区的火山岛包括苏门达腊岛、爪哇岛、马都拉岛、巴厘岛及小巽他群岛。爪哇岛及马都拉岛土地非常肥沃且人口稠密,占全国人口的65%。北部的一系列群岛包括加里曼丹岛、多高山的苏拉威西岛、马鲁古群岛及伊里安岛。(西部新几内亚)一半以上的印度尼西亚被热带雨林所覆盖。

最高点: 查亚峰(在伊里安岛)5030米(16503英尺)。
气候: 全年都是高温多雨的热带气候。

由500人组成的人民代表大会包括425名经过普选,任期5年的议员及75名由总统任命的军队代表。人民协商会议由1000人组成(包括人民代表大会成员,再加上500名各省府、各行业及特殊势力的代表)。每5年召开一次大会,监督国家政策法规,并选出一名执行总统,由其组建内阁。
主要政党: (1997年选举)(政府联盟)专业集团(Golkar)325席,加上75个指派代表的席位(官方批准的伊斯兰教的),建设团结党(PPP)89席,(官方批准的主要是基督教的和民族主义的)印度尼西亚民主党(PDI)11席。
总统: (自1967年)苏哈托(专业集团成员)。

印度尼西亚拥有丰富的矿藏(石油、天然气、锌、镍及铝土矿),但是由于人口较多,相对来说比较贫穷。将近50%的印尼人靠耕作维持生计,水稻为主要作物。但不论是种植园的农民还是自己拥有土地的农民都生产大量的橡胶、茶叶、咖啡及香料以供出口。作为以前居主导地位的矿产加工及农业产品的生产较发达,目前纺织、服装、电力及运输设备也变得十分主要。自从80年代以来印度尼西亚保持着较高的经济增长率,并且成为太平洋地区经济繁荣的国家之一。人民生活水平正在显著提高,但仅限于城镇,一个雄心勃勃的再安居计划已经在试验,以缓解人口过于拥挤的局面,但是爪哇岛周边落后的岛屿对迁来的爪哇岛居民表示不满。
货币: 印度尼西亚盾。

1908年结束了由荷兰人对外围岛屿的统治,自从1602年荷属东印度群岛就已经成为荷兰殖民帝国的主要部分,1942年现今的印度尼西亚被日本占领,日本人被当作摆脱殖民统治的解放者而受到欢迎。1945年日本投降。苏加诺宣布荷属东印度群岛成为独立的印度尼西亚共和国。1945～1949年荷兰一直试图重新加强它的殖民统治,但是经常发生残酷的斗争。1949年荷兰承认印度尼西亚独立。1962年印度尼西亚控制荷属新几内亚(1969年被吞并)。1965～1966年印度尼西亚与马来西亚在婆罗洲(加里曼丹的旧称)对抗。苏哈托将军于1967年从日益独裁的苏加诺手中接管了印尼。1976年印度尼西亚吞并前葡萄牙殖民地东帝汶。由于当地民族主义者组织的游击队行动持续不断,总计20万人死于印度尼西亚的领土征服及随后的领土统治。自从20世纪90年代以来由于腐败现象及压制民主,骚乱日益增多。1997年在婆罗洲发生了反对马都拉岛居民的严重暴乱事件。

正式名称: 印度尼西亚共和国。
面积: 1,919,317平方公里(741,052平方英里),包括东帝汶(印度尼西亚对东帝汶的管理没有得到联合国的认可),或1,904,413平方公里(735,309平方英里),不包括东帝汶。
人口: 195,280,000(1995年估测)包括东帝汶,或194,440,000不包括东帝汶。
人口倍增时间: 47年。
人均寿命: 男性62岁,女性65岁。
出生率: 世界平均出生率的0.92倍。
死亡率: 世界平均死亡率的0.86倍。
城区人口: 35%。
首都: 雅加达9,161,000(1995年估测,包括郊区)。
其他主要城市: 泗水2,421,000,万隆2,027,000,棉兰1,686,000,巨港1,084,000,三宝垄913,000,乌戎潘当913,000,玛琅650,000,苏拉卡尔塔504,000(1990年普查,包括郊区)。
语言: 印度尼西亚语(印度尼西亚马来语)(官方语言)12%,爪哇语40%,巽他语16%,马都拉语4%,米南语2%,巴塔克语2%,布吉语2%,还有马辰语、巴厘语及其他少数民族语言。
成人识字率: 77%。
宗教: 伊斯兰教88%,基督教6%,天主教3%,印度教2%,佛教1%。

印度尼西亚自治省
亚齐省
面积: 55,392平方公里(21,387平方英里)。人口: 3,860,000(1995年估测)。省会: 班达亚齐。
日惹省
面积: 3169平方公里(1124平方英里)。人口: 2,917,000(1995年估测)。省会: 日惹。

新加坡

新加坡是一个位于东南亚马来半岛南端的共和制城市国家。新加坡主要包括一个地势低洼的岛屿(及其他56个小岛),其通过一条堤道与大陆相连。
最高点: 武吉知马山177米(581英尺)。
气候: 热带海洋性气候,11月—次年3月夏季季风期是降雨高峰期。

国会由83人组成,其中81人经过普选从单个或一组选民代表中产生,任期5年,再加上额外任命的成员。总统直接选举产生,任期6年,其权力主要是礼仪性质的,但可任命总理及其他部长。
主要政党: (1997年选举)(中—右)人民行动党(PAP)81席,(左翼)工人党1席,(左翼)新加坡人民党1席。
总统: (自1993年)王鼎昌(人民行动党)。
总理: (自1990年)吴作栋(人民行动党)。

新加坡繁荣的制造业(电子、石油提炼、橡胶加工)依靠进口然后进行再出口贸易。鼓励兴办高科技工业。新加坡是世界上主要港口之一。金融业和旅游业十分重要。人民的生活水平(在亚洲第二高)比许多欧洲国家还要高。
货币: 新加坡元。

1819年被英国占领并成为马来半岛锌和橡胶贸易的主要港口。1942年被日本侵占。1945年二次大战后获解放。1963年成为马来西亚的一部分。1965年脱离马来西亚。1965～1991年李光耀任总理。

正式名称: 新加坡共和国。
面积: 641平方公里(248平方英里)。
人口: 2,990,000(1995年估测)。
人口倍增时间: 60年。
人均寿命: 男性74.4岁,女性78.5岁。
出生率: 世界平均出生率的0.66倍。
死亡率: 世界平均死亡率的0.51倍。
城区人口: 100%。
首都: 新加坡2,990,000(1995年估测)。
语言: 汉语(官方语言)77%,马来语(官方语言)14%,不到1%的人把英语作为第一语言,但懂英语者占37%(正式语言),泰米尔语(正式语言)7%。
成人识字率: 超过91%。
宗教: 佛教及中国传统宗教(包括道教)54%,伊斯兰教15%,无宗教信仰14%,各种新教超过7%,天主教5%,印度教超过3%。

■ 在印度尼西亚,230万新工人中仅有30万人找到工作 ■

马来西亚

马来西亚是由13个州组成的联邦政府，其中11个州（西马来西亚）占据了东南亚顶端的一个半岛，其他两上较大的州（东马来西亚）占据了东部的婆罗洲。西部沿人口稠密的海岸低地从北到南由山脉组成（包括丁加奴高地和金马伦高地），尽管沙巴州和沙捞越州（东马来西亚）的大部分地区森林资源丰富，但却存在着十分严重的砍伐森林现象。

最高点： 基纳巴卢山（在沙巴州）海拔4101米（13,455英尺）。

马来西亚各州及领土

柔佛
面积：18,986平方公里（7331平方英里）。人口：2,074,000（1991年普查）。首府：新山（柔佛巴鲁）。

吉打
面积：9426平方公里（3639平方英里）。人口：1,305,000（1991年普查）。首府：亚罗士打。

吉兰丹
面积：14,943平方公里（5769平方英里）。人口：1,182,000（1991年普查）。首府：哥打巴鲁。

马六甲
面积：1650平方公里（637平方英里）。人口：505,000（1991年普查）。首府：马六甲。

森美兰
面积：6643平方公里（2565平方英里）。人口：691,000（1991年普查）。首府：芙蓉。

彭亨
面积：35,965平方公里（13,886平方英里）。人口：1,037,000（1991年普查）。首府：关丹。

霹雳
面积：21,005平方公里（8110平方英里）。人口：1,880,000（1991年普查）。首府：怡保。

玻璃市
面积：795平方公里（307平方英里）。人口：184,000（1991年普查）。首府：加央。

槟榔屿
面积：1031平方公里（398平方英里）。人口：1,065,000（1991年普查）。首府：槟城。

沙巴
面积：73,620平方公里，（28,425平方英里）。人口：1,737,000（1991年普查）。首府：哥打基纳巴卢。

沙捞越
面积：124,449平方公里（48,050平方英里）。人口：1,648,000（1991年普查）。首府：古晋。

雪兰莪
面积：7956平方公里（3072平方英里）。人口：2,290,000（1991年普查）。首府：沙阿兰。

丁加奴
面积：12,955平方公里（5002平方英里）。人口：771,000（1991年普查）。首府：瓜拉丁加奴。

联邦直辖区
面积：243平方公里（94平方英里）。人口：1,145,000（1991年普查）。首府：吉隆坡。

纳闽地区
面积：91平方公里（35平方英里）。人口：54,000（1991年普查）。首府：维多利亚。

气候： 热带雨林气候，西部降雨量达2500毫米（98英寸）。由于东北季风（10月～次年2月）和西南季风（5～9月）带来更多的雨水，使马来西亚西部降雨量比气温更具季节变化。

有69个席位的参议院是由13个州中每州选出的2人及由最高元首任命的43人组成，任期3年。拥有192个席位的众议院经普选产生，任期5年。端姑·贾阿法（国家元首，常被称为国王）任期5年。他是由13个州中的9个州的世袭苏丹中轮流选举产生的。国王任命总理及在众议院中享有多数票的内阁。各州都有自己的立法机关。

主要政党：（1995年选举）（联盟）巫统（包括主要的新马来民族统一机构）（BN）162席，（社会民主）民主行动党（DAP）9席，各种伊斯兰政党13席，其他政党8席。

最高元首：（常被称为国王）（自1994年）端姑·贾阿法（森兰美州苏丹）。

总理：（自1981年）马哈蒂尔·穆罕默德博士（巫统）。

石油、橡胶和锌是马来西亚三个传统经济支柱，但是在80年代却受到了世界市场价格下跌的影响。胡椒（来自沙捞越）、可可及木材也非常重要。大约有1/5的劳动力从事农业，有许多马来人靠种植水稻以维持生计。制造业是最大的出口产业。主要工业包括橡胶和轮胎、锌、纺织、机械、水泥、摩托车、半导体及其他电子仪器。自从20世纪80年代马来西亚经济保持了很高的增长比率，并且成为太平洋地区经济兴旺的国家之一。政府鼓励实施工业化及投资（大部分由日本投资），鼓励少数的马来西亚人发挥积极作用，投入到工业中来。长期以来商业和金融业一直是马来西亚华人独占的区域。旅游业是一个主要增长的领域。

货币： 林吉特。

1888年沙巴成为英属北婆罗洲（槟城和马六甲已属于英国）。1895年4个苏丹统治的领地组成受英国保护的联邦。1914年其余的马来苏丹统治领地成为英国的保护国。1941年现在的马来西亚被日本占领。1945年二战后获解放。1946年由布鲁克家族（白人首领）从1841年就开始统治的沙捞越成为英国殖民地。1948年马来西亚（西马来西亚）联邦成立，1948～1960年在马来半岛，共产党起义。1957年马来半岛独立。1963年马来半岛与新加坡合并，同沙巴州及沙捞越州形成马来西亚。1965年新加坡分离出去。1965～1966年面对婆罗洲印尼人的反抗，英国派遣武装力量。1969～1971年在马来西亚与中国局势紧张期间，立宪政府暂时停止。自从80年代，伊斯兰教原教旨主义者兴起；经济迅速发展。

正式名称： 马来西亚。
面积： 330442平方公里（127584平方英里）。
人口： 19,950,000（1995年估测）。
人口倍增时间： 30年。
人均寿命： 男性69岁，女性73岁。
出生率： 世界平均出生率的1.12倍。
死亡率： 世界平均死亡率的0.54倍。
城区人口： 54%。
首都： 吉隆坡1,145,000（1991年普查）；（包括郊区）。一个新的高科技首都希特拉查亚正在兴建。
其他主要城市： 怡保383,000，新山329,000，马六甲296,000，佩塔林查亚255,000，克朗244,000，瓜拉丁加奴229,000，哥打巴鲁220,000，槟城219,000，哥拉基纳巴卢208,000（1991年普查；包括郊区）。
语言： 马来语（官方语言）58%，有不到1%的人把英语作为第一语言，却有31%的人懂英语，汉语9%，泰米尔语4%，伊班语3%。
成人识字率： 84%。
宗教： 伊斯兰教53%，佛教17%，中国民间宗教（包括道教）12%，印度教9%，各种不同的基督新教超过6%。

文莱

文莱是一个由在东南亚婆罗洲北岸的两块被隔离的领土组成的苏丹统治领地。较大的一块（西部）是山区，东部地区多山且覆盖森林。

最高点： 巴干山1850米（6070英尺）。

气候： 热带雨林气候，降雨量为2500毫米（100英寸）。

文莱是一个君主专制国，世袭的苏丹是国家和政府的元首。他任命内阁及一个由21人组成的顾问团。国内没有政党。

苏丹：（自1967年）哈桑纳尔·博尔基亚。

开发丰富的石油矿藏和天然气资源使其成为人均收入最高的国家之一（而苏丹被认为是世界上最富有的人）。大部分粮食依靠进口。

货币： 文莱元。

1888年文莱成为英国保护国。1962年民众政变未遂。1984年独立。

正式名称： 文莱达鲁萨兰国。
面积： 5765平方公里（2226平方英里）。
人口： 291,000（1995年估测）。
人口倍增时间： 29年。
人均寿命： 男性69.5岁，女性72.8岁。
出生率： 世界平均出生率的1.05倍。
死亡率： 世界平均死亡率的0.54倍。
城区人口： 90%。
首都： 斯里巴加湾市46,000（1991年估测）。
其他主要城市： 瓜拉贝拉21,000，诗里亚21,000（1991年估测）。
语言： 马来语（正式用语）78%，汉语9%，英语作为第一语言6%。
成人识字率： 88%。
宗教： 伊斯兰教67%，佛教13%，各种基督新教10%。

东帝汶

正式名称及地位： 东帝汶，行政管理作为印度尼西亚的一个省，其地位未被联合国承认。**面积：** 14,874平方公里（5743平方英里）。**人口：** 843,000（1995年估测）。**首府：** 帝力60,000（1990年估测）。
地理： 处在东南亚东半部的帝汶岛为山区，再加上岛的西部的一小块土地。
经济： 当东帝汶还是葡萄牙殖民地（1974年前）时它的经济就依靠种植咖啡。1975年被印度尼西亚吞并以来经济遭到破坏，大部分人被屠杀，许多村庄受到彻底毁坏。

圣诞岛

正式名称及地位： 圣诞岛，澳大利亚的外部领土。**面积：** 135平方公里（52平方英里）。**人口：** 2400（1994年估测）。**首都：** 飞鱼湾。**地理：** 是一个孤立的多山区热带岛屿，在爪哇岛（属于印度尼西亚）的南部。
经济： 岛屿主要依靠制造磷酸盐。劳动力来源于中国及马来西亚移民。

基林岛

正式名称及地位： 基林岛，澳大利亚外部领土。**面积：** 14平方公里（6平方英里）。**人口：** 600（1993年估测）。**首都：** 班塔姆村。
地理： 由两个小的环状珊瑚岛组成，在斯里兰卡的西南部。
经济： 岛屿的经济主要依靠种植椰子，由马来西亚移民为劳动力。

■ 新加坡是个城市国家 ■ 文莱苏丹是世界上最富有的人 ■

中国及其邻国

中国

中国是世界第三大国，也是人口最多的国家。中国有1/2的疆域为山脉所覆盖，这些山脉主要位于西部地区，包括新疆维吾尔自治区的阿尔泰山脉、天山山脉和西藏北部的昆仑山脉。青藏高原海拔3000米（10,000英尺），气候干旱。西藏南部的喜马拉雅山脉有40座海拔7000米（23,000英尺）以上的雪峰。在中国南端，云贵高原海拔3700米（12,000英尺）。在东北，山脉与丘陵环绕着东北平原。秦岭横越中国中部，是黄河流域与长江流域的分水岭。在华东及华中地区，三大低地是农业最集中、人口最稠密的地区：长江中下游平原、华北平原和四川盆地。一片广袤的、沟壑纵横的黄土高原位于内蒙古高原（包括戈壁沙漠）和西北的塔里木沙漠的准噶尔盆地之间。

最高点：珠穆朗玛峰，海拔8863米（29,078英尺）。

气候：气温基本上由北向南逐渐升高，降水量由西北向东南渐次增加。东北地区属大陆性气候，夏季温暖湿润，冬季寒冷而漫长，年均降水量低于750毫米（30英寸）。长江下游平原是中国最炎热的地方，年降水量在750毫米（30英寸）至1100毫米（40英寸）之间。南部地区更加湿润，是典型的亚热带季风性气候。属大陆性气候的黄土高原冬季严寒，夏季温暖，年均降水量不足500毫米（20英寸）。西北地区干燥，属大陆性气候，冬季严寒。西部地区（包括西藏、新疆、甘肃和内蒙古）由于其海拔高度以及其距海距离，气候极为特殊：年均降水量很低，甚至西藏大部分地区霜期长达10个月。

任期5年的2962名全国人民代表大会代表由各省及军队人民代表大会选举产生。由全国人民代表大会选举产生的全国人大常务委员会、国家主席（任期5年）、总理及国务院，都向全国人民代表大会负责。在香港地区建立特区政府。

政党：中国共产党，每5年举行一次代表大会。党代会选举产生中央委员会；再由中央委员会选举产生政治局。这两个机构拥有实权。

国家主席：（自1989年）江泽民。

总理：（自1998年）朱镕基。

共产党总书记：（自1989年）江泽民。

中国劳动力总数的1/2以上从事农业，所有的大规模农业生产都集中在集体农场，传统的、低效的生产方式依然存在。几乎一半的可耕地都可以进行灌溉，中国是世界上最大的稻米生产国。其他的农作物有小麦、玉米、甜菜、甘蔗和大豆。畜牧业、水果蔬菜业和渔业都很重要。矿产资源和燃料资源均十分丰富，但在绝大多数地区都未能开发利用。它们包括煤、石油、天然气、铁矿、矾土矿、锡和世界储量最大的锑矿，同时也包括巨大的潜在的水力资源。其经济属于中央计划经济，但并非所有企业都属于国有企业。石化产品占中国出口总额的1/4。其他主要工业包括钢铁、水泥、汽车、化肥、食品加工、服装和纺织工业。始于80年代末期的改革促进了同其他国家建立合资企业，引进外资和小型私人企业得到支持。在中部和南部的沿海地区设立了经济特区，并鼓励与西方国家的工业联系。经济正在持续增长，尤其在上海与广东，已经达到很高的经济增长率。

货币：元。香港地区仍保留港元。

1911年，孙中山领导国民党发动革命，推翻满清的最后一代皇帝。1916年，孙中山在南方建立了共和国；北方控制在军阀手中。1928年后，孙中山的继任者蒋介石进行北伐。30年代，共产主义运动高涨。在一系

自动化程度极高的深圳股票交易所内景。深圳是中国第一个经济特区。

■ 今天世界上每五个人中就有一个中国人 ■ 澳门是当今世界人口

正式名称：中华人民共和国。
面积：9,610,159平方公里（3,710,489平方英里）。
人口（包括香港）：1,248,100,000（1998年估测）
人口倍增时间：63年。
人均寿命：男性69.1岁，女性72.4岁。出生率：世界平均出生率的0.71倍。死亡率：世界平均死亡率的0.7倍。城区人口：28%。
首都：北京10,780,000（1996年估测）。其他主要城市：重庆15,300,000，上海13,040,000，成都9,810,000，哈尔滨9,080,000，天津8,980,000，石家庄8,550,000，武汉7,160,000，青岛6,900,000，长春6,770,000，沈阳6,710,000，广州6,560,000，西安6,550,000，香港6,200,000，杭州6,030,000，郑州5,890,000，福州5,700,000，长沙5,680,000，济南5,430,000，大连5,370,000，宁波5,300,000，南京5,250,000，合肥4,160,000，南昌4,020,000，昆明3,790,000，贵阳3,100,000，太原2,870,000，南宁2,780,000，兰州2,760,000，呼和浩特1,970,000，乌鲁木齐1,480,000，厦门1,230,000，西宁1,100,000，深圳1,030,000，银川910,000，海口500,000，拉萨140,000（城区人口，1996年估测）。语言：汉语普通话66%，为通用官方语言，有多种方言，其中沪语8%、粤语5%、湘语5%、闽语4%、客家语3%、哈萨克语2%、满族语1%、回族语1%。在香港，英语和汉语同为官方语言。
成人识字率：78%。

澳门

正式名称及地位：澳门，葡萄牙统治下的中国领土，将于1999年回归中国。
面积：18平方公里（7平方英里）。
人口：428,000（1995年估测）。
首府：澳门428,000（1995年估测）。澳门由位于广东省沿海的澳门半岛及毗邻的两座小岛组成。接近半数的劳动力从事制造业；以赌场为特色的旅游业是澳门的一项主要行业。

列损失惨重的城市暴动之后，共产主义运动集中在农村地区。1931年，日本入侵东北，并建立起傀儡政权。1934年，共产党领袖毛泽东被迫撤出江西，开始了历时12个月，行程9000公里（5600英里）的长征，到达了偏远的陕西。1937年，日本攻占北平以及中国沿海的大部分地区。毛泽东与蒋介石携手抵御侵略者。1937~1945年，经过八年抗战，中国军队终于将日本人赶出国境。1946年，解放战争开始。1949年，共产党人获胜，毛泽东在北京宣布成立中华人民共和国。蒋介石及其军队逃往台湾。1950年，和平解放西藏。1950~1953年，中国人民志愿军进入朝鲜，开始抗美援朝。50年代，发起了一场轰轰烈烈的"大跃进"运动。60年代初期，3年的严重自然灾害使中国遭受巨大损失。1962年，与印度发生边境冲突。1964年，第一颗原子弹试验成功。1966年，历时10年的"文化大革命"开始。70年代，开始与美国逐步恢复友好关系，并建立正式外交关系。1976年，毛泽东逝世。1977~1997年，卓越的领导人邓小平实行经济改革。1989年，与前苏联恢复友好关系。1997年，香港回归中国。

蒙古

位于中亚的蒙古共和国地广人稀，是中国和俄罗斯之间的一个缓冲国。北部是山地，中部是大片草地覆盖的盆地，南部是戈壁沙漠和阿尔泰山脉。
最高点：鄂特冈腾格里山4362米（14,350英尺）。
气候：蒙古气候干燥，夏季温和，冬季严寒。

主席及76名成员组成的大呼拉尔通过全民选举产生，任期均为4年。部长会议主席及其内阁由大呼拉尔主席提名。
主要政党：（1995年选举）（改良主义）民主联盟（DU，由国家民主党和社会民主党组成）50席，蒙古人民革命党（BDY，以前的共产党）25席，蒙古传统保守党1席。
主席：（自1997年）那特萨金·巴格班迪（蒙古人民革命党）。
部长会议主席：（自1996年）默仰克赛汗（民主联盟）。

蒙古经济依靠牛、绵羊、山羊及骆驼的饲养（过去由集体统一管理）。谷类作物在蒙古大规模种植。工业以食品加工、兽皮和羊毛为主。铜是主要的出口商品。前苏联是蒙古的主要贸易伙伴，其援助占蒙古国民生产总产值的1/3。1991年以来，由于俄罗斯终止了对蒙古的援助及贸易混乱，加上近年带来物价昂贵的市场改革，蒙古经济陷入极大困难。

货币：图格里克。

原是中国的一部分，称外蒙古。1921年宣布独立，成立君主立宪政府。1924年废除君主制，成立蒙古人民共和国。1952~1984年，泽登巴尔元帅领导蒙古，他最初是部长会议主席，1974年后任大呼拉尔主席。1990年，发生拥护民主的示威活动；共产党宣布放弃其在蒙古的领导地位。1992年，颁布新宪法，规定蒙古为"议会制国家"。市场改革开始。举行首次多党派选举。

■ 戈壁沙漠北部牧人的圆顶帐篷——许多从事农牧业的人们仍然过着游牧生活。

正式名称：蒙古国。
面积：1,566,500平方公里（604,800平方英里）。人口：2,310,000（1995年估测）。人口倍增时间：44年。人均寿命：男性60岁，女性63.5岁。出生率：世界平均出生率的0.96倍。死亡率：世界平均死亡率的0.91倍。城区人口：59%。
首都：乌兰巴托680,000（1994年估测，包括郊区）。其他主要城市：达尔汗86,000，额尔登特63,000（1994年估测）。语言：柯尔克蒙古语（官方语言）79%，哈萨克语6%、德尔波特语3%，以外还有巴亚德语、伯亚特语等。
宗教：多数人信仰密宗派佛教，少数人信仰逊尼派伊斯兰教。

名胜古迹

中国现在是世界上第五大旅游国。香港是中国主要的旅游观光中心,吸引着大量的外国游客,其中日本人占1/4,美国人占1/5,主要以散客居多。在中国大陆(1/3以上的游客是日本人),散客占少数,大多数游客组团观光。名胜古迹有安阳、北京(紫禁城、明十三陵和颐和园皇家园林)、南京、西安和长江。

世界历史遗产包括: 长城;北京明清朝代的皇宫;九寨沟自然风景保护区;庐山国家公园;西安秦始皇陵(陶俑);峨眉山和乐山大佛;承德避暑山庄和外八庙;周口店北京人遗址;拉萨布达拉宫;曲阜孔庙、孔陵和孔府;武陵源自然风景保护区。

北京天安门广场是世界上最大的广场。它北边的围墙后坐落着从前皇帝居住的紫禁城。

上海是中国人口最稠密的城市。热闹的市中心地区是主要的商业中心。

河北省慕田峪境内的长城。(见177页)

- 长江三峡工程是世界上最大的土木工程。
- 从北京到杭州的中国大运河全长1781公里(1107英里)是世界上最长的运河。
- 珠穆朗玛峰是世界上最高的山峰,海拔8863米(29,078英尺)。
- 深圳是世界上发展最快的城市。

包括士兵和马匹的8000多个陶俑于公元前210年和秦始皇一起埋葬在西安。于1974年被发现。

濒临灭绝的大熊猫仅在中国中部的山岳森林中可以找到。(见105页)

中国省区

安徽(1) 面积:139,900平方公里(54,000平方英里)。人口:60,700,000(1996年估测)。省会:合肥。

北京(2) (直辖市) 面积:16,800平方公里(6500平方英里)。人口:12,590,000(1996年估测)。

福建(3) 面积:123,100平方公里(47,500平方英里)。人口:32,610,000(1996年估测)。省会:福州。

甘肃(4) 面积:366,500平方公里(141,500平方英里)。人口:24,670,000(1996年估测)。省会:兰州。

广东(5) 面积:197,100平方公里(76,100平方英里)。人口:69,610,000(1996年估测)。省会:广州。

广西(6) (壮族自治区) 面积:220,400平方公里(85,100平方英里)。人口:45,890,000(1996年估测)。首府:南宁。

贵州(7) 面积:174,000平方公里(67,200平方英里)。人口:35,550,000(1996年估测)。省会:贵阳。

海南(8) 面积:34,300平方公里(13,200平方英里)。人口:7,340,000(1996年估测)。省会:海口。

河北(9) 面积:202,700平方公里(78,200平方英里)。人口:64,840,000(1996年估测)。省会:石家庄。

黑龙江(10) 面积:463,600平方公里(179,000平方英里)。人口:37,280,000(1996年估测)。省会:哈尔滨。

河南(11) 面积:167,000平方公里(64,500平方英里)。人口:91,720,000(1996年估测)。省会:郑州。

香港(12) (特别行政区) 面积:1076平方公里(415平方英里)。人口:6,200,000(1996年估测)。

湖北(13) 面积:187,500平方公里(72,400平方英里)。人口:58,250,000(1996年估测)。省会:武汉。

湖南(14) 面积:210,500平方公里(81,300平方英里)。人口:64,280,000(1996年估测)。省会:长沙。

江苏(15) 面积:102,600平方公里(39,600平方英里)。人口:71,100,000(1996年估测)。省会:南京。

江西(16) 面积:164,800平方公里(63,600平方英里)。人口:41,050,000(1996年估测)。省会:南昌。

吉林(17) 面积:187,000平方公里(72,200平方英里)。人口:26,100,000(1996年估测)。省会:长春。

辽宁(18) 面积:151,000平方公里(58,300平方英里)。人口:41,160,000(1996年估测)。省会:沈阳。

内蒙古(19) (自治区) 面积:1,177,500平方公里(454,600平方英里)。人口:23,070,000(1996年估测)。首府:呼和浩特。

宁夏(20) (回族自治区) 面积:66,400平方公里(25,600平方英里)。人口:5,210,000(1996年估测)。首府:银川。

青海(21) 面积:721,000平方公里(278,400平方英里)。人口:4,880,000(1996年估测)。省会:西宁。

陕西(22) 面积:195,800平方公里(75,600平方英里)。人口:35,430,000(1996年估测)。省会:西安。

山东(23) 面积:153,300平方公里(59,200平方英里)。人口:87,380,000(1996年估测)。省会:济南。

上海(24) (直辖市) 面积:6200平方公里(2400平方英里)。人口:14,190,000(1996年估测)。

山西(25) 面积:157,100平方公里(60,700平方英里)。人口:31,090,000(1996年估测)。省会:太原。

四川(26) 面积:569,000平方公里(219,700平方英里)。人口:114,300,000(1996年估测)。省会:成都。

台湾(27) 面积:36,179平方公里(13,969平方英里)。人口:21,270,000(1995年估测)。省会:台北。

天津(28) (直辖市) 面积:11,300平方公里(4400平方英里)。人口:9,480,000(1996年估测)。

新疆(29) (维吾尔族自治区) 面积:1,646,900平方公里(635,900平方英里)。人口:16,890,000(1996年估测)。首府:乌鲁木齐。

西藏(30) (自治区) 面积:1,221,600平方公里(471,700平方英里)。人口:2,440,000(1996年估测)。首府:拉萨。

云南(31) 面积:436,200平方公里(168,400平方英里)。人口:40,420,000(1996年估测)。省会:昆明。

浙江(32) 面积:101,800平方公里(39,300平方英里)。人口:43,430,000(1996年估测)。省会:杭州。

注:重庆于1997年从四川省分离出来成为一个直辖市。

中 国 聚 焦 • 中 国 聚 焦 • 中 国 聚 焦 • 中 国 聚 焦 • 中 国 聚 焦

电视与广播
电视机数量： 227,880,000（5.2人拥有一台电视机）
收音机数量： 215,950,000（5.5人拥有一台收音机）

广播电影电视部审查所有的广播节目。有764家地方电视台，中国中央电视台主管全国范围内的8个频道，有线网络覆盖大约30,000,000个家庭。有两家国家广播电台，1100多家地方电台，其中有些地方电台用地方语言播音。香港有四个电视网。

电影院
电影院数量： 3100

中国有电影审查制度。电影局是电影业的管理机构和主要审查机构。在过去的几年里，首批"外国大片"（即好莱坞和香港耗巨资拍摄的影片）在中国大陆上映，实际上使电影院票房收入翻了一番。与外国制片人分享收入的交易所得的利润用来支持中国自己的电影业。

报纸
各种日报的巨大发行数字反映了中国大陆人口众多。大约有1750种报纸。每个省都出版自己的日报。主要的日报：

《工人日报》，北京	2,500,000
《人民日报》，北京	2,150,000
《文汇报》，上海	1,700,000

杂志
发行量最大的期刊杂志有：

《半月谈》	双周刊，时事性刊物	6,000,000
《农民文摘》	周刊，农村读物	3,540,000
《家庭》	周刊，家庭读物	1,890,000
《求是》	双月刊，理论刊物	1,830,000
《中国电视》	周刊，电视节目	1,700,000
《市场周报》	周刊，经济和财政	1,000,000

党和国家领导人：（1949年以来）
中华人民共和国主席
1949～1959年　毛泽东
1959～1968年　刘少奇
1983～1988年　李先念
1988～1993年　杨尚昆
1993年～　　　江泽民

全国人民代表大会常务委员会委员长
1954～1959年　刘少奇
1959～1976年　朱　德
1978～1983年　叶剑英
1983～1988年　彭　真
1988～1993年　万　里
1993～1998年　乔　石
1998年～　　　李　鹏

中国共产党领导人
1949～1976年　毛泽东
1976～1981年　华国锋
1981～1987年　胡耀邦
1987～1989年　赵紫阳
1989年～　　　江泽民

总理
1949～1976年　周恩来
1976～1980年　华国锋
1980～1987年　赵紫阳
1987～1998年　李　鹏
1998年～　　　朱镕基

注：从1977～1997年，邓小平是中国具有实力的领导者，尽管他没有担任国家的三个主要职务。

香港回归
1997年7月1日，香港回归于中国。这一震撼全球的事件结束了英国参与殖民地统治155年的历史。交接工作从1984年开始，当时邓小平和英国首相玛格丽特·撒切尔宣布了香港在"一国两制"政策下作为一个特别行政区的地位。在保证香港相当大的自治权的协议下，香港的社会经济地位保持50年不变。人们在交接时的情绪普遍是乐观的。该特区的经济投资比归还前有极大的扩展。当时，中国举行了各种庆祝活动。

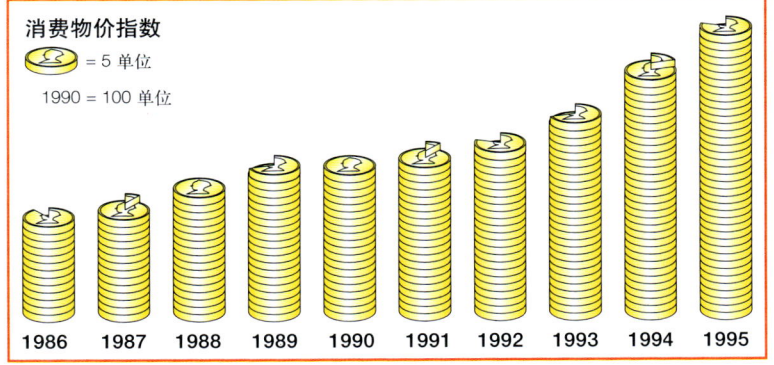

消费物价指数
= 5 单位
1990 = 100 单位

1986　1987　1988　1989　1990　1991　1992　1993　1994　1995

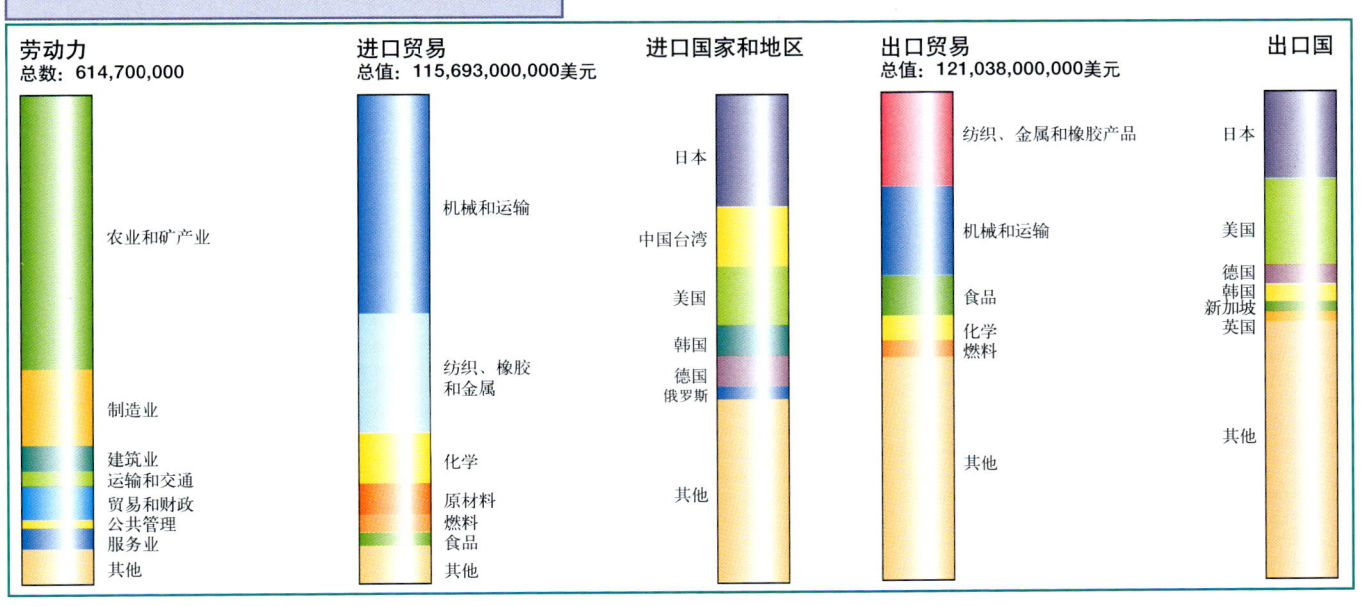

劳动力 总数：614,700,000
农业和矿产业 / 制造业 / 建筑业 / 运输和交通 / 贸易和财政 / 公共管理 / 服务业 / 其他

进口贸易 总值：115,693,000,000美元
机械和运输 / 纺织、橡胶和金属 / 化学 / 原材料 / 燃料 / 食品 / 其他

进口国家和地区
日本 / 中国台湾 / 美国 / 韩国 / 德国 / 俄罗斯 / 其他

出口贸易 总值：121,038,000,000美元
纺织、金属和橡胶产品 / 机械和运输 / 食品 / 化学 / 燃料 / 其他

出口国
日本 / 美国 / 德国 / 韩国 / 新加坡 / 英国 / 其他

远东

日本国

日本由4个大岛和3900多个小岛组成，位于远东太平洋地区的东北部。北部多山的北海道占国土陆地总面积的22%。南部四国和九州各占5%和11%。中部本州岛占61%和人口的80%，山脉顺其走向绵延。琉球群岛（包括冲绳岛）向南延伸几乎至台湾。全国近75%的国土为山区。人口集中于小的沿海平原。主要低地有关东（东京周围），浓尾（名古屋周围）和本州北部的川内平原。日本境内有60多个活火山，易发生强烈地震。

最高点：富士山3776米（12,388英尺）。

气候：日本气候地区差异极大。尽管全国气候温和，但北部冬季漫长寒冷，南部夏季炎热，冬季温和。雨量充沛，夏季常有暴雨和台风。

日本是君主立宪制，天皇只是权力的象征，并无实权。国会由参众两院组成。参议院（上院）有252人，众议院（下院）有511人。上院通过成人普选选出，任期6年，其中每3年改选半数，参议院有100名议员通过按人口比例推选代表人数的制度选出。下院通过直接选举选出，任期4年。

主要政党：（1996年众议院选举）（保守的）自民党（LDP）239席位，（中一右）新进党（NFP）156席，（反官僚主义的）日本民主党52席，日本共产党26席，日本社会民主党（SDPJ）15席，先驱新党（Sakigako）2席，其他10席。

天皇：（自1989年）平成天皇（对外称明仁天皇）。

首相：（自1996年）桥本龙太郎（自民党；自民党—社民党—先驱新党联合政权）。

尽管日本的城市的生活条件普遍拥挤，但是日本人的生活标准却是世界上首屈一指的。日本自然资源匮乏，但却是世界上第二大工业国。工业极其依赖于进口原料；大约90%的能源供求靠进口，石油是最大的进口项目。日本经济的成功以制造业为基础，连同建筑业一起，利用了近1/3的劳动力。日本是世界上最大的汽车生产国，也是船舶、钢铁、合成纤维、化学制品、水泥、电器产品和电子设备的主要生产国之一。日本在技术研究领域的飞速发展促进了以出口为主的经济发展，但在90年代其经济发展减慢。日本的分厂遍及东南亚。日本银行业和金融业很发达，东京有世界上主要的证券交易所和商业中心。农业是劳动密集型的，尽管水稻能自足，但农业并不是最优先考虑的。大部分粮食（特别是谷物和饲料作物）都需进口。日本人传统饮食以海产品为主，渔业在世界上名列前茅。

货币：日元。

1904～1905年日本从水陆两路打败俄国，震惊欧洲。1912年明治时代结束。（明治天皇推翻了最后一个德川幕府，恢复了天皇的权力。他鼓励吸收西方思想，建立西方式经济。）1914～1918年日本参加了对德的一战。但战后并没有被大国平等对待，大失所望。20世纪20至30年代，军国主义有所抬头。1931～1932年和1937～1945年发动侵华战争：强占了中国大片沿海地区并在东北建立了傀儡政权。1941年与纳粹德国结盟，以偷袭夏威夷美军基地珍珠港作为加入二战的开始；战争初期，日本的军事扩张很快遍及东南亚和太平洋地区。1945年美国在日本投下了2颗原子弹；日本宣布无条件投降。1945～1952年盟国占领日本；实行民主政治，经济迅速恢复。1946年天皇放弃权力。1955～1993年尽管有许多财政丑闻，但自民党仍连续执政。

■ 新宿区位于东京中部。日本首都东京是世界上最大的城市，城市人口25,000,000，环绕于东京湾。

正式名称：日本国。
面积：377,835平方公里（145,883平方英里）。
人口：125,360,000（1995年估测）。
人口倍增时间：人口相对稳定，只有少量增长。
人均寿命：男性76.6岁，女性83岁。
出生率：世界平均出生率的0.4倍。
死亡率：世界平均死亡率的0.76倍。
城区人口：77%。
首都：东京城区25,000,000（城市11,610,000；横滨3,251,000；川崎1,168,000；千叶834,000；相模原545,000；船桥529,000；1992年估测）。
其他主要城市：大阪府城区8,735,000（城市2,495,000；神户1,468,000；堺799,000；东大阪496,000），横滨见东京，京都2,606,000（城市1,345,000），奈良2,095,000，札幌1,704,000，神户1,468,000，福冈1,214,000，川崎见东京，广岛1,072,000，北九州1,015,000，仙台920,000，千叶见东京，堺见大阪，熊本625,000，冈山595,000，滨松548,000，鹿儿岛532,000，船桥见东京。（1992年估测；包括郊区）。
语言：日语超过99%（官方方言），及朝鲜语、汉语和阿伊努少数民族语。
成人识字率：100%。
宗教：70%多的居民信奉佛教，把佛教视为第一宗教，3-5%的居民只信奉神道教，并作为第一宗教，88%多的人信奉神道教传统，信仰各基督教派的占1%；50%的居民信奉一种或多种宗教，但不参加宗教活动，可被认为是无宗教信仰。

■ 日本的国民生产总值是朝鲜的200倍 ■ 朝鲜

朝鲜

朝鲜是人民共和制。它位于亚洲远东朝鲜半岛的北部（大部分地区）。山地占国土面积的3/4以上，山脉横亘于东北部，以火山峰将军岭为最高。西部是广阔的沿海平原。
最高点：将军岭2744米（9003英尺）。
气候：冬季漫长且寒冷干燥，夏季炎热又潮湿。

朝鲜劳动党代表大会选举中央委员会，中央委员会再选出政务院，作为行政权力执行机关。没有反对党参加的成人普选每5年举行一次，选出由687人组成的最高人民会议。最高人民会议再选出国家主席（任期4年）、总理和中央人民委员会。该中央人民委员会任命各部部长。
惟一合法的政党：朝鲜劳动党（共产党）687席，天道教青友党和朝鲜社会民主党也起参政作用。
国家主席：空缺。但自1994年金正日的父亲金日成逝世后，他实际上一直是掌握实权的主席。
政务院总理：（自1997年）洪成南（共产党）

40%多的劳动力在合作农场中工作，主要种植水稻，但

正式名称：朝鲜民主主义人民共和国。
面积：122,762平方公里（47,399平方英里）。
人口：23,490,000（1995年估测）。
人口倍增时间：39年。
人均寿命：男性67岁，女性73.7岁。
出生率：世界平均出生率的0.93倍。
死亡率：世界平均死亡率的0.59倍。
城区人口：61%。
首都：平壤2,355,000（1987年估测）
其他主要城市：咸兴701,000，清津520,000，南浦370,000，（1987年估测）
语言：通用朝鲜语（官方语言）。
成人识字率：95%。
宗教：无宗教信仰68%，传统信仰16%，天道教14%。

产量不足以解决这个孤立主义国家的人口温饱问题。自然资源有：煤、锌、镁和铁等矿物。一直强调发展工业，突出冶金和机械制造。与前苏联的易货贸易结束后（1990～1991），经济急剧滑坡，食品、能源及其他商品严重短缺。在日本和俄罗斯工作的朝鲜人所寄回的钱是其主要外汇来源。
货币：朝鲜元。

1948年建立共和国。1948～1992年金日成执政。1950～1953年朝鲜战争。1990～1991年随着社会主义阵营的解散，朝鲜依靠自身力量发展经济。1994年随着朝鲜拒绝接受国际禁

■ 宣传朝鲜领导人的海报。

止核武器核查，紧张加剧。1997年发生饥荒。

韩国

韩国位于亚洲远东朝鲜半岛的南部（小部地区）。除了有限的滨海低地和汉江流域、洛东江流域之外，大部地区为山地。
最高点：汉拿山（济州岛上的死火山）1950米（6398英尺）。
气候：冬季干燥寒冷，夏季炎热且季风带来大量降雨。

每4年举行一次成人普选，选出299人组成的国会，其中237人分别代表各个选区，62人是按人口比例推选代表人数的制度选举出来。总统由直接选举产生，最长任期为2届8年。内阁由总统任命，国务总理为首领。
主要政党：（1996年选举）（中—右）新韩国党（NKP）139席，（中）新政治国民会议79席，（中—右）统合民主党（ULDP）51席，（中—左）民主党15席，其他15席。
总统：（自1993年）金泳三（新韩国党）。
国务总理：（自1995年）李寿成（新韩国党）。

韩国是主要的工业国，它的工业由一小部分大家族集团

正式名称：大韩民国（朝鲜共和国）。
面积：99,392平方公里（38,375平方英里）。
人口：44,840,000（1995年估测）。
人口倍增时间：70年。
人均寿命：男性68岁，女性76岁。
出生率：世界平均出生率的0.64倍。
死亡率：世界平均死亡率的0.65倍。
城区人口：81%。
首都：汉城10,628,000（1990年估测；包括郊区）。
其他主要城市：釜山3,798,000，大丘2,229,000，仁川1,818,000，光州1,145,000，大田1,062,000，蔚山683,000（1987年估测）。
语言：通用朝鲜语（官方语言）。
成人识字率：96%。
宗教：非宗教50%，佛教24%，各种新教18%，罗马天主教6%，还有信仰儒教、天道教和其他少数教派。

控制。纺织业重要，是原制造业的基础。韩国现在是世界上最大的造船商，主要的鞋类生产商，主要的电子设备、电器产品、汽车、钢铁和石油化学产品的生产商。银行业和金融业正处于发展阶段。在20世纪80和90年代，韩国取得了很高的经济增长。大约15%的劳动力参与耕作，水稻和大麦是主要农作物。
货币：韩元。

1910年朝鲜沦为日本残酷统治下的殖民地；李氏王朝（自1392年来统治）被废黜。1945年二战之后，朝鲜被分成美国占领区和苏联占领区。1948年在美国占领区，建立了得到美国支持的西化的大韩民国。1950～1953年朝鲜战争爆发。1961年军事政变，朴正熙少将执政。1979年朴正熙总统被暗杀。1980年军事政变。1987年赞成民主的大规模学生示威游行；采用新宪法。自1987年以来，政府更加开放，加强了民主。

■ 汉城中心的一排排霓虹广告灯。因受到朝鲜战争的破坏，汉城大部分是重建的。

人口是韩国的一半，但朝鲜却拥有两倍的军队

日本聚焦

名胜

尽管日本有很多的风景名胜，且主要的城市和海边胜地都配有现代化的设备，但来日本观光的外国游客却很少（不到300万）。一部分原因可能是因为日本的高消费。1/4的外国游客来自美国和加拿大，还有1/5来自中国台湾。大多数的外国游客参观东京（包括东京迪斯尼乐园），富士山和古都京都。其他受欢迎的地方有：福冈、金泽白川乡、雪国、木曾川谷、神户、名古屋、奈良、大阪和横滨。

世界历史遗产包括：古京都历史碑，法隆寺的佛碑，五箇山和白川乡历史村庄，广岛和平纪念碑，白神山地。

! 世界上最长的铁路隧道是青函隧道，长53.85公里，（33英里809码），位于本州和北海道之间的海底。

严岛（或宫岛）神社是一个重要的神道教神社，位于濑户内海的一个潮滩上。建于6世纪，每当涨潮时，该神社看起来像是飘浮在海面之上。

! 日光柳杉大街是世界上最长的林荫路，位于栃木县今市，由三个部分组成，全长35.41公里（22英里）。

东京盛开的樱花，在樱花盛开之际，日本人纷纷涌入公园来庆祝冬天的结束。这是一个深受欢迎的春天节日。

! 世界上最狭窄的可航行的海峡是土渊海峡，介于小豆岛和前岛之间。其最狭窄处是9.93米（32英尺7英寸）。

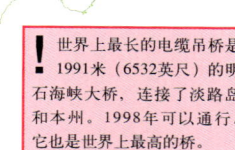

富士山

! 世界上最大的费里斯转轮是横滨的宇宙钟21世纪，高为105米（344英尺6英寸）。

富士山，是日本最高山峰，海拔3776米（12,388英尺），是一座休眠火山。它最近一次喷发是在1707年。富士山形体匀称、白雪皑皑的圆锥形山顶一向是深受日本人喜爱的艺术主题。

! 世界上最长的电缆吊桥是1991米（6532英尺）的明石海峡大桥，连接了淡路岛和本州。1998年可以通行。它也是世界上最高的桥。

! 世界上最大的室内水上乐园是位于宫崎的海洋宫。长为300米（984英尺）。传统上，宫崎是夫妇蜜月旅行所喜欢的名胜之地。

伊势的神道教神社，建于12世纪，内有法师举行仪式。神道教的遗址吸引了数以百万的日本游客，但现在他们对神道教感兴趣很可能是出于传统而非宗教。

新干线，或称高速火车，开始运营于1964年，途经壮观的富士山。最终，高速火车将通达日本所有的主要城市。

近代天皇

1183～1198年 后鸟羽天皇	1301～1308年 后二条天皇	1526～1557年 后奈良天皇	1747～1762年 桃园天皇
1198～1210年 土御门天皇	1308～1318年 花园天皇	1557～1586年 正亲町天皇	1763～1771年 后樱町天皇
1210～1221年 顺德天皇	1318～1339年 后醍醐天皇	1586～1611年 后阳成天皇	1771～1779年 后桃园天皇
1221年 仲恭天皇	1339～1368年 后村上天皇	1611～1629年 后水尾天皇	1779～1817年 光格天皇
1221～1232年 后堀河天皇	1368～1383年 长庆天皇	1629～1643年 明正天皇	1817～1846年 仁孝天皇
1232～1242年 四条天皇	1383～1392年 后龟山天皇	1643～1654年 后光明天皇	1846～1866年 孝明天皇（本名：统仁）
1242～1246年 后嵯峨天皇	1392～1412年 后小松天皇	1654～1663年 后西天皇	1867～1912年 明治天皇（本名：睦仁）
1246～1259年 后深草天皇	1412～1428年 称光天皇	1663～1687年 灵元天皇	1912～1926年 大正天皇（本名：嘉仁）
1259～1274年 龟山天皇	1428～1464年 后花园天皇	1687～1709年 东山天皇	1926～1989年 昭和天皇（本名：裕仁）
1274～1287年 后宇多天皇	1465～1500年 后土御门天皇	1709～1735年 中御门天皇	1989年～ 平成天皇（本名：明仁）
1288～1298年 伏见天皇	1500～1526年 后柏原天皇	1735～1747年 樱町天皇	

注：天皇和皇后可以追溯到公元前30年的崇仁天皇。

■ 每年接待外国游客可创汇34.77亿美元 ■ 日本国歌是

日本聚焦

电视与广播
电视机数量： 100,000,000（每1.2人拥有一台电视机）
收音机数量： 97,000,000（每1.3人拥有一台收音机）
NHK（日本广播协会）—非商业性公共公司—经营2家电视台和3家电台。全国有463家商业电台和7500多家商业电视台。

报纸
日本的报纸有些在世界上发行量很大。日本共有120多种主要日报，每千人订报580份。报业集中于东京，东京的报纸面向全国发行，大阪、名古屋和其他主要城市还有一些重要的地方报纸。大多数日本报纸都既有晨报又有晚报。主要的报纸及其发行量如下：

《读卖新闻》	东京、大阪、西武和名古屋	10,000,000	（晨报）
		4,500,000	（晚报）
《朝日新闻》	东京、大阪、西武和中部	8,300,000	（晨报）
		4,400,000	（晚报）
《每日新闻》	东京	4,000,000	（晨报）
		1,900,000	（晚报）
《日本经济新闻》	东京	2,900,000	（晨报）
		1,700,000	（晚报）
《中日新闻》	名古屋	2,900,000	（晨报）
		796,000	（晚报）

电影
电影院数量： 1805
最近几年，日本电影院从美国进口影片的数量有所增长，事实上，从总体来说外国影片发行占大约2/3。随着世界上平均门票的价格提高12美元和票房收入的下降，全国电影事业正处于全面改革—包括完善电影院的基础设施。然而世界范围内对日本电影的兴趣却有所增长，特别是动画片，在日本大受欢迎。

杂志
与报纸相反，日本的期刊发行量很低。而且因为电视台太多，很大程度上没有电视节目要览。发行量最大的期刊是双周刊（标注者除外）：

《家之光》*	乡村杂志	1,112,000
《莴苣俱乐部》	烹饪	800,000
《文艺春秋》*	大众趣味	656,000
《热狗杂志》	男性杂志	650,000
《羊角面包》	女性及家政杂志	600,000
《突眼》	青少年杂志	600,000

*表示月刊

历任首相（自1945年）

1945-1946年	币原喜重郎	1956-1957年	石桥湛山	1978-1980年	大平正芳	1993-1994年	细川护熙
1946年	鸠山一郎	1957-1960年	岸信介	1980-1982年	铃木善幸	1994年	羽田孜
1946-1947年	吉田茂	1960-1964年	池田勇人	1982-1987年	中曾根康弘	1994-1996年	村山富市
1947-1948年	片山哲	1964-1972年	佐藤荣作	1987-1989年	竹下登	1996年-	桥本龙太郎
1948年	芦田均	1972-1974年	田中角荣	1989年	宇野宗佑		
1948-1955年	吉田茂	1974-1976年	三木武夫	1989-1991年	海部俊树		
1955-1956年	鸠山一郎	1976-1978年	福田赳夫	1991-1993年	宫泽喜一		

日本天皇
日本天皇是国家的象征和元首，但无权参与国政。1946年，日本战败后，天皇正式放弃权力。但是，照普通的说法，天皇的头衔仍为国家元首，这反映了日本的传统，认为天皇是太阳女神的后裔。天皇被称作"天皇陛下"，不许直呼其名。天皇去世后，要用他在位时所用的年号来称呼。因此，现在的天皇是平成天皇，他的名字只可以在外国使用（被称作明仁天皇），他将以平成天皇载入史册。

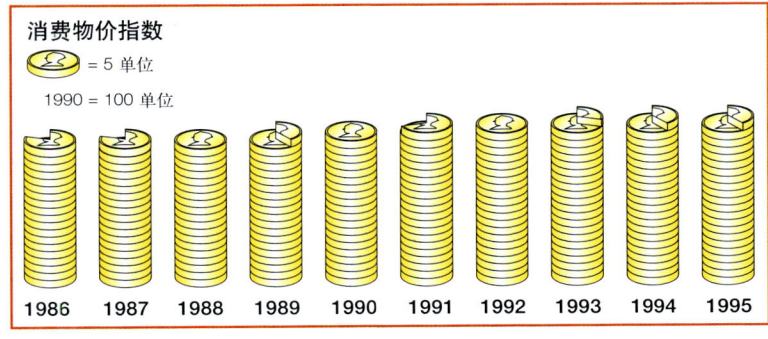

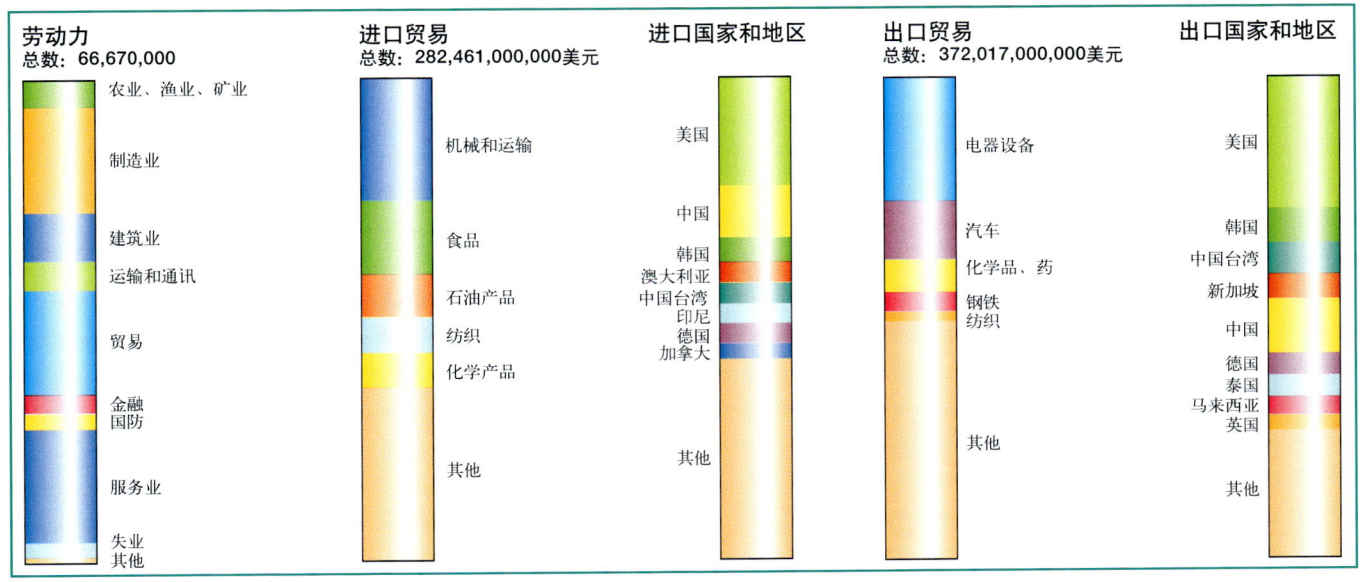

《君主御世》 ■ 人口平均密度为每平方公里331.8人 ■

加拿大及其邻国

加拿大

加拿大位于北美洲以北大半部地区，是世界上第二大国。它是世界人口密度较低的国家之一——人口绝大多数居住在与美国接壤的狭长地带。国土仅有大约1/2被开发出来，北部大部分地区仍是无人触及的荒芜之地。境内近一半是被环绕哈得孙湾的加拿大地盾所覆盖，地盾是一大片相对平坦坚硬的岩石地带。地盾向内陆地区绵延伸展，向东至圣劳伦斯河及五大湖区。向西，一系列的大湖（包括温尼伯湖）与内陆平原即大草原接壤。草原西部是800多公里宽的带状山脉，有落基山脉、马更些山脉、海岸山脉和圣伊莱亚斯山，圣伊莱亚斯山有加拿大最高点——洛根山。加拿大东部是低矮的不连续的高地，从巴芬岛到新斯科舍省。

最高点： 洛根山5951米（19,524英尺）。

气候： 加拿大大部地区冷热温度相差悬殊。夏季温和，冬季漫长寒冷。最北部地区是极地气候。太平洋沿岸冬季平均温度维持在0℃以上。西部降水较多，其他地区降雨总量适中或偏少。冬季，加拿大大部地区降雪很多。

加拿大联邦议会有参众两院：参议院有112个席位，由总督（总督代表英国女王）任命来代表各省。众议院有295个席位，由每5年一次的成人普选选出。众议院中占多数席位的政党领袖被总督任命为总理。总理又负责任命由各部部长组成的内阁。内阁对众议院负责。加拿大各省都有自己的立法机构，享有相当大的权力。

主要政党：（众议院1997年选举）（中）自由党（Lib）155席，（右翼）改良党60席，魁北克集团（BQ）44席，（社会民主）新民主党（NDP）21席，（中—右）进步保守党20席，其他1席。

总理：（自1993年以来）让·克雷蒂安（自由党）。

加拿大是世界上生活水平最高的国家之一，这部分源于它的矿产资源极为丰富。矿藏有锌、镍、金、银、铁矿石、铀、铜、钴和铅，同时石油和天然气的储量也相当丰富，水力发电潜力巨大。这些资源是石油提炼、汽车、金属冶炼、化学制品和钢铁等工业的基础。加拿大是世界上主要的谷物输出国之一，特别是草原诸省的小麦输出。其他农业产业包括水果（苹果为主）、肉

■ 道森克里克附近的造纸厂，位于不列颠哥伦比亚省东北部。

■ 1995年，魁北克省仅以53,498票否决了

■ 加拿大不列颠哥伦比亚省妖怪山上的妖怪冰河。

用牛和土豆。广阔的针叶林提供了大量木材纸浆，极大促进了造纸业。大西洋和太平洋沿岸丰富的渔业资源，使加拿大成为世界上最大的鱼类和海产品输出国之一。但因资源贮量减少，东部沿海渔业正面临危机。加拿大有重要的银行业和保险业。经济在北大西洋自由贸易区内与美国经济有密切关系。加拿大的某些工业不能与美国的相应工业抗衡，因为美国得益于有巨大的国内市场。
货币：加拿大元。

 1880~1900年在北部发现重要的矿产，草原诸省迅速发展。1914~1918年加拿大参加了一战：加拿大军队在维米山岭战役中闻名于世。20世纪30年代加拿大受到了经济大萧条的严重影响。1931年通过《威斯敏斯特条例》，加拿大独立得到国际承认。1939~1945年参加了二战，主要在西欧前线。1949年已无发展前途的纽芬兰作为第十个省加入加拿大。自20世纪70年代起，有关法语的使用和地位的摩擦加剧。1990年承认魁北克特殊地位的宪法修正案被否决。1995年在公民表决中，魁省仅以微弱多数险胜，平息了魁北克省从加拿大分离出去的危机。

正式名称：加拿大。
面积：9,970,610平方公里（3,849,674平方英里）。
人口：29,460,000（1995年估测）。
人口倍增时间：人口相对稳定。
人均寿命：男性74.7岁，女性81.7岁。
出生率：世界平均出生率的0.52倍。
死亡率：世界平均死亡率的0.77倍。
城区人口：77%。
首都：渥太华城区921,000（城市314,000；1991年估测）。
其他主要城市：多伦多城区3,893,000（城市636,000）、蒙特利尔3,127,000（城市1,018,000）、温哥华1,603,000（城市472,000）、埃德蒙顿840,000（城市617,000）、卡尔加里754,000（城市711,000）、温尼伯652,000（城市617,000）、魁北克646,000（城市168,000）、哈密尔顿600,000（城市318,000）、伦敦381,000（城市303,000）、圣凯瑟琳—尼亚加拉365,000（圣凯瑟琳129,000）、基奇纳356,000（城市168,000）、哈利法克斯321,000（城市114,000）、维多利亚288,000（城市71,000）、温莎262,000（城市191,000）、奥沙瓦240,000（城市129,000）、萨斯卡通210,000（城市186,000）、里贾纳192,000（城市179,000）、圣约翰斯172,000（城市96,000）、希库蒂米－容基耶尔161,000（希库蒂米63,000，容基耶尔58,000）、萨德伯里158,000（城市93,000）、舍布鲁克139,000（城市76,000）、三河城136,000（城市49,000）、圣约翰125,000（城市75,000）、桑德贝124,000（城市114,000）（1991年估测）。
语言：英语和法语均为官方语言，英语61%，法语24%，英法双语3%，德语2%，汉语1%，乌克兰语1%。
成人识字率：97%。
宗教：罗马天主教45%，各种新教28%，英国圣公会教8%，东正教1%，犹太教1%，非宗教12%。

百慕大群岛

正式名称及其政体：百慕大；有自治政府的英国直辖殖民地。
面积：54平方公里（21平方英里）。
人口：60,000（1994年估测）。
首府：哈密尔顿6000（城市人口）（1991年估测）。
地理：位于大西洋西北部，由100多个小岛组成。7座大岛之间有堤道连接。
经济：旅游业占据主导地位，直接或间接地创收外汇60%多，解决65%的就业。近年来"离岸"金融服务有了重要增长。

加拿大诸省及地区

艾伯塔省
面积：661,190平方公里（225,287平方英里）。**人口**：2,727,000（1995年估测）。**省会**：埃德蒙顿。

不列颠哥伦比亚省
面积：947,800平方公里（365,948平方英里）。**人口**：3,719,000（1995年估测）。**省会**：维多利亚。

马尼托巴省
面积：649,950平方公里（250,947平方英里）。**人口**：1,133,000（1995年估测）。**省会**：温尼伯。

新不伦瑞克省
面积：73,440平方公里（28,355平方英里）。**人口**：761,000（1995年估测）。**省会**：弗雷德里克顿。

纽芬兰省
面积：405,720平方公里（156,649平方英里）。**人口**：580,000（1995年估测）。**省会**：圣约翰斯。

新斯科舍省
面积：55,490平方公里（21,425平方英里）。**人口**：938,000（1995年估测）。**省会**：哈利法克斯。

安大略省
面积：1,068,580平方公里（412,581平方英里）。**人口**：11,005,000（1993年估测）。**省会**：多伦多。

格陵兰

正式名称和政体：格陵兰；丹麦主权下的内部自治。
面积：2,175,600平方公里（839,800平方英里）。
人口：55,700（1995年估测）。
首府：努克（原戈特霍布）13,200（1995年估测）。
其他主要城市：锡西米尤特（原荷尔斯泰因斯堡）5200（1995年估测）。
地理：地处北极圈内，是世界上最大的非大陆性岛屿，峡湾海岸线非常曲折漫长。4/5的地区终年为永久性冰原覆盖，苔藓植被生长在无冰的陆地山区。
经济：依赖捕鱼业和鱼产品加工业。因其恶劣的环境，农业仅限于西南部1%的岛上。种植饲料用草和蔬菜及养羊。

圣皮埃尔—密克隆岛

正式名称及地位：圣皮埃尔岛和密克隆群岛，是法国海外集体领地，是法国的一个重要部分。
面积：242平方公里（93平方英里）。
人口：6600（1995年估测）。
首府：圣皮埃尔5700（1995年估测）。
地理：由3个主要岛屿：密克隆岛（最大）、朗格拉德岛和圣皮埃尔岛（最小）及3个小岛组成。距离纽芬兰南部海岸25公里（16英里）。密克隆岛和朗格拉德岛之间有低缓地峡连接。
经济：除了政府服务机构以外，渔业、冷冻渔业和旅游业是最好的也是重要的就业渠道。

爱德华王子岛省
面积：5660平方公里（2185平方英里）。**人口**：136,000（1993年估测）。**省会**：夏洛特敦。

魁北克省
面积：1,540,680平方公里（594,860平方英里）。**人口**：7,334,000（1993年估测）。**省会**：魁北克。

萨斯喀彻温省
面积：652,330平方公里（251,866平方英里）。**人口**：1,017,000（1993年估测）。**省会**：里贾纳。

西北地区
面积：3,426,320平方公里（1,322,910平方英里）。**人口**：65,000（1993年估测）。**首府**：耶洛奈夫。
1999年，西北地区将被新成立的努纳瓦蒂地区分成两部分。西北地区届时将拥有面积1,224,920平方公里（477,950平方英里），人口41,000（1993年估测），其首府仍是耶洛奈夫。努纳瓦蒂地区将有面积2,201,400平方公里（844,960平方英里），人口22,000（1993年估测），它的首府将是前弗罗比舍贝。

育空地区
面积：483,450平方公里（186,661平方英里）。**人口**：31,000（1995年估测）。**首府**：怀特霍斯。

名胜

加拿大的旅游业主要以接待美国游客为主，其游客是其他游客的11倍。加拿大拥有几乎完全未被人为破坏的自然景观、广袤的开阔地及有趣的野生生物。最能吸引游人的景点几乎全部位于距离美国边境不远的地区，其中包括班夫国家公园和惠斯勒滑雪胜地，卡尔加里，加拿大太平洋铁路，蒙特利尔，尼亚加拉瀑布，新斯科舍/哈利法克斯，安大略，多伦多，温哥华西部沿海地区以及温哥华岛。

世界历史遗产包括： 加拿大落基山公园，魁北克历史遗址；卢嫩堡老城；纳汉尼国家公园；伍德布法罗国家公园。

加拿大诸省及地区

AB	艾伯塔	ON	安大略
BC	不列颠哥伦比亚	PE	爱德华王子岛
MB	马尼托巴	PQ	魁北克
NB	新不伦瑞克	SK	萨斯喀彻温
NF	纽芬兰	NT	西北地区
NS	新斯科舍	YT	育空地区

详见425页。

克利尔沃特湖位于魁北克省北部，加拿大北部地区，即加拿大地盾，是一大片古老而又坚硬的岩石地带。

班夫国家公园内的莫兰湖，该公园是加拿大最早的一座国家公园，建于1885年（见106页）。

! 戴维斯海峡是世界上最宽的海峡，宽达338公里（210英里）位于加拿大巴芬岛和格陵兰岛之间。

! 哈德孙湾是世界上最大的海湾，海岸线长达12,268公里（7623英里），面积1,233,000平方公里（476,000平方英里）。

! 世界上最强的海流是纳克沃克托急流，位于斯林斯比海峡，流速接近30公里/小时（19英里/小时）。

库特纳国家公园：在山坡上长满了银装素裹的松树林。这里的湖泊、瀑布、森林和动物（包括北美驯鹿、麋和熊）吸引了许多游客。

! 世界上最大的购物中心是西部艾德蒙顿中心，耗资11亿美元，1981年9月5日动工4年后竣工。占地面积49公顷（121英亩），建筑面积为483,000平方米（5,200,000平方英尺）。包括800家商店和11个大百货公司。

位于多伦多的加拿大国家电视塔是世界上最高的独立支撑塔，在高楼大厦鳞次栉比的多伦多市鹤立鸡群（见177页）。

联盟桥连接爱德华王子岛和加拿大大陆，全长12.9公里（8英里）。这是世界上最长的跨海桥（见176页）。

加拿大聚焦

电视与广播

电视机数量： 19,400,000（平均每1.5人就有1台电视机）。
收音机数量： 26,878,000（平均每1.1人就有1台收音机）。

加拿大广播公司（CBC）创建于1968年，是一家国营公司，从事电视和无线电广播。加拿大广播公司用英语和法语进行广播，在北部地区还使用当地方言进行广播。在加拿大还有很多私营电视台和电台，它们当中许多家都和加拿大广播公司联盟。4家主要私营广播网是：加拿大电视台（CTV），安大略电视台（TVA对安大略地区广播）。四季电视台（对魁北克地区广播）和环球电视台（对安大略地区广播），在加拿大有75%的家庭可以收到卫星电视台和有线电视台的节目。美国电视节目也很受欢迎。

电影

电影院数量： 775

近年来，美国的电影公司蜂拥而至，纷纷来到加拿大，这主要是由于有利可图的外汇兑换比价以及随之而来的低廉的制片费用，这也使得加拿大被誉为"北方的好莱坞"。加拿大政府对此也采取鼓励政策，他们认为这是对本国电影业在投资和资助方面颇有效益的做法。同全国相比，魁北克尚还保留有一些兴旺发达土生土长的电影业和电视节目制造业，这要归因于当地极强的地区保护意识。

报纸

卫星传送能够把以多伦多为基地的《环球邮报》及《经济邮报》面向全国发行，但是大部分报纸仍只局限于地区性发行。加拿大共有106种日报，其中魁北克省出版的报纸主要用法文印刷。主要日报有：

报纸	发行量
《多伦多星报》	503,000（周六版 743,000）
《环球邮报》	318,000
《蒙特利尔日报》	288,000（周末版 332,000）
《多伦多太阳报》	245,000（周日版 415,000）
《温哥华太阳报》	194,000（周日版 256,000）
《经济邮报》	101,000（周六版 203,000）

杂志

一些发行量很大的加拿大杂志都是以英文和法文两种文字印刷的。许多杂志由于受到来自美国杂志的激烈竞争而损失严重。主要杂志及其发行量如下：

杂志	类型	发行量
《庄园女主人报》	月刊，女性杂志	1,074,000（英文，法文版）
《西部世界》	季刊，地区性杂志	853,000
《电视指南》	周刊，电视节目	815,000
《休闲方式》	1年6期，大众刊物	614,000
《加拿大生活》	月刊，大众刊物	593,000
《麦克林斯加拿大新闻周刊》	周刊，大众刊物	539,000

历任总理

1867～1873年	约翰·亚历山大·麦克唐纳德爵士
1873～1878年	亚历山大·麦肯齐
1878～1891年	约翰·亚历山大·麦克唐纳德爵士
1891～1892年	约翰·约瑟夫·考德尔·艾勃特爵士
1892～1894年	约翰·斯帕洛·大卫·汤普森爵士
1894～1896年	迈肯兹·鲍威尔爵士
1896年	查尔斯·塔珀爵士
1896～1911年	威尔弗雷德·劳里埃爵士
1911～1920年	罗伯特·劳埃得·博登爵士
1920～1921年	阿瑟·梅根
1921～1926年	威廉姆·莱昂·麦肯齐·金
1926年	阿瑟·梅根
1926～1930年	威廉姆·莱昂·麦肯齐·金
1930～1935年	理察德·本特福德·本内特
1935～1948年	威廉姆·莱昂·麦肯齐·金
1948～1957年	路易斯·斯蒂芬·圣劳伦特
1957～1963年	约翰·乔治·迪芬贝克
1963～1968年	莱斯特·波尔斯·皮尔逊
1968～1979年	皮埃尔·艾略特·特鲁多
1979～1980年	查尔斯·约瑟夫·克拉克
1980～1984年	皮埃尔·艾略特·特鲁多
1984年	约翰·纳皮尔·特纳
1984～1993年	布瑞恩·马罗尼
1993年	基姆·坎贝尔
1993年～	让·克雷蒂安

加拿大骑警（全称为加拿大皇家骑警），是加拿大的联邦警察部队，也是国际公认的加拿大的标志。除了魁北克和安大略两省以外，他们也充当省级警察和刑警。加拿大骑警成立于1873年，最初建立这支部队的目的是用以解决由那些美国商人所引起的纠纷。这些美国商人通过向美洲印第安人出售廉价的威士忌来换取野牛皮。骑警在这方面的杰出成就使他们很快就成为了一个至关重要的组织机构。

消费物价指数
= 5 单位
1990 = 100 单位
1986 1987 1988 1989 1990 1991 1992 1993 1994 1995

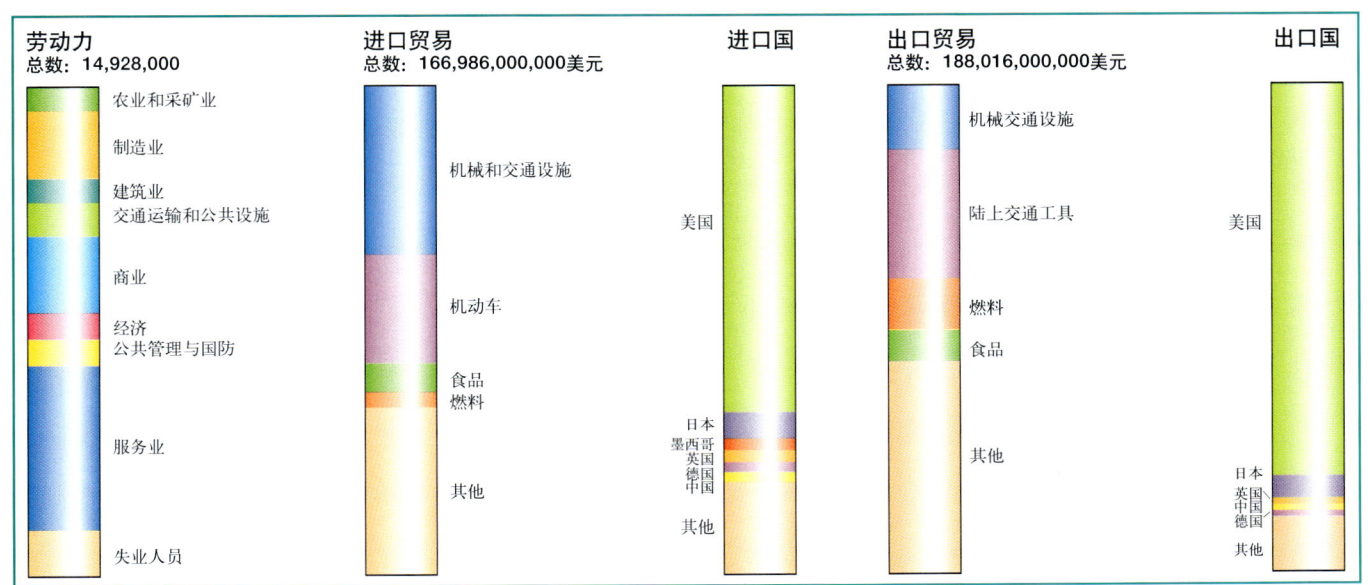

劳动力 总数：14,928,000
农业和采矿业／制造业／建筑业／交通运输和公共设施／商业／经济／公共管理与国防／服务业／失业人员

进口贸易 总数：166,986,000,000美元
机械和交通设施／机动车／食品／燃料／其他

进口国 美国／日本／墨西哥／英国／德国／中国／其他

出口贸易 总数：188,016,000,000美元
机械交通设施／陆上交通工具／燃料／食品／其他

出口国 美国／日本／英国／中国／德国／其他

《拿大》是国歌 ■ 人口平均密度为每平方公里3人 ■

美利坚合众国

美利坚合众国，简称美国。是由50个州组成的共和国，东濒北大西洋，西滨太平洋，包括阿拉斯加（位于加拿大西北）和位于太平洋中部的夏威夷群岛。大西洋沿海平原绵延整个东海岸，其中包括低缓的佛罗里达半岛和墨西哥湾沿岸，之后与800公里（500英里）的内陆地带相连。蓝山山脉急剧地向西部平原伸展，这就是最靠东部的森林茂密的阿巴拉契亚山脉，长约2400公里（1500英里），最高峰米切尔山海拔2037米（6684英尺）。美国最大的自然地区是广袤的内陆平原，靠密西西比河及主要支流排水，包括密苏里河、阿肯色河、内布拉斯加河、俄亥俄河和红河。这片低地北自五大湖，南达沿海平原，西起落基山脉，东至阿巴拉契亚山地。中央低地（这片低地东部）包括南部的棉花带和北部的玉米带。大平原（这片低地西部较干旱）西起密西西比河以西480公里（300英里）。美国西部是该国海拔最高地区，自东向西包括落基山脉、喀斯喀特山脉、内华达山脉和西部的沿海地区。这些山脉向北延伸，直至阿拉斯加。西部山系易发生地震，特别是沿加利福尼亚州和圣安德列亚斯断层。莫哈韦沙漠和亚利桑那沙漠位于这些山脉之间，巨大的山间高原包括大盆地，这是该地区的内在排水系统，最终注入大盐湖。夏威夷的20个岛屿均是原来由于火山作用而生成的，有些仍是活火山。美国全国的植被包括阿拉斯加的苔原一直到夏威夷的热带植物。

最高点：麦金利山6194米（20,320英尺）。

气候：位于美国太平洋西北沿岸的山脉为该国的最西端。加利福尼亚沿岸属地中海式气候。山间盆地主要为沙漠或半沙漠式气候。大草原为温带大陆性阔叶林式气候。年平均降水量为250～750毫米（10～30英寸）。中央低地区至东部气候较温。在北部的内陆地区气温冷热悬殊。东部普遍温和，阿巴拉契亚山脉和东部沿海平原气候温暖湿润，向南气温逐渐上升，佛罗里达半岛为亚热带气候。阿拉斯加沿海地区为寒冷的海洋性气候，北部和内陆地区为极圈气候。夏威夷属太平洋性气候，气温高，四季变化小。

国会由参议院（上院）和众议院（下院）组成。参议院有100个议员（每州选2名），由具有普选权的成人选举，任期6年，每2年改选一次，每次改选其中的1/3。众议院有435个议员，由选区直接选举，任期2年。（另外的不具备选举权的众议员由哥伦比亚特区、关岛、波多黎各和美国维尔京群岛选出）。行政权力属于美国总统，一届任期为4年，不得超过两届。总统和副总统由保证支持一个总统候选人的总统选举团代表选举产生（总统选举团本身由具有普选权的成人选举产生）。只有获得参议院同意，总统才可以任命内阁部长。50个州均有各自广泛的法规和立法机构。每州的行政权由直接选举出的州长负责实施。

主要政党：（众议院1996年的选举）（中—右）共和党（REP）227席，（中间）民主党（DEM）207席，无党派人士1席。

正式名称：美利坚合众国。
面积：9,529,063平方公里（3,679,460平方英里）。
人口：263,060,000（1995年估测）。**人口倍增时间**：100余年。**人均寿命**：男性71.6岁，女性78.5岁。**出生率**：世界平均出生率的0.56倍。**死亡率**：世界平均死亡率的0.91倍。**城区人口**：76%。
首都：华盛顿特区城区4,360,000（城市570,000；1992年估测）。
其他主要城市：纽约城区19,670,000（城市7,323,000；纽瓦克275,000），洛杉矶15,048,000（城市3,486,000；长滩439,000，阿纳海姆274,000），芝加哥8,410,000（城市2,784,000；旧金山6,410,000（城市724,000；圣何塞782,000；奥克兰372,000），费城5,939,000（城市1,586,000），波士顿5,439,000（城市574,000），底特律5,246,000（城市1,028,000），达拉斯4,215,000（城市1,008,000），沃思堡448,000，休斯敦3,962,000（城市1,630,000），迈阿密3,309,000（城市359,000），亚特兰大3,143,000（城市394,000），西雅图3,131,000（城市516,000），克利夫兰2,890,000（城市506,000），明尼阿波利斯-圣保罗2,618,000，明尼阿波利斯368,000，圣保罗272,000，圣迭戈2,601,000（城市1,111,000），圣路易斯2,519,000（城市397,000），巴尔的摩2,434,000（城市736,000），匹兹堡2,406,000（城市370,000），菲尼克斯2,330,000（城市

主要政党：（参议院1996年的选举）共和党55席，（中间）民主党45席。
总统：（自1993年）比尔·克林顿（民主党）。

美国作为世界头号经济强国，在一些领域内其地位正受到日本的威胁。除了石油、化学制品、某些金属、机械设备和

983,000），坦帕2,107,000（城市280,000；圣彼得斯堡242,000），丹佛2,089,000（城市468,000），辛辛那提1,897,000（城市439,000），密尔沃基1,865,000（城市364,000），堪萨斯城1,629,000（城市628,000），萨克拉门托1,563,000（城市369,000），诺福克1,497,000（城市261,000），印第安纳波利斯1,424,000（城市731,000），哥伦布1,394,000（城市633,000），圣安东尼奥1,379,000（城市936,000），奥兰多1,359,000（城市174,000），新奥尔良1,303,000（城市497,000），夏洛特1,212,000（城市396,000），布法罗1,194,000（城市328,000），哈特福德1,156,000（城市140,000），普罗维登斯1,131,000（城市155,000），盐湖城1,081,000（城市160,000），罗切斯特1,081,000（城市232,000），格林斯波洛1,078,000（城市184,000），孟菲斯1,034,009（城市610,000），纳什维尔1,023,000（城市517,000），拉斯维加斯971,000（城市258,000），（1992年估测）。**语言**：英语作为第一语言86%（官方语言），西班牙语8%，法语1%。**成人识字率**：95%。

宗教：各种新教教派40%，罗马天主教21%，不属于任何教派的基督教会信徒17%，东正教2%，圣公会信徒1%，科学教派信徒3%，犹太教2%，伊斯兰教的逊尼派和什叶派2%，不属于任何教派的9%。

新闻纸外,美国的大部分产品都可以自给自足。美国的农业生产机械化程度高,可以在自给自足的基础上有相当多剩余可供出口。主要作物有:玉米、小麦、大豆、甘蔗、大麦、棉花、马铃薯和各种水果(其中包括产于加利福尼亚州和佛罗里达州的柑橘)。美国领土的1/4以上都是牧场,而中部大平原地区以牛、羊饲养业为主。森林覆盖面积大约占国土1/3,这就为美国这个世界最大的木材工业基地打下了坚实的基础。美国有很丰富的自然资源,包括煤(主要分布在阿巴拉契亚山区)、铁矿石、石油和天然气(主要分布在得克萨斯州、阿拉斯加州和加利福尼亚州)、铜、铝土矿、铅和银。几条主要河流也为水力发电厂的建设提供了条件。美国的工业基础是多种多样的,主要的工业有钢铁业、汽车业、电气工业、电子工程业、食品加工业,还有化学工业、硅酸盐工业、制铝业、航空业、电信业、纺织业、服装业及消费品制造业。旅游业是外汇的主要来源。服务业吸引了大约3/4的劳动力。金融、保险和银行业地位都很重要,华尔街(纽约)股市是世界三大股票交易所之一。美国的经济政策对全世界都有重要的影响。

货币: 美元。

1880~1900年美国发展为工业强国。1898年美西战争迫使西班牙将菲律宾群岛、波多黎各和关岛群岛割让给美国。同年,美国将夏威夷并入自己的版图,1917~1918年美国被卷入一战。1919~1921年后美国总统威尔逊提出理想的"十四点"原则导致建立"国际联盟",但美国同时陷于孤立主义和保护主义之中,1919~1934年美国的禁酒时期:走私猖獗,强盗增多。1929年华尔街金融危机爆发,是美国经济大萧条的开端。1933年罗斯福总统实行"新政",由于联邦政府的投资和干预,危机开始缓解。1941年日本偷袭珍珠港(夏威夷)。1941~1945年美国介入二战并起了决定性作用,从此逐渐成为世界霸主。40年代后期-80年代后期,世界进入冷战时期,美苏对峙对全球安全产生威胁。1950~1953年美国卷入对抗中国及北朝鲜的朝鲜战争。1954年美军进驻危地马拉。1954年后,马丁·路德·金掀起民权运动,为广大黑人争取充分的政治权利,取消在学校、医院和公交车等方面的种族隔离做出了不懈的努力。1958年美军进驻黎巴嫩。自60年初期起视种族隔离为非法。1961年美国支持的古巴流亡右翼分子入侵古巴失败。1963年肯尼迪总统被刺。1964~1973年越战时期美国试图阻止共产主义势力控制印度支那地区。1965年美军进驻多米尼加共和国。1968年马丁·路德·金被刺;美军进驻巴拿马。70年代经济问题日益增多。1973~1974年水门丑闻:尼克松总统辞职。1979~1980年伊朗扣留几名美国人质。1983年美军进驻格林纳达。1983~1985年美军进驻黎巴嫩。1989年美军进驻巴拿马。1990~1991年海湾战争中,美国与其他国家组成联盟对抗伊拉克。1990年后冷战结束,美国的一部分海外军事基地关闭。1992年号召国际力量援助索马里。1994年美军进驻海地。1995年在美国斡旋下,波斯尼亚和平协定签署;同时,美国军事力量参与前南斯拉夫维护和平部队。

美国属地

美属萨摩亚(见479页),关岛(见477页),豪兰、贝克和贾维斯群岛(见477页),约翰斯顿环礁(见477页),金曼礁(见477页),中途岛(见477页),北马里亚纳群岛(见477页),波多黎各(见439页),美属维尔京群岛(见439页)和威克岛(见447页)。

美国诸州

亚拉巴马州
面积:133,915平方公里(51,705平方英里)。
人口:4,274,000(1995年估测,以下同)。
州府:蒙哥马利。

阿拉斯加州
面积:1,530,693平方公里(591,004平方英里)。
人口:634,000。
州府:朱诺。

亚利桑那州
面积:295,259平方公里(114,000平方英里)。
人口:4,072,000。
州府:菲尼克斯。

阿肯色州
面积:137,754平方公里(53,187平方英里)。
人口:2,468,000。
州府:小石城。

加利福尼亚州
面积:411,407平方公里(158,860平方英里)。
人口:32,398,000。
州府:萨克拉门托。

科罗拉多州
面积:269,594平方公里(104,091平方英里)。
人口:3,710,000。
州府:丹佛。

康涅狄格州
面积:12,997平方公里(5,018平方英里)。
人口:3,274,000。
州府:哈特福德。

特拉华州
面积:5,294平方公里(2,045平方英里)。
人口:718,000。
州府:多佛。

佛罗里达州
面积:151,939平方公里(58,664平方英里)。
人口:14,210,000。
州府:塔拉哈西。

佐治亚州
面积:152,576平方公里(58,910平方英里)。
人口:7,102,000。
州府:亚特兰大。

夏威夷州
面积:16,760平方公里(6471平方英里)。
人口:1,221,000。
州府:火奴鲁鲁。

爱达荷州
面积:216,430平方公里(83,564平方英里)。
人口:1,156,000。
州府:博伊西。

伊利诺伊州(伊利诺斯)
面积:149,885平方公里(57,871平方英里)。
人口:11,853,000。
州府:斯普林菲尔德。

印第安纳州
面积:94,309平方公里(36,413平方英里)。
人口:5,820,000。
州府:印第安纳波利斯。

艾奥瓦州(衣阿华)
面积:145,752平方公里(56,275平方英里)。
人口:2,861,000。
州府:得梅因。

堪萨斯州
面积:213,096平方公里(82,277平方英里)。
人口:2,601,000。
州府:托皮卡。

肯塔基州
面积:104,659平方公里(40,410平方英里)。
人口:3,851,000。
州府:法兰克福。

路易斯安那州
面积:123,677平方公里(47,752平方英里)。
人口:4,359,000。
州府:巴吞鲁日。

缅因州
面积:86,156平方公里(33,265平方英里)。
人口:1,236,000。
州府:奥古斯塔。

马里兰州
面积:27,091平方公里(10,460平方英里)。
人口:5,078,000。
州府:安纳波利斯。

马萨诸塞州
面积:21,455平方公里(8,284平方英里)。
人口:5,976,000。
州府:波士顿。

密歇根州
面积:251,493平方公里(97,102平方英里)。
人口:9,575,000。
州府:兰辛。

明尼苏达州
面积:224,329平方公里(86,614平方英里)。
人口:4,619,000。
州府:圣保罗。

密西西比州
面积:123,514平方公里(47,689平方英里)。
人口:2,666,000。
州府:杰克逊。

密苏里州
面积:180,514平方公里(69,697平方英里)。
人口:5,286,000。
州府:杰斐逊城。

蒙大拿州
面积:380,847平方公里(147,046平方英里)。
人口:862,000。
州府:海伦娜。

内布拉斯加州
面积:200,349平方公里(77,355平方英里)。
人口:1,644,000。
州府:林肯。

内华达州
面积:286,352平方公里(110,561平方英里)。
人口:1,477,000。
州府:卡森城。

新罕布什尔州
面积:24,032平方公里(9,279平方英里)。
人口:1,132,000。
州府:康科德。

新泽西州
面积:20,168平方公里(7,787平方英里)。
人口:7,931,000。
州府:特伦顿。

新墨西哥州
面积:314,924平方公里(121,593平方英里)。
人口:1,676,000。
州府:圣菲。

纽约州
面积:136,583平方公里(52,735平方英里)。
人口:18,178,000。
州府:奥尔巴尼。

北卡罗来纳州
面积:136,412平方公里(52,669平方英里)。
人口:7,150,000。
州府:罗利。

北达科他州
面积:183,117平方公里(70,702平方英里)。
人口:637,000。
州府:俾斯麦。

俄亥俄州
面积:115,998平方公里(44,787平方英里)。
人口:11,203,000。
州府:哥伦布。

俄克拉何马州
面积:181,185平方公里(69,956平方英里)。
人口:3,271,000。
州府:俄克拉何马城。

俄勒冈州
面积:251,418平方公里(97,073平方英里)。
人口:3,141,000。
州府:塞勒姆。

宾夕法尼亚州
面积:119,251平方公里(46,043平方英里)。
人口:12,134,000。
州府:哈里斯堡。

罗得岛州
面积:3139平方公里(1212平方英里)。人口:1,001,000。
州府:普罗维登斯。

南卡罗来纳州
面积:80,582平方公里(31,113平方英里)。
人口:3,732,000。
州府:哥伦比亚。

南达科他州
面积:199,730平方公里(77,116平方英里)。
人口:735,000。
州府:皮尔。

田纳西州
面积:109,152平方公里(42,114平方英里)。
人口:5,228,000。
州府:纳什维尔。

得克萨斯州
面积:691,027平方公里(266,807平方英里)。
人口:18,592,000。
州府:奥斯汀。

犹他州
面积:219,887平方公里(84,899平方英里)。
人口:1,944,000。
州府:盐湖城。

佛蒙特州
面积:24,900平方公里(9,614平方英里)。
人口:579,000。
州府:蒙彼利埃。

弗吉尼亚州
面积:105,586平方公里(40,767平方英里)。
人口:6,646,000。
州府:里士满。

华盛顿州
面积:176,479平方公里(68,139平方英里)。
人口:5,497,000。
州府:奥林匹亚。

西弗吉尼亚州
面积:62,758平方公里(24,232平方英里)。
人口:1,824,000。
州府:查尔斯顿。

威斯康星州
面积:171,496平方公里(66,215平方英里)。
人口:5,159,000。
州府:麦迪逊。

怀俄明州
面积:253,324平方公里(97,809平方英里)。
人口:487,000。
州府:夏延。

哥伦比亚特区
面积:179平方公里(69平方英里)。
人口:559,000。
州府:华盛顿特区。

人均拥有两台收音机,是世界上比率最高的国家 ■

美国聚焦

胜地

旅游业已成为美国税收的主要来源之一，每年都有45,000,000人次来美旅游。就游客人数而言，加利福尼亚州（尤其是迪尼斯乐园、金门游乐场、好莱坞、贝弗利山和日落大街及东南海岸的高级住宅区）、佛罗里达州（尤其是迪尼斯世界、艾波可特中心、环球影城和国家航空航天局的航天中心）和纽约市（尤其是中央公园和帝国大厦）等地是最受欢迎的旅游胜地。

其他深受游客欢迎的旅游地有：科德角国家海岸、芝加哥、死谷、特拉华峡谷国家游乐场、乔治·华盛顿纪念碑国家公园、落基山脉和位于华盛顿哥伦比亚特别行政区的白宫等。

世界历史遗产包括：卡尔斯巴德洞窟国家公园；查科文化国家历史公园；埃弗格莱兹国家公园；大峡谷；大雾山国家公园；夏威夷火山国家公园；独立厅；马默斯洞穴国家公园；弗德台地国家公园；蒙蒂塞洛和弗吉尼亚大学；夏洛茨维尔；奥林匹克国家公园；普韦布洛·德·托拉斯；雷德伍德国家公园；圣胡安国家历史遗址和拉·福塔雷萨；自由女神像；黄石公园；约塞米蒂国家公园。

尼亚加拉瀑布，位于纽约州（见142页），每年都有上百万游客来此参观，是著名的蜜月旅游胜地。

大间歇泉，位于黄石公园内，经测量喷水量为世界之最，约为2,800,000～3,800,000升（约合616,000～836,000加仑）。

拉什莫尔山，雕刻着美国历代总统的巨石头像。由左及右为华盛顿、杰斐逊、西奥多·罗斯福和林肯。

大都会剧院，位于纽约市，是世界上最大的剧院，可容纳4065名观众。

金门大桥，是旧金山的象征，现为世界第二高大桥。

白宫，为美国总统官邸，可供游人参观的白宫建筑是美国首都最吸引游客之处。

亚利桑那州的尤马是世界上阳光最充足的地方，年日照为4055至4456小时。

加尔维斯敦市有着世界上最长的防波堤，长约10.9公里（合6.75英里）。

尼豪岛和来豪小岛一起位于夏威夷北部，是夏威夷八岛中最西边的一个小岛。瓦胡岛，尤其是首府火奴鲁鲁，是夏威夷主要的旅游胜地。

洛杉矶市中心区，好莱坞电影摄影场地和其他有关电影制造业地区是洛杉矶众多旅游胜地之一。

帕里亚高原，位于大峡谷的东南部，以众多相似沙岩层景观而闻名。这一景观在整个大峡谷地区到处可见。

艾波可特中心，位于科学博物馆和主题公园的交叉处，是迪尼斯乐园的一部分，为佛罗里达州最大的旅游胜地。

美国各州
详见429页和432～433页。

历届总统

年份	总统	年份	总统	年份	总统	年份	总统
1789～1797年	乔治·华盛顿	1849～1850年	托卡里·泰勒	1897～1901年	威廉·麦金利	1974～1977年	杰拉尔德·福特
1797～1801年	约翰·亚当斯	1850～1853年	米勒德·菲尔莫尔	1901～1909年	西奥多·罗斯福	1977～1981年	詹姆斯·卡特
1801～1809年	托马斯·杰斐逊	1853～1857年	弗兰克林·皮尔斯	1909～1913年	威廉·塔夫特	1981～1989年	罗纳德·里根
1809～1817年	詹姆斯·麦迪逊	1857～1861年	詹姆斯·布坎南	1913～1921年	伍德罗·威尔逊	1989～1993年	乔治·布什
1817～1825年	詹姆斯·门罗	1861～1865年	亚伯拉罕·林肯	1921～1923年	华伦·哈定	1993年～	比尔·克林顿
1825～1829年	约翰·亚当斯	1865～1869年	安德鲁·约翰逊	1923～1929年	卡尔文·柯立芝		
1829～1837年	安德鲁·杰克逊	1869～1877年	尤利塞斯·格兰特	1929～1933年	赫伯特·胡佛		
1837～1841年	马丁·范·布伦	1877～1881年	拉瑟福德·海斯	1933～1945年	富兰克林·罗斯福		
1841年～	威廉·哈里森	1881年～	詹姆斯·加菲尔德	1945～1953年	哈里·杜鲁门		
1841～1845年	约翰·泰勒	1881～1885年	切斯特·阿瑟	1953～1961年	德怀特·艾森豪威尔		
1845～1849年	詹姆斯·波尔克	1885～1889年	格罗弗·克利夫兰	1961～1963年	约翰·肯尼迪		
		1889～1893年	本杰明·哈里森	1963～1969年	林登·约翰逊		
		1893～1897年	格罗弗·克利夫兰	1969～1974年	里查德·尼克松		

■ 每年仅凭外国游客来美观光一项收入就达764.85亿美元 ■

美国聚焦 • 美国聚焦 • 美国聚焦 • 美国聚焦 • 美国聚焦

电视与广播
电视机数量： 211,000,000台（每1.2人拥有1台电视机）
收音机数量： 538,000,000台（每0.5人拥有1台收音机）

广播电视业在美国商业中占有很大比重。全国有近1600家商业电视台和325家教育电视台。商业和教育电台多达10100家。有线电视技术得以广泛应用，11,000个以上的有线电视系统为6000万用户提供服务。

报纸

在美国大约有1550种日报，其中有44种发行量超过250,000份，总发行量将近6000万份。美国的报纸比起全国性的新闻来更侧重于报道地方性新闻，因为民众对州内发生的事兴趣更浓。由于国家地域广阔全国性的报纸也不易发行。但《华尔街日报》、《纽约时报》（两种报纸在全国各地设有印发点）、《华盛顿邮报》、《洛杉矶时报》及《波士顿基督教科学箴言报》却在全国都拥有读者。美国有九大报业集团。报纸的发行量正在大幅度下降，尤其在青年人中，他们更趋向于依赖电视来获取新闻，发行量较大的报纸有：

《华尔街日报》（纽约）	1,841,000	
《今日美国》（纽约）	1,524,000	
《纽约时报》	1,082,000	（周末版 1,721,000）
《洛杉矶时报》	1,062,000	（周末版 1,502,000）
《华盛顿邮报》	794,000	（周末版 1,163,000）
《纽约每日新闻》	753,000	（周末版 931,000）
《新闻日报》（纽约）	695,000	（周末版 827,000）
《芝加哥论坛报》	685,000	（周末版 1,083,000）
《底特律自由报》	550,000	（周末版 1,173,000）
《旧金山记事报》	510,000	（周末版 704,000）
《芝加哥太阳报》	501,000	（周末版 469,000）
《波士顿环球报》	507,000	（周末版 798,000）
《费城调查报》	475,000	（周末版 925,000）
《亚特兰大纲要日报》	310,000	（周末版 723,000）

电影
电影院数量： 24,640

好莱坞几乎是美国电影业的同义词，每年创利几十亿美元，许多耗巨资拍摄的影片通过间接销售也获得巨额利润。每年电影艺术与科学院都会把奖项颁发给那些为电影事业作出杰出贡献的制片人、演员和电影技术人员。"奥斯卡奖"是影片获得票房成功的保证。然而，在美国不以盈利为主要目的，由独立的制片公司制做的纪录片也是脍炙人口。这些影片时常得到比好莱坞影片更多的好评。实际上，近年来由独立的制片公司投拍的影片中有好几部轰动一时，在赢得了极大的票房成功的同时，把"奥斯卡奖"纳入囊中。

杂志
发行量最大的期刊有：

《读者文摘》	月刊，综合类	16,262,000
《电视指南》	周刊，电视节目预报类	14,123,000
《全国地理杂志》	月刊，地理、旅游、自然史及文化	9,177,000
《宅园美化》	月刊，生活类	7,600,000
《家政》	月刊，生活类	5,163,000
《家族》	每三周发行，综合类	5,114,000
《消费报道》	月刊	4,600,000
《女士家庭杂志》	月刊，女性读物	4,500,000
《全国调查》	周刊，综合类	4,381,000
《麦考尔杂志》	月刊，女性读物	4,200,000
《时代》	周刊，时事类	4,104,000
《人民》	周刊，综合类	3,447,000
《花花公子》	月刊，男性读物	3,403,000
《体育博览》	周刊，体育类	3,357,000
《红书杂志》	月刊，女性读物	3,345,000
《新闻周刊》	周刊，时事类	3,156,000

美国国旗

国旗是美国的象征和标志，13道红白相间的条纹和50颗星组成的国旗受到举国尊敬。星条图案的最初设计者已不可考，但据载1777年在大陆会议上通过了蓝底、13条和13星的国旗设计方案。1818年，通过一项法律规定今后合众国每增加一个州就于7月4日在国旗上增添一颗星；条纹数保持不变。1892年致国旗的效忠誓词首次发表，国民以此来表达对祖国的忠诚。1960年，由于第50个州夏威夷的加入，国旗进行了最后一次改动。

消费物价指数
= 5 单位
1990 = 100 单位
1986 1987 1988 1989 1990 1991 1992 1993 1994 1995

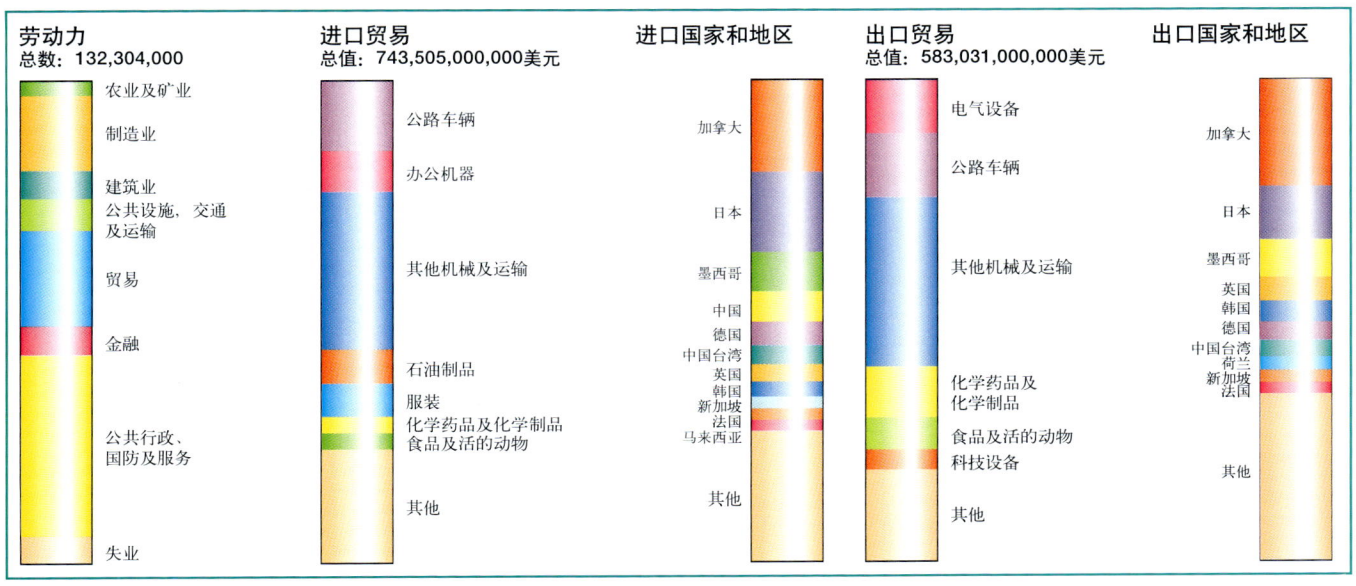

劳动力
总数：132,304,000
农业及矿业 / 制造业 / 建筑业 / 公共设施，交通及运输 / 贸易 / 金融 / 公共行政、国防及服务 / 失业

进口贸易
总值：743,505,000,000美元
公路车辆 / 办公机器 / 其他机械及运输 / 石油制品 / 服装 / 化学药品及化学制品 / 食品及活的动物 / 其他

进口国家和地区
加拿大 / 日本 / 墨西哥 / 中国 / 德国 / 中国台湾 / 英国 / 韩国 / 新加坡 / 马来西亚 / 其他

出口贸易
总值：583,031,000,000美元
电气设备 / 公路车辆 / 其他机械及运输 / 化学药品及化学制品 / 食品及活的动物 / 科技设备 / 其他

出口国家和地区
加拿大 / 日本 / 墨西哥 / 英国 / 韩国 / 德国 / 中国台湾 / 荷兰 / 新加坡 / 法国 / 其他

■ 《星条旗之歌》是美国国歌 ■ 人口密度为每平方公里27.6人 ■

诸州简介

州名	邮政缩写	加入联邦时间	州别名	州箴言	州鸟	州树	州花	州长
亚拉巴马	AL	1819年12月14日（第22州）	美国南部各州的中心，棉花州	我们敢于维护自己的权利	金翼啄木鸟	南松	山茶花	小福瑞斯特·詹姆斯 共和党人，1995年~
阿拉斯加	AK	1959年1月3日（第49州）	最后的疆土，午夜太阳之地，伟大的土地	未来是北方的	柳雷鸟	锡特卡云杉	毋忘草	托尼·诺利斯 民主党人，1994年~
亚利桑那	AZ	1912年2月14日（第48州）	大峡谷州	上帝使人致富	棕曲嘴鹩鹛	假紫荆	萨瓜罗仙人掌花	菲弗·希明顿 共和党人，1991年~
阿肯色	AR	1836年6月15日（第25州）	良机州，自然之州，奇迹州	民治	小嘲鸫	短叶松	苹果花	迈克·哈克比 共和党人，1996年~
加利福尼亚	CA	1850年9月9日（第31州）	黄金州	我已找到了它	珠颈翎鹑	加利福尼亚红杉	金罂粟	彼得·威尔逊 共和党人，1991年~
科罗拉多	CO	1876年8月1日（第38州）	百年州	世事皆由天意	鹩鹛	科罗拉多蓝杉	蓝耧花	罗伊·罗墨尔 民主党人，1987年~
康涅狄格	CT	1788年1月9日（第5州）	宪法州，肉豆蔻州	能耕种的人更能生存	美国知更鸟	白橡树	山月桂	约翰·罗兰德 共和党人，1995年~
特拉华	DE	1787年12月7日（第1州）	钻石州，第一州	自由与独立	鸡	美国冬青	桃花	汤姆·卡普尔 民主党人，1993年~
哥伦比亚特区	DC	（并不是一个州）		正义属于每个人	林鸫	猩红栎	美国月月红	
佛罗里达	FL	1845年3月3日（第27州）	阳光州，半岛州	我们相信上帝	小嘲鸫	矮棕榈	桔花	劳顿·彻尔斯 民主党人，1991年~
佐治亚	GA	1788年1月2日（第4州）	桃树州，南方帝国州	智慧、公平、温和	褐矢嘲鸫	橡树	奇罗基玫瑰花	左·密勒 民主党人，1991年~
夏威夷	HI	1959年8月21日（第50州）	阿洛哈州，太平洋中的天堂	守正义则存	夏威夷雁	榛树	木槿	本·克雅塔努 民主党人，1994年~
爱达荷	ID	1890年7月3日（第43州）	宝石州	愿她与世长存	山蓝鸲	西部白松	丁香	菲尔·巴特 共和党人，1995年~
伊利诺伊（伊利诺斯）	IL	1818年12月3日（第21州）	林肯的故乡，大草原州	州享主权-国家统一	北美主红雀	橡树	紫罗兰	吉姆·爱德加 共和党人，1991年~
印第安纳	IN	1816年12月11日（第19州）	山地人之州	美国的十字路口	北美主红雀	美国鹅掌楸	牡丹	弗兰克·欧·巴恩 民主党人，1997年~
艾奥瓦（衣阿华）	IA	1846年12月28日（第29州）	鹰眼州，玉米州	珍视我们的自由，维护我们的权利	东部金翅雀	橡树	野玫瑰	特里·布莱恩塔德 共和党人，1983年~
堪萨斯	KS	1861年1月29日（第34州）	向日葵州，堪萨斯人之州	越过艰难险阻，奔向光明	西美草地鹨	三角叶杨	葵花	比尔·格瑞弗斯 共和党人，1995年~
肯塔基	KY	1792年6月1日（第15州）	六月禾州	团结则存，分裂则亡	肯塔基红雀	肯塔基咖啡树	一枝黄花	保尔·帕顿 民主党人，1995年~
路易斯安那	LA	1812年4月30日（第30州）	鹈鹕州，克里奥尔人之州，庶糖州	团结、正义、自信	褐鹈鹕	柏树	木兰花	迈克·福斯特 共和党人，1996年~
缅因	ME	1820年3月15日（第23州）	松树州	我指挥	黑顶山雀	东部白松	松球	小奥古斯·金 无党派，1995年~
马里兰	MD	1788年4月28日（第7州）	古老之州，自由州	男人的英雄行为，女人的温馨话语	巴尔的摩黄鹂	白橡树	黄雏菊	帕里斯·格兰登宁 民主党人，1995年~
马萨诸塞	MA	1788年2月6日（第6州）	海湾州，老殖民地州	用剑寻求自由下的和平	黑顶山雀	美国榆	五月花	保尔·塞露西 共和党人，1997年~
密歇根	MI	1837年1月26日（第26州）	狼獾州，水上仙境，大湖州	如果你寻找幸福的半岛，他就在你的身边	知更鸟	白皮松	苹果花	约翰·安格勒 共和党人，1991年~
明尼苏达	MN	1858年5月11日（第32州）	北极星州，金花鼠州，万湖州	北方之星	白嘴潜鸟	红松	花丽杓兰	阿恩·卡尔森 共和党人，1991年~
密西西比	MS	1817年12月10日（第20州）	木兰花州	靠勇敢和武装小嘲	鸫	木兰花树	木兰花	科克·福迪斯 共和党人，1992年~
密苏里	MO	1821年8月10日（第24州）	不轻信之州	人民的幸福至高无上	东蓝鸲	开花山茱萸	红山楂花	迈尔·卡那汉 民主党人，1993年~
蒙大拿	MT	1889年11月8日（第41州）	珍宝州，天高之乡	金与银	西美草地鹨	西部黄松	苦根草	马克·罗希克特 共和党人，1993年~
内布拉斯加	NB	1867年3月1日（第37州）	剥玉米壳人之州，牛排州	法律面前人人平等	西美草地鹨	美国榆	一枝黄花	本杰明·尼尔森 民主党人，1991年~

州名	邮政缩写	加入联邦时间	州别名	州箴言	州鸟	州树	州花	州长
内华达	NV	1864年10月31日（第36州）	银之州，艾草州，在斗争诞生之州	一切为了祖国	山蓝鹖鸣	单叶松	山艾树	鲍博·米勒 民主党人，1989年~
新罕布什尔	NH	1788年6月21日（第9州）	花岗岩州	不自由毋宁死	紫红朱雀	白桦	紫丁香	詹尼·香罕 民主党人，1997年~
新泽西	NJ	1787年12月18日（第3州）	花园州	自由与繁荣	东部金翅雀	红橡树	堇菜	克里斯蒂安·托德·惠特曼 共和党人，1994年~
新墨西哥	NM	1912年1月6日（第47州）	令人神往的土地，阳光州	在前进中发展	走鹃	松树	丝兰花	盖利·约翰逊 共和党人，1995年~
纽约	NY	1788年7月26日（第11州）	帝国州，细刨花州	不断向上	东蓝鸫	糖槭树	玫瑰	乔治·帕塔基 共和党人，1995年~
北卡罗来纳	NC	1789年11月21日（第12州）	焦油脚人州，老北州，	求实而不图其表	北美主红雀	长叶松	山茱萸	小詹姆斯·亨特 民主党人，1993年~
北达科他	ND	1889年11月2日（第39州）	黄鼠州，苏人州，和平花园州	信仰自由不忘团结一致，注重眼前不忘远利益，个人独立不忘整体如一	西美草地鹨	美国榆	草原野玫瑰	爱德华·斯卡弗 共和党人，1993年~
俄亥俄	OH	1803年3月1日（第17州）	七叶树州	上帝万能	北美红雀	七叶树	红石竹	乔治·维恩奥维奇 共和党人，1991年~
俄克拉何马	OK	1907年11月6日（第46州）	捷足者州	劳动创造一切	剪尾王霸*	紫荆	槲寄生树	弗兰克·济汀 共和党人，1995年~
俄勒冈	OR	1859年2月14日（第33州）	海狸州	联合	西美草地鹨	道格拉斯金杉	俄勒冈葡萄	约翰·基察博 民主党人，1995-
宾西法尼亚	PA	1787年12月12日（第2州）	基石州	美德、自由、独立	披肩鸡	铁杉	美国山月桂	汤姆·里奇 共和党人，1995年~
罗得岛	RI	1790年5月29日（第13州）	小罗德，海洋州，种植园州	希望	罗得岛红鸡	枫树	紫罗兰	林肯·阿尔蒙得 共和党人，1995年~
南卡罗来纳	SC	1788年5月23日（第8州）	矮棕榈州	做好精神和物质准备	卡罗来纳鹩鹩	矮棕榈	黄茉莉	大卫·比斯利 共和党人，1995年~
南达科他	SD	1889年11月2日（第40州）	拉什莫峰州，郊狼州，阳光州	上帝在上，人民治理天下	雉鸡	黑云杉	白头翁花	威廉姆·詹克洛 共和党人，1995-
田纳西	TN	1796年6月1日（第16州）	志愿者州	农商并举	小嘲鸫	白杨	鸢尾花	唐·山德奎斯特 共和党人，1995年~
得克萨斯	TX	1845年12月29日（第28州）	孤星州	友谊	小嘲鸫	美洲山核桃树	矢车菊	乔治·布什 共和党人，1995年~
犹他	UT	1896年1月4日（第45州）	蜂房州	工业	加州鸥	蓝云杉	塞戈百合花	迈克·利维特 共和党人，1993年~
佛蒙特	VT	1791年3月4日（第14州）	青山州	自由与团结	隐士鸫	糖槭树	红苜蓿	哈罗德·迪恩 民主党人，1991年~
弗吉尼亚	VA	1788年6月25日（第10州）	老自治领州，总统之乡	永远打倒暴君	北美红雀	山茱萸	山茱萸	乔治·艾伦 共和党人，1994年~
华盛顿	WA	1889年11月11日（第42州）	常青州	稳步前进	北美金翅雀	西部铁杉	杜鹃花	盖利·洛克 民主党人，1997年~
西弗吉尼亚	WV	1863年6月20日（第35州）	山峦州	山地人永远是自由	北美红雀	枫树	大杜鹃花	塞西尔·安德伍德 共和党人，1997年~
威斯康星	WI	1848年5月29日（第30州）	獾州，美国的牛奶场	前进	知更鸟	糖槭树	林紫罗兰	汤米·汤普森 共和党人，1987年~
怀俄明	WY	1890年7月10日（第44州）	平权州，牛仔州	权利平等	西美草地鹨	三角叶杨	彩环花	吉姆·杰瑞格 共和党人，1995年~

美国——世界超级大国

自从二战以来，美国已经确立了自己作为世界强权的地位。随着前苏联和东欧地区社会主义国家的剧变，这一强权地位日益突出。同时也使美国成为全球政策的制定者，并继续扮演着世界警察这一角色。这一角色是以直接行动和作为国际调停者两种方法相结合而取得的：前者如1994年的海地政变，后者表现在1993年以色列和巴解组织所签署的条约及1995年的代顿协定上。并且后者使前南斯拉夫地区的危机得以结束。尽管这一结果并非十分可靠稳定。在北爱尔兰，美国也试图拍卖自己的和平计划。然而，作为国际问题的调停者和谈判者，其仲裁努力并非总是一帆风顺——在索马里，美国未能使该地区获得和平，联合国维和部队极不光彩地撤出了该地区。

在经济方面，美国已经开始失去它的主导地位。二战以来，美国一直在世界经济舞台上扮演主角。但是近年来，它的主导地位日趋受到威胁。日本和环太平洋地区（包括中国）都已经作为经济强国出现；而欧共体也是一个潜在的威胁。美国对此所做出的反应便是制订自己的贸易条约，如北美自由贸易协定（同加拿大和墨西哥两国签订），但是由于4.9万亿美元的国债和估计过高的股票市场，美国的经济稳定性和作为全球经济强国的地位正在受到挑战。

在文化和政治两方面，美国继续执行其海外推销政策。好莱坞电影和美国电视节目出口到世界各地。在大众媒体机构的建设上美国不惜投以巨资，使其在数字化方面确定了自己的地位，并取得进展。在新兴的信息领域里美国也处于领先地位，同时，美国的商标品牌在西方社会及亚洲和中东地区随处可见。在政治上，美国仍保持自己的强权地位。它继续寻求北约组织在东欧地区的扩张，同时在联合国内部也不断施加影响。尽管不可能完全使自己的地位不受挑战，但很有可能在今后，美国仍将继续是世界上惟一的超级大国。

花 ■ 美国总统宣誓就职仪式上的乐曲为《欢呼领袖》 ■

墨西哥和古巴

墨西哥

墨西哥共和国位于太平洋与墨西哥湾之间，北部与美国接壤，南部紧邻中美洲。介于东部的东马德雷山脉和西部的西马德雷山脉之间的地区是中央高原，此处有几座火山，其中包括西特拉特佩特尔火山（又名奥里萨巴火山）。沿海的平原地区，东宽西窄。位于东南部的尤卡坦半岛是一片广阔的石灰岩台地，西北部的下加利福尼亚半岛是一座非常绵长而又狭窄的多山半岛。

最高点：锡特拉尔特佩特火山（又名奥里萨巴火山）5610米（18,405英尺）。

气候：墨西哥复杂多样的气候在一定程度上也是其地形情况的一个反映。总体说来，南部和沿海低地地区是热带气候，而中央高原和山区则较为凉爽和干旱。

联邦议会由参、众两院组成，由全体公民普选产生。下议院（众议院）有500名议员，任期3年，其中200人为按比例分配的代表，其余300人则是从各个选区中作为一人制代表选举出来的。上议院（参议院）有128名议员，任期6年，其中每州各有4名议员代表。还有4名议员代表联邦区。每3年中有一半的议员退休离任。主席（即议长）指定内阁成员，直接由选举产生，任期6年，不得连任。各州有自己的州政府。

主要政党：（1994年众议院选举）（中立派）革命制度党（PRI）239席，（中一左）民主革命党（PRD）125席，（中一右）国家行动党（PAN）122席，绿党8席，（左派）劳工党6席。

总统：（自1994年）埃内斯托·塞迪略（革命制度党），1994年当选。

有超过1/4的劳动力从事农业生产，至今许多墨西哥农民仍仅能够维持温饱。主要作物有玉米、小麦、菜豆和水稻。咖啡、棉花、水果和蔬菜是主要的出口农作物。墨西哥是世界上最大的白银生产国。丰富的天然气和石油资源的开采使得墨西哥自从70年代以来在经济上有了很大的发展。但是社会和经济的改革并未跟上这一增长。迅速发展的工业基础包括石油化学产品、纺织品、运输设备和食品加工工业。进入20世纪90年代，低廉的劳动力和新签署的北美自由贸易协定，吸引了大批的美国公司到墨西哥建厂。然而，经济问题依然存在，而且居高不下的失业率促使大批墨西哥人移民美国（其中多数为非法移民）。自从1995年以来，由于严重的信任危机，致使比索严重贬值，墨西哥政府不得不要求美国实行一揽子援救计划。

货币：墨西哥比索。

1910年总统波菲里奥·迪亚斯将军的独裁统治结束（1876～1880和1888～1910执政）。1910年爆发了反对地主政权的资产阶级民主革命，马德罗总统的改革政策得到被放逐的比利亚的支持。1916～1917年美国出兵反对比利亚。1924年后革命反对教权主义，罗马天主教教徒受到迫害。1929年革命制度党执政，社会秩序得以恢复，反对派得以宽赦，革命制度党执政最后成为墨西哥的执政党。20世纪30年代大片土地被分配给农民，社会经济产业大部分收归国有。1985年墨西哥城发生大地震。20世纪90年代出现更为开放和活跃的政治、经济气候，加入北美自由贸易区经济合作与发展组织成为墨西哥新时代到来的标志。1994年政治暗杀。自1994年以来爆发农民起义，起初在恰帕斯州，后在雷罗州。1995年经济危机。

■ 阿卡普尔科是墨西哥主要的旅游度假地，它是以太平洋沿岸最好的天然口岸之一为中心发展起来的。

■ 墨西哥是世界上移民最多的国家 ■ 古巴的路只有1/4是经过修建的 ■

墨西哥各州及其领土

阿瓜斯卡连特斯
面积：5471平方公里（2112平方英里）。人口：771,000（1992年估测）。首府：阿瓜斯卡连特斯。

北下加利福尼亚
面积：69,921平方公里（26,997平方英里）。人口：1,908,000（1992年估测）。首府：墨西卡利。

南下加利福尼亚
面积：73,475平方公里（28,369平方英里）。人口：352,000（1992年估测）。首府：拉巴斯。

坎佩切
面积：50,812平方公里（19,619平方英里）。人口：569,000（1992年估测）。首府：坎佩切。

恰帕斯
面积：74,211平方公里（28,653平方英里）。人口：3,437,000（1992年估测）。首府：图斯特拉—古铁雷斯。

奇瓦瓦
面积：244,938平方公里（94,571平方英里）。人口：2,504,000（1992年估测）。首府：奇瓦瓦。

科阿韦拉
面积：149,982平方公里（57,908平方英里）。人口：2,040,000（1992年估测）。首府：萨尔蒂约。

科利马
面积：5191平方公里（2004平方英里）。人口：459,000（1992年估测）。首府：科利马。

杜兰戈
面积：123,181平方公里（47,560平方英里）。人口：1,395,000（1992年估测）。首府：杜兰戈。

瓜纳华托
面积：30,491平方公里（11,773平方英里）。人口：4,171,000（1992年估测）。首府：瓜纳华托。

格雷罗
面积：64,281平方公里（24,819平方英里）。人口：2,733,000（1992年估测）。首府：奇尔潘辛戈。

伊达尔戈
面积：20,813平方公里（8036平方英里）。人口：1,946,000（1992年估测）。首府：帕丘卡。

哈利斯科
面积：80,836平方公里（31,211平方英里）。人口：5,693,000（1992年估测）。首府：瓜达哈拉。

墨西哥
面积：21,355平方公里（8245平方英里）。人口：10,706,000（1992年估测）。首府：托卢卡。

米却肯
面积：59,928平方公里（23,138平方英里）。人口：3,724,000（1992年估测）。首府：莫雷利亚。

莫雷洛斯
面积：4950平方公里（1911平方英里）。人口：1,259,000（1992年估测）。首府：库埃纳瓦卡。

纳亚里特
面积：26,979平方公里（10,417平方英里）。人口：872,000（1992年估测）。首府：特皮克。

新莱昂
面积：64,924平方公里（25,067平方英里）。人口：3,336,000（1992年估测）。首府：蒙特雷。

瓦哈卡
面积：93,952平方公里（36,275平方英里）。人口：3,207,000（1992年估测）。首府：瓦哈卡。

普埃布拉
面积：33,902平方公里（13,090平方英里）。人口：4,407,000（1992年估测）。首府：普埃布拉。

克雷塔罗
面积：11,449平方公里（4420平方英里）。人口：1,126,000（1992年估测）。首府：克雷塔罗。

金塔纳罗奥
面积：50,212平方公里（19,387平方英里）。人口：577,000（1992年估测）。首府：切图马尔。

圣路易斯波托西
面积：63,068平方公里（24,351平方英里）。人口：2,089,000（1992年估测）。首府：圣路易斯波托西。

锡那罗亚
面积：58,328平方公里（22,521平方英里）。人口：2,341,000（1992年估测）。首府：库利亚坎。

索诺拉
面积：182,052平方公里（70,291平方英里）。人口：1,867,000（1992年估测）。首府：埃莫西约。

塔瓦斯科
面积：25,267平方公里（9756平方英里）。人口：1,595,000（1992年估测）。首府：比亚埃尔莫萨。

塔毛利帕斯
面积：79,384平方公里（30,650平方英里）。人口：2,352,000（1992年估测）。首府：维多利亚城。

特拉斯卡拉
面积：4016平方公里（1551平方英里）。人口：813,000（1992年估测）。首府：特拉斯卡拉。

韦拉克鲁斯
面积：71,699平方公里（27,683平方英里）。人口：6,405,000（1992年估测）。首府：哈拉帕。

尤卡坦
面积：38,402平方公里（14,827平方英里）。人口：1,390,000（1992年估测）。首府：梅里达。

萨卡特卡斯
面积：73,252平方公里（28,283平方英里）。人口：1,309,000（1992年估测）。首府：萨卡特卡斯。

联邦区
面积：1479平方公里（571平方英里）。人口：8,276,000（1992年估测）。首府：墨西哥城。

正式名称：墨西哥合众国。
面积：1,958,201平方公里（756,066平方英里）。
人口：91,145,000（1995年估测）。
人口倍增时间：26年。
人均寿命：男性66.5岁，女性73.1岁。
出生率：世界平均出生率的1.26倍。
死亡率：世界平均死亡率的0.51倍。
城区人口：71%。
首都：墨西哥城城区15,048,000（城市8,276,000；内察瓦尔科特城1,255,000；1990年普查）。
其他主要城市：瓜达拉哈拉城区2,847,000（城市1,650,000），蒙特雷2,522,000（城市1,069,000），内察瓦尔科约特尔见墨西哥城，普埃布拉1,057,000（城市1,007,000），莱昂868,000（城市758,000），华雷斯城798,000（城市789,000），蒂华纳747,000（城市699,000），墨西卡利602,000（城区人口），库利亚坎602,000（城市415,000），阿卡普尔科593,000（城市515,000），梅里达557,000（城市523,000），奇瓦瓦531,000（城市516,000），圣路易斯波托西526,000（城市489,000），阿瓜斯卡连特斯506,000（城市480,000）（1990年普查）。
语言：第一语言（官方语言）西班牙语92%，包括阿兹特克语、尤卡坦语（玛雅语）、萨波特克语和米斯泰克语在内的美洲印第安语8%。
成人识字率：86%。
宗教：天主教90%，基督教新教5%。

古巴

古巴是占据加勒比海最大岛屿的一个共和国。三列山脉（包括东南部的马埃斯特腊山脉）横贯古巴岛。青年岛位于古巴岛西南。

最高点：图尔基诺峰，海拔1974米（6476英尺）。

气候：属亚热带气候，年平均气温26℃（38），降雨量充沛，易受飓风侵袭。

589名成员组成的全国人民政权代表大会由16岁以上的公民直接选举产生，任期5年。国务委员会的31名成员由全国人民政权代表大会选出。国务委员会主席为国家元首兼政府首脑，任命部长会议成员。

惟一合法政党：（1993年选举）共产党（PC）589席。

国务委员会主席：（自1976年）菲德尔·卡斯特罗（共产党）。

糖（最重要的出口商品）、烟草和咖啡是古巴的主要作物。国营农场占据大部分土地，但仍无法满足国内的食品需求。镍是仅次于糖的重要出口商品。与社会主义国家贸易和苏联援助的终结使古巴经济濒于崩溃：货币急剧贬值，工业和运输业面临严重的燃料短缺。1995年后，古巴的经济状况才略有好转。

货币：古巴比索。

1898年脱离西班牙获得独立。1899～1901年美国占领并统治古巴。1901年恢复独立。1906～1909年美国再度控制古巴。1933～1944年费尔亨西奥·巴蒂斯塔独裁统治第一时期。1952～1959年费尔亨西奥·巴蒂斯塔独裁统治第二时期。1959年菲德尔·卡斯特罗推翻巴蒂斯塔政权。1960年美国在古巴的企业被强行征用。1961年美国支持下的古巴流亡者试图从猪湾入侵古巴。1962年苏联在古巴设置导弹基地，但后来迫于美国压力撤回了所有导弹。1976～1988年古巴军队支持苏联在非洲的附属政权。1988年古巴军队撤离安哥拉。1991年最后一批苏联军队撤出古巴；1994年大批古巴难民涌入美国。

正式名称：古巴共和国。
面积：110,861平方公里（42,804平方英里）。
人口：11,070,000（1995年估测）。
人口倍增时间：100年。
人均寿命：男性73.9岁，女性77.6岁。
出生率：世界平均出生率的0.56倍。
死亡率：世界平均死亡率的0.78倍。
城区人口：73%。
首都：哈瓦那2,176,000（1993年普查；包括郊区）。
其他主要城市：圣地亚哥440,000，卡马圭294,000，奥尔金242,000，关塔那摩208,000，圣克拉拉200,000（1993年普查）。
语言：西班牙语100%（官方语言）。
成人识字率：96%。
宗教：天主教40%，无宗教信仰者55%，基督教新教5%。

■ 古巴与美国中断贸易达40年，因此，在古巴首都哈瓦那行驶的许多汽车都是50年代的。

开曼群岛

正式名称及地位：开曼群岛；内部自治的英国殖民地。
面积：259平方公里（100平方公里）。
人口：32,000（1994年估测）。
首都：乔治敦13,000（1989年普查）。
地理：由3座地势低平的岛屿组成，东距牙买加290公里（180英里）。
经济：旅游业和金融服务业是两大经济支柱：约1/3的劳动力从事旅游业，政局稳定，邻近美国以及银行保密法完备使其成为世界主要离岸金融中心之一。

克利珀顿岛

正式名称及地位：克利珀顿岛；法国属地，由法属波利尼西亚管理，但并非其法定组成部分。
面积：7平方公里（3平方英里）。
人口：无人居住。是太平洋上墨西哥以西约1300公里（810英里）的一座环礁。

■ 1962年苏联在古巴设置导弹基地，几乎导致了一场世界大战 ■

中美洲

伯利兹

伯利兹是中美洲加勒比海沿岸的一个小国。它位于墨西哥和危地马拉之间,是美洲大陆上最小的国家。大部分国土被热带丛林覆盖。南部为玛雅山脉,北部地势低平,多沼泽。

最高点: 维多利亚峰1122米(3681英尺)。

气候: 属亚热带气候,受信风影响,雨量充沛,2~5月为旱季。

英国女王为国家元首,总督是女王在伯利兹的代表。8名参议员由总督任命。29名众议员由普选产生,任期5年。总理由总督任命的众议院多数党领袖担任,有权任命内阁各部长。

主要政党:(1993年选举)(保守派)统一民主党(UDP)16席,(中间派)人民统一党(PUP)13席。

总理:(自1993年)曼努埃尔·埃斯基维尔(统一民主党)。

甘蔗、香蕉和柑橘属水果(尤其柑橘)的出口在经济中占主导地位。服装业不断发展。

货币: 伯利兹元。

1981年摆脱英属洪都拉斯殖民地的地位,获得独立,结束英国对其129年的统治。1991年危地马拉放弃对伯利兹的领土要求。

正式名称: 伯利兹。
面积: 22,965平方公里(8867平方英里)。**人口:** 216,000(1995年估测)。**人口倍增时间:** 23年。
人均寿命: 男性66岁,女性70岁。
出生率: 世界平均出生率的1.43倍。
死亡率: 世界平均死亡率的0.66倍。
城区人口: 48%。
首都: 贝尔莫潘3900(1993年估测)。
其他主要城市: 伯利兹48,000,奥兰治沃克12,000,圣伊格纳西奥10,000(1993年估测)。**语言:** 英语50%(官方语言),78%的居民讲克里奥尔语英语,西班牙语31%,此外还有玛雅语。**成人识字率:** 93%。
宗教: 天主教57%,基督教新教27%(主要为圣公会和五旬节派教会)。

萨尔瓦多

在中美洲各共和国中,萨尔瓦多是最小、也是惟一仅临太平洋的国家。境内多山,与洪都拉斯交界处是一系列山脉,南部为海拔较高的火山带。20座主要火山中,有几座仍在活动。

最高点: 圣安娜火山海拔2381米(7812英尺)。

气候: 热带海岸炎热潮湿,内陆气候温和。

总统(任命各部长)通过普选产生,任期5年,不得连任。84名成员组成的立法议会每3年通过直接选举产生。

主要政党:(1997年选举)(右翼)民族主义共和联盟(ARENA)28席,(中间派与左翼联盟)法拉本多·马蒂民族解放阵线(FLMN)27席,(保守派)基督教民主党(PCD)2席,其他27席。

总统:(自1994年)阿尔曼多·卡尔德隆·索(民族主义共和联盟)。

农产品,尤其是咖啡和甘蔗,几乎占出口商品的2/3。人口密集造成土地紧张。从70年代至1992年,内战危机导致经济滑坡。**货币:** 科郎。

1932年大规模农民起义被残酷镇压。1969年一场足球赛引发了与洪都拉斯之间的战争(真正原因是萨尔瓦多人向洪都拉斯非法移民)。70年代~1992年实际的内战(造成125,000余人死亡,8000人失踪)表现为美国支持的军方在激进的右翼杀人小队协助下与左翼游击队之间的斗争。1980年奥斯卡·罗梅罗大主教在其教堂中被右翼极端分子暗杀。1992年政府与游击队达成和平协议。

正式名称: 萨尔瓦多共和国。
面积: 21,041平方公里(8124平方英里)。
人口: 5,770,000(1995年估测)。
人口倍增时间: 26年。
人均寿命: 男性64岁,女性70岁。
出生率: 世界平均出生率的1.32倍。
死亡率: 世界平均死亡率的0.65倍。
城区人口: 45%。
首都: 圣萨尔瓦多城区1,522,000(城市423,000;索亚潘戈252,000;梅希卡诺斯145,000;新圣萨尔瓦多117,000;德尔加拉105,000;阿波帕101,000;1992年普查;包括郊区)。
其他主要城市: 索亚潘戈见圣萨尔瓦多,圣安娜202,000,圣米格尔183,000(1992年普查;包括郊区)。
语言: 西班牙语100%(官方语言)。
成人识字率: 75%。
宗教: 天主教75%,基督教新教20%以上。

危地马拉

危地马拉是中美洲各共和国中面积最大、最北部的一个国家。连绵的山脉(包括30多座火山)将太平洋和大西洋沿岸的低地隔开。

最高点: 塔胡穆尔科火山4220米(13,845英尺)。

气候: 沿海平原属热带气候;山地气候较温和。

总统(任命内阁各部长)由普选产生,任期4年,不得连任。议会的80名议员通过选举直接产生,任期4年。其中64人由公民直接选举产生,16人按比例代表制选举产生。

主要政党:(1995年选举)(保守派)全国先锋党(PAN)42席,(右翼)危地马拉共和阵线(FRG)21席,(中间派)危地马拉新民主阵线(FNDG)5席。

总统:(自1996年)阿尔瓦罗·阿尔苏(全国先锋党)。

半数以上劳动力从事农业耕作。咖啡为主要出口商品,其他作物有甘蔗和香蕉等。

货币: 格查尔。

1951年独裁者与地主的联合统治结束,改良主义者哈科沃·阿本斯当选总统,征收土地,分给农民。1954年美国支持的军人政变罢黜了阿本斯。1970年后左派遭镇压,转入游击战争;在近于内战状态的35年内,100,000名持不同政见者被杀,许多人失踪。1986年恢复平民政府。1996年政府与游击队之间达成协议,恢复和平。

正式名称: 危地马拉共和国。
面积: 108,889平方公里(42,042平方英里)。
人口: 10,620,000(1995年估测)。
人口倍增时间: 24年。
人均寿命: 男性61.9岁,女性67.1岁。
出生率: 世界平均出生率的1.42倍。
死亡率: 世界平均死亡率的0.81倍。
城区人口: 39%。
首都: 危地马拉城2,074,000(城市1,133,000;米斯科437,000;比亚努埃瓦166,000;1995年估测;包括郊区)。
其他主要城市: 墨宰见危地马拉城,巴里奥斯港338,000,克萨尔特南戈246,000,比亚努埃瓦见危地马拉城,科万120,000(1992年估测;包括郊区)。
语言: 第一语言西班牙语65%(官方语言),玛雅语35%。
成人识字率: 60%。
宗教: 天主教75%,基督教新教25%。

洪都拉斯

洪都拉斯在中美洲各共和国中面积居第二位。全境3/4以上为山地，仅沿海有狭小平原。居民大多居住在闭塞的山谷中。（这是该国在中美洲一直采取孤立主义的原因之一。）
最高点：塞罗塞拉格，海拔2849米（9347英尺）。
气候：低地属热带气候，降雨量充沛，年降水量达1500～2000毫米（60～80英寸）。高地气候温和干燥。

总统（任命各部长）及议会的128名议员通过普选产生，任期4年。议员按比例代表制选出。
主要政党：（1993年选举）（右倾中间派）自由党（PLH）71席，（右翼）国民党（PNH）55席，团结党2席。
总统：（自1994年）卡洛斯·罗伯托·雷纳（自由党）。

40%以上人口从事农业耕作。尽管实行了土地改革，人民生活水平仍很低。香蕉和咖啡为主要出口商品，玉米是国内消费的主要作物。廉价劳动力促进了工业发展，尤其是服装业为发展最快的经济领域。北部城市圣佩德罗苏拉已成为最重要的服装业中心，是中美洲发展最快的城市。自然资源贫乏。高通货膨胀率是不断困扰洪都拉斯的一大问题。
货币：伦皮拉。

1925年爆发短期内战。1925～1980年一系列军人独裁者当政。1980年以来民主选举产生的右倾中间派平民政府当政。

正式名称：洪都拉斯共和国。
面积：112,088平方公里（43,277平方英里）。
人口：5,510,000（1995年估测）。
人口倍增时间：24年。
人均寿命：男性64.8岁，女性69.2岁。
出生率：世界平均出生率的1.43倍。
死亡率：世界平均死亡率的0.69倍。
城区人口：42%。
首都：特古西加尔巴739,000（1993年估测；包括郊区）。**其他主要城市**：圣佩德罗苏拉354,000，拉塞瓦83,000，埃尔普罗格雷索77,000（1993年估测；包括郊区）。
语言：西班牙语98%（官方语言），少数人使用黑人加勒比语和米斯基托语。**成人识字率**：88%。
宗教：天主教85%，基督教新教10%。

尼加拉瓜

尼加拉瓜位于洪都拉斯与哥斯达黎加之间。居民大多居住在肥沃的太平洋沿岸平原，大西洋沿岸为热带丛林，西部为山地。尼加拉瓜湖占据了一个大的中央盆地。
最高点：莫戈顿峰2107米（6913英尺）。
气候：属热带气候，炎热潮湿。5-10月为雨季。

总统（任命各部长）由普选产生，任期5年，不得连任。国民议会的92名成员按比例代表制直接选举产生，任期5年；竞选失败的总统候选人自动成为国民议会成员。
主要政党：（1996年选举）（右翼）自由联盟（AL）42席，（中间派和左翼联盟）桑地诺民族解放阵线（FSLN）21席，其他14席。
总统：（自1997年）何塞·阿诺尔多·阿莱曼（自由联盟）。

经济以农业为主。本世纪80年代，游击战、美国的贸易禁运及自然灾害对经济造成破坏性影响。政府对此采取了紧缩措施。咖啡、牛肉及甘蔗为主要出口商品。
货币：科多巴。

1912～1925年美国军事干涉。1927～1933年美国军事干涉。1937～1979年索摩查家族成员及其追随者的独裁统治。1972年地震几乎将首都夷为平地；9000人丧生。1979年左翼的桑地诺游击运动继民众起义后发动政变，造成40,000人死亡。1979～1990年美国指责桑地诺政权实行共产主义，对尼加拉瓜施以贸易禁运；直到1989年，美国支持的右翼反对派游击队活动频繁。1990年实行自由选举。

正式名称：尼加拉瓜共和国。
面积：131,670平方公里（50,838平方英里）。
人口：4,340,000（1995年估测）。
人口倍增时间：25年。
人均寿命：男性60.7岁，女性66.4岁。
出生率：世界平均出生率的1.4倍。
死亡率：世界平均死亡率的0.75倍。
城区人口：62%。
首都：马那瓜974,000（1992年估测；包括郊区）。
其他主要城市：莱昂172,000，马萨亚102,000，奇南德加102,000（1992年估测；包括郊区）。
语言：西班牙语95%（官方语言），米斯基托语4%。
成人识字率：74%。
宗教：天主教89%，基督教新教10%以上。

哥斯达黎加

哥斯达黎加是中美洲最南部的共和国（其邻国巴拿马为连接中美洲和南美洲的纽带）。几乎全部人口均属欧洲血统，这区别于该地区所有其他国家。狭长的太平洋沿岸平原和较宽阔的加勒比海沿岸平原之间为中部高原和山地。
最高点：大奇里波山3819米（12,529英尺）。
气候：加勒比海沿岸雨量充沛，太平洋沿岸则较干燥。低地气温较高，高地较凉爽。

总统（任命各部长）和立法会的57名议员由普选产生，任期均为4年。
主要政党：（1994年选举）（左倾中间派）民族解放党（PLN）28席，（保守派）基督教社会团结党（PUSC）25席，其他4席。
总统：（自1994年）何塞—玛利亚·菲格雷斯（民族解放党）。

咖啡为主要出口商品。香蕉、甘蔗、肉用牛、可可及木材亦占重要地位。半个世纪的稳定政局使该国受益匪浅。现在旅游业为外汇收入的主要来源。
货币：哥斯达黎加科郎。

1948年短期内战后军队解散。1948年以来民主政体稳定，成为地区调解人。

正式名称：哥斯达黎加共和国。
面积：51,100平方公里（19,730平方英里）。
人口：3,345,000（1995年估测）。
人口倍增时间：32年。**人均寿命**：男性71.9岁，女性77.5岁。
出生率：世界平均出生率的1.03倍。
死亡率：世界平均死亡率的0.45倍。
城区人口：44%。
首都：圣何塞城区922,000（城市281,000）德桑帕拉多斯55,000；1992年估测；包括郊区）。**其他主要城市**：德桑帕拉多斯见圣何塞，利蒙51,000，阿拉姆埃拉45,000（1992年估测；包括郊区）。
语言：西班牙语97%以上（官方语言），少数人使用克里奥尔语英语和奇布查语。**成人识字率**：93%。
宗教：天主教81%，基督教新教18%。

■ 工人们在哥斯达黎加的彻姬塔香蕉园中收获香蕉。工作时，他们三人一组并在身上缠以内胎以防香蕉被碰坏。

北加勒比海地区

多米尼加共和国

多米尼加共和国位于西印度群岛伊斯帕尼奥拉岛面积较大的东半部。北部肥沃的锡瓦奥谷地是最重要的农业区。其余国土多为山地。
最高点：杜阿尔特峰3175米（10,417英尺）。
气候：大部分地区属亚热带气候，山地较凉爽。东部和北部雨量充沛、西部和西南地区气候干旱。常遭飓风袭击。

总统、参议院（上院）的30名议员和众议院（下院）的120名议员均由普选产生，任期4年。国务秘书内阁成员由总统任命。
主要政党：（1994年选举）（左翼）多米尼加革命党及其联盟（PRD）57席，（右倾中间派）基督教社会改革党（PRSC）50席，（左翼）多米尼加解放党（PLD）13席。
总统：（自1996年）利昂内尔·费尔南德斯（多米尼加解放党；多米尼加解放党－基督教社会改革党联合政府）。

镍铁为主要出口商品。约30%的人口从事农业，糖（一度为经济的支柱）、咖啡、可可和烟草为主要作物。旅游业现在是主要外汇收入来源。
货币：多米尼加比索。

1900年继一系列独裁者统治之后，共和政体破产，国家陷入混乱。1916～1924年美国军事干涉。1930年拉斐尔·特鲁希略任总统，血腥镇压反对者。1971年特鲁希略被暗杀。1965年短期内战以美国军事干涉告终。1965年以来新建的民主政体面临严峻的经济问题；1966～1978年及1986～1996年，华金·巴拉格尔两度任总统。

正式名称：多米尼加共和国。
面积：48,443平方公里（18,704平方英里）。
人口：7,825,000（1995年估测）。
人口倍增时间：32年。
人均寿命：男性60岁，女性64岁。
出生率：世界平均出生率的1.2倍。
死亡率：世界平均死亡率的0.86倍。
城区人口：65%。
首都：圣多明各2,100,000（1993年估测；包括郊区）。
其他主要城市：圣地亚哥－德洛斯卡瓦那罗斯690,000，拉193190,000，圣弗朗西斯科－马科里斯165,000，圣佩德罗－德马科里斯140,000，拉罗马纳140,000（1993年估测；包括郊区）。
语言：西班牙语98%（官方语言），少数人使用克里奥尔语法语-海地语。**成人识字率**：82%。
宗教：天主教93%，基督教新教6%。

海地

海地共和国位于西印度群岛伊斯帕尼奥拉岛面积较小的西半部。东西走向的山脉被人口密集的山谷和沿岸平原隔开。
最高点：塞勒峰2674米（8772英尺）。
气候：海拔和海洋使热带气候较温和。

总统（任命总理和各部长）由普选产生，任期5年，最多可任两届且不得连任。国民议会的83名成员由直接选举产生，任期5年。

主要政党：（1995年选举）（左翼改良派）拉瓦斯运动（ML）68席，其他15席。
总统：（自1995年）勒内·普雷瓦尔（拉瓦斯运动）。
总理：（自1996年）罗斯尼·斯马思（无党派）。

由于资源贫乏，人口过剩，海地是西半球最贫穷的国家。半数以上劳动力从事农业，农作物主要用于本地消费。咖啡为主要商品作物。出口商品有纺织品、服装、加工过的食品等。年轻技术工人大量外流对该国造成严重影响。
货币：古德。

1915年美国军事干涉结束了海地政变频繁、政局动荡、黑人与混血人之间局势紧张的时期。1934～1935年美军撤出海地。1957～1986年为弗朗索瓦·杜瓦利埃（1971年逝世）及其子让－克洛德的独裁统治；海地屈从于其秘密武装组织"恶魔"的淫威。1986年武装推翻杜瓦利埃统治。1986～1991年发生若干次政变，局势动荡。1991年首次自由多党选举，但几个月后，军事政变罢黜了改良派总统阿里斯蒂德，宪法被暂时取消。1994年国际制裁及美国的干预使宪法得以恢复，阿里斯蒂德重新当政。

■ 太子港周围的贫民区容纳了该市约50%的人口。

正式名称：海地共和国。
面积：27,750平方公里（10,714平方英里）。
人口：6,590,000（1995年估测）。
人口倍增时间：33年。
人均寿命：男性43岁，女性47岁。
出生率：世界平均出生率的1.6倍。
死亡率：世界平均死亡率的2.04倍。
城区人口：31%。
首都：太子港城区1,255,000（城市753,000；Carrefour 241,000；德尔马斯200,000；1992年估测；包括郊区）。**其他主要城市**：Carrefour和德尔马斯见太子港；海地角92,000，戈纳伊夫63,000（1992年估测）。
语言：法语1%（官方语言），克里奥尔语法语-海地语99%（官方语言）。
成人识字率：53%。
宗教：天主教80%，基督教新教8%，少数为浸礼派。大多数居民（至少75%）信奉伏都教，但也信仰基督教。

■ 海地的年人均收入仅为220美元 ■ 举世闻名的美洲发

牙买加

牙买加是加勒比海上古巴南部的一个独立岛国。沿海平原环绕着内部的石灰岩高原("科克皮特地区")和包括蓝山山脉在内的山地。
最高点: 蓝山峰2256米(7402英尺)。
气候: 低地炎热多雨;高地较为凉爽和潮湿。

英国女王为牙买加的国家元首。21名参议员由女王的代表——总督任命(其中13人由总理推荐,8人由反对党领袖推荐)。100名众议员由普选产生,任期5年。总督任命众议院多数党领袖为总理,再由总理任命各部长。
主要政党: (1993年选举)(左派)人民民族党(PNP)61席,(左倾中间派)牙买加工党(Lab)39席。
总理: (自1992年)珀西瓦尔·丁·帕特森(人民民族党)。

铝土和氧化铝的出口在经济中地位最为重要,占总输出值的一半。约20%的劳动力从事农业,主要种植甘蔗和香蕉以供出口。旅游业是重要的外汇收入来源。
货币: 牙买加元。

本世纪30年代严峻的社会和经济局势引发黑人暴乱。1962年结束300多年的英国统治获得独立。1972~1980年及1989~1992年激进的人民民族党领袖迈克尔·曼利任总理。

正式名称: 牙买加。
面积: 10,991平方公里(4244平方英里)。**人口:** 2,520,000(1995年估测)。**人口倍增时间:** 38年。
人均寿命: 男性71.4岁,女性75.8岁。
出生率: 世界平均出生率的0.95倍。
死亡率: 世界平均死亡率的0.58倍。
城区人口: 50%。
首都: 金斯敦城区588,000(城市104,000;波特莫尔90,000;1991年普查)。**其他主要城市:** 西班牙镇92,000,波特莫尔贝金斯敦,蒙特哥贝83,000(1990年普查)。
语言: 英语(包括克里奥尔语)95%(官方语言),少数人使用印第安语及其他少数民族语言。**成人识字率:** 98%。**宗教:** 先知真神会17%,浸礼会10%,圣公会7%,基督复临安息日会6%,五旬节派教会5%,天主教5%,塔法里教5%,无宗教信仰者20%。

■ 牙买加北部的蒙特哥贝市场所陈列的水果对牙买加经济至关重要。

巴哈马(群岛)

巴哈马群岛是位于美国佛罗里达州东部的一个独立国家。由约700个狭长、平坦的岛屿和2000多个贫瘠、多岩石的小岛组成。
最高点: 阿尔沃涅63米(206英尺)。
气候: 气候温和,属亚热带气候,气温随季节变化不大。年平均降雨量在1000毫米(40英寸)以上。易受飓风侵袭。

参议院(上院)的19名成员由总督(国家元首英国女王的代表)任命。众议院(下院)的40名成员由普选产生,任期5年。总督任命众议院多数党领袖为总理,再由总理任命各部长。
主要政党: (1997年选举)(中间派)自由民族运动(FNMP)34席,(右倾中间派)进步自由党(PLP)6席。
总理: (自1992年)休伯特·英格拉哈姆(自由民族运动)。

旅游业为主要收入来源,游客主要来自美国和加拿大。大多数劳动力从事旅游业及其相关工业。该群岛为理想的避税场所和金融中心。
货币: 巴哈马元。

1973年结束250多年的英国统治,获得独立。

正式名称: 巴哈马联邦。
面积: 13,939平方公里(5382平方英里)。**人口:** 276,000(1995年估测)。**人口倍增时间:** 52年。**人均寿命:** 男性67.7岁,女性75.5岁。**出生率:** 世界平均出生率的0.76倍。**死亡率:** 世界平均死亡率的0.58倍。
城区人口: 86%。
首都: 拿骚172,000(1990年普查;包括郊区)。**其他主要城市:** 弗里波特26,600(1990年普查;包括郊区)。
语言: 英语(包括克里奥尔语英语82%(官方语言),克里奥尔语法语(海地语)12%。
成人识字率: 无近期数字。
宗教: 圣公会32%,天主教19%,基督教新教29%,无宗教信仰者20%。

特克斯和凯科斯群岛

正式名称及地位: 特克斯和凯科斯群岛;内部自治的英国殖民地。
面积: 430平方公里(166平方英里)。
人口: 12,400(1990年普查)。
首府: 科伯恩城2500(位于大特克岛上;1990年普查)。
地理: 位于巴哈马群岛东南,30座地势低平的岛屿构成特克斯和凯科斯两组群岛。
经济: 依赖于旅游业、离岸银行业及金融业。

波多黎各

正式名称及地位: 波多黎各自由联邦;为美国的一个联邦政区。
面积: 9104平方公里(3515平方英里)。
人口: 3,725,000(1995年估测)。
首府: 圣胡安城区1,230,000(城市427,000;1990年普查)。
地理: 位于大安的列斯群岛最东部,中央山脉横贯东西。包括比耶克斯岛和库莱布拉岛。
经济: 尽管自然资源贫乏,制造业在经济中仍占主导地位。制药、石油化学、食品加工、电气和电子工程、纺织为主要工业。人口稠密,大量人口迁居美国。美国的联邦基金促进了波多黎各基础设施和服务业的发展。

英属维尔京群岛

正式名称及地位: 英属维尔京群岛;内部自治的英国殖民地。
面积: 153平方公里(59平方英里)。
人口: 16,700(1991年普查)。
首府: 罗德城2500(1991年普查)。
地理: 由3座主要的山地岛屿(托尔托拉岛、维尔京戈尔达岛和约斯特·范代克岛)、1座平坦的珊瑚岛(阿内加达岛)和60多座小珊瑚礁组成。它们构成了加勒比海东北部维尔京群岛的东半部。
经济: 邻近的美属维尔京群岛面积较其广大,对其影响较大。旅游业及离岸金融服务业在经济中占主导地位,美元为其流通货币。工作在美属维尔京群岛的岛民寄回家中的钱起重要作用。

美属维尔京群岛

正式名称及地位: 美属维尔京群岛;为美国本土以外的未合并领土。
面积: 352平方公里(136平方英里)。
人口: 98,000(1995年估测)。
首府: 夏洛特阿马尼亚12,300(1990年普查)。
地理: 该政区原为丹麦的西印度群岛,1917年被美国购买。由3座主岛(圣克罗伊岛,圣约翰岛,圣托马斯岛)和约50座小珊瑚礁组成。位于加勒比海东北部,西距波多黎各65公里(40英里)。临阿内加达海峡(大西洋通往加勒比海的主要航线之一),战略地位重要。
经济: 自然资源贫乏。宜人的气候及自由港的地位使旅游业在经济中占主导地位。圣克罗伊岛拥有世界上最大的炼油厂之一。

中加勒比海地区

圣卢西亚

圣卢西亚是加勒比海东部的一个独立岛国。许多溪流流过肥沃的谷地，使得水源充足，森林繁茂。

最高点：吉米山959米（3145英尺）。

气候：属潮湿的热带气候，1～4月为旱季。易受飓风侵袭。

11名参议员由总督（国家元首，英国女王的代表）任命，其中6人由总理提名，3人由反对党领袖提名，2人由总督指定。众议院（下院）的17名成员由普选产生，任期5年。总督任命下议院多数党领袖为总理，再由总理任命各部长。

主要政党：（1997年选举）（中间派）统一工人党（UWP）11席，（左倾中间派）圣卢西亚工党（SLP）6席。

总理：（自1997年）沃恩·刘易斯（统一工人党）。

旅游业在经济中占重要地位，是从业人数最多的行业。农业也对经济起重要作用，香蕉和椰子为主要农产品。在1964年前，制糖业也很重要。主要工业包括食品加工业、酿酒、肥皂、电子元件等。

货币：东加勒比元。

1979年结束英国自1814年的统治而获得独立。

正式名称：圣卢西亚。
面积：617平方公里（238平方英里）。
人口：143,000（1995年估测）。
人口倍增时间：41年。**人均寿命**：男性67岁，女性72岁。**出生率**：世界平均出生率的0.92倍。**死亡率**：世界平均死亡率的0.65倍。**城区人口**：48%。**首都**：卡斯特里城区14,000（城市2100；1992年估测）。
语言：英语近100%（官方语言），80%的居民懂克里奥尔语法语。
成人识字率：80%。
宗教：天主教79%，基督复临安息日会7%，五旬节派教会3%，还有圣公会，浸礼会及其他少数宗教。

格林纳达

格林纳达是加勒比海东南部的一个独立岛国。境内多山，山上覆有森林。许多湍急的溪流流过陡峭的山谷，使得该国水源充足。卡里亚库岛为其一部分。

最高点：圣凯瑟琳山840米（2757英尺）。

气候：属热带气候。1～5月为旱季。

13名参议员由总督（国家元首英国女王的代表），总理和反对党领袖任命，众议院（下院）的15名成员由普选产生，任期5年。总督任命众议院多数党领袖为总理，再由总理任命各部长。

主要政党：（1995年选举）（中间派）新民族党（NNP）8席，（中间派）国家民主大会党（NDC）5席，（右翼）统一工党2席。

总理：（自1995年）乔治·布里赞（新民族党）。

经济以农业为主，香料，尤其是豆蔻的生产占重要地位。主要出口可可豆、鱼类和香蕉。旅游业日趋重要，经常有船只来访。

货币：东加勒比元。

1974年结束190年的英国统治而获得独立。1979年左翼的新宝石运动发动政变，攫取了政权。1983年政府中更加激进的分子再度发动政变，总理莫里斯·毕晓普被杀；美国和东加勒比海国家进行军事干涉；政变领导者被拘捕；成立临时政府。1984年恢复宪法。

正式名称：格林纳达。
面积：344平方公里（133平方英里）。
人口：92,000（1995年估测）。
人口倍增时间：29年。
人均寿命：男性68岁，女性73岁。
出生率：世界平均出生率的1.2倍。
死亡率：世界平均死亡率的0.65倍。
城区人口：32%。
首都：圣乔治城区36,000（城市4400；1991年普查）。**语言**：英语（包括克里奥尔语英语）100%（官方语言）。**成人识字率**：85%。
宗教：天主教53%，圣公会14%，基督复临安息日会9%，五旬节派教会7%，其他及无宗教信仰者17%。

圣基茨和尼维斯（或圣克里斯托弗和尼维斯）

圣基茨和尼维斯是加勒比海东北部的一个独立国家。由两座相距3公里（2英里）的岛屿组成。岛上多山，水源充足。

最高点：米瑟里火山1156米（3792英尺）。

气候：海风使该国潮湿的热带气候略显凉爽。易受飓风侵袭。

议会由14名议员组成，其中8人在圣基茨普选产生，任期5年，3人由尼维斯居民直接选举产生，3人由总督（国家元首，英国女王的代表）任命（称参议员）。总督任命议会多数党领袖为总理，再由总理任命各部长。尼维斯为自由岛，有权脱离联邦。

主要政党：（1995年选举）（社会民主派）工党（Lab）7席，（以尼维斯为基地的）关心市民运动（CCM）2席，（左倾中间派）人民行动运动（PAM）1席，（以尼维斯为基地的左倾中间派）尼维斯革新党1席。

总理：（自1995年）登齐尔·道格拉斯博士（工党）。

经济以农业（主要作物为甘蔗，此外还有薯蓣、香蕉及椰子）和旅游业为主。

货币：东加勒比元。

1882年英属殖民地圣基茨、尼维斯和安圭拉共同组成英国的一个附属国。1967年安圭拉，一个不情愿的伙伴，宣布独立（1969年经英国军队和警察武装干涉后重归英国统治）。1983年独立。90年代中期尼维斯要求脱离联邦的人数日渐增多。1996年尼维斯议会投票赞成独立，但迄今未举行公民投票来决定其未来地位。

自治岛
尼维斯
面积：93平方公里（36平方英里）。
人口：9100（1991年普查）。
首府：查尔斯敦。

正式名称：圣基茨和尼维斯联邦，圣克里斯托弗和尼维斯联邦。
面积：269平方公里（104平方英里）。
人口：39,400（1995年估测）。
人口倍增时间：人口几乎不变。
人均寿命：男性63岁，女性69岁。**出生率**：世界平均出生率的0.96倍。**死亡率**：世界平均死亡率的1.08倍。
城区人口：43%。
首都：巴斯特尔18,000（1995年估测）。**语言**：英语（包括克里奥尔语英语）100%（官方语言）。
成人识字率：90%。
宗教：圣公会33%，卫理公会教28%，天主教7%，五旬节派教会6%，浸礼会4%，先知真神会4%，其他及无宗教信仰者24%。

■ 法属瓜德罗普的圣巴特勒米岛以前是瑞典惟一的殖民地 ■ 多

安提瓜和巴布达

安提瓜和巴布达是加勒比海东北部一个由两座岛屿组成的独立国家。安提瓜岛为地势低平的石灰岩岛；巴布达岛位于其北部45公里（25英里），为珊瑚岛，地势平坦，多树木。雷东达岛亦属该国，岛上岩石裸露，无人居住。

最高点： 博盖峰402米（1319英尺）。

气候： 属热带气候，但有海风调节。西印度群岛雨量少，因此安提瓜气候干旱。易受飓风侵袭。

17名参议员由总理、反对党领袖和总督（国家元首，英国女王的代表）任命。17名众议员由普选产生，任期5年。总督任命众议院多数党领袖为总理，再由总理任命各部长。

主要政党：（1994年选举）（中间派）安提瓜工党（ALP）11席，（中间派）联合进步党（UPP）5席，巴布达人民运动（BPM）1席。

■ 安提瓜岛的英吉利港是加勒比海地区许多过往班轮的停靠港。

总理：（自1994年）莱斯特·布赖恩特·伯德（安提瓜工党）。

旅游业为经济的支柱。为使经济结构多样化，政府鼓励农业，但缺水是一大问题。

货币： 东加勒比元。

正式名称： 安提瓜和巴布达。
面积： 442平方公里（170.5平方英里）。
人口： 63,900（1995年估测）。
人口倍增时间： 58年。
人均寿命： 男性71.1岁，女性75.3岁。
出生率： 世界平均出生率的0.69倍。
死亡率： 世界平均死亡率的0.58倍。
城区人口： 36%。

1981年结束近350年的英国统治获得独立。

首都： 圣约翰城区36,000（城市21,500；1991年普查）。**其他主要城市：** 科德灵顿（巴布达首府）1400（1991年普查）。**语言：** 英语（包括克里奥尔语英语）近100%（官方语言）。**成人识字率：** 90%。**宗教：** 圣公会33%，天主教11%，基督教新教28%，其他及无宗教信仰者28%。

多米尼克国

多米尼克国是加勒比海东部的一个共和国。岛屿四周是陡峭的悬崖，内部多山。

最高点： 迪亚布洛廷火山1447米（4747英尺）。

气候： 属热带气候，雨量充沛，季节变化不明显。易受飓风侵袭。

议会有30名议员，其中21人由普选产生，任期5年，9或10人由总统任命。总统由总理和反对党领袖提名，经议会选举产生，任期5年，最多任两届，其职责多为礼仪性的。总统任命议会多数党领袖为总理，再由总理任命各部长。

主要政党：（1995年选举）（社会民主派）统一工人党（DUWP）11席，（右倾中间派）多米尼加自由党（DFP）5席，（左翼）工党5席，其他10席。

总理：（自1995年）爱迪生·詹姆斯（统一工人党）。

多米尼克国是个贫穷的岛国。主要出产香蕉、木材和椰子并向干旱的邻国出口水。酸橙亦为商品作物，酸橙汁供出口。旅游业日趋重要。

货币： 东加勒比元。

1978年结束195年的英国统治获得独立。

正式名称： 多米尼克国。
面积： 739平方公里（285平方英里）。
人口： 72,000（1995年估测）。
人口倍增时间： 45年。
人均寿命： 男性74.1岁，女性79.9岁。
出生率： 世界平均出生率的0.82倍。
死亡率： 世界平均死亡率的0.54倍。
城区人口： 41%。
首都： 罗索16,000（1991年普查）。**其他主要城市：** 朴次茅斯4000（1991年普查）。**语言：** 第一语言英语4%（官方语言），但几乎全民皆懂英语，克里奥尔语法语96%。**成人识字率：** 90%。**宗教：** 天主教55%，基督复临安息日会5%，五旬节派教会4%，卫理公会教4%，其他新教教派9%，少数人为圣公会信徒。

■ 停泊在多米尼克国西南海岸的罗索港的巡航船。

安圭拉

正式名称及地位： 安圭拉；内部自治的英国属地（安圭拉单方面宣布独立后，于1971年重归英国的殖民统治）。
面积： 96平方公里（37平方英里），包括松布雷罗岛（北部的一个小岩石岛）。
人口： 9000（1993年估测）。
首府： 瓦利500（1993年估测）。
地理： 安圭拉是拉勒比海东部一座地势低平的珊瑚岛。
经济： 以旅游业为主。

瓜德罗普

正式名称及地位： 瓜德罗普省；法国海外省，法兰西共和国的一个组成部分。
面积： 1780平方公里（687平方英里）：巴斯特尔岛848平方公里（327平方英里），格朗德特尔岛590平方公里（228平方英里），玛丽加朗特岛158平方公里（61平方英里），圣马丁岛54平方公里（21平方英里），圣巴特勒米岛21平方公里（8平方英里），拉代西拉德岛20平方公里（8平方英里），桑特群岛13平方公里（5平方英里）。
人口： 434,000（1995年估测）。
首府： 巴斯特尔（亦为巴斯特尔岛首府）城区53,000（城市14,000；1990年普查）。其他各岛首府为：皮特尔角城（格朗德特尔岛），格朗堡（玛丽加朗特岛），马里戈特（圣马丁岛），古斯塔维亚（圣巴特勒米岛），格朗德昂斯（拉代西拉德岛），下岛（桑特群岛）。
其他主要城市： 皮特尔角城城区141,000（1990年普查）。
地理： 加勒比海上的瓜德罗普由格朗德特尔岛、巴斯特尔岛及位于安提瓜和多米尼加联邦之间的一些附属岛屿组成。圣马丁是北加勒比海一座岛屿的北半部（南半部属荷兰）。圣巴特勒米岛（一度属瑞典）位于圣马丁岛南部。
经济： 香蕉和甘蔗为主要出口商品。旅游业为从业人数较多的行业。较小的岛屿专门从事适合高消费阶层的旅游业。

马提尼克

正式名称及地位： 马提尼克省；法国海外省，法兰西共和国的一个组成部分。
面积： 1128平方公里（436平方英里）。
人口： 388,000（1995年估测）。
首府： 法兰西堡100,000（1990年普查）。
地理： 马提尼克是加勒比海上圣卢西亚和多米尼加联邦之间的一个热带岛屿。内部山地与沿海地区海拔相差悬殊。
经济： 香蕉和甘蔗（用于朗姆酒的酿造）为主要出口商品。旅游业日趋重要。

蒙特塞拉特

正式名称及地位： 蒙特塞拉特；内部自治的英国殖民地。
面积： 98平方公里（38平方英里）。
人口： 12,000（1991年普查）；3000（1997年估测）大部分居民由于火山爆发离岛后。
首府： 前首府普利茅斯，由于1997年火山爆发被遗弃。
地理： 蒙特塞拉特是加勒比海东北部一个多山的小岛。
经济： 1995-1997年火山爆发将该岛夷为平地以前，旅游业在经济中占主导地位。1997年中期，被迫疏散全部人口。

南加勒比海地区

圭亚那

圭亚那是南美洲北部的一个共和国，濒临大西洋，在历史和文化上都属加勒比海地区。沿海平原护有堤坝。内陆大部分地区为热带雨林和海拔较高、边缘陡峭的高原。西部边境有帕卡赖马山脉。
最高点：罗赖马山2770米（9094英尺）。
气候：内陆属炎热的热带气候，降雨量充沛。沿海地区气候较温和，2-4月和9-12月相对较干燥。

国民议会的65名议员由选举产生，任期5年，其中53人按比例代表制普选产生，12人由各地方机构选出。总统通过直接选举产生，任期5年，有权任命总理和各部部长，他们共同对国民议会负责。
主要政党：（1992年选举）（左翼）人民进步党（PPP）32席，（左翼）人民全国大会党（PNC）31席，（左翼）劳动人民联盟1席，（右倾中间派）联合力量党1席。
总统：（自1997年）萨姆·海因兹（人民进步党）。
总理：（自1997年）珍妮特·贾根（人民进步党）。

经济依赖于开采铝土和黄金（共占全国出口总值的近1/3）及种植甘蔗和水稻（共占出口总值的近一半）。庞大的国家机构（包括国有工业）的需求和大规模移民所引起的问题阻碍了经济发展。**货币**：圭亚那元。

19世纪中期大批印度人和中国人流入英属圭亚那，在种植园中工作。1964年在居民中占大多数的黑人和占少数的印度人和中国人之间发生暴力冲突。1966年结束170年的英国统治，成为独立的圭亚那国。1970年宣布为共和国。1978年再度发生种族骚乱。

正式名称：圭亚那合作共和国。
面积：215,083平方公里（83,044平方英里）。**人口**：770,000（1995年估测）。**人口倍增时间**：54年。
人均寿命：男性62岁，女性68岁。
出生率：世界平均出生率的0.8倍。
死亡率：世界平均死亡率的0.75倍。
城区人口：31%。
首都：乔治敦249,000（1992年估测；包括郊区）。**其他主要城市**：林澄27,000（1992年估测；包括郊区）。
语言：第一语言英语使用者不足1%（官方语言），克里奥尔语英语97%，加勒比语1%，阿拉瓦克语1%。
成人识字率：98%。
宗教：印度教34%，天主教18%，基督教新教17%，圣公会16%，逊尼派伊斯兰教9%。

特立尼达和多巴哥

特立尼达和多巴哥是加勒比海东南部一个由两座岛屿组成的共和国。特立尼达岛与委内瑞拉隔海相望，地势低平起伏，延升到北部山脉多丘陵。多巴哥岛位于特立尼达岛东北35公里（22英里）处，山地面积更为广阔。
最高点：阿里波山940米（3085英尺）。
气候：属潮湿的热带气候，1~5月为旱季。

参议院由31名议员组成，其中9人由总统提名，16人由总理提名，6人由反对党领袖提名。众议院的36名议员通过普选产生，任期5年。总统由参、众两院联席会议选出，任期5年，其职责多为礼仪性的。总理由总统任命的众议院多数党领袖担任，有权任命各部长。多巴哥岛享有高度治权。
主要政党：（1995年选举）（左倾中间派）联合民族大会党（UNC）17席，（中间派）人民民族运动党（PMP）17席，（以多巴哥为基地的）民族复兴联盟（NAR）2席。
总统：（自1987年）努尔·穆罕默德·哈桑纳利（无党派）。
总理：（自1995年）巴斯迪奥·潘迪（联合民族大会党）。

石油及石油产品（主要是精炼的委内瑞拉石油）是经济的重要支柱。特立尼达岛拥有丰富的沥青和天然气资源。旅游业（尤其是多巴哥岛）为主要外汇收入来源。
货币：特立尼达和多巴哥元。

1899年两个英属殖民地特立尼达和多巴哥合并为英国的一个附属国。1962年独立。1976年宣布为共和国。1990年穆斯林基要主义者政变失败。

正式名称：特立尼达和多巴哥共和国。**面积**：5128平方公里（1980平方英里）。
人口：1,265,000（1995年估测）。
人口倍增时间：64年。
人均寿命：男性68岁，女性73.2岁。
出生率：世界平均出生率的0.7倍。
死亡率：世界平均死亡率的0.7倍。
城区人口：71%。
首都：西班牙港60,000（1992年估测）。**其他主要城市**：查瓜纳斯57,000，圣费尔南多30,000，阿里马30,000（1990年普查）。
语言：英语（包括特立尼达克奥尔语英语）95%，印第语3%。
成人识字率：97%。
宗教：天主教29%，印度教24%，基督教新教19%，圣公会11%，逊尼派伊斯兰教6%。

自治岛
多巴哥
面积：300平方公里（116平方英里）。
人口：50,300（1990年普查）。
首府：斯卡伯勒。

1978年，在圭亚那人民圣殿923人集体自杀身亡

世界

圣文森特和格林纳丁斯

圣文森特和格林纳丁斯是一个独立的国家，由一个主要的岛——圣文森特岛和加勒比海东部的7个小岛（格林纳丁斯群岛）组成。圣文森特岛上多山多树木，岛上有一座活火山。贝基亚和穆斯蒂克是格林纳丁斯群岛中两个最大的岛。

最高点：苏弗里耶尔山1234米（4048英尺）。

气候：湿润，属热带气候，山区降雨丰沛。岛上易受飓风侵袭。

有21名成员的议会包括由全民投票选举产生的任期5年的15名成员，另由6名参议员（4名由总理任命，2名由反对党任命）。总督代表英国女王统治圣文森特，由他任命总理，总理领导议会多数。总理依次再任命其他部长。

主要政党：（1994年选举）（中立派）新民主党（NDP）12席，（社会民主派）团结劳动党（ULP）3席，其他党派6席。

总理：（从1984年）詹姆斯·米歇尔（新民主党）。

正式名称：圣文森特和格林纳丁斯。
面积：389平方公里（150平方英里）。
人口：112,000（1995年估测）。
人口倍增时间：39年。
人均寿命：男性71岁，女性74岁。
出生率：世界平均出生率的0.99倍。
死亡率：世界平均死亡率的0.71倍。
城区人口：25%。
首都：金斯敦城区27,000（城市15,800；1993年估测）。
语言：英语（包括克里奥尔英语）几乎100%（官方语言）。
成人识字率：80%。
宗教：英国圣公会42%，卫理公会21%，罗马天主教12%，其他新教和不信教者35%

香蕉和葛薯为主要的农作物，农业为经济主体。旅游业正在格林纳丁斯得到发展。圣文森特传统上有很高的国外移民率。

货币：东加勒比元。

1979年独立，结束了英国自1763年以来的统治。

巴巴多斯

巴巴多斯是加勒比海东南部的一个独立岛国。整个岛屿除了北部，总体来说地势低平。

最高点：希拉比山340米（1115英尺）。

气候：属热带气候。雨量丰沛，各地降雨量均超过1,000毫米（40英寸）。岛上易受飓风侵袭。

上院的21名议员受任命任职：12名由总理任命，2名由反对党任命，7名由总督任命，总督代表英国女王统治巴巴多斯。大议会（下院）的28名仪员由全民投票选举产生，任期五年。总督任命总理来领导大仪会多数。总理依次再任命其他部长。

主要政党：（1994年选举）（社会民主派）巴巴多斯劳动党（BLP）19席，（中立派）民主劳动党（DLP）8席，国民民主党1席。

总理：（自1994年任职）欧文·阿瑟（巴巴多斯劳动党）。

旅游业（主要经济来源）雇用了1/3以上的劳动力。政府鼓励多种经营，银行业、保险业和数据处理有很大发展。甘蔗，曾是经济主干，现仍是主要农作物。

货币：巴巴多斯元。

1937年由经济条件和社会地位低下的巴巴多斯黑人发动的暴乱引起社会变革。1966年在英国统治340年后独立。

正式名称：巴巴多斯。
面积：430平方公里（166平方英里）。
人口：265,000（1995年估测）。
人口倍增时间：人口几乎稳定。
人均寿命：男性72.9岁，女性77.4岁。
出生率：世界平均出生率的0.54倍。
死亡率：世界平均死亡率的0.94倍。
城区人口：38%。
首都：布里奇敦城区85,000（城市6100；1990年人口普查）。**其他主要城市**：斯佩茨敦4000（1990年人口普查）。**语言**：英语（包括巴赞语/克里奥尔语英语）100%（官方语言）。
成人识字率：98%。
宗教：英国圣公会33%，五旬节派教会10%，卫理公会9%，其他新教11%，罗马天主教5%，其他教会及不信教者32%。

苏里南

苏里南是位于南美洲东北部大西洋沿岸的一个共和国。沿海有多沼泽的平原，中部是森林覆盖的中央高原，南部是山地。

最高点：朱丽安娜峰1230米（4035英尺）。

气候：热带气候，除在2~4月及9~12月间的干燥季节外，降雨丰沛。

由全民投票选举产生的51名成员的国民议会，任期5年，由它选举总统，任期5年。总统与总理分享行政权力，总理由总统任命。总理再任命其他部长，这些部长向议会负责。

主要政党：（1996年选举）（右倾联盟）新民主和发展阵线24席，（右翼）民主民族党（NDP）16席。

总统：（自1996年）朱立斯·魏积登巴赫（民主民族党）。

总理：（自1996年）普瑞泰普南瑞恩·罗瑞哈凯逊（民主民族党少数派政府）。

铝土的挖掘和开采是经济支柱产业，超过出口额的一半。其他出口商品有虾、鱼和大米。由于政治不稳定和大量的移民（主要去荷兰），经济受到影响。

货币：苏里南盾。

1667年被荷兰占据，称为荷属圭亚那。19世纪70年代至90年代，种植园工人从印度及爪哇来到苏里南。1975年，独立；独立前有130,000苏里南人移民海外。1980年~1986年，六次政变（其他为未遂政变）；军事统治时期；种族骚乱。

正式名称：苏里南共和国。
面积：163,820平方公里（63,251平方英里）。
人口：430,000（1995年估测）。
人口倍增时间：29年。
人均寿命：男性66.6岁，女性71.8岁。
出生率：世界平均出生率的1.24倍。
死亡率：世界平均死亡率的0.7倍。
城区人口：49%。**首都**：帕拉马里博201,000（1993年估测；包括郊区）。**其他主要城市**：新尼克里6000（1993年估计；包括郊区）。
语言：荷兰语为第一语言（官方语言），不足1%，苏里南克里奥尔语79%，印度语、爪哇语及萨拉马卡语为少数语种；西班牙语有最终成为官方语言的趋势。
成人识字率：95%。
宗教：印度教27%，罗马天主教23%，逊尼派伊斯兰教20%，各种新教改革派教会19%。

法属圭亚那

正式名称和地位：法属圭亚那；法国海外属地，是法兰西共和国完整的一部分。
面积：86,504平方公里（33,399平方英里）。
人口：145,000（1995估测）。
首府：卡宴42,000（1990年普查数）。
地理：法属圭亚那是位于巴西和苏里南之间的一片热带低地。大部分地区仍为雨林所覆盖。
经济：经济依靠木材和来自宗主国法国的政府补贴。耕地很少，矿藏包括铝土，还没有广泛开采。

阿鲁巴

正式名称和地位：阿鲁巴，荷兰王国的一个自治地区。（阿鲁巴将在2000年前获得独立。）
面积：193平方公里（75平方英里）。
人口：73,000（1995年估测）。
首府：奥拉涅斯塔德20,000（1991年估测）。
地理：阿鲁巴是位于委内瑞拉沿海北部24公里（15英里）的一个相对低平的加勒比海岛。
经济：旅游业是主要的外汇来源，金融服务业和数据处理业变得越来越重要。由于缺水，限制了农业，致使大部分食品需进口。

荷属安的列斯群岛
（也被称为安的列斯五岛）

正式名称和地位：荷属安的列斯群岛；荷兰王国的一个自治地区。
面积：800平方公里（309平方英里）：库拉索岛444平方公里（171平方英里），博奈尔岛288平方公里（111平方英里），辛特马顿岛34平方公里（13平方英里），圣尤斯泰提斯（或斯泰提岛）21平方公里（8平方英里），沙巴岛13平方公里（5平方英里）。
人口：202,000（1995年估测）：库拉索149,000博奈尔13,000，辛特马顿37,000，圣尤斯泰提斯（或斯泰提阿岛）1100，沙巴岛1800。
首府：威廉斯塔德50,000（1991年估测）。各岛首府是威廉斯塔德（库拉索），克兰拉迪克（博奈尔），菲利浦斯堡（辛特马顿），奥兰杰斯塔德（圣尤斯泰提斯/斯泰提阿），博特姆（沙巴）。
地理：库拉索和博奈尔是委内瑞拉沿岸相对较干燥的加勒比海岛；辛特马顿岛是加勒比海北部的利华德群岛中与法国共同拥有的一座岛的南半部；斯泰提阿和沙巴岛是北加勒比海圣慈以北的两个小岛。
经济：库拉索依靠提炼委内瑞拉石油和修理船只。博奈尔生产纺织品和盐。旅游业在所有岛上都很重要。

■ 1667年，英国把苏里南割让给荷兰换回现在的纽约 ■

南美洲 I

哥伦比亚

哥伦比亚是位于南美洲西北角的一个共和国,有两条海岸线,一条临太平洋,另一条临加勒比海。安第斯山脉从北向南穿过哥伦比亚。该国大部分位于山脉以东树木稀少的大草原和亚马孙热带雨林的平原上。山脉以西是沿海平原。

最高点: 哥伦布峰5775米(18,947英尺)。

气候: 安第斯山脉较低部分气候温和;4,000米(13,100英尺)以上则常年积雪。哥伦比亚其他部分属热带:沿岸和亚马孙盆地炎热潮湿,降雨丰沛,而大草原地区为热带稀树草原气候。

总统(任命内阁部长)由全民投票选举产生,任期4年,不能连任。有102席的参议院和161席的众议院也是直接选举产生,任期4年。

主要政党:(1994年选举)自由党(PL)89席,社会保守党(PCS)56席,(左翼)民主同盟18席,四月运动(ADM19)2席,其他14席。

总统:(自1994年)埃尔斯托·桑佩尔(自由党)。

哥伦比亚的咖啡、林业和渔业产品及石油为主要的出口商品。其他重要的农产品包括香蕉、甘蔗、烟草和鲜花,但大麻和可卡因的非法种植和出口可能带来最多的税收。矿产资源有铁矿石、银、煤、天然气及石油。主要工业有食品加工、石油提炼、化肥、水泥、纺织品、服装及钢铁。

正式名称: 哥伦比亚共和国。
面积: 1,141,568平方公里(440,762平方英里)。
人口: 35,100,000(1995年估测)。
人口倍增时间: 39年。
人均寿命: 男69.3岁,女72.3岁。**出生率:** 世界平均出生率的0.96倍。**死亡率:** 世界平均死亡率的0.65倍。**城区人口:** 70%。**首都:** 圣菲波哥大5,238,000(1995估测;包括郊区)。**其他主要城市:** 卡利1,719,000,麦德林1,621,000,巴兰基亚1,064,000,卡塔赫纳746,000,库库塔450,000(1995年估测;包括郊区)。**语言:** 西班牙语99%(官方语言),印第安语1%。
成人识字率: 87%。
宗教: 罗马天主教93%,各种新教教会超过5%。
货币: 哥伦比亚比索。

1899~1902主张中央集权、支持教权主义的保守派与主张联邦制的自由派发生内战。1948~1957年第二次保守派——自由派内战:400,000人付出生命。1957~1974权力由保守派与自由派分享;脆弱的民主。自20世纪70年代左翼游击运动和右翼死亡旅崛起。20世纪80年代至90年代早期势力庞大的毒品交易卡特尔威胁国家的稳定。20世纪90年代早期,一些左翼游击队放弃暴力而采取合法的政治活动;臭名昭著的麦德林毒品卡特尔被铲除,但又有新的毒品巨头取而代之。

■ 哥伦比亚阿美尼亚附近一个种植园种植的咖啡树。

巴拿马

巴拿马是位于加勒比海和太平洋之间地峡上的一个共和国,它连接中美洲和南美洲。该国大部分地区树木茂盛,多山,位于边境的达连峡无法通行。

最高点: 巴鲁3475米(11,401英尺),是一座死火山。
气候: 潮湿的热带气候,很少有温度上的季节变化。

总统(任命内阁部长)和一个72名成员的立法院由全民投票选举产生,任期5年。

主要政党:(1994年选举)(民族主义)民主革命党(PDR)及其联盟33席,(右翼)阿努费思党(PA)及其联盟包括真正自由党(PLA)21席,自由共和民族主义者运动(MORILENA)及其联盟9席,(中右)帕帕·埃格洛运动(MPE)6席,其他党派3席。
总统:(自1994年)埃内斯托·佩雷斯·巴利亚达雷斯(民主革命党)。

来自巴拿马运河的收入是主要的外汇来源。巴拿马生活水平比许多邻国都高,已成为离岸银行业中心。主要的出口商品有香蕉和海虾。

货币: 巴波亚。

1903年曾是哥伦比亚一部分的巴拿马,在哥伦比亚拒绝美国开辟一条经过地峡的行船运河建议后,在美国煽动下独立。1903~1979年美国控制了运河两岸的独立运河区8公里(5英里)。1914年巴拿马运河开通。1983~1989年实际权力在曼努尔·诺列加将军手中,美国入侵后被废黜,因被发现在美国有犯罪活动,在美国受审。1994年巴拿马历史上第一次彻底的自由选举。

正式名称: 巴拿马共和国。
面积: 75,517平方公里(29,157平方英里)。
人口: 2,630,000(1995年估测)。
人口倍增时间: 35年。
人均寿命: 男性70.8岁,女性75岁。
出生率: 几乎等于世界平均的出生率。**死亡率:** 世界平均死亡率的0.54倍。**城区人口:** 53%。**首都:** 巴拿马城区828,000(城市585,000;圣米格利托133,000;1990年人口普查;包括郊区)。**其他主要的城市:** 科隆141,000,戴维103,000(1990年人口普查;包括郊区)。
语言: 西班牙语77%,作为第一语言(官方语言),戈里奥尔英语14%,奇布禅语7%。**成人识字率:** 52%。
宗教: 罗马天主教80%,各种新教教派10%,逊尼派伊斯兰教5%。

■ 哥伦比亚是世界上暗杀率最高的国家之一 ■ 委内瑞拉意为小威

委内瑞拉

委内瑞拉是南美洲加勒比海沿岸的一个共和国。包括安第斯山脉一部分的山脉，耸立在北部和东北部沿海平原后面。在西北部马拉开波盆地中有一个大的淡水湖。委内瑞拉中部是地势低平的草地平原（大草原）。东南部的圭亚那高地有许多四周陡峭的高原。委内瑞拉拥有许多加勒比海中的岛屿。

最高点： 玻利瓦尔峰5007米（16,423英尺）。

气候： 热带沿岸干燥。山区较凉爽，热带大草原湿润，但热带大草原从12月到次年3月间是干旱季节。

总统（任命内阁）及国民议会的两院都由全民投票选举产生，任期5年。参议院（上院）的50名成员包括各州及联邦地区选举产生的参议员，以及作为终身参议员的各前任总统。204个席位的众议院（下院）由全体选民选举产生。各州有自己的立法机构。

主要政党：（1993年众议院选举）（左倾）民主行动党（AD）55席，（中右）基督教社会党54席，全国汇合争取社会主义运动包括社会主义运动（MAS）50席，（极左派）激进事业（CR）40席，其他党派5席。

总统：（自1994年）拉费尔·卡尔德拉（由基督教社会党——社会主义运动联盟支持）。

由于石油和石油产品占委内瑞拉出口商品近80%，本世纪80年代石油价格下跌给其经济带来重创，但到90年代中期石油价格恢复使其出口收入激增。其他出口商品包括木材，铝和铁矿石。农业以饲养肉牛（几乎20%的国土为永久牧场）为主，并种植甘蔗和咖啡提供给国外市场；香蕉，玉米和水稻为其口粮作物。

货币： 博利瓦。

1909~1935年胡安·维赛特·格米兹独裁统治。1948~1958年军事独裁统治。自1958年文职民主政治，90年代两次未遂政变引起社会短期动荡。1980年驱逐300,000名哥伦比亚非法移民。

正式名称： 委内瑞拉共和国
面积： 912,050平方公里（352,144平方英里）。
人口： 21,845,000（1995年估测）。
人口倍增时间： 33年。
人均寿命： 男性70.1岁，女性76岁。
出生率： 世界平均出生率的1.03倍。
死亡率： 世界平均死亡率的0.5倍。
城市人口： 85%。
首都： 加拉加斯2,270,000（1995年估测；包括郊区）。
其他主要城市： 马拉开波1,364,000，巴伦西亚1,032,000，马拉凯800,000，巴基西梅托745,000，圭亚那城524,000（1992年估测；包括郊区）。
语言： 西班牙语97%（官方语言），印第安语，接近1%。
成人识字率： 92%。
宗教： 罗马天主教92%，各种新教教派5%。

委内瑞拉各州和领地

亚马孙纳斯
面积：175,750平方公里（67,900平方英里）。人口：67,000（1995年估测）。首府：阿亚库乔港。

安索阿特吉
面积：43,300平方公里（16,700平方英里）。人口：1,029,000（1995估测）。首府：巴塞罗那。

阿普雷
面积：76,500平方公里（29,500平方英里）。人口：376,000（1995年估测）。首府：圣费尔南多—德阿普雷。

阿拉瓜
面积：7,014平方公里（2,700平方英里）。人口：1,335,000（1995年估测）。首府：马拉凯。

巴里纳斯
面积：35,200平方公里（13,600平方英里）。人口：517,000（1995年估测）。首府：巴西纳斯。

玻利瓦尔
面积：238,000平方公里（91,900平方英里）。人口：1,123,000（1995年估测）。首府：玻利瓦尔城。

卡拉沃沃
4560平方公里（1795平方英里）。人口：1,808,000（1995年估测）。首府：巴伦西亚。

科赫德斯
面积：14,800平方公里（5700平方英里）。人口：226,000（1995年估测）。首府：圣卡洛斯。

阿马库罗三角洲
面积：40,200平方公里（15,500平方英里）。人口：111,000（1995年估测）。首府：图库皮塔。

法尔孔
面积：24,8000平方公里（9600平方英里）。人口：684,000（1995年估测）。首府：科罗。

瓜里科
面积：64,986平方公里（25,091平方英里）。人口：585,000（1991年普查）。首府：圣胡安—德洛斯莫罗斯。

拉腊
面积：19,800平方公里（7600平方英里）。人口：1,424,000（1995年估测）。首府：巴基西梅托。

梅里达
面积：11,300平方公里（4400平方英里）。人口：687,000（1995年估测）。首府：梅里达。

米兰达
面积：7950平方公里（3070平方英里）。人口：2,326,000（1995年估测）。首府：洛斯塔克斯。

莫纳加斯
面积：28,900平方公里（11,200平方英里）。人口：551,000（1995年估测）。首府：马图林。

新埃斯帕塔
面积：1150平方公里（440平方英里）。人口：326,000（1995年估测）。首府：拉·亚松森。

波图格萨
面积：15,200平方公里（5900平方英里）。人口：719,000（1995年估测）。首府：瓜纳雷。

苏克雷
面积：11,800平方公里（4600平方英里）。人口：772,000（1995年估测）。首府：库马纳。

塔奇拉
面积：11,100平方公里（4300平方英里）。人口：944,000（1995年估测）。首府：圣克里斯托瓦尔。

特鲁希略
面积：7400平方公里（2900平方英里）。人口：550,000（1995年估测）。首府：特鲁希略。

亚拉奎
面积：7100（2700平方英里）。人口：464,000（1995年估测）。首府：圣费利佩。

苏利亚
面积：63,100平方公里（24,400平方英里）。人口：2,752,000（1995年估测）。首府：马拉开波。

联邦属地
面积：120平方公里（50平方英里）。由加拉加斯管辖的加勒比海无人居住的岛屿。

联邦区
面积：1930平方公里（745平方英里）。人口：2,269,000（1995年估测）。首府：加拉加斯。

厄瓜多尔

厄瓜多尔是南美洲太平洋沿岸处于赤道上（因此得名）的一个共和国。安第斯山脉把西部的太平洋沿岸平原与东部亚马孙雨林分开。该国大部分地区多山。厄瓜多尔包括加拉帕戈斯群岛，由离海岸约1000公里（600英里）的16个主要岛屿和相关小岛组成。

最高点： 钦博拉索山6266米（20,556英尺）。

气候： 亚马孙平原是潮湿的热带气候。热带沿岸平原北部湿润，南部干燥。高地山谷气候温和，"像春天一样"；最高峰终年积雪。

总统（任命内阁）由全民义务投票选举产生，任期4年，不连任。77名成员的国民议会包括65名省级直接选举的任期2年的成员，及12名通过全国选举产生的任期4年的成员组成。

主要政党：（1996年年中选举）（中右）基督教社会党（PSC）28席，（右翼）罗尔多斯党（PRE）11席，（保守派联合）共和国团结党（PUR）10席，左翼民主党7席，保守党（PS）7席，人民民主党（DP）6席，其他党派8席。

总统：（自1997年）法比恩·阿拉坎（无党派临时总统；多党临时政府）。

从事农业的劳力最多、主要出口商品有可可、咖啡、尤其是香蕉。其他重要的出口商品有海虾和石油（最大的和惟一的创汇商品）。主要问题是高通货膨胀及外债。

货币： 苏克雷。

1895~1978年，长期的军事统治及短期的文职政府。1941年与秘鲁在亚马孙盆地发生边境战争：厄瓜多尔失去很多领土。自1978年，民主选举的政府执政。1991年和1995年与秘鲁发生小的边境冲突。1997年总统布卡拉姆由于不胜任，经投票表决，被免去总统职务。

■ 产于加拉帕戈斯群岛的为数极少的大海龟。

正式名称： 厄瓜多尔共和国。
面积： 272,045平方公里（105,037平方英里）。**人口：** 11,460,000（1995年估测）。**人口倍增时间：** 34年。**人均寿命：** 男性67.5岁，女性72.6岁。**出生率：** 世界平均出生率的1.06倍。**死亡率：** 世界平均死亡率的0.62倍。**城区人口：** 60%。**首都：** 基多城区1,401,000（城市1,101,000；1995年估测；包括郊区）。**其他主要城市：** 瓜亚基尔城区1,877,000（城市1,508,000），昆卡272,000（城市240,000），安巴托151,000，马查拉144,000，波托维耶霍133,00（1995年估测；包括郊区）。**语言：** 西班牙语为第一语言（官方语言）93%，盖丘亚语和其他印第安语近7%。
成人识字率： 88%。
宗教： 罗马天主教88%，各种新教教派超过5%。

南美洲 II

乌拉圭

乌拉圭是位于巴西和阿根廷之间拉普拉特河湾北岸的一个共和国。主要由低地势平原和高原组成。海岸线边缘有潮湖。

最高点：希拉—卡拉培山514米（1685英尺）。

气候：温和（但有风），夏季温暖，冬季温和。平均降雨量在900毫米左右（35英寸）。

总统有权任命内阁，由全民投票选举产生，任期5年。有31名成员的参议院（包括30名议员和一位副总统）及有99名成员的众议院在比例代表制下通过直接选举产业，任期5年。

主要政党：（1994年选举）（中立派）科罗拉多党（PC）32席，（右）国家党（布兰科）31席，（左翼）（进步遭遇党）31席，（左）新空间党（NE）5席。

总统：（自1995年）朱里奥·桑圭内提（科罗拉多党人）。

牧场（放牧绵羊和肉牛）占领土约80%。肉类、羊毛和兽皮为主要出口商品。尽管缺乏自然资源，乌拉圭的生活水平很高，但是福利国家的要求给经济带来了负担。

货币：比索。

1903年长期内战结束；由独裁者统治。1903～1907年及1911～1915年为改革主义者何塞·巴托总统任期，他使乌拉圭成为民主、先进的福利国家。在20世纪上半叶，乌拉圭以政治稳定在拉丁美洲独树一帜。1958年经济困难增加；左翼图帕玛罗斯城市游击队活跃起来。1973年武装力量夺取政权；践踏人权活动盛行。1985年宪法统治恢复。

正式名称：乌拉圭东岸共和国。
面积：176,215平方公里（68,037平方英里）。
人口：3,190,000（1995年估计）
人口倍增时间：90年。
人均寿命：男性70.9岁，女性77.5岁。
出生率：世界平均出生率的0.71倍。
死亡率：世界平均死亡率的1.01倍。
城区人口：90%。
首都：蒙得维的亚1,442,000（城市1,384,000，拉斯·皮德拉斯58,000，1992年估测；包括郊区）。**其他主要城市**：萨尔托81,000，派桑杜78,000，拉斯·皮德拉斯见蒙得维的亚，里韦拉57,000（1989年估测）。
语言：西班牙语（官方语言）97%。
成人识字率：95%。
宗教：罗马天主教66%，无信仰者31%，各种新教教派2%。

阿根廷

阿根廷是一个共和国，在南美洲大陆东南海岸绵延4700多公里（近3000英里）。安第斯山脉在阿根廷与智利边境形成了起伏的屏障。尽管有大面积的半沙漠地区，科罗拉多河以南是巴塔哥尼亚高原，是重要的牧场。80%的人口居住在大草原，这里的草原是世界上最高产的农业地区之一。阿根廷东北部的亚热带平原包括格兰查科草原一部分及雨林。

最高点：阿空加瓜山6960米（22,834英尺）。

气候：大部分地区温和，南部较凉爽，东北部为亚热带气候。安第斯山脉较高处为副极地气候。安第斯山脉及较远的东北地区雨量丰沛，一般说来向南和向东南地带雨量减少，这些地区较干燥。

总统由全民投票选举产生，任期4年，最多连任2届。议会下院（从议院）有259个席位，由全民投票选举产生，任期4年，每2年有一半成员到任离职。上院（参议院）有72个席位（每个省立法机构选举3人，任职9年），每3年有16名成员到任职。

主要政党：（1995年众议院选举）（中立派庇隆主义）正义党（PJ）136席，（中一右）激进公民联盟69席，（中一左）国家团结阵线26席，其他26席。

总统：（自1989年）卡洛斯·萨乌尔·梅内姆（正义党）。

阿根廷是世界上牛肉、羊毛、羊肉，小麦和酒的主要生产国。大草原地区出产谷物，而水果和藤本植物在西北地区很重要。牧场覆盖阿根廷50%以上的地区——大草原地区放牧肉牛，在巴塔哥亚高原放牧绵羊。但是，制造业（包括化学制品、纸张、钢、水泥和机械）现在对经济做出的贡献更大。本世纪30年代到80年代间通货膨胀和政治的不稳定严重影响了阿根廷，作为经济大国的地位有所下降，但90年代的改革改善了经济前景。与巴西的贸易有了大幅度增长。

货币：比索。

1880年后，大量的欧洲人（特别是意大利人）涌入，英国投资。1890年严重的金融和政治危机导致经济崩溃。1916～1930年在激进阵线总统领导下进行改革。1926年经济萧条开始：最严重的经济滑坡。1930～1946年军事统治。1946年在人民党领袖胡安·庇隆将军领导下，宪法统治得到恢复。庇隆将军的夫人伊娃（伊维塔）死后成为令人崇拜的人物。在庇隆领导时期，国家支出的大幅增长导致一个时期的高通货膨胀，一直持续到90年代。1955年庇隆被废黜。1966～1973年，军事统治；数千名政府反对者被捕，多达8000人失踪。70年代早期城市恐怖主义抬头。1973年文职政府统治恢复；庇隆从1973年至1974年再次当选总统。1976～1983年军事统治。1982年在总统莱昂普多·盖尔普里将军的命令下进入福克兰群岛。英国军队在阿根廷占领福克兰群岛仅两个月后即收回该岛。1983年宪法统治恢复。

正式名称：阿根廷共和国。
面积：2,766,889平方公里（1,068,302平方英里），不包括阿根廷宣布拥有主权的领土（福克兰群岛或马尔维纳斯群岛、南乔治亚、南桑威奇群岛及南极洲的部分地区）。**人口**：34,587,000（1995年估测）。**人口倍增时间**：63年。**人均寿命**：男性68.2岁，女性71.5岁。**出生率**：世界平均出生率的0.78倍。**死亡率**：世界平均死亡率的0.92倍。**城区人口**：87%。**首都**：布宜诺斯艾利斯城区12,582,000（城市2,961,000；1991年普查）。**其他主要城市**：科尔多瓦1,198,000，罗萨里奥1,096,000，门多萨775,000，拉普拉塔640,000，圣米格尔—德图库曼622,000，马德普拉塔520,000，圣菲395,000（1991年普查，包括郊区）。**语言**：西班牙语97%（官方语言），意大利语2%，印第安语。
成人识字率：90%。
宗教：罗马天主教92%，各种新教教派7%，犹太教1%。

阿根廷属地

南极洲阿根廷属地，见480页。

■ 1993年，巴西七分之一公民投票要求恢复君主制 ■ 福克兰群岛

巴西

巴西，世界上第五大国，是位于南美洲大西洋沿岸的一个共和国。巴西的一半国土有世界上最大的河系——亚马孙河流过。尽管因需要土地而鼓励砍伐森林，但低平的亚马孙盆地仍被大面积的热带雨林覆盖。亚马孙盆地以北的圭亚那高地有巴西的最高峰。有稀树草地的中央高原位于盆地以南。在东部和南部，人口密集的沿岸平原连接着一个被肥沃的山谷和山脉分开的广阔高原——巴西高地。

最高点： 内布利纳峰3014米(9888英尺)。

气候： 亚马孙盆地和东南沿岸为热带气候，降雨丰沛。其余大部分地区为亚热带气候，稀树草原为温带气候。只有东北地区雨量不足。

总统由全民投票选举产生，任期4年，总统有权任命内阁。议会包括有81名成员的参议院(上院)和513名成员的众议院(下院)。参议员81人，每州3名，54名由全民投票选举产生，任期8年，27名非直接选举产生(每州一名)。众议院直接选举产生，任期4年。每个州都有自己的立法机构。

主要政党：（1995年选举）（中立派）社会民主党(PDS)及其联盟175席，（中—左）民主运动党(PMDB)及其联盟105席，（右翼联合）国家复兴党(PRN)及其联盟90席，（左翼）工党(PTB)及其联盟77席，其他党派66席。

总统：（自1995年）恩立克·卡多佐（社会民主党）。

从事农业的劳动力不足四分之一。主要的出口农作物包括甘蔗、大豆、橘子、肉牛及可可，尽管咖啡仍为重要农作物，但已经失去了以前的主导地位。木材很重要，但出于环境保护的考虑，木材贸易受到限制。自1945年以来的快速工业化已经使巴西成为主要的制造业国家，是继西方七国集团和中国之后的最重要的工业大国。纺织、服装和食品加工仍为最大产业，同时钢铁、化学、水泥、炼油、电气、汽车和化肥工业都享有国际地位。巴西有巨大的（在某种程席上未被开发）自然资源包括铁矿石、磷酸盐、铀、铜、锰、铝土、煤及潜在的水电资源。在过去的20年内经济问题表现为高的通货膨胀率和失业率。

货币： 雷亚尔。

1889年军事力量推翻自由的君主制度。1930~1945年热图利奥·瓦加斯的独裁统治。1950~1954年瓦加斯的第二届总统任期；以自杀结束任期。1964~1985年军事统治。1985年宪法统治恢复。

正式名称： 巴西联邦共和国。
面积： 8,547,404平方公里(3,300,171平方英里)。
人口： 155,820,000（1995年估测）。
人口倍增时间： 58年。**人均寿命：** 男性57岁，女性67岁。**出生率：** 世界平均出生率的0.84倍。**死亡率：** 世界平均死亡率的0.97倍。**城区人口：** 71%。**首都：** 巴西利亚城区1,601,000（城市1,493,000；1991年人口普查）。**其他主要城市：** 圣保罗城区16,567,000（城市9,646,000；圭鲁尔豪斯788,000；圣安德雷617,000；圣伯纳多·凯姆普567,000），里约热内卢10,390,000（城市5,481,000；纳瓦伊瓜苏1,298,000；圣刚卡洛780,000；杜克卡西阿斯668,000；尼特罗伊436,000），贝洛奥里藏特4,621,000（城市2,020,000），阿雷格里港3,758,000（城市1,263,000），萨尔瓦多3,135,000（城市2,075,000），累西腓2,922,000（城市1,298,000；扎布陶487,000），库里蒂巴2,320,000（城市1,315,000），贝伦1,621,000（城市1,245,000），纳瓦伊瓜苏见里约热内卢，戈亚尼亚1,268,000（城市922,000），马瑙斯1,164,000（城市1,012,000），坎皮纳斯848,000，圭鲁尔豪斯见圣保罗（1991年人口普查，包括郊区）。
语言： 葡萄牙语超过97%(官方语言)，还有少数的日本语、德语、意大利语和印第安语。
成人识字率： 83%。
宗教： 罗马天主教64%，各种新教福音派教会19%，招魂论派以及其他少数教派。

巴西诸州

阿克里
面积：153,150平方公里(59,132平方英里)。人口：455,000(1995年估测)。首府：里奥布兰科。

阿拉戈斯
面积：27,933平方公里(10,785平方英里)。人口：2,685,000(1995年估测)。首府：马塞约。

阿马帕
面积：143,454平方公里(55,388平方英里)。人口：326,000(1995年估测)。首府：马卡帕。

亚马孙
面积：1,577,820平方公里(609,200平方英里)。人口：2,320,000(1995年估测)。首府：马瑙斯。

巴伊亚
面积：567,295平方公里(219,034平方英里)。人口：12,646,000(1995年估测)。首府：萨尔瓦多。

塞阿拉
面积：146,348平方公里(56,505平方英里)。人口：6,714,000(1995年估测)。首府：福塔莱萨。

圣埃斯皮里图
面积：46,194平方公里(17,836平方英里)。人口：2,787,000(1995年估测)。首府：维多利亚。

戈亚斯
面积：341,289平方公里(131,772平方英里)。人口：4,308,000(1995年估测)。首府：戈亚尼亚。

马拉里昂
面积：333,366平方公里(128,713平方英里)。人口：5,231,000(1995年估测)。首府：圣路易斯。

马托格罗索
面积：906,807平方公里(350,120平方英里)。人口：2,314,000(1995年估测)。首府：库亚巴。

南马托格罗索
面积：358,159平方公里(138,286平方英里)。人口：1,913,000(1995年估测)。首府：大坎普。

米纳斯吉拉斯
面积：588,384平方公里(227,176平方英里)。人口：16,505,000(1995年估测)。首府：贝洛奥里藏特。

帕拉
面积：1,253,165平方公里(483,850平方英里)。人口：5,449,000(1995年估测)。首府：贝伦。

帕拉伊巴
面积：56,585平方公里(21,848平方英里)。人口：3,340,000(1995年估测)。首府：若昂佩索阿。

巴拉那
面积：199,709平方公里(77,108平方英里)。人口：8,713,000(1995年估测)。首府：库里蒂巴。

伯南布哥
面积：98,938平方公里(38,200平方英里)。人口：7,445,000(1995年估测)。首府：累西腓。

皮奥伊
面积：252,379平方公里(97,444平方英里)。人口：2,725,000(1995年估测)。首府：特雷西纳。

里约热内卢
面积：43,910平方公里(16,954平方英里)。人口：13,296,000(1995年估测)。首府：里约热内卢。

北里奥格兰德
面积：53,307平方公里(20,582平方英里)。人口：2,582,000(1995年估测)。首府：纳塔尔。

南里奥格兰德
面积：282,062平方公里(108,905平方英里)。人口：9,579,000(1995年估测)。首府：阿雷格里港。

朗多尼亚
面积：238,513平方公里(92,090平方英里)。人口：1,340,000(1995年估测)。首府：韦柳港。

罗赖马
面积：225,116平方公里(86,918平方英里)。人口：260,000(1995年估测)。首府：博阿维斯塔。

圣卡塔林纳
面积：95,443平方公里(36,851平方英里)。人口：4,837,000(1995年估测)。首府：弗洛里亚诺波利斯。

圣保罗
面积：248,809平方公里(96,066平方英里)。人口：33,700,000(1995年估测)。首府：圣保罗。

塞尔希培
面积：22,050平方公里(8514平方英里)。人口：1,605,000(1995年估测)。首府：阿拉卡茹。

托坎廷斯
面积：278,421平方公里(107,499平方英里)。人口：1,007,000(1995年估测)。首府：帕尔马斯。

联邦区
面积：5822平方公里(2248平方英里)。人口：1,738,000(1995年估测)。首府：巴西利亚。

弗尔南多-迪诺罗尼西岛
面积：26平方公里(10平方英里)。人口：1300(1995年估测)。首府：无首府，归大陆管辖。

■ 像巴西许多城市一样，里约热内卢被贫民窟所环绕。

福克兰群岛

正式名称： 福克兰群岛。
面积： 12,170平方公里(4698平方英里)。
人口： 2100(1995年估测，不包括英国驻军)。
首府： 斯坦利1560(1995年估计)。
地理： 福克兰群岛包括南大西洋中的两个荒凉的主要岛屿及100多个小岛，大约在合恩角东北700公里(435英里)。
经济： 贫瘠的岛上作为牧羊的草场，羊毛为唯一的重要出口商品。福克兰水域钓鱼（及相关活动）的许可证是目前主要的收入来源。近海石油开采变得越来越重要。

从1810年到1833年属阿根廷领土 ■ 阿根廷有大量意大利人口 ■

巴西聚焦

名胜

从欧洲和北美到加勒比海地区的旅游热还没有向南扩展到巴西。这里有许多潜在的旅游资源，但目前里约热内卢是主要的旅游中心。目前。外国游客很大程度上局限于那些富翁。阿根廷人占游客的三分之一，而美国人（第二多的旅游团体）只占十分之一。一些最受欢迎的地方是亚马孙河、库里蒂巴、福塔莱萨、弗洛里亚诺波利斯、马塞约、马瑙斯、纳塔尔、累西腓、里约热内卢、萨尔瓦多、圣保罗和潘坦诺尔。

世界历史遗产包括：巴西利亚；历史上著名的奥林达镇中心；历史上著名巴伊亚洲萨尔瓦多中心；历史上著名的奥罗·普雷托镇；伊瓜苏国家公园；沙拉·凯皮瓦拉国家公园。

诸州

1	阿克里	11	南马托格罗索
2	阿拉戈斯	12	米纳斯吉拉
3	阿马帕	13	帕拉
4	亚马孙	14	帕拉伊巴
5	巴伊亚	15	巴拉那
6	塞阿拉	16	伯南布哥
7	圣埃斯皮里图	17	皮奥伊
8	戈亚斯	18	里约热内卢
9	马拉里昂	19	北里奥格兰德
10	马托格罗索	20	南里奥格兰德

21	朗多尼亚
22	罗赖马
23	圣卡塔林纳
24	圣保罗
25	塞尔希培
26	托坎廷斯
27	联邦区
28	费尔南多·迪诺罗尼西

详见447页。

亚马孙雨林位于亚马孙河及其支流的冲积盆地。曾经覆盖巴西超过40%的面积，由于砍伐森林（见58页），数量迅速减少。

! 亚马孙河长6750公里（4195英里）是世界上最长的河流。

! 大部分被淡水环绕的最大岛是位于亚马孙河口的马拉佐岛。面积48,000平方公里，（18,500平方英里）。

苏戈洛弗山是里约热内卢最著名的陆地标志。乘缆车可到达它的最高峰。

! 世界上最大的内陆岛屿是巴纳纳尔岛，周围为河流环绕，面积20,000平方公里（7700平方英里）。

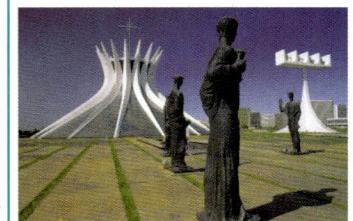

巴西利亚的首都大教堂，由巴西建筑师奥斯卡·尼迈耶尔设计，部分建设在地下。位于教堂前的三巨人广场在1960年完成。巴西利亚在1956年被选定为巴西首都所在地（见245页）。

奥罗皮莱托在1698年作为采矿地点而建立。作为一座国家纪念碑，这个殖民地时期的小镇仍然保持原样，是巴西主要的旅游点之一。

! 潘坦诺尔（位于马托格罗索和南马托格罗索）是世界最大的沼泽，面积109,000平方公里（42,000平方英里）。

伊瓜苏瀑布在巴西和阿根廷边境（见42页），落差达82米（269英尺）在冬天雨季，流量超过12,750立方米（450,000立方英尺）。

! 帕图斯潟湖是世界上最大的潟湖，长280公里（174英里），面积超过9850平方公里（3803平方英里）。

圣保罗是巴西最大城市和拉丁美洲最重要的工业中心。

■ 每年靠国外旅游者创取收入为19.25亿美元 ■ 《阿匹兰加

巴西聚焦

电视与广播
电视机数量：30,000,000（每5.2人一台电视机）
收音机数量：55,000,000（每2.8人一台收音机）

共有6个主要的电视网，控制256个电视台。大部分由政府控制，尽管私有化已经开始。肥皂剧是目前最受欢迎的节目，不仅在巴西，而且在购买这些肥皂剧国家，都有忠实热心的观众。大约有近3000座广播站，主要在国家控制下。

电影
电影院数量：1570

最近对于巴西电影业起推动作用的一件事是在电影业中制定规则以赢得国家更多的支持。文化部是主要支持者，支付拟建工程80%的费用。里约热内卢是主要的电影生产中心，拥有最高的上座率（巴西票房收入的70%）。由于人口众多，巴西是美国电影在拉美的最大市场，是世界的第八大市场。

报纸
巴西由于国土辽阔，加之圣保罗和里约热内卢之间的竞争，没有一家全国性的报纸。日报大约有373种，大多数都有周日版。大多数人通过广播和电视获得新闻。主要的报纸和发行量如下：

		日报	周日版
《圣保罗州报》	圣保罗	558,000	1,401,000
《环球报》	里约热内卢	350,000	600,000
《巴西报》	里约热内卢	250,000	500,000
《圣保罗之页》	圣保罗	242,000	460,000
《巴西日报》	里约热内卢	200,000	325,000

杂志
尽管巴西人口众多，但发行量大的杂志没有几家。最令人惊奇的或许是在一个对体育狂热的国家（尤其对于足球）没有一家发行量大的体育杂志。主要的月刊及其发行量如下：

《请看》	大众杂志	800,000
《妇女》	妇女杂志	460,000
《新闻》	妇女杂志	300,000
《时装模特》	服装	300,000
《汽车》	汽车	250,000

* 代表周刊

历届总统
1889～1891年	曼努埃尔·德奥多罗·达·丰塞卡元帅	1918～1919年	德尔芬·莫雷拉·达·科斯塔·里贝罗博士	1961年	雅尼奥·德·席尔瓦·夸德罗斯
1891～1894年	弗洛里亚诺·佩绍托元帅			1961年	帕斯库亚尔·拉涅里·马济利
1894～1898年	普鲁登特·德·莫赖斯博士	1919～1922年	埃皮塔里奥·达·席尔瓦·佩索阿博士	1961～1964年	若奥·贝尔希奥·古拉特
1898～1800年	曼努埃尔·费拉兹·德·坎波斯·萨莱斯博士	1922～1926年	阿图尔·达·席尔瓦·贝纳德斯博士	1964年	帕斯库亚尔·拉涅里·马济利
		1926～1930年	华盛顿·佩雷·德·索萨博士	1964～1967年	温贝托·卡斯特洛·布兰科元帅
1900～1902年	弗朗西斯科·萨莎·埃·席尔瓦	1930～1945年	热图利奥·多内莱斯·瓦加斯博士	1967～1969年	阿图尔·达·科斯塔·席尔瓦元帅
1902～1906年	弗朗西斯科·罗德里格斯·阿尔瓦博士	1945～1946年	若泽·利怪亚雷斯博士	1969～1974年	埃米利奥·加拉斯塔祖将军
1906～1909年	阿丰索·莫雷拉·佩纳博士	1946～1951年	欧里科·加斯帕尔·村特拉将军	1974～1979年	埃内斯托·盖泽尔将军
1909～1910年	尼洛·佩桑尼亚博士	1951～1954年	热图利奥·多内莱斯·瓦加斯博士	1979～1985年	若奥·巴普蒂斯塔·德奥利维拉·菲格雷多
1910～1914年	埃尔梅斯·达·丰塞卡元帅	1954～1955年	若奥·小卡费博士	1985年	坦科雷多·内维斯
1914～1917年	文塞斯劳·佩雷斯·戈麦斯博士	1955年	卡洛斯·科英布拉·德莫斯	1985～1990年	若泽·萨尔内
1917年	乌尔巴罗·桑德斯·达·科斯塔·阿劳若	1955～1956年	内雷乌·德·奥利维乌·拉莫斯	1990～1992年	费尔南多·科洛尔·德梅洛
1918年	弗朗西斯科·罗德里格斯·阿尔瓦博士	1956～1961年	儒塞利诺·库比契克·德·奥利维拉	1992～1995年	伊塔玛尔·佛朗哥
				1995年～	费尔南多·恩里克·卡多佐

消费物价指数

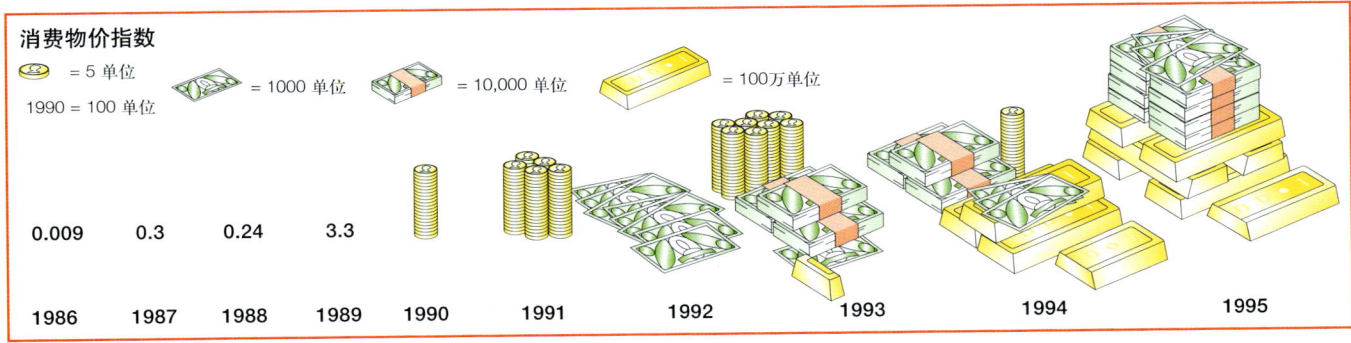

劳动力
总数：64,467,981
- 农业，采矿业和公共事业
- 制造业
- 建筑业
- 运输及交通
- 贸易
- 金融
- 公共管理及国防
- 服务业
- 失业者

进口贸易
总数：35,553,000,000美元
- 机械
- 电气设备
- 汽车
- 食品
- 燃料
- 其他

进口国
- 美国
- 阿根廷
- 德国
- 意大利
- 日本
- 沙特阿拉伯
- 法国
- 其他

出口贸易
总数：43,558,000,000美元
- 钢铁产品
- 机械
- 陆上交通工具
- 咖啡
- 铁矿石
- 豆制品
- 皮鞋类
- 其他

出口国
- 美国
- 阿根廷
- 荷兰
- 日本
- 德国
- 意大利
- 其他

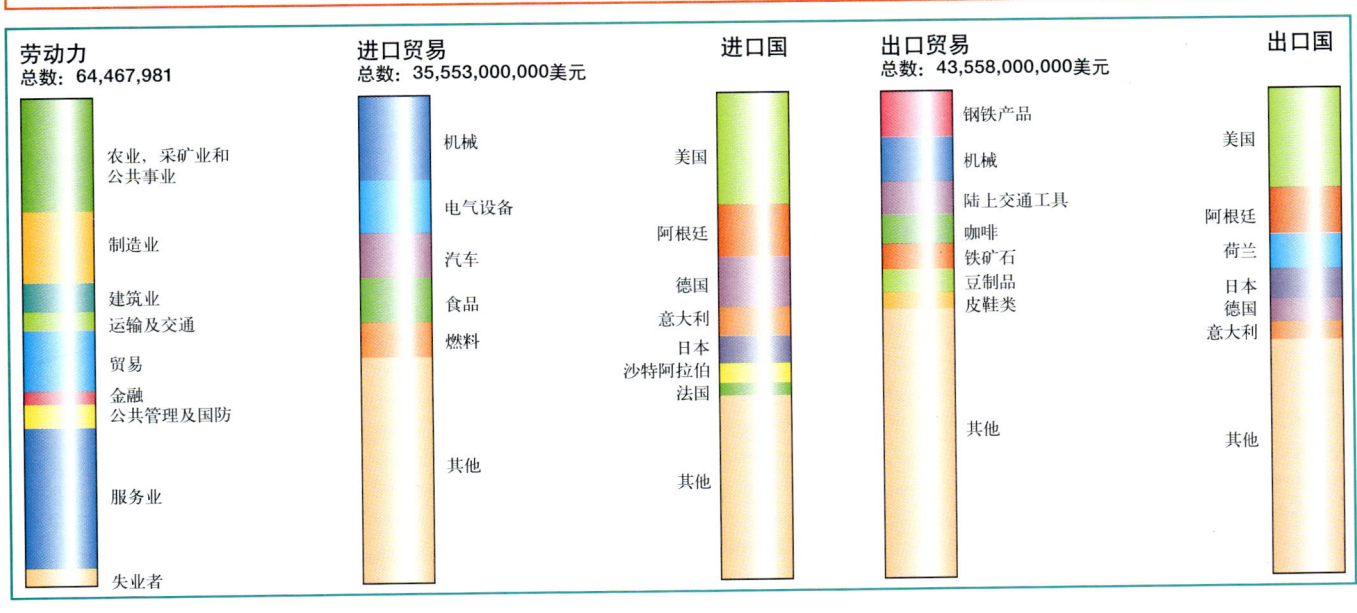

呼声》是国歌 ■ 平均人口密度为每平方公里18.2人 ■

南美洲 III

秘鲁

秘鲁是南美洲太平洋沿岸的一个多山的共和国。沿岸平原狭窄、干燥。经常发生地震的安第斯山脉三条高高的平行的山脊从北向南穿过秘鲁。秘鲁东部将近2/3位于亚马孙盆地的热带雨林。每隔几年，太平洋中的厄尔尼诺洋流会带来大量的降雨，也会使秘鲁重要的渔业资源大量减少。

最高点：瓦斯卡兰山6786米（22,263英尺）。

气候：气候种类繁多，沿岸为亚热带沙漠气候（太平洋中的亨博尔特洋流即秘鲁寒流使气温降低），安第斯山脉高处非常寒冷，东部为潮湿的热带雨林气候。

总统和120个席位的国民议会由全民投票选举产生，任期4年。总统任命由总理（拉丁美洲惟一存在的此种职务）领导的内阁。

主要政党：（1995年选举）（由无党派人士和政府支持者组成的联合）改革90—新多数派67席，（中立派）秘鲁团结党17席，（左翼）美洲人民革命联盟（阿普拉）8席，道德化独立阵线6席，（中—右）人民行动党（AP）4席，（右翼）基督教人民党3席，其他党派15席。

总统：（自1990年）阿尔伯托·藤森（改革90—新多数派）。

总理：（自1996年）阿尔伯托·潘多尔菲（改革90—新多数派）。

大约1/3的劳动力从事农业：生存农业在内地占主导地位，而接近沿海地区的农作物以出口为主。主要农作物有：咖啡、甘蔗、棉花和土豆，以及提炼可卡因的古柯。饲养绵羊、骆马和羊驼以获取羊毛。美洲驼被作为负重动物来饲养。自然资源包括：银、铜、煤、金、铁矿石、磷酸盐和石油。渔业（曾是世界上规模最大的）自1971年以来已衰落。各种自然灾害、高出生率、游击战以及出口数量的减少严重影响了经济。

货币：新索尔。

1941年与厄瓜多尔发生边境冲突。1968～1975年改革主义者总统胡安·威拉斯库·艾尔瓦拉多的军人政府实施土地改革，但面临与日俱增的经济问题。1975～1980年政变：左翼军事统治。1980年自由大选举行，但稳定局面受到不断壮大的极端左翼的桑德罗·卢米诺索（闪光道路）游击运动威胁。1992年总统阿尔伯托·藤森发动政变，中止宪法，此后的选举遭到反对团体的抵制。1992年以后，桑德罗·卢米诺索运动在其领导人被捕后衰败。1995年与厄瓜多尔发生短期的边境战争。1996年以后图帕克·阿玛鲁左翼游击队活动猖獗，包括占领日本大使馆。

正式名称：秘鲁共和国。
面积：1,285,216平方公里（496,225平方英里）。
人口：23,490,000（1995年估测）。
人口倍增时间：28年。
人均寿命：男性62.7岁，女性66.6岁。
出生率：世界平均出生率的1.16倍。
死亡率：世界平均死亡率的0.82倍。
城区人口：72%。
首都：利马城区6,601,000（城市5,706,000；卡亚俄615,000；1993年普查；包括郊区）。
其他主要城市：阿雷基帕620,000，卡亚俄见利马，特鲁希略509,000，奇克拉约410,000，钦博特297,000（1993年普查；包括郊区）。
语言：西班牙语80%，为第一语言（官方语言），克丘亚语16%（官方语言），阿伊马拉语超过1%，及其他印第安语。
成人识字率：87%。
宗教：罗马天主教86%，各种福音派新教会7%，传统信仰及其他信仰4%。

玻利维亚

玻利维亚是位于南美洲安第斯山脉高处的一个内陆共和国。其境内的安第斯山脉被分成两个平行的山脉，中间是一个广阔的起伏的凹陷地带，这里有世界最高的可航行湖——的的喀喀湖。东部和东北部的低地有热带雨林，亚热带平原和半干燥的草地。

最高点：萨哈马峰6542米（21.463英尺）。

气候：气温随高度变化，安第斯山顶地区寒冷，低地凉爽、多风，东北为热带气候。西南雨量很小，东北雨量丰沛。

总统（任命内阁），27名成员的参议院（上院）和130名成员的众议院（下院）由全民投票选举产生，任期4年。

主要政党：（1993年众议院选举）（中右民族主义革命运动（MNR）52席，（中立派联合）爱国协议（AP）35席，（右翼）公民团结联盟（UCS）20席，（左倾）祖国意识党（康德帕）13席，（左翼）自由玻利维亚运动（MBL）7席，其他党派3席。

总统：（自1993年）贡萨洛·桑切斯·德·洛萨达（民族主义革命运动党人；MNR-UCS-MBL政府）。

玻利维亚尽管自然资源丰富，如石油、天然气、锌（主要出口品）及锡等，但相对较贫穷。缺少投资、政治不稳定和开采费用高都阻碍了经济发展。农业为劳动密集型，生产国内自用食品（土豆和玉米）及出口作物（甘蔗和棉花）。大规模的私有化（20世纪90年代）引起动荡。

货币：玻利维亚诺。

1928～1929年与巴拉圭发生边境冲突。1932～1935年，在与巴拉圭进行的查科战争中，玻利维亚遭受重大人员伤亡并失去大片领土。1935～1982年，不稳定时期。军事政权和软弱的文职政府相继执政，在1952年发生短期的内战。自1982年以来，民主得到恢复。

正式名称：玻利维亚共和国。
面积：1,098,581平方公里（424,164平方英里）。
人口：7,410,000（1995年估测）。
人口倍增时间：29年。**人均寿命**：男性60.9岁，女性65.9岁。**出生率**：世界平均出生率的1.29倍。**死亡率**：世界平均死亡率的0.9倍。**城区人口**：58%。**首都**：拉巴斯（政府和议会所在地）城区1,115,000（城市711,000；厄尔·艾尔托404,000；1992年普查；包括郊区）。苏克雷（法定首都）131,000（1992年人口普查；包括郊区）。**其他主要城市**：圣克鲁斯695,000，厄尔·艾尔托见拉巴斯，科恰班巴404,000，奥鲁罗183,000（1992年普查；包括郊区）。**语言**：西班牙语42%作为第一语言，但88%的人使用（官方语言），奇楚亚语34%（官方语言），艾马拉语23%（官方语言）及少数的瓜拉尼语。
成人识字率：80%。
宗教：罗马天主教79%，各种福音派新教会10%。

■ 在玻利维亚曾发生过191次政变——23次成功 ■ 智利的复活节岛

智利

智利是南美洲沿南太平洋海岸延伸的一个共和国。绵延近4000公里（2500英里）的安第斯山脉构成了智利东面的屏障。与安第斯山脉平行的是一条陷落谷地。其北部为阿塔卡马沙漠所覆盖，中部则是肥沃的平原。在陷落谷地与大海之间为一列海岸山脉。谷地南部没入海中，形成狭长的沿海岛屿。

最高点： 奥霍斯—德萨拉多山6895米（22,621英尺）。

气候： 智利温和的气候是受太平洋中秘鲁寒流的影响。高高的安第斯山脉气候寒冷。北方的阿塔卡马沙漠地区全年几乎无任何降水，而南方地区的年均降水量可达到2300多毫米（90英寸）。

■ 丘基卡马塔铜矿空中鸟瞰。这个世界上最大的露天铜矿直径有3公里，共有约7500人在这里工作。

总统由全民大选产生，任期6年，不可以连选连任（总统任命内阁成员）。每隔4年，通过选举直接产生由120名众议员所组成的众议院（下院）；而共有47位参议员的参议院（上院）则由39位直接选举产生的代表和8位任命的参议员所组成。

主要政党：（1993年众议院选举）（保守的）基督教民主党（PDC）37席，社会党（PAIS）33席，（右翼）民族革新党及其联盟（RN）31席，（极右的）独立民主联盟（UDD）15席，其他党派4席。

总统：（自1994年）爱德华多·弗雷·鲁伊斯－塔格莱（基督教民主党政府）。

在20世纪90年代，智利达到了很高的经济增长率，并已同太平洋周边国家发展了重要的贸易往来。就拉丁美洲而言，智利的生活水准很高。这里有丰富的矿产资源和巨大的潜在的水电资源。工业产品与矿产品占出口总额的90%以上。智利是世界上最大的铜出口国，也是世界上铁矿石、煤炭、石油和天然气储藏量较大的国家之一。其工业包括食品加工、木材工业（植物纤维物质与新闻纸工业）、制造业（汽车轮胎与汽车）、水泥工业和纺织工业。主要的农业地区集中在中部平原，谷类作物（主要有小麦和玉米）和水果（以酿酒使用的葡萄为著名）比较重要。几个大渔场使其成为世界上捕鱼量最大的国家之一。**货币：** 比索。

从本世纪20年代到40年代，智利一直处于自由和激进政权的统治之下，但社会变革和经济发展却十分缓慢。1970年通过大选产生了萨尔瓦多·阿连德的政府。进行包括土地改革的重要变革。智利发生了左派与右派的两极分化。1973年，美国在幕后操纵的军事政变使奥古斯都·皮诺切特独揽国家大权，而阿连德则死于军事政变之中。从1973年至1990年，皮诺切特将军实行右翼的军事专政：成千上万的左翼分子被捕、遇害或被放逐。阿连德政府的改革被废除，但是出现了惊人的经济增长。1990年，智利恢复了立宪政府，进行了自由选举。

智利属地

智利在南极洲的属地，见480页。

正式名称： 智利共和国。
面积： 756,626平方公里（292,135平方英里）。
人口： 14,210,000（1995年估测）。
人口倍增时间： 44年。
人均寿命： 男性70.4岁，女性76岁。
出生率： 世界平均出生率的0.86倍。
死亡率： 世界平均死亡率的0.58倍。
城市人口： 86%。**首都：** 圣地亚哥城区5,681,000（城市4,628,000；上普恩特255,000；圣贝尔纳多189,000；1994年估测；包括郊区）。其立法机关位于瓦尔帕莱索（但并非其正式的立法首都），见下。**其他主要城市：** 瓦尔帕莱索－比尼亚德尔马城区621,000（城市瓦尔帕莱索302,000，比尼亚德尔马319,000）。康塞普西翁577,000（城市318,000，塔尔卡瓦诺247,000）比尼亚德尔马见瓦尔帕莱索，特木科263,000，上普恩特见圣地亚哥，塔尔卡瓦诺见康塞普西翁，安托法加斯塔227,000，圣贝尔纳多，见圣地亚哥，兰卡瓜187,000，塔尔卡172,000，阿里卡169,000，（1994年估测；包括郊区）。
语言： 西班牙语90%（官方语言），阿劳干语10%。
成人识字率： 81%。
宗教： 罗马天主教77%，各种福音派新教12%，无宗教信仰者6%。

巴拉圭

巴拉圭位于巴西与阿根廷之间，是内陆共和国。其巴拉圭河（查科河）以西是一片平坦、半干旱的平原地区。河东地区是为部分森林覆盖的波状高原。

最高点： 赛罗·圣·拉斐尔山850米（2789英尺）。

■ 位于亚松森的建于19世纪的总统府。自1992年以来才有一位完全通过自由选举产生的总统入主这里。

气候： 属亚热带气候。在湿润的东南部与干燥的西部查科草原之间，降雨量有显著的差异。

由全国大选产生一位任期5年不可连选连任的总统（有权任命内阁）。众议院（下院）的80名议员由各选举区选举产生；而参议院（上院）的45名议员则每隔5年通过全国大选选举产生。

主要政党：（1993年众议院选举）（保守的）红党（PC）38席，（左倾）真正激进自由党（PLRA）33席，（联合）全国聚会9席。

总统：（自1993年）胡安·卡洛斯·瓦斯莫西（红党）。

其主要经济活动——农业主要包括养牛和棉花与大豆的种植。巴拉那河上的水电设施，尤其是亚西雷塔－阿皮培大坝所提供的便宜的水电资源极大地促进了其工业。从1945年至1971年，由于向外移民，巴拉圭人口呈下降趋势。**货币：** 瓜拉尼

1928～1929年，爆发了与玻利维亚的边界冲突。1932～1935年，在与玻利维亚之间的查科战争中，巴拉圭的力量被削弱了，但重新获得了查科地区的一部分。1954年，阿尔弗来索·斯特罗斯纳将军领导了军事政变。1954～1989年，斯特罗斯纳掌握政权。越来越忽视人权。1989年，斯特罗斯纳被推翻。1992年，进行了自由选举，恢复了民主制度。

正式名称： 巴拉圭共和国。
面积： 406,752平方公里（157,048平方英里）。
人口： 4,830,000（1995年估测）。
人口倍增时间： 26年。
人均寿命： 男性65岁，女性69.4岁。
出生率： 世界平均出生率的1.34倍。
死亡率： 世界平均死亡率的0.69倍。
城市人口： 51%。
首都： 亚松森城区831,000（城市502,000；圣洛伦索133,000；兰巴雷100,000；圣费尔南多莫拉95,000；1992年普查；包括郊区）。
其他主要城市： 伊斯特城134,000，圣洛伦索、兰巴雷及圣费尔南多莫拉见亚松森，佩德罗胡安－卡瓦列罗80,000，恩卡纳西翁69,000，（1992年普查；包括郊区人口）。
语言： 西班牙语7%，作为第一语言但被67%的人广泛使用（官方语言），瓜拉尼语，91%（官方语言）。
成人识字率： 92%。
宗教： 罗马天主教93%，各种基督教新教5%以上。

北非

摩洛哥

摩洛哥王国位于北非西北部，北临地中海，西接大西洋。全国有1/3以上的地区为山脉所覆盖。主要的高地有西部与北部的格兰特山脉，中部山脉和阿特拉斯山脉，以及东部的高原地区。摩洛哥大部分地区均为沙漠。

最高点： 图卜哈勒山4165米（13,665英尺）。

气候： 北部为地中海式气候，夏季炎热干燥，冬季温暖较湿润。南部及大部分内陆地区均为半干旱气候或热带沙漠气候。

摩洛哥是一个君主立宪制国家，由国王任命首相及其他内阁成员。由333名议员组成的代表院包括222名由全民公决每隔5年选举产生的代表和111名从地方议会、行业团体和职业组织中选出的代表。

主要政党：（1993年选举）（中—右及右翼）民族联合党（PEN）154席，其中宪政联盟54席，（少数民族柏柏尔人的）人民运动（MP）51席，全国人民运动（MNP）25席，全国民主党（PND）24席，（左翼的）民主集团（BD）115席，其中人民力量社会主义联盟52席，独立党50席，（中立的）全国自由人士联盟（RNI）41席，民主独立党（PDI）9席，其他党派12席。

国王：（自1961年）哈桑二世。

首相：（自1994年）阿卜杜·拉蒂夫·菲拉利（民族联合党；民族联合党—全国自由人士联盟政府）。

大约有40％的劳动力人口从事农业，生产主要供出口的柑橘、葡萄（酿酒用）和蔬菜；以及供本国消费的小麦与大麦。摩洛哥是世界上最大的磷肥出口国。其他资源包括铁矿石、铅和锌。许多重要工业及服务业均为国有。旅游业是其主要的创汇产业。**货币：** 迪拉姆。

1905～1906年和1911年的摩洛哥危机中，法国的利益受到了德国的挑战。1912年摩洛哥成为法国的一块保护地。而西班牙仍保留了久已确立的沿岸飞地。1925年，爆发了反对法国统治的里夫起义。1956年，摩洛哥王国独立。1956和1969年，西班牙属地回归到摩洛哥。1975年，摩洛哥人进行"绿色革命"，开进了前西班牙属地—西撒哈拉。尽管承受着国际压力以及面对着西撒哈拉独立阵线民兵为获取地区独立而进行的不息的战斗，但摩洛哥仍然控制着西撒哈拉。1991年，在西撒哈拉实现停火。

正式名称： 摩洛哥王国。
面积： 458,730平方公里（117,116平方英里）不包括有争议的西撒哈拉地区。
人口： 26,980,000（1995年估测）。
人口倍增时间： 32年。
人均寿命： 男性67岁，女性71岁。
出生率： 世界平均出生率的1.12倍。
死亡率： 世界平均死亡率的0.65倍。
城区人口： 48％。
首都： 拉巴特1,220,000（城市707,000；塞拉，692,000；1993年估测；包括郊区）。**其他主要城市：** 卡萨布兰卡（达尔贝达）城区3,406,000（城市1,081,000）；非斯775,000，马拉喀什746,000，乌季达679,000，得土安367,000，梅克内斯530,000，（1993年估测；包括郊区）。
语言： 阿拉伯语65％（官方语言），柏柏尔语33％。**成人识字率：** 50％。
宗教： 逊尼派伊斯兰教99％以上，罗马天主教少数。

西撒哈拉

官方名称及地位： 萨拉威阿拉伯民主共和国，这是由西撒哈拉独立阵线运动所命名的。但是大部分地区都处于摩洛哥的行政管辖之下，并被划分为摩洛哥的四个省。摩洛哥与西撒哈拉独立阵线民兵运动一直对本地区有主权争端，后者自从1976年西班牙人撤出就致力于寻求独立。
面积： 252,120平方公里（97,344平方英里）。
人口： 218,000（1995年估测）。
首府： 阿尤恩97,000（1982年估测）。
地理状况： 西撒哈拉位于北非，大西洋沿岸。地势低平，主要为沙漠所覆盖，全境无一永久性河流。
经济： 主要为布克拉的磷酸盐工业。西撒哈拉是世界上磷酸盐储量最丰富的国家。

利比亚

利比亚是北非共和国，其大部分领土均为撒哈拉沙漠所覆盖。在其西北部（的黎波里塔尼亚），沿海地区的绿洲与低地平原是农业与人口最集中的地区。另一些主要城市位于其东北部（昔兰尼加），地中海式植被覆盖着这里的平原与山地。在西南部（费赞地区）人口稀少。提贝斯提山沿着利比亚—乍得边境延伸开来。

最高点： 贝泰峰2286米（7500英尺）。

气候： 利比亚气候炎热而干燥，海岸地区温度相对较低，降水相对较高（但仍不充足）。

全国人民大会共有750席位，由通过选举产生的基层人民大会代表组成。大会选出一个革命领导人（相当于国家元首）和一个全国人民委员会（相当于内阁）及其秘书（政府首脑）。利比亚无政党。

国家元首：（革命领导人）（自1969年）奥尔马·穆哈迈尔·卡扎非。
政府首脑：（自1990年）阿布杜尔·马吉德·库欧德。

利比亚是世界上最大的石油生产国之一。同时也出口液化天然气。沿海的绿洲出产小麦、大麦、坚果、椰枣和葡萄。利比亚过于依赖单一产品经济，联合国的制裁（1992年至今）已经摧毁了其经济。
货币： 利比亚第纳尔。

1911年意大利从奥斯曼土耳其帝国手中取得了对利比亚的控制权。1942年英国第八集团军在利比亚沙漠中的阿拉曼击败了德意联军。利比亚又转为英国人所控制。1945～1951年利比亚分裂为英占区与法占区（后者控制着费赞地区）。1951年利比亚恢复了统一，成为"赛努西伊斯兰教团"领袖伊德里斯一世统治下的独立王国。1969年由卡扎非领导的下级军官起义推翻了君主政体；将石油工业收归国有。70年代，卡扎非彻底摧毁了正规政府统治体系，开始进行文化革命，实行经济集体化；并压制反对派。70年代至80年代，同其他阿拉伯国家结盟的努力以失败告终。1985年10万名外国人被驱逐出境。1986年由于利比亚支持国际恐怖主义，美国空袭利比亚。1992年联合国对利比亚实行制裁。

正式名称： 大阿拉伯利比亚人民社会主义民众国。
面积： 1,757,000平方公里（678,400平方英里）。
人口： 5,410,000（1995年估测）。
人口倍增时间： 21年。**人均寿命：** 男性62.1岁，女性66.6岁。**出生率：** 世界平均出生率的1.8倍。**死亡率：** 世界平均死亡率的0.85倍。**城区人口：** 86％。**首都：** 的黎波里591,000，**立法首都：** 锡尔特75,000（一些部门设在卜雷加与班加西）。（1988年估测；包括郊区）。**其他主要城市：** 班加西446,000，米苏拉塔122,000，扎维耶89,000，（1988年估测；包括郊区）。
语言： 阿拉伯语96％（官方语言），柏柏尔语3％。**成人识字率：** 64％。
宗教： 逊尼派伊斯兰教97％，罗马天主教极少数。

■ 利比亚曾试图与五个阿拉伯国家联盟 ■ 毛里塔尼亚允许奴

突尼斯

突尼斯为北非共和国，在地中海中部有近1300公里（810英里）的海岸线。其北部及西北部均为北泰勒山与高泰勒山所覆盖。突尼斯中部为宽阔的高原。撒哈拉沙漠位于其南部的盐湖地区。

最高点：杰贝勒·阿什沙纳比峰1544米（5066英尺）。

气候：北部为地中海式气候，夏季炎热，冬季温和，降水充沛。南部沙漠地区气候炎热、干燥。

每隔5年，通过全民大选选举产生总统及有163名成员的国民议会。如果反对党未能在单一选区选举中获胜，国民议会中将为它们保留19个席位。由总统任命总理与各部部长。

主要政党：（1994年大选）（左倾）宪政民主联盟（RCD）144席，社会民主运动（MDS）10席，（前共产党）革新运动4席，民主同盟（DUU）3席，人民团结党（PUP）2席。

总统：（自1987年）宰因·阿比丁·本·阿里将军（宪政民主联盟）。

总理：（自1989年）哈米德·卡鲁依（宪政民主联盟）。

磷酸盐与石油是其经济的主要支柱。主要农作物有小麦、大麦、蔬菜以及供出口的橄榄与柑橘。旅游业是其主要创汇产业。失业率很高，很多突尼斯人在欧洲寻找工作。

货币：突尼斯第纳尔。

1881年突尼斯成为法国的保护国，突尼斯大公（君主）仍被保留，作为名义上的统治者。1942～1943年二战中，德国占领了突尼斯。1956年突尼斯独立。1957年废黜君主制。1957～1988年是哈必伯·布尔吉巴的统治期，他逐渐不能容忍反对派。1988年布尔吉巴被他的总理废黜；开始了多党政治。

正式名称：突尼斯共和国。
面积：164,150平方公里（63,378平方英里）。
人口：8,900,000（1995年估测）。
人口倍增时间：39年。
人均寿命：男性66.9岁；女性68.7岁。
出生率：世界平均出生率的0.96倍。
死亡率：世界平均死亡率的0.68倍。
城区人口：53%。
首都：突尼斯城区1,700,000（城市674,000；艾尔亚153,000；埃塔得海曼149,000）（1994年普查；包括郊区）。
其他主要城市：斯法克斯231,000，艾尔亚宾突尼斯，苏塞125,000，凯鲁万102,000，比寒大99,000，加贝斯99,000，（1994年普查；包括郊区）。
语言：阿拉伯语99%（官方语言），约有29%的人能听懂法语。
成人识字率：67%。
宗教：逊尼派伊斯兰教99%，罗马天主教，极少数。

毛里塔尼亚

毛里塔尼亚是北非大西洋沿岸一个遍布沙漠的共和国。覆盖着毛里塔尼亚大部分地区的撒哈拉沙漠十分平坦，其上突兀着几座高峰。

最高点：凯迪埃特利尔山915米（3002英尺）。

气候：炎热而干燥，仅在南部地区有季节性的充沛降水。

每隔6年，由公民投票选举产生总统以及有56名成员的参议院（上院）。而有79名成员的国民议会（下院）每隔5年通过直接选举产生。由总统任命总理与各部部长。

主要政党：（1996年选举）（垄断的前右翼）民主社会共和党（PRDS）70席，其他党派9席（这次大选受到一些反对党的联合抵制）。

总统：（自1992年）马维亚·乌尔德·西德·艾哈达德·塔亚（民主社会共和党）。

总理：（自1996年）谢赫·艾尔·阿非亚·乌尔德·穆罕默德·科赫那（民主社会共和党）。

尽管有超过1/3的劳动力从事农业，但持续的干旱已经大大地减少了游牧的牛、羊的总数量。大西洋沿岸的海产品和西北部的铁矿是实际上仅有的出口产品。

货币：乌吉亚（世界上惟一不采用十进制的货币）。

1903年法国继17世纪声明对沿海地区的所有权之后，进一步吞并了其内陆地区。1960年毛里塔尼亚获得独立。1976年当西班牙从西撒哈拉撤退时，毛里塔尼亚占据了其南部地区。1979年由于未能击败为独立而战的西撒哈拉阵线民兵，毛里塔尼亚撤出此地（西撒哈拉南部旋即为摩洛哥吞并）。1979～1992年实行军事统治。

正式名称：毛里塔尼亚共和国。
面积：1,030,700平方公里（398,000平方英里）。
人口：2,275,000（1995年估测）。
人口倍增时间：22年。**人均寿命**：男性45岁；女性51岁。**出生率**：世界平均出生率的1.92倍。**死亡率**：世界平均死亡率的1.72倍。**城区人口**：54%。
首都：努瓦克肖特480,000（1992年估测；包括郊区）。**其他主要城市**：努瓦迪布72,000，卡埃迪35,000（1992年估测；包括郊区）。
语言：阿拉伯语81%（官方语言），沃洛夫语7%，图库勒语5%。
成人识字率：38%。
宗教：逊尼派伊斯兰教，几乎100%。

阿尔及利亚

阿尔及利亚是北部非洲的一个共和国。其领土由地中海沿岸一直向南延伸直至深入撒哈拉沙漠。阿尔及利亚有85%以上的领土为沙漠。北部的阿特拉斯山脉环绕着一个干旱的高原。东南部为霍加尔山脉。平原与低山地区分布在地中海沿岸地区，这里也是全国人口最集中的地区。

最高点：塔哈特峰3003米（9852英尺）。

气候：阿尔及利亚地中海沿海地区为典型的地中海式气候，夏季炎热，冬季温和，并有丰富的季节性降水。内陆地区气候炎热、干燥。

阿尔及利亚宪法规定每隔5年由公民投票选举产生总统和有380名代表的人民大会。自从1992年以来，（实施军事统治的）最高安全委员会，在其首脑的领导下，已经掌握了国家实权。按照宪法修正案（其中禁止了以宗教为基础的政党）进行的大选开始于1997年。

主要政党：（1997年选举）（前军政府的）国家民主联盟（RND）155席，（伊斯兰教的）和平社会运动（不包括哈马斯）69席，（社会主义）民族解放阵线/国家民主联盟（FLN）64席，（伊斯兰教的）艾尔那达党34席，（少数民族柏柏尔人的）社会主义力量阵线（FFS）19席，争取文化与民主联盟（RCD）19席，其他政党30席。

总统：（自1994年）拉明·泽鲁阿勒将军。

总理：（自1995年）艾哈迈德·乌维里。

石油与天然气是其主要出口产品，并且其主要工业都建立在石油与天然气基础之上。但是其经济已经为接近的内战和1992年以来的恐怖主义活动破坏。在这个国家的外国投资骤减。高失业率又为其低迷不振的经济状况雪上加霜。阿尔及利亚农民与农场工人占全国劳动力的1/6,但缺乏雨水及合适的耕地使得阿尔及利亚需进口所需食品的2/3。其有限的可耕地上主要出产小麦、大麦、水果与蔬菜，而干燥的牧场上则放牧绵羊、山羊与牛。

货币：阿尔及利亚第纳尔。

1942年作为法国属地的阿尔及利亚（1830～1860年）在第二次世界大战中成了法国流亡政府的所在地。1945年塞蒂夫民族主义者的暴动被残酷地镇压下去。1954年民族解放运动（FLN）展开了反对法国统治的武装斗争。1958年，法国殖民者起义（以及殖民主义者恐怖组织OAS的活动）导致法国发生危机，使戴高乐重获领导权。1962年戴高乐承认了阿尔及利亚的独立。1965年本·贝拉总统被推翻。1965～1978年在胡阿里·布达丁总统的领导下实行一党制的社会主义政治制度。1990年恢复了多党制政体。1992年当伊斯兰原教旨主义者在第一轮投票中获压倒多数的议席时，大选被中止。全国实行了军事统治。自从1994年起，军政府与原教旨主义者处于一种近似内战的状态（尤其在与伊斯兰拯救阵线之间）；数千人死于动乱之中。在这场动乱中，在阿尔及利亚工作的专家与外国人成为了袭击的目标，一些孤立的村庄中的居民遭到了原教旨主义者的屠杀。

正式名称：阿尔及利亚民主人民共和国。
面积：2,381,741平方公里（919,595平方英里）。
人口：27,940,000（1995年估测）。
人口倍增时间：31年。**人均寿命**：男性67岁；女性69岁。**出生率**：世界平均出生率的1.16倍。**死亡率**：世界平均死亡率的0.67倍。**城区人口**：56%。**首都**：阿尔及尔2,168,000（1995年估测；包括郊区）。
其他主要城市：奥兰（瓦赫兰）664,000，君士坦丁449,000，安纳巴348,000，卜利达191,000，塞提夫187,000，西迪贝勒阿巴斯186,000，特莱姆森146,000（1989年估测；包括郊区）。
语言：阿拉伯语83%（官方语言），柏柏尔语17%。法语，少数。
成人识字率：57%。
宗教：逊尼派伊斯兰教99%，易巴德派伊斯兰教及罗马天主教，少数。

东北非

埃塞俄比亚

埃塞俄比亚是位于非洲东北部一个内陆的共和国。一道宽阔的大裂谷将包括海拔超过4000米（13,000英尺）的蒂格雷高原与塞米恩山脉的西部高原，同相对较低的东部高地划分开来。其东部是一片半沙漠地区。

最高点：达尚峰4620米（15,157英尺）。

气候：北部与东部气候炎热干燥。高原地区气候相对温和一些。

埃塞俄比亚目前是一个共和制国家，并正在向联邦制转变。构成联邦的九个地区是以语言基础来划分的，并均具有脱离联邦的权力。联邦院包括117名由地方政权选派的代表，而人民代表院的548个议席则每隔5年由全民普选产生。总统由人民代表院选举产生，其职责多为礼仪性的。由总统任命总理与各部部长，他们集体向人民代表院负责。

主要政党：（1995年选举）（联合）埃塞俄比亚人民革命民主阵线（EPRDF）540席，其他党派8席。
总统：（自1995年）内加索·吉达达（埃塞俄比亚人民革命民主阵线）。
总理：（自1995年）梅莱斯·泽纳维（埃塞俄比亚人民革命民主阵线）。

分离主义者策动的战争已经摧毁了穷困的、并不发达的经济。有3/4的埃塞俄比亚人从事粮食种植，但干旱与过度放牧导致了土壤沙漠化。咖啡种植是其主要换汇手段。国际救援组织的帮助对其十分重要。

货币：比尔。

1896年意大利入侵的失败使其成为非洲除了利比里亚以外惟一一个独立的国家。1936～1941年埃塞俄比亚倍受意大利的蹂躏。1952年厄立特里亚成为埃塞俄比亚的一部分。1962～1991年厄立特里亚分离主义分子活动活跃。1974年海尔·塞拉西一世被废黜。他曾在非洲事务中起了重要作用，但在领导国家的现代化过程中却无所作为。1977年爆发了同索马里的边境战争。1977～1991年门格斯图政府高压统治。80年代至90年代，干旱、土壤侵蚀与内战导致了严重的饥荒。1991年厄立特里亚及提格雷省的分离主义分子协助颠覆了门格斯图政府。1993年承认厄立特里亚的独立。1995年通过了新的联邦宪法。

正式名称：埃塞俄比亚（埃塞俄比亚联邦民主共和国）。
面积：1,133,882平方公里（437,794平方英里）。
人口：55,050,000（1995年估测）。
人口倍增时间：25年。**人均寿命**：男性45.9岁，女性49.1岁。**出生率**：世界平均出生率的1.94倍。**死亡率**：世界平均死亡率的1.94倍。**城市人口**：12%。**首都**：亚的斯亚贝巴2,213,000（1992年估测；包括郊区）。**其他主要城市**：德雷达瓦184,000，贡德尔156,000，纳兹雷特139,000，哈拉尔116,000，（1992年估测）。**语言**：阿姆哈拉语30%（官方语言），奥莫罗语31%，提格雷尼亚语7%，盖拉语、索马里语、锡达莫语占少数。**成人识字率**：36%。
宗教：埃塞俄比亚东正教54%，逊尼派伊斯兰教30%，传统信仰12%。

埃及

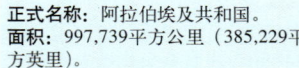

埃及是位于非洲东北部、属中东地区的共和国。沙漠覆盖了其90%以上的国土。西部沙漠地势平坦，一直延伸至利比亚与苏丹国内。东部沙漠为季节河所分隔开，一直延伸至东南部红海沿岸的山脉之中。大部分埃及人居住在尼罗河谷地与河口三角洲，集中从事农作物种植，并依靠尼罗河一年一度泛滥的河水进行灌溉。苏伊士运河东部是西奈半岛。

最高点：凯瑟琳山2642米（8668英尺）。

气候：冬季温和，夏季炎热、干燥。亚历山大年降雨量最大（200毫米或8英寸）。红海沿岸几乎无任何降水。

人民议会由444名每隔5年通过全民选举产生的议员，和另外10名由总统任命的议员组成，总计有454个席位，总统由人民议会提名，公民投票选出，任期6年，总统任命总理和其他各部部长。
主要政党：（1995年选举）（中立的）民族民主党（NDP）317席，无党派113席，（右翼传统主义者）华夫脱党6席，（左翼）民族进步统一集团党（NPU）5席，其他党派3席。
总统：（自1981年）穆罕默德·胡尼斯·穆巴拉克（民族民主党）。
总理：（自1996年）卡迈勒·艾哈迈德·甘祖里（民族民主党）。

有1/3以上的劳动力从事农业生产。主要出产玉米、小麦、水稻、蔬菜供应国内市场以及主要供出口的棉花及椰枣。石油（按中东标准储存量很小）、苏伊士运河通行费及旅游业是其主要外汇来源。但由于好战的伊斯兰原教旨主义者的活动，其旅游业深受影响。水泥与化肥是其主要工业。迅速增加的人口、庞大的公共事业需求及对食品津贴的需求都制约了其经济的发展。

货币：埃及镑。

正式名称：阿拉伯埃及共和国。
面积：997,739平方公里（385,229平方英里）。
人口：59,700,000（1995年估测）。
人口倍增时间：29年。**人均寿命**：男性65岁，女性69.3岁。**出生率**：世界平均出生率的1.13倍。**死亡率**：世界平均死亡率的0.74倍。**城区人口**：45%。**首都**：开罗城区14,525,000；城市6,955,000；吉萨4,525,000；盖勒尤卜开罗3,045,000；舒卜拉海迈区834,000（1992年估测；包括郊区）。
其他主要城市：吉萨见开罗，亚历山大3,430,000，盖勒尤卜见开罗，舒卜拉海迈见开罗，塞得港461,000，大迈哈莱408,000，苏伊士388,000，坦塔380,000，曼苏腊371,000，赫勒万328,000，阿西尤特321,000，（1992年估测；包括郊区）。
语言：阿拉伯语，几乎100%（官方语言）。**成人识字率**：48%。
宗教：逊尼派伊斯兰教90%，各派基督教（主要为科普特基督教）约10%。

1914～1922年埃及处于英国的"保护"之下。1952年腐朽的法鲁克王朝的统治被推翻。1953年建立共和国。1954～1970年为激进的盖迈勒·阿卜杜·纳赛尔的统治时期，他使埃及成为阿拉伯民族主义的领袖。1956年当埃及将苏伊士运河收归国有之后，受到了英国、法国和以色列的攻击。1958年同叙利亚进行了一次短期的合并。1967年爆发了同以色列的六日战争，以色列占领了加沙与西奈。1973年在同以色列进行的第三次中东战争中，埃及再度告负。1978～1979年安瓦尔·萨达特总统同以色列修好，收复了西奈半岛，但此举遭到了阿拉伯世界的排斥。1981年萨达特总统遇刺身亡。1983年以后，埃及在阿拉伯世界中重新恢复了自己的地位。90年代随着伊斯兰原教旨主义者的增加，暴力事件呈上升趋势。1991年海湾战争中，在反对伊拉克的联盟中，埃及起了重要作用。

■ 尼罗河，埃及的灌溉水源及水力发电之源。

■ 埃塞俄比亚有300,000人死于1984年的饥荒 ■ 直到1950年，

苏丹

苏丹是非洲最大的国家。北起非洲大陆东北部的沙漠地区，南至非洲中部的热带地区。撒哈拉沙漠覆盖着其西部与北部的大部分领土，但是，肥沃的尼罗河谷地穿越了这片沙漠。高地仅存在于红海岸边的丘陵地区及南部与乌干达交界处的高山地区。
最高点： 基涅提山3187米（10,456英尺）。
气候： 南部地区位于赤道附近，为热带气候，高温多雨；北方干旱，有些地方几乎无任何降水。

苏丹全国议会由225名每隔4年通过全民普选产生的代表和175名由全国大会委派的代表组成，总计有400名议员（全国大会是由妇女、学生、工会领袖和其他人士召开的会议）。未来的总统将由全国议会任命。正在建立由27个州组成的联邦制政体，但地方自治尚未完全发挥作用。
主要政党：（1996年选举）伊斯兰民族阵线（NIF）及其联盟400席。
总统：（自1993年）奥马尔·哈桑·艾哈迈德·巴希尔将军（伊斯兰民族阵线）。

60%以上的劳动力从事粮食种植，生产供国内消费的黍与高粱，而棉花则主要供出口。自从80年代初起，苏丹就受到干旱、内战和饥荒的严重影响。

1899年苏丹由英国与埃及"共管"。1956年苏丹取得独立。自从50年代后期，在北方的穆斯林与南方泛灵论派天主教之间就爆发了断断续续的内战。同时，南方反叛各派之间也互相争斗不休。政局飘摇不定。1989年苏丹发生军事政变，北方建立了深为南方所憎恨的伊斯兰原教旨主义统治政权。由于苏丹支持伊拉克与利比亚，在国际上陷于孤立地位。1997年南方泛灵论派天主教遭到几次重大失败，北方的伊斯兰几乎已经赢得了这场内战。

正式名称： 苏丹共和国。
面积： 2,503,890平方公里（966,757平方英里）。
人口： 28,100,000（1995年估测）。**人口倍增时间：** 23年。**人均寿命：** 男性53.4岁；女性55.2岁。**出生率：** 世界平均出生率的1.68倍。**死亡率：** 世界平均死亡率的1.29倍。**城区人口：** 22%。**首都：** 喀土穆城区2,300,000（1993年估测），（城市476,000；乌姆杜尔曼立法首都526,000；北喀土穆341,000；1983年普查）。**其他主要城市：** 苏丹港207,000，瓦德迈达尼145,000，欧拜伊德138,000（1983年普查）。**语言：** 阿拉伯语49%（官方语言），丁卡语12%，努比亚语8%，贝贾语6%，努埃尔语5%。**成人识字率：** 46%。**宗教：** 逊尼派伊斯兰教72%，传统信仰17%，各派天主教9%。
货币： 苏丹第纳尔。

吉布提

吉布提是非洲红海入口处一个很小的共和国。其国土大部分为低平的沙漠，有两处低于海平面的盆地，但北部则上升为丘陵。
最高点： 穆萨·阿里·特拉拉山2062米（6768英尺）。
气候： 极其炎热干燥，在沿海地区，年降雨量不超过125毫米（5英寸）。

有65名成员的国民议会及总统（有权任命以总理为首的内阁）均由全民普选产生，任期分别为5年和6年。
主要政党：（1992年选举）（前垄断地位的）争取进步人民联盟（RPP）65席，其他政党均在竞选中失败。
总统：（自1977年）哈桑·古莱德·阿普帝敦（争取进步人民联盟）。
总理：（自1978年）巴尔卡特·古拉特·哈马杜（争取进步人民联盟）。

极度的水资源匮乏使其农业局限于放牧山羊与绵羊。其经济依靠为内陆国家埃塞俄比亚服务的向外运输的铁路与海港。由于政局稳定，近年来金融服务业有所发展。
货币： 吉布提法郎。

1888年吉布提沦为法国殖民地，称索马里兰。1977年获独立，更名吉布提。1981~1992年一党制政体。1992年恢复多党制政体。

正式名称： 吉布提共和国。
面积： 23,200平方公里（8,950平方英里）。
人口： 590,000（1995年估测；不包括大约45,000名索马里和埃塞俄比亚难民）。**人口倍增时间：** 32年。**人均寿命：** 男性46.7岁，女性50岁。**出生率：** 世界平均出生率的1.52倍。**死亡率：** 世界平均死亡率的1.73倍。**城区人口：** 81%。**首都：** 吉布提383,000（1995年估测）。**其他主要城市：** 阿里萨比耶4,000（1995年估测）。**语言：** 能听懂法语的人9%（官方语言），阿拉伯语7%（官方语言），索马里语61%，阿法尔语20%。**成人识字率：** 46%。**宗教：** 逊尼派伊斯兰教94%。

厄立特里亚

厄立特里亚是非洲红海之滨的一个共和国。尽管在沿海地区有地势较低的平原，但大部分国土都位于埃塞俄比亚高原的延伸部分。厄立特里亚包括达赫拉克群岛。
最高峰： 拉姆罗山2130米（6986英尺）。
气候： 厄立特里亚高温、干旱，属于热带气候。

共有130名议员的过渡国民议会包括70名执政的人民民主阵线（前厄立特里亚人民解放阵线）中央委员会成员以及由全民公决产生的60名代表（内含11位妇女代表）。国民议会选举产生总统，任期4年，并有权任命国务委员会。
主要政党：（民族主义的）人民民主阵线（见上）是过渡国民议会中的惟一政党。
总统：（独立至今）伊萨亚斯·阿费沃基（人民民主阵线）。

30年的独立战争摧毁了厄立特里亚的经济。重建其经济需要大量的外国援助。但是，厄立特里亚正在利用激昂的民族精神来鼓舞人民重新进行各种基础建设。许多到国外避难的厄立特里亚技术人员也已经返回了家园。大部分厄立特里亚人从事粮食生产，种植高粱；并且为制革业而饲养牲畜（主要出口产品）。但干旱依然是一个问题。过去厄立特里亚的工业强于许多非洲国家，目前，其制鞋业与纺织业正在复兴。它正在优先重建阿斯马拉至马萨瓦的铁路。

1890年厄立特里亚成为意大利的殖民地。1935~1936年其成为意大利征服埃塞俄比亚的基地。1941~1952年为英国托管。1952年厄立特里亚并入埃塞俄比亚。1962~1991年厄立特里亚的自治遭到埃塞俄比亚的镇压之后，厄立特里亚人民解放阵线展开了对埃塞俄比亚的独立斗争。1991年厄人阵协助颠覆了埃塞俄比亚政府。1993年在进行了得到国际社会认同的公民投票之后，宣布独立。

正式名称： 厄立特里亚。
面积： 117,400平方公里（45,300平方英里）。
人口： 3,530,000（1995年估测）。**人口倍增时间：** 24年。**人均寿命：** 男性46岁，女性46岁。**出生率：** 世界平均出生率的1.88倍。**死亡率：** 世界平均死亡率的1.94倍。**城区人口：** 15%。**首都：** 阿斯马拉367,000（1992年估测）。**其他主要城市：** 阿萨布50,000，克仑40,000，马萨瓦40,000（1992年估测）。**语言：** 提格雷尼亚语，49%（官方语言），作为第一语言使用的阿拉伯语少于1%（官方语言），阿法尔语4%，希达赖伯语、比伦语、库纳马语及其他少数民族语言。**成人识字率：** 约20%。**宗教：** 逊尼派伊斯兰教50%，埃塞俄比亚东正教50%。

索马里

索马里是位于"非洲之角"的共和国。其南部大多为低地势平原，而北方为干旱的山区。
最高点： 苏鲁德山2408米（7900英尺）。
气候： 气候炎热，大部分地区比较干燥，北方年降水量不超过330毫米（13英寸）。

最新的宪法规定，有171名代表的国民大会及总统均由全民普选产生。但自1991年起，索马里便没有一个有效的政府。

近2/3的劳动人口从事游牧活动或粮食种植。南方种植供出口的香蕉。但全国受干旱的影响十分严重。由于自1991年起的内战的影响，其大部分经济基础已遭破坏，饥荒四处蔓延。
货币： 索马里先令。

1886年索马里北部成为英国殖民地，同时南方为意大利所占据。1960年所有的索马里兰殖民地联合起来，获取独立，建立共和国。1969年穆罕默德·西亚德·巴雷将军领导了军事政变，建立起一个伊斯兰社会主义共和国。并且同苏联结盟。1977年爆发了同埃塞俄比亚的边界冲突。1991年巴雷将军的政权被政变所推翻。1991年以来，在几个派别之间爆发了激烈的内战。国家基础已遭彻底破坏，北方前英属索马里正在寻求独立。1992~1995年以美国为首的"联合国干涉行动"失败。

正式名称： 索马里。
面积： 637,000平方公里（246,000平方英里）。
人口： 6,730,000（1995年估测）。**人口倍增时间：** 22年。**人均寿命：** 男性45.4岁，女性48.6岁。**出生率：** 世界平均出生率的2.01倍。**死亡率：** 世界平均死亡率的1.99倍。**城区人口：** 37%。**首都：** 摩加迪沙，900,000（1995年估测）。**其他主要城市：** 基斯马尤90,000，哈尔格萨90,000，柏培拉80,000（1990年估测）。**语言：** 作为第一语言使用的阿拉伯语不足1%（官方语言），索马里语几乎100%。**成人识字率：** 24%。**宗教：** 逊尼派伊斯兰教，几乎100%。

东非

乌干达

乌干达是位于东非的一个内陆共和国，拥有大量的湖泊。其大部分领土都处于高原地区，高原的西端就是陡峭的大裂谷和鲁文佐里山脉，维多利亚湖位于乌干达东南部。

最高点： 恩加利马山（前称马格里塔峰）5118米（16,791英尺）。

气候： 位于赤道附近，属湿热的热带气候，在高原地区气候较为温和。

每隔5年，由全民普选产生总统（有权任命总理与内阁）以及一个由214人组成的无党派的国民代表大会。

主要政党：（1996年选举）（无党派的）民族抵抗运动（NPM）214席。

总统：（自1986年）约韦里·穆塞韦尼（民族抵抗运动）。

在20世纪90年代，乌干达经济的成功常被作为整个非洲大陆经济复苏的例证。但其不稳定因素，如争夺权力的斗争和内战，曾经在很大程度上破坏了这个国家的各项经济基础。包括艾滋病在内的许多问题仍在恶化，这种疾病在一些乡村地方导致了人口锐减。大约有超过3/4的劳动力从事农业劳动，他们种植大蕉、木薯和甜菜作为赖以生存的作物。咖啡是主要的出口商品，并且茶和棉花在乌干达也有种植。

货币： 乌干达先令。

正式名称： 乌干达共和国。
面积： 241,040平方公里（93,070平方英里）。**人口：** 18,660,000（1995年估测）。**人口倍增时间：** 19年。**人均寿命：** 男性51.4岁，女性54.7岁。**出生率：** 世界平均出生率的2.06倍。**死亡率：** 世界平均死亡率的1.52倍。**城区人口：** 12%。**首都：** 坎帕拉773,000（1991年普查；包括郊区）。**其他主要城市：** 金贾61,000，姆巴莱54,000（1991年普查）。**语言：** 斯瓦希里语，作为第一语言，不足1%，能够被听懂35%（官方语言），英语，能够被听懂1%（官方语言），干达语18%，泰索语9%，索加语8%，安科莱语8%，吉苏语7%，卡夸语7%，兰戈语6%，卢旺达语6%，阿乔利语、卢格巴拉语、尼奥罗语、托罗语及其他少数民族语言。**成人识字率：** 48%。**宗教：** 罗马天主教50%，圣公会26%，传统信仰13%，逊尼派伊斯兰教7%，各派新教4%。

1894年沦为英国的"保护国"，1962年获得独立。1962～1971年米尔顿·奥博托统治着乌干达，他镇压了传统的王朝（布于达，一个曾经具有长久影响力的王朝），1971年艾迪·阿明将军发动政变，夺取政权。政治权利及公民权利被剥夺了，持不同政见者遭到处决。亚洲移民被驱逐。1979年由坦桑尼亚军事力量支持的政变推翻了阿明将军，奥博托恢复了其职位。1985年奥博托在政变中倒台。1996年，新宪法产生，但政党依然受严格限制。

肯尼亚

肯尼亚是位于非洲印度洋沿岸的一个共和国。肯尼亚的中部地区是一片高原，被由北至南贯穿全境的东非大裂谷分割开来。高原从肯尼亚中部向西延伸至维多利亚湖，向东延伸至沿海的平原地区。

最高点： 肯尼亚山5199米（17,058英尺）。

气候： 沿海地区位于赤道附近，属湿热的热带气候。高原地区气温相对较低，降雨量很大。北方地区则十分干燥、炎热。

每隔5年，由全民普选选举产生总统，由他任命内阁成员。在国民议会的202名议员中，有188名是每隔5年由直接选举产生的，另有12名由总统指定，此外还有2名当然的议员。

主要政党：（1992年选举）（前垄断的）肯尼亚非洲民族同盟（KANU）100席，（中间派）肯尼亚民主恢复论坛31席，（中间派）正统民主恢复论坛31席，民主党26席。无党派及其他党派14席。

总统：（自1978年）丹尼尔·阿拉普·莫依（肯盟）。

肯尼亚有近1/4的劳动力从事农业。主要农作物有小麦和玉米，供国内消费。咖啡、茶叶、西沙尔麻和蔗糖则供出口。肯尼亚有大量的牛被饲养着，并且它还是非洲少数几个具有生产大量日用工业品能力的国家之一。旅游业是其主要的外汇来源。经济方面的困难主要有高失业率、公职部门的冗员及公众的健康问题（包括艾滋病）。

货币： 肯尼亚先令。

1895年英国在东非建立起其保护领地（今肯尼亚）。1952～1956年茅茅组织起义反抗英国统治。1963年肯尼亚独立。1963～1978年约莫·肯亚特统治着肯尼亚。1969～1991年一党制政体。1991年恢复多党制政体。1997年日渐高涨的反对势力活动引起了社会动荡。

正式名称： 肯尼亚共和国。**面积：** 582,646平方公里（224,961平方英里）。**人口：** 28,630,000（1995年估测）。**人口倍增时间：** 21年。**人均寿命：** 男性54.2岁，女性57.3岁。**出生率：** 世界平均出生率的1.78倍。**死亡率：** 世界平均死亡率的1.26倍。**城区人口：** 20%。**首都：** 内罗毕1,678,000（1993年估测；包括郊区）。**其他主要城市：** 蒙巴萨465,000，基苏木185,000，纳库鲁163,000（1989年估测）。**语言：** 作为第一语言使用斯瓦希里语1%，但能听懂占66%（官方语言），英语8%，吉库尤语21%，卢西亚语14%，卢奥语13%，康巴语11%，卡伦金语11%，胡西语6%，梅鲁语5%，尼卡语5%，马萨语、特科纳语和安布语等其他少数民族语言。**成人识字率：** 69%。**宗教：** 罗马天主教26%，传统信仰19%，各派新教19%，非洲基督教18%，圣公会7%，逊尼派伊斯兰教6%。

■ 肯尼亚察沃东部国家公园内的水牛群。

布隆迪

布隆迪是一个面积狭小而人口稠密的内陆共和国。它位于非洲中部的大湖区。其大部分国土位于高原之上。这里的高原是从西部的坦噶尼喀湖延伸过来的。

最高点：赫拉山2685米（8,809英尺）。

气候：热带低地气候，炎热而潮湿。而山区的气温较低一些。

总统由全民普选产生，任期5年。由他来任命总理与内阁。而81名议会议员也是每隔5年由直接选举产生。

主要政党：（1993年选举）布隆迪民主阵线65席，（前垄断的）民族进步同盟16席。

总统：（自1996年）马伊·皮埃尔·布尤亚（军事独裁）。

总理：（自1996年）帕斯卡尔·尼米拉（无党派）。

有超过90%的劳动力从事农业，主要生产国内所需的粮食。而茶叶和咖啡主要供出口，其中咖啡占布隆迪对外出口总数的80%以上。由于不断的部族冲突和近来的内战，布隆迪的经济遭到了巨大的破坏。

货币：布隆迪法郎。

1890年布隆迪的少数民族图西族人建立了王国，统治着占人口大多数的胡图族人，并成为德国的殖民地。1919年卢旺达—乌隆迪的托管领地划归比利时管辖之下。1962年王国独立。此前，胡图族与图西族多次发生冲突。1966年军事政变，共和国宣告独立。1972年被废黜的国王遇害，这引起了胡图族的大屠杀。自从1972年起，反复不断的军事政变和种族关系的动荡不宁，其中包括第一任民选（胡图族）总统于1993年被图西族的军队暗杀之后的又一轮种族屠杀。1995年，胡图族难民从卢旺达大量流入布隆迪。1996年发生了军事政变和进一步的种族屠杀，随之而来的便是胡图族人被大量地从城市赶到了乡村。

正式名称：布隆迪共和国。
面积：27,816平方公里（10,740平方英里）。
人口：5,900,000（1995年估测）。
人口倍增时间：22年。
人均寿命：男性50岁，女性54岁。
出生率：世界平均出生率的1.88倍。
死亡率：世界平均死亡率的1.6倍。
城区人口：6%。
首都：布琼布拉236,000（1990年普查；包括郊区）。**其他主要城市**：基特加21,000（1990年普查）。
语言：隆迪语98%（官方语言），9%的人听懂法语（官方语言）。
成人识字率：35%。
宗教：罗马天主教65%，无宗教信仰19%，传统信仰19%，各派基督教新教16%。

卢旺达

卢旺达是位于中非大湖地区的一个人口稠密的小内陆国家。卢旺达有一半以上的国土为山地，其余部分也主要是丘陵地区。

最高点：卡里辛比山4507米（14,787英尺）。

气候：属多雨的热带气候，湿润的高原地区相对较为凉爽。

有一个由74人组成的过渡国民议会。但自从1994年以来，宪法一直未生效，政党也没有任何作用。政权由卢旺达爱国阵线（FPR）所掌握，并由这一组织任命总统、总理和政府成员。

总统：（自1994年）巴斯德·比齐蒙古（卢旺达爱国阵线）（然而，实际权力却由副总统保罗·卡加 梅一直掌握着）。

总理：（自1996年）皮埃尔·塞莱斯坦·赫维盖马（卢旺达爱国阵线）。

在1994年，由于内战和种族大屠杀，其经济遭到严重破坏。目前，卢旺达无法帮助其大量难民从刚果（前扎伊尔）返回国内。国际援助帮助着大量的难民。大多数卢旺达人是农民。在基伍湖下，蕴藏着大量未开发的天然气资源。

货币：卢旺达法郎。

1890年建立卢旺达王国。由少数图西族人统治着胡图族人，处于德国的殖民统治之下。1919年卢旺达—乌隆迪的部分领地由比利时托管。1961年图西族王国被推翻，许多图西族人被放逐。1962年共和国独立。1978～1991年，实行一党制。1990～1991年，侨居乌干达的图西族流亡者组织，从乌干达侵入卢北部地区。1994年当总统遇刺之后，政府军发生暴乱。在随之发生的种族冲突中，胡图族军队屠杀了50多万图西族人。有超过200万的胡图族人也流离失所。卢旺达爱国阵线取得了政权。国际力量试图维持其和平。1996～1997年，成千上万由于内战而离开家园的胡图族难民从扎伊尔返回国内。

正式名称：卢旺达共和国。
面积：26,338平方公里（10,169平方英里）。
人口：6,700,000（1995年估测）。
人口倍增时间：21年。
人均寿命：男性45.8岁，女性48.9岁。
出生率：世界平均出生率的1.76倍。
死亡率：世界平均死亡率的1.8倍。
城区人口：5%。
首都：基加利120,000（1994年估测）。**其他主要城市**：鲁汉格利25,000（1994年估测）。
语言：卢旺达语，几乎100%（官方语言），法语（能够被听懂）8%（官方语言）。
成人识字率：60%。
宗教：罗马天主教44%，传统信仰28%，各派新教10%，逊尼派伊斯兰教占少数。

坦桑尼亚

坦桑尼亚为东非共和国，从印度洋沿岸和桑给巴尔群岛一直延伸到中非的大湖区。大陆部分，前坦噶尼喀地区包括一片由大裂谷划分开的无树覆盖的高原和一条南北走向的山脉，其最高峰为乞力马扎罗山，此山也为非洲最高峰。桑给巴尔则包括桑给巴尔岛、奔巴岛及其他一些小型岛屿。

最高点：乞力马扎罗山5894米（19,340英尺）。

气候：属湿热的热带气候，山区较为凉爽，乞力马扎罗山还有一个较小的冰帽。

由全民普选产生的总统任期5年，他任命内阁成员，在244名国民议会议员中，有169名通过直接选举产生，任期5年（其中有119人来自大陆部分，另外50名来自桑给巴尔）。另有15名议员与15名妇女议员由议会选举产生，5名由桑给巴尔地方政府选定，还有25名当然议员（地方权力机构负责人）和15名由总统指定的议员。桑给巴尔为其自治区，其总统自动作为坦桑尼亚副总统。

主要政党：（1995年选举）（前左翼独裁的）坦桑尼亚革命党（CCM）182席，其他（包括桑给巴尔政党、指派的议员及当然议员）62席。

总统：（自1995年）本亚明·姆卡帕（坦桑尼亚革命党）。

总理：（自1995年）弗里德里克·苏马耶（坦桑尼亚革命党）。

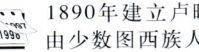 80%以上的劳动力从事农业。商业作物包括咖啡、棉花（两者共占出口总份额的40%强）以及腰果和茶叶。矿产资源包括金刚石与黄金。经济方面的主要困难有高失业率和人口的高速增长以及低效的政府机构。尽管尼雷尔总统的自力更生与平均主义的社会主义政策大部分已经被废除了，但坦桑尼亚仍落后于肯尼亚与乌干达。

货币：坦桑尼亚先令。

1884年坦桑尼亚的大陆部分沦为德国殖民地。1890年桑给巴尔处于英国统治之下。1919年大陆部分成为英托管地坦噶尼喀。1961年坦噶尼喀独立，1961～1985年朱利叶斯·尼雷尔（1965年以后执政）建立了社会主义一党制政体。1963年桑给巴尔独立。1964年，坦噶尼喀与桑给巴尔联合成立坦桑尼亚。1992年恢复了多党制。

桑给巴尔自治区
桑给巴尔
面积：1554平方公里（601平方英里）。
人口：376,000（1988年普查）。
首府：桑给巴尔。

正式名称：坦桑尼亚联合共和国。
面积：942,799平方公里（364,017平方英里）。
人口：28,070,000（1995年估测）。
人口倍增时间：27年。
人均寿命：男性41.5岁，女性45岁。
出生率：世界平均出生率的1.82倍。
死亡率：世界平均死亡率的2.09倍。
城区人口：24%。
首都：多多马（立法首府或指定首都），人口204,000；达累斯萨拉姆（行政首都），人口1,361,000（1988年普查；包括郊区）。
其他主要城市：姆万扎223,000，坦噶188,000，桑给巴尔158,000（1989年估测）。
语言：斯瓦希里语（作为第一语言）9%，能够被听懂89%（官方语言），英语，能够理解3%（官方语言），尼亚姆维奇语21%，赫赫语7%，马康迪语6%，哈亚语6%，尼库萨语5%，拉古鲁语5%，圣巴拉语4%，戈戈语4%，哈语、依拉巴语、瑶语及其他少数民族语言。
成人识字率：69%。
宗教：传统信仰35%，逊尼派伊斯兰教35%，各派基督教（主要包括罗马天主教、圣公会、路德教派）30%。

图西族人仍然是传统的游牧民族，而胡图族人则从事耕种

印度洋

莫桑比克

莫桑比克共和国位于非洲东南部，顺着印度洋沿岸延展近2500公里（1600英里）。赞比西河将莫桑比克分成了北部的高原与南部的低地。莫桑比克的大部分领土是由南部非洲最大的沿海平原构成。

最高点：宾加山2436米（7992英尺）。

气候：属热带气候，从11月至次年3月间气温最高、降雨最多。

由全民普选产生总统及有250名成员的议会，任期均为5年。由总统任命一个以总理为首的内阁委员会。

主要政党：（1995年选举）莫桑比克解放阵线（Frelimo）129席，（右翼前游击运动）莫桑比克全国抵抗运动（Renamo）112席，民主联盟（UD）9席。

总统：（自1986年）阿金·阿尔贝托·希萨诺（莫解阵）

总理：（自1994年）斯科亚尔·曼努埃尔·莫昆比（莫解阵）。

80%以上的劳动力从事维持生计的农业生产，主要种植木薯与玉米。棉花是其主要商品作物。渔业是其主要外汇来源，小虾与大虾占其出口份额近一半。由于持续的战争和干旱，其经济及许多基础设施均遭到破坏，饥荒仍有发生。莫桑比克通常被认为是世界上最贫穷的国家。

货币：梅蒂卡尔。

1964年莫桑比克解放阵线发动了一针对葡萄牙统治的游击战争。1975年在葡萄牙统治近450年后，莫桑比克获得独立。1976～1992年由于莫桑比克全国抵抗运动游击活动的影响，内战遍起（莫桑比克全国抵抗运动是由白人统治下的南非支持的）。1989年实行自由市场经济。1992年内战停火。1995年举行了第一次多党自由选举。

■ 莫桑比克的正在腐朽的船只。其运输业遭到很大的破坏（1976～1992）。

正式名称：莫桑比克共和国。**面积**：812,379平方公里（313,661平方英里）。**人口**：17,890,000（1995年估测）。**人口倍增时间**：26年。人均寿命：男性44.9岁，女性48岁。**出生率**：世界平均出生率的1.82倍。**死亡率**：世界平均死亡率的1.97倍。**城区人口**：28%。**首都**：马普托932,000（1991年估测）。**其他主要城市**：贝拉299,000，楠普拉250,000，纳卡拉104,000（1991年估测）。**语言**：葡萄牙语（作为第一语言使用者）1%，但能被广泛理解（官方语言），马库阿语28%，巴通加语12%，塞纳语9%，洛姆维语8%，绍纳语7%，茨瓦语6%，库阿巴语6%，兰加语4%。**成人识字率**：40%。**宗教**：传统信仰48%，罗马天主教31%，逊尼派伊斯兰教13%，各派基督教新教。

马达加斯加

马达加斯加共和国是由印度洋上的世界第四大岛及其他小岛所组成的一个岛国。山脉构成了一条从北至南纵贯全岛的脊梁。东部是狭窄的海岸平原，西部为肥沃的平原及低矮的高地。

最高点：察拉塔纳纳山2876米（9436英尺）。

气候：属热带气候，高原较为凉爽，北部有季风性降雨，但其南部趋于干旱。

由全民普选产生总统（负责任命总理为首的内阁委员会），任期7年。国民议会的138名议员也由选举直接产生，任期5年。

主要政党：（1993年选举）（民族主义的）拉扎拉马派有生力量卡特尔46席，争取马达加斯加独立全国运动15席，火炬领袖协会13席，各地区共同发展组织11席，聚合社8席，社会主义及民主联盟8席，复兴独立大会党5席，拉扎拉马派有生力量全国发展与民主联盟5席，其他党派27席。

总统：（自1997年）迪迪尔·拉兹拉卡（各地区共同发展组织及其领导下的多党联盟）

总理：（自1995年）埃马纽埃尔·拉库图瓦希尼（正义派民主与发展联盟）。

超过4/5的劳动力从事农业。酸性土壤侵蚀是其农业的一个主要问题。主要出口作物为咖啡和香草；而稻米和木薯则主要供国内消费。马达加斯加是一个重要的铬产地。

货币：非洲金融共同体法郎。

1895～1897年马达加斯加被法国吞并，废除了君主制。1896～1904年继续反抗法国统治。1947～1948年反对法国统治的起义被镇压下去，造成大量人员死亡。1960年获得独立。1972年军事政变。1972～1991年左翼一党专政。1976年爆发了马达加斯加人与科摩罗移民之间的种族暴力冲突，伤亡惨重。80年代中期，受苏联的影响。1992年恢复了多党制政体。

正式名称：马达加斯加共和国。**面积**：587,041平方公里（226,658平方英里）。**人口**：14,760,000（1995年估测）。**人口倍增时间**：22年。**人均寿命**：男性55岁，女性58岁。**出生率**：世界平均出生率的1.76倍。**死亡率**：世界平均死亡率的1.27倍。**城区人口**：24%。**首都**：塔那那利佛1,053,000（1993年普查，包括郊区）。**其他主要城市**：图阿马西纳127,000，安齐拉贝120,000，马任加101,000（1993年普查）。**语言**：马尔加什语，99%（官方语言），法语，能够被听懂，10%以上（官方语言）。**成人识字率**：80%。**宗教**：传统信仰55%，罗马天主教20%，马达加斯加新教20%，逊尼派伊斯兰教占少数。

■ 莫桑比克人均年收入不足80美元 ■

毛里求斯

毛里求斯是印度洋上马达加斯加东部的一个岛屿共和国。中部是高原，四周环绕着群山。（毛里求斯16世纪被葡萄牙人发现时并无人居住。）该共和国包括罗德里格斯岛和阿加莱加群岛。

最高点： 小黑河峰826米（2711英尺）。

气候： 亚热带气候，但每年12至次年4月气温高。高原山地降雨量很大。

70名成员的立法议会中有62名通过普选产生，任期5年。其余8名由总统任命，代表全岛少数民族利益。总统的职责多为礼仪性，由议会选举，任期5年。总统任命议会多数党领袖为总理，总理继而任命内阁。

主要政党：（1995年选举）（中—左联盟）毛里求斯劳动党（PTM）以及毛里求斯军事运动党（MMM）62席，罗得里格斯人民组织（OPR）2席，其他4席。

总统：（自1992年）卡萨姆·乌蒂姆（毛里求斯劳动党—毛里求斯军事运动党）。

总理：（自1995年）纳文·拉姆古兰博士（毛里求斯劳动党；毛里求斯劳动党—毛里求斯军事运动党政府）。

旅游业（主要的外汇收入来源）和甘蔗的出口占经济主导地位。也种植茶叶、水果、玉米和烟草。政府鼓励多种经营，服装工业愈显重要。

货币： 毛里求斯卢比。

1965年迪戈加西亚岛从毛里求斯分裂出来成立英属印度洋领地。1968年结束英国150多年的统治而独立。1992年共和国宣布成立。

正式名称： 毛里求斯共和国。
面积： 2040平方公里（788平方英里）。
人口： 1,130,000（1995年估测）。
人口倍增时间： 52年。**人均寿命：** 男性65.6岁，女性73.4岁。**出生率：** 世界平均出生率的0.81倍。**死亡率：** 世界平均死亡率的0.73倍。**城区人口：** 41%。**首都：** 路易港143,000（1992年估测）。**其他主要城市：** 瓦科阿-菲尼克斯城区167,000（瓦科阿和菲尼克斯92,000；居尔皮普75,000），博巴森-罗斯希尔166,000（博巴森和罗斯希尔94,000；卡特勒·博尔纳72,000）（1992年估测）。
语言： 英语作为第一语言不到1%，但普遍能听懂（官方语言）；克里奥耳法语70%，比哈尔方言20%，还有印地语、泰米尔语、马拉塔语以及其他少数民族语言。
成人识字率： 80%。
宗教： 印度教50%，罗马天主教27%，逊尼派伊斯兰教16%，还有各种新教。

塞舌尔

塞舌尔是印度洋上的一个共和国，由40多座山的花岗岩岛和70多座小珊瑚岛组成。

最高点： 马埃岛上的塞舌尔山906米（2972英尺）。

气候： 宜人的热带海洋性气候，多雨。

人民议会有33名成员，任期5年，其中22名成员由普选产生，另外11名按比例代表制由各党提名。总统兼政府首脑，也是通过直接选举产生，任期5年。总统任命内阁。

主要政党：（1993年选举）（前左翼惟一执政党）人民进步阵线（SPPF）28席，（保守派）民主党（DP）4席，（联盟）联合反对阵线1席。

总统：（自1977年）阿尔贝·勒内（人民进步阵线）。

经济主要依靠旅游业，1/3以上的劳动力从事该行业。渔业有所壮大—罐装金枪鱼是主要的出口产品。塞舌尔群岛有很大的收支平衡能力。

货币： 塞舌尔卢比。

1976年独立，结束英国180多年的统治。1977年左翼政变；建立一党制。1981年白人雇佣部队企图发动政变。1991年恢复多党制。

正式名称： 塞舌尔共和国。
面积： 455平方公里（176平方英里）。
人口： 75,000（1995年估测）。**人口倍增时间：** 45年。**人均寿命：** 男性66岁，女性73岁。**出生率：** 世界平均出生率的0.92倍。**死亡率：** 世界平均死亡率的0.82倍。**城区人口：** 59%。**首都：** 维多利亚30,000（1992年估测）。
语言： 克里奥耳语92%（官方语言），英语作为第一语言3%，但普遍能听懂（官方语言），法语作为第一语言1%（官方语言）。
成人识字率： 84%。
宗教： 罗马天主教88%，英国圣公会教6%，各种新教。

英属印度洋领地

正式名称和地位： 英属印度洋领地；英国的附属国。
面积： 60平方公里（23平方英里）。
人口： 无永久居民，迪戈加西亚岛上有2900名军事人员（主要是美国人）。
地理： 该领地由印度洋上查戈斯群岛中5个环状珊瑚岛组成。

科摩罗

科摩罗是马达加斯加和莫桑比克之间的由三座岛屿组成的联邦共和国。最大的岛屿是大科摩罗岛，干旱多山石，高耸着一座活火山（卡尔塔拉山）。昂儒昂岛是腐蚀严重的火山断层块。莫埃利岛（有时也读作莫瓦利）是有肥沃谷地的森林高原。

最高点： 卡尔塔拉山2361米（7746英尺）。

气候： 岛屿热带气候，一年中5-10月干旱，其他月份多雨。

总统（任命以总理为首的内阁）通过普选产生，任期5年。每岛政府各提名5人，组成有15人的参议院（上院），任期6年。42名成员的议会（下院）通过直接选举产生，任期5年。1996年宪法提高了三岛的自治权。

主要政党：（1996年选举）（民族主义）争取变革与民主联盟（RDR）36席，（伊斯兰原教旨主义）正义民族阵线（FNJ）3席，无党派者4席。科摩罗反对派全国民主联盟（UNDC）和（前垄断党）科摩罗进步联盟（乌吉玛党）联合抵制选举。

总统：（自1996年）穆罕默德·塔吉·阿卜杜尔卡里姆（科摩罗反对派全国民主联盟）。

总理：（自1994年）赛义德·阿里·穆罕默德（无党派）。

土壤贫瘠且流失严重，人口众多以及资源贫乏使这些落后的岛屿成为世界上最贫穷的国家之一。从事服务行业的人口不到5%。50%以上的劳动力从事农业生产以维持生计，主要产品有香蕉、椰子和木薯，而香草、依兰香油精和丁香为出口产品。

货币： 科摩罗法郎。

留尼汪

正式名称和地位： 留尼汪；法国的海外省，是法兰西共和国的组成部分。
面积： 2542平方公里（982平方英里），包括印度洋上的一些小岛即格洛里厄斯群岛、新胡安岛、特罗姆兰岛、印度礁和欧罗巴岛。
人口： 660,000（1995年估测）。
首府： 圣但尼122,000（1990年普查）。
地理： 留尼汪岛是一个地势崎岖多森林的热带火山岛，位于印度洋上的马达加斯加以西约800公里（500英里）。
经济： 甘蔗占经济主导地位，占出口总量的70%以上。还种植烟草和香草。

1912年科摩罗四岛成为法国殖民地。1974年三岛（现在的共和国）投票决定独立，并单方面加以宣布；马约特岛（第四个岛屿）仍由法国管辖，但科摩罗没有放弃索要该岛。1978～1990年伊斯兰教一党制。1990年恢复多党制。1995年外国雇佣军企图发动政变，被法国军队镇压；乔哈尔总统被扣作人质。

正式名称： 科摩罗伊斯兰联邦共和国。
面积： 1862平方公里（719平方英里），不包括马约特岛。
人口： 545,000（1995年估测）。
人口倍增时间： 20年。
人均寿命： 男性56岁，女性60岁。
出生率： 世界平均出生率的1.84倍。
死亡率： 世界平均死亡率的1.18倍。
城区人口： 29%。
首都： 莫罗尼24,000（1991年普查）。
其他主要城市： 穆察穆杜15,000（1991年普查）。
语言： 科摩罗语99%（官方语言），法语18%（官方语言），阿拉伯语2%（官方语言）。
成人识字率： 53%。
宗教： 逊尼派伊斯兰教99%，罗马天主教1%。

科摩罗岛屿

莫埃利或莫瓦利
面积： 290平方公里（112平方英里）。
人口： 24,000（1991年普查）。
首府： 丰博尼。

昂儒昂
面积： 424平方公里（164平方英里）。
人口： 189,000（1991年普查）。
首府： 穆察穆杜。

大科摩罗
面积： 1148平方公里（443平方英里）。
人口： 234,000（1991年普查）。
首府： 莫罗尼。

马约特岛

正式名称和地位： 马约特岛；法国领土的一部分，介于海外省和海外领地之间，是法兰西共和国的一个组成部分。（科摩罗坚持索要马约特岛作为其领土的组成部分。）
面积： 376平方公里（145平方英里）。
人口： 120,000（1995年估测）。
首府： 马穆楚20,500（1994年估测）。
地理： 马约特岛是科摩罗群岛中最靠东南的岛屿（直到1975年科摩罗其他三岛单方面宣布独立，该岛从政治上讲是构成科摩罗群岛的一部分）。
经济： 马约特岛依靠法国的援助和投资以及出口香草和依兰香油精。

■ 毛 里 求 斯 是 现 已 绝 种 的 渡 渡 鸟 的 产 地 ■

西非 I

冈比亚

冈比亚是位于西非海岸的一个狭长的共和国，不超过50公里（31英里）宽，热带丛林和草原贯穿该国。在冈比亚河两岸是350公里（219英里）的内陆。

最高点：塞内加尔边境上未命名高地43米（141英尺）。

气候：热带气候，11月~次年5月是旱季。

根据宪法规定，通过普选产生总统，任期5年。总统任命副总统，而由副总统领导政府中各部长。宪法规定众议院由50名议员组成，其中36名通过直接选举产生，任期5年，5名是传统议会选派的酋长议员，总检查长1名，以及8名由总统任命的议员。1994年宪法被中止。

总统：（自1996年，并自1994年是国家元首和政府首脑）亚雅·贾梅。

60%以上的劳动力从事农业生产，农产品有花生、黍、水稻和玉米。但是，旅游是经济支柱，占国民收入的50%以上。

货币：达拉西。

正式名称：冈比亚共和国。
面积：10,689平方公里（4127平方英里）。
人口：1,120,000（1995年估测）。
人口倍增时间：28年。
人均寿命：男性43.4岁，女性46.6岁。
出生率：世界平均出生率的1.76倍。
死亡率：世界平均死亡率的2.09倍。**城区人口**：37%。
首都：班珠尔城区271,000（城市42,000；萨拉昆达103,000，巴考24,000；1986年估测；包括郊区）。
语言：英语约5%（官方语言），曼丁哥语34%，富拉语16%，沃洛夫语13%，奥迪拉语9%，还有索宁克族和其他少数民族语言。
成人识字率：27%。
宗教：逊尼派伊斯兰教95%，原始宗教2%，还有新教和罗马天主教。

1965年独立，结束英国120多年的殖民统治。1965~1994年期间冈比亚是西非惟一实行多党制的国家。1980~1989年与塞内加尔邦联未成功。1994年军事政变：武装力量执政委员会成立。

几内亚比绍

几内亚比绍是西非海岸的小共和国。国土的大部分地势低洼，多沼泽沿海低地，近海岛屿以及平坦的森林内陆平原。东北部是高原。

最高点：富塔贾隆高原上未命名高地180米（591英尺）。

气候：热带气候，多雨，12月~次年5月是旱季。

总统（任命总理和内阁）和100名全国人民议会议员通过普选产生，任期5年。

主要政党：（1994选举）（左翼前惟一执政党）几内亚和佛得角非洲独立党（PAIGC）62席，（地区的）巴法塔运动党19席，几内亚比绍抵抗运动（PRS）和联盟党（包括变革联合会）19席。

国家元首：（自1980年）若奥·贝尔纳多·维埃拉（几内亚和佛得角非洲独立党）。

总理：（自1994年）马纽埃尔·萨迪尼诺（几内亚和佛得角非洲独立党）。

该国是世界生活水平最低的国家之一。其维系生存的经济是稻米。腰果（以几内亚比绍的卡谢乌命名）、花生和冻鱼为出口产品。

货币：几内亚比绍比索。

1879年成为葡萄牙的殖民地。1961~1974年通过和平手段争取独立失败，几内亚和佛得角非洲独立运动（见上文）升级为解放战争。1973年宣布独立。1974年葡萄牙承认其独立。1974~1991年实行一党制。1991年实行多党制。

正式名称：几内亚比绍共和国。
面积：36,125平方公里（13,948平方英里）。
人口：1,075,000（1995年估测）。
人口倍增时间：33年。**人均寿命**：男性41.9岁，女性45.1岁。**出生率**：世界平均出生率的1.71倍。**死亡率**：世界平均死亡率的2.29倍。**城区人口**：20%。
首都：比绍145,000（1992年估测，包括郊区）。**其他主要城市**：巴法塔15,000，卡谢乌14,000（1992年估测）。
语言：第一语言葡萄牙语8%（官方语言），但能听懂的占44%，克里奥耳语（克里奥耳语葡萄牙语）36%，富拉语16%，巴兰特语15%，还有曼丁哥、曼贾克以及其他少数民族语言。**成人识字率**：55%。
宗教：原始宗教65%，逊尼派伊斯兰教30%，少数罗马天主教。

塞内加尔

塞内加尔是西非海岸的一个共和国。其领土几乎被狭长的冈比亚共和国分割成两部分，南部是冈比亚河谷。塞内加尔大部分地区地势低洼，并覆盖着热带草原。富塔贾隆山脉在最南端。

最高点：富塔贾隆山581米（1906英尺）。

气候：暖湿的热带气候，10月~次年6月是明显的旱季。

总统任命总理和其他部长，通过普选产生，任期7年。国民议会代表按比例选举产生，任期5年。

主要政党：（1993选举）（前惟一执政党）社会党（PS）103席，（自由派）社会民主党（PDS）27席。

总统：（自1981年）阿卜杜拉·迪乌夫（社会党）。

总理：（自1991年）哈比卜·锡亚姆（社会党）。

农业人口占劳动力的65%。花生和棉花为出口产品，而水稻、玉米、小米、高粱和蔬菜用于国内消费。渔业是主要工业，罐装鱼、鲜鱼和贝类占该国出口总量的四分之一。高失业率是该国的一个社会问题。

货币：非洲金融共同体法郎。

20世纪早期政治意识的提高大大促进了法属非洲民族主义的发展。1959~1960年试图与马里联邦。1960年独立，结束了法国300多年的殖民统治。1960~1980年亲法诗人利奥波德·桑戈尔任总统。1966~1974年实行一党制。1974年建立多党制。1980~1989年与冈比亚联邦失败。

正式名称：塞内加尔共和国。
面积：196,712平方公里（75,951平方英里）。
人口：8,310,000（1995年估测）。人口倍增时间：26年。人均寿命：男性48.3岁，女性50.39岁。出生率：世界平均出生率的1.72倍。死亡率：世界平均死亡率的1.72倍。城区人口：41%。**首都**：达喀尔1,730,000（1992年估测；包括郊区）。**其他主要城市**：捷斯201,000，考拉克180,000，济金绍尔149,000，圣路易126,000（1992年估测；包括郊区）。
语言：法语5%（官方语言），沃洛夫语48%，但能听懂的占79%，富拉语22%，谢列尔语13%，迪乌拉语5%，还有曼丁哥和其他少数民族语言。**成人识字率**：27%
宗教：逊尼派伊斯兰教94%，罗马天主教5%。

■ 塞内加尔总统桑戈尔是位诗人，还是法兰西学院院士 ■

塞拉利昂

塞拉利昂是西非海岸的一个共和国。其高原和山脉延伸至宾蒂马尼山峰构成了这个热带大草原内地。多沼泽的沿海平原覆盖有少量森林。

最高点：宾蒂马尼山峰1948米（6390英尺）。

气候：湿热的热带气候，11月～次年6月是明显的旱季，6～9月是雨季。

宪法规定，总统由普选产生，任期5年，总统任命内阁。议会由80名成员组成，其中68名由选民直接选举产生，任期5年，其余12名为部落酋长。1997年军事政变后中止宪法。

总统：（自1997年）科罗马·约翰尼少将。

塞拉利昂是世界上最贫穷的国家之一，农业人口占劳动力的60%以上，种植水稻、木薯、豆子和黍。生产咖啡和可可供出口。主要出口商品是钛矿、钻石和铝土矿，但内战和不断的动乱已破坏了经济和许多基础设施。许多钻石产品现在都是通过走私而不是贸易出国。弗里敦和乡村有着明显的差别：弗里敦有相当多的克里奥耳人（自由奴隶的后裔）居住，比乡村的生活水平高许多。

货币：利昂。

1896年塞拉利昂内地也成为英国在1808年建立的海岸殖民地。1961年独立。1967年有争议的选举后，发生军事政变。

正式名称：塞拉利昂共和国。
面积：71,740平方公里（27,699平方英里）。
人口：4,510,000（1995年估测）。
人口倍增时间：26年。
人均寿命：男性41.4岁，女性44.6岁。
出生率：世界平均出生率的1.92倍。
死亡率：世界平均死亡率的2.32倍。
城区人口：35%。
首都：弗里敦城区600,000（城市505,000；科伊杜80,000；1992年估测；包括郊区）。

1968～1985年夏卡·史蒂文斯统治下的一党制国家。1985年理论上恢复多党制。1991年游击队员占领东部大部分地区。1992年瓦伦丁·斯特拉瑟领导军事政变。1992～1996年内战：国家逐步进入无政府状态。1996年弗里敦发动军事政变；乡村仍控制在叛军手中；斯特拉瑟被流放；恢复多党制人民统治。1997年军事政变；尼日利亚领导下的西非地区武装力量干涉失败。游击队运动在东部再次活跃。

其他主要城市：科伊杜见弗里敦，博城50,000（1992年估测；包括郊区）。
语言：英语16%（官方语言），克里奥耳语（英语混合语，各种混合方言）95%，曼迪语35%，泰姆奈语32%，林姆巴语8%，科诺语5%，还有富拉语，布勒姆－舍布罗语以及其他少数民族语言。
成人识字率：21%。
宗教：逊尼派伊斯兰教60%，原始宗教30%，还有少数新教和罗马天主教。

佛得角

佛得角是北大西洋上的岛屿共和国，是西非最欧化的国家。（3/4的人口是葡萄牙人和非洲黑人的后裔。）国土由十座半干旱的火山岛组成，东距塞内加尔455公里（285英里）。15世纪这些岛屿被发现时，尚无人居住。

最高点：福古火山（活火山）2829米（9281英尺）。

气候：东北风使得气候凉爽，气温很少超过27℃（80°F）。降雨量很低，来自凉爽海面水汽的水分同降雨得到的一样多。平均降雨量仅有60毫米（2½英寸）左右。这是终年盛行从撒哈拉沙漠吹来的干热东北信风的结果。

总统（任命总理和内阁）和82名成员的全国人民议会由普选产生，任期5年。议会包括住在国外的佛得角人的3个席位。

主要政党：（1995年选举）（中间派）争取民主运动（MPD）50席，（社会主义前惟一执政党）佛得角非洲独立党（PAICV）20席，佛得角民主独立联盟（PCD）1席，佛得角人海外代表3席，其他8席。
总统：（自1991年）安东尼奥·马斯卡雷尼亚斯·蒙特罗（争取民主运动）。
总理：（自1991年）卡洛斯·维加（争取民主运动）。

自1968年以来，佛得角一直遭受严重的旱灾。水源匮乏阻碍了农业发展，并且使佛得角口粮90%依赖进口，种植香蕉出口。政府已利用海外援助和投资来实施水土保护措施，阻止岛屿的逐步沙漠化。渔业为主要产业，占出口总量的2/3。居住在海外，主要是北美的70万佛得角人寄回的外币对该国经济极其重要。该国的生活水平比这一地区的其他任何一个国家都要高许多。

货币：佛得角埃斯库多。

正式名称：佛得角共和国。
面积：4033平方公里（1557平方英里）。
人口：392,000（1995年估测）。**人口倍增时间**：19年。**人均寿命**：男性60.7岁，女性64.6岁。**出生率**：世界平均出生率的1.85倍。**死亡率**：世界平均死亡率的0.97倍。**城区人口**：30%。**首都**：普拉亚62,000（1990年普查；包括郊区）。**其他主要城市**：明德罗47,000（1990年普查）。
语言：葡萄牙语全部都能听懂（官方语言），作为第一语言的克里奥尔语（克里奥尔语葡萄牙语）实际上占100%。**成人识字率**：65%。
宗教：罗马天主教93%，基督教新教6%。

1975年独立结束了葡萄牙长达520年的殖民统治。佩雷拉当选第一任总统，直到1991年。1980年与前葡萄牙殖民地几内亚比绍合并计划结束。1990年引进自由市场经济和多党制。1991年自由选举：中间派成员重新当权。

几内亚

几内亚是西非海岸的一个共和国。热带雨林覆盖着沿海平原的大部分地区。内陆高地和平原分布着草丛和灌木。沿不规整的海岸线排列着许多小岛。

最高点：宁巴山1752米（5747英尺）。

气候：热带气候，高温多雨，冬季比较干旱。高地气候比较凉爽。

总统（任命总理和内阁）和114名成员的国民议会由普选产生，任期分别为7年和5年。议会中38名成员是由全体选民投票选举产生，76名成员是在全国候选人中按比例代表制选举产生。

主要政党：（1995选举）几内亚统一进步党（PUP）71席，几内亚人民联盟19席，几内亚复兴进步党（PRP）9席，争取新共和同盟（UNR）9席。
总统：（自1983年）兰萨纳·孔戴（几内亚统一进步党）。
总理：（自1996年）西迪亚·杜尔（几内亚统一进步党）。

几内亚的出口货物中铝土矿占70%，钻石占10%以上，但是差不多80%的劳动力从事农业生产，香蕉和菠萝供出口，而甘薯、车前草、玉米、水稻和木薯为口粮作物。尽管矿产丰富，几内亚仍是世界上最贫穷的国家之一，在杜尔总统的领导下倍受经济崩溃的煎熬。

货币：几内亚法郎。

1890年法属几内亚殖民地建立。1958年独立，但不像其他法属非洲国家，几内亚是通过投票决定完全脱离法国，导致严重的经济制裁。1958～1984年塞古·杜尔总统独裁统治；一党制；1971年以后高压政策有所缓和，1975～1977年与法国和好。1984年杜尔逝世；不久发生军事政变。1992年实行多党制。1995年首次多党选举。1996年企图政变和军事反叛。

正式名称：几内亚共和国。
面积：245,857平方公里（94,926平方英里）。
人口：6,700,000（1995年估测）。**人口倍增时间**：27年。**人均寿命**：男性44岁，女性45岁。**出生率**：世界平均出生率的1.89倍。**死亡率**：世界平均死亡率的2.26倍。**城区人口**：26%。**首都**：科纳克里810,000（1992年估测；包括郊区）。**其他主要城市**：康康90,000，金迪亚56,000（1992年估测）。
语言：法语10%（官方语言），富拉语39%，曼丁哥语23%，苏苏族语11%，基西语6%，克佩勒语5%，以及雅伦克，洛马等其他少数民族语言。**成人识字率**：36%。
宗教：逊尼派伊斯兰教85%，罗马天主教8%，原始宗教6%。

■ 几内亚第二大城市康康与其说是城市还不如说是村落 ■

西非 II

马里

马里是西非一个辽阔而干旱的内陆共和国。马里地势低洼的平缓高原和平原延伸至东北部的伊福拉斯高原。南部是草原；北部是撒哈拉沙漠的一部分。

最高点：洪博里山1155米（3789英尺）。

气候：尽管南部6～10月是暖温季节但大部分地区炎热干旱。北部降雨量极少。

总统（任命以总理为首的内阁）和129名成员的国民议会由普选产生，任期5年。

主要政党：（1992年选举）（民族主义）马里民主联盟（Adema）76席，其他政党（包括民主进步党、全国民主创议大会党以及苏丹联盟—非洲民主联盟）40席。

总统：（自1992年）阿尔法·乌马尔·科纳雷（马里民主联盟）。

总理：（自1994年）易卜拉欣·布巴卡尔·凯塔（马里民主联盟）。

1969～1985年间的旱灾严重损害了马里的畜牧业生产（山羊、绵羊和牛）。国土只有1/5（主要是尼日尔河谷和南部）可以耕作，主要为国内消费种植水稻、高粱和黍。棉花占马里出口总量的40%以上。其他出口货物还有黄金和牲畜。

货币：非洲金融共同体法郎。

1880～1895年法国占领该地区，称其为法属苏丹。1959～1960年与塞内加尔联邦失败。1960年独立。1968年军事政变；中止多党制；成立军事政府。1992年宪法恢复多党制。

正式名称：马里共和国。
面积：1,248,574平方公里（482,077平方英里）。
人口：9,010,000（1995年估测）。**人口倍增时间**：22年。**人均寿命**：男性44.7岁，女性48.1岁。**出生率**：世界平均出生率的2.08倍。**死亡率**：世界平均死亡率的2.14倍。**城区人口**：26%。
首都：巴马科810,000（1996年估测；包括郊区）。**其他主要城市**：塞古107,000，锡卡索90,000，莫普提86,000（1996年估测；包括郊区）。
语言：法语8%（官方语言），班巴拉语作为第一语言占32%，作为混合方言占60%，富拉-图库乐尔语14%，塞努福语12%，索宁克语9%，图阿雷格语7%，桑海语7%，曼丁哥语7%，还有多贡族、迪尤拉族和其他少数民族语言。**成人识字率**：19%。
宗教：逊尼派伊斯兰教90%，原始宗教9%，罗马天主教不到1%。

尼日尔

尼日尔是西非一个面积较大的内陆共和国。国土大部分地区位于撒哈拉沙漠；南部和尼日尔河谷是热带草原。中央的阿伊尔山脉从北绵延至南，仿佛沙漠中凸起的一系列"岛屿"。

最高点：格雷本山1944米（6379英尺）。

气候：炎热干旱，南部6～10月是雨季。

总统（任命以总理为首的内阁）由普选产生，任期7年。83名成员的国民议会通过直接选举产生，任期5年。

主要政党：（1996年选举）全国民主复兴独立派联盟（UNIRD）69席，其他14席。

总统：（自1996年）易卜拉欣·迈纳萨拉·拜尔将军（全国民主复兴独立派联盟）。

总理：（自1996年）阿马杜·布巴卡·西塞（全国民主复兴独立派联盟）。

牲畜（山羊、绵羊和牛）以及粮食作物的产量（主要是黍、高粱和蔬菜）由于干旱和沙漠化影响而降低。铀约占尼日尔出口总量的一半，但作为世界上出生率最高而文化水平最低的国家之一，尼日尔仍然是世界最贫穷的国家之一。

货币：非洲金融共同体法郎。

1901年尼日尔沦为法属殖民地。1920年法国完成对尼日尔的平定。1960年独立。1969年至70年代中期严重旱灾。1974年军事政变：多党制结束。1983年恢复一党制非军事统治。1992年恢复多党制；1993～1995年间权力和平易手。1996年军事政变：制定新宪法；恢复多党制。

正式名称：尼日尔共和国。
面积：1,186,408平方公里（458,075平方英里）。
人口：9,150,000（1995年估测）。**人口倍增时间**：22年。**人均寿命**：男性44.9岁，女性48.1岁。**出生率**：世界平均出生率的2.1倍。**死亡率**：世界平均死亡率的2.03倍。**城区人口**：20%。
首都：尼亚美398,000（1988年普查；包括郊区）。**其他主要城市**：津德尔120,000，马拉迪104,000（1988年普查；包括郊区）。
语言：法语15%（官方语言），豪萨语作为第一语言占53%，作为混合方言占70%，桑海语21%，图阿雷格语10%，富拉语10%，还有卡努里族和其他少数民族语言。
成人识字率：14%。
宗教：逊尼派伊斯兰教99%，少数罗马天主教。

科特迪瓦

科特迪瓦是西非海岸的一个共和国。是该地区人口最稠密、经济最繁荣的法语国家。北部是草地高原。南部的热带雨林被不断地砍伐用作耕地，延伸至狭长的近海平原。

最高点：宁巴山峰下面的山峰（几内亚边境上）1752米（5748英尺）。

气候：南部高温多雨（除了12月至次年3月和6～9月两个短暂的旱季）；北部气温与其相似但比较干旱，而最北部从12月至次年6月几乎无雨。

总统（任命以总理为首的内阁）和175名成员的国民议会通过普选产生，任期5年。

主要政党：（1995年选举）（民族主义前惟一执政党）科特迪瓦民主党—非洲民主联盟（PDCI-RDA）148席，（中间派）共和联盟（RDR）13席，（社会民主派）科特迪瓦人民阵线（FRI）11席，其他3席。

总统：（自1993年）亨利·科南·贝迪埃（科特迪瓦民主党—非洲民主联盟）。

总理：（自1993年）达尼埃尔·卡布兰·敦坎（科特迪瓦民主党—非洲民主联盟）。

该国经济依靠出口可可（占出口总量的1/3以上）、咖啡和木材。20世纪80年代可可和咖啡价格下跌，使出口下降。自然资源有石油、天然气和铁矿。政局的稳定促进了经济的发展并吸引了邻国的劳动力（1/4以上的人口不是本国人）。

货币：非洲金融共同体法郎。

1889年沦为法国的保护地。1960年独立。1960～1990年一党制。1960～1994年费利克斯·乌弗埃—博瓦独裁统治，与法国关系密切。1990年恢复多党制。

正式名称：科特迪瓦共和国（自1986年起科特迪瓦成为各国语言对其国名的正式译文，但用英语称该国为象牙海岸仍很普遍）。
面积：320,763平方公里（123,847平方英里）。
人口：14,250,000（1995年估测）。
人口倍增时间：21年。
人均寿命：男性53.6岁，女性57.2岁。
出生率：世界平均出生率的2倍。
死亡率：世界平均死亡率的1.62倍。
城区人口：42%。
首都：亚穆苏克罗（首都，指定首都但尚未正式启用）126,000（1988年估测）；阿比让（立法和综合性首都）2,500,000（城市1,929,000；1988年估测；包括郊区）。
其他主要城市：布瓦凯362,000，达洛亚128,000，科霍戈113,000（1988年估测；包括郊区）。
语言：法语35%（官方语言），阿肯语30%，曼丁哥语12%，克鲁语12%，沃尔特语12%，曼德语8%，以及其他少数民族语言。
成人识字率：40%。
宗教：逊尼派伊斯兰教39%，罗马天主教21%，原始宗教17%，无宗教信仰者13%，基督教新教7%。

■ 乌弗埃—博瓦尼总统把自己的家乡亚穆苏克罗发展为科特迪瓦

布基纳法索

布基纳法索是西非干旱的萨赫勒地区的内陆共和国。国土由高原组成，南部为沃尔特河源流经的相对多水的草原，北部则为干旱的灌木地带。

最高点： 特马山747米（2451英尺）。

气候： 炎热干旱，南部大草原降雨量充足，1000毫米（40英寸），北部是半沙漠地带。

总统（任命以总理为首的内阁）由普选产生，任期7年。107名成员的人民议会通过直接选举产生，任期5年。120名成员的议院是协商性上院，由社会、宗教和职业团体以及各政党和组织的代表组成。

主要政党：（1992年选举）（左翼）争取人民民主组织—劳动运动（ODP-MT）78席，进步爱国人士全国公会——社会民主党（CNPP-PSD）12席，其他17席。

总统：（自1991年）布莱斯·孔波雷上尉（争取人民民主组织—劳动运动）。

总理：（自1995年）卡德莱·迪扎尔·韦德拉奥果（争取人民民主组织—劳动运动）。

布基纳法索是世界上最贫穷的国家之一，20世纪70-80年代北部沙漠化严重，布基纳法索遭受极其严重的旱灾。游牧民（养山羊、绵羊和牛）以及农民（种高粱、黍、玉米和水稻）约占劳动力的85%。棉花作为主要的商品作物，约占出口总量的1/4。其他出口产品还有黄金、牲畜和兽皮。该国有200多万人在科特迪瓦和加纳工作，他们寄回的外币是重要的外汇来源。

货币： 非洲金融共同体法郎。

19世纪90年代法国占领该地区的莫西族王国。1919年独立的法属上沃尔特领地建立（现代的布基纳法索）。1919~1960年殖民统治时期该地区是南部比较发达的法属殖民地劳动力的供应地。1960年独立。1966~1987年政局动荡时期：1966、1974、1980、1983、1987年多次发生军事政变。1984年国名改为布基纳法索。1987年布莱斯·孔波雷上尉夺取政权。1991年宪法恢复多党制。

正式名称： 布基纳法索（有时称作布基纳）。
面积： 274,400平方公里（105,946平方英里）。
人口： 10,320,000（1995年估测）。
人口倍增时间： 24年。
人均寿命： 男性45.8岁，女性49岁。
出生率： 世界平均出生率的1.87倍。
死亡率： 世界平均死亡率的1.97倍。
城区人口： 14%。
首都： 瓦加杜古634,000（1991年估测；包括郊区）。
其他主要城市： 博博迪乌拉索269,000，库杜古60,000（1991年估测）。
语言： 法语6%（官方语言），莫西语50%，富拉语10%，古尔茫则语6%，比萨语4%，还有达哥拉、古拉、莱利以及其他少数民族语言。
成人识字率： 18%。
宗教： 原始宗教59%，逊尼派伊斯兰教31%，罗马天主教约10%。

加纳

加纳是西非海岸的共和国，是该地区仅次于尼日利亚的人口最稠密、最重要的国家。该国大部分地区是地势低洼的平原和高原。中央沃尔特流域（流至陡峭的悬崖）中有大型沃尔特湖水库。

最高点： 杰博博山885米（2903英尺）。

气候： 热带气候，多雨，内陆降雨量明显递减。北部受从撒哈拉沙漠吹来的炎热干燥的哈麦丹风的影响，从11月至次年6月常干旱。

总统（任命内阁）和200名成员的议会由普选产生，任期4年。

主要政党：（1996年选举）全国民主大会党（NDC）133席，（中—右）新爱国党（NPP）60席，其他7席。

总统：（自1981年）杰里·罗林斯（全国民主大会党）。

20世纪70~80年代政局不稳和管理不善破坏了前景良好的经济，但现已开始恢复。几乎60%的劳动力从事农业生产。可可是主要的商品作物（占出口总量的1/4）。黄金占出口的45%。木材和钻石开采也很重要。利用沃尔特大坝发电，促进工业发展，部分电能出口。

货币： 塞迪。

1850年英国购得丹麦在黄金海岸的殖民地。1872年荷兰人从他们的海岸要塞撤出。1874年英国建立黄金海岸殖民地（现代的加纳）。1875~1901年阿散蒂战争逐步将内地扩为英国黄金海岸殖民地。1945~1957年可可出口的繁荣，文化水平的提高和克瓦米·恩克鲁玛的活动帮助黄金海岸加快了黑色非洲的非殖民化。1957年加纳独立。1960年宣布成立共和国。1960~1966年恩克鲁玛任总统期间，其独裁统治和日益铺张的规划有损于加纳；一党制。1966年军事政变：恩克鲁玛被免职。1966~1981年政局剧烈动荡时期：1972、1979、1981年军事政变，短期的非军管政府。1981年杰里·罗林斯领导的军事政变。1992年恢复多党制。

正式名称： 加纳共和国。
面积： 238,533平方公里（92,098平方英里）。
人口： 16,470,000（1995年估测）。人口倍增时间：23年。**人均寿命：** 男性53.2岁，女性57.2岁。**出生率：** 世界平均出生率的1.67倍。**死亡率：** 世界平均死亡率的1.26倍。**城区人口：** 35%。**首都：** 阿克拉城区1,696,000（城市949,000；特马110,000；1991年估测；包括郊区）。**其他主要城市：** 库马西385,000，塔马利153,000，特马见阿克拉，塞康第-塔科拉迪104,000（1989年估测）。
语言： 英语5%以上（官方语言），豪萨语（用作混合方言）60%，阿肯语52%，莫西语16%，埃维语12%，加—阿丹格贝语8%，还有古尔马和其他少数民族语言。
成人识字率： 60%。
宗教： 原始宗教38%，逊尼派伊斯兰教30%，罗马天主教12%，基督教新教5%，非洲基督教5%，圣公会2%。

利比里亚

利比里亚，非洲惟一未曾沦为殖民地的西非海岸共和国。地势较高的热带雨林的边界是低洼的海岸带。内陆为高原，延伸至几内亚边境上的丘陵地带。

最高点： 武蒂维山1381米（4531英尺）。

气候： 热带气候，5~10月是湿季，11月至次年6月是干季。

**宪法规定总统及26名成员的上院和64名成员的下院，通过普选产生，任期6年。

主要政党：（1997年下院选举）利比里亚全国爱国党（NPP）和联盟50席，团结党6席，其他8席。

总统：（自1997年）查尔斯·泰勒（利比里亚全国爱国党）。

1989~1994年内战使得已很贫穷国家的经济遭到破坏。2/3的劳动力从事口粮农业生产，种植木薯、甜薯、豆子和大蕉。咖啡供出口。内战前铁矿石和橡胶占出口总量的80%以上，现贸易量减少。

货币： 利比里亚元（美元也作为合法货币流通）。

1821~1822年由美国殖民开拓团体建为营地，接收被解放的奴隶。1847年成立共和国。1878~1980年真正独立党统治时期（包括威廉·塔布曼总统1944~1971年）；美国黑人移民及其后裔控制当地非洲人。1980年塞缪尔·多伊发动军事政变，第一位土著利比里亚人统治国家。1989~1994年三大派系之间内战；西非地方武装力量（尼日利亚为首）出面干涉。1994年停火；成立斗争派系临时国家委员会。1997年自由选举。

正式名称： 利比里亚共和国。
面积： 99,067平方公里（38,250平方英里）。
人口： 2,400,000（1995年估测），包括在周围国家的500,000利比里亚难民。**人口倍增时间：** 23年。**人均寿命：** 男性54岁，女性57岁。**出生率：** 世界平均出生率的1.72倍。**死亡率：** 世界平均死亡率的1.29倍。**城区人口：** 45%。**首都：** 蒙罗维亚1,000,000（1995年估测；包括郊区）。**其他主要城市：** 哈贝尔60,000，邦加30,000（1986估测；包括郊区）。
语言： 英语20%（官方语言），克里奥耳语（英语混合语，混合方言）88%，克佩尔语19%，巴萨语14%，格雷博语9%，吉奥语8%，克鲁语7%，马诺语7%，以及洛马、曼丁哥和其他少数民族语言。
成人识字率： 38%。
宗教： 各种新教不到50%（主要是非洲基督教徒，循道宗教徒，浸礼会教徒，路德会教徒，圣公会教徒），逊尼派伊斯兰教35%，罗马天主教5%，原始宗教。

的新首都 ■ 加纳沃尔特湖水库就面积而言是世界最大的水库 ■

西非 III

尼日利亚

尼日利亚是西非的主要国家，也是非洲大陆上人口最多的国家。尼日利亚沿海平原分布有湿而松软的林地和（正迅速减少的）热带丛林，内陆由一系列高地构成，大部分高地上是开阔的林地和热带稀树草原，最北边是半沙漠。几座孤零零的山坐落于高原之上，其中最高处是位于东北部的中央乔斯高原和比乌高原。

最高点：福格尔峰2042米（6700英尺）。

气候：沿海地区非常湿热，平均气温32°C（90°F）。降雨量大；向内陆逐渐递减，内陆4～10月是雨季。最北部受从撒哈拉沙漠吹来的燥热的哈麦丹风影响，气候干燥。

宪法和政治活动于1993年被军政府中止。现任总统领导11名成员的临时领导委员会并任命内阁成员。现任总统没有固定任职期限。宪法在军政府交出政权后方能生效，根据宪法，应有一位执政总统，从该国南北方之间交替产生。并有一个直接选举的议会。宪法允许成立5个新政党。尼日利亚划分为36个州（加上联邦首都），根据新宪法各州将享受有限的自治权。

总统：（自1993年）萨尼·阿巴查将军。

尼日利亚是西非主要的经济大国。石油出口是主要的收入（按价值估算石油占尼日利亚出口总量的98%）。但是20世纪90年代石油价格下跌造成了严重的经济问题。腐败也阻碍了尼日利亚的发展。其他出口产品还有可可、化肥、纺织品和腰果。工业有石油化工、食品加工和纺织品。40%以上的劳动力从事生存农业生产，种植玉米、高粱、木薯、山药、水稻和黍。可可是主要的商品作物。

货币：奈拉。

1885年英国在沿岸建立保护国，那里的拉各斯自1861年就已成为英国的殖民地。1900年北尼日利亚成为英国殖民地。1914年内地和沿海合并构成了该地区最大的殖民地。1954年3个州引进不实用的联邦制度（从此州的数目不断增加，现已增至36个）。1960年独立。1966年总理穆罕默德和其他显要政客在军事政变中被杀。1966～1975年雅库布戈翁将军的军政府执政。1967～1970年东区（比夫拉）企图脱离联邦时发生激烈的内战。1975年军事政变。1979～1983年还政于民。1983年军事政变。1985年军事政变将易卜拉欣·巴班吉达推上台。1993年恢复有限的非军事领导；再次军事政变；选举宣布无效后宪法中止。自1993年萨尼·阿巴查的军政府一直受到国际上对其侵犯人权的批评。

正式名称：尼日利亚联邦共和国。
面积：923,768平方公里（356,669平方英里）。
人口：95,450,000（1995年估测）。
人口倍增时间：22年。**人均寿命**：男性53.5岁，女性55.9岁。**出生率**：世界平均出生率的1.86倍。**死亡率**：世界平均死亡率的1.51倍。**城区人口**：38%。**首都**：阿布贾375,000（1991年普查，包括郊区）。**其他主要城市**：拉各斯5,686,000，伊巴丹1,295,000，卡诺7,000,000，奥博莫绍661,000，奥绍博442,000，伊洛林431,000，阿贝奥库塔387,000，哈科特港371,000，扎里亚345,000，伊莱沙342,000，埃尼查337,000，伊沃335,000，阿多埃基蒂325,000，卡杜纳310,000（1989年估测）。
语言：英语14%（官方语言），克奥耳英语35%，豪萨语21%，但懂该语言的占50%，伊博语18%，富拉语11%，伊比比奥语6%，卡努里语4%，埃冬人的克瓦语3%，蒂夫语2%，还有爱约、布拉、努佩人和其他少数民族语言。**成人识字率**：52%。
宗教：逊尼派伊斯兰教50%，各种新教（尤其是圣公会教徒、循道宗教徒和浸礼会教徒）21%，罗马天主教10%，原始宗教10%，非洲基督教9%。

尼日利亚各州

阿比亚
面积：6320平方公里（2440平方英里）
人口：2,367,000（1992估测）。

阿达玛瓦
面积：36,917平方公里（14,254平方英里）
人口：2,188,000（1992年估测）。
首府：约拉。

阿夸·伊博姆
面积：7081平方公里（2734平方英里）
人口：2,431,000（1992年估测）。
首府：乌约。

阿南布拉
面积：4844平方公里（1870平方英里）
人口：2,851,000（1992年估测）。
首府：奥卡。

包奇
面积：64,605平方公里（24,944平方英里）
人口：4,432,000（1992年估测）。
首府：包奇（面积和人口包括贡贝）。

拜耶拉沙
(1996-1997年从河流分出)
首府：叶纳戈。

贝努埃
面积：34,059平方公里（13,150平方英里）
人口：2,864,000（1992年估测）。
首府：马库尔迪。

博尔诺
面积：70,898平方公里（27,374平方英里）
人口：2,674,000（1992年估测）。
首府：迈杜古里。

十字河
面积：20,156平方公里（7782平方英里）
人口：1,912,000（1992年估测）。
首府：卡拉巴尔。

代尔塔
面积：17,698平方公里（6833平方英里）
人口：2,647,000（1992年估测）。
首府：阿萨巴。

埃博尼
(1996-1997年从阿比亚和埃努古分出)
首府：阿比卡利基。

埃多
面积：17,802平方公里（6873平方英里）
人口：2,225,000（1992年估测）。
首府：贝宁城。

埃基蒂
(1996～1997年从翁多分出)
首府：阿多埃基蒂。

埃努古
面积：12,831平方公里（4954平方英里）
人口：3,256,000（1992年估测）。
首府：埃努古（面积和人口包括埃博尼）。

贡贝
(1996-1997年从包奇分出)
首府：贡贝。

伊莫
面积：5530平方公里（2135平方英里）
人口：2,560,000（1992年估测）。
首府：奥韦里。

吉加瓦
面积：23,154平方公里（8940平方英里）
人口：2,915,000（1992年估测）。
首府：杜塞。

卡杜纳
面积：46,053平方公里（17,891平方英里）
人口：4,088,000（1992年估测）。
首府：卡杜纳。

卡诺
面积：20,131平方公里（7773平方英里）
人口：5,801,000（1992年估测）。
首府：卡诺。

卡奇纳
面积：24,192平方公里（9341平方英里）
人口：3,995,000（1992年估测）。
首府：卡奇纳。

凯比
面积：35,800平方公里（14,209平方英里）
人口：2,125,000（1992年估测）。
首府：比尔宁凯比。

科吉
面积：29,833平方公里（11,519平方英里）
人口：2,162,000（1992年估测）。
首府：洛科贾。

夸拉
面积：36,825平方公里（14,218平方英里）
人口：1,614,000（1992年估测）。
首府：伊洛林。

拉各斯
面积：3345平方公里（1292平方英里）
人口：5,847,000（1992年估测）。
首府：伊凯贾。

纳萨拉瓦
(1996～1997年从高原分出)
首府：拉菲亚。

尼日尔
面积：76,363平方公里（29,484平方英里）
人口：2,557,000（1992年估测）。
首府：明纳。

奥贡
面积：16,762平方公里（6472平方英里）
人口：2,409,000（1992年估测）。
首府：阿贝奥库塔。

翁多
面积：20,960平方公里（8092平方英里）
人口：4,001,000（1992年估测）。
首府：阿库雷（面积和人口包括埃基蒂）。

奥逊
面积：9251平方公里（3572平方英里）
人口：2,269,000（1992年估测）。
首府：奥绍博。

奥约
面积：28,454平方公里（10,986平方英里）
人口：3,593,000（1992年估测）。
首府：伊巴丹。

高原
面积：58,030平方公里（22,406平方英里）
人口：3,382,000（1992年估测）。
首府：乔斯（面积和人口包括纳萨拉瓦）。

河流
面积：21,850平方公里（8436平方英里）
人口：4,103,000（1992年估测）。
首府：哈科特港（面积和人口包括拜耶拉沙）。

索科托
面积：65,735平方公里（25,380平方英里）
人口：4,524,000（1992年估测）。
首府：索科托。

塔拉巴
面积：54,473平方公里（21,032平方英里）
人口：1,524,000（1992年估测）。
首府：贾林戈。

约比
面积：45,502平方公里（17,568平方英里）
人口：1,454,000（1992年估测）。
首府：达马图鲁。

扎姆法拉
(1996～1997年从索科托分出)
首府：古绍。

联邦首区
面积：7315平方公里（2824平方英里）
人口：390,000（1992年估测）。
首府：阿布贾。

贝宁

贝宁是西非的共和国，从大西洋海岸至尼日尔河延伸成狭长状。阿塔科拉山在西北部；东北部平原倾斜至尼日尔河谷。贝宁中部是高原，南部为肥沃的低地。狭窄的沿海平原旁排列着环礁湖。

最高点： 阿塔科拉山641米（2103英尺）。

气候： 南部在赤道附近常年高温多雨，北部属热带气候，比南部干燥，季节性多雨。

总统由普选产生，任期5年；82名成员的国民议会按比例代表制通过直接选举产生，任期4年。总统任命总理和其他部长。

主要政党：（1995年选举）（中间派）贝宁复兴党（PRB）20席，民主复兴党（PRD）19席，FARD10席，社会民主党（PSD）8席，民主与全国团结阵线（UDS）5席，包括（前垄断党）重建国家民主胜利联盟（URTD）的支持者的其他党派21席。

总统：（自1996年）马蒂厄·克雷库（重建国家民主胜利联盟）。

总理：（自1996年）阿德里安·洪贝吉（民主复兴党；民主复兴党领导的联盟）。

贝宁经济依靠60%以上劳动力从事的农业生产。棉花是主要的出口产品。木薯粉、玉米和木薯属植物为口粮作物。一半以上的人口生活在沿海地区。20世纪80年代末，取消了中央计划经济，鼓励自由市场经济。

货币： 非洲金融共同体法郎。

正式名称： 贝宁共和国。
面积： 112,680平方公里（43,500平方英里）。
人口： 5,410,000（1995年估测）。人口倍增时间：24年。人均寿命：男性49岁，女性52岁。**出生率：** 世界平均出生率的1.76倍。**死亡率：** 世界平均死亡率的1.61倍。**城区人口：** 40%。
首都： 波多诺伏（正式和立法首都）178,000；科托努（行政管理首都）533,000（1992年普查；包括郊区）。

其他主要城市： 朱古132,000，阿波美126,000，帕拉库107,000（1992年普查）。
语言： 懂法语者占16%（官方语言），芳族语言39%，约鲁巴语12%，阿贾语11%，巴利巴语9%，胡爱达语9%，还有松巴族、富拉族和其他少数民族语言。成人识字率：37%。
宗教： 原始宗教62%，罗马天主教21%，逊尼派伊斯兰教12%，基督教新教4%。

19世纪90年代法国征服该地区并建立了达荷美殖民地。1960年独立。1963～1972年政局不稳：发生5次政变。1972～1991年一党制国家。1975年达荷美改国名为贝宁。自1991年恢复多党制。

赤道几内亚

赤道几内亚是一个西非共和国，包括尼日利亚沿岸的土质肥沃的比奥科岛（以前称作费尔南多坡），约600公里（3750英里）以南的面积比较小的帕加卢岛（前称安诺本）、非洲大陆上姆比尼（以前是里奥木尼）地区以及邻近的科里斯科和埃洛贝小岛。

最高点： 斯蒂贝尔峰3008米（9868英尺）。

气候： 终年高温多雨。同奥科和帕加卢比姆比尼比降雨量较低，也不太湿热。

总统（任命总理和其他部长）由成人普选产生，任期7年；80名成员的人民议会通过直接选举产生，任期5年。

主要政党：（1993年选举）（前惟一执政党）赤道几内亚民主党（PDGE）68席，社会民主联盟（UDS）5席，社会民主人民联合会（CSDP）6席，其他1席。国际社会拒绝承认1994年的选举，认为其无效。

总统：（自1979年）特奥多罗·奥比昂（恩圭马·姆巴索戈）将军（赤道几内亚民主党）。

总理：（自1992年）西尔维斯特雷·西阿莱·比莱卡（赤道几内亚民主党）。

几乎60%的劳动力从事口粮农业。姆比尼出口咖啡和木材，比奥科出口可可。20世纪70～80年代独裁统治期间生活水平急剧下降，国家严重依靠外援。该共和国不同部门之间的巨大差异为其发展带来阻碍。

货币： 非洲金融共同体法郎。

1843～1856年西班牙占领组成该国的四个地区，称其为西班牙属几内亚。20世纪初苛刻的殖民统治受到强烈谴责。1968年独立，定国名为赤道几内亚。1969～1993年弗朗西斯科·恩圭马和特奥多罗·奥比昂独裁统治。1993年从一党制逐步过渡。

正式名称： 赤道几内亚共和国。
面积： 28,051平方公里（10,831平方英里）。
人口： 396,000（1995年估测）。人口倍增时间：27年。人均寿命：男性50岁，女性54.3岁。**出生率：** 世界平均出生率的1.63倍。**死亡率：** 世界平均死亡率的1.58倍。**城区人口：** 29%。**首都：** 马拉博48,000（1995年估测；包括郊区）。
其他主要城市： 巴塔37,000（1995年估测）。
语言： 西班牙语作为第一语言不到1%，但很多人能懂（官方语言），芳语83%，布比语10%，以及克里奥耳语英语。成人识字率：62%。
宗教： 罗马天主教98%。

多哥

多哥是一个西非共和国，沿着加纳东部边境延伸为狭长地带。内陆是有限的沿海平原，一系列的高原延伸至北部的多哥山脉高地。

最高点： 鲍曼峰986米（3235英尺）。

气候： 湿热的热带气候，北部比较干旱。

总统由普选产生，任期7年；81名成员的国民议会通过直接选举产生，任期5年。总统任命总理和其他部长。

主要政党：（1994年选举）（中间派）振兴行动委员会（CAR）36席，（前垄断党）多哥人民联盟（RPT）35席，多哥民主联盟（UTD）7席，正义和民主联盟2席，其他1席。

总统：（自1967年）纳辛贝·埃亚德马将军。

总理：（自1996年）克卢采·夸西（多哥人民联盟）。

几乎70%的劳动力从事农业，主要种植山药和黍。出口产品有咖啡和棉花，但以磷酸盐出口为主。

货币： 非洲金融共同体法郎。

1884年多哥沦为德国殖民地。1914年一战期间被英法占领。1919年该殖民地被英、法分割，英国分管部分已和现在的加纳合并。1960年独立。1969～1991年埃亚德马将军领导下的一党制。1991～1993年逐渐向民主过渡。

正式名称： 多哥共和国。
面积： 56,785平方公里（21,925平方英里）。
人口： 4,140,000（1995年估测）。人口倍增时间：22年。人均寿命：男性53.2岁，女性56.8岁。**出生率：** 世界平均出生率的1.78倍。**死亡率：** 世界平均死亡率的1.38倍。**城区人口：** 26%。**首都：** 洛美375,000（1989年估测；包括郊区）。**其他主要城市：** 索科德50,000，卡拉30,000（1989年估测）。
语言： 法语17%（官方语言），埃维语23%，卡布列语14%，瓦奇语（或魁奇语）10%，科他科科语6%，阿尼语6%，莫贝语6%，还有洛索、阿贾和其他少数民族语言。成人识字率：52%。
宗教： 原始宗教59%，罗马天主教21%，逊尼派伊斯兰教12%，基督教新教7%。

■ 多哥村舍以家庭为单位分组居住。

小的殖民地是在威达的一个葡萄牙要塞，在20世纪60年代被贝宁兼并 ■

中非 I

圣多美和普林西比

圣多美和普林西比构成了大西洋中非西部海岸附近的两岛屿共和国。两岛多山，相距144公里（90英里），居民为非洲－欧洲的混血种人。

最高点：圣多美峰2024米（6640英尺）。

气候：热带气候。终年都有降雨，10月至次年5月是显著的湿季。

总统（任命总理和其他部长）以及55名成员的全国议会由普选产生，任期分别为5年和4年。

主要政党：（1994年选举）（左翼前惟一执政党）圣多美和普林西比解放运动（MLSTP）27席，（中间派）民主统一党（PCD）14席，民主行动独立联盟（ADI）14席。

总统：（自1991年）米格尔·特罗瓦达（民主行动独立联盟）。

总理：（自1996年）罗尔·布拉干萨（ADI—PCD—MLSTP联盟）。

可可是其农业经济的主要支柱，占出口总量的75%以上。取代中央计划经济的私有化已开始。

货币：多布拉。

1975年独立，结束了葡萄牙450多年的殖民统治。1975～1990年一党制国家。自1990年实行多党制宪法统治，但是政局动荡（1978、1979、1988和1995年几次政变未遂）。

正式名称：圣多美和普林西比民主共和国。
面积：1001平方公里（386平方英里）。
人口：131,000（1995年估测）。人口倍增时间：23年。人均寿命：男性61.5岁，女性65.2岁。出生率：世界平均出生率的1.41倍。死亡率：世界平均死亡率的0.96倍。
城区人口：44%。
首都：圣多美43,000（1991年普查）。
其他主要城市：特林达迪11,000（1991年普查）。
语言：葡萄牙语（包括葡萄牙语混合语/克里奥尔语）86%（官方语言），少数西班牙语。
成人识字率：63%。
宗教：罗马天主教84%，各种新教五旬节派教会15%。

自治岛
普林西比
面积：142平方公里（55平方英里）。
人口：5600（1991年普查）。
首府：圣安东尼奥。

加蓬

加蓬是中非大西洋海岸上人口稀少的共和国。除了狭窄的沿海平原，国土大部分是低矮的高原。中部是低矮的夏于山脉。

最高点：伊本吉山981米（3219英尺）。

气候：湿热的赤道气候，几乎没有季节变化。

总统（任命以总理为首的内阁）由普选产生，任期7年。国民议会有120名成员，其中111名通过直接选举产生，任期7年。其余9名由总统选派。

主要政党：（1997年选举）（民族主义）加蓬民主党（PDG）76席，（农村的/种族的）伐木者全国联盟（RNB）12席，加蓬进步党（PPG）6席，其他18席。

总统：（自1967年）奥马尔·邦戈（加蓬民主党）。

总理：（自1994年）保兰·奥巴姆（加蓬民主党）。

尽管几乎40%的劳动力是农民和伐木者，但石油、天然气、锰、铀、铁矿石和相对较少的人口使加蓬成为黑非洲最富的国家之一，石油和石油产品占出口总量的80%。

货币：非洲金融共同体法郎。

1883年加蓬沦为法国殖民地，但自1862年利伯维尔地区就已成为法国的殖民地。1960年独立。1964年政变后法国出兵干涉，莱昂·姆巴重任总统。1968～1990年与法国密切联盟的一党制国家。1990年恢复多党制宪法统治。

正式名称：加蓬共和国。
面积：267,667平方公里（103,347平方英里）。
人口：1,155,000（1995年估测）。人口倍增时间：32年。人均寿命：男性51.9岁，女性55.2岁。出生率：世界平均出生率的1.49倍。死亡率：世界平均死亡率的1.67倍。
城区人口：73%。首都：利伯维尔420,000（1993年普查；包括郊区）。
其他主要城市：让蒂尔港164,000，马苏库（前称弗朗斯维尔）78,000（1993年普查；包括郊区）。
语言：法语34%（官方语言），芳语35%，普努－西拉语16%，姆蓬哥维语15%，姆比特语14%，还有科塔和其他少数民族语言
成人识字率：63%。
宗教：罗马天主教53%，原始宗教35%，非洲基督教10%。

刚果（—布拉柴维尔）

刚果—布拉柴维尔是中非的共和国，西临大西洋，南临刚果河。狭长的大西洋沿岸平原以东，内陆高原上覆盖着热带雨林。

最高点：德拉莱凯蒂山1040米（3412英尺）。

气候：湿热。年降雨量超过1200毫米（47英寸）。

总统、125名成员的国民议会以及60名成员的参议院由普选产生，任期5年。总统任命总理和内阁。

主要政党：（1995年选举）泛非社会民主党（UPADS）和其他联盟66席，刚果工人党（PTC）和联盟57席，其他2席。

总统：（自1992年）帕斯卡尔·利苏巴（泛非社会民主党）。

总理：（自1997年）大卫·查尔斯·加诺（泛非社会民主党）。

石油（占出口的85%）和木材是经济的主要支柱，直到1991年还是中央计划经济。由于外债而经济不稳定。生存农业，主要是木薯，占用55%以上的劳动力。

货币：非洲金融共同体法郎。

1905年该地区成为法属殖民地，称为中央刚果。1960年独立，定国名为刚果。1963年建立一党制国家。1991年恢复多党制。1993～1994年和1997年政局严重不稳定，布拉柴维尔政治对手之间不停地剧烈内战。

正式名称：刚果共和国。普遍称其为刚果—布拉柴维尔以避免和其邻国刚果（前扎伊尔）混淆。
面积：342,000平方公里（132,047平方英里）。
人口：2,590,000（1995年估测）。人口倍增时间：23年。
人均寿命：男性48.9岁，女性53.8岁。
出生率：世界平均出生率的1.79倍。
死亡率：世界平均死亡率的1.6倍。
城区人口：41%。首都：布拉柴维尔938,000（1992年估测；包括郊区）。
其他主要城市：黑角市576,000，卢博莫84,000（1992年估测；包括郊区）。
语言：法语29%（官方语言），莫努库图巴语62%（全国大部分地区所讲的混合方言），刚果语51%，太凯语17%，姆博希语12%，还有姆比特和其他少数民族语言
成人识字率：75%。
宗教：原始宗教48%，罗马天主教39%，基督教新教11%。

■ 从1913年到1964年阿伯特·施韦策一直在加蓬经营一家医院

中非共和国

中非共和国是位于非洲大陆中部的内陆国家。境内大部分为低矮高原。东部与苏丹交界处为邦戈斯山脉，西部为卡雷山。

最高点： 恩加亚山1420米（4659英尺）。

气候： 北部属热带草原气候，11月到次年3月为旱季。南部属热带雨林气候高温多雨。

总统由直接普选产生，任期7年，可连任一次。总统任免总理及内阁成员。国民议会的85名议员由直接选举产生，任期5年。

主要政党：（1993年选举）中非人民解放运动（MPLC）34席，中非民主联盟（RDC）13席，争取进步爱国阵线（FPP）7席，自由民主党（PLD）7席，戴维·戴库运动（MDD）6席，其他党派18席。

总统：（自1993年）昂热·帕塔塞（MPLC）。

总理：（自1996年）保罗·恩古邦代（中非人民解放运动领导下的国家联合政府）。

尽管也种植棉花和咖啡以供出口，但生存农业（木薯、薯蓣、香蕉、高粱及野豆）仍占主导地位。钻石占全国外汇收入的一半以上，木产品占1/4。国家贫穷，由于博卡萨的错误领导，独立以来，经济严重衰退。

货币： 非洲金融共同体法郎。

1903年该地区沦为法国殖民地，称乌班吉沙立。1960年中非共和国宣告独立。

正式名称： 中非共和国。
面积： 622,436平方公里（240,324平方英里）。
人口： 3,140,000（1995年估测）。
人口倍增时间： 32年。
人均寿命： 男性44.7岁，女性49.4岁。
出生率： 世界平均出生率的1.69倍。
死亡率： 世界平均死亡率的2.23倍。
城区人口： 48%。
首都： 班吉524,000（1994年估测；包括郊区）

其他主要城市： 贝贝拉蒂47,000，布阿尔43,000（1994年估测）。
语言： 法语11%（官方语言），桑戈语89%（通用于该国大部分地区的一种混合语），巴雅语24%，班达语24%，曼吉语15%，此外还有恩巴语、姆布姆语、萨拉语和其他少数民族语言。
成人识字率： 60%。
宗教： 天主教25%，基督教新教25%，原始宗教24%，逊尼派伊斯兰教15%。

1965年让—贝德尔·博卡萨发动军事政变夺取政权，并（于1976年）举行奢侈仪式，自称皇帝。1979年广大学生的起义有助于结束博卡萨的残暴统治。1996年日益恶化的经济危机导致动乱及军队叛乱。

乍得

乍得是中部非洲的一个大内陆国，从撒哈拉沙漠一直延伸到赤道附近的雨林地区。北部沙漠包括提贝斯提山脉。中部的热带大草原和半沙漠向面积因季节而异的乍得湖倾斜。南部的乌班吉高原覆盖着热带森林。

最高点： 库西山3415米（11,204英尺）。

气候： 北部炎热干燥；中部降雨明显。南部属多雨的热带气候。

总统（任命以总理为首的内阁各部长）和国民议会的125名成员由普选产生，任期5年。

主要政党：（1997年选举）（民族主义，主要在北部）爱国拯救运动（MPS）55席，（民族主义，主要在南部）争取革新与民主同盟（URD）31席，争取革新与发展全国同盟（UNDR）15席，其他党派22席；2席空缺。

总统：（自1990年）伊德里斯·代比（爱国拯救运动）。

总理：（自1997年）科伊布拉·吉马斯塔（爱国拯救运动—争取革新与发展全国同盟联盟）。

乍得是世界上最贫困的国家之一，连年内战和旱灾对该国造成严重破坏。（除了在有争议的奥祖地带）自然资源贫乏，主要依靠农业、棉花出口和外国援助。此外，还出口牲畜。80%以上的劳动力从事农业和牧业，维持温饱。

货币： 非洲金融共同体法郎。

1897年法国在乍得南部建立"保护国"后，于1916年完全征服乍得北部。1960年宣告独立。1960~1987年北部的穆斯林阿拉伯人和南部的基督徒和泛灵论者之间的内战断断续续；利比亚和法国时常强行干预。1973年利比亚入侵并占领了矿藏丰富的北部奥祖山区。1987年不安宁的停战期。1990年和1991年军事政变。1996年中央政府与北部和南部的独立主义/游击队团体签署和平协议。自1960年以来，乍得首次处于和平状态。1996~1997年恢复多党制宪法统治。

正式名称： 乍得共和国。
面积： 1,284,000平方公里（495,755平方英里）。
人口： 6,360,000（1995年估测）。
人口倍增时间： 27年。
人均寿命： 男性45.9岁，女性49.1岁。
出生率： 世界平均出生率的1.75倍。
死亡率： 世界平均死亡率的1.94倍。
城区人口： 21%。
首都： 恩贾梅纳530,000（1993年估测；包括郊区）。

其他主要城市： 蒙杜282,000，萨尔198,000，阿贝歇188,000，多巴185,000（1993年普查，包括郊区）。
语言： 法语13%（官方语言），阿拉伯语26%（官方语言），萨拉语及同源语言31%，泰达语7%，姆布姆语6%，马萨语6%，麦加语6%，此外还有姆比语。
成人识字率： 30%。
宗教： 逊尼派伊斯兰教54%，天主教20%，基督教新教14%，原始宗教7%。

喀麦隆

喀麦隆是位于中部非洲大西洋沿岸的一个共和国。西部是一系列高原，直至喀麦隆火山。北部热带草原向乍得湖倾斜。南部和中部的沿海平原及高原为热带森林所覆盖，但滥砍滥伐现象严重。

最高点： 喀麦隆火山4069米（13,353英尺）。

气候： 尽管内地较干燥，北部一些地区易干旱，但喀麦隆属热带雨林气候，沿海地区终年湿热。

总统（有权任命以总理为首的内阁各部长）和国民议会的180名成员由普选产生，任期5年。

主要政党：（1997年选举）（民族主义）人民民主运动（MDP）109席，（左倾）社会民主阵线（FSD）43席，全国民主进步联盟（UNDP）13席，其他党派8席，7席空缺。

总统：（自1982年）保罗·比亚（人民民主运动）。

总理：（自1997年）马法尼·穆松路·彼得（人民民主运动）。

喀麦隆是咖啡和木材的主要出产国，其他主要出口作物包括可可、香蕉、棉花、橡胶和棕榈油。其他作物还有甘蔗和薯类等。喀麦隆农业的多样性和石油工业的迅速发展（石油已成为最重要出口产品）使其成为中部非洲生活水平较高的国家之一。

货币： 非洲金融共同体法郎。

1884年德国宣布该地区为其"保护国"，命名为喀麦隆。一战期间，于1916年被法英部队占领。1919年分为英、法"托管区"。1960年喀麦隆法国"托管区"宣布为独立的喀麦隆共和国。1961年喀麦隆英国"托管区"举行公民投票，结果南部与喀麦隆共和国合并，北部并入尼日利亚。1961~1972年喀麦隆为联邦共和国，包括（大部分）前法领土和（小部分）前英领土。1966~1992年为一党制。1992年恢复多党制宪法统治。

正式名称： 喀麦隆共和国。
面积： 475,442平方公里（183,569平方英里）。
人口： 13,230,000（1995年估测）。
人口倍增时间： 25年。
人均寿命： 男性54.5岁，女性57.5岁。
出生率： 世界平均出生率的1.63倍。
死亡率： 世界平均死亡率的1.31倍。
城区人口： 41%。
首都： 雅温得750,000（1991年估测；包括郊区）。**其他主要城市：** 杜阿拉884,000，马鲁阿143,000，巴达138,000，恩康桑巴112,000（1991年估测；包括郊区）。
语言： 法语15%以上（官方语言），英语3%以下（官方语言），芳族语20%，巴米累克语和穆里语18%，富拉尼语10%，蒂卡尔语7%，曼德拉语6%，此外还有马卡语、马塞纳语和其他少数民族语言。
成人识字率： 54%。
宗教： 天主教35%，原始宗教26%，逊尼派伊斯兰教22%，基督教新教17%。

■ 1986年喀麦隆的尼奥斯火山口湖渗出的有毒气体导致1900人死亡 ■

中非 II

刚果（前扎伊尔）

刚果共和国位于非洲的"心脏地带"，面积广大，海岸线很短，近于内陆国家。60%以上国土为热带雨林覆盖的刚果盆地（为刚果河及其支流乌班吉河、洛马米河、卢瓦拉巴河和开赛河流域）。盆地四周环绕着高原和山脉，包括位于卢旺达边界的鲁文佐里山。刚果海岸线长40公里（25英里）。

最高点：恩加利马山（前马格里塔峰）5109米（16,763英尺）。

气候：属炎热潮湿的热带气候，季节性变化极小，北部地区从12月到次年2月较干燥。

1997年刚果—扎伊尔民主解放力量联盟取得主导地位，中止宪法，其领袖任总统。新宪法将于1998年制定。现有200多个小政党。

总统：（自1997年）洛朗·卡比拉（总统卡比拉尚未任命总理，但已经全面取得了政权）。

总统蒙博托统治时期的腐败，使经济遭到严重破坏。大部分基础设施已近于崩溃，目前的公路比殖民地时期的公路还少。尽管矿产丰富，但在1965～1997年间，所得利润未用于发展，因此，刚果是世界上最贫困的国家之一。主要矿产包括铜和钻石（共占出口量的60%），以及钴和锌。尽管出口咖啡、茶和棕榈油，但65%的劳动人口仍从事生存农业。

货币：即将采用一种新的刚果地区法郎。

1885年该地区成为比利时国王利奥波德二世的私人财产。1908年该政权的暴行引起全世界的义愤，国王被迫将该地区让与比利时。1908～1960年为比利时殖民地：允许发展初等教育和其他公共事业，但禁止参加任何非洲政治活动。1960年独立：数日内，军队叛乱，最富庶的加丹加省在冲伯领导下试图分裂；联合国干预。1965年蒙博托夺取政权并恢复中央集权。1967～1991年一党制；大范围的腐败。1971年更名为扎伊尔。1991年被迫改革；召开立宪会议。90年代，基础设施大量损坏；开赛和加丹加（1971～1997年称沙巴省）实际上独立。1996～1997年洛朗·卡比拉领导下的东部反叛分子渐渐夺取政权，迫使蒙博托于1997年逃亡；卡比拉成为总统；扎伊尔被重新命名为刚果民主共和国。

正式名称：刚果民主共和国。
面积：2,344,856平方公里（905,354平方英里）。
人口：43,900,000（1995年估测）。
人口倍增时间：22年。**人均寿命**：男性50.4岁，女性53.7岁。**出生率**：世界平均出生率的1.9倍。**死亡率**：世界平均死亡率的1.56倍。**城区人口**：40%。**首都**：金沙萨4,655,000（1994年估测；包括郊区）。**其他主要城市**：卢本巴希851,000，姆布吉马伊807,000，基桑加尼418,000，卡南加393,000，卢巴西280,000，博马246,000，布卡武210,000，马塔迪179,000（1989年估测）。
语言：8%人口通晓法语（官方语言），68%通晓林加拉语（西部通用语），50%通晓斯瓦希里语（东部通用语），16%的人讲刚果语（为第一语言），而30%的人通晓刚果语、卢巴语18%、蒙戈语13%、卢旺达语10%、阿赞德语6%，此外还有尼格罗语、班吉语、隆迪语、特克斯和其他少数民族语言。**成人识字率**：77%。
宗教：天主教48%，基督教新教29%（包括圣公会），非洲教7%（主要是金邦古教），原始宗教3%，少数人信奉逊尼派伊斯兰教。

■ 一群河马在中部非洲的一条河里嬉戏。

安哥拉

安哥拉共和国位于中部非洲南部，濒大西洋。全国90%为海拔1000米（3,300英尺）以上的高原。沿海有狭窄平原，西南沿海地区为沙漠。卡宾达飞地和刚果河口湾北部均属安哥拉。

最高点：莫科山2620米（8596英尺）。

气候：属热带气候，高原地区气温略低。10月到次年5月为旱季，但西南地区终年干燥。

由220名成员组成的国民议会和总统由普选直接产生，任期5年。总统任命总理及其他部长。

主要政党：（1992年选举）（前惟一合法政党）安哥拉人民解放运动（MPLA）129席，（前游击队运动）争取安哥拉彻底独立全国联盟（UNITA）70席，但此组织最初拒绝接受此结果。

总统：（自1979年）若泽·爱德华多·多斯桑托斯（安哥拉人民解放运动）。

总理：（自1996年）费尔南多·弗兰萨·范迪嫩（安哥拉人民解放运动）。

安哥拉本应是一个富庶的国家，但独立后长期内战对经济造成严重破坏。主要矿产资源包括钻石、石油和铁矿石。尽管耕地不到5%，但近70%的劳动人口从事农业。主要的出口作物为咖啡。战争期间，大部分地区布有地雷。

货币：新宽扎。

20世纪初葡萄牙殖民者的强迫劳动、重税及歧视激起了民族主义情绪。1961年，反对葡萄牙统治的游击队活动开始。1975年独立，但几个游击队组织为争夺统治权而斗争：安哥拉人民解放运动（简称安人运），一个马克思—列宁主义者运动组织，在苏联和古巴的支持下占了上风。由南非支持的争取安哥拉彻底独立全国联盟（简称安盟）被驱逐。80年代，古巴继续支持"安人运"与"安盟"斗争。1990～1991年外国介入结束内战。1992年首次多党选举："安盟"拒绝接受选举结果，内战重新开始。1994年再度停战，签订不起作用的权力分享协议。1997年"安人运"与"安盟"针对权力分享达成一致意见。

正式名称：安哥拉共和国。
面积：1,246,700平方公里（481,354平方英里）。
人口：11,560,000（1995年估测）。
人口倍增时间：22年。**人均寿命**：男性44.9岁，女性48.1岁。**出生率**：世界平均出生率的2.05倍。**死亡率**：世界平均死亡率的2.06倍。**城区人口**：28%。**首都**：罗安达2,250,000（1995年估测；包括郊区）。**其他主要城市**：万博400,000（1995年估测），本格拉155,000（1983年估测），洛比托150,000（1983年估测），卢班戈105,000（1990年估测）。
语言：35%人口通晓葡萄牙语（官方语言），37%通晓奥温本杜语，金本杜语（或姆本杜语）22%，刚果族语13%，鲁坏比-恩甘格拉语5%，尼亚内卡语5%。
成人识字率：42%。
宗教：天主教62%，基督教新教18%，原始宗教10%。

■ 金沙萨曾被称做利奥波德维尔 ■ 1997年安哥拉宽扎与美元

津巴布韦

津巴布韦是中部非洲的一个内陆国家,位于赞比西河和南非之间。津巴布韦中部为(热带草原)高草原,海拔在1200米和1500米(4000～5000英尺)之间。高草原为西南边界,东北高原为中草原和低草原。全境北部及中部为高原地形。

最高点: 伊尼扬加尼山2592米(8503英尺)。

气候: 低地处为热带气候,地势较高的高原为亚热带气候。6～9月为显著的旱季。

国民议会由150名成员组成,其中120人由普选产生,任期6年,12人由总统直接任命,10人由酋长委员会推举,8名省长为当然议员。执行总统也由选举直接产生,任期6年,总统任命内阁成员。

主要政党:(1995年选举)(几乎垄断)津巴布韦非洲民族联盟爱国阵线148席,其他党派2席。

总统:(自1987年)罗伯特·加布里埃尔·穆加贝(津巴布韦非洲民族联盟爱国阵线)。

1/4以上劳动人口从事农业。烟草、甘蔗、棉花、小麦和玉米为加工工业的基础,同时也供出口。自然资源包括煤、金、石棉和镍。工业包括食品加工、基础制造业、服装和纺织品、化工和纸张。

货币: 津巴布韦元。

■ 位于津巴布韦和赞比亚边界的维多利亚瀑布升起薄雾。

19世纪90年代,该地区沦为罗得斯建立的英国南非公司殖民地。1923年英国政府接管该地区,给予新南罗得西亚"自治领地"地位。20-30年代白人殖民者增多。1953～1963年与英属北罗得西亚、马拉维结成联邦。1965年以伊恩·史密斯为首的白人政府单方面宣布独立。70年代黑人游击队运动越来越有力地反对罗得西亚非法政府。1979年史密斯被迫接受多数裁定原则;短期恢复英国统治。1980年在以罗伯特·穆加贝为首的民盟领导下宣布独立。1987年两个以前相互对立的反对白人统治的游击队组织合并,形成实际上的一党制国家。

正式名称: 津巴布韦共和国。
面积: 390,757平方公里(150,872平方英里)。
人口: 11,260,000(1995年估测)。**人口倍增时间:** 28年。**人均寿命:** 男性58岁,女性62岁。**出生率:** 世界平均出生率的1.38倍。**死亡率:** 世界平均死亡率的1.02倍。**城区人口:** 26%。**首都:** 哈拉雷1,184,000(1992年估测;包括郊区)。**其他主要城市:** 布拉瓦约621,000,奇通圭扎274,000,穆塔雷131,000,圭鲁125,000(1992年估测;包括郊区)。
语言: 2%的人口把英语作为第一语言,但大多数人通晓(官方语言),绍纳语72%,恩德贝莱语16%,尼扬加语2%。成人识字率:85%。
宗教: 基督教新教32%,包括圣公会,原始宗教23%,非洲教16%,信奉天主教12%。

赞比亚

赞比亚是位于中部非洲的一个内陆国家。境内大部分地区为海拔1000～1500米(3300～5000英尺)的高原。高原以北为马芬加山和穆钦加山脉。地势低洼的西部为季节性沼泽。

最高点: 马芬加山一座未命名的山峰2164米(7100英尺)。

气候: 高温多雨。11月到次年4月降雨量最大。

国民议会的150名议员和执行总统均由普选产生,任期5年。总统任命内阁成员,并可以额外增加8名议员。

主要政党:(1996年选举)(中间派)多党民主运动(MMD)131席,赞比亚民主大会(ZDC)19席,(前执政党)联合民族独立党(UNIP)抵制投票。

总统:(自1991年)弗雷德里克·奇卢巴(多党民主运动)。

赞比亚经济主要依靠对铜、铅、锌和钴的开采和加工。尽管几乎70%的劳动力从事生存农业,但农业仍然落后,许多基本食品依赖进口。赞比亚面临许多问题,其中包括四处蔓延的艾滋病。

货币: 赞比亚克瓦查。

19世纪90年代英国人罗得斯建立的英国南非公司逐渐控制了该地区。1924年英国政府接管该地区:成为"北罗得西亚"。20～50年代,发展缓慢,大多数需要熟练技能的采矿工作由白人殖民者从事。1953～1963年与英属南罗得西亚和尼亚萨兰(现马拉维)结成的联邦遭到强烈反对。1964年宣布独立,定名为赞比亚。1973～1990年总统肯尼思·卡翁达领导的一党制国家。1990年恢复多党制。

正式名称: 赞比亚共和国。
面积: 752,614平方公里(290,586平方英里)。
人口: 9,460,000(1995年估测)。**人口倍增时间:** 19年。**人均寿命:** 男性45岁,女性46.2岁。**出生率:** 世界平均出生率的2.01倍。**死亡率:** 世界平均死亡率的1.33倍。**城区人口:** 42%。**首都:** 卢萨卡982,000(1990年普查;包括郊区)。**其他主要城市:** 恩多拉376,000,基特韦348,000,穆富利拉175,000,卡布韦167,000(1990年普查;包括郊区)。
语言: 8%人口通晓英语(官方语言),奔巴语25%,通知语11%,洛兹语6%,契瓦语5%,此外还有尼扬加语、恩森加语、通布卡语和其他少数民族语言。**成人识字率:** 73%。
宗教: 基督教新教34%,非洲原始宗教27%,天主教26%,非洲教9%以上。

马拉维

马拉维是中部非洲的一个内陆国家,位于马拉维湖西岸。北部和中部为高原。大裂谷纵贯马拉维湖(尼亚萨湖)和希雷河谷。希雷河谷高地沿莫桑比克边界。

最高点: 萨皮图瓦山3002米(9849英尺)。

气候: 属高温,多雨的赤道气候,11月到次年4月降雨量最大。

由177名议员组成的国民议会和总统均由普选产生,任期5年。总统任命内阁成员。

主要政党:(1994年选举)(中间派)联合民主阵线(UDF)84席,(前执政党)马拉维大会党(Congress)55席,争取民主联盟(AFORD)36席,其他党派2席。

总统:(自1994年)巴基利·穆卢齐(联合民主阵线)。

农业为马拉维经济支柱,占出口量的大部分(包括烟草、茶叶、甘蔗和棉花)。从事生存农业的人在马拉维劳动人口中占最大比例,即80%。马拉维是世界上最贫困的国家之一。

货币: 马拉维克瓦查。

1891年英国正式宣布这一地区为"尼亚萨兰保护地"。1915年南部爆发约翰·奇伦布韦领导的反对白人殖民者的暴乱,在那里,非洲人被剥夺了大部分土地。1953～1963年与英属南北罗得西亚结成的联邦遭到强烈反对。1964年独立,定名为马拉维(1966年以后,成为共和国)。1964～1994年海斯廷斯·班达(第一任总统)独裁统治;一党制国家。班达与南非保持亲密关系。1992～1993年被迫进行政治改革。1993年恢复多党制。1994年在选举中,班达败给联合民主阵线。

正式名称: 马拉维共和国。
面积: 118,484平方公里(45,747平方英里)。
人口: 9,940,000(1995年估测)。**人口倍增时间:** 23年。**人均寿命:** 男45岁,女46.2岁。**出生率:** 世界平均出生率的2.02倍。**死亡率:** 世界平均死亡率的2.15倍。**城区人口:** 11%。**首都:** 利隆圭396,000(1994年估测;包括郊区)。**其他主要城市:** 布兰太尔-林贝447,000,姆祖祖62,000(1994年估测;包括郊区)。
语言: 5%人口通晓英语(官方语言),契瓦语58%(官方语言),隆韦语18%,瑶语13%,恩戈尼语7%。**成人识字率:** 56%。
宗教: 基督教长老会33%,天主教20%,逊尼派伊斯兰教20%,原始宗教10%。

南非

南非共和国

南非共和国位于非洲大陆最南端;政治和经济上在非洲都居领导地位。断断续续的沿海平原内侧为包括德拉肯斯堡山脉在内的大陆崖。广阔的内陆高原西部呈波浪状起伏,东部海拔高达2400米(约8000英尺)以上。西部大部分地区为半沙漠,而东部主要为热带大草原(南部非洲草原)。

最高点:因贾苏提山3408米(11,182英尺)。

气候:南非属亚热带气候,地区差异明显。12月到次年2月为最炎热期。东海岸降雨量最大,但全国大部分地区干燥。

参议院设90个议席,议员按省平均分配,每省为10个议席,根据各省主要党派得票比例产生;国民议会400个席位,由普选产生。从1999年起,将为议员由每省选出10名的共90席的参议院和400名议员组成的国民议会(由普选产生,任期5年)。总统由议会中的最大政党选举产生,任期5年。总统任命内阁成员。

主要政党:(议会1994年选举)(左倾)南非非洲人国民大会(ANC)252席,(右倾)国民党(NP)82席,(祖鲁族人为主的)因卡塔自由党(Inkatha)43席,(白人右翼)自由阵线9席,(中间派)民主党7席,(左翼)泛非主义者大会5席,其他政党2席。

总统:(自1994年)纳尔逊·曼德拉(非国大)。

正式名称:南非共和国。
面积:1,219,080平方公里(470,723平方英里)。
人口:41,465,000(1995年估测)。
人口倍增时间:27年。**人均寿命**:男性63岁,女性68岁。
出生率:世界平均出生率的1.36倍。
死亡率:世界平均死亡率的0.86倍。
城区人口:49%。
首都:比勒陀利亚(行政首都)1,080,000和开普敦(立法首都)1,912,000(1991年普查,包括郊区)。
其他主要城市:约翰内斯堡城区4,165,000(城市1,196,000;东兰特区1,379,000;西兰特区870,000;包括索韦托597,000;滕比萨209,000;斯普林斯170,000;鲁德普特163,000;哲米斯顿134,000;博克斯堡120,000;伯诺尼114,000;肯普顿帕克107,000),德班1,137,000,伊丽莎白港853,000,弗里尼欣—范德拜尔帕克774,000,索韦托约翰内斯堡,萨索尔堡540,000,布隆方丹300,000,东伦敦270,000(1991年普查;包括郊区)。
语言:9%人口把英语作为第一语言,但普遍通晓(官方语言),南非荷兰语(第一语言)16%(官方语言),祖鲁语22%(官方语言),哲豪萨语17%(官方语言),南苏托语9%(官方语言),茨瓦纳语9%(官方语言),北苏陀语7%(官方语言),聪加语3%(官方语言),斯威士语2%(官方语言),恩得贝勒语2%(官方语言),文达语2%(官方语言)。
成人识字率:(约)60%。
宗教:原始宗教约29%,非洲基督教22%,南非荷兰新教12%,天主教8%,(基督教)循道宗信徒6%,圣公会教徒4%,各种基督教新教15%。

南非共和国是世界上最重要的黄金出口国(黄金约占该国出口量的40%),也是铀、钻石、铬、锑、铂和煤(满足约75%的能源需求)的主要出口国。工业包括化工,食品加工,纺织,机动车辆和电气工程。农业约占出口总额的1/3,包括水果、葡萄酒、羊毛和玉米。在非洲生活水平最高的人当中,白人与黑人所占比例相差悬殊。20世纪70年代和80年代,外国投资的减少促进了自给自足经济。新南非经济局部复苏。

货币:兰特。

1899~1902年布尔战争:控制了纳塔尔省和开普省的英国又吞并了布尔人的"德兰士瓦共和国"和"奥兰治自由邦"。1910年建立了少数白人统治"南非联邦"。1914~1918年南非参加一战;1915年德属西南洲(纳米比亚)被征服。1931年南非独立,并根据《威斯敏斯特条例》得到国际承认。1939~1945年南非参加二战,主要在西欧战线作战。1948年国民党执政,实行种族隔离政策(即将黑人与白人分离,各自发展),剥夺黑人的公民权并且建立了一系列隔离设施。1960年取缔非国大。60-70年代黑人越来越强烈地反对种族隔离政策。1966年总理维沃尔德被刺杀。1961年南非退出英联邦,成立共和国。1976年索韦托暴乱。1981年南非介入安哥拉反对马克思主义政府。1986年全国处于"紧急状态":进一步镇压反抗。1990年政治改革:解除对非国大的禁令,被监禁的该党领袖纳尔逊·曼德拉获释。90年代在克瓦祖鲁/纳塔尔地区,祖鲁族和哲豪萨族之间发生种族暴力冲突。1994年多种族选举,非国大获胜,曼德拉就任总统。

■ 位于南非共和国的姆普马兰加省(前东德兰士瓦省)的布莱德河峡谷为大断崖的一部分。

南非共和国诸省

东部省
面积:169,600平方公里(65,487平方英里)。
人口:6,437,000(1994年估测)。
省会:比绍。

自由州(前奥兰治自由邦省)
面积:129,480平方公里(49,996平方英里)。
人口:2,727,000(1994年估测)。
省会:布隆方丹。

豪登省
面积:18,810平方公里(7262平方英里)。
人口:6,870,000(1994年估测)。
省会:约翰内斯堡。

克瓦祖鲁/纳塔尔省
面积:92,180平方公里(35,593平方英里)。
人口:8,505,000(1994年估测)。
省会:乌隆迪。

姆普马兰加省(前东德兰士瓦省)
面积:78,370平方公里(30,261平方英里)。
人口:2,922,000(1994年估测)。
省会:内尔斯普雷特。

北部省
面积:123,280平方公里(47,602平方英里)。
人口:5,202,000(1994年估测)。
省会:彼得斯堡。

北开普省
面积:361,800平方公里(139,702平方英里)。
人口:737,000(1994年估测)。
省会:金伯利。

西北省
面积:116,190平方公里(44,864平方英里)。
人口:3,253,000(1994年估测)。
省会:马弗京(政府在姆马巴托)。

西开普省
面积:129,370平方公里(49,953平方英里)。
人口:3,633,000(1994年估测)。
省会:开普敦。

圣赫勒拿及其属岛

正式名称及地位:圣赫勒拿;英国政府直辖殖民地。
面积:411平方公里(159平方英里):圣赫勒拿122平方公里(47平方英里),阿森松岛88平方公里(34平方英里),特里斯坦—达库尼亚群岛201平方公里(78平方英里)。
人口:7100(1992年估测):圣赫勒拿5700,阿森松岛1100(不包括服役人员),特里斯坦达库尼亚300。
首府:詹姆斯敦(位于圣赫勒拿岛)1500(1992年估测)。(阿森松岛的首府为乔治敦;特里斯坦—达库尼亚群岛首府为爱丁堡。)
地理位置:圣赫勒拿岛位于南大西洋,地形崎岖多山。阿森松岛是一座贫瘠的岩岛,位于圣赫勒拿西北1130公里(700英里)。由6个荒凉的多山小岛组成的特里斯坦—达库尼亚群岛位于圣赫勒拿西南2120公里(1320英里)。阿森松岛为通讯基地。

■ 南非共和国开采的黄金几乎达世界黄金总量的一半 ■ 斯

纳米比亚

纳米比亚共和国位于非洲南部，西濒大西洋。人口稀少。险峻的纳米比亚沿海沙漠向内地绵延达160公里(100英里)，其中有全境最高点布兰德山。越过中部高原，卡拉哈里沙漠占该国东部地区的一半。

最高点： 布兰德山2579米（8461英尺）。

气候： 纳米比亚为炎热干燥的热带气候。沿海地区平均降雨量在100毫米（4英寸）以下。

国民议会由72名议员组成，议员通过成人普选产生，每届任期5年。总统由直接选举产生，任期5年，可连任一次。总统任命总理及内阁成员。

主要政党：（1994年选举）（左翼）西南非洲人民组织（SWAPO）53席，（中间派）特恩哈尔民主联盟（DTA）15席，联合民主阵线2席，其他党派2席。
总统：（自独立以来）萨姆·努乔马（西南非洲人民组织）
总理：（1990年当选）哈格·根哥布（西南非洲人民组织）。

几乎40%的劳动力从事农业，以养牛、羊为主，但纳米比亚长期干旱。经济依靠钻石和铀的出口，并与南非经济有密切联系。

货币： 南非兰特。

1884年宣布西南非洲成为德国的"保护国"；自1878年起沃尔维斯港就被英国占领。1903~1904年德国人对赫雷罗族人进行大屠杀。一战期间，南非当局于1915年占领西南非洲。1919年国际联盟委托南非统治该地。1960年西南非洲人民组织成立（见主要政党），开始领导人民进行争取民族独立的武装斗争。1966年联合国取消南非对该地的委托统治。1989年达成停战协议。1990年纳米比亚宣布独立。1994年南非将沃尔维斯港（鲸湾港）归还给纳米比亚。

正式名称： 纳米比亚共和国。
面积： 825,118平方公里（318,602平方英里）。
人口： 1,650,000（1995年估测）。人口倍增时间：23年。**人均寿命：** 男性57.5岁，女性60岁。**出生率：** 世界平均出生率的1.66倍。**死亡率：** 世界平均死亡率的1.14倍。**城区人口：** 35%。**首都：** 温得和克126,000（1992年估测；包括郊区）。**其他主要城市：** 鲸湾港湾25,000，斯瓦科普蒙德16,000（1992年估测）。
语言： 2%人口把英语作为第一语言（官方语言），16%通晓，奥万博语51%，纳马语12%，卡万戈语10%，南非荷兰语9%，赫雷罗语8%。
成人识字率： 76%。
宗教： 路德教51%，罗马天主教20%，荷兰新教6%，圣公会教5%。

博茨瓦纳

博茨瓦纳共和国是南部非洲人口稀少的内陆国家。中部高原将博茨瓦纳东部的近乎沙漠的平原与西部的卡拉哈里沙漠和奥卡万戈沼泽地隔开。

最高点： 奥采山1489米（4885英尺）。

气候： 属亚热带气候，极热，气温偶尔降至零度以下。博茨瓦纳大部分地区干旱。

47名议员组成的国民议会中，40名议员由普选产生，任期5年；其余议员由议会选举。另外还有一个由17名组成的酋长顾问议院。总统由议会选举产生，任期5年。总统主持并任命内阁。

主要政党：（1994年选举）（中间派）博茨瓦纳民主党（BDP）27席，（左倾）博茨瓦纳民族阵线（BNF）13席，各独立党派7席。
总统：（1980年当选）奎特·凯图米莱·马西雷（博茨瓦纳民主党）。

大多数劳动人口从事游牧养牛和耕种庄稼。主要经济支柱为钻石、铜、镍和煤的开采。

货币： 普拉。

1885年，英国将该地区划为英国"保护地"称"英属贝专纳"。1900～20世纪50年代"英属贝专纳"发展缓慢；许多人不得不去南非寻找工作。1966年宣告独立，定名为博茨瓦纳。从1966年至今，该国一直保持民主政治。

正式名称： 博茨瓦纳共和国。
面积： 581,730平方公里（224,624平方英里）。
人口： 1,550,000（1995年估测）。人口倍增时间：23年。**人均寿命：** 男性59.5岁，女性65.6岁。**出生率：** 世界平均出生率的1.48倍。**死亡率：** 世界平均死亡率的0.71倍。**城区人口：** 26%。**首都：** 哈博罗内134,000（1991年估测；包括郊区）。**其他主要城市：** 弗朗西斯敦65,000，塞莱比皮奎40,000（1991年估测）。
语言： 通晓英语40%（官方语言），通晓茨瓦纳语76%，懂马绍那语12%，懂布须曼语3%。
成人识字率： 74%。
宗教： 传统宗教49%，基督教新教29%，非洲基督教12%，罗马天主教9%。

莱索托

莱索托王国四周为南非所环抱。境内多山，最高峰位于该国东部和东北部的德拉肯斯山脉。

最高点： 塔巴纳恩特莱尼亚纳峰3482米（11,425英尺）。

气候： 莱索托属温暖的亚热带气候，山区气温较低。马洛蒂山脉冬季有雪覆盖。

莱索托实行君主立宪制，国王为国家元首。国民议会由65名议员组成，议员由普选产生，任期5年。首相和内阁大臣对议会负责。参议院由33名议员组成，22名主要酋长和11名指定议员。

主要政党：（1993年选举）巴索托大会党65席（反对派巴索托国民党未获席位）。
国王：（自1996年和1990～1995年）莱齐耶三世。
首相：（自1994年）恩祖·莫赫勒（巴索托大会党）。

牲畜（牛、绵羊和产马海毛的山羊）是该国经济的主要支柱。国王名义上拥有所有的土地；地方酋长把土地划分给各家各户。自然资源包括钻石。丰富的水资源向南非出口，而且莱索托的河流（特别是奥兰治河和土格拉河）有着相当大的水力发电潜力。大约1/3的莱索托成人男劳工在南非工作。

货币： 马洛蒂。

自1868年起到1900年该王国为英国殖民地。1966年独立。1986年立宪危机：乔纳森政权被推翻。1990～1995年军政府废黜莫舒舒二世王位。1993年恢复立宪制。1994年立宪危机：国王莱齐耶三世试图解散选举出的政府；发生暴乱并企图政变。

正式名称： 莱索托及莱索托王国。
面积： 30,355平方公里（11,720平方英里）。
人口： 2,060,000（1995年估测）。人口倍增时间：28年。**人均寿命：** 男性58岁，女性63岁。**出生率：** 世界平均出生率的1.48倍。**死亡率：** 世界平均死亡率的1.08倍。**城区人口：** 21%。**首都：** 马塞卢130,000（1992年估测；包括郊区）。**其他主要城市：** 特亚特亚特15,000，马费滕13,000（1986年普查）。
语言： 人口大多数通晓英语（官方语言），塞苏陀语85%（官方语言），祖鲁语15%。
成人识字率： 38%。
宗教： 天主教40%，莱索托福音教27%，基督教20%，原始宗教7%。

斯威士兰

斯威士兰王国为南部非洲内陆小国。西部山脉海拔高达1870米（6135英尺）。斯威士兰从西部山脉至热带大草原（非洲南部草原），地势西高东低。

最高点： 恩伦贝峰1863米（6113英尺）。

气候： 非洲南部草原属亚热带气候，而高地属温带气候。

斯威士兰实行君主制，国王任命首相及内阁。由30名成员组成的参议院（其中20名成员由国王指定）和由65名成员组成的众议院（其中10名成员由国王指定）向国王提供咨询。众议院的另55名成员由普选产生；参议院的其余10名成员由众议院选择。太后传统上与国王共同掌权。

主要政党： 无政党。
国王：（自1986年）姆斯瓦蒂三世。
太后或摄政女王：（自1983年）恩通比。
首相：（自1989年）姆比利尼亲王。

大多数斯威士兰人为农民。农业生产仅够维持温饱。经济作物包括甘蔗（主要出口产品）和水果。

货币： 埃马兰吉尼。

1904年英国统治该王国。1968年独立。1973年国王索布扎二世取消立宪制。1996～1997年，要求政治权利的压力不断增大。

正式名称： 斯威士兰王国。
面积： 17,363平方公里（6704平方英里）。
人口： 915,000（1995年估测）。人口倍增时间：25年。**人均寿命：** 男性55.2岁，女性59.8岁。**出生率：** 世界平均出生率的1.54倍。**死亡率：** 世界平均死亡率的1.15倍。**城区人口：** 34%。**首都：** 姆巴巴内（行政首都）42,000（1992年估测；包括郊区），洛班巴（王室及立法机关所在地）2000（1986年普查）。**其他主要城市：** 曼齐尼53,000（1986年普查）。
语言： 大多数居民通晓英语（官方语言），斯威士语90%（官方语言），祖鲁语2%。
成人识字率： 77%。
宗教： 基督教新教29%，非洲基督教22%，原始宗教21%，天主教8%。

威士兰凶杀案率位居世界第二，而莱索托位居第五

澳大利亚及其邻国

澳大利亚及其邻国

澳大利亚岛不仅是一个独立的国家，而且凭借自身的实力（和其属岛一起）也是一个大陆（澳大拉西亚）。中部和西部大部分地区为沙漠，还有海拔在400和600米（1300和2000英尺）之间的高原地区，偶尔有海拔更高的地区如金伯利高原。与这片占国家50%以上土地、人口极稀少的地区形成对比的是土地肥沃、灌溉良好的东海岸狭窄的沿海平原，大部分澳大利亚人居住在这里。平原往西（从南部的温带森林，经过亚热带林地，延伸到北部的热带雨林）为东部山地或称作大分水岭，是从北部的约克角半岛延伸到南部的澳大利亚山脉、塔斯马尼亚州的一系列山脉和高原的总称。大自流盆地从北部的卡奔塔利亚湾延伸到墨累河和艾尔湖盆地。大自流盆地的地貌包括绵延起伏的平原、高原、盐湖和河谷，而向南有弗林德斯岭和洛弗蒂山脉，澳大利亚的许多河流为间歇性河流。

最高点： 科西阿斯科山2230米（7316英尺）。（注：科西阿斯科山的拼写于1997年正式更改）。

气候： 澳大利亚的气候北部属热带，夏季（1～3月）多雨，冬季干燥。帝汶海岸易受夏季季风的影响。昆士兰海岸常遇热带漩，在凯恩思附近最大降雨量可达2500毫米（100英寸）以上。内陆炎热、干燥，30%以上的澳大利亚地区年降雨量不到255毫米（10英寸）。南部的海岸边缘地区为冬季降雨的温带气候或亚热带气候，夏季炎热或温暖，冬季温和。在澳大利亚东北部的新南威尔士山脉和塔斯马尼亚高地冬季有降雪。

联邦议会由上下两个议院组成。经成人义务普选产生。下议院（众议院）有148席，任期3年。总理在众议院中控制大多数，并主持联邦最高行政会议（内阁）。上议院（参议院）76席，议员通过比例代表制产生，任期6年。各州选12名代表为参议院议员，北部地区和澳大利亚首都直辖区为2名。总督代表英国女王并作为澳大利亚国家元首。各州有各自的政府，而北部地区和澳大利亚首都地区享有一定范围内的自治权。

主要政党：（众议院1996年选举）国家—自由党联盟94席，其中（保守派）国家党18席，（中间派）自由党75席，（左翼）澳大利亚工党48席，无党派人士5席，其他政党1席。

总理： 约翰·霍华德（自由党）。

二战以来，矿业一直在澳大利亚经济中占主导地位。目前，矿物和矿产品（包括燃料）占出口量的30%以上。澳大利亚主要矿产资源有煤、石油、天然气、铀、铁矿、铜、镍、铝矾土、黄金和钻石。以这些资源为基础的制造业和加工业包括铁和钢、建筑、炼油和石油化学产品，机械制造和工程。食品加工业和纺织业也十分重要。尽管澳大利亚仍是羊毛的主要生产国，但该国农业有所下降。主要的农牧业包括绵羊、牛、谷物（主要是小麦）、糖（在昆士兰）和水果，在20世纪90年代初期，严重的干旱影响了大部分地区。一个强有力的商业部门以及银行和金融公司为易受商品价格波动影响的经济增添

■ 悉尼港口大桥为世界上最大的钢制拱形桥之一。跨距为503米，它把悉尼的南岸和北部的郊区连接起来，于1932年竣工。

■ 奥尔加碓石是30个红色的圆丘，位于澳大利亚北部国家公园中的干旱沙漠地区，占地28平方公里。

■ 在澳大利亚，绵羊的数量与人口数量之比为8：1 ■ 72%的澳大利亚人居住

了多样性。亚洲，特别是日本在澳大利亚的贸易中占主导地位。
货币： 澳大利亚元。

1901年英各殖民区改为联盟，组成澳大利亚联邦。1914～1918年一战：澳大利亚失去了1/5的军人（包括加利波利，1915年）。1926年英国承认澳大利亚的独立（通过《威斯敏斯特条例》确认）。1929年大萧条开始：主要经济衰落。1939～1945年澳大利亚参加二战：北部受到日本侵略的威胁；与美国加强联系。1945年以后来自欧洲各地（后来自亚洲）的移民获得去澳大利亚的旅费资助；与英国的联系减弱。60-70年代对亚洲有更大的兴趣，包括作为美国的军事同盟国参加越南战争。1967年澳大利亚土著居民获得公民权。1975年立宪危机：在参议院宣布反对政府的财政法规后，总督免去总理高·惠特拉姆的职务。90年代共和政治兴起。进一步承认土著居民的土地权。

澳大利亚各州及地区

新南威尔士州
面积： 801,600平方公里（309,500平方英里）。
人口： 6,241,000（1996年估测）。
州府： 悉尼。

昆士兰州
面积： 1,727,200平方公里（666,900平方英里）。
人口： 3,374,000（1996年估测）。
州府： 布里斯班。

南澳大利亚州
面积： 984,000平方公里（379,900平方英里）。
人口： 1,477,000（1996年估测）。
州府： 阿德莱德。

塔斯马尼亚州
面积： 67,800平方公里（26,200平方英里）。
人口： 474,000（1996年估测）。
州府： 霍巴特。

维多利亚州
面积： 227,600平方公里（87,900平方英里）。
人口： 4,582,000（1996年估测）。
州府： 墨尔本。

西澳大利亚州
面积： 2,525,500平方公里（975,100平方英里）。
人口： 1,783,000（1996年估测）。
州府： 珀斯。

澳大利亚首都直辖区
面积： 2,330平方公里（900平方英里）。
人口： 309,000（1996年估测）。
首府： 堪培拉。

杰维斯湾地区
面积： 70平方公里（27平方英里）。
人口： 800（1996年估测）。
首府： 由堪培拉管理。

北部地区
面积： 1,346,200平方公里（519,800平方英里）。
人口： 185,000（1996年估测）。
首府： 达尔文。

正式名称： 澳大利亚联邦。
面积： 7,682,300平方公里（2,966,136平方英里）。
人口： 18,427,000（1996年估测）。
人口倍增时间： 99年。**人均寿命：** 男性74.5岁，女性80.8岁。**出生率：** 世界平均出生率的0.58倍。**死亡率：** 世界平均死亡率的0.76倍。
城区人口： 85%。
首都： 堪培拉，城区345,000（城市309,000；1996年普查）。**其他主要城市：** 悉尼3,821,000，墨尔本3,249,000，布里斯班1，526，000，珀斯1,283,000，阿德莱德1,087,000，纽卡斯尔471,000，戈尔德科斯特345,000，伍伦贡256,000，霍巴特195,000，阳光海岸157,000，吉朗154,000，汤斯维尔127,000，凯恩斯104,000，朗塞斯顿85,000，奥尔伯里94,000，达尔文81,000，伯尼—德文波特80,000，巴拉腊特78,000，本迪戈76,000，巴瑟斯特74,000（1996年普查）。
语言： 英语100%（官方语言）。
成人识字率： 99%以上。
宗教： 天主教26%，圣公会教24%，无宗教信仰13%，联合基督教8%，长老会教4%，其他基督教新教6%，东正教3%。

属岛
阿什莫尔礁和卡捷岛（见下），南极洲澳大利亚属地（见480页），圣诞岛（见415页），基林岛（见415页），珊瑚海群岛（见下）赫德和麦克唐纳群岛（见480页）和诺福克岛（见下）。

阿什莫尔礁和卡捷岛
正式名称及地位： 阿什莫尔礁和卡捷岛地区；为澳大利亚的一个海外属地。
面积： 5平方公里（2平方英里）。
人口： 无人居住。
地理位置： 位于帝汶海的一群多沙的热带岛屿。

珊瑚海群岛
正式名称及地位： 珊瑚海群岛地区；澳大利亚的一个海外属地。
面积： 8平方公里（3平方英里），海洋地区面积为1,000,000平方公里（386,000平方英里）。
人口： 没有永久居民；有3个人在威利斯岛上的气象站工作。
地理位置： 昆士兰海岸东部，分布广泛且露出地表的小沙岛或小珊瑚岛。

诺福克岛
正式名称及地位： 诺福克岛；一个内部自治的澳大利亚海外属地。
面积： 35平方公里（13平方英里）。
人口： 2700（1993年估测）。
首府： 金斯敦。
地理位置： 该岛肥沃、多山，位于昆士兰东岸。
经济： 这个岛主要依靠旅游业、邮票及注册公司的税收。

巴布亚新几内亚

巴布亚新几内亚是一个独立国，由太平洋西南部的新几内亚岛的东半部分组成。整个地区面积15%以上由边远岛屿组成，其中最大的有新不列颠岛，布干维尔岛和新爱尔兰岛。大片热带沼泽地平原环绕巴布亚新几内亚内陆山区。
最高点： 威廉山4509米（14,493英尺）。
气候： 属炎热的热带雨林气候，特点是气温高，雨季降雨量大。

国民议会由109名议员组成，议员由普选产生，任期5年。总督为英国女王的代表，为巴布亚新几内亚的国家元首，总督任命总理以及占议会中大多数的内阁成员。
主要政党： （1992年选举）（中间派）潘古党（PP）22席，人民民主运动党（PDM）15席，人民行动党（PAP）13席，人民进步党（PPP）10席，美拉尼西亚联盟9席，民族促进联盟5席，其他党派3席。

总理： （1994年当选）朱利叶斯·陈（潘古党；潘古党领导的少数派政府）。

3/4以上的劳动力从事农业。尽管有咖啡、可可、椰子和木材等相关产品出口，但农业生产仅能维持温饱。矿业为经济支柱，主要包括铜、黄金和石油。但布干维尔岛的动荡局势使铜的收入下降。
货币： 基那。

1906年英属新几内亚交澳大利亚管理。1914年澳军占领德属新几内亚（北部）。1942～1945年在二战中被日军占领。1949年澳大利亚将原英属和德属两个地区统一，称"巴布亚新几内亚"。1975年巴布亚新几内亚宣告独立。1990年以来，铜矿资源丰富的布干维尔企图分离；这个岛仍是动乱和游击队活动的中心。1997年，由于在布干维尔使用了外国雇佣兵而出现立宪危机。

■ 繁茂的椰子树下被浓荫环绕的海滨村庄。巴布亚新几内亚盛产椰子，椰子是该国的第二大出口产品。

正式名称： 巴布亚新几内亚独立国。
面积： 462,840平方公里（178,704平方英里）。
人口： 4,300,000（1995年估测）。
人口倍增时间： 30年。**人均寿命：** 男性56岁，女性58岁。**出生率：** 世界平均出生率的1.32倍。**死亡率：** 世界平均死亡率的1.08倍。**城区人口：** 16%。**首都：** 莫尔兹比港193,000（1990年普查；包括郊区）。**其他主要城市：** 莱城81,000，马当25,000，韦瓦克23,000（1990年普查；包括郊区）。
语言： 1%以上居民讲英语（官方语言），66%通晓皮金语（混杂英语），巴布亚语方言几乎有700种之多，78%居民通晓，20%通晓各种美拉尼西亚语。
成人识字率： 52%。
宗教： 基督教新教58%，天主教3%，传统拜物教也有一定影响。

澳大利亚聚焦

名胜

尽管澳大利亚与其他大陆相距甚远，但其旅游业发展仍很迅速。主要的旅游胜地为东南部的各大城市（阿德莱德、布里斯班、堪培拉、悉尼和墨尔本），还有昆士兰州的黄金海岸和阳光海岸。在外国旅客中，新西兰游客占1/4，但是从日本来的度假者成为迅速发展的昆士兰旅游业中不断上升的组成部分。其他名胜包括艾丽斯普林斯，澳大利亚的内陆，巴罗萨河谷，蓝山山脉，拜伦湾，库伯佩迪，在墨尔本和阿德莱德之间的大洋路，坎加鲁岛，珀斯，阿瑟港，塔斯马尼亚和雪山。

世界历史遗产包括：澳大利亚中东部雨林；弗雷塞岛；大堡礁；卡卡杜国家公园；澳大利亚西部的沙克湾；乌卢鲁－卡他·特国家公园（包括艾尔斯巨石和奥尔加礁石）；塔斯马尼亚荒原区；昆士兰雨季热带地区；威兰德湖地区。

各州

NSW	新南威尔士州
NT	北部地方
Qld	昆士兰州
SA	南澳大利亚州
Tas	塔斯马尼亚州
Vic	维多利亚州
WA	西澳大利亚州

位于澳大利亚的"红色心脏"的乌卢鲁（艾尔斯巨石）是土著居民最神圣的地点之一。这块巨岩独石可根据天空中太阳的位置而改变颜色。巨石的一些部分严重风化；巨石上有一个部分由于风化成的形状而被称作"脑"。

! 长达5531公里（3437英里）的防澳洲野犬围栏是世界上最长的围栏。那里是澳大利亚主要牧羊地区。1982年，昆士兰政府停止维护。

大堡礁，位于昆士兰海岸外的珊瑚海上。它是一个珊瑚礁，也是迄今为止最大的曾拥有生命的结构。它星罗棋布，断续绵延于大多无人居住的珊瑚群岛（见106页）。

! 1923年10月31日到1924年4月7日之间，在西澳大利亚州的马布尔沙洲记载的最高温度37.8°C（100°F）或更高并持续了160天。

! 世界上最大的沙质岛屿是昆士兰的弗雷塞岛，沙丘长达120公里（75英里）。

! 最长的绝对笔直的铁路是横穿澳大利亚铁路线的一部分。它从西澳大利亚州的伦加纳附近，穿越纳拉伯平原，到南澳大利亚州的乌尔迪和沃森之间。尽管沿途并不笔直，但它因绵延478公里（297英里）而创纪录。

! 在维多利亚州波波山上的一棵桉树被认为是世界上最高的树。1885年测量为143米（470英尺）。

! 世界上坡度最大的铁路是位于新南威尔士的布鲁山脉的卡通巴观景铁路。全长为311米（1020英尺），坡度为1比0.82。

南蓬国家公园位于塞万提斯附近，它以尖礁沙漠而著名。这些坚硬的石灰岩柱在沙漠中高高耸立可达3米（9英尺6英寸）。

冲浪者乐园位于澳大利亚的黄金海岸，它是该国最受欢迎的度假中心之一。海岸线上迅速崛起密集的旅馆和公寓。

悉尼歌剧院是澳大利亚的象征之一（见177页），从悉尼港口大桥上远眺剧院会留下特别深刻的印象。

珀斯在西澳大利亚州，位于斯旺河两岸，在斯旺河河口处是主要港口弗里曼特尔港。

每年外国游客旅游的收入为59.55亿美元

澳大利亚聚焦 • 澳大利亚聚焦 • 澳大利亚聚焦 • 澳大利亚聚焦 • 澳大利亚聚焦

电视与广播
电视机数量： 8,000,000（每2.3人拥有一台电视机）
收音机数量： 21,000,000（每0.9人拥有一台收音机）

由政府资助的澳大利亚广播委员会（ABC），统管全国国有广播、电视，提供一个电视网和五个广播网。商业电视和无线电广播要有澳大利亚广播审查委员会授予的执照才能经营。共有44家电视台和163家电台。许多广播电视节目（尤其是"肥皂剧"）出口到海外，尤其是欧洲。

电影
电影院数量： 855

20世纪70年代以来，澳大利亚电影业得到国际公认。20世纪90年代早期的停滞时期以后，电影业又得到振兴，电影与电视共占国民生产总值的2%左右。政府给予的支持和资助是很显著的，虽然最近一些风靡一时的电影，如《婴儿》和《钢琴和穆丽尔的婚礼》，是由国外赞助拍摄的。这些电影所获取的利润最终还是在国外。电影业最大的威胁是缺乏非政府资助——如果出于经济合理化的缘故，切断政府资助，那么国产的澳大利亚电影将受到严重打击。

报纸
由于澳大利亚五大城市相距很远，所以澳大利亚报纸大部分是地区性的。较大的全国性日报只有两家：《澳大利亚人报》（149,000份）和《澳大利亚金融评论》。主要的报业集团有五家。名称和发行数字是：

报纸	地点、版次	发行量
《星期日电讯报》	悉尼，星期日报	705,000
《星期日邮报》	布里斯班，星期日报	582,000
《使者—星期日新闻画报》	墨尔本，日报	575,000
《星期日—使者报》	悉尼，周报	568,000
《星期日邮报》	阿德莱德，星期日报	352,000
《星期日时报》	珀斯，星期日报	335,000
《澳大利亚西部报》	珀斯，日报	263,000
《悉尼先驱晨报》	悉尼，日报	228,000（400,000份星期六版）
《信使—邮报》	布里斯班，日报	220,000（330,000份星期六版）

杂志
多数杂志在墨尔本和悉尼出版，在全国发行。发行量最大的杂志是：

杂志	期次、类型	发行量
《开放之路》	一年6期，汽车杂志	1,500,000
《妇女节》	周刊，妇女杂志	1,119,000（包括新西兰）
《澳大利亚妇女周刊》	月刊，妇女杂志	1,017,000
《新思想》	周刊，妇女杂志	873,000
《读者文摘》	月刊，大众兴趣	480,000
《电视周报》	周刊，电视节目表单	470,000
《克利奥》	月刊，妇女杂志	363,000
《家庭圈》	一年14期，大众兴趣	331,000

历任总理

1901～1903年	埃德蒙·巴顿爵士
1903～1904年	艾尔弗雷德·迪金
1904年	约翰·克里斯琴·沃森
1904～1905	年乔治·休斯敦·里德爵士
1905～1908年	艾尔弗雷德·迪金
1908～1909年	安德鲁·费希尔
1909～1910年	艾尔弗雷德·迪金
1910～1913年	安德鲁·费希尔
1913～1914年	约瑟夫·库克爵士
1914～1915年	安德鲁·费希尔
1915～1923年	威廉·莫里斯·休斯
1923～1929年	斯坦利·墨尔本·布鲁斯
1929～1932年	詹姆斯·亨利·斯卡林
1932～1939年	约瑟夫·阿洛伊修斯·莱昂斯
1939年	厄尔利·克里斯马斯·格拉夫顿·佩奇爵士
1939～1941年	罗伯特·戈登·孟席斯爵士
1941年	阿瑟·威廉·法登爵士
1941～1945年	约翰·约瑟夫·柯廷
1945年	弗朗西斯·迈克尔·福德
1945～1949年	约瑟夫·本尼迪克特·奇夫利
1949～1966年	罗伯特·戈登·孟席斯爵士
1966～1967年	哈罗德·爱德华·霍尔特
1967-1968年	约翰·麦克尤恩爵士
1968～1971年	约翰·格雷·戈顿
1971～1972年	威廉·麦克马洪
1972～1975年	爱德华·高夫·惠特拉姆
1975～1983年	约翰·马尔科姆·弗雷泽
1983～1991年	罗伯特（鲍勃）·詹姆斯·李·霍克
1991～1996年	保罗·基廷
1996年	约翰·霍华德

共和体制的兴起
澳大利亚人所关切的事情之一是，是否成为一个共和国。目前，这个国家是联邦议会国；英国女王伊丽莎白二世是名义上的国家元首，驻在堪培拉的澳大利亚总督为女王的代表。在保罗·基廷管辖下，共和运动愈演愈烈。民族个性有所发展，这反映在人民想要结束总督职位，用澳大利亚总统统取而代之的愿望上。人们愈加感觉到2000年悉尼奥运会应该由一名澳大利亚人主持开幕，而不是英国女王。转变为共和国不仅需要选民过半数，而且还需要各个州的选民超过半数（这很不容易达到）。

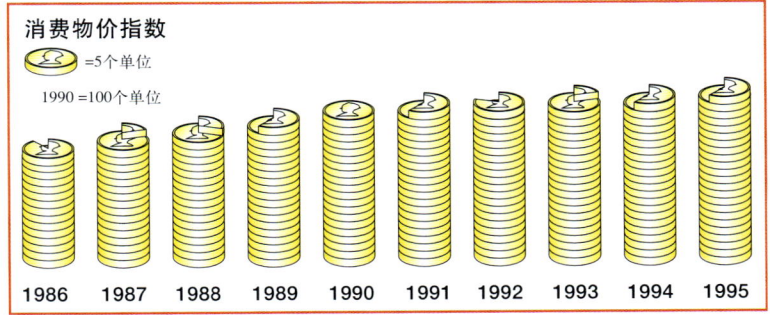

消费物价指数（1990 =100个单位，💰=5个单位）
1986 1987 1988 1989 1990 1991 1992 1993 1994 1995

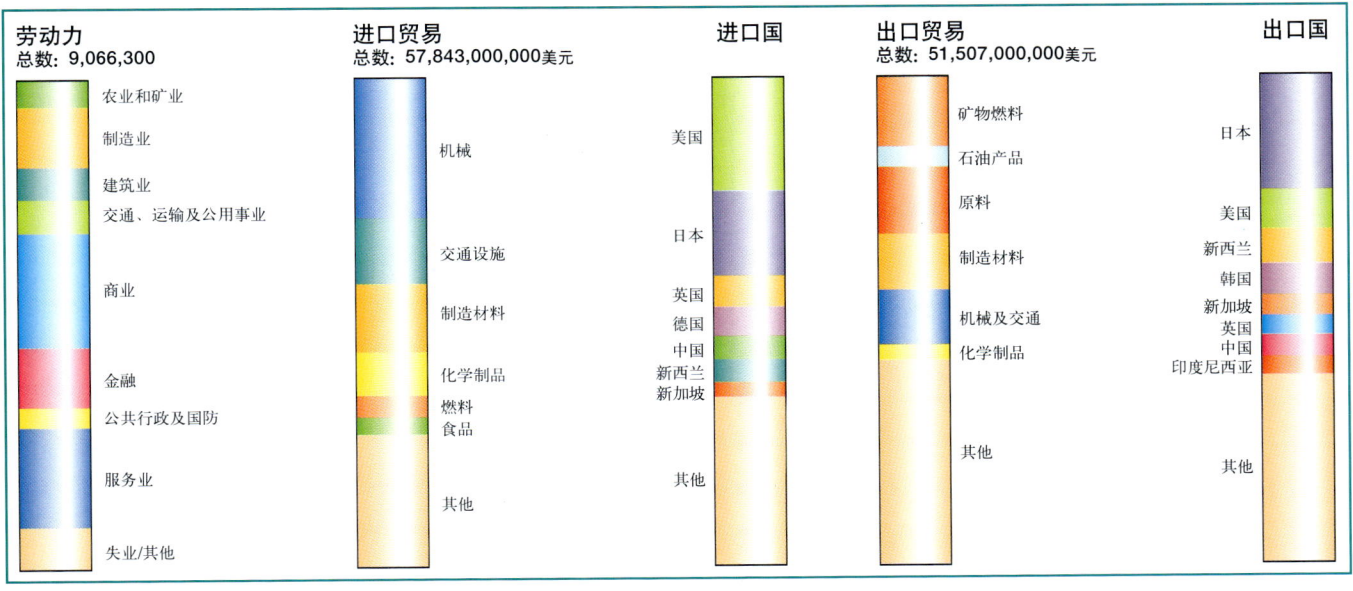

劳动力 总数：9,066,300
农业和矿业 / 制造业 / 建筑业 / 交通、运输及公用事业 / 商业 / 金融 / 公共行政及国防 / 服务业 / 失业/其他

进口贸易 总数：57,843,000,000美元
机械 / 交通设施 / 制造材料 / 化学制品 / 燃料 / 食品 / 其他

进口国
美国 / 日本 / 英国 / 德国 / 中国 / 新西兰 / 新加坡 / 其他

出口贸易 总数：51,507,000,000美元
矿物燃料 / 石油产品 / 原料 / 制造材料 / 机械及交通 / 化学制品 / 其他

出口国
日本 / 美国 / 新西兰 / 韩国 / 新加坡 / 英国 / 中国 / 印度尼西亚 / 其他

利亚》是澳大利亚的国歌 ■ 平均人口密度为每平方公里2.4人 ■

太平洋 I

密克罗尼西亚

密克罗尼西亚是联邦共和国,包括607座岛屿,在西太平洋巴布亚—新几内亚北部形成两大岛群。多数岛屿是小型环状珊瑚岛,但是科斯雷和波纳佩较大,而且多山。

最高点: 托托洛姆山791米(2595英尺)。

气候: 热带气候,降雨量丰富,无四季之分。

议会每4年选出总统(总统任命政府成员)。议会由14人组成,通过成人普选产生,每4年选出其中10人,每2年从每4个州中选出一位参议员。各州有自己的政府。

主要政党:(1995年选举)无党派人士14人;没有任何政治党派。

总统:(独立后)贝利·奥尔特。

除磷酸盐外,所有的岛屿几乎没有任何天然资源。渔业是主要的工业,鱼和鱼产品占出口产品的80%以上。所有岛屿依赖生存农业、旅游业和美国拨款(占国民预算的60%以上)。

货币: 使用美元。

1899年在西班牙统治300多年后,加罗林群岛(现在的密克罗尼西亚)被卖给德国。1914年一战期间,日本军队入侵。1914~1944年由日本管理。1944年二战期间,被美军占领。1947年成为美国管理的联合国太平洋托管地的一部分。1979年帕劳和马绍尔群岛拒绝加盟加罗林群岛形成新的密克罗尼西亚联邦。1986年实际上实行自治。1990年独立得到国际承认。

正式名称: 密克罗尼西亚联邦。
面积: 701平方公里(271平方英里)。
人口: 105,000(1995年估测)。
人口倍增时间: 24年。**人均寿命:** 男性70.6岁,女性77.3岁。**出生率:** 世界平均出生率的1.47倍。**死亡率:** 世界平均死亡率的0.84倍。
城区人口: 26%。
首府: 帕利基尔(位于波纳佩岛)2000人(1994年普查)。**其他主要城市:** 韦诺(前穆恩)15,300人,托佛尔7000人,科洛尼亚6200人(1994年普查)。
语言: 英语作为第一语言,不到1%,但几乎全民通晓(官方语言),特鲁克语42%,波纳佩语24%,莫特洛克语8%,科斯雷语8%,雅浦语6%。
成人识字率: 77%。
宗教: 天主教45%,公理会40%以上,其他新教10%以上。

马绍尔群岛

马绍尔群岛在西太平洋巴布亚—新几内亚北部形成了一个共和国。两个岛群(拉塔克和拉利克)包括1150多个不足6米(20英尺)高的小珊瑚岛,如果全球变暖使海平面升高,那么这些小岛则处境危险。

最高点: 一处无名地6米(20英尺)。
气候: 该群岛属于热带气候,降雨量大,无四季之分。

由成人普选产生总统(他任命政府成员),任期4年。由33人组成的议会由直接选举产生,任期4年;12人组成的顾问团是个咨询机构。

主要政党:(1995年选举)无党派人士33人;没有任何政治党派。
总统:(独立后)阿马塔·卡布阿。

渔业是主要工业,鱼占出口产品的65%以上。由于几乎没有什么资源,该群岛依赖生存农业、旅游业和美国援助(华盛顿拨款占国民预算的一半以上)。

货币: 使用美元。

正式名称: 马绍尔群岛共和国。
面积: 181平方公里(70平方英里)。
人口: 56,000(1995年估测)。
人口倍增时间: 18年。**人均寿命:** 男性61.9岁,女性65岁。**出生率:** 世界平均出生率的1.86倍。**死亡率:** 世界平均死亡率的0.85倍。**城区人口:** 65%。**首都:** 达拉普—乌利加—达利特(在马朱罗岛上)14,600(1988年估测;包括郊区)。**其他主要城市:** 埃贝耶8300人(1988年估测)。
语言: 马绍尔语97%(官方语言),英语几乎全民通晓(官方语言)。
成人识字率: 91%。
宗教: 公理会65%以上,其他新教10%以上,天主教不足10%,巴哈教派占少数。

1899年在西班牙统治300多年后,该群岛被卖给德国。1914年一战期间,日本军队入侵。1914~1944年由日本管理。1944年二战期间被美军占领。1946~1958年,美国在比基尼岛和埃尼威托克岛进行核试验。1947年成为美国管辖的联合国太平洋托管地的一部分。1986年实际上实现自治。1990年独立得到国际承认。

所罗门群岛

所罗门群岛是一个独立国家,由太平洋西南部的992座大小岛屿组成。主要岛屿形成了两条平行的、多山的火山岛。较小的岛屿为环状珊瑚岛。所罗门群岛中有3/4以上的岛屿仍然被茂密的森林覆盖着。

最高点: 马卡拉康布山2447米(8028英尺)。
气候: 热带气候高温多雨,11月至次年4月期间温度最高,雨量最大。

议会由47人组成,由成人普选产生,任期4年。总督作为所罗门群岛的最高统治者,代表英国女王,任命总理和其他部长,他们对议会负责。所罗门群岛计划采用共和体制。

主要政党:(1993年选举)人民联盟党(PAP),包括联合党(UP)、全国进步阵线(NFP)和解放党24席,民族统一集团(GNUR),包括民族行动党(NAP)、劳工党(Lab)和基督教协会集团,23席。
总理:(自1994年)所罗门·马马洛尼(PAP-UP-NFP-Lab联盟)。

1/4以上的劳力从事生存农业和渔业。木材占出口产品的一半以上,鱼占20%以上。椰干和可可豆也出口。

货币: 所罗门群岛元(简称所元)。

1893年所罗门群岛沦为英国保护国,被用作太平洋其他岛屿种植园劳力的储备。1942~1945年二战期间,在瓜达尔卡纳岛的大战役中(1942年)被日军占领。1945年恢复英国统治。1978年独立。

正式名称: 所罗门群岛。
面积: 28,370平方公里(10,954平方英里)。
人口: 382,000(1995年估测)。
人口倍增时间: 21年。**人均寿命:** 男性69岁,女性73岁。**出生率:** 世界平均出生率的1.48倍。**死亡率:** 世界平均死亡率的0.43倍。
城区人口: 17%。**首都:** 霍尼亚拉37,000人(1992年估测)。**其他主要城市:** 吉佐4000人(1992年估测)。
语言: 英语作为第一语言不到1%,但是普遍通晓(官方语言),各种美拉尼西亚语86%,各种巴布亚语10%。**成人识字率:** 54%。
宗教: 圣公会34%,天主教19%,福音派新教会18%,其他新教24%,还有原始宗教。

基里巴斯

基里巴斯是西太平洋的一个共和国,由3组小珊瑚岛和巴纳巴岛组成,巴纳巴由磷盐岩构成。总共有33座岛屿,散布在海洋上,占有3,500,000平方公里。

最高点: 巴纳巴上的一处无名地81米(266英尺)。
气候: 南部岛屿是赤道海洋性气候,降雨量大,无四季之分;北部岛屿没有这么高的温度。

总统(任命政府成员)由成人普选产生,任期4年。议会由40人组成,39名由成人普选产生,1人由议会选出,代表巴纳巴。

主要政党:(1994年选举)无党派人士19席,基督教民主党(CDP)13席,吉尔伯特民族进步党(GNPP)7席。
总统:(自1994年)塞布罗·斯托(无党派)。

70%以上的劳力从事生存农业和渔业。椰干占出口产品的2/3。1988到1993年间,蜂拥前往塔拉瓦岛的人口中有5%定居在莱恩群岛。

货币: 使用澳元。

1892年,基里巴斯群岛(当时称为吉尔伯特群岛)归英国所有,并且同埃利斯群岛(现在的图瓦卢)联合起来。1942~1943年二战期间,被日本占领。1957~1964年,英国在圣诞岛进行核武器试验。1975年,埃利斯群岛成为一个殖民地。1979年独立,称为基里巴斯。

正式名称: 基里巴斯共和国。
面积: 811平方公里(313平方英里)。
人口: 81,000人(1995年估测)。
人口倍增时间: 36年。**人均寿命:** 男性52.6岁,女性55.8岁。**出生率:** 世界平均出生率的1.26倍。**死亡率:** 世界平均死亡率的1.32倍。**城区人口:** 36%。**首都:** 拜里基(在塔拉瓦岛)25,000人(1990年普查,包括郊区)。
语言: 作为第一语言的英语1%,但全民通晓(官方语言),基里巴斯语99%,图瓦卢语为少数。
成人识字率: 90%。
宗教: 天主教53%,公理会39%,各种新教5%。

太平洋北部和西部的7个小国及8岛屿

帕劳

帕劳是西太平洋的一个共和国，由8个主要的岛屿和252个小岛组成。巴伯尔图阿普岛是座起伏不平的火山岛，占全国面积的75%。其余较小的岛屿多为小山；小岛是珊瑚岛。

最高点：马凯卢火山218米（715英尺）。

气候：热带海洋性气候，降雨量丰富，稍有些季节变化。

总统（任命政府成员）由成人普选产生，任期4年。由18人组成的众议院（下院）通过直接选举产生，任期4年；由16人组成的参议院（由传统的酋长组成）经选举产生，包括从每一个岛国中选出的一名参议员，任期4年。

主要政党：（1996年选举）无党派人士16席；没有任何政治党派。

总统：（独立后）中村邦夫。

水果和蔬菜是主要的农作物，加工过的食品是主要的出口物。然而，旅游业和向外国船队出售捕鱼权是外币的主要来源。美国拨款占预算1/3以上。

货币：使用美元。

1899年在西班牙统治350多年后，该群岛卖给德国。1914年一战期间日军入侵。1914~1944年由日本管理。1944年，二战期间，被美军占领。1947年，成为美国管理下的联合国太平洋托管地的一部分。1983~1994年，帕劳人反复投票反对独立，因为所提出的同美国的契约使美国有权将核武器基地设在岛上。1994年独立。

正式名称：帕劳共和国。
面积：488平方公里（188平方英里）。
人口：17,000（1995年估测）。**人口倍增时间**：35年。**人均寿命**：男性69.1岁，女性73岁。**出生率**：世界平均出生率的0.88倍。**死亡率**：世界平均死亡率的0.71倍。**城区人口**：60%。**首都**：科罗尔10,500（1992年估测；包括郊区）。一个新的首都（梅莱凯约克）正在巴伯尔图阿普岛上建设。
语言：帕劳语82%（官方语言）；英语作为第一语言不足2%，但99%的人懂英语（官方语言），菲律宾语9%。**成人识字率**：98%。
宗教：天主教41%，传统宗教30%，各种新教24%。

瓦努阿图

瓦努阿图是位于太平洋西南部的一个共和国，由80座岛屿和小岛组成。许多岛屿多山并且或者多为火山，而其他岛屿则包括低矮的高原和起伏不平的山区。所有的岛屿仍覆盖着茂密的森林，有67座岛屿无人居住。

最高点：塔布韦马萨纳峰1879米（6165英尺）。

气候：5月到10月间，由于凉爽的东南信风，热带气候得到缓解。

议会由46人组成，通过成人普选产生，任期4年。议会选出总理，总理任命其他部长，他们对议会负责。总统由选举团包括议会选举产生，任期5年，其作用主要是礼仪性的。总统选举团由地区委员会的领导者和教会首领组成。

主要政党：（1995年选举）团结阵线（UF）20席，温和党联盟（UPM）17席，民族联合党（NUP）9席，其他4席。

总统：（自1994年）让—马利·雷耶（温和党联盟）。
总理：（自1996年）马克西姆·卡洛特·科尔曼（UPM–UPM–NUP联盟）。

生存农业（以椰子、块茎、猪、牛和蔬菜为基础）几乎占劳动力的3/4。干椰子仁（从椰子得来）、牛肉和木材是仅有的重要出口物。

货币：瓦图。

19世纪末期，英法竞争群岛，当时称做新赫布里底群岛。1906年英法对群岛实行共管。1980年独立，定国名为瓦努阿图共和国。自1980年起，政治不稳定；桑托岛的未遂分裂暴乱（1980）。

正式名称：瓦努阿图共和国。
面积：12,190平方公里（4707平方英里）。
人口：168,000（1995年估测）。**人口倍增时间**：26年。**人均寿命**：男性65岁，女性68岁。**出生率**：世界平均出生率的1.36倍。**死亡率**：世界平均率死亡的0.75倍。**城区人口**：19%。**首都**：维拉（维拉港）19,400（1989年普查）。**其他主要城市**：卢甘维尔市6900（1989年普查）。
语言：比斯拉马语（克里奥耳语英语）65%（官方语言），英语30%的人通晓（官方语言），法语18%（官方语言），另外还有100多种美拉尼西亚语和波利尼西亚语。
成人识字率：53%。
宗教：长老会36%，天主教14%，圣公会14%，还有各种新教少数派和原始宗教，包括货物崇拜（约翰·弗鲁姆教派）。

关岛

正式名称和地位：关岛；美国海外的属地。
面积：541平方公里（209平方英里）。
人口：149,000（1995年估测）。
首府：阿加尼亚城区5000（城市1100；1990年人口普查）。其他主要城市：德德多32,000（1990年人口普查）。
地理：关岛位于西太平洋，是热带岛屿。北部是石灰岩高地，南部多火山。
经济：关岛，一个免税港，吸引了大量日本游客。美国军事基地是主要的雇主。

豪兰、贝克和贾维斯群岛

正式名称和地位：豪兰、贝克和贾维斯群岛；美国海外的属地。
面积：5平方公里（2平方英里）。
人口：无人居住。
地理：位于南太平洋的3座贫瘠的热带岛屿。

中途岛

正式名称和地位：中途岛；美国海外的属地。
面积：5平方公里（2平方英里）。
人口：无常住居民；有一支美国现役军队。
地理：该基地处亚热带，在夏威夷西北形成环状珊瑚岛。

威克岛

正式名称和地位：威克岛；美国海外的属地。
面积：8平方公里（3平方英里）。**人口**：无常住人口；1990年约有300名美国军事人员。
地理：威克岛在夏威夷西部，由环绕环礁湖的3座热带小岛屿组成。

瑙鲁

瑙鲁，地势低洼的珊瑚岛，是西太平洋的一个共和国。

最高点：一处无名地68米（225英尺）。

气候：赤道多雨气候，尤其在11月至次年2月，雨量最大。

由18人组成的议会通过成人普选产生，任期3年。议会选举一名总统。总统任命各部长。

主要政党：（1995年选举）无党派人士18人；没有任何政治党派。

总统：（自1995年）拉古莫特·哈里斯。

瑙鲁过去完全依靠采矿及磷盐岩的出口。磷盐岩的储备到2010年将用光。现正在发展航运业、空中服务和避税场所各种设施，以便在磷盐岩用光时，可提供税收。所有饮用水均需进口。

货币：使用澳大利亚元。

北马里亚纳群岛

正式名称和地位：北马里亚纳群岛联邦；美国联邦属地，内部实行自治，与美国松散联系。
面积：477平方公里（184平方英里）。
人口：58,000（1995年估测）。
首府：塞班39,000人（1990年普查）。
地理：在西太平洋由16座多山的热带岛屿形成一个岛群。**经济**：农业、主要是小农场，出产赖以维持生计的农作物及蔬菜出口。旅游业在经济中占首要位置。

皮特凯恩岛

正式名称和地位：皮特凯恩岛；英国托管地。
面积：14平方公里（5平方英里）。
人口：30（1997年估测）。**首府**：亚当斯敦30（1994年估测）。**地理**：皮特凯恩岛群中的3座太平洋岛屿（皮特凯恩，迪西及奥埃诺）地处巴拿马至新西兰中途。经济：皮特凯恩依赖生存农业、渔业及邮票制作。

约翰斯顿环礁

正式名称和地位：约翰斯顿环礁；美国海外的属地。
面积：1.3平方公里（0.5平方英里）。
人口：无常住居民。**地理**：约翰斯顿环礁，一个半圆形的暗礁，由4座热带太平洋小岛屿构成。

金曼礁

正式名称和地位：金曼礁；美国海外的属地。
面积：0.03平方公里（0.5平方英里）。
人口：无人居住。
地理：金曼礁的部分地带，太平洋中的一座环状珊瑚礁，永远处于海平面以上。

1888年瑙鲁沦为德国殖民地。1914年一战期间，澳大利亚军队入侵。1914~1942年由澳大利亚管理。1942~1944年二战期间，被日本占领。1944~1968年由澳大利亚管理。1968年独立（成为世界上最小的共和国）。

正式名称：瑙鲁共和国。
面积：21平方公里（8平方英里）。
人口：10,400（1995年估测）。**人口倍增时间**：20年。**人均寿命**：男性64岁，女性69岁。**出生率**：世界平均出生率的0.92倍。**死亡率**：世界平均死亡率的0.54倍。**城区人口**：无资料。**首都**：亚伦600（1990年估测）。
语言：瑙鲁语58%（官方语言），英语作为第一语言8%，但99%的人通晓，基里巴斯语17%，图瓦卢语和汉语为少数。**成人识字率**：95%。
宗教：公理教55%，天主教30%以上，还有各种新教。

太平洋 II

斐济

斐济位于南太平洋，是由332座岛屿组成的共和国（其中有106座岛屿无人居住）。较大的多山岛屿来源于火山。较小的岛屿多数是珊瑚礁。
最高点：托马尼维山（前维多利亚山）1424米（4672英尺）。
气候：高温多雨，由于方位不同，引起区域差异。

由34人组成的参议院（上议院）4年任命一次；由70人组成的众议院（下议院）通过成人普选产生，任期5年，其中37人由当地斐济人选出，27人由印度裔的斐济人选出，5人由其他血统的斐济人选出及罗图马岛选出的1人。总统必须是当地斐济人，其角色大多是礼仪性的，由斐济大酋长委员会选出，任期5年。总统任命总理及其他部长，他们对议院负责。
主要政党：（1994年选举）（斐济族）联盟党（SVT）31席，（印度族）民族联合党（NFP）20席，（社会民主党人）斐济工党（Lab）13席，（非种族派）一般选民协会（GVP）5席，其他党派1席。
总统：（自1994年）卡米塞塞·马拉（联盟党）。
总理：（自1992年）西蒂维尼·兰布卡（联盟党）。

斐济经济以农业为主，甘蔗是主要的商品作物。椰干、生姜、鱼和木材也出口。旅游业愈加重要。
货币：斐济元。

1874年斐济为英国所有。1879～1916年印度工人来糖料作物种植园工作，最后在数量上超过当地斐济人。1970年独立。1987年军事接管推翻了印度人领导的政府，印度族人与斐济族人之间种族关系紧张。1987年起，新宪法保障了斐济族人的权力；一些印度族人的迁移出境又使斐济族人占了多数。
正式名称：斐济共和国。
面积：18,272平方公里（7055平方英里）。
人口：790,000（1995年估测）。人口倍增时间：32年。**人均寿命**：男性70岁，女性74岁。**出生率**：等于世界平均出生率。**死亡率**：世界平均死亡率的0.58倍。**城区人口**：39%。
首都：苏瓦城区144,000（城市75,000人；1992年估测；包括郊区）。**其他主要城市**：劳托卡29,000（1986年普查）。
语言：英语，20%能听懂（官方语言），斐济语50%，印第安语44%。
成人识字率：87%。
宗教：基督教（主要是卫理公会和天主教）53%，印度教38%，逊尼派伊斯兰教8%，锡克教1%。

新西兰

新西兰，南太平洋一个独立国家，由两个主要岛屿和许多小岛组成。山脉由北向南贯穿南岛，在西南弗尤德兰幽深、犬牙交错的海岸，延伸入海洋。坎特伯雷平原位于山脉的东部。北岛多山，有许多孤立的山脉，包括火山（其中两座是活火山）。北岛低地主要限制在海岸地区和怀卡托山谷。新西兰孤立的位置对整个国家的社会和文化有相当大的影响，对经济的发展甚至有更大的影响。
最高点：库克山，自1991年一次大的岩崩以来，升高至3754米（12,315英尺）。
气候：温和、北部较热。全国降雨量丰富，但降雨总量由于纬度和方位不同，差别很大，南岛西海岸，降雨量多至6350多毫米（250英寸）。

由120人组成的众议院，按比例代表制由成人普选产生，任期3年。总督，英国女王的代表，是新西兰的最高统治者，任命总理。总理须获得议院中的多数票。依次，总理任命其他部长，他们对议院负责。
主要政党：（1996年选举）（右倾）国民党（Nat）44席，（社会民主）工党（Lab）37席，（民族主义）新西兰第一党（NZ 1st）17席，（左翼）联盟党13席，（自由主义）行动新西兰（ACT）8席，联合阵线1席。
总理：詹姆斯·博尔格（国民党；国民党—新西兰第一党联合政府）。

新西兰主要的出口利润来自农业，尤其是肉类、羊毛和乳制品。新西兰优等羊毛，主要取自美利奴绵羊，来自坎特伯雷平原。森林在扩大，支持着重要的纸浆和造纸工业（上个世纪，几乎75%的新西兰被森林覆盖；20世纪80年代的集中砍伐使百分比降到25%，自那时起开始了再植林工程）。除了煤、褐煤、天然气和黄金外，该国几乎没有自然资源，然而相当大的水力发电潜能已被开发，生产丰富而廉价的电（新西兰制造业的重要基础）。天然气（取自北岛的卡普尼田和塔拉纳基海岸附近的毛伊田）被转变成液体燃料。尽管国内市场很小，而且距离世界主要大国很遥远，新西兰的生活水准很高。20世纪70年代农产品失去英国很多市场后，新西兰现在依靠同亚洲，尤其是日本的贸易，太平洋沿岸地区（新西兰是其中一部分）的经济振兴使新西兰大大受益。
货币：新西兰元。

1891～1912年自由党政府首创了许多社会改革，包括妇女选举权（1893）和世界上第一个老年养老金（1898）。1907年在沦为英国殖民地100多年后，成为英联邦的自治领。1914～1918年参加一战：许多新西兰军人于1915年在加利波利失去了生命。1926年英国承认新西兰独立（然而直到1947年，英国才正式承认它的独立地位）。1939～1945年二战期间：新西兰受到日本侵略的威胁。20世纪90年代，限制福利国家；毛利人土地权问题得以解决。

新西兰属地
库克群岛（见479页），纽埃（见479页），罗斯托管地（见480页）。注意托克劳不是属地，而是新西兰的一部分。

正式名称：新西兰。
面积：270,534平方公里（104,454平方英里）。
人口：3,570,000（1995年估测）。人口倍增时间：81年。**人均寿命**：男性73.4岁，女性79.1岁。**出生率**：世界平均出生率的0.66倍。**死亡率**：世界平均死亡率的0.83倍。**城区人口**：69%。**首都**：惠灵顿。城区329,000。（城市154,000；1994年估测；包括郊区）。**其他主要城市**：奥克兰城区929,000（城市337,000；马努考243,000，北岸164,000），克赖斯特彻奇318,000（城市309,000），哈密尔顿153,000（城市101,000），内皮尔—黑斯廷斯112,000（内皮尔市52,000），达尼丁112,000，陶胡阿76,000（城市67,000），北帕默斯顿75,000（城市71,000），罗托鲁阿55,000，因弗卡吉尔52,000，纳尔逊50,000（1994年估测；包括郊区）。
语言：英语为第一语言（官方语言）95%，1%以上以毛利语为第一语言，但6%讲毛利语。
成人识字率：几乎100%。
宗教：圣公会22%，非宗教信仰者20%，长老会16%，罗马天主教15%，卫理公会4%，还有浸礼会、拉塔纳会、摩门教和其他少数宗教。

新西兰自治岛地区
托克劳
面积：13平方公里（5平方英里）。
人口：1700人（1994年估测）。
首府：无首府；3个珊瑚岛中的每一个都有自己的行政机构。

■ 在欧洲殖民者到来之前，新西兰除蝙蝠之外，没有任何野生哺乳

萨摩亚

萨摩亚是南太平洋岛国，由2个高大的火山岛（萨瓦伊和乌波卢）和7个小得多的岛屿组成。（1997年以前，该国被称为西萨摩亚。）

最高点： 西利西利山 1858米（6096英尺）。
气候： 萨摩亚群岛属于高温多雨的热带气候。

现国家元首去世之前，萨摩亚一直实行类似君主立宪制的体制，之后，将建立共和制，由立法议会选出一位礼仪性的总统，任期5年。立法议会由49人组成，其中47人由成人普选产生，任期5年（只有获得"马他伊"头衔的人，即那些被选出的氏族族长，才被许可选举），另外两人由非萨摩亚人选出。国家元首任命总理和其他部长，他们对议会负责。

主要政党：（1996年选举）人权保护党（HRPP）24席，民族发展党（NDP）11席，其他党派4席。
国家元首：（独立后）马利托亚·塔努马菲利二世殿下。
总理：（自1982年）托菲劳·埃蒂·阿莱萨纳（人权保护党）。

几乎2/3的萨摩亚人从事生存农业。芋头和椰子奶是主要的出口商品。食品加工、酿酒和卷烟是主要的工业。旅游业正在发展。经济上很活跃的人口中有很大一部分已向新西兰移民。
货币： 塔拉。

1899年萨摩亚群岛归德国所有。1914年一战中被新西兰占领。1914～1962年作为西萨摩亚被新西兰管辖。1962年独立。1997年改名为萨摩亚。

正式名称： 萨摩亚独立国（1997年，国家的英文名字正式由西萨摩亚改为萨摩亚）。
面积： 2831平方公里（1093平方英里）。
人口： 166,000（1995年估测）。人口倍增时间：23年。**人均寿命：** 男性63.8岁，女性70岁。**出生率：** 世界平均出生率的1.44倍。**死亡率：** 世界平均死亡率的0.65倍。**城区人口：** 21％。**首都：** 阿皮亚 34,000（1991年估测；包括郊区）。**语言：** 萨摩亚语 99％以上（官方语言），英语为第一语言不足1％，但52％能听懂（官方语言）。**成人识字率：** 几乎100％。
宗教： 公理会48％，罗马天主教22％，卫理公会15％，摩门教9％，圣公会及其他少数宗教。

汤加

汤加，南太平洋王国，由172个岛屿组成（36个有人居住）。东部岛屿形成了一带低矮的石灰岩山脉；较高的西部岛屿多火山。

最高点： 卡奥1030米（3380英尺）。
气候： 温暖、全年多雨。

汤加是君主政体，国王任命议长和内阁大臣，他们对立法议会负责。议会由30人组成，其中12人由国王任命，9人由成人普选产生，任期5年，9人从33个世袭贵族中选出。

主要政党：（1993年选举）（改良主义）亲民主运动，6席，其他及无党派24席。
国王：（自1965年）陶法阿豪·图普四世。

图瓦卢

图瓦卢，南太平洋独立国家，由9个矮小低洼的珊瑚岛组成。由于全球变暖，海平面任何程度的升高都将威胁图瓦卢。

最高点： 一处无名地6米（20英尺）。
气候： 高温多雨。

议会由12人组成，由成人普选产生，任期4年。总督，英国女王的代表，是图瓦卢最高统治者，由他任命总理和其他部长，他们对议会负责。没有政党。
总理：（自1997年）比肯尼比尤·佩纽。

维持生计的农业（以椰子、猪和家禽为基础）占劳力的2/3以上。衣服、鞋类和椰干（取自椰子）是仅有的重要出口商品。图瓦卢国际收支赤字很大。
货币： 图瓦卢元。

美属萨摩亚

正式名称和地位： 美属萨摩亚；美国海外的属地。
面积： 199平方公里（77平方英里）。
人口： 57,000（1995年估测）。
首府： 法加托戈（在帕果帕果城区）城区 4000（1990年人口普查）。
地理： 该领土位于西太平洋，由6个主要的多岩石的热带岛屿（其中土土伊拉岛最大）和北部的斯温斯岛构成。
经济： 金枪鱼罐头食品制造业和旅游业雇佣劳动力最多。缺乏资源和快速增长的人口迫使许多岛民迁往美国，大量人口依靠政府福利救济。

正式名称： 汤加王国。
面积： 750平方公里（290平方英里）。
人口： 100,000（1995年估测）。人口倍增时间：39年。**人均寿命：** 男性65.6岁，女性70.4岁。**出生率：** 世界平均出生率的0.99倍。**死亡率：** 世界平均死亡率的0.73倍。**城区人口：** 39％。**首都：** 努库阿洛法 21,400（1986年普查；包括郊区）。**其他主要城市：** 内亚富 4000人（1986年普查）。
语言： 汤加语98％（官方语言），普遍都懂英语（官方语言）。
成人识字率： 93％。
宗教： 自由的美以美会卫理公会，43％，罗马天主教16％，摩门教12％，自由教会11％，其他新教教会7％以上。

正式名称： 图瓦卢。
面积： 24平方公里（9平方英里）。
人口： 9400（1995年估测）。人口倍增时间：43年。**人均寿命：** 男性67.2岁，女性64岁。**出生率：** 世界平均出生率的1.02倍。**死亡率：** 世界平均死亡率的0.98倍。**城区人口：** 46％。**首都：** 丰阿法莱（在富纳富提珊瑚岛上），3400（1990年估测）。
语言： 英语为第一语言不足1％，但43％能听懂（官方语言），图瓦卢语93％、基里巴斯语（以前被称作吉尔伯特语）7％。**成人识字率：** 95％。
宗教： 公理会97％，基督复临安息日会和巴哈教派为少数宗教。

1892年图瓦卢沦为英国殖民地，称为埃利斯群岛，行政上与吉尔伯特群岛（现在的基里巴斯）联系。1974年波利尼西亚埃利斯群岛同密克罗尼西亚吉尔伯特群岛分离。1978年宣布独立。1996～1997年赞同君主制的人与提倡共和制的人发生争端，导致第一次严重政治危机。

库克群岛

正式名称和地位： 库克群岛。新西兰的自治属地，库克群岛有权在任何时候单方面宣布独立。
面积： 237平方公里（92平方英里）。
人口： 18,500（1994年估测）。
首都： 阿瓦鲁阿 3000人（1991年估测）。
地理： 由15个热带岛屿组成的库克群岛包括一组北部多山的火山岛群和新西兰北部约3000公里（1900英里）处的一组南部珊瑚岛群。
经济： 番木瓜是主要的出口作物。其他收入来源包括国外银行业务、邮资邮票及在新西兰工作的20,000多库克岛民寄回的汇款。

首相：（自1991年）巴伦·瓦埃亚（无党派）。

1/3以上的劳动力从事农业。种植维持生计的薯蓣、木薯和芋头等作物。南瓜属植物、鱼类和香草香精是主要的出口商品，甘蔗是主要的商品作物。旅游业愈加重要。
货币： 潘加。

1900年汤加沦为英国保护国。1970年宣告独立。1987年起，宪法改革的压力增强，亲民主激进主义分子被监禁。

法属波利尼西亚

正式名称和地位： 法属波利尼西亚；法国海外属地。
面积： 4000平方公里（1544平方英里）。
人口： 220,000（1995年估测）。
首府： 帕皮提城区 61,000（城市24,000人；1988年普查）。
地理： 领地有130多个多山的热带岛屿及珊瑚岛屿，在太平洋东南部形成五个岛群：向风群岛（包括塔希提岛）、背风群岛、土阿莫土群岛、澳斯特勒尔群岛和马克萨斯群岛。
经济： 旅游业是主要创汇行业。椰子油和珍珠出口。

纽埃

正式名称和地位： 纽埃；新西兰的自治属地，被授权于任何时候单方面宣布独立。
面积： 259平方公里（100平方英里）。
人口： 2300（1994年估测）。
首府： 阿洛菲 1000人（1991年估测）。
地理： 纽埃地处亚热带，位于新西兰北部2700公里（1700英里）处，是一座珊瑚高原，边缘为陡峭的悬崖。
经济： 岛上缺乏天然资源，几乎没有水。旅游业正被开发。12,000多纽埃人移民到新西兰工作。

瓦利斯和富图纳群岛

正式名称和地位： 瓦利斯和富图纳群岛；为法国海外属地。
面积： 274平方公里（106平方英里）。
人口： 13,700（1990年估测）。
首府： 马塔乌图 1100人（1990年估测）。
地理： 属地包括两个南太平洋热带群岛：瓦利斯（或乌韦安王国），一座火山岛，和富图纳，这两个多山的岛组在西加弗王国和阿洛王国间分开。
经济： 由于失业，大量的岛民已经离开。经济依靠政府雇佣和15,000多名在新喀里多尼亚工作的岛民寄回的汇款。椰干是惟一重要的出口作物。

动物 ■ 汤加是世界上惟一以卫理公会为多数派宗教的国家 ■

南极洲

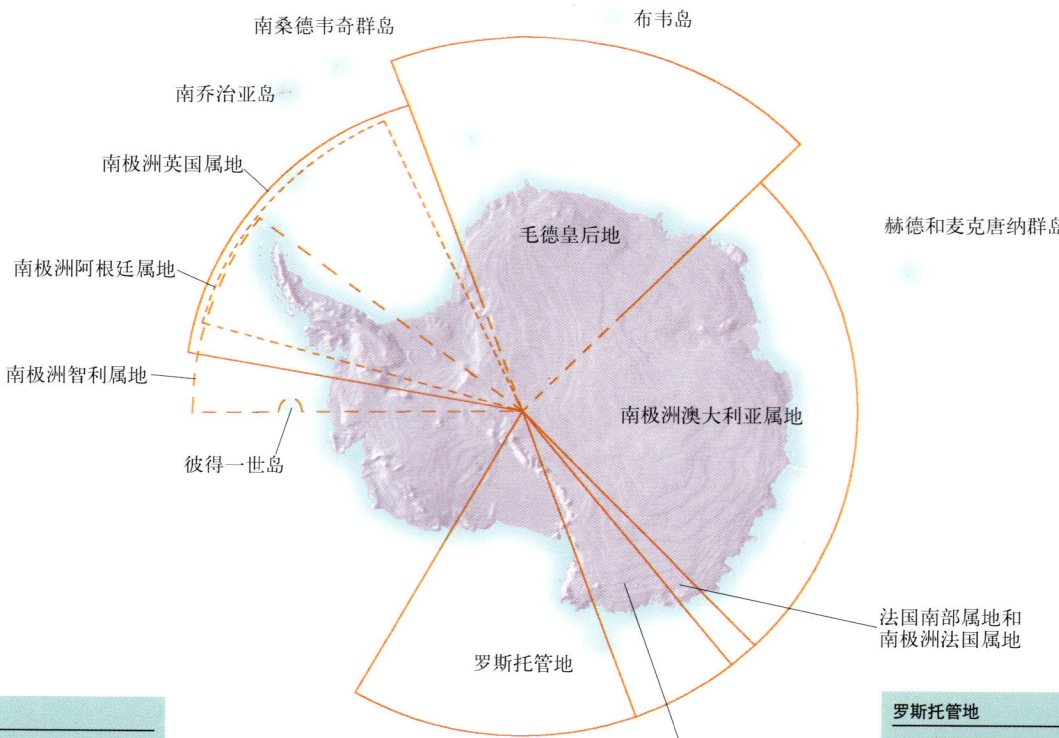

彼得一世岛
正式名称和地位：彼得一世岛；挪威在南极洲的领土要求；根据《南极条约》(1959)，在南极洲所有的领土要求所有权归属待定。
面积：180平方公里（69平方英里）。
人口：没有固定人口。
地理：彼得一世岛位于南极洲北部450公里（280英里）处，由冰层覆盖。

法属南方及南极洲法国属地
正式名称和地位：法国南部属地和南极洲法国属地。法国托管地（凯尔盖朗群岛和其他岛屿）外加法国在南极洲的领土要求（阿德利地）；根据《南极条约》(1959)，在南极洲所有的领土要求所有权归属待定。
面积：439,797平方公里（169,806平方英里）；阿德利地432,000平方公里（166,800平方英里）；凯尔盖朗群岛7215平方公里（2786平方英里）；克罗泽群岛515平方公里（199平方英里）；阿姆斯特丹岛60平方公里（23平方英里）；圣保罗岛7平方公里（3平方英里）。
人口：没有固定人口，然而在属地的"首府"法兰西港（在凯尔盖朗群岛上），有常驻工作人员。
地理：属地包括法国在南极洲所要求的领地（阿德利地），位于东经136°和东经142°间，另外还有两个荒凉的群岛（凯尔盖朗和克罗泽）及位于印度洋南端的两个小岛（阿姆斯特丹和圣保罗）。

赫德和麦克唐纳群岛
正式名称和地位：赫德和麦克唐纳群岛区；澳大利亚在外领土。
面积：417平方公里（161平方英里）。
人口：没有固定人口。
地理：群岛位于澳大利亚西南4000公里（2500英里）处，由冰层覆盖。

南极洲英国属地
正式名称和地位：南极洲英国属地；英国在南极洲的领土要求；根据《南极条约》(1959)，在南极洲所有的领土要求所有权归属待定。
面积：1,800,000平方公里（700,000平方英里）。
人口：没有固定人口。
地理：英国对位于西经20°和80°间的南极洲部分地区提出主权要求，而智利和阿根廷也对此处领土提出同样要求。

南极洲澳大利亚属地
正式名称和地位：南极洲澳大利亚属地；澳大利亚在外领土；根据《南极条约》(1959)，在南极洲所有的领土要求所有权归属待定。
面积：6,043,700平方公里（2,333,500平方英里）。
人口：没有固定人口。
地理：澳大利亚对位于东经142°和160°之间及东经45°和136°间的南极洲部分地区提出主权要求。

南极洲智利属地
正式名称和地位：南极洲智利属地；智利的领土要求；根据《南极条约》(1959)，南纬60°以南的领土要求所有权归属待定。
地理：智利对位于西经53°和90°间的南极洲部分地区提出主权要求，而英国和阿根廷也对此处领土提出同样要求。

南极洲阿根廷属地
正式名称和地位：南极洲阿根廷属地；阿根廷的领土要求；根据《南极条约》(1959)的条款规定，南纬60°以南的领土要求所有权归属待定。
地理：阿根廷对位于西经25°和74°间南极洲部分地区提出主权要求，同英国的领土要求相同。

毛德皇后地
正式名称和地位：毛德皇后地；挪威在南极洲的领土要求；根据《南极条约》(1959)的条款规定，在南极洲的所有领土要求所有权归属待定。
面积：由于领土要求没有内陆界限，所以其面积无法估计。
人口：没有固定人口。
地理：挪威对位于西经20°和东经45°间的南极洲部分地区提出主权要求。

罗斯托管地
正式名称和地位：罗斯托管地；新西兰托管地；根据《南极条约》(1959)的条款规定，在南极洲的所有领土要求所有权归属待定。
面积：730,000平方公里（282,000平方英里）。
人口：没有固定人口。
地理：新西兰对东经150°和160°之间的南极洲部分地区提出主权要求。

布韦岛
正式名称和地位：布韦岛；挪威托管地。
面积：59平方公里（23平方英里）。
人口：无固定人口。
地理：布韦岛位于南极洲大陆北部1600公里（1000英里）处，是一座荒凉的火山岛。

南乔治亚和南桑德韦奇群岛
正式名称和地位：南乔治亚和南桑德韦奇群岛；英国托管地。
面积：4091平方公里（1580平方英里）；南乔治亚3755平方公里（1450平方英里）；南桑德韦奇群岛336平方公里（130平方英里）。
人口：无固定人口，然而在托管地"首府"格吕特维肯（在南乔治亚岛）的设立已久的基地有常驻工作人员。
地理：南乔治亚岛位于福克兰群岛东部1290公里（800英里）处，是座荒凉多山的岛屿。大部分岛屿终年覆盖着积雪。南桑德韦奇群岛，位于南乔治亚岛东南760公里（470英里）处，是冰川覆盖的活火山群岛。

■ 南极洲的玛丽·伯德地是世界上惟一无国家对其进行领土要求的地区 ■

"知识进步是循序渐进的，不能一蹴而就"
——托马斯·麦考利

索引

A

A Chemical Treatise on Air and Fire（book by Scheele） 《论空气和火》（舍勒著），133
Aalto, Alvar: Finlandia Concert Hall 阿尔托，阿尔瓦：芬兰音乐厅，377
aardvark 土豚，84，85
Aargau（Swiss canton） 阿尔高州（瑞士），363
Abacha, General Sani 阿巴查，萨尼将军，332，464
Abba 圣父乐队，230
Abd er-Rahman I 阿卜杜勒·拉赫曼一世，308
Abdoulharim, Mohammed Taki 阿卜杜尔卡里姆，穆罕默德·塔吉，308
Abdul Rahman, Tunku 阿卜杜勒·拉赫曼，东古，308
Abegg, Richard 阿贝格，理查德，132
Aberdeen, City of（Scottish unitary authority） 阿伯丁市（苏格兰单一行政机构），357
Aberdeenshire（Scottish unitary authority） 阿伯丁郡（苏格兰单一行政机构），357
Abia（Nigerian state） 阿比亚（尼日利亚州），464
Abingdon island giant tortoise 阿宾顿岛巨龟，105
Abraham 亚伯拉罕，308
Abruzzi（Italian region） 阿布鲁齐（意大利行政区），379
Abruzzi（national park）: location/fauna 阿布鲁齐（国家公园）；地理位置/动物，106
absolute zero 绝对零度，115
Abstract Expressionism（art） 抽象表现主义画派（美术），241
Abu Dhabi 阿布扎比，400
Abu-Bakr 阿布-伯克尔，308
abyssal plains 深海平原，32
abyssal volcanoes 深海火山，39
AC/DC AC/DC 乐队，230
Académie Francaise 法兰西学院，366
Academy Awards 学院奖，210—213
accordion 手风琴，224
Ace of Base 低音 A 乐队，230
Aceh（Indonesian autonomous province） 亚齐省（印度尼西亚自治省），414
acetyl choline 乙酰胆碱，89
acid rain 酸雨，56
Acre（Brazilian state） 阿克里州（巴西），447
Acropolis, Athens 雅典卫城，242
acrostic 离合诗，256
act（literary term） 幕（文学术语），256
actin（Protein） 肌纤蛋白（蛋白质），89
Actium, Battle of 亚克兴角之战，322
acupuncture 针灸，98
Adamawa（Nigerian state） 阿达玛瓦（尼日利亚州），464
Adams, Bryan 亚当斯，布赖恩，230
Adams, John 亚当斯，约翰，220，308
Adams, John Couch 亚当斯，乔治·科邱，12
Adams, John Quincy 亚当斯，约翰·昆西，308
addition（mathematics） 加法（数学），136
Adenhaeur, Konrad 阿登纳，康拉德，308

adenosine triphosphate（ATP） 三磷酸腺苷（ATP），89
Adjani, Isabelle 阿加尼，伊萨贝拉，204
Adlerian psychology 阿德勒心理学，96
Adonis（Greek deity） 阿多尼斯（希腊神），186
Adorno, Theodor 阿多诺，西奥多，184
Adrian, Lord 艾德里安，罗德，108
Adrianople, Battle of 阿德里安堡之战，322
advanced gas-cooled reactors（AGRs） 改进型气冷反应堆，167
Advent Sunday（Christian festival） 耶稣降临节（基督教节日），18
Adygea（Russian republic） 阿迪格共和国（俄联邦共和国），391
Aegospotami, Battle of 依哥斯波塔米之战，322
Aeolus（Greek deity） 埃俄罗斯（希腊神），186
Aepyornis 隆鸟，102
aerodynamics 空气动力学，160—161
aerofoil 翼型，160
Aerosmith 埃罗史密斯乐队，230
Aeschylus 埃斯库罗斯，202，250
Aethlius, King of Elis 埃斯利斯，伊利斯国王，260
Afadjato 杰博席山，463
Afewerki, Issaias 阿费沃基，伊萨亚斯，455
Afghanistan 阿富汗，405
  hospital beds 病床，327
Africa 非洲
  area/greatest extremity 面积/终端最大距离，31
  boundaries 界线，31
  Central 中非，466—469
  East 东非，456—457
  glaciated area 冰川地区，49
  highest mountain peak 最高山峰，37
  Independent African Churches 独立的非洲教派，193
  languages 语言，246
  longest rivers 最长的河流，46—47
  North 北非，452—453
  North-east 东北非，454—455
  religions 宗教，188
  primal 原始宗教，199
  Southern 南非，470—471
  time charts 时间表
  17th and 18th centuries 17 到 18 世纪，302—303
  19th century 19 世纪，304—305
  20th century 20 世纪，306—307
  medieval to 16th century 中世纪到 16 世纪，300—301
  West 西非，460—465
African elephant 非洲象，79，104
African Israel Nineveh Church Kenya 非洲以色列尼尼微会，肯尼亚，193
African Nations Cup 非洲国家杯，267
  Winners 冠军，267
Afro-Asiatic languages 阿非罗-亚细亚语系语言，246
Afro-Eurasia 欧、亚、非大陆，30
Agalega Islands 阿加莱加群岛，459
Agassi, Andre 阿加西，安德烈，275
Agassiz, Jean Louis 阿加西，珍·路易斯，108
Age of Reptiles 爬行动物时代，100
Agincourt, Battle of 阿金库尔之战，323
Agni（Hindu god） 阿耆尼（印度神），196

Agridagi 大阿勒山，397
Agrippa, Marcus Vipsanius 阿格里帕，马可·维普圣留斯，308
Aguascalientes（Mexico） 阿瓜斯卡连特斯（墨西哥），435
Ahern, Bertie 艾亨，伯蒂，332，350
Ahtisaari, Martti 阿赫蒂萨里，马尔蒂，377
Aida 《阿依达》，226
AIDS/AIDS virus 艾滋病/艾滋病病毒，61，92
Aiken, Howard 艾肯，霍华德，182
Aimée, Anouk 艾梅，阿努克，204
Ain Jalut, Battle of 艾因加路特之战，323
Ainu language 阿伊努语，246
air pollution 大气污染，56—57
  controlling 大气污染控制，57
air transport 航空运输，168—169
  airport numbers 机场数量，168
  busiest airports 最繁忙的航空港，168
  leading aircraft 最大的飞机，169
  major airports 主要航空港，168
  passenger journeys 客运旅程，169
  top cargo handlers 最大货运航空公司，169
  top passenger airlines 最大客运航空公司，169
aircraft 飞机，160—161
  fastest 最快的飞机，161
  first nonstop circumnavigation 第一次不间歇的环球飞行，161
  largest wingspan 最长的机翼，161
airports 航空港
  busiest 最繁忙的航空港，168
  major 主要航空港，168
  numbers of 机场数量，168
Ajman 阿治曼，400
Akashi-Kaikyo Bridge 明石-海峡大桥，176
Akayev, Askar 阿卡耶夫，阿斯卡尔，403
Akbar the Great 阿克巴大帝，308
Akhenaton 阿肯那顿，308
Akihito, Emperor 明仁天皇，420
  enthronement 明仁天皇登基，199
Akwa Ibom（Nigerian state） 阿夸·伊博姆州（尼日利亚）464
al Khwarizmi 花拉子密，阿尔，142
Alabama（US state） 亚拉巴马州（美国），429
  state information 简介，432
Alagoas（Brazilian state） 阿拉戈斯州（巴西），447
Aland（Finnish province） 奥兰（芬兰自治省），377
Alarcon, Fabian 阿拉坎，法比恩，445
Alaska（US state） 阿拉斯加州（美国），429
  glaciated area 冰川地区，49
  state information 简介，432
Alba, 3rd Duke of 阿尔巴，第三位公爵，308
Albania 阿尔巴尼亚，387
albatross 信天翁，75
Albee, Edward 阿尔比，爱德华，250
Albéniz, Isaac 阿尔贝尼斯，伊萨克，220
Albert II, King 国王阿尔贝特二世，368
Albert Canal 阿伯特运河，175
Albert the Great, St 圣阿尔贝特大师，120
Alberta（Canadian province） 艾伯塔省

（加拿大），425
Alberti, Leon Battista 阿尔贝蒂，莱昂·巴蒂斯塔，243
Albinoni, Tommaso 阿尔比诺尼，托马索，220
Albright, Madeleine 奥尔布莱特，玛德琳，332
Alcaeus 阿尔凯俄斯，250
alchemy 炼金术，126，128
Alcibiades 亚西比德，308
Alcmaeon 阿尔克墨涅，108
Alcott, Louisa May 奥尔克特，路易莎·梅，250
Aleman, José Arnoldo 阿莱曼，何塞·阿诺尔多，437
Alexander I 亚历山大一世，308
Alexander III 亚历山大三世，308
Alexander, Matthias 亚历山大，马塔赛阿斯，98
Alexander technique 亚历山大技术，98
Alexander the Great 亚历山大大帝，308
alexandrine 亚历山大诗行法，256
Alexius I Comnenus 阿历克塞一世，康尼努斯，308
Alfonso VIII Canal 阿方索十三世运河，175
Alfred the Great 阿尔弗烈德大帝，308
algae 水藻，62
algebra 代数，138
Algeria 阿尔及利亚，453
Ali 阿里，308
Aliyev, Geidar 阿利耶夫，盖达尔，395
alkali metals 碱金属，127
alkaline earth metals 碱土金属，127
All Saints' Day（Christian festival） 万圣节（基督教节日），18
All Souls' Day（Christian festival） 万灵节（基督教节日），18
All-Ireland Championship winners 全爱尔兰锦标赛优胜者，269，280
allantois 尿囊，73
allegory 讽喻/寓言，256
allemande（dance） 阿勒曼德舞（舞蹈），216
Allen, Thomas 艾伦，托马斯，228
Allen, Woody 艾伦，伍迪，204
Allende, Salvador 阿连德，萨尔瓦多，308
allergies 过敏，94
alligator 短吻鳄，73
alliteration 头韵，256
allusion 暗示，256
almsgiving（Muslim） 课功（穆斯林），195
alpaca 羊驼，78
alpha decay/radiation α-衰变/辐射，118
alpha-wave computers α-波计算机，179
alphabets and writing systems 字母与书写系统，248—249
  Arabic alphabet 阿拉伯字母，249
  Braille's alphabet 布莱叶盲字系统，249
  Code of Signals 信号代码，248
  Cyrillic alphabet 西里尔字母，248
  Greek alphabet 希腊字母，248
  Morse Code 莫尔斯电码，249
Alphito（Greek deity） 阿尔菲托（希腊神），186
Alpine skiing 高山滑雪，283
Alps 阿尔卑斯山
  formation of 形成，30
  ice age 冰期，49

索引

rivers originating in 源头，45
Alsace (French region) 阿尔萨斯（法国大区），366
Altaic languages 阿尔泰语系，246
Altdorfer, Albrecht 阿尔特多费尔，阿尔布雷希特，236
Altman, Robert 阿特曼，罗伯特，204
altocumulus clouds 高积云，52
altostratus clouds 高层云，52
aluminium: annual production 铝：年产量，328
Alvarez, Luis 阿尔瓦雷茨，路易斯，120
alveoli 肺泡，90
Alvernia, Mount 阿尔沃涅山，439
Alzheimer's disease 阿尔茨海默氏病，94
Amapá (Brazilian state) 阿马帕州（巴西），447
Amaterasu (Japanese goddess) 太阳女神（日本女神），199
Amazon (river) 亚马孙河，44
 length/source/course 长度/发源地/河道，46，47
Amazonas (Brazilian state) 亚马孙州（巴西），447
Amazonas (Venezuelan state) 亚马孙纳斯州（委内瑞拉），445
Amazonia (national park): location/fauna 亚马孙（国家公园）：地理位置/动物，106
America's Cup 美洲杯，285
American football 美式足球，268
American Samoa 美属萨摩亚，479
Americas, The marsupials 美洲，有袋目动物，77
 time charts 时间表：
  17th and 18th centuries 17到18世纪，302—303
  19th century 19世纪，304—305
  20th century 20世纪，306—307
  ancient world 古代世界，296—297
  medieval to 16th century 中世纪到16世纪，300—301
  Roman and early medieval 罗马和中世纪早期，298—299
Amerind languages 美洲印第安语，246
Amin, Idi 阿明，艾迪，308
amino acid racemization dating method 氨基酸外消旋作用确定年代法，27
Amis, Kingsley 艾米斯，金斯利，250
amnion/amniotic sac 羊膜/羊膜水囊，90
amoeba 变形虫，61
Amontons, Guillaume 阿蒙通，纪尧姆，120
Ampère, André Marie 安培，安德烈·玛丽，117，120
amphibians 两栖动物，72—73
 defence behaviour 防御行为，73
 distribution and habitat 分布与生境，72—73
 largest living 现今最大的两栖动物，72
Amun (Egyptian god) 阿蒙（埃及神），187
Amur (river) 阿穆尔河
 length/source/course 长度/发源地/河道，46
An American Werewolf in London (film) 《一个美国狼人在伦敦》（电影），203
Anabaptists 再洗礼派，192
anagram 颠倒字母而成的字，256
Anak Krakatau (island) 安纳喀拉喀托火山（岛），34
analytic psychology 分析心理学，96

Anambra (Nigerian state) 阿南布拉（尼日利亚州），464
anatomy 生理解剖
 amphibians 两栖动物，72
 arthropods 节肢动物，68
 birds 鸟，74
 crustaceans 甲壳类动物，69
 fish 鱼，70—71
 human 人类，88—89
 marine mammals 水生哺乳动物，82
 phobias 恐惧症，97
 primitive animals 原始动物，67
 reptiles 爬行动物，73
 ungulate feet 蹄状足，78，79
ancestor worship, Chinese 祭祖，中国，198
ancient world 古代世界，296—297
 seven wonders of 七大奇迹，176
Andalusia (Spanish region) 安达卢西亚（西班牙自治区），359
Andaman Sea: area/average depth 安达曼海：面积/平均深度，33
Andanam and Nicobar Islands Union Territory (India) 安达曼－尼科巴群岛（印度），407
Andersen, Hans Christian 安徒生，汉斯·克里斯蒂安，250
Anderson, Carl David 安德森，卡尔·戴维，120
Anderson, Judith 安德森，朱迪思，204
Anderson, Lindsey 安德森，林赛，204
Andes mountains 安第斯山脉，36
Andhra Pradesh (Indian state) 安得拉邦（印度），407
Andorra 安道尔，358
André, Carl 安德烈，卡尔，236
Andrews, Julie 安德鲁斯，朱莉，204
Andrews, Thomas 安德鲁斯，托马斯，132
Andriessen, Louis 安德森，路易斯，220
anecdote 轶事，256
Angelico, Fra 安吉利科，弗拉，236
Angkor (national park): location/fauna 吴哥（国家公园）：地理位置/动物，106
Angkor Wat 吴哥窟，177
anglerfish 神仙鱼，71
angles 角，139
Anglesey (Welsh unitary authority) 安格尔西岛郡（威尔士单一行政机构），356
Anglican Churches 圣公会（安立甘宗），193
 number of adherents 信徒人数，189
Angola 安哥拉，468
 defence budget 防卫预算，343
Ångström, Anders Jonas 埃斯特朗，安德斯·琼斯，120
Anguilla 安圭拉，441
Angus (Scottish unitary authority) 安格斯郡（苏格兰单一行政机构），357
Anhui (Chinese province) 安徽省（中国），418
animal kingdom, the 动物界，66—67
 amphibians and reptiles 两栖动物与爬行动物，72—73
 arthropods 节肢动物，68—69
 birds 鸟，74—75
 cnidarians 刺胞动物，67
 dinosaurs 恐龙，100—101
 echinoderms 棘皮动物，67
 endangered animals 濒危动物，104—105

fauna of national parks 国家公园的动物，106—107
 fish 鱼，70—71
 mammals 哺乳动物，76—77
  land 陆生哺乳动物，80—81
  marine 水生哺乳动物，82—83
  molluscs 软体动物，67
  prehistoric animals 史前动物，102—103
  primates 灵长目动物，86—87
  sponges 海绵，67
  ungulates 有蹄动物，78—79
  what it is 什么叫动物界，66
  worms 蠕虫，67
  phobias 恐惧症，97
  what they are 什么叫动物界，66
Animism, Inca 万物有灵论，印加，187
ankylosaurs 甲龙，101
Annam 安南，412
Annan, Kofi 安南，科菲，332，337
Annapurna I 安纳布尔纳山I，36
Annie Get Your Gun 《安妮，拿起你的枪》，227
Anopheles mosquito 按蚊，93
Anouilh, Jean 阿努伊，让，250
Anselm 安瑟伦，184
Antarctica 南极地区，49，54，480
 area/greatest extremity 面积/终端最大距离，31
 effect of global warming 全球变暖的后果，55
 highest mountain peak 最高峰，37
anteater 食蚁动物，84，85
antelope 羚羊，79
anthracite 无烟煤，166
anthrax 炭疽病，92
anthropoids 类人猿，86
antibodies 抗体，90
Antigua and Barbuda 安提瓜和巴布达，441
antiparticles 反粒子，118
Antisana (volcano) 安蒂萨纳（火山），38
antlers 鹿角，79
Antoine, André 安东尼，安德烈，204
Antony, Mark 安东尼，马可，308
antonym 反义词，256
Antrim (Northern Ireland unitary authority) 安特里姆郡（北爱尔兰单一行政机构），356
Anubis (Egyptian god) 安努毕斯（埃及神），187
anvil (instrument) 砧琴（乐器），224
Anzoátegui (Venezuelan state) 安索阿特吉（委内瑞拉），445
aorta 主动脉，88，89
Apatosaurus 雷龙，101
apes 猿
 evolution of 猿的进化，76
 gibbon 长臂猿，87
 great 巨型猿，87
aphorism 格言/警句，256
Aphrodite (Greek goddess) 阿佛洛狄特（希腊女神），186
Apollinaire, Guillaume 阿波利奈尔，纪尧姆，250
Apollo (Greek god) 阿波罗（希腊神），186
Apollo 17 mission 阿波罗17号飞行，16
Apollonius 阿波罗尼奥斯，142
Apollos (asteroids) 阿波罗（小行星），11
Appalachian Mountains 阿巴拉契亚山脉，428

Appenzell Ausser-Rhoden (Swiss half-canton) 阿彭策尔—外罗登州（瑞士半），363
applied psychology 应用心理学，96
Aptidon, Hassan Gouled 阿普帝敦，哈桑·古莱德，455
Apuleius 阿普列尤斯，250
Apure (Venezuelan state) 阿普雷州（委内瑞拉），445
Aquinas, St Thomas 阿奎那，圣托马斯，184
Aquitaine (French region)，阿基坦（法国大区），366
Arab League 阿拉伯国家联盟，341
Arabian Desert: area/location 阿拉伯沙漠：面积/地理位置，48
Arabian oryx 阿拉伯大羚羊，105
Arabic (language) 阿拉伯语，247
Arafat, Yassir 阿拉法特，亚西尔，332，397
Aragats 阿拉加茨，394
Aragón (Spanish region) 阿拉贡（西班牙自治区），359
Aragua (Venezuelan state) 阿拉瓜州（委内瑞拉），445
Aral Seá 咸海，43，402
arap Moi, Daniel 阿拉普·莫依，丹尼尔，456
archaea 太古生物，60，61
Archaeopteryx 始祖鸟，74，102
Archelon 龟龙，102
archery 射箭，292
architecture 建筑，242—245
 end of modernism 现代主义结束，245
 Greek 希腊，242
 industrial city 工业城市，244
 Mannerism and Baroque 风格主义与巴罗克式建筑，243—244
 Middle Ages 中世纪，243
 modern movement 现代运动，245
 post-war boom 战后的繁荣，245
 prehistoric buildings 史前建筑，242
 reform and revolution 改革与革命，244
 Renaissance 文艺复兴，243
 Rococo and Neo-Palladianism 洛可可及新帕拉第奥建筑，244
 Roman 罗马，242，243
 the river valley cultures 河谷文化，242
 what it is 什么是建筑学，242
Arctic fox 北极狐，81
Arctic Ocean 北冰洋
 area/average depth 面积/平均深度，33
 ice cover 冰层，33
Arctic region: effect of global warming 北冰洋地区：全球变暖的后果，55
arcuated construction 拱形建筑结构，243
Ards (Northern Ireland unitary authority) 阿兹（北爱尔兰单一行政机构），356
Ares (Greek god) 阿瑞斯（希腊神），186
Arethusa (Greek deity) 阿瑞图萨（希腊神），186
Argand, Jean Robert 阿尔甘，简·罗伯特，142
Argentina 阿根廷，446
 number of cars 汽车数量，171
 railway system 铁路系统，173
 road network 公路网，170
 social security expenditure 社会治安费用，326

Argentine Antarctic Territory 南极洲阿根廷属地，480
Argyll & Bute（Scottish unitary authority）阿盖尔和比特郡（苏格兰单一行政机构），357
Ariel（satellite）天卫一（卫星），12，13
Ariosto, Lodovico 阿里奥斯托，卢多维科，250
Aristarchus of Samos: heliocentric theory 日心说，125
Aristophanes 阿里斯托芬，250
Aristotle 亚里士多德，120，184，250
animal classification 动物分类，66
Arizona（US state）亚利桑那州（美国），429
state information 简介，432
Arkansas（US state）阿肯色州（美国），429
state information 简介，432
armadillo 犰狳，84
prehistoric 史前的，103
Armagh（Northern Ireland unitary authority）阿马（北爱尔兰单一行政机构），356
armed forces 武装力量，342—343
biggest defence budgets 最高防卫预算，343
largest armies 最大武装力量，343
smallest army 最小军队，343
wars in the 1990s 20世纪90年代的战争，342—343
Armenia 亚美尼亚，394
continental boundary 洲分界线，31
higher education students 高等学校学生，327
primary class sizes 小学班型，327
Armenian Church 亚美尼亚教会，190
Armstrong, Louis 'Satchmo' 阿姆斯特朗，路易斯"萨奇莫"，229
Arnold, Malcolm 阿诺德，马尔科姆，220
Arnold, Matthew 阿诺德，马休，250
aromatherapy 芳香疗法，98
Arp, Jean（Hans）阿尔普，让（汉斯），236
Arrhenius, Svante August 阿伦尼乌斯，斯万提·奥古斯特，132
Ars Antiqua and Nova 旧艺术与新艺术，218
Arsinoitherium 犀角龙，103
art 艺术
western 西方美术，236—241
world's most valuable paintings 价值连城的艺术珍品，241
Art Nouveau architecture 新艺术建筑，244，245
Artaud, Antonin 阿尔托，安托南，204
Artemis（Greek goddess）阿耳特弥斯（希腊女神），186
temple at Ephesus 以弗所神庙，176
arteries 动脉，89
largest 最粗的动脉，88
arthritis 关节炎，94
arthropods 节肢动物，68—69
arachnids 蜘蛛类动物，68
crustaceans 甲壳动物，69
insects 昆虫
how they fly 他们怎样飞行，69
their relatives 昆虫的族亲，68—69
trilobites 三叶虫，68
what they are 什么叫节肢动物，68
Arthur, Owen S.，阿瑟，欧文，443
artiodactyls 偶蹄动物，78
Arts and Crafts Movement 工艺美术运动，244
Aruba 阿鲁巴，443
murders 谋杀，327
Arusha（national park），location/fauna 阿鲁沙（国家公园）：地理位置/动物，106
Arya-Dharma（Aryan way of life）雅利安达摩（雅利安人生活方式），196
Aryans（people）雅利安人，196
Arzu, Alvaro 阿尔苏，阿尔瓦罗，436
asbestosis 石棉沉着病，95
Ascension Day（Christian festival）耶稣升天节（基督教节日），18
Asclepius（Greek deity）阿斯克勒庇俄斯（希腊神），186
Ash Shaqaya 沙迦，400
Ash Wednesday（Christian festival）圣灰星期三（基督教节日），18
Ashanti god 阿散蒂神，199
Ashcroft, Peggy 阿什克罗夫特，佩姬，204
Ashes, the 门柱灰，270
Ashkenazim（religious group）主持德系犹太社团（宗教团体），200
Ashmore and Cartier Islands（Australian territory）阿什莫尔礁和卡捷岛（澳大利亚领地），473
Ashurbanipal 亚述巴尼拔，308
Asia 亚洲
area/greatest extremity 面积/终端最大距离，31
boundaries 界线，31
Central 中亚，402—403
glaciated area （亚洲的）冰川地区，49
highest mountain peak 最高山峰，37，37
longest rivers 最长河流，46—47
South 南亚，404—405，406—407，410—411
South-east 东南亚，412—413，414—415
time charts 时间表
17th and 18th centuries 17到18世纪，302—303
19th century 19世纪，304—305
20th century 20世纪，306—307
ancient world 古代世界，296—297
medieval to 16th century 中世纪至16世纪，300—301
Roman and early medieval 罗马和中世纪早期，298—299
Asia-Pacific Economic Cooperation（Apec）亚太经济合作组织，340
Asian elephant 亚洲象，79，104
Asiatic black bear 亚洲黑熊，105
Asiatic lion 亚洲狮，104
Asimov, Isaac 阿西莫夫，艾萨克，250
Asoka 阿育王，308
ass 驴，79
Assad, Hafez, al- 阿萨德，哈菲兹，332，396
Assam（Indian state）阿萨姆邦（印度），407
Association of South East Asian Nations（ASEAN）东南亚国家联盟，340
assonance 腹韵，256
Assumption, The（Christian festival）圣母升天节（基督教节日），18
Astaire, Fred 阿斯泰尔，弗莱德，204
Astbury, William Thomas 阿斯特伯里，威廉·托马斯，132
asteroids or minor planets 小行星，11
asthenosphere 软流层

tectonic plates on 板块，30
thickness 厚度，26
asthma 哮喘病，94
astrological calendar 占星学日历，22
Astronomical Unit（AU）天文学单位，9
Asturias（Spanish region）阿斯图利亚斯（西班牙自治区），359
Atacama Desert 阿塔卡马沙漠
area/location 面积/地理位置，48
Highway 高速公路，171
ocean currents and 洋流对其形成的影响，48
Atacama Fault, Chile 阿塔卡马断层，智利，30
Atacora Massif 阿塔科拉山，465
Atanasoff, John V 阿特纳索夫，约翰，182
Atatürk, Kemal 基马尔（凯末尔），308
Aten（Egyptian god）阿托恩（埃及神），187
Atens（asteroids）阿坦斯（小行星），11
Atharva-Veda（ancient literature）《阿闼婆吠陀》（古代文学），196
Atheism 无神论，188
number of adherents 信徒人数，189
Athene/Athena（Greek goddess）雅典娜（希腊女神），186
Athenian alphabet 雅典的官方字母，248
athletics 田径运动，260—261
Atlantic Ocean 大西洋
area/average depth 面积/平均深度，33
formation of 形成，33
Atlantic torpedo（fish）大西洋电水雷鱼，71
Atlas（Greek deity）阿特拉斯（希腊神），186
atmosphere 大气
Earth 地球上的大气，27，50
pollution in 大气污染，56
Sun 太阳，10
atomic clocks 原子钟，20
atomic numbers 原子数，128—129
atomic theories 原子理论，118
atoms 原子
mass 原子质量，126
structure 结构，126
Attenborough, Richard 阿顿波罗，理查德，204
Attila 阿提拉，308
Attis（Greek deity）阿提斯（希腊神），186
Attlee, Clement 艾德礼，克莱门特，308
attraction and repulsion, Law of 吸引和排斥法则，117
Atum（Egyptian god）阿图姆（埃及神），187
Atwood, Margaret 阿特伍德，玛格丽特，250
Auden, W（ystan）H（ugh）奥登，威斯坦·休，250
Augsburg Confession 《奥格斯堡信纲》，193
Augustine of Hippo 奥古斯丁（希波的），184，308
Augustus, Gaius Julius Caesar Octavianus 奥古斯都，盖尤斯·裘利斯·恺撒·屋大维，308
Aumont, Jean-Pierre 奥蒙特，让－皮埃尔，204
Aurangzeb 奥朗则布，308

Aurora（Roman deity）奥罗拉（罗马神），186
Austen, Jane 奥斯丁，简，250
Austerlitz, Battle of 奥斯特利茨之战，324
Australasia 澳大拉西亚
area/greatest extremity 面积/终端最大距离，31
boundaries 界线，31
highest mountain peak 最高山峰，37，37
time charts 时间表
19th century 19世纪，304—305
20th century 20世纪，306—307
Australia 澳大利亚，472—473
dependencies 属岛，473
endangered animals 濒危动物，104
GNP per head 人均国民生产总值，329
in focus 澳大利亚聚焦，474—475
longest river 最长的河流，47
marsupials 有袋目动物，77
number of airports 机场数量，168
number of cars 汽车数量，171
prime ministers 历任总理，475
railway system 铁路系统，173
reported burglaries 盗窃案，327
republicanism 共和体制，475
road network 公路网，170
states and territories 澳大利亚各州及地区，473
UN funding 支付联合国会费，337
Australian Antarctic Territory 南极洲澳大利亚属地，480
Australian Capital Territory 澳大利亚首都直辖区，473
Australian Desert, area/location 澳大利亚沙漠，面积/地理位置，48
Australian football 澳大利亚足球，268
league winners 联赛优胜者，268
Australian mice 澳大利亚鼠，84
Australopithecus 澳大利亚猿，103
Australopithecus afarensis 澳大利亚猿，103
Austria 奥地利，382
EU membership 欧盟成员，339
GNP per head 人均国民生产总值，329
health care expenditure 医疗费用，327
number of cars 汽车数量，171
provinces 奥地利各州，382
social security expenditure 社会治安费用，326
Austronesian languages 南岛语系，246
autobiography 自传，256
autonomic nervous system 自主神经系统，91
Autonomous Azeri Republic 阿塞拜疆自治共和国，395
Autonomous Georgian Republics 格鲁吉亚自治共和国，395
autosuggestion 自我暗示，99
autotomy 自割，73
Auvergne（French region）奥弗涅（法国大区），366
avalanches 雪崩，40
Averroes 阿威罗伊，184
Avery, Oswald Theodore 艾弗里，奥斯瓦尔德·狄奥多尔，108
Avicenna 阿维森纳，108，142，184
Avogadro, Amadeo 阿伏伽德罗，艾玛蒂欧，120
axons 轴突，91
Ayckbourn, Alan 艾克博恩，艾伦，250

Ayer, Alfred J. 艾耶尔, 艾尔弗雷德, 184
Azerbaijan 阿塞拜疆, 395
　continental boundary 洲分界线, 31
Azimov, Yakhyo 阿济莫夫, 亚希约, 403
Aznar, José María 阿斯那尔, 何塞·马利亚, 332, 359
Azores 亚速尔群岛, 358
　continental boundary 洲分界线, 31
Aztec religion 阿兹特克宗教, 187

B

B cells B细胞, 90
B-movies 英国电影, 203
Bab, the 巴布, 189
Babbage, Charles 巴贝奇, 查尔斯, 182
　Method of Differences 差分法, 182
Babel, Tower of 巴别通天塔, 242
Babenco, Hector 巴本克, 埃克托尔, 204
Baber 巴伯尔, 308
Babinet, Jacques 白比尼特, 札克, 120
Bacall, Lauren 白考尔, 劳伦, 204
Bacchus (Roman deity) 巴克斯 (罗马神), 186
Bach flower remedies 巴赫鲜花疗法, 99
Bach, Carl Philipp Emmanuel 巴赫, 卡尔·菲利浦·伊曼纽尔, 220
Bach, Dr Edward 巴赫, 爱德华医生, 99
Bach, Johann Christian 巴赫, 约翰·克里斯蒂安, 220
Bach, Johann Christoph Friedrich 巴赫, 约翰·克里斯托夫·弗里德里希, 220
Bach, Johann Sebastian 巴赫, 约翰·塞巴斯蒂安, 220
　St Matthew Passion 圣马太受难曲, 219
Bacon, Francis 培根, 弗朗西斯, 184, 250
Bacon, Francis (painter) 培根, 弗朗西斯 (画家), 236
Bacon, Roger 培根, 罗吉尔, 120
Bacrot, Etienne 巴克罗特, 艾蒂安, 292
bacteria 细菌, 60—61
Bactrian camel 双峰骆驼, 78
Baden-Württemberg (German state) 巴登－符腾堡州 (德国), 371
badger 獾, 81
badminton 羽毛球, 292
Baeyer, Adolf von 拜耳, 阿道夫·冯, 132
Baffin Island 巴芬岛, 35
　area/location/status 面积/位置/状况, 35
BAFTA awards 英国电影与电视艺术学院奖, 214
Bagabandi, Natsagiyn 巴格班迪, 那特萨金, 417
baggage-handling system, maglev 行李处理系统, 磁悬浮, 163
Baha'ism (religion) 巴哈教派宗教, 189
Baha'ullah 巴哈安拉, 189
Bahamas 巴哈马, 439
　primary class sizes 小学班型, 327
Bahia (Brazilian state) 巴伊亚州 (巴西), 447
Bahrain 巴林, 401
　causeway to Saudi Arabia 通往沙特阿拉伯的堤道, 401
Baikal, Lake 贝加尔湖, 43
Baird, John, Logie 贝尔德, 约翰·洛吉, 149
Baisakhi (Hindu festival) 新年 (印度教节日), 19
Baja California 下加利福尼亚, 434, 435
Baker, Dame Janet 贝克, 珍妮特, 228
Balakirev, Mily 巴拉基列夫, 米利, 220
Balaneshty 巴拉涅什特山, 388
Balas, Iolands 巴拉斯, 约兰达, 260
bald eagle 秃鹰, 75
Baldwin I 鲍德温一世, 308
Baldwin, James 鲍德温, 詹姆斯, 250
Baldwin, Stanley 鲍德温, 斯坦利, 308
Balearic Islands (Spanish region) 巴利阿里斯岛 (西班牙自治区), 359
baleen whale 须鲸, 83
Bali 巴厘岛 (印度尼西亚), 414
Bali tiger 巴厘虎, 104
ball and socket joint 球窝关节, 88
ball games 球类运动, 278—281
Balla, Giacomo 巴拉, 贾科莫, 236
ballad 民谣, 256
Balladares, Ernesto Pérez 巴利亚达雷斯, 埃内斯托·佩雷斯, 444
ballade 三节联韵诗, 256
Ballesteros, Seve 巴利斯特罗斯, 塞韦, 273
ballet 芭蕾, 217
　modern ballet 现代芭蕾, 217
　origins of classical ballet 古典芭蕾的起源, 217
　romantic ballet 浪漫芭蕾, 217
　Russian ballet 俄国芭蕾, 217
Ballets Russes 俄罗斯芭蕾舞团, 217
Ballymena (Northern Ireland unitary authority) 巴利米纳 (北爱尔兰单一行政机构), 356
Ballymoney (Northern Ireland unitary authority) 巴利马尼 (北爱尔兰单一行政机构), 356
Balmer, Johann Jakob 巴尔末, 约翰尼·杰克博, 120
Baltic countries 波罗的海国家, 376—377
Baltic Sea 波罗的海
　area/average depth 面积/平均深度, 33
　salinity 含盐量, 32
Baluchistan (Pakistani Province) 俾路支省 (巴基斯坦), 404
Balzac, Honoré de 巴尔扎克, 奥诺雷·德, 250
Bananal (island) 巴纳纳尔 (岛), 34
Bananarama 伯纳纳拉玛演唱组, 230
bananas 香蕉, 64
　annual tonnage 年消耗吨位, 62
　harvesting in Costa Rica 在哥斯达黎加收获香蕉, 437
Banat lowland 班纳特低地, 389
Banbridge (Northern Ireland unitary authority) 班布里奇 (北爱尔兰单一行政机构), 356
Bancroft, Anne 班克罗夫特, 安妮, 204
Bandaranaike, Sirima 班达拉奈克, 西丽玛沃, 407
Banff (national park) 班夫 (国家公园), 54
　location/fauna 地理位置/动物, 106
　Moraine Lake 莫兰湖, 426

Bangladesh 孟加拉国, 410
　hospital beds 病床, 327
　rate of deforestation 森林采伐率, 58
　road network 公路网, 170
banks: top commercial 最大商业银行, 331
Bannockburn, Battle of 班诺克本之战, 323
Bannovka 班诺夫卡, 402
Baptists 浸礼会, 193
bar graph 条形图, 137
Barbados 巴巴多斯, 443
Barber, Samuel 巴伯, 塞缪尔, 220
Barbizon School (art) 巴比松画派 (美术), 238
Bardot, Brigitte 芭铎, 碧姬, 204
Bare, General Ibrahim Mainassara 拜尔, 易卜拉欣·迈纳萨拉将军, 462
Baresi, Franco 巴雷西, 弗兰克, 266
Barínas (Venezuelan state) 巴里纳斯州 (委内瑞拉), 445
Barker, Harley Granville 巴克, 阿莱·格兰维尔, 204
Barker, Pat 巴克, 帕特, 250
barn dance 谷仓舞, 216
barnacles 藤壶, 69
Baroque architecture 巴罗克式建筑, 243—244
Barr, Murray Llewellyn 巴, 墨利·卢埃林, 108
Barrie, James 巴里, 詹姆斯, 250
Barrymore, Ethel 巴里穆尔, 埃塞尔, 204
Barrymore, John 巴里穆尔, 约翰, 204
Barrymore, Lionel 巴里穆尔, 莱昂内尔, 204
Bart, Lionel 巴特, 莱昂内尔, 228
Bartholin, Thomas 巴多林, 托马斯, 108
Bartók Béla 巴尔托克, 贝拉, 220
Bartolomeo, Fra 巴托洛梅奥, 弗拉, 236
Baru, 巴鲁, 444
Baryonyx 重爪龙, 101
Baryshnikov, Mikhail 巴里什尼科夫, 米哈伊尔, 217
base units (metric system) 基本单位 (公制), 112
baseball 棒球, 278
Basel-Landschaft (Swiss half-canton) 巴塞尔乡 (瑞士半州), 363
Basel-Stadt (Swiss half-canton) 巴塞尔城 (瑞士半州), 363
Bashir, General Omar Hassan Ahmed al- 巴希尔, 奥马尔·哈桑·艾哈迈德将军, 455
Bashkortostan (Russian republic) 巴什科尔托斯坦共和国 (俄联邦共和国), 391
BASIC BASIC语言, 246
Basic English 基础英语, 246
Basie, Count 巴锡伯爵, 229
Basil II 巴西尔二世, 308
Basilicata (Italian region) 巴西利卡塔 (意大利行政区), 379
basilisk lizard 美洲蜥蜴, 73
Basilosaurus 鲸龙, 103
basketball 篮球, 278
Basque Country (Spain) 巴斯克地区 (西班牙), 359
Basque language 巴斯克语, 246
bass clarinet 低音单簧管, 224
bass drum 低音鼓, 224
Bass Strait: area/average depth 巴士海峡: 面积/平均深度, 33
Bassey, Shirley 巴塞, 雪莉, 230
bassoon 大管, 224
Bastet (Egyptian goddess) 巴斯苔特 (埃及女神), 187
Bates, Alan 巴茨, 艾伦, 204, 205
Bateson, William 贝特森, 威廉, 108
Batistay Zaldívar 巴蒂斯塔·萨尔迪瓦, 308
bat 蝙蝠, 85
Battle of Britain 不列颠之战, 324
battles, major world 世界主要战役, 322—324
Bauchi (Nigerian state) 包奇州 (尼日利亚), 464
Baudelaire, Charles 波德莱尔, 夏尔, 250
Bauhaus 鲍豪斯, 245
Baum, L. Frank 鲍姆, L. 弗兰克, 250
Bavaria (German state) 巴伐利亚州 (德国), 371
Bayelsa (Nigerian state) 拜耶拉沙州 (尼日利亚), 464
Baylis, Lillian 贝利斯, 莉莲, 204
Beach Boys, The 沙滩男孩乐队, 230
beaded lizard 珠状蜥蜴, 73
Beadle, George Wells 比德尔, 乔治·威尔斯, 108
Beardsley, Aubrey 比尔兹利, 奥布雷, 236
　The Toilet of Salome 莎乐美在梳妆, 254
bears: endangered species 熊: 濒危物种, 81, 105
Beatles, The 甲壳虫乐队, 230
Beatrix, Queen 贝娅特丽克丝女王, 369
Beatty, Warren 贝蒂, 沃伦, 204
Beauchamp, Charles Louis 博尚, 夏尔·路易, 217
Beaufort Scale 蒲福风力等级, 51
Beaufort, Duke of 波弗特公爵, 292
Beaumarchais, Pierre-Augustin caron de 博马舍, 彼埃尔–奥古斯丁·加隆·德, 250
Beautiful South, The 美丽的南方乐队, 230
Beauvoir, Simone de 波伏瓦, 西蒙娜·德, 184, 250
beaver 河狸, 84
bebop 比博普, 228
Beck, Julian 贝克, 朱利安, 204
Becker, Boris 贝克尔, 鲍里斯, 274
Beckett, Samuel 贝克特, 塞缪尔, 202, 250
Beckmann, Ernst Otto 贝克曼, 厄恩斯特·奥托, 132
Becquerel, Antoine Henri 贝克勒耳, 安东尼·亨利, 120
Bedfordshire (English county) 贝德福郡 (英格兰), 354, 355
Bee Gees 蜜蜂伙伴乐队, 230
beef: annual production 牛肉年生产量, 329
beer: annual production 啤酒年生产量, 329
Beethoven, Ludwig van 贝多芬, 路德维希·冯, 220
　opera by 歌剧, 226
Begin, Menachem 贝京, 梅纳赫姆, 308
Behan, Brendan 贝汉, 布伦丹, 250
behaviourism 行为科学主义, 96
Beiderbecke, Bix 贝德贝克, 比克斯, 229

Beidler, G. C., 贝尔德勒，G. C.，154
Beijing（Chinese province） 北京市（中国），418
Beilstein, Friedrich Konrad 贝尔斯坦，弗雷德里克·康拉德，132
Belarus 白俄罗斯，391
　defence budget 防卫预算，343
　number of nuclear warheads 核弹头数量，342
　patients per doctor 每位医生的病人数，327
　tanks 坦克，344
Belays（river）: length/location/course 别拉亚河：长度/位置/河道，45
Belenus（Celtic god） 贝勒努斯（凯尔特神），187
Belfast, City of（Northern Ireland unitary anthority） 贝尔法斯特市（北爱尔兰单一行政机构），356
Belgium 比利时，368
　Bruges 布鲁日，368
　EU membership 欧盟成员国，339
　federal regions 联邦各地区，368
　GNP per head 人均国民生产总值，329
　number of cars 汽车数量，171
　social security expenditure 社会治安费用，326
Belisarius 贝利萨留，308
Belize 伯利兹，436
　murders 谋杀案，327
Bell, Alexander Graham 贝尔，亚历山大·格雷汉姆，164
　light waves experiment 光波实验，153
Bellini, Giovanni 贝利尼，乔丹尼，236
Bellow, Saul 贝洛，索尔，250
bells（instrument） 钟（乐器），224
Belovezhskaya（national park）: location/fauna 别洛韦日（国家公园）：地理位置/动物，106
Ben Bella, Mohammed Ahmed 本·贝拉，穆罕默德·艾哈迈德，308
Ben Nevis 本·尼维斯，351
Ben-Gurion, David 本—古里安，戴维，308
Bene, Carmelo 贝内，卡米洛，204
Benedict of Nursia 努尔西亚的本尼狄克，308
Benes, Edward 贝奈斯，爱德华，308
Bengali 孟加拉语，247
Benin 贝宁，465
Bentham, Jeremy 边沁，杰里米，184
Bentley, John 本特利，约翰，265
Benue（Nigerian state） 贝努埃州（尼日利亚），464
Beothuk language 贝奥图克语，246
Berg, Alban 贝尔格，奥尔本，220
Berg, Paul 伯格，保罗，108
Bergen, Norway 卑尔根，挪威，349
Bergman, Ingmar 伯格曼，英格尔，204
Bergman, Ingrid 褒曼，英格丽，204
Beria, Lavrenti Pavlovich 贝利亚，拉夫连季·帕夫洛维奇，308
Bering Sea: area/average depth 白令海：面积/平均深度，33
Berio, Luciano 贝利奥，卢西亚诺，220
Berisha, Sali 贝里沙，萨利，387
Berkeley, Busby 贝克莱，巴斯比，204
Berkeley, George 贝克莱，乔治，184
Berkoff, Steven 贝科夫，史蒂文，204

Berkshire（English county） 伯克郡（英格兰），354，355
Berlin（German state） 柏林州（德国），371
Berlin Film Festival 柏林电影节，214
Berlin Olympics 柏林奥运会，258
Berlioz, Hector 柏辽兹，埃克托尔，220
Bermuda 百慕大群岛，425
　reported burglaries 盗窃案，327
Bern（Swiss canton） 伯尔尼州（瑞士），363
Bernal, John Desmond 贝尔纳，约翰·德斯蒙德，132
Bernard, Claude 伯纳德，克劳德，108
Bernhardt, Sarah 贝因哈特，莎拉，204
Bernini, Gian Lorenzo 贝尔尼尼，吉安·洛伦佐，236
　The Rape of Proserpina 《普洛塞尔庇娜被劫》，236
　Piazza San Pietro Colonnade 圣彼得广场半圆形柱廊，243
Bernoulli, Daniel 伯努利，丹尼尔，120
Bernoulli, Jakob 伯努利，雅科布，142
Bernoulli's Principle 伯努利原理，161
Bernstein, Leonard 伯恩斯坦，伦纳德，220，228
Berri, Claude 贝里，克劳德，204
Berry, Chuck 贝里，查克，230
Berryman, John 贝里曼，约翰，250
Berthollet, Count Claude Louis 贝托莱，康特·克劳德·路易斯，132
Bertolucci, Bernardo 贝尔托卢奇，贝尔纳多，204
Berzelius, Jöns 贝采利乌斯，琼斯，129，132
Bes（Egyptian god） 贝斯（埃及神），187
Bessemer, Sir Henry 贝塞麦，亨利爵士，132
beta decay/radiation β衰变/辐射，118
Betjeman, John 贝杰曼，约翰，250
Bette 贝泰峰，452
Beuys, Joseph 鲍伊斯，约瑟夫，236
Bhagavadgita（ancient literature） 《薄伽梵歌》（古代文学作品），196
Bhaktivedanta Swami 跋蒂吠檀多，189
Bhumipol Adulyadej, King 普密蓬·阿杜德国王，411
Bhutan 不丹，405
　Takstang Monastery, Tiger's Nest 塔希耳寺院，老虎巢，405
Bhutto, Zulfikar Ali 布托，佐勒菲卡尔·阿里，308
Bialowieski（national Park）: location/fauna 比亚罗韦斯基（国家公园）：地理位置/动物，106
biathlon 滑雪射击，292
Big Bang theory 大爆炸理论，8
Bigelow, Kathryn 比奇洛，凯恩林，204
Bihar（Indian state） 比哈尔邦（印度），407
Bikya（language）, users of 贝克亚语的使用者，246
Bileka, Silvestre Siale 比莱卡，西尔维斯特雷·西阿莱，465
billiards 台球，292
binary system（mathematics） 二进制，137
Bingo（mountain） 宾加山，458
Binoche, Juliette 比诺奇，朱丽叶，

204
Bintimani Peak 宾蒂马尼峰，461
biography 传记，256
Biondi, Matt 比昂迪，马特，262
biplane, smallest 双翼飞机，最小的，161
Bird, Lester Bryant 伯德，莱斯特·布赖恩特，441
bird-hipped dinosaurs 鸟臀龙，100
birds 鸟，74—75
　anatomy 生理解剖，74，75
　diet 饮食，74—75
　dominant carnivores 举足轻重的食肉动物，76
　endangered species 濒危物种，105
　first 原始的，102
　flightless 不会飞的鸟，75
　how they fly 鸟怎样飞行，75
　largest living 现今最大的鸟，75
　masked booby 花脸鲣鸟，75
　reproduction 繁殖，75
　song and calls 鸣音与叫声，75
　vision 视觉，74
　what they are 什么是鸟，74
Birendra, King 比兰德拉国王，405
birth, human 人类繁殖，90
Birtwistle, Harrison 伯特威斯尔，哈里森，220
Bismarck, Prince Otto von 俾斯麦，奥托·冯，308
bison 野牛，79
Biswas, Abdul Rahman 比斯瓦斯，阿卜杜勒·拉赫曼，410
bits（computing） 比特（计算机），178
bituminous coal 烟煤，166
bivalves 双壳类动物，67
Biya, Paul 比亚，保罗，467
Bizet, Georges 比才，乔治，220
　opera by 歌剧，226
Bizimongu, Pasteur 比齐蒙古，巴斯德，457
Black, Joseph 布莱克，约瑟夫，120
black bottom（dance） 黑臀舞（舞蹈），216
black-footed ferret 黑足鼬，105
black holes 黑洞，9
black mamba 黑细鳞树眼镜蛇，73
back rhinoceros 黑犀牛，79，104
Black Sea 黑海
　area/average depth 面积/平均深度，33
　states 黑海地区诸国，388—389
black swallower 黑叉齿鱼，70
Blackett, Patrick 布莱基特，帕特里克，120
bladder（human） 膀胱（人类），91
Blaenau Gwent（Welsh unitary authority） 布莱奈格温特（威尔士单一行政机构），356
Blair, Tony 布莱尔，托尼，332，351
Blake, William 布莱克，威廉，236，250
Blakey, Art 布莱克依，阿特，229
Blanc, Louis 勃朗，路易斯，309
Blank verse 无韵诗，256
blastocyst 胚泡，90
Blenheim, Battle of 布莱尼姆之战，323
Blin, Roger 布兰，罗格，204
Bliss, Sir Arthur 布利斯，阿瑟，220
Bloch, Felix 布洛赫，菲利克斯，120
Blondie 布隆迪乐队，230
blood 血液
　amount filtered by kidneys 由肾脏过滤的血液数量，91

　circulation 血液循环，89
　pressure 血液压力
　　high 高血压，95
　　measuring 测量血压，95
Blücher, Gebhard von 布吕歇尔，吉布哈得·冯，308
blue whale 蓝鲸，82，83，105
Blum, Léon 勃鲁姆，莱昂，308
Blur 布勒乐队，230
boardsailing 帆板运动，284
bobsleighing/bobsledding 有舵雪橇，282
Boccaccio, Giovanni 薄伽丘，乔万尼，250
Boccherini, Luigi 波凯利尼，路易吉，220
Boccioni, Umberto 波丘尼，翁贝托，236
Bock, Jerry 博克，杰里，228
Bode, Johan 波得，约翰，11
Bogarde, Dirk 鲍加得，狄克，204
Bogart, Humphrey 博加特，汉弗莱，204
Boggy Peak 博盖峰，441
Bohème, La 《艺术家的生涯》，226
Bohm, David Joseph 勃姆，戴维·约瑟夫，120
Bohr, Niels 玻尔，尼尔斯，118，120
boiling-water reactors（BWRs） 沸水反应堆，167
Boleslav I 波列斯拉夫一世，308
Bolger, James 博尔格，詹姆斯，478
Bolivar（Venezuelan state） 玻利瓦尔州（委内瑞拉），445
Bolívar, Simón 玻利瓦尔，西蒙，309
Bolivia 玻利维亚，450
Boll, Heinrich 伯尔，海因里希，250
Bollywood 孟莱坞，202
Boltwood, B. B., 博尔特伍德，27
Boltzmann, Ludwig 波尔茨曼，路德维希，120
Bon Jovi 邦·朱维乐队，230
Bond, Edward 庞德，爱德华，250
Bondarchuk, Sergei 邦达尔丘克，谢尔盖，204
　longest 最长的骨，88
　what it is 什么是骨，88
Bongo, Omar 邦戈，奥马尔，466
bongos 邦戈鼓，224
Boniface 卜尼法斯，309
Bonnard, Pierre 勃纳尔，皮埃尔，236
bonobo 倭黑猩猩，87
Boogie-Woogie 布吉乌吉，228
Book of Common Prayer, The 《公祷书》，193
Book of Mormon 《摩门经》，193
Booker Prize winners 柏克·麦克科奈尔奖获得者，255
Boole, George 布尔，乔治，182
Boone, Pat 布恩，帕特，230
Boreas（Greek deity） 波瑞阿斯（希腊神），186
Borelli, Giovanni 博雷利，乔瓦尼，108
Borg, Bjorn 博格·比约恩，275
Borges, Jorge Luis 博尔赫斯，豪尔赫·路易斯，250
Borgia, Cesare 博尔吉亚，切萨雷，309
Borgnine, Ernest 博格宁，欧内斯特，204
Boris Godunov 《鲍里斯·戈东诺夫》，226
Born, Max 玻恩，马克斯，120
Borneo 婆罗洲，34
　area/location/status 面积/位置/状

况，35
Bornholm (Denmark) 博恩荷尔姆岛（丹麦），348
Borno (Nigerian state) 博尔诺州（尼日利亚），464
Bosch, Carl 博施，卡尔，132
Bosch, Hiëronymus 博斯，希罗尼穆斯，236
Bose, Salyendranath 玻色，赛伦卓纳什，120
Bose, Sir Jagadis Chandra 玻色，杰格蒂斯·旃陀罗爵士，120
Bosnia-Herzegovina 波斯尼亚和黑塞哥维那，385
　　coastline length 海岸线长度，33
　　states 波斯尼亚联邦，385
　　UN peacekeeping mission 联合国维持和平行动，337
bossa nova (dance) 波萨诺伐舞（舞蹈），216
Boston (dance) 波士顿舞（舞蹈），216
Bosworth Battle of 博斯沃思原野之战，323
Botham, Ian 博萨姆，伊安，271
Bothe, Walther 博特，瓦尔特，120
Botrange (Belgium) 博特朗日山（比利时），368
Botswana 博茨瓦纳，471
　　murders 谋杀，327
Botticelli, Sandro 波堤切利，桑德罗，236
botulism 肉毒中毒，92
Boucher, Francois 布歇，弗朗索瓦，236
Boudin, Eugène 布丹，尤金，236
Boulanger, Nadia 布朗热，纳迪娅，220
Boulez, Pierre 布里莱，皮埃尔，220
boundary disputes 边界争议，31
bourée (dance) 布雷舞（舞蹈），216
Bourguiba, Habib 布尔吉巴，哈比卜，309
Boutros Ghali, Boutros 布特罗斯·加利，布特罗斯，337
Bouvet Island 布韦岛，480
bovids 牛科动物，79
Bow, Clara 鲍，克拉拉，204
Bowie, David 鲍伊，戴维，230
bowls 滚木球，292
Bowring Dr Samuel 鲍里因，塞缪尔博士，27
boxing 拳击，286
　　amateur weights 业余拳击重量级，286
　　heavyweight champions 重量级冠军，286
　　professional weights 职业拳击重量，286
Boy George 波伊·乔治，230
Boyle, Robert 玻意耳，罗伯特，120，128，132
Boyne, Battle of the 博因河之战，323
Boys, Sir Charles Vernon 博伊斯，查里斯·弗农爵士，120
Boyz II Men 小波依兹·门乐队，230
Brachiosaurus 蜥臂龙，101
brackets (algebra) 括号，138
Bragg, Sir William 布拉格，威廉爵士，120
Brahma (Hindu god) 梵天（印度神），196
Brahmans 婆罗门，196
Brahms, Johannes 勃拉姆斯，约翰内斯，220
Braille, Louis 布莱叶，路易，249

Braille alphabet 布莱叶盲字系统，249
brain 大脑，91
Bramante, Donato 布拉曼特，多纳托，243
Branagh, Kenneth 布拉纳，肯尼思，204
Brancusi, Constantin 布朗库西，康斯坦丁，236
Brandberg 布兰德山，471
Brandenburg (German state) 勃兰登堡州（德国），371
Brando, Marlon 白兰度，马龙，204，205
Brandt, Willy 布兰特，威利，309
branle (dance) 木屐舞，216
Braque, Georges 布拉克，乔治，236
Braslavets, Yevhen 布拉斯拉维茨，叶夫汉，285
brass instruments 铜管乐器，224
Brazauskas, Algirdas 阿尔吉尔达斯·布拉藻斯卡斯，377
Brazil 巴西，447
　　armed forces manpower 武装力量，344
　　Brasília 巴西利亚，245
　　deforestation 滥伐森林，58
　　endangered animals 濒危动物，104
　　in focus 巴西聚焦，448—449
　　inland waterways 内陆航道，174
　　number of airports 机场数量，168
　　number of cars 汽车数量，171
　　presidents 历任总统，449
　　railway system 铁路系统，173
　　states 巴西诸州，447
break dancing (dance) 霹雳舞（舞蹈），216
breathing 呼吸
　　amphibians 两栖动物，72
　　marine mammals 水生哺乳动物，82
　　salamanders 蝾螈，73
Brecht, Bertolt 布莱希特，贝托尔特，202，250
Breitenfeld, Battle of 布赖滕费尔德之战，323
Bremen (German state) 不来梅州（德国），371
Bresson, Robert 布雷松，罗伯特，204
Brewster, Sir David 布鲁斯特，戴维爵士，120
Brezhnev, Leonid 勃列日涅夫，列昂尼德，309
Briand, Aristide 布兰德，亚里斯泰迪，309
Bridgend (Welsh unitary authority) 布里金德（威尔士单一行政机构），356
bridges 桥梁，176
Brigits, The (Celtic goddesses) 布丽吉特（凯尔特女神），187
bristlemouth 圆罩鱼，70
Brit Awards 不列颠奖，234
British Antarctic Territory 南极洲英国属地，480
British Columbia (Canadian province) 不列颠哥伦比亚省（加拿大），425
British Indian Ocean Territory 英属印度洋领地，459
British Isles: area 不列颠群岛：面积，357
British Open winners 英国公开赛优胜者，272
British Virgin Islands 英属维尔京群岛，439
Brittany (French region) 布列塔尼（法国大区），366

Britten, Benjamin 布里顿，本杰明，220
　　operas by 歌剧，226
Brizan, George 布里赞，乔治，440
Broad Peak I 布罗德峰，36
bronchioles 细支气管，90
Bronsted, Johannes Nicolaus 布仑斯惕，约翰尼斯·尼克劳斯，132
Brontë, Anne 勃朗特，安妮，250
Brontë, Charlotte 勃朗特，夏洛蒂，250
Brontë, Emily 勃朗特，艾米丽，250
Brontotherium 弯龙，103
Bronzino, Agnolo 布龙齐诺，阿格诺罗，236
Brook, Peter 布鲁克，彼得，204
Brooke, Rupert 布鲁克，卢珀特，250
Brooks, Garth 布鲁克斯，加思，230
Broughton, Jack 布劳顿，杰克，286
Brown, Ford Madox 布朗，福特·马多克斯，236
Brown, James 布朗，詹姆斯，230
Brown, John 布朗，约翰，309
Brown, Robert 布朗，罗伯特，120
Browne, Sir Thomas 布朗，托马斯爵士，117
Browning, Elizabeth Barrett 布朗宁，伊丽莎白·芭蕾特，250
Browning Robert 布朗宁，罗伯特，250
Brubeck, Dave 布鲁贝克，戴夫，229
Bruckner, Anton 布鲁克纳，安东尼，220
Bruegel, Pieter (the Elder) 老勃鲁盖尔，彼得，236
Brunei 文莱，415
Brunelleschi, Filippo 布鲁内莱斯基，菲利波，243
　　architecture by 设计的建筑，243
Brutus, Marcus Junius 布鲁图，马可尼·朱尼厄斯，309
Brynner, Yul 布林纳，尤尔，204
bryophytes 苔藓植物，62
Buchan, John 巴肯，约翰，250
Büchner, Geory 毕希纳，格奥尔格，250
Buck, Pearl 赛珍珠，250
Buckinghamshire (English county) 白金汉郡（英格兰），354，355
Buddha 释迦牟尼（乔达摩·悉答多），197，309，411
　　Four Noble Truths 佛陀四圣谛，197
Buddhism 佛教，197
　　number of adherents 信徒人数，189
　　practised with Shintoism 佛教与神道教一同被信仰，199
bufotoxins 蟾蜍毒，73
bug (computers) 错误（计算机），178
buildings 建筑，176—177
Bukharin, Nikolai 布哈林，尼古拉，309
Bukit Pagon 巴干山，415
Bukit Timah 武吉知马山，414
Bulatovic, Momir 莫米尔·布拉托维奇，384
Bulganin, Nikolai 布尔加宁，尼古拉，309
Bulgaria 保加利亚，388
　　social security expenditure 社会治安费用，326
Bulgarian language 保加利亚语，248
bull snake 牛蛇，73
Bumble Bee Two 野蜂2号，161
Bungle Bungle (national park) 邦戈尔·邦戈尔（国家公园），28—29
Bunker Hill, Battle of 邦克山之战，324

Bunsen, Robert 本生，罗伯特，132
Bunuel, Luis 布努艾尔，路易斯，204
Burchell's zebra 布契尔斑马，79
Burgenland (Austrian province) 布尔根兰省（奥地利），382
Burgess, Anthony 伯吉斯，安东尼，250
Burgundy (French region) 勃艮第（法国大区），366
Burke, Thomas 伯克，托马斯，260
Burkina Faso 布基纳法索，463
　　patients per doctor 每位医生的病人数，327
Burmese language 缅甸语，247
Burne-Jones, Edward 伯恩—琼思，爱德华，236
Burnett, Frances Hodgson 伯内特，弗朗西丝·霍格森，250
Burns, Robert 彭斯，罗伯特，250
Burroughs, William 巴勒斯，威廉，250
Burton, Richard 伯顿，理查德，204
Burton, Tim 伯顿，蒂姆，204
Burundi 布隆迪，457
Buryatia (Russian republic) 布里亚特共和国（俄联邦共和国），391
Bush 灌木丛乐队，230
Bush, George 布什，乔治，309
Bush, Kate 布什，凯特，230
butterflys: endangered species 蝴蝶：濒危物种，105
Buyoya, Major Pierre 布尤亚，马伊·皮埃尔，457
Byatt, A (ntonia) 拜厄特，安东尼娅，250
Byrd, William 伯德，威廉，220
Byrds, The 伯德乐队，230
Byron, Augusta Ada (Lady Lovelace) 拜伦，奥古斯塔·艾达（洛夫莱思夫人），182
Byron, Lord 拜伦，洛德，250
byte (computing) 字节（计算机），178

C

C (computer language) C（计算机语言），246
Caballé, Monserrat 卡瓦列，蒙塞拉特，228
Cabaret 《卡巴莱》，227
Cabot, John 卡伯特，约翰，309
Cabral 卡布拉尔，309
Cacoyannis, Michael 卡科亚尼斯，米海尔，204
caecilians 蚓螈，72
　　distribution and habitat 分布与生境，73
Caerphilly (Welsh unitary anthority) 卡尔菲利（威尔士单一行政机构），356
Caesar, Gaius Julius 恺撒，盖尤斯·裘利斯，309
Cage, John 凯奇，约翰，220
Cagney, James 卡格尼，詹姆斯，204
Caine, Michael 凯恩，迈克尔，204
cakewalk (dance) 步态舞（舞蹈），216
Calabria (Italian region) 卡拉布里亚（意大利行政区），379
Calder, Alexander 考尔德，亚历山大，236
Caldera, Rafael 卡尔德拉，拉斐尔，332
Calderón de la Barca, Pedro 卡尔德隆·德·拉·巴尔卡，佩德罗，250

calendars 历法
  astrological 占星学日历, 22
  Chinese 中国历法, 22
  Coptic 科普特历法, 22
  Indian 印度历法, 22
  Islamic 伊斯兰教历, 21
  Japanese 日本历法, 22
  Jewish 犹太历, 21
  Julian and Gregorian 儒略历与格列高利历, 22
California (US state) 加利福尼亚州（美国）, 429
  air pollution 大气污染, 56
  state information 简介, 432
  thickness of crust 地壳厚度, 26
  traffic congestion 交通阻塞, 171
California, Gulf of: area/average depth 加利福尼亚湾：面积/平均深度, 33
California condor 加利福尼亚兀鹰, 105
Caligula 卡利古拉, 309
Callas, Maria 卡拉斯, 玛丽亚, 228
Callisto (satellite) 木卫四（卫星）, 11, 13
Calvin, John 加尔文, 约翰, 192, 309
Camanachd Association Challenge Cup 简化曲棍球协会挑战杯, 280
Cambodia 柬埔寨, 412
Cambrai, Battle of 康布雷之战, 324
Cambrian period 寒武纪, 29
  fossil evidence from 化石资料, 61
Cambridgeshire (English county) 剑桥郡（英格兰）, 354, 355
Cambyses II 冈比西斯二世, 309
camel 骆驼, 78
Cameron, James 卡默伦, 詹姆斯, 204
Cameron Highlands 金马伦高地, 415
Cameroon 喀麦隆, 467
Cameroon, Mount (volcano) 喀麦隆火山, 38, 467
Campania (Italian region) 坎帕尼亚（意大利行政区）, 379
Campbell, Mrs Patrick 坎贝尔, 帕特里克夫人, 204
Campeche (Mexico) 坎佩切（墨西哥）, 435
Campion, Jane 坎皮恩, 简, 204
Camus, Albert 加缪, 阿尔贝, 250
can opener 开罐刀, 164
Canada 加拿大, 424—425
  Dawson Creek 道森·克里克, 424
  GNP per head 人均国民生产总值, 329
  health care expenditure 医疗费用, 327
  higher education students 高等教育, 327
  ice age 冰期, 49
  in focus 加拿大聚焦, 426—427
  metro systems 地铁系统, 173
  Moraine Lake 莫兰湖, 425
  number of airports 机场数量, 168
  number of cars 汽车数量, 171
  offences, total reported 官方记录的全部违法行为, 327
  prime ministers 历任总理, 427
  provinces and territories 各州及领地, 435
  railway system 铁路系统, 173
  road network 公路网, 170
  social security expenditure 社会治安费用, 326
  UN funding 支付联合国会费, 337
Canadian canoe (sport) 加拿大式独木舟（运动）, 284

Canaima (national park): location/fauna 加内马（国家公园）：地理位置/动物, 106
Canaletto, Antonio 卡纳莱托, 安东尼奥, 236
canals 运河
  longest barge canals 最长的驳船运河, 175
  longest ship canals 最长的轮船运河, 175
  Volga/Ural 伏尔加河/乌拉尔, 45
Canary Islands 加那利群岛, 359
  continental boundary 洲分界线, 31
cancer 癌症, 94, 95
Candolle, Augustin Pyrame de 肯德尔, 奥古斯都·皮罗米·德, 108
Candomblé (religion) 坎多姆布雷教（宗教）, 189
Canetti, Elias 卡内蒂, 埃利亚斯, 250
canids 犬科动物, 80—81
Cannae, Battle of 坎尼之战, 322
Cannes Film Festival 戛纳电影节, 214
Cannizzaro, Stanislao 坎尼扎罗, 斯坦尼斯劳, 132
canoeing 独木舟运动, 284
Canon/Monte Fogo 福古火山, 461
Canova, Antonio 卡诺瓦, 安东尼奥, 236
Cantabria (Spanish region) 坎塔布利亚（西班牙自治区）, 359
Canterbury, Archbishop of 坎特伯雷大主教, 193
canto 篇章, 256
Cantonese language 粤语, 247
Cantor, George 康托尔, 乔治, 142
Cao Dai (religion) 高台教（宗教）, 189
  Great Temple, Vietnam 越南大神殿, 188
Cape Verde 佛得角, 461
capillaries (human anatomy) 毛细血管（人体解剖）, 89
Capra, Frank 卡普拉, 弗兰克, 204
capybara 水豚, 84
car engine 汽车发动机, 158—159
  holographic analysis 全息照相分析, 157
  types of fuel 燃料的种类, 159
Carabobo (Venezuelan state) 卡拉沃沃州（委内瑞拉）, 445
carapace 头胸甲, 69
Caravaggio, Michelangelo Merisi 卡拉瓦乔, 米开朗基罗·梅里西, 236
carbon-14 dating method 碳-14年代测定法, 27
Carboniferous period 石炭纪, 29
  spore-bearing plants 孢子植物, 61, 62, 63
Cardano, Geronimo 卡尔达诺, 吉洛尼玛, 142
Cárdenas, Lázaro 卡德纳斯, 拉扎罗, 309
cardiac muscle 心肌, 89
Cardiff, City of (Welsh unitary authority) 加的夫市（威尔士单一行政机构）, 356
Cardoso, Henrique 卡多佐, 恩立克, 332, 447
Carey, Mariah 凯莉, 玛丽亚, 231
Carey, Peter 凯里, 彼得, 250
cargo carriers, leading 最主要的货船, 174
Caribbean islands 加勒比海诸岛
  central 中部地区, 440—441
  northern 北部地区, 438—439

  southern 南部地区, 442—443
Caribbean Sea: area/average depth 加勒比海：面积/平均深度, 33
caribou 驯鹿, 79
Carl XVI Gustaf, King 卡尔十六世·古斯塔夫, 国王, 349
Carlsbad Caverns (national park): location/fauna 卡里斯巴德·卡温斯（国家公园）：地理位置/动物, 106
Carmarthenshire (Welsh unitary authority) 卡马森郡（威尔士单一行政机构）, 356
Carmen 《卡门》, 226
Carmichael, Hoagy 卡米切尔, 霍吉, 229
Carné, Marcel 卡尔内, 马塞尔, 204
Carnival Destiny (ship) 嘉年华会命运之神号（客轮）, 175
carnivores 食肉动物, 80, 80—81, 81
  birds 鸟, 76
  smallest living 现有最小的食肉动物, 81
  what they are 什么是食肉动物, 80
carnosaurs 食肉龙, 101
Carnot, Nicholas Léonard Sadi 卡诺, 尼古拉·伦纳德·萨阿迪, 120
Carol II 卡罗尔二世, 309
Carousel 《旋转木马》, 227
Carpenter, John 卡彭特, 约翰, 203
Carpenters, The 卡彭特兄妹乐队, 231
carpet tile, most expensive 最昂贵的地毯形地砖, 153
Carrà, Carlo 卡拉, 卡罗, 236
Carracci, Annibale 卡拉齐, 阿尼巴, 236
Carrauntuohill 卡朗图厄尔, 350
Carreras, José 卡里勒斯, 约瑟夫, 228
Carrhae, Battle of 卡雷之战, 322
Carrickfergus (Northern Ireland unitary authority) 卡里克弗格斯（北爱尔兰单一行政机构）, 356
Carroll, Lewis 卡罗尔, 刘易斯, 250
cars 汽车
  top producers 最大汽车生产商, 170
Cartan, Elie 嘉当, 艾列, 142
Carter, Elliott 卡特, 埃利奥特, 220
Carter, Jimmy 卡特, 吉米, 309
Cartwright, Alexander, Jr 卡特莱特, 小亚历山大, 278
Caruso, Enrico 卡鲁索, 恩里科, 228
Casa Batlló (building by Gaudi) 新艺术建筑（高迪代表作）, 245
Casio CV-1 TV 卡西欧 CV-1 电视机, 149
Caslavska-Odlozil, Vera 恰斯拉夫斯卡, 维拉, 258
Caspian Sea 里海, 43
Caspian tiger 里海虎, 104
Cassavetes, John 卡萨维特, 约翰, 204
Cassius Longinus, Gaius 卡修斯·隆吉努斯, 盖尤斯, 309
castanets 响板, 224
caste system, origin of 种姓等级制度, 196
Castile and León (Spanish region) 卡斯蒂利亚—莱昂（西班牙自治区）, 359
Castile-La Mancha (Spanish vrgion) 卡斯蒂利亚—拉曼恰（西班牙自治区）, 359
Castle Cup winners 城堡杯优胜者, 270
Castlereagh (Northern Ireland unitary authority) 卡斯尔雷（北爱尔兰单一行政机构）, 356

Castlereagh, Robert 卡斯尔雷, 罗伯特, 309
Castro, Fidel 卡斯特罗, 菲德尔, 332, 455
Catalaunian Fields, Battle of 卡塔洛尼平原之战, 322
Catalonia (Spanish region) 加泰罗尼亚（西班牙自治区）, 359
cataract (geology) 大瀑布（地理）, 42
catfish, electric 电鲶鱼, 71
Catherine, Mount 凯瑟林山, 454
Catherine II, the Great 凯瑟琳大帝二世, 309
Catherine de Medici 凯瑟琳·德·梅迪西, 309
cathode ray tube 阴极射线管, 148
Cato, Marcus Porcius (elder and younger) 大、小加图, 马可·波修斯, 309
cats 猫科动物, 80
Cats 《猫》, 227
Catullus 卡图卢斯, 250
Caucasian languages 高加索语, 246
Caucasus 高加索, 394, 395
Caucasus Mountains 高加索山脉, 31
Cauchy, Baron Augustin-Louis 柯西, 巴隆·奥古斯汀-路易斯, 142
Cavalleria Rusticana 《乡村骑士》, 226
cave dwellings 洞穴住所, 242
cave swiftlet, nests 穴居东亚雨燕, 燕窝, 75
Cavendish, Henry 卡文迪什, 亨利, 120
cavies 豚鼠, 84
Cavour, Count Camillo 加富尔, 考恩特·卡米洛, 309
Cayman Islands 开曼群岛, 435
CD-ROM 只读光盘, 154, 155
Ceará (Brazilian state) 塞阿拉州（巴西）, 447
Ceaucescu, Nicolae 齐奥塞斯库, 尼古拉, 309
Cecil, William, 1st Baron Burghley 塞西尔, 威廉, 第一位伯利男爵, 309
Celebes: area/location/status 西里伯斯岛：面积/位置/状况, 35
celesta 钢片琴, 225
cello 大提琴, 225
cells (physiology) 细胞（生理学）
  division (human reproduction) 分裂（人类繁殖）90
  evolution of multicellularity 多细胞的进化, 61
  fern spores 蕨类植物孢子, 63
  immune system 免疫系统, 90
  nerve 神经, 90
  thyroid gland 甲状腺, 91
Celsius, Anders 摄尔修斯, 安德斯, 120
Celtic religion 凯尔特宗教, 187
  gods 凯尔特人的神, 187
cement: annual production 水泥年产量, 328
Cenozoicena 新生代, 29
Centaurs (astronomy) 半人马星座（天文学）, 12, 13
centipede 蜈蚣, 69
Central African Republic 中非共和国, 467
Central America 中美洲, 436—437
  continental boundary 洲分界线, 31
central nervous system 中枢神经系统, 90
Central Siberian Plateau, height of 中西伯利亚高原（海拔）, 390
Centre-Val de Loire (French region) 中央-瓦勒卢瓦尔（法国大区）, 366

cephalopods 头足类动物，67
ceratopsids 角龙，101
cereals 谷类植物，64
Ceredigion (Welsh unitary authority) 塞罗迪金（威尔士单一行政机构），356
Ceres (asteroid) 谷神星（小行星），11，13
Ceres (Roman goddess) 刻瑞斯（罗马女神），186
Cernunnos (Celtic god) 塞尔农诺斯（凯尔特神），187
Cerro Aconcagua (volcano) 阿空加瓜山（火山），37，39，446
Cerro del Aripo 阿里波山，442
Cerro Negro de Mayasquer (volcano) 马亚斯括尔火山，38
Cerro San Rafael 赛罗·圣·拉斐尔山，451
Cerro Selaque 赛罗塞拉格，437
Cervantes, Miguel de 塞万提斯，米盖尔·德，250
César 塞萨，236
cetaceans 鲸目动物，82，83
Cetewayo 塞奇瓦约，309
Ceuta (Spanish region) 休达（西班牙自治区），359
Cévennes (national park), location/fauna 塞文（国家公园）：地理位置/动物，106
Cézanne, Paul 塞尚，保罗，236
Ch'oe Suun 崔济愚，189
cha cha cha (dance) 恰恰舞（舞蹈），216
Chabrol, Claude 夏布罗尔，克劳德，204
chaconne (dance) 恰空舞（舞蹈），216
Chad 乍得，467
 patients per doctor 每位医生的病人数，327
Chadwick, Sir James 查德威克，詹姆斯爵士，118，120
Chaeronea, Battle of 喀罗尼亚之战，322
Chagall, Marc 夏加尔，马尔克，236
Chain, Ernst 钱恩，厄恩斯特，132
Chalcean Church 迦勒底教会，190
Chalcidean script 哈尔基斯（西希腊）字母，248
Challenge Cup (Rugby League) 挑战杯（橄榄球联盟），265
Chamberlain, Colonel Sir Neville 张伯伦，内维尔上校，294
chamois 小羚羊，79
chamomile 黄春菊，98
Champagne-Ardenne (French region) 香槟－阿登（法国大区），366
Chan, Sir Julius 陈，朱利叶斯，473
Chand, Lokendra Bahadur 昌德，洛肯德拉·巴哈杜尔，405
Chandigarh Union Territory (India) 昌迪加尔联邦地区（印度），407
Chandler, Raymond 钱德勒，雷蒙德，250
Chandragupta I 旃陀罗笈多一世，309
Chaney, Lon 钱尼，隆，204
Channel Islands 海峡群岛，357
Channel Tunnel 海峡隧道，33，177
 Waterloo International Railway Station 滑铁卢国际火车站，173
Chao K'uang-yin 赵匡胤（宋太祖），309
Chaplin, Charles 卓别林，查理，204，205
Chapman, Sydney 查普曼，悉尼，120

Chardin, Jean-Baptiste-Siméon 夏尔丹，让－巴蒂斯特－西蒙，236
Charlemagne 查理曼，309
Charles, Jacques 查理斯，雅克，120
Charles, Ray 查尔斯，雷，229
Charles Ⅰ 查理一世，309
Charles Ⅱ 查理二世，309
Charles Ⅱ, King 英王查理二世，284
Charles Ⅴ (German King): languages spoken by 查理五世（德皇）所讲的语言，246
Charles Ⅴ (king of Spain) 查理五世（西班牙国王），309
Charles Ⅴ, 'the Wise' "圣君"查理五世，309
Charles Ⅷ 查理八世，309
Charles Ⅻ 查理十二世，309
Charles ⅩⅣ 查理十四世，309
Charles Martel, 'the Hammer' "铁锤"查理·马特，309
Charles the Bold 查理（"大胆的"），309
Charleston (dance) 查尔斯顿舞（舞蹈），216
Charon (moon) 查龙（卫星），12，13
Chateaubriand, François René de 夏多布里昂，弗朗索瓦·瑞尼·德，250
Chatterton, Thomas 查特顿，托马斯，250
Chaturanga 恰图兰卡，292
Chatwin, Bruce 查特温，布鲁斯，250
Chaucer, Geoffrey 乔叟，杰弗里，250
cheetah 猎豹，80
Chekhov, Anton 契河夫，安东，250
Cheltenham Gold Cup 切尔腾纳姆金杯赛，291
 winners 获胜者，291
chemical bonds 化学键，130
chemical pollution 化学污染，57
chemical reactions energy in 化学反应，130－131
 neutralization 中和作用，131
 rates of 速度，131
 redox reactions 氧化还原反应，131
chemical sedimentary rocks 化学结构的沉积岩，28
chemistry 化学，126－131
 atomic mass 原子的质量，126
 atomic structure 原子结构，126
 chemical bonds 化学键，130
 chemical groups 化学分类，127
 chemical reactions 化学反应，130－131
 elements 元素，128－129
 methods of 方法，127
 organic chemistry 有机化学，131
 periodic table 周期表，130
 notes to 注释，129
 polymers 聚合物，131
chemists 化学家，132－135
Chen Kaige 陈凯歌，204
Cher 切尔，231
Chernobyl disaster 切尔诺贝利核电站事故，391
Chernomyrdin, Viktor 切尔诺梅尔金，维克多，332，390
Cherubini, Luigi 凯鲁比尼，路易吉，220
Chesapeake and Delaware Canal 切萨皮克和德拉威运河，175
Cheshire (English county) 柴郡（英格兰），354，355
chess 国际象棋，292
 world championship winners 世界锦标赛获胜者，292

Chevalier, Maurice 谢瓦利埃，莫里斯，204
chevrotain 鼷鹿，79
Chiang Kai-shek 蒋介石，310
Chiao, Leroy 奇奥，莱罗里，17
Chiapas (Mexico) 恰帕斯（墨西哥），435
Chicago (pop group) 芝加哥乐队（流行乐团），231
Chigir, Mikhail 奇吉里，米哈伊尔，391
Chihuahua (Mexico) 齐瓦瓦（墨西哥），435
children: number of bones 儿童：骨骼数量，88
Chile 智利，451
 dependency 智利属地，451
Chilean Antarctic territory 南极洲智利属地，480
Chiluba, Frederick 奇卢巴，弗雷德里克，469
Chimborazo 钦博拉索山，445
chimpanzee 黑猩猩，87
Chin (Burmese state) 钦邦（缅甸），411
China 中国，416
 armed forces manpower/equipment 武装力量/装备，343，344
 calendar 历法，22
 disasters 灾难，40，166
 endangered animals 濒危动物，104
 heads of state and prime ministers 国家领导人，419
 in focus 中国聚焦，418－419
 inland waterways 内陆航道，174
 leaders of the Communist Party 中国共产党领导人，419
 longest rivers 最长河流，46
 number of airports 机场数量，168
 number of cars 汽车数量，171
 number of nuclear warheads 核弹头数量，342
 railway system 铁路系统，173
 religions 宗教，188，198
 number of adherents 信徒人数，189
 Islam 伊斯兰教，194
 road network 公路网，170
 Shenzhen Stock Exchange 深圳股票交易所，416
 student numbers 学生人数，327
 Universal Financial Centre Shanghai 世界金融中心上海，176
Chinese blocks (instrument) 中国木鱼（乐器），224
Chirac, Jacques 希拉克，雅克，332，362
Chirico, Giorgio de 契里科，乔尔乔·德，236
chiropractic 按摩师，98
Chirripó Grande 大奇里波山，437
chistera 回力球球拍，280
Chladni, Ernst 克莱德尼，欧内斯特，120
chlorofluorocarbons (CFCs) 含氟氯烃，55
chloroplasts 叶绿体，61
Cho Oyu 乔奥，36
cholera 霍乱，92
Chondogyo (religion) 天道教，189
Chopin, Frédéric 萧邦，弗雷德里克，220
droeographers, mao 主要舞剧编导，217
Chorus Line, A 《歌舞队》，227
Chosen Women (Inca) 精选的女子（印加），187

Chou En Lai 周恩来，310
Chrétien, Jean 克雷蒂安·让，332，424
Chrétien de Troyes 克雷蒂安，德·特罗亚，250
Christian festivals 基督教节日，18－19
Christian Scientists 基督教科学派，193
Christian teaching 基督教教义，190
Christianity 基督教，190－193
 architecture 建筑，243
 festivals 节日，18
 marginal groups 边缘教派，193
 movable holidays 不固定的基督教节日，18
 number of adherents 信徒人数，189
 Sunday 星期日，19
 teaching and beliefs 教义和信仰，190
Christie, Agatha 克里斯蒂，阿加莎，250
Christie, Julie 克里斯蒂，朱莉，204，205
Christie, Linford 克里斯蒂，林福德，261
Christmas Day (Christian festival)，圣诞节（基督教节日），18
Christmas Eve (Christian festival) 圣诞前夕（基督教节日），18
Christmas Island 圣诞岛，415
Christo 克里斯托，236
 Wrapped Islands 《圈起来的岛屿》，236
Christus, Petrus 克里斯塔斯，皮特鲁斯，236
chromosomes: in human reproduction 染色体：人类繁殖，90
chronometer 航行表，20
Chu Teh 朱德，310
Chuang-Tzu 庄子，198
Chubais, Anatoly 丘拜斯，阿那托利，332
Chukrai, Grigori 丘赫莱依，格里戈里，204
Chuquicamata copper mine, Chile 丘基卡马塔铜矿，智利，451
Church of England 英国国教圣公会，193
Zaïre 耶稣基督世间教会，刚果（前扎伊尔），193
Church of Scotland 苏格兰国教，192
Church of the Lord (Aladura), Nigeria 上帝（阿拉杜拉）会，尼日利亚，193
Churchill, Sir Winston 丘吉尔，温斯顿爵士，309，319
Chuvashia (Russian republic) 楚瓦什共和国（俄联邦共和国），391
Cicero 西塞罗，250
Cimabue 契马布埃，236
Cimarosa, Domenico 契玛罗萨，多米尼科，220
Cimino, Michael 奇米诺，米歇尔，204
Cimoszewicz, Wlodzimierz 沃齐米日·齐莫谢维奇，371
cinema 电影
 history 历史，202－203
 introduction of colour 颜色的采用，203
 special effects 特技，203
Ciorbea, Victor 西奥比，维科多，389
circles 圆，140－141
ciculatory system 循环系统
 human 人类，89
 true worms 真虫，67
cirrocumulus clouds 卷积云，52

cirrostratus clouds 卷层云，52
cirrus clouds 卷云，52
cirrus uncinus clouds 卷云，52
CITES 国际濒危动物贸易条例，104
civets 灵猫，80
Clackmannanshire（Scottish unitary authority） 克拉克曼南郡（苏格兰单一行政机构），357
Clair, René 克莱尔，勒内，204
Claisen, Ludwig 克莱森，路德维希，132
Clapton, Eric 克拉普顿，埃里克 231
clarinet 单簧管，224
Classicism/Classical period art 古典主义/古典艺术，237
　music 音乐，219
classification 分类
　clouds 云的分类，52
　elements 元素，133
　flowering plants and trees 有花植物与树木，64—65
　galaxies 星系，8—9
clastic sedimentary rocks 碎屑结构沉积岩，28—29
Claude Lorrain 克劳德·洛兰，236
Claude, Georges 克劳德，乔治斯，132
Claudius I 克劳狄一世，310
Clausewitz, Karl von 克劳塞维茨，卡尔·冯，310
Clausius, Rudolph 克劳修斯，鲁道夫，120
clavichord 击弦古钢琴，225
Cleanthes the Stoic 克利安西斯—斯多葛派，125
clefs 谱号，219
Clemenceau, Georges 克列孟梭，乔治，310
Clementi, Muzio 克莱曼蒂，穆西奥，220
Clergé 克莱热，280
Clerides, Glafcos 克莱利季斯，格拉夫科斯，387
cliché 陈词滥调，256
Clift, Montgomery 克利弗特，蒙哥马利，204
clinical psychology 临床心理学，96
Clinton, Bill 克林顿，比尔，332，428
Clinton, Hillary 克林顿，希拉里，234
Clipperton Island 克利珀顿岛，435
Clive, Robert 克莱夫，罗伯特，310
cloaca 泄殖腔，72
clocks 计时工具和钟表，20
Close, Glenn 克洛斯，格伦，204
Clostridium botulinum 肉毒杆菌，92
clouds 云，52，53
Clovis I 克洛维一世，310
club mosses 石松，63
CN Tower CN塔，176，177
Cnut 'the Great' "大帝"克努特，310
Coahuila（Mexico） 科阿韦拉（墨西哥），435
coal 煤，166
　byproducts 副产品，166
　consumers/producers 消耗国/生产国，166
　formation of 煤的形成，62
　effect of waves 海浪的影响，32
　shortest 最短的海岸线，33
coatis 南美浣熊，81
COBOL COBOL（计算机语言），246
Coca-Cola 可口可乐，164
Cochran, Eddie 科克兰，埃迪，231
Cockcroft, Sir John Douglas 科克劳夫，约翰·道格拉斯爵士，120

Cockerell, Sir Christopher 考克瑞尔，克利斯托弗爵士，162
coco-de-mer palm 椰子树，62
cocoa beans: annual production 可可豆年产量，329
coconut palms 椰子树，473
Cocos（Keeling）Islands 基林岛，415
Cocteau, Jean 科克托，让，204，250
Code of Signals, International 国际信号代码，248
Coelodonta 密毛犀牛，103
coelurosaurs 刺龙，101
Coen, Joel 科恩，乔尔，204
coffee 咖啡
　annual production 咖啡年产量，329
Colombian plantation 哥伦比亚种植园，444
Cohn, Ferdinand Julius 科恩，弗丁南德·尤利乌斯，108
coitus 性交，90
Cojedes（Venezuelan state） 科赫德斯州（委内瑞拉），445
Colbert, Claudette 科尔贝尔，克劳迪特，204
Cole, Nat 'King' 科尔，纳特"王"，229
Coleman, Cy 科尔曼，赛，229
Coleman, Ornette 科尔曼，奥内特，229
Coleridge, Samuel Taylor 柯尔律治，塞缪尔·泰勒，250
　The Rime of the Ancient Mariner 古舟子咏，251
Coligny 科利尼，310
Colima（Mexico） 科利马（墨西哥）435
Collins, Michael 科林斯，迈克尔，310
Collins, Phil 科林斯，菲尔，231
Collins, William Wilkie 柯林斯，威廉·威尔基，250
Collodi, C. 科洛迪，C.，250
colloquialism 白话，256
Colman, Ronald 考尔曼，罗纳德，204
Colombia 哥伦比亚，444
　inland waterways 内陆航道，174
　murders 谋杀，327
　number of airports 机场数量，168
colon（digestive tract） 结肠（消化道），90
Colorado（river） 科罗拉多河，44，45
　source 源头，45
Colorado（US state） 科罗拉多州（美国），429
　state information 简介，432
Colosseum, Rome 罗马圆形大剧场，243
Colossus computer 巨型计算机，178
colour therapy 色彩疗法，99
Coltrane, John 科尔特雷恩，约翰，229
Columbia（river）: source 哥伦比亚河：发源地，45
Columbus, Christopher 哥伦布，克里斯托弗，310
Coma Pedrosa（Andorra） 科马佩德罗萨山（安道尔），358
comets 彗星，13
Comino 科米诺岛，379
common cold 感冒，92
Common Market 共同市场，338
Commonwealth, The 英联邦，340
Commonwealth of Independent States（CIS） 独联体，340

Communauté Financière Africaine（CFA） 非洲金融联盟，340
communication birdsong and calls 鸟类的鸣音与叫声，75
　digital 数字通讯，180
Comoros 科摩罗，459
companies, fifty top 50家大公司，330—331
complementary medicine 辅助医学，98—99
　mind-body therapies 身心合疗法，99
Compaoré, Capt. Blaise 孔波雷，布莱斯上尉，463
composers 作曲家，220—222
Compsognathus 美爪龙，101
computers 计算机，178—179
　car engine 汽车发动机，159
　development of 发展，178
　glossary of terms 术语汇编，179、
　how they work 计算机如何工作，178
　language 语言，178，246
　leading figures in computing 计算机领域的主要人物，182
　now and future 现在与将来，179
　operating systems 操作系统，154
　personal 个人计算机，154–155
　average memory size 平均内存，154
　special effects 特技，203
　speed and performance 速度和运行，178
Comte, Auguste 孔德，奥古斯特，184
Conan Doyle, Sir Arthur 柯南道尔，阿瑟爵士，250
concertato style in music 音乐中的协奏曲风格，218—219
concertina 六角形手风琴，224
Condé, Louis II de Bourbon 孔代（第二），310
conduction 传导，115
condyloid joint 椭圆关节，88
cone（geometry） 圆锥体（几何学），141
Confederation Bridge 联邦大桥，176
Confucianism 儒教，198
　impact on Chinese education 儒教对中国教育影响，198
　number of adherents 信徒人数，189
conga（dance） 康茄舞（舞蹈），75
Congo（-Brazzaville） 刚果（–布拉柴维尔）466
Congo（ex-Zaïre） 刚果（前扎伊尔），468
　endangered animals 濒危动物，104
　inland waterways 内陆航道，174
Congo（river）: length/source/course 刚果河: 长度/发源地/河道，46
Congregationalists 公理宗，193
Congreve, William 康格里夫，威廉，251
conic sections 圆锥曲线，140–141
conifers 针叶树，63
Connecticut（US state） 康涅狄格州（美国），429
　state information 简介，432
Connery, Sean 康纳里，希恩，205
Conrad, Joseph 康拉德，约瑟夫，251
Conservative Judaism 犹太教保守派，200
Constable, John 康斯太布尔，约翰，237
Constantine I 君士坦丁一世，243，310
Constantinescu, Emil 康斯坦丁尼斯库，艾米尔，389

Contardi, Laura 孔塔尔迪，劳拉，217
Conté, Lansana 孔戴，兰纳萨，461
continental drift 大陆漂移说，30
　how it was proved 大陆漂移说的证明，30
　Madagascan wildlife and 马达加斯加岛的野生物种，35
continental rise 大陆升，32
continental slope 陆基，32
continentality: desert formation and 大陆性质（沙漠成因），48
continents 大陆，27，30—31
　boundaries 界线，31
　fact finder 资料一览表，31
contredanse（dance） 对舞（舞蹈），216
controlled sensory deprivation 控制感官功能的丧失，99
convection/convection currents 对流，115
　in Earth's core 地核的对流，26
Conway, John Horton 康韦，约翰·霍顿，142
Conwy（Welsh unitary authority） 康维（威尔士单一行政机构），356
Coober Pedy, Australia 库伯佩地，澳大利亚，54
Cook, James 库克，詹姆斯，310
Cook, Mount 库克山，478
Cook Islands 库克群岛，479
Coolidge, Calvin 柯立芝，卡尔文，310
Cooper, Gary 库珀，加里，205
Cooper, James Fenimore 库珀，詹姆斯·费尼莫尔，251
Coordinated Universal Time（UTC） 协调的世界时，20
coordinates（mathematics） 坐标（数学），139
Copa América 美洲杯，266
Copa Libertadores de América, winners' competition 美洲自由杯，优胜者比赛，266
copepods 桡足类幼年动物，69
Copernicus, Nicolaus 哥白尼，尼克劳斯，120
Copland, Aaron 科普兰，阿龙，220
Coppola, Francis Ford 科波拉，弗朗西斯·福特，205
Coptic Churches 科普特教会，193
calendar 历法，22
cor anglais 英国管，224
coral and coral reefs/atolls 珊瑚和珊瑚礁/环状珊瑚礁，34，67
　fish 鱼，71
coral islands: formation of 珊瑚岛的形成，34
Coral Sea, Battle of the 珊瑚海战，324
Coral Sea Islands Territory（Australia） 珊瑚海群岛（澳大利亚），473
Corbett（national park）: location/fauna 科贝特（国家公园）：地理位置/动物，106
Corbillon Cup 考比伦杯，281
Corday, Charlotte 科黛，夏洛特，310
core, Earth's 地核，26
　measurements 测得的数据，27
Corelli, Arcangelo 科莱利，阿卡盖罗，220
Corey, Elias James 科里，伊莱亚斯·詹姆斯，132
Corinthian style 科林斯式建筑风格，242，673
coriolis force 科里奥斯利，32
Corneille, Pierre 高乃依，彼埃尔，251

Cornelia Tailings Dam 科尼利亚太灵斯大坝, 177
Cornwall (English county) 康沃尔郡 (英格兰), 354, 355
Cornwallis, Charles 康华里, 查理, 310
Corot, Camille 柯罗, 卡米耶, 237
Corpus Christi (Christian festival) 圣餐节 (基督教节日), 18
Correggio, Antonio 柯勒乔, 安东尼奥, 237
Corsica (French region) 科西嘉 (法国大区), 366
Cortés, Hernando 科尔特斯, 荷尔南多, 310
Cortona, Pietro da 科尔托纳, 皮特罗·达, 237
Cosi fan Tutti 《女人心》, 226
Costa Rica 哥斯达黎加, 437
  rate of deforestation 森林采伐率, 58
Costello, Elvis 科斯泰洛, 埃尔维斯, 231
Costner, Kevin 科斯特纳, 凯文, 205
cotillion (dance) 法国花式舞 (舞蹈), 216
Cotopaxi (volcano) 科托帕克希 (火山), 38
Cotti, Flavio 科蒂, 费拉维奥, 363
cotton lint, annual production 皮棉年产量, 329
Coulomb, Charles-Augustin de 库仑, 查里斯-奥古斯丁·德, 117, 120
Council of Europe, The 欧洲委员会, 341
Council of Ministers, EU 部长理事会, 338
Counting the Omer, 33rd Day of (Jewish festival) "七周斋节"的第三十三天 (犹太教节日), 19
countries 国家
  lowest-lying 海拔最低的国家, 36
Couperin, Francois 大库伯兰, 弗朗索瓦, 220
couplet 对句, 256
Courage League winners (Rugby Union) 业余橄榄球鼓励联赛获胜者, 265
courante (dance) 库朗特舞 (舞蹈), 216
Courbet, Gustav 库尔贝, 古斯塔夫, 237
Court of Auditors of the European Commission 欧洲委员会审计院, 338
Court of Justice of the European Communities 欧共体司法法院, 338
Courtrai, Battle of 库尔莱之战, 323
covalent bonding (chemistry) 共价键 (化学), 130
Coward, (Sir) Noel 科沃德, 诺埃尔, 205, 228, 251
cowbird 牛鸟, 75
Cowell, Henry 考维尔, 亨利, 220
coyote 郊狼, 80
crab 蟹, 69
Craigavon (Northern Ireland unitary authority) 克雷加文 (北爱尔兰单一行政机构), 356
Cranach, Lucas, the Elder 老克拉纳赫, 卢卡斯, 237
Cranberries, The 越橘乐队, 231
Crawford, Joan 克劳馥, 琼, 205
creag 克雷格, 270
Crécy, Battle of 克雷西之战, 323
Cresta Run 克里斯泰滑道, 282
Cretaceous period 白垩纪, 29
  flowering plants and trees 有花植物与树木, 64

mammals 哺乳动物, 76, 103
Crick, Francis 克里克, 弗朗西斯, 108
  DNA research 脱氧核糖核酸的研究, 109
cricket 板球, 270—271
  balls 球, 270
  Test matches 国际板球决赛, 270
  UK county championship winners 英国郡际锦标赛优胜者, 271
crime statistics 犯罪统计, 327
Crimea (Ukrainian autonomous republic) 克里米亚 (乌克兰自治共和国), 389
Crimean Peninsula 克里米亚半岛, 389
Croatia 克罗地亚, 385
  defence budget 防卫预算, 343
  Sveti Stefan 圣斯特凡岛, 385
  UN peacekeeping mission 联合国维持和平行动, 337
Croce, Benedetto 克罗齐, 本尼德托, 184
crocodile 鳄鱼, 73
Cromwell, Oliver 克伦威尔, 奥利佛, 310
Cromwell, Thomas 克伦威尔, 托马斯, 310
Cronenberg, David 克罗嫩贝格, 戴维, 205
Cronus (Greek deity) 克洛诺斯 (希腊神), 186
Cronyn, Hume 克罗宁, 休姆, 205
Crookes, William 克鲁克斯, 威廉, 148
Crosby, Bing 克罗斯比, 宾, 205, 231
Crosby, Stills, Nash & Young 克罗斯比, 斯蒂尔斯, 纳什与扬乐队, 231
Cross River (Nigerian state) 十字河州 (尼日利亚), 464
Crowded House 拥挤的房子乐队, 231
crown green bowls 皇冠式草地滚木球, 292
Cruise, Tom 克鲁斯, 汤姆, 205
crust, Earth's 地壳, 26
  main types of igneous rock 火成岩的主要类别, 28
  major elements 主要元素, 126, 128
  measurements 测得的数据, 27
  oldest fragment 最古老的碎片, 27
crustaceans 甲壳类动物, 69
  deep-ocean floor 深海海底, 32
  largest 最大的甲壳类动物, 69
Crvenkovski, Branko 茨文科夫斯基, 布兰科, 387
Crystal Palace (building by Paxton) 水晶宫 (由帕克斯顿设计), 244
crystallization (chemistry) 结晶 (化学), 127
Cuba 古巴, 435
  area/location/status 面积/位置/状况, 35
  patients per doctor 每位医生的病人数, 327
cube (geometry) 正方体 (几何学), 141
cubic number 立方数, 136
Cubism 立体派、立体主义画派, 240, 245
cuboid 长方体, 141
cuckoo 布谷鸟, 75
Cukor, George 顾柯, 乔治, 205
Culloden, Battle of 卡罗顿莫尔之战, 323
Culpeper, Nicholas 卡尔皮伯, 尼古拉斯, 98

Cumbal (volcano) 昆巴尔火山, 38
Cumbria (English county) 坎布里亚郡 (英格兰), 354, 355
cumulonimbus clouds 积雨云, 52, 53
cumulus clouds 积云, 52, 53
Cuneiform writing 楔形文字, 248
Cup of the Americas 美洲杯, 290
Cupid (Roman deity) 丘比特 (罗马神), 186
Cure, The 对策乐队, 231
Curie, Marie Sklodowska 居里, 玛丽·斯可罗多夫斯卡, 120, 132
Curie, Pierre 居里, 比埃尔, 120
currents 洋流
  desert formation and (洋流)对沙漠形成的影响, 48
  seas and oceans 海洋, 32
Currie Cup 咖喱杯, 264
Curtis Cup 柯蒂斯杯, 273
Curtis, Tony 柯蒂斯, 托尼, 205
Curtiz, Michael 寇蒂芝, 迈克尔, 205
Cusack, Cyril 库萨克, 西里尔, 205
Cushing, Peter 库星, 彼得, 205
Cuvier, Baron Georges 居维叶, 巴伦·乔治, 108
Cuyp, Aelbert 克伊普, 埃尔伯特, 237
Cuza, Alexandru 库扎, 亚历山德鲁, 310
cyanosynthesis 氰基合成, 61
Cybele (Greek deity) 库柏勒 (希腊神), 186
Cyberspace 电脑空间, 179
cycling (competitive) 自行车赛 (竞技), 293
Cyclopean stonework 巨大的石头建筑, 242
cylinder (geometry) 圆柱体 (几何学), 141
cymbals 钹, 224
Cyprus 塞浦路斯, 387
  continental boundary 洲分界线, 31
  UN peacekeeping mission 联合国维持和平行动, 337
Cyril, St 圣西里尔, 248
Cyrillic alphabet 西里尔字母, 248
Cyrus II, the Great 居鲁士二世大帝, 310
cystic fibrosis 囊性纤维变性, 95
Czech Republic 捷克共和国, 383
  effect of acid rain 酸雨的影响, 56
  number of cars 汽车数量, 171
  Prague 布拉格, 383

D

D'Alema, Massimo 达勒马, 马西莫, 332
d'Alembert, Jean Le Rond 达朗伯, 让·勒·隆德, 120
d'Herelle, Felix 德·赫尔里, 菲力克斯, 108
Dada (art) 达达主义 (美术), 241
Dadra and Nagar Haveli Union Territory (India) 达德拉—纳加尔哈维 (印度), 407
Dagestan (Russian republic) 达吉斯坦共和国 (俄联邦共和国), 391
Dahl, Roald 达尔, 罗埃德, 251
Daisetsuzan (national park): location/fauna 大雪山 (国家公园): 地理位置/动物, 106
Daladier, Edouard 达拉第, 爱德华, 310
Dali, Salvador 达利, 塞尔瓦多, 236, 237

Dallapiccola, Luigi 达拉皮科拉, 路易吉, 220
Dalton, John 道耳顿, 约翰, 118, 121, 126, 132
Dam, Carl Peter Henrik 达姆, 卡尔·彼得·亨里克, 132
Daman and Diu Union Territory (India) 达曼·乌等联邦地区 (印度), 407
dams 水坝, 177
dance 舞蹈, 216–217
  dancers and choreographers 舞蹈家和舞剧编导, 217
  modern dance 现代舞, 216
  popular western dances 西方流行舞蹈, 216
  dance therapy 舞蹈疗法, 99
Daniell, John Frederic 丹尼尔, 约翰·弗雷德里克, 117
Dankworth, Johnny 丹克沃斯, 约翰尼, 229
Dante Alighieri 但丁·阿里吉耶利, 251
Danton, Georges 丹东, 乔治, 310
Danube (river) 多瑙河
  countries it flows through 所流经的国家, 45
  length/location/course 长度/位置/河道, 45
Dao–te Ching (book by Lao Tzu) 《道德经》(老子著作), 198
Daoism 道教, 198
Darius I 大流士一世, 310
Darrieux, Danielle 达里厄, 达尼埃尔, 205
Dartmoor (national park): location/fauna 达特穆尔 (国家公园): 地理位置/动物, 106
darts 投镖, 293
Darwin, Charles Robert 达尔文, 查尔斯·罗伯特, 86, 106, 108
  evolution theory 进化论, 109
Dassin, Jules 达辛, 朱尔斯, 205
dasyurid marsupials 袋鼬科有袋目动物, 77
data storage and processing (computing) 数据存储和处理 (计算机), 178
Daubigny, Charles–Francois 杜比尼, 夏尔—弗朗索瓦, 237
Daudet, Alphonse 都德, 阿方斯, 251
Daumier, Honoré 杜米埃, 奥诺雷, 237
David 大卫, 310
David, Jacques–Louis 大卫, 雅克–路易, 237
Davidson, Donald 戴维森, 唐纳德, 184
Davis, Andrew Jackson 戴维斯, 安德鲁·杰克逊, 189
Davis, Bette 戴维斯, 贝蒂, 205
Davis, Miles 戴维斯, 迈尔斯, 229
Davis, Sammy, Jr 小戴维斯, 萨米, 205
Davy, Sir Humphry 戴维, 汉弗莱爵士, 128, 132
Dawkins, Richard 道金斯, 里查德, 108
Day, Doris 戴, 多丽斯, 205
Day–Lewis, Daniel 戴–刘易斯, 丹尼尔, 205
Day of Arafat (Islamic festival) 阿拉法特日 (伊斯兰教节日), 19
Day of Assembly (Islamic festival) 集会日 (伊斯兰教节日), 19
Dayan, Moshe 达扬, 莫西, 310
daylight saving time 夏令时, 23
days 天, 20
  Japanese 日本历法的天数, 22

of rest 每周的休息日, 19
de Broglie, Prince Louis Victor 德布罗意, 路易斯·维克特, 118, 121
De Gaulle, Charles 戴高乐, 夏尔, 310
de Kooning, Willem 德·库宁, 威廉, 237
De Los Angeles, Victoria 德·洛斯·安赫莱斯, 维多利亚, 228
De Niro, Robert 德尼罗, 罗伯特, 205, 209
De Palma, Brian 德帕尔玛, 布赖恩, 205
De Quincey, Thomas 昆西, 托马斯, 251
De Sica, Vittorio 德·西卡, 维托里奥, 205
de Sitter, Willem 德西特, 威廉, 121
De Valera, Eamon 德·瓦勒拉, 埃蒙, 310
de Vries, Hugo 德·威斯·胡哥, 108
De Witt, Jan 戴威特·简, 310
Dean, James 迪安, 詹姆斯, 205
Death Valley (national park): location/fauna 死亡谷（国家公园）：地理位置/动物, 106
Debussy, Claude 德彪西, 克劳德, 220
Deby, Idriss 代比, 伊德里斯, 467
Debye, Peter 德拜, 波得, 132
decapods 十足目的动物, 69
decathlon events 十项全能, 260
decimals 小数, 136—137
Deep Purple 紫红色乐队, 231
deer 鹿, 78, 78—79
Def Leppard 德夫·莱帕德乐队, 231
defence behaviour 防御行为
　amphibians 两栖动物, 72—73
　fish 鱼, 71
　reptiles 爬行动物, 73
Defoe, Daniel 笛福, 丹尼尔, 251
deforestation 滥伐森林, 58
　destruction of tropical rainforest 热带雨林的破坏, 58
　loss of our forests 森林的消失, 58
Degas, Edgar 德加, 埃德加, 237
　Ballet Dancers 《芭蕾舞女》, 237
Dehaene, Jean-Luc 德阿纳, 让-吕克, 368
Dehmelt, Hans Georg 戴默尔, 汉斯·乔治, 121
Deinonychus 镰爪龙, 101
deitles and divinities 神与神力
　Greek and Roman 希腊和罗马的神, 186
　primal religions 原始宗教, 199
Delacroix, Eugène 德拉克洛瓦, 欧仁, 237
Delaunay, Robert 德洛内, 罗伯特, 237
Delaware (US state) 特拉华州（美国）, 429
　state information 简介, 432
Delbruck, Max 德尔布吕克, 马克斯, 108
Delhi Union Territory (India) 德里联邦地区（印度）, 407
Delibes, Léo 德利布, 利奥, 220
Delius, Frederick 戴流士, 弗雷德里克, 220
Delors, Jacques 德洛尔, 雅克, 339
Delta (Nigerian state) 代尔塔州（尼日利亚）, 464
Demavend 德马万德山, 394
Demeter (Greek goddesss) 得墨特尔（希腊女神）, 186

Demidoff's galago 丛猴, 86
Demirel, Suleyman 德米雷尔, 苏莱曼, 397
Demosthenes 狄摩西尼, 251
Denali (national park): location/fauna 德纳里（国家公园）：地理位置/动物, 106
Denbighshire (Welsh unitary authority) 登比郡（威尔士单一行政机构）, 356
Dench, Judi 登奇, 朱迪, 205
dendrites 树突, 90
Deneuve, Catherine 德纳芙, 凯瑟琳, 205
Deng Xiaoping 邓小平, 310
Denisov, Edison 杰尼索夫, 埃迪森, 220
Denmark 丹麦, 348
　dependent territories 属地, 348
　EU membership 欧盟成员国, 339
　GNP per head 人均国民生产总值, 329
　metro system 地铁系统, 173
　primary class sizes 小学班型, 327
　reported burglaries 盗窃案, 327
　social security expenditure 社会治安费用, 326
Depardieu, Gerard 德帕迪约, 热拉尔, 205
Depeche Mode 迪佩奇风格乐队, 231
Depp, Johnny 德普, 约翰尼, 205
Derain, André 德兰, 安德烈, 237
Deravica 达拉维查山, 384
Derby (race) 德比赛马（比赛）, 290
　winners 获胜者, 291
Derbyshire (English county) 德比郡（英格兰）, 354, 355
Derrida, Jacques 德里达, 雅克, 184
Derry (Northern Ireland unitary authority) 德里（北爱尔兰单一行政机构）, 356, 356
Des Prés, Josquin 德普雷, 若斯坎, 220
Desargues, Girard 德尔扎检, 杰拉德, 142
Descartes, René 笛卡尔, 雷纳, 142, 184
desertification 沙漠化, 48
deserts 沙漠
　categories 沙漠的划分, 48
　causes 沙漠成因, 48
　largest 最大沙漠, 48
　oldest see Namib Desert 最古老沙漠见纳米布沙漠
　rivers 沙漠中的河流, 44
Dettingen, Battle of 德丁根之战, 323
developmental psychology 发育心理学, 96
devil's hole pupfish 魔窟鳉, 105
Devon (English county) 德文郡（英格兰）, 354, 355
Devonian period 泥盆纪, 29
　spore-bearing plants 孢子植物, 62, 63
Dewey, John 杜威, 约翰, 184
Dhaulagiri1 道拉吉里峰1, 36
Diaghilev, Serge 佳吉列夫, 谢尔盖, 217
dialogue (literary term) 对白（文学术语）, 256
Diamond, Neil 戴厄蒙德, 尼尔, 231
diamonds: annual production 钻石年产量, 328
Diana (Roman goddess) 狄安娜（罗马女神）, 186

diaspora (Judaism) 大流散（犹太教）, 200
Diatryma 食肉龙, 102
Diaz, Porfirio 迪亚斯, 波费里欧, 310
Diaz de Vivar, Rodrigo 迪亚斯·戴维瓦尔, 罗德里戈, 310
Dickens, Charles 狄更斯, 查尔斯, 251
Dickinson, Emily 狄更生, 埃米莉, 251
dicots/dicotyledons 双子叶植物, 64, 65
Diderot, Denis 狄德罗, 丹尼斯, 251
Dien Bien Phu, Battle of 奠边府之战, 324
diet 饮食
　baleen whale 须鲸, 83
　birds 鸟, 74—75
　fish 鱼, 71
　Jewish laws 犹太食规, 200
　reptiles 爬行动物, 73
Dietrich, Marlene 黛德丽, 玛琳, 205
diffraction 衍射, 116
digestive system 消化系统
　human 人类, 90
　amount of fluid secreted daily 每天分泌的消化液数量, 88
　ruminants 反刍动物, 78
digital TV 数字式电视, 149
Dimas, Pyrros 迪马斯, 皮罗斯, 294
Dinara 迪纳拉, 385
dinosaurs 恐龙, 76, 100—101
　extinction of 恐龙的灭绝, 102, 103
　various theories 诸家学说, 100
Diocletian 戴克里先（盖尤斯·奥涅利厄斯·维里雷斯·戴克里先）, 310
Dion, Celine 狄翁, 席琳, 231, 234
Dionysus (Greek deity) 狄俄尼索斯（希腊神）, 186
Diophantus of Alexandria 亚历山大的丢番图, 142
Diplodocus 梁龙, 100, 101
Diprotodon 双门齿龙, 103
Dirac, Paul 狄喇克, 保罗, 121
Dire Straits 海峡乐队, 231
direct proportion (mathematics) 正比例（数学）, 137
Disciples of Christ, The (religion) 基督会, 193
disco dancing (dance) 迪斯科舞, 216
discus (athletics): equipment dimensions 铁饼（田径运动）：器材规格, 260
diseases/disorders environmental 环境危害引起的疾病, 95
　genetic 遗传性疾病, 95
　heart 心脏病, 95
　infectious 传染病, 92—93
　non-infectious 非传染病, 94—95
disjoint sets (mathematics) 不相交集（数学）, 138
Disney, Walt 迪斯尼, 沃尔特, 205
Disraeli, Benjamin 迪斯累里, 本杰明, 251, 310
distillation (chemistry) 蒸馏（化学）, 127
District of Columbia (USA) 哥伦比亚特区（美国）, 429
　state information 简介, 432
divination, Chinese 占卜, 中国, 198
Divine Principle (Moonies) 神圣的原理（文鲜明统一教团）, 193
diving 跳水
division 除法, 136

Diwali (Hindu festival) 排灯节（印度教节日）, 19
Djibouti 吉布提, 455
DNA
　B-DNA molecule B-脱氧核糖核酸分子, 135
　computers operating on 计算机操作, 179
　discovery of structure of 脱氧核糖核酸结构之发现, 109
Dnepr (river): length/location/course 第聂伯河：长度/位置/河道, 45
Dnepr Lowland and Plateau 第聂伯低地和高原, 389
Do Muoi 杜梅, 412
'Do They Know Its Christmas' (song by Band Aid) 《他们知道今天是圣诞节吗？》（由乐队演唱）, 230
Dobzhansky, Theodosius 多布赞斯基, 狄奥多斯西, 108
dodecahedron 十二面体, 141
doggerel 劣诗/打油诗, 256
dogs and their relatives 犬科及其近缘动物, 80—81
Doi Inthanon 因达暖山, 411
Doktoro, Esperanto 道克托洛, 埃斯普兰托, 246
doldrums 赤道低压无风带, 55
Dolin, Sir Anton 多林, 安东爵士, 217
Dollfuss, Engelbert 陶尔斐斯, 恩格尔伯特, 310
dolphin 海豚, 83
Domingo, Plácido 多明戈, 普拉西多, 228
Dominic, St 圣多明我, 310
Dominica 多米尼克国, 441
Dominican Republic 多米尼加共和国, 438
　rate of deforestation 森林采伐率, 58
Domino, Fats 多米诺, 法茨, 231
Don (river): length/location/course 顿河：长度/位置/河道, 45
Don Giovanni 《唐·乔万尼》, 226
Don Juan (film) 唐璜（电影名）, 203
Don Valley 顿河河谷, 389
Doña Juana (volcano) 唐娜胡安娜（火山）, 38
Donat, Robert 唐纳, 罗伯特, 205
Donatello 多那太罗, 237
Donegan, Lonnie 多尼根, 朗尼, 231
Dönitz, Karl 邓尼茨, 卡尔, 310
Donizetti, Gaetano 唐尼采蒂, 加埃塔诺, 220
donkey 驴, 79
Donne, John 多恩, 约翰, 251
Donovan 多诺万, 231
Doohan, Michael 杜汉, 迈克尔, 289
Doors, The 多尔斯乐队, 231
Doppler, Christian Johann 多普勒, 克里斯琴·约翰尼, 8, 121
Doppler effect 多普勒效应, 8
Doric style 多利亚式建筑风格, 242
Dorset (English county) 多塞特郡（英格兰）, 354, 355
Dorsey, Jimmy 多塞, 吉米, 229
Dorsey, Tommy 多塞, 汤米, 229
dos Santos, José Eduardo 多斯桑托斯, 若泽·爱德华多, 455
Dostoevski, Fyodor 陀思妥耶夫斯基, 费多尔, 251
double bass 低音提琴, 225
double bassoon 低音大管, 224
Douglas, Dr Denzil 道格拉斯, 登齐尔博士, 440

索引 493

Douglas, Kirk 道格拉斯, 柯克, 205
Douglas, Michael 道格拉斯, 迈克尔, 205
Down's syndrome 唐氏综合征, 95
Doyle, Roddy 道尔, 罗迪, 251
Drabble, Margaret 德拉布尔, 玛格丽特, 251
dragonfly 蜻蜓, 69
Drake, Sir Francis 德雷克, 弗兰西斯爵士, 310
drama 戏剧, 256
dramatis personae 剧中人物, 256
Draper, John William 德雷珀, 约翰·威廉, 132
Dravidian languages 达罗毗荼语系, 246
dream therapy 梦幻疗法, 99
Dreiser, Theodore 德莱塞, 西奥多, 251
dressage 花式骑马赛, 290
Dreyfus, Alfred 德雷福斯, 艾尔弗雷德, 310
drink phobias 恐酒症, 97
Dmovsek, Dr Janos 德尔诺夫舍克, 雅奈兹, 384
dromedary 单峰骆驼, 78
dromeosaurs 奔龙, 101
drugs, plant derived 植物提取药剂, 98
druids 凯尔特人的祭司, 187
dry cell 干电池, 117
Dryden, John 德莱顿, 约翰, 251
Dubai 迪拜, 400
  harbour 港, 400
Dubcek, Alexander 杜布切克, 亚历山大, 310
Duccio di Buoninsegna 杜乔·迪·博尼塞尼亚, 237
Duchamp, Marcel 杜尚, 马塞尔, 237
duck-billed platypus 鸭嘴兽, 77
Dufay, Guillaume 杜费, 纪尧姆, 220
Dufourspitze 杜富尔峰, 363
Dufy, Raoul 杜飞, 拉乌尔, 237
dugong 儒艮, 82
Dukas, Paul 杜卡, 保罗, 220
Dukhan 杜汉山, 401
Dulbecco, Renato 杜尔贝科, 雷那托, 108
Dulles, John Foster 杜勒斯, 约翰·福斯特, 310
Dumas, Alexandre 大仲马, 亚历山大, 251
Dumas, Jean-Baptiste André 杜马, 琼-巴普蒂斯特·安德烈, 132
Dumfries & Galloway (Scottish unitary authority) 邓弗里斯和盖勒维区(苏格兰单一行政机构), 357
Dunant, Jean Henri 杜南, 琼斯·亨利, 310
Dunaway, Faye 唐娜薇, 费伊, 205
Duncan, Isadora 邓肯, 伊莎多拉, 216, 217
duodenum 十二指肠, 90
Duomo, Florence 佛罗伦萨大教堂, 243
Duran Duran 杜兰·杜兰乐队, 231
Durango (Mexico) 杜兰戈(墨西哥), 435
Duras, Marguerite 迪拉斯, 玛格丽特, 251
Dürer, Albrecht 迪尤勒尔, 阿尔勃莱希特, 237
Durga (Hindu goddess) 难近母(印度女神), 196
Durham (English county) 达勒姆郡(英格兰), 354, 355

Durham Cathedral 达勒姆大教堂, 243
Dürrenmatt, Friedrich 迪伦马特, 弗里德里希, 251
Dutch School (art) 荷兰画派(美术), 236
Dvina, Northern (river): length/location/course 北德维纳河: 长度/位置/河道, 45
Dvorak, Antonin 德沃夏克, 安东尼, 220
Dylan, Bob 迪伦, 鲍勃, 231
Dymtryk, Edward 德米特里克, 爱德华, 205
Dzyarzhynskaya (Belarus) 捷尔任斯克山(白俄罗斯), 391

E

e-mail 电子邮件, 180
$E = mc^2$ 能量 = 质量 × 光速^2
Eagle Nebula 鹰像星云, 8
Eagles, The 飞鹰乐队, 231
Early Renaissance art 文艺复兴早期艺术, 236
Earth, 10 地球, 10—11
  area covered with ice 冰覆地区, 49
  dimensions 关于地球的各种数据, 27
  geological time chart 地质年代表, 29
  glacial periods 冰期, 49
  magnetic field 磁场, 26
  mass, density and volume 质量、密度和体积, 26, 27
  modern dating methods 现代确定年代的方法, 27
  origins of life on 生命的起源, 60
  rock formation 岩石的形成, 28
  speed around Sun 绕太阳运行的速度, 8
  statistics table 行星资料, 11
  structure 地球的构造, 26—27, 28—29
  core 地核, 26
  crust 地壳, 26
  mantle 地幔, 26
  measurements of layers 各圈层的数据, 29
  studying 地球构造的研究, 27
  volcanic zones 火山区, 39
  weather and climate 天气和气候, 50—55
earthquakes 地震, 40—41
  classification of 地震的震级, 40, 41
  major 20th-century 20世纪较大地震, 41
  measuring 震级测量, 40—41
  plate movement and 板块漂移与地震, 30
  speed of shock waves 震波的速度, 40
  what they are 什么是地震, 40
  where they ocur 地震发生在哪里, 40
earthworm 蚯蚓, 67
East, 17 东方17乐队, 231
East China Sea: area/average depth 中国东海: 面积/平均 深度, 33
  depth 深度, 33
East Dunbartonshire (Scottish unitary authority) 东丹巴顿郡(苏格兰单一行政机构), 357
East Sussex (English county) 东苏塞克斯郡(英格兰), 354, 355
East Timor 东帝汶, 415
East Yorkshire (English county) 东约克郡(英格兰), 354, 355

Easter Day (Christian festival) 复活节(基督教节日), 18
Eastern (SA province) 东部省(南非), 470
Eastwood, Clint 伊斯特伍德, 克林特, 205
Ebert, Friedrich 艾伯特, 弗里德里克, 311
Ebola virus 埃博拉病毒, 60—61
Ebonyi (Nigerian state) 埃博尼州(尼日利亚), 464
echidna 针鼹, 77
echinoderms 棘皮动物, 67
eclogue 牧歌, 256
Eco, Umberto 埃科, 翁贝托, 251
Economic and Social Council, UN 联合国经济及社会理事会, 337
economics 经济
  Nobel prizewinners 诺贝尔经济学奖得主, 329
Ecuador 厄瓜多尔, 445
Eddy, Mary Baker 艾迪, 玛丽·贝克, 193
Edeleman, Gerald Maurice 埃德尔曼, 杰拉尔德·莫里斯, 132
Eden Anthony 艾登, 安东尼, 311
edentates 贫齿动物, 84—85
Edgeworth, Kenneth 埃奇沃思, 肯尼思, 12
Edinburgh, City of (Scottish unitary authority) 爱丁堡市(苏格兰单一行政机构), 357
Edison, Thomas Alvar 爱迪生, 托马斯
  light bulb 白炽灯, 146
  number of patents 专利数量, 164
Edjo (Egyptian goddess) 艾迪欧(埃及女神), 187
Edo (Nigerian state) 埃多州(尼日利亚), 464
educational psychology 教育心理学, 96
Edward I 爱德华一世, 311
Edward I, King 爱德华一世, 国王, 270
Edward II, King 爱德华二世, 国王
  football ban 足球禁令, 266
Edward III 爱德华三世, 311
Edward IV 爱德华四世, 311
Edward the Black Prince 爱德华(黑王子), 311
eel, electric 电鳗, 71
eelworm 线虫, 67
eggs 蛋
  largest dinosaur 最大的恐龙蛋, 100
Egypt 埃及, 454
  armed forces manpower/equipment 武装力量/装备, 343, 344
Egypt, Ancient 古埃及
  architecture 建筑, 242
  athletics 田径运动, 260
  origins of theatre 戏剧的起源, 202
  religion 古埃及宗教, 187
  gods and goddesses 古埃及的男女神, 187
  time chart 年代表, 296—297
Eichmann, Karl Adolf 艾希曼, 卡尔·阿道夫, 311
Eid-ul-Adha (Islamic festival) 献祭节(伊斯兰教节日), 19
Eid-ul-Fitr (Islamic festival) 开斋节(伊斯兰教节日), 19
Eiffel Tower, Paris 埃菲尔铁塔, 巴黎, 177, 244
Eiffel, Gustav 埃菲尔, 古斯塔夫, 244
Eightfold Path (Buddhism) 八正道(佛教)

Einstein, Albert 爱因斯坦, 阿尔伯特, 121, 124
  special and general theories of reiativity 狭义相对论和广义相对论, 119
Eisenhower, Dwight 艾森豪威尔, 德怀特, 311
Eisenstein, Sergei 爱森斯坦, 谢尔盖, 205
Ekiti (Nigerian state) 埃基蒂州(尼日利亚), 464
EI-Abidine Ben Ali, General Zine 阿比丁·本·阿里, 宰因将军, 453
EI Galaras (volcano) 埃尔加莱拉斯(火山), 38
EI Lammein, Battle of 阿拉曼之战, 324
EI Misti (Volcano) 米斯提(火山), 38
EI Niño 厄尔尼诺现象, 53, 450
EI Salvador 萨尔瓦多, 436
  rate of deforestation 森林采伐率, 58
Elamite language 埃兰语, 246
Elbe (river): length/location/course 易北河: 长度/位置/河道, 45
Elbrus, Mount (Russia) 厄尔布鲁士山(俄罗斯), 37, 395, 490
Eldridge, Florence 埃尔德里奇, 弗罗伦斯, 205
electric current 电流, 117
  measuring 测量, 117
electricity 电
  fish use of 鱼对电的作用, 71
  generation 发电, 144—145
  producers 电能生产国, 167
electromagnetic force 电磁力, 118
electromagnetic waves/radiation 电磁波/辐射, 116
  microwave oven 微波炉, 150—151
  television 电视, 148—149
electromagnetism 电磁学, 116—117
electrons 电子, 8, 126
elegy 挽歌, 256
elements 元素, 126, 128—129, 133
  discovering 元素的发现, 128
  dissolved in sea water 溶于海水中的元素, 32
  names 名称, 129
  newest 最新的, 128
elephant bird 隆鸟, 102
elephant shrew 象鼩, 79
elephant 象, 79
endangered species 濒危物种, 104
  relationship to sirenians 与海牛目哺乳动物的关系, 82
  trunk 象鼻, 79
Elgar, Edward 埃尔加, 爱德华, 220
Elijah 以利亚, 311
Eliot, George 艾略特, 乔治, 251
Eliot, T(homas) S(terns) 艾略特, 托马斯·斯蒂恩, 251
Elizabeth I 伊丽莎白一世, 311
Elizabeth II, Queen 伊丽莎白二世, 女王, 351
elk 麋, 79
Ellesmere Island 埃尔斯米尔岛, 35
  area/location/status 面积/位置/状况, 35
ellipses 椭圆, 140
elliptical galaxies 椭圆星系, 8—9
Ellis, William Webb 埃利斯, 威廉·韦伯, 264
elmisaurids 禽爪龙, 101
Elo, Arpad 埃洛, 阿尔帕德, 292
Emerson, Ralph Waldo 爱默森, 拉尔夫·沃尔多, 251
Emi Koussi 库西山, 467

索引

Emilia – Romagna（Italian region） 艾米利亚 – 罗马涅（意大利行政区），379
Emlembe 恩伦贝峰，471
emoticons 情绪符号，181
emperor penguin 雌企鹅，75
emperors of Japan 日本天皇，422
Empire State Building 帝国大厦，176
endangered animals 濒危动物，104—105
　bears 熊，105
　birds 鸟，105
　elephants 象，104
　giant panda 大熊猫，105
　insects 昆虫，105
　numbers of species at risk 濒危物种数目，104
　other mammals 其他哺乳动物，105
　primates 灵长类动物，104
　reptiles 爬行动物，105
　rhinoceros 犀牛，104
　water life 水生动物，105
　wild cats 野生猫科动物，104
Endeavour（Space Shuttle） 奋进号（航天飞机），17
endocrine system 内分泌系统，90—91
endosymbiosis 内共生现象，61
energy 能源，166—167
　coal 煤炭，166
　earthquake（magnitude） 地震（震级），40
　generation of 能量的产生，144—145
　hydroelectric power 水电，167
　in chemical reactions 在化学反应中，130—131
　nuclear 核能，118
　Hiroshima atomic bomb 广岛原子弹爆炸，40
　nuclear power 核电，167
　oil and natural gas 石油与天然气，166
　producers 生产国，167
　source for primary organisms 初级生物的能源，60
　sustainable power 可再生能源，167
　total in Universe 宇宙中的总量，8
Engels, Friedrich 恩格斯，弗里德里希，311
Engler, Adolf 恩格勒，阿道夫，108
English Channel: area/average depth 英吉利海峡：面积/平均深度，33
　depth 深度，33
English Harbour, Antigua and Barbuda 英吉利港，安提瓜和巴布达，441
English language 英语，247
Enigma 伊尼格玛乐队，231
Enkhsaikhan M., Enlightened see Buddha 默仰克赛汗，417
Ensor, James 恩索尔，詹姆斯，237
Enteledon 雕齿兽，103
Enugu（Nigerian state） 埃努古州（尼日利亚），464
environment 环境
　consequences of deforestation 滥伐森林的后果，58
　housing problems 住房问题，245
　phobias 恐惧症，97
　pollution 污染，56—57
　envoi 煞尾，256
Eocene epoch 始新世，29
Eos（Greek deity） 厄俄斯（希腊神）186
Eötvös, Baron Roland von 恩奥特弗斯，巴隆·罗兰·冯，121
epee（fencing） 重剑（击剑），287
ephemeral rivers 最短的河流，44

epic 史诗，256
epicentre（earthquake） 震中（地震），40
epigram 警句，256
Epiphany（Christian festival） 主显节（基督教节日），18
epiphytes: mosses 附生类植物：苔藓，62
epithet 附加词，256
epochs, Earth's 地质时间单位，世，29
Epstein, Jacob 爱泼斯坦，雅各布，237
equations 方程式，138
　chemical 化学方程式，130
　kinematic 运动方程式，114
　Planck's 普朗克，119
　special relativity 狭义相对论，119
Equatorial Guinea 赤道几内亚，465
equestrianism 马术，290
equilateral triangles 等边三角形，140
equivalent sets（mathematics） 等价集合（数学），138
eras, Earth's 地质时间单位，代，29
Erasmus, Desiderius 伊拉斯谟，德西迪里厄斯，184，251
Erasure 消磁乐队，231
Erbakan, Necmettin 埃尔巴坎，内吉梅丁，397
Erebus（Greek deity） 厄瑞波斯（希腊神），186
Erebus（volcano） 埃里伯斯（火山），38
Erhard, Ludwig 埃哈德，路德维希，311
Erik the Red 埃里克（红发），311
Eritrea 厄立特里亚，455
　patients per doctor 每位医生的病人数，327
Erlanger, Joseph 厄尔兰格，约瑟夫，108
Ernst, Max 恩斯特，马克斯，237
Eros（Greek deity） 厄洛斯（希腊神），186
erosion 腐蚀
　effect on sedimentary rocks 对沉积岩的影响，28，28—29
　glacial 冰期（对地表腐蚀），49
　water 水
　　rivers 河流，44
　　waterfalls 瀑布，42
　　waves 海浪，32
　wind: desert formation 风：沙漠的形成，48
Eschenbach, Wolfram von 埃森巴赫，沃尔夫莱姆·冯，251
Escherjchia coli（E. coli） 大肠埃希氏菌（大肠杆菌），92
Esperanto 世界语，246
Espert, Nuria 埃斯佩特，努里亚，205
Espirito Santo（Brazilian stated） 圣埃斯皮里图州（巴西），447
Esquivel, Manuel 埃斯基维尔，曼努埃尔，436
Essex（English country） 埃塞克斯郡（英），354，355
Estefan, Gloria 埃斯特芬，格洛里亚，231
Estonia 爱沙尼亚，376
　social security expenditure 社会治安费用，326
Estrela（Portugal） 埃什特雷拉山，358
Eternal 永恒乐队，231
Ethandune, Battle of 艾森顿之战，322

Ethiopia 埃塞俄比亚，454
　defence budget 防卫预算，343
　hospital beds 病床，327
Etna, Mount 埃特纳火山，38，39，378
Eton Fives 伊顿手球赛，279
Etosha（national park）: location/fauna 埃托沙（国家公园）：地理位置/动物，106
Etruscan language 埃特鲁斯坎语，246
Euclid 欧几里得，142
Eudoxus 欧多克索斯，142
Eugene of Savoy （萨瓦的）欧仁，311
Eugene Onegin 《叶甫盖尼·奥涅金》，226
eukarya/eucaryotes 真核生物，60，60—61
Euler, Leonhard 欧拉，伦纳德，141，142
euphemism 委婉语，256
Euridice（opera by Peri） 《尤丽狄茜》（剧本佩里），226
Euripides 欧里庇得斯，202，251
Europa（satellite） 木卫二（卫星），11，13
Europe 欧洲
　area/greatest extremity 面积/终端最大距离，31
　boundaries 界线，31
　Central 中欧，382—383
　glaciated area 冰川地区，49
　highest mountain peak 最高峰，37
　ice age 冰期，49
　longest rivers 最长河流，45
　South-east 东南欧各国，384—385，386—387
　time charts 年表
　　17th and 18th centuries 17 和 18 世纪，302—303
　　19th century 19 世纪，304—305
　　20th century 20 世纪，306—307
　　ancient world 古代世界，296—297
　　medieval to 16th century 中世纪到16 世纪，300—301
　　Roman and early medieval 罗马和中世纪早期，298—299
　　time zones 时区，23
European Atomic Energy Commission（Euratom） 欧洲原子能委员会，338
European bison 欧洲野牛，105
European Champion Clubs Cup winners 欧洲俱乐部冠军杯优胜者，267
European Championships winners athletics 欧洲田径锦标赛冠军榜，260
European Commission 欧洲委员会，338
European Court 欧洲法庭，338
European Cup Winners' Cup winners 欧洲优胜者杯优胜者，267
European Cup, winners' competition 欧洲俱乐部冠军杯，267
European Economic Community（EEC） 欧洲经济共同体，338
European Investment Bank 欧洲投资银行，338
European Parliament 欧洲议会，338
European Union（EU） 欧洲联盟，338—339
　'pillars' of 欧盟支柱，339
　commissioners 专员，339
　consultative bodies 咨询机构，338
　institutions 机构，338
　members 欧盟成员国，339
　monetary union 货币联盟，339
　presidents of the commission 委员会主

席，339
　single market objective 单一市场目标，339
　uniting Europe 联合的欧洲，338
Eurovision Song Contest 欧洲电视歌曲比赛，235
Eurythmics 韵律舞蹈乐队，231
eutrophication 富营养化，57
Evangelical Movement 福音运动，193
Evans, Edith 伊万斯，艾迪斯，205
evaporation, sea water 蒸发，海水，32
Eve hypothesis 对人类起源的推测，102
even numbers 偶数，136
Everest, Mount 珠穆朗玛峰，36，37，405，416
Everett, Hugo 埃弗雷特，雨果，121
Everglades（national park）: location/fauna 大沼泽（国家公园）：地理位置/动物，106
Everly, Brothers, The 埃弗利兄弟乐队，231
Evert, Chris 埃弗特，克里斯，276
Everything But The Girl 拒收少女乐队，231
evolution 进化，60—61
　human 人类，103
　mammals 哺乳动物，76
　plants 植物，62
evolution theory, origins of 进化论的起源，109
Ewry, Raymond Clarence 尤里，雷蒙德·克拉伦斯，258
Exchange Rate Machanism（ERM） 汇率机制，339
Execution of Mary Queen of Scots, The（film） 苏格兰玛丽女王的死刑，202，203
existential therapy 存在疗法，96
exoskeleton 外骨骼，68
exponent（mathematics） 指数（幂）（数学），136
Expressionism（art） 表现主义画派（艺术），240
Expressionism 表现主义
　extinctions 灭绝，104
　dinosaurs 恐龙，102，103
　ice-age mammals 冰期哺乳动物，76
　reptiles 爬行动物，100
　tigers 虎，104
Extremadura（Spanish region） 埃斯特雷马杜拉（西班牙自治区），359
extrusive rocks 喷出岩，28
Exxon Valdez disaster 埃克森·瓦尔迪兹号海难，56
Eyadema, General Gnassingbe 埃亚德马，纳辛贝军，465
Eyck, Hubert van 埃克，胡伯特·凡，237
Eyck, Jan van 埃克，扬·凡，237

F

fable 寓言，256
Faeroe Islands 法罗群岛，348
Fahd ibn Abdul Aziz 法赫德，本·阿卜杜勒·阿齐兹，332，398
Fahrenheit, Gabriel Daniel 华伦海特，加布里埃尔·丹尼尔，121
Fairbank, William 费尔班克，威廉，121
Fairbanks, Douglas 范朋克，道格拉斯，205
Fairfax, Thomas 费尔法克斯，托马斯，311
fairy shrimp 仙虾，69

索引

Falasha（religious group） 法拉沙人（宗教团体），200
Falcon（Venezuelan state） 法尔孔州（委内瑞拉），445
Falkirk（Scottish unitary authority） 福尔柯克（苏格兰单一行政机构），357
Falla, Manuel de 法里雅, 曼努埃尔，220
Fallingwater（house by Wright） 落泉别墅（赖特设计），245
false fruits 复合果，65
Falstaff 《福斯塔夫》，226
Fan si Pan 潘士邦峰，412
Fantasticks, The 《古怪的人》，227
FAO 联合国粮食及农业组织，336
Far East 远东，420—421
Faraday, Michael 法拉第, 迈克尔，117, 121, 132
farce 滑稽剧，256
farming: annual production 农作物年产量，329
Farnese, Alessandro 法尔内塞, 阿列山德洛，311
farsi 波斯语
　language 语言，247
　script form 字母形式，249
Fassbinder, Rainer Werner 法斯宾德, 雷纳·沃纳，205
Fast-breeder reactors（FBRs） 快中子增殖反应堆，167
Fast of 17 Tammuz（Jewish festival） 塔慕次月17日斋戒日（犹太教节日），19
Fast of 20 Sivan（Jewish festival） 息汪月20日斋戒日（犹太教节日），19
Faulkner, William 福克纳, 威廉，251
fault-block mountains 断块山脉，36
faults, geological 地质断层
　transform 变形
　earthquakes and 地震，40
　waterfall formation 瀑布的形成，42
Faure, Gabriel 福莱, 加布里埃尔，220
Faust 《浮士德》，226
Fauvism 野兽派（主义），239, 245
Feast of 10 Tebet（Jewish festival） 提别月10日节（犹太教节日），19
feathers 羽毛，74
Federal Capital Territory（Pakistan） 联邦首都地区（巴基斯坦），404
Féederation Internationale de l'Automobile 国际汽车联合会，288
Fédération Internationale de Natation Amateur 国际业余游泳联合会，262
Federation of Bosnia-Herzegovina 波斯尼亚-黑塞哥维那联邦政府，385
Federation of Swiss Protestant Churches 瑞士新教联盟，192
Fellini, Federico 费里尼, 弗德里科，205
femtosecond 毫微微秒，156
fencing（competitive） 击剑（竞技），286—287, 287
fer-de-lance 枪头蛇，73
Ferdinand I（king of Bulgaria） 斐迪南一世（保加利亚国王），311
Ferdinand I（Spanish king） 斐迪南一世（西班牙国王），311
Ferdinand II 斐迪南二世，311
Ferdinand V, 'the Catholic' "天主教徒"斐迪南五世，311
Fermat, Pierre de 费马, 皮埃尔·德，142
　last theorem 最后一个定理，142
Fermi, Enrico 费米, 恩瑞克，121

atom bomb research 原子弹研究，121
Fernamagh（Northern Ireland unitary authority） 弗马纳郡（北爱尔兰单一行政机构），356
Fernandez, Leonel 费尔南德斯, 利昂内尔，438
Fernando de Noronha（Brazilian state） 弗尔南多·迪诺罗尼亚州（巴西），447
ferns 蕨类植物，63
Ferraris, Galileo 法勒斯, 伽利略，121
fertilization 受精
　amphibians 两栖动物，72
　birds 鸟，75
　fishes 鱼，71
flowering plants 有花植物，64
fertilizers annual production 化肥年产量，328
　pollution from 化肥产生的污染，57
festivals 节日，18—19
　Shinto 神道，199
fetishism（Inca） 物神崇拜，187
Feuerbach, Ludwig 费尔巴哈, 路德维希，184
Feynman, Richard Phillips 费因曼, 理查德·菲利普斯，121
Fibonacci, Leonardo 裴波那契, 伦纳德，142
fibre optic cable 纤维光缆，152—153
　longest 最长的纤维光缆，152
Fichte, Johann Gottlieb 费希特, 约翰·戈特利布，184, 251
fiction 虚构，256
Fiddler on the Roof 《屋顶提琴手》，227
Fidelio 《菲岱里奥》，226
field archery 场地射箭，292
Fielding, Henry 菲尔丁, 亨利，251
Fieds, W. C., 菲尔兹, W.C., 205
Fiennes, Ralph 芬尼斯, 拉尔夫，205
Fife（Scottish unitary authority） 法夫（苏格兰单一行政机构），357
15 Ab, Festival of（Jewish festival） 阿布月15日节（犹太教节日），19
Figg, James 菲格, 詹姆斯，286
Figueres, Jose-Maria 菲格雷兹, 何塞-玛利亚，437
figure skating 花样滑冰，282
Fiji 斐济，478
Filali, Abdellatif 菲拉利, 阿卜杜·拉蒂夫，452
fin whale 长须鲸，105
Finch, Peter 芬奇, 彼得，205
finite sets（mathematics） 有限集合（数学），138
Finke, River 芬克河，44
Finland 芬兰，377
　autonomous province 自治省，377
　EU membership 欧盟成员国，339
　GNP per head 人均国民生产总值，329
　health care expenditure 医疗费用，327
　higher education students 高等教育，327
　reported burglaries 盗窃案，327
　social security expenditure 社会治安费用，326
Finney, Albert 芬尼, 艾伯特，205
Fiordland（national park）: location/fauna 菲奥德兰（国家公园）：地理位置/动物，106
firewall, corporate 公司"防火墙"，180

Firyuza 菲留扎，402
Fischer, Emil 费歇尔, 埃米尔，132
Fischer-Dieskau,（Albert）Dietrich 菲舍尔-迪斯科,（阿尔伯特）迪特里希，228
fish 鱼，70—71
　adaptation to habitats 对栖息地的适应，71
　anatomy 生理解剖，70—71
　deep-ocean floor 深海海底，32
　defence behaviour 防御行为，71
　diet 饮食，71
　drinking 饮水，71
　effect of El Nino 厄尔尼诺现象的影响，53
　reproduction 繁殖，71
　smallest and largest 最大的与最小的鱼，70
　what they are 什么叫鱼，70
fishing industry: annual production 渔业年产量，329
fissure volcanoes 裂缝火山，39
Fitzgerald, Ella 菲茨杰拉德, 埃拉，229
Five Nations championship（Rugby Union） 五国锦标赛（英式橄榄球联盟），264
Five Pillars of Islam 伊斯兰教的五功，195
Fizeau, Armand-Hippolyte-Louis 斐索, 阿曼德-希波莱特-路易斯，8, 121
flags 旗帜
　European Union 欧洲联盟，338
　French tricolour 法国三色旗，366
　Red Cross 红十字会，341
　United States 美国，431
Flangstad, Kirsten 弗拉格斯塔, 希尔斯滕，228
flamenco dancer, fastest 速度最快的弗拉曼柯舞蹈家，216
flatworm 扁虫，67
Flaubert, Gustave 福楼拜, 古斯塔夫，251
Fleetwood Mac 弗利特伍德·麦克乐队，231
Fleischmann, Martin 弗莱希曼, 马丁，133
Fleming, Ian 弗莱明, 伊安，251
Fleming, Sir Alexander 弗莱明, 亚历山大爵士，61, 108
Flerov, Georgii 弗莱洛夫, 乔治，121
flight 飞行
　aircraft 飞机，160—161
　birds 鸟，75
　insects 昆虫，69
　reptiles 爬行动物，102
flightless birds 不会飞的鸟，75
Flintshire（Welsh unitary authority） 弗林特郡（威尔士单一行政机构），356
Florey, Paul John 弗洛里, 保罗·约翰，133
Florida（US state） 佛罗里达州（美国），429
　state information 简介，432
flow regime（rivers） 河流涨水变化特征，44
flowering plants and trees 有花植物与树木，64—65
　classification 分类，64—65
　life cycle 生命周期，64
　structure 结构，65
fluke（worm） 肝蛭（吸虫），67
fluorescent tube 荧光灯，146—147
flute 长笛，166
fly ash 粉煤灰，166

Flyer I 莱特I号飞机，165
Flying Dutchman, The 《漂泊的荷兰人》，226
flying fox 果蝠（狐蝠），85
Flynn, Errol 弗林, 艾罗尔，205
Fo, Dario 福, 达里奥，205
Foch, Ferdinand 福煦, 斐迪南，311
focus（earthquake） （地震）聚焦，40
foetus 胎儿，91
foil（fencing） 花剑（击剑），287
folded mountains 褶皱山，36
folk dancing（dance） 民间舞（舞蹈），216
folk religions（Chinese） （中国）民间宗教，188, 189, 198
Fonda, Henry 方达, 亨利，205
Fonda, Jane 方达, 简，205
Fontanne, Lyn 冯塔纳, 琳，206
Fonteyn, Dame Margot 芳廷, 玛戈，217
food and drink 食物和饮料
　digestive process 消化过程，90
　phobias 恐惧症，97
　yeast used in 应用的酵母菌，61
food poisoning 食物中毒，92
foot（literary term） 音步，256
football 足球，266—267
　highest transfer prices 最高转会费，266
　other football games 其他足球赛事，268—269
forces, four fundamental 四种基本力，118
Ford, Harrison 福特, 哈里森，206, 207
Ford, John 福特, 约翰，206, 251
Foreman, George 福尔曼, 乔治，286
Forman, Milos 福曼, 米罗斯，206
Formula One cars 一级方程式赛车，288
　Championship winners 锦标赛获胜者，288
formulae（mathematics） 公式（数学），138
　transforming 变换公式，138
Forne, Marc 福尔内, 马克，358
Forster, E（dward）M（organ） 福斯特, 爱德华·摩根，251
Forsyth, Bill 福赛恩, 比尔，206
Forsyth, Frederick 福赛恩, 弗雷德里克，251
FORTRAN 编制计算机程序的一种代数和逻辑语言，246
42nd Street 《第42大街》，227
fossa 马达加斯加长尾灵猫，80
Fosse, Bob 福斯, 鲍勃，206
Foucault, Jean-Bernard-Leon 傅科, 吉恩-伯纳德-莱昂，121
Fouche, Joseph, Duke of Otranto 富歇, 约瑟夫·奥特朗托公爵，311
Four Tops, The 四兄弟乐队，231
Fourier, Jean-Baptiste 傅立叶, 让-巴蒂斯特，121, 142
Fouta Djallon 富塔贾隆，460
Fowles, John 福尔斯·约翰，251
Fox, Charles James 福克斯, 查理·詹姆斯，311
Fox, George 福克斯, 乔治，193, 311
foxtrot（dance） 狐步舞（舞蹈），216
fractions 分数
Fragonard, Jean-Honore 弗拉戈纳尔, 让·奥诺雷，237
France 法国，362
　armed forces manpower/equipment 武装力量/装备，343, 344

EU membership 欧盟成员, 339
GNP per head 人均国民生产总值, 329
heads of state 国家元首, 367
health care expenditure 医疗费用, 327
in focus 法国聚焦, 364—365
inland waterways 内陆航道, 174
metro system 地铁系统, 173
number of airports 航空港数量, 168
number of cars 汽车数量, 171
number of nuclear warheads 核弹头数量, 342
presidents 总统, 364
railway system 铁路系统, 173
regions 大区, 366
Republican calendar 共和历, 22
road network 公路网, 170
social security expenditure 社会治安费用, 326
student numbers 学生人数, 327
UN funding 交纳联合国会费, 337
France, Anatole 法朗士, 阿纳托尔, 251
Franche-Comets (French region) 弗朗什孔泰 (法国大区), 366
Francis I 弗兰西斯一世, 311
francis II 弗兰西斯二世, 311
Francis Joseph I 弗兰西斯·约瑟夫一世, 311
Francis of Assisi, St (阿西西的) 圣方济各, 311
Francis Xavier, St 圣方济各, 沙勿略, 311
Franck, Cesar 弗兰克, 塞萨尔, 220
Franco, Francisco 佛朗哥, 弗朗西斯科, 311
Francophonie, La 法语国家联盟, 367
Frankie Goes To Hollywood 弗兰基进军好莱坞乐队, 231
Frankland, Sir Edward 弗兰克兰, 爱德华爵士, 133
Franklin, Aretha 弗兰克林, 阿雷撒, 231
Franklin, Benjamin 富兰克林, 本杰明, 117, 120, 121, 311
Franklin, Rosalind 弗兰克林, 罗莎琳德, 108
  DNA research 脱氧核糖核酸研究, 109
Frederick I Barbarossa 腓特烈一世, 巴尔巴罗萨, 311
Frederick II, the Great 腓特烈二世, 311
Frederick William 腓特烈, 威廉, 311
Frederick William I 腓特烈, 威廉一世, 311
Free State (SA province) 自由州 (南非), 470
free verse 自由诗, 256
freestyle wrestling 自由式摔跤, 287, 287
Frege, Gottlob 弗雷格, 戈特洛布, 142, 184
Frei, Eduardo 弗雷, 爱德华多, 451
French Championship winners (Rugby Union) 法国锦标赛冠军 (橄榄球联盟), 264
French Guiana 法属圭亚那, 443
  murders 谋杀案, 327
French language 法语, 247
French Polynesia 法属波利尼西亚, 479
French Southern and Antarctic Territories 法国南方及南极属地, 480
Frescobaldi, Girolamo 弗雷斯科巴尔第, 哥罗莱蒙, 220
Fresenius, Carl 弗兰泽纽斯, 卡尔, 133
Freshwater islands 淡水岛, 34
Fresnel, Augustine 菲涅耳, 奥古斯丁, 121
Fribourg (Swiss canton) 弗里堡州 (瑞士), 363
Frick, Dr Mario 弗利克·马里奥, 383
Friedenreich, Arthur 弗里登里希, 亚瑟, 266
Friedmann, Aleksandr 弗里德曼, 亚历克山大, 8
Friedrich, Caspar David 弗里德里希, 卡斯帕尔·戴维, 237
Friends of the Western Buddhist Order 西方佛教三友会, 197
frigate bird 军舰鸟, 74—75
frilled lizard 有饰边装扮的蜥蝎, 73
Frisch, Otto Robert 弗里希, 奥托·罗伯特, 121
frog 青蛙, 72
  blue poison-arrow frogs 蓝色的毒箭蛙, 72
  defence behaviour 防御行为, 73
  distribution and habitat 分布与生境, 72
Frost, Robert 弗罗斯特, 罗伯特, 251
Fruili-Venezia Giulia (Italian region) 弗留利—威尼斯·朱利亚 (意大利行政区), 379
fruit bat 果蝠, 85
fruits, seeds and nuts 果, 果籽与果仁, 64, 65
Fry, Christopher 弗赖, 克里斯托弗, 251
Fuentes, Carlos 富恩特斯, 卡洛斯, 251
Fugees, The 法吉斯乐队, 231
Fujairah 富查伊拉, 400
Fuji-Hakone-Izu (national park): location/fauna 富士—箱根—伊豆 (国家公园): 地理位置/动物, 106
Fujian (Chinese province) 福建省 (中国), 418
Fujimori, Alberto 藤森, 阿尔伯托, 450
Fujiwara Michinaga 藤原道长, 311
Fujiyama (volcano) 富士山 (火山), 38, 420
fungi 真菌, 61
Funny Thing Happened on the Way to the Forum, A 《到古罗马广场的途中趣事》, 227
Fuseli, John Henry 富塞利, 约翰·亨利, 237

G

Gabin, Jean 加本, 让, 206
Gable, Clark 盖博, 克拉克, 206
Gabo, Naum 加博, 瑙姆, 237
Gabon 加蓬, 466
Gabor, Dennis 伽柏, 丹尼斯, 121, 157
  hologram research 综合衍射图研究, 125
Gabrieli, Andrea 加布里埃利, 安德利亚, 220
Gabrieli, Giovanni 加布里埃利, 乔凡尼, 221
Gaddafi, Moamar, al- 卡扎菲, 穆阿迈尔, 333, 334, 452
Gaelic Athletic Association 爱尔兰运动协会, 269
Gaelic football 爱尔兰足球, 268, 269
Gagauzia (Moldovan autonomous republic) 加告兹 (摩尔多瓦自治共和国), 388
Gaia/Gaea (Greek deity) 该亚 (希腊神), 186
Gainsborough, Thomas 庚斯博罗, 托马斯, 237
galaga 丛猴, 86
Galapagos (national park): location/fauna 加拉帕戈斯 (国家公园): 地理位置/动物, 106
Galapagos lslands 加拉帕戈斯群岛, 445
giant turtle 大海龟, 445
galaxy: why it is 星系: 它是什么, 8
Galbraith, John Kenneth 加尔布雷斯, 约翰·肯尼思, 311
Galdhopiggen (Norway) 加尔赫峰 (挪威), 349
Galen 盖仑, 108
Galicia (Spanish region) 加利西亚 (西班牙地区), 359
Galilean satellites 伽利略卫星, 11
Galileo Galilei 伽利略·伽利利, 12, 121
Galle, Johann 伽勒, 约翰, 12
Gallo, Robert 高卢, 罗伯特, 108
Galsworthy, John 高尔斯华绥, 约翰, 251
Galvani, Luigi 高尔瓦尼, 117
Gambetta, Léon 甘必大, 莱昂, 311
Gambia, The 冈比亚, 36, 460
Gambon, Michael 冈邦, 迈克尔, 206
Gamlin, Brian 加姆林, 布赖恩, 293
gamma decay/radiation γ 衰变/辐射, 118
Ganao, David Charlds 加诺, 大卫·查尔斯, 466
Gance, Abel 冈斯, 阿贝尔, 206
Gandhi Jayanti (Hindu festival) 甘地诞辰节 (印度教节日), 19
Gandhi, Indira 甘地夫人, 英迪拉, 311
Gandhi, Mohandas Karamchand, 'Mahatma' 甘地, 莫汉达斯·卡拉姆昌德 (圣雄), 311, 311
Ganesh (Hindu god) 象头神 (印度神), 196
Ganesh Chaturthi (Hindu festival) 象头神诞辰节 (印度教节日), 19
Ganga Dussehra (Hindu festival) 纪念女神干格 (印度教节日), 19
Ganges dolphin 恒河海豚, 83
Ganghis Khan 成吉思汗, 311
Gansu (Chinese province) 甘肃省 (中国), 418
earthquake 地震, 40
Ganymede (Greek deity) 伽尼墨得斯 (希腊神), 186
Ganymede (satellite) 木卫三 (卫星), 11, 13
Ganzouri, Kamal al- 甘祖里, 卡迈勒, 艾哈迈德, 454
Garbo, Greta 嘉宝, 葛丽泰, 206, 207
Garcia Lorca, Federico 加西亚·洛尔卡, 费德里科, 202, 251
Garcia Marquez, Gabriel 加西亚·马尔库斯, 加夫列尔, 251
Gardner, Ava 加德纳, 阿瓦, 206
Garibaldi, Giuseppe 加里波第, 朱泽培, 311
Garland, Judy 嘉兰, 朱迪, 206, 207
Garmo 共产主义峰, 403
Garner, Erroll 加纳, 埃罗尔, 229
Garrick, David 盖里克, 戴维, 202
Garvey, Marcus 贾维, 马尔库斯, 189
gas diffusion (chemistry) 气体渗滤, 127
gas flare, greatest 最大的瓦斯爆燃, 166
gas-liquid chromatography (chemistry) 气相–液相层析, 127
gases 气体
  kinetic theory and 物质运动论, 115
  pollution 污染, 56, 56
Gasherbrum I and II 加歇布龙山 I 和 II
Gaskei, Elizabeth 盖斯凯尔, 伊丽莎白, 251
Gassman, Vittorio 加斯曼, 维托里奥, 206
gastrointestinal tract, length of 胃肠道的长度, 90
gastropods 腹足类软体动物, 67
Gates, William (Bill) H., 盖茨, 威廉姆 (比尔), 311
Gaudier-Brzeska, Henri 戈迪埃—布尔泽斯卡, 亨利, 237
Gaugamela, Battle of 高加梅拉之战, 322
Gauguin, Paul 高庚, 保罗, 237
Gauss, Friedrich Carl 高斯, 弗雷德里奇·卡尔, 142
Gauteng (SA province) 豪登省 (南非), 470
Gautier, Theophile 戈蒂耶, 西奥菲利, 251
gavial 印度食鱼鳄, 73
gavotte (dance) 加伏特舞 (舞蹈), 216
Gay-Lussac, Joseph 盖-吕萨克, 约瑟夫, 133
Gaye, Marvin 盖伊, 马文, 231
Gayoom, Maumoon Abdul 加尧姆, 穆蒙·阿卜杜勒, 407
Geb (Egyptian god) 盖布 (埃及神), 187
gecko 壁虎, 105
Geiger, Hans 盖革, 汉斯, 121
Geingob, Hage 根哥布, 哈格, 471
Gell-Mann, Murray 盖尔曼, 默里, 121
General Assembly, UN 联合国大会, 336
general theory of relativity 广义相对论, 119
Genet, Jean 热内, 让, 251
genet 麝猫, 80
Geneva (Swiss canton) 日内瓦州 (瑞士), 363
Gentlemen Golfers 绅士高尔夫球运动员, 272
Geoffrey of Monmouth 蒙默思的杰弗里, 251
geological cycle 地质循环, 28
geological time 地质年代, 27
geometry 几何, 139—141
  solid 立体, 141
George I 乔治一世, 311
George III 乔治三世, 311
George IV 乔治四世, 311
Georgia (republic) 格鲁吉亚 (共和国), 395
  continental boundary 洲分界线, 31
  defence budget 防卫预算, 343
  farming 农业, 395
  patients per doctor 每位医生的病人数, 327
  primary class sizes 小学班型, 327

索引

UN Observer Mission 联合国观察使团, 337
Georgia（US state） 佐治亚州（美国）, 429
　　state information 简介, 432
　　geothermal power 地热, 167
Gere, Richard 盖尔, 理查德, 206
Gerhardt, Charles 热拉尔, 查尔斯, 133
Gericault, Théodore 吉里柯, 西奥多, 237
Gerlachovka 格尔拉霍夫斯基峰, 383
German language 德语, 247
Germanic religion 日耳曼宗教, 187
Gemanica（book by Tacitus）《日耳曼尼亚志》（塔西佗著）, 187
Germany 德国, 370—371
　　armed forces manpower/equipment 武装力量/装备, 344
　　Chancellors 总理, 372
　　effect of acid rain 酸雨所产生的影响, 56
　　EU membership 欧盟成员国, 339
　　GNP per head 人均国民生产总值, 329
　　in focus 德国聚焦, 372—375
　　metro systems 地铁系统, 173
　　number of cars 汽车数量, 171
　　railway system 铁路系统, 173
　　reported burglaries 盗窃案, 327
　　Rhineland 莱茵州, 370
　　road network 公路网, 170
　　social security expenditure 社会治安费用, 326
　　states 州, 371
　　student numbers 学生人数, 327
　　Transrapid train 超速火车, 162
　　UN funding 交纳联合国会费, 337
Gershwin, George 格什温, 乔治, 221, 229
Gettysburg, Battle of 葛底斯堡之战, 324
Getz, Stan 格茨, 斯坦, 229
Ghana 加纳, 463
　　patients per doctor 每位医生的病人数, 327
Ghani, Abd al-Aziz Abd al- 加尼, 阿卡拉, 399
gharial 印度食鱼鳄, 73
Ghiberti, Lorenzo 吉贝尔蒂, 洛伦佐, 237
Giacometti, Alberto 贾科梅蒂, 阿伯托, 237
Giambologna 詹博洛尼亚, 237
giant squid 巨型鱿鱼, 67
gibbon 长臂猿, 87
Gibbons, Orlando 吉本斯, 奥兰多, 221
Gibbs, Josiah Willard 吉布斯, 乔赛亚·威拉德, 133
Gibraltar 直布罗陀, 359
Gibson, Mel 吉布森, 梅尔, 206
Gibson, William 吉布森, 威廉, 179
Gichin, Funakoshi 船越义珍, 287
Gide, Andre 纪德, 安德烈, 251
Gielgud, John 吉尔古德, 约翰, 206
Gigantornis 巨型鸟, 102
Gigli, Beniamino 吉里, 贝尼亚米诺, 228
gigue（dance） 吉格舞（舞蹈）, 216
Gila monster 希拉毒蜥, 73
Gilbert, William 吉尔伯特, 威廉, 117
Gilbert and George 吉尔伯特和乔治, 237
Gillespie, Dizzy 吉勒斯皮, 迪齐, 229

Gimie, Mount 吉米山, 440
Ginsberg, Allen 金斯堡, 艾伦, 251
Giorgione 乔尔乔涅, 237
Giotto di Bondone 乔托·迪·博恩多尼, 237
Gir Lion（national park）：location/fauna 纪伦（国家公园）：地理位置/动物, 106
giraffe 长颈鹿, 78, 79
Giselle（ballet） 吉塞尔, 217
Gish, Lillian 吉许, 莉莲, 206
Giza, Great Pyramid at 吉萨, 大金字塔, 176, 242
glaciated areas 冰川地区, 49
　　rate of flow 流速, 49
Gladstone, William Ewart 格莱斯顿, 威廉·尤瓦特, 311—312
glandular fever 腺热, 92
Glarus（Swiss canton） 格拉鲁斯州（瑞士）, 363
Glaser, Donald 格拉泽, 唐纳德, 120, 121
Glasgow School of Art（building by Mackintosh） 格拉斯哥艺术学院（由麦金托什设计）, 244
Glasgow, City of（Scottish unitary authority） 格拉斯哥市（苏格兰单一行政机构）, 357
Glashow, Sheldon Lee 格拉肖, 谢尔顿·李, 121
Glass, Philip 格拉斯, 菲利普, 221
Glazunov, Alexander 格拉祖诺夫, 亚历山大, 221
gliding 滑翔, 293
Gligorov, Kiro 格利戈罗夫, 基罗, 387
Glinka, Mikhail 格林卡, 米哈伊尔, 221
Glitter, Gary 格利特, 加里, 231
　　global warming 全球变暖, 55
　　effect on sea level 对海平面的影响, 34
　　impact of （全球变暖）后果, 55
glockenspiel 钟琴, 225
Gloucestershire（English county） 格洛斯特郡（英格兰）, 354, 355
Gluck, Christoph Willibald von 格鲁克, 克里斯托弗, 维利巴尔·冯, 221
Glyndwr, Owen 格林杜尔, 欧文, 312
Glyptodon 雕齿兽, 103
gneiss 片麻岩, 28—29
go-go（dance） 摇摆舞（舞蹈）, 216
Goa（lndian state） 果阿（印度邦）, 407
goat 山羊, 79
Gobi Desert area/location 戈壁沙漠：面积/地理位置, 48
　　continentality and 大陆性质, 48
　　herder's yurt 圆顶帐篷, 417
Godard, Jean-Luc 戈达尔, 让-吕克, 206
Goddard, Paulette 戈达德, 保莉特, 206
Godel, Kurt 哥德尔, 科特, 142
Godfrey de Bouillon 布诺涅的, 戈弗雷, 312
Godoy, Manuel de 戈多伊, 312
gods and goddesses 神与女神
　　Celtic 凯尔特族的, 186
　　Egyptian 埃及的, 186
　　Greek 希腊的, 186
　　Hindu 印度的, 196
　　Roman 罗马的, 186
　　Shinto 神道的, 199
Godunov, Boris 戈东诺夫, 鲍里斯,

312
Goebbels, Joseph 戈培尔, 约瑟夫, 312
Goering, Hermann 戈林, 赫尔曼, 312
Goethe, Johann Wolfgang von 歌德, 约翰·沃尔夫冈·冯, 202, 251
Gogol, Nikolai 果戈理, 尼古拉, 251
Goh Chok Tong 吴作栋, 414
Goias（Brazilian state） 戈亚斯州（巴西）, 447
Golan Heights 戈兰高地, 396
　　UN peacekeeping mission 联合国维持和平行动, 337
gold: annual production 黄金年产量, 328
golden lion tamarin 金狮猴, 104
golden mole 金鼹鼠, 85
Golding, William 戈尔丁, 威廉, 251
golf 高尔夫球, 272—273
　　balls 球, 272
　　clubs（equipment） 俱乐部（设施）, 272
　　courses 场地, 272
　　team tournaments 各队锦标赛, 273
Golgi, Camillo 高尔基, 加米罗, 108
Gombe（Nigerian state） 贡贝州（尼日利亚）, 464
Gomulka, Wladyslaw 哥穆尔卡, 弗瓦迪斯拉夫, 312
Goncharova, Natalia 冈察洛娃, 纳塔莉亚, 237
Goncz, Arpad 根茨, 阿尔帕德, 382
Gondwanaland 岗瓦纳古陆, 30
Gone With the Wind（film）《乱世佳人》, 214
gong 锣, 224
Good Friday（Christian festival） 耶稣受难日（基督教节日）, 18
Goodman, Benny 古德曼, 本尼, 229
Gorbachev, Mikhail 戈尔巴乔夫, 米哈伊尔, 312
Gordimer, Nadine 戈迪默, 纳迪娜, 251
Gordon, Ruth 戈登, 露丝, 206
Gore, Al 戈尔, 阿尔, 333
Gorecki, Henryk 戈雷茨基, 亨里克, 221
gorilla 大猩猩, 87, 104
　　eastern lowland 东部低地, 86
　　mountain gorilla 山中大猩猩, 87
Gorki, Maxim 高尔基, 马克西姆, 251
Gorky, Arshile 戈尔基, 阿夏尔, 237
Gorno-Altay（Russian republic） 戈尔诺阿尔泰自治共和国（俄联邦共和国）, 391
goshawk 苍鹰, 75
Gothic architecture 哥特式建筑, 243
Gottwald, Klement 哥特瓦尔德, 克莱门特, 312
Gounod, Charles Francois 古诺, 夏尔·弗朗索瓦, 221
　　opera by 歌剧, 226
Gower, John 高尔, 约翰, 251
Gowon, Yakubu 戈翁, 雅库布, 312
Goyay Lucientes, Francisco Jose de 戈雅伊·卢西恩特斯, 弗朗西斯科·何塞, 237
Gozo 戈佐岛, 379
Graham, Martha 格雷厄姆, 玛莎, 217
Graham, Thomas 格雷姆, 托马斯, 133
Grahame, Kenneth 格雷厄姆, 肯尼思, 251
Grainger, Percy 格兰杰, 珀西, 221

Grammy Awards 格莱美唱片奖, 234—235
Gran Paradiso（national park）：location/fauna 大帕拉迪索山（国家公园）：地理位置/动物, 106
Grand Canal（China） 大运河（中国）, 175
Grand Canyon（national park） location/fauna 大峡谷（国家公园）：地理位置/动物, 106
　　Marble Canyon Cape Solitude 马布尔峡谷及孤独角, 45
　　Point Imperial/Mount Hayden 海顿山的顶峰, 107
Grand Coulee Dam 大古力坝, 177
Grand National 英国大赛马, 290
　　winners 获胜者, 291
Grande Dixence Dam 大迪克桑斯坝, 177
granite 花岗岩, 28—29
Grant, Cary 格兰特, 加里, 206
Grant, Ulysses S., 格兰特, 尤利西斯, 312
graphemes 字素, 248
graphs（mathematics） 坐标图（数学）, 139
Grappelli, Stephane 格拉佩利, 斯蒂费恩, 229
Grass, Gunther 格拉斯, 甘特, 251
grasslands: mammals 草原：哺乳动物, 76
Grassman, Hermann 格拉斯曼, 赫尔曼, 142
Grateful Dead, The 快乐之死乐队, 231
Grauspitze 格劳斯皮茨, 383
Gravelines, Battle of 格雷夫兰之战, 323
Graves, Robert 格雷夫斯, 罗伯特, 251
gravitation/gravitational force 引力, 118
　　and tides 潮汐, 32
Gray, Thomas 格雷, 托马斯, 251
Grease 《格里斯》, 227
Great Barrier Reef（national park） location/fauna 大堡礁（国家公园）地理位置/动物, 106
Great Bear Lake 大熊湖, 43
Great Britain 大不列颠, 35
　　area 面积, 357
　　area/location/status 面积/位置/状况, 35
　　Crown Colonies, Caribbean 加勒比海地区的英属殖民地, 439
Great Dark Spot 大黑斑, 12
Great Lakes, Sweden 三大湖泊, 瑞典, 349
Great Plague in London 伦敦的大瘟疫, 92
Great Red Spot 大红斑, 11
Great Rift Valley 东非大裂谷, 30
great skua 大贼鸥, 74
Great Wall of China 中国长城, 176, 177
Greater London 大伦敦郡, 354, 355
Greater Manchester 大曼彻斯特郡, 354, 355
Greco, El 格列柯, 埃尔, 237
Greco-Roman wrestling 古典式摔跤, 287
Greece 希腊, 386
　　Autonomous Monks' Republic 希腊修士自治共和国圣山, 386
　　EU membership 欧盟成员国, 339
　　number of cars 汽车数量, 171
　　tanks 坦克, 344

Greece, Ancient architecture 古希腊建筑, 242
origins of theatre 戏剧的起源, 202
religion 古希腊宗教, 186
gods/goddesses and other deities 古希腊神/女神及其他神, 186
writing 文字, 248
Greek alphabet 希腊字母, 248
Greenaway, Peter 格里纳韦, 彼得, 206
Greene, Graham 格林, 格雷厄姆, 251
greenhouse effect/gases 温室效应/温室气体, 55
controlling （对温室气体的）控制, 55
on Venus 在金星上, 10
sources （温室气体的）来源, 55
Greenland 格陵兰岛, 34, 425
area/location/status 面积/位置/状况, 34, 35
ice sheets and glaciers 冰川和冰盖, 49
primary class sizes 小学班型, 327
Greenwich Mean Time（GMT） 格林威治平时, 21
Gregorian calendar 格列高利历, 21
Gregory I, the Great 格列高利一世（大帝）, 312
Gregory XIII 格列高利十三世, 312
Grenada 格林纳达, 440
Grevy's zebra 细纹斑马, 79
grey parrot: vocabulary 灰鹦鹉：词汇量, 75
grey whale 灰鲸, 83
greyhound racing 赛狗, 293
Grieg, Edvard Hagerup 格里格, 爱德华·海格拉普, 221
Griffith, Arthur 格里菲思, 阿瑟, 312
Griffith, D.W. 格里菲思, 206
Grimm, Jakob 格林, 雅各布, 251
Grimm, Wilhelm 格林, 威廉, 251
Grimsson, Olafur 格里姆森, 奥莱弗, 348
Gris, Juan 格里斯, 胡安, 237—238
Grisi, Carlotta 格里西, 卡洛塔, 217
Gromyko, Andrei 葛罗米柯, 安德烈, 312
gross national products 国民生产总值, 328
Grossgiockner 大格洛克纳山, 382
Grosz, George 格罗茨, 乔治, 238
Grotowski, Jerzy 格罗托夫斯基, 耶日, 206
ground birds 地栖鸟, 74
Group of Seven（G7）, 340 七国集团, 340
group phobias 恐群体症, 97
Grünewald, Matthias 格吕奈瓦尔德, 马蒂斯, 238
Guadeloupe 瓜德罗普, 441
Guagua Pichincha（volcano） 瓜瓜皮钦查山（火山）, 38
Guallatiri（volcano） 瓜亚蒂里（火山）, 38
Guam 关岛, 477
guanaco 栗色羊驼, 78
Guanajuato（Mexico） 瓜纳华托（墨西哥）, 435
Guangdong（Chinese province） 广东省（中国）, 418
Guanxi Zhuang（Chinese province） 广西壮族自治区（中国）, 418
Guardi, Francesco 瓜尔迪, 弗朗西斯科, 238
Guárico（Venezuelan state）, 瓜里科州（委内瑞拉）, 445
Guatemala 危地马拉, 436
murders 谋杀, 327
Guernsey and dependencies 根西岛及其属地, 357
Guerrero（Mexico） 格雷罗（墨西哥）, 435
Guesclin, Bertrand du 盖克兰, 贝特兰杜, 312
Guevara, Ernesto Che 格瓦拉, 恩斯托·切, 312
Guidada, Negasso 吉达达, 内加索, 454
Guillem, Sylvie 吉杨, 西尔维, 217
Guinea 几内亚, 461
Guinea-Bissau 几内亚比绍, 460
guinea pig 豚鼠, 84
Guinness, Sir Alec 吉尼斯, 阿莱克, 206, 207
Guiscard, Robert 吉斯卡尔, 罗伯特, 312
guitar 吉它, 224
Guizhou（Chinese province） 贵州省（中国）, 418
Gujarat（Indian state） 古吉拉特邦（印度）, 407
Gujarati language 古吉拉特语, 247
Gujral, Inder Kumar 古杰拉尔, 英德尔·库马尔, 333, 406
Gulf, The 海湾地区, 400—401
UN peacekeeping mission 联合国维持和平行动, 337
Gulf of Mexico: area/average 墨西哥湾：面积/平均
depth 深度, 33
gull 海鸥, 75
Günet, Yilmaz 居内伊, 伊玛兹, 206
Guns N' Roses 枪与玫瑰乐队, 231
Guru Granth（Sikh scripture） 《格兰特》（锡克教圣典）, 197
Guru Nanak 古鲁纳克, 197
Gustav I 古斯塔夫一世, 312
Gustav II Adolphus 古斯塔夫二世（古斯塔夫·阿道尔夫）, 312
Guterres, Antônio 古特雷斯, 安东尼奥, 312
Guth, Alan 盖茨, 阿伦, 8
Guthrie, Tyrone 格思里, 蒂龙, 206
Guyana 圭亚那, 442
Guys and Dolls, 《少男少女》, 227
Gwynedd（Welsh unitary authority） 格温内思郡（威尔士单一行政机构）, 356, 356
gymnastics 体操, 294
gymnosperms 裸子植物, 62, 63

H

Haber, Fritz 哈伯, 弗里茨, 133
Habermas, Jurgen 哈贝马斯, 于尔根, 184
habitat 生境
amphibians 两栖动物, 72-73
fish 鱼, 71
reptiles 爬行动物, 73
Hackman, Gene 哈克曼, 吉尼, 206
Hadrian 哈德良, 312
hadrons 强子, 118
hadrosaurs 鸭嘴龙, 101
Hadur Shu'ayb 哈杜尔舒艾卜峰, 399
Haekel, Ernst 海克尔, 厄斯特, 108
haemophilia 血友病, 95
Hahn, Otto 哈恩, 奥托, 121
Hahnemann, Sanuel 海纳曼, 萨姆尔, 98

Haig, Douglas 黑格, 道格拉斯, 312
haiku 俳句, 256
Haile Selassie, Emperor 海尔, 塞拉西, 312
Hainan（Chinese province） 海南省（中国）, 418
Haiti 海地, 438
rate of deforestation 森林采伐率, 58
Haj（Islamic festival） 朝觐（伊斯兰教节日）, 19, 194, 195
Hajar al- 哈贾山, 400
Hakka 客家语, 247
Haldane, J（ohn）B（urdon）S（anderson） 霍尔丹, J.B.S, 108
Hale-Bopp comet 海尔—波普彗星, 13
Haley, Bill, and His Comets 黑利, 比尔和他的彗星乐队, 231
Halicarnassus, Mausoleum of 哈利卡纳苏斯的摩索拉斯陵墓, 176
Hall, Marshall 霍尔, 马歇尔, 108
Hall, Perter 霍尔, 彼得, 206
Hall and Oates 霍尔和欧茨乐队, 231
Halla-san 汉拿山, 421
Haller, Albrecht von 哈勒, 阿尔布雷琴·冯, 108
Halley's Comet 哈雷彗星, 13
Halley, Edmund 哈雷, 埃德蒙, 13, 121
Hallstein, Walter 哈施坦, 瓦特尔, 339
Hallyday, Johnny 霍利戴, 约翰尼, 231
halogens 卤素, 127
Hals, Frans 哈尔斯, 弗朗斯, 238
Young Man Holding a Skull 《手持骷髅的青年人》, 238
Haltiatunturi 哈尔蒂山, 377
Hamad, Shaikh 哈马德, 埃米尔, 401
Hamadou, Barkhat Gourat 哈马杜, 巴尔卡特·古拉特, 455
Hambletonian（race） 汉布尔顿（比赛）, 290
Hamburg（German state） 汉堡州（德国）, 371
Hamilton, Richard 哈密尔顿, 理查德, 238
Hamlisch, Marvin 哈姆利什, 马丁, 228
Hammarskjöld, Dag 哈马舍尔德, 达格, 312, 337
Hammett, Dashiell 哈米特, 达希尔, 251
Hammurabi 汉穆拉比, 312
Hampden, John 汉普登, 约翰, 312
Hampshire（English county） 汉普郡（英格兰）, 354, 355
Hancock, George 汉考克, 乔治, 280
Hancock, Herbie 汉考克, 赫比, 229
handball 手球, 279
Handel, George Frideric 韩德尔, 乔治·弗里德里克, 221
Handy, W（illiam）C（hristopher） 汉迪, 威廉·克里斯托弗, 229
Hanks, Tom 汉克斯, 汤姆, 206
Hannibal 汉尼拔, 312
Hanno 汉诺, 312
Hans Adam II, Prince 汉斯·亚当二世, 383
Hanukah（Jewish festival） 奉献教堂节（犹太教节日）, 19
Hanuman（Hindu god） 哈努曼（印度神）, 196
Hanuman Jayanti（Hindu festival） 哈努曼神节（印度教节日）, 19
Harald V, King 哈拉尔五世, 国王, 349

Hardenberg, Karl von 哈登贝格, 卡尔·冯, 312
Hardie, James Kier 哈迪, 詹姆斯·克尔, 312
Harding, Warren 哈定, 沃伦, 312
hardware, computer 硬件, 计算机, 178
Hardy, Oliver 哈台, 奥利弗, 206, 207
Hardy, Thomas 哈代, 托马斯, 251
hare 野兔, 84
Hariri, Rafik al- 哈里里, 拉斐克, 397
Harlow, Jean 哈洛, 简, 206
harmonica 口琴, 224
harmonium 簧风琴, 225
harness racing 两轮马车赛, 290
Harold II 哈罗德二世, 312
harp 竖琴, 225
harpsichord 羽管键琴, 225
Harris, Lagumot 哈里斯, 拉古莫特, 477
Harrison, John: chronometer 哈里森, 约翰：航海表, 312
Harrison, Rex 哈里森, 雷克斯, 206
Hartsfield International Airport, Atlanta 哈兹菲尔德国际机场, 亚特兰大, 169
Harun-al-Rashid 哈伦–赖世德, 312
Harvey, William 哈维, 威廉姆, 108
Haryana（Indian state） 哈里亚纳邦（印度）, 407
Hashimoto, Ryutaro 桥本龙太郎, 333, 420
Hasina, Sheik Wazed 哈西娜, 谢赫瓦吉德, 410
Hassan II, King 哈桑二世, 452
Hassanal Bolkiah, Sultan 哈桑纳尔·博尔基亚, 苏丹, 415
Hassanali, Noor Mohammed 哈桑纳利, 努尔·穆罕默德, 442
Hastings, Battle of 黑斯廷斯之战, 322
Hastings, Gavin 黑斯廷斯, 卡文, 265
Hastings, Warren 黑斯廷斯, 沃伦, 312
Hathor（Egyptian goddess） 哈托尔（埃及女神）, 187
Hattin, Battle of 海廷之战, 322
Havel, Václav 哈维尔, 瓦斯拉夫, 251, 333, 363
Havilland, Olivia de 哈维兰, 奥利维亚·德, 206
Hawaii（US state） 夏威夷州（美国）, 429
continental boundary 大洲分界线, 31
formation of 形成, 34
state information 简介, 432
volcanoes 火山, 38
what it is 现状, 32
Hawkes, Howard 霍克斯, 霍华德, 206
Hawking, Stephen 霍金, 斯蒂芬, 121
Hawkins, Coleman 霍金斯, 科勒曼, 229
Hawksmoor, Nicholas 霍克斯穆尔, 尼古拉斯, 244
Haworth, Sir Walter 霍沃思, 沃尔特爵士, 133
Hawthorne, Nathaniel 霍桑, 纳撒尼尔, 251
hay fever 花粉热, 94
Haydn, Franz Joseph 海顿, 弗朗茨·约瑟夫, 221
Hayes, Helen 海斯, 海伦, 206

Hayworth, Rita 海华丝，丽塔，206
health 健康
　dangers from pollution 污染对健康的威胁，56—57
　phobias 恐惧症，97
Heaney, Seamus 希尼，谢默斯，251
Heard and McDonald lslands 赫德和麦克唐纳群岛，480
Heartfield, John 哈特菲尔德，约翰，238
heat and work 热和功，115
heat transfer 热传递，115
Hebe (Greek deity) 赫柏（希腊神），186
Hebei (Chinese province) 河北省（中国），418
Hebrides 赫布里底群岛，351
Hecate (Greek deity) 赫卡特（希腊神），186
Heckel, Erich 赫克尔，埃里克，238
hedgehog 刺猬，85
Hegel, Georg Wilhelm Friedrich 黑格尔，乔治·威廉·弗雷德里希，184
Heidegger, Martin 海德格尔，马丁，184
Heights of Abraham, Battle of 亚伯拉罕高原之战，324
Heine, Heinrich 海涅，亨利希，251
Heisei Emperor 平成天皇，420
Heisenberg, Werner von 海森伯，沃纳，121
Heisenberg Uncertainty Principle 海森伯测不准原理，119
Heliongjiang (Chinese province) 黑龙江省（中国），418
Helios (Greek deity) 赫利俄斯（希腊神），186
Heller, Joseph 海勒，约瑟夫，251
Hello, Dolly! 《你好，多莉！》，227
Helmholtz, Hermann von 赫尔姆霍茨，赫尔曼·冯，122
Hemingway, Ernest 海明威，欧内斯特，251
Henan (Chinese province) 河南省（中国），418
Hendrix, Jimi 亨德里克斯，吉米，232
Henry Ⅰ (German king) 亨利一世（德国皇帝），312
Henry Ⅰ (king of England) 亨利一世（英国国王），312
Henry Ⅱ 亨利二世，312
Henry Ⅲ 亨利三世，312
Henry Ⅳ (king of England) 亨利四世（英国国王），312
Henry Ⅳ (king of France) 亨利四世（法国国王），312
Henry Ⅴ 亨利五世，312
Henry Ⅵ (Holy Roman Emperor) 亨利六世（神圣罗马帝国皇帝），312
Henry Ⅵ (king of England) 亨利六世（英国国王），312
Henry Ⅶ 亨利七世，312
Henry Ⅷ 亨利八世，193, 312, 312—313
Henry, Joseph 亨利，约瑟夫，122
Henry the Navigator "航海家"亨利，313
Henry, William 亨利，威廉，122
Henze, Hans Werner 亨策，汉斯·韦尔纳，221
Hepburn, Audrey 赫本，奥黛丽，206
Hepburn, Katharine 赫本，凯瑟琳，206
Hepatitis 肝炎，92—93
Hephaestus (Greek god) 赫菲斯托斯（希腊神），186
heptathlon events 七项全能，260
Hepworth, Barbara 赫普沃思，芭芭拉，238
Hepworth, Cecil 赫普沃思，塞西尔，206
Hera (Greek goddess) 赫拉（希腊女神），186
Heraclitus of Ephesus 赫拉克利特，184
herbaceous plants 草本植物，65
herbalism 药草学，98
Herbert, George 赫伯特，乔治，251
Herefordshire (English county) 赫里福德郡（英格兰），354, 355
Herman, Jerry 赫尔曼，杰里，228
Herman's Hermits 赫尔曼的蜂鸟乐队，232
Hermes (Greek god) 赫尔墨斯（希腊神），186
Hermitage Museum, St Petersburg 圣彼得堡爱尔米塔什博物馆，236
Hemmon, Mount 赫尔蒙山，396
Hero of Alexandria 亚历山大的海洛，142
hero shrew 甲壳鼩，85
Herod I, the Great 希律一世（大帝），313
Herodotus 希罗多德，251
heroic couplet 英雄双行体，256
herpes simplex 单纯疱疹，93
Hershey, Alfred Day 赫希，阿尔弗雷德·德伊，108
Hertfordshire (English county) 哈福德郡（英格兰），354, 355
Hertz, Gustav 赫兹，格斯塔夫，122
Hertz, Heinrich 赫兹，亨利，117, 122
Herzl, Theodor 赫茨尔，西奥多，313
Herzog, Roman 赫尔佐格，罗曼，370
Herzog, Werner 赫尔措格，维尔纳，206
Hesiod 赫西奥德，251
Hesperornis 黄昏鸟，102
Hess, Rudolf 赫斯，鲁道夫，313
Hesse (German state) 黑森州（德国），371
Hesse, Herman 海塞，赫尔曼，251
Hestia (Greek goddess) 赫斯提亚（希腊女神），186
Heston, Charlton 赫斯顿，查尔顿，206
Hideyoshi Toyotomi 丰臣秀吉，313
hieroglyphics 象形文字，248
high pressure belts: desert formation and 高压带: 沙漠的成因，48
High Renaissance art 文艺复兴盛期艺术，236
high tides 涨潮，32
High-Tech architecture 高科技建筑，245
Highland (Scottish unitary authority) 海兰（苏格兰单一行政机构），357
Hilbert, David 希尔伯特，大卫，142
Hildago (Mexico) 伊达尔戈（墨西哥），435
Hillaby, Mount 希拉比山，443
Himachal Pradesh (Indian state) 喜马偕尔邦（印度），407
Himalaya 喜马拉雅山，36, 416
　formation of 形成，30
　rivers originating in 发源地在喜马拉雅山的河流，45
　thickness of crust 地壳厚度，26
Himmler, Heinrich 希姆莱，海因里希，313
Hindemith, Paul 兴德米特，保罗，221
Hindi 印地语，247
Hinds, Sam 海因兹，萨姆，442
Hinduism 印度宗教，196
　Bharata Natyam dance 伯勒德纳提尔舞，216
　chronology 年表，196
　festivals 节日，19
　gods and goddesses 神与女神，196
　life periods 生命时期，196
　number of adherents 信徒人数，189
　philosophical 印度教教义，196
Hines, Earl 海因斯，厄尔，229
hinge joint 滑车关节，88
Hipparchus 喜帕恰斯，142
hippopotamus 河马，78
Hirohito, Emperor 裕仁，313
　divinity 神力，199
Hirst, Damien 赫斯特，达米安，238
Hispaniola (island): area/location/status 伊斯帕尼奥拉（岛）: 面积/位置/状况，35
histogram 矩形图，137
history 历史
　17th and 18th centuries 17和18世纪，302—303
　19th century 19世纪，304—305
　20th century 20世纪，306—307
　ancient world 古代世界，296—297
　makers and shapers 创造者和塑造者，308—321
　Medieval to 16th century 中世纪到16世纪，300—301
　Roman and early Medieval 罗马和中世纪早期，298—299
Hitchcock, Alfred 希区柯克，阿尔弗雷德，206
Hitler, Adolf 希特勒，阿道夫，313
Hittorf, Johann Wilhelm 希托夫，约翰·威廉，122, 133
HIV (human immunodeficiency virus) HIV病毒（人体免疫缺陷病毒），92
hives 荨麻疹，94
Hkakabo Razi 开卡博峰，411
Ho Chi Minh 胡志明，313
Hobbema, Meindart 霍贝玛，迈因德特，238
Hobbes, Thomas 霍布斯，托马斯，184
hobby (bird) 燕隼，75
hockey 曲棍球，280
Hockney, David 霍克尼，戴维，238
Hodgkin, Dorothy 霍奇金，多萝西，133
Hoffman, Dustin 霍夫曼，达斯廷，206
Hofmannsthal, Hugo von 霍夫曼斯塔尔，雨果·冯，251
Hogarth, William 荷加斯，威廉，238
Hohe Tauern (national park): location/fauna 霍和托恩（国家公园）: 地理位置/动物，106
Hokkaido (island) area/location/status 北海道面积/位置/状况，420, 35
Holbein, Hans (the Younger) 小霍尔拜因，汉斯，238
Holden, William 霍尔登，威廉，206
Hölderlin, Friedrich 荷尔德林，弗里德里希，251
Holi (Hindu festival) 好利节，（印度教节日），19
Hollerith, Herman 霍勒里思，赫尔曼，182
Holliday, Billie 霍利戴，比莉，229
Hollies, The 霍利乐队，232
Holly, Buddy, and the Crickets 霍利，巴迪和蟋蟀乐队，232
Hollywood: rise of 好莱坞的兴起，202—203
Holm, Ian 赫尔姆，伊恩，206
Holocene epoch 全新世，29
holograms 全息照相，156—157
　circular 环形综合衍射图，125
Holst, Gustav 霍尔斯特，古斯塔夫，221
Holy Saturday (Christian festival) 圣星期六（基督教节日），18
Hombori Tondo 洪博里山，462
homeopathy 顺势疗法，98—99
Homer 荷马，251
hominoids and hominids 类人动物及人科动物，103
Homo (genus) development of 人类的进化阶段，103
Homo erectus 直立人，103
Homo habilis 智能人，103
Homo neanderthalensis 尼安德特人，103, 103
Honduras 洪都拉斯，437
Honecker, Erich 昂纳克，埃里希，313
Honegger, Arthur 奥涅格，阿瑟，221
honey bear 蜜熊，81
Hong Kong (Chinese autonomous region) 香港特别行政区（中国），418
　airport 航空港，168
　handover 香港交接，419
Hong Kong and Shanghai Bank (building by Foster) 香港汇丰银行（由福斯特设计），245
Honshu (island) area/location/status 本州（岛）面积/位置/状况，35
　number of inhabitants 居民数量，35
Hooch, Pieter de 霍赫，彼得，238
hooded scaly-foot lizard 长着头兜和鳞片的澳大利亚蹄节，73
Hooke, Robert 胡克，罗伯特，122
hookworm 钩虫，67
Hootie and the Blowfish 胡蒂与河豚乐队，232
Hoover, Herbert 胡佛，赫尔伯特，313
Hope, Bob 霍普，鲍勃，206
Hopkins, anthony 霍普金斯，安东尼，206
Hopkins, Gerard Manley 霍普金斯，杰拉尔德·曼利，251
Hopkins, Sir Frederick Gowland 霍普金斯，菲特烈·戈兰爵士，108
Hopper, Dennls 霍珀，丹尼斯，206
Horace 贺拉斯，251
horn (instrument) 圆号（乐器），224
Horn, Gyula 霍恩，久洛，382
Horn of Africa 非洲角，455
Horne, Marilyn 霍尼，马丽莲，228
Horniman, Annie 霍尼曼，安妮，206
hornworts 角苔，62
horse racing 赛马，290, 291
horse 马，79
　earliest 早期的，103
　relatives 族亲，79
horsetails 木贼，63
Horthy, Miklós 霍尔蒂，米克洛斯，313
Hortobágyi (national park): location/fauna 霍尔托巴吉（国家公园）: 地理位置/动物，106
Horus (Egyptian god) 何露斯（埃及神），187
hot spots 热点，39
Houngbedji, Adrien 洪贝吉，阿德里安，465

索引

Houston Ship Canal 休斯敦轮船运河，175
Houston Whitney 休斯敦，惠特妮，232
hovercraft 气垫船，162—163
　　fastest car-carrying 最快的运送汽车的，163
Howard, Alan 霍华德，艾伦，206
Howard, John 霍华德，约翰，333，472
Howard, Leslie 霍华德，莱斯利，206
Howard, Luke 霍德华，卢克，52
Howard, Ron 霍华德，朗，206
Howard, Trevor 霍华德，特雷弗，206
Howland, Baker and Jarvis Islands 豪兰、贝克和贾维斯群岛，477
howler monkey 吼猴，87
Hoxha, Enver 霍查，恩维尔，313
Hrawi, Elias 赫拉维，埃利斯，397
Hsiang 湘语，247
Hsüan Tsung 玄宗，313
Huascarán 瓦斯卡兰山，450
Hubble, Edwin Powell 哈勃，埃德温·鲍威尔，8
　　galaxy classification 星系划分，8—9
Hubble Constant 哈勃常数，8
Hubble Space Telescope 哈勃太空望远镜，12
　　image of Eagle Nebula 鹰像星云的图像，8
Hubei (Chinese province) 湖北省（中国），418
Hudson, Rock 哈德森，罗克，206
Hudson Bay: area/average depth 哈得孙湾：面积/平均深度，33
Huggins, Sir William 哈金斯，威廉爵士，8
Hughes, Ted 休斯，泰德，251
Hughes, Thomas 休斯，托马斯，252
Hugo, Victor 雨果，维克多，252
Huldange (Luxembourg) 布拉格普拉兹峰（卢森堡），369
human body 人体，88—91
　　circulatory system 循环系统，89
　　digestive system 消化系统，90
　　endocrine system 内分泌系统，90—91
　　thyroid gland 甲状腺，91，
　　immune system 免疫系统，90
　　long bones 长骨，88
　　muscles 肌肉，89
　　nervous system 神经系统，90
　　reproduction 繁殖，91
　　respiratory system 呼吸系统，90
　　skeleton 骨骼，88
　　types of joint 关节的种类，88
　　urinary system 泌尿系统，91
　　kidneys and bladder 肾脏和膀胱，91
Human League 人类同盟乐队，232
humanistic psychology 人本主义心理学，96
Hume, David 休谟，戴维，184
hummingbird 蜂鸟，64，75
humpback whale 座头鲸，83
Humperdinck, Engelbert (composer) 洪佩尔丁克，恩格尔伯特（作曲家），221
Humperdinck, Engelbert (popsinger) 洪佩尔丁克，恩格尔伯特（流行歌曲演唱家），232
Hun Sen 洪森，412
Hunan (Chinese province) 湖南省（中国），418
Hundred Guinea Cup 100 畿尼杯，285
Hungary 匈牙利，382
　　patients per doctor 每位医生的病人数，327
Hunt, William Holman 亨特，威廉·霍尔曼，238
Huntington's chorea 亨廷顿舞蹈病，95
Hunyadi, János 匈雅提，加诺斯，313
hurdy-gurdy 摇弦琴，224
hurling (sport) 爱尔兰曲棍球，280
Huron, Lake 休伦湖，43
Hurricane 飓风，51
Hurst, Geoff 赫斯特，杰夫，266
Huss, Jan 胡斯，简，313
Hussein I, King 侯赛因一世，国王，398
Hussein al-Takriti, Saddam 侯赛因，萨达姆，334，399
Hussein ibn Ali 侯赛因·伊本·阿里，313
Husserl, Edmund 胡塞尔，埃德蒙，184
Huston, John 休斯登，约翰，206
Huxley, Aldous 赫胥黎，奥尔德斯，252
Huxley, Hugh Esmor 赫胥黎，休·爱斯莫尔，108
Huxley, Sir Julian 赫胥黎，朱利安爵士，108
Huxley, T.H. 赫胥黎，T.H.，108
Huygens, Christiaan 惠更斯，克里斯蒂安，12，122
　　pendulum clock 钟，20
Huysmans, Joris-Karl 于斯曼，若里斯-卡尔，252
Hüyten Orgil 鄂特凯腾格里山，417
Hvannadalshnúkur (Iceland) 华纳达尔斯火山（冰岛），348
Hwang He (river): length/source/course 黄河：长度/发源地/河道，46
Hwange (national park): location/fauna 霍恩格（国家公园）：地理位置/动物，106
Hydaspes, Battle of 希达斯皮斯河之战，322
hydrocarbons 碳氢化合物，166
hydroelectric power 水力发电，144—145
　　producers 水电生产国，167
hydrogen bomb 氢弹，118
hydrological cycle: lakes and 水圈：湖泊，43
hydrotherapy 水疗法，99
hyena 鬣狗，80
Hygiea (Greek deity) 许癸厄亚（希腊神），186
hyperbola 双曲线，141
hyperbole 夸张法，256
Hyperion (satellite) 土卫七（卫星），12，13
hyphae 菌丝，61
Hypnos (Greek deity) 许普诺斯（希腊神），186
hypnotherapy 催眠疗法，99
hypocentre (eaqrthquake) 震中（地震），40
hyrax 蹄兔，84

I

I Eid Milad-un-Nabi (lslamic festival) 穆罕默德诞生节（伊斯兰教节日），19
IAEA 国际原子能机构，336
iambic pentamete 抑扬格五音步诗，256
Iapetus (satellite) 土卫八（卫星），12，13
Iberia 伊比利亚半岛，358—359
Ibert, Jacques 伊贝尔，雅克，221
ibex 巨角塔尔羊，79
Iboundji, Mount 伊本吉山，466
Ibsen, Henrik 易卜生，亨利克，202，252
ICAO 国际民用航空组织，336
Icaronycteris 食虫蝙蝠，103
ice ages 冰期，49
　　mammals 哺乳动物，76
ice bodies 冰体，49
ice caps 冰冠，49
ice dancing 冰上舞蹈，282
ice deserts 冰域，49
　　formation of 冰域的形成，49
ice hockey 冰球，282
ice sheets 冰盖，49
ice skating 滑冰，282—283
Iceland 冰岛，348
　　area/location/status 面积/位置/状况，35
　　formation of 形成，34
　　geothermal power plant 地热电站，167
　　glaciated area 冰川地区，49
　　GNP per head 人均国民生产总值，329
　　health care expenditure 医疗费用，327
Ichthyornis 鱼鸟，102
Ichthyosaurus 鱼龙，102
icosahedron 正二十面体，141
IDA 国际开发协会，336
Idaho (US tate) 爱达荷州，（美国州），429
　　state information 简介，432
ideographs/ideograms 表意文字，248
idiom 成语，256
idyll 田园诗，256
Idzu-Bonin Trench 伊珠－博宁海沟，33
IFAD 国际农业发展基金会，336
IFC 国际金融公司，336
Iglesias, Julio 伊格莱西亚斯，胡利奥，232
Iglatius of Loyola, St （罗耀拉的）圣依纳爵，313
igneous rock 火成岩，28，28—29
ignimbrites (rock) 熔结凝灰岩，39
Iguanadon 禽龙，101
iguanodontids 鬣蜥齿龙，101
IJsselmeer (Netherlands) 艾瑟尔湖（荷兰），369
Ile de France (French region) 法兰西岛（法国大区），366
Illinois (US state) 伊利诺伊州（美国），429
　　state information 简介，432
ILO 国际劳工组织，336
IMF 国际货币基金组织，336
Imhotep (architect) 伊姆霍特普（建筑师），242
Imhotep (Egyptian god) 伊姆霍特普（埃及神），187
Immaculate Conception (Christian festival) 圣灵怀胎（基督教节日），18
immune system 免疫系统，90
IMO 国际海事组织，336
Imo (Nigerian state) 伊莫（尼日利亚州），464
Imperial Palace, Beijing 故宫，北京，176
Imperial system (measurement) 英制（度量制），112
　　conversions to metric 英制与公制的换算，113
Imphal, Battle of 因帕尔/科希马之战，324
implantation (human reproduction) 植入（人类繁殖），90
Impressionism (art) 印象派（美术），239
improper fraction 假分数，136
inanimate objects phobias 无生命物体恐惧症，97
incarnations, Vishnu 化身，毗湿奴，196
Incas, religion 印加宗教，187
index (mathematics) 指数（数学），136
India 印度，406—407
　　armed forces manpower/equipment 武装力量/装备，343，344
　　calendar 历法，22
　　cinema industry 电影业，202
　　endangered animals 濒危动物，104
　　in focus 聚焦，408—409
　　inland waterways 内陆航道，174
　　number of airports 机场数量，168
　　number of cars 汽车数量，171
　　presidents and prime ministers 总统和总理，409
　　railway system 铁路系统，173
　　religions 宗教，196—197
　　road network 公路网，170
　　states and territories 邦和领地，408
　　student numbers 学生人数，327
Indian Ocean 印度洋
　　area/average depth 面积/平均深度，33
　　island countries 岛国，458—459
Indian rhinoceros 印度犀牛，79，104
Indiana (US state) 印第安纳州（美国），429
　　state information 简介，432
indices 指数，136
individual psychology 个性心理学，96
Indo-European languages 印欧语系，246
Indo-Pacific languages 印度－太平洋语，246
Indonesia 印度尼西亚，414
　　autonomous provinces 自治省，414
　　continental boundary 洲分界线，31
　　endangered animals 频危动物，104
　　extent 范围，34
　　inland waterways 内陆航道，174
　　number of airports 机场数量，168
　　number of islands 岛屿数目，34
　　road network 公路网，170
　　student numbers 学生人数，327
Indra (Hindu god) 因陀罗（印度神），196
Indri 大狐猴，86
Indricotherium 无角巨犀，103
Induráin, Miguel 因杜拉因，米格尔，293
Industrial Revoltion: architecture 工业革命时期之建筑，244
industry: and global warming 工业：全球变暖，55
Indy-car racing 印第汽车赛，289
infectious diseases 传染病，92—93
infinite sets (mathematics) 无限集合（数学），138
Inflammatory arthritis 炎症性关节炎，94
influenza 流行性感冒，93
infrared radiation 红外线辐射，116
Ingraham, Herbert 英格拉哈姆，休伯特，439
Ingres, Jean Auguste Dominique 安格尔，让·奥古斯特·多米尼克，238
　　Madame Mortsessier 《穆瓦泰谢尔夫

人画像》, 238
Ingushetia (Russian republic) 印古什共和国（俄联邦共和国）, 391
Injasuti 因贾苏提山, 470
　inland waterways: 最长的内陆
　　longest 航道, 174
Inner Mongolia (Chinese province) 内蒙古自治区（中国）, 418
Innocent Ⅲ 英诺森三世, 313
Innocent Ⅳ 英诺森四世, 313
insectivores 食虫目动物,
insects 昆虫
　endangered species 濒危物种, 105
　how they fly 昆虫怎样飞行, 69
　relatives of 昆虫的族亲, 68—69
　instruments, musical 乐器, 218, 224—225
　jazz 爵士乐, 228
insurance companies, top 最大的保险公司, 330
Intel supercomputer 英特尔超级计算机, 178
interference 干涉, 116
International Amateur Athletic Association (IAAF) 国际业余田径联合会（简称国际田联）, 260
International Cricket Council 国际板球理事会, 270
International Olympic Committee (IOC) 国际奥林匹克委员会, 340, 341
International Union for Conservation of Nature and Natural Resources (IUCN) 国际自然和自然资源保护协会, 104
Internet, The 因特网, 180
Internet Worm 网络病毒, 180
Interprovincial Pipe Line Inc 州际石油管道公司, 166
Intranets 内部网, 180
introspectionism 内省主义, 96
intrusive rocks 侵入岩, 28
Inuit (Eskimo): main religion 伊努伊特人（爱斯基摩）：主要宗教, 198
inventions 发明, 164—165
Inverclyde (Scottish unitary authority) 因弗克莱德（苏格兰单一行政机构）, 357
invertebrates 无脊椎动物, 66
involuntary muscles 不随意肌, 89
Inyangani, Mount 伊尼扬加尼山, 469
Io (satellite) 木卫一（卫星）, 11, 13
Ionescu, Eugène 尤内斯库, 欧仁, 252
ionic bonding (chemistry) 离子键（化学）, 130
Ionic style 爱奥尼亚式, 242
Ionic/Ionian script 爱奥尼亚字母, 248
Ipatieff, Vladimir 伊帕季耶夫, 乌拉迪米尔, 133
Iran 伊朗, 394
　armed forces manpower 武装力量, 343, 344
　Shah Mosque, Isfahan 国王清真寺，伊斯法罕, 394
　student numbers 学生人数, 327
Iraq 伊拉克, 399
　armed forces manpower/equipment 武装力量/装备, 343, 344
　Autonomous Kurdish Region 库尔德自治区, 399
　defence budget 防卫预算, 343
　UN mission, in 联合国维持和平行动, 337
Ireland, John 爱尔兰, 约翰, 221
Ireland, Republic of 爱尔兰共和国, 350
　area/location/status 面积/位置/状况, 35
　EU membership 欧盟成员国, 339
　Roundstone Harbour 朗德斯通港湾, 350
Irene (Greek deity) 厄瑞涅（希腊神）, 186
Irian Jaya 伊里安查亚岛（新几内亚）, 414
　continental boundary 洲分界线, 31
iridology 虹膜学, 99
Iriomote cat 西表猫, 104
Iris (Greek deity) 伊里斯（希腊神）, 186
Irish Sea: area/average depth 爱尔兰海：面积/平均深度, 33
iron ore/pig iron: annual production 铁年产量, 289
irony 反语法, 256
irrational numbers 无理数, 137
irregular-shaped galaxies 不规则状星系, 9
Irtysh-Karaganda Canal 额尔齐斯－卡拉干达运河, 175
Irving, Washington 欧文, 华盛顿, 252
Isabella 伊莎贝拉一世, 313
Isaiah 以赛亚, 313
Isherwood Christopher 衣修午德，克里斯托弗, 252
Islam 伊斯兰教, 194—195
　Shari'ah (law) 沙利尔（教法）, 194
　calendar 历法, 21
　denominations 教派, 195
　festivals 节日, 19
　Friday 星期五, 19
　largest Islamic minorities 伊斯兰教作为少数派人口最多的国家, 194
　largest Islamic populations 伊斯兰教人口最多的国家, 194
　　Muhammad 穆罕默德, 194
　　Muslim community 穆斯林社会, 195
　pilgrims 朝圣者, 172, 194
　pillars of faith 宗教信仰的支柱, 195
　Sunni four schools of law 逊尼派四大教法学派, 195
　world distribution 世界分布, 188—189
islands 岛屿, 34—35
　largest 最大的岛屿, 35
　inland 内陆岛屿, 34
　newest 最新的岛屿, 34
　number of Danish 丹麦的岛屿数, 348
　origins 起源, 34
Isle of Man 马恩岛, 357
Isle of Man TT races 摩托车联盟旅行者大奖赛, 289
Isle of Wight (English county) 怀特岛（英格兰郡）, 354, 355
Isluga (volcano) 伊斯卢加（火山）, 38
Ismail Pasha 伊斯梅尔帕夏, 313
isosceles triangles 等腰三角形, 140
isotopes 同位素, 118, 126
Israel 以色列, 200, 396
　combat aircraft/tanks 战斗机/坦克, 344
　defence budget 防卫预算, 343
　GNP per head 人均国民生产总值, 329
　patients per doctor 每位医生的病人数, 327
Issus, Battle of 伊苏斯之战, 322
Itaipu Dam 伊泰普坝, 167, 177

Italian language 意大利语, 247
Italy 意大利, 378—379
　armed forces manpower/equipment 武装力量/装备, 344
　EU membership 欧盟成员国, 339
　GNP per head 人均国民生产总值, 329
　in focus 意大利聚焦, 380—381
　metro system 地铁系统, 173
　number of cars 汽车数量, 171
　patients per doctor 每位医生的病人数, 327
　presidents and prime ministers 意大利历任总统及总理, 381
　railway system 铁路系统, 173
　regions 行政区, 379
　road network 公路网, 170
　UN funding 交纳联合国会费, 337
Ito Hirobumi 伊藤博文, 313
Ittar Pradesh (indian state) 北方邦（印度）, 407
ITU 国际电信联盟, 336
Ivan Ⅲ, 'the Great' 伊凡三世大帝, 313
Ivan Ⅳ, 'the Terrible' "恐怖者"伊凡四世, 313
Ives, Charles 艾甫斯, 查尔斯, 221
Ivory Coast 象牙海岸（科特迪瓦）, 462
ivory: price of 象牙：（象牙的）价值
Ivry, Battle of 伊夫利之战, 323
Izetbegovic, Alija 伊泽特贝戈维奇，阿利亚, 385

J

Jabal al-Akhdar 阿科达山, 401
Jabal al-Dukhan 杜汉山, 401
Jabal ash-Shanabi 杰贝勒·阿什纳沙比峰, 453
Jabal Ramm 拉姆山, 398
Jabir, ibn Hayyan 查尔比，埃宾·亥扬, 133
Jabir Ⅲ, Sheikh 贾比尔三世，谢赫, 400
Jackson, Andrew 杰克逊，安德鲁, 313
Jackson, Glenda 杰克逊，格伦达, 206
Jackson, Michael 杰克逊，迈克尔, 232
　Thriller 《震颤》, 230
Jackson, Thomas 杰克逊，托马斯, 313
Jacobi, Derek 雅各比，德雷克, 206
Jacobite Church 雅各派教会, 190
Jacquard, Joseph Marie 雅卡尔，约瑟夫·玛利, 182
Jagannatha (Hindu festival) 乘车节（印度教节日）, 19
Jager, Tom 贾格尔，汤姆, 262
Jagland, Thorbjoern 雅格兰，托布约恩, 349
Jago, Janet 贾根，珍妮特, 442
jaguar 美洲豹, 80
Jahre Viking (ship) 加里海盗号（船）, 175
Jainism: number of adherents 耆那教：信徒人数, 189
Jalisco (Mexico) 哈利斯科（墨西哥）, 435
Jam, The 好运乐队, 232
Jamaica 牙买加, 439
　rate of deforestation 森林滥伐率, 58
James Ⅰ (English king) 詹姆斯一世（英国国王）, 313

James Ⅰ (King of Aragon) 詹姆斯一世（阿拉贡国王）, 313
James Ⅱ 詹姆斯二世, 313
James, duke of York 詹姆斯，约克郡公爵, 284
James, Edison 詹姆斯，爱迪生, 441
James, Henry 詹姆斯，亨利, 252
James, Martin 詹姆斯，马丁, 217
James, William 詹姆斯，威廉, 184
Jamiroqual 贾米罗夸伊乐队, 232
Jammeh, Colonel Yahya 贾梅，亚雅上尉, 460
Jammu and Kashmir (Indian state) 查漠和克什米尔邦（印度）, 407
Janáček, Leos 雅那切克，莱奥斯, 221
Jancsó, Miklós 阳乔，米克洛什, 206
Janmashtani (Hindu festival) 黑天诞辰节（印度教节日）, 19
Japan 日本, 420
　armed forces manpower/equipment 武装力量/装备, 344
　calendar 历法, 22
　emperors 天皇, 422
　endangered animals 濒危动物, 104
　formation of 形成, 34
　GNP per head 人均国民生产总值, 329
　hospital beds 病床, 327
　in focus （日本）聚焦, 422—423
　largest port 最大的港口, 174
　maglev train 磁总浮火车, 163
　metro system 地铁系统, 173
　number of airports 机场数量, 168
　number of cars 汽车数量, 171
　prime ministers 历任首相, 423
　railway system 铁路系统, 173
　religions 宗教, 188
　road network 公路网, 170
　student numbers 学生人数, 327
　UN funding 交纳联合国会费, 337
Japan, Sea of: area/average depth 日本海：面积/平均深度, 33
Japan Trench 日本海沟, 33
Japanese 日语, 247
Japanese crested ibis 日本凤头鹮, 105
Japanese, giant spider crab 日本的蜘蛛蟹, 69
Japanese language 日语, 246
Japanese macaque 日本猕猴, 87
Jarman, Derek 贾曼，德雷克, 206
Jasper (national park): location/fauna 贾帕斯（国家公园）：地理位置/动物, 106
Java 爪哇岛, 414
　area/location/status 面积/位置/状况, 35
　number of inhabitants 居民数量, 35
Javan rhinoceros 爪哇犀牛, 79, 104
Javan tiger 爪哇虎, 104
Javanese language 爪哇语, 247
Javelin (athletics): equipment dimensions 标枪（田径运动）：器材规格, 260
jazz 爵士乐, 228
　top musicians 杰出的爵士乐演奏家, 229
Jazz Singer, The (film) 《爵士歌手》（电影名）, 202, 203
Jeanl, Grand Duke 让一世大公, 369
Jeans, Sir James 吉恩士，詹姆斯爵士, 122
Jebel Razikn 雷兹克山, 398
Jebel Toubkal 图卜哈勒山, 452
Jefferson, Thomas 杰斐逊，托马斯,

313
Jehovah's Witnesses 耶和华见证会, 193
jellyfish 海蜇, 67
Jena, Battle of 耶拿之战, 324
Jenkins, Roy 詹金斯, 罗依, 339
Jenner, Edward 詹纳, 爱德华, 108
Jerez, Solero de 索罗拉, 赫雷斯, 216
Jerome, St 圣哲罗姆, 313
Jersey 泽西岛, 357
Jervis Bay Territory（Australia） 杰维斯湾地区（澳大利亚）, 473
Jesu Cristo lizard Jesu cristo 蜥蜴, 73
Jesus Christ 基督耶稣, 313—314
  teachings 教义, 190
Jesus Christ Superstar 《耶稣基督是超级明星》, 227
jeue de paume 手掌游戏, 280
Jew's harp 单簧口琴, 224
Jiang Zemin 江泽民, 333, 416
Jiangsu（Chinese province） 江苏省（中国）, 418
Jiangxi（Chinese province） 江西省（中国）, 418
Jigawa（Nigerian state） 吉加瓦州（尼日利亚）, 464
Jigme Singhye Wangchuk 吉格梅·辛格·旺楚克, 405
Jilin（Chinese province） 吉林省（中国）, 418
Jinnah, Mohammad Ali 真纳, 默罕穆德·阿里, 314
jitterbug（dance） 吉特巴舞（舞蹈）, 314
jive（dance） 摇摆舞（舞蹈）, 216
Joan of Arc, St 圣女贞德, 314
Jobs, Steve 乔布斯, 史蒂夫, 182
Joel, Billy 乔尔, 比利, 232
John, Elton 约翰, 埃尔顿, 232
John I 约翰一世, 314
John III Sobieski 约翰三世·索别斯基
John of Austria, Don （奥地利的）约翰, 唐
John Paul II, Pope 约翰·保罗二世, 教皇, 190, 379
John the Baptist 施洗者约翰, 314
Johns, Jasper 约翰斯, 贾斯珀, 238
Johnson, Andrew 约翰逊, 安德鲁, 314
Johnson, Lyndon B. 约翰逊, 林登, 314
Johnson, Magic（Earvin） 魔术师约翰逊（厄尔文）, 279
Johnson, Samuel 约翰生, 塞缪尔, 252
Johnston Atoll 约翰斯顿环礁, 477
Johore（Malaysian state） 柔佛州（马来西亚）, 415
joints, skeletal 关节, 骨骼的, 88
Joliot-Curie, Frédéric 约里奥-居里, 弗雷德里克, 122
Joliot-Curie, Irène 约里奥-居里, 伊伦, 122, 132
Jolson, Al 乔尔森, 阿尔, 206
Jones, Dame Gwyneth 琼斯, 格威内思, 228
Jones, Elvin 琼斯, 埃尔文, 229
Jones, Inigo 琼斯, 伊尼戈 202, 244
Jones, Tom 琼斯, 汤姆, 232
Jonson, Ben 琼森, 本, 202, 252
Jordan 约旦, 398
  coastline length 海岸线长度, 33
Joseph II 约瑟夫二世, 314
Jospin, Lionel 若斯潘, 利奥内尔,

333, 362
Joule, James Prescott 焦耳, 詹姆士·普雷斯科特, 122
Jouvet, Louis 茹韦, 路易, 206
Jouzapine 尤奥扎皮恩, 377
Joyce, James 乔伊斯, 詹姆斯, 252
Joyner-Kersee, Jackie 乔伊娜-克西, 杰基, 261
Juan Carlos I, King 胡安·卡洛斯一世, 国王, 359
Juárez, Benito 胡亚雷斯, 本里托, 314
Judaism 犹太教, 200
  calendar 历法, 21
  festivals 节日, 18—19
  number of adherents 信徒人数, 189
  origins and beliefs 起源与信仰, 200
  rituals 宗教仪式, 200
  Sabbath 安息日, 19, 200
  worship 祈祷, 200
Judd, Donald 贾德, 唐纳德, 238
judo 柔道, 287
Jugurtha 朱古达, 314
Julian calendar 儒略历, 21
Julian the Apostate （背教者）尤里安, 314
Juliana Top 朱丽安娜峰, 443
Julius II 尤利乌斯二世, 314
Juncker, Jean-Claude 容克, 让-克洛德, 369
Jungian theory 荣格理论, 96
Juno（Roman goddess） 朱诺女（罗马女神）, 186
Jupiter（planet） 木星（行星）, 10, 11
  satellites 卫星, 11, 13
  statistica table 统计表, 11
Jupiter（Roman god） 朱庇特（罗马神）, 186
Jura（river）: length/source/course 普鲁斯河: 长度/发源地/河道, 47
Jura（Swiss canton） 汝拉（瑞士州）, 363
Jurassic Park（film） 《侏罗纪公园》（电影）, 215
Jurassic period, 侏罗纪, 29
Justinian I 查士丁尼一世, 314
Jutland, Battle of 日德兰半岛之战, 324
Juvenal 尤维纳利斯, 252

K

K'ang-hsi 康熙, 314
K-T boundary （K—T灭绝交界）K—T边界, 100, 102
Kabardino-Balkaria（Russian republic）巴尔卡尔共和国（俄联邦共和国）, 391
Kabila, Laurent 卡比拉, 洛朗, 468
Kabua, Amata 卡布阿, 阿马塔, 476
Kachin（Burmese state） 克钦邦（缅甸）, 411
Kaduna（Nigerian state） 卡杜纳州（尼日利亚）, 464
Kafka, Franz 卡夫卡, 弗朗茨, 252
Kafue（national park）: location/fauna 卡富埃（国家公园）: 地理位置/动物, 106
Kagame, Paul 卡加梅, 保罗, 457
Kalahari Desert area/location 卡拉哈里沙漠: 面积/地理位置, 48
Kali（Hindu goddess） 时母（印度女神）, 199
Kalimantan 加里曼丹, 414
Kaliningrad enclave 加里宁格勒地区,

390
Kalmykia（Russian republic） 卡拉梅共和国（俄联邦共和国）, 391
Kaluwitharana, Romesh 卡鲁维萨拉那, 罗梅什, 270
Kama（river）: length/location/course 卡马河: 长度/位置/河道, 45
Kamerlingh-Onnes, Heike 开米林-昂内斯, 海尔克, 122
Kami 神, 199
Kander, John 康德尔, 约翰, 228
Kandinsky, Wassily 康定斯基, 瓦西里, 248
kangaroo 袋鼠, 77
Kangchenjunga 干城章嘉峰, 36, 404, 405
Kannada 坎纳达语, 247
Kano（Nigerian state） 卡诺州（尼日利亚）, 464
Kansai International Airport, Japan 关西国际机场, 日本, 168
Kansas（US state） 堪萨斯州（美国）, 429
  state information 简介, 432
Kant, Immanuel 康德, 伊曼纽尔, 122, 184
Kanto lowland 关东低地, 420
Kao 卡奥, 479
Kao Tsu 高祖, 315
Kaplan-Duncan, Daniel 卡布兰-敦坎, 达尼埃尔, 462
Kara Kum（desert）: area/location 卡拉库姆沙漠: 面积/地理位置, 48, 402
Karachay-Cherkessia（Russian republic）卡尔恰伊-切尔克斯共和国（俄联邦共和国）, 391
Karakumsky Canal 卡拉库姆斯基运河, 175
Karaoui, Hamid 卡鲁依, 哈米德, 453
karate 空手道, 287
Karelia（Russian republic） 哈卡斯共和国（俄联邦共和国）, 391
Karelin, aleksandr 卡列林, 亚历山大, 287
Karen（Burmese state） 克伦邦（缅甸）, 411
Karimov, Islam 卡里莫夫, 伊斯拉姆, 402
Karloff, Boris 卡洛夫, 鲍里斯, 206
Karnataka（indian state） 卡纳塔克邦（印度）, 407
Kartala, Mount 卡尔塔拉山, 459
Kasbek 卡兹别尔山, 395
Kasparov, Gary 卡斯帕罗夫, 加里, 292
Kästner, Erich 凯斯特纳, 埃里希, 252
Katmai（national park）: location/fauna 卡特迈（国家公园）: 地理位置/动物, 10
Katsina（Nigerian state） 卡奇纳州（尼日利亚）, 464
Kawabata Yasunari 川端康成, 252
Kayah（Burmese state） 克耶邦（缅甸）, 411
kayaking 皮艇赛, 284
Kaye, Danny 凯, 丹尼, 206
Kazakh language 哈萨克语, 248
Kazakhstan 哈萨克斯坦, 403
  hospital beds 病床, 327
  number of nuclear warheads 核弹头数目, 342
  railway system 铁路系统, 173
  road network 公路网, 170

Kazan, Elia 卡赞, 埃利亚, 206
Kazhegeldin, Akezhan 卡热格尔金, 阿克让, 403
kazoo 卡祖笛, 224
Keanae Peninsula volcanoes 毛伊的凯阿奈半岛火山
  Hawaii 夏威夷, 38
Keaton, Buster 基登, 布斯特, 206
Keats, John 济慈, 约翰, 252
Kebbi（Nigerian state） 凯比州（尼日利亚）, 464
Kebnekaise（Sweden） 凯布讷山（瑞典）, 349
Kedah（Malaysian state） 吉打州（马来西亚）, 415
Kediet 凯迪埃特利尔山, 453
Kékes 凯凯什峰, 382
Kelantan（Malaysian state） 吉兰丹州（马来西亚）, 415
Kelly, Gene 凯利, 吉恩, 206
Kelly, Grace 凯利, 格蕾斯, 206
Kelud（volcano） 克卢德（火山）, 39
Kelvin of Largs, Baron 开尔文（拉格斯）, 巴隆, 122
Kennedy, John F 肯尼迪, 约翰, 314
Kenneth I 肯尼思一世, 314
Kent（English county） 肯特郡（英兰）, 354, 355
Kentrosaurus 肯塔龙, 101
Kentucky（US state） 肯塔基州（美国）, 429
  state information 简介, 432
Kentucky Derby 肯塔基大赛马, 290, 291
  winners 获胜者, 291
Kenya 肯尼亚, 456
  endangered animals 濒危动物, 104
Kenya, Mount 肯尼亚山, 456
Kenyatta, Jomo 肯雅塔, 乔莫, 314
Keokradong 凯奥克拉东峰, 410
Kepler, Johannes 开普勒, 约翰尼斯, 122
Kerala（Indian state） 客拉拉邦（印度）, 407
Kérékou, Matthieu 克雷库, 马蒂尼, 465
Kerensky, Alexander 克伦斯基, 亚历山大, 314
Kern, Jerome David 科恩, 杰罗姆·戴维, 228
Kerouac, Jack 凯鲁亚克, 杰克, 252
Kerr, Deborah 克尔, 德波拉, 207
Kesselring, Albert 凯塞林, 艾伯特, 314
kettle drum 定音鼓, 225
keyboards（music） 键盘乐器（音乐）, 224, 225
Khachaturian, Aram 哈怡图良, 阿拉姆, 221
Khakassia（Russian republic） 哈卡斯共和国（俄联邦共和国）, 391
Khalifa bin Salman al-Khalifa 哈利发·本·萨勒曼·哈利发, 401
Khamenei, Ayatollah Mohammed Ali Hoseni 哈梅内伊, 阿亚图拉·穆哈默德·阿里·霍西尼, 333
Khamenei, Ayatoilah Seyed Ali 哈梅内伊, 阿亚图拉·赛义德·阿里, 394
Khan Tengri 汗腾格里峰, 403
Khao Yai（national park）location/fauna 埃山（国家公园）: 地理位置/动物, 107
Khatemi, Mohammed 哈塔米, 穆罕默德, 333
Khepri（Egyptian god） 赫普雷（埃及神）, 187

Khoisah languages 科伊桑语, 246
Khomeini, Ayatollah Ruhollah 霍梅尼, 阿雅托拉·鲁霍拉, 314
Khorana, Har Gobind 库拉纳, 哈·戈宾德, 108
Khouna, Sheikh El Afia Ould Mohammed 科赫耶, 谢赫·艾尔·阿非亚·乌尔德·穆罕默德, 453
Khrushchev, Nikita 赫鲁晓夫, 尼基塔, 314
kidneys (human) 肾脏, 91
Kiefer, Anselm 基弗, 安塞姆, 238
Kiel Canal 基尔运河, 175
Kierkegaard, Soren 克尔恺郭尔, 索伦, 184
Kilimanjaro 乞力马扎罗峰, 37, 457
killer whale 逆戟鲸, 82
Kilobyte (computing) 千字节（计算机的）, 178
Kim Il-Sung 金日成, 314, 421
Kim Jong Il 金正日, 333, 421
Kim Young Sam 金泳三, 333
Kimbangui, Simon 钦班古, 西蒙, 193
Kinabalu 基纳巴卢山, 415
Kinemacolor 天然色, 203
kinematics 运动学, 114
  equations 运动方程式, 114
kinetic theory of matter 物质运动论, 115
King Kong (film) 《金刚》（电影）, 203
King, Carole 金, 卡罗利, 232
King, Martin Luther, Jr 金, 小马丁·路德, 314
Kingman Reef 金曼礁, 477
Kingsley, Charles 金斯利, 查尔斯, 252
kinkajou 蜜熊, 81
Kinks, The 怪诞奇人乐队, 232
Kinyeti 基涅提山, 455
Kipling, Rudyard 吉卜林, 拉迪亚德, 252
Kirchhoff, Gustav Robert 基尔霍夫, 格斯塔夫·罗伯特, 122
Kirchhoff, Ulrich 基希夫, 乌尔里希, 290
Kirchner, Ernest Ludwig 基尔希纳, 恩斯特·路德维希, 238
Kiribati 基里巴斯, 476
Kiss Me, Kate 《吻我吧, 凯特》, 227
Kitab Akdas (scripture) 《至圣经》, 189
Kitchener, Horatio Herbert 基钦纳, 314
Kitti's hog-nosed bat 基茨猪鼻蝙蝠, 76, 85
Klaus, Václav 克劳斯, 瓦茨拉夫, 383
Klee, Paul 克勒, 保罗, 238
Klein, Felix 克莱因, 菲利克斯, 142
Kleist, Heinrich von 克莱斯特, 海因里希·冯, 252
Klestil, Thomas 克莱斯蒂尔, 托马斯, 382
KLF KLF乐队, 232
Klima, Viktor 克利马, 维克托, 382
Klimt, Gustav 克里木特, 库斯塔夫, 238
Kline, Franz 克莱恩, 弗朗兹, 238
Kline, Kevin 克兰, 凯文, 207
Klyuchevakaya Sopkda (volcano) 克留切夫斯克（火山）, 38
knickpoints 尼克点, 42
Knipper, Olga 克尔佩尔, 奥尔加, 207

Knox, John 诺克斯, 约翰, 314
Koala 考拉, 76, 77
Kobayashi, Masaki 小林正树, 207
Kobe, Japan 神户, 日本, 174
Koch, Robert 科赫, 罗伯特, 93, 108
Kocharyan, Robert 科查扬, 罗伯特, 394
Kodály, Zoltán 科达伊, 托恩坦, 221
Kodry hills 科锥山, 388
Kogi (Nigerian state) 科吉州（尼日利亚）, 464
Kohima, Battle of 科希马之战, 324
Kohl, Helmut 科尔, 赫尔穆特, 333, 370
Koibla, Djimasta 科伊布拉, 吉马斯塔, 467
Kok, Wim 科克, 维姆, 369
Kokoschka, Oskar 考考什卡, 奥斯卡, 238
Koller, Arnold 科勒, 阿诺德, 363
Komi (Russian republic) 科米共和国（俄联邦共和国）, 391
Komodo dragon 巨蜥, 105
Konan-Bédié, Henri 科南－贝迪埃, 亨利, 462
Konaré, Alpha Oumar 科纳雷, 阿尔法·乌马尔, 462
Kongfuzi (Confucius) 孔子, 198, 310
  teachings 孔子学说, 198
Königgrätz, Battle of 克尼格雷茨之战, 324
Kontic, Radoje 孔蒂奇, 拉多耶, 384
Korab 科拉比山, 387
Korean language 朝语, 246, 247
Korean War 朝鲜战争, 337
Korman, Maxime Carlot 科尔曼, 马克西姆·卡洛特, 477
Koroma, Major Johnny 科罗马, 约翰尼少将, 461
Koryakskaya (volcano) 科里亚克（火山）, 38
Kosciuszko (national park): location/fauna 科西阿斯科（国家公园）: 位置/动物, 107
Kosciuszko, Mount 科西阿斯科山, 472
Kosciuszko, Tadeusz 柯斯丘什科, 塔德乌锡, 314
Kosovo, Battle of 科索沃之战, 323
Kossuth, Lajos 科苏斯特, 拉约西, 314
Kostov, Ivan 科斯托夫, 伊万, 388
Kovac, Michal 科瓦奇, 米哈尔, 383
Kowal, Charles 科沃尔, 查理, 12
Kozintsev, Grigori 柯静采夫, 格里戈里, 207
Kraftwerk 克拉弗特沃克乐队, 232
Krakatoa, explosion of 喀拉喀托火山的爆发, 34, 39
Kramer, Stanley 克雷默, 斯坦利, 207
Krebs, Sir Hans Adolf 克雷布斯, 汉斯·阿道夫爵士, 108
Krikalev, Sergei 克里卡列夫, 谢尔盖, 17
Krishna Consciousness (religion) 国际黑天觉悟会, 189
Kropotkin, Peter 克鲁泡特金, 彼得, 314
Kruger (national park): location/fauna 克鲁格（国家公园）: 地理位置/动物, 107
Kruger, Paul 克留格尔, 保罗, 314
Krupp, Alfred 克虏伯, 阿尔弗雷德, 314
KTHI-TV Tower KTHI—电视塔, 177

Kublai Khan 忽必烈汗, 314
Kubrick, Stanley 库勃里克, 斯坦利, 203, 207
Kucan, Milan 库昌, 米兰, 384
Kuchma, Leonid 库奇马, 列昂尼德, 333, 389
Kuehneotherium 滑翔蜥, 103
Kuffic script 库菲克字母, 249
Kuiper, Gerard 柯伊伯, 杰勒德, 12
Kuiper-Edgeworth Belt objects 柯伊伯－埃奇沃思带天体, 12
Kumaratunga (Bandaranaike), Chandrika 库马拉通加（班达拉奈克）, 钱德里卡, 407
Kumbha Mela (Hindu festival) 无遮大会（印度教节日）, 19
Kun, Béla 库恩, 贝拉, 314
Kundera, Milan 昆德拉, 米兰, 252
Kurchatov, Igor 库尔恰托夫, 伊戈尔, 122
Kurdish Region, Autonomous 库尔德自治区, 399
Kuril-Kamchatka Trench 千岛－堪察加海沟, 33
Kurosawa, Akira 黑泽明, 207
Kutuzov, Mikhail 库图佐夫, 米哈伊里, 314
Kuwait 科威特, 400
  defence budget 防卫预算, 343
  GNP per head 人均国民生产总值, 329
Kwara (Nigerian state) 夸拉州（尼日利亚）, 464
Kwasniewski, Aleksander 克瓦希涅夫斯基, 亚历山大, 371
Kwassi, Klutse 夸西, 克卢采, 465
KwaZulu/Natai (SA province) 克瓦祖鲁/纳塔尔省（南非）, 470
Kyd, Thomas 基德, 托马斯, 252
Kyrgyzstan 吉尔吉斯斯坦, 403
Kyushu 九州, 420
Kyzyl Kum (desert): area/location 克孜尔库姆沙漠: 面积/地理位置, 48

L

La Fayette, Madame de 拉法耶特夫人, 252
La Rioja (Spanish region) 拉里奥哈（西班牙自治区）, 359
La Tour, Georges de 拉图尔, 乔治·德, 238
labour (reproduction), stages of 分娩（繁殖）的几个阶段, 91
Laclos, Pierre Choderlos de 拉克洛, 彼埃尔·肖代洛·德, 252
lacrosse 长曲棍球, 280
Ladd, Alan 莱德, 艾伦, 207
Lafayette, Marie Joseph 拉斐德, 314
lagoons: formation of 环礁湖的形成, 34
Lagos (Nigerian state) 拉各斯州（尼日利亚）, 34
Lagrange, Count Joseph Louis 拉格朗日, 约瑟夫·路易斯伯爵, 122
Laine, Dame Cleo 莱尼, 克莱奥, 229
Lake District (national park): location/fauna 莱克湖区（国家公园）: 地理位置/动物, 107
Lake Mead (national park): location/fauna 莱克米德（国家公园）: 地理位置/动物, 107
lakes 湖泊, 43
  effects of acid rain 酸雨对湖泊的影响, 56
  highest navigable 最高的可航行的湖泊, 450

largest 最大的湖泊, 43
  Netherlands 荷兰, 369
  Sweden 瑞典, 349
  what controls their size 决定湖泊大小的因素, 42
  what they are 什么是湖, 43
Lakshadweep Union lerrnory (india) 拉克沙群岛联邦地区（印度）, 407
Lakshmi (Hindu goddess) 吉祥天女（印度女神）, 196
Lamartine, Alphonse de 拉马丁, 阿方斯·德, 252
Lambert, Johann Heinrich 兰伯特, 约翰·海因里希, 142
Lambert-Fisher Ice Passage Antarctica 南极洲的兰伯特－费希尔冰盖, 49
Lamour, Dorothy 拉莫尔, 多萝茜, 207
Lancashire (English county) 兰开夏郡（英格兰）, 354, 355
Lancaster, Burt 兰开斯特, 伯特, 207
lancers, the (dance) 兰谢舞（舞蹈）, 216
land pollution 土壤污染, 57
  controlling 土壤污染的控制, 57
Landau, Lev 朗道, 利维, 122
Ländler (dance) 伦德莱尔舞（舞蹈）, 216
landscape desert formation （地貌）沙漠形成, 48
  glacial erosion 冰川侵蚀, 49
landslides: earthquake triggered 地震引发山崩, 40
Landsteiner, Karl 兰德施泰纳, 卡尔, 108
Lang, Fritz 朗格, 弗里茨, 207
Langevin, Paul 郎之万, 保罗, 122
Langland, William 朗格兰, 威廉, 252
languages 语言, 246—247
  French 法语, 367
  how speech began 人类是怎样开始言语的, 246
  main families 主要语系, 246
  most frequently used word/letter (in English) 使用最频繁的单词和字母（英语中）, 246
  new 新兴语言, 246
  world's main languages 世界主要语言, 247
Languedoc-Roussillon (French region) 朗格多克－鲁西永（法国大区）, 366
langur 叶猴, 86
Lao-tsu 老子, 198, 314
Laos 老挝, 413
Laplace, Marquis Pierre-Simon de 拉普拉斯, 马克思·皮埃尔－西蒙·德, 142
Lara (Venezuelan state) 拉腊州（委内瑞拉）, 445
Lara, Brian 拉腊, 布县安, 271
Larissa (satellite) 拉里沙（卫星）12, 13
Larkin, Philip 拉金, 菲利普, 252
Larne (Northern Ireland unitary authority) 拉恩（北爱尔兰单一行政机构）, 356
Las Navas de Tolosa, Battle of 拉斯那瓦斯托罗萨复地运动, 322
Lascar (volcano) 拉斯卡（火山）, 38
lasers 激光, 156—157
  most powerful 最具威力的, 157
Lassus, Roland de 拉萨斯, 罗兰德, 221
Latin American Integration Association (ALADI) 拉丁美洲联合协会, 341
Latin language 拉丁语, 246

Latvia 拉脱维亚，376
  primary class sizes 小学班型，327
Lauban Territory（Malaysia） 纳闽地区（马来西亚），415
Laughton, Charles 劳顿，查尔斯，207
Laurasia 劳亚古陆，30
Laurel, Stan 劳莱，斯坦，207
Laval, Pierre 赖伐尔，皮埃尔，314
Laver, Rod 拉弗，罗德，274
Lavoisier, Antoine-Laurent 拉瓦锡，安托万-劳伦特，128，133
lawn bowls 草地滚木球，292
Lawnmower Man, The（film）《开割草机的人》（电影），179，203
Lawrence, D（avid）H（erbert） 劳伦斯，戴维·赫伯特，252
Lawrence, Ernest Orlando 劳伦斯，欧内斯特，奥兰多，122
Lawrence, T（homas）E（dward）（Lawrence of Arabia） 劳伦斯，托马斯·爱德华，314
laws, Islamic 伊斯兰教法，194
  Sunni 逊尼派，195
laws, physics 物理定理
  attraction and repulsion 吸引和排斥，117
  motion 运动定律，114，160
  thermodynamics 热力学定律，115
Laxness, Halidor 拉克斯内斯，霍尔多，252
Lazio（Italian region） 拉齐奥（意大利行政区），379
Le Bel, Joseph Achille 勒贝尔，约瑟夫·阿基利，133
Le Carré, John 勒卡雷，约翰，252
Le Châtelier, Henry-Louis 勒夏忒列，亨利·路易斯，133
Le Corbusier 勒·科比西埃，245
Le Duc Anh 黎德英，412
Le Maître, Georges 勒梅特，乔治，8
Le Verrier, Urbain 勒威耶，厄贝恩，12
Leachman, Cloris 利奇曼，克洛里斯，207
lead poisoning 铅中毒，95
League of Arab States 阿拉伯国家联盟，341
Lean, David 利恩，戴维，207
Leaning Tower of Pisa 比萨斜塔，176
Lear, Edward 利尔，爱德华，252
learning 学习，96
learning theory 学习理论，96
leaves 叶
  dicots 双子叶植物，65
  monocots 单子叶植物，64
Lebanon 黎巴嫩，397
  UN peacekeeping mission 联合国维持和平行动，337
Lechfeld, Battle of 莱西费尔德之战，322
Leclanche 'Dry' Cell 莱克兰奇的"干电池"，117
Led Zeppelin 莱德·策佩林乐队，232
Lederberg, Joshua 莱德伯格，乔舒亚，108
Lee, Brenda 李，布伦达，232
Lee, Bruce 李小龙，207
Lee, Robert E 李，罗伯特，314
Lee, Spike 李，斯派克，207
Lee, Soo-Sung 李寿成，421
Lee, Teng-hui 李登辉，417
leeches 水蛭，67
Leeuwenhoek, Anton von 列文虎克，安顿·范，108
legend 传奇，256
Léger, Fernand 莱热，费尔南德，238

Leghari, Farooq 莱加利，法鲁克，404
Lehár, Franz 雷哈尔，弗朗茨，221
Lehmann, Lotte 勒曼，洛特，228
Leibniz, Gottfried Wilhelm von 莱布尼兹，戈特弗莱德·威廉，142，182，184
Leicestershire（English county） 莱斯特郡（英格兰），354，355
Leigh, Mike 利，麦克，207
Leigh, Vivien 费雯丽，207
Leipzig, Battle of 莱比锡之战，324
Leith, Emmett N 利斯，爱米特，157
Lemmon, Jack 莱蒙，杰克，207
lemur 狐猴，86，104
Lena（river）: length/source/course 勒拿河：长度/发源地/河道，46
Lenard, Philipp 勒纳，菲利普，125
Lenin, Vladimir Ilich 列宁，弗拉基米尔·伊利奇，315，320
Lent（Christian festival） 四旬斋（基督教节日），18
lenticular clouds 荚豆状云，53
Lenz, H. F. E. 楞次，亨利希·弗雷德里希·埃米尔，122
Leo I 利奥一世，315
Leo XIII 利奥十三世，315
Leonardo da Vinci 列奥纳多·达·芬奇，238
  Mona Lisa 《蒙娜·丽莎》，236
  scientific work 科学工作，108，122
Leoncavallo, Ruggiero 莱翁卡瓦洛，鲁杰罗，221
  opera by 歌剧，226
Leone, Sergio 莱昂内，塞尔焦，207
Leonidas I 莱奥尼达斯一世，315
Leonidas of Rhodos 希腊罗得岛的莱奥尼达斯，258
leopard 豹，80
Leopold I 利奥波德一世，315
Lepanto, Battle of 勒班陀之战，323
leprosy 麻风病，92，93
leptons 轻子，8，118
Lesotho 莱索托，471
  murders 谋杀，327
Lesser Sunda Islands 小巽他群岛，414
Lessing, Doris 莱辛，多丽丝，252
Letsie III, King 莱齐耶三世，471
Leuctra, Battle of 留克特拉之战，322
Levene, Phoebus Aaron Theodor 列文，菲勃斯·阿伦·狄奥多，108
Levi-Civita, Tullio 列维-齐维塔，塔里利奥，142
Levi-Strauss, Claude 列维-斯特劳斯，克劳德，184
Lewis, C（live）S（taples） 刘易斯，克利夫·斯特普尔斯，252
Lewis, Carl 刘易斯，卡尔，260
Lewis, John 刘易斯，约翰，229
Lewis, Vaughn 刘易斯，沃恩，440
Lewis, Wyndham 刘易斯，文德姆，238
Lewitt, Sol 刘易斯，索尔，238
Leyte Gulf, Battle of 莱特湾之战，324
Lhotse 洛子峰，36
Li Bai 李白，252
Li Peng 李鹏，333，416
Liaoning（Chinese province） 辽宁省（中国），418
Libby, Willard 利比，威拉德，133
Liberia 利比里亚
  Patients per doctor 每位医生的病人数，327
  UN peacekeeping mission 联合国维持和平行动，337
Libya 利比亚，452

tanks 坦克，344
Lichtenstein, Roy 利希滕斯坦，罗伊，238
Lie, Trygve 赖伊，特吕格弗，336，337
Liebermann, Max 李卜曼，马克斯，238
Liebig, Baron Justus von 李比希，巴伦·贾斯特斯·冯，133
Liechtenstein 列支敦士登，383
  GNP per head 人均国民生产总值，329
life, beginning of 生命的起源，60—61
  appearance of organisms 生物的形态，60
  major lineages 主要谱系，60
  divergences 进化，60
  multicellularity 多细胞，61
  origins 起源，60
  photosynthesis 光合作用，60
  respiration to endosymbiosis 内共生呼吸，61
  simple life forms 原始生命形态，61
  Kingdom Fungi 真菌界，61
  Kingdom Prokaryota 原核生物界，61
  Kingdom Protista 原生生物界，61
  viruses 病毒，61
life scientists 生命科学家，108—110
Ligeti, Gyorgy 利盖蒂，基奥基，221
light bulb 白炽灯，146—147
light pipes 光导管，152，153
light year 光年，9
light/light waves 光/光波，116
libre optic cable 纤维光缆，152，153
  fish 鱼，71
  lasers 激光，156，157
  shortest pulses of 最短的光脉冲，156
  speed of 光速，114
lightning: heat of 闪电：产生的热，114
lignin 木质素，65
lignite 褐煤，166
Liguria（Italian region） 利古里亚（意大利行政区），379
Lilac, Zoran 利利奇，佐兰，384
Limavady（Northern Ireland unitary authority） 利马瓦迪（北爱尔兰单一行政机构），356
Limerick 五行滑稽诗，256
Limousin（French region） 利穆桑（法国大区），366
Lin Biao 林彪，315
Lincoln, Abraham 林肯，亚伯拉罕，315
Lincolnshire（English county） 林肯郡，354，355
Lind, Jenny 林德，燕妮，228
Linder, Max 林戴，马克斯，207
Lindsey, Theophilus 林赛，西奥菲勒斯，193
Linnaeus, Carolus 林奈，卡罗勒斯，86，105
linsang 林狸，80
lion 狮，80
Lippi, Fra Filippo 利比，弗拉·菲利波，238
Lipponen, Paavo 利波宁，帕沃，377
liquids: kinetic theory and 液体：物质运动论，115
Lisburn（Northern Ireland unitary authority） 利斯本（北爱尔兰单一行政机构），356
Lissouba, Pascal 利苏巴，帕斯卡尔，466
Listeria 利斯特菌，92

Liszt,（Ferencz）Franz 李斯特，弗朗兹，221，375
literature 文学，250—256
  Aryan 雅利安人的，196
  Booker Prize winners 柏克·麦克科奈尔奖的获得者，255
  Confucian 儒教的，198
  literary forms and terms 文学形式及术语，256
  Nobel Prize winners 诺贝尔奖获得者，254—255
  Pulitzer Prize winners 普利策奖获得者，255
  see also scriptures 另见 scriptures
lithosphere 岩石圈
  tectonic plates 板块，30
  thickness 厚度，26
Lithuania 立陶宛，377
  patients per doctor 每位医生的病人数，327
  social security expenditure 社会治安费用，326
litotes 曲言法，256
Little Brown Jug（race） 小布朗杯（赛），290
Littlewood, Joan 利特尔伍德，琼，207
liverworts 苔，62
living, standards of 生活标准，326—327
Livingstone, David 利文斯通，戴维，315
Livy 李维，252
lizard-hipped dinosaurs 蜥臀类恐龙，100
lizard 蜥蜴，73
llama 无峰驼，78
Lloyd George, David 劳合·乔治，戴维，315
Lloyd Webber, Andrew（Sir）劳埃德·韦伯，安德鲁，228
Lloyds of London（building by Rogers）伦敦劳埃德大厦（由罗杰斯设计），351
Liullaillaco（volcano） 尤耶亚科火山，38
Loach, Ken 洛奇，肯，207
lobsters 龙虾，69
Loch Ness monster 尼斯湖水怪，102
Locke, Bobby 洛克，鲍比，273
Locke, John 洛克，约翰，184
lodestone 天然磁石，116
Loesser, Frank 洛埃瑟，弗兰克，228
Loewe, Frederick 勒韦，弗雷德里克，228
Logan, Johnny 洛根，约翰尼，234
Logan, Mount 洛根山，424
logograms 语标，248
Loire（river）: length/location/course 罗亚尔河：长度/位置/河道，45
Lollobrigida, Gina 罗乐勃丽季达，吉娜，207
Lombardy（Italian region） 伦巴第（意大利行政区），379
longue paume 回力球，280
Loren, Sophia 罗兰，索菲亚，207
Lorentz, Hendrick Antoon 洛伦兹，亨德里克·安东，122
Lorenzetti, Pietro 洛沧采蒂，皮特罗，238
Lorenzo Monaco 洛伦佐·莫纳科，238
loris 懒猴，86
Lorraine（French region）洛林（法国大区），366
Lorre, Peter 洛雷，彼得，207
Losey, Joseph 洛赛，约瑟夫，207

Louis Ⅰ 路易一世，315
Louis Ⅸ（St Louis）路易九世，315
Louis Ⅶ 路易七世，315
Louis ⅩⅢ 路易十三世，315
Louis ⅩⅣ，'the Sun King' 路易十四世"太阳国王"，217，315
Louis ⅩⅤ 路易十五世，315
Louis ⅩⅥ 路易十六世，315
Louis-Philippe 路易—菲利浦，315
Louisiana（US state）路易斯安那州（美国），429
　state information 简介，432
Low Countries, The 低地国家，368—369
Lowell, Robert 洛威尔，罗伯特，252
Lower Austria（Austrian province）下奥地利州（奥地利），382
Lower Normandy（French region）下诺曼底（法国大区），366
Lower Saxony（German state）下萨克森州（德国），371
Lowry, Thomas 劳里，托马斯，133
Loy, Myrna 洛伊，默纳，207
Lozada, Gonzalo Sánchez de 洛萨达，贡萨洛·桑切斯·德，450
Lubitsch, Ernst 刘别谦，恩斯特，207
Lucas, George 卢卡斯，乔治，203，207
Lucas van Leyden 路加斯·范·莱登，238
Lucerne（Swiss canton）卢塞恩州（瑞士），363
Lucerne Shooting Guild 卢塞恩射击协会，294
Lucinshi, Petru 鲁钦斯基，彼得，388
Lucretius 卢克莱修斯，252
Lug（Celtic god）卢格（凯尔特神），187
Luge 无舵雪橇，282
Lukashenko, Aleksandr 卢卡申科，亚历山大，391
Lully, Jean-Baptiste 吕里，让－巴蒂斯特，221
Lumière, Auguste and Louis 吕米埃，奥古斯特和路易斯，202
luminescence 发光现象，71
Lun yü（teachings of Confucius）论语（孔子的学说），198
Luna（Roman deity）路娜（罗马神），186
lungfish 肺鱼，71
lungs 肺，90
　surface area of human 人肺表面面积，90
Lunt, Alfred 伦特，阿尔弗雷德，207
Luther, Martin 路德，马丁，193，315
Lutherans 路德教宗，193
Luthuli, Albert 卢图利，艾伯特，315
Lutoslawski, Witold 卢托斯瓦夫斯基，威托尔德，221
Lützen, Battle of 吕岑之战，323
Luxembourg 卢森堡，369
　army 军队，342
　EU membership 欧盟成员国，339
　GNP per head 人均国民生产总值，329
　health care expenditure 医疗费用，327
　social security expenditure 社会治安费用，326
Luzon 吕宋岛，413
　area/location/status 面积/位置/状况，35
lymph nodes 淋巴结，90
lymphocytes 淋巴细胞，90
Lynagh, Michael 莱纳，迈克尔，265

Lynch, David 林奇，戴维，207
Lyra（constellation）天琴座（星座），187
lyric poetry 抒情诗，256

M

M People 男人乐队，232
Maastricht Treaty 《马斯特里赫特条约》，338，339
Maat（Egyptian goddess）玛亚特（埃及女神），187
MacArthur, Douglas 麦克阿瑟，道格拉斯，315
Macau 澳门，417
MacDonald, James Ramsey 麦克唐纳，詹姆斯·拉姆齐，315
MacDonald, Jeannette 麦克唐纳，珍妮特，207
Macedonia 马其顿，387
MacGregor, James 麦克格兰格，詹姆斯，284
Macha（Celtic goddess）玛查（凯尔特女神），187
Machaut, Guillaume de 马肖，纪尧姆·德，221
Machiavelli, Nicolo 马基雅弗利，尼科洛，315
Macke, August 马克，奥古斯特，238
Mackenzie（river）：length/source/course 马更些河：长度/发源地/河道，47
MacKenzie, William Lyon 麦肯齐，威廉·涅昂，315
MacLaine, Shirley 麦克莱恩，雪莉，207
Maclean, Alistair 麦克莱恩，阿利斯泰尔，252
MacLiammóir, Micheál 麦克利亚莫瓦，迈克尔，207
MacMahon, Patrice 麦克马洪，帕特利斯，315
Macmillan, Harold 麦克米伦，哈罗德，315
Macmillan, James 麦克米伦，詹姆斯，221
Maconchy, Elizabeth 麦康基，伊丽莎白，221
Mad Cow Disease 疯牛病，92
Madagascan eye-eye 马达加斯加猴，104
Madagascar 马达加斯加，34，458
　area/location/status 面积/位置/状况，35
　endangered animals 濒危动物，104
　lemurs 马达加斯加狐猴，86
Madam Butterfly 《蝴蝶夫人》，226
Madeira（island）马德拉群岛，358
　continental boundary 洲分界线，31
Madeira length/source/course（river）马德拉河：长度/发源地/河道，44
Madero, Francisco 马德罗，弗朗西斯科，315
Madhya Pradesh（Indian state）中央邦（印度），407
Madison, James 麦迪逊，詹姆斯，315
Madness 疯狂乐队，232
Madonna 麦当娜，232
Madrid（Spanish region）马德里（西班牙自治区），359
madrigal 牧歌，218
Madura 马都拉岛，414
Maeterlinck, Maurice 梅特林克，莫里斯，252
Magellan, Ferdinand 麦哲伦，费迪南

315
Magic Flute, The 《魔笛》，226
maglev train 磁悬浮火车，162—163
Maglic 马格利奇峰，385
magma 岩浆
　during volcanic eruptions 在火山爆发期间，38，39
　rocks formed from 岩石的形成，28
　where it is formed 形成岩浆的位置，26
Magnani, Anna 马格纳尼，安娜，207
magnetism 磁学，116—117
　earth's magnetic field 地球磁场，26
magnitude scale（astronomy）星等（天文学），9
magnox reactor 镁基合金反应堆，167
Magritte, René 马格里特，雷纳，238
Mahabharata（ancient literature）《摩呵婆罗多》（古代文学），196
Maharashtra（Indian state）马哈拉施特拉邦（印度），407
Maharishi Mahesh Yogi 马赫里什·约吉，189
Mahashivratri（Hindu festival）七日衰期的盛大夜晚（印度教节日），19
Mahathir bin Mohammad 马哈蒂尔·穆罕默德，333
Mahavira 大雄，315
Mahayana Buddhism 密教，197
Mahdi 马赫迪，315
Mahler, Gustav 马勒，古斯塔夫，221
Maiasaurus 迈阿龙，101
Mailer, Norman 梅勒，诺曼，252
Maiman, Theodore Harold 梅曼，西奥多·哈罗德，122
Maimonides, Rabbi Moses 迈蒙尼德，拉比·摩西，184，200
Main-Danube Canal 美因—多瑙河运河，175
Maine（US state）缅因州（美国），429
　state information 简介，432
　maize（corn）：annual production 玉米年产量，329
Majali, Abdul-Salam al 马加里，阿卜杜－塞拉姆，398
Makalu Ⅰ 马卡卢峰Ⅰ，36
Makar Sankranti（Hindu festival）冬至节（印度教节日），19
Makarakomburu, Mount 马卡拉康布山，476
Makarios Ⅲ 马卡里奥斯三世，315
Makarova, Natalia 马卡罗娃，娜塔丽娅，217
Makers and shapers 创造者和塑造者，308—321
Maktoum bin Rashid al-Maktoum, Shaikh 马克图姆·本·拉希德·阿勒马克图姆，400
Malacca（Malaysian state）马六甲州（马来西亚），415
Malawi 马拉维，469
　patients per doctor 每位医生的病人数，327
Malawi, Lake 马拉维湖，43
Malay-Indonesian languages 马来－印度尼西亚语，247
Malayalam 马拉雅拉姆语，247
Malaysia 马来西亚，415
　endangered animals 濒危动物，104
Malcolm Ⅲ 马尔科姆三世，315
Malcolm Ⅹ 马尔科姆·艾克斯，315
Maldives, The 马尔代夫，36，407
　formation 形成，34
　sea level changes and 海平面变化，34

Malevich, Kasimir 马列维奇，卡西米尔，238
Malfatti, Franco Maria 马拉法第，弗朗哥·马利亚，339
Mali 马里，462
　hospital beds 病床，327
Malietoa Tanumafili Ⅱ 马利托亚·塔努马菲列二世殿下，476
Malina, Judith 马利纳，尤迪特，207
Malkovich, John 马尔科维奇，约翰，207
Mallarmé, Stéphane 马拉梅，斯特凡，252
Malle, Louis 马勒，路易，207
Malory, Sir Thomas 马洛礼爵士，拉斯，252
Maipighi, Marcello 马尔皮基，马切罗，108
Malta 马耳他，379
　Battle of 马耳他之战，323，323
　reported burglaries 盗窃案，327
　social security expenditure 社会治安费用，326
　Sovereign Military Order of 马耳他君主军事修道会，379
Malthus, Thomas 马尔萨斯，托马斯，315
Mamaloni, Solomon 马马洛尼，所罗门，476
mambo（dance）曼博舞（舞蹈），216
Mamenchisaurus 长颈溪龙，101
Mamet, David 马梅特，戴维，252
mammals 哺乳动物，76—77，80—81
　endangered species 濒危动物，104—105
　first true mammals 真正的原始哺乳动物，76
　grasslands and 草原与哺乳动物，76
　ice ages 冰期哺乳动物，76
　land 陆生哺乳动物
　　bear 熊科，80，81
　　cat 猫科，80
　　dogs and their relatives 犬科及其近缘动物，80—81
　　hyena 鬣狗科，80
　　mongooses, civets and their relatives 灵猫及其近缘动物，80
　　raccoons and their relatives 浣熊科及其近缘动物，81
　　weasels and their relatives 鼬科及其近缘动物，81
　largest on land 陆上最大的哺乳动物 276marine 水生哺乳动物，82—83
　monotremes and marsupials 单孔目动物及有袋目动物，77
　prehistoric 史前，103
　small 小型哺乳动物，84—85
　　bat 蝙蝠，85
　　edentates, pangolins and the aardvark 贫齿动物，穿山甲和土豚，84—85
　　insectivores 食虫目动物，85
　　rabbits, hares and pikas 家兔；野兔和鼠兔，84，85
　　rodent 啮齿目动物，84
　ungulates 有蹄动物，78—79
　what they are 什么叫哺乳动物，77，80
mammoth 猛犸，79
Mammuthus 毛象，103
man prehistoric 史前的（灵长类动物），103
Mana 马那，199
Manannan（Celtic god）马纳纳恩（凯尔特神），187

Manarov, Musa 马那可夫,缪沙, 17
Manaslu I 马纳斯卢峰 I, 36
manatee 海牛, 82
Manchester Ship Canal 曼彻斯特轮船运河, 175
Mandela, Nelson 曼德拉, 纳尔逊, 333, 471
Mandelbrot, Benoit 曼德尔布罗特, 本诺艾特, 142
maned wolf 鬃狼, 80
Manet, Edouard 马奈,爱德华, 238
Manic Street Preachers 狂热的街头牧师乐队, 232
Manipur (Indian state) 曼尼普尔邦（印度）, 407
Manitoba (Canadian province) 马尼托巴省（加拿大）, 425
Mankiewicz, Joseph L 曼凯维支,约瑟夫, 207
Mann, Manfred 曼,曼夫雷德乐队, 232
Mann, Michael 曼,迈克尔, 207
Mann, Thomas 曼,托马斯, 252
manned spaceflights 载人宇宙飞行, 14—17
 firsts in 第一, 15
 number of 数量, 14—15
 shortest/longest 最短/最长, 14
Mannerist architecture 风格主义建筑, 243—244
Mannerist art 风格主义艺术, 236
Manon Lescaut 《曼侬·莱斯科》, 226
Manovo-Gounda-Saint Floris (national park): location/fauna 曼努弗—贡达—圣·弗罗里斯（国家公园）：地理位置/动物, 107
Mansholt, Sicco L. 曼舍尔德, 西克, 339
Mantegna, Andrea 曼特尼亚, 安德列亚, 238
mantle, Earth's 地幔, 26
measurements 测得的数据, 27
Manu (national park): location/fauna 马努（国家公园）：地理位置/动物, 107
Manu, laws of 《摩奴法典》, 196
Manzikert, Battle of 曼齐卡特之战, 322
Mao Tse-tung (Mao Zedong) 毛泽东, 315
Mara, Kamisese 马拉, 卡米塞塞, 478
Marajó (island), area 马拉若（岛）, 面积, 34
Maranhao (Brazilian state) 马拉里昂州（巴西）, 447
Marat, Jean Paul 马拉, 扬·保尔, 315—316
Marathi 马拉提语, 247
Marathon (race) 马拉松（赛跑）, 260
Marathon, Battle of 马拉松之战, 322
Marc, Franz 马尔克, 弗朗兹, 238
March, Fredric 马奇, 弗雷德里克, 207
Marche (Italian region) 马尔凯（意大利行政区）, 379
Marcos, Ferdinand 马科斯, 斐迪南, 316
Marcuse, Herbert 马库塞, 赫伯特, 184
Mare, Walter de la 马雷, 沃尔特·德·拉, 252
Margaret I 玛格丽特一世, 316
Margarethe II, Queen 玛格丽特二世, 女王, 348

margarine 人造黄油, 164
Mari El (Russian republic) 马里埃尔共和国（俄联邦共和国）, 391
Maria Theresa 玛丽亚·特雷莎, 316
Mariana Islands 马里亚纳群岛
Mariana Trench 马里亚纳海沟, 33
Marianne 玛利安娜, 366
Marie-Antoinette 玛丽—安托瓦内特, 316
Marignano, Battle of 马里尼亚诺之战, 323
marimba 马林巴琴, 225
marine dwarf goby 海洋中的矮刺鳍鱼, 70
marine mammals 水生哺乳动物, 82—83
 how they dive 它们如何潜水, 83
 manatee and dugong 海牛和儒艮, 82
 seal and walrus 海豹和海象, 82
 whale, porpoise and dolphin 鲸, 鼠海豚和海豚, 83
 what they are 什么叫水生哺乳动物, 82
marine parks: largest 最大海洋公园, 106
marine reptiles 海洋爬行动物, 102
Marinetti, Filippo Tommaso 马里内蒂, 菲利波·托马索, 252
Marivaux, Pierre 马里沃, 彼埃尔, 252
Markova, Dame Alicia 马尔科娃, 阿莉霞, 217
Marlborough, John Churchill, 1st Duke of 马尔伯勒, 约翰·丘吉尔公爵, 316
Marley, Bob, and the Wailers 马莱, 鲍勃和威勒乐队, 232
Marlowe, Christopher 马洛, 克里斯托弗, 202, 252
marmoset 狨, 86, 87
marmot 旱獭, 84
Marne, Battle or the 马恩河之战, 324
Maronite Church 马龙派教会, 190
Marquet, Albert 马奎特, 阿尔贝, 238
Marriage of Figaro, The 《费加罗的婚礼》, 226
Mars (planet) 火星, 11
 moons statistics 卫星统计数, 13
 statistics table 统计表, 11
Mars (Roman god) 马尔斯（罗马神）, 186
Marsalis, Wynton 马萨利斯, 瓦因坦, 229
Marseillaise, La' 马赛曲, 366
Marshall, George C. 马歇尔, 乔治, 316
Marshall lslands 马绍尔群岛, 36, 476
Marston Moor, Battle of 马斯顿荒原之战, 324
marsupials 有袋目动物, 77
Martial 马提雅尔, 252
Martin, A. J. P 马丁, 阿彻·约翰·波特, 133
Martin, Steve 马丁, 斯蒂夫, 207
Martinique 马提尼克, 441
Marvell, Andrew 马韦尔, 安德鲁, 252
Marvin, Lee 马文, 李, 207
Marx, Karl 马克思, 卡尔, 184, 316
Marx Brothers 马克斯兄弟, 207
Mary (mother of Jesus) 玛丽亚, 316
Mary, Queen of Scots 玛丽, 苏格兰女王, 316
Mary I, Tudor 玛丽一世, 都铎, 316
Maryland (US state) 马里兰州（美国）, 429

state information 简介, 432
Marylebone Cricket Club (MCC) 玛丽勒本板球俱乐部, 270
Masaccio 马萨乔, 238
Masaryk, Jan 马萨里克, 扬, 316
Masaryk, Tomas 马萨里克, 托马斯, 316
Mascagni, Pietro 马斯卡尼, 彼德罗, 221
 Opera by 戏剧, 226
Masire, Quett Ketumile 马西雷, 奎特·凯图米莱, 471
Mason, James 马森, 詹姆斯, 207
mass spectrometer 质量分光计, 126
Massachusetts (US state) 马萨诸塞州（美国）, 429
 state information 简介, 432
Massenet, Jules 马斯内朱尔, 221
Masson, André 马松, 安德烈, 239
master-masons 泥瓦匠, 243
mastodon 柱牙象, 79
Mastroianni, Marcello 马斯特罗亚尼, 马塞洛, 207
match play golf 高尔夫穴数记分赛, 272
matelot (dance) 水手舞（舞蹈）, 216
Matesa, Zlatko 马泰莎, 兹拉特科, 385
mathematicians 数学家, 142
mathematics 数学, 136—141
 algebra 代数, 138
 binary system 二进制, 137
 coordinates and graphs 坐标和坐标图, 139
 fractions and decimals 分数和小数, 136—137
 geometry 几何, 139—141
 numbers 数字, 136
 polyhedra 多面体, 141
 powers and indices 乘方和指数, 136
 probability 概率, 138—139
 Roman numerals 罗马数字, 137
 sets 集合, 138
 statistics 统计学, 137
 triganometry 三角学, 140
 type of notation 符号种类, 249
Matisse, Henri 马蒂斯, 亨利, 239
Mato Grosso (Brazilian state) 马托格罗索州（巴西）, 447
Mato Grosso do Sul (Brazilian state) 南马托格罗索州（巴西）, 447
Matsuo Basho 松尾芭蕉, 252
Matsuri (Shinto ceremonies) 祭（神道仪式）, 199
matter 物质
 kinetic theory of 物质运动论, 115
 states of 状态, 126
Matthau, Walter 马托, 沃尔特, 207
Matthias I Corvinus 马提亚一世, 科文尔斯, 316
Matviyenko, Igor 马特维延科, 伊戈尔, 285
Maugham, W. Somerset 毛姆, 威廉·萨姆塞特, 252
Mauna Kea 莫纳克亚山, 36
Mauna Loa (volcano) 冒纳罗亚（火山）, 38, 39
Mauna Ulu Crater, Hawaii 冒纳罗亚火山口, 夏威夷, 38
Maundy Thursday (Christian festival) 濯足节（基督教节日）, 18
Maupassant, Guy de 莫泊桑, 居伊·德, 252
Maupertius, Pierre-Louis de 莫佩尔蒂, 皮埃尔—路易·德, 142

Mauriac, Francois 莫里亚克, 弗朗索瓦, 252
Maurice, Count of Nassau 莫里斯, 拿骚伯爵, 316
Mauritania 毛里塔尼亚, 453
Mauritius 毛里求斯, 459
maxim 格言, 256
Maximilian, Ferdinand Joseph 马克西米连, 斐迪南·约瑟夫, 316
Maximilian I 马克西米连一世, 316
Maxwell, James Clerk 麦克斯韦, 詹姆斯·克拉克, 117, 122
Maxwell Davies, Peter 麦克斯维尔·戴维斯, 彼得, 221
Mayer, Maria Goeppert 梅耶, 玛丽亚·高坡特, 122
Mayerhold, Vsevolod Emilievich 迈尔霍尔德, 弗谢沃洛德·叶米利耶维奇, 207
Maynard Smith, John 梅纳德·史密斯, 约翰, 108
Mayotte 马约特岛, 459
Mazarin, Jules 玛萨林, 朱尔斯, 316
mazurka (dance) 马祖卡舞（舞蹈）, 216
Mazzini, Giuseppe 马志尼, 316
McCarthy, Joseph 麦卡锡, 约瑟夫, 316
McClintock, Barbara 麦克科林托克, 巴巴拉, 108—109
McEwans League winners (Rugby League) 迈克伊万斯联赛优胜者（英式橄榄球联盟）, 265
McGuinness, Jimmy 迈克圭林斯, 吉米, 269
McKay, Heather 麦凯, 希瑟, 281
Mckellen, Ian 麦克伦, 伊恩, 207
McKinley, Mount 麦金利峰, 37, 428
McKinley, William 麦金利, 威廉, 316
McQueen, Steve 麦奎恩, 斯蒂夫, 207
mean (mathematics) 中数（数学）, 137
measurement, science of 度量制, 度量学, 112
Meat Loaf 米特·麦夫, 232
Mecca 麦加, 194
mechanics 力学, 114
Meciar, Vladimir 麦恰尔, 弗拉基米尔, 383
Mecklenburg-West Pomerania (German state) 梅克伦堡—前波美拉尼亚州（德国）, 371
median (mathematics) 中位数（数学）, 137
Medici, Cosimo de' 美第奇, 科西莫, 316
Medici, Lorenzo de' 美第奇, 罗伦佐, 316
medicine 医学
 allergies 过敏, 94
 arthritis 关节炎, 94
 cancer 癌症, 94, 95
 complementary 辅助疗法, 98—99
 mind-body therapies 身心合一疗法, 99
 genetic diseases and disorders 遗传性疾病和紊乱, 95
 heart diseases 心脏病, 95
 holographic body scans 全息照相人体扫描仪, 157
 infectious diseases 传染病, 92—93
 major environmental diseases 由环境危害而引起的主要疾病, 95
 medical measurements 医学测量指标, 95

non-infectious diseases 非传染病，94—95
what it is 什么是医学，94
meditation 意念，99
Mediterranean area 地中海地区
Roman and early medieval period 罗马和中世纪早期，298—299
Mediterranean monk seal 地中海怪豹，105
Mediterranean Sea 地中海
area/average depth 面积/平均深度，33
evaporation 蒸发，32
medusa (animal) 水母（动物），67
megabyte (computing) 兆字节（计算机的），178
Megaloceros 斑龙，103
Megalosaurus 斑龙（巨蜥），101
Megatherium 懒龙，103
Meggido, Battle of 美吉多之战，324
Meghalaya (Indian state) 梅加拉亚邦（印度），407
Mehemet (Muhammad) Ali 穆罕默德·阿里，316
Meiji 明治，317
Meina, Carlos Roberto 雷纳，卡洛斯·罗伯托，437
meiosis 减数分裂，63
Meir, Golda 梅厄，316
Meitner, Lise 梅特娜，利兹，122
Mekong (river) delta 湄公河三角洲，412
length/source/course 长度/发源地/河道，46
Melba, Nelly 梅尔巴，内莉，228
Melbourne, William Lamb, 2nd Viscount 梅尔本，威廉姆·兰姆子爵，316
Méliès, Georges 梅里爱，乔治，207
Melilla (Spanish rejion) 梅利亚（西班牙自治区），359
Melkiterite Church 麦勒卡教会，190
melodrama 情节剧，256
meltwater 冰川融水
source of river water 河水之源，45
streams 溪流，44
Melville, Herman 梅尔维尔，赫尔曼，252
memory 记忆，96
Menander 米南德，252
Mendel, Gregor 孟德尔，格雷格，109
Mendeleyev, Dmitri 门捷列夫，德米特里，133
Mendelssohn, Felix 门德尔松，费利克斯，221
Menem, Carlos Saúl 梅内姆，卡洛斯·萨乌尔，333，446
Mengzi 孟子，198
meningitis 脑膜炎，93
Menzies, Sir Robert 孟席斯，罗伯特侯爵，316
Mercalli, Father Giuseppi 麦加利，朱斯皮（地质学之父），40—41
Merckx, Eddy 默克斯，埃迪，293
Mercosur (Mercado del Sur) 南方共同市场，341
Mercury (planet) 水星（行星），10
statistics table 统计表，11
Mercury (Roman god) 墨丘利（罗马神），186
Meri, Lennart 梅里，伦纳特，376
Mérida (Venezuelan state) 梅里达州（委内瑞拉），445
Merleau-Ponty, Maurice 梅洛-庞蒂，莫里斯，184
Meron 梅龙山，396
Merseyside 默西赛德郡，354，355

Merthyr Tydfil (Welsh unitary authority) 默尔瑟尔·提德维尔（威尔士单一行政机构），356
Meselson, Matthew Stanley 迈赛森，马修·斯坦利，109
Meseta (Spain) 梅塞塔高原（西班牙），359
mesons 介子，118
Mesopotamian architecture 美索不达米亚建筑，242
Mesozoic era 中生代，29
Messiaen, Olivier 梅西昂，奥利弗，221
Metallica 金属乐队，232
metals 金属，127
metamorphic rock 变质岩，28，29
metamorphosis 变态
eel 鳗鱼，71
insect 昆虫，69
cicada 蝉，69
metaphor 隐喻，256
Metaurus, Battle of 梅陶鲁斯河岸之战，322
Metchnikoff, Elie 梅奇尼科夫，爱利，109
methane gas, sources 甲烷气体及其来源，55
Methodism 卫理公会，193
Methodius, St 圣美多迪乌斯，248
metonym 换喻，256
metre (literary term) 韵律（文学术语），256
metric system (measurement) 公制（度量制），112
conversions to Imperial 与英制的换算，113
metro systems: largest 最大的地铁系统，172，173
metrology 计量学，112
Metropolis (film) 《大都会》，203
Metternich, Klemens, Prince 梅特涅，克莱门斯（王子），316
Mexico 墨西哥，434—435
Acapulco 阿卡普尔科，434
endangered animals 濒危动物，104
metro system 地铁系统，173
number of airports 机场数量，168
number of cars 汽车数量，171
railway system 铁路系统，173
road network 公路网，170
states and territories 各州及其领土，435
México (Mexican state) 墨西哥州（墨西哥），435
Meyer, Lothar 迈耶尔，罗萨，133
Meyer, Viktor 迈尔，维克多，133
MGM Grand Hotel/Casino, Las Vegas 美高美大饭店/娱乐场，拉斯维加斯，176
Michael (Russian tsar) 米哈伊尔·罗曼诺夫（俄国沙皇），316
Michael, George 迈克尔，乔治，232
Michelangelo Buonarroti 米开朗基罗·波纳洛蒂，239
architecture 建筑，243
Michelson, A. A. 迈克耳孙，阿伯特·亚伯拉罕，119，122
Michigan (US state) 密歇根州（美国），429
state information 简介，432
Michigan, Lake 密歇根湖，43
Michoacán (Mexico) 米却肯（墨西哥），435
Micronesia 密克罗尼西亚，476
microwave oven 微波炉，150—151
microwaves 微波，116

discovery of 微波的发现，151
telephone use of 微波在电话上的应用，152，153
Mid-Atlantic Ridge: island 大西洋中脊formation along 沿线岛屿的形成，34
Middle Ages: architecture 中世纪建筑，243
Middle East 中东，396—399
time charts 年代表
19th century 19 世纪，304—305
20th century 20 世纪，306—307
Middleton Thomas 米德尔顿·托马斯，252
Midi-Pyrénées (French region) 米迪-比利牛斯（法国大区），366
Midsummer Marriage, The 《仲夏良缘》，226
Midway, Battle of 中途岛之战，324
Miescher, Johann Friedrich 米斯切尔，约翰·菲特烈，109
migration 迁徙
bats 蝙蝠，85
humpback whales 座头鲸，83
prehistoric mammals 史前哺乳动物，76
Milhaud, Darius 米约，达吕斯，221
Milky Way 银河系，8，9
Mill, John Stuart 穆勒，约翰·斯图亚特，184
Millais, Sir John Everett 密莱司，约翰·埃弗雷特爵士，239
Ferdinand and Ariel 被瞪羚迷住的斐迪南，253
Milland, Ray 米兰德，雷，207
Miller, Arthur 米勒，阿瑟，252
Miller, Glenn 米勒，格伦，229
Miller, Jonathan 米勒，乔纳森，207
Miller, Stanley 米勒，斯坦利，133
Millet, Jean-Francois 米勒-让-弗朗索瓦，239
Millikan, Robert Andrews 密立根，罗伯特·安德鲁斯，117，122
millipede 千足虫，69
Mills, Sir John 米尔斯，约翰爵士，207
Milne, A (lan) A (lexander) 米尔恩，艾伦·亚历山大，252
Winnie-the-Pooh 小熊温尼普，252
Milosevic, Slobodan 米洛舍维奇，斯洛博丹，333，384
Milton, John 弥尔顿，约翰，252
Milvian Bridge, Battle of 米尔维亚桥之战，322
Min (Egyptian god) 敏（埃及神），187
Min (language) 闽语，247
Minamoto Yorimoto 源赖朝，316
Minas Gerais (Brazilian state) 米纳斯吉拉斯州（巴西），447
mind-body therapies 身心合一疗法，99
Mindanao 棉兰老岛，413
area/location/status 面积/位置/状况，35
minerals 矿物质
dissolved in seawater 溶于海水中的矿物质，33
Lndian Ocean 印度洋，33
main crustal 地壳中的主要矿物质，26
percentage in Earth's composition 地球各组成元素的比例，27
pollution from 污染，57
yearly tonnage mined 年矿产吨数，328
Minerva (Roman goddess) 密涅瓦（罗马神），186

Mingus, Charles 明戈斯，查尔斯，229
Mingxa Fu 伏明霞，263
Minimal Art 极简抽象艺术，241
mink 鼬，81
Minkowski, Hermann 明科夫斯基，赫尔曼，142
Minlothian (Scottish unitary authority) 中洛锡安郡（苏格兰单一行政机构），357
Minnelli, Liza 明纳利，莉莎，207
Minnesota (US state) 明尼苏达州（美国名），429
state information 简介，432
Minogue, Kylie 米诺格，凯莉，232
Mintonette 敏托奈特，281
minuet (dance) 小步舞，216
Miocene epoch 中新世，29
early homonoids 早期类人动物，103
mammal evolution and migrations 哺乳动物的进化和迁徙，76
primitive primates 原始灵长类动物
Mirabeau, Honoré Gabriel Riqueti 米拉波，316
Miranda (satellite) 米兰达（卫星），12，13
Miranda (Venezuelan state) 米兰达州（委内瑞拉），445
Miranda, Francisco de 米兰达，德·弗朗西斯科，316
mirliton 薄膜乐器，224
Miró, Joan 米罗，霍安，239
Mirren, Helen 米伦，海伦，208
Misérables, Les 《悲惨世界》，227
Misery, Mount 米瑟里火山，440
Mishima, Yukio 三岛由纪夫，252
Miss Saigon 《西贡小姐》，22
Mississippi (river): length/source/course 密西西比河：长度/发源地/河道，46
Mississippi (US, state) 密西西比州（美国），429
state information 简介，432
Missouri (river): source 密苏里河：发源地，45
Missouri (US state) 密苏里州（美国），429
sate information 简介，432
Mitchell, Arthur 米歇尔，阿瑟，217
Mitchell, James 米切尔，詹姆斯，443
Mitchell, Joni 米切尔，琼妮，232
Mitchell, Mount 米切尔山，428
Mitchell, William 米歇尔，威廉，292
Mitchum, Robert 米切尔，罗伯特，208
mite 壁虱，68
Mithraism (religion) 密特拉教（宗教），186
Mitterrand, Francois 密特朗·弗朗索瓦，316
mixed number 带分数，136
Mizoram (Indian state) 米佐拉姆邦（印度），407
Mkapa, Benjamin 姆卡帕，本亚明，457
Mkelulu 马凯卢卢山，477
mobile phones 移动电话，178
Mocumbi, Passcoai 莫昆比，斯科亚尔，458
mode (mathematics) 众数，137
modem (computing) 调制解调器（计算机），180
modern pentathlon 现代五项运动，294
Modernism architecture 现代主义建筑，245，
music 现代派音乐，219

Modified Mercalli Scale 修改的麦氏震级，40—41
Modigliani, Amedeo 莫迪里阿尼，阿梅迪奥，239
Mohács, Battle of 莫哈奇之战，323
Mohamad, Dr Mahathir 穆罕默德博士，马哈蒂尔，415
Mohammed, Said Ali 穆罕默德，赛义德·阿里，459
Moholy-Nagy, László 莫霍伊－纳吉，拉斯洛，23
Mohorovicic discontinuity (Moho) 莫霍洛维奇不连续面（莫霍界面），26
Mohorovicic, Andrija 莫霍洛维奇，安瑞亚，26
Moili 莫埃利岛，459
Mokhelhe, Ntsu 莫赫勒，恩祖，471
Moldova 摩尔多瓦，388
　autonomous republics 摩尔多瓦自治共和国，388
　defence budget 防卫预算，343
　patients per doctor 每位医生病人数，327
Moldoveanu 摩尔多韦亚努峰，389
mole rat 鼹形鼠，84
molecules 分子，126
mole 鼹鼠，85
Molière 莫里哀，217，252
Molise (Italian region) 莫利塞（意大利行政区），379
molluscs 软体动物，67
Molotov, Vyacheslav 莫洛托夫，维亚基斯拉夫·米哈伊洛维奇，316
Moluccas island group 摩鹿加群岛，414
Mon (Burmese state) 孟邦（缅甸），411
Monaco 摩纳哥
　coastine length 海岸线长度，33
　GNP per head 人均国民生产总值，329
　Grand Prix 大奖赛，288
　hospital beds 病床，327
　primary class sizes 小学班型，327
Monaco, Mario del 摩纳哥，马里奥·德尔，228
Monagas (Venezuelan state) 莫纳加斯州（委内瑞拉），445
Monck, George 蒙克，乔治，316
Mondrian, Piet 蒙德里安，皮特，239
Monet, Claude 莫奈，克劳德，239，241
　The Water – Lily Pond 《睡莲池塘》，238
Monetary Union (EU) 货币联盟，339
Monge, Gaspard 蒙日，格斯帕德，142
Mongolia 蒙古，417
mongoose 獴，80
Monk, Thelonious 蒙克，塞洛尼厄斯，229
monkey 猴子
　New World 新大陆猴，86，87
　Old World 旧大陆猴，86，87
Monmouthshire (Welsh unitary authority) 蒙默恩郡（威尔士单一行政机构），356
monocots/monocotyledons 单子叶植物，64
Monod, Jacques 摩诺，雅克，109
monologue 长篇独白，256
monorail: hovercraft on 单轨；气垫船，163
monotremes 单孔目动物，77
Monroe, James 门罗，詹姆斯，316—317
Monroe, Marilyn 梦露，玛丽莲，208

Mont Agou 鲍曼峰，465
Mont Blanc (Monte Bianco) 勃朗峰，37，362，378
Mont de la Lekéti 德拉莱凯蒂山，466
Mont Gaou 恩加亚山，467
Mont Gréboun 格雷本山，462
Mont Hela 赫拉山，457
Mont Karisimbi 卡里辛比山，457
Mont Nimba 宁巴山，461，462
Mont Tabwémasana 塔布韦马萨纳峰，477
Mont Tema 特马山，463
Montana (US state) 蒙大拿州（美国），429
　state information 简介，432
Montana, Joe 蒙塔纳，乔，269
Montand, Yves 蒙唐，伊夫，208
Monte Titano 蒂诺山，379
Montego Bay market, Jamaica 蒙特哥市场，牙买加，439
Monteiro, Antonio Mascarenhas 蒙特罗，安东尼奥·马斯卡雷尼亚斯，461
Montenegro (Yugoslav republic) 黑山（南斯拉夫共和国），384
Monteverdi, Claudio 蒙特维尔地，克劳迪奥，221
Montezuma II 蒙提祖马二世，317
Montfort, Simon de 孟福尔，西门·德，317
Montgomery, Bernard 蒙哥马利，伯纳德，317
months 月份，21
　French Republican 法国共和历，22
　Islamic 伊斯兰教日历，21
　Jewish 犹太历，21
　Montreal Protocol 蒙特利尔协议，55
Montrose, James Graham 蒙特罗斯，詹姆斯·格雷汉姆，317
Montserrat 蒙特塞拉特，441
monuments 纪念性建筑，177
Moon 月球，11
　effect on tides 月球对潮汐的影响，32
　last manned expedition to 最后一次载人月球探险，16
　moon rat 刺毛猬，85
Moore, Henry 穆尔，亨利，239
moose 麋，79
Moravia, Alberto 莫拉维亚，阿尔贝托，252
Moray (Scottish unitary authority) 默里郡（苏格兰单一行政机构），357
Mordvinia (Russian republic) 莫尔多维亚共和国（俄联邦共和国），391
More, Sir Thomas 莫尔爵士，托马斯，252
Moreau, Gustav 莫罗，古斯塔夫，239
Moreau, Jeanne 莫罗，珍妮，208
Morelos (Mexico) 莫雷洛斯（墨西哥），435
Morgan, Thomas Hunt 摩根，托马斯·亨特，109
Morgan, William 摩根，威廉，281
Morgarten, Battle of 莫尔加滕之战，323
morisca (dance) 莫里斯舞（舞蹈），216
Morisot, Berthe 摩里索，贝尔特，239
Morissette, Alanis 莫里塞特，艾伦妮斯，232
Morley, E. W. 莫利，E.W.，119
Morley, Thomas 莫利，托马斯，221
Mormons 摩门教，193
Morne Diablotin 迪亚布洛廷火山，441
Morne Seychellois 马埃岛上的塞舌尔山，459

Morocco 摩洛哥，452
Morpheus (greek deity) 摩尔甫斯（希腊神），186
morphing (cinema) 形态改变（电影特技），203
Morrigan (Celtic goddess) 摩里根（凯尔特神），187
Morrison, Jim 莫里森，吉姆，231
Morrison, Tommy 莫里森，托米，286
Morrison, Toni 莫里森，托尼，252
Morrison, Van 莫里森，范，232
Mors (Roman deity) 摩尔斯（罗马神），186
Morse, Samuel Finley 莫尔斯，塞缪尔·芬利，249
Morse Code 莫尔斯电码，249
Morton 'Jelly Roll' 莫硕，"杰利·罗"，229
Mosasaurus 沧龙，102
Moses 摩西，317
　Law of (Pentateuch) 律法书（《圣经》前五卷），200
Moskvin, Ivan Mikhailovich 莫斯克文，伊凡·米哈伊洛维奇，208
Mössbauer, Rudolph Ludwig 穆斯堡尔，鲁道夫·路德维希，122
mossess 苔藓，62—63
Motherwell, Robert 马瑟韦尔，罗伯特，239
motion/movement 运动，114
　biavlves 双壳类动物，67
　muscle 肌肉，89
　reptiles 爬行动物，73
motivation 动机，96
motocross 摩托车越野赛，289
motor sports 赛车运动，288—289
motorcycle racing 摩托车赛，289
Mount Aspiring (national park): location/fauna 阿斯比林山（国家公园）；地理位置/动物，107
Mount Athos (Greek Autonomous Republic) 圣山（希腊自治共和国），386
mountain zebra 高山斑马，79
mountains 山脉，36—37
　effect on weather and climate 山脉对天气和气候的影响，51
　formation of 山脉的形成，30
　greatest ranges 最大的山系，37
　highest 最高的山脉，36
　how they form 怎样形成的，36
　unwarped 变形山脉，36
　where they occur 出现的位置，36
Mounties, The 加拿大骑警，427
mouse 小家鼠，84
mouse deer 鼷鹿，78，79
mouse lemur 鼠狐猴，86
mouth organ 口琴，224
moxibustion 艾灸术，98
Moyle (Northern Ireland unitary authority) 莫伊尔（北爱尔兰单一行政机构），356
Mozambique 莫桑比克，458
　patients per doctor 每位医生的病人数，327
Mozart, Wotfgang Amadeus 莫扎特，沃尔冈·阿马迪厄斯，221
　operas by 歌剧，226
Mpumalanga (SA province) 姆普马兰加省（南非），470
Mswati III, King 姆斯瓦蒂三世（国王），471
Mubarak, Mohammed Hosni 穆巴拉克，穆罕默德·胡斯尼，334，454
Mugabe, Robert 穆加贝，罗伯特，334，469

Muhammad 穆罕默德，194，317
Muhammad Ali 穆罕默德·阿里，287
Muharram (Islamic festival) 新年（伊斯兰教节日），19
Muir, Edward 缪尔，爱德华，252
Mulhacén (Spain) 穆拉森山（西班牙），359
Müller, Johannes 穆勒，约翰内斯，109
Müller, Paul 米勒，保罗，133
Mulliken, Robert Sanderson 马利肯，罗伯特·桑德斯，133
multicellularity 多细胞，61
multiplication (mathematics) 乘法（数学），136
Muluzi, Bakili 穆卢齐，巴基利，469
Munamägi 穆拉玛格欧，376
Munch, Edvard 蒙克，爱德华，239
Murasaki Shikibu 紫式部，252
Murat, Joachim 缪拉，乔基姆，317
Muratovic, Hasan 穆拉托维奇，哈桑，385
Murcia (Spanish region) 穆尔西亚（西班牙自治区），359
Murdoch, Iris 默多克，艾丽斯，252
Muret, Battle of 米雷之战，322
Murilio, Bartolomé Esteban 牟利罗，巴托洛梅·埃斯特本，239
Musa Ali Terara 穆萨·阿里·特拉拉山，455
Musala 穆萨拉峰，388
Musashi (battleship) 武藏号（战舰），175
muscles 肌肉，89
　and breathing 与呼吸，90
　insects 昆虫，69
Museveni, Yoweri 穆塞韦尼，约韦里，456
music 音乐，218—229
　Baroque 巴罗克，218—219
　Classical period 古典乐派时代，219
　composers 作曲家，220—222
　directions 提示记号，225
　forms, structures and terms 表现形式，结构及术语，223
　instrumental 乐器的，218
　instruments 乐器
　concert orchestra 音乐会管弦乐队，224—225
　popular 流行乐器，224
　jazz 爵士乐，228
　top musicians 杰出的爵士乐演奏家，229
　Modernism and New Music 现代乐派和新音乐，219
　musicals 音乐剧，227
　composers of 作曲家，228
　opera 歌剧，219，226
　opera singers 歌剧演唱家，228
　plainsong and polyphony 素歌和复调音乐，218
　pop 流行音乐，230—233
　prizewinners 流行音乐获奖者，234—235
　Renaissance 文艺复兴，218
　Romantic period 浪漫乐派时代，219
　symbols 符号，219
music therapy 音乐疗法，99
musicals 音乐剧，227
　first 第一部音乐剧，227
Muslim community 穆斯林社会，195
Musonge, Peter Mafany 穆松路，彼得·马法尼，467
Mussaurus 迈风龙，101
Musschenbroek, Pieter van 穆申布鲁

克，皮埃特·冯，122
Musset Alfred de 缪塞·阿尔弗雷德·德，252
Mussolini, Benito, 'Il Duce' 墨索里尼，贝尼托，"领袖"，317
Mussorgsky, Modest 穆索尔斯基，莫德斯特，221
　opera by 戏剧，226
mustelids 鼬科动物，81
Mut (Egyptian goddess) 穆特（埃及女神），187
Mutsuhito 睦仁（明治），317
Mwali 莫瓦利岛，459
My Fair Lady 《窈窕淑女》，227
Myanmar (Burma) 缅甸，411
　armed forces manpower 武装力量，344
　endangered animals 濒危动物，104
mycelium 菌丝，61
Mycenaean Civilization 迈锡尼文明
　architecture 建筑，242
　Linear B texts B类线形文字，186
myosin (protein) 肌凝蛋白（蛋白质）89
myth 神话，256

N

Nabokov, Vladimir 纳博科夫，弗拉基米尔，252
Naga Panchami (Hindu festival) 蛇节（印度教节日），19
Nagaland (Indian state) 那加兰邦（印度），407
Nägeli, Karl Wilhelm von 纳戈利，卡尔·威尔海姆·冯，109
Nahali language 那霸语，246
Naipaul, V (idiadhar) S., 奈保罗，V. S.，252
Naismith, Dr James 奈史密斯，詹姆斯，278
Nakamura, Kuniwo 中村邦夫，477
Nambu, Yoichipo 岳茨坡南布，122
Namib Desert 纳米布沙漠
　area/location 面积/地理位置，48，471
　ocean currents and 洋流对其形成的作用，48
Namib Desert/Naukluft (national park): location/fauna 纳米布沙漠/挪克鲁夫特（国家公园）：/位置/动物，107
Namibia 纳米比亚，471
Nanak (Guru Nanak) 那纳克（祖师那纳克），317
Nancy, Battle of 南锡之战，323
Nanga Parbat 帕尔巴特山，36
nanosecond (computing) 纳秒（计算机）178
Napier, John 纳皮尔，约翰，182
Napoleon I (Napoleon Bonaparte) 拿破仑一世（拿破仑·波拿巴），317
Napoleon III 拿破仑三世，317
narwhal 独角鲸，83
Naseby, Battle of 内兹比之战，323
Nash, Paul 纳什，保罗，239
Naski script 纳斯基字母，249
Nassarawa (Nigerian state) 纳萨拉瓦州（尼日利亚），464
national economies 国民经济，328—329
　farming and fishing 农业和渔业，329
　gross national product 国民生产总值，328
　industrial products 工业产品，328
　minerals 矿石，328

wealthiest nations 最富的国家，329
national parks 国家公园，106—107
　what they are 国家公园现状，106
Nationalism: in music 民族乐派，219
natural gas 天然气，166
　consumers/producers 生产国与消耗国，166
　where it is found 发现地点，32
nature worship, Inca 自然崇拜，印加人的，187
Nauru 瑙鲁，477
　coastline length 海岸线长度，33
Navarre (Spanish region) 纳瓦拉（西班牙自治区），359
Navratilova, Martina 纳芙拉蒂诺娃，马丁娜，276
Nayarit (Mexico) 纳亚里特州（墨西哥），435
Nayramdal Uul 鄂特冈腾格里山，417
Nazarbayev, Nursultan 纳扎尔巴耶夫，努尔苏丹，403
NBA championship winners 美国职业篮球锦标赛获胜队，278
Ndimira, Pascal 尼米拉，帕斯卡尔，457
Ndzouani 昂儒昂岛，459
Neagle, Anna 妮格尔，安娜，208
Neanderthal man: evidence of 尼安德特人：语言的根据
　speech 言语，246
neap tides 小潮，32
Near East 近东
　ancient world 古代世界，296—297
Neath Port Talbot (Welsh unitary authority) 尼思塔尔伯特港（威尔士单一行政机构），356
Nebraska (US state) 内布拉斯加州（美国），429
　state information 简介，432
Nebuchadnezzar II 尼布甲尼撒二世，317
nebulae, what they are 星云，它们是什么，8
negative index (mathematics) 负指数（数学），136
Negeri Sembilan (Malaysian state) 森美兰州（马来西亚），415
Nehru, Jawaharlal 尼赫鲁，贾瓦哈拉尔，317
Nei Monggol (Chinese province) 内蒙古自治区（中国），418
Nekhbet (Egyptian goddess) 奈赫贝特（埃及女神），187
Nelson, Horatio 纳尔逊，格阿马尔，317
Nemesis (Greek deity) 涅墨西斯（希腊神），186
Nemirovich-Danchenko, Vladimir 涅米罗维奇-丹钦科，弗拉基米尔，208
nene 夏威夷雁，105
Neo-Classicism (art) 新古典主义道画派，237
neo-Freudian theory 新弗洛伊德理论，96
Neo-Impressionism (art) 新印象主义画派（美术），240
Neo-Palladian architecture 新帕拉第奥建筑，244
Nepal 尼泊尔，405
　hospital beds 病床，327
Nephthys (Egyptian goddess) 奈弗赛斯（埃及女神），187
Neptune (planet) 海王星（行星），12
　satellites 卫星，12，13
　statistics table 统计表，11

Neptune (Roman god) 尼普顿（罗马神），186
Nereus (Greek deity) 涅柔斯（希腊神），186
Nernst, Walter Hermann 能斯特，沃尔瑟·赫尔曼，133
Nero 尼禄，317
Nero, Franco 尼罗，弗兰科，208
Neruda, Pablo 聂鲁达，巴勃罗，252
Nerval, Gérard de 奈瓦尔，热拉尔·德，252
nerve cells 神经细胞，90
nervous system 神经系统，90
Nesbit, E (dith) 内斯比特，埃迪思，252
Nesseirode, Karl 涅谢尔罗迭·卡尔，317
Net, The 网络，180—181
　connecting to 入网，180
　digital communications 数字通讯，180
　emoticons 情绪符号，181
　glossary of terms 术语汇编，181
　netiquette 网络礼节，181
　networking 网络技术，180
　news groups 新闻组，180
　speed of data transmission 数据传送速度，180
Netanyahu, Benjamin 内塔尼亚胡，本杰明，334，396
netball 无挡板篮球，280
Netherlands Antilles 荷属安的列斯群岛，443
Netherlands The 荷兰，369
　'Bollenstreek' 博伦斯特丽克，369
　dependencies 属地，369
　EU membership 欧盟成员国，339
　GNP per head 人均国民生产总值，329
　number of cars 汽车数量，171
　reported burglaries 盗窃案，327
　social security expenditure 社会治安费用，326
netiquette 网络礼节，181
Neuchâtel (Swiss canton) 纳沙泰尔州（瑞士），363
Neumann, Balthasar 纽曼，巴尔塔扎，244
　Vierzehnheiligen church 菲尔采海林根大教堂，244
Neumann, John von 诺伊曼，约翰·冯，182
neurolinguistics 神经语言学，96
neurones 神经元，91
neuropsychiatry 神经精神病学，96
neutralization (chemistry) 中和作用（化学），131
neutrinos 中微子，8，118
neutron stars 中子星，9
neutrons 中子，118，126
Nevada (US state) 内华达州（美国），429
　state information 简介，433
Neville, John 内维尔，约翰，208
Neville, Richard, earl of Warwick 内维尔，理查德·沃里克伯爵，317
Nevis see St Kitts Nevis 尼维斯见圣基茨和尼维斯
New Britain Trench 新不列颠海沟，33
New Brunswick (Canadian Province) 新不伦瑞克省（加拿大），425
New Caledonia (French territory) 新喀里多尼亚岛（法领地），473
New Guinea 新几内亚，34
　area/location/status 面积/位置/状况，35

New Hampshire (US state) 新罕布什尔州（美国），429
　state information 简介，433
New Hebrides Trench 新赫布里底海沟，33
New Jersey (US state) 新泽西州（美国），429
　state information 简介，433
New Mexico (US state) 新墨西哥州（美国），429
　state information 简介，433
New music 新音乐，219
New Order 新阵容乐队，232
New South Wales (Australian state) 新南威尔士州（澳大利亚），473
New Year's (Islamic festival) 新年（伊斯兰教节日），19
New York (US state) 纽约州（美国），429
　state information 简介，433
New York State Barge Canal 纽约州驳船运河，175
New Zealand 新西兰，478
　Autonomous Island territory 自治岛领地，478
　Dependencies 属地，478
　glaciated area 冰川地区，49
　higher education students 高等教育，327
　offences, total reported 官方违法的全部违法行为，327
　reported burglaries 盗窃案，327
　social security expenditure 社会治安费用，326
New Zealand kakapo 新西兰鹦鹉，105
New Zealand National League winners (Rugby Union) 新西兰国家英式橄榄球联盟，265
New foundland (Canadian province) 纽芬兰省（加拿大），425
　area/location/status 面积/位置/状况，35
Newlands, John 纽兰兹，约翰，133
　classification of elements 元素的分类，133
Newman, Barnett 纽曼，巴尼特，239
Newman, Paul 纽曼，保罗，208，209
Newport (Welsh unitary authority) 纽波特（威尔士单一行政机构），356
Newry and Mourne (Northern Ireland unitary authority) 纽里和莫恩（北爱尔兰单一行政机构），356
Newton, Fred P. 牛顿，弗雷德，262
Newton, Sir Isaac 牛顿，艾萨克爵士，122，128
　law of gravitation 万有引力定律，115
　laws of motion 运动定律，114
　third 第三运动定律，114，160
Newton-John, Olivia 牛顿–约翰，奥莉维亚，232
Newtownabbey (Northern Ireland unitary authority) 纽敦阿比（北爱尔兰单一行政机构），356，356
newts 北螈，72
　defence behaviour of great crested 大冠北螈的防御行为，73
　distribution and habitat 分布与生境，72—73
Ney, Michel 内伊，米歇尔，317
Ngaliema (Mont) 恩加利马山，456，468
Ngazidja 大科摩罗，459
Ngga Pulu 恩加普鲁峰，37，414
Ngo Van Chieu 吴文昭，189
Ngorongoro (national park): 恩戈罗恩

戈罗公园（国家公园）
location/fauna 地理位置/动物, 107
Ngoupandé, Paul 恩古邦代, 保罗, 467
Niagara Falls 尼亚加拉瀑布, 42
Nicaragua 尼加拉瓜, 437
Nicholas Ⅰ 尼古拉一世, 317
Nicholas Ⅱ 尼古拉二世, 317
Nichois, Mike 尼科尔斯, 迈克, 208
Nicholson, Ben 尼科尔森, 本, 239
Nicholson, Jack 尼科尔森, 杰克, 208, 209
Nicopolis, Battle of 尼科波利斯之战, 323
nictitating membrane 瞬膜, 72
Nidwalden（Swiss half-canton）尼瓦尔登（瑞士半州）, 363
Nielsen, Carl 尼尔森, 卡尔, 221
Nietzsche, Friedrich Wilhelm 尼采, 弗里德里希·威廉, 184
Niger 尼日尔, 462
　patients per doctor 每位医生的病人数, 327
Niger（Nigerian state）尼日尔州（尼日利亚）, 464
Niger（river）：length/source/course 尼日尔河：长度/发源地/河道, 47
Niger-Congo languages 尼日利亚-刚果语, 246
Nigeria 尼日利亚, 464
Night of Forgiveness（Islamicfestival）宽恕夜（伊斯兰教节日）, 19
Nijinsky, Vaslav 尼任斯基, 瓦斯拉夫, 217
Nike（Greek deity）尼刻（希腊神）, 186
Nile（river）尼罗河, 44, 454
　length/source/course 长度/发源地/河道, 46, 47
　water source/flooding 水源/洪水, 44
Nile mouthbrooder 尼罗河中的口腔孵卵鱼, 71
Nilo-Saharan languages 尼罗－撒哈拉语, 246
Nilsson, Birgit 尼尔森, 比尔特, 228
nimbostratus clouds 雨层云, 52
Ningxia Hui（Chinese province）宁夏回族自治区（中国）, 418
Nirvana 极乐世界乐队, 232
nitrogen, liquid 氮, 液体, 129
Niue 纽埃, 479
Niven, David 尼文, 戴维, 208
Nixon, Richard 尼克松, 理查德, 317
Niyazov, Saparmurad 尼亚佐夫, 萨帕尔穆拉特, 402
Nizhnaya Tunguska（river）：length/source/course 下通古斯卡河: 长度/发源地/河道, 47
Nobel, Alfred 诺贝尔, 阿尔弗雷德, 134
Nobel prizewinners 诺贝尔奖得主
　chemistry 化学, 134—135
　economics 经济, 329
　life sciences 生命科学, 109—110
　Literature 文学, 254—55
　Peace Prize 和平奖, 334—335
　Physics 物理, 124—125
Nobiylowland 浓尾低地, 420
Noble Gases 惰性气体, 127
　structure 结构, 126
nocturnal birds 夜间飞行的鸟, 74
Noether,（Amalie）Emmy 诺特,（艾玛莉）艾米, 142
Nolan, Sir Sidney 诺兰, 悉尼爵士, 239
Nolde, Emil 诺尔德, 埃米尔, 239

non-infectious diseases 非传染病, 94—95
non-metals 非金属, 127
non-religious communities 非宗教社会, 188
　number of adherents 信徒人数, 189
Nord-Pas-de-Calais（French region）北加来海峡（法国大区）, 366
Nordic skiing 越野滑雪, 283
Nordlingen, Battle of 讷德林根之战, 323
Norfold（English county）诺福克郡（英格兰）, 354, 355
Norfolk Island（Australian territory）诺福克岛（澳大利亚领地）, 473
Noma 《诺尔玛》, 226
Nóman, Dame Jessye 诺曼·杰西, 228
Norodom Ranariddh, Prince 诺罗敦·拉那烈王子, 412
Norriand（Sweden）诺尔兰高原（瑞典）, 349
North America 北美洲
　area/greatest extremity 面积/终端最大距离, 31
　boundaries 界线, 31
　earthquakes 北美地震, 40
　highest mountain peak 最高山峰, 37
　longest rivers 北美最长河流, 46—47
North American Free Trade Agreement（NAFTA）北美自由贸易协议, 341
North Atlantic Treaty Organization（NATO）北大西洋公约组织, 340
North Ayrshire（Scottish unitary authority）北埃尔郡（苏格兰单一行政机构）, 357
North Carolina（US state）北卡罗来纳州（美国）, 429
　state information 简介, 433
North Dakota（US state）北达科他州（美国）, 429
　state information 简介, 433
North Down（Northern Ireland unitary authority）北部丘陵（北爱尔兰单一行政机构）, 356
North Fork Roe River, Montana 北福克罗河, 蒙大拿, 44
North Island（New Zealand）, area/location/status 北岛（新西兰）, 面积/位置/状况, 35 North Korea 朝鲜, 421
　armed forces manpower/equipment 武装力量/装备, 343, 344
　defence budget 防卫预算 343
　hospital beds 病床, 327
North Lanarkshire（Scottish unitary authority）北纳那克郡（苏格兰单一行政机构）, 357
North Ossetia（Russian republic）北奥塞梯共和国（俄联邦共和国）, 391
North Polar Region：glaciated area 北极地区: 冰川作用地区, 49
North Pole：proving continental drift by 北极: 证明大陆漂移说, 30
North Rhine-Westphalla（German state）北莱茵－威斯特法仑州（德国）, 371
North Sea 北海
　area/average depth 面积/平均深度, 33
　tormation of 形成, 34
North Sea Canal 北海运河, 175
North Yorkshire（English county）北约郡（英格兰）, 354, 355
North, Frederick 诺思, 弗雷德里克,

317
NorthWest（SA province）西北省（南非）, 470
NorthWest Frontier（Pakistani province）西北边境省（巴基斯坦）, 404
Northamptonshire（English county）北安普敦郡（英格兰）, 354, 355
Northern（SA province）北部省（南非）, 470
Northern Cape（SA province）北开普省（南非）, 470
Northern Ireland 北爱尔兰, 351, 352
　unitary authorities 北爱尔兰单一行政机构, 356
Northern Mariana lslands 北马里亚纳群岛, 477
Northern Territory（Australia）北部地区（澳大利亚）, 473
Northumberland（English county）诺森伯兰郡（英格兰）, 354, 355
Northwest Territories（Canada）西北地区（加拿大）, 425
Norway 挪威, 349
　dependent territories 属地, 349
　GNP per head 人均国民生产总值, 329
　health care expenditure 医疗费用, 327
　higher education students 高等教育, 327
　number of airports 机场数量, 168
　social security expenditure 社会治安费用, 326
Noshaq 诺沙格, 405
note lengths/names/meaning（music）音符长度/名称/意义（音乐）, 219
Norte Dame de la Paix（lvory Coast）圣母院（科特迪瓦）, 176
Nottinghamshire（English county）诺丁汉郡（英格兰）354, 355
Nova Scotia（Canadian province）新斯科舍省（加拿大）, 425
Novalis 诺瓦利斯, 253
novel 小说, 256
novella 中篇小说, 256
Noverre, Jean Georges 诺威尔, 吉恩·乔治, 217
Ntombi, Queen Mother 恩通比（太后或摄政女王）, 471
nuclear fusion/fission 核聚变/裂变, 118
nuclear particles 原子核粒子, 118
　nuclear power 核能发电, 144—145, 167
　producers 生产国, 166, 167
　ships powered by 核动力轮船, 174, 175
nuclear weapons 核武器, 342
UN mission in Iraq 联合国驻伊拉克的观察使团, 337
nueva Esparta（Venezuelan state）新埃斯帕塔州（委内瑞拉）, 445
Nuevo León（Mexico）新莱昂（墨西哥）, 435
Nujoma, Sam 努乔马, 萨姆, 471
numbers 数字, 136
　introduction of arabic numerals 阿拉伯数字引入欧洲, 142
　rational and irrational 有理数和无理数, 137
　types of 数的种类, 136
Nunn, Trevor 纳恩, 特雷弗, 208
Nureyev, Rudolph 努列耶夫, 鲁道夫, 217
Nurhachi 努尔哈赤, 317
Nut（Egyptian goddess）努特（埃及

神）, 187
Nyerere, Julius 尼雷尔, 朱尼尔斯, 317
Nyiragongo（volcano）尼拉贡戈（火山）, 38
Nyman, Michael 尼曼, 迈克尔, 221

O

O'Connell, Daniel 奥康内尔, 丹尼尔, 317
O'Neill, Eugene 奥尼尔, 尤金, 252
O'Neill, James 奥尼尔, 詹姆斯, 208
O'Toole, Peter 奥图尔, 彼得, 208
Oasis 绿洲乐队, 232
Oaxaca（Mexico）瓦哈卡（墨西哥）, 435
Ob（river）：length/source/course 鄂毕河: 长度/发源地/河道, 46
Obame, Paulin 奥巴姆, 保兰, 466
Oberon, Merle 奥勃朗, 梅尔, 208
Obiang, General Teodoro 奥比昂, 特奥多罗将军, 465
oboe 双簧管, 224
Obote, Milton 奥博特, 米尔顿, 317
Obregón, Alvaro 奥夫雷贡, 阿尔法诺, 317
Obwalden（Swiss canton）奥布瓦尔登州（瑞士）, 363
ocarina 奥卡里那笛, 224
occupational psychology 职业心理学, 96
Oceania 大洋洲
　area/greatest extremity 面积/终端最大距离, 31
　boundaries 界线, 31
　highest mountain peak 最高山峰, 37
oceanic ridges 海脊, 32
　earthquakes along 地震, 40
　island formation at 岛屿的形成, 34
oceanic trenches 深海海沟, 32
　deepest trenches 最深的海沟, 33
　plate movement and 板块移动与海沟, 32
Oceanus（Greek deity）俄刻阿诺斯（希腊神）, 186
octahedron 正八面体, 141
octave（literary form）八行诗, 256
octave flute 八度长笛, 224
octopus 章鱼, 67
odd numbers 奇数, 136
Oddsson, David 奥德森, 大卫, 348
ode 颂歌, 256
Odin（Germanic god）奥丁（日耳曼神）, 187
Odoacer 奥多埃塞, 317
Offenbach, Jacques 奥芬巴赫, 雅克, 221
Ogun（Nigerian state）奥贡州（尼日利亚）, 464
Ohio（US state）俄亥俄州（美国）, 429
　state information 简介, 433
Ohm, Georg Simon 欧姆, 格奥尔格·西蒙, 117, 122
oil 石油, 166
　Azerbaijan 阿塞拜疆, 395
　consumers/producers 消费国/生产国, 166
　pollution from 造成的污染, 56, 57
　where it is found 发现的地点, 32
Ojos del Salado（volcano）奥霍斯-德尔萨拉多山（火山）, 38, 39, 451
Oka（river）：length/location/course 奥卡河: 长度/位置/河道, 45
okapi 霍加狓, 79

Okhotsk, Sea of : area/average depth 鄂霍茨克海：面积/平均深度, 33
Okinawa 冲绳岛, 420
Oklahoma 《俄克拉何马!》, 227
Oklahoma (US state) 俄克拉何马州 (美国), 429
　　state information 简介, 433
Okri, Ben 奥克里, 本, 252
Olaf Ⅱ Haraldsson 奥拉夫二世, 哈拉德森, 317
Oldenburg Claes 奥顿伯格·克拉斯, 239
Oldfield, Mike 奥尔德菲尔德, 迈克, 232
Oleg 奥列格, 317
Olga Rocks, Australia 奥尔加礁石, 澳大利亚, 472
Oligocene epoch 渐新世, 29
　　primitive primates 原始灵长类动物, 103
olingo 尖吻浣熊, 81
Oliver 《奥利弗!》, 227
Olivier, Laurence 奥利弗, 劳伦斯, 208
olm: distribution and habitat 洞螈：分布与生境, 73
Olter, Bailey 奥尔特, 贝利, 476
Olympian gods 奥林波斯神, 186
Olympic Games 奥林匹克运动会, 258—259, 260
　　ancient 古代的, 258
　　country medal lists 国家奖牌榜, 259
　　gold medallists 金牌榜
　　archery 射箭, 292
　　athletics 田径运动, 260
　　badminton 羽毛球, 292
　　basketball 篮球, 279
　　bobsleigh/luge 有舵雪橇/无舵雪橇, 282
　　canoeing 独木舟运动, 284
　　cycling 自行车赛, 293
　　equestrian 马术, 290
　　fencing 击剑, 291
　　gymnastics 体操, 294
　　handball 手球, 279
　　ice hockey 冰球, 282
　　ice skating 滑冰, 282—283
　　judo 柔道, 287
　　rowing 划船, 284
　　shooting 射击, 283, 294
　　swimming and diving 游泳与跳水, 262
　　weightlifting 举重, 294
　　wrestling 摔跤, 287
　　yachting 帆船运动, 285
　　modern 现代的, 258
Olympus (mountain) 奥林匹斯山
　　Cyprus 塞浦路斯, 387
　　Greece 希腊, 386
Omagh (Northern Ireland unitary authority) 奥马 (北爱尔兰单一行政机构), 356
Oman 阿曼, 401
　　defence budget 防卫预算, 343
Omar Khayyám 欧玛尔, 海亚姆, 252
On Architecture (book by Alberti) 《关于建筑学的理论》由阿尔贝蒂所著, 243
On the Discovery of the Periodic Law (book by Newlands) 《论周期律的发现》 (纽兰兹著), 133
Ondo (Nigerian state) 翁多州 (尼日利亚), 464
Onduman, Battle of 恩图曼之战, 324
1 Elel, Festival of (Jewish festival) 以禄月1日节 (犹太节日), 19

one-step (dance) 一步舞 (舞蹈), 216
Ong Teng Cheong 王鼎昌, 414
onomatopoeia 拟声法, 256
Ontario (Canadian province) 安大略省 (加拿大), 425
Oort Cloud 奥尔特云, 13
Oosterscheldedam 东斯海尔德河坝, 177
open cast mine, largest 最大的露天铜矿, 451
opera 歌剧, 226
　　advent of 出现, 219
　　oldest surviving 现存最古老的歌剧, 226
　　singers 歌剧演唱家, 228
opossum 负鼠, 77
Oppenheimer, J. Robert 奥本海默, 朱利叶斯·罗伯特, 122—123
　　atom bomb research 原子弹研究, 121
Orang-utan 猩猩, 87, 104
Orbison, Roy 奥比森, 罗伊, 232
orchestra instruments 管弦乐队乐器, 224—225
Ordovician period 奥陶纪, 29
Oregon (US state) 俄勒冈州 (美国), 429
　　state information 简介, 433
Orff, Carl 奥尔夫, 卡尔, 221
organ (instrument) 管风琴, 225
organic chemistry 有机化学, 131
organic compounds 有机化合物, 131
organic sedimentary rocks 生物结构的沉积岩, 28
organisms, first appearance of 生物的原始形态, 60
Organization of African Unity (OAU) 非洲统一组织, 341
Organization of American States (OAS) 美洲国家组织, 341
Organization of Economic Cooperation and Development (OECD) 经济合作与发展组织
Organization of Petroleum Exporting Countries (OPES) 石油输出国组织, 341
Organization of Security and Cooperation in Europe (OSCE) 欧洲安全与合作会议, 341
Orissa (Indian state) 奥蒂西邦 (印度), 407
Oriya 奥里亚语, 247
Orkney (Scottish unitary authority) 奥克尼郡 (苏格兰单一行政机构), 357
Orkney Islands 奥克尼群岛, 351
　　wind farm 风车农场, 167
Orléans, Battle of 奥尔良之战, 323
Ornithischia 鸟臀龙, 100
　　subdivisions 分支, 101
ornithomimosaurs 似鸟龙, 100, 101
Orthodox Church 东正教, 192
　　movable holidays 不固定的节日, 18
　　number of adherents 信徒人数, 189
Orthodox Judaism 正统犹太教, 200
Ortoli, Francois-Xavier 奥托利, 弗朗索瓦-扎维尔, 339
Orton, Joe 奥顿, 乔, 252
Orwell, George 奥威尔, 乔治, 252
Osborne John 奥斯本, 约翰
Osiris (Egyptian god) 俄塞里斯 (埃及神), 187
osmosis: in fish 鱼体内的渗透作用, 71
osprey 鱼鹰, 75
osteoarthritis 骨关节炎, 94

osteopathy 整骨术, 98, 99
Ostwald, Wilhelm Friedrich 奥斯特瓦尔德, 威廉·弗里德里克, 133
Osun (Nigerian state) 奥逊州 (尼日利亚的), 464
Osveyskoye 奥斯韦皮, 376
Otello 《奥赛罗》, 226
Otse, Mount 奥采山, 471
otter 水獭, 80, 81
Otto Ⅰ 奥托大帝 (一世), 317
Ottokar Ⅱ 奥托卡二世, 317
Oudenarde, Battle of 奥德纳尔德之战, 323
Ouédraogo, Kadré Desiré 韦德拉奥果, 卡德莱·迪扎尔, 463
Outer Limits Flight of Fear rollercoaster "超越极限的惊险之旅" 滑行铁道, 162
Ouyahia, Ahmed 乌维里, 艾哈迈德, 453
overlapping sets (mathematics) 交集 (数学), 138
Ovid 奥维德, 253
oviraptorosaurs 食蛋恐龙, 101
ovulation 排卵, 90
Owen, Robert 欧文, 罗伯特, 317
owen Wilfred 欧文, 威尔弗雷德, 253
Owens, Jesse 欧文斯, 杰西, 260
Owner of the Sky (Yoruban god) 天空之主 (约鲁巴人的神), 199
oxbow lakes U形湖, 44
Oxenstierna, Axel 乌克森谢纳, 阿克谢尔, 317
Oxford Movement 牛津运动, 193
Oxfordshire (English county) 牛津郡 (英格兰), 354, 355
oxygen 氧气
　　accumulation in atmosphere 大气的积累, 60
　　discovery of 发现, 133
oxymoron 矛盾修饰法, 256
Oyo (Nigerian state) 奥约州 (尼日利亚), 464
ozone layer: depletion of 臭氧层的衰减, 55

P

Pabst, Georg 派伯斯特, 格奥尔格, 208
pacemaker, heart 起搏器, 心脏, 95
Pachelbel, Johann 帕黑尔贝尔, 约翰, 221
pachycephalosaurs 肿头龙, 101
Pachycephalosaurus 肿头龙, 101
Pacific countries 太平洋国家, 476—479
Pacific Ocean see also El Niño 太平洋亦见 El Niño
　　area/average depth 面积/平均深度, 33
　　island formation in 其中岛屿的形成, 34
　　tectonic plate 板块, 30
Pacino, Al 帕西诺, 阿尔, 208
pacu 巴库鱼, 71
Paeniu, Bikenibeu 佩纽, 比肯尼比尤, 479
Paganini, Niccolò 帕格尼尼, 尼科洛, 221
Page, Geraldine 佩奇, 杰拉尔丁, 208
Pahang (Malaysian state) 彭亨州 (马来西亚), 415
Pahlavi, Mohammad Reza 巴列维, 穆罕默德·雷扎, 317
Pahlavi, Reza Shah 巴列维, 雷扎国

王, 318
Paine, Thomas 潘恩, 托马斯, 318
pair-bonding 单配结合, 75
Pakicetus 齿鲸龙, 103
Pakistan 巴基斯坦, 404
　　armed forces manpower/equipment 武装力量/装备, 343
　　Faisal mosque, Islamabad 伊斯兰堡的费萨尔伊斯兰教寺院, 404
　　provinces 省份, 404
　　rate of deforestation 森林滥伐率, 58
　　road network 公路网, 170
　　student numbers 学生人数, 327
　　UN peacekeeping mission 联合国维持和平行动, 337
Palaeocene epoch 古新世, 29
Palaeozoic Era 古生代, 29
　　arthropods 节肢动物, 68
Palau 帕劳, 477
Paleosiberian languages 古西伯利亚语, 246
Palestine: UN peacekeeping mission 巴勒斯坦：联合国维持和平行动, 337
Palestinian Entity/West Bank and Gaza 巴勒斯坦自治地区/西岸和加沙, 397
Palestrina, Giovanni 帕莱斯特里纳, 乔凡尼, 221
palindrome 回文, 256
Palladio, Andrea 帕拉第奥, 安德鲁, 243
Pallas (asteroid) 智神星 (小行星), 11, 13
Pallas-Ounastunturi (national park): location/fauna 帕拉斯-昂纳斯坦图里 (国家公园)：地理位置/动物, 107
Palm Sunday (Christian festival) 棕榈主日 (基督教节日), 18
Palme, Olof 帕尔梅, 乌洛夫, 318
Palmer, Samuel 帕尔默, 塞缪尔, 239
Palmerston, Henry John, 3rd Viscount 帕默斯顿第三子爵, 亨利·约翰, 318
Pama-Nyungan languages 帕马－尼莱根语, 246
Pan (Greek deity) 潘 (希腊神), 186
Panama 巴拿马, 444
　　continental boundary 洲分界线, 31
Panama Canal 巴拿马运河, 175
panda 熊猫
　　giant 大熊猫, 81, 105
Panday, Basdeo 潘迪, 巴斯迪奥, 442
Pandolfi, Alberto 潘多尔菲, 阿尔伯托, 450
Pangaea 联合古陆, 30
pangolin 穿山甲, 87, 85
Panipat, Battle of 巴尼伯德之战, 323
Pantheon, Bome 罗马万神殿, 242, 243
panther 黑豹, 80
Papandreou, Andreas 帕潘德里欧, 安德烈斯, 318
Papandreou, Georgios 帕潘德里欧, 季奥吉阿斯, 318
paper: annual production 纸：年产量, 328
Pappus of Alexandria 亚历山大的帕普斯, 142
Papua New Guinea 巴布亚新几内亚, 473
　　number of airports 机场数量, 168
Par'a (Brazilian state) 帕拉州 (巴西), 447
parabolas 抛物线, 141
Paracel Islands 帕拉塞尔群岛, 413

Paracelsus 帕拉切尔苏斯, 133
Paracutin (volcano) 帕里库廷（火山）, 39
paradox 悖论, 256
Paraguay 巴拉圭, 451
　　presidential palace 巴拉圭总统府, 451
　　rate of deforestation 森林滥伐率, 58
Paraiba (Brazilian state) 帕拉伊巴州（巴西）, 447
parallelogram 平行四边形, 140
paramammals 拟哺乳动物, 103
Parana (Brazilian state) 巴拉那州（巴西）, 447
Paran'a (river) 巴拉那河
　　Itaipu Dam 伊泰普坝, 167, 177
　　length/source/course 巴拉那河：长度/发源地/河道, 46
Parasaurolophus 巨冠, 101
Pardee Arthur Beck 帕迪·阿瑟·贝克, 133
Parham, Charles 帕勒姆，查尔斯, 192
Paris, Treaty of 《巴黎条约》, 338
Parker, Charlie 帕克，查利, 229
Parmenides of Elea 巴门尼德（埃利亚的）, 184
Parmigianino 帕米贾尼诺, 239
Parnell, Charles Stewart 巴涅尔，查理·斯图尔特, 318
paredy 游戏作品, 256
parrotfish 鹦嘴鱼, 71
Parry, Hubert 帕里，休伯特, 221
parsec 秒差距, 9
Part, Arvo 帕特，阿夫, 221
Parthenon, Athens 雅典帕台农神庙, 242
Particle Beam Fusion Accelerator Ⅱ 粒子光速聚变加速器Ⅱ, 118
Parvati (Hindu goddess) 雪山神女（印度女神）, 196
Pascal, Blaise 帕斯卡，布莱斯, 122, 182, 184
pasodoble (dance) 双步舞, 216
Pasolini, Pier Paolo 帕索里尼，皮埃尔·波罗, 208
passacaglia (dance) 双步舞（舞蹈）, 216
Passchendaele, Battle of 帕斯甄蒂尔之战, 324
passenger airlines, top 最大客运航空公司, 169
Pasternak, Boris 帕斯捷尔纳克，鲍里斯, 253
Pasteur, Louis 巴斯德，路易斯, 109
pastiche 模仿作品, 256
pastoral (literary form) 牧歌（文学术语）, 256
Patass'e, Ange 帕塔塞，昂热, 467
patents: what they are 什么是专利, 164
Pater, Walter Horatio 佩特，沃尔特·哈拉蒂奥, 253
Patterson, Percival J. 帕特森，珀西瓦尔, 439
Patton, George Smith 巴顿，乔治·史密斯, 318
Paul Ⅲ 保罗三世, 318
Paul, St 圣保罗, 318
Paul Jones (dance) 保罗·琼斯舞（舞蹈）, 216
Pauli, Wolfgang 泡利，沃尔夫冈, 118, 122
Pauling, Linus 泡令，莱纳斯, 133
pavane (dance) 帕凡舞（舞蹈）, 216
Pavarolti, Luciano 帕瓦罗蒂，卢恰诺, 228

Pavia, Battle of 帕维亚之战, 323
Paviov, Ivan 巴甫洛夫，伊凡, 109
Pavlova, Anna 帕夫洛娃，安娜, 217
Pax (Roman deity) 帕克斯（罗马神）, 186
Paxinou, Katina 帕克西诺，卡蒂娜, 208
Pays de la Loire (French region) 卢瓦尔河地区（法国大区）, 366
Paz, Octavio 帕斯，奥克塔维奥, 253
Peace, Nobel Prize for 诺贝尔和平奖, 334—335
Peak-tu 将军岭, 42
Peano, Giuseppe 皮亚诺，吉赛皮, 142
Pearl Jam 珀尔·贾姆乐队, 232
Pears, Peter (Neville Luard), Sir 皮尔斯，彼得爵士, 228
Pearson, Karl 皮尔逊，卡尔, 142
Pearson, Lester Bowles 皮尔逊，列斯特·鲍尔斯, 318
peccary 西猯, 78
Pechora (river) length/location/course 伯朝拉河：长度/位置/河道, 45
Peck, Gregory 佩克，格雷戈里, 208
Peckinpah, Sam 佩金伯，萨姆, 208
Peel, Robert 皮尔，罗伯特, 318
Peirce, Charles S. 皮尔斯，查尔斯, 184
Pel'e 贝利, 267
Pelée (volcano) 培雷山（火山）, 39
pelota vasca 回力球, 280
Peltier, Jean-Charles 珀尔帖，吉恩–查尔斯, 123
Pembrokeshire (Welsh unitary authority) 彭布鲁克郡（威尔士单一行政机构）, 356
Pembrokeshire Coast (national park): location/fauna 彭布鲁克郡海岸（国家公园）：地理位置/动物, 107
Penderecki, Krzysztof 彭德雷茨基，克日什托夫, 221
pendulum clock 摆钟, 20
penguin 企鹅, 74
penicillin 盘尼西林, 61
Penn, William 佩恩，威廉, 318
Pennsylvania (U.S. state) 宾夕法尼亚州（美国）
　　state information 简介, 433
Penrose, Roger 彭罗斯，罗杰, 123
penstocks 节制闸门, 144
Pentagon, the 五角大楼, 176
Pentecost (Christian festival) 圣灵降临节（基督教节日）, 18
Pentecostals 五旬节派, 192
Penzias, Arno Allan 彭齐亚斯，阿诺·阿尔, 8, 123
Perak (Malaysian state) 霹雳州（马来西亚）, 415
percentages 百分数, 137
perception 感知（觉）, 96
perching birds 栖木鸟, 74
percussion instruments 打击乐器, 224—225
Pere David's deer 麋鹿, 105
perennial rivers 常年性河流, 44
Perez de Cuellar, Javier 佩雷斯·德奎利亚尔, 337
perfect numbers 完全数, 136
Percles 伯里克利, 318
perigrine falcon 游隼, 75
periodic table 元素周期表, 133
periods, Earth's 地质时间单位, 纪, 29
perissodactyls 奇蹄动物, 79

Perkins, Kieren 珀金斯，基伦, 262
Perlis (Malaysian state) 玻璃市州（马来西亚）, 415
Permian extinction 二叠纪大灭绝, 68
Permian period 二叠纪, 29
Pemambuco (Brazilian state) 伯南布哥州（巴西）, 447
Perón, Juan 庇隆, 318
Pérotin 佩罗坦, 222
Perrin, Jean 皮兰，吉恩, 123
Persephone (Greek deity) 珀耳塞福涅（希腊神）, 186
Pershing, John Joseph 潘兴，约翰·约瑟夫, 318
Persian Gulf 波斯湾
　　area/average depth 面积/平均深度, 33
　　highest temperature 最高温度, 33
persistence of vision 视觉暂留, 202
personal computer, first 第一台个人计算机, 178
personality 个性, 96
Persson, Goran 珀森，戈兰, 349
Perth & Kinross (Scottish unitary authority) 珀思和金罗斯（苏格兰单一行政机构）, 357
Peru 秘鲁, 450
　　endangered animals 濒危动物, 104
　　higher education students 高等教育, 327
　　Majes dam project 梅杰斯大坝工程, 144
Pesah (Jewish festival) 逾越节（犹太节日）, 18, 200
pesticide pollution 杀虫剂污染, 57
Pet Shop Boys 宠物店男孩乐队, 232
Pétain, Henri Philippe 贝当，亨利·菲力浦, 318
Petawatt laser 帕特瓦特激光, 157
Peter, St 圣彼得, 318
Peter Grimes 《彼得·格莱姆斯》, 226
Peter Ⅰ, the Great 彼得一世"大帝", 318
St Petersburg 圣彼得堡, 244
Petersen, Oscar 彼得森，奥斯卡, 229
Petrarch, Francesco 彼特拉克，弗朗切斯科, 253
Petronas Towers 国家石油大厦, 177
Petronius 佩罗尼乌斯, 253
Pevsner, Antoine 佩夫斯纳，安东尼, 239
Pfalzerwald (national park): location/fauna 巴戈泽沃德（国家公园）：地理位置/动物, 107
phagocytes 吞噬细胞, 90
Phantom of the Opera 《歌剧幽灵》, 227
Philip Ⅱ (king of Macedonia) 腓力二世, 318
Philip Ⅱ (king of Spain) 腓力二世, 318
Philip Ⅱ Augustus 腓力二世，奥古斯都, 318
Philip Ⅲ, the Good 好国王腓力三世, 318
Philip Ⅳ 腓力四世, 318
Philip Ⅳ, the Fair "美男子"腓力四世, 318
Philip Ⅵ 腓力六世, 318
Philippine Sea, Battle of the 菲律宾海战, 324
Philippine Trench 菲律宾海沟, 33
Philippines 菲律宾, 413
　　Filipino Autonomous Region 菲律宾自治区, 413

murders 谋杀案, 327
rate of deforestation 森林滥伐率, 58
road network 公路网, 170
Zamboanga Mosque 赞伯安加清真寺, 19
Philosophical Hinduism 印度教的教义, 196
philosophy 哲学, 184—185
　　terms and theories 术语和学说, 185
Phnum Aural 奥拉山, 412
phobias 恐惧症, 97
Phoeniciam alphabet 腓尼基字母, 248
phosphates: annual production 磷酸盐年产量, 328
photochemical smog 光化学烟雾, 56
photocopier 光学复印机, 154
photosphere (Sun) 光球（太阳）, 10
photosynthesis 光合作用, 60, 64
Phou Bia 普比亚山, 413
Phoumsavanh, Nouhak 冯沙万，诺哈, 413
physicists 物理学家, 120—125
physics 物理学, 114—119
　　atomic theories 原子论, 118
　　concepts in modern 现代物理学概念, 119
　　electromagnetism 电磁学, 116—117
　　electromagnetic speetrun 电磁波谱, 117
　　heat and work 热和功, 115
　　motion and mechanics 运动和力学, 114—115
　　special and general theories of relativity 狭义相对论和广义相对论, 119
　　waves 波, 116
phytoplankton, marine 海上浮游植物, 69
pianoforte (piano) 钢琴, 225
Piauí (Brazilian state) 皮奥伊州（巴西）, 447
Piazza San Pietro, Rome 罗马圣彼得广场, 243
Piazzi, Giuseppe 皮亚齐，吉塞坡, 11
Pic La Selle 塞勒峰, 438
Picabia, Francis 皮卡比阿，弗朗西斯, 239
Picardy (French region) 皮卡第（法国大区）, 366
Picasso, Pablo 毕加索，帕布罗, 239, 241
piccolo 短笛, 224
pichiciegos 铠鼹, 84
Pickford, Mary 璧克馥，玛丽, 208
Pico (Azores) 皮库山（亚速尔群岛）, 358
Pico Bolivar 玻利瓦尔峰, 445
Pico Cristobal Colón 哥伦布峰, 444
Pico da Neblina 内布利纳峰, 447
Pico de Basilé 斯蒂贝尔峰, 465
Pico de Sao Tomé 圣多美峰, 466
Pico de Teide (volcano, Canary Islands) 皮库–迪泰德（火山，加那利群岛）, 38, 359
Pico Duarte 杜阿尔特峰, 438
Pico Mogoton 莫戈顿峰, 437
Pico Turquino (Cuba) 图尔基诺峰（古巴）, 435
pictographs/pictograms 图表/象形文字, 137, 248
Pidgeon, Walter 皮金，沃尔特, 208
Pidurutalagala 皮杜鲁塔拉格勒山, 407
pie chart 饼形图, 137
Piemonte (Ｉtalian region) 皮埃蒙特（意大利行政区）, 379
Pierce, Frankin 皮尔斯，富兰克林, 318

Piero della Francesca 皮埃罗·德拉·弗朗西斯卡 239
pig 野猪，78
Pik Pobedy 波伯迪峰，403
pika 鼠兔，84，85
Pilate, Pontius 彼拉多，庞修斯，318
Pilsudski, Józef 毕苏斯基，约瑟夫，318
Pinatubo, Mount (volcano) 皮纳图博山（火山）39
pollution from 造成污染，56
Pindar 品达罗斯，253
pine trees 松树，63
Ping-Pong 乒乓球，281
Pink Floyd 漂亮的弗洛伊德乐队，232
pinnipeds 鳍足亚目动物
Pinochet Ugarte, Augusto 皮诺切特，奥古斯都，318
Pinter, Harold 品特，哈罗德，253
pipelines, oil and natural gas 石油与天然气管道，166
Pirandello, Luigi 皮兰德娄，路易吉，253
Pisanello, Antonio 皮萨内洛，安东尼奥，239
Pisano, Giovanni 皮萨诺，乔瓦尼，239
Piscator, Erwin 皮斯卡托尔，埃尔温，208
Pissarro, Camille 毕沙罗，卡米耶，239
Pitcairn 皮特凯恩岛，477
pitch (music): indicating 音高，219
Pitney, Gene 皮特尼，吉恩，232
Pitt, Brad 皮特，布拉德，208
Pitt, William, 'the Elder', 1st Earl of Chatham 老皮特，威廉·查塔姆第一位伯爵，318
Pitt, William, 'the Younger' 小皮特，威廉，318
Pius IX 庇护九世，318
pivotal joint 车轴关节，88
Pizarro, Francisco 皮萨罗，弗朗西斯科，318
placenta 胎盘，90
plague 鼠疫，92，93
Plain of Jars 查尔斯平原，413
plainsong 素歌，218
Planchon, Roger 普朗维，罗歇，208
Planck's Equation 普朗克方程式，119
Planck, Max 普朗克，马克斯，123
plane geometry 平面几何，139
plane joint 平面关节，88
planets 行星，10—12
minor 小行星，11
plankton 浮游生物，69，83
Planté, Gaston 普兰特，加斯顿，117
plants/plant kingdom 植物/植物界，62—65
angiosperms 被子植物，62，64—65，
evolution of plants 植物的进化，62
gymnosperms 裸子植物，63
numben of flowering plants and trees 显花植物与树木的数量，62
phobias 恐惧症，97
pollution damage 污染破坏，56
spore-bearing plants 孢子植物，62—63
what it is 什么叫植物，62
Plassey, Battle of 普拉西之战，324
Plataea, Battle of 普拉蒂亚之战，322
Plateau (Nigarian state) 高原州（尼日利亚），464
Plateosaurus 板龙，101
Plath, Sylvia 普拉斯，西尔维亚，253

Plato 柏拉图，123，184—185，253
Player, Gary 普莱耶，加里，273
Pleiades (constellation) 昴星团（星座），187
Pleistocene epoch 更新世，29
plesiosaurs 蛇颈龙，100
Pliny (the Elder) 老普林尼，109
death 死亡，108
Pliny the Younger 小普林尼，253
Pliocene epoch 上新世，29
primitive primates 原始灵长类动物，103
plot (literary term) 情节（文学术语），256
Plutarch 普路塔克，253
Pluto (Greek deity) 普路托（希腊神），186
Pluto (planet) 冥王星（行星），12
satellites 卫星，12，13
statistics table 统计表，11
Poe, Edgar Allan 坡，埃德加·爱伦，253
poem 诗，256
poetry: forms' and terms 诗：形式与术语，256
pogo (dance) 弹簧高跷舞，216
Poincaré, Henri 庞加莱，亨利，123，142
poison 毒
amphibians 两栖动物，7
arachnids 蜘蛛类动物，68
cephalopods 头足类动物，67
echinoderms 棘皮动物，67
fish 鱼，70
plants 植物，65
shrews 鼩，85
snakes 蛇，73
poison-arrow frogs, blue 蓝色毒箭蛙，72
Poitier, Sidney 波蒂埃，悉尼，208
Poitiers, Battle of Arab conquest 普瓦捷，阿拉伯征服战，322
Hundred Years War 百年战争，323
Poitou-Charentes (French region) 普瓦图—夏朗德（法国大区），366
Pol Pot 波尔布特，318
Polacanthus 多脊龙，101
Poland 波兰，371
Katowice 卡托维茨，371
number of cars 汽车数量，171
railway system 铁路系统，173
road network 公路网，170
Polanski, Roman 波兰斯基，罗曼，208
polar bear 北极熊，80，81
polecat 臭鼬，81
Polgar, Judit 波尔加，尤迪特，292
Poliakov, Valeri 波利雅科夫，瓦列里，14，17
Police, The 警察乐队，233
Polish 波兰语，247
politics 政治的
interfering with science 与科学相抵触的政治，125
world leaders 世界领导人，332—335
Polk, James 波尔克，詹姆斯，318
polka (dance) 波尔卡舞（舞蹈），216
pollination 受粉，64，65
Pollock, Jackson 波洛克，杰克逊，239
pollution 污染，56—57
acid precipitation 酸性降水，56
air 大气污染，56—57
fossil fuels 矿物燃料，166

land 土壤污染，57
photosynthetic bacteria and 光合细菌，60
water 水污染，57
polo 马球，290
Polo, Marco 波罗，马克，318
Poltave, Battle of 波尔塔瓦之战，323
polygons 多边形，139
polyhedron 多面体，141
polymers 聚合物，131
polyphony 复调音乐，218
polyps 珊瑚虫，67
Pombal, Sebastiao José de Carvalho, Marquis of 蓬巴尔侯爵，318
Pompey the Great 庞培大帝，318
Pompidou Centre, Paris 巴黎的蓬皮杜艺术文化中心，365
Pondicherry Union Territory (India) 本地治理联邦地区（印度），407
Ponga (Hindu festival) 奶粥节，19
Pontormo, Jacopo 蓬托莫，雅各布，239
Ponud, Ezra 庞德，埃兹拉，253
Pop Art 波普艺术，241
pop music 流行音乐，230—233
artists 流行音乐艺术家，230—233
fastest-selling single 最畅销的单曲唱片，230
fastest-selling/bestselling albums 最畅销的流行歌曲集，230
history 流行音乐历史，230
Popes, succession of 历代教皇，191
Popocatépetl (volcano) 烟峰，阿尔蒂普拉诺德（火山），38
Popp, Lucia 波普，露契亚，228
Popper, Karl 波普，卡尔，185
population 人口
consequences of deforestation 滥伐森林的后果，58
demand for housing 住房需求，245
earthquake measurement and 地震测量，41
islands 岛屿，35
major cities 主要城市，326
porcupine 豪猪，84
porpoise 鼠海豚，83
Port-au-Prince slums, Haiti 太子港的贫民区，海地，438
Porter, Cole 波特，科尔，228
Porter, Edwin 鲍特，埃德温，208
Porter, Eric 波特，埃里克，208
ports, major 主要的港口，174
Portugal 葡萄牙，358
autonomous regions 自治区，358
dependencies 属地，358
EU membership 欧盟成员，339
number of cars 汽车数量，171
Portuguesa (Venezuelan state) 波图格萨州（委内瑞拉），445
Portuguese language 葡萄牙语，247
Poseidon (Greek god) 波塞冬（希腊神），186
positron 正电子，118
Post-Modern Architecture (book by Jencks) 《后现代主义建筑》詹克斯著，245
Post-Modernist architecture 后现代主义建筑，245
potatoes: annual production 马铃薯年产量，329
Potter, Beatrix 波特，贝特里克斯，253
pottos 树熊猴，86
Poulenc, Francis 普郎克，弗朗西斯，222
Pouisen, Vaidernar 浦耳生，瓦尔德马，182

Poussin, Nicolas 普桑，尼古拉，239
Powell, Michael 鲍威尔，迈克尔，208
powerboat racing 摩托艇赛，284
powerlifting 强力举重，294
powers (mathematics) 乘方（数学），136
same number 同底乘方，138
Powys (Welsh unitary authornty) 波厄斯郡（威尔士单一行政机构），356
Poynting, John Henry 坡印廷，约翰·亨利，123
prairie dog 草原尤鼠，84
prawn 对虾，69
prayer (Muslim) 朝功或礼功（穆斯林），195
Pre-Raphaelites 拉斐尔前派，238
Precambrian Era 前寒武代，26，29
precipitation 降水量
acid 酸性降水，56
average 平均降水量，51
deserts 沙漠降雨量，44
categorization by 根据降水量划分沙漠，48
ephemeral rivers 暂时性河流，44
global variations 全球变化，55
Great Plains (USA) 大平原，428
perennial rivers 常年河流，44
sea water 海水，32
what it is 什么是降水量，45，51
preen giand (birds) 鸟的梳妆腺，74
prehensile hands/feet 具缠绕性的手或足，86
prehistoric animals 史前动物，102—103
prehistoric buildings 史前建筑，242
Preminger, Otto 普雷明格，奥托，208
Presbvterians 长老会，192
Presle, Micheline 普雷勒，米舍利娜，208
Presley, Elvis 普雷斯利，埃尔维斯，233
Pressburger, Emeric 普里斯伯格，埃默里克，208
Prevoal, Réné 普雷瓦尔，勒内，438
Prévost, Antoine-Francois 普雷沃，安东尼–弗朗索瓦，253
prey, birds of 鸟的猎物，75
Price, Leontyne 普赖斯，莱昂泰恩，228
Priestley, J (ohn) B (oynton) 普里斯特里，约翰·鲍顿，253
Priestley, Joseph 普里斯特利，约瑟夫，133
discovery of oxygen 氧的发现，133
primates 灵长目动物，86—87
endangered species 濒危动物，104
first 最早的，76
gibbon (lesser apes) 长臂猿（小型猿），87
great apes 巨型猿，87
lemur 狐猴，87
loris, potto and galago 懒猴、树熊猴和丛猴，86
marmoset and tamarin 狨和小绢猴，87
tarsier 眼镜猴，86—87
what they are 什么叫灵长目动物，86
prime numbers 质数，136
Prince Edward Island (Canadian province) 爱德华王子岛省（加拿大），425
Prince/TAFKAP 王子/普林斯，233
Pripet Marshes 普里皮亚特沼泽，389
prism 棱柱体，141
Prix de l'Arc de Triomphe 凯旋门奖赛，

290
winners 获胜者, 291
probability 概率, 138—139
proboscis monkey 长鼻猴, 87
proconsul 普罗猿, 103
Procoptodon 袋龙, 103
Prodi, Romano 普罗迪, 罗马诺, 334, 378
Prodigy 天才乐队, 233
programs, computer 程序, 计算机, 178
prokaryotes 原核生物, 61
Prokofiev, Sergey 普罗科菲耶夫, 谢尔盖, 222
Prometheus (Greek deity) 普罗米修斯（希腊神）, 186
Propalaeotherium 马趾龙, 103
proportion (mathematics) 比例（数学）, 137
prosauropods 蜥脚龙, 101
prose 散文, 256
Proserpina (Roman deity) 普罗瑟庇娜（罗马神）, 186
prosimians 原猴亚目动物, 86
prosody 韵律字, 256
Protestantism 新教, 192—193
number of adherents 信徒人数, 189
protists 原生生物, 61
proto-galaxies 原星系, 8
Protoceratops 原角龙, 101
protons 质子, 11, 126
Proudhon, Pierre-Joseph 蒲鲁东, 皮埃尔—约瑟夫, 318
Proust, Joseph Louis 普鲁斯特, 约瑟夫·路易斯, 133
Proust, Marcel 普鲁斯特, 马塞尔, 253
Provence-Alpes-Cote-d'Azur (French region) 普罗旺斯山—蓝岸（法国大区）, 366
psittacosaurs 鹦鹉龙, 101
psychiatry 精神病学, 96
psychoanalysis 精神分析学, 96
psychology 心理学, 96—97
learning and memory 学习与记忆, 96
motivation 动机, 96
perception 知觉, 96
personality 个性, 96
phobias 恐惧症, 97
schools of 学派（心理学）, 96
psychometrics 心理测量学, 96
psychopathology 精神病理学, 96
Ptah (Egyptian god) 卜塔（埃及神）, 187
Ptah-Soker-Osiris (Egyptian god) 卜塔—索克—奥塞里斯（埃及神）, 187
Pteranodon (无齿) 翼龙, 102
Pterodactyl 翼趾龙, 102
pterosaurs 翼龙, 100, 102
Ptolemy I, Soter 托勒密一世, 骚特, 318—319
Public Enemy 公敌乐队, 233
Puccini, Giacomo 普契尼, 贾科莫, 222
operas by 歌剧, 226
Puebla (Mexico) 普埃布拉（墨西哥）, 435
Puerto Rico 波多黎各, 439
murders 谋杀案, 327
Puerto Rico Trench 波多黎各海沟, 33
pufferfish 河豚, 70, 71
Puglia (Italian region) 普利亚（意大利行政区）, 379
Pulau Penang (Maltaysian state) 槟榔屿州（马来西亚）, 415

Pulitzer Prize winners 普利策奖获得者, 255
pulmonary artery 肺动脉, 89
Pulp 果酱乐队, 233
pulsars 脉冲星, 9
pun 双关语, 256
Punjab (Indian state) 旁遮普邦（印度）, 407
Punjab (Pakistani province) 旁遮普省（巴基斯坦）, 404
Punjabi language 旁遮普语, 247
Purace (voicano) 普瑞塞火山, 38
Purcell, Henry 普赛尔, 亨利, 222
Purgatorius 伯加龙, 103
Purim (Jewish festival) 普饵日（犹太教节日）, 18
Purus (river): length/source/course 普鲁斯河: 长度/发源地/河道, 47
Pushkin, Alexander 普希金, 亚历山大, 253
Pushto 普什图语, 247
Putonghua 普通话, 247
Pydna, Battle of 彼得那之战, 322
pygmy antelope 小羚羊, 84
pygmy chimpanzee 倭黑猩猩, 87
pygmy hippopotamus 倭河马, 78
pygmy white-toothed shrew 白齿鼩, 85
Pym, John 皮姆, 约翰, 319
pyramids 金字塔
Egyptian 埃及, 242
geometry 几何学, 141
of Quetzalcoatl 魁扎尔科亚特尔金字塔, 177
Pythagoras 毕达哥拉斯, 142

Q

Qa'ud, Abd al-Majid al- 库欧德, 阿布杜尔—马吉德, 452
Qaboos bin Said 卡布斯·本·赛义德, 401
Qatar 卡塔尔, 401
primary class sizes 小学班型, 327
Qinghai (Chinese province) 青海省（中国）, 418
QL Induction Lamp QL感光灯, 146
Quadisiya, Battle of 夸地西亚之战, 322
quadrilaterals 四边形, 140
quadrille (dance) 方阵舞（舞蹈）, 216
Quaid-e-Azam Trophy winners 卡伊德—伊—阿扎姆杯获胜队, 271
quantum theory 量子论, 119
Schrodinger's Cat 薛定谔的猫, 119
quarks 夸克, 8, 118
quartz clocks 石英钟, 20
Quaternary period 第四纪, 29
quatrain 四行诗, 256
Quebec (Canadian province) 魁北克省（加拿大）, 425
Queen 皇后乐队, 233
Queen Alexandra's birdwing 鸟翼蝶, 105
Queen Anne Revival architecture 安妮女王风格的建筑, 244
Queen Maud Land 毛德皇后地, 480
Queensbury, 8th Marquess of 昆斯伯里第八代侯爵, 286
Queensland (Australian state) 昆士兰州（澳大利亚）, 473
Queretaro (Mexico) 克雷塔罗（墨西哥）, 435
Quetzalcóatl Pyramid 魁扎尔科亚特尔金字塔, 177
quickstep (dance) 快步舞, 216

Quine, Willard van Orman 奎因, 威拉德·范·奥曼, 138
Quinn, Anthony 奎恩, 安东尼, 208
Quintana Roo (Mexico) 金塔纳罗奥（墨西哥）, 435
Qur'an: style of alphabet 《古兰经》: 字母形式, 249
Qurnat as-Sawda 古尔奈-萨乌达峰, 397

R

Rabbani, Prof, Burahanuddin 拉巴尼, 布尔汉努丁教授, 405
Rabelais, Francois 拉伯雷, 弗朗索瓦, 253
Rabi, Isidor Isaac 拉比, 伊西多尔·艾萨克, 123
rabies 狂犬病, 93
Rabuka, Sitiveni 兰布卡, 西蒂维尼, 478
raccoon dog 浣熊, 81
raccoons and their relatives 浣熊及其缘动物, 81
Racine, Jean 拉辛, 让, 253
racketball/racquetball 板网球, 280
rackets 墙网球, 280
radar 雷达, 150—151
Radarange 雷达灶, 151
Radcliffe, Mrs (Ann) 拉德克利夫夫人, 安, 253
Radhakishun, Pretaapnarian 罗瑞哈凯逊, 普瑞泰普南瑞恩, 443
radiation 辐射, 115
radiation sickness 辐射病, 95
radical therapy 基本疗法, 96
radio waves 无线电波, 116
radioactive decay dating method 放射性元素衰变确定年代法, 27
radioactivity 放射性, 118
Radiohead 无线电头脑乐队, 233
radula 齿舌, 67
rafflesia, giant 巨形大花葶, 64
Ragnarok 世界末日, 187
rail transport 铁路运输, 172—173
first steam locomotive 第一辆蒸汽机车, 172
largest railway systems 最大的铁路系统, 173
longest metro system 最长的地铁系统, 173
maglev train 磁悬浮火车, 162—163
passenger journeys 旅客旅行, 172
rail freight 铁路货运, 172
station architecture 火车站建筑, 244
Raimu 雷米, 208
rainforest: destruction of 热带雨林的破坏, 58
Rainier, Mount (voicano) 雷尼尔峰（火山）, 38
rainwater: source of river water 雨水: 河水之源, 45
Rajastan Canal 拉贾斯坦运河, 175
Rajasthan (Indian state) 拉贾斯坦邦（印度）, 407
Rake's Progress, The 《浪子历程》, 226
Rakhine (Burmese state) 若开邦（缅甸）, 411
Rakhmaninov, Sergey 拉赫马尼诺夫, 谢尔盖, 222
Rakhmanov, Imamali 拉赫莫诺夫, 埃马莫利, 458
Rakotovahiny, Emmanuel 拉库图瓦希尼, 埃马纽埃尔, 458

Raksha Bandhan (Hindu festival) 佩镯节（印度教节日）, 19
Ramadan (Islamic festival) 斋月（伊斯兰教节日）, 19
Ramakrishna utsav (Hindu festival) 罗摩克里希纳节（印度教节日）, 19
Raman, Chandrasekhara Venkata 喇曼, 昌德拉塞卡拉·文卡塔, 123
Ramanavami (Hindu festival) 罗摩诞辰节（印度教节日）, 19
Ramanujan, Srinivasa Aaiyangar 罗摩阁奴, 142
Ramapithecus 腊玛古猿, 103
Ramayana (ancient literature) 《罗摩衍那》（古代文学）, 196
Rameau, Jean-Philippe 拉莫, 让-菲利普, 222
Ramgoolam, Dr Navinchandra 拉姆古兰, 纳文爵士, 459
Ramillies, Battle of 拉米伊之战, 323
Ramlo 拉姆罗山, 455
Ramsay, Sir William 拉姆齐, 威廉爵士, 133
Ramses II 拉美西斯二世, 319
Ramses III 拉美西斯三世, 319
Ranji Trophy winners 兰季杯获胜队, 271
Ransome, Arthur 兰塞姆, 阿瑟, 253
Rao, Raja 劳, 拉亚, 253
Raphael 拉斐尔, 239
rapids 急流, 45
Ras al-Khaimah 哈伊马角, 400
Ras Dashen 达尚峰, 454
Rasizade, Artur 莱西扎德, 阿特, 395
Rasmussen, Poul Nyrup 拉斯姆森, 保尔·尼罗普, 348
Rasputin, Grigori 拉斯普廷, 格雷高里, 319
Rastafarianism (religion) 塔法里教, 189
ratel 蜜獾, 81
Rathenau, Walther 拉特瑙, 维阿特尔, 133
ratio 比, 137
rational numbers 有理数, 137
ratites 平胸鸟, 75
rat 家鼠, 84
Ratsiraka, Didier 拉兹拉卡, 迪迪尔, 458
rattlesnake 响尾蛇, 73
Rauschenberg, Robart 劳申伯格, 罗伯特, 239
Ravel, Maurice 拉威尔, 莫里斯, 222
Rawanduz 赖万杜兹峰, 399
Rawlings, Jerry 罗林斯, 杰里, 334, 463
Ray, Man 雷, 曼, 239
Ray, Satyajit 雷伊, 萨蒂亚吉特, 208
Rayleigh, Lord 瑞利, 洛德, 123
Re-Harakhti (Egyptian god) 瑞-哈拉克蒂（埃及神）, 187
Re/Ra (Egyptian god) 瑞（埃及神）, 187
Reagan, Ronald 罗纳德, 里根, 319
real tennis 纯网球, 280
Realism (art) 现实主义画派（美术）, 238
Réamur, René-Antoine de 雷默, 雷内—安冬尼·德, 109
rectangle 矩形, 140
red fox 赤狐, 80—81
Red List 红名录, 104
Red River delta 红河三角洲, 412
Red Rum 红拉姆, 291
Red Sea 红海
area/average depth 面积/平均深度, 33

evaporation 蒸发, 32
formation of 红海的形成, 30
Red Sea Rift 红海裂缝, 30
red-shift 红移, 8
Red Stripe Cup winners 红条纹杯获胜队, 270
Redford, Robert 雷德福, 罗伯特, 208
Redgrave, Michael 雷德格雷夫, 迈克尔, 208
Redgrave, Staeve 雷德格雷夫, 斯蒂文, 285
Redgrave, Vanessa 雷德格雷夫, 瓦妮莎, 208
Redon, Odilon 雷东, 奥德诺, 239
redox reactions（chemistry） 氧化还原反应, 131
Redwood（national park）: location/fauna 红木（国家公园）: 地理位置/动物, 107
Reed, Carol 里德, 卡罗尔, 208
Reed, Oliver 里德, 奥立弗, 208
Reeves, Jim 里弗斯, 吉姆, 233
reflection 反射, 116
reflexology 反射学, 99
Reformed Christians 归正宗, 192
Reformed Judaism 犹太教改革派, 200
refraction 折射, 116
reggae（dance） 雷盖舞（舞蹈）, 216
Regiomontanus 雷乔蒙塔努斯, 142
Reich, Steve 赖克, 斯蒂夫, 222
reindeer 驯鹿, 79
Reinhardt, Django 赖恩哈特, 詹戈, 229
Reinhardt, Max 赖恩哈特, 马克斯, 208
Reisz, Karel 赖斯, 卡雷尔, 208
Réjane 雷雅娜, 208
relativity, special and general theories of 狭义相对论和广义相对论, 119
religions 宗教
  ancient 古代宗教, 186—187
  Asian and African 亚非宗教, 198—199
  Indian 印度宗教, 196—197
  modern 现代宗教, 188—189
  worldwide distribution 世界分布, 188
  new 新兴宗教, 188
  number of adherents 信徒人数, 189
  phobias 恐惧症, 97
  primal 原始宗教, 189, 199
Religious music 宗教音乐, 218
REM（pop group） REM乐队（流行乐队）, 233
Rembrandt van Rijn 伦勃朗·范赖恩, 239
  A Woman Bathing in a Stream 《溪中沐浴的女人》, 239
  Self Portrait 《自画像》, 241
Renaissance architecture 文艺复兴时期的建筑, 243
Renaissance Man 文艺复兴人, 243
René, Albert 勒内, 阿尔贝, 459
Renfrewshire（Scòttish unitary authority） 伦弗鲁郡（苏格兰单一行政机构）, 357
Renoir, Auguste 雷诺阿, 奥古斯特, 239
  Odalisque 《宫女画》, 239
  Portrait of Claude Monet 《克劳德·莫奈肖像》, 241
Renoir, Jean 雷诺阿, 让, 208
repeat signs（music） 反复记号（音乐）, 219
reproduction 繁殖
  amphibians 两栖动物, 72

birds 鸟, 75
fish 鱼, 71
human 人类繁殖, 90
female reproductive organs 女性生殖系统, 90
monotremes and marsupials 单孔目动物与有袋目动物, 77
primates 灵长目, 86
primitive animals 原始动物, 67
reptiles 爬行动物, 73
  simple life forms 原始生命形态, 61
  spore-bearing plants 孢子植物, 62—63
  anatomy 生理解剖, 73
  comparison with birds 与鸟的比较, 74
  defence behaviour 防御行为, 73
  diet 饮食, 73
  distribution and habitat 分布与生境, 73
  endangered species 濒危动物, 105
  extinctions 灭绝, 100
  forest dragon 林龙, 73
  movement 行走, 73
  prehistoric 史前的爬行动物, 102, 102
  synapsids and therapsids 低级爬虫类爬行动物与兽孔类爬行动物, 103
reproduction 繁殖, 73
Republika Srpska 塞族共和国, 385
reservoirs, largest 最大的水库, 43
Resnais, Alain 雷乃, 阿兰, 208
Resphigi, Ottorino 雷斯皮吉, 奥托里诺, 222
respiration 呼吸, 61
respiratory system 呼吸系统, 90
retinitis pigmentosa 色素性视网膜炎, 95
Réunion 留尼汪, 459
Rey, Jean 雷, 让, 339
Reynauld, Paul 雷诺, 保罗, 319
Reynolds, Joshua 雷诺兹, 乔舒亚, 239
Rhea（Greek deity） 瑞亚（希腊神）, 186
Rhee, Syngman 李承晚, 319
Rheinland-Palatinate（German state） 莱茵兰-普法耳茨州（德国）, 371
rhetoric 修辞学, 256
rheumatoid arthritis 风湿性关节炎, 94
Rhine（river） 莱茵河:
  length/location/course 长度/位置/河道, 45
  source 水源头, 45
rhinoceros 犀牛, 79
  endangered species 濒危动物, 104
rhizome 根茎, 64
Rhode Island（US state） 罗得岛州（美国）, 429
  state information 简介, 433
Rhodes, Cecil 罗得斯, 赛西尔, 319
Rhodes, Colossus of 罗得岛巨像, 176
rhombus 菱形, 140
Rhône（river）: source 罗讷河: 发源地, 45
Rhône-Alpes（French region） 罗讷—阿尔卑斯（法国大区）, 366
Rhonnda, Cynon, Taff（Welsh unitary authority） 朗达, 西农, 塔夫, 356
rhyme 韵, 256
Ribbentrop, Joachim von 里宾特洛甫, 约阿西姆·冯, 317, 319
ribosomal RNA: gene coding sequence 核糖体核糖核酸: 基因编码序列, 60
Ricci-Curbastro, Gregorio 里奇—库尔巴斯特洛, 格利高里, 142

rice: annual production 大米年产量, 329
Richard, Cliff 理查德, 克利夫, 233
Richard I, the Lionheart "狮心王"理查一世, 319
Richard III 理查三世, 319
Richardson, Ralph 理查森, 拉尔夫, 208
Richardson, Samuel 理查逊, 塞缪尔, 253
Richelieu, Armand-Jean du Plessis, Duc de 黎塞留, 阿尔芝·让·杜·普莱西, 319
Richie, Lionel 里奇, 莱昂内尔, 233
Richter magnitude/Scale 里氏震级, 40, 41
Richter, Burton 里克特, 伯顿, 123
rickshaws 黄包车, 406
Riefenstahl, Leni 里芬施塔尔, 莱尼, 208
rift valleys: formation of 裂谷: 裂谷的形成, 30
Rig-Veda（ancient literature） 《黎俱吠陀》（古代文学）, 196
rigaudon（dance） 利戈顿舞, 216
right whale 露脊鲸, 83
right-angled triangles 直角三角形, 140
Rigoletto 《利哥莱托》, 226
Riley, Bridget 赖利, 布利奇特, 239
Riley, Terry 赖利, 特里, 222
Rilke, Rainer Maria 里尔克, 莱纳·马利亚, 253
Rimbaud, Arthur 兰波, 阿蒂尔, 253
Rimsky-Korsakov, Nikolay 里姆斯基-科萨拉夫, 尼克拉, 222
Rindjani（volcano） 润亚尼峰, 38
Ring of Fire 火山环, 39
Ring, The 《指环》, 226
  The Valkyrie 《女武士》, 226
ring-tailed lemur 卷尾狐猴, 86
Rio de Janeiro 里约热内卢, 447
Rio de Janeiro（Brazilian state） 里约热内卢州（巴西）, 447
Rio Grande（river）: length/source/course 格兰德河: 长度/发源地/河道, 45, 47
Rio Grande do Norte（Brazilian state） 北里奥格兰德州（巴西）, 447
river dolphin 河豚, 83
Rivera, Miguel Pnmo de 里维拉, 米格尔·普里, 319
rivers 河流, 44—47
  drainage basins 河流流域, 44
  longest 最长的河流, 46—47
  European 欧洲大河, 45
  poilution 污染, 57
  shortest 最短的河流, 44
  water sources 水源, 45
Rivers（Nigerian state） 河流州（尼日利亚）, 464
Rives, Jean-Pierre 让-皮埃尔·里夫, 265, 265
Roach, Max 罗奇, 马克斯, 229
road network 公路网, 170
road transport 公路运输, 170—171
  access to cars 汽车的普及程度, 171
  annual car production 轿车年产量, 328
  international vehicle registration letters 国际车辆登记字母, 171
  left-hand driving 哪些国家靠左行驶, 170
  longest road networks 最长的公路网, 170
  most cars 拥有汽车最多的国家和地区, 171

road haulage 公路运输力, 171
  top car producers 最大汽车生产商, 170
Roaring Forties 咆哮西风带, 55
roaring game 喧闹的游戏, 282
Robbe-Grillet, Alain 罗伯-格里耶, 阿兰, 253
Robbins, Haroid 罗宾斯, 哈罗德, 253
Robert I（Robert the Bruce） 罗伯斯一世（布鲁斯）, 319
Roberts, John 罗伯茨, 约翰, 294
Roberts, Richard 罗伯茨, 里查德, 109
Robeson, paul 罗伯逊, 保罗, 208
Robespierre, Maximilien-Francois Marie lsadore de 罗伯斯比尔, 马克西米扬·弗朗科伊斯·马里·伊沙多·德, 319
Robinson, Edward G 鲁宾逊, 爱德华, 208
Robinson, Mary 罗宾逊, 玛丽, 350
robotics（dance） 机器人舞（舞蹈）, 216
Robson, Flora 罗布森, 弗洛拉, 208
rock cycle 岩石循环, 28
rock'n'roll（dance） 摇滚舞（舞蹈）, 216
rocks 岩石
  formation of 形成
  basaltic 玄武岩, 34
  igneous, sedimentary and metamorphic 火成岩, 沉积岩和变质岩, 28
  of earth's layers 地球各圈层的岩石, 26
  oldest 最古老的岩石, 27
  proving continental drift 岩石证明了大陆板块的漂移, 30
  types forming oil reserve 形成石油矿的岩层类型, 166
  waterfall formation and 岩石及瀑布的形成, 42
Rocky Mountain（national park） location/fauna 落矶山（国家公园）: 地理位置/动物, 107
Rocky Mountain sheep 落矶山区的绵羊, 79
Rocky Mountains 落基山脉
  glaciated area （落基山脉的）冰川山区, 49
  rivers originating in 源于落基山的河流, 45
Rococo architecture 洛可可式建筑, 244
Rocroi, Battle of 罗克鲁之战, 323
rodents 啮齿动物, 84
Rodgers, Richard 罗杰斯, 理查德, 228
Rodin, Auguste 罗丹, 奥古斯特, 239
  The Thinker 《思想者》, 239
Rodrigo, Joaquin 罗德里戈, 华金, 222
Rodrigues island 罗得里格斯岛, 459
Rodriguez, Rafael Caldera 罗德里格兹, 拉费尔·卡尔德拉, 445
Roeg, Nicolas 罗格, 尼古拉斯, 208
Roger II 罗杰二世, 319
Rogers, Ginger 罗杰斯, 金格尔, 208
Rohan, Jiri 罗汉, 伊日, 284
Rohmer, Eric 罗梅尔, 埃里克, 208
Rolf, Dr lda 罗夫, 爱达医生, 99
rolfing 罗夫按摩疗法, 99
roller skating（competitive） 四轮溜冰运动（比赛的）, 285
Rolling Stones, The 滚石乐队, 233
Rollins, Sonny 罗林斯, 桑尼, 229

索引

Roman Catholicism 天主教, 190
  church structure 教会组织, 190
  number of adherents 信徒人数, 189
  Popes 教皇, 190, 191
Roman numerals 罗马数字, 137
Romance languages 罗曼语, 246
Romanesque architecture 罗马式建筑, 243, 243
Romania 罗马尼亚, 389
  armed forces manpower/equipment 武装力量/装备, 344
  railway system 铁路系统, 173
  road network 公路网, 170
Romano, Giulio 罗马诺, 朱利奥, 239
Romanticism/Romantic period art 浪漫主义派（美术）, 237
  drama 戏剧, 202
  music 音乐, 219
Romário 罗马里奥, 266
Rome, Ancient 古罗马
  architecture 古罗马建筑, 242, 243
  origins of theatre 戏剧起源, 202
  religion 宗教, 186
  gods/goddesses and other deities 神/女神及其他神, 186
  time chart 年代表, 298—299
Rome, Treaty of 《罗马条约》, 338, 339
Romer, Ole 罗默, 奥勒, 123
Rommel, Erwin 隆美尔, 欧文, 319
Romney, George 罗姆尼, 乔治, 240
rondeau 回旋诗体, 256
Rondônia (Brazilian state) 朗多尼亚州（巴西）, 447
Ronsard, Pierre de 龙萨, 彼埃尔·德, 253
Röntgen, William Conrad 伦琴, 威廉·康拉德, 120, 123
  X-ray experiments X 光实验, 125
Rooney, Mickey 鲁尼, 米基, 208
Roosevelt, Franklin Delano 罗斯福, 富兰克林·德拉诺, 319
Roosevelt, Theodore 罗斯福, 西奥多, 319
Rorasima, Mount 罗赖马山, 442
rorqual whale 鳍鲸科, 83
Ros Dependency 罗斯托管区, 480
Roseau Harbour, Dominica 罗索港, 多米尼加, 441
Rosenberg, Isaac 罗森堡, 伊萨克, 253
Rosenkavalier, Der 《玫瑰骑士》, 226
Rosh Hashanah (Jewish festival) 新年（犹太教节日）, 19
Rosh Hodesh (Jewish festival) 罗希霍迪希节（犹太教节日）, 18
Ross, Ronald 罗斯, 罗纳德, 108, 109
Rossellini, Roberto 罗西里尼, 罗伯托, 208
Rossetti, Dante Gabriel 罗塞蒂, 但丁·加波列尔, 240
Rossini, Gioacchino 罗西尼, 焦阿基诺, 222
Rothko, Mark 罗思科, 马克, 240
Rouault, Georges 鲁奥, 乔治, 240
Round Island keel-scaled boa 朗德岛脊鳞蟒, 105
roundworm 蛔虫, 67
Rousseau, Henri 卢梭, 亨利, 240
Rousseau, Jean-Jacques 卢梭, 让-雅克, 185, 253
Rousseau, Theodore 卢梭, 西奥多, 240
rowing 划船, 284
Roxy Music 罗克西音乐乐队, 233

Royal & Ancient Golf Club, St Andrews 圣安德鲁斯皇家古老高尔夫俱乐部, 272, 273
royal antelope 王羚, 79
Royal Canoe Club 皇家皮划艇俱乐部, 284
Rub al-Khali 鲁卜哈利沙漠, 398
Rubens, Peter Paul 鲁本斯, 彼得·保尔
  Samson and Delilah 《参孙和大利拉》, 240
Rudaki 卢达克, 253
Rudoka 鲁多卡 387
Rudolph I 鲁道夫一世, 319
Rubgy Fives 拉格比手球赛, 279
Rugby League 英式橄榄球联盟, 265
Rugby Union 业余英式橄榄球, 264—265
Ruisdael, Jacob van 鲁斯达尔, 贾科布·范, 240
Ruiz (volcano) 鲁伊斯山（火山）, 38
rumba (dance) 伦巴舞（舞蹈）, 216
Rumford, Count 伦福德, 康特, 123
rumination 反刍, 78
Rundstedt, Gerd von 龙德施泰特, 戈德·冯, 319
Rushdie, Salman 拉什迪, 萨曼, 253
Rushmore, Mount 拉什莫尔山纪念碑, 177
Russell, Bertrand 罗素, 伯特兰, 185
Russell, Charles Taze 罗塞, 查尔斯·泰兹, 193
Russell, John, 1st enrl Russell 罗素, 约翰, 罗素伯爵一世, 319
Russell, Ken 拉塞尔, 肯, 208
Russia 俄罗斯, 390—393
  armed forces manpower/equipment 武装力量/装备, 343, 344
  boundary 界线, 31
  endangered animals 濒危动物, 104
  HEP plant 水电站, 167
  in focus 俄罗斯聚焦, 392—393
  inland waterways 内陆航道, 174
  metro system 地铁系统, 173
  number of airports 机场数量, 168
  number of cars 汽车数量, 171
  number of nuclear warheads 核弹头数目, 342
  number of space flights 宇宙飞行的数量, 14
  patients per doctor 每位医生的病人数, 327
  prime ministers and presidents 俄罗斯联邦总理, 总统, 393
  railway system 铁路系统, 173
  republics 俄罗斯联邦, 391
  road network 公路网, 170
  student numbers 学生人数, 327
  UN funding 交纳联合国会费, 337
Russia (Russian republic) 俄罗斯（俄罗斯联邦共和国）, 391
Russian language 俄语, 247, 248
Russian Orthodox Church 俄罗斯东正教, 192
  Uniat Churches in 东仪天主教会, 190
Russian Revolution: architecture after 俄国革命后的建筑, 245
Rutan, Dick 鲁坦, 迪克, 161
Ruth Glacier, Alaska 阿拉斯加：鲁斯冰川, 49
Rutherford, Ernest 卢瑟福, 欧内斯特, 118, 123
Rutherford, Margaret 卢瑟福德, 玛格丽特, 208

Rutland (English county) 拉特兰郡（英格兰）, 354, 355
Ruyter, Michiel de 勒依特, 米歇尔·德, 319
Rwanda 卢旺达, 457
  patients per doctor 每位医生的病人数, 327
  UN peacekeeping mission 联合国维持和平行动, 337
Rwigema, Pierre Celestin 赫维盖马, 皮埃尔·塞莱斯坦, 457
Rydberg, Johannes Robert 赖伯格, 约翰内斯·罗白特, 123
Ryder Cup 赖德杯, 273
Rysys 雷西峰, 371
Ryukyu Islands 琉球群岛, 420

S

Saad al-Abdullah as – Sabah, Shaikh 萨阿德·阿卜杜拉, 谢赫, 400
Saarland (German state) 萨尔州（德国）, 371
Sabah (Malaysian state) 沙巴州（马来西亚）, 415
Sabatier, Paul 萨巴蒂埃, 保罗, 133
Sabin, Albert 萨宾, 阿尔伯特, 109
Sabine-Neches Waterway 塞宾–内奇斯航道, 175
sabre (fencing) 佩剑（击剑）, 287
Saccharomyces cerevisiae 酵母菌, 61
Sachs, Julius von 萨克斯, 尤利乌斯·冯, 109
sacrifices 献祭
  Aztec 阿兹特克人的, 187
  inca 印加人的, 187
  Roman 罗马人的, 186
Sadat, Anwar 萨达特, 安瓦尔, 319
Saddam Hussein al-Takriti 萨达姆·侯赛因·塔克里蒂, 334, 399
saddle joint 鞍状关节, 88
Sade, Marquis de 萨德, 马基·德, 253
saga 萨迦, 256
Sahara Desert 撒哈拉沙漠, 48
  area/location 面积/地理位置, 48
  high pressure belts and 高压带（对其形成的影响）, 48
  rainfall 撒哈拉沙漠降雨量, 44
Saimaa (lake) 塞马湖, 377
Saint Francis' satyr butterfly 圣·弗朗西斯眼蝶, 105
Saint-Exupéry, Antoine de 圣埃克苏佩里, 安东尼·德, 253
Sajama 萨哈马峰, 450
Sakha (Russian republic) 萨哈共和国（俄罗斯联邦共和国）, 391
Sakhalin (island) 萨哈林（岛）
  area/location/status 面积/位置/状况, 35
  climate 气候, 35
Sakharov, Andrei 萨哈罗夫, 安德烈, 123
Saladin 萨拉丁, 319
salamander 蝾螈, 72
  defence behaviour 防御行为, 73
  distribution and habitat 分布与生境, 72
Salamis, Battle, of 萨拉米斯之战, 322
Salazar, António de 萨拉查, 安东尼·德·奥里维阿, 319
Saleh, Ali Abduliah 萨利赫, 阿里·阿卜杜拉, 399
Salieri, Antonio 萨利埃里, 安东尼奥, 222
Salinger, J. D. 塞林格, 杰·戴, 253

salinity (sea water) 含盐量（海水）, 32
Salisbury, Robert Cecil, 3rd Marquis of 索尔兹伯里, 罗伯特·赛西尔第三侯爵, 319
Salk, Jonas Edward 沙尔克, 乔纳斯·爱德华, 109
Salmonella 沙门氏菌, 92
Saltasaurus 跳跃龙, 101
Salus (Roman deity) 萨路斯（罗马神）, 186
Salzburg (Austrian province) 萨尔茨堡（奥地利州）, 382
Sama-Veda (ancient literature) 《娑摩吠陀》（古代文学作品）, 196
samba (dance) 桑巴舞（舞蹈）, 216
sambo (wrestling) 摔搏（摔跤）, 287
Samoa 萨摩亚, 479
Sampaio, Jorge 桑帕约, 若热, 358
Samper, Ernesto 桑佩尔, 埃尔斯托, 444
Sampras, Pete 桑普拉斯, 皮特, 275
San Andreas Fault, California 圣安德列亚斯断层, 加利福尼亚, 30
  length of displacement 移动程度, 40
San José (volcano) 圣何塞（火山）, 38
San Luis Potosí (Mexico) 圣路易斯波托西（墨西哥州及其领土）, 435
San Marino 圣马力诺, 379
  GNP per head 人均国民生产总值, 329
  primary class sizes 小学班型, 327
San Martín, José de 圣马丁, 319
San Pedro (volcano) 圣佩德罗山（火山）, 38
Sand, George 桑, 乔治, 253
sand deserts 沙漠, 48
sand dunes 沙丘, 48, 398
sand hopper 沙蚤, 69
Sanders, George 桑德斯, 乔治, 208
sandstone 沙岩, 28—29
Sangar, Frederick 桑格, 弗雷德里克, 133
Sangay (volcano) 桑盖（火山）, 38
Sangheli, Andrei 桑盖利, 安德烈, 388
Sanguinetti, Julio 桑圭内提, 朱里奥, 446
Sankhya (philosophy) 僧法派（哲学）, 196
Sant, Alfred 桑特, 艾尔弗雷德, 379
Sant-Saëns, Camille 圣–桑, 卡米尔, 222
Santa Ana, Antonio López de 圣安纳, 319
Santa Catarina (Brazilian state) 圣卡塔林纳州（巴西）, 447
Santer, Jacques 桑特, 雅克, 334, 339
Santorini (volcano) 桑托林（火山）, 39
Sao Paulo (Brazilian state) 圣保罗（巴西州）, 447
Sao Tomé and Príncipe 圣多美和普林西比, 466
Sapitawa, Mount 萨皮图瓦山, 469
Sappho 莎福, 253
sarabande (dance) 萨拉班德舞（舞蹈）, 216
Saratoga, Battle of 萨拉托加之战, 324
Sarawak (Malaysian state) 沙捞越州（马来西亚）, 415
Sarawat (Hindu goddess) 婆罗室伐底（印度女神）, 196
Sardanapalus 萨丹纳帕路斯, 308

Sardinia 撒丁岛, 379
Sarek (national park): location/fauna 萨利克（国家公园）：地理位置/动物, 107
Sargent, John Singer 萨金特, 约翰·辛格, 240
Sartre, Jean-Paul 萨特, 让-保罗, 185, 253
Saskatchewan (Canadian, province) 萨斯喀彻温省（加拿大）, 425
Sassoon, Siegfried 萨松, 西格弗里德, 253
satellites 卫星
　Jupiter 木星, 11
　Neptune 海王星, 12
　Pluto 冥王星, 12
　Saturn 土星, 12
　statistics 统计数字, 13
　Uranus 天王星, 12, 13
　what they are 它们是什么, 8
Satie, Erik 萨蒂, 埃里克, 222
satire 讽刺文字, 256
Saturn 土星, 12
　satellites 卫星, 12, 13
　statistics table 统计表, 11
Saturnino, Manuel 萨迪尼诺, 马纽埃尔, 460
Saudi Arabia 沙特阿拉伯, 398
　defence budget 防卫预算, 343
　number of cars 汽车数量, 171
　sand dunes 沙丘, 398
Saurischia 蜥臀类动物, 100
　subdivisions 分类, 101
sauropodomorphs 蜥脚类恐龙, 101
sauropods 蜥脚类动物, 101
Savannah (ship) 萨凡纳号（轮船）, 174
Savi's white—toothed shrew 萨维白齿鼩鼱, 76
Savonarola, Girolamo 萨沃那洛拉, 基洛拉莫, 319
Saxony (German state) 萨克森州（德国）, 371
Saxony-Anhalt (German state) 萨克森-安哈尔特州（德国）, 371
saxophone 萨克斯管, 224
scalene triangles 不等边三角形, 140
scaly anteater 穿山甲, 84, 85
Scandinavia 斯堪的纳维亚半岛, 348—349
　ice age 冰期, 49
Scarfaro, Oscar Luigi 斯卡尔法罗, 奥斯卡·路易吉, 378
Scarlatti, Alessandro 斯卡拉蒂, 亚历山德罗, 222
Scarlatti, Domenico 斯卡拉蒂, 多米尼克, 222
scene (literary term) 场（文学术语）, 256
scent glands, mustelid 臭腺, 鼬科动物, 81
Schaffhausen (Swiss canton) 沙夫豪森州（瑞士）, 363
Scheele, Karl Whelm 舍勒, 卡尔·威廉, 133
　discovery of oxygen 发现了氧, 133
Schiele, Egon 希勒, 埃贡, 240
Schiller, Friedrich 席勒, 弗里德里希, 202, 253
schistosomiasis 血吸虫病, 93
Schlesinger, John 施莱辛格, 约翰, 208
Schleswig-Holstein (German state) 石勒苏益格-荷尔斯泰因州（德国）, 371
Schmidt, Helmut 施密特, 赫尔穆特, 319

Schneider, Vreni 施奈德, 弗伦妮, 283
Schoenberg, Arnold 勋伯格, 阿诺德, 222
Schönberg, Claude-Michel 勋伯格, 克劳德-米歇尔, 228
Schopenhauer, Arthur 叔本华, 阿瑟, 185
Schrödinger, Edwin 薛定谔, 埃德温, 118, 123
Schrödinger's Cat 薛定谔的猫, 119
Schubert, Franz 舒伯特, 弗朗兹, 222
Schuman, Robert (politician) 舒曼, 罗伯特（政治家）, 319, 338
Schumann, Robert (composer) 舒曼, 罗伯特（作曲家）, 222
Schuster, Sir Arthur 舒思特, 阿瑟爵士, 123
Schütz, Heinrich 许茨, 海因里希, 222
Schwann, Theodor 施万, 狄奥多尔, 109
Schwarzenegger, Arnold 施瓦辛格, 阿诺德, 208, 209
Schwarzkopf, (Olga Maria) Elisabeth 施瓦茨科普夫,（奥尔加·玛丽亚）伊丽莎白, 228
Schweitzer, Albert 施韦策, 艾伯特, 319
Schwitters, Kurt 施维特斯, 库尔特, 240
Schwyz (Swiss canton) 施维茨（瑞士州）, 363
Scientologists 科学论派, 189
Scipio, Publius Cornelius, Africanus Major 大西庇阿, 319
Scofield, Paul 斯科菲尔德, 保罗, 208
scorpion 蝎, 68
Scorsese, Martin 斯科塞斯, 马丁, 208, 209
Scotland 苏格兰, 351, 352
　monarchs 君主, 352
　unitary authorities 苏格兰单一行政机构, 357
Scott Thomas, Kristin 斯科特·托马斯, 克里斯汀, 205
Scott, George C. 斯科特, 乔治, 208
Scott, Ridley 斯科特, 里德利, 208
Scott, Sir Walter 司各特, 沃尔特爵士, 253
Scottish Borders, The (Scottish unitary authority) 苏格兰边疆（苏格兰单一行政机构）, 357
scriptures 圣典
　Christian 基督教经文（圣经）, 190
　Hindu 印度教的, 196
　Jewish 犹太的, 200
sea bed 海底, 32
sea cow 海牛, 82
sea-floor spreading: plate movement and 海底扩张: 板块移动和海底扩张, 30
sea ice 海冰, 49
sea level: islands and 海平面: 岛屿与海平面, 34
sea lilies and sea urchins 海百合与海胆, 67
sea otter 海獭, 81
sea snake 海蛇, 73
sea water 海水, 32
Seaborg, Glenn Theodore 西博格, 格伦·西奥多, 133
Seal (pop group) 希尔（流行乐）, 233

seal 海豹, 82
seamounts 海底山脉, 32, 36
seas and oceans 海洋, 32—33
　birds 鸟类, 74—75
　continental margin 大陆边缘, 32
　deep-ocean floor 深海海底, 32
　deepest part 最深的部分, 32
　earthquakes under 海底地震, 40
　El Nino 厄尔尼诺现象（对海洋的影响）, 53
　fact finder 资料一览表, 33
　marine mammals 水生哺乳动物, 82—83
　measurements 测得的数据, 27
　pollution 污染, 57
　prehistoric animals 史前动物, 102
　primitive animals 原始动物, 67
　thickness of crust 地壳厚度, 26
seasonal rivers 季节性河流, 44
seasons 季节, 21—22
Sebeic (Egyptian god) 赛贝克（埃及神）, 187
second (time) 秒（时间）, 20
Second Lake Pontchartrain 第二大湖庞恰特雷恩
　Causeway 公路, 176
Secretariat, UN 秘书处, 337
Security Council, UN 安全理事会, 337
Sedan, Battle of 色当之战, 324
sedimentary rock 沉积岩, 28—29
Segal, George 西格尔, 乔治, 208
Sei Shonagon 清少纳言, 253
Seikan rail tunnel 青函隧道, 176, 177
seismic activity 地震活动
　damage from 地震活动造成的损害, 40
　plate movement and 板块移动和地震活动, 30
seismology 地震学, 40
Seismosaurus 震龙, 101
Sekhmet (Egyptian godedss) 赛赫迈特（埃及女神）, 187
Seki, Kowa 关孝和, 142
Selangor (Malaysian state) 雪兰莪州（马来西亚）, 415
Selene (Greek deity) 塞勒涅（希腊神）, 186
Seles, Monica 塞莱斯, 莫妮卡, 276
Seleucus I Nicator 塞琉古一世, 319
Selim I 谢里姆一世, 319
Sellers, Peter 塞勒斯, 彼得, 208
Seiman, Waksman 西尔曼, 沃克斯曼, 108
Semien (volcano) 塞梅鲁火山, 38
Semeru Mountains 塞米恩山脉, 454
Sendai Plain 川内平原, 420
Seneca 塞内加, 253, 319
Senegal 塞内加尔, 460
Senna, Ayrton 塞纳, 艾尔顿, 289
Sennacherib 塞纳克里布, 319
Sennett, Mack 森纳特, 麦克, 208
sense therapies 感官疗法, 99
Sephardim (religious group) 西班牙系犹太人, 200
Serbia (Yugoslav republic) 塞尔维亚（南斯拉夫共和国）, 384
Serbian language 塞尔维亚语, 248
Serengeti (national park) 塞伦盖蒂（国家公园）, 107
　location/fauna 地理位置/动物, 107
Sergipe (Brazilian state) 塞尔希培州（巴西）, 447
Serra Moco 莫科山, 468
sestet (literary term) 六行诗, 256
Seth (Egyptian god) 赛特（埃及神）, 187

sets (mathematics) 集合, 138
Seurat, Georges 修拉, 乔治, 240
seven wonders of the ancient world 古代七大奇迹, 176
Seventh-Day Adventists 基督复临安息日会, 193
sewage, poliution from 污水淤泥, 污水淤泥造成的污染, 57
Sex Pistols, The 性感手枪乐队, 233
Seychelles 塞舌尔, 459
Seymour, Lynne 西摩, 琳内, 217
Sforza, Francesco 斯福尔扎, 弗朗切斯科, 253
Sforza, Lodovico 斯福尔扎, 劳朵维考, 319—320
Shaanxi (Chinese province) 陕西省（中国）, 418
Shab-i-Maraj (lslamic festival) 穆罕默德夜行和耶稣升天节（伊斯兰教节日）, 19
Shadows, The 影子乐队, 233
Shaftsbury, Anthony Ashley Cooper, 7th earl of 沙夫茨伯里第七伯爵, 安东尼·阿西里·库珀, 320
Shah Jehan 沙·贾汗, 320
Shakespeare, William 莎士比亚, 威廉, 202, 253
　Tempest, The 《暴风雨》, 253
Shamanism 萨满教, 198
Shan (Burmese state) 掸邦（缅甸）, 411
Shandong (Chinese province) 山东省（中国）, 418
Shanghai (Chinese province) 上海（中国直辖市）, 418
Shankara/Sankara (philosopher) 商羯罗（哲学家）, 196
Shantungosaurus 山东龙, 101
Shanxi (Chinese province) 山西省（中国）, 418
Sharif, Nawaz 谢里夫, 纳瓦兹, 334, 404
Sharjah 沙迦, 400
shark 鲨鱼, 71
Sharp, Phillip 萨普, 菲力普, 109
Shasta, Mount (volcano) 沙斯塔峰, 38
Shavout (Jewish festival) 纪念摩西在西奈山启示法律日（犹太教节日）, 19
Shaw, Artie 肖, 阿蒂, 229
Shaw, George Bernard 萧伯纳, 乔治, 202, 253
Shearer, Alan 希勒, 艾伦, 266
Shearing, George 希尔林, 乔治, 229
sheep 绵羊, 79
　annual meat production 肉年产量, 329
Sheffield Shield winners 谢菲尔德盾牌杯, 270
Shell Trophy winners 壳牌杯优胜者, 271
Shelley, Mary Wollstonecraft 雪莱, 玛丽·沃斯通克拉夫特, 253
Shelldy, Percy Bysshe 雪莱, 珀西·比希, 253
Shemini Atzeret (Jewish festival) 圣会节（犹太教节日）, 19
Sheperd, Alan 谢泼德, 阿伦, 14
Shepp, Archie 谢普, 阿奇, 229
Sher, Anthony 谢尔, 安托尼, 208
Sheridan, Richard 谢里丹, 理查德, 253
Sherman, William Tecumseh 谢尔曼, 威廉姆, 320
Sherrington, Sir Charles 谢灵顿, 查尔

斯爵士，109
Shetland（Scottish unitary authority） 设得兰（苏格兰单一行行政机构），357
Shetland islands 设得兰群岛，351
Shevardnadze, Eduard 谢瓦尔德纳泽，爱德华，395
Shiism 什叶派，195
Shiatsu 捎压按摩疗法，99
Shih Huang-ti 秦始皇，320
Shikoku 四国，420
Shinjuku district, Tokyo 新宿区，东京，420
Shinkansen high-speed train 新干线高速列车，172
Shintoism 神道教，199
　denominations 神道教派，199
　number of adherents 信徒人数，189
shinty 简化曲棍球，280
shipping see water transport shipping 见water transport
Shisham Pangma 希塞姆·潘马，36
Shiva（Hindu god） 湿婆（印度神），196
Shivaji 西瓦吉，320
Shivrati（Hindu festival） 湿婆神节，19
Shnittke, Alfred 施尼特科，阿尔弗莱德，222
shooting（competitive） 射击（比赛的），294
　biathlon 滑雪射击，292
short story 短篇故事，256
Shorter Wayne 肖特，韦恩，229
Shostakovitch, Dmitri 萧斯塔科维奇，德米特里，222
shot（athletics）: equipment dimensions 铅球（田径运动）：器材规格，260
show-jumping 超越障碍赛，290
Showboat 《演出船》，227
shrew 鼩，85
shrimp 虾，69
　traps for catching 虾网，350
shrines, Shinto 神社，神道教，199
Shropshire（English county） 什罗普郡（英格兰），354，355
Shrove Tuesday（Christian festival） 忏悔日（基督教节日），18
Shu（Egyptian god） 舒（埃及神），187
Shwe, General Than 丹瑞大将，411
Shwethalyaung Buddha, Burma 释迦牟尼佛陀，缅甸，411
SI units 国际（单位）制单位，112，113
Sibelius, Jean 西贝柳斯，让，222
sicily 西西里岛，379
Sickert, Walter 西克尔特，沃尔特，240
sickle-cell disease 镰状细胞性贫血，95
Sid'Ahmed, Maaouya Ould 西德·艾哈达德，马维亚·乌尔德，453
side drum 小鼓，225
sidereal day 恒星日，20
sidewinder snake 响尾蛇，73
Sidney, Sir Philip 锡德尼爵士，菲利普，253
Sierra Carapé 希拉—卡拉培，446
Sierra Leone 塞拉利昂，461
Sieyès, Emmanuel Joseph 西哀士，伊曼纽尔·约瑟夫，320
sifakas 马达加斯加狐猴，86
Signac, Paul 西涅克，保罗，240
Signoret, Simone 西尼奥雷，西蒙娜，208
Sihanouk, King（Norodom） 西哈努克

国王（诺罗敦）412
Siiman, Mart 西曼，马特，376
Sikhism 锡克教，197
　five K's 五个"K"，197
　number of adherents 信徒人数，189
　worship and society 礼拜仪式和社团，197
Sikkim（Indian state） 锡金邦（印度），407
Silisili 西利西利山，479
silk, spider 吐丝蜘蛛，68
Silurian period 志留纪，29
　spore-bearing plants 裸子植物，62
Simenon, Georges 西默农，乔治，253
Simhat Torah（Jewish festival） 庆法节（犹太节日），19
simile 明喻，256
Simitis, Costas 西米蒂斯，康斯坦丁，386
Simmons, Jean 西蒙丝，简，208
Simon, Johann Fredrich 西蒙，约翰·弗里德里希，294
Simon and Garfunkel 西蒙与加丰凯尔乐队，233
Simple Minds 低能者乐队，233
Simply Red 纯红色乐队，233
Sinaloa（Mexico） 锡那罗亚（墨西哥），435
Sinatra, Frank 西纳特拉，弗兰克，209，233
Sinclair, Upton 辛克莱阿，普顿，253
Sind（Pakistani province） 信德省（巴基斯坦），404
Sinek, Miroslav 西涅克，米罗斯拉夫，284
Singapore 新加坡，414
　container terminal 集装箱集散地，174
　GNP per head 人均国民生产总值，329
　metro system 地铁系统，173
Single European Act（SEA） 《单一欧洲条例》，339
Sino-Tibetan languages 汉藏语系，246
Siphandone, Khamtay 西潘敦，坎代，413
sirenians 海牛目哺乳动物，82
Sisley, Alfred 西斯莱，阿尔弗莱德，240
situation phobias 恐境症，97
Sitwell, Edith 西特韦尔，埃迪思，253
Skaftafell（national park）: location/fauna 斯卡夫特菲尔（国家公园）：地理位置/动物，107
skeet shooting 双向飞碟，294
Skele, Andris 什凯列，安德里斯，376
skeleton 骨骼
　arthropods 节肢动物，68
　birds 鸟，74
　cnidarians 刺胞动物，67
　human 人类，88
skiing 滑雪，283
　biathlon 滑雪射击，292
skink 石龙子科动物，73
Skryabin, Alexander 斯克里亚宾，亚历山大，222
skunk 臭鼬，81
skyscrapers 摩天大楼，244
Slade 斯雷德乐队，233
Slavonic languages 斯拉夫语系，248
Slipher, Vesto Melvin 斯里弗，维斯托·梅尔文，8
sloth bear 懒熊，81，105
sloth 树懒，85

Slovakia 斯洛伐克，383
Slovenia 斯洛文尼亚，384
　coastline length 海岸线长度，33
small intestine 小肠，90
Smarth, Rosny 斯马思，罗斯尼，438
Smetana, Bedrich 斯美塔那，贝德日赫，222
Smilodon 剑齿虎，103
Smith, Adam 斯密，亚当，320
Smith, Bessie 史密斯，贝西，229
Smith, David 史密斯，戴维，240
Smith, George Albert 史密斯，乔治·艾伯特，203
Smith, Joseph 史密斯，约瑟夫，193
Smith, Maggie 史密斯，马吉，209
Smith, Michael 史密斯，迈克尔，133
Smith, Owen Patrick 史密斯，欧文·帕特里克，293
Smiths, The 史密斯乐队，233
Smuts, Jan Christian 斯穆茨，扬·克里斯蒂安，320
snail 蜗牛，67
snake 蛇，72
snare drum 军鼓，225
Snell, Willebrord 斯涅尔，维勒布罗德，123
Snezka 斯涅日卡山，383
snooker 斯诺克（英式台球），292，294
snow goose 雪雁，75
snow leopard 雪豹，80
snowboarding 滑雪板运动，283
Snowdonia（national park）: location/fauna 斯诺多尼亚（国家公园）：地理位置/动物，107
snowy sheathbill 白鞘嘴鸥，74
Sobek（Egyptian god） 索贝克（埃及神），187
social psychiatry 社会精神病学，96
social security expenditure: highest 最高社会治安费用，326
Society of Friends 公谊会，193
Socotra: continental boundary 索科特拉岛：洲分界线，31
Socrates 苏格拉底，185
Sodano, Cardinal Angelo 红衣主教索达诺，安杰洛，379
Soderstrom, Elisabeth 瑟德斯特罗姆，伊丽莎白，228
softball 垒球运动，280—281
software（computing） 软件（计算机的），178
　Microsoft 微软公司，182
　Net and Web 网络，180
Sokoto（Nigerian state） 索科托州（尼日利亚），464
Sol（Roman deity） 索尔（罗马神），186
Sol, Armando Calderón 索尔，阿尔曼多·卡尔德隆，436
solar energy 太阳能，167
solar system 太阳系，9—12，10
'red giant' stage "红巨星"阶段，8
　heliocentric theory 日心说，125
solenodons 沟齿鼠，85
solid geometry 立体几何，141
solids: kinetic theory and 固体：物质运动论，115
soliloquy 独白，256
Solomon 所罗门，320
Solomon Islands 所罗门群岛，476
Solon 梭伦，320
Solothurn（Swiss canton） 索洛图恩州（瑞士），363
Solovyov, Anatoli 索拉沙夫，安那托里，17

Solresol 索来索语，246
Solzhenitsyn, Alexander 索尔仁尼琴，亚历山大，253
Somali Desert: area/location 索马里沙漠：面积/地理位置，48
Somalia 索马里，455
Somerset（English county） 萨默塞特郡（英格兰），354，355
Somme, Battle of the 索姆河之战，324
Somnus（Roman deity） 索莫纳斯（罗马神），186
sonar, marine mammal 声纳，水生哺乳动物，83
Sondheim, Stephen 桑德黑姆，斯蒂芬，228
sonnet 十四行诗，256
Sonora（Mexico） 索诺拉（墨西哥），435
Sonoran Desert: area/location 索诺拉沙漠：面积/地理位置，48
Sony Jumbo Tron colour TV 索尼超大单枪三束显像管特丽珑彩色电视机，149
Sophocles 索福克勒斯，202，253
Soufrière, Mount 苏弗里耶尔山，443
Sound of Music, The 《音乐之声》，227
sound waves: digital communications and 声波：数字通讯，180
South Africa 南非，470
　number of cars 汽车数量，171
　provinces 南非省，470
　railway system 铁路系统，173
　road network 公路网，170
South America 南美洲，444—445，446—447，450—451
　area/greatest extremity 面积/终端最大距离，31
　boundaries 界线，31
　glaciated area （南美）冰川地区，49
　highest mountain peak 最高山峰，37
　longest rivers 最长的河流，46—37，47
　prehistoric mammals 原始哺乳动物，76
South American Cup winners 南美洲杯获胜者，267
South Australia（Australian state） 南澳大利亚州（澳大利亚），473
South Ayrshire（Scottish unitary authority） 南埃尔郡（苏格兰单一行政机构），357
South Carolina（US state） 南卡罗来纳州（美国），429
　state information 简介，433
South China Sea, area/average depth 中国南海，面积/平均深度，33
South Dakota（US state） 南达科他州（美国），429
　state information 简介，433
South Georgia and South Sandwich Islands 南乔治亚岛和南桑德韦奇群岛，480
South Island（New Zealand）: area/location/status 南岛（新西兰）：面积/位置/状况，35
South Korea 韩国，421
　armed forces manpower/equipment 武装力量/装备，343
　higher education students 高等教育，327
　metro system 地铁系统，173
　number of cars 汽车数量，171
Seoul 汉城，421
South Lanarkshire（Scottish unitary authority） 南拉那克郡（苏格兰单一行

政机构），357
South Pacific 《南太平洋》，227
South Polar Region: glaciated area （南极地区）冰川地区，49
South Yorkshire（English county） 南约克郡（英格兰），354，355
Southern elephant seal 南部象海豹，82
Southern Uplands, Scotland 苏格兰北部高地，351
Sovereign Military Order of Malta 马耳他君主军事修道会，379
Spaak, Paul Henri 斯帕克，保罗·亨利，320
space travel 航天旅行，14—15
　Apollo 17 mission 阿波罗17号飞行，16
　firsts in manned spaceflight 载人宇宙飞行中的第一，15
　manned spaceflights 载人宇宙飞行，14—17
　most experienced persons in space 太空中最有经验的宇航员，17
　spacewalk 太空行走，17
Spain 西班牙，359
　autonomous communities（regions） 西班牙自治区，359
　devolution 中央政府向地方政府的权力下放，361
　EU membership 欧盟成员国，339
　heads of state 国家元首，360
　higher education students 高等教育，327
　in focus 西班牙聚焦，360—361
　metro systems 地铁系统，173
　number of cars 汽车数量，171
　patients per doctor 每位医生的病人数，327
　prime ministers 首相，361
　railway system 铁路系统，173
　road network 公路网，170
　social security expenditure 社会治安费用，326
　UN funding 交纳联合国费用，337
Spallanzani, Lazzaro 斯帕兰札尼，拉札罗，109
Spanish 西班牙语，247
Spartacus 斯巴达克思，320
special theory of relativity 狭义相对论，119
spectrum, electromagnetic 电磁波谱，117
speech, how it began 人类是怎样开始言语的，246
speed skating 速度滑冰，282
speedway 赛场摩托车比赛，289
Spencer, Percy Le Baron 斯宾塞，珀西·勒·巴伦，150
Spender, Sir Stephen 斯彭德，斯特芬爵士，253
Spenser, Edmund 斯宾塞，埃德蒙，253
sperm 精子，90
　chromosomes in 精子中的染色体，90
　yearly average production 每年精子平均产量，88
sperm whale 抹香鲸，83
spermaceti wax 鲸蜡，83
sphere（geometry） 球体（几何），141
Spice（album by Spice Girls） 《辣妹》（辣妹演唱组歌曲集），230
Spice Girls 辣妹演唱组，233
spider 蜘蛛，68
Spielberg, Stephen 斯皮尔伯格，斯蒂文，202，209
spinal cord 脊髓，91

spinet 斯皮耐琴，225
Spinoza, Benedict de 斯宾诺莎，贝内迪克特·德，185
spiny anteater 针鼹，77
spiral galaxies 旋涡星系，9
Spiritists（religion） 招魂论派，189
Spitz, Mark 斯比茨，马克，262，263
Spix's macaw 斯匹克金刚鹦鹉，105
spleen 脾，90
sponges 海绵，67
sporangia 孢囊，63
spore-bearing plants 孢子植物，62—63
sports 体育运动
　combat 格斗，286—287
　equestrian 马术，290—291
　other 其他，292—294
　winter 冬季，282—283
spring tides 大潮，32
spring water: source of river water 泉水：河水的发源地，45
Springfield, Dusty 斯普林菲尔德，达蒂斯，233
springs（water）: how they occur 泉水及其形成，45
Springsteen, Bruce 斯普林斯蒂恩，布鲁斯，233
Spruce Goose, 俊鹅，161
square（geometry） 正方形（几何），140，140
square number（mathematics） 平方数（数字），136
squash 软式墙网球，281
squirrel monkey 狨，87
squirrels and similar rodents 松鼠及其相似的啮齿动物，84
SR-71A jet aircraft SR-71A喷气式飞机，161
SR-N4 hovercraft SR-N4气垫船，163
Sri Lanka 斯里兰卡，407
　area/location/status 面积/位置/状况，35
St Catherine, Mount 圣凯瑟琳山，440
St Gallen（Swiss canton） 圣加仑州（瑞士），363
St Helena and dependencies 圣赫勒拿及其属岛，470
St Helena giant earwig 圣海伦娜巨蠼螋，105
St Helens, Mount 圣海伦斯火山，39
St Kitts Nevis 圣基茨和尼维斯，440
　offences, total reported 官方记录的全部违法行为，327
St Lawrence, Gulf of: area/average depth 圣劳伦斯湾：面积/平均深度，33
St Lawrence River 圣劳伦斯河
　length/source/course 长度/发源地/河道，47
　type of river 河流类型，44
St Lawrence Seaway 圣劳伦斯深水航道，175
St Lucia 圣卢西亚，440
St Pierre and Miquelon 圣皮埃尔岛和密克隆群岛，425
St Stephen's Day（Christian festival） 圣史蒂芬节（基督教节日），18
St Vincent and the Grenadines 圣文森特和格林纳丁斯，443
Staël, Nicolas de 斯塔尔，尼古拉斯·德，240
Staffordshire（English county） 斯塔福德郡（英格兰），354，355
stage and screen 舞台与银屏，202—203
　20th-century actors and directors 20世纪的演员和导演，204—209
　Academy Awards 学院奖，210—213

BAFTA awards 英国电影与电视艺术学院奖，214
　Berlin awards 柏林电影奖，214
　Cannes awards 戛纳电影奖，214
　holographic movie 全息电影，157
　special effects 特技，203
　top grossing films 票房总收入居前的影片，215
　Venice awards 威尼斯电影奖，214
　virtual reality films 虚拟现实电影，179
Stalin, Joseph 斯大林，约瑟夫，320
Stalingrad, Battle of 斯大林格勒之战，324
Stallone, Sylvester 史泰龙，西尔维斯特，209
Stamitz, Karl 斯塔米茨，卡尔，222
standards of living 生活标准，326—327
　crime 犯罪，327
　education 教育，327
　health care 医疗，327
　highest social security expenditure 最高社会治安费用，326
Stanford, Charles Villiers 斯坦福，查尔斯·维利尔斯，222
Stanislavsky, Constantin 斯坦尼斯拉夫斯基，康斯坦丁，209
Stanley Cup 斯坦利杯，282
Stanley, Henry 斯坦利，亨利，320
Stanwyck, Barbara 斯坦威克，芭芭拉，209
stanza 诗节，256
Star Wars（film） 《星球大战》（电影名），203，207
starfish 海星，66，67
stars（astronomy） 恒星（天文学），9
　brightest and nearest 最亮和最近的，9
　importance to Incas 对印加人的重要意义，187
　magnitude scale 星等，9
　neutron stars 中子星，9
　what they are 它们是什么，8
static electric charges 静电荷，117
statistics 统计学，137
Statue of Liberty 自由女神像，177
Status Quo 现状乐队，233
Stauffenberg, Claus von 施陶芬贝格，克劳斯·冯，320
Steel, annual production 钢年产量，328
Steen, Jan 斯滕，扬，240
Stefan Dusan 斯特凡·杜山，320
Stefanopoulos, Costis 斯特法诺普洛斯，康斯坦丁，386
stegosaurs 剑龙，101
Steiger, Rod 斯泰格尔，罗德，209
Steinbeck John 斯坦贝克·约翰，253
Stendhal 司汤达，253
Stephen Báthory 斯特凡·巴托里，320
Stephen 1 斯提温一世，320
Stern, Otto 斯特恩，奥托，123
Sternberg, Josef von 斯登堡，约瑟夫，209
Sterne, Laurence 斯特恩，劳伦斯，253
Stevens, Wallace 斯蒂文斯，华莱士，253
Stevenson, Robert Louis 斯蒂文森，罗伯特·路易斯，254
Stevin, Simon 斯蒂文，西蒙，142
Stewart, James 史都华，詹姆斯，209
Stewart, Rod 斯图尔特，罗德，233
stingray 鲼鱼，71
stink badgers 马来獾，81
Stirling（Scottish unitary authority） 斯特林（苏格兰单一行政机构），357

stoat 白鼬，81
Stockhausen, Karheinz 斯托克豪森，卡尔海因茨，222
Stokes, Sir George Gabriel 斯托克斯，乔治·加布里埃尔爵士，123
stomach capacity 胃的容积，88
Stone, Oliver 斯通，奥利弗，209
stonefish 石鱼，71
Stoney, George Johnstone 斯通尼，乔治·约翰斯顿，117，123
stop-animation（cinema） 静止卡通制作，203
Stoppard, Tom 斯托帕特，汤姆，253
Stoyanov, Petar 斯托扬诺夫，彼得，388
Strabane（Northern Ireland unitary authority） 斯特拉班（北爱尔兰单一行政机构），356
Strafford, Thomas Wentworth, 1st earl of 斯特拉福德伯爵（第一），托马斯·温特沃斯，320
Straits of Dover: formation of 多佛尔海峡：形成，34
Stranglers, The 斯特兰格勒乐队，233
Strassburg, Gottfried von 斯特拉斯堡，戈特弗里德·冯，253
stratocumulus clouds 层积云，52
status clouds 层云，52
Strauss, Johann the elder 老施特劳斯，约翰，222
Strauss, Johann the younger 小施特劳斯，约翰，222
Strauss, Richard 施特劳斯，里夏德，222
　opera by 戏剧，226
Stravinsky, Igor 斯特拉文斯基，222
　opera by 戏剧，226
streams, how they occur 溪流及其形成，45
Streep, Meryl 斯特里普，梅丽尔，209
Streisand, Barbra 斯特赖桑德，芭芭拉，209，233
Stresemann, Gustav 斯特莱斯曼，古斯塔维，320
Strindberg, August 史特林堡，奥古斯特，253
string instruments 弦乐器，225
string theory 串理论，119
stroke play golf 高尔夫杆数赛，272
strong force 强相互作用力，118
structures 建筑，176—177
Stubbs, George 斯塔布斯，乔治，240
　A Lady and a Gentleman in a Carriage 《马车上的女士和先生》，240
Students 学生
　numbers worldwide 世界各地学生人数，327
　ratio to teachers 与教师之比率，327
Stupor Mundi 世界奇才，142
Sturgeon, William 斯特金，威廉，123
Sturm und Drang movement "狂飚运动"，202
Styria（Austrian province） 施蒂利亚州（奥地利），382
subatomic particles 亚原子微粒，126
subduction zones 潜没区
　earthquakes along 其边沿的地震，40
sublimation（chemistry） 升华（化学），127
subsets（mathematics） 子集（数学），138
subtraction（mathematics） 减法，136
Sucre（Venezuelan state） 苏克雷州（委内瑞拉），445
Sudan 苏丹，445
sudanese language 巽他语，247

索引

Suede（pop group） 鹿皮乐队，233
Suez Canal 苏伊士运河，33, 175
　as boundary 洲分界线，31
Suffolk（English county） 萨福克郡（英格兰），354, 255
sugar beet: annual production 制糖甜菜年产量，329
sugar cane: annual production 制糖甘蔗年产量，329
Suharto, General Mohammed 苏哈托，414
Suharto, Thojib N. 1. 苏哈托，霍加贝，334
Sukarno, Achmed 苏加诺，320
Sukkot（Jewish festival） 住棚节（犹太教节日），19
Sulawesi 苏拉威西岛，414
Süleyman 1, the Magnificent 伟大的苏莱曼一世，320
sulky 单座两轮马车，290
Sulla, Lucius Cornelius 苏拉，卢修斯·科尔利厄斯，320
Sullivan, Sir Arthur 沙利文，阿瑟，222
Sultonov, Otkir 苏尔丹诺夫，乌特库尔，402
Sumatra 苏门答腊岛，35, 414
　area/location/status 面积/位置/状况，35
Sumatran rhinoceros 苏门答腊犀牛，79, 104
Sumaye, Frederick 苏马耶，弗里德里克，457
Sumerian language 苏美尔语，246
Summer Olympics 夏季奥运会，258
　medal winners 奖牌榜，259
Summer, Donna 萨默女士，233
Summit of Eight 八国首脑会议，340
sumo wrestling 相扑摔跤，286, 287
Sun 太阳，10
　effect on tides 对潮汐的影响，32
　effect on weather systems （太阳）对天气系统的影响，50
sun bear 马来熊，81, 105
Sun Myung Moon 文鲜明，193
Sun temple（Ancient Egyptian） 太阳神殿（古埃及），187
Sun Yat-sen 孙中山，320
sundial 日规，20
sunecdoche 提喻，256
Sunnism 逊尼派，195
　four schools of law 四大教法学派，195
Sunset Boulevard 《日落大道》，227
sunspots 太阳黑子，10
Super Bowl winners 超级杯获胜者，268
super-continents 超大陆，30
supercharged engine first, 超级发动机，159
Superior, Lake 苏必利尔湖，43
Supersaurus 巨龙，101
Supremes, The 超级演唱团，233
surface currents（sea water） 表面海流（海水），32
surfing 冲浪运动，285
Suriname 苏里南，443
　offences, total reported 官方记录的全部违法行为，327
Surrealism（art） 超现实主义画派，241
Surrey（English county） 萨里郡（英格兰），354, 355
Surtsey（Island） 叙尔特塞（岛），35, 38, 39
　formation of 形成，34
Surud Ad 苏鲁德山，455

Surya（Hindu god） 苏利耶（印度神），196
suspension bridges 悬桥，244
Sutherland, Donald 萨瑟兰，唐纳德，209
Sutherland, Graham 萨瑟兰，格雷厄姆，240
Sutherland, Joan, Dame 萨瑟兰，琼，228
Svartsengi geothermal power plant, Iceland 斯瓦特乏基地热电站，冰岛，167
Svedberg, Theodor 斯韦德贝里，西奥德，133
Swammerdam, Jan 斯瓦姆默丹·让，109
Swan Lake（ballet） 天鹅湖（芭蕾），217
Swan, Sir Joseph Wilson 斯旺，约瑟夫·威尔逊爵士，146
Swansea, City of（Welsh unitary authority） 斯旺西市（威尔士单一行政机构），356
Swanson, Gloria 斯旺森，格洛里亚，209
Swaythling Cup 斯威思林杯，281
Swaziland 斯威士兰，471
　murders 谋杀，327
Sweden 瑞典，349
　EU membership 欧盟成员国，339
　GNP per head 人均国民生产总值，329
　health care expenditure 医疗费用，327
　metro system 地铁系统，173
　number of cars 汽车数量，171
　offences, total reported 官方记录的全部违法行为，327
　primary class sizes 小学班型，327
　reported burglaries 盗窃案，327
　social security expenditure 社会治安费用，326
Sweeney Todd 《削头的托德》，227
Swift, Graham 斯威夫特，格雷厄姆，253
Swift, Jonathan 斯威夫特，乔纳森，253
swimming and diving 游泳与跳水，262—263
　largest pool 最大泳池，262
Swinburne, Algernon Charles 斯温伯恩，阿尔杰农·查尔斯，253
Swing 摇摆舞曲，228
Switzerland 瑞士，363
　cantons 各州，363
　GNP per head 人均国民生产总值，329
　health care expenditure 医疗费用，327
　number of cars 汽车数量，171
　social security expenditure 社会治安费用，326
SWV 姐妹演唱组，233
Sydney Harbour Bridge 悉尼港口大桥，472
Sydney Opera House 悉尼歌剧院，177
Sylvanus（Roman deity） 西尔瓦努斯（罗马神），186
Sylvester, James Joseph 西尔维斯特，詹姆斯·约瑟，142
Symbolists, The（art） 象征主义画派，239
symbols, elements 符号，元素，128—129
synagogues 犹太教堂，200
synchronized swimming 花样游泳，262, 263

syncopated ragtime 切分的雷格泰姆，228
Synge, J（ohn）M（illington） 辛格，约翰·米林顿，253
synonym 同义词，256
synthesizer 电子音响合成器，224
Syrdarya（river）: length/source/course 锡尔河：长度/发源地/河道，47
Syria 叙利亚，396
　defence budget 防卫预算，343
Syrian Church 叙利亚教会，190
syrinx 鸣管，75
Szilard, Leo 齐拉特，利奥，123

T

T cells T细胞，90
T'ai Chi 太极，99, 198
T'ai Tsu 太祖（宋朝），309
T'ai Tsung 唐太宗，320
Taanit Behorim（Jewish festival） 头生子斋戒日（犹太教节日），18
Taanit Ester（Jewish festival） 复活节斋戒日（犹太教节日），18
Tabasco（Mexico） 塔瓦斯科（墨西哥），435
table tennis 乒乓球，281
Tacanáa（volcano） 塔卡纳（火山），38
Táchira（Venezuelan state） 塔奇拉（委内瑞拉州），445
Tacitus 塔西佗，253
taekwondo 跆拳道，287
Taft, William 塔夫脱，威廉姆，320
Taglioni, Marie. 塔里奥尼，玛丽，217
Tagore, Rabindranath 泰戈尔，雷宾德雷纳什，253
Tahat 塔哈特峰，453
Tai languages 泰语，246
taiga forests, Siberia 泰加森林，西伯利亚，51
Taiwan 台湾，417
　armed forces manpower/equipment 武装力量/装备，344
　number of cars 汽车数量，171
Taj Mahal 泰吉·马哈尔（泰姬陵），177
Tajik language 塔吉克语，248
Tajikistan 塔吉克斯坦，403
　Nurek hydroelectric dam 努列克水电站大坝，166
　UN peacekeeping mission 联合国维持和平行动，337
Tajumulco（volcano） 塔胡穆尔科（火山），38, 436
Take That 拿起它乐队，233
Takla Makan（desert）: area/location 塔克拉玛干沙漠：面积/地理位置，48
Takstang Monastery, Bhutan 塔希冈寺院，不丹，405
Talking Heads 发言人头像乐队，233
Talleyrand-Périgord, Charles-Maurice de 塔列朗，佩里戈尔，夏尔拉·马里斯·德，320
Tallis, Thomas 塔利斯，托马斯，222
Talmud（Jewish text） 犹太教圣典（犹太教经文），200
tam tam 平锣，224
Tamaulipas（Mexico） 塔毛利帕斯（墨西哥），435
Tambora（volcano） 坦博拉火山，39
tambourine 铃鼓，225
Tamerlane（Tamburlaine） 泰摩兰（帖木儿），320
Tamil language 泰米尔语，247

Tamil Nadu（Indian state） 泰米尔纳德邦（印度），407
Tang Hand 唐手拳，287
Tanganyika, Lake 坦噶尼喀湖，43
tangent 切线，141
tango（dance） 探戈（舞蹈），216
Tanjong Pagar Container Terminal 丹戎帕加集装箱集散地 Singapore 新加坡，174
Tannenberg, Battle of 坦嫩贝格之战，324
Tantrayama Buddhism 密教，197
Tanzania 坦桑尼亚，457
　autonomous state 自治区，457
　endangered animals 濒危动物，104
tap root 主根，65
tapeworm 绦虫，67
Tapies, Antoni 塔皮耶斯，安东尼，240
tapir 貘，79
Taraba（Nigerian state） 塔拉巴州（尼日利亚），464
Tarantino, Quentin 泰兰蒂诺，昆廷，209
tarantism 毒蜘蛛舞蹈症，216
Tarasca language 塔拉斯克语，246
target archery 打靶，292
Tarkovsky, Andrei 塔尔科夫斯基，安德烈，209
tarsier 眼镜猴，86—87
Tartini, Giuseppe 塔尔蒂尼，朱塞佩，222
Tasmania: area/location/status 塔斯马尼亚：面积/位置/状况，35
Tatarstan（Russian republic） 鞑靼斯坦共和国（俄联邦共和国），391
Tati, Jacques 塔蒂，雅克，209
Tatlin, Vladimir 塔特林，弗拉基米尔，240
Tatum, Art 塔特姆，阿特，229
Tatum, Edward L. 泰特姆，爱德华·劳里，109
Taufa'Ahau Tupou IV, King 陶法阿蒙·图普四世，479
Taverner, John 塔弗纳，约翰，222
Taylor, Cecil 泰勒，塞西尔，229
Taylor, Charles 泰勒，查尔斯，463
Taylor, Elizabeth 泰勒，伊丽莎白，209
Tchaikovsky, Pyotr I'yich 柴可夫斯基，彼得·伊利奇，222
　opera by 戏剧，226
tea: annual production 茶年产量，329
tectonic plates 板块，30
　and ocean trenches 深海槽，32
　boundaries 界线，30
　earthquakes 地震，40
　formation of metamorphic rock 变质岩的形成，28
　island formation 岛屿的形成，34
　mountain formation 山脉的形成，36
　movement of 板块移动，30
　volcanic activity 火山活动，39
Telemann, Georg Philipp 泰勒曼，乔治·菲利普，222
telephone 电话，152—153
　Centennial "百岁"电话，164
　largest and smallest 最大，最小电话，152
　longest underwater cable 最长的海底光缆，152
telephone exchange 电话交换台，152
teletext 图文电视，149
television 电视，148—149
　challenge to cinema 对电影的挑战，203

索引

first regular transmissions 最初定期播放, 149
world's largest 最大电视, 149
Teller, Edward 特勒, 爱德华, 123
Telugu 泰卢固语, 247
temperature 温度, 50
　absolute zero 绝对零度, 115
　average 平均温度, 52
　Big Bang 大爆炸, 8
　clouds 云, 52
　Earth's mantle and core 地幔和地核, 26, 27
　as source of power 能源, 167
　fish 鱼, 71
　global variations 全球气温变化, 55
　highest manmade 最高人造温度, 114
　highest sea 最高的海水温度, 33
　measuring human 测量人体温度, 95
　reptiles 爬行动物, 73
　Sun 太阳, 10
temple blocks (instrument) 木鱼（乐器）, 224
Temple of Jupiter, Baalbek 朱庇特神殿, 巴勒贝克, 186
Temple, Shirley 邓波儿, 秀兰, 209
temples 寺院, 圣殿, 寺庙
　Ancient Egyptian 古埃及的神殿, 187, 242
　Ancient Greek and Roman 古希腊及古罗马的神殿, 186
　Hindu 印度的寺庙, 196
　Jerusalem 耶路撒冷圣殿, 200
　Sikh 锡克的寺庙, 197
Temptations, The 诱惑演唱组, 233
Tennessee (US state) 田纳西州（美国）, 429
　state information 简介, 433
tennis 网球, 274—277
　Australian Open 澳大利亚公开赛, 274
　Davis Cup 戴维斯杯, 274
　fastest serve 最快的球速, 274
　FED Cup 联合会杯, 274
　Fred Perry 弗雷德·佩里, 275
　French Open 法国公开赛, 275
　grand slam 大满贯, 277
　longest tiebreak 最长的平分决赛, 274
　Olympic champions (1996) 奥运会冠军 (1996), 274
　Steffi Graf 施特菲, 格拉芙, 277
　US Open 美国公开赛, 275
　Wimbledon 温布尔登赛, 276—277
Tennyson, Alfred, Lord 丁尼生, 阿尔弗莱德, 劳德, 253
tenor drum 次中音鼓, 225
tenrec 无尾猬, 85
Ter-Petrosyan, Levon 捷尔—彼得罗相, 列翁, 394
tercet 三行押韵诗, 256
Terminator II: Judgment Day (film) 《终结者之二: 末日审判》, 203
Terry, Ellen 泰里, 海伦, 209
Tertiary period 第三纪, 29
　prehistoric animals 史前动物, 102
　primitive primates 原始灵长类动物, 103
tetanus 破伤风, 93
tetrahedron 正四面体, 141
Teutoburger Wald, Battle of 条顿堡林山之战, 322
Texas (US state) 得克萨斯州（美国）, 429
　state information 简介, 433
Thabana Ntlenyana 塔巴纳恩特莱尼亚纳峰, 471
Thackeray, William Makepeace 萨克雷, 威廉·麦克皮斯, 254
Thai 泰语, 247
Thailand 泰国, 411
　armed forces manpower 武装力量, 344
　Damnem Saduak floating 丹嫩沙多水上市场, 411
　rate of deforestation 森林采伐率, 58
Thales of Miletus 泰勒斯（米利都的）, 116, 185
Thanatos (Greek deity) 塔那托斯（希腊神）, 186
Thar Desert: area/location 塔尔沙漠: 面积/地理位置, 48
Thatcher, Margaret 撒切尔, 玛格丽特, 320
Themistocles 地米斯托克利, 320
Theodoric the Great 狄奥多里克大帝, 320
thermodynamics 热力学, 115
　laws of 定律, 115
　endangered animals 濒危动物, 104
　method 热发光确定年代法, 27
Thermopylae, Battle of 温泉关之战, 322
theropods 兽脚亚目食肉恐龙, 101
Theroux, Paul 泰鲁, 保罗, 253
thespians 演员, 202
Thespis 泰斯庇斯, 202
Thiam, Habib 锡亚姆, 哈比卜, 460
Thiers, Louis Adolphe 梯也尔, 320
Thing, The (film) 《东西》（电影名）, 203
Thirteen Principles of Faith (Jewish beliefs) 信仰十三条（犹太教信条）, 200
Thirty-Nine Articles (Protestantism) 三十九条信纲（新教）, 193
Thoatherium 独趾龙, 103
Thomas, Dylan 托马斯, 迪伦, 254
Thomas, Edward 托马斯, 爱德华, 254
Thomas Cup 汤姆斯杯, 292
Thompson, Emma 汤普森, 埃玛, 209
Thomson, Sir George Paget 汤姆森, 乔治·佩奇特爵士, 123
Thomson, Sir Joseph John 汤姆孙, 约瑟夫·约翰爵士, 117, 123
Thor (Germanic god) 托尔（日耳曼神）, 187
Thoreau, Henry David 梭罗, 亨利·戴维, 254
Thorn, Gaston E 桑, 加士顿 E, 339
Thorndyke, Sybil 桑代克, 西比尔, 209
Thoth (Egyptian god) 透特（埃及神）, 187
Thousris (Egyptian goddess) 梭尤阿里斯（埃及女神）, 187
threadworm 蛲虫, 67
three-day eventing 三日赛, 290
three-toed sloth 三趾树懒, 85
Thriller (album by Jackson) 《震颤》（杰克逊歌曲集）, 230
Thucydides 修昔底德, 254
thunderstorms 雷暴雨, 50, 51
Thurgau (Swiss canton) 图尔高州（瑞士）, 363
Thuringia (German state) 图林根州（德国）, 371
Thurman, Uma 瑟曼, 尤玛, 209
Thutmose III 图特摩斯三世, 320
Thylacoleo 袋狮龙, 103
Thylacosmilus 有袋剑齿虎, 103

thymus gland 胸腺, 90
Tianjin (Chinese province) 天津（中国直辖市）, 418
Tiberius 提比略, 320
Tibetan antelope 西藏羚羊, 105
Tibetan pika 西藏鼠兔, 84
Tibetan Plateau 青藏高原, 416
Ticino (Swiss canton) 提契诺州（瑞士）, 363
ticks 扁虱, 68
tides 潮汐
　seas and oceans 海洋, 32
　tidal range 潮汐范围, 32
Tiepolo, Giambattista 提埃坡罗, 詹巴蒂斯塔, 240
tiger 虎, 80
　endangered 濒危动物, 104
time 时间
　calendars 历法, 21—22
　division of 时区的划分, 23
　measurement of 时间的测量, 20—23
　what it is 时间是什么, 20
　zones 时区, 23, 24
time signatures (music) 拍子记号, 219
time systems 时间体系
　geological 地质时间, 27, 29
　Hindu 印度, 196
　Jewish 犹太, 200
time zones 时区, 23
timepieces 计时工具, 20
timpani 定音鼓, 225
Timur 帖木儿, 320
Tinguely, Jean 丁格利, 让, 240
Tintoretto, Jacopo 丁托莱托, 雅各布, 240
Tippett, Michael 梯皮特, 迈克尔, 222
　opera by 戏剧, 226
Tirich Mir 蒂里奇米尔峰, 404
Tirol (Austrian province) 蒂罗尔州（奥地利）, 382
Tisha B'Av (Jewish festival) 阿布月9日斋戒日（圣殿遭劫纪念日）（犹太教节日）, 19
Tissot, James 提索特, 詹姆斯, 240
Titan (satellite) 土卫六（卫星）, 12, 13
Titian 提香, 240
Titicaca, Lake 的的喀喀湖, 450
Titius of Wittenberg 提丢斯, 温顿博格, 11
Titius-Bode Rule 提丢斯-波得定则, 11, 12
Tito, Josip 铁托, 320
Tito, Teburoro 提托, 塞布罗罗, 476
Titus 提图斯, 320
Tlaxcala (Mexico) 特拉斯卡拉（墨西哥）, 435
TLC TLC 乐队, 233
toad 蟾蜍, 72
　defence behaviour 防御行为, 73
　distribution and habitat 分布与生境, 72
tobacco: annual production 烟草年产量, 329
Tocantins (Brazilian state) 托坎廷斯州（巴西）, 447
Tofilau Eti Alesana 托菲劳·埃蒂·阿莱萨纳, 479
Togo 多哥, 465
　village houses 村舍, 465
Tojo, Hideki 东条英机, 320
Tokelau 托克劳, 478
Tokugawa, Ieyasu 德川家康, 320

Tolima (volcano) 托利马（火山）, 38
Tolkien, J(ohn) R(onald) R(euel) 托尔金, 约翰·罗纳德·鲁埃尔, 254
Tolstoy, Leo 托尔斯泰, 列夫, 254
tom tom 手鼓, 225
Tomaniivi 托马尼维山, 478
tomatoes 西红柿, 65
tomb goods, Ancient Egyptian 坟墓物品, 古埃及, 187
Tomba, Alberto 托姆巴, 阿尔贝托, 283
Tombaugh, Clyde 汤博, 克莱德, 12
Tomonaga, Shin'ichiro 朝永振一郎, 123
Tonga 汤加, 479
　newest island 最新的岛屿, 34
Tonga-Kermadec Trench 汤加-克马德克海沟, 33
Tongi train station, Bangladesh 栋吉火车站, 孟加拉国, 172
Tonle Sap 洞里萨湖, 412
toothed whales 齿鲸, 83
Torah (Jewish text) 《律法书》（犹太教经文）, 200
Torelli, Giuseppe 托雷利, 朱塞佩, 222
Torfaen (Welsh unitary authority) 托法恩（威尔士单一行政机构）, 356
Torosaurus 节状龙, 101
Torquemada, Tomás de 托尔马克达, 托马斯·德, 320
Torricelli, Evangelista 托里拆利, 伊万吉里斯特, 123
tortoise 乌龟, 73
　endangered species 濒危动物, 105
　giant 大海龟, 445
　oldest recorded 文字记载寿命最长的, 72
Totolom, Mount 托托洛姆山, 476
Toulouse-Lautrec, Henri de 土鲁斯-劳特累克, 亨利, 240
Tour de France winners 环法自行车赛获胜者, 293
Touré, Ahmed sékou 杜尔, 艾哈迈德·塞古, 320
Touré, Sidia 杜尔, 西迪亚, 461
towers 塔, 176, 177
toxic waste pollution 有毒废物污染, 57
toys, visual 玩具视镜, 202
trachea 气管, 90
track and field 田赛和径赛, 260
　dimensions of equipment 器材规格, 260
trade winds 信风, 55
Trafalgar, Battle of 特拉法尔加角之战, 324
tragedy 悲剧, 256
Trainspotting (film) 《火车站》（电影名）, 202
Transcaucasian states: 横跨高加索山脉的国家
　continental boundary 洲分界线, 31
Transcendental Meditation 超在禅定派, 189
Transdniestria (Moldovan autonomous republic) 德涅斯特河左岸（摩尔多瓦自治共和国）, 388
transportation 运输
　air 航空运输, 168—169
　Cuba 古巴, 435
　greenhouse gases from 温室气体来源, 55
　rail 铁路运输, 172—173
　road 公路运输, 170—171
　shipping 船运, 174—175

Transylvania, basin of 特兰西瓦尼亚盆地, 389
trapdoor spiders 地下蜘蛛, 68
trapezium 梯形, 140
travel phobias 旅行恐惧症, 97
Traviata, La 《茶花女》, 226
Travolta, John 屈伏塔, 约翰, 209
Tree, Herbert Beerbohm 特里, 赫伯特·比尔伯姆, 209
tree frog 树蛙, 72
　effect of acid rain 酸雨的危害, 56
Trengganu (Malaysian state) 丁加奴州 (马来西亚), 415
Trengganu Highlands 丁加奴高地, 415
Trent Canal 特伦特运河, 175
Trentino-Alto Adige (Italian region) 特伦蒂诺－上阿迪杰, 379
triangle (instrument) 三角铁 (乐器), 225
triangles (geometry) 三角形 (几何), 140
Triassic period 三叠纪, 29
　mammals 哺乳动物, 76, 103
Tribal Areas (Pakistan) 部落地区 (巴基斯坦), 404
Triceratops 三角龙, 100, 101
trigonometry 三角形, 140
triggerfish 板机鱼, 71
Triglav 特里格拉夫, 384
trilobites 三叶虫, 68
Trimurti (Hindu Trinity) 三相 (印度教三位一体), 196
Trinidad and Tobago 特立尼达和多巴哥, 442
trinity Christian 基督教三位一体教义, 190
Trinity Sunday (Christian festival) 三一节 (基督教节日), 18
Tripura (Indian state) 特里普拉 (印度邦), 407
Triton (Greek deity) 特里同 (希腊神), 186
Triton (satellite) 海卫一 (卫星), 12, 13
Trollope, Anthony 特罗洛普, 安东尼, 254
trombone 长号, 224
Tromp, Maarten 特龙普, 马腾, 320
Tron (film) 《罗尼》(电影名), 203
troodontids 秃顶龙, 101
tropical year 回归年, 20
Trotsky, Leon 托洛茨基, 雷翁, 320
Trovoada, Miguel 特罗瓦达, 米格尔, 466
true worm 真虫, 67
Truffaut, Francois 特吕弗, 弗朗索瓦, 209
Trujillo (Venezuelan state) 特鲁希略州 (委内瑞拉), 445
Truman, Harry S 杜鲁门, 哈里斯, 320
trumpet 小号, 224
Trusteeship Council, UN 联合国托管事会, 337
Tsaratanana 察拉塔纳纳山, 458
Tsavo (national park) 察夫 (国家公园)
　buffalo herd 水牛群, 456
　location/fauna 地理位置/动物, 107
Tshombe, Moise 冲伯, 莫伊斯, 320
Tsom Gedaliah (Jewish festival) 基大利斋日 (犹太教节日), 19
Tsu Chu 蹴鞠, 266
tsunamis 海啸, 32, 40
　speed of 速度, 32
Tsushima, Battle of 对马海峡之战, 324

Tu B'Av (Jewish festival) 阿布月15日节 (犹太教节日), 19
Tu B'shevat (Jewish festival) 新树节 (犹太教节日), 18
Tuanku Ja'afar ibni Al-marhum, Sultan of Negeri Sembilan 端姑·贾阿法, 森兰美州苏丹, 415
tuatara 楔齿蜥, 73
tuba 大号, 224
tuberculosis (TB) 肺结核, 92, 93
Tudjman, Franjo 图季曼, 弗拉尼契, 334, 385
tungsten filament 钨丝, 146—147
Tungurahua (volcano) 通古拉瓦山 (火山), 38
Tunisia 突尼斯, 453
tunnels 隧道, 176, 177
Tupungatito (volcano) 图蓬尼阿蒂托 (火山), 38
Turandot 《图兰朵》, 226
Turenne, Henri de la Tour d'Auvergne, Vicomte de 蒂雷纳子爵, 320
Turgenev, Ivan 屠格涅夫, 伊凡, 254
Turing, Alan Mathison 图灵, 阿兰·马辛森, 178, 182
Turkey 土耳其, 397
　armed forces manpower/equipment 武装力量/装备, 343, 344
　continental boundary 洲分界线, 31
　number of cars 汽车数量, 171
　road network 公路网, 170
turkey trot (dance) 火鸡舞 (舞蹈), 216
Turkish language 土耳其语, 247
Turkmen language 土库曼语, 248
Turkmenistan 土库曼斯坦, 402
Turks and Caicos Islands 特克斯和凯科斯群岛, 439
Turn of the Screw, The 《旋螺丝》, 226
Turner, Tina 特纳, 蒂娜, 233
Turukhansk HEP plant, Russia 图鲁汉斯克水电站, 俄罗斯, 167
Tuscany (Italian region) 托斯卡尼 (意大利行政区), 379
Tutin, Dorothy 杜蒂, 多萝西, 209
Tutupaca (volcano) 图图帕卡 (火山), 38
Tuvalu 图瓦卢, 479
Twain, Mark 马克吐温, 254
twist (dance) 扭摆舞 (舞蹈), 216
2001: A Space Odyssey (film), 《2001年太空漫游记》(电影名), 203
Tyndall, John 廷德尔, 约翰, 123
　light waves experiment 光波实验, 153
Tyne and Wear 泰恩－威尔郡, 354, 355
Tyr (Germanic god) 提尔 (日耳曼神), 187
Tyrannosaurus 霸王龙, 100, 101
Tyva (Russian republic) 图瓦共和国 (俄联邦共和国), 391
Tz'u Hsi 慈禧, 321

U

U2 U2乐队, 233
U Nu 吴努, 321
U Thant 吴丹, 337
uakari 额猴, 87
UB40 UB40乐队, 233
Uber Cup 尤伯杯, 292
Ubinas (volcano) 乌维纳斯火山, 38
Uccello, Paolo 乌切洛, 保罗, 240

Udmurtia (Russian republic) 乌德穆尔特共和国 (俄联邦共和国), 391
UEFA Cup winners 联盟杯获胜队, 267
Uganda 乌干达, 456
　patients per doctor 每位医生的病人数, 327
ukelele 尤克里里琴, 224
Ukraine 乌克兰, 389
　armed forces manpower/equipment 武装力量/装备, 343, 344
　autonomous republic (乌克兰) 自治共和国, 389
　defence budget 防卫预算, 343
　hospital beds 病床, 327
　number of cars 汽车数量, 171
　number of nuclear warheads 核弹头数目, 342
　power station 电站, 145
　railway system 铁路系统, 173
　road network 公路网, 170
Ukranian language 乌克兰语, 247
Ukrainian Uniat Church 乌克兰东仪天主教会, 190
Ulanova, Galina 乌兰诺娃, 加琳娜, 217
Ulbricht, Walter 乌布利希, 沃尔特, 321
Ulmanis, Guntis 乌尔马尼斯, 贡季斯, 376
Ultra Large Crude Carrier oil tankers 超级巨型运输油轮, 174
ultraviolet rays/radiation 紫外线/辐射, 116
　effect of 紫外线的影响, 55
Uluru (national park) 乌鲁路 (国家公园)
　location/fauna 位置/动物, 107
　Olga Rocks 奥尔加礁石, 472
Umbria (Italian region) 翁布里亚 (意大利行政区), 379
Umm al-Qaiwan 乌姆盖万, 400
UNDP 联合国开发计划署, 336
UNESCO 联合教育、科学及文化组织, 336
UNFPA 联合国人口基金会, 336
ungulates 有蹄动物, 78—79
　artiodactyls 偶蹄动物, 78
　perissodactyls 奇蹄动物, 79
　what they are 什么是有蹄动物, 78
UNHCR 联合国难民事务高级专员办事处, 336
Uniat Churches 东仪天主教会, 190
UNICEF 联合国儿童基金会, 336
UNIDO 联合国工业发展组织, 336
Unification Church 统一教团, 193
union of sets (mathematics) 并集 (数学), 138
Unitarians 一位论派, 193
United Arab Emirates 阿拉伯联合酋长国
　defence budget 防卫预算, 343
　Emirates 酋长国, 400
　GNP per head 人均国民生产总值, 329
United Churches 联合教会, 193
United Kingdom 英国, 351
　area 面积, 357
　armed forces manpower/equipment 武装力量/装备, 344
　counties 郡, 354, 355
　Crown dependencies 皇家属地, 357
　devolution 权力下放, 353
　EU membership 欧盟成员国, 339
　GNP per head 人均国民生产总值, 329
　houses built each year 每年所建的房屋, 245
　in focus 聚焦, 352—357
　kings and queens 国王和女王, 352
　London boroughs 伦敦市, 355
　metro system 地铁系统, 173
　number of airports 机场数量, 168
　number of cars 汽车数量, 171
　number of nuclear warheads 核弹头数目, 342
　prime ministers 首相, 355
　railway system 铁路系统, 173
　reported burglaries 盗窃案, 327
　road network 公路网, 170
　UN funding 交纳联合国会费, 337
United Nations 联合国, 336—337
　birth of the UN 联合国的诞生, 336
　funding for 会费来源, 337
　members 成员国, 336
　organs and agencies 组织与机构, 336—337
　peacekeeping missions 维持和平行动, 336, 337
　Secretaries-General 秘书长, 337
United Nations Day 联合国成立纪念日, 336
United States of America 美利坚合众国, 428-429
　armed forces manpower/equipment 武装力量/装备, 343, 344
　as a global superpower 世界超级大国, 433
　dependencies 美国各属国及属地, 429
　endangered animals 濒危动物, 104
　flag 国旗, 431
　GNP per head 人均国民生产总值, 329
　health care expenditure 医疗费用, 327
　in focus 美国聚焦, 430—433
　inland waterways 内陆航道, 174
　land pollution control 土壤污染控制, 57
　maglev train 磁悬浮火车, 163
　metro systems 地铁系统, 173
　number of airports 航空港数量, 168
　number of cars 汽车数量, 171
　number of nuclear reactors 核反应堆数量, 145
　number of nuclear warheads 核弹头数目, 342
　number of space flights 太空飞行的数量, 14
　oil reserve 石油储量, 166
　presidents 美国总统, 430
　railway system 铁路系统, 173
　road network 公路网, 170
　states 美国诸州, 429
　information 诸州简介, 432—433
　student numbers 学生人数, 327
　time zones 时区, 23
UN funding 交纳联合国会费, 337
universal sets (mathematics) 通用集 (数学), 138
Universe, the 宇宙, 8—13
　brightest and nearest stars 最亮和最近的恒星, 9
　comets 彗星, 13
　constituents 组成, 8
　expansion of 扩展, 8
　galaxies 星系, 8—9
　largest asteroids 最大的小行星, 13

nature of 本质，8
planetary information 有关行星的资料，11
satellites, statistics 卫星，统计数，13
solar system 太阳系，9—12，10
stars 恒星，9
sun 太阳，10
University Boat Race 大学划船赛，284
UNRWA 联合国难民救济及工程局，336
Upanishads（scriptures）《奥义书》（圣典），196
Upatnieks, Juris 尤佩特尼克斯，朱瑞斯，157
Updike, John 厄普代克，约翰，254
Upper Austria（Austrian province）上奥地利州（奥地利），382
Upper Normandy（French region）上诺曼底（法国大区），366
UPU 万国邮政联盟，336
Ural（river）：length/location/course 乌拉尔河：长度/位置/河道，45
Uralic languages 乌拉尔语系，246
uranium 铀
annual production 铀年产量，328
uranium-235 铀-235，144，167
Uranus（Greek deity）乌拉诺斯（希腊神），186
Uranus（planet）天王星（行星），12，13
satellites 卫星，12，13
statistics table 统计表，11
Urdu 乌尔都语，247
Urey, Harold Clayton 尤里，哈罗德·克莱顿，133
Uri（Swiss canton）乌里州（瑞士），363
urinary system 泌尿系统，91
urine 尿，91
urostyle 尾杆骨，72
Uruguay 乌拉圭，446
social security expenditure 社会治安费用，326
US customary units（measurement）美国惯用单位（度量制），112
US Masters winners 美国马斯特斯杯获胜者，272
US National Fast/Slow pitch 美国全国快投/慢投垒球锦标赛
Championships（softball）冠军（垒球），281
US Open winners 美国公开赛获胜者，272
US PGA winners 美国职业高尔夫协会锦标赛获胜者，272
Userkaf（pharaoh）乌塞尔卡夫（法老），187
Ustinov, Peter 乌斯京诺夫，彼得，209
Utah（US state）犹他州（美国），429
state information 简介，433
Uteem, Cassam 乌蒂姆，卡萨姆，459
Uzbek language 乌兹别克语，248
Uzbekistan 乌兹别克斯坦，402

V

Vaalserberg（Netherlands）瓦尔斯堡（荷兰），369
Vabbinfaru（coral island）瓦宾发鲁（珊瑚岛），34
Vaea, baron 瓦埃亚，巴伦，479
Vagnorius, Gediminas 瓦格纳柳斯，格迪米纳斯，377
Valais（Swiss canton）瓦莱州（瑞士），363
Valdemar Ⅳ 瓦尔德马四世，321
Vale of Glamorgan, The（Welsh unitary authority）格拉摩根谷（威尔士单一行政机构），356
Valencia（Spanish region）巴伦西亚（西班牙自治区），359
Valentino, Rudolph 瓦伦蒂诺，鲁道夫，209
Valerian, Publius Licinius 巴莱里安，321
Valéry, Paul 瓦来里，保尔，254
Valhalla 瓦尔哈拉，187
Valle d'Aosta（Italian region）瓦莱达奥斯塔（意大利行政区），379
Valle de Ordesa（national park）：location/fauna 奥德萨山谷（国家公园）：地理位置/动物，107
Valmy, Battle of 瓦尔美之战，324
Valois, Ninette de 德瓦卢瓦，尼内特，217
vampire bat 吸血蝠，85
Van der Graaff, Robert Jemison 范德·格喇夫，罗伯特·杰米逊，123
Van der wads, Johannes Diderik 范德瓦耳，约翰尼斯·狄得里克，123
Van-Dunem, Fernando Franca 范迪嫩，费尔南多·弗兰，468
van Dyck, Sir Anthony 凡·代克，安东尼爵士，240
A Cornfield, with Cypresses《麦田》，237
Self Portrait《自画像》，240
Van't Hoff Jacobus Henricus 范托夫·雅各布斯·亨利克斯，133
Vanbrugh, Sir John 范布勒，约翰爵士，244，254
Vanoise（national park）：location/fauna 瓦诺斯（国家公园）：地理位置/动物，107
Vanuatu 瓦努阿图，477
Varèse, Edgard 瓦雷denote，埃德加，222
Vargas, Getúlio 瓦加斯，321
Varmus, Harold 瓦姆斯，哈洛斯，109
Varuna（Hindu god）伐楼拿（印度神），196
Vasanta Panchami（Hindu festival）萨拉斯瓦蒂节（印度教节日），19
Vasari, Giorgio 瓦萨里，乔尔乔，243
Vatican City 梵蒂冈城国，379
road network 公路网，170
Vauban, Sébastien Le Prestre de 沃邦，321
Vaud（Swiss canton）沃州（瑞士），363
Vaughan Williams, Ralph 沃恩·威廉斯，拉尔夫，222
Vaughan,（Lois）Sarah 沃恩，（洛伊斯）萨拉，229
Vedanta（philosophy）吠檀多（哲学），196
Vedas（ancient literature）《吠陀》（古代文学作品），196
gods in 作品中的神，196
Vega, Lope de Felix 维加，洛佩·德费利克斯，202，254
vegetables 蔬菜，64，65
Veiga, Carlos 维加，卡洛斯，461
veins 静脉，89
Velociraptor 疾走龙，101
Velvet Underground 先锋队，乐队，233
vena cava 腔静脉，89
Venetia（Italian region）威尼提亚（意大利行政区），379
Venezuela 委内瑞拉，445
states and territories 各州和领地，445
Venice film festival 威尼斯电影节，214
Venizélos Eleuthérios 弗尼泽洛斯，321
Venus（planet）金星（行星），10
statistics table 统计表，11
Venus（Roman goddess）维纳斯（罗马女神），186
Veracruz（Mexico）韦拉克鲁斯（墨西哥），435
Verdi, Giuseppe 威尔第，米塞佩，222
operas by 戏剧，226
Verdun, Battle of 凡尔登之战，324
Verlaine, Paul 魏尔兰，保尔，254
Vermeer, Jan 弗美尔，简，240
A Young Woman Standing at a Virginal《站在维吉纳琴前的少妇》，240
Vermont（US state）佛蒙特州（美国），429
state information 简介，433
Veronese, Paolo 委罗内塞，保罗，240
verse 韵文，256
vertebrates 脊椎动物，66
Verwoerd, Henrik 维沃尔德，321
Vesalius, Andrea 维萨里，安德里，109
Vespasian, Titus Flavius 韦斯巴芗，321
Vespucci, Amerigo 韦斯普奇，阿美利哥，321
Vesta（asteroid）灶神星（小行星），11，13
Vestris, Marie Auguste 维斯特里斯，玛丽·奥格斯特，217
Vesuvius, Mount 维苏威火山，378
vibraphone 电颤琴，225
Vickers, Jon 维克思，齐恩，228
Victor Emmanuel Ⅱ 维克托·伊曼维尔二世，321
Victoria 维多利亚，321
Victoria（Australian state）维多利亚州（澳大利亚），473
Victoria（Roman deity）维多利亚（罗马神），186
Victoria Falls 维多利亚瀑布，42，469
Victoria Island 维多利亚岛，35
area/location/status 面积/位置/状况，35
Victoria Nyanza, Lake 维多利亚尼萨湖，43
Victoria Peak 维多利亚峰，436
vicuna 骆马，78
video cassette: fastest production 盒式录像带：最快出品，150
video recorder 录像机，150—151
Vidor, King 维多，金，209
Vieira, Joao Bernardo（Nino）维埃拉，若奥·贝尔纳多，460
Vienna（Austrian province）维也纳州（奥地利），382
Vietnam 越南，412
armed forces manpower/equipment 武装力量/装备，343，344
endangered animals 濒危动物，104
inland waterways 内陆航道，174
Vietnamese language 越南语，247
Vigny, Alfred de 维尼，阿尔弗雷德·德，254
Viktorenko, Alexander 维克多年科，亚历山大，17
Villa, Pancho（Francisco Villa）比亚，弗朗西斯科，321
Villa-Lobos, Heitor 维拉-洛博斯，海特，222
Villanelle 法国田园诗，256
Villella, Edward 威莱拉，爱德华，217
Villon, Francois 维永，弗朗索瓦，254
vineyards, Rineland 葡萄园，莱茵兰，370
Vinson, Mount 文森峰，37
viola（instrument）中提琴，225
violin 小提琴，225
violoncello 大提琴，225
viper 蝰蛇，73
Viracocha, cuit of（Inca）韦拉可卡，（印加人的）祭礼，187
Virgin Islands of the United States 美属维尔京群岛，442
Virginals 维吉纳琴，225
Virginia（US state）弗吉尼亚州（美国），429
state information 简介，433
virtual reality 虚拟现实，179
viruses 病毒，61
Ebola virus 埃博拉病毒，61
Visconti, Gian Galeazzo 维斯孔蒂，321
Visconti, Luchino 维斯康蒂·卢奇诺，209
Vishnu（Hindu god）毗湿奴（印度神），196
ten avatars 十个化身，196
Vision: birds 视觉：鸟，74
Vistula（river）：Length/location/course 维斯拉河：长度/位置/河道，45
vivaldi, Antonio 维瓦尔第，安东尼奥，222
viverrids 灵猫科动物，80
Vladimir I 弗拉基米尔一世，321
Vlaminck, Maurice de 弗拉曼克，莫里斯·德，240
Vo Van Kiet 武文杰，412
Vogel Peak 福格尔峰，464
Volapük 沃拉普克语，246
Volcán Citlaltepetl, Mexico 西特拉佩特尔火山，38，434
Volcán de Santa Ana 圣安娜火山，436
volcanic islands 火山岛，34
plate movement and 板块移动与火山岛，30
volcanic mountains 火山，36
volcanoes and volcanic eruptions 火山和火山爆发，38—39
extrusive eruptions 喷出性爆发，34
highest volcano 最高的火山，39
hot-spots 热点，34
Italy 意大利，378
major recently active volcanoes 最近的主要活火山，38
major volcanic eruptions 主要的火山爆发，39
Mexico 墨西哥，434
plate movement and 板块移动与火山喷发，30
underwater see seamounts what causes volcanic eruptions 导致火山爆发的原因，39
what it is 什么是火山和火山爆发，38
Volga（river）：Length/location/course 伏尔加河：长度/位置/河道，45，47
Volga-Baltic Waterway 伏尔加河-波罗的海航道，175
volleyball 排球，281，281
volta（dance）伏尔特舞（舞），216
Volta, Count Alessandro 伏打，康特·亚历山德拉，117，123，128

索引

Voltaire 伏尔泰, 254
voluntary muscles 随意肌, 89
von Karman, Theodore 冯·卡曼, 西奥多, 123
Von Sydow, Max 冯·叙多, 马克斯, 209
Voralberg (Austrian province) 福拉尔贝格州 (奥地利), 382
Voroshilov, Kliment 伏罗希洛夫, 克里门特, 321
Vorster, Balthazar Johannes 沃斯特, 321
Vuillard, Jean-Edouard 维亚尔, 让-爱德华, 240
Vulcan (Roman god) 武尔坎 (罗马神), 186
vulgar fraction 普通分数 (真分数), 136
vulture 秃鹫, 74

W

Wace 瓦斯, 254
Wadis 干涸河道, 48
Wagner, Richard 瓦格纳, 里夏德, 222
 operas by 戏剧, 226
Wajda, Andrzej 瓦依达, 安杰伊, 209
Wake Island 威克岛, 477
Waksman, Selman 沃克斯曼, 西尔曼, 108, 109
Walcott, Derek 沃尔科特, 德里克, 254
Waldheim, Kurt 瓦尔德海姆, 库尔特, 337
Wales 威尔士, 351, 352
 unitary authorities 威尔士单一行政机构, 356
Walesa, Lech 瓦尔萨, 列奇, 321
Walker Cup 沃克杯, 273
Wallace, Alfred Russell 华莱士, 阿尔弗里德, 罗素, 109
Wallace, William 华莱士, 威廉, 321
Wallachia 瓦拉几亚平原, 389
Wallenstein, Albrecht von 华伦斯坦, 奥尔布雷克特·冯, 321
Waller, "Fats" "胖子" 沃勒, 229
Wallis and Futuna Islands 瓦利斯和富图纳群岛, 479
Walpole, Horace 沃波尔, 霍勒斯, 254
Walpole, Robert 沃波尔, 罗伯特, 321
walrus 海象, 82
Walsh, Raoul 沃尔什, 拉乌尔, 209
Walton, William 沃尔顿, 威廉, 222
waltz (dance) 华尔兹舞 (舞蹈), 216
Wandewash, Battle of 文迪石什之战, 324
Wannabe (song) 《心愿》(歌曲), 234
Warhol, Andy 沃霍尔, 安迪, 240
Warne, Shane 沃恩, 沙恩, 270
Warner, Jack 华纳, 杰克, 209
wart hog 野猪, 78
Warwickshire (English county) 沃里克郡 (英格兰), 354, 355
Washington (US state) 华盛顿州 (美国), 429
 state information 简介, 433
Washington, Denzel 华盛顿, 登基尔, 209
Washington, George 华盛顿, 乔治, 321
Wasmosy, Juan Carlos 瓦斯莫西, 胡

安·卡洛斯, 451
waste disposal: pollution from 垃圾处理: 垃圾造成的污染, 57
water 水
 car engine use 水在汽车发动机上的应用, 158
 contained in ice sheets 冰盖里的水, 49
 in atmosphere 大气中的水, 50
 lake 湖泊
 input/output 注入量/输出量, 43
 sources 发源地, 43
 nuclear industry use 水在核工业上的应用, 167
 pollution 污染, 57
 controlling 控制水污染, 57
 river sources 河流发源地, 45
 sea water facts 海水资料, 32
 what it is 它是什么, 126
water life 水生动物
 endangered species 濒危动物, 105
water shrew 水鼩, 85
water skiing 滑水, 285
water sports 水上运动, 284—285
water transport 水路运输, 174—175
 annual building production 建筑物年建成量, 328
 Aral Sea problems 咸海海水问题, 402
 largest ever collision 迄今最大的撞船事故, 174
 largest ships 最大的轮船, 175
 leading cargo carriers 最主要的货船, 174
 longest barge canals 最长的驳船运河, 175
 longest inland waterways 最长的内陆航道, 174
 longest ship canals 最长的轮船运河, 175
 major ports 主要的港口
 Mozambique problems 莫桑比克问题, 458
 shipping tonnages 运输吨位, 175
waterfalls 瀑布, 42
 greatest 最大的瀑布, 42
 highest 落差最大的瀑布, 42
 Victoria Falls 维多利亚瀑布, 469
 why they occur 瀑布的成因, 42
Waterloo International Railway Station, London 滑铁卢国际火车站, 伦敦, 173
Waterloo, Battle of 滑铁卢之战, 324
watersheds 分水岭, 44
Watson, James 沃森, 詹姆斯, 109
 DNA research 脱氧核糖核酸研究, 109
Watson-Watt, Sir Robert Alexander 沃森瓦特, 罗伯特·亚历山大爵士, 123
Watteau, Antoine 华托, 安东尼, 240
Waugh, Evelyn 沃, 伊夫林, 254
waves 波, 116
 earthquake 地震, 40
 electromagnetic 电磁波, 116, 148—149, 150—151
 properties 电磁波的性质, 116
 water 水, 32
 wavelength and frequency 波长和频率, 116
 sound waves 声波
Wayne, John 韦恩, 约翰, 209
weak force 弱相互作用力, 118
wealthiest nations 最富的国家, 329
wealthiest people 最富的人, 331
weasel 鼬, 81
 least 北美倭伶鼬, 81

relatives 亲缘动物, 81
weather and climate 天气、气候, 50—55
 and seasonal rivers 季节性河流, 44
 atmosphere 大气, 50—51
 clouds 云, 52, 53
 effect of mountains 山脉对其影响, 36
 El Nino 厄尔尼诺, 53
 forecasting 天气预报, 53
 global warming 全球变暖, 55
 what it is 什么是天气、气候, 50
 world's regions 世界气候带, 55
 zones 气候带, 54
Web, The 网络, 180
Weber, Carl Maria von 韦伯, 卡尔·玛丽娅, 222
Weber, Max 韦伯, 马克斯, 321
Weber, Wilhelm Eduard 威伯, 威廉·艾德万得, 123
Webern, Anton 韦伯恩, 安东, 222
Webster, John 韦伯斯特, 约翰, 254
Weddell seal 韦德尔氏海豹, 82
Wedekind, Frank 魏德金德, 弗兰克, 254
week day names 一周每天的名称, 21
Weelkes, Thomas 威尔科斯, 托马斯, 222
Weierstrass, Karl 维尔斯特拉斯, 卡尔, 142
Weigel, Helen 魏格尔, 海伦, 209
weightlifting 举重, 294
weights and measures 度量衡, 112—113
 Imperial units 英制, 112
 measurement 度量制, 112
 metric and Imperial conversions 公制与英制的换算, 113
 metric system 公制, 112, 113
 multiples and submultiples 倍数和约数, 113
Weill, Kurt 韦尔, 库尔特, 222, 228
Weine, Robert 魏内, 罗伯特, 209
Weir, Peter 韦尔, 彼得, 209
Weismann, August 魏斯曼, 奥古斯都, 109
Weizman, Ezer 魏茨曼, 埃尔, 396
Weizmann, Chaim 魏茨曼, 汉姆, 321
welded turffs (rock) 凝灰岩, 39
Welland Canal 韦兰运河, 175
Welles, Orson 威尔斯, 奥森, 209
Wellington, Arthur Wellesley, 1st duke of 威灵顿, 阿瑟·韦尔斯利第一公爵, 321
Wells, H(erbert) G(eorge) 威尔斯, 赫伯特·乔治, 254
welwitschia plant 百岁叶属植物, 63
Wenders, Wim 文德斯, 温, 209
Werner, Alfred 韦尔纳, 阿尔夫莱德, 133
Wesley, John 卫斯理, 约翰, 321
Wesley, John and Charles 卫斯理, 约翰和查尔斯, 193
West, Mae 韦斯特, 梅, 209
West Bengal (Indian state) 西孟加拉邦 (印度), 407
West Dunbartonshire (Scottish unitary authority) 西丹巴顿郡 (苏格兰单一行政机构), 357
West European Union, The (WEU) 西欧联盟, 341
West Lothian (Scottish unitary authority) 西洛锡安 (苏格兰单一行政机构), 357
West Midlands (English county) 西米德兰兹郡 (英格兰), 354, 355

West Side Story 《西海岸的故事》, 227
West Sussex (English county) 西苏塞克斯郡 (英格兰), 354, 355
West Virginia (US state) 西弗吉尼亚州 (美国), 429
 state information 简介, 433
West Yorkshire (English county) 西约克郡 (英格兰), 354, 355
Westchester Cup 韦彻斯特杯, 290
Western art 西方美术, 236—241
Western Australia (Australian state) 西澳大利亚州 (澳大利亚), 473
Western Cape (SA province) 西开普省 (南非), 470
western hemisphere: Lowest point 西半球: 最低处, 106
Western Isles (Scottish unitary authority) 西部群岛 (苏格兰单一行政机构), 357
Western Sahara 西撒哈拉, 452
 UN peacekeeping mission 联合国维持和平行动, 337
Wet Wet Wet 雨雪雾乐队, 233
Weyden, Rogier van der 韦登, 罗希尔·范·德尔, 240
whale shark 鲸鲨, 70, 71
whale 鲸, 83
Wheat: annual production 小麦年产量, 329
Wheatley, Dennis 惠特利, 丹尼斯, 254
Wheel of Law (Buddhism) 法轮 (佛教), 197
Whistler, James Abbott McNeill 惠斯勒, 詹姆斯·阿博特·麦克尼尔, 240
White, Gilbert 怀特, 吉尔伯特, 109
White, Patrick 怀特, 帕特里克, 254
white dwarfs 白矮星, 9
White Mountain, Battle of the 白山之战, 323
white rhinoceros 白犀牛, 79, 104
white whale 白鲸, 83
white-toothed cowry 白齿宝贝, 105
Whitehead, Alfred 怀特黑德, 阿尔弗雷德, 142
Whitehead, Alfred North 怀特海, 艾尔弗雷德·诺思, 185
WHO 世界卫生组织, 336
Who, The 谁人乐队, 233
Wicca (religion) 巫术崇拜, 189
Wiener, Norbert 维纳, 诺伯特, 142
Wiess, Peter 魏斯·彼得, 254
Wilberforce, William 威尔伯福斯, 威廉姆, 321
wild ass 野驴, 79
wild boar 野猪, 78
wild cat 野猫, 80
 endangered species 濒危动物, 104
Wilde, Oscar 王尔德, 奥斯卡, 254
 Salome 《莎乐美》, 254
Wilder, Billy 怀尔德, 比利, 209
Wilder, Thornton 怀尔德, 桑顿, 254
Wiles, Andrew 威尔斯, 安德鲁, 142
Wilhelm, Mount 威廉山, 473
Wilkes, John 威尔克斯, 约翰, 321
Wilkins, Maurice 威尔金斯, 莫利斯, 109
 DNA research 脱氧核糖核酸研究, 109
William I (Wilhelm Ludwig) 威廉一世, 321
William I, the Conqueror 威廉一世 (征服者), 321
William I, the Silent (Prince of Orange) 沉默的威廉一世 (奥伦治王子),

321
William II 威廉二世，321
William III (Willam of Orange) 威廉三世，321
Willams, Emlyn 威廉斯，埃姆林，209
Williams, Mary Lou 威廉，玛丽·洛，229
Williams, Tennessee 威廉斯，田纳西，254
Williams, William Carlos 威廉斯，威廉·卡洛斯，254
Williamson, Nicol 威廉森，尼科尔，209
Wilson, Harold 威尔逊，哈罗德，321
Wilson, Kenneth 威尔逊，肯尼斯，123
Wilson, Robert W., 威尔逊，罗伯特，8
Wilson, Thomas Woodrow 威尔逊，托马斯·伍德罗，321
Wiltshire (English county) 威尔特郡（英格兰），354，355
wind 风
  effect of 风的影响
  pollination 风的受粉作用，65
  waves 海浪，32
  weather and climate （风对）天气、气候的影响，51
  global variations 全球变化，55
  measuring force of 风力测量，51
wind farms 风车农场，167
windmills 风车，167
windsurfing 帆板运动，284
winfield, Dave 温菲尔德，戴夫，278
wings 翅膀
  aircraft 飞机，160—161
  bird 鸟，74—75
  feathers 羽毛，74
Winter Olympics 冬季奥运会，258
  medal winners 奖牌得主，259
WIPO 世界知识产权组织，336
Wisconsin (US state) 威斯康星州（美国），429
  state information 简介，433
Witt, Katarina 维特，塔琳娜，282
Witten, Edward 维腾，曼德华，123
Wittgenstein, Ludwig 维特根斯坦，路德维希，185
WMO 世界气象组织，336
Wodehouse, P (elham) G (renville) 沃德豪斯，佩勒姆·格伦维尔，254
Wöhler, Friedrich 维勒，弗雷德里克，133
wolf 狼，80
Wolfit, Donald 沃尔菲特，唐纳德，209
Wolsey, Thomas, Cardinal 沃尔西，托马斯，321
wolverine 狼獾，81
Wonder, Stevie 旺德尔，斯帝维，233
Woo, John 吴宇森，209
wood: annual production 木材年产量，329
Wood, Natalie 伍德，纳塔莉，209
Wood Buffalo (national park): location/fauna 布法罗森林（国家公园）：地理位置/动物，107
woodlice 木鳖，69
woodwind instruments 木管乐器，224
wool: annual production 毛年产量，329
Woolf, Virginia 吴尔夫，弗吉尼亚，254
woolly mammoth 毛象，103
Worcestershire (English county) 伍斯特郡（英格兰），354，355

Wordsworth, William 华兹华斯，威廉，254
work 功，115
World Bank, The 世界银行，336
world business 世界商业，330—331
  fifty top companies 五十家大公司，330—331
  giants from the emerging economies 经济蓬勃发展国家的大公司，330
  top commercial banks 大商业银行，331
  top insurance companies 大保险公司，330
  wealthiest people 最富的人，331
World Championship winners 世界锦标赛优胜者
  basketball 篮球，278
  chess 国际象棋，292
  darts 投镖，293
  lacrosse 长曲棍球，280
  motorcycling 摩托车赛，289
  netball 无档板篮球，280
  snooker 斯诺克（英式台球），294
  swimming and diving 游泳与跳水，263
World Court, UN 联合国国际法庭，337
World Cup 世界杯
  alpine skiing 高山滑雪赛，283
  cricket 板球，270，271
  women 女子，271
  football 足球，266
  golf 高尔夫球，273
  hockey 曲棍球赛，280
  Rugby Union 业余英式橄榄球，264
World leaders, political 世界政治领导人，332—335
World Organizations 世界组织，340—341
world records 世界纪录
  athletics 田径世界纪录，261
  swimming 游泳，262
World Series winners (baseball) 世界系列赛获胜队（棒球），278
  Seismological Network 世界标准地震台网，40
worms 蠕虫，67
Worth, Irene 沃思，艾琳，209
Wozniak, Steve 伍思尼亚克，史蒂夫，182
Wren, Sir Christopher 雷恩，克里斯瑞，244
wrestling 摔跤，287
Wrexham (Welsh unitary authority) 雷克瑟姆（威尔士单一行政机构），356
Wright, Ian 莱特，伊安，280
Wright, Orville and Wilbur 莱特，奥维尔与威尔伯，165
WTO 世界贸易组织，336
Wu language 吴语，247
Wuteve, Mount 武蒂维山，463
Wycherley, Willian 威彻利，威廉，254
Wycliffe, John 威克里夫，约翰，321
Wyier, William 惠勒，威廉，209
Wyoming (US state) 怀俄明州（美国州），429
  state information 简介，433
Wyss, Johann Rudolph 维斯，约翰·鲁道夫，254

X

X-rays X射线，116
Xenakis, Iannis 泽纳基斯，亚尼斯，

222
Xinjiang Uygur (Chinese province) 新疆维吾尔自治区（中国），418
Xizang (Chinese province) 西藏自治区（中国），418
xylophone 木琴，225

Y

yachting 帆船运动，284，285
Yaeger, Jeana 叶格，吉那，161
Yajur-Veda (ancient literature) 《夜柔吠陀》（古代文学作品），196
Yamamoto, Isoroku 山本五十六，321
Yamashita, Tomoyuki 山下奉文，321
Yamato (battleship) 大和民族号（战舰），175
Yangtze (river): length/source/course 长江：长度/发源地/河道，46，47
Yap Trench 雅浦海沟，33
Yaracuy (Venezuelan state) 亚拉奎州（委内瑞拉），445
Yarmuk, Battle of 耶尔穆克河之战，322
Yding Skovhoj (Denmark) 于丁山（丹麦），348
Years 年，20
  Chinese 中国历法，22
yeasts 酵母，61
Yeats, W (illiam) B (utler) 叶芝，威廉·巴特勒，254
Yellowstone (national park): location/fauna 黄石（国家公园）：地理位置/动物，107
Yeltsin, Boris 叶利钦，鲍里斯，334，390
Yemen 也门，399
  Sana 萨那，399
Yenisey (river): length/source/course 叶尼塞河：长度/发源地/河道，46
YHWH (Jewish God) 耶和华（犹太教上帝），200
yin/yang 阴/阳，198
Yobe (Nigerian state) 约比州（尼日利亚），464
yoga 瑜珈功，99
Yoga (philosophy) 瑜伽（哲学支派），196
Yogyakarta (Indonesian autonomous province) 日惹省（印尼自治省），414
Yom H'zikharon (Jewish festival) 休战纪念日（犹太教节日），18
Yom Ha-Shoah (Jewish festival) 燔祭日（犹太教节日），18
Yom Kippur (Jewish festival) 赎罪日（犹太教节日），19
Yom Yerushalayim (Jewish festival) 依雅布月28日（犹太教节日），19
Yongchaiyudh, General Chavalit 瓦利，荣猜育上将，411
Yorktown, Battle of 约克镇之战，324
Yoruba (people), god of 约鲁巴人，神，199
Yosemite (national park): location/fauna 约塞朱蒂（国家公园）：地理位置/动物，107
Yoshida Shigeru 吉田茂，321
Young, Brigham 扬，布里格姆，193
Young, Thomas 扬·托马斯，123
Yourcenar, Marguerite 尤瑟纳，玛格丽特，254
Youth, Island of 青年岛，435
Yu Shan 玉山，417
Yucatán Peninsula 尤卡坦半岛，434，435

asteroid impact 星球撞击，100
Yugoslavia 南斯拉夫，384—385
  republics 共和国，384
  UN peacekeeping missions 联合国维持和平行动，337
Yukawa, Hideki 汤川秀树，123
Yukon (river): length/source/course 育空河：长度/发源地/河道，47
Yukon Territory (Canada) 育空地区（加拿大），425
Yunnan (Chinese province) 云南省（中国），418
Yunnan Plateau 云贵高原，416
yurt 圆顶帐篷，417

Z

Zacatecas (Mexico) 萨卡特卡斯（墨西哥），435
Zama, Battle of 扎马之战，322
Zambezi (river) 赞比西河，468
  length/source/course 赞比西河：长度/发源地/河道，47
Zambia 赞比亚，469
Zamenhef, Ludwig Lazarus 柴门霍甫，路德维希·拉扎鲁斯，246
Zamtara (Nigerian state)，扎姆法拉州（尼日利亚），464
Zanzibar 桑给巴尔，457
Zayid bin Sultan Al Nihayyan, Shaikh 扎耶德·本·苏尔坦·阿勒纳哈扬，埃米尔，400
zebra 斑马，79
Zedillo, Ernesto 塞迪略，埃内斯托，334，434
Zeffirelli, Franco 泽菲雷利，弗兰科，209
Zen Buddhism 禅宗佛教，197
Zenawi, Meles 泽纳维，梅莱斯，454
Zeno of Elea 芝诺（埃利亚的），185
Zenta, Battle of 森塔之战，323
Zeppelin airship 齐柏林飞艇，165
Zernike, Frits 泽尔尼克，弗瑞茨，123
Zeroual, General Liamine 泽鲁阿勒，拉明将军，453
Zeus (Greek god) 宙斯（希腊神），186
  statue at Olympia 奥林匹亚的宙斯雕像，176
Zhang Yimou 张艺谋，209
Zhejiang (Chinese province) 浙江省（中国），418
Zhivkov, Todor 日夫科夫，321
ziggurats 金字形宝塔，242
Zimbabwe 津巴布韦，469
Zinneman, Fred 齐纳曼，弗雷德，209
Zionist Congress (first) 犹太复国主义代表大会（第一届），200
zither 齐特琴，224
zodiac, signs of the 黄道十二宫，22
zöetrope 连环画转筒，202
Zog 紫古，321
Zola, Emile 左拉，爱弥尔，254
Zone refining (chemistry) 逐区精炼，127
zoology 动物界，66
Zoroaster 琐罗亚斯德，321
Zubi, Mahmoud 阿祖比，马哈茂德，396
Zug (Swiss canton) 楚格州（瑞士），363
Zugspitze 楚格峰，370
Zukor, Adolphe 朱科尔，阿道夫，209
Zulia (Venezuelan state) 苏利亚州（委内瑞拉），445

Zurbarán, Francisco 苏巴朗，弗朗西斯科，240
Zürich (Swiss canton) 苏黎世州（瑞士），363
Zuse, Konrad 佐斯，康纳德，182
zygote 受精卵，91

ACKNOWLEDGEMENTS

Guinness Publishing would like to thank the following: Fred Gill for proofreading; Kathy Gill for compiling the index; Stewart Newport for assisting with the Sports section and for invaluable help throughout the production of the book; and the following consultants:

John Arblaster, Richard Balkwill, Tony Brown, Mark Bennett, Tom Cannon, Dr Owen Cole, Sarah Dunworth, Barbara Edwards, Exhibitor Relations Co. Inc., Tim Furniss, Max Glaskin, Dr Martin Godfrey, Duncan Hislop, Della Howes, Dr Gareth Jones, Philip Littlemore, Howard Loxton, Dr David Nash, John Pimlott, Will Pratt, Jonathan Ree, Bill Risebero, David Roberts, Ian Sinclair, Dr Noel Smith, Dr Peter Smithson, Sheik Gamal Sulaiman, Dr Iris Turner, Dr J.R. Walton, Dr Richard Weston.

PICTURE/ARTWORK CREDITS

Mountain High Maps® Copyright © 1993 Digital Wisdom, Inc.
t=top; c=centre; b=bottom; l=left; r=right

7 Jerry Lodriguss/Science Photo Library; 8 Space Telescope Science Institute/NASA/Science Photo Library; 10 Science Photo Library; 13 NASA/Science Photo Library; 14 NASA/Science Photo Library; 16 NASA/Science Photo Library; 17 NASA/Science Photo Library; 18 Charles and Josette Lenar/Corbis; 19t Dave Bartruff/Corbis; 19b Maury/Sipa-Press/Rex Features; 20t Heoner Heine/AKG London; 20c Science Museum London/Bridgeman Art Library; 20b Bridgeman Art Library; 25 Ric Ergenbrigh/Corbis; 27l Tom Van Sant/Science Photo Library; 27cl Tom Van Sant/Science Photo Library; 27cr Tom Van Sant/Science Photo Library; 27r Tom Van Sant/Science Photo Library; 28–29t David Muench/Corbis; 28–29c Paul Souders/Corbis; 28–29b John Shaw/NHPA; 30t Earth Satellite Corporation/Science Photo Library; 30b NASA/Corbis; 31 Pat O'Hara/Corbis; 32 Paul Souders/Corbis; 34 G.A. Rossi/The Image Bank; 35 Nik Wheeler/Corbis; 37tl Galen Rowell/Corbis; 37tc Colin Monteath/Mountain Camera; 37bc Cees Van Leeuwen/Corbis; 37cl Daryl Balfour/ABPL/Corbis; 37c David Hamilton/The Image Bank; 37cr Alisa Crandal/Corbis; 37b Colin Monteath/Mountain Camera; 37r John Warburton-Lee/Mountain Camera; 38t USGS-Hawaii Volcano Observatory/Corbis; 38c Vittoriano Rastelli/Corbis; 38b David Muench/Corbis; 39 Gary Braasch/Corbis; 40t Massonnet Et Al/Science Photo Library; 40b US GeologicalSurvey/Science Photo Library; 42 Charles Lenars/Corbis; 44 Kevin R. Morris/Corbis; 45 Tom Bean/Corbis; 48l Christine Osborne/Corbis; 48r David Muench/Corbis; 49 Galen Rowell/Corbis; 50 Roger Ressmeyer/Corbis; 51t NASA/Corbis; 51c Scott T. Smit /Corbis; 51b Gary Braasch/Corbis; 52tr Richard Hamilton Smith/Corbis; 52c Adrian Carroll/Eye Ubiquitous/Corbis; 52l Perry Conway/Corbis; 53tl Jim Corwin/Corbis; 53tc Johnathon Smith/Sylvia Cordaiy Photo Library/Corbis; 53tr Galen Rowell/Corbis; 53b Nasa/Science Photo Library; 54tl Michael Yamashita/Corbis; 54tc Paul Souders/Corbis; 54tr Winfried Wisniewski/Frank Lane Picture Agency/Corbis; 54bl Andrey Zvoznikov/Planet Earth Pictures; 54bc Wolfgang Kaehler/Corbis; 56 Nik Wheeler/Corbis; 57t Perry Conway/Corbis; 57b Michael S. Yamashita/Corbis; 58 Herbert Giradet/AGDE Agriculture/Environmental Images; 59 Dan Guravic/Corbis; 62 Michael Boys/Corbis; 63t Robert Pickett/Corbis; 63tc Kevin Schafer/Corbis; 63bc Robert Gill/Papilio/Corbis; 63b Kennan Ward/KW Photography/Corbis; 64t Micheal Pogden/Bruce Coleman Ltd; 64bl Sinclair Stammers/Science Photo Libary; 64br Harvey Pincis/Science Photo Libary; 65t Morton Beebe/Corbis; 65bl Ed Young/Agstock/Science Photo Libary; 65br Claude Nuridsany & Marie Perennou/Science Photo Library; 66 Amos Nachoum/Corbis; 67 Jeffery L. Rothman/Corbis; 68l Felix Labhardt/Bruce Coleman Ltd; 68r Haroldo Palo Jr/NHPA; 69t Wolfgang Kaehler/Corbis; 69c Lawson Wood/Corbis; 69b G.I. Bernard/NHPA; 70t Erik Bjurstrom/Bruce Coleman Ltd; 70b Charles & Sandra Hood/Bruce Coleman Ltd; 70br Erik Bjurstrom/Bruce Coleman Ltd; 70–71 Charles & Sandra Hood/Bruce Coleman Ltd; 71t Erik Bjurstrom/Bruce Coleman Ltd; 71b Brandon Cole/Corbis; 72t Robert Picket/Corbis; 72b Perry Conway/Corbis; 73t Joe McDonald/Corbis; 73b Daniel Heuclin/NHPA; 74tr George McCarthy/Bruce Coleman Ltd; 74l George McCarthy/Bruce Coleman Ltd; 75t James L. Amos/Corbis; 75b Galen Rowell/Corbis; 77t John Paul Ferrero/Ardea; 77c NHPA; 77b Michael Philip Maconachie/Papilio/Corbis; 78l Clem Haagner/ ABPL/Corbis; 78r Morten Strange/NHPA; 80l Kevin Schafer/Corbis; 80r Kenan Ward/KW Photography/Corbis; 81l Ron Austing/Frank Lane Picture Agency/Corbis; 81r Brandon Cole/Corbis; 82t Brandon Cole/Corbis; 82b Alissa Crandall/Corbis; 83t Stuart Westmorland/Corbis; 83b Mark Carwardine/Bruce Coleman Limited; 84l Kevin Schafer/Corbis; 84c John Visser/Bruce Coleman Limited; 84r Lorri Franz/Corbis; 85l John Canalosi/Bruce Coleman Ltd; 85c Daryl Balfour/NHPA; 85r Kevin Schafer/Corbis; 86l K. Ghani/NHPA; 86c Rod Williams/Bruce Coleman Ltd; 86r Jorg & Petra Wegner/Bruce Coleman Ltd; 87l Christer Frederiksson/Bruce Coleman Ltd; 87c Nigel J. Dennis/NHPA; 87r Planet Earth Pictures; 90t Bsip Vem/Science Photo Library; 90bl Francis Leroy/Science Photo Library; 90br Alfred Pasieka/Science Photo Library; 91t John Bavosi/Science Photo Library; 91c Mehau Kulyk/Science Photo Library; 91b Clinical Radiology Dept Salisbury District Hospital/Science Photo Library; 92 A.B. Dowsett/Science Photo Library; 93t Science Photo Library; 93b Eye Of Science/Science Photo Library; 94l Eddy Gray/Science Photo Library; 94r Clinical Radiology Dept Salisbury District Hospital/Science Photo Library; 95l Moredun Animal Health Ltd/Science Photo Library; 95r Dept of Clinical Radiology, Salisbury Hospital/Science Photo Library; 96t Nadar/Hulton Deutsch Collection/Corbis; 96c Alfred Pasieka/Science Photo Library; 96b AKG London; 97l John Mead/Science Photo Library; 97cl David Scharf/Science Photo Library; 97cr Perry Conway/Corbis; 97r Nik Wheeler/Corbis; 98t Pictor International; 98b Mabel Step/Mary Evans Picture Library; 99 Bob Thomason/Tony Stone Images; 100t A. Boulat/Sipa Press/Rex Features; 100b Paul Souders/Corbis; 101 Chris Butler/Science Photo Library; 102 Jonathan Blair/Corbis; 103 David Gifford/Science Photo Library; 104tl Adrian Warren/Ardea London Ltd; 104tr R. De La Harpe/Planet Earth Pictures; 104bl Planet Earth Pictures; 104br Rod Williams/Bruce Coleman Ltd; 105tc Steve Kaufman/Corbis; 105tl Keren Su/Corbis; 105tr Orion Press/NHPA; 105c Planet Earth Pictures; 105bl J.A.L. Cooke/Oxford Scientific Films; 105bc Martin Harvey/NHPA; 105br François Gohier/Ardea London Ltd; 106 Gerald Kubitt/Bruce Coleman Collection; 107l David Muench/Corbis; 107r Perry Conway/Corbis; 109 E.O. Hopp/Corbis; 111 Alfred Pasieka/Science Photo Library; 114 Stephen Dalton/Science Photo Library; 118 Walter Dickenham/ Sandia National Laborator/Corbis; 121 Harry S. Truman Library/Corbis; 122 Library of Congress/Corbis; 123 Library of Congress/Corbis; 124 Bettmann/Corbis; 125 Philippe Plailly/Science Photo Library; 129 David Taylor/Science Photo Library; 132 Hulton Deutsch Collection/Corbis; 134 Hulton Deutsch Collection/Corbis; 135 Ken Eward/Science Photo Library; 143 Lee Snyder/Science Photo Library; 164 Bettmann/Corbis; 165l Hulton Deutsch Collection/Corbis; 165r Hulton Deutsch Collection/Corbis; 166 Martin Bond/Science Photo Library; 167t Richard Hamilton Smith/Corbi; 167b Roger Ressmeyer/Corbis; 168t Anthony Bannister/ABPI/Corbis; 168c Rex Features; 168b John Edward Linden/Arcaid; 169 Kevin Fleming/Corbis; 170 Kevin Fleming/Corbis; 171t Julie Meech/Ecoscene/Corbis; 171b Charles O'Rear/Corbis; 172t Gil Moti/Still Pictures; 172b Craig Lovell/Corbis; 173 Nathalie Tepper/Arcaid; 174t Ric Ergenbright/Corbis; 174b Kevin R. Morris/Corbis; 175t Carnival Cruise Lines; 175b U.S. Department Of Defence/Corbis; 176 Morten Bebe/S.F./Corbis; 177 F. Stuart Westmorland/Corbis; 178 The Science Museum/Science & Society Picture Library; 179 Everett/Corbis ; 182 Frances Evelegh/Science Photo Library; 183 Charles Lenars/Corbis; 186t Roger Wood/Corbis; 186b Roger Wood/Corbis; 187 Roger Wood/Corbis; 188 Wolfgang Kaehler/Corbis; 190 Vittoriano Rastelli/Corbis; 192 Paul Souders/Corbis; 194 Abbas/Magnum Photos; 195l Arthur Thevanart/Corbis; 195r Abbas/Magnum Photos; 196 Robert Holmes/Corbis; 197l Sheldan Collins/Corbis; 197r Nazima Kowall/Corbis; 198 Frank Leather/Eye Ubiquitous/Corbis; 199t Charles and Josette Lenar/Corbis; 199b DeWitt Jones/Corbis; 200t Annie Griffiths Belt/Corbis; 200b Nik Wheeler/Corbis; 201 Brian Rasic/Rex Features; 202l Michael Nicholson/Corbis; 202r Everett/Corbis; 203b Everett/Corbis; 203t Everett/Corbis; 205 A The Kobal Collection; 205 B Bettmann/Corbis; 205 C Everett/Corbis ; 205 D Columbia Pictures/The Roland Grant Archive; 205 E The Roland Grant Archive; 205 F Everett/Corbis ; 207t Everett/Corbis ; 207tc Everett/Corbis; 207c Roland Grant Archive; 207bc Everett/Corbis; 207b Everett/Corbis; 209 A Everett/Corbis; 209 B Everett/Corbis; 209 C The Ronald Grant Archive ; 209 D Everett/Corbis; 209 E The Ronald Grant Archive; 209 F Everett/Corbis ; 215t Fotos International/Rex Features; 215b Ronald Grant Archive; 218 Barnabas Bosshart/Corbis; 219 AKG London; 219 Richard Faley/English National Ballet; 220 Lebrecht Collection; 221 AKG London; 225 AKG London; 226 Catherine Ashmore; 227 Zoe Dominic; 229t David Redfern/Redferns; 229b Michael Ochs /Redferns; 231 Baron Wolman/Retna; 232t Ross Marino/Retna; 232b Neal Preston/Retna; 233t Van Iperen/Retna; 233b Mick Hutson/Redferns; 236t Gianni Dagli Orti/Corbis; 236b Bradley Smith/Corbis; 237t Corbis; 237c © ADAGP, Paris and DACS, London 1997/Corbis; 237b The National Gallery, London/Corbis; 238t The National Gallery, London/Corbis; 238c The National Gallery, London/Corbis; 238b The National Gallery, London/Corbis; 239t The National Gallery, London/Corbis; 239c AKG London; 239b Hubert Stadler/Corbis; 240t The National Gallery, London/Corbis; 240tc The National Gallery, London/Corbis; 240bc The National Gallery, London/Corbis; 240b The National Gallery, London/Corbis; 241t Gianni Dagli Orti/Corbis; 241tc Hulton Deutsch Collection/Corbis; 241bc Gianni Dagli Orti/Corbis; 241b Gianni Dagli Orti/Corbis; 242t Richard T. Nowitz/Corbis; 242cl Dave Bartuff/Corbis; 242cr Dave Bartuff/Corbis; 242b Hubert Stadler/Corbis; 243t Angelo Hornack/Corbis; 243c Stephanie Colasanti/Corbis; 243b Dennis Marsico/Corbis; 244t Erich Lessing/AKG London; 244c AKG London; 244b Mark Fiennes/Arcaid; 245t David S. Robbins/Corbis; 245c Richard A. Cooke III/Corbis; 245b Martin Jones/Ecoscene/Corbis; 250 Bridgeman Art Library; 251 Mary Evans Picture Library; 252 Copyright E.H. Shepard under the Berne Convention, and in the United States © 1926 by E.P. Dutton. Renewal © 1954 by A.A. Milne; Colouring © 1973 by E.H. Shepard and Methuen Children's Books Limited; 253 Bridgeman Art Library; 254 Bridgeman Art Library; 257 David Cannon/Allsport; 258 Allsport; 259 Simon Bruty/Allsport; 260 Allsport; 261t Tony Duffy/Allsport; 261b Gray Mortimore/Allsport; 262 Simon Bruty/Allsport; 263t Tony Duffy/Allsport; 263bl Simon Bruty/Allsport; 263br David Leah/Allsport; 264 Colorsport; 265t Mike Powell/Allsport; 265tc Allsport; 265bc Simon Bruty/Allsport; 265b Clive Brunskill/Allsport; 266 Simon Bruty/Allsport; 267 Bettman/UPI/Corbis; 268 Bob Martin/Allsport; 269l Billy Stickland/Allsport; 269r Mike Powell/Allsport; 270 Ross Kinnaird/Allsport; 271t Shaun Botterill/Allsport; 271b Adrian Murrell/Allsport; 273tl David Cannon/Allsport; 273tr David Cannon/Allsport; 273bl Bettmann/UPI/Corbis; 273br David Cannon/Allsport; 274t Hulton Deutsch/Allsport; 274b Clive Brunskill/Allsport; 275t Hulton Deutsch/Allsport; 275bl Tony Duffy/Allsport; 275bc Clive Brunskill/Allsport; 275br Clive Brunskill/Allsport; 276t Allsport; 276c Clive Brunskill/Allsport; 276b Clive Brunskill/Allsport; 277 Gary Prior/Allsport; 278 Rick Stewart/Allsport; 279t Allsport; 279c Doug Pensinger/Allsport; 279b Rick Stewart/Allsport; 281tl Pascal Rondeau/Allsport; 281tr Coloursport; 281b Gary M. Prior/Allsport; 282 Yahn Cuichadua/Allsport; 283t Chris Cole/Allsport; 283b Agence Vandystadt/Allsport; 284 Simon Bruty/Allsport; 285t Simon Bruty/Allsport; 285b Allsport; 286 Mark Morrison/Allsport; 287tl Simon Bruty/Allsport; 287tr Hulton Deutsch/Allsport; 287b Pascal Rondeau/Allsport; 288t Agence Vandystadt/Allsport; 288b Pascal Rondeau/Allsport; 289t Pascal Rondeau/Allsport; 289b Mike Cooper/Allsport; 290tl Kit Houghton Photography; 290tr Bob Langrish; 290bl Bob Langrish; 290br Colorsport; 291l Simon Bruty/Allsport; 291r Allsport; 293l Mike Powell/Allsport; 293r Hulton Deutsch Collection/Allsport; 294 Shaun Botterill/Allsport; 295 E.T. Archive; 308t Richard T. Nowitz/Corbis; 308c Roger Wood/Corbis; 308b Gianni Dagli Orti/Corbis; 309t Bettmann/Corbis; 309c Vladamir Dovokhov, Dmitry Grigorevic Levicky/The State Russian Museum/Corbis; 309b The National Gallery, London/Corbis; 310t Gianni Dagli Orti/Corbis; 310c Jack Fields/Corbis; 310b Library Of Congress/Corbis; 311t Bettmann/Corbis; 311b Hulton Deutsch Collection/Corbis; 312t Joe Marquette/ UPI/ Bettmann/Corbis; 312b Gianni Dagli Orti/Corbis; 313t Hulton Deutsch Collection/Corbis; 313c Bettmann/Corbis; 313b Kimbell Art Museum/Corbis; 314t Dagli Orti/Corbis; 314c UPI/Bettmann/Corbis; 314b M. Gauci, C. Hullmande/Library Of Congress/Corbis; 315t Library Of Congress/Corbis; 315c Hulton Deutsch Collection/Corbis; 315b Hulton Deutsch Collection/Corbis; 316t Philip De Bay/ Historical Picture Archive/Corbis; 316c Bettmann/Corbis; 316b Christel Gerstenberg/Corbis; 317t The National Archives/Corbis; 317c Library Of Congress/Corbis; 317b Library Of Congress/Corbis; 318t Bettmann/Corbis; 318b Library Of Congress/Corbis; 319t Hulton Deutsch Collection/Corbis; 319c UPI/Bettmann/Corbis; 319b Bettmann/Corbis; 320t Hulton Deutsch Collection/Corbis; 320b The National Archive/Corbis; 321t Bettmann/Corbis; 321b Philadelphia Museum Of Art/Corbis; 322l H. Leutemann/Mary Evans Picture Library; 322c Gianni Dagli Orti/Corbis; 322r Neroccio di Bartolommeo/Corbis; 323l Erich Lessing/AKG London; 323c ET Archive; 323r AKG London; 324l AKG London; 324r Hulton Deutsch Collection/Corbis; 325 Colour Library Images; 326 Images Colour Library; 327 Peter Turnley/Corbis; 332t Simon Walker/Rex Features; 332b Raphael Gaillarde/Frank Spooner Pictures; 333t Patrick Piel/Gamma/Frank Spooner Pictures; 333b Bettmann/Corbis; 334t A. Denize/Frank Spooner Pictures; 334b Bettmann/ AFP/Corbis; 336 Yves Debay/The Military Picture Library/Corbis; 338 Wim Van Cappellen/Katz Pictures; 339 Piel Patrick/Frank Spooner Pictures; 341 Barnabus Rosshart/Corbis; 343 Gamma/Frank Spooner Pictures; 344t Robert Y. Kaufman/Yogi Inc/Corbis; 344c George Hall/Corbis; 344b Ardenis/ Sipa Press/Rex Features; 345 Galen Rowell/Corbis; 349 Dave G. Houser/Corbis; 350 McDuff Everton/Corbis; 351 Nick Wheeler/Corbis; 352tl David Woodfall/NHPA; 352tc Heather Angel/Biofotos; 352tr Ric Ergenbright/Corbis; 352bl John Heseletine/Corbis; 352bc David Batterbury/Eye Ubiquitous/Corbis; 352br The Image Bank; 360tl McDuff Everton/Corbis; 360tr Nik Wheeler/Corbis; 360bl Owen Franken/Corbis; 360bc Adam Woolfitt/Corbis; 360br Nik Wheeler/Corbis; 364tl Dean Conger /Corbis; 364tc Dave G. Houser/Corbis; 364tr Richard List/Corbis; 364c Richard Nowitz/Corbis; 364bl Robert Estall/Corbis; 364br Ric Ergenbright/Corbis; 365 Selby McCreey/Corbis; 368 Dave Bartruff/Corbis; 369 Michael John Kielty/Corbis; 370 Patrick War/Corbis; 371 Bruno Barbey/Magnum Photos; 372tl Carmen Redono/Corbis; 372tc Hugh Rooney/Eye Ubiquitous/Corbis; 372tr Andrew Cohen/Travel Ink/Corbis; 372bl Adam Woolfitt/Corbis; 372bc Erich Lessing/AKG London; 372br Dennis Gilbert/Arcaid; 374 Action Press/Rex Features; 377 Adam Woolfit/Corbis; 380tl Dennis Marsico/Corbis; 380tc Carl Purcell/ The Purcell Team/Corbis; 380tr John Heseletine/Corbis; 380bl John Heseletine/Corbis; 380bc Johnathon Blair/Corbis; 380br Vanni Ruggero/Corbis; 383 Ellen Rooney/Robert Harding Picture Library; 385 Don Klumpp/The Image Bank; 392tl Wolfgang Kaehler/Corbis; 392tc Steve Raymer/Corbis; 392tr Andrey Zvoznikov/Planet Earth Pictures; 392bl Nik Wheeler/Corbis; 392bc Enzo Raggazzini/Corbis; 392br Wolfgang Kaehler/Corbis; 394 Corbis; 395t Michael S. Yamashita/Corbis; 395b John Egan/IOUR/Hutchinson Library; 398 NASA/Corbis; 399 Ecoscene/Corbis; 400 Kevin Schafer/Corbis; 401 Adam Woolfit/Corbis; 402 Rex Features; 404 David Cumming; Eye Ubiquitous/Corbis; 405t Tom Owen Edmunds/The Image Bank; 405b Craig Lovell/Corbis; 406 Earl Kowa/Corbis; 408tl Brian Vikander/Corbis; 408tc Galen Rowell/Corbis; 408tr Brian Vikander/Corbis; 408bl Arvind Garg/Corbis; 408br Arvind Garg/Corbis; 410 Peter Barker/Panos Pictures; 411t Owen Franken/Corbis; 411b Brian Vikander/Corbis; 416 Joseph Sohm/Corbis; 417 Hutchinson Library; 418tl Joseph Sohm/ChromoSohm Inc/Corbis; 418tc Carl Purcell/The Purcell Team/Corbis; 418tr Karen Su/Corbis; 418bl Jean Paul Ferrero/Ardea; 418br Wolfgang Kaehler/Corbis; 420 Charles Gupton/Tony Stone Images; 421 Wolfgang Kaehler/Corbis; 421 Frank Spooner Pictures; 422tl Michael Freeman/Corbis; 422tr Images Colour Library; 422bl Michael Freeman/Corbis; 422bc Richard Nowitz/Corbis; 422br Michael Yamashita/Corbis; 424 Patrick Bennett/Corbis; 425 Galen Rowell/Corbis; 426tl Michael T. Sedam/Corbis; 426tr Richard A. Cooke III/Corbis; 426bl Gunter Marx/Corbis; 426bc Richard T. Nowitz/Corbis; 426br Rex Features; 427 Paul Souder/Corbis; 430tl Galen Rowell/Corbis; 430tc Dave G. Houser/Corbis; 430tr David Muench/Corbis; 430cl Joseph Sohm/ChromoSohm Inc/Corbis; 430cr Tom Bean/Corbis; 430c Adam Woolfitt/Corbis; 430bl James L. Amos/Corbis; 430r Douglas Peebles/Corbis; 434 Nik Wheeler/Corbis; 435 Richard Bickel/Corbis; 437 Martin Rodgers/Corbis; 438 Owen Franken/Corbis; 439 David Cumming/Eye Ubiquitous/Corbis; 441t Dave G. Houser/Corbis; 441b Earl Kowall/Corbis; 444 Paolo Ragazzini/Corbis; 445 Craig Lovell/Corbis; 447 A. Berg/Frank Spooner Pictures; 448tl Owen Franken/Corbis; 448tc Robert Holmes/Corbis; 448tr Jeremy Horner/Corbis; 448bl Joel Creed/Ecoscene/Corbis; 448bc Stephanie Maze/Corbis; 448br Jack Fields/Corbis; 451t Charles O'Rear/Corbis; 451b Hugo Fernandez/Andes Press Agency; 454 Abbie Enock/Travel Ink/Corbis; 456 Ann Purcell/The Purcell Team/Corbis; 458 Frank Spooner Pictures; 465 Micheal Friedel/Rex Features; 468 Craig Lovell/Corbis; 469 Nik Wheeler/Corbis; 470 Rob Nunnington/Oxford Scientific Films; 472l Corbis; 472r Patrick Ward/Corbis; 473 Wolfgang Kaehler/Corbis; 474tl John Noble/Corbis; 474tr Dave G. Houser/Corbis; 474c Paul Souder/Corbis; 474bl Paul Souder/Corbis; 474bc Paul Souder/Corbis; 474br Dave G. Houser/Corbis

珠穆朗玛峰的高度是帝国大厦高度的19.8倍■ 安第斯山脉
科■ 流行的有关恐龙灭绝的理论有90多种 ■ 这是一个问题
吗?■ 下述的说法是正确的,先前的说法是错误的■ 已知最
100辆汽车■ 圣马力诺的汽车数量超过了该国的人口总数■
一个新网址诞生■ 每年使用网络的人数成倍增长■ 电脑黑客
岛屿分布在约占地球五分之一面积的区域里■ 国际红十字会组
出国组织将油价提高了1000%■ 1846年,爱尔兰马铃薯饥
死亡■ 米开朗基罗除了绘画、雕刻和艺术作品外,还写了30
3,500件绘画及其他艺术作品■ "巴基斯坦"一词来自于
尔是世界惟一信奉印度教的国家■ 绿洲乐队保持着上流行歌曲
立50年中经常有排行榜榜首歌曲的歌手■《失去的世界:侏罗
在拍摄中使用了500件假连鬓胡子■ 凯瑟琳·赫本在48年间
1972年获8项奥斯卡奖,但未获最佳影片奖■ 人体内所含原
够有3600万种以上的不同排列顺序■ "疟疾"一词来源
20%■ 兰伯特冰川覆盖南极东部冰原的20%■ 撒哈拉沙漠覆
元■ 曾经生存的所有物种的95%现已灭绝■ 一种物种平均寿
分■ 蛙泳是第一个被广泛采用的游泳姿势■ 第一次游泳比赛
美国每秒钟产生七吨多危害性的垃圾■ 下个世纪的某一时候,
00吨茶叶■ 在越南战争中175万人失去生命■ 老挝的国家
河中■ 多瑙河流经8个欧洲国家■ 亚马孙河在河水上涨到最高
电电流强度能达到1安培■ 石鱼的毒刺可刺死人■ 鲨鱼可从
白色圣诞节》——1942年发行,售出3000万张■ 麦当
1997年欧洲电视歌曲大赛获奖者所得分数及奖金为历年之
0年代所获奖项只少一项■ 1990年伊拉克只用数小时就占领
不施行义务教育■ 约翰·肯尼迪43岁时成为美国最年轻
俄罗斯有世界上最长的北冰洋海岸线,长达30,000多公